中国民法典适用大全

知识产权与竞争卷（一）

最高人民法院民法典贯彻实施工作领导小组　编著

人民法院出版社

图书在版编目（CIP）数据

中国民法典适用大全．知识产权与竞争卷 / 最高人民法院民法典贯彻实施工作领导小组编著．-- 北京 ：人民法院出版社，2022.12
ISBN 978-7-5109-3582-4

Ⅰ．①中… Ⅱ．①最… Ⅲ．①民法－法典－法律适用－中国②知识产权法－法律适用－中国 Ⅳ．①D923.05

中国版本图书馆CIP数据核字(2022)第166921号

中国民法典适用大全（知识产权与竞争卷）

最高人民法院民法典贯彻实施工作领导小组　编著

策划编辑　陈建德　兰丽专
责任编辑　丁塞峨　李　倩
执行编辑　赵杰琼　杨　洁　郭　粹
装帧设计　天平文创视觉设计
出版发行　人民法院出版社
地　　址　北京市东城区东交民巷27号（100745）
电　　话　（010）67550656（责任编辑）　67550558（发行部查询）
　　　　　　65223677（读者服务部）
客 服 QQ　2092078039
网　　址　http://www.courtbook.com.cn
E－mail　courtpress@sohu.com
印　　刷　河北鑫兆源印刷有限公司
经　　销　新华书店

开　　本　787 毫米 ×1092 毫米　1/16
字　　数　2684 千字
印　　张　149.5
版　　次　2022 年 12 月第 1 版　2022 年 12 月第 1 次印刷
书　　号　ISBN 978-7-5109-3582-4
定　　价　528.00元（全3册）

“民法典适用大全”小程序使用图示

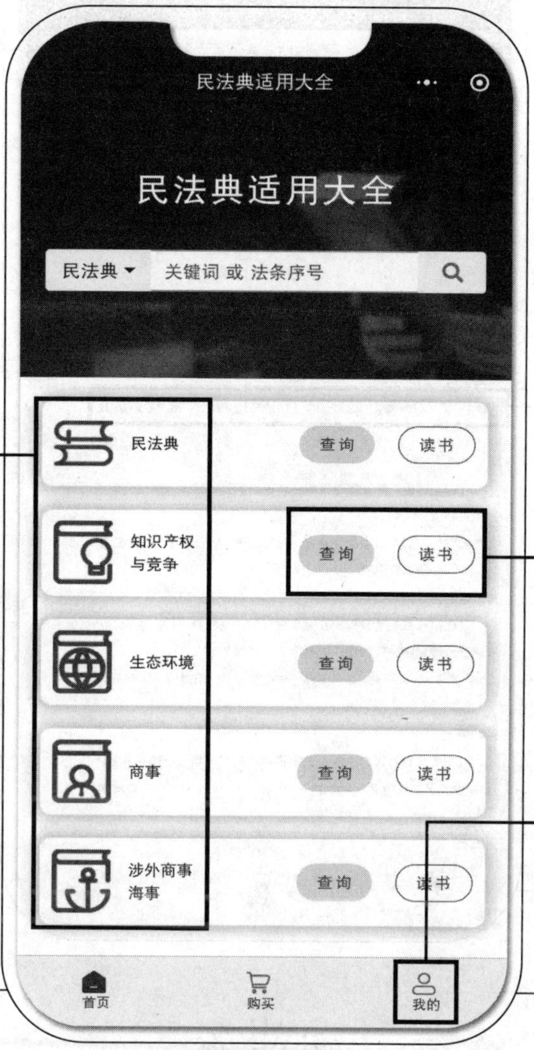

两大服务

查 询

读 书

五大版块

民 法 典

知识产权与竞争

生态环境

商 事

涉外商事海事

三步激活

点击“我的”

“使用激活码”

输入激活码

“民法典适用大全”小程序

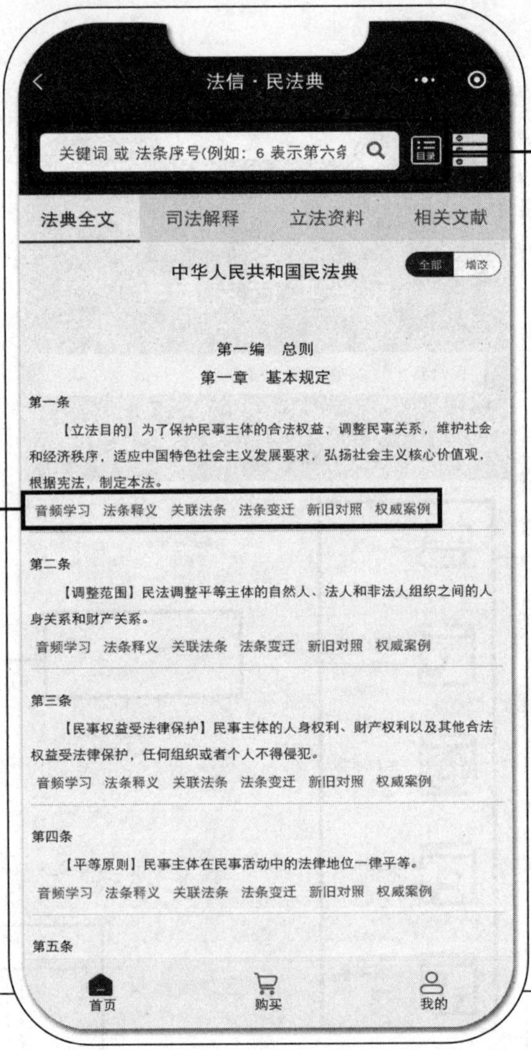

三种检索方式

关键词
条文序号
目录导航

六大功能

音频学习
法条释义
关联法条
法条变迁
新旧对照
权威案例

“民法典适用大全”小程序

全面深化民法典贯彻实施
为推进中国式现代化提供有力司法服务

民法典是中华人民共和国成立以来第一部以“法典”命名的法律，是党的十八大以来全面推进依法治国的标志性立法成果，在中国特色社会主义法律体系中具有重要地位。以习近平同志为核心的党中央高度重视民法典贯彻实施工作，作出一系列重大部署。2020年5月29日，十九届中央政治局就“切实实施民法典”举行第二十次集体学习，习近平总书记主持学习时强调，全党要切实推动民法典实施，以更好推进全面依法治国、建设社会主义法治国家，更好保障人民权益，指出“各级司法机关要秉持公正司法，提高民事案件审判水平和效率。要加强民事司法工作，提高办案质量和司法公信力。要及时完善相关民事司法解释，使之同民法典及有关法律规定和精神保持一致，统一民事法律适用标准。要加强涉及财产权保护、人格权保护、知识产权保护、生态环境保护等重点领域的民事审判工作和监督指导工作，及时回应社会关切”。习近平总书记的重要讲话为贯彻实施民法典指明了方向，提供了根本遵循。党的二十大报告明确指出，必须更好发挥法治固根本、稳预期、利长远的保障作用，在法治轨道上全面建设社会主义现代化国家，并对统筹法律立改废释纂、严格公正司法提出明确要求，对深入贯彻实施民法典具有重要指导意义。

最高人民法院坚持以习近平新时代中国特色社会主义思想为指

导，深入贯彻习近平法治思想，认真学习贯彻习近平总书记关于切实实施民法典的重要论述，深刻领悟“两个确立”的决定性意义，增强“四个意识”、坚定“四个自信”、做到“两个维护”，全面落实党中央决策部署，深刻理解和把握民法典的核心要义和重要制度，积极推动贯彻实施好民法典。在前期成立最高人民法院民法典编纂工作研究小组的基础上，专门成立民法典贯彻实施工作领导小组，党组书记、院长周强担任组长，研究制定一系列措施，就贯彻实施民法典提出具体要求。全国各级人民法院严格依据民法典公正审理案件，深入研究民法典司法适用理论和实践问题，分析总结典型案例，推动民法典贯彻实施取得显著成效。

为深入学习宣传贯彻党的二十大精神，贯彻党中央关于坚持全面依法治国、推进法治中国建设的重大决策部署，系统反映人民法院贯彻实施民法典举措成果，全面总结新时代民商事审判经验，最高人民法院民法典贯彻实施工作领导小组组织编写了《中国民法典适用大全》(以下简称《适用大全》)，为学习宣传贯彻民法典、推进法治中国建设提供权威审判指导。

一、《适用大全》的编辑背景

民法典颁布后，人民法院深入推动民法典学习宣传和贯彻实施，取得一系列经验成果，为《适用大全》的编辑出版提供了丰富素材，奠定了坚实基础。

一是全面清理已有司法解释。最高人民法院完成中华人民共和国成立以来最为全面系统规范的司法解释清理工作，对中华人民共和国成立以来至2020年5月28日有效的全部591件司法解释逐一清理，废止116件，修改111件。其中，直接废止司法解释89件，另有27件废止后重新整合出台新的司法解释；修改的司法解释包括民事类27件、商事类29件、知识产权类18件、民事诉讼类19件、执行类

18件。完成清理工作后，作出司法解释废止、修改决定，自2021年1月1日起与民法典同步施行。

二是及时制定配套司法解释。最高人民法院坚持以问题为导向、以审判执行需求为出发点、以准确理解和适用法律为原则，构建多层次民法典配套司法解释。制定适用民法典时间效力的解释，整合制定民法典物权编解释、担保制度解释、婚姻家庭编解释、继承编解释、建设工程施工合同解释、劳动争议解释等，出台民法典总则编解释、人脸识别解释、生态环境侵权惩罚性赔偿解释等，有力配合民法典贯彻实施。

三是广泛开展学习宣传。最高人民法院统筹部署全国各级人民法院学习培训宣传工作。举行“人民法院大讲堂”活动，分层次、全覆盖培训干警120余万人次。以人民群众喜闻乐见的方式开展民法典普法宣传，会同中宣部等组织开展“美好生活·民法典相伴”主题宣传，推出“一分钟带你了解民法典”系列普法动漫等栏目。发挥典型案件示范引领作用，配合民法典总则编解释颁布，同步发布第一批13件人民法院贯彻实施民法典典型案例。

据统计，自2021年1月1日至2022年9月30日，全国各级人民法院根据民法典及相关司法解释的规定，共审结一审民商事案件2737万件。人民法院统一法律适用工作成效更加彰显，人民群众司法获得感、满意度持续提升。尤其是根据民法典新规，办理人格权侵害禁令、人身安全保护令案件8067件，让人民生活更加安全、更有尊严；审结环境侵权类案件3502件，促进发展更加和谐、更可持续。

二、《适用大全》的重大意义

《适用大全》是人民法院深入学习贯彻党的二十大精神，深入贯彻习近平法治思想，切实贯彻实施民法典、确保民法典统一正确适用，推动新时代新征程人民法院民事审判工作高质量发展的最新成果和重要举措，编辑出版《适用大全》意义重大。

第一，编辑出版《适用大全》是人民法院深入学习贯彻党的二十大精神、深入贯彻习近平法治思想的实际行动。党的二十大报告对坚持全面依法治国、推进法治中国建设作出专题论述、专门部署。民法典作为党的十八大以来全面推进依法治国的标志性立法成果，体现社会主义性质、符合人民利益和愿望、顺应时代发展要求，闪耀着习近平法治思想的光芒。编辑出版《适用大全》，有利于各级人民法院深入贯彻落实党的二十大精神，严格公正司法，深化司法体制综合配套改革，全面准确落实司法责任制，加快建设公正高效权威的社会主义司法制度，努力让人民群众在每一个司法案件中感受到公平正义，确保习近平总书记关于切实实施民法典的重要讲话和重要指示精神不折不扣落到实处，以正确贯彻实施民法典的生动实践坚定不移推进法治中国建设。

第二，编辑出版《适用大全》是人民法院正确贯彻实施民法典，推进司法为民、公正司法的应有之义。人民性是中国特色社会主义司法制度的本质属性，实现好、维护好、发展好最广大人民根本利益是我国司法工作的出发点和落脚点。编辑出版《适用大全》，有利于各级人民法院正确理解掌握民法典的核心精神、基本原则和具体制度，切实把民法典对生命健康、财产安全、交易便利、生活幸福、人格尊严等各方面权利的平等保护贯彻落实到审判执行工作的全过程、各方面，不断提高运用民法典维护人民权益、化解矛盾纠纷、促进社会和谐稳定的能力和水平，更好地满足和保障人民美好生活需要。

第三，编辑出版《适用大全》是人民法院提高司法能力，服务全面建设社会主义现代化国家、以中国式现代化全面推进中华民族伟大复兴的必然要求。民法典将庞大的民事法律规范按照完整逻辑体系予以整合，健全充实了民事权利种类，充分展现我国多年来关于市场经济体制改革的一系列重要制度成果，积极回应新时代人民司法关切，是高质量发展的助推器和法治保障。编辑出版《适用大全》，有利于各级人民法院统一裁判尺度，完整、准确、全面贯彻新发展理念，构建新发展格局，助力营造稳定公平透明、可预期的法治化营商环境；有利于各级人民法院围绕满足人民群众多元司法需求，深化司法体制综合配套改革和智慧法院建设，全面准确落实司法责任制，推进审判体系和审判能力现代化，充分发挥审判职能作用，服务全面建设社会主义现代化国家、以中国式现代化全面推进中华民族伟大复兴。

三、《适用大全》的编辑目标

《适用大全》作者群体主要为最高人民法院法官，同时吸收部分地方法院法官和高等院校中青年学者参加。编辑基本要求是以民法典条文为中心，体系化编辑相关法律法规、司法解释、司法指导性文件、权威释义、指导性案例、典型案例等内容，并基于我国民商合一的立法模式，将有关商事、知识产权、涉外民事关系等法律的具体适用纳入其中，形成民法典司法适用的逻辑体系，方便法律适用参考和普法宣传。通过编辑《适用大全》，力图实现以下目标：

一是推动民商事案件裁判尺度统一。向广大法官阐释好民法典关于坚持主体平等、保护财产权利、便利交易流转、维护人格尊严、促进家庭和谐、追究侵权责任等基本要求，阐释好民法典关于见义勇为、紧急救助、好意同乘、高空抛物、情势变更、保理合同等一系列创新性规定，指引广大法官强化法典化体系化思维，准确把握基本原则与具体规定、总则与分则、民法典与民商事特别法之间的适用关系，不断提升法律适用的系统性、科学性、准确性。

二是总结新时代民商事审判经验。系统梳理相关司法解释和司法指导性文件，深入挖掘民事案例“富矿”，全面总结和展示新时代各级人民法院坚持以习近平新时代中国特色社会主义思想为指导，深入贯彻习近平法治思想，认真履行司法职能，推进全面依法治国探索形成的新经验、新举措、新成就，为人民法院服务保障中国式现代化奠定坚实基础。

三是助力更高水平的法治中国建设。整理汇编相关规定、释义、案例，既帮助广大法官准确理解民法典条文的精神要义，准确把握司法适用中的重点难点问题，提高办案质量和司法公信力，又帮助人民群众提高找法用法效率，促进民法典普法宣传和贯彻实施。

四、《适用大全》的体例结构

《适用大全》共计12卷33册，分为三大部分：

第一部分为法典卷。以民法典七编制结构为基础，分为总则卷、物权卷、合同卷、人格权卷、婚姻家庭卷、继承卷、侵权责任卷（含附则）。本部分将民法典的1260个条文全部收录，并围绕每一个条文编辑关联规定、条文释义、典型案例等内容。

第二部分为扩展卷。在法典卷的基础上增加知识产权与竞争卷、生态环境卷、商事卷、涉外商事海事卷。本部分主要是针对相关法律中与审判工作密切相关的条文开展编辑工作。

第三部分为索引卷。本部分旨在方便检索查阅（平装版不设索引卷）。

在体例安排上，以民法典具体条文为中心，设置关联规定、条文释义、适用指引、指导案例、典型案例、类案检索等栏目。其中，关联规定栏目主要收录与民法典或有关法律条文密切相关的法律、行政法规、司法解释、部门规章及司法指导性文件。条文释义栏目主要介绍目标条文的条文主旨、条文演变和条文解读。适用指引栏目侧重分析目标条文在审判实践中的重点难点问题。指导案例栏目主要收录目标条文涉及的相应指导性案例。典型案例栏目主要收录党的十八大以来最高人民法院的公报、工作报告中列举的案例，以及最高人民法院各部门发布评选的典型案例、优秀案例。类案检索主要收录其他相关案例。全书共收录案例3000余件，包括指导性案例、典型案例800余件。

五、《适用大全》的指导价值及其他说明事项

《适用大全》是一部服务审判执行、普法宣传、研究教学、生产经营、社会生活的法律适用工具书。各级人民法院和法官在阅读参考《适用大全》时，主要用途有三：一是可以民法典条文为基础，一揽子查找到相应的法律规定、司法解释、典型案例等，快速全面了解相关法律规定和政策精神，更加准确把握民法典立法精神、条款含义。二是可借鉴《适用大全》汇集的理论成果、关联规定、裁判观点，结合具体实际总结典型案例，提炼裁判规则。三是可利用《适用大全》提供的丰富素材，组织业务培训和普法宣传，弘扬社会主义法治精神，推动尊法学法守法用法在全社会蔚然成风。

广大法官在使用《适用大全》时，应当注意以下两方面问题：一是严格遵守裁判文书引用法律、法规、司法解释的规定。本书关联规定部分收录的法律、行政法规、司法解释、部门规章及司法指导性文件等，旨在帮助法官掌握相关法律规定、政策精神。其中司法指导性文件、部门规章等不能作为裁判依据援引。裁判文书在引用法律、法规等规范性文件时，应当严格遵照《最高人民法院关于裁判文书引用法律、法规等规范性法律文件的规定》。二是区别使用参考案例。本书收录的指导性案例应严格参照适用，典型案例可作为裁判适用参考，类案检索中的案例仅在于提示法官有相关裁判存在，便于检索查找。

各级人民法院要坚持以习近平新时代中国特色社会主义思想为指导，深入学习贯彻党的二十大精神，深入贯彻习近平法治思想，切实把思想和行动统一到习近平总书记关于切实实施民法典的重要论述精神上来，深刻领悟“两个确立”的决定性意义，增强“四个意识”、坚定“四个自信”、做到“两个维护”，以学好用好《适用大全》为抓手，全面深化民法典贯彻实施，增强服务保障高质量发展的司法能

力，夯实推进审判体系和审判能力现代化的实践基础，服务大局、司法为民、公正司法，在坚持全面依法治国、推进法治中国建设的伟大实践中不断开辟司法事业发展新天地，为全面建设社会主义现代化国家、以中国式现代化全面推进中华民族伟大复兴提供有力司法服务！

本书的编辑出版得到了各级人民法院、有关单位和社会各界的大力支持。在此，向为本书编辑出版提供帮助支持的全国人大常委会法工委、最高人民检察院、司法部，其他有关中央和国家机关、法学理论界的专家学者，以及广大人民群众、新闻媒体和社会各界表示衷心的感谢！

最高人民法院民法典贯彻实施工作领导小组

二〇二二年十一月二十八日

凡 例

一、本书有关条文释义和典型案例中法律、行政法规名称一般用简称，例如《中华人民共和国民法典》简称《民法典》。

二、本书有关条文释义和典型案例中下列司法解释及司法指导性文件一般也使用简称：

文件全称	简称	相关信息
《最高人民法院关于审理植物新品种纠纷案件若干问题的解释》	《审理植物新品种纠纷案件解释》	发文字号：法释〔2001〕5号 公布日期：2000年12月25日 施行日期：2001年2月14日 修正施行日期：2021年1月1日
《最高人民法院关于人民法院对注册商标权进行财产保全的解释》	《注册商标权财产保全解释》	发文字号：法释〔2001〕1号 公布日期：2001年1月2日 施行日期：2001年1月21日 修正施行日期：2021年1月1日
《最高人民法院关于审理专利纠纷案件适用法律问题的若干规定》	《专利纠纷规定》	发文字号：法释〔2001〕21号 公布日期：2001年6月22日 施行日期：2001年7月1日 修正施行日期：2013年4月1日（第一次修正） 2015年2月1日（第二次修正） 2021年1月1日（第三次修正）
《最高人民法院关于民事诉讼证据的若干规定》	《民事诉讼证据规定》	发文字号：法释〔2001〕33号 公布日期：2001年12月21日 施行日期：2002年4月1日 修正施行日期：2020年5月1日

文件全称	简称	相关信息
《最高人民法院关于审理著作权民事纠纷案件适用法律若干问题的解释》	《著作权解释》	发文字号：法释〔2002〕31号 公布日期：2002年10月12日 施行日期：2002年10月15日 修正施行日期：2021年1月1日
《最高人民法院关于审理商标民事纠纷案件适用法律若干问题的解释》	《商标纠纷解释》	发文字号：法释〔2002〕32号 公布日期：2002年10月12日 施行日期：2002年10月16日 修正施行日期：2021年1月1日
《最高人民法院、最高人民检察院关于办理侵犯知识产权刑事案件具体应用法律若干问题的解释》	《知产刑事案件解释》	发文字号：法释〔2004〕19号 公布日期：2004年12月8日 施行日期：2004年12月22日
《最高人民法院关于审理技术合同纠纷案件适用法律若干问题的解释》	《技术合同纠纷解释》	发文字号：法释〔2004〕20号 公布日期：2004年12月16日 施行日期：2005年1月1日 修正施行日期：2021年1月1日
《最高人民法院关于审理不正当竞争民事案件应用法律若干问题的解释》（已失效）	《不正当竞争解释》	发文字号：法释〔2007〕2号 公布日期：2007年1月12日 施行日期：2007年2月1日 修正施行日期：2021年1月1日 失效日期：2022年3月20日
《最高人民法院关于审理侵犯植物新品种权纠纷案件具体应用法律问题的若干规定》 修正后名称：《最高人民法院关于审理侵害植物新品种权纠纷案件具体应用法律问题的若干规定》	《审理侵犯植物新品种权纠纷案件规定》 修正后简称：《审理侵害植物新品种权纠纷案件规定》	发文字号：法释〔2007〕1号 公布日期：2007年1月12日 施行日期：2007年2月1日 修正施行日期：2021年1月1日
《最高人民法院关于审理侵犯专利权纠纷案件应用法律若干问题的解释》	《侵犯专利权纠纷案件解释》	发文字号：法释〔2009〕21号 公布日期：2009年12月28日 施行日期：2010年1月1日

文件全称	简称	相关信息
《最高人民法院关于审理因垄断行为引发的民事纠纷案件应用法律若干问题的规定》	《垄断案件规定》	发文字号：法释〔2012〕5号 公布日期：2012年5月3日 施行日期：2012年6月1日 修正施行日期：2021年1月1日
《最高人民法院关于审理侵犯专利权纠纷案件应用法律若干问题的解释（二）》	《侵犯专利权纠纷案件解释（二）》	发文字号：法释〔2016〕1号 公布日期：2016年3月21日 施行日期：2016年4月1日 修正施行日期：2021年1月1日
《最高人民法院关于审理商标授权确权行政案件若干问题的规定》	《商标授权确权规定》	发文字号：法释〔2017〕2号 公布日期：2017年1月10日 施行日期：2017年3月1日 修正施行日期：2021年1月1日
《最高人民法院关于审查知识产权纠纷行为保全案件适用法律若干问题的规定》	《知产行为保全规定》	发文字号：法释〔2018〕21号 公布日期：2018年12月12日 施行日期：2019年1月1日
《最高人民法院关于审理侵犯商业秘密民事案件适用法律若干问题的规定》	《侵犯商业秘密规定》	发文字号：法释〔2020〕7号 公布日期：2020年9月10日 施行日期：2020年9月12日
《最高人民法院关于审理专利授权确权行政案件适用法律若干问题的规定（一）》	《专利授权确权规定（一）》	发文字号：法释〔2020〕8号 公布日期：2020年9月10日 施行日期：2020年9月12日
《最高人民法院、最高人民检察院关于办理侵犯知识产权刑事案件具体应用法律若干问题的解释（三）》	《知产刑事案件解释（三）》	发文字号：法释〔2020〕10号 公布日期：2020年9月12日 施行日期：2020年9月14日
《最高人民法院关于知识产权民事诉讼证据的若干规定》	《知产证据规定》	发文字号：法释〔2020〕12号 公布日期：2020年11月16日 施行日期：2020年11月18日

文件全称	简称	相关信息
《最高人民法院关于审理侵害植物新品种权纠纷案件具体应用法律问题的若干规定（二）》	《审理侵害植物新品种权纠纷案件规定（二）》	发文字号：法释〔2021〕14号 公布日期：2021年7月5日 施行日期：2021年7月7日
《最高人民法院关于适用〈中华人民共和国反不正当竞争法〉若干问题的解释》	《反不正当竞争法解释》	发文字号：法释〔2022〕9号 公布日期：2022年3月16日 施行日期：2022年3月20日
《最高人民法院关于审理商标授权确权行政案件若干问题的意见》	《商标授权确权意见》	发文字号：法发〔2010〕12号 公布日期：2010年4月20日 施行日期：2010年4月20日
《最高人民法院关于加强著作权和与著作权有关的权利保护的意见》	《著作权和与著作权有关的权利保护的意见》	发文字号：法发〔2020〕42号 公布日期：2020年11月16日 施行日期：2020年11月16日
《最高人民法院关于审理侵害知识产权民事案件适用惩罚性赔偿的解释》	《侵害知产民事案件适用惩罚性赔偿解释》	发文字号：法〔2021〕4号 公布日期：2021年3月2日 施行日期：2021年3月3日
《保护文学和艺术作品伯尔尼公约》	《伯尔尼公约》	签订日期：1886年9月 生效日期：1887年12月5日
《商标注册用商品与服务国际分类尼斯协定》	《尼斯协定》	签订日期：1957年6月15日 生效日期：1961年4月8日 中国于1994年8月9日加入该协定
《保护工业产权巴黎公约》	《巴黎公约》	1984年11月中国加入，1985年3月19日对中国生效
《TRIPS与公共健康多哈宣言》	《多哈宣言》	2001年11月发表
《修改与贸易有关的知识产权协定的议定书》	《议定书》	由国际组织于2005年12月6日在日内瓦签订的条约 2007年10月28日第十届全国人大常委会第三十次会议决定批准，2007年11月28日交存批准书

三、本书“关联规定”中的“法律、行政法规、司法解释”栏目收录了国务院及国务院办公厅发布的行政规范性文件。

四、本书部分案例中引用的法律法规、司法解释等为案件审理当时所适用，在参照过程中应注意以法律法规、司法解释等文件的最新规定为准。

总目录

目　录

（第一册）

《专利法》（部分）

《种子法》及《植物新品种保护条例》（部分）

《种子法》（部分）

《植物新品种保护条例》（部分）

《专利法》（部分）

概 述

知识产权法是民法的一个分支，知识产权法的核心是权利的授权、确权和保护，即便涉及行政程序的内容，也旨在服务和保障权利。《民法典》第123条明确规定了“民事主体依法享有知识产权”，并列举了知识产权的类型。这是《民法典》对于知识产权在民法中的地位的宣示和确认。因此，民法是知识产权法的根基，知识产权法的适用以民法为底蕴，其法律适用需要厚实的民法底蕴和广阔的民法视野，使民法精神潜移默化于知识产权法的适用之中，自觉形成必要的民法思维和意识，不违背民法常识。同时，也要深刻认识知识产权及知识产权法的特性，识别与其他民事制度的界限。知识产权法是体现民法时代性的重要法律领域，知识产权及其保护具有独特的理念、制度和特性，以此达成其制度使命。在法律适用中要特别注意二者产生互动需满足一个基本前提，即民法的介入或者对于民事制度的求援，以知识产权制度中缺乏明文规定为前提，且必须符合知识产权制度的专门立法目的，不能破坏知识产权制度的固有政策选择和利益平衡。总之，知识产权法在法理上不能拒绝民法法理和民法常识，但在制度取向上又要维持自身的基本品格。而在知识产权法中，专利法占有极为重要的地位，当然也应当如此。

我国现行的《专利法》是1984年制定的，至今已经先后修正四次。1984年3月12日，在第六届全国人民代表大会常务委员会第四次会议上通过的《专利法》，自1985年4月1日起实施。我国《专利法》在立法上吸收了国际上专利立法的最新经验，结合我国的技术发展水平，对有关技术发明创造给予较为充分的保护。《专利法》的实施不仅得到世界各国的欢迎，更为重要的是得到了国内广大发明人的支持。我国《专利法》规定了三种专利，即发明、实用新型和外观设计；采用先申请制；发明专利采取早期公开、延迟审查制；引入了《巴黎公约》所规定的优先权制度；对外国人实行国民待遇。1984年《专利法》是在我国真正得到全面贯彻的第一部专利法。

1992年，即《专利法》颁布8年后，有关方面已积累了一定经验，同时为适应国内外形势的发展变化，我国对《专利法》进行了修正。修正后的《专利法》提高了对发明创造的保护水平。具体地讲包括以下几个方面：第一，拓展了《专利法》的保护范围。1984年《专利法》明确不予保护的饮料、食品、调味品和药品、用化学方法获得的物质等被纳入《专利法》保护范围。第二，专利权效力得到增强。专利权内容增加了进口权；方法专利的效力延伸到产品。第三，专利保护期加长。发明专利保护期由15年增加到20年；实用新型和外观设计保护期也增加到10年。第四，引入本国优先权制度，使在我国的首次申请人与在外国递交首次申请的申请人处于同等地位。第五，取消了审查中的异议制度，改为授权后的撤销制度，通过这种方式在一定程度上缩短了审查的时间。经过这次修改，我国专利制度已同发达国家专利制度保护水平相差无几。

2000年，为了适应国内经济体制改革和技术发展的需求，全面满足我国加入世界贸易组织在法律法规方面的要求，我国再度对《专利法》进行了较大幅度的修正。此次修正的内容主要涉及以下几个方面：第一，进一步强化了专利权的效力，在1992年修正的《专利法》基础上，又将"许诺销售"列入专利权的效力范围。根据这一规定，即使尚未直接以销售侵权产品获利，只要许诺销售专利产品或者用专利方法直接获得的产品也构成侵权。第二，将专利审查完全置于司法监督之下。根据2000年修正的《专利法》，所有类型的专利行政审查，其终审权都将由人民法院行使，这直接体现了司法终局和程序公正的原则。这一修正是为了满足世界贸易组织《与贸易有关的知识产权协定》第62条的规定。根据这一规定，对于有关知识产权的取得、维持以及相关的程序而作出的任何行政裁决，均应当接受司法审查或者准司法审查。在此之前，按照1992年《专利法》和1984年《专利法》，只有关于发明专利的申请、无效宣告、撤销或者异议等纠纷可以由人民法院作出最终的司法裁判；而有关实用新型和外观设计专利的申请以及无效宣告、撤销或者异议等纠纷，专利复审委员会的决定即为终局决定。第三，增加了行为保全制度，使专利权人的利益可以得到更充分的保护。对一些即将发生的侵权行为，只要权利人或利害关系人能够提供证据证明若不及时制止该行为便会造成不可挽回的损失，法院就可以根据当事人申请责令其停止有关行为或者采取财产保全措施。这种制度类似于英美法中的临时禁令。第四，为了简化程序，取消了前次修正引入的撤销专利权的程序，将其一并纳入无效宣告程序。经过这次修正，我国的《专利法》已经完全达到了《与贸易有关的知识产权协定》的要求。

2008年12月27日，全国人民代表大会常务委员会通过《关于修改〈中华人民共和国专利法〉的决定》。此次修正在具体制度层面上主要有以下几个方面的变化：第一，提高授予专利的条件，将原来的混合新颖性标准改为绝对新颖性标准；对外观设计专利的授予条件也作了相应调整；对有赖于遗传资源而完成的发明创造，增加规定了遗传资源取得的合法性和披露来源的条件。第二，取消了涉外专利代理机构的审批，任何依法成立的专利代理机构均可办理涉外专利案件。第三，对强制许可的规定作了较大的调整，重新写入了因不实施或者不充分实施专利所引发的强制许可的规定，对涉及公共健康、半导体技术等方面的强制许可作出了明确的规定。第四，增设了有关药品和医疗器械行政审批中的专利权限制的规定。第五，对平行进口问题作出了明确规定，平行进口在我国成为合法行为。第六，提高了侵犯专利权行为的法定赔偿额度。第七，增加了现有技术抗辩的条款，对滥诉行为构成一定的限制。此外，此次修正还就证据保全和诉前禁令、共有专利权的行使等问题进行了修正。

2020 年 10 月 17 日，全国人民代表大会常务委员会通过《关于修改〈中华人民共和国专利法〉的决定》。此次修法的动力来自我国经济的持续发展、实施创新驱动发展战略、建设创新型国家的直接需求，在具体制度层面上主要有以下几个方面的变化：第一，加强对专利权人合法权益的保护，加大因侵犯专利权行为给权利人造成损失的赔偿力度，根据《民法典》第 1185 条的规定，引入惩罚性赔偿制度，并将法定赔偿的赔偿数额从 1 万元到 100 万元提高为 3 万元到 500 万元；完善举证责任；完善诉前行为保全措施；完善专利行政执法；明确诚实信用和禁止权利滥用原则；新增专利权期限补偿制度和药品专利纠纷早期解决机制等。第二，促进专利实施和运用，明确单位对职务发明创造的处置权；加强专利转化服务；新设专利开放许可制度；加强专利公共信息服务等。第三，完善专利授权制度，新设外观设计专利申请国内优先权制度；优化要求优先权程序；延长外观设计专利权保护期；增加不丧失新颖性的情形；完善专利权评价报告制度；等等。

由此形成了我国现行的《专利法》，共八章，具体包括：第一章，总则，第 1 条至第 21 条；第二章，授予专利权的条件，第 22 条至第 25 条；第三章，专利的申请，第 26 条至第 33 条；第四章，专利申请的审查和批准，第 34 条至第 41 条；第五章，专利权的期限、终止和无效，第 42 条至第 47 条；第六章，专利实施的特别许可，第 48 条至第 63 条；第七章，专利权的保护，第 64 条至第 80 条；第八章，附则，第 81 条至第 82 条。

我国《专利法》的重要特点之一，就是在一部法律中规定保护三种专利，即发明、实用新型和外观设计专利。这种立法例在世界上是极为少见的，综观世界各国和相关地区的专利立法，实际上都主要是保护发明的制度。也就是说，在绝大多数国家和地区，“专利”都特指发明专利，而不包括其他。当然，也有一部分国家和地区对实用新型加以保护，但多数国家和地区都是单独立法，以注册方式予以保护，只有巴西和菲律宾等少数国家以专利方式给予保护。至于工业品外观设计，尽管《巴黎公约》规定了各成员都有予以保护的义务，却并未规定应采用何种方式加以保护。对《巴黎公约》的权威解释为，各成员可以通过保护外观设计特别法、版权法或者反不正当竞争法去遵守这项规定。世界贸易组织《与贸易有关的知识产权协定》也将工业品外观设计作为知识产权的保护对象，但同样将保护方式的选择权授予各成员。因而，世界各国对于外观设计的保护方式各不相同。有的国家将其纳入专利法保护；有的国家将其纳入版权法保护；有的国家既给予专利法的保护，又给予版权法的保护；还有的国家则根据外观设计保护所具有的特殊性，制定了专门的工业版权保护法。

第一条　为了保护专利权人的合法权益，鼓励发明创造，推动发明创造的应用，提高创新能力，促进科学技术进步和经济社会发展，制定本法。

关联规定

一、法律、行政法规、司法解释

《国防专利条例》

第一条　为了保护有关国防的发明专利权，确保国家秘密，便利发明创造的推广应用，促进国防科学技术的发展，适应国防现代化建设的需要，根据《中华人民共和国专利法》①，制定本条例。

二、部门规章及规范性文件

《专利行政执法办法》

第一条　为深入推进依法行政，规范专利行政执法行为，保护专利权人和社会公众的合法权益，维护社会主义市场经济秩序，根据《中华人民共和国专利法》②《中华人民共和国专利法实施细则》以及其他有关法律法规，制定本办法。

条文释义

一、本条主旨

本条是关于《专利法》立法目的的规定。

① 2000年修正的《专利法》。
② 2008年修正的《专利法》。

二、条文演变

1984年制定的《专利法》第1条规定："为了保护发明创造专利权，鼓励发明创造，有利于发明创造的推广应用，促进科学技术的发展，适应社会主义现代化建设的需要，特制定本法。"2000年修改《专利法》时，根据全国人大教科文卫委员会关于立法目的中应增加"促进技术创新"的建议，将1992年《专利法》中的"促进科学技术的发展"修改为"促进科学技术进步和创新"。2008年修改《专利法》，为进一步体现提高创新能力的要求，增加了"提高创新能力"的立法宗旨，将"保护发明创造专利权"修改为"保护专利权人的合法权益"，同时作了一些文字的修改。2020年修改《专利法》，对本条未作修改。

三、条文解读

立法目的涉及以下四个方面：

（一）保护专利权人的合法权益

依照《专利法》的规定，专利权人在法定期限内对其所获得发明、实用新型或者外观设计专利权的技术方案或者外观设计享有排除他人未经许可实施的权利。制定《专利法》，就是要通过建立专利制度，保护专利权人依法获得的专利权，从而激励和保护创新。根据《专利法》的规定，除法律中明确规定的几种特定情形外，针对获得授权的发明和实用新型专利，未经专利权人许可，任何人不得为生产经营目的制造、使用、许诺销售、销售、进口其专利产品，或者使用其专利方法以及使用、销售、进口依照该专利方法直接获得的产品；针对获得授权的外观设计专利，未经专利权人许可，都不得实施其专利，即不得为生产经营目的制造、许诺销售、销售、进口其外观设计专利产品。否则，就构成对专利权的侵害，侵权人应依法承担法律责任。对此，我国《专利法》在"专利权的保护"一章，对专利权的保护范围、专利侵权的法律责任等作了明确的规定，为保护专利权人的合法权益提供了法律依据。2020年修改《专利法》，最主要的内容也是加强对专利权人合法权益的保护，具体包括：加大对专利侵权行为的惩处力度，提高侵权法定赔偿数额，增加惩罚性赔偿规定；完善专利保护程序和方式，完善诉讼中的举证责任和诉前行为保全的规定，通过程序完善促进实体权利的保护；完善专利权的保护范围、延长专利权期限，明确局部外观设计可获得专利权，延长外观设计专利权的期限，增加发明专利保护期补偿制度；等等。

（二）鼓励发明创造

发明创造被授予专利权后，专利权人享有的权利包括自用权和专用权，即专利权人可以通过自行实施专利取得收益，也可以通过许可他人实施专利取得许可使用费，还可以用专利权作为投资取得股权，当然也可以通过转让其专利权而获得转让费。制定《专利法》，就是要通过建立激励制度，使那些具有实用价值和经济意义并且被依法授予专利权的发明创造，充分发挥专利权作为一种财产权利的效用，专利权人可以依此在经济上得到利益，从而进一步鼓励发明创造，调动开展发明创造活动的积极性，吸引更多的资金、人力投入发明创造活动中。

（三）推动发明创造的应用

制定《专利法》，建立专利制度的目的还在于推动发明创造的应用。具体体现在以下两个方面：

第一，按照《专利法》的规定，专利权人对其取得专利的发明创造享有专利权，其可以通过自行实施专利获得收益，也可以许可他人实施其专利而取得专利许可使用费。一般而言，专利权人得到的经济利益与其取得专利的发明创造的推广应用程度成正比关系，专利推广应用的范围越广，说明该项专利的经济意义和实用价值越大，专利权人获得的收益也越多。这显然有利于调动单位和个人进行发明创造并努力使其发明创造得以推广应用的积极性。同时，为了有利于发明创造的推广应用，《专利法》在“专利实施的特别许可”一章作了特别的规定，其规定开放许可、强制许可和指定许可。关于专利实施的强制许可制度，即专利权人自己不实施其专利，又不以合理条件许可他人实施其专利的，国务院专利行政部门可以依法定条件和程序，根据他人的申请，给予实施该项专利的强制许可。关于我国《专利法》规定的具有中国特色的专利实施的“指定许可”制度，即对国有企业事业单位的发明专利，对国家利益或者公共利益具有重大意义的，国务院有关主管部门和省级人民政府报经国务院批准，可以决定在批准的范围内推广应用，允许指定的单位实施。2020 年修改《专利法》，为了促进发明创造的应用，新增了专利开放许可制度，加强了专利转化服务等。当然，在这些特别许可中，被许可实施者都应向专利权人支付使用费。这既保护了专利权人利益，又可以避免专利权人对其专利技术的不适当垄断或束之高阁、弃之不用，有利于促进专利技术的推广应用。

第二，《专利法》规定的一项重要制度是在法律保护下的专利技术公开，即所谓的“公开换保护”制度。按照《专利法》的规定，申请发明或者实用新型专利的申请人应当提交说明书及权利要求书，其中说明书应当对发明或者实用新型作出清楚、完整的说明，以所属技术领域的技术人员能够实现为准；必要时，应当有附图。摘要应当简要说明发明或者实用新型的技术要点。权利要求书应当以说明书为依据，清楚、简要地限定要求专利保护的范围。外观设计也要提交该外观设计的图片、照片以及对该外观设计的简要说明。之后由专利管理机关依法予以公布。鉴于此项法定的公开制度，可以实现有关发明创造信息的全社会共享，有关单位和个人可以通过这一途径查到所需要的技术，对于已授权专利的发明创造，及时与专利权人联系，取得使用许可，从而有利于发明创造的推广应用。

（四）提高创新能力，促进科学技术进步和经济社会发展

专利制度不仅着眼于维护专利权人的合法权益，鼓励发明创造、推动发明创造的应用，还体现在提高创新能力，促进科学技术进步和经济社会发展。制定《专利法》，实行专利制度，对于鼓励发明创造、促进发明创造的推广应用具有重要作用，而且专利技术公开制度对于充分利用已有的科研成果，避免重复进行研究开发工作，提高科研工作的效率具有积极作用，这些均可以促进科学技术的进步。

而专利制度的最终目标，则是要促进经济社会的发展。在各国经济的竞争力很大程度取决于创新能力的今天，以专利为核心的知识产权已经成为国家间、企业间竞争的焦点。《专利法》的制定和修改，就是为了合理调整发明创造过程中产生的利益关系，明确、规范和保护发明创造及其运用过程中的权利，从而进一步激发创造热情，推动科技进步，促进经济社会的发展，增强我国的综合实力。

第二条　本法所称的发明创造是指发明、实用新型和外观设计。

发明，是指对产品、方法或者其改进所提出的新的技术方案。

实用新型，是指对产品的形状、构造或者其结合所提出的适于实用的新的技术方案。

外观设计，是指对产品的整体或者局部的形状、图案或者其结合以及色彩与形状、图案的结合所作出的富有美感并适于工业应用的新设计。

关联规定

一、国际条约

1.《与贸易有关的知识产权协定》

第27条第1款　在符合本条下述第2款至第3款的前提下，一切技术领域中的任何发明，无论产品发明或方法发明，只要其具有新颖性、含创造性并可付诸工业应用，均应有可能获得专利。在符合第65条第4款、第70条第8款及本条第3款的前提下，获得专利及享有专利权，不得因发明地点不同、技术领域不同及产品之系进口或系本地制造之不同而给予歧视。

2.《保护工业产权巴黎公约》

第1条第2款　工业产权的保护对象有专利、实用新型、工业品外观设计、商标、服务标记、厂商名称、货源标记或原产地名称，和制止不正当竞争。

二、法律、行政法规、司法解释

《中华人民共和国民法典》

第一百二十三条　民事主体依法享有知识产权。

知识产权是权利人依法就下列客体享有的专有的权利：

（一）作品；

（二）发明、实用新型、外观设计；
（三）商标；
（四）地理标志；
（五）商业秘密；
（六）集成电路布图设计；
（七）植物新品种；
（八）法律规定的其他客体。

三、部门规章及规范性文件

《专利审查指南》

第一部分　第一章　发明专利申请的初步审查

7.1　根据专利法第二条第二款的审查

根据专利法第二条第二款的规定，专利法所称的发明是指对产品、方法或者其改进所提出的新的技术方案。

初步审查中，申请文件描述了“发明”的部分技术特征的，审查员可以不判断该技术方案是否完整，也可以不判断该技术方案能否实施。但是，申请文件仅描述了某些技术指标、优点和效果，而对解决技术问题的技术方案未作任何描述，甚至未描述任何技术内容的，审查员应当发出审查意见通知书，通知申请人在指定期限内陈述意见或者修改。申请人未在指定期限内答复的，审查员应当发出视为撤回通知书；申请人陈述意见或者补正后仍不符合规定的，审查员可以作出驳回决定。

第一部分　第二章　实用新型专利申请的初步审查

6.1 实用新型专利只保护产品

根据专利法第二条第三款的规定，实用新型专利只保护产品。所述产品应当是经过产业方法制造的，有确定形状、构造且占据一定空间的实体。

一切方法以及未经人工制造的自然存在的物品不属于实用新型专利保护的客体。

上述方法包括产品的制造方法、使用方法、通讯方法、处理方法、计算机程序以及将产品用于特定用途等。

例如，齿轮的制造方法、工作间的除尘方法或数据处理方法，自然存在的雨花石等不属于实用新型专利保护的客体。

一项发明创造可能既包括对产品形状、构造的改进，也包括对生产该产品的专用方法、工艺或构成该产品的材料本身等方面的改进。但是实用新型专利仅保护针对产品形状、构造提出的改进技术方案。

应当注意的是：

（1）权利要求中可以使用已知方法的名称限定产品的形状、构造，但不得包含方法的步骤、工艺条件等。例如，以焊接、铆接等已知方法名称限定各部件连接关系的，不属于对方法本身提出的改进。

（2）如果权利要求中既包含形状、构造特征，又包含对方法本身提出的改进，例如含有对产品制造方法、使用方法或计算机程序进行限定的技术特征，则不属于实用新型专利保护的客体。例如，一种木质牙签，主体形状为圆柱形，端部为圆锥形，其特征在于：木质牙签加工成形后，浸泡于医用杀菌剂中5~20分钟，然后取出晾干。由于该权利要求包含了对方法本身提出的改进，因而不属于实用新型专利保护的客体。

6.2 产品的形状和/或构造

根据专利法第二条第三款的规定，实用新型应当是针对产品的形状和/或构造所提出的改进。

6.2.1 产品的形状

产品的形状是指产品所具有的、可以从外部观察到的确定的空间形状。

对产品形状所提出的改进可以是对产品的三维形态所提出的改进，例如对凸轮形状、刀具形状作出的改进；也可以是对产品的二维形态所提出的改进，例如对型材的断面形状的改进。

无确定形状的产品，例如气态、液态、粉末状、颗粒状的物质或材料，其形状不能作为实用新型产品的形状特征。

应当注意的是：

（1）不能以生物的或者自然形成的形状作为产品的形状特征。例如，不能以植物盆景中植物生长所形成的形状作为产品的形状特征，也不能以自然形成的假山形状作为产品的形状特征。

（2）不能以摆放、堆积等方法获得的非确定的形状作为产品的形状特征。

（3）允许产品中的某个技术特征为无确定形状的物质，如气态、液态、粉末状、颗粒状物质，只要其在该产品中受该产品结构特征的限制即可，例如，对温度计的形状构造所提出的技术方案中允许写入无确定形状的酒精。

（4）产品的形状可以是在某种特定情况下所具有的确定的空间形状。例如，具有新颖形状的冰杯、降落伞等。又如，一种用于钢带运输和存放的钢带包装壳，由内钢圈、外钢圈、捆带、外护板以及防水复合纸等构成，若其各部分按照技术方案所确定的相互关系将钢带包装起来后形成确定的空间形状，这样的空间形状不具有任意性，则钢带包装壳属于实用新型专利保护的客体。

6.2.2 产品的构造

产品的构造是指产品的各个组成部分的安排、组织和相互关系。

产品的构造可以是机械构造，也可以是线路构造。机械构造是指构成产品的零部件的相对位置关系、连接关系和必要的机械配合关系等；线路构造是指构成产品的元器件之间的确定的连接关系。

复合层可以认为是产品的构造，产品的渗碳层、氧化层等属于复合层结构。

物质的分子结构、组分、金相结构等不属于实用新型专利给予保护的产品的构造。例如，仅改变焊条药皮组分的电焊条不属于实用新型专利保护的客体。

应当注意的是：

（1）权利要求中可以包含已知材料的名称，即可以将现有技术中的已知材料应用于具有形状、构造的产品上，例如复合木地板、塑料杯、记忆合金制成的心脏导管支架等，不属于对材料本身提出的改进。

（2）如果权利要求中既包含形状、构造特征，又包含对材料本身提出的改进，则不属于实用新型专利保护的客体。例如，一种菱形药片，其特征在于，该药片是由20%的A组分、40%的B组分及40%的C组分构成的。由于该权利要求包含了对材料本身提出的改进，因而不属于实用新型专利保护的客体。

6.3 技术方案

专利法第二条第三款所述的技术方案，是指对要解决的技术问题所采取的利用了自然规律的技术手段的集合。技术手段通常是由技术特征来体现的。

未采用技术手段解决技术问题，以获得符合自然规律的技术效果的方案，不属于实用新型专利保护的客体。

产品的形状以及表面的图案、色彩或者其结合的新方案，没有解决技术问题的，不属于实用新型专利保护的客体。产品表面的文字、符号、图表或者其结合的新方案，不属于实用新型专利保护的客体。例如：仅改变按键表面文字、符号的计算机或手机键盘；以十二生肖形状为装饰的开罐刀；仅以表面图案设计为区别特征的棋类、牌类，如古诗扑克等。

第一部分 第三章 外观设计专利申请的初步审查

7. 根据专利法第二条第四款的审查

根据专利法第二条第四款的规定，专利法所称外观设计，是指对产品的形状、图案或者其结合以及色彩与形状、图案的结合所作出的富有美感并适于工业应用的新设计。

7.1 外观设计必须以产品为载体

外观设计是产品的外观设计，其载体应当是产品。不能重复生产的手工艺品、农产品、畜产品、自然物不能作为外观设计的载体。

7.2 产品的形状、图案或者其结合以及色彩与形状、图案的结合

构成外观设计的是产品的外观设计要素或要素的结合，其中包括形状、图案或者其结合以及色彩与形状、图案的结合。产品的色彩不能独立构成外观设计，除非产品色彩变化的本身已形成一种图案。可以构成外观设计的组合有：产品的形状；产品的图案；产品的形状和图案；产品的形状和色彩；产品的图案和色彩；产品的形状、图案和色彩。

形状，是指对产品造型的设计，也就是指产品外部的点、线、面的移动、变化、组合而呈现的外表轮廓，即对产品的结构、外形等同时进行设计、制造的结果。

图案，是指由任何线条、文字、符号、色块的排列或组合而在产品的表面构成的图形。图案可以通过绘图或其他能够体现设计者的图案设计构思的手段制作。

色彩，是指用于产品上的颜色或者颜色的组合，制造该产品所用材料的本色不是外观设计的色彩。

外观设计要素，即形状、图案、色彩是相互依存的，有时其界限是难以界定的，例如多种色块的搭配即成图案。

7.3 适于工业应用的富有美感的新设计

适于工业应用，是指该外观设计能应用于产业上并形成批量生产。

富有美感，是指在判断是否属于外观设计专利权的保护客体时，关注的是产品的外观给人的视觉感受，而不是产品的功能特性或者技术效果。

专利法第二条第四款是对可获得专利保护的外观设计的一般性定义，而不是判断外观设计是否相同或实质相同的具体审查标准。因此，在审查中，对于要求保护的外观设计是否满足新设计的一般性要求，审查员通常仅需根据申请文件的内容及一般消费者的常识进行判断。

7.4 不授予外观设计专利权的情形

根据专利法第二条第四款的规定，以下属于不授予外观设计专利权的情形：

（1）取决于特定地理条件、不能重复再现的固定建筑物、桥梁等。例如，包括特定的山水在内的山水别墅。

（2）因其包含有气体、液体及粉末状等无固定形状的物质而导致其形状、图案、色彩不固定的产品。

（3）产品的不能分割或者不能单独出售且不能单独使用的局部设计，例如袜跟、帽檐、杯把等。

（4）对于由多个不同特定形状或者图案的构件组成的产品，如果构件本身不能单独出售且不能单独使用，则该构件不属于外观设计专利保护的客体。例如，一组由不同形状的插接块组成的拼图玩具，只有将所有插接块共同作为一项外观设计申请时，才属于外观设计专利保护的客体。

（5）不能作用于视觉或者肉眼难以确定，需要借助特定的工具才能分辨其形状、图案、色彩的物品。例如，其图案是在紫外灯照射下才能显现的产品。

（6）要求保护的外观设计不是产品本身常规的形态，例如手帕扎成动物形态的外观设计。

（7）以自然物原有形状、图案、色彩作为主体的设计，通常指两种情形，一种是自然物本身；一种是自然物仿真设计。

（8）纯属美术、书法、摄影范畴的作品。

（9）仅以在其产品所属领域内司空见惯的几何形状和图案构成的外观设计。

（10）文字和数字的字音、字义不属于外观设计保护的内容。

（11）游戏界面以及人机交互无关的显示装置所显示的图案，例如，电子屏幕壁纸、开关机画面、与人机交互无关的网站网页的图文排版。

第二部分　第一章　不授予专利权的申请

2. 不符合专利法第二条第二款规定的客体

专利法所称的发明，是指对产品、方法或者其改进所提出的新的技术方案，这是对可申请专利保护的发明客体的一般性定义，不是判断新颖性、创造性的具体审查标准。

技术方案是对要解决的技术问题所采取的利用了自然规律的技术手段的集合。技术手段通常是由技术特征来体现的。

未采用技术手段解决技术问题，以获得符合自然规律的技术效果的方案，不属于专利法第二条第二款规定的客体。

气味或者诸如声、光、电、磁、波等信号或者能量也不属于专利法第二条第二款规定的客体。但利用其性质解决技术问题的，则不属此列。

条文释义

一、本条主旨

本条是关于专利权的客体即可以取得专利保护的发明创造的范围的规定。

二、条文演变

1984年《专利法》第2条规定，本法所称的发明创造是指发明、实用新型和外观设计。1992年和2000年《专利法》修改对该条未作变动。

2008年《专利法》修改时，将《专利法实施细则》中关于发明、实用新型和外观设计定义的规定上升为法律，分别作为本条第2款、第3款、第4款。2008年《专利法》第2条第1款表述为，本法所称的发明创造是指发明、实用新型和外观设计。第2款表述为，发明，是指对产品、方法或者其改进所提出的新的技术方案。第3款表述为，实用新型，是指对产品的形状、构造或者其结合所提出的适于实用的新的技术方案。第4款表述为，外观设计，是指对产品的形状、图案或者其结合以及色彩与形状、图案的结合所作出的富有美感并适于工业应用的新设计。

2020年10月《专利法》修改时，根据实践的需要，明确了对产品“局部”的外观设计给予专利保护，扩大了外观设计专利的保护范围。2020年《专利法》第2条第4款表述为，外观设计，是指对产品的整体或者局部的形状、图案或者其结合以及色彩与形状、图案的结合所作出的富有美感并适于工业应用的新设计。

三、条文解读

《专利法》第 1 条在规定立法宗旨时已经明确了专利权的保护客体是发明创造。本条则是对“发明创造”具体含义的规定，强调了专利保护客体的基本属性，即可以被授予专利权的发明和实用新型必须属于“技术方案”，保护的产品外观设计必须是能在工业上予以应用的外观设计。世界各国普遍认为专利保护的客体是“发明”，而《专利法》采用的措辞是“发明创造”，其主要原因在于《专利法》囊括了发明、实用新型和外观设计三种不同类型的专利。因此，在《专利法》各条规定中，凡是对发明、实用新型和外观设计都适用的，称为“发明创造”；仅对其中一种或者两种适用的，则分别予以指明。类似地，凡是对发明专利、实用新型专利、外观设计专利都适用的，视情况需要称为“专利”或者“专利权”；仅对其中一种或者两种适用的，则分别予以指明。

适用指引

一、发明的含义

按照世界知识产权组织主持起草的《发展中国家发明示范法》对发明所下的定义，发明是发明人的一种思想，是利用自然规律解决实践中特定问题的技术方案。我国《专利法》所称的发明，是指对产品、方法或者其改进所提出的新的技术方案，既包括产品发明也包括方法发明。产品发明是指人工制造的各种有形物品的发明，如新的机器、设备、材料、工具、用具等的发明，保护的是具体物品。方法发明是指关于把一个物品或物质改变成另一个物品或物质，或者为传递信号、信息等所采用的新的技术方案，如新的制造方法、化学方法、生物方法、产品的操作以及通信方法等，保护的是行为过程。

二、实用新型的含义

本法所称实用新型是指对产品的形状、构造或者其结合所提出的适于实用的新的技术方案。按照这一规定，《专利法》所称的实用新型，应具备以下特征：第一，实用新型的客体必须是一种产品。非经加工制造的自然存在的物品，以及一切有关的方法，包括产品的制造方法、使用方法、通信方法、处理方法以及将产品用于特定用途的方法等，不属于实用新型专利的保护范围。第二，实用新型是针对产品的形状、构造或者其结合而言的，即必须是对产品的外部形状、内部结构或者二者的结合提出的一种新的技术方案。实用新型专利权利要求中非形状构造类技术特征对于该实用新型专利权利要求的新颖性和创造性不能产生贡献。单纯以美感为目的的产品的形状、图案、色彩或者其结合的新设计不属于实用新型的技术方案。第三，实用新型必须具有实用性。即应当是具有一定的实用价值并且在产业上能够制造。第四，实用新型必须具有一定的创新性，属于一种"新的技术方案"。由于实用新型必须是一项新的技术方案，其实质也是一种发明，一般认为，只不过是其创造性和技术水平的要求要低于发明专利，因此，通常将实用新型的发明称为"小发明"，取得专利的实用新型被称为"小专利"。

三、外观设计的含义

按照本法的规定，外观设计是指对产品的整体或者局部的形状、图案或者其结合以及色彩与形状、图案的结合所作出的富有美感并适于工业应用的新设计。根据这一定义，作为专利保护的外观设计应具备如下特征：一是外观设计的载体必须是产品。产品是指任何用工业方法生产出来的物品。不能重复生产的手工艺品、农产品、畜产品、自然物等，不能作为外观设计的载体。二是构成外观设计的是产品整体或者局部的形状、图案或者其结合或者它们与色彩的结合。产品的色彩不能独立构成外观设计。可以构成外观设计的组合有：产品的形状；产品的图案；产品的形状和图案；产品的形状和色彩；产品的图案和色彩；产品的形状、图案和色彩。三是该外观设计能应用在具体的产品载体上，并且能够在产量上形成批量生产。四是该外观设计是一种富有美感的新的设计方案，由于"美感"属于人的主观感受，故并无确定的标准。值得注意的是，根据《专利法》第25条的规定，对于平面印刷品的图案、色彩或者二者的结合作出的主要起标识作用的设计，不授予专利权。这些标识可以通过商标权、著作权等法律制度获得保护。

发明、实用新型和外观设计的定义，在2008年之前，仅在《专利法实施细则》中作了规定。在我国建立专利制度初期，对如何界定发明、实用新型和外观设计的范围更加适合我国国情尚缺乏深入、统一的认识。2008 年修改《专利法》时，部分全国人大常委会及有关专门委员会委员提出，发明、实用新型和外观设计的定义是《专利法》的重要内容，应当将其纳入法律。国家知识产权局也认为，发明、实用新型和外观设计的定义是驳回专利申请和宣告专利权无效的法律依据，应当规定在法律中。而且，经过多年的实践，对三类发明创造的定义已逐渐形成统一认识，根据各方面的意见，2008 年《专利法》专门对发明、实用新型和外观设计的定义作了规定。

2020 年修改《专利法》，进一步修改了外观设计的定义，明确对产品“局部”的外观设计给予专利保护。随着产业发展，产品设计日趋精细化，成熟产品的整体外观设计越来越难以创新，局部外观设计逐渐成为外观设计创新的重要表现形式，创新设计者对保护局部外观设计的需求日益增强。从国际实践看，一些知识产权制度相对发达的国家、地区和组织均对局部外观设计给予了专利保护。此次修改《专利法》，在外观设计的定义中增加了“整体或者局部”的表述，对局部外观设计可以获得专利保护予以明确，可进一步促进外观设计的创新。

类案检索

一、邢某与国家知识产权局发明专利申请驳回复审行政纠纷案

关键词： 发明　专利权客体　技术方案

裁判摘要：《专利法》第 2 条第 2 款规定，发明是指对产品、方法或者其改进所提出的新的技术方案。本申请要求保护的方案，整体上属于交通行车规则。一方面，从方案的具体实施来看，虽然会不可避免地遵循或受制于自然规律，并使用一定的产品、工具，但方案能否实际实施，取决于人为设定的行车规则，而不是因为利用了自然规律。方案中涉及的豁口、过渡带、信号灯等交通设施、设备，均是服务于行车规则的，并未发生结构、性能上的技术改进，对本申请方案作为行车规则的本质属性并无影响，本申请并未采用专利法意义上的技术手段。另一方面，从权利要求的具体内容来看，本申请也主要体现为一种人为规划的行车规则设计，尽管该设计结合了交通设施、设备，具有一定的构造，但是，本申请所称的效果，并非基于对交通设施、设备及其构造的改

进，而是基于对交通规则与交通布局设计的改变，本质上与“为了交通安全、畅通，车辆均靠右行驶”的人为交通规则设计并无差别。因此，本申请要求保护的方案不属于专利法意义上的技术方案。

【案　　号】（2020）最高法知行终357号

【审理法院】最高人民法院

【来　　源】中国裁判文书网

二、裴某与国家知识产权局实用新型专利申请驳回复审行政纠纷案

关键词：实用新型　专利权客体　技术方案

裁判摘要：《专利法》第2条第3款规定，实用新型，是指对产品的形状、构造或者其结合所提出的适于实用的新的技术方案。在判断权利要求所要求保护的方案是否构成实用新型专利的保护客体时，应将所述方案作为一个整体，在分析其所采用的技术手段、解决的技术问题、产生的技术效果的基础上，予以综合评判。如果实用新型专利申请的权利要求形式上保护产品形状、构造，但本领域技术人员根据权利要求书和说明书的记载，可以确定权利要求所要求保护的对象实质上是对方法的改进方案，则该申请要求保护的技术方案不属于实用新型专利的保护客体。

【案　　号】（2021）最高法知行终233号

【审理法院】最高人民法院

【来　　源】中国裁判文书网

三、刘某某与国家知识产权局外观设计专利申请驳回复审行政纠纷案

关键词：外观设计　专利权客体　不予授权

裁判摘要：《专利法》第2条第4款规定，外观设计，是指对产品的形状、图案或者其结合以及色彩与形状、图案的结合所作出的富有美感并适于工业应用的新设计。根据该条的规定，满足以下四个法律要件的外观设计，可以成为我国外观设计专利权的保护客体：（1）以工业产品为载体；（2）是对产品形状、图案或者其结合以及色彩与形状、图案结合所作出的新的设计；（3）适于批量化生产的工业应用；（4）富有美感。本申请要求保护的实际为由一些汉字和阿拉伯数字构成的图案。发明人虽然对这些汉字和阿拉伯数字和图案赋予了

特殊的含义，但其并非以工业产品为载体，也非对适用于工业应用的具体产品的形状、图案、色彩或者其结合所作出的设计。因此本申请不符合《专利法》第2条第4款关于外观设计的规定，不能被授予专利权。

【案　　号】（2020）最高法知行终209号

【审理法院】最高人民法院

【来　　源】中国裁判文书网

第五条 对违反法律、社会公德或者妨害公共利益的发明创造，不授予专利权。

对违反法律、行政法规的规定获取或者利用遗传资源，并依赖该遗传资源完成的发明创造，不授予专利权。

关联规定

一、国际条约

1.《与贸易有关的知识产权协定》

第27条第2款 各成员为了维护公众利益或者社会公德，包括在保护人类、动物或者植物的生命或健康，或者避免对环境造成严重污染，有必要禁止某些发明在成员地域内进行商业性实施的，可以排除这些发明的专利性，但是以这种排除并非仅仅因为其法律禁止实施为限。

2.《保护工业产权巴黎公约》

第4条之4 不得以专利产品或者依专利方法制造的产品的销售受到本国法律的限制或者限定为理由，而拒绝授予专利或者使专利无效。

3.《生物多样性公约》

第2条 “生物资源”是指对人类具有实际或者潜在用途或者价值的遗传资源、生物体或其部分、生物种群或生态系统中的任何其他生物组成部分。

“遗传材料”是指来自植物、动物、微生物或其他来源的任何含有遗传功能单位的材料。

“遗传资源”是指具有实际或者潜在价值的遗传材料。

第15条 遗传资源的取得

1. 确认各国对其自然资源拥有的主权权利，因而可否获取遗传资源的决定权属于国家政府，并依照国家法律行使。

5. 遗传资源的取得须经提供该资源的缔约国事先知情同意，除非该缔约国另有规定。

7. 每一缔约国应按照第 16 条和第 19 条，并于必要时利用第 20 条和第 21 条设立的财务机制，酌情采取立法、行政或者政策性措施，以期与提供遗传资源的缔约国公平分享研究和开发此种资源的成果以及通过商业和其他方式利用该遗传资源所获得的利益。这种分享应当基于相互商定的条件。

第 16 条

1.每一缔约国认识到技术包括生物技术，且缔约国之间技术的取得和转让均为实现本公约目标必不可少的要求，因此承诺遵照本条规定向其他缔约国提供和／或便利其取得并向其转让有关生物多样性保护和持续使用的技术或利用遗传资源而不对环境造成重大损害的技术。

2.以上第 1 款所指技术的取得和向发展中国家转让，应按公平和最有利条件提供或给予便利，包括共同商定时，按减让和优惠条件提供或给予便利，并于必要时按照第 20 条和第 21 条设立的财务机制。此种技术属于专利和其他知识产权的范围时，这种取得和转让所根据的条件应承认且符合知识产权的充分有效保护。本款的应用应符合以下第 3、4 和 5 款的规定。

3.每一缔约国应酌情采取立法、行政或政策措施，以其根据共同商定的条件向提供遗传资源的缔约国，特别是其中的发展中国家，提供利用这些遗传资源的技术和转让此种技术，其中包括受到专利和其他知识产权保护的技术，必要时通过第 20 条和第 21 条的规定，遵照国际法，以符合以下第 4 和 5 款规定的方式进行。

4.每一缔约国应酌情采取立法、行政或政策措施，以期私营部门为第 1 款所指技术的取得、共同开发和转让提供便利，以惠益于发展中国家的政府机构和私营部门，并在这方面遵守以上第 1、2 和 3 款规定的义务。

5.缔约国认识到专利和其他知识产权可能影响到本公约的实施，因而应在这方面遵照国家立法和国际法进行合作，以确保此种权利有助于而不违反本公约的目标。

二、法律、行政法规、司法解释

1.《中华人民共和国民法典》

第八条 民事主体从事民事活动，不得违反法律，不得违背公序良俗。

第一千零九条 从事与人体基因、人体胚胎等有关的医学和科研活动，应当遵守法律、行政法规和国家有关规定，不得危害人体健康，不得违背伦理道德，不得损害公共利益。

2.《中华人民共和国专利法实施细则》

第十条 专利法第五条所称违反法律的发明创造，不包括仅其实施为法律所禁止的发明创造。

第二十六条 专利法所称遗传资源，是指取自人体、动物、植物或者微生物等含有遗传功能单位并具有实际或者潜在价值的材料；专利法所称依赖遗传资源完成的发明创造，是指利用了遗传资源的遗传功能完成的发明创造。

就依赖遗传资源完成的发明创造申请专利的，申请人应当在请求书中予以说明，并填写国务院专利行政部门制定的表格。

第一百零九条 国际申请涉及的发明创造依赖遗传资源完成的，申请人应当在国际申请进入中国国家阶段的书面声明中予以说明，并填写国务院专利行政部门制定的表格。

三、部门规章及规范性文件

《专利审查指南》

第一部分 第一章 发明专利申请的初步审查

7.2 根据专利法第五条的审查

初步审查中，审查员应当参照本指南第二部分第一章第3节的规定，对申请专利的发明是否明显违反法律、是否明显违反社会公德、是否明显妨害公共利益三个方面进行审查；对依赖遗传资源完成的发明创造，应当审查遗传资源的获取或利用是否明显违反法律、行政法规的规定。审查员认为专利申请的全部内容或者部分内容属于上述几个方面之一的，例如申请人提交下列或者类似申请："一种吸毒工具""一种赌博工具及其使用方法"，审查员应当发出审查意见通知书，说明理由，通知申请人在指定期限内陈述意见或者删除相应部分。申请人陈述的理由不足以说明该申请不属于专利法第五条规定的范围或者无充分理由而又拒绝删除相应部分的，应当作出驳回决定。申请人按照审查员意见删除相应部分，为使上下文内容达到文字上的连贯性而增加必要的文字应当允许。

第一部分 第二章 实用新型专利申请的初步审查

5. 根据专利法第五条和第二十五条的审查

对实用新型专利申请是否明显属于专利法第五条、第二十五条规定的不授予专利权的申请的审查，参照本指南第二部分第一章第3节和第4节的规定。

第一部分 第三章 外观设计专利申请的初步审查

6.1 根据专利法第五条第一款的审查

审查员应当根据本指南第二部分第一章第3节的有关规定，对申请专利的外观设计是否明显违反法律、是否明显违反社会公德、是否明显妨害公共利益三个方面进行审查。

6.1.1 违反法律

违反法律，是指外观设计专利申请的内容违反了由全国人民代表大会或者全国人民代表大会常务委员会依照立法程序制定和颁布的法律。

例如，带有人民币图案的床单的外观设计，因违反《中国人民银行法》，不能被授予专利权。

6.1.2 违反社会公德

社会公德，是指公众普遍认为是正当的、并被接受的伦理道德观念和行为准则。它的内涵基于一定的文化背景，随着时间的推移和社会的进步不断地发生变化，而且因地域不同而各异。中国专利法中所称的社会公德限于中国境内。例如，带有暴力凶杀或者淫秽内容的图片或者照片的外观设计不能被授予专利权。

6.1.3 妨害公共利益

妨害公共利益，是指外观设计的实施或使用会给公众或社会造成危害，或者会使国家和社会的正常秩序受到影响。

专利申请中外观设计的文字或者图案涉及国家重大政治事件、经济事件、文化事件，或者涉及宗教信仰，以致妨害公共利益或者伤害人民感情或民族感情的、或者宣扬封建迷信的、或者造成不良政治影响的，该专利申请不能被授予专利权。

以著名建筑物（如天安门）以及领袖肖像等为内容的外观设计不能被授予专利权。

以中国国旗、国徽作为图案内容的外观设计，不能被授予专利权。

第二部分 第一章 不授予专利权的申请

3.1.1 违反法律的发明创造

法律，是指由全国人民代表大会或者全国人民代表大会常务委员会依照立法程序制定和颁布的法律。它不包括行政法规和规章。

发明创造与法律相违背的，不能被授予专利权。例如，用于赌博的设备、机器或工具；吸毒的器具；伪造国家货币、票据、公文、证件、印章、文物的设备等都属于违反法律的发明创造，不能被授予专利权。

发明创造并没有违反法律，但是由于其被滥用而违反法律的，则不属此列。例如，用于医疗的各种毒药、麻醉品、镇静剂、兴奋剂和用于娱乐的棋牌等。

专利法实施细则第十条规定，专利法第五条所称违反法律的发明创造，不包括仅其实施为法律所禁止的发明创造。其含义是，如果仅仅是发明创造的产品的生产、销售或使用受到法律的限制或约束，则该产品本身及其制造方法并不属于违反法律的发明创造。例如，用于国防的各种武器的生产、销售及使用虽然受到法律的限制，但这些武器本身及其制造方法仍然属于可给予专利保护的客体。

3.1.2 违反社会公德的发明创造

社会公德，是指公众普遍认为是正当的、并被接受的伦理道德观念和行为准则。它的内涵基于一定的文化背景，随着时间的推移和社会的进步不断地发生变化，而且因地域不同而各异。中国专利法中所称的社会公德限于中国境内。

发明创造与社会公德相违背的，不能被授予专利权。例如，带有暴力凶杀或者淫秽的图片或者照片的外观设计，非医疗目的的人造性器官或者其替代物，人与动物交配的方法，改变人生殖系遗传同一性的方法或改变了生殖系遗传同一性的人，克隆的人或克隆人的方法，人胚胎的工业或商业目的的应用，可能导致动物痛苦而对人或动物的医疗没有实质性益处的改变动物遗传同一性的方法等，上述发明创造违反社会公德，不能被授予专利权。

但是，如果发明创造是利用未经过体内发育的受精14天以内的人类胚胎分离或者获取干细胞的，则不能以“违反社会公德”为理由拒绝授予专利权。

3.1.3 妨害公共利益的发明创造

妨害公共利益，是指发明创造的实施或使用会给公众或社会造成危害，或者会使国家和社会的正常秩序受到影响。

【例如】

发明创造以致人伤残或损害财物为手段的，如一种使盗窃者双目失明的防盗装置及方法，不能被授予专利权；发明创造的实施或使用会严重污染环境、严重浪费能源或资源、破坏生态平衡、危害公众健康的，不能被授予专利权；专利申请的文字或者图案涉及国家重大政治事件或宗教信仰、伤害人民感情或民族感情或者宣传封建迷信的，不能被授予专利权。

但是，如果发明创造因滥用而可能造成妨害公共利益的，或者发明创造在产生积极效果的同时存在某种缺点的，例如对人体有某种副作用的药品，则不能以“妨害公共利益”为理由拒绝授予专利权。

3.1.4 部分违反专利法第五条第一款的申请

一件专利申请中含有违反法律、社会公德或者妨害公共利益的内容，而其他部分是合法的，则该专利申请称为部分违反专利法第五条第一款的申请。对于这样的专利申请，审查员在审查时，应当通知申请人进行修改，删除违反专利法第五条第一款的部分。如果申请人不同意删除违法的部分，就不能被授予专利权。

例如，一项“投币式弹子游戏机”的发明创造。游戏者如果达到一定的分数，机器则抛出一定数量的钱币。审查员应当通知申请人将抛出钱币的部分删除或对其进行修改，使之成为一个单纯的投币式游戏机。否则，它即使是一项新的有创造性的技术方案，也不能被授予专利权。

3.2 根据专利法第五条第二款不授予专利权的发明创造

根据专利法第五条第二款的规定，对违反法律、行政法规的规定获取或者利用遗传资源，并依赖该遗传资源完成的发明创造，不授予专利权。

根据专利法实施细则第二十六条第一款的规定，专利法所称遗传资源，是指取自人体、动物、植物或者微生物等含有遗传功能单位并具有实际或者潜在价值的材料；专利法所称依赖遗传资源完成的发明创造，是指利用了遗传资源的遗传功能完成的发明创造。

在上述规定中，遗传功能是指生物体通过繁殖将性状或者特征代代相传或者使整个生物体得以复制的能力。

遗传功能单位是指生物体的基因或者具有遗传功能的 DNA 或者 RNA 片段。

取自人体、动物、植物或者微生物等含有遗传功能单位的材料，是指遗传功能单位的载体，既包括整个生物体，也包括生物体的某些部分，例如器官、组织、血液、体液、细胞、基因组、基因、DNA 或者 RNA 片段等。

发明创造利用了遗传资源的遗传功能是指对遗传功能单位进行分离、分析、处理等，以完成发明创造，实现其遗传资源的价值。

违反法律、行政法规的规定获取或者利用遗传资源，是指遗传资源的获取或者利用未按照我国有关法律、行政法规的规定事先获得有关行政管理部门的批准或者相关权利人的许可。例如，按照《中华人民共和国畜牧法》和《中华人民共和国畜禽遗传资源进出境和对外合作研究利用审批办法》的规定，向境外输出列入中国畜禽遗传资源保护名录的畜禽遗传资源应当办理相关审批手续，某发明创造的完成依赖于中国向境外出口的列入中国畜禽遗传资源保护名录的某畜禽遗传资源，未办理审批手续的，该发明创造不能被授予专利权。

条文释义

一、本条主旨

本条是关于对违反法律及社会公共利益和对违反法律、行政法规获取或者利用遗传资源完成的发明创造不授予专利权的规定。

二、条文演变

1984年《专利法》第5条规定，对违反国家法律、社会公德或者妨害公共利益的发明创造，不授予专利权。1992年和2000年《专利法》修改对该条均未作变动。2008年《专利法》修改时，删除了2000年《专利法》第5条中的“国家”二字，并根据我国已参加的国际公约即《生物多样性公约》的有关规定，为规范依赖遗传资源进行发明创造的行为，维护国家利益，增加了第2款的规定，明确违反法律、行政法规获取或者利用遗传资源完成的发明创造不授予专利权。2008年《专利法》第5条第1款表述为，对违反法律、社会公德或者妨害公共利益的发明创造，不授予专利权。第2款表述为，对违反法律、行政法规的规定获取或者利用遗传资源，并依赖该遗传资源完成的发明创造，不授予专利权。2020年10月《专利法》修正时对该条未作变动。

三、条文解读

专利权是国家基于公共政策和创新发展需要授予的法定之权，因此，《专利法》规定了授予专利权的各项条件，本条规定则属于对发明创造授予专利权的消极条件。

《民法典》明确规定，民事主体从事民事活动，不得违反法律，不得违背公序良俗。合法性原则要求，为了保障民事主体行使民事权利、履行民事义务符合国家意志、社会公共利益，保护正常交易秩序，稳定和谐社会关系，协调不同民事主体之间的利益冲突，民事活动必须遵守法律。基于此，违反法律的发明创造本质上也违反社会公德或者妨害公共利益。如果对可能扰乱正常社会秩序、导致犯罪或者造成其他不利于人民群众安居乐业的发明创造授予专利权，将会对国家和人民的根本利益造成严重危害。而且，《与贸易有关的知识产权协定》明确赋予各成员为维护公众利益或者社会公德，或者避免对环境造成严重污染等目的排除特定发明的专利性的权限。因此，本条第 1 款从法律、道德规范和公共利益的角度出发，规定了不能授予专利权的发明创造。

当今世界，基因技术快速发展，并在生物、制药、农业等技术领域广泛应用，遗传资源已经成为一个国家重要的战略性物质资源。我国是世界上遗传资源最丰富的国家之一，保护遗传资源对我国具有重要意义。如果对非法利用我国遗传资源完成的发明创造授予专利权，不仅会助长此类行为，还可能由于专利权人享有独占权而阻碍我国对该遗传资源的进一步开发利用。1993 年生效的《生物多样性公约》确立了遗传资源的国家主权、事先知情同意和惠益分享三项基本原则。本条第 2 款的规定，既在我国专利制度中落实了《生物多样性公约》的有关规定，也有效地保护了我国的生物遗传资源，促进了我国遗传资源的合理和有序利用。

适用指引

一、关于对违反法律、社会公德或者妨害公共利益的发明创造不授予专利权的理解

（一）违反法律的发明创造

本条所称的“法律”，仅指由全国人民代表大会及其常务委员会制定的法律，不包括行政法规、地方性法规。本条第 1 款中所述的发明创造违反法律，应当理解为该发明创造的目的本身为法律明文禁止或者与法律相违背。例如，

用于赌博的设备、机器或工具；吸毒的器具；伪造国家货币、票据、公文、证件、印章、文物的设备等。发明创造并没有违反法律，但是由于其被滥用而违反法律的，则不在此列。例如，用于医疗的各种药品、麻醉品、镇静剂、兴奋剂和用于娱乐的棋牌等。

本条所称的“违反法律的发明创造”，不包括仅其实施为法律所禁止的发明创造，即如果仅是发明创造的产品的生产、销售或使用受到法律的限制或约束，则该产品本身及其制造方法并不属于违反法律的发明创造。例如，用于国防的各种武器的生产、销售及使用虽然受到法律的限制，但是这些武器本身及其制造方法仍然属于可给予专利保护的客体。

（二）违反社会公德的发明创造

本条所称的“违反社会公德的发明创造”，是指对于树立社会主义道德风尚不仅不能产生任何积极作用，还会产生一定程度的破坏作用。例如，带有淫秽或者暴力血腥内容的外观设计，非医疗目的的人造性器官或者其替代物，人与动物交配的方法等。在实际适用中，一方面要以一般公众普遍认为是正当的并被接受的伦理道德观念和行为准则为判断标准；另一方面也要注意，社会公德会因时间的推移、社会的进步和地域的差异而不同。

（三）妨害公共利益的发明创造

本条所称的“妨害公共利益”，是指发明创造的实施或使用会给公众或社会造成危害，或者会使国家和社会的正常秩序受到影响。例如，发明创造以致人伤残或损害财物为手段的，或者发明创造的实施或使用会严重污染环境、浪费能源或资源、破坏生态平衡、危害公众健康的，等等。

需要注意的是，一方面，如果一项发明创造仅因被滥用而可能造成危害，或在产生积极效果的同时存在某种缺点，则不应被认为是妨害公共利益的发明创造，如对人体有某种副作用的药品等；另一方面，如果一项申请专利的发明创造的一部分属于违反国家法律、社会公德或妨害社会公共利益的情况，而其他部分是合法的，按照《专利审查指南》的要求，审查人员应当通知申请人进行修改，删除违反《专利法》规定的部分。如果申请人不同意删去违反的部分，就不能被授予专利权。

二、关于违反法律、行政法规的规定获取或者利用遗传资源，并依赖该遗传资源完成的发明创造不授予专利权的理解

（一）“遗传资源”的含义

本条所称的“遗传资源”，是指来自植物、动物、微生物或其他来源的任何含有遗传功能单位的、有实际或潜在价值的遗传材料。《辞海》对“遗传资源”的解释是“遗传资源即种质资源，是一切具有一定种质或者基因的生物类型的总称”。因此，“遗传功能单位”与“种质”具有基本相同的含义，可以理解为可代代相传的遗传物质。需要注意的是，本条所称的“遗传资源”是指我国的遗传资源，而不是泛指其他国家的遗传资源。这与本法第26条第5款“依赖遗传资源完成的发明创造，申请人应当在专利申请文件中写明该遗传资源的直接来源和原始来源”不同，该条所称“遗传资源”既包括我国的遗传资源，也包括其他国家的遗传资源。

（二）“依赖遗传资源完成的发明创造”的含义

所有生物体都包含基因，因而也就包含了遗传功能单位。但是，利用了生物体的发明创造并非都利用了其遗传功能单位。例如：关于中药的发明创造都利用了生物体，但目前尚无学说认为中药疗效的产生是利用了生物体的遗传功能单位；关于食品的发明创造也都利用了生物体，但目前亦尚无学说认为人摄入食物、获取营养是利用了生物体的遗传功能单位。如果让通过各种方式利用了生物体的所有发明创造的申请人在申请专利的过程中都承担披露其利用的生物体直接来源和原始来源的义务，无疑会不合理地增加专利申请人的负担。基于上述理由，《专利法实施细则》第26条第1款规定，“依赖遗传资源完成的发明创造，是指利用了遗传资源的遗传功能完成的发明创造”。

（三）“违反法律、行政法规的规定”的含义

与本条第1款仅提及的“法律”不同，本条第2款规定的能否授予专利权的依据不仅包括全国人民代表大会及其常务委员会制定的有关法律，也包括国务院制定的行政法规。并且，第2款规定的“违反法律、行政法规”，是指发明创造的完成依赖于违反有关法律、行政法规而获得或者利用的遗传资源。

类案检索

周某某与国家知识产权局专利复审委员会发明专利申请驳回复审行政纠纷案

关键词：妨碍社会公共利益　正常秩序　严重损伤人体　积极效果

裁判摘要：《专利法》第5条第1款规定，对违反法律、社会公德或者妨碍公共利益的发明创造，不授予专利权。妨碍社会公共利益是指发明创造的实施或使用会给公众或社会造成危害，或者会使国家和社会的正常秩序受到影响。本申请权利要求记载的配方成分中包括氢氧化钠，在实施时必然会产生严重损伤人体的后果，且其造成的损害有可能远远超过实现的积极效果，此种方式有违公共利益和公共安全，理应避免。故本申请不属于《专利审查指南》中规定的“产生积极效果的同时存在某种缺点”的情形。

【案　　号】（2018）最高法行申647号

【审理法院】最高人民法院

【来　　源】中国裁判文书网

第六条　执行本单位的任务或者主要是利用本单位的物质技术条件所完成的发明创造为职务发明创造。职务发明创造申请专利的权利属于该单位，申请被批准后，该单位为专利权人。该单位可以依法处置其职务发明创造申请专利的权利和专利权，促进相关发明创造的实施和运用。

非职务发明创造，申请专利的权利属于发明人或者设计人；申请被批准后，该发明人或者设计人为专利权人。

利用本单位的物质技术条件所完成的发明创造，单位与发明人或者设计人订有合同，对申请专利的权利和专利权的归属作出约定的，从其约定。

关联规定

一、国际条约

《保护工业产权巴黎公约》

第4条之3　发明人享有在专利中被记载为发明人的权利。

二、法律、行政法规、司法解释

1.《中华人民共和国民法典》

第八百四十七条　职务技术成果的使用权、转让权属于法人或者非法人组织的，法人或者非法人组织可以就该项职务技术成果订立技术合同。法人或者非法人组织订立技术合同转让职务技术成果时，职务技术成果的完成人享有以同等条件优先受让的权利。

职务技术成果是执行法人或者非法人组织的工作任务，或者主要是利用法人或者非法人组织的物质技术条件所完成的技术成果。

第八百四十八条　非职务技术成果的使用权、转让权属于完成技术成果的个人，完成技术成果的个人可以就该项非职务技术成果订立技术合同。

第八百四十九条 完成技术成果的个人享有在有关技术成果文件上写明自己是技术成果完成者的权利和取得荣誉证书、奖励的权利。

第八百六十三条 技术转让合同包括专利权转让、专利申请权转让、技术秘密转让等合同。

技术许可合同包括专利实施许可、技术秘密使用许可等合同。

技术转让合同和技术许可合同应当采用书面形式。

2.**《中华人民共和国专利法》**

第七条 对发明人或者设计人的非职务发明创造专利申请，任何单位或者个人不得压制。

第八条 两个以上单位或者个人合作完成的发明创造、一个单位或者个人接受其他单位或者个人委托所完成的发明创造，除另有协议的以外，申请专利的权利属于完成或者共同完成的单位或者个人；申请被批准后，申请的单位或者个人为专利权人。

第十条 专利申请权和专利权可以转让。

中国单位或者个人向外国人、外国企业或者外国其他组织转让专利申请权或者专利权的，应当依照有关法律、行政法规的规定办理手续。

转让专利申请权或者专利权的，当事人应当订立书面合同，并向国务院专利行政部门登记，由国务院专利行政部门予以公告。专利申请权或者专利权的转让自登记之日起生效。

第十五条 被授予专利权的单位应当对职务发明创造的发明人或者设计人给予奖励；发明创造专利实施后，根据其推广应用的范围和取得的经济效益，对发明人或者设计人给予合理的报酬。

国家鼓励被授予专利权的单位实行产权激励，采取股权、期权、分红等方式，使发明人或者设计人合理分享创新收益。

第十六条 发明人或者设计人有权在专利文件中写明自己是发明人或者设计人。

专利权人有权在其专利产品或者该产品的包装上标明专利标识。

第二十六条 申请发明或者实用新型专利的，应当提交请求书、说明书及其摘要和权利要求书等文件。

请求书应当写明发明或者实用新型的名称，发明人的姓名，申请人姓名或者名称、地址，以及其他事项。

说明书应当对发明或者实用新型作出清楚、完整的说明，以所属技术领域的技术人员能够实现为准；必要的时候，应当有附图。摘要应当简要说明发明或者实用新型的技术要点。

权利要求书应当以说明书为依据，清楚、简要地限定要求专利保护的范围。

依赖遗传资源完成的发明创造，申请人应当在专利申请文件中说明该遗传资源的直接来源和原始来源；申请人无法说明原始来源的，应当陈述理由。

3.《中华人民共和国专利法实施细则》

第十二条 专利法第六条所称执行本单位的任务所完成的职务发明创造，是指：

（一）在本职工作中作出的发明创造；

（二）履行本单位交付的本职工作之外的任务所作出的发明创造；

（三）退休、调离原单位后或者劳动、人事关系终止后1年内作出的，与其在原单位承担的本职工作或者原单位分配的任务有关的发明创造。

专利法第六条所称本单位，包括临时工作单位；专利法第六条所称本单位的物质技术条件，是指本单位的资金、设备、零部件、原材料或者不对外公开的技术资料等。

第十三条 专利法所称发明人或者设计人，是指对发明创造的实质性特点作出创造性贡献的人。在完成发明创造过程中，只负责组织工作的人、为物质技术条件的利用提供方便的人或者从事其他辅助工作的人，不是发明人或者设计人。

第十六条 发明、实用新型或者外观设计专利申请的请求书应当写明下列事项：

（一）发明、实用新型或者外观设计的名称；

（二）申请人是中国单位或者个人的，其名称或者姓名、地址、邮政编码、组织机构代码或者居民身份证件号码；申请人是外国人、外国企业或者外国其他组织的，其姓名或者名称、国籍或者注册的国家或者地区；

（三）发明人或者设计人的姓名；

（四）申请人委托专利代理机构的，受托机构的名称、机构代码以及该机构指定的专利代理人的姓名、执业证号码、联系电话；

（五）要求优先权的，申请人第一次提出专利申请（以下简称在先申请）的申请日、申请号以及原受理机构的名称；

（六）申请人或者专利代理机构的签字或者盖章；

（七）申请文件清单；

（八）附加文件清单；

（九）其他需要写明的有关事项。

4.《最高人民法院关于审理专利纠纷案件适用法律问题的若干规定》

第一条 人民法院受理下列专利纠纷案件：

1. 专利申请权权属纠纷案件；
2. 专利权权属纠纷案件；
3. 专利合同纠纷案件；
4. 侵害专利权纠纷案件；
5. 假冒他人专利纠纷案件；
6. 发明专利临时保护期使用费纠纷案件；
7. 职务发明创造发明人、设计人奖励、报酬纠纷案件；
8. 诉前申请行为保全纠纷案件；
9. 诉前申请财产保全纠纷案件；
10. 因申请行为保全损害责任纠纷案件；
11. 因申请财产保全损害责任纠纷案件；
12. 发明创造发明人、设计人署名权纠纷案件；
13. 确认不侵害专利权纠纷案件；
14. 专利权宣告无效后返还费用纠纷案件；
15. 因恶意提起专利权诉讼损害责任纠纷案件；
16. 标准必要专利使用费纠纷案件；
17. 不服国务院专利行政部门维持驳回申请复审决定案件；
18. 不服国务院专利行政部门专利权无效宣告请求决定案件；
19. 不服国务院专利行政部门实施强制许可决定案件；
20. 不服国务院专利行政部门实施强制许可使用费裁决案件；

21. 不服国务院专利行政部门行政复议决定案件；

22. 不服国务院专利行政部门作出的其他行政决定案件；

23. 不服管理专利工作的部门行政决定案件；

24. 确认是否落入专利权保护范围纠纷案件；

25. 其他专利纠纷案件。

第十条 2001 年 7 月 1 日以前利用本单位的物质技术条件所完成的发明创造，单位与发明人或者设计人订有合同，对申请专利的权利和专利权的归属作出约定的，从其约定。

5.《最高人民法院关于审理技术合同纠纷案件适用法律若干问题的解释》

第二条 民法典第八百四十七条第二款所称“执行法人或者非法人组织的工作任务”，包括：

（一）履行法人或者非法人组织的岗位职责或者承担其交付的其他技术开发任务；

（二）离职后一年内继续从事与其原所在法人或者非法人组织的岗位职责或者交付的任务有关的技术开发工作，但法律、行政法规另有规定的除外。

法人或者非法人组织与其职工就职工在职期间或者离职以后所完成的技术成果的权益有约定的，人民法院应当依约定确认。

第三条 民法典第八百四十七条第二款所称“物质技术条件”，包括资金、设备、器材、原材料、未公开的技术信息和资料等。

第四条 民法典第八百四十七条第二款所称“主要是利用法人或者非法人组织的物质技术条件”，包括职工在技术成果的研究开发过程中，全部或者大部分利用了法人或者非法人组织的资金、设备、器材或者原材料等物质条件，并且这些物质条件对形成该技术成果具有实质性的影响；还包括该技术成果实质性内容是在法人或者非法人组织尚未公开的技术成果、阶段性技术成果基础上完成的情形。但下列情况除外：

（一）对利用法人或者非法人组织提供的物质技术条件，约定返还资金或者交纳使用费的；

（二）在技术成果完成后利用法人或者非法人组织的物质技术条件对技术方案进行验证、测试的。

第五条 个人完成的技术成果，属于执行原所在法人或者非法人组织的工作任务，又主要利用了现所在法人或者非法人组织的物质技术条件的，应当按照该自然人原所在和现所在法人或者非法人组织达成的协议确认权益。不能达成协议的，根据对完成该项技术成果的贡献大小由双方合理分享。

第六条 民法典第八百四十七条所称“职务技术成果的完成人”、第八百四十八条所称“完成技术成果的个人”，包括对技术成果单独或者共同作出创造性贡献的人，也即技术成果的发明人或者设计人。人民法院在对创造性贡献进行认定时，应当分解所涉及技术成果的实质性技术构成。提出实质性技术构成并由此实现技术方案的人，是作出创造性贡献的人。

提供资金、设备、材料、试验条件，进行组织管理，协助绘制图纸、整理资料、翻译文献等人员，不属于职务技术成果的完成人、完成技术成果的个人。

三、部门规章及规范性文件

《专利审查指南》

第一部分 第一章 发明专利申请的初步审查

4.1.3.1 申请人是本国人

职务发明，申请专利的权利属于单位；非职务发明，申请专利的权利属于发明人。

在专利局的审查程序中，审查员对请求书中填写的申请人一般情况下不作资格审查。申请人是个人的，可以推定该发明为非职务发明，该个人有权提出专利申请，除非根据专利申请的内容判断申请人的资格明显有疑义的，才需要通知申请人提供所在单位出具的非职务发明证明。申请人是单位的，可以推定该发明是职务发明，该单位有权提出专利申请，除非该单位的申请人资格明显有疑义的，例如填写的单位是 ×× 大学科研处或者 ×× 研究所 ×× 课题组，才需要发出补正通知书，通知申请人提供能表明其具有申请人资格的证明文件。

条文释义

一、本条主旨

本条是关于职务发明创造和非职务发明创造申请专利的权利及专利权归属的规定。

二、条文演变

1984年制定《专利法》时，基于我国国情，关于职务发明创造申请专利的权利和专利权的归属，确定了属于单位的基本规则，相比其他一些国家的“发明人优先”原则，我国采用“雇主优先”原则。《专利法》制定时，第6条规定：“执行本单位的任务或者主要是利用本单位的物质条件所完成的职务发明创造，申请专利的权利属于该单位；非职务发明创造，申请专利的权利属于发明人或者设计人。申请被批准后，全民所有制单位申请的，专利权归该单位持有；集体所有制单位或者个人申请的，专利权归该单位或者个人所有。在中国境内的外资企业和中外合资经营企业的工作人员完成的职务发明创造，申请专利的权利属于该企业；非职务发明创造，申请专利的权利属于发明人或者设计人。申请被批准后，专利权归申请的企业或者个人所有。专利权的所有人和持有人统称专利权人。”

1992年《专利法》修正时，该条未作变动。

2000年《专利法》修正时对该条进行了修改。从主体方面，按照党的十四届三中全会《关于建立社会主义市场经济体制若干问题的决定》和党的十五届四中全会《关于国有企业改革和发展若干重大问题的决定》，国有企业实行出资者所有权与企业法人财产权相分离，国有企业以其全部法人财产，依法自主经营，自负盈亏，照章纳税，对出资者承担资产增值、保值的责任，对外独立承担民事责任。因此，没有必要再按不同所有制，规定国有单位对其专利权只是“持有人”，其他单位对其专利权才是“所有人”，而只需要明确谁是“专利权人”就可以了。因此，经修改后的本条规定，对因职务发明创造由单位取得的专利权，不再因单位的所有制性质不同而区分为专利权的“持有人”或“所有人”，而一律称为“专利权人”。从权利归属方面，对职务发明创造和非职务发明创造申请专利的权利和专利权的归属作出统一性的规定，即职务发明创造申请专利的权利和专利权均属于单位，非职务发明创造申请专利的权利和专利权均属于发明人或者是设计人个人。从确定归属的方式方面，除该条第 1 款、第 2 款外，增加了第 3 款，允许发明人、设计人与单位通过合同来约定利用本单位的物质技术条件所完成的发明创造申请专利的权利和专利权的归属。

2008 年《专利法》修正时，该条未作变动。

2020 年《专利法》修正时，为促进相关发明创造的实施和运用，在第 1 款中增加“该单位可以依法处置其职务发明创造申请专利的权利和专利权，促进相关发明创造的实施和运用”的规定。

三、条文解读

专利权归属是《专利法》的基本问题，其不仅决定着专利权所代表的利益分配，还直接影响到创新激励。发明创造最终是由自然人完成的，体现着自然人的智力创造。因此，权利归属作为一种法律规定的利益分配制度，一般采取“归发明人所有”的原则，以激励发明人的创新动力。但是，发明创造的完成，不仅离不开发明人的智力创造，在发明人是单位雇员的情况下，还离不开单位提供的各类物质技术条件，例如发明人所在单位安排的工作任务、提供的资金、设备、器材或者原材料等物质条件等，故在确定专利权归属时还需要考虑“归雇主（投资者）所有”的原则，以激励单位对发明创造的投资动力。在市场经济条件下，自然人与所在单位之间本质上是一种劳动合同关系，双方有约定确定发明创造权利归属的自由，故约定权利归属通常也会得到法律允许。本条第 1 款规定了职务发明的专利申请权和专利权“归雇主（投资者）所有”原则，第 2 款规定了非职务发明的专利申请权和专利权“归发明人所有”的原则，第 3 款则规定了“权利归属约定优先”原则。

本条所述“申请专利的权利”是指发明创造完成后，权利人享有的决定是否申请专利以及如何申请专利的权利，其指向的是已经完成但尚未提出专利申请的发明创造。同时该条也明确了发明创造完成后，相关民事主体中谁有权决定对该发明创造是否需要申请专利、申请何种专利以及何时申请专利。本条所述"专利权"是指发明创造被公告授权专利权之后，权利人享有的转让其专利权、许可他人实施其专利权、制止他人侵犯其专利权行为的权利，其指向的是已经被授予专利权的发明创造。申请专利与后续获得专利权是一个完整的过程，因此就特定发明创造申请专利的权利与后续获得的专利权的权利归属应具有一致性。故本条统一了申请专利的权利与专利权的权利归属。

按照本条第 1 款的规定，职务发明创造的完成方式有两种类型：一是发明人或者设计人执行本单位的任务所完成的发明创造；二是发明人或者设计人主要是利用本单位的物质技术条件完成的发明创造。严格地说，前者绝大多数情况下也是主要利用本单位的物质技术条件完成的，这无须规定；后者实际上是指发明人或者设计人主要利用本单位的物质技术条件，但并非由于执行本单位的任务而出于主动而完成的发明创造。

本条第 2 款没有界定什么是非职务发明创造，而是直接规定非职务发明创造的权利归属。这是因为根据本条第 1 款的规定就可以推论，只要发明创造不属于职务发明创造，就属于非职务发明创造。从发明人或者设计人是否受雇于某单位的角度来看，非职务发明创造分为自由发明人、设计人作出的非职务发明创造和雇员作出的非职务发明创造。自由发明人、设计人是指未受雇于任何单位的发明人、设计人，其作出的发明创造无疑应当属于非职务发明。曾经受雇于某单位的发明人或者设计人，只能在离开该单位 1 年后仍未受雇于任何单位的才属于自由发明人、设计人；雇员从原单位离职后 1 年内作出的发明创造，如果与其在原单位承担的本职工作或者分配的任务有关，仍然属于原单位的职务发明创造。受雇于单位的发明人、设计人作出的发明创造，如果既不是执行其本单位的任务，也不是主要利用了该单位的物质技术条件，则属于非职务发明创造；如果利用了本单位物质技术条件，但发明人、设计人与单位约定由发明人、设计人享有申请专利的权利和专利权的，可视为非职务发明创造。

本条第 3 款是 2000 年《专利法》修正时新增加的一款，是对原有规定的重要突破。本款允许发明人、设计人与所在单位通过订立合同约定利用本单位的物质技术条件所完成的发明创造申请专利的权利和专利权的归属。只要合同不违反法律规定，法律尊重合同双方的意思自治。具体理解：第一，按照本条第 3 款的字面含义，单位与发明人、设计人之间订立的合同应当限于利用本单位的物质技术条件所完成的发明创造，对于执行本单位的任务所完成的发明创造不适用本条第 3 款的规定。第二，这种约定一般应当采用书面合同形式。合同可以将利用本单位的物质技术条件所完成的发明创造约定为职务发明，也可以约定为非职务发明。没有订立合同的，按照本条第 1 款的规定确定其权利归属。第三，本条第 3 款中“利用本单位的物质技术条件所完成的发明创造”的含义既包括“主要是利用本单位的物质技术条件所完成的发明创造”，也包括不是“主要是利用本单位的物质技术条件所完成的发明创造”；而“对申请专利的权利和专利权的归属作出约定”不外乎有三种可能：一是归本单位，二是归发明人或者设计人，三是双方共有。

适用指引

一、发明人或者设计人的认定

如上所述，发明人、设计人是自然人。《专利法实施细则》第 13 条规定，专利法所称发明人或者设计人，是指对发明创造的实质性特点作出创造性贡献的人。在完成发明创造过程中，只负责组织工作的人、为物质技术条件的利用提供方便的人或者从事其他辅助工作的人，不是发明人或者设计人。该条从正反两个方面界定了发明人或者设计人的范围。其中“实质性特点”，对于发明或者实用新型而言，应当与《专利法》第 22 条第 3 款规定中提到的“实质性特点”具有同样含义；对于外观设计而言，应当对应于《专利法》第 23 条第 2 款规定中提到的“明显区别”。“创造性贡献”中“创造性”与《专利法》第 22 条规定的“创造性”虽用词相同，但评判角度不同，作为授予发明和实用新型专利权条件的创造性，是评判发明创造与现有技术在实现方式和产生效果方面的差别大小；作为确定发明人或者设计人资格“创造性贡献”，是指当有两个以上自然人对一项发明创造的完成作出贡献的情况下，评判其中哪些人对形成发明创造的“实质性特点”作出了贡献。

二、职务发明创造的认定

根据本条第 1 款的规定，执行本单位的任务或者主要是利用本单位的物质技术条件所完成的发明创造为职务发明创造。

（一）“本单位”的含义

本条所称“单位”，是指能够以自己的名义从事民事活动，独立享有民事权利，独立承担民事责任和义务的组织，既包括法人也包括能够依法以自己的名义从事民事活动的非法人组织。法人或者非法人组织的内部部门，如公司内设的研发中心、大学院系、研究所设立的研究室等，由于不能独立地享有民事权利、独立地承担民事义务和责任，因此不属于本条所述“单位”。就发明人或者设计人与单位的关系而言，本条采用“单位”一词应作广义理解，《专利法实施细则》第 12 条第 2 款规定，本单位包括临时单位。主要针对借调、兼职、实习等建立临时劳动关系的情况，在这些情况下，虽然被借调人员、兼职人员、实习人员的编制、工资关系有可能仍在其所在单位，但工作任务上受借调单位、聘用单位、实习单位支配，所以在执行借调单位、聘用单位、实习单位分配的任务或者主要利用其物质技术条件完成发明创造的情况下，这些单位是本条意义上的“本单位”。

（二）执行本单位的任务

《专利法实施细则》第 12 条第 1 款规定，执行本单位的任务所完成的职务发明创造，是指：“（一）在本职工作中作出的发明创造；（二）履行本单位交付的本职工作之外的任务所作出的发明创造；（三）退休、调离原单位后或者劳动、人事关系终止后 1 年内作出的，与其在原单位承担的本职工作或者原单位分配的任务有关的发明创造。”对于该条第 1 款规定的以上三种情况说明如下。

关于该条第 1 款第 1 项，“本职工作”是指根据劳动合同、聘用合同、工作职责分工等确定的工作人员的工作职责。一般而言，在单位设立了研发部门的情况下，该部门工作人员的本职工作就是从事研究、开发、设计等工作，他们执行相应任务完成的发明创造属于在本职工作中作出的发明创造。这是构成职务发明创造最为典型、最为常见的情形。本职工作的性质常常是判断发明创造的作出是否为执行本单位的任务的首要因素。

关于该条第 1 款第 2 项，“履行本单位交付的本职工作之外的任务”的情形，一个单位的工作人员除了承担该单位分配给他的本职工作之外，常常还要履行单位临时或者在一段时间内分配的除本职工作之外的其他任务，包括两种情况：一是某工作人员的本职工作不是从事研究、开发或者设计，单位临时或者在一段时间内分配给他一项研发、开发或者设计任务；二是某工作人员的本职工作是从事某一项目的研究、开发或者设计，单位临时将其调入另一项目进行研究、开发或者设计工作。无论哪种情形，执行该任务所完成的发明创造仍然是职务发明创造。

关于该条第1款第3项规定，作出发明创造是复杂的智力劳动，常常不是一朝一夕就能够完成的，要经历从提出构思到研究开发再到实验验证的整个过程。离开一个单位的工作人员往往熟知原单位的业务并积累了与之相关的一定知识和经验，其中一些人还可能承担了原单位有关项目的研究、开发或者设计任务，即使离开原单位时该项目尚未完成，但已经获知有关发明创造的进展情况或者阶段性成果。这些人在离开原单位后一段时间内作出的发明创造往往与其在原单位承担的本职工作或者原单位分配的任务密切关联。因此，规定工作人员在离开原单位后的一段时间内作出的与其在原单位承担的本职工作或者交付的任务相关的发明仍属于原单位的职务发明创造，否则将损害原单位的合法利益。《专利法实施细则》第12条第1款将一段时间规定为1年。因此，对于发明人或者设计人在离开原单位1年后作出的发明创造，即使与其在原单位的本职工作或者原单位交付的任务有关，也不属于原单位的职务发明创造。实践中也可能出现另一种会产生争议的情况，即某工作人员离开原单位后到另一单位就职，主要是利用新单位的物质技术条件从事与原单位相同的研发任务，作出了与原单位交付的任务相关的发明创造。这种情况下，原单位和新单位均可能主张是本单位的职务发明创造。对此，《技术合同纠纷解释》第5条规定，个人完成的技术成果，属于执行原所在法人或者非法人组织的工作任务，又主要利用了现所在法人或者非法人组织的物质技术条件的，应当按照该自然人原所在和现所在法人或者非法人组织达成的协议确认权益。不能达成协议的，根据对完成该项技术成果的贡献大小由双方合理分享。

（三）主要是利用本单位的物质技术条件

即使认定发明人或者设计人作出的某项发明创造不是执行本单位的任务所完成的发明创造，还不能立即得出该发明创造属于非职务发明创造的结论，还需要判断发明人或者设计人作出该发明创造是否主要是利用了单位的物质技术条件。关于“物质技术条件”,《专利法实施细则》第12条第2款规定，物质技术条件是指本单位的资金、设备、零部件、原材料或者不对外公开的技术资料等。其中不对外公开的技术资料应当是指该单位拥有的只有少数经过许可的员工才能接触到的内部情报或者内部资料，如技术档案、设计图纸、实验数据、技术信息等，单位图书馆或者资料室拥有的全体员工可自由查阅的书籍或者资料不应当包括在内。需要注意的是，并非是利用了单位的物质技术条件完成的发明创造都一律属于职务发明创造。根据本条第1款的规定，只有“主要是利用单位的物质技术条件所完成的发明创造”才属于职务发明创造。对于如何理解“主要是利用单位的物质技术条件”,《技术合同纠纷解释》第4条在解释《民法典》第847条第2款所称“主要是利用法人或者非法人组织的物质技术条件”时明确，包括职工在技术成果的研究开发过程中，全部或者大部分利用了法人或者非法人组织的资金、设备、器材或者原材料等物质条件，并且这些物质条件对形成该技术成果具有实质性的影响；还包括该技术成果实质性内容是在法人或者非法人组织尚未公开的技术成果、阶段性技术成果基础上完成的情形。但下列情况除外:（1）对利用法人或者非法人组织提供的物质技术条件，约定返还资金或者交纳使用费的;（2）在技术成果完成后利用法人或者非法人组织的物质技术条件对技术方案进行验证、测试的。《民法典》第847条第2款规定的职务技术成果是职务发明创造的上位概念，前述司法解释对《民法典》第847条第2款所称“主要是利用法人或者非法人组织的物质技术条件”所作解释同样适用于本条所称的“主要是利用单位的物质技术条件”。

指导案例

指导案例158号：深圳市卫邦科技有限公司诉李坚毅、深圳市远程智能设备有限公司专利权权属纠纷案

（最高人民法院审判委员会讨论通过　2021年7月23日发布）

关键词：民事　专利权权属　职务发明创造　有关的发明创造

裁判要点：判断是否属于专利法实施细则第十二条第一款第三项规定的与

在原单位承担的本职工作或者原单位分配的任务"有关的发明创造"时，应注重维护原单位、离职员工以及离职员工新任职单位之间的利益平衡，综合考虑以下因素作出认定：一是离职员工在原单位承担的本职工作或原单位分配的任务的具体内容；二是涉案专利的具体情况及其与本职工作或原单位分配的任务的相互关系；三是原单位是否开展了与涉案专利有关的技术研发活动，或者有关的技术是否具有其他合法来源；四是涉案专利（申请）的权利人、发明人能否对专利技术的研发过程或者来源作出合理解释。

相关法条：《中华人民共和国专利法》第六条

《中华人民共和国专利法实施细则》第十二条

基本案情：深圳市卫邦科技有限公司（以下简称卫邦公司）是一家专业从事医院静脉配液系列机器人产品及配液中心相关配套设备的研发、制造、销售及售后服务的高科技公司。2010 年 2 月至 2016 年 7 月期间，卫邦公司申请的多项专利均涉及自动配药设备和配药装置。其中，卫邦公司于 2012 年 9 月 4 日申请的 102847473A 号专利（以下简称 473 专利）主要用于注射科药液自动配置。

李坚毅于 2012 年 9 月 24 日入职卫邦公司生产、制造部门，并与卫邦公司签订《深圳市劳动合同》《员工保密合同》，约定由李坚毅担任该公司生产制造部门总监，主要工作是负责研发"输液配药机器人"相关产品。李坚毅任职期间，曾以部门经理名义在研发部门采购申请表上签字，在多份加盖"受控文件"的技术图纸审核栏处签名，相关技术图纸内容涉及"沙窝复合针装配""蠕动泵输液针""蠕动泵上盖连接板实验""装配体""左夹爪""右夹爪""机械手夹爪 1""机械手夹爪 2"等，系有关自动配药装置的系列设计图。此外，卫邦公司提供的工作邮件显示，李坚毅以工作邮件的方式接收研发测试情况汇报，安排测试工作并对研发测试提出相应要求。且从邮件内容可知，李坚毅多次参与研发方案的会议讨论。

李坚毅与卫邦公司于 2013 年 4 月 17 日解除劳动关系。李坚毅于 2013 年 7 月 12 日向国家知识产权局申请名称为"静脉用药自动配制设备和摆动型转盘式配药装置"、专利号为 201310293690.X 的发明专利（以下简称涉案专利）。李坚毅为涉案专利唯一的发明人。涉案专利技术方案的主要内容是采用机器人完成静脉注射用药配制过程的配药装置。李坚毅于 2016 年 2 月 5 日将涉案专利权转移至其控股的深圳市远程智能设备有限公司（以下简称远程公司）。李坚毅在入职卫邦公司前，并无从事与医疗器械、设备相关的行业从业经验或学历证明。

卫邦公司于2016年12月8日向一审法院提起诉讼，请求：1.确认涉案专利的发明专利权归卫邦公司所有；2.判令李坚毅、远程公司共同承担卫邦公司为维权所支付的合理开支3万元，并共同承担诉讼费。

裁判结果：广东省深圳市中级人民法院于2018年6月8日作出（2016）粤03民初2829号民事判决：一、确认卫邦公司为涉案专利的专利权人；二、李坚毅、远程公司共同向卫邦公司支付合理支出3万元。一审宣判后，李坚毅、远程公司不服，向广东省高级人民法院提起上诉。广东省高级人民法院于2019年1月28日作出（2018）粤民终2262号民事判决：驳回上诉，维持原判。李坚毅、远程公司不服，向最高人民法院申请再审。最高人民法院于2019年12月30日作出（2019）最高法民申6342号民事裁定，驳回李坚毅和远程公司的再审申请。

裁判理由：最高人民法院认为：本案的争议焦点为涉案专利是否属于李坚毅在卫邦公司工作期间的职务发明创造。

专利法第六条规定："执行本单位的任务或者主要是利用本单位的物质技术条件所完成的发明创造为职务发明创造。职务发明创造申请专利的权利属于该单位。"专利法实施细则第十二条第一款第三项进一步规定：退休、调离原单位后或者劳动、人事关系终止后1年内作出的，与其在原单位承担的本职工作或者原单位分配的任务有关的发明创造属于职务发明创造。

发明创造是复杂的智力劳动，离不开必要的资金、技术和研发人员等资源的投入或支持，并承担相应的风险。在涉及与离职员工有关的职务发明创造的认定时，既要维护原单位对确属职务发明创造的科学技术成果享有的合法权利，鼓励和支持创新驱动发展，同时也不宜将专利法实施细则第十二条第一款第三项规定的"有关的发明创造"作过于宽泛的解释，导致在没有法律明确规定或者竞业限制协议等合同约定的情况下，不适当地限制研发人员的正常流动，或者限制研发人员在新的单位合法参与或开展新的技术研发活动。因此，在判断涉案发明创造是否属于专利法实施细则第十二条第一款第三项规定的"有关的发明创造"时，应注重维护原单位、离职员工以及离职员工新任职单位之间的利益平衡，综合考虑以下因素：一是离职员工在原单位承担的本职工作或原单位分配的任务的具体内容，包括工作职责、权限，能够接触、控制、获取的与涉案专利有关的技术信息等。二是涉案专利的具体情况，包括其技术领域，解决的技术问题，发明目的和技术效果，权利要求限定的保护范围，涉案专利相对于现有技术的“实质性特点”等，以及涉案专利与本职工作或原单位分配任务的相互关系。三是原单位是否开展了与涉案专利有关的技术研发活动，或者是否对有关技术具有合法的来源。四是涉案专利（申请）的权利人、发明人能否对于涉案专利的研发过程或者技术来源作出合理解释，相关因素包括涉案专利技术方案的复杂程度，需要的研发投入，以及权利人、发明人是否具有相应的知识、经验、技能或物质技术条件，是否有证据证明其开展了有关研发活动等。

结合本案一、二审法院查明的有关事实以及再审申请人提交的有关证据，围绕前述四个方面的因素，就本案争议焦点认定如下：

首先，关于李坚毅在卫邦公司任职期间承担的本职工作或分配任务的具体内容。第一，李坚毅于卫邦公司任职期间担任生产制造总监，直接从事配药设备和配药装置的研发管理等工作。其在再审申请书中，也认可其从事了“研发管理工作”。第二，李坚毅在卫邦公司任职期间，曾以部门经理名义，在研发部门采购申请表上签字，并在多份与涉案专利技术密切相关且加盖有“受控文件”的技术图纸审核栏处签字。第三，李坚毅多次参与卫邦公司内部与用药自动配药设备和配药装置技术研发有关的会议或讨论，还通过电子邮件接收研发测试情况汇报，安排测试工作，并对研发测试提出相应要求。综上，根据李坚毅在卫邦公司任职期间承担的本职工作或分配的任务，其能够直接接触、控制、获取卫邦公司内部与用药自动配制设备和配药装置技术研发密切相关的技术信息，且这些信息并非本领域普通的知识、经验或技能。

因此，李坚毅在卫邦公司承担的本职工作或分配的任务与涉案专利技术密切相关。对于李坚毅有关其仅仅是进行研发管理，没有参与卫邦公司有关静脉配药装置的研发工作，卫邦公司的相关证据都不是真正涉及研发的必要文件等相关申请再审理由，本院均不予支持。

其次，关于涉案专利的具体情况及其与李坚毅的本职工作或分配任务的相互关系。第一，涉案专利涉及“静脉用药自动配制设备和摆动型转盘式配药装置”，其针对的技术问题是：“1. 药剂师双手的劳动强度很大，只能进行短时间的工作；2. 由于各药剂师技能不同、配药地点也不能强制固定，造成所配制的药剂药性不稳定；3. 化疗药剂对药剂师健康危害较大。”实现的技术效果是：“本发明采用机器人完成静脉注射用药的整个配制过程，采用机电一体化来控制配制的药剂量准确，提高了药剂配制质量；医务人员仅需要将预先的药瓶装入转盘工作盘和母液架，最后将配制好的母液瓶取下，极大地减少了医务人员双手的劳动强度；对人体有害的用药配制（比如化疗用药），由于药剂师可以不直接接触药瓶，采用隔离工具对药瓶进行装夹和取出，可以很大程度地减少化疗药液对人体的健康损害。”在涉案专利授权公告的权利要求 1 中，主要包括底座、转盘工作台、若干个用于固定药瓶的药瓶夹、具座、转盘座、转盘传动机构和转盘电机、近后侧的转盘工作台两边分别设有背光源和视觉传感器、机器人、夹具体、输液泵、输液管、针具固定座、针具夹头、前后摆动板、升降机构等部件。第二，卫邦公司于 2012 年 9 月 4 日申请的 473 专利的名称为“自动化配药系统的配药方法和自动化配药系统”，其针对的技术问题是：“医院中配制药物的方式均通过医护人员手工操作……操作时医护人员工作强度高，而且有的药物具有毒性，对医护人员的安全有着较大的威胁。”发明目的是：“在于克服上述现有技术的不足，提供一种自动化配药系统的配药方法和自动化配药系统，其可实现自动配药，医护人员无需手动配制药液，大大降低了医护人员的劳动强度，有利于保障医护人员的健康安全。”实现的技术效果是：“提供一种自动化配药系统的配药方法和自动化配药系统，其可快速完成多组药液的配制，提高了配药的效率，大大降低了医护人员的劳动强度，有利于保障医护人员的健康安全。”473 专利的说明书中，还公开了“药液输入摇匀装置”“卡夹部件”“输液软管装填移载及药液分配装置”“用于折断安瓿瓶的断瓶装置”“母液瓶夹持装置”“母液瓶”“可一次容纳多个药瓶的输入转盘”等部件的具体结构和附图。将涉案专利与卫邦公司的 473 专利相比，二者解决的技术问题、发明目的、技术效果基本一致，二者技术方案高度关联。二审法院结合涉案专利的审查意见、引证专利检索，认定 473 专利属于可单独影响涉案专利权利要求的新颖性或创造性的文件，并无不当。第三，在卫邦公司提供的与李坚毅的本职工作有关的图纸中，涉及“输入模块新盖”“沙窝复合针装配”“蠕动泵输液针”“蠕动泵上盖连接板实验”“装配体”“左夹爪”“右夹爪”“机械手夹爪1”“机械手夹爪2”等与涉案专利密切相关的部件，相关图纸上均加盖“受控文件”章，在“审核”栏处均有李坚毅的签字。第四，在李坚毅与卫邦公司有关工作人员的往来电子邮件中，讨论的内容直接涉及转盘抱爪、母液上料方案、安瓿瓶掰断测试等与涉案专利技术方案密切相关的研发活动。综上，涉案专利与李坚毅在卫邦公司承担的本职工作或分配的任务密切相关。

再次，卫邦公司在静脉用药自动配制设备领域的技术研发是持续进行的。卫邦公司成立于2002年，经营范围包括医院静脉配液系列机器人产品及配液中心相关配套设备的研发、制造、销售及售后服务。其在2010年2月至2016年7月期间先后申请了60余项涉及医疗设备、方法及系统的专利，其中44项专利是在李坚毅入职卫邦公司前申请，且有多项专利涉及自动配药装置。因此，对于李坚毅主张卫邦公司在其入职前已经完成了静脉配药装置研发工作，涉案专利不属于职务发明创造的相关申请再审理由，本院不予支持。

最后，关于李坚毅、远程公司能否对涉案专利的研发过程或者技术来源作出合理解释。根据涉案专利说明书，涉案专利涉及“静脉用药自动配制设备和摆动型转盘式配药装置”，共有13页附图，约60个部件，技术方案复杂，研发难度大。李坚毅作为涉案专利唯一的发明人，在离职卫邦公司后不到3个月即以个人名义单独申请涉案专利，且不能对技术研发过程或者技术来源作出合理说明，不符合常理。而且，根据二审法院的认定，以及李坚毅一审提交的专利搜索网页打印件及自制专利状况汇总表，李坚毅作为发明人，最早于2013年7月12日申请了涉案专利以及201320416724.5号“静脉用药自动配制设备和采用视觉传感器的配药装置”实用新型专利，而在此之前，本案证据不能证明李坚毅具有能够独立研发涉案专利技术方案的知识水平和能力。

综上，综合考虑本案相关事实以及李坚毅、远程公司再审中提交的有关证据，一、二审法院认定涉案专利属于李坚毅在卫邦公司工作期间的职务发明创造并无不当。李坚毅、远程公司的申请再审理由均不能成立。

典型案例

一、江苏多维科技有限公司诉无锡乐尔科技有限公司、白某民专利权权属纠纷案

关键词：专利权权属　职务发明创造　临时工作单位

裁判摘要：发明人与单位之间存在劳动关系或者与《专利法实施细则》第12条第2款所称临时工作单位之间存在工作关系，是认定职务发明的前提，其判断标准在于单位是否取得了对发明人包括完成涉案发明创造的创造性劳动在内的劳动支配权。单位与发明人之间仅存在一般的合作关系，单位并不掌握对发明人的劳动支配权的，该发明人的有关发明创造不属于职务发明创造。

基本案情：案件诉争专利于2014年8月13日授权公告，其申请日为2012年8月4日，申请人为白某民。诉争专利的权利人于2013年7月1日由白某民变更为无锡乐尔科技有限公司。江苏多维科技有限公司成立于2010年5月，经营范围包括“传感器芯片、集成电路芯片及相关电子产品的设计、生产、研发及销售；并提供售后服务”。白某民于2011年5月至2012年6月在江苏多维科技有限公司任新产品开发总监职务，负责磁传感器的研究开发。在江苏多维科技有限公司工作期间，完成多项发明，江苏多维科技有限公司提交了包括白某民为发明人的多项发明专利申请，涉及磁传感器与磁头领域。白某民在江苏多维科技有限公司任职期间，即与王某国等人策划成立无锡乐尔科技有限公司，目前白某民在无锡乐尔科技有限公司任监事。一审法院认为，白某民在2011年5月至2012年6月（以下简称争议期间）实际履职于多维公司，与多维公司间形成了事实上的劳动关系。多维公司提交的相关邮件中的技术方案内容基本覆盖涉案专利的发明点，因此涉案专利技术与白某民在多维公司所任职工作具有相关性。一审法院判决确认涉案专利权归多维公司所有。乐尔公司、白某民不服，向最高人民法院提起上诉，主张：（1）白某民在争议期间向多维公司提供咨询服务和以兰州大学联系人身份提供技术开发委托服务，两者

之间关于研发的往来邮件均是基于前述服务产生，并非如一审法院所认定的基于事实的劳动关系产生。（2）多维公司提交的相关邮件中并未涉及涉案专利的核心内容，也未公开涉案专利的技术特征，其与涉案专利之间不具有任何相关性。（3）涉案专利是兰州大学在完成案外人公司的项目中产生，与多维公司无关。最高人民法院于2020年12月17日判决撤销原判，驳回多维公司的诉讼请求。

最高人民法院二审认为，关于职务发明的认定，应注意：第一，适用《专利法》第6条关于职务发明规定的前提是发明人与单位之间存在劳动关系或者临时工作关系。职务发明的权属应归于单位的根本原因在于，产生该职务发明的创造性劳动的支配权属于单位。由此，判断发明人与单位之间是否存在职务发明所要求的劳动关系或者临时工作关系的关键，在于单位对发明人的创造性劳动是否已取得支配权。如果单位与发明人之间的关系，仅仅是一般的合作关系，发明人并未让渡对自己的劳动支配权，则没有理由将该不属于单位支配的劳动所创造出的技术成果，归属于该单位。第二，个人与用人单位系平等的民事主体，在不涉及国家、社会公共利益的情况下，双方之间形成何种关系应遵循意思自治原则。因此，判断发明人与单位之间工作关系的性质，应当约定优先，在没有约定的情况下，才需要根据双方所实施的实际行为和结果进行综合判断。具体到本案中：第一，白某民与多维公司之间的工作关系存在双重约定。一是白某民系兰州大学与多维公司签订《技术开发（委托）合同》中的联系人，白某民作为兰州大学的代表参与到兰州大学与多维公司的技术开发合作项目中；二是白某民个人与多维公司之间签订有《咨询服务合同》，基于该咨询服务合同，白某民与多维公司之间形成另一工作关系。第二，《技术开发（委托）合同》所建立的白某民与多维公司之间的工作关系，以及基于该工作关系形成的相关技术成果，不能成为多维公司以职务发明为由主张涉案专利权属的法律和事实基础。第三，《咨询服务合同》所约定的白某民的工作内容和性质，仅是向多维公司提供技术培训服务、技术合作和项目申请的中介服务。《咨询服务合同》中明确约定“合同执行过程中，甲方如要求乙方提供额外服务，应以书面形式提出，双方应当另签合同，同时明确相关内容等事宜”，但本案中并没有证据证明白某民具有将其与多维公司之间由《咨询服务合同》所确定的工作关系的性质，变更为职务发明意义上的劳动关系或者临时工作关系的意思表示。第四，关于双方实际实施的行为。一方面，在多维公司与相关案外人的合作中，白某民仍是以兰州大学教师的身份参与沟通；在2010年7月20日至2012年6月19日期间申请的专利中，白某民作为发明人其身份仍然为兰州大学的教师；多维公司实际向白某民支付2.5万元/月的报酬、并给白某民报销差旅费等事实，这些都直接体现了双方按照《技术开发（委托）合同》《咨询服务合同》履行各自义务；另一方面，多维公司为白某民缴纳社保、白某民在多维公司的通讯录中被列为新产品开发总监、在创新团队项目建议书中被列为产品经理、为白某民提供公司住房补助津贴以及白某民与多维公司之间存在周报往来等，虽合同中没有明确约定，但都系多维公司单方行为或者与白某民系兰州大学方的联系人的工作身份有关。故根据双方提交相关证据所显示的双方实际实施的行为来看，不足以认定白某民与多维公司之间存在职务发明意义上的劳动关系或者临时工作关系。综上，白某民与多维公司之间工作关系的性质应当以约定优先，而根据约定，白某民与多维公司之间并不存在职务发明所要求的劳动关系或者临时工作关系。并且从双方实际所实施的行为来看，也无法得出双方就两者之间的工作关系已变更为职务发明所要求的劳动关系或者临时工作关系。因此，多维公司以涉案专利与白某民在多维公司所承担的本职工作相关为由，主张涉案专利系白某民的职务发明并要求将权属归于多维公司，缺乏事实和法律依据。

【案　　号】（2020）最高法知民终1258号

【审理法院】最高人民法院

【来　　源】《最高人民法院知识产权年度报告（2020）》

二、楚雄彝族自治州彝族医药研究所与杨某雷专利权权属纠纷案

关键词：专利权权属　职务发明创造　执行本单位的任务

裁判摘要：发明人是可以调动单位有关资源的单位负责人时，可以综合考虑其日常工作内容、知识背景以及单位的性质、主营业务等与诉争专利的关联

性，判断专利是否为其“执行本单位的任务”所完成的发明创造。

基本案情：该案涉及专利号为201710157080.5、名称为“一种治疗失眠的药物组合物及其制备方法、制剂与应用”的发明专利。楚雄彝族自治州彝族医药研究所（以下简称彝族医药研究所）向云南省昆明市中级人民法院（以下简称一审法院）提起诉讼，主张杨某雷作出的发明创造是在本职工作中完成的发明创造，并且是主要利用本单位的物质技术条件完成的发明创造，请求判决涉案专利权归彝族医药研究所。一审法院认为，彝族医药研究所提交的证据不能证明杨某雷作出的发明创造是在本职工作中完成的发明创造或是主要利用本单位的物质技术条件完成的发明创造，判决驳回彝族医药研究所的诉讼请求。彝族医药研究所不服，向最高人民法院提起上诉。最高人民法院于2021年12月6日判决撤销原判，确认涉案专利权归属于彝族医药研究所。

最高人民法院二审认为，根据《专利法》及其实施细则的规定，单位在职人员“执行本单位的任务”所完成的职务发明创造，包括该在职人员“在本职工作中作出的发明创造”和“履行本单位交付的本职工作之外的任务所作出的发明创造”这两种较为具体的情形。如果涉案专利的发明人并非普通在职人员，而是可以调动单位所有资源的单位负责人，则涉案专利是否为该负责人“执行本单位的任务”所完成的职务发明创造，还应结合该负责人的日常工作内容、知识背景以及该单位的根本性质和主营业务等与涉案专利的关联性予以综合判断。

本案中，涉案专利说明书明确记载：“发明人通过8年来的临床用药进行观察，共通过110例失眠症患者进行临床观察，该药治疗总有效率90%。”在涉案专利申请日前的8年内，杨某雷均在楚雄州中医院及其“加挂牌子”的彝族医药研究所工作，其对患者临床用药进行观察的行为既是其履行本职工作的行为，又是完成涉案专利的中药复方产品研发的重要环节。另外，彝族医药研究所的宗旨和业务范围包括开展彝族医药研究，彝族医药知识和彝族药单方验方收集、整理、开发。可见，研究开发彝族医药是彝族医药研究所的核心工作内容。杨某雷作为具有研发能力的研究所所长，不能因其亦承担研究所的管理职责，就否定其研究人员的身份。况且，虽然杨某雷强调其承担的是研究所的管理职责，但现有证据已经显示其参与了该研究所的研发工作。综合以上因素，杨某雷在彝族医药研究所工作期间完成的彝族医药领域的发明创造，与其本职工作具有高度关联性，涉案专利应认定为杨某雷在本职工作中作出的发明创造。

【案　　号】（2021）最高法知民终403号

【审理法院】最高人民法院

【来　　源】《最高人民法院知识产权年度报告（2021）》

第七条　对发明人或者设计人的非职务发明创造专利申请，任何单位和个人不得压制。

关联规定

一、法律、行政法规、司法解释

1.《中华人民共和国专利法》

第六条　执行本单位的任务或者主要是利用本单位的物质技术条件所完成的发明创造为职务发明创造。职务发明创造申请专利的权利属于该单位，申请被批准后，该单位为专利权人。该单位可以依法处置其职务发明创造申请专利的权利和专利权，促进相关发明创造的实施和运用。

非职务发明创造，申请专利的权利属于发明人或者设计人；申请被批准后，该发明人或者设计人为专利权人。

利用本单位的物质技术条件所完成的发明创造，单位与发明人或者设计人订有合同，对申请专利的权利和专利权的归属作出约定的，从其约定。

2.《最高人民法院关于审理专利纠纷案件适用法律问题的若干规定》

第一条　人民法院受理下列专利纠纷案件：

1. 专利申请权权属纠纷案件；
2. 专利权权属纠纷案件；
3. 专利合同纠纷案件；
4. 侵害专利权纠纷案件；
5. 假冒他人专利纠纷案件；
6. 发明专利临时保护期使用费纠纷案件；
7. 职务发明创造发明人、设计人奖励、报酬纠纷案件；
8. 诉前申请行为保全纠纷案件；
9. 诉前申请财产保全纠纷案件；
10. 因申请行为保全损害责任纠纷案件；

11. 因申请财产保全损害责任纠纷案件；

12. 发明创造发明人、设计人署名权纠纷案件；

13. 确认不侵害专利权纠纷案件；

14. 专利权宣告无效后返还费用纠纷案件；

15. 因恶意提起专利权诉讼损害责任纠纷案件；

16. 标准必要专利使用费纠纷案件；

17. 不服国务院专利行政部门维持驳回申请复审决定案件；

18. 不服国务院专利行政部门专利权无效宣告请求决定案件；

19. 不服国务院专利行政部门实施强制许可决定案件；

20. 不服国务院专利行政部门实施强制许可使用费裁决案件；

21. 不服国务院专利行政部门行政复议决定案件；

22. 不服国务院专利行政部门作出的其他行政决定案件；

23. 不服管理专利工作的部门行政决定案件；

24. 确认是否落入专利权保护范围纠纷案件；

25. 其他专利纠纷案件。

二、部门规章及规范性文件

《专利审查指南》

第一部分　第一章　发明专利申请的初步审查

4.1.3 申请人

4.1.3.1 申请人是本国人

职务发明，申请专利的权利属于单位；非职务发明，申请专利的权利属于发明人。

在专利局的审查程序中，审查员对请求书中填写的申请人一般情况下不作资格审查。申请人是个人的，可以推定该发明为非职务发明，该个人有权提出专利申请，除非根据专利申请的内容判断申请人的资格明显有疑义的，才需要通知申请人提供所在单位出具的非职务发明证明。

条文释义

一、本条主旨

本条是关于不得压制非职务发明创造专利申请的规定。

二、条文演变

1992年、2000年、2008年、2020年《专利法》四次修正均未对该条作变动。

三、条文解读

根据《专利法》第6条的规定，就非职务发明创造而言，申请专利的权利属于发明人或者设计人；申请被批准后，该发明人或者设计人为专利权人。由此表明，非职务发明创造完成以后，是否申请专利，何时申请专利，申请何种专利，应当由发明人或者设计人自主确定，任何人无权予以干预。

所谓“不得压制”，通常是指不得以任何理由、方式剥夺发明人或者设计人对自己的非职务发明创造依法申请专利的权利；不得强行要求发明人、设计人将其非职务发明创造作为职务发明创造；发明人或者设计人没有因完成非职务发明创造影响本职工作的，不能以影响本职工作为借口给予处分。[①] 在1984年制定《专利法》时，我国尚处于计划经济为主导的时期，绝大多数企事业单位都是全民所有制单位，因此容易出现本条所指的“压制”发明人的问题，这也是1984年制定《专利法》写入本条规定的原因。鉴于本条规定有其现实积极意义，1992年、2000年、2008年和2020年四次修正《专利法》时，均未对本条规定进行修改。

适用指引

应当注意的是，压制非职务发明专利申请与侵夺发明人或者设计人的非职

① 参见王翔主编：《中华人民共和国专利法解读》，中国法制出版社2021年版，第31页。

务发明创造申请专利的权利不同。如果单位明知一项发明创造为非职务发明创造，申请专利的权利和专利权应当归发明人、设计人所有，却据为己有，以单位名义申请专利，则构成了侵夺发明人或者设计人的非职务发明创造的行为。侵夺行为是比压制行为性质更为严重、更为恶劣的侵权行为，故发明人、设计人有权根据《专利法》第72条的规定要求单位以及单位相关直接责任人员承担相应的法律责任。

第八条　两个以上单位或者个人合作完成的发明创造、一个单位或者个人接受其他单位或者个人委托所完成的发明创造，除另有协议的以外，申请专利的权利属于完成或者共同完成的单位或者个人；申请被批准后，申请的单位或者个人为专利权人。

关联规定

法律、行政法规、司法解释

1.《中华人民共和国民法典》

第八百五十一条　技术开发合同是当事人之间就新技术、新产品、新工艺、新品种或者新材料及其系统的研究开发所订立的合同。

技术开发合同包括委托开发合同和合作开发合同。

技术开发合同应当采用书面形式。

当事人之间就具有实用价值的科技成果实施转化订立的合同，参照适用技术开发合同的有关规定。

第八百五十二条　委托开发合同的委托人应当按照约定支付研究开发经费和报酬，提供技术资料，提出研究开发要求，完成协作事项，接受研究开发成果。

第八百五十三条　委托开发合同的研究开发人应当按照约定制定和实施研究开发计划，合理使用研究开发经费，按期完成研究开发工作，交付研究开发成果，提供有关的技术资料和必要的技术指导，帮助委托人掌握研究开发成果。

第八百五十四条　委托开发合同的当事人违反约定造成研究开发工作停滞、延误或者失败的，应当承担违约责任。

第八百五十五条　合作开发合同的当事人应当按照约定进行投资，包括以技术进行投资，分工参与研究开发工作，协作配合研究开发工作。

第八百五十六条　合作开发合同的当事人违反约定造成研究开发工作停

滞、延误或者失败的，应当承担违约责任。

第八百五十七条 作为技术开发合同标的的技术已经由他人公开，致使技术开发合同的履行没有意义的，当事人可以解除合同。

第八百五十八条 技术开发合同履行过程中，因出现无法克服的技术困难，致使研究开发失败或者部分失败的，该风险由当事人约定；没有约定或者约定不明确，依据本法第五百一十条的规定仍不能确定的，风险由当事人合理分担。

当事人一方发现前款规定的可能致使研究开发失败或者部分失败的情形时，应当及时通知另一方并采取适当措施减少损失；没有及时通知并采取适当措施，致使损失扩大的，应当就扩大的损失承担责任。

第八百五十九条 委托开发完成的发明创造，除法律另有规定或者当事人另有约定外，申请专利的权利属于研究开发人。研究开发人取得专利权的，委托人可以依法实施该专利。

研究开发人转让专利申请权的，委托人享有以同等条件优先受让的权利。

第八百六十条 合作开发完成的发明创造，申请专利的权利属于合作开发的当事人共有；当事人一方转让其共有的专利申请权的，其他各方享有以同等条件优先受让的权利。但是，当事人另有约定的除外。

合作开发的当事人一方声明放弃其共有的专利申请权的，除当事人另有约定外，可以由另一方单独申请或者由其他各方共同申请。申请人取得专利权的，放弃专利申请权的一方可以免费实施该专利。

合作开发的当事人一方不同意申请专利的，另一方或者其他各方不得申请专利。

第八百六十一条 委托开发或者合作开发完成的技术秘密成果的使用权、转让权以及收益的分配办法，由当事人约定；没有约定或者约定不明确，依据本法第五百一十条的规定仍不能确定的，在没有相同技术方案被授予专利权前，当事人均有使用和转让的权利。但是，委托开发的研究开发人不得在向委托人交付研究开发成果之前，将研究开发成果转让给第三人。

2.《中华人民共和国专利法实施细则》

第十三条 专利法所称发明人或者设计人，是指对发明创造的实质性特点作出创造性贡献的人。在完成发明创造过程中，只负责组织工作的人、为物质技术条件的利用提供方便的人或者从事其他辅助工作的人，不是发明人或者设计人。

3.《最高人民法院关于审理技术合同纠纷案件适用法律若干问题的解释》

第十九条 民法典第八百五十五条所称“分工参与研究开发工作”，包括当事人按照约定的计划和分工，共同或者分别承担设计、工艺、试验、试制等工作。

技术开发合同当事人一方仅提供资金、设备、材料等物质条件或者承担辅助协作事项，另一方进行研究开发工作的，属于委托开发合同。

第二十条 民法典第八百六十一条所称“当事人均有使用和转让的权利”，包括当事人均有不经对方同意而自己使用或者以普通使用许可的方式许可他人使用技术秘密，并独占由此所获利益的权利。当事人一方将技术秘密成果的转让权让与他人，或者以独占或者排他使用许可的方式许可他人使用技术秘密，未经对方当事人同意或者追认的，应当认定该让与或者许可行为无效。

第二十一条 技术开发合同当事人依照民法典的规定或者约定自行实施专利或使用技术秘密，但因其不具备独立实施专利或者使用技术秘密的条件，以一个普通许可方式许可他人实施或者使用的，可以准许。

条文释义

一、本条主旨

本条是关于合作完成的发明创造和接受委托完成的发明创造申请专利的权利及专利权的归属的规定。

二、条文演变

1984年《专利法》即对合作开发、委托开发完成的发明创造的专利申请权、专利权的归属作了规定。其第8条规定，两个以上单位协作或者一个单位接受其他单位委托的研究、设计任务所完成的发明创造，除另有协议的以外，申请专利的权利属于完成或者共同完成的单位；申请被批准后，专利权归申请的单位所有或者持有。1992年《专利法》修改对该条未作变动。2000年《专利法》修改时对表述进行了调整，将“协作”改为了“合作”；不再区分专利权的“持有”与“所有”；并增加规定了单位与个人之间、个人与个人之间合作或者委托开发完成的发明创造的权利归属。2008年、2020年《专利法》修改对该条未作变动。

三、条文解读

本条是关于合作或委托完成的发明创造的专利申请权及专利权归属的规定。根据本条规定，对于合作或委托完成的发明创造，专利申请权及专利权的归属，首先应遵循当事人意思自治原则，即当事人有约定的，根据当事人的约定确定权属。如果当事人没有约定或约定存在欺诈、胁迫、显失公平等导致约定无效或撤销情形的，则侧重保护付出智力创造劳动的发明人的利益，申请专利的权利及专利权归属于完成或者共同完成发明创造的单位或者个人。

（一）关于合作完成的发明创造的权利归属

合作完成的发明创造，是指两个以上单位或者个人共同研究开发所完成的发明创造，即发明创造是两个以上的单位或个人的智力创造成果。两个以上单位或者个人合作完成的发明创造，可以是单位与单位之间的合作（如科研机构、大专院校和企业之间的合作），也可以是单位与个人之间的合作，还可以是个人与个人的合作。合作的方式，可以共同进行研究开发，也可以是分别承担研究开发的不同阶段或不同部分。合作完成的发明创造，合作各方未对开发成果的权利归属进行约定的，按照本条规定，专利申请权及专利权属于完成或者共同完成发明创造的一方或几方。所谓完成发明创造，是指对发明创造的实质性特点作出创造性贡献，只提出题目、建议、进行一般指导，只提供资金、设备或者只进行实验操作的人，都不是对发明创造的实质性特点作出实质性贡献；虽然参加了研究开发，但没有作出实质性贡献，在没有约定的情况下，也不能享有专利申请权和专利权。

（二）关于委托完成的发明创造的权利归属

委托完成的发明创造，是指一方提出研究开发任务并提供经费和报酬，由另一方进行研究开发所完成的发明创造。委托完成的发明创造，双方未对开发成果的权利归属进行约定的，其专利申请权和专利权属于开发方。按照一般委托合同关系，受托方根据委托方的委托办理委托事务，其办理委托事务的风险应当由委托人承担；同时，其办理委托事务取得的成果，也应当归于委托人。

委托人则应按合同的约定向受托人支付费用和报酬。因此，不少国家的法律都规定，接受委托所完成的发明创造，申请专利的权利及取得的专利权属于委托方。但是我国《专利法》为侧重保护实际完成发明创造一方的利益，规定接受委托完成的发明创造，除当事人另有协议外，专利申请权及专利权属于完成发明创造的一方，即受托方。

适用指引

一、合作开发与委托开发的区别

专利法意义上的合作开发与委托开发均是针对发明本身的智力创造而言的。如果智力创造是两方或两方以上当事人共同完成的，则应认定为合作开发。如果一方或几方仅提供资金、设备、材料等物质条件或者承担辅助协作事项，而由另一方或几方负责研究开发工作，则一般认定为委托开发。司法实践中，不能仅依据合同文字表述认定合同性质，而应当从双方实质上的权利义务关系准确认定合同的性质。例如，有些案件中，当事人订立的合同名为《技术合作开发合同》，合同条款中也写有“双方合作开发”的字样，但合同中的具体权利义务条款则为一方出资或提供设备，另一方进行开发研究的，应认定为委托开发合同，除非当事人对开发成果的专利申请权及专利权另行约定，则专利申请权及专利权应认定属于开发方，而不是两方共同所有。如果一方既投入资金、设备，又参与研究开发，则应认定为合作开发合同，专利申请权及专利权归属对发明创造作出实质贡献的一方或多方。

二、专利申请权及专利权共有人内部的权利义务

需要说明的是，本条规定的委托开发和合作开发均属于《民法典》合同编技术合同章中的“技术开发合同”。《专利法》与《民法典》存在特别法与一般法的关系，对于专利申请权及专利权共有人内部的权利义务，《专利法》没有特别规定的事项，均应当适用《民法典》及《技术合同纠纷解释》关于技术开发合同的规定。

发明创造一经合作完成，除当事人另有约定外，即产生共同共有的法律后果。根据《民法典》第860条的规定，合作开发完成的发明创造，申请专利的

权利属于合作开发的当事人共有；当事人一方转让其共有的专利申请权的，其他各方享有以同等条件优先受让的权利。但是，当事人另有约定的除外。合作开发的当事人一方声明放弃其共有的专利申请权的，除当事人另有约定外，可以由另一方单独申请或者由其他各方共同申请。申请人取得专利权的，放弃专利申请权的一方可以免费实施该专利。合作开发的当事人一方不同意申请专利的，另一方或者其他各方不得申请专利。

委托开发完成的发明创造，根据《民法典》第 859 条的规定，除法律另有规定或者当事人另有约定外，申请专利的权利属于研究开发人。研究开发人取得专利权的，委托人可以依法实施该专利。研究开发人转让专利申请权的，委托人享有以同等条件优先受让的权利。

第九条　同样的发明创造只能授予一项专利权。但是，同一申请人同日对同样的发明创造既申请实用新型专利又申请发明专利，先获得的实用新型专利权尚未终止，且申请人声明放弃该实用新型专利权的，可以授予发明专利权。

两个以上的申请人分别就同样的发明创造申请专利的，专利权授予最先申请的人。

关联规定

一、法律、行政法规、司法解释

1.《中华人民共和国专利法实施细则》

第四十一条　两个以上的申请人同日（指申请日；有优先权的，指优先权日）分别就同样的发明创造申请专利的，应当在收到国务院专利行政部门的通知后自行协商确定申请人。

同一申请人在同日（指申请日）对同样的发明创造既申请实用新型专利又申请发明专利的，应当在申请时分别说明对同样的发明创造已申请了另一专利；未作说明的，依照专利法第九条第一款关于同样的发明创造只能授予一项专利权的规定处理。

国务院专利行政部门公告授予实用新型专利权，应当公告申请人已依照本条第二款的规定同时申请了发明专利的说明。

发明专利申请经审查没有发现驳回理由，国务院专利行政部门应当通知申请人在规定期限内声明放弃实用新型专利权。申请人声明放弃的，国务院专利行政部门应当作出授予发明专利权的决定，并在公告授予发明专利权时一并公告申请人放弃实用新型专利权声明。申请人不同意放弃的，国务院专利行政部门应当驳回该发明专利申请；申请人期满未答复的，视为撤回该发明专利申请。

实用新型专利权自公告授予发明专利权之日起终止。

2.《最高人民法院关于审理专利授权确权行政案件适用法律若干问题的规定（一）》

第十八条 外观设计专利与相同种类产品上同日申请的另一项外观设计专利相比，整体视觉效果相同或者属于仅具有局部细微区别等实质相同的情形的，人民法院应当认定其不符合专利法第九条关于“同样的发明创造只能授予一项专利权”的规定。

二、部门规章及规范性文件

《专利审查指南》

第一部分 第三章 外观设计专利申请的初步审查

11.1 判断原则

在判断是否构成专利法第九条所述的同样的发明创造时，应当以表示在两件外观设计专利申请或专利的图片或者照片中的产品的外观设计为准。同样的外观设计是指两项外观设计相同或者实质相同。

第二部分 第三章 新颖性

6. 对同样的发明创造的处理

专利法第九条规定，同样的发明创造只能授予一项专利权。两个以上的申请人分别就同样的发明创造申请专利的，专利权授予最先申请的人。

上述条款规定了不能重复授予专利权的原则。禁止对同样的发明创造授予多项专利权，是为了防止权利之间存在冲突。

对于发明或实用新型，专利法第九条或专利法实施细则第四十一条中所述的“同样的发明创造”是指两件或两件以上申请（或专利）中存在的保护范围相同的权利要求。

在先申请构成抵触申请或已公开构成现有技术的，应根据专利法第二十二条第二、三款，而不是根据专利法第九条对在后专利申请（或专利）进行审查。

6.1 判断原则

专利法第五十九条第一款规定，发明或者实用新型专利权的保护范围以其权利要求的内容为准，说明书及附图可以用于解释权利要求的内容。为了避免重复授权，在判断是否为同样的发明创造时，应当将两件发明或者实用新型专利申请或专利的权利要求书的内容进行比较，而不是将权利要求书与专利申请或专利文件的全部内容进行比较。

判断时，如果一件专利申请或专利的一项权利要求与另一件专利申请或专利的某一项权利要求保护范围相同，应当认为它们是同样的发明创造。

两件专利申请或专利说明书的内容相同，但其权利要求保护范围不同的，应当认为所要求保护的发明创造不同。例如，同一申请人提交的两件专利申请的说明书都记载了一种产品以及制造该产品的方法，其中一件专利申请的权利要求书要求保护的是该产品，另一件专利申请的权利要求书要求保护的是制造该产品的方法，应当认为要求保护的是不同的发明创造。应当注意的是，权利要求保护范围仅部分重叠的，不属于同样的发明创造。例如，权利要求中存在以连续的数值范围限定的技术特征的，其连续的数值范围与另一件发明或者实用新型专利申请或专利权利要求中的数值范围不完全相同的，不属于同样的发明创造。

6.2 处理方式

6.2.1 对两件专利申请的处理

6.2.1.1 申请人相同

在审查过程中，对于同一申请人同日（指申请日，有优先权的指优先权日）就同样的发明创造提出两件专利申请，并且这两件申请符合授予专利权的其他条件的，应当就这两件申请分别通知申请人进行选择或者修改。申请人期满不答复的，相应的申请被视为撤回。经申请人陈述意见或者进行修改后仍不符合专利法第九条第一款规定的，两件申请均予以驳回。

6.2.1.2 申请人不同

在审查过程中，对于不同的申请人同日（指申请日，有优先权的指优先权日）就同样的发明创造分别提出专利申请，并且这两件申请符合授予专利权的其他条件的，应当根据专利法实施细则第四十一条第一款的规定，通知申请人自行协商确定申请人。申请人期满不答复的，其申请被视为撤回；协商不成，或者经申请人陈述意见或进行修改后仍不符合专利法第九条第一款规定的，两件申请均予以驳回。

6.2.2 对一件专利申请和一项专利权的处理

在对一件专利申请进行审查的过程中，对于同一申请人同日（指申请日，有优先权的指优先权日）就同样的发明创造提出的另一件专利申请已经被授予专利权，并且尚未授权的专利申请符合授予专利权的其他条件的，应当通知申请人进行修改。申请人期满不答复的，其申请被视为撤回。经申请人陈述意见或者进行修改后仍不符合专利法第九条第一款规定的，应当驳回其专利申请。

但是，对于同一申请人同日（仅指申请日）对同样的发明创造既申请实用新型又申请发明专利的，在先获得的实用新型专利权尚未终止，并且申请人在申请时分别做出说明的，除通过修改发明专利申请外，还可以通过放弃实用新型专利权避免重复授权。因此，在对上述发明专利申请进行审查的过程中，如果该发明专利申请符合授予专利权的其他条件，应当通知申请人进行选择或者修改，申请人选择放弃已经授予的实用新型专利权的，应当在答复审查意见通知书时附交放弃实用新型专利权的书面声明。此时，对那件符合授权条件、尚未授权的发明专利申请，应当发出授权通知书，并将放弃上述实用新型专利权的书面声明转至有关审查部门，由专利局予以登记和公告，公告上注明上述实用新型专利权自公告授予发明专利权之日起终止。

条文释义

一、本条主旨

本条是关于禁止重复授权原则（一发明创造一专利原则）和先申请原则的规定。

二、条文演变

1984 年《专利法》规定了先申请原则。其第 9 条规定，两个以上的申请人分别就同样的发明创造申请专利的，专利授予最先申请的人。

1992 年、2000 年《专利法》修改时对该条未作变动。

2008 年《专利法》修改时增加了一发明创造一专利原则。在第 9 条中增加一款，作为第 1 款："同样的发明创造只能授予一项专利权。但是，同一申请人同日对同样的发明创造既申请实用新型专利又申请发明专利，先获得的实用新型专利权尚未终止，且申请人声明放弃该实用新型专利权的，可以授予发明专利权。"

2020 年《专利法》修改对该条未作变动。

三、条文解读

专利权是国家授予的具有独占性的权利。一项发明创造被授予专利权后，除法律另有规定外，任何单位和个人未经专利权人许可，都不得实施该专利。同样的发明创造向不同的单位和个人授予专利权或是向同一单位或个人授予多个专利权，一是会导致不同权利人之间的权利冲突；二是会导致社会公众实施专利时，需向多个权利人支付专利使用费，不合理地提高实施专利的成本；三是会导致对一项发明创造的保护期超过法定的期限，损害公共利益。以上均与《专利法》的立法目的相悖。本条第 1 款确立了禁止重复授权原则（一发明创造一专利原则）并规定了同一申请人同日提出实用新型和发明两项专利的例外情形；第 2 款确立了先申请原则，规定了两个以上申请人就同样的发明创造分别提出专利申请时的具体适用规则。

（一）禁止重复授权原则

禁止重复授权原则，也称一发明创造一专利原则，是指对于一项发明创造只能向一个特定主体授予一项专利权。许多国家的专利法都有关于此原则规定。我国虽然在长期专利实践中一直坚持这一原则，但 2008 年修改《专利法》时才将其明确规定到《专利法》中，作为我国专利制度的一项基本原则。

《专利法》对发明和实用新型这两种专利权客体的创造性程度要求不同，保护期也不同。在专利审查实践中，由于对发明专利申请要进行实质审查，且常常要耗费较长时间，而对实用新型专利申请通常不进行实质审查，相对授权较快。为了使发明创造能够得到及时保护，有效制止他人未经许可实施，我国《专利法》赋予当事人就一项产品发明创造同时申请发明专利及实用新型专利的权利，但受到“一发明创造一专利”原则的限制，同一申请人就一项发明创造只能同时享有一项专利权，发明专利授权之前，先获得的实用新型专利尚未终止的，申请人应当声明放弃该实用新型专利权，否则不能授予发明专利权。这一规定既有利于尊重和维护申请人的专利申请权与选择权，也有利于维护公平的社会秩序，防止专利申请人通过专利权的重叠及其法定保护期的重叠不当地扩张自己的利益。

（二）先申请原则

先申请原则旨在解决不同专利申请人就同一发明创造同时申请专利时，专利权应授予谁的问题。对此，国际上存在两种模式：一是先申请原则，即专利权授予首先提出申请的当事人。二是先发明原则，即专利权授予最先作出发明创造的人，不论提出申请的先后。先发明原则有利于鼓励发明创造，但专利制度设置的目的除了鼓励发明创造外，还有对公共利益的考量，即通过公开技术方案换取一定期限的独占性权利，以使得技术方案及时得到公开和传播，促进社会进步。先申请原则有以下优点：一是有利于防止发明人完成发明创造后，对其技术方案保密而不申请专利，等到他人就同样的发明创造提出专利申请时，再申请专利。二是专利授权程序更加简单高效。而先发明原则加重了申请人关于发明创造完成日的举证负担，无论在申请时还是在授权后，权利常处于不稳定的状态，专利诉讼由此增多。申请日的确定比发明日的确定要简单得多，采用先申请原则使得专利授权程序更加便捷易行。基于上述原因，大多数国家采用先申请原则。

适用指引

一、同样发明创造的判断

禁止重复授权原则和先申请原则的适用需要满足一个共同的前提，即所涉发明创造系同样的发明创造。同样的发明创造，是指两件或两件以上专利申请或专利的保护范围相同。针对不同类型的专利，其具体判断方法如下：

（一）发明与实用新型

判断某一发明专利或专利申请与另一发明专利或专利申请、某一实用新型专利或专利申请与另一实用新型专利或专利申请，某一发明专利或专利申请与另一实用新型专利或专利申请是否同样的发明创造，应将两者的权利要求进行比较，如果权利要求所限定的技术方案相同，则二者的保护范围相同，应认定为同样的发明创造。需要注意的是：（1）不能将一件专利申请或专利的权利要求或专利文件与另一件专利申请或专利文件的全部内容进行比较。两件专利申请或专利说明书的内容相同，但其权利要求保护范围不同的，应当认为所要求保护的发明创造不同。例如，同一申请人提交的两件专利申请的说明书都记载了一种产品以及制造该产品的方法，其中一件专利申请的权利要求书要求保护的是该产品，另一件专利申请的权利要求书要求保护的是制造该产品的方法，应当认为要求保护的是不同的发明创造。（2）如果两件专利或专利申请的权利要求虽然文字上表述不同，但是为进一步确定其保护范围，还应根据说明书和附图确定权利要求所限定的本专利或专利申请的保护范围，从而确定其要求保护的技术方案是否相同，即是否属于同样的发明创造。

（二）外观设计

判断两项外观设计专利或专利申请是否构成同样的发明创造时，应当以表示在两件外观设计专利申请或专利的图片或者照片中的产品的外观设计为准。外观设计专利与相同种类产品上同日申请的另一项外观设计专利相比，整体视觉效果相同或者属于仅具有局部细微区别等实质相同的情形的，应当认定为同样的发明创造。

二、禁止重复授权原则的例外的适用

禁止重复授权原则的例外规定针对的是同一申请人对同样的发明创造同日申请发明专利和实用新型专利的情况，其目的是克服发明专利审查时间长的问题，使发明人的利益得到充分保护。其适用有以下几个条件：

第一，申请人需为同一人且申请日应为同日。此处的同日不包括优先权日。同一申请人在同日对同样的发明创造既申请实用新型专利又申请发明专利的，应当在申请时分别说明对同样的发明创造已申请了另一专利；未作说明的，依照本条第1款关于同样的发明创造只能授予一项专利权的规定处理。

第二，先获得的实用新型专利权尚未终止。

第三，申请人声明放弃该实用新型专利。发明专利申请经审查没有发现驳回理由，应当通知申请人进行选择或者修改，申请人选择放弃已经授予的实用新型专利权的，应当在答复审查意见通知书时附交放弃实用新型专利权的书面声明。此时，对那件符合授权条件、尚未授权的发明专利申请，应当发出授权通知书，并将放弃上述实用新型专利权的书面声明转至有关审查部门，由专利局予以登记和公告，公告上注明上述实用新型专利权自公告授予发明专利权之日起终止。申请人不同意放弃的实用新型专利权，又不对发明专利进行修改的，或者经申请人陈述意见或者进行修改后仍不符合本条第1款规定的，应当驳回其专利申请。申请人期满未答复的，视为撤回该发明专利申请。

对于上述情形，形式上看虽然先后有两次授权，似乎是一种例外，但本质上是针对同样的发明创造只允许存在一项有效的专利权，实际上仍遵循了禁止重复授权原则。

典型案例

济宁无压锅炉厂诉国家知识产权局专利复审委员会、第三人舒某章发明专利权无效纠纷提审案

关键词：禁止重复授权　同样的发明创造　同一申请人

裁判摘要：《专利法》所称的同样的发明创造是指保护范围相同的专利申请或者专利，在判断方法上应当仅就各自请求保护的内容进行比较即可；专利法上的禁止重复授权是指同样的发明创造不能有两项或者两项以上的处于有效状态的专利权同时存在，而不是指同样的发明创造只能被授予一次专利权，有关行政操作并不违背立法精神。

基本案情：舒某章于1992年申请了“一种高效节能双层炉排反烧锅炉”的发明专利。济宁无压锅炉厂以违反禁止重复授权为由向原国家知识产权局专利复审委员会（以下简称专利复审委员会）请求宣告该发明专利权无效，并提交了舒某章于1991年申请并在该发明专利授权日前已经终止的一项实用新型专利作对比文件。专利复审委员会认为，涉案发明专利授权时该实用新型专利已经终止，不存在两个专利权共存的情况，因此本发明专利权的授予不违反禁止重复授权的规定，故维持专利权有效。济宁无压锅炉厂不服该决定，起诉至北京市第一中级人民法院。该院维持专利复审委员会的决定。济宁无压锅炉厂上诉至北京市高级人民法院。该院二审认为，重复授权是指同样的发明创造被授予两次专利权，本案实用新型专利终止后又授予发明专利，相当于把已进入公有领域的技术又赋予了专利权，应属重复授权，遂撤销一审判决和专利复审委员会决定。舒某章和专利复审委员会向最高人民法院申请再审。最高人民法院提审后，撤销二审判决，维持一审判决和专利复审委员会决定。

本案的焦点在于国务院专利行政部门允许同一申请人就同样的发明创造既申请实用新型专利又申请发明专利，但在后授权时申请人须放弃在前授权的实用新型是否符合专利法上的禁止重复授权原则。最高人民法院认为，专利法所称的同样的发明创造是指保护范围相同的专利申请或者专利，在判断方法上应当仅就各自请求保护的内容进行比较即可。“同样的发明创造只能被授予一项专利”，可以理解为是指同样的发明创造不能有两项或者两项以上的处于有效状态的专利权同时存在；在现行的制度安排下，同一申请人就同样的发明创造既申请实用新型专利又申请发明专利的，只要两项专利权不同时存在，就不违反禁止重复授权原则。首先，《专利审查指南》允许同一申请人同时或先后就同样的发明创造既申请实用新型专利又申请发明专利，这种做法的形成有其历史原因，虽不尽完善，但客观上有利于申请人选择对其发明创造最为有利的保护方式。其次，《专利法》关于先申请原则和新颖性判断中的抵触申请制度的规定，可以解决不同申请人就同样的发明创造分别提出专利申请的冲突问题。但对同一申请人就同样的发明创造分别提出实用新型和发明专利申请的情形未作规定，立法上为同一申请人保留了一个比较宽松和方便的专利申请选择途径。应当说，《专利审查指南》对于禁止重复授权原则的解释和国务院专利行政部门过去十多年来的有关做法，未违背《专利法》的基本立法精神，未造成专利权人和社会公众利益的重大失衡。相反，这有利于鼓励发明人尽早公开有关发明创造，有利于及时保护有关发明创造，有利于他人避免重复研究和在此基础上及时进行改进创新。最后，这种做法在我国已经实际执行了十多年，如果简单地否定其合法性和合理性，涉及众多的相关专利的效力，显然不利于对已有的专利或者专利申请的保护。此外，如果把重复授权理解为是指同样的发明创造被授予两次专利权，也会造成专利审查与授权的实践操作困难。如在一项发明专利申请提出后公布前的时间段内，他人若就同样的发明创造提出实用新型专利申请并获得授权，此时，如果简单地认为同样的发明创造只能被授予一次专利权，则该发明专利申请就不能被授权，这显然违背了专利授予的先申请原则；如果必须将实用新型专利无效后再授予发明专利权，也会造成实际操作上的困难。

【案　　号】（2007）行提字第4号

【审理法院】最高人民法院

【来　　源】我国改革开放30年来100件知识产权司法保护典型案例

第十条　专利申请权和专利权可以转让。

中国单位或者个人向外国人、外国企业或者外国其他组织转让专利申请权或者专利权的，应当依照有关法律、行政法规的规定办理手续。

转让专利申请权或者专利权的，当事人应当订立书面合同，并向国务院专利行政部门登记，由国务院专利行政部门予以公告。专利申请权或者专利权的转让自登记之日起生效。

关联规定

一、国际条约

《与贸易有关的知识产权协定》

第 28 条　授予的权利

2. 专利所有权人还有权转让或以继承方式转移其专利并订立许可合同。

二、法律、行政法规、司法解释

1.《中华人民共和国民法典》

第八百五十九条　委托开发完成的发明创造，除法律另有规定或者当事人另有约定外，申请专利的权利属于研究开发人。研究开发人取得专利权的，委托人可以依法实施该专利。

研究开发人转让专利申请权的，委托人享有以同等条件优先受让的权利。

第八百六十条　合作开发完成的发明创造，申请专利的权利属于合作开发的当事人共有；当事人一方转让其共有的专利申请权的，其他各方享有以同等条件优先受让的权利。但是，当事人另有约定的除外。

合作开发的当事人一方声明放弃其共有的专利申请权的，除当事人另有约定外，可以由另一方单独申请或者由其他各方共同申请。申请人取得专利权的，放弃专利申请权的一方可以免费实施该专利。

合作开发的当事人一方不同意申请专利的，另一方或者其他各方不得申请专利。

第八百六十二条 技术转让合同是合法拥有技术的权利人，将现有特定的专利、专利申请、技术秘密的相关权利让与他人所订立的合同。

技术许可合同是合法拥有技术的权利人，将现有特定的专利、技术秘密的相关权利许可他人实施、使用所订立的合同。

技术转让合同和技术许可合同中关于提供实施技术的专用设备、原材料或者提供有关的技术咨询、技术服务的约定，属于合同的组成部分。

第八百六十三条 技术转让合同包括专利权转让、专利申请权转让、技术秘密转让等合同。

技术许可合同包括专利实施许可、技术秘密使用许可等合同。

技术转让合同和技术许可合同应当采用书面形式。

第八百六十四条 技术转让合同和技术许可合同可以约定实施专利或者使用技术秘密的范围，但是不得限制技术竞争和技术发展。

第八百七十条 技术转让合同的让与人和技术许可合同的许可人应当保证自己是所提供的技术的合法拥有者，并保证所提供的技术完整、无误、有效，能够达到约定的目标。

第八百七十一条 技术转让合同的受让人和技术许可合同的被许可人应当按照约定的范围和期限，对让与人、许可人提供的技术中尚未公开的秘密部分，承担保密义务。

第八百七十二条 许可人未按照约定许可技术的，应当返还部分或者全部使用费，并应当承担违约责任；实施专利或者使用技术秘密超越约定的范围的，违反约定擅自许可第三人实施该项专利或者使用该项技术秘密的，应当停止违约行为，承担违约责任；违反约定的保密义务的，应当承担违约责任。

让与人承担违约责任，参照适用前款规定。

第八百七十三条 被许可人未按照约定支付使用费的，应当补交使用费并按照约定支付违约金；不补交使用费或者支付违约金的，应当停止实施专利或者使用技术秘密，交还技术资料，承担违约责任；实施专利或者使用技术秘密超越约定的范围的，未经许可人同意擅自许可第三人实施该专利或者使用该技术秘密的，应当停止违约行为，承担违约责任；违反约定的保密义务的，应当承担违约责任。

受让人承担违约责任，参照适用前款规定。

第八百七十四条 受让人或者被许可人按照约定实施专利、使用技术秘密侵害他人合法权益的，由让与人或者许可人承担责任，但是当事人另有约定的除外。

第八百七十六条 集成电路布图设计专有权、植物新品种权、计算机软件著作权等其他知识产权的转让和许可，参照适用本节的有关规定。

第八百七十七条 法律、行政法规对技术进出口合同或者专利、专利申请合同另有规定的，依照其规定。

2.《中华人民共和国专利法实施细则》

第十四条 除依照专利法第十条规定转让专利权外，专利权因其他事由发生转移的，当事人应当凭有关证明文件或者法律文书向国务院专利行政部门办理专利权转移手续。

专利权人与他人订立的专利实施许可合同，应当自合同生效之日起 3 个月内向国务院专利行政部门备案。

以专利权出质的，由出质人和质权人共同向国务院专利行政部门办理出质登记。

3.《中华人民共和国技术进出口管理条例》

第二条 本条例所称技术进出口，是指从中华人民共和国境外向中华人民共和国境内，或者从中华人民共和国境内向中华人民共和国境外，通过贸易、投资或者经济技术合作的方式转移技术的行为。

前款规定的行为包括专利权转让、专利申请权转让、专利实施许可、技术秘密转让、技术服务和其他方式的技术转移。

第九条 属于禁止进口的技术，不得进口。

第十条 属于限制进口的技术，实行许可证管理；未经许可，不得进口。

第十一条 进口属于限制进口的技术，应当向国务院外经贸主管部门提出技术进口申请并附有关文件。

技术进口项目需经有关部门批准的，还应当提交有关部门的批准文件。

第十六条 技术进口经许可的，由国务院外经贸主管部门颁发技术进口许可证。技术进口合同自技术进口许可证颁发之日起生效。

第十七条 对属于自由进口的技术，实行合同登记管理。

进口属于自由进口的技术，合同自依法成立时生效，不以登记为合同生效的条件。

第二十三条 技术进口合同的让与人应当保证自己是所提供技术的合法拥有者或者有权转让、许可者。

技术进口合同的受让人按照合同约定使用让与人提供的技术，被第三方指控侵权的，受让人应当立即通知让与人；让与人接到通知后，应当协助受让人排除妨碍。

第二十四条 技术进口合同的让与人应当保证所提供的技术完整、无误、有效，能够达到约定的技术目标。

第二十五条 技术进口合同的受让人、让与人应当在合同约定的保密范围和保密期限内，对让与人提供的技术中尚未公开的秘密部分承担保密义务。

在保密期限内，承担保密义务的一方在保密技术非因自己的原因被公开后，其承担的保密义务即予终止。

第二十六条 技术进口合同期满后，技术让与人和受让人可以依照公平合理的原则，就技术的继续使用进行协商。

第二十九条 属于禁止出口的技术，不得出口。

第三十条 属于限制出口的技术，实行许可证管理；未经许可，不得出口。

第三十一条 出口属于限制出口的技术，应当向国务院外经贸主管部门提出申请。

第三十五条 技术出口经许可的，由国务院外经贸主管部门颁发技术出口许可证。技术出口合同自技术出口许可证颁发之日起生效。

第三十六条 对属于自由出口的技术，实行合同登记管理。

出口属于自由出口的技术，合同自依法成立时生效，不以登记为合同生效的条件。

4.《国防专利条例》

第七条 国防专利申请权和国防专利权经批准可以向国内的中国单位和个人转让。

转让国防专利申请权或者国防专利权，应当确保国家秘密不被泄露，保证国防和军队建设不受影响，并向国防专利机构提出书面申请，由国防专利机构进行初步审查后依照本条例第三条第二款规定的职责分工，及时报送国务院国防科学技术工业主管部门、总装备部审批。

国务院国防科学技术工业主管部门、总装备部应当自国防专利机构受理申请之日起30日内作出批准或者不批准的决定；作出不批准决定的，应当书面通知申请人并说明理由。

经批准转让国防专利申请权或者国防专利权的，当事人应当订立书面合同，并向国防专利机构登记，由国防专利机构在《国防专利内部通报》上刊登。国防专利申请权或者国防专利权的转让自登记之日起生效。

第八条 禁止向国外的单位和个人以及在国内的外国人和外国机构转让国防专利申请权和国防专利权。

5.《最高人民法院关于审理技术合同纠纷案件适用法律若干问题的解释》

第二十三条 专利申请权转让合同当事人以专利申请被驳回或者被视为撤回为由请求解除合同，该事实发生在依照专利法第十条第三款的规定办理专利申请权转让登记之前的，人民法院应当予以支持；发生在转让登记之后的，不予支持，但当事人另有约定的除外。

专利申请因专利申请权转让合同成立时即存在尚未公开的同样发明创造的在先专利申请被驳回，当事人依据民法典第五百六十三条第一款第（四）项的规定请求解除合同的，人民法院应当予以支持。

第二十四条 订立专利权转让合同或者专利申请权转让合同前，让与人自己已经实施发明创造，在合同生效后，受让人要求让与人停止实施的，人民法院应当予以支持，但当事人另有约定的除外。

让与人与受让人订立的专利权、专利申请权转让合同，不影响在合同成立前让与人与他人订立的相关专利实施许可合同或者技术秘密转让合同的效力。

三、部门规章及规范性文件

《专利审查指南》

第一部分 第一章 发明专利申请的初步审查

6.7.2.2 专利申请权（或专利权）转移

（1）申请人（或专利权人）因权属纠纷发生权利转移提出变更请求的，如果纠纷是通过协商解决的，应当提交全体当事人签字或者盖章的权利转移协议书。如果纠纷是由地方知识产权管理部门调解解决的，应当提交该部门出具的调解书；如果纠纷是由人民法院调解或者判决确定的，应当提交生效的人民法院调解书或者判决书，对一审法院的判决，收到判决书后，审查员应当通知其他当事人，确认是否提起上诉，在指定的期限内未答复或者明确不上诉的，应当依据此判决书予以变更；提起上诉的，当事人应当提交上级人民法院出具的证明文件，原人民法院判决书不发生法律效力；如果纠纷是由仲裁机构调解或者裁决确定的，应当提交仲裁调解书或者仲裁裁决书。

（2）申请人（或专利权人）因权利的转让或者赠与发生权利转移提出变更请求的，应当提交双方签字或者盖章的转让或者赠与合同。必要时还应当提交主体资格证明，例如：有当事人对专利申请权（或专利权）转让或者赠与有异议的；当事人办理专利申请权（或专利权）转移手续，多次提交的证明文件相互矛盾；转让或赠与协议中申请人或专利权人的签字或者盖章与案件中记载的签字或者盖章不一致的。该合同是由单位订立的，应当加盖单位公章或者合同专用章。公民订立合同的，由本人签字或者盖章。有多个申请人（或专利权人）的，应当提交全体权利人同意转让或者赠与的证明材料。

（3）专利申请权（或专利权）转让（或赠与）涉及外国人、外国企业或者外国其他组织的，应当符合下列规定：

（i）转让方、受让方均是外国人、外国企业或者外国其他组织的，应当提交双方签字或者盖章的转让合同。

（ii）对于发明或者实用新型专利申请（或专利），转让方是中国内地的个人或者单位，受让方是外国人、外国企业或者外国其他组织的，应当出具国务院商务主管部门颁发的《技术出口许可证》或者《自由出口技术合同登记证书》，或者地方商务主管部门颁发的《自由出口技术合同登记证书》，以及双方签字或者盖章的转让合同。

（iii）转让方是外国人、外国企业或者外国其他组织，受让方是中国内地个人或者单位的，应当提交双方签字或者盖章的转让合同。

中国内地的个人或者单位与外国人、外国企业或者外国其他组织作为共同转让方，受让方是外国人、外国企业或者外国其他组织的，适用本项（ii）的规定处理；中国内地的个人或者单位与外国人、外国企业或者外国其他组织作为共同受让方，转让方是外国人、外国企业或者外国其他组织的，适用本项（iii）的规定处理。

中国内地的个人或者单位与香港、澳门或者台湾地区的个人、企业或者其他组织作为共同转让方，受让方是外国人、外国企业或者外国其他组织的，参照本项（ii）的规定处理；中国内地的个人或者单位与香港、澳门或者台湾地区的个人、企业或者其他组织作为共同受让方，转让方是外国人、外国企业或者外国其他组织的，参照本项（iii）的规定处理。

转让方是中国内地的个人或者单位，受让方是香港、澳门或者台湾地区的个人、企业或者其他组织的，参照本项（ii）的规定处理。

条文释义

一、本条主旨

本条是关于专利申请权和专利权转让的规定。

二、条文演变

1984年《专利法》即对专利申请权和专利权转让作了规定。1984年《专利法》第10条规定，专利申请权和专利权可以转让。全民所有制单位转让专利申请权或者专利权的，必须经上级主管机关批准。中国单位或者个人向外国人转让专利申请权或者专利权的，必须经国务院有关主管部门批准。转让专利申请权或者专利权的，当事人必须订立书面合同，经专利局登记和公告后生效。

1992年修改《专利法》时，未对本条进行修改。

2000年修改《专利法》时，将本条修改为：专利申请权和专利权可以转让。中国单位或者个人向外国人转让专利申请权或者专利权的，必须经国务院有关主管部门批准。转让专利申请权或者专利权的，当事人应当订立书面合同，并向国务院专利行政部门登记，由国务院专利行政部门予以公告。专利申请权或者专利权的转让自登记之日起生效。修改之处在于：第一，删除了修改前的本条第2款关于全民所有制单位转让权利应当经上级主管机关批准的规定；第二，将修改前的本条第4款规定的转让专利申请权和专利权必须经登记和公告才能生效改为经登记生效，公告不作为生效的必要条件。

2008年修改《专利法》时，将本条修改为：专利申请权和专利权可以转让。中国单位或者个人向外国人、外国企业或者外国其他组织转让专利申请权或者专利权的，应当依照有关法律、行政法规的规定办理手续。转让专利申请权或者专利权的，当事人应当订立书面合同，并向国务院专利行政部门登记，由国务院专利行政部门予以公告。专利申请权或者专利权的转让自登记之日起生效。修改之处在于：第一，将修改前的本条第 2 款规定的向外转让专利申请权和专利权“必须经国务院有关主管部门批准”改为“依照有关法律、行政法规的规定办理手续”；第二，将修改前的本条第 2 款中的“外国人”改为“外国人、外国企业或者外国其他组织”，以与《专利法》其他相关条款的称谓一致。

2020 年《专利法》修改对该条未作变动。

三、条文解读

本条第 1 款明确规定了专利申请权和专利权可以转让。专利权作为一种财产权，权利人应当享有予以转让的权利，这是充分尊重权利人对其专利权行使处分权的体现。

专利申请权和专利权的变动既可以因权利主体的民事法律行为（例如转让、赠与、遗赠等）而发生，也可以因法律规定的事件的发生而依照有关法律的规定直接发生。例如，在自然人死亡、法人或非法人组织分立、合并等情况下，专利申请权和专利权可以依照《民法典》继承编转移给继承人，或者依照有关法律转移给有权继受其权利的单位或者组织。

通常情况下，根据尊重当事人意思自治的原则，转让人和受让人就转让专利申请权和专利权的意思表示达成一致即可。但是，根据本条第 2 款的规定，如果转让人是中国单位或者个人，而受让人是外国人、外国企业或者外国其他组织，则应当依照有关法律、行政法规的规定办理手续。

根据本条第 2 款的规定，向外国人转让专利申请权或专利权应当依照有关法律、行政法规的规定办理手续，具体手续的办理应当依照《技术进出口管理条例》及有关规章的规定来执行。《技术进出口管理条例》对技术的出口分为三类，包括禁止出口的技术、限制出口的技术和自由出口的技术。实践中，因涉及禁止出口的技术应当申请国防专利或者保密专利，故专利申请权或者专利权涉及的技术基本上都属于限制出口或者自由出口的技术。其中，向外转让属于限制出口范围内的专利申请权和专利权的，应当依照《禁止出口限制出口技术管理办法》的规定办理有关手续，向外转让属于自由出口范围的专利申请权和专利权的，应当依照《技术进出口合同登记管理办法》的规定办理有关手续。

根据本条第 3 款的规定，专利申请权和专利权的转让合同应当依照《专利法》的规定订立书面合同。对转让专利申请权或者专利权的合同，除本法或有关行政法规另有规定的以外，应适用《民法典》的有关规定。专利申请权或者专利权的让与人与受让人订立转让合同后，应当向国务院专利行政部门办理登记。专利申请权或者专利权的转让自登记之日起生效。需要指出的是，当事人办理登记，是专利申请权或者专利权转移生效的要件，而不是转让合同生效的要件。依照《民法典》的规定，依法成立的转让专利申请权或者转让专利权的合同，自成立时即生效，当事人一方不得以未经登记为由主张合同无效。合同成立后，因未向国务院专利行政部门办理登记手续使转让未生效的，当事人应当依法补办登记手续。国务院专利行政部门对已经登记的专利申请权或者专利权的转让，应当予以公告，使公众可以知晓专利申请权或者专利权主体的变更情况。

适用指引

一、对"专利申请权"的理解

本条所称"专利申请权"是指申请人在向国家知识产权局提出申请以后对其专利申请享有的权利，包括申请人决定是继续申请专利还是放弃其专利申请的权利，是自己继续保留该专利申请还是将该专利申请转让给他人的权利，是许可他人实施该专利申请中要求保护的发明还是自己予以实施的权利等。

本条所称"专利申请权"与《专利法》第 6 条和第 8 条所称的"申请专利的权利"是有区别的。《专利法》第 6 条和第 8 条所称"申请专利的权利"，是指有关单位或者个人在完成发明创造之后、申请专利之前，决定是否对其发明创造申请专利、何时向哪些国家申请专利以及申请何种专利等权利。申请专利的权利自然也可以转让，但由于该转让行为发生在提出专利申请之前，此时专利申请文件尚未提交给国务院专利行政部门，因此，并不需要像转移专利申请权一样履行本条第 2 款和第 3 款规定的手续，仅需要按照本法第 19 条的规定，如果系将在中国完成的发明或者实用新型向外国申请专利应当事先报经国务院专利行政部门进行保密审查。

二、国务院专利行政部门作出的有关专利申请和专利权的决定对转让行为的影响

第一，申请专利的发明创造，只有在符合《专利法》规定的授权条件的情况下，才能被授予专利权，不符合《专利法》规定的授权条件的，则将被驳回。而专利申请能否通过国家专利授权部门的审查并最终获得专利权，具有较大的不确定性。这使得转让人与受让人就专利申请权订立合同存在一定的风险。专利申请权被转让后，如果最终专利申请被驳回，是应当由让与人对专利申请被驳回承担风险，还是由受让人承担专利申请被驳回的风险？

对此，《技术合同纠纷解释》第 23 条作出了明确规定。该条第 1 款规定："专利申请权转让合同当事人以专利申请被驳回或者被视为撤回为由请求解除合同，该事实发生在依照专利法第十条第三款的规定办理专利申请权转让登记之前的，人民法院应当予以支持；发生在转让登记之后的，不予支持，但当事人另有约定的除外。"第 2 款规定："专利申请因专利申请权转让合同成立时即存在尚未公开的同样发明创造的在先专利申请被驳回，当事人依据民法典第五百六十三条第一款第（四）项的规定请求解除合同的，人民法院应当予以支持。"但在理解与适用上述解释时应当注意以下两个问题：首先，上述规定的三种处理方式并不排除当事人约定。根据尊重当事人意思自治的原则，如果当事人在专利申请权转让合同中对于专利申请被驳回或者被视为撤回的后果承担问题作出了明确约定，或者事后达成了协议，应当优先依照当事人的约定处理。其次，对于第 1 款规定的当事人解除合同的法律依据问题。根据《民法典》第 563 条关于合同法定解除的规定，解除合同只限于法定的五种情形。在专利申请权转让合同中，当事人在办理这类申请权转让登记手续前，专利申请被驳回或者被视为撤回，如果当事人请求解除合同，一般来说，应当属于《民法典》第 563 条第 1 款第 4 项规定的法定解除情形。例如，如果让与人一方对专利申请被驳回或者被视为撤回有过错的，自然应当属于《民法典》第 563 条第 1 款第 4 项规定的"其他违约行为致使不能实现合同目的"的情形。即使让与人无过错，那么作为专利申请权转让合同的让与方，根据《民法典》第 870 条规定，也有义务维持专利申请权在实际让与前的有效性，并能够达到约定的目标。既然让与方没有履行这一法定的义务，未能保证专利申请权的有效性，当然也就属于《民法典》第 563 条第 1 款第 4 项规定的法定解除情形。

第二，根据《专利法》第47条的规定，宣告专利权无效的决定对在宣告专利权无效前已经履行的专利权转让合同不具有追溯力。除非原专利权人有恶意或者不返还转让费会导致显失公平，否则一般情况下受让人不能要求返还转让费。

三、国防专利申请权和国防专利权的转让

按照国务院发布的《国防专利条例》的规定，国防专利申请权和国防专利权只能向国内的中国单位或者个人转让。禁止向国外的单位或者个人转让。转让国防专利申请权或者国防专利权，应当确保国家秘密不被泄露，保证国防和军队建设不受影响，并向国防专利机构提出书面申请，按规定审批。

典型案例

北京朗坤生物科技有限公司与北京汇朗生物科技有限公司专利权转让合同纠纷案

关键词： 专利权宣告无效　溯及力　合同效力　违约金

裁判摘要： 专利权被宣告无效的，之前已经签订的专利权许可或转让合同并不因此而无效，上述合同因专利权无效而不能履行的，当事人可以据此主张变更或解除合同；专利权被宣告无效后合同尚未履行的部分是否一概不再履行，应根据未履行部分涉及的利益是否系因行使专利权所直接获得的利益进行判断。专利权许可费、转让费、侵权损害赔偿等均属于专利权价值的对价，专利权被宣告无效后，权利人无权要求继续履行。如果未履行部分系因当事人违约行为而应承担的违约金，由于违约金通常并非直接对应于专利权的价值，而是对应当事人的违约行为，专利权宣告无效对此并不具有溯及力，专利权人有权要求违约方继续履行未支付的违约金。

基本案情： 2015年5月5日，朗坤公司与汇朗公司签订《专利转让协议》，约定朗坤公司将涉案专利无偿转让至汇朗公司进行专利转化，汇朗公司不得将专利转让任何第三方。任何一方违反协议必须向对方支付违约金100万元。协议签订后，涉案专利的专利权人经核准变更为汇朗公司。2016年11月23日，汇朗公司与蔡某民签订《专利转让合同》，无偿将本合同项下约定的发明专利

权转让予蔡某民。后涉案专利权于2018年9月28日被宣告全部无效。朗坤公司向原审法院起诉，请求判决汇朗公司支付朗坤公司违约金100万元。一审法院认为，鉴于涉案专利已经被宣告无效，对于涉案协议中已经履行完毕的不再追溯，未履行的可不再履行。且涉案协议中的违约条款虽然约定了100万元的违约金，但涉案专利被宣告无效是由于其本身专利性存在问题，而并非由汇朗公司的违约行为所致。因此，朗坤公司在涉案专利已被宣告无效的情况下，仍请求判令汇朗公司就将涉案专利转让予第三方而支付违约金，缺乏事实与法律依据，故一审法院判决驳回朗坤公司的诉讼请求。朗坤公司不服，向最高人民法院提起上诉，请求撤销原审判决，改判支持朗坤公司一审诉讼请求。

最高人民法院二审认为，在涉案专利被宣告无效后，汇朗公司与朗坤公司签订的《专利转让协议》仍然有效，汇朗公司仍应就其于涉案专利无效前擅自向第三方转让涉案专利的违约行为承担相应的违约责任。汇朗公司认为涉案合同约定的违约金过高请求法院予以调整，朗坤公司亦未提交充分证据证明其除专利权本身价值外实际受到损失的具体情况，故最高人民法院考虑汇朗公司擅自转让专利的主观过错，酌情确定朗坤公司应当就其擅自转让涉案专利承担违约金15万元。

【案　　号】（2019）最高法知民终394号

【审理法院】最高人民法院

【来　　源】《最高人民法院公报》2021年第1期

第十一条 发明和实用新型专利权被授予后，除本法另有规定的以外，任何单位或者个人未经专利权人许可，都不得实施其专利，即不得为生产经营目的的制造、使用、许诺销售、销售、进口其专利产品，或者使用其专利方法以及使用、许诺销售、销售、进口依照该专利方法直接获得的产品。

外观设计专利权被授予后，任何单位或者个人未经专利权人许可，都不得实施其专利，即不得为生产经营目的的制造、许诺销售、销售、进口其外观设计专利产品。

关联规定

一、国际条约

《与贸易有关的知识产权协定》

第28条 专利权的内容

1. 专利应授予其所有人下列专有权：

（a）如一专利的客体是产品，则阻止第三方未经其同意的如下行为：制造、使用、许诺销售、销售或为这些目的而进口该产品；

（b）如一专利的客体是方法，则阻止第三方未经其同意而使用该方法的行为，以及以下行为：使用、许诺销售、销售或为这些目的而进口至少是以该方法直接获得产品的行为。

二、法律、行政法规、司法解释

1.《中华人民共和国专利法》

第十二条 任何单位或者个人实施他人专利的，应当与专利权人订立实施许可合同，向专利权人支付专利使用费。被许可人无权允许合同规定以外的任何单位或者个人实施该专利。

第十三条 发明专利申请公布后，申请人可以要求实施其发明的单位或者个人支付适当的费用。

第十四条 专利申请权或者专利权的共有人对权利的行使有约定的，从其约定。没有约定的，共有人可以单独实施或者以普通许可方式许可他人实施该专利；许可他人实施该专利的，收取的使用费应当在共有人之间分配。

除前款规定的情形外，行使共有的专利申请权或者专利权应当取得全体共有人的同意。

第四十二条 发明专利权的期限为二十年，实用新型专利权的期限为十年，外观设计专利权的期限为十五年，均自申请日起计算。

自发明专利申请日起满四年，且自实质审查请求之日起满三年后授予发明专利权的，国务院专利行政部门应专利权人的请求，就发明专利在授权过程中的不合理延迟给予专利权期限补偿，但由申请人引起的不合理延迟除外。

为补偿新药上市审评审批占用的时间，对在中国获得上市许可的新药相关发明专利，国务院专利行政部门应专利权人的请求给予专利权期限补偿。补偿期限不超过五年，新药批准上市后总有效专利权期限不超过十四年。

第四十九条 国有企业事业单位的发明专利，对国家利益或者公共利益具有重大意义的，国务院有关主管部门和省、自治区、直辖市人民政府报经国务院批准，可以决定在批准的范围内推广应用，允许指定的单位实施，由实施单位按照国家规定向专利权人支付使用费。

第五十三条 有下列情形之一的，国务院专利行政部门根据具备实施条件的单位或者个人的申请，可以给予实施发明专利或者实用新型专利的强制许可：

（一）专利权人自专利权被授予之日起满三年，且自提出专利申请之日起满四年，无正当理由未实施或者未充分实施其专利的；

（二）专利权人行使专利权的行为被依法认定为垄断行为，为消除或者减少该行为对竞争产生的不利影响的。

第五十七条 强制许可涉及的发明创造为半导体技术的，其实施限于公共利益的目的和本法第五十三条第（二）项规定的情形。

第六十四条 发明或者实用新型专利权的保护范围以其权利要求的内容为准，说明书及附图可以用于解释权利要求的内容。

外观设计专利权的保护范围以表示在图片或者照片中的该产品的外观设计为准，简要说明可以用于解释图片或者照片所表示的该产品的外观设计。

第七十一条 侵犯专利权的赔偿数额按照权利人因被侵权所受到的实际损失或者侵权人因侵权所获得的利益确定；权利人的损失或者侵权人获得的利益难以确定的，参照该专利许可使用费的倍数合理确定。对故意侵犯专利权，情节严重的，可以在按照上述方法确定数额的一倍以上五倍以下确定赔偿数额。

权利人的损失、侵权人获得的利益和专利许可使用费均难以确定的，人民法院可以根据专利权的类型、侵权行为的性质和情节等因素，确定给予三万元以上五百万元以下的赔偿。

赔偿数额还应当包括权利人为制止侵权行为所支付的合理开支。

人民法院为确定赔偿数额，在权利人已经尽力举证，而与侵权行为相关的账簿、资料主要由侵权人掌握的情况下，可以责令侵权人提供与侵权行为相关的账簿、资料；侵权人不提供或者提供虚假的账簿、资料的，人民法院可以参考权利人的主张和提供的证据判定赔偿数额。

第七十五条 有下列情形之一的，不视为侵犯专利权：

（一）专利产品或者依照专利方法直接获得的产品，由专利权人或者经其许可的单位、个人售出后，使用、许诺销售、销售、进口该产品的；

（二）在专利申请日前已经制造相同产品、使用相同方法或者已经作好制造、使用的必要准备，并且仅在原有范围内继续制造、使用的；

（三）临时通过中国领陆、领水、领空的外国运输工具，依照其所属国同中国签订的协议或者共同参加的国际条约，或者依照互惠原则，为运输工具自身需要而在其装置和设备中使用有关专利的；

（四）专为科学研究和实验而使用有关专利的；

（五）为提供行政审批所需要的信息，制造、使用、进口专利药品或者专利医疗器械的，以及专门为其制造、进口专利药品或者专利医疗器械的。

第七十七条 为生产经营目的使用、许诺销售或者销售不知道是未经专利权人许可而制造并售出的专利侵权产品，能证明该产品合法来源的，不承担赔偿责任。

2.《最高人民法院关于审理专利纠纷案件适用法律问题的若干规定》

第十八条 专利法第十一条、第六十九条[①] 所称的许诺销售，是指以做广告、在商店橱窗中陈列或者在展销会上展出等方式作出销售商品的意思表示。

---

① 2020 年修正的《专利法》第 75 条。

3.《最高人民法院关于审理侵犯专利权纠纷案件应用法律若干问题的解释》

第十二条 将侵犯发明或者实用新型专利权的产品作为零部件，制造另一产品的，人民法院应当认定属于专利法第十一条规定的使用行为；销售该另一产品的，人民法院应当认定属于专利法第十一条规定的销售行为。

将侵犯外观设计专利权的产品作为零部件，制造另一产品并销售的，人民法院应当认定属于专利法第十一条规定的销售行为，但侵犯外观设计专利权的产品在该另一产品中仅具有技术功能的除外。

对于前两款规定的情形，被诉侵权人之间存在分工合作的，人民法院应当认定为共同侵权。

第十三条 对于使用专利方法获得的原始产品，人民法院应当认定为专利法第十一条规定的依照专利方法直接获得的产品。

对于将上述原始产品进一步加工、处理而获得后续产品的行为，人民法院应当认定属于专利法第十一条规定的使用依照该专利方法直接获得的产品。

4.《最高人民法院关于审理侵犯专利权纠纷案件应用法律若干问题的解释（二）》

第十九条 产品买卖合同依法成立的，人民法院应当认定属于专利法第十一条规定的销售。

条文释义

一、本条主旨

本条是关于专利权的效力，即专利权人对其专利产品或专利方法所享有的专有权内容的规定。

二、条文演变

1984年《专利法》第11条规定，发明和实用新型专利权被授予后，除本法第14条规定的以外，任何单位或者个人未经专利权人许可，都不得实施其专利，即不得为生产经营目的制造、使用或者销售其专利产品，或者使用其专利方法。外观设计专利权被授予后，任何单位或者个人未经专利权人许可，都不得实施其专利，即不得为生产经营目的制造或者销售其外观设计专利产品。

1992 年修改《专利法》，将制造方法专利权的保护延伸到了使用该方法直接获得的产品，同时增加了专利权人享有禁止他人未经其许可而进口其专利产品的规定。

2000 年修改《专利法》，增加了发明和实用新型专利权人有权制止许诺销售行为的内容。

2008 年修改《专利法》，增加了外观设计专利权人有权制止许诺销售行为的内容。

2020 年修改《专利法》，对该条未作调整。

三、条文解读

本条具有两方面的含义：第一，专利权是一种排他性的或称独占性的权利；第二，规定了哪些行为构成侵害专利权的行为。

专利权人对专利的专有权，不仅体现在专利权人自己可以实施其专利，即积极性行使，更体现在专利权人以外的任何单位或个人要实施他人的专利，都必须取得专利权人的许可（本法另有规定的除外），即消极性行使。专利权人对其专利的独占实施权，本质上是专利权人的私权，但是专利权人所享有的专有权并不是绝对的。为了在专利权人的私权与国家利益、公众利益之间实现平衡，防止专利权人滥用权利，《专利法》对专利权还规定了限制或者例外，此即本条第 1 款中“除本法另有规定的以外”的缘由。“本法另有规定”，主要包括：一是指定许可制度，即《专利法》第 49 条规定的对国有企业事业单位的发明专利，经国务院批准的推广实施；二是指强制许可制度，即国务院专利行政部门依照《专利法》第六章规定给予的专利实施的强制许可。只有在这两种法定情况下，按法定条件和程序，才可以不经专利权人的自愿许可而实施其专利。

本条规定，认定构成侵犯专利权的行为需要满足以下五项必要条件：第一，在专利权被授予之后且专利权尚未终止；第二，未经专利权人许可；第三，为生产经营目的；第四，进行了制造、使用、许诺销售、销售或者进口行为；第五，上述行为涉及的是“其专利产品”“其专利方法”或者“依照该专利方法所直接获得的产品”。其中，第一项至第四项涉及被控侵权行为的主体因素、行为方式，第五项条件为构成侵犯专利权行为的技术条件，指向技术方案的异同，即判断被诉侵权人制造、许诺销售、销售、使用、进口的是否为“其专利产品”或者所使用的是否为“其专利方法”。

依照《专利法》第42条第1款规定，专利权的期限自申请日起算。而本条规定，专利权人能够对其专利享有独占实施权的前提是专利权被授予后，专利权尚未终止亦属于当然条件。这就意味着，尚在申请程序中的发明创造，其申请人的相关权益不能受到本条保护。对于实用新型和外观设计，只要初步审查（又称为形式审查）通过，就可以被授予专利权，授权与公开是同步的。但是，对发明专利申请而言，专利权的授予可能滞后于申请内容公开数年，在这个时间段内，一方面，社会公众可以享受已经公开的技术成果，另一方面，发明的专利权尚处于不确定的状态。为了兼顾社会公众与发明人的利益，《专利法》第13条规定了对发明专利申请人的“临时保护”，第42条第2款对发明专利权期限补偿作出规定。另外，基于药品的特殊性，即使获得了发明专利授权，在获批上市前很长时间内依然无法实施，第42条第3款对药品发明专利权期限补偿作了规定。

适用指引

一、“未经专利权人许可”的含义

本条规定，任何单位或者个人未经专利权人许可，都不得实施其专利。这表明，凡是经专利权人许可而实施其专利的行为不构成侵犯专利权的行为。

“经专利权人许可”最为典型的情况就是实施者事先按照《专利法》第12条的规定，与专利权人订立了专利实施许可合同。在专利侵权纠纷的审理、处理过程中，被诉侵权人以订有专利实施许可合同为理由，抗辩侵权指控不成立应当注意如下问题。

首先，应当注意许可合同的许可方是否有权许可第三人实施有关专利。《民法典》第867条规定：“专利实施许可合同的被许可人应当按照约定实施专利，不得许可约定以外的第三人实施该专利，并按照约定支付使用费。”因此，如果一份专利实施许可合同的许可人不是专利权人本人，而是曾经与专利权人订立专利实施许可合同的单位或者个人，则被许可人必须认真研究在先专利实施许可合同的具体内容，确认该合同是否约定其被许可方有权许可第三人实施该专利。《专利法》第 14 条对共有专利申请权和共有专利权的行使作了明确规定："专利申请权或者专利权的共有人对权利的行使有约定的，从其约定。没有约定的，共有人可以单独实施或者以普通许可方式许可他人实施该专利；许可他人实施专利的，收取的使用费应当在共有人之间分配。除前款规定的情形外，行使共有的专利申请权或者专利权应当取得全体共有人的同意。"由上述规定可知，对共有专利申请权或者共有专利权而言，在事先没有约定的情况下，共有人之一有权单独实施获得专利权的发明创造，也有权单独许可他人实施该专利申请或者专利涉及的发明创造，但是许可的类型仅限于普通实施许可，不能是独占实施许可。因此，在与共有专利申请人或者专利权人之一订立专利申请或者专利实施许可合同时，被许可人应当调查了解共有人之间是否存在约定。如果约定任何共有人不得单独许可他人实施专利申请或者专利涉及的发明创造，则不可与共有人之一单独订立实施许可合同，因为这样的许可合同不具有法律效力；在没有这种限制性约定的情况下，可以与共有人之一单独订立专利实施许可合同，但是合同的类型只能是普通实施许可合同。

其次，应该注意专利许可合同对被许可方有何种限制性约定。大多数专利实施许可合同都对合同双方的权利义务作了明确约定，对被许可方常常有诸如实施行为的内容、规模、年限、地域等方面的限制。因此，即使订立了专利实施许可合同，但如果被许可方实施专利的行为超越了合同约定的范围，其实施行为就构成了"未经专利权人许可"的行为。《民法典》第 872 条规定，实施专利或者使用技术秘密超越约定的范围的，违反约定擅自许可第三人实施该项专利或者使用该项技术秘密的，应当停止违约行为，承担违约责任。针对这种行为，专利权人既可以依据《民法典》的规定追究行为人的违约责任，也可以依据《专利法》的规定追究行为人侵犯专利权的责任。

最后，应当注意被许可的专利与他人获得的其他专利之间存在的关联。科学技术总是在不断向前发展，对专利技术的进一步研究和改进，常常会导致产生从属专利。所谓"从属专利"，是指在后专利权的保护范围完全落入在先专利权的保护范围之内。此时，两项专利的专利权人都不能自由地实施从属专利要求保护的技术方案，因为在未经对方许可的情况下，不论哪个专利权人实施从属专利的技术都会侵犯另一方的专利权。通常解决这一问题的途径是两个专利权人订立交叉实施许可合同，互作让步，彼此获得对方的许可；而第三人想要实施从属专利要求保护的技术方案就必须同时获得两个专利权人的许可。此时，如果实施者仅仅获得其中一个专利权人的许可，则其实施行为仍有可能被另一专利权人指控为侵犯专利权的行为。

因此，在订立专利实施许可合同时，被许可人应当十分注意所涉及的专利权是否为另一项在先并且有效的专利权的从属专利。实践中，要想对此获得确定的回答常常是一件十分困难的事情，许可人自己往往也没有把握。为保护被许可人的权益，避免被许可人因依据专利实施许可合同实施有关技术或者设计导致侵犯他人的专利权而受到损失，《民法典》第874条规定，受让人或者被许可人按照约定实施专利、使用技术秘密侵害他人合法权益的，由让与人或者许可人承担责任，但是当事人另有约定的除外。

二、“为生产经营目的”的含义

对专利产品来说，根据本条规定，未经专利权人许可而进行制造、使用、许诺销售、销售、进口这五种行为中的任何一种，都构成侵犯专利权的行为。然而，这些行为一般不会同时发生，而是先后发生，因此有可能由同一单位或者个人按先后顺序实施，也有可能由不同的单位或者个人先后分别实施。这就带来一个问题，即判断是否“为生产经营目的”，应当是指哪一个阶段的行为的目的。下面对两种较为典型的情形进行分析。

第一种情形是以私人方式实施专利的行为。

这样的行为应当被认为不是“为生产经营目的”，因而不构成侵犯专利权的行为。例如，病人为了治病而服用某种专利药品，从专利法的意义上说，就是使用专利产品的行为。然而，即使该药品的制造、销售未经专利权人许可，使用该药品的人也不应当承担侵犯专利权的责任，因为服用者的目的绝非“生产经营”。世界上没有任何国家认为个人服用专利药品的行为构成侵犯专利权的行为。当专利药品为一种中药时，某人为了给自己治病，按照获得专利权的中药药方配置一服中药，并熬成药汤自己服用，应当说既构成“制造”该专利产品的行为，也构成了“使用”该专利产品的行为，但两者都不是“为生产经营目的”。当今世界，绝大多数药品，尤其是西药，都不是个人所能制造的。但是，能够免除专利药品服用者侵犯专利权的责任，并不等于也免除专利药品制造者、销售者侵犯专利权的责任。所有药品的最终使用者都是个人，其服用都不是“为生产经营目的”，如果由此而认为制造、销售专利药品的行为也不是“为生产经营目的”，则无异于排除对药品的专利保护。

第二种情形是政府机关、社会团体和其他组织在公共服务、公益事业、慈善事业中实施专利的行为。

首先，应当明确所谓“公共服务、公益事业、慈善事业”的含义是什么。随着我国由过去的计划经济模式转变为市场经济模式，许多传统意义上的公共服务、公益事业已经改变了性质。例如，过去人们将整个教育事业都视为一种具有公共服务性质的公益事业，因此在我国建立专利制度的初期，就出现过为教育事业而实施他人专利不构成侵犯专利权行为的观点。然而，现在即使不说全部，也至少有相当多的教育活动是具有经营性质的，为未成年人教育、成人教育支付的费用是许多家庭的一笔沉重负担。又例如，过去许多住宅区保安的工资由单位或者国家负担，也可以认为具有公益性质；现在住宅区保安的工资一般由物业公司承担，居民需要为此而支付物业费，因此住宅区安保工作实际上已经成为一种典型的经营活动。因此，在产生专利侵权纠纷时，需要在具体案件中对被诉侵权行为进行具体分析，不可一概而论。

其次，“为生产经营目的”，不能理解为“为营利目的”，更不能理解为“已经实际获利”。广义的经营活动，既包括以营利为目的的活动，也包括不以营利为目的的活动，例如环境检测、气象预报、道路维护、河道疏浚等。

最后，如前所述，即使某种使用专利产品的行为本身具有真正的“公共服务、公益事业、慈善事业”性质，不是“为生产经营目的”，因而不构成侵犯专利权的行为，但是单位或者个人为进行上述行为制造、销售该专利产品，一般仍然构成侵犯专利权的行为，因为其制造、销售行为是典型的“为生产经营目的”的行为。例如，在发生地震灾害时某企业为抢险救灾而赶制被授予专利权的挖掘器具、帐篷等救灾物资，并全部运往灾区，这种行为是否不属于“为产生经营目的”的行为？如果这是该企业自愿进行的不收取任何回报的捐赠行为，可以认为不是“为生产经营目的”；如果这是国家指定或者要求该企业进行制造，并为其提供资助或者给予补偿，则仍然应当构成“为生产经营目的”的行为，因为这与依据《专利法》第49条规定，在国家出现紧急情况或者非常情况时，给予实施发明或者实用新型专利的强制许可具有类似性质。依据《专利法》第57条的规定，即使在上述情况下，取得实施强制许可的单位或者个人仍应付给专利权人合理的使用费，不能免费实施他人的专利。

三、实施产品专利的行为

（一）实施专利行为与专利权类型的关系

根据本条规定，“实施专利”的行为共有五种具体的实施方式，即制造、许诺销售、销售、使用和进口。

首先，应当明确这一规定是穷尽性的，即只有进行了上述五种行为中的至少一种，才会构成直接侵犯专利权的行为；进行上述五种行为之外的任何其他行为，都不会构成直接侵犯专利权的行为。

例如，有人获得了一种新型机床的专利权，某设计单位未经专利权人许可，为他人设计绘制了实现该专利技术的机床零件图和总装图，由于设计行为不属于本条规定的上述五种行为之一，因此专利权人无权指控该设计单位直接侵犯了其专利权。至于该设计公司是否应当承担连带侵权责任的问题，则属于共同侵权的范畴，应当适用《民法典》的有关规定。本条是关于直接侵犯专利权行为的规定，而不是关于共同侵犯专利权行为的规定。一般而言，追究共同侵权责任通常以存在直接侵权行为作为前提。如果没有人采用该设计方案实际制造这种机床，则设计者的行为通常就不会构成侵犯专利权的行为。

其次，应当注意《专利法》对不同类型的专利权提供了不同的法律保护。因此，并非对所有类型的专利权，专利权人都能够制止他人未经其许可而进行上述五种实施行为。

从《专利法》的规定出发，所有专利权只分成两大类型，即产品专利和方法专利。产品专利的保护客体是具体的物品，既包括单个的产品，例如零件、部件、装置、设备等；也包括由多个产品组成的系统，例如由地面发射装置、卫星接收和发射装置、地面接收装置等组成的卫星通信系统等；还包括物质本身，例如化合物、组合物、从自然界提取分离出来的天然物质、DNA 序列或者片段等。方法专利的保护客体是由操作步骤组成的操作方式，以达到某种预期效果。实现上述操作步骤也有可能会涉及某些物品，例如原材料、添加材料、工具、专用设备等，但是方法专利权要求保护的是操作方式本身，而不是保护其涉及的物品。

发明专利权既可以是产品专利权，也可以是方法专利权；实用新型专利权和外观设计专利权全部都是产品专利权。因此，方法专利权仅存在于发明专利权。

对产品专利而言，发明和实用新型专利权人可以制止他人未经其许可而进行本条列出的所有五种类型的实施行为，即制造、许诺销售、销售、使用、进口其专利产品的行为；外观设计专利权人却只能制止他人未经其许可进行四种类型的实施行为，即制造、许诺销售、销售、进口其专利产品的行为，不包括使用其专利产品的行为，其理由将在后文进行论述。

对方法专利而言，由于其保护客体是操作方式，属于一种行为过程，谈不上制造、许诺销售、销售和进口，因而方法专利权人只能制止他人未经其许可而进行的使用其方法的实施行为。

不同类型的专利权所能获得的法律保护的力度有很大差别。产品制造方法专利权的专利权人不但可以制止他人未经其许可而使用其专利方法的行为，还可以制止他人未经其许可而使用、许诺销售、销售、进口依照该专利方法直接获得的产品的行为。

就科学技术本身而言，产品和方法常常“我中有你，你中有我”，很难严格予以区分。但是，为了施行本条规定，必须有一种明确的方式能够将产品专利权和方法专利权清楚地区分开来，不能产生混淆。专利制度所采用的区分方式其实不是依据专利说明书对其发明创造的详细描述，从技术角度予以区分；而是依据权利要求的类型，从法律角度予以区分。发明和实用新型专利的权利要求必须为识别专利权利要求的类型提供依据，这是撰写权利要求的重要要求之一。

（二）制造专利产品的行为

“制造专利产品”，对发明和实用新型专利权而言，是指做出或者形成具有权利要求所记载的全部技术特征的产品；对外观设计专利权而言，是指做出或者形成采用外观设计专利的图片或者照片所表示的设计方案的产品。

侵犯一项产品专利权的首要条件是在专利权效力所及的地域范围内出现该专利产品，不外乎有两种途径：一是制造，二是进口。有了产品，才谈得上许诺销售、销售或者使用。因此，要为产品专利权提供有效的法律保护，就必须从产品的出现这一首要环节抓起。

对产品专利权来说，在本条规定的未经专利权人许可不得实施的五种实施行为中，“制造”行为占据最为重要的地位。尽管本条将使用、许诺销售、销售、进口专利产品的行为也称为实施专利的行为，但是从对世的意义上说，从无到有再现产品专利权保护客体的行为只有制造这一种行为。除此之外，使用、许诺销售、销售、进口专利产品的，都不是从无到有再现产品专利权的保护客体，而是利用制造者再现产品专利保护客体的结果。

上述差别导致法律提供的保护力度也存在差别。较为普遍的观点认为，《专利法》为专利产品的制造提供的是“绝对保护”，其含义体现在：第一，除《专利法》第75条规定的不视为侵犯专利权的情形之外，认定制造专利产品行为构成侵犯专利权的行为没有任何其他先决条件，因为制造行为是导致其他所有侵权行为的“龙头”；第二，制造者是否应当承担侵权责任，尤其是承担停止侵权行为的责任，与其主观上是否有过错无关。就行为人的主观方面而言，未经专利权人许可而制造专利产品的行为可以分成三种类型：一是行为人明知自己的行为会对专利权人造成侵害而仍然希望或者任其发生，这是故意侵权行为。对故意侵犯专利权，情节严重的，《专利法》第71条规定，可以按照该条确定数额的1倍以上5倍以下确定赔偿数额。二是行为人对自己行为的后果应当预见而未预见，或者虽有预见却轻信其不会发生，这是过失侵权行为。例如在授予专利权之后，行为人在没有阅读专利说明书的情况下独立地开发并制造与专利产品相同的产品，也要承担侵犯专利权的民事责任。三是既非故意，也非过失，但是其行为仍会受到一定的限制。例如在某项产品申请了发明专利但尚未公布的期间内，即使行为人独立地研究开发并制造了相同的产品，在发明专利申请公布之后继续其制造行为的，就要支付适当的使用费；在授予专利权之后仍然继续其制造行为的，就要承担侵犯专利权的民事责任。

总之，不论制造者的主观意愿如何，也不论制造者是否实际知晓专利申请或者专利权的存在，未经专利权人许可制造其产品的，都会构成侵犯专利权的行为，要承担一定的法律责任。承担侵犯专利权的民事责任主要包括两种方式：一是赔偿专利权人的损失；二是立即停止侵权行为。前者是清算侵权者过去实施进行的侵权行为带来的后果；后者是杜绝侵权人今后继续实施侵权行为的可能，两者都是为维护专利权人的合法利益。

与对制造专利产品行为提供的“绝对保护”相比，《专利法》对使用、许诺销售、销售、进口专利产品的行为提供的是“相对保护”。两者存在下面两方面的区别。

第一，认定使用、许诺销售、销售、进口专利产品的行为构成侵犯专利权的行为，需要考虑所涉及的专利产品是合法制造的还是非法制造的。如果专利产品是合法制造并售出的，则其购买者无论进行上述四种行为中的哪一种，都不构成侵犯专利权的行为。

第二，即使使用、许诺销售、销售、进口的是非法制造的专利产品，从而构成侵犯专利权的行为的，也并非在任何情况下都要承担法律规定的全部侵权责任。只有行为人在知道或者应当知道是非法制造的专利产品仍然进行上述行为的，即行为人具有主观过错的，才需要承担赔偿责任。

（三）许诺销售专利产品的行为

1. 许诺销售行为的含义

《与贸易有关的知识产权协定》并没有对其第28条规定的许诺销售（offering for sale）作出明确定义，给各国根据自己的法律制度和实践选择适当方式落实该规定留出了自由空间。《专利纠纷规定》第18条对本条所述的“许诺销售”作了如下定义，是指以做广告、在商店橱窗中陈列或者在展销会上展出等方式作出销售商品的意思表示。

按照本条规定，许诺销售行为本身就单独构成一种侵犯专利权的行为，认定许诺销售行为构成侵犯专利权的行为不需要以发生实际销售行为作为前提条件，因此何时能够达成销售合同以及何时实际交付有关产品对许诺销售行为的认定并不重要。无论是销售要约还是销售要约邀请，法律所关注的是它们同样都表达了销售专利产品的意愿，都是产生实际销售行为的前兆，这正是本条所要予以制止的行为。

2. 许诺销售行为的认定

（1）许诺销售行为的范围。许诺销售只适用于涉及专利产品或者依照专利方法所直接获得的产品的行为。因此，对专利方法本身而言无所谓许诺销售的问题。

专利权人指控他人进行许诺销售行为侵犯其专利权的，应当承担举证责任，证明该许诺销售行为所涉及的是“其专利产品”或者“其专利方法”（也就是依照专利方法所直接获得的产品）。当行为人采取在商店橱窗中陈列、在展会上展出等方式进行许诺销售行为时，由于已经有实际产品存在，因此较为容易判断该产品是否与专利产品相同。然而，当行为人采取广告方式进行许诺销售行为时，专利权人要证明广告涉及的产品与专利产品相同就困难得多，因为仅仅依据广告本身内容在多数情况下都无法判断其产品的具体结构。这种举证责任在一定程度上防止了滥用本条关于禁止许诺销售行为的规定，随意将他人的意思表示指控为侵犯专利权的行为。一般说来，只有在被许诺销售的产品已经实际存在，或者至少被许诺销售的产品的技术方案已经确定的情况下，才有可能认定许诺销售行为侵犯了专利权的行为。

（2）许诺销售行为与实际销售行为之间的关系。如前所述，本条禁止未经专利权人许可而进行许诺销售行为的目的在于尽早制止对专利产品的违法商业交易，防止未经许可而制造、进口的专利产品的扩散。现实中容易将许诺销售行为仅仅看成是实际销售行为之前的准备性工作，进而得出只有在后来确实发生了实际销售行为的情况下，才能认定许诺销售行为成立的结论。这种观点实际上将许诺销售行为混同于间接侵权行为。未经专利权人许可而进行许诺销售行为是直接侵犯专利权的行为，而不是间接侵犯专利权的行为。本条将许诺销售行为平行地列为五种实施专利的行为之一，这表明许诺销售行为与其他四种实施行为一样，都可以单独构成侵犯专利权的行为，其成立与否不取决于行为人是否同时或者随后还实施了其他行为。

许诺销售行为侵权民事责任的承担不以销售实际发生为前提。之前普遍认为许诺销售行为无需承担赔偿责任。但最新的权威裁判观点认为，许诺销售行为一经发生，即可能造成影响专利产品合理定价、减少或者延迟专利权利人商业机会等损害，因此，许诺销售行为实施者不仅应当承担停止侵害、支付维权合理开支的民事责任，还应当承担损害赔偿责任。侵权人仅实施了许诺销售行为，专利权利人难以举证证明其因此遭受的具体损失的，可以基于具体案情，着重考虑在案证据反映的侵权情节等，以法定赔偿方式计算损害赔偿数额。

（四）销售专利产品的行为

1. 销售行为的含义

“销售”行为是买卖当事人之间进行的一种交易行为，即出卖人将标的物所有权转移给予买受人，而买受人将相应价款支付给出卖人。实现这样的交易需要双方当事人达成某种合意或者协议，这就是民法典意义上的买卖合同。《民法典》第595条规定：“买卖合同是出卖人转移标的物的所有权于买受人，买受人支付价款的合同。”

需要注意的是，本条规定任何单位或者个人未经专利权人许可不得销售专利产品，这很明显是针对出卖人而言，而不是针对买受人而言。未经许可而销售专利产品的行为有可能是出卖人主动作出的行为，也有可能是应买受人要求而被动作出的行为，然而在判断是否构成侵犯专利权的行为时不需要对此加以区分，出卖人在这两种情况下进行的销售行为都构成侵犯专利权的行为。如果购买侵权专利产品是为了在生产经营活动中使用该产品，则买受人随后使用该专利产品的行为将构成侵犯专利权的行为；如果是为了转卖该产品，则买受人随后销售该产品的行为将构成侵犯专利权的行为，但是仅仅购买专利产品这一行为本身并不构成侵犯专利权的行为。换言之，如果侵权产品的购买者随后作出侵犯专利权的行为，自有追究其侵权责任的途径，一般不必就其购买侵权产品的行为追究其侵权责任。

2. 销售行为的时间起点

销售行为一般都有一个逐步形成的发展过程，包括提出销售要约邀请、提出销售要约、订立买卖合同、交付买卖合同标的物等不同阶段，每一个阶段的时间点不同。根据本条规定认定某行为构成侵犯专利权的销售行为，应当以哪个时间点为准？这一问题关系侵权行为是何时发生的，因而也就关系侵权人应当从何时开始承担侵犯专利权的民事责任，尤其是赔偿损失的责任，因此是一个重要问题。

《侵犯专利权纠纷案件解释（二）》第 19 条规定：“产品买卖合同依法成立的，人民法院应当认定属于专利法第 11 条规定的销售。”对于《专利法》第 11 条规定的销售的界定，曾有过三种意见：合同成立说、合同生效说和标的物交付说。因许诺销售在性质上系销售者的单方意思表示，故当买卖双方达成合意时，即不再属于许诺销售的范畴。若采合同生效说，则生效前的合同订立行为仍被界定为许诺销售，这与许诺销售的性质不符。合同成立虽不当然生效，但买卖合同是否生效涉及的是买卖双方权利义务的拘束力问题，不等于专利法意义上的销售也必须严格地以此为标准。若合同成立后未交付产品，则一般可能不产生应予赔偿的损失，但不影响已构成销售的定性。前述司法解释第 19 条采用合同成立说，其意义在于厘清销售与许诺销售的法律界限。

3. 销售专利产品的特殊问题

销售专利产品的行为构成侵犯专利权的行为，是指所销售的产品落入了专利权的保护范围。其中，最为简单明了的情况，对发明和实用新型专利而言，是销售与专利说明书中记载的产品相同或者实质上相同的产品，该产品再现了权利要求中记载的全部技术特征；对外观设计专利而言，是销售与外观设计专利的图片或者照片表示的产品相同或者实质上相同的产品。

然而，现实中有可能出现不那么简单明了的情况，这就是销售者销售的不是专利产品本身，而是以专利产品作为其零部件的另一产品。这时，应当如何予以认定？

《侵犯专利权纠纷案件解释》第 12 条规定："将侵犯发明或者实用新型专利权的产品作为零部件，制造另一产品的，人民法院应当认定属于专利法第十一条规定的使用行为；销售该另一产品的，人民法院应当认定属于专利法第十一条规定的销售行为。将侵犯外观设计专利权的产品作为零部件，制造另一产品并销售的，人民法院应当认定属于专利法第十一条规定的销售行为，但侵犯外观设计专利权的产品在该另一产品中仅具有技术功能的除外。对于前两款规定的情形，被诉侵权人之间存在分工合作的，人民法院应当认定为共同侵权。"

就发明和实用新型专利产品而言，发明和实用新型专利权的保护客体是一种技术方案，旨在实现一定的技术功能，产生一定的有益效果。无论是采用专利产品本身，还是以专利产品作为另一产品的零部件，都不影响专利产品发挥其具有的功能，产生预期的效果。如果认为只有销售专利产品本身的行为才构成本条第 1 款所述的销售行为，而销售以专利产品作为其零部件的另一产品的行为不构成本条第 1 款所述的销售行为，则为侵权者提供了可乘之机，不利于有效保护专利权人的合法利益。需要指出的是，以专利产品为零部件的另一产品是否真正利用了专利产品的功能和效果以及利用到什么程度，在判断是否构成侵犯专利权行为时不必予以考虑。

适用上述司法解释的前提条件是专利产品系未经专利权人许可而制造的。只有在这种情况下，才能够得出如下结论，即采用该专利产品作为零部件来制造另一产品的，属于未经专利权人许可而使用专利产品的行为，构成侵犯专利权的行为；销售该另一产品的，属于未经专利权人许可而销售专利产品的行为，也构成侵犯专利权的行为。当制造行为和销售行为由不同的人分别进行时，即使不构成共同侵权，也应当分别承担侵犯专利权的民事责任。如果有证据表明专利产品的制造者、另一产品的制造者、另一产品的销售者各自的行为是合谋而为，则可以排除另一产品的销售者适用《专利法》第 77 条关于合法来源抗辩规定的可能。

关于外观设计专利产品，适用本条第 2 款规定的例外情况是“侵犯外观设计专利权的产品在该另一产品中仅具有技术功能的除外”。由于本条第 2 款没有规定使用外观设计专利产品的行为构成侵犯专利权的行为，因此即使外观设计产品的制造是未经专利权人许可的行为，采用该产品作为零部件来制造另一产品的，该制造行为本身也不构成侵犯专利权的行为。这是外观设计专利与发明、实用新型专利之间的区别。如果将侵犯外观设计专利权的产品作为零部件制造另一产品并销售的，但侵犯外观设计专利权的产品在该另一产品中仅具有技术功能，其外观设计在另一产品中并未发挥外观设计的装饰性功能，例如对于一般消费者而言不可见，则不作为“销售”行为对待。

（五）使用专利产品的行为

1. 使用专利产品的含义

本条第 1 款所述使用发明或者实用新型专利产品，一般是指利用专利产品，使其技术功能得到了应用。

使用专利产品可以有不同的方式。使用者可以直接利用专利产品以获得其所能产生的效果，例如利用专利灯具来照明；也可以利用专利产品作为手段来制造其他产品，例如在机床上使用专利刀具来加工其他产品；还可以采用专利产品作为零件、部件来生产其他产品，例如利用专利半导体芯片来制造其他有关电子产品等。在最后一种情况下，无论专利产品在最终产品中占有核心地位，还是仅起很次要的作用，都构成使用专利产品的行为。

根据本条第 1 款的规定，未经专利权人许可而使用专利产品的，构成单独一类侵犯专利权的行为。使用专利产品，当然要以专利产品已经存在为前提条件。并非只有在使用者自己未经专利权人许可而制造专利产品并随后予以使用的情况下，其使用行为才构成侵犯专利权的行为。在未经专利权人许可的情况下，甲制造专利产品、乙销售该专利产品、丙使用该专利产品，三者都构成侵犯专利权的行为。但是，如果丙购买的是经专利权人许可而制造并售出的专利产品，根据《专利法》第 75 条第 1 项规定的专利权用尽原则，丙即使为生产经营目的而使用该产品，也不视为侵犯专利权。

应当将本条所述“使用专利产品”“使用专利方法”与“使用专利”区分开来。后者实际上与本条所述“实施专利”的含义相近，因此其范围要广泛得多。《专利法》第 75 条第 4 项规定“专为科学研究和实验而使用有关专利的”

不视为侵犯专利权，其中“使用”一词就具有包括但不限于后者的含义，不能将其与本条第1款所述的“使用”一词混淆。

2. 拥有、储存或者保存专利产品的行为

仅仅拥有、储备或者保存专利产品，而没有实际加以利用，是否构成使用专利产品的行为？对此，需要区分不同情况进行分析。

如果专利产品的储存或者保存仅仅是“过路”性质的，例如有人未经许可进口了一批专利产品，在出售该产品之前先租用某个仓库将其临时存储起来，不应当认为该仓库所有人“使用”了专利产品，因而直接侵犯了专利权。至于说仓库所有人协助了进口者，是否应当承担连带侵权责任，则属于共同侵权问题。

又例如，某商店购进了一批他人未经许可而制造的专利产品，在店主既没有进行许诺销售行为（做广告或者标明价格等待出售），也没有进行实际销售行为之前，不宜认为其保存专利产品的行为构成了“使用”专利产品的行为。但是在另外一些情况下，结论则会有所不同。例如，某机械加工工厂购买了一批未经许可而制造并售出的专利刀具，其中只有少数投入使用，其余则作为备件予以储存，等到正在使用的刀具损坏之后予以更换。此时，不能认为只有那些正在使用的刀具才处于被“使用”的状态，构成侵犯专利权的行为；而其余作为备件的刀具处于“储存”状态而不是“使用”状态，不构成侵犯专利权的行为。

有一些产品就其性质上说本来就是一般“备而不用”的，例如救火设备、急救装置、武器装备等。拥有这些产品的单位或者个人一般将其置于“储备”状态，并没有真正利用该产品的功能。既然如此，也应当认为他们使用了该产品。例如，按照国家有关规定在建筑物内或者公共场所配置灭火器的行为就是使用该灭火器，不能认为只有在真正发生火灾被投入救火时才叫“使用”。

3. 专利产品的用途

在某些情况下，专利产品可能具有多种用途。例如，一种新的化合物可以用作洗涤剂的添加成分，能够提高洗涤剂的洗涤效果；又可以用作家禽饲料的添加剂，能够促进家禽的生长。产品的某些用途在专利权人申请获得专利时有可能根本就没有意识到，是后来才发现的。由此而产生的一个问题是：判断使用专利产品的行为是否构成侵犯专利权的行为，是否与具体利用的是该产品的哪种用途有关。

对上述问题的回答实际上与发明或者实用新型专利的权利要求所记载的技术特征有关。当发明了一种新的产品，如果仅仅采用该产品本身的结构特征即可满足《专利法》规定的授予专利权的条件，申请人在撰写权利要求时当然应当尽可能只用结构特征来限定其专利保护范围，不必写入该产品的用途特征，以谋求获取尽可能宽的保护范围。此时，上述说法就是正确的，即无论将该专利产品用于何种用途，也无论某种用途是专利申请人在提出申请时预见到的还是未曾预见到的，未经专利权人许可而使用该产品的行为都构成侵犯专利权的行为。

但是，如果仅仅采用产品本身的结构特征尚不足以满足《专利法》规定的授予专利权的条件，为了能够获得专利权，申请人有时就不得不在权利要求中写入其他一些特征，例如对产品使用领域或者用途的限定。这种情况十分常见，尤其是所谓“转用发明”，也就是将一种与已知产品相同或者相似的产品用于另一不同领域或者用途，能够产生人们意料不到的效果的发明创造。在这种情况下，对产品用途的限定实质上已经构成专利权能否授权的必要条件，忽略用途特征就会不适当地扩大专利权的保护范围，损害公众的合法利益。此时，产品专利权的保护范围并不是仅仅取决于权利要求中记载的该产品的结构特征，也要受权利要求中记载的该产品的用途限定特征的限制。如果专利权利要求中明确要求保护的产品限于一种特定的用途，那么他人将其用于另外的不同用途就不构成侵害专利权的行为。

4. 使用外观设计专利产品的行为

与发明和实用新型专利权的效力相比，本条未规定外观设计专利权具有禁止他人未经许可使用外观设计专利产品的效力。

我国将发明、实用新型和外观设计的保护均纳入《专利法》的范畴。然而，根据本法第 2 条对发明、实用新型和外观设计所作的定义，外观设计与发明、实用新型相比，其保护客体在性质上有很大不同。对产品专利权而言，发明和实用新型的客体都是技术方案，看重的是由产品的成分、零件、部件的物理、化学性质所决定的该产品的技术性能或者功能；外观设计的客体是产品的外观，看重的是产品的外观给人带来赏心悦目的视觉感受。

对发明和实用新型专利产品来说，使用这些产品的行为在许多情况下都是为生产经营目的而进行的行为。例如，使用一种获得专利权的机床几乎不可能是为非生产经营目的。由于产品的外观设计旨在使人产生赏心悦目的视觉感受，因此，使用外观设计专利产品的行为在许多情况下都不是为生产经营目的而进行的行为。例如，对于一种其外形获得外观设计专利权的摩托车来说，购买者使用该摩托车的行为显然不是为生产经营目的，即使其购买的是未经外观设计专利权人许可而制造并售出的该种摩托车，其使用行为也谈不上侵犯该外观设计专利权的问题。这是使用外观设计专利产品的行为与使用发明、实用新型专利产品的行为相比的重要区别，也是导致本条第 2 款未规定使用外观设计专利产品的行为构成侵犯专利权行为的原因之一。

（六）进口专利产品的行为

除了在我国境内制造专利产品之外，使专利产品在我国境内出现的另一条途径是进口专利产品。因此，产品专利的专利权人是否有权制止未经其许可而进口其专利产品的行为，对维护该专利权人的合法利益来说十分重要。如果仅仅禁止未经专利权人许可而制造其专利产品的行为，却不禁止未经其许可而进口其专利产品的行为，就会给产品专利权的保护留下一个漏洞。

实践中会遇到这样一个问题，专利权人在我国就其发明创造获得了一项产品专利权，该专利权人或者其被许可人在其他国家或者地区制造并售出其专利产品（不论该专利权人就同样的发明创造在该国家或者地区是否也获得一项产品专利权），其合法购买者将其购买的产品进口到中国来，是否还需要获得专利权人的许可？该问题被称为专利产品的平行进口问题。《专利法》第 75 条第 1 款对此作了明确规定。根据该规定，专利产品或者依照专利方法直接获得的产品，由专利权人或者经其许可的单位、个人售出后，使用、许诺销售、销售、进口该产品的，不视为侵犯专利权。可见，《专利法》采取了允许平行进口的立法态度。

四、制造方法专利权的延伸保护

（一）依照方法获得的产品的含义

方法专利的权利要求一般由步骤特征组成，它们表征的是一种行为过程而不是具体物品，举证证明被诉侵权人进行的过程性行为是否采用了专利权利要求中记载的步骤特征，远比证明被诉侵权人制造的产品是否包含了专利权利要求中记载的结构特征更为困难。此外，对于许多方法技术来说，其经济价值在很大程度上体现为依照该方法所获得的产品，使用、销售这样的产品实际上利用了方法发明人的发明创造成果，如果他人在国外使用产品制造方法专利，然后将所获得的产品进口到国内予以销售和使用，在仅仅禁止使用专利方法的行为的情况下，专利权人的合法利益无法得到充分保障。

《与贸易有关的知识产权协定》第 28 条第 1 款第（b）项规定，方法专利权的效力是禁止他人未经其同意而使用专利方法以及使用或者销售依照专利方法所直接获得的产品。上述规定将方法专利权的保护延伸到依照该方法所直接获得的产品，从而将对制造方法本身的保护与对实施该方法直接获得的产物的保护挂起钩来。

1992 年修改《专利法》时，增加了关于制造方法专利权的延伸保护的规定，强化了对方法专利权的保护，使我国的专利保护水准与后来生效的《与贸易有关的知识产权协定》的保护水准相一致。所谓“延伸保护”，是指一项制造方法发明专利权被授予之后，任何单位或个人未经专利权人许可，除了不得为生产经营目的使用该专利方法之外，还不得为生产经营目的使用、许诺销售、销售或者进口依照该专利方法直接获得的产品。

方法发明主要可以分为三种类型：第一种是制造加工方法，它作用于一定的物品上，其目的在于使之在结构、形状或者物理化学特性上产生变化。第二种是作业方法，这种方法不以改变所涉及物品本身的结构、特性或者功能为其目的，而是寻求产生某种非物质性效果，例如测量、检验、采掘、排列、运输、分析等。此外，诸如发电、供电、发热、供热、制冷、供暖、通风、照明、辐射、通讯、广播、计算等。第三种是使用方法，亦即用途发明，它是对某种已知物品的一种新的应用方式，其目的是产生某种预期效果，而不是改变被使用的产品本身。

能够获得本条规定的延伸保护的方法专利权一般应当仅仅限于制造加工类型的方法专利权。

首先，对制造加工类型的方法专利权来说，实施这样的方法一般都会获得专利法意义上的产品。这里所说的“获得”包含两种含义：一是从无到有意义上的“获得”，例如通过合成工艺生产出来的人造橡胶；二是改变原有物品性能意义上的“获得”，例如对铸造出来的毛坯件进行机械加工，制造出来的可供实用的工件。无论是哪种意义上“获得”的产品，都能够适用本条规定的延伸保护。因此，基本上可以认为所有制造加工类型的方法专利权都应当能够适用本条规定的对方法专利权的延伸保护。

其次，对作业方法类型的方法专利权来说，即使有些作业方法看起来也作用在某种类型的实际物品上，也难以将这样的物品认作是该作业方法所获得的产品。例如，将采用一种新的采掘方法采掘出来的煤看成是实施该方法所直接获得的产品，将采用一种新的洗涤方法所洗干净的衣服看成是实施该方法所直接获得的产品，似乎也未尝不可，但是却有悖常理，较为普遍的观点认为不宜对这样的方法适用本条规定的延伸 保护，其原因在于采用这样的方法并没有使其对象产生任何实质性物理、化学变化（例如采掘出来的煤），或者其对象难以被认为是用其方法所“获得”的产品（例如洗干净的衣服）。由此可见，基本上可以将整个作业类的方法专利权排除在可以适用本条规定的延伸保护的范围之外。

最后，对使用方法类型的方法专利权来说，一般是提出对某种已知产品的新的使用方式，实施这类方法并没有改变已知物品本身，所涉及的物品不是“依照专利方法所获得的产品”，因而不能适用本条规定的延伸保护。例如，有人对一种已知电阻测量仪提出了一种新的操作使用方式，能够提高测量电阻的精度，进而对这种操作使用方式获得了专利权。显然，在这种情况下不能对该电阻测量仪本身提供本条规定的延伸保护。

（二）“直接获得”的含义

所谓用方法所获得的产品，其外延是十分广阔的。例如，某人发明了一项生产乙烯的新工艺方法，依照该方法所获得的乙烯本身当然能够享受延伸保护，这是毫无疑问的；以乙烯为中间原料，还可以生产出许多可供实际应用的聚合物，如聚乙烯、聚氯乙烯、聚苯乙烯等；在这些聚合物产品的基础上，又可以生产出更多的最终产品来，其种类就不胜枚举了。很明显，不能将本条规定的延伸保护无限制地一路扩展开去，否则一旦获得了一项上游产品的制造方法专利权，就会形成使其保护范围囊括一切的局面，使正常的生产经营活动受到不应有的干扰。

正因如此，有必要规定在一项制造方法和能够享受延伸保护的产品之间必须具有一定的“近亲血缘关系”。《侵犯专利权纠纷案件解释》第 13 条规定：“对于使用专利方法获得的原始产品，人民法院应当认定为专利法第十一条规定的依照专利方法直接获得的产品。对于将上述原始产品进一步加工、处理而获得后续产品的行为，人民法院应当认定属于专利法第十一条规定的使用依照该专利方法直接获得的产品。”

（三）延伸保护的特点

本条规定的对方法专利权的延伸保护是“任何单位或个人未经专利权人许可不得为生产经营目的而使用、许诺销售、销售或者进口依照专利方法直接获得的产品”。与一项产品专利权相比，延伸保护尽管也是针对产品，但是有如下不同之处：

（1）延伸保护仅仅限于采用获得专利权的制造方法所获得的产品。对于相同的产品，如果不是采用专利方法，而是采用其他制造方法所获得，则许诺销售、销售、使用该产品的行为不构成侵犯制造方法专利权的行为。相比之下，对于产品专利权来说一般不存在这一限制，只要产品本身相同，则不论采用何种方法予以制造，都将构成侵犯专利权的行为。

（2）本条规定的对依照专利方法所直接获得的产品的延伸保护不包括产品的制造。这是合理的，并非一种疏漏，因为使用获得专利权的制造方法的过程必然就是采用该方法来制造该产品的过程，本条已经明确规定任何人未经专利权人许可不得使用专利方法，因此无须重复规定。

（3）对依照获得专利权的制造方法直接获得的产品提供延伸保护，与该产品是一种新产品还是一种已知产品无关，并不要求该产品本身具备新颖性和创造性。只要方法本身符合《专利法》规定的授予专利权的条件，则即使是已知产品，未经许可而许诺销售、销售、使用、进口依照该方法直接获得的产品的行为也同样构成侵犯专利权的行为。

（4）延伸保护还具有产品专利权所不具备的特点，是否属于本条所述的依照该方法直接获得的产品，与该产品本身是否属于能够获得专利保护的对象无关。例如，《专利法》第25条规定动物和植物品种本身不能获得专利保护，但是其生产方法可以获得专利保护。

指导案例

指导案例159号：深圳敦骏科技有限公司诉深圳市吉祥腾达科技有限公司等侵害发明专利权纠纷案

（最高人民法院审判委员会讨论通过　2021年7月23日发布）

关键词： 民事　侵害发明专利权　多主体实施的方法专利　侵权损害赔偿计算　举证责任　专利技术贡献度

裁判要点： 1. 如果被诉侵权行为人以生产经营为目的，将专利方法的实质内容固化在被诉侵权产品中，该行为或者行为结果对专利权利要求的技术特征被全面覆盖起到了不可替代的实质性作用，终端用户在正常使用该被诉侵权产品时就能自然再现该专利方法过程，则应认定被诉侵权行为人实施了该专利方法，侵害了专利权人的权利。

2. 专利权人主张以侵权获利计算损害赔偿数额且对侵权规模事实已经完成初步举证，被诉侵权人无正当理由拒不提供有关侵权规模事实的相应证据材料，导致用于计算侵权获利的基础事实无法确定的，对被诉侵权人提出的应考虑涉案专利对其侵权获利的贡献度的抗辩，人民法院可以不予支持。

相关法条：《中华人民共和国专利法》（2020年修正）第一条、第十一条第一款、第六十四条第一款（本案适用的是2008年修正的《中华人民共和国专利法》第一条、第十一条第一款、第五十九条第一款）

基本案情： 原告深圳敦骏科技有限公司（以下简称敦骏公司）诉称：深圳市吉祥腾达科技有限公司（以下简称腾达公司）未经许可制造、许诺销售、销售，济南历下弘康电子产品经营部（以下简称弘康经营部）、济南历下昊威电子产品经营部（以下简称昊威经营部）未经许可销售的多款商用无线路由器（以下简称被诉侵权产品）落入其享有的名称为“一种简易访问网络运营商门户网站的方法”（专利号为ZL02123502.3，以下简称涉案专利）发明专利的专利权保护范围，请求判令腾达公司、弘康经营部、昊威经营部停止侵权，赔偿损失及制止侵权的合理开支共计500万元。

被告腾达公司辩称：1. 涉案专利、被诉侵权产品访问任意网站时实现定向的方式不同，访问的过程亦不等同，腾达公司没有侵害敦骏公司的涉案专利权。并且，涉案专利保护的是一种网络接入认证方法，腾达公司仅是制造了被诉侵权产品，但并未使用涉案专利保护的技术方案，故其制造并销售被诉侵权产品的行为并不构成专利侵权；2. 敦骏公司诉请的赔偿数额过高且缺乏事实及法律依据，在赔偿额计算中应当考虑专利的技术贡献度、涉案专利技术存在替代方案等。

弘康经营部、昊威经营部共同辩称：其所销售的被诉侵权产品是从代理商处合法进货的，其不是被诉侵权产品的生产者，不应承担责任。

法院经审理查明：敦骏公司明确以涉案专利的权利要求 1 和 2 为依据主张权利，其内容为：1. 一种简易访问网络运营商门户网站的方法，其特征在于包括以下处理步骤：A. 接入服务器底层硬件对门户业务用户设备未通过认证前的第一个上行 HTTP 报文，直接提交给“虚拟 Web 服务器”，该“虚拟 Web 服务器”功能由接入服务器高层软件的“虚拟 Web 服务器”模块实现；B. 由该“虚拟 Web 服务器”虚拟成用户要访问的网站与门户业务用户设备建立 TCP 连接，“虚拟 Web 服务器”向接入服务器底层硬件返回含有重定向信息的报文，再由接入服务器底层硬件按正常的转发流程向门户业务用户设备发一个重定向到真正门户网站 Portal_Server 的报文；C. 收到重定向报文后的门户业务用户设备的浏览器自动发起对真正门户网站 Portal_Server 的访问。2. 根据权利要求 1 所述的一种简易访问网络运营商门户网站的方法，其特征在于：所述的步骤 A，由门户业务用户在浏览器上输入任何正确的域名、IP 地址或任何的数字，形成上行 IP 报文；所述的步骤 B，由“虚拟 Web 服务器”虚拟成该 IP 报文的 IP 地址的网站。

敦骏公司通过公证购买方式从弘康经营部、昊威经营部购得“Tenda 路由器 W15E”“Tenda 路由器 W20E 增强型”各一个，并在公证人员的监督下对“Tenda 路由器 W15E”访问网络运营商门户网站的过程进行了技术演示，演示结果表明使用“Tenda 路由器 W15E”过程中具有与涉案专利权利要求 1 和 2 相对应的方法步骤。

被诉侵权产品在京东商城官方旗舰店、“天猫”网站腾达旗舰店均有销售，且销量巨大。京东商城官方旗舰店网页显示有“腾达（Tenda）W15E”路由器的图片、京东价 199 元、累计评价 1 万+，“腾达（Tenda）W20E”路由器、京东价 399 元、累计评价 1 万+，“腾达（Tenda）G1”路由器、京东价 359 元、累计评价 1 万+等信息。“天猫”网站腾达旗舰店网页显示有“腾达

(Tenda)W15E”路由器的图片、促销价179元、月销量433、累计评价4342、安装说明、技术支持等信息。

2018年12月13日，一审法院依法作出通知书，主要内容为：限令腾达公司10日内向一审法院提交自2015年7月2日以来，关于涉案“路由器”产品生产、销售情况的完整资料和完整的财务账簿。逾期不提交，将承担相应的法律责任。但至二审判决作出时，腾达公司并未提交相关证据。

裁判结果：山东省济南市中级人民法院于2019年5月6日作出(2018)鲁01民初1481号民事判决：一、腾达公司立即停止制造、许诺销售、销售涉案的路由器产品；二、弘康经营部、昊威经营部立即停止销售涉案的路由器产品；三、腾达公司于判决生效之日起十日内赔偿敦骏公司经济损失及合理费用共计500万元；四、驳回敦骏公司的其他诉讼请求。一审案件受理费46800元，由腾达公司负担。宣判后，腾达公司向最高人民法院提起上诉。最高人民法院于2019年12月6日作出(2019)最高法知民终147号民事判决，驳回上诉，维持原判。

裁判理由：最高人民法院认为：本案焦点问题包括三个方面：

一、关于被诉侵权产品使用过程是否落入涉案专利权利要求的保护范围

首先，涉案专利权利要求1中的“第一个上行HTTP报文”不应解释为用户设备与其要访问的实际网站建立TCP“三次握手”连接过程中的第一个报文，而应当解释为未通过认证的用户设备向接入服务器发送的第一个上行HTTP报文。其次，根据对被诉侵权产品进行的公证测试结果，被诉侵权产品的强制Portal过程与涉案专利权利要求1和2所限定步骤方法相同，三款被诉侵权产品在“Web认证开启”模式下的使用过程，全部落入涉案专利权利要求1和2的保护范围。

二、关于腾达公司的被诉侵权行为是否构成侵权

针对网络通信领域方法的专利侵权判定，应当充分考虑该领域的特点，充分尊重该领域的创新与发展规律，以确保专利权人的合法权利得到实质性保护，实现该行业的可持续创新和公平竞争。如果被诉侵权行为人以生产经营为目的，将专利方法的实质内容固化在被诉侵权产品中，该行为或者行为结果对专利权利要求的技术特征被全面覆盖起到了不可替代的实质性作用，也即终端用户在正常使用该被诉侵权产品时就能自然再现该专利方法过程的，则应认定被诉侵权行为人实施了该专利方法，侵害了专利权人的权利。本案中：1.腾达

公司虽未实施涉案专利方法，但其以生产经营为目的制造、许诺销售、销售的被诉侵权产品，具备可直接实施专利方法的功能，在终端网络用户利用被诉侵权产品完整再现涉案专利方法的过程中，发挥着不可替代的实质性作用。2. 腾达公司从制造、许诺销售、销售被诉侵权产品的行为中获得不当利益与涉案专利存在密切关联。3. 因终端网络用户利用被诉侵权产品实施涉案专利方法的行为并不构成法律意义上的侵权行为，专利权人创新投入无法从直接实施专利方法的终端网络用户处获得应有回报，如专利权人的利益无法得到补偿，必将导致研发创新活动难以为继。另一方面，如前所述，腾达公司却因涉案专利获得了原本属于专利权人的利益，利益分配严重失衡，有失公平。综合以上因素，在本案的情形下，应当认定腾达公司制造、许诺销售、销售被诉侵权产品的行为具有侵权性质并应承担停止侵权、赔偿损失的民事责任。

三、关于一审判决确定的赔偿数额是否适当

专权利人主张以侵权获利确定赔偿额的，侵权规模即为损害赔偿计算的基础事实。专利权人对此项基础事实承担初步举证责任。在专利权人已经完成初步举证，被诉侵权人无正当理由拒不提供有关侵权规模基础事实的相应证据材料的情况下，对其提出的应考虑涉案专利对其侵权获利的贡献率等抗辩理由可不予考虑。具体到本案中：1. 敦骏公司主张依照侵权人因侵权获利计算赔偿额，并在一审中提交了腾达公司分别在京东网和天猫网的官方旗舰店销售被诉侵权产品数量、售价的证据，鉴于该销售数量和价格均来源于腾达公司自己在正规电商平台的官方旗舰店，数据较为可信，腾达公司虽指出将累计评价作为销量存在重复计算和虚报的可能性，但并未提交确切证据，且考虑到敦骏公司就此项事实的举证能力，应当认定敦骏公司已就侵权规模的基础事实完成了初步举证责任。2. 敦骏公司在一审中，依据其已提交的侵权规模的初步证据，申请腾达公司提交与被诉侵权产品相关的财务账簿、资料等，一审法院也根据本案实际情况，依法责令腾达公司提交能够反映被诉侵权产品生产、销售情况的完整的财务账簿资料等证据，但腾达公司并未提交。在一审法院因此适用相关司法解释对敦骏公司的500万元高额赔偿予以全额支持、且二审中腾达公司就此提出异议的情况下，其仍然未提交相关的财务账簿等资料。由于本案腾达公司并不存在无法提交其所掌握的与侵权规模有关证据的客观障碍，故应认定腾达公司并未就侵权规模的基础事实完成最终举证责任。3. 根据现有证据，有合理理由相信，被诉侵权产品的实际销售数量远超敦骏公司所主张的数量。综上，在侵权事实较为清楚、且已有证据显示腾达公司实际侵权规模已远大于敦骏公司所主张赔偿的范围时，腾达公司如对一审法院确定的全额赔偿持有异议，应先就敦骏公司计算赔偿所依据的基础事实是否客观准确进行实质性抗辩，而不能避开侵权规模的基础事实不谈，另行主张专利技术贡献度等其他抗辩事由，据此对腾达公司二审中关于一审确定赔偿额过高的各项抗辩主张均不予理涉。

典型案例

青岛晨源机械设备有限公司与青岛青科重工有限公司侵害实用新型专利权纠纷案

关键词： 实用新型专利　侵权判定　许诺销售　赔偿额计算

裁判摘要： 许诺销售行为侵权民事责任的承担不以销售实际发生为前提。许诺销售行为一经发生，即可能造成影响专利产品合理定价、减少或者延迟专利权利人商业机会等损害，因此，许诺销售行为实施者不仅应当承担停止侵害、支付维权合理开支的民事责任，还应当承担损害赔偿责任。侵权人仅实施了许诺销售行为，专利权利人难以举证证明其因此遭受的具体损失的，可以基于具体案情，着重考虑在案证据反映的侵权情节等，以法定赔偿方式计算损害赔偿数额。

基本案情： 青岛青科重工有限公司（以下简称青科公司）以青岛晨源机械设备有限公司（以下简称晨源公司）制造、许诺销售、销售被诉侵权产品侵害其涉案专利权为由，向山东省青岛市中级人民法院（以下简称一审法院）提起诉讼，要求晨源公司停止侵害、赔偿损失。一审法院认为，晨源公司在网站上展示被诉侵权产品的行为构成许诺销售，侵害了涉案专利权，应当承担停止侵害、赔偿损失的民事责任。晨源公司不服，向最高人民法院提起上诉，对其许诺销售行为侵害了涉案专利权并无异议，但认为其只需承担赔偿维权合理开支的责任，而不应赔偿损失。最高人民法院于2021年3月22日判决驳回上诉，维持原判。

最高人民法院二审认为，许诺销售行为客观上会给专利权人造成损害。许诺销售行为既可能发生在产品制造完成之后，也可能发生在产品制造完成之前，既可能发生在产品销售之前，也可能发生在销售过程中。许诺销售行为的目的虽指向销售行为，但许诺销售行为是一种法定的独立的侵权行为方式，许诺销售侵权行为的民事责任承担不以销售是否实际发生为前提。许诺销售行为一旦发生，因被诉侵权人许诺销售的价格通常低于专利产品的价格，会对潜在消费者产生心理暗示，影响专利产品的合理定价；或导致消费者放弃购买专利产品转而考虑与被诉侵权人联系，造成延迟甚至减少专利产品的正常销售。此外，被诉侵权人许诺销售行为还可能对专利产品的广告宣传效果造成不利影响。可见，许诺销售行为的存在，将会给专利权人造成专利产品的价格侵蚀、商业机会的减少或者延迟等损害，这种损害是可以合理推知的结果。权利有损害必有救济，除非法律另有特殊规定，该救济即应当至少包括承担停止侵害和赔偿损失这两种最基本的侵权民事责任形式，而不是只承担其中一种形式。判令侵权人就其许诺销售行为承担损害赔偿责任，更有利于保护和激励创新，更有利于实现专利法的立法目的，营造良好营商环境和创新环境。未经专利权人许可，许诺销售专利产品或者依照专利方法所直接获得的产品的行为不仅具有侵权的可责性，也具有实际损害的后果。如果仅仅因为许诺销售行为造成的具体损害后果难以准确证明，就免除侵权人的损害赔偿责任，仅承担停止许诺销售行为、支付专利权人维权合理开支的民事责任，既不符合权利有损害必有救济的民法原则，也不利于充分实现《专利法》的立法目的。专利权人难以举证证明其因许诺销售行为遭受的具体损失时，可以法定赔偿方式计算损害赔偿数额。在侵权人仅实施了许诺销售行为的情况下，其侵权损害后果可能轻于实际销售的损害后果。因此，在确定被诉侵权人就许诺销售行为应当承担的具体赔偿金额时，应着重考虑在案证据反映的侵权恶意与侵害情节，基于案情予以区分。本案中，在青科公司未举证证明其实际损失、晨源公司侵权获利、涉案专利许可使用费的情况下，一审法院综合考虑涉案专利的类型、晨源公司的主观过错、晨源公司侵权行为的情节以及青科公司的合理开支等因素，酌定晨源公司赔偿青科公司经济损失 3 万元，基本适当。

【案　　号】（2020）最高法知民终 1658、1659 号

【审理法院】最高人民法院

【来　　源】《最高人民法院知识产权法庭裁判要旨（2021）》

第十二条　任何单位或者个人实施他人专利的，应当与专利权人订立实施许可合同，向专利权人支付专利使用费。被许可人无权允许合同规定以外的任何单位或者个人实施该专利。

关联规定

一、国际条约

《与贸易有关的知识产权协定》

第28条　授予的权利

专利所有人还应有权转让或者以继承方式转移该专利并签订许可合同。

二、法律、行政法规、司法解释

1.《中华人民共和国民法典》

第八百六十二条　技术转让合同是合法拥有技术的权利人，将现有特定的专利、专利申请、技术秘密的相关权利让与他人所订立的合同。

技术许可合同是合法拥有技术的权利人，将现有特定的专利、技术秘密的相关权利许可他人实施、使用所订立的合同。

技术转让合同和技术许可合同中关于提供实施技术的专用设备、原材料或者提供有关的技术咨询、技术服务的约定，属于合同的组成部分。

第八百六十三条　技术转让合同包括专利权转让、专利申请权转让、技术秘密转让等合同。

技术许可合同包括专利实施许可、技术秘密使用许可等合同。

技术转让合同和技术许可合同应当采用书面形式。

第八百六十四条　技术转让合同和技术许可合同可以约定实施专利或者使用技术秘密的范围，但是不得限制技术竞争和技术发展。

第八百六十五条　专利实施许可合同仅在该专利权的存续期限内有效。专利权有效期限届满或者专利权被宣告无效的，专利权人不得就该专利与他人订立专利实施许可合同。

第八百六十六条 专利实施许可合同的许可人应当按照约定许可被许可人实施专利，交付实施专利有关的技术资料，提供必要的技术指导。

第八百六十七条 专利实施许可合同的被许可人应当按照约定实施专利，不得许可约定以外的第三人实施该专利，并按照约定支付使用费。

第八百七十条 技术转让合同的让与人和技术许可合同的许可人应当保证自己是所提供的技术的合法拥有者，并保证所提供的技术完整、无误、有效，能够达到约定的目标。

第八百七十一条 技术转让合同的受让人和技术许可合同的被许可人应当按照约定的范围和期限，对让与人、许可人提供的技术中尚未公开的秘密部分，承担保密义务。

第八百七十二条 许可人未按照约定许可技术的，应当返还部分或者全部使用费，并应当承担违约责任；实施专利或者使用技术秘密超越约定的范围的，违反约定擅自许可第三人实施该项专利或者使用该项技术秘密的，应当停止违约行为，承担违约责任；违反约定的保密义务的，应当承担违约责任。

让与人承担违约责任，参照适用前款规定。

第八百七十三条 被许可人未按照约定支付使用费的，应当补交使用费并按照约定支付违约金；不补交使用费或者支付违约金的，应当停止实施专利或者使用技术秘密，交还技术资料，承担违约责任；实施专利或者使用技术秘密超越约定的范围的，未经许可人同意擅自许可第三人实施该专利或者使用该技术秘密的，应当停止违约行为，承担违约责任；违反约定的保密义务的，应当承担违约责任。

受让人承担违约责任，参照适用前款规定。

2.《中华人民共和国专利法实施细则》

第十四条 除依照专利法第十条规定转让专利权外，专利权因其他事由发生转移的，当事人应当凭有关证明文件或者法律文书向国务院专利行政部门办理专利权转移手续。

专利权人与他人订立的专利实施许可合同，应当自合同生效之日起3个月内向国务院专利行政部门备案。

以专利权出质的，由出质人和质权人共同向国务院专利行政部门办理出质登记。

第八十九条 国务院专利行政部门设置专利登记簿，登记下列与专利申请和专利权有关的事项：

（一）专利权的授予；

（二）专利申请权、专利权的转移；

（三）专利权的质押、保全及其解除；

（四）专利实施许可合同的备案；

（五）专利权的无效宣告；

（六）专利权的终止；

（七）专利权的恢复；

（八）专利实施的强制许可；

（九）专利权人的姓名或者名称、国籍和地址的变更。

第九十条 国务院专利行政部门定期出版专利公报，公布或者公告下列内容：

（一）发明专利申请的著录事项和说明书摘要；

（二）发明专利申请的实质审查请求和国务院专利行政部门对发明专利申请自行进行实质审查的决定；

（三）发明专利申请公布后的驳回、撤回、视为撤回、视为放弃、恢复和转移；

（四）专利权的授予以及专利权的著录事项；

（五）发明或者实用新型专利的说明书摘要，外观设计专利的一幅图片或者照片；

（六）国防专利、保密专利的解密；

（七）专利权的无效宣告；

（八）专利权的终止、恢复；

（九）专利权的转移；

（十）专利实施许可合同的备案；

（十一）专利权的质押、保全及其解除；

（十二）专利实施的强制许可的给予；

（十三）专利权人的姓名或者名称、地址的变更；

（十四）文件的公告送达；

（十五）国务院专利行政部门作出的更正；

（十六）其他有关事项。

3.《最高人民法院关于审理技术合同纠纷案件适用法律若干问题的解释》

第二十五条 专利实施许可包括以下方式：

（一）独占实施许可，是指许可人在约定许可实施专利的范围内，将该专利仅许可一个被许可人实施，许可人依约定不得实施该专利；

（二）排他实施许可，是指许可人在约定许可实施专利的范围内，将该专利仅许可一个被许可人实施，但许可人依约定可以自行实施该专利；

（三）普通实施许可，是指许可人在约定许可实施专利的范围内许可他人实施该专利，并且可以自行实施该专利。

当事人对专利实施许可方式没有约定或者约定不明确的，认定为普通实施许可。专利实施许可合同约定被许可人可以再许可他人实施专利的，认定该再许可为普通实施许可，但当事人另有约定的除外。

技术秘密的许可使用方式，参照本条第一、二款的规定确定。

第二十六条 专利实施许可合同许可人负有在合同有效期内维持专利权有效的义务，包括依法缴纳专利年费和积极应对他人提出宣告专利权无效的请求，但当事人另有约定的除外。

第二十七条 排他实施许可合同许可人不具备独立实施其专利的条件，以一个普通许可的方式许可他人实施专利的，人民法院可以认定为许可人自己实施专利，但当事人另有约定的除外。

第二十八条 民法典第八百六十四条所称"实施专利或者使用技术秘密的范围"，包括实施专利或者使用技术秘密的期限、地域、方式以及接触技术秘密的人员等。

当事人对实施专利或者使用技术秘密的期限没有约定或者约定不明确的，受让人、被许可人实施专利或者使用技术秘密不受期限限制。

第二十九条 当事人之间就申请专利的技术成果所订立的许可使用合同，专利申请公开以前，适用技术秘密许可合同的有关规定；发明专利申请公开以后、授权以前，参照适用专利实施许可合同的有关规定；授权以后，原合同即为专利实施许可合同，适用专利实施许可合同的有关规定。

人民法院不以当事人就已经申请专利但尚未授权的技术订立专利实施许可合同为由，认定合同无效。

第四十五条 第三人向受理技术合同纠纷案件的人民法院就合同标的技术

提出权属或者侵权请求时，受诉人民法院对此也有管辖权的，可以将权属或者侵权纠纷与合同纠纷合并审理；受诉人民法院对此没有管辖权的，应当告知其向有管辖权的人民法院另行起诉或者将已经受理的权属或者侵权纠纷案件移送有管辖权的人民法院。权属或者侵权纠纷另案受理后，合同纠纷应当中止诉讼。

专利实施许可合同诉讼中，被许可人或者第三人向国家知识产权局请求宣告专利权无效的，人民法院可以不中止诉讼。在案件审理过程中专利权被宣告无效的，按照专利法第四十七条第二款和第三款的规定处理。

三、部门规章及规范性文件

《专利实施许可合同备案办法》

第二条 国家知识产权局负责全国专利实施许可合同的备案工作。

第三条 专利实施许可的许可人应当是合法的专利权人或者其他权利人。

以共有的专利权订立专利实施许可合同的，除全体共有人另有约定或者《中华人民共和国专利法》另有规定的外，应当取得其他共有人的同意。

第四条 申请备案的专利实施许可合同应当以书面形式订立。

订立专利实施许可合同可以使用国家知识产权局统一制订的合同范本；采用其他合同文本的，应当符合《中华人民共和国合同法》[①] 的规定。

第五条 当事人应当自专利实施许可合同生效之日起3个月内办理备案手续。

第八条 申请专利实施许可合同备案的，应当提交下列文件：

（一）许可人或者其委托的专利代理机构签字或者盖章的专利实施许可合同备案申请表；

（二）专利实施许可合同；

（三）双方当事人的身份证明；

（四）委托专利代理机构的，注明委托权限的委托书；

（五）其他需要提供的材料。

第九条 当事人提交的专利实施许可合同应当包括以下内容：

（一）当事人的姓名或者名称、地址；

① 已失效。

（二）专利权项数以及每项专利权的名称、专利号、申请日、授权公告日；

（三）实施许可的种类和期限。

第十四条 专利实施许可合同备案的有关内容由国家知识产权局在专利登记簿上登记，并在专利公报上公告以下内容：许可人、被许可人、主分类号、专利号、申请日、授权公告日、实施许可的种类和期限、备案日期。

专利实施许可合同备案后变更、注销以及撤销的，国家知识产权局予以相应登记和公告。

第十五条 国家知识产权局建立专利实施许可合同备案数据库。公众可以查询专利实施许可合同备案的法律状态。

第十九条 经备案的专利实施许可合同的种类、期限、许可使用费计算方法或者数额等，可以作为管理专利工作的部门对侵权赔偿数额进行调解的参照。

第二十条 当事人以专利申请实施许可合同申请备案的，参照本办法执行。

申请备案时，专利申请被驳回、撤回或者视为撤回的，不予备案。

第二十一条 当事人以专利申请实施许可合同申请备案的，专利申请被批准授予专利权后，当事人应当及时将专利申请实施许可合同名称及有关条款作相应变更；专利申请被驳回、撤回或者视为撤回的，当事人应当及时办理备案注销手续。

条文释义

一、本条主旨

本条是关于专利实施许可的规定，即实施者与专利权人订立实施专利的许可合同。

二、条文演变

1984年《专利法》第12条规定，任何单位或者个人实施他人专利的，除本法第14条（公益发明指定实施）规定的以外，都必须与专利权人订立书面实施许可合同，向专利权人支付专利使用费。被许可人无权允许合同规定以外的任何单位或者个人实施该专利。1992年《专利法》将例外情形修改为“除法律另有规定的以外”。1999年《合同法》第342条规定，技术转让合同包括专利权转让、专利申请权转让、技术秘密转让、专利实施许可合同；技术转让合同应当采用书面形式。此时，专利实施许可合同仍然仅限定为书面形式。2000年《专利法》修改时删去了例外情形。2008年《专利法》修改时删除了“书面”二字，即专利实施许可合同变更为非要式合同，对实施许可合同的形式不再作出要求。2020年《专利法》修改对该条未作变动。

三、条文解读

《专利法》的立法目的之一是推动发明创造的运用，被赋予专利权的发明创造，要么由发明人自己实施，要么由其他单位和个人实施。《专利法》第11条规定，专利权被授予后，其他任何单位和个人未经专利权人许可，都不得实施其专利。本条即是对专利实施许可的规定。依照本条规定，任何单位或者个人实施他人专利，无论其以何种方式获得实施许可，都必须承担与专利权人订立实施许可合同，并向专利权人支付专利使用费的法定义务。所谓许可，一般是指一种可撤销的、允许某人从事某种活动或者实施某种行为的承诺。许可一般应由权利人给予（称为约定许可），在特定情况下也可以由政府给予（称为法定许可），这取决于法律的规定。专利权是专利权人依法享有的民事权利，专利权人可以自己实施也可以许可他人实施其专利。同时，考虑到专利权作为一种带有垄断性的私权，为协调其与公共利益可能发生的冲突，本法还规定了可由专利行政部门依法给予专利实施的强制许可，以及经国务院批准的指定许可（推广实施）。

依照本条规定，任何单位或者个人实施他人专利，无论其实施许可来自专利权人的自愿许可还是由专利行政部门依法给予的强制许可或国务院批准的指定许可，均应向专利权人支付专利使用费。向专利权人支付专利使用费是被许可实施专利的人应履行的义务，也是专利权人在任何情况下（包括法定许可）所享有的法定权利。只是在不同的许可方式下，该使用费的金额确定方式不同。在约定许可等情况下，由双边约定金额；在强制许可情形下，有约定按照约定，约定不成按照国务院专利行政部门的裁决确定；在指定许可情况下，由国家规定。当然，专利权人也有权放弃其收取专利使用费的权利。由于支付使用费是被许可人的法定义务，所以专利权人放弃权利应当是明示的才能有效。

无论被许可人以何种方式获得专利实施许可，都没有超越合同的权利，无权允许合同约定以外的任何单位和个人实施该专利。这一规定目的在于充分保护专利权人的权利。被许可人只能在许可合同约定范围内取得专利的实施权，不得行使合同没有明确约定的任何权利。同时，该规定实际上体现了被许可人亲自实施的义务。专利实施许可一般分为普通许可、排他许可、独占许可、部分许可和交叉许可等不同类型，每种类型许可的许可人与被许可人相互之间的权利义务都不尽相同。选择何种许可形式，除法律另有明确规定的情形之外，完全由许可合同的当事人约定。被许可人超越合同约定实施专利，不仅构成违约，而且构成对专利权人的侵权。

适用指引

一、对专利许可方式的理解

专利实施许可一般包括三种方式，即独占实施许可、排他实施许可和普通实施许可。应当把握以下要点。

（一）三种实施许可方式的定义及其法律特征

1. 独占实施许可的定义及其法律特征

独占实施许可，是指让与人在约定许可实施专利的范围内，将该专利仅许可一个受让人实施，让与人依约定不得实施该专利。其具有以下两个法律特征：（1）在约定许可实施专利的范围内，仅许可一个受让人实施。换句话说，在独占实施许可的情况下，让与人在约定许可实施专利的范围内，只能订立一个实施许可合同，许可一个受让人实施该专利。这一法律特征，是区别独占实施许可与普通实施许可的重要特征之一。（2）让与人依约定不得实施该专利。也就是说，在独占实施许可的方式下，让与人在约定的实施许可范围内，自己也不能实施该专利。所谓独占，也就体现在这里。独占实施许可的这一法律特征，是区别排他实施许可和普通实施许可的重要特征，特别是对于排他实施许可来说，让与人自己能否在约定的实施许可范围实施专利，这是唯一的区别特征。

2. 排他实施许可的定义及其法律特征

排他实施许可，是指让与人在约定许可实施专利的范围内，将该专利仅许可一个受让人实施，但让与人依约定可以自行实施该专利。从排他实施许可的定义可以看出，排他实施许可具有以下两个法律特征：（1）在约定许可实施专利的范围内，仅许可一个受让人实施。这一特征与独占实施许可是相同的，应当与独占实施许可合同的相应特征作一致的理解，此处不再赘述。（2）让与人依约定可以自行实施该专利。也就是说，让与人在约定的专利实施许可范围内不能同时许可第二个受让人实施该专利，但让与人自己可以在约定的专利实施许可范围内，自行实施该专利。所以，排他实施许可与独占实施许可的唯一不同点就在于，让与人能否自行实施该专利。能够自行实施该专利的，就是排他实施许可；不能实施该专利的，就是独占实施许可。

3. 普通实施许可的定义及其法律特征

普通实施许可，是指让与人在约定许可实施专利的范围内还可以许可他人实施该专利，并且可以自行实施该专利。从普通实施许可的定义可以看出，普通实施许可具有以下两个法律特征：（1）权利不受限制，让与人可以同时多次与多个受让人订立专利实施许可合同。这是普通实施许可与独占实施许可、排他实施许可不同的地方。在独占实施许可和排他实施许可的情况下，让与人许可他人实施该专利的权利要受到限制。（2）让与人自己可以实施该专利。也就是说，在普通实施许可的情况下，让与人不仅可以许可他人实施该专利，而且自己也可以实施该专利。这一点与排他实施许可是一致的，但与独占实施许可则不同。

（二）没有约定或者约定不明情况下的专利实施许可方式的认定

通常情况下，当事人在订立专利实施许可合同时，都会对专利实施许可的方式进行明确约定，即具体约定专利实施许可的方式是独占实施许可，还是排他实施许可，抑或是普通实施许可。但是，司法实践中，确实也存在一些专利实施许可合同对于专利实施许可方式没有约定或者约定不明确的情况，以致给人民法院认定专利实施许可的方式，从而正确确定当事人的权利义务和合同责任，造成了一定的困难。为了解决司法实践中存在的这一问题，《技术合同纠纷解释》第25条第2款明确规定“当事人对专利实施许可方式没有约定或者约定不明确的，认定为普通实施许可”。因此，当事人之间如果要订立专利独占实施许可合同或者排他实施许可合同，必须在合同中明确约定，否则，一律按普通实施许可合同对待。

当事人对专利实施许可方式没有约定或者约定不明确，主要根据合同约定的内容予以判断，而不能仅根据合同的名称予以判断。至于合同名称叫什么，是叫独占实施许可合同，还是叫排他实施许可合同，抑或是叫普通实施许可合同，对于认定专利实施许可方式没有实质影响。

（三）再许可的实施许可方式的认定

所谓再许可，是指受让人根据让与人的明确授权，将许可实施的专利许可另一受让人实施的行为。再许可必须要有让与人的明确授权或者事后追认，否则，属于侵害他人技术成果的行为，根据《民法典》第873条规定，应当停止违约行为，承担违约责任。受让人经过让与人明确授权可以再许可他人实施该专利的，受让人与他人订立的再许可合同，应当是有法律效力的合同。从专利实施许可方式角度讲，再许可属于什么性质，《民法典》以及其他相关的法律并没有明确规定。但是，考虑到再许可不是专利权人直接许可再许可合同的受让人实施该专利，按照一般惯例，再许可通常为普通实施许可，除了当事人之间有特殊约定。《技术合同纠纷解释》第25条第2款规定："……专利实施许可合同约定受让人可以再许可他人实施专利的，认定该再许可为普通实施许可，但当事人另有约定的除外。"也就是说，在一般情况下，再许可为普通实施许可，但是，当事人也可以约定再许可的实施方式。当事人对再许可的实施方式有明确约定的，应当优先适用合同约定。当然，这里所说的"当事人另有约定的除外"，应当包括两层含义：第一层含义为让与人与受让人已经明确约定，受让人在约定的专利实施许可范围内可以与他人订立包括独占实施许可、排他实施许可合同在内的专利实施许可合同；第二层含义为受让人根据其与让与人的约定，与他人订立独占或者排他实施许可合同。

二、合同有效期内维持专利权效力的义务承担

相关司法解释规定，专利实施许可合同许可人负有在合同有效期内维持专利权有效的义务，包括依法缴纳专利年费和积极应对他人提出宣告专利权无效的请求，但当事人另有约定的除外。人民法院在理解和适用专利许可合同由谁承担维持合同有效期内专利权效力的义务时，应当注意把握以下要点。

第一，专利实施许可合同的让与人承担维持合同有效期内专利权效力的义务。在专利实施许可合同中，让与人一方多数情况下都是专利权人。作为专利权人，当然负有维持专利权有效的责任，这是由专利制度的性质所决定的。在个别情况下，让与人即使不是专利权人，但由于受让人的权利直接来源于让与人，因此，让与人也应当对维持专利权的效力承担责任。让与人承担了责任后，还可以向其前手追偿，直至追偿到专利权人本人。

第二，让与人负责维持专利权有效的义务，包括法律、法规规定由其履行但由于让与人主观过错而没有履行的义务，也包括基于诚信原则应当履行的协助、通知、保护等义务。譬如，《专利法》规定专利权人要按时缴纳专利年费，但由于专利权人疏忽没有缴纳，或者故意不缴纳专利年费，导致专利权被宣告终止。又如，他人向国家知识产权局请求宣告专利权无效，专利权人本应当积极负责地答辩、参加口头审理等，但是，专利权人却放弃答辩，不参加口头审理等，导致专利权由于权利人的懈怠被宣告无效，等等。

当然，如果合同有效期内，专利权被宣告无效的原因，不是由让与人不履行专利法等法律、法规规定的义务所造成的，而是由专利权本身不符合《专利法》规定的授予专利权的条件等原因所造成的，让与人对由此所产生的责任不应承担，应当依照《专利法》第 47 条规定处理。所以，《技术合同纠纷解释》第 26 条明确列举了让与人承担维持专利权有效的义务的范围，即专利实施许可合同让与人负有在合同有效期内维持专利权效力的义务，“包括依法缴纳专利年费和积极应对他人提出宣告专利权无效的请求”。该条规定用的是“包括”一词，是开放性的表述，应当说不限于这两种情形，还包括其他类似的情形，只要是根据《专利法》等法律、法规规定或者根据诚信原则专利权人应当履行的义务，由于专利权人主观过错而没有履行所导致的专利权被终止或者无效，都属于该条规定的情形。

第三，当事人可以对合同有效期内维持专利权有效的义务的承担主体进行约定。有约定的，约定优先。例如，《技术合同纠纷解释》第 26 条对许可人在合同有效期内维持专利权有效的义务设定了“但当事人另有约定的除外”。从技术合同多年来的司法实践看，有些专利实施许可合同的当事人对于合同有效期内，由谁缴纳专利年费等义务，作出了明确约定。譬如，有的就约定由受让人缴纳合同有效期内的专利年费，特别是一些独占实施许可合同更是如此。对于这样的约定，《民法典》并没有规定予以禁止，所以人民法院没有理由对此予以限制。正是基于这样的考虑，该条在规定由让与人承担维持合同有效期内专利权效力的义务外，同时规定允许当事人对由谁来承担这样的义务进行约定，这样就更加符合实际，也符合民法中合同约定优先的基本理念。

三、排他实施许可合同让与人不具备独立实施专利条件、许可他人实施该专利的处理

《技术合同纠纷解释》第 27 条规定，排他实施许可合同让与人不具备独立实施其专利的条件，以一个普通许可的方式许可他人实施专利的，人民法院可以认定为让与人自己实施专利，但当事人另有约定的除外。适用该条解释应当掌握以下要点。

第一，能够许可他人实施专利的排他实施许可合同的让与人，必须是不具有独立实施该项专利的条件的人。具备独立实施该项专利条件的排他实施许可合同的让与人，不得许可他人实施该专利，否则构成违约。

第二，许可他人实施该专利，应当限于普通许可方式，并且只能有一个许可。普通许可方式比较好理解，就是让与人在约定许可实施专利的范围内许可他人实施该专利，并且可以自行实施该专利。因为只有普通许可，才不至于妨碍排他实施许可合同的受让人的排他实施专利的权利。所谓一个许可，也就是让与人在合同有效期内，只能同时订立一个专利实施许可合同，许可一个受让人（含共同受让人）实施该专利，不能同时存在两个专利实施许可合同。同时具备上述两个条件，可以认定为让与人自己实施专利。

第三，当事人对不具备独立实施专利条件的排他实施许可合同的让与人能否许可他人实施专利，可以进行约定。如果当事人约定，即使排他实施许可合同的让与人不具备独立实施专利的条件，也不能许可他人实施该专利，应当尊重当事人之间的约定。

典型案例

名山电力有限责任公司诉威格尔国际合作发展公司等专利实施许可合同纠纷案

关键词： 专利实施许可合同　解除合同　直接经济损失

裁判摘要：专利实施许可合同中，许可人、被许可人同时约定技术许可和专利设备买卖的，许可人应当保证专利技术和专利设备能够达到合同约定目的，如因专利设备问题致使合同目的不能实现，许可人构成违约，被许可人可据此主张解除合同，许可人需承担返还合同款项，造成经济损失的，还应赔偿被许可人因此受到的直接经济损失。

基本案情：1995年1月8日，国家专利局授予周某某名称为“一种用废塑料生产汽油柴油的设备”、授权公告号为第189741号的实用新型专利。1997年7月，威格尔国际合作发展公司（以下简称威格尔公司）向四川省名山县招商局出具威格尔公司、丽坤厂署名的《可行性报告》，称丽坤厂是威格尔公司与专利权人周某某共同投资的废旧塑料生产汽油柴油的研究中试基地。1997年8月5日，威格尔公司向名山电力有限责任公司（以下简称名山公司）出具盖有丽坤厂公章，并有该厂厂长周某某签名的《授权委托书》，载明周某某是“利用废塑料生产汽油柴油”（专利号ZL94213266.1）专利权人，威格尔公司负责专利技术对外实施许可。

威格尔公司（甲方）与名山公司（乙方）签订的《专利实施许可合同》约定甲方许可乙方使用专利设备实施专利技术，实施许可费、设备费223万元，验收标准为废塑料生产汽油柴油转化率不低于70%，油品质量达到国家标准。甲方为乙方投保技术转让信用险，设备连续生产3个月不能达到指标时无偿补充设备，否则支付乙方赔偿金。合同签订后，威格尔公司投保专利技术转让信用险、发运丽坤厂设计制造的设备，名山公司向其支付专利许可费、设备费200万元、运费3万元。其后，丽坤厂技术人员指导名山公司试生产时设备故障停机，开动运行后因原料问题停机。其后双方签订《补充协议》，约定威格尔公司对设备进行维修，提供相关设备。丽坤厂提供的设备因故障不能正常连续生产，出油率经名山公司和丽坤厂共同检测为69.1%。名山公司向四川省雅安市中级人民法院起诉，威格尔公司、丽坤厂、周某某提起反诉。

一审审理认为，威格尔公司、周某某没有给丽坤厂投资，但在发给名山公司的《可行性报告》中虚假陈述，违背诚信原则，以欺诈手段骗取名山公司签订合同，给名山公司造成经济损失，故双方签订的合同以及补充协议无效，威格尔公司、丽坤厂、周某某需承担无效责任，返还专利实施许可费、设备费、运费，赔偿名山公司经济损失。因此，一审法院判决：一、《专利实施许可合同》《补充协议》无效；二、威格尔公司、丽坤厂、周鼎力返还名山公司203万元；三、威格尔公司、丽坤厂、周某某赔偿名山公司经济损失2372433.37元；四、威格尔公司、丽坤厂、周某某拆除给名山公司的设备，名山公司返还相关资料；五、驳回丽坤厂、周某某的反诉请求。

一审判决后，威格尔公司、丽坤厂、周某某向四川省高级人民法院提起上诉。

二审法院另查明，《授权委托书》写明委托人为周某某，委托事项为威格尔公司专利实施许可合同签订。合同首页威格尔公司后注有许可方为全权代理人，注明专利号与周某某专利证书一致，附有周某某签字的授权书。名山公司为专利设备、配套设备支付了汽车运费、安装费等共计8万余元，购买配套设备支出25万余元。

二审法院认为，《可行性报告》所称内容与事实虽然不符，但报告没有成为合同、补充协议附件，不影响合同、补充协议效力。委托书、合同中的专利名称虽与专利证书不符，但合同注明了专利号，合同签订前周某某、威格尔公司向名山公司出具了专利证书原件，交付了复印件，而合同中的专利号与专利证书一致，名山公司对周某某身份知悉。因此，名山公司认为威格尔公司、丽坤厂、周某某违背诚实信用原则的理由不能成立。

《授权委托书》是周某某的真实意思表示，其与威格尔公司的委托代理关系明确，名山公司对此清楚。根据《合同法》相关规定，本案的合同、补充协议有效，合同责任应当由周某某承担。威格尔公司发送与事实不符的《可行性报告》，也应当承担责任。名山公司按照约定履行了付款义务，周某某也应承担提供专利技术、专利设备并保证油品等义务，专利设备生产的汽油柴油虽然符合国家标准，但是，专利设备多次故障并引发事故，难以达到合同要求，且周某某难以在合理期限内修复，双方合作难以继续。根据《合同法》相关规定，合同应予解除，周某某需承担违约责任，丽坤厂参与合同签订，也需承担相应责任，威格尔公司为合同投保是合同生效要件之一，但没有约定理赔责任，故名山公司主张由周某某、丽坤厂承担责任符合约定。因此，一审法院事实查明清楚，但对合同、补充协议的无效认定属法律适用不当。故二审法院判决：一、维持一审判决第五项；二、撤销一审判决第一、二、三、四项；三、解除《专利实施许可合同》《补充协议》；四、周某某、丽坤厂返还名山公司专利设备及技术费200万元，运输、发运及安装费118545元；五、周某某、丽坤厂支付名山公司配套设备费254546.20元，并由名山公司按清单向交付配套设备；六、周某某、丽坤厂自行拆除专利设备，名山公司返还相关资料。

【案　　号】（2000）川经终字第74号

【审理法院】四川省高级人民法院

【来　　源】《最高人民法院公报》2002年第2期

第十三条　发明专利申请公布后，申请人可以要求实施其发明的单位或者个人支付适当的费用。

关联规定

法律、行政法规、司法解释

1.《中华人民共和国专利法》

第七十四条　侵犯专利权的诉讼时效为三年，自专利权人或者利害关系人知道或者应当知道侵权行为以及侵权人之日起计算。

发明专利申请公布后至专利权授予前使用该发明未支付适当使用费的，专利权人要求支付使用费的诉讼时效为三年，自专利权人知道或者应当知道他人使用其发明之日起计算，但是，专利权人于专利权授予之日前即已知道或者应当知道的，自专利权授予之日起计算。

2.《中华人民共和国专利法实施细则》

第八十五条　除专利法第六十条规定的外，管理专利工作的部门应当事人请求，可以对下列专利纠纷进行调解：

（一）专利申请权和专利权归属纠纷；

（二）发明人、设计人资格纠纷；

（三）职务发明创造的发明人、设计人的奖励和报酬纠纷；

（四）在发明专利申请公布后专利权授予前使用发明而未支付适当费用的纠纷；

（五）其他专利纠纷。

对于前款第（四）项所列的纠纷，当事人请求管理专利工作的部门调解的，应当在专利权被授予之后提出。

第一百一十四条　对要求获得发明专利权的国际申请，国务院专利行政部门经初步审查认为符合专利法和本细则有关规定的，应当在专利公报上予以公布；国际申请以中文以外的文字提出的，应当公布申请文件的中文译文。

要求获得发明专利权的国际申请，由国际局以中文进行国际公布的，自国际公布日起适用专利法第十三条的规定；由国际局以中文以外的文字进行国际公布的，自国务院专利行政部门公布之日起适用专利法第十三条的规定。

对国际申请，专利法第二十一条和第二十二条中所称的公布是指本条第一款所规定的公布。

3.《最高人民法院关于审理侵犯专利权纠纷案件应用法律若干问题的解释（二）》

第十八条 权利人依据专利法第十三条诉请在发明专利申请公布日至授权公告日期间实施该发明的单位或者个人支付适当费用的，人民法院可以参照有关专利许可使用费合理确定。

发明专利申请公布时申请人请求保护的范围与发明专利公告授权时的专利权保护范围不一致，被诉技术方案均落入上述两种范围的，人民法院应当认定被告在前款所称期间内实施了该发明；被诉技术方案仅落入其中一种范围的，人民法院应当认定被告在前款所称期间内未实施该发明。

发明专利公告授权后，未经专利权人许可，为生产经营目的使用、许诺销售、销售在本条第一款所称期间内已由他人制造、销售、进口的产品，且该他人已支付或者书面承诺支付专利法第十三条规定的适当费用的，对于权利人关于上述使用、许诺销售、销售行为侵犯专利权的主张，人民法院不予支持。

条文释义

一、本条主旨

本条是关于对发明专利的申请人给予“临时保护”的规定。

二、条文演变

1984年制定的《专利法》第13条首次对发明专利申请人的“临时保护”作出规定，“发明专利申请公布后，申请人可以要求实施其发明的单位或者个人支付适当的费用”。本条规定自1984年制定《专利法》以来，1992年、2000年、2008年、2020年修正的《专利法》均未对其进行修改。

三、条文解读

本条的立法目的在于给予专利申请人“临时保护”，自《专利法》“诞生”之时起，其就明确对发明专利提供“临时保护”，即“发明专利申请公布后，申请人可以要求实施其发明的单位或者个人支付适当的费用”。根据本条规定，设立“临时保护”的意义，在于寻求发明申请人与社会公众之间的利益平衡点。一方面，不能因申请公开的技术尚未被授予专利权，就禁止公众善意实施该技术方案，以牺牲公众利益或妨碍及时传播技术信息为代价来保护发明申请人的利益。另一方面，也不能放任他人任意实施或掠夺性实施该技术方案，无视发明申请人的正当利益，以伤害申请人发明创造的积极性为代价而片面追求社会技术的进步。因此，本条规定的“临时保护期”是指发明申请公布后、授予专利权的期间；行使“临时保护”的方式是发明专利申请人可以要求实施其发明的单位或个人支付适当的费用。

《专利法》明确规定只对发明专利给予“临时保护”，这是因为我国专利制度对发明、实用新型和外观设计分别规定了不同的审查方式。对实用新型和外观设计的申请只需进行“初步审查”，只要专利申请文件齐备、申请形式符合法律要求、申请人具有合法身份等，就可以被授予专利权，即授权与公开是同步的。但是，对发明专利申请而言，除了进行“初步审查”外，还要进行“实质审查”，并遵循“早期公开、延迟审查”原则，因此，申请内容的公布与发明专利的授权并不同步。在经过初步审查后，自申请日满 18 个月后，发明专利申请的内容予以公布，或者根据申请人的请求更早地公布其申请内容。根据我国专利制度，实质审查就是要对发明专利的新颖性、创造性和实用性等授权条件进行审查。因此，在发明在申请公布后、被授予专利权前，其申请内容包括申请时提交的技术方案等，已向公众公开，存在他人实施该技术方案的可能性。而此时发明专利申请尚未被授予专利权，申请人还不具有专利权人的合法身份，故无法通过《专利法》第 11 条来寻求保护，即无权主张他人实施侵害其专利权的行为。由于发明专利权被授权后，保护期限追溯至申请日起算，故发明专利的申请日与授权日之间的期间应当是专利权人可以依法享有权利的期间。本条规定在发明专利申请公布后、在被授予专利权前，给予发明专利申请人“临时保护”，但是该临时保护只能在发明专利权被授权后才能主张。

本条规定的“临时保护”只适用于已公布的发明专利申请。对于申请日至公布日之间的发明专利申请、申请日至授权公告日之间的实用新型、外观设计专利申请，《专利法》均不提供“临时保护”。这是因为，根据《专利法》第21条第3款规定，在专利申请公布或者公告前，国务院专利行政部门的工作人员及有关人员对其内容负有保密责任。

适用指引

一、关于“临时保护”的适用

（一）对“临时保护”的理解

对他人在发明专利申请公布日至授权公告日期间实施该专利的，本条并没有将其作为“侵犯专利权”的行为，这是因为根据专利制度的“公开换保护”原则，《专利法》第11条规定的侵犯专利权的认定需要以专利权被授予为前提。本条规定“申请人可以要求实施其发明的单位或个人支付适当的使用费”，从而与针对侵害专利权的行为，专利权人有权要求侵权者承担停止侵权行为、赔偿损失等责任有所不同。因此，在审理专利侵权纠纷时，应对涉及临时保护期可以支付适当使用费和侵犯专利权应承担侵权责任的两种情形予以区分。但是，如果他人在发明专利申请公布后，未经申请人许可就开始实施发明，在授予专利权后仍继续实施，则应对授予专利权前后的实施行为予以区分，即授权后的擅自实施专利的行为构成侵害专利权，而授权前的实施专利行为不构成侵害专利权。

（二）“临时保护”的提出时间

根据《专利法实施细则》第85条第3款的规定，管理专利工作的部门应当事人请求，可以对在发明专利申请公布后专利权授予前使用发明而未支付适当费用的纠纷进行调解；当事人请求管理专利工作的部门对此纠纷调解的，应当在专利权被授予之后提出。之所以这样规定，是因为发明专利申请在实质审查过程中有可能被驳回或被撤销请求，不一定会被授予发明专利权，在授权前就请求发明实施者支付费用缺乏充分的理由。实践中，实施该发明的单位或个人往往会以该发明未被授予专利权而拒绝立即支付费用。因此，根据《侵犯专利权纠纷案件解释（二）》第18条第1款的规定，专利权人依据《专利法》

第 13 条规定诉请支付实施发明适当费用，即发明申请人提出“临时保护”的诉请，只能待该发明专利申请被授予专利权后才能提出。

（三）“临时保护”的保护范围

鉴于发明专利临时保护实质的实质在于，基于发明专利经实质审查被授予专利权，对此前其早期公开的技术方案给予延伸保护。若脱离发明专利被授权，仅根据专利申请被公开就赋予其主张使用费的权利，显然对实施者并不公平，尤其是在发明专利最终未被授权的情况下，如果仍然允许发明专利申请人可以向临时保护期内实施专利的实施人主张使用费，不合理性将更为凸显。由于发明专利申请公布后，申请人有可能修改专利文件，因此，《侵犯专利权纠纷案件解释（二）》第 18 条第 2 款规定，专利申请人在专利获得授权后，向临时保护期内实施专利的实施人主张使用费，必须以实施人所实施的技术方案同时落入公布日、授权公告日两个时间点的专利保护范围作为构成要件。

第一，当发明专利申请公布时申请人的保护范围与发明专利授权公告授权时的保护范围一致，被诉技术方案落入前述保护范围，就可以认定实施了该发明。是否落入前述保护范围的认定，应遵循专利侵权判定的全面覆盖原则。

第二，根据《专利法》的有关规定，发明专利申请人有权在初步审查、实质审查阶段对申请文本进行修改，而且，发明专利只有经过实质审查后才能最终授予专利权，这就导致发明专利申请公布时的公开文本与发明专利授权的公告文本往往存在差异，因此，专利申请公布日与专利授权公告日该两时间点所确定的专利保护范围可能并不一致。（1）被诉技术方案同时落入两个保护范围。此时包含两种情形，授权公告日的保护范围相对小于申请公布日的保护范围，落入前者则必然落入后者；反之，授权公告日的保护范围相对大于申请公布日的保护范围，落入后者则必然落入前者。针对这两种情形，均应认定在临时保护期内实施发明。（2）被诉技术方案落入其中一个保护范围。此时包含两种情形：一是被诉技术方案落入申请公布的范围，但未落入授权公告的范围。获得临时保护的前提是发明专利被授权，如果发明专利申请人修改申请文本，客观上缩小了申请公布的范围，导致被诉技术方案未落入授权公告的范围，应视为专利权人自始放弃保护的部分，故没有给予临时保护之必要。二是被诉技术方案未落入申请公布的范围，但落入授权公告的范围。因临时保护期内公开的技术方案只能是申请公布的技术方案，而被诉技术方案又未落入该范围，故不应认为在临时保护期内实施了该发明。

（四）“临时保护”的后续使用

实践中争议较大的问题是，临时保护期内已制造、销售、进口的产品能否在专利授权公告日后销售、许诺销售或者使用？对此，《侵犯专利权纠纷案件解释（二）》起草过程中曾出现两种意见：第一种意见认为，临时保护期内制造、销售、进口的产品不是侵权产品，专利权人无权在授权公告日之后禁止非侵权产品的后续销售、使用等行为；第二种意见认为，依照《专利法》第 11 条的规定，专利权被授予后，专利权人可以禁止他人未经其许可的任何实施行为。使用、销售、许诺销售临时保护期内已制造、销售、进口的产品，不属于《专利法》第 75 条规定的不视为侵权的情形，故应依法被禁止。如果采用第一种意见，就可能导致行为人在临时保护期内囤积产品，待授权公告日后再销售的情况；如果采用第二种意见，则与临时保护期内制造的产品不是侵权产品的定性不符，对于被告过于严苛。因此，《侵犯专利权纠纷案件解释（二）》第 18 条第 3 款对上述两种意见作了折中，即以是否支付《专利法》第 13 条规定的适当费用作为侵权与否的分界点。实践中，权利人可能在起诉时将制造者、使用者、销售者均作为共同被告，也可能仅起诉销售者，当销售者提出制造者已书面承诺支付适当费用的抗辩时，权利人才申请将制造者追加进来。对此，应当依照《民事诉讼法》及其司法解释的相应规定处理。之所以规定书面承诺，一是为了增强操作性，二是为针对制造者、销售者、进口者可能提起的费用之诉提供依据。[1]

二、关于请求支付适当费用的问题

（一）适当费用的合理确定

正因本条规定的临时保护期实施发明的行为不属于侵权行为，故此条规定申请人请求实施发明的单位或个人支付适当费用，而不是承担赔偿损失的民事责任。专利许可使用费通常产生的基础是双方当事人经平等协商后签订的技术许可合同，使用人经专利权人许可实施技术，并向专利权人支付许可费。鉴于专利许可使用费系在双方合意的基础上产生，既体现当事人的意志，又具有双赢的性

① 参见宋晓明、王闯、李剑：《〈关于审理侵犯专利权纠纷案件应用法律若干问题的解释（二）〉的理解与适用》，载《人民司法》2016 年第 10 期。

质，故《侵犯专利权纠纷案件解释（二）》第18条第1款规定，人民法院可以参照有关专利许可使用费，合理确定临时保护期实施发明支付的适当费用。

（二）请求支付适当费用的诉讼时效

为与本条“临时保护”制度相配套，《专利法》第74条第2款对其诉讼时效作出规定，即“发明专利申请公布后至专利权授予前使用该发明未支付适当使用费的，专利权人要求支付使用费的诉讼时效为三年，自专利权人知道或者应当知道他人使用其发明之日起计算，但是，专利权人于专利权授予之日前即已知道或者应当知道的，自专利权授予之日起计算”。

从此款规定看，提起合理使用费诉讼的主体为专利权人，即发明专利申请被授予专利权后，专利申请人转为专利权人才能提出适当使用费的诉讼。2020年第四次修正《专利法》，为与《民法典》相关规定相衔接，将诉讼时效由2年改为3年；诉讼时效起算的前提条件，为专利权人知道或者应当知道他人使用其发明；诉讼时效的起算时点，即自专利权人知道或者应当知道他人使用其发明之日起计算，或专利权人于专利权授予之日前即已知道或者应当知道的，自专利权授予之日起计算。

典型案例

北京中南双绿科技有限公司、日本电产（东莞）有限公司与LG伊诺特有限公司侵害发明专利权纠纷案

关键词： 临时保护期保护　临时保护期使用费

裁判摘要： 在涉案发明专利申请临时保护期内实施该发明的技术方案虽然不构成侵犯专利权的行为，但该发明申请被授权后，专利权人有权主张临时保护期的利益或损失。确定临时保护期内实施涉案发明专利所需支付的费用，可以参照有关专利许可使用费合理确定；没有专利许可使用费可以参照的，可以综合考虑专利权的类型、实施发明的行为性质和情节以及查明的事实等，参照2008年修正的《专利法》第65条有关侵权赔偿的规定处理。在涉案专利公告授权后制造、销售被诉侵权产品的，构成专利侵权，应当承担停止侵权、赔偿损失等民事责任。

基本案情：上诉人日本电产（东莞）有限公司（以下简称日本电产公司）因与被上诉人LG伊诺特有限公司（以下简称LG公司）发明专利临时保护期使用费和侵害发明专利权纠纷案中，LG公司系专利号为ZL200820135640.3号、名称为“主轴电机”的发明专利权人。其以日本电产公司、北京中南双绿科技有限公司支付发明专利临时保护期使用费、侵害发明专利权为由，提起诉讼。

北京知识产权法院一审认为，J130型号主轴电机的技术方案落入涉案专利申请公布时请求保护的独立权利要求1的保护范围，该电机及K160、K070、G210型号主轴电机的技术方案落入第269011号决定确认有效的涉案专利除权利要求4、20、40、50、65外的部分权利要求的保护范围。日本电产公司未经许可，制造、销售J130、K160、K070型号主轴电机，构成专利侵权。而且，日本电产公司早于涉案专利授权公告日开始制造、销售J130型号主轴电机，可以认定其在涉案专利的临时保护期内实施了该发明。日本电产公司无正当理由未按法院要求予以提供J130型号主轴电机的制造、销售材料，亦未提交被控侵权产品的营业利润证据，故根据J130型号主轴电机的产量、单价和汇率换算以及日本电产公司所认可的6%利润率所提出的主张，可以作为确定临时保护期使用费的依据。

日本电产公司不服，提起上诉。北京市高级人民法院二审认为，一审法院认定被控侵权产品落入了为涉案专利的保护范围并无不当；日本电产公司二审庭审时临时增加有关现有技术抗辩的上诉理由因未在法定上诉期限内主张且亦无正当理由，故不构成本案二审的审理范围；日本电产公司涉案专利的临时保护期内制造、销售J130型号主轴电机，应当承担相应的民事责任，其无正当理由未按法院要求提供J130型号主轴电机的制造、销售材料，亦未提交被控侵权产品的营业利润证据的情况下，原审法院采纳LG公司根据日立乐金光公司提供的J130型号主轴电机的产量、单价和汇率换算以及日本电产公司所认可的6%利润率作为确定临时保护期使用费依据的主张并无不当；日本电产公司在涉案专利公告授权后制造、销售J130、K160、K070、G210四种型号主轴电机，构成专利侵权，应当承担停止侵权、赔偿损失等民事责任。北京市高级人民法院于2017年9月7日作出判决，驳回上诉，维持原判。

【案　　号】（2017）京民终55号

【审理法院】北京市高级人民法院

【来　　源】2017年中国法院50件典型知识产权案例

第十四条　专利申请权或者专利权的共有人对权利的行使有约定的，从其约定。没有约定的，共有人可以单独实施或者以普通许可方式许可他人实施该专利；许可他人实施该专利的，收取的使用费应当在共有人之间分配。

除前款规定的情形外，行使共有的专利申请权或者专利权应当取得全体共有人的同意。

关联规定

一、法律、行政法规、司法解释

1.《中华人民共和国民法典》

第八百六十条　合作开发完成的发明创造，申请专利的权利属于合作开发的当事人共有；当事人一方转让其共有的专利申请权的，其他各方享有以同等条件优先受让的权利。但是，当事人另有约定的除外。

合作开发的当事人一方声明放弃其共有的专利申请权的，除当事人另有约定外，可以由另一方单独申请或者由其他各方共同申请。申请人取得专利权的，放弃专利申请权的一方可以免费实施该专利。

合作开发的当事人一方不同意申请专利的，另一方或者其他各方不得申请专利。

2.《中华人民共和国专利法》

第六条　执行本单位的任务或者主要是利用本单位的物质技术条件所完成的发明创造为职务发明创造。职务发明创造申请专利的权利属于该单位，申请被批准后，该单位为专利权人。该单位可以依法处置其职务发明创造申请专利的权利和专利权，促进相关发明创造的实施和运用。

非职务发明创造，申请专利的权利属于发明人或者设计人；申请被批准后，该发明人或者设计人为专利权人。

利用本单位的物质技术条件所完成的发明创造，单位与发明人或者设计人订有合同，对申请专利的权利和专利权的归属作出约定的，从其约定。

第八条 两个以上单位或者个人合作完成的发明创造、一个单位或者个人接受其他单位或者个人委托所完成的发明创造，除另有协议的以外，申请专利的权利属于完成或者共同完成的单位或者个人；申请被批准后，申请的单位或者个人为专利权人。

二、部门规章及规范性文件

《专利审查指南》

第一部分 第一章 发明专利申请的初步审查

4.1.5 代表人

申请人有两人以上且未委托专利代理机构的，除本指南另有规定或请求书中另有声明外，以第一署名申请人为代表人。请求书中另有声明的，所声明的代表人应当是申请人之一。除直接涉及共有权利的手续外，代表人可以代表全体申请人办理在专利局的其他手续。直接涉及共有权利的手续包括：提出专利申请，委托专利代理，转让专利申请权，优先权或者专利权，撤回专利申请，撤回优先权要求，放弃专利权等。直接涉及共有权利的手续应当由全体权利人签字或者盖章。

第四部分 第三章 无效宣告请求的审查

3.2 无效宣告请求人资格

请求人属于下列情形之一的，其无效宣告请求不予受理：

（4）多个请求人共同提出一件无效宣告请求的，但属于所有专利权人针对其共有的专利权提出的除外。

第五部分 第一章 专利申请文件及手续

8. 签字或者盖章

向专利局提交的专利申请文件或者其他文件，应当按照规定签字或者盖章。其中未委托专利代理机构的申请，应当由申请人（或专利权人）、其他利害关系人或者其代表人签字或者盖章，办理直接涉及共有权利的手续，应当由全体权利人签字或者盖章；委托了专利代理机构的，应当由专利代理机构盖章，必要时还应当由申请人（或专利权人）、其他利害关系人或者其代表人签字或者盖章。

第五部分　第九章　专利权的授予和中止

2.3 专利权人放弃专利权

授予专利权后，专利权人随时可以主动要求放弃专利权，专利权人放弃专利权的，应当提交放弃专利权声明，并附具全体专利权人签字或者盖章同意放弃专利权的证明材料，或者仅提交由全体专利权人签字或者盖章的放弃专利权声明。委托专利代理机构的，放弃专利权的手续应当由专利代理机构办理，并附具全体申请人签字或者盖章的同意放弃专利权声明。主动放弃专利权的声明不得附有任何条件。放弃专利权只能放弃一件专利的全部，放弃部分专利权的声明视为未提出。

第五部分　第十章　专利权评价报告

2.2 请求人资格

根据专利法实施细则第五十六条第一款的规定，专利权人或者利害关系人可以请求国家知识产权局作出专利权评价报告。

请求人不是专利权人或者利害关系人的，其专利权评价报告请求视为未提出。实用新型或者外观设计专利权属于多个专利权人共有的，请求人可以是部分专利权人。

2.3 专利权人放弃专利权

授予专利权后，专利权人随时可以主动要求放弃专利权，专利权人放弃专利权的，应当提交放弃专利权声明，并附具全体专利权人签字或者盖章同意放弃专利权的证明材料，或者仅提交由全体专利权人签字或者盖章的放弃专利权声明。

条文释义

一、本条主旨

本条是关于行使共有的专利申请权、专利权的规定。

二、条文演变

1984 年制定、1992 年修正的《专利法》均未对共有专利权的申请、行使作出规定，针对前述情形，系由 1987 年制定的《技术合同法》及其实施条例作出规定。《技术合同法》第 32 条第 2 项规定:“对合作开发所完成的发明创造,除合同另有约定的以外,申请专利的权利属于合作开发各方共有。一方转让其共有的专利申请权的,另一方或者其他各方可以优先受让其共有的专利申请权。合作开发各方中一方声明放弃其共有的专利申请权的,可以由另一方单独申请,或者由其他各方共同申请。发明创造被授予专利权以后,放弃专利申请权的一方可以免费实施该项专利。合作开发各方中,一方不同意申请专利的,另一方或者其他各方不得申请专利。”《技术合同法实施条例》第 50 条规定:“委托开发或者合作开发的技术成果,根据技术合同法第三十二条的规定或者合同约定专利权或者非专利技术成果使用权和转让权为当事人共有的,共有人应当约定利益分配办法。共有人没有约定的,任何一方均有实施专利、使用非专利技术成果的权利,由此所获得的利益归实施、使用方。但一方转让技术必须征得另一方或者其他各方的同意,由此所获得的利益由各方等额分享。”1999 年《合同法》第 340 条承继了原《技术合同法》第 32 条第 2 项规定的内容,原《技术合同法》被废止。《民法典》第 860 条承继了《合同法》第 340 条的规定。

为完善共有专利申请权和共有专利权的行使,2008 年修正的《专利法》新增第 15 条就此作出规定,专利申请权或者专利权的共有人对权利的行使有约定的,从其约定。没有约定的,共有人可以单独实施或者以普通许可方式许可他人实施该专利;许可他人实施该专利的,收取的使用费应当在共有人之间分配。除前款规定的情形外,行使共有的专利申请权或者专利权应当取得全体共有人的同意。2020 年修正《专利法》时,第 15 条内容未作修改,但条文序号相应改为第 14 条。

三、条文解读

本条立法目的主要是对共有的专利申请权或专利权的实施、许可予以规范,从而促进发明创造的推广应用,激发知识产权创新活力。

专利申请权的共有,是指两个以上的单位或者个人共同拥有专利申请权;专利权的共有,是指两个以上的单位或个人对授予专利权的发明创造共同具有所有权。

根据《民法典》的规定,专利申请权、专利权属于平等民事主体享有的民事权利,权利人可以自由处分自身权利,本条规定即体现了约定优先原则。同时规定了在没有约定的例外情形下，即赋予共有人单独实施及普通许可的权利。本条对共有专利申请权、专利权行使的具体规定是：

第一，共有人之间有约定的，从其约定，即两个以上的单位或个人对专利申请权进行约定，共同申请专利；在授予专利权后，专利权的共有人有权对如何行使共有专利权进行协商，作出一致约定。

第二，共有人对共有专利权的行使未作约定的，共有人可以单独实施或者以普通许可的方式许可他人实施该专利。即在共有人对行使共有的专利申请权、专利权未作约定的情形下，共有人可以单独实施或者以普通许可方式许可他人实施其专利。

第三，除上述规定的情形之外，行使共有的专利申请权、专利权，应当取得全体共有人的同意。

适用指引

一、共有专利申请权、专利权的产生基础及法律适用

（一）共有的专利申请权、专利权的产生基础及权益分配问题

本条规定适用的前提是共有的专利申请权、专利权的存在，但因专利权作为无形财产的特性，因此它们的产生基础不同于《民法典》关于有形财产共有的规定。

第一种情形是利用本单位物质技术条件完成的发明创造。根据《专利法》第 6 条第 3 款的规定，利用本单位的物质技术条件所完成的发明创造，发明人或设计人与本单位签订合同，可以对申请专利的权利和专利权的归属作出约定，即可以约定发明创造的专利申请权、专利权为共有或者不共有。

第二种情形是基于合作开发或委托完成的发明创造。根据《民法典》第 860 条第 1 款的规定，如发明创造合作是各方共同参与完成的，申请专利的权利应属于合作各方共有，由各完成方共同作为申请人提出专利申请，其中一方或几方没有征得其他共同完成方的同意的，不得自行提出专利申请；申请批准后，共同申请的单位或个人为共有的专利权人。根据《专利法》第 8 条的规定，如一个单位或个人接受其他单位或个人所完成的发明创造，委托方和受托

方以协议约定申请专利的权利属于双方共有；申请被批准后，共同申请的单位或个人为共有的专利权人。

（二）共有专利权人权益的分配问题

虽然《民法典》第297条至第300条对不动产或动产的共有及类型作出规定，但专利究属无形财产，且《专利法》本条规定属于共有专利权情形下各共有人权益分配机制的特别规定，故根据“特别法优于一般法”的法律适用原则，应优先适用《专利法》的特别规定。

二、共有专利申请权、专利权的行使

第一，约定优先原则的适用。因共有人都是平等民事主体，从尊重共有人意思自治、达成合意的角度考虑，本条对共有人之间围绕专利权申请、行使等问题，采取了约定优先的原则。根据该原则，人民法院应先审查当事人之间是否存在约定，即在专利申请权或专利权共有的情况下，当事人对权利的行使已有约定的，从其约定，这也是意思自治在专利领域的具体运用和体现。

本条虽未对共有的专利申请权的处分作出规定，但《民法典》第860条就此作出三项规定：一是当事人一方转让其共有的专利申请权的，其他各方享有以同等条件优先受让的权利；二是合作开发的当事人一方声明放弃共有的专利申请权的，可以由另一方单独或其他各方共同申请；三是合作开发的当事人一方不同意申请专利的，另一方或其他各方不得申请专利。

第二，在没有约定的情况下，共有人可以单独实施或以普通许可允许他人实施。在共有人之间对权利行使没有约定、且未经其他共有人同意的情形下，共有人可直接通过共有专利获取经济利益的方式有以下两种：一种是单独实施共有专利，即共有人可以单独实施专利，不需要其他共有人的同意；另一种是以普通许可方式许可他人实施该专利，但不能采取排他许可、独占许可等方式，因为这些许可方式会损害其他共有人的利益。在排他许可的情况下，专利权人许可某人实施其专利后，就不能再许可另外的人实施其专利。如果一个共有人以独占许可方式许可他人实施共有权利，就剥夺了其他共有人许可他人实施共有专利的权利，显然对其他共有人有失公平。此外，只有在普通许可他人实施情形中，才有共有人对普通许可收益进行分配的要求，而单独实施情况下并无此要求。

第三，须经全体共有人同意。除共有人对行使共有的专利申请权或者专利权未作约定的情况，共有人可以单独实施或者以普通许可方式他人实施其专利之外，对其他权利的行使应当取得全体共有人的同意。比如，将共有的专利权进行质押。

典型案例

温州医科大学附属第一医院与深圳市汇利斯通信息技术有限公司侵害发明专利权纠纷案

关键词： 专利权共有　普通许可　专利使用费

裁判摘要： 2008 年修正的《专利法》第 15 条规定，专利申请权或者专利权的共有人对权利的行使有约定的，从其约定。没有约定的，共有人可以单独实施或者以普通许可方式许可他人实施该专利；许可他人实施该专利的，收取的使用费应当在共有人之间分配。除前款规定的情形外，行使共有的专利申请权或者专利权应当取得全体共有人的同意。据此，未经其他专利共有人同意情形下，一方专利共有人可直接通过共有专利获取经济利益的方式有以下两种：一是单独实施共有专利，另一种是以普通许可方式许可他人实施该专利，且仅在后一种情形中才有共有人对收益进行分配的要求，而单独实施情况下并无此要求。

虽然《民法通则》第 78 条第 2 款规定“共同共有人对共有财产享有权利，承担义务”（即《民法典》第 299 条规定：“共同共有人对共有的不动产或者动产共同享有所有权”），但该规定属于对共有财产的一般规定，而《专利法》的上述规定属于专利共有情形下各共有人权益分配机制的特别规定，故应优先适用《专利法》的特别规定。

基本案情： 本案中，温州医科大学附属第一医院（以下简称温州医院）、汇利斯通信息技术有限公司（以下简称汇利斯通公司）系专利号为 201210235924.0、名称为“一种用于医院大堂的自助终端”发明专利的权利人。

广东省深圳市中级人民法院一审认为，本案案由为侵害发明专利权纠纷。因汇利斯通公司制造、销售的被诉侵权产品上标注了诉争发明专利号

“ZL201210235924.0”，故该院认定被诉侵权产品所采用的被诉侵权技术方案落入专利权利要求1的保护范围。因涉案发明专利的共有专利权人系温州医院、汇利斯通公司，汇利斯通公司作为涉案发明专利的共有专利权人，依照2008年修正的《专利法》第15条第1款规定，依法可以“单独实施或者以普通许可方式许可他人实施该专利”。因温州医院起诉状的“诉讼请求”以及“事实与理由”，均确认本案案由为侵害发明专利权纠纷，且本案案由系侵害发明专利权纠纷，对温州医院起诉状的诉讼请求之外的“使用费分配”的问题，本案不予处理。故，该院判决驳回温州医院的全部诉讼请求。

温州医院不服，提起上诉。最高人民法院二审认为，汇利斯通公司本身也是涉案专利权的共有人，其制造、销售该设备是实施涉案专利的合法行为，故本案中并不存在专利侵权纠纷问题。原审法院将本案纠纷定性为专利侵权纠纷，属适用法律错误，予以纠正。温州医院主张部分涉案自助挂号一体机外壳上标注有“汇利斯通公司与涉案医院联合研发”等字样，但仅凭该字样并不能充分证明汇利斯通公司以普通许可方式许可涉案医院使用了涉案专利，且本案中更无证据表明涉案医院向汇利斯通公司支付了任何涉案专利许可费。因此，温州医院关于分享汇利斯通公司因实施涉案专利所获取经济收益的诉讼主张缺乏事实依据，不符合2008年修正的《专利法》第15条的规定。

最高人民法院于2020年9月24日作出判决，驳回上诉，维持原判。

【案　　号】（2020）最高法知民终字第954号

【审理法院】最高人民法院

【来　　源】《最高人民法院知识产权法庭裁判要旨（2020）》

第十五条　被授予专利权的单位应当对职务发明创造的发明人或设计人给予奖励；发明创造专利实施后，根据其推广应用的范围和取得的经济效益，对发明人或者设计人给予合理的报酬。

国家鼓励被授予专利权的单位实行产权激励，采取股权、期权、分红等方式，使发明人或设计人合理分享创新收益。

关联规定

一、法律、行政法规、司法解释

1.《中华人民共和国专利法》

第六条　执行本单位的任务或者主要是利用本单位的物质技术条件所完成的发明创造为职务发明创造。职务发明创造申请专利的权利属于该单位，申请被批准后，该单位为专利权人。该单位可以依法处置其职务发明创造申请专利的权利和专利权，促进相关发明创造的实施和运用。

非职务发明创造，申请专利的权利属于发明人或者设计人；申请被批准后，该发明人或者设计人为专利权人。

利用本单位的物质技术条件所完成的发明创造，单位与发明人或者设计人订有合同，对申请专利的权利和专利权的归属作出约定的，从其约定。

2.《中华人民共和国科学技术进步法》

第四十六条　国有企业应当建立健全有利于技术创新的研究开发投入制度、分配制度和考核评价制度，完善激励约束机制。

国有企业负责人对企业的技术进步负责。对国有企业负责人的业绩考核，应当将企业的创新投入、创新能力建设、创新成效等情况纳入考核范围。

第六十条　各级人民政府、企业事业单位和社会组织应当采取措施，完善体现知识、技术等创新要素价值的收益分配机制，优化收入结构，建立工资稳定增长机制，提高科学技术人员的工资水平；对有突出贡献的科学技术人员给予优厚待遇和荣誉激励。

利用财政性资金设立的科学技术研究开发机构和高等学校的科学技术人员，在履行岗位职责、完成本职工作、不发生利益冲突的前提下，经所在单位同意，可以从事兼职工作获得合法收入。技术开发、技术咨询、技术服务等活动的奖酬金提取，按照科技成果转化有关规定执行。

国家鼓励科学技术研究开发机构、高等学校、企业等采取股权、期权、分红等方式激励科学技术人员。

3.《中华人民共和国专利法实施细则》

第七十六条 被授予专利权的单位可以与发明人、设计人约定或者在其依法制定的规章制度中规定专利法第十六条规定的奖励、报酬的方式和数额。

企业、事业单位给予发明人或者设计人的奖励、报酬，按照国家有关财务、会计制度的规定进行处理。

第七十七条 被授予专利权的单位未与发明人、设计人约定也未在其依法制定的规章制度中规定专利法第十六条规定的奖励的方式和数额的，应当自专利权公告之日起3个月内发给发明人或设计人奖金。一项发明专利的奖金最低不少于3000元；一项实用新型专利或者外观设计专利的奖金最低不少于1000元。

由于发明人或者设计人的建议被其所属单位采纳而完成的发明创造，被授予专利权的单位应当从优发给奖金。

第七十八条 被授予专利权的单位未与发明人、设计人约定也未在其依法制定的规章制度中规定专利法第十六条规定的报酬的方式和数额的，在专利权有效期限内，实施发明创造专利后，每年应当从实施该项发明或者实用新型专利的营业利润中提取不低于2%或者从实施该项外观设计专利的营业利润中提取不低于0.2%，作为报酬给予发明人或者设计人，或者参照上述比例，给予发明人或者设计人一次性报酬；被授予专利权的单位许可其他单位或者个人实施其专利的，应当从收取的使用费中提取不低于10%，作为报酬给予发明人或者设计人。

二、部门规章及规范性文件

《关于进一步加强职务发明人合法权益保护促进知识产权运用实施的若干意见》

三、建立健全规章制度，明确责任、权利与义务

（三）建立和完善职务发明奖励和报酬制度。国有企事业单位和军队单位

应当依法建立和完善职务发明的奖励和报酬规章制度，遵循精神激励和物质奖励相结合的原则，明确职务发明奖励、报酬的条件、程序、方式和数额。单位与发明人约定奖励、报酬的数额或者方式的，应当切实履行承诺。单位在制定职务发明的奖励和报酬规章制度时，应当充分听取和吸纳研发人员的意见和建议。

四、依法保护职务发明人的合法权益，鼓励职务发明人参与职务发明及其知识产权的运用与实施

（八）提高职务发明的报酬比例。在未与职务发明人约定也未在单位规章制度中规定报酬的情形下，国有企事业单位和军队单位自行实施其发明专利权的，给予全体职务发明人的报酬总额不低于实施该发明专利的营业利润的3%；转让、许可他人实施发明专利权或者以发明专利权出资入股的，给予全体职务发明人的报酬总额不低于转让费、许可费或者出资比例的20%。国有企事业单位和军队单位拥有的其他知识产权可以参照上述比例办理。

（九）合理确定职务发明的报酬数额。单位应当建立职务发明的报酬核算机制。在核算报酬数额时，应当考虑每项职务发明对整个产品或者工艺经济效益的贡献，以及每位职务发明人对每项职务发明的贡献等因素。因单位经营策略或者发展模式的需要而低价、无偿转让或者许可他人实施职务发明专利或者相关知识产权时，应当参照相关技术的市场价格，合理确定对职务发明人的报酬数额。

（十）及时给予职务发明人奖励和报酬。除与职务发明人另有约定的以外，单位应当在公告授予专利权或者其他相关知识产权之日起三个月内发放奖金；单位许可他人实施或者转让知识产权的，应当在许可费、转让费到账后三个月内支付报酬；单位自行实施专利或者其他相关知识产权且以现金形式逐年支付报酬的，应当在每个会计年度结束后三个月内支付报酬。以股权形式支付报酬的，应当按法律法规和单位规章制度的规定予以分红。单位应当在自行实施知识产权之日或者许可合同、转让合同生效之日起的合理期限内，将自行实施、许可他人实施或者转让知识产权等有关情况通报给相关的职务发明人。

（十一）保障特定情形下职务发明人获得奖励和报酬的权利。职务发明人与原单位解除或者终止劳动关系或者人事关系后，除与原单位另有约定外，其从原单位获得奖励和报酬的权利不变；职务发明人逝世的，其获得奖金和报酬的权利由继承人继承。

五、完善保护职务发明人权益的政策措施，强化对职务发明人权益保护工作的督导

（十二）落实和完善职务发明人获得奖金和报酬的财政税收优惠政策。企业给予职务发明人的奖金和报酬列入成本，事业单位和军队单位给予职务发明人的奖金和报酬按国家有关规定列支。对职务发明人的奖金和报酬按照国家税法的相关规定实行优惠，充分调动务发明人从事职务发明创造及运用实施的积极性、主动性和创造性。

条文释义

一、本条主旨

本条是关于对职务发明创造的发明人或设计人给予奖励、报酬和激励的规定。

二、条文演变

1984年《专利法》第16条规定，专利权的所有单位或者持有单位应当对职务发明创造的发明人或者设计人给予奖励；发明创造专利实施后，根据其推广应用的范围和取得的经济效益，对发明人或者设计人给予奖励。1992年《专利法》修改对该条未作变动。2000年《专利法》与1984年《专利法》相比，修改之处在于：（1）将该条中"专利权的所有单位或者持有单位"改为"被授予专利权的单位"，以便与2000年修改的《专利法》第6条的规定相一致，目的在于保障国有企事业单位在专利法律关系中与其他非国有单位的平等民事主体地位；（2）将发明创造专利实施后单位根据其推广应用的范围和取得的经济效益给予发明人或者设计人的"奖励"改为"合理的报酬"。这一修改主要是为了贯彻执行1999年发布的《中共中央、国务院关于加强技术创新发展高科技实现产业化的决定》的精神。该决定指出："对于知识产权的职务发明人、设计人、作者以及主要实施者，要给予与其实际贡献相当的报酬和股权收益。"因此，对职务发明创造专利权的发明人或者设计人，不仅要给予奖励，更要给予与其贡献相当的报酬。2008年《专利法》修改对该条未作变动。与2008年《专利法》相比，2020年《专利法》将该条由第16条改为第15条，

并在原条文的基础上增加了第2款“国家鼓励被授予专利权的单位实行产权激励，采取股权、期权、分红等方式，使发明人或设计人合理分享创新收益”的规定。

三、条文解读

（一）本条规定的含义和立法意图

发明人或设计人的智力劳动和单位的物质技术条件对于职务发明创造而言都很重要。发明人或设计人作出发明创造需要付出精神与物质上的极大代价，应该获得相应的报偿，这样才能激发科研人员的创造热情，促进科技进步和社会发展。根据《专利法》第6条的规定，职务发明创造的专利申请权和专利权属于单位，同时，《专利法》也考虑了发明人、设计人的利益，规定被授予专利权的单位应当对职务发明创造的发明人或者设计人给予奖励，在发明创造实施后，对发明人或者设计人给予合理的报酬。这也是鼓励发明创造的立法目的的应有之义。

《专利法》第6条第1款规定，执行本单位的任务或者主要是利用本单位的物质技术条件所完成的发明创造为职务发明创造。职务发明创造申请专利的权利属于该单位，申请被批准后，该单位为专利权人。根据这一规定，单位享有法律授予专利权人的一切权利。而发明创造根本上是发明人、设计人智力活动的成果，人的因素是出发点，如果没有人付出智力劳动，拥有再优越的物质技术条件，也不会凭空产生发明创造。为平衡双方利益，回报发明人、设计人作出的贡献，鼓励个人进行发明创造的积极性，促进科学技术进步和创新，要求单位对职务发明创造的发明人或者设计人给予合理的奖励、报酬。我国建立专利制度的根本目的在于鼓励发明创造的产生及其推广应用，提高创新能力，推动经济社会全面发展，本条即是对《专利法》第1条所阐明的立法宗旨予以落实的具体措施之一。

本条所述的“被授予专利权的单位”，即负有给予奖励、报酬义务的主体，仅包括在中国境内完成的发明创造获得中国专利权的单位，不包括在外国完成的发明创造获得中国专利权的单位。发明人、设计人是指对发明创造的实质性特点作出了创造性贡献的人，只负责组织工作的人、为物质条件的利用提供方便的人以及从事其他辅助工作的人，不是发明人或者设计人；奖励、报酬应当给予发明人或者设计人本人。

支付职务发明奖金、报酬，是用人单位劳动法上的义务。我国《劳动法》的立法宗旨之一，是保证职工的合法劳动报酬。劳动报酬分三种，即工资、津贴、奖金。其中奖金分为两类，一种是单位因经济效益好，发给职工的奖金；另一种是国家法律规定的专项奖。后者在具备条件和法律有规定条件下，不支付也是违反法律的，职务发明奖金、报酬即属此类。

本条第2款规定为2020年修改《专利法》所增加，规定得比较原则，产权激励的具体方式可由单位自主决定。

（二）奖励、报酬的标准

本条明确了给予职务发明创造的发明人、设计人奖励报酬的基本原则，但是并没有对职务发明创造奖励报酬的标准作出具体规定，而是由《专利法实施细则》予以规定。对于不同种类的发明创造，发明人或设计人能拿到的奖金和报酬的下限是不同的。相对而言，一项发明专利的职务发明人能拿到的奖金和报酬都是最多的，而实用新型和外观设计专利的职务发明人或设计人能拿到的奖金和报酬则相对要少一些。

针对职务发明创造的发明人、设计人的奖励报酬标准问题，第一，应当给予单位与劳动者就《专利法》本条规定的奖励报酬的数额、方式作出约定的自主权，只有在没有约定或者约定明显不合理的情况下，才应当适用法定标准；第二，支付奖励、报酬的方式应当包括股票、期权等多种形式，而不应仅仅限于货币这一种形式；第三，为了充分保障发明人或者设计人的利益，法定标准应当适用于所有的中国单位，而不仅仅是国有企事业单位。

《专利法实施细则》第76条第1款规定，被授予专利权的单位可以与发明人、设计人约定或者在其依法制定的规章制度中规定《专利法》本条规定的奖励、报酬的方式和数额。

上述规定明确了奖励报酬的约定优先原则，即关于职务发明创造奖励报酬，如果单位与发明人、设计人对奖励报酬的数额、方式等有约定的或者单位制定了有关规章制度的，依照其约定或者规定的标准执行；没有约定或者规定的，依照《专利法实施细则》规定的法定标准执行。

关于奖励报酬的法定标准。第一，奖励的法定标准。在一项专利的发明人或者设计人是多人的情况下，该数额应当是全体发明人或者设计人获得的奖金的总额，而不是每个发明人或者设计人分别获得的奖金数额。《专利法实施细则》第77条第1款规定，给予发明人或者设计人的奖金应当自公告授予专利权之日起3个月内支付。《专利法实施细则》第77条第2款规定，由于发明人或者设计人的建议被其所属单位采纳而完成的发明创造，被授予专利权的单位应当从优发给奖金，其含义是指发明人或者设计人不仅作出了一项职务发明创造，还是主动建议单位设立有关研发项目的人，而不仅仅是消极地接受并执行单位分派的任务而成为发明人、设计人，这无疑更多地体现了该发明人、设计人的责任心和主动进取精神，单位理应在该条第1款规定的最低奖金标准的基础上另行增加奖励。第二，报酬的法定标准。本条规定，发明创造专利实施后，根据其推广应用的范围和取得的经济效益，对发明人或者设计人给予合理的报酬。根据《专利法实施细则》第78条的规定，单位未与发明人或者设计人约定也未在其依法制定的规章制度中规定报酬的方式和数额的，被授予专利权的单位实施专利后，每年应当从实施专利的营业利润中提取一定比例作为报酬给予发明人或者设计人。对于发明专利或者实用新型专利而言，该比例最低为2%；对于外观设计专利而言，该比例最低为0.2%。这种方式可称为"提成"。除了这种方式外，单位还可以参照上述比例，给予发明人或者设计人一次性报酬。根据《专利法实施细则》第78条的规定，单位未与发明人或者设计人约定，也未在其依法制定的规章制度中规定报酬的方式和数额的，被授予专利权的单位许可其他人实施其专利的，应当从收取的使用费中提取不低于10%，作为报酬给予发明人或者设计人。

（三）奖励、报酬的约定标准与法定标准之间的关系

按照《专利法实施细则》第六章的规定，应当理解为约定优先原则，就是承认单位与发明人或者设计人的约定或者其依法制定的规章制度优先于《专利法实施细则》第77条、第78条关于奖励、报酬法定标准的规定，且并不包含约定或者规定的奖励、报酬只能高于而不能低于第77条、第78条规定的法定标准的含义。换言之，即使单位与发明人或者设计人的约定低于《专利法实施细则》第77条、第78条规定的法定标准，也不能认为该约定是无效的。只要约定或者规定符合本条提出的"合理"这一原则要求，符合《劳动合同法》等有关法律的相关要求，就应当承认该约定的效力。这种理解体现了国家充分尊重企业自主经营权的精神。

《专利法实施细则》第77条和第78条关于奖励、报酬法定标准的规定，则在保障发明人、设计人获得奖励和报酬，敦促单位与发明人、设计人作出约定或者制定有关规章制度方面起到了重要的作用。

需要注意的是，有关奖励报酬的标准，国家在一些政策性文件也有规定或适时作出调整，也可以作为主张权利和裁判的依据。

适用指引

一、劳动人事关系的终止不影响奖励和报酬的支付

《专利法》规定给予职务发明创造的发明人或者设计人奖励、报酬，主要是基于该发明人或者设计人当初对该发明创造的完成作出的贡献，而不是仅仅基于发明人或者设计人与单位之间的劳动人事关系。因此，在发明人、设计人与单位提前解除劳动合同或者合同期限届满后，原发明人、设计人仍然有权要求原单位继续支付奖励、报酬。

二、奖励报酬可以继承

《民法典》第1122条规定，遗产是公民死亡时遗留的个人合法财产。公民的著作权、专利权中的财产权利以及公民的其他合法财产均属个人合法财产。在职务发明创造的发明人或者设计人死亡的情况下，其应当获得的奖励和报酬可以作为“专利权的财产权利”，或者作为“履行标的为财物的债权”，属于可被继承的遗产。

三、发明人或者设计人奖酬纠纷及其解决

发明人或者设计人的奖酬纠纷是指职务发明创造的发明人或者设计人与其单位之间就奖励、报酬产生的纠纷。这种纠纷一般因发明人或者设计人主张单位没有依法给予其奖励或者报酬，或者给予的奖励和报酬低于法定或者约定标准而引发。对于奖酬纠纷，根据《专利法实施细则》及有关司法解释的规定有两种途径或者方式予以解决：一是请求管理专利工作的部门调解；二是向人民法院起诉。

根据《专利法实施细则》第85条的规定，管理专利工作的部门应当事人

的请求，可以调解职务发明创造的发明人、设计人的奖励、报酬纠纷。根据《专利法实施细则》第 81 条的规定，当事人请求管理专利工作的部门调解专利纠纷的，由被请求人所在地的管理专利工作的部门管辖。

根据《专利纠纷规定》第 1 条的规定，法院受理的专利纠纷案件包括职务发明创造发明人、设计人奖励、报酬纠纷案件。

典型案例

一、曾某某诉东莞怡信磁碟有限公司、第三人许某某、王某职务发明创造发明人、设计人奖励、报酬纠纷案

关键词： 职务发明创造　职务发明人报酬　经济效益　营业利润

裁判摘要： 在职务发明创造发明人报酬纠纷中，在确定被授予专利权的单位是否已经实施职务发明创造时，单位在侵权诉讼中作出的涉案专利产品具有经济效益的陈述，应当属于单位对于客观事实的陈述，根据诚实信用原则，推定单位存在实施涉案专利技术方案的事实。单位基于涉案专利的维权行为获得的损害赔偿款，系专利权人禁止他人未经许可实施专利而获得的收入，在扣除必要的维权成本及支出后，该经济效益应当视为《专利法实施细则》（2002 年修正）第 78 条规定中所指的营业利润，据此基础给予职务发明人合理的报酬。

基本案情： 东莞怡信磁碟有限公司（以下简称怡信公司）系“便携可充式喷液瓶”实用新型专利权人，专利证书记载的发明人为许某某、曾某某、王某。怡信公司以涉案专利权被侵害为由提起多起诉讼，主张涉案专利产品给其带来经济效益，并在诉讼获得判决支持侵权赔偿数额合计 1125000 元。曾某某从怡信公司离职后提起诉讼，诉请怡信公司支付职务发明报酬 100 万元。法院认为，涉案专利证书记载的发明人为许某某、曾某某、王某，结合曾某某在怡信公司工作期间从事的工作岗位和职务等证据应认定曾某某系涉案专利发明人之一。关于怡信公司是否应当向曾某某给付职务发明报酬问题，怡信公司主张涉案专利存在漏液的技术缺陷，经多次改进后申请了 2008 年专利、2011 年专利，涉案专利并未实施，未取得经济效益，不存在怡信公司给付职务发明报酬的基础。对此，因怡信公司主张的技术缺陷仅为一项权利要求的一项附加技术特征，不能证明其他权利要求同样存在技术问题导致整项专利无法实施。且

法院查明，怡信公司在针对案外人生产、销售侵害涉案专利提起的多起侵权诉讼中，曾提交了购买到的被诉侵权产品，法院亦判定被诉侵权技术方案落入涉案专利权的保护范围，并据此判令被诉侵权人承担损害赔偿等侵权责任，证明涉案专利可以实施并已实际投入市场。怡信公司在前后诉讼中言行不一、滥用诉讼权利的行为明显违反诚实信用原则，怡信公司在侵权诉讼中作出的涉案专利产品具有经济效益的陈述，应当属于公司对于客观事实的陈述，可以推定存在实施涉案专利技术方案的事实。怡信公司基于专利维权行为获得的损害赔偿款，系专利权人禁止他人未经许可实施专利而获得的收入，在扣除必要的维权成本及支出后，该经济效益应视为《专利法实施细则》第78条规定中所指的营业利润，应据此基础给予职务发明人合理的报酬。鉴于实施涉案专利取得的营业利润难以查明，而怡信公司通过专利维权行为获得的损害赔偿款项亦属于其经济效益，应当视为《专利法实施细则》第78条规定中所指的营业利润，从而作为酌定职务发明报酬数额的因素之一。因此，综合考虑涉案专利类型为实用新型专利、涉案专利涉及三位发明人、涉案专利权的有效期、涉案专利对于怡信公司相关技术产品的研发和改进具有的影响和价值、怡信公司在维权诉讼中必然存在的费用支出、怡信公司获得判决支持的侵权损害赔偿款经过执行实际到账的情况等多项因素，综合考虑涉案专利发明人数量、怡信公司获判的侵权损害赔偿数额及涉案专利价值等因素，判令怡信公司一次性支付报酬20万元。

【案　　号】（2019）最高法知民终230号

【审理法院】最高人民法院

【来　　源】《最高人民法院公报》2021年第6期

二、翁某某诉上海浦东伊维燃油喷射有限公司、上海柴油机股份有限公司职务发明设计人报酬纠纷案

关键词：职务发明创造　职务发明人报酬　专利权无效　技术贡献率

裁判摘要：根据2000年修正的《专利法》第16条、第47第2款，2002年修订的《专利法实施细则》第76条的规定，在职务发明创造的发明人、设计人起诉要求许可他人实施专利的专利权人依法支付职务发明人报酬的案件中，即使专利因丧失新颖性被宣告无效，专利权以该专利已被宣告无效为由，拒绝支付在专利权被宣告无效之前已经发生的专利实施许可行为所应支付的职

务发明人报酬的，人民法院不予支持。同时，作为发明人或者设计人报酬的专利使用费分成，是对实施相应专利已经实现利益的分成，不包括对期待利益的分成，对职务发明人主张应将“计算报酬时间段”延伸至专利权期限届满之日的，人民法院不予支持。

基本案情：上海柴油机股份有限公司（以下简称上柴公司）是上海浦东伊维燃油喷射有限公司（以下简称伊维公司）的母公司。原告翁某某自1995年伊维公司成立之日起一直担任该公司的总工程师，2005年3月退休。上柴公司于2001年向国家知识产权局申请名称为“喷油泵挺柱体滚轮锁簧装置”和“矩形截面柱塞弹簧喷油泵”的两项实用新型专利并获授权，专利设计人均为翁某某。2003年9月，上柴公司与伊维公司协商认为，涉案专利由母公司上柴公司出面申请的缘故专利人登记为上柴公司，专利权应该归属于伊维公司，因此双方签订了《专利权转让合同》将涉案专利权无偿转让给其子公司伊维公司。同年11月，伊维公司与案外人电装公司签订某技术转让协议，许可电装公司使用上述专利技术，并支付相应许可使用费。2005年7月，涉案专利权被宣告无效。翁某某以其是涉案专利的唯一发明人，上柴公司与伊维公司许可他人实施专利，应当依法向其支付相应职务报酬200万元为由，诉至上海市第一中级人民法院。法院就涉案专利在转让技术中所占的比重以及涉案专利的技术贡献率进行了委托鉴定。被告伊维公司辩称其已与电装公司协商确定涉案专利在转让技术中所占的比重，且在专利权被宣告无效后，已将此前收取的专利许可费退还电装公司并提供了相应的补充协议及退款凭证。

上海市第一中级人民法院一审认为，因涉案专利权归属于伊维公司、对外签订涉案技术许可使用协议并从中获益的也是伊维公司，翁某某要求上柴公司承担连带责任的主张不予支持；上柴公司、伊维公司与电装公司签订的补充协议内容无权约束作为第三人的翁某某，也不能作为直接认定案件事实的根据，涉案专利在转让技术中所占的比重应当以鉴定结论为准。在涉案专利被宣告无效之前，伊维公司与电装公司已经发生的专利实施许可行为有效，伊维公司仍需根据相关法律规定向职务发明创造设计人支付报酬。因涉案专利已被宣告无效，故翁某某只能要求伊维公司支付专利权被宣告无效前基于专利许可使用费的收取所应提取的相应报酬。根据技术转让协议、鉴定结论所确定的涉案专利的技术贡献率，可确定技术许可使用费中涉案专利所获得的技术净收益。根据《专利法实施细则》第76条及上海市的相关规定，综合考虑全案各项因素，酌定提取比例为30%。一审判令伊维公司从许可电装公司实施涉案专利所收取的使用费中提取276461.57元作为报酬支付给翁某某。

翁某某提出上诉，要求对预期利益进行分成，将“计算报酬时间段”应延伸至涉案专利的届满期限。伊维公司提出上诉，认为涉案专利权已经无效，且其已将技术许可费退还被许可人电装公司，伊维公司不应支付职务发明设计人相关报酬。上海市高级人民法院二审经审理认为，根据《专利法》及其实施细则的规定，作为发明人或者设计人报酬的专利使用费分成，是对实施相应专利已经实现利益的分成，并不包括对期待利益的分成。故翁某某的该项上诉主张没有法律依据，不予支持。而一审判决伊维公司支付翁某某的专利使用费分成，是涉案专利被宣告无效之前的专利使用费分成，这些专利使用费是伊维公司已经实现的涉案专利许可使用费，本案不存在专利权人伊维公司的恶意给被许可人电装公司造成损失的情形，根据《专利法》的规定，伊维公司并无义务返还被许可人电装公司在涉案专利权被宣告无效之前已经收取的专利使用费。伊维公司关于涉案专利权已经无效，伊维公司不应支付相关报酬的上诉理由不能成立。二审判决：驳回上诉，维持原判。

【案　　号】（2008）沪高民三（知）终字第23号

【审理法院】上海市高级人民法院

【来　　源】《最高人民法院公报》2009年第7期

类案检索

黄某某与利尔化学股份有限公司职务发明人奖励、报酬纠纷案

关键词：职务发明创造　职务发明人奖励　职务发明人报酬

裁判摘要：黄某某系涉案专利的发明人，故有权依据法律规定或双方的约定向利尔公司主张职务发明实施报酬。

第一，无论是利尔化学股份有限公司（以下简称利尔公司）因黄某某在毒莠定项目开发中的突出贡献给予其2003年度1—12月绩效奖励10万元，还是利尔公司根据中国工程物理研究院的批复，对利尔公司经营及技术团队实施股权奖励，给予黄某某1%的公司股权，均发生在涉案专利获得授权之前，不属于利尔公司基于涉案专利对黄某某的奖励或者报酬；第二，2001年5月双方

签订的《技术开发合同》约定了“应当从使用和转让项目技术成果所得的收益中提取一定比例，作为对完成该职务技术合同的个人的奖励或者报酬”，该约定发生在专利申请前，是对技术成果收益的约定，并非对专利实施报酬的约定，且该《技术开发合同》没有明确奖励或者报酬的具体数额或者计算方式，也没有明确排除相关技术成果转化为专利后不再向发明人支付奖励或报酬；第三，2009年11月7日，利尔公司制定《VDMS细则》，对相关技术成果奖金计提方法进行了规定。尽管利尔公司主张是对技术成果转化报酬的专门规定。但是，从该规定的内容看，首先，《VDMS细则》中明确是“奖金”而非“专利实施报酬”；其次，《VDMS细则》并非专门针对专利所作的规定，其中既包括自有知识产权，也包含未申请知识产权的方法，并不能把“奖金”当然理解为专利实施报酬。根据2002年修正的《专利法》第16条的规定，专利奖励请求权和专利实施报酬请求权是职务发明创造的发明人或者设计人依法享有的两项权利。法律、法规允许当事人对奖励和报酬的方式和数额进行约定，其目的在于以更灵活的手段更充分地保障职务发明创造者的合法权益，这不意味着被授权单位能够通过制定规章等方式来排除职务发明创造者的上述法定权益。利尔公司关于已经在专利申请前按照《研发合同书》和《VDMS细则》约定向黄某某发放了奖励，专利授权后，基于同一技术成果，无须再支付报酬的抗辩理由不能成立。

由于双方对专利实施报酬奖励没有约定，综合考虑以下因素：(1)涉案专利技术系发明专利，具有较高的创造性价值；(2)采用涉案专利技术所生产的毒莠定产品为利尔公司创造的营业利润每年约为3000余万元；(3)黄某某对涉案专利所作的贡献；(4)涉案专利是毒莠定产品生产过程中的其中一项技术；(5)涉案专利目前使用状态以及专利有效期限等因素，法院酌情认定利尔公司向黄某某一次性支付涉案专利实施报酬150万元。

【案　　号】(2018)川民再615号民事判决

【审理法院】四川省高级人民法院

【来　　源】2019年中国法院50件典型知识产权案例

第十六条 发明人或者设计人有权在专利文件中写明自己是发明人或者设计人。

专利权人有权在其专利产品或者该产品的包装上标明专利标识。

关联规定

一、国际条约

《保护工业产权巴黎公约》

第4条之3 发明人有在专利中被记载为发明人的权利。

二、法律、行政法规、司法解释

1.《中华人民共和国民法典》

第八百四十五条第三款 技术合同涉及专利的，应当注明发明创造的名称、专利申请人和专利权人、申请日期、申请号、专利号以及专利权的有效期限。

第八百四十九条 完成技术成果的个人享有在有关技术成果文件上写明自己是技术成果完成者的权利和取得荣誉证书、奖励的权利。

2.《中华人民共和国专利法实施细则》

第八十三条 专利权人依照专利法第十七条的规定，在其专利产品或者该产品的包装上标明专利标识的，应当按照国务院专利行政部门规定的方式予以标明。

专利标识不符合前款规定的，由管理专利工作的部门责令改正。

三、部门规章及规范性文件

1.《专利标识标注办法》

第三条 管理专利工作的部门负责在本行政区域内对标注专利标识的行为进行监督管理。

第四条 在授予专利权之后的专利权有效期内，专利权人或者经专利权人同意享有专利标识标注权的被许可人可以在其专利产品、依照专利方法直接获得的产品、该产品的包装或者该产品的说明书等材料上标注专利标识。

第五条 标注专利标识的，应当标明下述内容：

（一）采用中文标明专利权的类别，例如中国发明专利、中国实用新型专利、中国外观设计专利；

（二）国家知识产权局授予专利权的专利号。

除上述内容之外，可以附加其他文字、图形标记，但附加的文字、图形标记及其标注方式不得误导公众。

第六条 在依照专利方法直接获得的产品、该产品的包装或者该产品的说明书等材料上标注专利标识的，应当采用中文标明该产品系依照专利方法所获得的产品。

第七条 专利权被授予前在产品、该产品的包装或者该产品的说明书等材料上进行标注的，应当采用中文标明中国专利申请的类别、专利申请号，并标明“专利申请，尚未授权”字样。

第八条 专利标识的标注不符合本办法第五条、第六条或者第七条规定的，由管理专利工作的部门责令改正。

专利标识标注不当，构成假冒专利行为的，由管理专利工作的部门依照专利法第六十三条的规定进行处罚。

2.《专利行政执法办法》

第四十五条 管理专利工作的部门认定假冒专利行为成立的，应当责令行为人采取下列改正措施：

（一）在未被授予专利权的产品或者其包装上标注专利标识、专利权被宣告无效后或者终止后继续在产品或者其包装上标注专利标识或者未经许可在产品或者产品包装上标注他人的专利号的，立即停止标注行为，消除尚未售出的产品或者其包装上的专利标识；产品上的专利标识难以消除的，销毁该产品或者包装；

（二）销售第（一）项所述产品的，立即停止销售行为；

（三）在产品说明书等材料中将未被授予专利权的技术或者设计称为专利技术或者专利设计，将专利申请称为专利，或者未经许可使用他人的专利号，使公众将所涉及的技术或者设计误认为是他人的专利技术或者专利设计的，立即停止发放该材料，销毁尚未发出的材料，并消除影响；

（四）伪造或者变造专利证书、专利文件或者专利申请文件的，立即停止伪造或者变造行为，销毁伪造或者变造的专利证书、专利文件或者专利申请文件，并消除影响；

（五）责令假冒专利的参展方采取从展会上撤出假冒专利展品、销毁或者封存相应的宣传材料、更换或者遮盖相应的展板等撤展措施；

（六）其他必要的改正措施。

管理专利工作的部门认定电子商务平台上的假冒专利行为成立的，应当通知电子商务平台提供者及时对假冒专利产品相关网页采取删除、屏蔽或者断开链接等措施。

第四十六条 管理专利工作的部门作出认定专利侵权行为成立并责令侵权人立即停止侵权行为的决定，或者认定假冒专利行为成立并作出处罚决定的，应当自作出决定之日起20个工作日内予以公开，通过政府网站等途径及时发布执法信息。

3.《专利审查指南》

第一部分 第一章 发明专利申请的初步审查

4.1.2 发明人

专利法实施细则第十三条规定，发明人是指对发明创造的实质性特点作出创造性贡献的人。在专利局的审查程序中，审查员对请求书中填写的发明人是否符合该规定不作审查。

发明人应当是个人，请求书中不得填写单位或者集体，例如不得写成“××课题组”等。发明人应当使用本人真实姓名，不得使用笔名或者其他非正式的姓名。多个发明人的，应当自左向右顺序填写。不符合规定的，审查员应当发出补正通知书。申请人改正请求书中所填写的发明人姓名的，应当提交补正书、当事人的声明及相应的证明文件。

发明人可以请求专利局不公布其姓名。提出专利申请时请求不公布发明人姓名的，应当在请求书“发明人”一栏所填写的相应发明人后面注明“（不公布姓名）”。不公布姓名的请求提出之后，经审查认为符合规定的，专利局在专利公报、专利申请单行本、专利单行本以及专利证书中均不公布其姓名，并在相应位置注明“请求不公布姓名”字样，发明人也不得再请求重新公布其姓名。提出专利申请后请求不公布发明人姓名的，应当提交由发明人签字或者盖章的书面声明，但是专利申请进入公布准备后才提出该请求的，视为未提出请求，审查员应当发出视为未提出通知书。外国发明人中文译名中可以使用外文缩写字母，姓和名之间用圆点分开，圆点置于中间位置，例如M·琼斯。

条文释义

一、本条主旨

本条是关于发明人、设计人的署名权及专利权人的专利标识权的规定。

二、条文演变

1984年制定的《专利法》第15条规定："专利权人有权在其专利产品或者该产品的包装上标明专利标记和专利号。"1984年制定的《专利法实施细则》没有对上述规定作进一步细化规定。1992年和2000年两次修改《专利法》时，均未对上述规定作出修改。2008年修改《专利法》时，除了修改前的第15条合并到本条作为第2款之外，还对其内容进行了调整，将原先规定的"专利标记和专利号"改为"专利标识"。将原先所称的"专利标记"改为"专利标识"，不但表述更加规范，而且与《商标法》有关"商标标识"的称谓一致。

与对本条2008年的修改相对应，2010年修改的《专利法实施细则》将第83条的规定修改为"专利权人依照专利法第十七条的规定，在其专利产品或者该产品的包装上标明专利标识的，应当按照国务院专利行政部门规定的方式予以标明。专利标识不符合前款规定的，由管理专利工作的部门责令改正"。修改之处在于：第一，将原来所称的"专利标记"改为"专利标识"，以与对本条规定的修改相一致；第二，增加了第2款，明确了管理专利工作的部门对不符合规定的专利标识进行监管的职责。

2020年《专利法》修正，对本条内容未作变动。

三、条文解读

发明创造是发明人或者设计人的智力劳动成果，为鼓励发明创造，本条第1款赋予了发明人或者设计人在专利文件中署名的权利，这是对发明人或者设计人的精神回报。《巴黎公约》第4条之3也明确规定，发明人有权在专利文件中写明其姓名。专利权人在自己的专利产品或者产品的包装上标明专利标识，可以起到宣传和警示的作用，因此本法对此作了规定。

（一）发明人、设计人的署名权

署名权是一种精神权利，属于人身权的一种，发明人或者设计人通过行使署名权，体现社会对发明人或者设计人智力劳动成果的肯定和尊重。而且对于非职务发明创造来说，发明人或者设计人的署名也是确定申请专利的权利和专利权归属的依据。对于职务发明创造，发明人或者设计人享有在专利文件中署名的权利，以表明其对该发明创造作出了实质性贡献。对发明人或者设计人智力劳动的成果予以肯定，可以激发发明人或者设计人进行发明创造的积极性，被授予专利权的单位可以此作为确定给予奖励和给付报酬的对象的依据。署名权是法律赋予发明人或者设计人的权利，发明人或者设计人可以行使，也可以不行使，可以申请国家知识产权局在专利文件中不予署名。应当注意的是，不能以发明人或者设计人没有在专利文件中署名，就否认其发明创造的发明人或者设计人的身份。

（二）专利权人的专利标识权

专利权人的专利标识权，是指专利权人在自己的专利产品或者该产品的包装上标明专利标识的权利。专利标识是表明该产品是专利产品的标志，通常标明“专利”或者“中国专利”以及专利号。专利号是指国务院专利行政部门授予专利权的序号。专利权人行使标识权，在自己的专利产品或者产品的包装上标明专利标识，表明该产品使用的技术方案已获得专利权，受到《专利法》保护，他人未经专利权人许可不得随意实施。我国《专利法》把在产品或者包装上标明专利标识规定为专利权人的一项权利，专利权人可以行使，也可以不行使。专利权人未在其产品或者包装上标明专利标识，并不意味着权利人放弃专利保护，其他人未经专利权人许可实施该专利的，一样要承担侵权责任。侵权人不能以产品上没有专利标识，不知其为专利产品为理由，要求免除其侵权责任。

适用指引

专利权人享有专利标识权，但是其应当按照国务院专利行政部门的规定的方式予以标明，专利标识不符合国家知识产权局规定的，由管理专利工作的部门责令改正。

国家知识产权局《专利标识标注办法》规定，专利权人只有在专利权的有效期内才能在其专利产品或者该专利产品的包装上标明专利标识。这表明，专利申请人在被授予专利权之前就标明专利标识的，或者专利权人在其专利权终止之后继续标明专利标识的，都是不符合规定的行为。

在产品上标明专利标识的行为不当，误导公众或者使公众产生混淆的，有可能被认定为假冒专利行为，要受到行政处罚，情节严重，构成犯罪的还要承担刑事责任。

类案检索

王某某与沃尔新（北京）自动设备有限公司等发明创造发明人、设计人署名权纠纷案

关键词：发明人、设计人　署名权

裁判摘要：在专利相关文件上明确署名为设计人的，应认定为是对专利的实质性特点作出创作性贡献的人，即专利发明人；专利权人未在专利中对发明人进行正确署名，尽管专利权人已对专利弃权，但出于对发明人发明创造的尊重及对其利益的保护，专利权人仍有义务将涉案专利在国家知识产权局的相关档案文件中涉及发明人的信息予以更正。

【案　　号】（2016）京民申1110号

【审理法院】北京市高级人民法院

【来　　源】中国裁判文书网

第二十条　申请专利和行使专利权应当遵循诚实信用原则。不得滥用专利权损害公共利益或者他人合法权益。

滥用专利权，排除或者限制竞争，构成垄断行为的，依照《中华人民共和国反垄断法》处理。

关联规定

一、国际条约

《与贸易有关的知识产权协定》

第39条

1. 在保证针对《巴黎公约》（1967）第十条之二规定的不公平竞争而采取有效保护的过程中，各成员应依照第二款对未披露信息和依照第三款提交政府或政府机构的数据进行保护。

2. 自然人和法人应有可能防止其合法控制的信息在未经其同意的情况下以违反诚实商业行为的方式向他人披露，或被他人取得或使用，只要此类信息：

（1）属秘密，即作为一个整体或就其各部分的精确排列和组合而言，该信息尚不为通常处理所涉信息范围内的人所普遍知道，或不易被他们获得；

（2）因属秘密而具有商业价值；并且

（3）由该信息的合法控制人，在此种情况下采取合理的步骤以保持其秘密性质。

3. 各成员如要求，作为批准销售使用新型化学个体制造的药品或农业化学物质产品的条件，需提交通过巨大努力取得的、未披露的试验数据或其他数据，则应保护该数据，以防止不正当的商业使用。此外，各成员应保护这些数据不被披露，除非属为保护公众所必需，或除非采取措施以保证该数据不被用在不正当的商业使用中。

第40条

1. 各成员同意，一些限制竞争的有关知识产权的许可活动或条件可对贸易产生不利影响，并会妨碍技术的转让和传播。

2. 本协定的任何规定均不得阻止各成员在其立法中明确规定在特定情况下可构成对知识产权的滥用并对相关市场中的竞争产生不利影响的许可活动或条件。如以上所规定的，一成员在与本协定其他规定相一致的条件下，可按照该成员的有关法律法规，采取适当的措施以防止或控制此类活动，包括诸如排他性返授条件、阻止对许可效力提出质疑的条件和强制性一揽子许可等。

二、法律、行政法规、司法解释

1.《中华人民共和国民法典》

第七条 民事主体从事民事活动，应当遵循诚信原则，秉持诚实，恪守承诺。

第一百三十二条 民事主体不得滥用民事权利损害国家利益、社会公共利益或者他人合法权益。

第八百五十条 非法垄断技术或者侵害他人技术成果的技术合同无效。

2.《中华人民共和国专利法》

第五条 对违反法律、社会公德或者妨害公共利益的发明创造，不授予专利权。

对违反法律、行政法规的规定获取或者利用遗传资源，并依赖该遗传资源完成的发明创造，不授予专利权。

3.《中华人民共和国反垄断法》

第六十八条 经营者依照有关知识产权的法律、行政法规规定行使知识产权的行为，不适用本法；但是，经营者滥用知识产权，排除、限制竞争的行为，适用本法。

4.《最高人民法院关于知识产权民事诉讼证据的若干规定》

第一条 知识产权民事诉讼当事人应当遵循诚信原则，依照法律及司法解释的规定，积极、全面、正确、诚实地提供证据。

5.《最高人民法院关于审理侵犯专利权纠纷案件应用法律若干问题的解释》

第六条 专利申请人、专利权人在专利授权或者无效宣告程序中，通过对权利要求、说明书的修改或者意见陈述而放弃的技术方案，权利人在侵犯专利权纠纷案件中又将其纳入专利权保护范围的，人民法院不予支持。

6.《最高人民法院关于审理侵犯专利权纠纷案件应用法律若干问题的解释（二）》

第二十四条 推荐性国家、行业或者地方标准明示所涉必要专利的信息，被诉侵权人以实施该标准无需专利权人许可为由抗辩不侵犯该专利权的，人民法院一般不予支持。

推荐性国家、行业或者地方标准明示所涉必要专利的信息，专利权人、被诉侵权人协商该专利的实施许可条件时，专利权人故意违反其在标准制定中承诺的公平、合理、无歧视的许可义务，导致无法达成专利实施许可合同，且被诉侵权人在协商中无明显过错的，对于权利人请求停止标准实施行为的主张，人民法院一般不予支持。

本条第二款所称实施许可条件，应当由专利权人、被诉侵权人协商确定。经充分协商，仍无法达成一致的，可以请求人民法院确定。人民法院在确定上述实施许可条件时，应当根据公平、合理、无歧视的原则，综合考虑专利的创新程度及其在标准中的作用、标准所属的技术领域、标准的性质、标准实施的范围和相关的许可条件等因素。

法律、行政法规对实施标准中的专利另有规定的，从其规定。

7.《最高人民法院关于审理专利授权确权行政案件适用法律若干问题的规定（一）》

第五条 当事人有证据证明专利申请人、专利权人违反诚实信用原则，虚构、编造说明书及附图中的具体实施方式、技术效果以及数据、图表等有关技术内容，并据此主张相关权利要求不符合专利法有关规定的，人民法院应予支持。

8.《最高人民法院关于审理技术合同纠纷案件适用法律若干问题的解释》

第九条 当事人一方采取欺诈手段，就其现有技术成果作为研究开发标的与他人订立委托开发合同收取研究开发费用，或者就同一研究开发课题先后与两个或者两个以上的委托人分别订立委托开发合同重复收取研究开发费用，使对方在违背真实意思的情况下订立的合同，受损害方依照民法典第一百四十八条规定请求撤销合同的，人民法院应当予以支持。

第十条 下列情形，属于民法典第八百五十条所称的“非法垄断技术”：

（一）限制当事人一方在合同标的技术基础上进行新的研究开发或者限制其使用所改进的技术，或者双方交换改进技术的条件不对等，包括要求一方将其自行改进的技术无偿提供给对方、非互惠性转让给对方、无偿独占或者共享该改进技术的知识产权；

（二）限制当事人一方从其他来源获得与技术提供方类似技术或者与其竞争的技术；

（三）阻碍当事人一方根据市场需求，按照合理方式充分实施合同标的技术，包括明显不合理地限制技术接受方实施合同标的技术生产产品或者提供服务的数量、品种、价格、销售渠道和出口市场；

（四）要求技术接受方接受并非实施技术必不可少的附带条件，包括购买非必需的技术、原材料、产品、设备、服务以及接收非必需的人员等；

（五）不合理地限制技术接受方购买原材料、零部件、产品或者设备等的渠道或者来源；

（六）禁止技术接受方对合同标的技术知识产权的有效性提出异议或者对提出异议附加条件。

三、部门规章及规范性文件

1.《关于规范专利申请行为的若干规定》

第二条 提交或者代理提交专利申请的，应当遵照法律、法规和规章的有关规定，恪守诚实信用原则，不得从事非正常申请专利的行为。

2.《专利实施强制许可办法》

第五条 专利权人自专利权被授予之日起满 3 年，且自提出专利申请之日起满 4 年，无正当理由未实施或者未充分实施其专利的，具备实施条件的单位或者个人可以根据专利法[①]第四十八条第一项的规定，请求给予强制许可。

专利权人行使专利权的行为被依法认定为垄断行为的，为消除或者减少该行为对竞争产生的不利影响，具备实施条件的单位或者个人可以根据专利法第四十八条第二项的规定，请求给予强制许可。

第十一条 根据专利法第四十八条第一项或者第五十一条的规定请求给予强制许可的，请求人应当提供证据，证明其以合理的条件请求专利权人许可其实施专利，但未能在合理的时间内获得许可。

根据专利法第四十八条第二项的规定请求给予强制许可的，请求人应当提

① 2008 年修正的《专利法》。

交已经生效的司法机关或者反垄断执法机构依法将专利权人行使专利权的行为认定为垄断行为的判决或者决定。

条文释义

一、本条主旨

本条是关于申请专利和行使专利权应当遵循诚实信用原则和不得滥用专利权的规定。

二、条文演变

本条是2020年《专利法》修改新增条款。

2017年通过的原《民法总则》第7条规定，民事主体从事民事活动，应当遵循诚信原则，秉持诚实，恪守承诺。自2021年1月1日起施行的《民法典》第7条完全保留了原《民法总则》第7条的规定。

《反垄断法》第68条规定："经营者依照有关知识产权的法律、行政法规规定行使知识产权的行为，不适用本法；但是，经营者滥用知识产权，排除、限制竞争的行为，适用本法。"

三、条文解读

诚实信用原则和权利不得滥用原则，是民商事法律的基本原则。诚实信用原则是民法的基本原则，甚至被称为民法中的帝王条款。依据这一原则，民事主体从事民事活动应当秉持诚实，恪守承诺，善意行使权利和履行义务。一般而言，诚实信用原则包含两方面内容：一是对待他人诚信不欺；二是对自己的承诺要信守不怠。

权利不得滥用原则，指民事权利的行使不得损害国家利益、社会公共利益或者他人合法权益。每一个民事主体都有权行使自己所享有的权利，法律也鼓励民事主体行使自己的权利，但是权利的行使，有一定界限，因行使民事权利损害国家利益、社会公共利益或者他人合法权益且行为人有过错的，为滥用民事权利。民法一方面鼓励权利主体正当地行使权利，另一方面为权利的行使划定了明确的界限，即不得滥用民事权利损害国家利益、社会公共利益或者他人合法权益。滥用民事权利损害国家利益、社会公共利益或者他人合法权益可构成侵权。滥用民事权利和侵权存在区别：权利滥用的前提是有正当权利存在，且是权利行使或与权利行使有关的行为，侵权行为一般事先没有正当权利存在；权利不得滥用原则是对民事主体行使民事权利的一定限制，通过限制民事主体不得滥用权利损害国家利益、社会公共利益或者他人合法权益达到民事权利与国家利益、社会公共利益、他人合法权益的平衡，而侵权责任制度的目的是保护民事主体的权利。

《民法典》第7条规定，民事主体从事民事活动，应当遵循诚信原则，秉持诚实，恪守承诺；第132条规定，民事主体不得滥用民事权利损害国家利益、社会公共利益或者他人合法权益。《反垄断法》第68条对滥用知识产权排除、限制竞争的行为作了原则性规定："经营者依照有关知识产权的法律、行政法规规定行使知识产权的行为，不适用本法；但是，经营者滥用知识产权，排除、限制竞争的行为，适用本法。"

实践中，在申请专利、使用专利过程中出现了一些不诚信现象。例如，编造技术方案、虚构实验数据骗取专利授权，甚至骗取政府补贴、单位奖励、减刑假释等；又如，利用实用新型、外观设计专利授权无须经过实质性审查的特点，故意将现有技术、现有设计申请为专利，或者在专利申请文件中提出表述模糊的权利要求，在取得专利权后，向他人发送侵权律师函要求支付许可使用费，或者先提起侵权诉讼后要求对方支付和解金。针对实践中存在的问题，为了强调诚实信用，规制权利滥用，并与《民法典》和《反垄断法》有关规定相衔接，2020年修改《专利法》专门增加了本条关于诚信原则和禁止权利滥用的规定。

在此需要注意的是，诚实信用原则在利益平衡方面有两种不同作用领域：一是当事人之间的利益平衡；二是当事人利益与社会利益之平衡。当事人之间的利益冲突，可以按照诚实信用原则予以平衡。运用诚实信用原则对当事人之间的利益进行平衡，都是为了实现实质的公平和正义。尤为重要的是，诚实信用原则不仅可以作为基本的行为遵循，在法律没有具体规定时，诚实信用原则还可以直接作为裁判案件的依据。

适用指引

一、关于诚实信用原则

诚实信用原则是民法中最重要的基本原则，早在1986年通过的《民法通则》第4条中就规定民事活动应当遵循自愿、公平、等价有偿、诚实信用的原则；2017年通过的《民法总则》第7条规定，民事主体从事民事活动，应当遵循诚信原则，秉持诚实，恪守承诺；自2021年1月1日起施行的《民法典》第7条完全保留了原《民法总则》第7条的规定。知识产权的取得和行使，应当遵守诚信原则，已经成为共识，并在相关法律中有所体现，如《商标法》第7条第1款规定："申请注册和使用商标，应当遵循诚实信用原则。"专利权作为一种基本的民事权利，在其申请和行使阶段，也应当遵循诚实信用原则，不能通过抄袭、伪造等手段获得专利权，不得违反诚实信用原则行使专利权。从国际实践看，许多国家的专利法都对专利领域的诚实信用原则作了规定。

二、关于专利权不得滥用

诚实信用原则和权利不得滥用原则是民事活动的基本原则。我国法律对权利不得滥用原则有相关规定。《宪法》第51条规定，中华人民共和国公民在行使自由和权利的时候，不得损害国家的、社会的、集体的利益和其他公民的合法的自由和权利。权利不得滥用是宪法上的一项基本原则。《民法典》第132条规定，民事主体不得滥用民事权利损害国家利益、社会公共利益或者他人合法权益。为与《民法典》相衔接，2020年修改《专利法》专门增加规定：不得滥用专利权损害公共利益或者他人合法权益。本条所规定的权利不得滥用规则也是《民法典》规定的原则的具体化。权利滥用的构成要件应当有如下几项：权利存在；权利人以作为或不作为的方式行使权利；行使权利时违背了权利的主旨（公共利益或法律的公平等）；造成了对公共利益或者他人合法权益等的损害或损害威胁；权利人行使权利存在过错。

对于禁止权利滥用原则的功能，是一个非常抽象的概念，不同角度、不同层面的考察，都会得出不同的结论，所以，我们应当从其作为民法基本原则的角度来分析，考量其与其他基本原则的共性及特性，来折射出其功能。禁止权利滥用原则的内涵和外延都不是非常确定的，但在特定的时期应当有其特定的含义，也即它的内涵和外延具有历史性，这样它的功能当然也具有历史性，例如随着人类社会由“权利本位”向“社会本位”的转变，禁止权利滥用原则的功能也在变化，判断其功能也应当以此转变为依据，不能任意扩大或缩小。

滥用专利权是一个广泛的概念，并不限于反垄断方面即滥用专利权排除、限制竞争的行为，还包括其他类型的滥用专利权的情形，如专利领域存在的恶意诉讼，也都可能构成专利权的滥用。在加强专利权保护的同时，需要引导专利权人正当行使其权利；在规制专利权滥用的同时，也需要注意对专利权人合法权益的保护。

三、关于滥用专利权排除、限制竞争

不得滥用专利权，是指专利权人必须在法律规定的范围内正确行使专利权，不得利用专利权损害国家利益、社会利益或他人的合法利益。权利的行使必须合法，专利权人不得滥用专利产品的独占实施权限制技术进步，进行不正当竞争，牟取垄断暴利等。对滥用专利权排除限制竞争行为，《反垄断法》第68条对此作了规定：“经营者依照有关知识产权的法律、行政法规规定行使知识产权的行为，不适用本法；但是，经营者滥用知识产权，排除、限制竞争的行为，适用本法。”

专利权本身具有专有性和排他性，只要知识产权的获得和行使是合法的，没有超出权利自身的范围，即使因行使知识产权的行为而排除或者限制了竞争，通常也不违反《反垄断法》。但是，同其他民事财产权一样，知识产权也存在超出其权利自身的范围而被滥用的情形。例如，权利人可以在一定时间和一定领域内就某种产品的生产或者销售取得市场优势地位甚至是市场支配地位，这对竞争会造成一定的影响；又如，专利权人在许可他人施行专利的协议中附加一定的限制性条件，也会在一定程度上排除和限制竞争，如果附加了不合理的限制条件，就超出了其权利的范围，构成专利权滥用。知识产权的滥用行为应为法律所禁止。知识产权的滥用行为有多种形式，有的行为构成排除、限制竞争，有的则不构成。只有滥用知识产权，构成排除、限制竞争的行为才应当受《反垄断法》调整。滥用知识产权排除、限制竞争不是一种独立的垄断行为类型，而根据其具体表现形式，一般分别属于纵向垄断协议或者滥用市场支配地位的行为。但是，专利权本身对竞争的限制，是法律对各种利益关系进行利弊权衡后所允许的，即为了促进技术创新而不得不对竞争产生一定的限制。因专利权而形成的天然垄断地位以及因专利权的行使而对竞争的限制，是基于法律的授权，是合法的。如果专利权人超出法律对其专有权规定的范围而滥用权利，排除、限制竞争，以谋取或加强其垄断地位，这种对专利权的滥用才是不受保护的，应当受《反垄断法》的调整。为制止滥用专利权排除限制竞争的行为，与《反垄断法》相关规定衔接，本条明确规定：滥用专利权，排除或者限制竞争，构成垄断行为的，依照《反垄断法》处理。

典型案例

一、西安奥克自动化仪表有限公司诉上海辉博自动化仪表有限公司请求确认不侵犯专利权及上海辉博自动化仪表有限公司反诉西安奥克自动化仪表有限公司专利侵权纠纷案

关键词：侵权警告　确认不侵权　行业竞争　专利权滥用

裁判摘要：专利权利人为了抢占市场，以竞争者侵害其专利权为由发布警告信以图阻碍交易相对人与竞争者订立合同的行为构成权利滥用，相关当事人可向人民法院提起确认不侵权之诉以维护合法权益。

基本案情：上海辉博自动化仪表有限公司（以下简称辉博公司）系名称为“利用 γ 射线测量物位的方法”的发明专利的专利权人。裕中公司订购天洁公司的电除尘器，该电除尘器中安装有西安奥克自动化仪表有限公司（以下简称奥克公司）的40台核料位计，辉博公司向裕中公司发出侵权警告函，称发现给裕中公司提供电除尘设备的成套商在其灰斗料位测量上未经授权采用辉博公司的涉案发明专利，严重损害了辉博公司的合法权益。裕中公司随后向天洁公司发函反映上述情况，并且要求天洁公司立即与相关方协商，在专利权纠纷解决之前，要求合法专利权人出具书面证书，同意裕中公司继续使用该有专利权的料位计，并不承担任何相关责任，如果不能做到以上要求，天洁公司应向裕中公司提供没有专利权纠纷的替代产品供裕中公司使用。奥克公司认为其与辉博公司属同一行业，被控侵权产品与辉博公司的专利产品在市场上存有竞争关系，辉博公司对其用户宣称奥克公司的产品侵犯其专利权，并警告用户如果使用奥克公司的产品，辉博公司会对该用户起诉，因此导致一些用户不再使用和

大量潜在用户不敢使用奥克公司的产品。奥克公司的产品没有使用辉博公司专利中的方法，不存在侵权，辉博公司的上述行为使奥克公司产品的销量受到严重影响，但辉博公司未向人民法院起诉奥克公司专利侵权，或者通过行政程序解决争议。奥克公司提起诉讼，请求确认其不侵犯辉博公司的专利权。法院审理后认为，奥克公司生产涉案产品所使用的方法并未落入辉博公司发明专利权的保护范围，不构成对辉博公司专利权的侵犯，故判决确认原告奥克公司不侵权。

【案　　号】（2008）沪高民三（知）终字第58号

【审理法院】上海市高级人民法院

【来　　源】《最高人民法院公报》2008年第12期

二、深圳市腾讯计算机系统有限公司与谭某某因恶意提起知识产权诉讼损害责任纠纷案

关键词：外观设计专利　恶意诉讼　损害赔偿　诚实信用原则

裁判摘要：明知外观设计专利不符合授权条件，仍然恶意提起侵害专利权的诉讼，造成包括商誉损失、律师代理费、差旅费、预期可得利益等在内一系列损失，应承担损害赔偿责任。

基本案情：深圳市腾讯计算机系统有限公司（以下简称腾讯公司）拥有多项“QQ企鹅”系列美术作品的著作权以及注册商标专用权。谭某某为傲为科技（深圳）有限公司（以下简称傲为公司）的股东及董事。2008年12月，谭某某向国家知识产权局申请“音箱（Xzeit迷你企鹅型）”外观设计专利，并获得授权。2011年3月，腾讯公司以谭某某、傲为公司销售的QQ迷你音箱侵害其著作权和商标权为由提起诉讼。后双方就该两案达成和解，谭某某同意停止侵权并支付赔偿款2.5万元。谭某某同时承诺，将于1个月内向国家知识产权局撤回其企鹅音箱外观设计专利申请。后经法院查明，谭某某并未履行承诺，且持续缴纳该外观设计年费至2015年12月。此后，腾讯公司与深圳市中科睿成智能科技有限公司（以下简称中科公司）合作生产、销售企鹅外型音箱。2016年2月，谭某某以腾讯公司及中科公司侵害其外观设计专利权为由，提起诉讼。腾讯公司随即针对谭某某的外观设计专利提出无效宣告请求，原国家知识产权局专利复审委员会经审查宣告该外观设计专利权无效。广东省深圳市中级人民法院遂裁定驳回谭某某的起诉。后腾讯公司以谭某某明知其外观设

计专利不符合授权条件，仍然恶意提起侵害专利权的诉讼，并给腾讯公司造成了包括商誉损失、律师代理费、差旅费、预期可得利益等在内一系列损失为由，向广东省深圳市中级人民法院提起本案诉讼，请求判令谭某某赔偿损失、赔礼道歉并消除影响。广东省深圳市中级人民法院一审认为，关于谭某某的行为是否构成恶意提起知识产权诉讼，因恶意提起知识产权诉讼本质上属于侵权行为，应从谭某某该行为是否构成侵权行为进行分析。首先，从权利基础分析，腾讯公司的QQ企鹅形象具有较高的知名度，谭某某利用外观设计专利不进行实质审查制度，将他人拥有的在先权利的QQ企鹅形象申请为外观设计专利，其涉案专利缺乏正当的权利基础。其次，从主观状态分析，谭某某曾在腾讯公司起诉其侵权的诉讼中同意停止侵权并赔偿损失，主观上早已知悉腾讯公司拥有在先权利、其外观设计专利缺乏合法权利基础。在此情况下，仍起诉腾讯公司侵害其涉案专利权，在腾讯公司对涉案专利提起无效宣告程序后，仍继续参与无效宣告程序和专利诉讼程序，且在上诉程序中均委托了专利律师参与相关程序，能够预见其行为的结果，该行为不属于善意行使诉讼权利，具有损害他人权益的故意，属于不正当地提起专利诉讼，违反了诚实信用原则，损害了腾讯公司的合法权益，构成恶意提起知识产权诉讼。一审法院在因谭某某的恶意给腾讯公司造成的损失数额基础上，结合侵权情节及恶意程度，判令其赔偿腾讯公司经济损失及维权合理开支共计50万元。广东省高级人民法院二审维持一审判决。

【案　　号】（2019）粤民终407号民事判决

【审理法院】广东省高级人民法院

【来　　源】2019年中国法院10大知识产权案件

三、华奇（中国）化工有限公司与圣莱科特化工（上海）有限公司恶意提起知识产权诉讼损害责任纠纷案

关键词：恶意诉讼　专利权滥用　诚实信用原则

裁判摘要：恶意提起知识产权诉讼造成他人损害应负赔偿责任，法理基础在于权利不得滥用。责任是否成立取决于提起诉讼是权利行使行为还是权利滥用行为，而恶意是两者区分的关键。对于恶意的认定，不能仅以原告起诉的胜诉或者败诉结果为标准，而应当结合原告起诉是否以加害被告为目的、原告权利是否明显无效或者明显不应获得保护、原告取得权利是否违反诚实信用原

则、原告在诉讼中是否违反诚实信用原则等主客观因素综合判断。

基本案情: 2008年8月11日，华奇（中国）化工有限公司（以下简称华奇公司）申请了名称为"烷基酚热塑树脂生产的改进工艺"的发明专利（以下简称涉案发明专利）。2010年2月9日，圣莱科特化工（上海）有限公司（以下简称圣莱科特公司）多次起诉华奇公司主张专利申请权。2015年，华奇公司向上海知识产权法院起诉，称圣莱科特公司前述多次起诉，属于因恶意提起知识产权诉讼，请求赔偿损失、消除影响。

法院认为，恶意提起知识产权诉讼造成他人损害应负赔偿责任，法理基础在于权利不得滥用。责任是否成立取决于提起诉讼是权利行使行为还是权利滥用行为，而恶意是两者区分的关键。对于恶意的认定，不能仅以原告起诉的胜诉或者败诉结果为标准，而应当结合原告起诉是否以加害被告为目的、原告权利是否明显无效或者明显不应获得保护、原告取得权利是否违反诚实信用原则、原告在诉讼中是否违反诚实信用原则等主客观因素综合判断。圣莱科特公司提起两专利申请权权属纠纷案具有一定的权利和事实基础，在案证据难以证明圣莱科特公司的起诉具有超出诉讼本身的其他目的以及圣莱科特公司存在明显不当、有违诚信的诉讼行为，仅凭圣莱科特公司在案件审理过程中的不当诉讼行为，不足以认定其具有恶意提起知识产权诉讼的主观故意。圣莱科特公司提起系争知识产权诉讼的目的在于正当维权，不构成恶意提起知识产权诉讼的侵权行为，不应承担民事责任。法院判决驳回华奇公司的诉讼请求。

【案　　号】（2016）沪民终501号

【审理法院】上海市高级人民法院

【来　　源】2017年中国法院50件典型知识产权案例

第二十二条　授予专利权的发明和实用新型，应当具备新颖性、创造性和实用性。

新颖性，是指该发明或者实用新型不属于现有技术；也没有任何单位或者个人就同样的发明或者实用新型在申请日以前向国务院专利行政部门提出过申请，并记载在申请日以后公布的专利申请文件或者公告的专利文件中。

创造性，是指与现有技术相比，该发明具有突出的实质性特点和显著的进步，该实用新型具有实质性特点和进步。

实用性，是指该发明或者实用新型能够制造和使用，并且能够产生积极效果。

本法所称现有技术，是指申请日以前在国内外为公众所知的技术。

关联规定

一、国际条约

1.《与贸易有关的知识产权协定》

第27条　可授予专利的客体

1. 在遵守第2款和第3款规定的前提下，专利可授予所有技术领域的任何发明，无论是产品还是方法，只要它们具有新颖性、包含发明性步骤，并可工业应用。

2.《专利合作条约》

第33条　国际初步审查

（1）国际初步审查的目的是对下述问题提出初步的无约束力的意见，即请求保护的发明看来是否有新颖性，是否有创造性（非显而易见性）和是否有工业实用性。

（2）为国际初步审查的目的，请求保护的发明如果是细则所规定的现有技术中所没有的，应认为具有新颖性。

（3）为国际初步审查的目的，如果按细则所规定的现有技术考虑，请求保护的发明在规定的相关日期对本行业的技术人员不是显而易见的，它应被认为具有创造性。

（4）为国际初步审查的目的，请求保护的发明如果根据其性质可以在任何一种工业中制造或使用（从技术意义来说），应认为具有工业实用性。对“工业”一词应如同在保护工业产权巴黎公约中那样作最广义的理解。

（5）上述标准只供国际初步审查之用。任何缔约国为了决定请求保护的发明在该国是否可以获得专利，可以采用附加的或不同的标准。

（6）国际初步审查应考虑国际检索报告中引用的所有文件。该审查也可以考虑被认为与特定案件有关的任何附加文件。

3.《区域全面经济伙伴关系协定》

第十一章 知识产权

第45条 在互联网上向公众提供的在先技术的信息

缔约方认识到在互联网上向公众提供的信息可以构成在先技术的一部分。

二、法律、行政法规、司法解释

1.《中华人民共和国专利法》

第二条 本法所称的发明创造是指发明、实用新型和外观设计。

发明，是指对产品、方法或者其改进所提出的新的技术方案。

实用新型，是指对产品的形状、构造或者其结合所提出的适于实用的新的技术方案。

外观设计，是指对产品的整体或者局部的形状、图案或者其结合以及色彩与形状、图案的结合所作出的富有美感并适于工业应用的新设计。

第九条 同样的发明创造只能授予一项专利权。但是，同一申请人同日对同样的发明创造既申请实用新型专利又申请发明专利，先获得的实用新型专利权尚未终止，且申请人声明放弃该实用新型专利权的，可以授予发明专利权。

两个以上的申请人分别就同样的发明创造申请专利的，专利权授予最先申请的人。

2.《中华人民共和国专利法实施细则》

第四十四条 专利法[①]第三十四条和第四十条所称初步审查，是指审查专

① 2008年修正的《专利法》。

利申请是否具备专利法第二十六条或者第二十七条规定的文件和其他必要的文件，这些文件是否符合规定的格式，并审查下列各项：

（一）发明专利申请是否明显属于专利法第五条、第二十五条规定的情形，是否不符合专利法第十八条、第十九条第一款、第二十条第一款或者本细则第十六条、第二十六条第二款的规定，是否明显不符合专利法第二条第二款、第二十六条第五款、第三十一条第一款、第三十三条或者本细则第十七条至第二十一条的规定；

（二）实用新型专利申请是否明显属于专利法第五条、第二十五条规定的情形，是否不符合专利法第十八条、第十九条第一款、第二十条第一款或者本细则第十六条至第十九条、第二十一条至第二十三条的规定，是否明显不符合专利法第二条第三款、第二十二条第二款、第四款、第二十六条第三款、第四款、第三十一条第一款、第三十三条或者本细则第二十条、第四十三条第一款的规定，是否依照专利法第九条规定不能取得专利权；

（三）外观设计专利申请是否明显属于专利法第五条、第二十五条第一款第（六）项规定的情形，是否不符合专利法第十八条、第十九条第一款或者本细则第十六条、第二十七条、第二十八条的规定，是否明显不符合专利法第二条第四款、第二十三条第一款、第二十七条第二款、第三十一条第二款、第三十三条或者本细则第四十三条第一款的规定，是否依照专利法第九条规定不能取得专利权；

（四）申请文件是否符合本细则第二条、第三条第一款的规定。

国务院专利行政部门应当将审查意见通知申请人，要求其在指定期限内陈述意见或者补正；申请人期满未答复的，其申请视为撤回。申请人陈述意见或者补正后，国务院专利行政部门仍然认为不符合前款所列各项规定的，应当予以驳回。

第五十三条 依照专利法第三十八条的规定，发明专利申请经实质审查应当予以驳回的情形是指：

（一）申请属于专利法第五条、第二十五条规定的情形，或者依照专利法第九条规定不能取得专利权的；

（二）申请不符合专利法第二条第二款、第二十条第一款、第二十二条、第二十六条第三款、第四款、第五款、第三十一条第一款或者本细则第二十条第二款规定的；

（三）申请的修改不符合专利法第三十三条规定，或者分案的申请不符合本细则第四十三条第一款的规定的。

第六十五条 依照专利法第四十五条的规定，请求宣告专利权无效或者部分无效的，应当向专利复审委员会提交专利权无效宣告请求书和必要的证据一式两份。无效宣告请求书应当结合提交的所有证据，具体说明无效宣告请求的理由，并指明每项理由所依据的证据。

前款所称无效宣告请求的理由，是指被授予专利的发明创造不符合专利法第二条、第二十条第一款、第二十二条、第二十三条、第二十六条第三款、第四款、第二十七条第二款、第三十三条或者本细则第二十条第二款、第四十三条第一款的规定，或者属于专利法第五条、第二十五条的规定，或者依照专利法第九条规定不能取得专利权。

3.《最高人民法院关于审理专利授权确权行政案件适用法律若干问题的规定（一）》

第十条 药品专利申请人在申请日以后提交补充实验数据，主张依赖该数据证明专利申请符合专利法第二十二条第三款、第二十六条第三款等规定的，人民法院应予审查。

第十一条 当事人对实验数据的真实性产生争议的，提交实验数据的一方当事人应当举证证明实验数据的来源和形成过程。人民法院可以通知实验负责人到庭，就实验原料、步骤、条件、环境或者参数以及完成实验的人员、机构等作出说明。

第十二条 人民法院确定权利要求限定的技术方案的技术领域，应当综合考虑主题名称等权利要求的全部内容、说明书关于技术领域和背景技术的记载，以及该技术方案所实现的功能和用途等。

第十三条 说明书及附图未明确记载区别技术特征在权利要求限定的技术方案中所能达到的技术效果的，人民法院可以结合所属技术领域的公知常识，根据区别技术特征与权利要求中其他技术特征的关系，区别技术特征在权利要求限定的技术方案中的作用等，认定所属技术领域的技术人员所能确定的该权利要求实际解决的技术问题。

被诉决定对权利要求实际解决的技术问题未认定或者认定错误的，不影响人民法院对权利要求的创造性依法作出决定。

三、部门规章及规范性文件

《专利审查指南》

第二部分　第三章　新颖性

2.1 现有技术

专利法第二十二条第三款所述的现有技术，是指专利法第二十二条第五款和本部分第三章第 2.1 节所定义的现有技术。

专利法第二十二条第二款中所述的，在申请日以前由任何单位或个人向专利局提出过申请并且记载在申请日以后公布的专利申请文件或者公告的专利文件中的内容，不属于现有技术，因此，在评价发明创造性时不予考虑。

2.2 突出的实质性特点

发明有突出的实质性特点，是指对所属技术领域的技术人员来说，发明相对于现有技术是非显而易见的。如果发明是所属技术领域的技术人员在现有技术的基础上仅仅通过合乎逻辑的分析、推理或者有限的试验可以得到的，则该发明是显而易见的，也就不具备突出的实质性特点。

2.3 显著的进步

发明有显著的进步，是指发明与现有技术相比能够产生有益的技术效果。例如，发明克服了现有技术中存在的缺点和不足，或者为解决某一技术问题提供了一种不同构思的技术方案，或者代表某种新的技术发展趋势。

2.4 所属技术领域的技术人员

发明是否具备创造性，应当基于所属技术领域的技术人员的知识和能力进行评价。所属技术领域的技术人员，也可称为本领域的技术人员，是指一种假设的“人”，假定他知晓申请日或者优先权日之前发明所属技术领域所有的普通技术知识，能够获知该领域中所有的现有技术，并且具有应用该日期之前常规实验手段的能力，但他不具有创造能力。如果所要解决的技术问题能够促使本领域的技术人员在其他技术领域寻找技术手段，他也应具有从该其他技术领域中获知该申请日或优先权日之前的相关现有技术、普通技术知识和常规实验手段的能力。

设定这一概念的目的，在于统一审查标准，尽量避免审查员主观因素的影响。

3. 发明创造性的审查

一件发明专利申请是否具备创造性，只有在该发明具备新颖性的条件下才予以考虑。

3.1 审查原则

根据专利法第二十二条第三款的规定，审查发明是否具备创造性，应当审查发明是否具有突出的实质性特点，同时还应当审查发明是否具有显著的进步。

在评价发明是否具备创造性时，审查员不仅要考虑发明的技术方案本身，而且还要考虑发明所属技术领域、所解决的技术问题和所产生的技术效果，将发明作为一个整体看待。

与新颖性“单独对比” 的审查原则（参见本部分第三章第3.1节） 不同，审查创造性时，将一份或者多份现有技术中的不同的技术内容组合在一起对要求保护的发明进行评价。

如果一项独立权利要求具备创造性，则不再审查该独立权利要求的从属权利要求的创造性。

3.2 审查基准

评价发明有无创造性，应当以专利法第二十二条第三款为基准。为有助于正确掌握该基准，下面分别给出突出的实质性特点的一般性判断方法和显著的进步的判断标准。

3.2.1 突出的实质性特点的判断

判断发明是否具有突出的实质性特点，就是要判断对本领域的技术人员来说，要求保护的发明相对于现有技术是否显而易见。

如果要求保护的发明相对于现有技术是显而易见的，则不具有突出的实质性特点；反之，如果对比的结果表明要求保护的发明相对于现有技术是非显而易见的，则具有突出的实质性特点。

3.2.1.1 判断方法

判断要求保护的发明相对于现有技术是否显而易见，通常可按照以下三个步骤进行。

（1）确定最接近的现有技术

最接近的现有技术，是指现有技术中与要求保护的发明最密切相关的一个技术方案，它是判断发明是否具有突出的实质性特点的基础。最接近的现有技术，例如可以是，与要求保护的发明技术领域相同，所要解决的技术问题、技术效果或者用途最接近和/或公开了发明的技术特征最多的现有技术，或者虽然与要求保护的发明技术领域不同，但能够实现发明的功能，并且公开发明的技术特征最多的现有技术。

应当注意的是，在确定最接近的现有技术时，应首先考虑技术领域相同或相近的现有技术。

（2）确定发明的区别特征和发明实际解决的技术问题

在审查中应当客观分析并确定发明实际解决的技术问题。为此，首先应当分析要求保护的发明与最接近的现有技术相比有哪些区别特征，然后根据该区别特征所能达到的技术效果确定发明实际解决的技术问题。从这个意义上说，发明实际解决的技术问题，是指为获得更好的技术效果而需对最接近的现有技术进行改进的技术任务。

审查过程中，由于审查员所认定的最接近的现有技术可能不同于申请人在说明书中所描述的现有技术，因此，基于最接近的现有技术重新确定的该发明实际解决的技术问题，可能不同于说明书中所描述的技术问题；在这种情况下，应当根据审查员所认定的最接近的现有技术重新确定发明实际解决的技术问题。

重新确定的技术问题可能要依据每项发明的具体情况而定。作为一个原则，发明的任何技术效果都可以作为重新确定技术问题的基础，只要本领域的技术人员从该申请说明书中所记载的内容能够得知该技术效果即可。对于功能上彼此相互支持、存在相互作用关系的技术特征，应整体上考虑所述技术特征和它们之间的关系在要求保护的发明中所达到的技术效果。

（3）判断要求保护的发明对本领域的技术人员来说是否显而易见

在该步骤中，要从最接近的现有技术和发明实际解决的技术问题出发，判断要求保护的发明对本领域的技术人员来说是否显而易见。判断过程中，要确定的是现有技术整体上是否存在某种技术启示，即现有技术中是否给出将上述区别特征应用到该最接近的现有技术以解决其存在的技术问题（即发明实际解决的技术问题）的启示，这种启示会使本领域的技术人员在面对所述技术问题时，有动机改进该最接近的现有技术并获得要求保护的发明。如果现有技术存在这种技术启示，则发明是显而易见的，不具有突出的实质性特点。

下述情况，通常认为现有技术中存在上述技术启示：

（i）所述区别特征为公知常识，例如，本领域中解决该重新确定的技术问题的惯用手段，或教科书或者工具书等中披露的解决该重新确定的技术问题的技术手段。

（ii）所述区别特征为与最接近的现有技术相关的技术手段，例如，同一份对比文件其他部分披露的技术手段，该技术手段在该其他部分所起的作用与该区别特征在要求保护的发明中为解决该重新确定的技术问题所起的作用相同。

（iii）所述区别特征为另一份对比文件中披露的相关技术手段，该技术手段在该对比文件中所起的作用与该区别特征在要求保护的发明中为解决该重新确定的技术问题所起的作用相同。

3.2.2 显著的进步的判断

在评价发明是否具有显著的进步时，主要应当考虑发明是否具有有益的技术效果。以下情况，通常应当认为发明具有有益的技术效果，具有显著的进步：

（1）发明与现有技术相比具有更好的技术效果，例如，质量改善、产量提高、节约能源、防治环境污染等；

（2）发明提供了一种技术构思不同的技术方案，其技术效果能够基本上达到现有技术的水平；

（3）发明代表某种新技术发展趋势；

（4）尽管发明在某些方面有负面效果，但在其他方面具有明显积极的技术效果。

4. 几种不同类型发明的创造性判断

应当注意的是，本节中发明类型的划分主要是依据发明与最接近的现有技术的区别特征的特点作出的，这种划分仅是参考性的，审查员在审查申请案时，不要生搬硬套，而要根据每项发明的具体情况，客观地做出判断。

以下就几种不同类型发明的创造性判断举例说明。

4.1 开拓性发明

开拓性发明，是指一种全新的技术方案，在技术史上未曾有过先例，它为人类科学技术在某个时期的发展开创了新纪元。

开拓性发明同现有技术相比，具有突出的实质性特点和显著的进步，具备创造性。例如，中国的四大发明——指南针、造纸术、活字印刷术和火药。此外，作为开拓性发明的例子还有：蒸汽机、白炽灯、收音机、雷达、激光器、利用计算机实现汉字输入等。

4.2 组合发明

组合发明，是指将某些技术方案进行组合，构成一项新的技术方案，以解决现有技术客观存在的技术问题。

在进行组合发明创造性的判断时通常需要考虑：组合后的各技术特征在功能上是否彼此相互支持、组合的难易程度、现有技术中是否存在组合的启示以及组合后的技术效果等。

（1）显而易见的组合

如果要求保护的发明仅仅是将某些已知产品或方法组合或连接在一起，各自以其常规的方式工作，而且总的技术效果是各组合部分效果之总和，组合后的各技术特征之间在功能上无相互作用关系，仅仅是一种简单的叠加，则这种组合发明不具备创造性。

此外，如果组合仅仅是公知结构的变型，或者组合处于常规技术继续发展的范围之内，而没有取得预料不到的技术效果，则这样的组合发明不具备创造性。

（2）非显而易见的组合

如果组合的各技术特征在功能上彼此支持，并取得了新的技术效果；或者说组合后的技术效果比每个技术特征效果的总和更优越，则这种组合具有突出的实质性特点和显著的进步，发明具备创造性。其中组合发明的每个单独的技术特征本身是否完全或部分已知并不影响对该发明创造性的评价。

4.3 选择发明

选择发明，是指从现有技术中公开的宽范围中，有目的地选出现有技术中未提到的窄范围或个体的发明。

在进行选择发明创造性的判断时，选择所带来的预料不到的技术效果是考虑的主要因素。

（1）如果发明仅是从一些已知的可能性中进行选择，或者发明仅仅是从一些具有相同可能性的技术方案中选出一种，而选出的方案未能取得预料不到的技术效果，则该发明不具备创造性。

（2）如果发明是在可能的、有限的范围内选择具体的尺寸、温度范围或者其他参数，而这些选择可以由本领域的技术人员通过常规手段得到并且没有产生预料不到的技术效果，则该发明不具备创造性。

（3）如果发明是可以从现有技术中直接推导出来的选择，则该发明不具备创造性。

（4）如果选择使得发明取得了预料不到的技术效果，则该发明具有突出的实质性特点和显著的进步，具备创造性。

4.4 转用发明

转用发明，是指将某一技术领域的现有技术转用到其他技术领域中的发明。

在进行转用发明的创造性判断时通常需要考虑：转用的技术领域的远近、是否存在相应的技术启示、转用的难易程度、是否需要克服技术上的困难、转用所带来的技术效果等。

（1）如果转用是在类似的或者相近的技术领域之间进行的，并且未产生预料不到的技术效果，则这种转用发明不具备创造性。

（2）如果这种转用能够产生预料不到的技术效果，或者克服了原技术领域中未曾遇到的困难，则这种转用发明具有突出的实质性特点和显著的进步，具备创造性。

4.5 已知产品的新用途发明

已知产品的新用途发明，是指将已知产品用于新的目的的发明。

在进行已知产品新用途发明的创造性判断时通常需要考虑：新用途与现有用途技术领域的远近、新用途所带来的技术效果等。

（1）如果新的用途仅仅是使用了已知材料的已知的性质，则该用途发明不具备创造性。

（2）如果新的用途是利用了已知产品新发现的性质，并且产生了预料不到的技术效果，则这种用途发明具有突出的实质性特点和显著的进步，具备创造性。

4.6 要素变更的发明

要素变更的发明，包括要素关系改变的发明、要素替代的发明和要素省略的发明。

在进行要素变更发明的创造性判断时通常需要考虑：要素关系的改变、要素替代和省略是否存在技术启示、其技术效果是否可以预料等。

5. 判断发明创造性时需考虑的其他因素

发明是否具备创造性，通常应当根据本章第 3.2 节所述的审查基准进行审查。应当强调的是，当申请属于以下情形时，审查员应当予以考虑，不应轻易作出发明不具备创造性的结论。

5.1 发明解决了人们一直渴望解决但始终未能获得成功的技术难题

如果发明解决了人们一直渴望解决但始终未能获得成功的技术难题，这种发明具有突出的实质性特点和显著的进步，具备创造性。

5.2 发明克服了技术偏见

技术偏见，是指在某段时间内、某个技术领域中，技术人员对某个技术问题普遍存在的、偏离客观事实的认识，它引导人们不去考虑其他方面的可能性，阻碍人们对该技术领域的研究和开发。如果发明克服了这种技术偏见，采用了人们由于技术偏见而舍弃的技术手段，从而解决了技术问题，则这种发明具有突出的实质性特点和显著的进步，具备创造性。

5.3 发明取得了预料不到的技术效果

发明取得了预料不到的技术效果，是指发明同现有技术相比，其技术效果产生"质"的变化，具有新的性能；或者产生"量"的变化，超出人们预期的想象。这种"质"的或者"量"的变化，对所属技术领域的技术人员来说，事先无法预测或者推理出来。当发明产生了预料不到的技术效果时，一方面说明发明具有显著的进步，同时也反映出发明的技术方案是非显而易见的，具有突出的实质性特点，该发明具备创造性。

5.4 发明在商业上获得成功

当发明的产品在商业上获得成功时，如果这种成功是由于发明的技术特征直接导致的，则一方面反映了发明具有有益效果，同时也说明了发明是非显而易见的，因而这类发明具有突出的实质性特点和显著的进步，具备创造性。但是，如果商业上的成功是由于其他原因所致，例如由于销售技术的改进或者广告宣传造成的，则不能作为判断创造性的依据。

6. 审查创造性时应当注意的问题

在审查发明的创造性时还应当注意以下的问题。

6.1 创立发明的途径

不管发明者在创立发明的过程中是历尽艰辛，还是唾手而得，都不应当影响对该发明创造性的评价。绝大多数发明是发明者创造性劳动的结晶，是长期科学研究或者生产实践的总结。但是，也有一部分发明是偶然做出的。

6.2 避免“事后诸葛亮”

审查发明的创造性时，由于审查员是在了解了发明内容之后才作出判断，因而容易对发明的创造性估计偏低，从而犯“事后诸葛亮”的错误。审查员应当牢牢记住，对发明的创造性评价是由发明所属技术领域的技术人员依据申请日以前的现有技术与发明进行比较而作出的，以减少和避免主观因素的影响。

6.3 对预料不到的技术效果的考虑

在创造性的判断过程中，考虑发明的技术效果有利于正确评价发明的创造性。按照本章第 5.3 节中所述，如果发明与现有技术相比具有预料不到的技术效果，则不必再怀疑其技术方案是否具有突出的实质性特点，可以确定发明具备创造性。但是，应当注意的是，如果通过本章第 3.2 节中所述的方法，可以判断出发明的技术方案对本领域的技术人员来说是非显而易见的，且能够产生有益的技术效果，则发明具有突出的实质性特点和显著的进步，具备创造性，此种情况不应强调发明是否具有预料不到的技术效果。

6.4 对要求保护的发明进行审查

发明是否具备创造性是针对要求保护的发明而言的，因此，对发明创造性的评价应当针对权利要求限定的技术方案进行。发明对现有技术作出贡献的技术特征，例如，使发明产生预料不到的技术效果的技术特征，或者体现发明克服技术偏见的技术特征，应当写入权利要求中；否则，即使说明书中有记载，评价发明的创造性时也不予考虑。此外，创造性的判断，应当针对权利要求限定的技术方案整体进行评价，即评价技术方案是否具备创造性，而不是评价某一技术特征是否具备创造性。

第五章　实用性

2. 实用性的概念

实用性，是指发明或者实用新型申请的主题必须能够在产业上制造或者使用，并且能够产生积极效果。

授予专利权的发明或者实用新型，必须是能够解决技术问题，并且能够应用的发明或者实用新型。换句话说，如果申请的是一种产品（包括发明和实用新型），那么该产品必须在产业中能够制造，并且能够解决技术问题；如果申请的是一种方法（仅限发明），那么这种方法必须在产业中能够使用，并且能够解决技术问题。只有满足上述条件的产品或者方法专利申请才可能被授予专利权。

所谓产业，它包括工业、农业、林业、水产业、畜牧业、交通运输业以及文化体育、生活用品和医疗器械等行业。

在产业上能够制造或者使用的技术方案，是指符合自然规律、具有技术特征的任何可实施的技术方案。这些方案并不一定意味着使用机器设备，或者制造一种物品，还可以包括例如驱雾的方法，或者将能量由一种形式转换成另一种形式的方法。

能够产生积极效果，是指发明或者实用新型专利申请在提出申请之日，其产生的经济、技术和社会的效果是所属技术领域的技术人员可以预料到的。这些效果应当是积极的和有益的。

3. 实用性的审查

发明或者实用新型专利申请是否具备实用性，应当在新颖性和创造性审查之前首先进行判断。

3.1 审查原则

审查发明或者实用新型专利申请的实用性时，应当遵循下列原则：

（1）以申请日提交的说明书（包括附图）和权利要求书所公开的整体技术内容为依据，而不仅仅局限于权利要求所记载的内容；

（2）实用性与所申请的发明或者实用新型是怎样创造出来的或者是否已经实施无关。

3.2 审查基准

专利法第二十二条第四款所说的“能够制造或者使用”是指发明或者实用新型的技术方案具有在产业中被制造或使用的可能性。满足实用性要求的技术方案不能违背自然规律并且应当具有再现性。因不能制造或者使用而不具备实用性是由技术方案本身固有的缺陷引起的，与说明书公开的程度无关。

以下给出不具备实用性的几种主要情形。

3.2.1 无再现性

具有实用性的发明或者实用新型专利申请主题，应当具有再现性。反之，无再现性的发明或者实用新型专利申请主题不具备实用性。

再现性，是指所属技术领域的技术人员，根据公开的技术内容，能够重复实施专利申请中为解决技术问题所采用的技术方案。这种重复实施不得依赖任何随机的因素，并且实施结果应该是相同的。

但是，审查员应当注意，申请发明或者实用新型专利的产品的成品率低与不具有再现性是有本质区别的。前者是能够重复实施，只是由于实施过程中未能确保某些技术条件（例如环境洁净度、温度等）而导致成品率低；后者则是在确保发明或者实用新型专利申请所需全部技术条件下，所属技术领域的技术人员仍不可能重复实现该技术方案所要求达到的结果。

3.2.2 违背自然规律

具有实用性的发明或者实用新型专利申请应当符合自然规律。违背自然规律的发明或者实用新型专利申请是不能实施的，因此，不具备实用性。

审查员应当特别注意，那些违背能量守恒定律的发明或者实用新型专利申请的主题，例如永动机，必然是不具备实用性的。

3.2.3 利用独一无二的自然条件的产品

具有实用性的发明或者实用新型专利申请不得是由自然条件限定的独一无二的产品。利用特定的自然条件建造的自始至终都是不可移动的唯一产品不具备实用性。应当注意的是，不能因为上述利用独一无二的自然条件的产品不具备实用性，而认为其构件本身也不具备实用性。

3.2.4 人体或者动物体的非治疗目的的外科手术方法

外科手术方法包括治疗目的和非治疗目的的手术方法。以治疗为目的的外科手术方法属于本部分第一章第 4.3 节中不授予专利权的客体；非治疗目的的外科手术方法，由于是以有生命的人或者动物为实施对象，无法在产业上使用，因此不具备实用性。例如，为美容而实施的外科手术方法，或者采用外科手术从活牛身体上摘取牛黄的方法，以及为辅助诊断而采用的外科手术方法，例如实施冠状造影之前采用的外科手术方法等。

3.2.5 测量人体或者动物体在极限情况下的生理参数的方法

测量人体或动物体在极限情况下的生理参数需要将被测对象置于极限环境中，这会对人或动物的生命构成威胁，不同的人或动物个体可以耐受的极限条件是不同的，需要有经验的测试人员根据被测对象的情况来确定其耐受的极限条件，因此这类方法无法在产业上使用，不具备实用性。

以下测量方法属于不具备实用性的情况：

（1）通过逐渐降低人或动物的体温，以测量人或动物对寒冷耐受程度的测量方法；

（2）利用降低吸入气体中氧气分压的方法逐级增加冠状动脉的负荷，并通过动脉血压的动态变化观察冠状动脉的代偿反应，以测量冠状动脉代谢机能的非侵入性的检查方法。

3.2.6 无积极效果

具备实用性的发明或者实用新型专利申请的技术方案应当能够产生预期的积极效果。明显无益、脱离社会需要的发明或者实用新型专利申请的技术方案不具备实用性。

条文释义

一、本条主旨

本条是关于授予专利权的发明和实用新型应当具备的实质要件的规定。

二、条文演变

1984 年《专利法》第 22 条规定："授予专利权的发明和实用新型，应当具备新颖性、创造性和实用性。新颖性，是指在申请日以前没有同样的发明或者实用新型在国内外出版物上公开发表过、在国内公开使用过或者以其他方式为公众所知，也没有同样的发明或者实用新型由他人向专利局提出过申请并且记载在申请日以后公布的专利申请文件中。创造性，是指同申请日以前已有的技术相比，该发明有突出的实质性特点和显著的进步，该实用新型有实质性特点和进步。实用性，是指该发明或者实用新型能够制造或者使用，并且能够产生积极效果。"2008 年修改《专利法》时，将新颖性的判断标准由"相对新颖性"改为"绝对新颖性"，并引入了"现有技术"的概念，即将第 2 款修改为："新颖性，是指该发明或者实用新型不属于现有技术；也没有任何单位或者个人就同样的发明或者实用新型在申请日以前向国务院专利行政部门提出过申请，并记载在申请日以后公布的专利申请文件或者公告的专利文件中。"将第 3 款修改为："创造性，是指与现有技术相比，该发明具有突出的实质性特点和显著的进步，该实用新型具有实质性特点和进步。"并增加了一款作为第 5 款："本法所称现有技术，是指申请日以前在国内外为公众所知的技术。"2020 年修正的《专利法》未再作修改。

三、条文解读

按照本条第2款的规定，授予专利权的发明和实用新型必须具备新颖性、创造性、实用性，即通常所说的专利“三性”要件。这是各国专利法普遍采用的原则，也是《与贸易有关的知识产权协定》所确认的准则。《与贸易有关的知识产权协定》第27条“可授予专利的客体”第1款中规定：“在遵守第二款和第三款规定的前提下，专利可授予所有技术领域的任何发明，无论是产品还是方法，只要它们具有新颖性、包含发明性步骤，并可工业应用。”

（一）新颖性

“新颖性”是指该发明或者实用新型不属于现有技术；也没有任何单位或者个人就同样的发明或者实用新型在申请日以前向国务院专利行政部门提出过申请，并记载在申请日以后公布的专利申请文件或者公告的专利文件中。这一规定旨在防止对已为公众知悉的技术授予发明和实用新型专利权。

按照本条第5款的规定，所谓现有技术，是指申请日以前在国内外为公众所知的技术。具体而言，申请专利的发明或者实用新型在申请日以前不得通过以下任何一种方式在国内或者国外为公众所知：（1）出版物公开，出版物不受地理位置、语言或者获得方式的限制，也不受年代的限制。对于一些标有“内部刊物”等字样的出版物，如果是在特定范围内要求保密的，则不属于公开出版物。（2）使用公开，即由于该项技术的应用而向公众公开了该项技术的内容，如新产品的制造、销售、使用和公开展示、表演等。（3）以其他方式为公众所知。处于保密状态的技术内容，由于公众不能得知，因此不属于现有技术。但是，如果负有保密义务的人违背保密义务、泄露秘密，导致技术内容公开，使公众能够得知这些技术，这些技术也就构成了现有技术的一部分。

我国在2008年《专利法》修改之前采用的是“相对新颖性标准”，即申请专利的发明或实用新型在申请日以前没有同样的发明或者实用新型在国内外出版物上公开发表过、在国内公开使用过或者以其他方式为公众所知。这样规定允许虽未公开出版但已经在国外公开使用或者以其他方式为公众所知的发明或者实用新型在中国获得专利权。而“相对新颖性”判断标准不利于鼓励真正的创新也有损于公众利益。因此，2008年修改《专利法》时提高了授予专利权的条件，将授予专利权的新颖性标准由“相对新颖性”改为“绝对新颖性”，即授予专利权的发明或者实用新型在申请日以前不得在国内或者国外以任何形式为公众所知。

是否具有新颖性，还要看同样的发明或者实用新型在此前是否已有任何单位或者个人提出过申请并记载在专利文件中，即“抵触申请”。由于一项发明创造只能授予一项专利权，因此，如果申请日以前已经有任何单位或者个人（包括申请人本人）以相同的发明或者实用新型向国务院专利行政部门提出过申请，并且记载在申请日之后公布的专利申请文件中，为避免对同样的发明或者实用新型专利申请重复授权，则视先申请的发明或者实用新型为后申请的发明或者实用新型的现有技术，后一申请则不具备新颖性，不能被授予专利权。

应当注意的是，即使是申请人本人在申请日以前向国务院专利行政部门提出过发明或者实用新型专利申请的，该发明或者实用新型也丧失新颖性。根据本法第 9 条的规定，同一申请人在“同日”的条件下可以对同样的发明创造既申请实用新型专利又申请发明专利，先获得的实用新型专利权尚未终止，且申请人声明放弃该实用新型专利权的，可以授予发明专利权。根据此规定，同一项专利技术的最长保护期间就是发明专利权的最长保护期间即 20 年，不会发生专利期限不当延长的问题。

（二）创造性

判断一项申请专利的发明是否符合创造性的标准，是该项发明是否具有“突出的实质性特点”和“显著的进步”。这里所称的“突出的实质性特点”，是指发明与现有技术相比具有明显的本质区别，对于发明所属技术领域的普通技术人员来说并非是显而易见的。判断发明相对于现有技术是否显而易见，通常采取所谓“三步法”的判断方法。第一步，确定最接近的现有技术。最接近的现有技术，是指现有技术中与要求保护的发明最密切相关的技术方案，通常是与要求保护的发明技术领域相同，所要解决的技术问题、技术效果或者用途最接近或者公开了发明的技术特征最多的现有技术，或者虽然与要求保护的发明技术领域不同，但能够实现发明的功能，并且公开发明的技术特征最多的现有技术。第二步，确定发明的区别特征和发明实际解决的技术问题。通过分析要求保护的发明与最接近的现有技术相比有哪些区别特征，然后根据该区别特征所能达到的技术效果确定发明实际解决的技术问题。第三步，从最接近的现有技术和发明实际解决的技术问题出发，判断要求保护的发明对本领域的技术人员来说是否显而易见。这一步要确定的是现有技术整体上是否存在某种技术启示，即现有技术中是否给出将上述区别特征应用到该最接近的现有技术以解决其存在的技术问题（即发明实际解决的技术问题）的启示，这种启示会使本领域的技术人员在面对所述技术问题时，有动机改进该最接近的现有技术并获得要求保护的发明。如果现有技术存在这种技术启示，则发明是显而易见的，不具有突出的实质性特点。

这里所说的“显著的进步”，是指从发明的技术效果上看，发明与现有技术相比能够产生有益的技术效果。例如，发明克服了现有技术中存在的缺点和不足，或者为解决某一技术问题提供了一种不同构思的技术方案，或者代表某种新的技术发展趋势。

除运用“三步法”外，判断创造性还需要考虑其他因素，这些因素通常被称为“创造性判断的辅助因素”：（1）发明解决了人们一直渴望解决但始终未能获得成功的技术难题；（2）发明克服了技术偏见；（3）发明取得了意想不到的技术效果；（4）发明在商业上获得成功。这些因素对于创造性判断具有重要价值。

判断一项申请专利是否符合创造性的标准，相对于发明专利来讲，对实用新型的要求要低一些，只要该实用新型有实质性特点和进步即可，不要求“突出”和“显著”。

（三）实用性

本条第 4 款对“实用性”的含义作了规定，即指该发明或者实用新型能够制造或者使用，并且能够产生积极效果。

所谓能够制造或者使用，指该技术方案应当是可以实施的，符合自然规律且可以重复实现即具有再现性。如果该发明创造的目的是制造一种产品，那么这一产品就必须能够按照发明创造的技术方案制造出来；如果发明创造是一种工艺方法，则这种工艺方法应当可以在实际产业中制造或者使用。所谓可再现性，是指所属技术领域的技术人员根据公开的技术内容，能够重复实施专利申请中为解决技术问题所采用的技术方案。这种重复实施不得依赖任何随机的因素，并且实施结果应该是相同的。

所谓能够产生积极的效果，是指发明或者实用新型同现有技术相比，其所产生的经济、技术和社会效果应当是积极的和有益的，例如，提高产品质量、改善劳动条件、节约能源、防治污染等。明显无益、脱离社会需要、严重污染环境、严重浪费能源或者资源、损害人体健康的发明或者实用新型不具备实用性。

适用指引

一、新颖性

在判断发明创造是否具有新颖性时，要将一项权利要求中所要保护的技术方案作为一个整体与一项现有技术或者抵触申请的技术方案进行比较，即单独对比原则。只有当一项权利要求中记载的所有的技术特征都被单独一项现有技术或者抵触申请公开的，才能得出不具有新颖性的结论。而新颖性判断的主体标准，应当以本领域技术人员的标准进行，即对于隐含公开内容的认定，可以结合本领域的公知常识，但一般不能结合本领域的其他现有技术。

二、创造性

《专利授权确权规定（一）》第 13 条对判断创造性时确定“实际解决的技术问题”作出规定。在认定权利要求的创造性时，以“三步法”作为最主要的判断方法，其中的第二步为根据权利要求所保护的发明与最接近的现有技术的区别技术特征，来确定权利要求限定的技术方案所实际解决的技术问题。该条第 1 款规定，如果说明书中没有明确记载与区别技术特征对应的技术效果，可以结合所属技术领域的公知常识、区别技术特征与其他技术特征的关系、区别技术特征在权利要求限定的技术方案中的作用等作出认定。

在涉及创造性判断的案件中，人民法院确定实际解决的技术问题的目的，是使得技术启示的认定以及权利要求的创造性的判断更为客观。故前述司法解释第 13 条第 2 款规定，即使被诉决定对于实际解决的技术问题未予认定或者认定错误的，也不影响人民法院对权利要求是否具有创造性依法作出认定，而不能仅以实际解决的技术问题认定错误为由即撤销被诉决定。之所以这样规定，是为了实质性解决当事人之间有关权利要求是否具有创造性的争议。

实验数据是通过实验形成的，人民法院审查认定时，既要考虑实验数据本身是否客观真实，也要考虑实验过程是否客观真实，以及实验方案与专利技术方案的相关性。实验数据的真实性和准确性涉及多种因素，尤其是实验原料、步骤、条件、环境或者参数等，与之相关的证据材料一般均由提交实验数据的一方当事人所掌握。综合考虑双方当事人的主张及证据持有情况、举证能力等因素，《专利授权确权规定（一）》第 11 条规定，当事人对实验数据的真实性产生争议时，提交实验数据的一方当事人应当举证证明实验数据的来源和形成过程。人民法院还可以通知实验负责人到庭就实验原料、步骤、条件、环境或者参数以及完成实验的人员、机构等作出说明。实验负责人出庭作出说明时，要接受人民法院的询问，经人民法院准许，对方当事人、诉讼代理人及其有关专家辅助人等也可以对其进行询问，以便人民法院对实验数据的真实性作出正确认定。

《专利授权确权规定（一）》第 10 条规定的“药品专利申请人在申请日以后提交补充实验数据”，其本身并不是专利说明书的组成部分。人民法院审查时既要注意药品研发确有自身特点和规律，也要坚持《专利法》规定的先申请制度和“公开换保护”基本原理；既要依法保护创新成果，也要防止申请人抢占申请日“跑马圈地”后又通过补充实验数据获得不正当利益，确保公共利益和激励创新兼得。

三、实用性

要求发明或者实用新型具有实用性，并不要求该发明或者实用新型在申请专利时就必须能够应用于产业上，更不要求已经经过生产实践并产生了积极效果，而只要求所属领域的技术人员根据说明书所作的清楚、完整的说明，不经过过度劳动或者创造性劳动即可以实现该发明或者实用新型，并且达到说明书所说的目的和积极效果。实用性也不要求发明或者实用新型在申请日时必须是最佳的技术方案，完美无缺，具有很高的产业应用价值。只要发明或者实用新型所存在的缺陷或者不足之处并不足以导致无法实现发明目的，则不完美的发明或者实用新型仍可以具有实用性。

典型案例

一、赵某某、张某某与国家知识产权局专利复审委员会及第三人邹某某实用新型专利权无效行政纠纷案

关键词： 实用新型专利　创造性　技术领域

裁判摘要： 对于发明或者实用新型专利而言，需要设立合理的创造性判断标准。发明专利和实用新型专利的创造性标准不同，因此技术比对时所考虑的现有技术领域也应当有所不同。考虑到实用新型专利创造性标准要求较低，因此在评价其创造性时所考虑的现有技术领域范围应当较窄，一般应当着重比对实用新型专利所属技术领域的现有技术。但是在现有技术已经给出明确的技术启示，促使本领域技术人员到相近或者相关的技术领域寻找有关技术手段的情形下，也可以考虑相近或者相关技术领域的现有技术。

基本案情： 1997 年 5 月 28 日，赵某某、张某某向国家知识产权局提出名称为“握力计”、专利号为 97216613.0 号的实用新型专利申请。1998 年 9 月 23 日，国家知识产权局授予其专利权。2008 年 4 月 28 日，邹某某以涉案专利不符合《专利法》第 22 条第 3 款、第 26 条第 3 款以及《专利法实施细则》第 20 条第 1 款、第 21 条第 2 款的规定为由，向专利复审委员会提出无效宣告请求，2008 年 11 月 6 日，专利复审委员会作出第 12613 号无效宣告请求审查决定，认定涉案专利权不符合《专利法》第 22 条第 3 款规定，宣告涉案专利全部无效。

【案　　号】（2011）知行字第 19 号

【审理法院】 最高人民法院

【来　　源】《最高人民法院公报》2012 年第 10 期

二、曹某某与国家知识产权局专利复审委员会、上海精凯服务机械有限公司实用新型专利权无效行政纠纷案

关键词： 实用新型专利　创造性　技术领域

裁判摘要： 技术领域是要求保护的发明或者实用新型所属或者应用的具体技术领域，不是上位的或者相邻的技术领域，也不是发明或者实用新型本身。

确定发明或者实用新型所属的技术领域，应当以权利要求所限定的内容为准，一般根据专利的主题名称，结合技术方案所实现的技术功能、用途加以确定。

基本案情：本专利系国家知识产权局于2006年10月4日授权公告的名称为“裁剪机磨刀机构中斜齿轮组的保油装置”的实用新型专利，专利号为200520014575.5，申请日为2005年9月1日，专利权人为曹某某。精凯公司于2008年11月27日对本专利提出无效宣告请求。2009年4月14日，专利复审委员会作出第13216号无效宣告请求审查决定，宣告本专利权全部无效。

【案　　号】（2012）行提字第7号

【审理法院】最高人民法院

【来　　源】《最高人民法院公报》2014年第9期

三、第一三共株式会社、宇部兴产株式会社与国家知识产权局、宇部兴产株式会社、华夏生生大药房（北京）有限公司发明专利权无效行政纠纷案

关键词：发明专利　创造性　选择发明

裁判摘要：基于盐形式与化合物的药理作用差异，本领域技术人员有动机选择不同的盐形式进行实验，以验证物理化学性质及药理作用，故药物不同盐形式选择发明创造性的判断，关键在于考虑其相对于所述最接近现有技术取得了何种预料不到的技术效果。技术效果比对时要将本专利与最接近现有技术比对，如对比结果不足以证明本专利相对于现有技术具有预料不到的技术效果，则专利不具备创造性。

基本案情：本案涉及优先权日为2000年7月6日、申请日为2001年7月3日、授权公告日为2005年8月10日、名称为“氢化吡啶衍生物酸加成盐”的发明专利权，专利权人为三共会社和宇部会社。针对本专利，华夏公司于2011年12月21日向原国家知识产权局专利复审委员会提出了无效宣告请求，华夏公司提出的无效宣告理由包括权利要求1–9不具有创造性。专利复审委员会于2012年12月21日作出第19771号无效宣告请求审查决定，宣告本专利无效。

【案　　号】（2019）最高法行再字60号

【审理法院】最高人民法院

【来　　源】《最高人民法院知识产权案件年度报告（2020）》

四、欧瑞康纺织有限及两合公司、国家知识产权局与浙江越剑智能装备股份有限公司发明专利权无效行政纠纷案

关键词： 发明专利　创造性　区别技术特征　发明构思

裁判摘要： 如果发明构思就在于对各个技术要素的结合，且现有技术既没有公开这种结合的教导，也没有公开这种结合所能产生的技术效果，则在确定本专利与最接近现有技术的区别技术特征时，可以将相互结合的多个技术要素视为一个整体，认定为一个区别技术特征。

基本案情： 名称为"假捻变形机"、专利号为200810175661.2号发明专利的申请日为2008年7月25日，授权公告日为2013年8月28日，专利权人为欧瑞康公司。针对本专利，越剑公司于2017年2月17日向原国家知识产权局专利复审委员会提出了无效宣告请求。国家知识产权局专利复审委员会于2017年7月12日举行了口头审理，并于2017年8月1日作出第32984号无效宣告请求审查决定，维持专利权有效。

【案　　号】（2020）最高法知行终279号

【审理法院】 最高人民法院

【来　　源】《最高人民法院知识产权案件年度报告（2020）》

五、耐玩专利博物馆有限公司与国家知识产权局、浙江天猫网络有限公司等发明专利权无效行政纠纷案

关键词： 发明专利　创造性　"三步法"　直接证据

裁判摘要： 专利创造性判断中广泛使用的"三步法"是具有普适性的逻辑推演方法；基于解决长期技术难题、克服技术偏见、实现预料不到的技术效果、获得商业成功等直接证据判断创造性的方法则属于经验推定方法，两者都属于创造性判断的分析工具。运用"三步法"判断的结论是技术方案具备创造性时，一般无须再审查有关创造性直接证据；运用"三步法"判断的结论是技术方案不具备创造性时，应当审查有关创造性的直接证据，并根据基于创造性直接证据的经验推定结论复验"三步法"分析，综合考虑逻辑推演和经验推定两方面结论作出判断。

基本案情： 耐玩专利博物馆有限公司（以下简称耐玩公司）是专利号为97121280.5、名称为"一种多元置信度适配系统及其相关方法"的发明专利

（以下简称本专利）的权利人，浙江天猫网络有限公司（以下简称天猫公司）、苹果电子产品商贸（北京）有限公司（以下简称苹果商贸公司）、中国工商银行股份有限公司（以下简称工商银行）先后分别针对本专利权提出无效宣告请求，国家知识产权局作出第36402号无效宣告请求审查决定（以下简称被诉决定），认为本专利不具备创造性，宣告本专利权全部无效。耐玩公司不服，向北京知识产权法院（以下简称一审法院）提起诉讼，请求撤销被诉决定，判令国家知识产权局重新作出决定。一审法院认为本专利不具备创造性，驳回耐玩公司的诉讼请求。耐玩公司不服，向最高人民法院提起上诉，并提出本专利与最接近的现有技术证据A4相比具有的简化输入、简化权重、简化需求、简化检索等四个预料不到的技术效果，具备创造性。最高人民法院于2021年12月20日判决驳回上诉，维持原判。

最高人民法院二审认为，司法审判和行政审查实践中关于权利要求所限定的技术方案是否属于显而易见的判断，通常需要借助分析工具。常见的创造性判断分析工具一般有两类：一类是逻辑推演工具。如专利审查实践中运用最为广泛的所谓的“三步法”，即“问题——解决方案”思路，通过确定最接近的现有技术、确定发明的区别技术特征和发明实际解决的技术问题、判断要求保护的发明对本领域技术人员而言是否显而易见三个步骤，完成创造性判断。其实质是通过还原发明场景、模拟发明过程，以本领域技术人员视角对技术方案是否显而易见作出的逻辑推演。另一类是经验推定工具。如解决了一直渴望解决但始终未能解决的技术难题、克服了技术偏见、取得了预料不到的技术效果、获得了商业上的成功等（为方便起见，以下简称为经验推定因素），其是通过认定技术方案具备创造性的直接证据，并基于这些直接证据与技术方案本身的对应性或者因果关系，在适当考虑获得该技术方案困难程度的基础上，最终对技术方案是否显而易见作出的经验推定。原则上，对于同一技术方案的创造性问题，从逻辑角度和经验角度的分析应当殊途同归。技术方案的创造性未必来源于解决长期技术难题、克服技术偏见、实现预料不到的技术效果，未必带来商业成功；但解决了长期技术难题、克服了技术偏见、实现了预料不到的技术效果、获得了商业成功却是技术方案具备创造性的重要标志。逻辑推演工具的适用具有普适性，而经验推定工具则因仅涵盖了有限的几种典型情形而适用场景有限。故仅在有关创造性判断涉及前述经验推定因素时，才涉及逻辑推演和经验推定结论的协调问题。逻辑推演和经验推定结论不一致的情形一般有两种：一是“三步法”认定具备创造性，但并不存在经验意义上能够充分体现发明创造价值和效果的创造性直接证据，或者虽然存在创造性直接证据但其与有关区别技术特征缺乏对应性或者因果关联；二是“三步法”认定不具备创造性，但存在经验意义上能够充分体现发明创造价值和效果的创造性直接证据，且其与有关区别技术特征具有对应性或者因果关联。对于第一种情形而言，如前所述，因技术方案的创造性未必来源于经验推定因素，故不具备经验推定因素不足以否定技术方案的创造性，可以直接基于“三步法”结论认定技术方案具备创造性。对于第二种情形而言，则需要对“三步法”的结论进行复验。根据有关直接证据的不同，复验的重点也会有所不同：技术方案解决了长期技术难题、克服了技术偏见、获得了商业上的成功的，要重点考察“三步法”分析中，是否未充分考虑技术发展的阶段性和局限性进而错误判断了结合启示；技术方案取得了预料不到的技术效果的，则要重点考察是否错误认定了区别技术特征的技术效果，进而错误归纳了技术方案实际要解决的技术问题。如果复验结论是原先基于“三步法”的分析有误，则实现了分析结论的校准；如果复验结论是原先基于“三步法”的分析无误，则有必要再次审视，关于创造性直接证据的认定，及其与区别技术特征的对应性和因果关系认定是否有误，以及是否存在其他难以基于创造性直接证据认定创造性的情形。据此，原则上，当“三步法”结论是技术方案具备创造性时，无须再审查有关创造性直接证据；当“三步法”结论是技术方案不具备创造性时，应当审查有关创造性直接证据，并根据基于创造性直接证据的经验推定结论复验“三步法”分析，综合考虑逻辑推演和经验推定两方面结论，作出判断。

【案　　号】（2021）最高法知行终 119 号

【审理法院】最高人民法院

【来　　源】《最高人民法院知识产权法庭裁判要旨（2021）》

类案检索

国家知识产权局专利复审委员会与北京万生药业有限责任公司、第一三共株式会社发明专利权无效行政纠纷案

关键词：发明专利　创造性　马库什权利要求

裁判摘要：马库什权利要求创造性判断应当遵循创造性判断的基本方法，即《专利审查指南》所规定的“三步法”。意料不到的技术效果是创造性判断的辅助因素，而且作为一种倒推的判断方法，具有特殊性，不具有普遍适用性。因此，只有在经过“三步法”审查和判断得不出是否显而易见时，才能根据具有意料不到的技术效果认定专利申请是否具有创造性，通常不宜跨过“三步法”直接适用具有意想不到的技术效果来判断专利申请是否具有创造性。

【案　　号】（2016）最高法行再41号

【审理法院】最高人民法院

【来　　源】中国裁判文书网

第二十三条　授予专利权的外观设计，应当不属于现有设计；也没有任何单位或者个人就同样的外观设计在申请日以前向国务院专利行政部门提出过申请，并记载在申请日以后公布的专利文件中。

授予专利权的外观设计与现有设计或者现有设计特征的组合相比，应当具有明显区别。

授予专利权的外观设计不得与他人在申请日以前已经取得的合法权利相冲突。

本法所称现有设计，是指申请日以前在国内外为公众所知的设计。

关联规定

一、国际条约

《与贸易有关的知识产权协定》

第 25 条　保护的要求

1. 各成员应对新的或原创性的独立创造的工业设计提供保护。各成员可规定，如工业设计不能显著区别于已知的设计或已知设计特征的组合，则不属新的或原创性设计。各成员可规定该保护不应延伸至主要出于技术或功能上的考虑而进行的设计。

二、法律、行政法规、司法解释

1.《中华人民共和国民法典》

第一百二十三条　民事主体依法享有知识产权。

知识产权是权利人依法就下列客体享有的专有的权利：

（一）作品；

（二）发明、实用新型、外观设计；

（三）商标；

（四）地理标志；

（五）商业秘密；

（六）集成电路布图设计；

（七）植物新品种；

（八）法律规定的其他客体。

2.《中华人民共和国专利法》

第二条 本法所称的发明创造是指发明、实用新型和外观设计。

外观设计，是指对产品的整体或者局部的形状、图案或者其结合以及色彩与形状、图案的结合所作出的富有美感并适于工业应用的新设计。

3.《最高人民法院关于审理专利授权确权行政案件适用法律若干问题的规定（一）》

第十四条 人民法院认定外观设计专利产品的一般消费者所具有的知识水平和认知能力，应当考虑申请日时外观设计专利产品的设计空间。设计空间较大的，人民法院可以认定一般消费者通常不容易注意到不同设计之间的较小区别；设计空间较小的，人民法院可以认定一般消费者通常更容易注意到不同设计之间的较小区别。

对于前款所称设计空间的认定，人民法院可以综合考虑下列因素：

（一）产品的功能、用途；

（二）现有设计的整体状况；

（三）惯常设计；

（四）法律、行政法规的强制性规定；

（五）国家、行业技术标准；

（六）需要考虑的其他因素。

第十六条 人民法院认定外观设计是否符合专利法第二十三条的规定，应当综合判断外观设计的整体视觉效果。

为实现特定技术功能必须具备或者仅有有限选择的设计特征，对于外观设计专利视觉效果的整体观察和综合判断不具有显著影响。

第十七条 外观设计与相同或者相近种类产品的一项现有设计相比，整体视觉效果相同或者属于仅具有局部细微区别等实质相同的情形的，人民法院应当认定其构成专利法第二十三条第一款规定的“属于现有设计”。

除前款规定的情形外，外观设计与相同或者相近种类产品的一项现有设计相比，二者的区别对整体视觉效果不具有显著影响的，人民法院应当认定其不具有专利法第二十三条第二款规定的“明显区别”。

人民法院应当根据外观设计产品的用途，认定产品种类是否相同或者相近。确定产品的用途，可以参考外观设计的简要说明、外观设计产品分类表、产品的功能以及产品销售、实际使用的情况等因素。

第十九条 外观设计与申请日以前提出申请、申请日以后公告，且属于相同或者相近种类产品的另一项外观设计相比，整体视觉效果相同或者属于仅具有局部细微区别等实质相同的情形的，人民法院应当认定其构成专利法第二十三条第一款规定的“同样的外观设计”。

第二十条 根据现有设计整体上给出的设计启示，以一般消费者容易想到的设计特征转用、拼合或者替换等方式，获得与外观设计专利的整体视觉效果相同或者仅具有局部细微区别等实质相同的外观设计，且不具有独特视觉效果的，人民法院应当认定该外观设计专利与现有设计特征的组合相比不具有专利法第二十三条第二款规定的“明显区别”。

具有下列情形之一的，人民法院可以认定存在前款所称的设计启示：

（一）将相同种类产品上不同部分的设计特征进行拼合或者替换的；

（二）现有设计公开了将特定种类产品的设计特征转用于外观设计专利产品的；

（三）现有设计公开了将不同的特定种类产品的外观设计特征进行拼合的；

（四）将现有设计中的图案直接或者仅做细微改变后用于外观设计专利产品的；

（五）将单一自然物的特征转用于外观设计专利产品的；

（六）单纯采用基本几何形状或者仅做细微改变后得到外观设计的；

（七）使用一般消费者公知的建筑物、作品、标识等的全部或者部分设计的。

第二十一条 人民法院在认定本规定第二十条所称的独特视觉效果时，可以综合考虑下列因素：

（一）外观设计专利产品的设计空间；

（二）产品种类的关联度；

（三）转用、拼合、替换的设计特征的数量和难易程度；

（四）需要考虑的其他因素。

第二十二条 专利法第二十三条第三款所称的“合法权利”，包括就作品、商标、地理标志、姓名、企业名称、肖像，以及有一定影响的商品名称、包装、装潢等享有的合法权利或者权益。

三、部门规章及规范性文件

《专利审查指南》

第一部分　第三章　外观设计专利申请的初步审查

8. 根据专利法第二十三条第一款的审查

初步审查中，审查员对于外观设计专利申请是否明显不符合专利法第二十三条第一款的规定进行审查。审查员可以根据其获得的有关现有设计或抵触申请的信息，审查外观设计专利申请是否明显不符合专利法第二十三条第一款的规定。

相同或者实质相同的审查参照本指南第四部分第五章的相关规定。

第四部分　第五章　无效宣告程序中外观设计专利的审查

2. 现有设计

现有设计包括申请日以前在国内外出版物上公开发表过、公开使用过或者以其他方式为公众所知的设计。关于现有设计的时间界限、公开方式等参照第二部分第三章第 2.1 节的规定。

现有设计中一般消费者所熟知的、只要提到产品名称就能想到的相应设计，称为惯常设计。

3. 判断客体

在对外观设计专利进行审查时，将进行比较的对象称为判断客体。

在确定判断客体时，对于涉案专利，除应当根据外观设计专利的图片或者照片进行确定外，还应当根据简要说明中是否写明请求保护色彩、“平面产品单元图案两方连续或者四方连续等无限定边界的情况”（简称为不限定边界）等内容加以确定。

4. 判断主体

在判断外观设计是否符合专利法第二十三条第一款、第二款规定时，应当基于涉案专利产品的一般消费者的知识水平和认知能力进行评价。

不同种类的产品具有不同的消费者群体。作为某种类外观设计产品的一般消费者应当具备下列特点：

（1）对涉案专利申请日之前相同种类或者相近种类产品的外观设计及其常

用设计手法具有常识性的了解。

常用设计手法包括设计的转用、拼合、替换等类型。

（2）对外观设计产品之间在形状、图案以及色彩上的区别具有一定的分辨力，但不会注意到产品的形状、图案以及色彩的微小变化。

5. 根据专利法第二十三条第一款的审查

不属于现有设计，是指在现有设计中，既没有与涉案专利相同的外观设计，也没有与涉案专利实质相同的外观设计。在涉案专利申请日以前任何单位或者个人向专利局提出并且在申请日以后（含申请日）公告的同样的外观设计专利申请，称为抵触申请。其中，同样的外观设计是指外观设计相同或者实质相同。

判断对比设计是否构成涉案专利的抵触申请时，应当以对比设计所公告的专利文件全部内容为判断依据。与涉案专利要求保护的产品的外观设计进行比较时，判断对比设计中是否包含有与涉案专利相同或者实质相同的外观设计。

6. 根据专利法第二十三条第二款的审查

涉案专利与现有设计或者现有设计特征的组合相比不具有明显区别是指如下几种情形：

（1）涉案专利与相同或者相近种类产品现有设计相比不具有明显区别；

（2）涉案专利是由现有设计转用得到的，二者的设计特征相同或者仅有细微差别，且该具体的转用手法在相同或者相近种类产品的现有设计中存在启示；

（3）涉案专利是由现有设计或者现有设计特征组合得到的，所述现有设计与涉案专利的相应设计部分相同或者仅有细微差别，且该具体的组合手法在相同或者相近种类产品的现有设计中存在启示。

对于涉案专利是由现有设计通过转用和组合之后得到的，应当依照（2）、（3）所述规定综合考虑。

应当注意的是，上述转用和/或组合后产生独特视觉效果的除外。

现有设计特征，是指现有设计的部分设计要素或者其结合，如现有设计的形状、图案、色彩要素或者其结合，或者现有设计的某组成部分的设计，如整体外观设计产品中的零部件的设计。

条文释义

一、本条主旨

本条是关于授予专利权的外观设计应当具备的条件的规定。

二、条文演变

1984年《专利法》第23条规定："授予专利权的外观设计，应当同申请日以前在国内外出版物上公开发表过或者国内公开使用过的外观设计不相同或者不相近似。"1992年修改《专利法》时，对本条未进行修改。2000年修改《专利法》时将"不相同或者不相近似"改为"不相同和不相近似"，同时增加了"并不得与他人在先取得的合法权利相冲突"这一新的授权条件。2008年修改《专利法》时本条作了较大修改，修改为："授予专利权的外观设计，应当不属于现有设计；也没有任何单位或者个人就同样的外观设计在申请日以前向国务院专利行政部门提出过申请，并记载在申请日以后公告的专利文件中。授予专利权的外观设计与现有设计或者现有设计特征的组合相比，应当具有明显区别。授予专利权的外观设计不得与他人在申请日以前已经取得的合法权利相冲突。本法所称现有设计，是指申请日以前在国内外为公众所知的设计。"此次修改主要增加了"现有设计"这一概念，首先，增加第4款，引入"现有设计"的概念，为本条第1款、第2款的规定以及《专利法》和《专利法实施细则》其他有关规定提供了法律上的基础；其次，扩大了"现有设计"的范围，规定申请日之前在世界上任何地方以任何方式为公众所知的产品外观设计均构成现有设计，从而以"绝对新颖性"标准替代了此前的"相对新颖性"标准。同时，此次修改在第1款增加了关于外观设计抵触申请的规定；增加第2款，进一步明确规定授予外观设计专利权的两个不同层次的条件；将修改前本条规定的"不得与他人在先取得的合法权利相冲突"分离出来独立作为第3款予以规定，并进行了必要修改。

2020年修改《专利法》时，对本条未作修改。

三、条文解读

(一)概述

外观设计专利的保护客体与发明和实用新型专利的保护客体在性质上不同，因此本条单独规定了授予专利权的外观设计应当具备的条件。

(二)关于是否属于现有设计或抵触申请的规定

本条第4款规定，本法所称现有设计，是指申请日以前在国内外为公众所知的设计。对于此处的为公众所知，是指公众存在可以获知的可能性即为公众所知。具体而言，该外观设计在申请日以前不得通过以下任何一种方式在国内或者国外为公众所知:(1)出版物公开，即在申请日以前以出版物形式公开，在出版物上已经记载了同样的外观设计。该出版物不仅仅局限于印刷出版物，还包括其他非印刷形式的出版物。(2)使用公开，即由于该外观设计在生产生活中的应用而为公众所知，如公开使用(包括公开销售)的产品，其本身的外观设计或者其包装物的外观设计为公众所知等；这里不仅仅是国内的公开使用，还包括国外的公开使用，防止已在国外公开使用而为公众所知的外观设计在我国又申请外观设计专利权。(3)以其他方式公开。由于外观设计其特殊性，一般无法通过口头方式公开，即口头方式很难描述清楚一个外观设计的形状、图案或者其结合以及色彩与形状、图案的结合。

判断是否属于现有设计的时间界限，以提出专利申请的申请日为准。《专利法》第28条规定，国务院专利行政部门收到专利申请文件之日为申请日。如果申请文件是邮寄的，以寄出的邮戳日为申请日。享有优先权的，则指优先权日。

同样的外观设计是否已由任何单位或者个人提出过申请并记载在专利文件中，即是否存在“抵触申请”。“现有设计”要求在申请日之前已经公开，为公众所知，但外观设计的审查制度可能会导致申请日早于本申请，但其公开日晚于本申请的同样的外观设计出现，其在申请日之前不为公众所知，因此不属于“现有设计”。为避免对同样的外观设计专利申请重复授权，通过引入“抵触申请”的概念，可以将先申请的外观设计视为后申请的外观设计的现有设计，在此情况下，后申请则不具备新颖性。对于抵触申请，在申请主体上不区分是否为同一申请人。

（三）关于明显区别的认定

本条第2款规定，授予专利权的外观设计与现有设计或者现有设计特征的组合相比，应当具有明显区别。具体是指一般消费者经过对外观设计专利申请与现有设计或者现有设计特征的组合的整体观察，可以看出，两者的差别对于产品外观设计的整体视觉效果具有显著影响。

1. 对比对象

（1）一项现有设计。即授予专利权的外观设计和一项现有设计进行对比，应当具有明显区别。（2）现有设计特征的组合。即授予专利权的外观设计与现有设计特征的组合相比，应当具有明显区别。这一规定主要为了解决实践中拼凑外观设计的问题。

2. 判断标准

所谓“明显区别”，是指不相同也不相近似。以下情形可以认为具有明显区别：（1）产品的用途和功能与现有设计不相同或者不相近似，即不属于相同或相近似的种类。相同或相近似的设计，用在不同的产品时，一般不认为是相同或相近似的外观设计。（2）外观设计产品的形状、图案或者其结合以及色彩与形状、图案的结合与现有设计相比，不相同也不相近似。

3. 判断主体

《专利审查指南》中规定是否具有明显区别的判断主体应当是一般消费者。一般消费者对于相同种类产品的外观设计情况具有一定的了解。

（四）关于不得与在先权利相冲突

本条第3款规定，授予专利权的外观设计不得与他人在申请日以前已经取得的合法权利相冲突。这里所说的合法权利主要是指作品、商标、地理标志、姓名、企业名称、肖像，以及有一定影响的商品名称、包装、装潢等享有的合法权利或者权益等，以上权利的客体不一定附着于产品上，但表现形式会具有重合性，如美术作品也可以适用于工业应用，成为外观设计。如果在未经权利人许可情况下，采用他人的商标标识或者享有著作权的美术作品或他人肖像等作为其产品外观设计的整体或者局部，申请外观设计专利，就会造成与商标权、著作权、肖像权等在先权利相冲突。据此，本条作出禁止性规定。

适用指引

一、关于"现有设计"的定义

本条第 4 款规定，本法所称现有设计，是指申请日以前在国内外为公众所知的设计。现有设计的规定为判断外观设计在专利申请中是否具备新颖性、是否具有明显区别，以及在外观设计专利侵权纠纷案件中能否适用《专利法》第 67 条规定的现有设计抗辩提供了法律基础。从该款的规定可以看到，我国外观设计专利权采用绝对新颖性标准。外观设计的公开方式，既包括在我国公开，也包括在外国公开；既包括以出版物方式公开，也包括以使用公开、口头公开等方式公开。绝对新颖性的规定有利于防止在外国已经通过公开销售、公开使用行为为公众所知的外观设计在我国又申请获得外观设计专利权，有利于外观设计创新及我国公众合法权益。

二、关于"一般消费者"的定义

作为外观设计的判断主体，所谓"一般消费者"指对外观设计产品具有一般认知，而不具备专家或者专业技术人员的认知或专业知识，例如外观设计中一些近似产品的细微差别，专业技术人员很容易地辨别出来，而一般消费者往往会忽略掉。外观设计产品设计空间较大的，一般消费者通常不容易注意到不同设计之间的较小区别；设计空间较小的，一般消费者通常更容易注意到不同设计之间的较小区别。一般消费者具备下列特点。

第一，对涉案专利申请日之前相同种类或者相近种类产品的外观设计及其常用设计手法具有常识性的了解。常用设计手法包括设计的转用、拼合、替换等类型。转用是指将产品的外观设计应用于其他种类的产品，模仿自然物、自然景象以及将无产品载体的单纯形状、图案、色彩或者其结合应用到产品的外观设计中，也属于转用。拼合是指将两项或两项以上设计或者设计特征拼合成一项外观设计。替换是指将一项外观设计中的设计特征用其他设计特征替换。

第二，对外观设计产品之间在形状、图案以及色彩上的区别具有一定的分辨力，但不会注意到产品的形状、图案以及色彩的微小变化。

三、关于两项外观设计具有明显区别的判定

本条第2款规定："授予专利权的外观设计与……现有设计特征的组合相比，应当具有明显区别。"该规定是《专利法》2008年修正时增加的内容，目的是提高外观设计专利授权标准，提升专利质量。《专利授权确权规定（一）》第20条规定，根据现有设计整体上给出的设计启示，以一般消费者容易想到的设计特征转用、拼合或者替换等方式，获得与外观设计专利的整体视觉效果相同或者仅具有局部细微区别等实质相同的外观设计，且不具有独特视觉效果的，人民法院应当认定该外观设计专利与现有设计特征的组合相比不具有《专利法》第23条第2款规定的"明显区别"。该规定明确了可以对不同的现有设计的设计特征进行组合后，再与外观设计专利对比。该规定与发明、实用新型专利的创造性的认定类似，借鉴创造性判断中的"技术启示"的概念。可以综合考虑现有设计的整体状况，根据现有设计整体上给出的设计启示进行判断，以使得判断标准更加客观。判断主体采用了一般消费者，没有采用本领域的设计人员，以避免在认定外观设计专利的合法性时，在适用不同法律规定时采取不同的判断主体。认定外观设计专利是否具有"明显区别"，关键在于其整体视觉效果是否是"容易想到"的。即根据现有设计，是否容易想到通过常规的设计方法，包括设计特征的转用、拼合或者替换等，获得整体视觉效果相同或者实质相同（仅有细微区别）的外观设计。认定外观设计专利是否具有"明显区别"同时需要考虑外观设计专利是否具有"独特视觉效果"。

四、关于"权利冲突"

权利冲突是指在同一客体上存在重叠、交叉的权利，也就可能存在多个权利主体，多个权利人对包含相同内容的权利客体主张其权利，在行使权利时出现谁的权利优先的问题。知识产权作为一种无形财产权，其权利冲突与有形财产权相比具有很多不同点。对于外观设计专利权来说，其主要表现形式为图案、形状、色彩，其与表现形式相类似的商标权、著作权、肖像权等容易发生冲突。

在先权利是由专利权人或者专利申请人以外的民事主体，包括自然人、法人或者非法人组织所享有。其享有的合法权利，是依照中华人民共和国法律享有并且在涉案专利申请日仍然有效的权利或者权益，包括商标权、著作权、企

业名称权（包括商号权）、肖像权以及知名商品特有包装或者装潢使用权等。上述在先合法权利的取得日应当在涉案专利申请日之前。在未经上述在先权利人许可的情况下，外观设计专利使用了在先合法权利的客体，从而导致专利权的实施将会损害在先权利人的相关合法权利或者权益。

关于权利冲突的审查，一般出现在外观设计专利已经授权之后的无效宣告程序中，由无效宣告请求人提交相关证据，提出存在权利冲突而不应授权。在无效宣告程序中请求人应就其主张进行举证，包括证明其是在先权利的权利人或者利害关系人以及在先权利有效。

典型案例

一、刘某某与国家知识产权局、潮州市潮安区祥兴发电子科技有限公司外观设计专利权无效行政纠纷案

关键词：专利无效宣告　网络空间信息　现有设计

裁判摘要：QQ空间、微信朋友圈等需授权访问的网络空间中的信息是否构成现有设计或者现有技术，应当综合分析该网络空间的主要用途、信息的上传时间及公开情况等因素，以专利申请日前该信息是否处于公众想获得就能够获得的状态为标准作出判断。需授权访问的网络空间以商业用途为主的，可以推定其对所有人公开，但有相反证据证明该网络空间未公开或者仅针对特定人公开的除外。

基本案情：在上诉人刘某某与被上诉人潮州市潮安区祥兴发电子科技有限公司（以下简称祥兴发公司）、原审被告国家知识产权局外观设计专利权无效行政纠纷案中，涉及专利号为20153051××××.9、名称为“电源支架”的外观设计专利（以下简称本专利），专利权人为刘某某。针对祥兴发公司提出的无效宣告请求，国家知识产权局作出第35851号无效宣告请求审查决定（以下简称被诉决定），宣告维持本专利有效。被诉决定认为，无效请求人祥兴发公司未积极配合合议组当庭验证证据1，并且证据1公证书纸件所示图片内容有限、且字迹较小不易辨认，故对证据1所示的涉案QQ空间的所有人、其添加好友的标准、该空间的公开程度以及所示图片相关信息等无从核实，因此合议组未采信证据1，作出了维持本专利有效的被诉决定。祥兴发公司不服被诉

决定，向北京知识产权法院（以下简称一审法院）提起诉讼，主张被诉决定忽视“周顺兴监控支架”的QQ空间，作为一个生产厂家的商务或业务QQ空间具有的公开属性，将王宇个人QQ号28×××35的密码视为“周顺兴监控支架”QQ号15×××25空间的访问密码，并将该QQ空间的QQ好友视为“特定人群”，与事实严重不符。QQ空间是用于好友之间分享信息图片的公共空间，QQ空间“加为好友”的操作并非以成为QQ好友为前提条件，而是一经添加便成为好友，对于以扩展业务为目的的周顺兴监控支架QQ而言，不存在预设具有保密义务的“特定人群”为允许添加好友的条件而拒绝公众中的陌生人访问。因此，王宇个人QQ号28×××35的密码是否公开与“揭阳市周顺兴五金制品厂”的业务QQ号15×××25所依附的涉案QQ空间是否能够被公开访问浏览无关。取证人刘某在网上查找“监控器支架”后，找到“揭阳市周顺兴五金制品厂”，添加QQ号是15×××25的用户为好友，通过该QQ号进入“周顺兴监控支架QQ空间”并获取“ZSX-708”的铁质仿海康支架产品的10张图片，同时可见在2015年1月3日就有两条评论询问该商品。一审法院认为QQ空间中的内容是否构成现有设计的问题不可一概而论，应综合考虑用户使用QQ空间的目的、具体方式等因素判断公众是否能够获得该信息，以及该信息何时处于为公众所知的状态。在没有相反证据的情况下，涉案QQ空间中《ZSX-708》相册所示的外观设计在申请日前处于公众想获得就能够获得的状态，可以作为评价本专利是否符合《专利法》第23条第2款之规定的现有设计，遂判决撤销原国家知识产权局专利复审委员会作出的第35851号无效宣告请求审查决定，被告国家知识产权局就原告潮州市潮安区祥兴发电子科技有限公司所提无效宣告请求重新作出决定。刘某某不服，向最高人民法院提起上诉。最高人民法院认为QQ空间兼具公开性与秘密性的双重特点，涉案QQ空间的好友并非特定人，而是属于专利法意义上的公众，涉案QQ空间中相关商品照片处于为公众所知的状态，在没有相反证据的情况下，系统显示的照片上传时间即为公开时间。涉案QQ空间主要用作公开推销产品的商业用途，而非秘密性的个人使用。对于以商业用途为主的QQ空间，可以推定其对所有人公开，除非有相反证据表明该空间存在未公开或仅对特定人公开的情况。最高人民法院于2020年11月12日判决驳回上诉，维持原判。

【案　　号】（2020）最高法知行终422号

【审理法院】最高人民法院

【来　　源】《最高人民法院知识产权案件年度报告（2020）》

二、张某某与国家知识产权局专利复审委员会、慈溪市鑫隆电子有限公司外观设计专利无效行政案

关键词：外观设计　功能性设计特征　装饰性设计特征　相同或者相近似

裁判摘要：任何产品的外观设计通常都需要考虑功能因素和美学因素两个基本要素，产品的设计特征的功能性或者装饰性通常是相对而言的，因此至少存在三种不同类型的设计特征：功能性设计特征、装饰性设计特征以及功能性与装饰性兼具的设计特征。功能性设计特征是指那些在该外观设计产品的一般消费者看来，由所要实现的特定功能唯一决定而并不考虑美学因素的设计特征。功能性设计特征的判断标准并不在于该设计特征是否因功能或技术条件的限制而不具有可选择性，而在于在一般消费者看来，该设计特征是否仅仅由特定功能所决定，从而不需要考虑该设计特征是否具有美感。功能性设计特征对于外观设计的整体视觉效果通常不具有显著影响。

基本案情：张某某是名称为"逻辑编程开关（SR14）"、专利号为200630128900.0、申请日为2006年8月4日的外观设计专利（即本案专利）的专利权人。2009年5月31日，慈溪市鑫隆电子有限公司（以下简称鑫隆公司）向国家知识产权局专利复审委员会（以下简称专利复审委员会）提出无效宣告请求，并提交了9份证据。其中证据7系授权公告日为2000年10月25日的第00302321.4号中国外观设计专利（即在先设计），公开了一款旋转式开关的外观设计。2009年9月15日，专利复审委员会作出第13912号专利无效宣告请求审查决定（以下简称第13912号决定），宣告本案专利全部无效。该决定认为，本案专利与在先设计的主要不同点在于，在先设计上部的粗柱多了矩形凹槽设计，且二者下部的引脚位置不同。由于本案专利较在先设计简化的凹槽设计相对于整体形状而言仅属于局部的细微变化，且二者引脚位置的差别属于由连接功能所限定的局部位置变化，均对二者的整体外观设计不具有显著影响，两者属于相近似的外观设计，不具有明显区别。本案专利不符合《专利法》第23条的规定。张某某不服，提起行政诉讼。北京市第一中级人民法院一审认为，本案专利与在先设计的相关消费者应为电器产品专业生产和采购人员。本案专利与在先设计相比较，在先设计的上部粗柱有矩形凹槽，本案专利没有（区别特征一）；两者下部的引脚位置不同，本案专利五只引脚均在底座

的一个侧面上，在先设计只有三只引脚设置在底座的一个侧面上，另外两只引脚设置在底座的另一个相对的侧面上（区别特征二）。本领域的相关消费者在选择此类产品时，会施以较大注意力关注该产品的上述部位。因此，上述部位的差别对整体视觉效果产生了显著的影响，不会造成对两者的混淆误认。据此判决撤销第13912号决定。专利复审委员会与鑫隆公司均不服，提出上诉。北京市高级人民法院二审判决驳回上诉，维持原判。专利复审委员会向最高人民法院申请再审。最高人民法院裁定提审本案，并于2012年6月29日判决撤销原审判决，维持第13912号决定。

最高人民法院提审认为：首先，关于功能性设计特征与装饰性设计特征的区分。任何产品的外观设计通常都需要考虑两个基本要素：功能因素和美学因素，即产品必须首先要实现其功能，其次还要在视觉上具有美感。可以说，大多数产品都是功能性和装饰性的结合。就某一外观设计产品的具体某一设计特征而言，同样需要考虑功能性和美感的双重需求，是技术性与装饰性妥协和平衡的产物。因此，产品的设计特征的功能性或者装饰性通常是相对而言的，绝对地区分功能性设计特征和装饰性设计特征在大多数情况下是不现实的。只有在特殊的情形下，某种产品的某项设计特征才可能完全由装饰性或者功能性所决定。因此，至少存在三种不同类型的设计特征：功能性设计特征、装饰性设计特征以及功能性与装饰性兼具的设计特征。其次，关于功能性设计特征的区分标准。功能性设计特征是指那些在该外观设计产品的一般消费者看来，由所要实现的特定功能所唯一决定而并不考虑美学因素的设计特征。功能性设计特征与该设计特征的可选择性存在一定的关联性。如果某种设计特征是由某种特定功能所决定的唯一设计，则该种设计特征不存在考虑美学因素的空间，显然属于功能性设计特征。如果某种设计特征是实现特定功能的有限的设计方式之一，则这一事实是证明该设计特征属于功能性特征的有力证据。不过，即使某种设计特征仅仅是实现某种特定功能的多种设计方式之一，只要该设计特征仅仅由所要实现的特定功能所决定而与美学因素的考虑无关，仍可认定其属于功能性设计特征。如果把功能性设计特征仅仅理解为实现某种功能的唯一设计，则会过分限制功能性设计特征的范围，把具有两种或者两种以上替代设计的设计特征排除在外，进而使得外观设计申请人可以通过对有限的替代设计分别申请外观设计专利的方式实现对特定功能的垄断，不符合外观设计专利保护具有美感的创新性设计方案的立法目的。从这个角度而言，功能性设计特征的判断标准并不在于该设计特征是否因功能或技术条件的限制而不具有可选择性，而在于在一般消费者看来，该设计特征是否仅仅由特定功能所决定，从而不需要考虑该设计特征是否具有美感。最后，关于区分不同类型设计特征的意义。不同类型设计特征对于外观设计产品整体视觉效果的影响存在差异。功能性设计特征对于外观设计的整体视觉效果通常不具有显著影响；装饰性特征对于外观设计的整体视觉效果一般具有影响；功能性与装饰性兼具的设计特征对整体视觉效果的影响则需要考虑其装饰性的强弱，其装饰性越强，对整体视觉效果的影响可能相对较大一些，反之则相对较小。当然，以上所述仅仅是一般原则，一种设计特征对于外观设计产品整体视觉效果的影响最终需要结合案件具体情况进行综合评判。本案中，在本案专利产品的一般消费者看来，无论引脚的位置分布在底座的一个侧面上还是分布在两个相对的侧面上，都是基于与之相配合的电路板布局的需要，以便实现两者的适配与连接，其中并不涉及对美学因素的考虑。因此，区别特征二是功能性设计特征，其对本案专利产品的整体视觉效果并不产生显著影响。虽然现有证据不能充分证明区别特征一是功能性设计特征，但其是一种普通的、常见的设计，对于本案专利产品的整体视觉效果亦不具有显著影响。原审判决认定本案专利与对比设计不构成相同或相近似外观设计，适用法律错误。

【案　　号】(2012)行提字第14号

【审理法院】最高人民法院

【来　　源】《最高人民法院公报》2013年第10期

第二十四条　申请专利的发明创造在申请日以前六个月内，有下列情形之一的，不丧失新颖性：

（一）在国家出现紧急状态或者非常情况时，为公共利益目的首次公开的；

（二）在中国政府主办或者承认的国际展览会上首次展出的；

（三）在规定的学术会议或者技术会议上首次发表的；

（四）他人未经申请人同意而泄露其内容的。

关联规定

一、国际条约

《保护工业产权巴黎公约》

第 11 条　发明、实用新型、工业品外观设计、商标：在某些国际展览会中的临时保护

（1）本联盟各国应当按照其本国法律对在本联盟任何国家领土内举办的官方的或者经官方承认的国际展览会中展出的商品中，可以取得专利的发明、实用新型、工业品外观设计和商标，给予临时保护。

（2）该项临时保护不应延展第 4 条规定的期间。如以后要求优先权，任何国家的主管机关可以规定其期间应当自该商品在展览会展出之日开始。

（3）每一个国家认为必要时可以要求提供证明文件，证实展出的物品及其在展览会展出的日期。

二、法律、行政法规、司法解释

《中华人民共和国专利法实施细则》

第三十条　专利法[①]第二十四条第（一）项所称中国政府承认的国际展

① 2008 年修正的《专利法》。

览会，是指国际展览会公约规定的在国际展览局注册或者由其认可的国际展览会。

专利法第二十四条第（二）项所称学术会议或者技术会议，是指国务院有关主管部门或者全国性学术团体组织召开的学术会议或者技术会议。

申请专利的发明创造有专利法第二十四条第（一）项或者第（二）项所列情形的，申请人应当在提出专利申请时声明，并自申请日起2个月内提交有关国际展览会或者学术会议、技术会议的组织单位出具的有关发明创造已经展出或者发表，以及展出或者发表日期的证明文件。

申请专利的发明创造有专利法第二十四条第（三）项所列情形的，国务院专利行政部门认为必要时，可以要求申请人在指定期限内提交证明文件。

申请人未依照本条第三款的规定提出声明和提交证明文件的，或者未依照本条第四款的规定在指定期限内提交证明文件的，其申请不适用专利法第二十四条的规定。

三、部门规章及规范性文件

《专利审查指南》

第一部分　第一章　发明专利申请的初步审查

6.3 不丧失新颖性的公开

根据专利法第二十四条的规定，申请专利的发明创造在申请日（有优先权的指优先权日）之前六个月内有下列情况之一的，不丧失新颖性：

（1）在中国政府主办或者承认的国际展览会上首次展出的；

（2）在规定的学术会议或者技术会议上首次发表的；

（3）他人未经申请人同意而泄露其内容的。

6.3.1 在中国政府主办或者承认的国际展览会上首次展出

中国政府主办的国际展览会，包括国务院、各部委主办或者国务院批准由其他机关或者地方政府举办的国际展览会。中国政府承认的国际展览会，是指国际展览会公约规定的由国际展览局注册或者认可的国际展览会。所谓国际展览会，即展出的展品除了举办国的产品以外，还应当有来自外国的展品。

申请专利的发明创造在申请日以前六个月内在中国政府主办或者承认的国际展览会上首次展出过，申请人要求不丧失新颖性宽限期的，应当在提出申请时在请求书中声明，并在自申请日起两个月内提交证明材料。

国际展览会的证明材料，应当由展览会主办单位出具。证明材料中应当注明展览会展出日期、地点、展览会的名称以及该发明创造展出的日期、形式和内容，并加盖公章。

6.3.2 在规定的学术会议或者技术会议上首次发表

规定的学术会议或者技术会议，是指国务院有关主管部门或者全国性学术团体组织召开的学术会议或者技术会议，不包括省以下或者受国务院各部委或者全国性学术团体委托或者以其名义组织召开的学术会议或者技术会议。在后者所述的会议上的公开将导致丧失新颖性，除非这些会议本身有保密约定。

申请专利的发明创造在申请日以前六个月内在规定的学术会议或者技术会议上首次发表过，申请人要求不丧失新颖性宽限期的，应当在提出申请时在请求书中声明，并在自申请日起两个月内提交证明材料。

6.3.3 他人未经申请人同意而泄露其内容

他人未经申请人同意而泄露其内容所造成的公开，包括他人未遵守明示或者默示的保密信约而将发明创造的内容公开，也包括他人用威胁、欺诈或者间谍活动等手段从发明人或者申请人那里得知发明创造的内容而后造成的公开。

申请专利的发明创造在申请日以前六个月内他人未经申请人同意而泄露了其内容，若申请人在申请日前已获知，应当在提出专利申请时在请求书中声明，并在自申请日起两个月内提交证明材料。若申请人在申请日以后得知的，应当在得知情况后两个月内提出要求不丧失新颖性宽限期的声明，并附具证明材料。审查员认为必要时，可以要求申请人在指定期限内提交证明材料。

第二部分　第三章　新颖性

5. 不丧失新颖性的宽限期

申请专利的发明创造在申请日以前六个月内，发生专利法第二十四条规定的三种情形之一的，该申请不丧失新颖性。即这三种情况不构成影响该申请的现有技术。所说的六个月期限，称为宽限期，或者称为优惠期。

发生专利法第二十四条规定的任何一种情形之日起六个月内，申请人提出申请之前，发明创造再次被公开的，只要该公开不属于上述三种情况，则该申请将由于此在后公开而丧失新颖性。再次公开属于上述三种情况的，该申请不会因此而丧失新颖性，但是，宽限期自发明创造的第一次公开之日起计算。

条文释义

一、本条主旨

本条是关于发明创造的公开不丧失新颖性的例外情形即宽限期的规定。

二、条文演变

在1984年规定的《专利法》中就有该条规定，当时的规定为："申请专利的发明创造在申请日以前六个月内，有下列情形之一的，不丧失新颖性：一、在中国政府主办或者承认的国际展览会首次展出的；二、在规定的学术会议或者技术会议上首次发表的；三、他人未经申请人同意而泄露其内容的。"

1992年、2000年、2008年三次修改《专利法》，均未对该条作实质性修改。

2020年的修改，新增了一项不丧失新颖性的例外情形，即"在国家出现紧急状态或者非常情况时，为公共利益目的首次公开的"。

三、条文解读

本条是对不丧失新颖性的公开的特殊规定。申请专利的发明创造在申请日以前的6个月内因本条规定的四种情形公开的，可以享受本条规定的新颖性宽限期，即该申请不丧失新颖性。如果超过该期限再提出专利申请，就不再具有新颖性，不应授予专利权。本条规定了申请专利的发明创造不丧失新颖性的四种情形。

第一，在国家出现紧急状态或者非常情况时，为公共利益目的首次公开的。新增该项主要是考虑到在国家出现紧急状态或者非常情况时，为维护公共利益，相关还未提出专利申请的发明创造需立即投入使用，但如果以发明创造在申请日以前已被公开为由否定其新颖性，使其不能获得专利权的保护，则既不公平，也不符合保护公共利益的目的。

第二，在中国政府主办或者承认的国际展览会上首次展出的。本项的规定与《巴黎公约》第11条相衔接，主要包括两层含义：（1）必须是中国政府主办或者承认的国际展览会。中国政府主办的国际展览会，包括国务院或国务院各部门主办或国务院批准由其他机关或地方政府举办的国际展览会。中国政府承认的国际展览会，即虽然不是由中国政府举办，但是经中国政府认可的国际展览会，指国际展览会公约规定的在国际展览局注册或者由其认可的国际展览会。（2）必须是国际展览会，即展出的展品除了举办国的产品以外，还应当有来自举办国外其他国家的展品。

第三，在规定的学术会议或者技术会议上首次发表的。本项所规定的“学术会议或者技术会议”，是指国务院有关主管部门或全国性学术团体组织召开的学术会议或者技术会议。

第四，他人未经申请人同意而泄露其内容的。当发明创造的公开因他人违反申请人本意泄露而造成的公开时，应当对申请人给予合理救济。根据本项规定，在申请日以前的6个月内，他人未经申请人同意而泄露其发明创造内容的，该发明创造不丧失新颖性。

适用指引

本条第3项规定的不丧失新颖性的公开发表只限于“学术会议或者技术会议上的首次发表”，不包括在公开出版物或互联网上公开发表研究成果。“发表”的形式包括口头报告或书面报告。应注意的是，本项的“学术会议或者技术会议”应是公开举行的会议，而非保密性质的会议。因为如果是保密性质的会议，则该“发表”并不能达到为公众所知的程度。

本条第4项中的“他人”指的是申请人之外的其他单位或者个人；“泄露”指的是使发明创造处于为公众所知的状态。他人未经申请人同意泄露其发明创造的内容主要有两种情况：一是他人未遵守明示的或者默示的保密义务而将发明创造的内容公开；二是他人用威胁、欺诈、盗窃、间谍活动等不正当手段直接或间接地从申请人那里或者其他人那里得知发明创造的内容后公开。这两种情况的公开都违背了申请人的意愿。

类案检索

上海医药集团青岛国风药业股份有限公司与国家知识产权局及马某龙发明专利权无效行政纠纷案

关键词：发明专利　新颖性宽限期

裁判摘要：《专利法》第24条第3项规定，申请专利的发明创造在申请日以前6个月内，他人未经申请人同意而泄露其内容的，不丧失新颖性。据此，审查专利是否能够享有上述条款规定的新颖性宽限期，关键在于判断在专利申请日以前的6个月内，他人是否违背了专利申请人的意愿，泄露了专利技术方案，并使之处于公众能够获知的状态。他人未经申请人同意而泄露其内容所造成的公开，包括他人未遵守明示或者默示的保密信约而将发明创造的内容公开，也包括他人用威胁、欺诈或者其他手段从发明人或者申请人那里得知发明创造的内容后造成的公开。

【案　　号】(2020)最高法知行终3号

【审理法院】最高人民法院

【来　　源】中国裁判文书网

第二十五条　对下列各项，不授予专利权：

（一）科学发现；

（二）智力活动的规则和方法；

（三）疾病的诊断和治疗方法；

（四）动物和植物品种；

（五）原子核变换方法以及用原子核变换方法获得的物质；

（六）对平面印刷品的图案、色彩或者二者的结合作出的主要起标识作用的设计。

对前款第（四）项所列产品的生产方法，可以依照本法规定授予专利权。

关联规定

一、国际条约

《与贸易有关的知识产权协定》

第27条第3款　各成员可拒绝对下列内容授予专利权：

（a）人类或动物的诊断、治疗和外科手术方法；

（b）除微生物外的植物和动物，以及除非生物和微生物外的生产植物和动物的主要生物方法。但是，各成员应规定通过专利或一种有效的特殊制度或通过这两者的组合来保护植物品种。本项的规定应在《WTO协定》生效之日起4年后进行审议。

第73条　安全例外

本协定的任何规定不得解释为：

（a）要求一成员提供其认为如披露则会违背其根本安全利益的任何信息；或

（b）阻止一成员采取其认为对保护其根本安全利益所必需的任何行动：

（i）与裂变和聚变物质或衍生这些物质的物质有关的行动；

（ii）与武器、弹药和作战物资的贸易有关的行动，及与此类贸易所运输的直接或间接供应军事机关的其他货物或物资有关的行动；

（iii）在战时或国际关系中的其他紧急情况下采取的行动；或

（c）阻止一成员为履行《联合国宪章》项下的维持国际和平与安全的义务而采取的任何行动。

二、法律、行政法规、司法解释

《中华人民共和国专利法实施细则》

第六十五条 依照专利法[①]第四十五条的规定，请求宣告专利权无效或者部分无效的，应当向专利复审委员会提交专利权无效宣告请求书和必要的证据一式两份。无效宣告请求书应当结合提交的所有证据，具体说明无效宣告请求的理由，并指明每项理由所依据的证据。

前款所称无效宣告请求的理由，是指被授予专利的发明创造不符合专利法第二条、第二十条第一款、第二十二条、第二十三条、第二十六条第三款、第四款、第二十七条第二款、第三十三条或者本细则第二十条第二款、第四十三条第一款的规定，或者属于专利法第五条、第二十五条的规定，或者依照专利法第九条规定不能取得专利权。

三、部门规章及规范性文件

《专利审查指南》

第一部分　第三章　外观设计专利申请的初步审查

6.2 根据专利法第二十五条第一款第（六）项的审查

专利法第二十五条第一款第（六）项规定，对平面印刷品的图案、色彩或者二者的结合作出的主要起标识作用的设计，不授予专利权。根据专利法实施细则第四十四条第一款第（三）项的规定，在外观设计专利申请的初步审查中，应当对外观设计专利申请是否明显属于专利法第二十五条第一款第（六）项的情形进行审查。

如果一件外观设计专利申请同时满足下列三个条件，则认为所述申请属于专利法第二十五条第一款第（六）项规定的不授予专利权的情形：

---

① 2008 年修正的《专利法》。

（1）使用外观设计的产品属于平面印刷品；

（2）该外观设计是针对图案、色彩或者二者的结合而作出的；

（3）该外观设计主要起标识作用。

在依据上述规定对外观设计专利申请进行审查时，审查员首先根据申请的图片或者照片以及简要说明，审查使用外观设计的产品是否属于平面印刷品。其次，审查所述外观设计是否是针对图案、色彩或者二者的结合而作出的。由于不考虑形状要素，所以任何二维产品的外观设计均可认为是针对图案、色彩或者二者的结合而作出的。再次，审查所述外观设计对于所使用的产品来说是否主要起标识作用。主要起标识作用是指所述外观设计的主要用途在于使公众识别所涉及的产品、服务的来源等。

壁纸、纺织品不属于本条款规定的对象。

第二部分　第一章　不授予专利权的申请

4. 根据专利法第二十五条不授予专利权的客体

专利申请要求保护的主题属于专利法第二十五条第一款所列不授予专利权的客体的，不能被授予专利权。

4.1 科学发现

科学发现，是指对自然界中客观存在的物质、现象、变化过程及其特性和规律的揭示。科学理论是对自然界认识的总结，是更为广义的发现。它们都属于人们认识的延伸。这些被认识的物质、现象、过程、特性和规律不同于改造客观世界的技术方案，不是专利法意义上的发明创造，因此不能被授予专利权。

应当注意，发明和发现虽有本质不同，但两者关系密切。通常，很多发明是建立在发现的基础之上的，进而发明又促进了发现。发明与发现的这种密切关系在化学物质的“用途发明”上表现最为突出，当发现某种化学物质的特殊性质之后，利用这种性质的“用途发明”则应运而生。

4.2 智力活动的规则和方法

智力活动，是指人的思维运动，它源于人的思维，经过推理、分析和判断产生出抽象的结果，或者必须经过人的思维运动作为媒介，间接地作用于自然产生结果。智力活动的规则和方法是指导人们进行思维、表述、判断和记忆的规则和方法。由于其没有采用技术手段或者利用自然规律，也未解决技术问题和产生技术效果，因而不构成技术方案。它既不符合专利法第二条第二款的规定，又属于专利法第二十五条第一款第（二）项规定的情形。因此，指导人们进行这类活动的规则和方法不能被授予专利权。

在判断涉及智力活动的规则和方法的专利申请要求保护的主题是否属于可授予专利权的客体时，应当遵循以下原则：

（1）如果一项权利要求仅仅涉及智力活动的规则和方法，则不应当被授予专利权。

如果一项权利要求，除其主题名称以外，对其进行限定的全部内容均为智力活动的规则和方法，则该权利要求实质上仅仅涉及智力活动的规则和方法，也不应当被授予专利权。

（2）除了上述（1）所描述的情形之外，如果一项权利要求在对其进行限定的全部内容中既包含智力活动的规则和方法的内容，又包含技术特征，则该权利要求就整体而言并不是一种智力活动的规则和方法，不应当依据专利法第二十五条排除其获得专利权的可能性。

涉及商业模式的权利要求，如果既包含商业规则和方法的内容，又包含技术特征，则不应当依据专利法第二十五条排除其获得专利权的可能性。

4.3 疾病的诊断和治疗方法

疾病的诊断和治疗方法，是指以有生命的人体或者动物体为直接实施对象，进行识别、确定或消除病因或病灶的过程。

出于人道主义的考虑和社会伦理的原因，医生在诊断和治疗过程中应当有选择各种方法和条件的自由。另外，这类方法直接以有生命的人体或动物体为实施对象，无法在产业上利用，不属于专利法意义上的发明创造。因此疾病的诊断和治疗方法不能被授予专利权。

但是，用于实施疾病诊断和治疗方法的仪器或装置，以及在疾病诊断和治疗方法中使用的物质或材料属于可被授予专利权的客体。

4.4 动物和植物品种

动物和植物是有生命的物体。根据专利法第二十五条第一款第（四）项的规定，动物和植物品种不能被授予专利权。动物和植物品种可以通过专利法以外的其他法律法规保护，例如，植物新品种可以通过《植物新品种保护条例》给予保护。

根据专利法第二十五条第二款的规定，对动物和植物品种的生产方法，可以授予专利权。但这里所说的生产方法是指非生物学的方法，不包括生产动物和植物主要是生物学的方法。

一种方法是否属于“主要是生物学的方法”，取决于在该方法中人的技术介入程度。如果人的技术介入对该方法所要达到的目的或者效果起了主要的控制作用或者决定性作用，则这种方法不属于“主要是生物学的方法”。

所谓微生物发明是指利用各种细菌、真菌、病毒等微生物去生产一种化学物质（如抗生素）或者分解一种物质等的发明。微生物和微生物方法可以获得专利保护。

4.5 原子核变换方法和用该方法获得的物质

原子核变换方法以及用该方法所获得的物质关系到国家的经济、国防、科研和公共生活的重大利益，不宜为单位或私人垄断，因此不能被授予专利权。

条文释义

一、本条主旨

本条是关于不授予专利权的智力活动成果的规定。

二、条文演变

1984 年制定的《专利法》在第 25 条第 1 款中规定：对下列各项，不授予专利权：科学发现；智力活动的规则和方法；疾病的诊断和治疗方法；食品、饮料和调味品；药品和用化学方法获得的物质；动物和植物品种；用原子核变换方法获得的物质。1992 年修改的《专利法》删除了“食品、饮料和调味品”“药品和用化学方法获得的物质”。2008 年修改的《专利法》增加了第 6 项，即“对平面印刷品的图案、色彩或者二者的结合作出的主要起标识作用的设计”。2020 年修改《专利法》时，将第 1 款第 5 项由原来的“用原子核变换方法获得的物质”修改为“原子核变换方法以及用原子核变换方法获得的物质”。

三、条文解读

专利制度建立的目的之一在于保护法定范围内的智力活动成果。从各国专利法规定和实践来看，并非所有由人创造出来的任何东西都可以获得专利保护。按照本条规定，下列几类智力活动的成果，不属于专利保护的范围，不授予专利权：

第一，科学发现，是指对自然界中已经客观存在的未知物质、现象、变化过程及其特性和规律的揭示，属于人类对客观世界的认识。这些发现和认识的本身并不是一种技术方案，不是专利法意义上的发明创造，不能直接实施用以解决一定领域内的特定技术问题，因而不能被授予专利权。

第二，智力活动的规则和方法，是人的思维运动，是指导人的思维、推理、分析和判断的规则和方法，是一种抽象的东西，不需要采用技术手段或遵循自然法则，因而不能被授予专利权。

第三，疾病的诊断和治疗方法，是指以有生命的人体或者动物作为直接实施对象。“诊断方法”是指为识别、研究和确定有生命的人体或动物病因或病灶状态的过程。“治疗方法”是指为使有生命的人体或动物恢复或获得健康或减少痛苦，进行阻断、缓解或消除病因或病灶的过程，包括以治疗为目的或者具有治疗性质的各种方法，如超声、核磁诊断法、针灸、麻醉、按摩等治疗方法。

第四，动物和植物品种，是指主要以生物学方法培育出来的动物和植物新品种。《与贸易有关的知识产权协定》第 27 条第 3 款第（b）项规定，各成员可以排除对除微生物以外的动物、植物以及对生产动物、植物的主要是生物学的方法授予专利权；但是，对于植物新品种，各成员应规定通过专利或一种有效的特殊制度或通过这两者的组合为其提供保护。

对于植物新品种的保护，德国、法国、瑞士、荷兰、俄罗斯、印度、巴西等多数国家仅提供专门立法保护，而非专利保护；美国、日本等少数国家既提供专门立法保护，又提供专利保护；意大利等个别国家仅提供专利保护。我国采取了专门立法的做法，制定《植物新品种保护条例》为植物新品种提供保护。

第五，原子核变换方法以及用原子核变换方法获得的物质。原子核变换方法是指一个或几个原子核经分裂或聚合形成几个或一个新原子核的过程。由原子核变换方法获得的物质，主要是指用加速器、反应堆以及其他核反应装置制造的各种放射性同位素。原子核变换方法涉及的核行业有自身的特殊性。一方面，原子核技术具有军事意义，其在军事领域的应用涉及国防安全、核扩散；另一方面，原子核技术又具有民用意义，可控的核聚变、核裂变等技术作为潜在的能源问题的解决方案，涉及国家和社会公众的重大利益。原子核变换方法以及用原子核变换方法所获得的物质均关系国家的国防、经济、科研、公共生活的重大利益，不宜为单位或个人垄断。《与贸易有关的知识产权协定》第 73 条“安全例外”中规定，该协议的任何规定不得阻止一成员采取其认为对保护其根本安全利益所必需的任何行动，其中包括与裂变和聚变物质或衍生这些物质的物质有关的行动。“用原子核变换方法获得的物质”是我国 1984 年制定《专利法》时就已引入的，2020 年修改的《专利法》又明确了对“原子核变换方法”不授予专利权，即对原子核变换方法以及用原子核变换方法获得的物质均不授予专利权。

第六，对平面印刷品的图案、色彩或者二者的结合作出的主要起标识作用的设计。此处指的是不授予外观设计专利权。外观设计专利权的保护对象，应当集中在对产品本身的改进。对平面印刷品的图案、色彩或者二者的结合作出的主要起标识作用的外观设计，如瓶贴、平面包装袋等，其功能在于将特定产品从同类产品中区分出来，此类设计实质上对产品本身的外观设计并无改进，如授予其专利权，则不利于我国外观设计整体水平的提高。而且，此类外观设计所起到的标识功能与商标权、著作权的区分功能发生重叠，易导致法律适用上的混乱。因此，在 2008 年修改《专利法》时增加了这一项的规定。这一类外观设计仍可以通过商标、著作权等法律制度予以保护。

虽然本条第 1 款明确排除对动物和植物品种授予专利权，但对其生产方法仍然是给予专利保护的。在本条第 2 款中特别指出，对于动物和植物品种的生产方法，可以依照《专利法》规定授予专利权。此处的“生产方法”指的是非生物学的方法，不包括主要是生物学的方法。判断一种方法是否主要为生物学的方法，取决于人类技术在其中的介入、应用程度。如果人类技术的应用对该方法要达到的目的起到了主要控制作用或者决定性作用，则该方法不属于主要是生物学的方法。非生物学的方法由于有人类技术的介入，并对最终要达到的目的或效果起了主要的控制作用或者决定性的作用，因而可以被授予专利权。

适用指引

一、计算机程序的可专利性

计算机程序本身属于人类的思维活动，属于本条所称“智力活动的规则和方法”，但是包含计算机程序主题的发明申请不一定就不可以被授予专利权。计算机程序的运行依赖于计算机装置，即“软件+硬件”方能实现程序所要达到的结果。在审查实践中，如果涉及计算机程序的发明创造的目的是解决技术问题，在计算机上运行计算机程序从而对外部或内部对象进行控制或处理所反映的是遵循自然规律的技术手段，并且由此获得符合自然规律的技术效果，则这种解决方案属于《专利法》第2条所说的技术方案，属于专利保护的客体。

二、商业方法的可专利性

商业方法是否可以被授予专利权，要看该方法是否解决技术问题。如果一项权利要求在对其进行限定的全部内容中既包括智力活动的规则和方法的内容，又包括能够解决技术问题的技术特征，则该权利要求就整体而言并不单纯是一种智力活动的规则和方法，不应当排除其获得专利权的可能性。

类案检索

一、李某某与国家知识产权局发明专利申请驳回复审行政纠纷案

关键词：发明专利　专利权客体　智力活动的规则和方法

裁判摘要：如果一项权利要求，除其主题名称以外，对其进行限定的全部内容均为智力活动的规则和方法，则该权利要求实质上仅仅涉及智力活动的规则和方法，不应当被授予专利权。

【案　　号】(2020)最高法知行终41号

【审理法院】最高人民法院

【来　　源】中国裁判文书网

二、董某某与国家知识产权局发明专利申请驳回复审行政纠纷案

关键词：发明专利　专利权客体　疾病的诊断和治疗方法

裁判摘要：如果一项与疾病诊断有关的方法同时满足以下两个条件，则属于疾病的诊断方法，不能被授予专利权：(1)以有生命的人体或动物体为对象；(2)以获得疾病诊断结果或健康状况为直接目的。

治疗方法包括以治疗为目的的或具有治疗性质的各种方法。如果请求专利保护的方法中包括了诊断步骤或者虽未包括诊断步骤但包括检测步骤，而根据现有技术中的医学知识和该专利申请公开的内容，只要知晓所说的诊断或检测信息，就能够直接获得疾病的诊断结果或健康状况，则该方法属于以获得疾病诊断结果或健康状况为直接目的的情形。

【**案　　号**】(2020)最高法知行终274号

【**审理法院**】最高人民法院

【**来　　源**】中国裁判文书网

第二十六条　申请发明或者实用新型专利的，应当提交请求书、说明书及其摘要和权利要求书等文件。

请求书应当写明发明或者实用新型的名称，发明人的姓名，申请人姓名或者名称、地址，以及其他事项。

说明书应当对发明或者实用新型作出清楚、完整的说明，以所属技术领域的技术人员能够实现为准；必要的时候，应当有附图。摘要应当简要说明发明或者实用新型的技术要点。

权利要求书应当以说明书为依据，清楚、简要地限定要求专利保护的范围。

依赖遗传资源完成的发明创造，申请人应当在专利申请文件中说明该遗传资源的直接来源和原始来源；申请人无法说明原始来源的，应当陈述理由。

关联规定

一、法律、行政法规、司法解释

1.《中华人民共和国专利法实施细则》

第十六条　发明、实用新型或者外观设计专利申请的请求书应当写明下列事项：

（一）发明、实用新型或者外观设计的名称；

（二）申请人是中国单位或者个人的，其名称或者姓名、地址、邮政编码、组织机构代码或者居民身份证件号码；申请人是外国人、外国企业或者外国其他组织的，其姓名或者名称、国籍或者注册的国家或者地区；

（三）发明人或者设计人的姓名；

（四）申请人委托专利代理机构的，受托机构的名称、机构代码以及该机构指定的专利代理人的姓名、执业证号码、联系电话；

（五）要求优先权的，申请人第一次提出专利申请（以下简称在先申请）

的申请日、申请号以及原受理机构的名称；

（六）申请人或者专利代理机构的签字或者盖章；

（七）申请文件清单；

（八）附加文件清单；

（九）其他需要写明的有关事项。

第十七条 发明或者实用新型专利申请的说明书应当写明发明或者实用新型的名称，该名称应当与请求书中的名称一致。说明书应当包括下列内容：

（一）技术领域：写明要求保护的技术方案所属的技术领域；

（二）背景技术：写明对发明或者实用新型的理解、检索、审查有用的背景技术；有可能的，并引证反映这些背景技术的文件；

（三）发明内容：写明发明或者实用新型所要解决的技术问题以及解决其技术问题采用的技术方案，并对照现有技术写明发明或者实用新型的有益效果；

（四）附图说明：说明书有附图的，对各幅附图作简略说明；

（五）具体实施方式：详细写明申请人认为实现发明或者实用新型的优选方式；必要时，举例说明；有附图的，对照附图。

发明或者实用新型专利申请人应当按照前款规定的方式和顺序撰写说明书，并在说明书每一部分前面写明标题，除非其发明或者实用新型的性质用其他方式或者顺序撰写能节约说明书的篇幅并使他人能够准确理解其发明或者实用新型。

发明或者实用新型说明书应当用词规范、语句清楚，并不得使用“如权利要求……所述的……”一类的引用语，也不得使用商业性宣传用语。

发明专利申请包含一个或者多个核苷酸或者氨基酸序列的，说明书应当包括符合国务院专利行政部门规定的序列表。申请人应当将该序列表作为说明书的一个单独部分提交，并按照国务院专利行政部门的规定提交该序列表的计算机可读形式的副本。

实用新型专利申请说明书应当有表示要求保护的产品的形状、构造或者其结合的附图。

第十八条 发明或者实用新型的几幅附图应当按照“图1，图2，……”顺序编号排列。

发明或者实用新型说明书文字部分中未提及的附图标记不得在附图中出

现，附图中未出现的附图标记不得在说明书文字部分中提及。申请文件中表示同一组成部分的附图标记应当一致。

附图中除必需的词语外，不应当含有其他注释。

第十九条 权利要求书应当记载发明或者实用新型的技术特征。

权利要求书有几项权利要求的，应当用阿拉伯数字顺序编号。

权利要求书中使用的科技术语应当与说明书中使用的科技术语一致，可以有化学式或者数学式，但是不得有插图。除绝对必要的外，不得使用“如说明书……部分所述”或者“如图……所示”的用语。

权利要求中的技术特征可以引用说明书附图中相应的标记，该标记应当放在相应的技术特征后并置于括号内，便于理解权利要求。附图标记不得解释为对权利要求的限制。

第二十三条 说明书摘要应当写明发明或者实用新型专利申请所公开内容的概要，即写明发明或者实用新型的名称和所属技术领域，并清楚地反映所要解决的技术问题、解决该问题的技术方案的要点以及主要用途。

说明书摘要可以包含最能说明发明的化学式；有附图的专利申请，还应当提供一幅最能说明该发明或者实用新型技术特征的附图。附图的大小及清晰度应当保证在该图缩小到 4 厘米 ×6 厘米时，仍能清晰地分辨出图中的各个细节。摘要文字部分不得超过 300 个字。摘要中不得使用商业性宣传用语。

第二十四条 申请专利的发明涉及新的生物材料，该生物材料公众不能得到，并且对该生物材料的说明不足以使所属领域的技术人员实施其发明的，除应当符合专利法和本细则的有关规定外，申请人还应当办理下列手续：

（一）在申请日前或者最迟在申请日（有优先权的，指优先权日），将该生物材料的样品提交国务院专利行政部门认可的保藏单位保藏，并在申请时或者最迟自申请日起 4 个月内提交保藏单位出具的保藏证明和存活证明；期满未提交证明的，该样品视为未提交保藏；

（二）在申请文件中，提供有关该生物材料特征的资料；

（三）涉及生物材料样品保藏的专利申请应当在请求书和说明书中写明该生物材料的分类命名（注明拉丁文名称）、保藏该生物材料样品的单位名称、地址、保藏日期和保藏编号；申请时未写明的，应当自申请日起 4 个月内补正；期满未补正的，视为未提交保藏。

第二十五条 发明专利申请人依照本细则第二十四条的规定保藏生物材料

样品的，在发明专利申请公布后，任何单位或者个人需要将该专利申请所涉及的生物材料作为实验目的使用的，应当向国务院专利行政部门提出请求，并写明下列事项：

（一）请求人的姓名或者名称和地址；

（二）不向其他任何人提供该生物材料的保证；

（三）在授予专利权前，只作为实验目的使用的保证。

第二十六条 专利法所称遗传资源，是指取自人体、动物、植物或者微生物等含有遗传功能单位并具有实际或者潜在价值的材料；专利法所称依赖遗传资源完成的发明创造，是指利用了遗传资源的遗传功能完成的发明创造。

就依赖遗传资源完成的发明创造申请专利的，申请人应当在请求书中予以说明，并填写国务院专利行政部门制定的表格。

2.《最高人民法院关于审理专利授权确权行政案件适用法律若干问题的规定（一）》

第六条 说明书未充分公开特定技术内容，导致在专利申请日有下列情形之一的，人民法院应当认定说明书及与该特定技术内容相关的权利要求不符合专利法第二十六条第三款的规定：

（一）权利要求限定的技术方案不能实施的；

（二）实施权利要求限定的技术方案不能解决发明或者实用新型所要解决的技术问题的；

（三）确认权利要求限定的技术方案能够解决发明或者实用新型所要解决的技术问题，需要付出过度劳动的。

当事人仅依据前款规定的未充分公开的特定技术内容，主张与该特定技术内容相关的权利要求符合专利法第二十六条第四款关于“权利要求书应当以说明书为依据”的规定的，人民法院不予支持。

第七条 所属技术领域的技术人员根据说明书及附图，认为权利要求有下列情形之一的，人民法院应当认定该权利要求不符合专利法第二十六条第四款关于清楚地限定要求专利保护的范围的规定：

（一）限定的发明主题类型不明确的；

（二）不能合理确定权利要求中技术特征的含义的；

（三）技术特征之间存在明显矛盾且无法合理解释的。

第八条 所属技术领域的技术人员阅读说明书及附图后，在申请日不能得到或者合理概括得出权利要求限定的技术方案的，人民法院应当认定该权利要求不符合专利法第二十六条第四款关于“权利要求书应当以说明书为依据”的规定。

第九条 以功能或者效果限定的技术特征，是指对于结构、组分、步骤、条件等技术特征或者技术特征之间的相互关系等，仅通过其在发明创造中所起的功能或者效果进行限定的技术特征，但所属技术领域的技术人员通过阅读权利要求即可直接、明确地确定实现该功能或者效果的具体实施方式的除外。

对于前款规定的以功能或者效果限定的技术特征，权利要求书、说明书及附图未公开能够实现该功能或者效果的任何具体实施方式的，人民法院应当认定说明书和具有该技术特征的权利要求不符合专利法第二十六条第三款的规定。

第十条 药品专利申请人在申请日以后提交补充实验数据，主张依赖该数据证明专利申请符合专利法第二十二条第三款、第二十六条第三款等规定的，人民法院应予审查。

第十一条 当事人对实验数据的真实性产生争议的，提交实验数据的一方当事人应当举证证明实验数据的来源和形成过程。人民法院可以通知实验负责人到庭，就实验原料、步骤、条件、环境或者参数以及完成实验的人员、机构等作出说明。

第十二条 人民法院确定权利要求限定的技术方案的技术领域，应当综合考虑主题名称等权利要求的全部内容、说明书关于技术领域和背景技术的记载，以及该技术方案所实现的功能和用途等。

第十三条 说明书及附图未明确记载区别技术特征在权利要求限定的技术方案中所能达到的技术效果的，人民法院可以结合所属技术领域的公知常识，根据区别技术特征与权利要求中其他技术特征的关系，区别技术特征在权利要求限定的技术方案中的作用等，认定所属技术领域的技术人员所能确定的该权利要求实际解决的技术问题。

被诉决定对权利要求实际解决的技术问题未认定或者认定错误的，不影响人民法院对权利要求的创造性依法作出认定。

二、部门规章及规范性文件

《专利审查指南》

第二部分　第二章　说明书和权利要求书

1. 引言

根据专利法第二十六条第一款的规定，一件发明专利申请应当有说明书（必要时应当有附图）及其摘要和权利要求书；一件实用新型专利申请应当有说明书（包括附图）及其摘要和权利要求书。说明书和权利要求书是记载发明或者实用新型及确定其保护范围的法律文件。说明书及附图主要用于清楚、完整地描述发明或者实用新型，使所属技术领域的技术人员能够理解和实施该发明或者实用新型。权利要求书应当以说明书为依据，清楚、简要地限定要求专利保护的范围。根据专利法第五十九条第一款的规定，发明或者实用新型专利权的保护范围以其权利要求的内容为准，说明书及附图可以用于解释权利要求的内容。

2. 说明书

专利法第二十六条第三款和专利法实施细则第十七条分别对说明书的实质性内容和撰写方式作了规定。

2.1 说明书应当满足的要求

专利法第二十六条第三款规定，说明书应当对发明或者实用新型作出清楚、完整的说明，以所属技术领域的技术人员能够实现为准。说明书对发明或者实用新型作出的清楚、完整的说明，应当达到所属技术领域的技术人员能够实现的程度。也就是说，说明书应当满足充分公开发明或者实用新型的要求。

2.1.1 清楚

说明书的内容应当清楚，具体应满足下述要求：（1）主题明确。说明书应当从现有技术出发，明确地反映出发明或者实用新型想要做什么和如何去做，使所属技术领域的技术人员能够确切地理解该发明或者实用新型要求保护的主题。换句话说，说明书应当写明发明或者实用新型所要解决的技术问题以及解决其技术问题采用的技术方案，并对照现有技术写明发明或者实用新型的有益效果。上述技术问题、技术方案和有益效果应当相互适应，不得出现相互矛盾或不相关联的情形。（2）表述准确。说明书应当使用发明或者实用新型所属技术领域的技术术语。说明书的表述应当准确地表达发明或者实用新型的技术内容，不得含糊不清或者模棱两可，以致所属技术领域的技术人员不能清楚、正确地理解该发明或者实用新型。

2.1.2 完整

完整的说明书应当包括有关理解、实现发明或者实用新型所需的全部技术内容。一份完整的说明书应当包含下列各项内容:（1）帮助理解发明或者实用新型不可缺少的内容。例如，有关所属技术领域、背景技术状况的描述以及说明书有附图时的附图说明等。（2）确定发明或者实用新型具有新颖性、创造性和实用性所需的内容。例如，发明或者实用新型所要解决的技术问题，解决其技术问题采用的技术方案和发明或者实用新型的有益效果。（3）实现发明或者实用新型所需的内容。例如，为解决发明或者实用新型的技术问题而采用的技术方案的具体实施方式。对于克服了技术偏见的发明或者实用新型，说明书中还应当解释为什么说该发明或者实用新型克服了技术偏见，新的技术方案与技术偏见之间的差别以及为克服技术偏见所采用的技术手段。应当指出，凡是所属技术领域的技术人员不能从现有技术中直接、唯一地得出的有关内容，均应当在说明书中描述。

2.1.3 能够实现

所属技术领域的技术人员能够实现，是指所属技术领域的技术人员按照说明书记载的内容，就能够实现该发明或者实用新型的技术方案，解决其技术问题，并且产生预期的技术效果。说明书应当清楚地记载发明或者实用新型的技术方案，详细地描述实现发明或者实用新型的具体实施方式，完整地公开对于理解和实现发明或者实用新型必不可少的技术内容，达到所属技术领域的技术人员能够实现该发明或者实用新型的程度。

3. 权利要求书

权利要求书应当以说明书为依据，清楚、简要地限定要求专利保护的范围。权利要求书应当记载发明或者实用新型的技术特征，技术特征可以是构成发明或者实用新型技术方案的组成要素，也可以是要素之间的相互关系。专利法第二十六条第四款和专利法实施细则第十九条至第二十二条对权利要求的内容及其撰写作了规定。

3.2 权利要求书应当满足的要求

专利法第二十六条第四款规定，权利要求书应当以说明书为依据，清楚、简要地限定要求专利保护的范围。专利法实施细则第十九条第一款规定，权利要求书应当记载发明或者实用新型的技术特征。

3.2.1 以说明书为依据

权利要求书应当以说明书为依据，是指权利要求应当得到说明书的支持。权利要求书中的每一项权利要求所要求保护的技术方案应当是所属技术领域的技术人员能够从说明书充分公开的内容中得到或概括得出的技术方案，并且不得超出说明书公开的范围。

3.2.2 清楚

权利要求书是否清楚，对于确定发明或者实用新型要求保护的范围是极为重要的。权利要求书应当清楚，一是指每一项权利要求应当清楚，二是指构成权利要求书的所有权利要求作为一个整体也应当清楚。

3.2.3 简要

权利要求书应当简要，一是指每一项权利要求应当简要，二是指构成权利要求书的所有权利要求作为一个整体也应当简要。例如，一件专利申请中不得出现两项或两项以上保护范围实质上相同的同类权利要求。权利要求的数目应当合理。在权利要求书中，允许有合理数量的限定发明或者实用新型优选技术方案的从属权利要求。权利要求的表述应当简要，除记载技术特征外，不得对原因或者理由作不必要的描述，也不得使用商业性宣传用语。为避免权利要求之间相同内容的不必要重复，在可能的情况下，权利要求应尽量采取引用在前权利要求的方式撰写。

条文释义

一、本条主旨

本条是关于对申请发明或者实用新型专利应当提交的基本文件及其内容要求的规定。

二、条文演变

1984年《专利法》第26条规定：“申请发明或者实用新型专利的，应当提交请求书、说明书及其摘要和权利要求书等文件。请求书应当写明发明或者实用新型的名称，发明人或者设计人的姓名，申请人姓名或者名称、地址，以及其他事项。说明书应当对发明或者实用新型作出清楚、完整的说明，以所属技术领域的技术人员能够实现为准；必要的时候，应当有附图。摘要应当简要说明发明或者实用新型的技术要点。权利要求书应当以说明书为依据，说明要求专利保护的范围。”

2008 年修改《专利法》时将该条第 2 款修改为：“请求书应当写明发明或者实用新型的名称，发明人的姓名，申请人姓名或者名称、地址，以及其他事项。”将第 4 款修改为：“权利要求书应当以说明书为依据，清楚、简要地限定要求专利保护的范围。”并增加一款，作为第 5 款：“依赖遗传资源完成的发明创造，申请人应当在专利申请文件中说明该遗传资源的直接来源和原始来源；申请人无法说明原始来源的，应当陈述理由。”2020 年修改《专利法》未再对本条作修改。

三、条文解读

（一）应当提交的文件

本条第 1 款规定了申请发明或者实用新型专利应当提交规定的专利申请文件，包括请求书、说明书及其摘要和权利要求书等，以及按照国务院专利行政部门规定应当提交的其他有关文件，如委托专利代理机构办理专利申请的，应当提交委托书；要求享受优先权的，应当提交优先权的有关证明文件；要求申请费用减缓的，应当提交费用减缓请求书等。

（二）请求书

本条第 2 款规定了请求书应当记载的事项，一般包括以下内容。

第一，发明或者实用新型的名称。发明的名称应当简短、准确地表明发明的技术主题。发明的名称中不应含有非技术词语，也不应有含糊不清的词语，以及使用笼统的词语作为发明的名称。

第二，发明人的姓名。发明人应当是对发明或者实用新型的实质性特点作出创造性贡献的人。

第三，申请人的姓名或者名称、地址。申请人可以是个人，也可以是单位。请求书中的地址，应当符合邮件能够迅速、准确地投递的要求。

第四，如果委托专利代理机构办理的，应当填写专利代理机构的全称、机构代码以及该机构指定的专利代理人的姓名。

第五，其他事项。请求书中的其他事项一般包括：（1）申请人的国籍；（2）申请人是企业或者其他组织的，其总部所在的国家；（3）申请人委托专利代理机构的，应当注明的有关事项；（4）要求优先权的，申请人第一次提出专利申请的申请日、申请号以及原受理机构的名称；（5）申请人或者专利代理机构的签字或者盖章；（6）申请文件清单；（7）附件文件清单；（8）其他需要注明的有关事项。申请人有两个以上而未委托专利代理机构的，应当指定一人为代表人。

（三）说明书

本条第3款是对说明书的要求，说明书是申请人对申请专利的发明或者实用新型所作的书面说明，是专利申请的最基本的文件，是一项发明创造申请专利的基础。因而，对于说明书的撰写有严格的要求，主要包括以下几方面的要求。

第一，对发明或者实用新型作出清楚、完整的说明。"清楚"，是指主题明确、用词准确。"完整"，是指说明书不得缺少理解、再现发明或者实用新型所必不可少的内容，如技术领域、背景技术、发明内容、附图说明、实施方式等，《专利法实施细则》和《专利审查指南》对此作出了更为具体的规定。

第二，以所属技术领域的技术人员能够实现为准。"所属技术领域"，指的是发明或者实用新型直接所属或者直接应用的具体技术领域，而不是上位的或者相邻的技术领域。"实现"，是指所属领域的技术人员按照说明书记载的内容，不需要创造性的劳动，就能够再现该发明或者实用新型的技术方案，并能够达到预期的效果。

第三，必要的时候，应当有附图。附图有助于直观地理解发明或者实用新型的每个技术特征和整体技术方案。用文字足以清楚地描述发明技术方案的，可以没有附图。

说明书摘要是发明或者实用新型说明书的内容提要，它的作用仅仅是用来检索发明或者实用新型的内容，不具有任何法律效力，不属于原始公开的内容，不能作为修改说明书和权利要求书的根据，也不能用来限定专利权的保护范围。

(四)权利要求书

权利要求书即申请人要求专利保护的范围。按照本条的规定,权利要求书应当以说明书为依据,清楚、简要地限定要求专利保护的范围。

第一,以说明书为依据。"以说明书为依据"指的是权利要求书中的每一项权利要求所要求保护的技术方案,应当是所属技术领域的技术人员能够从说明书充分公开的内容中得到或合理概括得到的技术方案,并且不得超出说明书公开的范围。

第二,清楚、简要地限定要求专利保护的范围。由于权利要求书体现的是专利的保护范围,具有划定专利权边界的法律效力,既是判断是否构成侵害专利权的法定依据,也是对专利权提出无效宣告的对象。因此,发明或者实用新型的全部技术特征必须清楚、简要地记载在权利要求书中。"清楚"与说明书的要求相同,即主题明确、用词准确;"简要"即要求突出重点、简单明了。

(五)对依赖遗传资源完成的发明创造的文件要求

本条第5款规定,依赖遗传资源完成的发明创造,申请人应当在专利申请文件中说明该遗传资源的直接来源和原始来源;申请人无法说明原始来源的,应当陈述理由。

为了有效保护遗传资源,《专利法》在总则第5条中规定,违反法律、行政法规的规定获取或者利用遗传资源,并依赖该遗传资源完成的发明创造,不授予专利权,并在本条中相应地对这类发明创造的专利申请人的说明义务作出了规定,即依赖遗传资源完成的发明创造,申请人应当在专利申请文件中说明该遗传资源的直接来源和原始来源;申请人无法说明原始来源的,应当陈述理由。

第一,"遗传资源的直接来源",是指获取遗传资源的直接渠道,即直接提供该遗传资源的国家、地区及提供者。直接提供该遗传资源的国家、地区可以是原产地,也可以是非原产地;提供者可以是拥有该遗传资源的生产者、政府组织,也可以是各种基因银行、研究机构或者企业组织等。申请人说明遗传资源的直接来源,应当提供获取该遗传资源的时间、地点、方式、提供者等信息。因为要完成发明创造,申请人不可能不知道遗传资源的直接来源。揭示遗传资源的直接来源,是专利法对申请人应当充分公开其技术方案,以保证所属相同领域的技术人员能够实施该技术的必然要求。如果不公开直接来源，所属相同领域的技术人员无法获得实施其专利所必须的原材料，则无法验证其专利的有效性，该专利申请将被驳回。

第二，“遗传资源的原始来源”，是指遗传资源所属的生物体在原生环境中的采集地。遗传资源所属的生物体为自然生长的生物体的，原生环境是指该生物体的自然生长环境；遗传资源所属的生物体为培植或者驯化的生物体的，原生环境是指该生物体形成其特定性状或者特征的环境。对于遗传资源的原始来源，申请人应当说明，如采集该遗传资源所属的生物体的时间、地点、采集者等信息；如果因为特殊原因不能说明原始来源的，申请人应当陈述理由，必要时提供有关证据，如指明是直接提供者不告知原始来源等。

在《生物多样性公约》确立的三大原则中，事前知情同意原则是国家主权原则和惠益分享原则的基础和前提。我国在《专利法》中规定专利申请人对遗传资源来源的说明义务，也是落实知情同意原则的有效措施，有利于国家掌握本国的遗传资源利用状况。本款与本法第5条的规定以及我国遗传资源保护的专门规定相互配合，有利于进一步强化对我国遗传资源的保护。

典型案例

宋某1、宋某2、宋某3与国家知识产权局实用新型专利申请驳回复审行政纠纷案

关键词：实用新型专利申请　驳回复审程序　说明书充分公开　审查对象

裁判摘要：关于专利说明书是否充分公开的判断，应当以权利要求限定的技术方案及其所要解决的技术问题为对象，以本领域技术人员阅读说明书后能否实现该技术方案和解决该技术问题为标准。说明书中与权利要求限定的技术方案及其所解决的技术问题无关的内容，对于说明书公开是否充分的判断一般不产生影响。

基本案情：宋某1、宋某2、宋某3认为，本申请说明书及附图结合现有技术已经对本实用新型作出了清楚、完整的说明，本领域技术人员能够实现本申请，本申请符合《专利法》第26条第3款的规定，故向北京知识产权法院提起诉讼，请求撤销第126394号复审请求审查决定（以下简称被诉决定），判

令国家知识产权局重新作出决定。一审法院认为，本申请说明书中关于“圆形支承墙”以及通过配重调节阻水板角度的记载是含糊不清的，根据说明书记载的内容无法实现，附图中也缺少实施该设想的具体产品结构，使得说明书及附图所记载的内容不能构成一个清楚完整的技术方案，因而不符合专利法第26条第3款的规定。宋某1、宋某2、宋某3不服，向最高人民法院提起上诉。最高人民法院于2021年12月3日判决撤销原判、被诉决定，国家知识产权局重新作出决定。

最高人民法院二审认为，专利说明书应该清楚、完整地描述发明或者实用新型的技术方案，使本领域技术人员能够理解和实施技术方案。专利说明书记载的内容并非必然针对权利要求所要求保护的内容，其可能承载超出权利保护范围的技术方案及其技术效果，实践中也普遍存在当事人基于同样的说明书分别要求多项权利的保护的情形。要求说明书充分公开，是因为专利权需要以技术方案的公开换取专有权的保护，由于授权的对象是权利要求所要求保护的技术方案，故判断说明书是否公开充分也应当针对权利要求所要求保护的技术方案及其所要解决的技术问题。对于说明书中虽有记载，但并非权利要求限定的技术方案及其所解决的技术问题，本技术领域技术人员能否实现该技术方案，解决该技术问题，不应当影响专利申请的授权。

本案中，尽管本申请整体要解决提高电能转换效率、减少能耗的问题，但系通过不同技术手段在不同层面解决减少能耗的问题，相互之间亦不存在协同作用的关系。宋某1、宋某2、宋某3在提交复审请求时修改的权利要求中，删除了原从属权利要求3–6中关于圆形支撑墙及通过配重调节阻水板角度的技术特征，该修改已经被国家知识产权局接受。就修改后保留的权利要求1、2而言，其并未涉及圆形支撑墙及通过配重调节阻水板的角度等技术特征，相应的技术效果亦并非本申请权利要求1、2限定的技术方案所要解决的技术问题，不应成为评价本申请说明书是否公开充分的对象。被诉决定的决定理由部分及一审判决仅以本领域技术人员不能清楚地知晓圆形支撑墙的具体结构及通过配重调节阻水板的角度如何实现为由认为本申请说明书公开不充分有所不当。申请人放弃在本申请中保护形成圆形支承墙及通过配重调节阻水板的技术手段后，本申请要求保护的技术方案不再要解决减少阻力杆转动过程中的阻力这一技术问题，说明书中仅清楚地记载通过安装减摩机构提高电能转换效率的实施方式并不会导致说明书公开不充分。因此，针对宋某1、宋某2、宋某3

修改后的权利要求，本申请说明书公开充分，符合《专利法》第26条第3款的规定。

【案　　号】（2020）最高法知行终520号

【审理法院】最高人民法院

【来　　源】《最高人民法院知识产权案件裁判要旨（2021）》

类案检索

一、任某某、孙某与国家知识产权局及苹果电子产品商贸（北京）有限公司、苹果电脑贸易（上海）有限公司发明专利权无效行政纠纷案

关键词：权利要求　数值范围特征　说明书支持

裁判摘要：以两组以上不同类型的数值范围技术特征共同限定保护范围的权利要求，如果本领域普通技术人员通过阅读说明书可以确定各数值范围技术特征之间存在相互对应关系，能够通过有限次实验得到符合发明目的的具体实施方式，且无须通过过度劳动即可排除不能实现发明目的的技术方案的，应当认为该权利要求能够得到说明书支持。

【案　　号】（2020）最高法知行终406号

【审理法院】最高人民法院

【来　　源】《最高人民法院知识产权案件年度报告（2020）》

二、国家知识产权局与伊拉兹马斯大学鹿特丹医学中心、罗杰·金登·克雷格发明专利申请驳回复审行政纠纷案

关键词：充分公开　说明书支持

裁判摘要：在专利实质审查程序中，既要重视对新颖性、创造性等实质授权条件的审查，又要重视说明书充分公开、权利要求应该得到说明书支持、修改超范围等授权条件的适用，使各种授权条件各司其职、各得其所，而不宜只关注新颖性、创造性等实质授权条件。根据专利实质审查的一般规律，原则上可以先审查判断专利申请是否符合说明书充分公开、权利要求应该得到说明书支持、修改超范围等授权条件，在此基础上再进行新颖性、创造性的判断，否则可能导致新颖性、创造性审查建立在不稳固的基础上，在程序上也是不经

济的。

【案　　号】(2019)最高法知行终127号

【审理法院】最高人民法院

【来　　源】《最高人民法院知识产权案件年度报告(2019)》

三、常熟纺织机械厂有限公司与国家知识产权局专利复审委员会等专利权无效行政纠纷案

关键词：专利说明书　清楚　完整

裁判摘要：判断专利说明书是否清楚、完整，应当以本领域技术人员是否理解技术方案并能够实现作为判断标准。如果本领域技术人员在阅读说明书公开的内容时，即能理解、发现并更正其错误，且该理解和更正并不会导致权利要求的技术方案发生变化，则应当允许对专利说明书中存在的错误予以更正。

【案　　号】(2016)最高法行再95号

【审理法院】最高人民法院

【来　　源】《最高人民法院知识产权案件年度报告(2017)》

第二十七条　申请外观设计专利的，应当提交申请书、该外观设计的图片或者照片以及对该外观设计的简要说明等文件。

申请人提交的有关图片或者照片应当清楚地显示要求专利保护的产品的外观设计。

关联规定

一、国际条约

《工业品外观设计国际注册海牙协定》

第5条　国际申请的内容

（1）[国际申请的必要内容]国际申请应使用规定的语言或规定的语言之一，并应包括或附具：

（i）依本文本提出的国际注册请求；

（ii）关于申请人的规定的数据；

（iii）以规定方式提交的提出国际申请的工业品外观设计的一件，或根据申请人的选择，几件不同复制件的规定份数的副本；但如果工业品外观设计是平面的，并且根据本条第（5）款提出了延迟公布请求的，则国际申请可附具工业品外观设计的规定份数的样本，而不包括复制件；

（iv）按规定对构成工业品外观设计的产品或将使用工业品外观设计的产品的说明；

（v）对被指定的缔约方的说明；

（vi）规定的费用；

（vii）任何其他规定的细节。

二、法律、行政法规、司法解释

1.《中华人民共和国专利法实施细则》

第二十七条　申请人请求保护色彩的，应当提交彩色图片或者照片。

申请人应当就每件外观设计产品所需要保护的内容提交有关图片或者照片。

第二十八条 外观设计的简要说明应当写明外观设计产品的名称、用途，外观设计的设计要点，并指定一幅最能表明设计要点的图片或者照片。省略视图或者请求保护色彩的，应当在简要说明中写明。

对同一产品的多项相似外观设计提出一件外观设计专利申请的，应当在简要说明中指定其中一项作为基本设计。

简要说明不得使用商业性宣传用语，也不能用来说明产品的性能。

第二十九条 国务院专利行政部门认为必要时，可以要求外观设计专利申请人提交使用外观设计的产品样品或者模型。样品或者模型的体积不得超过30厘米 ×30厘米 ×30厘米，重量不得超过15公斤。易腐、易损或者危险品不得作为样品或者模型提交。

2.《最高人民法院关于审理专利授权确权行政案件适用法律若干问题的规定（一）》

第十五条 外观设计的图片、照片存在矛盾、缺失或者模糊不清等情形，导致一般消费者无法根据图片、照片及简要说明确定所要保护的外观设计的，人民法院应当认定其不符合专利法第二十七条第二款关于“清楚地显示要求专利保护的产品的外观设计”的规定。

三、部门规章及规范性文件

1.《关于规范专利申请行为的若干规定》

第二条 提交或者代理提交专利申请的，应当遵照法律、法规和规章的有关规定，恪守诚实信用原则，不得从事非正常申请专利的行为。

2.《专利审查指南》

第一部分 第三章 外观设计专利申请的初步审查

4 外观设计专利申请的申请文件的审查

4.1 请求书

使用外观设计的产品名称对图片或者照片中表示的外观设计所应用的产品种类具有说明作用。使用外观设计的产品名称应当与外观设计图片或者照片中表示的外观设计相符合，准确、简明地表明要求保护的产品的外观设计。产品名称一般应当符合国际外观设计分类表中小类列举的名称。产品名称一般不得超过 20 个字。

4.2 外观设计图片或者照片

就立体产品的外观设计而言，产品设计要点涉及六个面的，应当提交六面正投影视图；产品设计要点仅涉及一个或几个面的，应当至少提交所涉及面的正投影视图和立体图，并应当在简要说明中写明省略视图的原因。

4.3 简要说明

简要说明应当包括下列内容：

（1）外观设计产品的名称。简要说明中的产品名称应当与请求书中的产品名称一致。

（2）外观设计产品的用途。简要说明中应当写明有助于确定产品类别的用途。对于具有多种用途的产品，简要说明应当写明所述产品的多种用途。

（3）外观设计的设计要点。设计要点是指与现有设计相区别的产品的形状、图案及其结合，或者色彩与形状、图案的结合，或者部位。对设计要点的描述应当简明扼要。

（4）指定一幅最能表明设计要点的图片或者照片。指定的图片或者照片用于出版专利公报。

4.4 涉及图形用户界面的产品外观设计

涉及图形用户界面的产品外观设计是指产品设计要点包括图形用户界面的设计。

4.4.1 产品名称

包括图形用户界面的产品外观设计名称，应表明图形用户界面的主要用途和其所应用的产品，一般要有“图形用户界面”字样的关键词，动态图形用户界面的产品名称要有“动态”字样的关键词。如：“带有温控图形用户界面的冰箱”“手机的天气预报动态图形用户界面”“带视频点播图形用户界面的显示屏幕面板”。

不应笼统仅以“图形用户界面”名称作为产品名称，如：“软件图形用户界面”“操作图形用户界面”。

4.4.2 外观设计图片或照片

包括图形用户界面的产品外观设计应当满足本部分第三章第 4.2 节的规定。对于设计要点仅在于图形用户界面的，应当至少提交一幅包含该图形用户界面的显示屏幕面板的正投影视图。

如果需要清楚地显示图形用户界面设计在最终产品中的大小、位置和比例关系，需要提交图形用户界面所涉及面的一幅正投影最终产品视图。

图形用户界面为动态图案的，申请人应当至少提交一个状态的图形用户界面所涉及面的正投影视图作为主视图；其余状态可仅提交图形用户界面关键帧的视图作为变化状态图，所提交的视图应能唯一确定动态图案中动画完整的变化过程。标注变化状态图时，应根据动态变化过程的先后顺序标注。

对于用于操作投影设备的图形用户界面，除提交图形用户界面的视图之外，还应当提交至少一幅清楚显示投影设备的视图。

4.4.3 简要说明

包括图形用户界面的产品外观设计应在简要说明中清楚说明图形用户界面的用途，并与产品名称中体现的用途相对应。如果仅提交了包含该图形用户界面的显示屏幕面板的正投影视图，应当穷举该图形用户界面显示屏幕面板所应用的最终产品，例如，“该显示屏幕面板用于手机、电脑”。必要时说明图形用户界面在产品中的区域、人机交互方式以及变化过程等。

条文释义

一、本条主旨

本条是关于申请外观设计专利应当提交的申请文件的规定。

二、条文演变

1984年《专利法》第27条规定：“申请外观设计专利的，应当提交请求书以及该外观设计的图片或者照片等文件，并且应当写明使用该外观设计的产品及其所属的类别。”《专利法》经过了1992年、2000年、2008年、2020年四次修改，该条一直为第27条。期间，1992年及2000年的两次修改中，均没有对该条进行修改。

2008年《专利法》修改时，对该条内容进行了修改，规定为两款，第1款规定，申请外观设计专利的，应当提交请求书、该外观设计的图片或者照片以及对该外观设计的简要说明等文件。第2款规定，申请人提交的有关图片或者照片应当清楚地显示要求专利保护的产品的外观设计。与1984年《专利法》

该条相比较，删除了关于“外观设计申请文件应当写明使用该外观设计的产品及其所属的类别”的规定，同时增加规定“外观设计专利的申请文件必须包括对外观设计的简要说明”以及“应当清楚地显示要求专利保护的产品的外观设计”。即对外观设计专利申请的图片或者照片提出了实质性要求。

2020年《专利法》修改对该条未作变动。

三、条文解读

本条包含两方面内容：一是明确了申请外观设计专利提交的必备文件目录，二是对申请文件中的图片或者照片提出了实质性的要求。

申请外观设计专利应当提交的申请文件有请求书、该外观设计的图片或者照片以及对该外观设计的简要说明等文件。请求书中应当记载使用外观设计的产品名称、设计人、申请人、联系人、代表人、专利代理机构、专利代理人、地址等事项。使用外观设计的产品名称、申请人、联系人、地址为必备记载事项，其余依据不同的申请情况择其记载。比如，如果申请人只有一人的，则无代表人内容，如果没有委托专利代理机构的，则无须记载相关内容。值得注意的是，使用外观设计的产品名称尤为重要，其对图片或者照片中表示的外观设计所应用的产品种类具有说明作用，该产品名称应当与外观设计图片或者照片中表示的外观设计相符合，准确、简明地表明要求保护的产品的外观设计。

申请文件的图片或者照片的实质性要求是清楚地显示要求专利保护的产品的外观设计。根据《专利法》第2条第4款的规定，外观设计，是指对产品整体或者局部的形状、图案或者其结合以及色彩与形状、图案的结合所作出的富有美感并适于工业应用的新设计。无论是形状、图案、色彩还是其结合，以及该外观设计是否具有美感，都可以通过图片或者照片直观地反映出来，因此，图片或者照片是判断是否存在现有设计、能否授予外观设计专利权的最主要依据。图片或者照片“清楚”是指图片或者照片应当清晰、准确，能够全面反映外观设计的特征。一般应提交立体图及六面视图，有的还可以提交使用状态参考图，对于某些对称型设计，如其前后、左右或上下对称且设计相同的，申请人无需提交六面视图，凡对称者提供其中之一视图即可。如果是申请立体外观设计专利，产品设计要求涉及六个面的，应当提交六面正投影图；产品设计要点仅涉及一个或几个面的，应当至少提交所涉及面的正投影视图和立体图；申请平面外观设计的，产品设计要点涉及一个面的，可以仅提交该面正投影视图；产品设计要点涉及两个面的，应当提交两面正投影视图。各视图的名称应当标注在相应视图下面。如果同时请求保护色彩的外观设计专利申请，应当提交彩色和黑白的图片或者照片各一份。申请保护色彩的，尽量避免用单一色彩。

外观设计的简要说明。简要说明应当包括外观设计产品的名称，该产品名称应当与请求书中的产品名称一致，外观设计产品的用途、设计要点、指定一幅最能表明设计要点的图片或者照片。简要说明是对产品图片或者照片的说明或限定，用来对外观设计产品的设计要点、省略视图以及请求保护色彩等情况进行扼要的描述，简要说明应当写明使用该外观设计的产品的主要创作部位、请求保护的色彩、省略视图等情况。简要说明不得使用商业性宣传用语，也不能用来说明产品的性能和用途。

此外，申请外观设计专利的，还应当提交国务院专利行政部门规定的或者要求提供的其他文件。

适用指引

申请外观专利时提交的申请文件，是确定是否应当授权以及在侵权案件中确定其保护范围的重要依据。

一、外观设计图片或照片与外观专利产品

外观设计应当清楚地显示请求保护的产品的外观设计。外观设计专利图片或者照片的清楚性要求，既可构成授权程序初步审查驳回申请的理由，也可构成外观设计专利无效宣告的理由。如果图片或照片不能清楚地显示请求保护的产品的外观设计，则难以确定外观设计专利权的保护范围，亦难以清楚界定侵害外观设计专利权的行为。因此，图片或照片应当满足清楚地显示请求保护产品的外观设计的法定要求。

外观设计专利在申请过程中可以对图片或者照片进行修改，但最终应当以授权公告中记载的图片或者照片为准。外观设计图片或者照片是否能够充分显示其外观设计产品，提交的视图数量的充足性以及视图清晰度是一个重要因素。但是，外观设计的视图是否满足“清楚地显示要求专利保护的产品的外

观设计”的要求，不能仅仅以视图的数量来衡量。比如，对于立体产品的外观设计，倘若提交的六面正投影视图，不足以使一般消费者毫无疑义地得出该产品的外观设计内容，则仍应认为未能满足“清楚地显示”这一法定要求。因此，提交图片或者照片的数量并非一概而论，而是应当根据具体产品外观设计的不同情况增加有效视图以达到清楚表达的内容，如提交立体图或剖视图、剖面图，展开图、放大图、变化状态图以及使用状态参考图，涉及图形用户界面的产品应当至少提交一幅包含该图形用户界面的显示屏幕面板的正投影图。

如果外观设计专利未要求保护色彩，则外观设计视图中表现的色彩不构成与现有设计或者被诉侵权设计色彩的区别。

二、本条与《专利法》第 64 条第 2 款的关联适用关系

《专利法》第 64 条第 2 款规定，外观设计专利权的保护范围以表示在图片或者照片中的该产品的外观设计为准，简要说明可以用于解释图片或者照片所表示的该产品的外观设计。由此可知，本条的图片或者照片以及简要说明是外观设计专利的重要法律文件，其作用不仅在于披露外观设计的设计方案，还在于是确定外观设计保护范围的具体依据。

第一，图片或者照片对确定权利保护范围的影响。图片或者照片对外观设计专利权的授予和保护具有至关重要的意义。缺少图片或者照片等视图的，专利行政部门将不受理其申请。如果发生外观设计专利侵权纠纷，申请人在申请外观设计专利时提供的图片或者照片就是维护其专利权最有力的武器。为了准确表达所要求保护的产品的外观设计，申请人提交申请文件时可以选择提交图片或者照片，选择提交图片还是照片各有优劣，拍摄照片会比绘制图片更为便捷，但是，照片与图片相比，一个比较明显的缺点就是在照片中可能会融入更多的设计细节，结果有可能导致所获得的保护范围变小，当申请人对一种产品外观的创新主要在于产品某一部分的形状、图案、色彩或者其结合局部改进时，采用图片的方式能够使申请更加突出重点，能够获得较宽的保护范围。

第二，简要说明可以用于解释图片或者照片所表示的该产品的外观设计。《专利法实施细则》第 28 条第 1 款规定：“外观设计的简要说明应当写明外观

设计产品的名称、用途、外观设计的设计要点，并指定一幅最能表明设计要点的图片或者照片。省略视图或者请求保护色彩的，应当在简要说明中写明。”申请外观设计专利时须提交简要说明并在简要说明中写明设计要点，此项撰写要求在一定程度上有助于公众了解日后获得授权的外观设计相对于现有设计的区别设计特征，同时，在图片或者照片所确定的保护范围不明确时，简要说用具有一定的解释功能。申请人在撰写简要说明时，也可以写入对确定其保护范围有用的其他信息，如使用状态的形状变化、外观设计属于成套产品的，写明各套件所对应的产品名称等。

类案检索

一、上诉人上海信闳服饰有限公司与被上诉人国家知识产权局、原审第三人江苏AB集团股份有限公司、兔皇羊绒有限公司外观设计专利权无效行政纠纷案

关键词： 图片或照片　清楚显示

裁判摘要： 外观设计的图片或照片的作用不仅在于披露外观设计的设计方案，还在于是确定外观设计保护范围的主要依据。如果图片或照片不能清楚显示请求保护的产品的外观设计，则难以确定专利权的保护范围，亦难以清楚界定侵害外观设计专利权的行为。因此，图片或照片应当满足清楚地显示请求保护产品的外观设计的要求。

【案　　号】（2020）最高法知行终440号

【审理法院】 最高人民法院

【来　　源】 中国裁判文书网

二、上诉人深圳市良马知识产权服务有限公司与被上诉人国家知识产权局、原审第三人刘某某外观设计专利权无效行政纠纷案

关键词： 设计特征　清楚表达

裁判摘要： 专利权人在提出外观设计专利申请时，所提交的图片或者照片应该能够清楚、确定地表达出设计特征，不应存在因表达不清楚而使设计特征

出现多种可能性的情形。外观设计公告图片中的各个视图是从不同角度对同一产品外观的展现，同一产品外观设计的各个视图之间并非相互排斥的关系，而是可以用于相互补充或解释。产品的外观设计特征应以该产品在正常使用时能够被直接观察到的特征为准。

【案　　号】（2020）最高法知行终416号

【审理法院】最高人民法院

【来　　源】中国裁判文书网

第二十八条　国务院专利行政部门收到专利申请文件之日为申请日。如果申请文件是邮寄的，以寄出的邮戳日为申请日。

关联规定

一、国际条约

《与贸易有关的知识产权协定》

第29条　专利申请人的条件

1. 各成员应要求专利申请人以足够清晰和完整的方式披露其发明，使该专业的技术人员能够实施该发明，并可要求申请人在申请之日，或在要求优先权的情况下在申请的优先权日，指明发明人所知的实施该发明的最佳方式。

2. 各成员可要求专利申请人提供关于申请人相应的国外申请和授予情况的信息。

二、法律、行政法规、司法解释

《中华人民共和国专利法实施细则》

第四条第一款　向国务院专利行政部门邮寄的各种文件，以寄出的邮戳日为递交日；邮戳日不清晰的，除当事人能够提出证明外，以国务院专利行政部门收到日为递交日。

第五条　专利法和本细则规定的各种期限的第一日不计算在期限内。期限以年或者月计算的，以其最后一月的相应日为期限届满日；该月无相应日的，以该月最后一日为期限届满日；期限届满日是法定休假日的，以休假日后的第一个工作日为期限届满日。

第四十条　说明书中写有对附图的说明但无附图或者缺少部分附图的，申请人应当在国务院专利行政部门指定的期限内补交附图或者声明取消对附图的说明。申请人补交附图的，以向国务院专利行政部门提交或者邮寄附图之日为申请日；取消对附图的说明的，保留原申请日。

第四十一条 两个以上的申请人同日（指申请日；有优先权的，指优先权日）分别就同样的发明创造申请专利的，应当在收到国务院专利行政部门的通知后自行协商确定申请人。

同一申请人在同日（指申请日）对同样的发明创造既申请实用新型专利又申请发明专利的，应当在申请时分别说明对同样的发明创造已申请了另一专利；未作说明的，依照专利法第九条第一款关于同样的发明创造只能授予一项专利权的规定处理。

国务院专利行政部门公告授予实用新型专利权，应当公告申请人已依照本条第二款的规定同时申请了发明专利的说明。

发明专利申请经审查没有发现驳回理由，国务院专利行政部门应当通知申请人在规定期限内声明放弃实用新型专利权。申请人声明放弃的，国务院专利行政部门应当作出授予发明专利权的决定，并在公告授予发明专利权时一并公告申请人放弃实用新型专利权声明。申请人不同意放弃的，国务院专利行政部门应当驳回该发明专利申请；申请人期满未答复的，视为撤回该发明专利申请。

实用新型专利权自公告授予发明专利权之日起终止。

第一百零二条 按照专利合作条约已确定国际申请日并指定中国的国际申请，视为向国务院专利行政部门提出的专利申请，该国际申请日视为专利法第二十八条所称的申请日。

三、部门规章及规范性文件

《专利审查指南》

第五部分 第三章 受理

2.3.1 受理程序

确定申请日：向专利局受理处或者代办处窗口直接递交的专利申请，以收到日为申请日；通过邮局邮寄递交到专利局受理处或者代办处的专利申请，以信封上的寄出邮戳日为申请日；寄出的邮戳日不清晰无法辨认的，以专利局受理处或者代办处收到日为申请日，并将信封存档。通过速递公司递交到专利局受理处或者代办处的专利申请，以收到日为申请日。邮寄或者递交到专利局非受理部门或者个人的专利申请，其邮寄日或者递交日不具有确定申请日的效力，如果该专利申请被转送到专利局受理处或者代办处，以受理处或者代办处实际收到日为申请日。分案申请以原申请的申请日为申请日，并在请求书上记载分案申请递交日。

条文释义

一、本条主旨

本条是关于确定专利申请日的规定。

二、条文演变

1984年《专利法》第28条规定，专利局收到专利申请文件之日为申请日。如果申请文件是邮寄的，以寄出的邮戳日为申请日。1984年《专利法》即对专利申请日作了规定。

1992年《专利法》对此条未作修改。

2000年《专利法》修改时仅将"专利局"变更为"国务院专利行政部门"。

2008年、2020年《专利法》修改时对该条未作变动。

三、条文解读

专利申请日即专利申请人向国务院专利行政部门提出专利申请的日期。申请日的确定对于专利申请人具有重要意义，从专利授权、确权的角度看，主要表现在以下七个方面。

第一，确定专利申请的先后。我国采取的是先申请原则，根据《专利法》第9条的规定，两个以上的申请人分别就同样的发明创造申请专利的，专利权授予最先申请的人。

第二，判断发明和实用新型专利申请是否符合新颖性、创造性授权条件的时间界限。新颖性，是指该发明或者实用新型不属于申请日以前在国内外为公众所知的技术；也没有任何单位或者个人就同样的发明或者实用新型在申请日以前向国务院专利行政部门提出过申请，并记载在申请日以后公布的专利申请文件或者公告的专利文件中；创造性，是指与申请日以前在国内外为公众所知的技术相比，该发明具有突出的实质性特点和显著的进步，该实用新型具有实质性特点和进步。应该说，申请日为以上授权标准清晰地划出了一条界限，且“泾渭分明”。

第三，判断外观设计专利申请是否符合授权条件的时间界限。根据《专利法》第23条的规定，授予专利权的外观设计，应当不属于申请日以前在国内外为公众所知的设计，也没有任何单位或者个人就同样的外观设计在申请日以前向国务院专利行政部门提出过申请，并记载在申请日以后公告的专利文件中。授予专利权的外观设计与现有设计或者现有设计特征的组合相比，应当具有明显区别。授予专利权的外观设计不得与他人在申请日以前已经取得的合法权利相冲突。同理，在专利确权程序中，请求人以专利不具备新颖性、创造性为由挑战专利有效性的，所提交的对比文件应当是申请日之前的。

第四，确定优先权日。根据《专利法》第29条的规定，申请人自发明或者实用新型在外国第一次提出专利申请之日起12个月内，或者自外观设计在外国第一次提出专利申请之日起6个月内，又在我国就相同主题提出专利申请的，依照该外国同我国签订的协议或者共同参加的国际条约，或者依照相互承认优先权的原则，可以享有优先权。申请人自发明或者实用新型在我国第一次提出专利申请之日起12个月内，或者自外观设计在我国第一次提出专利申请之日起6个月内，又向国务院专利行政部门就相同主题提出专利申请的，可以享有优先权。据此，符合上述条件的专利申请日构成优先权日。

第五，确定发明专利申请的公布和实质审查时间。根据《专利法》第34条的规定，国务院专利行政部门收到发明专利申请后，经初步审查认为符合本法要求的，自申请日起满18个月，即行公布。根据《专利法》第35条的规定，发明专利申请自申请日起3年内，国务院专利行政部门可以根据申请人随时提出的请求，对其申请进行实质审查；申请人无正当理由逾期不请求实质审查的，该申请即被视为撤回。

第六，判断先用权的时间节点和确定专利权的期限。根据《专利法》第75条第2项的规定，在专利申请日前已经制造相同产品、使用相同方法或者已经作好制造、使用的必要准备，并且仅在原有范围内继续制造、使用的。根据《专利法》第42条的规定，发明专利权的期限为20年，实用新型专利权的期限为10年，外观设计专利权的期限为15年，均自申请日起计算。故专利保护的起算点是申请日，而非授权日。

第七，确定强制许可的期限及专利权期限补偿的起算日。根据《专利法》

第53条第1项的规定，专利权人自专利权被授予之日起满三年，且自提出专利申请之日起满四年，无正当理由未实施或者未充分实施其专利的，国务院专利行政部门根据具备实施条件的单位或者个人的申请，可以给予实施发明专利或者实用新型专利的强制许可。根据《专利法》第42条第2款的规定，自发明专利申请日起满4年，且自实质审查请求之日起满3年后授予发明专利权的，国务院专利行政部门应专利权人的请求，就发明专利在授权过程中的不合理延迟给予专利权期限补偿，但由申请人引起的不合理延迟除外。

需要注意的是，对于本条理解的重点，应落脚在国务院专利行政部门收到专利申请文件之日。国务院专利行政部门收到专利申请文件，是指收到符合法律规定要求的文件，如果收到的法定申请文件不齐的，不能确定为申请日。

寄出的邮戳日，是指申请人发出申请文件当地的邮戳日。如果信封上寄出的邮戳日不清晰的，除申请人能够提出证明以外，以国务院专利行政部门收到日为申请日。

第二十九条　申请人自发明或者实用新型在外国第一次提出专利申请之日起十二个月内，或者自外观设计在外国第一次提出专利申请之日起六个月内，又在中国就相同主题提出专利申请的，依照该外国同中国签订的协议或者共同参加的国际条约，或者依照相互承认优先权的原则，可以享有优先权。

申请人自发明或者实用新型在中国第一次提出专利申请之日起十二个月内，或者自外观设计在中国第一次提出专利申请之日起六个月内，又向国务院专利行政部门就相同主题提出专利申请的，可以享有优先权。

关联规定

一、国际条约

《保护工业产权巴黎公约》

第4条〔(一)至(九)专利、实用新型、工业品外观设计、商标、发明人证书：优先权。(七)专利：申请的划分〕

(一)(1)已在本同盟一个成员国内正式提出申请专利、实用新型、工业品外观设计或商标注册的人，或其权利合法继承人，在下列规定的期限内享有在本同盟其他成员国内提出申请的优先权。

(2)凡依照本同盟任何成员国国内法或本同盟成员国之间签订的双边或多边条约相当于正常国内申请的一切申请，都认为产生优先权。

(3)正常国内申请，指能够确定在该国家中提交申请日期的一切申请，而不问该申请的结局如何。

(二)因此，在上述期限届满前，任何后来在本同盟其他成员国内提出的申请，都不因在此期间他人所作的任何行为，特别是另一项申请、发明的公布或利用、出售设计复制品或使用商标而失效；而且此类行为不能形成任何第三者的权利或任何个人占有的权利。第三者在作为优先权根据的初次申请日期以前所取得的权利，应按照本同盟各成员国的国内立法加以保留。

(三)(1)上述优先权的期限，对于专利和实用新型为十二个月，对于工业品外观设计和商标为六个月。

(2)这种期限应自第一次提出申请之日起算，提出申请的当天不计入期限之内。

(3)如果期限的最后一天是其提出保护请求的国家的法定假日或专利局当天不办理申请，则该期限应顺延至其后的第一个工作日。

(4)如果后来提出申请时，在先的申请已被撤回、放弃或驳回，而没有提供公众审阅，也没有遗留任何未定的权利，并且如果在先的申请尚未成为请求优先权的根据，则应按照本款第(2)项规定在本同盟同一个国家内就在先的申请的同样主题所提出的后来申请应认为是第一次申请，其申请日应为优先权期限的开始日。此后，在先的申请就不得作为请求优先权的根据。

(四)(1)凡因前已提过申请要求承认优先权者，须要作出声明，指出提出该申请的日期和所在的国家。每一个国家应确定必须作出该项声明的最后日期。

(2)这些事项应在主管机关的出版物中，特别是在有关的专利证书和专利说明书中载明。

(3)本同盟成员国可要求任何声明具有优先权的人提出在先的申请书(说明书和附图)的副本。该副本经原受理申请机关证实无误后，不需要任何其他证明，并且可以在后来的申请提出后三个月内随时免费进行备案。本同盟成员国可要求该副本附有原受理申请机关出具的证明申请日期的证明书和译本。

(4)在提出申请时，不得要求对声明具有优先权再办理其他手续。本同盟每一成员国应确定对不遵守本条规定手续者采取相应措施，但这种措施应不超过剥夺优先权为限。

(5)因而，应要求提供进一步证明。

凡利用在先的申请而获得优先权者，应写明该申请书号码，此号码应按上述第(2)项的规定加以公布。

(五)(1)如根据实用新型申请注册取得优先权而在一个国家申请工业品外观设计时，其优先权期限应与外观设计规定的优先权期限一致。

(2)此外，还准许在一国中根据专利申请的优先权提出实用新型的申请，反之亦然。

（六）本同盟任何成员国均不得由于申请人请求多项优先权（即使是优先权产生于不同国家之中），或者由于请求一项或多项优先权的申请中，包含有已要求优先权的申请里所未包括的一个或几个因素，而拒绝赋予优先权或驳回专利申请，只要在上述两种情况下都存在该国法律所要求的发明单一性即可。

对已要求优先权的申请中所未包括的因素，在通常条件下，后来的申请应即发生优先权。

（七）（1）如在审查中发现一项专利申请中包含一个以上的发明，则申请人可将该申请分案申请，原申请日期仍视为各分案申请的日期，如原申请具有优先权者则仍保有优先权利益。

（2）申请人也可主动将一项专利分案申请保持最初申请的日期与各该分案申请的日期，如原申请具有优先权者仍保有优先权利益。本同盟各成员国有权决定批准这种分案申请的条件。

（八）不得因请求优先权的发明中有某些因素未包含在向发明起源国所提出的申请内为理由，而拒绝赋予优先权，只要在申请文件的总体中明确地表达了这些因素即可。

（九）（1）在申请人有权自行选择申请专利或申请发明人证书的国家里，申请发明人证书应发生本条规定的优先权，其条件与效力和申请专利一样。

（2）在申请人有权自行选择申请专利或发明人证书的国家里，发明人证书的申请人应按照本条关于申请专利的规定，享有以申请专利、实用新型或发明人证书为基础的优先权。

第4条之2〔专利权：同一发明在不同国家取得的专利权的独立性〕

（一）本同盟成员国的国民向本同盟各成员国申请的专利，与其在本同盟其他成员国或非本同盟成员国为同一发明所取得的专利是相互独立的。

（二）上述规定，应理解为具有不受限制的意义，特别是指在优先权期限内申请的各项专利，就其无效和剥夺其权利的理由以及其正常有效期而言，都是相互独立的。

（三）这项规定应适用于在它开始生效时已存在的一切专利。

（四）这项规定应同样适用于在新参加国加入时每一方已存在的专利。

（五）取得的具有优先权的专利在本同盟各成员国的期限，应与申请的或被核准的没有优先权的专利期限相同。

第4条之3〔专利权：在专利证书上写明发明人的名字〕

发明人有权在专利证书上写明发明人的名字。

第4条之3〔专利权：在法律限制出售情况下的专利权〕

不得以本国法律禁止或限制出售某项专利制品或以某项专利方法制成的产品为理由，拒绝核准专利或使专利权失效。

二、法律、行政法规、司法解释

《中华人民共和国专利法实施细则》

第三十二条 申请人在一件专利申请中，可以要求一项或者多项优先权；要求多项优先权的，该申请的优先权期限从最早的优先权日起计算。

申请人要求本国优先权，在先申请是发明专利申请的，可以就相同主题提出发明或者实用新型专利申请；在先申请是实用新型专利申请的，可以就相同主题提出实用新型或者发明专利申请。但是，提出后一申请时，在先申请的主题有下列情形之一的，不得作为要求本国优先权的基础：

（一）已经要求外国优先权或者本国优先权的；

（二）已经被授予专利权的；

（三）属于按照规定提出的分案申请的。

申请人要求本国优先权的，其在先申请自后一申请提出之日起即视为撤回。

第三十三条 在中国没有经常居所或者营业所的申请人，申请专利或者要求外国优先权的，国务院专利行政部门认为必要时，可以要求其提供下列文件：

（一）申请人是个人的，其国籍证明；

（二）申请人是企业或者其他组织的，其注册的国家或者地区的证明文件；

（三）申请人的所属国，承认中国单位和个人可以按照该国国民的同等条件，在该国享有专利权、优先权和其他与专利有关的权利的证明文件。

三、部门规章及规范性文件

《专利审查指南》

第一部分 第一章 发明专利申请的初步审查

6.2 要求优先权

要求优先权，是指申请人根据专利法第二十九条规定向专利局要求以其在先提出的专利申请为基础享有优先权。申请人要求优先权应当符合专利法第二十九条、第三十条、专利法实施细则第三十一条、第三十二条以及巴黎公约的有关规定。

申请人就相同主题的发明或者实用新型在外国第一次提出专利申请之日起十二个月内，或者就相同主题的外观设计在外国第一次提出专利申请之日起六个月内，又在中国提出申请的，依照该国同中国签订的协议或者共同参加的国际条约，或者依照相互承认优先权的原则，可以享有优先权。这种优先权称为外国优先权。

申请人就相同主题的发明或者实用新型在中国第一次提出专利申请之日起十二个月内，又以该发明专利申请为基础向专利局提出发明专利申请或者实用新型专利申请的，或者又以该实用新型专利申请为基础向专利局提出实用新型专利申请或者发明专利申请的，可以享有优先权。这种优先权称为本国优先权。

6.2.1 要求外国优先权

6.2.1.1 在先申请和要求优先权的在后申请

申请人向专利局提出一件专利申请并要求外国优先权的，审查员应当审查作为要求优先权基础的在先申请是否是在巴黎公约成员国内提出的，或者是对该成员国有效的地区申请或者国际申请；对于来自非巴黎公约成员国的要求优先权的申请，应当审查该国是否是承认我国优先权的国家；还应当审查要求优先权的申请人是否有权享受巴黎公约给予的权利，即申请人是否是巴黎公约成员国的国民或者居民，或者申请人是否是承认我国优先权的国家的国民或者居民。

审查员还应当审查要求优先权的在后申请是否是在规定的期限内提出的；不符合规定的，审查员应当发出视为未要求优先权通知书。在先申请有两项以上的，其期限从最早的在先申请的申请日起算，对于超过规定期限的，针对那项超出期限的要求优先权声明，审查员应当发出视为未要求优先权通知书。

初步审查中，对于在先申请是否是巴黎公约定义的第一次申请以及在先申请和在后申请的主题的实质内容是否相同均不予审查，除非第一次申请明显不符合巴黎公约的有关规定或者在先申请与在后申请的主题明显不相关。

在先申请可以是巴黎公约第四条定义的要求发明人证书的申请。

6.2.2 要求本国优先权

6.2.2.1 在先申请和要求优先权的在后申请

在先申请和要求优先权的在后申请应当符合下列规定：

（1）在先申请应当是发明或者实用新型专利申请，不应当是外观设计专利申请，也不应当是分案申请。

（2）在先申请的主题没有要求过外国优先权或者本国优先权，或者虽然要求过外国优先权或者本国优先权，但未享有优先权。

（3）该在先申请的主题，尚未授予专利权。

（4）要求优先权的在后申请是在其在先申请的申请日起十二个月内提出的。

审查上述第（3）项时，以要求优先权的在后申请的申请日为时间判断基准。审查上述第（4）项时，对于要求多项优先权的，以最早的在先申请的申请日为时间判断基准，即要求优先权的在后申请的申请日是在最早的在先申请的申请日起十二个月内提出的。

在先申请不符合上述规定情形之一的，针对不符合规定的那项要求优先权声明，审查员应当发出视为未要求优先权通知书。

审查优先权时，如果发现专利局已经对在先申请发出授予专利权通知书和办理登记手续通知书，并且申请人已经办理了登记手续的，审查员应当针对在后申请发出视为未要求优先权通知书。初步审查中，审查员只审查在后申请与在先申请的主题是否明显不相关，不审查在后申请与在先申请的实质内容是否一致。当其申请的主题明显不相关时，审查员应当发出视为未要求优先权通知书。

第一部分　第三章　外观设计专利申请的初步审查

5.2 要求优先权

申请人要求享有优先权应当符合专利法第二十九条第一款、第三十条，专利法实施细则第三十一条、第三十二条第一款以及巴黎公约的有关规定。

根据专利法第二十九条第一款的规定，外观设计专利申请的优先权要求仅限于外国优先权，即申请人自外观设计在外国第一次提出专利申请之日起六个月内，又在中国就相同的主题提出外观设计专利申请的，依照该外国同中国签订的协议或者共同参加的国际条约，或者依照相互承认优先权的原则，可以享有优先权。

根据专利法实施细则第三十一条第四款的规定，外观设计专利申请的申请人要求外国优先权，其在先申请未包括对外观设计的简要说明，申请人按照专利法实施细则第二十八条规定提交的简要说明未超出在先申请文件的图片或者照片表示的范围的，不影响其享有优先权。

根据专利法实施细则第三十二条第一款的规定，申请人在一件外观设计专利申请中，可以要求一项或者多项优先权。

初步审查中，对多项优先权的审查，应当审查每一项优先权是否符合本章的有关规定。

第二部分 第三章 新颖性

4. 优先权

根据专利法第二十九条的规定，申请人就相同主题的发明或者实用新型在外国第一次提出专利申请之日起十二个月内，又在中国提出申请的，依照该国同中国签订的协议或者共同参加的国际条约，或者依照相互承认优先权的原则，可以享有优先权。这种优先权，称为外国优先权。

申请人就相同主题的发明或者实用新型在中国第一次提出专利申请之日起十二个月内，又以该发明专利申请为基础向专利局提出发明专利申请或者实用新型专利申请的，或者又以该实用新型专利申请为基础向专利局提出实用新型专利申请或者发明专利申请的，可以享有优先权。这种优先权称为本国优先权。

4.1 外国优先权

4.1.1 享有外国优先权的条件

享有外国优先权的专利申请应当满足以下条件：

（1）申请人就相同主题的发明创造在外国第一次提出专利申请（以下简称外国首次申请）后又在中国提出专利申请（以下简称中国在后申请）。

（2）就发明和实用新型而言，中国在后申请之日不得迟于外国首次申请之日起十二个月。

（3）申请人提出首次申请的国家或政府间组织应当是同中国签有协议或者共同参加国际条约，或者相互承认优先权原则的国家或政府间组织。

享有外国优先权的发明创造与外国首次申请审批的最终结果无关，只要该首次申请在有关国家或政府间组织中获得了确定的申请日，就可作为要求外国优先权的基础。

4.1.2 相同主题的发明创造的定义

专利法第二十九条所述的相同主题的发明或者实用新型，是指技术领域、所解决的技术问题、技术方案和预期的效果相同的发明或者实用新型。但应注意这里所谓的相同，并不意味在文字记载或者叙述方式上完全一致。

审查员应该注意，对于中国在后申请权利要求中限定的技术方案，只要已记载在外国首次申请中就可享有该首次申请的优先权，而不必要求其包含在该首次申请的权利要求书中（有关优先权的核实适用本部分第八章第4.6节的规定）。

4.1.3 外国优先权的效力

申请人在外国首次申请后，就相同主题的发明创造在优先权期限内向中国提出的专利申请，都看作是在该外国首次申请的申请日提出的，不会因为在优先权期间内，即首次申请的申请日与在后申请的申请日之间任何单位和个人提出了相同主题的申请或者公布、利用这种发明创造而失去效力。

此外，在优先权期间内，任何单位和个人可能会就相同主题的发明创造提出专利申请。由于优先权的效力，任何单位和个人提出的相同主题发明创造的专利申请不能被授予专利权。就是说，由于有作为优先权基础的外国首次申请的存在，使得从外国首次申请的申请日起至中国在后申请的申请日中间由任何单位和个人提出的相同主题的发明创造专利申请因失去新颖性而不能被授予专利权。

4.1.4 外国多项优先权和外国部分优先权

根据专利法实施细则第三十二条第一款的规定，申请人在一件专利申请中，可以要求一项或者多项优先权；要求多项优先权的，该申请的优先权期限从最早的优先权日起计算。

关于外国多项优先权和外国部分优先权的规定如下。

（1）要求多项优先权的专利申请，应当符合专利法第三十一条及专利法实施细则第三十四条关于单一性的规定。

（2）作为多项优先权基础的外国首次申请可以是在不同的国家或政府间组织提出的。例如，中国在后申请中，记载了两个技术方案A和B，其中，A是在法国首次申请中记载的，B是在德国首次申请中记载的，两者都是在中国在后申请之日以前十二个月内分别在法国和德国提出的，在这种情况下，中国在后申请就可以享有多项优先权，即A享有法国的优先权日，B享有德国的优先权日。如果上述的 A 和 B 是两个可供选择的技术方案，申请人用“或”结构将 A 和 B 记载在中国在后申请的一项权利要求中，则中国在后申请同样可以享有多项优先权，即有不同的优先权日。但是，如果中国在后申请记载的一项技术方案是由两件或者两件以上外国首次申请中分别记载的不同技术特征组合成的，则不能享有优先权。例如，中国在后申请中记载的一项技术方案是由一件外国首次申请中记载的特征 C 和另一件外国首次申请中记载的特征 D 组合而成的，而包含特征 C 和 D 的技术方案未在上述两件外国首次申请中记载，则中国在后申请就不能享有以此两件外国首次申请为基础的外国优先权。

（3）要求外国优先权的申请中，除包括作为外国优先权基础的申请中记载的技术方案外，还可以包括一个或多个新的技术方案。例如中国在后申请中除记载了外国首次申请的技术方案外，还记载了对该技术方案进一步改进或者完善的新技术方案，如增加了反映说明书中新增实施方式或实施例的从属权利要求，或者增加了符合单一性的独立权利要求，在这种情况下，审查员不得以中国在后申请的权利要求书中增加的技术方案未在外国首次申请中记载为理由，拒绝给予优先权，或者将其驳回，而应当对于该中国在后申请中所要求的与外国首次申请中相同主题的发明创造给予优先权，有效日期为外国首次申请的申请日，即优先权日，其余的则以中国在后申请之日为申请日。该中国在后申请中有部分技术方案享有外国优先权，故称为外国部分优先权。

4.2 本国优先权

4.2.1 享有本国优先权的条件

享有本国优先权的专利申请应当满足以下条件：

（1）只适用于发明或者实用新型专利申请；

（2）申请人就相同主题的发明或者实用新型在中国第一次提出专利申请（以下简称中国首次申请）后又向专利局提出专利申请（以下简称中国在后申请）；

（3）中国在后申请之日不得迟于中国首次申请之日起十二个月。

被要求优先权的中国在先申请的主题有下列情形之一的，不得作为要求本国优先权的基础：

（1）已经要求外国优先权或者本国优先权的，但要求过外国优先权或者本国优先权而未享有优先权的除外；

（2）已经被授予专利权的；

（3）属于按照专利法实施细则第四十二条规定提出的分案申请。

应当注意，当申请人要求本国优先权时，作为本国优先权基础的中国首次申请，自中国在后申请提出之日起即被视为撤回。

4.2.2 相同主题的发明或者实用新型的定义

适用本章第 4.1.2 节的规定。

4.2.3 本国优先权的效力

参照本章第 4.1.3 节的相应规定。

4.2.4 本国多项优先权和本国部分优先权

专利法实施细则第三十二条第一款的规定不仅适用于外国多项优先权，也适用于本国多项优先权。关于本国多项优先权和本国部分优先权的规定如下：

（1）要求多项优先权的专利申请，应当符合专利法第三十一条及专利法实施细则第三十四条关于单一性的规定。

（2）一件中国在后申请中记载了多个技术方案。例如，记载了 A、B 和 C 三个方案，它们分别在三件中国首次申请中记载过，则该中国在后申请可以要求多项优先权，即 A、B、C 分别以其中国首次申请的申请日为优先权日。

（3）一件中国在后申请中记载了技术方案 A 和实施例 A1、A2、A3，其中只有 A1 在中国首次申请中记载过，则该中国在后申请中 A1 可以享有本国优先权，其余则不能享有本国优先权。

（4）一件中国在后申请中记载了技术方案 A 和实施例 A1、A2。技术方案 A 和实施例 A1 已经记载在中国首次申请中，则在后申请中技术方案 A 和实施例 A1 可以享有本国优先权，实施例 A2 则不能享有本国优先权。

应当指出，本款情形在技术方案 A 要求保护的范围仅靠实施例 A1 支持是不够的时候，申请人为了使方案 A 得到支持，可以补充实施例 A2。但是，如果 A2 在中国在后申请提出时已经是现有技术，则应当删除 A2，并将 A 限制在由 A1 支持的范围内。

（5）继中国首次申请和在后申请之后，申请人又提出第二件在后申请。中国首次申请中仅记载了技术方案 A1；第一件在后申请中记载了技术方案 A1 和 A2，其中 A1 已享有中国首次申请的优先权；第二件在后申请记载了技术方案 A1、A2 和 A3。对第二件在后申请来说，其中方案 A2 可以要求第一件在后申请的优先权；对于方案 A1，由于该第一件在后申请中方案 A1 已享有优先权，因而不能再要求第一件在后申请的优先权，但还可要求中国首次申请的优先权。

条文释义

一、本条主旨

本条是关于优先权的规定。

二、条文演变

1984年《专利法》第29条规定："外国申请人就同一发明或者实用新型在外国第一次提出专利申请之日起十二个月内，或者就同一外观设计在外国第一次提出专利申请之日起六个月内，又在中国提出申请的，依照其所属国同中国签订的协议或者共同参加的国际条约，或者依照相互承认优先权的原则，可以享有优先权，即以其在外国第一次提出申请之日为申请日。申请人要求优先权，有本法第二十四条所列情形之一的，优先权的期限自该情形发生之日起计算。"

1992年修改《专利法》时，将该条第1款修改为："申请人自发明或者实用新型在外国第一次提出专利申请之日起十二个月内，或者自外观设计在外国第一次提出专利申请之日起六个月内，又在中国就相同主题提出专利申请的，依照该外国同中国签订的协议或者共同参加的国际条约，或者依照相互承认优先权的原则，可以享有优先权。"将该条第2款修改为："申请人自发明或者实用新型在中国第一次提出专利申请之日起十二个月内，又向专利局就相同主题提出技利申请的，可以享有优先权。"

2000年修改《专利法》时，将该条第2款中的"专利局"改为"国务院专利行政部门"。

2008年修改《专利法》时，未对该条进行修改。

2020年修改《专利法》，在该条第2款"申请人自发明或者实用新型在中国第一次提出专利申请之日起十二个月内"之后增加以下规定："或者自外观设计在中国第一次提出专利申请之日起六个月内"，即增加了针对外观设计专利申请的国内优先权制度，明确申请人自外观设计在国内第一次提出专利申请之日起6个月内，又就相同主题在国内提出专利申请的，可以享有优先权。该规定旨在进一步降低外观设计专利申请成本，方便外观设计申请人进一步完善设计、调整专利权保护范围。

三、条文解读

（一）优先权概述

优先权原则源自1883年签订的《巴黎公约》，作为专利申请程序中的一项重要制度，在各国专利制度中占有重要地位。由于按照各国的标准准备申请文件、办理申请手续需要一定时间，要求申请人对其同样的发明创造同日在本国和其他国家提出专利申请客观上难以实现。有了该制度后，申请人在世界各国就其发明创造获得专利保护就有了重要保障。所谓优先权是指专利申请人就其发明创造第一次提出专利申请后，在一定期限内就相同主题发明创造再次提出专利申请时，允许该申请人将首次申请日作为在后专利申请的申请日，以该首次申请日作为判断该发明创造是否具有新颖性、创造性的时间界限。换句话说，申请人提出的在后申请与其他人在首次申请的申请日之后、在后申请日之前就相同主题所提出的申请相比享有优先的地位。由此，优先权作用主要包括以下两方面：一是由于专利申请在先原则，在某一申请人享有优先权期间内，如果有其他人提出同样的专利申请的，享有优先权的专利申请将处于优先地位。二是判断发明创造是否符合新颖性、创造性要求，是以申请日为界限进行判断的。由于优先权人后来提出的申请可以以其首次提出申请日期为优先权日，因此，在该期限内涉及其发明创造的任何公开，均不影响该发明创造新颖性与创造性的判断。

根据首次专利申请是在国外还是本国提出，优先权又可分为外国优先权和本国优先权两种类型。无论是享有外国优先权还是本国优先权，在后申请都能以其首次申请的申请日作为优先权日。外国优先权是指申请人在甲国提出正式专利申请后，根据甲国同乙国签订的双边协议或共同参加的国际条约，或者依照相互承认优先权原则，在特定期限内又就相同主题向乙国提出专利申请时，有权将在甲国首次提出专利申请的日期作为后来在乙国提出专利申请的申请日。本国优先权是指申请人在某国提出正式专利申请后，在特定期限内又就相同主题在该国提出专利申请的，申请人有权将首次提出申请的日期作为后一次申请的申请日。无论是外国优先权还是本国优先权，对申请人而言都具有重要意义。首先，在符合单一性要求的条件下，申请人可以通过要求优先权，将若干在先申请合并为一件在后申请，从而减少以后需要缴纳的专利年费，达到节约开支的目的；其次，申请人可以在优先权期限内实现发明和实用新型专利申请的互相转换，这为申请人提供了再次选择其认为合适的专利申请类型的机会。《巴黎公约》第4条对优先权原则作了详细的规定，以方便成员国国民就其发明创造或商标标识在某一成员国提出专利申请或商标注册申请后，在其他成员国申请获得专利权或注册商标权。根据《巴黎公约》第4条规定，已经在该联盟的一个国家正式提出申请专利、实用新型注册、外观设计注册或商标注册的任何人，或其权利继承人，在其他国家再次提出申请时，可以在先申请提出之日起12个月（就发明专利和实用新型申请而言）或6个月（就外观设计、商标申请而言）内享有优先权。

（二）外国优先权

本条第1款首先对外国优先权作出了规定。外国优先权的设立，使同一发明创造可以在实行专利制度的其他国家更方便地取得排他性的独占权。这一制度为希望在多个国家寻求专利权保护的申请人提供了很大便利，申请人不必在国内和国外同时花时间克服语言障碍、经办复杂手续、到各个国家地区逐个提出申请，而是可以在12个月（发明或者实用新型）或者6个月（外观设计）的优先权期限内考虑在哪些国家寻求专利权保护，又不至于因为在这一期间该发明创造或者外观设计被公开或因其他人提出同样申请而丧失取得专利权的可能性。

享有外国优先权的专利申请应当满足以下条件：（1）作为要求优先权基础的在先申请必须是在依该国同我国签订的协议或者共同参加的国际条约，或者依照相互承认优先权的原则，可以享有优先权的国家提出。（2）作为要求优先权基础的在先申请可以是发明、实用新型和外观设计，但申请人提出的专利申请必须是在外国，并且是首次，即在申请前没有要求过外国或者本国优先权。该首次申请必须是正式的申请，即按照申请目标国专利法的规定提交，经该国专利机关受理并给予申请日的正式申请。首次提出专利申请的日期也称为优先权日。至于该申请是否已在该外国被授权，或者是否已经撤回、驳回、分案或视为撤回，均不会有所影响。（3）有权要求优先权的申请人必须是《巴黎公约》缔约国国民或在缔约国国内有住所或营业所的非缔约国国民。该条件必须在提出在先申请时和行使优先权时都具备，但并不要求在整个优先权期限内都具备。(4)发明或者实用新型的优先权期限为，自在外国第一次提出专利申请之日起12个月。外观设计的优先权期限为，自在外国第一次提出专利申请之日起6个月。该规定与《巴黎公约》第4条关于优先权的规定相一致。(5)要求优先权的在后申请的申请人与在先申请的申请人相同或是其中之一。不一致时应当附有转让证明。(6)享有优先权的在后申请与在先申请在发明创造的内容上应该是相同主题。所谓相同主题，是指技术领域、所解决的技术问题、技术方案和预期的效果相同的技术方案；这种相同并不要求两者的文字表述一致，只要在后申请的权利要求所限定的技术方案在在先申请文件整体中已经公开即可。《巴黎公约》第4条规定，不得以作为优先权根据的发明中的某些因素没有包含在原属国申请列举的请求权项中为理由，而拒绝给予优先权，但以申请文件从全体看来已经明确地写明这些因素为限。因此，判断前后申请是否具有“相同主题”应从整体上分析。“相同主题”基本判断原则体现在两个方面：首先，对于在后申请来说，“主题”是指要求获得优先权的“发明”，更具体地说是指在后申请的各项权利要求所要求保护的技术方案。在判断优先权要求是否成立时，对于在后申请来说，需要比较的“主题”既不是说明书整体内容，也不是一项权利要求记载的某个或者某些技术特征，而是在后申请的每一项权利要求所要求保护的技术方案。其次，对于首次申请来说，所谓“主题”是指其首次申请整个申请文件所公开的技术内容，包括说明书、附图和权利要求书(不包括说明书摘要)。在判断优先权要求是否成立时，并不要求在后申请的某项权利要求所请求保护的技术方案必须完整地反映在首次申请的某项权利要求中，只要首次申请整体披露了在后申请的该项权利要求的各个技术特征即可。

(三)本国优先权

随着专利制度的发展，为解决国外申请人可以主张优先权，但本国申请人不能主张优先权的问题，平衡国外申请人与本国申请人的利益，各国普遍建立了本国优先权制度。本国优先权是指基于一个本国申请所产生的优先权。设置本国优先权制度的益处在于：首先，它符合科学技术的发展规律——有时申请人提出第一次申请后，发明人对原技术方案作了一些改进、增补或者进一步的发展，需要就同一主题提出第二次申请。也便于申请人将这种改进、增补和发展与原来的技术方案合并，重新提出一项新的申请。这样做符合实用技术开发研究的规律。其次，申请人也可以利用本国优先权制度，在作出初步发明创造之后，抢先提出申请。早申请，就可以早日得到专利权，也可以排斥竞争对手获得专利申请权。最后，有利于为专利申请人节省申请经费，专利权人可以再次提出同一主题的专利申请，而不必交纳双重的专利申请费。

根据《专利法》第 29 条第 2 款的规定，申请人自发明或者实用新型在中国第一次提出专利申请之日起 12 个月内，或者自外观设计在中国第一次提出专利申请之日起 6 个月内，又向国务院专利行政部门就相同主题提出专利申请的，可以享有优先权。根据《专利法实施细则》第 32 条第 2 款但书的规定，提出在后申请时，在先申请的主题有下列情形之一的，不得作为要求本国优先权的基础：（1）已经要求外国优先权或者本国优先权的；（2）已经被授予专利权的；（3）属于按照规定提出的分案申请的。从相关国家专利法看，关于发明、实用新型专利本国优先权的规定基本一致，即都是参照《巴黎公约》的规定；但在外观设计本国优先权问题上，不同国家的规定并不完全一致。如欧盟未明确区分外国优先权与本国优先权，美国和日本没有直接规定外观设计本国优先权。

我国 1984 年《专利法》只规定了外国优先权制度，1992 年修改《专利法》时，增加了发明和实用新型本国优先权。2008 年修改《专利法》时，引入了“相似外观设计”的概念，规定同一产品两项以上的相似外观设计，可以作为一件申请提出。在引入这一制度之前，对于申请人就相同主题下的相似外观设计申请，无论是国外申请人还是本国申请人，因在后申请与在先申请近似，不具有新颖性和明显区别，均不能获得专利授权。引入该制度后，国外申请人可以根据外国优先权制度，就相同主题的近似外观设计享有优先权；但由于缺乏外观设计本国优先权制度，我国申请人不能享有相应优先权，对我国申请人不公平。为此，2020 年《专利法》修改增加了关于外观设计本国优先权制度，形成了本条第 2 款的规定，即申请人自发明或者实用新型在中国第一次提出专利申请之日起 12 个月内，或者自外观设计在中国第一次提出专利申请之日起 6 个月内，又向国务院专利行政部门就相同主题提出专利申请的，可以享有优先权。取得本国优先权的条件包括：（1）申请人就发明或者实用新型或者外观设计已在中国提出过一次申请，并且该申请符合条件，已被国务院专利行政部门受理并确定申请日；（2）优先权的期限为自发明或者实用新型在中国第一次提出专利申请之日起的12个月内，自外观设计在中国第一次提出专利申请之日起6个月内，超过该期限再提出申请，则不能享有优先权；（3）自在中国首次提出专利申请之后，又向国务院专利行政部门就相同主题再次提出专利申请。

需要说明的是，申请人要求本国优先权的，其在先申请自后一申请提出之日起即视为撤回。提出本国优先权时，不能改变在先申请的主题，但可以改变申请专利的类型。外国人在中国也可以提出本国优先权，只要该外国企业或者外国人在中国第一次申请专利，并在法律规定的期限内提出本国优先权。

典型案例

杭州骑客智能科技有限公司与浙江波速尔运动器械有限公司侵害实用新型专利权纠纷案

关键词： 实用新型专利　优先权　相同主题

裁判摘要： 在判断是否属于“相同主题”，能否享有优先权时，比较的对象是主张享有优先权的权利要求和所依据的在先专利申请所公开的整体技术内容，既包括在先专利申请的权利要求，也包括在先专利申请的说明书以及附图。在比较方式上，并不要求二者文字表述完全一致，而是要考察在后申请的权利要求所限定的技术方案是否能从在先专利申请公开的整体技术内容中直接、毫无疑义地得出。在后申请的权利要求没有增加在先专利申请所无法涵盖的技术内容的，则可以享有优先权。

基本案情： 再审申请人浙江波速尔运动器械有限公司（以下简称波速尔公司）因与被申请人杭州骑客智能科技有限公司（以下简称骑客公司）侵害实用新型专利权纠纷中，骑客公司系名称为“新型电动平衡车”、专利号为201520406847.X的实用新型专利（以下简称涉案专利）的专利权人。骑客公司主张波速尔公司生产、销售的电动滑板车侵害了涉案专利权，请求法院判令波速尔公司停止侵权并赔偿经济损失。浙江省宁波市中级人民法院以被诉侵权技术方案未落入涉案专利权利要求保护范围，不构成对涉案专利权的侵害为由，驳回了骑客公司诉讼请求。骑客公司不服，提起上诉。浙江省高级人民法院二审判决撤销一审判决，判令波速尔公司停止侵权行为并赔偿经济损失及合理开支10万元。波速尔公司不服，向最高人民法院申请再审。最高人民法院于2020年3月30日裁定驳回波速尔公司的再审申请。

【案　　号】（2018）最高法民申2345号

【审理法院】最高人民法院

【来　　源】《最高人民法院知识产权案件年度报告（2020）》

类案检索

戴森技术有限公司与苏州索发电机有限公司侵害发明专利权纠纷案

关键词：发明专利　优先权　相同主题

裁判摘要：如何判断先、后申请是否涉及相同的主题通常采用与修改超范围基本相同的判断方法，即在后申请不能超出优先权文本记载的范围。在此意义上，在后申请与优先权申请之间的关系与分案申请与母案申请之间的关系基本一致，即在后申请/分案申请均不能超出优先权申请/母案记载的范围。除此之外，由于享有优先权的在后申请应当与优先权申请具有同一主题，较之分案与母案之间的非单一性关系，显然具有更加密切的内在关系。

【案　　号】（2017）最高法民申1461号

【审理法院】最高人民法院

【来　　源】中国裁判文书网

第三十条　申请人要求发明、实用新型专利优先权的，应当在申请的时候提出书面声明，并且在第一次提出申请之日起十六个月内，提交第一次提出的专利申请文件的副本。

申请人要求外观设计专利优先权的，应当在申请的时候提出书面声明，并且在三个月内提交第一次提出的专利申请文件的副本。

申请人未提出书面声明或者逾期未提交专利申请文件副本的，视为未要求优先权。

关联规定

一、国际条约

1.《与贸易有关的知识产权协定》

第 29 条　专利申请人的条件

1. 各成员应要求专利申请人以足够清晰和完整的方式披露其发明，使该专业的技术人员能够实施该发明，并可要求申请人在申请之日，或在要求优先权的情况下在申请的优先权日，指明发明人所知的实施该发明的最佳方式。

2. 各成员可要求专利申请人提供关于申请人相应的国外申请和授予情况的信息。

2.《专利合作条约实施细则》

4.10 优先权要求

（a）条约第 8 条（1）所述的声明（"优先权要求"），可以要求一个或多个在先申请的优先权，该在先申请是在保护工业产权巴黎公约的任何成员国提出的或者为该条约的任何成员国申请的，或者在不是该公约成员国的任何世界贸易组织成员提出的，或者为不是该公约成员国的任何世界贸易组织成员申请的。任何优先权要求应写在请求书中；它应包括要求享受在先申请的优先权的声明，并应写明：

（i）在先申请的申请日；

（ii）在先申请的申请号；

（iii）如果在先申请是国家申请，受理该申请的保护工业产权巴黎公约成员国的名称或者不是该公约成员的任何世界贸易组织成员的名称；

（iv）如果在先申请是地区申请，根据适用的地区专利条约有权授予地区专利的组织名称；

（v）如果在先申请是国际申请，受理该申请的受理局。

（b）除（a)(iv）或（v）要求的写明事项外：

（i）如果在先申请是地区申请或国际申请，优先权要求可以指明为其提出该在先申请的一个或多个保护工业产权巴黎公约成员国；

（ii）如果在先申请是地区申请，而且该地区专利条约缔约国中至少有一个既不是保护工业产权巴黎公约成员国，也不是世界贸易组织的成员，则优先权要求应至少指明一个为其提出该在先申请的保护工业产权巴黎公约成员国或者世界贸易组织成员。

（c）为（a）和（b）的目的，条约第2条（vi）的规定不应适用

二、法律、行政法规、司法解释

《中华人民共和国专利法实施细则》

第三十一条 申请人依照专利法第三十条的规定要求外国优先权的，申请人提交的在先申请文件副本应当经原受理机构证明。依照国务院专利行政部门与该受理机构签订的协议，国务院专利行政部门通过电子交换等途径获得在先申请文件副本的，视为申请人提交了经该受理机构证明的在先申请文件副本。要求本国优先权，申请人在请求书中写明在先申请的申请日和申请号的，视为提交了在先申请文件副本。

要求优先权，但请求书中漏写或者错写在先申请的申请日、申请号和原受理机构名称中的一项或者两项内容的，国务院专利行政部门应当通知申请人在指定期限内补正；期满未补正的，视为未要求优先权。

要求优先权的申请人的姓名或者名称与在先申请文件副本中记载的申请人姓名或者名称不一致的，应当提交优先权转让证明材料，未提交该证明材料的，视为未要求优先权。

外观设计专利申请的申请人要求外国优先权，其在先申请未包括对外观设计的简要说明，申请人按照本细则第二十八条规定提交的简要说明未超出在先

申请文件的图片或者照片表示的范围的，不影响其享有优先权。

第一百零三条 国际申请的申请人应当在专利合作条约第二条所称的优先权日（本章简称优先权日）起30个月内，向国务院专利行政部门办理进入中国国家阶段的手续；申请人未在该期限内办理该手续的，在缴纳宽限费后，可以在自优先权日起32个月内办理进入中国国家阶段的手续。

第一百零五条第一款 国际申请有下列情形之一的，其在中国的效力终止：

（一）在国际阶段，国际申请被撤回或者被视为撤回，或者国际申请对中国的指定被撤回的；

（二）申请人未在优先权日起32个月内按照本细则第一百零三条规定办理进入中国国家阶段手续的；

（三）申请人办理进入中国国家阶段的手续，但自优先权日起32个月期限届满仍不符合本细则第一百零四条第（一）项至第（三）项要求的。

第一百一十条 申请人在国际阶段已要求一项或者多项优先权，在进入中国国家阶段时该优先权要求继续有效的，视为已经依照专利法第三十条的规定提出了书面声明。

申请人应当自进入日起2个月内缴纳优先权要求费；期满未缴纳或者未缴足的，视为未要求该优先权。

申请人在国际阶段已依照专利合作条约的规定，提交过在先申请文件副本的，办理进入中国国家阶段手续时不需要向国务院专利行政部门提交在先申请文件副本。申请人在国际阶段未提交在先申请文件副本的，国务院专利行政部门认为必要时，可以通知申请人在指定期限内补交；申请人期满未补交的，其优先权要求视为未提出。

第一百一十一条 在优先权日起30个月期满前要求国务院专利行政部门提前处理和审查国际申请的，申请人除应当办理进入中国国家阶段手续外，还应当依照专利合作条约第二十三条第二款规定提出请求。国际局尚未向国务院专利行政部门传送国际申请的，申请人应当提交经确认的国际申请副本。

三、部门规章及规范性文件

《专利审查指南》

第二部分 第八章 实质审查程序

4.6 优先权的核实

4.6.1 需要核实优先权的情况

审查员应当在检索后确定是否需要核实优先权。当检索得到的所有对比文件的公开日都早于申请人所要求的优先权日时，不必核实优先权。出现下列情形之一时，需要核实优先权：

（1）对比文件公开了与申请的主题相同或密切相关的内容，而且对比文件的公开日在申请日和所要求的优先权日之间，即该对比文件构成 PX 或 PY 类文件；

（2）任何单位或者个人在专利局的申请所公开的内容与申请的全部主题相同，或者与部分主题相同，前者的申请日在后者的申请日和所要求的优先权日之间，而前者的公布或公告日在后者的申请日或申请日之后，即任何单位或者个人在专利局的申请构成 PE 类文件；

（3）任何单位或者个人在专利局的申请所公开的内容与申请的全部主题相同，或者与部分主题相同，前者所要求的优先权日在后者的申请日和所要求的优先权日之间，而前者的公布或公告日在后者的申请日或申请日之后，即任何单位或者个人在专利局的申请构成 PE 类文件。

对于第（3）种情形，应当首先核实所审查的申请的优先权；当所审查的申请不能享有优先权时，还应当核实作为对比文件的任何单位或个人在专利局的申请的优先权。

4.6.2 优先权核实的一般原则

一般来说，核实优先权是指核查申请人要求的优先权是否能依照专利法第二十九条的规定成立。为此，审查员应当在初步审查部门审查的基础上（参见本指南第一部分第一章第 6.2 节）核实：

（1）作为要求优先权的基础的在先申请是否涉及与要求优先权的在后申请相同的主题；

（2）该在先申请是否是记载了同一主题的首次申请；

（3）在后申请的申请日是否在在先申请的申请日起十二个月内。

进行上述第（1）项核实，即判断在后申请中各项权利要求所述的技术方案是否清楚地记载在上述在先申请的文件（说明书和权利要求书，不包括摘要）中。为此，审查员应当把在先申请作为一个整体进行分析研究，只要在先申请文件清楚地记载了在后申请权利要求所述的技术方案，就应当认定该在先申请与在后申请涉及相同的主题。审查员不得以在先申请的权利要求书中没有包含该技术方案为理由，而拒绝给予优先权。

所谓清楚地记载，并不要求在叙述方式上完全一致，只要阐明了申请的权利要求所述的技术方案即可。但是，如果在先申请对上述技术方案中某一或者某些技术特征只作了笼统或者含糊的阐述，甚至仅仅只有暗示，而要求优先权的申请增加了对这一或者这些技术特征的详细叙述，以致于所属技术领域的技术人员认为该技术方案不能从在先申请中直接和毫无疑义地得出，则该在先申请不能作为在后申请要求优先权的基础。

在某些情况下，应当对上述第（2）项进行核实。例如，一件申请A以申请人的另一件在先申请B为基础要求优先权，在对申请A进行检索时审查员找到了该申请人的又一件在申请A的申请日和优先权日之间公布的专利申请文件或公告的专利文件C，文件C中已公开了申请A的主题，且文件C的申请日早于申请A的优先权日，即早于申请B的申请日，因此可以确定在先申请B并不是该申请人提出的记载了申请A的相同主题的首次申请，因此申请A不能要求以在先申请B的申请日为优先权日。

4.6.2.1 部分优先权的核实

由于对在先申请中的发明作进一步的改进或者完善，申请人在其在后申请中，可能会增加在先申请中没有的技术方案。在这种情况下，审查员在核实优先权时，不能以在后申请增加内容为理由断定优先权要求不成立，而应当对在后申请中被在先申请清楚记载过的相同主题给予优先权，即给予部分优先权。具体地说，在在后申请中，其技术方案已在在先申请中清楚记载的权利要求可以享有优先权；而其技术方案未在在先申请中记载的权利要求则不能享有优先权，应当视为是在在后申请的申请日提出的。就整个申请而言，这种情况称为部分优先权，即该申请的部分主题享有优先权，也就是说部分权利要求所限定的技术方案享有优先权。

4.6.2.2 多项优先权的核实

如果一件具有单一性的专利申请要求了多项优先权，审查员在核实优先权时，应当检查该申请的权利要求书中所反映的各种技术方案，是否分别在作为优先权基础的多件外国或者本国的专利申请中已有清楚的记载。此外，审查员还要核实所有的在先申请的申请日是否都在在后申请的优先权期限之内。满足上述两个条件的，在后申请的多项优先权成立，并且其记载上述各种技术方案的各项权利要求具有不同的优先权日。如果某些权利要求不满足上述条件，但其他权利要求满足上述条件，则不满足上述条件的那些权利要求的优先权不能成立，而满足上述条件的其他权利要求的优先权成立。

如果作为优先权基础的多件外国或者本国的专利申请，分别记载了不同的技术特征，而在后申请的权利要求是这些特征的组合，则多项优先权不能成立。

4.6.3 优先权核实后的处理程序

经核实，申请的优先权不成立的，审查员应当在审查意见通知书中说明优先权不成立的理由，并以新确定的优先权日（在没有其他优先权时，以申请日）为基础，进行后续审查。在该申请被授予专利权时，审查员应当在著录项目变更通知单中对其优先权作出变更。

条文释义

一、本条主旨

本条是关于申请人取得优先权的手续以及未办理有关手续的后果的规定。

二、条文演变

1984年《专利法》第30条规定："申请人要求优先权的，应当在申请的时候提出书面声明，写明在外国提出申请的申请日和受理该申请的国家，并且在三个月内提交经该国受理机关证明的该申请文件副本；未提出书面声明或者逾期未提交文件的，即被视为未要求优先权。"

1992年修改《专利法》时，对该条规定在表述上的不准确之处进行了修改，将该条修改为："申请人要求优先权的，应当在申请的时候提出书面声明，并且在三个月内提交第一次提出的专利申请文件的副本；未提出书面声明或者逾期未提交专利申请文件副本的，视为未要求优先权。"

2000年和2008年修改《专利法》时均未对本条进行修改。

2020年修改《专利法》时，对该条进行了比较大的修改，即：将一款拆成三款作出细化规定，第1款规定了申请人要求发明、实用新型专利优先权的手续，第2款补充规定了申请人要求外观设计专利优先权的手续，第3款规定了申请人未办理有关手续的法律后果。

三、条文解读

(一)申请人要求发明、实用新型专利优先权的程序

根据本条第1款规定，申请人要求发明、实用新型专利优先权的，应当在申请的时候提出书面声明，并且在第一次提出申请之日起16个月内，提交第一次提出的专利申请文件的副本。这是2020年修改《专利法》时细化调整的内容。根据该规定可知:(1)提出申请的形式及时间要求。申请人应当在申请的时候提出书面声明。这是享有优先权的首要手续条件。要求优先权的书面声明应当何时提出，这是一个十分重要的问题。《巴黎公约》对此没有直接规定，但是世界知识产权组织通过修改《专利合作条约实施细则》对办理优先权手续采取了宽松的规定。在我国提出的发明、实用新型专利申请要求优先权的，无论是外国还是本国优先权，均要求申请人提出书面申明，在书面声明中应写明首次提出专利申请的申请日、申请号和原受理机构名称。(2)提出申请提交材料的期限及内容。我国在2020年修改《专利法》时参照了《专利合作条约实施细则》，对有关优先权的规定进行修改调整。2020年《专利法》规定，申请人应在首次提出申请之日起16个月内提交首次提出专利申请文件的副本。该副本包括第一次提出专利申请时提交的专利申请请求书、说明书、权利要求书以及外观设计的图片或者照片等依法应当提交的申请文件的副本。同时，如果申请人要求外国优先权的，提交的第一次专利申请文件的副本，应当经该国原受理机构证明。依照国务院专利行政部门与该受理机构签订的协议，国务院专利行政部门通过电子交换等途径获得在先申请文件副本的，视为申请人提交了经该受理机构证明的在先申请文件副本。要求本国优先权，申请人在请求书中写明在先申请的申请日和申请号的，视为提交了在先申请文件副本。

(二)申请人要求外观设计专利优先权的程序

根据本条第2款的规定，申请人要求外观设计专利优先权的，应在申请的时候提交书面声明，并且在3个月内提交首次提出专利申请文件的副本。这是2020年修改《专利法》时细化的内容，对于要求外观设计专利优先权的手续要求实质上同2008年《专利法》没有变化。根据该规定可知:(1)提出申请的形式及时间要求。申请人应在申请的时候提交书面声明。这一点同发明和实用新

型没有区别。在书面声明中应写明首次提出的外观设计专利申请的申请日、申请号和受理该申请的国家。（2）提出申请提交材料的期限及内容。申请人应在提出申请（即在后申请）之日起3个月内提交首次提出的外观设计专利申请文件的副本，包括首次提出外观设计专利申请时提交的专利申请请求书、说明书、权利要求书以及外观设计的图片或者照片等依法应当提交的申请文件的副本。

（三）申请人未按规定办理的法律后果

根据本条第3款的规定，如果申请人要求优先权而没有提交书面声明，或者逾期未提交专利申请文件副本的，则视为没有要求优先权。本条规定的“申请人要求优先权的，应当在申请的时候提出书面声明”表明，申请人提交在后申请之后再补交要求优先权的书面声明的，不能享受优先权。举例来说，申请人在优先权期限之内提前向我国提出在后申请，但未提交要求优先权的书面声明的，不能因为优先权期限尚未届满，就认为可以允许其随后再补交要求优先权书面声明。结合《专利法》第29条和本条的规定，可以看出我国在要求优先权的手续方面较为严格，具体体现在以下两个方面：首先，在后申请必须在《巴黎公约》规定的优先权期限之内提交；其次，提出在后申请的同时必须提交要求优先权的声明，不能随后补交。前者是因公约对优先权期限的规定本身十分严格，没有提供任何弹性规定；后者是由于申请人是否能够享受优先权，对在后申请的审查处理程序有直接影响，例如，《专利法》第34条规定发明专利申请经初审合格后，自申请日起满18个月应当即行公布。该条所说的“申请日”在有优先权的情况下是指优先权日，因此当在后申请能够享受优先权的情况下，通常自在后申请的申请日起6个月就应当予以公布，如果允许申请人随后补交要求优先权的书面声明，就会给国家知识产权局的公布工作带来困难。因此，在我国对要求发明、实用新型专利优先权的，申请人未在申请时提出书面声明，或者未在首次提出申请之日起16个月内提交首次提出的发明、实用新型专利申请文件的副本的，视为未要求优先权。对要求外观设计专利优先权的，申请人未在申请时提出书面声明，或者未在提出申请（即在后申请）之日起3个月内提交首次提出的外观设计专利申请文件的副本的，视为未要求优先权。

第三十一条 一件发明或者实用新型专利申请应当限于一项发明或者实用新型。属于一个总的发明构思的两项以上的发明或者实用新型，可以作为一件申请提出。

一件外观设计专利申请应当限于一项外观设计。同一产品两项以上的相似外观设计，或者用于同一类别并且成套出售或者使用的产品的两项以上外观设计，可以作为一件申请提出。

关联规定

一、国际条约

1.《专利合作条约》

第34条 国际初步审查单位的程序

（3）（a）如果国际初步审查单位认为国际申请不符合细则所规定的发明单一性要求，可以要求申请人选择对权利要求加以限制，以符合该要求，或缴纳附加费。

2.《专利合作条约实施细则》

第13条 发明的单一性

13.1 要求

一件国际申请应只涉及一项发明或者由一个总的发明构思联系在一起的一组发明（"发明单一性的要求"）。

13.2 被认为满足发明单一性要求的情形

在同一件国际申请中要求保护一组发明的，只有在这些发明之间存在着技术关联，含有一个或者多个相同或者相应的特定技术特征时，才应被认为满足本细则13.1所述的发明单一性的要求。"特定技术特征"一词应指，在每个要求保护的发明作为一个整体考虑时，对现有技术作出贡献的技术特征。

13.3 发明单一性的确定不受权利要求撰写方式的影响

在确定一组发明是否由一个总的发明构思联系在一起时，不应考虑这些发明是在不同的权利要求中要求保护，还是在同一个权利要求中作为选择方案要求保护。

13.4 从属权利要求

除本细则 13.1 另有规定之外，同一件国际申请中允许包括适当数目的从属权利要求，以便要求保护独立权利要求所要求保护的发明的特定形式，即使任何从属权利要求的一些特征本身可能被认为构成一项发明。

13.5 实用新型

申请人依据国际申请请求指定国授予实用新型的，只要国际申请的处理已在该国开始，关于本细则 13.1 至 13.4 规定的事项，该指定国可以适用该国本国法关于实用新型的规定，而不适用本细则上述的规定，但应允许申请人自条约第 22 条规定的期限届满日起至少有 2 个月的时间，以调整其申请适应该国本国法的要求。

二、法律、行政法规、司法解释

《中华人民共和国专利法实施细则》

第三十四条 依照专利法第三十一条第一款规定，可以作为一件专利申请提出的属于一个总的发明构思的两项以上的发明或者实用新型，应当在技术上相互关联，包含一个或者多个相同或者相应的特定技术特征，其中特定技术特征是指每一项发明或者实用新型作为整体，对现有技术作出贡献的技术特征。

第三十五条 依照专利法第三十一条第二款规定，将同一产品的多项相似外观设计作为一件申请提出的，对该产品的其他设计应当与简要说明中指定的基本设计相似。一件外观设计专利申请中的相似外观设计不得超过 10 项。

专利法第三十一条第二款所称同一类别并且成套出售或者使用的产品的两项以上外观设计，是指各产品属于分类表中同一大类，习惯上同时出售或者同时使用，而且各产品的外观设计具有相同的设计构思。

将两项以上外观设计作为一件申请提出的，应当将各项外观设计的顺序编号标注在每件外观设计产品各幅图片或者照片的名称之前。

第四十二条 一件专利申请包括两项以上发明、实用新型或者外观设计的，申请人可以在本细则第五十四条第一款规定的期限届满前，向国务院专利行政部门提出分案申请；但是，专利申请已经被驳回、撤回或者视为撤回的，不能提出分案申请。

国务院专利行政部门认为一件专利申请不符合专利法第三十一条和本细则第三十四条或者第三十五条的规定的，应当通知申请人在指定期限内对其申请进行修改；申请人期满未答复的，该申请视为撤回。

分案的申请不得改变原申请的类别。

第四十三条 依照本细则第四十二条规定提出的分案申请，可以保留原申请日，享有优先权的，可以保留优先权日，但是不得超出原申请记载的范围。

分案申请应当依照专利法及本细则的规定办理有关手续。

分案申请的请求书中应当写明原申请的申请号和申请日。提交分案申请时，申请人应当提交原申请文件副本；原申请享有优先权的，并应当提交原申请的优先权文件副本。

三、部门规章及规范性文件

《专利审查指南》

第一部分　第一章　发明专利申请的初步审查

7.5　根据专利法第三十一条第一款的审查

根据专利法第三十一条第一款的规定，一件发明专利申请应当限于一项发明，属于一个总的发明构思的两项以上的发明，可以作为一件申请提出。

初步审查中，只有当一件专利申请包含了两项以上完全不相关联的发明时，审查员才需发出审查意见通知书，通知申请人修改其专利申请，使其符合单一性规定；申请人无正当理由而又拒绝对其申请进行修改的，审查员可以作出驳回决定。

条文释义

一、本条主旨

本条是关于专利申请的单一性原则和合案申请的规定。

二、条文演变

1984 年《专利法》第 31 条规定:“一件发明或者实用新型专利申请应当限于一项发明或者实用新型。属于一个总的发明构思的两项以上的发明或者实用新型，可以作为一件申请提出。一件外观设计专利申请应当限于一种产品所使用的一项外观设计。用于同一类别并且成套出售或者使用的产品的两项以上的外观设计，可以作为一件申请提出。”该条首次规定了单一性原则和合案申请制度。

1992 年和 2000 年修改《专利法》时均未对本条进行修改。

2008 年《专利法》修改时将本条第 2 款修改为:“一件外观设计专利申请应当限于一项外观设计。同一产品两项以上的相似外观设计，或者用于同一类别并且成套出售或者使用的产品的两项以上外观设计，可以作为一件申请提出。”

2020 年《专利法》修改时未对本条进行修改。

三、条文解读

专利申请的单一性原则，是指一件专利申请应当限于一项发明创造。该原则为各国专利制度所普遍采用。专利申请应当符合单一性要求，主要基于以下两方面因素考量:(1)经济上的原因，即防止申请人只支付一件专利的费用而获得几项不同发明或者实用新型专利的保护。(2)技术上的原因，即便于专利申请的分类、检索和审查。但是，单一性原则也不是绝对的。在某些情况下，将两项或者两项以上密切相关的发明创造合案申请一项专利，更便于审查和保护。因此，本条还规定了单一性原则的例外情况，即在符合本条规定的条件下，一件专利申请中即使包含两项以上的发明创造，也被认为符合单一性要求。从性质上看，单一性要求属于授予专利权的形式条件，而不是授予专利权的实质性条件。这体现在，不符合本条规定的，授予专利权之前是国家知识产权局驳回专利申请的依据，但授予专利权之后，即使认为不符合本条规定的，也不能以不具备单一性为由宣告该专利权无效。

所谓“一件专利申请应当限于一项发明创造”，并不是指一件专利申请只能披露一项发明创造，而是指一件专利申请只能要求保护一项发明创造。因此，对发明和实用新型专利申请而言，单一性要求的判断依据不是说明书及其附图，而是权利要求书。对外观设计专利申请而言，其图片或者照片是确定其保护范围的依据。由于发明和实用新型专利申请与外观设计专利申请存在上述不同，因此本条分为两款，分别对发明和实用新型专利申请的单一性要求以及对外观设计专利申请的单一性要求作出规定。

（一）发明和实用新型专利申请的单一性及其例外

按照本条第1款的规定，对发明或者实用新型专利申请而言，单一性原则的例外规定是“属于一个总的发明构思的两项以上的发明或实用新型，可以作为一件申请提出”，这也是本条规定理解的重点所在。

《专利法实施细则》第34条规定：“依照专利法第三十一条第一款规定，可以作为一件专利申请提出的属于一个总的发明构思的两项以上的发明或者实用新型，应当在技术上相互关联，包含一个或者多个相同或者相应的特定技术特征，其中特定技术特征是指每一项发明或者实用新型作为整体，对现有技术作出贡献的技术特征。”“对现有技术作出贡献的技术特征”，应当理解为使希望合案申请的每一项发明或者实用新型相对于各自的现有技术具备新颖性和创造性的技术特征，并且应当从每一项要求保护的发明或者实用新型的整体上予以考虑。

符合合案申请的两项以上发明专利申请的权利要求，可以是下列各项之一：（1）不能包括在一项权利要求内的两项以上产品或者方法的同类独立权利要求；（2）产品和专用于制造该产品的方法的独立权利要求；（3）产品和该产品的用途的独立权利要求；（4）产品、专用于制造该产品的方法和该产品的用途的独立权利要求；（5）产品、专用于制造该产品的方法和为实施该方法而专门设计的设备的独立权利要求；（6）方法和为实施该方法而专门设计的设备的独立权利要求。

《专利合作条约实施细则》第13.2条规定“特定技术特征是指将每一项发明作为整体考虑时，对现有技术作出贡献的技术特征”，其中所谓“现有技术”是指每一项发明创造各自的现有技术，发明创造不同，其现有技术也就不同。因此，《专利合作条约实施细则》第13.2条中“作为整体考虑时”这一限定十分重要，其本意是指零部件的某一技术特征对零部件本身具备新颖性和创造性有贡献，不等于该技术特征对采用该零部件的所有产品具备新颖性和创造性都有贡献。这不仅是对合案申请的必要限制，更为重要的是对判断新颖性和创造性的必要规制。否则，一旦对零部件作出某种改进，申请人就可以不受限制地一路拓展下去，对所有采用该零件的产品均获得专利保护，其结果会对专利制度的正常运作带来不利影响。应当允许作一定的拓展，但是要有限度。

（二）外观设计专利申请的单一性及其例外

《专利法实施细则》第35条规定，依照《专利法》第31条第2款的规定，将同一产品的多项相似外观设计作为一件申请提出的，对该产品的其他设计应当与简要说明中指定的基本设计相似。一件外观设计专利申请中的相似外观设计不得超过十项。

《专利法》第31条第2款所称同一类别并且成套出售或者使用的产品的两项以上外观设计，是指各产品属于分类表中同一大类，习惯上同时出售或者同时使用，而且各产品的外观设计具有相同的设计构思。

将两项以上外观设计作为一件申请提出的，应当将各项外观设计的顺序编号标注在每件外观设计产品各幅图片或者照片的名称之前。

1. 同一产品两项以上的相似外观设计

由于外观设计专利权的保护范围以表示在图片或者照片中的该产品的外观设计为准，导致外观设计专利权的保护范围较窄，这意味着只要在某些设计细节上作出一些变动，就有可能被认为脱离了该外观设计专利权的保护范围，不构成侵权，从而导致外观设计专利权难以获得周全的保护。为克服这一由立法规定所带来的缺陷，外观设计专利申请人自然希望能够有机会在申请文件中多记载几个能够实现其基本设计构思的不同设计方案，相当于发明和实用新型专利申请写入多个并列的独立权利要求。然而在2008年修改《专利法》之前，外观设计专利的审查标准让这种做法受到严格限制，因为申请人若将同一产品的几个相似设计方案记载在一件外观设计专利申请中，则被认为是不符合单一性原则应当被驳回；若申请人将同一产品的几个相似设计方案分成不同的外观设计申请分别提出，又会被认为是“同样”的发明创造，依照不得重复授权的规定也应当予以驳回，导致申请人左右为难。鉴此，2008年修改《专利法》时，对本条第2款增加了“同一产品的两项以上的相似外观设计，可以作为一件申请提出”的规定。对此具体理解为：第一，依照上述规定合案提出的外观设计专利申请，应当涉及同一产品的外观设计，其产品名称、类型及其用途均应当相同。第二，合案申请的两项以上的外观设计应当是相似的。申请人合案提出申请的，应当在简要说明中指明其中一项外观设计作为基本设计，其余各项外观设计均应与该基本设计相似。根据《专利审查指南》的规定，经整体观察，其他外观设计和基本外观设计应当具有相同或相似的设计特征，并且所述外观设计与基本外观设计实质相同。实质相同的判断标准适用指南第四部分第五章的相关规定。第三，对于允许合案申请的外观设计方案的数量有所限制，最多不能超过10项。这样规定的原因在于既要为申请人尽可能提供方便，又要防止合案申请的设计方案过多而给审查授权和外观设计专利权保护带来过大负担。

2. 成套出售或者使用的产品的两项以上外观设计

根据《专利法实施细则》第35条第2款的规定，成套产品的外观设计合案需要满足两方面要求：一是产品必须属于分类表中的同一大类，并且习惯上同时出售或者同时使用；二是各产品的外观设计具有相同的设计构思。

关于“同时使用”，包括在组合使用过程中先后分别予以使用，而不是严格意义上的同时使用各个产品，如咖啡器具。

关于“同时出售”，不包括为促销目的而随意搭配出售的多件产品。

关于“具有相同的设计构思”，在《专利审查指南》中有如下几点规定：（1）设计构思相同，是指各产品的设计风格是统一的，即对各产品的形状、图案或者其结合以及色彩与形状、图案的结合所作出的设计是统一的。（2）形状的统一，是指各个构成产品都以同一种特定的造型为特征，或者各构成产品之间以特定的造型构成组合关系，即认为符合形状统一。（3）图案的统一，是指各产品上图案设计的题材、构图、表现形式等方面应当统一。若其中有一方面不同，则认为图案不统一，例如，咖啡壶上的设计以兰花图案为设计题材，而咖啡杯上的设计图案为熊猫，由于图案所选设计题材不同，则认为图案不统一，不符合统一和谐的原则，因此不能作为成套产品合案申请。（4）对于色彩的统一，不能单独考虑，应当与各产品的形状、图案综合考虑。当各产品的形状、图案符合统一协调的原则时，在简要说明中没有写明请求保护色彩的情况下，设计构思相同；在简要说明中写明请求保护色彩的情况下，如果产品的色彩风格一致则设计构思相同；如果各产品的色彩变换较大，破坏了整体的和谐，则不能作为成套产品合案申请。

需要注意的是，成套产品外观设计专利申请中不应包含某一件或者几件产品的相似外观设计。例如，一项包含餐用杯和碟的成套产品外观设计专利申请中，不应再包括所述杯和碟的两项以上的相似外观设计。无论是涉及同一产品的两项以上的相似外观设计，还是成套产品的外观设计专利申请，其中的每一项外观设计或者每件产品的外观设计除了应当满足上述合案申请的相关规定外，还应当分别具备其他授权条件；如果其中的一项外观设计或者一件产品的外观设计不具备授权条件，则应当删除该项外观设计或者该件产品的外观设计，否则该专利申请不能被授予专利权。

第三十三条　申请人可以对其专利申请文件进行修改，但是，对发明和实用新型专利申请文件的修改不得超出原说明书和权利要求书记载的范围，对外观设计专利申请文件的修改不得超出原图片或者照片表示的范围。

关联规定

一、法律、行政法规、司法解释

《中华人民共和国专利法实施细则》

第五十一条　发明专利申请人在提出实质审查请求时以及在收到国务院专利行政部门发出的发明专利申请进入实质审查阶段通知书之日起的3个月内，可以对发明专利申请主动提出修改。

实用新型或者外观设计专利申请人自申请日起2个月内，可以对实用新型或者外观设计专利申请主动提出修改。

申请人在收到国务院专利行政部门发出的审查意见通知书后对专利申请文件进行修改的，应当针对通知书指出的缺陷进行修改。

国务院专利行政部门可以自行修改专利申请文件中文字和符号的明显错误。国务院专利行政部门自行修改的，应当通知申请人。

第六十一条　请求人在提出复审请求或者在对专利复审委员会的复审通知书作出答复时，可以修改专利申请文件；但是，修改应当仅限于消除驳回决定或者复审通知书指出的缺陷。

修改的专利申请文件应当提交一式两份。

第六十九条　在无效宣告请求的审查过程中，发明或者实用新型专利的专利权人可以修改其权利要求书，但是不得扩大原专利的保护范围。

发明或者实用新型专利的专利权人不得修改专利说明书和附图，外观设计专利的专利权人不得修改图片、照片和简要说明。

二、部门规章及规范性文件

《专利审查指南》

第一部分　第一章　发明专利申请的初步审查

7.6　根据专利法第三十三条的审查

根据专利法第三十三条的规定，申请人可以对其专利申请文件进行修改。但是，对专利申请文件的修改不得超出原说明书和权利要求书记载的范围。

初步审查中，只有当审查员发出了审查意见通知书，要求申请人修改申请文件时，才需对申请人就此作出的修改是否明显超出原说明书和权利要求书记载范围进行审查。修改明显超范围的，例如申请人修改了数据或者扩大了数值范围，或者增加了原说明书中没有相应文字记载的技术方案的权利要求，或者增加一页或者数页原说明书或者权利要求中没有记载的发明的实质内容，审查员应当发出审查意见通知书，通知申请人该修改不符合专利法第三十三条的规定，申请人陈述意见或者补正后仍不符合规定的，审查员可以作出驳回决定。

在初步审查程序中，申请人根据专利法实施细则第五十一条的规定提出了主动修改文本的，审查员除对补正书进行形式审查外，仅需对主动修改的提出时机是否符合专利法实施细则第五十一条的规定进行核实。符合规定的，作出合格的处理意见后存档；不符合规定的，作出供实审参考的处理意见后存档。对主动修改文本的内容不进行审查，留待实质审查时处理。

第一部分　第二章　实用新型专利申请的初步审查

8. 根据专利法第三十三条的审查

8.1　申请人主动修改

对于申请人的主动修改，审查员应当首先核对提出修改的日期是否在自申请日起两个月内。对于超过两个月的修改，如果修改的文件消除了原申请文件存在的缺陷，并且具有被授权的前景，则该修改文件可以接受。对于不予接受的修改文件，审查员应当发出视为未提出通知书。

对于在两个月内提出的主动修改，审查员应当审查其修改是否超出原说明书和权利要求书记载的范围。修改超出原说明书和权利要求书记载的范围的，审查员应当发出审查意见通知书，通知申请人该修改不符合专利法第三十三条的规定。申请人陈述意见或补正后仍然不符合规定的，审查员可以根据专利法第三十三条和专利法实施细则第四十四条的规定作出驳回决定。

8.2 针对通知书指出的缺陷进行修改

对于申请人答复通知书时所作的修改，审查员应当审查该修改是否超出原说明书和权利要求书记载的范围以及是否针对通知书指出的缺陷进行修改。对于申请人提交的包含有并非针对通知书所指出的缺陷进行修改的修改文件，如果其修改符合专利法第三十三条的规定，并消除了原申请文件存在的缺陷，且具有授权的前景，则该修改可以被视为是针对通知书指出的缺陷进行的修改，经此修改的申请文件应当予以接受。对于不符合专利法实施细则第五十一条第三款规定的修改文本，审查员可以发出通知书，通知申请人该修改文本不予接受，并说明理由，要求申请人在指定期限内提交符合专利法实施细则第五十一条第三款规定的修改文本，同时应当指出，如果申请人再次提交的修改文本仍然不符合专利法实施细则第五十一条第三款的规定，审查员将针对修改前的文本继续审查，例如作出授权或驳回决定。

如果申请人提交的修改文件超出了原说明书和权利要求书记载的范围，审查员应当发出审查意见通知书，通知申请人该修改不符合专利法第三十三条的规定。申请人陈述意见或补正后仍然不符合规定的，审查员可以根据专利法第三十三条和专利法实施细则第四十四条的规定作出驳回决定。

根据专利法第三十三条的规定，申请人可以对其实用新型专利申请文件进行修改，但是，对申请文件的修改不得超出原说明书和权利要求书记载的范围。

如果申请人对申请文件进行修改时，加入了所属技术领域的技术人员不能从原说明书和权利要求书中直接地、毫无疑义地确定的内容，这样的修改被认为超出了原说明书和权利要求书记载的范围。

申请人从申请中删除某个或者某些特征，也有可能导致超出原说明书和权利要求书记载的范围。

说明书中补入原权利要求书中记载而原说明书中没有描述过的技术特征，并作了扩大其内容的描述的，被认为修改超出了原说明书和权利要求书记载的范围。

说明书中补入原说明书和权利要求书中没有记载的技术特征并且借助原说明书附图表示的内容不能毫无疑义地确定的，被认为修改超出了原说明书和权利要求书记载的范围。

应当注意的是：

（1）对明显错误的更正，不能被认为超出了原说明书和权利要求书记载的范围。所谓明显错误，是指不正确的内容可以从原说明书、权利要求书的上下文中清楚地判断出来，没有作其他解释或者修改的可能。

（2）对于附图中明显可见并有唯一解释的结构，允许补入说明书并写入权利要求书中。

根据专利法实施细则第五十一条的规定，申请人可以自申请日起两个月内对实用新型专利申请文件主动提出修改。此外，申请人在收到专利局的审查意见通知书或者补正通知书后，应当针对通知书指出的缺陷进行修改。

第一部分　第三章　外观设计专利申请的初步审查

10. 根据专利法第三十三条的审查

根据专利法第三十三条的规定，申请人对其外观设计专利申请文件的修改不得超出原图片或者照片表示的范围。修改超出原图片或者照片表示的范围，是指修改后的外观设计与原始申请文件中表示的相应的外观设计相比，属于不相同的设计。

在判断申请人对其外观设计专利申请文件的修改是否超出原图片或者照片表示的范围时，如果修改后的内容在原图片或者照片中已有表示，或者可以直接地、毫无疑义地确定，则认为所述修改符合专利法第三十三条的规定。

申请人可以自申请日起两个月内对外观设计专利申请文件主动提出修改。此外，申请人在收到专利局的审查意见通知书或者补正通知书后，应当针对通知书指出的缺陷对专利申请文件进行修改。

10.1　申请人主动修改

对于申请人的主动修改，审查员应当首先核对提出修改的日期是否在自申请日起两个月内。对于超过两个月的修改，如果修改的文件消除了原申请文件存在的缺陷，并且具有被授权的前景，则该修改文件可以接受。对于不接受的修改文件，审查员应当发出视为未提出通知书。

对于在两个月内提出的主动修改，审查员应当审查其修改是否超出原图片或者照片表示的范围。修改超出原图片或者照片表示的范围的，审查员应当发出审查意见通知书，通知申请人该修改不符合专利法第三十三条的规定。申请人陈述意见或补正后仍然不符合规定的，审查员可以根据专利法第三十三条和专利法实施细则第四十四条第二款的规定作出驳回决定。

10.2 针对通知书指出的缺陷进行修改

对于针对通知书指出的缺陷进行的修改，审查员应当审查该修改是否超出原图片或者照片表示的范围以及是否是针对通知书指出的缺陷进行的修改。对于申请人提交的包含有并非针对通知书所指出的缺陷进行修改的修改文件，如果其修改符合专利法第三十三条的规定，并消除了原申请文件存在的缺陷，且具有授权的前景，则该修改可以被视为是针对通知书指出的缺陷进行的修改，经此修改的申请文件应当予以接受。申请人提交的修改文件超出了原图片或者照片表示的范围的，审查员应当发出审查意见通知书，通知申请人该修改不符合专利法第三十三条的规定，申请人陈述意见或补正后仍然不符合规定的，审查员可以根据专利法第三十三条和专利法实施细则第四十四条第二款的规定作出驳回决定。

第二部分 第八章 实质审查程序

5.2 修改

根据专利法第三十三条的规定，申请人可以对其专利申请文件进行修改，但是，对发明和实用新型专利申请文件的修改不得超出原说明书和权利要求书记载的范围。国际申请的申请人根据专利合作条约规定所提交的修改文件，同样应当符合专利法第三十三条的规定。

根据专利法实施细则第五十一条第一款的规定，发明专利申请人在提出实质审查请求时以及在收到专利局发出的发明专利申请进入实质审查阶段通知书之日起的三个月内，可以对发明专利申请主动提出修改。

根据专利法实施细则第五十一条第三款的规定，申请人在收到专利局发出的审查意见通知书后修改专利申请文件，应当针对通知书指出的缺陷进行修改。

5.2.1 修改的要求

专利法第三十三条对修改的内容与范围作出了规定。专利法实施细则第五十一条第一款对主动修改的时机作出了规定，专利法实施细则第五十一条第三款对答复审查意见通知书时的修改方式作出了规定。

5.2.1.1 修改的内容与范围

在实质审查程序中，为了使申请符合专利法及其实施细则的规定，对申请文件的修改可能会进行多次。审查员对申请人提交的修改文件进行审查时，要严格掌握专利法第三十三条的规定。不论申请人对申请文件的修改属于主动修改还是针对通知书指出的缺陷进行的修改，都不得超出原说明书和权利要求书记载的范围。原说明书和权利要求书记载的范围包括原说明书和权利要求书文字记载的内容和根据原说明书和权利要求书文字记载的内容以及说明书附图能直接地、毫无疑义地确定的内容。申请人在申请日提交的原说明书和权利要求书记载的范围，是审查上述修改是否符合专利法第三十三条规定的依据，申请人向专利局提交的申请文件的外文文本和优先权文件的内容，不能作为判断申请文件的修改是否符合专利法第三十三条规定的依据。但进入国家阶段的国际申请的原始提交的外文文本除外，其法律效力参见本指南第三部分第二章第3.3节。

如果修改的内容与范围不符合专利法第三十三条的规定，则这样的修改不能被允许。

5.2.1.2　主动修改的时机

申请人仅在下述两种情形下可对其发明专利申请文件进行主动修改：

（1）在提出实质审查请求时；

（2）在收到专利局发出的发明专利申请进入实质审查阶段通知书之日起的三个月内。

在答复专利局发出的审查意见通知书时，不得再进行主动修改。

5.2.1.3　答复审查意见通知书时的修改方式

根据专利法实施细则第五十一条第三款的规定，在答复审查意见通知书时，对申请文件进行修改的，应当针对通知书指出的缺陷进行修改，如果修改的方式不符合专利法实施细则第五十一条第三款的规定，则这样的修改文本一般不予接受。

然而，对于虽然修改的方式不符合专利法实施细则第五十一条第三款的规定，但其内容与范围满足专利法第三十三条要求的修改，只要经修改的文件消除了原申请文件存在的缺陷，并且具有被授权的前景，这种修改就可以被视为是针对通知书指出的缺陷进行的修改，因而经此修改的申请文件可以接受。这样处理有利于节约审查程序。但是，当出现下列情况时，即使修改的内容没有超出原说明书和权利要求书记载的范围，也不能被视为是针对通知书指出的缺陷进行的修改，因而不予接受。

（1）主动删除独立权利要求中的技术特征，扩大了该权利要求请求保护的范围。

(2)主动改变独立权利要求中的技术特征，导致扩大了请求保护的范围。

(3)主动将仅在说明书中记载的与原来要求保护的主题缺乏单一性的技术内容作为修改后权利要求的主题。

(4)主动增加新的独立权利要求，该独立权利要求限定的技术方案在原权利要求书中未出现过。

(5)主动增加新的从属权利要求，该从属权利要求限定的技术方案在原权利要求书中未出现过。

5.2.2 允许的修改

这里所说的“允许的修改”，主要指符合专利法第三十三条规定的修改。

5.2.2.1 对权利要求书的修改

对权利要求书的修改主要包括：通过增加或变更独立权利要求的技术特征，或者通过变更独立权利要求的主题类型或主题名称以及其相应的技术特征，来改变该独立权利要求请求保护的范围；增加或者删除一项或多项权利要求；修改独立权利要求，使其相对于最接近的现有技术重新划界；修改从属权利要求的引用部分，改正其引用关系，或者修改从属权利要求的限定部分，以清楚地限定该从属权利要求请求保护的范围。对于上述修改，只要经修改后的权利要求的技术方案已清楚地记载在原说明书和权利要求书中，就应该允许。

允许的对权利要求书的修改，包括下述各种情形：

(1)在独立权利要求中增加技术特征，对独立权利要求作进一步的限定，以克服原独立权利要求无新颖性或创造性、缺少解决技术问题的必要技术特征、未以说明书为依据或者未清楚地限定要求专利保护的范围等缺陷。只要增加了技术特征的独立权利要求所述的技术方案未超出原说明书和权利要求书记载的范围，这样的修改就应当被允许。

(2)变更独立权利要求中的技术特征，以克服原独立权利要求未以说明书为依据、未清楚地限定要求专利保护的范围或者无新颖性或创造性等缺陷。只要变更了技术特征的独立权利要求所述的技术方案未超出原说明书和权利要求书记载的范围，这种修改就应当被允许。

(3)变更独立权利要求的类型、主题名称及相应的技术特征，以克服原独立权利要求类型错误或者缺乏新颖性或创造性等缺陷。只要变更后的独立权利要求所述的技术方案未超出原说明书和权利要求书记载的范围，就可允许这种修改。

（4）删除一项或多项权利要求，以克服原第一独立权利要求和并列的独立权利要求之间缺乏单一性，或者两项权利要求具有相同的保护范围而使权利要求书不简要，或者权利要求未以说明书为依据等缺陷，这样的修改不会超出原权利要求书和说明书记载的范围，因此是允许的。

（5）将独立权利要求相对于最接近的现有技术正确划界。这样的修改不会超出原权利要求书和说明书记载的范围，因此是允许的。

（6）修改从属权利要求的引用部分，改正引用关系上的错误，使其准确地反映原说明书中所记载的实施方式或实施例。这样的修改不会超出原权利要求书和说明书记载的范围，因此是允许的。

（7）修改从属权利要求的限定部分，清楚地限定该从属权利要求的保护范围，使其准确地反映原说明书中所记载的实施方式或实施例，这样的修改不会超出原说明书和权利要求书记载的范围，因此是允许的。

5.2.2.2　对说明书及其摘要的修改

对于说明书的修改，主要有两种情况，一种是针对说明书中本身存在的不符合专利法及其实施细则规定的缺陷作出的修改，另一种是根据修改后的权利要求书作出的适应性修改，上述两种修改只要不超出原说明书和权利要求书记载的范围，则都是允许的。

允许的说明书及其摘要的修改包括下述各种情形。

（1）修改发明名称，使其准确、简要地反映要求保护的主题的名称。如果独立权利要求的类型包括产品、方法和用途，则这些请求保护的主题都应当在发明名称中反映出来。发明名称应当尽可能简短，一般不得超过25个字，特殊情况下，例如，化学领域的某些专利申请，可以允许最多到40个字。

（2）修改发明所属技术领域。该技术领域是指该发明在国际专利分类表中的分类位置所反映的技术领域。为便于公众和审查员清楚地理解发明和其相应的现有技术，应当允许修改发明所属技术领域，使其与国际专利分类表中最低分类位置涉及的领域相关。

（3）修改背景技术部分，使其与要求保护的主题相适应。独立权利要求按照专利法实施细则第二十一条的规定撰写的，说明书背景技术部分应当记载与该独立权利要求前序部分所述的现有技术相关的内容，并引证反映这些背景技术的文件。如果审查员通过检索发现了比申请人在原说明书中引用的现有技术更接近所要求保护的主题的对比文件，则应当允许申请人修改说明书，将该文件的内容补入这部分，并引证该文件，同时删除描述不相关的现有技术的内容。应当指出，这种修改实际上使说明书增加了原申请的权利要求书和说明书未曾记载的内容，但由于修改仅涉及背景技术而不涉及发明本身，且增加的内容是申请日前已经公知的现有技术，因此是允许的。

（4）修改发明内容部分中与该发明所解决的技术问题有关的内容，使其与要求保护的主题相适应，即反映该发明的技术方案相对于最接近的现有技术所解决的技术问题。当然，修改后的内容不应超出原说明书和权利要求书记载的范围。

（5）修改发明内容部分中与该发明技术方案有关的内容，使其与独立权利要求请求保护的主题相适应。如果独立权利要求进行了符合专利法及其实施细则规定的修改，则允许该部分作相应的修改；如果独立权利要求未作修改，则允许在不改变原技术方案的基础上，对该部分进行理顺文字、改正不规范用词、统一技术术语等修改。

（6）修改发明内容部分中与该发明的有益效果有关的内容。只有在某（些）技术特征在原始申请文件中已清楚地记载，而其有益效果没有被清楚地提及，但所属技术领域的技术人员可以直接地、毫无疑义地从原始申请文件中推断出这种效果的情况下，才允许对发明的有益效果作合适的修改。

（7）修改附图说明。申请文件中有附图，但缺少附图说明的，允许补充所缺的附图说明；附图说明不清楚的，允许根据上下文作出合适的修改。

（8）修改最佳实施方式或者实施例。这种修改中允许增加的内容一般限于补入原实施方式或者实施例中具体内容的出处以及已记载的反映发明的有益效果数据的标准测量方法（包括所使用的标准设备、器具）。如果由检索结果得知原申请要求保护的部分主题已成为现有技术的一部分，则申请人应当将反映这部分主题的内容删除，或者明确写明其为现有技术。

（9）修改附图。删除附图中不必要的词语和注释，可将其补入说明书文字部分之中；修改附图中的标记使之与说明书文字部分相一致；在文字说明清楚的情况下，为使局部结构清楚起见，允许增加局部放大图；修改附图的阿拉伯数字编号，使每幅图使用一个编号。

（10）修改摘要。通过修改使摘要写明发明的名称和所属技术领域，清楚地反映所要解决的技术问题、解决该问题的技术方案的要点以及主要用途；删除商业性宣传用语；更换摘要附图，使其最能反映发明技术方案的主要技术特征。

（11）修改由所属技术领域的技术人员能够识别出的明显错误，即语法错误、文字错误和打印错误。对这些错误的修改必须是所属技术领域的技术人员能从说明书的整体及上下文看出的唯一的正确答案。

5.2.3 不允许的修改

作为一个原则，凡是对说明书（及其附图）和权利要求书作出不符合专利法第三十三条规定的修改，均是不允许的。

具体地说，如果申请的内容通过增加、改变和/或删除其中的一部分，致使所属技术领域的技术人员看到的信息与原申请记载的信息不同，而且又不能从原申请记载的信息中直接地、毫无疑义地确定，那么，这种修改就是不允许的。

这里所说的申请内容，是指原说明书（及其附图）和权利要求书记载的内容，不包括任何优先权文件的内容。

5.2.3.1 不允许的增加

不能允许的增加内容的修改，包括下述几种。

（1）将某些不能从原说明书（包括附图）和/或权利要求书中直接明确认定的技术特征写入权利要求和/或说明书。

（2）为使公开的发明清楚或者使权利要求完整而补入不能从原说明书（包括附图）和/或权利要求书中直接地、毫无疑义地确定的信息。

（3）增加的内容是通过测量附图得出的尺寸参数技术特征。

（4）引入原申请文件中未提及的附加组分，导致出现原申请没有的特殊效果。

（5）补入了所属技术领域的技术人员不能直接从原始申请中导出的有益效果。

（6）补入实验数据以说明发明的有益效果，和/或补入实施方式和实施例以说明在权利要求请求保护的范围内发明能够实施。

（7）增补原说明书中未提及的附图，一般是不允许的；如果增补背景技术的附图，或者将原附图中的公知技术附图更换为最接近现有技术的附图，则应当允许。

5.2.3.2 不允许的改变

不能允许的改变内容的修改，包括下述几种。

（1）改变权利要求中的技术特征，超出了原权利要求书和说明书记载的范围。

（2）由不明确的内容改成明确具体的内容而引入原申请文件中没有的新的内容。

（3）将原申请文件中的几个分离的特征，改变成一种新的组合，而原申请文件没有明确提及这些分离的特征彼此间的关联。

（4）改变说明书中的某些特征，使得改变后反映的技术内容不同于原申请文件记载的内容，超出了原说明书和权利要求书记载的范围。

5.2.3.3 不允许的删除

不能允许删除某些内容的修改，包括下述几种。

（1）从独立权利要求中删除在原申请中明确认定为发明的必要技术特征的那些技术特征，即删除在原说明书中始终作为发明的必要技术特征加以描述的那些技术特征；或者从权利要求中删除一个与说明书记载的技术方案有关的技术术语；或者从权利要求中删除在说明书中明确认定的关于具体应用范围的技术特征。

（2）从说明书中删除某些内容而导致修改后的说明书超出了原说明书和权利要求书记载的范围。

（3）如果在原说明书和权利要求书中没有记载某特征的原数值范围的其他中间数值，而鉴于对比文件公开的内容影响发明的新颖性和创造性，或者鉴于当该特征取原数值范围的某部分时发明不可能实施，申请人采用具体“放弃”的方式，从上述原数值范围中排除该部分，使得要求保护的技术方案中的数值范围从整体上看来明显不包括该部分，由于这样的修改超出了原说明书和权利要求书记载的范围，因此除非申请人能够根据申请原始记载的内容证明该特征取被“放弃”的数值时，本发明不可能实施，或者该特征取经“放弃”后的数值时，本发明具有新颖性和创造性，否则这样的修改不能被允许……

第四部分 第三章 无效宣告请求的审查

4.6 无效宣告程序中专利文件的修改

4.6.1 修改原则

发明或者实用新型专利文件的修改仅限于权利要求书，其原则是：

（1）不得改变原权利要求的主题名称。

（2）与授权的权利要求相比，不得扩大原专利的保护范围。

（3）不得超出原说明书和权利要求书记载的范围。

（4）一般不得增加未包含在授权的权利要求书中的技术特征。

外观设计专利的专利权人不得修改其专利文件。

4.6.2　修改方式

在满足上述修改原则的前提下，修改权利要求书的具体方式一般限于权利要求的删除、技术方案的删除、权利要求的进一步限定、明显错误的修正。

权利要求的删除是指从权利要求书中去掉某项或者某些项权利要求，例如独立权利要求或者从属权利要求。

技术方案的删除是指从同一权利要求中并列的两种以上技术方案中删除一种或者一种以上技术方案。

权利要求的进一步限定是指在权利要求中补入其他权利要求中记载的一个或者多个技术特征，以缩小保护范围。

4.6.3　修改方式的限制

在专利复审委员会作出审查决定之前，专利权人可以删除权利要求或者权利要求中包括的技术方案。

仅在下列三种情形的答复期限内，专利权人可以以删除以外的方式修改权利要求书：

（1）针对无效宣告请求书。

（2）针对请求人增加的无效宣告理由或者补充的证据。

（3）针对专利复审委员会引入的请求人未提及的无效宣告理由或者证据。

条文释义

一、本条主旨

本条是关于专利申请文件修改的规定

二、条文演变

1984年《专利法》第33条规定，申请人可以对其专利申请文件进行修改，但是不得超出原说明书记载的范围。

1992年《专利法》对1984年《专利法》第33条进行了重大修改：一是

增加了外观设计专利申请文件修改的规定；二是对发明专利申请文件和实用新型专利申请文件的修改范围作了进一步限制性规定。修改后的1992年《专利法》第33条规定，申请人可以对其专利申请文件进行修改，但是，对发明和实用新型专利申请文件的修改不得超出原说明书和权利要求书记载的范围，对外观设计专利申请文件的修改不得超出原图片或者照片表示的范围。

此后，《专利法》于2000年、2008年、2020年的三次修正对该条的序号及内容均未作变动。

三、条文解读

（一）关于《专利法》第33条的立法目的

正确理解《专利法》第33条的含义，需要结合该条的立法目的。《专利法》第33条包括两层含义：一是允许申请人对专利申请文件进行修改；二是对专利申请文件的修改存在一定的限制。鉴于司法实践中围绕《专利法》第33条的适用场景主要集中在针对发明和实用新型专利申请文件的修改所引发的争议，因此，以下关于本条的解读内容重点围绕该两类专利申请文件的修改而展开。

一方面，《专利法》之所以允许申请人对专利申请文件进行修改，其主要理由在于：一是申请人的表达和认知能力的局限性。申请人将自己抽象的技术构思形诸于语言文字，体现为具体的技术方案时，由于语言表达的局限，往往有词不达意或者言不尽意之处。同时，申请人在撰写专利申请文件时，由于对现有技术以及发明创造等的认知局限，可能错误理解发明创造。在专利申请过程中，随着对现有技术和发明创造等理解程度的加深提高，特别是审查员发出审查意见通知书后，申请人往往需要根据对发明创造和现有技术的新的理解对权利要求书和说明书进行修正。二是提高专利申请文件质量的要求。专利申请文件是向公众传递专利信息的重要载体，为了便于公众理解和运用发明创造，促进发明创造成果的运用和传播，客观上需要通过修改提高专利申请文件的准确性。因此，如果不加修改即授予专利权，不仅会影响准确地向公众传递专利信息，妨碍公众对授权专利的实施应用，还会影响专利权保护范围的大小及其准确性，给专利权的行使带来困难，而两者都会妨碍专利制度的正常运作，降低专利制度的应有价值。

另一方面，《专利法》之所以在允许申请人对专利申请文件进行修改的同时，对申请人修改其专利申请文件进行一定的限制，即发明和实用新型专利申请文件的修改不得超出原说明书和权利要求书记载的范围。理由在于：一是通过将修改限制在原说明书和权利要求书记载的范围之内，可以促使申请人在申请阶段充分公开其发明，保证授权程序顺利开展。二是防止申请人将申请时尚未完成的发明内容以“修改”的方式补入到专利申请文件中，从而就该部分发明内容不正当地取得先申请的利益。允许申请人对其专利申请文件进行修改，同时又不改变其申请日，意味着国家专利行政部门认定修改后的内容在原申请日就已经提出。在保留原申请日的情况下，如果允许申请人对专利申请文件的修改超出原说明书和权利要求书记载的范围，就会变相架空《专利法》第 9 条第 2 款所确立的“先申请”原则，导致对其他申请人明显不公平的后果。三是保障社会公众对专利信息的信赖，避免给信赖原申请文件并以此开展行动的第三人造成不必要的损害。可见，《专利法》第 33 条的立法目的在于实现专利申请人的利益与社会公众利益之间的平衡，一方面使申请人拥有修改和补正专利申请文件的机会，尽可能保证真正有创造性的发明创造能够取得授权和获得保护；另一方面又防止申请人对其在申请日时未公开的发明内容获得不正当利益，损害社会公众对原专利申请文件的信赖。

（二）关于“修改不得超出原说明书和权利要求书记载的范围”的理解

基于前述立法目的，对于“原说明书和权利要求书记载的范围”的理解，应该从所属领域普通技术人员的角度出发，以原说明书和权利要求书所公开的技术内容来确定。凡是原说明书和权利要求书已经披露的技术内容（技术信息），都属于原说明书和权利要求书记载的范围。既要防止对记载的范围作过宽解释，乃至涵盖了申请人在原说明书和权利要求书中未公开的技术内容，又要防止对记载的范围作过窄解释，对申请人在原说明书和权利要求书中已披露的技术内容置之不顾。从这一角度出发，原说明书和权利要求书记载的范围应当包括如下内容：一是原说明书及其附图和权利要求书以文字或者图形等明确表达的内容；二是所属领域普通技术人员通过综合原说明书及其附图和权利要求书可以直接、明确推导出的内容。与上述内容相比，如果修改后的专利申请文件未引入新的技术内容，则可认定对该专利申请文件的修改未超出原说明书和权利要求书记载的范围。由此可见，判断对专利申请文件的修改是否超出原说明书和权利要求书记载的范围，不仅应考虑原说明书及其附图和权利要求书以文字或者图形表达的内容，还应考虑所属领域普通技术人员综合上述内容后可以直接、明确地确定的内容。换言之，审查专利申请文件的修改是否超出原说明书和权利要求书记载的范围，应当考虑所属技术领域的技术特点和惯常表达、所属领域普通技术人员的知识水平和认知能力、技术方案本身在技术上的内在必然要求等因素，以准确确定原说明书和权利要求书记载的范围。

适用指引

一、对“原说明书和权利要求书”的理解

本条所述“原说明书和权利要求书”，应当是指申请人向国家知识产权局提交的原始说明书和权利要求书，而不是指作为优先权基础的在先申请的说明书和权利要求书，这一点通过本条开头所述“申请人可以对其专利申请文件进行修改”即可看出，因为要修改和能修改的只能是当前的专利申请文件，而不可能是作为优先权基础的在先申请文件。如果申请人要求了优先权，但是向国家知识产权局提交的在后申请的原始说明书和权利要求书没有记载作为优先权基础的在先申请的说明书和权利要求记载的某些内容，则不允许通过修改将这些内容加入在后申请的说明书或者权利要求书中。

二、专利申请文件的修改限制与专利权保护范围的关系

《专利法》有关规定涉及与权利要求有关的两个范围：一是《专利法》第33条所述的权利要求书“记载的范围”；二是《专利法》第64条第1款所述的权利要求的“保护范围”，由此引发的问题是对这两个“范围”应如何理解，也即专利申请文件的修改限制与专利权保护范围的关系应当如何看待。

《专利法实施细则》第51条前3款规定，发明专利申请人在提出实质审查请求时以及在收到国务院专利行政部门发出的发明专利申请进入实质审查阶段通知书之日起的3个月内，可以对发明专利申请主动提出修改。实用新型或者外观设计专利申请人自申请日起2个月内，可以对实用新型或者外观设计专利申请主动提出修改。申请人在收到国务院专利行政部门发出的审查意见通知书

后对专利申请文件进行修改的，应当按针对通知书指出的缺陷进行修改。《专利法实施细则》第61条第1款规定，请求人在提出复审请求或者在对专利复审委员会的复审通知书作出答复时，可以修改专利申请文件；但是，修改应当仅限于消除驳回决定或者复审通知书指出的缺陷。《专利法实施细则》第69条规定，在无效宣告请求的审查过程中，发明或者实用新型专利的专利权人可以修改其权利要求书，但是不得扩大原专利的保护范围。发明或者实用新型专利的专利权人不得修改专利说明书和附图，外观设计专利的专利权人不得修改图片、照片和简要说明。《专利法》第64条第1款规定，发明或者实用新型专利权的保护范围以其权利要求的内容为准，说明书及附图可以用于解释权利要求的内容。根据上述规定并结合《专利法》第33条的规定可知，专利申请文件的修改限制与专利权保护范围之间既存在一定的联系，又具有明显差异，具体如下。

二者之间的一定联系在于，根据《专利法实施细则》第69条的规定，在无效宣告请求的审查过程中，发明或者实用新型专利的专利权人修改其权利要求书时要受原专利的保护范围的限制，不得扩大原专利的保护范围。

二者之间的明显差异在于，专利申请文件的修改以原说明书和权利要求书记载的范围为界，其记载的范围越广，披露的技术内容越多，允许的修改范围就越大。而发明或者实用新型专利权的保护范围以其权利要求的内容为准，说明书及附图可以用于解释权利要求，故权利要求记载的技术特征越少，其保护范围就越大；反之，权利要求记载的技术特征越多，其保护范围就越小。同时，专利申请人根据《专利法实施细则》第51条的规定进行主动修改时，只要不超出原说明书和权利要求书记载的范围，在修改原权利要求书时既可以扩大其请求保护的范围，也可以缩小其请求保护的范围。但是，专利申请人《专利法实施细则》第69条规定修改其权利要求书时，则不得扩大原专利的保护范围，但可以缩小其保护范围。

三、专利申请文件的修改限制与禁止反悔原则的关系

在专利授权确权程序中，专利申请人需要遵循诚实信用原则，信守诺言，诚实不欺，不得出尔反尔，损害第三人对其行为的信赖。作为诚实信用原则的体现和要求，禁止反悔原则在专利授权确权程序中应予适用。但是，禁止反悔原则在专利授权确权程序中的适用并非是无条件的，其要受到自身适用条件的

限制以及与之相关的其他原则或者法律规定的限制。禁止反悔原则的适用应以行为人出尔反尔的行为损害第三人对其行为的信赖和预期为必要条件。同时，法律的明确规定以及其他同等重要的原则也限制禁止反悔原则的适用。在专利授权确权程序中适用禁止反悔原则必须综合考虑上述因素。

根据《专利法》第 33 条以及《专利法实施细则》第 51 条、第 69 条的规定，在专利授权程序中，申请人可以对其专利申请文件进行修改，但是对发明和实用新型专利申请文件的修改不得超出原说明书和权利要求书记载的范围；在专利确权程序中，专利权人可以修改其权利要求书，但是不得扩大原专利的保护范围。因此，在专利授权程序中，《专利法》已经赋予申请人修改专利申请文件的权利，故只要这种修改没有超出原说明书和权利要求书记载的范围即可。对于社会公众而言，基于《专利法》第 33 条之规定，其应当预见到申请人可能对专利申请文件进行修改，故其信赖的内容应当是原说明书和权利要求书记载的范围。如前所述，该范围包括“原说明书及其附图和权利要求书以文字或者图形等明确表达的内容”和“所属领域普通技术人员通过综合原说明书及其附图和权利要求书可以直接、明确推导出的内容”，而不是仅信赖原权利要求书记载的保护范围。因此，如果申请人对专利申请文件的修改符合《专利法》第 33 条的规定，禁止反悔原则在该修改范围内应无适用余地。

另需指出的是，在理解专利申请文件的修改限制与禁止反悔原则的关系这一问题时，还涉及对当事人在专利授权确权程序中的陈述是否会构成对专利申请文件的修改产生限制。对此问题的正确理解应当是，在判断专利申请文件的修改是否超出原说明书和权利要求书记载的范围时，当事人的意见陈述在通常情况下只能作为理解说明书以及权利要求书含义的参考，而不是决定性依据。至于其参考价值的大小，则取决于该意见陈述的具体内容及其与说明书和权利要求书的关系。尤其需要强调的是，如果当事人的意见陈述内容超出原说明书和权利要求书记载的范围，则不能参考该意见陈述对说明书和权利要求书进行解释，进而作为对专利申请文件修改是否超范围的判断依据。相反，在专利侵权程序中，当事人的意见陈述将有可能触发禁止反悔原则的适用，进而对权利人主张的专利权保护范围产生影响。根据《侵犯专利权纠纷案件解释》第 6 条的规定，专利申请人、专利权人在专利授权或者无效宣告程序中，通过对权利要求书、说明书的修改或者意见陈述而放弃的技术方案，权利人在侵犯专利权纠纷案件中又将其纳入专利权保护范围的，人民法院不予支持。由该条规定可知，专利申请人、权利人在专利授权确权程序中所作的意见陈述，如果涉及对技术方案的放弃，则不再允许其在专利侵权程序中将先前已经在专利授权确权程序中放弃的“技术方案”又重新纳入专利权的保护范围。换言之，在专利授权确权程序中，申请人或专利权人对国务院专利行政部门发出的审查意见通知书所作的意见陈述是有可能会对其专利权保护范围产生一定限制作用的。上述司法解释规定的用意即在于防止专利权人采用“出尔反尔”的策略，即在专利审查过程中为了获得专利权而对其保护范围进行某种限制，或者强调权利要求中某个技术特征对于确定其新颖性、创造性如何重要；在侵权诉讼中又试图取消所作的限制，或者强调该技术特征可有可无，试图通过适用等同原则扩大专利权保护范围，从而出现“两头得利”的情形。同时，需要注意的是，《侵犯专利权纠纷案件解释（二）》第13条规定，权利人证明专利申请人、专利权人在专利授权确权程序中对权利要求书、说明书及附图的限缩性修改或者陈述被明确否定的，人民法院应当认定该修改或者陈述未导致技术方案的放弃。该规定对前述司法解释规定作了一定的缓和。综上可知，围绕当事人的意见陈述是否可能触发禁止反悔原则的适用这一问题，在判断专利申请文件修改是否超范围时可适用的空间较为有限，而在专利侵权诉讼程序中则有较大的适用空间。

四、对专利申请文件修改的限制应当注意区分对待“发明点”修改和“非发明点”修改

专利制度是对技术方案的评价和肯定，一项技术方案能够被授予独占性的专利权，是因为其对现有技术做出了实质性的贡献。被授予的专利权的范围与该技术方案对现有技术的贡献大小相当，这是专利制度的合理性基础。一般而言，一项技术方案包含多个技术特征，其中体现发明创造对现有技术作出贡献的技术特征通常被称为“发明点”。“发明点”使发明创造相对于现有技术具有新颖性和创造性，是发明创造能够被授予专利权的基础和根本原因。在专利授权和确权程序中，存在因为对专利申请文件中“发明点”以外的技术特征的修改超出原说明书和权利要求书记载的范围而使得确有创造性的发明创造不能获得专利授权的情形。虽然《专利法》第33条对专利申请文件的修改没有区分“发明点”和“非发明点”而采取不同的标准，但是该条款的立法本意之一是尽可能保证确有创造性的发明创造取得专利权，实现专利申请人所获得的权利

与其技术贡献相匹配。因此，即使对于涉及发明内容的修改，也有必要进一步识别该修改是否对发明所要解决的技术问题有技术贡献。如果修改对于发明所要解决的技术问题有技术贡献，那么该修改会使申请人对该内容获得先申请的利益，同时也会损害社会公众对原专利申请公开的发明内容的信赖，因此必须严加限制。相反，如果修改对于发明所要解决的技术问题没有任何技术贡献，仅仅是为了使专利保护范围更加清楚而进行补充说明，或者是为了将权利要求覆盖的客体排除出专利保护范围，那么申请人不会因修改增加的信息获得在先申请日的不当利益，对此种修改原则上可以网开一面。即使修改后的内容在原申请文件中没有提及，原则上也不能仅以此理由对该种修改予以绝对禁止。据此，对"非发明点"的修改由于基本不涉及对发明所要解决的技术问题有实质贡献，而更多是为了使专利保护范围更加清楚所作的补充说明，故如果仅因为专利申请文件中"非发明点"的修改超出原说明书和权利要求书记载的范围，而无视整个发明创造对现有技术的贡献，最终使确有创造性的发明创造难以取得专利权，专利申请人获得的利益与其对社会作出的贡献明显不相适应，不仅有违实质公平，也有悖于《专利法》第33条的立法本意，不利于创新激励和科技发展。

五、无效宣告程序中专利文件的修改方式

《专利法》第33条主要针对的是在专利授权程序中对专利申请文件修改权及限制的规定，同时，根据《专利法实施细则》第69条的规定，在无效宣告请求的审查过程中，发明或者实用新型专利的专利权人可以修改其权利要求书，但是不得扩大原专利的保护范围。由该条规定可知，在专利确权程序中也可以由专利权人对专利文件进行修改，但仅限于对权利要求书的修改。虽然，《专利法》第33条与《专利法实施细则》第69条所规定的应用场景不同，但二者存在一定的关联关系，且有一定的延续性(从授权阶段流转至确权阶段的修改权变化)。因此，有必要对与《专利法》第33条紧密相关的《专利法实施细则》第69条在《专利审查指南》中的具体适用加以阐述。

值得注意的是，《专利审查指南》针对"无效宣告程序专利文件修改方式"存在规定内容上的变化。2010年《专利审查指南》是在2006年版的基础上，根据2008年颁布的《专利法》和2010年颁布的《专利法实施细则》进行修订，之后以国家知识产权部门规章的形式发布。《专利审查指南》既是国家

专利行政部门依法行政的依据和标准，也是有关当事人应当遵守的规章。2010年《专利审查指南》自施行后，国家专利行政部门分别在2013年、2014年、2017年、2019年、2019年和2020年，分别对《专利审查指南》相关章节进行了六次修改。其中，针对《专利法实施细则》第69条，2017年修正的《专利审查指南》针对第四部分第三章4.6.2关于无效宣告程序中专利文件修改方式的相关规定进行了修改。针对《专利法实施细则》第69条的具体操作，除了此次修改之外，未再作进一步的修改规定。

围绕《专利审查指南》于2017年2月28日前后针对《专利法实施细则》第69条所作的规定修改内容，详述如下。

此次修改前，根据《专利审查指南》第四部分第三章4.6.2“修改方式”的规定，修改权利要求书的具体方式一般限于权利要求的删除、合并和技术方案的删除。权利要求的删除，是指从权利要求书中去掉某项或者某些项权利要求，例如，独立权利要求或者从属权利要求。权利要求的合并，是指两项或者两项以上相互无从属关系但在授权公告文本中从属于同一独立权利要求的权利要求的合并。在此情况下，所合并的从属权利要求的技术特征组合在一起形成新的权利要求。该新的权利要求应当包含被合并的从属权利要求中的全部技术特征。技术方案的删除，是指从同一权利要求中并列的两种以上技术方案中删除一种或者一种以上技术方案。

此次修改后，根据《专利审查指南》第四部分第三章4.6.2“修改方式”的规定，修改权利要求书的具体方式一般限于权利要求的删除、技术方案的删除、权利要求的进一步限定、明显错误的修正。权利要求的删除，是指从权利要求书中去掉某项或者某些项权利要求，例如，独立权利要求或者从属权利要求。技术方案的删除，是指从同一权利要求中并列的两种以上技术方案中删除一种或者一种以上技术方案。权利要求的进一步限定，是指在权利要求中补入其他权利要求中记载的一个或者多个技术特征，以缩小保护范围。

由上述内容可知，针对《专利法实施细则》第69条，现行《专利审查指南》保留了“权利要求的删除”“技术方案的删除”该两种修改方式，新增了“权利要求的进一步限定”的修改方式，并取消了“权利要求的合并”的修改方式。因此，针对申请日在2017年2月28日前的在无效宣告程序中的权利要求修改，允许采取“权利要求的删除”“权利要求的合并”“技术方案的删除”这三种修改方式；针对申请日在2017年2月28日后的无效宣告程序中的权利要求修改，允许采取“权利要求的删除”“技术方案的删除”“权利要求的进一步限定”、明显错误的修正这四种修改方式。

典型案例

一、精工爱普生株式会社诉国家知识产权局专利复审委员会发明专利无效行政纠纷案

关键词：专利无效宣告　权利要求书　保护范围

裁判摘要：原说明书和权利要求书记载的范围应该包括原说明书及其附图和权利要求书以文字或者图形等明确表达的内容以及所属领域普通技术人员通过综合原说明书及其附图和权利要求书可以直接、明确推导出的内容；只要所推导出的内容对于所属领域普通技术人员是显而易见的，就可认定该内容属于原说明书和权利要求书记载的范围；与上述内容相比，如果修改后的专利申请文件未引入新的技术内容，则可认定对该专利申请文件的修改未超出原说明书和权利要求书记载的范围。

基本案情：精工爱普生是名称为“墨盒”的00131800.4号发明专利（即本案专利）的申请人和权利人。本案专利是99800780.3号发明专利申请的分案申请，而后者是进入中国国家阶段的国际申请（PCT/JP99/02579），即99800780.3号发明专利申请的申请文件相当于是PCT/JP99/02579号国际申请的中文翻译件。99800780.3号发明专利申请公开文本的权利要求书中并未出现独立使用的“存储装置”用语，而是使用了“半导体存储装置”或者指代“半导体存储装置”的“所述外部存储装置”的概念。精工爱普生对99800780.3号发明专利申请提出分案申请，并提交了修改文件。修改文件的权利要求书中未再出现“半导体存储装置”，而是使用了“存储装置”的术语。针对本案专利权，凯德利公司、郑某某和易彩公司分别向专利复审委员会提出无效宣告请求。专利复审委员会于2008年4月15日作出第11291号无效宣告请求审查决定（以下简称第11291号决定），以精工爱普生有关存储装置的修改以及其他修改均超出原说明书和权利要求书记载的范围，违反专利法第三十三条的规定为由，宣告本案专利全部无效。精工爱普生不服，提起行政诉讼。北京市第一中级人民法院一审判决维持专利复审委员会第11291号决定。精工爱普生不

服，提起上诉。北京市高级人民法院二审认为，本领域技术人员通过阅读原权利要求书及说明书，可以毫无疑义地确定本案专利申请人在说明书中是在“半导体存储装置”意义上使用“存储装置”，精工爱普生关于“存储装置”的修改符合《专利法》第33条的规定，故判决撤销一审判决，责令专利复审委员会就此重新作出审查决定。郑亚俐不服，向最高人民法院申请再审。最高人民法院于2011年12月25日裁定驳回了郑某某的再审申请。

最高人民法院审查认为:《专利法》第33条包括两层含义，一是允许申请人对专利申请文件进行修改，二是对专利申请文件的修改进行限制。《专利法》第33条的立法目的在于实现专利申请人的利益与社会公众利益之间的平衡，一方面使申请人拥有修改和补正专利申请文件的机会，尽可能保证真正有创造性的发明创造能够取得授权和获得保护；另一方面又防止申请人对其在申请日时未公开的发明内容随后补入专利申请文件中，从而就该部分发明内容不正当地取得先申请的利益，损害社会公众对原专利申请文件的信赖。基于前述立法目的，对于“原说明书和权利要求书记载的范围”，应该从所属领域普通技术人员角度出发，以原说明书和权利要求书所公开的技术内容来确定。凡是原说明书和权利要求书已经披露的技术内容，都应理解为属于原说明书和权利要求书记载的范围。既要防止对记载的范围作过宽解释，乃至涵盖了申请人在原说明书和权利要求书中未公开的技术内容，又要防止对记载的范围作过窄解释，对申请人在原说明书和权利要求书中已披露的技术内容置之不顾。从这一角度出发，原说明书和权利要求书记载的范围应该包括如下内容：一是原说明书及其附图和权利要求书以文字或者图形等明确表达的内容；二是所属领域普通技术人员通过综合原说明书及其附图和权利要求书可以直接、明确推导出的内容。只要所推导出的内容对于所属领域普通技术人员是显而易见的，就可认定该内容属于原说明书和权利要求书记载的范围。与上述内容相比，如果修改后的专利申请文件未引入新的技术内容，则可认定对该专利申请文件的修改未超出原说明书和权利要求书记载的范围。由此可见，判断对专利申请文件的修改是否超出原说明书和权利要求书记载的范围，不仅应考虑原说明书及其附图和权利要求书以文字或者图形表达的内容，还应考虑所属领域普通技术人员综合上述内容后显而易见的内容。在这个过程中，不能仅仅注重前者，对修改前后的文字进行字面对比即轻易得出结论；也不能对后者作机械理解，将所属领域普通技术人员可以直接、明确推导出的内容理解为数理逻辑上唯一确定的内容。

【案　　号】(2010)知行字第53号

【审理法院】最高人民法院

【来　　源】《最高人民法院知识产权案件年度报告(2011)》

二、精工爱普生株式会社诉国家知识产权局专利复审委员会、郑某某等发明专利权无效行政纠纷案

关键词: 专利申请文件修改　超范围　禁止反悔

裁判摘要: (1)《专利法》第33条所称的"原说明书和权利要求书记载的范围"应该包括原说明书及其附图和权利要求书以文字或者图形等明确表达的内容以及所属领域普通技术人员通过综合原说明书及其附图和权利要求书可以直接、明确推导出的内容。只要所推导出的内容对于所属领域普通技术人员是显而易见的,就可认定该内容属于原说明书和权利要求书记载的范围;与上述内容相比,如果修改后的专利申请文件未引入新的技术内容,则可认定对该专利申请文件的修改未超出原说明书和权利要求书记载的范围。(2)专利申请文件的修改限制与专利保护范围之间既存在一定的联系,又具有明显差异;在无效宣告请求的审查过程中,发明或者实用新型专利的专利权人修改其权利要求书时要受原专利的保护范围的限制,不得扩大原专利的保护范围:发明专利申请人在提出实质审查请求时以及在收到国务院专利行政部门发出的发明专利申请进入实质审查阶段通知书之日起3个月内进行主动修改时,只要不超出原说明书和权利要求书记载的范围,在修改原权利要求书时既可以扩大也可以缩小其请求保护的范围。(3)禁止反悔原则在专利授权确权程序中应予适用,但是其要受到自身适用条件的限制以及与之相关的其他原则和法律规定的限制;在专利授权程序中,相关法律已经赋予了申请人修改专利申请文件的权利,只要这种修改不超出原说明书和权利要求书记载的范围,禁止反悔原则在该修改范围内应无适用余地。

基本案情: 精工爱普生是名称为"墨盒"的00131800.4号发明专利(即本案专利)的申请人和权利人。本案专利是99800780.3号发明专利申请的分案申请,而99800780.3号发明专利申请是进入中国国家阶段的国际申请(PCT/JP99/02579)。99800780.3号发明专利申请公开文本的权利要求书和说明书中,均未出现"记忆装置"的用语。但在PCT/JP99/02579号国际专利申请文件的权利要求书中出现过"半導体記憶手段"的日文用语,在说明书中则分

别出现过“半導体記憶手段”和“記憶手段”的用语，上述用语在99800780.3号发明专利申请公开文本中分别被翻译为“半导体存储装置”和“存储装置”。2000年10月30日，精工爱普生以分案方式提出本案专利申请。本案专利申请公开文本的权利要求书共计12项权利要求，其中权利要求6、7和8中出现了“记忆装置安装部分”的用语。此后，精工爱普生对本案专利申请进行了多次修改。第三次修改时，将原来的12项权利要求修改为66项权利要求。该次修改后的权利要求书的独立权利要求和部分从属权利要求中使用了“记忆装置”的用语，且在从属权利要求19、36、37中，“记忆装置”和“存储装置”的用语同时出现。第四次修改时，删除了原权利要求1–22、24、53以及66，并将剩余的权利要求重新编号为1-41，并对其中部分权利要求进行了修改，同时增加了新权利要求42。在此次修改中，精工爱普生将权利要求1（即第三次修改后的权利要求23）中的“记忆装置”修改为“存储装置”，对于其他独立权利要求则均保留了“记忆装置”的用语。对于重新编号后的权利要求8中的“记忆装置”，精工爱普生在意见陈述中作了如下说明：“申请人首先希望解释，该权利要求及其后的权利要求中所述的‘记忆装置’是指说明书及附图中记载的电路板及设置在其上的半导体存储装置。”针对本案专利权，佛山凯德利办公用品有限公司、郑某某和深圳市易彩实业发展有限公司分别向国家知识产权局专利复审委员会（以下简称专利复审委员会）提出无效宣告请求。精工爱普生在无效宣告审查阶段再次修改其权利要求书，将原来的42项权利要求变为40项权利要求。专利复审委员会于2008年4月15日作出第11291号无效宣告请求审查决定（以下简称第11291号决定），以精工爱普生有关记忆装置的修改以及其他修改均超出原说明书和权利要求书记载的范围，违反《专利法》第33条的规定为由，宣告本案专利全部无效。精工爱普生不服，提起行政诉讼。北京市第一中级人民法院一审判决维持第11291号决定。精工爱普生不服，提出上诉。北京市高级人民法院二审认为，“记忆装置”系专利申请人新增加的内容，不符合《专利法》第33条的规定；关于“存储装置”的修改符合《专利法》第33条的规定；一审判决及第11291号决定部分事实认定错误，适用法律不当，应予撤销。遂判决撤销一审判决及第11291号决定，判令专利复审委员会重新作出审查决定。精工爱普生不服，向最高人民法院申请再审，主张其关于“记忆装置”的修改符合《专利法》第33条的规定。最高人民法院于2013年9月23日裁定驳回了精工爱普生的再审申请。

【案　　号】(2010)知行字第53-1号

【审理法院】最高人民法院

【来　　源】《最高人民法院公报》2014年第7期

三、阿尔法拉瓦尔股份有限公司与国家知识产权局、第三人SWEP国际公司发明专利权无效行政纠纷案

关键词：专利无效宣告　权利要求书　保护范围　独立权利要求　从属权利

裁判摘要：无效宣告程序中对于权利要求书具体修改方式的限制，应当着眼于实现对权利要求书的修改满足不得超出原说明书和权利要求书记载的范围以及不得扩大原专利的保护范围两个法律标准的立法目的，兼顾行政审查行为的效率与公平保护专利权人的贡献，不宜对具体修改方式作出过于严格的限制，否则将使得对修改方式的限制纯粹成为对专利权人权利要求撰写不当的惩罚。

专利无效宣告程序中，当权利要求的修改系将从属权利要求的全部或部分附加技术特征补入其所引用的独立权利要求时，判断修改后的独立权利要求是否扩大了原专利的保护范围，应以作为修改对象的原专利的独立权利要求的保护范围为基准，而非以该附加技术特征所属的原权利要求的保护范围为基准。

基本案情：在上诉人阿尔法拉瓦尔股份有限公司（以下简称阿尔法拉瓦尔公司）与被上诉人国家知识产权局，原审第三人SWEP国际公司发明专利权无效行政纠纷案（以下简称不锈钢钎焊专利无效行政纠纷案）中，涉及专利号为200680018368.4、名称为“钎焊不锈钢制品的方法和由此方法获得的不锈钢钎焊制品”的发明专利（以下简称本专利），专利权人为阿尔法拉瓦尔公司。针对SWEP国际公司提出的无效宣告请求，阿尔法拉瓦尔公司提交了经过修改的权利要求书，其中将从属权利要求2和20的附加技术特征加入到权利要求1中，删除权利要求18–22并调整了引用关系。国家知识产权局作出第29765号无效宣告请求审查决定（以下简称被诉决定），宣告本专利全部无效。被诉决定认为，因授权权利要求20引用权利要求19，权利要求19引用权利要求18，阿尔法拉瓦尔公司以授权权利要求20引用权利要求2的技术方案作为修改后的权利要求1，新权利要求1未包含授权权利要求18、19的其他附加技术特征，实际上扩大了原专利的保护范围，阿尔法拉瓦尔公司对权利要求的修改不符合《专利法实施细则》第68条和2010年国家知识产权局《专

利审查指南》第四部分第三章第4.6.2节的规定。阿尔法拉瓦尔公司不服被诉决定，向北京知识产权法院（以下简称一审法院）提起诉讼，主张修改后的权利要求1没有超出原始申请的范围，也没有扩大专利权的保护范围，此种修改方式应予接受。一审法院认为被诉决定未接受上述修改方式并无不当，遂判决驳回阿尔法拉瓦尔公司的诉讼请求。阿尔法拉瓦尔公司不服，向最高人民法院提起上诉。最高人民法院于2019年12月15日判决撤销一审判决和被诉决定，判令国家知识产权局重新作出无效宣告请求审查决定。

【案　　号】（2019）最高法知行终19号

【审理法院】最高人民法院

【来　　源】《最高人民法院公报》2020年第11期

第四十二条　发明专利权的期限为二十年，实用新型专利权的期限为十年，外观设计专利权的期限为十五年，均自申请日起计算。

自发明专利申请日起满四年，且自实质审查请求之日起满三年后授予发明专利权的，国务院专利行政部门应专利权人的请求，就发明专利在授权过程中的不合理延迟给予专利权期限补偿，但由申请人引起的不合理延迟除外。

为补偿新药上市审评审批占用的时间，对在中国获得上市许可的新药相关发明专利，国务院专利行政部门应专利权人的请求给予专利权期限补偿。补偿期限不超过五年，新药批准上市后总有效专利权期限不超过十四年。

关联规定

一、国际条约

《与贸易有关的知识产权协定》

第四节　工业设计

第 26 条　保护

一、受保护的工业设计的所有权人有权阻止第三方未经所有权人同意而生产、销售或进口所载或所含设计是一受保护设计的复制品或实质上是复制品的物品，如此类行为为商业目的而采取。

二、各成员可对工业设计的保护规定有限的例外，只要此类例外不会与受保护的工业设计的正常利用发生无理抵触，也不会无理损害受保护工业设计所有权人的合法权益，同时考虑第三方的合法权益。

三、可获得的保护期限应至少达到十年。

第五节　专利

第 33 条　保护期限

可获得的保护期限不得在自申请之日起计算的二十年期满前结束。

二、法律、行政法规、司法解释

1.《中华人民共和国专利法》

第三十四条 国务院专利行政部门收到发明专利申请后，经初步审查认为符合本法要求的，自申请日起满十八个月，即行公布。国务院专利行政部门可以根据申请人的请求早日公布其申请。

第三十五条 发明专利申请自申请日起三年内，国务院专利行政部门可以根据申请人随时提出的请求，对其申请进行实质审查；申请人无正当理由逾期不请求实质审查的，该申请即被视为撤回。

国务院专利行政部门认为必要的时候，可以自行对发明专利申请进行实质审查。

第三十九条 发明专利申请经实质审查没有发现驳回理由的，由国务院专利行政部门作出授予发明专利权的决定，发给发明专利证书，同时予以登记和公告。发明专利权自公告之日起生效。

第四十条 实用新型和外观设计专利申请经初步审查没有发现驳回理由的，由国务院专利行政部门作出授予实用新型专利权或者外观设计专利权的决定，发给相应的专利证书，同时予以登记和公告。实用新型专利权和外观设计专利权自公告之日起生效。

2.《中华人民共和国专利法实施细则》

第五十一条 发明专利申请人在提出实质审查请求时以及在收到国务院专利行政部门发出的发明专利申请进入实质审查阶段通知书之日起的 3 个月内，可以对发明专利申请主动提出修改。

实用新型或者外观设计专利申请人自申请日起 2 个月内，可以对实用新型或者外观设计专利申请主动提出修改。

申请人在收到国务院专利行政部门发出的审查意见通知书后对专利申请文件进行修改的，应当针对通知书指出的缺陷进行修改。

国务院专利行政部门可以自行修改专利申请文件中文字和符号的明显错误。国务院专利行政部门自行修改的，应当通知申请人。

三、部门规章及规范性文件

《专利优先审查管理办法》

第十条 国家知识产权局同意进行优先审查的，应当自同意之日起，在以下期限内结案：

（一）发明专利申请在四十五日内发出第一次审查意见通知书，并在一年内结案；

（二）实用新型和外观设计专利申请在两个月内结案；

（三）专利复审案件在七个月内结案；

（四）发明和实用新型专利无效宣告案件在五个月内结案，外观设计专利无效宣告案件在四个月内结案。

条文释义

一、本条主旨

本条是关于各类发明创造专利权的期限，以及发明专利权期限补偿、药品发明专利权期限补偿的规定。

二、条文演变

1984年《专利法》第45条规定，发明专利权的期限为15年，实用新型和外观设计专利权的期限为5年，均自申请日起计算。其中，实用新型和外观设计专利权期满前可以申请续展3年。

1992年修正的《专利法》将发明专利权的期限延长至20年，实用新型专利权和外观设计专利权的期限延长至10年，同时取消了实用新型和外观设计专利权期限的续展。

2000年修正的《专利法》和2008年修正的《专利法》未修改上述条文内容。

2020年修正的《专利法》将外观设计专利权的保护期由10年延长至15年，增加了关于发明专利权期限补偿的规定以及关于药品发明专利权期限补偿的规定。

三、条文解读

根据本法第1条的规定,《专利法》的立法宗旨是保护专利权人的合法权益、推动发明创造的应用、促进科学技术和经济社会发展。如果一项发明创造具有经济社会价值，从国家、社会和广大民众的利益出发，则应当鼓励其尽快、广泛地推广应用。一般而言，有社会价值或经济价值的发明创造总是应用得越快越好，越广泛越好。但是，专利权的效力恰好又在于禁止任何他人未经专利权人许可而实施应用受保护的发明创造，也即专利制度同时赋予了专利权人对于专利技术的专有权利，即专利权人有权禁止他人未经其许可实施其专利，从而达到保护专利权人合法权益，鼓励发明创造的目的。专利权效力期限如果过短，则不利于鼓励发明创造、激发创新活力、维护专利权人合法权益;专利权效力期限如果过长，则不利于专利技术的推广应用，难以及时推动经济社会的发展进步。基于以上考虑，权衡两方面并结合我国实际情况和履行国际公约义务的需要,《专利法》将发明专利权的期限规定为20年，将实用新型专利权的期限规定为10年，将外观设计专利权的期限规定为15年。对专利权人来讲，在法定的专利保护期限内，其可以根据专利技术产生的经济效益、实施情况、相关行业发展等情况，有权决定是否保持其专利权效力，即可以通过不缴纳年费或者书面声明放弃专利权的方法，自行决定其专利实际受保护期的长短。

(一)关于本条第1款

依照本条第1款规定，专利权的期限自专利申请人向中国专利行政部门实际提交专利申请之日起计算。需要注意的是，本款规定仅是明确了专利权期限的计算起点和终点，并未规定专利自申请之日就获得完整、全面的法律保护，这种完整、全面的法律保护仅在专利获得授权之后方能产生，即国务院专利行政部门发给专利证书，同时予以公告之日起。

(二)关于本条第2款

本条第2款规定了发明专利权期限的补偿。原因在于，实践中一些发明专利的审查授权的时间过长，导致专利权人在发明专利授权后获得的实际保护期限明显减少，不利于专利权保护。特别是在审查授权期限的延长是由于申请人以外原因造成的情况下，专利权人因非可归责于己的原因而承受保护期减少的损失，不符合公平的原则。

根据本条第 2 款的规定，对发明专利权期限予以补偿的条件为：一是该发明专利必须是自申请日起满 4 年，并且自实质审查请求之日起满 3 年后（以较晚日期为准），才被授予发明专利权的；二是专利权期限补偿程序以专利权人主动申请为原则；三是仅就发明专利在授权过程中，因申请人以外的原因造成的不合理延迟给予期限补偿。实践中要注意的是：一是该延迟是因为申请人以外的原因；二是该延迟属于不合理的延迟。

（三）关于本条第 3 款

本条第 3 款规定了药品专利权期限补偿。药品是维系广大公众身体健康乃至拯救生命的特殊商品，药品专利权的保护具有极强的公共政策因素。然而，药品上市需要经过药品监督管理部门的严格审批，包括非临床安全性评价和临床试验等环节，时间往往很长。即使一种药品获得专利授权，但在获批上市前，该专利很长时间内依然无法实施，客观上缩短了药品专利的保护期。为充分维护药品专利权人的利益，鼓励研究开发新药的积极性，此次修改《专利法》对药品专利权期限补偿作了前述规定。所谓药品专利保护期补偿，是指为补偿因原研药上市审批周期过长导致的专利保护期“损失”，而相应补偿其核心专利保护期的制度。药品专利保护期补偿制度起源于美国，此后欧盟、日本、澳大利亚、韩国、加拿大等国家和地区先后建立了这一制度。

目前，我国药品专利期限补偿制度的主要内容有以下三个方面。

1. 适用对象

我国药品专利期限补偿制度的适用对象是“在中国获得上市许可的新药相关发明专利”。适用对象必须满足三个要件：第一，必须是“新药”。“新药”是指新的人用药品，不包括兽药，也不包括医疗器械。第二，必须“在中国获得上市许可”。未在我国获得上市许可的新药相关发明专利不能够适用药品专利补偿期限制度。第三，必须是“新药相关发明专利”。也就是说，新药相关的实用新型专利和外观设计专利不能够适用药品专利补偿期限制度。

2. 适用条件

从本条第 3 款来看，我国药品专利期限补偿制度的适用条件至少应当包括：受专利权保护的新药已经获准在我国上市，并且在获得上市许可过程中，国家药品监督管理部门的审评审批占用了专利权的实施时间。

3. 补偿期限

根据本条第 3 款规定，药品专利权补偿期限不超过 5 年，新药批准上市后药品专利的总有效专利权期限不得超过 14 年，以较短者为准。

第四十三条　专利权人应当自被授予专利权的当年开始缴纳年费。

关联规定

一、法律、行政法规、司法解释

1.《中华人民共和国专利法实施细则》

第九十三条　向国务院专利行政部门申请专利和办理其他手续时，应当缴纳下列费用：

（一）申请费、申请附加费、公布印刷费、优先权要求费；

（二）发明专利申请实质审查费、复审费；

（三）专利登记费、公告印刷费、年费；

（四）恢复权利请求费、延长期限请求费；

（五）著录事项变更费、专利权评价报告请求费、无效宣告请求费。

前款所列各种费用的缴纳标准，由国务院价格管理部门、财政部门会同国务院专利行政部门规定。

第九十七条　申请人办理登记手续时，应当缴纳专利登记费、公告印刷费和授予专利权当年的年费；期满未缴纳或者未缴足的，视为未办理登记手续。

第九十八条　授予专利权当年以后的年费应当在上一年度期满前缴纳。专利权人未缴纳或者未缴足的，国务院专利行政部门应当通知专利权人自应当缴纳年费期满之日起 6 个月内补缴，同时缴纳滞纳金；滞纳金的金额按照每超过规定的缴费时间 1 个月，加收当年全额年费的 5% 计算；期满未缴纳的，专利权自应当缴纳年费期满之日起终止。

2.《最高人民法院关于审理技术合同纠纷案件适用法律若干问题的解释》

第二十六条　专利实施许可合同许可人负有在合同有效期内维持专利权有效的义务，包括依法缴纳专利年费和积极应对他人提出宣告专利权无效的请求，但当事人另有约定的除外。

二、部门规章及规范性文件

1.《专利实施许可合同备案办法》

第十二条 备案申请经审查合格的，国家知识产权局应当向当事人出具《专利实施许可合同备案证明》。

备案申请有下列情形之一的，不予备案，并向当事人发送《专利实施许可合同不予备案通知书》：

（一）专利权已经终止或者被宣告无效的；

（二）许可人不是专利登记簿记载的专利权人或者有权授予许可的其他权利人的；

（三）专利实施许可合同不符合本办法第九条规定的；

（四）实施许可的期限超过专利权有效期的；

（五）共有专利权人违反法律规定或者约定订立专利实施许可合同的；

（六）专利权处于年费缴纳滞纳期的；

（七）因专利权的归属发生纠纷或者人民法院裁定对专利权采取保全措施，专利权的有关程序被中止的；

（八）同一专利实施许可合同重复申请备案的；

（九）专利权被质押的，但经质权人同意的除外；

（十）与已经备案的专利实施许可合同冲突的；

（十一）其他不应当予以备案的情形。

2.《专利行政执法办法》

第十一条 请求管理专利工作的部门处理专利侵权纠纷的，应当提交请求书及下列证明材料：

（一）主体资格证明，即个人应当提交居民身份证或者其他有效身份证件，单位应当提交有效的营业执照或者其他主体资格证明文件副本及法定代表人或者主要负责人的身份证明；

（二）专利权有效的证明，即专利登记簿副本，或者专利证书和当年缴纳专利年费的收据。

专利侵权纠纷涉及实用新型或者外观设计专利的，管理专利工作的部门可以要求请求人出具由国家知识产权局作出的专利权评价报告（实用新型专利检索报告）。

请求人应当按照被请求人的数量提供请求书副本及有关证据。

条文释义

一、本条主旨

本条是关于专利权人应依法按期缴纳年费的规定。

二、条文演变

1984年制定的《专利法》第46条规定："专利权人应当自被授予专利权的当年开始缴纳年费。"此后《专利法》历次修改，本规定都没有改动。

三、条文解读

年费，又称专利维持费，按期缴纳专利年费是专利权人在专利保护期限届满前为保持专利权效力而所要履行的义务。从经济核算的角度来看，要求专利权人按期缴纳专利年费，可以促使专利权人主动放弃经济效益或者实用价值不高的专利技术，既可以鼓励专利权人做出更有实用价值的发明创造，又可以使得一些发明创造尽可能早地进入公有领域，为相关公众所自由实施。此外，国家为专利权人的专有权提供保护，要求专利权人缴纳一定的费用也是合理的。

年费的数额与发明创造本身的经济社会价值大小无关，而是与专利种类及缴纳年费的年度有关。在发明、实用新型、外观设计三种专利中，发明专利的年费高于实用新型专利和外观设计专利，并且专利年费的数额逐年增加。之所以这样进行制度设计有两方面原因：一方面，一项发明创造从科研转化到实际应用，其经济社会价值被社会公众认识、认可，是一个渐进的过程，即使是专利权人自身，也未必能够在着手进行发明创造或者完成发明创造时就预见到其经济社会价值。如果在授予专利权初期就要求专利权人缴纳高额年费，可能会导致一些专利权人出于经济成本的考虑而放弃研发，与鼓励发明创造的立法目的相悖。另一方面，如果专利权人愿意承担逐年增加的专利年费，就说明该专利具有较高的经济社会价值，那么适当提高年费数额也是专利权人所能和所应承受的。

根据本法第42条的规定，专利权的期限自申请日起算，故从申请日到授权日无须缴纳年费。除授予专利权当年的年费应当在办理登记手续的同时缴纳外，以后的年费应当在前一年度期满前 1 个月内预缴。专利权人未按时缴纳年费或者缴纳的数额不足的，可以在年费期满之日起一定期限内补缴，同时缴纳滞纳金。

第四十四条　有下列情形之一的，专利权在期限届满前终止：

（一）没有按照规定缴纳年费的；

（二）专利权人以书面声明放弃其专利权的。

专利权在期限届满前终止的，由国务院专利行政部门登记和公告。

关联规定

一、国际条约

《保护工业产权巴黎公约》

第5条之2（一切工业产权：缴纳权利维持费的宽限期；专利：恢复）

（1）为维持工业产权而规定缴纳费用，应当给予不少于6个月的宽限期，但是，如果本国法律有规定，应当缴纳附加费。

（2）本联盟各国对因未缴纳费用而终止的专利有权规定予以恢复。

二、法律、行政法规、司法解释

1.《中华人民共和国专利法》

第五十一条　任何单位或者个人有意愿实施开放许可的专利的，以书面方式通知专利权人，并依照公告的许可使用费支付方式、标准支付许可使用费后，即获得专利实施许可。

开放许可实施期间，对专利权人缴纳专利年费相应给予减免。

实行开放许可的专利权人可以与被许可人就许可使用费进行协商后给予普通许可，但不得就该专利给予独占或者排他许可。

2.《中华人民共和国专利法实施细则》

第九十三条　向国务院专利行政部门申请专利和办理其他手续时，应当缴纳下列费用：

（一）申请费、申请附加费、公布印刷费、优先权要求费；

（二）发明专利申请实质审查费、复审费；

（三）专利登记费、公告印刷费、年费；

（四）恢复权利请求费、延长期限请求费；

（五）著录事项变更费、专利权评价报告请求费、无效宣告请求费。

前款所列各种费用的缴纳标准，由国务院价格管理部门、财政部门会同国务院专利行政部门规定。

第九十七条 申请人办理登记手续时，应当缴纳专利登记费、公告印刷费和授予专利权当年的年费；期满未缴纳或者未缴足的，视为未办理登记手续。

第九十八条 授予专利权当年以后的年费应当在上一年度期满前缴纳。专利权人未缴纳或者未缴足的，国务院专利行政部门应当通知专利权人自应当缴纳年费期满之日起6个月内补缴，同时缴纳滞纳金；滞纳金的金额按照每超过规定的缴费时间1个月，加收当年全额年费的5%计算；期满未缴纳的，专利权自应当缴纳年费期满之日起终止。

第九十九条 恢复权利请求费应当在本细则规定的相关期限内缴纳；期满未缴纳或者未缴足的，视为未提出请求。

延长期限请求费应当在相应期限届满之日前缴纳；期满未缴纳或者未缴足的，视为未提出请求。

著录事项变更费、专利权评价报告请求费、无效宣告请求费应当自提出请求之日起1个月内缴纳；期满未缴纳或者未缴足的，视为未提出请求。

3.《最高人民法院关于审理技术合同纠纷案件适用法律若干问题的解释》

第二十六条 专利实施许可合同许可人负有在合同有效期内维持专利权有效的义务，包括依法缴纳专利年费和积极应对他人提出宣告专利权无效的请求，但当事人另有约定的除外。

三、部门规章及规范性文件

1.《专利实施许可合同备案办法》

第十二条 备案申请经审查合格的，国家知识产权局应当向当事人出具《专利实施许可合同备案证明》。

备案申请有下列情形之一的，不予备案，并向当事人发送《专利实施许可合同不予备案通知书》：

（一）专利权已经终止或者被宣告无效的；

（二）许可人不是专利登记簿记载的专利权人或者有权授予许可的其他权

利人的；

（三）专利实施许可合同不符合本办法第九条规定的；

（四）实施许可的期限超过专利权有效期的；

（五）共有专利权人违反法律规定或者约定订立专利实施许可合同的；

（六）专利权处于年费缴纳滞纳期的；

（七）因专利权的归属发生纠纷或者人民法院裁定对专利权采取保全措施，专利权的有关程序被中止的；

（八）同一专利实施许可合同重复申请备案的；

（九）专利权被质押的，但经质权人同意的除外；

（十）与已经备案的专利实施许可合同冲突的；

（十一）其他不应当予以备案的情形。

2.《专利行政执法办法》

第十一条 请求管理专利工作的部门处理专利侵权纠纷的，应当提交请求书及下列证明材料：

（一）主体资格证明，即个人应当提交居民身份证或者其他有效身份证件，单位应当提交有效的营业执照或者其他主体资格证明文件副本及法定代表人或者主要负责人的身份证明；

（二）专利权有效的证明，即专利登记簿副本，或者专利证书和当年缴纳专利年费的收据。

专利侵权纠纷涉及实用新型或者外观设计专利的，管理专利工作的部门可以要求请求人出具由国家知识产权局作出的专利权评价报告（实用新型专利检索报告）。

请求人应当按照被请求人的数量提供请求书副本及有关证据。

条文释义

一、本条主旨

本条是关于专利权在期限届满前终止的情形的规定。

二、条文演变

1984年制定的《专利法》第47条第1款规定："有下列情形之一的，专利权在期限届满前终止：一、没有按照规定缴纳年费的；二、专利权人以书面声明放弃其专利权的。"第2款规定："专利权的终止，由专利局登记和公告。"

1992年修正的《专利法》对上述条文未作修改。

2000年修正的《专利法》将上述条文序号修改为第44条，并将第2款修改为："专利权在期限届满前终止的，由国务院专利行政部门登记和公告。"

之后，2008年、2020年修改《专利法》，均未再对本条内容进行修改。

三、条文解读

本条规定了专利权在期限届满前终止的两种情形。

（一）专利权人没有按照规定缴纳年费的

《专利法》第43条规定，专利权人应当自被授予专利权的当年开始按期缴纳年费。按期缴纳年费是专利权人在保护期限届满前为保持其专利权效力所要履行的义务，如果专利权人不履行该项义务，按照权利和义务对等的原则，专利权人就其专利不再享有受到保护的权利。

（二）专利权人以书面声明放弃其专利权的

《与贸易有关的知识产权协定》在其序言部分明确规定知识产权具有私权属性。因此，权利人有自主处分其知识产权的权利，其中包括在期限届满之前放弃其知识产权。专利权作为一项知识产权，当然也就可以被专利权人依法获得、行使和处分。通常而言，专利权人会通过按期缴纳年费等方式尽力维持其专利权的效力，但是在个别情况下，例如，由于科学技术的更新换代，专利权人所拥有的专利对其而言无法产生预期的经济效益或者因其他原因不具有实际价值，并且专利年费在逐年增加，这对于专利权人而言也产生一定的负担，因此专利权人可能会主动要求放弃专利权。根据上述法律规定，专利权人在专利保护期限届满前放弃专利权的，应当通过书面形式予以声明，之后专利权终止。需要注意的是，专利权人声明放弃专利权的行为可能会违反专利实施许可合同，给被许可人造成经济损失，因此其放弃行为应当征得被许可人同意。

专利权终止后，专利技术将不再为专利权人所专有，公众得以自由实施该技术而无需经过专利权人同意。专利权具有对世效力，为推动发明创造的广泛应用，专利权终止的相关情况应当及时公示，以让相关公众及时了解专利权法律状态的变动。为此，本条第2款专门规定，专利权在期限届满前终止的，应由国务院专利行政部门登记和公告。

第四十五条　自国务院专利行政部门公告授予专利权之日起，任何单位或者个人认为该专利权的授予不符合本法有关规定的，可以请求国务院专利行政部门宣告该专利权无效。

关联规定

一、法律、行政法规、司法解释

1.《中华人民共和国专利法实施细则》

第六十五条　依照专利法第四十五条的规定，请求宣告专利权无效或者部分无效的，应当向专利复审委员会提交专利权无效宣告请求书和必要的证据一式两份。无效宣告请求书应当结合提交的所有证据，具体说明无效宣告请求的理由，并指明每项理由所依据的证据。

前款所称无效宣告请求的理由，是指被授予专利的发明创造不符合专利法第二条、第二十条第一款、第二十二条、第二十三条、第二十六条第三款、第四款、第二十七条第二款、第三十三条或者本细则第二十条第二款、第四十三条第一款的规定，或者属于专利法第五条、第二十五条的规定，或者依照专利法第九条规定不能取得专利权。

第六十六条　专利权无效宣告请求不符合专利法第十九条第一款或者本细则第六十五条规定的，专利复审委员会不予受理。

在专利复审委员会就无效宣告请求作出决定之后，又以同样的理由和证据请求无效宣告的，专利复审委员会不予受理。

以不符合专利法第二十三条第三款的规定为理由请求宣告外观设计专利权无效，但是未提交证明权利冲突的证据的，专利复审委员会不予受理。

专利权无效宣告请求书不符合规定格式的，无效宣告请求人应当在专利复审委员会指定的期限内补正；期满未补正的，该无效宣告请求视为未提出。

第六十七条　在专利复审委员会受理无效宣告请求后，请求人可以在提出无效宣告请求之日起 1 个月内增加理由或者补充证据。逾期增加理由或者补充证据的，专利复审委员会可以不予考虑。

第六十八条 专利复审委员会应当将专利权无效宣告请求书和有关文件的副本送交专利权人，要求其在指定的期限内陈述意见。

专利权人和无效宣告请求人应当在指定期限内答复专利复审委员会发出的转送文件通知书或者无效宣告请求审查通知书；期满未答复的，不影响专利复审委员会审理。

第六十九条 在无效宣告请求的审查过程中，发明或者实用新型专利的专利权人可以修改其权利要求书，但是不得扩大原专利的保护范围。

发明或者实用新型专利的专利权人不得修改专利说明书和附图，外观设计专利的专利权人不得修改图片、照片和简要说明。

第七十条 专利复审委员会根据当事人的请求或者案情需要，可以决定对无效宣告请求进行口头审理。

专利复审委员会决定对无效宣告请求进行口头审理的，应当向当事人发出口头审理通知书，告知举行口头审理的日期和地点。当事人应当在通知书指定的期限内作出答复。

无效宣告请求人对专利复审委员会发出的口头审理通知书在指定的期限内未作答复，并且不参加口头审理的，其无效宣告请求视为撤回；专利权人不参加口头审理的，可以缺席审理。

第七十一条 在无效宣告请求审查程序中，专利复审委员会指定的期限不得延长。

第七十二条 专利复审委员会对无效宣告的请求作出决定前，无效宣告请求人可以撤回其请求。

专利复审委员会作出决定之前，无效宣告请求人撤回其请求或者其无效宣告请求被视为撤回的，无效宣告请求审查程序终止。但是，专利复审委员会认为根据已进行的审查工作能够作出宣告专利权无效或者部分无效的决定的，不终止审查程序。

2.《最高人民法院关于审理侵犯专利权纠纷案件应用法律若干问题的解释》

第六条 专利申请人、专利权人在专利授权或者无效宣告程序中，通过对权利要求、说明书的修改或者意见陈述而放弃的技术方案，权利人在侵犯专利权纠纷案件中又将其纳入专利权保护范围的，人民法院不予支持。

3.《最高人民法院关于审理侵犯专利权纠纷案件应用法律若干问题的解释（二）》

第二条 权利人在专利侵权诉讼中主张的权利要求被国务院专利行政部门宣告无效的，审理侵犯专利权纠纷案件的人民法院可以裁定驳回权利人基于该无效权利要求的起诉。

有证据证明宣告上述权利要求无效的决定被生效的行政判决撤销的，权利人可以另行起诉。

专利权人另行起诉的，诉讼时效期间从本条第二款所称行政判决书送达之日起计算。

第三条 因明显违反专利法第二十六条第三款、第四款导致说明书无法用于解释权利要求，且不属于本解释第四条规定的情形，专利权因此被请求宣告无效的，审理侵犯专利权纠纷案件的人民法院一般应当裁定中止诉讼；在合理期限内专利权未被请求宣告无效的，人民法院可以根据权利要求的记载确定专利权的保护范围。

4.《最高人民法院关于审理专利纠纷案件适用法律问题的若干规定》

第四条 对申请日在2009年10月1日前（不含该日）的实用新型专利提起侵犯专利权诉讼，原告可以出具由国务院专利行政部门作出的检索报告；对申请日在2009年10月1日以后的实用新型或者外观设计专利提起侵犯专利权诉讼，原告可以出具由国务院专利行政部门作出的专利权评价报告。根据案件审理需要，人民法院可以要求原告提交检索报告或者专利权评价报告。原告无正当理由不提交的，人民法院可以裁定中止诉讼或者判令原告承担可能的不利后果。

侵犯实用新型、外观设计专利权纠纷案件的被告请求中止诉讼的，应当在答辩期内对原告的专利权提出宣告无效的请求。

第五条 人民法院受理的侵犯实用新型、外观设计专利权纠纷案件，被告在答辩期间内请求宣告该项专利权无效的，人民法院应当中止诉讼，但具备下列情形之一的，可以不中止诉讼：

（一）原告出具的检索报告或者专利权评价报告未发现导致实用新型或者外观设计专利权无效的事由的；

（二）被告提供的证据足以证明其使用的技术已经公知的；

（三）被告请求宣告该项专利权无效所提供的证据或者依据的理由明显不

充分的；

（四）人民法院认为不应当中止诉讼的其他情形。

第六条 人民法院受理的侵犯实用新型、外观设计专利权纠纷案件，被告在答辩期间届满后请求宣告该项专利权无效的，人民法院不应当中止诉讼，但经审查认为有必要中止诉讼的除外。

第七条 人民法院受理的侵犯发明专利权纠纷案件或者经国务院专利行政部门审查维持专利权的侵犯实用新型、外观设计专利权纠纷案件，被告在答辩期间内请求宣告该项专利权无效的，人民法院可以不中止诉讼。

二、部门规章及规范性文件

《专利审查指南》

第四部分 第三章 无效宣告请求的审查

3.1 无效宣告请求客体

无效宣告请求的客体应当是已经公告授权的专利，包括已经终止或者放弃（自申请日起放弃的除外）的专利。无效宣告请求不是针对已经公告授权的专利的，不予受理。

专利复审委员会作出宣告专利权全部或者部分无效的审查决定后，当事人未在收到该审查决定之日起三个月内向人民法院起诉或者人民法院生效判决维持该审查决定的，针对已被该决定宣告无效的专利权提出的无效宣告请求不予受理。

3.2 无效宣告请求人资格

请求人属于下列情形之一的，其无效宣告请求不予受理：

（1）请求人不具备民事诉讼主体资格的。

（2）以授予专利权的外观设计与他人在申请日以前已经取得的合法权利相冲突为理由请求宣告外观设计专利权无效，但请求人不能证明是在先权利人或者利害关系人的。

其中，利害关系人是指有权根据相关法律规定就侵犯在先权利的纠纷向人民法院起诉或者请求相关行政管理部门处理的人。

（3）专利权人针对其专利权提出无效宣告请求且请求宣告专利权全部无效、所提交的证据不是公开出版物或者请求人不是共有专利权的所有专利权人的。

（4）多个请求人共同提出一件无效宣告请求的，但属于所有专利权人针对其共有的专利权提出的除外。

3.3 无效宣告请求范围以及理由和证据

（1）无效宣告请求书中应当明确无效宣告请求范围，未明确的，专利复审委员会应当通知请求人在指定期限内补正；期满未补正的，无效宣告请求视为未提出。

（2）无效宣告理由仅限于专利法实施细则第六十五条第二款规定的理由，并且应当以专利法及其实施细则中有关的条、款、项作为独立的理由提出。无效宣告理由不属于专利法实施细则第六十五条第二款规定的理由的，不予受理。

（3）在专利复审委员会就一项专利权已作出无效宣告请求审查决定后，又以同样的理由和证据提出无效宣告请求的，不予受理，但所述理由或者证据因时限等原因未被所述决定考虑的情形除外。

（4）以授予专利权的外观设计与他人在申请日以前已经取得的合法权利相冲突为理由请求宣告外观设计专利权无效，但是未提交证明权利冲突的证据的，不予受理。

（5）请求人应当具体说明无效宣告理由，提交有证据的，应当结合提交的所有证据具体说明。对于发明或者实用新型专利需要进行技术方案对比的，应当具体描述涉案专利和对比文件中相关的技术方案，并进行比较分析；对于外观设计专利需要进行对比的，应当具体描述涉案专利和对比文件中相关的图片或者照片表示的产品外观设计，并进行比较分析。例如，请求人针对专利法第二十二条第三款的无效宣告理由提交多篇对比文件的，应当指明与请求宣告无效的专利最接近的对比文件以及单独对比还是结合对比的对比方式，具体描述涉案专利和对比文件的技术方案，并进行比较分析。如果是结合对比，存在两种或者两种以上结合方式的，应当首先将最主要的结合方式进行比较分析。未明确最主要结合方式的，则默认第一组对比文件的结合方式为最主要结合方式。对于不同的独立权利要求，可以分别指明最接近的对比文件。

请求人未具体说明无效宣告理由的，或者提交有证据但未结合提交的所有证据具体说明无效宣告理由的，或者未指明每项理由所依据的证据的，其无效宣告请求不予受理。

3.4 文件形式

无效宣告请求书及其附件应当一式两份，并符合规定的格式，不符合规定格式的，专利复审委员会应当通知请求人在指定期限内补正；期满未补正或者在指定期限内补正但经两次补正后仍存在同样缺陷的，无效宣告请求视为未提出。

条文释义

一、本条主旨

本条是关于专利权无效宣告请求的规定。

二、条文演变

1984年《专利法》第48条规定，专利权被授予后，任何单位或者个人认为该专利权的授予不符合本法规定的，都可以请求专利复审委员会宣告该专利权无效。同时，1984年《专利法》第41条规定，专利申请自公告之日起3个月内，任何人都可以依照本法规定向专利局对该申请提出异议。专利局应当将异议的副本送交申请人，申请人应当在收到异议副本之日起3个月内提出书面答复；无正当理由逾期不提出书面答复的，该申请即被视为撤回。可见，1984年《专利法》同时规定了专利权授予后的无效宣告程序以及专利权授予前的异议程序。

1992年修改《专利法》时，将专利权授予后的无效宣告程序修改为"自专利局公告授予专利权之日起满六个月后，任何单位或者个人认为该专利权的授予不符合本法有关规定的，都可以请求专利复审委员会宣告该专利权无效"。之所以将请求无效宣告的起始时间点改为"自专利局公告授予专利权之日起满六个月后"，是因为1992年《专利法》第41条规定，自专利局公告授予专利权之日起6个月内，任何单位或者个人认为该专利权的授予不符合本法有关规定的，都可以请求专利局撤销该专利权。即1992年修改《专利法》时，为了缩短专利权授予的时间，将专利权授予前的异议程序改为专利权授予后的撤销程序。如不对请求无效宣告的起始时间点进行修改，则在专利局公告授予专利权之日起6个月内，请求人既可以提出撤销请求，又可以提出无效宣告请求。

2000年修改《专利法》时，考虑到撤销程序和无效宣告程序在功能上存在重叠，撤销程序被取消，则不再存在上述问题。故2000年《专利法》第45条规定，自国务院专利行政部门公告授予专利权之日起，任何单位或者个人认为该专利权的授予不符合本法有关规定的，可以请求专利复审委员会宣告该专利权无效。

2008 年《专利法》修改时，对该条未作变动。

2020 年《专利法》修改时，因国务院机构改革，专利复审委员会被撤销，相应的职能由新成立的专利复审和无效审理部承担。故将该条的"专利复审委员会"修改为"国务院专利行政部门"。

三、条文解读

依据《专利法》规定，专利法所称的发明创造是指发明、实用新型和外观设计。同时，发明专利申请的授权条件是经实质审查没有发现驳回理由，而实用新型和外观设计专利申请不经过实质审查，其授权条件是经初步审查没有发现驳回理由。即便是较为复杂的实质审查程序，基于现有技术检索的难以穷尽性以及行政审查效率等考虑因素，将本不应授权的专利申请授予了专利权也在所难免，因此，世界各国普遍建立了专利授权后的纠正确权程序，我国也不例外。本条即是关于专利权授予后的无效宣告程序的规定。

首先，依照本条规定，无效宣告请求的时间起点是自国务院专利行政部门公告授予专利权之日起。可见，无效宣告请求的客体应当是已经公告授权的专利。此外，依据《专利法》第 47 条第 1 款的规定，被宣告无效的专利视为自始即不存在。故无效宣告请求的客体应当包括已经终止或者放弃（自申请日起放弃的除外）的专利。

其次，依照本条规定，无效宣告请求的请求人应当是任何单位或者个人。请求人理论上也包括专利权人，如专利权人可以通过无效程序获得修改权利要求的机会，以克服原专利文件存在的缺陷。本条所谓的"不符合本法有关规定"的范围由《专利法实施细则》第 65 条规定，即是指被授予专利的发明创造不符合专利法第 2 条、第 20 条第 1 款、第 22 条、第 23 条、第 26 条第 3 款、第 26 条第 4 款、第 27 条第 2 款、第 33 条或者本细则第 20 条第 2 款、第 43 条第 1 款的规定，或者属于《专利法》第 5 条、第 25 条的规定，或者依照《专利法》第 9 条规定不能取得专利权。该些条款均是授予专利权的实质性条款，不涉及程序性条款。

最后，依照本条规定，无效宣告请求的受理机构是国务院专利行政部门，相应职能由国家知识产权局专利复审和无效审理部门承担。

适用指引

一、对无效宣告请求客体的理解

对无效宣告请求客体的理解应当把握以下要点。

首先，无效宣告程序是专利权授予后的程序，提出无效宣告请求的时间起点是自国务院专利行政部门公告授予专利权之日起，如果专利权还未被授予，则无效宣告请求自然无从谈起。这与专利法历史上曾经设立过的专利权授予前的异议程序不同，也与曾经设立过的专利权授予后的撤销程序不同。异议程序是专利权授予之前的程序，具体是指，专利申请自公告之日起3个月内，任何人都可以依照本法规定向专利局对该申请提出异议。撤销程序虽然也是专利权授予之后的程序，但提出撤销请求的期间与无效宣告程序不同，具体是指，自专利局公告授予专利权之日起6个月内，任何单位或者个人认为该专利权的授予不符合本法有关规定的，都可以请求专利局撤销该专利权。

其次，依照《专利法》第47条第1款的规定，宣告无效的专利权视为自始即不存在。也就是说，基于《专利法实施细则》第65条的规定，请求宣告专利权无效的具体理由均是授予专利权的实质性条款，并非程序性条款，因此，被宣告无效的专利权应当是不符合授予专利权的实质性条款，原本就不应当被授予。相应地，宣告专利权无效的决定具有一定的追溯效力。而专利权的终止的原因有很多，包括专利权期满终止、专利权人没有按照规定缴纳年费的终止、专利权人放弃专利权造成的终止等等，但其法律效力与专利权被宣告无效不同，并非视为自始即不存在。因此，无效宣告请求的客体除了已经公告授权的专利之外，还应包括已经终止或者放弃的专利。当然，自申请日起放弃的专利权因其法律效力同样追溯至申请日，故已无提出无效宣告请求的必要。

最后，如果国务院专利行政部门作出宣告专利权全部或者部分无效的审查决定后，当事人也未在收到该审查决定之日起三个月内向人民法院起诉或者人民法院生效判决维持该审查决定的，则已被该决定宣告无效的专利权也不再是以同样的理由和证据提出无效宣告请求的客体。

二、对无效宣告请求主体的理解

依照本条规定，提出无效宣告请求的主体是“任何单位或者个人”，对于该主体的理解，应当注意把握以下要点。

第一，无效宣告程序是专利公告授权后依当事人请求而启动的、通常为双方当事人参加的程序，该“任何单位或者个人”应具备民事诉讼主体资格。

第二，此处的“任何单位或者个人”不仅指我国的任何单位或个人，也包括外国人、外国企业和外国其他组织。此外，依照《专利法》第 18 条第 1 款的规定，在中国没有经常居所或者营业所的外国人、外国企业或者外国其他组织在中国申请专利和办理其他专利事务的，应当委托依法设立的专利代理机构办理。

第三，基于对授权后专利文件中的错误或者问题予以纠正的需要，实践中存在不少专利权人针对其专利权提出无效宣告请求的现象。国务院专利行政部门通常予以受理，但属于以下情形的除外：专利权人针对其专利权提出无效宣告请求且请求宣告专利权全部无效；所提交的证据不是公开出版物；请求人不是共有专利权的所有专利权人的。

第四，有关外观设计专利权与他人在先合法权利相冲突的无效理由有其自身特殊的属性，属于相对无效理由，主张该无效理由的请求人主体资格受到该相对无效理由本质属性的限制。此外，如果“任何单位或者个人”均可主张外观设计专利权与他人在先合法权利相冲突的无效理由，则可能也会在法律秩序上造成不良效果。因此，以授予专利权的外观设计与他人在申请日以前已经取得的合法权利相冲突为理由请求宣告外观设计专利权无效，但请求人不能证明是在先权利人或者利害关系人的，其无效宣告请求不予受理。

第五，在具体实务中，多个请求人共同提出一件无效宣告请求的，其无效宣告请求不予受理，但属于所有专利权人针对其共有的专利权提出的除外。

三、无效宣告请求的理由范围

依照本条规定，提出无效宣告请求的理由是授予的专利权“不符合本法有关规定”。该有关规定由《专利法实施细则》第 65 条作了穷举性规定，具体包括：（1）被授予专利权的发明创造不符合发明、实用新型或外观设计的定义，即通常所说的不属于保护客体；（2）被授予专利权的发明或实用新型不符合向外国提出申请前保密审查的规定；（3）被授予专利权的发明或实用新型不具备新颖性、创造性和实用性；（4）被授予专利权的外观设计同现有设计相同或者实质相同，或者存在抵触申请，或者与现有设计或者现有设计特征的组合相比不具有明显区别，或者与他人在先取得的合法权利相冲突；（5）被授予专利权的发明或实用新型说明书没有充分公开，权利要求书没有以说明书为依据，清楚、简要地限定要求专利保护的范围；（6）被授予专利权的外观设计图片或者照片未清楚地显示要求专利保护的产品的外观设计；（7）被授予专利权的发明创造在授权过程中对申请文件的修改超范围；（8）被授予专利权的发明或实用新型独立权利要求缺少必要技术特征；（9）被授予专利权的发明创造不符合分案申请不得超出原申请记载的范围的规定；（10）被授予专利权的发明创造违反国家法律、社会公德或者妨害公共利益，或者违反法律、行政法规的规定获取或者利用遗传资源，并依赖该遗传资源完成该发明创造；（11）被授予专利权的发明创造的主题属于科学发现、智力活动的规则和方法、疾病的诊断和治疗方法、动物和植物品种、用原子核变换方法获得的物质、对平面印刷品的图案、色彩或者二者的结合作出的主要起标识作用的设计；（12）被授予专利权的发明创造导致重复授权，或者该专利权的申请人不是对同样的发明创造最先提出专利申请的人。

典型案例

斯特普尔斯公司与罗某某、国家知识产权局专利复审委员会外观设计专利权无效行政纠纷案

关键词：绝对无效理由　相对无效理由　无效宣告请求人主体资格

裁判摘要：专利无效理由可以区分为绝对无效理由和相对无效理由两种类型，两者在被规范的客体本质、立法目的等方面存在重大区别。有关外观设计专利权与他人在先合法权利冲突的无效理由属于相对无效理由。当《专利法》第45条关于请求人主体范围的规定适用于权利冲突的无效理由时，基于相对无效理由的本质属性、立法目的以及法律秩序效果等因素，无效宣告请求人的主体资格应受到限制，原则上只有在先合法权利的权利人及其利害关系人才能主张。

基本案情：再审申请人斯特普尔斯公司因与被申请人罗某某、一审被告国家知识产权局专利复审委员会（以下简称专利复审委员会）外观设计专利权无效行政纠纷一案，不服北京市高级人民法院（2016）京行终2901号行政判决，向最高人民法院申请再审。本案在再审审查阶段的焦点问题之一是：以外观设计专利权与他人在先取得的合法权利相冲突为由提起无效宣告请求的请求人资格问题。

最高人民法院认为，首先，关于被规范的客体本质。无效宣告请求人依据《专利法》第45条提出无效宣告请求时，根据《专利法》关于专利权授予条件的相关规定，其据以主张的无效理由可以大致分为两类：一是有关可专利性、新颖性、创造性、实用性、充分公开、权利要求得到说明书支持等专利授权实质条件的无效理由；二是有关外观设计专利权与他人在先合法权利冲突的无效理由。由于不同类型无效理由的本质属性存在差异，当《专利法》第45条关于请求人主体范围的规定适用于上述不同类型的无效理由时，其请求人主体资格问题与无效理由本质属性密切相关。有关外观设计专利权与他人在先合法权利冲突的第二类无效理由具有自身特殊的属性。如果外观设计专利权与他人在先合法权利冲突，直接影响的仅仅是在先合法权益，与公共利益无涉。同时，在实践操作层面上，证明外观设计专利权与他人在先合法权利相冲突的证据通常只有在先权利的权利人或者利害关系人才能掌握，他人难以获知。因此，外观设计专利权与他人在先合法权利冲突的无效理由属于相对无效理由，通常只能由在先权利的权利人或者利害关系人主张。主张该无效理由的请求人主体资格受到相对无效理由本质属性的天然限制。其次，《专利法》第23条有关权利冲突规定的立法目的即为维护在先权利。基于该立法目的，自应由权利人或者利害关系人提出该无效主张。最后，关于法律秩序效果。如果任何人均可主张外观设计专利权与他人在先合法权利冲突的无效理由，可能会在法律秩序上造成不良效果。允许任何人均可以外观设计专利权与他人在先合法权利冲突为由提出无效宣告请求，不可避免地会造成违背在先权利人意志的窘境。还应注意的是，外观设计专利权与他人在先合法权利冲突的本质在于外观设计专利权的实施将侵害他人在先权利，该冲突状态将因外观设计专利人获得在先权利人的许可或者同意而消除。因此，在先权利人及其利害关系人之外的社会公众发动无效宣告程序后，其后的行政程序和行政诉讼程序均可能因权利冲突状态的消除而随时归于无效，造成行政和司法资源的浪费。相反，如果仅允许在先权利人及其利害关系人主张权利冲突的无效理由，则可避免上述不良效果。基于上述理由，当《专利法》第45条关于请求人主体范围的规定适用于有关外观设计专利权与他人在先合法权利冲突的无效理由时，无效宣告请求人的主体资格将因被规范的客体本质、立法目的以及法律秩序效果等而受到限制，原则上只有在先合法权利的权利人及其利害关系人才能主张。

【案　　号】（2017）最高法行申8622号

【审理法院】最高人民法院

【来　　源】《最高人民法院知识产权案件年度报告（2017）》

第四十六条　国务院专利行政部门对宣告专利权无效的请求应当及时审查和作出决定，并通知请求人和专利权人。宣告专利权无效的决定，由国务院专利行政部门登记和公告。

对国务院专利行政部门宣告专利权无效或者维持专利权的决定不服的，可以自收到通知之日起三个月内向人民法院起诉。人民法院应当通知无效宣告请求程序的对方当事人作为第三人参加诉讼。

关联规定

一、国际条约

《与贸易有关的知识产权协定》

第 32 条　撤销 / 无效

对任何有关撤销或者宣布一专利无效的决定应可进行司法审查。

二、法律、行政法规、司法解释

1.《中华人民共和国专利法实施细则》

第六十五条　依照专利法第四十五条的规定，请求宣告专利权无效或者部分无效的，应当向专利复审委员会提交专利权无效宣告请求书和必要的证据一式两份。无效宣告请求书应当结合提交的所有证据，具体说明无效宣告请求的理由，并指明每项理由所依据的证据。

前款所称无效宣告请求的理由，是指被授予专利的发明创造不符合专利法第二条、第二十条第一款、第二十二条、第二十三条、第二十六条第三款、第四款、第二十七条第二款、第三十三条或者本细则第二十条第二款、第四十三条第一款的规定，或者属于专利法第五条、第二十五条的规定，或者依照专利法第九条规定不能取得专利权。

第六十六条　专利权无效宣告请求不符合专利法第十九条第一款或者本细则第六十五条规定的，专利复审委员会不予受理。

在专利复审委员会就无效宣告请求作出决定之后，又以同样的理由和证据请求无效宣告的，专利复审委员会不予受理。

以不符合专利法第二十三条第三款的规定为理由请求宣告外观设计专利权无效，但是未提交证明权利冲突的证据的，专利复审委员会不予受理。

专利权无效宣告请求书不符合规定格式的，无效宣告请求人应当在专利复审委员会指定的期限内补正；期满未补正的，该无效宣告请求视为未提出。

第六十七条 在专利复审委员会受理无效宣告请求后，请求人可以在提出无效宣告请求之日起1个月内增加理由或者补充证据。逾期增加理由或者补充证据的，专利复审委员会可以不予考虑。

第六十八条 专利复审委员会应当将专利权无效宣告请求书和有关文件的副本送交专利权人，要求其在指定的期限内陈述意见。

专利权人和无效宣告请求人应当在指定期限内答复专利复审委员会发出的转送文件通知书或者无效宣告请求审查通知书；期满未答复的，不影响专利复审委员会审理。

第六十九条 在无效宣告请求的审查过程中，发明或者实用新型专利的专利权人可以修改其权利要求书，但是不得扩大原专利的保护范围。

发明或者实用新型专利的专利权人不得修改专利说明书和附图，外观设计专利的专利权人不得修改图片、照片和简要说明。

第七十条 专利复审委员会根据当事人的请求或者案情需要，可以决定对无效宣告请求进行口头审理。

专利复审委员会决定对无效宣告请求进行口头审理的，应当向当事人发出口头审理通知书，告知举行口头审理的日期和地点。当事人应当在通知书指定的期限内作出答复。

无效宣告请求人对专利复审委员会发出的口头审理通知书在指定的期限内未作答复，并且不参加口头审理的，其无效宣告请求视为撤回；专利权人不参加口头审理的，可以缺席审理。

第七十一条 在无效宣告请求审查程序中，专利复审委员会指定的期限不得延长。

第七十二条 专利复审委员会对无效宣告的请求作出决定前，无效宣告请求人可以撤回其请求。

专利复审委员会作出决定之前，无效宣告请求人撤回其请求或者其无效宣告请求被视为撤回的，无效宣告请求审查程序终止。但是，专利复审委员会认为根据已进行的审查工作能够作出宣告专利权无效或者部分无效的决定的，不终止审查程序。

2.《最高人民法院关于审理专利纠纷案件适用法律问题的若干规定》

第五条 人民法院受理的侵犯实用新型、外观设计专利权纠纷案件，被告在答辩期间内请求宣告该项专利权无效的，人民法院应当中止诉讼，但具备下列情形之一的，可以不中止诉讼：

（一）原告出具的检索报告或者专利权评价报告未发现导致实用新型或者外观设计专利权无效的事由的；

（二）被告提供的证据足以证明其使用的技术已经公知的；

（三）被告请求宣告该项专利权无效所提供的证据或者依据的理由明显不充分的；

（四）人民法院认为不应当中止诉讼的其他情形。

第六条 人民法院受理的侵犯实用新型、外观设计专利权纠纷案件，被告在答辩期间届满后请求宣告该项专利权无效的，人民法院不应当中止诉讼，但经审查认为有必要中止诉讼的除外。

第七条 人民法院受理的侵犯发明专利权纠纷案件或者经国务院专利行政部门审查维持专利权的侵犯实用新型、外观设计专利权纠纷案件，被告在答辩期间内请求宣告该项专利权无效的，人民法院可以不中止诉讼。

3.《最高人民法院关于审理专利授权确权行政案件适用法律若干问题的规定（一）》

第一条 本规定所称专利授权行政案件，是指专利申请人因不服国务院专利行政部门作出的专利复审请求审查决定，向人民法院提起诉讼的案件。

本规定所称专利确权行政案件，是指专利权人或者无效宣告请求人因不服国务院专利行政部门作出的专利无效宣告请求审查决定，向人民法院提起诉讼的案件。

本规定所称被诉决定，是指国务院专利行政部门作出的专利复审请求审查决定、专利无效宣告请求审查决定。

三、部门规章及规范性文件

《专利审查指南》

第四部分　第三章　无效宣告请求的审查

5. 无效宣告请求审查决定的类型

无效宣告请求审查决定分为下列三种类型：

（1）宣告专利权全部无效。

（2）宣告专利权部分无效。

（3）维持专利权有效。

宣告专利权无效包括宣告专利权全部无效和部分无效两种情形。根据专利法第四十七条的规定，宣告无效的专利权视为自始即不存在。

在无效宣告程序中，如果请求人针对一件发明或者实用新型专利的部分权利要求的无效宣告理由成立，针对其余权利要求（包括以合并方式修改后的权利要求）的无效宣告理由不成立，则无效宣告请求审查决定应当宣告上述无效宣告理由成立的部分权利要求无效，并且维持其余的权利要求有效。对于包含有若干个具有独立使用价值的产品的外观设计专利，如果请求人针对其中一部分产品的外观设计专利的无效宣告理由成立，针对其余产品的外观设计专利的无效宣告理由不成立，则无效宣告请求审查决定应当宣告无效宣告理由成立的该部分产品外观设计专利无效，并且维持其余产品的外观设计专利有效。例如，对于包含有同一产品两项以上的相似外观设计的一件外观设计专利，如果请求人针对其中部分项外观设计的无效宣告理由成立，针对其余外观设计的无效宣告理由不成立，则无效宣告请求审查决定应当宣告无效宣告理由成立的该部分项外观设计无效，并且维持其余外观设计有效。上述审查决定均属于宣告专利权部分无效的审查决定。

一项专利被宣告部分无效后，被宣告无效的部分应视为自始即不存在。但是被维持的部分（包括修改后的权利要求）也同时应视为自始即存在。

6. 无效宣告请求审查决定的送达、登记和公告

6.1 决定的送达

根据专利法第四十六条第一款的规定，专利复审委员会应当将无效宣告请求审查决定送达双方当事人。

对于涉及侵权案件的无效宣告请求，在无效宣告请求审理开始之前曾通知

有关人民法院或者地方知识产权管理部门的，专利复审委员会作出决定后，应当将审查决定和无效宣告审查结案通知书送达有关人民法院或者地方知识产权管理部门。

6.2 决定的登记和公告

根据专利法第四十六条第一款的规定，专利复审委员会作出宣告专利权无效（包括全部无效和部分无效）的审查决定后，当事人未在收到该审查决定之日起三个月内向人民法院起诉或者人民法院生效判决维持该审查决定的，由专利局予以登记和公告。

7. 无效宣告程序的终止

请求人在专利复审委员会对无效宣告请求作出审查决定之前，撤回其无效宣告请求的，无效宣告程序终止，但专利复审委员会认为根据已进行的审查工作能够作出宣告专利权无效或者部分无效的决定的除外。

请求人未在指定的期限内答复口头审理通知书，并且不参加口头审理，其无效宣告请求被视为撤回的，无效宣告程序终止，但专利复审委员会认为根据已进行的审查工作能够作出宣告专利权无效或者部分无效的决定的除外。

已受理的无效宣告请求因不符合受理条件而被驳回请求的，无效宣告程序终止。

在专利复审委员会对无效宣告请求作出审查决定之后，当事人未在收到该审查决定之日起三个月内向人民法院起诉，或者人民法院生效判决维持该审查决定的，无效宣告程序终止。

在专利复审委员会作出宣告专利权全部无效的审查决定后，当事人未在收到该审查决定之日起三个月内向人民法院起诉，或者人民法院生效判决维持该审查决定的，针对该专利权的所有其他无效宣告程序终止。

条文释义

一、本条主旨

本条是关于国务院专利行政部门对宣告专利权无效请求的进行审查并作出处理决定的程序，以及对国务院专利行政部门的决定不服进行司法审查的规定。

二、条文演变

1984年《专利法》第49条规定，专利复审委员会对宣告专利权无效的请求进行审查，作出决定，并通知请求人和专利权人。宣告专利权无效的决定，由专利局登记和公告。对专利复审委员会宣告发明专利权无效或者维持发明专利权的决定不服的，可以在收到通知之日起三个月内向人民法院起诉。专利复审委员会对宣告实用新型和外观设计专利权无效的请求所作出的决定为终局决定。

1992年修改《专利法》时，未对上述规定进行修改。

2000年修改《专利法》时，将修改前的第49条调整为第46条，并对条文内容进行了较大修改，首先删除了关于专利复审委员会对宣告实用新型和外观设计专利权无效的请求所作出的决定为终局决定的规定，扩大当事人向人民法院起诉的范围，修改为当事人对专利复审委员会就发明、实用新型、外观设计专利权作出的宣告专利权无效或维持专利权的决定不服的，均可向人民法院起诉，请求司法救济，这也是《与贸易有关的知识产权协议》所规定的原则。其次在本条款中增加"应当及时进行审查和作出决定"的规定，用于解决专利复审委员会审查周期较长的问题。最后增加当事人对专利复审委员会决定不服向人民法院起诉的，人民法院应当通知无效宣告程序的对方当事人作为第三人参加诉讼的规定。

2008年修改《专利法》时，未对本条进行修改。

2020年修改《专利法》时，将"专利复审委员会"统一修改为"国务院专利行政部门"。

三、条文解读

本条规定主要涉及两方面内容：一是国务院专利行政部门对专利权无效宣告请求的审查程序；二是对国务院专利行政部门作出的无效宣告请求审查决定不服的司法程序。

（一）无效宣告请求的审查程序

无效宣告程序是基于当事人的申请而启动，对前期不当授权予以纠正的行政确权程序。依照本条第1款的规定，国务院专利行政部门对宣告专利权无效的请求，应按以下程序处理。

第一，在有人提出无效宣告请求之后，国务院专利行政部门首先需要根据《专利法实施细则》第 66 条的规定，确定是否受理该请求。如果请求人在请求书中未具体说明所依据的事实和理由，或者提出的理由不符合本法有关规定，国务院专利行政部门对该请求不予受理。

第二，国务院专利行政部分受理后，根据《专利法实施细则》第 66 条第 4 款的规定，对宣告专利权无效的请求进行形式审查。形式审查，主是指国务院专利行政部门审查请求人提交的无效宣告请求书是否符合规定的格式，请求书中是否包含提出无效宣告请求所依据的事实和理由等内容。无效宣告请求书不符合规定格式的，国务院专利行政部门将通知请求人在指定期限内予以补正，期满未补正的，该无效宣告请求视为未提出。经形式审查后，认为“无效宣告请求书”符合格式要求的，国务院专利行政部门应当收到的专利权无效宣告请求书和有关文件的副本送交专利权人，要求在指定的期限内陈述意见。专利权人陈述意见的，国务院专利行政部门还可能将其陈述的意见送交请求人，有权请求人在执行期限内陈述意见。视案情需要，以上过程可以反复多次进行。在审查过程中，发明或者实用新型的专利权人可以修改其权利要求书，但须符合《专利法》第 33 条的规定。

之后，国务院专利行政部门根据《专利法实施细则》第 70 条的规定，决定是否对无效宣告请求进行口头审理。此时就涉及到实质审查，即是指对提出宣告专利权无效的理由是否成立进行审查。国务院专利行政部门根据无效宣告请求人的请求，审查被请求宣告无效的专利权是否确有不符合法律规定的授权条件的情形，包括：被授予专利权的发明和实用新型是否具有新颖性、创造性和实用性；被授予专利权的外观设计是否属于现有设计；被授予专利权的外观设计是否与他人在申请日以前已经取得的合法权利相冲突；被授予专利权的发明创造是否属于违法、违反社会公德和妨害社会公共利益的，等等。

第三，根据《专利法实施细则》第 72 条第 1 款的规定，国务院专利行政部门对无效宣告请求作出决定之前，无效宣告请求人可以撤回其请求。请求人撤回的，无效宣告审查程序终止。但国务院专利行政部门认为根据已进行的审查工作能够作出宣告专利权无效或部分无效的决定的，不终止审查程序。国务院专利行政部门对宣告专利权无效的请求依法审查完毕后，应当及时作出处理决定。根据不同情况，分别作出宣告专利权全部无效、宣告专利权部分无效的决定，或者维持专利权有效的决定。

第四，国务院专利行政部门对宣告专利权无效的请求作出决定后，应当及时通知请求人和专利权人。对宣告专利权无效或者部分无效的决定，当事人期满不起诉的，应由国务院专利行政部门予以登记和公告，使公众了解。依照本法第 47 条的规定，被宣告无效的专利权，视为自始不存在。

（二）对国务院专利行政部门作出的无效宣告请求审查决定不服的司法程序

本条第 2 款规定了当事人对国务院专利行政部门的决定不服的司法救济程序。

请求人和专利权人收到国务院专利行政部门作出的无效宣告请求审查决定后，如果对决定不服，可以在收到决定之日起 3 个月内，以国务院专利行政部门为被告向人民法院提起行政诉讼。由于人民法院对案件的判决结果与无效宣告请求程序的对方当事人有利害关系，人民法院应当依法通知无效宣告请求程序的对方当事人作为第三人参加诉讼。按照《行政诉讼法》和《全国人民代表大会常务委员会关于专利等知识产权案件诉讼程序若干问题的决定》的规定以及最高人民法院有关案件管辖的规定，当事人对国务院专利行政部门作出的审查决定不服的，应当向北京知识产权法院起诉，对该院作出的一审判决不服的，应当向最高人民法院上诉，由最高人民法院知识产权法庭审理。如果当事人在规定的时间内没有起诉的，国务院专利行政部门作出的无效宣告请求审查决定即确定发生法律效力。

适用指引

一、国务院专利行政部门对请求人所提出的无效理由进行审查

无效宣告程序中，请求人提出无效宣告请求时，应当具体说明无效理由，提交证据的，应当结合提交的所有证据具体说明无效理由。请求人在提出无效宣告请求时没有具体说明无效理由，同时在提出无效宣告请求之日起 1 个月内也未补充具体说明的，对于该无效理由及与之相关的证据不予考虑。一般情况下，国务院专利行政部门通常仅根据请求人的请求理由、范围和提供的证据进

行审查，不承担全面审查专利有效性的义务。在充分听取双方当事人的意见陈述后，国务院专利行政部门作出审查决定，审查决定有如下几种：宣告专利权全部无效、宣告专利权部分无效、维持专利权有效。

二、无效宣告程序的终止

国务院专利行政部门是国家行政机关，它作出宣告专利权无效或者维持专利权有效的决定属于具体行政行为。根据《行政诉讼法》的有关规定，具体行政行为相对人对行政机关作出的具体行政行为不服，可以向人民法院起诉。

对国务院专利行政部门作出的宣告专利权无效或者维持专利权有效的决定不服，向人民法院提起的诉讼是专利行政诉讼，应以国务院专利行政部门作为被告。根据《行政诉讼法》规定，公民、法人或者其他组织直接向人民法院提起诉讼的，应当在知道作出具体行政行为之日起3个月内提出。因此专利权人或无效宣告请求人不服国务院专利行政部门决定的，应当在收到通知之日起3个月内起诉。此类案件一审由北京知识产权法院管辖。

无效宣告请求一般都涉及具体的事实和证据，只有双方当事人最为清楚，人民法院无论作出维持还是撤销国务院专利行政部门决定的判决，都直接影响双方当事人的利益。根据《行政诉讼法》规定，同提起诉讼的具体行政行为有利害关系的其他公民、法人或者其他组织，可以作为第三人申请参加诉讼，或者由法院通知参加诉讼。人民法院此类案件的审理中，通知无效宣告请求程序的对方当事人作为第三人参加程序，利于听取各方当事人陈述的意见，以充分研究各方当事人提供的事实、证据，确保客观、公正、准确、及时地对案件进行审理。在此情况下，法院作出的判决已经充分考虑了双方当事人以及国务院专利行政部门的主张和意见。

三、无效宣告请求的审查中，发明或者实用新型专利权人对其权利要求书进行修改的限制

许多国家的专利法规定了专门的程序，使专利权人在授予专利权之后还可以请求对其专利文件进行适当修改，例如缩小专利权的保护范围等。我国《专利法》没有这方面的规定，仅在《专利法实施细则》第69条规定，在无效宣告请求的审查过程中，发明或者实用新型专利的专利权人可以修改其权利要求

书，但是不得扩大原专利的保护范围。当然，无效宣告程序中对于权利要求书具体修改方式，应当着眼于实现对权利要求书的修改满足不得超出原说明书和权利要求书记载的范围以及不得扩大原专利的保护范围两个法律标准的立法目的，兼顾行政审查行为的效率与公平保护专利权人的贡献，不宜对具体修改方式作出过于严格的限制，否则将使得对修改方式的限制纯粹成为对专利权人权利要求撰写不当的惩罚。

第四十七条　宣告无效的专利权视为自始即不存在。

宣告专利权无效的决定，对在宣告专利权无效前人民法院作出并已执行的专利侵权的判决、调解书，已经履行或者强制执行的专利侵权纠纷处理决定，以及已经履行的专利实施许可合同和专利权转让合同，不具有追溯力。但是因专利权人的恶意给他人造成的损失，应当给予赔偿。

依照前款规定不返还专利侵权赔偿金、专利使用费、专利权转让费，明显违反公平原则的，应当全部或者部分返还。

关联规定

一、法律、行政法规、司法解释

1.《中华人民共和国专利法》

第四十六条　国务院专利行政部门对宣告专利权无效的请求应当及时审查和作出决定，并通知请求人和专利权人。宣告专利权无效的决定，由国务院专利行政部门登记和公告。

对国务院专利行政部门宣告专利权无效或者维持专利权的决定不服的，可以自收到通知之日起三个月内向人民法院起诉。人民法院应当通知无效宣告请求程序的对方当事人作为第三人参加诉讼。

2.《最高人民法院关于审理专利纠纷案件适用法律问题的若干规定》

第五条　人民法院受理的侵犯实用新型、外观设计专利权纠纷案件，被告在答辩期间内请求宣告该项专利权无效的，人民法院应当中止诉讼，但具备下列情形之一的，可以不中止诉讼：

（一）原告出具的检索报告或者专利权评价报告未发现导致实用新型或者外观设计专利权无效的事由的；

（二）被告提供的证据足以证明其使用的技术已经公知的；

（三）被告请求宣告该项专利权无效所提供的证据或者依据的理由明显不

充分的；

（四）人民法院认为不应当中止诉讼的其他情形。

第六条 人民法院受理的侵犯实用新型、外观设计专利权纠纷案件，被告在答辩期间届满后请求宣告该项专利权无效的，人民法院不应当中止诉讼，但经审查认为有必要中止诉讼的除外。

第七条 人民法院受理的侵犯发明专利权纠纷案件或者经国务院专利行政部门审查维持专利权的侵犯实用新型、外观设计专利权纠纷案件，被告在答辩期间内请求宣告该项专利权无效的，人民法院可以不中止诉讼。

3.《最高人民法院关于审理侵犯专利权纠纷案件应用法律若干问题的解释（二）》

第二十九条 宣告专利权无效的决定作出后，当事人根据该决定依法申请再审，请求撤销专利权无效宣告前人民法院作出但未执行的专利侵权的判决、调解书的，人民法院可以裁定中止再审审查，并中止原判决、调解书的执行。

专利权人向人民法院提供充分、有效的担保，请求继续执行前款所称判决、调解书的，人民法院应当继续执行；侵权人向人民法院提供充分、有效的反担保，请求中止执行的，人民法院应当准许。人民法院生效裁判未撤销宣告专利权无效的决定的，专利权人应当赔偿因继续执行给对方造成的损失；宣告专利权无效的决定被人民法院生效裁判撤销，专利权仍有效的，人民法院可以依据前款所称判决、调解书直接执行上述反担保财产。

第三十条 在法定期限内对宣告专利权无效的决定不向人民法院起诉或者起诉后生效裁判未撤销该决定，当事人根据该决定依法申请再审，请求撤销宣告专利权无效前人民法院作出但未执行的专利侵权的判决、调解书的，人民法院应当再审。当事人根据该决定，依法申请终结执行宣告专利权无效前人民法院作出但未执行的专利侵权的判决、调解书的，人民法院应当裁定终结执行。

二、部门规章及规范性文件

《专利审查指南》

第四部分 第三章 无效宣告请求的审查

5. 无效宣告请求审查决定的类型

无效宣告请求审查决定分为下列三种类型：

（1）宣告专利权全部无效。

（2）宣告专利权部分无效。

（3）维持专利权有效。

宣告专利权无效包括宣告专利权全部无效和部分无效两种情形。根据专利法第四十七条的规定，宣告无效的专利权视为自始即不存在。

在无效宣告程序中，如果请求人针对一件发明或者实用新型专利的部分权利要求的无效宣告理由成立，针对其余权利要求（包括以合并方式修改后的权利要求）的无效宣告理由不成立，则无效宣告请求审查决定应当宣告上述无效宣告理由成立的部分权利要求无效，并且维持其余的权利要求有效。对于包含有若干个具有独立使用价值的产品的外观设计专利，如果请求人针对其中一部分产品的外观设计专利的无效宣告理由成立，针对其余产品的外观设计专利的无效宣告理由不成立，则无效宣告请求审查决定应当宣告无效宣告理由成立的该部分产品外观设计专利无效，并且维持其余产品的外观设计专利有效。例如，对于包含有同一产品两项以上的相似外观设计的一件外观设计专利，如果请求人针对其中部分项外观设计的无效宣告理由成立，针对其余外观设计的无效宣告理由不成立，则无效宣告请求审查决定应当宣告无效宣告理由成立的该部分项外观设计无效，并且维持其余外观设计有效。上述审查决定均属于宣告专利权部分无效的审查决定。

一项专利被宣告部分无效后，被宣告无效的部分应视为自始即不存在。但是被维持的部分（包括修改后的权利要求）也同时应视为自始即存在。

第五部分“专利申请及事务处理”第二章“专利费用”第4.2.1.2条款规定，在专利权终止或者宣告专利权全部无效的决定公告后缴纳的年费，专利局应当主动退款。

三、司法指导性文件

《最高人民法院关于全面加强知识产权司法保护的意见》

13.依法制止不诚信诉讼行为。妥善审理因恶意提起知识产权诉讼损害责任纠纷，依法支持包括律师费等合理支出在内的损害赔偿请求。强化知识产权管辖纠纷的规则指引，规制人为制造管辖连接点、滥用管辖权异议等恶意拖延诉讼的行为。研究将违反法院令状、伪造证据、恶意诉讼等不诚信的诉讼行为人纳入全国征信系统。

条文释义

一、本条主旨

本条是关于专利权被宣告无效后是否具有追溯力的规定。

二、条文演变

1984 年制定《专利法》时，仅规定了“宣告无效的专利权视为自始即不存在”。

1992 年《专利法》修正时，增加三处规定：一是规定专利权被宣告无效后，对于在专利权被宣告无效前人民法院作出并已执行的专利侵权的判决、裁定，专利管理机关作出并已执行的专利侵权处理决定，以及已经履行的专利实施许可合同和专利权转让合同，不具有追溯力。但是有例外，即如果因专利权人恶意给他人造成损失的，应当给予赔偿。二是如果依照上款规定，专利权人或者专利权转让人不向被许可实施专利人或者专利权受让人返还专利使用费或者专利权转让费，明显违反公平原则，专利权人或者专利权转让人应当向被许可实施专利人或者专利权受让人返还全部或者部分专利使用费或者专利权转让费。三是对于被撤销的专利权来说，前两款规定同样适用。

2000 年《专利法》修正时，仍然保留本条第 1 款，但对第 2 款至第 4 款规定作了修改：一是将第 2 款中的“专利管理机关作出并已执行的专利侵权处理决定”修改为“已经履行或者强制执行的专利权侵权纠纷处理决定”；二是考虑到撤销程序已被取消，删除了第 4 款关于适用于被撤销的专利权的相关规定。

2008 年《专利法》修正时，对本条的第 2 款、第 3 款再次作了修改：首先，将第 2 款中的“裁定”修改为“调解书”。主要是考虑到，无效宣告是否具有溯及力，影响的是当事人的实体权利，而法院的裁定主要针对的是诉讼中的程序性事项，具有即时性的特点。只有法院的判决、调解书才会对当事人的实体权利作出规定。其次，简化第 3 款的表述，并增加了应当全部或者部分返还“专利侵权赔偿金”的规定，直接表述为：“依照前款规定不返还专利侵权赔偿金、专利使用费、专利权转让费，明显违反公平原则的，应当全部或者部分返还。”

2020年《专利法》修改时，未对本条作修改。

三、条文解读

本条的立法宗旨在于维护专利权被宣告无效后的公平和既有秩序。根据本条第1款规定，专利权被宣告无效后，视为自始不存在。权利人基于专利获得的利益本属于不当得利，但为维护既有秩序的稳定性，本条第2款作了例外规定，将专利权无效前已经履行完毕的不当得利予以正当化。本条第3款则是上述例外规定的例外，进一步限缩了不当得利正当化的范围，即便专利实施许可合同已经履行完毕，如果当事人明显违反公平原则的，也应当返还相关得利。

具体而言，本条包含三层意思。

（一）宣告无效的专利权视为自始即不存在——原则上具有追溯力

依照本条第1款的规定，被宣告无效的专利权，视为自始即不存在，法律上认定该专利权自授权日始即没有法律效力，而不是自被宣告无效后才失去效力，即规定了专利权无效宣告具有溯及既往的法律后果。因此，公众在该专利权被授予后至宣告无效期间实施该被宣告无效的专利权所保护的技术方案并不构成专利侵权。

关于“被宣告无效的专利权”的理解问题，不仅在侵害专利权纠纷的民事案件中存在，而且在专利行政裁决案件中同样存在。这里“被宣告无效的专利权”应当是指国家专利行政部门作出的确定发生法律效力的无效宣告请求审查决定所宣告无效的专利权。对于国家专利行政部门作出的宣告专利权无效的决定，如果当事人自收到通知之日起3个月期满未向人民法院起诉的，该决定即确定发生法律效力；如果当事人依法提起了行政诉讼，该决定只有被生效的行政裁判维持合法有效后才能发生法律效力。所谓的确定发生法律效力可以理解为具有终局的法律效力

（二）专利权无效宣告不具有追溯力的情形

专利权无效宣告具有溯及既往的效力的同时，又在第2款对几种不具有追溯力的情形作了规定，具体包括：

第一，宣告专利权无效前人民法院已经作出并已执行的专利侵权的判决、

调解书。在专利权被宣告无效前，专利权人以他人侵犯其专利权为由，向人民法院提出诉讼，经人民法院根据当时尚属有效的专利权，作出有关专利侵权损害赔偿的判决、调解书并已执行的，在专利权被宣告无效后，对该项已作出并已执行的判决、调解书不具有溯及力。依判决、调解书规定因侵犯专利权而给予的侵权损害赔偿，当事人不得请求返还。2008 年《专利法》修改时，将第 2 款中的“裁定”修改为“调解书”，主要是考虑到无效宣告是否具有溯及力影响的是当事人的实体权利，而法院的裁定主要针对的是诉讼中的程序性事项，具有即时性的特点。也即，只有法院的判决、调解书才会对当事人的实体权利作出规定。故将无效宣告不具有溯及力的范围限定为“法院的判决、调解书”更为妥当。

第二，已经履行或者强制执行的专利侵权纠纷处理决定。依照本法第 65 条的规定，因侵犯专利权引起的纠纷，当事人可以请求管理专利工作的部门进行处理；当事人对管理专利工作的部门作出的处理不服的，可以在规定的期限向人民法院提起行政诉讼。侵权人期满既不起诉又不履行管理专利工作的部门作出的处理决定的，管理专利工作的部门可以请求人民法院强制执行。对管理专利工作的部门就专利侵权纠纷作出的处理决定，当事人已经履行的，或者已经管理专利工作的部门申请法院强制执行的，其后作出的专利权无效的宣告，没有追溯力。

第三，已经履行的专利实施许可合同或者专利权转让合同。对因履行专利实施许可合同而支付的专利使用费或者因履行专利权转让合同而支付的转让费，当事人都不得请求返还。

（三）专利权无效宣告不具有追溯力的例外情形

按照本条第 2 款的规定，专利权无效的宣告对在宣告专利权无效前人民法院作出并已执行的专利侵权的判决、调解书，已经履行或者强制执行的专利侵权纠纷处理决定，以及已经履行的专利实施许可合同和专利权转让合同，不具有追溯力。为了防止因这一规定产生不公平的现象，本条第 2 款但书和本条第 3 款规定了专利权无效的宣告不具有溯及既往效力的例外。

第一，因专利权人的恶意给他人造成损失的。本条第 2 款但书特别规定：“但是对于因专利权人的恶意给他人造成的损失，应当给予赔偿。”专利权人明知其专利技术方案不具备授权要件或者明知其专利权已经被宣告无效等情况依然向他人主张权利，通常属于该但书规定的“恶意”行为。

第二，明显违反公平原则的。为了平衡各方当事人之间的合法权益，本条第3款还就第2款关于“不返还专利侵权赔偿金、专利使用费、专利权转让费”的规定创设有例外。依照第3款的规定，专利权人或者专利权转让人不向有关当事人返还专利侵权赔偿金、专利使用费或者专利权转让费，明显违反公平原则的，专利权人或者专利权转让人应当向有关当事人返还全部或者部分返还专利侵权赔偿金、专利使用费或者专利权转让费。例如，当履行实施许可合同或者转让合同不久，被许可实施专利的人或者专利权受让人还未实施有关的专利或者实施了较短的时间，该专利权就被宣告无效。在短时间内他们还没有从专利实施中取得实际利益或者其取得的利益与支出的专利使用费和受让费相比差距甚远，出现了明显的不公平现象时，专利权人或者专利权转让人应当向被许可实施专利人或者专利权受让人返还专利使用费或者专利权转让费。

适用指引

一、关于专利权被宣告无效的确定时间点

本条第2款规定的“宣告专利权无效的决定”，应以国家知识产权局作出无效宣告请求审查决定的决定日为确定专利权被宣告无效的时间点。具体理由如下。

一是决定日具有法律意义。基于行政法的基本理论，行政行为的效力分为对内效力和对外效力。对于无效宣告决定而言，决定日是其产生对内效力的时间点，决定日后，行政机关不得重复作出决定或者作出相反决定；发文日是行政机关向当事人发送决定的时间，是送达过程的开始时间；送达日是决定产生对外效力的时间，是针对当事人计算起诉期间、发生执行力等的时间起点；而无效宣告决定公告日是指国家知识产权局发布专利权被宣告无效公告的时间。自决定作出之日起，行政机关即受其约束，这正是决定具有法律效力的表现，同时也体现了决定日的法律意义。

二是决定日的确定性强。发文日是国家知识产权局向当事人发送无效宣告请求审查决定的时间，是送达过程的开始时间。送达日无法在无效宣告请求审查决定书上载明，只能根据送达当事人的具体情况予以查明。无效宣告请求审

查决定作出后，无论是发文日还是送达日均可能由于人为因素发生变动，有时会大大迟于决定作出日。如果以发文日或者送达日作为专利权被宣告无效的时间点，则决定作出日至发文日或者送达日这一时间间隔可能被当事人利用，通过恶意加快或者拖延执行或履行来影响无效宣告请求审查决定的追溯力，从而获得有利于自己的追溯力结果。至于无效宣告决定公告日，该日期受行政诉讼的影响较大，更加具有不确定性。由此可见，无论以无效宣告请求审查决定的发文日、送达日还是公告日作为宣告专利权无效的时间点，均可能造成不合理的结果。相反，国家知识产权局宣告专利权无效的决定日，在无效宣告请求审查决定书上有明确记载，社会公众可以方便地获知，因此，决定日具有更强的确定性。

三是以决定日为专利权被宣告无效的时间点符合本条的立法目的。专利权无效时间点的确定必须符合本条的立法目的。决定日、发文日、送达日、公告日、判决日等时间点中，决定日最早，将其作为专利权被宣告无效的时间点，更加符合宣告无效以有追溯力为原则、以无追溯力为例外的立法宗旨，可以更大限度限缩不当得利正当化的范围，更大程度避免因维护既有秩序稳定性引发的不公平状态。不仅如此，宣告专利权无效的时间点还直接决定返还专利使用费的时间起点，以决定日作为确定专利权被宣告无效的时间点，可以在一定程度上增加无效宣告请求审查决定发挥追溯力的机会，实现结果公正。

四是以决定日为准确定宣告专利权无效是司法实践中长期以来的既定规则。以无效宣告决定的决定日为准确定宣告专利权无效的时间点，经过多年司法实践，一直为人民法院所沿用，已经具有稳定性，且为社会公众接受和认可，以决定日作为确定宣告专利权无效的时间点更为妥当。

二、关于专利权无效宣告请求审查决定的生效时点问题

《专利法》第 46 条第 1 款规定："国务院专利行政部门对宣告专利权无效的请求应当及时审查和作出决定，并通知请求人和专利权人。宣告专利权无效的决定，由国务院专利行政部门登记和公告。"该条文并未明确规定专利权无效宣告请求审查决定之生效时点。该条第 2 款规定："对国务院专利行政部门宣告专利权无效或者维持专利权的决定不服的，可以自收到通知之日起三个月内向人民法院起诉。人民法院应当通知无效宣告请求程序的对方当事人作为第三人参加诉讼。"专利权无效宣告请求审查决定并非一经作出即发生确定的法

律效力，而须待法律规定的起诉期限届满当事人未提起诉讼或者维持该决定的裁判生效时，该决定方可发生确定的法律效力。根据专利纠纷的司法终局原则，上述法律规定的“宣告无效的专利权”是指国家知识产权局作出的发生法律效力的无效宣告请求审查决定所宣告无效的专利权，对于国家知识产权局作出的宣告专利权无效的决定，如果当事人未在法定期限内向人民法院起诉的，该决定即发生法律效力；如果当事人不服无效宣告请求审查决定并依法提起了行政诉讼，该决定只有经司法裁决被生效的行政裁判维持其合法有效后才能发生法律效力，具体而言：

第一，无论是在我国行政法律规范还是专利法律规范中，均无确定专利权无效宣告请求审查决定确定生效时点的直接依据。因此，专利权无效宣告请求审查决定的确定生效时点应当根据专利权的特殊性质以及专利授权确权行为之目的进行判断。专利权是一种需经有权机关授予的无形财产权。专利授权确权行为作为取得和保持专利权的程序，会导致专有权的确立和丧失，故其目的在于判断发明创造是否应受到专有权的保护，而非采取行政强制措施或赋予执行力。只有在行政相对人及利害关系人对行政决定放弃救济权利或救济权利用尽时，专利权无效宣告请求审查决定才具有不可争力，此时专利权有效与否才能处于终局性的确定状态。因此，专利权无效宣告请求审查决定之确定生效时点应为不可争力的产生时点，不能以一般情况下行政行为一经作出即具有执行力且复议和诉讼期间不停止执行，就认为专利权无效宣告请求审查决定亦是一经作出即确定生效。

第二，我国的专利授权确权程序包括司法救济程序。《专利法》第 46 条第 2 款明确规定：“对国务院专利行政部门宣告专利权无效或者维持专利权的决定不服的，可以自收到通知之日起三个月内向人民法院起诉。人民法院应当通知无效宣告请求程序的对方当事人作为第三人参加诉讼。”根据上述规定，当事人不服专利权无效宣告请求审查决定，可以提起司法救济程序。司法救济程序是专利授权确权行为在司法领域的评判程序，其结果会影响专利权法律状态的确定。因此，仅在《专利法》规定的起诉期限届满当事人未提起诉讼或者维持审查决定的司法裁判发生法律效力时，专利授权确权程序才在真正意义上结束，行政相对人及利害关系人负有不得再行争讼的义务。专利权无效宣告请求审查决定此时才具有不可争力，故应以此时点作为确定生效时点。

第三，本条第 1 款规定：“宣告无效的专利权视为自始即不存在。”在宣告专利权无效的情况下，专利权保护的技术方案从专有状态进入公有领域，社会公众可以自由实施该技术方案。由于专利授权确权程序包括司法救济程序，如果将宣告专利权无效的审查决定之生效时点确定为一经作出即生效，而其后司法裁判又推翻该决定，则会形成技术方案在“专有—公有—专有”领域之间的反复，并在保护专利权人的合法权益和推动发明创造的应用之间产生诸多争议，此种解读不符合专利法的立法宗旨。

三、专利无效决定作出至生效期间的司法救济

根据《侵犯专利权纠纷案件解释（二）》第29条的规定，宣告专利权无效的决定作出后，当事人根据该决定依法申请再审，请求撤销专利权无效宣告前人民法院作出但未执行的专利侵权的判决、调解书的，人民法院可以裁定中止再审审查，并中止原判决、调解书的执行。专利权人向人民法院提供充分、有效的担保，请求继续执行前款所称判决、调解书的，人民法院应当继续执行；侵权人向人民法院提供充分、有效的反担保，请求中止执行的，人民法院应当准许。人民法院生效裁判未撤销宣告专利权无效的决定的，专利权人应当赔偿因继续执行给对方造成的损失；宣告专利权无效的决定被人民法院生效裁判撤销，专利权仍有效的，人民法院可以依据前款所称判决、调解书直接执行上述反担保财产。

实践中，国务院专利行政部门作出宣告专利权无效的决定被人民法院推翻的比例较低，即使无效决定尚未被司法审查，但为减少专利最终无效后因继续执行导致的执行回转，仍赋予该无效决定一定程度上对抗判决、调解书的效力，即《侵犯专利权纠纷案件解释（二）》第29条第1款规定的“裁定中止审查，并中止原判决、调解书的执行”。又因该专利无效决定尚未被司法审查，故为平衡专利权人与侵权人的执行利益，避免中止原判决、调解书执行可能产生的副作用，参照《最高人民法院关于适用〈中华人民共和国民事诉讼法〉执行程序若干问题的解释》第16条关于执行异议的规定，《侵犯专利权纠纷案件解释（二）》第29条第2款规定，在人民法院已经裁定中止执行的情况下，专利权人可以在提供担保后请求继续执行。对此，侵权人则可通过反担保请求中止执行以制衡。当专利权被最终确定是否有效后，人民法院可执行担保或反担保财产，以避免执行利益落空。

四、专利无效决定生效后的终结效力

根据本条规定，宣告无效的专利权视为自始即不存在，宣告专利权无效的决定，对在宣告专利权无效前人民法院作出并已执行的专利侵权判决，不具有追溯力。但是对于作出但尚未执行的，具有追溯力。

《侵犯专利权纠纷案件解释（二）》第30条规定："在法定期限内对宣告专利权无效的决定不向人民法院起诉或者起诉后生效裁判未撤销该决定，当事人根据该决定依法申请再审，请求撤销宣告专利权无效前人民法院作出但未执行的专利侵权的判决、调解书的，人民法院应当再审。当事人根据该决定，依法申请终结执行宣告专利权无效前人民法院作出但未执行的专利侵权的判决、调解书的，人民法院应当裁定终结执行。"

在认定专利侵权成立的裁判文书虽未被撤销，但该文书所认定的受侵害的专利权已被依法宣告无效的情况下，如果被告只能在通过审判监督程序撤销原侵权判决后再申请终结执行，不仅浪费诉讼程序，还徒增当事人的诉讼成本，不利于及时定分止争。因此，从及时给予当事人司法救济的角度出发，通过对《民事诉讼法》规定的终结执行适当解释，以便执行法院在当事人以专利权已经全部无效为由申请终结执行时，直接裁定终结执行，不需等待原执行依据的撤销。

典型案例

一、东莞银行股份有限公司与张某某确认不侵害专利权纠纷案

关键词：专利无效　确认不侵权　先行裁驳　另行起诉　书面催告

裁判摘要：原审裁定认为专利无效宣告请求审查决定一经作出即生效，进而认定涉案专利权应视为自始不存在，适用法律错误，应予纠正。关于宣告专利权无效的审查决定未生效时，被警告人可否提起确认不侵权之诉的问题。因为专利权无效宣告请求审查决定并非作出即生效，而是在起诉期限届满或司法裁判生效时才生效。因此，在宣告专利权无效的审查决定未生效的情况下，其不能产生否定专利权有效性的效力，权利人发送的侵权警告仍然有权利基础。相应地，被警告人亦可以在符合法定条件的情况下提起确认不侵害专利权之

诉，以消除因收到侵权警告而产生的不安状态。本案起诉材料显示，张某某已向北京知识产权法院提起行政诉讼，宣告专利权无效的审查决定尚未生效，东莞银行作为被警告人有权提起确认不侵害专利权之诉。如法院经审理认定被警告人的行为不构成侵害专利权，可径行作出确认不侵权的判决；如法院经审理认定被警告人的行为构成侵害专利权，为避免诉讼结果反复，可以中止审理，等待专利确权行政诉讼的结果。也即是说，无论属于何种情形，人民法院均不能以专利“民行二元分立”的诉讼架构为由，剥夺被警告人的民事诉权，任由其法律地位长期处于不安状态，而拒绝给予救济途径。

基本案情：张某某系涉案专利的专利权人；2018 年 8 月 31 日，原国家知识产权局专利复审委员会就涉案专利作出第 37130 号无效宣告请求审查决定，宣告涉案专利权全部无效；2019 年 9 月 9 日，张某某向东莞银行股份有限公司（以下简称东莞银行）发送侵权警告函，其中称其已就涉案专利的无效决定向北京知识产权法院起诉；张某某还向苹果公司投诉东莞银行 App 涉及侵权；2019 年 11 月 6 日，北京市金杜（深圳）律师事务所受东莞银行委托向张某某就其向苹果公司投诉东莞银行侵害涉案专利权行为发出催告函，要求张某某立即撤回相关投诉，或尽快向人民法院提起相关侵权诉讼。

东莞银行于 2019 年 11 月 14 日以张某某为被告、张某一为第三人，向广州知识产权法院（以下简称一审法院）提起确认不侵害专利权纠纷诉讼，请求判令：（1）确认东莞银行运营的“东莞银行手机银行”App 和“东莞银行村镇银行手机银行”App 不侵害张某某专利号为 ZL20091003××××.3、名称为“一种在计算机和其他电子产品中自行提供恰到好处嵌入式帮助的方法和界面”的发明专利权；（2）张某某向东莞银行支付合理的维权费用 89.01 万元；（3）张某某承担本案的全部诉讼费用。

一审法院裁定：对东莞银行的起诉不予受理。东莞银行不服一审裁定，向最高人民法院提起上诉。

最高人民法院于 2020 年 6 月 12 日裁定撤销一审裁定，指令一审法院立案受理。

【案　　号】（2020）最高法知民终 225 号

【审理法院】最高人民法院

【来　　源】中国裁判文书网

二、陕西东明农业科技有限公司与陕西秦丰农机（集团）有限公司侵害实用新型专利权纠纷案

关键词： 宣告无效　追溯力　时间点　决定日

裁判摘要：《专利法》第 47 条第 2 款中专利权被宣告无效的时间点应以无效宣告请求审查决定书载明的决定日为准。以无效宣告请求审查决定的决定日作为确定专利权被宣告无效的时间点，不仅具有对世性和确定性，还可以在一定程度上增加无效宣告请求审查决定发挥追溯力的机会，实现结果公正。

基本案情： 2004 年 2 月 6 日，乔某某向国家知识产权局提出微型履带灵巧型农用机实用新型专利申请。2005 年 2 月 16 日，该专利申请被授权公告，专利号为 ZL200420041558.6（即本案专利）。2005 年 3 月 7 日，秦丰公司与乔某某订立专利权转让合同，约定本案专利为秦丰公司所有。陕西秦丰农机（集团）有限公司（以下简称秦丰公司）以陕西东明农业科技有限公司（以下简称东明公司）生产的 1YG-7.5 型遥控微耕机侵犯其本案专利权为由，向陕西省西安市中级人民法院起诉，请求判令东明公司停止侵权、消除影响并赔偿损失。因东明公司在答辩期内向原国家知识产权局专利复审委员会（以下简称专利复审委员会）提出宣告本案专利权无效的请求，一审法院中止了本案审理。2008 年 9 月 27 日，专利复审委员会作出第 12379 号无效宣告请求审查决定，宣告本案专利部分无效，在权利要求 2、3 的基础上维持有效。一审法院恢复审理后认为，本案被诉侵权产品落入维持有效的本案专利权的保护范围，东明公司的行为构成侵权，故判令东明公司停止侵害并赔偿秦丰公司经济损失。东明公司不服，提起上诉。陕西省高级人民法院二审判决驳回上诉，维持原判。2011 年 3 月 9 日，应秦丰公司的强制执行申请，一审法院冻结了东明公司的存款。2011 年 3 月 16 日，一审法院完成了执行行为，并裁定终结本案的执行。2010 年 9 月 8 日，东明公司再次提出宣告本案专利无效的请求，专利复审委员会作出第 16225 号无效宣告请求审查决定（以下简称第 16225 号决定），宣告本案专利权全部无效。第 16225 号决定的决定日是 2011 年 3 月 15 日，发文日是 3 月 25 日，通过邮寄送达秦丰公司的时间为 2011 年 4 月 3 日。秦丰公司不服，提起行政诉讼。第 16225 号决定在行政诉讼程序中得到维持，已经发生法律效力。随后，东明公司向最高人民法院申请再审。最高人民法院裁定提审本案，并于 2012 年 11 月 20 日判决撤销原判，驳回秦丰公司的诉讼请求。

最高人民法院提审认为：《专利法》第 47 条第 2 款的立法目的在于实现公

平与秩序的协调和平衡。一方面，赋予专利无效宣告请求审查决定对专利权被宣告无效后尚未执行或者履行完毕的专利侵权判决、调解书、专利侵权纠纷处理决定、专利实施许可合同、专利权转让合同等以追溯力，保障被指控的专利侵权人、专利被许可人以及被转让人的正当利益，防止专利权人藉无效专利获得不当利益。另一方面，对于已经执行或者履行完毕的专利侵权判决、调解书、专利侵权纠纷处理决定、专利实施许可合同、专利权转让合同，专利无效宣告审查请求决定没有追溯力，维持已经形成并稳定化的社会秩序。由于宣告无效的专利权视为自始即不存在，以该专利权为基础的利益本不应由专利权人获得。因此，《专利法》第47条第2款的规定以专利无效宣告请求审查决定有追溯力为原则，以无追溯力为例外。基于上述原因，在确定宣告无效的时间点时，应该考虑如下因素：一是该时间点应有对世性，应是社会公众均可公开得知并明确知晓的；二是该时间点应有确定性，应是一个确定的时点，原则上不宜随当事人的具体情况或者其他人为因素发生变动；三是该时间点应是较早的具有法律意义的时间点，尽量增加无效宣告请求审查决定发挥追溯力的机会。本案中，第16225号决定涉及三个具有法律意义的时间点：决定日（2011年3月15日）；发文日（3月25日）；送达日（2011年4月3日）。决定日（2011年3月15日）是无效宣告请求决定的作出时间。决定日在无效宣告请求审查决定书上有明确记载，社会公众可以方便地获知。无效宣告请求决定一经作出即对专利复审委员会产生拘束力，不得随意撤销或者变更。发文日（3月25日）是专利复审委员会向当事人发送无效宣告请求审查决定的时间，是送达过程的开始时间。该时间在无效宣告请求审查决定书上亦有明确记载。送达日（2011年4月3日）是当事人收到无效宣告请求审查决定的时间，是可提起行政诉讼期间的起算点。送达日无法在无效宣告请求审查决定书上载明，只能根据送达当事人的具体情况予以查明。无效宣告请求审查决定作出后，无论是发文日还是送达日均可能由于人为因素发生变动，有时大大迟于决定作出日。如果以发文日或者送达日作为专利权被宣告无效的时间点，则决定作出日至发文日或者送达日这一时间间隔可能被当事人利用，通过恶意加快或者拖延执行或履行来影响无效宣告请求审查决定的追溯力，从而获得有利于自己的追溯力结果。可见，无论以无效宣告请求审查决定的发文日还是送达日作为宣告专利权无效的时间点，均可能造成不合理的结果。相反，以无效宣告请求审查决定的决定日（作出日）作为确定专利权被宣告无效的时间点，不仅具有对世性和确定性，还可以在一定程度上增加无效宣告请求审查决定发挥追溯力的机会，实现结果公正。因此，宣告专利权无效的时间点应以无效宣告请求审查决定的决定日（作出日）为准。本案中，第16225号决定的决定日是2011年3月15日，原审判决执行完毕日是2011年3月16日，决定日早于执行完毕日，故本案不属于《专利法》第47条第2款规定的不具有追溯力的情形。

【案　　号】（2012）民提字第110号

【审理法院】最高人民法院

【来　　源】《最高人民法院知识产权案件年度报告（2012）》

类案检索

青海民和朝明印务有限公司与青海育恒教育用品有限公司发明专利实施许可合同纠纷案

关键词：发明专利权　实施许可　专利无效日

裁判摘要：涉案专利权被宣告无效的时间，应以依职权调查收集证据并据此查明的国家知识产权局作出决定日期为准。

【案　　号】（2019）最高法知民终586号

【审理法院】最高人民法院

【来　　源】中国裁判文书网

第四十九条 国有企业事业单位的发明专利，对国家利益或者公共利益具有重大意义的，国务院有关主管部门和省、自治区、直辖市人民政府报经国务院批准，可以决定在批准的范围内推广应用，允许指定的单位实施，由实施单位按照国家规定向专利权人支付使用费。

条文释义

一、本条主旨

本条是关于国有企业事业单位发明专利指定许可的规定。

二、条文演变

1984年《专利法》第14条规定了“计划许可”制度，即国务院有关主管部门和省、自治区、直辖市人民政府根据国家计划，有权决定本系统内或者所管辖的全民所有制单位持有的重要发明创造专利允许指定的单位实施，由实施单位按照国家规定向持有专利权的单位支付使用费。中国集体所有制单位和个人的专利，对国家利益或者公共利益具有重大意义，需要推广应用的，由国务院有关主管部门报国务院批准后，参照上款规定办理。1992年修改《专利法》时，未对本条进行修改。2000年修改《专利法》时，将指定实施的理由从“根据国家计划”改为“对国家利益或者公共利益具有重大意义，需要推广应用”；将指定实施的对象从“发明创造专利”改为“发明专利”；同时严格相关程序，将“国务院有关主管部门或者省、自治区、直辖市人民政府有权决定”改为“国务院有关主管部门和省、自治区、直辖市人民政府报经国务院批准”。2008年修改《专利法》时，删除了“中国集体所有制单位和个人的专利，对国家利益或者公共利益具有重大意义，需要推广应用的，由国务院有关主管部门报国务院批准后，参照上款规定办理”的规定。2020年修改《专利法》时，将本条内容从第14条调整为第49条。

三、条文解读

本条关于专利实施的“指定许可”具有鲜明的“中国特色”，是我国专利法中特有的一个制度。本条规定包括以下两层意思。

首先，为了兼顾国家利益、社会公共利益和鼓励发明创造、保护专利权人最大限度享有专利权，指定许可的客体仅限于国有企事业单位享有的专利，不包括我国的集体所有制企业三资企业、私营企业以及其他混合所有制单位以及个人的专利，也不包括外国人、外国企业或者外国其他组织的专利。并且，指定许可专利的客体仅限于发明专利，不包括实用新型专利和外观设计专利。这是因为专利制度尊重专利权人的专有权，指定许可是对专有权的法定限制，故除非确有必要，否则应尽量不采用这种方式。而实用新型专利和外观设计专利一般不会涉及重大的国家利益或者公共利益，故而没有必要予以推广应用。

其次，根据本条规定，指定许可的实施主体仅限于指定的单位，且需经国务院有关主管部门和省、自治区、直辖市人民政府报经国务院批准，其他任何国家机关、单位或者个人都无权决定指定许可。此外，在实际推广和实施过程中不得超出批准的推广应用的范围。这里所说的“范围”应当作广义理解，包括时间范围、地域范围和行业或专业领域范围等。被指定的实施单位享有的专利实施权不是无偿取得的，必须按照国家规定向专利权人支付相应的使用费。这表明，即使在本条规定的情形下，由国务院批准决定对发明专利予以推广应用，也不能无视专利权人的权益，这既符合专利制度创设的目的，也符合《与贸易有关的知识产权协定》的有关要求。

第五十条　专利权人自愿以书面方式向国务院专利行政部门声明愿意许可任何单位或者个人实施其专利，并明确许可使用费支付方式、标准的，由国务院专利行政部门予以公告，实行开放许可。就实用新型、外观设计专利提出开放许可声明的，应当提供专利权评价报告。

专利权人撤回开放许可声明的，应当以书面方式提出，并由国务院专利行政部门予以公告。开放许可声明被公告撤回的，不影响在先给予的开放许可的效力。

关联规定

一、法律、行政法规、司法解释

1.《中华人民共和国民法典》

第四百七十一条　当事人订立合同，可以采取要约、承诺方式或者其他方式。

第八百四十四条　订立技术合同，应当有利于知识产权的保护和科学技术的进步，促进科学技术成果的研发、转化、应用和推广。

2.《中华人民共和国专利法》

第一条　为了保护专利权人的合法权益，鼓励发明创造，推动发明创造的应用，提高创新能力，促进科学技术进步和经济社会发展，制定本法。

第十二条　任何单位或者个人实施他人专利的，应当与专利权人订立实施许可合同，向专利权人支付专利使用费。被许可人无权允许合同规定以外的任何单位或者个人实施该专利。

第五十三条　有下列情形之一的，国务院专利行政部门根据具备实施条件的单位或者个人的申请，可以给予实施发明专利或者实用新型专利的强制许可：

（一）专利权人自专利权被授予之日起满三年，且自提出专利申请之日起满四年，无正当理由未实施或者未充分实施其专利的；

（二）专利权人行使专利权的行为被依法认定为垄断行为，为消除或减少该行为对竞争产生的不利影响的。

第五十九条 依照本法第五十三条第（一）项、第五十六条规定申请强制许可的单位或者个人应当提供证据，证明其以合理的条件请求专利权人许可其实施专利，但未能在合理的时间内获得许可。

二、部门规章及规范性文件

《专利实施许可合同备案办法》

第十四条 专利实施许可合同备案的有关内容由国家知识产权局在专利登记簿上登记，并在专利公报上公告以下内容：许可人、被许可人、主分类号、专利号、申请日、授权公告日、实施许可的种类和期限、备案日期。

专利实施许可合同备案后变更、注销以及撤销的，国家知识产权局予以相应登记和公告。

第十五条 国家知识产权局建立专利实施许可合同备案数据库。公众可以查询专利实施许可合同备案的法律状态。

条文释义

一、本条主旨

本条是关于专利开放许可声明和撤回的规定。

二、条文演变

1984年《专利法》第六章规定了“专利实施的强制许可”，规定专利权人负有自己在中国实施专利的义务，并且规定了几种强制许可的情形。1992年修改《专利法》，增加了一种强制许可的情形，即在国家紧急状态时或者为了公共利益的目的实施专利的强制许可。2008年修改《专利法》，增加了为公共健康目的的实施专利的强制许可。2020年修改《专利法》，增加了开放许可制度，并将本章的标题修改为“专利实施的特别许可”，包括开放许可和强制许可制度。

三、条文解读

专利权人享有实施其专利的排他性权利，除法律、行政法规的强制性规定外，他人实施其专利必须经专利权人许可。法律赋予专利权人的排他性实施权，是为了鼓励发明创造，推动发明创造的应用，最终促进科学技术进步和经济社会发展。“沉睡”的或者不实施的专利不仅会浪费已经投入研发的社会经济成本，并且还加大了技术创新的机会成本。实施专利的方式可以根据商业模式和专利权人的需要而作出不同的安排，因此，规定专利权人的实施义务不合理，也缺乏判断标准。但是，大力推动专利技术的广泛实施是《专利法》的立法宗旨之一，《专利法》的“工具箱”应当提供尽可能多的制度供给，以加大专利技术广泛实施的可能性，进而利用专利技术的广泛实施来进一步促进技术创新。另外，开放许可对于产业链条的相关技术研发和产业规模的技术集群效应都具有积极意义。本条就是为了提升专利实施的机会而设定的行政便利措施。本条应当从以下几个方面理解。

第一，开放许可遵循自愿原则。开放许可仍然是专利权人自愿订立许可合同的一种形式。这是和强制许可的本质区别。专利权人基于意思自治作出专利实施许可合同的主要内容的意思表示，并向不特定相对人发出要约。该要约经国务院专利行政部门公告而产生一定的拘束力。本条第 1 款规定了开放许可的申请要件，包括要约的主要内容如许可费支付方式和标准等，专利权稳定性的证明包括提交实用新型、外观设计评价报告。

第二，开放许可的要约应当履行公示程序。国务院专利行政部门有职责对该要约予以形式审查，并进行公告、公示，为公众知悉该开放许可的要约提供必要的法律信息和技术信息。本条第 1 款对于国务院专利行政部门公告开放许可作出原则性规定。具体公告办法由国务院专利行政部门另行规定或者参照专利公报及《专利实施许可合同备案办法》。本条第 2 款规定，专利权人撤回开放许可声明的，应当以书面方式提出，并由国务院专利行政部门予以公告。

第三，专利权人实施开放许可应当履行一定的附随义务。为了保障开放许可的法律信息和技术信息的公示公信效力，专利权人应当履行一定的附随义务。专利权人应当按照国务院专利行政部门公告的形式要件提供专利权的技术信息、法律信息，许可合同的主要内容，许可合同的要约期限，撤回开放许可不产生溯及力的承诺等，以及就实用新型和外观设计专利应提供专利权评价报告。

第四，开放许可具有公示公信效力，保护相对人的信赖利益。在专利开放许可期内，任何人对要约作出承诺，在支付相应的专利许可费后，按照该开放许可的条件实施专利，专利权人不得以其他任何理由拒绝许可。

第五，专利权人可以随时撤回开放许可，但是撤回行为不具有溯及效力。本条第2款规定，专利权人撤回开放许可声明的，应当以书面方式提出，并由国务院专利行政部门予以公告。开放许可声明被公告撤回的，不影响在先给予的开放许可的效力。

第五十一条　任何单位或者个人有意愿实施开放许可的专利的，以书面方式通知专利权人，并依照公告的许可使用费支付方式、标准支付许可使用费后，即获得专利实施许可。

开放许可实施期间，对专利权人缴纳专利年费相应给予减免。

实行开放许可的专利权人可以与被许可人就许可使用费进行协商后给予普通许可，但不得就该专利给予独占或者排他许可。

关联规定

一、法律、行政法规、司法解释

1.《中华人民共和国民法典》

第四百七十一条　当事人订立合同，可以采取要约、承诺方式或者其他方式。

第八百四十四条　订立技术合同，应当有利于知识产权的保护和科学技术的进步，促进科学技术成果的研发、转化、应用和推广。

2.《中华人民共和国专利法》

第一条　为了保护专利权人的合法权益，鼓励发明创造，推动发明创造的应用，提高创新能力，促进科学技术进步和经济社会发展，制定本法。

第十二条　任何单位或者个人实施他人专利的，应当与专利权人订立实施许可合同，向专利权人支付专利使用费。被许可人无权允许合同规定以外的任何单位或者个人实施该专利。

第五十条　专利权人自愿以书面方式向国务院专利行政部门声明愿意许可任何单位或者个人实施其专利，并明确许可使用费支付方式、标准的，由国务院专利行政部门予以公告，实行开放许可。就实用新型、外观设计专利提出开放许可声明的，应当提供专利权评价报告。

专利权人撤回开放许可声明的，应当以书面方式提出，并由国务院专利行政部门予以公告。开放许可声明被公告撤回的，不影响在先给予的开放许可的效力。

第五十二条 当事人就实施开放许可发生纠纷的，由当事人协商解决；不愿协商或者协商不成的，可以请求国务院专利行政部门进行调解，也可以向人民法院起诉。

二、部门规章及规范性文件

《专利实施许可合同备案办法》

第十四条 专利实施许可合同备案的有关内容由国家知识产权局在专利登记簿上登记，并在专利公报上公告以下内容：许可人、被许可人、主分类号、专利号、申请日、授权公告日、实施许可的种类和期限、备案日期。

专利实施许可合同备案后变更、注销以及撤销的，国家知识产权局予以相应登记和公告。

第十五条 国家知识产权局建立专利实施许可合同备案数据库。公众可以查询专利实施许可合同备案的法律状态。

条文释义

一、本条主旨

本条是关于获得开放许可实施的方式和年费优惠的规定。

二、条文演变

本条是2020年《专利法》新增的专利开放许可制度的规定之一。本条的前一条，即《专利法》第50条规定了开放许可的声明和撤回程序；本条规定了获得开放许可实施的方式和年费优惠；本条的后一条，即《专利法》第52条规定了开放许可的纠纷解决方式。

三、条文解读

开放许可仍然属于专利权人和他人订立许可合同的一种方式。为了提升专利实施的机会，国务院专利行政部门建立全国性的开放许可公示平台，赋予开放许可要约一定的法律拘束力，解决专利权人和被许可人的信息不对称问题，促使专利权许可合同更为方便和更为广泛地成立。虽然国务院专利行政部门的行政行为使得订立专利权许可合同的要约和承诺形式具备一定的公示公信效力，但是本质上仍然遵循意思自治原则。

本条第1款规定了开放许可合同的成立与许可的效力。首先，任何有意愿实施开放许可的专利的民事主体都可以作出订立开放许可合同的承诺，向专利权人书面作出承诺的意思表示。该承诺到达专利权人时生效，承诺生效时合同成立。其次，开放许可合同的成立并不等于获得实施专利的许可授权。开放许可合同成立并生效后，承诺人应当先履行合同义务，即按照国务院专利行政部门公告的要约内容履行支付许可使用费的义务，在先履行该义务后，即获得实施专利权的授权。本条第1款规定，任何单位或者个人有意愿实施开放许可的专利的，以书面方式通知专利权人，并依照公告的许可使用费支付方式、标准支付许可使用费后，即获得专利实施许可。本条第1款是开放许可合同成立的原则性规定，开放许可合同的备案、实施专利的授权备案、开放许可费的支付方式、期限、争议裁决等实施细则需要国务院专利行政部门另行规定实施办法或者参照《专利实施许可合同备案办法》执行。

本条第2款规定了开放许可期间专利年费的减免。为鼓励专利权人自愿实行开放许可，促进专利实施和运用，应当在开放许可制度中配套相应的激励措施。同时也考虑到过低的专利维持成本并不有利于进一步提升我国专利的整体质量，故本条第2款特别规定，“开放许可实施期间”，而不是“开放许可期间”，对专利权人缴纳专利年费相应给予减免。考虑到专利开放许可制度属于新设制度，法律对于年费减免问题只作了原则性规定，年费减免的具体内容、方式等可由国务院及其相关部门在具体制度实施中根据具体情况作出详细规定。

本条第3款是关于专利权人是否可以以其他方式实施普通许可的问题的规定。实践中，存在第三人有意愿使用开放许可的专利权，但认为专利权人设定的开放许可使用费支付方式、标准不合理的情况，为促成专利许可实施，本条第3款规定，实行开放许可的专权利人，也可以在开放许可之外，与被许可人就许可使用费等问题进行协商后给予专利许可。但考虑到开放许可的存在，这种许可只能是普通许可，不能是独占或者排他许可。

第五十二条　当事人就实施开放许可发生纠纷的，由当事人协商解决；不愿协商或者协商不成的，可以请求国务院专利行政部门进行调解，也可以向人民法院起诉。

关联规定

法律、行政法规、司法解释

1.《中华人民共和国专利法》

第五十条　专利权人自愿以书面方式向国务院专利行政部门声明愿意许可任何单位或者个人实施其专利，并明确许可使用费支付方式、标准的，由国务院专利行政部门予以公告，实行开放许可。就实用新型、外观设计专利提出开放许可声明的，应当提供专利权评价报告。

专利权人撤回开放许可声明的，应当以书面方式提出，并由国务院专利行政部门予以公告。开放许可声明被公告撤回的，不影响在先给予的开放许可的效力。

第五十一条　任何单位或者个人有意愿实施开放许可的专利的，以书面方式通知专利权人，并依照公告的许可使用费支付方式、标准支付许可使用费后，即获得专利实施许可。

开放许可实施期间，对专利权人缴纳专利年费相应给予减免。

实行开放许可的专利权人可以与被许可人就许可使用费进行协商后给予普通许可，但不得就该专利给予独占或者排他许可。

2.《最高人民法院关于审理专利纠纷案件适用法律问题的若干规定》

第一条　人民法院受理下列专利纠纷案件：

3. 专利合同纠纷案件；

条文释义

一、本条主旨

本条是关于开放许可的纠纷解决方式的规定。

二、条文演变

本条是2020年修正的《专利法》新增的专利开放许可制度的规定之一，本条前两条，即《专利法》第50条、第51条分别规定了开放许可的申请和撤回程序、获得开放许可实施的方式和年费优惠，本条就开放许可的纠纷解决方式专门作出规定。

三、条文解读

专利开放许可，是指专利权人向专利行政主管部门提出将其专利登记为“开放许可”的申请，经公告后任何企业或个人都可以按照开放许可声明的内容取得专利实施权的许可模式。专利开放许可制度旨在缓解长期以来专利转化率低的难题，其试图通过“解决专利许可供需信息不对称问题”“降低专利许可成本”，帮助那些愿意许可他人实施其专利的人达成目的。为实现这一目的，开放许可制度的基本框架设计为：专利权人向国家专利行政部门声明其愿意许可任何人实施其专利，该声明经行政部门登记并公告后，任何人得请求获得该专利许可。但是，在其开放许可中也容易产生纠纷，为了确保开放许可最终以合理的条件达成，优化专利开放许可环境，还应当积极拓宽纠纷处理渠道，既要注重专利权人相关权利的维护，又要避免侵害被许可方权益。本条就开放许可的纠纷解决方式专门作出规定。根据本条规定，实施专利开放许可发生纠纷的，当事人有三种解决方式：一是当事人之间协商解决，这是纠纷解决最简单有效的方式，解决的方案是双方协商的结果，双方遵守的意愿高，则纠纷解决的速度快、成本低。二是请求国务院专利行政部门进行调解，即通过行政救济途径解决纠纷，这种方式的优势在于有行政机关的参与，而且专利行政部门具备的专业和行业背景，能增强当事人对其纠纷处理方式的尊重，具有一定的权威性；同时，与司法途径相比，纠纷解决的速度相对更快、成本也更低。三是直接向人民法院起诉，即通过司法救济途径解决纠纷。司法保护是专利保护的最终救济途径。这种纠纷解决方式的优势在于具有强制执行力，具有终局性，但是司法程序比较严格，举证责任相对较重，周期相对较长。

专利权作为民事权利之一，当事人就其实施开放许可发生纠纷的，除依法请求国务院专利行政部门调解外，当然也可以通过协商、诉讼等方式解决，这是民事纠纷解决的常用途径。因此，本条明确规定，当事人就实施开放许可发生纠纷的，由当事人协商解决；不愿协商或协商不成的，可以请求国务院专利行政部门进行调解，也可以向人民法院起诉。这是因为，专利开放许可制度本质上是自治性责任规则的具体制度体现，而自治性责任规则旨在削弱专利权的排他性效力，促成更多的专利许可。专利开放许可制度作为一种知识产品利用制度，要有助于促进专利许可信息畅通、降低市场交易成本、提高专利的市场化并降低诉讼率。要让专利开放许可制度真正发挥其作用，有必要充分发挥专利行政部门在信息推广、法律服务和纠纷裁决方面的作用。同时，专利权是私权，专利人得自由处分其权利，应当以较低的立法和行政成本给专利权人以及被许可人提供更多的专利实施方式（当然也包括纠纷解决方式）选择，使权利人与公众都可以从技术进步中受益。

同时，通过本条规定可见，在专利开放许可纠纷中，国家知识产权局的主要职能是对当事人进行调解，而不能比照专利强制许可制度对许可费数额进行行政裁决。作出如此安排的基本考量是，国务院专利行政部门在专利开放许可纠纷中通过非强制性的调解方式发挥功能，一方面，知识产权行政机关利用专业优势和行政管理权威性，能够提高纠纷调解的效率和水平；另一方面，当事人在行政调解中达成专利开放许可协议，可以就该协议申请司法确认并获得执行方面的保障。专利行政机关不对专利开放许可费纠纷行使行政裁决的权力，可以避免过高的行政管理成本和过度介入专利许可交易关系，也可以回避由此可能产生的专利行政诉讼风险及成本。

第五十三条 有下列情形之一的，国务院专利行政部门根据具备实施条件的单位或者个人的申请，可以给予实施发明专利或者实用新型专利的强制许可：

（一）专利权人自专利权被授予之日起满三年，且自提出专利申请之日起满四年，无正当理由未实施或者未充分实施其专利的；

（二）专利权人行使专利权的行为被依法认定为垄断行为，为消除或者减少该行为对竞争产生的不利影响的。

关联规定

一、国际条约

《保护工业产权巴黎公约》

第5条A款 （2）本联盟各国都有权采取立法措施规定授予强制许可，以防止由于行使发明、实用新型专利所赋予的专有权而可能产生的滥用，例如：不实施。

（4）自提出专利申请之日起四年届满以前，或自授予专利之日起三年届满以前，以后满期的期间为准，不得以不实施或不充分实施为理由申请强制许可；如果专利权人的不作为有正当理由，应拒绝强制许可。这种强制许可是非独占性的，而且除与利用该许可的部分企业或商誉一起转让外，不得转让，甚至以授予分许可证的形式也在内。

二、法律、行政法规、司法解释

《中华人民共和国专利法实施细则》

第七十三条第一款 专利法第四十八条第（一）项所称未充分实施其专利，是指专利权人及其被许可人实施其专利的方式或者规模不能满足国内对专利产品或者专利方法的需求。

第七十四条 请求给予强制许可的，应当向国务院专利行政部门提交强制许可请求书，说明理由并附具有关证明文件。

国务院专利行政部门应当将强制许可请求书的副本送交专利权人，专利权人应当在国务院专利行政部门指定的期限内陈述意见；期满未答复的，不影响国务院专利行政部门作出决定。

国务院专利行政部门在作出驳回强制许可请求的决定或者给予强制许可的决定前，应当通知请求人和专利权人拟作出的决定及其理由。

国务院专利行政部门依照专利法第五十条的规定作出给予强制许可的决定，应当同时符合中国缔结或者参加的有关国际条约关于为了解决公共健康问题而给予强制许可的规定，但中国作出保留的除外。

三、部门规章及规范性文件

《专利实施强制许可办法》①

第二条 国家知识产权局负责受理和审查强制许可请求、强制许可使用费裁决请求和终止强制许可请求并作出决定。

第三条 请求给予强制许可、请求裁决强制许可使用费和请求终止强制许可，应当使用中文以书面形式办理。

依照本办法提交的各种证件、证明文件是外文的，国家知识产权局认为必要时，可以要求当事人在指定期限内附送中文译文；期满未附送的，视为未提交该证件、证明文件。

第四条 在中国没有经常居所或者营业所的外国人、外国企业或者外国其他组织办理强制许可事务的，应当委托依法设立的专利代理机构办理。

当事人委托专利代理机构办理强制许可事务的，应当提交委托书，写明委托权限。一方当事人有两个以上且未委托专利代理机构的，除另有声明外，以提交的书面文件中指明的第一当事人为该方代表人。

第九条 请求给予强制许可的，应当提交强制许可请求书，写明下列各项：

（一）请求人的姓名或者名称、地址、邮政编码、联系人及电话；

（二）请求人的国籍或者注册的国家或者地区；

（三）请求给予强制许可的发明专利或者实用新型专利的名称、专利号、

---

① 该部门规章中所涉专利法为2008年修正的《专利法》。

申请日、授权公告日，以及专利权人的姓名或者名称；

（四）请求给予强制许可的理由和事实、期限；

（五）请求人委托专利代理机构的，受托机构的名称、机构代码以及该机构指定的代理人的姓名、执业证号码、联系电话；

（六）请求人的签字或者盖章；委托专利代理机构的，还应当有该机构的盖章；

（七）附加文件清单；

（八）其他需要注明的事项。

请求书及其附加文件应当一式两份。

第十条 强制许可请求涉及两个或者两个以上的专利权人的，请求人应当按专利权人的数量提交请求书及其附加文件副本。

第十四条 强制许可请求有下列情形之一的，不予受理并通知请求人：

（一）请求给予强制许可的发明专利或者实用新型专利的专利号不明确或者难以确定；

（二）请求文件未使用中文；

（三）明显不具备请求强制许可的理由；

（四）请求给予强制许可的专利权已经终止或者被宣告无效。

第十五条 请求文件不符合本办法第四条、第九条、第十条规定的，请求人应当自收到通知之日起15日内进行补正。期满未补正的，该请求视为未提出。

第十六条 国家知识产权局受理强制许可请求的，应当及时将请求书副本送交专利权人。除另有指定的外，专利权人应当自收到通知之日起15日内陈述意见；期满未答复的，不影响国家知识产权局作出决定。

第十七条 国家知识产权局应当对请求人陈述的理由、提供的信息和提交的有关证明文件以及专利权人陈述的意见进行审查；需要实地核查的，应当指派两名以上工作人员实地核查。

第十八条 请求人或者专利权人要求听证的，由国家知识产权局组织听证。

国家知识产权局应当在举行听证7日前通知请求人、专利权人和其他利害关系人。

除涉及国家秘密、商业秘密或者个人隐私外，听证公开进行。

举行听证时，请求人、专利权人和其他利害关系人可以进行申辩和质证。

举行听证时应当制作听证笔录，交听证参加人员确认无误后签字或者盖章。

根据专利法第四十九条或者第五十条的规定建议或者请求给予强制许可的，不适用听证程序。

第十九条 请求人在国家知识产权局作出决定前撤回其请求的，强制许可请求的审查程序终止。

在国家知识产权局作出决定前，请求人与专利权人订立了专利实施许可合同的，应当及时通知国家知识产权局，并撤回其强制许可请求。

第二十条 经审查认为强制许可请求有下列情形之一的，国家知识产权局应当作出驳回强制许可请求的决定：

（一）请求人不符合本办法第四条、第五条、第七条或者第八条的规定；

（二）请求给予强制许可的理由不符合专利法第四十八条、第五十条或者第五十一条的规定；

（三）强制许可请求涉及的发明创造是半导体技术的，其理由不符合专利法第五十二条的规定；

（四）强制许可请求不符合本办法第十一条或者第十三条的规定；

（五）请求人陈述的理由、提供的信息或者提交的有关证明文件不充分或者不真实。

国家知识产权局在作出驳回强制许可请求的决定前，应当通知请求人拟作出的决定及其理由。除另有指定的外，请求人可以自收到通知之日起 15 日内陈述意见。

第二十一条 经审查认为请求给予强制许可的理由成立的，国家知识产权局应当作出给予强制许可的决定。在作出给予强制许可的决定前，应当通知请求人和专利权人拟作出的决定及其理由。除另有指定的外，双方当事人可以自收到通知之日起 15 日内陈述意见。

国家知识产权局根据专利法第四十九条作出给予强制许可的决定前，应当通知专利权人拟作出的决定及其理由。

第二十二条 给予强制许可的决定应当写明下列各项：

（一）取得强制许可的单位或者个人的名称或者姓名、地址；

（二）被给予强制许可的发明专利或者实用新型专利的名称、专利号、申请日及授权公告日；

（三）给予强制许可的范围和期限；

（四）决定的理由、事实和法律依据；

（五）国家知识产权局的印章及负责人签字；

（六）决定的日期；

（七）其他有关事项。

给予强制许可的决定应当自作出之日起5日内通知请求人和专利权人。

第二十五条 请求裁决强制许可使用费的，应当提交强制许可使用费裁决请求书，写明下列各项：

（一）请求人的姓名或者名称、地址；

（二）请求人的国籍或者注册的国家或者地区；

（三）给予强制许可的决定的文号；

（四）被请求人的姓名或者名称、地址；

（五）请求裁决强制许可使用费的理由；

（六）请求人委托专利代理机构的，受托机构的名称、机构代码以及该机构指定的代理人的姓名、执业证号码、联系电话；

（七）请求人的签字或者盖章；委托专利代理机构的，还应当有该机构的盖章；

（八）附加文件清单；

（九）其他需要注明的事项。

请求书及其附加文件应当一式两份。

第二十六条 强制许可使用费裁决请求有下列情形之一的，不予受理并通知请求人：

（一）给予强制许可的决定尚未作出；

（二）请求人不是专利权人或者取得强制许可的单位或者个人；

（三）双方尚未进行协商或者经协商已经达成协议。

第二十七条 国家知识产权局受理强制许可使用费裁决请求的，应当及时将请求书副本送交对方当事人。除另有指定的外，对方当事人应当自收到通知之日起15日内陈述意见；期满未答复的，不影响国家知识产权局作出决定。

强制许可使用费裁决过程中，双方当事人可以提交书面意见。国家知识产权局可以根据案情需要听取双方当事人的口头意见。

第二十八条 请求人在国家知识产权局作出决定前撤回其裁决请求的，裁决程序终止。

第二十九条 国家知识产权局应当自收到请求书之日起3个月内作出强制许可使用费的裁决决定。

第三十条 强制许可使用费裁决决定应当写明下列各项：

（一）取得强制许可的单位或者个人的名称或者姓名、地址；

（二）被给予强制许可的发明专利或者实用新型专利的名称、专利号、申请日及授权公告日；

（三）裁决的内容及其理由；

（四）国家知识产权局的印章及负责人签字；

（五）决定的日期；

（六）其他有关事项。

强制许可使用费裁决决定应当自作出之日起5日内通知双方当事人。

第三十一条 有下列情形之一的，强制许可自动终止：

（一）给予强制许可的决定规定的强制许可期限届满；

（二）被给予强制许可的发明专利或者实用新型专利终止或者被宣告无效。

第三十二条 给予强制许可的决定中规定的强制许可期限届满前，强制许可的理由消除并不再发生的，专利权人可以请求国家知识产权局作出终止强制许可的决定。

请求终止强制许可的，应当提交终止强制许可请求书，写明下列各项：

（一）专利权人的姓名或者名称、地址；

（二）专利权人的国籍或者注册的国家或者地区；

（三）请求终止的给予强制许可决定的文号；

（四）请求终止强制许可的理由和事实；

（五）专利权人委托专利代理机构的，受托机构的名称、机构代码以及该机构指定的代理人的姓名、执业证号码、联系电话；

（六）专利权人的签字或者盖章；委托专利代理机构的，还应当有该机构的盖章；

（七）附加文件清单；

（八）其他需要注明的事项。

请求书及其附加文件应当一式两份。

第三十三条 终止强制许可的请求有下列情形之一的，不予受理并通知请求人：

（一）请求人不是被给予强制许可的发明专利或者实用新型专利的专利权人；

（二）未写明请求终止的给予强制许可决定的文号；

（三）请求文件未使用中文；

（四）明显不具备终止强制许可的理由。

第三十四条 请求文件不符合本办法第三十二条规定的，请求人应当自收到通知之日起 15 日内进行补正。期满未补正的，该请求视为未提出。

第三十五条 国家知识产权局受理终止强制许可请求的，应当及时将请求书副本送交取得强制许可的单位或者个人。除另有指定的外，取得强制许可的单位或者个人应当自收到通知之日起 15 日内陈述意见；期满未答复的，不影响国家知识产权局作出决定。

第三十六条 国家知识产权局应当对专利权人陈述的理由和提交的有关证明文件以及取得强制许可的单位或者个人陈述的意见进行审查；需要实地核查的，应当指派两名以上工作人员实地核查。

第三十七条 专利权人在国家知识产权局作出决定前撤回其请求的，相关程序终止。

第三十八条 经审查认为请求终止强制许可的理由不成立的，国家知识产权局应当作出驳回终止强制许可请求的决定。在作出驳回终止强制许可请求的决定前，应当通知专利权人拟作出的决定及其理由。除另有指定的外，专利权人可以自收到通知之日起 15 日内陈述意见。

第三十九条 经审查认为请求终止强制许可的理由成立的，国家知识产权局应当作出终止强制许可的决定。在作出终止强制许可的决定前，应当通知取得强制许可的单位或者个人拟作出的决定及其理由。除另有指定的外，取得强制许可的单位或者个人可以自收到通知之日起 15 日内陈述意见。

终止强制许可的决定应当写明下列各项：

（一）专利权人的姓名或者名称、地址；

（二）取得强制许可的单位或者个人的名称或者姓名、地址；

（三）被给予强制许可的发明专利或者实用新型专利的名称、专利号、申请日及授权公告日；

（四）给予强制许可的决定的文号；

（五）决定的事实和法律依据；

（六）国家知识产权局的印章及负责人签字；

（七）决定的日期；

（八）其他有关事项。

终止强制许可的决定应当自作出之日起5日内通知专利权人和取得强制许可的单位或者个人。

第四十条 已经生效的给予强制许可的决定和终止强制许可的决定，以及强制许可自动终止的，应当在专利登记簿上登记并在专利公报上公告。

第四十一条 当事人对国家知识产权局关于强制许可的决定不服的，可以依法申请行政复议或者提起行政诉讼。

条文释义

一、本条主旨

本条是关于依申请给予专利实施强制许可的规定。

二、条文演变

1984年《专利法》第51条规定，专利权人负有自己在中国制造其专利产品、使用其专利方法或者许可他人在中国制造其专利产品、使用其专利方法的义务。第52条规定，发明和实用新型专利权人自专利权被授予之日起满3年，无正当理由没有履行原专利法第51条规定的义务的，专利局根据具备实施条件的单位的申请，可以给予实施该专利的强制许可。

1992年《专利法》第51条将不实施专利而授予强制许可的规定修改为："具备实施条件的单位以合理的条件请求发明或者实用新型专利权人许可实施其专利，而未能在合理长的时间内获得这种许可时，专利局根据该单位的申请，可以给予实施该发明专利或者实用新型专利的强制许可。"

2000年《专利法》对该条无修改。

2008年《专利法》第48条规定，有下列情形之一的，国务院专利行政部门根据具备实施条件的单位或者个人的申请，可以给予实施发明专利或者实用新型专利的强制许可:(一)专利权人自专利权被授予之日起满三年,且自提出专利申请之日起满四年,无正当理由未实施或者未充分实施其专利的;(二)专利权人行使专利权的行为被依法认定为垄断行为,为消除或者减少该行为对竞争产生的不利影响的。

2020年《专利法》对该条无修改。

三、条文解读

(一)强制许可制度

专利强制许可制度,又称非自愿许可制度,是指国家专利行政机关或者司法机关,依照法律规定的条件和程序,不经发明、实用新型专利权人的同意,向特定对象颁发实施相关专利的许可,同时由被许可人向专利权人支付使用费的制度。该制度是防止专利权滥用、实现专利权人利益与社会公众利益平衡的重要手段。

(二)依当事人申请给予的强制许可制度

按照本条规定,依当事人申请给予专利实施的强制许可,包括两种情况。

第一,专利权人不实施或者不充分实施其专利。专利制度的设立目的即在于通过授予专利权人一定的独占权,并通过专利的实施促进经济发展和社会进步。如果专利权人在获得专利权后长时间不实施其专利,则无法发挥专利对经济及社会发展的促进作用,也不符合专利制度的创设目的。

第二,专利权人行使专利权的行为被认定为垄断行为。专利权的授予乃是法律创设,由法律赋予专利权人对其发明创造的独占权,专利权人可以在法定范围内排他性地享有或行使其专利权。基于其享有的专利权,专利权人可以在一定时间及法域内就依据其发明创造生产、制造的产品享有市场优势地位甚至是市场支配地位,专利权人的优势地位一定程度上会对相关市场的竞争产生影响,但为了促进技术创新,法律在对各种利益关系平衡后对专利权人的此种竞争优势是允许的。但如果专利权的权利人超出法律对其专有权规定的范围而滥用其权利,以谋取或加强其垄断地位,且这种行为如果排除、限制了竞争,则对其滥用权利的行为不予保护,而应当受反垄断法的调整。我国《反垄断法》第68条明确规定,经营者依照有关知识产权的法律、行政法规规定行使知识产权的行为，不适用反垄断法；但是，经营者滥用知识产权，排除、限制竞争的行为，适用反垄断法。

适用指引

一、可以给予强制许可的专利

强制许可的主要目的是防止专利权人滥用权利阻碍专利技术的推广应用，妨碍公众享受新技术带来的进步。根据我国《专利法》的规定，可以给予强制许可的专利仅限于发明专利或者实用新型专利。因此，仅对涉及技术方案的发明和实用新型给予强制许可，而不属于技术方案、仅为富有美感的产品外观设计则不属于强制许可的对象。

二、专利权人不实施或者不充分实施其专利而给予强制许可的认定

（一）实施专利的行为类型

《专利法》第 11 条第 1 款规定，发明和实用新型专利权被授予后，除本法另有规定的以外，任何单位或者个人未经专利权人许可，都不得实施其专利，即不得为生产经营目的制造、使用、许诺销售、销售、进口其专利产品，或者使用其专利方法以及使用、许诺销售、销售、进口依照该专利方法直接获得的产品。故对实施专利的行为，应依照该条进行理解。同时，本条第 1 项所述的“专利权人未实施其专利”是指专利权人既没有自己实施其专利，也没有许可他人实施其专利。

（二）“未充分实施”和“正当理由”的含义

对“未充分实施”的含义，《专利法实施细则》第 73 条第 1 款规定，未充分实施其专利，是指专利权人及其被许可人实施其专利的方式或者规模不能满足国内对专利产品或者专利方法的需求。该条中“方式”主要是指制造、进口专利产品，使用专利方法或者进口依照专利方法直接获得的产品等具体实施行为；“规模”是指制造、进口专利产品的数量，使用专利方法的范围和规模；所谓“不能满足国内对专利产品或专利方法的需求”，是指由于生产规模、销

售价格、使用规模等因素导致市场上的专利产品过少、使用的专利方法范围和规模较小无法满足国内需求。

根据本条第 1 项的规定，并非只要强制许可的申请人证明专利权人未实施或者未充分实施其专利就可以给予强制许可。如果专利权人能够证明未实施或者未充分实施其专利有正当理由，则对申请人的强制许可的申请，不予批准。

（三）时间限制

本条第 1 项规定，以未实施或者未充分实施专利为理由申请给予强制许可的，需满足时间上的限制条件，即必须自专利权被授予之日起满 3 年，且自提出专利申请之日起满 4 年。自授权之日起满 3 年，是 2010 年修改前的《专利法实施细则》第 72 条第 1 款的规定；2008 年《专利法》增加了“且自提出专利申请之日起满 4 年”，是为符合《巴黎公约》第 5 条第 A 部分第（4）款的规定。

（四）强制许可申请人的资格

根据本条的规定，强制许可申请人必须“具备实施发明专利或者实用新型专利的条件”。“具备实施发明专利或者实用新型专利的条件”主要是指强制许可的申请人应当具备制造、进口相关专利产品的能力，而非仅具备销售、使用专利产品或依照专利方法直接获得的产品的能力。

三、构成垄断行为而给予强制许可的认定

依照本条第 2 项规定给予强制许可的前提条件是：专利权人行使专利权的行为被依法认定为垄断行为，这里所说的“依法”指的是依照《反垄断法》。《反垄断法》第 3 条规定，垄断行为包括：（1）经营者达成垄断协议；（2）经营者滥用市场支配地位；（3）具有或者可能具有排除、限制竞争效果的经营者集中。一般常见的因滥用专利权可能构成垄断行为的情形包括：在具有相互竞争关系的经营者之间达成有关专利的垄断协议；具有市场支配地位的经营者在专利许可合同中订立不合理的限制性条款；具有市场支配地位的经营者以搭售方式订立专利实施许可合同等。垄断行为的确认是适用本条第 2 项的充分条件。

第五十四条　在国家出现紧急状态或者非常情况时，或者为了公共利益的目的，国务院专利行政部门可以给予实施发明专利或者实用新型专利的强制许可。

关联规定

一、国际条约

1.《与贸易有关的知识产权协定》

第31条　未经权利持有人授权的其他使用

如一成员的法律允许未经权利持有人授权即可对一专利的客体作其他使用，包括政府或经政府授权的第三方的使用，则应遵守下列规定：

（二）只有在拟使用者在此种使用之前已经按合理商业条款和条件努力从权利持有人处获得授权，但此类努力在合理时间内未获得成功，方可允许此类使用。在全国处于紧急状态或在其他极端紧急的情况下，或在公共非商业性使用的情况下，一成员可豁免这一要求。尽管如此，在全国处于紧急状态或在其他极端紧急的情况下，应尽快通知权利持有人。在公共非商业性使用的情况下，如政府或合同方未作专利检索即知道或有显而易见的理由知道一有效专利正在或将要被政府使用或为政府而使用，则应迅速告知权利持有人；

2.《保护工业产权巴黎公约》

第5条A款第2项

本联盟的每一国家有权采取立法措施规定授予强制许可，以防止由于专利赋予的专有权而可能产生的滥用，例如：不实施。

3.《TRIPS与公共健康多哈宣言》

第6条　认识到在制药领域生产能力不足或缺乏生产能力的WTO成员方在有效实施TRIPS协定下的强制许可方面可能面临的困难，我们指示TRIPS协定理事会在2002年年底前找出这一问题的迅捷解决办法，并向WTO总理事会报告。

二、法律、行政法规、司法解释

《中华人民共和国专利法实施细则》

第七十四条 请求给予强制许可的，应当向国务院专利行政部门提交强制许可请求书，说明理由并附具有关证明文件。

国务院专利行政部门应当将强制许可请求书的副本送交专利权人，专利权人应当在国务院专利行政部门指定的期限内陈述意见；期满未答复的，不影响国务院专利行政部门作出决定。

国务院专利行政部门在作出驳回强制许可请求的决定或者给予强制许可的决定前，应当通知请求人和专利权人拟作出的决定及其理由。

国务院专利行政部门依照专利法第五十条的规定作出给予强制许可的决定，应当同时符合中国缔结或者参加的有关国际条约关于为了解决公共健康问题而给予强制许可的规定，但中国作出保留的除外。

三、部门规章及规范性文件

《专利实施强制许可办法》

第六条 在国家出现紧急状态或者非常情况时，或者为了公共利益的目的，国务院有关主管部门可以根据专利法第四十九条的规定，建议国家知识产权局给予其指定的具备实施条件的单位强制许可。

第十二条 国务院有关主管部门根据专利法第四十九条建议给予强制许可的，应当指明下列各项：

（一）国家出现紧急状态或者非常情况，或者为了公共利益目的需要给予强制许可；

（二）建议给予强制许可的发明专利或者实用新型专利的名称、专利号、申请日、授权公告日，以及专利权人的姓名或者名称；

（三）建议给予强制许可的期限；

（四）指定的具备实施条件的单位名称、地址、邮政编码、联系人及电话；

（五）其他需要注明的事项。

条文释义

一、本条主旨

本条是关于依紧急状态或者公共利益需要给予专利实施强制许可的规定。

二、条文演变

1984年制定《专利法》时，没有本条规定。1992年《专利法》第52条确定了在国家出现紧急状态或者非常情况时，或者为了公共利益的目的，专利局可以给予实施发明专利或者实用新型专利的强制许可这一规定。2000年修改《专利法》时，将“专利局”修改为“国务院专利行政部门”。2008年、2020年《专利法》修改对该条未作变动。

三、条文解读

专利制度发展至今，强制许可制度更是作为一种维护国家利益和公共利益的措施。本条是关于依紧急状态或者公共利益需要给予专利实施许可的规定。当国家出现紧急状态或者非常情况时，或为了其他公共利益的目的，有时需要不经专利权人同意而许可他人实施其专利。我国《专利法》也对依特殊情况或者公共利益需要给专利实施强制许可进行了规定。

适用指引

一、直接作出专利强制许可决定的具体情形

依照本条规定给予行政许可，首先要明确所谓“紧急状态”“非常情况”“公共利益”的含义以及谁有权予以认定。

（一）国家出现紧急状态或者非常情况

“紧急状态”是指已经发生或者即将发生特别重大突发事件，需要国家机关行使紧急权力予以控制、消除其社会危害和威胁时，有关国家机关按照《宪

法》、法律规定的权限决定并宣布局部地区或者全国实行的一种临时性的严重危急状态。国家出现紧急状态或者非常情况的规定之适用不以政府宣布紧急状态为条件，只要确定紧急状态存在即可直接颁发强制许可。根据我国《宪法》的规定，有权宣布进入紧急状态的分别是国家主席和国务院。国家主席根据全国人大常委会的决定，宣布全国或者个别省、自治区、直辖市进入紧急状态；国务院决定并宣布省、自治区、直辖市范围内部分地区进入紧急状态。“非常情况”和“紧急状态”有相近的含义，但应当了解两者所指事件对国家或者社会的危害和紧迫程度有所不同。“紧急状态”主要是指出现战争、外敌入侵、暴乱等危及国家安全的特别紧急和严重的情况；“非常情况”主要是指发生严重自然灾害或者疾病流行等其他影响社会稳定的突发事件。

（二）为了公共利益的目的

“公共利益”一般是指在一定地域范围内涉及不特定多数人的利益。如，为了公共利益，对一项获得专利的污染防治技术方案给予强制实施许可。又如，某类疫病流行，出于公共利益的需要，就可能对用于疫情防控的某种设备、装置等专利给予强制许可。

二、直接作出强制许可的限定范围

本条规定的强制许可，可以不经任何人提出强制许可的申请，而由国务院专利行政部门直接作出强制许可的决定。《与贸易有关的知识产权协定》并未提及工业品外观设计的强制许可，但协议允许成员对工业品外观设计权给予一定限制，该限制必须符合三个前提：一是它们必须是为保证第三方的合法利益不至于受到外观设计专有权不应有的影响；二是不能妨碍有关设计的正常使用，包括不能妨碍合法的被许可人的利益；三是不能超过合理限度，以致损害权利人的利益。但是，我国专利法规定强制许可的范围仅限于发明专利和实用新型专利，而不适用于外观设计专利，这是因为发明专利权和实用新型专利权所涉及的都是技术方案，技术的替代性较弱，而外观设计的可替代性较强。

第五十五条　为了公共健康目的，对取得专利权的药品，国务院专利行政部门可以给予制造并将其出口到符合中华人民共和国参加的有关国际条约规定的国家或者地区的强制许可。

关联规定

一、国际条约

1.《与贸易有关的知识产权协定》

第31条　如果任何成员的法律允许未经权利持有人的许可而对专利的客体作其他的使用，包括政府使用或经政府授权的第三方使用，则应尊重下列规定：

（a）这种使用的许可应根据个案情况予以考虑；

（b）这种使用，只有在使用前，意图使用之人已经努力按合理的商业条款和条件请求权利持有人给予许可，而在合理的期间内未能成功的，才能允许。在国家处于紧急状态或有其他极端紧急的情形，或者在公共的非商业性使用的情形，成员可以放弃这一要求。然而，在国家处于紧急状态或有其他极端紧急的情形，只要合理可行，仍应尽快通知权利持有人。在公共的非商业性使用的情形，如果政府或订约人未经专利检索即知悉或有明显的理由知悉政府或代表政府使用或将使用某有效专利，则应迅速通知权利持有人：

（c）这种使用的范围和期间应受许可使用的目的的限制，在半导体技术的情形，则只能限于为公共的非商业性使用，或者用于经司法或行政程序确定为反竞争做法的补救；

（d）这种使用应当是非独占性的；

（e）这种使用，除与享有这种使用的企业或商誉一起转让外，是不可转让的；

（f）这种使用的许可应当主要是为了供应授予许可的成员的本国市场；

（g）在充分保护被许可人合法利益的前提下，如果导致这种许可的情况已不存在，而且不大可能再发生时，这种使用的许可应即终止。主管机关根据以此为目的的请求，有权对这些情况是否继续存在进行复审；

（h）应根据每一案的情况，考虑许可的经济价值，向权利持有人支付足够的报酬；

（i）有关这种许可使用决定的法律有效性，应当受到司法复审，或者受到该成员内单独的上一级机关的其他独立的复审；

（j）有关对这种使用提供报酬的决定应当受到司法复审，或者受到该成员内单独的上一级机关的其他独立的复审；

（k）如果这种使用是对经过司法或行政程序确定为反竞争做法的补救，各成员没有义务适用（b）项和（f）项规定的条件。在这种情形，在确定报酬的数额时可以将纠正反竞争做法的需要考虑在内。如果以及在导致这种许可的情况可能再发生时，主管机关有权拒绝终止这种许可；

（l）如果许可这种使用是为了允许利用一项专利（第二专利），因为要利用该项专利就不能不侵犯另一项专利（第一专利），则应适用以下的附加条件：

（i）对于第一专利中作为权利而要求的发明来说，第二专利中作为权利而要求的发明应当包含具有相当大的经济意义的重要技术进步；

（ii）第一专利的所有人应有权以合理的条件依交叉许可使用第二专利中作为权利而要求的发明；以及

（iii）除与第二专利一起转让外，就第一专利许可的使用是不可转让的。

2.《保护工业产权巴黎公约》

第5条A款

（2）本联盟的每一国家有权采取立法措施规定授予强制许可，以防止由于专利赋予的专有权而可能产生的滥用，例如：不实施。

（4）自提出专利申请之日起四年届满以前，或自授予专利之日起三年届满以前，以后满期的期间为准，不得以不实施或不充分实施为理由申请强制许可；如果专利权人的不作为有正当理由，应拒绝强制许可。这种强制许可是非独占性的，而且除与利用该许可的部分企业或商誉一起转让外，不得转让，甚至以授予分许可证的形式也在内。

3.《关于执行与贸易有关的知识产权协定和公共健康的多哈宣言第 6 段的决议》

第 2 条 与贸易有关的知识产权协定第 31 条（f）规定的“出口成员方义务”将因其授予生产医药产品并按照本段规定的条款出口到“符合条件的进口成员方”所需的强制许可而不予执行：

（a）“符合条件的进口成员方”事先向 TRIPS 理事会发出通知，通知内容包括：

（i）指定所需药品名称和期望的数量；

（ii）确认有争议的“符合条件的进口成员方”（非最不发达国家）已根据本《决议》附件中规定的方式之一证实其在所需药品的生产领域生产能力不足或没有生产能力；

（iii）确认医药产品在其地域取得专利权的成员方根据与贸易有关的知识产权协定协议第 31 条和本《决议》条款的规定已授予或打算授予强制许可；

（b）根据本《协议》，由出口成员方颁发的强制许可应包含以下条件：

（i）在强制许可制度下生产的（药品）数量只能是满足“符合条件的进口方”所必需的数量，而且全部产品必须出口到已向 TRIPS 理事会通知有该需求的成员方；

（ii）在强制许可制度下生产的药品必须通过特别的标签或标记标识为是依据本《协议》确立的制度所生产，供应商必须使用特殊包装、特殊色彩或形状来区分此类产品，而且这些区分方式应可行且对价格没有显著影响的；

（iii）在运送前，被许可人必须在网站上公布以下信息：

—运送到上面（i）中指定的各个目的地的数量；

—上面（ii）中指定产品的区分特征；

（c）出口成员方应向 TRIPS 理事会通报授予许可以及许可附加条件的有关情况。提供的信息应包括被许可人的人名（称）和地址，被授予许可的产品（名称），许可数量以及许可期间。通报还要指明上面（b）（iii）小段中提到的网站地址。

第 3 条 当出口成员方根据本《决议》中确立的制度授予强制许可时，应结合考虑该许可给进口成员方带来的经济价值，根据与贸易有关的知识产权协定协议第 31 条（h）的规定，给予专利权人充分的报酬。当符合条件的进口成员方对同一产品行使强制许可时，该成员方可不履行 31 条（h）的义务，因为根据本段第一句话，出口方已给那些产品支付过报酬。

二、法律、行政法规、司法解释

《中华人民共和国专利法实施细则》

第七十三条第二款 专利法第五十条[①]所称取得专利权的药品，是指解决公共健康问题所需的医药领域中的任何专利产品或者依照专利方法直接获得的产品，包括取得专利权的制造该产品所需的活性成分以及使用该产品所需的诊断用品。

第七十四条第四款 国务院专利行政部门依照专利法第五十条的规定作出给予强制许可的决定，应当同时符合中国缔结或者参加的有关国际条约关于为了解决公共健康问题而给予强制许可的规定，但中国作出保留的除外。

三、部门规章及规范性文件

《专利实施强制许可办法》

第十三条 根据专利法第五十条的规定请求给予强制许可的，请求人应当提供进口方及其所需药品和给予强制许可的有关信息。

第二十二条 给予强制许可的决定应当写明下列各项：

（一）取得强制许可的单位或者个人的名称或者姓名、地址；

（二）被给予强制许可的发明专利或者实用新型专利的名称、专利号、申请日及授权公告日；

（三）给予强制许可的范围和期限；

（四）决定的理由、事实和法律依据；

（五）国家知识产权局的印章及负责人签字；

（六）决定的日期；

（七）其他有关事项。

给予强制许可的决定应当自作出之日起 5 日内通知请求人和专利权人。

第二十三条 国家知识产权局根据专利法第五十条作出给予强制许可的决定的，还应当在该决定中明确下列要求：

① 现行《专利法》第 55 条。

（一）依据强制许可制造的药品数量不得超过进口方所需的数量，并且必须全部出口到该进口方；

（二）依据强制许可制造的药品应当采用特定的标签或者标记明确注明该药品是依据强制许可而制造的；在可行并且不会对药品价格产生显著影响的情况下，应当对药品本身采用特殊的颜色或者形状，或者对药品采用特殊的包装；

（三）药品装运前，取得强制许可的单位应当在其网站或者世界贸易组织的有关网站上发布运往进口方的药品数量以及本条第二项所述的药品识别特征等信息。

第二十四条 国家知识产权局根据专利法第五十条作出给予强制许可的决定的，由国务院有关主管部门将下列信息通报世界贸易组织：

（一）取得强制许可的单位的名称和地址；

（二）出口药品的名称和数量；

（三）进口方；

（四）强制许可的期限；

（五）本办法第二十三条第三项所述网址。

条文释义

一、本条主旨

本条是关于为了公共健康目的而授予专利药品强制许可的规定。

二、条文演变

本条规定是为落实《议定书》，于2008年修改《专利法》时新增加的内容，旨在必要时帮助那些不具有制造专利药品能力或者能力不足的国家或者地区解决其遇到的公共健康问题。2020年《专利法》对该条无修改。

三、条文解读

《与贸易有关的知识产权协定》第31条规定，成员可以依法对专利颁发强制许可，同时规定了一些限制条件，其中第 f 项规定，强制许可的使用应主要为满足国内市场的需求。近年来，发展中国家的健康问题，特别是艾滋病、肺结核、疟疾、登革热、埃博拉等流行病对人类健康带来的严重威胁越来越受到国际社会的关注。但一些发展中国家或最不发达国家，即使其对某药品专利颁发强制许可，其国内企业也无法生产该专利产品。而具有生产能力的国家又不能将其通过强制许可制造的药品出口到上述国家。为了平衡知识产权与公共健康的关系，在广大发展中国家的推动下，世界贸易组织（WTO）围绕《与贸易有关的知识产权协定》如何解决公共健康问题先后通过了多个文件。2001 年 11 月，多哈部长会议通过了《多哈宣言》，指出《与贸易有关的知识产权协定》应关注解决发展中国家所面临的公共健康问题，特别是对于医药企业不具备生产能力或生产能力不足的成员无法有效使用目前的强制许可制度的问题。2003 年 8 月，WTO 总理事会通过了《关于执行与贸易有关的知识产权协定和公共健康的多哈宣言第 6 段的决议》，规定在符合有关条件的情况下，成员可以授予其国内企业生产并出口特定专利药品的强制许可，不受《与贸易有关的知识产权协定》第 31 条第 f 项关于强制许可的使用主要为供应国内市场的规定的限制。2005 年 12 月，WTO 总理事会通过了《议定书》，要求成员在 2007 年 12 月 1 日或部长级会议可能决定的更晚日期之前接受《议定书》，并在 2/3 成员接受后生效。按照《议定书》的规定，《议定书》生效后，《与贸易有关的知识产权协定》作相应修改，在第 31 条之后增加内容作为第 31 条之 2，主要内容是：第 31 条第 f 项的规定不适用于在符合规定条件的情况下，成员为生产并出口药品到有资格进口的成员中所颁发的强制许可。

适用指引

根据本条规定，对取得专利权的药品授予的强制许可应遵守以下条件：

第一，强制许可应当符合公共健康目的；

第二，强制许可的内容仅限于对专利药品的制造和出口；

第三，进口实施强制许可的药品的国家或者地区，应符合我国参加的有关国际公约的规定。

一、关于"公共健康"的含义

本条所采用的"公共健康"措辞来源于《多哈宣言》。根据《多哈宣言》第1段"承认困扰许多发展中国家和最不发达国家的公共健康问题的严重性，尤其是源于艾滋病、结核病、疟疾和其他流行病带来的公共健康问题"。其虽未界定"公共健康"的具体含义，却表明艾滋病、结核病、疟疾和其他流行病是导致公共健康问题的原因。因此，公共健康与流行病有关。

二、关于"药品"的范围

2010年修改的《专利法实施细则》第73条规定，《专利法》第50条所称取得专利权的药品，是指解决公共健康问题所需的医药领域中的任何专利产品，包括取得专利权的制造该产品所需的活性成分以及使用该产品所需的诊断用品。从上述规定看，医疗器械不属于药品的范围。《药品管理法》第2条第2款规定："本法所称药品，是指用于预防、治疗、诊断人的疾病，有目的地调节人的生理机能并规定有适应症或者功能主治、用法和用量的物质，包括中药、化学药和生物制品等。"根据上述规定，药品包括预防疾病的药品，因此可以认为用于预防疾病的疫苗属于本条所述"药品"的范围，有关疫苗获得专利权的，仍然可以依照本条给予制造并出口该疫苗的强制许可。

三、给予强制许可的特殊要求

本条立法目的是帮助那些不具有制药能力或者能力不足的国家或者地区解决公共健康问题。因此，仅对符合特殊要求的进口方适用该条。进口方需要符合的具体条件为：如果进口方是世界贸易组织成员必须向世界贸易组织与贸易有关的知识产权理事会（以下简称TRIPS理事会）通报其所需专利药品的名称和数量，必要时需说明其不具有制造该专利药品的能力或能力不足；对于不具有向TRIPS理事会通报的资格的非世界贸易组织成员的最不发达国家或地区，须通过外交渠道或者其他方式向我国说明其所需专利药品的名称和数量。

按照本条规定给予强制许可时，国务院有关主管部门作为申请人和被许可人。由于国务院有关主管部门无法制造专利药品，可以采用"政府采购"的方式委托符合条件的我国制药公司制造专利药品，由国务院有关主管部门进行相应的监管。依照本条规定申请给予强制许可的，无需必要事先与专利权人进行协商。

根据《关于执行与贸易有关的知识产权协定和公共健康的多哈宣言第6段的决议》和《议定书》的规定，出口方须履行大量的义务，以保障专利权人的利益，这些义务主要包括包括：制造的数量不得超过进口方所需要的药品数量、明确标注制造的药品系依据强制许可而制造、在官方网站或者世界贸易组织相关网站发布药品的制造数量和标识信息等。

第五十六条　一项取得专利权的发明或者实用新型比前已经取得专利权的发明或者实用新型具有显著经济意义的重大技术进步，其实施又有赖于前一发明或者实用新型的实施的，国务院专利行政部门根据后一专利权人的申请，可以给予实施前一发明或者实用新型的强制许可。

在依照前款规定给予实施强制许可的情形下，国务院专利行政部门根据前一专利权人的申请，也可以给予实施后一发明或者实用新型的强制许可。

关联规定

一、国际条约

《与贸易有关的知识产权协定》

第 31 条（l）款

如一专利（“第二专利”）在不侵害另一专利（“第一专利”）的情况下不能被利用，从而为允许利用该专利而授权此种使用的，则应适用下列附加条件：

（1）与第一专利中主张权利要求的发明相比，第二专利中主张权利要求的发明应当包含一个具有相当经济意义的重要技术进步；

（2）第一专利的所有权人有权以合理的条件通过交叉许可使用在第二专利中主张权利要求的发明；

（3）对第一专利授权的使用不得转让，除非与第二专利一并转让。

二、法律、行政法规、司法解释

《中华人民共和国专利法实施细则》

第七十四条　请求给予强制许可的，应当向国务院专利行政部门提交强制许可请求书，说明理由并附具有关证明文件。

国务院专利行政部门应当将强制许可请求书的副本送交专利权人，专利权人应当在国务院专利行政部门指定的期限内陈述意见；期满未答复的，不影响国务院专利行政部门作出决定。

国务院专利行政部门在作出驳回强制许可请求的决定或者给予强制许可的决定前，应当通知请求人和专利权人拟作出的决定及其理由。

国务院专利行政部门依照专利法第五十条的规定作出给予强制许可的决定，应当同时符合中国缔结或者参加的有关国际条约关于为了解决公共健康问题而给予强制许可的规定，但中国作出保留的除外。

三、部门规章及规范性文件

《专利实施强制许可办法》

第九条 请求给予强制许可的，应当提交强制许可请求书，写明下列各项：

（一）请求人的姓名或者名称、地址、邮政编码、联系人及电话；

（二）请求人的国籍或者注册的国家或者地区；

（三）请求给予强制许可的发明专利或者实用新型专利的名称、专利号、申请日、授权公告日，以及专利权人的姓名或者名称；

（四）请求给予强制许可的理由和事实、期限；

（五）请求人委托专利代理机构的，受托机构的名称、机构代码以及该机构指定的代理人的姓名、执业证号码、联系电话；

（六）请求人的签字或者盖章；委托专利代理机构的，还应当有该机构的盖章；

（七）附加文件清单；

（八）其他需要注明的事项。

请求书及其附加文件应当一式两份。

第十四条 强制许可请求有下列情形之一的，不予受理并通知请求人：

（一）请求给予强制许可的发明专利或者实用新型专利的专利号不明确或者难以确定；

（二）请求文件未使用中文；

（三）明显不具备请求强制许可的理由；

（四）请求给予强制许可的专利权已经终止或者被宣告无效。

第二十条 经审查认为强制许可请求有下列情形之一的，国家知识产权局应当作出驳回强制许可请求的决定：

（一）请求人不符合本办法第四条、第五条、第七条或者第八条的规定；

（二）请求给予强制许可的理由不符合专利法第四十八条、第五十条或者第五十一条的规定；

（三）强制许可请求涉及的发明创造是半导体技术的，其理由不符合专利法第五十二条的规定；

（四）强制许可请求不符合本办法第十一条或者第十三条的规定；

（五）请求人陈述的理由、提供的信息或者提交的有关证明文件不充分或者不真实。

国家知识产权局在作出驳回强制许可请求的决定前，应当通知请求人拟作出的决定及其理由。除另有指定的外，请求人可以自收到通知之日起 15 日内陈述意见。

第二十一条 经审查认为请求给予强制许可的理由成立的，国家知识产权局应当作出给予强制许可的决定。在作出给予强制许可的决定前，应当通知请求人和专利权人拟作出的决定及其理由。除另有指定的外，双方当事人可以自收到通知之日起 15 日内陈述意见。

国家知识产权局根据专利法[①]第四十九条作出给予强制许可的决定前，应当通知专利权人拟作出的决定及其理由。

第二十二条 给予强制许可的决定应当写明下列各项：

（一）取得强制许可的单位或者个人的名称或者姓名、地址；

（二）被给予强制许可的发明专利或者实用新型专利的名称、专利号、申请日及授权公告日；

（三）给予强制许可的范围和期限；

（四）决定的理由、事实和法律依据；

（五）国家知识产权局的印章及负责人签字；

（六）决定的日期；

（七）其他有关事项。

给予强制许可的决定应当自作出之日起 5 日内通知请求人和专利权人。

① 2008 年修正的《专利法》。

条文释义

一、本条主旨

本条是关于“依存专利”的强制许可规定。

二、条文演变

1984年《专利法》第53条规定，一项取得专利权的发明或者实用新型比前已经取得专利权的发明或者实用新型在技术上先进，其实施又有赖于前一发明或者实用新型的实施的，专利局根据后一专利权人的申请，可以给予实施前一发明或者实用新型的强制许可。在依照上款规定给予实施强制许可的情形下，专利局根据前一专利权人的申请，也可以给予实施后一发明或者实用新型的强制许可。

2000年《专利法》第50条将“在技术上先进”修改为“具有显著经济意义的重大技术进步”，并将“专利局”修改为“国务院专利行政部门”。

1992年、2008年及2020年《专利法》对该条均无修改。

三、条文解读

依存专利是指在后发明或者实用新型是对在先发明或者实用新型的改进，在后专利的某项权利要求在记载了在先专利的某项权利要求全部技术特征的基础上，增加了另外的技术特征。增加的技术特征使得在后专利具备授权条件，但在后专利技术方案必然落入了在先专利保护范围内，故称在后专利为在先专利的“依存专利”。

由于在后专利落入在先专利的保护范围，在后专利的权利人未经在先专利权利人许可无法实施在先专利。在后专利虽依存于在先专利，但是其具有独立的专利权，在先专利的权利人未经在后专利的权利人许可，也无法实施在后专利。为了同时保障在先专利与在后专利的实施，需使得在先专利权利人与在后专利权利人之间能在合理的条件下订立专利实施许可合同。

适用指引

关于对依存专利给予强制许可的条件，应注意以下问题。第一，在后专利的实施必然有赖于在先专利的实施，否则在后专利将无法实施，二者具有关联性与从属性。第二，在后专利比在先专利具有显著经济意义的重大技术进步。2000年《专利法》修改时，将1984年《专利法》规定的“一项取得专利权的发明或者实用新型比前已经取得专利权的发明或者实用新型在技术上先进”修改为“一项取得专利权的发明或者实用新型比前已经取得专利权的发明或者实用新型具有显著经济意义的重大技术进步”。这一修改强调了在后专利应比在先专利在经济和技术方面均有重大优势。第三，依照本条第2款的规定，在依照第1款的规定给予在后专利的专利权人实施在先专利的强制许可的情形下，如果在先专利权人提出给予实施在后专利的强制许可的申请的，国务院专利行政部门也可给予其实施在后专利的强制许可。这一规定体现了公平的原则。第四，本条规定的强制许可，只能由国务院专利行政部门依相关专利权人的申请给予，国务院专利行政部门不能主动作出给予依存专利强制许可的决定。

第五十七条　强制许可涉及的发明创造为半导体技术的，其实施限于公共利益的目的和本法第五十三条第（二）项规定的情形。

关联规定

一、国际条约

《与贸易有关的知识产权协定》

第31条　如一成员的法律允许未经权利持有人授权即可对一专利的客体作其他使用，包括政府或经政府授权的第三方的使用，则应遵守下列规定：

（a）授权此种使用应一事一议；

（b）只有在拟使用者在此种使用之前已经按合理商业条款和条件努力从权利持有人处获得授权，但此类努力在合理时间内未获得成功，方可允许此类使用。在全国处于紧急状态或在其他极端紧急的情况下，或在公共非商业性使用的情况下，一成员可豁免这一要求。尽管如此，在全国处于紧急状态或在其他极端紧急的情况下，应尽快通知权利持有人。在公共非商业性使用的情况下，如政府或合同方未作专利检索即知道或有显而易见的理由知道一有效专利正在或将要被政府使用或为政府而使用，则应迅速告知权利持有人；这种使用，只有在使用前，意图使用之人已经努力按合理的商业条款和条件请求权利持有人给予许可，而在合理的期间内未能成功的，才能允许。在国家处于紧急状态或有其他极端紧急的情形，或者在公共的非商业性使用的情形，成员可以放弃这一要求。然而，在国家处于紧急状态或有其他极端紧急的情形，只要合理可行，仍应尽快通知权利持有人。在公共的非商业性使用的情形，如果政府或订约人未经专利检索即知悉或有明显的理由知悉政府或代表政府使用或将使用某有效专利，则应迅速通知权利持有人；

（c）此类使用的范围和期限应仅限于被授权的目的，如果是半导体技术，则仅能用于公共非商业性使用，或用于补救经司法或行政程序确定为限制竞争行为；

（d）此种使用应是非专有的；

（e）此种使用应是不可转让的，除非与享有此种使用的那部分企业或商誉一同转让；

（f）任何此种使用的授权应主要为供应授权此种使用的成员的国内市场；

（g）在充分保护被授权人合法权益的前提下，如导致此类使用的情况已不复存在且不可能再次出现，则有关此类使用的授权应终止。在收到有根据的请求的情况下，主管机关有权审议这些情况是否继续存在；

（h）在每一种情况下应向权利持有人支付适当报酬，同时考虑授权的经济价值；

（i）与此种使用有关的任何决定的法律效力应经过司法审查或经过该成员中上一级主管机关的独立审查；

（j）任何与就此种使用提供的报酬有关的决定应经过司法审查或该成员中上一级主管机关的独立审查；

（k）如允许此类使用以补救经司法或行政程序后确定为限制竞争的行为，则各成员无义务适用（b）项和（f）项所列条件。在确定此类情况下的报酬数额时，可考虑纠正限制竞争行为的需要。如导致授权的条件可能再次出现，则主管机关有权拒绝终止授权；

（l）如授权此项使用以允许利用一专利（“第二专利”），而该专利在不侵害另一专利（“第一专利”）的情况下不能被利用，则应适用下列附加条件：

（i）与第一专利中要求的发明相比，第二专利中要求的发明应包含重要的、具有巨大经济意义的技术进步；

（ii）第一专利的所有权人有权以合理的条件通过交叉许可使用第二专利具有的发明；以及

（iii）就第一专利授权的使用不得转让，除非与第二专利一同转让。

二、法律、行政法规、司法解释

1.《中华人民共和国专利法》

第五十三条 有下列情形之一的，国务院专利行政部门根据具备实施条件的单位或者个人的申请，可以给予实施发明专利或者实用新型专利的强制许可：

（一）专利权人自专利权被授予之日起满三年，且自提出专利申请之日起满四年，无正当理由未实施或者未充分实施其专利的；

（二）专利权人行使专利权的行为被依法认定为垄断行为，为消除或者减少该行为对竞争产生的不利影响的。

2.《集成电路布图设计保护条例》

第二十五条 在国家出现紧急状态或者非常情况时，或者为了公共利益的目的，或者经人民法院、不正当竞争行为监督检查部门依法认定布图设计权利人有不正当竞争行为而需要给予补救时，国务院知识产权行政部门可以给予使用其布图设计的非自愿许可。

第二十六条 国务院知识产权行政部门作出给予使用布图设计非自愿许可的决定，应当及时通知布图设计权利人。

给予使用布图设计非自愿许可的决定，应当根据非自愿许可的理由，规定使用的范围和时间，其范围应当限于为公共目的非商业性使用，或者限于经人民法院、不正当竞争行为监督检查部门依法认定布图设计权利人有不正当竞争行为而需要给予的补救。

非自愿许可的理由消除并不再发生时，国务院知识产权行政部门应当根据布图设计权利人的请求，经审查后作出终止使用布图设计非自愿许可的决定。

第二十七条 取得使用布图设计非自愿许可的自然人、法人或者其他组织不享有独占的使用权，并且无权允许他人使用。

第二十八条 取得使用布图设计非自愿许可的自然人、法人或者其他组织应当向布图设计权利人支付合理的报酬，其数额由双方协商；双方不能达成协议的，由国务院知识产权行政部门裁决。

第二十九条 布图设计权利人对国务院知识产权行政部门关于使用布图设计非自愿许可的决定不服的，布图设计权利人和取得非自愿许可的自然人、法人或者其他组织对国务院知识产权行政部门关于使用布图设计非自愿许可的报酬的裁决不服的，可以自收到通知之日起3个月内向人民法院起诉。

三、部门规章及规范性文件

《专利实施强制许可办法》

第二十条 经审查认为强制许可请求有下列情形之一的，国家知识产权局应当作出驳回强制许可请求的决定：

（一）请求人不符合本办法第四条、第五条、第七条或者第八条的规定；

（二）请求给予强制许可的理由不符合专利法第四十八条、第五十条或者第五十一条的规定；

（三）强制许可请求涉及的发明创造是半导体技术的，其理由不符合专利法第五十二条的规定；

（四）强制许可请求不符合本办法第十一条或者第十三条的规定；

（五）请求人陈述的理由、提供的信息或者提交的有关证明文件不充分或者不真实。

国家知识产权局在作出驳回强制许可请求的决定前，应当通知请求人拟作出的决定及其理由。除另有指定的外，请求人可以自收到通知之日起15日内陈述意见。

条文释义

一、本条主旨

本条是关于涉及的发明创造为半导体技术的强制许可的规定。

二、条文演变

我国《专利法》对涉及半导体技术的发明创造的强制许可问题进行特别规定，是为了更好地与《与贸易有关的知识产权协定》相衔接，履行我国承担的条约义务。半导体终端应用涵盖计算机、通信设备、汽车电子、航空航天等众多领域，属于信息技术的重要物质基础，同时，半导体行业也属于技术、资金密集型产业。我国的半导体产业虽然发展较晚，但是发展速度迅猛。由于半导体技术的重要性和特殊性，《与贸易有关的知识产权协定》对涉及半导体技术的发明创造的强制许可问题作了特殊规定。该协定第31条中规定，若一成员方的法律允许未经权利人授权而对专利的标的事项作其他使用，包括政府或经政府许可的第三者的使用，此类使用的范围和期限应限制在被授权的意图之内。同时，《与贸易有关的知识产权协定》第31条第c项特别指出涉及半导体技术的，只能被应用于公共的非商业性目的，或用于补救经司法或者行政程序确定为限制竞争行为。2008年修改《专利法》时，为与《与贸易有关的知识产权协定》的内容相衔接，增加了本条的内容，作为第52条。2020年《专利法》对该条无实质性修改，仅将2008年《专利法》第52条中援引的原第48条相应地修改为2020年《专利法》第53条，同时调整了本条的条文序号。

三、条文解读

本条源于《与贸易有关的知识产权协定》第31条第c项规定："这种使用的范围和期间应受许可使用的目的的限制，并且在半导体技术的情形，只能限于为公共的非商业性使用，或者用于经司法或行政程序确定为反竞争行为而给予的补救。"按照本条规定，在半导体技术领域给予强制许可的理由只能是两种：一是为公共的非商业性使用；二是用于经司法或行政程序确定为反竞争行为而给予的补救。其中，"为公共的非商业性使用"的含义应当与《专利法》提及的"为了公共利益的目的"相同。

适用指引

一、实施的必要性

第一，半导体技术比较特殊。由于半导体技术在国计民生乃至国家的国际竞争力中具有重要的地位，所以有必要通过立法对其强制许可进行特别规定。

第二，对半导体的强制许可进行特别规定也是国际通行做法。例如，《法国专利法》规定，涉及半导体技术领域的发明专利，对其实施强制许可的授权仅限于公共的、非商业性的目的，或者是作为对经司法、行政机关确定为反竞争行为的一种救济。《德国专利法》规定，在半导体的科技领域，对于专利的发明，仅在为排除专利权利人在诉讼程序或行政程序中确定违反竞争的实务所必要时，才能强制许可他人使用。有着类似规定的国家还有加拿大、瑞士、韩国等。

二、实施的条件

按照本条的规定，强制许可涉及的发明创造为半导体技术的，必须是为了公共利益或者符合本法第53条第2项规定的情形方可实施。除上述两种情形外，不得对涉及半导体技术的发明专利实施强制许可。

第五十八条　除依照本法第五十三条第（二）项、第五十五条规定给予的强制许可外，强制许可的实施应当主要为了供应国内市场。

关联规定

一、国际条约

1.《与贸易有关的知识产权协定》

第 31 条　未经权利持有人授权的其他使用

如一成员的法律允许未经权利持有人授权即可对一专利的客体作其他使用，包括政府或经政府授权的第三方的使用，则应遵守下列规定：

（f）任何此种使用的授权应主要为供应授权此种使用的成员的国内市场；

（k）如允许此类使用以补救经司法或行政程序后确定为限制竞争的行为，则各成员无义务适用（b）款和（f）款所列条件。在确定此类情况下的报酬数额时，可考虑纠正限制竞争行为的需要。如导致授权的条件可能再次出现，则主管机关有权拒绝终止授权；

2.《保护工业产权巴黎公约》

第 5 条 A 款

（2）本联盟各国都有权采取立法措施规定授予强制许可，以防止由于行使发明、实用新型专利所赋予的专有权而可能产生的滥用，例如：不实施。

（3）除强制许可的授予不足以防止上述滥用外，不应规定专利的取消。自授予第一个强制许可之日起两年届满前不得提起取消或撤回专利的诉讼。

（4）自提出专利申请之日起满 4 年，或自授予专利权之日起满 3 年（以最后届满期为准）以前，不得以不实施或不充分实施为理由申请强制许可；如果专利权人的不作为有正当理由，应拒绝强制许可。这种强制许可是非独占性的，而且除与利用该许可的部分企业或商誉一起转让外，不得转让，包括授予分许可证的形式在内。

（5）上述各项规定准用于实用新型。

3.《关于与贸易有关的知识产权协定和公共健康的多哈宣言第6段的执行决议》

第2条 与贸易有关的知识产权协定第31条（f）规定的"出口成员方义务"将因其授予生产医药产品并按照本段规定的条款出口到"符合条件的进口成员方"所需的强制许可而不予执行。

二、法律、行政法规、司法解释

《中华人民共和国专利法》

第五十三条 有下列情形之一的，国务院专利行政部门根据具备实施条件的单位或者个人的申请，可以给予实施发明专利或者实用新型专利的强制许可：

（一）专利权人自专利权被授予之日起满三年，且自提出专利申请之日起满四年，无正当理由未实施或者未充分实施其专利的；

（二）专利权人行使专利权的行为被依法认定为垄断行为，为消除或者减少该行为对竞争产生的不利影响的。

第五十五条 为了公共健康目的，对取得专利权的药品，国务院专利行政部门可以给予制造并将其出口到符合中华人民共和国参加的有关国际条约规定的国家或者地区的强制许可。

条文释义

一、本条主旨

本条是关于专利强制许可的实施应当主要为了供应国内市场的规定。

二、条文演变

2008年修改《专利法》时，为了与《与贸易有关的知识产权协定》的内容相衔接，增加了本条规定，2020年修改《专利法》时，对本条未作修改，仅对条文顺序以及所援引的条文序号进行了调整。根据《与贸易有关的知识产权协定》第31条第f项的规定，若一成员方的法律允许未经权利人授权而对专利的标的事项作其他使用，包括政府或经政府许可的第三者的使用，任何此类使用之授权均应主要是为供应成员方国内市场。与《与贸易有关的知识产权协定》的规定相一致，本条对因强制许可的实施而生产的产品的目标市场作了限制性规定，即强制许可的实施应当主要为了供应国内市场。

三、条文解读

除为消除垄断行为的强制许可以及为公共健康目的的药品专利强制许可外，实施强制许可应当主要为了供应国内市场。根据《与贸易有关的知识产权协定》第 31 条第 f 项的规定，由强制许可所完成的产品，应当大部分为了供应国内市场。之所以作这样限制，一方面是为了保障专利权人的利益；另一方面也是由于专利具有地域性的特点。考虑到由强制许可所完成的产品通常较市场流通的专利产品价格低廉，如果由一个国家强制许可所完成的专利产品大量流入其他国家，会对进口国或者进口地区也获得相应专利权的权利人带来冲击。而专利权的地域性特点，也使得实施强制许可的范围一般仅限于一国范围内。

按照本条规定，本法第 53 条第 2 项、第 55 条规定的专利实施的强制许可并不要求其实施应当主要为了供应国内市场，这主要是为了更好地与《与贸易有关的知识产权协定》及其修改议定书的有关内容相衔接。本法第 53 条第 2 项是关于为消除、减少垄断行为对竞争产生的不利影响而实施强制许可的规定，本法第 55 条是关于制造专利药品并将其出口到符合《与贸易有关的知识产权协定》国家或者地区的强制许可的规定。前者例外是基于强制许可的目的在于纠正垄断行为带来的负面影响；后者例外则是基于 2003 年 8 月通过的世界贸易组织《关于执行 TRIPS 协定与公共健康的多哈宣言第 6 段的决议》和 2005 年 12 月通过的《议定书》，明确规定为帮助他国解决公共健康问题的强制许可不受《与贸易有关的知识产权协定》第 31 条第 f 项规定的限制。

第五十九条　依照本法第五十三条第（一）项、第五十六条规定申请强制许可的单位或者个人应当提供证据，证明其以合理的条件请求专利权人许可其实施专利，但未能在合理的时间内获得许可。

关联规定

一、国际条约

《与贸易有关的知识产权协定》

第31条　未经权利持有人授权的其他使用

如一成员的法律允许未经权利持有人授权即可对一专利的客体作其他使用，包括政府或经政府授权的第三方的使用，则应遵守下列规定：

（b）只有在拟使用者在此种使用之前已经按合理商业条款和条件努力从权利持有人处获得授权，但此类努力在合理时间内未获得成功，方可允许此类使用。在全国处于紧急状态或在其他极端紧急的情况下，或在公共非商业性使用的情况下，一成员可豁免此要求。尽管如此，在全国处于紧急状态或在其他极端紧急的情况下，应尽快通知权利持有人。在公共非商业性使用的情况下，如政府或合同方未作专利检索即知道或有显而易见的理由知道一有效专利正在或将要被政府使用或为政府而使用，则应迅速告知权利持有人；

（k）如允许此类使用以补救经司法或行政程序确定的限制竞争的行为，则各成员无义务适用（b）款和（f）款所列条件。在确定此类情况下的报酬数额时，可考虑纠正限制竞争行为的需要。如导致授权的条件可能再次出现，则主管机关有权拒绝终止授权。

二、法律、行政法规、司法解释

1.《中华人民共和国专利法》

第五十三条　有下列情形之一的，国务院专利行政部门根据具备实施条件的单位或者个人的申请，可以给予实施发明专利或者实用新型专利的强制许可：

（一）专利权人自专利权被授予之日起满三年，且自提出专利申请之日起满四年，无正当理由未实施或者未充分实施其专利的；

（二）专利权人行使专利权的行为被依法认定为垄断行为，为消除或者减少该行为对竞争产生的不利影响的。

第五十六条 一项取得专利权的发明或者实用新型比前已经取得专利权的发明或者实用新型具有显著经济意义的重大技术进步，其实施又有赖于前一发明或者实用新型的实施的，国务院专利行政部门根据后一专利权人的申请，可以给予实施前一发明或者实用新型的强制许可。

在依照前款规定给予实施强制许可的情形下，国务院专利行政部门根据前一专利权人的申请，也可以给予实施后一发明或者实用新型的强制许可。

2.《中华人民共和国专利法实施细则》

第七十四条 请求给予强制许可的，应当向国务院专利行政部门提交强制许可请求书，说明理由并附具有关证明文件。

国务院专利行政部门应当将强制许可请求书的副本送交专利权人，专利权人应当在国务院专利行政部门指定的期限内陈述意见；期满未答复的，不影响国务院专利行政部门作出决定。

国务院专利行政部门在作出驳回强制许可请求的决定或者给予强制许可的决定前，应当通知请求人和专利权人拟作出的决定及其理由。

国务院专利行政部门依照专利法第五十条的规定作出给予强制许可的规定，应当同时符合中国缔结或者参加的有关国际条约关于为了解决公共健康问题而给予强制许可的规定，但中国作出保留的除外。

三、部门规章及规范性文件

《专利实施强制许可办法》

第三条 请求给予强制许可、请求裁决强制许可使用费和请求终止强制许可，应当使用中文以书面形式办理。

依照本办法提交的各种证件、证明文件是外文的，国家知识产权局认为必要时，可以要求当事人在指定期限内附送中文译文；期满未附送的，视为未提交该证件、证明文件。

第十四条 强制许可请求有下列情形之一的，不予受理并通知请求人：

(一)请求给予强制许可的发明专利或者实用新型专利的专利号不明确或者难以确定;

(二)请求文件未使用中文;

(三)明显不具备请求强制许可的理由;

(四)请求给予强制许可的专利权已经终止或者被宣告无效。

第二十条 经审查认为强制许可请求有下列情形之一的,国家知识产权局应当作出驳回强制许可请求的决定:

(一)请求人不符合本办法第四条、第五条、第七条或者第八条的规定;

(二)请求给予强制许可的理由不符合专利法第四十八条、第五十条或者第五十一条的规定;

(三)强制许可请求涉及的发明创造是半导体技术的,其理由不符合专利法第五十二条的规定;

(四)强制许可请求不符合本办法第十一条或者第十三条的规定;

(五)请求人陈述的理由、提供的信息或者提交的有关证明文件不充分或者不真实。

国家知识产权局在作出驳回强制许可请求的决定前,应当通知请求人拟作出的决定及其理由。除另有指定的外,请求人可以自收到通知之日起15日内陈述意见。

条文释义

一、本条主旨

本条是关于申请强制许可的申请人负有提出有关证据的义务的规定。

二、条文演变

1984年《专利法》规定,依照本法规定申请实施强制许可的单位或者个人,应当提出未能以合理条件与专利权人签订实施许可合同的证明。2008年修改《专利法》时,将“应当提出未能以合理条件与专利权人签订实施许可合同的证明”修改为“应当提供证据,证明其以合理的条件请求专利权人许可其实施专利,但未能在合理的时间内获得许可。提高了提交相关证据的要求。

2020年修改《专利法》，对本条未作修改，仅对条文顺序进行了调整。

三、条文解读

根据本条规定，具备实施条件的单位或者个人依据本法第53条第1项和第56条规定向国务院专利行政部门申请专利实施强制许可时，应当提供相关证据，以证明已与专利权人进行协商，但未能以合理条件与专利权人签订实施许可合同。如果能够通过协商与专利权人达成专利实施许可合同，不依赖于强制许可，一般更有利于专利能够获得更有效的实施。至于什么样的条件才算是“合理条件”，包括实施范围的合理、许可使用费的合理等，应由国务院专利行政部门根据不同情况作出判断。

适用指引

除本法第53条第1项、第56条规定的专利实施的强制许可外，本法第54条、第55条规定的专利实施的强制许可由国务院专利行政部门依职权颁布，并不需要具备实施条件的单位或者个人向国务院专利行政部门提出申请，故无需提供相关证据。本法第53条第2项规定的专利强制许可，只要专利权人行使专利权的行为被依法认定为垄断行为，具备实施条件的单位或者个人即可提出申请，也无需其提供相关证据。

第六十条　国务院专利行政部门作出的给予实施强制许可的决定，应当及时通知专利权人，并予以登记和公告。

给予实施强制许可的决定，应当根据强制许可的理由规定实施的范围和时间。强制许可的理由消除并不再发生时，国务院专利行政部门应当根据专利权人的请求，经审查后作出终止实施强制许可的决定。

关联规定

一、法律、行政法规、司法解释

《中华人民共和国专利法实施细则》

第八十九条　国务院专利行政部门设置专利登记簿，登记下列与专利申请和专利权有关的事项：

（一）专利权的授予；

（二）专利申请权、专利权的转移；

（三）专利权的质押、保全及其解除；

（四）专利实施许可合同的备案；

（五）专利权的无效宣告；

（六）专利权的终止；

（七）专利权的恢复；

（八）专利实施的强制许可；

（九）专利权人的姓名或者名称、国籍和地址的变更。

第九十条　国务院专利行政部门定期出版专利公报，公布或者公告下列内容：

（一）发明专利申请的著录事项和说明书摘要；

（二）发明专利申请的实质审查请求和国务院专利行政部门对发明专利申请自行进行实质审查的决定；

（三）发明专利申请公布后的驳回、撤回、视为撤回、视为放弃、恢复和转移；

（四）专利权的授予以及专利权的著录事项；

（五）发明或者实用新型专利的说明书摘要，外观设计专利的一幅图片或者照片；

（六）国防专利、保密专利的解密；

（七）专利权的无效宣告；

（八）专利权的终止、恢复；

（九）专利权的转移；

（十）专利实施许可合同的备案；

（十一）专利权的质押、保全及其解除；

（十二）专利实施的强制许可的给予；

（十三）专利权人的姓名或者名称、地址的变更；

（十四）文件的公告送达；

（十五）国务院专利行政部门作出的更正；

（十六）其他有关事项。

二、部门规章及规范性文件

《专利实施强制许可办法》

第二十一条 经审查认为请求给予强制许可的理由成立的，国家知识产权局应当作出给予强制许可的决定。在作出给予强制许可的决定前，应当通知请求人和专利权人拟作出的决定及其理由。除另有指定的外，双方当事人可以自收到通知之日起 15 日内陈述意见。

国家知识产权局根据专利法第四十九条作出给予强制许可的决定前，应当通知专利权人拟作出的决定及其理由。

第二十二条 给予强制许可的决定应当写明下列各项：

（一）取得强制许可的单位或者个人的名称或者姓名、地址；

（二）被给予强制许可的发明专利或者实用新型专利的名称、专利号、申请日及授权公告日；

（三）给予强制许可的范围和期限；

（四）决定的理由、事实和法律依据；

（五）国家知识产权局的印章及负责人签字；

（六）决定的日期；

（七）其他有关事项。

给予强制许可的决定应当自作出之日起 5 日内通知请求人和专利权人。

第三十二条 给予强制许可的决定中规定的强制许可期限届满前，强制许可的理由消除并不再发生的，专利权人可以请求国家知识产权局作出终止强制许可的决定。

请求终止强制许可的，应当提交终止强制许可请求书，写明下列各项：

（一）专利权人的姓名或者名称、地址；

（二）专利权人的国籍或者注册的国家或者地区；

（三）请求终止的给予强制许可决定的文号；

（四）请求终止强制许可的理由和事实；

（五）专利权人委托专利代理机构的，受托机构的名称、机构代码以及该机构指定的代理人的姓名、执业证号码、联系电话；

（六）专利权人的签字或者盖章；委托专利代理机构的，还应当有该机构的盖章；

（七）附加文件清单；

（八）其他需要注明的事项。

请求书及其附加文件应当一式两份。

第三十三条 终止强制许可的请求有下列情形之一的，不予受理并通知请求人：

（一）请求人不是被给予强制许可的发明专利或者实用新型专利的专利权人；

（二）未写明请求终止的给予强制许可决定的文号；

（三）请求文件未使用中文；

（四）明显不具备终止强制许可的理由。

第三十四条 请求文件不符合本办法第三十二条规定的，请求人应当自收到通知之日起 15 日内进行补正。期满未补正的，该请求视为未提出。

第三十五条 国家知识产权局受理终止强制许可请求的，应当及时将请求书副本送交取得强制许可的单位或者个人。除另有指定的外，取得强制许可的单位或者个人应当自收到通知之日起 15 日内陈述意见；期满未答复的，不影响国家知识产权局作出决定。

第三十六条 国家知识产权局应当对专利权人陈述的理由和提交的有关证明文件以及取得强制许可的单位或者个人陈述的意见进行审查；需要实地核查的，应当指派两名以上工作人员实地核查。

第三十七条 专利权人在国家知识产权局作出决定前撤回其请求的，相关程序终止。

第三十八条 经审查认为请求终止强制许可的理由不成立的，国家知识产权局应当作出驳回终止强制许可请求的决定。在作出驳回终止强制许可请求的决定前，应当通知专利权人拟作出的决定及其理由。除另有指定的外，专利权人可以自收到通知之日起 15 日内陈述意见。

第三十九条 经审查认为请求终止强制许可的理由成立的，国家知识产权局应当作出终止强制许可的决定。在作出终止强制许可的决定前，应当通知取得强制许可的单位或者个人拟作出的决定及其理由。除另有指定的外，取得强制许可的单位或者个人可以自收到通知之日起 15 日内陈述意见。

终止强制许可的决定应当写明下列各项：

（一）专利权人的姓名或者名称、地址；

（二）取得强制许可的单位或者个人的名称或者姓名、地址；

（三）被给予强制许可的发明专利或者实用新型专利的名称、专利号、申请日及授权公告日；

（四）给予强制许可的决定的文号；

（五）决定的事实和法律依据；

（六）国家知识产权局的印章及负责人签字；

（七）决定的日期；

（八）其他有关事项。

终止强制许可的决定应当自作出之日起 5 日内通知专利权人和取得强制许可的单位或者个人。

第四十条 已经生效的给予强制许可的决定和终止强制许可的决定，以及强制许可自动终止的，应当在专利登记簿上登记并在专利公报上公告。

条文释义

一、本条主旨

本条是关于强制许可决定的通知、登记、公告和终止的规定。

二、条文演变

1984年《专利法》规定，专利局作出的给予实施强制许可的决定，应当予以登记和公告。2000年修改《专利法》时，除将“专利局”修改为“国务院专利行政部门”、增加通知专利权人的程序要求外，还新增了一款作为本条第2款。2008年、2020年修改《专利法》，对本条未作修改，仅对条文顺序进行调整。

三、条文解读

专利实施强制许可作为一种带有浓重行政色彩的强制性、非自愿性法定许可，除应符合前述条款规定的严格的实体条件和限制，还应有其严格的程序性规定，包括专利实施强制许可的给予程序、费用裁决程序和终止程序等，以避免这一制度被滥用或泛化，从而减损这一制度的立法宗旨。本条即是关于专利实施强制许可的程序性规定，仅对专利实施强制许可决定的作出机构、给予专利实施强制许可决定的作出程序与内容要求，以及终止专利实施强制许可的作出程序等进行了原则性规定。

根据本条规定，国务院专利行政部门系给予专利实施强制许可决定和终止专利实施强制许可决定的作出机构。国务院专利行政部门在作出给予专利实施强制许可的决定时，还负有及时通知专利权人的义务和登记、公告的义务，以保护专利权人和其他利害关系人的知情权、申辩权、质证权等实体和程序性权利，同时让社会公众知晓该专利被实施强制许可的情况，防止被许可人对该专利进行独占实施、允许他人实施或擅自转让实施。为限制专利实施强制许可的滥用，同时保护专利权人和其他利害关系人的合法权益，本条亦规定，国务院专利行政部门应当根据给予专利实施强制许可的理由在决定中规定实施的范围和时间。被许可人超范围或超时间的实施行为应视为对专利权的侵害，专利权人和其他利害关系人有权以此为由请求被许可人承担侵权责任。强制许可的理由消除并不再发生时，专利权人可以请求国务院专利行政部门作出终止专利实施强制许可的决定，国务院专利行政部门应当及时作出决定。

适用指引

国家知识产权局于2012年3月15日公布并于2012年5月1日起施行的《专利实施强制许可办法》，对专利实施强制许可的各类程序进行了详细规定，同时废止了2003年7月15日施行的《专利实施强制许可办法》。这一办法将本条中的国务院专利行政部门明确为国家知识产权局，并对专利实施强制许可请求的提出与受理、审查和决定以及终止专利实施强制许可请求的审查和决定作了细化规定。

第六十一条　取得实施强制许可的单位或者个人不享有独占的实施权，并且无权允许他人实施。

关联规定

一、国际条约

《与贸易有关的知识产权协定》

第 31 条　未经权利持有人授权的其他使用

如一成员的法律允许未经权利持有人授权即可对一专利的客体作其他使用，包括政府或经政府授权的第三方的使用，则应遵守下列规定：

（d）此种使用应是非专有的；

（e）此种使用应是不可转让的，除非与享有此种使用的那部分企业或商誉一同转让；

二、法律、行政法规、司法解释

《中华人民共和国专利法》

第十二条　任何单位或者个人实施他人专利的，应当与专利权人订立实施许可合同，向专利权人支付专利使用费。被许可人无权允许合同规定以外的任何单位或者个人实施该专利。

条文释义

一、本条主旨

本条是关于强制许可被许可人权利限制的规定。

二、条文演变

1984年《专利法》即对本条内容作出了规定，1992年、2000年、2008年、2020年《专利法》历经四次修改，均未对本条作修改，仅对条文顺序进行调整。

三、条文解读

专利实施强制许可系非自愿的强制性实施许可，有别于自愿许可，这一制度以国家意志代替了专利权人的个人意愿、以行政决定代替了平等民事主体之间的磋商。因国务院专利行政部门替代了专利实施许可合同中专利权人的角色，缺少自愿许可中专利权人与被许可人达成意思表示一致的磋商过程，专利权人或其他利害关系人无法与被许可人就许可的形式、范围、时间等达成合意，故为维护专利权人和其他利害关系人的合法权益，同时实现专利实施强制许可的制度目的，专利实施强制许可的被许可人应当受到更多的权利限制。本条即是关于专利实施强制许可的被许可人权利限制的规定。

根据本条规定，专利实施强制许可的被许可人不享有该专利的独占实施权，也即，不仅专利权人有权自己实施或许可他人实施该专利，国务院专利行政部门也有权给予其他单位或个人该专利的实施强制许可。同时，专利实施强制许可的被许可人仅能自己实施该专利，而不享有许可他人实施该专利的权利。

适用指引

专利实施强制许可被许可人的权利限制主要有以下三个方面。

一、不得独占实施

专利实施强制许可的目的在于防止专利权人不用或滥用其专利权，或者维护公共利益、公共健康等，这就决定了该专利应当被广泛实施。若专利实施强制许可的被许可人享有该专利的独占实施权，则其他人均不得实施该专利，无疑会致使专利实施强制许可制度的目的落空。因此，专利实施强制许可绝不可以是独占实施许可，相反，必须允许专利权人自己实施或许可他人实施该专利，也必须允许国务院专利行政部门可给予其他单位或个人实施该专利的强制许可。

二、无权许可他人实施

专利实施强制许可因其行政性、强制性、非自愿性，不但有严格的实体条件限制，还有严格的行政程序限制，也就是说，任何被给予专利实施强制许可的被许可人，都应当经过国务院专利行政部门按照实体条件和行政程序进行的严格审查，未经审查的，无权实施该专利。因此，国务院专利行政部门作出的给予决定是被许可人获得专利实施强制许可的唯一权利来源，被许可人无权以自己名义代替国务院行政部门进行再次许可，即允许他人实施该专利。这一规定也与《专利法》第 12 条规定的自愿许可的被许可人不得允许他人实施专利、专利权人系自愿许可的被许可人获得专利实施许可的唯一权利来源的规定相吻合。

三、不得擅自转让实施

专利实施强制许可系专利权人与被许可人之间因行政机关依法确定的强制许可建立起债权债务关系。国务院专利行政部门依法审查确定是否作出强制许可，系专利实施强制许可的唯一权利来源，故未经国务院专利行政部门审查，他人原则上无权以被许可人转让为由获得专利实施权。《与贸易有关的知识产权协定》第 31 条第 e 款明确规定："此种使用应是不可转让的，除非与享有此种使用的那部分企业或商誉一同转让。"因此，尽管本条对专利实施的强制许可能否转让未作出明确规定，根据强制许可的性质和《与贸易有关的知识产权协定》规定的精神，被许可人原则上不能向第三人转让专利实施的强制许可。

第六十二条　取得实施强制许可的单位或者个人应当付给专利权人合理的使用费，或者依照中华人民共和国参加的有关国际条约的规定处理使用费问题。付给使用费的，其数额由双方协商；双方不能达成协议的，由国务院专利行政部门裁决。

关联规定

一、国际条约

1.《与贸易有关的知识产权协定》

第31条（h）　在每一种情况下应向权利持有人支付适当报酬，同时考虑授权的经济价值。

2.《修改〈与贸易有关的知识产权协定〉议定书》

第31条之2

二、若一出口成员根据本条确立的制度授予出口专利药品的强制许可，则该成员应当依据第31条（h）的规定，同时考虑该出口成员实施专利对有关进口成员的经济价值，支付适当报酬。但是，若进口成员对进口同一产品授予强制许可，而且出口成员已向专利权人支付报酬的，该进口成员不适用第31条（h）规定的支付报酬的义务。

二、法律、行政法规、司法解释

《中华人民共和国专利法实施细则》

第七十五条　依照专利法第五十七条的规定，请求国务院专利行政部门裁决使用费数额的，当事人应当提出裁决请求书，并附具双方不能达成协议的证明文件。国务院专利行政部门应当自收到请求书之日起3个月内作出裁决，并通知当事人。

三、部门规章及规范性文件

《专利实施强制许可办法》

第二条 国家知识产权局负责受理和审查强制许可请求、强制许可使用费裁决请求和终止强制许可请求并作出决定。

第三条 请求给予强制许可、请求裁决强制许可使用费和请求终止强制许可，应当使用中文以书面形式办理。

依照本办法提交的各种证件、证明文件是外文的，国家知识产权局认为必要时，可以要求当事人在指定期限内附送中文译文；期满未附送的，视为未提交该证件、证明文件。

第二十五条 请求裁决强制许可使用费的，应当提交强制许可使用费裁决请求书，写明下列各项：

（一）请求人的姓名或者名称、地址；

（二）请求人的国籍或者注册的国家或者地区；

（三）给予强制许可的决定的文号；

（四）被请求人的姓名或者名称、地址；

（五）请求裁决强制许可使用费的理由；

（六）请求人委托专利代理机构的，受托机构的名称、机构代码以及该机构指定的代理人的姓名、执业证号码、联系电话；

（七）请求人的签字或者盖章；委托专利代理机构的，还应当有该机构的盖章；

（八）附加文件清单；

（九）其他需要注明的事项。

请求书及其附加文件应当一式两份。

第二十六条 强制许可使用费裁决请求有下列情形之一的，不予受理并通知请求人：

（一）给予强制许可的决定尚未作出；

（二）请求人不是专利权人或者取得强制许可的单位或者个人；

（三）双方尚未进行协商或者经协商已经达成协议。

第二十七条 国家知识产权局受理强制许可使用费裁决请求的，应当及时将请求书副本送交对方当事人。除另有指定的外，对方当事人应当自收到通知之日起15日内陈述意见；期满未答复的，不影响国家知识产权局作出决定。

强制许可使用费裁决过程中，双方当事人可以提交书面意见。国家知识产权局可以根据案情需要听取双方当事人的口头意见。

第二十八条 请求人在国家知识产权局作出决定前撤回其裁决请求的，裁决程序终止。

第二十九条 国家知识产权局应当自收到请求书之日起3个月内作出强制许可使用费的裁决决定。

第三十条 强制许可使用费裁决决定应当写明下列各项：

（一）取得强制许可的单位或者个人的名称或者姓名、地址；

（二）被给予强制许可的发明专利或者实用新型专利的名称、专利号、申请日及授权公告日；

（三）裁决的内容及其理由；

（四）国家知识产权局的印章及负责人签字；

（五）决定的日期；

（六）其他有关事项。

强制许可使用费裁决决定应当自作出之日起5日内通知双方当事人。

条文释义

一、本条主旨

本条是关于强制许可使用费的规定。

二、条文演变

1984年《专利法》规定，取得实施强制许可的单位或者个人应当付给专利权人合理的使用费，其数额由双方商定；双方不能达成协议的，由专利局裁决。2000年《专利法》将“专利局”改为“国务院专利行政部门”。2008年《专利法》第57条增加规定，即“或者依照中华人民共和国参加的有关国际条约的规定处理使用费问题”。2020年《专利法》修改对该条内容未作变动，仅对条文顺序进行了调整。

三、条文解读

(一) 专利实施强制许可需支付使用费

专利实施强制许可，仅对专利权人享有的禁止他人未经其许可实施其专利的权利进行了限制，而没有剥夺专利权人对其专利权享有的财产权。取得专利实施强制许可的单位或者个人，仍应向专利权人支付实施其专利的使用费。

(二) 专利强制许可使用费的数额由国务院专利行政部门裁决

根据《与贸易有关的知识产权协定》及《议定书》中对药品专利强制许可制度的有关规定，出口成员授予一项强制许可，则该成员须依据协定的规定支付适当的报酬。若有资格进口的成员对同一产品授予一项强制许可，因其报酬已由有关出口成员支付，该进口成员无需支付使用费。除此之外，专利使用费的数额一般应由取得实施强制许可的单位或者个人与专利权人按照公平合理的原则协商确定。双方经过协商对使用费的数额达成一致的，即应按双方协商的数额作为强制许可使用费，由取得实施强制许可的单位或者个人向专利权人支付。如果双方无法就使用费的数额达成一致意见的，则应当向国务院专利行政部门提出申请，请求国务院专利行政部门对使用费数额作出裁决，并以裁决的数额作为强制许可使用费，由取得实施强制许可的单位或者个人按此数额支付给专利权人。

第六十三条　专利权人对国务院专利行政部门关于实施强制许可的决定不服的，专利权人和取得实施强制许可的单位或者个人对国务院专利行政部门关于实施强制许可的使用费的裁决不服的，可以自收到通知之日起三个月内向人民法院起诉。

关联规定

一、国际条约

《与贸易有关的知识产权协定》

第 31 条

（i）与此种使用有关的任何决定的法律效力应经过司法审查或经过该成员中上一级主管机关的独立审查。

（j）任何与就此种使用提供的报酬有关的决定应经过司法审查或该成员中上一级主管机关的独立审查。

二、法律、行政法规、司法解释

1.《中华人民共和国专利法》

第六十条　国务院专利行政部门作出的给予实施强制许可的决定，应当及时通知专利权人，并予以登记和公告。

给予实施强制许可的决定，应当根据强制许可的理由规定实施的范围和时间。强制许可的理由消除并不再发生时，国务院专利行政部门应当根据专利权人的请求，经审查后作出终止实施强制许可的决定。

第六十二条　取得实施强制许可的单位或者个人应当付给专利权人合理的使用费，或者依照中华人民共和国参加的有关国际条约的规定处理使用费问题。付给使用费的，其数额由双方协商；双方不能达成协议的，由国务院专利行政部门裁决。

2.《最高人民法院关于审理专利纠纷案件适用法律问题的若干规定》

第一条 人民法院受理下列专利纠纷案件：

19. 不服国务院专利行政部门实施强制许可决定案件；

20. 不服国务院专利行政部门实施强制许可使用费裁决案件；

三、部门规章及规范性文件

《专利实施强制许可办法》

第四十一条 当事人对国家知识产权局关于强制许可的决定不服的，可以依法申请行政复议或者提起行政诉讼。

条文释义

一、本条主旨

本条是关于强制许可司法救济的规定。

二、条文演变

1984年《专利法》即对有关强制许可的司法救济途径作出了规定。2000年《专利法》将“专利局”修改为“国务院专利行政部门”，同时增加了一种可以提起诉讼的情形，即“专利权人和取得实施强制许可的单位或者个人对国务院专利行政部门关于实施强制许可的使用费的裁决不服的”。2008年和2020年《专利法》两次修改，对本条均未作修改，仅对条文顺序进行了调整。

三、条文解读

我国对专利强制许可的给予采用的是行政程序，在行政机关给予强制许可的情况下，本条规定专利权人和取得实施强制许可的当事人可以请求获得司法救济。即专利权人对于国务院专利行政部门作出的关于实施强制许可的决定或者当事人对强制许可使用费的裁决不服的，都有权向人民法院提起诉讼。这样一方面能够保护专利权人和其他有关当事人的合法利益，使之不至于因行政机关的决定或者裁决不当而受到损害；另一方面也能够监督国务院专利行政部门依法行使职权，公正裁决强制许可使用费的数额。此外，设立强制许可及其强制许可使用费的司法救济途径，也是履行《与贸易有关的知识产权协定》所规定的义务。

国务院专利行政部门关于专利实施强制许可的决定和对强制许可使用费的裁决，都属于行政机关的行政决定。对这两类行政决定不服的，应当以国务院专利行政部门为被告，依照本条和行政诉讼法的程序性规定，向北京知识产权法院提起行政诉讼。

适用指引

根据本条规定，在国务院专利行政部门作出给予实施强制许可的决定的情况下，专利权人不服的，可以向人民法院起诉；国务院专利行政部门作出实施强制许可的使用费裁决的情况下，对其不服的专利权人和取得实施强制许可的单位或者个人，均可以向人民法院起诉。在国务院专利行政部门驳回强制许可申请的情况下，强制许可的申请人不服的，不能向人民法院起诉。因此，对于专利实施强制许可而言，我国《专利法》仅对专利权人赋予了司法救济权利。

第六十四条　发明或者实用新型专利权的保护范围以其权利要求的内容为准，说明书及附图可以用于解释权利要求的内容。

外观设计专利权的保护范围以表示在图片或者照片中的该产品的外观设计为准，简要说明可以用于解释图片或者照片所表示的该产品的外观设计。

关联规定

法律、行政法规、司法解释

1.《中华人民共和国专利法》

第二十六条　申请发明或者实用新型专利的，应当提交请求书、说明书及其摘要和权利要求书等文件。

请求书应当写明发明或者实用新型的名称，发明人的姓名，申请人姓名或者名称、地址，以及其他事项。

说明书应当对发明或者实用新型作出清楚、完整的说明，以所属技术领域的技术人员能够实现为准；必要的时候，应当有附图。摘要应当简要说明发明或者实用新型的技术要点。

权利要求书应当以说明书为依据，清楚、简要地限定要求专利保护的范围。

依赖遗传资源完成的发明创造，申请人应当在专利申请文件中说明该遗传资源的直接来源和原始来源；申请人无法说明原始来源的，应当陈述理由。

第二十七条　申请外观设计专利的，应当提交请求书、该外观设计的图片或者照片以及对该外观设计的简要说明等文件。

申请人提交的有关图片或者照片应当清楚地显示要求专利保护的产品的外观设计。

2.《中华人民共和国专利法实施细则》

第一百一十七条　基于国际申请授予的专利权，由于译文错误，致使依照专利法第五十九条规定确定的保护范围超出国际申请的原文所表达的范围的，以依据原文限制后的保护范围为准；致使保护范围小于国际申请的原文所表达的范围的，以授权时的保护范围为准。

3.《最高人民法院关于审理专利纠纷案件适用法律问题的若干规定》

第十三条 专利法第五十九条第一款所称的“发明或者实用新型专利权的保护范围以其权利要求的内容为准，说明书及附图可以用于解释权利要求的内容”，是指专利权的保护范围应当以权利要求记载的全部技术特征所确定的范围为准，也包括与该技术特征相等同的特征所确定的范围。

等同特征，是指与所记载的技术特征以基本相同的手段，实现基本相同的功能，达到基本相同的效果，并且本领域普通技术人员在被诉侵权行为发生时无需经过创造性劳动就能够联想到的特征。

4.《最高人民法院关于审理侵犯专利权纠纷案件应用法律若干问题的解释》

第一条 人民法院应当根据权利人主张的权利要求，依据专利法第五十九条第一款的规定确定专利权的保护范围。权利人在一审法庭辩论终结前变更其主张的权利要求的，人民法院应当准许。

权利人主张以从属权利要求确定专利权保护范围的，人民法院应当以该从属权利要求记载的附加技术特征及其引用的权利要求记载的技术特征，确定专利权的保护范围。

第二条 人民法院应当根据权利要求的记载，结合本领域普通技术人员阅读说明书及附图后对权利要求的理解，确定专利法第五十九条第一款规定的权利要求的内容。

第三条 人民法院对于权利要求，可以运用说明书及附图、权利要求书中的相关权利要求、专利审查档案进行解释。说明书对权利要求用语有特别界定的，从其特别界定。

以上述方法仍不能明确权利要求含义的，可以结合工具书、教科书等公知文献以及本领域普通技术人员的通常理解进行解释。

第四条 对于权利要求中以功能或者效果表述的技术特征，人民法院应当结合说明书和附图描述的该功能或者效果的具体实施方式及其等同的实施方式，确定该技术特征的内容。

第五条 对于仅在说明书或者附图中描述而在权利要求中未记载的技术方

案，权利人在侵犯专利权纠纷案件中将其纳入专利权保护范围的，人民法院不予支持。

第六条 专利申请人、专利权人在专利授权或者无效宣告程序中，通过对权利要求、说明书的修改或者意见陈述而放弃的技术方案，权利人在侵犯专利权纠纷案件中又将其纳入专利权保护范围的，人民法院不予支持。

第七条 人民法院判定被诉侵权技术方案是否落入专利权的保护范围，应当审查权利人主张的权利要求所记载的全部技术特征。

被诉侵权技术方案包含与权利要求记载的全部技术特征相同或者等同的技术特征的，人民法院应当认定其落入专利权的保护范围；被诉侵权技术方案的技术特征与权利要求记载的全部技术特征相比，缺少权利要求记载的一个以上的技术特征，或者有一个以上技术特征不相同也不等同的，人民法院应当认定其没有落入专利权的保护范围。

第八条 在与外观设计专利产品相同或者相近种类产品上，采用与授权外观设计相同或者近似的外观设计的，人民法院应当认定被诉侵权设计落入专利法第五十九条第二款规定的外观设计专利权的保护范围。

第九条 人民法院应当根据外观设计产品的用途，认定产品种类是否相同或者相近。确定产品的用途，可以参考外观设计的简要说明、国际外观设计分类表、产品的功能以及产品销售、实际使用的情况等因素。

第十条 人民法院应当以外观设计专利产品的一般消费者的知识水平和认知能力，判断外观设计是否相同或者近似。

第十一条 人民法院认定外观设计是否相同或者近似时，应当根据授权外观设计、被诉侵权设计的设计特征，以外观设计的整体视觉效果进行综合判断；对于主要由技术功能决定的设计特征以及对整体视觉效果不产生影响的产品的材料、内部结构等特征，应当不予考虑。

下列情形，通常对外观设计的整体视觉效果更具有影响：

（一）产品正常使用时容易被直接观察到的部位相对于其他部位；

（二）授权外观设计区别于现有设计的设计特征相对于授权外观设计的其他设计特第七条人民法院判定被诉侵权技术方案是否落入专利权的保护范围，应当审查权利人主张的权利要求所记载的全部技术特征。

被诉侵权设计与授权外观设计在整体视觉效果上无差异的，人民法院应当认定两者相同；在整体视觉效果上无实质性差异的，应当认定两者近似。

5.《最高人民法院关于审理侵犯专利权纠纷案件应用法律若干问题的解释（二）》

第一条 权利要求书有两项以上权利要求的，权利人应当在起诉状中载明据以起诉被诉侵权人侵犯其专利权的权利要求。起诉状对此未记载或者记载不明的，人民法院应当要求权利人明确。经释明，权利人仍不予明确的，人民法院可以裁定驳回起诉。

第三条 因明显违反专利法第二十六条第三款、第四款导致说明书无法用于解释权利要求，且不属于本解释第四条规定的情形，专利权因此被请求宣告无效的，审理侵犯专利权纠纷案件的人民法院一般应当裁定中止诉讼；在合理期限内专利权未被请求宣告无效的，人民法院可以根据权利要求的记载确定专利权的保护范围。

第四条 权利要求书、说明书及附图中的语法、文字、标点、图形、符号等存有歧义，但本领域普通技术人员通过阅读权利要求书、说明书及附图可以得出唯一理解的，人民法院应当根据该唯一理解予以认定。

第五条 在人民法院确定专利权的保护范围时，独立权利要求的前序部分、特征部分以及从属权利要求的引用部分、限定部分记载的技术特征均有限定作用。

第六条 人民法院可以运用与涉案专利存在分案申请关系的其他专利及其专利审查档案、生效的专利授权确权裁判文书解释涉案专利的权利要求。

专利审查档案，包括专利审查、复审、无效程序中专利申请人或者专利权人提交的书面材料，国务院专利行政部门制作的审查意见通知书、会晤记录、口头审理记录、生效的专利复审请求审查决定书和专利权无效宣告请求审查决定书等。

第七条 被诉侵权技术方案在包含封闭式组合物权利要求全部技术特征的基础上增加其他技术特征的，人民法院应当认定被诉侵权技术方案未落入专利权的保护范围，但该增加的技术特征属于不可避免的常规数量杂质的除外。

前款所称封闭式组合物权利要求，一般不包括中药组合物权利要求。

第八条 功能性特征，是指对于结构、组分、步骤、条件或其之间的关系等，通过其在发明创造中所起的功能或者效果进行限定的技术特征，但本领域普通技术人员仅通过阅读权利要求即可直接、明确地确定实现上述功能或者效果的具体实施方式的除外。

与说明书及附图记载的实现前款所称功能或者效果不可缺少的技术特征相比，被诉侵权技术方案的相应技术特征是以基本相同的手段，实现相同的功能，达到相同的效果，且本领域普通技术人员在被诉侵权行为发生时无需经过创造性劳动就能够联想到的，人民法院应当认定该相应技术特征与功能性特征相同或者等同。

第九条 被诉侵权技术方案不能适用于权利要求中使用环境特征所限定的使用环境的，人民法院应当认定被诉侵权技术方案未落入专利权的保护范围。

第十条 对于权利要求中以制备方法界定产品的技术特征，被诉侵权产品的制备方法与其不相同也不等同的，人民法院应当认定被诉侵权技术方案未落入专利权的保护范围。

第十一条 方法权利要求未明确记载技术步骤的先后顺序，但本领域普通技术人员阅读权利要求书、说明书及附图后直接、明确地认为该技术步骤应当按照特定顺序实施的，人民法院应当认定该步骤顺序对于专利权的保护范围具有限定作用。

第十二条 权利要求采用“至少”“不超过”等用语对数值特征进行界定，且本领域普通技术人员阅读权利要求书、说明书及附图后认为专利技术方案特别强调该用语对技术特征的限定作用，权利人主张与其不相同的数值特征属于等同特征的，人民法院不予支持。

第十三条 权利人证明专利申请人、专利权人在专利授权确权程序中对权利要求书、说明书及附图的限缩性修改或者陈述被明确否定的，人民法院应当认定该修改或者陈述未导致技术方案的放弃。

第十四条 人民法院在认定一般消费者对于外观设计所具有的知识水平和认知能力时，一般应当考虑被诉侵权行为发生时授权外观设计所属相同或者相近种类产品的设计空间。设计空间较大的，人民法院可以认定一般消费者通常不容易注意到不同设计之间的较小区别；设计空间较小的，人民法院可以认定一般消费者通常更容易注意到不同设计之间的较小区别。

第十五条 对于成套产品的外观设计专利，被诉侵权设计与其一项外观设计相同或者近似的，人民法院应当认定被诉侵权设计落入专利权的保护范围。

第十六条 对于组装关系唯一的组件产品的外观设计专利，被诉侵权设计与其组合状态下的外观设计相同或者近似的，人民法院应当认定被诉侵权设计落入专利权的保护范围。

对于各构件之间无组装关系或者组装关系不唯一的组件产品的外观设计专利，被诉侵权设计与其全部单个构件的外观设计均相同或者近似的，人民法院应当认定被诉侵权设计落入专利权的保护范围；被诉侵权设计缺少其单个构件的外观设计或者与之不相同也不近似的，人民法院应当认定被诉侵权设计未落入专利权的保护范围。

第十七条 对于变化状态产品的外观设计专利，被诉侵权设计与变化状态图所示各种使用状态下的外观设计均相同或者近似的，人民法院应当认定被诉侵权设计落入专利权的保护范围；被诉侵权设计缺少其一种使用状态下的外观设计或者与之不相同也不近似的，人民法院应当认定被诉侵权设计未落入专利权的保护范围。

6.《最高人民法院关于审理专利授权确权行政案件适用法律若干问题的规定（一）》

第二条 人民法院应当以所属技术领域的技术人员在阅读权利要求书、说明书及附图后所理解的通常含义，界定权利要求的用语。权利要求的用语在说明书及附图中有明确定义或者说明的，按照其界定。

依照前款规定不能界定的，可以结合所属技术领域的技术人员通常采用的技术词典、技术手册、工具书、教科书、国家或者行业技术标准等界定。

第三条 人民法院在专利确权行政案件中界定权利要求的用语时，可以参考已被专利侵权民事案件生效裁判采纳的专利权人的相关陈述。

第四条 权利要求书、说明书及附图中的语法、文字、数字、标点、图形、符号等有明显错误或者歧义，但所属技术领域的技术人员通过阅读权利要求书、说明书及附图可以得出唯一理解的，人民法院应当根据该唯一理解作出认定。

第十四条 人民法院认定外观设计专利产品的一般消费者所具有的知识水平和认知能力，应当考虑申请日时外观设计专利产品的设计空间。设计空间较大的，人民法院可以认定一般消费者通常不容易注意到不同设计之间的较小区别；设计空间较小的，人民法院可以认定一般消费者通常更容易注意到不同设计之间的较小区别。

对于前款所称设计空间的认定，人民法院可以综合考虑下列因素：

（一）产品的功能、用途；

（二）现有设计的整体状况；

（三）惯常设计；
（四）法律、行政法规的强制性规定；
（五）国家、行业技术标准；
（六）需要考虑的其他因素。

条文释义

一、本条主旨

本条是关于专利权保护范围的规定。

二、条文演变

1984年《专利法》即对发明、实用新型、外观设计专利权的保护范围作了规定，即发明或者实用新型专利权的保护范围以其权利要求的内容为准，说明书及附图可以用于解释权利要求；外观设计专利权的保护范围以表示在图片或者照片中的该外观设计专利产品为准。2008年修改《专利法》，一是将“该外观设计专利产品”修改为“该产品的外观设计”，明确外观设计专利的保护客体不是产品本身，而是由形状、图案、色彩等设计要素构成的该产品的外观设计；二是增加规定，简要说明可以用于解释图片或者照片所表示的该产品的外观设计。2020年修改《专利法》，本条未作修改，仅对条文顺序进行调整。

三、条文解读

（一）界定专利权保护范围的必要性

专利权的保护范围，是指发明、实用新型和外观设计专利权的权利边界，或者说法律效力所及的范围。与一般的财产权客体是有体物、权利边界清晰不同，作为一种无形财产权，专利权的客体是无体物，权利边界不易确定。因此，在判断是否构成专利侵权时离不开对权利保护范围的界定。《专利法》明确规定确定专利权保护范围的基本规则，有利于划清专利权的权利边界，明确专利侵权行为与非侵权行为的界限，在保护专利权人的合法权益和社会公众的利益之间作出合理的平衡，在激励创新的同时避免不适当地扩大权利保护范围，损害社会公众的利益。

（二）发明或者实用新型专利权的保护范围

根据本条第1款的规定，发明或者实用新型专利权的保护范围，以其权利要求的内容为准，说明书及附图可以用于解释权利要求的内容。这一规定包括"以权利要求的内容为准"和"说明书和附图对权利要求有解释作用"两层含义。

"以权利要求的内容为准"，是指权利要求书中所记载的权利要求的内容是确定专利权保护范围的基本依据。为了确定专利权的保护范围，必须有一个能够反映申请人所要求保护的技术方案，可以确定具体含义的基本依据，这一基本依据就是权利要求书中的文字记载。根据《专利法》第26条的规定，申请发明或者实用新型专利的，应当提交权利要求书；权利要求书应当以说明书为依据，清楚、简要地限定要求专利保护的范围。一件发明或者实用新型的权利要求书至少包括一项权利要求，有时还包括若干项从属权利要求。权利要求书记载的是发明或者实用新型的技术特征，一项权利要求记载的全部技术特征共同限定了要求专利保护的范围。专利授权后，他人实施的技术方案如果包含与权利要求记载的全部技术特征相同或者等同的技术特征的，就应当认定其落入专利权的保护范围。

"说明书和附图对权利要求有解释作用"，是指说明书和附图可以作为解释权利要求内容的依据。由于文字表达的局限性，仅仅通过阅读权利要求书通常难以准确理解其中记载的技术术语的确切含义，因此，说明书和附图可作为辅助确定专利权保护范围的依据。《专利法》第26条也对专利说明书提出了要求，即申请发明或者实用新型专利的，应当提交说明书；说明书应当对发明或者实用新型作出清楚、完整的说明，以所属技术领域的技术人员能够实现为准；必要的时候，应当有附图。应当注意的是，相对于权利要求，说明书及附图在确定专利权保护范围时只起到用于解释的辅助作用。仅在说明书或者附图中描述而在权利要求书中未记载的技术方案，不能用来作为确定专利权保护范围的依据。

（三）外观设计专利权的保护范围

根据本条第2款的规定，外观设计专利权的保护范围，以表示在图片或者照片中的该产品的外观设计为准，简要说明可以用于解释图片或者照片所表示的该产品的外观设计。这一规定包括“以图片或照片中的产品外观设计为准”和“简要说明对外观设计有解释作用”两层含义。

根据《专利法》第 27 条的规定，申请外观设计专利的，应当提交该外观设计的图片或者照片，有关图片或者照片应当清楚地显示要求专利保护的产品的外观设计。外观设计专利权保护的是对产品的形状、图案或者其结合以及色彩与形状、图案的结合所作出的富有美感并适于工业应用的新设计，仅凭文字记载，通常难以反映要求保护的产品外观设计，更难以据此确定权利的保护范围。因此，本款明确外观设计专利权的保护范围，以体现该产品外观设计的图片或者照片为基本依据。

《专利法》第 27 条还规定，申请外观设计专利的，应当提交对该外观设计的简要说明。外观设计的简要说明，记载了产品的名称、用途、设计要点等对确定外观设计专利权可能产生重要影响的信息。通过简要说明来解释图片或者照片所表示的该产品的外观设计，有利于合理地确定外观设计专利权的保护范围，进而更加准确地判断是否构成侵犯专利权。

适用指引

一、发明、实用新型专利权的保护范围

专利权的保护范围由专利权的权利边界所界定，在专利法中具有核心地位。专利权保护范围的确定过程，可以说主要是对权利要求的解释过程。权利要求的解释尺度，直接决定了专利权保护范围的大小，进而影响到专利权人与社会公众之间的利益平衡关系。

（一）确定专利权保护范围的依据

《侵犯专利权纠纷案件解释》明确了权利人可以在一审法庭辩论终结前选择具体一项或多项权利要求，以明确其主张的专利权保护范围的依据。之所以如此规定，是因为每一项权利要求都是一个完整的技术方案，权利人选择何项权利要求作为其主张的专利权保护范围的依据，是权利人对自己权利的处分。具体地说，《专利法实施细则》规定，权利要求书应当有独立权利要求，也可

以有从属权利要求。因此，权利人选择从属权利要求作为确定专利权保护范围的依据，并不违反法律规定；又因从属权利要求所限定的专利权保护范围小于独立权利要求或者被引用的权利要求所限定的专利权保护范围，故权利人选择从属权利要求主张权利，也不损害社会公众利益。

若权利要求书记载了多项权利要求，权利人应在起诉状中明确其据以提起专利侵权之诉所要求保护的权利要求项。如果起诉状仅笼统诉称被诉侵权技术方案落入专利权的保护范围，但未具体明确落入哪一项或者哪几项权利要求所限定的保护范围，法官有必要通过释明让权利人明确和固定其据以起诉被告专利侵权的权利要求。通常情况下，原告在法官释明后，就会作出明确的选择。极个别情况下，经释明，原告仍不明确其选择的权利要求的，根据《侵犯专利权纠纷案件解释（二）》第 1 条的规定，人民法院可以裁定驳回起诉。如果在一审法庭辩论终结前，权利人已经明确被诉侵权技术方案既落入独立权利要求限定的保护范围，也落入从属权利要求限定的保护范围，一审法院应当对被诉侵权技术方案是否落入独立权利要求以及从属权利要求的保护范围进行认定。如果法院经审查认为，被诉侵权技术方案未落入独立权利要求限定的保护范围，因独立权利要求限定的保护范围大于从属权利要求限定的保护范围，则被诉侵权技术方案必然也未落入从属权利要求限定的保护范围，并不需要就从属权利要求限定的保护范围再进行技术特征的逐一对比，而可以直接作出认定。然而，如果法院经审查认为，被诉侵权技术方案已落入独立权利要求限定的保护范围，则仍需对被诉侵权技术方案是否落入从属权利要求限定的保护范围继续进行审查。这是因为，被诉侵权技术方案已落入独立权利要求限定的保护范围，并不必然得出其落入从属权利要求限定的保护范围的结论。

此外，实践中还存在权利人变更其所主张的权利要求的情况，为避免因权利要求的随意变更而导致诉讼秩序的混乱，相关司法解释参照民事诉讼法司法解释关于变更诉讼请求的规定，将权利人变更其主张的权利要求的时间界定为一审法庭辩论终结前。也就是说，对于一审法庭辩论终结后的变更，不予准许。但是，这并不影响权利人根据其他权利要求另行提起诉讼。权利人“变更其主张的权利要求”，是指对据以提起专利侵权诉讼的权利要求项的变更，而非对该项权利要求的具体内容的变更。

如果权利人主张的权利要求被宣告无效，而在其他权利要求的基础上维持专利权有效。由于其他权利要求不在本案当事人已主张的权利要求之列，如果权利人并未补充主张其他权利要求或者虽补充主张但是因诉讼程序原因已经无法接受其补充主张，案件不再涉及被诉侵权技术方案是否落入其他权利要求的问题，可以判决驳回原告的诉讼请求。这是因为，原告据以主张被告侵权的权利要求被宣告无效，主张被告侵犯权利人所主张的权利要求的法律基础已不存在。

根据《专利法实施细则》的规定，从属权利要求应当包括引用部分和限定部分。为了简化表述，从属权利要求只具体表述限定部分的附加技术特征，但是，不应仅仅依据权利要求书中该从属权利要求记载的限定部分的附加技术特征确定从属权利要求的保护范围，而应当将其和所引用的权利要求的技术特征一起确定其保护范围。当然，在确定专利权保护范围时，也不能将权利要求书中记载的所有各项权利要求中记载的全部技术特征相加来作为确定保护范围的依据，必须针对具体某项权利要求记载及其引用的权利要求中的技术特征的总和来确定保护范围。

（二）专利权保护范围的确定原则及解释主体的认知标准

用于确定专利权保护范围的权利要求解释原则，历史上曾存在两种解释理论和实践：一是中心限定主义，其认为，专利制度保护的是发明构思，权利要求书只是该发明构思的一个示例。因此，在解释权利要求时，不应拘泥于权利要求的字面含义，而是可以以权利要求书记载的技术方案为中心，通过说明书及附图全面理解发明创造的整体构思，从而将保护范围扩大到专利权人所期望达到的保护范围。二是周边限定主义，其认为，专利权人已经在权利要求书中划定了发明创造的边界，对权利要求书的文字应作严格、忠实的解释，其字面含义就是专利权的保护范围。后来，为调和上述两种解释原则，《欧洲专利公约》关于第69条的议定书确立了折中解释的原则："公约第六十九条不应当被解释为：欧洲专利给予的保护范围必须按照权利要求书文字的字面含义来理解，说明书和附图仅限于用作解释权利要求中含混不清之处；另一方面，第六十九条也不应被解释为权利要求只是一个向导，而将保护范围扩大到所属技术领域的技术人员仔细研究说明书和附图后所能理解的范围，也就是专利权人所希望的保护范围。相应地，应在两个极端状况之间寻求该条的解释，既考虑给予专利权人以公正的保护，又给第三者以法律的稳定性。"《侵犯专利权纠纷案件解释》第2条在借鉴国外立法例的基础上，对我国专利审判实践一直坚持的折中解释原则予以明确。亦即，权利要求的解释，应当既合理地保护专利权人的利益，又使社会公众能够比较清楚地确定专利权的边界。在某种意义上，对于等同原则的适用及其限制，均与该解释原则有关。

权利要求解释主体的认知能力应以“本领域普通技术人员”为标准。“本领域普通技术人员”是法律拟制的人，属于抽象的法律概念，是指具有侵权行为发生时该专利所属技术领域平均知识水平的技术人员，其既不是该领域的技术专家，也不是完全不懂技术的人。之所以引入“本领域普通技术人员”这一概念，是因为根据《专利法》第26条第3款的规定，说明书应当对发明或者实用新型作出清楚、完整的说明，以所属技术领域的技术人员能够实现为准。亦即，权利要求书中每一项权利要求所要保护的技术方案，应当是所属技术领域的技术人员能够从说明书及附图直接得到或者概括得出的。所以，专利权的保护范围，应当界定在本领域普通技术人员在阅读说明书及附图后对权利要求记载的理解范围内。这就意味着，法官在确定专利权的保护范围时，应当从专利所属领域普通技术人员的角度来理解和解释权利要求。

（三）专利权保护范围的确定方法

1.“内部证据”与“外部证据”的解释作用

说明书及附图、权利要求书的相关权利要求都是专利授权文件的组成部分，其与诉讼中主张权利的权利要求的关系最为密切，通常是澄清争议用语的最佳指南。此外，专利审查档案虽然不是专利授权文件的组成部分，但公众可以查阅，且权利要求用语在专利审查过程中和侵权诉讼中应当具有相同的含义，因此，专利审查档案，包括专利审查、复审、无效程序中专利申请人或者专利权人提交的书面材料，国务院专利行政部门制作的审查意见通知书、会晤记录、口头审理记录、生效的专利复审请求审查决定书和专利权无效宣告请求审查决定书等，对于权利要求也具有重要的解释作用。说明书及附图、权利要求书的相关权利要求、专利审查档案等，一般被称为权利要求解释的“内部证据”。相对于上述“内部证据”，工具书、教科书、技术词典、技术手册、国家或者行业技术标准等因不存在于专利局有关专利文件及审查档案中，通常称之为权利要求解释的“外部证据”。外部证据一般只是在内部证据不足以解释清楚时才使用。当然，这并不意味着，权利要求的解释必须一一运用上述全部的解释手段。若运用说明书即可明确权利要求的含义，则一般即无需再借助其他的解释手段。

2. 说明书的特别界定

一般情况下，权利要求中的用语应当理解为相关技术领域通常具有的含义。在特定情况下，如果说明书指明了某用语具有特定的含义，并且权利要求的保护范围因说明书对该用语的说明而被限定得足够清楚，则应当以该特别界定作为权利要求用语的含义。这与“不得将说明书的限制读入权利要求”的解释原则并不矛盾。因为后者通常是指，不得以说明书的实施例等例示性解释来限制专利权的保护范围。

3. 技术特征在权利要求中的位置对该技术特征对于权利要求保护范围的限定作用一般不产生影响

在专利侵权案件中解释权利要求时，基于权利要求公示性和维护社会公众对专利权保护范围的信赖，无论权利要求的技术特征是在该权利要求中的前序部分还是特征部分，均应理解为该权利要求的必要技术特征，均对权利要求的保护范围具有限定作用。相关司法解释分别针对前序特征、使用环境特征、产品权利要求中的制备方法和数值特征中的强调用语，规定上述特征和用语对专利权保护范围具有限定作用，这充分体现了对权利要求公示性的尊重。至于上述特征和用语是否属于专利的必要技术特征，是专利授权确权阶段就应当解决好的问题。

需要指出的是，文字表达本身具有一定的局限性，权利要求书对专利技术方案的概括难以做到全面、精准。而且，专利文件整体撰写水平的提高需要一个长期积累过程，不可能一蹴而就。因此，在强调权利要求公示性这一基本导向的同时，权利要求的解释需要保有一定的弹性，避免唯文字论，使真正有技术贡献的专利能获得比较周延的保护。比如，对于专利文件中表达的歧义，如权利要求、说明书及附图中存在明显错误或歧义，人民法院应当根据所属技术领域的技术人员阅读权利要求书、说明书及附图后得出的唯一理解，对权利要求、说明书及附图中的明显错误进行“修正”；又如，方法权利要求未明确记载的步骤顺序在满足一定条件时可以构成专利技术特征。这样处理在一定程度上实质弥补了专利文件撰写的疏忽。为了避免适用的泛化，相关司法解释增加了“唯一”“直接、明确地”等限定条件。

4. 专利授权确权程序中的权利要求解释规则

本条规定的权利要求保护范围的确定和解释方法，同样适用于专利授权确权问题。对于专利授权确权行政案件，人民法院在界定权利要求的用语时同样应遵循“内部证据优先”原则。首先，应当以所属技术领域的技术人员阅读权利要求书、说明书及附图后所理解的通常含义界定权利要求的用语。其次，权利要求的用语在说明书及附图中有明确定义或者说明的，从其界定。最后，以上述方法仍无法界定的，可以结合所属技术领域的技术人员通常采用的技术词典、技术手册、工具书、教科书、国家或者行业技术标准等界定。

5. 专利行政和民事关联程序中专利权人相关意见在界定专利权保护范围中的作用

专利授权确权行政案件的核心争议在于被诉决定的合法性以及涉案专利（申请）的合法性，而被诉决定以及当事人在行政程序中提交的修改、意见陈述等，本身即构成涉案专利（申请）的审查档案的一部分。为发挥权利要求书以及专利（申请）文件本身的公示作用，应引导权利人（申请人）尽量通过修改专利（申请）文件以符合《专利法》的相关规定。没有被国务院专利行政部门接受的修改，以及权利人（申请人）单方作出的意见陈述，均具有较强的主观性且并非均向社会公众公示。司法实践中，可根据具体案情将其作为解释权利要求的参考因素。

《专利授权确权规定（一）》第3条规定，人民法院在专利确权行政案件中界定权利要求的用语时可以参考已被专利侵权民事案件生效裁判采纳的专利权人的相关陈述。该条旨在引导、督促专利权人在专利确权程序和侵权诉讼程序中都能谨慎、诚信地陈述，对权利要求的用语的含义进行解释，避免权利人在不同程序中作不同但均有利于己陈述，以图“两头得利”。司法实践中，专利权人在侵权民事案件中为了将被诉侵权技术方案纳入专利权的保护范围，往往会倾向于将权利要求用语作扩大解释。但在专利确权行政案件中，权利人针对无效宣告请求人提出的现有技术和无效理由，往往又会倾向于限缩解释权利要求的用语，以避免专利权被宣告无效，即“两头得利”。通过该规定，专利权人在专利侵权诉讼程序中的相关陈述具有一定的“反向限制”作用，有助于避免“两头得利”现象的发生。因权利要求书、说明书和附图是界定权利要求用语的根本依据，故专利权人在专利侵权诉讼程序中的陈述仅具有参考作用，且需以“已被专利侵权民事案件生效裁判采纳”为条件。

（四）功能性特征的解释

在有的权利要求中，有些技术特征难以用结构特征表述，或者技术特征用结构特征限定不如用功能或效果特征限定更为恰当，所以使用功能或者效果特征来限定发明。所谓功能性特征，是指对于结构、组分、步骤、条件或其之间的关系等，通过其在发明创造中所起的功能或者效果进行限定的技术特征。对于权利要求中此类以功能或者效果表述的技术特征，根据《侵犯专利权纠纷案件解释》第4条的规定，人民法院应当结合说明书和附图描述的该功能或者效果的具体实施方式及其等同的实施方式，确定该技术特征的内容。由于以功能或者效果表述的技术特征字面含义本身较为宽泛，结合说明书和附图描述的具体实施方式及其等同实施方式对其进行解释，既可以给专利权人提供合理的保护，同时又能确保社会公众对公示的专利文件的合理信赖。之所以采用"结合"的措辞，是考虑到按照目前的授权审查实践，个别情况下说明书和附图对具体实施方式没有进行描述。

有意见认为，将功能性特征的保护范围界定在具体实施方式及其等同实施方式，与《专利审查指南》规定的"对于权利要求中所包含的功能性限定的技术特征，应当理解为覆盖了所有能够实现所述功能的实施方式"存在不一致的问题。专利保护的是技术方案，而不单单是功能或者效果，而且目前的专利审查实践实际上也难以按照《专利审查指南》的规定，对所有实现所述功能的实施方式进行检索和审查。至于对"等同实施方式"的把握，需要根据个案的具体案情而定。

《侵犯专利权纠纷案件解释（二）》第8条第1款的但书将"仅通过阅读权利要求即可直接、明确地确定实现上述功能或者效果的具体实施方式"的技术特征排除在功能性特征之外，包括但不限于变压器、放大器等。对于但书所称技术特征的认定，应注意基于本领域普通技术人员的认识水平和能力，由当事人进行举证。如果构成但书所述情形，则不属于专利法司法解释所称的功能性特征，相应地，无需适用"实施例+等同"的功能性特征的解释规则。

《侵犯专利权纠纷案件解释（二）》第8条第2款明确了与功能性特征等同的实施方式的认定规则："与说明书及附图记载的实现前款所称功能或者效果不可缺少的技术特征相比，被诉侵权技术方案的相应技术特征是以基本相同的手段，实现相同的功能，达到相同的效果，且本领域普通技术人员在被诉侵权行为发生时无需经过创造性劳动就能够联想到的，人民法院应当认定该相应技术特征与功能性特征相同或者等同。"功能性特征的等同判定与结构性特征的等同判定相比，有两点不同：一是对比基础不同。前者是说明书及附图记载的实现所述功能或效果不可缺少的结构特征，而后者是权利要求记载的结构性特征本身。二是认定标准不同。前者要求功能、效果“相同”，而后者要求功能、效果“基本相同”。之所以如此规定，主要是考虑功能性特征本身是以功能或者效果表述的技术特征，其字面含义较为宽泛，加之大量的实用新型专利授权未经实质审查，如果对于功能、效果仅要求“基本相同”，则会不适当地扩张了专利权的保护范围，使得专利权的保护范围与专利相对于现有技术的贡献不相匹配。因此，上述司法解释规定未采纳所谓“二次等同”理论。亦即，在以具体实施例为基点确定的具体实施方式及其等同实施方式（“一次等同”）之后，功能性特征的保护范围即已划定，不存在对于功能性特征所述功能或效果的等同（“二次等同”）问题。因此，上述司法解释采用了“相应技术特征与功能性特征相同或者等同”的表述。在等同认定尺度适当从严的同时，为了将专利申请日后新技术导致的等同替换手段涵盖进来，该条将等同侵权判断的时间点放宽至被诉侵权行为发生时。

（五）关于封闭式组合物权利要求解释

《侵犯专利权纠纷案件解释（二）》第7条明确了实践中争议已久的封闭式组合物权利要求的解释规则，也凸显了对权利要求公示性的尊重以及维护社会公众对专利权保护范围的信赖。因为历次版本的《专利审查指南》对于封闭式组合物权利要求的规定是相同的，即不得扩大理解为含有该权利要求所述特征之外的其他组分，除非是无法避免的常量杂质。通过长期的专利实践，此撰写方式和解释规则已为业界普遍接受，《侵犯专利权纠纷案件解释（二）》第7条第1款规定的解释规则与《专利审查指南》保持了一致。

曾经有一种观点认为，根据增加的技术特征是否产生实质性影响而判断是否构成侵权。虽然这一观点可以弥补专利文件撰写的疏漏，在个案中对当事人的利益给予比较公平的处理，但是该观点导致专利权的权利边界更加模糊，包括其他创新主体在内的社会公众难以从公示的专利文件本身清楚地判断自己的活动是否落入专利权的保护范围，而只能不断通过个案诉讼来“投石问路”。这等于将本应由专利权人解决的问题转移给社会公众，无疑增加了公众创新的成本，损害了规则的公平性。如果专利权人在专利授权程序中出于各种原因选择了保护范围相对较小的封闭式权利要求，从而导致其获得授权的权利要求没有预想的保护范围大，那么，其本来有机会主张更宽保护范围却未主张的专利权人应当对自己的这一选择承担相应的法律后果。也就是说，在专利侵权诉讼中，如果专利权人主张其封闭式权利要求并未排除其他未限定的组分，应当不予支持。上述解释规则看似严格，但专利权人在申请专利时可以在开放式、封闭式、活性成分封闭等多种方式中作出合理选择，从而获得恰当的保护范围，故无须担心上述解释规则会制约专利权人对其技术贡献获得应有的专利法保护。

但需要注意的是，中药组合物封闭式权利要求属于《侵犯专利权纠纷案件解释（二）》第7条第1款的例外。中药领域的组合物在作用方式、制作工艺、理化参数等方面皆与化学药物存在根本区别，不宜简单地套用第7条第1款的解释规则。而且，我国在中药领域具有独特优势，采取与化学药物组合物不同的权利要求解释规则，符合中药产业发展实际，有利于保护中药领域的创新、推动行业的发展。因此，对于以"由……制成"等主要撰写方式的中药组合物权利要求的解释方法，原则上不适用第7条第1款的规定，而应当综合考虑封闭式权利要求的组成部分或者方法步骤是否属于该中药组合物专利相对于现有技术的贡献部分、被诉侵权产品增加的技术特征对于技术问题的解决以及治疗效果是否产生实质性影响。如该中药组合物专利并非因其组成部分或者方法步骤的封闭性而获得授权，被诉侵权产品增加的技术特征对于技术问题的解决以及治疗效果未产生实质性影响，则一般可以认为被诉侵权产品落入该中药组合物专利的保护范围。

二、发明、实用新型专利侵权的判定

（一）全面覆盖原则

专利侵权判定的基本方法，即专利法理论上的"全面覆盖原则"或"全部技术特征原则"，系指只要被诉侵权技术方案的技术特征包含了专利权利要求的全部技术特征，即应认定其落入了专利权的保护范围。被诉侵权技术方案是否包括专利权利要求未限定的其他技术特征，一般在所不问。但是，对于以封闭式权利要求表征的组合物专利，如果被诉侵权技术方案含有权利要求记载的组分之外的组分，则一般应当认为其未落入专利权的保护范围，而不应当以"增加的技术特征不影响侵权判定"为由认定落入保护范围。其实，这与全面覆盖原则并不矛盾。因为组合物封闭式权利要求，是指组合物中仅包括权利要求记载的组分而排除所有其他组分。因此，对其他组分的排除也是封闭式权利要求的内含特征之一。如果被诉侵权技术方案存在其他组分，则可以视为没有"覆盖"全部的技术特征，从而没有落入专利权的保护范围。

需注意的是，《侵犯专利权纠纷案件解释》第7条第1款明确规定，人民法院判定被诉侵权技术方案是否落入专利权的保护范围，应当审查权利人主张的权利要求所记载的全部技术特征。这一规定否定了我国早期专利审判实践中曾有个案适用的所谓"多余指定原则"。之所以如此规定，是出于以下考虑：权利要求书的作用是确定专利权的保护范围，即通过向公众表明构成发明或者实用新型的技术方案所包括的全部技术特征，使公众能够清楚地知道实施何种行为不会侵犯专利权。只有对权利要求书所记载的全部技术特征给予全面、充分的尊重，社会公众才不会因权利要求内容发生不可预见的变动而无所适从，从而保障法律权利的确定性和公众的合理信赖。

（二）等同原则

在审判实践中，真正的"字面"侵权即完全仿制他人专利产品或者照搬他人专利方法的专利侵权行为并不多见，常见的是构成等同的侵权行为。不少不法行为人对他人的产品和方法专利及专利文件加以研究，对权利要求中的某些技术特征，以该技术领域普通技术人员未经创造性智力劳动能够联想到的技术手段，对专利技术方案加以简单的替换或者变换，即以生产经营为目的制造侵权产品等或者使用侵权方法，以达到只有专利方能达到的发明目的、优点或者积极效果。由此在国际、国内的司法对策中，专利侵权行为认定的等同原则应运而生。

《专利纠纷规定》确立了专利侵权判定中的等同原则，同时明确专利权的保护范围不仅包括权利要求记载的技术特征所确定的范围，还应当包括由等同特征所确定的范围。该解释第13条规定："专利法第五十九条第一款所称的'发明或者实用新型专利权的保护范围以其权利要求的内容为准，说明书及附图可以用于解释权利要求的内容'，是指专利权的保护范围应当以权利要求记载的全部技术特征所确定的范围为准，也包括与该技术特征相等同的特征所确定的范围。等同特征，是指与所记载的技术特征以基本相同的手段，实现基本相同的功能，达到基本相同的效果，并且本领域普通技术人员在被诉侵权行为发生时无需经过创造性劳动就能够联想到的特征。"等同原则是克服专利权利要求在撰写表达上的局限性、实现专利权公平保护的一项重要制度。《专利纠纷规定》针对《专利法》规定的“发明或者实用新型专利权的保护范围以其权利要求的内容为准，说明书及附图可以用于解释权利要求”，进一步明确专利权的保护范围应当以权利要求书中明确记载的技术特征所确定的范围为准，也包括与该技术特征相等同的特征所确定的范围。根据上述解释，所谓等同，是指被诉侵权技术方案中的技术特征与权利要求的技术特征的等同。即，被诉侵权技术方案中的技术特征与权利要求中某个或者某几个技术特征分别构成等同，而非该专利权利要求保护技术方案的整体等同。此外，该规定还对等同特征的含义作了说明，即等同特征必须同时具备两个条件：一是与权利要求中的技术特征以基本相同的手段、实现基本相同的功能、达到基本相同的效果。二是本领域的普通技术人员无需经过创造性劳动就能够联想到，也就是说，该技术特征的获得对本领域普通技术人员而言是显而易见的。

应当指出，等同原则的适用与案件所涉及的具体技术方案等实际情况直接相关，难以划定更加具体统一的标准。因此，上述司法解释对等同原则只作出了原则性规定，是否构成专利等同侵权还必须由受诉人民法院的依照程序具体判断。

（三）捐献规则

在专利侵权审判实践中，既要以等同原则弥补字面侵权的不足，又要防止等同原则过宽过滥的适用，予以适当的严格限制，避免以等同原则不适当地扩张专利权保护范围，压缩创新空间和损害公共利益。为此，《侵犯专利权纠纷案件解释》对等同原则的适用规则作了进一步的明确和完善，尤其是进行了必要而适当的限制，主要是通过引入捐献规则和禁止反悔规则以限制等同原则的滥用。

专利法理论上的捐献规则是指，对于仅在说明书中记载而权利要求未记载的技术方案，视为专利权人将其捐献给社会公众，不得在专利侵权诉讼中主张上述已捐献的内容属于专利权利要求的等同特征所确定的范围。捐献规则实质上是对等同原则适用的一种限制。之所以如此规定，是考虑到以下情形：专利申请人有时为了容易获得授权，权利要求采用比较下位、具体的概念，而说明书及附图又对其扩张解释。专利权人在侵权诉讼中主张说明书所扩张的部分属于等同特征，从而不适当地扩大了专利权的保护范围。实际上，这是一种“两头得利”的行为。专利制度的价值不仅要体现对专利权人利益的保护，同时也要维护权利要求的公示作用。因此，捐献规则的确立，有利于维护权利要求书的公示性，平衡专利权人与社会公众的利益关系。为此，《侵犯专利权纠纷案件解释》第5条规定："对于仅在说明书或者附图中描述而在权利要求中未记载的技术方案，权利人在侵犯专利权纠纷案件中将其纳入专利权保护范围的，人民法院不予支持。"

举例而言，权利要求明确记载某一个技术特征是"三个螺丝"，而说明书又称，该螺丝也可以是五个、八个、十个。如果被诉侵权产品的相应特征是八个螺丝，权利人主张该八个螺丝与三个螺丝等同，依据《侵犯专利权纠纷案件解释》第5条的规定，权利人的上述主张就不能成立。因为，权利要求未记载而说明书或者附图描述的技术方案，不属于等同特征限定的专利权保护范围。

（四）禁止反悔规则

禁止反悔规则，是指当一方当事人已经作出某种行为，且被他人所信赖，该当事人以后就不能再否认该行为。《侵犯专利权纠纷案件解释》第6条规定："专利申请人、专利权人在专利授权或者无效宣告程序中，通过对权利要求、说明书的修改或者意见陈述而放弃的技术方案，权利人在侵犯专利权纠纷案件中又将其纳入专利权保护范围的，人民法院不予支持。"该条规定的是专利法理论上的禁止反悔规则，其也是对等同原则适用的一种限制。专利权人对其在授权或无效宣告程序中已放弃的内容，不能通过等同原则的适用再纳入专利权的保护范围。为增强操作性，该条强调的是，专利申请人、专利权人通过对权利要求、说明书的修改或者意见陈述客观上所放弃的技术方案。该修改或者陈述是权利人主动还是应审查员要求所为，与专利授权条件是否具有法律上的因果关系，原则上均不影响该规则的适用。

但是，何谓技术方案的放弃，实践中存在争议。理论上，放弃可以分为客观上的放弃与具有法律效果的放弃。严格地说，只有后者才能导致禁止反悔规则的适用，亦即权利人为了应对专利授权确权程序中权利有效性受到的挑战而作出的放弃，且该放弃被采信，才导致禁止反悔规则的适用。但是，在实践中确定该放弃是否被采信通常需要耗时费力且比较困难。为增强可操作性，强化权利人自负其责，《侵犯专利权纠纷案件解释（二）》第13条规定："权利人证明专利申请人、专利权人在专利授权确权程序中对权利要求书、说明书及附图的限缩性修改或者陈述被明确否定的，人民法院应当认定该修改或者陈述未导致技术方案的放弃。"该规定实际上采取了限缩性修改或者陈述均推定与授权有关，且均视为放弃的原则，仅将限缩性修改或者陈述被明确否定作为技术方案未放弃的认定要件。因专利行政诉讼可能推翻审查员对有关修改或陈述的认定，故该条所称被明确否定，包含专利审查和行政诉讼两个阶段。为增强可操作性，规定专利权人应对其主张的被明确否定负有证明责任，若证明不能，则应认定构成放弃，导致禁止反悔规则适用。

三、关于外观设计专利侵权的判定

（一）外观设计专利权的保护范围

我国外观设计专利制度保护的是以产品为载体的外观设计，而非脱离产品的外观设计。因此，在确定外观设计专利权的保护范围时，应当同时考虑产品的类别以及外观设计两个层面。亦即，如果产品类别相同或者相近，但被诉侵权设计与授权外观设计不相同也不相似，或者被诉侵权设计与授权外观设计相同或者相似，但产品类别不相同也不相近，则被诉侵权设计没有落入外观设计专利权的保护范围。

（二）产品种类相同或者相近的认定

为提供操作的指引，《侵犯专利权纠纷案件解释》第9条列举了认定产品用途的参考因素。该条规定："人民法院应当根据外观设计产品的用途，认定产品种类是否相同或者相近。确定产品的用途，可以参考外观设计的简要说明、国际外观设计分类表、产品的功能以及产品销售、实际使用的情况等因素。"因用途与功能有时难以区分，故将功能内化为认定用途的参考因素之一。需要澄清的是，第9条所称的"外观设计产品"，包括外观设计专利产品和被诉侵权产品。

（三）外观设计相同或者近似的认定

如前所述，外观设计是以产品为载体，并且，通过不同于同类产品且富有美感的外观吸引消费者的注意，获得市场利益的回报。因此，关于侵权诉讼中外观设计近似性的判断，应当基于一般消费者的知识水平和认知能力，根据外观设计的全部设计特征，以外观设计的整体视觉效果进行综合判断。《侵犯专利权纠纷案件解释》第10条规定："人民法院应当以外观设计专利产品的一般消费者的知识水平和认知能力，判断外观设计是否相同或者近似。"该条所称的"一般消费者"，是指对授权外观设计的相关设计状况具有常识性了解，并且对不同外观设计之间在形状、图案、色彩上的差别具有分辨力的人，但其通常不会注意到形状、图案、色彩的微小变化。这里的"常识性了解"，不应理解为基础性、简单性的了解，而应当是通晓相关外观设计状况，但其并不具有设计的能力。此外，虽然任何产品都有其消费群体，但并不是任何产品的消费群体都是相同的，应当根据产品的实际购买、使用等情况进行判断。比如，残疾人专用品的消费群体比较特定，而日常生活品的消费群体则很广泛。

根据《侵犯专利权纠纷案件解释》第 11 条的规定，人民法院认定外观设计是否相同或者近似时，应当根据授权外观设计、被诉侵权设计的设计特征，以外观设计的整体视觉效果进行综合判断。进行"整体观察"和"综合判断"时，对于外观设计的全部设计特征，都应予考虑。但因外观设计专利保护的是外观，故应将功能性特征以及视觉无法直接观察到的非外观特征排除在外。通常情况下，主视部分及设计创新部分对外观设计的整体视觉效果更具有影响。有意见主张采用"创新点判断法"，即只有被诉侵权产品采用了专利外观设计的创新部分，才能认定为侵权。对此，司法解释的态度是，判断外观设计相同或者近似的根本标准是整体视觉效果。而创新部位的设计特征只是影响整体视觉效果的重要组成部分。而且，对于区别于现有设计的特征，应当在当事人举证、质证的基础上认定。鉴于我国外观设计专利未经过实质审查，外观设计的简要说明对设计要点的描述，可以作为判断创新部分的参考。而"综合判断"标准，是要在考察设计特征对外观设计整体视觉效果影响程度的基础上，综合判断不同外观设计的整体视觉效果有无差异或者实质性差异。对一般消费者而言，整体视觉效果无差异的，认定外观设计相同；无实质性差异的，认定外观设计相似。

关于外观设计的设计空间。根据《侵犯专利权纠纷案件解释（二）》第 14 条的规定，设计空间，是指设计者在创作特定产品外观设计时的自由度。设计者在特定产品领域中的设计自由度通常要受到现有设计、技术、法律以及观念等多种因素的制约和影响，特定产品设计空间的大小与认定该外观设计产品的一般消费者对同类或者相近类产品外观设计的知识水平和认知能力具有密切关联。对于设计空间极大的产品领域而言，由于设计者的创作自由度较高，该产品领域内的外观设计必然形式多样、风格迥异，该外观设计产品的一般消费者就更不容易注意到比较细小的设计差别。相反，在设计空间受到很大限制的领域，由于创作自由度较小，该产品领域内的外观设计必然存在较多的相同或者相似之处，该外观设计产品的一般消费者通常会注意到不同设计之间的较小区别。

在考虑设计空间这一因素时，应该认识到，设计空间的大小是一个相对的概念。在设计空间极大或者设计空间受到极大限制两种极端情形下，设计空间对于外观设计近似性判断的影响较为凸显，但在此外的大多数外观设计侵权案件中，设计空间的作用实际上相对地被弱化，因此，在外观设计专利与被诉侵权设计相同或者相近似的判断中，应当注意避免对设计空间适用的泛化。《侵犯专利权纠纷案件解释（二）》第14条之所以规定设计空间，目的在于更加准确地确定一般消费者的知识水平和认知能力。为此，《专利授权确权规定（一）》第2款规定了认定设计空间时需要考虑的因素：产品的功能、用途；现有设计的整体状况；惯常设计；法律、行政法规的强制性规定；国家、行业技术标准；需要考虑的其他因素。

指导案例

一、指导案例115号：瓦莱奥清洗系统公司诉厦门卢卡斯汽车配件有限公司等侵害发明专利权纠纷案

（最高人民法院审判委员会讨论通过　2019年12月24日发布）

关键词： 民事　发明专利权　功能性特征　先行判决　行为保全

裁判要点： 1. 如果专利权利要求的某个技术特征已经限定或者隐含了特定结构、组分、步骤、条件或其相互之间的关系等，即使该技术特征同时还限定了其所实现的功能或者效果，亦不属于《最高人民法院关于审理侵犯专利权纠纷案件应用法律若干问题的解释（二）》第八条所称的功能性特征。

2. 在专利侵权诉讼程序中，责令停止被诉侵权行为的行为保全具有独立价值。当事人既申请责令停止被诉侵权行为，又申请先行判决停止侵害，人民法院认为需要作出停止侵害先行判决的，应当同时对行为保全申请予以审查；符合行为保全条件的，应当及时作出裁定。

相关法条：《中华人民共和国专利法》第59条

《中华人民共和国民事诉讼法》第153条

基本案情：瓦莱奥清洗系统公司（以下简称瓦莱奥公司）是涉案“机动车辆的刮水器的连接器及相应的连接装置”发明专利的专利权人，该专利仍在保护期内。瓦莱奥公司于2016年向上海知识产权法院提起诉讼称，厦门卢卡斯汽车配件有限公司（以下简称卢卡斯公司）、厦门富可汽车配件有限公司（以下简称富可公司）未经许可制造、销售、许诺销售，陈少强未经许可制造、销售的雨刮器产品落入其专利权保护范围。瓦莱奥公司请求判令卢卡斯公司、富可公司和陈少强停止侵权，赔偿损失及制止侵权的合理开支暂计600万元，并请求人民法院先行判决卢卡斯公司、富可公司和陈少强立即停止侵害涉案专利权的行为。此外，瓦莱奥公司还提出了临时行为保全申请，请求法院裁定卢卡斯公司、富可公司、陈少强立即停止侵权行为。

裁判结果：上海知识产权法院于2019年1月22日作出先行判决，判令厦门卢卡斯汽车配件有限公司、厦门富可汽车配件有限公司于判决生效之日起立即停止对涉案发明专利权的侵害。厦门卢卡斯汽车配件有限公司、厦门富可汽车配件有限公司不服上述判决，向最高人民法院提起上诉。最高人民法院于2019年3月27日公开开庭审理本案，作出（2019）最高法知民终2号民事判决，并当庭宣判，判决驳回上诉，维持原判。

裁判理由：最高人民法院认为：

一、关于“在所述关闭位置，所述安全搭扣面对所述锁定元件延伸，用于防止所述锁定元件的弹性变形，并锁定所述连接器”的技术特征是否属于功能性特征以及被诉侵权产品是否具备上述特征的问题

第一，关于上述技术特征是否属于功能性特征的问题。功能性特征是指不直接限定发明技术方案的结构、组分、步骤、条件或其之间的关系等，而是通过其在发明创造中所起的功能或者效果对结构、组分、步骤、条件或其之间的关系等进行限定的技术特征。如果某个技术特征已经限定或者隐含了发明技术方案的特定结构、组分、步骤、条件或其之间的关系等，即使该技术特征还同时限定了其所实现的功能或者效果，原则上亦不属于《最高人民法院关于审理侵犯专利权纠纷案件应用法律若干问题的解释（二）》第八条所称的功能性特征，不应作为功能性特征进行侵权比对。前述技术特征实际上限定了安全搭扣与锁定元件之间的方位关系并隐含了特定结构——“安全搭扣面对所述锁定元件延伸”，该方位和结构所起到的作用是“防止所述锁定元件的弹性变形，并锁定所述连接器”。根据这一方位和结构关系，结合涉案专利说明书及其附图，

特别是说明书第【0056】段关于“连接器的锁定由搭扣的垂直侧壁的内表面保证，内表面沿爪外侧表面延伸，因此，搭扣阻止爪向连接器外横向变形，因此连接器不能从钩形端解脱出来”的记载，本领域普通技术人员可以理解，“安全搭扣面对所述锁定元件延伸”，在延伸部分与锁定元件外表面的距离足够小的情况下，就可以起到防止锁定元件弹性变形并锁定连接器的效果。可见，前述技术特征的特点是，既限定了特定的方位和结构，又限定了该方位和结构的功能，且只有将该方位和结构及其所起到的功能结合起来理解，才能清晰地确定该方位和结构的具体内容。这种“方位或者结构＋功能性描述”的技术特征虽有对功能的描述，但是本质上仍是方位或者结构特征，不是《最高人民法院关于审理侵犯专利权纠纷案件应用法律若干问题的解释（二）》第8条意义上的功能性特征。

第二，关于被诉侵权产品是否具备前述技术特征的问题。涉案专利权利要求1的前述技术特征既限定了安全搭扣与锁定元件的方位和结构关系，又描述了安全搭扣所起到的功能，该功能对于确定安全搭扣与锁定元件的方位和结构关系具有限定作用。前述技术特征并非功能性特征，其方位、结构关系的限定和功能限定在侵权判定时均应予以考虑。本案中，被诉侵权产品的安全搭扣两侧壁内表面设有一对垂直于侧壁的凸起，当安全搭扣处于关闭位置时，其侧壁内的凸起朝向弹性元件的外表面，可以起到限制弹性元件变形张开、锁定弹性元件并防止刮水器臂从弹性元件中脱出的效果。被诉侵权产品在安全搭扣处于关闭位置时，安全搭扣两侧壁内表面垂直于侧壁的凸起朝向弹性元件的外表面，属于涉案专利权利要求1所称的“所述安全搭扣面对所述锁定元件延伸”的一种形式，且同样能够实现“防止所述锁定元件的弹性变形，并锁定所述连接器”的功能。因此，被诉侵权产品具备前述技术特征，落入涉案专利权利要求1的保护范围。原审法院在认定上述特征属于功能性特征的基础上，认定被诉侵权产品具有与上述特征等同的技术特征，比对方法及结论虽有偏差，但并未影响本案侵权判定结果。

二、关于本案诉中行为保全申请的具体处理问题

本案需要考虑的特殊情况是，原审法院虽已作出关于责令停止侵害涉案专利权的先行判决，但并未生效，专利权人继续坚持其在一审程序中的行为保全申请。此时，第二审人民法院对于停止侵害专利权的行为保全申请，可以考虑如下情况，分别予以处理：如果情况紧急或者可能造成其他损害，专利权人提

出行为保全申请，而第二审人民法院无法在行为保全申请处理期限内作出终审判决的，应当对行为保全申请单独处理，依法及时作出裁定；符合行为保全条件的，应当及时采取保全措施。此时，由于原审判决已经认定侵权成立，第二审人民法院可根据案情对该行为保全申请进行审查，且不要求必须提供担保。如果第二审人民法院能够在行为保全申请处理期限内作出终审判决的，可以及时作出判决并驳回行为保全申请。本案中，瓦莱奥公司坚持其责令卢卡斯公司、富可公司停止侵害涉案专利权的诉中行为保全申请，但是其所提交的证据并不足以证明发生了给其造成损害的紧急情况，且最高人民法院已经当庭作出判决，本案判决已经发生法律效力，另行作出责令停止侵害涉案专利权的行为保全裁定已无必要。对于瓦莱奥公司的诉中行为保全申请，不予支持。

二、指导案例55号：柏万清诉成都难寻物品营销服务中心等侵害实用新型专利权纠纷案

（最高人民法院审判委员会讨论通过　2015年11月19日发布）

关键词：民事　侵害实用新型专利权　保护范围　技术术语　侵权对比

裁判要点：专利权的保护范围应当清楚，如果实用新型专利权的权利要求书的表述存在明显瑕疵，结合涉案专利说明书、附图、本领域的公知常识及相关现有技术等，不能确定权利要求中技术术语的具体含义而导致专利权的保护范围明显不清，则因无法将其与被诉侵权技术方案进行有实质意义的侵权对比，从而不能认定被诉侵权技术方案构成侵权。

相关法条：《中华人民共和国专利法》第26条第4款、第59条第1款

基本案情：原告柏万清系专利号200420091540.7、名称为“防电磁污染服”实用新型专利（以下简称涉案专利）的专利权人。涉案专利权利要求1的技术特征为：A.一种防电磁污染服，包括上装和下装；B.服装的面料里设有起屏蔽作用的金属网或膜；C.起屏蔽作用的金属网或膜由导磁率高而无剩磁的金属细丝或者金属粉末构成。该专利说明书载明，该专利的目的是提供一种成本低、保护范围宽和效果好的防电磁污染服。其特征在于所述服装在面料里设有由导磁率高而无剩磁的金属细丝或者金属粉末构成的起屏蔽保护作用的金属网或膜。所述金属细丝可用市售5到8丝的铜丝等，所述金属粉末可用如软铁粉末等。附图1、2表明，防护服是在不改变已有服装样式和面料功能的基础上，通过在面料里织进导电金属细丝或者以喷、涂、扩散、浸泡和印染等任

一方式的加工方法将导电金属粉末与面料复合，构成带网眼的网状结构即可。

2010年5月28日，成都难寻物品营销服务中心销售了由上海添香实业有限公司生产的添香牌防辐射服上装，该产品售价490元，其技术特征是：a.一种防电磁污染服上装；b.服装的面料里设有起屏蔽作用的金属防护网；c.起屏蔽作用的金属防护网由不锈钢金属纤维构成。7月19日，柏万清以成都难寻物品营销服务中心销售、上海添香实业有限公司生产的添香牌防辐射服上装（以下简称被诉侵权产品）侵犯涉案专利权为由，向四川省成都市中级人民法院提起民事诉讼，请求判令成都难寻物品营销服务中心立即停止销售被控侵权产品；上海添香实业有限公司停止生产、销售被控侵权产品，并赔偿经济损失100万元。

裁判结果：四川省成都市中级人民法院于2011年2月18日作出（2010）成民初字第597号民事判决，驳回柏万清的诉讼请求。宣判后，柏万清提起上诉。四川省高级人民法院于2011年10月24日作出（2011）川民终字第391号民事判决驳回柏万清上诉，维持原判。柏万清不服，向最高人民法院申请再审，最高人民法院于2012年12月28日裁定驳回其再审申请。

裁判理由：法院生效裁判认为：本案争议焦点是上海添香实业有限公司生产、成都难寻物品营销服务中心销售的被控侵权产品是否侵犯柏万清的“防电磁污染服”实用新型专利权。《中华人民共和国专利法》第二十六条第四款规定：“权利要求书应当以说明书为依据，清楚、简要地限定要求专利保护的范围。”第五十九条第一款规定：“发明或者实用新型专利权的保护范围以其权利要求的内容为准，说明书及附图可以用于解释权利要求的内容。”可见，准确界定专利权的保护范围，是认定被诉侵权技术方案是否构成侵权的前提条件。如果权利要求书的撰写存在明显瑕疵，结合涉案专利说明书、附图、本领域的公知常识以及相关现有技术等，仍然不能确定权利要求中技术术语的具体含义，无法准确确定专利权的保护范围的，则无法将被诉侵权技术方案与之进行有意义的侵权对比。因此，对于保护范围明显不清楚的专利权，不能认定被诉侵权技术方案构成侵权。

本案中，涉案专利权利要求1的技术特征C中的“导磁率高”的具体范围难以确定。首先，根据柏万清提供的证据，虽然磁导率有时也被称为导磁率，但磁导率有绝对磁导率与相对磁导率之分，根据具体条件的不同还涉及起始磁导率 μi、最大磁导率 μm 等概念。不同概念的含义不同，计算方式也不尽相同。磁导率并非常数，磁场强度H发生变化时，即可观察到磁导率的变化。但是在涉案专利说明书中，既没有记载导磁率在涉案专利技术方案中是指相对磁导率还是绝对磁导率或者其他概念，又没有记载导磁率高的具体范围，也没有记载包括磁场强度H等在内的计算导磁率的客观条件。本领域技术人员根据涉案专利说明书，难以确定涉案专利中所称的导磁率高的具体含义。其次，从柏万清提交的相关证据来看，虽能证明有些现有技术中确实采用了高磁导率、高导磁率等表述，但根据技术领域以及磁场强度的不同，所谓高导磁率的含义十分宽泛，从80 Gs/Oe至83.5×104 Gs/Oe均被柏万清称为高导磁率。柏万清提供的证据并不能证明在涉案专利所属技术领域中，本领域技术人员对于高导磁率的含义或者范围有着相对统一的认识。最后，柏万清主张根据具体使用环境的不同，本领域技术人员可以确定具体的安全下限，从而确定所需的导磁率。该主张实际上是将能够实现防辐射目的的所有情形均纳入涉案专利权的保护范围，保护范围过于宽泛，亦缺乏事实和法律依据。

综上所述，根据涉案专利说明书以及柏万清提供的有关证据，本领域技术人员难以确定权利要求1技术特征C中“导磁率高”的具体范围或者具体含义，不能准确确定权利要求1的保护范围，无法将被诉侵权产品与之进行有实质意义的侵权对比。因此，二审判决认定柏万清未能举证证明被诉侵权产品落入涉案专利权的保护范围，并无不当。

三、指导案例85号：高仪股份公司诉浙江健龙卫浴有限公司侵害外观设计专利权纠纷案

（最高人民法院审判委员会讨论通过　2017年3月6日发布）

关键词： 民事　侵害外观设计专利　设计特征　功能性特征　整体视觉效果

裁判要点： 1. 授权外观设计的设计特征体现了其不同于现有设计的创新内容，也体现了设计人对现有设计的创造性贡献。如果被诉侵权设计未包含授权外观设计区别于现有设计的全部设计特征，一般可以推定被诉侵权设计与授权外观设计不近似。

2. 对设计特征的认定，应当由专利权人对其所主张的设计特征进行举证。人民法院在听取各方当事人质证意见基础上，对证据进行充分审查，依法确定授权外观设计的设计特征。

3. 对功能性设计特征的认定，取决于外观设计产品的一般消费者看来该设

计是否仅仅由特定功能所决定，而不需要考虑该设计是否具有美感。功能性设计特征对于外观设计的整体视觉效果不具有显著影响。功能性与装饰性兼具的设计特征对整体视觉效果的影响需要考虑其装饰性的强弱，装饰性越强，对整体视觉效果的影响越大，反之则越小。

相关法条：《中华人民共和国专利法》第59条第2款

基本案情：高仪股份公司（以下简称高仪公司）为“手持淋浴喷头（No. A4284410X2）”外观设计专利的权利人，该外观设计专利现合法有效。2012年11月，高仪公司以浙江健龙卫浴有限公司（以下简称健龙公司）生产、销售和许诺销售的丽雅系列等卫浴产品侵害其“手持淋浴喷头”外观设计专利权为由提起诉讼，请求法院判令健龙公司立即停止被诉侵权行为，销毁库存的侵权产品及专用于生产侵权产品的模具，并赔偿高仪公司经济损失20万元。经一审庭审比对，健龙公司被诉侵权产品与高仪公司涉案外观设计专利的相同之处为：二者属于同类产品，从整体上看，二者均是由喷头头部和手柄两个部分组成，被诉侵权产品头部出水面的形状与涉案专利相同，均表现为出水孔呈放射状分布在两端圆、中间长方形的区域内，边缘呈圆弧状。两者的不同之处为：1. 被诉侵权产品的喷头头部四周为斜面，从背面向出水口倾斜，而涉案专利主视图及左视图中显示其喷头头部四周为圆弧面；2. 被诉侵权产品头部的出水面与面板间仅由一根线条分隔，涉案专利头部的出水面与面板间由两条线条构成的带状分隔；3. 被诉侵权产品头部出水面的出水孔分布方式与涉案专利略有不同；4. 涉案专利的手柄上有长椭圆形的开关设计，被诉侵权产品没有；5. 涉案专利中头部与手柄的连接虽然有一定的斜角，但角度很小，几乎为直线形连接，被诉侵权产品头部与手柄的连接产生的斜角角度较大；6. 从涉案专利的仰视图看，手柄底部为圆形，被诉侵权产品仰视的底部为曲面扇形，涉案专利手柄下端为圆柱体，向与头部连接处方向逐步收缩压扁呈扁椭圆体，被诉侵权产品的手柄下端为扇面柱体，且向与喷头连接处过渡均为扇面柱体，过渡中的手柄中段有弧度的突起；7. 被诉侵权产品的手柄底端有一条弧形的装饰线，将手柄底端与产品的背面连成一体，涉案专利的手柄底端没有这样的设计；8. 涉案专利头部和手柄的长度比例与被诉侵权产品有所差别，两者的头部与手柄的连接处弧面亦有差别。

裁判结果：浙江省台州市中级人民法院于2013年3月5日作出（2012）浙台知民初字第573号民事判决，驳回高仪公司诉讼请求。高仪公司不服，提起上诉。浙江省高级人民法院于2013年9月27日作出（2013）浙知终字第255号民事判决：1.撤销浙江省台州市中级人民法院（2012）浙台知民初字第573号民事判决；2.健龙公司立即停止制造、许诺销售、销售侵害高仪公司“手持淋浴喷头”外观设计专利权的产品的行为，销毁库存的侵权产品；3.健龙公司赔偿高仪公司经济损失（含高仪公司为制止侵权行为所支出的合理费用）人民币10万元；4.驳回高仪公司的其他诉讼请求。健龙公司不服，提起再审申请。最高人民法院于2015年8月11日作出（2015）民提字第23号民事判决：1.撤销二审判决；2.维持一审判决。

裁判理由：法院生效裁判认为，本案的争议焦点在于被诉侵权产品外观设计是否落入涉案外观设计专利权的保护范围。

专利法第五十九条第二款规定：“外观设计专利权的保护范围以表示在图片或者照片中的该产品的外观设计为准，简要说明可以用于解释图片或者照片所表示的该产品的外观设计。”《最高人民法院关于审理侵犯专利权纠纷案件应用法律若干问题的解释》（以下简称《侵犯专利权纠纷案件解释》）第八条规定：“在与外观设计专利产品相同或者相近种类产品上，采用与授权外观设计相同或者近似的外观设计的，人民法院应当认定被诉侵权设计落入专利法第五十九条第二款规定的外观设计专利权的保护范围”；第十条规定：“人民法院应当以外观设计专利产品的一般消费者的知识水平和认知能力，判断外观设计是否相同或者近似。”本案中，被诉侵权产品与涉案外观设计专利产品相同，均为淋浴喷头类产品，因此，本案的关键问题是对于一般消费者而言，被诉侵权产品外观设计与涉案授权外观设计是否相同或者近似，具体涉及以下四个问题：

一、关于涉案授权外观设计的设计特征

外观设计专利制度的立法目的在于保护具有美感的创新性工业设计方案，一项外观设计应当具有区别于现有设计的可识别性创新设计才能获得专利授权，该创新设计即是授权外观设计的设计特征。通常情况下，外观设计的设计人都是以现有设计为基础进行创新。对于已有产品，获得专利权的外观设计一般会具有现有设计的部分内容，同时具有与现有设计不相同也不近似的设计内容，正是这部分设计内容使得该授权外观设计具有创新性，从而满足专利法第二十三条所规定的实质性授权条件：不属于现有设计也不存在抵触申请，并且与现有设计或者现有设计特征的组合相比具有明显区别。对于该部分设计内容的描述即构成授权外观设计的设计特征，其体现了授权外观设计不同于现有设计的创新内容，也体现了设计人对现有设计的创造性贡献。由于设计特征的存在，一般消费者容易将授权外观设计区别于现有设计，因此，其对外观设计产品的整体视觉效果具有显著影响，如果被诉侵权设计未包含授权外观设计区别于现有设计的全部设计特征，一般可以推定被诉侵权设计与授权外观设计不近似。

对于设计特征的认定，一般来说，专利权人可能将设计特征记载在简要说明中，也可能会在专利授权确权或者侵权程序中对设计特征作出相应陈述。根据"谁主张、谁举证"的证据规则，专利权人应当对其所主张的设计特征进行举证。另外，授权确权程序的目的在于对外观设计是否具有专利性进行审查，因此，该过程中有关审查文档的相关记载对确定设计特征有着重要的参考意义。理想状态下，对外观设计专利的授权确权，应当是在对整个现有设计检索后的基础上确定对比设计来评判其专利性，但是，由于检索数据库的限制、无效宣告请求人检索能力的局限等原因，授权确权程序中有关审查文档所确定的设计特征可能不是在穷尽整个现有设计的检索基础上得出的，因此，无论是专利权人举证证明的设计特征，还是通过授权确权有关审查文档记载确定的设计特征，如果第三人提出异议，都应当允许其提供反证予以推翻。人民法院在听取各方当事人质证意见的基础上，对证据进行充分审查，依法确定授权外观设计的设计特征。

本案中，专利权人高仪公司主张跑道状的出水面为涉案授权外观设计的设计特征，健龙公司对此不予认可。对此，法院生效裁判认为，首先，涉案授权外观设计没有简要说明记载其设计特征，高仪公司在二审诉讼中提交了12份淋浴喷头产品的外观设计专利文件，其中7份记载的公告日早于涉案专利的申请日，其所附图片表示的外观设计均未采用跑道状的出水面。在针对涉案授权外观设计的无效宣告请求审查程序中，专利复审委员会作出第17086号决定，认定涉案授权外观设计与最接近的对比设计证据1相比："从整体形状上看，与在先公开的设计相比，本专利喷头及其各面过渡的形状、喷头正面出水区域的设计以及喷头宽度与手柄直径的比例具有较大差别，上述差别均是一般消费者容易关注的设计内容"，即该决定认定喷头出水面形状的设计为涉案授权外观设计的设计特征之一。其次，健龙公司虽然不认可跑道状的出水面为涉案授权外观设计的设计特征，但是在本案一、二审诉讼中其均未提交相应证据证明跑道状的出水面为现有设计。本案再审审查阶段，健龙公司提交200630113512.5号淋浴喷头外观设计专利视图拟证明跑道状的出水面已被现有设计所公开，经审查，该外观设计专利公告日早于涉案授权外观设计申请日，可以作为涉案授权外观设计的现有设计，但是其主视图和使用状态参考图所显示的出水面两端呈矩形而非呈圆弧形，其出水面并非跑道状。因此，对于健龙公司关于跑道状出水面不是涉案授权外观设计的设计特征的再审申请理由，本院不予支持。

二、关于涉案授权外观设计产品正常使用时容易被直接观察到的部位

认定授权外观设计产品正常使用时容易被直接观察到的部位，应当以一般消费者的视角，根据产品用途，综合考虑产品的各种使用状态得出。本案中，首先，涉案授权外观设计是淋浴喷头产品外观设计，淋浴喷头产品由喷头、手柄构成，二者在整个产品结构中所占空间比例相差不大。淋浴喷头产品可以手持，也可以挂于墙上使用，在其正常使用状态下，对于一般消费者而言，喷头、手柄及其连接处均是容易被直接观察到的部位。其次，第17086号决定认定在先申请的设计证据2与涉案授权外观设计采用了同样的跑道状出水面，但是基于涉案授权外观设计的“喷头与手柄成一体，喷头及其与手柄连接的各面均为弧面且喷头前倾，此与在先申请的设计相比具有较大的差别，上述差别均是一般消费者容易关注的设计内容”，认定二者属于不相同且不相近似的外观设计。可见，淋浴喷头产品容易被直接观察到的部位并不仅限于其喷头头部出水面，在对淋浴喷头产品外观设计的整体视觉效果进行综合判断时，其喷头、手柄及其连接处均应作为容易被直接观察到的部位予以考虑。

三、关于涉案授权外观设计手柄上的推钮是否为功能性设计特征

外观设计的功能性设计特征是指那些在外观设计产品的一般消费者看来，由产品所要实现的特定功能唯一决定而不考虑美学因素的特征。通常情况下，设计人在进行产品外观设计时，会同时考虑功能因素和美学因素。在实现产品功能的前提下，遵循人文规律和法则对产品外观进行改进，即产品必须首先实现其功能，其次还要在视觉上具有美感。具体到一项外观设计的某一特征，大多数情况下均兼具功能性和装饰性，设计者会在能够实现特定功能的多种设计中选择一种其认为最具美感的设计，而仅由特定功能唯一决定的设计只有在少数特殊情况下存在。因此，外观设计的功能性设计特征包括两种：一是实现特定功能的唯一设计；二是实现特定功能的多种设计之一，但是该设计仅由所要

实现的特定功能决定而与美学因素的考虑无关。对功能性设计特征的认定，不在于该设计是否因功能或技术条件的限制而不具有可选择性，而在于外观设计产品的一般消费者看来该设计是否仅仅由特定功能所决定，而不需要考虑该设计是否具有美感。一般而言，功能性设计特征对于外观设计的整体视觉效果不具有显著影响；而功能性与装饰性兼具的设计特征对整体视觉效果的影响需要考虑其装饰性的强弱，装饰性越强，对整体视觉效果的影响相对较大，反之则相对较小。

本案中，涉案授权外观设计与被诉侵权产品外观设计的区别之一在于后者缺乏前者在手柄位置上具有的一类跑道状推钮设计。推钮的功能是控制水流开关，是否设置推钮这一部件是由是否需要在淋浴喷头产品上实现控制水流开关的功能所决定的，但是，只要在淋浴喷头手柄位置设置推钮，该推钮的形状就可以有多种设计。当一般消费者看到淋浴喷头手柄上的推钮时，自然会关注其装饰性，考虑该推钮设计是否美观，而不是仅仅考虑该推钮是否能实现控制水流开关的功能。涉案授权外观设计的设计者选择将手柄位置的推钮设计为类跑道状，其目的也在于与其跑道状的出水面相协调，增加产品整体上的美感。因此，二审判决认定涉案授权外观设计中的推钮为功能性设计特征，适用法律错误，本院予以纠正。

四、关于被诉侵权产品外观设计与涉案授权外观设计是否构成相同或者近似

《侵犯专利权纠纷案件解释》第十一条规定，认定外观设计是否相同或者近似时，应当根据授权外观设计、被诉侵权设计的设计特征，以外观设计的整体视觉效果进行综合判断；对于主要由技术功能决定的设计特征，应当不予考虑。产品正常使用时容易被直接观察到的部位相对于其他部位、授权外观设计区别于现有设计的设计特征相对于授权外观设计的其他设计特征，通常对外观设计的整体视觉效果更具有影响。

本案中，被诉侵权产品外观设计与涉案授权外观设计相比，其出水孔分布在喷头正面跑道状的区域内，虽然出水孔的数量及其在出水面两端的分布与涉案授权外观设计存在些许差别，但是总体上，被诉侵权产品采用了与涉案授权外观设计高度近似的跑道状出水面设计。关于两者的区别设计特征，一审法院归纳了八个方面，对此双方当事人均无异议。对于这些区别设计特征，首先，如前所述，第17086号决定认定涉案外观设计专利的设计特征有三点：一是喷

头及其各面过渡的形状，二是喷头出水面形状，三是喷头宽度与手柄直径的比例。除喷头出水面形状这一设计特征之外，喷头及其各面过渡的形状、喷头宽度与手柄直径的比例等设计特征也对产品整体视觉效果产生显著影响。虽然被诉侵权产品外观设计采用了与涉案授权外观设计高度近似的跑道状出水面，但是，在喷头及其各面过渡的形状这一设计特征上，涉案授权外观设计的喷头、手柄及其连接各面均呈圆弧过渡，而被诉侵权产品外观设计的喷头、手柄及其连接各面均为斜面过渡，从而使得二者在整体设计风格上呈现明显差异。另外，对于非设计特征之外的被诉侵权产品外观设计与涉案授权外观设计相比的区别设计特征，只要其足以使两者在整体视觉效果上产生明显差异，也应予以考虑。其次，淋浴喷头产品的喷头、手柄及其连接处均为其正常使用时容易被直接观察到的部位，在对整体视觉效果进行综合判断时，在上述部位上的设计均应予以重点考查。具体而言，涉案授权外观设计的手柄上设置有一类跑道状推钮，而被诉侵权产品无此设计，因该推钮并非功能性设计特征，推钮的有无这一区别设计特征会对产品的整体视觉效果产生影响；涉案授权外观设计的喷头与手柄连接产生的斜角角度较小，而被诉侵权产品的喷头与手柄连接产生的斜角角度较大，从而使得两者在左视图上呈现明显差异。正是由于被诉侵权产品外观设计未包含涉案授权外观设计的全部设计特征，以及被诉侵权产品外观设计与涉案授权外观设计在手柄、喷头与手柄连接处的设计等区别设计特征，使得两者在整体视觉效果上呈现明显差异，两者既不相同也不近似，被诉侵权产品外观设计未落入涉案外观设计专利权的保护范围。二审判决仅重点考虑了涉案授权外观设计跑道状出水面的设计特征，而对于涉案授权外观设计的其他设计特征，以及淋浴喷头产品正常使用时其他容易被直接观察到的部位上被诉侵权产品外观设计与涉案授权外观设计专利的区别设计特征未予考虑，认定两者构成近似，适用法律错误，本院予以纠正。

综上，健龙公司生产、许诺销售、销售的被诉侵权产品外观设计与高仪公司所有的涉案授权外观设计既不相同也不近似，未落入涉案外观设计专利权保护范围，健龙公司生产、许诺销售、销售被诉侵权产品的行为不构成对高仪公司涉案专利权的侵害。二审判决适用法律错误，本院依法应予纠正。

典型案例

一、庞某某诉江苏超能电气有限公司、四川华能东西关水电股份有限公司侵害发明专利权纠纷案

关键词：发明专利　侵权　权利要求解释　内部证据

裁判摘要：在解释权利要求时，说明书及附图、专利审查档案等内部证据相对于工具书、教科书等外部证据具有优先地位。在依据内部证据能够明确地解释权利要求的内容时，不再依据外部证据进行解释。

基本案情：庞某某是专利号为02135704.8、名称为“弹性力偶盘车装置”的发明专利的专利权人。庞某某认为，江苏超能电气有限公司出售的安装在四川华能东西关水电股份有限公司内的自动盘车装置侵害其专利权，故起诉请求判令江苏超能电气有限公司停止侵权并经济损失。江苏省南京市中级人民法院一审判决驳回庞某某的诉讼请求。庞某某提起上诉。最高人民法院二审判决驳回庞某某上诉，维持原判。最高人民法院生效裁判认为，权利要求的内容需要结合说明书及附图等进行解释。在解释过程中，需要考虑说明书记载的专利要解决的技术问题及达到的技术效果等内容。在解释权利要求时，说明书及附图、专利审查档案等内部证据相对于工具书、教科书等外部证据具有优先地位。在依据内部证据能够明确地解释权利要求的内容时，不应当依据外部证据进行解释。

关于“截面呈U形的壳体”的技术特征。本领域技术人员根据说明书及附图记载或者显示的壳体形状及其达到的技术效果等信息，能够得出涉案专利壳体截面应为连续不间断U形的结论。在此基础上，一审及二审法院认定被诉侵权产品不具备“截面呈U形的壳体”这一技术特征并无不妥。庞某某抛开涉案专利说明书及附图，以《中华人民共和国国家标准技术制图图样画法视图》、(2021)厦鹭证内字第37978号公证书等材料为由主张涉案专利权利要求中“截面呈U形的壳体”应解释为“有截面为U形”缺乏法律依据，不能成立。

关于“弹性支架”的技术特征。本领域技术人员根据说明书及附图内容可以理解，正是由于弹性支架的存在，才使得被动设备上机架6与盘车装置之间

为弹性连接，以区别于现有技术中上述部件之间的刚性连接，从而具备相应的技术效果。该弹性连接方式亦与涉案专利说明书中所述减速机2、壳体盖板3及壳体4之间的刚性连接不同。一审及二审法院认定被诉侵权产品不具备“弹性支架”的技术特征并无不妥。庞某某抛开涉案专利说明书及附图，以《钢结构》《钢结构建筑入门》等材料为由，认为刚性是理想状态下的抽象概念，根本不存在刚性材料，从而作出与涉案专利说明书及附图不符的解释，缺乏法律依据，不能成立。

【案　　号】（2020）最高法知民终310号

【审理法院】最高人民法院

【来　　源】《最高人民法院知识产权案件年度报告（2021）》

二、ALC粘合剂技术责任有限公司诉温州市星耕鞋材有限公司侵害发明专利权纠纷案

关键词：使用环境特征　专利权人　专利权利要求书

裁判摘要：使用环境特征系权利要求中用来描述发明创造的使用背景或者条件的技术特征，其并不限于与被保护对象的安装位置或者连接结构等相关的技术特征，在特定情况下还包括与被保护对象的用途、适用对象、使用方式等相关的技术特征。

基本案情：ALC粘合剂技术责任有限公司（以下简称ALC粘合剂公司）是专利号为200780032234.2、名称为“在例如鞋的内鞋底的物体的表面上施加粘合剂层的机器和相关方法”的发明专利的专利权人。ALC粘合剂公司认为，温州市星耕鞋材有限公司（以下简称星耕鞋材公司）销售的“烫底机”及“烫底胶”涉嫌侵害其专利权，故起诉请求判令星耕鞋材公司停止侵权并赔偿经济损失及维权合理支出。浙江省宁波市中级人民法院一审判决星耕鞋材公司停止侵权并赔偿ALC粘合剂公司经济损失6万元。ALC粘合剂公司、星耕鞋材公司均不服，提起上诉。最高人民法院二审判决维持一审判决关于停止侵害的判项，改判星耕鞋材公司赔偿ALC粘合剂公司经济损失20万元以及为制止侵权所产生的合理支出5万元。最高人民法院二审认为，关于被诉侵权技术方案是否落入涉案专利权保护范围的问题，首先，“第一带”“第二带”“所述物体”构成涉案专利被保护主题对象“机器”的使用环境特征。所谓使用环境特征，是指权利要求中用来描述发明所使用的背景或条件的技术特征。按照技术特征所

限定的具体对象的不同，技术特征可分为直接限定专利保护主题对象本身的技术特征以及通过限定保护主题对象之外的技术内容来限定保护主题对象的技术特征。前者一般表现为直接限定专利保护主题对象的结构、组分、材料等，后者则表现为限定专利保护主题对象的使用背景、条件、适用对象等，进而间接限定专利保护主题对象，因而被称为“使用环境特征”。常见的使用环境特征多表现为限定被保护主题对象的安装、连接、使用等条件和环境。但鉴于专利要求保护的技术方案的复杂性，使用环境特征并不仅仅限于那些与被保护主题对象安装位置或连接结构直接有关的结构特征。其次，对于产品权利要求而言，用于说明有关被保护主题对象的用途、适用对象、使用方式等的技术特征，虽对产品的结构并不具有直接限定作用，也属于使用环境特征。本案涉案专利权利要求1的被保护主题对象是“一种能够施加粘合剂层到一物体表面的机器”。通过阅读说明书和附图，本领域技术人员可以理解，本发明中，机器是涉案发明的保护主题对象，通过机器的第一进料装置输送“第一带”、第二进料装置输送“第二带”，并利用机器剥离装置的共同作用，可实现在“所述物体”一表面上施加粘合剂并剥离多余粘合剂的功能。关于“所述物体”，根据权利要求及说明书的记载，其实际只要具备两个相反表面即可。在此，“第一带”“第二带”及“所述物体”均不是机器本身的组成部件，“第一带”“第二带”是机器运转过程中必备的物料，“所述物体”是机器的加工对象，系用于说明被保护主题对象的用途、适用对象、使用方式等的技术特征，属于使用环境特征。

【案　　号】（2020）最高法知民终313号

【审理法院】最高人民法院

【来　　源】《最高人民法院知识产权案件年度报告（2021）》

三、邓某某诉深圳市鑫华隆科技有限公司侵害实用新型专利权纠纷案

关键词：实用新型专利　侵权　特意排除　等同原则

裁判摘要：本领域普通技术人员阅读权利要求书、说明书后，认为专利申请人或者专利权人在权利要求中特意强调某一特征的用语含义而有意排除特定技术方案的，不应再通过适用等同原则将被排除的技术方案纳入专利权保护范围。

基本案情：邓某某是专利号为201420474545.1、名称为“PCB板的印锡

贴片焊接治具”的实用新型专利的专利权人。邓某某认为，深圳市鑫华隆科技有限公司（以下简称鑫华隆公司）未经其许可，制造、销售落入涉案专利权保护范围的产品，侵害了其专利权，故起诉请求判令鑫华隆公司停止侵害并赔偿经济损失及维权合理开支22.711万元。广东省深圳市中级人民法院一审判决判令鑫华隆公司停止侵害，并赔偿邓某某经济损失及维权合理开支共计15万元。鑫华隆公司不服，提起上诉。最高人民法院二审撤销原审判决，驳回邓某某的诉讼请求。最高人民法院认为，关于等同原则的适用，一方面，在专利侵权判定中，等同原则是对专利权利要求字面保护范围的扩张，是对专利权字面侵权的适当补充，为专利权人提供了切实有效的法律保护，鼓励了技术创新；另一方面，专利制度本身又要确保专利权的保护范围具有足够的法律确定性和可预见性，不因滥用等同原则致使专利权保护范围缺乏确定性而损害社会公众的利益。具体到本案，判断被诉侵权产品技术特征d与涉案专利技术特征D是否构成等同技术特征的关键在于，本领域普通技术人员在阅读权利要求书、说明书后，是否认为专利申请人或者专利权人特意强调某一特征用语，并排除特定技术方案。权利要求具有公示性，上述特征用语对专利权保护范围具有限定作用，专利权人在专利申请阶段对于上述特征用语的表述应给予足够的注意。如果对于本领域普通技术人员而言，专利申请人或者专利权人在权利要求中特定强调并有意排除特定技术方案的，不宜再通过适用等同将其纳入专利权保护范围。涉案专利技术特征D“治具托盘的每个边上均活动安装有用于夹持PCB板边位的边位推拉装置”明确限定了在“每个边上”设置边位夹持装置，结合专利说明书[0011]段关于涉案专利有益效果的描述，角位夹持和边位夹持结合的结构一方面方便PCB板固定与拆装，另一方面在回流锡焊过程中能够实现对PCB板的稳固夹持。由此，本领域普通技术人员可知，在已具备角位夹持PCB板予以固定的情况下，只在治具托盘相对的两个边上设置边位推拉装置与每个边上设置边位推拉装置对于稳固夹持PCB板的功效基本相同，二者并无实质性差异。由此，因涉案专利技术特征D“治具托盘的每个边上均活动安装有用于夹持PCB板边位的边位推拉装置”特意强调了“每个边上”的限定作用，本领域普通技术人员在阅读权利要求书和说明书后可以理解，权利人在专利申请时存在排除被诉侵权产品技术特征d“在治具托盘相对的两个边上活动安装有用于夹持PCB板边位的边位推拉装置”的意思，故不应将该技术方案再以等同认定纳入专利权保护范围。被诉侵权产品技术特征d与涉案专利技术特征D不相同也不等同，未落入涉案专利权的保护范围。

【案　　号】(2020)最高法知民终1310号

【审理法院】最高人民法院

【来　　源】《最高人民法院知识产权案件年度报告(2020)》

四、阿尔法拉瓦尔股份有限公司诉中国船舶重工集团公司第七一一研究所、上海齐耀热能工程有限公司、上海齐达重型装备有限公司、侵害发明专利权纠纷案

关键词：发明专利　侵权　国际申请文本　权利要求解释　捐献原则　等同侵权

裁判摘要：对于基于国际申请授予的专利权，其原始国际申请以及相应的申请文本具有法律效力。并且，国际申请文本也是专利审查档案的重要组成部分。当事人对权利要求中特定技术内容的解释存在争议时，人民法院可以依法参考国际申请文件中相应部分的原文，解释权利要求的内容。

基本案情：在再审申请人中国船舶重工集团公司第七一一研究所(以下简称七一一研究所)、上海齐耀热能工程有限公司(以下简称齐耀公司)与被申请人阿尔法拉瓦尔股份有限公司(以下简称阿尔法拉瓦尔公司)，一审被告上海齐达重型装备有限公司(以下简称齐达公司)侵害发明专利权纠纷案(以下简称“热交换板”专利侵权纠纷案)中，阿尔法拉瓦尔公司系名称为“加强的热交换板”、专利号为200980154696.0的发明专利(以下简称涉案专利)的专利权人。阿尔法拉瓦尔公司诉称，七一一研究所、齐耀公司、齐达公司生产、使用、销售、许诺销售的板式换热器(以下简称被诉侵权产品)侵犯了涉案专利权，请求法院判令三被告停止侵权、销毁库存侵权产品及生产模具、赔偿经济损失100万元及合理开支636135元。上海知识产权法院一审认为，被诉侵权产品落入涉案专利权保护范围，七一一研究所、齐耀公司实施了被诉侵权行为，应当承担侵权责任。齐达公司仅提供了场地，未实际参与生产、使用、销售和许诺销售被控侵权产品的行为。遂判决七一一研究所、齐耀公司停止侵权并赔偿经济损失100万元及合理开支40万元。阿尔法拉瓦尔公司、七一一研究所、齐耀公司均不服，提起上诉。上海市高级人民法院二审判决驳回上诉，维持原判。七一一研究所、齐耀公司不服，向最高人民法院申请再审。最高人民法院裁定驳回七一一研究所、齐耀公司的再审申请。最高人民法院审

查认为，我国是《专利合作条约》的缔约国，依法履行相应的国际义务。根据《专利法实施细则》的相关规定，对于基于国际申请授予的专利权，其原始国际申请以及相应的申请文本具有法律效力。并且，国际申请文本也是专利审查档案的重要组成部分。因此，当事人对权利要求中特定技术内容的解释存在争议时，人民法院可以依法参考国际申请文件中相应部分的原文，解释权利要求的内容。本案中，与争议技术特征有关的国际申请原文中的相关表述为“substantial or even total”，其含义与涉案专利说明书中的“相当大地或甚至整个”相符。因此，根据涉案专利国际申请原文中的相应表述，不能认定争议技术特征中的“相当大地（减少顶部峰线）”覆盖了“整个（减少顶部峰线）”。

【案　　号】（2020）最高法民申969号

【审理法院】最高人民法院

【来　　源】《最高人民法院知识产权案件年度报告（2020）》

五、孙某某诉湖南景怡生态科技股份有限公司侵害发明专利权纠纷案

关键词：发明专利　侵权　主题名称　实质限定作用

裁判摘要：如果权利要求主题名称记载的效果、功能，不是该权利要求特征部分记载的结构、组分、步骤、条件或其之间的关系等能够实现的效果、功能，却是专利技术方案与现有技术方案的区别之所在，那么权利要求主题名称所记载的效果、功能对该权利要求的保护范围具有实质限定作用。

基本案情：孙某某是专利号为201110239591.4、名称为“有水位高度调节功能的插槽连接式绿化砖”的发明专利的专利权人。孙某某认为，湖南景怡生态科技股份有限公司（以下简称景怡公司）未经专利权人的许可，以生产、经营为目的制造、销售、许诺销售、使用的产品落入涉案专利独立权利要求1和独立权利要求10的保护范围，侵害了其专利权，故起诉请求判令景怡公司停止侵害、销毁侵权产品及有关专用模具，并赔偿经济损失和维权合理开支。广西壮族自治区南宁市中级人民法院一审判决驳回孙希贤的全部诉讼请求。孙某某不服，上诉至最高人民法院。最高人民法院二审判决驳回上诉，维持原判。最高人民法院二审认为，确定专利权的保护范围时，独立权利要求的前序部分、特征部分以及从属权利要求的引用部分、限定部分记载的技术特征均有限定作用。主题名称包含的对全部技术特征所构成的技术方案的抽象和概括是主题名称的核心部分，是对专利技术方案的命名，在专利授权和确权时用来确

定专利所属的技术领域。产品专利的主题名称的结构可能不是单一的，其中包含的用途限定内容以及以效果、功能方式表述的限定内容，其实际限定作用取决于该内容对权利要求所要保护的产品产生了何种影响。对于用途限定而言，如果对要求保护的产品没有带来影响，则这一内容对权利要求保护范围的确定不起作用；如果用途限定隐含或者导致要求保护的产品具有某种特定结构、组成等，则对于权利要求保护范围的确定起到限定作用。对于以效果、功能方式描述的限定内容，如果上述内容是对特征部分记载的产品结构、组分等能够达到的效果、功能的描述，则其实际限定作用通过特征部分的记载得以实现；如果上述内容不是对特征部分记载的结构、组分等能够实现的效果、功能的描述，尤其当限定内容描述的效果、功能被用以区别于现有技术的，该内容实际已构成具体的技术特征。涉案权利要求 1 主题名称中记载的“水位高度调节功能”是对其特征部分两个技术特征实现的功能的描述；权利要 10 的特征部分并没有记载实现水位高度调节的方式，因此权利要求 10 主题名称中的“水位高度调节功能”并非对专利技术方案的概括，如何实现水位高度调节功能被用于将涉案专利区别于现有技术，因此虽然“水位高度调节功能”形式上记载在独立权利要求 10 的主题名称中，但其对保护范围具有限定作用。

【案　　号】（2019）最高法知民终 657 号

【审理法院】最高人民法院

【来　　源】《最高人民法院知识产权案件年度报告（2019）》

六、深圳前海火树星桥科技有限公司诉武汉九万里科技有限公司、深圳市福田区嘉乐装饰五金商行侵害发明专利权纠纷案

关键词：发明专利　侵权　权利要求解释　全面覆盖

裁判摘要： 对于权利要求和说明书已有明确界定的技术特征，不能脱离其所界定的明确含义对其作抽象解释，进而不适当地扩大专利权的保护范围。

基本案情：深圳前海火树星桥科技有限公司（以下简称前海公司）为专利号为 200910300458.8、名称为“电子锁系统及其电子锁和解锁方法”发明专利的专利权人。前海公司认为，武汉九万里科技有限公司（以下简称九万里公司）制造、销售、许诺销售、深圳市福田区嘉乐装饰五金商行（以下简称嘉乐五金商行）销售、许诺销售的 W300、W500 两种型号智能锁，侵害了其专利权，故提起诉讼，请求判令九万里公司、嘉乐五金商行立即停止侵权并赔偿经

济损失。广东省深圳市中级人民法院一审判决判决嘉乐五金商行、九万里公司停止侵害并赔偿经济损失。九万里公司、嘉乐五金商行不服，提起上诉。最高人民法院二审判决撤销一审判决，驳回前海公司全部诉讼请求。最高人民法院二审认为，对于权利要求和说明书已有明确界定的特定技术特征，原则上不能脱离说明书对其作抽象解释，进而不适当地扩大专利权的保护范围。具体到本案，涉案专利权利要求6和10明确记载了“预设的通知信息”内容。根据专利说明书第[0020]段关于“……所述密码、通知信息、验证信息为文字或者数字。所述用户密码、通知信息和验证信息也可以是同一个数据”的记载，本领域技术人员可知电子锁“预设的通知信息”应为具体的数据信息，其内容特定，从而可以预设在电子锁存储单元中，并发送给通讯设备使电子锁与通讯设备之间实现特定通知信息的传输，通讯设备根据该特定通知信息输出提示信息供用户选择确认。故涉案专利权利要求6和10记载的“预设的通知信息”相关技术特征，限定了电子锁与通讯设备之间传输预设于锁体存储单元中的特定通知信息的通信方式。虽然该特定的通知信息的具体内容不必然为用户所感知，但其应具有特定性和可识别性，能够与其他信息区别开。据此，不能将所有电子锁与通讯设备之间进行通信的技术方案均纳入涉案专利权的保护范围，而应将其限定在传输预先设定的特定通知信息范畴。被诉侵权产品与涉案专利技术方案相比，二者在电子锁和通讯设备之间采用的通信方式不同，被诉侵权产品智能锁不需要传输“预设的通知信息”，而是建立视频通讯传输通道以传输动态信息，手机基于视频通讯实时获取智能锁门前访客信息并即时确认是否开锁，二者实现的技术功能和技术效果也不同。被诉侵权产品智能锁不存在“预设的通知信息”及相应的信息传输技术特征，未落入涉案专利权利要求6和10的保护范围。

【案　　号】（2020）最高法知民终1742号

【审理法院】最高人民法院

【来　　源】《最高人民法院知识产权法庭裁判要旨（2021）》

七、苏州云白环境设备股份有限公司诉苏州泰高烟囱科技有限公司、吴江市宝新金属制品有限责任公司侵害发明专利权纠纷案

关键词：发明专利　侵权　功能性特征　相同特征　使用环境　适应性特征

裁判摘要：在专利技术方案存在多种使用环境的情况下，结合说明书记载的具体实施方式确定功能性特征的内容时，应当从本领域技术人员角度，区分具体实施方式中为实现该功能性特征限定的功能或者效果不可缺少的技术特征和因使用环境不同而产生的适应性技术特征，适应性技术特征通常并不属于功能性特征的内容。

基本案情：苏州云白环境设备股份有限公司（以下简称云白公司）为专利号为201010160845.9、名称为"内外筒型自立式钢烟囱"的发明专利的专利权人。云白公司认为，苏州泰高烟囱科技有限公司（以下简称泰高公司）、吴江市宝新金属制品有限责任公司（以下简称宝新公司）共同制造了侵害涉案专利权的烟囱，故提起诉讼，请求判令泰高公司、宝新公司立即停止侵权行为、销毁侵权产品和制造侵权产品的模具、图纸；泰高公司赔偿经济损失及合理开支。江苏省苏州市中级人民法院一审判决驳回云白公司的全部诉讼请求。云白公司不服，提起上诉。最高人民法院二审判决撤销一审判决，改判泰高公司、宝新公司停止侵权，泰高公司赔偿云白公司经济损失100万元、合理开支122140元。最高人民法院二审认为，对于权利要求中以功能或者效果表述的技术特征，应当结合说明书和附图描述的该功能或者效果的具体实施方式及其等同的实施方式，确定该技术特征的内容。在说明书记载的专利技术方案存在多种使用环境的情况下，专利权人通常无须一一例举说明各种使用环境下的具体实施方式。当说明书仅给出了一种使用环境下的实施例但又明确记载了该技术方案可适用于多种使用环境时，本领域普通技术人员通过阅读专利权利要求书，并根据已知实施例可以直接、明确获得的在其他使用环境下的实施方式，应当属于该功能性限定技术特征的内容。在此过程中，本领域普通技术人员根据权利要求书和说明书的记载，基于对功能性限定的技术特征的理解，能够明确获悉已知实施例中该功能性限定技术特征的基本特征与适应性特征，很容易即可获得其他使用环境下的实施方式。其中，基本特征为实现该功能效果必不可少的特征，是功能性限定的技术特征的本质特征，在各种使用环境下均不可或缺；适应性特征是因不同使用环境而具有的适应特定使用环境的特征，是在各种使用环境下起到适应、配合作用的辅助性、非本质、可变化的特征。就本案涉案专利而言，仅凭权利要求1中"横向固定纵向滑动结构"的文字表述，本领域普通技术人员显然无法直接、明确地确定实现上述功能或者效果的具体实施方式，因此该项技术特征为功能性限定的技术特征，应当结合说明书和附图描述的该功能或者效果的具体实施方式及其等同的实施方式，确定该技术特征的内容。首先，涉案专利说明书具体实施方式部分的实施例记载了一种双内筒烟囱的实施方法，由此可知，在双内筒情形下，“横向固定纵向滑动结构”主要通过“滑动套筒”“套筒固定板”“若干滑动支点”以及该三者之间的相应位置和连接关系来实现内筒横向不晃动、纵向可滑动的功能。本领域普通技术人员在阅读上述实施例后，可明确知晓“滑动支点”系实现该横向固定纵向滑动功能效果的基本特征；而在双内筒烟囱的使用环境下，“滑动支点”的固定定位是需解决的技术问题，涉案专利通过将“滑动支点”与“滑动套筒”“套筒固定板”及“外筒”的固定连接实现了“滑动支点”在双内筒环境下的固定定位，“滑动套筒”“套筒固定板”作为适应特定使用环境的适应性特征起到了固定连接“滑动支点”的作用。其次，涉案专利权利要求1并未限定“横向固定纵向滑动结构”仅适用于双内筒式烟囱，且根据涉案专利权利要求10及说明书的记载，该技术方案同样适用于单内筒式。在涉案专利说明书并未直接记载单内筒实施方式的情况下，本领域普通技术人员在阅读说明书记载的相对复杂的双内筒实施方式后，基于对权利要求及说明书的理解，根据公知常识和常规技术手段对“横向固定纵向滑动结构”特征中基本特征与适应性特征的分解，可直接、明确地获得横向固定纵向滑动功能在更为简单的单内筒环境下的实现方式。由于在单内筒环境下，单内筒外直接套有外筒，“滑动支点”与“外筒”的连接已无需通过其他连接单元即可直接固定连接，从而实现“横向固定纵向滑动”的功能和效果。也即双内筒环境下所需的“滑动套筒”与“套筒固定板”该两项适应特定使用环境的特征，在单内筒情况下，并非必备技术特征。被诉侵权产品为单内筒式烟囱，其布于内筒外壁的长梯形部件相当于涉案专利的“滑动支点”，该特征与涉案专利权利要求中“横向固定纵向滑动结构”特征构成相同的技术特征。

【案　　号】（2019）最高法知民终409号

【审理法院】最高人民法院

【来　　源】《最高人民法院知识产权法庭裁判要旨（2021）》

八、本田技研工业株式会社诉石家庄双环汽车股份有限公司、石家庄双环汽车有限公司、石家庄双环新能源汽车有限公司侵害外观设计专利权纠纷案

关键词：外观设计专利　侵权　判断主体　比对方法

裁判摘要：外观设计近似性的判断，应当基于一般消费者的知识水平和认知能力，根据外观设计的全部设计特征，以整体视觉效果进行综合判断。当专利保护的是产品整体的外观设计时，不应当将产品整体予以拆分、改变原使用状态后进行比对。如果实物照片真实反映了被诉侵权产品的客观情况，可以使用照片中的被诉侵权产品与本案专利进行比对。

基本案情：本田技研工业株式会社（以下简称本田株式会社）是专利号为01319523.9、名称为“汽车”的外观设计专利的专利权人。本田株式会社以石家庄双环汽车股份有限公司（以下简称双环股份公司）、石家庄双环汽车有限公司（以下简称双环有限公司）共同制造、销售“LAIBAO S-RV”汽车（简称被诉侵权产品）的行为侵害本案专利权为由，起诉请求判令双环股份公司赔偿本田株式会社34857.04万元，双环有限公司、双环新能源公司承担连带赔偿责任。河北省高级人民法院一审判决驳回本田株式会社的诉讼请求。本田株式会社不服，提起上诉。最高人民法院二审判决驳回上诉，维持原判。本田株式会社仍不服，申请再审。最高人民法院裁定驳回本田株式会社的再审申请。法院生效裁判认为：第一，关于判断主体。对外观设计近似性的判断，应当基于一般消费者的知识水平和认知能力，根据外观设计的全部设计特征，以整体视觉效果进行综合判断。一般消费者是指对相关设计状况具有常识性了解，且对不同外观设计之间在形状、图案、色彩上的差别具有分辨力的人，但其通常不会注意到形状、图案、色彩的微小变化。一般消费者是法律虚拟的一个概念，其所具有的“常识性了解”与一般的汽车发烧友并不一致。一审法院未将本田株式会社提交的各类媒体文章、汽车发烧友的评论等内容作为认定一般消费者认知的证据，并无不当之处。第二，关于比对方法。外观设计专利侵权的比对，应当以授权公告中的图片或者照片与被诉侵权产品的实物进行对比，判断两者的外观设计是否相同或近似。当实物照片真实反映了实物的客观情况，将照片中被诉侵权产品的外观与本案专利进行比对，亦是侵权案件中经常采用的方法。本田株式会社在提起本案诉讼时，并未向一审法院提交被诉侵权

产品的实物，一审法院使用本田株式会社提交的、与实物并无明显视觉差异的图片进行比对的方法，并无不当之处。第三，关于比对对象。外观设计专利侵权判断采用整体观察、综合判断的标准，对比对象是产品在正常使用状态下的可视整体外观，不应当将产品整体予以拆分、改变原使用状态后，对部分外观设计进行对比。本田株式会社主张，在侵权对比过程中，不应考虑汽车顶部的行李架横杆、导流板、前后保险杠护板等选装件。但拆除上述选装件后，产品呈现的是组装时的外观状态，而非一般消费者在购买后的正常使用状态。本田株式会社的上述主张，亦与其以整车外观设计为依据提起本案诉讼的事实基础不符。

【案　　号】（2015）民申字第 3167 号

【审理法院】最高人民法院

【来　　源】《最高人民法院知识产权案件年度报告（2015）》

九、澳诺（中国）制药有限公司诉湖北午时药业股份有限公司、王某某侵犯发明专利权纠纷案

关键词：侵权判定　等同侵权　等同侵权限制　禁止反悔　审查档案修改

裁判摘要：在解释权利要求时，可以结合专利说明书中记载的技术内容以及权利要求书中记载的其他权利要求，确定该权利要求中技术术语的含义。

专利权人在专利授权程序中通过对权利要求、说明书的修改或者意见陈述而放弃的技术方案，无论该修改或者意见陈述是否与专利的新颖性或者创造性有关，在侵犯专利权纠纷案件中均不能通过等同侵权将其纳入专利权的保护范围。

基本案情：澳诺（中国）制药有限公司（以下简称澳诺公司）系专利号为 95117811.3、名称为“一种防治钙质缺损的药物及其制备方法”发明专利的被许可人。涉案专利权利要求 1 为：“一种防治钙质缺损的药物，其特征在于：它是由下述重量配比的原料制成的药剂：活性钙 4–8 份，葡萄糖酸锌 0.1–0.4 份，谷氨酰胺或谷氨酸 0.8–1.2 份。”涉案专利申请公开文本中，其独立权利要求为可溶性钙剂，可溶性钙剂包括葡萄糖酸钙、氯化钙、乳酸钙、碳酸钙或活性钙。国家知识产权局第一次审查意见通知书中，审查员认为，该权利要求书中使用的上位概念“可溶性钙剂”包括各种可溶性的含钙物质，它概括了一

个较宽的保护范围，而申请人仅对其中的“葡萄糖酸钙”和“活性钙”提供了配制药物的实施例，对于其它的可溶性钙剂没有提供配方和效果实施例，所属技术领域的技术人员难于预见其它的可溶性钙剂按本发明进行配方是否也能在人体中发挥相同的作用，权利要求在实质上得不到说明书的支持，应当对其进行修改。申请人根据审查员的要求，对权利要求书进行了修改，将“可溶性钙剂”修改为“活性钙”。2006年11月25日，澳诺公司提起诉讼称，湖北午时药业股份有限公司（以下简称午时公司）生产、销售新钙特牌“葡萄糖酸钙锌口服溶液”，王某某销售该产品，侵犯了涉案专利权。经鉴定，午时公司产品含有葡萄糖酸钙，而涉案专利是活性钙。河北省石家庄市中级人民法院一审认为，只有为了使专利授权机关认定其专利申请具有新颖性或创造性而进行的修改或意见陈述，才产生禁止反悔的效果，并非专利申请过程中关于权利要求的所有修改或意见陈述都会导致禁止反悔原则的适用。本案专利权人将独立权利要求中的“可溶性钙剂”修改为“活性钙”，是为了使其权利要求得到说明书的支持，不产生禁止反悔的效果。被诉侵权产品与涉案专利构成等同。遂判决午时公司、王某某承担侵权责任。午时公司不服一审判决，提起上诉。河北省高级人民法院对一审判决中有关禁止反悔原则的认定予以认可，遂判决驳回上诉，维持一审判决。午时公司不服二审判决，申请再审。最高人民法院提审本案后于2010年3月23日作出再审判决，撤销一审、二审判决，驳回澳诺公司的诉讼请求。

最高人民法院再审认为：（1）关于权利要求1中记载的“活性钙”是否包含“葡萄糖酸钙”的问题。涉案专利申请公开文本权利要求2以及说明书第2页明确记载，可溶性钙剂是“葡萄糖酸钙、氯化钙、乳酸钙、碳酸钙或活性钙”。可见，在专利申请公开文本中，葡萄糖酸钙与活性钙是并列的两种可溶性钙剂，葡萄糖酸钙并非活性钙的一种。此外，涉案专利申请公开文本说明书实施例1记载了以葡萄糖酸钙作为原料的技术方案，实施例2记载了以活性钙作为原料的技术方案，进一步说明了葡萄糖酸钙与活性钙是并列的特定钙原料，葡萄糖酸钙并非活性钙的一种。澳诺公司辩称，专利申请人在涉案专利的审批过程中，将“可溶性钙剂”修改为“活性钙”属于一种澄清性修改，修改后的活性钙包括了葡萄糖酸钙在内的所有组分钙。然而，从涉案专利审批文档中可以看出，专利申请人进行上述修改是针对国家知识产权局认为涉案专利申请公开文本权利要求中“可溶性钙剂”保护范围过宽，在实质上得不到说明书支持的审查意见而进行的，同时，专利申请人在修改时的意见陈述中，并未说明活性钙包括了葡萄糖酸钙，故澳诺公司认为涉案专利中的活性钙包含葡萄糖酸钙的主张不能成立。（2）关于活性钙与葡萄糖酸钙是否等同的问题。专利权人在专利授权程序中对权利要求1进行的修改，放弃了包含“葡萄糖酸钙”技术特征的技术方案。根据禁止反悔原则，专利申请人或者专利权人在专利授权或者无效宣告程序中，通过对权利要求、说明书的修改或者意见陈述而放弃的技术方案，在专利侵权纠纷中不能将其纳入专利权的保护范围。因此，涉案专利权的保护范围不应包括“葡萄糖酸钙”技术特征的技术方案。被诉侵权产品的相应技术特征为葡萄糖酸钙，属于专利权人在专利授权程序中放弃的技术方案，不应当认为其与权利要求1中记载的“活性钙”技术特征等同。原审判决对禁止反悔原则理解有误，将二者认定为等同特征不当。

【案　　号】（2009）民提字第20号

【审理法院】最高人民法院

【来　　源】《最高人民法院公报》2010年第7期

类案检索

一、徐某伟诉宁波市华拓太阳能科技有限公司侵犯发明专利权纠纷案

关键词：权利要求解释　说明书附图

裁判摘要：运用说明书及附图解释权利要求时，由于实施例只是发明的例示，不应当以说明书及附图的例示性描述限制专利权的保护范围。

【案　　号】（2011）民提字第64号

【审理法院】最高人民法院

【来　　源】《最高人民法院知识产权案件年度报告（2011）》

二、邱某有诉山东鲁班建设集团总公司侵犯专利权纠纷案

关键词：权利要求解释　母案申请　分案申请　审查档案

裁判摘要：母案申请构成分案申请的特殊的专利审查档案，在确定分案申请授权专利的权利要求保护范围时，超出母案申请公开范围的内容不能作为解

释分案申请授权专利的权利要求的依据。

【案　　号】（2011）民申字第1309号

【审理法院】最高人民法院

【来　　源】《最高人民法院知识产权案件年度报告（2011）》

三、株式会社岛野诉宁波市日骋工贸有限公司侵犯发明专利权纠纷案

关键词：权利要求解释　环境特征

裁判摘要：使用环境特征对于权利要求保护范围的限定程度需要根据个案情况具体确定，一般情况下应该理解为要求被保护的主题对象可以用于该使用环境即可，而不是必须用于该使用环境，但是本领域普通技术人员在阅读专利权利要求书、说明书以及专利审查档案后可以明确而合理地得知被保护对象必须用于该使用环境的除外。

【案　　号】（2012）民提字第1号

【审理法院】最高人民法院

【来　　源】《最高人民法院知识产权案件年度报告（2012）》

四、胡某泉诉山西振东泰盛制药有限公司、山东特利尔营销策划有限公司医药分公司侵犯发明专利权纠纷案

关键词：权利要求解释　封闭式权利要求　组合物

裁判摘要：封闭式权利要求一般应当解释为不含有该权利要求所述以外的结构组成部分或者方法步骤；对于组合物封闭式权利要求，一般应当解释为组合物中仅包括所指出的组分而排除所有其他的组分，但是可以包含通常含量的杂质，辅料并不属于杂质。

【案　　号】（2012）民提字第10号

【审理法院】最高人民法院

【来　　源】《最高人民法院知识产权案件年度报告（2012）》

五、沈某衡诉上海盛懋交通设施工程有限公司侵犯实用新型专利权纠纷案

关键词：侵权判定　等同侵权　等同侵权限制　禁止反悔　审查档案

裁判摘要：在认定是否构成等同侵权时，即使被控侵权人没有主张适用禁止反悔原则，人民法院也可以根据业已查明的事实，通过适用禁止反悔原则对等同范围予以必要的限制，以合理地确定专利权的保护范围。

【案　　号】（2009）民申字第239号

【审理法院】最高人民法院

【来　　源】《最高人民法院知识产权案件年度报告（2009）》

第六十五条 未经专利权人许可，实施其专利，即侵犯其专利权，引起纠纷的，由当事人协商解决；不愿协商或者协商不成的，专利权人或者利害关系人可以向人民法院起诉，也可以请求管理专利工作的部门处理。管理专利工作的部门处理时，认定侵权行为成立的，可以责令侵权人立即停止侵权行为，当事人不服的，可以自收到处理通知之日起十五日内依照《中华人民共和国行政诉讼法》向人民法院起诉；侵权人期满不起诉又不停止侵权行为的，管理专利工作的部门可以申请人民法院强制执行。进行处理的管理专利工作的部门应当事人的请求，可以就侵犯专利权的赔偿数额进行调解；调解不成的，当事人可以依照《中华人民共和国民事诉讼法》向人民法院起诉。

关联规定

一、国际条约

《与贸易有关的知识产权协定》

第49条 如由于行政程序对案件是非曲直的裁决而导致责令进行任何民事救济，则此类程序应符合与本节所列原则实质相当的原则。

二、法律、行政法规、司法解释

1.《中华人民共和国专利法》

第七十条 国务院专利行政部门可以应专利权人或者利害关系人的请求处理在全国有重大影响的专利侵权纠纷。

地方人民政府管理专利工作的部门应专利权人或者利害关系人请求处理专利侵权纠纷，对在本行政区域内侵犯其同一专利权的案件可以合并处理；对跨区域侵犯其同一专利权的案件可以请求上级地方人民政府管理专利工作的部门处理。

2.《中华人民共和国专利法实施细则》

第七十九条 专利法和本细则所称管理专利工作的部门，是指由省、自治区、直辖市人民政府以及专利管理工作量大又有实际处理能力的设区的市人民政府设立的管理专利工作的部门。

第八十条 国务院专利行政部门应当对管理专利工作的部门处理专利侵权纠纷、查处假冒专利行为、调解专利纠纷进行业务指导。

第八十一条 当事人请求处理专利侵权纠纷或者调解专利纠纷的，由被请求人所在地或者侵权行为地的管理专利工作的部门管辖。

两个以上管理专利工作的部门都有管辖权的专利纠纷，当事人可以向其中一个管理专利工作的部门提出请求；当事人向两个以上有管辖权的管理专利工作的部门提出请求的，由最先受理的管理专利工作的部门管辖。

管理专利工作的部门对管辖权发生争议的，由其共同的上级人民政府管理专利工作的部门指定管辖；无共同上级人民政府管理专利工作的部门的，由国务院专利行政部门指定管辖。

第八十二条 在处理专利侵权纠纷过程中，被请求人提出无效宣告请求并被专利复审委员会受理的，可以请求管理专利工作的部门中止处理。

管理专利工作的部门认为被请求人提出的中止理由明显不能成立的，可以不中止处理。

3.《最高人民法院关于适用〈中华人民共和国民事诉讼法〉的解释》

第二条第一款 专利纠纷案件由知识产权法院、最高人民法院确定的中级人民法院和基层人民法院管辖。

4.《最高人民法院关于第一审知识产权民事、行政案件管辖的若干规定》

第一条 发明专利、实用新型专利、植物新品种、集成电路布图设计、技术秘密、计算机软件的权属、侵权纠纷以及垄断纠纷第一审民事、行政案件由知识产权法院，省、自治区、直辖市人民政府所在地的中级人民法院和最高人民法院确定的中级人民法院管辖。

法律对知识产权法院的管辖有规定的，依照其规定。

第二条 外观设计专利的权属、侵权纠纷以及涉驰名商标认定第一审民事、行政案件由知识产权法院和中级人民法院管辖；经最高人民法院批准，也可以由基层人民法院管辖，但外观设计专利行政案件除外。

本规定第一条及本条第一款规定之外的第一审知识产权案件诉讼标的额在

最高人民法院确定的数额以上的，以及涉及国务院部门、县级以上地方人民政府或者海关行政行为的，由中级人民法院管辖。

5.《最高人民法院关于审理专利纠纷案件适用法律问题的若干规定》

第二条 因侵犯专利权行为提起的诉讼，由侵权行为地或者被告住所地人民法院管辖。

侵权行为地包括：被诉侵犯发明、实用新型专利权的产品的制造、使用、许诺销售、销售、进口等行为的实施地；专利方法使用行为的实施地，依照该专利方法直接获得的产品的使用、许诺销售、销售、进口等行为的实施地；外观设计专利产品的制造、许诺销售、销售、进口等行为的实施地；假冒他人专利的行为实施地。上述侵权行为的侵权结果发生地。

法律对知识产权法院的管辖有规定的，依照其规定。

第三条 原告仅对侵权产品制造者提起诉讼，未起诉销售者，侵权产品制造地与销售地不一致的，制造地人民法院有管辖权；以制造者与销售者为共同被告起诉的，销售地人民法院有管辖权。

销售者是制造者分支机构，原告在销售地起诉侵权产品制造者制造、销售行为的，销售地人民法院有管辖权。

第十九条 人民法院受理的侵犯专利权纠纷案件，已经过管理专利工作的部门作出侵权或者不侵权认定的，人民法院仍应当就当事人的诉讼请求进行全面审查。

6.《最高人民法院关于审查知识产权纠纷行为保全案件适用法律若干问题的规定》

第二条 知识产权纠纷的当事人在判决、裁定或者仲裁裁决生效前，依据民事诉讼法第一百条、第一百零一条规定申请行为保全的，人民法院应当受理。

知识产权许可合同的被许可人申请诉前责令停止侵害知识产权行为的，独占许可合同的被许可人可以单独向人民法院提出申请；排他许可合同的被许可人在权利人不申请的情况下，可以单独提出申请；普通许可合同的被许可人经权利人明确授权以自己的名义起诉的，可以单独提出申请。

三、部门规章及规范性文件

1.《专利行政执法办法》

第十条 请求管理专利工作的部门处理专利侵权纠纷的，应当符合下列条件：

（一）请求人是专利权人或者利害关系人；

（二）有明确的被请求人；

（三）有明确的请求事项和具体事实、理由；

（四）属于受案管理专利工作的部门的受案和管辖范围；

（五）当事人没有就该专利侵权纠纷向人民法院起诉。

第一项所称利害关系人包括专利实施许可合同的被许可人、专利权人的合法继承人。专利实施许可合同的被许可人中，独占实施许可合同的被许可人可以单独提出请求；排他实施许可合同的被许可人在专利权人不请求的情况下，可以单独提出请求；除合同另有约定外，普通实施许可合同的被许可人不能单独提出请求。

第十一条 请求管理专利工作的部门处理专利侵权纠纷的，应当提交请求书及下列证明材料：

（一）主体资格证明，即个人应当提交居民身份证或者其他有效身份证件，单位应当提交有效的营业执照或者其他主体资格证明文件副本及法定代表人或者主要负责人的身份证明；

（二）专利权有效的证明，即专利登记簿副本，或者专利证书和当年缴纳专利年费的收据。

专利侵权纠纷涉及实用新型或者外观设计专利的，管理专利工作的部门可以要求请求人出具由国家知识产权局作出的专利权评价报告（实用新型专利检索报告）。

请求人应当按照被请求人的数量提供请求书副本及有关证据。

第十五条 管理专利工作的部门处理专利侵权纠纷案件时，可以根据当事人的意愿进行调解。双方当事人达成一致的，由管理专利工作的部门制作调解协议书，加盖其公章，并由双方当事人签名或者盖章。调解不成的，应当及时作出处理决定。

第二十条 管理专利工作的部门或者人民法院作出认定侵权成立并责令侵权人立即停止侵权行为的处理决定或者判决之后，被请求人就同一专利权再次作出相同类型的侵权行为，专利权人或者利害关系人请求处理的，管理专利工作的部门可以直接作出责令立即停止侵权行为的处理决定。

第二十二条 请求管理专利工作的部门调解专利纠纷的，应当提交请求书。

请求书应当记载以下内容：

（一）请求人的姓名或者名称、地址，法定代表人或者主要负责人的姓名、职务，委托代理人的，代理人的姓名和代理机构的名称、地址；

（二）被请求人的姓名或者名称、地址；

（三）请求调解的具体事项和理由。

单独请求调解侵犯专利权赔偿数额的，应当提交有关管理专利工作的部门作出的认定侵权行为成立的处理决定书副本。

第二十六条 当事人经调解达成协议的，由管理专利工作的部门制作调解协议书，加盖其公章，并由双方当事人签名或者盖章；未能达成协议的，管理专利工作的部门以撤销案件的方式结案，并通知双方当事人。

第四十三条 管理专利工作的部门认定专利侵权行为成立，作出处理决定，责令侵权人立即停止侵权行为的，应当采取下列制止侵权行为的措施：

（一）侵权人制造专利侵权产品的，责令其立即停止制造行为，销毁制造侵权产品的专用设备、模具，并且不得销售、使用尚未售出的侵权产品或者以任何其他形式将其投放市场；侵权产品难以保存的，责令侵权人销毁该产品；

（二）侵权人未经专利权人许可使用专利方法的，责令侵权人立即停止使用行为，销毁实施专利方法的专用设备、模具，并且不得销售、使用尚未售出的依照专利方法所直接获得的侵权产品或者以任何其他形式将其投放市场；侵权产品难以保存的，责令侵权人销毁该产品；

（三）侵权人销售专利侵权产品或者依照专利方法直接获得的侵权产品的，责令其立即停止销售行为，并且不得使用尚未售出的侵权产品或者以任何其他形式将其投放市场；尚未售出的侵权产品难以保存的，责令侵权人销毁该产品；

（四）侵权人许诺销售专利侵权产品或者依照专利方法直接获得的侵权产品的，责令其立即停止许诺销售行为，消除影响，并且不得进行任何实际销售行为；

（五）侵权人进口专利侵权产品或者依照专利方法直接获得的侵权产品的，责令侵权人立即停止进口行为；侵权产品已经入境的，不得销售、使用该侵权产品或者以任何其他形式将其投放市场；侵权产品难以保存的，责令侵权人销毁该产品；侵权产品尚未入境的，可以将处理决定通知有关海关；

（六）责令侵权的参展方采取从展会上撤出侵权展品、销毁或者封存相应的宣传材料、更换或者遮盖相应的展板等撤展措施；

（七）停止侵权行为的其他必要措施。

管理专利工作的部门认定电子商务平台上的专利侵权行为成立，作出处理决定的，应当通知电子商务平台提供者及时对专利侵权产品或者依照专利方法直接获得的侵权产品相关网页采取删除、屏蔽或者断开链接等措施。

第四十四条 管理专利工作的部门作出认定专利侵权行为成立并责令侵权人立即停止侵权行为的处理决定后，被请求人向人民法院提起行政诉讼的，在诉讼期间不停止决定的执行。

侵权人对管理专利工作的部门作出的认定侵权行为成立的处理决定期满不起诉又不停止侵权行为的，管理专利工作的部门可以申请人民法院强制执行。

2.《重大专利侵权纠纷行政裁决办法》

第二条 本办法适用于国家知识产权局处理专利法第七十条第一款所称的在全国有重大影响的专利侵权纠纷（以下简称重大专利侵权纠纷）。

条文释义

一、本条主旨

本条是关于专利侵权纠纷解决方式的规定。

二、条文演变

1984年《专利法》第60条对专利权在司法保护的基础上增加行政保护，明确对专利权保护实行司法保护和行政保护“双轨制”。2000年修改《专利法》，对本条作了三项修改：一是增加了由当事人协商解决的规定；二是对行政机关认定侵权成立和调解侵权赔偿额的行为性质进行了区分，规定可以分别提起行政诉讼和民事诉讼；三是将第2款“在发生侵权纠纷的时候，如果发明专利是一项产品的制造方法，制造同样产品的单位或者个人应当提供其产品制造方法的证明”修改为“专利侵权纠纷涉及新产品制造方法的发明专利的，制造同样产品的单位或者个人应当提供其产品制造方法不同于专利方法的证明；涉及实用新型专利的，人民法院或者管理专利工作的部门可以要求专利权人出具由国务院专利行政部门作出的检索报告”。2008年修改《专利法》时，对本条第1款未作修改，仅将第2款独立作为一条并对内容进行了修改。2020年修改《专利法》，此条未作修改，仅对条文顺序进行了调整。

三、条文解读

（一）专利侵权纠纷的三种处理方式

1. 协商解决

专利权是一种民事权利，专利侵权纠纷是民事纠纷。在发生侵权纠纷后，当事人直接进行协商解决，是符合当事人意愿的民事纠纷解决争议的基本处理方式。这种方式有利于降低纠纷处理成本，及时有效定分止争。

2. 向人民法院起诉

权利人认为他人侵犯专利权，不愿协商解决或者协商解决不成的，可以侵权人为被告，依照《民事诉讼法》的规定，提起民事诉讼。

如果专利权已被宣告无效，且宣告专利权无效的决定已生效，则因缺少起诉的权利基础，不符合《民事诉讼法》关于起诉条件的规定，当事人的起诉不会被人民法院受理。如果专利权已被宣告无效，且宣告专利权无效的决定尚未确定生效，当事人起诉的权利受到一定的限制。《侵犯专利权纠纷案件解释（二）》第2条规定，权利人在专利侵权诉讼中主张的权利要求被国务院专利行政部门宣告无效的，审理侵犯专利权纠纷案件的人民法院可以裁定驳回权利人基于该无效权利要求的起诉。有证据证明宣告上述权利要求无效的决定被生效的行政判决撤销的，权利人可以另行起诉。

3. 行政处理

按照本条的规定，专利侵权纠纷的当事人除了可以直接向人民法院起诉，也可以请求管理专利工作的部门处理，这被称为专利侵权纠纷解决的“双轨制”。专利侵权纠纷在性质上属于民事纠纷，当事人协商解决不成的，通常应当通过司法程序加以解决。但由于我国人民法院审理专利案件起步较晚，所以在一段时期内为了发挥管理专利工作的部门业务熟悉、处理程序简便的优势，确定管理专利工作的部门也可以对专利侵权纠纷进行行政处理，后该种做法一直延续。在“双轨制”的框架下，当事人是直接向人民法院起诉，还是请求管理专利工作的部门处理，可由当事人自己选择。

行政调解不是行政处理，不具有强制执行力。调解的内容是侵犯专利权的赔偿数额，需应当事人的请求进行。调解不成或是达成调解协议后当事人又反悔的，当事人可以将对方当事人作为被告，向人民法院起诉。

（二）关于行政程序与司法程序的衔接

管理专利工作的部门只能根据有关当事人的请求处理专利侵权纠纷，当事人没有提出请求的，管理专利工作的部门不能主动进行处理。管理专利工作的部门对专利侵权纠纷进行处理主要是对是否构成侵权进行认定，对认定为侵权的行为，只能责令侵权人停止侵权行为。管理专利工作的部门可以对侵权损害赔偿数额进行调解，但不能对此作出决定。行政机关对侵权损害赔偿数额的调解属于行政机关对当事人之间的民事纠纷作出的行政调解，不是行政处理，只能由当事人自愿履行，不具有强制执行力，调解不成或者达成调解协议后又反悔的，有关当事人可以依照民事诉讼法的规定，以对方当事人为被告向人民法院提起民事诉讼。对于已经过管理专利工作的部门作出侵权或者不侵权认定，当事人就赔偿问题提出民事侵权诉讼的，法院是否可以根据行政决定作出的侵权认定，仅就赔偿数额问题进行审理，曾有不同认识。《专利纠纷规定》对此作出了规定，即在上述情况下，人民法院仍应当就当事人的诉讼请求进行全面审查，依法进行审判。

管理专利工作的部门依照本条规定作出的处理，属于具体行政行为。当事人对管理专利工作的部门作出的处理决定不服的，可以自接到处理通知之日起 15 日内，依照《行政诉讼法》的规定，以作出处理的管理专利工作的部门为被告，向人民法院提起行政诉讼。本条规定的行政诉讼起诉期限，与《行政诉讼法》规定的“直接向人民法院提起行政诉讼的，应当在知道作出具体行政行为之日起 3 个月内提出”相比大为缩短，属于《专利法》对于行政诉讼起诉期限的特别规定。如果侵权人不在规定的期限内向法院起诉，又不停止侵权行为，作出处理的管理专利工作的部门可以申请人民法院强制执行。

适用指引

第一，专利侵权纠纷行政处理案件的管辖。本条规定的“管理专利工作的部门”，主要是指地方人民政府管理专利工作的部门，如各省、自治区、直辖市知识产权局。根据《专利法》第70条第2款的规定，地方人民政府管理专利工作的部门应专利权人或者利害关系人的请求处理专利侵权纠纷，对在本行政区域内侵犯其同一专利权的案件可以合并处理；对跨区域侵犯其同一专利权的案件可以请求上级地方人民政府管理专利工作的部门处理。此外，根据《专利法》第70条第1款的规定，对于在全国有重大影响的专利侵权纠纷，专利权人或者利害关系人请求国务院专利行政部门处理的，国务院专利行政部门也可以处理。

第二，关于专利侵权纠纷民事案件的管辖。依照《民事诉讼法》和有关司法解释的规定，因侵犯专利权行为提起的诉讼，由侵权行为地或者被告住所地人民法院管辖。侵权行为地包括：被诉侵犯发明、实用新型专利权的产品的制造、使用、许诺销售、销售、进口等行为的实施地；专利方法使用行为的实施地，依照该专利方法直接获得的产品的使用、许诺销售、销售、进口等行为的实施地；外观设计专利产品的制造、许诺销售、销售、进口等行为的实施地等；以及上述侵权行为的侵权结果发生地。专利纠纷第一审案件，由各省、自治区、直辖市人民政府所在地的中级人民法院和最高人民法院指定的中级人民法院管辖。最高人民法院根据实际情况，可以指定基层人民法院管辖第一审专利纠纷案件。2014年8月，第十二届全国人大常委会第十次会议作出《关于在北京、上海、广州设立知识产权法院的决定》，明确由知识产权法院跨区域管辖第一审专利民事案件。最高人民法院有关司法解释进一步明确，北京、上海知识产权法院管辖市辖区内第一审专利民事案件；广州知识产权法院管辖广东省内除广东省深圳市外的第一审专利民事案件。2020年12月，第十三届全国人大常委会第二十四次会议作出关于设立海南自由贸易港知识产权法院的决定，明确由海南自由贸易港知识产权法院管辖海南省第一审专利民事案件。2018年10月，第十三届全国人大常委会第六次会议作出《关于专利等知识产权案件诉讼程序若干问题的决定》，其中特别规定，当事人对发明专利、实用新型专利等专业技术性较强的知识产权民事案件第一审判决、裁定不服，提起上诉的，由最高人民法院审理。2022年4月20日，最高人民法院发布《关于第一审知识产权民事、行政案件管辖的若干规定》，明确发明专利、实用新型专利、植物新品种、集成电路布图设计、技术秘密、计算机软件的权属、侵权纠纷以及垄断纠纷第一审民事、行政案件由知识产权法院，省、自治区、直辖市人民政府所在地的中级人民法院和最高人民法院确定的中级人民法院管辖。

典型案例

一、西峡龙成特种材料有限公司与榆林市知识产权局、陕西煤业化工集团神木天元化工有限公司专利侵权纠纷行政处理案

关键词：专利行政执法　程序违法

裁判摘要：已经被明确变更的合议组成员又在被诉行政决定书上署名，实质上等于“审理者未裁决、裁决者未审理”，构成对法定程序的严重违反。原则上，作出被诉行政决定的合议组应由该行政机关具有专利行政执法资格的工作人员组成。即使异地调配执法人员，也应当履行正式、完备的公文手续。

基本案情：西峡龙成特种材料有限公司（以下简称西峡公司）以陕西煤业化工集团神木天元化工有限公司（以下简称天元公司）制造、使用的设备侵犯其专利号为201020586802.2、名称为“内煤外热式煤物质分解设备”实用新型专利（即涉案专利）权为由，请求陕西省榆林市知识产权局（以下简称榆林局）作出行政处理。2015年9月1日，榆林局作出榆知法处字〔2015〕9号《专利侵权纠纷案件处理决定书》(以下简称被诉行政决定)，认定被控侵权设备中的相应技术特征与涉案专利的“密封窑体”和“煤物质推进分解管道”不构成等同特征，前者未落入后者的保护范围，故天元公司不构成对涉案专利的侵权。被诉行政决定合议组成员包括陕西省宝鸡市知识产权局的一名工作人员，但无正式公文决定调其参与涉案纠纷的行政处理，且榆林局的口头审理笔录没有记载将该工作人员的正式身份及其参与合议组的理由告知西峡公司、天元公司。此外，榆林局对涉案专利侵权纠纷进行了两次口头审理，在第二次口头审理时告知当事人的合议组成员与被诉行政决定书上署名的合议组成员不同。西峡公司不服被诉行政决定，提起行政诉讼。陕西省西安市中级人民法院一审认为，行政执法人员在系统内调度，属于行政机关内部行为，不违反内部交流制度。鉴于榆林局现有工作人员欠缺，经请示陕西省知识产权局后，抽调宝鸡市知识产权局工作人员参与案件处理并无不当，被诉行政决定的作出并未违反法定程序。此外，被诉行政决定在侵权实体问题的认定上亦无不当，故判决驳回西峡公司诉讼请求。西峡公司不服，提起上诉。陕西省高级人民法院二审判决驳回上诉、维持原判。西峡公司不服，向最高人民法院申请再审。最

高人民法院裁定提审认为：在合议组成员已经被明确变更的情况下，却又在被诉行政决定书上署名，实质上等于"审理者未裁决、裁决者未审理"，构成对法定程序的重大且明显违反。作出被诉行政决定的榆林局合议组应由该局具有专利行政执法资格的工作人员组成。即便在特殊情况下需要跨区域调配执法人员，也应履行正式、完备的公文手续。否则，行政执法程序的规范性和严肃性无从保证，既不利于规范行政执法活动，也不利于强化行政执法责任。榆林局虽主张在口头审理时将合议组成员的具体身份以及参与合议组的理由告知过当事人，但其提交的证据并不能证明该项主张，当事人是否认可合议组成员身份并不能成为评判被诉行政行为程序是否合法的前提和要件。2017 年 12 月 25 日，最高人民法院判决撤销一、二审判决及被诉行政决定，责令榆林局重新作出行政决定。

【案　　号】（2017）最高法行再 84 号

【审理法院】最高人民法院

【来　　源】《最高人民法院知识产权案件年度报告（2017）》

二、江苏省微生物研究所有限责任公司与福州海王福药制药有限公司辽宁省知识产权局、辽宁民生中一药业有限公司、常州方圆制药有限公司专利侵权纠纷处理决定案

关键词：专利行政处理

裁判摘要：相关请求人已经就针对同一专利的相同或者相关联的侵权纠纷向人民法院提起诉讼，无论当事人是否完全相同，只要可能存在处理结果冲突，管理专利工作的部门即不能受理相关专利侵权纠纷处理请求。

基本案情：江苏省微生物研究所有限责任公司（以下简称微生物公司）是专利号为 93112412.3、名称为"一种含 1–N– 乙基庆大霉素 C1a 或其盐的药用制剂及其制备方法"的发明专利（即本案专利）的专利权人。2008 年 7 月 18 日，本案专利的专利权人变更为微生物公司和常州方圆制药有限公司（以下简称方圆公司）。微生物公司先后以不同形式许可方圆公司、无锡济民可信山禾药业股份有限公司（以下简称山禾公司）、海南爱科制药有限公司（以下简称爱科公司）实施本案专利。2004 年 8 月 31 日，海南省海口市中级人民法院受理了原告爱科公司诉被告福州海王福药制药有限公司（以下简称福药公司）、海南豪迈医药公司（以下简称豪迈公司）、第三人微生物公司、山禾公司侵犯

发明专利权纠纷一案。2009年4月29日，海口市中级人民法院判决驳回爱科公司的诉讼请求。该判决已经发生法律效力。2008年5月，辽宁民生中一药业有限公司（以下简称民生公司）销售了福药公司生产的硫酸依替米星氯化钠注射液。该药所附产品说明书上载明药物有效成分为硫酸依替米星，其化学结构式与本案专利要求保护的“1–N–乙基庆大霉素C1a硫酸盐”化学结构式相同。2008年11月14日微生物公司和方圆公司向辽宁省知识产权局提出申请，要求对福药公司和民生公司的专利侵权行为进行处理。2009年4月10日，辽宁省知识产权局作出辽知执字（2009）1号专利侵权纠纷处理决定（以下简称（2009）1号决定），认定福药公司未经专利权人许可生产的硫酸依替米星氯化钠注射液侵犯了本案专利权，要求福药公司停止生产和销售涉案产品。福药公司不服，向辽宁省沈阳市中级人民法院提起行政诉讼。沈阳市中级人民法院一审判决驳回福药公司的诉讼请求。福药公司不服，提起上诉。其上诉理由之一为，辽宁省知识产权局受理本案时，微生物公司与爱科公司就福药公司生产硫酸依替米星氯化钠注射液一事，已经向海南省海口市中级人民法院提起专利侵权诉讼，海口市中级人民法院正在审理之中，辽宁省知识产权局受理本案并作出（2009）1号决定，违反了国家知识产权局《专利行政执法办法》(2001年)第5条第1款第5项的规定。辽宁省高级人民法院支持了福药公司的该上诉理由，判决撤销一审判决和（2009）1号决定。微生物公司不服，向最高人民法院申请再审。最高人民法院审查认为：本案中，专利权人微生物公司作为请求人，请求辽宁省知识产权局对福药公司及其销售商民生公司涉嫌侵犯本案专利权的行为作出处理，要求福药公司停止生产和销售硫酸依替米星氯化钠注射液。在此之前，微生物公司的专利实施许可人之一爱科公司已经就福药公司及其销售商豪迈公司侵犯本案专利权的行为向海南省海口市中级人民法院提起了诉讼，其诉讼请求之一亦是请求判令福药公司停止生产和销售硫酸依替米星氯化钠注射液，且专利权人微生物公司作为该案第三人参加了诉讼。虽然上述两案的当事人有所不同，但是微生物公司和福药公司均为两案的当事人之一，微生物公司在两案中均处于指控地位或者支持指控的地位，福药公司在两案中均处于被指控的地位，请求的内容均包括关于福药公司停止生产和销售硫酸依替米星氯化钠注射液的行为。可见，两个案件之间存在密切的关联性，民事侵权案件的处理结果与行政案件的处理结果存在着冲突的可能性。在辽宁省知识产权局受理本案之前，当事人已经就涉及本案专利的侵权纠纷向人民法院提起了相关诉讼。二审法院认定辽宁省知识产权局受理微生物公司和方圆公司的请求不符合《专利行政执法办法》(2001年）第5条第1款第5项的规定，并无不当。2012年12月5日，最高人民法院裁定驳回其再审申请。

【案　　号】(2011）知行字第99号

【审理法院】最高人民法院

【来　　源】《最高人民法院知识产权案件年度报告（2012）》

第六十六条　专利侵权纠纷涉及新产品制造方法的发明专利的，制造同样产品的单位或者个人应当提供其产品制造方法不同于专利方法的证明。

专利侵权纠纷涉及实用新型专利或者外观设计专利的，人民法院或者管理专利工作的部门可以要求专利权人或者利害关系人出具由国务院专利行政部门对相关实用新型或者外观设计进行检索、分析和评价后作出的专利权评价报告，作为审理、处理专利侵权纠纷的证据；专利权人、利害关系人或者被控侵权人也可以主动出具专利权评价报告。

关联规定

一、国际条约

《与贸易有关的知识产权协定》

第28条

一、一专利授予其所有权人下列专有权利：

（二）如一专利的客体是方法，则防止第三方未经所有权人同意而使用该方法的行为，并防止使用、标价出售、销售或为这些目的而进口至少是以该方法直接获得产品的行为。

第34条

一、就第二十八条第一款（二）项所指的侵害所有权人权利的民事诉讼而言，如一专利的客体是获得一产品的方法，则司法机关有权责令被告方证明其获得相同产品的方法不同于已获专利的方法。因此，各成员应规定至少在下列一种情况下，任何未经专利所有权人同意而生产的相同产品，如无相反的证明，则应被视为是通过该已获专利方法所获得的：

（一）如通过该已获专利方法获得的产品是新的；

（二）如存在实质性的可能性表明该相同产品是由该方法生产的，而专利所有权人经过合理努力不能确定事实上使用了该方法。

二、只有满足（一）项所指条件或只有满足（二）项所指条件，任何成员方有权规定第一款所指的举证责任在于被指控的侵权人。

三、在引述相反证据时，应考虑被告方在保护其制造和商业秘密方面的合法权益。

二、法律、行政法规、司法解释

1.《最高人民法院关于知识产权民事诉讼证据的若干规定》

第三条 专利方法制造的产品不属于新产品的，侵害专利权纠纷的原告应当举证证明下列事实：

（一）被告制造的产品与使用专利方法制造的产品属于相同产品；

（二）被告制造的产品经由专利方法制造的可能性较大；

（三）原告为证明被告使用了专利方法尽到合理努力。

原告完成前款举证后，人民法院可以要求被告举证证明其产品制造方法不同于专利方法。

2.《最高人民法院关于审理专利纠纷案件适用法律问题的若干规定》

第四条 对申请日在 2009 年 10 月 1 日前（不含该日）的实用新型专利提起侵犯专利权诉讼，原告可以出具由国务院专利行政部门作出的检索报告；对申请日在 2009 年 10 月 1 日以后的实用新型或者外观设计专利提起侵犯专利权诉讼，原告可以出具由国务院专利行政部门作出的专利权评价报告。根据案件审理需要，人民法院可以要求原告提交检索报告或者专利权评价报告。原告无正当理由不提交的，人民法院可以裁定中止诉讼或者判令原告承担可能的不利后果。

侵犯实用新型、外观设计专利权纠纷案件的被告请求中止诉讼的，应当在答辩期内对原告的专利权提出宣告无效的请求。

第五条 人民法院受理的侵犯实用新型、外观设计专利权纠纷案件，被告在答辩期间内请求宣告该项专利权无效的，人民法院应当中止诉讼，但具备下列情形之一的，可以不中止诉讼：

（一）原告出具的检索报告或者专利权评价报告未发现导致实用新型或者外观设计专利权无效的事由的；

（二）被告提供的证据足以证明其使用的技术已经公知的；

（三）被告请求宣告该项专利权无效所提供的证据或者依据的理由明显不充分的；

（四）人民法院认为不应当中止诉讼的其他情形。

3.《最高人民法院关于审理侵犯专利权纠纷案件应用法律若干问题的解释》

第十七条 产品或者制造产品的技术方案在专利申请日以前为国内外公众所知的，人民法院应当认定该产品不属于专利法第六十一条第一款规定的新产品。

三、部门规章及规范性文件

《专利行政执法证据规则（试行）》

1.1.1.1 涉及请求人主体资格和权利的证据

专利权人或其利害关系人请求管理专利工作的部门处理专利侵权纠纷，必须首先证明其具有提起请求的主体资格且其主张的专利权合法有效。为此，请求人可以提供以下证明文件：

（6）实用新型、外观设计专利检索报告（评价报告）。请求处理侵犯实用新型或外观设计专利侵权纠纷的请求人，可以主动或者应管理专利工作的部门要求出具由国务院专利行政部门作出的检索报告或专利权评价报告（申请日在2009年10月1日之前的实用新型专利，出具的应为检索报告；申请日在2009年10月1日之后的实用新型或外观设计专利，出具的应为专利权评价报告。）

2.1.1.2.1 “新产品”的举证责任分配

所谓“新产品”，是指产品或者制备产品的技术方案在专利申请日前不为国内外公众所知。不能将“新产品”认定为专利申请日前在国内未曾出现过的产品，更不能将其认定为专利申请日前没有在国内上市的产品。

请求人对“新产品”的举证应当是初步举证。请求人完成该初步举证责任的形式可以是提供该产品在某一国家被授权的证明、提供相关部门出具的检索报告等。

如果请求人能够初步举证，则举证证明该产品是已知产品的责任就转移给被请求人。如果被请求人不能提供相应的证据证明该产品是已知产品或者制备该产品的技术方案在专利申请日前已为公众所知，则认为请求人已经完成了证明其专利方法获得的产品为新产品的举证责任。

四、司法指导性文件

《最高人民法院印发〈关于充分发挥知识产权审判职能作用推动社会主义文化大发展大繁荣和促进经济自主协调发展若干问题的意见〉的通知》

15、妥善审理产品制造方法发明专利侵权案件，依法保护方法发明专利权。在适当考虑方法专利权利人维权的实际困难的同时，兼顾被诉侵权人保护其商业秘密的合法权益。依法适用新产品制造方法专利的举证责任倒置规则，使用专利方法获得的产品以及制造该产品的技术方案在专利申请日前不为公众所知的，制造相同产品的被诉侵权人应当承担其产品制造方法不同于专利方法的举证责任。使用专利方法获得的产品不属于新产品，专利权人能够证明被诉侵权人制造了同样产品，经合理努力仍无法证明被诉侵权人确实使用了该专利方法，但根据案件具体情况，结合已知事实以及日常生活经验，能够认定该同样产品经由专利方法制造的可能性很大的，可以根据民事诉讼证据司法解释有关规定，不再要求专利权人提供进一步的证据，而由被诉侵权人提供其制造方法不同于专利方法的证据。要针对方法专利侵权举证困难的实际，依法采取证据保全措施，适当减轻方法专利权利人的举证负担。要注意保护被申请人的利益，防止当事人滥用证据保全制度非法获取他人商业秘密。被诉侵权人提供了其制造方法不同于专利方法的证据，涉及商业秘密的，在审查判断时应注意采取措施予以保护。

条文释义

一、本条主旨

本条是关于新产品制造方法发明专利举证责任倒置以及实用新型和外观设计专利评价报告的规定。

二、条文演变

关于本条第1款。1984年《专利法》第60条第2款规定了举证责任倒置制度："在发生侵权纠纷的时候，如果发明专利是一项产品的制造方法，制造同样产品的单位或者个人应当提供其产品制造方法的证明。"1992年修正《专利法》，将举证责任倒置的范围限于“新”产品制造方法。2000年修正《专利法》，进一步完善规定，将举证责任倒置的内容由“其产品制造方法”，修改为“其产品制造方法不同于专利方法”；同时，增加关于实用新型专利检索报告的规定。2008年修正《专利法》，将第2款独立作为一条，并分为两款分别作出规定，第1款规定新产品制造方法发明专利的举证责任倒置并调整了条文顺序。2020年修正《专利法》对此未作修改，仅仅调整了条文序号。

关于本条第2款。2000年修正《专利法》，首次增加了关于实用新型专利检索报告的规定：专利侵权纠纷涉及实用新型专利的，人民法院或者管理专利工作的部门可以要求专利权人出具由国务院专利行政部门作出的检索报告。2008年修正《专利法》，进一步扩展其适用范围：一是将“检索报告”扩展为“专利权评价报告”；二是将专利权评价报告的对象由实用新型专利扩展到包括外观设计；三是将出具报告的主体由“专利权人”扩展到包括“利害关系人”；四是明确专利权评价报告的性质是“审理、处理专利侵权纠纷的证据”。2020年修正《专利法》，进一步增加规定专利权人、利害关系人除按照人民法院或者管理专利工作的部门的要求出具专利权评价报告外，也可以主动出具该报告；同时规定被控侵权人也可以主动出具专利权评价报告。

三、条文解读

（一）关于新产品制造方法专利举证责任倒置

“谁主张，谁举证”是民事诉讼的基本原则。但是，对于产品制造方法专利来说，专利方法体现在产品制造过程中，专利权人很难进入被诉侵权人的制造场所搜集证据，由专利权人对被诉侵权方法的全部相关事实承担举证责任，不尽合理，故需要在涉及此类专利的侵权诉讼中对双方当事人的举证责任进行合理分配。自1984年首次颁布《专利法》以来，对于涉及方法专利的举证责任的条文进行了两次修改和调整，由此表明该条规定对于双方当事人的利益影响甚大，需要精心设计，以实现双方程序性权利和义务的对等和平衡。

1984年首次颁布的《专利法》对于方法专利举证责任的规定是“制造同样产品的单位或者个人应当提供其产品制造方法的证明”，也就是说，只要是与专利方法制造的产品为同样产品，那么制造该同样产品的被诉侵权人需要就其采用的制造方法承担举证责任。该规定虽然解决了方法专利的权利人关于被诉侵权人实施的侵权行为事实的举证困难，却存在对方法专利权人过度保护之虞。因为，如果使用方法专利制造出的产品并非新产品，便意味着在方法专利申请日之前，该产品即已存在相应的制造方法，这些方法中有些可能属于已经公开的现有技术，有些可能属于尚未公开的技术方案。如果按照上述规定，只要是制造了与专利方法生产出的产品为同样产品的制造者，就需要其提供该同样产品的制造方法，便可能导致将属于该制造者的商业秘密“被迫披露”给方法专利的权利人的情况发生。而从另一角度来说，如果方法专利所涉的产品并非新产品，那么该方法专利的专利权人的技术贡献仅在于提供了一种关于已有产品的新的制造方法，这种情况下仍给予其在侵权程序中举证责任的优待地位，显然提供的保护力度与专利权人作出的技术贡献不相匹配。基于上述情况，1992 年修正《专利法》时对该条进行了调整，以进一步平衡双方当事人的举证义务，即规定仅当发明专利是一项“新”产品的制造方法时，才需要由“制造同样产品的单位或者个人提供其产品制造方法的证明”，由此将双方当事人关于被诉侵权方法的举证负担调整到一个较为合理的水平。2000 年修正《专利法》，对该条进行了进一步的完善，即“专利侵权纠纷涉及新产品制造方法的发明专利的，制造同样产品的单位或者个人应当提供其产品制造方法不同于专利方法的证明……”。可以看出，较 1992 年修正的《专利法》，对被诉侵权人的举证义务又略有加重，即制造同样产品的被诉侵权人，仅证明其实施的制造方法还不够，其应当证明其实施的制造方法不同于专利方法。这样修改，既可以减轻专利权人的证明或说明义务，又不会给被诉侵权人新增过多的举证负担或说明义务，还有利于进一步提高法院或者管理专利工作部门侵权判定的效率。2008 年第 3 次修正《专利法》，将该条从 2000 年修正的《专利法》第 57 条第 2 款中拆分出来，单独规定于第 61 条第 1 款，对其中关于举证责任倒置的规定本身没有进行修改。2020 年第 4 次修正《专利法》，对该条内容并未修改，仅是对条文序号进行了调整。

从《专利法》关于本条规定调整的历次变化过程可知，现行《专利法》规定的举证责任倒置的适用范围仅限于新产品制造方法专利。而且，专利权人应首先对依据方法专利生产的产品是“新产品”，以及被诉侵权人制造了同样的产品进行举证。如果专利权人不能证明产品本身是“新产品”以及被诉侵权人生产的产品与按照方法专利制造出的产品属于相同产品，则不适用本条规定。在专利权人完成前两项举证要求的前提下，有关专利侵权的举证责任转由被诉侵权人承担，即被诉侵权人应就其同样产品的制造方法不同于专利方法负举证责任；在被诉侵权人不能提交充分证据的情况下，推定其使用了专利权人的方法发明专利，构成侵犯专利权，应当依法承担侵权责任。

（二）关于实用新型专利、外观设计专利纠纷中提供专利权评价报告

在专利侵权纠纷审理或者处理过程中，专利权人应当首先证明其拥有专利权。在早期的司法实践中，只要专利权人出具了国家知识产权局授予的专利证书和专利权尚未终止的证明，就可以证明其拥有有效的专利权。但是，按照《专利法》的规定，国家知识产权局对实用新型专利和外观设计专利申请仅进行形式审查，不进行实质审查，因此外观设计和实用新型专利权的权利稳定性较差，被宣告无效的可能性较大。如果专利权人以他人侵犯其实用新型专利权、外观设计专利权提起诉讼，但最后专利权被宣告无效，则不仅浪费了司法、行政资源，也干扰了他人的正常生产经营活动。为提高裁判的稳定性，保护真正有价值的权利，本条第 2 款规定了实用新型专利、外观设计专利纠纷中人民法院或管理专利工作的部门可以要求专利权人或者利害关系人提供专利权评价报告，作为审理、处理专利侵权纠纷的证据；专利权人、利害关系人或者被控侵权人也可以主动出具专利权评价报告。

适用指引

一、关于方法专利中“新产品”的界定

新产品如何界定，直接影响新产品方法专利侵权诉讼中举证责任倒置规则的适用。关于新产品的界定，理论和实践中都存在不同认识。有观点认为，新产品是专利申请日前未在国内公开出售的产品；还有观点认为，新产品是专利申请日前未在国内外出现的产品。为统一新产品的界定标准，借鉴 2008 年修正的《专利法》关于新颖性的规定，《侵犯专利权纠纷案件解释》第 17 条规定：“产品或者制造产品的技术方案在专利申请日以前为国内外公众所知的，人民法院应当认定该产品不属于专利法第六十一条第一款规定的新产品。”据此，产品本身或者制造产品的技术方案，两者有一在专利申请日以前为国内外公众所知的，该产品则不属于新产品。

需要指出的是，上述司法解释中所称的“产品”，是指产品实物，而非“制造产品的技术方案”，产品实物可以通过结构特征或者理化参数、制备方法特征等予以界定。但是，如果仅仅化合物的名称或分子式在申请日前被公开，并不当然意味着该产品的技术方案已经在申请日前被公开。

二、关于专利权评价报告

1. 专利权评价报告的目的和作用

为了尽量避免中止诉讼，维护当事人的合法权益，《专利纠纷规定》第4条对本条的专利权评价报告的目的和作用作了更为详尽的规定，专利权人可以充分运用检索报告和专利权评价报告作为证明其权利稳定性的手段，允许其在起诉时即出具检索报告和专利权评价报告；就被告而言，如欲请求中止诉讼，则应当在答辩期内提出宣告无效请求。总体来说，规定实用新型专利、外观设计专利纠纷中提供专利权评价报告有利于双方当事人对专利权形成合理预期，促进纠纷解决，降低维权成本。

2. 专利权评价报告的法律效力

本规定的立法目的是维护原、被告的诉讼权利，减少诉讼环节、减轻讼累，并对当事人参加诉讼所作的鼓励和引导，但这并不意味着出具专利权评价报告是原告起诉的条件。专利权评价报告是国务院专利行政部门作为专业机构，应当事人申请，对实用新型专利权或者外观设计专利权是否符合专利授权标准（是否属于保护客体，是否具备新颖性、创造性、实用性等）进行检索、分析和评价后，作出的专业性的报告。需要注意的是，专利权评价报告只是审理、处理专利侵权纠纷的证据，而不是国务院专利行政部门行使行政管理职权作出的行政决定。专利权评价报告只是国务院专利行政部门依据其掌握的信息得出的意见，专利权评价报告得出该专利权符合授予专利权条件的结论的，并不意味着该专利权一定能经得住无效宣告的考验。专利权评价报告得出该专利权不符合授予专利权条件的结论的，该专利权也并不会自动被宣告无效。对专利权评价报告的结论不服的，没有申请复议或者提起诉讼的救济程序，只有更正程序。因此，在人民法院审理专利侵权纠纷、管理专利工作的部门处理专利侵权纠纷过程中，专利权评价报告仅具有证据效力，不是判断专利权有效性的依据。被控侵权人要求宣告专利权无效的，应当另行向国务院专利行政部门提出无效宣告请求。

3. 专利权评价报告的提交主体及时机

向法院出具专利权评价报告的主体，包括专利权人，也包括利害关系人，还包括被控侵权人。《专利法》规定专利权人、利害关系人自己可以申请出具并提交专利权评价报告，可以促使其对自身的权利状态有更清晰的认识，减少其就应属无效的专利权盲目开展维权活动。《专利法》规定被控侵权人可以主动出具专利权评价报告，有利于其充分评估侵权风险，采取合理的应对措施。出具专利权评价报告既是一种义务，也是一种权利。一方面，人民法院或者管理专利工作的部门根据审理、处理专利侵权纠纷的需要，要求专利权人或者利害关系人出具专利权评价报告时，专利权人、利害关系人必须出具。另一方面，专利权人、利害关系人或者被控侵权人认为专利权评价报告对其有利时，也可以主动出具。此外，并不是只有在专利侵权纠纷中，相关当事人才能要求国务院专利行政部门出具专利权评价报告。例如，根据《专利法》第 50 条的规定，专利权人就实用新型、外观设计专利提出开放许可声明的，应当提供专利权评价报告。

4. 相关司法解释的修改情况

本条所对应的相关司法解释条文的修改过程及其内容，有助于加深对本条的理解。《专利纠纷规定》于 2015 年修正时，对 2001 年制定的该司法解释原第 8 条第 1 款条文作出以下修改。

（1）以 2009 年 10 月 1 日为界，对原告提交的报告名称和专利类型进行修改。修正时补充规定："对申请日在 2009 年 10 月 1 日前（不含该日）的实用新型专利提起侵犯专利权诉讼，原告可以出具由国务院专利行政部门作出的检索报告；对申请日在 2009 年 10 月 1 日以后的实用新型或者外观设计专利提起侵犯专利权诉讼，原告可以出具由国务院专利行政部门作出的专利权评价报告。"这主要是为了适应 2008 年《专利法》的修改而作出的。2008 年《专利法》第 61 条第 2 款规定："专利侵权纠纷涉及实用新型专利或者外观设计专利的，人民法院或者管理专利工作的部门可以要求专利权人或者利害关系人出具由国务院专利行政部门对相关实用新型或者外观设计进行检索、分析和评价后作出的专利权评价报告，作为审理、处理专利侵权纠纷的证据。"较 2000 年《专利法》第 57 条第 2 款的相应规定，该条款用"专利权评价报告"取代了"检索报告"，并将可以提交报告的专利类型增加了"外观设计专利"。再根据国家知识产权局针对现行专利法的施行发布的《施行修改后的专利法的过渡办法》第2条规定，修改前的《专利法》的规定适用于申请日在2009年10月1日前（不含该日）的专利申请以及根据该专利申请授予的专利权，修改后的《专利法》的规定适用于申请日在2009年10月1日以后（含该日）的专利申请以及根据该专利申请授予的专利权。由此，国务院专利行政部门对申请日在2009年10月1日前（不含该日）的实用新型专利仅能出具检索报告，对申请日在2009年10月1日以后（含该日）的实用新型专利和外观设计专利则可以出具专利权评价报告。为此，该司法解释于2015年修改时作出了上述适应性修改。

（2）将原告在起诉时提交报告的要求由“应当”修改为“可以”。2001年《最高人民法院关于对出具检索报告是否为提起实用新型专利侵权诉讼的条件的请示的答复》明确了检索报告只是作为实用新型专利权有效性的初步证据，但出具检索报告并非原告提起实用新型专利侵权诉讼的条件。凡符合《民事诉讼法》规定的起诉条件的案件，法院均应当立案受理。2001年《专利纠纷规定》第8条第1款所称“应当”本意在于倡导原告提交检索报告。因此，将原告在起诉时提交报告的要求由“应当”修改为“可以”，以回归司法解释的本意。

（3）增加规定原告不提交报告的法律后果。在我国现行的专利审查制度中，实用新型和外观设计专利均不经过实质审查，其有效性在后续行政程序中经常受到挑战。检索报告或者专利权评价报告可以为法院考量实用新型和外观设计专利的效力稳定性提供参考，其定位是审理专利纠纷的证据之一。对于原告经法院要求提交报告而无正当理由不提交的法律后果，存在两种意见：一是驳回起诉；二是中止诉讼。第一种意见可以更有力地督促原告提交报告，限制专利权滥诉；第二种意见可以在限制专利权滥诉的同时兼顾当事人的诉权保障。2015年修正《专利纠纷规定》时，最终将两种意见予以综合。在实践中，对于原告而言，中止诉讼不利于其实现通过诉讼保护专利权的目的，故其应有动机提交检索报告或者专利权评价报告。当其无正当理由不提交检索报告或者专利权评价报告，很有可能是报告对其专利权作出否定性评价，在这种情况下，人民法院应当向当事人释明其可以就涉案专利向国家知识产权局提起无效宣告请求。如果当事人就涉案专利提起无效宣告请求，人民法院可以裁定中止诉讼，等待专利确权程序对专利权效力的认定，有利于纠纷的最终解决。如果当事人在合理期间内不对涉案专利提起无效宣告请求，人民法院可以裁定驳回起诉，由原告承担不利后果。对此，《专利纠纷规定》2015年修正时于第8条第1款作出规定："根据案件审理需要，人民法院可以要求原告提交检索报告或者专利权评价报告。原告无正当理由不提交的，人民法院可以裁定中止诉讼或者判令原告承担可能的不利后果。"

（4）对于不中止诉讼的情形进行修改。2001年《专利纠纷规定》第9条规定了被告在答辩期间内请求宣告涉案专利权无效时，可以不中止诉讼的具体情形，其中第1项涉及检索报告的内容。检索报告和专利权评价报告的区别之一在于检索报告仅对专利是否符合新颖性、创造性进行检索、分析，而专利权评价报告除此之外，还会对说明书公开是否充分、权利要求是否得到支持等其他专利权无效事由进行评价。因此，《专利纠纷规定》于2015年修正时将"原告出具的检索报告或者专利权评价报告未发现导致实用新型或者外观设计专利权无效的事由的"列为可以不中止诉讼的情形之一。

指导案例

一、指导案例84号：礼来公司诉常州华生制药有限公司侵害发明专利权纠纷案

（最高人民法院审判委员会讨论通过　2017年3月6日发布）

关键词： 民事　侵害发明专利权　药品制备方法发明专利　保护范围　技术调查官　被诉侵权药品制备工艺查明

裁判要点： 1. 药品制备方法专利侵权纠纷中，在无其他相反证据情形下，应当推定被诉侵权药品在药监部门的备案工艺为其实际制备工艺；有证据证明被诉侵权药品备案工艺不真实的，应当充分审查被诉侵权药品的技术来源、生产规程、批生产记录、备案文件等证据，依法确定被诉侵权药品的实际制备工艺。

2. 对于被诉侵权药品制备工艺等复杂的技术事实，可以综合运用技术调查官、专家辅助人、司法鉴定以及科技专家咨询等多种途径进行查明。

相关法条：《中华人民共和国专利法》（2008年修正）第59条第1款、第61条、第68条第1款（本案适用的是2000年修正的《中华人民共和国专利法》第56条第1款、第57条第2款、第62条第1款）

《中华人民共和国民事诉讼法》（2012 年修正）第 78 条、第 79 条

基本案情： 2013 年 7 月 25 日，礼来公司（又称伊莱利利公司）向江苏省高级人民法院（以下简称江苏高院）诉称，礼来公司拥有涉案 91103346.7 号方法发明专利权，涉案专利方法制备的药物奥氮平为新产品。常州华生制药有限公司（以下简称华生公司）使用落入涉案专利权保护范围的制备方法生产药物奥氮平并面向市场销售，侵害了礼来公司的涉案方法发明专利权。为此，礼来公司提起本案诉讼，请求法院判令：1. 华生公司赔偿礼来公司经济损失人民币 151060000 元、礼来公司为制止侵权所支付的调查取证费和其他合理开支人民币 28800 元；2. 华生公司在其网站及《医药经济报》刊登声明，消除因其侵权行为给礼来公司造成的不良影响；3. 华生公司承担礼来公司因本案发生的律师费人民币 1500000 元；4. 华生公司承担本案的全部诉讼费用。

江苏高院一审查明：

涉案专利为英国利利工业公司 1991 年 4 月 24 日申请的名称为“制备一种噻吩并苯二氮杂化合物的方法”的第 91103346.7 号中国发明专利申请，授权公告日为 1995 年 2 月 19 日。2011 年 4 月 24 日涉案专利权期满终止。1998 年 3 月 17 日，涉案专利的专利权人变更为英国伊莱利利有限公司；2002 年 2 月 28 日专利权人变更为伊莱利利公司。

涉案专利授权公告的权利要求为：

1. 一种制备 2- 甲基 -10-（4- 甲基 -1- 哌嗪基）-4H- 噻吩并 [2，3，-b][1，5] 苯并二氮杂，或其酸加成盐的方法，

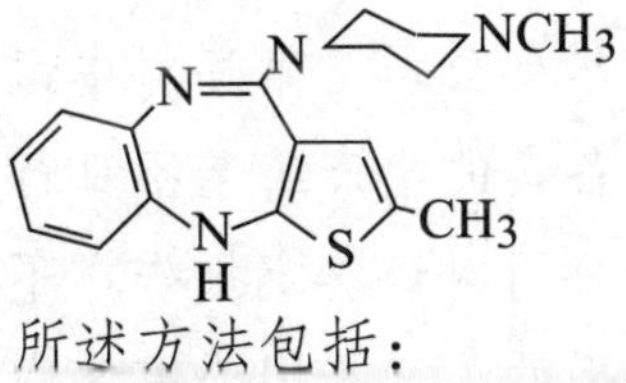

所述方法包括：

（a）使 N- 甲基哌嗪与下式化合物反应，

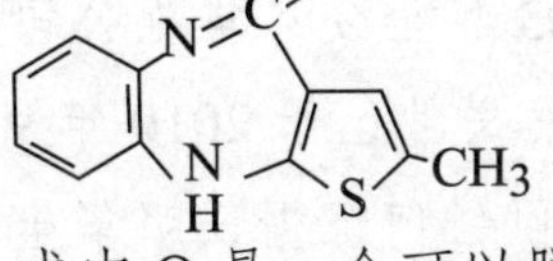

式中 Q 是一个可以脱落的基团，或

（b）使下式的化合物进行闭环反应

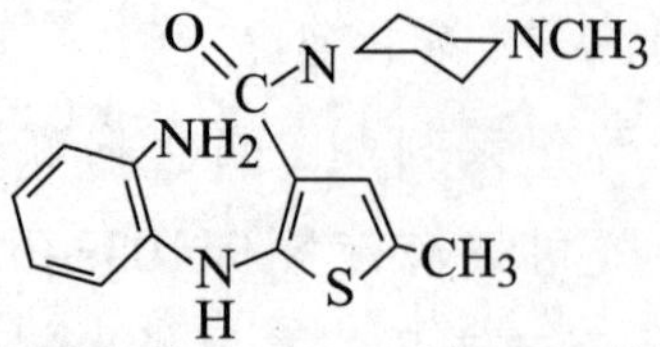

2001年7月，中国医学科学院药物研究所（简称医科院药物所）和华生公司向国家药品监督管理局（简称国家药监局）申请奥氮平及其片剂的新药证书。2003年5月9日，医科院药物所和华生公司获得国家药监局颁发的奥氮平原料药和奥氮平片《新药证书》，华生公司获得奥氮平和奥氮平片《药品注册批件》。新药申请资料中《原料药生产工艺的研究资料及文献资料》记载了制备工艺，即加入4–氨基–2–甲基–10–苄基–噻吩并苯并二氮杂，盐酸盐，甲基哌嗪及二甲基甲酰胺搅拌，得粗品，收率94.5%；加入2–甲基–10–苄基–（4–甲基–1–哌嗪基）–4H–噻吩并苯并二氮杂、冰醋酸、盐酸搅拌，然后用氢氧化钠中和后得粗品，收率73.2%；再经过两次精制，总收率为39.1%。从反应式分析，该过程就是以式四化合物与甲基哌嗪反应生成式五化合物，再对式五化合物脱苄基，得式一化合物。2003年8月，华生公司向青岛市第七人民医院推销其生产的“华生–奥氮平”5mg–新型抗精神病药，其产品宣传资料记载，奥氮平片主要成分为奥氮平，其化学名称为2–甲基–10–（4–甲基–1–哌嗪）–4H–噻吩并苯并二氮杂。

在另案审理中，根据江苏高院的委托，2011年8月25日，上海市科技咨询服务中心出具（2010）鉴字第19号《技术鉴定报告书》。该鉴定报告称，按华生公司备案的“原料药生产工艺的研究资料及文献资料”中记载的工艺进行实验操作，不能获得原料药奥氮平。鉴定结论为：华生公司备案资料中记载的生产原料药奥氮平的关键反应步骤缺乏真实性，该备案的生产工艺不可行。

经质证，伊莱利利公司认可该鉴定报告，华生公司对该鉴定报告亦不持异议，但是其坚持认为采取两步法是可以生产出奥氮平的，只是因为有些内容涉及商业秘密没有写入备案资料中，故专家依据备案资料生产不出来。

华生公司认为其未侵害涉案专利权，理由是：2003年至今，华生公司一直使用2008年补充报批的奥氮平备案生产工艺，该备案文件已于2010年9月8日获国家药监局批准，具备可行性。在礼来公司未提供任何证据证明华生公司的生产工艺的情况下，应以华生公司2008年奥氮平备案工艺作为认定侵权与否的比对工艺。

华生公司提交的2010年9月8日国家药监局《药品补充申请批件》中“申请内容”栏为:“(1)改变影响药品质量的生产工艺;(2)修改药品注册标准。”“审批结论”栏为:“经审查,同意本品变更生产工艺并修订质量标准。变更后的生产工艺在不改变原合成路线的基础上,仅对其制备工艺中所用溶剂和试剂进行调整。质量标准所附执行,有效期24个月。”

上述2010年《药品补充申请批件》所附《奥氮平药品补充申请注册资料》中5.1原料药生产工艺的研究资料及文献资料章节中5.1.1说明内容为:“根据我公司奥氮平原料药的实际生产情况,在不改变原来申报生产工艺路线的基础上,对奥氮平的制备工艺过程做了部分调整变更,对工艺进行优化,使奥氮平各中间体的质量得到进一步的提高和保证,其制备过程中的相关杂质得到有效控制……由于工艺路线没有变更,并且最后一步的结晶溶剂亦没有变更,故化合物的结构及晶型不会改变。”

最高人民法院二审审理过程中,为准确查明本案所涉技术事实,根据民事诉讼法第七十九条、《最高人民法院关于适用〈中华人民共和国民事诉讼法〉的解释》(以下简称《民事诉讼法解释》)第一百二十二条之规定,对礼来公司的专家辅助人出庭申请予以准许;根据《民事诉讼法解释》第一百一十七条之规定,对华生公司的证人出庭申请予以准许;根据民事诉讼法第七十八条、《民事诉讼法解释》第二百二十七条之规定,通知出具(2014)司鉴定第02号《技术鉴定报告》的江苏省科技咨询中心工作人员出庭;根据《最高人民法院关于知识产权法院技术调查官参与诉讼活动若干问题的暂行规定》第二条、第十条之规定,首次指派技术调查官出庭,就相关技术问题与各方当事人分别询问了专家辅助人、证人及鉴定人。

最高人民法院二审另查明:

1999年10月28日,华生公司与医科院药物所签订《技术合同书》,约定医科院药物所将其研制开发的抗精神分裂药奥氮平及其制剂转让给华生公司,医科院药物所负责完成临床前报批资料并在北京申报临床;验收标准和方法按照新药审批标准,采用领取临床批件和新药证书方式验收;在其他条款中双方对新药证书和生产的报批作出了约定。

医科院药物所1999年10月填报的(京99)药申临字第82号《新药临床研究申请表》中,“制备工艺”栏绘制的反应路线如下:

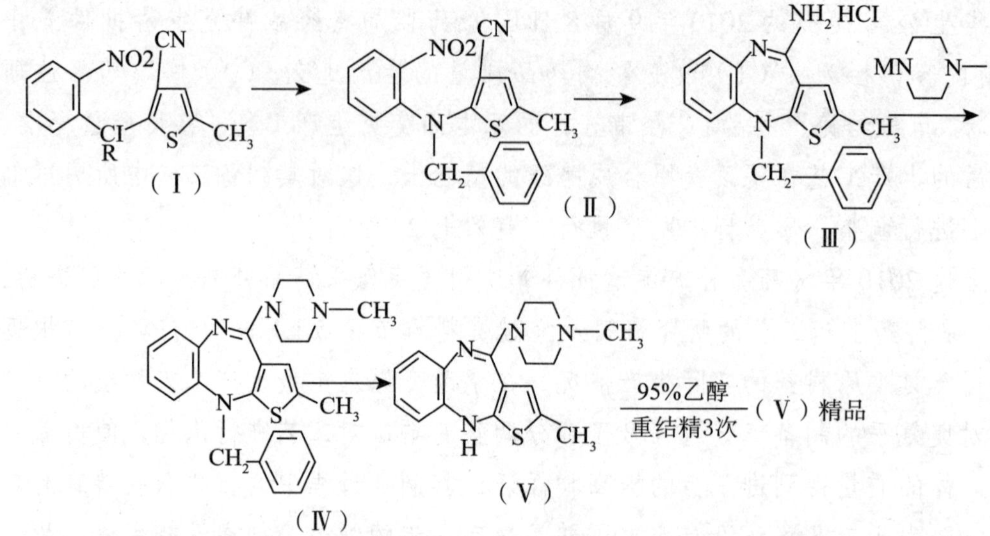

1999 年 11 月 9 日，北京市卫生局针对医科院药物所的新药临床研究申请作出《新药研制现场考核报告表》，“现场考核结论”栏记载：“该所具备研制此原料的条件，原始记录、实验资料基本完整，内容真实。”

2001 年 6 月，医科院药物所和华生公司共同向国家药监局提交《新药证书、生产申请表》[（2001）京申产字第 019 号]。针对该申请，江苏省药监局 2001 年 10 月 22 日作出《新药研制现场考核报告表》，“现场考核结论”栏记载：“经现场考核，样品制备及检验原始记录基本完整，检验仪器条件基本具备，研制单位暂无原料药生产车间，现申请本品的新药证书。”

根据华生公司申请，江苏药监局 2009 年 5 月 21 日发函委托江苏省常州市食品药品监督管理局药品安全监管处对华生公司奥氮平生产现场进行检查和产品抽样，江苏药监局针对该检查和抽样出具了《药品注册生产现场检查报告》（受理号 CXHB0800159），其中“检查结果”栏记载：“按照药品注册现场检查的有关要求，2009 年 7 月 7 日对该品种的生产现场进行了第一次检查，该公司的机构和人员、生产和检验设施能满足该品种的生产要求，原辅材料等可溯源，主要原料均按规定量投料，生产过程按申报的工艺进行。2009 年 8 月 25 日，按药品注册现场核查的有关要求，检查了 70309001、70309002、70309003 三批产品的批生产记录、检验记录、原料领用使用、库存情况记录等，已按抽样要求进行了抽样。”“综合评定结论”栏记载：“根据综合评定，现场检查结论为：通过”。

国家药监局 2010 年 9 月 8 日颁发给华生公司的《药品补充申请批件》所

附《奥氮平药品补充申请注册资料》中，5.1“原料药生产工艺的研究资料及文献资料”之5.1.2“工艺路线”中绘制的反应路线如下：

5.1.2　工艺路线

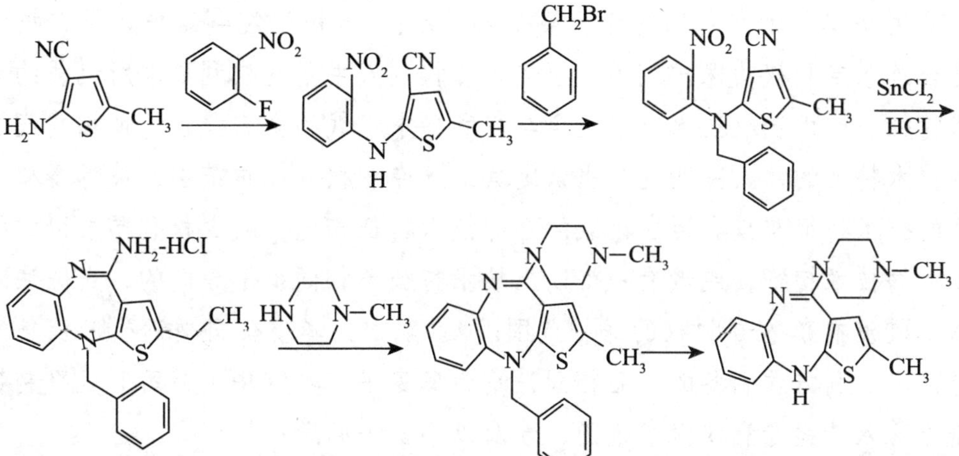

2015年3月5日，江苏省科技咨询中心受上海市方达（北京）律师事务所委托出具（2014）司鉴字第02号《技术鉴定报告》，其“鉴定结论”部分记载：“1.华生公司2008年向国家药监局备案的奥氮平制备工艺是可行的。2.对比华生公司2008年向国家药监局备案的奥氮平制备工艺与礼来公司第91103346.7号方法专利，两者起始原料均为仲胺化物，但制备工艺路径不同，具体表现在：（1）反应中产生的关键中间体不同；（2）反应步骤不同：华生公司的是四步法，礼来公司是二步法；（3）反应条件不同：取代反应中，华生公司采用二甲基甲酰胺为溶媒，礼来公司采用二甲基亚砜和甲苯的混合溶剂为溶媒。”

二审庭审中，礼来公司明确其在本案中要求保护涉案专利权利要求1中的方法（a）。

裁判结果：江苏省高级人民法院于2014年10月14日作出（2013）苏民初字第0002号民事判决：1.常州华生制药有限公司赔偿礼来公司经济损失及为制止侵权支出的合理费用人民币计350万元；2.驳回礼来公司的其他诉讼请求。案件受理费人民币809744元，由礼来公司负担161950元，常州华生制药有限公司负担647794元。礼来公司、常州华生制药有限公司均不服，提起上诉。最高人民法院2016年5月31日作出（2015）民三终字第1号民事判决：1.撤销江苏省高级人民法院（2013）苏民初字第0002号民事判决；2.驳回礼来公司的诉讼请求。一、二审案件受理费各人民币809744元，由礼来公司负担323897元，常州华生制药有限公司负担1295591元。

裁判理由：法院生效裁判认为，《最高人民法院关于审理侵犯专利权纠纷案件应用法律若干问题的解释》第七条规定："人民法院判定被诉侵权技术方案是否落入专利权的保护范围，应当审查权利人主张的权利要求所记载的全部技术特征。被诉侵权技术方案包含与权利要求记载的全部技术特征相同或者等同的技术特征的，人民法院应当认定其落入专利权的保护范围；被诉侵权技术方案的技术特征与权利要求记载的全部技术特征相比，缺少权利要求记载的一个以上的技术特征，或者有一个以上技术特征不相同也不等同的，人民法院应当认定其没有落入专利权的保护范围。"本案中，华生公司被诉生产销售的药品与涉案专利方法制备的产品相同，均为奥氮平，判定华生公司奥氮平制备工艺是否落入涉案专利权保护范围，涉及以下三个问题：

一、关于涉案专利权的保护范围

专利法第五十六条第一款规定："发明或者实用新型专利权的保护范围以其权利要求的内容为准，说明书及附图可以用于解释权利要求。"本案中，礼来公司要求保护涉案专利权利要求1中的方法（a），该权利要求采取开放式的撰写方式，其中仅限定了参加取代反应的三环还原物及N−甲基哌嗪以及发生取代的基团，其保护范围涵盖了所有采用所述三环还原物与N−甲基哌嗪在Q基团处发生取代反应而生成奥氮平的制备方法，无论采用何种反应起始物、溶剂、反应条件，均在其保护范围之内。基于此，判定华生公司奥氮平制备工艺是否落入涉案专利权保护范围，关键在于两个技术方案反应路线的比对，而具体的反应起始物、溶剂、反应条件等均不纳入侵权比对范围，否则会不当限缩涉案专利权的保护范围，损害礼来公司的合法权益。

二、关于华生公司实际使用的奥氮平制备工艺

专利法第五十七条第二款规定："专利侵权纠纷涉及新产品制造方法的发明专利的，制造同样产品的单位或者个人应当提供其产品制造方法不同于专利方法的证明。"本案中，双方当事人对奥氮平为专利法中所称的新产品不持异议，华生公司应就其奥氮平制备工艺不同于涉案专利方法承担举证责任。具体而言，华生公司应当提供证据证明其实际使用的奥氮平制备工艺反应路线未落入涉案专利权保护范围，否则，将因其举证不能而承担推定礼来公司侵权指控成立的法律后果。

本案中，华生公司主张其自2003年至今一直使用2008年向国家药监局补充备案工艺生产奥氮平，并提交了其2003年和2008年奥氮平批生产记录（一审补充证据6)、2003年、2007年和2013年生产规程（一审补充证据7)、《药品补充申请批件》(一审补充证据12）等证据证明其实际使用的奥氮平制备工艺。如前所述，本案的侵权判定关键在于两个技术方案反应路线的比对，华生公司2008年补充备案工艺的反应路线可见于其向国家药监局提交的《奥氮平药品补充申请注册资料》，其中5.1“原料药生产工艺的研究资料及文献资料”之5.1.2“工艺路线”图显示该反应路线为：先将“仲胺化物”中的仲氨基用苄基保护起来，制得“苄基化物”(苄基化)，再进行闭环反应，生成“苄基取代的噻吩并苯并二氮杂”三环化合物（还原化物)。“还原化物”中的氨基被N-甲基哌嗪取代，生成“缩合物”，然后脱去苄基，制得奥氮平。本院认为，现有在案证据能够形成完整证据链，证明华生公司2003年至涉案专利权到期日期间一直使用其2008年补充备案工艺的反应路线生产奥氮平，主要理由如下：

首先，华生公司2008年向国家药监局提出奥氮平药品补充申请注册，在其提交的《奥氮平药品补充申请注册资料》中，明确记载了其奥氮平制备工艺的反应路线。针对该补充申请，江苏省药监部门于2009年7月7日和8月25日对华生公司进行了生产现场检查和产品抽样，并出具了《药品注册生产现场检查报告》(受理号CXHB0800159)，该报告显示华生公司的“生产过程按申报的工艺进行”，三批样品“已按抽样要求进行了抽样”，现场检查结论为“通过”。也就是说，华生公司2008年补充备案工艺经过药监部门的现场检查，具备可行性。基于此，2010年9月8日，国家药监局向华生公司颁发了《药品补充申请批件》，同意华生公司奥氮平“变更生产工艺并修订质量标准”。对于华生公司2008年补充备案工艺的可行性，礼来公司专家辅助人在二审庭审中予以认可，江苏省科技咨询中心出具的（2014）司鉴字第02号《技术鉴定报告》在其鉴定结论部分也认为“华生公司2008年向国家药监局备案的奥氮平制备工艺是可行的”。因此，在无其他相反证据的情形下，应当推定华生公司2008年补充备案工艺即为其取得《药品补充申请批件》后实际使用的奥氮平制备工艺。

其次，一般而言，适用于大规模工业化生产的药品制备工艺步骤烦琐，操作复杂，其形成不可能是一蹴而就的。从研发阶段到实际生产阶段，其长期的技术积累过程通常是在保持基本反应路线稳定的情况下，针对实际生产中发现的缺陷不断优化调整反应条件和操作细节。华生公司的奥氮平制备工艺受让于医科院药物所，双方于1999年10月28日签订了《技术转让合同》。按照合同约定，医科院药物所负责完成临床前报批资料并在北京申报临床。在医科院药物所1999年10月填报的（京99）药申临字第82号《新药临床研究申请表》中，“制备工艺”栏绘制的反应路线显示，其采用了与华生公司2008年补充备案工艺相同的反应路线。针对该新药临床研究申请，北京市卫生局1999年11月9日作出《新药研制现场考核报告表》，确认“原始记录、实验资料基本完整，内容真实。”在此基础上，医科院药物所和华生公司按照《技术转让合同》的约定，共同向国家药监局提交《新药证书、生产申请表》[（2001）京申产字第019号]。针对该申请，江苏省药监局2001年10月22日作出《新药研制现场考核报告表》，确认“样品制备及检验原始记录基本完整”。通过包括前述考核在内的一系列审查后，2003年5月9日，医科院药物所和华生公司获得国家药监局颁发的奥氮平原料药和奥氮平片《新药证书》。由此可见，华生公司自1999年即拥有了与其2008年补充备案工艺反应路线相同的奥氮平制备工艺，并以此申报新药注册，取得新药证书。因此，华生公司在2008补充备案工艺之前使用反应路线完全不同的其他制备工艺生产奥氮平的可能性不大。

最后，国家药监局2010年9月8日向华生公司颁发的《药品补充申请批件》“审批结论”栏记载：“变更后的生产工艺在不改变原合成路线的基础上，仅对其制备工艺中所用溶剂和试剂进行调整”，即国家药监局确认华生公司2008年补充备案工艺与其之前的制备工艺反应路线相同。华生公司在一审中提交了其2003、2007和2013年的生产规程，2003、2008年的奥氮平批生产记录，华生公司主张上述证据涉及其商业秘密，一审法院组织双方当事人进行了不公开质证，确认其真实性和关联性。本院经审查，华生公司2003、2008年的奥氮平批生产记录是分别依据2003、2007年的生产规程进行实际生产所作的记录，上述生产规程和批生产记录均表明华生公司奥氮平制备工艺的基本反应路线与其2008年补充备案工艺的反应路线相同，只是在保持该基本反应路线不变的基础上对反应条件、溶剂等生产细节进行调整，不断优化，这样的技术积累过程是符合实际生产规律的。

综上，本院认为，华生公司2008年补充备案工艺真实可行，2003年至涉案专利权到期日期间华生公司一直使用2008年补充备案工艺的反应路线生产奥氮平。

三、关于礼来公司的侵权指控是否成立

对比华生公司奥氮平制备工艺的反应路线和涉案方法专利，二者的区别在于反应步骤不同，关键中间体不同。具体而言，华生公司奥氮平制备工艺使用的三环还原物的胺基是被苄基保护的，由此在取代反应之前必然存在苄基化反应步骤以生成苄基化的三环还原物，相应的在取代反应后也必然存在脱苄基反应步骤以获得奥氮平。而涉案专利的反应路线中并未对三环还原物中的胺基进行苄基保护，从而不存在相应的苄基化反应步骤和脱除苄基的反应步骤。

《专利纠纷规定》第十七条第二款规定："等同特征，是指与所记载的技术特征以基本相同的手段，实现基本相同的功能，达到基本相同的效果，并且本领域普通技术人员在被诉侵权行为发生时无需经过创造性劳动就能够联想到的特征。"本案中，就华生公司奥氮平制备工艺的反应路线和涉案方法专利的区别而言，首先，苄基保护的三环还原物中间体与未加苄基保护的三环还原物中间体为不同的化合物，两者在化学反应特性上存在差异，即在未加苄基保护的三环还原物中间体上，可脱落的Q基团和胺基均可与N-甲基哌嗪发生反应，而苄基保护的三环还原物中间体由于其中的胺基被苄基保护，无法与N-甲基哌嗪发生不期望的取代反应，取代反应只能发生在Q基团处；相应地，涉案专利的方法中不存在取代反应前后的加苄基和脱苄基反应步骤。因此，两个技术方案在反应中间物和反应步骤上的差异较大。其次，由于增加了加苄基和脱苄基步骤，华生公司的奥氮平制备工艺在终产物收率方面会有所减损，而涉案专利由于不存在加苄基保护步骤和脱苄基步骤，收率不会因此而下降。故两个技术方案的技术效果如收率高低等方面存在较大差异。最后，尽管对所述三环还原物中的胺基进行苄基保护以减少副反应是化学合成领域的公知常识，但是这种改变是实质性的，加苄基保护的三环还原物中间体的反应特性发生了改变，增加反应步骤也使收率下降。而且加苄基保护为公知常识仅说明华生公司的奥氮平制备工艺相对于涉案专利方法改进有限，但并不意味着两者所采用的技术手段是基本相同的。

综上，华生公司的奥氮平制备工艺在三环还原物中间体是否为苄基化中间体以及由此增加的苄基化反应步骤和脱苄基步骤方面，与涉案专利方法是不同的，相应的技术特征也不属于基本相同的技术手段，达到的技术效果存在较大差异，未构成等同特征。因此，华生公司奥氮平制备工艺未落入涉案专利权保护范围。

综上所述，华生公司奥氮平制备工艺未落入礼来公司所有的涉案专利权的保护范围，一审判决认定事实和适用法律存在错误，依法予以纠正。

典型案例

一、张某某诉石家庄制药集团欧意药业有限公司、石家庄制药集团华盛制药有限公司、石药集团中奇制药技术（石家庄）有限公司、吉林省玉顺堂药业有限公司侵害发明专利权纠纷案

关键词：新产品　方法专利　举证责任

裁判摘要：在涉及新产品制造方法专的侵权纠纷案件中，方法专利权的保护范围只包含依照专利方法直接获得的原始产品，不包括对原始产品作进一步处理后获得的后续产品。

基本案情：张某某系专利号为00102701.8、名称为“氨氯地平对映体的拆分”发明专利的专利权人，该专利是制造左旋氨氯地平产品的方法专利。2005年2月，张某某向吉林省长春市中级人民法院起诉称，马来酸左旋氨氯地平和马来酸左旋氨氯地平片新药由石药集团中奇制药技术（石家庄）有限公司（以下简称中奇公司），石家庄制药集团华盛制药有限公司（以下简称华盛公司）生产了马来酸左旋氨氯地平（原料药），石家庄制药集团欧意药业有限公司（以下简称欧意公司）生产了马来酸左旋氨氯地平片（终端产品，商品名“玄宁”），吉林省玉顺堂药业有限公司（以下简称玉顺堂公司）销售了侵权产品。请求判令：1. 中奇公司、华盛公司、欧意公司停止侵权行为并在全国性医药媒体上刊载马来酸左旋氨氯地平、马来酸左旋氨氯地平片侵权的声明；2. 玉顺堂公司停止销售侵权产品；3. 中奇公司、华盛公司、欧意公司和玉顺堂公司承担本案全部诉讼费用以及因本案发生的鉴定费、律师费和其他费用。吉林省长春市中级人民法院一审判决判令中奇公司、华盛公司、欧意公司停止对涉案专利权的侵害行为。中奇公司、华盛公司、欧意公司不服提起上诉。吉林省高级人民法院二审判决驳回上诉，维持原判。欧意公司仍不服，向最高人民法院申请再审。最高人民法院于2010年9月9日作出（2009）民提字第84号民事

判决，改判：撤销一审、二审判决，驳回张某某的诉讼请求。

最高人民法院再审认为：依照涉案专利方法直接获得的产品是“结合一个DMSO–d6的（S）–（–）–氨氯地平的D–酒石酸盐”，或“结合一个DMSO–d6的（R）–（+）–氨氯地平的L–酒石酸盐”，其中前者即为制造左旋氨氯地平的中间产物，而非左旋氨氯地平本身；而后者即为制造右旋氨氯地平的中间产物，亦非右旋氨氯地平本身。由于在涉案专利的申请日之前，上述中间产物并未为国内外公众所知悉，可以认定依照涉案专利方法直接获得的产品是新产品，涉案专利属于新产品制造方法专利。虽然涉案专利是一项新产品制造方法专利，但要由被诉侵权人欧意公司等承担证明其产品制造方法不同于专利方法的举证责任，还须由权利人张某某证明被诉侵权人制造的产品与依照专利方法直接获得的产品属于同样的产品。张某某提供的证据虽然能够证明欧意公司等制造了马来酸左旋氨氯地平及其片剂，并且马来酸左旋氨氯地平的制造须以左旋氨氯地平为原料，但张某某并没有提供证据证明欧意公司等在制造马来酸左旋氨氯地平及其片剂时，也制造了“结合一个DMSO–d6的（S）–（–）–氨氯地平的D–酒石酸盐”中间产物。因此，张某某提供的证据并不足以证明欧意公司等制造的产品与依照涉案专利方法直接获得的产品属于同样的产品，本案不应由欧意公司等承担证明其产品制造方法不同于专利方法的举证责任。

【案　　号】（2009）民提字第84号

【审理法院】最高人民法院

【来　　源】《最高人民法院公报》2011年第1期

二、上海艾尔贝包装科技发展有限公司诉义乌市贝格塑料制品有限公司、张某某、杭州阿里巴巴广告有限公司侵害发明专利权纠纷案

关键词：发明专利　侵权　新产品　方法专利　举证责任

裁判摘要：专利权人主张适用新产品制造方法专利举证责任倒置时，应当对方法专利直接获得的产品为新产品承担举证责任。

基本案情：上海艾尔贝包装科技发展有限公司（以下简称艾尔贝公司）系名称为“自粘膜止回空气包装材料C型袋及其制造方法”的发明专利的权利人，涉案专利的申请日为2005年7月29日。艾尔贝公司以义乌市贝格塑料制

品有限公司（以下简称贝格公司）在杭州阿里巴巴广告有限公司（以下简称阿里巴巴公司）开设的网络平台上批发销售其生产的气柱袋产品侵害了涉案专利权为由，提起诉讼。其同时主张，贝格公司系一人有限责任公司，张某某作为贝格公司的自然人股东，应与贝格公司承担连带责任，阿里巴巴公司未及时采取下架贝格公司的产品、删除、屏蔽、断开链接等必要措施，应当与贝格公司承担连带责任。上海知识产权法院一审认为，被诉侵权产品技术方案落入权利要求1和2的保护范围。权利要求3、4和5系方法专利，在贝格公司不能提供其产品制造方法区别于专利方法的情况下，应认定落入该方法专利保护范围，据此判决贝格公司构成对本专利的侵害，张某某对上述债务承担连带责任。贝格公司、张某某不服，提起上诉。上海市高级人民法院二审判决驳回上诉，维持原判。贝格公司、张某某不服，向最高人民法院申请再审。最高人民法院裁定驳回贝格公司和张某某的再审申请。

最高人民法院审查认为：新产品或者新产品的制造方法在专利申请日前不为国内外公众所知悉，制造同样产品的单位或者个人使用专利方法的可能性较大，而与制造相关的证据主要由被诉侵权人掌握，如果按照民事侵权“谁主张谁举证”的原则分配举证责任，则显失公平。因此，《专利法》才规定由被诉侵权人承担举证责任。但是，举证责任倒置属于民事侵权中“谁主张谁举证”一般原则的例外，对于权利人产品是否属于新产品仍然应当由权利人举证证明。权利人提交初步证据证明该产品属于专利法规定的新产品的，应当认定其已经尽到举证义务。上述初步证据应当能够证明涉案产品与专利申请日之前已有的同类产品相比，在产品的组份、结构或者其质量、性能、功能方面有明显区别。本案中，在艾尔贝公司未举证证明涉案专利产品属于新产品的情形下，不能直接推定涉案专利产品为新产品，并进而推定权利要求3、4、5为新产品的制造方法。

【案　　号】（2018）最高法民申4149号

【审理法院】最高人民法院

【来　　源】《最高人民法院知识产权案件年度报告（2018）》

三、李某诉唐山宝翔化工产品有限公司侵害发明专利权纠纷案

关键词：发明专利　侵权　方法专利　举证责任

裁判摘要： 使用专利方法获得的产品不属于新产品，专利权人能够证明被诉侵权人制造了同样产品，经合理努力仍无法证明被诉侵权人确实使用了该专利方法，但根据案件具体情况，结合已知事实以及日常生活经验，能够认定同样产品使用专利方法制造的可能性很大，可以不再要求专利权人提供进一步的证据，而应由被诉侵权人就其制造方法不同于专利方法举证。

基本案情： 李某系名称为“萘酚生产中母液、亚硫酸钠溶液的处理方法”、专利号为200610016781.9号的发明专利的权利人。2013年5月，李某发现唐山宝翔化工产品有限公司（以下简称宝翔公司）在萘酚生产工艺中使用了处理母液、亚硫酸钠溶液的方法，该方法落入了涉案专利的保护范围。一审诉讼中，李某请求法院对宝翔公司生产萘酚过程中母液、亚硫酸钠溶液的处理方法进行证据保全并鉴定。一审法院调取了宝翔公司向河北省环保厅提交的环境影响评价报告，该报告显示，宝翔公司在萘酚生产过程中的废水处理工艺采用蒸发浓缩工艺对粗萘酚煮沸洗涤水进行处理回收亚硫酸钠，与涉案专利的处理方法不同。李某认为，一审法院仅保全了宝翔公司的设备静态照片及环保备案材料，对能直接证明宝翔公司侵犯涉案专利权的重要证据“生产记录”并未进行保全。李某提交了由宝翔公司员工李某生等7人签名的生产记录，包括交接班记录、萘酚生产记录、亚硫酸钠提取记录等，证明宝翔公司在生产过程中，亚硫酸钠的提取使用了涉案专利的方法，侵害了涉案专利权。河北省石家庄市中级人民法院一审认为，根据法院依法调取的证据及李某提交的证据，结合宝翔公司的陈述、河北省环保厅保存的宝翔公司的环评报告，并不能证明宝翔公司在萘酚生产中副产品亚硫酸钠的提取工艺落入涉案专利的保护范围。遂判决驳回李某的诉讼请求。李某不服，提起上诉。河北省高级人民法院二审判决驳回上诉、维持原判。李某不服，向最高人民法院申请再审。最高人民法院裁定提审本案，并于2020年11月18日判决撤销一、二审判决，判令宝翔公司立即停止侵权行为。

最高人民法院再审认为，首先，李某提交的亚硫酸钠提取记录、手写的书面记录、2-萘酚原始记录、交接班记录表为原件，各有卢某某等人签名，在再审询问时由李某出示，结合参保人员个人账户确认表，可以认定上述证据相互印证形成证据链，能够真实反映宝翔公司的实际制备工艺，可予采信。李某再审提交的书面记录本（无签名）、班会录音及有关对应文字从内容上与上述证据相互印证，可以认定具有关联性。其次，根据“生产记录”(包括亚硫酸钠提取记录、手写的书面记录、2-萘酚原始记录）中记载的信息“稀释锅加亚钠”“亚钠提取锅加液体亚钠”、在稀释工艺中有“提取亚钠”，以及交接班记录中“提取亚钠与稀释结合好，污水母液即时回稀释配底水，提取亚纳”，与宝翔公司在环保厅备案工艺在稀释工艺中仅添加水稀释明显不同，可以证明宝翔公司的生产工艺中有以亚硫酸钠溶液做稀释剂和在碱溶稀释后提取亚硫酸钠的步骤，分别对应于涉案专利步骤A和B，该两项步骤也是涉案专利方法相对于说明书中记载的传统工艺方法的改进之处。因此，李某提交的证据可以初步证明宝翔公司实际生产中使用涉案专利。最后，在李某进一步取证困难，且宝翔公司掌握其生产工艺流程和生产记录的情况下，宝翔公司应负有举证其生产方法不同于涉案专利方法的责任，否则应承担不利后果。在二审法院和最高人民法院再审询问期间，法院均要求宝翔公司提交生产记录或工艺操作流程等，宝翔公司称该公司没有任何文字记载的生产记录或操作手册，该陈述与目前法律法规对化工企业安全生产的要求明显不符。化工企业的生产记录或操作手册应由该公司记录并保管，在法院多次要求其提交而拒不提交的情况下，根据《最高人民法院关于民事诉讼证据的若干规定》第75条“有证据证明一方当事人持有证据无正当理由拒不提供，如果对方当事人主张该证据的内容不利于证据持有人，可以推定该主张成立”的规定，宝翔公司应承担不利后果，即推定李某关于宝翔公司在萘酚生产工艺中对亚硫酸钠溶液的处理落入了涉案专利权的保护范围的主张成立，宝翔公司侵害了李某涉案专利权。

【案　　号】（2020）最高法民再183号

【审理法院】最高人民法院

【来　　源】《最高人民法院知识产权案件年度报告（2020）》

四、珠海金晟照明科技有限公司诉灵川县市政建设管理所、广西建工集团第四建筑工程有限责任公司、江苏建标灯业制造有限公司侵害外观设计专利权纠纷案

关键词：外观设计专利　侵权　专利权评价报告　不利后果

裁判摘要：原告虽未能根据人民法院的要求提交专利权评价报告，但能够证明涉案专利权仍然合法有效的，不应以原告拒不提交专利权评价报告为由裁

定驳回起诉。

基本案情： 珠海金晟照明科技有限公司（以下简称珠海金晟公司）系名称为“灯球（中华之光）”、专利号为201430169919.4号的外观设计专利的专利权人。珠海金晟公司主张灵川县市政建设管理所、广西建工集团第四建筑工程有限责任公司、江苏建标灯业制造有限公司侵害其涉案专利权，向广西壮族自治区柳州市中级人民法院提起诉讼，请求判令停止侵权并赔偿经济损失。一审法院以珠海金晟公司未按要求提交涉案专利权评价报告为由，裁定驳回珠海金晟公司起诉。珠海金晟公司不服，提起上诉，并在二审中提交了国家知识产权局就案外人郭某某对涉案专利提出的无效宣告请求审查决定书，该决定维持涉案专利权有效。广西壮族自治区高级人民法院以珠海金晟公司未提交专利权评价报告为由，驳回珠海金晟公司上诉，维持一审裁定。珠海金晟公司不服，向最高人民法院申请再审。最高人民法院提审本案，并于2020年12月31日裁定撤销一审、二审裁定，指令一审法院审理本案。

最高人民法院再审认为，首先，专利权评价报告本质上是专利侵权纠纷民事案件中的一类证据，其内容主要包括相关现有技术、现有设计等对比文件，以及有关实用新型专利、外观设计专利是否符合专利法及其实施细则规定的授予专利权条件的评价和说明。实用新型专利、外观设计专利在授权前并未经过实质审查，专利权效力的稳定性不及发明专利。根据国家知识产权局检索、分析和评价后出具的专利权评价报告，当事人能够在无效行政程序之外，对现有技术、现有设计的状况以及专利权效力的稳定性，形成相对更加准确、合理的预期，从而更加理性、谨慎、有针对性地进行专利侵权民事诉讼活动。专利权评价报告也可以作为人民法院判断专利权效力是否稳定的参考。人民法院可以综合考虑外观设计专利权的保护范围、与现有设计的差异程度、创新高度、专利权效力是否稳定等因素，以及被告构成侵权的可能性、应否承担民事责任，国家知识产权局是否就涉案专利作出无效行政决定等因素，决定是否“要求专利权人或者利害关系人出具”专利权评价报告。其次，经人民法院提出明确要求，原告无正当理由拒不向国家知识产权局请求出具专利权评价报告，或者拒不向人民法院提交的，人民法院可以结合在案证据以及当事人的主张，在与专利权评价报告有关的现有设计状况、惯常设计、设计空间、创新高度等方面，依法作出对原告不利的认定或者推定。最后，专利权评价报告是“审理、处理专利侵权纠纷的证据”，不属于原告在提起侵犯外观设计专利权民事诉讼时必须提交的证据。对于涉案专利权是否存在应当被宣告无效的情形，专利权评价报告仅具有参考作用，不能替代专利无效行政决定及相关行政判决的认定。因此，原告虽未能根据人民法院的要求提交专利权评价报告，但另行提交了国家知识产权局针对涉案专利作出的无效行政决定，能够证明涉案专利权仍然合法有效的，不应以原告拒不提交专利权评价报告为由，裁定驳回其起诉。

【案　　号】（2020）最高法民再383号

【审理法院】最高人民法院

【来　　源】《最高人民法院知识产权案件年度报告（2020）》

第六十七条 在专利侵权纠纷中，被控侵权人有证据证明其实施的技术或者设计属于现有技术或者现有设计的，不构成侵犯专利权。

关联规定

一、法律、行政法规、司法解释

1.《中华人民共和国专利法》

第二十二条 授予专利权的发明和实用新型，应当具备新颖性、创造性和实用性。

新颖性，是指该发明或者实用新型不属于现有技术；也没有任何单位或者个人就同样的发明或者实用新型在申请日以前向国务院专利行政部门提出过申请，并记载在申请日以后公布的专利申请文件或者公告的专利文件中。

本法所称现有技术，是指申请日以前在国内外为公众所知的技术。

第二十三条 授予专利权的外观设计，应当不属于现有设计；也没有任何单位或者个人就同样的外观设计在申请日以前向国务院专利行政部门提出过申请，并记载在申请日以后公告的专利文件中。

授予专利权的外观设计与现有设计或者现有设计特征的组合相比，应当具有明显区别。

本法所称现有设计，是指申请日以前在国内外为公众所知的设计。

第七十五条 有下列情形之一的，不视为侵犯专利权：

（一）专利产品或者依照专利方法直接获得的产品，由专利权人或者经其许可的单位、个人售出后，使用、许诺销售、销售、进口该产品的；

（二）在专利申请日前已经制造相同产品、使用相同方法或者已经作好制造、使用的必要准备，并且仅在原有范围内继续制造、使用的；

（三）临时通过中国领陆、领水、领空的外国运输工具，依照其所属国同中国签订的协议或者共同参加的国际条约，或者依照互惠原则，为运输工具自身需要而在其装置和设备中使用有关专利的；

（四）专为科学研究和实验而使用有关专利的；

（五）为提供行政审批所需要的信息，制造、使用、进口专利药品或者专利医疗器械的，以及专门为其制造、进口专利药品或者专利医疗器械的。

2.《最高人民法院关于审理专利纠纷案件适用法律问题的若干规定》

第五条 人民法院受理的侵犯实用新型、外观设计专利权纠纷案件，被告在答辩期间内请求宣告该项专利权无效的，人民法院应当中止诉讼，但具备下列情形之一的，可以不中止诉讼：

（一）原告出具的检索报告或者专利权评价报告未发现导致实用新型或者外观设计专利权无效的事由的；

（二）被告提供的证据足以证明其使用的技术已经公知的；

（三）被告请求宣告该项专利权无效所提供的证据或者依据的理由明显不充分的；

（四）人民法院认为不应当中止诉讼的其他情形。

3.《最高人民法院关于审理侵犯专利权纠纷案件应用法律若干问题的解释（二）》

第二十二条 对于被诉侵权人主张的现有技术抗辩或者现有设计抗辩，人民法院应当依照专利申请日时施行的专利法界定现有技术或者现有设计。

4.《最高人民法院关于审理侵犯专利权纠纷案件应用法律若干问题的解释》

第十四条 被诉落入专利权保护范围的全部技术特征，与一项现有技术方案中的相应技术特征相同或者无实质性差异的，人民法院应当认定被诉侵权人实施的技术属于专利法第六十二条规定的现有技术。

被诉侵权设计与一个现有设计相同或者无实质性差异的，人民法院应当认定被诉侵权人实施的设计属于专利法第六十二条规定的现有设计。

二、司法指导性文件

《最高人民法院关于充分发挥知识产权审判职能作用推动社会主义文化大发展大繁荣和促进经济自主协调发展若干问题的意见》

第十四条

……现有技术抗辩规则在等同侵权和相同侵权中均可适用……正确适用现有技术和设计抗辩，被诉侵权人以一份对比文献中记载的一项现有技术方案或者一项现有设计与公知常识或者惯常设计的显而易见组合主张现有技术或者现有设计抗辩的，应当予以支持。被诉侵权人以实施抵触申请中的技术方案或者外观设计主张其不构成专利侵权的，可以参照现有技术或者现有设计抗辩的审查判断标准予以评判。

条文释义

一、本条主旨

本条是关于专利侵权纠纷中现有技术抗辩的规定。

二、条文演变

1984年《专利法》以及1992年、2000年对《专利法》的修正，均未对现有技术抗辩作规定。2008年修正《专利法》，增加了本条规定。2020年修正《专利法》时，本条未作修改，仅对条文顺序进行调整。

三、条文解读

我国建立专利制度的初期，人们的注意力主要集中在如何更为有效地保护专利权人利益方面，对制止专利权的滥用，实现专利权人利益与公众利益的合理平衡重要性的认识还相对不足。根据《专利法》有关新颖性的规定，授予专利权的发明和实用新型，应当不属于现有技术；授予专利权的外观设计，应当不属于现有设计（为简便表述，以下将现有技术和现有设计统称为现有技术）。据此，属于现有技术的技术方案本不应授予专利权。但是，实践中，专利审查机关进行审查时不可能掌握一切现有技术，无法完全避免不当授权。特别是，我国对实用新型专利和外观设计专利只进行形式审查，不进行实质审查。所以，专利授权审查实践中，存在着属于现有技术的专利申请被不当地授予专利权的可能性。一旦发生前述不当授权，则会存在他人实施的技术方案属于现有技术，但该技术方案或者外观设计同时又落入不当授权的专利保护范围的矛盾情形。

在实行专利民事侵权和行政无效二元分立制度的法域，在专利侵权民事程序中，法院通常只就被诉侵权技术方案是否落入专利权保护范围以及赔偿的问题进行审查，专利权人所主张的专利权是否有效，则需在专利确权行政程序，即通过专利权无效宣告请求程序予以处理。因此，在专利侵权民事程序中，如果被诉侵权人想要通过主张专利权无效的途径使自己免于侵权指控，只能另行向专利行政部门提出宣告涉案专利权无效的请求，由专利行政部门对涉案专利是否有效作出审查决定。如果出现权利人主张权利的专利系现有技术的情况，被诉侵权人原则上只能另行通过专利确权行政程序使自己摆脱侵权指控。上述专利确权行政程序十分耗时费力，往往会给被诉侵权人造成较大负担。为解决这一问题，同时又避免与我国目前的专利民行二元体系产生冲突，避免在专利侵权民事程序中对专利权的有效性作出评价，我国法院在实践中尝试审理现有技术抗辩。经过总结经验，2001 年 6 月公布的《专利纠纷规定》第 9 条规定：人民法院受理的侵犯实用新型、外观设计专利权纠纷案件，被告在答辩期间内请求宣告该项专利权无效的，人民法院应当中止诉讼，但具备下列情形之一的，可以不中止诉讼：……（二）被告提供的证据足以证明其使用的技术已经公知的……尽管上述司法解释没有直接写明"不中止诉讼"时应如何处理，但是其当然逻辑是在这种情况下法院可以直接认定侵权指控不成立，因此已经在一定程度上表达了允许进行现有技术抗辩的含义。此后，人民法院陆续在其司法审判实践中作出了一些适用现有技术抗辩的判决，并且将现有技术抗辩的适用范围扩展至经过实质审查后才予以授权的发明专利。经过多年的实践经验积累和理论研究探索，在对现有技术抗辩的法律性质、适用范围、适用条件和法律后果有了清晰的认识之后，2008 年我国第三次修正《专利法》正式将现有技术抗辩纳入《专利法》中。

适用指引

现有技术抗辩属于不侵权抗辩，在适用时应注意以下几个方面的问题。

一、现有技术抗辩的证据范围

（一）关于现有技术

现有技术抗辩是否成立，首先要审查被诉侵权人所主张的技术方案是否属于现有技术。《专利法》第 22 条第 5 款规定，本法所称现有技术，是指申请日以前在国内外为公众所知的技术。本条采用“现有技术”的措辞，其含义应当与《专利法》第22条所采用的措辞的含义相同。被诉侵权人进行不侵权抗辩所举证的现有技术可以是涉案专利申请日之前在世界任何地方通过公开出版、公开使用或者任何其他方式为公众所知的技术方案。关于认定现有技术时需注意的其他问题，具体可见本书《专利法》第22条的相关内容。

（二）关于不丧失新颖性公开的证据

在适用现有技术抗辩时，需要特别注意的是关于不丧失新颖性公开的情形。根据《专利法》第24条的规定，申请专利的发明创造在申请日以前6个月内，有下列情形之一的，不丧失新颖性：（1）在国家出现紧急状态或者非常情况时，为公共利益目的首次公开的；（2）在中国政府主办或者承认的国际展览会上首次展出的；（3）在规定的学术会议或者技术会议上首次发表的；（4）他人未经申请人同意而泄露其内容的。因此，虽然《专利法》第24条所列的4种在专利申请日之前已公开的技术方案均符合《专利法》第22条第5款关于现有技术的规定，但在上述4种情形下被公开的技术方案不能作为现有技术抗辩的证据，否则，会与《专利法》设置不丧失新颖性特别规定的立法目的相抵触。因为，如果不丧失新颖性情况下被公开专利技术方案可以作为现有技术抗辩的证据，那么现有技术抗辩成立，被诉侵权人实施专利技术方案相同的行为不构成侵权，故该专利技术方案实际上得不到《专利法》的保护，不丧失新颖性的公开这一《专利法》例外规定的立法目的将会落空。因此，如果被诉侵权人在申请日之前已经开始实施通过上述方式公开的发明创造或者已经做好实施的准备的，只能依据《专利法》第75条第2项的规定进行先用权抗辩。有关先用权抗辩的具体内容，可参见本书《专利法》第75条的相关内容。

（三）关于抵触申请的证据

《专利法》第22条、第23条中所称的“申请日以前向国务院专利行政部门提出过申请，并记载在申请日以后公布的专利申请文件或者公告的专利文件中”的发明、实用新型或者外观设计，即为所谓的抵触申请。抵触申请不属于现有技术，故严格来说，被诉侵权人不能依据抵触申请证据主张适用本条作不侵权抗辩。但是，结合《专利法》对于新颖性的要求，如果专利技术方案属于抵触申请，同样也不符合新颖性的专利授权条件。因此，在实践中，本条的适用范围被进行了适当的拓展，允许被诉侵权人依据抵触申请，提出不侵权抗辩，即实践中所称的抵触申请抗辩。在《最高人民法院关于充分发挥知识产权审判职能作用推动社会主义文化大发展大繁荣和促进经济自主协调发展若干问题的意见》中，最高人民法院指出，被诉侵权人以实施抵触申请中的技术方案或者外观设计主张其不构成专利侵权的，可以参照现有技术或者现有设计抗辩的审查判断标准予以评判。

二、现有技术抗辩的具体适用问题

（一）关于法律适用的衔接

我国《专利法》在2008年修正之前对于专利的新颖性采用的是相对新颖性标准，即用于判断专利是否具备新颖性的现有技术范围，不包括在专利申请日之前国外使用公开的技术方案。2008年修正时，我国《专利法》对于新颖性采用了绝对新颖性标准，即用于判断专利是否具备新颖性的现有技术范围，是专利申请日之前在国内外以出版物公开、使用公开和其他方式公开的所有技术方案。因此，在专利侵权案件中，对于采用不同标准获得授权的专利，在适用现有技术抗辩时，也应采用相应的专利申请日时施行的专利法现有技术标准予以审查。《侵犯专利权纠纷案件解释（二）》第22条对此专门规定，对于被诉侵权人主张的现有技术抗辩或者现有设计抗辩，人民法院应当依照专利申请日时施行的专利法界定现有技术或者现有设计。

（二）关于提起现有技术抗辩的时机、方式和法律后果

被诉侵权人可以在专利侵权诉讼中直接提起现有技术抗辩，无须另行向国务院专利行政部门提出无效宣告请求，也无须等待专利无效宣告审查及后续的行政诉讼结果。人民法院一旦认定被诉侵权人实施的技术或者设计属于现有技术或者现有设计的，即可直接判决被诉侵权人不构成侵权。适用现有技术抗辩，必须由被诉侵权人提出抗辩主张，在被诉侵权人没有提出抗辩主张的情况下，即使管理专利工作的部门或者人民法院已经掌握了某项相关现有技术，也不应予以考虑。也正是基于此，被诉侵权人主张现有技术抗辩的，应当承担举证责任，提供现有技术的证据，法院或者管理专利工作的部门在审理或者处理专利侵权纠纷过程中没有代替被诉侵权人进行现有技术调查的责任。人民法院

关于现有技术抗辩的裁判结果，只是对被诉侵权人的行为是否侵害专利权的认定，而不是对专利权是否有效的认定。要宣告专利权无效，依然要通过专利无效程序来确认。

被诉侵权人主张现有技术抗辩，应举证证明被诉侵权技术方案属于现有技术。鉴于现有技术证据均早于专利申请日，为维护生效裁判既判力，规范诉讼程序，避免对专利权人造成诉讼突袭并架空第一、二审诉讼程序，引导当事人在第一、二审程序中充分抗辩、解决纠纷，对于被诉侵权人在再审审查程序中首次提出的现有技术抗辩理由和证据，不应予以审查。

（三）关于现有技术抗辩的法律地位

现有技术抗辩是《专利法》规定的一项独立的不侵权抗辩事由，具有法定性。我国《专利法》并未对现有技术抗辩只能适用于等同侵权还是相同侵权作出限制。《专利法》引入现有技术抗辩，其立法目的就在于通过在专利侵权民事程序中引入现有技术抗辩这一不侵权抗辩，克服专利民事侵权程序与行政确权授权程序平行独立运行而导致的个别的不合理情形，进一步完善我国专利制度。因此，不论是在相同侵权，还是等同侵权情形下，都可以适用现有技术抗辩。

（四）关于现有技术抗辩的审查

根据《侵犯专利权纠纷案件解释》第 14 条的规定，被诉落入专利权保护范围的全部技术特征，与一项现有技术方案中的相应技术特征相同或者无实质性差异的，人民法院应当认定被诉侵权人实施的技术属于现有技术。被诉侵权设计与一个现有设计相同或者无实质性差异的，人民法院应当认定被诉侵权人实施的设计属于现有设计。据此，在适用现有技术抗辩时，应注意以下几点。

第一，现有技术抗辩的对比对象，是现有技术与被诉侵权产品相比较，而不是现有技术与权利人主张的专利权利要求所保护的技术方案相比较。进一步地，是将被诉侵权物（方法）中落入专利权保护范围所有技术特征所组成的技术方案，与现有技术比较。之所以这么规定，是因为被诉侵权物（方法）理论上包含无限多的技术特征，很多技术特征并非属于限定专利保护范围的技术特征，而从现有技术来看，往往也公开了许多专利并未限定的技术特征，如果在现有技术抗辩的审查中，对于被诉侵权物（方法）中的所有技术特征不加区分地均与现有技术公开的所有技术特征比较，实际上将导致模糊比对标准，比对难以进行。

第二，关于现有技术抗辩和专利侵权对比的审查顺序。前已述及，现有技术抗辩的对比对象，是被诉侵权物（方法）中落入专利权保护范围所有技术特征所组成的技术方案，与现有技术比较，因此在逻辑上，一般应当在先进行侵权对比，也即判断被诉侵权物（方法）中哪些技术特征落入专利权保护范围的之后，才能进行现有技术抗辩的审查。当然，如果证据显示，被诉侵权物（方法）与现有技术证据展示的技术方案很明显地属于相同或者无实质性差异的，可以径行认定现有技术抗辩成立，进而作出不侵权的判决，而无须先进行侵权对比，再审理现有技术抗辩。这是因为，现有技术抗辩作为一项独立存在的法定不侵权抗辩事由，一方面，可以防止社会公众遭受不当授权的专利权人提出的侵权诉讼的侵扰，在无效宣告行政程序之外提供更为便捷的救济措施；另一方面，其也为善意使用现有技术的社会公众提供一种稳定的合理预期，可以对自身行为进行合理预测和评价。就前者而言，不当授权的专利显然不应获得法律保护，社会公众可以自由使用该项技术。对后者而言，不论被诉侵权产品是否落入涉案专利的保护范围，只要行为人使用的是一项现有技术，即可以合法使用。需注意的是，司法实践中，可以跳过专利侵权对比环节，而径行认定现有技术抗辩成立的情形，较多地存在于当现有技术抗辩所使用的证据为使用公开方式公开的实物性证据（既包括实物产品，也包括实际实施的生产工艺、方法等）的情况，因为在此情况下，现有技术抗辩的审查难度，较之侵权对比中的被诉侵权物（方法）与权利要求用文字限定的技术方案相比简单得多，后者可能涉及复杂的权利要求解释问题。

第三，现有技术抗辩中使用的现有技术的数量，一般只能是一项现有技术与被诉侵权技术方案相比较，而不能将多项现有技术的组合与被诉侵权产品比较。随着我国专利司法实践的深入开展和专利审判经验的积累，关于现有技术抗辩中只能使用一项现有技术的做法已有所突破，开始允许当事人以一项现有技术与公知常识或者惯常设计的显而易见组合主张现有技术抗辩。由此可以看出，在专利侵权诉讼司法实践中关于现有设计抗辩的审查方法，一定程度上借鉴了专利授权确权程序中关于新颖性和创造性判断中的概念，且成立与否的判断标准，居于专利新颖性标准与创造性标准之间。

典型案例

一、佛山市顺德区美的洗涤电器制造有限公司与佛山市云米电器科技有限公司等侵害实用新型专利权纠纷案

关键词： 实用新型　停止侵权　现有技术抗辩　反诉

裁判摘要： 侵害专利权纠纷案件中，被诉侵权人举证证明被诉侵权技术方案属于现有技术，由此主张其行为不构成侵犯专利权的，即构成现有技术抗辩。鉴于现有技术证据均早于专利申请日，为维护生效裁判既判力，规范诉讼程序，避免对专利权人造成诉讼突袭并架空第一、二审诉讼程序，引导当事人在第一、二审程序中充分抗辩、解决纠纷，对于被诉侵权人在再审审查程序中首次提出的现有技术抗辩理由和证据，不应予以审查。

基本案情： 2015年4月21日，芜湖美的洗涤电器制造有限公司向国家知识产权局申请名称为“门体组件和具有它的洗碗机”的实用新型专利（即涉案专利），2015年9月9日涉案专利取得授权公告，专利号为2015202453400.0，专利权人为芜湖美的洗涤电器制造有限公司。2016年11月14日，涉案专利权人变更登记为佛山市顺德区美的洗涤电器制造有限公司（以下简称美的公司）。目前涉案专利权有效。佛山市云米电器科技有限公司（以下简称云米公司）认可美的公司通过公证购买的被诉侵权实物洗碗机系其生产销售，云米公司在再审程序中提出在原审程序未提出的现有技术抗辩的主张和证据。

最高人民法院审理认为，云米公司申请再审行为形式上系以新证据为由申请再审，但实质上相当于另行提出新的抗辩理由。如在申请再审程序中接受被诉侵权人首次提出的现有技术抗辩理由及其新的证据，将会违背再审程序平衡保障当事人申请再审权利和维护生效裁判既判力、稳定性之间关系的立法宗旨，会使得本已耗时长久获得稳定的经济秩序再次处于不稳定状态，实质上架空了一审、二审程序，损害了两审终审诉讼制度的价值。也将造成对权利人的诉讼突袭，严重损害了程序正义的要求。综上，云米公司提出的现有技术抗辩的再审理由不应予以接受。

【案　　号】（2019）最高法知民申1号

【审理法院】 最高人民法院

【来　　源】《最高人民法院公报》2020 年第 5 期

二、苏州工业园区新海宜电信发展股份有限公司诉南京普天通信股份有限公司、苏州工业园区华发科技有限公司侵害实用新型专利权纠纷案

关键词： 实用新型　现有技术抗辩　公知常识　结合

裁判摘要： 现有技术抗辩是指在专利侵权纠纷中被控侵权人以其实施的技术属于现有技术为由，对抗专利侵权指控的不侵权抗辩事由。如被控侵权人有充分证据证明其实施的技术方案属于一份对比文献中记载的一项现有技术方案与所属领域技术人员广为熟知的常识的简单组合，则应当认定被控侵权人主张的现有技术抗辩成立，被控侵权物不构成侵犯专利权。

基本案情： 苏州工业园区新海宜电信发展股份有限公司（以下简称新海宜公司）系名称为“槽道顶出纤结构”、专利号为 02219359.6 的实用新型专利（以下简称涉案专利）的专利权人。新海宜公司发现苏州工业园区华发科技有限公司（以下简称华发公司）在苏州承揽的工程中以营利为目的使用侵害涉案专利权的光纤槽道活动出线口组件产品（以下简称被诉侵权产品）。经调查，华发公司承认侵权专利产品系向南京普天通信股份有限公司（以下简称普天公司）购得。新海宜公司向法院起诉，请求判令普天公司和华发公司停止侵权行为，普天公司赔偿新海宜公司经济损失 20 万元并承担本案诉讼费用。经一审比对，被控侵权产品具有与涉案专利独立权利要求 1 载明的技术特征一一对应，落入涉案专利权的保护范围。诉讼中普天公司以 US6，192，181B1 号美国专利及《长途通信传输机房铁架槽道安装设计标准》两份证据为依据进行现有技术抗辩。上述两项现有技术均与被诉侵权产品存在差异。一审法院认为，判断现有技术抗辩是否成立，应以一份对比文件所揭示的技术与被控侵权物使用的技术进行单独比对，而不能以组合而成的现有技术进行比对。分别将 US6，192，181B1 号美国专利与《长途通信传输机房铁架槽道安装设计标准》与被控侵权产品比对，两份证据均不能完全揭示被控侵权物的全部技术特征。故普天公司以现有技术进行抗辩的理由不能成立。二审法院认为，通常情况下，进行现有技术抗辩，被控侵权人只能援引一份现有技术，而不能援引两份或者多份现有技术，但在被控侵权人提供充分证据证明其使用的技术属于一份现有技术与所属领域公知常识简单组合的情形下，应当允许以该理由进行现有技术抗辩。本案中，将被控侵权产品与其中的 US6，192，181B1 号美国专

利进行比对，被控侵权产品只是增加了在开放式的出纤口基体上设有活动式出纤口盖这一技术特征。而在裸露的结构上加盖，本身就属于一种公知常识。况且，国家通信行业《长途通信传输机房铁架槽道安装设计标准》中明确规定："列、主槽道均由电缆支架、侧板、底板、终端板及盖板等组成。"虽然该国家标准中并未明确槽道上的盖板是否属于活动式盖板，但本领域技术人员根据国家标准的要求，在开放式出纤口基体上或槽道上通过设置活动式盖板，实现既对其中的光纤加以保护，同时又便于多次出纤和维护的作用，是容易联想到的。因此，相对于本领域普通技术人员而言，根据《长途通信传输机房铁架槽道安装设计标准》的要求，在槽道或开放式出纤口基体上加盖或者加活动式的盖，属于本领域中的一种公知常识。普天公司提供的证据，足以证明其主张的现有技术抗辩理由成立，被控侵权产品不构成侵犯涉案专利独立权利要求 1。

【案　　号】(2007)苏民三终字第 0139 号

【审理法院】江苏省高级人民法院

【来　　源】《最高人民法院公报》2010 年第 10 期

三、浙江小智电器科技有限公司诉佛山市顺德区华申电器制造有限公司、佛山市易豆科技有限公司侵害实用新型专利权纠纷案

关键词：实用新型专利　侵权　现有技术抗辩　无实质性差异　惯用手段　直接置换

裁判摘要：现有技术抗辩认定中，被诉侵权技术方案的某一技术特征与现有技术方案中的相应技术特征构成本领域可直接置换的惯用手段的，可以认定两对应技术特征无实质性差异。

基本案情：浙江小智电器科技有限公司(以下简称小智公司)是专利号为 201320602436.9、名称为"泡制装置及其泡制物容器升降结构"实用新型专利的专利权人。小智公司认为，佛山市顺德区华申电器制造有限公司(以下简称华申公司)、佛山市易豆科技有限公司(以下简称易豆公司)未经专利权人许可，制造、销售、许诺销售落入涉案专利权保护范围的产品，侵害了小智公司的专利权，故提起诉讼，请求判令：华申公司、易豆公司停止侵害并赔偿经济损失及维权合理开支 150 万元。广州知识产权法院一审认为，被诉侵权产品落入小智公司涉案专利权保护范围，判决华申公司停止侵权并赔偿小智公司 25 万元，易豆公司停止侵权、销毁库存侵权产品并赔偿小智公司 1.5 万元。华

申公司、小易公司不服，提起上诉，并提交了现有技术证据US1984047A专利文件及译文（以下简称047A专利），拟证明被诉侵权技术方案属于现有技术，被诉侵权行为不构成对涉案专利权的侵害。最高人民法院于2020年11月12日判决撤销原判，驳回小智公司的诉讼请求。

最高人民法院二审认为，小智公司对047A专利的真实性无异议，该专利申请公开于1934年12月11日，早于涉案专利申请日，故可以作为现有技术抗辩证据使用。涉案专利权利要求中涉及卡夹组件的技术特征是"卡夹组件的一端固定到盖体上，另一端沿径向弹性压靠在升降轴上"。被诉侵权技术方案的卡夹组件主要由弹簧和弹珠构成，弹簧一端抵住盖体，另一端通过弹珠和连接块抵住升降轴，整个结构位于盖体内部。047A专利说明书以及附图1明确记载了相应的技术特征是：扁平弹片29设置在中空部件25上并带有适于与主轴26中的凹槽28配合的小突起30，且中空部件25位于盖子5及其延伸部分6之中。被诉侵权技术方案的弹簧、弹珠式卡夹结构与现有技术的弹片、突起式卡夹结构是能够直接替换的惯用手段，所属领域技术人员能够根据需要选用不同的弹性元件及其对应的结构，属于无实质性差异的情形。落入专利权保护范围的被诉侵权技术方案的全部技术特征，与047A专利方案中的相应技术特征均相同或者无实质性差异，华申公司、易豆公司的现有技术抗辩成立。

【案　　号】（2019）最高法知民终804号

【审理法院】最高人民法院

【来　　源】《最高人民法院知识产权法庭裁判要旨（2020）》

四、再审申请人北京百度网讯科技有限公司与被申请人北京搜狗科技发展有限公司、北京搜狗信息服务有限公司侵害发明专利权纠纷案

关键词：发明专利　侵权　现有技术抗辩　无实质性差异

裁判摘要：被诉侵权技术方案中与权利要求的保护范围无关的特定技术特征，或者对认定是否落入权利要求所限定的保护范围没有实质性影响的特定技术特征，在认定现有技术抗辩时不予考虑。在认定被诉落入专利权保护范围的技术特征与现有技术方案的相应技术特征是否相同或者无实质性差异时，应当围绕涉案专利所要解决的技术问题以及权利要求中争议技术特征在专利技术方案中的功能和技术效果，对二者在手段、功能、效果等方面的差异及其影响程度作出认定。

基本案情： 涉案专利系名称为“一种输入过程中删除信息的方法及装置”、专利号为第200810116190.8号的发明专利。北京搜狗科技发展有限公司、北京搜狗信息服务有限公司（以下统称搜狗两公司）向北京知识产权法院起诉称，北京百度网讯科技有限公司（以下简称百度网讯公司）的百度输入法落入涉案专利权利要求1、7的保护范围，构成侵害涉案专利权，请求判令其停止侵权并赔偿损失1000万元。一审法院认为，百度输入法落入权利要求1的保护范围，百度网讯公司的现有技术抗辩不成立。遂先行判决百度网讯公司停止侵权。百度网讯公司不服，提起上诉。北京市高级人民法院二审认为，百度输入法与现有技术飞利浦手机的删除方式既不相同也不等同，百度网讯公司主张的现有技术抗辩不能成立，据此判决驳回上诉，维持原判。百度网讯公司不服，向最高人民法院申请再审。最高人民法院裁定提审本案，并于2020年12月31日再审改判驳回搜狗两公司全部诉讼请求。

最高人民法院再审认为，在认定现有技术抗辩是否成立时，应当在对权利要求限定的技术方案进行技术特征划分后，对照权利要求中的各项技术特征，对应性地确定被诉侵权技术方案中的各项“被诉特征”，以及现有技术中的各项“相应特征”，再行比对以确定各项“被诉特征”与“相应特征”是否相同或者无实质性差异。被诉侵权技术方案中与权利要求的保护范围无关的特定技术特征，或者对认定是否落入权利要求所限定的保护范围没有实质性影响的特定技术特征，在认定现有技术抗辩时不予考虑。在认定“被诉特征”与“相应特征”是否相同或者无实质性差异时，应当围绕涉案专利所要解决的技术问题以及权利要求中争议技术特征在专利技术方案中的功能和技术效果，对二者在手段、功能、效果等方面的差异及其影响程度作出认定。本案中，根据一审、二审判决以及百度网讯公司申请再审的理由，有关现有技术抗辩的争议集中于权利要求1中的“删除编码”特征，即“当输入焦点在编码输入区时，接收删除键的指令，删除已输入的编码”。在权利要求1中，并没有限定“删除已输入的编码”的具体方式。在涉案专利说明书中，记载了与“删除已输入的编码”相关的多个具体实施方式。说明书第[0052]段、第[0054]段、第[0058]段、第[0077]段记载，删除键的按键方式包括长按、短按，以及短按和长按相结合的多种方式；删除已输入的编码（拼音）的具体方式，既可以是逐个删除，也可以是快速删除拼音，或者把所有的拼音都删除掉，或者是规律性间隔时间删除与快速删除的组合。根据一审、二审法院以及本院查明的事实，百度输入法“长按”删除键时，编码输入区中已输入的编码（拼音）被删除，故具备与权利要求1中的“删除编码”特征相同的技术特征。虽然百度输入法删除编码（拼音）的具体方式为“逐个”删除，与现有技术飞利浦手机的“一次性删除”不同，但就本专利所要解决的技术问题“现有的删除方法在进行编码删除的时候，由于误操作将已经上屏的字符也删除掉”，以及“删除编码”特征在涉案专利中的功能、效果而言，“逐个”删除与“一次性删除”的手段、功能、效果并不存在实质性的差异。尤其是，涉案专利的技术改进或者贡献，并不在于删除拼音的具体方式，本案也没有证据证明两种删除方式的替换需要本领域技术人员付出创造性劳动。综上，在权利要求1没有限定删除已输入的编码（拼音）的具体方式的情况下，无论是“逐个删除”还是“一次性删除”，均已被权利要求1中的“删除已输入编码”所覆盖，具体删除方式的不同不会对专利侵权判断产生实质性影响。相应地，在现有技术飞利浦手机长按删除键会删除编码输入区的编码（拼音），公开了与“删除已输入编码”相对应的“相应特征”的情况下，不能仅因百度输入法与现有技术“删除已输入编码（拼音）”的具体方式有所不同，即认定现有技术抗辩不能成立。

【案　　号】（2020）最高法民再82号

【审理法院】最高人民法院

【来　　源】《最高人民法院知识产权案件年度报告（2020）》

五、王某某与徐州华盛实业有限公司侵害发明专利权纠纷案

关键词：发明　现有技术抗辩　发明点　通用部件

裁判摘要：涉案专利明确指出其技术方案的发明点，并强调发明点以外的技术特征均为通用部件时，如果该发明点对应的技术特征已经为一项现有技术公开，其余技术特征虽未被该现有技术公开，但该现有技术与通用部件必然结合形成与涉案专利技术方案相对应的整体现有技术方案，则可以认定现有技术抗辩成立。

基本案情：王某某系名称为“电机壳为焊接件的小型电潜水泵”、专利号为200910025263.7发明专利（以下简称涉案专利）的专利权人。王某某主张徐州华盛实业有限公司（以下简称华盛公司）制造、销售的电潜水泵（以下简称被诉侵权产品）侵害了其涉案专利权，故向法院提起诉讼，请求判决华盛公司停止侵权并赔偿侵权损失30万元。根据涉案专利说明书记载，涉案专利系

通过圆钢管与上、下端环焊接形成的电机壳替代铸铁件电机壳，以解决铸铁件电机壳制造成本高、冬季容易冻裂以及容易产生气孔、沙眼等缺陷致使潜水泵使用寿命低的技术问题。涉案专利说明书多次强调，除电机壳之外的导叶体、进水段、上轴承座仍保持原来的设计不变。华盛公司提交了包括与被诉侵权产品机壳有关的QT（J）D145-04A图纸在内的多份现有技术证据，主张现有技术抗辩和先用权抗辩。二审法院在一审法院认定现有技术抗辩成立的技术上，进一步阐明理由：QT（J）D145-04A图纸中电机壳产品技术特征与涉案专利中电机壳、被诉侵权产品中电机壳相关技术特征均相同。考虑到本案专利技术方案的特殊性，在涉案专利除电机壳部分之外的其余技术特征属于通用部件的情况下，可以认为华盛公司的QT（J）D145-04A图纸电机壳部分的现有技术与潜水泵通用部分的现有技术必然结合形成作为潜水泵整体的现有技术。本案被诉侵权产品技术方案的全部技术特征与由上述潜水泵所呈现的整体现有技术方案的相应技术特征相同，华盛公司实施的是现有技术。因此，华盛公司关于该项现有技术抗辩成立。

【案　　号】（2019）最高法知民终89号

【审理法院】最高人民法院

【来　　源】《最高人民法院知识产权法庭裁判要旨（2019）》

六、再审申请人慈溪市博生塑料制品有限公司与被申请人陈某侵害实用新型专利权纠纷案

关键词：实用新型专利　侵权　抗辩　抵触申请

裁判摘要：被诉侵权人以其实施的技术方案属于抵触申请为由，主张不侵害专利权的，应当审查被诉侵权技术方案是否已被抵触申请完整公开。在该技术方案相对于抵触申请不具有新颖性时，抵触申请抗辩成立。

基本案情：陈某系名称为"清洁工具"的实用新型专利的权利人，专利申请日为2011年6月24日。2013年6月20日，陈某以慈溪市博生塑料制品有限公司（以下简称博生公司）未经许可，制造、销售、许诺销售的被诉侵权产品侵害本案专利权为由，提起诉讼。浙江省杭州市中级人民法院一审认为，被诉侵权产品未落入本案专利权的保护范围，据此判决驳回陈某的诉讼请求。陈某不服，提起上诉。在二审答辩过程中，博生公司除认为被诉侵权产品未落入本案专利权的保护范围外，还提出申请号为201120157568.6、名称为"用于手

压式旋转拖的拖把底盘和脱水桶”的实用新型专利（简称在先申请专利）的申请日早于本案专利的申请日，构成本案专利的抵触申请。博生公司系依据在先申请专利制造被诉侵权产品，不构成对本案专利权的侵害。浙江省高级人民法院二审认为，被诉侵权产品落入本案专利权的保护范围，博生公司的抵触申请抗辩主张不能成立。遂判决撤销一审判决，判令博生公司立即停止侵权行为，并赔偿陈某经济损失10万元。博生公司不服，向最高人民法院申请再审。最高人民法院于2015年12月2日裁定驳回博生公司的再审申请。

最高人民法院审查认为：如果被诉侵权技术方案已被抵触申请公开，则相较于抵触申请不应被授予专利权，也不应被纳入本案专利权的保护范围。因此，被诉侵权人以其实施的技术方案属于抵触申请为由，主张未侵害本案专利权的，人民法院可以参照有关现有技术抗辩的规定，对抵触申请抗辩能否成立进行审查。但是，由于抵触申请与现有技术的含义和性质存在一定差异，故抵触申请抗辩的审查判断标准应与抵触申请的性质相适应。即抵触申请仅可以被用来单独评价本案专利的新颖性，既不能与现有技术或者公知常识结合，更不能用于评价本案专利的创造性。且只有在被诉侵权技术方案的各项技术特征均已被抵触申请单独、完整地公开，相对于抵触申请不具有新颖性时，才能够认定抵触申请抗辩成立。本案中，在先申请专利没有公开被诉侵权产品中的“拖把杆包括内杆和外杆”“内外杆间相互套接”等技术特征，被诉侵权产品相对于抵触申请具有新颖性。此外，博生公司有关将在先申请专利与公知常识结合后进行抵触申请抗辩的主张，缺乏法律依据，其抵触申请抗辩不能成立。

【案　　号】（2015）民申字第188号

【审理法院】最高人民法院

【来　　源】《最高人民法院知识产权案件年度报告（2015）》

第六十八条 假冒专利的，除依法承担民事责任外，由负责专利执法的部门责令改正并予公告，没收违法所得，可以处违法所得五倍以下的罚款；没有违法所得或者违法所得在五万元以下的，可以处二十五万元以下的罚款；构成犯罪的，依法追究刑事责任。

关联规定

一、法律、行政法规、司法解释

1.《中华人民共和国刑法》

第二百一十六条 假冒他人专利，情节严重的，处三年以下有期徒刑或者拘役，并处或者单处罚金。

2.《中华人民共和国专利法》

第六十九条 负责专利执法的部门根据已经取得的证据，对涉嫌假冒专利行为进行查处时，有权采取下列措施：

（一）询问有关当事人，调查与涉嫌违法行为有关的情况；

（二）对当事人涉嫌违法行为的场所实施现场检查；

（三）查阅、复制与涉嫌违法行为有关的合同、发票、账簿以及其他有关资料；

（四）检查与涉嫌违法行为有关的产品；

（五）对有证据证明是假冒专利的产品，可以查封或者扣押。

管理专利工作的部门应专利权人或者利害关系人的请求处理专利侵权纠纷时，可以采取前款第（一）项、第（二）项、第（四）项所列措施。

负责专利执法的部门、管理专利工作的部门依法行使前两款规定的职权时，当事人应当予以协助、配合，不得拒绝、阻挠。

3.《中华人民共和国专利法实施细则》

第八十四条 下列行为属于专利法第六十三条规定的假冒专利的行为：

（一）在未被授予专利权的产品或者其包装上标注专利标识，专利权被宣告无效后或者终止后继续在产品或者其包装上标注专利标识，或者未经许可在产品或者产品包装上标注他人的专利号；

（二）销售第（一）项所述产品；

（三）在产品说明书等材料中将未被授予专利权的技术或者设计称为专利技术或者专利设计，将专利申请称为专利，或者未经许可使用他人的专利号，使公众将所涉及的技术或者设计误认为是专利技术或者专利设计；

（四）伪造或者变造专利证书、专利文件或者专利申请文件；

（五）其他使公众混淆，将未被授予专利权的技术或者设计误认为是专利技术或者专利设计的行为。

专利权终止前依法在专利产品、依照专利方法直接获得的产品或者其包装上标注专利标识，在专利权终止后许诺销售、销售该产品的，不属于假冒专利行为。

销售不知道是假冒专利的产品，并且能够证明该产品合法来源的，由管理专利工作的部门责令停止销售，但免除罚款的处罚。

4.《最高人民法院关于审理专利纠纷案件适用法律问题的若干规定》

第一条 人民法院受理下列专利纠纷案件：

5. 假冒他人专利纠纷案件；

第二条 因侵犯专利权行为提起的诉讼，由侵权行为地或者被告住所地人民法院管辖。

侵权行为地包括：被诉侵犯发明、实用新型专利权的产品的制造、使用、许诺销售、销售、进口等行为的实施地；专利方法使用行为的实施地，依照该专利方法直接获得的产品的使用、许诺销售、销售、进口等行为的实施地；外观设计专利产品的制造、许诺销售、销售、进口等行为的实施地；假冒他人专利的行为实施地。上述侵权行为的侵权结果发生地。

5.《最高人民法院、最高人民检察院关于办理侵犯知识产权刑事案件具体应用法律若干问题的解释（三）》

第十条 对于侵犯知识产权犯罪的，应当综合考虑犯罪违法所得数额、非法经营数额、给权利人造成的损失数额、侵权假冒物品数量及社会危害性等情节，依法判处罚金。

罚金数额一般在违法所得数额的一倍以上五倍以下确定。违法所得数额无法查清的，罚金数额一般按照非法经营数额的百分之五十以上一倍以下确定。

违法所得数额和非法经营数额均无法查清，判处三年以下有期徒刑、拘役、管制或者单处罚金的，一般在三万元以上一百万元以下确定罚金数额；判处三年以上有期徒刑的，一般在十五万元以上五百万元以下确定罚金数额。

二、部门规章及规范性文件

《专利行政执法办法》

第二条 管理专利工作的部门开展专利行政执法，即处理专利侵权纠纷、调解专利纠纷以及查处假冒专利行为，适用本办法。

第三条 管理专利工作的部门处理专利侵权纠纷应当以事实为依据、以法律为准绳，遵循公正、及时的原则。

管理专利工作的部门调解专利纠纷，应当遵循自愿、合法的原则，在查明事实、分清是非的基础上，促使当事人相互谅解，达成调解协议。

管理专利工作的部门查处假冒专利行为，应当以事实为依据、以法律为准绳，遵循公正、公开的原则，给予的行政处罚应当与违法行为的事实、性质、情节以及社会危害程度相当。

第五条 对有重大影响的专利侵权纠纷案件、假冒专利案件，国家知识产权局在必要时可以组织有关管理专利工作的部门处理、查处。

对于行为发生地涉及两个以上省、自治区、直辖市的重大案件，有关省、自治区、直辖市管理专利工作的部门可以报请国家知识产权局协调处理或者查处。

管理专利工作的部门开展专利行政执法遇到疑难问题的，国家知识产权局应当给予必要的指导和支持。

第三十条 管理专利工作的部门查封、扣押涉嫌假冒专利产品的，应当经其负责人批准。查封、扣押时，应当向当事人出具有关通知书。

管理专利工作的部门查封、扣押涉嫌假冒专利产品，应当当场清点，制作笔录和清单，由当事人和执法人员签名或者盖章。当事人拒绝签名或者盖章的，由执法人员在笔录上注明。清单应当交当事人一份。

第三十一条 案件调查终结，经管理专利工作的部门负责人批准，根据案件情况分别作如下处理：

（一）假冒专利行为成立应当予以处罚的，依法给予行政处罚；

（二）假冒专利行为轻微并已及时改正的，免予处罚；

（三）假冒专利行为不成立的，依法撤销案件；

（四）涉嫌犯罪的，依法移送公安机关。

第三十四条 对情节复杂或者重大违法行为给予较重的行政处罚的，应当由管理专利工作的部门负责人集体讨论决定。

第三十五条 经调查，假冒专利行为成立应当予以处罚的，管理专利工作的部门应当制作处罚决定书，写明以下内容：

（一）当事人的姓名或者名称、地址；

（二）认定假冒专利行为成立的证据、理由和依据；

（三）处罚的内容以及履行方式；

（四）不服处罚决定申请行政复议和提起行政诉讼的途径和期限。

处罚决定书应当加盖管理专利工作的部门的公章。

第四十五条 管理专利工作的部门认定假冒专利行为成立的，应当责令行为人采取下列改正措施：

（一）在未被授予专利权的产品或者其包装上标注专利标识、专利权被宣告无效后或者终止后继续在产品或者其包装上标注专利标识或者未经许可在产品或者产品包装上标注他人的专利号的，立即停止标注行为，消除尚未售出的产品或者其包装上的专利标识；产品上的专利标识难以消除的，销毁该产品或者包装；

（二）销售第（一）项所述产品的，立即停止销售行为；

（三）在产品说明书等材料中将未被授予专利权的技术或者设计称为专利技术或者专利设计，将专利申请称为专利，或者未经许可使用他人的专利号，使公众将所涉及的技术或者设计误认为是他人的专利技术或者专利设计的，立即停止发放该材料，销毁尚未发出的材料，并消除影响；

（四）伪造或者变造专利证书、专利文件或者专利申请文件的，立即停止伪造或者变造行为，销毁伪造或者变造的专利证书、专利文件或者专利申请文件，并消除影响；

（五）责令假冒专利的参展方采取从展会上撤出假冒专利展品、销毁或者封存相应的宣传材料、更换或者遮盖相应的展板等撤展措施；

（六）其他必要的改正措施。

管理专利工作的部门认定电子商务平台上的假冒专利行为成立的，应当通知电子商务平台提供者及时对假冒专利产品相关网页采取删除、屏蔽或者断开链接等措施。

第四十六条 管理专利工作的部门作出认定专利侵权行为成立并责令侵权人立即停止侵权行为的决定，或者认定假冒专利行为成立并作出处罚决定的，应当自作出决定之日起20个工作日内予以公开，通过政府网站等途径及时发布执法信息。

第四十七条 管理专利工作的部门认定假冒专利行为成立的，可以按照下列方式确定行为人的违法所得：

（一）销售假冒专利的产品的，以产品销售价格乘以所销售产品的数量作为其违法所得；

（二）订立假冒专利的合同的，以收取的费用作为其违法所得。

条文释义

一、本条主旨

本条是关于假冒专利应承担的法律责任的规定。

二、条文演变

1984年《专利法》规定了“假冒他人专利”的法律责任，即依照侵犯专利权的规定处理，由专利管理机关或者人民法院责令停止违法行为、赔偿损失；情节严重的，参照假冒他人注册商标的规定追究刑事责任。1992年修正《专利法》，增加规定了“冒充专利”的法律责任，即将非专利产品冒充专利产品的或者将非专利方法冒充专利方法的，由专利管理机关责令停止冒充行为，公开更正，并处以罚款。2008年修正《专利法》时，考虑到“假冒他人专利”和“冒充专利”都是造假行为，但二者的法律责任相差很大，因此将二者统称为“假冒专利”，对其法律责任作了规定：假冒专利的，除依法承担民事责任外，由管理专利工作的部门责令改正并予公告，没收违法所得，可以并处违法所得四倍以下的罚款；没有违法所得的，可以处20万元以下的罚款；构成犯罪的，依法追究刑事责任。2020年修改《专利法》，主要是提高了假冒专利行政处罚的罚款额度。同时，配合2018年国务院机构改革，将查处假冒专利的主管单位由“管理专利工作的部门”（主要是各级知识产权局）调整表述为

"负责专利执法的部门"（主要是各级市场监督管理局）。

三、条文解读

《专利法》未对何种行为系"假冒专利的行为"作出明确规定，假冒专利的明确定义见2010年修订的《专利法实施细则》第84条。该条第1款规定了4种实践中出现的假冒专利行为。该条第1款还规定了一个兜底条款作为第5项，将除前述4项具体假冒专利行为之外的其他符合使公众混淆，将未被授予专利权的技术或者设计误认为是专利技术或者专利设计的行为规定为假冒专利行为。由此可见，第一，我国《专利法》规定的"假冒专利行为"是一个开放的概念，能够更好地适应社会情势变化，有利于加强对专利权人和社会公众利益的保护。第二，假冒专利的行为具有欺骗社会公众的性质，损害了公众的利益，扰乱了正常的市场秩序，具有社会危害性，故在情节严重情况下，还需要追究行政责任甚至刑事责任。第三，现行《专利法》已经将假冒他人专利行为和冒充专利行为合二为一，因此，使公众混淆，误以为相关产品或者方法为已合法取得授权（包括已授予专利权和已取得专利权人许可）的各类虚假标注专利的行为，均应认定为假冒专利行为，而与虚假标注的专利是否客观存在没有必然关联，也与假冒专利行为及其结果是否落入他人专利权保护范围没有必然关联。

需要注意的是，为了保障交易安全、促进市场流通，《专利法实施细则》第84条第2款和第3款分别对于假冒专利行为及责任承担作出了例外规定，即"专利权终止前依法在专利产品、依照专利方法直接获得的产品或者其包装上标注专利标识，在专利权终止后许诺销售、销售该产品的，不属于假冒专利行为""销售不知道是假冒专利的产品，并且能够证明该产品合法来源的，由管理专利工作的部门责令停止销售，但免除罚款的处罚。"

适用指引

一、关于假冒专利行为

2010年修订的《专利法实施细则》第84条规定了5类假冒专利权的行为，其中前4类为具体行为，最后1类为具有兜底性质的行为。以下就认定各类行为应当加以注意的要点分别予以说明。

关于标注假冒专利标识的行为。标注假冒专利标识，最直接的做法就是将杜撰的或者未经专利权人许可的专利号、专利名称标注于产品或者产品包装上。除此之外，在产品及其说明书和其他技术资料上标注其他类型的标记、图形或者语句，例如“本产品系专利产品，严禁仿制”等，亦属于标注假冒专利标识。[①] 概言之，只要是导致或者有可能导致社会公众误认为产品系专利产品的标识，均可以认定构成标注假冒专利标识，这种行为也是最常见的假冒专利行为。

关于销售假冒专利产品的行为。销售假冒专利产品的行为本质上为销售行为，与在产品或者其包装、产品说明书等技术资料上标注假冒的专利标识行为存在区别，之所以仍将其定性为假冒专利行为，主要是考虑到行为人可能采取“分工合作”的方式，即由一部分行为人负责在制造过程中在产品或者产品包装上标注假冒的专利标识，另一部分行为人负责销售前述产品。如果仅规定在产品或者其包装上标注假冒专利标识的行为才构成假冒专利行为，则会使属于分工合作链条上的销售者逃脱本应承担的违法责任。但是，现实中并非所有销售假冒专利产品的销售者均与假冒专利产品的制造者存在分工合作的情况，故如果不区分情况，对销售假冒专利产品的行为一概进行处罚，也未尽合理。为此，2010 年修订的《专利法实施细则》第 84 条第 3 款专门规定：“销售不知道是假冒专利的产品，并且能够证明该产品合法来源的，由管理专利工作的部门责令停止销售，但免除罚款的处罚。”

还需要注意的是，另有一种行为情形不应当认定为假冒专利行为，也即在专利保护期限内对专利产品、依照专利方法直接获得的产品或者其包装依法进行标注，在专利权终止后才实施许诺销售、销售该专利产品的行为。对此，2010 年修订的《专利法实施细则》第 84 条第 2 款规定：“专利权终止前依法在专利产品、依照专利方法直接获得的产品或者其包装上标注专利标识，在专利权终止后许诺销售、销售该产品的，不属于假冒专利行为。”

二、关于假冒专利行为与侵犯专利权行为的关系

假冒专利行为与侵犯专利权行为之间的关系涉及两个内在关联的问题：第

① 参见尹新天：《中国专利法详解》，知识产权出版社 2011 年版，第 720~724 页。

一，假冒专利行为是否必然同时构成侵犯专利权的行为；第二，侵犯专利权的行为是否可能同时构成假冒专利行为。针对第一个问题，存在一个观念演变的过程：从1984年制定《专利法》开始到2000年修正《专利法》之前这一时期，构成当时规定的假冒他人专利的行为，必然同时也构成侵犯专利权的行为；自2001年7月1日开始实施2000年修正的《专利法》，假冒他人专利的行为有可能构成侵犯专利权行为，但已经不必然同时构成侵犯专利权的行为。2008年修正《专利法》，将修改前规定的假冒他人专利行为和冒充专利行为合称为假冒专利行为，从本条的条文以及2010年修改的《专利法实施细则》第84条的规定来看，对这一问题的回答仍然是否定的，即假冒专利行为未必同时构成侵犯专利权的行为。

关于第二个问题，则一直存在不同的观点，有观点认为未经专利权人许可而实施他人专利的行为也有可能认定为假冒专利的行为。但主流观点认为，前述观点将导致模糊私法规制的民事侵权行为与公法管制的行政违法行为二者之间的界限。一方面，《专利法》规定的侵害专利权行为，一般是指未经权利人许可实施其专利授权技术方案的行为，实施的具体方式则在《专利法》第11条中予以规定，而假冒专利行为并非实施专利技术方案。而且，假冒专利行为与侵害专利权行为所侵害的法益并不相同，侵害专利权行为所指向的是基于技术方案的专利权，而假冒专利行为侵害的是《专利法》第16条规定的标明专利标识的权利（即专利标记权）、国家专利管理秩序以及社会公共利益。另一方面，我国于1984年制定《专利法》时，是比照当时的《刑法》第127条关于假冒商标罪的规定来追究假冒他人专利行为的刑事责任。然而，应当注意的是，在《商标法》和《专利法》意义上，诸如"侵权""假冒"之类的措辞具有不同的含义。注册商标最为基本的作用就是标识商品的来源，使消费者能够将一个商家提供的商品（含服务）与另一个商家提供的商品（含服务）区分开来。按照《商标法》的相关规定，侵犯商标专用权的行为一般都具有欺骗公众的性质。基于此，侵犯注册商标专用权的行为人既要承担民事侵权责任，又要受到行政处罚甚至是刑事处罚。而《专利法》意义上的侵犯专利权行为是指"未经专利权人许可而实施其专利"的行为，"实施其专利"的含义由《专利法》第11条规定。对侵犯专利权的行为，《专利法》仅规定侵权人应当承担停止侵权、向被侵权人支付损害赔偿的民事侵权责任，并没有如同《商标法》那样规定侵权人还要受到行政处罚乃至可能需要承担刑事责任。因此，侵犯专利权的法律责任与侵犯注册商标专用权的法律责任不同。《专利法》最基本的立法宗旨是保护发明创造，根据《专利法》第1条规定的立法宗旨，专利制度旨在保护专利权人的合法权益，鼓励发明创造，推动发明创造的应用，提高创新能力，促进科学技术进步和经济社会发展。因此，国家鼓励公众在获得专利权人许可的前提下对专利予以实施应用，这与《商标法》的立法宗旨截然不同。未经专利权人许可而实施其获得专利保护的技术方案的行为，如果没有同时采用或者附具虚假专利标识或者有关虚假说明，一般说来不具有欺骗、误导公众的性质。假如一项专利涉及一种用于制造某种产品的新型材料，未经许可而在制造该产品时采用这种材料的行为构成了侵犯该专利权的行为，但是这样的行为一般不会产生欺骗消费者的后果。这是侵犯专利权行为与侵犯注册商标专用权行为之间的一个重要区别。尽管侵犯专利权的行为从某种意义上说也损害了公众和国家的长远利益，但是这与所有商标侵权行为就每一具体事件而言都直接误导甚至欺诈消费者的情况有很大不同。这正是《专利法》对于专利侵权行为没有规定行政处罚和刑事责任的主要原因。

综上所述，在现行《专利法》的框架下，不宜将侵犯专利权的行为同时认定为假冒专利行为。

三、假冒专利行为的法律责任

假冒专利行为的不良后果，一是侵犯了专利权人的合法权益；二是欺骗了广大的消费者；三是扰乱了国家正常的专利管理秩序。因此，对假冒专利行为，应当依法追究其法律责任。根据本条规定，假冒专利行为者应承担下述法律责任。

（一）民事责任

假冒专利，同时又构成侵犯他人专利权的，应依法承担侵权损害的民事责任。但是，需要特别注意的是，由于假冒专利的行为并非《专利法》第11条意义上的侵害专利权的行为，故一般不能适用《专利法》第71条关于计算侵权损害赔偿数额的规定。针对假冒专利行为的赔偿额的计算问题，一般应当适用《民法典》第1184条的规定，即“侵害他人财产的，财产损失按照损失发生时的市场价格或者其他合理方式计算”。如果权利人不能证明因为被诉行为人的假冒专利行为所受到的实际损失，也无法证明被诉行为人因实施假冒专利行为所获得的不当利益，且假冒专利产品的市场价格亦难以准确界定的，人民法院可以综合案件具体情况来酌情确定赔偿数额。

（二）行政责任

一是责令假冒者改正并予公告，即由管理专利工作的部门要求违法行为人立即停止假冒专利的行为，同时对违法行为人的假冒专利行为及责令其改正的决定予以公告；二是没收违法所得；三是可以并处罚款。其中，对有违法所得的，除没收违法所得外，由管理专利工作的部门根据具体的情况作出是否处以罚款的决定。为了更加有效地制止假冒专利行为，修正后的《专利法》进一步加大了行政处罚的力度，针对有违法所得的情形，将罚款数额的上限由原来规定的违法所得的 4 倍提高至 5 倍；同时，针对没有违法所得或者违法所得在 5 万元以下的情况，也将罚款数额的上限由 20 万元提高至 25 万元。

（三）刑事责任

即“构成犯罪的，依法追究刑事责任”。根据《刑法》第 216 条的规定，“假冒他人专利，情节严重的，处三年以下有期徒刑或者拘役，并处或者单处罚金”。假冒专利行为是否情节严重，应当由人民法院根据具体情况予以认定。如果假冒专利的产品质量低劣，导致消费者的生命财产蒙受重大损失，或者造成重大事故的，应当认定情节严重，需要追究行为人的刑事责任。另外，《刑法》第 280 条第 1 款规定：“伪造、变造、买卖或者盗窃、抢夺、毁灭国家机关的公文、证件、印章的，处三年以下有期徒刑、拘役、管制或者剥夺政治权利，并处罚金；情节严重的，处三年以上十年以下有期徒刑，并处罚金。”因此，对于伪造或者变造专利证书等假冒专利行为，可以根据上述规定追究行为人的刑事责任。

典型案例

嘉兴捷顺旅游制品有限公司诉姚某某、上海寻梦信息技术有限公司假冒专利纠纷案

关键词：侵害专利权　假冒专利

裁判摘要：（1）假冒专利的行为与侵害专利权的行为并不相同。在行为方式上，专利法规定的侵害专利权，一般是指未经权利人许可实施其专利技术方案的行为，实施的具体方式在《专利法》第11条中予以规定，而假冒专利并不实施专利技术方案。在侵害的法益上，侵害专利权行为指向的是基于技术方案的专利权，而假冒专利行为侵害的是《专利法》第17条所规定的标明专利标识的权利（即专利标记权）、国家专利管理秩序以及社会公众利益。在承担责任的方式上，假冒专利行为可能承担民事责任、行政责任、刑事责任，其承担民事责任的法律依据应为规制侵权行为的一般民事法律，而侵害专利权行为依据专利法承担民事责任。（2）假冒专利的行为并非侵害专利权的行为，故不能适用《专利法》第65条的规定计算侵权损害赔偿数额，而应根据民法侵权损害赔偿的一般规定计算损害赔偿。权利人未证明实际损失以及因侵权行为不当获利，市场价格亦难以准确确定的，法院可综合案件具体情况，酌情确定赔偿数额。

基本案情：嘉兴捷顺旅游制品有限公司（以下简称捷顺公司）诉姚某某、上海寻梦信息技术有限公司（以下简称寻梦公司）假冒专利纠纷案中，涉及专利号为201420624020.1、名称为“一种自挤水平板拖把”的实用新型专利（以下简称涉案专利）。捷顺公司向浙江省杭州市中级人民法院（以下简称一审法院）提起诉讼，主张姚某某在寻梦公司的拼多多电商平台上经营的“百家优选”店铺销售假冒涉案专利的产品，销售数量达到10余万件，销售总额高达400多万元，且姚某某销售的假冒专利产品还侵害捷顺公司的外观设计专利权，让不明真相的消费者以为姚某某所售商品来自捷顺公司，普通消费者基于对捷顺公司产品的信赖而购买该侵权产品，会造成消费者对捷顺公司与姚某某所售商品的错误关联和混淆，对捷顺公司的产品产生误解，从而对捷顺公司的商誉和正常经营活动造成严重损害，故应承担消除侵权页面信息、赔偿捷顺公司经济损失及合理开支的法律责任，寻梦公司应当对前述赔偿责任承担连带责任。

一审法院认为，被诉销售页面展示有与涉案专利相同的专利号，并标注“自挤水平板拖把”“专利产品防伪必究”等字样，姚某某未提供证据证明其经许可使用该专利号，其行为会使公众将被诉销售页面对应的产品使用的技术误认为是专利技术，构成假冒专利的行为，姚某某依法承担赔偿损失及支付合理维权费用的民事责任。寻梦公司系网络交易平台提供者，对网络店铺经营者身份进行审查，已经尽到合理的义务，并未违反法律、行政法规的规定提供帮助行为，不构成共同侵权。本案中，捷顺公司未证明权利人损失和侵权人获利的事实，一审法院依照《专利法》第65条规定，综合考虑捷顺公司为制止侵权所支出的合理费用、涉案专利的授权时间等因素，按照法定赔偿的方式，酌情确定赔偿数额。一审法院据此判决姚某某赔偿捷顺公司经济损失及为制止侵权所支出的合理费用共计10万元。姚某某不服，向最高人民法院提起上诉。

最高人民法院二审认为，姚某某未经专利权人许可，在被诉销售页面展示有与涉案专利相同的产品名称、专利号，其行为会使相关公众将被诉销售页面对应的产品所实施的技术误认为是专利技术，侵害了专利权人的合法权益，且违反国家专利管理制度，属于假冒专利的行为。即使假冒专利的产品实际上并没有实施他人的专利技术方案，不具备专利产品应有的功能，但此类产品在市场上公开销售，可能影响专利产品的商誉，挤占专利权人制造、销售专利产品的市场空间。因此，假冒专利行为构成对专利标记权的侵害，属于侵权行为，专利权人可以要求行为人承担民事责任。

一、关于假冒专利的行为是否属于侵害专利权的行为

假冒专利的行为与侵害专利权的行为并不相同。首先，二者的行为方式不同。《专利法》第60条规定，未经权利人许可，实施其专利，即侵犯其专利权。根据《专利法》第11条规定，任何单位或者个人未经专利权人许可，都不得实施其专利，即不得以生产经营为目的制造、使用、许诺销售、销售、进口其专利产品，或者使用其专利方法以及使用、许诺销售、销售、进口依照该专利方法直接获得的产品。即《专利法》规定的侵害专利权，一般是指未经权利人许可实施其专利技术方案的行为，实施的具体方式在《专利法》第11条中予以规定，而假冒专利并不实施专利技术方案。其次，假冒专利行为与侵害专利权行为所侵害的法益不同。侵害专利权行为所指向的是基于技术方案的专利权，而假冒专利行为侵害的是《专利法》第17条所规定的标明专利标识的权利（即专利标记权）、国家专利管理秩序以及社会公众利益。最后，假冒专利行为与侵害专利权行为承担责任的方式也不同。《专利法》第63条规定："假冒专利的，除依法承担民事责任外，由负责专利执法的部门责令改正并予公告，没收违法所得，可以并处违法所得4倍以下的罚款；没有违法所得或者违法所得在5万元以下的，可以处25万元以下的罚款；构成犯罪的，依法追究刑事责任。"即假冒专利可能承担民事责任、行政责任、刑事责任，其承

担民事责任的法律依据应为规制侵权行为的一般民事法律。而侵害专利权行为所侵害的是专利权人的权益，依据专利法承担民事责任。本案中，姚某某所实施的被诉行为系未经专利权人许可，在其销售网页上标注涉案专利的名称、专利号，但其相应的产品并未实施涉案专利技术方案，因此其行为仅构成假冒专利，侵害了捷顺公司的专利标记权，但并未侵害捷顺公司的涉案专利权。

二、关于侵权损害赔偿数额如何确定

《专利法》第65条规定了侵害专利权的赔偿责任。假冒专利的行为并非侵害专利权的行为，故不能适用《专利法》第65条的规定计算侵权损害赔偿数额。一审法院依据《专利法》第65条计算侵权赔偿数额系适用法律错误，予以纠正。本案中姚某某被诉假冒专利的行为，不仅仅在其销售网页标注涉案专利号，亦标明了专利名称“自挤水平板拖把”，并标明“专利产品防伪必究”，侵害了捷顺公司就涉案专利享有的专利标记权，可能使相关公众对涉案产品产生其相关技术是专利技术的误认，造成相关购买者的混淆，并进而侵占捷顺公司的市场空间，必然会给捷顺公司造成损失，其应当承担赔偿损失的民事责任。姚某某另案侵害捷顺公司“拖把（FC-44）”的外观设计专利权，又假冒捷顺公司的涉案专利，侵权主观故意明显。原《侵权责任法》第6条规定，行为人因过错侵害他人民事权益，应当承担侵权责任。该法第15条规定了承担侵权责任的主要方式。该法第19条规定，侵害他人财产的，财产损失按照损失发生时的市场价格或者其他方式计算。本案中捷顺公司未证明其实际损失以及姚某某因侵权行为不当获利的情况，市场价格亦难以准确确定，但在案证据显示，涉案产品的销售单价为29.9元至39.9元，依据其销售网页显示销售量超过10万件，虽然该销售数据可能不尽准确，但亦可见其涉案产品销售额较大，给捷顺公司造成的损失也应较大。综合案件具体情况，酌情确定姚某某应赔偿捷顺公司10万元，鉴于原审判决确定的赔偿总额亦为10万元，因此二审不再作调整。最高人民法院二审判决驳回上诉，维持原判。

【案　　号】（2021）最高法知民终2380号

【审理法院】最高人民法院

【来　　源】中国裁判文书网

第七十一条　侵犯专利权的赔偿数额按照权利人因被侵权所受到的实际损失或者侵权人因侵权所获得的利益确定；权利人的损失或者侵权人获得的利益难以确定的，参照该专利许可使用费的倍数合理确定。对故意侵犯专利权，情节严重的，可以在按照上述方法确定数额的一倍以上五倍以下确定赔偿数额。

权利人的损失、侵权人获得的利益和专利许可使用费均难以确定的，人民法院可以根据专利权的类型、侵权行为的性质和情节等因素，确定给予三万元以上五百万元以下的赔偿。

赔偿数额还应当包括权利人为制止侵权行为所支付的合理开支。

人民法院为确定赔偿数额，在权利人已经尽力举证，而与侵权行为相关的账簿、资料主要由侵权人掌握的情况下，可以责令侵权人提供与侵权行为相关的账簿、资料；侵权人不提供或者提供虚假的账簿、资料的，人民法院可以参考权利人的主张和提供的证据判定赔偿数额。

关联规定

一、国际条约

《与贸易有关的知识产权协定》

第 45 条

一、对于故意或有充分理由应知道自己从事侵权活动的侵权人，司法机关有权责令侵权人向权利持有人支付足以补偿其因知识产权侵权所受损害的赔偿。

二、司法机关还有权责令侵权人向权利持有人支付有关费用，其中可包括有关的律师费用。在适当的情况下，各成员可授权司法机关责令其退还利润和/或支付法定的赔偿，即使侵权人并非故意或没有充分理由知道自己从事侵权活动。

二、法律、行政法规、司法解释

1.《中华人民共和国民法典》

第一百七十六条 民事主体依照法律规定或者按照当事人约定，履行民事义务，承担民事责任。

第一百七十九条 承担民事责任的方式主要有：

（一）停止侵害；

（二）排除妨碍；

（三）消除危险；

（四）返还财产；

（五）恢复原状；

（六）修理、重作、更换；

（七）继续履行；

（八）赔偿损失；

（九）支付违约金；

（十）消除影响、恢复名誉；

（十一）赔礼道歉。

法律规定惩罚性赔偿的，依照其规定。

本条规定的承担民事责任的方式，可以单独适用，也可以合并适用。

第一千一百八十五条 故意侵害他人知识产权，情节严重的，被侵权人有权请求相应的惩罚性赔偿。

2.《最高人民法院关于审理侵犯专利权纠纷案件应用法律若干问题的解释》

第十六条 人民法院依据专利法第六十五条第一款的规定确定侵权人因侵权所获得的利益，应当限于侵权人因侵犯专利权行为所获得的利益；因其他权利所产生的利益，应当合理扣除。

侵犯发明、实用新型专利权的产品系另一产品的零部件的，人民法院应当根据该零部件本身的价值及其在实现成品利润中的作用等因素合理确定赔偿数额。

侵犯外观设计专利权的产品为包装物的，人民法院应当按照包装物本身的价值及其在实现被包装产品利润中的作用等因素合理确定赔偿数额。

3.《最高人民法院关于审理侵犯专利权纠纷案件应用法律若干问题的解释（二）》

第二十七条 权利人因被侵权所受到的实际损失难以确定的，人民法院应当依照专利法第六十五条第一款的规定，要求权利人对侵权人因侵权所获得的利益进行举证；在权利人已经提供侵权人所获利益的初步证据，而与专利侵权行为相关的账簿、资料主要由侵权人掌握的情况下，人民法院可以责令侵权人提供该账簿、资料；侵权人无正当理由拒不提供或者提供虚假的账簿、资料的，人民法院可以根据权利人的主张和提供的证据认定侵权人因侵权所获得的利益。

第二十八条 权利人、侵权人依法约定专利侵权的赔偿数额或者赔偿计算方法，并在专利侵权诉讼中主张依据该约定确定赔偿数额的，人民法院应予支持。

4.《最高人民法院关于审理专利纠纷案件适用法律问题的若干规定》

第十四条 专利法第六十五条规定的权利人因被侵权所受到的实际损失可以根据专利权人的专利产品因侵权所造成销售量减少的总数乘以每件专利产品的合理利润所得之积计算。权利人销售量减少的总数难以确定的，侵权产品在市场上销售的总数乘以每件专利产品的合理利润所得之积可以视为权利人因被侵权所受到的实际损失。

专利法第六十五条规定的侵权人因侵权所获得的利益可以根据该侵权产品在市场上销售的总数乘以每件侵权产品的合理利润所得之积计算。侵权人因侵权所获得的利益一般按照侵权人的营业利润计算，对于完全以侵权为业的侵权人，可以按照销售利润计算。

第十五条 权利人的损失或者侵权人获得的利益难以确定，有专利许可使用费可以参照的，人民法院可以根据专利权的类型、侵权行为的性质和情节、专利许可的性质、范围、时间等因素，参照该专利许可使用费的倍数合理确定赔偿数额；没有专利许可使用费可以参照或者专利许可使用费明显不合理的，人民法院可以根据专利权的类型、侵权行为的性质和情节等因素，依照专利法第六十五条第二款的规定确定赔偿数额。

第十六条 权利人主张其为制止侵权行为所支付合理开支的，人民法院可以在专利法第六十五条确定的赔偿数额之外另行计算。

第十七条 侵犯专利权的诉讼时效为三年，自专利权人或者利害关系人知道或者应当知道权利受到损害以及义务人之日起计算。权利人超过三年起诉的，如果侵权行为在起诉时仍在继续，在该项专利权有效期内，人民法院应当判决被告停止侵权行为，侵权损害赔偿数额应当自权利人向人民法院起诉之日起向前推算三年计算。

5.《最高人民法院关于审理侵害知识产权民事案件适用惩罚性赔偿的解释》

第一条 原告主张被告故意侵害其依法享有的知识产权且情节严重，请求判令被告承担惩罚性赔偿责任的，人民法院应当依法审查处理。

本解释所称故意，包括商标法第六十三条第一款和反不正当竞争法第十七条第三款规定的恶意。

第二条 原告请求惩罚性赔偿的，应当在起诉时明确赔偿数额、计算方式以及所依据的事实和理由。

原告在一审法庭辩论终结前增加惩罚性赔偿请求的，人民法院应当准许；在二审中增加惩罚性赔偿请求的，人民法院可以根据当事人自愿的原则进行调解，调解不成的，告知当事人另行起诉。

第三条 对于侵害知识产权的故意的认定，人民法院应当综合考虑被侵害知识产权客体类型、权利状态和相关产品知名度、被告与原告或者利害关系人之间的关系等因素。

对于下列情形，人民法院可以初步认定被告具有侵害知识产权的故意：

（一）被告经原告或者利害关系人通知、警告后，仍继续实施侵权行为的；

（二）被告或其法定代表人、管理人是原告或者利害关系人的法定代表人、管理人、实际控制人的；

（三）被告与原告或者利害关系人之间存在劳动、劳务、合作、许可、经销、代理、代表等关系，且接触过被侵害的知识产权的；

（四）被告与原告或者利害关系人之间有业务往来或者为达成合同等进行过磋商，且接触过被侵害的知识产权的；

（五）被告实施盗版、假冒注册商标行为的；

（六）其他可以认定为故意的情形。

第四条 对于侵害知识产权情节严重的认定，人民法院应当综合考虑侵权手段、次数，侵权行为的持续时间、地域范围、规模、后果，侵权人在诉讼中的行为等因素。

被告有下列情形的，人民法院可以认定为情节严重：

（一）因侵权被行政处罚或者法院裁判承担责任后，再次实施相同或者类似侵权行为；

（二）以侵害知识产权为业；

（三）伪造、毁坏或者隐匿侵权证据；

（四）拒不履行保全裁定；

（五）侵权获利或者权利人受损巨大；

（六）侵权行为可能危害国家安全、公共利益或者人身健康；

（七）其他可以认定为情节严重的情形。

第五条 人民法院确定惩罚性赔偿数额时，应当分别依照相关法律，以原告实际损失数额、被告违法所得数额或者因侵权所获得的利益作为计算基数。该基数不包括原告为制止侵权所支付的合理开支；法律另有规定的，依照其规定。

前款所称实际损失数额、违法所得数额、因侵权所获得的利益均难以计算的，人民法院依法参照该权利许可使用费的倍数合理确定，并以此作为惩罚性赔偿数额的计算基数。

人民法院依法责令被告提供其掌握的与侵权行为相关的账簿、资料，被告无正当理由拒不提供或者提供虚假账簿、资料的，人民法院可以参考原告的主张和证据确定惩罚性赔偿数额的计算基数。构成民事诉讼法第一百一十一条规定情形的，依法追究法律责任。

第六条 人民法院依法确定惩罚性赔偿的倍数时，应当综合考虑被告主观过错程度、侵权行为的情节严重程度等因素。

因同一侵权行为已经被处以行政罚款或者刑事罚金且执行完毕，被告主张减免惩罚性赔偿责任的，人民法院不予支持，但在确定前款所称倍数时可以综合考虑。

三、司法指导性文件

1.《最高人民法院关于依法加大知识产权侵权行为惩治力度的意见》

三、依法加大赔偿力度

7. 人民法院应当充分运用举证妨碍、调查取证、证据保全、专业评估、经济分析等制度和方法，引导当事人积极、全面、正确、诚实举证，提高损害赔偿数额计算的科学性和合理性，充分弥补权利人损失。

8. 人民法院应当积极运用当事人提供的来源于工商税务部门、第三方商业平台、侵权人网站、宣传资料或者依法披露文件的相关数据以及行业平均利润率等，依法确定侵权获利情况。

9. 权利人依法请求根据侵权获利确定赔偿数额且已举证的，人民法院可以责令侵权人提供其掌握的侵权获利证据；侵权人无正当理由拒不提供或者未按要求提供的，人民法院可以根据权利人的主张和在案证据判定赔偿数额。

10. 对于故意侵害他人知识产权，情节严重的，依法支持权利人的惩罚性赔偿请求，充分发挥惩罚性赔偿对于故意侵权行为的威慑作用。

11. 人民法院应当依法合理确定法定赔偿数额。侵权行为造成权利人重大损失或者侵权人获利巨大的，为充分弥补权利人损失，有效阻遏侵权行为，人民法院可以根据权利人的请求，以接近或者达到最高限额确定法定赔偿数额。

人民法院在从高确定法定赔偿数额时应当考虑的因素包括：侵权人是否存在侵权故意，是否主要以侵权为业，是否存在重复侵权，侵权行为是否持续时间长，是否涉及区域广，是否可能危害人身安全、破坏环境资源或者损害公共利益等。

12. 权利人在二审程序中请求将新增的为制止侵权行为所支付的合理开支纳入赔偿数额的，人民法院可以一并审查。

13. 人民法院应当综合考虑案情复杂程度、工作专业性和强度、行业惯例、当地政府指导价等因素，根据权利人提供的证据，合理确定权利人请求赔偿的律师费用。

2.《最高人民法院关于全面加强知识产权司法保护的意见》

12. 有效提高侵权赔偿数额。充分运用工商税务部门、第三方商业平台、侵权人网站或上市文件显示的相关数据以及行业平均利润率等，依法确定侵权获利情况。综合考虑知识产权市场价值、侵权人主观过错以及侵权行为的持续时间、影响范围、后果严重程度等因素，合理确定法定赔偿数额。对于情节严重的侵害知识产权行为，依法从高确定赔偿数额，依法没收、销毁假冒或盗版商品以及主要用于侵权的材料和工具，有效阻遏侵害知识产权行为的再次发生。

3.《最高人民法院关于当前经济形势下知识产权审判服务大局若干问题的意见》

16. 增强损害赔偿的补偿、惩罚和威慑效果，降低维权成本，提高侵权代价。在确定损害赔偿时要善用证据规则，全面、客观地审核计算赔偿数额的证据，充分运用逻辑推理和日常生活经验，对有关证据的真实性、合法性和证明力进行综合审查判断，采取优势证据标准认定损害赔偿事实。积极引导当事人选用侵权受损或者侵权获利方法计算赔偿，尽可能避免简单适用法定赔偿方法。对于难以证明侵权受损或侵权获利的具体数额，但有证据证明前述数额明显超过法定赔偿最高限额的，应当综合全案的证据情况，在法定最高限额以上合理确定赔偿额。除法律另有规定外，在适用法定赔偿时，合理的维权成本应另行计赔。适用法定赔偿时要尽可能细化和具体说明各种实际考虑的酌定因素，使最终得出的赔偿结果合理可信。根据权利人的主张和被告无正当理由拒不提供所持证据的行为推定侵权获利的数额，要有合理的根据或者理由，所确定的数额要合情合理，具有充分的说服力。注意参照许可费计算赔偿时的可比性，充分考虑正常许可与侵权实施在实施方式、时间和规模等方面的区别，并体现侵权赔偿金适当高于正常许可费的精神。注意发挥审计、会计等专业人员辅助确定损害赔偿的作用，引导当事人借助专业人员帮助计算、说明和质证。积极探索知识产权损害赔偿专业评估问题，在条件成熟时适当引入由专业机构进行专门评估的损害赔偿认定机制。

4.《最高人民法院关于全面加强知识产权审判工作为建设创新型国家提供司法保障的意见》

13. 依法加大侵权赔偿和民事制裁力度。严格知识产权侵权损害赔偿适用规则，贯彻全面赔偿原则，努力降低维权成本，加大民事制裁的威慑力度。依法适当减轻权利人的赔偿举证责任；有证据证明侵权人在不同时间多次实施侵权行为的，推定其存在持续侵权行为，相应确认其赔偿范围；作为自然人的原告因侵权行为受到精神损害的，可以根据其请求依法确定合理的精神损害抚慰金；当事人为诉讼支付的符合规定的律师费，应当根据当事人的请求，综合考虑其必要性、全部诉讼请求的支持程度、请求赔偿额和实际判赔额的比例等因素合理确定，并计入赔偿范围；考虑当事人的主观过错确定相应的赔偿责任；依法运用民事制裁惩处侵权人。

条文释义

一、本条主旨

本条是关于侵害专利权赔偿数额计算方法的规定。

二、条文演变

1984年制定《专利法》和1992年修正《专利法》均没有关于如何确定专利侵权赔偿数额的规定。2000年修正《专利法》时，为便于更好地指导司法实践准确、合理地确定专利侵权损害赔偿数额，新增了关于赔偿数额计算方法的规定，即：侵犯专利权的赔偿数额，按照权利人因侵权所受到的损失或者侵权人因侵权所获得的利益确定；权利人的损失或者侵权人获得的利益难以确定的，参照该专利许可使用费的倍数合理确定。2008年修正《专利法》，一是规定了赔偿数额的确定顺序，即侵害专利权的赔偿数额按照权利人因被侵权受到的实际损失确定，实际损失难以确定的，可以按照侵权人因侵权所获得的利益确定；二是增加了关于赔偿维权合理开支的规定，即侵害专利权的赔偿应当包括权利人为制止侵权行为所支付的合理开支；三是增加了关于法定赔偿的规定，幅度为1万元以上100万元以下。2020年修改《专利法》，为显著提高违法成本、加大保护力度，充分发挥法律威慑作用，又在此前《专利法》规定的基础上进行了进一步的修改完善，主要体现在四个方面：一是调整侵权损害赔偿基础计算方法适用顺序，即侵犯专利权的赔偿数额按照权利人因被侵权所受到的实际损失或者侵权人因侵权所获得的利益确定。取消适用顺序之后，当事人可以自行选择更有利于其自身权利保护的赔偿数额计算方法；二是新增惩罚性赔偿制度，即明确了对故意侵犯专利权，情节严重的，人民法院可以在权利人受到的损失、侵权人获得的利益或者专利许可使用费合理倍数的基础上，按一到五倍确定惩罚性偿数额；三是大幅提高法定赔偿数额。将法定赔偿的下限由1万元提高至3万元，将法定赔偿的上限由100万元提高至500万元；四是新增文书提供令（举证妨碍）制度。即明确了人民法院为确定赔偿数额，在权利人已经尽力举证，而与侵权行为相关的账簿、资料主要由侵权人掌握的情况下，可以责令侵权人提供与侵权行为相关的账簿、资料；侵权人不提供或者提供虚假的账簿、资料的，人民法院可以参考权利人的主张和提供的证据判定赔偿数额。

三、条文解读

由侵权人承担赔偿损失的民事责任是对专利权最有效和最直接的保护手段之一。立法对于专利损害赔偿的总体制度设计及其关于基本原则、计算方法、法定赔偿范围、举证责任等方面的具体规定，司法对于专利损害赔偿立法目的、具体规定的准确理解以及在此基础上的执行力度，从微观层面来讲，影响着个案中权利人创新成果的有效保护及其持续创新的动力，从宏观层面来讲，影响着社会大众的创新积极性和法律对于侵权行为的威慑力度。可以说，专利侵权赔偿制度是整个专利制度得以顺畅实施并发挥应有作用的基本保障。鉴于专利侵权赔偿制度在当事人和社会利益调整中的重要性，在《专利法》迄今为止的 4 次修正中，最近的 3 次修正均涉及专利侵权损害赔偿的内容。而且，从专利侵权损害赔偿内容在相关司法解释和司法指导性文件出现的频次来看，专利侵权赔偿问题一直属于专利侵权审判实践中的热点和难点问题。

本条第 1 款是关于专利侵权损害赔偿的计算方式和惩罚性赔偿原则适用的规定，相较于 2008 年修正的《专利法》，具体修改体现在：一是取消了确定赔偿数额计算方法的适用顺序，当事人可以自行从更有利于维护其自身权利的角度优先选择赔偿数额计算方法；二是增加了惩罚性赔偿的规定，即对故意侵害专利权，情节严重的，可以给予 1 倍以上 5 倍以下的惩罚性赔偿。需要注意的是，惩罚性赔偿是在依据本条第 1 款所述的 3 种赔偿数额计算方式得到的赔偿基数的基础之上，再另行对侵权人课以带有惩戒性质的赔偿责任，因此，如果适用惩罚性赔偿，则侵权人有可能最终将承担以权利人损失、侵权人获利或者许可费倍数为基数、最高倍数为 6 倍（1 倍的补偿性赔偿基数 +5 倍的惩罚性赔偿倍数）的高额赔偿。

本条第 2 款是关于法定赔偿的规定，相较 2008 年修正的《专利法》，本款的修改在于：将法定赔偿数额幅度由“1 万元以上 100 万元以下”提高至“3 万元以上 500 万元以下”，从而一方面合理提高了法定赔偿额的下限，另一方面则大幅提高了法定赔偿额的上限，进一步加大了对专利侵权行为的惩治力度和震慑力度。

本条第3款是关于赔偿数额应当包括专利权人维权合理开支的规定，相较于2008年修正的《专利法》未作修改。

本条第4款是关于文书提供令（又称举证妨碍制度）的规定，相较2008年修正的《专利法》则属于新增加的规定，充分彰显我国加大知识产权保护力度的决心。

适用指引

一、关于专利侵权赔偿数额的一般计算方法

关于如何确定专利侵权中的赔偿数额，本条规定了三种计算方法。

（一）按照权利人因被侵权所受到的实际损失确定

司法实践中，在专利权人已经有专利产品投入市场的情况下，侵权产品的出现往往会使得权利人的销售量减少或者销售价格降低，或者会增加权利人的营销成本。在这种情况下，权利人实际受到的损失就是如果没有侵权行为发生，权利人在正常情况下所能获得的利润与在出现侵权情况下实际获得的利润之差额。对此，权利人不仅需要举证证明其专利产品销量减少数量以及侵权行为的存在，还需要证明其销量的减少与侵权行为的出现之间具有因果关系。然而对这种因果关系的举证一般来说十分困难，对此，《专利纠纷案件规定》第14条第1款规定："专利法第六十五条规定的权利人因被侵权所受到的实际损失可以根据专利权人的专利产品因侵权所造成销售量减少的总数乘以每件专利产品的合理利润所得之积计算。权利人销售量减少的总数难以确定的，侵权产品在市场上销售的总数乘以每件专利产品的合理利润所得之积可以视为权利人因被侵权所受到的实际损失。"之所以如此规定，一方面是因为专利权人往往难以举证证明其专利产品销售量因侵权人侵权而减少的数量，用侵权产品的销售量代替专利产品因侵权而减少的销售数量，不失为一种合理的变通做法。另一方面，虽然证明了侵权产品的销售量，但基于侵权产品的销售价格低于专利产品的正常价格，侵权产品的利润空间往往不像专利产品那么大，如果乘以每件侵权产品的利润来计算赔偿数额，很有可能不能充分弥补权利人所受到的实际损失，故改为乘以每件专利产品的合理利润，具有合理性。事实上，这种变

通的计算赔偿额的方法早已在审判实践中被广泛采用，司法实践结果也表明，这种计算方法符合大多数案件的实际情况，既切实保护了权利人的合法权益，对侵权人而言也体现了侵权行为与应负责任之间的相当性。

（二）按照侵权人因侵权所获得的利益确定

侵权人因侵权所获得的利益，可以根据该侵权产品在市场上销售的总数乘以每件侵权产品的合理利润所得之积计算。侵权人因侵权所获得的利益一般按照侵权人的营业利润计算，对于完全以侵权为业的侵权人，可以按照销售利润计算。考虑到财务费用、管理费用一般在企业支出中占有相当大的比例，而正常情况下，这些费用确实属于侵权人的实际支出。因此，有必要将其从侵权人所获利润中予以相应扣减，即按照其营业利润来计算。在许多案件中，侵权人除经营侵权产品外，往往还同时经营其他非侵权产品，但其财务账册中反映的费用是企业支出的总费用，这就需要法院根据实际情况从中计算出应当合理分摊到侵权产品上的费用，个别情况下法院还需要委托审计部门进行专门审计。究竟以哪一种利润来确定赔偿数额，可以说关系当事人的利益甚巨，故有必要予以明确。一般而言，对于非以侵权为业的侵权人所实施的侵害专利权行为，按照营业利润来计算专利侵权赔偿数额，对当事人双方来说相对公平，也能合理反映侵权人因侵权所获得利益的实际情况。但对于以侵权为业的侵权人而言，则可以按照侵权产品的销售利润来确定赔偿数额，这主要是体现对这类情节较为严重的侵权行为的惩治力度。需要注意的是，实践中由于种种原因，例如侵权人经营不善、通过关联公司转移侵权利润等，可能会出现侵权人没有盈利甚至亏损的情况。对于此种情况，一方面，专利权人就专利侵权行为提出的损害赔偿请求是否应予支持，不以侵权人因侵权获利为必要条件，侵权人因侵权而获得的利益仅是确定侵权赔偿数额的一种可选方法的计算结果，是否作为最终确定赔偿的依据，取决于专利权人和审理法院的选择。另一方面，2020年修正的《专利法》，相较2008年修正的《专利法》，已经取消了确定赔偿数额计算方法的适用顺序，故当出现上述侵权人没有盈利甚至显示为亏损的情况时，权利人可以在诉讼中及时变更赔偿额计算方法，从而避免需要承担证明侵权人存在隐匿或者转移侵权利润这一较难完成的举证责任，进而可以考虑采取更为便捷合理的诉讼策略以维护自身的合法权益。

关于以侵权获利方式计算赔偿额，还需要注意的另一个问题是关于专利技术方案在侵权产品中所起的作用，也就是所谓的“专利技术贡献率”。如果经审理查明，请求保护的专利技术方案只是在侵权产品中相对较小或相对次要的一个部件上被实施，则不宜将被告销售侵权产品所获得的全部利润都确定为侵权赔偿额，而应当限于侵权人因侵犯本案专利权所获得的利益。但需要注意的是，为了体现加大知识产权司法保护力度的政策导向，对于“专利技术贡献率”这一问题，通常如果侵权人在专利侵权纠纷审理过程中不向人民法院加以主张的话，则人民法院在确定专利侵权损害赔偿数额时，一般不主动将“专利技术贡献率”作为确定赔偿数额的考量因素。

（三）参照该专利许可使用费的倍数合理确定

适用该计算方法确定赔偿数额时，需注意如下问题：第一，只要是真实、合法、有效且具备参考性的专利权许可合同，都可以作为确定侵权赔偿数额的依据。司法实践中，可以从许可合同的订立与侵权诉讼发生的时间先后、许可合同是否经过备案、被许可人是否实际支付许可费用、许可合同约定的使用费率是否畸高等方面，对许可合同的真实有效性进行查证。第二，按照许可费的合理倍数确定的赔偿额，并不构成惩罚性赔偿。一般来说，以不低于专利许可使用费的合理数额（即使用费的1倍）是适用于多数专利侵权案件的情况。但是，鉴于实践中同一专利在不同许可条件存在不同许可使用费系常见的商业现象，以及鉴于参照的许可使用费往往低于侵权获利（因为正常情况下的许可费应当保证被许可人存在获利空间），故在专利侵权诉讼中，应当允许参照前述情况下许可费的合理倍数以确定赔偿额。此时虽然以许可费的“倍数”确定赔偿数额，但该赔偿额的性质仍然遵循“填平”的损害赔偿属性，而非带有惩罚性的色彩。故如果当事人主张适用惩罚性赔偿，且案件符合适用惩罚性赔偿的法定要件，则仍可以前述许可费的合理倍数所计算出来的数额作为基数，再对侵权人判处前述赔偿基数的1倍以上5倍以下的惩罚性赔偿。

二、关于惩罚性赔偿

侵权损害赔偿以填平损失为基本原则，但有时简单地填平损失并不能充分有效补偿被侵权人的损失、制裁侵权人的恶意行为、遏制后续的侵权行为。为解决这一问题，英美法系引入了惩罚性赔偿制度，要求侵权人向受害者支付超出其实际损失的赔偿数额。例如，1793年《美国专利法》将惩罚性赔偿引入专利侵权领域，其现行的规定是对故意侵权人处以最高3倍的损害赔偿。惩罚性赔偿由于具有威慑与惩罚两大基本功能，在一些国家和地区已经得到广泛运用。

（一）我国立法中惩罚性赔偿的有关规定

《民法典》编纂之前，我国现行法律对惩罚性赔偿的具体规定主要体现在《消费者权益保护法》《食品安全法》《商标法》《电子商务法》等单行法中，2017年制定的《民法总则》对惩罚性赔偿作了原则性规定。2020年由第十三届全国人民代表大会第三次会议审议通过的《民法典》，则是我国首次以民事基本法的形式对惩罚性赔偿这项制度作出专门性规定。《民法典》总则编第179条在规定承担民事责任的方式时明确规定，法律规定惩罚性赔偿的，依照其规定。《民法典》侵权责任编明确了三种应当承担惩罚性赔偿的情形，其中，第1185条规定，故意侵害他人知识产权，情节严重的，被侵权人有权请求相应的惩罚性赔偿；第1207条规定，明知产品存在缺陷仍然生产、销售，或者没有依据前条规定采取有效补救措施，造成他人死亡或者健康严重损害的，被侵权人有权请求相应的惩罚性赔偿；第1232条规定，侵权人违反法律规定故意污染环境、破坏生态造成严重后果的，被侵权人有权请求相应的惩罚性赔偿。

在知识产权领域，2013年修正《商标法》时首次引入惩罚性赔偿制度，于第63条第1款规定对恶意侵害商标专用权，情节严重的可以在按照权利人损失或侵权人获利或参照商标许可使用费确定数额的1倍以上3倍以下确定赔偿数额。2015年修订《种子法》，于该法第73条第3款首次引入针对侵害植物新品种权行为的惩罚性赔偿制度，规定侵犯新植物品种权，情节严重的，可以按照权利人实际损失或侵权人侵权获利或植物新品种权许可使用费的合理倍数所确定数额的一倍以上三倍以下确定赔偿数额。2019年修正《商标法》，则将惩罚性赔偿的倍数由“一倍以上三倍以下”提高至“一倍以上五倍以下”。2019年修正《反不正当竞争法》也引入了惩罚性赔偿，于第17条第3款规定，经营者恶意实施侵犯商业秘密行为，情节严重的，可以按照经营者实际损失或侵权人侵权获利所确定数额的一倍以上五倍以下确定赔偿数额。2020年修正《著作权法》亦引入了惩罚性赔偿，于第54条规定，故意侵犯著作权或者与著作权有关的权利，情节严重的，可以按照权利人实际损失或者侵权人违法所得或者权利使用费所确定数额的一倍以上五倍以下确定赔偿数额。2021年修正《种子法》，将惩罚性赔偿的倍数由修改前的“一倍以上三倍以下”修改为“一倍以上五倍以下”。

（二）《专利法》中关于惩罚性赔偿的规定

2020修正《专利法》，为显示我国大幅度提高侵权成本，充分发挥法律威慑作用，严格保护知识产权的态度和决心，立法机关参考此前《商标法》《种子法》《反不正当竞争法》的规定，并与2020年11月通过的《著作权法》修改相协调，增加了关于惩罚性赔偿的规定。具体适用专利侵权惩罚性赔偿制度，需要注意把握以下几点。

第一，惩罚性赔偿制度属于填补性或补偿性赔偿制度以外的侵权赔偿救济制度，其目的不在于填平受害人所遭受的损害，而在于威慑侵权人和第三人、预防侵权人或者第三人将来实施侵权行为。适用惩罚性赔偿的前提条件是侵权人故意侵害专利权，且情节严重。亦即，适用惩罚性赔偿，必须同时满足主观要件和客观要件。主观要件为故意，包括直接故意和间接故意，是指行为人应认识到其行为的侵权结果，且对该结果的发生持有追求或放任的心理。在认定行为人是否构成“故意侵犯专利权”时，可以考虑以下因素：（1）专利权人是否在其专利产品或者产品的包装上标注专利标识；（2）专利权人和行为人之间的特殊关系。如果专利权人和行为人之间存在代理、代表、合同或者其他关系，即可以合理推定行为人知道或者应当知道专利权人的专利；（3）行为人对专利的实施方式。如果行为人在其产品、产品名称、网页上突出使用专利权人的专利标识，这也表明，行为人知道或者应当知道专利权人的专利并且具有利用该专利谋取不正当利益的意图；（4）行为人是否不顾专利权人的侵权警告、无视专利执法部门的行政处罚或者拒不履行法院作出的停止侵权的生效裁判文书，继续从事专利侵权行为。这种情况下，行为人已明确知道专利权人的专利而仍然从事专利实施行为，当然具有侵权的故意。[①] 客观要件为情节严重，即侵权行为在持续时间、侵权范围、侵权后果等方面造成恶劣影响。具体而言，如果行为人实施侵权行为的持续时间较长，就意味着对专利权人的专利产品市场份额的侵蚀程度越大；如果行为人实施的侵权行为波及的地域范

① 参见马一德：《专利法原理》，高等教育出版社2021年版，第318页。

围较广，就意味着侵权产品投放的市场范围越大，对专利权人的专利产品市场份额的挤占空间也就越大；如果行为人制造、销售的侵权产品，在未经许可实施专利权人的专利的同时，因为其对产品品质管控的不规范、不严格而导致产品投放市场后出现人身财产损害事故或者造成严重的环境污染，则足以说明侵权后果出现明显的破坏效应。因此，上述这些因素都可以用于证明侵权情节严重。

第二，惩罚性赔偿的基数是通过三种基础计算方法计算出来的专利侵权损害赔偿数额，即权利人因侵权受到的损失、侵权人因侵权获利的利益或者专利许可使用许可费的合理倍数。惩罚性赔偿的计算基础不包括维权合理开支。以裁量性方式确定权利人的损失或者侵权人获得的利益也可以作为惩罚性赔偿的计算基础。

以合理倍数的专利许可使用费确定惩罚性赔偿计算基础的，确定基数时只应当考虑该许可费所针对的许可行为与该侵权行为在权利性质、许可时间、许可范围等方面的对应程度，而不应当考虑惩罚性因素。

第三，惩罚性赔偿的倍数是1倍以上5倍以下。具体应当根据侵权行为人的主观恶意程度和侵权行为的具体情节等来确定适当的惩罚倍数，且倍数不限于整数。惩罚性赔偿是补偿性赔偿之外，以惩罚为目的的赔偿。因此，在判处惩罚性赔偿情形下，有关侵权损害赔偿总额应当为补偿性赔偿与惩罚性赔偿之和，即侵权损害赔偿总额 = 补偿性赔偿 ×（1 + 惩罚性赔偿倍数）。

三、关于法定赔偿

本条第2款规定了法定赔偿制度，即权利人损失、侵权人获得的利益和专利许可使用费均难以确定的，人民法院可以根据专利权的类型、侵权行为的性质和情节等因素，确定给予3万元以上500万元以下的赔偿。在适用本条第2款时，应具体注意以下几点。

第一，适用法定赔偿的前提条件须是权利人的损失、侵权人获得的利益和专利许可使用费均难以确定。需要注意的是，法定赔偿只是难以准确计算出侵权损害赔偿数额时的一种不得已的替代方法，在具体诉讼实践中还是应通过各种方法尽量查明权利人损失、侵权人获利等情况，积极准确适用举证责任分配、举证妨碍、法律事实推定等制度，以切实有效保护权利人的合法权益。

第二，确定法定赔偿数额时，应当考虑专利权的类型、侵权行为的性质和情节等因素。“专利权的类型”主要是指发明专利权、实用新型专利权和外观设计专利权。“侵权行为的性质和情节”包括侵权人的主观过错程度、侵权行为实施的手段、方式、侵权行为持续的时间、范围、规模、给权利人造成的损害程度等。

第三，法定赔偿数额的幅度是3万元以上500万元以下。2008年修改《专利法》首次引入法定赔偿数额的规定时，设定的幅度为1万元以上100万元以下。2020年修改《专利法》，国务院提出的草案规定的幅度是10万元以上500万元以下。在《专利法》修改过程中有意见提出，实践中相当比例的专利（主要是外观设计和实用新型），市场价值较低，10万元的下限赔偿额偏高，当事人责任过重，建议下调或者取消。规定下限确实有利于强化对专利权人合法权益的保护，但同时也要考虑到实践中相当比例的专利市场价值较低、侵权人生产规模较小的实际情况，立法机关经过反复研究，最后将法定赔偿额的下限调整为3万元。

四、关于合理开支

《与贸易有关的知识产权协定》规定，损害赔偿费应当足以弥补因侵害知识产权给权利人造成的损失，司法当局还应当有权责令侵权人向权利持有人支付其他开支，其中可包括适当的律师费。

一方面专利侵权行为具有隐蔽性强、取证难的特点，另一方面专利维权具有专业性强、难度大的特点，这些都会增加专利维权的成本。从专利保护工作的实践来看，如果专利权人维权的成本得不到充分赔偿，就不能有效弥补权利人因侵权所受到的损失，不利于提高专利权人维权的积极性。同时，专利维权的成本也要“合理”，遵循所谓的“比例原则”，不能为了追究很小的侵权行为，就要求侵权人承担过高的维权成本。司法实践中，所谓“合理开支”，一般包括被侵权人或者委托代理人对侵权行为进行调查、取证的合理费用，以及符合国家有关部门规定的律师费用。此外，需注意的是：第一，权利人主张其为制止侵权行为所支付合理开支的，人民法院可以在依据本条第1款、第2款确定的赔偿数额之外另行计算；第二，合法来源抗辩仅是免除损害赔偿责任，故合法来源抗辩属于赔偿责任抗辩，而非不侵权抗辩。维权合理开支是基于侵权行为而发生，故权利人为制止侵权所支出的合理开支仍应获得赔偿。换言之，即使被诉侵权人主张的合法来源抗辩成立，仍不能免除其承担停止侵权和支付维权合理开支的法律责任。

五、关于文书提供令（举证妨碍制度）

本条首次增加了第4款有关文书提供令的规定，旨在解决专利侵权诉讼中的"举证难"问题，减轻专利权人的举证责任。即，人民法院为确定赔偿数额，在权利人已经尽力举证，而与侵权行为相关的账簿、资料主要由侵权人掌握的情况下，可以责令侵权人提供与侵权相关的账簿、资料；侵权人不提供或者提供虚假的账簿、资料的，人民法院可以参考权利人的主张和提供的证据判定赔偿数额。具体需要注意以下几点。①

第一，立法上文书提供令制度仅适用于确定侵权损害赔偿数额相关的证据。对于是否构成侵权行为的证据，不适用文书提供令制度。

第二，适用文书提供令制度的前提条件是：（1）权利人已经尽力举证。如果权利人有能力、有条件获取、提供相关证据，而未积极、充分提供，则不适用这一制度。权利人举证内容，可以包括侵权人自己对侵权获利乃至公司整体营利等经营状况的宣传资料、网站介绍、公司年报等，对权利人这方面的举证要求不宜过严。（2）与侵权行为相关的账簿、资料主要由侵权人掌握。例如，侵权商品的产销数量、销售价格、成本费用、利润水平等，一般是由侵权人自己掌握的。

第三，侵权人如拒绝提供或者提供虚假的账簿、资料，人民法院可以参考权利人的主张和提供的证据判定赔偿数额。

针对专利侵权诉讼中的"举证难"和"赔偿低"的问题，除了通过文书提供令制度来减轻专利权人的举证责任，还需要合理确定损害赔偿证明标准，正确适用举证责任分配规则。依据侵权获利确定专利侵权损害赔偿时，侵权获利的证明责任应当由专利权人承担，但在专利权人已经尽力举证的情况下，应充分考虑侵权获利证据一般均由侵权人掌握、专利权人和侵权人对侵权获利有关事实的举证能力和举证难度存在显著差异等实际情况，降低证明标准并适时将举证责任转移给被诉侵权人；可以根据案件具体情况，依法责令被诉侵权人提供与侵权行为有关的账簿、资料。原则上，专利权人已经尽其所能就侵权损害

---

① 参见王瑞贺主编：《中华人民共和国专利法释义》，法律出版社2021年版，第197~202页。

赔偿积极举证，且基于其所提交的证据可以合理推算出侵权获利，能够支持其主张的赔偿数额的，即应当予以支持；被诉侵权人主张该数额不应得到支持的，应当提交足以推翻的反证，并证明其实际侵权获利情况。此外，关于涉案专利对侵权获利的贡献度问题。根据专利权人的请求，以侵权人的获利计算侵权损害赔偿时，侵权人主张剔除非因侵害涉案专利权所获得的利润的，应当就其主张承担举证责任。被诉侵权人主张应当考虑涉案专利对其侵权获利的贡献度，并提供了充分的理由和证据的，可以予以适当考虑。被诉侵权人虽主张应当考虑涉案专利对于侵权利润的贡献度，但未能就其主张提交充分证据或者说明合理理由，或者无正当理由拒不提供侵权规模证据，致使无法确定计算侵权获利的事实基础的，对其主张不予支持。

指导案例

指导案例159号：深圳敦骏科技有限公司诉深圳市吉祥腾达科技有限公司等侵害发明专利权纠纷案

（最高人民法院审判委员会讨论通过　2021年7月23日发布）

关键词：民事　侵害发明专利权　多主体实施的方法专利　侵权损害赔偿计算　举证责任　专利技术贡献度

裁判要点：1. 如果被诉侵权行为人以生产经营为目的，将专利方法的实质内容固化在被诉侵权产品中，该行为或者行为结果对专利权利要求的技术特征被全面覆盖起到了不可替代的实质性作用，终端用户在正常使用该被诉侵权产品时就能自然再现该专利方法过程，则应认定被诉侵权行为人实施了该专利方法，侵害了专利权人的权利。

2. 专利权人主张以侵权获利计算损害赔偿数额且对侵权规模事实已经完成初步举证，被诉侵权人无正当理由拒不提供有关侵权规模事实的相应证据材料，导致用于计算侵权获利的基础事实无法确定的，对被诉侵权人提出的应考虑涉案专利对其侵权获利的贡献度的抗辩，人民法院可以不予支持。

相关法条：《中华人民共和国专利法》（2020年修正）第一条、第十一条第一款、第六十四条第一款（本案适用的是2008年修正的《中华人民共和国专利法》第一条、第十一条第一款、第五十九条第一款）

基本案情：原告深圳敦骏科技有限公司（以下简称敦骏公司）诉称：深圳市吉祥腾达科技有限公司（以下简称腾达公司）未经许可制造、许诺销售、销售，济南历下弘康电子产品经营部（以下简称弘康经营部）、济南历下昊威电子产品经营部（以下简称昊威经营部）未经许可销售的多款商用无线路由器（以下简称被诉侵权产品）落入其享有的专利号为02123502.3、名称为“一种简易访问网络运营商门户网站的方法”发明专利（以下简称涉案专利）的专利权保护范围，请求判令腾达公司、弘康经营部、昊威经营部停止侵权，赔偿损失及制止侵权的合理开支共计500万元。

被告腾达公司辩称：1.涉案专利、被诉侵权产品访问任意网站时实现定向的方式不同，访问的过程亦不等同，腾达公司没有侵害敦骏公司的涉案专利权。并且，涉案专利保护的是一种网络接入认证方法，腾达公司仅是制造了被诉侵权产品，但并未使用涉案专利保护的技术方案，故其制造并销售被诉侵权产品的行为并不构成专利侵权；2.敦骏公司诉请的赔偿数额过高且缺乏事实及法律依据，在赔偿额计算中应当考虑专利的技术贡献度、涉案专利技术存在替代方案等。

弘康经营部、昊威经营部共同辩称：其所销售的被诉侵权产品是从代理商处合法进货的，其不是被诉侵权产品的生产者，不应承担责任。

法院经审理查明：敦骏公司明确以涉案专利的权利要求1和2为依据主张权利，其内容为：1.一种简易访问网络运营商门户网站的方法，其特征在于包括以下处理步骤：A.接入服务器底层硬件对门户业务用户设备未通过认证前的第一个上行HTTP报文，直接提交给“虚拟Web服务器”，该“虚拟Web服务器”功能由接入服务器高层软件的“虚拟Web服务器”模块实现；B.由该“虚拟Web服务器”虚拟成用户要访问的网站与门户业务用户设备建立TCP连接，“虚拟Web服务器”向接入服务器底层硬件返回含有重定向信息的报文，再由接入服务器底层硬件按正常的转发流程向门户业务用户设备发一个重定向到真正门户网站Portal_Server的报文；C.收到重定向报文后的门户业务用户设备的浏览器自动发起对真正门户网站Portal_Server的访问。2.根据权利要求1所述的一种简易访问网络运营商门户网站的方法，其特征在于：所述的步骤A，由门户业务用户在浏览器上输入任何正确的域名、IP地址或任何的数字，形成上行IP报文；所述的步骤B，由“虚拟Web服务器”虚拟成该IP报文的IP地址的网站。

敦骏公司通过公证购买方式从弘康经营部、昊威经营部购得“Tenda路由器W15E”“Tenda路由器W20E增强型”各一个，并在公证人员的监督下对“Tenda路由器W15E”访问网络运营商门户网站的过程进行了技术演示，演示结果表明使用“Tenda路由器W15E”过程中具有与涉案专利权利要求1和2相对应的方法步骤。

被诉侵权产品在京东商城官方旗舰店、“天猫”网站腾达旗舰店均有销售，且销量巨大。京东商城官方旗舰店网页显示有“腾达（Tenda）W15E”路由器的图片、京东价199元、累计评价1万+，“腾达（Tenda）W20E”路由器、京东价399元、累计评价1万+，“腾达（Tenda）G1”路由器、京东价359元、累计评价1万+等信息。“天猫”网站腾达旗舰店网页显示有“腾达（Tenda）W15E”路由器的图片、促销价179元、月销量433、累计评价4342、安装说明、技术支持等信息。

2018年12月13日，一审法院依法作出通知书，主要内容为：限令腾达公司10日内向一审法院提交自2015年7月2日以来，关于涉案“路由器”产品生产、销售情况的完整资料和完整的财务账簿。逾期不提交，将承担相应的法律责任。但至二审判决作出时，腾达公司并未提交相关证据。

裁判结果：山东省济南市中级人民法院于2019年5月6日作出（2018）鲁01民初1481号民事判决：一、腾达公司立即停止制造、许诺销售、销售涉案的路由器产品；二、弘康经营部、昊威经营部立即停止销售涉案的路由器产品；三、腾达公司于判决生效之日起十日内赔偿敦骏公司经济损失及合理费用共计500万元；四、驳回敦骏公司的其他诉讼请求。一审案件受理费46800元，由腾达公司负担。宣判后，腾达公司向最高人民法院提起上诉。最高人民法院于2019年12月6日作出（2019）最高法知民终147号民事判决，驳回上诉，维持原判。

裁判理由：最高人民法院认为：本案焦点问题包括三个方面：

一、关于被诉侵权产品使用过程是否落入涉案专利权利要求的保护范围

首先，涉案专利权利要求1中的“第一个上行HTTP报文”不应解释为用户设备与其要访问的实际网站建立TCP“三次握手”连接过程中的第一个报文，而应当解释为未通过认证的用户设备向接入服务器发送的第一个上行HTTP报文。其次，根据对被诉侵权产品进行的公证测试结果，被诉侵权产品的强制Portal过程与涉案专利权利要求1和2所限定步骤方法相同，三款被诉

侵权产品在“Web认证开启”模式下的使用过程，全部落入涉案专利权利要求1和2的保护范围。

二、关于腾达公司的被诉侵权行为是否构成侵权

针对网络通信领域方法的专利侵权判定，应当充分考虑该领域的特点，充分尊重该领域的创新与发展规律，以确保专利权人的合法权利得到实质性保护，实现该行业的可持续创新和公平竞争。如果被诉侵权行为人以生产经营为目的，将专利方法的实质内容固化在被诉侵权产品中，该行为或者行为结果对专利权利要求的技术特征被全面覆盖起到了不可替代的实质性作用，也即终端用户在正常使用该被诉侵权产品时就能自然再现该专利方法过程的，则应认定被诉侵权行为人实施了该专利方法，侵害了专利权人的权利。本案中：1.腾达公司虽未实施涉案专利方法，但其以生产经营为目的制造、许诺销售、销售的被诉侵权产品，具备可直接实施专利方法的功能，在终端网络用户利用被诉侵权产品完整再现涉案专利方法的过程中，发挥着不可替代的实质性作用。2.腾达公司从制造、许诺销售、销售被诉侵权产品的行为中获得不当利益与涉案专利存在密切关联。3.因终端网络用户利用被诉侵权产品实施涉案专利方法的行为并不构成法律意义上的侵权行为，专利权人创新投入无法从直接实施专利方法的终端网络用户处获得应有回报，如专利权人的利益无法得到补偿，必将导致研发创新活动难以为继。另一方面，如前所述，腾达公司却因涉案专利获得了原本属于专利权人的利益，利益分配严重失衡，有失公平。综合以上因素，在本案的情形下，应当认定腾达公司制造、许诺销售、销售被诉侵权产品的行为具有侵权性质并应承担停止侵权、赔偿损失的民事责任。

三、关于一审判决确定的赔偿数额是否适当

专权利人主张以侵权获利确定赔偿额的，侵权规模即为损害赔偿计算的基础事实。专利权人对此项基础事实承担初步举证责任。在专利权人已经完成初步举证，被诉侵权人无正当理由拒不提供有关侵权规模基础事实的相应证据材料的情况下，对其提出的应考虑涉案专利对其侵权获利的贡献率等抗辩理由可不予考虑。具体到本案中：1.敦骏公司主张依照侵权人因侵权获利计算赔偿额，并在一审中提交了腾达公司分别在京东网和天猫网的官方旗舰店销售被诉侵权产品数量、售价的证据，鉴于该销售数量和价格均来源于腾达公司自己在正规电商平台的官方旗舰店，数据较为可信，腾达公司虽指出将累计评价作为销量存在重复计算和虚报的可能性，但并未提交确切证据，且考虑到敦骏公司

就此项事实的举证能力，应当认定敦骏公司已就侵权规模的基础事实完成了初步举证责任。2. 敦骏公司在一审中，依据其已提交的侵权规模的初步证据，申请腾达公司提交与被诉侵权产品相关的财务账簿、资料等，一审法院也根据本案实际情况，依法责令腾达公司提交能够反映被诉侵权产品生产、销售情况的完整的财务账簿资料等证据，但腾达公司并未提交。在一审法院因此适用相关司法解释对敦骏公司的500万元高额赔偿予以全额支持、且二审中腾达公司就此提出异议的情况下，其仍然未提交相关的财务账簿等资料。由于本案腾达公司并不存在无法提交其所掌握的与侵权规模有关证据的客观障碍，故应认定腾达公司并未就侵权规模的基础事实完成最终举证责任。3. 根据现有证据，有合理理由相信，被诉侵权产品的实际销售数量远超敦骏公司所主张的数量。综上，在侵权事实较为清楚、且已有证据显示腾达公司实际侵权规模已远大于敦骏公司所主张赔偿的范围时，腾达公司如对一审法院确定的全额赔偿持有异议，应先就敦骏公司计算赔偿所依据的基础事实是否客观准确进行实质性抗辩，而不能避开侵权规模的基础事实不谈，另行主张专利技术贡献度等其他抗辩事由，据此对腾达公司二审中关于一审确定赔偿额过高的各项抗辩主张均不予理涉。

典型案例

一、源德盛塑胶电子（深圳）有限公司诉中山品创塑胶制品有限公司、刘某侵害实用新型专利权纠纷案以及源德盛塑胶电子（深圳）有限公司诉贺兰县银河东路晨曦通讯部侵害实用新型专利权纠纷案

关键词： 实用新型专利　侵权　法定赔偿　酌定赔偿　侵权行为性质

裁判摘要： 侵害专利权纠纷案件中，缺乏因侵权受损、侵权获利或者可参照的许可使用费证据而适用法定赔偿的，以及虽有上述证据但难以证明损失具体数额故需酌情确定损害赔偿的，可以综合考虑被诉侵权行为的性质、侵权产品的价值和利润率、被诉侵权人的经营状况、被诉侵权人的主观恶意、权利人在关联案件中的获赔情况等因素。对于作为侵权源头的生产商，应当加大侵权损害赔偿力度，鼓励专利权人直接针对被诉侵权产品制造环节溯源维权；对于被诉侵权产品的零售商和使用者，应当实事求是依法确定其法律责任，有证据

证明侵权损害高于法定赔偿上限或者低于法定赔偿下限的，可以在上限以上或者下限以下确定赔偿数额。

基本案情： 在源德盛塑胶电子（深圳）有限公司（以下简称源德盛公司）诉中山品创塑胶制品有限公司（以下简称品创公司）、刘某侵害实用新型专利权纠纷案中，涉及专利号为201420522729.0、名称为“一种一体式自拍装置”的实用新型专利（以下简称涉案专利）。源德盛公司认为，品创公司无视在先生效判决，主观恶意明显、重复侵权，生产多款侵害涉案专利权的自拍杆，品创公司系刘某投资设立的一人有限责任公司，故向广州知识产权法院提起诉讼，请求判令品创公司、刘某停止侵权、销毁库存侵权产品，赔偿经济损失及维权合理开支共计300万元。广州知识产权法院认为，四款被诉侵权产品均落入涉案专利权的保护范围，判决品创公司停止侵害并赔偿源德盛公司经济损失及维权合理费用合计100万元，刘某对上述债务承担连带赔偿责任。品创公司不服，向最高人民法院提起上诉，主张一审判决金额过高。最高人民法院于2020年7月24日判决驳回上诉，维持原判。

在源德盛公司诉贺兰县银河东路晨曦通讯部（以下简称晨曦通讯部）侵害实用新型专利权纠纷案中，涉及与前案相同的实用新型专利。源德盛公司认为，晨曦通讯部未经许可销售、许诺销售落入涉案专利权保护范围的产品，故向宁夏回族自治区银川市中级人民法院提起诉讼，请求判令晨曦通讯部立即停止销售、许诺销售被诉侵权产品的行为，赔偿经济损失及维权合理开支3万元。银川市中级人民法院认为，晨曦通讯部销售的被诉侵权产品落入涉案专利权的保护范围，判决其立即停止侵害并赔偿源德盛公司经济损失及维权合理开支2000元。源德盛公司不服，向最高人民法院提起上诉，主张一审判决确定的赔偿金额低于法定赔偿最低限额1万元，不符合《专利法》第65条的规定。最高人民法院于2020年8月3日判决驳回上诉，维持原判。

【案　　号】（2020）最高法知民终357号、（2020）最高法知民终376号

【审理法院】 最高人民法院

【来　　源】《最高人民法院知识产权案件年度报告（2020）》

二、无锡国威陶瓷电器有限公司、蒋某某诉常熟市林芝电热器件有限公司、苏宁易购集团股份有限公司侵害实用新型专利权纠纷案

关键词： 实用新型专利　侵权　损害赔偿　证据

裁判摘要： 根据当事人的诉讼请求和案件事实，选择以侵权人因侵权获得的利益计算专利侵权损害赔偿数额时，对于多部件或者多专利的被诉侵权产品，原则上不宜简单采用侵权产品销售总金额乘以侵权产品利润率的方式计算侵权获利，而需要考虑涉案专利对于侵权产品利润的贡献度，以“侵权产品销售总金额 × 利润率 × 专利技术对产品价值的贡献度”的方法进行计算。对于专利技术对产品价值的贡献度，可以结合涉案专利对产品的重要性等因素酌定。在侵权行为可分的情况下，计算侵权损害赔偿时，如果既存在可以较为精确计算权利人损失或者侵权人获益的部分，又存在难以计算权利人损失或者侵权人获益的部分，可以对前者适用以权利人损失或者侵权人获益计算赔偿，对后者适用法定赔偿，以两者之和确定损害赔偿数额。

基本案情： 在无锡国威陶瓷电器有限公司（以下简称国威公司）、蒋某某诉常熟市林芝电热器件有限公司（以下简称林芝公司）、苏宁易购集团股份有限公司（以下简称苏宁公司）侵害实用新型专利权纠纷案中，蒋某某系专利号为200920230829.5、名称为“一种PTC发热器的导热铝管及PTC发热器”的实用新型专利（以下简称涉案专利）的权利人。国威公司为涉案专利的独占实施被许可人。国威公司、蒋某某以林芝公司生产、销售的空调PTC加热器侵害其涉案专利权为由提起诉讼，要求停止侵权行为，赔偿其经济损失及合理支出共计1500万元。江苏省南京市中级人民法院一审认为，被诉侵权产品落入涉案专利权利要求2的保护范围，判决林芝公司、苏宁公司停止侵权行为，酌定林芝公司赔偿国威公司、蒋某某经济损失和合理开支共计100万元。国威公司、蒋某某和林芝公司均不服，提起上诉。江苏省高级人民法院二审认为，被诉侵权产品缺少涉案专利权利要求2的隐含技术特征，不落入专利权利要求2的保护范围。遂判决撤销一审判决，驳回国威公司、蒋某某的诉讼请求。国威公司、蒋某某不服，向最高人民法院申请再审。最高人民法院裁定提审本案，并于2018年6月26日判决撤销二审判决，变更林芝公司赔偿国威公司、蒋某某经济损失9377867元。

最高人民法院再审认为：（1）从林芝公司向广东美的制冷设备有限公司、海信（浙江）空调有限公司采购部及TCL空调事业部采购部供货的证据中，难以认定本案被诉侵权产品所占供货数量的比例，故难以将该3份证据作为以侵权获利方法计算损害赔偿数额的基准依据。对于该3份证据，将按照法定赔偿方式确定损害赔偿数额。（2）林芝公司向海信（山东）空调有限公司供货的证据中，不仅显示林芝公司供货的9个型号产品的供货数量和金额证据，还提供了相关七个型号产品的实物证据，且明确表示所有九种型号在发热体的铝管结构上没有区别。在无相反证据的情况下，可以推定海信（山东）空调有限公司提供的关于林芝公司供货的产品数量和销售金额均属本案侵权产品的数量和销售金额。关于林芝公司销售侵权产品的利润率。综合考虑林芝公司主张的最高利润率和国威公司主张的最低利润率，酌定被诉侵权产品的利润率为15%。（3）关于本案专利对于侵权产品利润的贡献度。根据本案专利说明书对发明有益效果的记载，与本案专利权利要求2的技术方案相关的有益效果包括产品结构更加紧凑，各配件之间在经过压制后结合更牢固，提高热传导性能，减少配件松动造成的安全隐患，提高产品的可靠性和制作成本等。可见，本案专利对于林芝公司PTC发热器的市场吸引力起到了重要作用。同时，考虑到本案专利权利要求2技术方案实现上述有益效果的特征主要体现在导热铝管压制后在左右侧面形成的半圆型凹槽结构，而PTC发热器还包括其他部件，不宜将侵权产品的利润全部归因于本案专利。在林芝公司无正当理由拒不参加本案庭审的情况下，酌定本案专利对于林芝公司侵权产品利润的贡献度为50%。（4）关于林芝公司就其向广东美的制冷设备有限公司、海信（浙江）空调有限公司采购部及TCL空调事业部采购部的供货行为的损害赔偿计算问题。因该行为给专利权人造成的损失以及林芝公司的侵权所得均难以确定，且无合理的许可费可供参照，本院根据法定赔偿确定林芝公司向上述三个单位销售被诉侵权产品的损害赔偿数额。考虑到本案专利为实用新型专利，林芝公司从事被诉侵权产品的生产和销售，且规模较大，酌定林芝公司就其向广东美的制冷设备有限公司、海信（浙江）空调有限公司采购部及TCL空调事业部采购部的销售行为应赔偿本案专利权人国威公司和蒋某某经济损失80万元。

【案　　号】（2018）最高法民再111号

【审理法院】最高人民法院

【来　　源】《最高人民法院知识产权案件年度报告（2018）》

三、深圳敦骏科技有限公司诉深圳维盟科技股份有限公司、泉州市冠峰网络科技有限公司侵害发明专利权纠纷案

关键词：发明专利　侵权　裁量性赔偿　侵权获利　证明责任

裁判摘要：在侵害专利权纠纷案件中，权利人已尽其所能就侵权损害赔偿

积极举证，且基于其所提交的证据可以合理推算出侵权获利，能够支持其所主张的赔偿数额的，人民法院应当予以支持；被诉侵权人主张该数额不应得到支持的，应当提交足以推翻前述侵权获利事实认定的反证，并证明其实际侵权获利情况。

基本案情：在深圳敦骏科技有限公司（以下简称敦骏公司）诉深圳维盟科技股份有限公司（以下简称维盟公司）等侵害发明专利权纠纷案中，涉及专利号为02123502.3、名称为“一种简易访问网络运营商门户网站的方法”的发明专利（以下简称涉案专利）。敦骏公司认为，维盟公司等侵害其发明专利权并给其造成了重大损失，故向福建省泉州市中级人民法院（以下简称一审法院）提起诉讼，请求判令维盟公司等停止侵害并赔偿经济损失及维权合理开支合计1000万元。一审法院认为，被诉侵权的59款无线路由器产品均落入涉案专利权保护范围。判决：维盟公司等立即停止侵权，维盟公司赔偿敦骏公司经济损失及维权合理开支1000万元。维盟公司不服，向最高人民法院提起上诉，最高人民法院判决驳回上诉，维持原判。

最高人民法院二审认为，首先，从敦骏公司就其侵权赔偿主张所提交证据的来源、可信度、时间跨度、数量等情况看，可以认定敦骏公司在本案中就其所主张的侵权赔偿已经履行了其积极举证的义务。按照敦骏公司所主张的计算方法，可合理推定在敦骏公司所主张侵权赔偿的区间内，维盟公司总的营业收入为538751619.3元。在相关证据为维盟公司掌控，且敦骏公司所主张被诉侵权产品占维盟公司业务量的80%、被诉侵权产品的利润率为30%以及涉案专利技术在被诉侵权产品中的技术贡献率为20%不明显有违行业惯例的情况下，予以支持，由此得出的维盟公司因销售被诉侵权产品所获利益约为2586万元，明显超过敦骏公司所主张的1000万元赔偿额。根据其他证据，也可以合理认定敦骏公司本案中主张的1000万元赔偿数额具有事实基础。其次，维盟公司相关抗辩理由及相应证据不足以否定敦骏公司提交证据所证明的事实，也不能证明其实际侵权获利的事实，且其存在怠于提交其所掌握的能够反映其真实侵权规模的相关证据的情形。一审法院责令维盟公司提交与被诉侵权产品有关的财务报表、销售台账、利润报表等相关材料，但维盟公司并未提交。最后，在一审法院据此适用相关司法解释对敦骏公司的1000万元赔偿予以全额支持，且其并不存在无法提交其掌握的与侵权规模有关证据的客观障碍的情况下，二审中维盟公司仍然未积极提交相关的财务账簿等资料。基于以上因素，根据敦骏公司提交的现有证据，最高人民法院合理推定敦骏公司所主张的1000万元具有事实基础并予以支持。

【案　　号】（2019）最高法知民终725号

【审理法院】最高人民法院

【来　　源】《最高人民法院知识产权案件年度报告（2020）》

四、深圳市和力泰科技有限公司诉广州市速锐机械设备有限公司、广东快女生物技术有限公司侵害实用新型专利权纠纷案

关键词： 实用新型专利　侵权　销售者　合法来源抗辩　合理开支

裁判摘要： 合法来源抗辩仅是免除赔偿责任的抗辩，而非不侵权抗辩；销售者的合法来源抗辩成立，既不改变销售侵权产品这一行为的侵权性质，也不免除停止销售侵权产品的责任，仍应承担权利人为获得停止侵害救济所支付的合理开支。

基本案情： 深圳市和力泰科技有限公司（以下简称和力泰公司）向广州知识产权法院提起诉讼，主张广州市速锐机械设备有限公司（以下简称速锐公司）销售和许诺销售、广东快女生物技术有限公司（以下简称快女公司）使用的被诉侵权产品落入专利号为201420443947.5、名称为‘包装机’的实用新型专利（以下简称涉案专利）权利要求1的保护范围，故请求判令速锐公司停止侵害、销毁库存侵权产品及有关专用设备和模具、赔偿经济损失及合理开支100万元，判令快女公司停止侵害。广州知识产权法院认为，被诉侵权产品落入涉案专利权保护范围，速锐公司的合法来源抗辩不能成立，判决速锐公司停止侵害，赔偿和力泰公司经济损失15万元。速锐公司不服，向最高人民法院提起上诉。最高人民法院于2019年11月5日改判速锐公司合法来源抗辩成立，判令其停止销售、赔偿和力泰公司维权合理开支3万元。最高人民法院二审认为，合法来源抗辩仅是免除赔偿责任的抗辩，而非不侵权抗辩。销售者合法来源抗辩成立，并不改变销售侵权产品这一行为的侵权性质，也不免除停止销售侵权产品的责任。维权合理开支系基于侵权行为而发生，故在合法来源抗辩成立的情况下，权利人为获得停止侵害救济的合理开支仍应得到支持。本案中，和力泰公司向速锐公司主张了包括合理开支在内的经济损失共100万元，但并未提交任何关于合理开支的证据，由于权利人在维权过程中必然会产生合理开支，在和力泰公司未举证的情况下，考虑与本案复杂程度相匹配的代理费

用、公证费用以及正常差旅市场价格水平，酌定和力泰公司为本案支出的合理开支为3万元。

【案　　号】（2019）最高法知民终25号

【审理法院】最高人民法院

【来　　源】《最高人民法院知识产权案件年度报告（2019）》

第七十二条　专利权人或者利害关系人有证据证明他人正在实施或者即将实施侵犯专利权、妨碍其实现权利的行为，如不及时制止将会使其合法权益受到难以弥补的损害的，可以在起诉前依法向人民法院申请采取财产保全、责令作出一定行为或者禁止作出一定行为的措施。

关联规定

一、国际条约

《与贸易有关的知识产权协定》

第 50 条

一、司法机关有权责令采取迅速和有效的临时措施以便：

（一）防止侵犯任何知识产权，特别是防止货物进入其管辖范围内的商业渠道，包括结关后立即进入的进口货物；

（二）保存关于被指控侵权的有关证据。

二、在适当时，特别是在任何迟延可能对权利持有人造成不可补救的损害时，或存在证据被销毁的显而易见的风险时，司法机关有权采取不作预先通知的临时措施。

三、司法机关有权要求申请人提供任何可合理获得的证据，以使司法机关有足够程度的确定性确信该申请人为权利持有人，且该申请人的权利正在受到侵犯或此种侵权已迫近，并有权责令申请人提供足以保护被告和防止滥用的保证金或相当的担保。

四、如已经采取不作预先通知的临时措施，则至迟应在执行该措施后立刻通知受影响的各方。应被告请求，应对这些措施进行审查，包括进行听证，以期在作出关于有关措施的通知后一段合理期限内，决定这些措施是否应进行修改、撤销或确认。

五、执行临时措施的主管机关可要求申请人提供确认有关货物的其他必要信息。

六、在不损害第四款规定的情况下，如导致根据案件事非曲直作出裁决的程序未在一合理期限内启动，则应被告请求，根据第一款和第二款采取的临时措施应予撤销或终止生效，该合理期限在一成员法律允许的情况下由责令采取该措施的司法机关确定，如未作出此种确定，则不超过二十个工作日或三十一天，以时间长者为准。

七、如临时措施被撤销或由于申请人的任何作为或不作为而失效，或如果随后认为不存在知识产权侵权或侵权威胁，则应被告请求，司法机关有权责令申请人就这些措施造成的任何损害向被告提供适当补偿。

八、在作为行政程序的结果可责令采取任何临时措施的限度内，此类程序应符合与本节所列原则实质相当的原则。

二、法律、行政法规、司法解释

1.《中华人民共和国民事诉讼法》

第一百零三条 人民法院对于可能因当事人一方的行为或者其他原因，使判决难以执行或者造成当事人其他损害的案件，根据对方当事人的申请，可以裁定对其财产进行保全、责令其作出一定行为或者禁止其作出一定行为；当事人没有提出申请的，人民法院在必要时也可以裁定采取保全措施。

人民法院采取保全措施，可以责令申请人提供担保，申请人不提供担保的，裁定驳回申请。

人民法院接受申请后，对情况紧急的，必须在四十八小时内作出裁定；裁定采取保全措施的，应当立即开始执行。

第一百零四条 利害关系人因情况紧急，不立即申请保全将会使其合法权益受到难以弥补的损害的，可以在提起诉讼或者申请仲裁前向被保全财产所在地、被申请人住所地或者对案件有管辖权的人民法院申请采取保全措施。申请人应当提供担保，不提供担保的，裁定驳回申请。

人民法院接受申请后，必须在四十八小时内作出裁定；裁定采取保全措施的，应当立即开始执行。

申请人在人民法院采取保全措施后三十日内不依法提起诉讼或者申请仲裁的，人民法院应当解除保全。

第一百零五条 保全限于请求的范围，或者与本案有关的财物。

第一百零六条 财产保全采取查封、扣押、冻结或者法律规定的其他方法。人民法院保全财产后，应当立即通知被保全财产的人。

财产已被查封、冻结的，不得重复查封、冻结。

第一百零七条 财产纠纷案件，被申请人提供担保的，人民法院应当裁定解除保全。

第一百一十一条 当事人对保全或者先予执行的裁定不服的，可以申请复议一次。复议期间不停止裁定的执行。

2.《最高人民法院关于适用〈中华人民共和国民事诉讼法〉的解释》

第一百五十二条 人民法院依照民事诉讼法第一百零三条、第一百零四条规定，在采取诉前保全、诉讼保全措施时，责令利害关系人或者当事人提供担保的，应当书面通知。

利害关系人申请诉前保全的，应当提供担保。申请诉前财产保全的，应当提供相当于请求保全数额的担保；情况特殊的，人民法院可以酌情处理。申请诉前行为保全的，担保的数额由人民法院根据案件的具体情况决定。

在诉讼中，人民法院依申请或者依职权采取保全措施的，应当根据案件的具体情况，决定当事人是否应当提供担保以及担保的数额。

3.《中华人民共和国专利法实施细则》

第八十七条 人民法院在审理民事案件中裁定对专利申请权或者专利权采取保全措施的，国务院专利行政部门应当在收到写明申请号或者专利号的裁定书和协助执行通知书之日中止被保全的专利申请权或者专利权的有关程序。保全期限届满，人民法院没有裁定继续采取保全措施的，国务院专利行政部门自行恢复有关程序。

4.《中华人民共和国知识产权海关保护条例》

第二十三条 知识产权权利人在向海关提出采取保护措施的申请后，可以依照《中华人民共和国商标法》、《中华人民共和国著作权法》、《中华人民共和国专利法》或者其他有关法律的规定，就被扣留的侵权嫌疑货物向人民法院申请采取责令停止侵权行为或者财产保全的措施。

海关收到人民法院有关责令停止侵权行为或者财产保全的协助执行通知的，应当予以协助。

5.《最高人民法院关于审理专利纠纷案件适用法律问题的若干规定》

第八条 人民法院决定中止诉讼，专利权人或者利害关系人请求责令被告停止有关行为或者采取其他制止侵权损害继续扩大的措施，并提供了担保，人民法院经审查符合有关法律规定的，可以在裁定中止诉讼的同时一并作出有关裁定。

第九条 人民法院对专利权进行财产保全，应当向国务院专利行政部门发出协助执行通知书，载明要求协助执行的事项，以及对专利权保全的期限，并附人民法院作出的裁定书。

对专利权保全的期限一次不得超过六个月，自国务院专利行政部门收到协助执行通知书之日起计算。如果仍然需要对该专利权继续采取保全措施的，人民法院应当在保全期限届满前向国务院专利行政部门另行送达继续保全的协助执行通知书。保全期限届满前未送达的，视为自动解除对该专利权的财产保全。

人民法院对出质的专利权可以采取财产保全措施，质权人的优先受偿权不受保全措施的影响；专利权人与被许可人已经签订的独占实施许可合同，不影响人民法院对该专利权进行财产保全。

人民法院对已经进行保全的专利权，不得重复进行保全。

6.《最高人民法院关于审查知识产权纠纷行为保全案件适用法律若干问题的规定》

第一条 本规定中的知识产权纠纷是指《民事案件案由规定》中的知识产权与竞争纠纷。

第二条 知识产权纠纷的当事人在判决、裁定或者仲裁裁决生效前，依据民事诉讼法第一百条、第一百零一条规定申请行为保全的，人民法院应当受理。

知识产权许可合同的被许可人申请诉前责令停止侵害知识产权行为的，独占许可合同的被许可人可以单独向人民法院提出申请；排他许可合同的被许可人在权利人不申请的情况下，可以单独提出申请；普通许可合同的被许可人经权利人明确授权以自己的名义起诉的，可以单独提出申请。

第三条 申请诉前行为保全，应当向被申请人住所地具有相应知识产权纠纷管辖权的人民法院或者对案件具有管辖权的人民法院提出。

当事人约定仲裁的，应当向前款规定的人民法院申请行为保全。

第四条 向人民法院申请行为保全，应当递交申请书和相应证据。申请书应当载明下列事项：

（一）申请人与被申请人的身份、送达地址、联系方式；

（二）申请采取行为保全措施的内容和期限；

（三）申请所依据的事实、理由，包括被申请人的行为将会使申请人的合法权益受到难以弥补的损害或者造成案件裁决难以执行等损害的具体说明；

（四）为行为保全提供担保的财产信息或资信证明，或者不需要提供担保的理由；

（五）其他需要载明的事项。

第五条 人民法院裁定采取行为保全措施前，应当询问申请人和被申请人，但因情况紧急或者询问可能影响保全措施执行等情形除外。

人民法院裁定采取行为保全措施或者裁定驳回申请的，应当向申请人、被申请人送达裁定书。向被申请人送达裁定书可能影响采取保全措施的，人民法院可以在采取保全措施后及时向被申请人送达裁定书，至迟不得超过五日。

当事人在仲裁过程中申请行为保全的，应当通过仲裁机构向人民法院提交申请书、仲裁案件受理通知书等相关材料。人民法院裁定采取行为保全措施或者裁定驳回申请的，应当将裁定书送达当事人，并通知仲裁机构。

第六条 有下列情况之一，不立即采取行为保全措施即足以损害申请人利益的，应当认定属于民事诉讼法第一百条、第一百零一条规定的“情况紧急”：

（一）申请人的商业秘密即将被非法披露；

（二）申请人的发表权、隐私权等人身权利即将受到侵害；

（三）诉争的知识产权即将被非法处分；

（四）申请人的知识产权在展销会等时效性较强的场合正在或者即将受到侵害；

（五）时效性较强的热播节目正在或者即将受到侵害；

（六）其他需要立即采取行为保全措施的情况。

第七条 人民法院审查行为保全申请，应当综合考量下列因素：

（一）申请人的请求是否具有事实基础和法律依据，包括请求保护的知识产权效力是否稳定；

（二）不采取行为保全措施是否会使申请人的合法权益受到难以弥补的损害或者造成案件裁决难以执行等损害；

（三）不采取行为保全措施对申请人造成的损害是否超过采取行为保全措

施对被申请人造成的损害；

（四）采取行为保全措施是否损害社会公共利益；

（五）其他应当考量的因素。

第八条 人民法院审查判断申请人请求保护的知识产权效力是否稳定，应当综合考量下列因素：

（一）所涉权利的类型或者属性；

（二）所涉权利是否经过实质审查；

（三）所涉权利是否处于宣告无效或者撤销程序中以及被宣告无效或者撤销的可能性；

（四）所涉权利是否存在权属争议；

（五）其他可能导致所涉权利效力不稳定的因素。

第九条 申请人以实用新型或者外观设计专利权为依据申请行为保全的，应当提交由国务院专利行政部门作出的检索报告、专利权评价报告或者专利复审委员会维持该专利权有效的决定。申请人无正当理由拒不提交的，人民法院应当裁定驳回其申请。

第十条 在知识产权与不正当竞争纠纷行为保全案件中，有下列情形之一的，应当认定属于民事诉讼法第一百零一条规定的“难以弥补的损害”：

（一）被申请人的行为将会侵害申请人享有的商誉或者发表权、隐私权等人身性质的权利且造成无法挽回的损害；

（二）被申请人的行为将会导致侵权行为难以控制且显著增加申请人损害；

（三）被申请人的侵害行为将会导致申请人的相关市场份额明显减少；

（四）对申请人造成其他难以弥补的损害。

第十一条 申请人申请行为保全的，应当依法提供担保。

申请人提供的担保数额，应当相当于被申请人可能因执行行为保全措施所遭受的损失，包括责令停止侵权行为所涉产品的销售收益、保管费用等合理损失。

在执行行为保全措施过程中，被申请人可能因此遭受的损失超过申请人担保数额的，人民法院可以责令申请人追加相应的担保。申请人拒不追加的，可以裁定解除或者部分解除保全措施。

第十二条 人民法院采取的行为保全措施，一般不因被申请人提供担保而解除，但是申请人同意的除外。

第十三条 人民法院裁定采取行为保全措施的，应当根据申请人的请求或者案件具体情况等因素合理确定保全措施的期限。

裁定停止侵害知识产权行为的效力，一般应当维持至案件裁判生效时止。

人民法院根据申请人的请求、追加担保等情况，可以裁定继续采取保全措施。申请人请求续行保全措施的，应当在期限届满前七日内提出。

第十四条 当事人不服行为保全裁定申请复议的，人民法院应当在收到复议申请后十日内审查并作出裁定。

第十五条 人民法院采取行为保全的方法和措施，依照执行程序相关规定处理。

第十六条 有下列情形之一的，应当认定属于民事诉讼法第一百零五条规定的“申请有错误”：

（一）申请人在采取行为保全措施后三十日内不依法提起诉讼或者申请仲裁；

（二）行为保全措施因请求保护的知识产权被宣告无效等原因自始不当；

（三）申请责令被申请人停止侵害知识产权或者不正当竞争，但生效裁判认定不构成侵权或者不正当竞争；

（四）其他属于申请有错误的情形。

第十七条 当事人申请解除行为保全措施，人民法院收到申请后经审查符合《最高人民法院关于适用〈中华人民共和国民事诉讼法〉的解释》第一百六十六条规定的情形的，应当在五日内裁定解除。

申请人撤回行为保全申请或者申请解除行为保全措施的，不因此免除民事诉讼法第一百零五条规定的赔偿责任。

第十八条 被申请人依据民事诉讼法第一百零五条规定提起赔偿诉讼，申请人申请诉前行为保全后没有起诉或者当事人约定仲裁的，由采取保全措施的人民法院管辖；申请人已经起诉的，由受理起诉的人民法院管辖。

第十九条 申请人同时申请行为保全、财产保全或者证据保全的，人民法院应当依法分别审查不同类型保全申请是否符合条件，并作出裁定。

为避免被申请人实施转移财产、毁灭证据等行为致使保全目的无法实现，人民法院可以根据案件具体情况决定不同类型保全措施的执行顺序。

第二十条 申请人申请行为保全，应当依照《诉讼费用交纳办法》关于申请采取行为保全措施的规定交纳申请费。

三、司法指导性文件

《最高人民法院关于依法加大知识产权侵权行为惩治力度的意见》

一、加强适用保全措施

1. 对于侵害或者即将侵害涉及核心技术、知名品牌、热播节目等知识产权以及在展会上侵害或者即将侵害知识产权等将会造成难以弥补的损害的行为，权利人申请行为保全的，人民法院应当依法及时审查并作出裁定。

2. 权利人在知识产权侵权诉讼中既申请停止侵权的先行判决，又申请行为保全的，人民法院应当依法一并及时审查。

条文释义

一、本条主旨

本条是关于诉前财产保全、行为保全的规定。

二、条文演变

1984年制定的《专利法》以及1992年修改的《专利法》并没有关于诉前临时措施的规定。2000年修改《专利法》时增加了第61条，对诉前临时措施作了如下规定："专利权人或者利害关系人有证据证明他人正在实施或者即将实施侵犯其专利权的行为，如不及时制止将会使其合法权益受到难以弥补的损害的，可以在起诉前向人民法院申请采取责令停止有关行为和财产保全的措施。人民法院处理前款申请，适用民事诉讼法第九十三条至第九十六条和第九十九条的规定。"2008年修正《专利法》时，将修改前的第61条的条文序号改为第66条，并对其条文进行了修改，主要修改之处在于：第一，在第1款中不再提及财产保全。第二，细化了关于诉前停止有关行为的规定，对提出申请时的担保、法院作出裁定的时限、申请人不按时起诉的处理、申请错误情况下的赔偿等主要问题作出了明确规定，以替代修改前《专利法》第61条第2款关于适用当时《民事诉讼法》第93条至第96条和第99条规定的做法。2020年修改《专利法》时，将修改前的第66条的条文序号改为第72条，同时考虑到2012年修正的《民事诉讼法》已经对行为保全作出专门规定，删除了提出申请时的担保、法院作出裁定的时限、申请人不按时起诉的处理、申请错误情况下的赔偿等规定。

三、条文解读

按照一般的民事诉讼程序，专利权人或者利害关系人从发现侵权行为到提起诉讼，再到法院作出责令侵权人停止侵权行为的判决乃至得到强制执行往往需要较长时间；而有的专利占有市场时间较短，可能等不到侵权诉讼结束就丧失了市场价值；如不及时制止侵权行为，专利权人可能“赢了官司，输了市场”。同时，侵权人在诉讼期间也可能转移或者隐匿财产，如不及时控制其财产，专利权人即使赢了官司，也得不到有效赔偿。近年来，还出现了侵权人通过各种途径阻碍专利权人或者利害关系人提起诉讼、维护自身权利的情况。为了保护专利权人和利害关系人合法权益，本条对诉前保全作了规定，即专利权人或者利害关系人有证据证明他人正在实施或者即将实施侵犯专利权、妨碍其实现权利的行为，如不及时制止将会使其合法权益受到难以弥补的损害的，可以在起诉前依法向人民法院申请采取财产保全、责令作出一定行为或者禁止作出一定行为的措施。

适用指引

适用本条规定，需要把握以下几点。

第一，诉前保全的内涵，顾名思义，是指专利权人或者利害关系人在起诉之前就可以向人民法院提出保全申请。

第二，申请诉前保全的主体，既可以是专利权人，也可以是利害关系人。

第三，申请诉前保全，需要满足两个前提条件：一是专利权人或者利害关系人有证据证明情况紧急，即，他人正在实施或即将实施侵权等行为。二是专利权人或者利害关系人有证据证明如不及时制止该行为将会使其合法权益受到难以弥补的损害。

第四，诉前保全的形式包括两种：一是财产保全，是指人民法院作出裁定，对一方当事人的财产采取查封、扣押、冻结等保全措施，防止该当事人转移、处分被保全的财产，以保证将来生效判决的执行。二是行为保全，是指人民法院作出裁定，责令一方当事人作出一定行为，或者禁止其作出一定行为，防止该当事人正在实施或者将要实施的行为给申请人造成不可弥补的损害。

第五，诉前保全的程序，适用《民事诉讼法》及《知产行为保全规定》的有关规定。

第六，诉前行为保全的审查。（1）关于“情况紧急”，根据《知产行为保全规定》的规定，有下列情况之一，不立即采取行为保全措施即足以损害申请人利益的，应当认定属于“情况紧急”：申请人的商业秘密即将被非法披露；申请人的发表权、隐私权等人身权利即将受到侵害；诉争的知识产权即将被非法处分；申请人的知识产权在展销会等时效性较强的场合正在或者即将受到侵害；时效性较强的热播节目正在或者即将受到侵害；其他需要立即采取行为保全措施的情况。（2）关于“难以弥补的损害”，根据上述司法解释第10条的规定，下列情况属于“难以弥补的损害”：被申请人的行为将会侵害申请人享有的商誉或者发表权、隐私权等人身性质的权利且造成无法挽回的损害；被申请人的行为将会导致侵权行为难以控制且显著增加申请人损害；被申请人的侵害行为将会导致申请人的相关市场份额明显减少；对申请人造成其他难以弥补的损害。（3）关于审查时应当考虑的因素，上述司法解释第7条还规定，人民法院审查行为保全申请，应当综合考量下列因素：申请人的请求是否具有事实基础和法律依据，包括请求保护的知识产权效力是否稳定；不采取行为保全措施是否会使申请人的合法权益受到难以弥补的损害或者造成案件裁决难以执行等损害；不采取行为保全措施对申请人造成的损害是否超过采取行为保全措施对被申请人造成的损害；采取行为保全措施是否损害社会公共利益；其他应当考量的因素。审查判断申请人请求保护的知识产权效力是否稳定，应当综合考量下列因素：所涉权利的类型或者属性；所涉权利是否经过实质审查；所涉权利是否处于宣告无效或者撤销程序中以及被宣告无效或者撤销的可能性；所涉权利是否存在权属争议；其他可能导致所涉权利效力不稳定的因素。

第七，诉前保全制度还包括诉前证据保全，对此，专利权人或者利害关系人可以依照本法第73条、《民事诉讼法》及有关司法解释的规定，向人民法院提出申请。

指导案例

指导案例115号：瓦莱奥清洗系统公司诉厦门卢卡斯汽车配件有限公司等侵害发明专利权纠纷案

（最高人民法院审判委员会讨论通过 2019年12月24日发布）

关键词：民事 发明专利权 功能性特征 先行判决 行为保全

裁判要点：1. 如果专利权利要求的某个技术特征已经限定或者隐含了特定结构、组分、步骤、条件或其相互之间的关系等，即使该技术特征同时还限定了其所实现的功能或者效果，亦不属于《最高人民法院关于审理侵犯专利权纠纷案件应用法律若干问题的解释（二）》第八条所称的功能性特征。

2. 在专利侵权诉讼程序中，责令停止被诉侵权行为的行为保全具有独立价值。当事人既申请责令停止被诉侵权行为，又申请先行判决停止侵害，人民法院认为需要作出停止侵害先行判决的，应当同时对行为保全申请予以审查；符合行为保全条件的，应当及时作出裁定。

相关法条：《中华人民共和国专利法》第59条

《中华人民共和国民事诉讼法》第153条

基本案情：瓦莱奥清洗系统公司（以下简称瓦莱奥公司）是涉案“机动车辆的刮水器的连接器及相应的连接装置”发明专利的专利权人，该专利仍在保护期内。瓦莱奥公司于2016年向上海知识产权法院提起诉讼称，厦门卢卡斯汽车配件有限公司（以下简称卢卡斯公司）、厦门富可汽车配件有限公司（以下简称富可公司）未经许可制造、销售、许诺销售，陈少强未经许可制造、销售的雨刮器产品落入其专利权保护范围。瓦莱奥公司请求判令卢卡斯公司、富可公司和陈少强停止侵权，赔偿损失及制止侵权的合理开支暂计600万元，并请求人民法院先行判决卢卡斯公司、富可公司和陈少强立即停止侵害涉案专利权的行为。此外，瓦莱奥公司还提出了临时行为保全申请，请求法院裁定卢卡斯公司、富可公司、陈少强立即停止侵权行为。

裁判结果：上海知识产权法院于2019年1月22日作出先行判决，判令厦门卢卡斯汽车配件有限公司、厦门富可汽车配件有限公司于判决生效之日起立即停止对涉案发明专利权的侵害。厦门卢卡斯汽车配件有限公司、厦门富可汽车配件有限公司不服上述判决，向最高人民法院提起上诉。最高人民法院于2019年3月27日公开开庭审理本案，作出（2019）最高法知民终2号民事判决，并当庭宣判，判决驳回上诉，维持原判。

裁判理由：最高人民法院认为：

一、关于“在所述关闭位置，所述安全搭扣面对所述锁定元件延伸，用于防止所述锁定元件的弹性变形，并锁定所述连接器”的技术特征是否属于功能性特征以及被诉侵权产品是否具备上述特征的问题

第一，关于上述技术特征是否属于功能性特征的问题。功能性特征是指不直接限定发明技术方案的结构、组分、步骤、条件或其之间的关系等，而是通过其在发明创造中所起的功能或者效果对结构、组分、步骤、条件或其之间的关系等进行限定的技术特征。如果某个技术特征已经限定或者隐含了发明技术方案的特定结构、组分、步骤、条件或其之间的关系等，即使该技术特征还同时限定了其所实现的功能或者效果，原则上亦不属于《最高人民法院关于审理侵犯专利权纠纷案件应用法律若干问题的解释（二）》第八条所称的功能性特征，不应作为功能性特征进行侵权比对。前述技术特征实际上限定了安全搭扣与锁定元件之间的方位关系并隐含了特定结构——“安全搭扣面对所述锁定元件延伸”，该方位和结构所起到的作用是“防止所述锁定元件的弹性变形，并锁定所述连接器”。根据这一方位和结构关系，结合涉案专利说明书及其附图，特别是说明书第【0056】段关于“连接器的锁定由搭扣的垂直侧壁的内表面保证，内表面沿爪外侧表面延伸，因此，搭扣阻止爪向连接器外横向变形，因此连接器不能从钩形端解脱出来”的记载，本领域普通技术人员可以理解，“安全搭扣面对所述锁定元件延伸”，在延伸部分与锁定元件外表面的距离足够小的情况下，就可以起到防止锁定元件弹性变形并锁定连接器的效果。可见，前述技术特征的特点是，既限定了特定的方位和结构，又限定了该方位和结构的功能，且只有将该方位和结构及其所起到的功能结合起来理解，才能清晰地确定该方位和结构的具体内容。这种“方位或者结构＋功能性描述”的技术特征虽有对功能的描述，但是本质上仍是方位或者结构特征，不是《最高人民法院关于审理侵犯专利权纠纷案件应用法律若干问题的解释（二）》第八条意义上的功能性特征。

第二，关于被诉侵权产品是否具备前述技术特征的问题。涉案专利权利要求1的前述技术特征既限定了安全搭扣与锁定元件的方位和结构关系，又描述

了安全搭扣所起到的功能，该功能对于确定安全搭扣与锁定元件的方位和结构关系具有限定作用。前述技术特征并非功能性特征，其方位、结构关系的限定和功能限定在侵权判定时均应予以考虑。本案中，被诉侵权产品的安全搭扣两侧壁内表面设有一对垂直于侧壁的凸起，当安全搭扣处于关闭位置时，其侧壁内的凸起朝向弹性元件的外表面，可以起到限制弹性元件变形张开、锁定弹性元件并防止刮水器臂从弹性元件中脱出的效果。被诉侵权产品在安全搭扣处于关闭位置时，安全搭扣两侧壁内表面垂直于侧壁的凸起朝向弹性元件的外表面，属于涉案专利权利要求1所称的"所述安全搭扣面对所述锁定元件延伸"的一种形式，且同样能够实现"防止所述锁定元件的弹性变形，并锁定所述连接器"的功能。因此，被诉侵权产品具备前述技术特征，落入涉案专利权利要求1的保护范围。原审法院在认定上述特征属于功能性特征的基础上，认定被诉侵权产品具有与上述特征等同的技术特征，比对方法及结论虽有偏差，但并未影响本案侵权判定结果。

二、关于本案诉中行为保全申请的具体处理问题

本案需要考虑的特殊情况是，原审法院虽已作出关于责令停止侵害涉案专利权的先行判决，但并未生效，专利权人继续坚持其在一审程序中的行为保全申请。此时，第二审人民法院对于停止侵害专利权的行为保全申请，可以考虑如下情况，分别予以处理：如果情况紧急或者可能造成其他损害，专利权人提出行为保全申请，而第二审人民法院无法在行为保全申请处理期限内作出终审判决的，应当对行为保全申请单独处理，依法及时作出裁定；符合行为保全条件的，应当及时采取保全措施。此时，由于原审判决已经认定侵权成立，第二审人民法院可根据案情对该行为保全申请进行审查，且不要求必须提供担保。如果第二审人民法院能够在行为保全申请处理期限内作出终审判决的，可以及时作出判决并驳回行为保全申请。本案中，瓦莱奥公司坚持其责令卢卡斯公司、富可公司停止侵害涉案专利权的诉中行为保全申请，但是其所提交的证据并不足以证明发生了给其造成损害的紧急情况，且最高人民法院已经当庭作出判决，本案判决已经发生法律效力，另行作出责令停止侵害涉案专利权的行为保全裁定已无必要。对于瓦莱奥公司的诉中行为保全申请，不予支持。

典型案例

一、华为技术有限公司、华为终端有限公司、华为软件技术有限公司诉康文森无线许可有限公司确认不侵害专利权及标准必要专利许可纠纷三案

关键词：标准必要专利　行为保全　禁止执行　域外判决　国际礼让

裁判摘要：（1）对于具有“禁诉令”性质的行为保全申请，人民法院应当依照《民事诉讼法》第100条及《最高人民法院关于审查知识产权纠纷行为保全案件适用法律若干问题的规定》第7条的规定予以审查，重点考察被申请人在域外法院起诉或者申请执行域外法院判决对中国诉讼的审理和执行是否会产生实质影响、采取行为保全措施是否符合国际礼让原则等因素。关于被申请人申请执行域外法院判决对中国诉讼的审理和执行是否会产生实质影响，可以考虑中外诉讼的当事人是否基本相同、审理对象是否存在重叠、被申请人的域外诉讼行为效果是否对中国诉讼造成干扰等。关于国际礼让原则，可以考虑案件受理时间先后、案件管辖适当与否、对域外法院审理和裁判的影响适度与否等。（2）禁止被申请人为一定行为的行为保全措施具有特殊性，如果被申请人拒不遵守行为保全裁定所确定的不作为义务，违法实施了改变原有状态的行为，则其故意违法行为构成对行为保全裁定的持续性违反和对原有状态的持续性改变，应视为其每日均实施了违法行为，可以视情处以每日罚款并按日累计。

基本案情：康文森无线许可有限公司（以下简称康文森公司）为ZL200580038621.8、ZL00819208.1、ZL200680014086.7三件中国专利的专利权人。华为技术有限公司（以下简称华为技术公司）、华为终端有限公司（以下简称华为终端公司）、华为软件技术有限公司（以下简称华为软件公司）于2018年1月25日向江苏省南京市中级人民法院提起本三案诉讼，请求判令：（1）确认其在中国制造、销售、许诺销售移动终端产品的行为不侵害康文森公司享有的专利号为ZL00819208.1、ZL200580038621.8、ZL200680014086.7的发明专利权。（2）请求就康文森公司所有以及有权作出许可的、声称并实际满足2G、3G、4G标准或技术规范且为华为技术公司及其中国关联公司所实际实施的全部中国必要专利，判令确认符合公平、合理、无歧视原则的对华为技术公司及其中国关联公司产品的许可条件，包括费率。

2019年9月16日，原审法院作出（2018）苏01民初232号、233号、234号判决：（1）对华为技术公司及其中国关联公司请求确认在中国制造、销售、许诺销售移动终端产品的行为不侵害康文森公司享有的专利号为ZL00819208.1、ZL200580038621.8、ZL200680014086.7发明专利权的诉讼请求不予支持；（2）对华为技术公司及其中国关联公司与康文森公司所涉标准必要专利许可应按以下条件确定：1）许可专利：康文森公司所有以及有权做出许可的、声称并实际满足2G、3G、4G标准或技术规范且为华为技术公司及其中国关联公司实际实施的全部中国必要专利。2）许可产品：华为技术公司及其中国关联公司的移动终端产品，即手机和有蜂窝通信功能的平板电脑。3）许可行为：制造、销售、许诺销售、进口许可产品，以及在许可产品上使用许可专利。4）许可费率：上述许可行为中，华为技术公司及其中国关联公司需要向康文森公司支付的费率为：单模2G或3G移动终端产品中，中国专利包即中国标准必要专利的许可费率为0；单模4G移动终端产品中，中国专利包即中国标准必要专利的许可费率为0.00225%；多模2G/3G/4G移动终端产品中，中国专利包即中国标准必要专利的许可费率为0.0018%。并且，华为技术公司及其中国关联公司仅需就含有ZL200380102135.9专利技术方案的4G移动终端产品向康文森公司支付上述许可费率。

康文森公司不服，向最高人民法院提起上诉。二审审理期间，华为技术公司于2020年8月27日向最高人民法院申请行为保全，请求责令被申请人康文森公司在本三案终审判决作出之前不得申请执行德国杜塞尔多夫地区法院（以下简称杜塞尔多夫法院）就康文森公司诉华为技术公司、华为技术德国有限公司、华为技术杜塞尔多夫有限公司（以下合称华为技术公司及其德国关联公司）侵害标准必要专利权纠纷案件作出的停止侵权判决。中国工商银行股份有限公司深圳华为支行为华为技术公司的上述行为保全申请提供担保，出具了0400000560-2020年（保函）字0841号担保函，担保金额为人民币1970万元。最高人民法院于2020年8月28日裁定：康文森无线许可有限公司不得在本院就本三案作出终审判决前，申请执行德意志联邦共和国杜塞尔多夫地区法院于2020年8月27日作出的一审停止侵权判决。如违反本裁定，自违反之日起，处每日罚款人民币100万元，按日累计。

最高人民法院认为，华为技术公司关于禁止康文森公司在本三案终审判决作出之前申请执行杜塞尔多夫法院判决的申请，性质上属于行为保全申请。对于禁止申请执行域外法院判决的行为保全申请，应当考虑被申请人申请执行域外法院判决对中国诉讼的影响，采取行为保全措施是否确属必要，不采取行为保全措施对申请人造成的损害是否超过采取行为保全措施对被申请人造成的损害，采取行为保全措施是否损害公共利益，以及采取行为保全措施是否符合国际礼让原则等因素进行综合判断。

一、被申请人申请执行域外法院判决对中国诉讼的影响

对于申请人申请采取行为保全措施，禁止被申请人申请执行域外法院判决的，人民法院首先应当审查被申请人实施该行为是否会对本案审理和裁判执行产生实质影响。被申请人的相关行为可能阻碍本案审理或者造成本案裁判难以执行的，可针对该行为采取禁止性保全措施。具体到本三案而言，首先，从诉讼主体看，本三案当事人为华为技术公司及其中国关联公司和康文森公司，德国诉讼当事人为康文森公司和华为技术公司及其德国关联公司，两国诉讼的当事人基本相同。其次，从审理对象看，本三案中华为技术公司及其中国关联公司请求就康文森公司的中国标准必要专利确定许可使用费率。在德国诉讼中，康文森公司主张华为技术公司及其德国关联公司侵害康文森公司的标准必要专利权，请求杜塞尔多夫法院判令华为技术公司及其德国关联公司停止侵权。杜塞尔多夫法院作出的停止侵权判决以标准必要专利权利人康文森公司在与华为技术公司等协商过程中提出的许可费要约符合公平、合理、无歧视原则为前提。因此，虽然本三案与德国诉讼在纠纷性质上存在差异，但审理对象存在部分重合。最后，从行为效果看，一旦康文森公司申请执行杜塞尔多夫法院的停止侵权判决并获得准许，将对本三案的审理造成干扰，并很可能会使本三案的审理和判决失去意义。综上，康文森公司申请执行杜塞尔多夫法院停止侵权判决的行为将对本三案的审理推进和裁判执行产生实质消极影响，华为技术公司申请本院禁止康文森公司实施上述行为具备该类行为保全的前提条件。

二、采取行为保全措施是否确属必要

审查采取行为保全措施是否具有必要性，应着重审查不采取行为保全措施是否会使申请人的合法权益受到难以弥补的损害或者造成案件裁决难以执行等损害。原则上，仅当确有必要时，方可采取禁止性保全措施。本三案中，杜塞尔多夫法院的停止侵权判决已经作出，一旦康文森公司提出申请并得以执行，在此紧急情形下，华为技术公司及其德国关联公司将仅有两种选择：要么被迫退出德国市场，要么被迫接受康文森公司要价并与之达成和解。对于前者情形，华为技术公司及其德国关联公司因退出德国市场遭受的市场损失和失去的商业机会难以在事后通过金钱获得弥补。对于后者情形，华为技术公司及其德

国关联公司慑于停止侵权判决的压力，不得不接受康文森公司高达原审法院确定的标准必要专利许可费率18.3倍的要价，并可能被迫放弃本三案中获得法律救济的机会。无论本三案如何认定中国费率，三案判决事实上将难以获得执行。无论发生上述何种情形，华为技术公司所受损害均属难以弥补，本三案具备采取行为保全措施的必要性，且情况确属紧急。

三、对申请人和被申请人相关利益的合理权衡

判断是否可以采取禁止被申请人为特定行为的行为保全措施，还应当权衡不采取行为保全措施对申请人造成的损害和采取行为保全措施对被申请人造成的损害，兼顾双方利益。不采取行为保全措施对申请人造成的损害超过采取行为保全措施对被申请人造成的损害的，可以认定采取行为保全措施具有合理性。而且，不采取行为保全措施对申请人造成的损害超过采取行为保全措施对被申请人造成的损害的程度越高，采取保全措施的合理性就越强。本三案中，前已述及，一旦康文森公司申请执行杜塞尔多夫法院的停止侵权判决并获得准许，如法院不采取相应行为保全措施，则华为技术公司将遭受被迫退出德国市场或者被迫接受许可要价、放弃在中国法院的法律救济等难以弥补的损害。相反，如果法院采取行为保全措施，对康文森公司的损害仅仅是暂缓执行杜塞尔多夫法院的一审判决。杜塞尔多夫法院的判决并非终审判决，暂缓执行该判决并不影响康文森公司在德国的其他诉讼权益。同时，康文森公司系标准必要专利权利人，其在德国诉讼的核心利益是获得经济赔偿，暂缓执行杜塞尔多夫法院的停止侵权判决对于康文森公司造成的损害较为有限。两者相比，不采取行为保全措施对华为技术公司造成的损害明显超过采取行为保全措施对康文森公司的损害，故采取行为保全措施具有合理性。同时，中国工商银行股份有限公司深圳华为支行为华为技术公司的行为保全申请提供了相应担保，可依法保障康文森公司的利益。

四、采取行为保全措施是否会损害公共利益

判断是否可以采取禁止被申请人为特定行为的行为保全措施，还应该审查采取该行为保全措施是否会损害公共利益。本三案及关联德国诉讼主要涉及华为技术公司和康文森公司的利益。同时，本三案中，行为保全的对象是禁止康文森公司在本院终审判决作出前申请执行杜塞尔多夫法院的停止侵权判决，不影响公共利益。综上，本三案中采取行为保全措施不会损害公共利益。

五、国际礼让因素的考量

对于禁止当事人申请执行域外法院裁判以及禁止其在域外寻求司法救济的

行为保全申请，审查是否应予准许时，还应考量国际礼让因素。考虑国际礼让因素时，可以考查案件受理时间先后、案件管辖适当与否、对域外法院审理和裁判的影响是否适度等。从受理时间看，原审法院受理本三案的时间为2018年1月，杜塞尔多夫法院受理关联德国诉讼的时间为2018年4月，本三案受理在先。同时，禁止康文森公司在本三案终审判决作出之前向杜塞尔多夫法院申请执行有关判决，既不影响德国诉讼的后续审理推进，也不会减损德国判决的法律效力，仅仅是暂缓了其判决执行，对杜塞尔多夫法院案件审理和裁判的影响尚在适度范围之内。

【案　　号】（2019）最高法知民终732号、733号、734号

【审理法院】最高人民法院

【来　　源】《最高人民法院公报案例》2022年第1期

二、慈溪市博生塑料制品有限公司诉永康市联悦工贸有限公司、浙江天猫网络有限公司侵害实用新型专利权纠纷案

关键词：实用新型专利　行为保全　反向保全

裁判摘要：1.涉电商平台知识产权侵权纠纷案件中，被诉侵权人提出行为保全申请，请求判令平台经营者取消删除、屏蔽、断开链接、终止交易和服务等措施的，人民法院应当予以审查。

2.在确定“难以弥补的损害”时，可以考量不采取行为保全措施是否会严重损害申请人的名誉、商誉等权利，是否会使申请人的市场竞争优势严重受损或者商业机会严重丧失等因素。即使有关损失可以请求金钱赔偿，但损失巨大且难以计算的，也可以认定其构成“难以弥补的损害”。

3.人民法院决定采取行为保全措施，如果采取保全措施后的相关行为给对方当事人造成的损害可能发生变化的，有关行为保全担保可以采取固定担保金加动态担保金的方式，动态担保金可以根据取消上述措施后的可得利益确定。

基本案情：慈溪市博生塑料制品有限公司（以下简称博生公司）系名称为“具有新型桶体结构的平板拖把清洁工具”实用新型专利（以下简称涉案专利）及“一种用于平板拖把挤水和清洗的拖把桶”实用新型专利（以下简称180.2号专利）的专利权人。博生公司认为永康市联悦工贸有限公司（以下简称联悦工贸公司）在浙江天猫网络有限公司（以下简称天猫公司）经营的“天猫网”上销售的“拖把神器”构成对上述两专利权的侵犯，向浙江省宁波市中级人民法院（以下简称一审法院）提起两件诉讼。一审法院在审理过程中根据

博生公司的财产保全申请，两案分别冻结联悦工贸公司支付宝账户余额316万元。因博生公司向天猫公司发起投诉，联悦工贸公司向天猫公司申诉，并出具知识产权保证金承诺函，同意缴存100万元保证金于其支付宝账户内，并同意支付宝公司及天猫公司冻结其网店自2019年11月10日22时起的全店所有销售收入。

一审法院经审理认定本案侵权成立，判令联悦工贸公司等停止侵权、连带赔偿经济损失，天猫公司立即删除、断开被诉侵权产品销售链接。同日，博生公司再次就被诉侵权产品向天猫公司发起投诉。随后，天猫公司删除了被诉侵权产品在"天猫网"上的销售链接。

联悦工贸公司等不服，向最高人民法院提起上诉。二审中，涉案专利权被国家知识产权局宣告全部无效。博生公司表示将就此提起行政诉讼。2020年11月5日，联悦工贸公司向最高人民法院提出反向行为保全申请，请求法院责令天猫公司立即恢复其在"天猫网"上的产品销售链接，并称鉴于"双十一"即将来临，如不恢复链接将使其遭受难以弥补的损失。截至行为保全申请提出之日，180.2号专利权仍处于有效状态，联悦工贸公司支付宝账户余额共被冻结1560万元，其中828万元为联悦工贸公司同意冻结的其网店自2019年11月10日22时起的全店销售收入。

2020年11月6日，最高人民法院作出裁定：1. 天猫公司立即恢复联悦工贸公司在"天猫网"购物平台上的被诉侵权产品销售链接；2. 冻结联悦工贸公司名下的支付宝账户余额632万元，期限至本案判决生效之日；3. 自恢复被诉侵权产品销售链接之日起至本案判决生效之日，如联悦工贸公司恢复链接后被诉侵权产品的销售总额的50%超过632万元，则应将超出部分的销售额的50%留存在其支付宝账户内，不得提取。

最高人民法院认为：

一、关于联悦工贸公司作为被诉侵权人是否具有提起行为保全申请的主体资格

《民事诉讼法》第100条规定："人民法院对于可能因当事人一方的行为或者其他原因，使判决难以执行或者造成当事人其他损害的案件，根据对方当事人的申请，可以裁定对其财产进行保全、责令其作出一定行为或者禁止其作出一定行为；当事人没有提出申请的，人民法院在必要时也可以裁定采取保全措施。人民法院采取保全措施，可以责令申请人提供担保，申请人不提供担保的，裁定驳回申请。人民法院接受申请后，对情况紧急的，必须在四十八小时

内作出裁定；裁定采取保全措施的，应当立即开始执行。”根据上述规定，人民法院采取行为保全措施的要件主要包括：一是因当事人一方的行为或其他原因使判决难以执行或造成当事人的其他损害；二是一方当事人明确提出行为保全申请或者人民法院认为确有必要。显然，行为保全措施的申请人并不限于原告。尤其是在涉电子商务平台知识产权侵权纠纷中，允许被诉侵权的平台内经营者在符合前述《民事诉讼法》第100条规定的条件下申请行为保全，要求电子商务平台经营者采取恢复链接等行为保全措施，对于合理平衡知识产权权利人、电子商务平台经营者和平台内经营者的合法利益，促进电子商务市场健康发展具有重要意义。

原《侵权责任法》第36条第2款规定：“网络用户利用网络服务实施侵权行为的，被侵权人有权通知网络服务提供者采取删除、屏蔽、断开链接等必要措施。网络服务提供者接到通知后未及时采取必要措施的，对损害的扩大部分与该网络用户承担连带责任。”《电子商务法》第42条规定：“知识产权权利人认为其知识产权受到侵害的，有权通知电子商务平台经营者采取删除、屏蔽、断开链接、终止交易和服务等必要措施。通知应当包括构成侵权的初步证据。电子商务平台经营者接到通知后，应当及时采取必要措施，并将该通知转送平台内经营者；未及时采取必要措施的，对损害的扩大部分与平台内经营者承担连带责任。”根据上述规定，电子商务平台经营者在收到知识产权权利人含有侵权初步证据的通知时，具有采取删除、屏蔽、断开链接、终止交易和服务等必要措施的法定义务。而对于电子商务平台经营者在诉讼过程中，何种情况下可以应平台内经营者的申请采取恢复链接等措施，《侵权责任法》和《电子商务法》都没有作出相关规定。由于专利权等通过行政授权取得权利的知识产权在民事侵权诉讼过程中，可能因被宣告无效、提起行政诉讼等程序而使权利处于不确定状态，且平台内经营者的经营状况等在诉讼过程中也可能发生重大变化。此时，平台内经营者因情况紧急，不恢复链接将会使其合法利益受到难以弥补的损害，向人民法院申请行为保全，要求电子商务平台经营者采取恢复链接等行为保全措施的，人民法院应当予以受理，并依据《民事诉讼法》第100条及相关司法解释的规定予以审查。

本案中，涉案专利为实用新型专利，虽然一审法院认定侵权成立，天猫公司删除了被诉侵权产品的销售链接，但二审中涉案专利权被宣告全部无效，其有效性因博生公司即将提起行政诉讼而处于不确定状态。在此情况下，作为被删除产品链接的联悦工贸公司具有提起恢复链接行为保全申请的主体资格。

二、关于本案应否采取恢复链接行为保全措施

《最高人民法院关于审查知识产权纠纷行为保全案件适用法律若干问题的规定》第7条规定："人民法院审查行为保全申请，应当综合考量下列因素：（一）申请人的请求是否具有事实基础和法律依据，包括请求保护的知识产权效力是否稳定；（二）不采取行为保全措施是否会使申请人的合法权益受到难以弥补的损害或者造成案件裁决难以执行等损害；（三）不采取行为保全措施对申请人造成的损害是否超过采取行为保全措施对被申请人造成的损害；（四）采取行为保全措施是否损害社会公共利益；（五）其他应当考量的因素。"根据上述规定，在涉电子商务平台知识产权侵权纠纷中，确定是否依被诉侵权人的申请采取恢复链接行为保全措施应主要考虑以下因素：1. 申请人的请求是否具有事实基础和法律依据；2. 不恢复链接是否会对申请人造成难以弥补的损害；3. 恢复链接对专利权人可能造成的损害是否会超过不恢复链接对被诉侵权人造成的损害；4. 恢复链接是否会损害社会公共利益；5. 是否存在不宜恢复链接的其他情形。具体到本案，分析如下。

（一）联悦工贸公司的请求是否具有事实基础和法律依据

本案为侵害实用新型专利权纠纷。我国实用新型专利的授权并不经过实质审查，其权利稳定性较弱。为了平衡专利权人的利益及同业竞争者、社会公众的利益，维护正常、有序的网络运营环境，专利权人要求电子商务平台经营者删除涉嫌侵犯实用新型专利权的产品销售链接时，应当提交由专利行政部门作出的专利权评价报告。专利权人无正当理由不提交的，电子商务平台经营者可以拒绝删除链接，但法院经审理后认定侵权的除外。本案中，天猫公司在一审法院认定侵权成立后及时删除了被诉侵权产品的销售链接，但二审中涉案专利权已被国家知识产权局因缺乏新颖性而被宣告全部无效，博生公司即将提起行政诉讼，专利有效性处于不确定状态。联悦工贸公司因本案诉讼及368号案，截至2020年11月5日支付宝账户余额共被冻结1560万元，正常生产经营受到严重影响。在此情况下，联悦工贸公司要求天猫公司恢复产品链接具有事实与法律依据。

（二）不恢复链接是否会对申请人造成难以弥补的损害

在涉电子商务平台知识产权侵权纠纷中，删除、屏蔽、断开商品销售链接不仅将使该商品无法在电商平台上销售，而且还将影响该商品之前累积的访问量、搜索权重及账户评级，进而降低平台内经营者的市场竞争优势。因此，确定"难以弥补的损害"应考量是否存在以下情形之一：（1）不采取行为保全措

施是否会使申请人的商誉等人身性质的权利受到无法挽回的损害；（2）不采取行为保全措施是否会导致申请人市场竞争优势或商业机会严重丧失，导致即使因错误删除链接等情况可以请求金钱赔偿，但损失非常大或者非常复杂以至于无法准确计算其数额。

本案中，被诉侵权产品主要通过联悦工贸公司在"天猫网"上的涉案网店进行销售，且根据原审查明的事实，2019年11月13日，被诉侵权产品累计销量为283693件；2019年12月4日，一审法院组织各方当事人进行证据交换时的累计销量为352996件；2020年1月13日，原审庭审时的累计销量为594347件。这一方面说明被诉侵权产品的销量大，另一方面也说明其累计的访问量及搜索权重较大，断开销售链接对其网络销售利益影响较大。特别是在"双十一"等特定销售时机，是否恢复链接将对被诉侵权人的商业利益产生巨大影响。在涉案专利权效力处于不确定状态的情况下，通过恢复链接行为保全措施使平台内经营者能够在"双十一"等特定销售时机正常上线经营，能够避免其利益受到不可弥补的损害。

（三）恢复链接对专利权人可能造成的损害是否会超过不恢复链接对被诉侵权人造成的损害

本案中，被诉侵权产品与涉案专利产品虽为同类产品，但市场上类似产品众多，并不会导致博生公司的专利产品因恢复链接而被完全替代。而且，法院已经考虑到因恢复链接可能给博生公司带来的损失，并将冻结联悦工贸公司支付宝账户相应金额及恢复链接后继续销售的可得利益，联悦工贸公司也明确表示同意。在此情况下，相较于不恢复链接对联悦工贸公司正常经营的影响，恢复链接对博生公司可能造成的损害较小。

（四）恢复链接是否会损害社会公共利益

在专利侵权纠纷中，社会公共利益一般考量的是公众健康、环保以及其他重大社会利益。本案所涉被诉侵权产品系用于家庭日常生活的拖把桶，恢复链接时考量的重要因素是否会对公众健康、环保造成影响，特别是需要考虑是否会对消费者的人身财产造成不应有的损害，而本案无证据表明被诉侵权产品存在上述可能损害公共利益的情形。

（五）是否存在不宜恢复链接的其他情形

本案中，博生公司主张不宜恢复链接的主要理由在于被诉侵权产品除涉嫌侵害涉案专利权外，还在368号案中涉嫌侵害博生公司180.2号专利，且180.2号专利目前仍处于有效状态。对此，本院认为，首先，368号案尚在一审审理中，被诉侵权产品是否侵权、现有技术抗辩是否成立尚不确定。其次，368 号案中，博生公司赔偿损失的诉请请求已经通过冻结联悦工贸公司支付宝账户余额 316 万元的财产保全措施予以保障。最后，本院在确定本案行为保全担保金额时，已考虑 368 号案的情况酌情提高了联悦工贸公司的担保金额并将冻结联悦工贸公司恢复链接后继续销售的可得利益。虽然，因本行为保全措施系针对本案诉讼，担保金额冻结至本案判决生效之日，届时，如果 368 号案仍在审理中，博生公司可以在该案中通过申请行为保全等措施维护自身合法权益，由法院根据该案情况决定是否采取行为保全措施。因此，不存在博生公司就 180.2 号专利所享有的权利难以得到保障的情况。综上，被诉侵权产品还因涉嫌侵害 180.2 号专利权而涉诉的事实不影响本案行为保全措施的采取。本案不存在不宜恢复链接的其他情形。

三、本案担保金额的确定

行为保全担保金额的确定既要合理又要有效。既要考虑行为保全措施实施后对被申请人可能造成的损害，也要防止过高的担保金额对申请人的生产经营造成不合理影响。在涉电子商务平台专利侵权纠纷中，恢复链接行为保全措施担保金额的确定，一方面应考虑恢复链接后可能给权利人造成的损失，确保权利人就该损失另行主张赔偿的权利得到充分保障；另一方面也应合理确定申请人恢复链接后的可得利益，避免因冻结过多的销售收入不合理影响其资金回笼和后续经营。具体到本案，博生公司在本案及 368 号案中均要求被诉侵权人赔偿经济损失 316 万元，一审法院均已采取财产保全措施。但考虑到被诉侵权产品在删除链接前销售数额较大、恢复链接将可能导致博生公司的损失扩大等因素，为最大限度保护专利权人的利益，法院将综合博生公司在两案中的赔偿主张、恢复链接后联悦工贸公司的可得利益等因素酌定担保金额。鉴于联悦工贸公司的可得利益将随产品销售而不断增加，除固定担保金外，本院将增加动态担保金。由于联悦工贸公司的销售收入中还含有成本、管理费用等，为防止过高的担保金额对联悦工贸公司的生产经营造成不合理影响，法院在考虑本案及 368 号案所涉专利贡献率的情况下，酌情将动态担保金确定为联悦工贸公司销售额的 50%。

【案　　号】（2020）最高法知民终 993 号

【审理法院】最高人民法院

【来　　源】《最高人民法院公报案例》2022 年第 3 期

第七十三条　为了制止专利侵权行为，在证据可能灭失或者以后难以取得的情况下，专利权人或者利害关系人可以在起诉前依法向人民法院申请保全证据。

关联规定

一、国际条约

《与贸易有关的知识产权协定》

第 50 条

一、司法机关有权责令采取迅速和有效的临时措施以便：

（一）防止侵犯任何知识产权，特别是防止货物进入其管辖范围内的商业渠道，包括结关后立即进入的进口货物；

（二）保存关于被指控侵权的有关证据。

二、在适当时，特别是在任何迟延可能对权利持有人造成不可补救的损害时，或存在证据被销毁的显而易见的风险时，司法机关有权采取不作预先通知的临时措施。

三、司法机关有权要求申请人提供任何可合理获得的证据，以使司法机关有足够程度的确定性确信该申请人为权利持有人，且该申请人的权利正在受到侵犯或此种侵权已迫近，并有权责令申请人提供足以保护被告和防止滥用的保证金或相当的担保。

四、如已经采取不作预先通知的临时措施，则至迟应在执行该措施后立刻通知受影响的各方。应被告请求，应对这些措施进行审查，包括进行听证，以期在作出关于有关措施的通知后一段合理期限内，决定这些措施是否应进行修改、撤销或确认。

五、执行临时措施的主管机关可要求申请人提供确认有关货物的其他必要信息。

六、在不损害第四款规定的情况下，如导致根据案件事非曲直作出裁决的程序未在一合理期限内启动，则应被告请求，根据第一款和第二款采取的临时措施应予撤销或终止生效，该合理期限在一成员法律允许的情况下由责令采取该措施的司法机关确定，如未作出此种确定，则不超过二十个工作日或三十一天，以时间长者为准。

七、如临时措施被撤销或由于申请人的任何作为或不作为而失效，或如果随后认为不存在知识产权侵权或侵权威胁，则应被告请求，司法机关有权责令申请人就这些措施造成的任何损害向被告提供适当补偿。

八、在作为行政程序的结果可责令采取任何临时措施的限度内，此类程序应符合与本节所列原则实质相当的原则。

二、法律、行政法规、司法解释

1.《中华人民共和国民事诉讼法》

第八十四条 在证据可能灭失或者以后难以取得的情况下，当事人可以在诉讼过程中向人民法院申请保全证据，人民法院也可以主动采取保全措施。

因情况紧急，在证据可能灭失或者以后难以取得的情况下，利害关系人可以在提起诉讼或者申请仲裁前向证据所在地、被申请人住所地或者对案件有管辖权的人民法院申请保全证据。

证据保全的其他程序，参照适用本法第九章保全的有关规定。

第一百一十一条 当事人对保全或者先予执行的裁定不服的，可以申请复议一次。复议期间不停止裁定的执行。

2.《最高人民法院关于适用〈中华人民共和国民事诉讼法〉的解释》

第九十八条 当事人根据民事诉讼法第八十四条第一款规定申请证据保全的，可以在举证期限届满前书面提出。

证据保全可能对他人造成损失的，人民法院应当责令申请人提供相应的担保。

第一百五十二条 人民法院依照民事诉讼法第一百零三条、第一百零四条规定，在采取诉前保全、诉讼保全措施时，责令利害关系人或者当事人提供担保的，应当书面通知。

利害关系人申请诉前保全的，应当提供担保。申请诉前财产保全的，应当提供相当于请求保全数额的担保；情况特殊的，人民法院可以酌情处理。申请诉前行为保全的，担保的数额由人民法院根据案件的具体情况决定。

在诉讼中，人民法院依申请或者依职权采取保全措施的，应当根据案件的具体情况，决定当事人是否应当提供担保以及担保的数额。

3.《最高人民法院关于民事诉讼证据的若干规定》

第二十五条 当事人或者利害关系人根据民事诉讼法第八十一条的规定申请证据保全的，申请书应当载明需要保全的证据的基本情况、申请保全的理由以及采取何种保全措施等内容。

当事人根据民事诉讼法第八十一条第一款的规定申请证据保全的，应当在举证期限届满前向人民法院提出。

法律、司法解释对诉前证据保全有规定的，依照其规定办理。

第二十六条 当事人或者利害关系人申请采取查封、扣押等限制保全标的物使用、流通等保全措施，或者保全可能对证据持有人造成损失的，人民法院应当责令申请人提供相应的担保。

担保方式或者数额由人民法院根据保全措施对证据持有人的影响、保全标的物的价值、当事人或者利害关系人争议的诉讼标的金额等因素综合确定。

第二十九条 人民法院采取诉前证据保全措施后，当事人向其他有管辖权的人民法院提起诉讼的，采取保全措施的人民法院应当根据当事人的申请，将保全的证据及时移交受理案件的人民法院。

4.《最高人民法院关于知识产权民事诉讼证据的若干规定》

第十一条 人民法院对于当事人或者利害关系人的证据保全申请，应当结合下列因素进行审查：

（一）申请人是否已就其主张提供初步证据；

（二）证据是否可以由申请人自行收集；

（三）证据灭失或者以后难以取得的可能性及其对证明待证事实的影响；

（四）可能采取的保全措施对证据持有人的影响。

第十二条 人民法院进行证据保全，应当以有效固定证据为限，尽量减少对保全标的物价值的损害和对证据持有人正常生产经营的影响。

证据保全涉及技术方案的，可以采取制作现场勘验笔录、绘图、拍照、录音、录像、复制设计和生产图纸等保全措施。

5.《最高人民法院关于审查知识产权纠纷行为保全案件适用法律若干问题的规定》

第十九条 申请人同时申请行为保全、财产保全或者证据保全的，人民法院应当依法分别审查不同类型保全申请是否符合条件，并作出裁定。

为避免被申请人实施转移财产、毁灭证据等行为致使保全目的无法实现，人民法院可以根据案件具体情况决定不同类型保全措施的执行顺序。

三、司法指导性文件

《最高人民法院关于依法加大知识产权侵权行为惩治力度的意见》

一、加强适用保全措施

3. 权利人有初步证据证明存在侵害知识产权行为且证据可能灭失或者以后难以取得的情形，申请证据保全的，人民法院应当依法及时审查并作出裁定。涉及较强专业技术问题的证据保全，可以由技术调查官参与。

条文释义

一、本条主旨

本条是关于诉前证据保全的规定。

二、条文演变

2008 年修正《专利法》，新增了关于诉前证据保全的规定，对诉前证据保全的申请条件、提出申请时的担保、法院作出裁定的时限、申请人不按时起诉的处理等主要问题作出了明确规定。2020 年修正《专利法》，将修改前的条文序号即第 67 条改为第 73 条，并对其条文进行了修改，删除了提出申请时的担保、法院作出裁定的时限、申请人不按时起诉的处理等可以直接依据《民事诉讼法》和相关解释作出处理的规定。

三、条文解读

证据保全是指在证据可能灭失或者以后难以取得的情况下，人民法院依申请或者依职权予以调查收集和固定保护的行为。证据保全有助于保护可能被破坏或灭失的证据，能够保障和落实当事人的证据收集权和证据提出权，有利于诉讼的顺利进行和法院公正裁判，促进纠纷的解决，在民事诉讼中具有重要意义。

为了加强对专利权的保护，防止侵权人在专利权人起诉前转移、毁灭证据，并与《与贸易有关的知识产权协定》关于临时措施的规定相衔接，本条对诉前证据保全作了规定，即，为了制止专利侵权行为，在证据可能灭失或者以后难以取得的情况下，专利权人或者利害关系人可以在起诉前依法向人民法院申请保全证据。

适用指引

适用本条规定，需要注意把握以下几点。

第一，申请诉前证据保全的主体限于专利权人和利害关系人。“利害关系人”比较典型的有专利实施许可合同的被许可人、专利权人的合法继承人等。

第二，申请诉前证据保全的条件有二：一是为了制止专利侵权行为；二是证据可能灭失或者以后难以取得。

第三，关于申请诉前证据保全的程序，适用《民事诉讼法》及相关司法解释的有关规定。《民事诉讼法》第 84 条第 2 款、第 3 款的规定，因情况紧急，在证据可能灭失或者以后难以取得的情况下，利害关系人可以在提起诉讼或者申请仲裁前向证据所在地、被申请人住所地或者对案件有管辖权的人民法院申请保全证据。证据保全的其他程序，参照适用《民事诉讼法》第九章关于保全的有关规定。

典型案例

浙江中隧桥波形钢腹板有限公司诉郑州恒天大建桥梁钢构有限公司、河南大建波形钢腹板有限公司、成都华川公路建设集团有限公司侵害发明专利权纠纷案

关键词：发明专利　侵权　证据保全　适用条件

裁判摘要：（1）证据保全是补强当事人举证能力、推动查明案件事实的重要手段。人民法院应当依法审查证据保全申请，对于满足法律规定的申请，应予支持，通过及时采取恰当的保全措施，切实减轻当事人的证明负担。（2）根据《民事诉讼法》第 81 条第 1 款的规定，人民法院依申请进行证据保全适用

于证据可能灭失或者以后难以取得的情形。由于侵权行为的复杂性，尤其是在侵权行为通常较为隐蔽的知识产权领域中，人民法院在衡量个案情形是否符合法律关于依申请证据保全的条件时，应当基于申请人提交的初步证据和在案事实，充分运用日常生活经验和逻辑推理，在全面审查申请保全所依据的初步证据与待证事实之间的关联性、证据保全的必要性和可行性等因素的基础上，对是否准许证据保全申请作出综合判断。审判实践中，证据保全是否存在必要性，一般需要审查以下几个方面：申请保全的证据是否与案件事实存在关联性，并具有较强证明力；申请保全的证据是否存在灭失或者以后难以取得的紧迫性；申请人是否穷尽了合理合法的取证手段仍不能取得相关证据。（3）在适用证据保全时还需注意以下问题：证据保全属于在特定案情下对当事人举证能力的补强，而不是替代、免除、转移当事人的举证义务和责任；采取证据保全措施时应当注意比例原则，充分考虑证据保全措施对利害关系人的影响，必要时可要求申请人提供担保；证据保全的范围应当以当事人的申请为基础，以查明案件事实的需要为限。

基本案情：浙江中隧桥波形钢腹板有限公司（以下简称中隧桥公司）系名称为“一种转角强化不等厚型波形钢板及制造方法”发明专利的专利权人，其认为郑州恒天大建桥梁钢构有限公司（以下简称恒天公司）系恒天重工股份有限公司与河南大建波形钢腹板有限公司（以下简称大建公司）合资设立的制造基地，专门进行转角强化不等厚型波形钢板的生产制造，然后由大建公司参与投标和施工。其中大建公司和成都华川公路建设集团有限公司（以下简称华川公司）施工的河北省太行山高速邯郸段工程涉及到转角强化不等厚型波形钢板产品（以下简称被诉侵权产品）制造、采购、运输、施工、安装。大建公司官网的项目案例中展示了包括太行山高速公路邯郸段的多个项目，相关媒体对恒天公司参与建设太行山高速公路邯郸段项目的情况也进行了宣传报道，大建公司、恒天公司、华川公司在太行山高速公路邯郸段项目中实施了侵害涉案专利权的行为，据此向河北省石家庄市中级人民法院（以下简称原审法院）提起诉讼，请求：（1）判令恒天公司、大建公司、华川公司立即停止制造、使用、销售、许诺销售落入涉案专利权保护范围的产品；（2）判令恒天公司、大建公司、华川公司共同赔偿中隧桥公司经济损失及为本案支出的合理费用50万元；（3）判令恒天公司、大建公司、华川公司共同承担本案诉讼费。一审审理过程中，中隧桥公司向原审法院申请对太行山高速公路邯郸段项目中的龙虎河大桥、西坡大桥、江家1号大桥、江家2号大桥中的涉嫌侵害涉案专利权产品进行证据保全，原审法院未对中隧桥公司的证据保全申请进行任何处理。原审法院经审理认为，中隧桥公司提起发明专利侵权诉讼，应当明确被诉侵权产品，通过与专利权利要求书记载的技术特征逐项进行比对，以判定被诉侵权产品是否落入专利权保护范围。中隧桥公司指控恒天公司、大建公司、华川公司侵害其发明专利权，但并无明确具体的被诉侵权产品，无从进行比对判定。中隧桥公司仅凭网页信息笼统指控恒天公司、大建公司、华川公司侵权，不予支持。据此判决驳回中隧桥公司的全部诉讼请求。

中隧桥公司不服，向最高人民法院提起上诉，最高人民法院于2020年8月10日裁定撤销原审判决，将本案发回重审。

最高人民法院二审认为，证据保全是补强当事人举证能力、推动查明案件事实的重要手段。人民法院应当依法审查证据保全申请，对于满足法律规定的申请，应予支持，通过及时采取恰当的保全措施，切实减轻当事人的证明负担。根据《民事诉讼法》第81条第1款的规定，人民法院依申请进行证据保全适用于证据可能灭失或者以后难以取得的情形。由于侵权行为的复杂性，尤其是在侵权行为通常较为隐蔽的知识产权领域中，人民法院在衡量个案情形是否符合法律关于依申请证据保全的条件时，应当基于申请人提交的初步证据和在案事实，充分运用日常生活经验和逻辑推理，在全面审查申请保全所依据的初步证据与待证事实之间的关联性、证据保全的必要性和可行性等因素的基础上，对是否准许证据保全申请作出综合判断。审判实践中，证据保全是否存在必要性，一般需要审查以下几个方面：申请保全的证据是否与案件事实存在关联性，并具有较强证明力；申请保全的证据是否存在灭失或者以后难以取得的紧迫性；申请人是否穷尽了合理合法的取证手段仍不能取得相关证据。在适用证据保全时还需注意以下问题：证据保全属于在特定案情下对当事人举证能力的补强，而不是替代、免除、转移当事人的举证义务和责任；采取证据保全措施时应当注意比例原则，充分考虑证据保全措施对利害关系人的影响，必要时可要求申请人提供担保；证据保全的范围应当以当事人的申请为基础，以查明案件事实的需要为限。

本案中，根据在案已查明的事实，中隧桥公司原审提出的对在涉案工程中使用的被诉侵权产品进行证据保全的申请已经符合人民法院依申请进行证据保全的适用条件。原审法院未对中隧桥公司提出的证据保全申请进行全面审查，而是简单予以驳回，导致本案与侵权认定有关的基本事实不清，有所不当，应当予以纠正。鉴于涉案工程现已施工完毕，前往涉案工程现场保全被诉侵权产品实物存在较大困难，但基于以下因素考虑，仍须由原审法院重新查明相关基本事实后再作出是否构成侵权的判定：第一，本案仍具备查清被诉侵权事实的条件。恒天公司作为被诉侵权产品的制造企业，正常情况下，其企业内部应存有一定数量的被诉侵权产品可供侵权比对。事实上，中隧桥公司在原审中除了申请法院保全涉案工程现场使用的被诉侵权产品外，也申请前往恒天公司内部对涉嫌侵害涉案专利权的产品及制造工艺进行证据保全。虽然该部分证据保全申请并不完全符合证据保全条件，但客观上给原审法院重新查明本案关键事实提供了可行的方式和查证途径。同时，涉案工程系河北省重大交通基础设施保障项目，作为涉案工程的监理方，恒天公司理应对涉案工程中使用的被诉侵权产品的相关技术图纸存档备查，这一点客观上也为原审法院重新查清本案有关侵权事实提供了有利条件。第二，本案属于原审法院“应保全而未保全”的情形。原审法院以“缺乏被诉侵权事实有关证据”为由而驳回中隧桥公司的诉讼请求，但缺乏被诉侵权事实有关的证据恰恰是因为原审法院未予及时保全所致，故在本案仍具备查明相关侵权事实条件的情形下，应当由原审法院重审本案，在进一步查明相关侵权事实的基础上准确作出侵权与否的判断。如此，既给予专利权人充分救济的机会，又保障了双方当事人的审级利益，实现实体公正和程序公正的统一。综上所述，原审法院未准确适用证据保全的相关法律规定，应采取保全措施而未采取，导致本案基本事实认定不清，原审判决应予撤销，并由原审法院重新审理。

【案　　号】（2020）最高法知民终 2 号

【审理法院】最高人民法院

【来　　源】《最高人民法院知识产权法庭裁判要旨（2020）》

第七十四条 侵犯专利权的诉讼时效为三年，自专利权人或者利害关系人知道或者应当知道侵权行为以及侵权人之日起计算。

发明专利申请公布后至专利权授予前使用该发明未支付适当使用费的，专利权人要求支付使用费的诉讼时效为三年，自专利权人知道或者应当知道他人使用其发明之日起计算，但是，专利权人于专利权授予之日前即已知道或者应当知道的，自专利权授予之日起计算。

关联规定

一、法律、行政法规、司法解释

1.《中华人民共和国民法典》

第一百八十八条 向人民法院请求保护民事权利的诉讼时效期间为三年。法律另有规定的，依照其规定。

诉讼时效期间自权利人知道或者应当知道权利受到损害以及义务人之日起计算。法律另有规定的，依照其规定。但是，自权利受到损害之日起超过二十年的，人民法院不予保护，有特殊情况的，人民法院可以根据权利人的申请决定延长。

第一百九十二条 诉讼时效期间届满的，义务人可以提出不履行义务的抗辩。

诉讼时效期间届满后，义务人同意履行的，不得以诉讼时效期间届满为由抗辩；义务人已经自愿履行的，不得请求返还。

第一百九十三条 人民法院不得主动适用诉讼时效的规定。

第一百九十四条 在诉讼时效期间的最后六个月内，因下列障碍，不能行使请求权的，诉讼时效中止：

（一）不可抗力；

（二）无民事行为能力人或者限制民事行为能力人没有法定代理人，或者法定代理人死亡、丧失民事行为能力、丧失代理权；

（三）继承开始后未确定继承人或者遗产管理人；

（四）权利人被义务人或者其他人控制；

（五）其他导致权利人不能行使请求权的障碍。

自中止时效的原因消除之日起满六个月，诉讼时效期间届满。

第一百九十五条 有下列情形之一的，诉讼时效中断，从中断、有关程序终结时起，诉讼时效期间重新计算：

（一）权利人向义务人提出履行请求；

（二）义务人同意履行义务；

（三）权利人提起诉讼或者申请仲裁；

（四）与提起诉讼或者申请仲裁具有同等效力的其他情形。

第一百九十六条 下列请求权不适用诉讼时效的规定：

（一）请求停止侵害、排除妨碍、消除危险；

（二）不动产物权和登记的动产物权的权利人请求返还财产；

（三）请求支付抚养费、赡养费或者扶养费；

（四）依法不适用诉讼时效的其他请求权。

第一百九十七条 诉讼时效的期间、计算方法以及中止、中断的事由由法律规定，当事人约定无效。

当事人对诉讼时效利益的预先放弃无效。

2.《中华人民共和国专利法实施细则》

第五条 专利法和本细则规定的各种期限的第一日不计算在期限内。期限以年或者月计算的，以其最后一月的相应日为期限届满日；该月无相应日的，以该月最后一日为期限届满日；期限届满日是法定休假日的，以休假日后的第一个工作日为期限届满日。

3.《最高人民法院关于审理专利纠纷案件适用法律问题的若干规定》

第十七条 侵犯专利权的诉讼时效为三年，自专利权人或者利害关系人知道或者应当知道权利受到损害以及义务人之日起计算。权利人超过三年起诉的，如果侵权行为在起诉时仍在继续，在该项专利权有效期内，人民法院应当判决被告停止侵权行为，侵权损害赔偿数额应当自权利人向人民法院起诉之日起向前推算三年计算。

4.《最高人民法院关于审理侵犯专利权纠纷案件应用法律若干问题的解释(二)》

第二条 权利人在专利侵权诉讼中主张的权利要求被国务院专利行政部门宣告无效的，审理侵犯专利权纠纷案件的人民法院可以裁定驳回权利人基于该无效权利要求的起诉。

有证据证明宣告上述权利要求无效的决定被生效的行政判决撤销的，权利人可以另行起诉。

专利权人另行起诉的，诉讼时效期间从本条第二款所称行政判决书送达之日起计算。

5.《最高人民法院关于审理民事案件适用诉讼时效制度若干问题的规定》

第二条 当事人未提出诉讼时效抗辩，人民法院不应对诉讼时效问题进行释明。

第三条 当事人在一审期间未提出诉讼时效抗辩，在二审期间提出的，人民法院不予支持，但其基于新的证据能够证明对方当事人的请求权已过诉讼时效期间的情形除外。

当事人未按照前款规定提出诉讼时效抗辩，以诉讼时效期间届满为由申请再审或者提出再审抗辩的，人民法院不予支持。

第十条 当事人一方向人民法院提交起诉状或者口头起诉的，诉讼时效从提交起诉状或者口头起诉之日起中断。

第十一条 下列事项之一，人民法院应当认定与提起诉讼具有同等诉讼时效中断的效力：

(一)申请支付令；

(二)申请破产、申报破产债权；

(三)为主张权利而申请宣告义务人失踪或死亡；

(四)申请诉前财产保全、诉前临时禁令等诉前措施；

(五)申请强制执行；

(六)申请追加当事人或者被通知参加诉讼；

(七)在诉讼中主张抵销；

(八)其他与提起诉讼具有同等诉讼时效中断效力的事项。

第十二条 权利人向人民调解委员会以及其他依法有权解决相关民事纠纷

的国家机关、事业单位、社会团体等社会组织提出保护相应民事权利的请求，诉讼时效从提出请求之日起中断。

第十三条 权利人向公安机关、人民检察院、人民法院报案或者控告，请求保护其民事权利的，诉讼时效从其报案或者控告之日起中断。

上述机关决定不立案、撤销案件、不起诉的，诉讼时效期间从权利人知道或者应当知道不立案、撤销案件或者不起诉之日起重新计算；刑事案件进入审理阶段，诉讼时效期间从刑事裁判文书生效之日起重新计算。

6.《最高人民法院关于适用〈中华人民共和国民法典〉总则编若干问题的解释》

第三十五条 民法典第一百八十八条第一款规定的三年诉讼时效期间，可以适用民法典有关诉讼时效中止、中断的规定，不适用延长的规定。该条第二款规定的二十年期间不适用中止、中断的规定。

第三十六条 无民事行为能力人或者限制民事行为能力人的权利受到损害的，诉讼时效期间自其法定代理人知道或者应当知道权利受到损害以及义务人之日起计算，但是法律另有规定的除外。

第三十七条 无民事行为能力人、限制民事行为能力人的权利受到原法定代理人损害，且在取得、恢复完全民事行为能力或者在原法定代理终止并确定新的法定代理人后，相应民事主体才知道或者应当知道权利受到损害的，有关请求权诉讼时效期间的计算适用民法典第一百八十八条第二款、本解释第三十六条的规定。

第三十八条 诉讼时效依据民法典第一百九十五条的规定中断后，在新的诉讼时效期间内，再次出现第一百九十五条规定的中断事由，可以认定为诉讼时效再次中断。

权利人向义务人的代理人、财产代管人或者遗产管理人等提出履行请求的，可以认定为民法典第一百九十五条规定的诉讼时效中断。

二、司法指导性文件

《全国法院贯彻实施民法典工作会议纪要》

5. 民法典第一百八十八条第一款规定的普通诉讼时效期间，可以适用民法典有关诉讼时效中止、中断的规定，不适用延长的规定。民法典第一百八十八条第二款规定的“二十年”诉讼时效期间可以适用延长的规定，不适用中止、中断的规定。

诉讼时效根据《民法典》第195条的规定中断后，在新的诉讼时效期间内，再次出现第一百九十五条规定的中断事由，可以认定诉讼时效再次中断。权利人向义务人的代理人、财产代管人或者遗产管理人主张权利的，可以认定诉讼时效中断。

条文释义

一、本条主旨

本条是关于专利侵权及要求支付发明专利临时保护期使用费的诉讼时效的规定。

二、条文演变

1984年制定《专利法》时，对侵害专利权的诉讼时效进行了规定。1992年修正专利法时未对该条进行调整。2000年修正《专利法》时，将1984年制定、1992年修正的《专利法》第61条的条文序号改为第62条，并增加了要求支付临时保护期使用费的诉讼时效的规定：发明专利申请公布后至专利权授予前使用该发明未支付适当使用费的，专利权人要求支付使用费的诉讼时效为2年，自专利权人得知或者应当得知他人使用其发明之日起计算，但是，专利权人于专利权授予之日前即已得知或者应当得知的，自专利权授予之日起计算。2008年修正《专利法》时，将修正前的第62条的条文序号改为第68条，条文内容没有变化。2020年修正《专利法》时，将修改前的第68条的条文序号改为第74条，将诉讼时效由“二年”修改为“三年”；将“得知或者应当得知侵权行为”修改为“知道或者应当知道侵权行为以及侵权人”。

三、条文解读

诉讼时效是指请求人民法院保护自己合法权益的法定的有效期限。在诉讼时效内，人民法院对当事人的权利保护请求予以支持；超过诉讼时效的，人民法院对当事人的权利保护请求不予支持。专利权对我国境内的所有单位和个人均有约束效力，同时又是对“知识”的垄断和占有，因此对公众产生的影响远大于对普通有形财产的占有。因此，专利法律制度有必要建立一种机制，使侵犯专利权纠纷能够及时得到解决，使众多从事生产经营活动的单位和个人能够尽早处于一种“安定”状态。《专利法》有关侵犯专利权诉讼时效的规定是这种机制的重要组成部分。如果任凭专利权人采用“放水养鱼”乃至“欲擒故纵”的策略，多年后才对其早已知道或者早就应当知道的实施其专利技术的行为“秋后算账”，势必会使已经为实施某项技术而投入大量人力、物力和资金的单位和个人蒙受巨大损失，也会极大影响交易安全和消费者福祉。这样的结果固然对专利权人有利，但是却损害了社会公众和国家的利益，不利于新技术的推广应用，妨碍国家的经济发展，从根本上违背建立专利制度的初衷。

（一）侵犯专利权的诉讼时效

根据本条第 1 款的规定，侵犯专利权的诉讼时效为 3 年，自专利权人或者利害关系人知道或者应当知道侵权行为以及侵权人之日起计算。

（二）专利权人要求支付临时保护期内使用费的诉讼时效

我国发明专利申请采取“早期公开、延迟审查”原则。发明专利申请在经过初步审查后，自申请日起满 18 个月，发明申请的内容就予以公布，或者根据申请人的请求更早地公布其申请内容，但专利权并不同时授予，而是要等到通过实质审查后，才能被授予专利权。这样，发明专利申请的内容在被授予专利权之前就已经被公开，公众在发明专利申请公开后、专利权被授予前就能了解到该发明专利申请的内容，并可以根据被公开的专利申请来实施相应的技术方案。而此时，专利权并没有被实际授予，申请人还不具有合法的专利权人的身份，无权行使禁止权，阻止他人对发明的实施。但是，由于专利权的期限是自专利申请日开始计算的，发明专利的申请日与授权日之间的这段时间应当是专利权人可以享有权利的期限。为解决这一问题，本法第 13 条专门规定了“临时保护”制度，即发明专利申请公布后，申请人可以要求实施其发明的单位或者个人支付适当的费用。

与“临时保护”制度配套，本条第 2 款规定，发明专利申请公布后至专利权授予前使用该发明未支付适当使用费的，专利人要求支付使用费的诉讼时效为 3 年，自专利权人知道或者应当知道他人使用其发明之日起计算，但是，专利权人与专利权授之日前即已知道或者应当知道的，自专利权授予之日起计算。

适用指引

适用本条规定，需要注意把握以下几点。

第一，关于侵犯专利权的诉讼时效。诉讼时效起算的前提条件包括两个：一是专利权人或者利害关系人知道或者应当知道侵权行为发生；二是专利权人或者利害关系人知道或者应当知道侵权人是谁。

第二，关于专利权人要求支付临时保护期内使用费的诉讼时效。首先，发明专利申请公布后，申请人可以要求实施其发明的单位或者个人支付适当的费用；但是，如果使用人不支付的，只有专利权被授予，申请人转变为“专利权人”后，才可以向人民法院提起要求支付临时保护期内使用费的诉讼。其次，诉讼时效起算的前提条件是“专利权人或者利害关系人知道或者应当知道他人使用其发明”，包括两层含义：一是知道或者应当知道其发明被他人使用；二是知道或者应当知道使用人是谁。最后，诉讼时效的起算时点包括两种情况：专利权人于专利权授予后才知道或者应当知道他人使用其发明，诉讼时效自知道或者应当知道他人使用其发明之日起计算；专利权人于专利权授予之日前即已知道或者应当知道的，诉讼时效自专利权授予之日起计算。

第三，关于诉讼时效的其他相关法律适用。除了本条规定的诉讼时效期间外，其他相关问题应当遵循《民法典》的有关规定，例如《民法典》第 188 条规定，自权利受到损害之日起超过 20 年的，人民法院不予保护，有特殊情况的，人民法院可以根据权利人的申请决定延长。《民法典》第 192 条规定，诉讼时效期间届满的，义务人可以提出不履行义务的抗辩。诉讼时效期间届满后义务人同意履行的，不得以诉讼时效期间届满为由抗辩；义务人已经自愿履行的，不得请求返还。《民法典》第 194 条规定，在诉讼时效期间的最后 6 个月内，因下列障碍，不能行使请求权的，诉讼时效中止：（1）不可抗力；（2）无民事行为能力人或者限制民事行为能力人没有法定代理人，或者法定代理人死亡、丧失民事行为能力、丧失代理权；（3）继承开始后未确定继承人或者遗产管理人；（4）权利人被义务人或者其他人控制；（5）其他导致权利人不能行使请求权的障碍。自中止时效的原因消除之日起满6个月，诉讼时效期间届满。《民法典》第195条规定，有下列情形之一的，诉讼时效中断，从中断、有关程序终结时起，诉讼时效期间重新计算：（1）权利人向义务人提出履行请求；（2）义务人同意履行义务；（3）权利人提起诉讼或者申请仲裁；（4）与提起诉讼或者申请仲裁具有同等效力的其他情形。

第七十五条　有下列情形之一的，不视为侵犯专利权：

（一）专利产品或者依照专利方法直接获得的产品，由专利权人或者经其许可的单位、个人售出后，使用、许诺销售、销售、进口该产品的；

（二）在专利申请日前已经制造相同产品、使用相同方法或者已经作好制造、使用的必要准备，并且仅在原有范围内继续制造、使用的；

（三）临时通过中国领陆、领水、领空的外国运输工具，依照其所属国同中国签订的协议或者共同参加的国际条约，或者依照互惠原则，为运输工具自身需要而在其装置和设备中使用有关专利的；

（四）专为科学研究和实验而使用有关专利的；

（五）为提供行政审批所需要的信息，制造、使用、进口专利药品或者专利医疗器械的，以及专门为其制造、进口专利药品或者专利医疗器械的。

关联规定

一、国际条约

《与贸易有关的知识产权协定》

第6条　权利用尽

就本协定项下的争端解决而言，在遵守第三条和第四条规定的前提下，本协定的任何规定不得用于处理知识产权的权利用尽问题。

第28条　授予的权利

一、一专利授予其所有权人下列专有权利：

（一）如一专利的客体是产品，则防止第三方未经所有权人同意而进行制造、使用、标价出售、销售或为这些目的而进口该产品的行为；

（二）如一专利的客体是方法，则防止第三方未经所有权人同意而使用该方法的行为，并防止使用、标价出售、销售或为这些目的而进口至少是以该方法直接获得产品的行为。

二、专利所有权人还有权转让或以继承方式转移其专利并订立许可合同。

2.《保护工业产权巴黎公约》

第4条之2〔专利权：同一发明在不同国家取得的专利权的独立性〕

（一）本同盟成员国的国民向本同盟各成员国申请的专利，与其在本同盟其他成员国或非本同盟成员国为同一发明所取得的专利是相互独立的。

（二）上述规定，应理解为具有不受限制的意义，特别是指在优先权期限内申请的各项专利，就其无效和剥夺其权利的理由以及其正常有效期而言，都是相互独立的。

（三）这项规定应适用于在它开始生效时已存在的一切专利。

（四）这项规定应同样适用于在新参加国加入时每一方已存在的专利。

（五）取得的具有优先权的专利在本同盟各成员国的期限，应与申请的或被核准的没有优先权的专利期限相同。

第5条之3〔专利：构成船舶、飞机或陆上车辆一部分的专利器械〕

（一）本联盟其他国家的船舶暂时或偶然地进入上述国家的领水时，在该船的船身、机器、船具、装备及其他附件上使用构成专利对象的器械，但以专为该船的需要而使用这些器械为限；（二）本联盟其他国家的飞机或陆上车辆暂时或偶然地进入上述国家时，在该飞机或陆上车辆的构造或操作中，或者在该飞机或陆上车辆附件的构造或操作中使用构成专利对象的器械。

二、法律、行政法规、司法解释

1.《中华人民共和国民法典》

第一千一百七十八条 本法和其他法律对不承担责任或者减轻责任的情形另有规定的，依照其规定。

2.《最高人民法院关于审理侵犯专利权纠纷案件应用法律若干问题的解释》

第十五条 被诉侵权人以非法获得的技术或者设计主张先用权抗辩的，人民法院不予支持。

有下列情形之一的，人民法院应当认定属于专利法第六十九条第（二）项规定的已经作好制造、使用的必要准备：

（一）已经完成实施发明创造所必需的主要技术图纸或者工艺文件；

（二）已经制造或者购买实施发明创造所必需的主要设备或者原材料。

专利法第六十九条第（二）项规定的原有范围，包括专利申请日前已有的生产规模以及利用已有的生产设备或者根据已有的生产准备可以达到的生产规模。

先用权人在专利申请日后将其已经实施或作好实施必要准备的技术或设计转让或者许可他人实施，被诉侵权人主张该实施行为属于在原有范围内继续实施的，人民法院不予支持，但该技术或设计与原有企业一并转让或者承继的除外。

条文释义

一、本条主旨

本条是关于不视为侵犯专利权的情形的规定。

二、条文演变

1984年《专利法》第62条对不视为侵犯专利权的情形作了规定，包括专利产品权利用尽原则、使用或者销售不知道是侵权的产品、先用权、外国运输工具临时过境、科学研究和实验。表述为“有下列情形之一的，不视为侵犯专利权：一、专利权人制造或者经专利权人许可制造的专利产品售出后，使用或者销售该产品的；二、使用或者销售不知道是未经专利权人许可而制造并售出的专利产品的；三、在专利申请日前已经制造相同产品、使用相同方法或者已经作好制造、使用的必要准备，并且仅在原有范围内继续制造、使用的；四、临时通过中国领土、领水、领空的外国运输工具，依照其所属国同中国签订的协议或者共同参加的国际条约，或者依照互惠原则，为运输工具自身需要而在其装置和设备中使用有关专利的；五、专为科学研究和实验而使用有关专利的”。

1992年第一次修正《专利法》，对该条未作变动。

2000年第二次修正《专利法》，将该条规定改为第63条，修改为“有下列情形之一的，不视为侵犯专利权：（一）专利权人制造、进口或者经专利权人许可而制造、进口的专利产品或者依照专利方法直接获得的产品售出后，使用、许诺销售或者销售该产品的；（二）在专利申请日前已经制造相同产品、使用相同方法或者已经作好制造、使用的必要准备，并且仅在原有范围内继续制造、使用的；（三）临时通过中国领陆、领水、领空的外国运输工具，依照其所属国同中国签订的协议或者共同参加的国际条约，或者依照互惠原则，为运输工具自身需要而在其装置和设备中使用有关专利的；（四）专为科学研究和实验而使用有关专利的。为生产经营目的使用或者销售不知道是未经专利权人许可而制造并售出的专利产品或者依照专利方法直接获得的产品，能证明其产品合法来源的，不承担赔偿责任”。其主要变化是：一是将权利用尽原则延伸至“依照专利方法直接获得的产品”，并增加“许诺销售”的情形；二是将使用或者销售不知道是侵权的产品的情形，由“不视为侵犯专利权”改为“能证明其产品合法来源的，不承担赔偿责任”，并作为第 63 条第 2 款。

2008 年第三次修正《专利法》，将该条规定改为第 69 条，修改为“有下列情形之一的，不视为侵犯专利权：（一）专利产品或者依照专利方法直接获得的产品，由专利权人或者经其许可的单位、个人售出后，使用、许诺销售、销售、进口该产品的；（二）在专利申请日前已经制造相同产品、使用相同方法或者已经作好制造、使用的必要准备，并且仅在原有范围内继续制造、使用的；（三）临时通过中国领陆、领水、领空的外国运输工具，依照其所属国同中国签订的协议或者共同参加的国际条约，或者依照互惠原则，为运输工具自身需要而在其装置和设备中使用有关专利的；（四）专为科学研究和实验而使用有关专利的；（五）为提供行政审批所需要的信息，制造、使用、进口专利药品或者专利医疗器械的，以及专门为其制造、进口专利药品或者专利医疗器械的”。其主要变化是：一是在权利用尽原则项下增加了关于平行进口的规定；二是增加了第五项关于“药品和医疗器械审批例外”的规定；三是将第 2 款单独作为一条，规定为第 70 条。

2020 年第四次修正《专利法》，将该条规定的条文序号改为第 75 条，条文内容未作变动。

三、条文解读

专利权具有独占性质，依照《专利法》第 11 条的规定，发明和实用新型专利权被授予后，除《专利法》另有规定的以外，任何单位或者个人未经专利权人许可，都不得实施其专利，即不得为生产经营目的的制造、使用、许诺销售、销售、进口其专利产品，或者使用其专利方法以及使用、许诺销售、销售、进口依照该专利方法直接获得的产品；外观设计专利权被授予后，任何单位或者个人未经专利权人许可，都不得实施其专利，即不得为生产经营目的制造、许诺销售、销售、进口其外观设计专利产品。但是，对于特定的未经专利权人许可而实施其专利的行为，因其具有一定的合理性，法律上将其“不视为”侵犯专利权。这是对专利权的一种合理限制，目的是在合理保护专利权人合法权益的前提下，兼顾社会及公众的利益。

依照本条规定，不视为侵犯专利权包括五种情形，以下分别加以阐述。

一是权利用尽。即“专利产品或者依照专利方法直接获得的产品，由专利权人或者经其许可的单位、个人售出后，使用、许诺销售、销售、进口该产品的”，不视为侵犯专利权。专利权人对其专利具有独占权，但其专利产品在合法售出（包括专利权人自己售出或者经专利权人许可的人售出）后，专利权即为用尽，对这些产品的使用、许诺销售、销售等行为不再需要经过专利权人的许可，购买者可自由处置。这是对专利权的一种合理限制，目的是防止专利产品在市场上的流通和使用受到限制，维护正常的经济秩序。

2008 年《专利法》修改增加了“专利产品合法售出后，进口该产品不视为侵犯专利权”的规定，即允许平行进口的规定。平行进口与专利权权利用尽紧密相关。专利权权利用尽包括“国内用尽”“地区用尽”和“国际用尽”。“国内用尽”是指专利产品在被授予专利权的国家合法售出后，购买者对该专利产品在该国有自由处置的权利。“地区用尽”是指专利产品在该区域被授予专利权的一个国家合法售出后，购买者对该专利产品在特定区域内具有自由处置的权利，但是在区域之外合法售出的专利产品，未经专利权人许可而进口到区域之内的成员国，专利权人仍有权禁止。这一原则适用于欧盟地区。“国际用尽”是指专利产品在被授予专利权的一个国家合法售出的，购买者对该专利产品在任何国家具有自由处置的权利。根据“国际用尽”的原则，将合法售出的专利产品进口到专利权人取得专利权的其他国家，无须经过该专利权人的同意，这通常被称为允许平行进口。《专利法》增加允许平行进口的规定，主要是考虑到我国目前仍属于技术输入国，对一些关键产品和技术还依赖进口，故允许平行进口可以使我国企业在国外购买的专利产品更加方便地合法进入到我国，而且这对专利权人而言亦无实质不公。

二是先用权。即他人“在专利申请日前已经制造相同产品、使用相同方法或者已经作好制造、使用的必要准备，并且仅在原有范围内继续制造、使用的”，不视为侵犯专利权。先用权是对专利权的又一种限制，这种限制可以消除实际生活中存在的已经投入人力、物力完成的发明创造的单位或者个人，因没有先申请专利而带来的不能再实施自己的智力成果的“不公平”结果。“已经作好制造、使用的必要准备”，司法实践中比较典型的情形有，已经完成实施发明创造所必需的主要技术图纸或者工艺文件，或者已经制造或者购买实施发明创造所必需的主要设备或者原材料。需要说明的是，先用权人不视为侵犯专利权的行为，只限于在“在原有的范围”内继续制造和使用。所谓“原有范围”，包括专利申请日前已有的生产规模，以及利用已有的生产设备或者根据已有的生产准备可以达到的生产规模。超过原有的范围内制造和使用的，则属于侵犯专利权的行为。

三是外国运输工具临时过境。即“临时通过中国领土、领水、领空的外国运输工具，依照其所属国同中国签订的协议或者共同参加的国际条约，或者依照互惠原则，为运输工具自身需要而在其装置和设备中使用有关专利的”，不视为侵犯专利权。对专利权的这一限制，是为了保证国际交通的国际惯例，《巴黎公约》第 5 条之三明确规定：“在本同盟任何成员国内，下列情况不应认为是侵犯专利权所有者的权利：（一）当本同盟其他成员国的船只暂时或偶然地进入领水，该船的船身、机器、船具、索具及其他附件上所用的器械构成发明人的主题时，只要使用这些器械是专为该船的需要。（二）当本同盟其他成员国的飞机或车辆暂时或偶然进入领城，该飞机或车辆的构造、操纵或其附件上所用器械构成专利权所有者的专利发明主题时。”

四是科学研究和实验。即“专为科学研究和实验而使用有关专利的”，不视为侵犯专利权。其目的是鼓励进行科学技术研究。但限于“专为”进行科学研究和科学实验，即仅限于不是为了生产经营，不以营利为目的的科研活动。

五是药品和医疗器械审批例外。即“为提供行政审批所需要的信息，制造、使用、进口专利药品或者专利医疗器械的，以及专门为其制造、进口专利药品或者专利医疗器械的”，不视为侵犯专利权。药品或医疗器械关系到公众健康，各国对其投放市场都实行严格的审批制度，且审批时间较长。为了通过审批，生产厂家要进行研究、分析和临床实验等一系列活动，以取得审批需要的数据和其他信息。对获得专利的药品和医疗器械，仿制企业（非专利权人）为了在专利权保护期届满后及时推出仿制品，往往需要在专利有效期内制造、使用或进口这些药品或器械，以从事研究、分析等活动，提前获得审批需要的数据和信息。这就必须要获得专利权人的许可并支付专利使用费，否则将会构成侵权。如果等到专利权保护期届满后再进行制造等行为，其产品上市就要在专利权保护期届满后一段时间，而这段时间仿制药品和医疗器械不能投放市场，在客观上延长了专利的保护期限。为解决这一问题，《专利法》增加了关于仿制药品和医疗器械不视为侵犯专利权的规定，即为提供行政审批所需的信息，在专利保护期内制造、使用、进口专利药品或者专利医疗器械的行为，和在专利保护期内专门为其制造、进口专利药品或者专利医疗器械的行为，不视为侵犯专利权，以使仿制药品和医疗器械能够在专利权保护期届满后及时投放市场，社会公众在药品和医疗器械专利保护期满后及时获得价格低廉的药品和医疗器械。这一例外，在国际上也被称为“Bolar 例外”。

适用指引

于此重点围绕司法实践中常见的“先用权抗辩”加以论述。众所周知，我国《专利法》关于专利授权采用的是先申请制，即专利权只授予第一个向授权机关提出专利申请的人。但是，对于一项发明创造来说，首先提出专利申请的人并不一定是最先作出或者实施该发明创造的人，也即，在专利申请提出之前，可能已经有他人独自研究与申请专利的发明同样的发明或者以合法的方法获知了同样的发明，并且已经开始实施该发明创造或者为实施该发明创造做好了必要的准备。倘若允许后来就此项发明创造提出申请并获得专利权的人凭借其专利权禁止先用者继续进行其实施行为，显然并不公平。有鉴于此，《专利法》规定了先用权制度。先用权制度的设置目的，是弥补先申请制所带来的缺陷。但需要明确的是，先用权在性质上并不是一项独立存在的民事权利，它仅仅是一种对抗侵害专利权指控的抗辩权。换言之，无专利侵权指控，就没有进行先用权抗辩的必要。

根据《侵犯专利权纠纷案件解释》第 15 条第 1 款的规定，被诉侵权人主张先用权抗辩的技术或者设计，不能是非法获得的，而应是自己研发或者善意取得、合法受让的。根据该司法解释第 15 条第 2 款规定，《专利法》所称的“必要的准备”，针对的是技术方案或者设计本身的完成情况，不以办理行政审批手续为前提。

关于《专利法》所称的“原有范围”，上述司法解释第 15 条第 3 款的表述是“‘原有范围’，包括专利申请日前已有的生产规模以及利用已有的生产设备或者根据已有的生产准备可以达到的生产规模"。可见，该规定对"原有范围"的界定属于开放式列举，虽然其侧重于可以证明的原有生产规模，但亦并未明确排除其他标准。考虑到专利申请日前实施专利技术方案的行为本身具有一定的正当性，且对于该实施行为"原有范围"的证明通常因为时过境迁而较为困难，先用权抗辩中的"原有范围"的证明标准不宜过高。原则上，被诉侵权人已经尽力举证，所举证据能够初步证明"原有范围"具有合理性，且专利权人没有提供充分反证予以推翻的，可以认定被诉侵权人系在原有范围内实施专利技术方案。

另外，为了合理平衡先用权人与专利权人之间的利益关系，如果先用权人在申请日后将其技术另行转让或许可他人实施，就会增加市场上新的竞争者，有损专利权人的独占权。因此，上述司法解释第4款规定，在申请日后，先用权人只能将其已实施或作好实施必要准备的技术、设计，与原有企业一并转让或者承继。对于先用权人在申请日前的转让、许可行为，则无此限制。

典型案例

一、王某某诉徐州华盛实业有限公司侵害发明专利权纠纷案

关键词： 发明专利　侵权　先用权抗辩　主要技术图纸

裁判摘要： 设计图纸是机械制造领域产品加工、检验的基本依据，在被诉侵权人已经设计出被诉侵权产品关键部件图纸且该产品的其他部件均为通用部件的情况下，可以认定其已经完成了实施发明创造所必需的主要技术图纸，为生产被诉侵权产品做好了必要准备，其先用权抗辩成立。

基本案情： 王某某系专利号为200910025263.7、名称为"电机壳为焊接件的小型电潜水泵"的发明专利（以下简称涉案专利）的专利权人。涉案专利权利要求1为："一种电机壳为焊接件的小型电潜水泵，该电潜水泵由四段组成，包括：导叶体（1）、进水段（3）、上轴承座（4）和电机壳（7）；所述的导叶体（1）的内腔设置叶轮（2），上端与出水管连接，下端通过螺栓与进水段（3）连接；所述的进水段（3）下端与上轴承座（4）的上端连接；所述的上轴承座（4）下端与电机壳（7）连接；电机壳（7）的下端与下轴承座（10）连接；所述的上轴承座（4）、下轴承座（10）分别通过轴承（5）与电机轴连

接；所述的电机壳（7）内腔设置定子、转子组件（8）；其中定子线圈与电缆线（6）连接，其特征在于：所述的电机壳（7）主体为圆钢管，其上端与上端环（7-1）焊接，下端与下端环（7-2）焊接；所述的上端环（7-1）、下端环（7-2）均为圆形环；所述的下端环（7-2）内孔设置卡簧（9）。”涉案专利说明书记载，现有技术存在的缺陷是，电潜水泵的电机壳为铸铁件，电机壳壁厚大，重量重，用料多，制造成本高，冬季容易冻裂，而且铸铁件还容易产生气孔、砂眼等铸造缺陷，致使潜水泵的使用寿命低。为了解决上述技术问题，涉案专利提供了一种电机壳为焊接件的小型电潜水泵，其电机壳由圆钢管及上、下端环焊接而成，内径与原设计铸铁件电机壳相对应的内径相近。同时，说明书强调，涉案专利提供一种电机壳为焊接件小型电潜水泵，其电泵由四段组成，包括：导叶体、进水段、上轴承座和电机壳；其中导叶体、进水段、上轴承座三段仍保持原来的设计不变。王某某向江苏省南京市中级人民法院提起诉讼，主张徐州华盛实业有限公司（以下简称华盛公司）未经其许可，生产销售侵害涉案专利权的产品，应承担停止侵害并赔偿经济损失的责任。华盛公司依据其QT（J）D145-04A电机壳图纸及电机壳实物提出现有技术抗辩，虽然该图纸及电机壳实物公开了涉案专利关于电机壳的相应技术特征，但是并未公开有关导叶体、进水段、上轴承座的相应技术特征。南京市中级人民法院认为，华盛公司主张的现有技术抗辩成立，故判决驳回王某某的诉讼请求。王某某不服，向最高人民法院提起上诉。华盛公司在二审程序中依据QT（J）D145-04A电机壳图纸提出先用权抗辩。最高人民法院于2019年12月24日判决驳回上诉，维持原判。

最高人民法院二审认为，根据《专利法》第69条第2项的规定，在专利申请日前已经制造相同产品、使用相同方法或者已经作好制造、使用的必要准备，并且仅在原有范围内继续制造、使用的，不视为侵害专利权。《最高人民法院关于审理侵犯专利权纠纷案件应用法律若干问题的解释》第15条第2款规定，已经完成实施发明创造所必需的主要技术图纸或者工艺文件的，人民法院应当认定属于《专利法》第69条第2项规定的已经作好制造、使用的必要准备。涉案专利技术方案非常特殊，其技术方案的电机壳部分系涉案专利强调的唯一发明点，其余部分均为潜水泵的已有通用部件。电机壳产品作为潜水泵零部件，必然需要与其他部件相结合形成潜水泵产品。根据本案查明的事实，在涉案专利申请日前华盛公司已经制作完成QT（J）D145-04A电机壳图纸，王某某亦认可该图纸与涉案专利电机壳相关技术特征一致。机械制造领域中设计图纸是生产过程中加工、检验的依据。在华盛公司已经设计出电机壳图纸且其他部件为潜水泵通用部件的情况下，可以认定华盛公司已经完成实施发明创造所必需的主要技术图纸，进而已经为生产被诉侵权产品做好必要的准备。本案中，没有证据证明华盛公司超出了申请日前的生产用途及生产规模。华盛公司的先用权抗辩成立。

【案　　号】（2019）最高法知民终 89 号

【审理法院】最高人民法院

【来　　源】《最高人民法院知识产权案件年度报告（2019）》

二、深圳市赛源电子有限公司诉东莞市乐放实业有限公司、广州晶东贸易有限公司侵害实用新型专利权纠纷案

关键词：发明专利　侵权　先用权抗辩　必要准备　原有范围

裁判摘要：先用权抗辩中“原有范围”的证明标准不宜过高。被诉侵权人已经尽力举证，所举证据能够初步证明其所主张的原有范围具有合理性，专利权利人没有提供充分反证予以推翻的，一般可以认定被诉侵权人系在原有范围内实施。

基本案情：深圳市赛源电子有限公司（以下简称赛源公司）系专利号为201920113995.0、名称为“一种条形音箱”的实用新型专利（以下简称涉案专利）的权利人。赛源公司认为东莞市乐放实业有限公司（以下简称乐放公司）制造、销售的被诉侵权产品落入涉案专利权的保护范围，故向广州知识产权法院（以下简称一审法院）提起诉讼。乐放公司提出先用权抗辩并提交了相关证据。一审法院认为，即便乐放公司的证据可予采信，其证据限于证明其在专利申请日前已做好制造被诉侵权产品的准备及进行制造，未对其制造范围以及仅在原有范围内继续制造进行举证。因此，乐放公司提交的证据不足以证明先用权抗辩成立。一审法院判决乐放公司停止制造、销售被诉侵权产品，赔偿经济损失及维权合理开支。乐放公司不服，向最高人民法院提起上诉，主张其未变更厂房地址、未扩大厂房面积，仅持有一生产模具，无法扩大原有生产范围，先用权抗辩成立。最高人民法院于 2021 年 8 月 19 日判决撤销原判，驳回赛源公司的诉讼请求。

最高人民法院二审认为，由于原有范围的认定往往涉及过去某一时点之前

存在的生产模具、生产数量、厂房面积等客观情况，故对“仅在原有范围内继续制造、使用”相关事实查明，应结合双方当事人的诉辩主张以及案件的具体情况，灵活适用举证责任转移。在先用权人已经尽力举证、所举证据能够初步证明“原有范围”存在合理性且专利权人没有提供相反证据予以推翻的情况下，可以认定先用权人并未超出原有范围制造、使用。若后续专利权人有证据证明先用权人超出原有范围制造、使用的，专利权人有权另行主张其合法权益。本案中，乐放公司提交的订单评审表、预测订单等证据，可以证明乐放公司在涉案专利申请日以前已经具备制造涉案产品的一定生产规模和生产能力。而模具厂价单、模具验收单、二审中的证人证言等证据互相结合，可以初步证明乐放公司仅持有1套生产模具。《厂房租赁合同书》则可初步证明其厂房面积从2013年起至今未曾改变。因此，乐放公司提交的证据相互印证，能够形成证据链，初步证明乐放公司在涉案专利申请日前的生产规模和生产范围，并且其未扩大生产规模。乐放公司在本案中提交的关于原有范围的证据具有一定合理性，并初步达到了高度盖然性的证明标准。在赛源公司没有提交相反证据证明乐放公司超出了涉案专利申请日前的生产规模的情况下，应认定乐放公司并未超出原有范围制造涉案产品。乐放公司的先用权抗辩成立。

【案　　号】（2021）最高法知民终508号

【审理法院】最高人民法院

【来　　源】《最高人民法院知识产权法庭裁判要旨（2021）》

三、陕西汉王药业有限公司诉江西银涛药业有限公司、西安保赛医药有限公司侵害发明专利权纠纷案

关键词：发明专利　侵权　先用权抗辩

裁判摘要：先用权抗辩是否成立的关键在于被诉侵权人在专利申请日前是否已经实施专利或者为实施专利作好了技术或者物质上的必要准备；药品生产批件是药品监管的行政审批事项，是否取得药品生产批件对先用权抗辩是否成立不产生影响。

基本案情：陕西汉王药业有限公司（以下简称汉王公司）是名称为“一种具有降压、降脂、定眩、定风作用的中药组合物及其制备方法和其用途”的发明专利的专利权人。汉王公司发现江西银涛药业有限公司（以下简称银涛公司）生产、销售的“强力定眩胶囊”药品处方、工艺、剂型以及主治功能等与

本案专利相同，遂提起本案诉讼，请求判令银涛公司承担侵权责任。经技术特征比对，“强力定眩胶囊”药品处方、制备方法和用途均落入本案专利权保护范围。银涛公司对此提出先用权抗辩，并提交了如下证据：一是江西省食品药品监督管理局于本案专利申请日前向其出具的“强力定眩胶囊”药品注册申请受理通知书以及银涛公司申请药品注册时所报送的《“强力定眩胶囊”申报资料项目》资料，该资料的药学研究资料部分记载了“强力定眩胶囊”的处方、制备方法、用途；二是江西省药检所《药品注册检验报告表》及附件，该报告表及附件显示银涛公司于本案专利申请日前生产了三批“强力定眩胶囊”样品供申请注册检验使用；三是《药品生产许可证》和《药品 GMP 证书》，表明其在申请注册“强力定眩胶囊”时即已具有“胶囊剂”生产线。陕西省西安市中级人民法院一审认为，证据一中的“药品注册申请受理通知书”中注明“本件不得作其他证明使用”，同时银涛公司不能证明其所有的“胶囊剂”生产线是为生产被诉侵权药品所购买，银涛公司先用权抗辩不成立，故判决银涛公司承担侵权责任。银涛公司不服，提起上诉。陕西省高级人民法院二审认为，银涛公司虽然在本案专利申请日前申请注册被诉侵权药品，但是能否获得批准有待审查。而且，银涛公司是在本案专利申请日之后才取得药品注册批件，获准生产被诉侵权药品。因此，银涛公司的主张不符合先用权抗辩的条件。遂判决驳回上诉，维持一审判决。银涛公司不服，向最高人民法院申请再审。最高人民法院于 2011 年 12 月 13 日作出裁定，指令陕西省高级人民法院再审本案。

最高人民法院认为，根据《最高人民法院关于审理侵犯专利权纠纷案件应用法律若干问题的解释》第 15 条第 2 款的规定，先用权是否成立，关键在于被诉侵权人在专利申请日前是否已经实施专利或者为实施专利作好了技术或者物质上的必要准备。从银涛公司提交的主张先用权抗辩的证据来看，在本案专利的申请日前，银涛公司已经完成了生产被诉侵权产品的工艺文件，具备了相应的生产设备，应当认定银涛公司在本案专利申请日前为实施本案专利作好了制造、使用的必要准备。至于银涛公司何时取得“强力定眩胶囊”药品生产批件，是药品监管的行政审批事项，不能以是否取得药品生产批件来判断其是否作好了制造、使用的必要准备。

【案　　号】（2011）民申字第 1490 号

【审理法院】最高人民法院

【来　　源】《最高人民法院知识产权案件年度报告（2011）》

第七十六条　药品上市审评审批过程中，药品上市许可申请人与有关专利权人或者利害关系人，因申请注册的药品相关的专利权产生纠纷的，相关当事人可以向人民法院起诉，请求就申请注册的药品相关技术方案是否落入他人药品专利权保护范围作出判决。国务院药品监督管理部门在规定的期限内，可以根据人民法院生效裁判作出是否暂停批准相关药品上市的决定。

药品上市许可申请人与有关专利权人或者利害关系人也可以就申请注册的药品相关的专利权纠纷，向国务院专利行政部门请求行政裁决。

国务院药品监督管理部门会同国务院专利行政部门制定药品上市许可审批与药品上市许可申请阶段专利权纠纷解决的具体衔接办法，报国务院同意后实施。

关联规定

一、法律、行政法规、司法解释

1.《中华人民共和国专利法》

第四十二条　发明专利权的期限为二十年，实用新型专利权的期限为十年，外观设计专利权的期限为十五年，均自申请日起计算。

自发明专利申请日起满四年，且自实质审查请求之日起满三年后授予发明专利权的，国务院专利行政部门应专利权人的请求，就发明专利在授权过程中的不合理延迟给予专利权期限补偿，但由申请人引起的不合理延迟除外。

为补偿新药上市审评审批占用的时间，对在中国获得上市许可的新药相关发明专利，国务院专利行政部门应专利权人的请求给予专利权期限补偿。补偿期限不超过五年，新药批准上市后总有效专利权期限不超过十四年。

2.《最高人民法院关于审理申请注册的药品相关的专利权纠纷民事案件适用法律若干问题的规定》

第一条 当事人依据专利法第七十六条规定提起的确认是否落入专利权保护范围纠纷的第一审案件，由北京知识产权法院管辖。

第二条 专利法第七十六条所称相关的专利，是指适用国务院有关行政部门关于药品上市许可审批与药品上市许可申请阶段专利权纠纷解决的具体衔接办法（以下简称衔接办法）的专利。

专利法第七十六条所称利害关系人，是指前款所称专利的被许可人、相关药品上市许可持有人。

第三条 专利权人或者利害关系人依据专利法第七十六条起诉的，应当按照民事诉讼法第一百一十九条第三项的规定提交下列材料：

（一）国务院有关行政部门依据衔接办法所设平台中登记的相关专利信息，包括专利名称、专利号、相关的权利要求等；

（二）国务院有关行政部门依据衔接办法所设平台中公示的申请注册药品的相关信息，包括药品名称、药品类型、注册类别以及申请注册药品与所涉及的上市药品之间的对应关系等；

（三）药品上市许可申请人依据衔接办法作出的四类声明及声明依据。

药品上市许可申请人应当在一审答辩期内，向人民法院提交其向国家药品审评机构申报的、与认定是否落入相关专利权保护范围对应的必要技术资料副本。

第四条 专利权人或者利害关系人在衔接办法规定的期限内未向人民法院提起诉讼的，药品上市许可申请人可以向人民法院起诉，请求确认申请注册药品未落入相关专利权保护范围。

第五条 当事人以国务院专利行政部门已经受理专利法第七十六条所称行政裁决请求为由，主张不应当受理专利法第七十六条所称诉讼或者申请中止诉讼的，人民法院不予支持。

第六条 当事人依据专利法第七十六条起诉后，以国务院专利行政部门已经受理宣告相关专利权无效的请求为由，申请中止诉讼的，人民法院一般不予支持。

第七条 药品上市许可申请人主张具有专利法第六十七条、第七十五条第二项等规定情形的，人民法院经审查属实，可以判决确认申请注册的药品相关技术方案未落入相关专利权保护范围。

第八条 当事人对其在诉讼中获取的商业秘密或者其他需要保密的商业信息负有保密义务，擅自披露或者在该诉讼活动之外使用、允许他人使用的，应当依法承担民事责任。构成民事诉讼法第一百一十一条规定情形的，人民法院应当依法处理。

第九条 药品上市许可申请人向人民法院提交的申请注册的药品相关技术方案，与其向国家药品审评机构申报的技术资料明显不符，妨碍人民法院审理案件的，人民法院依照民事诉讼法第一百一十一条的规定处理。

第十条 专利权人或者利害关系人在专利法第七十六条所称诉讼中申请行为保全，请求禁止药品上市许可申请人在相关专利权有效期内实施专利法第十一条规定的行为的，人民法院依照专利法、民事诉讼法有关规定处理；请求禁止药品上市申请行为或者审评审批行为的，人民法院不予支持。

第十一条 在针对同一专利权和申请注册药品的侵害专利权或者确认不侵害专利权诉讼中，当事人主张依据专利法第七十六条所称诉讼的生效判决认定涉案药品技术方案是否落入相关专利权保护范围的，人民法院一般予以支持。但是，有证据证明被诉侵权药品技术方案与申请注册的药品相关技术方案不一致或者新主张的事由成立的除外。

第十二条 专利权人或者利害关系人知道或者应当知道其主张的专利权应当被宣告无效或者申请注册药品的相关技术方案未落入专利权保护范围，仍提起专利法第七十六条所称诉讼或者请求行政裁决的，药品上市许可申请人可以向北京知识产权法院提起损害赔偿之诉。

第十三条 人民法院依法向当事人在国务院有关行政部门依据衔接办法所设平台登载的联系人、通讯地址、电子邮件等进行的送达，视为有效送达。当事人向人民法院提交送达地址确认书后，人民法院也可以向该确认书载明的送达地址送达。

第十四条 本规定自2021年7月5日起施行。本院以前发布的相关司法解释与本规定不一致的，以本规定为准。

二、部门规章及规范性文件

1.《药品专利纠纷早期解决机制实施办法（试行）》

第一条 为了保护药品专利权人合法权益，鼓励新药研究和促进高水平仿制药发展，建立药品专利纠纷早期解决机制，制定本办法。

第二条 国务院药品监督管理部门组织建立中国上市药品专利信息登记平台，供药品上市许可持有人登记在中国境内注册上市的药品相关专利信息。

未在中国上市药品专利信息登记平台登记相关专利信息的，不适用本办法。

第三条 国家药品审评机构负责建立并维护中国上市药品专利信息登记平台，对已获批上市药品的相关专利信息予以公开。

第四条 药品上市许可持有人在获得药品注册证书后30日内，自行登记药品名称、剂型、规格、上市许可持有人、相关专利号、专利名称、专利权人、专利被许可人、专利授权日期及保护期限届满日、专利状态、专利类型、药品与相关专利权利要求的对应关系、通讯地址、联系人、联系方式等内容。相关信息发生变化的，药品上市许可持有人应当在信息变更生效后30日内完成更新。

药品上市许可持有人对其登记的相关信息的真实性、准确性和完整性负责，对收到的相关异议，应当及时核实处理并予以记录。登记信息与专利登记簿、专利公报以及药品注册证书相关信息应当一致；医药用途专利权与获批上市药品说明书的适应症或者功能主治应当一致；相关专利保护范围覆盖获批上市药品的相应技术方案。相关信息修改应当说明理由并予以公开。

第五条 化学药上市许可持有人可在中国上市药品专利信息登记平台登记药物活性成分化合物专利、含活性成分的药物组合物专利、医药用途专利。

第六条 化学仿制药申请人提交药品上市许可申请时，应当对照已在中国上市药品专利信息登记平台公开的专利信息，针对被仿制药每一件相关的药品专利作出声明。声明分为四类：

一类声明：中国上市药品专利信息登记平台中没有被仿制药的相关专利信息；

二类声明：中国上市药品专利信息登记平台收录的被仿制药相关专利权已终止或者被宣告无效，或者仿制药申请人已获得专利权人相关专利实施许可；

三类声明：中国上市药品专利信息登记平台收录有被仿制药相关专利，仿制药申请人承诺在相应专利权有效期届满之前所申请的仿制药暂不上市；

四类声明：中国上市药品专利信息登记平台收录的被仿制药相关专利权应当被宣告无效，或者其仿制药未落入相关专利权保护范围。

仿制药申请人对相关声明的真实性、准确性负责。仿制药申请被受理后10个工作日内，国家药品审评机构应当在信息平台向社会公开申请信息和相应声明；仿制药申请人应当将相应声明及声明依据通知上市许可持有人，上市许可持有人非专利权人的，由上市许可持有人通知专利权人。其中声明未落入相关专利权保护范围的，声明依据应当包括仿制药技术方案与相关专利的相关权利要求对比表及相关技术资料。除纸质资料外，仿制药申请人还应当向上市许可持有人在中国上市药品专利信息登记平台登记的电子邮箱发送声明及声明依据，并留存相关记录。

第七条 专利权人或者利害关系人对四类专利声明有异议的，可以自国家药品审评机构公开药品上市许可申请之日起45日内，就申请上市药品的相关技术方案是否落入相关专利权保护范围向人民法院提起诉讼或者向国务院专利行政部门请求行政裁决。当事人对国务院专利行政部门作出的行政裁决不服的，可以在收到行政裁决书后依法向人民法院起诉。

专利权人或者利害关系人如在规定期限内提起诉讼或者请求行政裁决的，应当自人民法院立案或者国务院专利行政部门受理之日起15个工作日内将立案或受理通知书副本提交国家药品审评机构，并通知仿制药申请人。

第八条 收到人民法院立案或者国务院专利行政部门受理通知书副本后，国务院药品监督管理部门对化学仿制药注册申请设置9个月的等待期。等待期自人民法院立案或者国务院专利行政部门受理之日起，只设置一次。等待期内国家药品审评机构不停止技术审评。

专利权人或者利害关系人未在规定期限内提起诉讼或者请求行政裁决的，国务院药品监督管理部门根据技术审评结论和仿制药申请人提交的声明情形，直接作出是否批准上市的决定；仿制药申请人可以按相关规定提起诉讼或者请求行政裁决。

第九条 对引发等待期的化学仿制药注册申请，专利权人或者利害关系人、化学仿制药申请人应当自收到判决书或者决定书等10个工作日内将相关文书报送国家药品审评机构。

对技术审评通过的化学仿制药注册申请，国家药品审评机构结合人民法院生效判决或者国务院专利行政部门行政裁决作出相应处理：

（一）确认落入相关专利权保护范围的，待专利权期限届满前将相关化学仿制药注册申请转入行政审批环节；

（二）确认不落入相关专利权保护范围或者双方和解的，按照程序将相关化学仿制药注册申请转入行政审批环节；

（三）相关专利权被依法无效的，按照程序将相关化学仿制药注册申请转入行政审批环节；

（四）超过等待期，国务院药品监督管理部门未收到人民法院的生效判决或者调解书，或者国务院专利行政部门的行政裁决，按照程序将相关化学仿制药注册申请转入行政审批环节；

（五）国务院药品监督管理部门在行政审批期间收到人民法院生效判决或者国务院专利行政部门行政裁决，确认落入相关专利权保护范围的，将相关化学仿制药注册申请交由国家药品审评机构按照本条第二款第一项的规定办理。

国务院药品监督管理部门作出暂缓批准决定后，人民法院推翻原行政裁决的、双方和解的、相关专利权被宣告无效的，以及专利权人、利害关系人撤回诉讼或者行政裁决请求的，仿制药申请人可以向国务院药品监督管理部门申请批准仿制药上市，国务院药品监督管理部门可以作出是否批准的决定。

第十条 对一类、二类声明的化学仿制药注册申请，国务院药品监督管理部门依据技术审评结论作出是否批准上市的决定；对三类声明的化学仿制药注册申请，技术审评通过的，作出批准上市决定，相关药品在相应专利权有效期和市场独占期届满之后方可上市。

第十一条 对首个挑战专利成功并首个获批上市的化学仿制药，给予市场独占期。国务院药品监督管理部门在该药品获批之日起12个月内不再批准同品种仿制药上市，共同挑战专利成功的除外。市场独占期限不超过被挑战药品的原专利权期限。市场独占期内国家药品审评机构不停止技术审评。对技术审评通过的化学仿制药注册申请，待市场独占期到期前将相关化学仿制药注册申请转入行政审批环节。

挑战专利成功是指化学仿制药申请人提交四类声明，且根据其提出的宣告专利权无效请求，相关专利权被宣告无效，因而使仿制药可获批上市。

第十二条 中药、生物制品上市许可持有人，按照本办法第二条、第三条、第四条、第七条，进行相关专利信息登记等。中药可登记中药组合物专利、中药提取物专利、医药用途专利，生物制品可登记活性成分的序列结构专利、医药用途专利。

中药同名同方药、生物类似药申请人按照本办法第六条进行相关专利声明。

第十三条 对中药同名同方药和生物类似药注册申请，国务院药品监督管理部门依据技术审评结论，直接作出是否批准上市的决定。对于人民法院或者国务院专利行政部门确认相关技术方案落入相关专利权保护范围的，相关药品在相应专利权有效期届满之后方可上市。

第十四条 化学仿制药、中药同名同方药、生物类似药等被批准上市后，专利权人或者利害关系人认为相关药品侵犯其相应专利权，引起纠纷的，依据《中华人民共和国专利法》等法律法规相关规定解决。已经依法批准的药品上市许可决定不予撤销，不影响其效力。

第十五条 提交不实声明等弄虚作假的、故意将保护范围与已获批上市药品无关或者不属于应当登记的专利类型的专利登记至中国上市药品专利信息登记平台、侵犯专利权人相关专利权或者其他给当事人造成损失的，依法承担相应责任。

第十六条 本办法自发布之日起施行。

2.《药品专利纠纷早期解决机制行政裁决办法》

第一条 为依法办理涉药品上市审评审批过程中的专利纠纷行政裁决（以下简称药品专利纠纷行政裁决）案件，根据《中华人民共和国专利法》（以下简称专利法）和有关法律、法规、规章，制定本办法。

第二条 国家知识产权局负责专利法第七十六条所称的行政裁决办理工作。

国家知识产权局设立药品专利纠纷早期解决机制行政裁决委员会，组织和开展药品专利纠纷早期解决机制行政裁决相关工作。

第三条 案件办理人员有下列情形之一的，应当自行回避：

（一）是当事人或者其代理人的近亲属的；

（二）与专利申请或者专利权有利害关系的；

（三）与当事人或者其代理人有其他关系，可能影响公正办案的。

当事人也有权申请案件办理人员回避。当事人申请回避的，应当说明理由。

案件办理人员的回避，由案件办理部门决定。

第四条 当事人请求国家知识产权局对药品专利纠纷进行行政裁决的，应当符合下列条件：

（一）请求人是专利法第七十六条所称的药品上市许可申请人与有关专利权人或者利害关系人，其中的利害关系人是指相关专利的被许可人或者登记的药品上市许可持有人；

（二）有明确的被请求人；

（三）有明确的请求事项和具体的事实、理由；

（四）相关专利信息已登记在中国上市药品专利信息登记平台上，且符合《药品专利纠纷早期解决机制实施办法》的相关规定；

（五）人民法院此前未就该药品专利纠纷立案；

（六）药品上市许可申请人提起行政裁决请求的，自国家药品审评机构公开药品上市许可申请之日起四十五日内，专利权人或者利害关系人未就该药品专利纠纷向人民法院起诉或者提起行政裁决请求；

（七）一项行政裁决请求应当仅限于确认一个申请上市许可的药品技术方案是否落入某一项专利权的保护范围。

第五条　专利权人或者利害关系人请求确认申请上市许可的药品相关技术方案落入相关专利权的保护范围的，应当以药品上市许可申请人作为被请求人。

专利权属于多个专利权人共有的，应当由全体专利权人提出请求，部分共有专利权人明确表示放弃有关实体权利的除外。

药品上市许可持有人或者独占实施许可合同的被许可人可以自己的名义提出请求；排他实施许可合同的被许可人在专利权人不提出请求的情况下，可以自己的名义提出请求。

第六条　药品上市许可申请人请求确认申请上市许可的药品相关技术方案不落入相关专利权的保护范围的，应当以专利权人作为被请求人。

第七条　请求国家知识产权局对药品专利纠纷进行行政裁决的，应当提交请求书及下列材料：

（一）主体资格证明；

（二）中国上市药品专利信息登记平台对相关专利的登记信息、国家药品审评机构信息平台公示的药品上市许可申请及其未落入相关专利权保护范围的声明和声明依据；

（三）请求人是药品上市许可申请人的，还应当提交申请注册的药品相关技术方案，该技术方案涉及保密信息的，需要单独提交并声明。

第八条 请求书应当载明以下内容：

（一）请求人的姓名或者名称、地址，法定代表人或者主要负责人的姓名、联系电话，委托代理人的，代理人的姓名和代理机构的名称、地址、联系电话；

（二）被请求人的姓名或名称、地址、法定代表人的姓名、联系电话及其他事项；

（三）中国上市药品专利信息登记平台登记的相关专利信息，包括专利号、专利类型、专利状态、专利权人、专利保护期届满日，以及请求认定是否落入保护范围的具体权利要求项；

（四）国家药品审评机构信息平台公示的申请注册药品的相关信息及声明类型；

（五）关于申请注册的药品技术方案是否落入相关专利权保护范围的理由；

（六）证据材料清单；

（七）请求人或者获得授权的代理人的签名（自然人）或者盖章（法人和其他组织）。有关证据和证明材料可以以请求书附件的形式提交。

第九条 国家知识产权局收到请求书及相关材料后，应当进行登记并对请求书等材料进行审查。请求书及相关材料不齐全、请求书未使用规定的格式或者填写不符合规定的，应当通知请求人在五个工作日内补正。期满未补正或者补正后仍存在同样缺陷的，该行政裁决请求不予受理。

第十条 药品专利纠纷行政裁决请求有下列情形之一的，国家知识产权局不予受理并通知请求人：

（一）请求书中缺少请求人姓名或名称，联系地址等基本信息，或者缺少专利权信息的；

（二）被请求人不明确的；

（三）请求人和被请求人的主体资格不符合本办法第四、五、六条相关规定的；

（四）涉案专利不属于中国上市药品专利信息登记平台登记的专利主题类型，或者与第四类声明中专利不一致的；

（五）涉案专利所涉及的权利要求被国家知识产权局宣告无效的；

（六）请求书中未明确所涉及的专利权利要求以及请求行政裁决具体事项的；

（七）请求人未具体说明行政裁决理由，或者未结合提交的证据具体说明行政裁决理由的；

（八）一项行政裁决请求涉及一个以上申请上市许可的药品技术方案或者一项以上专利权的；

（九）同一药品专利纠纷已被人民法院立案的。

第十一条 当事人的请求符合本办法第四条规定的，国家知识产权局应当在五个工作日内立案并通知请求人和被请求人。

第十二条 国家知识产权局根据当事人的申请，或者根据案件办理需要可以向药品监督管理部门核实有关证据。

第十三条 国家知识产权局应当组成合议组审理案件。根据当事人的请求和案件情况，合议组可以进行口头审理或者书面审理。

相同当事人针对同一药品相关的多项专利权提出多项行政裁决请求的，国家知识产权局可以合并审理。

国家知识产权局决定进行口头审理的，应当至少在口头审理五个工作日前将口头审理的时间、地点通知当事人。请求人无正当理由拒不参加或者未经许可中途退出的，其请求视为撤回；被请求人无正当理由拒不参加或者未经许可中途退出的，缺席审理。

第十四条 药品专利纠纷行政裁决案件办理中，涉案专利所涉及的部分权利要求被国家知识产权局宣告无效的，根据维持有效的权利要求为基础作出行政裁决；涉案专利所涉及的权利要求被国家知识产权局全部宣告无效的，驳回行政裁决请求。

第十五条 国家知识产权局办理药品专利纠纷行政裁决案件时，可以根据当事人的意愿进行调解。经调解，当事人达成一致意见的，国家知识产权局可以应当事人的请求制作调解书。调解不成的，国家知识产权局应当及时作出行政裁决。

第十六条 有以下情形之一的，当事人可以申请中止案件办理，国家知识产权局也可以依职权决定中止案件办理：

（一）一方当事人死亡，需要等待继承人表明是否参加办理的；

（二）一方当事人丧失请求行政裁决的行为能力，尚未确定法定代理人的；

（三）作为一方当事人的法人或者其他组织终止，尚未确定权利义务承受人的；

（四）一方当事人因不可抗拒的事由，不能参加审理的；

（五）其他需要中止办理的情形。

当事人对涉案专利提出无效宣告请求的，国家知识产权局可以不中止案件办理。

第十七条 国家知识产权局作出行政裁决之前，请求人可以撤回其请求。请求人撤回其请求或者其请求视为撤回的，药品专利纠纷行政裁决程序终止。

请求人在行政裁决的结论作出后撤回其请求的，不影响行政裁决的效力。

第十八条 国家知识产权局作出行政裁决的，应当就申请上市药品技术方案是否落入相关专利权保护范围作出认定，并说明理由和依据。

行政裁决作出后，应当送达当事人并抄送国家药品监督管理部门，同时按照《政府信息公开条例》及有关规定向社会公开。行政裁决公开时，应当删除涉及商业秘密的信息。

第十九条 当事人对国家知识产权局作出的药品专利纠纷行政裁决不服的，可以依法向人民法院起诉。

第二十条 当事人对其在行政裁决程序中知悉的商业秘密负有保密义务，擅自披露、使用或者允许他人使用该商业秘密的，应当承担相应法律责任。

第二十一条 药品专利纠纷行政裁决案件办理人员以及其他工作人员滥用职权、玩忽职守、徇私舞弊或者泄露办理过程中知悉的商业秘密，尚不构成犯罪的，依法给予政务处分；涉嫌犯罪的，移送司法机关处理。

第二十二条 本办法未作规定的，依照《专利行政执法办法》以及国家知识产权局关于专利侵权纠纷行政裁决有关规定执行。

第二十三条 本办法由国家知识产权局负责解释。

第二十四条 本办法自发布之日起施行。

条文释义

一、本条主旨

本条是关于药品专利纠纷早期解决机制，即药品专利链接制度的规定。

二、条文演变

我国此前的法律中并没有关于药品专利链接制度的规定。2017 年 10 月，中共中央办公厅、国务院办公厅印发《关于深化审评审批制度改革鼓励药品医疗器械创新的意见》，首次提出要“探索建立药品专利链接制度”。2019 年 11 月，中共中央办公厅、国务院办公厅印发《关于强化知识产权保护的意见》，再次提出要“探索建立药品专利链接制度”。2020 年 1 月 15 日，中美双方达成的《中华人民共和国政府和美利坚合众国政府经济贸易协议》，也涉及落实药品专利纠纷早期解决机制的内容。此次修改《专利法》，一方面是出于适应医疗领域深化改革要求，另一方面也是落实上述经贸协议的履约要求，我国立法机关对药品专利纠纷早期解决机制所涉及的相关专利法问题专门进行了规定，至此，药品专利链接制度被正式确立为我国的一项专利法律制度。

三、条文解读

根据《专利法》第 75 条第 5 项的规定，药品上市许可申请人申请药品上市审评审批，以及为提供行政审批所需要的信息而制造、使用、进口专利药品的，本身不侵犯专利权，专利权人和利害关系人无法提起合法有效的侵权民事诉讼。但是，如果等到仿制药审评审批通过后，仿制药企业将仿制药上市，即从事了本法第 11 条规定的专利实施行为（为生产经营目的制造、使用、许诺销售、销售、进口其专利产品，或者使用其专利方法以及使用、许诺销售、销售、进口依照该专利方法直接获得的产品），专利权人一旦提起侵权诉讼并被法院认定构成侵权，则仿制药企业前期的生产经营投入就浪费了，而专利权人和利害关系人也要承担市场被仿制药冲击的风险和高昂的维权成本。因此，此次修改《专利法》，参考相关国际经验，增加了关于专利纠纷早期解决机制的规定，以便在仿制药上市审评审批阶段确认申请注册的药品相关技术方案是否落入他人药品专利权保护范围，降低相关当事人潜在的侵权成本。

本条第 1 款规定，药品上市审评审批过程中，药品上市许可申请人与有关专利权人或者利害关系人，因申请注册的药品相关的专利权产生纠纷的，相关当事人可以向人民法院起诉，请求就申请注册的药品相关技术方案是否落入他人药品专利权保护范围作出判决。适用这一规定，需要把握以下几点：（1）药品专利纠纷早期解决机制适用于药品上市审评审批过程中。对于已经通过上市审评审批的药品，涉嫌侵犯专利权的，专利权人或者利害关系人可以另行提起侵权之诉，但不适用药品专利纠纷早期解决机制关于暂停批准相关药品上市的特殊程序。(2)药品专利纠纷早期解决机制适用于因申请注册的药品“相关的专利权”产生的纠纷。在国外的立法例中，不是所有种类的药品都适用药品专利链接制度。在我国，哪些种类药品的哪些专利权适用药品专利链接制度，由国务院药品监督管理部门会同国务院专利行政部门制定相关配套规定加以明确。(3)纠纷解决方式有两种：一是可以向人民法院起诉，二是向国务院专利行政部门请求行政裁决。(4)诉讼的当事人一方是在后药品(主要是仿制药)的上市许可申请人，另一方是有关在先专利的专利权人或者利害关系人。其中，利害关系人主要是指相关专利权的被许可人、相关药品上市许可持有人。(5)诉由是请求人民法院就申请注册的药品相关技术方案是否落入他人药品专利权保护范围作出判决。这是一种特殊的确认之诉，本款规定为其提供了明确的法律依据。需要说明的是，虽然学理上有人将此称为“拟制侵权”，但是这并非真正的侵权行为，不适用有关侵权救济的规定。

药品监督管理部门在一定期限内等待专利侵权纠纷审判结果(等待期)，是建立专利链接制度的各国的通行做法。但是，国务院药品监督管理部门审评审批药品上市申请，属于行政许可行为，应当遵守关于行政许可条件、期限的规定。根据《药品管理法》第25条第1款的规定，对申请注册的药品，国务院药品监督管理部门应当组织药学、医学和其他技术人员进行评审，对药品的安全性、有效性和质量可控性以及申请人的质量管理、风险防控和责任赔偿等能力进行审查；符合条件的，颁发药品注册证书。《药品管理法》规定的上市审评审批程序，并未涉及药品的专利侵权纠纷问题；如果没有其他法律依据，国务院药品监督管理部门不得以存在专利侵权纠纷为由暂停其审评审批程序。为给国务院药品监督管理部门暂停其审评审批程序提供依据，本条第1款同时规定，国务院药品监督管理部门在规定的期限内，可以根据人民法院生效判决作出是否暂停批准相关药品上市的决定。至于等待期如何设置、设置多长，由有关配套规定进一步细化。

长期以来，我国对专利权采取司法和行政保护“双轨制”。因此，本条第2款规定，药品上市许可申请人与有关专利权人或者利害关系人也可以就申请注册的药品相关的专利权纠纷，向国务院专利行政部门请求行政裁决。

本次《专利法》修改过程中，草案二次审议稿增加了关于药品专利纠纷早期解决机制的相关规定。在立法过程中，有的建议在平衡药品专利权人和仿制药申请人利益的基础上，对相关规定再作研究；有的建议对相关具体规定，如仿制药申请人的通知义务、等待期的设置、生物药是否适用等，进一步予以细化和完善；有的提出，部分规定属于药品审评的内容，不宜在《专利法》中规定。全国人大宪法和法律委员会经研究认为，药品专利纠纷早期解决机制属于新设制度，涉及药品专利权人和仿制药申请人利益平衡，应当稳妥推进；对于其中涉及专利的法律问题，《专利法》可只作原则规定、提供必要的法律依据，具体内容可由国务院及其有关主管部门依法予以细化并在实践中不断完善。因此，最终通过的文本删除了关于药品专利纠纷早期解决机制的具体程序性规定；同时在本条第 3 款明确规定，国务院药品监督管理部门会同国务院专利行政部门制定药品上市许可审评与药品上市许可申请阶段专利纠纷解决的具体衔接办法，报国务院同意后实施。[①]

适用指引

一、关于“相关的专利权”的理解

《专利法》第 76 条第 1 款未进一步明确“相关的专利权”范围。2021 年 7 月 4 日，国家药监局、国家知识产权局发布《药品专利纠纷早期解决机制实施办法（试行）》。该办法第 2 条规定，国务院药品监督管理部门建立中国上市药品专利信息登记平台（以下简称平台），供药品上市许可持有人登记在中国境内注册上市的药品相关专利信息，并向社会公示。未在中国上市药品专利信息登记平台登记的专利信息，不适用本办法。根据该规定，相关的专利是指国务院行政部门依据《药品专利纠纷早期解决机制实施办法（试行）》所设平台中登记的专利。

二、关于相关当事人的范围及诉权的行使问题

《专利法》第 76 条所称相关当事人，不仅包括有关专利权人或者利害关系人，还包括药品上市许可申请人。根据《最高人民法院关于审理申请注册的药

① 王瑞贺主编：《中华人民共和国专利法释义》，法律出版社 2021 年版，第 219~220 页。

品相关的专利权纠纷民事案件适用法律若干问题的规定》第 2 条第 2 款规定，《专利法》第 76 条所称的利害关系人，是指专利的被许可人、相关药品上市许可持有人。专利的被许可人，包括专利独占许可合同的被许可人、专利排他许可合同的被许可人以及专利普通许可合同的被许可人 3 种。关于被许可人诉权的行使，2001 年发布的《最高人民法院关于对诉前停止侵犯专利权行为适用法律问题的若干规定》对此早有规定，之后被 2018 年出台的《知产行为保全规定》予以吸收。具体而言，专利独占许可合同的被许可人可以单独向法院起诉，专利排他许可合同的被许可人在专利权人不起诉的情况下可以起诉。专利普通许可合同的被许可人经权利人明确授权以自己的名义起诉的，可以单独提出申请。相关药品上市许可持有人是通过提出药品上市许可申请并获得药品上市许可批件的主体，既可以是获得上市许可药品的相关专利的权利人，也可以是上述相关专利的被许可人。

关于当事人诉权行使问题。《专利法》第 76 条规定，药品上市许可申请人、有关专利权人或者利害关系人可以向人民法院起诉。为了保障双方当事人诉权的平等，又避免因平行诉讼带来程序繁复、不合理迟延药品审批等问题，可以提起专利链接诉讼的主体不仅包括有关专利权人或者利害关系人，还包括药品上市许可申请人。上述主体行使诉权时，根据《最高人民法院关于审理申请注册的药品相关的专利权纠纷民事案件适用法律若干问题的规定》第 4 条的规定，专利权人或者利害关系人在衔接办法规定的期限内未向人民法院提起诉讼的，药品上市许可申请人才可以向人民法院起诉，请求确认申请注册药品未落入相关专利权保护范围。

三、关于药品专利链接案件的管辖法院

根据《最高人民法院关于审理申请注册的药品相关的专利权纠纷民事案件适用法律若干问题的规定》第 1 条的规定，当事人依据《专利法》第 76 条规定提起的确认是否落入专利权保护范围纠纷的第一审案件，由北京知识产权法院管辖。此外，根据上述司法解释第 12 条的规定，专利权人或者利害关系人知道或者应当知道其主张的专利权应当被宣告无效或者申请注册药品的相关技术方案未落入专利权保护范围，仍提起《专利法》第 76 条所称诉讼或者请求行政裁决，药品上市许可申请人提起损害赔偿之诉的，亦由北京知识产权法院管辖。同时，根据《最高人民法院关于知识产权法庭若干问题的规定》，不服

北京知识产权法院就上述案件作出的一审判决或裁定，应向最高人民法院提出上诉。

四、关于药品专利链接诉讼与行政裁决程序的关系

《专利法》第76条第1款规定了药品专利链接诉讼即司法链接，第2款规定了药品行政裁决即行政链接。《最高人民法院关于审理申请注册的药品相关的专利权纠纷民事案件适用法律若干问题的规定》第5条规定了行政裁决程序与司法程序的衔接问题。需要强调的是，司法程序不受行政机关受理行政裁决申请以及作出行政裁决的影响。当事人以国务院专利行政部门已经受理《专利法》第76条所称行政裁决请求为由，主张不应当受理《专利法》第76条所称诉讼或者申请中止诉讼的，人民法院不予支持。2021年7月5日，国家知识产权局发布《药品专利纠纷早期解决机制行政裁决办法》，裁决办法第4条规定，当事人请求国家知识产权局对药品专利纠纷进行行政裁决的，需要满足人民法院此前未就该药品专利纠纷立案这一条件。也就是说，行政裁决需要以司法程序未予立案为前提。因此，当事人如果先行选择了申请行政裁决，则不影响其再向人民法院起诉；反之，如果当事人已经向人民法院起诉并已立案，则不能就相同的药品和相同的专利权再向国家知识产权局申请行政裁决。同时，《药品专利纠纷早期解决机制实施办法（试行）》和《药品专利纠纷早期解决机制行政裁决办法》均规定，当事人对国家知识产权局作出的药品专利纠纷行政裁决不服的，可以依法向人民法院起诉。

五、关于药品专利链接诉讼与传统专利侵权诉讼的关系

药品专利链接诉讼是一种新的案件类型，其案由为确认是否落入专利权保护范围纠纷。该类案件与传统专利侵权诉讼的不同主要体现在三个方面：第一，性质不同。药品专利链接诉讼属于确认之诉，没有具体的给付请求，不涉及停止侵权和赔偿等问题；传统专利侵权诉讼大多有具体给付请求。第二，权利基础不同。《最高人民法院关于审理申请注册的药品相关的专利权纠纷民事案件适用法律若干问题的规定》第2条规定，相关专利权是指适用国务院有关行政部门关于药品上市许可审批与药品上市许可申请阶段专利权纠纷解决的具体衔接办法的专利，即登记在依照《药品专利纠纷早期解决机制实施办法（试行）》所设平台中的与药品相关的专利权才可以作为提起药品专利链接诉讼的

权利基础。第三，引发诉讼条件不同。药品专利链接诉讼是指发生在药品审评审批过程中因申请注册的药品是否落入相关专利权的保护范围产生的纠纷，因此，该类诉讼只针对在药品审评审批过程中出现的与申请注册的药品相关的专利权纠纷，且需要药品上市许可申请人作出第4类声明，即平台收录的被仿制药相关专利权应当被宣告无效，或者其仿制药未落入相关专利权保护范围。

考虑到药品专利链接制度的目的是使与药品相关的专利权纠纷能够获得早期解决，因此，药品专利链接诉讼与传统专利侵权诉讼之间又具有紧密的联系。为了避免当事人利用不同诉讼程序持续阻碍仿制药上市，也为了保障药品上市后的稳定性，保障公众的药品可及性，防止当事人在专利链接诉讼之后又重复提起专利侵权之诉，切实贯彻专利纠纷早期解决的制度设计初衷，《最高人民法院关于审理申请注册的药品相关的专利权纠纷民事案件适用法律若干问题的规定》第11条规定，药品专利链接诉讼的生效判决，特别是关于是否落入专利权保护范围的认定，对于在后的针对同一专利权和申请注册的药品的专利侵权诉讼具有既判力，这样既可以提高传统专利侵权案件的审判效率，又可以让药品专利早期解决机制得到有效贯彻。当然，药品专利链接诉讼的生效判决的既判力存在例外，如果有证据证明被诉侵权药品技术方案与申请注册的药品相关技术方案不一致或者新主张的事由成立的，则对在后诉讼不具有既判力。

典型案例

中外制药株式会社诉温州海鹤药业有限公司确认是否落入专利权保护范围纠纷案

关键词： 药品专利链接　发明专利　专利权保护范围　4.2类声明　药品申报资料等同特征　禁止反悔

裁判摘要：（1）确认是否落入专利权保护范围纠纷是《专利法》第76条规定的特殊类型的纠纷，但其实体审理的核心是确认被诉技术方案是否落入相关药品专利权保护范围，与侵害专利权纠纷中专利侵权判定部分的审理并无实质不同，故可以适用《专利法》及相关司法解释关于专利侵权判定的相关规定。（2）仿制药申请人作出声明时，通常应该考虑被仿制药品与登记平台公开的专利权利要求的对应关系，即被仿制药品是否实施了登记平台公开的专利权利要求的技术方案。对于4.2类声明而言，该类声明的核心在于申明仿制药申请人申请的仿制药技术方案不落入被仿制药品专利权的保护范围。为保证声明的真实性和准确性，仿制药申请人原则上应该针对被仿制药品所对应的保护范围最大的权利要求作出声明。如果被仿制药品对应着专利独立权利要求，仿制药申请人应当针对独立权利要求作出声明；当被仿制药品所对应的保护范围最大的权利要求存在两个或者两个以上的独立权利要求时，仿制药申请人针对该两个或者两个以上独立权利要求作出声明，才能保证声明的真实性和准确性。（3）在判断仿制药的技术方案是否落入专利权保护范围时，原则上应以仿制药申请人的申报资料为依据进行比对评判。仿制药申请人实际实施的技术方案与申报资料是否相同，一般不属于药品专利纠纷早期解决机制中确认落入专利权保护范围纠纷之诉的审查范围。

基本案情：中外制药株式会社拥有专利号为200580009877.6、名称为“ED-71制剂”的发明专利（以下简称涉案专利）。中外制药株式会社在中国上市药品专利信息登记平台（以下简称登记平台）就上述药品和专利进行登记，主张上述药品与涉案专利权利要求1至7均相关。后中外制药株式会社在无效宣告程序中对涉案专利权利要求进行了修改，修改后的权利要求包括6项。温州海鹤药业有限公司（以下简称海鹤公司）申请注册的仿制药的药品名称为“艾地骨化醇软胶囊”（简称涉案仿制药），剂型为胶囊剂，规格为0.75μg，注册类别为4类。2021年8月16日，登记平台受理海鹤公司提交的涉案仿制药上市许可申请。海鹤公司明确其仿制的药品为中外制药株式会社的“艾地骨化醇软胶囊（规格：0.75μg，批准文号：国药准字HJ20200058）”。海鹤公司在登记平台作出4.2类声明，即仿制药未落入登记平台收录的被仿制药品相关专利权保护范围。中外制药株式会社向北京知识产权法院（以下简称一审法院）提起诉讼，主张涉案仿制药使用了与涉案专利修改后的权利要求1–6相同或等同的技术方案，落入涉案专利权利要求1–6的保护范围。

一审审理过程中，国家知识产权局宣告涉案专利权全部无效，但双方当事人均明确要求一审法院对本案进行实体审理。一审法院经审理认为，本案符合捐献原则的适用情形，海鹤公司申请注册的涉案仿制药并未落入中外制药株式会社涉案专利权利要求1–6的保护范围，于2022年4月15日作出判决，驳回中外制药株式会社的诉讼请求。中外制药株式会社不服，向最高人民法院提起上诉。

最高人民法院二审认为，关于是否对本案进行实体审理。因本案双方当事人均有在涉案仿制药上市前通过本案诉讼解决专利纠纷的意愿，且海鹤公司在本案中仅以涉案仿制药与涉案专利技术方案不同为由进行抗辩，涉案专利权的稳定性对本案争议问题的审理并无必然影响，故可对本案进行实体审理。因海鹤公司未针对涉案专利保护范围最大的权利要求作出声明，且未将声明及声明依据通知上市许可持有人，不符合实施办法的规定，其行为明显不当，对海鹤公司的行为予以批评，但海鹤公司的上述行为并不影响本案实体结论。在判断仿制药的技术方案是否落入专利权保护范围时，原则上应以仿制药申请人的申报资料为依据进行比对评判。如果仿制药申请人实际实施的技术方案与申报技术方案不一致，其需要依照药品监督管理相关法律法规承担法律责任；如果专利权人或利害关系人认为仿制药申请人实际实施的技术方案构成侵权，亦可另行提起侵害专利权纠纷之诉。因此，仿制药申请人实际实施的技术方案与申报资料是否相同，一般不属于确认落入专利权保护范围纠纷之诉的审查范围。经查，海鹤公司申请注册的涉案仿制药采用XX作为抗氧化剂。结合涉案专利权利要求的修改过程，中外制药株式会社通过修改权利要求的方式对其要求保护的特定技术方案作出了明确的选择，且其是从原从属权利要求2所记载的并列的四种抗氧化剂中选择了唯一一种抗氧化剂，进一步说明其通过修改放弃采用XX这一特定抗氧化剂的技术方案的意思具体明确。中外制药株式会社并无合理理由或者证据证明其并未通过修改权利要求放弃使用其他抗氧化剂的技术方案，故本案应当适用禁止反悔规则，不宜再将采用XX作为抗氧化剂的技术方案纳入涉案专利权的等同保护范围内。海鹤公司申请注册的涉案仿制药未落入中外制药株式会社修改后涉案专利权利要求1-6的保护范围，原审判决的结论正确。最高人民法院于2022年8月5日判决：驳回上诉，维持原判。

【案　　号】（2022）最高法知民终905号

【审理法院】最高人民法院

【来　　源】中国裁判文书网

第七十七条　为生产经营目的的使用、许诺销售或者销售不知道是未经专利权人许可而制造并售出的专利侵权产品，能证明该产品合法来源的，不承担赔偿责任。

关联规定

一、国际条约

《与贸易有关的知识产权协定》

第 45 条　赔偿

一、对于故意或有充分理由应知道自己从事侵权活动的侵权人，司法机关有权责令侵权人向权利持有人支付足以补偿其因知识产权侵权所受损害的赔偿。

二、法律、行政法规、司法解释

1.《中华人民共和国民法典》

第一千一百六十五条　行为人因过错侵害他人民事权益造成损害的，应当承担侵权责任。

依照法律规定推定行为人有过错，其不能证明自己没有过错的，应当承担侵权责任。

第一千一百七十八条　本法和其他法律对不承担责任或者减轻责任的情形另有规定的，依照其规定。

2.《最高人民法院关于知识产权民事诉讼证据的若干规定》

第四条　被告依法主张合法来源抗辩的，应当举证证明合法取得被诉侵权产品、复制品的事实，包括合法的购货渠道、合理的价格和直接的供货方等。

被告提供的被诉侵权产品、复制品来源证据与其合理注意义务程度相当的，可以认定其完成前款所称举证，并推定其不知道被诉侵权产品、复制品侵害知识产权。被告的经营规模、专业程度、市场交易习惯等，可以作为确定其合理注意义务的证据。

3.《最高人民法院关于审理侵犯专利权纠纷案件应用法律若干问题的解释（二）》

第二十五条 为生产经营目的使用、许诺销售或者销售不知道是未经专利权人许可而制造并售出的专利侵权产品，且举证证明该产品合法来源的，对于权利人请求停止上述使用、许诺销售、销售行为的主张，人民法院应予支持，但被诉侵权产品的使用者举证证明其已支付该产品的合理对价的除外。

本条第一款所称不知道，是指实际不知道且不应当知道。

本条第一款所称合法来源，是指通过合法的销售渠道、通常的买卖合同等正常商业方式取得产品。对于合法来源，使用者、许诺销售者或者销售者应当提供符合交易习惯的相关证据。

第二十六条 被告构成对专利权的侵犯，权利人请求判令其停止侵权行为的，人民法院应予支持，但基于国家利益、公共利益的考量，人民法院可以不判令被告停止被诉行为，而判令其支付相应的合理费用。

条文释义

一、本条主旨

本条是关于专利侵权纠纷中合法来源抗辩的规定。

二、条文演变

1984 年制定《专利法》时，为保护善意第三人利益，在第 62 条规定，使用或者销售不知道是未经专利权人许可而制造并售出的专利产品的，不视为侵犯专利权。

1992 年第一次修正《专利法》时，对该条未作变动。

2000 年第二次修正《专利法》时，将该条规定改为第 62 条第 2 款，并修改为“为生产经营目的使用或者销售不知道是未经专利权人许可而制造并售出的专利产品或者依照专利方法直接获得的产品，能证明其合法来源的，不承担赔偿责任”。本次修改主要涉及两个方面：一是考虑到仅以“不知道”为理由即视为不侵犯专利权，容易给专利产品的违法制造者以可乘之机，不利于充分保护专利权合法权益，因此修改为“能证明其合法来源的，不承担赔偿责任”；二是考虑到1992年修改《专利法》时，在第11条中增加了对产品制造方法专利权的延伸保护，也就是对产品制造方法专利权的保护不仅包括该专利方法的使用，还包括销售、使用或者进口依照该方法直接获得的产品，却没有同时对原第62条第2项的规定作出必要的相应修改，导致该项规定仍然仅仅包括‘专利产品’，故2000年修改《专利法》，于第62条第2款补充了依照专利方法直接获得的产品，从而使该款规定与第11条的规定保持协调一致。

2008年第三次修正《专利法》时，将该条规定的条文序号变更为第70条，并增加了“许诺销售”的情形，修改后的《专利法》第70条规定，为生产经营目的使用、许诺销售或者销售不知道是未经专利权人许可而制造并售出的专利侵权产品，能证明该产品合法来源的，不承担赔偿责任。

2020年第四次修正《专利法》，将该条规定改为第77条，条文内容未作变动。

三、条文解读

为生产经营目的使用、许诺销售或者销售不知道是未经专利权人许可而制造并售出的专利侵权产品并能证明该产品合法来源的行为，依法仍属于侵权行为，但考虑到这种行为主观上不存在恶意，且危害较小，一般予以制止即可，故本条规定，这种行为不承担“赔偿责任”。适用本条合法来源抗辩规定，应当把握以下几点。

第一，《专利法》第11条规定的实施专利权的行为包括制造、使用、许诺销售、销售、进口行为，但合法来源抗辩不承担赔偿责任的行为仅限于为生产经营目的使用、许诺销售或者销售的行为，不包括制造或者进口专利侵权产品的行为，也不包括使用产品制造方法的行为。这就意味着，专利产品的制造者、进口者以及产品制造专利方法的使用者不能以其不知道其制造、进口的产品是他人获得专利权的产品或者以其不知道使用的产品制造方法是他人获得专利权的方法为由，主张免除其赔偿责任。

第二，不承担赔偿责任的侵权人，应当能够同时证明：第一，其“不知道”自己使用、许诺销售或者销售的产品是专利侵权产品；此处的“不知道”，是指实际不知道且不应当知道。根据侵权行为法的基本法理，如果行为人明知或者应当知道其行为将侵犯他人权利，却仍然实施侵权行为，则属于故意侵权，无疑应当承担侵权责任；如果行为人应当知道其行为将侵犯他人权利，然而由于疏忽大意或过于自信而没有注意到，则属于过失侵权，也应当承担侵权责任。第二，该产品有合法来源，即通过合法的销售渠道、通常的买卖合同等正常商业方式取得产品。如果行为人无法提供产品来源，或者提供的产品来源不合法，就应当承担赔偿责任。

第三，本条规定的情形，仍然属于侵犯专利权的行为，法律上只是因其善意行为而免于承担赔偿责任。故行为人仍然应为其实施的未经专利权人许可而许诺销售、销售、使用侵权产品的行为承担除赔偿损失之外的其他民事责任，即原则上其应当承担立即停止侵权的责任，而且应当承担专利权人为制止侵权而支付的合理开支。

适用指引

一、如何把握合法来源抗辩的客观要件审查

合法来源抗辩是知识产权侵权纠纷中较为常见的抗辩事由，成立要件包括两项：主观上的不知道和客观上的来源合法。由被告对被诉侵权产品来源合法承担举证责任在实践中已经达成共识，但是对于被告不知道侵权事实的举证责任承担，以及应当举证到何种程度才可以认定所许诺销售、销售、使用的被诉侵权产品具有合法来源，存在不同认识。从司法政策导向来看，考虑到许诺销售者、销售者和使用者一般并非侵权源头，故对其举证要求不宜过高，根据《知产证据规定》第4条的规定，如果被告已提供证据证明产品来源合法，即系通过合法的购货渠道、合理的价格、适格的市场主体等正常商业方式取得被诉侵权产品，且被告提供的来源证据与其合理注意义务程度相当的，则可以推定其无过错。当然，这种推定可以由权利人继续举证来推翻。至于被告提供的来源证据是否能证明合法取得，应当结合其合理注意义务进行判断，被告的经营规模、专业程度、市场交易习惯等，可以作为确定其合理注意义务的证据。通常情况下，批发市场的小商贩和具有一定规模的商贸公司，对于被诉侵权产品是否属于侵权产品的认知能力是不同的，对其提供的合法来源证据需要结合具体案情和交易习惯综合判断。为此，《侵犯专利权纠纷案件解释（二）》第25条第3款规定："本条第一款所称合法来源，是指通过合法的销售渠道、通

常的买卖合同等正常商业方式取得产品。对于合法来源，使用者、许诺销售者或者销售者应当提供符合交易习惯的相关证据。”司法实践中，应当注意避免出现两个极端：一是对合法来源证据认定失之过严，即一律要求被诉侵权者主张合法来源抗辩时，必须提供正规商业发票；二是对合法来源证据认定失之过宽，即对被诉侵权者提交的合法来源证据能否形成证据链、证据是否具有证明力、是否满足合法性、关联性、证明力等要求概不审查或只作部分审查，导致合法来源抗辩成为逃脱侵权制裁的出口。

司法实践中应当注意的是，对于被诉侵权者提交的关于被诉侵权产品具有合法来源的证明力评价，应当根据具体案件中的销售场景、不同商品领域或者市场类型的商业惯例，以及基本生活常识综合判断。原则上，销售者应当提供购入被诉侵权产品发票并明确其前手交易主体。同时，如果销售者已经尽其所能举证，仍不能提供发票或者明确的前手交易主体，但基于特定类型商品的特定销售场景，依据销售者提供的单据及其他证据，能够证明其购买渠道和购入价格符合商业惯例和生活常识的，仍可以初步认定被诉侵权产品具有合法来源。

二、如何把握合法来源抗辩的主观要件审查

如前所述，合法来源抗辩中销售者免于承担赔偿责任的主观要件，在于其实际不知道且不应当知道所售产品为未经专利权人许可制造而售出。“不知道”是指销售者实际没有认识到所售产品是未经专利权人许可而制造并售出，表明销售者为善意。“不应当知道”是指销售者已经尽到合理注意义务，对于实际不知道所售产品是未经专利权人许可而制造并售出的事实主观上没有过失。据此，可以将专利侵权纠纷中销售者合法来源抗辩的主观要件归纳为善意且无过失。

关于销售者是否具有过失的审查认定，要注意合理分配举证责任，确保在保护专利权和维护正常市场交易秩序之间实现妥当平衡，因此，对于销售者能否满足合法来源抗辩主观要件，须站在诚信经营者的角度，从是否尊重合法、正常的市场交易规则入手判断。一般而言，如果销售者能够证明其遵从合法、正常的市场交易规则，取得所售产品的来源清晰、渠道合法、价格合理，其销售行为符合诚信原则、合乎交易惯例，则销售者已经恪尽作为诚信经营者应负的合理注意义务，可推定其主观上无过失。此时，举证责任便转移至专利权人

处，即由专利权人提供相反证据推翻前述推定。在此基础上，如果结合销售者的注意能力、接触专利产品信息的可能性、专利产品的市场销售情况、销售行为的情节等因素，专利权人提供的证据能够初步证明销售者知道或应当知道所售产品系未经专利权人许可而制造并售出这一事实具有较高可能性的，则举证责任又再度转移至销售者处，即应当由其继续进一步举证，此时销售者应证明其已经对所售产品是否为经专利权人许可而制造并售出给予必要注意，否则即应认定其主观上具有过失，未能满足合法来源抗辩之“善意无过失”的主观要件。

还要指出的是，鉴于专利侵权判断具有较强的专业技术性。即便销售商营业规模大、从业时间长，通常也难以认定该销售商具有判断所售产品是否侵害涉案专利权的注意能力，因此，在司法实践中不能简单根据销售商的营业规模和从业时间来确定其对于所销售产品为侵害他人专利权的产品在主观上属善意不知情。

三、对已经支付产品合理对价的善意使用者的特殊规定

《专利法》2008 年修正时，于第 70 条规定，使用者、许诺销售者、销售者合法来源抗辩成立时，免除其赔偿责任。由此产生的争议在于，善意的使用者在证明合法来源且已支付合理对价的情况下，是否还应停止使用？实践中，侵权产品的使用者通常不知道也不应当知道其购买的是侵权产品，因使用者在侵权行为链条的末端，容易被权利人发现，故权利人往往选择起诉使用者。即使制造者、销售者和使用者均为共同被告，依照该条规定，使用者仅能免除赔偿损失的责任，其仍应承担停止使用的侵权责任。若不停止使用，则使用者需支付专利使用费，作为不停止使用的替代。然而，如果使用者在购买侵权产品时已经支付了对价，则实际上等于使用者要支付双份的对价。鉴于这一问题在司法实践中存在较大争议，《侵犯专利权纠纷案件解释（二）》于第 25 条第 1 款以但书的方式专门作出规定，“被诉侵权产品的使用者举证证明其已支付该产品的合理对价的除外”。在针对这一但书的讨论过程中，一种意见认为，该条相当于免除了善意使用者不停止使用的责任，似与 2008 年修正的《专利法》第 70 条存在冲突；另一种意见认为，从合法来源抗辩制度的设置本意来看，该项制度出台的初衷是为了打击侵权源头，而制造者无疑才是侵权的主要源头。《与贸易有关的知识产权协定》第 45 条第 1 款亦未要求禁止善意使用被诉

侵权产品的行为。故只要使用者在主观上是善意，客观上能够证明所使用的被诉侵权产品具有客观来源，且在获得该侵权产品时向销售者支付了合理对价，则应当阻却专利权禁止力的延伸，否则对善意且已经支付使用对价的使用者而言未免过于苛刻。虽然专利权具有很强的排他性，但不等于其可以无限扩张。一味过分地强调专利权人单方的利益，而置善意使用者的正当利益于不顾，将侵占善意使用者的合理空间、妨碍交易安全，这既非2008年《专利法》第70条的原意，也明显有违利益平衡、维护市场交易安全秩序的法律精神。在征求有关立法部门意见的基础上，前述司法解释最后决定采纳第二种意见。

需要强调指出的是，善意使用者不承担停止使用的责任的前提是，其应当举证证明所支付的对价是"合理对价"。根据《侵犯专利权纠纷案件解释（二）》第25条第1款的规定，合理对价，是指与专利产品基本相当或略低于专利产品的交易价格或交易条件。如果该对价明显低于专利产品的交易价格或条件，通常可以推定购买者应当知道所购产品并非专利产品。因此，如果权利人提出反证证明使用者未支付对价或虽支付对价但对价明显不合理，则使用者仍不能免除停止使用的民事责任，除非属于前述司法解释第26条规定的损害国家利益、公共利益的除外情形。

典型案例

一、宝蔻（厦门）卫浴有限公司诉馆陶县佩龙水暖安装维修门市侵害实用新型专利权纠纷案

关键词：实用新型专利　侵权　销售者　合法来源抗辩　客观要件　主观要件

裁判摘要：销售者合法来源抗辩的成立，需要同时满足被诉侵权产品具有合法来源这一客观要件和销售者无主观过错这一主观要件，两个要件相互联系。如果销售者能够证明其遵从合法、正常的市场交易规则，取得所售产品的来源清晰、渠道合法、价格合理，其销售行为符合诚信原则、合乎交易惯例，则可推定其无主观过错。此时，应由权利人提供相反证据。在权利人未进一步提供足以推翻上述推定的相反证据的情况下，应当认定销售者合法来源抗辩

成立。

基本案情：宝蔻（厦门）卫浴有限公司（以下简称宝蔻公司）是专利号为201220231053.0、名称为“一种阀体一体式结构的双开关恒温阀”的实用新型专利（以下简称涉案专利）的权利人。宝蔻公司认为，馆陶县佩龙水暖安装维修门市（以下简称佩龙门市）未经专利权人的许可，销售落入涉案专利权保护范围的产品，侵害了宝蔻公司的专利权，故向河北省石家庄市中级人民法院提起诉讼，请求判令佩龙门市停止侵害并赔偿经济损失及维权合理开支2万元。石家庄市中级人民法院认为，佩龙门市销售的被诉侵权产品落入宝蔻公司涉案专利权保护范围，但佩龙门市提交了《销售出货单》，根据涉案产品的价值及交易惯例，可以认定佩龙门市销售的涉案产品有合法来源，佩龙门市的合法来源抗辩成立，判决佩龙门市停止侵害，驳回宝蔻公司的其他诉讼请求。宝蔻公司不服，向最高人民法院提起上诉。最高人民法院于2019年11月8日判决驳回上诉，维持原判。

最高人民法院二审认为，产品被制造者推向市场后，对于后续的产品销售者而言，其销售不知道是未经专利权人许可而制造并售出的专利侵权产品，能证明该产品合法来源的，不承担赔偿责任。销售者合法来源抗辩能否成立，需要同时满足被诉侵权产品具有合法来源这一客观要件和销售者无主观过错这一主观要件。对于客观要件，销售者应当提供符合交易习惯的相关证据；对于主观要件，销售者应证明其实际不知道且不应当知道其所售产品系制造者未经专利权人许可而制造并售出。这两个要件相互联系，缺一不可。在判断销售者是否满足合法来源抗辩的主观要件时，如果该销售者能够证明其遵从合法、正常的市场交易规则，取得所售产品的来源清晰、渠道合法、价格合理，其销售行为符合诚信原则、合乎交易惯例，则可推定该销售者实际不知道且不应当知道其所销售产品系制造者未经专利权人许可而制造并售出，即推定该销售者无主观过错。此时，应由权利人来证明侵权者知道或者应当知道其所许诺销售或者销售的是侵权产品，从而否定合法来源抗辩的成立。在权利人未进一步提供足以推翻上述推定的相反证据的情况下，应认定销售者合法来源抗辩成立。本案中，佩龙门市提交的《销售出货单》显示购货单位为武某龙，并加盖“山东汇恒卫浴设备有限公司”印章，送货地址为河北省邯郸市馆陶县魏征路桃山亭广场南200米路西，电话为133××××9706。其中，送货地址为佩龙门市实际经营地址，所留手机号为武某磊之妻郝某立使用，所购物品中亦包括本案被诉侵权产品。虽购货人与佩龙门市经营者姓名不同，但郝某立所作的武某龙系武建磊别名的解释有合理之处。结合《销售出货单》所留的销货单位的电话、印章以及宣传册、山东汇恒卫浴设备有限公司销售经理之名片等，可以认为佩龙门市所称的浴尔源卫浴设备厂与山东汇恒卫浴设备有限公司实系同一主体。基于现有在案证据，可以认定佩龙门市所销售的被诉侵权产品实际购自山东汇恒卫浴设备有限公司。宝蔻公司虽提交了公证保全证据来证明佩龙门市销售了侵害涉案专利权的产品，但其现有证据不足以证明佩龙门市对产品来源存在审查疏忽，亦无证据证明佩龙门市知道或应知其所售产品系侵害他人专利权的产品。佩龙门市从山东汇恒卫浴设备有限公司购得被诉侵权产品后对外销售，交易链条完整，在案证据不能证明其进货价格及销售价格存在异常之处，符合社会一般交易习惯，因此其所售产品系通过正常商业方式取得，且佩龙门市已披露被诉侵权产品的生产者信息，结合一般市场交易规则，可以认定佩龙门市所售产品具有合法来源，其属于正常开展经营活动，并无主观过错，依法不承担赔偿责任。

【案　　号】（2019）最高法知民终118号

【审理法院】最高人民法院

【来　　源】《最高人民法院知识产权案件年度报告（2019）》

二、胡某某诉东莞市一棵松电子技术有限公司侵害实用新型专利权纠纷案

关键词：实用新型专利　侵权　合法来源　主观要件

裁判摘要：合法来源抗辩中销售者免于承担赔偿责任的主观要件，在于销售者实际不知道且不应当知道所售产品为未经专利权人许可制造而售出。“不知道”是指销售者实际没有认识到所售产品是未经专利权人许可而制造并售出，表明销售者为善意。“不应当知道”是指销售者已经尽到合理注意义务，

对于实际不知道所售产品是未经专利权人许可而制造并售出的事实主观上没有过失。据此，可以将专利侵权纠纷中销售者合法来源抗辩的主观要件归纳为善意且无过失。

关于销售者是否具有过失的证明责任分配，应注意保护专利权和维护正常市场交易秩序之间的平衡，站在诚信经营者的角度，尊重合法、正常的市场交易规则。一般而言，如果销售者能够证明其遵从合法、正常的市场交易规则，取得所售产品的来源清晰、渠道合法、价格合理，其销售行为符合诚信原则、合乎交易惯例，则销售者已经恪尽作为诚信经营者应负的合理注意义务，可推定其主观上无过失。此时，应由专利权人提供相反证据。在此基础上，如果结合销售者的注意能力、接触专利产品信息的可能性、专利产品的市场销售情况、销售行为的情节等因素，专利权人提供的证据能够初步证明销售者知道或应当知道所售产品系未经专利权人许可而制造并售出这一事实具有较高可能性的，则销售者应当进一步举证，此时销售者除应证明其遵循合法、正常的市场交易规则之外，还应证明其已经对所售产品是否为经专利权人许可而制造并售出给予必要注意，否则应认定其主观上具有过失，未能满足合法来源抗辩之“善意且无过失”的主观要件。

基本案情：胡某某为名称为“一种电连接插接件”的实用新型专利（以下简称涉案专利）的权利人。胡某某认为，东莞市一棵松电子技术有限公司（以下简称一棵松公司）制造、销售、许诺销售了侵害涉案专利权的侵权产品，构成对其享有的涉案专利权的侵权，据此向广州知识产权法院提起诉讼，请求：判令一棵松公司（1）立即停止制造、销售、许诺销售等所有以生产经营为目的侵犯涉案专利权的行为，销毁用于生产的模具、配件以及库存；（2）赔偿胡某某经济损失并承担由于调查、制止侵权产生的公证费、律师费、差旅费等合理费用合计 50000 元；（3）承担本案诉讼费用。广州知识产权法院认为，胡某某所主张的一棵松公司被诉侵权行为成立，一棵松公司合法来源抗辩主张不能成立，据此判决一棵松公司赔偿胡某某经济损失及合理费用共计 50000 元。

一棵松公司不服，向最高人民法院提起上诉，最高人民法院于 2020 年 8 月 5 日判决驳回上诉，维持原判。

最高人民法院二审认为：在侵害专利权纠纷中，销售者主张合法来源抗辩，需要同时满足被诉侵权产品具有合法来源这一客观要件和销售者无主观过错这一主观要件。就客观要件而言，一棵松公司提交的五组送货单、物流单、收据与公证书记载的聊天内容相互印证，可以证明其销售的XT60型号的被诉侵权产品购自航模公司，因此，其合法来源抗辩能否成立主要取决于对主观要件的考察。

合法来源抗辩中销售者免于承担赔偿责任的主观要件，在于销售者实际不知道且不应当知道所售产品为未经专利权人许可制造而售出。“不知道”是指销售者实际没有认识到所售产品是未经专利权人许可而制造并售出，表明销售者为善意。“不应当知道”是指销售者已经尽到合理注意义务，对于实际不知道所售产品是未经专利权人许可而制造并售出的事实主观上没有过失。据此，可以将专利侵权纠纷中销售者合法来源抗辩的主观要件归纳为善意且无过失。关于销售者是否具有过失的证明责任分配，应注意保护专利权和维护正常市场交易秩序之间的平衡，站在诚信经营者的角度，尊重合法、正常的市场交易规则。一般而言，如果销售者能够证明其遵从合法、正常的市场交易规则，取得所售产品的来源清晰、渠道合法、价格合理，其销售行为符合诚信原则、合乎交易惯例，则销售者已经恪尽作为诚信经营者应负的合理注意义务，可推定其主观上无过失。此时，应由专利权人提供相反证据。在此基础上，如果结合销售者的注意能力、接触专利产品信息的可能性、专利产品的市场销售情况、销售行为的情节等因素，专利权人提供的证据能够初步证明销售者知道或应当知道所售产品系未经专利权人许可而制造并售出这一事实具有较高可能性的，则销售者应当进一步举证，此时销售者除应证明其遵循合法、正常的市场交易规则之外，还应证明其已经对所售产品是否为经专利权人许可而制造并售出给予必要注意，否则应认定其主观上具有过失，未能满足合法来源抗辩之“善意无过失”的主观要件。

本案中，在一棵松公司提交的2018年6月25日的聊天记录中，一棵松公司提出给XT60型号产品增加电气性能，供应商明确表示正品没有这个功能。可见最晚至该聊天内容发生时，被诉侵权产品的来源商已经提示一棵松公司所售商品为非正品。虽然一棵松公司的法定代表人主张其理解的正品是指国外产品，并不清楚国内有专利，但当来源商明确提示为非正品时，一棵松公司作为诚信经营者应对其销售的产品是否系未经专利权人许可而制造并售出给予必要注意，但一棵松公司没有举证证明其尽到了合理注意义务，应认定其主观上具有过失。虽然一棵松公司提交的证据能够证明被诉侵权产品的来源，但主观上未能恪尽作为诚信经营者应负的注意义务，存在主观过失，其合法来源抗辩不能成立。

【案　　号】(2020)最高法知民终274号

【审理法院】最高人民法院

【来　　源】中国裁判文书网

三、广东雅洁五金有限公司诉杨某某、卢某某侵害外观设计专利权纠纷案

关键词：外观设计专利　侵权　销售者　合法来源　证据审查

裁判摘要：侵权产品的使用者、销售者与制造者就各自的行为分别承担法律责任，不能因查明或认定了侵权产品的制造者就当然推定使用者、销售者的合法来源抗辩成立，免除其举证责任；也不能因为制造者已经承担了侵权责任，就免除合法来源抗辩不成立的使用者、销售者的赔偿责任。对于合法来源证据的审查，尤其要注重对证据的真实性、证明力、关联性、同一性的审查。

基本案情：曹某某为名称为“锁面组件(H87P-H135G)”的外观设计专利(以下简称本案专利)的权利人。广东雅洁五金有限公司(以下简称雅洁公司)为本案专利的独占实施被许可人。2011年10月18日，雅洁公司的委托代理人通过公证程序，在卢某某处购得被诉侵权产品“吉固”门锁一把。被诉侵权产品与本案专利的外观无实质性差异。被诉侵权产品包装上标有“吉固+JIGU+图”注册商标，该商标的权利人为温州市鹿城区临江县昌隆五金加工厂的业主杨某某。卢某某提交的发货清单传真件上记载有“温州市昌隆五金厂发货清单”字样，收货单位为“石家庄　卢某某”，日期为“2009年7月4日”，所购货物共四种，合计金额3280元。卢某某提交的银行个人存款回单上

载明的时间为“2009年6月4日15: 16: 32”，未显示付款人姓名和账号/卡号，交易金额6900元。雅洁公司以杨某某和卢某某侵犯其涉案专利权为由，提起诉讼。河北省石家庄市中级人民法院一审认为，杨某某出售被诉侵权产品给卢某某的时间为2009年7月4日，在本案专利授权公告日即2009年9月16日之前，故杨某某的行为不构成侵权。卢某某在本案专利授权公告日以后销售被诉侵权产品的行为构成侵权。但现有证据不能证明卢某某知道或者应当知道其所售为侵权产品，且因上述产品有合法来源，故卢某某无须承担赔偿责任。据此判决卢某某停止侵权行为。雅洁公司不服，提起上诉。河北省高级人民法院二审判决驳回上诉、维持原判。雅洁公司仍不服，向最高人民法院申请再审。最高人民法院裁定提审本案，并于2014年6月30日判决撤销一审、二审判决，改判杨某某、卢某某立即停止侵权行为，分别赔偿雅洁公司经济损失5万元和2000元。

最高人民法院提审认为：合法来源抗辩需要同时满足使用者、销售者无主观过错及被诉侵权产品具有合法来源两项条件。对于主观要件，需要被诉侵权产品的使用者、销售者证明其不知道使用、许诺销售或者销售的是侵权产品。对于被诉侵权产品是否有合法来源，应当由使用者、销售者举证证明被诉侵权产品具有合法的购货渠道、合理的价格和直接的供货方。侵权产品的使用者、销售者与制造者所需承担的法律责任是不同的，所负担的举证责任亦不同。侵权产品的使用者、销售者的这种举证责任，并不因为发现了真正的制造者而得以免除或减轻。当侵权产品的使用者、销售者是从制造者处直接购买产品，而没有其他的中间销售环节，通过事实和法律的认定，可以确认制造者生产并销售了侵权产品，使用者、销售者也不能因此免除或减轻合法来源抗辩的举证责任。首先，合法来源抗辩是法律赋予善意的侵权产品使用者、销售者的一种权利，根据“谁主张、谁举证”的举证责任分配原则，侵权产品的使用者、销售者在行使合法来源抗辩权时，应提供合法获取侵权产品的证据，如购货发票或收据以及付款凭证等。其次，对于这种特殊情况下侵权产品使用者、销售者的举证责任，也应该与存在多个中间销售环节时侵权产品使用者、销售者的举证责任相一致。最后，这种举证责任的分配方式，既可以规范流通环节的市场秩序，也可以防止侵权产品使用者、销售者与他人串通，以提供虚假合法来源证据的方式逃避赔偿责任。侵权产品的使用者、销售者与制造者应就各自的行为分别承担法律责任，不能因查明或认定了侵权产品的制造者就当然地推定使用者、销售者的合法来源抗辩成立，免除其赔偿责任；也不能因为制造者已经承担了侵权责任，就免除合法来源抗辩不成立的使用者、销售者的赔偿责任。对于合法来源抗辩证据的审查应当从严把握，尤其要注重对证据的真实性、证明力、关联性、同一性的审查。本案中，卢某某为证明其销售的被诉侵权产品有合法来源，提供了发货清单和个人存款回单。但发货清单为无签名或盖章的传真件，亦无相应的购货合同予以佐证。个人存款回单没有付款人姓名，且付款金额与发货清单不符。卢某某虽辩称该金额相对应的发货除了发货清单上所列货品，还有其他货物，但并未就此进行举证，其合法来源抗辩不能成立。

【案　　号】（2013）民提字第187号

【审理法院】最高人民法院

【来　　源】《最高人民法院知识产权案件年度报告（2014）》

《种子法》及《植物新品种保护条例》（部分）

概 述

作为人类智力劳动成果，植物新品种在农业增产、增效和品质改善中发挥着至关重要的作用。自20世纪以来，随着农机制造业、化肥工业的建立和发展以及孟德尔遗传规律的发现和运用，植物育种发展迅猛。农业越来越依赖专业化的种子供应，有关育种的专业组织开始建立，探索对植物新品种进行有效的法律保护。植物新品种保护随着农业育种和种子贸易的发展越来越重要，20世纪50年代中叶，育种者大多数通过垄断有性繁殖品种的繁殖材料或者无性繁殖品种的种苗来获得某些保护，特别是通过与种子繁育者签订合同保障育种者得到投资回报。1961年成立的国际植物新品种保护联盟（UPOV）作为政府间的国际组织，主要是协调和促进成员之间在行政和技术领域的合作，特别是在制定基本的法律和技术准则、交流信息、促进国际合作等方面发挥重大作用。《国际植物新品种保护公约》于1968年生效后，分别于1972年、1978年和1991年经过三次修订，我国于1999年4月23日成为《国际植物新品种保护公约》第39个成员国。

植物新品种制度为维护植物新品种权人的合法利益以及促进农业科技创新和农业生产起到了有力的推动作用。1997年3月20日，国务院颁布《中华人民共和国植物新品种保护条例》，并于同年10月1日实施，标志着我国正式确立植物新品种保护制度。国务院农业、林业行政部门按照职能分工，分别负责农业和林业植物新品种权申请的受理、审查和授权，相继发布《植物新品种保护条例实施细则（农业部分）》《植物新品种保护条例实施细则（林业部分）》《农业植物新品种权侵权案件处理规定》《林业植物新品种保护行政执法办法》等多部部门规章。

《植物新品种保护条例》的实施对鼓励育种创新，促进种业发展做出了重要贡献，植物新品种权已经成为农林领域最受关注的知识产权。为解决植物新品种保护法律位阶低，与国际植物新品种保护发展趋势衔接不紧密的问题，2015年11月4日，第十二届全国人民代表大会常务委员会第十七次会议修订《种子法》，将“新品种保护”单列为第四章予以规定，对植物新品种保护与种业发展密切相关的关键性制度进行规范，明确了国家实行植物新品种保护制度，对植物新品种权的授权条件、授权原则、品种命名、保护范围、科研和农民自繁自用豁免、强制许可等作出原则性规定。植物新品种保护的法律位阶得到了提高，进一步提升了植物新品种的保护水平，促进种业持续健康发展。

2021年12月24日，第十三届全国人民代表大会常务委员会第三十二次会议全票通过了《关于修改〈中华人民共和国种子法〉的决定》，自2022年3月1日起施行。此次《种子法》的重要修改立足我国种业知识产权保护的实际需要，通过扩大植物新品种权的保护范围、扩展保护环节、建立实质性派生品种制度、明确惠益分享途径、强化侵权损害赔偿责任等，加大植物新品种权的保护力度，对我国现代种业发展具有十分重要的意义。主要表现在：第一，扩大品种权保护范围，增加品种权人主张权利的机会，可以比较好地解决无性繁殖作物、常规作物品种维权难问题。根据2021年修正的《种子法》的规定，植物新品种保护范围由授权品种的繁殖材料延伸到未经许可使用授权品种繁殖材料获得的收获材料，凡涉及由未经许可使用授权品种的繁殖材料而获得的收获材料，原则上应当得到植物新品种权所有人的许可。第二，扩展植物新品种保护环节。与2015年修订的《种子法》相比，品种权保护环节扩展为八个，增加"为繁殖而进行处理、许诺销售、进口、出口、储存"五个环节，为品种权人提供更多主张权利的机会，减少维权举证难度，对侵权行为构成全链条打击。第三，新增实质性派生品种制度（EDV），实施延伸保护。2021年修正的《种子法》第28条规定的实质性派生品种制度的要义是，实质性派生品种可以申请植物新品种权并可以获得授权，但对其进行商业化利用时，应当征得原始品种的植物新品种权所有人的同意。第四，明确植物新品种权许可使用费的收取方式。规定"植物新品种权所有人可以将植物新品种权许可他人实施，并按照合同约定收取许可使用费；许可使用费可以采取固定价款、从推广收益中提成等方式收取"。第五，强化侵权赔偿和处罚力度。从多个方面提高对侵害植物新品种权行为的威慑力：明确将故意作为惩罚性赔偿的构成要件，并加大了惩罚性赔偿力度，对依据权利人的损失或侵权人获得的利益或品种权许可使用费可以确定数额的，惩罚性赔偿数额的上限由3倍提高到5倍；对法定赔偿限额由300万元提高到500万元；明确赔偿数额应当包括权利人为制止侵权行为所支付的合理开支；提高对生产经营假、劣种子违法行为的罚款额度，生产经营假种子货值金额不足2万元的，处2万元以上20万元以下罚款，货值金额2万元以上的，处货值金额10倍以上20倍以下罚款；生产经营劣种子货值金额不足2万元的，处1万元以上10万元以下罚款，货值金额2万元以上的，处货值金额5倍以上10倍以下罚款。

2021年修正的《种子法》中关于植物新品种保护的相关规定，较好地衔接了《国际植物新品种保护公约》(1991年文本)。

最高人民法院在2001年发布《关于开展植物新品种纠纷案件审判工作的通知》后，就植物新品种权案件的程序以及实体问题的法律适用，分别发布了《审理植物新品种纠纷案件解释》和《审理侵害植物新品种权纠纷案件规定》，并结合《民法典》的颁布与实施对上述两个司法解释进行了适应性的修改。2021年7月，以强化品种权保护、激励育种创新和保障种业科技自立自强为目标，又出台《审理侵害植物新品种权纠纷案件规定（二）》，针对实践中亟须解决的审判难点和新问题，以保护创新为基调，突出加强品种权保护，明确侵权判断标准，加大赔偿力度，重拳打击侵权假冒，净化种业市场，构筑起对侵权行为的事前、事中和事后的全链条打击，提升了司法保护的及时性和有效性。主要内容包括：一是明确保护范围和侵权行为类型，加大品种权保护，对许诺销售行为进行规制。结合实践中多见的以使用行为为由提出的不侵权抗辩，考虑无性繁殖品种的特性，明确种植行为属于生产繁殖行为的条件。针对品种权侵权行为隐蔽、季节性强、多环节参与的特点，列举了典型的帮助侵权行为，加大侵权行为惩治力度。二是明确侵权例外，激励种业自主创新并维护种业市场秩序。为加大育种创新，对于科研例外进行了规定，明确为申请品种权或者为申请品种审定的需要而利用授权品种的繁殖材料不构成侵权。厘清了认定农民自繁自用的条件，并规范了非农民行为构成侵权的情形。结合国际公约的相关规定，对合法来源以及权利用尽在侵害品种权纠纷中的适用进行了规定。三是加大赔偿力度，保障种业健康发展。列举侵权情节严重的考量因素，并对惩罚性赔偿的适用规则进行细化。四是规范鉴定方法和程序，确保事实查明科学准确。司法解释分别规定了鉴定人、鉴定方法、重新鉴定、鉴定结论采信等问题。例如，对于鉴定结论的采信，明确了田间观察检测与分子标记检测结论不同时的证明力大小；对于分子标记检测方法得出极近似结论的情形，规定举证责任转移给被诉侵权人。该司法解释在整体加大植物新品种权保护力度的同时，特别对套牌侵权行为作了两条规定：一是明确对直接套牌侵权行为参照假冒注册商标行为从严处理；二是对具有反复侵权、侵权为业、伪造证书、违法经营等情形的侵权行为，均视为侵权情节严重，依法在2倍以上适用惩罚性赔偿，最终赔偿总额至少在实际损失的3倍以上。

《民法典》的颁布实施为植物新品种保护提供了强有力的法律支撑。《民法典》总则编第 123 条第 1 款明确民事主体依法享有知识产权；第 2 款将植物新品种明确为知识产权的权利客体，与专利、商标、作品、商业秘密等权利客体并驾齐驱，同样重视，同等保护。将植物新品种列入《民法典》，其知识产权地位更加明确，保护位阶显著提升。《民法典》的开创性设计，为强化知识产权保护，推进知识产权创造、运用、管理和保护起到重要作用。

本部分以 2021 年修正的《种子法》为主干，对植物新品种法律制度中与《民法典》适用具有关联性的条文进行阐释；对于《种子法》并未规定，但是《植物新品种保护条例》已有规定且与《民法典》适用具有关联性的，则单独对《植物新品种保护条例》的相关规定予以阐释。

《种子法》(部分)

第二十五条　国家实行植物新品种保护制度。对国家植物品种保护名录内经过人工选育或者发现的野生植物加以改良，具备新颖性、特异性、一致性、稳定性和适当命名的植物品种，由国务院农业农村、林业草原主管部门授予植物新品种权，保护植物新品种权所有人的合法权益。植物新品种权的内容和归属、授予条件、申请和受理、审查与批准，以及期限、终止和无效等依照本法、有关法律和行政法规规定执行。

国家鼓励和支持种业科技创新、植物新品种培育及成果转化。取得植物新品种权的品种得到推广应用的，育种者依法获得相应的经济利益。

关联规定

一、国际条约

1.《与贸易有关的知识产权协定》

第二十七条

三、各成员可拒绝对下列内容授予专利权：

(一)人类或动物的诊断、治疗和外科手术方法；

(二)除微生物外的植物和动物，以及除非生物和微生物外的生产植物和动物的主要生物方法。但是，各成员应规定通过专利或一种有效的特殊制度或通过这两者的组合来保护植物品种。本项的规定应在《WTO 协定》生效之日起 4 年后进行审议。

2.《国际植物新品种保护公约》(1978 文本)

第四条　必须或可以保护的植物属和种

（1）本公约可适用于一切植物属和种。

（2）联盟成员国采取一切必要措施，逐步对尽可能多的植物属和种实施本公约的规定。

（3）（a）每个联盟成员国自本公约在其领土生效之日起，应至少对五个属或种实施本公约的规定。

（b）随后，每个联盟成员国于自本公约在其领土生效之日起的以下期限内，应对更多的属或种实施本公约的规定：

（Ⅰ）三年内至少有十个属或种；

（Ⅱ）六年内至少有十八个属或种；

（Ⅲ）八年内至少有二十四个属或种；

（c）若一联盟成员国按照第二条（2）款之规定在一个属或种内限制应用本公约，该属和种应仍被看作（a）和（b）项中规定的一个属或种。

（4）应意欲批准、接受、核准或加入本公约之任何国家的要求，理事会可以根据该国经济或生态的特殊条件，为该国决定减少第（3）款规定的最低限额，或延长该款规定的期限，或两者同时进行。

（5）应任何联盟成员国的要求，理事会可以根据该国在履行第（3）款（b）项规定的义务中所遇特殊困难，决定为该国延长第（3）款（b）项规定的期限。

第六条　享受保护的条件

（1）凡符合以下条件，育种者应享有本公约提供的保护：

（a）不论原始变种的起源是人工的，还是自然的，在申请保护时，该品种应具有一个或数个明显的特性有别于已知的任何其他品种。“已知”的存在可参考以下因素：已在进行栽培或销售，已经或正在法定的注册处登记，已登在参考文献中或已在刊物中准确描述过。使品种能够确定和区别的特性，必须是能准确辨认和描述的。

（b）在向一个联盟成员国注册保护申请时：

（Ⅰ）该品种尚未经育种者同意在该国领土内提供出售或在市场销售，若该国法律另行规定，则不能超过一年。

（Ⅱ）藤本、林木、果树和观赏植物的品种，包括其根茎，经育种者同意在任何其他国家提供出售或已在市场销售不超过六年，或所有其他植物不超过四年。

与提供出售或在市场销售无关的品种的试种，不影响保护权。以提供出售或市场销售以外的方式成为已知品种的事实，不影响育种者的保护权。

(c)就该品种的有性或无性繁殖特性而言，必须是充分均质或一致的。

(d)该品种的基本特性必须是稳定的。即经过重复繁殖，或在育种者规定的特定繁殖周期中的各个周期结束时，品种的基本特性仍与原来所描述的一致。

(e)该品种应按第十三条的规定命名。

(2)育种者应根据提交申请所在联盟成员国的法律规定手续申请注册，包括缴纳费用；不得以上述规定以外的条件授予保护权利。

二、法律、行政法规、司法解释

《中华人民共和国植物新品种保护条例》

第二条 本条例所称植物新品种，是指经过人工培育的或者对发现的野生植物加以开发，具备新颖性、特异性、一致性和稳定性并有适当命名的植物品种。

第三条 国务院农业、林业行政部门(以下统称审批机关)按照职责分工共同负责植物新品种权申请的受理和审查并对符合本条例规定的植物新品种授予植物新品种权(以下称品种权)。

第十三条 申请品种权的植物新品种应当属于国家植物品种保护名录中列举的植物的属或者种。植物品种保护名录由审批机关确定和公布。

三、部门规章及规范性文件

1.《中华人民共和国植物新品种保护条例实施细则(农业部分)》

第二条 农业植物新品种包括粮食、棉花、油料、麻类、糖料、蔬菜(含西甜瓜)、烟草、桑树、茶树、果树(干果除外)、观赏植物(木本除外)、草类、绿肥、草本药材、食用菌、藻类和橡胶树等植物的新品种。

第三条 依据《条例》第三条的规定，农业部为农业植物新品种权的审批机关，依照《条例》规定授予农业植物新品种权(以下简称品种权)。

农业部植物新品种保护办公室(以下简称品种保护办公室)，承担品种权申请的受理、审查等事务，负责植物新品种测试和繁殖材料保藏的组织工作。

2.《中华人民共和国植物新品种保护条例实施细则(林业部分)》

第二条 本细则所称植物新品种，是指符合《条例》第二条规定的林木、竹、木质藤木、木本观赏植物(包括木本花卉)、果树(干果部分)及木本油料、饮料、调料、木本药材等植物品种。

植物品种保护名录由国家林业局确定和公布。

第三条 国家林业局依照《条例》和本细则规定受理、审查植物新品种权的申请并授予植物新品种权(以下简称品种权)。

国家林业局植物新品种保护办公室(以下简称植物新品种保护办公室)，负责受理和审查本细则第二条规定的植物新品种的品种权申请，组织与植物新品种保护有关的测试、保藏等业务，按国家有关规定承办与植物新品种保护有关的国际事务等具体工作。

第十一条 授予品种权的，应当符合《条例》第十三条、第十四条、第十五条、第十六条、第十七条、第十八条和本细则第二条的规定。

四、司法指导性文件

《最高人民法院关于开展植物新品种纠纷案件审判工作的通知》

《中华人民共和国植物新品种保护条例》已于1997年10月1日起施行。1999年4月24日我国正式加入“国际植物新品种保护联盟(UPOV)”，承诺履行该联盟公约义务。1999年6月16日和8月10日，《中华人民共和国植物新品种保护条例实施细则》的农业部分和林业部分也已经分别发布施行。农业部、国家林业局按照职责分工，已从1999年4月23日起受理国内外植物新品种权申请，并已对符合条件的申请授予了植物新品种权。对植物新品种权的司法保护，是国家法律赋予人民法院的一项新的审判职能，是人民法院知识产权审判工作的又一个新的领域。做好这项审判工作将有利于建立我国自己的植物新品种优势，为农业、林业的快速发展提供有力的司法保障。

为确保人民法院依法受理和公正审判涉及植物新品种保护的纠纷案件，最高人民法院发布了《关于审理植物新品种纠纷案件的若干问题的解释》。现将有关问题通知如下：

一、审判植物新品种纠纷案件是人民法院知识产权审判的一项新的工作，各高、中级人民法院要组织有关审判人员，认真学习和研究植物新品种保护国际公约和植物新品种保护条例、实施细则，以及最高人民法院的司法解释，熟悉、掌握相关的法学理论和专业知识，积极开展该领域的内外业务交流，及时总结审判经验，努力提高审判人员的业务素质和执法水平。

二、涉及植物新品种的纠纷案件，属于知识产权纠纷案件类别，应当按照最高人民法院法发〔2000〕30号文件的规定，由相关的审判业务庭办理。

三、要主动与有关行政主管机关沟通情况，积极开展有关植物新品种纠纷的调研工作。对于社会影响重大、案情复杂、适用法律难度大的案件，要在查明事实的基础上，及时向最高人民法院通报情况。涉及植物新品种纠纷案件的终审裁决，应将法律文书及时报送最高人民法院民事审判第三庭。

条文释义

一、本条主旨

本条是关于植物新品种保护制度的框架性规定。

二、条文演变

植物新品种的法律保护通常采取专门法的形式保护农业、林业等领域的育种创新成果。早在1961年，国际植物新品种保护联盟（UPOV）就已成立。我国根据《国际植物新品种保护公约》1978年的文本框架，制定了《植物新品种保护条例》，并于1997年3月20日颁布，标志着我国正式建立了植物新品种保护制度。1999年4月23日，我国加入《国际植物新品种保护公约》（1978年文本），成为国际植物新品种保护联盟第39个成员。1999年6月16日，原农业部发布与《植物新品种保护条例》配套的《植物新品种保护条例实施细则（农业部分）》。1999年8月10日，原国家林业局发布《植物新品种保护条例实施细则（林业部分）》。《民法典》的颁布实施为植物新品种保护提供了强有力的法律支撑。我国的植物新品种保护制度得以全面建立。

2000年7月8日通过的《种子法》第12条从法律层面规定植物新品种保护这一基本法律制度，在《种子法》2004年、2013年的两次修正中，该条文的内容没有发生变化。2015年全国人民代表大会常务委员会对《种子法》进行了较为全面的修订，在第25条保留获得植物新品种授权的条件、育种者依法获得相应经济利益的规定，增加了国家植物品种“保护名录”“国务院农业农村、林业草原主管部门”的内容，以及“国家鼓励和支持种业科技创新、植物新品种培育及成果转化”等规定。2021年《种子法》修正时，本条相对于2015年没有发生变化。

我国的植物新品种保护制度建立后，2001年发布了《最高人民法院关于开展植物新品种纠纷案件审判工作的通知》，人民法院开始受理植物新品种纠纷案件。

三、条文解读

本条第1款规定了我国实行植物新品种保护制度和获得授权的植物新品种的条件；第2款规定了国家鼓励、支持并保护种业科技创新和育种者的经济利益。

（一）获得授权的植物新品种的条件

1. 列入保护名录

列入保护名录的植物种类才可以申请植物新品种权的保护。按照《国际植物新品种保护公约》（1978年文本）的要求，自公约在本国生效之日起应至少对5个属或者种给予保护，3年内保护不少于24个属或者种。保护名录一般是由成员国在满足《国际植物新品种保护公约》（1978年文本）要求的情况下，根据其种业发展和育种水平能力逐步公布并扩大。我国目前的植物新品种保护制度是按照《国际植物新品种保护公约》（1978年文本）框架设计的，国务院农业、林业主管部门不定期发布农业植物新品种保护和林业植物新品种保护名录，对保护名录内的植物新品种，在具备法定授权条件时可以授予植物新品种权。

2. 具备新颖性、特异性、一致性、稳定性[①]

新颖性是指一个植物品种在申请日前的特定期限内并未进入商业化销售或推广应用。

特异性是指一个植物品种有一个以上性状明显区别于已知品种。

一致性是指一个植物品种的特性除可预期的自然变异外，群体内个体间相关的特征或者特性表现一致。在品种测试中，植物品种经过繁殖，除可以预见的变异外，其相关特性应当一致。

① 对于新颖性、特异性、一致性、稳定性的解释，还可参见本书有关《种子法》第90条的条文理解部分。

稳定性是指一个植物品种经过反复繁殖后或者在特定繁殖周期结束时，其主要性状保持不变。

3. 具备适当命名

《种子法》第 27 条对授权品种的命名进行了详细规定。为规范农业植物品种命名，原农业部于 2012 年公布了《农业植物品种命名规定》，并建立了品种名称检索查询系统。

（二）其他规定

该条还规定，植物新品种权的内容和归属、授予条件、申请和受理、审查与批准，以及期限、终止和无效等除依照本法规定执行外，还应当遵守其他有关法律和行政法规的规定。《植物新品种保护条例》设专章对于品种权的内容和归属、授予条件、申请和受理、审查与批准、期限、终止和无效分别进行了规定，这些规定应当得到遵守。

适用指引

植物新品种权与品种审定是两种不同的制度，虽然《种子法》对两者均作出了规定，但两者具有本质性的差异，是两种完全不同的制度。就法律性质而言，植物新品种权属于民事权利范畴，是给予品种权人的一种财产性的独占权，与品种的推广无关。品种审定是一种行政管理，是指品种审定委员会对新育或新引进并申请审定的品种，对品种试验结果进行审核鉴定，决定该品种能否推广、确定其适宜种植区域范围，并予以公告。品种审定属于植物品种市场准入的行政管理行为，主要由《主要农作物品种审定办法》《主要林木品种审定办法》进行规范。作为市场准入行政管理措施的品种审定制度，其目的是加强作物品种的管理，加速育种新成果的推广利用，确保有经济推广价值的品种进入市场，防止盲目推广不适合本地区种植的劣质品种给农林业生产和农民利益造成损失。就审查内容而言，品种审定突出对品种产量、品质、抗性等经济性状的考察，审定时以当前主推品种为对照品种。植物新品种权授权和保护重点审查该品种是否具备新颖性、特异性、一致性和稳定性，主要观测该品种从苗期到收获期的性状，以形态上最为近似的品种作为对照品种。需要强调的是，通过品种审定并不意味着取得品种权并获得保护，当然也不能以通过品种审定为依据提起品种权侵权诉讼。

此外，还需要注意的是，植物新品种保护的植物品种与发现权指向的植物品种存在不同。前者是经过人工选育或者对发现的野生植物加以改良，具备新颖性、特异性、一致性、稳定性和适当命名的植物品种，而后者指向的是自然界中已经客观存在并被首次发现的品种，是一种自然事实。

典型案例

湖南省桃源县古洞春茶业有限责任公司诉湖南省怡清源茶业有限公司等不正当竞争纠纷案

关键词：发现权 植物新品种权

裁判摘要：发现权只是对发现者个人或集体给予的一种荣誉权和被奖励权，不能转让也不能继受取得。植物新品种权的取得，必须依法定程序进行，非经法定程序，任何个人或单位不能以任何其他方式原始取得品种权。

基本案情：1969年秋，湖南省桃源县太平铺公社茶场职工卢某某等人在当地发现一株"桃源大叶"母本野生茶树。卢某某等人在原湖南农学院副教授朱某某的指导下进行研究，"桃源大叶"茶树的短穗扦插育苗实验获得成功，并开始系统繁育、推广。1989年12月12日，农学院研究所、桃源茶种站共同完成《桃源一、二号茶树良种选育研究》科研项目，湖南省科学技术委员会对该科技成果进行鉴定，认定该品种具有高产、优质、抗逆性强等特点。1992年1月，湖南省农作物品种审定委员会核发了品审证字第107号（1）《农作物品种审定合格证书》，审定"桃源大叶"是桃源茶种站与农学院研究所选育的茶树新品种并予以公布。桃源茶种站及原告湖南省桃源县古洞春茶业有限责任公司（以下简称古洞春公司）以"桃源大叶"茶为原料生产"野茶王""野茶"等系列产品，自1982年以来先后多次获奖，逐渐成为桃源特产并受到消费者的好评。1996年11月，桃源茶种站申请注销登记，原桃源茶种站人员组成股东，另创建古洞春公司，仍从事茶叶种植研究，原厂房设备及其债务由古洞春公司负责。

自1996年以来，被告湖南省怡清源茶业有限公司（以下简称怡清源公司）在其产品"野针毛尖""野针绿茶"包装袋上标明"怡清源野针毛尖产于层峦叠嶂、四季云雾缭绕的武陵山脉湖南怡清源优质野针茶基地。野针王茶树品种是在桃源发现的野生大叶茶树资源，通过系统选育而成的优良品种……”，借此进行广告宣传。怡清源公司还曾生产过与原告古洞春公司产品名称相同的“野茶王”。原告古洞春公司在被告张某某、张某开办的茶行，在被告家润多常德店、家润多郴州店、通程控股东塘店、华银旺和新中路店、华银旺和东风公司、华银旺和解放路店、心连心超市粮贸店均购买有被告怡清源公司生产的“野针毛尖”“野茶毛尖”“野针绿茶”或“野茶王”茶叶，并由上述销售单位开具了发票。

湖南省常德市中级人民法院认为：经相关职能部门确认，“桃源大叶”茶属于桃源茶种站发现的茶树新品种，农学院研究所对该品种的繁育、推广有一定的协助作用，因此，桃源茶种站和农学院研究所共同对“桃源大叶”茶享有品种发现权。1996年11月，在接受桃源茶种站的财产和债务的前提下，原告古洞春公司成立。因此，古洞春公司与桃源茶种站有财产上的继受关系。古洞春公司实际上继受了桃源茶种站享有的“桃源大叶”茶树的品种发现权。被告怡清源公司不具有“桃源大叶”茶的品种发现权，也未通过协议取得“桃源大叶”品种的使用权，其虚假宣传行为使消费者误认为怡清源公司茶叶产品的制作成分就是“桃源大叶”，其茶叶原料的产地就在桃源县境内，易使他人误认为怡清源公司享有“桃源大叶”茶树新品种的使用权，构成不正当竞争；被告怡清源公司生产的“野针王”与古洞春公司茶叶产品的名称相近似，易造成消费者的误认，因而构成对古洞春公司“野茶王”茶叶产品特有名称的侵犯。被告张某某、张某销售了被告怡清源公司生产的“野针毛尖”“野茶毛尖”“野针绿茶”或“野茶王”茶叶商品。因此，一审法院判令被告怡清源公司、张某某、张某等停止侵权；被告怡清源公司赔偿原告古洞春公司经济损失10万并刊登致歉声明。

一审判决后，怡清源公司不服，向湖南省高级人民法院（以下简称二审法院）提起上诉。

二审法院认为：发现权和品种权是两个不同的概念。根据《民法通则》第97条的规定，发现权只是发现者享有的一种荣誉权和被奖励权，发现权的客体是已存在的自然事实，发现人对其发现的客体并不享有排他的支配权。发现本身也是一种事实，故发现权不能转让，不能许可他人使用，也不能继受取得。“桃源大叶”母本野生茶树的发现权应当由发现该株野生茶树的当地群众和原桃源县太平铺茶场职工卢某某、黄某某等享有，古洞春公司不享有“桃源大叶”母本野生茶树的发现权。依据《植物新品种保护条例》第2条、第3条、第31条的规定，植物新品种权的取得，必须向农业或林业部门提出品种权申请，依法定程序对该申请进行实质审查，对经审查符合相关规定的决定授予品种权并向申请人颁发品种权证书，同时予以登记和公告。非经上述程序，任何个人或单位不能以任何其他方式原始取得品种权。“桃源大叶”茶树新品种是由农学院研究所和桃源茶种站共同对野生大叶茶树进行选育而形成的茶树新品种，“桃源大叶”茶树新品种不可能通过“发现”产生，也不存在所谓茶树新品种的“发现权”。本案中，虽然“桃源大叶”茶树品种客观存在，但未经审批机关依法定程序授予品种权。原审法院认定被上诉人古洞春公司享有“桃源大叶”的品种权错误。桃源茶种站是被依法注销的，而古洞春公司则是由卢某某等自然人出资而成立的有限责任公司，两者不存在法律上的承继关系。没有证据证明当时已对桃源茶种站存在的无形资产进行了处理，更不存在将无形资产转让给古洞春公司的事实，况且桃源茶种站也并不享有“桃源大叶”的品种权。综上，古洞春公司既不享有“桃源大叶”野生母本茶树的发现权，也不享有“桃源大叶”茶树品种权，怡清源公司相关上诉理由成立。据此，二审法院判决：撤销原审判决，驳回古洞春公司的诉讼请求。

【案　　号】（2004）湘高法民三终字第82号

【审理法院】湖南省高级人民法院

【来　　源】《最高人民法院公报》2006年第9期

第二十六条　一个植物新品种只能授予一项植物新品种权。两个以上的申请人分别就同一个品种申请植物新品种权的，植物新品种权授予最先申请的人；同时申请的，植物新品种权授予最先完成该品种育种的人。

对违反法律，危害社会公共利益、生态环境的植物新品种，不授予植物新品种权。

关联规定

法律、行政法规、司法解释

《中华人民共和国植物新品种保护条例》

第八条　一个植物新品种只能授予一项品种权。两个以上的申请人分别就同一个植物新品种申请品种权的，品种权授予最先申请的人；同时申请的，品种权授予最先完成该植物新品种育种的人。

条文释义

一、本条主旨

本条是关于植物新品种权授权原则的规定。

二、条文演变

自1997年10月起施行的《植物新品种保护条例》第8条规定：一个植物新品种只能授予一项品种权。两个以上的申请人分别就同一个植物新品种申请品种权的，品种权授予最先申请的人；同时申请的，品种权授予最先完成该植物新品种育种的人。2015年修订的《种子法》采用该条规定作为26条第1款，并新增第2款内容。《种子法》在2021年12月修正时，对该条未作变动。

三、条文解读

本条是对“一品种一授权”原则、先申请兼先完成原则及违法植物新品种不授予植物新品种权的规定。所谓“一品种一授权”，是指一个植物新品种只能授予一次新品种权。“先申请兼先完成”原则，是指两个以上的申请人分别针对同一植物新品种申请品种权的，适用先申请原则，植物新品种权授予最先申请的人；同时申请的，适用先完成原则，植物新品种权授予最先完成该植物新品种育种的人。对于先申请和先完成，均以“日”作为判断先与后的标准，“同时申请”是指“同日提出申请”。

存在违法情形的植物新品种不受保护。对于违反法律，危害社会公共利益、生态环境的植物新品种，即使符合新颖性、特异性、一致性、稳定性要求，亦不授予品种权。

适用指引

一个植物新品种只能授予一次植物新品种权，而且品种权有期限，保护期届满品种权终止，成为公知公用品种。一个植物新品种由两个以上申请人分别于同一日内提出品种权申请的，由申请人自行协商确定申请权的归属；协商达不成一致意见的，可以要求申请人在指定期限内提供证据，证明自己是最先完成该品种育种的人。逾期未提供证据的，视为撤回申请；所提供证据不足以作为判定依据的，驳回申请。

为维护社会公共利益，保障法律的严肃性和维护正确的价值导向，对于植物新品种权授予规定了禁止性情形，即对于违反法律规定，危害社会公共利益、生态环境的新植物品种，即使符合授予植物新品种权的实质性条件，并按法定程序申请，仍不能授予植物新品种权。

第二十七条　授予植物新品种权的植物新品种名称，应当与相同或者相近的植物属或者种中已知品种的名称相区别。该名称经授权后即为该植物新品种的通用名称。

下列名称不得用于授权品种的命名：

（一）仅以数字表示的；

（二）违反社会公德的；

（三）对植物新品种的特征、特性或者育种者身份等容易引起误解的。

同一植物品种在申请新品种保护、品种审定、品种登记、推广、销售时只能使用同一个名称。生产推广、销售的种子应当与申请植物新品种保护、品种审定、品种登记时提供的样品相符。

关联规定

一、国际条约

《国际植物新品种保护公约》（1978 文本）

第十三条

（1）品种应以通用的名称命名。每个联盟成员国应保证，除第（4）款另有规定，注册登记的品种名称无权妨碍自由使用与该品种有关的名称，即使保护期满后也是如此。

（2）品种名称必须能识别品种。除沿用习惯外，不能仅用数字命名。名称不得对品种的特性、价值或类别，或对育种者的身份导致误解或混淆。尤其是名称必须与任何联盟成员国同一种或近似种的现有品种的名称有别。

（3）育种者应向第三十条第（1）款（b）项规定的主管机关提出名称申请。如经发现该名称不符合第（2）款之要求，该主管机关应不予以登记注册，并要求育种者在规定期限内提出另一种名称。品种名称应在按照第七条规定授予保护权时进行登记注册。

（4）不得影响第三者的在先权。若因在先权之故，禁止某人使用某品种名称而其根据第（7）款必须使用该品种名称时，第三十条（1）款（b）项规定的主管机关应要求育种者为品种提出另一名称。

（5）一个品种在所有的联盟成员国必须以同一种名称提出。第三十条（1）款（b）项规定的主管机关应据此登记注册名称。但若认为这种名称在该国不合适，则可以要求育种者更改名称。

（6）第三十条（1）款（b）项规定的主管机关，应保证所有其他此类主管机关收到有关品种名称的信息。尤其是名称的提出、登记和取消。第三十条（1）款（b）项规定的任何主管机关可以向发出名称信息的机关返回对此名称登记的意见。

（7）按第（4）款规定，在先权并不限制品种名称的使用。联盟成员国中的任何人提供出售或市场销售在该国受保护品种的有性或无性繁殖材料时，必须使用该品种的名称，即使在保护期满之后也是如此。

（8）当品种提供出售或市场销售时，应准予登记的品种名称与商标、商品名称和其他类似的标志连用，若连用这类标志，则该品种名称应易于识别。

二、法律、行政法规、司法解释

1.《中华人民共和国植物新品种保护条例》

第十二条 不论授权品种的保护期是否届满，销售该授权品种应当使用其注册登记的名称。

第十八条 授予品种权的植物新品种应当具备适当的名称，并与相同或者相近的植物属或者种中已知品种的名称相区别。该名称经注册登记后即为该植物新品种的通用名称。

下列名称不得用于品种命名：

（一）仅以数字组成的；

（二）违反社会公德的；

（三）对植物新品种的特征、特性或者育种者的身份等容易引起误解的。

第二十七条 申请人缴纳申请费后，审批机关对品种权申请的下列内容进行初步审查：

（一）是否属于植物品种保护名录列举的植物属或者种的范围；

（二）是否符合本条例第二十条的规定；

(三)是否符合新颖性的规定;

(四)植物新品种的命名是否适当。

第三十七条 自审批机关公告授予品种权之日起,植物新品种复审委员会可以依据职权或者依据任何单位或者个人的书面请求,对不符合本条例第十四条、第十五条、第十六条和第十七条规定的,宣告品种权无效;对不符合本条例第十八条规定的,予以更名。宣告品种权无效或者更名的决定,由审批机关登记和公告,并通知当事人。

对植物新品种复审委员会的决定不服的,可以自收到通知之日起 3 个月内向人民法院提起诉讼。

第四十条 假冒授权品种的,由县级以上人民政府农业、林业行政部门依据各自的职权责令停止假冒行为,没收违法所得和植物品种繁殖材料;货值金额 5 万元以上的,处货值金额 1 倍以上 5 倍以下的罚款;没有货值金额或者货值金额 5 万元以下的,根据情节轻重,处 25 万元以下的罚款;情节严重,构成犯罪的,依法追究刑事责任。

第四十二条 销售授权品种未使用其注册登记的名称的,由县级以上人民政府农业、林业行政部门依据各自的职权责令限期改正,可以处 1000 元以下的罚款。

2.《最高人民法院关于审理植物新品种纠纷案件若干问题的解释》

第一条 人民法院受理的植物新品种纠纷案件主要包括以下几类:

(一)植物新品种申请驳回复审行政纠纷案件;

(二)植物新品种权无效行政纠纷案件;

(三)植物新品种权更名行政纠纷案件;

(四)植物新品种权强制许可纠纷案件;

(五)植物新品种权实施强制许可使用费纠纷案件;

(六)植物新品种申请权权属纠纷案件;

(七)植物新品种权权属纠纷案件;

(八)植物新品种申请权转让合同纠纷案件;

(九)植物新品种权转让合同纠纷案件;

(十)侵害植物新品种权纠纷案件;

(十一)假冒他人植物新品种权纠纷案件;

(十二)植物新品种培育人署名权纠纷案件;

（十三）植物新品种临时保护期使用费纠纷案件；

（十四）植物新品种行政处罚纠纷案件；

（十五）植物新品种行政复议纠纷案件；

（十六）植物新品种行政赔偿纠纷案件；

（十七）植物新品种行政奖励纠纷案件；

（十八）其他植物新品种权纠纷案件。

第五条 关于植物新品种申请驳回复审行政纠纷案件、植物新品种权无效或者更名行政纠纷案件，应当以植物新品种审批机关为被告；关于植物新品种强制许可纠纷案件，应当以植物新品种审批机关为被告；关于实施强制许可使用费纠纷案件，应当根据原告所请求的事项和所起诉的当事人确定被告。

3.《最高人民法院关于审理侵害植物新品种权纠纷案件具体应用法律问题的若干规定（二）》

第六条 品种权人或者利害关系人举证证明被诉侵权品种繁殖材料使用的名称与授权品种相同的，人民法院可以推定该被诉侵权品种繁殖材料属于授权品种的繁殖材料；有证据证明不属于该授权品种的繁殖材料的，人民法院可以认定被诉侵权人构成假冒品种行为，并参照假冒注册商标行为的有关规定确定民事责任。

三、部门规章及规范性文件

1.《中华人民共和国植物新品种保护条例实施细则（农业部分）》

第十八条 有下列情形之一的，不得用于新品种命名：

（一）仅以数字组成的；

（二）违反国家法律或者社会公德或者带有民族歧视性的；

（三）以国家名称命名的；

（四）以县级以上行政区划的地名或者公众知晓的外国地名命名的；

（五）同政府间国际组织或者其他国际国内知名组织及标识名称相同或者近似的；

（六）对植物新品种的特征、特性或者育种者的身份等容易引起误解的；

（七）属于相同或相近植物属或者种的已知名称的；

（八）夸大宣传的。

已通过品种审定的品种，或获得《农业转基因生物安全证书（生产应用)》的转基因植物品种，如品种名称符合植物新品种命名规定，申请品种权的品种名称应当与品种审定或农业转基因生物安全审批的品种名称一致。

第三十八条 未经品种保护办公室批准，申请人在品种权授予前不得修改申请文件的下列内容：

(一)申请品种的名称、申请品种的亲本或其他繁殖材料名称、来源以及申请品种的育种方法；

(二)申请品种的最早销售时间；

(三)申请品种的特异性、一致性和稳定性内容。

品种权申请文件的修改部分，除个别文字修改或者增删外，应当按照规定格式提交替换页。

第四十二条 农业部植物新品种复审委员会，负责审理驳回品种权申请的复审案件、品种权无效宣告案件和授权品种更名案件。具体规定由农业部另行制定。

第五十七条 《条例》第四十条、第四十一条所称的假冒授权品种行为是指下列情形之一：

(一)印制或者使用伪造的品种权证书、品种权申请号、品种权号或者其他品种权申请标记、品种权标记；

(二)印制或者使用已经被驳回、视为撤回或者撤回的品种权申请的申请号或者其他品种权申请标记；

(三)印制或者使用已经被终止或者被宣告无效的品种权的品种权证书、品种权号或者其他品种权标记；

(四)生产或者销售本条第(一)项、第(二)项和第(三)项所标记的品种；

(五)生产或销售冒充品种权申请或者授权品种名称的品种；

(六)其他足以使他人将非品种权申请或者非授权品种误认为品种权申请或者授权品种的行为。

2.《中华人民共和国植物新品种保护条例实施细则(林业部分)》

第十三条 除《条例》第十八条规定的以外，有下列情形之一的，不得用于植物新品种命名：

(一)违反国家法律、行政法规规定或者带有民族歧视性的；

(二)以国家名称命名的；

（三）以县级以上行政区划的地名或者公众知晓的外国地名命名的；

（四）同政府间国际组织或者其他国际知名组织的标识名称相同或者近似的；

（五）属于相同或者相近植物属或者种的已知名称的。

第四十七条 复审委员会对授权品种作出更名决定的，由国家林业局登记和公告，并由植物新品种保护办公室通知品种权人，更换品种权证书。

授权品种更名后，不得再使用原授权品种名称。

3.《农业部植物新品种复审委员会审理规定》

第三十一条 秘书处对收到的无效宣告请求书或者品种更名请求书进行以下形式审查：

（一）应当属于无效宣告或者品种更名的复审请求；

（二）请求人不应当以同一事实和理由对复审委员会已经审理并决定仍维持品种权或者品种名称的又提出无效宣告或者品种更名请求书；

（三）该品种权申请已经授权；

（四）请求人所提交的无效宣告或者品种更名请求书中应当说明所依据的事实和理由；

（五）请求人所提交的无效宣告或者品种更名请求书中所提出的理由应当符合条例第三十七条及《实施细则》第五十一条的规定；

（六）无效宣告或者品种更名请求人委托代理机构办理的，应当提交代理人委托书并写明委托内容和权限等。

第三十二条 对形式审查符合本规定第三十一条规定的无效宣告或者品种更名请求，秘书处发给“无效宣告受理通知书”或者“品种更名受理通知书”，通知请求人。对不合格的，发给“无效宣告或者品种更名不受理通知书”，并说明不受理的理由。

第三十三条 对经形式审查合格的无效宣告或者品种更名请求书，秘书处应当将副本和有关文件副本送交品种权人，品种权人应当在收到文件之日起3个月内陈述意见，期满不答复的，不影响复审委员会的审理。

秘书处在收到品种权人的意见陈述书后，应当将其副本转送给请求人。信件往来次数由秘书处根据案件实际情况决定。

第三十四条 复审委员会应当对无效宣告或者品种更名请求及时进行审理，并作出审理决定。无效宣告或者品种更名的审理决定有以下两种类型：

（一）无效宣告或者品种更名请求理由成立，宣告品种权无效或者品种名称更名；

（二）无效宣告或者品种更名请求理由不成立，驳回无效宣告或者品种更名请求，维持品种权有效或者品种的现有名称。

第三十五条 在无效宣告或者品种更名审理程序中，品种权人以书面形式放弃其品种权的，无效宣告或者品种更名审理程序不受影响。

第三十六条 在复审委员会对无效宣告或者品种更名请求作出决定之前，请求人可以撤回其请求。请求人撤回无效宣告或者品种更名请求的，复审程序是否终止，由复审委员会决定。

第四十条 复审委员会作出的品种更名决定生效后，新品种保护办公室应当及时通知品种权人更换品种权证书。品种权人以及其他任何人不得再使用原品种名称。

4.《农业植物品种命名规定》

第五条 一个农业植物品种只能使用一个中文名称，在先使用的品种名称具有优先性，不能再使用其他的品种名称对同一品种进行命名。

申请植物新品种保护的同时提供英文名称。

相同或者相近的农业植物属内的品种名称不得相同。

相近的农业植物属见附件。

第六条 申请人应当书面保证所申请品种名称在农作物品种审定、品种登记和农业植物新品种权中的一致性。

第七条 相同或者相近植物属内的两个以上品种，以同一名称提出相关申请的，名称授予先申请的品种，后申请的应当重新命名；同日申请的，名称授予先完成培育的品种，后完成培育的应当重新命名。

第八条 品种名称应当使用规范的汉字、英文字母、阿拉伯数字、罗马数字或其组合。品种名称不得超过 15 个字符。

第九条 品种命名不得存在下列情形：

（一）仅以数字或者英文字母组成的；

（二）仅以一个汉字组成的；

（三）含有国家名称的全称、简称或者缩写的，但存在其他含义且不易误导公众的除外；

（四）含有县级以上行政区划的地名或者公众知晓的其他国内外地名的，

但地名简称、地名具有其他含义的除外；

（五）与政府间国际组织或者其他国际国内知名组织名称相同或者近似的，但经该组织同意或者不易误导公众的除外；

（六）容易对植物品种的特征、特性或者育种者身份等引起误解的，但惯用的杂交水稻品种命名除外；

（七）夸大宣传的；

（八）与他人驰名商标、同类注册商标的名称相同或者近似，未经商标权人书面同意的；

（九）含有杂交、回交、突变、芽变、花培等植物遗传育种术语的；

（十）含有植物分类学种属名称的，但简称的除外；

（十一）违反国家法律法规、社会公德或者带有歧视性的；

（十二）不适宜作为品种名称的或者容易引起误解的其他情形。

第十条 有下列情形之一的，属于容易对植物品种的特征、特性引起误解的情形：

（一）易使公众误认为该品种具有某种特性或特征，但该品种不具备该特性或特征的；

（二）易使公众误认为只有该品种具有某种特性或特征，但同属或者同种内的其他品种同样具有该特性或特征的；

（三）易使公众误认为该品种来源于另一品种或者与另一品种有关，实际并不具有联系的；

（四）品种名称中含有知名人物名称的，但经该知名人物同意的除外；

（五）其他容易对植物品种的特征、特性引起误解的情形。

第十一条 有下列情形之一的，属于容易对育种者身份引起误解的情形：

（一）品种名称中含有另一知名育种者名称的，但经该知名育种者同意的除外；

（二）品种名称与另一已经使用的知名系列品种名称近似的；

（三）其他容易对育种者身份引起误解的情形。

第十二条 有下列情形之一的，视为品种名称相同：

（一）读音或者字义不同但文字相同的；

（二）以中文数字、阿拉伯数字或罗马数字表示，但含义为同一数字的；

（三）仅以名称中数字后有无“号”字区别的；

（四）其他视为品种名称相同的情形。

第十三条 通过基因工程技术改变个别性状的品种，其品种名称与受体品种名称相近似的，应当经过受体品种育种者同意。

第十四条 品种的中文名称译成英文时，应当逐字音译，每个汉字音译的第一个字母应当大写。

品种的外文名称译成中文时，应当优先采用音译；音译名称与已知品种重复的，采用意译；意译仍有重复的，应当另行命名。

第十五条 农业植物品种名称不符合本规定的，申请人应当在指定的期限内予以修改。逾期未修改或者修改后仍不符合规定的，驳回该申请。

第十六条 申请农作物品种审定、品种登记和农业植物新品种权的农业植物品种，在公告前应当在农业农村部网站公示，公示期为15个工作日。省级审定的农作物品种在公告前，应当由省级人民政府农业行政主管部门将品种名称等信息报农业农村部公示。

农业农村部对公示期间提出的异议进行审查，并将异议处理结果通知异议人和申请人。

第十七条 公告后的品种名称不得擅自更改。确需更改的，报原审批单位审批。

第十八条 销售农业植物种子，未使用公告品种名称的，由县级以上人民政府农业农村主管部门按照《中华人民共和国种子法》的规定处罚。

第十九条 申请人以同一品种申请农作物品种审定、品种登记和农业植物新品种权过程中，通过欺骗、贿赂等不正当手段获取多个品种名称的，除由审批机关撤销相应的农作物品种审定、品种登记和农业植物新品种权外，三年内不再受理该申请人相应申请。

第二十条 本规定施行前已取得品种名称的农业植物品种，可以继续使用其名称。对有多个名称的在用品种，由农业农村部组织品种名称清理并重新公告。

本规定施行前已受理但尚未批准的农作物品种审定、品种登记和农业植物新品种权申请，其品种名称不符合本规定要求的，申请人应当在指定期限内重新命名。

条文释义

一、本条主旨

本条是关于授予植物新品种权的品种名称的规定。

二、条文演变

1997年《植物新品种保护条例》第18条规定，植物新品种应当具备适当的名称。该条例经2013年、2014年两次修订，对此条均未作修改。《种子法》2000年公布施行时没有关于植物新品种名称的规定。本条内容为《种子法》2015年修订时新增的第4章植物新品种保护的内容，吸收了《植物新品种保护条例》第18条关于植物新品种名称的规定，文字稍作调整，并规定"同一植物品种在申请新品种保护、品种审定、品种登记、推广、销售时只能使用同一个名称。生产推广、销售的种子应当与申请植物新品种保护、品种审定、品种登记时提供的样品相符"。2021年修正《种子法》时，对此未作修改。

三、条文解读

植物新品种保护是维护品种权人合法利益、促进育种创新、提高创新能力的重要保障。植物新品种权是经过依法申请和审核，赋予品种权人生产销售授权品种的独占权，是一种民事权利。植物新品种的授权需要具备一定的授权条件。根据《种子法》第25条规定，对国家植物品种保护名录内经过人工选育或者发现的野生植物加以改良，具备新颖性、特异性、一致性、稳定性和适当命名的植物品种，由国务院农业农村、林业草原主管部门授予植物新品种权，保护植物新品种权所有人的合法权益。可见，具备适当命名是植物品种被授予植物新品种权的基本条件之一。

关于植物新品种的适当命名，依照本条规定，授予植物新品种权的植物新品种名称，应当与相同或者相近的植物属或者种中已知品种的名称相区别。其中，已知品种是指已受理申请或者已通过品种审定、品种登记、新品种保护，或者已经销售、推广的植物品种。该名称经授权后即为该植物新品种的通用名称。下列名称不得用于授权品种的命名：（1）仅以数字表示的；（2）违反社会公德的；（3）对植物新品种的特征、特性或者育种者身份等容易引起误解的。上述规定是对于植物新品种应当具有适当命名的原则性规定。农业农村部2012年公布并于2022年修正的《农业植物品种命名规定》则对于植物品种命名作出更加详细的规定。

育种者在对自己育成的品种命名时，既要避免名称与相同或者相近的植物属或者种中已知品种的名称相同，又要避免容易引起对植物新品种的特征、特性或者育种者身份等的误解。根据《农业植物品种命名规定》第10条、第11条的规定，下列命名方式容易对植物品种的特征、特性引起误解：一是易使公众误认为该品种具有某种特性或特征，但该品种不具备该特征或特性的；二是易使公众误认为只有该品种具有某种特性或特征，但同属或者同种内的其他品种同样具有该特性或特征的；三是易使公众误认为该品种来源于另一品种或者与另一品种有关，实际并不具有联系的；四是品种名称中含有知名人物名称的，但经该知名人物同意的除外；五是其他容易对植物品种的特征、特性引起误解的情形。下列命名方式容易对育种者身份引起误解：一是品种名称中含有另一知名育种者名称的，但经该知名育种者同意的除外；二是品种名称与另一已经使用的知名系列品种名称近似的；三是其他容易对育种者身份引起误解的情形。可见，“一名多品”不符合法律规定。

在不同品种间，品种名称强调具有区别；对于同一植物品种而言，品种名称则强调保持统一。依照本条第3款规定，同一植物品种在申请新品种保护、品种审定、品种登记、推广、销售时只能使用同一个名称。同一植物品种在申请新品种保护、品种审定、品种登记、推广、销售等不同阶段使用不同名称即属于“一品多名”，构成违法行为，应当依法承担相应责任。避免植物新品种保护、推广、销售的不同环节出现“一品多名、一名多品”的现象，对于净化种子市场、打击侵权套牌行为具有重要意义。

为维护种子使用者合法权益、促进种子市场的繁荣稳定和健康发展，种子生产经营者负有保证种子产品与种子样本一致的义务。依照本条第3款规定，生产推广、销售的种子应当与申请植物新品种保护、品种审定、品种登记时提供的样品相符。

适用指引

一、植物新品种应该具有适当的名称

申请授予植物新品种权的植物新品种应该具有适当的名称。除了《植物新品种保护条例实施细则（农业部分）》和《植物新品种保护条例实施细则（林业部分）》中列举的情况外，在实际申请品种权过程中申请人应当注意避免使用有特定含义的用语、其他人有专有权和先用权的用语，例如，不能将“神舟七号”等用作品种的名称，更要避免使用其他单位或个人具有知识产权的商标等作为品种名称。否则，在初审过程中可能会因没有合适的命名，导致申请被驳回或者被迫改名而影响申请审查进度。如果在品种审定、品种登记中使用了不适当的名称，将增加更正的工作量，甚至导致无法修改，最终只能放弃品种权的申请。

我国对主要农作物和主要林木实行国家审定和省级审定两级审定制度，对部分非主要农作物实行品种登记制度。申请品种权的品种名称要符合植物新品种命名的规定，也要与品种审定、品种登记的名称保持一致。对植物新品种的命名，要考虑品种审定、品种登记的相关规定和传统命名习惯。对品种的名称，一般以“先用先批”为原则。在后审批的部门，只要名称不违反其所依据的法律法规的规定，一般继续使用已批准使用的名称。所用名称违反规定的，由申请人改名，否则不予批准。此时，由于该名称已经在先审批部门批准，更改名称的难度相当大，可能会造成工作上的困难和名称使用中的混乱。因此，申请人在确定其申请品种的名称时，应该综合考虑品种权、商标、品种审定等法律法规的规定、品种的商业市场运作的需要等确定申请品种权的品种名称。

需要强调的是，根据《植物新品种保护条例》第 12 条的规定，不论授权品种的保护期是否届满，销售该授权品种应当使用其注册登记的名称。品种权的保护期届满并不影响植物新品种名称的使用。

为了统一执法和管理，一个植物新品种只能使用一个名称，相同或者相近的植物属内的品种名称不得相同，该名称经授权后即为该植物新品种的通用名称。同一植物品种在申请新品种保护、品种审定、品种登记、推广、销售时只能使用同一个名称。实践中，种子市场“一品多名、一名多品”现象导致假冒套牌等品种权侵权行为泛滥，本条明确规定植物新品种保护、品种审定、品种

登记的统一命名，有利于净化种子市场。

二、对于未经植物新品种权所有人许可使用植物新品种通用名称的处理

植物新品种的名称具有独特性，系授权品种的通用名称，其具有区别于其他植物品种名称的重要外在标志。未经植物新品种权所有人许可使用授权品种的名称，同时实施违反《种子法》第28条、《植物新品种保护条例》第6条关于植物新品种权所有人独占权的规定，构成侵害植物新品种权行为，应当按照侵害植物新品种权行为处理。未经植物新品种权所有人许可使用了授权品种的名称，但使用该名称的植物品种繁殖材料并非该授权品种的繁殖材料的，构成假冒授权品种行为。《种子法》第72条第7款和《植物新品种保护条例》第40条均规定，假冒授权品种的，行政部门可以责令停止假冒行为，没收违法所得和种子，并处罚款。上述规定未将假冒授权品种行为包括在侵害植物新品种权行为中。

在实践中，侵权人使用授权品种名称从事侵权的行为多发，是目前较为突出、典型的种子侵权行为。如果单位或者个人未经植物新品种权所有人许可，使用该授权品种的名称从事侵权行为，其涉及的繁殖材料属于该授权品种繁殖材料的可能性较大。根据《审理侵害植物新品种权纠纷案件规定（二）》第6条规定，品种权人或者利害关系人举证证明被诉侵权品种繁殖材料使用的名称与授权品种相同的，人民法院可以推定该被诉侵权品种繁殖材料属于授权品种的繁殖材料。该规定将证明二者不属于同一品种的举证责任交由被诉侵权人承担，降低了品种权人的举证难度，为品种权人维权提供了更大的便利。如果被诉侵权人有证据证明虽然使用了与授权品种相同的名称，但是其被诉侵权繁殖材料确实不属于授权品种繁殖材料，此时被诉侵权人的行为则构成假冒授权品种行为。学界通常认为，侵害植物新品种权行为与假冒行为并不相同，假冒行为属于不正当地利用了授权品种名称承载的商业信誉，属于不正当竞争行为，不属于侵害植物新品种权的行为。与学界不同的是，过去实务界则往往是将套牌假冒纳入侵权中进行处理。《种子法》对于假冒授权品种行为仅规定了行政处罚，并未规定民事责任。对于假冒授权品种这一侵权行为的民事责任如何确定，实践中存在以下三种途径：一是参照假冒专利行为确定；二是参照擅自使用与他人有一定影响的商品名称相同或者近似的标识的不正当竞争行为确定；三是参照假冒注册商标行为确定。《审理侵害植物新品种权纠纷案件规

定（二）》选择了第三种路径，其中第 6 条规定，有证据证明不属于该授权品种的繁殖材料的，人民法院可以认定被诉侵权人构成假冒品种行为，并参照假冒注册商标行为的有关规定确定民事责任。之所以规定参照假冒注册商标行为的有关规定处理，主要考虑：其一，品种名称有指示特定品种来源的作用，其功能与商标更为近似。其二，假冒注册商标行为可以适用惩罚性赔偿的相关司法解释，参照假冒注册商标行为处理，则可以大大提高对假冒授权品种的打击力度。其三，假冒专利行为要么仅仅虚构专利号，并未侵害具体专利权人的利益，要么假冒他人专利号，并不实施专利技术方案，与权利人的因侵权受到损失之间的因果关系较远，适用侵权损害赔偿时在因果关系上需要区分情形，参照假冒专利确定损害赔偿比较困难。而参照假冒商标处理，则因果关系更为清晰，确定损害赔偿更加便利。

三、对于同一品种存在多个名称的处理

《农业植物品种命名规定》第 5 条规定，一个农业植物品种只能使用一个中文名称，在先使用的品种名称具有优先性，不能再使用其他的品种名称对同一品种进行命名；第 6 条规定，申请人应当书面保证所申请品种名称在农作物品种审定、品种登记和农业植物新品种权中的一致性。如果品种审定、品种登记的品种名称在先，品种权人要更改授权品种的名称的，可以向农业农村部植物新品种复审委员会提交品种更名请求书，说明所依据的事实和理由，申请对授权品种的名称进行更名。《植物新品种保护条例实施细则（农业部分）》第 42 条规定，原农业部植物新品种复审委员会负责审理授权品种更名案件。《农业部植物新品种复审委员会审理规定》第 40 条规定，原农业部植物新品种复审委员会作出的品种更名决定生效后，新品种保护办公室应当及时通知品种权人更换品种权证书。品种权人以及其他任何人不得再使用原品种名称。《植物新品种保护条例实施细则（林业部分）》第 47 条规定，原国家林业局植物新品种复审委员会对授权品种作出更名决定的，由原国家林业局登记和公告，并由植物新品种保护办公室通知品种权人，更换品种权证书。授权品种更名后，不得再使用原授权品种名称。更名申请人对植物新品种复审委员会就授权品种名称更名申请作出的决定不服的，根据《审理植物新品种纠纷案件解释》第 5 条的规定，应当以行政主管机关植物新品种复审委员会为被告。

类案检索

湖北华之夏种子有限责任公司请求水稻"魅两优黄占"品种更名复审案

关键词：品种名称　更名　复审

决定摘要：品种名称是一个植物品种区别于其他植物品种的重要外在标志。品种名称的唯一性，确保了品种与名称之间的对应关系，不仅可以实现种子的规范管理，便于农户选购使用，而且有利于在执法实践中快速查明侵权假冒违法事实，提高法律保护效率。"魅两优黄占"系品种授权名称，"魅两优黄丝苗"系品种审定名称，"魅两优黄占"名称使用在前，"魅两优黄丝苗"使用在后。虽然《种子法》规定，同一植物品种在申请新品种保护、品种审定、品种登记、推广、销售时只能使用同一个名称，但不能将在先使用的品种名称更名为在后使用的品种名称。

基本案情：本案是因申请植物新品种保护的品种名称与品种审定名称不一致而请求授权品种更名的典型案例。涉案品种为水稻品种"魅两优黄占"，品种权申请日为2018年11月5日，授权日为2019年7月22日，品种权人为湖北华之夏种子有限责任公司，品种权号为CNA20183604.0。2020年11月30日，请求人湖北华之夏种子有限责任公司向复审委员会提出将授权品种"魅两优黄占"更名为"魅两优黄丝苗"的更名请求，理由是"魅两优黄占"为"魅两优黄丝苗"品种审定区试代号名称，已在2020年9月23日通过湖北省农作物品种审定委员会审定。请求人提交了"魅两优黄丝苗"初审公示、审定公告、审定证书等复印件，以及"魅两优黄占"植物新品种权证书复印件等证据材料。复审委员会秘书处经形式审查于2021年3月30日受理本案。复审委员会经审理认为，依据《种子法》第27条第3款的规定，同一植物品种在申请新品种保护、品种审定、品种登记、推广、销售时只能使用同一个名称，2018年11月5日申请并于2019年7月22日取得品种权授权的品种名称"魅两优黄占"使用在前，2020年9月23日品种审定名称"魅两优黄丝苗"使用在后，不能将在先使用的品种名称更名为在后使用品种名称。根据《农业部植物新品种复审委员会审理规定》第34条规定，复审委员会经审理决定，请求人更名请求理由不成立，驳回品种更名请求，维持"魅两优黄占"品种现有名称。

【复审决定号】农业农村部植物新品种复审委员会2021年第34号复审决定

【来　　源】2021年农业植物新品种保护10大典型案例

第二十八条　植物新品种权所有人对其授权品种享有排他的独占权。植物新品种权所有人可以将植物新品种权许可他人实施，并按照合同约定收取许可使用费；许可使用费可以采取固定价款、从推广收益中提成等方式收取。

任何单位或者个人未经植物新品种权所有人许可，不得生产、繁殖和为繁殖而进行处理、许诺销售、销售、进口、出口以及为实施上述行为储存该授权品种的繁殖材料，不得为商业目的将该授权品种的繁殖材料重复使用于生产另一品种的繁殖材料。本法、有关法律、行政法规另有规定的除外。

实施前款规定的行为，涉及由未经许可使用授权品种的繁殖材料而获得的收获材料的，应当得到植物新品种权所有人的许可；但是，植物新品种权所有人对繁殖材料已有合理机会行使其权利的除外。

对实质性派生品种实施第二款、第三款规定行为的，应当征得原始品种的植物新品种权所有人的同意。

实质性派生品种制度的实施步骤和办法由国务院规定。

关联规定

一、国际条约

《国际植物新品种保护公约》(1978 年文本)

第 5 条　受保护的权利；保护的范围

(1) 授予育种者权利的作用是在对受保护品种的诸如有性或无性繁殖材料之类的进行下列处理时，应事先征得育种者同意：

——以商业销售为目的之生产；

——提供出售；

——市场销售。

无性繁殖材料应被认为包括整株植物。在观赏植物或切花生产中，观赏植物或其植株部分作为繁殖材料用于商业目的时，育种者的权利可扩大到以一般销售为目的而不是繁殖用的观赏植物或其植株部分。

（2）育种者可以根据自己指定的条件来授权。

（3）利用品种作为变异来源而产生的其他品种或这些品种的销售，均无须征得育种者同意。但若为另一品种的商业生产重复使用该品种时，则必须征得育种者同意。

（4）根据本国法律，或第二十九条所述特别协定，任何联盟成员国均可对某些植物属或种给予育种者大于第（1）款规定的保护权，特别是可延伸到已在市场销售的产品。授予这种权利的联盟成员国，对其他授予同等权利的联盟成员国的国民以及在这些联盟成员国定居或设有办事机构的自然人和法人的利益可以给予限制。

二、法律、行政法规、司法解释

1.《中华人民共和国植物新品种保护条例》

第六条 完成育种的单位或者个人对其授权品种，享有排他的独占权。任何单位或者个人未经品种权所有人（以下称品种权人）许可，不得为商业目的生产或者销售该授权品种的繁殖材料，不得为商业目的将该授权品种的繁殖材料重复使用于生产另一品种的繁殖材料；但是，本条例另有规定的除外。

2.《最高人民法院关于审理侵害植物新品种权纠纷案件具体应用法律问题的若干规定》

第二条 未经品种权人许可，生产、繁殖或者销售授权品种的繁殖材料，或者为商业目的将授权品种的繁殖材料重复使用于生产另一品种的繁殖材料的，人民法院应当认定为侵害植物新品种权。

被诉侵权物的特征、特性与授权品种的特征、特性相同，或者特征、特性的不同是因非遗传变异所致的，人民法院一般应当认定被诉侵权物属于生产、繁殖或者销售授权品种的繁殖材料。

被诉侵权人重复以授权品种的繁殖材料为亲本与其他亲本另行繁殖的，人民法院一般应当认定属于为商业目的将授权品种的繁殖材料重复使用于生产另一品种的繁殖材料。

3.《最高人民法院关于审理侵害植物新品种权纠纷案件具体应用法律问题的若干规定（二）》

第三条 受品种权保护的繁殖材料应当具有繁殖能力，且繁殖出的新个体与该授权品种的特征、特性相同。

前款所称的繁殖材料不限于以品种权申请文件所描述的繁殖方式获得的繁殖材料。

第四条 以广告、展陈等方式作出销售授权品种的繁殖材料的意思表示的，人民法院可以以销售行为认定处理。

第五条 种植授权品种的繁殖材料的，人民法院可以根据案件具体情况，以生产、繁殖行为认定处理。

第六条 品种权人或者利害关系人（以下合称权利人）举证证明被诉侵权品种繁殖材料使用的名称与授权品种相同的，人民法院可以推定该被诉侵权品种繁殖材料属于授权品种的繁殖材料；有证据证明不属于该授权品种的繁殖材料的，人民法院可以认定被诉侵权人构成假冒品种行为，并参照假冒注册商标行为的有关规定确定民事责任。

第七条 受托人、被许可人超出与品种权人约定的规模或者区域生产、繁殖授权品种的繁殖材料，或者超出与品种权人约定的规模销售授权品种的繁殖材料，品种权人请求判令受托人、被许可人承担侵权责任的，人民法院依法予以支持。

第八条 被诉侵权人知道或者应当知道他人实施侵害品种权的行为，仍然提供收购、存储、运输、以繁殖为目的的加工处理等服务或者提供相关证明材料等条件的，人民法院可以依据民法典第一千一百六十九条的规定认定为帮助他人实施侵权行为。

第九条 被诉侵权物既可以作为繁殖材料又可以作为收获材料，被诉侵权人主张被诉侵权物系作为收获材料用于消费而非用于生产、繁殖的，应当承担相应的举证责任。

第十条 授权品种的繁殖材料经品种权人或者经其许可的单位、个人售出后，权利人主张他人生产、繁殖、销售该繁殖材料构成侵权的，人民法院一般不予支持，但是下列情形除外：

（一）对该繁殖材料生产、繁殖后获得的繁殖材料进行生产、繁殖、销售；

(二)为生产、繁殖目的将该繁殖材料出口到不保护该品种所属植物属或者种的国家或者地区。

三、部门规章及规范性文件

1.《中华人民共和国植物新品种保护条例实施细则(农业部分)》

第十五条 具有下列情形之一的,属于《条例》第十四条规定的销售:

(一)以买卖方式将申请品种的繁殖材料转移他人;

(二)以易货方式将申请品种的繁殖材料转移他人;

(三)以入股方式将申请品种的繁殖材料转移他人;

(四)以申请品种的繁殖材料签订生产协议;

(五)以其他方式销售的情形。

具有下列情形之一的,视为《条例》第十四条规定的育种者许可销售:

(一)育种者自己销售;

(二)育种者内部机构销售;

(三)育种者的全资或者参股企业销售;

(四)农业部规定的其他情形。

2.《中华人民共和国植物新品种保护条例实施细则(林业部分)》

第四条 《条例》所称的繁殖材料,是指整株植物(包括苗木)、种子(包括根、茎、叶、花、果实等)以及构成植物体的任何部分(包括组织、细胞)。

第六十四条 《条例》所称的假冒授权品种,是指:

(一)使用伪造的品种权证书、品种权号的;

(二)使用已经被终止或者被宣告无效品种权的品种权证书、品种权号的;

(三)以非授权品种冒充授权品种的;

(四)以此种授权品种冒充他种授权品种的;

(五)其他足以使他人将非授权品种误认为授权品种的。

3.《农业农村部办公厅关于种子法有关条款适用的意见》

一、关于花粉是否属于《种子法》规定的种子问题

根据《种子法》第二条第二款规定,种子是指农作物和林木的种植材料或者繁殖材料,包括籽粒、果实、根、茎、苗、芽、叶、花等。用于繁殖的花粉,属于《种子法》规定的种子。

条文释义

一、本条主旨

本条是关于植物新品种权的权利性质、权利实施及权利范围的规定。

二、条文演变

1997年《植物新品种保护条例》第6条规定，未经权利人许可，不得为商业目的生产或者销售该授权品种的繁殖材料，不得为商业目的将该授权品种的繁殖材料重复使用于生产另一品种的繁殖材料。2015年修订《种子法》时，删除了关于生产或者销售授权品种的繁殖材料的商业目的条件，并在侵权行为中增列繁殖授权品种的繁殖材料的行为。2021年修正的《种子法》在2015年《种子法》第28条的基础上，将其补充修改为5款。其主要修改内容是：第一，增加关于植物新品种权实施的规定，明确植物新品种权所有人可以将植物新品种权许可他人实施，并按照合同约定以固定价款、从推广收益中提成等方式收取许可使用费。第二，增加植物新品种权的保护环节，将保护环节从生产、繁殖、销售扩展到生产、繁殖、为繁殖进行的种子处理加工、许诺销售、销售、进口、出口、储存等。第三，扩大植物新品种权的保护范围，将保护范围由授权品种的繁殖材料延伸到收获材料，规定植物新品种权所有人对繁殖材料没有合理机会行使权利的，可对收获材料行使权利。第四，为激励育种原始创新，从源头解决种子同质化严重的问题，建立实质性派生品种制度。明确实质性派生品种可以获得植物新品种权，对其以商业为目的利用时应当获得原始品种的植物新品种权所有人的同意。

三、条文解读

本条规定了植物新品种权的权利性质、权利实施及权利范围，是品种权保护的核心条款。

（一）植物新品种权的性质

植物新品种权作为法定的知识产权，与物权、债权一样具有私权属性，是民事主体所享有的财产权，属于民事权利范畴。本条规定，品种权人对于其授权品种享有排他的独占权。这表明该权利具有绝对性。当然，与其他知识产权一样，植物新品种权也具有地域性，只在本国法域内有效。

（二）植物新品种权权利实施

植物新品种权人利益实现的关键在于实施，实施才能够实现效益。植物新品种权的实施有多种方式，品种权人可以自己实施植物新品种权，可以转让，也可以将植物新品种权许可他人实施，并按照合同约定收取许可使用费。植物新品种权的许可实施是指品种权人以签订许可使用合同的方式，允许他人在一定的时间、空间条件下利用授权品种的繁殖材料，开展生产、销售、重复利用授权品种的繁殖材料生产另一品种等。被许可人在合同约定的范围内利用授权品种的繁殖材料，并按照合同约定履行支付使用费、保密等义务。许可使用费可以采取固定价款、从推广收益中提成等方式收取。与专利等知识产权类似，植物新品种权的许可实施的方式通常包括独占实施许可、排他实施许可以及普通实施许可。

（三）实质性派生品种

实质性派生品种（EDV）是对原始品种进行简单修饰后育成的衍生品种。《国际植物新品种保护公约》(1991年文本）针对利用生物技术改造他人授权品种的情况建立了实质性派生品种制度，目的在于建立原始品种权人与派生品种权人的权利分配与利益分享机制，鼓励育种原始创新、减少模仿修饰。《国际植物新品种保护公约》(1991年文本）规定，符合下列条件的，应认定从原始品种派生的实质性派生品种：主要从原始品种派生的，或从本身即是主要从原始品种派生的品种派生的，但同时却保有从原始品种基因型或基因型组合控制的基本种特性的表达；能明显区别于原始品种；除派生性状差异外，受原始品种基因型或基因型组合控制的基本种特性的表达与原始品种相同。实质性派生品种可以通过选择天然或诱变株、体细胞无性变异株、通过从原始品种中选变异单株、回交，或经遗传工程转化等途径获得。

2021 年修正的《种子法》建立了实质性派生品种制度，但实质性派生品种制度的实施是一个循序渐进的过程，其实施步骤和办法，包括实施名录及判定指南等依法将由国务院另行规定。

（四）植物新品种权的权利范围

1. 被诉侵权品种属于授权品种繁殖材料的认定

被诉侵权物的特征、特性与授权品种的特征、特性相同，或者特征、特性的不同是因非遗传变异所致的，人民法院一般应当认定被诉侵权物属于生产、繁殖或者销售授权品种的繁殖材料。

在侵害植物新品种权诉讼中，人民法院可以根据案件实际情况适时转移举证责任，便利品种权人维权。对于被诉侵权品种繁殖材料使用的名称与授权品种相同的情形，人民法院可以推定被诉侵权品种繁殖材料属于授权品种繁殖材料，将证明二者不属于同一品种的举证责任转移给被诉侵权人。对于被诉侵权物既可以作为繁殖材料又可以作为收获材料的情形，被诉侵权人主张被诉侵权物作为收获材料用于消费而非用于生产、繁殖的，应当承担相应的举证责任。对于分子标记检测方法得出极近似结论的情形，推定两者属于同一品种，将证明两者特征、特性不同的举证责任转移给被诉侵权人，由其提交证据证明两者不属于同一品种。

2. 侵权行为的表现形式

任何人未经许可不得从事生产、繁殖和为繁殖而进行处理、许诺销售、销售、进口、出口行为以及为实施上述行为储存该授权品种的繁殖材料，否则，都构成侵权。被诉侵权人为商业目的以授权品种的繁殖材料重复生产另一品种的繁殖材料的行为，也属于侵权行为。

适用指引

一、繁殖材料与授权品种的保护范围

对于植物新品种权的保护范围，判断授权品种的繁殖材料是品种权保护的

重点，属于品种权法律制度的重要基础。植物新品种获得授权需要具备新颖性、特异性、一致性和稳定性等条件。其中，一致性是指当一个品种的特性除可预期的自然变异外，群体内个体间相关的特征或者特性表现一致；稳定性是指一个品种经过反复繁殖后或者对于特定繁殖周期结束时，其主要性状保持不变。植物新品种的遗传特性包含在该品种的繁殖材料中，繁殖材料在形成新个体的过程中通过遗传信息传递了品种的特征特性，使得繁殖产生的新个体表达了明显有别于在申请书提交之时已知的其他品种的特性，并且经过繁殖后其特征特性未变。因此，承载并传递品种特征特性的繁殖材料，是品种权人行使独占权的基础。虽然植物体的籽粒、果实、根、茎、苗、芽、叶等都可能具有繁殖能力，但其是否属于植物新品种权保护范围的繁殖材料，有赖于所涉植物体所繁殖出的植物的一部分或整个植物的新个体，是否具有与该授权品种相同的特征特性。因此，判断是否为授权品种的繁殖材料应当审查该植物材料是否具有繁殖能力以及繁殖出的新个体能否与该授权品种的特征特性一致。

植物新品种权保护制度主要通过保护繁殖材料来保护品种权人利益，不同于专利制度中以公开技术方案换得法律保护。植物新品种权所保护的繁殖材料与获得该繁殖材料所采取的育种方式无关。在申请品种权时，虽然申请人提交的是采用以特定育种方式获得的繁殖材料，但并不意味着授权品种的保护范围仅限于以该育种方式获得的繁殖材料，即使不同于植物新品种权授权阶段育种者所普遍使用的繁殖材料，其他植物材料可用于授权品种繁殖材料的，亦应当纳入植物新品种权的保护范围。

植物体的不同部分可能有着多种不同的使用用途，可作繁殖目的进行生产，也可用于直接消费或观赏，同一植物材料有可能既是繁殖材料也是收获材料。对于既可作繁殖材料又可作收获材料的植物体，在侵害植物新品种权纠纷中能否认定为授权品种的繁殖材料，应当审查销售者销售被诉侵权植物材料的真实意图，即其意图是将该材料作为繁殖材料销售还是作为收获材料销售；对于抗辩其属于对收获材料的使用行为而非生产繁殖行为，应当审查实际的行为，即是直接用于消费还是将其用于繁殖授权的品种。

二、对收获材料的保护

2021 年修正《种子法》时将保护范围由授权品种的繁殖材料延伸到了收

获材料。通常杂交作物的繁殖材料与收获材料界限比较明确，比如，杂交水稻所使用的种子是繁殖材料，而产出的稻谷为收获材料。对于常规作物和无性繁殖植物而言，繁殖材料和收获材料界限就比较模糊，大多数情况下收获材料还可以作为繁殖材料。对于收获材料的保护，有利于制止利用繁殖材料与收获材料的范围界定模糊而实施侵权行为，品种权人对繁殖材料没有合理机会行使权利的，可以对收获材料行使权利。将收获材料纳入保护范围给予了品种权人行使权利和收集证据的更多机会，品种权人在繁殖材料的销售或使用阶段没有合理机会行使权利的，在收获材料的销售、仓储环节还有收集证据和主张权利救济的机会。

关于“植物新品种权所有人对繁殖材料已有合理机会行使其权利的除外”之中“合理机会”的理解。如果品种权人在发现针对繁殖材料的侵权行为后怠于行使权利，在合理期间内不提起维权主张的，通常属于对繁殖材料已有合理机会行使其权利，对于其选择性地针对收获材料提起的维权主张，人民法院一般不应予以支持。

三、超出约定范围的生产、销售行为是否构成侵权

受托人、被许可人超出与品种权人约定的规模或者区域生产、繁殖授权品种的繁殖材料，超出与品种权人约定的规模销售授权品种的繁殖材料，品种权人对此主张构成侵权的，人民法院依法予以支持。至于超出约定区域的销售行为，则不宜认定为侵权行为。主要考虑在于：首先，将超区域销售行为认定为侵权与权利用尽制度不相协调。权利用尽原则在知识产权领域已经得到普遍适用，《国际植物新品种保护公约》（1991 年文本）对此亦有明确规定。权利用尽原则既合理保护了品种权人利益，又维护了交易安全、促进市场流通。例如，品种权人对于其合法售出且已经获得合理利益回报的繁殖材料，仍可以对后续合法获得该繁殖材料的销售者任意主张权利，既对销售者不公平，又妨碍了商品的正常市场流通。故授权品种的繁殖材料合法售出后，他人符合特定条件的后续销售行为不构成侵权，该行为的这一法律属性原则上不因是否违反区域限定而有所不同。其次，将超区域销售行为认定为侵权与《反垄断法》不相协调。限制销售区域可能涉嫌《反垄断法》禁止的纵向协议，将超出约定区域销售的行为直接作为侵权行为处理，与《反垄断法》难以协调。出于竞争法的考

虑，应当减少对商品销售流通环节的限制。最后，不将超区域销售行为作为侵权行为处理，并不影响当事人享有的权益，品种权人仍可能通过违约之诉获得一定救济。最后，不将超区域销售行为作为侵权行为处理，并不影响行政机关依照相关种子经营管理制度开展行政执法。

四、种植行为

植物在种植后的生长期间内，无性繁殖品种可以自我复制和自我繁殖直接形成新个体，如何认定种植行为的性质是司法实务中的难点。有观点认为，未经品种权人许可的种植行为本身既不属于生产行为，也不属于繁殖行为，在没有证据证明存在嫁接等行为下，单纯的种植行为仅仅是对繁殖材料的使用，不构成侵权行为。另有观点认为，未经品种权人许可的擅自种植行为损害了品种权人的利益，在法律并未规定相应侵权例外的情况下，种植行为本身即属于生产、繁殖授权品种繁殖材料的行为。

《审理侵害植物新品种权纠纷案件规定（二）》第5条规定，对种植授权品种繁殖材料的行为人民法院可以根据案件具体情况，以生产、繁殖行为认定处理。这一规定的主要考虑是：第一，如果一律豁免种植行为的侵权责任，不利于对植物新品种特别是无性繁殖品种的保护。对于未经品种权人许可种植授权品种繁殖材料的行为，侵权方往往以其系对繁殖材料的使用行为而非生产或者繁殖行为为由提出不侵权抗辩。对于无性繁殖的观赏类植物品种，种植行为本身是该类品种价值的重要实现方式。完全豁免种植行为的侵权责任，显有不妥。第二，如果简单地将种植行为一律认定为生产、繁殖行为，又会导致打击面过大。由于《种子法》没有将商业目的作为认定生产、繁殖或者销售这三类侵权行为的构成条件，也没有规定《国际植物新品种保护公约》(1991年文本)中的私人非商业性行为这一侵权例外，将所有种植行为一律按照生产、繁殖行为处理，会将为私人目的的种植行为也纳入品种权保护范围。具体操作时，可以参考借鉴《国际植物新品种保护公约》(1991年文本)关于私人非商业性行为例外的精神，考虑种植行为的规模、是否属于私人非商业性行为、是否营利等因素综合作出判定。

五、同一性认定中的鉴定问题

实践中，对于同一性认定可能出现田间观察检测与分子标记检测结论不同的情况，或是在已经存在一份鉴定意见的情况下，出现关于是否可以再次申请鉴定的争议。田间观察检测与基因指纹图谱等分子标记检测的结论不同的，应当以田间观察检测结论为准。这是因为分子标记检测所采取的核心引物（位点）与田间观察测试的性状特征之间并不具有绝对的对应性，考虑到品种权的审批机关对申请品种的特异性、一致性和稳定性进行实质审查所依据的是田间种植测试，作为活体的繁殖材料，其特征特性应当依据田间种植测试所确定的性状特征为准。因此，在田间观察测试与分子标记检测结论相互矛盾时，则应以田间观察检测结论为准。

实践中还存在有分子鉴定报告的情况下当事人申请再次鉴定的情形。为防止拖延诉讼，引导合理复检，缩短鉴定周期。如存在鉴定机构或鉴定人不具备相应鉴定资质、鉴定程序严重违法、对照样品来源不明、鉴定方法明显依据不足等情况，且申请人提供了相应证据的，原则上应认为有合理理由，可以复检、补充鉴定或者重新鉴定。

指导案例

指导案例160号：蔡新光诉广州市润平商业有限公司侵害植物新品种权纠纷案

（最高人民法院审判委员会讨论通过　2021年7月23日发布）

关键词： 民事　侵害植物新品种权　保护范围　繁殖材料　收获材料

裁判要点： 1. 授权品种的繁殖材料是植物新品种权的保护范围，是品种权人行使排他独占权的基础。授权品种的保护范围不限于申请品种权时所采取的特定方式获得的繁殖材料，即使不同于植物新品种权授权阶段育种者所普遍使用的繁殖材料，其他植物材料可用于授权品种繁殖材料的，亦应当纳入植物新品种权的保护范围。

2. 植物材料被认定为某一授权品种的繁殖材料，必须同时满足以下要件：

属于活体，具有繁殖能力，并且繁殖出的新个体与该授权品种的特征特性相同。植物材料仅可以用作收获材料而不能用作繁殖材料的，不属于植物新品种权保护的范围。

相关法条：《中华人民共和国种子法》第二十八条

《中华人民共和国植物新品种保护条例》第六条

基本案情：蔡新光于2009年11月10日申请“三红蜜柚”植物新品种权，于2014年1月1日获准授权，品种权号为CNA20090677.9，保护期限为20年。农业农村部植物新品种保护办公室作出的《农业植物新品种DUS测试现场考察报告》载明，品种暂定名称三红蜜柚，植物种类柑橘属，品种类型为无性繁殖，田间考察结果载明，申请品种的白皮层颜色为粉红，近似品种为白，具备特异性。考察结论为该申请品种具备特异性、一致性。所附照片载明，三红蜜柚果面颜色暗红、白皮层颜色粉红、果肉颜色紫，红肉蜜柚果面颜色黄绿、白皮层颜色白、果肉颜色红。以上事实有《植物新品种权证书》、植物新品种权年费缴费收据、《意见陈述书》《品种权申请请求书》《说明书》《著录项目变更申报书》《农业植物新品种DUS测试现场考察报告》等证据予以佐证。

蔡新光于2018年3月23日向广州知识产权法院提起诉讼，主张广州市润平商业有限公司（以下简称润平公司）连续大量销售“三红蜜柚”果实，侵害其获得的品种名称为“三红蜜柚”的植物新品种权。

润平公司辩称其所售被诉侵权蜜柚果实有合法来源，提供了甲方昆山润华商业有限公司广州黄埔分公司（以下简称润华黄埔公司）与乙方江山市森南食品有限公司（以下简称森南公司）签订的合同书，润华黄埔公司与森南公司于2017年7月18日签订2017年度商业合作条款，合同有条款第六条第五款载明，在本合同签订日，双方已合作的有6家门店，包括润平公司。2018年1月8日，森南公司向润华黄埔公司开具发票以及销售货物或者提供应税劳务、服务清单，清单载明货物包括三红蜜柚650公斤。森南公司营业执照副本载明，森南公司为有限责任公司，成立于2013年2月22日，注册资本500万元，经营范围为预包装食品批发、零售；水果、蔬菜销售。森南公司《食品经营许可证》载明，经营项目为预包装食品销售；散装食品销售。该许可证有效期至2021年8月10日。

裁判结果：广州知识产权法院于2019年1月3日作出（2018）粤73民初

732 号民事判决，驳回蔡新光诉讼请求。宣判后，蔡新光不服，向最高人民法院提起上诉。最高人民法院于 2019 年 12 月 10 日作出（2019）最高法知民终 14 号民事判决，驳回上诉，维持原判。

裁判理由：最高人民法院认为：本案主要争议问题为润平公司销售被诉侵权蜜柚果实的行为是否构成对蔡新光三红蜜柚植物新品种权的侵害，其中，判断三红蜜柚植物新品种权的保护范围是本案的焦点。

本案中，虽然蔡新光在申请三红蜜柚植物新品种权时提交的是采用以嫁接方式获得的繁殖材料枝条，但并不意味着三红蜜柚植物新品种权的保护范围仅包括以嫁接方式获得的该繁殖材料，以其他方式获得的枝条也属于该品种的繁殖材料。随着科学技术的发展，不同于植物新品种权授权阶段繁殖材料的植物体也可能成为育种者选用的种植材料，即除枝条以外的其他种植材料也可能被育种者们普遍使用，在此情况下，该种植材料作为授权品种的繁殖材料，应当纳入植物新品种权的保护范围。原审判决认为侵权繁殖材料的繁育方式应当与该品种育种时所使用的材料以及繁育方式一一对应，认为将不同于获取品种权最初繁育方式的繁殖材料纳入到植物新品种权的保护范围，与权利人申请新品种权过程中应当享有的权利失衡。该认定将申请植物新品种权时的繁育方式作为授权品种保护的依据，限制了植物新品种权的保护范围，缩小了植物新品种权人的合法权益，应当予以纠正。

我国相关法律、行政法规以及规章对繁殖材料进行了列举，但是对于某一具体品种如何判定植物体的哪些部分为繁殖材料，并未明确规定。判断是否为某一授权品种的繁殖材料，在生物学上必须同时满足以下条件：其属于活体，具有繁殖的能力，并且繁殖出的新个体与该授权品种的特征特性相同。被诉侵权蜜柚果实是否为三红蜜柚品种的繁殖材料，不仅需要判断该果实是否具有繁殖能力，还需要判断该果实繁殖出的新个体是否具有果面颜色暗红、果肉颜色紫、白皮层颜色粉红的形态特征，如果不具有该授权品种的特征特性，则不属于三红蜜柚品种权所保护的繁殖材料。

对于三红蜜柚果实能否作为繁殖材料，经审查，即便专门的科研单位，也难以通过三红蜜柚果实的籽粒繁育出蜜柚种苗。二审庭审中，蔡新光所请的专家辅助人称，柚子单胚，容易变异，该品种通过枝条、芽条、砧木或者分株进行繁殖，三红蜜柚果实有无籽粒以及籽粒是否退化具有不确定性。综合本案品种的具体情况，本案被诉侵权蜜柚果实的籽粒及其汁胞均不具备繁殖授权品种三红蜜柚的能力，不属于三红蜜柚品种的繁殖材料。被诉侵权蜜柚果实是收获材料而非繁殖材料，不属于植物新品种权保护的范围。如果目前在本案中将收获材料纳入植物新品种权的保护范围，有违种子法、植物新品种保护条例以及《最高人民法院关于审理侵犯植物新品种权纠纷案件具体应用法律问题的若干规定》的相关规定。

另外，植物体的不同部分可能有着多种不同的使用用途，可作繁殖目的进行生产，也可用于直接消费或观赏，同一植物材料有可能既是繁殖材料也是收获材料。对于既可作繁殖材料又可作收获材料的植物体，在侵权纠纷中能否认定为是繁殖材料，应当审查销售者销售被诉侵权植物体的真实意图，即其意图是将该材料作为繁殖材料销售还是作为收获材料销售；对于使用者抗辩其属于使用行为而非生产行为，应当审查使用者的实际使用行为，即是将该收获材料直接用于消费还是将其用于繁殖授权品种。

综上所述，蔡新光关于被诉侵权蜜柚果实为三红蜜柚的繁殖材料、润平公司销售行为构成侵权的上诉主张不能成立，应予驳回。

第二十九条　在下列情况下使用授权品种的，可以不经植物新品种权所有人许可，不向其支付使用费，但不得侵犯植物新品种权所有人依照本法、有关法律、行政法规享有的其他权利：

（一）利用授权品种进行育种及其他科研活动；

（二）农民自繁自用授权品种的繁殖材料。

关联规定

一、法律、行政法规、司法解释

1.《中华人民共和国植物新品种保护条例》

第十条　在下列情况下使用授权品种的，可以不经品种权人许可，不向其支付使用费，但是不得侵犯品种权人依照本条例享有的其他权利：

（一）利用授权品种进行育种及其他科研活动；

（二）农民自繁自用授权品种的繁殖材料。

2.《最高人民法院关于审理侵害植物新品种权纠纷案件具体应用法律问题的若干规定》

第八条　以农业或者林业种植为业的个人、农村承包经营户接受他人委托代为繁殖侵害品种权的繁殖材料，不知道代繁物是侵害品种权的繁殖材料并说明委托人的，不承担赔偿责任。

3.《最高人民法院关于审理侵害植物新品种权纠纷案件具体应用法律问题的若干规定（二）》

第十一条　被诉侵权人主张对授权品种进行的下列生产、繁殖行为属于科研活动的，人民法院应予支持：

（一）利用授权品种培育新品种；

（二）利用授权品种培育形成新品种后，为品种权申请、品种审定、品种登记需要而重复利用授权品种的繁殖材料。

第十二条　农民在其家庭农村土地承包经营合同约定的土地范围内自繁自

用授权品种的繁殖材料，权利人对此主张构成侵权的，人民法院不予支持。

对前款规定以外的行为，被诉侵权人主张其行为属于种子法规定的农民自繁自用授权品种的繁殖材料的，人民法院应当综合考虑被诉侵权行为的目的、规模、是否营利等因素予以认定。

二、部门规章及规范性文件

《农业农村部办公厅关于种子法有关条款适用的意见》

五、关于《种子法》第二十九条中"农民自繁自用"应当如何界定的问题

《种子法》第二十九条第二项所称农民，是指以家庭联产承包责任制的形式签订农村土地承包合同的农民个人。农民专业合作社、家庭农场等新型农业生产经营主体使用授权品种的繁殖材料用于生产的，不属于农民自繁自用，应当取得植物新品种权人的许可。

条文释义

一、本条主旨

本条是关于植物新品种权保护例外的规定。

二、条文演变

1997年《植物新品种保护条例》第10条对植物新品种权保护例外作了规定。2015年修订的《种子法》将《植物新品种保护条例》第10条的内容吸收形成本条文，2021年修正《种子法》时，对本条未作修改。

三、条文解读

植物新品种作为一种知识产权，其权利范围是有限的。法律规定利用授权品种进行育种及其他科研活动、农民自繁自用授权品种的繁殖材料的行为可以不经过品种权人的许可。需要注意的是，在进行科研活动时，利用授权品种进行育种或者科研活动虽然不侵犯植物新品种权，但仍然需要遵守其他知识产权法律规定，否则可能存在侵犯其他知识产权的风险。例如，不能通过不正当手段获得亲本等育种的繁殖材料，否则可能构成侵害他人商业秘密的行为。

种子是农业生产的“芯片”，种子中包含的遗传资源是植物育种产业不可或缺的材料和赖以生存的物质基础。数千年来，农民通过传统方式进行种子的选育和使用，为种业资源发展、保持生物多样性，作出了突出的贡献，而且具有不可替代的功能。现代农业的育种、供种系统也与传统选育种子方式保持紧密联系。国内外制定植物新品种相关规则时，普遍密切关注保留农民传统种子系统的存续空间。

关于本条中“农民自繁自用”的理解。此处的农民，一般是指以家庭联产承包责任制的形式签订农村土地承包合同的农民个人；而繁殖、使用行为，则强调仅限于自用，除法律规定的可以在当地集贸市场上出售、串换剩余常规种子外，不得通过各种交易形式将生产、留用的种子提供给他人使用。

适用指引

一、科研例外的范围

对于某些具体行为是否属于科研例外，在实践中存在一定分歧。如为品种授权及品种审定申请的需要，未经品种权人许可，重复利用其授权品种的繁殖材料生产、繁殖所申请品种的行为是否构成侵权行为。有观点认为，科研活动应仅限定于培育新品种的科学研究过程。为申请品种授权、品种审定、品种登记需要重复利用授权品种繁殖材料的行为均是为了商业目的，不属于科研例外。另有观点认为，应从鼓励创新、推动产业发展的角度进行理解，申请品种授权、品种审定、品种登记时，实际上是为了满足行政审批的需要而必须重复利用授权品种繁殖材料。参考《专利法》中关于药品和医疗器械行政审批例外的规定，可将为满足行政审批而需要重复利用授权品种繁殖材料的认定为科研例外行为。

《审理侵害植物新品种权纠纷案件规定（二）》第 11 条第 1 款第 2 项规定，利用授权品种培育形成新品种后为品种权申请、品种审定、品种登记需要而重复利用授权品种的繁殖材料进行的生产、繁殖行为属于科研活动。主要是考虑到，科研育种活动并不是一个孤立的过程，在育种过程中使用的可能是他人具有品种权的繁殖材料。同时，品种组配成功并不意味着科研育种活动即告终结，也不意味着可以直接可以投入市场。对主要农作物品种，需要经过品种审定，即对新育成的品种或新引进的品种根据审定标准和规定程序，针对品种试验结果进行审核鉴定，决定能否销售或推广并确定适宜推广区域。向农林行政主管部门提交申请文件和种子样品进行品种登记，申请人要对其真实性负责，接受监督检查。在进行前述行政程序时，均需要根据相关行政管理规定提交一定数量的样品。如果因为品种权的保护限制这些样品的生产和提交，则不利于植物新品种的研发和行政管理。具体适用本条规定的例外时，需注意重复利用授权品种繁殖材料的行为应该以“为品种权申请、品种审定、品种登记需要”为限，要符合比例原则。对于超出“品种权申请、品种审定、品种登记需要”进行较大规模的繁殖行为，应认定属于侵犯植物新品种权的行为。需要特别强调的是，获得品种权授权、通过品种审定或者品种登记后，当事人将他人授权品种的繁殖材料重复使用于生产自己品种的繁殖材料的，需要经过作为父母系的授权品种权利人的许可，不能适用科研例外。

二、关于农民自繁自用

我国是具有悠久农业历史的国家，无论是在过去还是现在，农民群体为包括品种繁殖在内农业技术的发展作出了重大的贡献。作为一种反哺机制，我国保留了农民对种子自繁自用的权利。随着我国农村土地改革的推进和深化，发展出了新型农民承包大户、农民专业合作社和家庭农场等新型主体。随之也出现以这些新主体名义作掩护的侵权现象。如何准确适用农民自繁自用例外条款，依法保护农民的合法正当权益，防止农民自繁自用例外条款被滥用，具有现实的价值和紧迫性。有观点认为，应该严格限定农民自繁自用例外的适用范围，明确限定农民仅在其家庭农村土地承包经营合同约定的土地范围内自繁自用授权品种的繁殖材料，且繁殖材料使用量不超过其合理自用量的，才适用自繁自用例外；超出前述范围或用量的行为均构成侵权行为。理由是结合现实发展情况，农民已经少见自留种或者串换种；更常见以农民自繁自用为借口，租赁土地实施非法繁殖、销售侵权种子的情况。另有观点认为，不宜将农民自繁自用例外的适用范围限制过窄。理由是：对于农民生产行为过多限定会打击农民种粮的积极性，也会对农业技术发展创新产生不利影响。

《审理侵害植物新品种权纠纷案件规定（二）》第 12 条第 1 款对典型的农民自繁自用行为作出界定，凡是农民在其家庭农村承包经营土地范围内的自繁自用行为，均属于侵权例外；第 2 款对典型的农民自繁自用行为以外的行为作出原则性指引，明确了应当综合考虑的各种具体因素，即综合考虑被诉侵权行为的目的、规模以及是否营利等因素予以认定。既明确典型情形下农民自繁自用例外的法律边界，又针对现实情况的复杂性保留一定的制度灵活性，力图在制度层面平衡农民自繁自用的生存权益和品种权人的正当利益。在具体适用时，目的因素主要可以考虑为商业目的还是为私人或者家庭目的；规模因素主要可以考虑土地范围、被诉侵权物数量等；是否营利因素主要可以考虑是否从中获得利益。

需要说明的是，根据《审理侵害植物新品种权纠纷案件规定》第 8 条的规定，以农业或者林业种植为业的个人、农村承包经营户接受他人委托代为繁殖侵害品种权的繁殖材料，不知道代繁物是侵害品种权的繁殖材料并说明委托人的，不承担赔偿责任。该条规定的是以农业或者林业种植为业的个人、农村承包经营户为他人代繁繁殖材料的行为，并非自繁自用，而是属于侵权行为，至少应承担停止侵害的民事责任。

典型案例

江苏省高科种业科技有限公司诉秦某某侵害植物新品种权纠纷案

关键词：植物新品种权侵权　农民　自繁自用

裁判摘要：适用《种子法》第 29 条第 2 项规定的“农民自繁自用例外”至少应当满足以下两个条件：适用主体一般为农村承包经营户，即与农村集体经济组织签订农村土地承包经营合同，取得土地承包经营权的农村集体经济组织成员；适用范围通常情况下不得超过该农村承包经营户自己承包的土地。

基本案情：江苏省高科种业科技有限公司（以下简称高科种业公司）为水稻新品种“南粳 9108”的独占实施许可人，有权以自己名义对侵害水稻“南粳 9108”植物新品种权的单位和个人追究法律责任。秦某某未经许可擅自生产、销售“南粳 9108”水稻种子的行为侵害了高科种业公司的独占实施许可权，诉请判令秦某某停止侵权并赔偿经济损失 50 万元。秦某某辩称其利用自留种子生产商品粮的行为属于法律规定的“农民自繁自用”情形，不构成对“南粳 9108”水稻新品种权的侵害。

江苏省南京市中级人民法院一审认为，秦某某通过土地流转，获得经转包的土地经营权达973.2亩，已不是以家庭联产承包责任制的形式签订农村土地承包合同的农民，而是一种新型的农业生产经营主体（俗称种粮大户）。该类经营主体将他人享有品种权的授权品种用于生产经营活动的，应当取得品种权人的许可，否则构成侵权。故判令秦某某停止侵权并赔偿经济损失。最高人民法院二审认为，秦某某经营的土地面积高达900余亩，其在该面积土地上进行耕种、收获粮食后售出以赚取收益的行为，不再仅仅是为了满足其个人和家庭生活的需要，而是具有商业目的。从秦某某享有经营权的土地面积、种植规模、粮食产量以及收获粮食的用途来看，其已远远超出普通农民个人以家庭为单位、依照家庭联产承包责任制承包土地来进行种植的范畴，原审法院将其认定为一种新型农业生产经营主体，具有事实依据和法律依据。若允许秦某某播种上述面积土地所使用的繁殖材料均由自己生产、自己留种而无须向品种权人支付任何费用，无疑会给包括高科种业公司在内的涉案品种权利人造成重大经济损失，损害其合法权益。由于秦某某在其通过转包获得经营权的973.2亩土地上进行耕种，未经许可生产“南粳9108”水稻种子并留作第二年播种使用的行为，不属于法律规定的“农民自繁自用”情形，应当取得涉案品种权利人的同意，并向品种权人或经授权的企业或个人支付费用。因现有证据仅能证明秦某某存在生产行为，不能证明其实施了销售侵权种子的行为，故对原审判决赔偿数额予以酌情调整。

【案　　号】（2019）最高法知民终407号

【审理法院】最高人民法院

【来　　源】人民法院种业知识产权司法保护典型案例（第一批）

第三十条 为了国家利益或者社会公共利益，国务院农业农村、林业草原主管部门可以作出实施植物新品种权强制许可的决定，并予以登记和公告。

取得实施强制许可的单位或者个人不享有独占的实施权，并且无权允许他人实施。

关联规定

一、国际条约

《国际植物新品种保护公约》（1978年文本）

第9条 行使保护权的限制

（1）除非出于公共利益考虑，育种者可不受限制自由行使所给予的独占权利。

（2）若为了广泛推广品种而使育种者权利受到限制，该联盟成员国应采取一切必要措施，给予育种者相应之报酬。

二、法律、行政法规、司法解释

1.《中华人民共和国植物新品种保护条例》

第十一条 为了国家利益或者公共利益，审批机关可以作出实施植物新品种强制许可的决定，并予以登记和公告。

取得实施强制许可的单位或者个人应当付给品种权人合理的使用费，其数额由双方商定；双方不能达成协议的，由审批机关裁决。

品种权人对强制许可决定或者强制许可使用费的裁决不服的，可以自收到通知之日起3个月内向人民法院提起诉讼。

2.《最高人民法院关于审理植物新品种纠纷案件若干问题的解释》

第五条 关于植物新品种申请驳回复审行政纠纷案件、植物新品种权无效或者更名行政纠纷案件，应当以植物新品种审批机关为被告；关于植物新品种强制许可纠纷案件，应当以植物新品种审批机关为被告；关于实施强制许可使用费纠纷案件，应当根据原告所请求的事项和所起诉的当事人确定被告。

三、部门规章及规范性文件

1.《中华人民共和国植物新品种保护条例实施细则（农业部分）》

第十二条 有下列情形之一的，农业部可以作出实施品种权的强制许可决定：

（一）为了国家利益或者公共利益的需要；

（二）品种权人无正当理由自己不实施，又不许可他人以合理条件实施的；

（三）对重要农作物品种，品种权人虽已实施，但明显不能满足国内市场需求，又不许可他人以合理条件实施的。

申请强制许可的，应当向农业部提交强制许可请求书，说明理由并附具有关证明文件各一式两份。

农业部自收到请求书之日起 20 个工作日内作出决定。需要组织专家调查论证的，调查论证时间不得超过 3 个月。同意强制许可请求的，由农业部通知品种权人和强制许可请求人，并予以公告；不同意强制许可请求的，通知请求人并说明理由。

2.《中华人民共和国植物新品种保护条例实施细则（林业部分）》

第九条 依照《条例》第十一条规定，有下列情形之一的，国家林业局可以作出或者依当事人的请求作出实施植物新品种强制许可的决定：

（一）为满足国家利益或者公共利益等特殊需要；

（二）品种权人无正当理由自己不实施或者实施不完全，又不许可他人以合理条件实施的。

请求植物新品种强制许可的单位或者个人，应当向国家林业局提出强制许可请求书，说明理由并附具有关证明材料各一式两份。

第十条 按照《条例》第十一条第二款规定，请求国家林业局裁决植物新品种强制许可使用费数额的，当事人应当提交裁决请求书，并附具不能达成协议的有关材料。国家林业局自收到裁决请求书之日起 3 个月内作出裁决并通知有关当事人。

条文释义

一、本条主旨

本条是关于植物新品种权强制许可的规定。

二、条文演变

1997 年《植物新品种保护条例》第 11 条对植物新品种权强制许可作出规定。2013 年修正前的《种子法》对此未作规定。2013 年修正的《种子法》对于植物新品种保护与种业发展密切相关的几项关键性制度进行规范，但未明确植物新品种权强制许可制度。2015 年《种子法》修订时，在借鉴《植物新品种保护条例》第 11 条的基础上，进行补充完善并形成本条文。2021 年《种子法》修正时，对此未作修改。

三、条文解读

本条第 1 款规定了适用强制许可的条件；第 2 款规定了适用强制许可的限制。所谓植物新品种强制许可是指国务院农业农村、林业草原主管部门为了国家利益或社会公众利益，针对品种权人在规定期限内未实施或者未充分实施其品种权时所作出的许可他人实施其品种的许可行为。

（一）强制许可的条件

根据有关行政规章国务院农业农村、林业草原主管部门可以依据职权或者应有关当事人的请求，依法对下列情形作出强制许可的决定：一是为了国家利益或者公共利益的需要；二是品种权人无正当理由自己不实施，又不许可他人以合理条件实施的；三是对重要农作物品种，品种权虽已实施，但明显不能满足国内市场需求，又不许可他人以合理条件实施的。

（二）强制许可的限制

许可使用是指品种权人允许他人在一定的条件下，例如，一定的时间、空间下使用其品种权，实际上是允许他人对繁殖材料的利用。常见的许可使用的方式较为多样，既可以是普通许可，也可以是独占许可或者排他许可。而强制许可应具有明确的限制，取得强制许可的单位或者个人不享有独占的实施权，并且无权允许他人实施。强制许可的被许可人仅能按照行政部门强制许可公告载明的范围自己进行生产、繁殖、销售该授权品种的繁殖材料的活动，不能将该许可进行转让或者向他人授权。

适用指引

一、强制许可的公共利益原则

强制许可是一种基于国家利益或社会公共利益考量的强制授权。强制许可的实施权不具有独占性，也不能再授权他人实施。在知识产权法律体系中，“国家利益或者社会公共利益”可统称为公共利益原则。所谓公共利益，一般是指一定社会条件下或特定范围内不特定多数主体的利益一致性，其具有主体数量的不确定、实体上的共享性等特征。迄今为止，我国在植物新品种领域尚未出现行政强制许可实施的案例。

在知识产权立法设计和司法实践中，知识产权法的价值目标始终体现在促进科学进步与技术创新，推动产业发展，实现利益平衡。在具体的判断过程中，要注意区别社会公共利益与相关公众利益，不能将部分人的利益，特别是商业利益随意上升到公共利益的层面，以公共利益为名获得强制许可之实，不当损害品种权人的合法权益。

二、强制许可的司法处理

《植物新品种保护条例》规定行政机关依行政程序作出强制许可决定，其性质属于行政强制许可。《植物新品种保护条例》第 11 条第 3 款规定：“品种权人对强制许可决定或者强制许可使用费的裁决不服的，可以自收到通知之日起 3 个月内向人民法院提起诉讼。”根据《审理植物新品种纠纷案件解释》第 5 条的规定，关于植物新品种强制许可纠纷案件，应当以植物新品种审批机关为被告；关于实施强制许可使用费纠纷案件，应当根据原告所请求的事项和所起诉的当事人确定被告。

三、强制许可的许可费问题

《植物新品种保护条例》第 11 条第 2 款规定："取得实施强制许可的单位或者个人应当付给品种权人合理的使用费，其数额由双方商定；双方不能达成协议的，由审批机关裁决。"人民法院审理此类案件时，可以参考品种权人与他人达成的许可合同约定的使用费、该领域类似品种的许可使用费等因素，公平合理地审查行政审批机关确定的强制许可的使用费。

第七十二条　违反本法第二十八条规定，有侵犯植物新品种权行为的，由当事人协商解决，不愿协商或者协商不成的，植物新品种权所有人或者利害关系人可以请求县级以上人民政府农业农村、林业草原主管部门进行处理，也可以直接向人民法院提起诉讼。

县级以上人民政府农业农村、林业草原主管部门，根据当事人自愿的原则，对侵犯植物新品种权所造成的损害赔偿可以进行调解。调解达成协议的，当事人应当履行；当事人不履行协议或者调解未达成协议的，植物新品种权所有人或者利害关系人可以依法向人民法院提起诉讼。

侵犯植物新品种权的赔偿数额按照权利人因被侵权所受到的实际损失确定；实际损失难以确定的，可以按照侵权人因侵权所获得的利益确定。权利人的损失或者侵权人获得的利益难以确定的，可以参照该植物新品种权许可使用费的倍数合理确定。故意侵犯植物新品种权，情节严重的，可以在按照上述方法确定数额的一倍以上五倍以下确定赔偿数额。

权利人的损失、侵权人获得的利益和植物新品种权许可使用费均难以确定的，人民法院可以根据植物新品种权的类型、侵权行为的性质和情节等因素，确定给予五百万元以下的赔偿。

赔偿数额应当包括权利人为制止侵权行为所支付的合理开支。

县级以上人民政府农业农村、林业草原主管部门处理侵犯植物新品种权案件时，为了维护社会公共利益，责令侵权人停止侵权行为，没收违法所得和种子；货值金额不足五万元的，并处一万元以上二十五万元以下罚款；货值金额五万元以上的，并处货值金额五倍以上十倍以下罚款。

假冒授权品种的，由县级以上人民政府农业农村、林业草原主管部门责令停止假冒行为，没收违法所得和种子；货值金额不足五万元的，并处一万元以上二十五万元以下罚款；货值金额五万元以上的，并处货值金额五倍以上十倍以下罚款。

关联规定

一、法律、行政法规、司法解释

1.《中华人民共和国种子法》

第二十八条 植物新品种权所有人对其授权品种享有排他的独占权。植物新品种权所有人可以将植物新品种权许可他人实施，并按照合同约定收取许可使用费；许可使用费可以采取固定价款、从推广收益中提成等方式收取。

任何单位或者个人未经植物新品种权所有人许可，不得生产、繁殖和为繁殖而进行处理、许诺销售、销售、进口、出口以及为实施上述行为储存该授权品种的繁殖材料，不得为商业目的将该授权品种的繁殖材料重复使用于生产另一品种的繁殖材料。本法、有关法律、行政法规另有规定的除外。

实施前款规定的行为，涉及由未经许可使用授权品种的繁殖材料而获得的收获材料的，应当得到植物新品种权所有人的许可；但是，植物新品种权所有人对繁殖材料已有合理机会行使其权利的除外。

对实质性派生品种实施第二款、第三款规定行为的，应当征得原始品种的植物新品种权所有人的同意。

实质性派生品种制度的实施步骤和办法由国务院规定。

第三十二条 申请取得种子生产经营许可证的，应当具有与种子生产经营相适应的生产经营设施、设备及专业技术人员，以及法规和国务院农业农村、林业草原主管部门规定的其他条件。

从事种子生产的，还应当同时具有繁殖种子的隔离和培育条件，具有无检疫性有害生物的种子生产地点或者县级以上人民政府林业主管部门确定的采种林。

申请领取具有植物新品种权的种子生产经营许可证的，应当征得植物新品种权所有人的书面同意。

第三十三条 种子生产经营许可证应当载明生产经营者名称、地址、法定代表人、生产种子的品种、地点和种子经营的范围、有效期限、有效区域等事项。

前款事项发生变更的，应当自变更之日起三十日内，向原核发许可证机关申请变更登记。

除本法另有规定外，禁止任何单位和个人无种子生产经营许可证或者违反种子生产经营许可证的规定生产、经营种子。禁止伪造、变造、买卖、租借种子生产经营许可证。

第七十六条 违反本法第三十二条、第三十三条、第三十四条规定，有下列行为之一的，由县级以上人民政府农业农村、林业草原主管部门责令改正，没收违法所得和种子；违法生产经营的货值金额不足一万元的，并处三千元以上三万元以下罚款；货值金额一万元以上的，并处货值金额三倍以上五倍以下罚款；可以吊销种子生产经营许可证：

（一）未取得种子生产经营许可证生产经营种子的；

（二）以欺骗、贿赂等不正当手段取得种子生产经营许可证的；

（三）未按照种子生产经营许可证的规定生产经营种子的；

（四）伪造、变造、买卖、租借种子生产经营许可证的；

（五）不再具有繁殖种子的隔离和培育条件，或者不再具有无检疫性有害生物的种子生产地点或者县级以上人民政府林业草原主管部门确定的采种林，继续从事种子生产的；

（六）未执行种子检验、检疫规程生产种子的。

被吊销种子生产经营许可证的单位，其法定代表人、直接负责的主管人员自处罚决定作出之日起五年内不得担任种子企业的法定代表人、高级管理人员。

2.《中华人民共和国植物新品种保护条例》

第六条 完成育种的单位或者个人对其授权品种，享有排他的独占权。任何单位或者个人未经品种权所有人（以下称品种权人）许可，不得为商业目的生产或者销售该授权品种的繁殖材料，不得为商业目的将该授权品种的繁殖材料重复使用于生产另一品种的繁殖材料；但是，本条例另有规定的除外。

第三十九条 未经品种权人许可，以商业目的生产或者销售授权品种的繁殖材料的，品种权人或者利害关系人可以请求省级以上人民政府农业、林业行政部门依据各自的职权进行处理，也可以直接向人民法院提起诉讼。

省级以上人民政府农业、林业行政部门依据各自的职权，根据当事人自愿的原则，对侵权所造成的损害赔偿可以进行调解。调解达成协议的，当事人应当履行；调解未达成协议的，品种权人或者利害关系人可以依照民事诉讼程序向人民法院提起诉讼。

省级以上人民政府农业、林业行政部门依据各自的职权处理品种权侵权案件时，为维护社会公共利益，可以责令侵权人停止侵权行为，没收违法所得和植物品种繁殖材料；货值金额5万元以上的，可处货值金额1倍以上5倍以下的罚款；没有货值金额或者货值金额5万元以下的，根据情节轻重，可处25万元以下的罚款。

第四十条 假冒授权品种的，由县级以上人民政府农业、林业行政部门依据各自的职权责令停止假冒行为，没收违法所得和植物品种繁殖材料；货值金额5万元以上的，处货值金额1倍以上5倍以下的罚款；没有货值金额或者货值金额5万元以下的，根据情节轻重，处25万元以下的罚款；情节严重，构成犯罪的，依法追究刑事责任。

第四十一条 省级以上人民政府农业、林业行政部门依据各自的职权在查处品种权侵权案件和县级以上人民政府农业、林业行政部门依据各自的职权在查处假冒授权品种案件时，根据需要，可以封存或者扣押与案件有关的植物品种的繁殖材料，查阅、复制或者封存与案件有关的合同、帐册及有关文件。

3.《最高人民法院关于审理植物新品种纠纷案件若干问题的解释》

第一条 人民法院受理的植物新品种纠纷案件主要包括以下几类：

（一）植物新品种申请驳回复审行政纠纷案件；

（二）植物新品种权无效行政纠纷案件；

（三）植物新品种权更名行政纠纷案件；

（四）植物新品种权强制许可纠纷案件；

（五）植物新品种权实施强制许可使用费纠纷案件；

（六）植物新品种申请权权属纠纷案件；

（七）植物新品种权权属纠纷案件；

（八）植物新品种申请权转让合同纠纷案件；

（九）植物新品种权转让合同纠纷案件；

（十）侵害植物新品种权纠纷案件；

（十一）假冒他人植物新品种权纠纷案件；

（十二）植物新品种培育人署名权纠纷案件；

（十三）植物新品种临时保护期使用费纠纷案件；

（十四）植物新品种行政处罚纠纷案件；

（十五）植物新品种行政复议纠纷案件；

（十六）植物新品种行政赔偿纠纷案件；

（十七）植物新品种行政奖励纠纷案件；

（十八）其他植物新品种权纠纷案件。

第三条 本解释第一条所列第一至五类案件，由北京知识产权法院作为第一审人民法院审理；第六至十八类案件，由知识产权法院，各省、自治区、直辖市人民政府所在地和最高人民法院指定的中级人民法院作为第一审人民法院审理。

当事人对植物新品种纠纷民事、行政案件第一审判决、裁定不服，提起上诉的，由最高人民法院审理。

第四条 以侵权行为地确定人民法院管辖的侵害植物新品种权的民事案件，其所称的侵权行为地，是指未经品种权所有人许可，生产、繁殖或者销售该授权植物新品种的繁殖材料的所在地，或者为商业目的将该授权品种的繁殖材料重复使用于生产另一品种的繁殖材料的所在地。

4.《最高人民法院关于审理侵害植物新品种权纠纷案件具体应用法律问题的若干规定》

第一条 植物新品种权所有人（以下称品种权人）或者利害关系人认为植物新品种权受到侵害的，可以依法向人民法院提起诉讼。

前款所称利害关系人，包括植物新品种实施许可合同的被许可人、品种权财产权利的合法继承人等。

独占实施许可合同的被许可人可以单独向人民法院提起诉讼；排他实施许可合同的被许可人可以和品种权人共同起诉，也可以在品种权人不起诉时，自行提起诉讼；普通实施许可合同的被许可人经品种权人明确授权，可以提起诉讼。

第二条 未经品种权人许可，生产、繁殖或者销售授权品种的繁殖材料，或者为商业目的将授权品种的繁殖材料重复使用于生产另一品种的繁殖材料的，人民法院应当认定为侵害植物新品种权。

被诉侵权物的特征、特性与授权品种的特征、特性相同，或者特征、特性的不同是因非遗传变异所致的，人民法院一般应当认定被诉侵权物属于生产、繁殖或者销售授权品种的繁殖材料。

被诉侵权人重复以授权品种的繁殖材料为亲本与其他亲本另行繁殖的，人民法院一般应当认定属于为商业目的将授权品种的繁殖材料重复使用于生产另一品种的繁殖材料。

第六条 人民法院审理侵害植物新品种权纠纷案件，应当依照民法典第一百七十九条、第一千一百八十五条和种子法第七十三条的规定，结合案件具体情况，判决侵权人承担停止侵害、赔偿损失等民事责任。

人民法院可以根据权利人的请求，按照权利人因被侵权所受实际损失或者侵权人因侵权所得利益确定赔偿数额。权利人的损失或者侵权人获得的利益难以确定的，可以参照该植物新品种权许可使用费的倍数合理确定。权利人为制止侵权行为所支付的合理开支应当另行计算。

依照前款规定难以确定赔偿数额的，人民法院可以综合考虑侵权的性质、期间、后果，植物新品种权许可使用费的数额，植物新品种实施许可的种类、时间、范围及权利人调查、制止侵权所支付的合理费用等因素，在300万元以下确定赔偿数额。

故意侵害他人植物新品种权，情节严重的，可以按照第二款确定数额的一倍以上三倍以下确定赔偿数额。

第七条 权利人和侵权人均同意将侵权物折价抵扣权利人所受损失的，人民法院应当准许。权利人或者侵权人不同意折价抵扣的，人民法院依照当事人的请求，责令侵权人对侵权物作消灭活性等使其不能再被用作繁殖材料的处理。

侵权物正处于生长期或者销毁侵权物将导致重大不利后果的，人民法院可以不采取责令销毁侵权物的方法，而判令其支付相应的合理费用。但法律、行政法规另有规定的除外。

5.《最高人民法院关于审理侵害植物新品种权纠纷案件具体应用法律问题的若干规定（二）》

第十四条 人民法院根据已经查明侵害品种权的事实，认定侵权行为成立的，可以先行判决停止侵害，并可以依据当事人的请求和具体案情，责令采取消灭活性等阻止被诉侵权物扩散、繁殖的措施。

第十五条 人民法院为确定赔偿数额，在权利人已经尽力举证，而与侵权行为相关的账簿、资料主要由被诉侵权人掌握的情况下，可以责令被诉侵权人提供与侵权行为相关的账簿、资料；被诉侵权人不提供或者提供虚假账簿、资料的，人民法院可以参考权利人的主张和提供的证据判定赔偿数额。

第十六条 被诉侵权人有抗拒保全或者擅自拆封、转移、毁损被保全物等举证妨碍行为，致使案件相关事实无法查明的，人民法院可以推定权利人就该证据所涉证明事项的主张成立。构成民事诉讼法第一百一十一条规定情形的，依法追究法律责任。

第十七条 除有关法律和司法解释规定的情形以外，以下情形也可以认定为侵权行为情节严重：

（一）因侵权被行政处罚或者法院裁判承担责任后，再次实施相同或者类似侵权行为；

（二）以侵害品种权为业；

（三）伪造品种权证书；

（四）以无标识、标签的包装销售授权品种；

（五）违反种子法第七十七条第一款第一项、第二项、第四项的规定；

（六）拒不提供被诉侵权物的生产、繁殖、销售和储存地点。

存在前款第一项至第五项情形的，在依法适用惩罚性赔偿时可以按照计算基数的二倍以上确定惩罚性赔偿数额。

6.《最高人民法院关于第一审知识产权民事、行政案件管辖的若干规定》

第一条 发明专利、实用新型专利、植物新品种、集成电路布图设计、技术秘密、计算机软件的权属、侵权纠纷以及垄断纠纷第一审民事、行政案件由知识产权法院，省、自治区、直辖市人民政府所在地的中级人民法院和最高人民法院确定的中级人民法院管辖。

法律对知识产权法院的管辖有规定的，依照其规定。

二、部门规章及规范性文件

1.《中华人民共和国植物新品种保护条例实施细则（农业部分）》

第五十七条 《条例》第四十条、第四十一条所称的假冒授权品种行为是指下列情形之一：

（一）印制或者使用伪造的品种权证书、品种权申请号、品种权号或者其他品种权申请标记、品种权标记；

（二）印制或者使用已经被驳回、视为撤回或者撤回的品种权申请的申请号或者其他品种权申请标记；

（三）印制或者使用已经被终止或者被宣告无效的品种权的品种权证书、品种权号或者其他品种权标记；

（四）生产或者销售本条第（一）项、第（二）项和第（三）项所标记的品种；

（五）生产或销售冒充品种权申请或者授权品种名称的品种；

（六）其他足以使他人将非品种权申请或者非授权品种误认为品种权申请或者授权品种的行为。

2.《中华人民共和国植物新品种保护条例实施细则（林业部分）》

第六十四条 《条例》所称的假冒授权品种，是指：

（一）使用伪造的品种权证书、品种权号的；

（二）使用已经被终止或者被宣告无效品种权的品种权证书、品种权号的；

（三）以非授权品种冒充授权品种的；

（四）以此种授权品种冒充他种授权品种的；

（五）其他足以使他人将非授权品种误认为授权品种的。

3.《农业植物新品种权侵权案件处理规定》

第三条 省级以上人民政府农业行政部门负责处理本行政辖区内品种权侵权案件。

第四条 请求省级以上人民政府农业行政部门处理品种权侵权案件的，应当符合下列条件：

（一）请求人是品种权人或者利害关系人；

（二）有明确的被请求人；

（三）有明确的请求事项和具体事实、理由；

（四）属于受案农业行政部门的受案范围和管辖；

（五）在诉讼时效范围内；

（六）当事人没有就该品种权侵权案件向人民法院起诉。第一项所称利害关系人包括品种权实施许可合同的被许可人、品种权的合法继承人。品种权实施许可合同的被许可人中，独占实施许可合同的被许可人可以单独提出请求；排他实施许可合同的被许可人在品种权人不请求的情况下，可以单独提出请求；除合同另有约定外，普通实施许可合同的被许可人不能单独提出请求。

第五条　请求处理品种权侵权案件的诉讼时效为二年[①]，自品种权人或利害关系人得知或应当得知侵权行为之日起计算。

第六条　请求省级以上人民政府农业行政部门处理品种权侵权案件的，应当提交请求书以及所涉及品种权的品种权证书，并且按照被请求人的数量提供请求书副本。

请求书应当记载以下内容：

（一）请求人的姓名或者名称、地址，法定代表人姓名、职务。委托代理的，代理人的姓名和代理机构的名称、地址；

（二）被请求人的姓名或者名称、地址；

（三）请求处理的事项、事实和理由。请求书应当由请求人签名或盖章。

第七条　请求符合本办法第六条规定条件的，省级以上人民政府农业行政部门应当在收到请求书之日起 7 日内立案并书面通知请求人，同时指定 3 名以上单数承办人员处理该品种权侵权案件；请求不符合本办法第六条规定条件的，省级以上人民政府农业行政部门应当在收到请求书之日起 7 日内书面通知请求人不予受理，并说明理由。

第八条　省级以上人民政府农业行政部门应当在立案之日起 7 日内将请求书及其附件的副本通过邮寄、直接送交或者其他方式送被请求人，要求其在收到之日起 15 日内提交答辩书，并且按照请求人的数量提供答辩书副本。被请求人逾期不提交答辩书的，不影响省级以上人民政府农业行政部门进行处理。被请求人提交答辩书的，省级以上人民政府农业行政部门应当在收到之日起 7 日内将答辩书副本通过邮寄、直接送交或者其他方式送请求人。

第九条　省级以上人民政府农业行政部门处理品种权侵权案件一般以书面审理为主。必要时，可以举行口头审理，并在口头审理 7 日前通知当事人口头审理的时间和地点。当事人无正当理由拒不参加的，或者未经允许中途退出的，对请求人按撤回请求处理，对被请求人按缺席处理。

省级以上人民政府农业行政部门举行口头审理的，应当记录参加人和审理情况，经核对无误后，由案件承办人员和参加人签名或盖章。

第十条　除当事人达成调解、和解协议，请求人撤回请求之外，省级以上人民政府农业行政部门对侵权案件应作出处理决定，并制作处理决定书，写明

---

① 根据《民法典》第 188 条规定，诉讼时效应为 3 年。

以下内容：

（一）请求人、被请求人的姓名或者名称、地址，法定代表人或者主要负责人的姓名、职务，代理人的姓名和代理机构的名称；

（二）当事人陈述的事实和理由；

（三）认定侵权行为是否成立的理由和依据；

（四）处理决定：认定侵权行为成立的，应当责令被请求人立即停止侵权行为，写明处罚内容；认定侵权行为不成立的，应当驳回请求人的请求；

（五）不服处理决定申请行政复议或者提起行政诉讼的途径和期限。处理决定书应当由案件承办人员署名，并加盖省级以上人民政府农业行政部门的公章。

第十一条 省级以上人民政府农业行政部门认定侵权行为成立并作出处理决定的，可以采取下列措施，制止侵权行为：

（一）侵权人生产授权品种繁殖材料或者直接使用授权品种的繁殖材料生产另一品种繁殖材料的，责令其立即停止生产，并销毁生产中的植物材料；已获得繁殖材料的，责令其不得销售；

（二）侵权人销售授权品种繁殖材料或者销售直接使用授权品种繁殖材料生产另一品种繁殖材料的，责令其立即停止销售行为，并且不得销售尚未售出的侵权品种繁殖材料；

（三）没收违法所得；

（四）处以违法所得 5 倍以下的罚款；

（五）停止侵权行为的其他必要措施。

第十二条 当事人对省级以上人民政府农业行政部门作出的处理决定不服的，可以依法申请行政复议或者向人民法院提起行政诉讼。期满不申请行政复议或者不起诉又不停止侵权行为的，省级以上人民政府农业行政部门可以申请人民法院强制执行。

第十三条 省级以上人民政府农业行政部门认定侵权行为成立的，可以根据当事人自愿的原则，对侵权所造成的损害赔偿进行调解。必要时，可以邀请有关单位和个人协助调解。调解达成协议的，省级以上人民政府农业行政部门应当制作调解协议书，写明如下内容：

（一）请求人、被请求人的姓名或者名称、地址，法定代表人的姓名、职务。委托代理人的，代理人的姓名和代理机构的名称、地址；

(二)案件的主要事实和各方应承担的责任;

(三)协议内容以及有关费用的分担。调解协议书由各方当事人签名或盖章、案件承办人员签名并加盖省级以上人民政府农业行政部门的公章。调解书送达后,当事人应当履行协议。调解未达成协议的,当事人可以依法向人民法院起诉。

第十四条 侵犯品种权的赔偿数额,按照权利人因被侵权所受到的损失或者侵权人因侵权所获得的利益确定。权利人的损失或者侵权人获得的利益难以确定的,按照品种权许可使用费的1倍以上5倍以下酌情确定。

第十五条 省级以上人民政府农业行政部门或者人民法院作出认定侵权行为成立的处理决定或者判决之后,被请求人就同一品种权再次作出相同类型的侵权行为,品种权人或者利害关系人请求处理的,省级以上人民政府农业行政部门可以直接作出责令立即停止侵权行为的处理决定并采取相应处罚措施。

第十六条 农业行政部门可以按照以下方式确定品种权案件行为人的违法所得:

(一)销售侵权或者假冒他人品种权的繁殖材料的,以该品种繁殖材料销售价格乘以销售数量作为其违法所得;

(二)订立侵权或者假冒他人品种权合同的,以收取的费用作为其违法所得。

第十七条 省级以上人民政府农业行政部门查处品种权侵权案件和县级以上人民政府

农业行政部门查处假冒授权品种案件的程序,适用《农业行政处罚程序规定》。

三、司法指导性文件

《最高人民法院关于开展植物新品种纠纷案件审判工作的通知》

一、审判植物新品种纠纷案件是人民法院知识产权审判的一项新的工作,各高、中级人民法院要组织有关审判人员,认真学习和研究植物新品种保护国际公约和植物新品种保护条例、实施细则,以及最高人民法院的司法解释,熟悉、掌握相关的法学理论和专业知识,积极开展该领域的内外业务交流,及时总结审判经验,努力提高审判人员的业务素质和执法水平。

二、涉及植物新品种的纠纷案件,属于知识产权纠纷案件类别,应当按照最高人民法院法发〔2000〕30号文件的规定，由相关的审判业务庭办理。

条文释义

一、本条主旨

本条是关于侵犯植物新品种权纠纷的解决途径、侵权人应承担的责任以及损失赔偿计算等的规定。

二、条文演变

2000年公布施行的《种子法》没有关于侵犯植物新品种权的解决途径、侵权人应承担的责任以及损失赔偿计算等的规定。

1997年公布施行的《植物新品种保护条例》第39条规定："未经品种权人许可，以商业目的生产或者销售授权品种的繁殖材料的，品种权人或者利害关系人可以请求省级以上人民政府农业、林业行政部门依据各自的职权进行处理，也可以直接向人民法院提起诉讼。""省级以上人民政府农业、林业行政部门依据各自的职权，根据当事人自愿的原则，对侵权所造成的损害赔偿可以进行调解。调解达成协议的，当事人应当履行；调解未达成协议的，品种权人或者利害关系人可以依照民事诉讼程序向人民法院提起诉讼。""省级以上人民政府农业、林业行政部门依据各自的职权处理品种权侵权案件时，为维护社会公共利益，可以责令侵权人停止侵权行为，没收违法所得，可以并处违法所得5倍以下的罚款。"第40条规定："假冒授权品种的，由县级以上人民政府农业、林业行政部门依据各自的职权责令停止假冒行为，没收违法所得和植物品种繁殖材料，并处违法所得1倍以上5倍以下的罚款；情节严重，构成犯罪的，依法追究刑事责任。"2013年修订《植物新品种保护条例》时，将其第39条第3款修改为："省级以上人民政府农业、林业行政部门依据各自的职权处理品种权侵权案件时，为维护社会公共利益，可以责令侵权人停止侵权行为，没收违法所得和植物品种繁殖材料；货值金额5万元以上的，可处货值金额1倍以上5倍以下的罚款；没有货值金额或者货值金额5万元以下的，根据情节轻重，可处25万元以下的罚款。"将第40条修改为："假冒授权品种的，由县级以上人民政府农业、林业行政部门依据各自的职权责令停止假冒行为，没收违法所得和植物品种繁殖材料；货值金额5万元以上的，处货值金额1倍以上5倍以下的罚款；没有货值金额或者货值金额5万元以下的，根据情节轻重，处25万元以下的罚款；情节严重，构成犯罪的，依法追究刑事责任。”2014年修订《植物新品种保护条例》时，未对上述规定进行修改。

2015年修订《种子法》时，在本条第1款、第2款分别规定县级以上人民政府农业、林业主管部门有权对品种权侵权纠纷行政处理、行政调解；针对侵权赔偿数额的计算，在第3款规定了赔偿数额的确定方式及顺序，引入了惩罚性赔偿制度。在第4款规定了法定赔偿数额的确定，将法定赔偿数额上限规定为300万元；针对品种权侵权行为的行政处罚，在第5款规定了行政处罚的实施机关和处罚种类，相对于《植物新品种保护条例》第39条第3款作了3处变动，处罚主体修改为“县级以上人民政府农业、林业主管部门”，调整了罚款金额的计算方式下限和上限，删除了罚款下限中“根据情节轻重”这一表述；针对假冒授权品种行为的行政处罚，在本条第6款规定了该违法行为应承担的行政责任，相对于《植物新品种保护条例》第40条作了两处变动，调整了罚款金额的计算方式下限和上限，删除了罚款下限中“根据情节轻重”这一表述。

2021年修正《种子法》时，对第3款惩罚性赔偿数额上限由3倍调整为5倍；将第4款法定赔偿数额上限由300万调整为500万；将“赔偿数额应当包括权利人为制止侵权行为所支付的合理开支”独立出来作为第5款，并将其位置移至补偿性损害赔偿数额确定、惩罚性赔偿以及法定赔偿之后，使其与补偿性赔偿、惩罚性赔偿及法定赔偿的关系更加明确，更加合乎逻辑。

三、条文解读

（一）侵犯植物新品种权纠纷的解决途径

本条第1款是关于侵犯植物新品种权纠纷的解决途径的规定，具体包括以下三种纠纷途径解决：一是当事人协商解决；二是请求县级以上人民政府农业农村、林业草原主管部门进行处理；三是向人民法院起诉。这三种解决途径是并列的，品种权人或者利害关系人可以根据纠纷的具体情况，选择适合自己的救济方式来保护自己的合法权益。协商解决是在发生植物新品种权侵权案件以后，双方当事人直接进行磋商，以达成解决争议办法的处理方式。如果不愿意协商或者协商不成的，品种权人或者利害关系人可以请求行政主管部门进行处理；也可以将被诉侵权人列为被告，依照《民事诉讼法》的相关规定提起民事诉讼。

当事人就侵犯植物新品种权的纠纷向人民法院起诉的，涉及案件管辖问题。就地域管辖而言，根据《审理植物新品种纠纷案件解释》第4条规定，以侵权行为地确定人民法院管辖的侵害植物新品种权的民事案件，其所称的侵权行为地，是指未经品种权所有人许可，生产、繁殖或者销售该授权植物新品种的繁殖材料的所在地，或者为商业目的将该授权品种的繁殖材料重复使用于生产另一品种的繁殖材料的所在地。就级别管辖而言，根据《最高人民法院关于第一审知识产权民事、行政案件管辖的若干规定》第1条规定，发明专利、实用新型专利、植物新品种、集成电路布图设计、技术秘密、计算机软件的权属、侵权纠纷以及垄断纠纷第一审民事、行政案件由知识产权法院，省、自治区、直辖市人民政府所在地的中级人民法院和最高人民法院确定的中级人民法院管辖；法律对知识产权法院的管辖有规定的，依照其规定。根据《审理植物新品种纠纷案件解释》第1条、第3条规定，植物新品种纠纷案件，除涉及植物新品种申请驳回复审、无效、更名、强制许可、强制许可使用费纠纷由北京知识产权法院管辖外，其余纠纷案件由知识产权法院，各省、自治区、直辖市人民政府所在地和最高人民法院指定的中级人民法院管辖。当事人对植物新品种纠纷民事、行政案件第一审判决、裁定不服，提起上诉的，由最高人民法院审理。

品种权人请求县级以上人民政府农业农村、林业草原主管部门进行处理的，行政主管部门根据品种权人的请求，可以依法对侵权人的侵权行为进行行政处理。这是品种权的行政保护，行政主管部门主要对是否构成侵权进行认定，并对认定为侵权行为的行为人进行处罚。《植物新品种保护条例》第39条规定："未经品种权人许可，以商业目的生产或者销售授权品种的繁殖材料的，品种权人或者利害关系人可以请求省级以上人民政府农业、林业行政部门依据各自的职权进行处理，也可以直接向人民法院提起诉讼。"对于上述民事侵权行为不仅允许品种权人或者利害关系人直接向人民法院起诉，而且还赋予当事人请求行政部门进行处理的权利，确立了植物新品种行政和司法双轨并行的保护模式，符合我国的国情，有利于充分保护品种权人合法权益，有利于发挥行政主管部门业务熟悉、处理程序简便的优势，减少植物新品种权诉讼案件，便利当事人解决纠纷。

关于负责处理品种权案件的行政机关。《种子法》规定可以作出处理的机关应当是县级以上人民政府农业农村、林业草原主管部门。考虑到品种权侵权纠纷一般发生在基层，赋予县级以上人民政府农业农村、林业草原主管部门有权处理，有利于纠纷迅速、便捷地解决。凡属于某部门或者某地区范围内的侵权案件，可以向该地区或者部门的人民政府农业农村、林业草原行政部门请求处理。两个以上农业农村或者林业草原行政部门都有管辖权的侵权案件，应当由先立案的省级农业农村或者林业草原行政部门管辖。省级农业农村或者林业草原行政部门对侵权案件管辖权发生争议时，由农业农村部、国家林业和草原局指定管辖。

（二）行政调解

本条第2款是关于行政调解规定。本款规定，县级以上人民政府农业农村、林业草原主管部门，根据当事人自愿的原则，对侵犯植物新品种权所造成的损害赔偿可以进行调解。调解达成协议的，当事人应当履行；当事人不履行协议或者调解未达成协议的，品种权人或者利害关系人可以依法向人民法院提起诉讼。《植物新品种保护条例》第39条作了类似规定。根据上述规定，进行调解的机关，应是对品种权侵权纠纷作出行政处理的同一个农业农村、林业草原行政主管部门；调解的内容是侵犯品种权的赔偿数额；调解只能应当事人的请求进行；这种调解属于行政机关对当事人之间的民事纠纷作出的民事调解，不是行政处理，应遵循自愿原则，调解不成或者达成调解协议后又反悔的，品种权人或者利害关系人可以依照《民事诉讼法》的相关规定，以对方当事人为被告向人民法院提起民事诉讼。

（三）侵犯植物新品种权的赔偿数额的确定及惩罚性赔偿

本条第3款是关于侵犯植物新品种权的赔偿数额确定及惩罚性赔偿的规定。本款规定："侵犯植物新品种权的赔偿数额按照权利人因被侵权所受到的实际损失确定；实际损失难以确定的，可以按照侵权人因侵权所获得的利益确定。权利人的损失或者侵权人获得的利益难以确定的，可以参照该植物新品种权许可使用费的倍数合理确定。故意侵犯植物新品种权，情节严重的，可以在按照上述方法确定数额的一倍以上五倍以下确定赔偿数额。"根据上述规定，侵犯品种权的赔偿数额可以通过如下方式确定：第一，按照权利人因被诉侵权所受到的实际损失来确定。如因侵权人的侵权繁殖材料在市场上销售，使品种权人的授权品种销售量下降，其销量减少的总数乘以每件繁殖材料的利润所得之积，即为被侵权人因被侵权所受到的实际损失。第二，实际损失难以确定的，可以按照侵权人因侵权所获得的利益确定。侵权人在侵权期间从每件侵权繁殖材料获得的利润，乘以其销售的繁殖材料数额所得之积，为侵权人在侵权期间所得利润，即侵权人因侵权所获得的利益。第三，权利人的损失或者侵权人获得的利益难以确定的，参照该植物新品种权许可使用费的倍数合理确定。

关于惩罚性赔偿，植物新品种权领域是我国较早采用惩罚性赔偿制度的领域之一。2015 年修订的《种子法》第 73 条第 3 款就规定了侵害品种权的惩罚性赔偿：侵犯植物新品种权，情节严重的，可以在按照上述方法确定数额的 1 倍以上 3 倍以下确定赔偿数额。2021 年《种子法》修正本条第 3 款后，进一步明确了惩罚性赔偿的适用条件，并提高了惩罚性赔偿的倍数，对惩罚性赔偿数额上限由 3 倍调整为 5 倍。根据本款规定，侵犯植物新品种权的惩罚性赔偿应具备两个要件：一是主观要件，即故意侵犯植物新品种权；二是客观要件，即侵权情节严重。关于惩罚性赔偿的数额，则可以在权利人因侵权受到的损失、侵权人因侵权获得的利益或者参照植物新品种权许可使用费确定数额的 1 倍至 5 倍的范围内确定。

（四）法定赔偿数额

本条第 4 款是关于法定赔偿数额的规定。本款规定，权利人的损失、侵权人获得的利益和植物新品种权许可使用费均难以确定的，人民法院可以根据植物新品种权的类型、侵权行为的性质和情节等因素，确定给予 500 万元以下的赔偿。实践中，存在侵犯植物新品种权的案件，难以取得必要的证据以确定被侵权人所受到的实际损失、侵权人因侵权所获得的利益或者植物新品种许可使用费。在这种情况下，人民法院可以根据侵权行为所侵犯的植物新品种权的类型、侵权行为的性质和情节等因素确定赔偿数额。为了有效保护品种权人的合法权益，加大对品种权侵权行为的打击力度，2021 年《种子法》修正时，将本条第 4 款法定侵权赔偿数额上限由 300 万上限调整为 500 万。

（五）合理开支

本条第5款是关于合理开支的规定，2021年《种子法》修正时，将“赔偿数额应当包括权利人为制止侵权行为所支付的合理开支”独立出来作为第5款，即赔偿数额应当包括权利人为制止侵权行为所支付的合理开支。合理开支包括权利人所支付的用于制止侵权行为的交通费、调查费、鉴定费、适当的律师费及其他合理费用。

（六）品种权侵权行为的行政处罚

本条第6款是关于对品种权侵权行为的行政处罚。本款规定，县级以上人民政府农业农村、林业草原主管部门处理侵犯植物新品种权案件时，为了维护社会公共利益，责令侵权人停止侵权行为，没收违法所得和种子；货值金额不足5万元的，并处1万元以上25万元以下罚款；货值金额5万元以上的，并处货值金额5倍以上10倍以下罚款。本款实际上是对《植物新品种保护条例》第39条第3款的修改完善。比较两者，主要变化在于：第一，处罚主体由省级以上人民政府农业、林业行政部门修改为县级以上人民政府农业农村、林业草原主管部门。第二，罚款金额的确定中，将没有货值金额或者货值金额5万元以下的，根据情节轻重，可处25万元以下的罚款，修改为货值金额不足5万元的，并处1万元以上25万元以下罚款；将货值金额5万元以上的，可处货值金额1倍以上5倍以下的罚款，修改为货值金额5万元以上的，并处货值金额5倍以上10倍以下罚款。《植物新品种保护条例》与《种子法》规定不同的，根据“上位法优于下位法”的原则，应当按照《种子法》的规定处罚。

（七）假冒授权品种行为的行政处罚

本条第7款是关于假冒授权品种行为的行政处罚的规定。本款规定，假冒授权品种的，由县级以上人民政府农业农村、林业草原主管部门责令停止假冒行为，没收违法所得和种子；货值金额不足5万元的，并处1万元以上25万元以下罚款；货值金额5万元以上的，并处货值金额5倍以上10倍以下罚款。根据《植物新品种保护条例》第40条规定，假冒授权品种的，由县级以上人民政府农业、林业行政部门依据各自的职权责令停止假冒行为，没收违法所得和植物品种繁殖材料；货值金额5万元以上的，处货值金额1倍以上5倍以下的罚款；没有货值金额或者货值金额5万元以下的，根据情节轻重，处25万元以下的罚款；情节严重，构成犯罪的，依法追究刑事责任。根据《植物新品种保护条例实施细则（农业部分）》第57条规定：“《条例》第四十条、第四十一条所称的假冒授权品种行为是指下列情形之一：（一）印制或者使用伪造的品种权证书、品种权申请号、品种权号或者其他品种权申请标记、品种权标记；（二）印制或者使用已经被驳回、视为撤回或者撤回的品种权申请的申请号或者其他品种权申请标记；（三）印制或者使用已经被终止或者被宣告无效的品种权的品种权证书、品种权号或者其他品种权标记；（四）生产或者销售本条第（一）项、第（二）项和第（三）项所标记的品种；（五）生产或销售冒充品种权申请或者授权品种名称的品种；（六）其他足以使他人将非品种权申请或者非授权品种误认为品种权申请或者授权品种的行为。”根据《植物新品种保护条例实施细则（林业部分）》第64条规定：“《条例》所称的假冒授权品种，是指：（一）使用伪造的品种权证书、品种权号的；（二）使用已经被终止或者被宣告无效品种权的品种权证书、品种权号的；（三）以非授权品种冒充授权品种的；（四）以此种授权品种冒充他种授权品种的；（五）其他足以使他人将非授权品种误认为授权品种的。”

本款与《植物新品种保护条例》第40条都是对同一种违法行为应承担行政责任的规定。比较两者，其主要变化在于：第一，罚款金额的确定中，将没有货值金额或者货值金额5万元以下的，根据情节轻重，处25万元以下的罚款，修改为货值金额不足5万元的，并处1万元以上25万元以下罚款；将货值金额5万元以上的，处货值金额1倍以上5倍以下的罚款，修改为货值金额5万元以上的，并处货值金额5倍以上10倍以下罚款。同样，《植物新品种保护条例》与《种子法》规定不同的，根据“上位法优于下位法”的原则，应当按照《种子法》的规定处罚。

适用指引

一、关于侵犯植物新品种权的惩罚性赔偿的适用

我国《民法典》第1185条规定了知识产权侵权惩罚性赔偿制度，即：“故意侵害他人知识产权，情节严重的，被侵权人有权请求相应的惩罚性赔

偿。”2021年3月2日发布的《侵害知产民事案件适用惩罚性赔偿解释》规定了惩罚性赔偿的适用标准。2021年7月7日施行的《审理侵害植物新品种权纠纷案件规定（二）》第17条规定：“除有关法律和司法解释规定的情形以外，以下情形也可以认定为侵权行为情节严重：（一）因侵权被行政处罚或者法院裁判承担责任后，再次实施相同或者类似侵权行为；（二）以侵害品种权为业；（三）伪造品种权证书；（四）以无标识、标签的包装销售授权品种；（五）违反种子法第七十七条第一款第一项、第二项、第四项的规定；（六）拒不提供被诉侵权物的生产、繁殖、销售和储存地点。”“存在前款第一项至第五项情形的，在依法适用惩罚性赔偿时可以按照计算基数的二倍以上确定惩罚性赔偿数额。”该规定结合侵害品种权行为的特点，进一步列举了属于情节严重的6种情节，明确了适用惩罚性赔偿的条件以及惩罚性倍数的确定，为积极适用惩罚性赔偿作出具体指引。其第17条第2款还根据情节严重程度的不同，进一步区分了可以在计算基数的2倍以上确定惩罚性赔偿数额的情节，体现了对严重侵权行为的严厉打击态度。《审理侵害植物新品种权纠纷案件规定（二）》考虑到2015年修订的《种子法》限定的惩罚性赔偿倍数为1倍以上3倍以下，与有关知识产权专门法规定的1倍以上5倍以下有所差异，故其没有规定惩罚性倍数的上限，留待《种子法》的修改确定。2021年修正的《种子法》已经将惩罚性赔偿数额上限调整为5倍，因此按照现行规定，故意侵犯植物新品种权，情节严重的，可以在按照补偿性赔偿确定数额的1倍以上5倍以下确定惩罚性赔偿数额。

需要说明的是，2021年修正的《种子法》将“赔偿数额应当包括权利人为制止侵权行为所支付的合理开支”从2015年修订的《种子法》第73条第3款中单列出来，将其位置移至补偿性赔偿数额确定、惩罚性赔偿和法定赔偿之后，作为独立的第5款。这一修改表明，在计算惩罚性赔偿的赔偿数额时，其计算基础应为补偿性赔偿，即权利人因侵权受到的损失、侵权人因侵权获得的利益或者参照植物新品种权许可使用费确定的赔偿，不应将权利人为制止侵权行为所支付的合理开支纳入惩罚性赔偿的计算基础范围。

二、关于侵犯植物新品种权的法定赔偿的适用

根据《审理侵害植物新品种权纠纷案件规定》第6条第3款规定，依照该条第2款规定难以确定赔偿数额的，人民法院可以综合考虑侵权的性质、期

间、后果，植物新品种权许可使用费的数额，植物新品种实施许可的种类、时间、范围及权利人调查、制止侵权所支付的合理费用等因素，在300万元以下确定赔偿数额。《种子法》2021年修正时，将法定赔偿数额上限由300万调整为500万，并明确赔偿数额包括权利人为制止侵权行为所支付的合理开支。

典型案例

江苏省金地种业科技有限公司诉江苏亲耕田农业产业发展有限公司侵害植物新品种权纠纷案

关键词：侵害植物新品种权　赔偿数额　惩罚性赔偿

裁判摘要：关于赔偿数额的确定，江苏亲耕田农业产业发展有限公司（以下简称亲耕田公司）表示自己不留存有关交易记录，无法提供相关账簿，故人民法院参考亲耕田公司宣传交易额过亿的资料，综合考虑侵权情节，推定其侵权获利超出100万元，并以100万元作为计算本案赔偿基数。亲耕田公司组织销售不标注任何产品信息的白皮袋侵权种子、未取得种子生产经营许可证但生产经营种子，违反《种子法》相关规定，属于侵权行为情节严重，应依法适用惩罚性赔偿制度，并可在计算基数的2倍以上从高确定惩罚性赔偿数额。

基本案情：江苏省金地种业科技有限公司（以下简称金地公司）为水稻新品种"金粳818"的独占实施被许可人，江苏亲耕田农业产业发展有限公司未经许可，以线下门店推广以及在微信群内发布"农业产业链信息匹配"线上宣传等方式，寻找潜在的交易者，并对成为亲耕田公司会员的主体提供具体的侵权种子交易信息，在与买家商定交易价格、数量、交货时间后安排送货收款，对外销售白皮袋包装的"金粳818"稻种。金地公司认为亲耕田公司的行为构成侵权，故诉请判令亲耕田公司停止侵权并赔偿经济损失300万元。亲耕田公司辩称其仅是向作为农民的种子供需双方提供自留种子信息，由供需双方自行交易，并未销售被诉侵权"金粳818"稻种。

江苏省南京市中级人民法院一审认为，亲耕田公司为涉案种子交易的达成提供了积极有效的帮助。亲耕田公司帮助销售种子的过程中，在销售主体、销售地域及销售数量上均不符合农民在当地集贸市场上合法交易个人自繁自用剩余常规种子的情形，构成侵权。综合考虑亲耕田公司侵权行为的情节，适用惩罚性赔偿确定损害赔偿数额，判决亲耕田公司停止侵权并赔偿经济损失及合理开支300万元。亲耕田公司不服，提起上诉。

最高人民法院二审认为，亲耕田公司发布侵权种子销售具体信息，与购买者协商确定种子买卖的包装方式、价款和数量、履行期限等交易要素，销售合同已经依法成立，销售行为已经实施，应认定亲耕田公司构成销售侵权，对一审法院认定的帮助侵权予以纠正。亲耕田公司没有获得种子生产经营许可证，违法销售“白皮袋”种子的行为，侵权行为严重，一审法院按照赔偿基数的二倍适用惩罚性赔偿正确，故判令驳回上诉，维持原判。

【案　　号】(2021)最高法知民终816号

【审理法院】最高人民法院

【来　　源】人民法院种业知识产权司法保护典型案例(第一批)

第七十三条　当事人就植物新品种的申请权和植物新品种权的权属发生争议的，可以向人民法院提起诉讼。

关联规定

一、法律、行政法规、司法解释

1.《中华人民共和国民法典》

第八百五十九条　委托开发完成的发明创造，除法律另有规定或者当事人另有约定外，申请专利的权利属于研究开发人。研究开发人取得专利权的，委托人可以依法实施该专利。

研究开发人转让专利申请权的，委托人享有以同等条件优先受让的权利。

第八百六十条　合作开发完成的发明创造，申请专利的权利属于合作开发的当事人共有；当事人一方转让其共有的专利申请权的，其他各方享有以同等条件优先受让的权利。但是，当事人另有约定的除外。

合作开发的当事人一方声明放弃其共有的专利申请权的，除当事人另有约定外，可以由另一方单独申请或者由其他各方共同申请。申请人取得专利权的，放弃专利申请权的一方可以免费实施该专利。

合作开发的当事人一方不同意申请专利的，另一方或者其他各方不得申请专利。

第八百六十一条　委托开发或者合作开发完成的技术秘密成果的使用权、转让权以及收益的分配办法，由当事人约定；没有约定或者约定不明确，依据本法第五百一十条的规定仍不能确定的，在没有相同技术方案被授予专利权前，当事人均有使用和转让的权利。但是，委托开发的研究开发人不得在向委托人交付研究开发成果之前，将研究开发成果转让给第三人。

2.《中华人民共和国植物新品种保护条例》

第七条　执行本单位的任务或者主要是利用本单位的物质条件所完成的职务育种，植物新品种的申请权属于该单位；非职务育种，植物新品种的申请权属于完成育种的个人。申请被批准后，品种权属于申请人。

委托育种或者合作育种，品种权的归属由当事人在合同中约定；没有合同约定的，品种权属于受委托完成或者共同完成育种的单位或者个人。

第八条　一个植物新品种只能授予一项品种权。两个以上的申请人分别就同一个植物新品种申请品种权的，品种权授予最先申请的人；同时申请的，品种权授予最先完成该植物新品种育种的人。

第四十三条　当事人就植物新品种的申请权和品种权的权属发生争议的，可以向人民法院提起诉讼。

3.《最高人民法院关于审理植物新品种纠纷案件若干问题的解释》

第一条　人民法院受理的植物新品种纠纷案件主要包括以下几类：

人民法院受理的植物新品种纠纷案件主要包括以下几类：

（一）植物新品种申请驳回复审行政纠纷案件；

（二）植物新品种权无效行政纠纷案件；

（三）植物新品种权更名行政纠纷案件；

（四）植物新品种权强制许可纠纷案件；

（五）植物新品种权实施强制许可使用费纠纷案件；

（六）植物新品种申请权权属纠纷案件；

（七）植物新品种权权属纠纷案件；

（八）植物新品种申请权转让合同纠纷案件；

（九）植物新品种权转让合同纠纷案件；

（十）侵害植物新品种权纠纷案件；

（十一）假冒他人植物新品种权纠纷案件；

（十二）植物新品种培育人署名权纠纷案件；

（十三）植物新品种临时保护期使用费纠纷案件；

（十四）植物新品种行政处罚纠纷案件；

（十五）植物新品种行政复议纠纷案件；

（十六）植物新品种行政赔偿纠纷案件；

（十七）植物新品种行政奖励纠纷案件；

（十八）其他植物新品种权纠纷案件。

第三条　本解释第一条所列第一至五类案件，由北京知识产权法院作为第一审人民法院审理；第六至十八类案件，由知识产权法院，各省、自治区、直辖市人民政府所在地和最高人民法院指定的中级人民法院作为第一审人民法院审理。

当事人对植物新品种纠纷民事、行政案件第一审判决、裁定不服，提起上诉的，由最高人民法院审理。

4.《最高人民法院关于第一审知识产权民事、行政案件管辖的若干规定》

第一条 发明专利、实用新型专利、植物新品种、集成电路布图设计、技术秘密、计算机软件的权属、侵权纠纷以及垄断纠纷第一审民事、行政案件由知识产权法院，省、自治区、直辖市人民政府所在地的中级人民法院和最高人民法院确定的中级人民法院管辖。

法律对知识产权法院的管辖有规定的，依照其规定。

二、部门规章及规范性文件

1.《中华人民共和国植物新品种保护条例实施细则（农业部分）》

第六条 申请品种权的单位或者个人统称为品种权申请人；获得品种权的单位或者个人统称为品种权人。

第七条 《条例》第七条所称执行本单位任务所完成的职务育种是指下列情形之一：

（一）在本职工作中完成的育种；

（二）履行本单位交付的本职工作之外的任务所完成的育种；

（三）退职、退休或者调动工作后，3 年内完成的与其在原单位承担的工作或者原单位分配的任务有关的育种。

《条例》第七条所称本单位的物质条件是指本单位的资金、仪器设备、试验场地以及单位所有的尚未允许公开的育种材料和技术资料等。

第八条 《条例》第八条所称完成新品种育种的人是指完成新品种育种的单位或者个人（以下简称育种者）。

第九条 完成新品种培育的人员（以下简称培育人）是指对新品种培育作出创造性贡献的人。仅负责组织管理工作、为物质条件的利用提供方便或者从事其他辅助工作的人不能被视为培育人。

第十条 一个植物新品种只能被授予一项品种权。

一个植物新品种由两个以上申请人分别于同一日内提出品种权申请的，由申请人自行协商确定申请权的归属；协商不能达成一致意见的，品种保护办公室可以要求申请人在指定期限内提供证据，证明自己是最先完成该新品种育种的人。逾期未提供证据的，视为撤回申请；所提供证据不足以作为判定依据的，品种保护办公室驳回申请。

第十一条 中国的单位或者个人就其在国内培育的新品种向外国人转让申请权或者品种权的，应当向农业部申请审批。

转让申请权或者品种权的，当事人应当订立书面合同，向农业部登记，由农业部予以公告，并自公告之日起生效。

第五十九条 当事人因品种申请权或者品种权发生纠纷，向人民法院提起诉讼并且人民法院已受理的，可以向品种保护办公室请求中止有关程序。

依照前款规定申请中止有关程序的，应当向品种保护办公室提交申请书，并附具人民法院的有关受理文件副本。

在人民法院作出的判决生效后，当事人应当向品种保护办公室请求恢复有关程序。自请求中止之日起 1 年内，有关品种申请权或者品种权归属的纠纷未能结案，需要继续中止有关程序的，请求人应当在该期限内请求延长中止。期满未请求延长的，品种保护办公室可以自行恢复有关程序。

2.《中华人民共和国植物新品种保护条例实施细则（林业部分）》

第五条 《条例》第七条所称的职务育种是指：

（一）在本职工作中完成的育种；

（二）履行本单位分配的本职工作之外的任务所完成的育种；

（三）离开原单位后 3 年内完成的与其在原单位承担的本职工作或者分配的任务有关的育种；

（四）利用本单位的资金、仪器设备、试验场地、育种资源和其他繁殖材料及不对外公开的技术资料等所完成的育种。

除前款规定情形之外的，为非职务育种。

第六条 《条例》所称完成植物新品种育种的人、品种权申请人、品种权人，均包括单位或者个人。

第七条 两个以上申请人就同一个植物新品种在同一日分别提出品种权申请的，植物新品种保护办公室可以要求申请人自行协商确定申请权的归属；协商达不成一致意见的，植物新品种保护办公室可以要求申请人在规定的期限内提供证明自己是最先完成该植物新品种育种的证据；逾期不提供证据的，视为放弃申请。

第八条 中国的单位或者个人就其在国内培育的植物新品种向外国人转让申请权或者品种权的，应当报国家林业局批准。

国有单位在国内转让植物新品种申请或者品种权的，由其上级行政主管部门批准。

转让申请权或者品种权的，当事人应当订立书面合同，向国家林业局登记，并由国家林业局予以公告。

转让申请权或者品种权的，自登记之日起生效。

第六十五条 当事人因植物新品种的申请权或者品种权发生纠纷，已向人民法院提起诉讼并受理的，应当向国家林业局报告并附具人民法院已受理的证明材料。国家林业局按照有关规定作出中止或者终止的决定。

条文释义

一、本条主旨

本条是关于植物新品种申请权和植物新品种权权属纠纷救济途径的规定。

二、条文演变

1997年公布并施行的《植物新品种保护条例》第43条规定，当事人就植物新品种的申请权和品种权的权属发生争议的，可以向人民法院提起诉讼。该规定在2013年、2014年两次修订中均未作修改。2001年施行的《审理植物新品种纠纷案件解释》第1条规定，人民法院受理的植物新品种纠纷案件包括植物新品种申请权纠纷案件和植物新品种权权利归属纠纷案件等。该司法解释于2020年修正后，其第1条进一步明确，人民法院受理的植物新品种纠纷案件包括植物新品种申请权权属纠纷案件、植物新品种权权属纠纷案件、植物新品种申请权转让合同纠纷案件和植物新品种权转让合同纠纷案件等。

《种子法》2000年公布施行时没有关于植物新品种的申请权和植物新品种权的权属纠纷救济途径的规定。本条是《种子法》在2015年修订时新增加的内容，当事人就植物新品种的申请权和植物新品种权的权属发生争议的，可以向人民法院提起诉讼。2021年修正《种子法》时，对本条未作修改。

三、条文解读

本条规定涉及植物新品种的申请权和植物新品种权的权属发生争议时的纠纷解决途径，即可以向人民法院提起诉讼。人民法院在依法审查当事人涉及植物新品种申请权和植物新品种权权属的起诉时，只要符合《民事诉讼法》第122条规定的起诉条件，即应当依法予以受理。根据《最高人民法院关于第一审知识产权民事、行政案件管辖的若干规定》第1条的规定，发明专利、实用新型专利、植物新品种、集成电路布图设计、技术秘密、计算机软件的权属、侵权纠纷以及垄断纠纷第一审民事、行政案件由知识产权法院，省、自治区、直辖市人民政府所在地的中级人民法院和最高人民法院确定的中级人民法院管辖。此外，根据《审理植物新品种纠纷案件解释》第3条的规定，植物新品种的申请权和植物新品种权的权属案件由知识产权法院，各省、自治区、直辖市人民政府所在地和最高人民法院指定的中级人民法院作为第一审人民法院审理。当事人对第一审判决、裁定不服提起上诉的，由最高人民法院审理。

适用指引

农业农村部植物新品种保护办公室、国家林业和草原局植物新品种保护办公室负责申请植物新品种权的受理和审查等事务。关于植物新品种的申请权和植物新品种权的权属发生争议的情况主要有以下几种：第一，因职务育种引起的争议；第二，因委托育种或者合作育种引起的争议；第三，因两个以上的申请人分别就同一个植物新品种申请品种权引起的争议；第四，因植物新品种的申请权和品种权的转让引起的争议。因上述事项发生争议的，当事人可以向有植物新品种案件管辖权的人民法院提起诉讼。所涉植物新品种正处于农业农村部植物新品种保护办公室、国家林业和草原局植物新品种保护办公室受理和审查阶段，当事人已向人民法院提起诉讼并且人民法院已受理的，可以向品种保护办公室请求中止有关程序。上述情况分述如下。

一、关于职务育种品种权的归属

植物新品种选育是一个复杂的劳动，选育一个新品种需要有一定的人力、物力和财力支持。植物新品种往往需要由研究院所、企业等组织众多育种人员共同完成。完成新品种育种，对植物新品种的培育作出创造性贡献的个人，被称为培育人。在培育新品种过程中，仅是提供或参与辅助性工作的人，例如，品种的保管人员、培育设备的维护人员、实验室管理人员、文字资料的编纂人员等，均不是培育人。另外，对仅是发现植物品种，但是未付出诸如改良等具有脑力劳动价值的人，也不应认定为培育人。随着现代农业与科技的发展，育种活动已经从个人培育的单一化模式演化成单位培育、委托培育、合作培育等多元化模式。

培育人所完成的植物新品种育种可以区分为职务育种和非职务育种。《植物新品种保护条例》第 7 条规定，执行本单位的任务或者主要是利用本单位的物质条件所完成的职务育种，植物新品种的申请权属于该单位。《植物新品种保护条例实施细则（农业部分）》第 7 条进一步规定："《条例》第七条所称的执行本单位的任务所完成的职务育种是指：（一）在本职工作中完成的育种；（二）履行本单位交付的本职工作之外的任务所完成的育种；（三）退职、退休或者调动工作后 3 年内完成的与其在原单位承担的工作或者原单位分配的任务有关的育种。""《条例》第 7 条所称本单位的物质条件是指本单位的资金、仪器设备、试验场地以及单位所有或者特有的尚未允许公开的育种材料和技术资料等。"《植物新品种保护条例实施细则（林业部分）》第 5 条也有类似规定。

据此，职务育种是指：（1）在本职工作中完成的育种。本职工作，是指育种者所在单位对其岗位、职务确定的工作内容，不宜将其扩大至其个人专业领域所涉及的所有学科知识或其整个单位的业务内容。（2）履行本职工作之外的本单位分配的任务所完成的育种。本单位不仅包括与育种者签订劳动合同，具有正式劳动关系的机关、团体、企事业单位，还包括借调锻炼、挂职交流、临时聘用、引进指导等具有事实劳动关系的单位。（3）离开原单位后 3 年内完成的与其在原单位承担的本职工作或者分配的任务有关的育种。3 年一般应从育种者申请辞职、离职，或者满足调动或退休的条件，经单位讨论决定并正式下文批准之日起算。实践中，由于育种者具有较高的专业价值，常常出现返聘的情况，对其返聘期间的工作行为是否构成职务行为，应当根据单位对返聘者所确定的岗位职责，结合实际情况，综合判断。（4）利用本单位的资金、仪器设备、试验场地、育种资源和其他繁殖材料及不对外公开的技术资料等所完成的育种。利用，是指上述资金、设备等单位资源对培育人在培育植物新品种过程中具有举足轻重的客观作用。一般来说，脱离单位资源的支撑，培育人也很难完成育种工作。对于主要是利用本单位的物质条件完成的育种，即使不属于培育人的本职工作或单位交付任务范围，也应认定为职务育种。职务育种的品种权申请人不是该品种的培育人，而是其所在的单位。

二、关于非职务育种品种权的归属

《植物新品种保护条例》第 7 条第 1 款明确规定，“非职务育种，植物新品种的申请权属于完成育种的个人。申请被批准后，品种权属于申请人。”这里的非职务育种包括两种情况，一是单位的职工完成的育种不属于职务育种，即职工完成的育种既不属于其本职工作范围，不是单位交付的任务，也不是主要利用单位的物质技术条件完成的育种；二是该育种由不在任何单位工作的个人完成。非职务育种的植物新品种的申请权和品种权属于完成育种的个人。对于共同非职务育种，品种的申请权和品种权归共同育种人所有，由所有完成育种的人共同提出品种权申请。在具体办理申请时，所有共同育种人作为共同申请人均需签名，可推荐 1 人为代表与审批机关保持联系。

三、关于委托育种品种权的归属

《植物新品种保护条例》第 7 条第 2 款规定：“委托育种或者合作育种，品种权的归属由当事人在合同中约定；没有合同约定的，品种权属于受委托完成或者共同完成育种的单位或者个人。”委托，系指某个单位或者个人将一项育种科研任务通过事先协商好的条件交给另一个单位或者个人来完成。例如，某种子公司委托某农科院作物所培育玉米新品种，育种工作全部交由后者来完成，双方可在事前就责任、权利等进行协商并签订合同。委托育种合同关系中，其育种成果是属于技术成果的植物新品种，故委托育种合同与技术委托开发合同类似，在法律没有特别规定的情况下，原则上可以参照《民法典》关于技术委托开发合同的规定。受委托完成的育种，当事人在合同中对植物新品种的申请权和品种权的归属有约定的，按照约定处理；没有约定的，申请植物新品种的权利属于受委托完成育种的单位或者个人。受委托完成育种的单位或者个人取得植物新品种权的，委托人可以依法实施该植物新品种。受委托完成育种的单位或者个人转让植物新品种申请权的，委托人享有以同等条件优先受让的权利。

四、关于合作育种品种权的归属

合作育种，是指两个或者两个以上个人、单位对合作育种达成一致意见，共同完成了植物新品种的育种，各方在合作过程中均作出了创造性贡献，该贡献对成功培育植物品种具有实质性作用。共同参与了育种活动，但在其中仅负责组织管理工作、为物质条件的利用提供方便或者从事其他辅助工作的共同参与育种活动的单位或者个人不能成为共同育种人。前已述及，植物新品种属于技术成果，故合作育种法律关系与技术合作开发合同关系类似，在法律没有特别规定的情况下，原则上可以参照《民法典》关于技术合作开发合同的规定。对于共同合作完成的育种，当事人在合同中对植物新品种的申请权和品种权的归属有约定的，按照约定处理；没有约定的，申请植物新品种的权利和植物新品种权属于共同完成育种的单位或者个人共有。如某农科院作物所和植保所发挥各自优势共同培育出一个水稻抗病新品种，如果事先合同没有约定，则该品种的申请权和品种权归两所共同所有；如果合同有约定，则按合同办理。此外，依照《民法典》第860条的规定，合作培育完成的植物新品种，当事人一方转让其共有的植物新品种申请权的，其他各方享有以同等条件优先受让的权利。但是，当事人另有约定的除外。合作开发的当事人一方声明放弃其共有的植物新品种申请权的，除当事人另有约定外，可以由另一方单独申请或者由其他各方共同申请。申请人取得植物新品种的，放弃植物新品种申请权的一方可以免费实施该植物新品种权。合作开发的当事人一方不同意申请植物新品种的，另一方或者其他各方不得申请。

五、关于涉外品种权的归属

对于外国人、外国企业或者外国其他组织在中国的品种权保护，按照我国《植物新品种保护条例》及《植物新品种保护条例实施细则（农业部分）》的规定，应视不同情况处理：第一，在我国有经常居所的外国人、外国企业或者外国其他组织，按照国民待遇原则，与中国的单位和个人一样有权享受我国《植物新品种保护条例》的保护，可以自己申请或者委托代理人申请品种权。第二，对在我国没有经常居所的外国人、外国企业、外国其他组织，在中国申请品种权应具备一定的条件：其所属国同我国签订了有关互相保护植物新品种权的双边协议或者共同参加了有关保护植物新品种权的国际条约，例如，《国际植物新品种保护公约》。按照我国加入的《国际植物新品种保护联盟公约》（1978年文本）规定，其他成员国的企业、组织和个人可以在我国依法获得品种权。我国的单位和个人也可以在其他成员国依据有关国际条约和有关国家本国法获得品种权。如果外国人、外国企业和外国其他组织所属国虽然没有与我国签订协议，也没有参加共同的国际条约，但允许我国的单位和个人到该国申请并获得品种权，按照互惠的原则，我国同样允许该国的个人、企业和其他组织到我国申请并获得品种权。

典型案例

北京华奥农科玉育种开发有限责任公司与北京九鼎九盛种业有限责任公司、宋某某植物新品种申请权权属纠纷案

关键词：植物新品种　申请权权属

裁判摘要：合作、委托、共同育种中，双方签订的协议以及相关条款的解释是判断涉案植物新品种权属的重要事实。如果行为人明知对方与其他人存在合作关系并有明确权利义务的情况下，仍然以恶意串通等不正当手段与对方签订协议损害他人合法利益的，该协议将可能被确认无效，不能据此获得涉案植物新品种申请权。

基本案情：北京华奥农科玉育种开发有限责任公司（原为北京农科玉育种开发有限责任公司，以下简称华奥育种公司）与九鼎九盛种业有限责任公司（以下简称九鼎种业公司）、宋某某分别因植物新品种申请权权属纠纷向北京知识产权法院提起诉讼。涉案品种系玉米品种“农大372”，及其母本“X24621”和父本“BA702”，品种权申请日分别为2014年12月31日和7月16日，植物新品种权申请人为九鼎种业公司，培育人为宋某某，品种权申请号分别为20141695.8、20140780.6和20140779.9。

2009年9月27日，华奥育种公司与宋某某签署为期5年的《战略合作协议》，约定2010年1月1日前宋某某业已完成的自交系、杂交组合，其品种权归宋某某；华奥育种公司提供科研经费期间由宋某某选育的自交系、杂交组合，其品种权（包括申请权）由双方共有。2011年3月30日，双方签署《战略合作协议的补充协议》，约定宋某某在2010年前育成的还没有参加审定试验

的普通大田玉米品种，以华奥育种公司名义参加品种审定并享有商业开发权。2013年6月8日，双方续签《战略合作协议》，确认2009年合作协议中“甲乙双方合作以前（2010年1月1日），甲方业已完成的自交系选育、杂交种组合，其品种权归甲方所有”；合作期间宋某某育成的玉米品种以华奥育种公司或其指定第三方名义申请品种审定的，由华奥育种公司或其指定第三方申请品种权保护；合作期间宋某某不应以任何方式将合作范围内培育品种或者自交系的生产经营权许可第三方或者允许第三方经营。其后，双方又签订了《关于〈战略合作协议〉有关条款的解释》明确“农大372”由华奥育种公司或其指定的第三方申请品种权保护。该解释签署时间不明，宋某某与华奥育种公司主张签订时间为2013年下半年，九鼎种业公司主张为2015年7月。2010年4月28日至2015年4月27日，华奥育种公司为宋某某累计提供14次共177.5万元育种经费。2010年到2015年期间，华奥育种公司作为选育单位分别以“ND372”“冠力372”等品种名称申请河南、山东、陕西等省级品种审定，并在申请国家品种审定中更名为“农大372”。

九鼎种业公司成立于2014年6月5日，其股东叶某某与宋某某签订《转让出资协议》，约定叶某某将其持有九鼎种业公司出资的5%转给宋某某，宋某某以“中农大372”（实为“冠力372”）作为对九鼎种业公司出资，并于2015年9月前向华奥育种公司提出终止《战略合作协议》。后叶某某、宋某某以及九鼎种业公司三方签订《股份代持协议书》和《玉米品种中农大372品种使用费协议书》，对宋某某解除与华奥育种公司协议等事项进行约定。其后，九鼎种业公司作为申请人向农业部植物新品种保护办公室（以下简称保护办公室）就“农大372”及其亲本申请植物新品种权，并于2016年3月1日发布上述品种的《维权声明》，要求他人未经许可停止销售。2017年12月26日华奥育种公司向保护办公室提出中止上述品种审查程序的请求，2018年4月17日保护办公室同意中止上述品种审查程序。上述事实已由相关法院查明并获终审法院确认。

在确认九鼎种业公司与宋某某签订的《玉米品种中农大372品种使用费协议书》等协议无效案中，北京市高级人民法院经再审认为，应将华奥育种公司与宋某某从2009年到2013年签订的3份协议统一看待，结合华奥育种公司申请和参加相关品种审定和试验的过程，认为“农大372”虽在2008年至2009年间育成命名为“ND372”，但后续仍在试验和测试中，不能将其认定为2010

年1月1日就“业已完成”的品种。宋某某已经将“农大372”品种权及经营开发权赋予华奥育种公司，后又签署协议将其转让给九鼎种业公司，而九鼎种业公司明知宋某某与华奥育种公司之间的合作，仍然恶意串通签订涉案协议，均损害了华奥育种公司的合法利益。九鼎种业公司与宋某某之间签署的涉案协议应当认定无效。

关于本案植物新品种申请权归属，最高人民法院二审认为，华奥育种公司与宋某某之间签订的3份协议以及相关条款的解释是判断涉案“农大372”及其亲本权属的重要事实。北京市高级人民法院对相关协议案的再审认定中，确认了“农大372”包含在华奥育种公司与宋某某签订的协议中的事实，意味着宋某某已将“农大372”及其亲本申请品种权的权利转让给华奥育种公司。九鼎种业公司与宋某某签订的《转让出资协议书》和《股份代持协议书》，与已被确认无效的《中农大372许可协议书》和《中农大372使用费协议书》关系紧密，均有恶意串通、损害华奥育种公司合法权益的情形，不能据此获取“农大372”及其亲本的申请权。二审判决驳回上诉，维持原判。

【案　　号】(2020)最高法知民终942号

【审理法院】最高人民法院

【来　　源】2021年农业植物新品种保护10大典型案例

第九十条　本法下列用语的含义是：

（一）种质资源是指选育植物新品种的基础材料，包括各种植物的栽培种、野生种的繁殖材料以及利用上述繁殖材料人工创造的各种植物的遗传材料。

（二）品种是指经过人工选育或者发现并经过改良，形态特征和生物学特性一致，遗传性状相对稳定的植物群体。

（三）主要农作物是指稻、小麦、玉米、棉花、大豆。

（四）主要林木由国务院林业草原主管部门确定并公布；省、自治区、直辖市人民政府林业草原主管部门可以在国务院林业草原主管部门确定的主要林木之外确定其他八种以下的主要林木。

（五）林木良种是指通过审定的主要林木品种，在一定的区域内，其产量、适应性、抗性等方面明显优于当前主栽材料的繁殖材料和种植材料。

（六）新颖性是指申请植物新品种权的品种在申请日前，经申请权人自行或者同意销售、推广其种子，在中国境内未超过一年；在境外，木本或者藤本植物未超过六年，其他植物未超过四年。

本法施行后新列入国家植物品种保护名录的植物的属或者种，从名录公布之日起一年内提出植物新品种权申请的，在境内销售、推广该品种种子未超过四年的，具备新颖性。

除销售、推广行为丧失新颖性外，下列情形视为已丧失新颖性：

1. 品种经省、自治区、直辖市人民政府农业农村、林业草原主管部门依据播种面积确认已经形成事实扩散的；

2. 农作物品种已审定或者登记两年以上未申请植物新品种权的。

（七）特异性是指一个植物品种有一个以上性状明显区别于已知品种。

（八）一致性是指一个植物品种的特性除可预期的自然变异外，群体内个体间相关的特征或者特性表现一致。

（九）稳定性是指一个植物品种经过反复繁殖后或者在特定繁殖周期结束时，其主要性状保持不变。

（十）实质性派生品种是指由原始品种实质性派生，或者由该原始品种的实质性派生品种派生出来的品种，与原始品种有明显区别，并且除派生引起的性状差异外，在表达由原始品种基因型或者基因型组合产生的基本性状方面与原始品种相同。

（十一）已知品种是指已受理申请或者已通过品种审定、品种登记、新品种保护，或者已经销售、推广的植物品种。

（十二）标签是指印制、粘贴、固定或者附着在种子、种子包装物表面的特定图案及文字说明。

关联规定

一、法律、行政法规、司法解释

1.《中华人民共和国种子法》

第二条 在中华人民共和国境内从事品种选育、种子生产经营和管理等活动，适用本法。

本法所称种子，是指农作物和林木的种植材料或者繁殖材料，包括籽粒、果实、根、茎、苗、芽、叶、花等。

第十五条 国家对主要农作物和主要林木实行品种审定制度。主要农作物品种和主要林木品种在推广前应当通过国家级或者省级审定。由省、自治区、直辖市人民政府林业草原主管部门确定的主要林木品种实行省级审定。

申请审定的品种应当符合特异性、一致性、稳定性要求。

主要农作物品种和主要林木品种的审定办法由国务院农业农村、林业草原主管部门规定。审定办法应当体现公正、公开、科学、效率的原则，有利于产量、品质、抗性等的提高与协调，有利于适应市场和生活消费需要的品种的推广。在制定、修改审定办法时，应当充分听取育种者、种子使用者、生产经营者和相关行业代表意见。

第十九条 通过国家级审定的农作物品种和林木良种由国务院农业农村、

林业草原主管部门公告，可以在全国适宜的生态区域推广。通过省级审定的农作物品种和林木良种由省、自治区、直辖市人民政府农业农村、林业草原主管部门公告，可以在本行政区域内适宜的生态区域推广；其他省、自治区、直辖市属于同一适宜生态区的地域引种农作物品种、林木良种的，引种者应当将引种的品种和区域报所在省、自治区、直辖市人民政府农业农村、林业草原主管部门备案。

引种本地区没有自然分布的林木品种，应当按照国家引种标准通过试验。

第二十二条 国家对部分非主要农作物实行品种登记制度。列入非主要农作物登记目录的品种在推广前应当登记。

实行品种登记的农作物范围应当严格控制，并根据保护生物多样性、保证消费安全和用种安全的原则确定。登记目录由国务院农业农村主管部门制定和调整。

申请者申请品种登记应当向省、自治区、直辖市人民政府农业农村主管部门提交申请文件和种子样品，并对其真实性负责，保证可追溯，接受监督检查。申请文件包括品种的种类、名称、来源、特性、育种过程以及特异性、一致性、稳定性测试报告等。

省、自治区、直辖市人民政府农业农村主管部门自受理品种登记申请之日起二十个工作日内，对申请者提交的申请文件进行书面审查，符合要求的，报国务院农业农村主管部门予以登记公告。

对已登记品种存在申请文件、种子样品不实的，由国务院农业农村主管部门撤销该品种登记，并将该申请者的违法信息记入社会诚信档案，向社会公布；给种子使用者和其他种子生产经营者造成损失的，依法承担赔偿责任。

对已登记品种出现不可克服的严重缺陷等情形的，由国务院农业农村主管部门撤销登记，并发布公告，停止推广。

非主要农作物品种登记办法由国务院农业农村主管部门规定。

第二十三条 应当审定的农作物品种未经审定的，不得发布广告、推广、销售。

应当审定的林木品种未经审定通过的，不得作为良种推广、销售，但生产确需使用的，应当经林木品种审定委员会认定。

应当登记的农作物品种未经登记的，不得发布广告、推广，不得以登记品种的名义销售。

第四十条 销售的种子应当符合国家或者行业标准，附有标签和使用说明。标签和使用说明标注的内容应当与销售的种子相符。种子生产经营者对标注内容的真实性和种子质量负责。

标签应当标注种子类别、品种名称、品种审定或者登记编号、品种适宜种植区域及季节、生产经营者及注册地、质量指标、检疫证明编号、种子生产经营许可证编号和信息代码，以及国务院农业农村、林业草原主管部门规定的其他事项。

销售授权品种种子的，应当标注品种权号。

销售进口种子的，应当附有进口审批文号和中文标签。

销售转基因植物品种种子的，必须用明显的文字标注，并应当提示使用时的安全控制措施。

种子生产经营者应当遵守有关法律、法规的规定，诚实守信，向种子使用者提供种子生产者信息、种子的主要性状、主要栽培措施、适应性等使用条件的说明、风险提示与有关咨询服务，不得作虚假或者引人误解的宣传。

任何单位和个人不得非法干预种子生产经营者的生产经营自主权。

第四十四条 国家对推广使用林木良种造林给予扶持。国家投资或者国家投资为主的造林项目和国有林业单位造林，应当根据林业草原主管部门制定的计划使用林木良种。

第七十九条 违反本法第三十六条、第三十八条、第三十九条、第四十条规定，有下列行为之一的，由县级以上人民政府农业农村、林业草原主管部门责令改正，处二千元以上二万元以下罚款：

（一）销售的种子应当包装而没有包装的；

（二）销售的种子没有使用说明或者标签内容不符合规定的；

（三）涂改标签的；

（四）未按规定建立、保存种子生产经营档案的；

（五）种子生产经营者在异地设立分支机构、专门经营不再分装的包装种子或者受委托生产、代销种子，未按规定备案的。

第九十一条 国家加强中药材种质资源保护，支持开展中药材育种科学技术研究。

草种、烟草种、中药材种、食用菌菌种的种质资源管理和选育、生产经营、管理等活动，参照本法执行。

2.《中华人民共和国植物新品种保护条例》

第十四条 授予品种权的植物新品种应当具备新颖性。新颖性，是指申请品种权的植物新品种在申请日前该品种繁殖材料未被销售，或者经育种者许可，在中国境内销售该品种繁殖材料未超过1年；在中国境外销售藤本植物、林木、果树和观赏树木品种繁殖材料未超过6年，销售其他植物品种繁殖材料未超过4年。

第十五条 授予品种权的植物新品种应当具备特异性。特异性，是指申请品种权的植物新品种应当明显区别于在递交申请以前已知的植物品种。

第十六条 授予品种权的植物新品种应当具备一致性。一致性，是指申请品种权的植物新品种经过繁殖，除可以预见的变异外，其相关的特征或者特性一致。

第十七条 授予品种权的植物新品种应当具备稳定性。稳定性，是指申请品种权的植物新品种经过反复繁殖后或者在特定繁殖周期结束时，其相关的特征或者特性保持不变。

二、部门规章及规范性文件

1.《中华人民共和国植物新品种保护条例实施细则（农业部分）》

第十四条 依照《条例》第四十五条的规定，列入植物新品种保护名录的植物属或者种，从名录公布之日起1年内提出的品种权申请，凡经过育种者许可，申请日前在中国境内销售该品种的繁殖材料未超过4年，符合《条例》规定的特异性、一致性和稳定性及命名要求的，农业部可以授予品种权。

第十六条 《条例》第十五条所称“已知的植物品种”，包括品种权申请初审合格公告、通过品种审定或者已推广应用的品种。

第十七条 《条例》第十六条、第十七条所称“相关的特征或者特性”是指至少包括用于特异性、一致性和稳定性测试的性状或者授权时进行品种描述的性状。

2.《中华人民共和国植物新品种保护条例实施细则（林业部分）》

第十二条 依照《条例》第四十五条的规定，对《条例》施行前首批列入植物品种保护名录的和《条例》施行后新列入植物品种保护名录的属或者种的植物品种，自名录公布之日起一年内提出的品种权申请，经育种人许可，在中国境内销售该品种的繁殖材料不超过4年的，视为具有新颖性。

3.《农作物种质资源管理办法》

第三条 本办法所称农作物种质资源，是指选育农作物新品种的基础材料，包括农作物的栽培种、野生种和濒危稀有种的繁殖材料，以及利用上述繁殖材料人工创造的各种遗传材料，其形态包括果实、籽粒、苗、根、茎、叶、芽、花、组织、细胞和DNA、DNA片段及基因等有生命的物质材料。

4.《林木种质资源管理办法》

第三条 依照《中华人民共和国种子法》的规定，林木种质资源是指林木遗传多样性资源和选育新品种的基础材料，包括森林植物的栽培种、野生种的繁殖材料以及利用上述繁殖材料人工创造的遗传材料。

林木种质资源的形态，包括植株、苗、果实、籽粒、根、茎、叶、芽、花、花粉、组织、细胞和DNA、DNA片段及基因等。

5.《林木良种推广使用管理办法》

第二条 本办法所称林木良种，是指经省级以上林木良种审定委员会审定或者认定通过并发给合格证书的林木种子。

未具有林木良种审定或者认定合格证书的林木种子，不得作为林木良种推广使用。

6.《主要农作物品种审定办法》

第三条 本办法所称主要农作物，是指稻、小麦、玉米、棉花、大豆。

7.《主要林木品种审定办法》

第三条 本办法所称主要林木品种，是指按照《种子法》第九十二条规定确定的主要林木品种，包括品种、家系、无性系以及种子园、母树林和优良种源区的种子等。

8.《农作物种子标签和使用说明管理办法》

第五条 种子标签是指印制、粘贴、固定或者附着在种子、种子包装物表面的特定图案及文字说明。

第六条 种子标签应当标注下列内容：

（一）作物种类、种子类别、品种名称；

（二）种子生产经营者信息，包括种子生产经营者名称、种子生产经营许可证编号、注册地地址和联系方式；

（三）质量指标、净含量；

（四）检测日期和质量保证期；

（五）品种适宜种植区域、种植季节；

（六）检疫证明编号；

（七）信息代码。

第七条 属于下列情形之一的，种子标签除标注本办法第六条规定内容外，应当分别加注以下内容：

（一）主要农作物品种，标注品种审定编号；通过两个以上省级审定的，至少标注种子销售所在地省级品种审定编号；引种的主要农作物品种，标注引种备案公告文号；

（二）授权品种，标注品种权号；

（三）已登记的农作物品种，标注品种登记编号；

（四）进口种子，标注进口审批文号及进口商名称、注册地址和联系方式；

（五）药剂处理种子，标注药剂名称、有效成分、含量及人畜误食后解决方案；依据药剂毒性大小，分别注明“高毒”并附骷髅标志、“中等毒”并附十字骨标志、“低毒”字样；

（六）转基因种子，标注“转基因”字样、农业转基因生物安全证书编号。

9.《林木种子包装和标签管理办法》

第四条 销售的林木种子应当加工、分级、包装，并附有标签和使用说明。标签和使用说明标注的内容应当与销售的种子相符。林木种子生产经营者对标注内容的真实性和种子质量负责。

销售的林木种子应当符合国家或者行业标准；没有标准的要遵循合同约定。

第五条 本办法所称的标签是指印制、粘贴、固定或者附着在林木种子、包装物内外的特定图案及文字说明。本办法所称的使用说明是指对生产经营者信息以及主要栽培措施、适宜种植的区域、栽培季节等使用条件的说明和风险提示等。

第十一条 标签应当标注：种子类别、树种（品种）名称、品种审定（认定）编号、产地、生产经营者及注册地、质量指标、重量（数量）、检疫证明编号、种子生产经营许可证编号、信息代码等。

（一）种子类别：应当填写普通种或者良种。

（二）树种（品种）名称：树种名称应当填写植物分类学的种、亚种或者变种名称；品种名称应当填写授权品种、通过审（认）定品种以及其他品种的名称。

（三）产地：应当填写林木种子生产所在地，应当标注到县。进口林木种子的产地，按照《中华人民共和国进出口货物原产地条例》标注。

（四）生产经营者及注册地：生产经营者名称、工商注册所在地。

（五）质量指标：

籽粒质量指标按照净度、发芽率（生活力或优良度）、含水量等标注。

苗木质量指标按照苗高、地径等标注，标签标注的苗高、地径按照95%苗木能达到的数值填写。

（六）重量（数量）：每个包装（销售单元）籽粒（果实）的实际重量或者苗木数量，籽粒（果实）以千克（kg）、克（g）、粒等表示，苗木以株、根、条等表示。包装中含有多件小包装时除标明总重量（数量）外，还应当标明每一小包装的重量（数量）。

使用信息代码的，应当包含林木种子标签标注的内容等信息。

第十二条 除第十一条标注的内容外，属于下列情况的，应当分别加注：

（一）销售授权品种种子的，应当标注品种权号。

（二）销售进口林木种子的，应当附有进口审批文号和中文标签。

（三）销售转基因林木种子的，必须用明显的文字标注，并应当提示使用时的安全控制措施。

第十三条 使用说明应当包括下列内容：

（一）种子生产经营者信息：包括生产经营者名称、生产地点、经营地点、联系人、联系电话、网站等内容。

（二）主要栽培措施。

（三）适宜种植的区域。

（四）栽培季节。

（五）风险提示：包括种子贮藏条件、主要病虫害、极端天气引发的风险等内容及注意事项。

（六）其他信息。

生产经营通过审（认）定品种的，使用说明中第二项至第四项规定的内容应当与审定公告一致。

条文释义

一、本条主旨

本条是关于《种子法》有关用语含义的规定。

二、条文演变

2000年制定的《种子法》对该法中“种质资源”“品种”“主要农作物”“林木良种”“标签”等用语的含义进行了界定。2004年、2013年修正《种子法》时，上述用语的含义没有发生变化。2015年修订《种子法》时，为适应品种审定制度，在上述用语的基础上增加了对“新颖性”“特异性”“一致性”“稳定性”“已知品种”等五个用语的定义，修改了“主要农作物”“主要林木”的定义。2021年修正的《种子法》建立实质性派生品种制度，对植物新品种进行延伸保护。该条相应地增加了对“实质性派生品种”用语的定义。

三、条文解读

（一）种质资源

种质是亲代通过体细胞或生殖细胞传递给子代的遗传物质，个别遗传症状或遗传原种都可以称为种质。种质资源是亲代向子代传递遗传物质的生物载体，其实质是生物的基因资源。在生物学领域，种质和种质资源的范围涵盖植物、动物以及微生物等，但《种子法》规定的种质资源和调整范围指向的是农作物、林木及其他植物，对于禽畜遗传资源、水产种质资源以及野生动物资源的保护和利用，则由《畜牧法》《渔业法》《野生动物保护法》等法律进行规范。《种子法》第2条和第91条规定明确了该法所调整的种质资源范围为农作物和林木种质资源。草种、烟草种、中药材种、食用菌菌种的种质资源管理参照《种子法》执行。

（二）品种

品种是指经过人工选育或者发现并经过改良，形态特征和生物学特性一致，遗传性状相对稳定的植物群体。同一种类植物的每个品种都应具有特定的相对稳定的一致特征、特性。

（三）主要农作物

主要农作物和主要林木的概念与以品种审定为核心的品种管理制度密切相关。1989年，《种子管理条例》颁布，规定经营、推广农作物和林木新品种应当经过审定，建立了以审定农作物品种和林木品种为核心的品种管理制度。2000年《种子法》颁布时，《种子管理条例》废止。《种子法》将农作物和林木区分为主要和非主要两类，规定主要农作物品种和主要林木品种在推广前应当通过国家级或者省级审定，非主要农作物品种和非主要林木品种，既不要求审定，也不要求登记，可以直接推广。所谓推广，是指将培育或引进的品种，依法进行繁殖或生产出合格的种子后，将其推荐、供应给用种者或农民用于种植。原农业部于2001年颁布《主要农作物品种审定办法》，对《种子法》规定的稻、小麦、玉米、棉花、大豆以及原农业部确定的油菜、马铃薯等7种主要农作物实行国家和省两级审定，对省级农业主管部门确定的西瓜、花生、向日葵等21种农作物分别由确定省进行省级审定，共有28种农作物作为主要农作物需要通过品种审定才能推广。2001年至2014年，国家和省两级审定通过的主要农作物品种达到21678个，其中国家级审定2244个。一批综合水平高、适应范围广的优良品种得到大面积推广，农作物良种覆盖率达到96%以上。从保障农业生产用种安全、保障国家粮食安全、种业安全的角度考虑，2015年修订《种子法》时保留了品种审定制度，并规定了法定主要农作物，完善了品种审定机制，维持了林木品种的审定、认定机制。2021年《种子法》修正时，对于品种审定制度没有进行修改。规定主要农作物种类，是为了解决一些农作物在部分省是主要农作物，而在其他省则属非主要农作物，造成国家层面和省级层面之间、省际间农作物品种管理、市场监管工作无法统一协调的问题。由此，过去涉及全国30多个省确定的需要审定的28种主要农作物，减少为国家和省两级审定的主要农作物的种类均为5种法定主要农作物，在保障国家粮食安全和重要农产品有效供给的前提下，大大减少了需要审定的作物种类。

（四）主要林木、林木良种

我国对主要林木进行品种审定制度，主要林木品种应当通过国家级或者省级审定，经过审定后，可以作为林木良种在适宜的生态区域推广。由省、自治区、直辖市人民政府林业主管部门确定的主要林木品种实行省级审定。2015年、2021年《种子法》对于主要林木的规定未作改动。根据《种子法》规定，主要林木由国务院林业主管部门确定并公布；省、自治区、直辖市人民政府林业主管部门可以在国务院林业主管部门确定的主要林木之外确定其他八种以下的主要林木。2003年，原国家林业局发布《主要林木品种审定办法》，公布128种主要林木实行国家和省两级审定，省级林业主管部门还可以确定其他8种以下的主要林木实行省级审定。《种子法》《种子法》2015年修订时，对主要林木仍实行品种审定制度，主要林木的确定维持了原来的规定，由国务院林业主管部门确定并公布；省、自治区、直辖市人民政府林业主管部门可以在国务院林业主管部门确定的主要林木之外确定其他8种以下的主要林木。

林木良种是指通过审定的主要林木品种，在一定的区域内，其产量、适应性、抗性等方面明显优于当前主栽材料的繁殖材料和种植材料。我国林地资源有限，木材供需矛盾突出，保护生态环境任务繁重，提高林地生产力的任务紧迫，使用林木良种的增益一般在10%~30%，对提高林木单位面积的产出率，缓解木材供需矛盾，保护生态环境等具有非常重要的意义。1997年6月，原国家林业局颁布了《林木良种推广使用管理办法》，规定林木良种须经省级以上林木良种审定委员会审定或者认定通过并发给合格证书的林木种子。未具有林木良种审定或者认定合格证书的林木种子，不得作为林木良种推广使用。对于通过国家级审定林木良种由国务院林业主管部门公告，可以在全国适宜的生态区域推广。通过省级审定的林木良种由省、自治区、直辖市人民政府林业主管部门公告，可以在本行政区域内适宜的生态区域推广；其他省、自治区、直辖市属于同一适宜生态区的地域引种林木良种的，引种者应当将引种的品种和区域报所在省、自治区、直辖市人民政府林业主管部门备案。《林木良种审定规范》（GB/T 14071-1993）是我国林木良种审定的国家标准。根据该标准，林木良种是经过人工选育，通过严格试验和鉴定，经区域化试验证明在适生区域内，其产量和质量以及其他主要目标性状明显优于当地主栽树种或栽培品种，在生产中具有经济和生态价值的繁殖材料。

《种子法》第23条第2款规定："应当审定的林木品种未经审定通过的，不得作为良种推广、销售，但生产确需使用的，应当经林木品种审定委员会认定。"上述规定所称"应当审定的林木品种未经审定通过的"情形主要包括：

一是未提出过审定申请；二是虽然提出过审定申请，但没有通过国家级或省级审定；三是虽然经审定通过但在审定公告的适宜生态区域外以林木良种形式进行推广。在尚不能全面完成主要林木品种审定的情况下，对没有达到审定条件，但生产确需使用并有一定推广价值的林木品种依法予以认定，满足林业生产发展需要是适宜的。

（五）新颖性

新颖性，是指申请植物新品种权的品种在申请日前，经申请权人自行或者同意销售、推广其种子，在中国境内未超过 1 年；在境外，木本或者藤本植物未超过 6 年，其他植物未超过 4 年。《种子法》对新颖性还设定了宽限期，即《种子法》施行后新列入国家植物品种保护名录的植物的属或者种，从名录公布之日起 1 年内提出植物新品种权申请的，在境内销售、推广该品种种子未超过 4 年的，具备新颖性。对于《种子法》施行后列入国家植物品种保护名录的植物种类，在名录公布 1 年内提交申请的，可以适用上述宽限期。

《种子法》第 90 条第 6 项同时规定了丧失新颖性的情况：一是品种经省、自治区、直辖市人民政府农业、林业主管部门依据播种面积确认已经形成事实扩散的；二是农作物品种已审定或者登记 2 年以上未申请植物新品种权的。这是 2015 年《种子法》修订时针对实践中出现的新情况而对新颖性增设的新规定。品种的繁殖材料已经形成事实扩散的，难以得到保护。

在品种权的授权过程中，如果不符合新颖性要求的申请品种被授予品种权，自审批机关公告授予品种权之日起，植物新品种复审委员会可以主动依职权宣告该品种权无效；也可以由公众特别是利害关系人按照法定程序书面请求植物新品种复审委员会宣告该品种权无效。

（六）特异性

特异性，是指一个植物品种有一个以上性状明显区别于已知品种。《国际植物新品种保护公约》（1991 年文本）明确指出，一个品种是已知最低一级植物分类单元中的一个植物群体，不论是否满足植物新品种权的授权条件，该群体应该是“可以通过特定的基因型或基因型组合决定的性状表达特征来定义”，而且“至少在一个性状表达状态上能够明显区别于任何其他同类植物群体”。即，特异性的明显区别是指授权品种至少应当有一个特征，特别是性状特征明显区别于申请日前已知的所有其他相同植物种类的性状特征。在植物新品种授权程序中，品种特异性的比对是要求申请品种权的植物新品种应当明显区别于在递交申请以前已知的植物品种。确定在先的已知品种的目的是固定比对对象，即比较该申请品种与递交申请日以前的已知品种是否存在明显的性状区别。判断的基准时间是申请品种权的申请日。

（七）一致性

一致性，是指一个植物品种的特性除可预期的自然变异外，群体内个体间相关的特征特性表现一致。在品种测试中，植物品种经过繁殖，除可以预见的变异外，相关特性应一致。可以通过判断该品种的非典型植株即异型株的允许数量，或比较该品种与近似品种的平均方差来判定申请品种的一致性。

（八）稳定性

稳定性，是指一个植物品种经过反复繁殖后或者在特定繁殖周期结束时，其主要性状保持不变。如果一个植物品种经过 2 至 3 个繁殖周期，表现出了很好的一致性，即相关性状的表达状态保持相对不变，可以认为具有稳定性。

（九）实质性派生品种

实质性派生品种，是指由原始品种实质性派生，或者由该原始品种的实质性派生品种派生出来的品种，与原始品种有明显区别，并且除派生引起的性状差异外，在表达由原始品种基因型或者基因型组合产生的基本性状方面与原始品种相同。

（十）已知品种

已知品种，是指已受理申请或者已通过品种审定、品种登记、新品种保护，或者已经销售、推广的植物品种。

（十一）标签

标签，是指印制、粘贴、固定或者附着在种子、种子包装物表面的特定图案及文字说明。设立种子标签制度的目的是保证销售种子的质量和妥善保管、使用种子，也是对种子生产经营进行管理的重要措施。销售的种子应当附有标签和使用说明，标签和使用说明标注的内容应当与销售的种子相符。标签标注的内容与销售的种子不符，或者没有附任何标签的，要承担关于假种子的法律责任。

为了贯彻种子标签制度，国务院农业农村、林业草原主管部门专门制定发布了《农作物种子标签和使用说明管理办法》《林木种子包装和标签管理办法》，对标签的内容作了详细规定。一般而言，种子标签的主要内容包括：(1)种子类别。(2)品种名称。同一植物品种在申请新品种保护、品种审定、品种登记，或者是在销售推广时只能使用同一个名称。(3)品种审定或登记编号。(4)品种适宜种植区域及季节。对于主要农作物和主要林木的种子，标注适宜种植区域应当与审定公告一致；对于实行登记的非主要农作物种子，适宜区域是通过自行试验确定种植的区域范围。(5)生产经营者及注册地。(6)质量指标。种子质量指标按净度、发芽率(或生活力、优良度)、含水量、质量等级等标注；种苗质量指标按苗龄、苗高、地径、主根长、根幅、质量等级等标注。(7)检疫证明编号。(8)种子生产经营许可证编号和信息代码，以及国务院农业、林业主管部门规定的其他事项。除此以外，销售授权品种种子，应当标注品种权号。销售进口种子，应当附有进口审批文号和中文标签。销售转基因植物品种种子，必须用明显文字标注“转基因”字样，并有提示使用时的安全控制措施的文字说明。分装的种子应当标注分装单位。

适用指引

被诉侵权品种与授权品种之间是否具有特异性是植物新品种权纠纷案件中较为常见的专门性问题，可以采用田间观察检测、基因指纹图谱检测等方式查明。基因指纹图谱检测技术是在室内进行基因型身份鉴定的方法，经济便捷、测试周期短、效率高，实践中多用来检测品种的真实性、一致性。但基因指纹鉴定所采取的核心引物(位点)与 DUS 测试(即特异性 Distinctness、一致性 Uniformity 和稳定性 Stability 测试)的性状特征之间并不一定具有对应性，而植物新品种权的审批机关对申请品种的特异性、一致性和稳定性进行实质审查所依据的是田间种植 DUS 测试。在主要农作物品种审定时，对申请审定品种的特异性、一致性、稳定性的要求也是以申请审定品种的选育报告、比较试验报告等为基础，进行品种试验，针对品种在田间种植表现出的性状进行测试并作出分析和评价。因此，作为繁殖材料，其特征特性最终应当依据田间种植进行 DUS 测试所确定的性状特征为准。当基因指纹图谱鉴定意见为相同或高度近似时，必要时可进行田间成对 DUS 测试比较，通过田间表型确定身份。

在侵权诉讼中，如果被诉侵权产品相对于授权品种具有特异性，则一般认为侵权不成立。被诉侵权人否认基因指纹图谱鉴定意见，认为被诉侵权产品与授权品种相比具有特异性的，应当由其提供证据加以证明。被诉侵权人没有提供初步证据，仅否认基因指纹图谱鉴定意见或提出采用田间观察检测进行重新鉴定的，一般不应支持。

指导案例

指导案例100号：山东登海先锋种业有限公司诉陕西农丰种业有限责任公司、山西大丰种业有限公司侵害植物新品种权纠纷案

（最高人民法院审判委员会讨论通过　2018年12月19日发布）

关键词：民事　侵害植物新品种权　特征特性　DNA 指纹鉴定　DUS 测试报告　特异性

裁判要点：判断被诉侵权繁殖材料的特征特性与授权品种的特征特性相同是认定构成侵害植物新品种权的前提。当 DNA 指纹鉴定意见为两者相同或相近似时，被诉侵权方提交 DUS 测试报告证明通过田间种植，被控侵权品种与授权品种对比具有特异性，应当认定不构成侵害植物新品种权。

相关法条：《中华人民共和国植物新品种保护条例》第二条、第六条

基本案情：先锋国际良种公司是“先玉 335”植物新品种权的权利人，其授权山东登海先锋种业有限公司（以下简称登海公司）作为被许可人对侵害该植物新品种权提起民事诉讼。登海公司于 2014 年 3 月 16 日向陕西省西安市中级人民法院起诉称，2013 年山西大丰种业有限公司（以下简称大丰公司）生产、陕西农丰种业有限责任公司（以下简称农丰种业）销售的外包装为“大丰 30”的玉米种子侵害“先玉 335”的植物新品种权。北京玉米种子检测中心于 2013 年 6 月 9 日对送检的被控侵权种子依据 NY/T1432 － 2007 玉米品种 DNA 指纹鉴定方法，使用 3730XL 型遗传分析仪，384 孔 PCR 仪进行检测，结论为，待测样品编号 YA2196 与对照样品编号 BGG253“先玉 335”比较位点数

40，差异位点数 0，结论为相同或极近似。

山西省农业种子总站于 2014 年 4 月 25 日出具的《"大丰 30"玉米品种试验审定情况说明》记载："大丰 30"作为大丰公司 2011 年申请审定的品种，由于北京市农林科学院玉米研究中心所作的 DNA 指纹鉴定认为"大丰 30"与"先玉 335"的 40 个比较位点均无差异，判定结论为两个品种无明显差异，2011 年未通过审定。大丰公司提出异议，该站于 2011 年委托农业部植物新品种测试中心对"大丰 30"进行 DUS 测试，即特异性（Distinctness）、一致性（Uniformity）和稳定性（Stability）测试，结论为"大丰 30"具有特异性、一致性、稳定性，与"先玉 335"为不同品种。"大丰 30"玉米种作为审定推广品种，于 2012 年 2 月通过山西省、陕西省农作物品种审定委员会的审定。

大丰公司在一审中提交了农业部植物新品种测试中心 2011 年 12 月出具的《农业植物新品种测试报告》原件，测试地点为农业部植物新品种测试（杨凌）分中心测试基地，依据的测试标准为《植物新品种 DUS 测试指南—玉米》，测试材料为农业部植物新品种测试中心提供，测试时期为一个生长周期。测试报告特异性一栏记载，近似品种名称：鉴 2011 - 001B 先玉 335，有差异性状：41* 果穗：穗轴颖片花青甙显色强度，申请品种描述：8 强到极强，近似品种描述：5 中。所附数据结果表记载，鉴 2011 - 001A（大丰 30）与鉴 2011 - 001B 的测试结果除"41* 果穗"外，差别还在"9 雄穗：花药花青甙显色强度"，分别为"6 中到强、7 强""24.2* 植株：高度"，分别为"5 中""7 高""27.2* 果穗：长度"分别为"5 中""3 短"。结论为，"大丰 30"具有特异性、一致性、稳定性。

二审法院审理中，大丰公司提交了于 2014 年 4 月 28 日测试审核的《农业植物新品种 DUS 测试报告》，加盖有农业部植物新品种测试（杨凌）分中心和农业部植物新品种保护办公室的印鉴。该报告依据的测试标准为《植物新品种特异性、一致性和稳定性测试指南—玉米》。测试时期为两个生长周期"2012 年 4 月 - 8 月、2013 年 4 月 - 8 月"，近似品种为"先玉 335"。所记载的差异性状为："11. 雄穗：花药花青甙显色强度，申请品种为 7. 强，近似品种为 6. 中到强""41. 籽粒：形状，申请品种为 5. 楔形，近似品种为 4. 近楔形""42. 果穗：穗轴颖片花青甙显色强度，申请品种为 9. 极强，近似品种为 6. 中到强"。测试结论为"大丰 30"具有特异性、一致性、稳定性。

裁判结果： 陕西省西安市中级人民法院于 2014 年 9 月 29 日作出（2014）

西中民四初字第132号判决，判令驳回登海公司的诉讼请求。登海公司不服，提出上诉。陕西省高级人民法院于2015年3月20日作出（2015）陕民三终字第1号判决，驳回上诉，维持原判。登海公司不服，向最高人民法院申请再审。最高人民法院于2015年12月11日作出（2015）民申字第2633号裁定，驳回登海公司的再审申请。

裁判理由：最高人民法院审查认为，本案主要涉及以下两个问题：

一、关于判断“大丰30”具有特异性的问题

我国对主要农作物进行品种审定时，要求申请审定品种必须与已审定通过或本级品种审定委员会已受理的其他品种具有明显区别。“大丰30”在2011年的品种审定中，经DNA指纹鉴定，被认定与“先玉335”无差异，视为同一品种而未能通过当年的品种审定。大丰公司对结论提出异议，主张两个品种在性状上有明显的差异，为不同品种，申请进行田间种植测试。根据《主要农作物品种审定办法》的规定，申请者对审定结果有异议的，可以向原审定委员会申请复审。品种审定委员会办公室认为有必要的，可以在复审前安排一个生产周期的品种试验。大丰公司在一审中提交的DUS测试报告正是大丰公司提出异议后，山西省农业种子总站委托农业部植物新品种测试中心完成的测试。该测试报告由农业部植物新品种测试中心按照《主要农作物品种审定办法》的规定，指定相应的DUS测试机构进行田间种植，依据相关测试指南整理测试数据，进行性状描述，编制测试报告。该测试报告真实、合法，与争议的待证事实具有关联性。涉案DUS测试报告记载，“大丰30”与近似品种“先玉335”存在明显且可重现的差异，符合NY/T2232－2012《植物新品种特异性、一致性和稳定性测试指南—玉米》关于“当申请品种至少在一个性状与近似品种具有明显且可重现的差异时，即可判定申请品种具备特异性”的规定。因此，可以依据涉案测试报告认定“大丰30”具有特异性。

二、关于是否应当以DNA指纹鉴定意见认定存在侵权行为的问题

DNA指纹鉴定技术作为在室内进行基因型身份鉴定的方法，经济便捷，不受环境影响，测试周期短，有利于及时保护权利人的利益，同时能够提高筛选近似品种特异性评价效率，实践中多用来检测品种的真实性、一致性，并基于分子标记技术构建了相关品种的指纹库。DNA指纹鉴定所采取的核心引物（位点）与DUS测试的性状特征之间并不一定具有对应性，而植物新品种权的审批机关对申请品种的特异性、一致性和稳定性进行实质审查所依据的是田间

种植 DUS 测试。在主要农作物品种审定时，也是以申请审定品种的选育报告、比较试验报告等为基础，进行品种试验，针对品种在田间种植表现出的性状进行测试并作出分析和评价。因此，作为繁殖材料，其特征特性应当依据田间种植进行 DUS 测试所确定的性状特征为准。因此，DNA 鉴定意见为相同或高度近似时，可直接进行田间成对 DUS 测试比较，通过田间表型确定身份。当被诉侵权一方主张以田间种植 DUS 测试确定的特异性结论推翻 DNA 指纹鉴定意见时，应当由其提交证据予以证明。由于大丰公司提交的涉案 DUS 测试报告证明，通过田间种植，“大丰 30”与“先玉 335”相比，具有特异性。根据认定侵害植物新品种权行为，以“被控侵权物的特征特性与授权品种的特征特性相同，或者特征特性不同是因为非遗传变异所导致”的判定规则，“大丰 30”与“先玉 335”的特征特性并不相同，并不存在“大丰 30”侵害“先玉 335”植物新品种权的行为。大丰公司生产、农丰种业销售的“大丰 30”并未侵害“先玉 335”的植物新品种权。综上，驳回登海公司的再审申请。

典型案例

黑龙江阳光种业有限公司诉农业农村部植物新品种复审委员会植物新品种申请驳回复审行政纠纷案

关键词：植物新品种权　特异性　已知品种　新颖性

裁判摘要：植物新品种特异性的比对是要求申请品种权的植物新品种应当明显区别于在递交申请以前的已知植物品种。因此，判断的基准时间是申请品种权的申请日，而非申请品种审定的时间。在特异性的判定中，确定在先的已知品种的目的是固定比对对象，即比较该申请品种与递交申请日以前的已知品种是否存在明显的性状区别，因此，作为特异性判断的已知品种，不可能是申请授权品种自身。而对于是否具备新颖性，是以申请植物新品种保护的品种自身作为基准，判断其销售推广的时间是否超过了规定的时间。申请植物新品种权保护的品种在申请日之前存在的审定、推广的时间，对判断其是否具备新颖性具有重要意义，与选择确定作为特异性判断的已知品种并无关联。

基本案情：农业农村部植物新品种复审委员会（以下简称植物新品种复审委员会）2019 年 1 月 17 日作出《关于维持〈哈育 189 品种实质审查驳回决

定〉的决定》，认定“哈育189”于2015年6月29日提交品种权申请时，“利合228”已于2015年4月14日公告初步审查合格，选择“利合228”作为本申请的近似品种符合《植物新品种保护条例》规定。经农业部植物新品种保护办公室前置审查，“哈育189”不符合《植物新品种保护条例》关于授权的有关规定，阳光种业公司的复审理由不能成立，决定维持品种保护办公室作出的《哈育189品种实质审查驳回决定》，驳回黑龙江阳光种业有限公司（以下简称阳光种业公司）的复审请求。阳光种业公司不服，认为“哈育189”是已知的植物品种，“利合228”在国内首次申请品种审定或品种权保护的时间均晚于“哈育189”，不能作为评价“哈育189”特异性的近似品种，诉请判决撤销被诉决定，并判令植物新品种复审委员会重新作出决定。

北京知识产权法院认为：申请品种权的植物新品种是否具备特异性，是相对于递交申请以前的已知植物品种而言的，“利合228”品种权初审合格公告时间在“哈育189”递交品种权申请之前，可以作为本申请递交前已知的植物品种。本申请针对的品种“哈育189”何时申请品种审定对本案已知植物品种的判断不产生影响。案件审查的是“利合228”相对于“哈育189”是否为已知植物品种的问题，而非“哈育189”相对于“利合228”是否为已知植物品种的问题，且根据甘肃省高级人民法院（2018）甘民终695号民事判决的认定，“利合228”与“哈育189”是同一玉米品种，故阳光种业公司“哈育189”受理申请品种审定在先的主张缺乏事实依据。综上，被诉决定选择“利合228”作为本申请的近似品种符合法律规定，在此基础上，本申请并未明显区别于在递交申请以前已知的植物品种“利合228”，被诉决定关于本申请不具备特异性的认定结论正确，应予确认，故判决驳回阳光种业公司的诉讼请求。

一审判决后，阳光种业公司不服，提起上诉。

最高人民法院二审认为，申请植物新品种权保护的品种在申请日之前存在的审定、推广的时间，对判断其是否具备新颖性具有重要意义，与选择确定作为特异性判断的已知品种并无关联。否则，以其审定提出或通过审定的时间早于申请品种权保护的申请日为由，选择其自身作为特异性判断的已知品种，不符合需要两个以上对象比对才有可能判断是否存在区别的逻辑常理，也有悖于品种权保护制度。品种特异性的比对是要求申请品种权的植物新品种应当明显区别于在递交申请以前已知的植物品种。因此，判断的基准时间是申请品种权的申请日，而非申请品种审定的时间。"哈育189"玉米品种在2015年6月29日申请植物新品种权时，"利合228"已经完成了品种权申请初审，被诉决定将"利合228"玉米品种作为"哈育189"品种权申请日之前的已知品种，就其相关特征、特性进行测试，与申请品种进行性状对比，于法有据。根据鉴定，"哈育189""利合228"有差异性状，但差异不显著，且(2018)甘民终695号民事判决已认定，"利合228"与"哈育189"是同一玉米品种，因此，申请品种权的"哈育189"不具有明显区别于已知品种"利合228"的性状，该品种不具备特异性，被诉决定和原审判决认定并无不当，故维持原判。

【案　　号】(2021)最高法知行终453号

【审理法院】最高人民法院

【来　　源】人民法院种业知识产权司法保护典型案例(第一批)

《植物新品种保护条例》(部分)

第九条　植物新品种的申请权和品种权可以依法转让。

中国的单位或者个人就其在国内培育的植物新品种向外国人转让申请权或者品种权的，应当经审批机关批准。

国有单位在国内转让申请权或者品种权的，应当按照国家有关规定报经有关行政主管部门批准。

转让申请权或者品种权的，当事人应当订立书面合同，并向审批机关登记，由审批机关予以公告。

关联规定

一、法律、行政法规、司法解释

1.《中华人民共和国民法典》

第八百六十二条　技术转让合同是合法拥有技术的权利人，将现有特定的专利、专利申请、技术秘密的相关权利让与他人所订立的合同。

技术许可合同是合法拥有技术的权利人，将现有特定的专利、技术秘密的相关权利许可他人实施、使用所订立的合同。

技术转让合同和技术许可合同中关于提供实施技术的专用设备、原材料或者提供有关的技术咨询、技术服务的约定，属于合同的组成部分。

第八百六十三条　技术转让合同包括专利权转让、专利申请权转让、技术秘密转让等合同。

技术许可合同包括专利实施许可、技术秘密使用许可等合同。

技术转让合同和技术许可合同应当采用书面形式。

第八百六十四条 技术转让合同和技术许可合同可以约定实施专利或者使用技术秘密的范围，但是不得限制技术竞争和技术发展。

第八百七十条 技术转让合同的让与人和技术许可合同的许可人应当保证自己是所提供的技术的合法拥有者，并保证所提供的技术完整、无误、有效，能够达到约定的目标。

第八百七十一条 技术转让合同的受让人和技术许可合同的被许可人应当按照约定的范围和期限，对让与人、许可人提供的技术中尚未公开的秘密部分，承担保密义务。

第八百七十二条 许可人未按照约定许可技术的，应当返还部分或者全部使用费，并应当承担违约责任；实施专利或者使用技术秘密超越约定的范围的，违反约定擅自许可第三人实施该项专利或者使用该项技术秘密的，应当停止违约行为，承担违约责任；违反约定的保密义务的，应当承担违约责任。

让与人承担违约责任，参照适用前款规定。

第八百七十三条 被许可人未按照约定支付使用费的，应当补交使用费并按照约定支付违约金；不补交使用费或者支付违约金的，应当停止实施专利或者使用技术秘密，交还技术资料，承担违约责任；实施专利或者使用技术秘密超越约定的范围的，未经许可人同意擅自许可第三人实施该专利或者使用该技术秘密的，应当停止违约行为，承担违约责任；违反约定的保密义务的，应当承担违约责任。

受让人承担违约责任，参照适用前款规定。

第八百七十四条 受让人或者被许可人按照约定实施专利、使用技术秘密侵害他人合法权益的，由让与人或者许可人承担责任，但是当事人另有约定的除外。

第八百七十五条 当事人可以按照互利的原则，在合同中约定实施专利、使用技术秘密后续改进的技术成果的分享办法；没有约定或者约定不明确，依据本法第五百一十条的规定仍不能确定的，一方后续改进的技术成果，其他各方无权分享。

第八百七十六条 集成电路布图设计专有权、植物新品种权、计算机软件著作权等其他知识产权的转让和许可，参照适用本节的有关规定。

第八百七十七条 法律、行政法规对技术进出口合同或者专利、专利申请合同另有规定的，依照其规定。

2.《最高人民法院关于审理侵害植物新品种权纠纷案件具体应用法律问题的若干规定（二）》

第二条 品种权转让未经国务院农业、林业主管部门登记、公告，受让人以品种权人名义提起侵害品种权诉讼的，人民法院不予受理。

二、部门规章及规范性文件

1.《中华人民共和国植物新品种保护条例实施细则（林业部分）》

第八条 中国的单位或者个人就其在国内培育的植物新品种向外国人转让申请权或者品种权的，应当报国家林业局批准。

转让申请权或者品种权的，当事人应当订立书面合同，向国家林业局登记，并由国家林业局予以公告。

转让申请权或者品种权的，自登记之日起生效。

第十四条 中国的单位和个人申请品种权的，可以直接或者委托代理机构向国家林业局提出申请。

第十五条 中国的单位和个人申请品种权的植物品种，如涉及国家安全或者重大利益需要保密的，申请人应当在请求书中注明，植物新品种保护办公室应当按国家有关保密的规定办理，并通知申请人；植物新品种保护办公室认为需要保密而申请人未注明的，按保密申请办理，并通知有关当事人。

第十八条 申请人申请品种权时，应当向植物新品种保护办公室提交国家林业局规定格式的请求书、说明书以及符合本细则第十九条规定的照片各一式两份。

第三十一条 中国的单位和个人将在国内培育的植物新品种向国外申请品种权的，应当向国家林业局登记。

2.《中华人民共和国植物新品种保护条例实施细则（农业部分）》

第十一条 中国的单位或者个人就其在国内培育的新品种向外国人转让申请权或者品种权的，应当向农业部申请审批。

转让申请权或者品种权的，当事人应当订立书面合同，向农业部登记，由农业部予以公告，并自公告之日起生效。

条文释义

一、本条主旨

本条是关于植物新品种申请权和植物新品种权转让的规定。

二、条文演变

1997年施行的《植物新品种保护条例》第9条对申请权和品种权的转让作了规定。2013年、2014年修订《植物新品种保护条例》时，该条始终未作修改。

三、条文解读

本条第1款规定了植物新品种的申请权和品种权可以转让；第2款规定了单位或个人向外国人转让申请权和品种权的审批要件；第3款规定了国有单位在国内转让申请权和品种权的审批要件；第4款规定了转让的形式要件和生效要件，即订立书面合同以及登记公告。

植物新品种申请权和品种权的转让是指合法拥有植物新品种申请权和品种权的权利人将其权利转让给受让人的处分行为。植物新品种的申请权和品种权转让以后，其权利归受让人。品种权转让意味着品种权的主体发生了变更，变更的原因可以是自愿转让而发生，例如，买卖、交换或赠予；也可以是由于法定的原因而发生，例如，作为品种权人的自然人死亡或企业破产等。品种权转让后，原品种权人即失去了所有权，受让人成为新的品种权所有人。

品种权的转让与品种权的实施许可存在不同，品种权只能作为一个整体转让，不能在国家领土的某一地区或者只就生产、销售和使用等行为中的某一种行为转让。品种权的转让除极个别是无偿赠予外，大多数是通过签订书面转让合同并由受让人支付一定的费用来实现的。对于共同职务育种和共同非职务育种，其中任何权利共有人在转让其享有的品种申请权或者品种权时均应先取得其他共有人的同意，并且其他共有人有权优先受让。

本条从维护国家安全和利益的角度出发，对品种权转让程序作了较严格的规定。中国的单位或者个人就其在国内培育的植物新品种向外国人转让植物新品种申请权或者品种权的，应当经审批机关批准。这是保守国家秘密的需要，也是保护国家珍贵植物种质资源的需要。国有单位在国内转让植物新品种申请权或者品种权的，应当按照国家有关规定报经有关行政主管部门批准。该规定的目的是避免国有资产流失。

适用指引

一、适用《民法典》关于技术转让合同的规定

根据《民法典》第876条的规定，植物新品种权的转让和许可，可以适用该法关于技术转让合同和技术许可合同的有关规定。因此，对于植物新品种申请权和品种权转让合同的效力、权利义务、违约责任等，《植物新品种保护条例》没有特别规定的，均可适用《民法典》技术转让合同和技术许可合同的有关规定。

二、植物新品种申请权和品种权转让合同登记、公告的效力问题

《植物新品种保护条例》第9条第4款规定，转让申请权或者品种权的，应当向审批机关登记，由审批机关予以公告。这就是说，转让申请权或品种权的当事人应向审批机关提出登记请求，审批机关将该申请权或品种权转让以及由此而引起的所有权变更、品种权人变更等事实，登记在品种权登记簿。植物新品种申请权或者品种权的转让实行登记公告生效原则，未经登记公告不生效。植物新品种权的审查和授予是国务院农业农村、林业草原行政主管部门的权力，该权利的存在与否，期限长短以及归属均由该行政审批机关负责登记。著录事项变更登记虽然是一种行政管理措施，但其涉及权利人利益的同时，也涉及社会公众的利益，植物新品种的变动应当进行公示。植物新品种申请权或者品种权没有进行登记公示之前合同一般虽已生效，但转让行为本身并未生效，不具有对抗善意第三人的效力。但登记和公告为两个程序，公告为最

后程序，往往与登记并非同一时间。《植物新品种保护条例》第9条并未区分具体程序。实践中，农业农村部门和林业草原部门对转让申请权或者品种权的合同生效时点的认识和规定不尽一致，《植物新品种保护条例实施细则（农业部分）》第11条第2款规定合同自公告之日起生效，《植物新品种保护条例实施细则（林业部分）》第8条第4款规定合同自登记之日起生效。考虑到两规定的差别，《审理侵害植物新品种权纠纷案件规定（二）》第2条未对生效的时点作统一规定，而是表述为："品种权转让未经国务院农业、林业主管部门登记、公告，受让人以品种权人名义提起侵害品种权诉讼的，人民法院不予受理。"实践中，可以根据该转让的植物新品种涉及农业还是林业行政主管机关而作区别处理。

三、同一权利人先后多次转让其植物新品种的申请权和品种权的处理

还需指出的是，因植物新品种的申请权和品种权转让引起的权利归属变动情况复杂，有时可能出现同一权利人先后多次转让其植物新品种的申请权和品种权的情况。此时，应当根据转让行为是否经过登记公告、转让行为发生时间的先后、受让人的善意与否、转让行为是否存在恶意串通损害他人合法利益等的情形综合分析判断。

类案检索

甘肃省敦煌种业股份有限公司与郑州赤天种业有限公司、武威市武科种业科技有限责任公司侵害植物新品种权纠纷案

关键词： 植物新品种　著录事项变更　公示　登记　品种权　转让

裁判摘要： 植物新品种权的审查和授予是国务院农业农村、林业草原行政主管部门的权力，该权利的存在与否，期限长短以及归属均由该行政审批机关负责登记。著录事项变更登记虽然是一种行政管理措施，但其涉及权利人利益的同时，也涉及公众的利益，其变动应当进行公示，植物新品种的权利变动

向行政机关进行登记公示才具有权利外观。因此，品种权没有进行登记公示之前，品种权转让行为并未生效。

【案　　号】（2014）民申字第54号

【审理法院】最高人民法院

【来　　源】2014年中国法院50件典型知识产权案例

第三十三条　品种权被授予后，在自初步审查合格公告之日起至被授予品种权之日止的期间，对未经申请人许可，为商业目的生产或者销售该授权品种的繁殖材料的单位和个人，品种权人享有追偿的权利。

关联规定

一、国际条约

《国际植物新品种保护公约》（1978 年文本）

第 7 条　品种的官方检验；临时性保护

（1）品种按第六条规定的标准经过检验后，被授予保护权，这种检验适用于每个植物属或种。

（2）为便于检验起见，各联盟成员国的主管机关，可以要求育种者提供所有必需的信息、文件、繁殖材料或种子。

（3）任何联盟成员国，可以在注册申请至批准期间采取措施保护育种者的权利，以防止第三者侵权。

二、法律、行政法规、司法解释

1.《中华人民共和国种子法》

第二十八条　植物新品种权所有人对其授权品种享有排他的独占权。植物新品种权所有人可以将植物新品种权许可他人实施，并按照合同约定收取许可使用费；许可使用费可以采取固定价款、从推广收益中提成等方式收取。

任何单位或者个人未经植物新品种权所有人许可，不得生产、繁殖和为繁殖而进行处理、许诺销售、销售、进口、出口以及为实施上述行为储存该授权品种的繁殖材料，不得为商业目的将该授权品种的繁殖材料重复使用于生产另一品种的繁殖材料。本法、有关法律、行政法规另有规定的除外。

实施前款规定的行为，涉及由未经许可使用授权品种的繁殖材料而获得的收获材料的，应当得到植物新品种权所有人的许可；但是，植物新品种权所有人对繁殖材料已有合理机会行使其权利的除外。

对实质性派生品种实施第二款、第三款规定行为的，应当征得原始品种的植物新品种权所有人的同意。

实质性派生品种制度的实施步骤和办法由国务院规定。

2.《最高人民法院关于审理侵害植物新品种权纠纷案件具体应用法律问题的若干规定（二）》

第十九条 他人未经许可，自品种权初步审查合格公告之日起至被授予品种权之日止，生产、繁殖或者销售该授权品种的繁殖材料，或者为商业目的将该授权品种的繁殖材料重复使用于生产另一品种的繁殖材料，权利人对此主张追偿利益损失的，人民法院可以按照临时保护期使用费纠纷处理，并参照有关品种权实施许可费，结合品种类型、种植时间、经营规模、当时的市场价值等因素合理确定该使用费数额。

前款规定的被诉行为延续到品种授权之后，权利人对品种权临时保护期使用费和侵权损害赔偿均主张权利的，人民法院可以合并审理，但应当分别计算处理。

条文释义

一、本条主旨

本条是关于植物新品种临时保护期以及品种权人追偿使用费的规定。

二、条文演变

1997年《植物新品种保护条例》第33条对植物新品种临时保护期使用费进行了规定。2013年、2014年修订的《植物新品种保护条例》继续沿用了该条文，未作修改。

三、条文解读

第一，植物新品种临时保护期，指的是品种权被授予后，在自初步审查合格公告之日起至被授予品种权之日止的期间。

第二，本条未对临时保护期使用费的计算标准作出详细规定。根据《审理侵害植物新品种权纠纷案件规定（二）》第19条的规定，参照有关品种权实施许可费，结合品种类型、种植时间、经营规模、当时的市场价值等因素合理确定该使用费数额。

适用指引

在授权之前，品种权人无权禁止他人生产销售；品种权授权后，对于他人在授权与初审公告的期间影响品种权人利益的行为，品种权人有权要求行为人支付一定的经济补偿，实际的法律关系类似于许可使用费。在逻辑上，品种权人对初审公告之日起至授权之日期间可以行使追偿的行为范围，应当与其授权后可以制止侵权的行为范围一致。因此，对于《植物新品种保护条例》第33条关于品种权临时保护期的规定，应该结合《种子法》第28条关于品种权人有权禁止他人未经许可的行为的范围予以理解。正是在这个意义上，《审理侵害植物新品种权纠纷案件规定（二）》第19条并未照搬《植物新品种保护条例》第33条的规定，而是根据2015年修订的《种子法》第28条的规定完善了植物新品种临时保护期制度。其第19条关于“生产、繁殖或者销售该授权品种的繁殖材料”的表述与2015年修订的《种子法》第28条的相关表述一致，而且补充了“为商业目的将该授权品种的繁殖材料重复使用于生产另一品种的繁殖材料”的行为，实现了对《植物新品种保护条例》第33条的完善和漏洞补充。

典型案例

江苏省高科种业科技有限公司与南通市粮棉原种场植物新品种权权属纠纷案

关键词：临时保护期　商业目的　使用费　追偿权

裁判摘要：植物新品种实行“早期公开、延迟审查”制度。品种权被授予后，品种权人主张在植物新品种申请公布日至授权公告日期间未经申请人许可，生产、销售授权品种繁殖材料的单位或个人支付使用费的，人民法院可以综合考虑有关植物新品种实施许可费数额、时间、品种类型和价值、实施者的经营规模等因素合理确定。

基本案情： 品种权人江苏农科院授权江苏省高科种业科技有限公司（以下简称高科种业公司）独占实施“南粳9108”植物新品种权，并有权对“南粳9108”植物新品种授权前生产和销售该品种繁殖材料的单位和个人进行追偿。南通市粮棉原种场植物（以下简称南通原种场）未经相关权利人同意，在追偿期内生产和销售了涉案品种的繁殖材料，高科种业公司主张南通原种场以一年的许可使用费作为品种使用费的标准，赔偿其损失。

一审法院认为，第一，高科种业公司被授权实施涉案“南粳9108”品种，支付了许可使用费450万元，相当于在植物新品种权15年保护年限内平均每年支付30万元。第二，从许可使用方式上看，高科种业公司实际获得了独占的权利，并为此支付了相应的对价，取得了类似品种权人的法律主体地位。第三，虽然《植物新品种保护条例》等相关法律法规没有具体规范追偿费用如何计算，但是南通原种场涉案行为的性质被定性为未经许可为商业目的的生产或者销售，类似于授权后的未经许可生产或者销售，即是一种类似于侵害植物新品种权的行为。与之相反的合法行为方式是经过许可的生产或者销售，其中许可方式可以是普通许可也可以是其他方式的许可。因此，高科种业公司主张的计算方法和标准，予以支持。

二审法院认为，根据品种权人的主张，参照许可使用的方式确定该期间的使用费符合鼓励种业科技创新、植物新品种培育的立法精神，也相对公平合理。本案中还需要综合考虑以下因素确定涉案品种使用费的具体数额。

首先，根据涉案独占实施许可协议的约定，南粳9108品种权实施许可费总计为450万元，高科种业公司也按约支付了上述款项。自涉案许可合同签订之日起至该品种权保护期终止，许可使用期限为19年，按照19年计算，平均每年的实施许可费约23万元。一审判决按照保护期限15年计算年平均实施许可费不妥，应予以纠正。但实施许可费约定的数额仅作为确定临时保护期内使用费的参考，还需要考虑植物新品种权的类型、市场应用期等多种因素，不宜直接以约定的19年许可使用期限简单地计算出年平均实施许可费标准，进而确定临时保护期内1年使用费的数额。

其次，高科种业公司提供的南通原种场土地使用权证、经营场所证明等证据显示，南通原种场的土地面积约3500亩。作为专门从事种子生产的全民所有制企业法人，其所有土地为国有农业用地，南通原种场完全有能力提供相关证据证明其土地的面积及用途。二审中其提供的有关耕地面积的数据系其单方提供，在无充分证据证明的情况下，仅凭其自述，无法认定实际可种植水稻农田仅为1033亩。同时，根据南通原种场提供的生产加工协议书，可以认定2014年南通原种场分别为南通中江种业公司、如皋市百岁米厂生产加工500亩至600亩常农粳8号，320亩淮稻5号，但剩余的其他2000余亩土地种植何种农作物，南通原种场未能提供充分证据予以证明。据此，高科种业公司主张南通原种场大面积种植涉案南粳9108繁殖材料具有较高的可信度。

最后，要特别指出的是，涉案品种为杂交水稻，而杂交水稻新品种的培育需要克服育种材料种质资源来源少、不育基因导入难、形状不易稳定、杂交亲和力差等诸多困难，倾注了科技工作者的极大心血。同时，粮食种子质量关系到农业生产的安全，关系到农民的切身利益和人民生命健康安全等重大民生问题。因此，我国实行种子许可证制度，并对种子的培植、来源、质量、生产经营等进行严格监督管控。本案中，南通原种场的行为不能简单地按照品种权人授权其实施许可的方式予以处理，应酌情提高相应的使用费数额，才能充分激励和提升种业育种创新能力，规范种子生产经营和管理行为，保障国家的粮食安全。

基于上述分析，综合考虑涉案实施许可费的数额、时间、品种类型、南通原种场的经营规模等多种因素，一审判决确定南通原种场支付使用费30万元并无不当，也符合加大植物新品种知识产权司法保护力度的精神，予以支持。

【案　　号】(2017)苏民终58号

【审理法院】江苏省高级人民法院

【来　　源】《最高人民法院公报》(2020年第7期)

第三十四条　品种权的保护期限，自授权之日起，藤本植物、林木、果树和观赏树木为20年，其他植物为15年。

关联规定

一、国际条约

《国际植物新品种保护公约》(1978年文本)

第8条　保护的期限

育种者所得权利有一定期限。自授予保护权之日起，保护期限不少于15年。藤本植物、林木、果树和观赏树木，包括其根茎，保护期为18年。

二、法律、行政法规、司法解释

《中华人民共和国植物新品种保护条例》

第二十八条　审批机关应当自受理品种权申请之日起6个月内完成初步审查。对经初步审查合格的品种权申请，审批机关予以公告，并通知申请人在3个月内缴纳审查费。

对经初步审查不合格的品种权申请，审批机关应当通知申请人在3个月内陈述意见或者予以修正；逾期未答复或者修正后仍然不合格的，驳回申请。

第三十一条　对经实质审查符合本条例规定的品种权申请，审批机关应当作出授予品种权的决定，颁发品种权证书，并予以登记和公告。

对经实质审查不符合本条例规定的品种权申请，审批机关予以驳回，并通知申请人。

第三十三条　品种权被授予后，在自初步审查合格公告之日起至被授予品种权之日止的期间，对未经申请人许可，为商业目的生产或者销售该授权品种的繁殖材料的单位和个人，品种权人享有追偿的权利。

三、部门规章及规范性文件

1.《中华人民共和国植物新品种保护条例实施细则（农业部分）》

第四十一条 品种保护办公室发出办理授予品种权手续的通知后，申请人应当自收到通知之日起2个月内办理相关手续和缴纳第1年年费。对按期办理的，农业部授予品种权，颁发品种权证书，并予以公告。品种权自授权公告之日起生效。

期满未办理的，视为放弃取得品种权的权利。

2.《中华人民共和国植物新品种保护条例实施细则（林业部分）》

第三十七条 经实质审查后，符合《条例》规定的品种权申请，由国家林业局作出授予品种权的决定，向品种权申请人颁发品种权证书，予以登记和公告。

品种权人应当自收到领取品种权证书通知之日起3个月内领取品种权证书，并按照国家有关规定缴纳第一年年费。逾期未领取品种权证书并未缴纳年费的，视为放弃品种权，有正当理由的除外。

品种权自作出授予品种权的决定之日起生效。

条文释义

一、本条主旨

本条是关于植物新品种权保护期限的规定。

二、条文演变

1997年施行的《植物新品种保护条例》确立了品种权保护期限的起算时间点，并规定了保护期限。2013年、2014年两次修订《植物新品种保护条例》，对本条规定均未作修改。

三、条文解读

（一）关于品种权的保护期限

植物新品种权具有时间性，一旦法律规定的期限届满或提前终止，授权品种即进入公有领域，任何人均可以自由免费利用该品种。法律对品种权期限的规定，既要考虑对育种者的利益进行适当的保护，规定的保护期限不能太短，否则不利于调动育种者的积极性；同时又要考虑国家和社会公众利益，对品种权的保护周期不能过长，否则既阻碍育种创新，又不利于优良品种的推广和应用。《植物新品种保护条例》将藤本植物、林木、果树和观赏树木保护期限规定为20年，将其他植物保护期限规定为15年。与我国1999年加入的《国际植物新品种保护公约》(1978年文本）相比，藤本植物、林木、果树和观赏树木的保护期限长于《国际植物新品种保护公约》(1978年文本）规定的期限18年，其他植物新品种的保护期与该公约的规定持平。然而，《国际植物新品种保护公约》(1991年文本）延长了保护期限，其中规定对树木和藤本植物新品种的保护期限不少于25年，其他植物新品种的不少于20年。我国现行植物新品种权保护期限的规定与《国际植物新品种保护公约》(1991年文本）的要求尚有一定差距。

（二）品种权期限的计算

依据本条规定，品种权的保护期限从授权之日起算。根据《植物新品种保护条例》第33条的规定，品种权人基于授权品种而享有的收益权可以溯及至品种权申请的初步审查合格公告之日。即品种权被授予后，自初步审查合格公告之日起至被授予品种权之日止的期间内，对未经申请人许可，生产或销售该授权品种繁殖材料的单位和个人，品种权人享有追偿的权利。

第三十六条 有下列情形之一的，品种权在其保护期限届满前终止：

（一）品种权人以书面声明放弃品种权的；

（二）品种权人未按照规定缴纳年费的；

（三）品种权人未按照审批机关的要求提供检测所需的该授权品种的繁殖材料的；

（四）经检测该授权品种不再符合被授予品种权时的特征和特性的。

品种权的终止，由审批机关登记和公告。

关联规定

一、国际条约

《国际植物新品种保护公约》(1978 年文本)

第 10 条 保护权的无效和撤销

（1）如果确证，授予保护权时，第六条（1）款（a）项和（b）项所规定的条件未得到有效遵守，则将按照各联盟成员国国家法律的规定，宣布育种者的权利无效。

（2）当育种者不再向主管机关提供能产生在被授予保护权时其特性已明确规定的品种的繁殖材料时，其权利则被撤销。

（3）遇有下列情况，育种者权利将被撤销：

（a）经要求后并在规定的期限内，育种者未向主管机关提供审查品种所必需的繁育材料、文件和情报信息，或者育种者不允许检查其保存品种的方法；

（b）育种者未在规定的期限内缴纳为保护其权利有效的费用。

（4）除因本条款规定之原因，育种者之权利不能无效或撤销。

二、法律、行政法规、司法解释

《中华人民共和国植物新品种保护条例》

第三十五条 品种权人应当自被授予品种权的当年开始缴纳年费，并且按照审批机关的要求提供用于检测的该授权品种的繁殖材料。

三、部门规章及规范性文件

1.《中华人民共和国植物新品种保护条例实施细则（农业部分）》

第五十五条 品种权人未按时缴纳授予品种权第 1 年以后的年费，或者缴纳的数额不足的，品种保护办公室应当通知申请人自应当缴纳年费期满之日起 6 个月内补缴；期满未缴纳的，自应当缴纳年费期满之日起，品种权终止。

2.《中华人民共和国植物新品种保护条例实施细则（林业部分）》

第四十二条 依照《条例》第三十六条规定，品种权在其保护期限届满前终止的，其终止日期为：

（一）品种权人以书面声明放弃品种权的，自声明之日起终止；

（二）品种权人未按照有关规定缴纳年费的，自补缴年费期限届满之日起终止；

（三）品种权人未按照要求提供检测所需的该授权品种的繁殖材料或者送交的繁殖材料不符合要求的，国家林业局予以登记，其品种权自登记之日起终止；

（四）经检测该授权品种不再符合被授予品种权时的特征和特性的，自国家林业局登记之日起终止。

第五十六条 申请品种权的，应当按照规定缴纳申请费、审查费；需要测试的，应当缴纳测试费。授予品种权的，应当缴纳年费。

第六十条 品种权人未按时缴纳第一年以后的年费或者缴纳数额不足的，植物新品种保护办公室应当通知品种权人自应当缴纳年费期满之日起 6 个月内补缴，同时缴纳金额为年费的 25% 的滞纳金。

条文释义

一、本条主旨

本条是关于植物新品种权在保护期限届满前终止的规定。

二、条文演变

《植物新品种保护条例》在1997年制定时，通过列举的方式规定了品种权在保护期限届满前终止的四种情形。2013年、2014年两次修订《植物新品种保护条例》，对本条均未作修改。其中关于未按期缴纳年费的终止情形，因行政部门自2017年4月1日起停征年费，故2017年4月1日以后，未缴纳年费不再作为植物新品种权终止的情形之一，《植物新品种保护条例》尚未对其进行相应修订。

三、条文解读

(一)植物新品种权终止的原因

《植物新品种保护条例》就植物新品种权终止的原因规定了四种情形。

第一，植物新品种权人书面声明放弃品种权。植物新品种权是一项民事权利，权利人有权自由处分，包括放弃这项民事权利。一般而言，权利人会尽力维护其植物新品种权；但在某些情况下，例如，品种换代速度的加快使品种权丧失实际价值，品种权人就可能会在保护期限届满前，以书面声明的方式自动放弃其原本享有的植物新品种权。这种情形下，植物新品种权终止，且应由品种权的审批机关登记并予以公告。但是，如果植物新品种权人已经与他人就该植物新品种权订立实施许可合同，在合同的有效期内，植物新品种权人欲放弃该权利，应当征得被许可人同意，否则可能会损及被许可人的合法权益。

第二，植物新品种权人未按照规定缴纳年费。根据《植物新品种保护条例实施细则(林业部分)》《植物新品种保护条例实施细则(农业部分)》的规定，年费应当在前1年度期满前1个月内预缴。植物新品种权人未按时缴纳年费，或者缴纳的数额不足的，植物新品种保护办公室应当通知申请人自应当缴纳年费期满之日起6个月内补缴；期满未缴纳的，该植物新品种权终止。需要注意的是，财政部、国家发展和改革委员会于2017年3月15日作出《关于清理规范一批行政事业性收费有关政策的通知》(财税〔2017〕20号)，其中停征的收费项目中就包括植物新品种权保护收费。原农业部植物新品种保护办公室也发出通知，根据财政部、国家发展和改革委员会《关于清理规范一批行政事业性收费有关政策的通知》的要求，自2017年4月1日起，停征植物新品种权申请费、审查费和年费。同时，要求2017年3月31日前已发缴纳申请费、审查费通知、或者年费截止日在2017年3月31日前的，品种权申请人、品种权人、品种权代理机构应按规定时限足额缴纳。2017年3月31日前因未按时缴纳相关费用被视为撤回、视为放弃或终止，在规定期限内请求恢复权利的，经审查合格且补足相关费用，方予以恢复。缴纳期限在2017年3月31日后但已缴纳费用的，不予退还。2017年4月1日以后，未缴纳年费不再作为植物新品种权终止的情形之一。

第三，植物新品种权人未按照审批机关的要求提供检测需要的该授权品种的繁殖材料。《植物新品种保护条例》第35条规定，植物新品种权人还负有按照审批机关的要求提供用于检测的该授权品种繁殖材料的义务。植物新品种获得授权后，其在繁殖过程中存在变异或进化的可能，为确保其在保护期限内仍能保持使其获得授权的特性，在被授予新品种权后，品种权人负有提供授权品种的繁殖材料给审批机构检测的义务。若植物新品种权利人不能履行该义务，将导致审批机构难以监控授权品种的特异性、稳定性、一致性。为了敦促植物新品种权人善尽该义务，该条规定当植物新品种权人未能按照审批机关的要求提供检测需要的已授权品种繁殖材料时，该品种获得授权的特性因无从检测得知而存疑的，直接导致植物新品种权在保护期限届满前终止。

第四，经检测授权品种不再符合被授予植物新品种权时的特性。如果经法定测试机构检测，品种权人提供的授权品种繁殖材料的特征特性已经不同于申请品种时品种的特征特性时，该授权品种已经不再满足授权条件，审批机关可以依法宣告其品种权无效，该品种权即终止。

（二）植物新品种权终止的具体时间

植物新品种权因不同的事由而终止，其相应的终止时间也各不相同。品种权人以书面声明放弃的，自声明之日起终止；品种权人未按照有关规定缴纳年费的，品种权自补缴期限届满之日起终止（2017年4月1日以后不再适用该规定）；品种权人未按照要求提供检测所需授权品种繁殖材料、或送交的繁殖材料不符合要求的，以及经检测该授权品种不再具备被授予品种权时的特征特性的，自审批机关登记之日起终止。

第三十八条　被宣告无效的品种权视为自始不存在。

宣告品种权无效的决定，对在宣告前人民法院作出并已执行的植物新品种侵权的判决、裁定，省级以上人民政府农业、林业行政部门作出并已执行的植物新品种侵权处理决定，以及已经履行的植物新品种实施许可合同和植物新品种权转让合同，不具有追溯力；但是，因品种权人的恶意给他人造成损失的，应当给予合理赔偿。

依照前款规定，品种权人或者品种权转让人不向被许可实施人或者受让人返还使用费或者转让费，明显违反公平原则的，品种权人或者品种权转让人应当向被许可实施人或者受让人返还全部或者部分使用费或者转让费。

关联规定

一、国际条约

《国际植物新品种保护公约》（1978 年文本）

第 10 条　保护权的无效和撤销

（1）如果确证，授予保护权时，第六条（1）款（a）项和（b）项所规定的条件未得到有效遵守，则将按照各联盟成员国国家法律的规定，宣布育种者的权利无效。

（2）当育种者不再向主管机关提供能产生在被授予保护权时其特性已明确规定的品种的繁殖材料时，其权利则被撤销。

（3）遇有下列情况，育种者权利将被撤销：

（a）经要求后并在规定的期限内，育种者未向主管机关提供审查品种所必需的繁育材料、文件和情报信息，或者育种者不允许检查其保存品种的方法；

（b）育种者未在规定的期限内缴纳为保护其权利有效的费用。

（4）除因本条款规定之原因，育种者之权利不能无效或撤销。

二、法律、行政法规、司法解释

1.《中华人民共和国种子法》

第二十五条 国家实行植物新品种保护制度。对国家植物品种保护名录内经过人工选育或者发现的野生植物加以改良，具备新颖性、特异性、一致性、稳定性和适当命名的植物品种，由国务院农业农村、林业草原主管部门授予植物新品种权，保护植物新品种权所有人的合法权益。植物新品种权的内容和归属、授予条件、申请和受理、审查与批准，以及期限、终止和无效等依照本法、有关法律和行政法规规定执行。

国家鼓励和支持种业科技创新、植物新品种培育及成果转化。取得植物新品种权的品种得到推广应用的，育种者依法获得相应的经济利益。

2.《中华人民共和国植物新品种保护条例》

第十四条 授予品种权的植物新品种应当具备新颖性。新颖性，是指申请品种权的植物新品种在申请日前该品种繁殖材料未被销售，或者经育种者许可，在中国境内销售该品种繁殖材料未超过1年；在中国境外销售藤本植物、林木、果树和观赏树木品种繁殖材料未超过6年，销售其他植物品种繁殖材料未超过4年。

第十五条 授予品种权的植物新品种应当具备特异性。特异性，是指申请品种权的植物新品种应当明显区别于在递交申请以前已知的植物品种。

第十六条 授予品种权的植物新品种应当具备一致性。一致性，是指申请品种权的植物新品种经过繁殖，除可以预见的变异外，其相关的特征或者特性一致。

第十七条 授予品种权的植物新品种应当具备稳定性。稳定性，是指申请品种权的植物新品种经过反复繁殖后或者在特定繁殖周期结束时，其相关的特征或者特性保持不变。

第十八条 授予品种权的植物新品种应当具备适当的名称，并与相同或者相近的植物属或者种中已知品种的名称相区别。该名称经注册登记后即为该植物新品种的通用名称。

下列名称不得用于品种命名：

(一)仅以数字组成的；

(二)违反社会公德的；

（三）对植物新品种的特征、特性或者育种者的身份等容易引起误解的。

第三十七条 自审批机关公告授予品种权之日起，植物新品种复审委员会可以依据职权或者依据任何单位或者个人的书面请求，对不符合本条例第十四条、第十五条、第十六条和第十七条规定的，宣告品种权无效；对不符合本条例第十八条规定的，予以更名。宣告品种权无效或者更名的决定，由审批机关登记和公告，并通知当事人。

对植物新品种复审委员会的决定不服的，可以自收到通知之日起3个月内向人民法院提起诉讼。

3.《最高人民法院关于审理植物新品种纠纷案件若干问题的解释》

第六条 人民法院审理侵害植物新品种权纠纷案件，被告在答辩期间内向植物新品种审批机关请求宣告该植物新品种权无效的，人民法院一般不中止诉讼。

三、部门规章及规范性文件

1.《中华人民共和国植物新品种保护条例实施细则（农业部分）》

第四十二条 农业部植物新品种复审委员会，负责审理驳回品种权申请的复审案件、品种权无效宣告案件和授权品种更名案件。具体规定由农业部另行制定。

2.《中华人民共和国植物新品种保护条例实施细则（林业部分）》

第四十四条 已授予的品种权不符合《条例》第十四条、第十五条、第十六条和第十七条规定的，由复审委员会依据职权或者任何单位或者个人的书面请求宣告品种权无效。

宣告品种权无效，由国家林业局登记和公告，并由植物新品种保护办公室通知当事人。

条文释义

一、本条主旨

本条是关于植物新品种权被宣告无效后法律后果的规定。

二、条文演变

1997年制定的《植物新品种保护条例》规定了植物新品种权被宣告无效后的法律后果。2013年、2014年两次修订《植物新品种保护条例》时，均未对本条作出修改。

三、条文解读

(一) 被宣告无效的植物新品种权视为自始即不存在

依照本条第1款的规定，被宣告无效的品种权视为自始不存在，即该品种恢复到未予授权时的状态，而不是自被宣告无效时起才失去法律效力。

(二) 被宣告无效的结果不具有追溯力的几种情形

按照民法一般原则，被宣告无效的品种权的权利人因行使品种权所获得的利益属于不当得利，既然被宣告无效的品种权视为自始即不存在，则品种权人应当将不当得利返还相对人。但考虑到品种权作为一种无形的财产权及审查授权的复杂性，很难保证每一项被授予的品种权都符合法律规定的条件而在获得授权后不会被宣告无效。品种权一旦被宣告无效，涉及法院已经作出并执行的判决、调解书，以及农业、林业行政部门作出并已执行的侵权处理决定的溯及力，会使法院判决、调解书及行政机关决定处于不稳定的状态，进而影响社会经济秩序的稳定。对植物新品种实施许可合同或转让合同来讲，植物新品种权被宣告无效前，被许可人或品种权受让人就已经因品种权受到保护而获得了实际的利益，其支付的品种权使用费或品种权转让费不予返还具有合理性。因此，本条在第1款规定品种权无效宣告具有溯及既往效力的同时，又在第2款中规定了不具有追溯力的几种情形。具体包括以下几种情形。

第一，宣告品种权无效决定前，人民法院作出并已执行的植物新品种侵权的判决、裁定。在品种权被宣告无效前，品种权人以他人侵犯其品种权为由，向人民法院提出诉讼，人民法院根据当时尚属有效的品种权，作出有关侵害品种权损害赔偿的判决并已执行的，在品种权被宣告无效后，对已作出并已执行的判决、裁定，不具有溯及力。依判决、裁定而给予的侵权损害赔偿金，当事人不得请求返还。

第二，已经履行或者执行的植物新品种侵权纠纷处理决定。《植物新品种保护条例》第 39 条的规定，因侵犯品种权引起的纠纷，当事人可以请求省级以上人民政府农业、林业行政部门进行处理；也可以直接向人民法院提起诉讼。对农业、林业行政部门对品种侵权纠纷作出的处理决定，当事人已经履行或者已经执行的，其后作出的品种权无效的宣告，没有追溯力。

第三，已经履行的植物新品种实施许可合同或植物新品种权转让合同。对因履行品种权实施许可合同而支付的品种权使用费或者因履行品种权转让合同而支付的转让费，当事人都不得请求返还。

（三）返还品种权使用费或品种权转让费的情形

为了平衡各方当事人之间的合法权益，本条第 3 款还就第 2 款关于“不返还品种权使用费或转让费”的规定创设有例外情形，即若不返还相关费用明显违反公平原则的，植物新品种的被许可实施人或者受让人可请求品种权人返还全部或者部分费用。例如，相关植物新品种权被宣告无效时，实施许可合同或者转让合同刚签订不久，被许可实施人或者受让人尚未实施该品种或者实施时间较短，还没有从品种实施中取得实际收益或者取得的收益与支出的品种权使用费或受让费相差甚远、不对等情况严重等。对于是否应当返还以及返还的比例，需要根据案件情况作具体分析认定。

此外，为了保护各方当事人的合法权益，本条第 2 款还规定了在植物新品种权被宣告无效的过程中，若品种权人出于恶意给他人造成损失的，他人可以要求予以赔偿。例如，品种权人明知其植物品种不具备授权要件或者明知其植物新品种权已经被宣告无效等情况依然向他人主张权利的，则属于本款规定的“恶意”行为。

中国民法典适用大全

知识产权与竞争卷（二）

最高人民法院民法典贯彻实施工作领导小组　编著

人民法院出版社

总目录

目　录

（第二册）

《著作权法》

《计算机软件保护条例》（部分）

《集成电路布图设计保护条例》（部分）

《著作权法》

第一条　为保护文学、艺术和科学作品作者的著作权，以及与著作权有关的权益，鼓励有益于社会主义精神文明、物质文明建设的作品的创作和传播，促进社会主义文化和科学事业的发展与繁荣，根据宪法制定本法。

关联规定

法律、行政法规、司法解释

《中华人民共和国著作权法实施条例》

第二十六条　著作权法和本条例所称与著作权有关的权益，是指出版者对其出版的图书和期刊的版式设计享有的权利，表演者对其表演享有的权利，录音录像制作者对其制作的录音录像制品享有的权利，广播电台、电视台对其播放的广播、电视节目享有的权利。

条文释义

一、本条主旨

本条是关于《著作权法》的立法目的和立法依据的规定。

二、条文演变

《著作权法》颁布实施后虽然经过三次修改，但本条并没有作过修改。

三、条文解读

（一）《著作权法》的立法目的

根据本条的规定，制定《著作权法》的立法目的，有以下三个方面：

第一，“保护文学、艺术和科学作品作者的著作权”“以及与著作权有关的权益”是制定《著作权法》的立法目的之一。制定《著作权法》，建立著作权法律保护制度，“保护文学、艺术和科学作品作者的著作权”“以及与著作权有关的权益”，是鼓励公民创作参加各种文化活动的需要，是尊重劳动、尊重知识、尊重人才、尊重创造的良好风尚以满足人民群众日益增长的文化生活的需要。

第二，“鼓励有益于社会主义精神文明、物质文明建设的作品的创作和传播”也是制定《著作权法》的立法目的之一。著作权立法必须坚持文学、艺术和科学事业为人民服务、为社会主义服务的根本方向，既要让人民过上殷实富足的物质生活，又要让人民享有健康丰富的文化生活。因此，国家以著作权立法的形式明确作出规定：“鼓励有益于社会主义精神文明、物质文明建设的作品的创作和传播。”

第三，“促进社会主义文化和科学事业的发展与繁荣”仍是制定《著作权法》的立法目的之一。《著作权法》无论是保护文学、艺术和科学作品作者的著作权，以及与著作权有关的权益，还是鼓励有益于社会主义精神文明、物质文明建设的作品的创作和传播，最终是要促进社会主义文化和科学事业的发展与繁荣。

（二）《著作权法》的立法依据

根据本条规定，《著作权法》的立法依据是《宪法》。根据我国《宪法》规定，《宪法》以法律的形式确认了中国各族人民奋斗的成果，规定了国家的根本制度和根本任务，是国家的根本法，具有最高的法律效力。《著作权法》对《宪法》的下述规定均有体现：国家发展自然科学和社会科学事业，普及科学和技术知识，奖励科学研究成果和技术发明创造。国家发展为人民服务、为社会主义服务的文学艺术事业、新闻广播电视事业、出版发行事业、图书馆博物馆文化馆和其他文化事业，开展群众性的文化活动。中华人民共和国公民有进行科学研究、文学艺术创作和其他文化活动的自由。国家对于从事教育、科学、技术、文学、艺术和其他文化事业的公民的有益于人民的创造性工作，给予鼓励和帮助。为了体现上述精神，《著作权法》明确规定：“著作权人行使著作权，不得违反宪法和法律，不得损害公共利益。”

第二条　中国公民、法人或者非法人组织的作品，不论是否发表，依照本法享有著作权。

外国人、无国籍人的作品根据其作者所属国或者经常居住地国同中国签订的协议或者共同参加的国际条约享有的著作权，受本法保护。

外国人、无国籍人的作品首先在中国境内出版的，依照本法享有著作权。

未与中国签订协议或者共同参加国际条约的国家的作者以及无国籍人的作品首次在中国参加的国际条约的成员国出版的，或者在成员国和非成员国同时出版的，受本法保护。

关联规定

法律、行政法规、司法解释

1.《中华人民共和国著作权法实施条例》

第六条　著作权自作品创作完成之日起产生。

第七条　著作权法第二条第三款规定的首先在中国境内出版的外国人、无国籍人的作品，其著作权自首次出版之日起受保护。

第八条　外国人、无国籍人的作品在中国境外首先出版后，30日内在中国境内出版的，视为该作品同时在中国境内出版。

第三十三条　外国人、无国籍人在中国境内的表演，受著作权法保护。

外国人、无国籍人根据中国参加的国际条约对其表演享有的权利，受著作权法保护。

第三十四条　外国人、无国籍人在中国境内制作、发行的录音制品，受著作权法保护。

外国人、无国籍人根据中国参加的国际条约对其制作、发行的录音制品享有的权利，受著作权法保护。

第三十五条　外国的广播电台、电视台根据中国参加的国际条约对其播放

的广播、电视节目享有的权利，受著作权法保护

2.《计算机软件保护条例》

第五条 中国公民、法人或者其他组织对其所开发的软件，不论是否发表，依照本条例享有著作权。

外国人、无国籍人的软件首先在中国境内发行的，依照本条例享有著作权。

外国人、无国籍人的软件，依照其开发者所属国或者经常居住地国同中国签订的协议或者依照中国参加的国际条约享有的著作权，受本条例保护。

条文释义

一、本条主旨

本条是关于《著作权法》适用范围的规定。

二、条文演变

依据《民法典》的规定，2020年修改《著作权法》时将2010年《著作权法》第2条第1款中的"其他组织"修改为"非法人组织"。非法人组织包括个人独资企业、合伙企业、不具有法人资格的专业服务机构等。

三、条文解读

本条采取了国际通行的做法，即实行国籍原则、互惠原则和地域原则来确定《著作权法》的适用范围。

（一）国籍原则

国籍原则是根据著作权主体的所在国籍来确定给予著作权保护的一个原则。根据本条第1款的规定，凡是具有中国国籍的公民和在中华人民共和国境内依法成立的法人或者非法人组织，只要创作了作品，不论其作品是否发表，从作品完成之日起，就可以依照《著作权法》享有著作权，也就是说，按照本法规定的标准保护该作品的著作权。

我国《著作权法》对具有本国国籍的作者的保护是基于作品的完成，不论

其是否发表，而《伯尔尼公约》和《世界版权公约》的国籍原则，体现在对于凡是属于《伯尔尼公约》或《世界版权公约》成员国的国民，不论其作品是否已经出版，都应享有各成员国法律规定的对其本国国民提供著作权保护的同样权利，并且保护水平不应低于公约规定的最低要求。这里的“发表”和“出版”含义不同。根据本法第 10 条的规定，“发表”是指将作品公之于众，公之于众的方式可以是任何一种方式，既包括出版的方式，也包括出版以外的其他方式，如音乐作品的演奏，文学作品的公开朗诵，文学或艺术作品的有线传播或广播，美术作品的展出等。而“出版”是指作品的复制、发行。《世界版权公约》规定，出版是指以物质的形式复制和向公众提供可以阅读和通过视觉知悉的作品的复制品。根据《伯尔尼公约》第 3 条的规定，出版是指将作品的复制件以满足公众合理需要的方式发行。同时，明确指出，戏剧、音乐戏剧或电影作品的表演，音乐作品的演奏，文学作品的公开朗诵，文学或艺术作品的有线传播或广播，美术作品的展出和建筑作品的建造都不构成出版。从上述规定可以看出，“出版”的含义比“发表”要窄，如口头诵读一首未公开的诗歌，属于作品的发表，不构成作品的出版。

（二）互惠原则

互惠原则是根据国与国之间所签订的协议或者共同参加的国际条约来确定给予著作权保护的一个原则。一个国家对本国著作权怎样实行保护，是国家主权的体现，它有严格的国界限制，国与国之间没有签订双边协议或没有共同参加某个国际公约，则不相互保护著作权。因此，当我国尚未同外国签订双边协议和参加国际公约的情况下，可以不经许可、无偿使用外国人在中国境外发表的作品。同样，外国对于中国公民、法人或者非法人组织的作品，也可以不经许可、无偿使用，互相都不受本国《著作权法》的保护。一旦我国同外国签订了双边协议或共同参加了某国际公约，则应相互给予著作权保护。实行互惠原则，也符合《伯尔尼公约》的要求。

本条第 2 款规定：“外国人、无国籍人的作品根据其作者所属国或者经常居住地国同中国签订的协议或者共同参加的国际条约享有的著作权，受本法保护。”这体现了互惠原则。适用本款规定有三个条件：第一，外国人的所属国或者经常居住地国、无国籍人的经常居住地国同中国签订了有关著作权的协议或者共同参加了有关著作权的国际条约。这里所说的“外国人”，包括外国的自然人、法人和不具备法人资格的外国组织。此外，只要满足本条规定的条件，无国籍人的作品也受本法保护。这也是符合《伯尔尼公约》的要求，即非本同盟任何成员国的国民但其经常住所在一个成员国内的作者，享有该成员国国民的待遇。第二，该协议或者国际公约承认该外国人或者无国籍人的作品享有著作权。第三，该协议或者国际条约要求协议国或者参加国相互保护其承认的著作权。满足上述三个条件的外国人或者无国籍人的作品，才受本法保护。如《伯尔尼公约》要求成员国保护小说作品，其他成员国国民的小说，即使未在中国出版，也受本法保护，我国的公民、法人或者非法人组织不得未经其许可，任意使用该小说作品。又如某国既未参加任何国际著作权公约，也未与我国签订有关著作权的双边协议，因此，该国作者的小说，如果未在我国境内首次出版，或者未在我国参加的国际条约的成员国首次出版，或者未在成员国和非成员国同时出版的，在我国就不享有著作权，我国公民、法人或者非法人组织可以使用该小说作品而不经其许可，不向其支付报酬。

（三）地域原则

地域原则是根据著作权主体所创作的作品首先出版地来确定给予著作权保护的一个原则。根据《伯尔尼公约》规定，作者为非《伯尔尼公约》成员国的公民，只要其作品是在本同盟的一个成员国首次出版的，或同时在一个非同盟成员国和一个同盟成员国首次出版的，则作者应享有各成员国法律规定的为其本国国民提供著作权保护的同样权利，并且对其保护水平不应低于公约规定的最低要求。

地域原则在本条中体现为两个方面。

第一，本条第 3 款规定："外国人、无国籍人的作品首先在中国境内出版的，依照本法享有著作权。""首先在中国境内出版"是指外国人、无国籍人的作品的第一次出版是在中国境内，如果外国人的作品已在中国境外出版过，只是在中国境内再次出版，不能作为在中国境内首先出版的作品。根据《伯尔尼公约》规定，作者为非《伯尔尼公约》成员国公民的，其作品在本同盟的一个成员国"首次出版"是作者享受国民保护标准的条件。因此，本条第 3 款强调"外国人、无国籍人的作品首先在中国境内出版"，即该外国人或者无国籍人的作品的复制、发行第一次发生在我国境内。如一个外国人创作完成一首诗歌，在我国境内首次向公众诵读，只构成在我国境内首次发表。同样，该外国人创作完成诗歌后，多次在多个国家诵读之后，第一次在我国境内将其作品复制、发行，仍构成“首先在我国境内出版”，依照本法享有著作权。

第二，本条第4款规定：“未与中国签订协议或者共同参加国际条约的国家的作者以及无国籍人的作品首次在中国参加的国际条约的成员国出版的，或者在成员国和非成员国同时出版的，受本法保护。”根据《伯尔尼公约》规定，作者为非《伯尔尼公约》成员国的公民，其作品是在本同盟的一个成员国首次出版的，或同时在一个非同盟成员国和一个同盟成员国首次出版的，则作者应享有各成员国法律规定的为其本国国民提供著作权保护的同样权利，并且对其保护水平不应低于公约规定的最低要求。因此，本款规定了上述内容。适用本款有以下两个条件：（1）作者是无国籍人或外国人。该外国人的所属国未同我国签订有关著作权的双边协议，也未同我国共同加入有关著作权的某个国际公约。（2）该作者的作品首次在中国参加的国际条约的成员国出版，或首次在成员国与非成员国同时出版。“同时出版”并不是要求在同一分或同一秒发生。《伯尔尼公约》对“同时出版”的界定是：一个作品在首次出版后30日内在两个以上国家内出版，则该作品应视为在这几个国家内同时出版。如一个非成员国作者，于某年10月1日将其作品首次在成员国出版，或者该作者于某年10月1日将其作品首次在本国出版，同年10月15日又在成员国出版，则视为在成员国和该国同时出版。在这些情况下，虽然该国未与我国签订任何有关著作权的双边协议，也未同我国共同加入著作权的国际公约，但是，因为我国是《伯尔尼公约》的成员国，因此，本法也对该国作者的作品给予保护。

适用指引

按照我国《著作权法》的规定，著作权基于创作行为产生，不以作品发表为前提，也不以办理作品登记为前提。《著作权法实施条例》第6条规定，著作权自作品创作完成之日起产生。所谓的作品创作完成，既包括整体的创作完成，又包括局部的创作完成，创作完成的部分能够以某种形式完整表达作者思想的，可以认定该部分属于创作完成的作品。

中国公民、法人或者非法人组织的作品依据《著作权法》享有著作权。而外国人、无国籍人也能按照国际条约和我国《著作权法》的规定在我国享有著作权。“外国人”包括外国的自然人、法人和不具备法人资格的外国组织。

目前，《伯尔尼公约》是成员国最多的国际著作权条约。《伯尔尼公约》在著作权主体保护范围方面有三个标准，包括国籍标准，惯常居所标准和出版标准。即作者为成员国国民，或者在成员国有惯常居住地，或者在成员国首次出版（包括在非成员国首次出版后30日内在成员国出版的），均受成员国著作权法的保护。《伯尔尼公约》第3条第3项明确，“出版”指得到作者同意后向公众提供复印件的行为，且从这部作品的性质来看复制件的发行方式能满足公众的合理需要，戏剧、音乐戏剧或电影作品的表演，音乐作品的演奏，文学作品的公开朗诵，文学或艺术作品的有线传播或广播，美术作品的展出和建筑作品的建造不构成出版。我国是《伯尔尼公约》缔约国，在《著作权法》第2条中落实了公约的相关要求。

典型案例

一、刘某平与内蒙古阿儿含只文化有限责任公司、巴某某某乐、内蒙古电影集团有限责任公司侵害著作权纠纷案

关键词： 著作权　作者　作品

裁判摘要： 刘某平独立创作完成《母亲》作品，该剧本虽未发表，但刘某平依法对《母亲》作品享有著作权，应受法律保护。在司法实践中，以“接触加实质性相似”作为判断作品侵权的基本原则。判断是否接触过在先作品或存在接触的可能，一般应考虑在先作品是否已经公开发表，如在先作品未发表，应考虑被控侵权作品的作者或其关联主体与在先作者之间是否存在投稿、合作洽谈等情况。

基本案情： 2002年11月13日，刘某平将其创作的电影剧本《母亲》在北京市版权局进行了作品登记，登记号为01－2002－A－245，作品完成日期为1993年6月。2004年7月13日，内蒙古电影制片厂同意筹建故事片《母亲》摄制组，编剧、总导演刘某平，策划刘某平，导演郁某鹰，制片人由投资方确认。但该影片并未进行拍摄。2011年3月23日，巴某某某乐签署授权书，将电影文学剧本《诺日吉玛》授权电影集团内蒙古电影制片厂拍摄，后出品方变更为阿儿含只公司。2013年12月25日，国家广电总局电影事业管理局向《诺日吉玛》颁发了电审故字［2013］第468号电影片公映许可证。经中

国版权保护中心版权鉴定委员会鉴定,《母亲》剧本(手写底稿)与《诺日吉玛》电影文学剧本、《诺日吉玛》电影存在基本相同或相似的情节占《诺日吉玛》电影文学剧本内容的58.31%,占《诺日吉玛》电影内容的58.31%。

郁某鹰为筹建故事片《母亲》摄制组导演。2005年至2006年间郁某鹰导演拍摄电视剧《我从草原来》,巴某某某乐在该剧中担任男主角。经证人陈述,郁某鹰让巴某某某乐看过《母亲》剧本。刘某平主张内蒙古阿儿含只公司侵害其对《母亲》剧本享有的改编权、摄制权,巴某某某乐侵害其对《母亲》剧本享有的署名权、改编权、摄制权。

法院经审理认为,刘某平独立创作完成《母亲》作品,该剧本虽未发表,但刘某平依法对《母亲》作品享有著作权,应受法律保护。在司法实践中,以"接触加实质性相似"作为判断作品侵权的基本原则。判断是否接触过在先作品或存在接触的可能,一般应考虑在先作品是否已经公开发表,如在先作品未发表,应考虑被控侵权作品的作者或其关联主体与在先作者之间是否存在投稿、合作洽谈等情况。法院认为,巴某某某乐接触了刘某平《母亲》作品的内容,并实质性使用了《母亲》作品的人物设置、人物关系以及具有较强独创性的情节表达、发展故事情节,完成《诺日吉玛》剧本作品,提供给电影集团立项拍摄,其行为已经超越了合理借鉴的边界,构成对案涉《母亲》作品的改编,且对原作品作者未予署名,侵害了刘某平对《母亲》作品享有的署名权、改编权、摄制权。内蒙古阿儿含只公司作为影片《诺日吉玛》的出品单位对于巴某某某乐侵害案涉《母亲》作品改编权的行为提供帮助,在《诺日吉玛》剧本的基础上实际拍摄完成《诺日吉玛》影片出品,亦侵犯了刘某平对《母亲》作品享有的改编权、摄制权。巴某某某乐和内蒙古阿儿含只公司应共同承担停止侵害、赔礼道歉并连带赔偿损失的侵权责任。

【案　　号】(2019)内民终156号

【审理法院】内蒙古自治区高级人民法院

【来　　源】2019年中国法院50件典型知识产权案例

二、上海知豆电动车技术有限公司与达索系统股份有限公司侵害计算机软件著作权纠纷案

关键词:知识产权　计算机软件著作权

裁判摘要:《中华人民共和国著作权法》第2条第2款规定,外国人、无

国籍人的作品根据其作者所属国或者经常居住地国同中国签订的协议或者共同参加的国际条约享有的著作权，受该法保护。《计算机软件保护条例》第5条第3款规定，外国人、无国籍人的软件，依照其开发者所属国或者经常居住地国同中国签订的协议或者依照中国参加的国际条约享有的著作权，受该条例保护。达索系统股份有限公司系在法国登记注册的企业，中国与法国均为《伯尔尼公约》的成员国，该公约第5条之1规定，就享受本公约保护的作品而论，作者在作品起源国以外的本同盟成员国中享受各该国法律现在给予和今后可能给予其国民的权利，以及本公约特别授予的权利。达索公司提交的软件注册证书等证据，可以证明其系涉案软件的著作权人。根据上述国际条约的规定，达索公司对涉案软件依法享有的著作权应受中国法律保护。

基本案情：达索系统股份有限公司（DASSAULTSYSTEMES，以下简称达索公司）系法国企业，是全球领先的产品生命周期管理软件提供商，经其大量投入，开发完成了包括涉案软件CATIAV5R20在内的各个版本的CATIA系列计算机软件，并依法享有软件著作权。上述软件首先在法国出版，并在美国版权局合法注册。美国版权局签发的关于CATIAV5R20软件的注册证书载明："注册号：TX7-484-915；注册生效日期：2011年11月14日；作品完成时间：2009年；首次出版日期：2010年2月19日；首次出版国家：法国；作者和版权申请人均为达索公司。"法国与中国均系《伯尔尼公约》的成员国，根据该公约所确定的原则和中国相关法律的规定，达索公司就上述软件享有的著作权受中国法律保护。上海知豆电动车技术有限公司（以下简称知豆公司）未经达索公司授权许可，擅自在其经营场所内的相关计算机上，非法复制、安装和商业使用达索公司享有著作权的CATIA软件。达索公司认为，知豆公司的上述行为，侵害了达索公司对涉案软件享有的复制权。

根据达索公司的诉前证据保全申请，一审法院于2017年12月13日对知豆公司经营场所内的计算机上CATIA软件的相关信息进行证据保全。证据保全结果为：抽查的15台计算机中均安装了涉案CATIA软件。

一审法院认为，本案达索公司系在法国登记注册的企业，根据《最高人民法院关于适用〈中华人民共和国涉外民事关系法律适用法〉若干问题的解释（一）》第1条第1项规定，本案法律关系属于涉外民事关系。本案系达索公司以知豆公司侵害其计算机软件著作权为由，提起的侵权之诉，《中华人民共和国涉外民事关系法律适用法》第50条规定，知识产权的侵权责任，适用被请求保护地法律，当事人也可以在侵权行为发生后协议选择适用法院地法律。本案被请求保护地及法院地均为中华人民共和国，因此，本案适用中华人民共和国法律。

《著作权法》第2条第2款规定，外国人、无国籍人的作品根据其作者所属国或者经常居住地国同中国签订的协议或者共同参加的国际条约享有的著作权，受该法保护。《计算机软件保护条例》第5条第3款规定，外国人、无国籍人的软件，依照其开发者所属国或者经常居住地国同中国签订的协议或者依照中国参加的国际条约享有的著作权，受该条例保护。达索公司系在法国登记注册的企业，中国与法国均为《伯尔尼公约》的成员国，该公约第5条之1规定，就享受本公约保护的作品而论，作者在作品起源国以外的本同盟成员国中享受各该国法律现在给予和今后可能给予其国民的权利，以及本公约特别授予的权利。达索公司提交的软件注册证书等证据，可以证明其系涉案软件的著作权人。根据上述国际条约的规定，达索公司对涉案软件依法享有的著作权应受中国法律保护。本案中，知豆公司未经达索公司许可，在其经营场所内的计算机上安装了涉案软件，侵害了达索公司对涉案软件享有的复制权，依法应当承担停止侵权、赔偿损失的民事责任。二审法院对一审判决予以维持。

【案　　号】（2018）沪民终429号

【审理法院】上海市高级人民法院

【来　　源】2018年中国法院50件典型知识产权案例

类案检索

达索系统股份有限公司诉芜湖天海电装有限公司侵害计算机软件著作权纠纷案

关键词：知识产权　计算机软件著作权

裁判摘要：根据《涉外民事关系法律适用法》第50条之规定，本案应适用中华人民共和国法律。达索公司系CATIA系列计算机软件的开发者，享有上述软件的著作权。中国和法国均系《与贸易有关的知识产权协议》及《伯尔尼公约》成员国，达索公司作为一家在法国注册成立的公司，根据《著作权法》第2条第2款之规定，其著作权应受中国法律保护。天海公司提交的

"CATIA 软件授权使用书"并非来自 CATIA 系列软件的实际权利人，不能证明已取得合法授权。天海公司从事汽车、摩托车、家用电器的线束及电子电器产品的开发、生产、销售，其发布的招聘信息中载明要求熟练使用 CATIA 系列软件且涉及多个岗位，商业意图明显。CATIA 系列软件与天海公司经营业务密切相关，证据保全资料显示，安装 CATIA 系列软件计算机均位于天海公司产品部，应予认定天海公司使用 CATIA 系列软件是为了生产经营活动所需，属于商业性使用。天海公司的行为侵害了达索公司对 CATIA 系列软件享有的著作权，构成侵权，天海公司应承担停止侵权、赔偿损失的民事责任。

【案　　号】（2017）皖 02 民初 138 号

【审理法院】安徽省芜湖市中级人民法院

【来　　源】《人民法院案例选》2019 年第 9 期（总第 139 辑）

第三条　本法所称的作品，是指文学、艺术和科学领域内具有独创性并能以一定形式表现的智力成果，包括：

（一）文字作品；

（二）口述作品；

（三）音乐、戏剧、曲艺、舞蹈、杂技艺术作品；

（四）美术、建筑作品；

（五）摄影作品；

（六）视听作品；

（七）工程设计图、产品设计图、地图、示意图等图形作品和模型作品；

（八）计算机软件；

（九）符合作品特征的其他智力成果。

关联规定

法律、行政法规、司法解释

1.《中华人民共和国电影产业促进法》

第二条　在中华人民共和国境内从事电影创作、摄制、发行、放映等活动（以下统称电影活动），适用本法。

本法所称电影，是指运用视听技术和艺术手段摄制、以胶片或者数字载体记录、由表达一定内容的有声或者无声的连续画面组成、符合国家规定的技术标准、用于电影院等固定放映场所或者流动放映设备公开放映的作品。

通过互联网、电信网、广播电视网等信息网络传播电影的，还应当遵守互联网、电信网、广播电视网等信息网络管理的法律、行政法规的规定。

2.《中华人民共和国著作权法实施条例》

第二条　著作权法所称作品，是指文学、艺术和科学领域内具有独创性并能以某种有形形式复制的智力成果。

第四条 著作权法和本条例中下列作品的含义：

（一）文字作品，是指小说、诗词、散文、论文等以文字形式表现的作品；

（二）口述作品，是指即兴的演说、授课、法庭辩论等以口头语言形式表现的作品；

（三）音乐作品，是指歌曲、交响乐等能够演唱或者演奏的带词或者不带词的作品；

（四）戏剧作品，是指话剧、歌剧、地方戏等供舞台演出的作品；

（五）曲艺作品，是指相声、快书、大鼓、评书等以说唱为主要形式表演的作品；

（六）舞蹈作品，是指通过连续的动作、姿势、表情等表现思想情感的作品；

（七）杂技艺术作品，是指杂技、魔术、马戏等通过形体动作和技巧表现的作品；

（八）美术作品，是指绘画、书法、雕塑等以线条、色彩或者其他方式构成的有审美意义的平面或者立体的造型艺术作品；

（九）建筑作品，是指以建筑物或者构筑物形式表现的有审美意义的作品；

（十）摄影作品，是指借助器械在感光材料或者其他介质上记录客观物体形象的艺术作品；

（十一）电影作品和以类似摄制电影的方法创作的作品，是指摄制在一定介质上，由一系列有伴音或者无伴音的画面组成，并且借助适当装置放映或者以其他方式传播的作品；

（十二）图形作品，是指为施工、生产绘制的工程设计图、产品设计图，以及反映地理现象、说明事物原理或者结构的地图、示意图等作品；

（十三）模型作品，是指为展示、试验或者观测等用途，根据物体的形状和结构，按照一定比例制成的立体作品。

3.《计算机软件保护条例》

第二条 本条例所称计算机软件（以下简称软件），是指计算机程序及其有关文档。

第三条 本条例下列用语的含义：

（一）计算机程序，是指为了得到某种结果而可以由计算机等具有信息处理能力的装置执行的代码化指令序列，或者可以被自动转换成代码化指令序列的符号化指令序列或者符号化语句序列。同一计算机程序的源程序和目标程序为同一作品。

（二）文档，是指用来描述程序的内容、组成、设计、功能规格、开发情况、测试结果及使用方法的文字资料和图表等，如程序设计说明书、流程图、用户手册等。

（三）软件开发者，是指实际组织开发、直接进行开发，并对开发完成的软件承担责任的法人或者其他组织；或者依靠自己具有的条件独立完成软件开发，并对软件承担责任的自然人。

（四）软件著作权人，是指依照本条例的规定，对软件享有著作权的自然人、法人或者其他组织。

4.《电影管理条例》

第二条 本条例适用于中华人民共和国境内的故事片、纪录片、科教片、美术片、专题片等电影片的制片、进口、出口、发行和放映等活动。

5.《最高人民法院、最高人民检察院关于办理侵犯知识产权刑事案件具体应用法律若干问题的解释》

第五条 以营利为目的，实施刑法第二百一十七条所列侵犯著作权行为之一，违法所得数额在三万元以上的，属于“违法所得数额较大”；具有下列情形之一的，属于“有其他严重情节”，应当以侵犯著作权罪判处三年以下有期徒刑或者拘役，并处或者单处罚金：

（一）非法经营数额在五万元以上的；

（二）未经著作权人许可，复制发行其文字作品、音乐、电影、电视、录像作品、计算机软件及其他作品，复制品数量合计在一千张（份）以上的；

（三）其他严重情节的情形。

以营利为目的，实施刑法第二百一十七条所列侵犯著作权行为之一，违法所得数额在十五万元以上的，属于“违法所得数额巨大”；具有下列情形之一的，属于“有其他特别严重情节”，应当以侵犯著作权罪判处三年以上七年以下有期徒刑，并处罚金：

（一）非法经营数额在二十五万元以上的；

（二）未经著作权人许可，复制发行其文字作品、音乐、电影、电视、录像作品、计算机软件及其他作品，复制品数量合计在五千张（份）以上的；

（三）其他特别严重情节的情形。

条文释义

一、本条主旨

本条是关于作品的规定。

二、条文演变

1990年制定《著作权法》时没有对作品的概念作出规定，仅在第3条规定："本法所称的作品，包括以下列形式创作的文学、艺术和自然科学、社会科学、工程技术等作品：（一）文字作品；（二）口述作品；（三）音乐、戏剧、曲艺、舞蹈作品；（四）美术、摄影作品；（五）电影、电视、录像作品；（六）工程设计、产品设计图纸及其说明；（七）地图、示意图等图形作品；（八）计算机软件；（九）法律、行政法规规定的其他作品。"2001年《著作权法》将第3条修改为："本法所称的作品，包括以下列形式创作的文学、艺术和自然科学、社会科学、工程技术等作品：（一）文字作品；（二）口述作品；（三）音乐、戏剧、曲艺、舞蹈、杂技艺术作品；（四）美术、建筑作品；（五）摄影作品；（六）电影作品和以类似摄制电影的方法创作的作品；（七）工程设计图、产品设计图、地图、示意图等图形作品和模型作品；（八）计算机软件；（九）法律、行政法规规定的其他作品。"2010年《著作权法》修正时对本条款未作修改。2020年《著作权法》修正过程中，吸纳了《著作权法实施条例》第2条对作品的规定，在此基础上形成了第3条第1款关于作品的一般性规定，保留了第2款关于作品种类的列举性规定。第2款对原作品种类进行了调整，特别是将最后一项从封闭式规定修改为开放式规定，使《著作权法》关于作品规定更具包容性，以适应未来作品形式或可能出现的变化。

三、条文解读

本条第1款规定了作品的概念和特征；第2款规定了作品的种类。

（一）作品的概念和特征

1. 作品的概念

作品是创作活动产生的属于文学、艺术和科学领域内的具有独创性的智力成果。《著作权法》基本上采纳了《著作权法实施条例》对作品的一般性规定，即“《著作权法》所称作品，是指文学、艺术和科学领域内具有独创性并能以某种有形形式复制的智力成果”。与《著作权法实施条例》相比，《著作权法》除了将“以某种有形式复制”修改为“以一定形式表现”外，其余均予以保留。构成著作权法上的作品，应当具有如下特征：具有独创性、具有一定物质表现形式、属于智力创造成果。

2. 作品的特征

（1）作品须是文学、艺术和科学领域内的智力成果。作品应当是人工产生的成果，而非大自然天然的结果，自然物均不属于作品客体。同时完全由机器完成的产品也一般不属于作品，这是著作权法上的作品与专利法上的产品的根本区别。作品还必须是智力活动的成果，仅有体力劳动，不属于著作权法上的创作，其所产生的结果也不属于作品。仅有或者主要表现为体力、体能的成果，如体育运动、体育比赛等，均不属于我国著作权法上所讲的作品。

（2）作品须具有独创性。独创性是作品的核心概念，世界上多数国家的著作权法都要求作品须具有独创性。独创性虽并无明确的定义，一般认为独创性是指作者在创作作品过程中投入了某种智力性的劳动。独创性包含独立和创作的含义，独立就是指独立完成，独立完成是指作品是作者依靠自己的智力劳动创作完成，而非抄袭他人。创作通常是指作品因为独立完成而表现出专属于作者的表达特性，体现了作者的精神劳动和智力判断。

著作权法上的独创性常常被解释为“最低限度的创造性”，但是需要特别强调的是著作权法上的独创性是完全不同于专利法上的创造性的概念。专利法的创造性是指发明创造与在先发明相比具有实质性的进步，而著作权法上的独创性与是否进步无关，作品的独创性有无与作品的质量好坏、水平高低无关，主要与每个人都是不同的个体有关，因此一般情况下，不同作者基于自身个性、喜好、能力进行创作呈现出的创作样态会千姿百态。

著作权法上的独创性仅指作品表达形式的独创性，而不包括思想的独创性。著作权法对作品的保护不延及思想，因此对同一主题或思想观念，著作权法从不限制不同的作者进行自己的创作，其独立完成的成果符合独创性要求，就可以构成著作权法上的作品，事实上，这也是著作权法保护作品的目的和价值所在。

著作权法上的独创性并不要求作品必须是全新，如果不同的作者基于某种巧合而创作出了相同的作品，比如诗歌或者摄影，那么每位作者的创作均构成著作权法意义上的作品。尽管事实上，这种情况非常罕见，绝大多数情况下，作品的独创性更多地表现为独立创作的作品与已有作品存在着的差异。

（二）作品的法律意义

作品是著作权法律关系的客体，如同物对于物权，作品于著作权的产生和保护至关重要。因此《著作权法》开宗明义在第 1 条规定立法目的与宗旨、第 2 条规定作品享有著作权后，紧随其后就在第 3 条规定了作品。

作品是著作权产生的根据。《著作权法》第 2 条第 1 款规定，中国公民、法人或者非法人组织的作品，不论是否发表，依照本法享有著作权。因此，在判断一项事物是否享有著作权，或者是否受著作权法保护之前，首先必须判断其是否属于著作权法意义上的作品。现实生活中的事物形式多样、千差万别，《著作权法》第 3 条关于作品的一般性规定，是判断能否构成著作权法意义上的作品的标准，也是作品获得著作权保护的前提。

作品是侵权认定的核心。著作权法保护作品的著作权不受侵害，当发生侵害时，对侵害著作权行为进行认定，离不开对作品独创性的判断，离不开对作品间是否构成实质性相似的判断。对侵权责任特别是损害赔偿额的确定，也要遵循比例原则即考虑作品被使用的情况。侵害著作权案件往往需要审查是否构成著作权法上的作品与被诉作品的对比，来源的对比，作品被使用给权利人造成的损失，或者给侵权利益提供的贡献，作品是贯穿著作权法上的作品侵权认定的核心。

作品是著作权保护的目的。《著作权法》第 1 条在立法目的中明确规定："为保护文学、艺术和科学作品作者的著作权，以及与著作权有关的权益，鼓励有益于社会主义精神文明、物质文明建设的作品的创作和传播，促进社会主义文化和科学事业的发展与繁荣，根据宪法制定本法。"著作权法保护著作权的真正目的在于促进作品的创作与传播，进而促进文化和科学事业的繁荣。文化科学事业的繁荣的表现，在于作品创作与传播的繁荣，因此作品既是著作权法保护的开始，也是著作权法保护的终点。

作品之于著作权法具有极其重要的作用。在2020年《著作权法》修正之前，我国《著作权法》中并未对作品给予明确规定，仅在《著作权法实施条例》对作品作出了规定。人们在解释和使用作品构成时无法从著作权法中得到指引，这与作品在著作权法中的重要性不相符合。另外，与专利法中的创造性、新颖性、实用性，商标法中的显著性相比，同为知识产权保护客体的核心要件的独创性，却处于不同的法律位阶，不能不说是著作权法立法的遗憾。

（三）作品的种类

1. 文字作品

文字作品是指小说、诗词、散文、论文等以文字形式表现的作品。文字作品是最常见的作品种类，我们日常生活中所见的图书、期刊、报纸，进入新世纪以来通过网络阅读的各类文章，无论其载体如何，只要是通过文字形式表现的作品，都属于文字作品。除了文字外，以与文字类似的形式，如数字、符号、记号等表达的作品，也可以归于文字作品。文字作品也是作品种类里含义广泛的一类作品，其他形式的作品也可能表现为文字作品，比如，作为口述作品的演讲，戏剧作品的剧本，作为舞蹈作品的舞谱，以及计算机程序，都可以归为文字作品的类别。

2. 口述作品

口述作品是指即兴的演说、授课、法庭辩论等以口头语言形式表现的作品。口述作品的特点在于通过口头语言的方式表达，如果没有通过特定的方式，如记录、录音等方式加以固定，口述作品会随着语言的结束而转瞬即逝。正因为口述作品的这个特点，在对作品存在固定要求的国家，这类表达可能因为不符合作品的要求而不受保护，但这并不影响我国《著作权法》对于口述作品的保护，只要其符合《著作权法》第2条第1款作品的一般性规定。

3. 音乐、戏剧、曲艺、舞蹈、杂技艺术作品

音乐作品是指歌曲、交响乐等能够演唱或者演奏的带词或者不带词的作品。音乐作品主要是用音符表现的作品，如乐谱、歌谱等，也可以包括歌词。歌词严格来讲属于文字作品，但当歌词和曲谱一同出现，或者以歌词的方式与特定的曲谱相配合时，歌词就构成音乐作品的一部分。

戏剧作品，是指话剧、歌剧、地方戏等供舞台演出的作品。戏剧作品可能

是以文字形式表现的，如电影文学剧本；戏剧作品也可能是文字包含曲谱的方式表现的作品，如戏曲剧本、歌剧剧本、音乐剧剧本。戏剧作品是为一场戏而创作的作品，与文字作品和音乐作品有着紧密的联系，特别是音乐作品。戏剧作品可以由音乐作品组成，有时候也可能本身就是音乐作品。

曲艺作品，是指供相声、快书、大鼓、评书等以说唱为主要形式的作品。曲艺作品在我国有着古老的传统，传统曲艺表演者可能同时也是曲艺作品的作者，这时曲艺作品就是以说唱形式表现的原创作品。随着现代曲艺作品创作的发展，曲艺作品越来越多地表现为表演之前事先创作的作品，比如相声段子、评书等。在这种情况下，曲艺作品也可能是戏剧作品或者文字作品。

舞蹈作品，是指通过舞谱或者连续的动作、姿势、表情等表现的作品。舞蹈作品可能是舞者直接用动作、姿势等表现的作品，这种情况下，舞者同时是作品作者和表演者，这也是舞蹈作品比较常见的表现形式。在有些情况下，舞蹈作品也可能是以舞谱的形式表现出来，舞谱也是传统意义上的舞蹈作品。现代舞蹈作品呈现出更加复杂精细化的趋势，当舞蹈作品与戏剧结合时，可以作为戏剧作品对待。

杂技艺术作品，是指杂技、魔术、马戏等在原本通过形体动作和技巧表现的基础上加入文学艺术设计形成的具有审美意义的作品。杂技艺术作品是我国著作权法特有的作品。杂技在我国有着悠久的传统，但传统的杂技主要是体能和技巧的展现，并不属于《著作权法》意义上的作品。为了弘扬我国优秀的杂技传统，促进杂技向杂技艺术作品转化，以及保护那些具备文学艺术设计，与舞蹈或戏剧作品类似的通过杂技形式表现的文学艺术作品，《著作权法》在2001年修正时增加了关于杂技艺术作品的规定。需要强调的是，并非所有的杂技都是本条所讲的杂技艺术作品，只有符合本条第1款的条件特别是属于文学艺术领域的杂技才属于本条所讲的杂技艺术作品。

4. 美术、建筑作品

美术作品，是指绘画、书法、雕塑等以线条、色彩或者其他方式构成的有审美意义的平面或者立体的造型艺术作品；建筑作品，是指以建筑物或者构筑物形式或者图纸表现的有审美意义的作品。

美术、建筑作品最主要的特点在于是以线条或者色彩的方式为语言表达的造型类作品。同时美术、建筑类作品也是古老的艺术作品形式，是人类记录生活、表达审美的重要表达方式。美术、建筑作品可能是平面造型艺术作品，如绘画、建筑图纸；也可能是立体的造型，如雕塑或者建筑物。美术类作品的另一个重要特点在于它的艺术性，也即所谓的审美意义。强调美术、建筑作品的审美意义，主要是与实用性对比而言的，是指不需要具有实用价值的仅供欣赏的作品。

除了绘画、雕塑等传统的美术作品外，书法是中国特有的一种美术作品。书法一般特指汉字书法，是按照文字特点及其含义，以其书体笔法、结构和章法书写，使之成为富有美感的艺术作品。

5. 摄影作品

摄影作品，是指借助器械在感光材料或者其他介质上记录客观物体形象的艺术作品。

6. 视听作品

视听作品的称谓经历了若干变化。1990 年制定《著作权法》时的称谓是电影、电视、录像制品，1991 年《著作权法实施条例》的解释是指摄制在一定物质上，由一系列有伴音或者无伴音的画面组成，并且借助适当装置放映播放的作品。2001 年《著作权法》修正将这类作品名称修改为电影和以类似摄制电影的方法创作的作品。《著作权法实施条例》的解释是，电影作品和以类似摄制电影的方法创作的作品，是指摄制在一定介质上，由一系列有伴音或者无伴音的画面组成，并且借助适当装置放映或者以其他方式传播的作品。作品的定义发生了一些细微的变化，这种变化与 20 世纪 90 年代末 21 世纪初兴起的数字摄制技术以及互联网带来的网络传播手段具有密切的关系。《著作权法》本次修正，将此前的电影和以类似摄制电影的方法创作的作品修改为视听作品，称谓的改变主要是为了简化原有过于繁冗的称呼，与国际惯例相适应。同时去除原名称中“摄制电影的方法”，也是为适应视听作品创作手段的多样化，避免将这种作品比照摄制电影作出过于狭窄的解读。目前这一改变更加有利于这种作品类型的国际交流与国内应用。

视听作品的含义，有人认为扩张了原有电影作品的范围，实际上，视听作品与原有的电影作品及类似作品的含义上并无实质性的区别。世界知识产权组织编写的《世界知识产权组织管理的版权和相关权条约指南及版权和相关权术语汇编》在解释视听作品时指出：视听作品是《伯尔尼公约》第 2 条第 1 款非穷尽式列举的文学艺术作品中“电影和以类似摄制电影的方法表现的作品”较为简洁的同义语。同时也指出二者是同义概念。

视听作品或者说原电影作品的特征是什么？理论界和实务界近来围绕着对固定的要求以及独创性要求等问题展开了争论。这其中，独创性要求与我国著作权法视听作品录像制品二元制有关，下文专门讲述。主要的分歧还是关于固定与否的分歧，也就是视听作品是否要求必须固定在一定的介质上，以及固定的含义。从国际公约和域外法的经验看，似乎存在着用语不尽相同的规定。比如，1989 年世界知识产权组织成员国签订的《视听作品国际登记条约》第 2 条规定，本条约所称视听作品指由一系列相关的固定图象组成，带有或不带有伴音时，能够被看到的，并且带有伴音时，能够被听到的任何作品。《美国版权法》对视听作品的定义是：由一系列相关画面组成的作品，画面旨在通过使用机器或装置，诸如放映机、取景器或电子设备，连同如果有的配音呈现，无论包含该作品的实物，诸如胶片或磁带的性质。仅从字面上看似乎《视听作品国际登记条约》存在固定的要求，《美国版权法》为代表的则没有固定要求。《日本著作权法》规定，电影著作物包括用产生类似电影的视觉或听觉效果的方法表现出来、并录制在媒介物上的著作物。上述规定在作品特征的界定上基本相同，即由一系列相关画面组成，有声音或者无声音。《视听作品国际登记条约》规定了固定或者说被录制的，《美国版权法》规定了通过机器或装置呈现，可见固定的目的或者用途在于可以通过特定的机器或者装置呈现。固定的含义在于通过机器或装置呈现，以使作品被公众看到或者同时听到。由此说来，一系列画面组成的作品，固定与否以及固定的方式并不重要，只要通过机器或装置传播给公众，使得作品可以被公众以看或同时听的方式感受到，就构成了视听作品。而实际上，可以被装置传播再现的也是固定了的作品。特别是随着录制与传播技术的进步，录制与传播可以同步进行的情况下，事先被录制也可以表现为可随时被录制的，可通过装置传播的也同时是可录制的。因此，争论视听作品的固定与否在实践和技术上已失去了意义。同时从法律上看，我国著作权法将作品的定义从可复制性修改为一定表现形式，正是为了适应制作和传播技术的变化而来。著作权法将原电影和类似电影的作品修改为视听作品，实际上意味着在一些问题上已经达成了共识，即视听作品是指，能够被机器或者装置、软件传播，公众可以感知的，带伴音或者无伴音的一系列画面。

视听作品的特征在于，一是一系列或者连续的画面，也就是画面之间具有连续性，而非完全独立的画面，该特征可以区别于幻灯播放的画面；二是可以被特定装置或程序呈现，视听作品的这一特征可以将视听作品与其他活的带声音或者不带声音的表演画面或者高音喇叭等传播区分开。

我国《著作权法》在与著作权有关的权利方面还规定了录像制品的权利。由于视听作品和录像作品都是以连续画面表现，在法律适用上存在一定的难度。理论界和实务界有观点认为，录像制品与视听作品的区别在于独创性程度的高低，独创性高的为视听作品，独创性低的为录像制品，这种观点理论上难以自圆其说，司法实践中也难以操作。应该说，录像制品是指除视听作品外机械录制的画面。

7. 工程设计图、产品设计图、地图、示意图等图形作品和模型作品

图形作品，是指工程设计图、产品设计图，以及反映地理现象、说明事物原理或者结构的地图、示意图等作品；模型作品，是指为展示、试验、观测或说明物体的形状和结构，制作的立体作品。

一般而言图形和模型作品属于科学领域的作品。图形作品与模型作品往往具有说明、展示等科学目的，或者为测试、试验、观测、施工、制作等技术用途。图形和模型作品常常根据事物的形状结构创作，或者与客观事物有关，但图形和模型作品不等同于事物本身。这类作品的独创性体现在对于事物特征的选择和安排，比如地图作品，反映了某处的地形地貌特征，但构成地图的要素不仅需要技术装备，也包含了绘制者对地形地貌元素的选择与安排，因此应当受到著作权法的保护。

一个值得强调的问题是，模型作品与图形作品并非完全独立没有关联的两种不同作品，恰恰相反，模型作品与图形作品具有紧密的关系，模型作品的前期可能表现为图形作品，图形作品也可能因模型作品而产生，将二者完全割裂可能导致对作品保护的不足。

8. 计算机软件

计算机软件（以下简称软件），是指计算机程序及其有关文档。计算机程序，是指为了得到某种结果而可以由计算机等具有信息处理能力的装置执行的代码化指令序列，或者可以被自动转换成代码化指令序列的符号化指令序列或者符号化语句序列。同一计算机程序的源程序和目标程序为同一作品。文档，是指用来描述程序的内容、组成、设计、功能规格、开发情况、测试结果及使用方法的文字资料和图表等，如程序设计说明书、流程图、用户手册等。

计算机软件的本质是文字作品，计算机程序是由一系列 0、1 文字组成的代码序列。有些国家如美国，就是用文字作品对计算机程序予以保护。我国

《著作权法》将计算机软件作为一种特别的作品类型进行规定，并在《著作权法》之外专门制定了《计算机软件保护条例》，保护计算机软件著作权人的利益，调整计算机软件在开发、传播和使用中发生的利益关系。这种单独立法的模式充分表明了我国对计算机软件的开发与应用、软件产业和国民经济信息化的重视。

计算机软件在权利归属、权利、侵权责任、免责事由等制度上具有自己的特点，特别是复制品持有人的免责制度。与其他作品不同的是，软件复制品的持有人如果持有侵犯他人权利的计算机软件也构成侵权。不知道或者没有合理的理由知道是侵权复制品的可以免除赔偿责任，但仍需承担停止侵权的责任。

9. 符合作品特征的其他智力成果

《著作权法》第 3 条第 9 项规定的其他作品，与修正前的《著作权法》发生了比较大的变化。修正前《著作权法》对作品的列举虽然也规定了其他作品，但是在作品前附加了“符合法律和行政法规规定”限制条件，作品列举实际上是封闭性的。《著作权法》此次修改一个最重大的变化就是把作品的封闭性列举变成了开放性。

对作品类型保持开放性是对作品构成要件的重申。“符合作品特征”“其他”表明《著作权法》列举的前 8 类作品能够获得著作权保护的前提是“符合作品特征”。这是针对近年来理论与实践中存在的对作品构成要件与作品类型之间关系的错误理解现象作出的规定。《著作权法》规定的作品构成要件是作品保护的前提，作品类型主要具有列举的意义，作品类型之间有时也存在交叉，作品能否获得保护应当通过判断其是否符合作品构成要件作出，作品类型不应当成为阻止作品获得保护的借口。

对作品类型保持开放性也是尊重创作和技术发展，科学立法的表现。人类的创作具有无限的可能，未来技术的发展也完全可能带来作品的全新表现形式，因此本着尊重创作、尊重实践、尊重未来的原则，为未来作品可能出现的形式保留空间，符合实际和未来的需要。

综上所述，当作品符合作品构成的一般要件，却无法被归入前述 8 种作品类型时，可以适用《著作权法》该项规定认定作品。

适用指引

一、作品独创性的认定

如同创造性、新颖性、实用性之于发明专利，显著性之于商标，独创性是作品能够受到著作权法保护的本质要件。在侵害著作权诉讼中，审查作品的构成，尤其是独创性的具备，是审理这类案件的基础。当然很多时候，独创性并非案件争议的焦点，这可能主要是因为独创性显而易见，但并不意味着独创性问题无足轻重，恰恰相反，在实践中，当争议焦点聚焦于独创性时，问题都会变得更加复杂、抽象。

（一）独立创作

独创性包含了独立和创作的含义。独立和创作并非一个问题的两个方面，这两个词语都在试图用一种可以理解和接受的方式共同诠释着独创性的含义。因此，切忌将独立与创作作分割式的理解，当作品是独立完成时便具备了独创性，也具备了创作的属性。当作品的独立完成难以证明时，证明作品是创作，也就可以证明作品的独创性，即作品是独立完成的。

关于独立完成即构成独创性，来源于一个这样的假定。即任何独立完成的作品都是作者运用其独立的思想使用自己的表达形成，如同世界上没有两片相同的树叶，通常独立完成的作品总是带有个人的印记，因而构成独特的专属于个人的作品。

关于创作性，当作品属于独立完成时，也可以说是独立创作的。在某些情况下，特别是某些作品的个人属性不易判断时，作品相较于在先作品的差异就可以作为作品是创作而非复制的重要判断要素。

（二）独创性的证明

独创性有些是明显的，当事人没有争议的，比如一部电影，这个时候可能不需要证明和审查作品独创性的有无。但在有些情况下，作品的独创性很难通过直观感受获得，或者当事人存在重大争议，这个时候，独创性需要当事人通过举证加以证明，人民法院通过当事人的举证质证，通过对证据盖然性的综合判断，对独创性的有无作出认定。

在实践中，当事人可以用作证明独创性的证据主要包括三个方面。一是创作过程的证据。如创作的底稿，创作不同阶段的草稿、修改稿，采访或素材材料等证明创作过程的证据。二是创作结果的证据。主要表现为作品本身体现出的创作痕迹、个人印记。包括语言习惯、表达习惯、修辞手法、个人好恶、个人信息甚至是错误。三是与在先作品的比较。在数据类、图表类、科学类以及其他个人印记不易判断，共有领域与个人创作界限难以划分的情况下，当事人可以搜集在先同类型作品，通过比较现有作品与在先作品的差异证明主张作品的独创性，合理确定公有领域与个人作品的界限。使得那些在表达哪怕是仅仅在选择编排上具有独创性的作品获得与其独创性范围相适应的保护。

独创性的证明常常是个困难的议题，但对独创性的否定也许只需要一票。这一票就是通常所说的表达的唯一性或者说表达的有限性。表达的有限性，顾名思义就是某类表达只具有唯一或者有限的形式。《著作权法》赋予作品权利人以使用作品的垄断性权利，同时要求作品不得损害公共利益，不能侵占公有领域。仅有有限或者唯一的表达，意味着任何人均只能作出类似的表达，该项表达应当属于公有领域而无法被私权占有。《著作品法》第 5 条规定的通用表格，就是表达有限而不具有作品属性的代表。

（三）独创性的有无

作品需要具备独创性在判断时是否需要考虑独创性的高低，是近来讨论较多的一个问题。从《著作权法》的规定上看，与《专利法》规定发明专利应当具备突出的创造性不同，《著作权法》第 3 条讲的是“具有独创性”，并未对独创性的程度作出要求。在《商标法》上，较高或者极高的显著性，可以获得驰名商标的特别保护，但对商标的要求仍然仅是具有显著性。与《商标法》的情况类似，《著作权法》对作品给予保护的前提仅仅是作品具有独创性，而不是具有较高的独创性。至于作品保护的比例原则所涉及的独创性问题，也不是独创性高低的问题，而是独创性范围的大小决定的。比如，汇编作品的独创性主要表现为作品的选择和编排，那么相应地对该作品的保护范围也仅限于对作品的选择与编排，一旦出现选择作品的不同或者编排方式的差异，就可能会出现不落入原作权利范围不构成侵权的结果。

二、作品的归类与法律意义

作品的类型不是判断作品是否应当获得保护的前提，但作品类型的列举，对于判断是否属于著作权法上的作品具有例举和参照的意义。同时，某些类型作品的权利可能与其他作品不同，某些类型的作品可能仅具有某种或者特定类型的权利。

（一）作品类型的参照意义

《著作权法》以列举的方式规定作品的类型，主要的目的和作用在于进行示范，通过示范性的列举，让公众便捷并快速了解某个特定的作品是否可能属于著作权意义上的作品。例如，《著作权法》列举了文字作品、美术作品，那么当公众接触或者使用以文字形式表现的作品，如小说，能够迅速判断其可能属于一种文字作品，涉及著作权问题。当公众面对一幅绘画或一件雕塑时，可能意识到这是《著作权法》上的美术作品，使用可能会受到《著作权法》的约束。因此，作品类型对作品的判断以及规则的判断都具有便捷高效的作用。当然，对于是否构成著作权意义上的作品，还是需要通过作品的构成要件加以判断。

（二）作品类型的权利限定

某些权利只有特定的作品类型才享有，如出租权，只有视听作品和计算机软件的权利人享有，其他作品如文字作品其著作权人并不享有出租权。展览权只限于美术作品和摄影作品。

某些权利主要由某些类型的作品类型享有，如放映权，主要是美术、摄影和视听作品享有的权利。其他作品，如文字作品并不直接享有。

某种类型的作品只享有某些权利，如计算机软件不享有表演权、展览权、放映权、广播权、摄制权等权利。

三、不易归类作品的法律适用

立法永远无法领先于实践。实践中总是会出现一些难于归类甚至无从归类的作品，对于这种情况的法律适用应当注意以下几点：

一是，适用《著作权法》第3条前半段规定对是否构成作品进行判断，而非依据该条后半段所列各项作出判断。这意味着，只要符合作品独创性、智力成果、一定形式以及文学艺术科学领域的条件，就可以认定为作品，无须对作品类型作出判断，除非作品类型在案件中具有规范权利的意义。

二是，需要对作品类型做出判断时，应当比照最相类似条款予以适用。《著作权法》第3条列举的作品是开放性的，不仅是指具有其他作品，也意味着每种作品类型也不是穷尽式的列举，只要相比其他类型，与所列举的某种使用形式最为接近，即可适用。

三是，当与所有已列举的作品类型进行类比，均不相类似时，可以适用第9项其他智力成果予以认定。经过前两步的筛选，绝大部分作品都可以得到合理的安排，就目前实践来看，尚未有需要适用该项的作品。其他作品项的规定主要是为未来而定，而且法律适用的内在逻辑和顺序足以避免向兜底条款的逃逸，因此，无须担心该项会被滥用。

典型案例

再审申请人孙某争与被申请人马某奎侵害著作权纠纷案

关键词：作品　独创性　唯一性

裁判摘要：无独创性不受著作权法保护。著作权法所称作品，是指文学、艺术和科学领域内具有独创性并能以某种有形形式复制的智力成果。所谓作品的独创性包括独立完成和创作性，两者缺一不可，817图表是孙某争经过WPS表格软件通过输入数据完成，其中并没有孙某争自已独立构思的内容，体现不出创作性，故817图表并不构成《著作权法》意义上的图形作品，不能获得《著作权法》的保护。如果智力成果在表现形式上是唯一的，无法体现与已有作品存在的差异，即不符合著作权法关于独创性的要求。智力劳动成果必须借助特定形式为他人知晓和确定，是作品须具备有形形式要求的应有之义。

基本案情：孙某争系山东莘县一养鸡专业合作社成员，其于2013年3月对《716预测817行情趋势方向图表》进行了著作权登记，817图表对817品种鸡苗价格分析预测：何时是盈利点，何时有助于生产鸡苗，何时是风险点。孙某争诉称，2013年7月，马某奎承诺使用817图表盈利后支付总利润的10%作为报酬，但盈利后马某奎却拒不支付报酬，其行为已经构成著作权侵权。

法院经审理认为，如果智力成果在表现形式上是唯一的，无法体现与已有作品存在的差异，即不符合《著作权法》关于独创性的要求。智力劳动成果必须借助特定形式为他人知晓和确定，是作品须具备有形形式要求的应有之义。

【案　　号】（2016）最高法民申2136号

【审理法院】最高人民法院

【来　　源】2016年中国法院50件典型知识产权案例

第四条　著作权人和与著作权有关的权利人行使权利，不得违反宪法和法律，不得损害公共利益。国家对作品的出版、传播依法进行监督管理。

关联规定

法律、行政法规、司法解释

1.《中华人民共和国民法典》

第八条　民事主体从事民事活动，不得违反法律，不得违背公序良俗。

第一百三十二条　民事主体不得滥用民事权利损害国家利益、社会公共利益或者他人合法权益。

2.《音像制品管理条例》

第三条　出版、制作、复制、进口、批发、零售、出租音像制品，应当遵守宪法和有关法律、法规，坚持为人民服务和为社会主义服务的方向，传播有益于经济发展和社会进步的思想、道德、科学技术和文化知识。

音像制品禁止载有下列内容：

（一）反对宪法确定的基本原则的；

（二）危害国家统一、主权和领土完整的；

（三）泄露国家秘密、危害国家安全或者损害国家荣誉和利益的；

（四）煽动民族仇恨、民族歧视，破坏民族团结，或者侵害民族风俗、习惯的；

（五）宣扬邪教、迷信的；

（六）扰乱社会秩序，破坏社会稳定的；

（七）宣扬淫秽、赌博、暴力或者教唆犯罪的；

（八）侮辱或者诽谤他人，侵害他人合法权益的；

（九）危害社会公德或者民族优秀文化传统的；

（十）有法律、行政法规和国家规定禁止的其他内容的。

3.《电影管理条例》

第二十一条 境外电影制片者同中方合作者合作或者以其他形式在中华人民共和国境内摄制电影片，应当遵守中华人民共和国的法律、法规，尊重中华民族的风俗、习惯。

第二十四条 国家实行电影审查制度。

未经国务院广播电影电视行政部门的电影审查机构（以下简称电影审查机构）审查通过的电影片，不得发行、放映、进口、出口。

供科学研究、教学参考的专题片进口和中国电影资料馆进口电影资料片，依照本条例第三十二条的规定办理。

第二十五条 电影片禁止载有下列内容：

（一）反对宪法确定的基本原则的；

（二）危害国家统一、主权和领土完整的；

（三）泄露国家秘密、危害国家安全或者损害国家荣誉和利益的；

（四）煽动民族仇恨、民族歧视，破坏民族团结，或者侵害民族风俗、习惯的；

（五）宣扬邪教、迷信的；

（六）扰乱社会秩序，破坏社会稳定的；

（七）宣扬淫秽、赌博、暴力或者教唆犯罪的；

（八）侮辱或者诽谤他人，侵害他人合法权益的；

（九）危害社会公德或者民族优秀文化传统的；

（十）有法律、行政法规和国家规定禁止的其他内容的。

电影技术质量应当符合国家标准。

4.《出版管理条例》

第五条 公民依法行使出版自由的权利，各级人民政府应当予以保障。

公民在行使出版自由的权利的时候，必须遵守宪法和法律，不得反对宪法确定的基本原则，不得损害国家的、社会的、集体的利益和其他公民的合法的自由和权利。

第二十五条 任何出版物不得含有下列内容：

（一）反对宪法确定的基本原则的；

（二）危害国家统一、主权和领土完整的；

（三）泄露国家秘密、危害国家安全或者损害国家荣誉和利益的；

（四）煽动民族仇恨、民族歧视，破坏民族团结，或者侵害民族风俗、习惯的；

（五）宣扬邪教、迷信的；

（六）扰乱社会秩序，破坏社会稳定的；

（七）宣扬淫秽、赌博、暴力或者教唆犯罪的；

（八）侮辱或者诽谤他人，侵害他人合法权益的；

（九）危害社会公德或者民族优秀文化传统的；

（十）有法律、行政法规和国家规定禁止的其他内容的。

第二十六条 以未成年人为对象的出版物不得含有诱发未成年人模仿违反社会公德的行为和违法犯罪的行为的内容，不得含有恐怖、残酷等妨害未成年人身心健康的内容。

第四十条 印刷或者复制单位、发行单位或者个体工商户不得印刷或者复制、发行有下列情形之一的出版物：

（一）含有本条例第二十五条、第二十六条禁止内容的；

（二）非法进口的；

（三）伪造、假冒出版单位名称或者报纸、期刊名称的；

（四）未署出版单位名称的；

（五）中学小学教科书未经依法审定的；

（六）侵犯他人著作权的。

第四十五条 出版物进口经营单位进口的出版物，不得含有本条例第二十五条、第二十六条禁止的内容。

出版物进口经营单位负责对其进口的出版物进行内容审查。省级以上人民政府出版行政主管部门可以对出版物进口经营单位进口的出版物直接进行内容审查。出版物进口经营单位无法判断其进口的出版物是否含有本条例第二十五条、第二十六条禁止内容的，可以请求省级以上人民政府出版行政主管部门进行内容审查。省级以上人民政府出版行政主管部门应出版物进口经营单位的请求，对其进口的出版物进行内容审查的，可以按照国务院价格主管部门批准的标准收取费用。

国务院出版行政主管部门可以禁止特定出版物的进口。

5.《广播电视管理条例》

第三十二条 广播电台、电视台应当提高广播电视节目质量，增加国产优秀节目数量，禁止制作、播放载有下列内容的节目：

（一）危害国家的统一、主权和领土完整的；

（二）危害国家的安全、荣誉和利益的；

（三）煽动民族分裂，破坏民族团结的；

（四）泄露国家秘密的；

（五）诽谤、侮辱他人的；

（六）宣扬淫秽、迷信或者渲染暴力的；

（七）法律、行政法规规定禁止的其他内容。

第三十九条 用于广播电台、电视台播放的境外电影、电视剧，必须经国务院广播电视行政部门审查批准。用于广播电台、电视台播放的境外其他广播电视节目，必须经国务院广播电视行政部门或者其授权的机构审查批准。

向境外提供的广播电视节目，应当按照国家有关规定向省级以上人民政府广播电视行政部门备案。

第四十六条 对享有著作权的广播电视节目的播放和使用，依照《中华人民共和国著作权法》的规定办理。

6.《印刷业管理条例》

第三条 印刷业经营者必须遵守有关法律、法规和规章，讲求社会效益。

禁止印刷含有反动、淫秽、迷信内容和国家明令禁止印刷的其他内容的出版物、包装装潢印刷品和其他印刷品。

第十七条 从事出版物印刷经营活动的企业不得印刷国家明令禁止出版的出版物和非出版单位出版的出版物。

7.《信息网络传播权保护条例》

第三条 依法禁止提供的作品、表演、录音录像制品，不受本条例保护。

权利人行使信息网络传播权，不得违反宪法和法律、行政法规，不得损害公共利益。

条文释义

一、本条主旨

本条是关于守法和公共利益原则以及国家依法监督管理的规定。

二、条文演变

1990年的《著作权法》第4条规定："依法禁止出版、传播的作品，不受本法保护。""著作权人行使著作权，不得违反宪法和法律，不得损害公共利益。"2010年《著作权法》修正时，删除了本条第1款规定，保留第2款规定，同时，增加了"国家对作品的出版、传播依法进行监督管理"。2020年修正《著作权法》时，因考虑到著作权法规范的不仅是著作权人的行为，也包括表演者、录音录像制作者、广播组织等著作权有关权利人的行为，故将"著作权人行使著作权"修改为"著作权人和与著作权有关的权利人行使权利"。

在2020年修正《著作权法》的过程中，提交十三届全国人大常委会第十七次会议审议的草案一次审议稿，在本条第一句增加规定著作权人和与著作权有关的权利人行使权利"不得滥用权利影响作品的正常传播"，并增加滥用著作权或者与著作权有关的权利、扰乱传播秩序的行为的法律责任。在一次审议稿征求意见过程中，有的意见提出，当前著作权领域的主要问题是对著作权的保护不足，这次修改应坚持加强著作权保护的立法导向，对滥用著作权的行为可以通过《民法典》《反垄断法》等法律的规定进行规范；此外，"不得滥用权利影响作品的正常传播"的表述过于宽泛，不利于实践中操作执行，建议删去这一表述以及相关法律责任的规定。宪法和法律委员会经研究，采纳了这一意见，删除了草案中的相关规定。

三、条文解读

（一）关于守法和公共利益原则

守法与公序良俗原则是民事主体从事民事活动的一项重要基本原则。守法和公序良俗原则要求自然人、法人和非法人组织在从事民事活动时，不得违反各种法律的强制性规定，不得违背公共秩序和善良习俗。作品创作活动是一种民事活动，著作权是法律赋予的一种民事权利。因此，著作权人和与著作权有关的权利人行使权利，也应当遵守这一原则。本条规定，著作权人和与著作权有关的权利人行使权利，不得违反宪法和法律，不得损害公共利益。

一是著作权人和与著作权有关的权利人行使权利，不得违反宪法和法律。首先，《宪法》是国家的根本法，著作权人和与著作权有关的权利人行使权利，不得违反宪法。《宪法》第35条规定，中华人民共和国公民有言论、出版、集会、结社、游行、示威的自由。第51条规定，中华人民共和国公民在行使自由和权利的时候，不得损害国家的、社会的、集体的利益和其他公民的合法的自由和权利。第53条规定，中华人民共和国公民必须遵守宪法和法律，保守国家秘密，爱护公共财产，遵守劳动纪律，遵守公共秩序，尊重社会公德。其次，著作权人和与著作权有关的权利人行使权利，不得违反法律。这里的法律不仅包括民事法律，还包括其他部门法。所谓不得违反法律，就是要求不违反法律的强制性规定。民事主体在从事民事活动时，只要法律未明文禁止，又不违背公序良俗，就可以根据自己的利益和需要创设权利、义务内容。对于任意性规范，民事主体可以结合自身的利益需要，决定是否纳入自己的意思自治范围。但是，任何人的自由并非毫无限制，民法同样需要维护社会基本的生产、生活秩序，需要维护国家的基本价值追求，法律的强制性规范就是为了实现这一目的而制定的，著作权人和与著作权有关的权利人行使权利时，应当遵守法律的强制性规定。

二是著作权人和与著作权有关的权利人行使权利，不得损害公共利益。由于民事活动复杂多样，法律不可能预见所有损害社会公共利益的行为而作出详尽的禁止性规定，因此，在守法原则外，规定不得损害公共利益原则，实现对民事主体意思自治的必要限制，实现民事主体的个体利益和社会公共利益的平衡。本条规定，著作权人和与著作权有关的权利人行使权利，不得损害公共利益。

（二）国家对作品的出版、传播依法进行监督管理

为了促进我国文化、科学事业的发展与繁荣，促进社会主义精神文明和物质文明的建设，我国法律历来禁止反动、淫秽作品的传播。1990年《著作权法》通过后，1994年至1997年，国务院先后公布实施了《音像制品管理条例》《电影管理条例》《出版管理条例》《广播电视管理条例》。2001年以后又公布实施了《计算机软件保护条例》《信息网络传播权保护条例》等，对国家对作品的出版、传播的监督管理作了规定。本条规定，国家对作品的出版、传播依法进行监督管理。

《伯尔尼公约》第17条规定，如果本同盟任何成员国的主管当局认为有必要对于任何作品或制品的发行、演出、展出，通过法律或条例行使许可、监督

或者禁止权力，本公约的条款不应妨碍本同盟各成员国政府的这种权力。该规定实际将作品的许可、限制或者禁止的权利授予各成员国，成员国有权通过国内法加以具体规范。从国外的立法看，虽然大多数国家没有在著作权法中专门规定这一问题，但往往通过刑法、行政法等法律对作品的出版、传播进行必要限制。例如，美国法律规定，在未满 18 岁的未成年人接触的网络交互服务和电子装置上，制作、教唆、传播或容许传播任何具有猥亵、低俗内容的，均视为犯罪。加拿大规定，制作、印刷、出版、发行、传播，或者以出版、发行或者传播为目的而持有任何淫秽材料、图片、色情档案或者任何其他类似作品，均为非法。法国法律规定，制作、销售、传播淫秽作品为犯罪行为。德国法律规定，在互联网上传播儿童色情内容的作品将面临最高达 15 年监禁的处罚。

适用指引

守法与公序良俗原则是现代民法的重要基本原则，《著作权法》第 4 条的规定内容体现了该原则的要求。著作权人和与著作权有关的权利人行使权利，不得违反宪法和法律，同时，由于著作权相关的民事活动繁多，法律难以做到周全详备，因此，规定著作权人和与著作权有关的权利人行使权利不得损害公共利益，能够较好实现民事主体的个体利益和社会公共利益的平衡。

近年来，在司法审判实践中，相关判决在认定构成著作权侵权的同时，从维护社会公共利益的角度出发，在综合考虑现实可行性、资源有效利用等相关情形后，判令侵权方不停止侵权，通过适当提高侵权赔偿标准对著作权人的合法权益予以充分救济，较好实现了民事主体个体利益和社会公共利益的平衡，殊值借鉴。

典型案例

河北山人雕塑有限公司与河北中鼎园林雕塑有限公司等侵害著作权纠纷案

关键词：美术作品　利益平衡

裁判摘要：山人雕塑公司创作雕塑作品的本意是借作品的传播以获取声誉及经济上的利益。山人雕塑公司的损失主要表现在因中鼎雕塑公司的侵权行为挤占了其市场份额，失去了从涉案雕塑作品中所获得的利益，但可以通过支付赔偿金的方式得到补偿。被控侵权雕塑用于社会公益事业，安置在三合镇刀靶烈士陵园，与整个陵园形成一体，若将其予以拆除必将造成社会资源的极大浪费。作为大型现代雕塑作品，其载体本身具有较高的价值，从遵循利益平衡原则和有效利用资源的效益角度出发，被控侵权雕塑不宜判决拆除。且三合镇刀靶烈士陵园是进行革命传统教育和爱国主义教育的重要场所，为弘扬社会主义核心价值观，树立正确的历史观、民族观、文化观，应当鼓励和支持当地政府发挥红色资源优势，开展以英雄烈士事迹为题材的作品创作生产和宣传推广。本案中，业主方三合镇政府明确表示不愿意拆除被控侵权雕塑，将继续使用该雕塑用作展览参观，进行红色革命教育。秉承公平公正、尊重历史、保护权利、有利传承的原则，对山人雕塑公司要求拆除被控侵权雕塑的诉讼请求依法不予支持。

基本案情：河北山人雕塑有限公司（简称山人雕塑公司）与河北中鼎园林雕塑有限公司（简称中鼎雕塑公司）是从事雕塑设计、制作和安装的专业机构。2017 年 12 月，山人雕塑公司与贵州省遵义市播州区三合镇人民政府（简称三合镇政府）商谈合作三合镇刀靶烈士陵园的雕塑工程，山人雕塑公司将创作完成的涉案作品“刀靶大捷”设计图及展板交给三合镇政府审阅，并按三合镇政府的要求进行数次修改，但双方最终未达成合意。后山人雕塑公司向贵州省遵义市中级人民法院提起诉讼，主张三合镇政府委托中鼎雕塑公司在刀靶烈士陵园设计、安装的被诉侵权雕塑侵害其著作权。贵州省遵义市中级人民法院一审判决由三合镇政府、中鼎雕塑公司共同向山人雕塑公司支付作品使用费 10 万元及合理支出费用 2 万元，并由中鼎雕塑公司赔礼道歉。山人雕塑公司、中鼎雕塑公司均不服一审判决，提起上诉。贵州省高级人民法院二审认定侵权行为成立，但同时认为，刀靶烈士陵园是进行革命传统教育和爱国主义教育的重要场所，从遵循利益平衡原则和有效利用资源的效益角度出发，被诉侵权雕塑不宜判决拆除。故在可通过适当提高侵权赔偿标准对山人雕塑公司的权利予以充分救济的情况下，对山人雕塑公司主张停止侵害、拆除侵权雕塑的诉讼请求不予支持，改判中鼎雕塑公司、三合镇政府等共同赔偿山人雕塑公司经济损失及维权合理开支 20 万元。

【案　　号】（2019）黔民终 449 号

【审理法院】贵州省高级人民法院

【来　　源】2019 年中国法院 10 大知识产权案件

第五条　本法不适用于：

（一）法律、法规，国家机关的决议、决定、命令和其他具有立法、行政、司法性质的文件，及其官方正式译文；

（二）单纯事实消息；

（三）历法、通用数表、通用表格和公式。

条文释义

一、本条主旨

本条是关于不适用著作权客体的规定。

二、条文演变

我国《著作权法》于1990年制定后，对本条作了两次修改。第一次修改是2001年将本条第3项中的“数表”修改为“通用数表”；2020年修正《著作权法》时，将本条第2项中的“时事新闻”修改为“单纯事实消息”。

根据2013年修订的《著作权法实施条例》第5条，2010年《著作权法》第5条第2项的“时事新闻”是指通过报纸、期刊、广播电台、电视台等媒体报道的单纯事实消息。实践中存在将时事新闻与时事性文章相混淆的情形。《著作权法》第24条规定的时事性文章，是在时事新闻的基础上进行研究、分析、评论等，融入了作者的智力创作，属于著作权法保护的对象。为避免混淆和误解，加强对新闻作品的保护，此次修法借鉴《著作权法》实施条例的有关规定，将“时事新闻”修改为“单纯事实消息”。

三、条文解读

（一）关于法律、法规，国家机关的决议、决定、命令和其他具有立法、行政、司法性质的文件，及其官方正式译文

各国著作权法对法律和其他官方文件多不予以保护。法律和其他官方文件也是作品，其作者即法律和其他官方文件的制定者，也享有著作权中的人身权等权利，即署名权、修改权、发表权、保护作品完整权，但著作权人的财产权不受法律保护。法律和其他官方文件颁布后，公众可以自由使用，报纸刊登、电台广播等都无须征得著作权人许可，无须向其支付报酬。然而使用这类作品，不得侵犯作者的人身权，如不得将全国人大常委会颁布的法律写成是国务院颁布的。

法律的官方正式译文是指国家有关机关将法律翻译成其他民族文字或外国文字的正式译本，该译文是国家对该法律的翻译。法律的官方正式译文需经国家立法机关确认，例如，《香港特别行政区基本法》的官方正式英文本。对于该译文的效力，第七届全国人民代表大会常务委员会第十四次会议决定："全国人民代表大会法律委员会主持审定的《中华人民共和国香港特别行政区基本法》英译本为正式英文本，和中文本同样使用；英文本中的用语的含义如果有与中文本有出入的，以中文本为准。"国家机关的其他文件的官方正式译文，是指国家有关机关将该官方文件翻译成其他民族文字或外国文字的正式译本，这种译文是国家机关对该官方文件的翻译。官方正式译文的著作权保护与对法律和其他官方文件的著作权保护相同，其著作权中的人身权利受保护，财产权不受保护。法律和其他官方文件的官方正式译文发表后，他人可以随意使用，无须征得制定者同意，无须向制定者支付报酬。

法律和其他官方文件的非官方正式译文则受《著作权法》保护。例如，某学者将本国法律翻译成外文，或者将外国法律译成中文，其对自己的译文享有著作权。

（二）关于单纯事实消息

实践中，要区分好单纯事实消息和时事新闻作品。单纯事实消息作为一种事实，不受《著作权法》保护，但作者根据单纯事实消息所创作的时事新闻作

品则受《著作权法》的保护。例如，抓拍美国总统肯尼迪遇刺的新闻摄影作品非常人所能及，这些时事新闻作品具备作品的特征，受著作权法的保护。著作权法对时事新闻作品的保护体现在两个方面：一是作者享有署名权和修改权；二是著作权人享有发表权，并享有因首次发表而获得报酬的权利。但著作权人对时事新闻作品中的财产权受到一定限制，他人为了传播而正当使用时事新闻作品，无须著作权人许可，无须支付报酬。但是，倘若非以传播时事新闻为目的而使用时事新闻作品，如出版新闻作品集，出版新闻摄影集，使用人应取得时事新闻作品著作权人的许可，并向其支付报酬。

（三）关于历法、通用数表、通用表格和公式

历法所揭示的日期、节气、节日等内容是不为《著作权法》所调整的，但人们根据历法所绘制的挂历、台历、日历是受《著作权法》保护的。

数表中的通用数表，如元素周期律、函数表、对数表是不受《著作权法》保护的，但非通用数表，如作者创作的五代以内血亲表是受《著作权法》保护的。

通用表格，如通用发票、通用会计账册表格；公式，如 $x^2 - y^2 = (x + y)(x - y)$，为人们普遍使用，已进入公有领域，这些通用表格和公式不适用于《著作权法》。

适用指引

《著作权法》保护的对象是“作品”,《著作权法》第 3 条规定：“本法所称的作品，是指文学、艺术和科学领域内具有独创性并能以一定形式表现的智力成果。”只有具有独创性的外在表达才构成受《著作权法》保护的作品。客观事实本身不受《著作权法》保护，单纯事实消息因无法反映作者的独创性也不构成作品。但应注意区分“单纯事实消息”和根据单纯事实消息所创作的时事新闻，如果时事新闻由作者独立创作完成，对表达的安排体现了作者的选择、判断和技巧等因素，构成作品的，其独创性表达部分仍受《著作权法》保护。同时，以摄影、绘画、拍摄等非文字方式记录、报道新闻事实，属于作品的，受《著作权法》保护。如反映新闻事件的照片，如拍摄者对拍摄的角度、亮度、光线、画面取舍等方面进行了富有个性化的选择，则可以成为受《著作权法》保护的作品。

法律、法规，国家机关的决议、决定、命令和其他具有立法、行政、司法性质的文件等官方正式文件尽管可能符合独创性要求，但官方文件涉及社会公共利益，如作为作品受《著作权法》保护，将增加社会公众复制和传播官方文件的成本，因此，该等官方正式文件不宜成为《著作权法》的保护对象。司法诉讼过程中当事人辩护意见等文件，不涉及社会公众利益，一般不属于《著作权法》第5条规定的不适用著作权客体范畴。

类案检索

一、乔某富诉重庆华龙网新闻传媒有限公司侵害著作权纠纷案

关键词：单纯事实消息　时事新闻作品

裁判摘要：本案所涉的18篇文章中，《我陆航武直9直11表演高难特技飞行员均曾留学》《【特稿】空军三支表演队亮相长春》《高清：解放军史上信息化程度最高红蓝实兵对抗》《我军用激光模拟系统进行信息化程度最高红蓝对抗（1）》四篇文章分别是对首届中国天津国际直升机博览会、首届航空开放日、运用激光模拟交战系统进行“红蓝”军实兵实装对抗演习等事件的时间、地点、人物、发生过程等现场的客观事实的叙述，不含作者的情感表达、新闻评论等内容，属于单纯的事实消息。但该四篇文章所配的37幅图片却均是乔某富借助数码相机、利用光线条件等记录的客观景象创作而成。该新闻中所使用的37幅照片从取图的画面、取图的角度、画面的亮度，局部的光彩等都凝聚了乔某富的创造性的劳动。虽然所配文字属于单纯事实消息，但图片具有独创性，属于把单纯事实进行了独创性的表达，是时事新闻作品，可以成为受《著作权法》保护的作品。

【案　　号】（2013）渝高法民终字第261号

【审理法院】重庆市高级人民法院

【来　　源】《人民法院案例选》2016年第1期（总第95辑）

二、张某江诉钱某中著作权侵权纠纷案

关键词：辩护词　作品

裁判摘要：著作权保护的对象是对思想以及事实的独创性表达，认定作品

时应考虑以下因素：（1）是否具有一定表现形式，不属于客观事实或者抽象的思想本身；（2）是否由创作者独立创作完成，体现了创作者的个性化选择、判断及技巧等因素；（3）是否属于智力劳动成果。具体到本案而言，张某江的涉案《辩护词》，虽遵循辩护词的基本格式，但其行文体现了张某江的个性化选择和表达，具有独创性，涉案《辩护词》属于《著作权法》保护的文字作品，应受法律保护。此外，《著作权法》第5条将具有立法、行政、司法性质的文件排除在受法律保护的作品之外，是因为官方文件涉及社会公众的利益，不能因著作权保护增加社会公众复制和传播官方文件的成本。涉案《辩护词》是律师受案件被告人委托，在诉讼过程中提出的有利于被告人的材料和意见，不涉及社会公共利益，不属于《著作权法》第5条规定的范畴，故钱某中主张涉案《辩护词》不构成作品的主张不能成立。

【案　　号】（2017）浙民终478号

【审理法院】浙江省高级人民法院

【来　　源】2017年度浙江法院十大知识产权案件

三、《武进日报》社、海南南海网传媒股份有限公司侵害作品信息网络传播权纠纷案

关键词：单纯事实消息　时事性文章　信息网络传播权

裁判摘要：本案中，《武进日报》所转载的两篇文章《万达将投资数百亿在海口建万达广场与文化旅游城》（文章编号35）和《两家企业绿豆冰沙抽检不合格三亚市食药监启动核查程序》（文章编号56）均非体现单纯事实消息的时事新闻，应当属于关于政治、经济的时事性文章，并受南海网不得转载法律声明的限制。二审判决认定武进日报未经许可转载上述两篇文章侵犯南海网信息网络传播权并无不当。36—41六篇文章内容或写法具有独创性，部分作品属于深度访谈和人物报道，不属于“时事新闻”或单纯事实消息，南海网依法享有信息网络传播权。62—64三篇文章属于深度报道，具有独创性，属于《著作权法》保护的作品，南海网享有信息网络传播权。即便《武进日报》于2016年7月1日在南海网刊登版权声明前转载上述文章，亦构成侵权。

【案　　号】（2020）最高法民申2496号

【审理法院】最高人民法院

【来　　源】中国裁判文书网

第六条　民间文学艺术作品的著作权保护办法由国务院另行规定。

关联规定

法律、行政法规、司法解释

1.《中华人民共和国著作权法》

第三条　本法所称的作品，是指文学、艺术和科学领域内具有独创性并能以一定形式表现的智力成果，包括：

（一）文字作品；

（二）口述作品；

（三）音乐、戏剧、曲艺、舞蹈、杂技艺术作品；

（四）美术、建筑作品；

（五）摄影作品；

（六）视听作品；

（七）工程设计图、产品设计图、地图、示意图等图形作品和模型作品；

（八）计算机软件；

（九）符合作品特征的其他智力成果。

2.《中华人民共和国著作权法实施条例》

第二条　著作权法所称作品，是指文学、艺术和科学领域内具有独创性并能以某种有形形式复制的智力成果。

条文释义

一、本条主旨

本条是关于民间文学艺术作品的保护的规定。

二、条文演变

1990 年《著作权法》第 6 条规定：” 民间文学艺术作品的著作权保护办法由国务院另行规定。”《著作权法》于 2001 年、2010 年、2020 年的三次修正对该条的序号及内容均未作变动。

三、条文解读

1976 年联合国教科文组织和世界知识产权组织通过的《突尼斯版权示范法》定义民间作品为：作者为所在国国民或少数民族社团在本国境内创作的所有文学、艺术和科学作品，它们代代相传，已成为传统文化遗产的一个重要组成部分。1982 年联合国教科文组织和世界知识产权组织制定的《保护民间文学表达形式，防止不正当利用及其他侵害行为的国内法示范法条》规定：民间文学表达形式，是指由传统艺术遗产的特有因素构成的，由 × × 国的某居民团体（或反映该团体的传统艺术发展的个人）所发展和保持的产品。综上，民间文学艺术作品是一种世代相传、长期演变、没有特定作者、反映某一社会群体文学艺术特性的作品。

民间文学艺术作品具有以下特征：

第一，民间文学艺术作品是一种通过某个社会群体几代人的不断模仿而进行的非个人的、连续的、缓慢的创作活动过程的产物。

第二，民间文学艺术作品的表现形式丰富。《保护民间文学表达形式，防止不正当利用及其他侵害行为的国内法示范法条》规定：“民间文学表达形式包括：（一）口头表达形式；（二）音乐表达形式；（三）活动表达形式；（四）有形的表达形式，如民间艺术品、乐器、建筑艺术形式。常见的民间文学艺术作品表现形式有文字、口述、音乐、戏剧、舞蹈、美术等作品。”

第三，民间文学艺术作品的作者是创作该民间文学艺术作品的社会群体。这个社会群体可以是一个民族，也可以是本民族的某个村落，还可以指几个民族。民间文学艺术作品无具体的作者。表演民间文学艺术作品的某个说唱人、舞蹈人，不是民间文学艺术作品的作者。

第四，民间文学艺术作品的权利属于创作、保存该民间文学艺术作品的社会群体。

第五，民间文学艺术作品权利的保护，不受时效的限制。民间文学艺术作品的修改权永远由创作、保存该作品的社会群体享有，民间文学艺术作品的财产权亦不存在保护期间。

第六，在传统和习惯范围内使用民间文学艺术作品都属于合理使用，即使营利使用，也不须经许可，不支付报酬。

第七，民间文学艺术作品的权利由创作、保存该作品的社会群体行使，或者民间文学艺术作品的财产权利由当地民间文学艺术的主管部门行使。

第八，民间文学艺术作品的财产权利不能转让，但允许授权使用。

第九，在以营利为目的，并于传统和习惯之外使用民间文学艺术作品，应当取得民间文学艺术主管部门或者有关社会群体的许可。由于民间文学艺术作品的特点不同于其他作品，故本条规定："民间文学艺术作品的著作权保护办法由国务院另行规定。"

适用指引

针对民间文学艺术作品是否受著作权法保护，形成两种不同的观点。第一种观点认为，民间文学艺术作品代代相传，形式多样，处于不断演变之中，难以确定作者，不能对其实施著作权保护，否则会把许多已经进入公有领域的作品重新纳入专有领域。1984 年原文化部颁发的《图书、期刊版权保护试行条例》(已失效）也是对民间文学艺术作品的整理本加以版权和邻接权保护，保护的是整理者和主要素材的提供者，而不是保护民间文学艺术作品的"著作权人"。可以制定行政法律法规，通过行政法律手段保护民间文学艺术作品。保护民间艺术作品。 第二种观点认为，应当用《著作权法》保护民间文学艺术作品，但是如何确定民间艺术作品的权利主体存在较大争议。民间艺术作品的创作者通常是某一族群而不是某一个或某几个特定的人。即使某种民间艺术作品曾经由某一个人创作，但在代代相传的过程中往往加入了社群群体的改造。对于民间艺术作品的源生群体是否为民间艺术作品的权利人，其权利应由谁代表行使，国际上主要有两种做法：一是国家作为权利人；二是将特定的民族或者社群作为权利人。本条规定，民间艺术作品的著作权保护办法由国务院另行规定。国家版权局曾公布《民间文学艺术作品著作权保护条例》(征求意见稿)，截至目前，国务院尚未发布相关保护办法。[①]

指导案例

指导案例80号：洪福远、邓春香诉贵州五福坊食品有限公司、贵州今彩民族文化研发有限公司著作权侵权纠纷案

（最高人民法院审判委员会讨论通过　2017年3月6日发布）

关键词： 民事　著作权侵权　民间文学艺术衍生作品

裁判要点： 民间文学艺术衍生作品的表达系独立完成且有创作性的部分，符合著作权法保护的作品特征的，应当认定作者对其独创性部分享有著作权。

相关法条：《中华人民共和国著作权法》第三条

《中华人民共和国著作权法实施条例》第二条

基本案情： 原告洪福远、邓春香诉称：原告洪福远创作完成的《和谐共生十二》作品，发表在2009年8月贵州人民出版社出版的《福远蜡染艺术》一书中。洪福远曾将该涉案作品的使用权（蜡染上使用除外）转让给原告邓春香，由邓春香维护著作财产权。被告贵州五福坊食品有限公司（以下简称五福坊公司）以促销为目的，擅自在其销售的商品上裁切性地使用了洪福远的上述画作。原告认为被告侵犯了洪福远的署名权和邓春香的著作财产权，请求法院判令：被告就侵犯著作财产权赔偿邓春香经济损失20万元；被告停止使用涉案图案，销毁涉案包装盒及产品册页；被告就侵犯洪福远著作人身权刊登声明赔礼道歉。

被告五福坊公司辩称：第一，原告起诉其拥有著作权的作品与贵州今彩民族文化研发有限公司（以下简称今彩公司）为五福坊公司设计的产品外包装上的部分图案，均借鉴了贵州黄平革家传统蜡染图案，被告使用今彩公司设计的产品外包装不构成侵权；第二，五福坊公司的产品外包装是委托本案第三人今彩公司设计的，五福坊公司在使用产品外包装时已尽到合理注意义务；第三，本案所涉作品在产品包装中位于右下角，整个作品面积只占产品外包装面积的

① 参见黄薇、王雷鸣主编：《〈中华人民共和国著作权法〉导读与释义》，中国民主法制出版社2021年版，第64~66页。

二十分之一左右，对于产品销售的促进作用影响较小，原告起诉的赔偿数额20万元显然过高。原告的诉请没有事实和法律依据，故请求驳回原告的诉讼请求。

第三人今彩公司述称：其为五福坊公司进行广告设计、策划，2006年12月创作完成“四季如意”的手绘原稿，直到2011年10月五福坊公司开发针对旅游市场的礼品，才重新截取该图案的一部分使用，图中的鸟纹、如意纹、铜鼓纹均源于贵州黄平革家蜡染的“原形”，原告作品中的鸟纹图案也源于贵州传统蜡染，原告方主张的作品不具有独创性，本案不存在侵权的事实基础，故原告的诉请不应支持。

法院经审理查明：原告洪福远从事蜡染艺术设计创作多年，先后被文化部授予“中国十大民间艺术家”“非物质文化遗产保护工作先进个人”等荣誉称号。2009年8月其创作完成的《和谐共生十二》作品发表在贵州人民出版社出版的《福远蜡染艺术》一书中，该作品借鉴了传统蜡染艺术的自然纹样和几何纹样的特征，色彩以靛蓝为主，描绘了一幅花、鸟共生的和谐图景。但该作品对鸟的外形进行了补充，对鸟的眼睛、嘴巴丰富了线条，使得鸟图形更加传神，对鸟的脖子、羽毛融入了作者个人的独创，使得鸟图形更为生动，对中间的铜鼓纹花也融合了作者自己的构思而有别于传统的蜡染艺术图案。2010年8月1日，原告洪福远与原告邓春香签订《作品使用权转让合同》，合同约定洪福远将涉案作品的使用权（蜡染上使用除外）转让给邓春香，由邓春香维护受让权利范围内的著作财产权。

被告五福坊公司委托第三人今彩公司进行产品的品牌市场形象策划设计服务，包括进行产品包装及配套设计、产品手册以及促销宣传品的设计等。根据第三人今彩公司的设计服务，五福坊公司在其生产销售的产品贵州辣子鸡、贵州小米渣、贵州猪肉干的外包装礼盒的左上角、右下角使用了蜡染花鸟图案和如意图案边框。洪福远认为五福坊公司使用了其创作的《和谐共生十二》作品，一方面侵犯了洪福远的署名权，割裂了作者与作品的联系，另一方面侵犯了邓春香的著作财产权。经比对查明，五福坊公司生产销售的上述三种产品外包装礼盒和产品手册上使用的蜡染花鸟图案与洪福远创作的《和谐共生十二》作品，在鸟与花图形的结构造型、线条的取舍与排列上一致，只是图案的底色和线条的颜色存在差别。

裁判结果： 贵州省贵阳市中级人民法院于2015年9月18日作出（2015）筑知民初字第17号民事判决：一、被告贵州五福坊食品有限公司于本判决生效之日起10日内赔偿原告邓春香经济损失10万元；二、被告贵州五福坊食品有限公司在本判决生效后，立即停止使用涉案《和谐共生十二》作品；三、被告贵州五福坊食品有限公司于本判决生效之日起5日内销毁涉案产品贵州辣子鸡、贵州小米渣、贵州猪肉干的包装盒及产品宣传册页；四、驳回原告洪福远和邓春香的其余诉讼请求。一审宣判后，各方当事人均未上诉，判决已发生法律效力。

裁判理由： 法院生效裁判认为：本案的争议焦点一是本案所涉《和谐共生十二》作品是否受著作权法保护；二是案涉产品的包装图案是否侵犯原告的著作权；三是如何确定本案的责任主体；四是本案的侵权责任方式如何判定；五是本案的赔偿数额如何确定。

关于第一个争议焦点，本案所涉原告洪福远的《和谐共生十二》画作中两只鸟尾部重合，中间采用铜鼓纹花连接而展示对称的美感，而这些正是传统蜡染艺术的自然纹样和几何纹样的主题特征，根据本案现有证据，可以认定涉案作品显然借鉴了传统蜡染艺术的表达方式，创作灵感直接来源于黄平革家蜡染背扇图案。但涉案作品对鸟的外形进行了补充，对鸟的眼睛、嘴巴丰富了线条，对鸟的脖子、羽毛融入了作者个人的独创，使得鸟图形更为传神生动，对中间的铜鼓纹花也融合了作者的构思而有别于传统的蜡染艺术图案。根据著作权法实施条例第二条“著作权法所称作品，是指文学、艺术和科学领域内具有独创性并能以某种有形形式复制的智力成果”的规定，本案所涉原告洪福远创作的《和谐共生十二》画作属于传统蜡染艺术作品的衍生作品，是对传统蜡染艺术作品的传承与创新，符合著作权法保护的作品特征，在洪福远具有独创性的范围内受著作权法的保护。

关于第二个争议焦点，根据著作权法实施条例第四条第九项“美术作品，是指绘画、书法、雕塑等以线条、色彩或者其他方式构成的有审美意义的平面或者立体的造型艺术作品”的规定，绘画作品主要是以线条、色彩等方式构成的有审美意义的平面造型艺术作品。经过庭审比对，本案所涉产品贵州辣子鸡等包装礼盒和产品手册中使用的花鸟图案与涉案《和谐共生十二》画作，在鸟与花图形的结构造型、线条的取舍与排列上一致，只是图案的底色和线条的颜色存在差别，就比对的效果来看图案的底色和线条的颜色差别已然成为侵权的掩饰手段而已，并非独创性的智力劳动；第三人今彩公司主张其设计、使用在五福坊公司产品包装礼盒和产品手册中的作品创作于2006年，但其没有提交任何证据可以佐证，而洪福远的涉案作品于2009年发表在《福远蜡染艺术》一书中，且书中画作直接注明了作品创作日期为2003年，由此可以认定洪福远的涉案作品创作并发表在先。在五福坊公司生产、销售涉案产品之前，洪福远即发表了涉案《和谐共生十二》作品，五福坊公司有机会接触到原告的作品。据此，可以认定第三人今彩公司有抄袭洪福远涉案作品的故意，五福坊公司在生产、销售涉案产品包装礼盒和产品手册中部分使用原告的作品，侵犯了原告对涉案绘画美术作品的复制权。

关于第三个争议焦点，庭前准备过程中，经法院向洪福远释明是否追加今彩公司为被告参加诉讼，是否需要变更诉讼请求，原告以书面形式表示不同意追加今彩公司为被告，并认为五福坊公司与今彩公司属于另一法律关系，不宜与本案合并审理。事实上，五福坊公司与今彩公司签订了合同书，合同约定被告生产的所有产品的外包装、广告文案、宣传品等皆由今彩公司设计，合同也约定如今彩公司提交的设计内容有侵权行为，造成的后果由今彩公司全部承担。但五福坊公司作为产品包装的委托方，并未举证证明其已尽到了合理的注意义务，且也是侵权作品的最终使用者和实际受益者，根据著作权法第四十八条第二款第一项“有下列侵权行为的，应当根据情况，承担停止侵害、消除影响、赔礼道歉、赔偿损失等民事责任……（一）未经著作权人许可，复制、发行、表演、放映、广播、汇编、通过信息网络向公众传播其作品的，本法另有规定的除外”、《最高人民法院关于审理著作权民事纠纷案件适用法律若干问题的解释》（以下简称《著作权纠纷案件解释》）第十九条、第二十条第二款的规定，五福坊公司依法应承担本案侵权的民事责任。五福坊公司与第三人今彩公司之间属另一法律关系，不属于本案的审理范围，当事人可另行主张解决。

关于第四个争议焦点，根据著作权法第四十七条、第四十八条规定，侵犯著作权或与著作权有关的权利的，应当根据案件的实际情况，承担停止侵害、消除影响、赔礼道歉、赔偿损失等民事责任。本案中，第一，原告方的部分著作人身权和财产权受到侵害，客观上产生相应的经济损失，对于原告方的第一项赔偿损失的请求，依法应当获得相应的支持；第二，无论侵权人有无过错，为防止损失的扩大，责令侵权人立即停止正在实施的侵犯他人著作权的行为，以保护权利人的合法权益，也是法律实施的目的，对于原告方第二项要求被告停止使用涉案图案，销毁涉案包装盒及产品册页的诉请，依法应予支持；第三,五福坊公司事实上并无主观故意，也没有重大过失，只是没有尽到合理的审查义务而基于法律的规定承担侵权责任，洪福远也未举证证明被告侵权行为造成其声誉的损害，故对于洪福远要求五福坊公司在《贵州都市报》综合版面刊登声明赔礼道歉的第三项诉请，不予支持。

关于第五个争议焦点，本案中，原告方并未主张为制止侵权行为所支出的合理费用，也没有举证证明为制止侵权行为所支出的任何费用。庭审中，原告方没有提交任何证据以证明其实际损失的多少，也没有提交任何证据以证明五福坊公司因侵权行为的违法所得。事实上，原告方的实际损失本身难以确定，被告方因侵权行为的违法所得也难以查清。根据《著作权纠纷案件解释》第二十五条第一款、第二款“权利人的实际损失或者侵权人的违法所得无法确定的，人民法院根据当事人的请求或者依职权适用著作权法第四十八条第二款（现为第四十九条第二款）的规定确定赔偿数额。人民法院在确定赔偿数额时，应当考虑作品类型、合理使用费、侵权行为性质、后果等情节综合确定”的规定，结合本案的客观实际，主要考量以下5个方面对侵犯著作权赔偿数额的影响：第一，洪福远的涉案《和谐共生十二》作品属于贵州传统蜡染艺术作品的衍生作品，著作权作品的创作是在传统蜡染艺术作品基础上的传承与创新，涉案作品中鸟图形的轮廓与对称的美感来源于传统艺术作品，作者构思的创新有一定的限度和相对局限的空间；第二，贵州蜡染有一定的区域特征和地理标志意义，以花、鸟、虫、鱼等为创作缘起的蜡染艺术作品在某种意义上属于贵州元素或贵州符号，五福坊公司作为贵州的本土企业，其使用贵州蜡染艺术作品符合民间文学艺术作品作为非物质文化遗产固有的民族性、区域性的基本特征要求；第三，根据洪福远与邓春香签订的《作品使用权转让合同》，洪福远已经将其创作的涉案《和谐共生十二》作品的使用权（蜡染上使用除外）转让给邓春香，即涉案作品的大部分著作财产权转让给了传统民间艺术传承区域外的邓春香，由邓春香维护涉案作品著作财产权，基于本案著作人身权与财产权的权利主体在传统民间艺术传承区域范围内外客观分离的状况，传承区域范围内的企业侵权行为产生的后果与影响并不显著；第四，洪福远几十年来执着于民族蜡染艺术的探索与追求，在创作中将传统的民族蜡染与中国古典文化有机地糅合，从而使蜡染艺术升华到一定高度，对区域文化的发展起到一定的推动作用。尽管涉案作品的大部分著作财产权已经转让给了传统民间艺术传承区域外的邓春香，但洪福远的创作价值以及其在蜡染艺术业内的声誉应得到尊重；第五,五福坊公司涉案产品贵州辣子鸡、贵州小米渣、贵州猪肉干的生产经营规模、销售渠道等应予以参考，根据五福坊公司提交的五福坊公司与广州卓凡彩色印刷有限公司的采购合同，尽管上述证据不一定完全客观反映五福坊公司涉案产品的生产经营状况，但在原告方无任何相反证据的情形下，被告的证明主张在合理范围内应为法律所允许。综合考量上述因素，参照贵州省当前的经济发展水平和人们的生活水平，酌情确定由五福坊公司赔偿邓春香经济损失 10 万元。

第七条　国家著作权主管部门负责全国的著作权管理工作；县级以上地方主管著作权的部门负责本行政区域的著作权管理工作。

关联规定

一、法律、行政法规、司法解释

1.《中华人民共和国著作权法》

第八条　著作权集体管理组织根据授权向使用者收取使用费。使用费的收取标准由著作权集体管理组织和使用者代表协商确定，协商不成的，可以向国家著作权主管部门申请裁决，对裁决不服的，可以向人民法院提起诉讼；当事人也可以直接向人民法院提起诉讼。

著作权集体管理组织应当将使用费的收取和转付、管理费的提取和使用、使用费的未分配部分等总体情况定期向社会公布，并应当建立权利信息查询系统，供权利人和使用者查询。国家著作权主管部门应当依法对著作权集体管理组织进行监督、管理。

2.《中华人民共和国著作权法实施条例》

第二十二条　依照著作权法第二十三条、第三十三条第二款、第四十条第三款的规定使用作品的付酬标准，由国务院著作权行政管理部门会同国务院价格主管部门制定、公布。

第二十五条　与著作权人订立专有许可使用合同、转让合同的，可以向著作权行政管理部门备案。

第三十七条　有著作权法第四十八条所列侵权行为，同时损害社会公共利益的，由地方人民政府著作权行政管理部门负责查处。

国务院著作权行政管理部门可以查处在全国有重大影响的侵权行为。

二、部门规章及规范性文件

1.《作品自愿登记试行办法》

第三条 各省、自治区、直辖市版权局负责本辖区的作者或其他著作权人的作品登记工作。国家版权局负责外国以及台湾、香港和澳门地区的作者和其他著作权人的作品登记工作。

2.《计算机软件著作权登记办法》

第六条 国家版权局主管全国软件著作权登记管理工作。

国家版权局认定中国版权保护中心为软件登记机构。

经国家版权局批准，中国版权保护中心可以在地方设立软件登记办事机构。

3.《互联网著作权行政保护办法》

第三条 各级著作权行政管理部门依照法律、行政法规和本办法对互联网信息服务活动中的信息网络传播权实施行政保护。国务院信息产业主管部门和各省、自治区、直辖市电信管理机构依法配合相关工作。

4.《著作权行政处罚实施办法》

第二条 国家版权局以及地方人民政府享有著作权行政执法权的有关部门（以下称著作权行政管理部门），在法定职权范围内就本办法列举的违法行为实施行政处罚。法律、法规另有规定的，从其规定。

条文释义

一、本条主旨

本条是关于著作权管理部门的规定。

二、条文演变

1990年《著作权法》第8条规定："国务院著作权行政管理部门主管全国的著作权管理工作；各省、自治区、直辖市人民政府的著作权行政管理部门主管本行政区域的著作权管理工作。"2001年和2010年两次《著作权法》修正时该条款均未修改。2020年《著作权法》第三次修正时，将该条文表述进行了修改。主要原因是著作权主管部门的变化。1985年在原文化部设立国家出版局，1987年，撤销原文化部所属国家版权局，设立直属国务院的新闻出版署，保留国家版权局。1990年、2001年和2010年《著作权法》适用期间，著作权管理部门隶属国务院，因此，在法条中采用了“国务院著作权行政管理部门”“各省、自治区、直辖市人民政府的著作权行政管理部门”的表述。2018年3月，中央印发《深化党和国家机构改革方案》，将新闻出版管理职责划入中央宣传部。故，2020年《著作权法》在修正时将该条文做了表述上的修改。将“国务院著作权行政管理部门”修改为“国家著作权主管部门”，将“主管”修改为“负责”。

三、条文解读

本条第1款规定了负责全国著作权管理工作的部门；第2款规定了负责地方著作权管理工作的部门。

（一）国家著作权主管部门

根据《深化党和国家机构改革方案》，原国家新闻出版广电总局的新闻出版管理职责划入中央宣传部，中央宣传部对外加挂国家新闻出版署（国家版权局）牌子。根据原国家版权局的“三定方案”，国家版权局的主要职责为：一是贯彻实施著作权法律、法规，制定与著作权行政管理有关的办法；二是查处在全国有重大影响的著作权侵权案件；三是批准设立涉外代理机构并监督、指导其工作；四是负责著作权涉外管理工作；五是负责国家享有的著作权管理工作；六是指导地方著作权行政管理部门的工作；七是承担国务院交办的其他著作权管理工作。上述这些职责相应地划入中央宣传部。

（二）县级以上地方主管著作权的部门

根据著作权执法管理的需要，此次修法还将各省、自治区、直辖市人民政府的著作权管理部门扩大到县级以上地方主管著作权的部门，以加强对著作权的保护。将地方管理部门由省级扩大到县级，主要是赋予基层执法管理权。《深化党和国家机构改革方案》指出，整合组建文化市场综合执法队伍，统一行使文化、文物、出版、广播电视、电影、旅游市场行政执法职责。各地应当根据有关改革要求，综合执法力量，推进综合执法，加强著作权的保护力度。

适用指引

本条主要涉及著作权主管部门的职能规定，属于指引性规定，著作权主管部门的具体职能需结合部门规章及地方性规定进行确定。

第八条　著作权人和与著作权有关的权利人可以授权著作权集体管理组织行使著作权或者与著作权有关的权利。依法设立的著作权集体管理组织是非营利法人，被授权后可以以自己的名义为著作权人和与著作权有关的权利人主张权利，并可以作为当事人进行涉及著作权或者与著作权有关的权利的诉讼、仲裁、调解活动。

著作权集体管理组织根据授权向使用者收取使用费。使用费的收取标准由著作权集体管理组织和使用者代表协商确定，协商不成的，可以向国家著作权主管部门申请裁决，对裁决不服的，可以向人民法院提起诉讼；当事人也可以直接向人民法院提起诉讼。

著作权集体管理组织应当将使用费的收取和转付、管理费的提取和使用、使用费的未分配部分等总体情况定期向社会公布，并应当建立权利信息查询系统，供权利人和使用者查询。国家著作权主管部门应当依法对著作权集体管理组织进行监督、管理。

著作权集体管理组织的设立方式、权利义务、使用费的收取和分配，以及对其监督和管理等由国务院另行规定。

关联规定

法律、行政法规、司法解释

1.《著作权集体管理条例》

第一章　总则

第一条　为了规范著作权集体管理活动，便于著作权人和与著作权有关的权利人（以下简称权利人）行使权利和使用者使用作品，根据《中华人民共和国著作权法》）制定本条例。

第二条　本条例所称著作权集体管理，是指著作权集体管理组织经权利人授权，集中行使权利人的有关权利并以自己的名义进行的下列活动：

（一）与使用者订立著作权或者与著作权有关的权利许可使用合同（以下

简称许可使用合同）；

（二）向使用者收取使用费；

（三）向权利人转付使用费；

（四）进行涉及著作权或者与著作权有关的权利的诉讼、仲裁等。

第三条 本条例所称著作权集体管理组织，是指为权利人的利益依法设立，根据权利人授权、对权利人的著作权或者与著作权有关的权利进行集体管理的社会团体。

著作权集体管理组织应当依照有关社会团体登记管理的行政法规和本条例的规定进行登记并开展活动。

第四条 著作权法规定的表演权、放映权、广播权、出租权、信息网络传播权、复制权等权利人自己难以有效行使的权利，可以由著作权集体管理组织进行集体管理。

第五条 国务院著作权管理部门主管全国的著作权集体管理工作。

第六条 除依照本条例规定设立的著作权集体管理组织外，任何组织和个人不得从事著作权集体管理活动。

第二章 著作权集体管理组织的设立

第七条 依法享有著作权或者与著作权有关的权利的中国公民、法人或者其他组织，可以发起设立著作权集体管理组织。

设立著作权集体管理组织，应当具备下列条件：

（一）发起设立著作权集体管理组织的权利人不少于50人；

（二）不与已经依法登记的著作权集体管理组织的业务范围交叉、重合；

（三）能在全国范围代表相关权利人的利益；

（四）有著作权集体管理组织的章程草案、使用费收取标准草案和向权利人转付使用费的办法（以下简称使用费转付办法）草案。

第八条 著作权集体管理组织章程应当载明下列事项：

（一）名称、住所；

（二）设立宗旨；

（三）业务范围；

（四）组织机构及其职权；

（五）会员大会的最低人数；

（六）理事会的职责及理事会负责人的条件和产生、罢免的程序；

（七）管理费提取、使用办法；

（八）会员加入、退出著作权集体管理组织的条件、程序；

（九）章程的修改程序；

（十）著作权集体管理组织终止的条件、程序和终止后资产的处理。

第九条 申请设立著作权集体管理组织，应当向国务院著作权管理部门提交证明符合本条例第七条规定的条件的材料。国务院著作权管理部门应当自收到材料之日起60日内，作出批准或者不予批准的决定。批准的，发给著作权集体管理许可证；不予批准的，应当说明理由。

第十条 申请人应当自国务院著作权管理部门发给著作权集体管理许可证之日起30日内，依照有关社会团体登记管理的行政法规到国务院民政部门办理登记手续。

第十一条 依法登记的著作权集体管理组织，应当自国务院民政部门发给登记证书之日起30日内，将其登记证书副本报国务院著作权管理部门备案；国务院著作权管理部门应当将报备的登记证书副本以及著作权集体管理组织章程、使用费收取标准、使用费转付办法予以公告。

第十二条 著作权集体管理组织设立分支机构，应当经国务院著作权管理部门批准，并依照有关社会团体登记管理的行政法规到国务院民政部门办理登记手续。经依法登记的，应当将分支机构的登记证书副本报国务院著作权管理部门备案，由国务院著作权管理部门予以公告。

第十三条 著作权集体管理组织应当根据下列因素制定使用费收取标准：

（一）使用作品、录音录像制品等的时间、方式和地域范围；

（二）权利的种类；

（三）订立许可使用合同和收取使用费工作的繁简程度。

第十四条 著作权集体管理组织应当根据权利人的作品或者录音录像制品等使用情况制定使用费转付办法。

第十五条 著作权集体管理组织修改章程，应当依法经国务院民政部门核准后，由国务院著作权管理部门予以公告。

第十六条 著作权集体管理组织被依法撤销登记的，自被撤销登记之日起不得再进行著作权集体管理业务活动。

第三章 著作权集体管理组织的机构

第十七条 著作权集体管理组织会员大会（以下简称会员大会）为著作权

集体管理组织的权力机构。

会员大会由理事会依照本条例规定负责召集。理事会应当于会员大会召开60日以前将会议的时间、地点和拟审议事项予以公告；出席会员大会的会员，应当于会议召开30日以前报名。报名出席会员大会的会员少于章程规定的最低人数时，理事会应当将会员大会报名情况予以公告，会员可以于会议召开5日以前补充报名，并由全部报名出席会员大会的会员举行会员大会。

会员大会行使下列职权：

（一）制定和修改章程；

（二）制定和修改使用费收取标准；

（三）制定和修改使用费转付办法；

（四）选举和罢免理事；

（五）审议批准理事会的工作报告和财务报告；

（六）制定内部管理制度；

（七）决定使用费转付方案和著作权集体管理组织提取管理费的比例；

（八）决定其他重大事项。

会员大会每年召开一次；经10%以上会员或者理事会提议，可以召开临时会员大会。会员大会作出决定，应当经出席会议的会员过半数表决通过。

第十八条 著作权集体管理组织设立理事会，对会员大会负责，执行会员大会决定。理事会成员不得少于9人。

理事会任期为4年，任期届满应当进行换届选举。因特殊情况可以提前或者延期换届，但是换届延期不得超过1年。

第四章 著作权集体管理活动

第十九条 权利人可以与著作权集体管理组织以书面形式订立著作权集体管理合同，授权该组织对其依法享有的著作权或者与著作权有关的权利进行管理。权利人符合章程规定加入条件的，著作权集体管理组织应当与其订立著作权集体管理合同，不得拒绝。

权利人与著作权集体管理组织订立著作权集体管理合同并按照章程规定履行相应手续后，即成为该著作权集体管理组织的会员。

第二十条 权利人与著作权集体管理组织订立著作权集体管理合同后，不得在合同约定期限内自己行使或者许可他人行使合同约定的由著作权集体管理组织行使的权利。

第二十一条 权利人可以依照章程规定的程序，退出著作权集体管理组织，终止著作权集体管理合同。但是，著作权集体管理组织已经与他人订立许可使用合同的，该合同在期限届满前继续有效；该合同有效期内，权利人有权获得相应的使用费并可以查阅有关业务材料。

第二十二条 外国人、无国籍人可以通过与中国的著作权集体管理组织订立相互代表协议的境外同类组织，授权中国的著作权集体管理组织管理其依法在中国境内享有的著作权或者与著作权有关的权利。

前款所称相互代表协议，是指中国的著作权集体管理组织与境外的同类组织相互授权对方在其所在国家或者地区进行集体管理活动的协议。

著作权集体管理组织与境外同类组织订立的相互代表协议应当报国务院著作权管理部门备案，由国务院著作权管理部门予以公告。

第二十三条 著作权集体管理组织许可他人使用其管理的作品、录音录像制品等，应当与使用者以书面形式订立许可使用合同。

著作权集体管理组织不得与使用者订立专有许可使用合同。

使用者以合理的条件要求与著作权集体管理组织订立许可使用合同，著作权集体管理组织不得拒绝。

许可使用合同的期限不得超过 2 年；合同期限届满可以续订。

第二十四条 著作权集体管理组织应当建立权利信息查询系统，供权利人和使用者查询。权利信息查询系统应当包括著作权集体管理组织管理的权利种类和作品、录音录像制品等的名称、权利人姓名或者名称、授权管理的期限。

权利人和使用者对著作权集体管理组织管理的权利的信息进行咨询时，该组织应当予以答复。

第二十五条 除著作权法第二十三条、第三十三条第二款、第四十条第三款、第四十三条第二款和第四十四条规定应当支付的使用费外，著作权集体管理组织应当根据国务院著作权管理部门公告的使用费收取标准，与使用者约定收取使用费的具体数额。

第二十六条 两个或者两个以上著作权集体管理组织就同一使用方式向同一使用者收取使用费，可以事先协商确定由其中一个著作权集体管理组织统一收取。统一收取的使用费在有关著作权集体管理组织之间经协商分配。

第二十七条 使用者向著作权集体管理组织支付使用费时，应当提供其使用的作品、录音录像制品等的名称、权利人姓名或者名称和使用的方式、数量、时间等有关使用情况；许可使用合同另有约定的除外。

使用者提供的有关使用情况涉及该使用者商业秘密的，著作权集体管理组织负有保密义务。

第二十八条 著作权集体管理组织可以从收取的使用费中提取一定比例作为管理费，用于维持其正常的业务活动。

著作权集体管理组织提取管理费的比例应当随着使用费收入的增加而逐步降低。

第二十九条 著作权集体管理组织收取的使用费，在提取管理费后，应当全部转付给权利人，不得挪作他用。

著作权集体管理组织转付使用费，应当编制使用费转付记录。使用费转付记录应当载明使用费总额、管理费数额、权利人姓名或者名称、作品或者录音录像制品等的名称、有关使用情况、向各权利人转付使用费的具体数额等事项，并应当保存10年以上。

第五章 对著作权集体管理组织的监督

第三十条 著作权集体管理组织应当依法建立财务、会计制度和资产管理制度，并按照国家有关规定设置会计账簿。

第三十一条 著作权集体管理组织的资产使用和财务管理受国务院著作权管理部门和民政部门的监督。

著作权集体管理组织应当在每个会计年度结束时制作财务会计报告，委托会计师事务所依法进行审计，并公布审计结果。

第三十二条 著作权集体管理组织应当对下列事项进行记录，供权利人和使用者查阅：

（一）作品许可使用情况；

（二）使用费收取和转付情况；

（三）管理费提取和使用情况。

权利人有权查阅、复制著作权集体管理组织的财务报告、工作报告和其他业务材料；著作权集体管理组织应当提供便利。

第三十三条 权利人认为著作权集体管理组织有下列情形之一的，可以向国务院著作权管理部门检举：

（一）权利人符合章程规定的加入条件要求加入著作权集体管理组织，或者会员依照章程规定的程序要求退出著作权集体管理组织，著作权集体管理组织拒绝的；

（二）著作权集体管理组织不按照规定收取、转付使用费，或者不按照规定提取、使用管理费的；

（三）权利人要求查阅本条例第三十二条规定的记录、业务材料，著作权集体管理组织拒绝提供的。

第三十四条 使用者认为著作权集体管理组织有下列情形之一的，可以向国务院著作权管理部门检举：

（一）著作权集体管理组织违反本条例第二十三条规定拒绝与使用者订立许可使用合同的；

（二）著作权集体管理组织未根据公告的使用费收取标准约定收取使用费的具体数额的；

（三）使用者要求查阅本条例第三十二条规定的记录，著作权集体管理组织拒绝提供的。

第三十五条 权利人和使用者以外的公民、法人或者其他组织认为著作权集体管理组织有违反本条例规定的行为的，可以向国务院著作权管理部门举报。

第三十六条 国务院著作权管理部门应当自接到检举、举报之日起60日内对检举、举报事项进行调查并依法处理。

第三十七条 国务院著作权管理部门可以采取下列方式对著作权集体管理组织进行监督，并应当对监督活动作出记录：

（一）检查著作权集体管理组织的业务活动是否符合本条例及其章程的规定；

（二）核查著作权集体管理组织的会计账簿、年度预算和决算报告及其他有关业务材料；

（三）派员列席著作权集体管理组织的会员大会、理事会等重要会议。

第三十八条 著作权集体管理组织应当依法接受国务院民政部门和其他有关部门的监督。

第六章 法律责任

第三十九条 著作权集体管理组织有下列情形之一的，由国务院著作权管理部门责令限期改正：

（一）违反本条例第二十二条规定，未将与境外同类组织订立的相互代表协议报国务院著作权管理部门备案的；

（二）违反本条例第二十四条规定，未建立权利信息查询系统的；

（三）未根据公告的使用费收取标准约定收取使用费的具体数额的。

著作权集体管理组织超出业务范围管理权利人的权利的，由国务院著作权管理部门责令限期改正，其与使用者订立的许可使用合同无效；给权利人、使用者造成损害的，依法承担民事责任。

第四十条 著作权集体管理组织有下列情形之一的，由国务院著作权管理部门责令限期改正；逾期不改正的，责令会员大会或者理事会根据本条例规定的权限罢免或者解聘直接负责的主管人员：

（一）违反本条例第十九条规定拒绝与权利人订立著作权集体管理合同的，或者违反本条例第二十一条的规定拒绝会员退出该组织的要求的；

（二）违反本条例第二十三条规定，拒绝与使用者订立许可使用合同的；

（三）违反本条例第二十八条规定提取管理费的；

（四）违反本条例第二十九条规定转付使用费的；

（五）拒绝提供或者提供虚假的会计账簿、年度预算和决算报告或者其他有关业务材料的。

第四十一条 著作权集体管理组织自国务院民政部门发给登记证书之日起超过6个月无正当理由未开展著作权集体管理活动，或者连续中止著作权集体管理活动6个月以上的，由国务院著作权管理部门吊销其著作权集体管理许可证，并由国务院民政部门撤销登记。

第四十二条 著作权集体管理组织从事营利性经营活动的，由工商行政管理部门依法予以取缔，没收违法所得；构成犯罪的，依法追究刑事责任。

第四十三条 违反本条例第二十七条的规定，使用者能够提供有关使用情况而拒绝提供，或者在提供有关使用情况时弄虚作假的，由国务院著作权管理部门责令改正；著作权集体管理组织可以中止许可使用合同。

第四十四条 擅自设立著作权集体管理组织或者分支机构，或者擅自从事著作权集体管理活动的，由国务院著作权管理部门或者民政部门依照职责分工予以取缔，没收违法所得；构成犯罪的，依法追究刑事责任。

第四十五条 依照本条例规定从事著作权集体管理组织审批和监督工作的国家行政机关工作人员玩忽职守、滥用职权、徇私舞弊，构成犯罪的，依法追究刑事责任；尚不构成犯罪的，依法给予行政处分。

第七章 附则

第四十六条 本条例施行前已经设立的著作权集体管理组织，应当自本条例生效之日起3个月内，将其章程、使用费收取标准、使用费转付办法及其他有关材料报国务院著作权管理部门审核，并将其与境外同类组织订立的相互代表协议报国务院著作权管理部门备案。

第四十七条 依照著作权法第二十三条、第三十三条第二款、第四十条第三款的规定使用他人作品，未能依照《中华人民共和国著作权法实施条例》第三十二条的规定向权利人支付使用费的，应当将使用费连同邮资以及使用作品的有关情况送交管理相关权利的著作权集体管理组织，由该著作权集体管理组织将使用费转付给权利人。

负责转付使用费的著作权集体管理组织应当建立作品使用情况查询系统，供权利人、使用者查询。

负责转付使用费的著作权集体管理组织可以从其收到的使用费中提取管理费，管理费按照会员大会决定的该集体管理组织管理费的比例减半提取。除管理费外，该著作权集体管理组织不得从其收到的使用费中提取其他任何费用。

第四十八条 本条例自2005年3月1日起施行。

2.《最高人民法院关于审理著作权民事纠纷案件适用法律若干问题的解释》

第六条 依法成立的著作权集体管理组织，根据著作权人的书面授权，以自己的名义提起诉讼，人民法院应当受理。

条文释义

一、本条主旨

本条是关于著作权集体管理组织的规定。

二、条文演变

1990年制定《著作权法》时，鉴于我国对著作权保护的制度刚开始起步，尚无著作权集体管理组织的实践经验，因此，未对著作权集体管理组织加以规定。1991年实施的《著作权法实施条例》"附则"中规定："著作权人可以通过集体管理的方式行使其著作权。”

随着《著作权法》的实施，并借鉴国外的有益经验，从实践发展的需要设立著作权集体管理组织，有利于维护著作权人的合法权益，有利于遏制各类侵权活动，也有利于与国际著作权集体管理系统有效接轨。因此，在2001年《著作权法》第一次修正时增加第8条“著作权人和与著作权有关的权利人可以授权著作权集体管理组织行使著作权或者与著作权有关的权利。著作权集体管理组织被授权后，可以以自己的名义为著作权人和与著作权有关的权利人主张权利，并可以作为当事人进行涉及著作权或者与著作权有关的权利的诉讼、仲裁活动。著作权集体管理组织是非营利性组织，其设立方式、权利义务、著作权许可使用费的收取和分配，以及对其监督和管理等由国务院另行规定”。该条规定了著作权集体管理组织的性质、法律地位及基本职能，并授权国务院对集体管理组织的设立方式、权利义务、使用费的收取和分配，以及对其的监督和管理等制定行政法规，以保障《著作权法》的有效实施，为著作权集体管理组织的建立和开展工作提供了法律依据。根据《著作权法》的授权，2004年，国务院出台《著作权集体管理条例》，对著作权集体管理组织的设立程序、集体管理组织的机构设置、集体管理活动的内容、对集体管理组织的监督以及法律责任等做了规定。

2010年《著作权法》第二次修正时该条文没有修改。

2020年《著作权法》第三次修正对著作权集体管理制度作了进一步的完善，在2001年《著作权法》第8条基础上，保留了原第1款和第2款的规定并进行了文字修改，另外，增加了两款，即“著作权集体管理组织根据授权向使用者收取使用费。使用费的收取标准由著作权集体管理组织和使用者代表协商确定，协商不成的，可以向国家著作权主管部门申请裁决，对裁决不服的，可以向人民法院提起诉讼；当事人也可以直接向人民法院提起诉讼”和“著作权集体管理组织应当将使用费的收取和转付、管理费的提取和使用、使用费的未分配部分等总体情况定期向社会公布，并应当建立权利信息查询系统，供权利人和使用者查询。国家著作权主管部门应当依法对著作权集体管理组织进行监督、管理”。

三、条文解读

著作权集体管理是实施《著作权法》的重要手段，是指在获得著作权人授权的基础上以自己的名义为著作权人和与著作权有关的权利人向作品的使用者主张权利，授权使用者使用作品，向使用者收取使用费，向著作权人分配使用费以及进行诉讼、仲裁、调解活动。著作权集体管理，一方面可以保障法律赋予权利人的权益得到实现，另一方面也可以为作品使用者提供便捷的授权途径，协调著作权人与社会公众的利益关系，从而促进优秀的文学、艺术、科技作品的合法传播和版权相关产业健康有序发展。

著作权集体管理制度自18世纪在欧洲起源至今，经过200多年的发展，国际社会已经普遍采用，已有100多个国家建立了著作权集体管理制度和机构，既全面维护了权利人的利益，也方便了使用者合法使用作品，发挥了非常重要的作用。目前，国际上的著作权集体管理组织主要有：国际作者和作曲者联合会、国际唱片业协会、国际复印权组织联合会等。这些组织建立的目的是在国与国的集体管理组织之间建立起相互代表协议制度，即两国的著作权集体管理组织根据协议，各自代表对方在本国范围内管理对方权利人的权利。国外实践证明，对于著作权人不能或难以控制的权利，采用著作权集体管理组织进行管理的形式是比较有效的办法。集体管理组织向使用者集体授权并收取作品使用费，收取的使用费按一定比例返还给著作权人。这样，著作权人既实现了自己的权利，作品的使用者也免去了寻找作者的困难，提高了经营效率，著作权集体管理组织起到了沟通著作权人与作品使用者的桥梁作用。

根据本条第1款的规定，著作权人和与著作权有关的权利人可以授权著作权集体管理组织行使著作权或者与著作权有关的权利。著作权集体管理组织只有在著作权人（或者与著作权有关的权利人）授权的基础上，才能以自己的名义向使用者发放许可，收取使用费，对侵权者提起诉讼。《著作权解释》对此予以确认。该解释第6条规定："依法成立的著作权集体管理组织，根据著作权人的书面授权，以自己的名义提起诉讼，人民法院应当受理。"是否加入著作权集体管理组织、加入多长时间、赋予集体管理组织何种权利，著作权人可以根据其意愿与著作权集体管理组织通过合同确定，著作权集体管理组织只能根据著作权人的授权行使著作权或者与著作权有关的权利。

本条第2款规定，著作权集体管理组织根据授权向使用者收取使用费。使用费的收取标准由著作权集体管理组织和使用者代表协商确定，协商不成的，可以向国家著作权主管部门申请裁决，对裁决不服的，可以向人民法院提起诉讼；当事人也可以直接向人民法院提起诉讼。该款规定了著作权集体管理组织有权根据授权向使用者收取使用费，使用费的确定方法以及对使用费产生争议的解决程序。

本条第 3 款规定，著作权集体管理组织应当将使用费的收取和转付、管理费的提取和使用、使用费的未分配部分等总体情况定期向社会公布，并应当建立权利信息查询系统，供权利人和使用者查询。国家著作权主管部门应当依法对著作权集体管理组织进行监督、管理。本款是 2020 年《著作权法》修正新增加的内容。由于著作权集体管理组织具有一定的垄断性，为避免其滥用权利，妨碍作品的正常使用和传播，许多国家通过立法对其加强监督和管理。为了进一步规范著作权集体管理组织的运行，增加其运行的透明度，加强监督，进一步保障著作权和与著作权相关的权利人的权利，我国《著作权法》规定著作权集体管理组织应当将使用费的收取和转付、管理费的提取和使用、使用费的未分配部分等总体情况定期向社会公布。著作权集体管理组织应当建立权利信息查询系统，供权利人和使用者查询，同时，国家著作权主管部门应当依法对著作权集体管理组织进行监督、管理。

为了便于著作权集体管理组织的设立及运作，本条第 4 款规定，著作权集体管理组织的设立方式、权利义务、著作权许可使用费的收取和分配，以及对其监督和管理等，授权国务院另行规定。2020 年《著作权法》修正仅在原条款基础上作了个别文字修改。2001 年《著作权法》修正作了授权规定，根据《著作权法》的授权，2004 年，国务院出台《著作权集体管理条例》。目前，该条例正在修改过程中。

适用指引

一、著作权集体管理组织的性质

《著作权法》第 8 条规定，依法设立的著作权集体管理组织是非营利法人。《民法典》第 87 条规定："为公益目的或者其他非营利目的成立，不向出资人、设立人或者会员分配所取得利润的法人，为非营利法人。非营利法人包括事业单位、社会团体、基金会、社会服务机构等。"著作权集体管理组织与作为协会成员的权利人之间存在的主要是信托关系。《民法典》第 90 条规定："具备法人条件，基于会员共同意愿，为公益目的或者会员共同利益等非营利目的设立的社会团体，经依法登记成立，取得社会团体法人资格；依法不需要办理法人登记的，从成立之日起，具有社会团体法人资格。”《民法典》第 91 条规定：“设立社会团体法人应当依法制定法人章程。社会团体法人应当设会员大会或者会员代表大会等权力机构。社会团体法人应当设理事会等执行机构。理事长或者会长等负责人按照法人章程的规定担任法定代表人。”作为社会团体的著作权集体管理组织，以社团自治为基本原则，以民主集中的方式通过章程实现会员权利人的各项诉求，并且设立理事会等执行机构协调好不同类型权利人之间以及权利人和协会之间的各种意见分歧。

二、权利行使方式

《著作权法》第 8 条规定，依法设立的著作权集体管理组织是非营利法人，被授权后可以以自己的名义为著作权人和与著作权有关的权利人主张权利，并可以作为当事人进行涉及著作权或者与著作权有关的权利的诉讼、仲裁、调解活动。在司法实践中，著作权集体管理组织可以作为权利人以自己的名义直接提起诉讼、仲裁或参与调解。同时，按照《民事诉讼法》的规定，著作权集体管理组织也可以在诉讼中委托专业律师或者自己的工作人员作为代理人参加诉讼。

三、因使用费收取标准发生争议的解决程序

《著作权法》第 8 条规定，著作权集体管理组织根据授权向使用者收取使用费。使用费的收取标准由著作权集体管理组织和使用者代表协商确定，协商不成的，可以向国家著作权主管部门申请裁决，对裁决不服的，可以向人民法院提起诉讼；当事人也可以直接向人民法院提起诉讼。这是 2020 年《著作权法》修正新增加的内容。著作权集体管理组织根据著作权人的授权向使用者收取使用费，收费标准需要由著作权集体管理组织和使用者代表协商确定，协商不成的，可以向国家著作权主管部门申请裁决，也可以直接向人民法院提起诉讼。对于国家著作权主管部门裁决不服的，当事人还可以向人民法院提起诉讼。

使用费的确定并不同于损害赔偿数额的计算。《著作权法》第 54 条规定，侵犯著作权或者与著作权有关的权利的，侵权人应当按照权利人因此受到的实际损失或者侵权人的违法所得给予赔偿；权利人的实际损失或者侵权人的违法所得难以计算的，可以参照该权利使用费给予赔偿。对故意侵犯著作权或者与著作权有关的权利，情节严重的，可以在按照上述方法确定数额的一倍以上五

倍以下给予赔偿。权利人的实际损失、侵权人的违法所得、权利使用费难以计算的，由人民法院根据侵权行为的情节，判决给予500元以上500万元以下的赔偿。《著作权解释》第25条规定，人民法院在确定赔偿数额时，应当考虑作品类型、合理使用费、侵权行为性质、后果等情节综合确定。由此可见，在确定损害赔偿数额时可参照使用费。

《著作权集体管理条例》第13条规定："著作权集体管理组织应当根据下列因素制定使用费收取标准：（一）使用作品、录音录像制品等的时间、方式和地域范围；（二）权利的种类；（三）订立许可使用合同和收取使用费工作的繁简程度"。具体如何确定使用费可由著作权集体管理组织和使用者代表协商确定。协商不成的，可以向人民法院提起诉讼。

典型案例

原告中国音像著作权集体管理协会与被告拉萨高度休闲娱乐有限公司侵害作品放映权纠纷案

关键词： 主体资格　赔偿

裁判摘要： 中国音像著作权集体管理协会（以下简称中国音集协）的主体资格，统一赔偿数额。中国音集会作为维权组织在西藏属首例；向侵权者、相关文化管理部门普及《著作权法》的同时，了解中国音集协的作用；该案的审结，统一了拉萨中级人民法院对每首音乐作品的赔偿数额标准，避免出现同案不同判。

基本案情： 2019年8月，中国音集协发现高度娱乐公司未经许可，在其经营的KTV场所中使用了上述作品，为公众提供放映经营活动，高度娱乐公司的行为侵犯了该音乐电视作品权利人的相关著作权利，经调查取证，确认了高度娱乐公司侵权的事实。中国音集协作为依法成立的著作权集体管理组织，为维护权利人的合法权益，依法提起诉讼。经查明，中国音集协与涉案作品的著作权人签订合同。合同约定，著作权人同意将其依法拥有的音乐节目的放映权、复制权信托中国音集协管理，以便上述权利在其存续期间及在本合同有效期内完全由中国音集协行使。上述权利包括著作权人过去、现在和将来自己制作、购买或以其他任何方式取得的权利；著作权人不得自己行使或委托第三方代其行使在本合同有效期内约定由中国音集协行使的权利；中国音集协可授权海外同类组织管理著作权人授权的权利……

法院经审理认为，案涉音乐电视作品所有权人委托中国音集协在授权期限内对音乐电视作品进行集体管理，现中国音集协在授权有效期间内以自己名义提起诉讼，其具有本案起诉主体资格和诉权。中国音集协所提交的涉案音乐作品精选专辑光盘、可信时间戳认证书、取证光盘等能够证明高度娱乐公司所经营的拉萨高度纯K向公众提供了以点播方式使用涉案音乐电视作品的商业性服务，已构成对涉案音乐作品放映权的侵权。高度娱乐公司虽主张已向其提供点播系统及其设备的第三方支付了使用歌曲的费用，且歌曲均由第三方更新点播系统后才使用，并不构成侵权的理由，未向本院提供第三方具有涉案音乐电视作品合法来源、经过相关权利人的许可或中国音集协授权的相应证据加以佐证。法院根据涉案作品的类型、侵权行为性质、侵权范围、侵权人的经营规模、经营状况、主观过错程度、流行程度及本地区的实际等情节酌情确定赔偿的经济损失及为制止侵权行为所支付的合理费用。（1）经济损失方面：高度娱乐公司向中国音集协赔偿经济损失86100元（350元 ×246首）；2合理费用方面：经审查，该项费用包括取证产生的消费费用860元、取证费2700元、律师费9840元。其中，取证费2700元中，包括另一案的维权支出，所以该费用应分摊，即本案取证费为1350元。同时，消费费用860元中，有部分属于不必要的支出，本院仅支持430元。高度娱乐公司向中国音集协赔偿合理费用11620元（消费费用430元+律师费9840元+取证费为1350元）。判决：一、被告拉萨高度休闲娱乐有限公司自本判决生效之日起立即停止侵权，即停止涉案246首音乐电视作品的点播服务，并从曲库中删除上述音乐电视作品；二、被告拉萨高度休闲娱乐有限公司在本判决生效之日起10日内赔偿原告中国音像著作权集体管理协会经济损失、制止侵权行为所支付的合理费用共计97720元；三、驳回原告中国音像著作权集体管理协会的其他诉讼请求。

【案　　号】（2019）藏01知民初6号

【审理法院】西藏自治区拉萨市中级人民法院

【来　　源】2019年中国法院50件典型知识产权案例

类案检索

无锡幕幕达影娱有限公司与中国音像著作权集体管理协会著作权权属、侵权纠纷案

关键词：中国音像著作权集体管理协会　放映权

裁判摘要：本案中，索尼公司出具《授权证明书》，将其拥有或有合法授权著作权的音像节目的放映权以专有的方式授予索尼上海公司在卡拉OK经营领域独家行使相关权利，并明确音像节目包括合同附件《授权音像节目清单》以外的在授权期限内所获其他新增音像节目。索尼上海公司经索尼公司授权取得相关著作权后，分别将其依法拥有的音像节目的放映权信托中国音像著作权集体管理协会（以下简称音集协）管理，包括过去、现在和将来自己制作、购买或以其他任何方式取得的权利，故音集协有权在卡拉OK行业就侵害涉案音乐电视作品的放映权的行为进行维权。本案中，根据可信时间戳认证，无锡幕幕达影娱有限公司（以下简称幕幕达公司）未经权利人许可，在其经营场所内，以技术设备向不特定消费者公开再现涉案《LOVELOVELOVE（爱爱爱）》等296部音乐电视作品并收取费用，其行为符合放映行为的构成要件，侵犯了音集协对涉案作品所享有的放映权，幕幕达公司应当承担赔偿损失的法律责任。关于本案赔偿数额的确定，由于依据现有证据无法查明音集协因被侵权所遭受的实际损失，亦无法查明幕幕达公司因侵权所获违法所得，故综合考虑涉案作品的类型、数量、幕幕达公司的经营规模、侵权性质、后果、主观过错，以及新冠疫情影响下的经营情况等因素酌情确定赔偿金额为118400元。关于音集协主张的取证消费140元，系维权合理费用支出，予以支持。对于音集协所主张的律师费5000元，虽无证据证明，但上述费用确需支付，综合案情酌情确定。

【案　　号】（2020）苏民终934号

【审理法院】江苏省高级人民法院

第九条　著作权人包括：

（一）作者；

（二）其他依照本法享有著作权的自然人、法人或者非法人组织。

关联规定

法律、行政法规、司法解释

1.《中华人民共和国著作权法实施条例》

第十六条　国家享有著作权的作品的使用，由国务院著作权行政管理部门管理。

2.《实施国际著作权条约的规定》

第四条　本规定所称外国作品，包括：

（一）作者或者作者之一，其他著作权人或者著作权人之一是国际著作权条约成员国的国民或者在该条约的成员国有经常居所的居民的作品；

（二）作者不是国际著作权条约成员国的国民或者在该条约的成员国有经常居所的居民，但是在该条约的成员国首次或者同时发表的作品；

（三）外商投资企业按照合同约定是著作权人或者著作权人之一的，其委托他人创作的作品。

3.《最高人民法院关于审理著作权民事纠纷案件适用法律若干问题的解释》

第七条　当事人提供的涉及著作权的底稿、原件、合法出版物、著作权登记证书、认证机构出具的证明、取得权利的合同等，可以作为证据。

在作品或者制品上署名的自然人、法人或者非法人组织视为著作权、与著作权有关权益的权利人，但有相反证明的除外。

4.《最高人民法院、最高人民检察院关于办理侵犯知识产权刑事案件具体应用法律若干问题的解释（三）》

第二条　在刑法第二百一十七条规定的作品、录音制品上以通常方式署名的自然人、法人或者非法人组织，应当推定为著作权人或者录音制作者，且该作品、录音制品上存在着相应权利，但有相反证明的除外。

在涉案作品、录音制品种类众多且权利人分散的案件中，有证据证明涉案复制品系非法出版、复制发行，且出版者、复制发行者不能提供获得著作权人、录音制作者许可的相关证据材料的，可以认定为刑法第二百一十七条规定的“未经著作权人许可”“未经录音制作者许可”。但是，有证据证明权利人放弃权利、涉案作品的著作权或者录音制品的有关权利不受我国著作权法保护、权利保护期限已经届满的除外。

条文释义

一、本条主旨

本条是关于著作权主体的规定。

二、条文演变

1990年《著作权法》第9条规定：“著作权人包括：（一）作者；（二）其他依照本法享有著作权的公民、法人或者非法人单位。”2001年著作权法进行第一次修正时，将该条修改为“著作权人包括：（一）作者；（二）其他依照本法享有著作权的公民、法人或者其他组织。”2010年第二次著作权法修正时该条款未作修改。2020年著作权法第三次修正时，将该条文表述修改为“著作权人包括：（一）作者；（二）其他依照本法享有著作权的自然人、法人或者非法人组织。”本次《著作权法》修正主要是两处：一是依据《民法典》的规定，将“公民”修改为“自然人”，除了公民以外，还包括外国人和无国籍人，扩大了权利主体的范围；二是将“其他组织”修改为“非法人组织”。因此，著作权人包括创作作品的作者和未参加作品创作而承受著作权的自然人、法人和非法人组织。

三、条文解读

（一）著作权人的种类

著作权人，即著作权权利人的承受者，又称著作权主体。依据《民法典》的规定，自然人、法人和非法人组织具有民事权利能力，是民事权利的主体。著作权是一种民事权利，自然人、法人、非法人组织都可以成为著作权人。国家是特殊的民事主体，在某种情况下，国家可以成为著作权人。

（二）国家成为著作权人的情况

在我国，国家成为著作权人通常有四种情况：第一，自然人、法人将著作权中的财产权利赠给国家，国家即为著作权人。第二，作者不明的作品，著作权中的财产权利收归国有。第三，非集体所有制组织成员的公民死亡时既无继承人又无受遗赠人的，著作权中的财产权利归国家所有。第四，法人终止，没有承受其权利义务的人的，著作权中的财产权利归国家所有。

（三）著作权人的不同含义

著作权包括人身权和财产权两部分。著作权中的人身权属于作者，作者是该人身权的主体。著作权中的财产权未转让时，作者又是该财产权的主体。在这种情况下，作者就是完全的著作权人。

著作权中的财产权可以分离于作者，作者将该财产权转让后，权利的承受者即是著作权中财产权利的主体，通常也称为著作权人。作者将著作权中的部分财产权利转让他人的，他人即是享有部分财产权的著作权人。作者将著作权中的全部财产权利转让他人的，他人即是享有全部财产权的著作权人。

著作权人是自然人的，其死亡后，著作权中的财产权利转移给权利承受人。著作权人是法人的，法人分立、合并后，著作权中的财产权利可以转移给权利承受人；法人终止后，著作权中的财产权利转移给权利承受人。上述情况中的财产权利的承受人也称为著作权人。

适用指引

本条主要规定著作权主体。司法实践中，判断作品的作者或者著作权人涉及诉讼主体资格，往往是案件审理的焦点。

一、著作权人的证明标准

根据《著作权解释》第 7 条第 1 款规定，当事人提供的涉及著作权的底稿、原件、合法出版物、著作权登记证书、认证机构出具的证明、取得权利的合同等，可以作为证据。实践中，当事人提供涉及著作权的底稿、原件等作品的原始载体的，一般可以证明其系作品的著作权人。同时，合法出版物、著作权登记证书、认证机构出具的证明、取得权利的合同等，因源于第三方或有第三方的证明，一般也可以作为著作权主体的证据。实践中，著作权登记证书成为当事人提交证据的主要形式。由于著作权登记不做实质审查，如果有相反证据能够证明著作权归属的则可推翻著作权登记证书上记载的著作权主体。

二、著作权人的署名推定原则

《著作权解释》第 7 条第 2 款规定："在作品或者制品上署名的自然人、法人或者非法人组织视为著作权、与著作权有关权益的权利人，但有相反证明的除外。"《知产刑事案件解释（三）》第 2 条第 1 款规定："在刑法第二百一十七条规定的作品、录音制品上以通常方式署名的自然人、法人或者非法人组织，应当推定为著作权人或者录音制作者，且该作品、录音制品上存在着相应权利，但有相反证明的除外。"由此可见，在民事和刑事案件中均可适用著作权人的署名推定原则。同时，不仅对于作品可以适用署名推定，对于制品同样也可以适用署名推定原则。此外，不仅著作权人可以适用署名推定原则，对于与著作权有关权益的权利人也可以适用署名推定原则。

署名推定原则极大地降低了权利人维权的举证困难，便于权利人维权。同时，如果有相反证据能够推翻署名推定，证明真正权利人的，人民法院应予支持。

典型案例

王某诉河南科学技术出版社有限公司等侵害著作权纠纷案

关键词：著作权人　相反证据

裁判摘要：当事人提交除著作权登记证书外，还提交了经过转存的电子创作稿，照片、证人证言、展位费发票、义博会会刊以及公开出版物等，此外，为证明其具有创作涉案作品的能力，还提交了同时期的其他相关作品以及专利证书等。人民法院综合在案证据认定，当事人具有剪纸作品的创作能力，且其提供的其他剪纸作品与涉案作品风格、技法统一，王某享有涉案作品著作权存在高度可能性，在没有相反证据的情况下，应当认定王某享有涉案作品的著作权。

基本案情：王某一审提交了2012年3月1日的作品登记证，拟证明其系涉案剪纸作品《大福狗》的著作权人，但该证书中作者一栏空白。河南科技出版社提交了（2018）豫郑黄证内经字第609号公证书，记载了雅昌论坛的用户于2006年2月13日在该网站上传一幅福狗图片，该网络图片与被诉侵权图片完全一致。在存在上述相反证据的情况下，仅凭在后形成的作品登记证书不足以证明王某系涉案作品的著作权人以及被诉侵权图片的来源，王某应当对涉案作品的创作过程、发表情况等承担进一步的举证责任。一、二审由于王某提交的证据尚不足以证明其系涉案美术作品《大福狗》的作者及著作权人，应当承担举证不能的不利后果，因此，判决驳回王某的诉讼请求。再审阶段，王某提交除著作权登记证书外，还提交了经过转存的电子创作稿，参加义博会的照片、证人证言、展位费发票、义博会会刊以及公开出版物《中国剪纸艺术人名大典》等，为证明其具有创作涉案作品的能力，还提交了同时期的其他相关作品以及专利证书等。此外，广东省深圳市福田区人民法院在（2019）粤0304民初29394号案件中查明，2006年2月13日，孙某胜以“齐天大圣美猴王”名义在雅昌艺术网股份有限公司网站“雅昌论坛”上发布了一张福狗图片。深圳市雅昌艺术网股份有限公司提交了孙某胜于2019年3月26日出具的《情况说明》，说明孙某胜系网名“齐天大圣美猴王”的用户，其于2006年2月在雅昌论坛上转发的福狗图片来源于网络，并非其本人原创。人民法院综合在案证据认定，王某具有剪纸作品的创作能力，且其提供的其他剪纸作品与涉案作品风格、技法统一，王某享有涉案作品著作权存在高度可能性，在没有相反证据的情况下，应当认定王某享有涉案作品的著作权。

【案　　号】（2020）最高法民再243号

【审理法院】最高人民法院

第十条　著作权包括下列人身权和财产权：

（一）发表权，即决定作品是否公之于众的权利；

（二）署名权，即表明作者身份，在作品上署名的权利；

（三）修改权，即修改或者授权他人修改作品的权利；

（四）保护作品完整权，即保护作品不受歪曲、篡改的权利；

（五）复制权，即以印刷、复印、拓印、录音、录像、翻录、翻拍、数字化等方式将作品制作一份或者多份的权利；

（六）发行权，即以出售或者赠与方式向公众提供作品的原件或者复制件的权利；

（七）出租权，即有偿许可他人临时使用视听作品、计算机软件的原件或者复制件的权利，计算机软件不是出租的主要标的的除外；

（八）展览权，即公开陈列美术作品、摄影作品的原件或者复制件的权利；

（九）表演权，即公开表演作品，以及用各种手段公开播送作品的表演的权利；

（十）放映权，即通过放映机、幻灯机等技术设备公开再现美术、摄影、视听作品等的权利；

（十一）广播权，即以有线或者无线方式公开传播或者转播作品，以及通过扩音器或者其他传送符号、声音、图像的类似工具向公众传播广播的作品的权利，但不包括本款第十二项规定的权利；

（十二）信息网络传播权，即以有线或者无线方式向公众提供，使公众可以在其选定的时间和地点获得作品的权利；

（十三）摄制权，即以摄制视听作品的方法将作品固定在载体上的权利；

（十四）改编权，即改变作品，创作出具有独创性的新作品的权利；

（十五）翻译权，即将作品从一种语言文字转换成另一种语言文字的权利；

（十六）汇编权，即将作品或者作品的片段通过选择或者编排，汇集成新作品的权利；

（十七）应当由著作权人享有的其他权利。

著作权人可以许可他人行使前款第五项至第十七项规定的权利，并依照约定或者本法有关规定获得报酬。

著作权人可以全部或者部分转让本条第一款第五项至第十七项规定的权利，并依照约定或者本法有关规定获得报酬。

关联规定

法律、行政法规、司法解释

1.《中华人民共和国著作权法实施条例》

第十三条 作者身份不明的作品，由作品原件的所有人行使除署名权以外的著作权。作者身份确定后，由作者或者其继承人行使著作权。

第十四条 合作作者之一死亡后，其对合作作品享有的著作权法第十条第一款第五项至第十七项规定的权利无人继承又无人受遗赠的，由其他合作作者享有。

第十五条 作者死亡后，其著作权中的署名权、修改权和保护作品完整权由作者的继承人或者受遗赠人保护。

著作权无人继承又无人受遗赠的，其署名权、修改权和保护作品完整权由著作权行政管理部门保护。

第十六条 国家享有著作权的作品的使用，由国务院著作权行政管理部门管理。

第十七条 作者生前未发表的作品，如果作者未明确表示不发表，作者死亡后 50 年内，其发表权可由继承人或者受遗赠人行使；没有继承人又无人受遗赠的，由作品原件的所有人行使。

第十八条 作者身份不明的作品，其著作权法第十条第一款第五项至第十七项规定的权利的保护期截止于作品首次发表后第 50 年的 12 月 31 日。作者身份确定后，适用著作权法第二十一条的规定。

2.《最高人民法院关于审理著作权民事纠纷案件适用法律若干问题的解释》

第九条 著作权法第十条第（一）项规定的“公之于众”，是指著作权人自行或者经著作权人许可将作品向不特定的人公开，但不以公众知晓为构成条件。

条文释义

一、本条主旨

本条是关于著作权内容的规定。

二、条文演变

1990年《著作权法》规定了五项：发表权、署名权、修改权、保护作品完整权以及使用权和获得报酬权。鉴于1990年《著作权法》对著作权中的财产权内容规定较为简单，不利于保护著作权人的著作财产权，且不能满足国际条约的要求，2001年《著作权法》修正时对著作权的内容作了较为详细的规定，共列举了十七项权利。这次修改基本上继承了2001年《著作权法》的规定，同时根据实践发展的需要，对部分权能作了修改，对著作权的具体内容作了进一步明确规定。主要是对著作权具体权项中的“广播权”和“信息网络传播权”作了修改：扩大了“广播权”的控制范围，将其控制范围调整为“以有线或无线方式传播或者转播”，调整了“信息网络传播权”的表述，并进一步明确了广播权与信息网络传播权的界限，即广播权的控制范围不包括信息网络传播权的控制范围。在复制权能中增加了“数字化”方式制作作品。将“电影作品和以类似摄制电影的方法创作的作品”调整为“视听作品”，并在出租权中明确对“原件或者复印件”均进行保护等。

三、条文解读

著作权内容，是指著作权人对作品拥有什么权利。著作权内容可以分为两类：一类是精神权利，即本法所称的人身权，与作者的身份密切相关，专属作者本人，原则上不能转让；另一类是经济权利，即本法所称的财产权，是作者利用其作品获益的权利，可以自己使用，也可以授权许可他人使用，还可以转让。人身权与财产权密切相关，然而又可以相互独立。财产权转让后，作者仍有人身权。受转让的著作权人一般只有财产权而无人身权。

（一）人身权

民法上讲的人身权，是指与人身密切相连但没有直接财产内容的权利，分为人格权和身份权两个方面。人格权是法律赋予权利主体本身所应有的权利，如生命权、身体权、健康权、姓名权、名称权、肖像权、名誉权、隐私权和个人信息保护等。身份权是基于血缘关系或某种法律事实而产生的权利，如家庭关系中的亲权、监护权等。著作权属于知识产权，著作权中的人身权可以按照民法上的人身权理解，但并不完全等同于民法上的人身权。

在著作权内容立法上，有两种立法例。一般来说，大陆法系国家认为著作权包括人身权与财产权；英美法系国家认为著作权仅为财产权，著作权中的人身权按一般人格权由普通法保护，在著作权法上并不规定人身权。我国采用大陆法系的做法，著作权包括人身权与财产权两部分。著作权分为人身权与财产权，财产权可以继承。

本条规定了发表权、署名权、修改权和保护作品完整权等四项权利，一般认为均属人身权。从外国的著作权法看，人身权并不限于这四项。有些国家还规定了表明作者身份权、作品的收回权。表明作者身份权，是指要求被承认为作品作者的权利。作品收回权，是指作者有权在作了适当赔偿损失的前提下收回已经发表的作品。收回权被认为是赋予作者的一个极端的权利，只有在保护精神权利比较典型的国家才能见到，如法国、德国、意大利规定了收回权。

在世界各国的著作权法中，全部规定上述六项人身权的并不多见。法国规定了全部的六项权利，大多数国家只是规定其中的四项或者五项。《伯尔尼公约》只是明确规定了作品的身份权和保护作品完整权两项精神权利，即使在作者转用，还可联让了经济权利之后仍然享有。在作品著作权转让后，必要时作者仍有权声明自己是作品的作者，反对对作品进行任何有损于作者荣誉和声望的歪曲和其他改动。对于其他几项精神权利，《伯尔尼公约》没有提及。

本条第 1 款第 1 项至第 4 项规定的四项人身权利：

1. 发表权

发表权，是指决定作品是否公之于众的权利，还包括决定以何种形式发表和在何时何地发表的权利。所谓“公之于众”，是指向作者以外的公众公布，而不是作者把自己的作品提供给家属、亲友，或向某些专家请教。是否公之于众并不取决于听众或者观众的数量，很多情况下取决于作者的主观意向与与提供作品的方式。向公众发表演讲，听众可能很少，也属于发表；将作品提供给亲属、亲友，可能观者很多，也不是发表。发表权是决定是否发表的权利，作者只要作出发表或者不发表的决定即是在行使发表权，并不是说作者必须自力亲为去发表作品才叫行使发表权。

以复制、发行等方式使用作品，必然要发表作品。因此，有人认为，发表权属于财产权，或者兼具人身权与财产权两种性质。发表权与作品的使用密切相关，不发表作品而首次以复制、发行等方式使用作品是不可能的。但是，与财产权同时行使并不表明其本身就是财产权。发表权的重点在于是否公之于众。如果作者单独行使发表权而不行使具体的财产权，很难说此发表行为是行使财产权利，如在公众集会上发表演讲，留下遗言表明其作品在其死亡后可以公之于世等。《著作权法》在规定发表权时，在很多情况下作了不同于其他人身权的处理。如规定了其他三项人身权的保护期不受限制，却规定发表权与作者的财产权一样，其保护期为作者有生之年加死亡后 50 年。这样规定是从有利于作品的传播出发的，而不是因为发表权是财产权。

2. 署名权

署名权，是指作者表明自己作者的身份，在作品上署名的权利。作者有权署名，也有权不署名；有权署真名，也有权署假名（笔名）。作者也有权禁止他人在自己的作品上署名。作者署名，在一般情况下是为了表明作者身份。因此，表明作者身份的权利，是署名权的应有之义。有时作者不署名，或署根本无法表露身份的假名，其目的在于不表明作者身份。因此，不表明作者身份的权利，也是署名权的应有之义。在发生侵权的情况下，如他人将作品冒充自己的作品，作者有权表明自己的作者身份。即使在作者发表作品时不愿表明作者身份而没有署名，或者署了根本无法表明自己作者身份的假名的情况下，作者也有权通过其他的证据来证明自己的作者身份。因此，我国《著作权法》规定的署名权，实际上也包括了有些国家规定的表明作者身份的权利。

3. 修改权

修改权，是指作者有权对其作品进行修改或者授权他人进行修改。修改与否、怎么修改以及是否授权他人修改，都应根据作者的意愿，不应强制。修改作品与改编作品不同。这里的修改，是对作品内容作局部的变更以及文字、用语的修正。改编，是指在不改变作品基本内容的情况下，将作品由一种类型改变成另一种类型（如将小说改编成电影剧本），或者不改变原作品类型而改变其体裁（如将科学专著改写成科普读物）。

作品的修改之所以必要，一是因为要更好地反映作者的意志，二是随着客观事物的变化，人的思想、认识也在不断变化，作者也需要对某些作品作出符合实际的修改。作者不但享有作品产生的权益，也对作品产生的社会效果和责任负责。因此，作者应有修改权，也只有作者才有修改权。作者可以自己修改，也可以授权他人修改。授权他人修改，是作者行使修改权，并不是他人行使修改权。需要指出的是，在某些情况下，法律赋予他人可以在一定范围内修改作品，如依照本法规定，报社、期刊社可以对作品作文字性修改、删节。这是考虑到报社、期刊社出版报纸、期刊的特殊的版面要求的需要（对图书出版者并未赋予此项权利）。从实质上讲，修改权仍然属于作者，因为他人只能在法定范围内作文字性修改、删节，不能改变作品的基本内容和形式。

修改作品，包括修改未发表的作品和修改已发表的作品。作者在创作过程中不可避免地要修改作品，在此阶段，一般来说作者可以任意修改作品。作品发表之后，作者也可以修改作品，但是，其修改权的行使不可避免地受到一定程度的限制。作者行使修改权不能损害他人利益，或者应当尽可能地减少作品使用者的负担。如对图书的修改，应当在图书再版时进行。

4. 保护作品完整权

保护作品完整权，是指作者保护其作品的内容、观点、形式等不受歪曲、篡改的权利。作者有权保护其作品不被他人丑化，不被他人做违背其思想的删除、增添或者其他损害性的变动。这项权利的意义在于保护作者的名誉、声望以及维护作品的完整性。

保护作品完整权与修改权是互相联系的，侵犯修改权往往也侵犯了作者的保护作品完整权。在著作权立法上，将两者规定成一条的也不少见。但修改权与保护作品完整权两者的侧重点不同。修改权是为了更好地表达作者的意志，保护作品完整权主要是从维护作者的尊严和人格出发，防止他人对作品进行歪曲性处理以损害作者的声誉。因此，修改权维护作者的意志，保护作品完整权维护作者的声誉。

著作权的人身权与作者紧密相连，不可分离，一般说来，也不得让与他人，不得被继承，除本法第23条规定的发表权有期限限制外，其他人身权永久地受到保护，没有期限限制。

（二）财产权

民法上的财产权，最主要的是所有权。所有权，是指所有人依法对自己的财产享有占有、使用、收益和处分的权利。著作权中的财产权也可以使用、收益和转让，与所有权相仿，但并不等同于民法上的所有权。由于作品是无形的，是精神产品，决定了著作权与一般所有权有许多不同之处。修正前的《著作权法》第10条第5项对著作权的财产使用权规定得比较简单。为了便于理解、适用《著作权法》，修正后的《著作权法》对财产使用权作了单项列举式的规定。本条第5项至第17项规定了著作权人对其作品具体的财产权。

1. 复制权

复制权又称重制权，是著作权的财产使用权中最基本的权能。简单地讲，复制权就是将作品制成有形的复制品的权利。许多国家的《著作权法》都规定了复制权或者复制的定义。1990年《著作权法》在"附则"中第52条对复制分两款专门作了规定。第1款规定："本法所称的复制，指以印刷、复印、临摹、拓印、录音、录像、翻录、翻拍等方式将作品制作一份或者多份的行为。"第2款规定："按照工程设计、产品设计图纸及其说明进行施工、生产工业品，不属于本法所称的复制。"2001年修正后时的规定与上述第52条第1款的规定基本相同，但删去了原有的"临摹"。这是因为临摹的情况比较复杂，有的是复制，有的是创作，必须区别对待，不能都认为是复制。上述第52条第2款的内容在2001年修正后的《著作权法》中没有体现。这是因为2001年的《著作权法》在作品类别中增加了"建筑作品"，建筑物本身成了作品，未经许可使用他人享有著作权的建筑设计图进行施工建造侵犯著作权，因此，规定按照设计图进行施工不属于复制显然是不合适的。这次修正基本继承了2001年的规定，但增加了"数字化"这种复制方式，这主要是为了适应数字化时代和互联网时代发展的需要。在数字化时代和互联网时代，运用"数字化"方式复制作品越来越容易，也越来越普遍，为了更好地保护著作权人的财产权，有必要将这种新型复制方式纳入著作权人的复制权范围。

印刷、复印、拓印、翻拍等制作方式是从平面到平面，一般认为是复制，没有什么异议。录音、录像、翻录等方式虽然不是从平面到平面，但是机械操作，一般也认为是复制，基本也没有异议。按照建筑设计图施工是平面到立体，是不是复制，意见有分歧。从著作权立法例来看，对于复制有狭义与广义两种解释。狭义的复制，是指以印刷、复印、拓印、翻拍、录音、录像、数字化等方式将作品制作一份或者多份的行为，这是一般国家的著作权法都承认的。广义的复制还包括了按照设计图制作建筑、雕塑等立体作品，有些国家的著作权法中也规定了这种复制。如法国规定，建筑作品的复制也指重复进行按照图纸或标准方案施工。日本规定“根据与建筑有关的图纸建成建筑物”为“复制”。我国《著作权法》采用的是狭义的复制概念。

2. 发行权

依照第10条第1款第6项规定，发行权就是以出售或者赠与的方式向公众提供作品原件或者复制件的权利。一般国家的著作权法都规定了发行权或者发行的定义。如德国规定，发行权是将著作原件或复制件提供给公众或使之进入流通领域的权利。

发行权是作者的财产权中的一项，但也有人认为，发行权属于有体物的权利，不属于著作权的权能。所有人对有体物享有所有权，就有权使用、处分所有物，就可以将该物销售、发行。例如，电影制片人享有电影拷贝的所有权，就有发行权。又如，邮票发行权属于邮票公司。再如出版社对图书享有所有权，图书发行就属于出版社的权利。这是对著作权中发行权的误解，混淆了所有权人对有体物出售的权利与作者对其作品的发行权，也混淆了经行政部门审批的复制。著作权中的发行权不是指所有权人销售有体物，也不是指图书出版、销售单位经主管部门批准的出版、销售图书的权利，而是作者将其智力成果提供给社会、满足公众需要的权利，是作者的一项民事权利。出版社发行图书、制片人发行拷贝、邮票公司发行邮票，除了有经审批的制作发行的权利以及对制作物的所有权外，如果制作发行的是作者的作品，还必须有作者的授权。没有作者的授权，出版社不能出版发行作者的作品、制片人也不能制作发行拷贝、邮票公司也不能发行印有作者作品的邮票。就图书而言，作者有权决定其作品以何种版本在某一地区发行，禁止在另一地区发行。作者对其作品有发行权，但作者自已一般不能印刷、发行。著作权受到其他法律的限制是另一回事，不能说明作者没有发行权。

3. 出租权

出租权也可以称为租赁权。《著作权法》上的出租或租赁可比照与面、但是机械操外一般意义上的出租或租赁来理解，都是指将物在一定时间内提供给他人使用并收取租金。但《著作权法》上的出租是特定的，指的是出租载有作品的物，如载有试听作品或计算机程序的光盘。正如作者的发行权是与出版社的发行权的关系一样，著作权人出租权所指向的对象是作品，是无形的智力成果，著作权人一般并不拥有载有视听作品或计算机程序的光盘的所有权，但有出租权。租赁经营者进行复制除了要有经审批获得的租赁经营权、租赁物的所有权外，还要经过著作权人的授权，才可以出租载有视听作品或者计算机程序的光盘。

按照本项规定，享有出租权的是视听作品和计算机软件，对别的作品如图书等并没有赋予著作权人出租权。1990 年的《著作权法》并没有规定作者的出租权，2001 年修正后的《著作权法》是按照世界贸易组织的《与贸易有关的知识产权协定》的要求作出的规定。该协定第 11 条规定，至少就计算机程序和电影作品而言，一成员应给予作者及其合法继承人准许或禁止向公众商业性出租其有版权作品的原件或复制品的权利。一成员对电影作品可不承担此义务，除非此种出租已导致对该作品的广泛复制，从而实质性减损该成员授予作者及其合法继承人的专有复制权。就计算机程序而言，如该程序本身不是出租的主要标的，则这一义务不适用于出租。这次修正对原《著作权法》的规定作了个别文字改动，一是将其中的"电影作品和以类似摄制电影的方法创作的作品"修改为"视听作品"，这是为了与本法第 3 条的规定相一致，事实上也扩大了出租权的作品范围；二是将其中的"计算机软件"修改为"计算机软件的原件或者复制件"，这样表述更为准确，对于计算机软件作品，其出租权的标的是其原件或者复制件。

本项规定的计算机程序不是"出租的主要标的"的例外情况，是指如果出租的是一台装有计算机程序的计算机，计算机是出租的主要标的，其中装载的计算机程序不是出租的主要标的。在这种情况下，其计算机程序就没有出租权，也就是说，著作权人就不能收取租金。反之，如果计算机程序是单独出租的，如单独出租计算机程序光盘，则出租人应当向著作权人支付租金。

一些国家的著作权法规定了出租权，如德国、日本、西班牙。西班牙将出租规定在发行权之中：发行指作品的原件或复制品通过销售、出借、出租或其他方式向公众提供。他们规定的享有出租权的作品不限于视听作品和计算机软件。

4. 展览权

不同种类作品的使用方式不同。美术作品、摄影作品除了以复制、发行、网络传播等方式使用外，还可以通过展览被使用。本法明确赋予美术作品、摄影作品的展览权，即公开陈列这些作品的原件或者复制件的权利。展览权就是公开陈列作品原件或者复制件的权利。按照本项规定，只有美术作品、摄影作品才有展览权。这与其他国家和地区的规定基本是一致的，如德国、日本和我国台湾地区都规定美术和摄影作品拥有展览权。有的国家规定得笼统一些，如西班牙规定艺术作品拥有展览权。也有的国家一般性地规定作品有展览权，并不特指美术与摄影作品，如法国、意大利。

虽然许多国家都规定了作者有展览作品的权利，但规定的方式有所不同。德国、日本是按照展览权规定的，法国、意大利将展览规定在表演权之中。虽然一般都规定了美术、摄影作品的展览权，但具体规定也有不同。本项规定享有展览权的是作品的原件或者复制件，有些国家也是这样规定的，如法国、意大利、英国、西班牙等。但有些国家和地区规定未发表或者未发行的作品才有展览权。如德国规定展览权指将未发表的美术著作的原件或复制件或未发表的摄影著作的原件或复制件公开展示的权利。要求未发表作品才有展览权。日本规定著作人享有用原作公开展览其美术著作物或尚未发行之摄影著作物的专有权。对美术作品要求用原作，不管是否已公开发行，对摄影作品要求未发行，不要求一定用原作。而我国台湾地区既要求原件，还要求未发行，如规定著作人专有对其未发行之美术著作或摄影著作公开展示其著作原件之权利。

德国、日本的规定涉及展览权的一个重要问题，那就是作者与实际拥有美术、摄影的原作及复制件的所有权人的利益冲突问题。当美术作品、摄影作品固定在纸张、画布、胶片、光盘等物质载体上时，作品的原件和复制件就具备两种权利属性：一是承载作品的物质载体的所有权；二是表达作者思想的作品的著作权。一件美术作品或者摄影作品的原件或者复制件在转让后，其物质载体的所有权就不属于作者，而属于受让人，但作品的著作权并未随物质载体一并转让，仍然留在作者手中。例如，画家画成一幅画后卖给了画店，该画的物质载体的所有权就属于画店，但这幅画的著作权仍然属于该画家。根据国际通行规则，作品的著作权和作品原件所有权是两种彼此独立的权利，其中任何一种权利的移转并不表明另一种权利的移转。由于使用美术作品、摄影作品有时会涉及上述两种不同性质的权利，于是就引发当这两种权利发生冲突时如何解决的问题。例如，画店为了售画必须展示画作，这就涉及画作作者的展览权。在法律无另行规定的情况下，如果作者不同意展览美术作品、摄影作品，那么就会影响这类作品载体的所有权人对承载该作品的物质载体进行处分，影响作品及其物质载体的正常使用，对于未发表的美术作品、摄影作品尤为如此。按照著作权的原则，作者对其作品有展览权，但是作品原件一般已为他人所有，行使展览权受到所有权人的制约。著作权法要解决这个矛盾，就表现在对展览权的规定上。为解决这一问题，本法第 20 条规定："作品原件所有权的转移，不改变作品著作权的归属，但美术、摄影作品原件的展览权由原件所有人享有。作者将未发表的美术、摄影作品的原件所有权转让给他人，受让人展览该原件不构成对作者发表权的侵犯。"

5. 表演权

表演权即"公开表演作品，以及用各种手段公开播送作品的表演的权利"。这个定义虽然没有说明什么是表演，但却说明了著作权中的表演权包括的两个重要方面："现场表演"和"机械表演"。

"公开表演作品"说的是"活表演"，或者称为"现场表演"，指的是演员直接或者借助技术设备以动作、声音、表情公开再现作品或者演奏作品。将剧本搬上舞台演出、将音乐作品公开表演、朗诵文学作品或者以其他形式表演作品，都是现场表演。作者可以自己表演，也可以授权他人表演其作品。

"用各种手段公开播送作品的表演"指的是"机械表演"，机械表演指借助录音机、录像机等技术设备将前述表演公开传播，即以机械的方式传播作品的表演。机械表演包括的范围比较广，使用录放设备公开播送录有表演的唱片、录音带、录像带等就属于机械表演，如宾馆、饭店、商店、歌舞厅为顾客播放音乐、歌舞表演等。

表演比印刷更古老，但表演权作为著作权保护却比出版权要晚。表演最初仅限于现场表演，著作权保护也仅限于现场表演，无线电广播及录音录像技术发展起来以后，就产生了将录制的表演公开传播的情况，因此，各国的著作权法以及相关的国际公约对表演的界定就不再局限于现场表演。将现场表演用转播设备直接进行有线播放或者将现场表演录制下来再通过录音机、录像机等技术设备向公众播放，也被视为对作品的公开表演，必须取得作者或者其他著作权人的许可并支付报酬。

1990 年《著作权法》第 10 条第 5 项规定的表演仅指现场表演，不包括机械表演。我国参加《世界版权公约》和《伯尔尼公约》以后，为了执行公约，国务院于 1992 年颁布实施了《实施国际著作权条约的规定》，第 11 条规定："外国作品的著作权人，可以授权他人以任何方式、手段公开表演其作品或者公开对其作品的表演。"其中，"公开传播对其作品的表演"即指对作品的机械表演。《伯尔尼公约》第 11 条第 1 款规定："戏剧作品、音乐戏剧作品和音乐作品的作者享有下列专有权利：（1）授权公开表演和演奏其作品，包括用各种手段和方式公开表演和演奏；（2）授权用各种手段公开播送其作品的表演和演奏。"第 11 条之 3 第 1 款还规定："文学作品的作者享有下列专有权利：（1）授权公开朗诵其作品，包括用各种手段或方式公开朗诵；（2）授权用各种手段公开播送其作品的朗诵。"公约第 11 条第 1 款和第 11 条 3 第 1 款的第 1 项指的是现场表演，第 2 项指的是机械表演。根据公约的规定，2001 年修正《著作权法》时增加规定了机械表演。

表演权所涉及的作品，依前述《伯尔尼公约》第 11 条及第 11 条之 3 的规定，主要体现在戏剧作品、戏剧音乐作品、音乐作品及文学作品中。朗诵权指通过个人演出公开演示语言著作的权利。表演权指通过个人演出公开演示音乐著作或以戏剧形式公开演出著作的权利。朗诵和表演权包括在个人演出的场所之外通过银幕、扩音器或类似技术设备使公众感知到朗诵、表演的权利。前两个现场表演，后一个涉及机械表演。表演权涉及的客体与《伯尔尼公约》规定是一致的，即文学作品、音乐作品和戏剧作品。一般来说，表演权主要适用于音乐作品，因为音乐作品很难作为读物供一般人阅读，除了出版之外，表演权是音乐作品拥有的主要著作权，机械表演也主要是针对音乐作品。但是，表演权并不仅限于音乐作品，也应当适用于戏剧、文学作品。本条规定的表演权并未限定具体的适用范围，可以说是较为宽泛的，适用于音乐、戏剧、文学等作品，但不适用于视听作品等，因为视听作品等的放映属于放映权。

机械表演的方式，是指授权用各种手段公开播送其作品的表演、演奏以及朗诵。但最主要的方式是公开播放载有表演的音像载体。本条规定的"用各种手段公开播送作品的表演的权利"，即机械表演权的适用范围也是相当宽泛的。但是，不包括广播电台、电视台的无线播放，也不包括视听作品等的放映，前者是作品的广播权，后者是作品的放映权。

6. 放映权

放映权，是指通过放映机、幻灯机等技术设备公开再现作品的权利。1990

年的《著作权法》第10条第5项虽未明确规定放映权，但在解释上著作权人应当有此权。对电影作品而言，放映权是其主要的著作权。在2001年《著作权法》的修正过程中，曾经一度将放映权置于表演权之中，但考虑到表演权的定义是"表演作品"或者"播送作品的表演"，而放映电影作品等不是表演作品，也不是播送作品的表演，因为电影作品等本身就是作品，放在表演权中不太顺，因此，单列一项予以明确。第10条第10项规定："放映权，即通过放映机、幻灯机等技术设备公开再现美术、摄影、视听作品等的权利。"此定义是开放式的，末句的"等"字表明，放映权所适用的范围不仅是明确规定的美术、摄影、视听作品，也包括能够放映的其他作品。

7. 广播权

2001年《著作权法》规定，广播权是指以无线方式公开广播或者传播作品，以有线传播或者转播的方式向公众传播广播的作品，以及通过扩音器或者其他传送符号、声音、图像的类似工具向公众传播广播的作品的权利。该规定的"广播权"，一般是指作品通过电台、电视台广播，但不限于电台、电视台的广播，还包括其他形式的播放，但此处的"广播"，仅指无线传播方式，不包含有线传播方式。上述规定中"以有线传播或者转播的方式向公众传播广播的作品"，是指有线广播或者有线电视传播或者转播其他广播组织以无线方式广播的作品，而不是指经著作权人授权的广播组织直接以有线的方式将作品向用户传播。2001年《著作权法》对于广播权的这个规定是为了执行《伯尔尼公约》，与公约保持一致。《伯尔尼公约》第11条之2第1款规定："文学艺术作品的作者享有下列专有权利；（1）授权广播其作品或以任何其他无线传送符号、声音或图像的方法向公众传播其作品；（2）授权由原广播组织以外的另一机构通过有线传播或转播的方式向公众传播广播的作品；（3）授权通过扩音器或其他任何传送符号、声音或图像的类似工具向公众传播广播的作品。"2001年《著作权法》对"广播权"的定义遵守了《伯尔尼公约》第11条之2第1款的规定，规定广播作品只有无线的方式，有线的方式传播作品虽然公约该款也有规定，但限于传播有线传播"广播的作品"，直接以有线的方式传播作品该款规定并不包括。本次修法对广播权的概念进行了修改，使广播这一行为不再局限于无线传播方式，同时包括直接传播作品的有线传播方式。还有一点需要明确，有线播放正如无线播放一样，不能仅仅认为是电台、电视台的播放。有线播放还包括宾馆、饭店的闭路电视播放以及住宅区内各单元用电缆系统传送节目，等等。

根据第10条第1款第11项的规定，“广播权，即以有线或者无线方式公开传播或者转播作品，以及通过扩音器或者其他传送符号、声音、图像的类似工具向公众传播广播的作品的权利”，此处，“公开传播或者转播”一般是指通过无线电台、电视台等方式直接播放。通过电台、电视台广播和其他有线或者无线方式传播作品，这是广播权的第一层意思。将电台、电视台、互联网等传播的作品以有线或者无线方式公开转播，这是广播权的第二层意思。除前两种情形以外，通过扩音器等工具传播电台、电视台以广播等方式传播的作品，这是广播权的第三层意思。广播权的第一层意思，即”公开传播作品”，既可以是”无线方式”，也可以是”有线方式”。第二层意思是通过“有线或者无线方式转播作品”，如通过有线广播或者有线电视转播无线电台、电视台“广播的作品”，而不是直接以有线的方式传播作品；还如互联网同步转播电视台正在播放的体育节目。第三层意思是通过扩音器等工具传播电台、电视台“广播的作品”，也不是直接以扩音器等工具传播作品。从这几层意思可以看出，广播权既包括以无线方式公开传播或者转播作品，也包括以有线方式公开传播或者转播作品，还包括通过其他方式向公众传播广播的作品。这与2001年《著作权法》的规定相比，明显扩大了广播权的适用范围。

考虑到这次修改后的广播权和信息网络传播权都是既包括以有线方式传播作品的行为，也包括以无线方式传播作品的行为，很容易混淆这二者的适用范围，为了避免这个问题，厘清与本条规定的信息网络传播权的关系，第10条第1款第11项规定，广播权的权利内容不包括本条第1款第12项规定的信息网络传播权的权利内容。本条第1款第12项关于信息网络传播权的核心内容是“使公众可以在其选定的时间和地点获得作品”，即用交互性的方式获取作品，所以第10条第1款第11项规定的广播权仅限于以有线或者无线方式非交互式传播作品的权利，不包括以交互性方式传播作品的权利。

8. 信息网络传播网权络

信息网络传播权是指著作权人通过互联网或其他有线或者无线的信息传输网络向公众提供作品，使公众在其选定的时间和地点获取作品的权利。与一般作品的播放（如广播）不同的是，公众可以在个人选定时间与地点获得作品。如公众在互联网中随时阅读作品、观看影片、电视片，或者通过电话通信系统收听歌曲、故事等。

第10条第1款第12项规定的信息网络传播权是在2001年修正《著作权法》时增加的一项权能。规定信息网络传播权是时代发展的要求。随着计算机技术、数码技术和光纤技术的发展，特别是近十余年来国际互联网络技术的迅速发展，全球信息高速公路的形成，作品的网上传播成为一个需要解决的法律问题。有关网络传输作品网络的纠纷也日益增多。

《著作权法》规定的信息网络传播权的定义，直接来自《世界知识产权组织版权条约》第8条的表述。所以，《著作权法》原则规定了作者以及表演者、音像制作者的信息网络传播权，并在本法第64条规定，信息网络传播权的保护办法由国务院另行规定。

9. 摄制权

摄制权也可以称为"制片权"，即以摄制视听作品的方法将作品固定在载体上的权利。这一项的规定有一个变化的过程，1990年《著作权法》第10条第5项规定了"摄制电影、电视、录像"的权利。2001年《著作权法》将摄制权修改为"以摄制电影或者类似摄制电影作品的方法将作品固定在载体上的权利"。2020年修法修改为"以摄制视听作品的方法将作品固定在载体上的权利"。本项的规定意思没变，包括将作品拍成电影故事片、电视剧等作品，也包括将作品制作成为讲课录像等录像制品，还包括将作品制作成其他视听作品。根据本法第17条的规定，制作成为电影作品、电视剧等作品的，整体著作权由制作者享有，电影作品、电视剧的作者享有署名权与获得报酬的权利。制作成其他视听作品的，其著作权归属由当事人约定；没有约定或者约定不明确的，由制作者享有，但作者享有署名权和获得报酬的权利。视听作品中剧本、作词、作曲可以单独使用的部分著作权仍归作者享有。制作成录像制品的，按照本法第四章第二节、第三节有关表演、录音录像的规定，其复制、发行、出租、通过信息网络传播的权利由作者与表演者、录像制作者享有，其他权利仍归作者享有。

10. 改编权

改编权，即改变作品形态，创作出具有独创性的新作品的权利。改变作品，一般是指在不改变作品内容的前提下，将作品由一种类型改变成另一种类型。如将小说改编成适于演出的剧本、改编成连环画等。改编权也包括将作品扩写、缩写或者改写，虽未改变作品类型，只要创作出具有独创性的作品，也可以认为是改编。

一般来说，改编使用了原作品的基本内容，如果基本内容不一致，就是重新创作了；改编还必须是对原作的内容作了修改，否则就是复制了。纯技术性的改写虽然不是照搬原作品，形式上看改动大，但也不认为是创作。

改编、翻译、整理、汇编等项权利统称为“演绎权”，也有人称之为“改作权”“改造权”。一般认为，摄制权也属于演绎权，但我国《著作权法》单列摄制权与改编权，将摄制权中的改编作为改编权，将摄制权作为单独的一项权利。摄制电影的整个过程，作者实际上行使了改编权与摄制权两个演绎权。

11. 翻译权

翻译权是将作品由一种语言文字转换成另一种语言文字的权利。如将中文作品译成外文或者少数民族文字表现的作品。翻译权是著作权中的一项重要财产权，其适用于文字作品、口述作品、电影类作品以及一切以文字为其表现形式的作品。在英国、新加坡等少数国家，翻译权还适用于计算机软件，将原计算机程序的源代码改变为目标代码、将一种计算机语言写成的程序改变为另一种计算机语言写成的程序等也被认为是翻译。翻译与改编不同，翻译改变作品的文字，但不改变内容，而改编不改变作品的文字，而改变作品的内容及结构。我们常常见到“编译”，不是纯粹的翻译，也不是纯粹的改编，既是翻译，又是改编。可以说原作者行使了改编与翻译两个权利。

12. 汇编权

1990 年《著作权法》第 10 条第 5 项规定了以“编辑”的方式使用作品的权利，指的就是汇编权。这一词语易与出版社出版图书的编辑相混，不如“汇编”一词确切，因此，2001 年《著作权法》修改为“汇编权”，指的是将作品或者作品的片段通过选择或者编排，汇集成新作品的权利。汇编并不改变作品本身，只是为一定目的将作品汇集在一起。汇集成“新作品”的含义是在选择或编排上体现独创性，在整体上成为新作品，而不是指所编的原作品是新作品。所编原作品可能是在汇编作品中才第一次发表的，也可能是在汇编之前已经发表过。作品集、报纸、期刊等都属于汇编而成的作品。行使汇编权编成汇编作品，但不是所有汇编作品都是行使汇编权的结果。因为有些汇编作品是由一些不享有版权的作品或材料组成的，如法律汇编、列车时刻表等。

13. 应当由著作权人享有的其他权利

本条第 1 款明确列举了上述 16 项权利，但用列举的方法是不能穷尽著作权人的权利的。同时，作品的新使用方式层出不穷，无论如何都是列举不全的，也难免挂一漏万。因此，各国著作权法对作者权利的规定都是开放式的、不限于明文列举的项目。

著作权法本条第2款、第3款规定了作者的使用权、转让权以及获得报酬的权利。1990年《著作权法》只规定了使用权与获得报酬权，没有规定转让权。但是，无限期转让使用权实际上也能达到转让财产权的目的。2001年修正后的著作权法规定了转让作品的权利。

需要说明的是，本条第2款、第3款规定了使用权、转让权和获得报酬权，并不是说在作者的十几项财产权之外还有什么使用权、转让权和获得报酬的权利，而是说每一项财产权自然就包括了使用权、转让权与获得报酬权。不是说转让了一项财产权还要再转让其使用权、转让权和获得报酬权。本条第2款、第3款单独规定了使用权、转让权和获得报酬权只是为了行文方便，而不在一项财产权中都同时规定使用权、转让权和获得报酬权。[①]

适用指引

一、侵害著作人身权的认定

关于发表权与合同约定。合同仅约定被告行使发表权，但未对发表方式进行约定的，原告主张被告的发表方式侵害发表权的，不予支持。被告发表作品方式违反合同约定的，原告可以提起违约之诉或者侵权之诉。

关于推定发表的情形。作者将其尚未公开发表的美术作品原件转让给他人，可以推定作者同意受让人以展览方式发表其作品，但双方另有约定的除外。

关于发表权属于一次性权利。即使作品的发表未经著作权人同意，但作品已经公之于众，他人使用该作品，著作权人主张侵害发表权的，不予支持。

关于署名权的内容。作者有权决定在其作品上是否署名、是否署真名。对于该作品的演绎作品，作者享有相同的权利。作者未在首次发表的作品上署名的，不能视为其放弃署名权。

关于署名方式的审查思路。因署名方式发生的纠纷，判断是否侵害署名

① 参见黄薇、王雷鸣主编：《〈中华人民共和国著作权法〉导读与释义》，中国民主法制出版社2021年版，第80~102页。

权，一般考虑如下因素：（1）署名方式是否足以使公众知晓作者与作品之间的联系；（2）署名方式是否符合行业惯例及公众的认知习惯；（3）作品的类型、特点以及使用方式；（4）当事人之间是否存在约定。

关于职务作品署名权的行使。职务作品的署名权归作者享有，法人或者非法人组织就侵害署名权的行为提起诉讼的，不予支持。

关于使用作品内容与侵害署名权。判断被告行为是否侵害署名权，应当以被告直接使用作品内容为前提。

关于侵害保护作品完整权的判断。判断是否侵害保护作品完整权，应当综合考虑被告使用作品的行为是否获得授权、被告对作品的改动程度、被告的行为是否对作品或者作者声誉造成损害等因素。作者将其著作权转让或者许可他人之后，受让人或者被许可使用人根据作品的性质、使用目的、使用方式可以对作品进行合理限度内的改动。判断是否属于在合理限度内的改动，应当综合考虑作品的类型、特点及创作规律、使用方式、相关政策、当事人约定、行业惯例以及是否对作品或者作者声誉造成损害等因素。

二、侵害著作财产权的认定

关于复制权控制的行为。将作品实现从平面到平面、从平面到立体、从立体到平面、从立体到立体的再现，未付出独创性劳动的，属于复制。按照建筑设计图建造建筑作品，属于复制。按照工程设计图或者产品设计图施工或者生产不受著作权法保护的工程或者产品，不属于复制。未经许可复制他人作品但未发行或者以其他方式传播的，构成侵害复制权，但法律另有规定的除外。

关于发行权控制的行为。发行权控制的是以出售、赠与方式向公众提供作品原件或者复制件的行为，不要求以营利为目的。

关于发行权的用尽。作品原件和经授权合法制作的作品复制件经著作权人许可，首次以销售或者赠与方式转让所有权后，他人对该特定原件或者复制件再次发行的，不构成侵害发行权。

关于侵害专有出版权的认定。未经许可出版他人享有专有出版权的作品的全部或者主要部分的，或者虽然排列顺序有所变化但作品内容相同或者实质性相似的，构成侵害专有出版权。

关于出版者合理注意义务的判断。判断出版者是否尽到合理注意义务，应当综合考虑原告主张保护的作品知名度、被诉侵权出版物类型、二者的相似程度、被诉侵权内容在原告主张保护的作品或者被诉侵权作品中所占比例等因素。

关于出版者未尽到合理注意义务的判断。具有下列情形之一的，可以根据案件情况认定出版者未尽到合理注意义务：（1）出版合同中的被诉侵权作品的作者姓名与出版物实际署名不一致；（2）被诉侵权作品属于演绎作品，出版者在签订合同时没有审查作者是否得到原作品著作权人的授权；（3）被诉侵权作品中有大量内容与在先发表的具有较高知名度作品相同；（4）其他可以认定出版者未尽到合理注意义务的情形。

关于出版者尽到合理注意义务的判断。具有下列情形之一的，可以根据案件情况认定出版者尽到了合理注意义务：（1）出版社经作者授权出版被诉侵权作品，但该作品的专用出版权事前已经转让或者许可他人使用且尚未出版发行，出版者对此不知情的；（2）作者事前未告知出版者其作品属于演绎作品且原作品未发表，出版者无法判断该作品是否属于演绎作品；（3）被诉侵权作品属于职务作品或者合作作品，作者事前未将创作过程如实告知出版者，出版者无其他途径知晓创作过程，无法判断该出版物是否属于职务作品或者合作作品；（4）被诉侵权作品的授权链条完整，授权者身份及授权文件真实、合法；（5）其他可以认定出版者尽到合理注意义务的情形。

关于表演权控制的行为。该行为包括现场表演和机械表演。前者是指表演者直接向现场观众表演作品的行为；后者是指通过机器设备等手段向公众传播作品的表演的行为，但下列情形不属于（机械）表演权控制的范围，可以适用《著作权法》其他规定予以调整：（1）广播电台、电视台以无线方式传播对作品的表演或者后续的以无线或者有线方式转播该表演；（2）通过互联网以交互式手段传播作品的表演；（3）放映电影作品或者以类似摄制电影方法创作的作品等。

关于放映权控制的行为。通过放映机、幻灯机等技术设备公开再现美术、摄影、电影和以类似摄制电影方法创作的作品等属于放映行为。被告未经许可将来源于信息网络的电影等作品，通过放映机等设备向现场观众进行公开再现的，构成侵害放映权的行为，但法律另有规定除外。

关于广播权控制的行为。该行为包括：（1）以无线方式传播作品的行为；（2）以无线或者有线转播的方式传播广播的作品的行为；（3）通过扩音器等类似工具向公众传播广播的作品的行为。以有线方式直接传播作品，不属于广播权控制的行为，可以适用《著作权法》其他规定予以调整。

关于广播权与广播组织权。广播权的权利主体是作品著作权人，广播组织权的权利主体是广播电台、电视台。

关于改编权控制的行为。作者未经许可在被诉侵权作品中使用了原作品的表达，并创作出具有独创性的新作品，属于改编行为。作者仅使用了原作品中不具有独创性的表达，原作品著作权人主张构成侵害改编权的，不予支持。

关于改编与作品体裁。侵害改编权不以作品体裁、类型的变化为要件。未经许可，将他人作品改编为相同体裁的作品，可以依据本法相关规定认定是否侵害改编权。

关于改编与复制。作者未经许可在被诉侵权作品中使用了原作品的表达，但并未形成新的作品，属于复制行为。原作品著作权人主张构成侵害改编权的，不予支持。

关于改编作品权属和权利行使。在原作品基础上再创作形成的改编作品，著作权由改编者享有。改编者有权禁止他人使用改编作品。改编者行使其著作权应当取得原作品著作权人许可。他人使用改编作品应当同时取得改编作品著作权人和原作品著作权人许可。

关于汇编权。汇编权属于被汇编作品的著作权人，而不是汇编作品的汇编者。

关于汇编权控制的行为。将作品或者作品的片段等通过选择、编排汇集成新作品属于汇编行为。

关于"兜底"条款的适用。适用《著作权法》第10条第1款第17项规定的"由著作权人享有的其他权利"时，一般考虑如下因素：（1）是否可以将被诉侵权行为纳入《著作权法》第10条第1款第1项至第16项的保护范围；（2）对被诉侵权行为若不予制止，是否会影响著作权法已有权利的正常行使；（3）对被诉侵权行为若予以制止，是否会导致创作者、传播者和社会公众之间的重大利益失衡。

典型案例

一、上诉人明河社出版有限公司、完美世界（北京）软件有限公司与上诉人北京火谷网络科技股份有限公司、昆仑乐享网络技术有限公司、昆仑万维科技股份有限公司侵害著作权及不正当竞争纠纷案

关键词： 改编权　独创性表达　创作要素　网络游戏

裁判摘要： 改编权所控制的改编行为是在原作品基础上进行的二度创作行为。对于在改编时未完整使用权利人作品中的故事情节，仅对其中的主要人物角色、人物特征、人物关系、武功招式以及武器、阵法、场景等创作要素进行了截取式、组合式的使用方式，应当从“改变原作品”与“创作出新作品”两个方面考量其是否构成侵害改编权意义上的改编行为，其判断标准在于被控侵权人对他人作品元素的使用是否属于以改编方式使用原告作品中的独创性表达。

基本案情： 自2002年起，明河社出版有限公司是《金庸作品集》在中国境内除以图书形式出版发行简体字中文版以外的其他专有使用权人。完美世界（北京）软件有限公司受让取得了特定区域、特定期间内移动终端游戏软件改编权及改编后游戏软件的商业开发独家授权。《武侠Q传》游戏（简称涉案游戏）由北京火谷网络科技股份有限公司（简称火谷公司）开发，由昆仑乐享网络技术有限公司、昆仑万维科技股份有限公司负责运营的卡牌类手机游戏。该款游戏包括人物、武功、配饰和阵法等四类卡牌。经比对，涉案游戏使用了涉案小说中76个核心人物、82种武功，均占涉案游戏相关设置量的70%左右，此外还使用了多个故事场景。并且，涉案游戏在人物描述、武功描述、配饰描述、阵法描述、关卡设定等多个方面与《金庸作品集》中《射雕英雄传》《神雕侠侣》《倚天屠龙记》《笑傲江湖》四部作品（简称涉案作品）中的相应内容存在对应关系或相似性。火谷公司认可开发涉案游戏时参考借鉴了涉案作品的相关元素。二原告认为三被告的行为侵害了涉案作品改编权，并构成不正当竞争，请求判令停止侵权、赔礼道歉、消除影响、赔偿经济损失1亿元等。一审法院认为，三被告未侵犯二原告的改编权，但违反诚实信用原则，构成不正当

竞争。据此，一审法院判决三被告停止不正当竞争行为、消除影响、赔偿经济损失1600万元。双方均不服，提起上诉。二审法院认为，三被告的行为侵害了二原告的改编权，因此，在纠正一审法院相关认定的基础上，判决：驳回上诉，维持原判。

法院生效裁判认为：涉案作品中人物角色、人物特征、人物关系、武功招式以及武器、阵法、场景等具体创作要素以特定形式相结合，相对完整地表达了作者对特定人物塑造或情节设计的构思，属于作品独创性表达的有机组成部分。涉案游戏中四类卡牌、关卡设计在名称设定、具体事项描述上与涉案作品中相应内容具有极强的对应性，且在卡牌组合规则设计中直接使用了涉案作品对人物角色、武功、配饰、阵法以及具体场景相互关联关系的设计和安排，从而使涉案游戏能够体现涉案作品中有关人物的性格特征、独特经历、人物关系以及与之有关的武功、武器、阵法、场景等具体内容。涉案游戏构成对涉案作品独创性表达的改编，三被告应共同承担侵权责任。在认定涉案游戏侵害改编权的情况下，本案不应再适用《反不正当竞争法》对涉案行为进行处理和评价。

【案　　号】（2018）京民终226号

【审理法院】北京市高级人民法院

【来　　源】2019年度中国法院十大知识产权案件

二、上诉人濮某娟与被上诉人曹某华、原审第三人王某贺著作权侵权纠纷案

关键词：复制权　改编权　美术作品　苏绣绣品

裁判摘要：苏绣和绘画是两种不同领域不同载体的表达方式。即便苏绣作品系以画作为底稿，但经过刺绣艺人对造型、色彩、针法等因素的选择与创作，已经形成新的表达，属于艺术再创作，其实质是对画作作品实施了改编，未经同意使用底稿，侵害了他人作品改编权而非复制权。

基本案情：曹某华的笔名为曹某枫，曾多次获得国内外美术作品展赛大奖。2005年6月，曹某华通过北京工艺美术出版社出版了《曹雪枫画集》。该画集收藏了曹某华的多幅山水画和工笔画，其中包括有工笔画《华清浴妃图》。濮某娟在苏州高新区镇湖街道及苏州吴中区光福镇经营有濮凤娟刺绣艺术工作

室。濮某娟根据工笔画《华清浴妃图》绣制 140cm×360cm《华清浴妃图》苏绣。搜狐新闻对于濮某娟绣制的《华清浴妃图》苏绣进行过报道。濮某娟在其工作室的宣传中曾表示，其创作的 70cm×170cm《华清浴妃图》单面细平绣曾获得金奖。濮某娟向曹某华的委托代理人王某宏表示其多年前曾将一幅《华清浴妃图》苏绣作品售予启奥公司，价格为 80 多万元。此后，王某宏在微信聊天中要求濮某娟对《华清浴妃图》的苏绣作品进行报价。濮某娟回复称：《华清浴妃图》140cm×360cm 价格为 170 万元，70cm×70cm 价格为 86 万元。2018 年 5 月 18 日，曹某华以濮某娟侵害其画作著作权为由诉至法院。一审法院认为，濮某娟依画制作苏绣行为侵犯了曹某华对《华清浴妃图》作品享有的改编权，但并未侵犯其复制权。据此判决濮某娟立即停止侵权并登报赔礼道歉消除影响，并赔偿曹某华经济损失及合理开支合计 22 万元。濮某娟不服一审判决提起上诉，二审法院判决驳回上诉，维持原判。

法院生效裁判认为：改编权是指行为人在依托、借用和保留在先作品已有的基本表达的基础上，通过一定的智力劳动后所形成的具有新的独创性表达的权利。对于侵犯作品改编权的行为而言，在改编人添加了一定程度的、有别于在先作品的、具有独创性的特有表达要素、表达方式、表达效果以后，即便改编作品和在先作品之间仍然存在着"实质性相似"的情形，但是改编作品给予普通受众所呈现出的欣赏体验和感受并不能完全等同于在先作品，亦非对于在先作品进行原样或基本原样"再现"的行为。本案中，曹某华享有著作权的涉案作品《华清浴妃图》为工笔画作品，而被控侵权作品为《华清浴妃图》苏绣作品，虽然后者的题材来源于前者，面向受众时具有结构、人物和色彩等相同表达要素，但是两者并不完全属于同一领域同一类型同一介质的表达，在创作过程中所采用的基本材料、基本技巧、基本手法等方面也有显著差异，面向受众呈现出有所不同的艺术感知和欣赏体验。濮某娟在《华清浴妃图》工笔画作品的基础上，结合苏绣制品特点和工艺要求，在造型、针法、绣工、色彩、技艺、装裱等方面融入智力活动，采用多套不同颜色丝线，采取灵活多样的针法，在表达介质、表达方式、表达效果上形成了与《华清浴妃图》工笔画作品有着显著区分的、具有独创性的《华清浴妃图》苏绣作品，应属形成新作品的艺术再创作行为，亦系对曹某华《华清浴妃图》工笔画作品的改编行为。在没有获得曹新华许可的情形下，濮某娟将曹某华的《华清浴妃图》工笔画作品改编成苏绣作品，侵犯了曹某华对《华清浴妃图》依法享有的改编权，并应承担相应的法律责任。

【案　　号】（2019）苏民终 1410 号

【审理法院】江苏省高级人民法院

【来　　源】中国裁判文书网

第十一条　著作权属于作者，本法另有规定的除外。

创作作品的自然人是作者。

由法人或者非法人组织主持，代表法人或者非法人组织意志创作，并由法人或者非法人组织承担责任的作品，法人或者非法人组织视为作者。

关联规定

法律、行政法规、司法解释

《中华人民共和国著作权法实施条例》

第二条　著作权法所称作品，是指文学、艺术和科学领域内具有独创性并能以某种有形形式复制的智力成果。

第三条　著作权法所称创作，是指直接产生文学、艺术和科学作品的智力活动。

为他人创作进行组织工作，提供咨询意见、物质条件，或者进行其他辅助工作，均不视为创作。

条文释义

一、本条主旨

本条是关于如何认定作者的规定。

二、条文演变

1990年《著作权法》第11条规定："著作权属于作者，本法另有规定的除外。创作作品的公民是作者。由法人或者非法人单位主持，代表法人或者非法人单位意志创作，并由法人或者非法人单位承担责任的作品，法人或者非法人单位视为作者。如无相反证明，在作品上署名的公民、法人或者非法人单位为作者。”2001 年《著作权法》修正时将该条款修改为“著作权属于作者，本法另有规定的除外。创作作品的公民是作者。由法人或者其他组织主持，代表法人或者其他组织意志创作，并由法人或者其他组织承担责任的作品，法人或者其他组织视为作者。如无相反证明，在作品上署名的公民、法人或者其他组织为作者”。2010 年《著作权法》修正时该条未做修改。2020 年《著作权法》第三次修正时，将该条文表述进行了修改并进行了拆分。将“公民”修改为“自然人”，“其他组织”修改为“非法人组织”，并将“如无相反证明，在作品上署名的公民、法人或者其他组织为作者”相关内容拆分出来作为第 12 条。

三、条文解读

（一）著作权属于作者

作者是文学、艺术、科学作品的创作者，作者对作品的创作，付出了辛勤的劳动，因此，在通常情况下，著作权属于作者，作者与著作权人是同一的。《伯尔尼公约》以及多数国家的法律也都承认版权应当首先属于创作作品的作者。

（二）著作权不属于作者的情形

本条第 1 款规定，著作权属于作者，本法另有规定的除外。根据本法规定，作者以外的自然人、法人或者非法人组织也可以享有著作权，主要包括：（1）根据本法第 10 条第 3 款的规定，受让人经转让取得第 10 条第 1 款第 5 项至第 17 项规定的权利；（2）根据本法第 21 条第 1 款的规定，著作权属于自然人的，自然人死亡后，其继承人享有第 10 条第 1 款第 5 项至第 17 项规定的权利；（3）根据本法第 21 条第 2 款的规定，著作权属于法人或者非法人组织的，法人或者非法人组织变更终止后，承受其权利义务的法人或者非法人组织享有第 10 条第 1 款第 5 项至第 17 项规定的权利；没有承受其权利义务的法人或者非法人组织的，由国家享有著作权；（4）根据本法第 17 条的规定，视听作品中的电影作品、电视剧作品的著作权除编剧、导演、摄影、作词、作曲等作者享有署名权外，由制作者享有；（5）根据本法第 18 条第 2 款的规定，职务作品的所在法人或者非法人组织享有除署名权以外的著作权；（6）根据本法第19条的规定，委托他人创作的作品，委托人通过合同约定取得著作权；（7）根据本法第20条第1款的规定、作品原件所有权转移后，美术、摄影作品原件所有权人享有展览权。

（三）创作作品的自然人是作者

自然人能够运用自己的智慧通过创造性的劳动创作作品而成为作者，因此，本条第2款规定："创作作品的自然人是作者。"需要说明的是，只有进行创作的人才能成为作者，这里的创作是指直接产生文学、艺术或者科学作品的智力劳动。仅为他人创作进行组织工作，提供咨询意见、物质条件等，由于其行为不具有创造性而不能成为作者。同时，创造作品的自然人只要具备事实上的创作能力，不论是否具有《民法典》中规定的民事行为能力人还是限制行为能力人，均可以成为作者，并享有著作权。

（四）法人或者非法人组织视为作者

关于法人或者非法人组织能否成为作者的问题，有的意见认为，作品既然是一种智力创作行为，而只有自然人才具备智慧和思维能力，所以只有自然人才能从事创作，只有自然人才能成为作者。法人或者非法人组织本身没有思想无法从事创作产生作品，他们持有的作品是经自然人创作出来而转移给法人或者非法人组织的。也有的意见认为，有的作品是在法人或者非法人组织的主持下创作的，体现了法人或者非法人组织的意志，并不是执笔者的个人意志，并由该法人或者非法人组织承担作品的责任，如某机关的年终工作总结报告、某计算机公司研制的程序软件等。特别是有些作品的创作，需要投入大量人力物力和财力，个人一般不能完成这项任务。而且从法律角度讲，法人作为法律拟制的人，同自然人一样，具有民事权利能力和民事行为能力，所以能够成为作者。在国外也有法人可以视为作者的规定，同时在我国也有单位作品存在的事实。因此本条第3款规定，由法人或者非法人组织主持，代表法人或者非法人组织意志创作，并由法人或者非法人组织承担责任的作品，法人或者非法人组织视为作者。

适用指引

如何认定作者是司法实践中的焦点问题。在确定作者时首先要区分是自然人作者还是法人或非法人组织作者。

一、自然人作者的确定

根据本条规定，创作作品的自然人是作者。《著作权法实施条例》第3条规定，著作权法所称创作，是指直接产生文学、艺术和科学作品的智力活动。为他人创作进行组织工作，提供咨询意见、物质条件，或者进行其他辅助工作，均不视为创作。创作作品的行为是事实行为，不是法律行为，因此，创作者无论是否具有行为能力都可以作为作者享有著作权。在司法实践中，在判断作者时关键看其是否从事了创作作品的智力活动。对于他人创作仅提供建议、设想等属于思想范畴的帮助，不属于从事了创作作品的智力活动。

二、法人或非法人组织作者的确定

根据本条规定，法人或者非法人组织可以视为作者的要件包括：（1）由法人或者非法人组织主持创作，而不是由该法人或者非法人组织的工作人员自发进行；（2）创作思想及表达方式须代表、体现法人或者非法人组织的意志。法人或者非法人组织的意志一般是通过法人或者非法人组织的领导机构（如公司的董事会）和法定代表人（如行政机关的首长）依法或者依章程执行职务而体现出来的；（3）由法人或者非法人组织承担责任、而不是由执笔人负责，如某公司研制的程序软件在运行上存在缺陷，该缺陷的责任由该公司承担，而非直接设计者承担。具备以上三个要件的作品，称为法人或者非法人组织的作品，该法人或者非法人组织视为作者，享有著作权。这里的法人是指具有民事权利能力和民事行为能力，依法独立享有民事权利和承担民事义务的组织；“非法人组织”是指不具有法人资格，但是能够依法以自己的名义从事民事活动的组织。

典型案例

一、河北山人雕塑有限公司与河北中鼎园林雕塑有限公司、遵义市播州区三合镇人民政府、遵义众和诚农业开发有限公司、贵州慧隆建设工程有限责任公司、贵州慧隆建设工程有限责任公司遵义分公司侵害著作权纠纷案

关键词：法人作品　合作作者

裁判摘要：依据我国《著作权法》及《著作权法实施条例》的规定，除《著作权法》另有规定外，著作权属于作者；由法人主持，代表法人意志创作，并由法人承担责任的作品，法人视为作者；如无相反证明，在作品上署名的法人视为作者；创作是指直接产生文学、艺术和科学作品的智力活动，为他人创作进行组织工作，提供咨询意见、物质条件，或者进行其他辅助工作，均不视为创作；没有参加创作的人，不能成为合作作者。

基本案情：河北山人雕塑有限公司（简称山人雕塑公司）与河北中鼎园林雕塑有限公司（简称中鼎雕塑公司）是从事雕塑设计、制作和安装的专业机构。2017年12月，山人雕塑公司与贵州省遵义市播州区三合镇人民政府（简称三合镇政府）商谈合作三合镇刀靶烈士陵园的雕塑工程，山人雕塑公司将创作完成的涉案作品"刀靶大捷"设计图及展板交给三合镇政府审阅，并按三合镇政府的要求进行数次修改，但双方最终未达成合意。后山人雕塑公司向贵州省遵义市中级人民法院提起诉讼，主张三合镇政府委托中鼎雕塑公司在刀靶烈士陵园设计、安装的被诉侵权雕塑侵害其著作权。贵州省遵义市中级人民法院一审判决由三合镇政府、中鼎雕塑公司共同向山人雕塑公司支付作品使用费10万元及合理支出费用2万元，并由中鼎雕塑公司赔礼道歉。山人雕塑公司、中鼎雕塑公司均不服一审判决，提起上诉。贵州省高级人民法院二审认定侵权行为成立，但同时认为，刀靶烈士陵园是进行革命传统教育和爱国主义教育的重要场所，从遵循利益平衡原则和有效利用资源的效益角度出发，被诉侵权雕塑不宜判决拆除。故可通过适当提高侵权赔偿标准对山人雕塑公司的权利予以充分救济的情况下，对山人雕塑公司主张停止侵害、拆除侵权雕塑的诉讼请求不予支持。据此，改判中鼎雕塑公司、三合镇政府等共同赔偿山人雕塑公司侵

权赔偿和合理支出共20万元。

【案　　号】（2019）黔民终449号民事判决书

【审理法院】贵州省高级人民法院

【来　　源】2019年中国法院50件典型知识产权案例

二、郑州市金水区大山培训学校有限公司、郑州橙斯教育科技有限公司著作权权属、侵权纠纷案

关键词：著作权权属

裁判摘要：由法人或者其他组织主持，代表法人或者其他组织意志创作，并由法人或者其他组织承担责任的作品，法人或者其他组织视为作者。因双方当事人均认可案涉作品系大山软件公司组织，由大山软件公司主导编写教材的负责人赵某主持，与大山软件公司核心教研组成员范某、赵某君、路某栓、谷某瑶共同创作完成，作品载明主编郭某伟、赵某，编著小数点数学核心教研组范某、赵某君、路某栓、谷某瑶。赵某亦认可“整个作品是在郑州大山软件开发有限公司任职期间完成的”，可以认定案涉作品系由大山软件公司组织赵某及其核心教研组成员代表大山软件公司的意志创作，并由大山软件公司承担责任的法人作品，大山软件公司视为作者，著作权依法归属于大山软件公司。

基本案情：大山公司提交涉案三个作品的著作权登记证书，证书载明：作品名称分别为“小数点数学SuperMath培优体系三年级、四年级、六年级”，作者及著作权人均为大山公司，创作完成日期和首次发表日期均为2018年12月12日，登记日期均为2019年7月11日。上述三份《作品登记证书》后均未附作品内容。大山公司向法庭提交其主张权利的作品为三套教材（以下简称涉案作品），包括《小数点SuperMath培优体系数学课本2升3》《小数点SuperMath培优体系数学课本3升4》《小数点SuperMath培优体系数学课本5升6》，以及与上述数学课本相配套的进门考、练习册（A）、练习册（B）、纠错本。上述数学课本载明，主编为郭某伟、赵某，编著为小数点数学核心教研组范某、赵某君、路某栓、谷某瑶。涉案作品中未显示大山公司或其关联企业及作品完成时间等信息。大山软件公司与范某、郭某伟、赵某、路某栓、赵某君分别于2014年3月26日、2017年2月15日、2017年2月21日、2017年3月2日、2017年6月5日签订《劳动合同补充协议》，合同约定，大山软件公司同意录用上述人员，上述人员在履行工作职责时，利用大山软件公司的资

源所取得的知识产权成果，上述人员享有署名权，其他权益归大山软件公司所有。2019 年 1 月 31 日，范某、郭某伟、赵某、路某栓均提交解除劳动关系声明，终止与大山软件公司签订的劳动合同。2019 年 2 月 1 日，范某、赵某、路某栓与大山公司签订《劳动合同书》及《劳动合同补充协议》，成为大山公司的员工。一审法院认为，大山公司虽提交了涉案作品《作品登记证书》、劳动合同等证据，但因涉案作品上未显示大山公司或其关联公司及作品完成时间等信息，故作品本身无法证明大山公司享有著作权。对于大山公司提交的多数编写人员与大山软件公司签订的《劳动合同补充协议》，由于作品中缺少上述信息，故该劳动合同无法直接与涉案作品相关联；其次，大山公司提交的《作品登记证书》后未附作品内容，且登记的作品名称与涉案作品的名称不完全一致，大山公司也未能提交涉案作品的底稿，故无法确定经国家版权局登记的作品是否涉案作品，也无法确定登记的作品范围是否包括涉案作品中配套的进门考、练习册（A）、练习册（B）、纠错本。综上，大山公司提交的证据不足以证明其对涉案作品享有著作权。二审法院认为，因双方当事人均认可案涉作品系大山软件公司组织，由大山软件公司主导编写教材的负责人赵某主持，与大山软件公司核心教研组成员范某、赵某君、路某栓、谷某瑶共同创作完成，作品载明主编郭某伟、赵某，编著小数点数学核心教研组范某、赵某君、路某栓、谷某瑶。赵某亦认可"整个作品是在郑州大山软件开发有限公司任职期间完成的"，可以认定案涉作品系由大山软件公司组织赵某及其核心教研组成员代表大山软件公司的意志创作，并由大山软件公司承担责任的法人作品，大山软件公司视为作者，著作权依法归属于大山软件公司。退一步讲，即使认定案涉作品系赵某及大山软件公司核心教研组成员为完成大山软件公司工作任务所创作的职务作品，因上述人员与大山软件公司所签《劳动合同补充协议》均明确约定其在履行工作职责时，利用大山软件公司的资源所取得的知识产权成果，仅享有署名权，其他权益归大山软件公司所有，因此，除署名权外，著作权的其他权利由大山软件公司享有。大山公司于 2019 年 7 月 11 日在国家版权局对大山软件公司案涉作品进行登记，大山公司二审提交中国版权保护中心制作的《作品登记证书》所附作品登记底档光盘，证明《作品登记证书》名称"小数点数学 SuperMath 培优体系三年级""小数点数学 SuperMath 培优体系四年级""小数点数学 SuperMath 培优体系六年级附件内容"与《小数点 SuperMath 数学课本培优体系 2 升 3》《小数点 SuperMath 数学课本培优体系 3

升4》《小数点SuperMath数学课本培优体系5升6》内容一致。大山软件公司于2019年5月23日注销，大山公司为大山软件公司的唯一股东，在大山软件公司注销后，对大山软件公司依法享有案涉作品的著作权有权以自己的名义主张权利。故大山公司享有涉案作品的著作权。

【案　　号】（2020）豫知民终65号

【审理法院】河南省高级人民法院

第十二条　在作品上署名的自然人、法人或者非法人组织为作者，且该作品上存在相应权利，但有相反证明的除外。

作者等著作权人可以向国家著作权主管部门认定的登记机构办理作品登记。

与著作权有关的权利参照适用前两款规定。

关联规定

一、法律、行政法规、司法解释

1.《中华人民共和国著作权法实施条例》

第十三条　作者身份不明的作品，由作品原件的所有人行使除署名权以外的著作权。作者身份确定后，由作者或者其继承人行使著作权。

2.《计算机软件保护条例》

第九条　软件著作权属于软件开发者，本条例另有规定的除外。如无相反证明，在软件上署名的自然人、法人或者其他组织为开发者。

3.《最高人民法院关于审理著作权民事纠纷案件适用法律若干问题的解释》

第七条　当事人提供的涉及著作权的底稿、原件、合法出版物、著作权登记证书、认证机构出具的证明、取得权利的合同等，可以作为证据。

在作品或者制品上署名的自然人、法人或者非法人组织视为著作权、与著作权有关权益的权利人，但有相反证明的除外。

二、部门规章及规范性文件

1.《作品自愿登记试行办法》

第二条　作品实行自愿登记。作品不论是否登记，作者或其他著作权人依法取得的著作权不受影响。

第四条　作品登记申请者应当是作者、其他享有著作权的公民、法人或者非法人单位和专有权所有人及其代理人。

第八条 作者或其他著作权人申请作品登记应出示身份证明或提供表明作品权利归属的证明（如：封面及版权页的复印件、部分手稿的复印件及照片、样本等），填写作品登记表，并交纳登记费。其他著作权人申请作品登记还应出示表明著作权人身份的证明（如继承人应出示继承人身份证明；委托作品的委托人应出示委托合同）。专有权所有人应出示证明其享有专有权的合同。

2.《计算机软件著作权登记办法》

第四条 软件著作权登记申请人应当是该软件的著作权人以及通过继承、受让或者承受软件著作权的自然人、法人或者其他组织。

软件著作权合同登记的申请人，应当是软件著作权专有许可合同或者转让合同的当事人。

三、司法指导性文件

《最高人民法院关于加强著作权和与著作权有关的权利保护的意见》

3. 在作品、表演、录音制品上以通常方式署名的自然人、法人和非法人组织，应当推定为该作品、表演、录音制品的著作权人或者与著作权有关的权利的权利人，但有相反证据足以推翻的除外。对于署名的争议，应当结合作品、表演、录音制品的性质、类型、表现形式以及行业习惯、公众认知习惯等因素，作出综合判断。权利人完成初步举证的，人民法院应当推定当事人主张的著作权或者与著作权有关的权利成立，但是有相反证据足以推翻的除外。

4. 适用署名推定规则确定著作权或者与著作权有关的权利归属且被告未提交相反证据的，原告可以不再另行提交权利转让协议或其他书面证据。在诉讼程序中，被告主张其不承担侵权责任的，应当提供证据证明已经取得权利人的许可，或者具有著作权法规定的不经权利人许可而可以使用的情形。

条文释义

一、本条主旨

本条是关于署名推定规则及作品登记的规定。

二、条文演变

此条款为本次《著作权法》新增条款。

1990 年《著作权法》第 11 条规定，著作权属于作者，本法另有规定的除外。创作作品的公民是作者。由法人或者非法人单位主持，代表法人或者非法人单位意志创作，并由法人或者非法人单位承担责任的作品，法人或者非法人单位视为作者。如无相反证明，在作品上署名的公民、法人或者非法人单位为作者。

2001 年《著作权法》第 11 条规定，著作权属于作者，本法另有规定的除外。创作作品的公民是作者。由法人或者其他组织主持，代表法人或者其他组织意志创作，并由法人或者其他组织承担责任的作品，法人或者其他组织视为作者。如无相反证明，在作品上署名的公民、法人或者其他组织为作者。

2010 年《著作权法》修正时未作修改。

2020 年修正《著作权法》新增本条款，将的原《著作权法》第 11 条第 4 款改为第 12 条第 1 款，并增加两款，作为第 2 款、第 3 款："作者等著作权人可以向国家著作权主管部门认定的登记机构办理作品登记。与著作权有关的权利参照适用前两款规定。"

三、条文解读

（一）署名推定规则

《伯尔尼公约》以及多数域外法均承认版权应当首先属于作品创作者即作者。《著作权法》第 11 条规定，创作作品的自然人是作者，由法人或者非法人组织主持，代表法人或者非法人组织意志创作，并由法人或者非法人组织承担责任的作品，法人或者非法人组织视为作者。所以，如何判断作者是著作权权属中及其重要的问题。实际生活中，我们认为，作品创作者会掌握作品的全部内容，创作者为保障权利，也通常会在对外发布时通过署名表明作者身份，因此，法律将署名作为识别著作权较为简便的方法适用在推定作者中。根据该规则，署名权利人以署名证据即可完成初步举证责任，以此推定著作权归属。当然，该规则是法律推定，在有证据证明作品的署名人并非作者，此推定可被推翻。署名推定规则是认定证明著作权归属最为基本的规则，在侵害著作权纠纷案件中，大多数案件都离不开对该规则的适用。

根据本条第 1 款规定，用署名推定规则证明著作权归属，实际上有两个层面的含义。第一个层面是作者身份的推定，即在作品上署名的自然人、法人或非法人组织被推定为作者。第二个层面是著作权归属的推定，即在作品上署名的作者被推定在该作品上存在相应的权利，因为根据第 11 条规定，一般情况下，著作权属于作者，故作者与著作权人通常具有同一性，证明了作者身份通常即能推定其享有著作权。将该两个层面结合起来，就是用署名推定规则证明著作权归属的基本方法，即一般情况下，在无相反证据时，著作权归属于在作品上署名的作者。由于该规则仅为判断作者即著作权权属的法律推定，并不具有当然性，故在有相反证据的情况下，作品上的署名即可被推翻。这里的推翻，既可能推翻作者身份即署名的作者不是真实的作者，也可能推翻著作权归属即证明虽然署名的作者是真实的作者，但其已经不享有著作权。所以，这种根据署名认定著作权归属的方法其实是一种法律推定，而非必然如此。根据民事诉讼法“谁主张，谁举证”的一般规则，否定作者署名以及署名作者享有著作权的当事人，应当负有提供相反证据的责任，而非由署名人证明自己不是该署名的作者以及不享有著作权。

之所以用署名推定作者身份，是因为创作行为一般都是个人行为，大多不具有外观性，社会公众较难观察到创作行为本身，因此只能以某种形式表征这种创作行为，但鉴于作品的非物质性，其不能像有体物那样被实际占有、控制，所以表征这种创作行为的方法只能借助于作者的署名，即在作品上署名何人是作者，就表示其实施了创作行为，那么著作权就归属于他。作者身份的署名也可以说是一种创作行为的公示方法。

可能有人会问，如果 A 在 B 创作的一篇文章上署上 A 的姓名发表，那么在尚未证明该作品是 B 创作的情况下，根据该署名推定规则，就应当认定 A 享有著作权，这不是明显与事实不符吗？应该说，的确不能排除这种情况。但是，即使如此也不能否定署名推定规则。理由如下：首先，这种推定符合社会一般认识，在他人作品署上自己的姓名发表的情况不是没有，但至少不是常态，因此不能以个别情况否定通常情况。其次，这种推定符合著作权客体非物质性特点。作品本质上是信息的集合，没有客观的物理形体，不能像有体物那样被占有，无法以有形的占有表彰权利归属，只能采取符合其自身特点的方式去表彰作者，这种表彰方式非署名莫属。这其实与以占有表彰动产所有权归属的道理一致，“为了标明作品的真正所有人，人们便将自己的姓名署于其作品之上，以代替作者实际上对该作品的占有”①。再次，这是著作权应当得到尊重的一种制度安排。创作行为不具有公开性、外观性，一般情况下不能被社会公众识别，所以如果非要深究到必须让社会公众明白无疑地看到何人实施了创作行为，才能据此认定其享有著作权，那么世界上绝大多数作品将成为无主作品。如此一来，作者的著作权将无法得到尊重，整个著作权制度也无法建立。最后，在确定署名推定规则的同时，为了防止署名有误，同时建立了反证规则，即署名可以被推翻，这是一种平衡机制，不会让署名错误成为一种常态。

（二）作品自愿登记

本条第 2 款是新增加的作品登记的规定。从理论和国内外立法实践上，均认可著作权自作品创作时产生，无需履行任何手续。但著作权作为无形财产权，其权利归属和权利来源的举证和证明问题，是实践中难以回避的问题。而著作权登记制度的建立有助于解决司法实践中的这一问题。

根据该条规定，包括作者在内的著作权人可以向国家著作权主管部门认定的登记机构办理作品登记。既然是可以办理作品登记，就不是强制性的，故作品登记属于自愿登记，该条在我国《著作权法》中确立了作品自愿登记制度。其实，在实践中，作品自愿登记制度早已建立，只是未在《著作权法》中作出规定。1991 年颁布的《计算机软件保护条例》就规定了软件自愿登记制度。1994 年，国家版权局发布《作品自愿登记试行办法》，将作品自愿登记扩大到所有作品类型。之后于 2001 年、2011 年、2013 年修订的《计算机软件保护条例》也都规定有软件自愿登记制度。

根据《伯尔尼公约》第 5 条第 2 款规定的自动保护原则、《著作权法》第 2 条第 1 款规定、《著作权法实施条例》第 6 条规定，著作权在作创作完成时自动产生，不需要履行任何手续，不像专利权、商标权需要国家主管机关审查后给予授权才能产生，而且著作权的保护也不需要履行任何手续，故作品登记不是产生著作权的原因，也不是对著作权的确认。作品登记能“方便公众了解

---

① 李雨峰：《中国著作权法：原理与材料》，华中科技大学出版社 2014 年版，第 71 页。

作品的权利归属情况”[①]，也是本次修法中为了解决权利人维权难所作的规定[②]，著作权人在诉讼中可以持作品登记证书初步证明自己享有著作权。《著作权解释》第7条即将著作权登记证书作为当事人证明著作权归属的证据。《作品自愿登记试行办法》第1条规定，为维护作者或其他著作权人和作品使用者的合法权益，有助于解决因著作权归属造成的著作权纠纷，并为解决著作权纠纷提供初步证据，特制定本办法。第2条规定，作品实行自愿登记。作品不论是否登记，作者或其他著作权人依法取得的著作权不受影响。《计算机软件保护条例》第7条也规定，软件登记机构发放的登记证明文件是登记事项的初步证明。因此，作品登记仅仅具有证明著作权归属的证据意义，而且是可以被相反证据推翻的初步证据。当对方当事人举出与作品登记证书记载事项相反的其他证据时，即可以推翻作品登记证书的证明效力，法院则不能根据作品登记证书认定著作权归属，应该由主张享有著作权的当事人继续补充证明著作权归其所有的其他证据。

（三）邻接权归属及登记的参照适用

实践中，邻接权人的权利证明问题也同样存在较多的争议和纠纷，基于此，本条第3款规定了邻接权归属及登记参照适用。表演者权、录音录像制作者权、广播组织权虽不是著作权，但均是与著作权有关的权利，且权利客体与作品一样具有非物质性，所以在权利归属的证明上可以采取与证明著作权归属同样的方法，即在节目单、歌单、演出海报、剧照、视频节目、录音录像制品、电影电视剧片头片尾等处署名的表演者可以被推定为表演者，并享有表演者权；录音录像制品上署名的制作者可以被推定为录音录像制作者，并享有录音录像制作者权；广播、电视中显示的台标、名称、主持人播报的电台和电视台名称可以被推定为播出该广播、电视的广播组织者，并享有广播组织者权。当然，这些署名是可以被相反证据推翻的。此外，在权利登记上，作品登记制度同样可以适用于表演者权、录音录像制作者权、广播组织权的登记。所以，本条第3款规定这些邻接权的归属、登记参照适用前两款规定即可，而不必再行单独作出规定。

---

① 袁曙宏：《关于〈中华人民共和国著作权法修正案（草案）〉的说明》。

② 参见石宏：《著作权法第三次修改的重要内容及价值考量》，载《知识产权》2021年第2期。

适用指引

一、署名的识别

在审判实践中，适用署名推定规则的前提是能够确定某一署名是《著作权法》意义上的作者署名，这就涉及署名的识别问题。在确定表演者权、录音录像制作者权归属时，同样存在表演者、录音录像制作者署名的识别问题，其方法是一致性。

一般情况下，作者署名有如下含义：第一，表明作者身份。署名必须是体现了作者身份的意义，表明了作者和作品之间的创作关系。如果体现的不是作者身份，就不是这里讲的作者署名，例如，电影作品片尾署名的统筹、司机等，都不是作者身份意义的署名；第二，在作品上署名，即署名与具体作品的对应关系。如果署名的对象不是具体作品，而是某作品种类或其他，也不是这里讲的署名。例如，在“安顺地戏”案[①]中，被告在电影中将“安顺地戏”称为“云南面具戏”，原告认为被告侵害了其对“安顺地戏”享有的署名权。法院判决认为“安顺地戏”是一个剧种，不是作品，因此“安顺地戏”非署名权的权利客体，涉案电影中对于“云南面具戏”这一名称的使用，也仅属于对于特定剧种名称的使用，其既非对署名权权利主体（作者）的标注，也非对权利客体（作品）的标注，故这一使用方式不属于《著作权法》意义上的署名行为。当然该案是从侵权的角度阐述的，但足以说明在剧种上不存在作者署名的问题，只有在具体的作品上的署名才能被理解为作者署名。识别是否作者署名时必须立足于署名的上述内在含义。另外，还需要从社会公众的认知习惯出发，充分考虑到作品性质、作品类型、作品表现形式、行业惯例等外在因素。例如，对于“在作品上署名”的理解就需要结合作品类型和表现形式，不可过于狭隘，不能理解为必须在作品的载体上署名。在雕塑旁边放置一个牌子，在牌子上而非雕塑本身上标注作者姓名，依然属于“在作品上署名”。对于这类作品而言，应该说这种署名属于行业通用的方式，也可以说是行业惯例。在节目中，主持人进行自我介绍，也属于表明表演者身份的形式，而非必然在节目

① 北京市第一中级人民法院（2011）一中民终字第13010号民事判决书。

字幕中署名。在耿某涵诉北京摇太阳文化艺术有限公司侵犯表演者权案件中，法院判决即认为原告在节目开头向观众对自己身份做的介绍，是一种表明主持人身份的形式，应认为被告已经以适当的形式表明原告的身份。[①] 有些情况，根据社会的通常认识，就无法认定为是作者署名。例如，在影视作品中以“制片人”“出品人”名义所标注的自然人，一般情况下都是制片公司的负责人，无论如何他们也不是影视作品的作者及权利人。这就是影视作品在行业内的通常做法，社会公众一般也不会认为这些人是电影作品的作者、权利人。再如，根据一般常识，在文字作品所署名的自然人作者后面显示的单位名称，一般情况下都是作者所在的单位，而不是作者署名。综上，在审判实践中，对于作者署名的识别需要从社会公众的认知习惯出发，结合作品的性质、作品的类型、行业惯例等，而不能简单、机械。

二、证明著作权归属的初步证据规则

《著作权解释》第 7 条第 1 款规定：“当事人提供的涉及著作权的底稿、原件、合法出版物、著作权登记证书、认证机构出具的证明、取得权利的合同等，可以作为证据。”

除署名推定规则外，该规定提出了证明著作权归属的另一个一般规则，即初步证据规则，也即在诉讼中，只要原告提供了涉及著作权的底稿、原件、合法出版物、著作权登记证书、认证机构的证明、取得权利的合同等初步的证据，就可以认为原告完成了权属举证的证明责任，从而认定原告享有著作权。如果被告否认的，举证责任即转移至被告，由被告提反证，如果被告仅否认而不能提供反证，或者提供的反证不足以推翻原告提供的初步证据，则被告的否认不能成立，不足以撼动原告已经完成的证明权利归属的事实。当然，在原告提供初步证据后，法院仍然需要根据证据规则对该初步证据进行审查。例如，原告提供的出版物是合法出版的还是盗版的，底稿是真实的还是伪造的取得权利的合同的真实性等，这是民事诉讼法对证据审查和判断的当然要求。

在审判实践中，如果原告提供一张底稿（比如摄影作品的胶片底片）来主张著作权，在被告提不出相反证据的情况下，依照该规则，可以根据该胶片底片的原件认定原告享有著作权。初步证据规则与署名推定规则的法理具有一致

① 北京市高级人民法院（2004）高民终字第 153 号民事判决书。

性，都是根据著作权客体的非物质性、著作权制度建立并得以运行的需要等特点确定的。可以与动产物权的权利归属证明规则进行比较，动产物权是根据占有确定所有权归属的，那么凭什么说占有人就是所有权人呢？万一占有人占有的是别人的动产呢？这种可能性肯定存在。但这是快速定纷止争的一种制度安排，与一般情况下动产大多是所有人占有的通常认识相符，也是尊重所有权和物权秩序的一种表现。在《著作权法》中，道理也是同样的。尽管不能客观真实地确定持有胶片底片的原告就是真正的著作权人，但依然根据上述规则，初步认定其就是著作权人，被告否认的，给予被告提供反证推翻原告主张的机会。这就合理地平衡了双方当事人的举证责任和利益关系。

署名推定规则和初步证据规则在实践中不是非此即彼的关系，而是相互关联、相互作用的。从证据的角度看，署名推定规则本身也是初步证据规则的体现，在具体适用中离不开相关证据的支持，需要在相关证据中体现作者的署名，而且需要在双方当事人证据的攻防中呈现其证明力。有些初步证据所直接证明的对象是作者的身份，这又是在初步证据规则中对署名推定规则的运用，两者呈现出相互交融的情景。在证明继受取得的著作权权利归属时，可能既需要查明著作权的原始归属，又需要查明著作权的流转过程，在此过程中既会涉及对作者身份的查明，又会涉及审查判断一系列的著作权转让或许可合同、授权书等相关证据，署名推定规则、初步证据规则会相互关联、综合运用。总之，两条规则既具有相通的法理基础，同时在实际的运用中又相互交织，所以在实践中，要注意灵活把握两条规则，并根据案件具体情况加以综合运用以准确认定著作权归属。

三、录音制品的署名问题

在审判实践中，根据署名认定录音制作者权归属的情况比较常见。但鉴于行业中对于录音制作者的署名并不规范，有署名为制作者的，有署名为录制者的，有用Ⓟ加以标注的，还有人根据加注 © 的单位主张录音制作者权的，甚至相当多的情况是上述标注都没有，仅仅有“提供版权”的单位，原告即主张该“提供版权”的单位是录音制作者。因此，有必要对此加以明确。根据文意，制作者、录制者都能表明其是录音制品的制作者，因此署名为制作者、录制者的主体应该可以被认定为录音制作者。© 和Ⓟ其实是来自于《世界版权公约》以及美国等国家关于在出版物上加注版权标记的做法。《美国版权法》自一开始就要求在出版物上加注版权标记，否则作品就丧失版权，进入公有领域。© 即 Copyright 的缩写，当出版物是录音制品时，就用Ⓟ表示，即 Phonogram 的缩写。具体表示方法是"© + 作品的首次发表年份 + 作品版权人姓名、缩写或其他名称""Ⓟ + 录音作品的首次发表年份 + 录音作品版权所有人名称"。[①] 随着美国加入《伯尼尔公约》，其取消了将加注上述版权标记作为版权保护的前提，但《美国版权法》仍然保留了版权标记的通告含义。[②] 根据上述表示方法，© 之后表示的是版权人。因为录音制品在《美国版权法》上都是作为作品对待的，所以在Ⓟ之后表示的是录音版权人。在我国法律中并无上述版权标记的相应规定，因此无法从我国法律中找到 © 和Ⓟ的规范含义。但 © 作为 Copyright 的缩写，显然无法认定其是录音制作者的标记，参考美国法中Ⓟ的含义，可以认为其后表示的是录音制作者权人。在我国音像制品行业，用Ⓟ表示录音录像制品权利人也已经成为一种行业习惯。因此，在该意义上，可以据此Ⓟ认定录音录像制品制作者权的归属。对于仅仅标注了"提供版权"的单位，能否据此认定为是录音制作者权人，实践中曾有不同的做法。有的判决仅以此认定为"提供版权"的单位享有录音制作者权。也有的判决对此不予认可。但目前"提供版权"在行业中并不是一个确定的享有录音制作者权或者是录音制作者的含义，且也无法律规定的规范含义，因此对于仅仅署有"提供版权"的，在没有其他证据的情况下，不能仅以此认定录音录像制作者权的归属。

典型案例

再审申请人河南草庐蜂业有限公司因与被申请人汉华易美（天津）图像技术有限公司侵害作品信息网络传播权纠纷案

关键词： 图片网站　供稿协议　著作权　权属认定

裁判摘要： 原告主张对涉案图片享有著作权的，应当依法提供证据加以证明。在有相反证据的情况下，不能仅以图片中的水印、案外人权利声明和概括性授权确认书等证据，认定原告对涉案图片享有著作权。在供稿协议约定作者

① 参见《美国版权法》第 401 条、第 402 条。
② 参见李明德、许超：《著作权法》，法律出版社 2009 年版，第 119~120 页。

保留著作权的情况下，即使图片网站经营者有权以自己名义对外展示、销售、许可他人使用作者供稿的图片，也不能因此而认定图片网站经营者取得该图片的著作权。

基本案情：在再审申请人河南草庐蜂业有限公司（简称河南草庐公司）因与被申请人汉华易美（天津）图像技术有限公司（简称汉华易美公司）侵害作品信息网络传播权纠纷一案中，汉华易美公司主张河南草庐公司在微信公众号“草庐蜂蜜”上使用的4张涉案图片侵害了其享有的著作权。汉华易美公司为此提供了该公司从Getty公司处获得授权的证据：Getty公司出具的网站权利声明和授权确认书。该证据显示，Getty公司声明其对包括涉案图片在内的相关图片享有著作权并授权汉华易美公司担任Getty公司在中国境内的唯一授权代表，有权在中国境内展示、销售和许可他人使用包括涉案图片在内的所有图像作品，汉华易美公司有权就涉案图片的未经授权使用采取诉讼、收取索赔款等行为。涉案4张图片中均有“gettyimages®”的水印。天津市第三中级人民法院一审认为，涉案图片上标注Getty公司的英文名称“gettyimages”及网站“视觉中国”字样，该署名构成证明Getty公司与汉华易美公司享有著作权权属的初步证据。河南草庐公司的反驳证据不足以否定汉华易美公司的上述证据，因此，判决河南草庐公司赔偿汉华易美公司经济损失及合理开支合计8000元。天津市高级人民法院经审理，判决驳回河南草庐公司的上诉，维持一审判决。河南草庐蜂业公司不服，向最高人民法院申请再审。最高人民法院于2021年12月20日改判撤销一审、二审判决，驳回汉华易美公司的全部诉讼请求。

最高人民法院再审认为，涉案图片中的水印除标注有“gettyimages®”外，还分别标注了摄影师姓名，因此，不能仅以此水印认定涉案图片的著作权属于Getty公司。汉华易美公司提交了Getty公司授权确认书、网站权利声明等证据，但授权确认书只能证明Getty公司向汉华易美公司进行授权的事实，并非Getty公司对涉案图片享有著作权的证据；权利声明属于单方陈述，在缺乏其他证据印证的情况下，不能仅以权利声明确定著作权归属。根据河南草庐公司提交的Getty公司回复邮件等反驳证据，Getty公司确认相关图片系由摄影师将自己的作品投稿给Getty公司销售，Getty公司以自己的名义对外销售后支付给摄影师相应版税，而投稿的摄影师仍然保留图片的著作权。虽然上述反驳证据，尚不足以完全否定汉华易美公司相关证据的真实性，但是，由于汉华易美公司与Getty公司之间存在业务上的联系，汉华易美公司也正是基于Getty公司的授权才提起本案诉讼，汉华易美公司相较于河南草庐公司更有条件获取Getty公司取得涉案图片著作权的证据，如果河南草庐公司提交的反驳证据存在虚假内容，汉华易美公司也有条件地加以举证反驳。在本案审理过程中，汉华易美公司不仅并未通过举证否定河南草庐公司反驳证据的证明力，而且还在答辩意见及本院询问过程中，明确认可涉案图片1和图片4系由摄影师与Getty公司签订供稿协议，Getty公司作为代理人，以Getty公司的名义对外展示、销售、许可他人使用；涉案图片2和图片3，系Getty公司收购OJO公司后相应取得图片著作权。但是，即使汉华易美公司的上述陈述内容真实，在摄影师保留著作权的情况下，汉华易美公司关于Getty公司拥有涉案图片1和图片4的著作权的主张显然不能成立；而汉华易美公司也未能提供证据证明Getty公司对另外两张涉案图片享有著作权。因此根据在案证据，无法认定Getty公司取得了涉案图片的著作权，相应地，汉华易美公司关于其享有涉案图片著作权的主张亦缺乏事实依据，其在本案中提出的相关诉讼请求不应予以支持。

【案　　号】（2021）最高法民再355号

【审理法院】最高人民法院

【来　　源】2021年中国法院50件典型知识产权案例

类案检索

一、汉华易美（天津）图像技术有限公司与被上诉人步步高商业连锁股份有限公司侵害作品信息网络传播权纠纷案

关键词：作品　著作权人　署名

裁判摘要：2016年8月13日，美国GettyImagesInc（以下简称盖帝公司）作出授权确认书，确认该公司对附件A中所列出之品牌相关的所有图像享有版权，指定汉华易美公司担任盖帝公司在中国境内的唯一授权代表，授权汉华易美公司在中国境内展示、销售和许可他人使用附件A中所列出之品牌相关的所有图像。步步高公司在其微信公众号“湘潭步步高广场”中使用了涉案图片，与汉华易美公司www.vcg.com网站的图片视觉上无差别。法院认为，在

署名者主张原始取得著作权的情形下，其在作品上署名，在于表明其系作者，属于著作权法意义上的署名，具备适用署名推定规则的前提条件。但同时还应当考虑署名系作者所为是否具有较高可能性，不能简单地适用署名推定规则；在署名者主张继受取得著作权或通过许可获得使用权的情形下，其在作品上署名（比如水印及权利声明和标记），仅是宣示其享有著作权或使用权，均非表明其系作者，不属于著作权法意义上的署名，不能适用署名推定规则；在署名者未主张著作权或使用权的情形下，其在作品上署名（比如本案中网站图行天下和天堂图片网标注的水印），既非表明其系作者，亦非宣示其享有著作权或使用权，不属于著作权法意义上的署名，亦不能适用署名推定规则。本案中“gettyimages”和汉华易美公司均非涉案图片的作者，“gettyimages”和汉华易美公司标注水印及权利声明和标记，仅是分别宣示其享有著作权或专有使用权，均非表明其系作者，不属于著作权法意义上的署名，不能适用署名推定规则推定“gettyimages”享有著作权或汉华易美公司享有专有使用权；另外，汉华易美公司称盖帝公司系继受取得著作权，故即使“gettyimages”标注水印及权利声明和标记的行为可视为盖帝公司的行为，但与上述理由一样，也不属于著作权法意义上的署名，不能适用署名推定规则推定盖帝公司享有著作权。故驳回汉华易美公司的上诉。

【案　　号】（2019）湘知民终 343 号

【审理法院】湖南省高级人民法院

二、原告陈某华与被告成都电脑商情报社侵犯著作权纠纷案

关键词：作品　作者　署名

裁判摘要：如无相反证明，在作品上署名的人即为作者。个人主页“3D 芝麻街”的版主与该主页上《戏说 MAYA》一文作者的署名均为“无方”。虽然当前个人主页的设立与使用并无明确的法律规定，但在一般情况下个人主页密码的修改、内容的添加和删改工作只能由个人主页的注册人完成。陈某华作为专业人员，能够修改该个人主页的密码、上载文件、删改文件，电脑商情报社据此已认可陈某华即为“无方”，亦未提出相反的证据证明特殊情况的存在，故陈某华应为“无方”，《戏说 MAYA》一文的著作权归陈某华所有。

陈某华将《戏说 MAYA》一文上载到互联网上发表，实际是在网络空间传播其作品。电脑商情报社在其主办的登有商业广告的报纸上擅自刊载陈某华

的作品《戏说 MAYA》，为其商业目的扩大了该作品的传播范围，侵犯了陈某华的作品使用权和获得报酬权，故电脑商情报社应依法承担侵权责任，停止侵权、向陈某华公开赔礼道歉并赔偿由此给陈某华造成的合理的经济损失。

【案　　号】（1999）海知初字第18号

【审理法院】北京市海淀区人民法院

第十三条　改编、翻译、注释、整理已有作品而产生的作品，其著作权由改编、翻译、注释、整理人享有，但行使著作权时不得侵犯原作品的著作权。

条文释义

一、本条主旨

本条是关于演绎作品的著作权归属及权利行使的规定。

二、条文演变

本条的内容，自1990年《著作权法》中第12条即作出了规定，在2001年、2010年《著作权法》修正中都予以保留未作修改。在2020年《著作权法》修正中，将本条序号变更为第13条，内容未作修改。

三、条文解读

（一）演绎作品的概念及与已有作品的关系

演绎作品，是指利用已有作品的表达创作的新作品。[①] 从本条规定的内容来看，一方面，已有作品的存在，是创作出演绎作品的前提条件。也就是说，无论是进行改编、翻译、注释还是整理，开展演绎创作均离不开已有作品。另一方面，尽管演绎作品无法完全脱离已有作品的表达，但也不能仅仅是对与已有作品的简单再现。其必须在已有作品的基础上增加足够的独创性表达，从而形成新的作品。因此，演绎作品与已有作品之间，既在作品的内在表达方面具有着一定的相互关联，又在作品的外在形式方面呈现出明确的相互独立。

① 参见李琛：《知识产权法关键词》，法律出版社2006年版，第80页。

（二）演绎的形式

本条对于形成演绎作品的演绎形式规定了以下四种。

1. 改编

根据本法第 10 条第 1 款第 14 项中关于改编权的规定，改编权“即改变作品，创作出具有独创性的新作品的权利”。因此，改编即是改变作品，创作出具有独创性的新作品的行为。改编的核心，一是要对已有作品做出改变，二是要创作出新作品。《中华人民共和国著作权法释义》一书中对改编权作了进一步说明：“所谓改变作品，一般是指在不改变作品内容的前提下，将作品由一种类型改变成另一种类型。如将小说改编成适于演出的剧本、改编成连环画等。改编权也包括将作品扩写、缩写或者改写，虽未改变作品类型，只要创作出具有独创性的作品，也可以认为是改编。”[①] 郑成思教授也曾指出：“从剧本改到剧本也是改编。表现形式就是我用的语言和你不一样了，我的情节、人物有所改变了，绝不是指艺术形式、载体、媒介，统统不是。”[②] 因此，如将改编理解为作品体裁、种类发生变更则将其含义限定过窄。

2. 翻译

根据本法第 10 条第 1 款第 15 项中关于翻译权的规定，翻译是只“将作品从一种语言文字转换成另一种语言文字”的行为。翻译也是演绎的主要形式，一般来说是在语言文字之间的转换，例如，将英文文本翻译为中文文本，将汉语内容翻译为少数民族语言内容。

3. 注释

注释是指对已有作品内容进行说明、解释、释义。最常见的注释形式是对古代语言文字所作的注解，使用现今通俗表达将相应古文含义进行解释说明。即便是对同一部已有作品进行注释，不同的人也可能产生不尽相同的理解，也能够从不同角度、各有侧重地进行个性化表达，因此也完全可以形成各自独立的演绎作品。

4. 整理

整理是对一个或多个作品进行选择、组合、编排。其一般是将他人已有的

---

① 胡康生主编：《中华人民共和国著作权法释义》，法律出版社 2002 年版，第 58 页。

② 张鲁民、陈锦川主编：《著作权审判实务与案例》，中国方正出版社 2001 年版，第 176 页。

作品按照一定的结构进行编排整理，其主要目的是使公众易于阅读。[1] 其对于已有作品内容不作任何修改，只是在结构安排、顺序确定、组合排列中形成独创表达。

（三）演绎作品的权利归属和行使

根据本条规定，演绎作品的著作权由演绎人享有。由于演绎人在演绎作品中付出创作劳动而形成具有自身独创性的表达，其应当享有由此产生的著作权。但需要注意的是，一方面，其对演绎作品所享有的著作权范围仅限于其中具有独创性的部分，并不及于已有作品，因此对于他人对已有作品的演绎行为其无权禁止。另一方面，其在行使权利时不得侵害已有作品权利人的著作权，因此，演绎人就演绎作品行使复制、发行等著作权时，应当取得已有作品权利人的授权，否则将会构成对已有作品权利人改编权、翻译权等权利的侵害。

不过，由于已有作品与演绎作品系两个独立的作品，在已有作品著作权保护期限届满时，演绎作品权利人对于演绎作品享有的权利并不因此而消失，即对于进入公有领域的作品进行演绎时仍可获得由此产生的演绎作品的著作权，相应权利保护期限仍根据《著作权法》关于作品的保护期限规定进行确定。

适用指引

一、区分演绎作品著作权及作品的演绎权

实践中，常常会出现对演绎作品的权利和作品的演绎权的混淆。从作品创作过程来看，作品可以区分为从无到有的创作而产生的原创作品，和在已有作品上进行演绎产生的演绎作品。因此，演绎作品是对已有作品行使演绎权利后所形成的新的作品。

《著作权法》第10条中规定了著作权的17项权项，其中改编权、翻译权、汇编权等即是作品的演绎权，该些演绎权是由作品的著作权人享有，其可以自行或授权他人行使该些演绎权以创作出演绎作品。

而演绎作品在创作完成后，演绎作品作为独立的作品，其与原创作品相

① 参见黄薇、王雷鸣主编：《〈中华人民共和国著作权法〉导读与释义》，中国民主法制出版社2021年版，第100页。

同，著作权人对该演绎作品本身亦享有《著作权法》第10条中规定的包括演绎权在内的17项著作权。就演绎作品本身而言，由于其在表现形式上不可完全脱离已有作品，因此其上存在已有作品著作权人对已有作品享有的著作权，同时存在演绎作品著作权人对演绎作品享有的著作权。但演绎作品独立于已有作品，其著作权亦独立于已有作品的著作权，是分别由对应作品的著作权人所分别、独立享有的，权利范围仅限于相应对应作品的著作权。

二、演绎（改编）与复制的区别

复制在各国的著作权法中的含义不尽相同，存在狭义和广义的不同理解，[①] 从现行《著作权法》对复制权的规定（即以印刷、复印、拓印、录音、录像、翻录、翻拍等方式将作品制作一份或者多份的权利）来看，我国所采用应当是狭义的复制概念。然而即便如此，我们也不能简单地将复制理解为“原封不动”地再现作品。在我国《著作权法》中的复制行为应当是在不增加具有独创性的新内容的情况下再现已有作品，这其中包括仅对已有作品进行了少量增删、调整等非实质性改变的再现。

与复制不同的是，演绎（改编）恰恰要求必须在已有作品的基础上进行新的创作，进而产生新的作品。由此可见，尽管都需要依附已有作品，但复制与演绎（改编）的区别，关键在于是否产生了新的作品，即是否出现了创作增量。同理，已有作品与演绎（改编）作品间的关系也可以归纳为：“已有作品（整体或部分）+演绎（改编）者的独创性表达=演绎（改编）作品。”

三、演绎（改编）与抄袭、剽窃的区别与关系

抄袭和剽窃是著作权纠纷中经常出现的高频词汇。无论是在文艺界还是在法律界，对于抄袭、剽窃的含义均存在不同认识。而争议产生的根源在于对该两个词汇并没有明确的法律依据和概念界定，在《著作权法》中，仅在第52条法律责任中规定了“剽窃他人作品的”这一侵权行为。

常见的关于抄袭、剽窃与演绎之间的关系争议主要在抄袭、剽窃和侵害作品改编权之间的关系。有观点认为，剽窃分为低级剽窃和高级剽窃。前者是指原封不动地照搬他人作品或者稍加改动他人作品并署上自己的名字，因此既侵

---

① 参见陈锦川：《著作权审判：原理解读与实务指导》，法律出版社2014年版，第315页。

害复制权也侵害署名权；后者是指“改头换面”使用他人作品或作品的片段，同时还加入了自己的独创性劳动，因此同时构成对改编权和署名权的侵害。剽窃与侵害复制权、改编权的最大区别在于是否为原作者署名或注明出处，[①] 即是否割裂了已有作品被使用的部分与原作者之间的联系。

典型案例

一、黑龙江饶河县四排赫哲族乡政府与郭某、中央电视台等侵犯民间文学艺术作品著作权纠纷案

关键词：民间艺术作品　改编作品

裁判摘要：主要以传统民间音乐曲调为基础进行创作的音乐作品应认定为改编的音乐作品。

基本案情：《乌苏里船歌》是赫哲族民歌，属于《著作权法》保护的民间艺术作品。赫哲族人民依法应享有署名权、获得报酬权等经济权利。1999 年 11 月 12 日，在“南宁国际民歌艺术节”晚会上，中央电视台节目主持人称《乌苏里船歌》系汪某才、郭某创作而非赫哲族民歌。此后，该晚会被录制成 VCD 在全国发行。为此，黑龙江省饶河县四排赫哲族乡人民政府起诉请求在中央电视台播放《乌苏里船歌》数次，说明其为赫哲族民歌，并道歉；赔偿经济损失 40 万元及精神损失 10 万元。

北京市第二中级人民法院经审理认为，《乌苏里船歌》音乐作品是郭某等人在赫哲族世代流传的民间曲调的基础上，运用现代音乐创作手法再度创作完成的。郭某作为该作品的合作作者之一，享有《乌苏里船歌》音乐作品的著作权。但是，其在《乌苏里船歌》创作中吸收了《想情郎》等最具代表性的赫哲族传统民间曲调，被告郭某也并不否认在创作《乌苏里船歌》主曲调时使用了部分《想情郎》曲调，中国音乐著作权协会所作鉴定结论也表明该音乐作品主部即中部主题曲调与《想情郎》《狩猎的哥哥回来了》的曲调基本相同。因此，应认定《乌苏里船歌》主曲调是郭某等人在赫哲族民间音乐曲调《想情郎》的基础上改编完成的作品。郭某等人在使用音乐作品《乌苏里船歌》时，应客观

① 参见陈锦川：《著作权审判：原理解读与实务指导》，法律出版社 2014 年版，第 315~316 页。

地注明该歌曲曲调是源于赫哲族传统民间曲调改编的作品。故判令郭某、中央电视台以任何方式再使用音乐作品《乌苏里船歌》时，应当注明根据“赫哲族民间曲调改编”；郭某、中央电视台发表“音乐作品《乌苏里船歌》系根据赫哲族民间曲调改编”的声明、赔偿合理开支等。

一审宣判后郭某、中央电视台不服提起上诉，北京市高级人民法院驳回上诉，维持原判。

【案　　号】（2003）高民终字第246号

【审理法院】北京市高级人民法院

【来　　源】《最高人民法院公报》2004年第7期

二、中国科学院海洋研究所、郑某仪与刘某谦、莱州市万利达石业有限公司、烟台环境艺术管理管理办公室侵害著作权纠纷案

关键词：演绎权　演绎人权利行使

裁判摘要：演绎权是在原作基础上创作出派生作品的权利，这种派生作品使用了已有作品的基本内容，但同时因加入后一创作者的创作成分而使已有作品的内容发生了改动。演绎人对其派生作品依法享有著作权，但演绎人行使著作权时应取得原作者的许可，不得损害原作者的著作权。

基本案情：郑某仪为中国科学院院士，从事中国海域有孔虫分类和生态学研究，研制有230多个有孔虫模型。郑某仪、中国科学院海洋研究所认为，刘某谦设计、莱州市万利达石业有限公司制作、烟台环境艺术管理办公室使用的10座有孔虫雕塑侵犯了其对模型作品享有的著作权，请求法院判令停止侵权、赔偿损失、赔礼道歉。

青岛市中级人民法院一审认为，郑某仪研制的有孔虫模型具有独创性，属于受《著作权法》保护的作品；刘某谦设计的9座有孔虫雕塑与郑守仪模型作品相比，二者构成实质性相似；在刘某谦在先接触过郑守仪模型、缺乏独立创作证据支持的情况下，刘某谦侵犯了郑守仪等对有孔虫模型所享有的著作权。根据雕塑公益特性，变更“拆除雕塑”停止侵权责任为消除影响和支付合理使用费。

一审判决后，刘俊谦不服提起上诉。山东省高级人民法院二审认为，郑某仪制作的有孔虫模型构成《著作权法》意义上的作品。刘某谦根据艺术表现的需要，在模型作品基础上进行了艺术加工，增添了新的创作成分，但这种加工

并没有脱离模型作品的“基本构成”，系由已有作品派生而来，构成演绎作品。刘某谦在使用演绎作品时未取得原作者郑守仪的许可，侵犯了郑守仪等的著作权。故驳回上诉，维持原判。

【案　　号】（2012）鲁民三终字第33号

【审理法院】山东省高级人民法院

【来　　源】《最高人民法院公报》2014年第3期、2012年中国法院知识产权司法保护10大创新性案件

三、李某成与葛某圣著作权权属、侵权纠纷案

关键词：古籍点校

裁判摘要：对共有领域的古籍进行整理、点校之后的点校本凝聚了点校人对点校内容的创造性劳动，构成《著作权法》意义上的作品。点校人对点校部分享有著作权。

基本案情：李某成自2008年6月开始整理点校民国版《寿光县志》。2008年10月，葛某圣得知李某成正在点校该书，提出与其合作，李某成表示同意。2009年9月，李某成与葛某圣停止合作。2010年8月至9月间，李某成完成民国版《寿光县志》校注本第四稿，准备出版印刷，此时，葛某圣联系李某成可以按成本价要300本书，同时提出看一遍稿子，李某成将《寿光县志》校注本第四稿给了葛某圣。2010年底，李某成在王某三的指导下，放弃出版印刷的想法，继续进行点校。2011年5月，葛某圣出版了民国版《寿光县志》点校本，印刷1000册，每册定价450元。李某成认为葛某圣的行为侵害了其的著作权，请求法院判令葛某圣赔偿李子成经济损失15万元，向李某成道歉、在报纸上刊登严重错误勘正声明，并承担本案的全部诉讼费用。

山东省潍坊市中级人民法院经审理认为，民国版《寿光县志》虽然属于公有领域的作品，但对其进行整理、点校之后的点校本凝聚了点校人对点校内容的创造性劳动，构成了《著作权法》意义上的作品。本案中，自2008年9月18日开始，李某成、葛某圣就对民国版《寿光县志》合作进行整理、点校，虽然经历了两次合作与两次分手，但双方对共同点校这一事实均不否认，且葛某圣当庭认可就双方合作校注的第三稿（民国版《寿光县志》校注本）与正式出版的民国版《寿光县志》点校本相比，就点校部分，相同之处有85%，不同之处有15%。因此，就点校的内容来讲，至少有85%的相同部分凝聚了李

某成、葛某圣的创造性劳动，因此，双方对民国版《寿光县志》点校部分共同享有著作权。葛某圣在出版的民国版《寿光县志》点校本第一页上仅标明点校人为葛某圣，其将与李某成合作创作的作品当作自己单独创作的作品发表，侵犯了合作作者李某成的署名权与发行权。故判令葛某圣赔偿经济损失及合理费用6万元、赔礼道歉等。

一审宣判后葛某圣不服向山东省高级人民法院提起上诉，二审驳回上诉，维持原判。葛某圣向最高人民法院申请再审，再审维持二审判决。

【案　　号】（2016）最高法民再175号

【审理法院】最高人民法院

【来　　源】2018年中国法院50件典型知识产权案例

第十四条 两人以上合作创作的作品，著作权由合作作者共同享有。没有参加创作的人，不能成为合作作者。

合作作品的著作权由合作作者通过协商一致行使；不能协商一致，又无正当理由的，任何一方不得阻止他方行使除转让、许可他人专有使用、出质以外的其他权利，但是所得收益应当合理分配给所有合作作者。

合作作品可以分割使用的，作者对各自创作的部分可以单独享有著作权，但行使著作权时不得侵犯合作作品整体的著作权。

关联规定

法律、行政法规、司法解释

1.《中华人民共和国著作权法实施条例》

第九条 合作作品不可以分割使用的，其著作权由各合作作者共同享有，通过协商一致行使；不能协商一致，又无正当理由的，任何一方不得阻止他方行使除转让以外的其他权利，但是所得收益应当合理分配给所有合作作者。

第十四条 合作作者之一死亡后，其对合作作品享有的著作权法第十条第一款第五项至第十七项规定的权利无人继承又无人受遗赠的，由其他合作作者享有。

2.《计算机软件保护条例》

第十条 由两个以上的自然人、法人或者其他组织合作开发的软件，其著作权的归属由合作开发者签订书面合同约定。无书面合同或者合同未作明确约定，合作开发的软件可以分割使用的，开发者对各自开发的部分可以单独享有著作权；但是，行使著作权时，不得扩展到合作开发的软件整体的著作权。合作开发的软件不能分割使用的，其著作权由各合作开发者共同享有，通过协商一致行使；不能协商一致，又无正当理由的，任何一方不得阻止他方行使除转让权以外的其他权利，但是所得收益应当合理分配给所有合作开发者。

3.《最高人民法院关于审理著作权民事纠纷案件适用法律若干问题的解释》

第十四条 当事人合意以特定人物经历为题材完成的自传体作品，当事人对著作权权属有约定的，依其约定；没有约定的，著作权归该特定人物享有，执笔人或整理人对作品完成付出劳动的，著作权人可以向其支付适当的报酬。

条文释义

一、本条主旨

本条是关于合作作品的规定。

二、条文演变

本条关于合作作品的著作权归属及权利行使，自1990年《著作权法》中第13条即作出了规定，在2001年、2010年《著作权法》修正中都予以保留未作修改。2020年《著作权法》修正中，将本条移至第14条，并将《著作权法实施条例》第9条关于合作作品著作权行使的规定进行一定修改后纳入该条第2款规定中，其他内容未作修改。

三、条文解读

（一）合作作品的概念和分类

根据本条规定，合作作品是指两人以上合作创作的作品。根据本条第3款可知，按照是否可以分割使用，合作作品可以分为可以分割使用的合作作品和不可以分割使用的合作作品。可分割的合作作品即是各部分的作品可以单独使用，例如，两人就同一主题分别撰写文章形成文集，对于各自撰写的文章均分别构成作品并可单独使用，组合的文集即是合作作品。不可分割的合作作品中不同作者的创作融合性更强，各自的创作无法进行拆分，例如，合作作者共同构思主题、结构、人物关系、情节等共同创作一篇小说。

（二）合作作品权利归属

根据本条规定，合作作品的著作权由合作作者共同享有。此种共同享有的规定并不因合作作品是否可以分割而有所区分，每个作者对于合作作品整体都享有著作权。

但是，由于可以分割合作作品中单独作品的特殊性，其在抽离出合作作品后仍可独立作为一个作品，因此，对于此种合作作品，作者在对合作作品整体享有著作权的同时，依照本条第3款规定，对各自创作部分，作者亦单独享有著作权。但虽然作者享有该双重权利，但本条第3款亦明确作者在行使著作权时不得侵犯合作作品整体的著作权。例如，严重危害合作作品的市场价值、破坏作品完整性等。[①] 另外，本法第52条第2项亦规定，“未经合作作者许可，将与他人合作创作的作品当作自己单独创作的作品发表的”属于侵权行为。

（三）合作作品权利的行使

在2020年《著作权法》修正前，《著作权法实施条例》第9条对于合作作品的行使的规定仅明确了不可分割的合作作品的权利行使规则，且对于不能协商一致且无正当理由情况下，对其他合作作者权利行使仅规定了“转让”的限制。2020年《著作权法》中在本条第2款中作出了修改。一方面，该款删除了作品类型的限制，因此本条应可适用于所有合作作品。另一方面，对于协商不能又无正当理由情况下，其他合作作者的权利限制在“转让”之外增加了“许可他人专有使用”“出质”两种情形。之所以增加该两种情形，系因该两种情况与“转让”类似，均可达到权利变更的效果。其中“许可他人专有使用”虽不同于“转让”的权利直接变更，但专有使用授权情况下，原权利人自身亦不可对相应作品进行使用，其实际效果等同于在许可期限内的权利转让。而权利出质系当债务人不能履行到期债务或者发生当事人约定的实现质权的情形时，债权人有权就该权利优先受偿，因此亦会影响原权利人著作权财产权的实现。[②]

根据本条第2款的规定，对于合作作品著作权的行使应遵循以下步骤：

---

① 参见韦之：《著作权法原理》，北京大学出版社1998年版，第45页。

② 参见王迁：《〈著作权法〉修改：关键条款的解读与分析》，载《知识产权》2021年第2期。

首先，遵循约定优先原则，即是“由合作作者协商一致行使”。此种行使应当包括作品的人身权和财产权，例如，合作作者约定由其中一位作者发表作品，行使发表权，亦符合规定。

其次，如果协商不一致，需要说明合理理由。如果可以说明正当理由，则他方权利行使将受到阻却。而对于何种理由属于正当理由，目前法律未有明确规定，因此在实践中还需要根据个案实际情况予以把握和认定，通常情况下，如果系为保护作品创作本身、维护合作作者整体权利等可考虑认定为正当理由。

再次，如果无法说明正当理由，则其他权利人可以行使除转让、许可他人专有使用、出质之外的权利。

最后，因合作作品的权利行使获得的收入应当向所有的合作作者分配，即便是无法说明正当理由组织其他作者权利行使的作者，也应给其保留合理份额向其分配。

适用指引

一、“参与创作”的认定

根据本条规定，成为合作作者并形成合作作品需要“参与创作”。对于何为参与创作，需要从主观和客观两方面来认定：一是共同创作的合意。如各方不存在创作的合意，例如，将他人作品“合”入自身作品，或者对他人作品进行演绎或汇编等继续创作，虽然融合了不同作者的创作劳动，但因为欠缺共同创作的合意而不构成合作作品。此种情况下可能会构成演绎作品或汇编作品，如缺少已有作品权利人的授权则可能构成侵权。[①] 二是共同创作的行为。即是本条第 1 款所明确的参加创作。此处的参与创作应当是指为作品的独创性表达付出实质贡献，仅提供资料、技术、资金等辅助性工作支持的并不能认定为参与创作，不属于合作作者。[②] 例如，常见的记录人由于在创作过程中往往仅进行基础的抄写、记录工作，对作品的独创性并无实际贡献，因此不能认定为合

① 参见沈仁干主编：《郑成思版权文集》，中国人民大学出版社 2008 年版，第 325~326 页。

② 参见李琛：《知识产权法关键词》，法律出版社 2006 年版，第 78 页。

作作者；给他人提供咨询、修改意见，或进行校订审改的也不能成立合作关系；此外，对于未参加创作的，即便以为职务关系“挂名”或者作者同意将其署名为合作作者，但因未有共同创作的行为，也不能据此认定其为该作品的合作作者。[①]

二、不可分割的合作作品中部分权利人提起诉讼的处理

实践中，合作作品中的部分权利人起诉维权的现象并不少见。对于可以分割的合作作品，因其单独创作可以分割使用，所以对其独立创作部分当然有权以其个人名义单独起诉。而对于不可分割的合作作品，合作作品的作者中每个人虽无权单独利用作品的著作权，确有权单独对侵害著作权行为起诉，因为任何侵权行为都将危害合作作品的不可分割利益。[②]

但是，当仅有部分合作作者提起诉讼时，如仅径行审理判决，则很容易无法查明案件事实全貌，也容易使其他合作作者的权益受损。因此，对于此种情形的处理，一般来说，根据合作作品的署名情况，可以基本明确合作作者范围。对于该些合作作者，需要区分是否可以查清权利人基本情况以确定参与诉讼的可能。在可以查清权利人基本情况时，应当将所有权利人追加为共同原告。根据其他权利人的意思表示，对于愿意加入诉讼进行维权的，正常列为共同原告参与本案诉讼；如果明确表示不参加诉讼且放弃实体权利的，可不予追加，因这是权利人对其民事权利的自由处分；如不愿意参加诉讼又不愿意放弃实体权利的，可列为共同原告，即便不参与诉讼也不影响案件的实体审理。而对于无法查清的基本情况的，可将已查清的这部分权利人作为共同原告，同时为了保障这些因客观原因未进入诉讼的合作作者权益，在最终判决中还需对权利范围和赔偿进行分割，为这些作者保留相应的合理权利份额。

① 参见韦之：《著作权法原理》，北京大学出版社1998年版，第44页。

② 参见沈仁干主编：《郑成思版权文集》，中国人民大学出版社2008年版，第322页。

典型案例

刘某础与叶某山侵害著作权纠纷案

关键词：合作作品　参与创作

裁判摘要：合作作者必须均参加创作劳动，如果仅为创作提供咨询意见等辅助劳动，不能成为合作作者。

基本案情：叶某山受聘请设计《歌乐山群雕》，在完成初稿后，刘某础在叶某山指导下参与《歌乐山群雕》泥塑的定稿制作。在放大制作过程中，叶某山经常到现场指导和刻画修改，并对有关方面提出的合理化建议予以采纳，对刘某础提出的一些建议，叶某山认为符合自己创作意图和表现手法的，亦予采纳。刘某础认为其与叶某山共同创作《歌乐山群雕》定稿，叶某山却以其个人名义参展获奖，侵害去著作权，故请求判令叶某山公开道歉、消除影响、赔偿损失。

重庆市中级人民法院经审理认为，《歌乐山群雕》是建造倡议单位聘请叶某山创作并在叶某山参与和指导下制作完成的，其著作权属叶某山享有。刘某础在制作中提出一些建议，按照叶某山创作稿做过一些具体工作，不能因此认定为《歌乐山群雕》的共同创作人。故驳回刘某础全部诉讼请求。

一审宣判后刘某础不服向四川省高级人民法院提起上诉，二审认为，《歌乐山群雕》定稿是在叶某山亲自参加和指导下完成的，刘某础参与了放大制作，做了一些工作，通过口头或实际刻画制作提过建议，但最终是否采纳认可，取决于叶某山。《歌乐山群雕》定稿与初稿相比较，在主题思想、整体结构、基本形态、表现手法等方面是一致的，没有实质的改变。出现的一些变化也是在叶某山的指导、参加和认可下完成的，是在初稿基础上的修改完善，不存在建造倡议单位委托刘某础参加《群雕》创作的事实。刘某础与叶某山之间也没有合作创作的或书面约定。因此，刘某础以实际参与制作的放大稿较初稿有变化，从而应享有着作权的主张不能成立，不能认定其为《群雕》的共同创作人。故驳回上诉，维持原判。

【案　　号】（1990）川法民上字第7号

【审理法院】四川省高级人民法院

【来　　源】《最高人民法院公报》1991年第1期

类案检索

北京众得文化传播有限公司与贝壳找房（北京）科技有限公司、岳龙刚侵害作品改编权纠纷案

关键词：可分割合作作品

裁判摘要：合作作品的成立一是合作作者具有共同的创作愿望，二是合作作者具有创作行为。涉案作品整体是合作作品，其中的词和曲谱部分又可以分别作为文字作品和音乐作品（即能够演奏的不带词的作品）单独使用，故为可分割使用的合作作品。词曲作者共同享有歌曲著作权，同时词、曲著作权分别归作者单独享有。

【案　　号】（2018）京0108民初34914号

【审理法院】北京市海淀区人民法院

【来　　源】2019年度国际版权协会中国分会（AIPPI）中国版权行业十大热点案件、2019年度中国十大娱乐法案例

第十五条　汇编若干作品、作品的片段或者不构成作品的数据或者其他材料，对其内容的选择或者编排体现独创性的作品，为汇编作品，其著作权由汇编人享有，但行使著作权时，不得侵犯原作品的著作权。

条文释义

一、本条主旨

本条是关于汇编作品的规定。

二、条文演变

本条关于汇编作品的著作权归属，1990年《著作权法》第14条规定了“编辑作品的权利归属，规定编辑作品由编辑人享有著作权，但行使著作权时，不得侵犯原作品的著作权。编辑作品中可以单独使用的作品的作者有权单独行使其著作权。”2001年《著作权法》修正中将“编辑”修改为“汇编”，并增加了被汇编的对象，以及明确了汇编作品权利归属、权利范围及行使。后在2010年《著作权法》中予以保留未作修改。2020年《著作权法》修正中，除将本条移至第15条外，内容未有修改。

三、条文解读

（一）汇编作品的定义

根据本条规定，汇编作品，是指汇编若干作品、作品的片段或者不构成作品的数据或者其他材料，对其内容的选择或者编排体现独创性的作品。在1990年《著作权法》中，本条为“编辑作品”相关规定，后为与图书出版编辑相区分，故而改变为“汇编作品”。[1] 但二者含义相同，仅在表达上作出了修改。

虽然汇编在广义上是演绎的一种形式，但是汇编作品并不都是演绎作品。汇编的对象可以是独立的作品或作品的片段，也可以是不构成作品的数据或材料。汇编作品的独创性与被汇编的素材（即已有作品、作品片段或者数据材料等）无关，而是体现在对这些素材“选择编排”的结果上。因此，被汇编的素材本身是否具有独创性以及独创性的高低，并不会对判断汇编后所形成的客体是否具有独创性产生影响。是否构成汇编作品，仍是以其是否符合作品的基本构成要件为判断依据，即是否存在独立于被汇编对象的，在选择、编排方面所体现出的独创性。

在《著作权法》制定初期，汇编作品往往体现为对文字作品的汇编，例如百科全书、期刊等。随着计算机技术的普及和成熟，通过对零散数据进行收集整合而形成数据库的情况愈加普遍，由此而形成的数据库如体现出了独创性，亦可以认定为汇编作品。

（二）汇编作品著作权归属及行使

根据该条规定，汇编作品的著作权由汇编人享有。虽然汇编作品不完全等同于演绎作品，但其权利范围和行使规则与演绎作品基本一致。在权利范围上，汇编人对汇编作品享有的著作权仅限于体现其独创性的汇编部分，并不及于被汇编的素材。

如果被汇编的为作品或者作品的片段时，相关素材的著作权仍由已有作品的权利人享有。在权利行使上，虽然汇编不改变已有作品内容，但根据该条规定，汇编人行使著作权时不得侵害已有作品著作权。汇编权是已有作品的权利人享有的权利之一，因此汇编人在就其汇编作品行使复制、发行、信息网络传播等著作权时，应当首先获得已有作品权利人的相应许可，并合法保障已有作品权利人的各项人身权利和财产权利，否则将构成侵权。同时，在权利期间上，汇编作品的著作权也同样不因已有作品权利保护期限届满而丧失，亦应单独进行计算。

如果被汇编的素材不属于作品，则汇编作品著作权的归属和行使与他人的

① 参见黄薇、王雷鸣主编：《〈中华人民共和国著作权法〉导读与释义》，中国民主法制出版社 2021 年版，第 112 页。

作品或权利无关，因此不会出现上文提及的已有作品权利人的许可问题。但是，这并不等于对任何数据、材料均可以直接拿来汇编，汇编人仍需要对相关素材来源的合法性进行审查，否则即便不构成对他人著作权的侵害，亦可能存在侵害他人隐私权等其他权利或权益，以及构成不正当竞争等法律风险。

适用指引

一、汇编权与汇编作品的著作权

汇编权，指将作品或者作品的片段通过选择或者编排，汇集成新作品的权利，是著作权人就其作品所享有的法定权利之一。汇编权的存在及行使，均须以已有作品的存在为前提。因此，只有当被汇编的对象是具有独创性的作品或者作品片段时，才有可能涉及是否侵害被汇编对象的汇编权问题。在被汇编的素材本身属于不具有独创性的数据、材料等客体的情况下，也就不存在侵害该素材的汇编权这一问题。

而汇编作品产生，如前所述，并不以已有作品的存在为前提或必要条件。只要在内容的选择或编排上具有独创性，即可构成汇编作品。一旦构成汇编作品，汇编人就该作品即完整地享有《著作权法》所规定的各项权利，这其中也包括汇编权。

汇编作品在创作完成后，从内容上看将不可避免地包含被汇编的素材，即被汇编的素材是呈现于汇编作品之中的组成部分。但即便如此，对汇编作品著作权的保护范围并不及于被汇编的素材，其权利范围仅限于其汇编人付出创造性劳动所体现出独创性的那部分。[①]

二、汇编作品独创性的具体体现

汇编作品之所以能够构成一个作品，本质还是在于汇编过程中所体现出的独创性。而其中独创性的体现一般具体包括要构建独立完整汇编作品所具有的创作意图、选择编排内容（即被汇编素材）的确定性、选择编排中表达方式存在多种选择且最终确定的表达方式的新颖性等。

① 参见沈仁干主编：《郑成思版权文集》，中国人民大学出版社2008年版，第545页。

例如，电视台的日播节目，虽然电视台对每日的节目进行了汇编，但因选择和编排的表达方式较为有限，各电视台日播节目的编排结果整体呈现出较强的规律性和较大的一致性，不属于体现独创性的表达；且一般电视台日播节目并未体现出电视台为建构一个独立的整体性汇编作品所具有的创作意图；日播节目中的被选择、编排的对象也多为栏目，因此，无法构成汇编作品。

典型案例

黄某源与内蒙古大学出版社、广西壮族自治区外文书店著作权侵权纠纷案

关键词：汇编作品

裁判摘要：在题材选择编排、主题设置、文字组合运用、具体表达方面对日常用语的编排中投入智力劳动，形成的具有独创性的汇编内容，构成汇编作品。汇编作品著作权由汇编人享有。

基本案情：黄某源编著《法语交际口语手册》一书，该书分功能表达法与情景表达法两部分，收录的是基本的言语功能和生活场景的表达方法，全书全部以句型的形式出现。内蒙古大学出版社在后出版《实用法语会话900句》一书，该书在广西壮族自治区外文书店有售。该书中有200个句子与《法语交际口语手册》一书完全一致。黄天源认为二被告侵害其著作权，故诉至法院，请求停止侵权、赔礼道歉、赔偿损失等。

南宁市中级人民法院经审理认为，黄某源的作品系中文对照法语日常用语的汇编，为汇编作品。汇编作品的独创性体现在按照特定要求对内容进行选择或者对内容进行编排上。因日常用语的特性是人们在语言交际中长期使用所形成的最基本和最常用的口语，具有固定性和稳定性，其并不具有独创性，故黄天源作品的独创性应体现在对作品编排上，即黄某源只能对作品的编排方式享有著作权，而对其内容则不享有著作权。被诉作品在体例编排上与黄天源作品不相同。故判决驳回黄某源的诉讼请求。

一审宣判后黄天源不服向广西壮族自治区高级人民法院提起上诉，二审认为，本案黄某源的《法语交际口语手册》，是上诉人黄某源编著的用于传授法语语法及常用口语的教学用书，黄某源根据自己多年的法语学习、教学和生活

的经历以及自己对法语的理解，按照“功能表达”和“情景表达”两种不同的表达方法，有意识地选择和设置了多个主题，并围绕相应主题设计了大量的句子，用法语和中文表达出来，无论是在题材的选择和编排、还是主题内容的设置、文字的组织和运用，包括具体语句的翻译等方面，都投入了大量的智力劳动，形成了具有独创性的汇编作品。上诉人黄某源对其编著的作品《法语交际口语手册》享有完整的著作权。将内蒙古大学出版社出版的《实用法语会话900句》与黄某源编著的《法语交际口语手册》对比，除了部分主题内容和场景的选择完全一致外，所使用的句子有200句完全相同，在量上占被上诉人出版的作品的近四分之一，不仅法语相同，中文翻译也相同；在相同的句子中，除了一些日常用语的表达外，反映作者精心设计的句子的细节如钱物的数字、球队的名称、比赛的比分、电影和歌星的名字等也完全相同、甚至上诉人作品的错漏与特殊表达也完全一致。二审认定内蒙古大学出版社出版的《实用法语会话900句》对黄某源编著的《法语交际口语手册》的部分内容进行了抄袭。故判决撤销一审判决，改判停止侵权、赔礼道歉、赔偿损失。

【案　　号】（2009）桂民三终字第48号

【审理法院】广西壮族自治区高级人民法院

【来　　源】2009年中国法院50件典型知识产权案例

第十六条　使用改编、翻译、注释、整理、汇编已有作品而产生的作品进行出版、演出和制作录音录像制品，应当取得该作品的著作权人和原作品的著作权人许可，并支付报酬。

关联规定

法律、行政法规、司法解释

《中华人民共和国著作权法实施条例》

第二十七条　出版者、表演者、录音录像制作者、广播电台、电视台行使权利，不得损害被使用作品和原作品著作权人的权利。

条文释义

一、本条主旨

本条是关于演绎作品的使用的规定。

二、条文演变

1990年《著作权法》第34条、第35条、第37条分别规定了出版者、表演者、录音录像制作者使用演绎作品时对演绎作品著作权人和原作品著作权人的付酬义务。在2001年《著作权法》修正中，随着对汇编作品条款的修正，上述条款中的“编辑”相应修改为“汇编”，并增加了“双重许可”的规定。该规定在2010年《著作权法》修正中予以保留。在2020年《著作权法》修正中，将本条上述条款中的相关规定进行整合，进一步明确了演绎作品中原作品著作权人的权利。

三、条文解读

（一）本条适用对象和行为

本条规定所针对的对象均为在已有作品基础上形成的演绎作品。既包括本法第 13 条规定的演绎作品，也包括第 15 条汇编已有作品而形成的汇编作品。

本条所规制的行为，是对演绎作品的出版、演出和制作录音录像制品三种行为。从法律规定来看，对于演绎作品的使用虽仅规定了该三种行为的规则，但是实践中，演绎作品与原创作品相同，同样面临对其的复制、发行、信息网络传播、再演绎等使用行为。对于上述使用行为，依照《著作权法》"哪里有独创性表达，哪里就有著作权保护"的保护原则，同样需要遵循双重许可规则。即便"举轻以明重"，在出版、演出、制作录音录像制品时即已需要双重许可的情况下，那对于其他的使用行为更是应遵守该种许可规则，需要同时获得已有作品权利人和演绎作品权利人的双重授权。

（二）双重许可规则

对演绎作品使用的"双重许可"，即是在使用演绎作品时，既需要获得演绎作品著作权人的许可，也需要获得已有作品著作权人的许可。同时应当向二者支付报酬。

此种双重许可的前提即在于演绎作品和已有作品的区别关系，以及演绎作品权利人和已有作品权利人之间著作权范围的区分和不重合。如前所述，演绎作品权利人所享有的著作权仅限于其在演绎中形成独创性表达部分，并不及于已有作品的内容。已有作品的著作权仍由已有作品权利人享有。在对演绎作品进行使用时，一方面，演绎作品的创作过程和特点决定了其不可避免地将使用到已有作品的独创性表达，因此在对演绎作品进行使用时也将较难以避免地使用到已有作品的独创性表达部分；另一方面，对演绎作品的使用必然会涉及到对区别于已有作品的演绎部分的利用，否则就不能称之为演绎作品的使用，而是对已有作品的使用。因此，对演绎作品的使用将同时触及演绎作品权利人和已有作品权利人的权利范围，因此应当获得二者的双重许可，否则就所使用的对应部分将分别对二者构成侵权。同时，已有作品权利人和演绎作品权利人可因各自的独创行部分获得报酬。也正是如此，才更能同时激励原创作品和演绎作品的创作，让每一位作者都能因各自的创作而获得价值。需注意的是，在这种情况下，对于已有作品权利人将两次获酬，即其在演绎人请求对已有作品进行演绎时从演绎人处获酬，以及在对演绎作品使用时因已有作品内容从使用人处获酬，由此也可看出《著作权法》对于原创作品的保护和激励更加充分。

不过，并不是涉及使用演绎作品即均需要获得双重许可，亦存在例外情形。例如，已有作品权利人放弃著作权、已有作品因权利保护期限届满进入公有领域而仅涉及使用已有作品著作权财产权等情况下，则无须再请求获得已有作品权利人的许可，仅获得演绎作品权利人的单方许可即可以进行相应的使用。

适用指引

一、演绎作品的权利行使受到已有作品权利人的限制

如前所述，已有作品与演绎作品为相互独立的两个作品，但由于演绎作品以已有作品为基础的特殊性，演绎作品的著作权人对演绎作品享有的著作权是完整但不独立的。[①] 此种不独立即是演绎作品的在权利行使时会受到一定限制，即受到已有作品权利人的一定控制。

以著作权人身权中的发表权为例。如果已有作品尚未发表，由于演绎作品不能完全脱离已有作品，一旦演绎作品全部公之于众，将极大可能导致已有作品市场先占利益的受损，因此，如果未经已有作品权利人的许可而发表演绎作品，将可能构成对已有作品发表权的侵害。对于署名权，由于作者的署名权不仅在其原作中可以行使，在有关演绎作品中也可以行使。[②] 因此，演绎作品的著作权人在行使其署名权等权利时，也需要指明已有作品的作品名称和作者姓名。[③] 针对著作权财产权，如前所述，对于演绎作品的使用需要已有作品权利人和演绎作品权利人的双重许可，故在此情况下针对演绎作品进行复制、发

① 参见陈锦川：《著作权审判：原理解读与实务指导》，法律出版社2014年版，第55页。

② 参见郑成思：《版权法》（上），中国人民大学出版社2009年版，第164页。

③ 参见陈锦川：《著作权审判：原理解读与实务指导》，法律出版社2014年版，第55页。

行、信息网络传播时，如果仅取得了演绎作品权利人的授权而未经已有作品权利人的许可，则仍会对后者构成侵权。

二、未经许可演绎的作品的著作权保护问题

在未经已有作品权利人许可的情况下，对该作品进行演绎创作而成的新作品，其演绎者是否应享有著作权？对此问题存在一定的争议。

由于演绎作品的产生系加入了独创性表达而构成了新的作品，根据《著作权法》"哪里有独创性表达，哪里就有著作权保护"的原则，即使未经已有作品权利人许可而进行演绎创作出的作品，在其诞生之初也应当受到《著作权法》保护。也正因为如此，未经许可的演绎人作为该演绎作品的作者，亦就其作品享有完整的著作权。只不过其在就该演绎作品行使著作权时，由于缺少已有作品权利人许可的原因，将受到一定限制。例如，未经许可自行将外文小说翻译成中文，译者对翻译成的中文作品也是享有完整著作权的，且如果只是限于自身学习、研究范围，也不会引发侵权问题。但如果译者授权出版社对该翻译的中文版进行复制、发行，则必须获得原外文小说著作权人的许可，否则将构成侵权。但是，当有他人对未经许可演绎而成的作品构成侵权时，该演绎作品的作者仍然可以就其在演绎过程中独创的部分，即在演绎作品著作权的范围内，依据《著作权法》第 52 条、第 53 条之规定，针对侵权行为主张停止侵害、赔礼道歉、消除影响、赔偿损失。

对于赔偿责任的承担，由于侵权者对演绎作品的侵害，例如，复制、发行上述未经许可翻译成中文的外国小说，其本质上同时使用了已有作品作者与演绎作品作者二人的独创性表达，对已有作品和演绎作品二者均构成侵权，因此在只有演绎作品作者提起侵权诉讼的情况下，考虑赔偿数额时要为已有作品的作者预留份额，而不能将全部侵权获利都判决赔偿给演绎作品作者。从原告损失的角度，该侵权行为造成的损失是两方的损失，诉讼中目前只有一方主张自己的损失；从被告获利的角度，其当前的侵权获利是侵害两部作品得到的违法所得。而对于最终的赔偿份额具体如何分配，应当考虑个案中已有作品在演绎作品中被使用的程度、占比等具体情节，从"质"与"量"两个方面，对两部作品中独创性贡献的多少、比例进行合理计算认定。

类案检索

一、钱钟书、人民文学出版社诉胥智芬、四川文艺出版社著作权纠纷案

关键词：演绎作品　专有出版权

裁判摘要：“汇校”系演绎的一种形式。汇校者必须依法汇校不得侵犯已有作品著作权。在原作者未授权他人汇校情况下出版发行汇校作品也侵害了原作者著作权。

【审理法院】上海市高级人民法院

【来　　源】《最高人民法院公报》1997 年第 1 期

二、白先勇与上海电影（集团）有限公司、上海艺响文化传播有限公司（海上话剧工场）、上海君正文化艺术发展有限公司、第三人上海电影制片厂有限公司等著作权权属、侵权纠纷案

关键词：演绎作品　双重许可

裁判摘要：对演绎作品再演绎，既需要获得演绎作品权利人的授权，也需要获得已有作品权利人的授权。

【案　　号】（2014）沪二中民五（知）初字第 83 号

【审理法院】上海市第二中级人民法院

【来　　源】2014 年中国法院 50 件典型知识产权案例

第十七条　视听作品中的电影作品、电视剧作品的著作权由制作者享有，但编剧、导演、摄影、作词、作曲等作者享有署名权，并有权按照与制作者签订的合同获得报酬。

前款规定以外的视听作品的著作权归属由当事人约定；没有约定或者约定不明确的，由制作者享有，但作者享有署名权和获得报酬的权利。

视听作品中的剧本、音乐等可以单独使用的作品的作者有权单独行使其著作权。

关联规定

法律、行政法规、司法解释

《中华人民共和国著作权法实施条例》

第十条　著作权人许可他人将其作品摄制成电影作品和以类似摄制电影的方法创作的作品的，视为已同意对其作品进行必要的改动，但是这种改动不得歪曲篡改原作品。

条文释义

一、本条主旨

本条是关于视听作品权利归属的规定。

二、条文演变

1990年《著作权法》对电影、电视、录像作品的权属作出相应规定，2001年《著作权法》修正中，将本条修改为电影作品和以类似摄制电影的方法创作的作品的相应作者的权利，并在2010年《著作权法》修正中予以保留。

2020年《著作权法》对该条作出了实质修改，在明确了“视听作品”的法定作品类型的情况下，对不同类型的视听作品的著作权归属以及相应权利行使作了进一步明确。

三、条文解读

（一）视听作品的性质

2020年《著作权法》修正中在第3条第6项将“电影和以类似摄制电影的方式创作的作品”修改为“视听作品”，由此在本条对于相应作品的权利归属亦进行了对应调整。虽然名称发生变更，但视听作品的内涵相较此前规定尚未有明显变化，一系列有伴音或无伴音的连续画面应为视听作品的显著特征。

视听作品本质上大部分属于合作作品，不同于其他类型作品，视听作品的创作过程较为繁琐，一般需要剧本创作、人物表演、剪辑配音等多个环节，涉及多个人员，因而法律对视听作品的著作权进行直接、明确规定，避免因涉及主体过多造成的权利不清和行使不便。

（二）视听作品权利归属

对于视听作品的类型，法律法规目前未有明确分类和界定。但根据本条规定可以看出，视听作品可以大致分为电影作品、电视剧作品和其他视听作品，并分别规定了不同的权利归属认定规则。

根据本条第1款，电影作品和电视剧作品的著作权由制片者享有。这是法律对该种类型的视听作品权属的直接认定，是法定的著作权人。而第2款规定其他视听作品的权属适用约定优先，当没有约定或约定不明时，方可认定著作权人为制片者。

对于视听作品权利归属规则是否应区分类型做出规定以及如何界定，尤其对于视听作品的实际作者（包括本条第一款规定的编剧、导演等）与组织制作并承担责任的制作者之间权利归属如何划分，从修法之初至今都一直存在一定争议。有观点认为采用归属于制作者的设计有利于电影等作品的现实需求；也有观点认为《著作权法》在既未规定制作者是视听作品作者，也没有承认制作者视为视听作品作者的情形下，直接规定制作者享有视听作品的著作权存在逻辑问题。[1] 有观点认为对于视听作品权利归属没必要进行区分，将署名权和保护作品完整权由作者享有，经济权利由制作者享有即可；也有观点认为视听作品的范围较之电影、电视剧作品范围更大，如不区分情形而一概规定制作者当然享有权利则对于创作者并不公平。[2] 而之所以最终作出两种不同的权属认定规则的区分，系考虑到“视听作品”这一作品类型的修改扩大了此类作品范围，而相较其他视听作品，电影、电视剧的创作难度更高、投入更多、风险更大，如将其与其他视听作品权属作统一规定不妥。在此情况下，对于此类作品，本条通过将权属法定给特定主体，利用著作权权利赋予来平衡投入和风险，以进一步鼓励影视创作和投资，繁荣文化市场。

而对于视听作品中的其他作者，按照本条规定享有署名权和获得报酬的权利。对于视听作品的作者的认定，应当是为视听作品的表达付出创造性劳动的，既包括本条第 1 款规定的编剧、导演、摄影、作词、作曲，通常情况下还包括为视听作品最终画面呈现贡献创作的制作、剪辑、美工等。但是并非参与拍摄的都可以成为视听作品的作者，对于对视听作品连续画面未作出创造性劳动的道具、场记等不宜认定为视听作品的作者。

对于电影电视剧作品中，以及未有约定或约定不明的其他视听作品中，作者对于视听作品是否享有署名权之外的著作权人身权，虽然其人身属性难以和作者进行分离，但是一方面，从法律规定来看，未对作者享有其他人身权利进行规定，因此不宜认定作者享有视听作品本身的其他著作权人身权；另一方面，从保证权利有效行使来说，对于视听作品这一较为大型的合作作品来说，发表权、修改权、保护作品完整权往往和作品的公开、调整、保护紧密相关，由制片者统一享有也能够较高效地实现权利的行使。

（三）可单独使用作品的权利行使

如前所述，视听作品大部分为合作作品，其中剧本、音乐等可单独使用，因此应属于可以分割使用的合作作品。与合作作品的规定相一致，对于视听作品中可单独使用的作品，作者对其创作部分享有著作权并可以对该部分著作权

① 参见石宏：《〈著作权法〉第三次修改的重要内容及价值考量》，载《知识产权》2021 年第 2 期。

② 参见石宏：《〈著作权法〉第三次修改的重要内容及价值考量》，载《知识产权》2021 年第 2 期。

进行单独行使。虽然本条第 3 款未对可单独使用作品权利行使进行限制，但是基于合作作品这一本质，作者在单独行使著作权时仍应以不侵犯视听作品整体著作权为界限，规范行使权利。

适用指引

一、制作者的认定

《著作权法》虽明确规定了电影、电视剧作品的著作权由制作者享有，但现实中，该些作品的真实署名情况五花八门，多种署名方式（如署名监制、承制等）、署名不完整（如仅署名字号、简称、商标等）、署名错误（如署名与实际权利人名称不一致、非权利人进行署名等）的现象屡见不鲜。与署名一样作为权利证明的各类许可证等证照中记载的主体信息也多种多样、对应困难。因此，如何在实践中准确认定制作者身份是一大难题。

目前，对于电影、电视剧中明显标注有权属信息的，以相关标注内容确定著作权人的认定方式较为统一。该种标注形式一般表现为在片尾中标注著作权或某一著作权权项归属某主体。尤其在当下影视行业日渐发达规范，此种署名方式也被影视制作方所普遍接受和采纳。

而在电影、电视剧中没有明确标注权属信息的，则按照不同的署名，以“出品单位”优先认定权利人，如没有“出品”相关标注，则以“摄制单位”认定权利人。

但是，如果当事人能够提供存在权属约定的投资拍摄协议、委托创作合同等与署名相反的证据，对著作权人的认定还需再重新审查确定。此外，当事人往往会以拍摄许可证、发行许可证等各类行政证照中的署名请求认定权利，但因该些证照一般为行政许可性质，主要用于行政审查或审批，因此在没有其他证据佐证的情况下不宜以此认定著作权归属。

二、域外视听作品著作权的审查和认定

随着视听行业的发展，视听作品的传播也愈加便捷，从域外引进优秀影视作品的相关流程已建立成熟。对于境外的影视作品，目前，国家版权管理机关认可的几家域外权利认证机构，如美国电影协会（MPA）、韩国著作权委员会

（KCC）、国际作者和作曲者协会联合会（CISAC）、国际唱片业协会（IFPI）、商业软件联盟（BSA）、日本唱片协会（RIAJ），上述机构对涉及在我国国内使用这些国家和地区的作品著作权合法性予以确认。[①]

经国家版权管理机关同意的境外机构对影视作品权属情况出具的证明文件可以成为认定著作权归属的初步证据。但根据证据形式要求，该些证明文件作为境外形成证据，需经过公证、认证等相应证明程序。对于该些机构驻中国的代表处等机构并无权进行版权认证工作。例如，韩国著作权委员会驻北京办事处，国家版权局曾明确"经批准设立的韩国著作权审议调停委员会常驻代表机构在京只能从事与认证工作有关的联络工作，著作权认证工作应以韩国著作权审议调停委员会的名义进行"。因此，如果当事人仅提供韩国著作权委员会驻北京办事处加盖公章的权利确认文件，并不能据此认定域外影视作品权属。

典型案例

一、深圳市脸萌科技有限公司、北京微播视界科技有限公司与杭州看影科技有限公司、杭州小影创新科技股份有限公司侵害著作权纠纷案

关键词：短视频模板　视听作品

裁判摘要：短视频因其独特特点一般不会出现专门制作的署名或权属声明。其在上传时自动标注的"@视频制作者"可视为对短视频制作者的署名。当该署名可与作者真实身份对应时，可以认定该作者为短视频的制作者。在判断短视频模板是否具有独创性时，应坚持利益平衡原则，综合考虑创作与传播、著作权人与社会公众之间的利益关系，不宜采取过高的判断标准。如短视频模板符合作者独立创作和体现作者个性等要素而具备著作权法的独创性要求，则可构成视听作品。

基本案情：剪映 App 是一款视频编辑软件，能够为用户提供多种素材、音乐、特效等，协助用户对短视频进行编辑。北京微播视界科技有限公司（以下简称微播公司）、深圳市脸萌科技有限公司（以下简称脸萌公司）系剪映 App 的运营者。2020 年，"阿宝"在剪映 App 上发布了"为爱充电"短视频模

① 参见杨柏勇主编、北京市高级人民法院知识产权庭编著：《著作权法原理解读与审判实务》，法律出版社 2021 年版，第 369~370 页。

板，用户可通过替换模板中的可更换素材形成自己的短视频。该视频模板页面下方显示“@阿宝”，查询后台显示阿宝真实姓名为翁某某，且后台记录的该用户手机号机主即为翁某某。2019年12月23日，翁某某向脸萌公司、微播公司出具《授权确认书》，将其在剪映、抖音账号中发布的所有内容授予脸萌公司、微播公司全球范围内、可再许可、不可撤销的，通过信息网络进行传播的权利、复制权、汇编权、改编权等及相应维权权利，授权期限为5年。杭州看影科技有限公司（以下简称看影公司）、杭州小影创新科技股份有限公司（以下简称小影公司）为Tempo App运营者。Tempo App中上传了“女生节，为爱充电”短视频模板，用户可以点击播放该短视频，亦可以替换素材嵌入模板进行编辑、下载及分享，二原告主张看影公司、小影公司的行为侵害了其对涉案短视频模板享有的信息网络传播权、复制权、改编权及汇编权，遂诉至法院，请求判令两公司停止侵害、消除影响，并赔偿经济损失及合理费用50万元。

杭州互联网法院经审理认为，短视频是指在各种互联网新媒体平台上播放的、适合在移动状态观看的视频内容，时间从几秒到几分钟不等，视频中一般不会出现专门制作的署名或权属声明等。故制作者在将短视频上传至相应平台时，往往会自动在短视频一角标注“@视频制作者”，可视为对短视频制作者进行署名。根据二原告提交的证据，可以证明翁某某为涉案短视频模板的制作者。根据翁某某出具的授权确认书，二原告取得了自2019年12月23日起五年期间，翁某某在剪映、抖音账号中发布的所有短视频的信息网络传播权、复制权、汇编权、改编权等专有使用权及维权的权利，故二原告与本案有直接利害关系，有权提起本案诉讼。短视频模板本质上属于短视频，其由创作者对图片、音乐、特效等各类元素进行编排形成短视频框架，并预留出可供用户进行替换的要素，方便用户替换后形成含有个性化元素的短视频。立足于著作权人和社会公众之间的利益平衡，在判断短视频模板是否具有独创性时，不宜采取过高的判断标准。判定涉案短视频模板“独创性”时的具体考量因素主要在以下两方面：一是短视频模板是否由作者独立创作完成，不能复制或剽窃他人作品；二是短视频模板必须是作者创造性的智力成果，是作者思想或情感内容的表达，可以体现作者的个性。本案中，涉案短视频模板由制作者对剪映App中已有的音乐、贴纸、特效等元素进行选择与编排制作而成，与既有各个独立的元素存在明显差异。制作者根据想要表达的思想主题，奠定风格基调，寻找合适的背景音乐、图片，再根据音乐的节奏点搭配不同的贴纸、特效、滤镜、动画等元素，并结合主观需要协调多种元素的排列方式、大小、顺序和持续时间，整个创作过程存在智力创造空间，体现了制作者的个性化表达。故涉案短视频模板具备著作权法的独创性要求，属于视听作品。看影公司、小影公司在其运营的App上共同或分别提供被诉侵权短视频，侵害了涉案作品的信息网络传播权。故判决看影公司、小影公司停止侵害，共同赔偿微播公司、脸萌公司经济损失及合理费用合计4万元，看影公司赔偿微播公司、脸萌公司赔经济损失及合理费用2万元。

一审宣判后，双方当事人均未提出上诉，一审判决已经生效。

【案　　号】（2020）浙0192民初8001号

【审理法院】杭州互联网法院

【来　　源】2021年中国法院50件典型知识产权案例、2021年度浙江法院十大知识产权案件

二、优酷网络技术（北京）有限公司诉北京百度网讯科技有限公司侵害作品信息网络传播权纠纷案

关键词：出品单位 “通知－必要措施”规则

裁判摘要：如无相反证据，电视剧中未明确标注权属信息的，可以署名中的“出品单位”认定著作权人，著作权人有权许可他人行使其享有的权利。网络服务提供者应对用户的侵权行为采取的必要措施，不仅包括及时断开侵权链接，还应包括采取预防侵权的合理措施（如屏蔽），以及对重复侵权用户采取限制措施。其中，断开链接是否“及时”应根据最终的实际效果进行判断，关于是否应当采取屏蔽措施，应在个案中综合考虑网络服务提供者具备的信息管理能力、采取屏蔽措施的可行性和合理性、对实现有效制止侵权的必要性，以及用户与著作权人之间的利益平衡等因素予以认定。

基本案情：《三生三世十里桃花》（以下简称涉案作品）片头显示出品单位为上海剧酷文化传播有限公司（以下简称剧酷公司）、霍尔果斯嘉行影视文化有限公司（以下简称嘉行公司）、上海三味火文化传播有限公司（以下简称三味火公司）。嘉行公司、三味火公司分别出具《著作权声明书》，确认涉案作品全部著作权全部归属于剧酷公司，剧酷公司向优酷网络技术（北京）有限公司（以下简称优酷公司）出具《授权书》，载明剧酷公司将其享有合法版权的涉案

作品独占专有的信息网络传播权（含转授权、维权权利）授予优酷公司。涉案作品具有较高知名度。北京百度网讯科技有限公司（以下简称百度公司）系百度网盘运营者。自涉案作品在卫视首轮开播后，虽经优酷公司发送预警函及78封权利通知邮件，仍取证到11000余条百度网盘用户利用网盘服务侵权分享涉案作品视频文件的链接。百度公司未及时断开侵权链接并删除视频文件、未对反复侵权用户及时采取封禁等措施，亦未采取技术手段屏蔽用户上传、存储、分享涉案作品视频文件，应承担侵权责任。故诉至法院要求百度公司停止侵权并赔偿经济损失2900万元和合理开支3万元。百度公司认为涉案作品视频文件系百度网盘用户自行上传，相应分享行为与其无关，且其已断开全部涉案链接。

北京市海淀区人民法院经审理认为，结合涉案作品的署名情况、《著作权声明书》及《授权书》等，优酷公司经合法授权，取得了涉案作品信息网络传播权的专有使用权。百度公司在收到通知后并未及时对全部涉案链接采取断开措施，放任部分涉案链接持续、大量传播涉案作品，致使侵权范围和规模进一步扩大。百度公司在具备相应的信息管理能力，且采取屏蔽措施具有可行性和合理性，对实现有效制止侵权具有必要性，亦不会对百度网盘用户的利益造成不合理损害的情况下，怠于采取屏蔽措施制止用户分享涉案链接，导致了相应损害后果的发生。百度公司未对重复侵权的用户采取必要措施，造成了优酷公司损失的扩大，故百度公司应对损害扩大部分与用户承担连带责任。据此，结合涉案作品的知名度、市场价值，侵权行为导致的损害后果、百度公司的主观过错程度、百度公司已采取的必要措施等因素，判决百度公司赔偿优酷公司经济损失100万元及合理开支3万元。

一审宣判后，优酷公司与百度公司均不服，向北京知识产权法院提起上诉。二审法院判决驳回上诉，维持原判。

【案　　号】（2020）京73民终155号

【审理法院】北京知识产权法院

【来　　源】2020年中国法院50件典型知识产权案例、2020年度北京法院知识产权司法保护十大案例

第十八条　自然人为完成法人或者非法人组织工作任务所创作的作品是职务作品，除本条第二款的规定以外，著作权由作者享有，但法人或者非法人组织有权在其业务范围内优先使用。作品完成两年内，未经单位同意，作者不得许可第三人以与单位使用的相同方式使用该作品。

有下列情形之一的职务作品，作者享有署名权，著作权的其他权利由法人或者非法人组织享有，法人或者非法人组织可以给予作者奖励：

（一）主要是利用法人或者非法人组织的物质技术条件创作，并由法人或者非法人组织承担责任的工程设计图、产品设计图、地图、示意图、计算机软件等职务作品；

（二）报社、期刊社、通讯社、广播电台、电视台的工作人员创作的职务作品；

（三）法律、行政法规规定或者合同约定著作权由法人或者非法人组织享有的职务作品。

关联规定

法律、行政法规、司法解释

1.《中华人民共和国著作权法实施条例》

第十一条　著作权法第十六条第一款关于职务作品的规定中的“工作任务”，是指公民在该法人或者该组织中应当履行的职责。

著作权法第十六条第二款关于职务作品的规定中的“物质技术条件”，是指该法人或者该组织为公民完成创作专门提供的资金、设备或者资料。

第十二条　职务作品完成两年内，经单位同意，作者许可第三人以与单位使用的相同方式使用作品所获报酬，由作者与单位按约定的比例分配。

作品完成两年的期限，自作者向单位交付作品之日起计算。

2.《地方志工作条例》

第十五条 以县级以上行政区域名称冠名的地方志书、地方综合年鉴为职务作品，依照《中华人民共和国著作权法》第十六条第二款的规定，其著作权由组织编纂的负责地方志工作的机构享有，参与编纂的人员享有署名权。

条文释义

一、本条主旨

本条是关于职务作品的规定。

二、条文演变

2010 年修正的《著作权法》第 16 条对职务作品进行了规定。2020 年修正的《著作权法》与之相比：首先，民事主体称谓作了适应性修改。将“公民”“其他组织”修改为“自然人”“非法人组织”，与《民法典》保持一致。其次，新增职务作品客体，即增加“示意图”作为可能构成本条规定的第一类特殊职务作品的客体。最后，新增特殊职务作品的类型，即“报社、期刊社、通讯社、广播电台、电视台的工作人员创作的职务作品”。

三、条文解读

本条第 1 款规定了一般职务作品；第 2 款规定了特殊职务作品。公民为完成法人或者其他法人组织工作任务所创作的作品是职务作品。职务作品与自然人所担任的职务密切相关，是法人或者其他非法人组织安排自然人履行职务或者完成工作任务过程中形成的作品。

（一）一般职务作品的构成要件及归属

为解决著作权归属问题，我国《著作权法》在一般自然人作品和委托作品外，还规定了一般职务作品、特殊职务作品和法人作品。[1] 本条系对职务作品，即一般职务作品和特殊职务作品的规定。依据本条第 1 款的规定，一般职务作

① 参见刘银良：《著作权归属原则之修订》，载《政治与法律》2013 年第 11 期。

品的构成要件主要包括：（1）创作目的要件，即作品是为完成法人或非法人组织的工作任务，而该工作任务是指作者在该法人或非法人组织中应当履行的职责，不是作者自发、随意创作的。（2）主体要件，即创作作品的自然人与法人或非法人组织存在实质劳动或雇佣关系。职务作品的作者通常是本单位的职工，为完成本单位工作任务的借调人员或者招聘的工作人员也可以成为职务作品的作者。[①] 本条中的“工作任务”，是指自然人在该法人或者该法人组织中应当履行的职责。此外，职工在工作之余完成的与本职工作无关的作品不属于职务作品。例如，法官出于个人兴趣爱好在业余时间创作的与工作内容不相关的文学作品就不是职务作品，而属于个人作品。

认定职务作品著作权的归属首先要解决的便是划分用人单位与创作者之间的权利界限，即如何恰当确定职务作品权利的归属原则。职务作品权利归属原则的适用，应保护创作者的利益以提高创作者的创作热情，也要考虑提高单位给予创作者提高一切创作条件的热情，保护用人单位的利益。在创作者与用人单位的利益冲突中，实现两者的合理平衡。[②] 一般职务作品的著作权归作者所有，但作者所供职的单位在其业务范围内享有优先使用的权利。同时，本条对作者行使权利也规定了一定的限制，即作品完成两年内，未经单位同意，作者不得许可第三人以与单位使用的相同方式使用该作品，但两年期间作者本人对作品的使用均不应受到单位上述优先使用权利的限制。两年过去，法人或非法人组织的优先使用权即告终止，作者可任意许可第三人以任何方式使用其作品。作品完成两年的期限，自作者向单位交付作品之日起计算。

（二）特殊职务作品的构成要件及归属

关于职务作品，本条第 1 款的归属原则是一般规定，即规定一般职务作品的归属原则；第 2 款是一般职务作品归属原则的例外，即特殊职务作品的归属原则。特殊职务作品的构成要件主要包括：（1）该作品属于一般职务作品。（2）该作品与单位之间具有法律所规定的特殊密切关系，这又包括三种情形：第一，主要利用了单位的物质技术条件创作并且由单位承担责任的工程设计

① 参见黄薇、王雷鸣主编：《〈中华人民共和国著作权法〉导读与释义》，中国民主法制出版社 2021 年版，第 125 页。

② 参见王屹松、刘震岩、王倩：《职务作品的界定及其权利归属》，载《天津法学》2017 年第 3 期。

图、产品设计图、地图、示意图、计算机软件等。这一特殊职务作品具体包括三个要件，首先，该作品的“物质技术条件”系该法人或者该法人组织为自然人完成创作专门提供的资金、设备或者资料。其次，该作品由单位承担责任，特别是法律责任。也就是说，若该作品构成侵权，由单位承担不利后果。最后，作品类型限于工程设计图、产品设计图、地图、示意图、计算机软件等。限定作品类型主要是考虑上述作品具有较强的专业性、技术性，一般而言创作者很难在不借助于法人或其他单位的物质技术帮助，凭借一己之力能够独立完成创作，该类作品影响较大，与社会生活密切相关，且由创作者独立承担责任也与其责任能力明显不相适应；[①] 第二，报社、期刊社、通讯社、广播电台、电视台的工作人员创作的职务作品；第三，法律、行政法规规定或者合同约定著作权归单位的。

需要注意的是，本次修正新增了一类特殊职务作品，即“报社、期刊社、通讯社、广播电台、电视台的工作人员创作的职务作品”。根据2010年修正的著作权法第16条的规定，在报社、期刊社、通讯社、广播电台、电视台的工作人员创作的职务作品中，只有在少数情况下的作品创作过程才会“主要利用”报刊通讯社和电台、电视台的物质技术条件。如在20世纪六七十年代，新华社的摄影师为国家领导人拍摄照片（摄影作品）时，不但离不开新华社提供的在当时极其昂贵、个人很少拥有的专业相机，而且如果没有新华社的安排，摄像师也不可能在距离国家领导人如此之近的情况下为其拍摄照片。[②] 在《著作权法》修正过程中，有的意见提出，应当明确报社、期刊社、通讯社、广播电台、电视台的工作人员创作的职务作品，适用本条第2款规定。主要理由在于：第一，我国的报社、期刊社、通讯社、广播电台、电视台等新闻媒体担负着重要的宣传职责，这些单位的工作人员发表文章多是为落实本单位的完全报道责任，这些文章通常是利用单位提供的物质条件完成，并由单位使用。第二，实践中，新闻报道等相关工作的单位意志性突出。第三，随着当前互联网技术的高速发展，新闻报道过程中形成的作品权利清晰、归属明确，更有利于解决网络转载、著作权侵权维权、传统媒体与网络媒体深度融合等现实问

① 参见黄薇、王雷鸣主编：《〈中华人民共和国著作权法〉导读与释义》，中国民主法制出版社2021年版，第125页。

② 参见王迁：《〈著作权法〉修改：关键条款的解读与分析》，载《知识产权》2021年第2期。

题，促进作品的创作和传播。[①]

本条第 3 款规定了法定特殊职务作品与约定特殊职务作品。法定特殊职务作品由法律、行政法规规定，例如，《地方志工作条例》第 15 条规定，以县级以上行政区域名称冠名的地方志书、地方综合年鉴为职务作品。此外，作者亦可与法人或者非法人组织约定职务作品归属于法人或者非法人组织。

适用指引

关于职务作品与法人作品的区别。《著作权法》第 12 条第 1 款对法人作品进行规定，即“在作品上署名的自然人、法人或者非法人组织为作者，且该作品上存在相应权利，但有相反证明的除外”。法人作品是指由法人或者其他非法人组织主持，代表法人或者其他组织意志创作，并由法人或者其他组织承担责任的作品。虽然法人作品与职务作品在作品创作过程均受单位意志的影响，不易区分，但两者存在以下区别：（1）是否代表单位意志创作不同。法人作品的创作是由单位主持并代表单位的意志。职务作品系为完成单位布置的任务，以作者自己的意志进行创作，而非单位意志。（2）从主体上看二者的范围不同。在职务作品中，作者与单位之间是劳动合同关系；在法人作品中，作者既有可能是单位员工，也有可能不是本单位的员工。[②]（3）著作权归属规则不同。对于法人作品，法人或非法人组织视为作者，除了财产权外，还享有作品的署名权。一般职务作品的著作权归属于作者，但法人拥有优先使用权。特殊职务作品作者享有署名权，著作权的其他权利由法人或者非法人组织享有。

① 参见黄薇、王雷鸣主编：《〈中华人民共和国著作权法〉导读与释义》，中国民主法制出版社 2021 年版，第 126~127 页。

② 参见杨蓉：《法人作品和职务作品相关法律问题研究》，载《法制与社会》2017 年第 25 期。

典型案例

上海美术电影制片厂与电子工业出版社、曲某方著作权权属、侵权纠纷案

关键词：职务作品

裁判摘要：特定历史时期职务作品的著作权归属不宜直接适用现行《著作权法》对职务作品的权利归属所确定的判断标准进行判定。本案上海美术电影制片厂（以下简称美影厂）和曲某方通过诉讼主张涉案角色造型作品著作权的归属是在涉案作品创作完成的30余年后，期间，美影厂与曲某方各自使用涉案作品的共存状态是客观存在的事实，且双方都为涉案角色造型的社会影响力提高、品牌价值力提升等方面做出了贡献。在此种情况下若将涉案作品的著作权财产权归属一方当事人单独享有，显然会导致权利失衡，也有违公平原则。

基本案情：原告美影厂诉称，原告系木偶动画系列片《阿凡提的故事》的著作权人，该系列动画影片拍摄于1979年至1989年期间，故事根据流传于新疆民间的《阿凡提的故事》改编。影片曾获1980年第三届中国电影“百花奖”最佳美术片奖、1994年全国少数民族题材电影“腾龙奖”美术片一等奖。原告购得由被告电子出版社出版、被告曲某方绘制的《阿凡提经典漫画》和《阿凡提故事精选》图书两册，上述图书封面及内容上使用了木偶动画系列片《阿凡提的故事》中阿凡提、巴依老爷及小毛驴的人物形象。原告认为，包括木偶立体造型和静态平面造型的阿凡提、巴依老爷及小毛驴人物形象的著作权属原告所有，被告未经许可，擅自使用原告享有著作权的木偶动画《阿凡提的故事》中的人物形象用于盈利，侵犯了原告的合法权益。

一审法院认为，涉案影片摄制时间距今已有30余年。当时我国正处于计划经济时期，《著作权法》未颁布实施，社会公众对于著作权保护意识普遍淡薄，原告美影厂也没有关于作品权利归属的规定。在此时代背景下，被告曲某方所创作的涉案角色造型美术作品，其创作成果的归属，需充分考虑到作品创作时没有著作权法可依，不能机械套用现行法上的概念，否则将会导致法律事实与客观事实发生偏差。本案中，涉案角色造型美术作品是由曲某方创作，作品体现了曲某方的个人意志，美影厂没有证据证明其在造型审核中对曲某方的

造型设计进行了实质性改变，故不能认为涉案作品是美影厂集体意志的体现，且法人作品的署名权归属于法人，而美影厂在涉案影片、完成台本及《中国美术电影造型选集》中多次将美术设计或涉案作品作者署名为曲某方，因此，涉案角色造型美术作品不能作为法人作品来认定。被告曲某方长期以来持续不断地使用或授权他人使用涉案美术形象，并于1996年就阿凡提美术形象进行了著作权登记，对侵犯涉案作品著作权的行为多次进行了维权，媒体对曲某方及法院生效判决作了广泛报道。根据上述曲某方行使涉案作品著作权的大量事实、媒体的广泛报道以及原告美影厂在本案中的表述，美影厂不可能不知道曲某方行使涉案作品著作权的行为，但美影厂长期以来一直没有提出异议或启动救济程序主张其权利。在本案诉讼前的多年里，原告美影厂和被告曲某方均存在行使涉案作品著作权的行为，双方彼此知悉并不表异议。双方长期以来以实际行为达成了“涉案作品双方均有权支配”的默契，从而形成了事实契约关系。从诚信角度出发，双方均不得在事后作出相反的意思表示，主张涉案角色造型美术作品著作权归其一方所有。

综上所述，根据涉案作品的创作背景和过程、当事人行使涉案作品著作权的行为及其真实意思表示，并考虑公平、诚信等因素，涉案角色造型美术作品的著作财产权应由原告美影厂和被告曲某方共同享有。鉴此，美影厂指控被告电子出版社和曲某方侵犯其著作权不能成立。一审法院判决驳回原告诉讼请求，二审法院维持原判。

【案　　号】（2015）沪知民终字第200号

【审理法院】上海知识产权法院

【来　　源】《最高人民法院公报案例》

第十九条　受委托创作的作品，著作权的归属由委托人和受托人通过合同约定。合同未作明确约定或者没有订立合同的，著作权属于受托人。

关联规定

法律、行政法规、司法解释

1.《计算机软件保护条例》

第十一条　接受他人委托开发的软件，其著作权的归属由委托人与受托人签订书面合同约定；无书面合同或者合同未作明确约定的，其著作权由受托人享有。

第十二条　由国家机关下达任务开发的软件，著作权的归属与行使由项目任务书或者合同规定；项目任务书或者合同中未作明确规定的，软件著作权由接受任务的法人或者其他组织享有。

2.《最高人民法院关于审理著作权民事纠纷案件适用法律若干问题的解释》

第十二条　按照著作权法第十七条规定委托作品著作权属于受托人的情形，委托人在约定的使用范围内享有使用作品的权利；双方没有约定使用作品范围的，委托人可以在委托创作的特定目的范围内免费使用该作品。

条文释义

一、本条主旨

本条是关于委托作品的规定。

二、条文演变

本条关于委托作品的著作权归属，1990 年《著作权法》第 17 条即作出了规定，在 2001 年、2010 年《著作权法》修正中都予以保留未作修改。在 2020 年《著作权法》修正中，除将本条移至第 19 条外，内容未有修改。

三、条文解读

（一）委托作品的概念及性质

随着商品经济的发展，作品的产生已不再是单纯基于作者的创作欲望。很多作品往往是出于他人的需要和要求，进而委托作者创作而成的。这类作品就属于委托作品。根据本条规定，委托作品是指受委托创作的作品。虽然委托人和创作人之前签订的系委托创作合同，但从合同性质来看，委托合同的标的为完成一定事务的行为，加工承揽合同的标的为符合约定标准的工作成果，因此在此意义上二者应为加工承揽关系。[①] 在此关系中，委托人提出自己的创作要求，创作人根据委托人的要求进行独立创作并向委托人提交创作成果。在这一过程中，虽然委托人提出了作品创作的一定要求，但是应当由创作人根据自身的思想和理解独立完成创作，否则如果委托人加入创作过程与创作人共同参与创作，则应当属于合作作品而非委托作品。[②]

（二）委托作品著作权归属及行使

对于一般的作品，其著作权是由作者当然享有的。但就委托作品而言，由于除作者外，作品的创作还涉及委托人，其著作权的归属和行使与一般作品相比往往就要更复杂一些，同时也更容易引起纠纷。对于委托作品著作权的归属，鉴于委托作品的产生根本上是源于委托人与作者之间的合同关系，我国法律对于这类作品著作权归属的确认首先还是要看合同如何约定。双方可以约定归其中一方享有，也可以约定由双方共同享有，均取决于双方的意思自治。通过双方约定安排，一方面可以鼓励委托人对创作的投入热情，另一方面也有利

① 参见李琛：《知识产权法关键词》，法律出版社 2006 年版，第 84 页。

② 参见黄薇、王雷鸣主编：《〈中华人民共和国著作权法〉导读与释义》，中国民主法制出版社 2021 年版，第 128 页。

于创作人的创作实现价值从而激发创作。

但是在实践中，出现了大量双方未在合同中作出明确约定，甚至根本没有订立合同的情形。在这种时候，出于对作者权利的保护，本条规定了作品的著作权由受托方即作者享有。尽管如此，在对委托作品权利的行使上，委托人也并非毫无权利可言。因为从双方权利义务来看，委托人通过支付相应对价获得委托作品的相关权利，以实现对委托作品的利用；受托人通过智力创作的委托作品获得报酬。如果在著作权未有约定情况下完全割裂委托人和委托作品的关系，将使委托人合同目的落空，不符合公平原则。因此，其依法可以在约定的使用范围内享有使用该作品的权利；即使双方没有明确约定作品的使用范围，委托人也可以在委托创作的特定目的范围内免费使用该作品。即等同于获得受托人就委托作品的部分授权，仍可以有效保障合同的履行和合同目的的切实实现。

举例言之，某饭店为美化服务环境，委托一位画家创作了一幅国画并悬挂在大堂之中，但双方未对画作的著作权归属作出约定，导致日后发生了纠纷。此时，由于缺乏权属方面的约定，应依法确认著作权由画家享有，饭店在未经许可的情况下无权对该画作实施删改、复制等行为。同时，应当明确饭店在美化环境、装饰大堂这一委托创作的特定目的范围内有权免费使用该作品，作者不得以著作权属于自己为由阻止饭店合法使用，或向饭店另行收取费用。

适用指引

一、委托创作特定目的范围的解释

《著作权解释》第12条规定，在委托作品的著作权归受托人即作者的情况下，委托人享有在约定的范围内使用作品的权利。如果双方没有约定使用作品的范围，则委托人可以在委托创作的特定目的范围内免费使用该作品。因此，当双方未有约定或约定不明时，对于委托人使用行为是否构成侵权需要对委托创作的特定目的范围作出合理解释。

一般来说，即便双方没有关于委托创作目的的明确约定，在委托创作之时，也会围绕委托人的需求进行必要沟通，此时，须遵循文义解释和目的解释的方法，从双方的相关沟通中挖掘约定时双方真实意思表示及所想要实现的作品使用效果，对该特定目的范围作出界定。同时，鉴于不同时期、不同行业、甚至不同主体间的特定差异，在个案中对于委托创作的特定目的还需要结合委托创作时的历史背景、时代特点、双方的交易习惯、相关行业的交易惯例、公众认知和市场影响等进行综合判断，作出符合市场规律和价值的认定。

二、委托作品侵权时责任的认定及承担

当委托作品被主张构成侵权时，此时存在三方主体：已有作品的著作权人、委托人及创作人（即受托人）。一般此种情况下著作权人会直接起诉委托人（即委托作品的实际使用人）所使用的委托作品构成侵权，要求承担停止侵权、赔偿损失等责任。委托人则通常以该委托作品由委托他人创作，具有合法来源进行抗辩。

在委托作品被认定构成侵权后，由于对侵害著作权行为性质的认定并不以是否具有主观过错为前提，因此无论委托人是以何种方式对委托作品进行使用，也无论其对自身行为的主观认识如何，均不会影响对其行为已构成侵权的认定。

在侵权责任的承担方面，由于停止侵权的法律责任亦为无过错责任，故委托人首先应当停止使用侵权的委托作品。关于赔偿损失，首先，即使委托人与受托人曾就侵权责任的承担在委托合同中作出过明确约定，但鉴于该二者间的约定并不能产生对抗第三人的效力，故委托人不能以此作为免于承担侵权责任的依据。其次，尽管侵权损害赔偿通常以行为人存在过错为原则，但从司法实践中所反映出的情况来看，在被侵权作品已被公开发表的情况下，委托人以其不具有主观过错为由拒绝承担赔偿责任的抗辩很难得到支持。此时法院往往会认定委托人在使用侵权委托作品时未尽到合理的注意义务，因而不能免除赔偿责任。

典型案例

一、同方股份有限公司与重庆市设计院著作权权属纠纷案

关键词： 委托创作合同

裁判摘要： 以合同约定方式决定著作权的归属要求合同的约定应当明确、

具体，否则著作权应归属于受托人。委托设计合同系双务合同，由受托人进行工程设计并由委托人支付设计费用，双方均有对待给付的义务，即使合同明确约定了设计成果的著作权归委托人所有，但在委托人未履行对待给付义务时，著作权仍应由受托人享有。

基本案情：2016年，同方股份有限公司（以下简称同方公司）与石柱建委签订《县城夜景灯饰建设项目设计合同》，约定同方公司为项目的设计单位，承担该项目设计任务，同方公司后向石柱建委提交了设计图纸。2017年4月19日，石柱建委明确裕兴公司为前述项目业主，并委托裕兴公司与同方公司进行设计任务的往来以及支付设计费用。2017年7月23日，石柱建委向同方公司发出《解除合同通知书》，称同方公司虽履行了部分设计服务，但未根据修改意见修改到位，通知解除双方签订的《县城夜景灯饰建设项目设计合同》。2017年8月3日，裕兴公司与重庆市设计院签订了《建设工程设计合同（一）》，将原建设项目委托重庆市设计院进行设计，并将同方公司的设计图交与重庆市设计院。其后，项目方将重庆市设计院设计的施工图进行项目施工招投标。同方公司起诉认为重庆市设计院侵犯其著作权，要求停止侵权并赔偿损失。

重庆市第五中级人民法院经审理认为，涉案设计方案只是一个阶段性的设计方案，由于双方在合同中对阶段性的设计方案的著作权归属没有进行约定，根据法律规定，同方公司对涉案设计方案享有著作权。重庆市设计院出具的设计方案与同方公司的设计方案除施工图中电气设计说明部分有一定差异外，其余部分均一致，此种行为属于剽窃行为，构成对同方著作权的侵犯。故判令重庆设计院停止侵权并赔偿损失。

一审宣判后，重庆设计院不服向重庆市高级人民法院提起上诉，二审认为，委托创作合同的相对人可以自由约定著作权的归属，但是，由于承担创作工作的是受托人，受托人才是委托作品的作者，基于《著作权法》鼓励创作的宗旨和该法第11条著作权属于作者的规定，以合同约定方式决定著作权的归属要求合同的约定应当明确、具体，否则著作权应属于受托人。从争议条款的内容看，合同对著作权归属的约定既不明确也相互矛盾。根据法律规定应由进行创作设计的同方公司享有著作权。同时，由于委托设计合同系双务合同，由受托人进行工程设计并由委托人支付设计费用，双方均有对待给付的义务，即使合同明确约定了设计成果的著作权归委托人所有，但在委托人未履行对待给付义务时，著作权仍应由受托人享有。故同方公司享有涉案设计图纸的著作权。重庆设计院既有条件接触同方公司的设计图纸，两份设计图纸也实质性相似，重庆设计院侵犯了同方公司的著作权。故二审驳回上诉，维持原判。

【案　　号】（2018）渝民终234号

【审理法院】重庆市高级人民法院

【来　　源】2018年中国法院50件典型知识产权案例

二、袁某与杭州娃哈哈集团有限公司侵害作品复制权、发行权纠纷一案

关键词：委托创作　文意解释

裁判摘要：委托作品的委托人在约定的使用范围内享有的委托作品使用权依法应予保护；对于委托人对委托作品的正当使用范围即使用行为的合法性界定，应置于委托创作行为发生的时代客观背景之下，探究双方之间约定的主观真实意思表示；司法应在综合考量行为所处的社会经济形态及发展水平、立法状况、相关权利主体的认知能力、与委托人使用行为及具体使用方法相关联的行业经营规律和交易习惯、委托人使用行为对于作者正常行使其原创作品权利是否带来阻碍、委托人对于委托作品现有知名度和显著性的贡献率及其使用行为是否给作者带来实质性的经济损失等因素的基础上作出恰如其分的评判。

基本案情：1988年6月16日，杭州娃哈哈集团有限公司（以下简称娃哈哈公司）的前身杭州保灵儿童营养食品厂（以下简称保灵厂）在《杭州日报》刊登文章，征集该厂新研制的儿童食品"高效能营养液"设计名称和商标图案，并承诺一经采用，给予500元奖金。袁某参与了征集。同年8月11日，保灵厂向袁某支付150元，收据显示该笔费用为"娃哈哈营养液外包装设计费"。此后，保灵厂向市场推出了"娃哈哈儿童营养液"，其产品瓶身及包装上使用了袁某设计的标识。娃哈哈公司成立后，将上述标识使用在其生产的其他商品上。1990年5月，杭州娃哈哈营养食品厂向袁某颁发《荣誉证书》一份，写明："袁某同志为我厂儿童营养食品'娃哈哈'设计的产品整体包装及商标图案，深受广大用户和消费者的好评，特发此证，以资感谢！"袁某认为娃哈哈公司在营养液之外的商品上使用娃哈哈标识，侵害了其著作权，遂诉至法院，请求判令娃哈哈公司停止侵害。

杭州市滨江区人民法院一审驳回了袁某的诉讼请求。杭州市中级人民法院二审维持原判。浙江省高级人民法院经审查认为，保灵厂与袁某之间存在委托

创作的关系，但双方并未就该委托作品的著作权归属作出明确约定。袁某至少作为权利人之一，无论对于"娃哈哈"系列商标的基础原创美术作品，还是在原创基础上发展而来的"娃哈哈"系列商标图案均享有著作权法意义上的相应权利。

关于如何界定和解释委托创作的目的范围，按照文意解释的方法，娃哈哈厂向袁某颁发的《荣誉证书》对于作品使用范围已经进行了相应的扩展，袁某对该《荣誉证书》亦予以接受，故本案中对委托创作目的的解释不能拘泥于最初的征稿内容；结合历史因素进行分析，考虑到涉案委托创作行为的时代背景，娃哈哈公司的企业发展阶段等历史状况因素，并不能得出涉案征集图案仅限于娃哈哈营养液使用的明确意思表示；从交易习惯的角度解释，娃哈哈公司及其前身通过大量的资金投入、长期的市场运作使得"娃哈哈"系列商标积累了良好的商誉，娃哈哈公司作为市场经营主体，在扩大经营规模的基础上，推陈出新，继续沿用承载良好商誉的原有系列商标，符合市场经营规律和商业交易习惯，亦能保障消费者对商品真实来源的知情权，并未逾越"委托创作的特定目的范围"，属正当使用。故驳回袁某的再审申请。

【案　　号】（2016）浙民申3200号

【审理法院】浙江省高级人民法院

【来　　源】2016年度浙江法院十大知识产权民生案件

第二十条　作品原件所有权的转移，不改变作品著作权的归属，但美术、摄影作品原件的展览权由原件所有人享有。

作者将未发表的美术、摄影作品的原件所有权转让给他人，受让人展览该原件不构成对作者发表权的侵犯。

条文释义

一、本条主旨

本条是关于作品著作权与作品所有权之间关系，以及美术、摄影作品原件展览权归属的相关规定。

二、条文演变

1990年制定的《著作权法》第18条对美术作品原件所有权人与著作权人的权利冲突作出了规定，即“美术等作品原件所有权的转移，不视为作品著作权的转移，但美术作品原件的展览权由原件所有人享有”，2001年、2010年《著作权法》修正时均沿用1990年的规定。2020年修正的《著作权法》第20条对此作出了实质性修改，具体包括以下方面：（1）将原件所有权转移不影响著作权归属规则的适用对象由“美术等作品”修改为“作品”，即所有作品都适用于该项规则。（2）将“不视为作品著作权的转移”修改为“不改变作品著作权的归属”。（3）将原件所有人享有作品展览权的客体由之前的“美术作品原件”，增加一项“摄影作品原件”。（4）增加了第2款，规定了美术、摄影作品原件所有权人展览权与著作权人发表权冲突时的处理规则。

三、条文解读

本条第1款是对作者原件所有权和作品著作权之间关系的规定，第2款则规定了美术、摄影作品原件所有权人展览权与著作权人发表权发生冲突时的处理规则。

（一）作品著作权与作品原件所有权之间的关系

作品一般都需要附着在一定的载体上，例如，美术作品以纸张、画布、纺织物等为载体，摄影作品以胶片、光盘等为载体，因此作品原件往往是可转移的。但是，不同于物权的客体是具体的、能够为人所感知和控制的物，包括著作权在内的知识产权具有无形性的特征，《著作权法》所保护的作品是无形的智力成果，而作品所附着的作品原件是有形的物。因此，作品著作权人与作品原件所有权人有时为同一主体，有时因赠与、交易、委托创作等原因而发生分离。

在作品著作权人与作品原件所有权人相分离的情形下，作品原件所有权的转移并不改变作品著作权的归属，这是处理作品著作权与作品载体物权冲突的一般规则。例如，画家在完成创作之后将其画作出售给买家，画家在著作权保护期间内对其作品享有的著作权并不随画作原件的转移而转移。买家只享有画作原件的所有权，有权依照物权规则对画作原件进行占有、使用、收益和处分，而画家即便不再占有画作原件，亦有权行使其享有的著作权。但在一般规则之外，还有例外情形，即对于美术作品与摄影作品，作品的展览权随着作品原件的转移而转移。根据《著作权法》第10条规定，展览权，即公开陈列美术作品、摄影作品的原件或者复制件的权利。因此，只有美术作品和摄影作品才有展览权。展览权是美术作品和摄影作品实现经济价值的重要保障，只有通过展览，作品才能为更多公众所知，作品的知名度、经济价值才能得到提升，进而获益。对美术作品而言，展览是美术作品原件重要价值实现的主要传播方式，美术作品原件不但能够展览，而且美术作品原件的展览与复制件的展览具有完全不同的意义。[1] 对于摄影作品而言，因为其与美术作品的展览类似，实践中，对摄影作品原件如何处理，一直有意见建议《著作权法》作出明

① 参见刘铁光、王考：《摄影作品原件可以展览吗？——基于〈著作权法〉修订草案送审稿第22条第2款的思考》，载《中国版权》2015年第2期。

确规定。[①] 考虑到美术作品、摄影作品原件转让后，发生了著作权人和所有权人的分离，如果著作权人不同意展览美术作品或者摄影作品原件，将会影响上述原件的正常使用。例如，拍卖公司为了拍卖而展示画作，若无法将原件进行展示，其拍卖目的也可能落空。为解决这一矛盾，本条规定美术、摄影作品原件的展览权由原件所有人享有。需要说明的是，著作权人仍有权依据《著作权法》第 10 条的规定行使对美术作品、摄影作品复制件的展览权。

（二）未发表的美术、摄影作品的原件所有权与发表权

发表权，即决定作品是否公之于众的权利，系著作权人享有的一项重要人身权，一般是以出版发行、广播、展示、信息网络传播等方式将作品公之于众，而展览即是发表作品的一种重要方式。对于未发表的美术、摄影作品来讲，原件所有人行使展览权意味着发表权的行使。关于原件所有人行使展览权是否会侵害著作权人的发表权，此前《著作权法》修正前并没有做出明确规定，这导致很多艺术家未发表的美术作品流转于市后，他人要展览、拍卖作品时，因为接到艺术家的侵权通知而影响了作品的进一步交易流转。[②] 此次修正明确了原件所有人行使前述展览权不构成对作者发表权的侵犯。事实上，很多国家的立法已经对这种情况的发表权进行了限制。例如，《德国著作权法》规定，即使美术作品或者摄影作品尚未发表，其原件所有权人也有权对该作品进行公开展览，除非作者在出售原件时明确表示禁止展览。[③] 根据《日本版权法》的规定，在三种情况下作者被推定同意发表作品：一是作者已将未发表的著作权转让；二是已将未发表的美术作品或摄影作品的有形载体转让；三是作者已同意将作品用于拍摄电影。通过《日本版权法》的规定可以看出，在美术作品原件转移给买受人后，推定作者同意原件所有人发表，即推定作者授权原件所有人行使发表权。[④]

① 参见黄薇、王雷鸣主编：《〈中华人民共和国著作权法〉导读与释义》，中国民主法制出版社 2021 年版，第 129 页。

② 参见袁博：《论著作权法修订草案（送审稿）中“展览原件”权利的修订》，载《出版广角》2014 年第 15 期。

③ 同脚注 3。

④ 参见曾奎：《美术作品原件展览权与发表权的冲突及解决》，载《法制与社会》2018 年第 13 期。

适用指引

关于原件所有权人的权利与义务。根据本条规定，美术作品和摄影作品原件所有人有权行使对作品原件的展览权，但其行使展览权应注意：一是不得侵害著作权人享有的其他民事权利；二是仅有权就原件享有展览权，未经著作权人许可不得对复制品行使展览权。

第二十一条　著作权属于自然人的，自然人死亡后，其本法第十条第一款第五项至第十七项规定的权利在本法规定的保护期内，依法转移。

著作权属于法人或者非法人组织的，法人或者非法人组织变更、终止后，其本法第十条第一款第五项至第十七项规定的权利在本法规定的保护期内，由承受其权利义务的法人或者非法人组织享有；没有承受其权利义务的法人或者非法人组织的，由国家享有。

关联规定

法律、行政法规、司法解释

1.《中华人民共和国民法典》

第一千一百二十三条　继承开始后，按照法定继承办理；有遗嘱的，按照遗嘱继承或者遗赠办理；有遗赠扶养协议的，按照协议办理。

2.《中华人民共和国著作权法》

第二十三条　自然人的作品，其发表权、本法第十条第一款第五项至第十七项规定的权利的保护期为作者终生及其死亡后五十年，截止于作者死亡后第五十年的12月31日；如果是合作作品，截止于最后死亡的作者死亡后第五十年的12月31日。

法人或者非法人组织的作品、著作权（署名权除外）由法人或者非法人组织享有的职务作品，其发表权的保护期为五十年，截止于作品创作完成后第五十年的12月31日；本法第十条第一款第五项至第十七项规定的权利的保护期为五十年，截止于作品首次发表后第五十年的12月31日，但作品自创作完成后五十年内未发表的，本法不再保护。

视听作品，其发表权的保护期为五十年，截止于作品创作完成后第五十年的12月31日；本法第十条第一款第五项至第十七项规定的权利的保护期为五十年，截止于作品首次发表后第五十年的 12 月 31 日，但作品自创作完成后五十年内未发表的，本法不再保护。

3.《中华人民共和国著作权法实施条例》

第十四条 合作作者之一死亡后，其对合作作品享有的著作权法第十条第一款第五项至第十七项规定的权利无人继承又无人受遗赠的，由其他合作作者享有。

第十五条 作者死亡后，其著作权中的署名权、修改权和保护作品完整权由作者的继承人或者受遗赠人保护。

著作权无人继承又无人受遗赠的，其署名权、修改权和保护作品完整权由著作权行政管理部门保护。

第十七条 作者生前未发表的作品，如果作者未明确表示不发表，作者死亡后 50 年内，其发表权可由继承人或者受遗赠人行使；没有继承人又无人受遗赠的，由作品原件的所有人行使。

条文释义

一、本条主旨

本条是关于著作权继承与承受的规定。

二、条文演变

我国在 1990 年《著作权法》第 19 条中对著作权的继承与承受作出了规定。2001 年、2010 年修正的著作权法对此均未作出修改，2020 年修正的《著作权法》亦主要是根据《民法典》的规定所作的技术性修改：一是，将“公民、其他组织”分别修改为“自然人、非法人组织”。二是，将第一款中的“依照继承法的规定转移”修改为“依法转移”。主要是原因是，在《民法典》施行后，《继承法》被废止，与继承相关的内容规定在《民法典》的继承编中，故改成“依法”，以便于适用法律的衔接。三是，将“第（五）项”与“第（十七）项”中间的括号去掉以符合新的立法技术规范。

三、条文解读

本条第 1 款规定了自然人享有著作权的继承规则；第 2 款规定了法人或者非法人组织享有著作权的承受规则。

（一）关于著作权继承范围问题

根据《著作权法》第 23 条的规定，著作权的保护期限至作者去世之后相当长的时间，并且对法人或者非法人组织的作品、著作权（署名权除外）由法人或者非法人组织享有的职务作品亦有一定期限的保护。这就涉及自然人去世后，以及法人或者非法人组织变更、终止后作品著作权的继承问题。欧洲大陆国家法律允许继承，理由是凡民事权利必须有其主体。[①] 例如，《法国著作权法》规定：作者死亡后，在其死亡当年及其后 50 年内，他（她）的合法继承人应享有作者的各种形式利用作品并取得经济收益的那些专有权。[②]

根据《著作权法》第 10 条的规定，著作权包括人身权和财产权。其中人身权通常是专属于作者的权利，包括发表权、署名权、修改权、保护作品完整权。由于人身权只能原始取得，而不能通过转让、继承等方式继受取得，因此不属于可继承的权利。但是有一例外情形，就是遗作的发表权财产权的行使。根据《著作权法实施条例》第 22 条的规定，对于遗作，如果作者未明确表示不发表，作者死亡后 50 年内，其发表权可由继承人或者受遗赠人行使。

财产权是对作品的使用、收益和处分的权利。著作财产权都可以依法转移，在很多国家还可以成为法定继承或法人变更时的继承、依托或强制执行的对象。[③] 著作财产权包括复制权、发行权、出租权、展览权、表演权、放映权、广播权、信息网络传播权、摄制权、改编权、翻译权、汇编权及应当由著作权人享有的其他权利。根据本条规定，可以转移的权利范围仅限于财产权，即自然人可被继承、法人或者非法人组织可被承受的的著作权仅包括《著作权法》第 10 条第 1 款第 5 项至第 17 项规定的权利。

---

① 参见刘春田主编：《知识产权法》，高等教育出版社 2015 年版，第 114 页。

② 参见马洪伟：《著作权继承相关特殊规定的探析》，载《黑龙江科技信息》2007 年第 16 期。

③ 参见刘春田主编：《知识产权法》，高等教育出版社 2015 年版，第 114 页。

（二）被继承、承受著作权的归属问题

对于自然人死亡情形下的继承问题，根据《民法典》规定，继承开始后，按照法定继承办理；有遗嘱的，按照遗嘱继承或者遗赠办理；有遗赠扶养协议的，按照协议办理。因此，自然人死亡后其著作财产权的继承方式包括以下情形：（1）法定继承。即根据法律直接规定确定继承人的范围、继承顺序、继承份额等的继承方式。当被继承人未立遗嘱或所立遗嘱无效时，依据法定继承确定继承人等。《民法典》继承编第二章对法定继承人的范围及继承顺序、遗产分配原则、继承处理方式等作出了明确规定。（2）按照遗嘱办理。即根据自然人依照法律规定所立的遗嘱确定遗嘱继承人或者受遗赠人，并分配其财产的继承方式。其中，遗嘱继承是指自然人将个人财产指定由法定继承人中的一人或者数人继承。遗赠是指自然人将个人财产赠与国家、集体或者法定继承人以外的组织、个人。此外，自然人亦可依法设立遗嘱信托。（3）遗赠扶养协议。即自然人可以与继承人以外的组织或者个人签订遗赠扶养协议，按照协议，该组织或个人承担该自然人生养死葬的义务，享有受遗赠的权利。若著作权人与扶养人签订了遗赠扶养协议，则扶养人在著作权人死亡后可以依照协议继受取得著作权人的著作财产权。需要注意的是，自然人著作财产权的继承方式是有顺序的，依照《民法典》第1123条规定，处理遗产的顺序依次为遗赠扶养协议、遗嘱继承或者遗赠。①

此外，对于法人或者非法人组织发生变更和终止，但著作权仍在《著作权法》保护期限内的情形，其著作权的归属分为两种处理方式：一是，法人或者非法人组织变更的，作品的著作财产权应由变更后承受其权利义务的主体享有。例如，对于法人合并、分立的情形，依照《民法典》第67条规定，法人合并的，其权利和义务由合并后的法人享有和承担。法人分立的，其权利和义务由分立后的法人享有连带债权，承担连带债务，但是债权人和债务人另有约定的除外。对于法人或者非法人组织终止的情形，则需要清算债权债务。需要注意的是，经过清算资不抵债的，著作财产权要纳入责任财产用于清偿债务。若经过清算还有财产剩余的，才能依照本条的规定处理。

---

① 参见黄薇、王雷鸣主编：《〈中华人民共和国著作权法〉导读与释义》，中国民主法制出版社2021年版，第133页。

（三）著作财产权归国家或集体所有的情形

关于著作权人死后，既无法定继承人又无遗嘱继承人，也无人受遗赠时著作权的归属的问题，目前主要有两种模式。第一种模式是，如果死者的著作权无人继受，则导致该著作权终止，该作品进入公共领域。第二种模式是，如果死者的著作权无人承受，该项著作权并不终止，作品在受保护的有效期内，著作权收归国家所有。在这种情况下，由代表国家的单位（一般是著作权行政管理部门）代国家行使著作权。我国立法更接近第二种模式。本条第 2 款规定法人或者非法人组织变更、终止后，没有承受其权利义务的法人或者非法人组织的，由国家享有。因此，依据本条认定著作财产权归国家，必须具备以下两个条件：一是著作权人为法人或者非法人组织，二是没有任何承受法人或者非法人组织著作财产权的主体。

此外，对于自然人死亡后，无人继承又无人受遗赠的遗产，根据《民法典》第 1160 条的规定，归国家所有；死者生前是集体所有制组织成员的，归所在集体所有制组织所有。对于“认定财产无主案件”的特别民事诉讼程序，《民事诉讼法》第 192 条规定，人民法院受理申请后，经审查核实，应当发出财产认领公告。公告满一年无人认领的，判决认定财产无主，收归国家或者集体所有。

适用指引

一、合作作品的继承

在合作作品中，如合作作者之一死亡后没有继承人时，其著作权的继承与非合作作品是有区别的。由于合作作品的使用与合作者有紧密的联系，不管是国家还是集体组织，都不可能在使用作品时不考虑尚健在的合作作者利益；尚健在的合作作者也不可能将使用合作作品所获报酬分得清清楚楚地交给国家或集体。[1] 鉴于此，《著作权法实施条例》第 14 条规定：“合作作者之一死亡后，

① 郭斌贝、黄亚武：《著作权继承问题之研究》，载《湖南省政法管理干部学院学报》2000 年第 4 期。

其对合作作品享有的著作权法第十条第一款第五项至第十七项规定的权利无人继承又无人受遗赠的，由其他合作作者享有。”

二、著作人身权的保护

著作权人的署名权、修改权和保护作品完整权作为著作人身权不受保护时间限制，自然人死亡后，其人身权仍应被保护不受侵犯。对此，《著作权法实施条例》第 15 条规定：“作者死亡后，其著作权中的署名权、修改权和保护作品完整权由作者的继承人或者受遗赠人保护。著作权无人继承又无人受遗赠的，其署名权、修改权和保护作品完整权由著作权行政管理部门保护。”

第二十二条　作者的署名权、修改权、保护作品完整权的保护期不受限制。

关联规定

法律、行政法规、司法解释

《实施国际著作权条约的规定》

第五条　对未发表的外国作品的保护期，适用著作权法第二十条、第二十一条的规定。

第十七条　国际著作权条约在中国生效之日尚未在起源国进入公有领域的外国作品，按照著作权法和本规定规定的保护期受保护，到期满为止。

条文释义

一、本条主旨

本条是关于著作权中人身权的保护期限的规定。

二、条文演变

本条规定的著作权的人身权的保护期限，包括作者的署名权、修改权、保护作品完整权的保护期。本条规定自《著作权法》于 1990 年 9 月 7 日第七届全国人民代表大会常务委员会第十五次会议通过后未作修改。

三、条文解读

（一）著作权的保护期的含义

所谓著作权的保护期，是指著作权人对作品享有专有权的有效期间，也就是由法律规定的对著作权人的著作权予以保护的期限。在著作权保护期限内，作者或者其他依法享有著作权的公民、法人或者其他组织等著作权人对作品享有著作权，其他人使用作品，须依法征得著作权人许可并须支付相应的报酬。著作权的保护期届满，著作权人便丧失其著作权，作品进入公有领域，人们对作品的使用可以不再经过著作权人的许可，并且可以无偿地使用作品。由此可见，著作权的保护期的含义是，在法律规定的一定期限内，著作权依法受到保护；超过这一法定期限，法律对著作权便不再保护。

（二）对署名权、修改权和保护作品完整权的保护期

《著作权法》关于著作权人的人身权的保护，分为两个部分：一部分是本条规定的署名权、修改权和保护作品完整权；另一部分即第 21 条规定的发表权。这里先对作者的署名权、修改权和保护作品完整权进行说明。

根据《著作权法》第 10 条的规定，本条所称的著作权的署名权，是指表明作者身份，在作品上署名的权利；本条所称的修改权，是指修改或者授权他人修改作品的权利；本条所称的保护作品完整权，是指保护作品不受歪曲、篡改的权利。这三项权利连同发表权，一并构成了著作权人的人身权的主要内容。《著作权法》规定作者的这三项权利的保护期不受限制，表明了作者的署名权、修改权和保护作品完整权永远受法律保护。在作者（公民）生前或者（法人、其他组织）存续期间，署名权、修改权和保护作品完整权由作者自己行使。如果出现非作者强行在作品上署名，删除作者署名并署以非作者名，剽窃作品，不经作者同意擅自对作品进行修改、删节，以及对作品进行有悖于作者创作原意、破坏作品真实含义、有损作者声誉的歪曲和篡改的情况，作者可以依法要求侵权人承担停止侵害、消除影响、公开赔礼道歉等相应的法律责任。作为作者的公民死亡后，作者的署名权、修改权、保护作品完整权则由其继承人或者受遗赠人负责保护；作为作者的法人或者其他组织终止或者变更后，这几项权利由承受其权利义务的法人或者其他组织负责保护。如果作者没有继承人、受遗赠人或者没有承受其权利义务的法人、其他组织，将由国家来保护其署名权、修改权和保护作品完整权不受侵害。

类案检索

一、蔺某静等诉中国青年出版社著作权权属、侵权纠纷案

关键词：署名权 著作权

裁判摘要：法院经审理后认定，依据我国著作权法的规定，如无相反证明，在作品上署名的公民为作者。作者死亡后，其著作权中的署名权、修改权和保护作品完整权由作者的继承人保护，著作权中的财产权在保护期内按继承法规定转移。作者的继承人有权保护作者的著作人身权不受侵害，有权许可他人使用作品并获得报酬。本案中，二原告作为涉案图书译者的继承人，享有该图书著作权中的财产权利，并有权对侵犯著作权中修改权的不当行为提出相应主张，以维护译者享有著作权中的人身权。

【案　　号】（2010）东民初字第08279号

【审理法院】北京市东城区人民法院

【来　　源】中国裁判文书网

二、华某敏与山西杏花村汾酒集团有限责任公司、苏宁易购集团股份有限公司侵权纠纷案

关键词：著作权 保护期

裁判摘要：本院认为，原告出示了刊有涉案作品《饮中八仙》的相关合法出版物，在无相反证据的情况下，可以确认华某川系涉案作品的作者。美术作品著作权中财产性权利的保护期为作者终生及其死亡后50年，作者死亡后，其著作权中的署名权、修改权和保护作品完整权由作者的继承人保护，著作权中的财产权利由作者的继承人享有。因此，两原告作为涉案作品著作权的继承人，有权提起本案诉讼。

被控侵权的酒瓶图案“竹林七贤”与涉案作品《饮中八仙》存在实质相似，且产生于涉案作品发表之后，故可以认定来源于涉案作品。被控侵权图案侵犯了涉案作品的著作权，应承担停止侵害、消除影响、赔偿损失的民事责任。被告汾酒公司辩称酒瓶图案“竹林七贤”系源泉公司原创设计，但汾酒公司系被诉侵权产品的生产者，该产品包含酒、酒瓶、外包装，产品上也未标注

源泉公司，故不能免除汾酒公司对外应当承担的责任，汾酒公司可以在对外承担责任后向源泉公司另行主张权利。故对汾酒公司的辩称本院不予采信。

【案　　号】（2020）苏0106民初2032号

【审理法院】江苏省南京市鼓楼区人民法院

【来　　源】中国裁判文书网

第二十三条　自然人的作品，其发表权、本法第十条第一款第五项至第十七项规定的权利的保护期为作者终生及其死亡后五十年，截止于作者死亡后第五十年的 12 月 31 日；如果是合作作品，截止于最后死亡的作者死亡后第五十年的 12 月 31 日。

法人或者非法人组织的作品、著作权（署名权除外）由法人或者非法人组织享有的职务作品，其发表权的保护期为五十年，截止于作品创作完成后第五十年的 12 月 31 日；本法第十条第一款第五项至第十七项规定的权利的保护期为五十年，截止于作品首次发表后第五十年的 12 月 31 日，但作品自创作完成后五十年内未发表的，本法不再保护。

视听作品，其发表权的保护期为五十年，截止于作品创作完成后第五十年的 12 月 31 日；本法第十条第一款第五项至第十七项规定的权利的保护期为五十年，截止于作品首次发表后第五十年的 12 月 31 日，但作品自创作完成后五十年内未发表的，本法不再保护。

关联规定

法律、行政法规、司法解释

1.《计算机软件保护条例》

第十四条　软件著作权自软件开发完成之日起产生。

自然人的软件著作权，保护期为自然人终生及其死亡后 50 年，截止于自然人死亡后第 50 年的 12 月 31 日；软件是合作开发的，截止于最后死亡的自然人死亡后第 50 年的 12 月 31 日。

法人或者其他组织的软件著作权，保护期为 50 年，截止于软件首次发表后第 50 年的 12 月 31 日，但软件自开发完成之日起 50 年内未发表的，本条例不再保护。

2.《中华人民共和国著作权法实施条例》

第十八条 作者身份不明的作品，其著作权法第十条第一款第五项至第十七项规定的权利的保护期截止于作品首次发表后第50年的12月31日。作者身份确定后，适用著作权法第二十一条的规定。

3.《最高人民法院关于审理著作权民事纠纷案件适用法律若干问题的解释》

第十条 著作权法第十五条第二款所指的作品，著作权人是自然人的，其保护期适用著作权法第二十一条第一款的规定；著作权人是法人或非法人组织的，其保护期适用著作权法第二十一条第二款的规定。

条文释义

一、本条主旨

本条是关于发表权及著作财产权保护期的规定。

二、条文演变

1990年《著作权法》第21条规定："公民的作品，其发表权、使用权和获得报酬权的保护期为作者终生及其死亡后50年，截止于作者死亡后第50年的12月31日；如果是合作作品，截止于最后死亡的作者死亡后第50年的12月31日。""法人或者非法人单位的作品、著作权（署名权除外）由法人或者非法人单位享有的职务作品，其发表权、使用权和获得报酬权的保护期为50年，截止于作品首次发表后第50年的12月31日，但作品自创作完成后50年内未发表的，本法不再保护。""电影、电视、录像和摄影作品的发表权、使用权和获得报酬权的保护期为50年，截止于作品首次发表后第50年的12月31日，但作品自创作完成后50年内未发表的，本法不再保护。"

2001年修正《著作权法》第21条主要将1990年《著作权法》第21条中的"使用权和获得报酬权"修改为"本法第十条第一款第（五）项至第（十七）项规定的权利"，将"法人或者非法人单位"修改为"法人或者其他组织"，将"电影、电视、录像"修改为"电影作品和以类似摄制电影的方法创作的作品"。

2010年修正《著作权法》没有对2001年修正《著作权法》第21条进行修改。2020年修正《著作权法》第23条将2010年修正《著作权法》第21条中的“公民”修改为“自然人”，将“其他组织”修改为“非法人组织”，并调整了相关表述，形成上述规定。

三、条文解读

本条是关于发表权及著作财产权期限的规定。大多数知识产权的保护期是有限的。这一原则的依据是：第一，授予知识产权是让作者或者发明人获得适当的投资回报，但是，知识产权不应该不必要地损害知识的传播。第二，需要平衡专有权与公开市场的竞争政策促成了时间限制。第三，与穷竭原则相关联，存在于产品中的知识产权在某些时候必须让位于产品所有人的法律保障。[①] 根据本条规定，自然人的作品发表权及著作财产权的保护期均为作者终生及其死亡后50年。法人或者非法人组织的作品、著作权（署名权除外）由法人或者非法人组织享有的职务作品以及视听作品的发表权及著作财产权的保护期相同，即发表权的保护期截止于作品创作完成后第50年的12月31日；著作财产权的保护期截止于作品首次发表后第50年的12月31日，但作品自创作完成后50年内未发表的，本法不再保护。

作者身份不明的作品，其《著作权法》第10条第1款第5项至第17项规定的权利的保护期截止于作品首次发表后第50年的12月31日。作者身份确定后，适用《著作权法》第23条的规定。

关于合作作品，依照《著作权法》第11条的规定，作品的作者除自然人外还包括法人或非法人组织。由此，理论上，合作作品从主体来看，可以包括以下三种类型：一是自然人与自然人的合作作品；二是法人或非法人组织与法人或非法人组织的合作作品；三是自然人与法人或非法人组织的合作作品。由于法律上的“死亡”一词只适用于自然人而不适用于法人或其他组织，因此《著作权法》第23条第1款的规定只涉及自然人与自然人的合作作品，而未涉及其他两种类型的合作作品。对于法人或非法人组织之间合作作品的保护期限，由于双方作者均为法人或非法人组织，可以将其视为《著作权法》第23

① 参见［美］弗雷德里克·M.阿伯特、［瑞士］托马斯·科蒂尔、［澳］弗朗西斯·高锐著：《世界经济一体化进程中的国际知识产权法》（上册），王清译，商务印书馆2014年版，第134~135页。

条第2款所规定的“法人或者非法人组织的作品”，从而使该类型合作作品的保护期限也适用该条的规定。对于第三种类型即自然人与法人或非法人组织合作作品的保护期限，现行法律没有明确规定。当作者为自然人时，其发表权和著作财产权的保护期限为作者终生加死后50年，而当作者为法人或非法人组织时，其发表权和著作财产权的保护期限分别为截至作品创作完成后五十年和首次发表后50年，一般情况下前者的保护期限比后者更长，此时适用自然人作者著作权的保护期限。如果作品在自然人作者去世后发表，对法人或非法人组织作者的保护期限就要比对自然人作者的保护期限更长，此时，应当以相对较长期限进行保护。应当注意的是，该条所述以最后死亡作者的死亡时间起算著作权保护期截止时间的“合作作品”应当理解为仅指不可以分割使用的合作作品。[①]

适用指引

根据本条规定，法人或者非法人组织的作品、著作权（署名权除外）由法人或者非法人组织享有的职务作品以及视听作品的著作财产权的保护期截止于作品首次发表后第50年的12月31日，但作品自创作完成后50年内未发表的，本法不再保护。是否需要对此类作品的著作财产权进行保护，需要考虑其创作时间、是否发表以及首次发表的具体时间。该规定中50年内未发表的“50年”计算至创作完成后第50年的12月31日。需要注意的是，我国《著作权法》未规定起算日期。《著作权法》规定的截止日期的计算方法是“作者死亡后第五十年的12月31日”，死亡后第一年是作者去世的次年，从这一年算起到第50年的12月31日截止。例如，某作家于1992年7月去世，对其权利的死后保护期，就应以1993年作为死亡后第一年，至2042年的12月31日届满。

① 参见北京知识产权法院（2019）京73民终2705号民事判决书。

类案检索

中华书局有限公司诉金城出版社有限公司、北京市新华书店王府井书店有限责任公司著作权权属、侵权纠纷案

关键词：可分割合作作品　保护期

裁判摘要：从《著作权法》的立法宗旨及著作权保护与利用的实际情况来看，由于对可以分割使用的合作作品而言，作者各自创作的部分相对独立、其他作者创作的部分与之并无紧密关联，而且各自作者并不能控制其他可以分割部分的使用，因而以作者各自的死亡时间单独起算各自可以分割使用部分的著作权保护期截止时间，并不会影响其他作者创作部分以及合作作品整体的使用及保护，也有利于各自可以分割使用部分依次进入公有领域得到传播与利用。如果合作作品中一部分可以分割使用的部分原本已超过著作权保护期进入公有领域，但因其他可以分割使用的部分的著作权仍处于保护期内，前者的保护期就可以相应延长，则并不符合《著作权法》立足于实现鼓励作品创作与社会传播之间平衡的立法宗旨。《著作权法》以最后死亡作者的死亡时间起算著作权保护期截止时间的“合作作品”应当限缩解释为仅指不可以分割使用的合作作品。

【案　　号】（2019）京73民终2705号

【审理法院】北京知识产权法院

第二十四条　在下列情况下使用作品，可以不经著作权人许可，不向其支付报酬，但应当指明作者姓名或者名称、作品名称，并且不得影响该作品的正常使用，也不得不合理地损害著作权人的合法权益：

（一）为个人学习、研究或者欣赏，使用他人已经发表的作品；

（二）为介绍、评论某一作品或者说明某一问题，在作品中适当引用他人已经发表的作品；

（三）为报道新闻，在报纸、期刊、广播电台、电视台等媒体中不可避免地再现或者引用已经发表的作品；

（四）报纸、期刊、广播电台、电视台等媒体刊登或者播放其他报纸、期刊、广播电台、电视台等媒体已经发表的关于政治、经济、宗教问题的时事性文章，但著作权人声明不许刊登、播放的除外；

（五）报纸、期刊、广播电台、电视台等媒体刊登或者播放在公众集会上发表的讲话，但作者声明不许刊登、播放的除外；

（六）为学校课堂教学或者科学研究，翻译、改编、汇编、播放或者少量复制已经发表的作品，供教学或者科研人员使用，但不得出版发行；

（七）国家机关为执行公务在合理范围内使用已经发表的作品；

（八）图书馆、档案馆、纪念馆、博物馆、美术馆、文化馆等为陈列或者保存版本的需要，复制本馆收藏的作品；

（九）免费表演已经发表的作品，该表演未向公众收取费用，也未向表演者支付报酬，且不以营利为目的；

（十）对设置或者陈列在公共场所的艺术作品进行临摹、绘画、摄影、录像；

（十一）将中国公民、法人或者非法人组织已经发表的以国家通用语言文字创作的作品翻译成少数民族语言文字作品在国内出版发行；

（十二）以阅读障碍者能够感知的无障碍方式向其提供已经发表的作品；

（十三）法律、行政法规规定的其他情形。

前款规定适用于对与著作权有关的权利的限制。

关联规定

法律、行政法规、司法解释

1.《计算机软件保护条例》

第十七条 为了学习和研究软件内含的设计思想和原理，通过安装、显示、传输或者存储软件等方式使用软件的，可以不经软件著作权人许可，不向其支付报酬。

2.《信息网络传播权保护条例》

第六条 通过信息网络提供他人作品，属于下列情形的，可以不经著作权人许可，不向其支付报酬：

（一）为介绍、评论某一作品或者说明某一问题，在向公众提供的作品中适当引用已经发表的作品；

（二）为报道时事新闻，在向公众提供的作品中不可避免地再现或者引用已经发表的作品；

（三）为学校课堂教学或者科学研究，向少数教学、科研人员提供少量已经发表的作品；

（四）国家机关为执行公务，在合理范围内向公众提供已经发表的作品；

（五）将中国公民、法人或者其他组织已经发表的、以汉语言文字创作的作品翻译成的少数民族语言文字作品，向中国境内少数民族提供；

（六）不以营利为目的，以盲人能够感知的独特方式向盲人提供已经发表的文字作品；

（七）向公众提供在信息网络上已经发表的关于政治、经济问题的时事性文章；

（八）向公众提供在公众集会上发表的讲话。

第七条 图书馆、档案馆、纪念馆、博物馆、美术馆等可以不经著作权人许可，通过信息网络向本馆馆舍内服务对象提供本馆收藏的合法出版的数字作品和依法为陈列或者保存版本的需要以数字化形式复制的作品，不向其支付报酬，但不得直接或者间接获得经济利益。当事人另有约定的除外。

前款规定的为陈列或者保存版本需要以数字化形式复制的作品，应当是已经损毁或者濒临损毁、丢失或者失窃，或者其存储格式已经过时，并且在市场上无法购买或者只能以明显高于标定的价格购买的作品。

第十条 依照本条例规定不经著作权人许可、通过信息网络向公众提供其作品的，还应当遵守下列规定：

（一）除本条例第六条第一项至第六项、第七条规定的情形外，不得提供作者事先声明不许提供的作品；

（二）指明作品的名称和作者的姓名（名称）；

（三）依照本条例规定支付报酬；

（四）采取技术措施，防止本条例第七条、第八条、第九条规定的服务对象以外的其他人获得著作权人的作品，并防止本条例第七条规定的服务对象的复制行为对著作权人利益造成实质性损害；

（五）不得侵犯著作权人依法享有的其他权利。

第十一条 通过信息网络提供他人表演、录音录像制品的，应当遵守本条例第六条至第十条的规定。

3.《中华人民共和国著作权法实施条例》

第二十一条 依照著作权法有关规定，使用可以不经著作权人许可的已经发表的作品的，不得影响该作品的正常使用，也不得不合理地损害著作权人的合法利益。

4.《最高人民法院关于审理侵害信息网络传播权民事纠纷案件适用法律若干问题的规定》

第五条 网络服务提供者以提供网页快照、缩略图等方式实质替代其他网络服务提供者向公众提供相关作品的，人民法院应当认定其构成提供行为。

前款规定的提供行为不影响相关作品的正常使用，且未不合理损害权利人对该作品的合法权益，网络服务提供者主张其未侵害信息网络传播权的，人民法院应予支持。

条文释义

一、本条主旨

本条是关于合理使用的规定。

二、条文演变

1990年《著作权法》第22条规定："在下列情况下使用作品，可以不经著作权人许可，不向其支付报酬，但应当指明作者姓名、作品名称，并且不得侵犯著作权人依照本法享有的其他权利：（一）为个人学习、研究或者欣赏，使用他人已经发表的作品；（二）为介绍、评论某一作品或者说明某一问题，在作品中适当引用他人已经发表的作品；（三）为报道时事新闻，在报纸、期刊、广播、电视节目或者新闻纪录影片中引用已经发表的作品；（四）报纸、期刊、广播电台、电视台刊登或者播放其他报纸、期刊、广播电台、电视台已经发表的社论、评论员文章；（五）报纸、期刊、广播电台、电视台刊登或者播放在公众集会上发表的讲话，但作者声明不许刊登、播放的除外；（六）为学校课堂教学或者科研人员使用，但不得出版发行；（七）国家机关为执行公务使用已经发表的作品；（八）图书馆、档案馆、纪念馆、博物馆、美术馆等为陈列或者保存版本的需要，复制本馆收藏的作品；（九）免费表演已经发表的作品；（十）对设置或者陈列在室外公共场所的艺术作品进行临摹、绘画、摄影、录像；（十一）将已经发表的汉族文字作品翻译成少数民族文字在国内出版发行；（十二）将已经发表的作品改成盲文出版。以上规定适用于对出版者、表演者、录音录像制作者、广播电台、电视台的权利的限制。"

2001年修正的《著作权法》对1990年《著作权法》第22条的修改主要体现在：将第1款第3项修改为"为报道时事新闻，在报纸、期刊、广播电台、电视台等媒体中不可避免地再现或者引用已经发表的作品"；将第1款第4项修改为"报纸、期刊、广播电台、电视台等媒体刊登或者播放其他报纸、期刊、广播电台、电视台等媒体已经发表的关于政治、经济、宗教问题的时事性文章，但作者声明不许刊登、播放的除外"；将第1款第6项修改为"为学校课堂教学或者科学研究，翻译或者少量复制已经发表的作品，供教学或者科研人员使用，但不得出版发行"；将第1款第7项修改为"国家机关为执行公务在合理范围内使用已经发表的作品"；将第1款第9项修改为"免费表演已经发表的作品，该表演未向公众收取费用，也未向表演者支付报酬"；将第1款第11项修改为"将中国公民、法人或者其他组织已经发表的以汉语言文字创作的作品翻译成少数民族语言文字作品在国内出版发行"。

2010年修正《著作权法》没有对2001年修正《著作权法》第22条进行修改。

2020年修正《著作权法》第24条的主要修改部分体现在：将第1款中"不得侵犯著作权人依照本法享有的其他权利"修改为"不得影响该作品的正常使用，也不得不合理地损害著作权人的合法权益"；将第1款第12项修改为"以阅读障碍者能够感知的无障碍方式向其提供已经发表的作品"；增加第1款第13项"法律、行政法规规定的其他情形"。另外，对第1款第6项、第9项及第11项的部分内容进行了一些修改，形成上述规定。

三、条文解读

本条是关于合理使用的规定，其体现了合理使用的"三步检验法"：合理使用只能在某些特殊情况下使用；合理使用不得与作品的正常利用相冲突；合理使用不得不合理地损害权利人合法权益。"利用"主要是指版权人从行使其专有权利中获得经济利益的行为。"权益"既包括财产性质的使用权和收益权，也包括版权人在现行技术和市场条件下的潜在利益。合理使用是对著作权的一种限制，其目的是在作者、作品使用人以及社会公众之间寻求公正、合理的平衡，以达到保护版权人利益、促进文化传播以及文明发展的目的。根据该条规定，合理使用的情形限于本条列举的12种具体情形以及法律、行政法规规定的其他情形。同时，是否构成合理使用，不能仅仅考虑具体的情形，还需要结合"三步检验法"进行综合考量。

适用指引

在适用本条规定过程中，应当将"三步检验法"作为认定是否构成合理使用的总纲和最终标准，结合使用作品的具体情形综合认定是否构成合理使用。除上述法律规定的具体情形外，在司法实践中，某些特定行为也可能被认定构成合理使用。在法律规定的具体情形之外认定合理使用，应当从严掌握认定标准。[①]

第1款第1项规定仅体现了使用他人已经发表的作品的目的，没有涉及使用数量的问题，但并不意味着无须考虑使用方式及数量。例如，如果允许为了个人欣赏而大量从网上下载盗版音乐、电影，则会鼓励个人大量下载或者复制相关作品，致使其不再去购买权利人的正版作品，或者不再付费欣赏正版的音乐和电影，从而对权利人的作品市场产生冲击，不合理地损害权利人的合法权利。

第1款第2项规定的合理使用情形包括两种情况：一种是与作品直接相关的对作品的引用，即对作品的介绍和评论；另一种是与作品不直接相关的对作品的引用，即引用作品说明某一问题。“适当引用”要求引用的作品的长度要合理，不允许完全或者主要以他人作品代替自己的创作。引用作品长度并不存在一个确定的数量或者比例的规则，有的情况下全文引用作品也构成适当引用。例如，对一首短诗或者文字广告进行全面的评论而全文引用该诗或者该广告。在认定引用作品长度是否适当时，应当结合引用的目的，考虑介绍、评论或者说明的合理需要。

第1款第3项规定的合理使用情形属于新闻报道中的附带使用，其中“不可避免地再现或者引用”不应当作过于严格的解释。只要作品本身出现在新闻事件中，在进行新闻报道时附带性地再现或引用该作品，就构成合理使用。例如报道文艺演出时不可避免地再现正在演唱的歌曲、乐曲等作品片段。

第1款第4项规定的合理使用情形中，“关于政治、经济、宗教问题的时事性文章”宜作较为严格的解释，以便在保护权利人利益及维护公共利益之间取得平衡。此类文章主要是一些涉及公众关注的国内外重要的政治、经济、宗教问题的具有重大性、时效性的文章。

第1款第5项规定的合理使用情形中，“公众集会”通常是指为一定目的在公共场所（如广场、体育场）举行的集会。在公众集会上发表的讲话本身具有公开宣传的性质，刊登或播放这些讲话，是扩大它的影响和宣传范围。一般而言，不违反作者在公众集会上发表讲话的目的。如果作者不愿将其讲话在报纸、期刊、广播电台、电视台等媒体上刊登或者播放，则不得刊登或播放。

---

① 参见北京市高级人民法院（2014）高民申字第1783号民事裁定书。

第1款第6项规定的合理使用情形中，是否构成少量复制以及翻译、改编、汇编、播放的量应当结合课堂教学或科学研究的需要进行认定。翻译、改编、汇编、播放或者少量复制的内容不能用于出版发行。

第1款第7项规定的合理使用情形中，国家机关包括立法机关、行政机关、审判机关、法律监督机关和军事机关。国家机关使用他人已发表作品的目的是为了制定政策，实施管理等工作，属于执行公务的范畴，其在合理范围内使用已经发表的作品可以不经著作权人许可，不向其支付报酬。国家机关依法授权或委托其他单位执行公务的，该单位为执行公务在合理范围内使用已经发表的作品的，也构成合理使用。

第1款第8项规定的合理使用情形需要满足两个条件：（1）复制他人作品的目的是为了陈列或者保存作品的需要。（2）复制的作品必须是本馆收藏的，不允许其他馆复制本馆所收藏的作品，也不允许去复制其他馆所收藏的作品。

第1款第9项规定的合理使用情形中，"免费表演"是指现场表演，不包括机械表演。"不以营利为目的"包括不以直接或者间接营利为目的。

第1款第10项规定的合理使用情形中，"公共场所的艺术作品"是指设置或陈列在社会公众活动处所的雕塑、绘画、书法等。对公共场所的艺术作品的临摹、绘画、摄影、录像人，可以对其成果以合理的方式和范围再使用，不构成侵权。

第1款第11项规定的合理使用情形中，翻译的国家通用语言文字作品必须是中国自然人、法人或者非法人组织创作且已经发表的。另外，将国家通用语言文字作品翻译成少数民族语言文字作品的出版发行范围仅限于中华人民共和国领域内。

第1款第12项规定的合理使用情形中，阅读障碍者包括盲人，也包括视力低下、虽经矫正也无法达到正常阅读书籍所需视力的人以及因其他障碍或身体残疾而无法正常阅读书籍者。阅读障碍者能够感知的无障碍方式不仅包括盲文，还包括大字版和有声读物。

第1款第13项在前12项规定的基础上，增加了法律、行政法规规定的其他情形，使得整体上逻辑更严密，范围更周全。

典型案例

王某贤与绍兴市水利局、绍兴神采印刷有限公司其他著作权权属侵权纠纷案

关键词：公共场所艺术作品　合理使用　署名

裁判摘要：在一般情况下，社会公众只能依靠室外艺术作品本身的标注来确认作者姓名和作品名称，而没有另行核实的义务。对于依据他人绘画作品而创作出的雕塑作品，进行合理使用的社会公众应指明的作者姓名取决于雕塑本身的署名情况。如果该雕塑作品未注明其系依据他人绘画作品而创作，对该雕塑进行临摹、摄影等使用的社会公众没有义务追溯该雕塑作品是否为演绎作品、是否还存在原始绘画作者并为该作者署名。但综合本案事实，《康乾驻跸碑》碑记上有“王某贤绘画”的署名，而其余雕塑作品虽本身未署名，但绍兴市水利局作为绍兴市龙横江鹿湖园景区的建设单位和管理单位，应当知晓王某贤为涉案相关雕塑作品的绘画作者，故该局应当在其出版的旅游图册中指明王某贤为相关雕塑作品的绘画作者。

基本案情：2005年5月，王某贤将其创作的《康乾驻跸图》等11幅绘画作品交付浙江东方现代文化艺术有限公司（以下简称东方公司），参与绍兴市龙横江整治鹿湖园雕塑工程竞标。中标后经王某贤授权，东方公司组织钱士元等人根据王某贤绘制的11幅画稿创作完成《康乾驻跸碑》等11幅雕塑作品。该11幅雕塑作品安置于绍兴市龙横江鹿湖园景区内。后王某贤与东方公司因涉案雕塑作品产生署名权纠纷，2008年11月28日作出的生效判决认定，《康乾驻跸碑》碑记记载：东方公司设计制作，潘鸿海主创，王某贤绘画，钱士元雕刻。该署名方式系2007年10月修改而成。2007年12月10日、2008年6月11日《绍兴晚报》以及2008年12月3日《绍兴日报》对鹿湖园雕塑署名之争进行了报道。其中2007年12月的报道中有如下内容：“据市水利部门有关人员说，龙横江鹿湖园雕塑当时是经过工程招标、由东方公司中标的，因此有关版权问题，与水利部门无关。”绍兴市水利局系绍兴市龙横江鹿湖园景区的建设单位和管理单位。2009年1月，绍兴市水利局委托相关出版社出版《绍兴龙横江·鹿湖园》旅游图册。该旅游图册中使用了《康乾驻跸碑》等11

幅雕塑作品的摄影图片。王某贤以绍兴市水利局在涉案旅游图册中未就涉案雕塑作品为王某贤署名为由提起诉讼。一审法院判决驳回王某贤的诉讼请求。二审法院判决撤销一审判决，改判绍兴市水利局在相关报纸上刊登涉案旅游图册中《康乾驻跸碑》等11幅雕塑作品的绘画者为王某贤的声明，给付王某贤6670元。

绍兴市水利局不服，向最高人民法院申请再审，最高人民法院指令二审法院再审本案。二审法院经审理认为，原作者的包括署名权在内的著作人身权应当体现在演绎作品之中，是我国《著作权法》的立法本意。绍兴市水利局在涉案旅游图册中使用了由王某贤绘画作品演绎而来的雕塑作品，王某贤的署名权亦应延及后来的演绎作品，绍兴市水利局应当在涉案旅游图册中指明王某贤的绘画作品作者身份。根据在案证据，绍兴市水利局应当知道王某贤系《康乾驻跸碑》等11幅雕塑作品的绘画作者，其应当指明作者姓名。据此，二审法院判决维持其作出的二审判决。

绍兴市水利局不服，向最高人民法院提起再审。最高人民法院认为，对于设置或者陈列于室外公共场所的包括雕塑在内的艺术作品允许他人未经许可以临摹、绘画、摄影、录像等方式进行使用，包括对所形成的成果以合理的方式和范围再行使用，是我国《著作权法》及相关司法解释规定的合理使用方式的一种。同时赋予合理使用人应指明作者姓名和作品名称的义务。一般情况下，社会公众只能依靠室外艺术作品本身的标注来确认作者姓名和作品名称，而没有另行核实的义务。原二审判决和原再审判决从演绎作品不得侵犯原作品著作权的角度，认为原作者的署名权当然体现在演绎作品中，其对演绎作品的理解固然正确，但并不能当然得出在涉及室外艺术作品合理使用的特定情形下，不论该艺术作品的署名状况如何，合理使用人均有义务为原作者署名的结论。但综合案件事实，《康乾驻跸碑》碑记上有署名，而其余作品虽本身未署名，但绍兴市水利局作为绍兴市龙横江鹿湖园景区的建设单位和管理单位，应当知晓王某贤为涉案相关雕塑作品的绘画作者，故原二审判决和原再审判决判令其在相关报纸上刊登声明，指明王某贤为相关绘画作者并无不当。据此，维持原再审判决。

【案　　号】（2013）民提字第15号

【审理法院】最高人民法院

【来　　源】中国裁判文书网

类案检索

孙某斌诉上海教育出版社有限公司侵犯著作权纠纷案

关键词： 适当　引用

裁判摘要： 判定被控侵权作品是否构成“适当引用”的合理使用，应当从权利作品是否已经公开发表、被控侵权作品引用权利作品的主要目的、被控侵权作品引用权利作品的具体方式、被控侵权作品是否依法指明作者姓名及作品名称、被控侵权作品是否会对权利作品的正常使用和著作权人的合法利益造成负面影响等要件予以综合认定。我国《著作权法》所指“适当引用”之“适当”，并不是指被控侵权作品所引用的部分占权利作品的比重大小，而是该部分占被控侵权作品的比重以及被控侵权作品引用的具体方式是否合理，即便权利作品被全文引用的，亦不必然不构成著作权法所指“适当引用”的合理使用情形。易言之，判定引用适当与否的关键在于被控侵权作品是否完全或主要以引用他人作品来代替自身创作，若属此种情形，则应当认定引用方式不合理。

【案　　号】（2020）沪民申2416号

【审理法院】上海市高级人民法院

【来　　源】中国裁判文书网

第二十五条　为实施义务教育和国家教育规划而编写出版教科书，可以不经著作权人许可，在教科书中汇编已经发表的作品片段或者短小的文字作品、音乐作品或者单幅的美术作品、摄影作品、图形作品，但应当按照规定向著作权人支付报酬，指明作者姓名或者名称、作品名称，并且不得侵犯著作权人依照本法享有的其他权利。

前款规定适用于对与著作权有关的权利的限制。

关联规定

一、法律、行政法规、司法解释

《中华人民共和国著作权法实施条例》

第二十二条　依照著作权法第二十三条、第三十三条第二款、第四十条第三款的规定使用作品的付酬标准，由国务院著作权行政管理部门会同国务院价格主管部门制定、公布。

第三十二条　依照著作权法第二十三条、第三十三条第二款、第四十条第三款的规定，使用他人作品的，应当自使用该作品之日起2个月内向著作权人支付报酬。

二、部门规章及规范性文件

《教科书法定许可使用作品支付报酬办法》

第二条　本办法适用于使用已发表作品编写出版九年制义务教育和国家教育规划教科书的行为。本办法所称教科书不包括教学参考书和教学辅导材料。

本办法所称九年制义务教育教科书和国家教育规划教科书，是指为实施义务教育、高中阶段教育、职业教育、高等教育、民族教育、特殊教育，保证基本的教学标准，或者为达到国家对某一领域、某一方面教育教学的要求，根据国务院教育行政部门或者省级人民政府教育行政部门制定的课程方案、专业教学指导方案而编写出版的教科书。

第三条 在教科书中汇编已经发表的作品片断或者短小的文字作品、音乐作品或者单幅的美术作品、摄影作品，除作者事先声明不许使用的外，可以不经著作权人许可，但应当支付报酬，指明作者姓名、作品名称，并且不得侵犯著作权人依法享有的其他权利。

作品片断或者短小的文字作品，是指九年制义务教育教科书中使用的单篇不超过2000字的文字作品，或者国家教育规划（不含九年制义务教育）教科书中使用的单篇不超过3000字的文字作品。

短小的音乐作品，是指九年制义务教育和国家教育规划教科书中使用的单篇不超过5页面或时长不超过5分钟的单声部音乐作品，或者乘以相应倍数的多声部音乐作品。

第四条 教科书汇编者支付报酬的标准如下：

（一）文字作品：每千字300元，不足千字的按千字计算；

（二）音乐作品：每首300元；

（三）美术作品、摄影作品：每幅200元，用于封面或者封底的，每幅400元；

（四）在与音乐教科书配套的录音制品教科书中使用的已有录音制品：每首50元。

支付报酬的字数按实有正文计算，即以排印的版面每行字数乘以全部实有的行数计算。占行题目或者末尾排印不足一行的，按一行计算。

诗词每十行按一千字计算；不足十行的按十行计算。

非汉字的文字作品，按照相同版面同等字号汉字数付酬标准的80%计酬。

条文释义

一、本条主旨

本条是关于著作权法定许可的规定。

二、条文演变

本条是根据2001年10月27日九届全国人民代表大会常务委员会第二十四次会议《关于修改〈中华人民共和国著作权法〉的决定》增加的内容。

2010 年 2 月 26 日十一届全国人民代表大会常务委员会第十三次会议《关于修改〈中华人民共和国著作权法〉的决定》对本条予以保留，《著作权法》2020 年修正时未作修改。

三、条文解读

所谓法定许可，是指依照法律的规定，可不经作者或其他著作权人的同意而使用其已经发表的作品。根据法定许可使用他人作品时，应当向作者或其他著作权人支付报酬，并应注明作者姓名、作品名称和出处。

考虑到教育事业关系国家的经济、文化和科学事业的发展，全社会都应当给予大力支持，在借鉴国外一些国家及国际条约规定的基础上，2001 年修正《著作权法》时增加了强制许可的规定。2010 年修正《著作权法》时保留了 2001 年的规定，即为了实施九年制义务教育和国家教育规划而编写出版教科书，除作者事先声明不许使用的外，可以不经著作权人许可，在教科书中汇编已经发表的作品片段或者短小的文字作品、音乐作品或者单幅的美术作品、摄影作品，但是应当按照规定支付报酬，指明作者姓名、作品名称，并且不得侵犯著作权人依照著作权法享有的其他权利。2020 年修正《著作权法》时仍予保留。

适用指引

理解适用本条规定时需要注意以下事项：

（1）本条中所提到的教科书是指课堂教学所用的正式教材，而不应当包含教学参考书、辅导丛书、辅导材料等。

（2）不经许可，使用他人已经发表的作品的目的必须是为了实施九年制义务教育和国家教育规划而编写出版教科书。

（3）使用他人已经发表的作品用于教科书，须符合法律确定的量的要求，如作品的“片段”“短小”的文字作品、音乐作品，“单幅”的美术作品、摄影作品。

（4）应当按照规定向著作权人支付报酬，并指明作者姓名、作品名称。

（5）使用他人已发表的作品编写出版教科书时，不得侵犯著作权人依照著作权法享有的其他权利。

（6）本条明确规定作者事先声明不许使用的不得使用。

（7）本条法定许可的规定，同样适用于对出版者、表演者、录音录像制作者、广播电台、电视台的权利限制。

类案检索

一、中国音乐著作权协会与江苏凤凰少年儿童出版社有限公司著作权侵权纠纷案

关键词：法定许可　教科书

裁判摘要：涉案《音乐》四年级上、下册，五年级上、下册，六年级上册系九年制义务教育课本，被告法定许可的抗辩成立，其中使用的原告诉称的30首音乐作品，可以不经著作权人许可，但应当支付报酬。支付报酬按照《教科书法定许可使用作品支付报酬办法》第4条第2项的规定，教科书汇编者支付音乐作品报酬的标准是每首300元。

【案　　号】（2017）苏0106民初6330号

【审理法院】江苏省南京市鼓楼区人民法院

【来　　源】中国裁判文书网

二、杨某斌与江西教育出版社有限责任公司、博库数字出版传媒集团有限公司著作权权属、侵权纠纷案

关键词：法定许可　教科书　举证不能

裁判摘要：涉案图书《小学课堂作文分类范本·童话寓言想象文》由江西教育出版社出版，使用了涉案作品《有趣的音乐会》一文。被告认为，该图书内容为教育学生如何提高写作技巧及分析能力，旨在为国家培养义务教育所需人才做贡献，属于《著作权法》规定的法定许可的情形。法院认为，符合法定许可使用的前提是为实施九年制义务教育和国家教育规划而编写出版教科书，可以不经著作权人许可，在教科书中汇编已经发表的作品片段或者短小的文字作品。《教科书法定许可使用作品支付报酬办法》第2条规定“……教科书不包括教学参考书和教学辅导材料……九年制义务教育教科书和国家教育规划教科书，是指为实施义务教育、高中阶段教育、职业教育、高等教育、民族教

育、特殊教育，保证基本的教学标准，或者为达到国家对某一领域、某一方面教育教学的要求，根据国务院教育行政部门或者省级人民政府教育行政部门制定的课程方案、专业教学指导方案而编写出版的教科书”，而出版物是否属于著作权法所规定的教科书，应由出版者承担举证责任。江西教育出版社未能提供证据证明被诉侵权图书系为实施九年制义务教育和国家教育规划而编写出版的教科书，故对其相关答辩意见不予采纳。江西教育出版社作为专业的出版机构，未举证证明对其出版行为的授权尽到合理审查和注意义务，且未举证证明刊载涉案作品已获得权利人授权，应承担举证不能的不利后果。

【案　　号】（2019）浙8601民初205号

【审理法院】杭州铁路运输法院

【来　　源】中国裁判文书网

第二十六条　使用他人作品应当同著作权人订立许可使用合同，本法规定可以不经许可的除外。许可使用合同包括下列主要内容：（一）许可使用的权利种类；（二）许可使用的权利是专有使用权或者非专有使用权；（三）许可使用的地域范围、期间；（四）付酬标准和办法；（五）违约责任；（六）双方认为需要约定的其他内容。

关联规定

法律、行政法规、司法解释

1.《中华人民共和国著作权法实施条例》

第二十三条　使用他人作品应当同著作权人订立许可使用合同，许可使用的权利是专有使用权的，应当采取书面形式，但是报社、期刊社刊登作品除外。

第二十四条　著作权法第二十四条规定的专有使用权的内容由合同约定，合同没有约定或者约定不明的，视为被许可人有权排除包括著作权人在内的任何人以同样的方式使用作品；除合同另有约定外，被许可人许可第三人行使同一权利，必须取得著作权人的许可。

第二十五条　与著作权人订立专有许可使用合同、转让合同的，可以向著作权行政管理部门备案。

2.《计算机软件保护条例》

第十八条　许可他人行使软件著作权的，应当订立许可使用合同。许可使用合同中软件著作权人未明确许可的权利，被许可人不得行使。

第十九条　许可他人专有行使软件著作权的，当事人应当订立书面合同。

没有订立书面合同或者合同中未明确约定为专有许可的，被许可行使的权利应当视为非专有权利。

条文释义

一、本条主旨

本条是关于使用他人作品应当遵循许可的原则和许可使用合同应当包括的主要内容的规定。

二、条文演变

1990年《著作权法》第23条规定："使用他人作品应当同著作权人订立合同或者取得许可，本法规定可以不经许可的除外。"第24条规定："合同包括下列主要条款：（一）许可使用作品的方式；（二）许可使用的权利是专用使用权或者非专有使用权；（三）许可使用的范围、期间；（四）付酬标准和办法；（五）违约责任；（六）双方认为需要约定的其他内容。"

2001年《著作权法》将上述两条合并成第24条，并修改为："使用他人作品应当同著作权人订立许可使用合同，本法规定可以不经许可的除外。许可使用合同包括下列主要内容：（一）许可使用的权利种类；（二）许可使用的权利是专有使用权或者非专有使用权；（三）许可使用的地域范围、期间；（四）付酬标准和办法；（五）违约责任；（六）双方认为需要约定的其他内容。"

2010年《著作权法》对该条的序号及内容均未作变动。

2020年《著作权法》将该条的序号从第24条改为第26条，内容未作变动。

三、条文解读

著作权的许可使用是指著作权人在法律规定的范围内，按照自己的意愿将其所拥有的作品的著作权的全部或者一部分权利许可使用人以一定的方式、在一定的地域范围和期限内使用的民事法律行为。著作权的许可使用，不改变著作权权利的归属，被许可使用人取得的只是使用权，不能成为著作权的权利主体。使用他人作品应当遵循的原则是，除本法有规定的以外，应当同著作权人订立许可使用合同。根据《民法典》第469条第1款的规定，当事人订立合同，可以采用书面形式、口头形式或者其他形式。订立许可使用合同，指取得著作权人的许可。许可既包括同著作权人签订书面合同，取得著作权人的许可，也包括取得著作权人许可使用作品的口头承诺。在什么情况下应当签订书面许可使用合同，在什么情况下应当取得口头承诺，获得著作权人的同意，许可使用其作品，要根据对作品的使用的方式，使用的地域范围、期限，被许可使用的权利种类及性质，付酬的多少和方式以及当事人之间的信任程度等多种因素来作出决定。一般来说，图书出版应当签订书面许可使用合同。签订书面许可使用合同，较为慎重，内容也比较完备；取得口头承诺，获得许可使用，则比较简便。但是无论是签订书面许可使用合同，还是取得口头承诺，获得许可，其基本精神就是使用他人作品时，应当征得著作权人的许可，不能擅自使用。未经著作权人同意擅自使用其著作权的，构成侵犯著作权，行为人应当依法承担法律责任。

从有利于作品的传播出发，从满足社会的文化需要和发展科学技术出发，著作权需受到必要的限制。故本条规定“本法规定可以不经许可的除外”，主要指本法“合理使用”和“法定许可”所规定的内容。[①]

适用指引

在法律中明确列举合同的主要内容，有助于当事人正确、全面地约定合同内容，保护自己的合法权益，避免订立的合同因缺乏合同的主要条款而导致合同争议；在法律中明确列举合同的主要内容，有利于正确、及时地解决合同纠纷。本条关于著作权许可使用合同的主要内容的规定，是提示性、指导性的。合同的内容是当事人双方真实意思的表示，应当由当事人自己确定，如果双方签订的著作权许可使用合同包括的条款与本条规定不一致，不必然导致该著作权许可使用合同无效。

根据本条规定，许可使用合同包括以下六方面内容。

第一，许可使用的权利种类。本法第 10 条第 2 款规定，著作权人可以许可他人行使前款第 5 项至第 17 项规定的权利，主要有复制权、发行权、出租权、展览权、表演权、放映权、广播权、信息网络传播权、摄制权、改编权、翻译权、汇编权以及应当由著作权人享有的其他权利。实践中，根据使用人的

① 参见黄薇、王雷鸣主编：《〈中华人民共和国著作权法〉导读与释义》，中国民主法制出版社 2021 年版，第 160~161 页。

不同需要以及著作权人许可使用的意愿，许可使用的著作权的权利种类不同。例如，出版者使用他人地图希望获得的许可使用权主要是复制权、发行权；使用剧本的人希望获得的许可使用权主要是改编权、摄制权。许可使用著作权的权利种类是订立著作权许可使用合同首先应当明确的，是订立许可使用合同其他条款的基础或者前提。因此，当事人在订立著作权许可使用合应当对许可使用的权利种类约定清楚、明白，尽量准确。

第二，许可使用的权利是专有使用权或者非专有使用权。著作权人授权他人使用作品的权利分为专有使用权和非专有使用权，专有的含义是指独占的，非专有的含义是指非独占的，专有使用权指著作权人只授权某人使用其作品，从而该使用人取得对该作品的专有使用权，著作权人不得将该作品在授权使用期限内再授权第三人使用。例如，图书出版者与作者约定，享有该作者某一作品 10 年的图书专有出版权。在这 10 年的期限内，图书出版者有权以自己的名义禁止他人出版该作品。非专有使用权是在一定期限内著作权人授权某人使用作品后，还可以将该作品再授权第三人使用，在这种情况下，使用人取得作品的使用权就属于非专有使用权。例如，画家将自己的画交由某画廊展览，许可使用合同规定画家可以随时将画取回或者换到别处画廊展览，该画廊并不享有专有展览权。使用作品的人取得专有使用权还是非专有使用权，在权利对抗性上存在较大差异，因此，应当由著作权人同使用作品的人在许可使用合同中约定。

第三，许可使用的地域范围、期间。许可使用的地域范围，是指使用作品地域、对象等。比如，视听作品的著作权人只允许某某电视台在某某地区播放该视听作品，其他地区不得播放。又如，某图书的著作权人只允许图书出版社在国内发行，不允许向国外发行等，这些都属于使用作品的地域范围问题，当事人应当在签订许可使用合同时明确约定该内容，以免产生纠纷。

许可使用的期间，指使用作品的人享有使用作品的年限，即使用人享有使用权的持续期间。期间的长短由当事人在合同中约定。当事人可以根据作品的性质以及许可使用的权利种类等，在著作权许可使用合同中明确约定。

第四，付酬标准和办法。他人使用著作权人的作品应当向著作权人支付报酬。当事人应当在许可使用合同中确定支付报酬的标准和办法。付酬标准和付酬办法有联系，也有区别。付酬标准一般是确定付酬多少的问题，付酬办法一般是确定怎样付酬的问题。例如，出版图书，每千字多少元属于付酬标准，按多少比例的版税支付给著作权人也属于付酬标准，是预付还是出版之后再付，是一次性付酬还是分期付酬，是按每千字多少元付酬还是以版税方式付酬，是付现金还是支票、汇票支付以及以何种货币支付等则属于付酬办法。

第五，违约责任。违约责任，指当事人一方或者双方在不履行合同约定的义务或者履行合同义务不符合约定时，依照法律的规定或者按照当事人的约定应当承担继续履行、采取补救措施或者赔偿损失等法律责任。比如，根据图书出版合同，著作权人没有按照合同约定的期限交付作品，著作权人应当向图书出版社承担相应的违约责任；著作权人在图书出版合同中保证其作品不包含侵犯他人著作权或者不含有侵犯他人名誉权、隐私权的内容，但是该保证不实，给图书出版社造成不利影响或者经济损失，应当按照约定承担相应的违约责任；图书出版社没有按照合同约定的质量、期限出版图书，应当向著作权人承担相应的违约责任；等等。违约责任是促使当事人履行合同义务，使对方免受或者少受损失的法律措施，也是保证合同履行的主要条款。违约责任在合同中非常重要，故《民法典》合同编等法律对违约责任作了专门规定。但是法律的规定是原则性的，即使规定得再细也不可能面面俱到，无法列明各种合同的特殊情况。因此，当事人为了特殊的需要，为保证合同义务严格按照约定得到履行，为及时地解决合同纠纷，可以在合同中约定违约责任的具体内容。例如，承担违约责任的形式，是否规定违约金、违约的赔偿金额以及赔偿金额的计算方法，是否规定违约责任的免除和减轻条款等，可以由当事人协商后在著作权许可使用合同中确立。

第六，双方认为需要约定的其他内容。双方认为需要约定的其他内容，指除以上条款外，双方认为有必要约定内容。上述五项著作权许可使用合同的内容是普遍适用于所有著作权许可用合同，但是为了适应各种不同的著作权许可使用合同的特点或者需要，《著作权法》还规定，当事人可以在合同中约定其他需要约定内容，例如，解决争议的办法，即合同争议的解决途径以及法律适用问题等。解决争议的途径主要有：其一，双方通过协商和解；其二，由第三人进行调解；其三，仲裁；其四，诉讼。当事人可以约定解决争议的方法，如果意图通过诉讼解决争议是不用进行约定的，通过仲裁解决要事先或者事后约定。例如，使用作品的人和著作权人双方一致认为，对使用作品过程中发生的纠纷由仲裁机构仲裁裁决，则可以在许可使用合同中约定仲裁条款。这样规定较为灵活，有利于当事人订立好著作权许可使用合同，也便于合同的履行。依照《仲裁法》的规定，如果选择适用仲裁解决争议，除非当事人的约定无效，则排除法院对其争议进行管辖。当然，当事人有证据证明仲裁裁决具有法律规定的情形的，可以依法申请法院撤销仲裁裁决或者申请法院不予执行。当事人选择和解、调解方式解决争议，都不能排除法院的管辖，当事人可以提起诉讼。解决争议方法的选择对于纠纷发生后当事人利益的保护非常重要，应该慎重对待。选择仲裁方式解决争议的，合同应当对选择哪一个仲裁机构规定具体、清楚，不能笼统地规定“采用仲裁解决”，否则将会影响仲裁协议条款的效力。[①]

典型案例

李某霞诉吉林市永鹏农副产品开发有限公司及南关区本源设计工作室侵害著作权纠纷案

关键词： 著作权　侵权损害赔偿　商标使用

裁判摘要： 未经许可将他人作品作为商标使用，构成侵害他人著作权的，不应依据权利人损失或侵权人获益计算损害赔偿，而应主要考虑著作权许可使用费。被诉侵权人商标设计费用可以作为确定著作权许可使用费的参考。

基本案情： 2008 年 9 月，李某霞创作完成“鹿献灵芝”“为鹿疗伤”“人鹿和谐”等连环画形式的系列剪纸作品，取名为《老爷岭的传说》，后改名为《老爷岭的故事》。该系列剪纸作品在 2009 年 2 月出版的《剪纸画吉林》、2012 年 2 月出版的《剪纸画关东》《中华剪纸》等多种书刊上进行过公开发表。吉林市永鹏农副产品开发有限公司（简称永鹏公司）设立于 2002 年 2 月，经营范围为大米加工等。2012 年 6 月 13 日，永鹏公司与南关区本源设计工作室（简称本源工作室）签订《本源设计项目委托合同书》，约定的设计项目内容为各种不同规则的包装袋，设计费为 1.5 万元。合同签订后，本源工作室向永鹏公司提供了产品外包装的设计图，永鹏公司如约支付设计费。2012 年 10 月，永鹏公司申请将该设计图中的“人鹿图案”注册为商标，并于 2014 年 3 月 14 日取得商标注册证，永鹏公司将该商标用于多种粮食产品的外包装上进行销售

① 参见黄薇、王雷鸣主编：《〈中华人民共和国著作权法〉导读与释义》，中国民主法制出版社 2021 年版，第 161~164 页。

经营。李某霞以永鹏公司侵害其著作权为由，提起诉讼，主张按照权利人损失或侵权人获利计算损害赔偿，永鹏公司需赔偿210万元。吉林省吉林市中级人民法院一审认为，永鹏公司注册并在产品外包装上使用的“人鹿图案”商标与李某霞创作的“人鹿和谐”剪纸作品中的人、鹿形象高度相似，永鹏公司提供的现有证据不足以证明其注册并使用的商标具有合法独立创作来源或授权，应认定构成著作权侵权。李某霞主张的损失赔偿计算方式，缺乏合理合法依据。综合考虑涉案作品价值、独创性程度、侵权情节、主观过错程度及诉讼合理支出等因素，酌定赔偿数额为8万元。李某霞不服，提起上诉。吉林省高级人民法院二审判决驳回上诉、维持原判。李某霞不服，向最高人民法院申请再审。最高人民法院于2017年9月26日裁定驳回了李某霞的再审申请。

法院审理认为，本案所涉作品为剪纸美术作品。就美术作品而言，如果侵权行为系出版行为，可按照权利人因此遭受的稿酬损失计算；如果侵权行为系复制美术品的方式，一般应按照侵权人的市场利润即复制品数量与单位利润计算，因为作品是侵权复制品定价的核心，侵权复制品的获利应当视为来自作品的全部贡献或主要贡献。如果是将美术作品用于宣传其他商品，如用于广告、装饰装潢等，商品利润与作品价值之间并无直接的因果关系，不宜将商品利润直接作为作品损失。侵权行为的收益往往表现在应当支付但未支付的成本，即著作权许可费用。本案所涉侵权行为系擅自将他人作品用作商标的行为。作品被用作商标，一般有两种情况：一种是通过许可使用合同获得已有作品的授权；一种是自行或委托他人创作。在使用许可合同中，作品的独创性可能对商标显著性有影响，作品的知名度对商标的知名度有贡献，均可作为作品价值的参考要素，体现在许可使用费中。如果是自行创作或委托创作，一般分为两阶段，即商标设计制作和商标交付使用阶段。在商标设计制作阶段，设计人使用的是作品，其通过创作作品获得相应报酬，因此商标设计费是作品被用作商标的对价。在商标使用过程中，使用人主要使用的是商标而非作品，其产生的价值应当主要属于商标价值而非作品价值。无论上述哪种情况，对于作品权利人而言，当作品被他人擅自用作商标，丧失的既非出版稿酬损失，也非美术品损失，而是许可他人用作商标的费用与机会损失。因此，二审法院认为，不宜以标有商标的包装袋数量作为侵权复制品的数量，应以作品授权许可费用作为标准计算本案损失，符合法律规定。本案中，作品被复制侵权的第一使用人系本源工作室，其通过为永鹏公司设计商标获取的费用，是其使用涉案作品获得的直接利益，可以作为衡量作品损失的参考标准。一般认为，侵权复制者的成本较低，其授权作品的价格可能低于合法授权作品的价格，因此，可在参考该费用的基础上，考虑侵权行为的性质、影响等因素，乘以适当倍数，进行计算。有鉴于此，一审、二审法院综合考虑涉案作品价值、独创性程度、侵权情节、主观过错程度及诉讼合理支出等因素，酌定赔偿数额为8万元并无不妥。

【案　　号】（2017）最高法民申2348号

【审理法院】最高人民法院

【来　　源】最高人民法院知识产权案件年度报告案例（2017）

类案检索

南京天溯自动化控制系统有限公司诉成都鑫川网络科技有限公司计算机软件著作权权属纠纷、著作权许可使用合同纠纷案

关键词：计算机软件　许可使用　验收　质量

裁判摘要：南京天溯自动化控制系统有限公司（简称天溯公司）与成都鑫川网络科技有限公司（简称鑫川公司）签订的《销售及服务合同》不违反法律规定，应受法律保护。涉案合同项下软件为天溯公司在合同签订之前已经开发完成并进行著作权登记的软件，无需二次开发。天溯公司的合同义务是向鑫川公司交付已经开发完成的软件及设备。天溯公司于2015年9月至2015年11月通过物流将合同约定的软件及设备交付给鑫川公司，鑫川公司确认收货。首先，双方当事人认可项目验收可以作为对天溯公司履行合同的确认。其次，涉案合同系为华西口腔医院能耗监测系统供货，该医院作为建设方与施工及监理单位已共同出具了《验收报告》确认项目验收，能证明天溯公司已经履行合同义务。再次，涉案合同约定鑫川公司收货后，如无特殊理由7天内未验货，推定其已经完成验货。鑫川公司收到合同项下软件及硬件设备后，超过7天验货期限，可以推定其已经完成验货。最后，鑫川公司向天溯公司出具了《付款函》，确认截止至2017年5月12日鑫川公司尚欠天溯公司货款729714元，亦能证明鑫川公司确认天溯公司已经履行了合同义务。因鑫川公司未提交证据证

明系统存在软、硬件质量问题，且质量问题可在合同约定的保修期内提出，不能作为不履行合同付款义务的合理理由。综上，法院判令鑫川公司履行合同约定的付款义务，支付剩余款项。

【案　　号】（2020）最高法知民终646号

【审理法院】最高人民法院

【来　　源】中国裁判文书网

第二十七条 转让本法第十条第一款第五项至第十七项规定的权利，应当订立书面合同。权利转让合同包括下列主要内容：（一）作品的名称；（二）转让的权利种类、地域范围；（三）转让价金；（四）交付转让价金的日期和方式；（五）违约责任；（六）双方认为需要约定的其他内容。

关联规定

法律、行政法规、司法解释

1.《中华人民共和国著作权法实施条例》

第二十五条 与著作权人订立专有许可使用合同、转让合同的，可以向著作权行政管理部门备案。

2.《计算机软件保护条例》

第二十条 转让软件著作权的，当事人应当订立书面合同。

第二十一条 订立许可他人专有行使软件著作权的许可合同，或者订立转让软件著作权合同，可以向国务院著作权行政管理部门认定的软件登记机构登记。

第二十二条 中国公民、法人或者其他组织向外国人许可或者转让软件著作权的，应当遵守《中华人民共和国技术进出口管理条例》的有关规定。

条文释义

一、本条主旨

本条是关于著作权转让合同和著作权转让合同应当包括的主要内容的规定。

二、条文演变

1990 年《著作权法》未规定著作权转让合同。2001 年《著作权法》修正时，将 1990 年《著作权法》第三章“著作权许可使用合同”修改为“著作权许可使用和转让合同”，并新增加第 25 条关于著作权转让合同的规定。2020 年《著作权法》仅将该条序号改为第 27 条，内容未作修改。

三、条文解读

著作权转让是著作权人在法律规定的范围内，按照自己的意愿将其所拥有的著作权的全部或者一部分权利转移给他人所有的民事法律行为。著作权转让分为部分转让和全部转让两种。著作权的全部转让是指著作权人在著作权保护期内，将其拥有的著作权中的财产性权利有偿地全部转移给他人所有。著作权的部分转让是指著作权人在著作权保护期内，只将其拥有的著作权中的财产性权利的一种或者几种权利转让给他人所有。与著作权的许可使用不同，著作权的转让产生的法律后果为著作权权利主体的变更，受让人在著作权转让完成后成为新的著作权人，对作品享有相应的财产权利，享有使用、收益、处分等权利。著作权的许可使用通常有期限，而著作权的转让没有期限。一经转让，著作权人便将著作权财产性权利的全部或者一部分在整个著作权保护期内让渡给受让人。

2001 年《著作权法》修正时明确规定著作权人可以转让的著作权。这一修改不仅符合我国《著作权法》的实践需要，也符合国际公约及国外大多数国家的规定。《伯尔尼公约》第 6 条之 2 第 1 款规定，不受作者经济权利的影响，甚至在上述经济权利转让之后，作者仍保有要求其作品作者身份的权利，并有权反对对其作品的任何有损其声誉的歪曲、割裂或者其他更改，或者其他损害行为。

根据《著作权法》第 10 条第 3 款的规定，著作权人可以全部或者部分转让的著作权只能是本法第 10 条第 1 款第 5 项至第 17 项规定的权利，即复制权、发行权、出租权、展览权、表演权、放映权、广播权、信息网络传播权、摄制权、改编权、翻译权、汇编权以及应当由著作权人享有的其他权利。著作权人转让这些权利，应当遵循的基本原则是除本法有例外规定以外，应当订立书面合同。这里所讲的订立著作权转让书面合同，包含两层含义：第一，他人受让某一作品的某些著作权必须与著作权人达成一致；第二，要将著作权人转让给他人的著作权用文字确定下来，即要签订转让书面合同。著作权的转让，涉及转让的权利种类与范围、转让的对象、受让人使用的方式与地域范围、权利的归属、转让价金的支付以及转让的有效期等内容，因此，当事人应当采用书面形式订立著作权转让合同。书面合同明确肯定，有据可查，易证明其存在及具体内容，有利于事实的查明，对于确定当事人的权利义务、履行合同、防止争议和解决纠纷，有积极的意义。大多数国家都要求著作权转让合同必须是书面的，例如，法国规定，著作权转让的条件为，每一权利的转让均应在转让合同中分别指明，并明确转让权利的使用范围、目的、地域以及期限。除此之外，有些国家的著作权法还对著作权转让合同作了更进一步的规定，例如，日本规定，著作权的转让，必须在日本文化厅著作权登录簿上登记，否则不得对抗第三人。

对于著作权转让合同未采用书面形式的，依据《民法典》第 490 条第 2 款的规定，法律、行政法规规定或者当事人约定合同应当采用书面形式订立，当事人未采用书面形式但是一方已经履行主要义务，对方接受时，该合同成立。[①]

适用指引

本条第 2 款规定，著作权转让合同应当包括下列主要内容。

一、作品的名称

作品，是指文学、艺术和科学领域内，具有独创性并能以某种有形形式复制的智力创作成果。作品的名称，是指上述智力创作成果的称谓。著作权人转让的著作权一般依托于某一具体作品。例如，作家金庸要转让其作品的翻译权，并不意味着他要将所有作品的翻译权全部转让，转让翻译权一般只是转让某一部作品的翻译权。因此，作品的名称是著作权权利转让合同应当具备的基

① 参见黄薇、王雷鸣主编：《〈中华人民共和国著作权法〉导读与释义》，中国民主法制出版社 2021 年版，第 165~166 页。

本内容。

二、转让的权利种类、地域范围

根据《著作权法》第10条第3款规定，著作权人可以转让的权利有多种，例如，复制权、发行权、出租权、展览权、表演权、放映权、广播权、信息网络传播权、摄制权、翻译权、汇编权以及应当由著作权人享有的其他权利，某一著作权人具体要转让哪一个或者哪几个权利，需要在著作权转让合同中明确约定。未明确约定转让的权利，另一方当事人原则上不得行使。

转让权利的地域范围，一般是指著作权人转让某一作品的某一种权利的地理区域。比如，视听作品的著作权人只允许某某电视台享有在某某地区播放该视听作品的权利，在其他地区不得播放。又如，某图书的著作权人只允许图书出版社在国内发行其作品，不允许向国外发行，等等。这些都属于权利转让的地域范围问题，应当在著作权转让合同中作出明确的约定，以便受让人行使其所获得的权利。

三、转让价金

转让价金，是转让人转让其著作权的某些权利应当获得的转让费用，受让人获得著作权人转让的著作权所应当支付的代价。价金是著作权作为知识形态的商品价值的货币表现形式，也是著作权作为商品或者作为一种无形财产进行等价交换的结果。由于作者在创作作品时所耗费的劳动、使用的资金、运用的知识、信息、经验、技能和创作的方法等方面不同，以及作品在使用过程中产生的经济效益和社会效益的不同，著作权权利的转让价金是不确定的，因此，当事人应当根据著作权权利转让的具体情形在著作权转让合同中明确约定转让的价金。

四、交付转让价金的日期和方式

交付转让价金的日期，是指合同中规定的著作权的权利受让人履行向权利转让人支付转让价金的时间。交付转让价金的日期直接关系著作权的权利能否顺利的转让，也是确定著作权转让合同是否按时履行或者迟延履行的客观依据。因此，当事人应当在著作权转让合同中明确约定交付价金的日期。

交付价金的方式，是指受让人支付转让价金的具体做法。例如，是一次性支付还是在一定时期内的某一个时间分期分批的支付。是预付还是权利转让之后再付，是付现金还是支票、汇票支付以及以何种货币支付，等等。对此，当事人也应当在著作权转让合同中约定清楚。

五、违约责任

违约责任，是指当事人一方或者双方在不履行合同约定的义务或者履行合同义务不符合约定时，依照法律的规定或者按照当事人的约定应当承担的继续履行、采取补救措施或者赔偿损失等法律责任。例如，转让合同的受让人没有按照合同约定的日期向权利人交付转让价金，应当承担继续向著作权人支付转让价金以及赔偿损失等相应的违约责任。著作权人在转让合同中保证其作品不包含侵犯他人著作权或者不含有侵犯他人名誉权、隐私权的内容，但是该保证不实，给权利受让人造成不利影响或者经济损失，应当按照约定承担相应的违约责任。违约责任是促使当事人履行合同义务，使对方免受或者少受损失的法律措施，也是保证合同履行的主要条款。违约责任在合同中非常重要，因此，《民法典》合同编等法律对违约责任作了专门规定。但是法律的规定是原则性的，即使规定得再细致也不可能面面俱到，照顾到各种合同的特殊情况。因此，当事人为了特殊的需要，为了保证合同义务严格按照约定履行，为了更加及时地解决合同纠纷，当事人应当在合同中明确违约责任。违约责任的具体内容，例如，承担违约责任的形式，是否规定违约金、违约后的赔偿金额以及赔偿金额的计算方法，是否规定违约责任的免除和减轻条款等，可以由当事人经协商后在著作权转让合同中确立。

六、双方认为需要约定的其他内容

双方认为需要约定的其他内容是指除以上条款外，双方认为有必要约定的内容。上述五项著作权转让合同的内容普遍适用于所有的著作权转让合同，但是为了适应各种不同的著作权转让合同的特点或者需要，《著作权法》还规定，当事人还可以在著作权转让合同中约定其他需要约定内容，例如，解决争议的办法，即合同争议的解决途径以及法律适用问题等。解决争议的途径主要有：其一，双方通过协商和解；其二，由第三人进行调解；其三，仲裁；其四，诉讼。当事人可以约定解决争议的办法，如果意图通过诉讼解决争议不必约定，通过仲裁解决需要事先或者事后约定。例如，转让著作权的权利人与受让人双方一致认为，对权利转让合同履行过程中发生的纠纷由仲裁机构仲裁裁决，即可在著作权转让合同中约定仲裁条款。这样规定较为灵活，有利于当事人订立好著作权转让合同，也便于合同的履行。依照《仲裁法》的规定，如果选择仲裁方式解决争议，除非当事人的约定无效，则排除法院对其争议进行管辖。当然，当事人有证据证明仲裁裁决具有法律规定的情形的，可以依法申请法院撤销仲裁裁决或者申请法院不予执行。当事人选择和解、调解方式解决争议，都不能排除法院的管辖，当事人可以提起诉讼。解决争议方法的选择对于纠纷发生后当事人利益的保护非常重要，应该慎重对待。选择仲裁方式解决争议的，合同应当对选择哪一个仲裁机构规定具体、清楚，不能笼统地规定“采用仲裁解决”，否则将会影响仲裁协议条款的效力。[①]

类案检索

乌鲁木齐盛世维媒信息科技有限公司诉北京新华多媒体数据有限公司新疆分公司、北京新华多媒体数据有限公司著作权转让合同纠纷案

关键词： 引人误解　警告函　商业诋毁　片面　误导

裁判摘要： 乌鲁木齐盛世维媒信息科技有限公司（简称盛世维媒公司）与北京新华多媒体数据有限公司新疆分公司（简称新华新疆分公司）签订的《软件著作权转让合同》系双方真实意思表示，内容合法有效，双方当事人应依约履行各自义务。该合同未明确约定产品的交付方式或者交付需要指定接收人，故在合同约定不明的情况下盛世维媒公司仅需尽到一般的注意义务且按照有利于实现合同目的的方式来履行交付源代码义务。盛世维媒公司提交钱洁及白玲的社保缴费明细可以证明二人在涉案期间系新华新疆分公司的员工，盛世维媒公司有理由相信二人有权收取其所交付的源代码 CD-R 并将其交付公司以履行员工职责及维护公司利益。盛世维媒公司已实际履行其交付源代码 CD-R 的义

① 参见黄薇、王雷鸣主编：《〈中华人民共和国著作权法〉导读与释义》，中国民主法制出版社 2021 年版，第 166~169 页。

务，新华新疆分公司理应依据合同约定履行其付款义务，但该公司未按涉案合同约定支付合同价款，构成违约，应当承担相应的违约责任。

【案　　号】（2019）新民终121号

【审理法院】新疆维吾尔自治区高级人民法院

【来　　源】中国裁判文书网

第二十八条　以著作权中的财产权出质的，由出质人和质权人依法办理出质登记。

关联规定

一、法律、行政法规、司法解释

《中华人民共和国民法典》

第四百二十七条　设立质权，当事人应当采用书面形式订立质押合同。

质押合同一般包括下列条款：

（一）被担保债权的种类和数额；

（二）债务人履行债务的期限；

（三）质押财产的名称、数量等情况；

（四）担保的范围；

（五）质押财产交付的时间、方式。

第四百四十条　债务人或者第三人有权处分的下列权利可以出质：

（一）汇票、本票、支票；

（二）债券、存款单；

（三）仓单、提单；

（四）可以转让的基金份额、股权；

（五）可以转让的注册商标专用权、专利权、著作权等知识产权中的财产权；

（六）现有的以及将有的应收账款；

（七）法律、行政法规规定可以出质的其他财产权利。

第四百四十四条　以注册商标专用权、专利权、著作权等知识产权中的财产权出质的，质权自办理出质登记时设立。

知识产权中的财产权出质后，出质人不得转让或者许可他人使用，但是出质人与质权人协商同意的除外。出质人转让或者许可他人使用出质的知识产权中的财产权所得的价款，应当向质权人提前清偿债务或者提存。

二、部门规章及规范性文件

《著作权质权登记办法》

第三条 《中华人民共和国著作权法》规定的著作权以及与著作权有关权利（以下统称“著作权”）中的财产权可以出质。

以共有的著作权出质的，除另有约定外，应当取得全体共有人的同意。

第四条 以著作权出质的，出质人和质权人应当订立书面质权合同，并由双方共同向登记机构办理著作权质权登记。

出质人和质权人可以自行办理，也可以委托代理人办理。

第五条 著作权质权的设立、变更、转让和消灭，自记载于《著作权质权登记簿》时发生效力。

第六条 申请著作权质权登记的，应提交下列文件：

（一）著作权质权登记申请表；

（二）出质人和质权人的身份证明；

（三）主合同和著作权质权合同；

（四）委托代理人办理的，提交委托书和受托人的身份证明；

（五）以共有的著作权出质的，提交共有人同意出质的书面文件；

（六）出质前授权他人使用的，提交授权合同；

（七）出质的著作权经过价值评估的、质权人要求价值评估的或相关法律法规要求价值评估的，提交有效的价值评估报告；

（八）其他需要提供的材料。

提交的文件是外文的，需同时附送中文译本。

条文释义

一、本条主旨

本条是关于著作权出质登记的规定。

二、条文演变

此条规定为2010年修改《著作权法》时新增的一条规定，即第26条“以著作权出质的，由出质人和质权人向国务院著作权行政管理部门办理出质登记。”2020年修改《著作权法》时又进一步作了修正，新的条文明确了以“著作权中的财产权出质”，且删除了著作财产权出质的登记机关的规定。

原国家版权局于1996年9月23日颁布施行的《著作权质押合同登记办法》，对于著作权的质押合同登记作出了详细规定。自2011年1月1日起施行的《著作权质权登记办法》进一步完善了著作权质权登记的相关内容，《著作权质权登记办法》施行后，《著作权质押合同登记办法》同时废止。

三、条文解读

（一）著作权质押的内涵

所谓著作权质押，是指债务人或者第三人依法将其著作权中的财产权出质，将该财产权作为债权的担保。债务人不履行债务时，债权人有权依法以该财产权折价或者以拍卖、变卖该财产权的价款优先受偿。前款规定的债务人或者第三人为出质人，债权人为质权人。权利质权与动产质权性质都是担保权，但是，由于标的物不同，权利质权具有一定的特殊性。

根据《著作权质权登记办法》第3条的规定，《著作权法》规定的著作权以及与著作权有关权利（以下统称“著作权”）中的财产权可以出质。以共有的著作权出质的，除另有约定外，应当取得全体共有人的同意。该登记办法第4条规定，以著作权出质的，出质人和质权人应当订立书面质权合同，并由双方共同向登记机构办理著作权质权登记。出质人和质权人可以自行办理，也可以委托代理人办理。第5条规定，著作权质权的设立、变更、转让和消灭，自记载于《著作权质权登记簿》时发生效力。

（二）著作权质权登记的主要内容

著作财产权出质应当签订合同并办理登记。著作权质权登记的主要内容包括：

第一，著作权质权登记应当提交的申请材料。根据《著作权质权登记办法》第6条的规定，申请著作权质权登记的，应提交下列文件：（1）著作权质权登记申请表；（2）出质人和质权人的身份证明；（3）主合同和著作权质权合同；（4）委托代理人办理的，提交委托书和受托人的身份证明；（5）以共有的著作权出质的，提交共有人同意出质的书面文件；（6）出质前授权他人使用的，提交授权合同；（7）出质的著作权经过价值评估的、质权人要求价值评估的或相关法律法规要求价值评估的，提交有效的价值评估报告；（8）其他需要提供的材料。提交的文件是外文的，须同时附送中文译本。

第二，著作权质权合同的主要内容。根据《著作权质权登记办法》第7条的规定，著作权质权合同一般包括以下内容：（1）出质人和质权人的基本信息；（2）被担保债权的种类和数额；（3）债务人履行债务的期限；（4）出质著作权的内容和保护期；（5）质权担保的范围和期限；（6）当事人约定的其他事项。

第三，登记机构不予登记的情形。根据《著作权质权登记办法》第12条的规定，有下列情形之一的，登记机构不予登记：（1）出质人不是著作权人的；（2）合同违反法律法规强制性规定的；（3）出质著作权的保护期届满的；（4）债务人履行债务的期限超过著作权保护期的；（5）出质著作权存在权属争议的；（6）其他不符合出质条件的。

第四，登记机构撤销质权登记的条件。根据《著作权质权登记办法》第15条的规定，有下列情形之一的，登记机构应当撤销质权登记：（1）登记后发现有第12条所列情形的；（2）根据司法机关、仲裁机关或行政管理机关作出的影响质权效力的生效裁决或行政处罚决定书应当撤销的；（3）著作权质权合同无效或者被撤销的；（4）申请人提供虚假文件或者以其他手段骗取著作权质权登记的；（5）其他应当撤销的。

第五，著作权质权登记簿的主要内容。根据《著作权质权登记办法》第21条的规定，《著作权质权登记簿》应当包括以下内容：（1）出质人和质权人的基本信息；（2）著作权质权合同的主要内容；（3）著作权质权登记号；（4）登记日期；（5）登记撤销情况；（6）登记变更情况；（7）登记注销情况；（8）其他需要记载的内容。[①]

① 参见吴高盛主编：《〈中华人民共和国著作权法〉释义及实用指南》，中国民主法制出版社2015年版。

适用指引

当前，文化产业发展迅速，对于文化企业发展遭遇的“融资难”，著作权质押融资是一个很好的办法。根据《著作权法》和《民法典》物权编的规定，著作财产权作为质押标的包括以下权利：复制权、发行权、出租权、展览权、表演权、放映权、广播权、信息网络传播权、摄制权、改编权、翻译权、汇编权和应当由著作权人享有的其他权利。这些权利中的每一项权利都可以单独作为质押的标的，也可以是全部或其中任意几项财产权作为质押标的。

著作权出质应当依法办理出质登记。根据《民法典》物权编第 444 条第 1 款规定，以著作权等知识产权中的财产权出质的，质权自办理出质登记时设立。据此，以著作权财产权出质的，订立质押合同后，质押并不当然设立，须办理出质登记时才能设立。需注意的是，法律对出质人处分已出质的著作权有所限制。《民法典》第 44 条第 2 款规定，知识产权中的财产权出质后，出质人不得转让或者许可他人使用，但是出质人与质权人协商同意的除外。出质人转让或者许可他人使用出质的知识产权中的财产权所得的价款，应当向质权人提前清偿债务或者提存。也就是说，出质人在出质后，其享有的著作权即受到限制，不能自由转让或者许可他人使用，不能损害质权人的利益，除非经过质权人同意。

第二十九条　许可使用合同和转让合同中著作权人未明确许可、转让的权利，未经著作权人同意，另一方当事人不得行使。

条文释义

一、本条主旨

本条是关于著作权合同未明确许可、转让权利，当事人是否有权行使的规定。

二、条文演变

本条规定源于1990年《著作权法》第25条。1990年《著作权法》第25条规定，合同中著作权人未明确许可的权利，未经著作权人许可，另一方当事人不得行使。2001年修改《著作权法》时将其修改为：许可使用合同和转让合同中著作权人未明确许可、转让的权利，未经著作权人同意，另一方当事人不得行使。这一修改，明确了著作权转让合同未明确转让的权利的归属问题。2010年修正《著作权法》延续了这一规定。2020年《著作权法》没有对该条文的内容进行修改，只是将条文序号改为第29条。

三、条文解读

著作权许可使用合同是著作权人授权使用作品的主要方式。著作权人授予何种使用权，使用人才取得何种使用权利。因此，使用人只能行使合同中著作权人明确授予的权利，合同中著作权人未明确授予的权利，使用人不得行使，如果行使了合同中著作权人未明确授予的权利，就是侵犯了著作权人的使用权，就要承担法律责任。如果使用人需要行使合同中著作权人未明确授予的权利，必须经著作权人许可方能行使。[1]

同时，根据《著作权法》的规定，订立著作权转让合同是著作权人转让著作权权利，他人获得著作权的唯一方式，也是著作权权利转让应当遵循的原则。著作权人转让何种权利，受让人就取得何种权利。

适用指引

许可使用合同与转让合同都是著作权人授权他人使用的重要方式。本条对在合同中未明确许可和转让的权利行使进行了明确限制，要求未经著作权人同意，另一方当事人不得行使，体现了对著作权人的保护。如果要获得著作权人在转让合同中未明确转让的权利，必须再与著作权人协商，明确订立转让合同，才能获得该项权利。

① 参见黄薇、王雷鸣主编：《〈中华人民共和国著作权法〉导读与释义》，中国民主法制出版社2021年版，第175页。

第三十条　使用作品的付酬标准可以由当事人约定，也可以按照国家著作权主管部门会同有关部门制定的付酬标准支付报酬。当事人约定不明确的，按照国家著作权主管部门会同有关部门制定的付酬标准支付报酬。

关联规定

部门规章及规范性文件

《使用文字作品支付报酬办法》

第四条　版税率标准和计算方法：

（一）原创作品：3%-10%

（二）演绎作品：1%-7%

采用版税方式支付报酬的，著作权人可以与使用者在合同中约定，在交付作品时或者签订合同时由使用者向著作权人预付首次实际印数或者最低保底发行数的版税。

首次出版发行数不足千册的，按千册支付版税，但在下次结算版税时对已经支付版税部分不再重复支付。

第五条　基本稿酬标准和计算方法：

（一）原创作品：每千字 80-300 元，注释部分参照该标准执行。

（二）演绎作品：

1. 改编：每千字 20-100 元

2. 汇编：每千字 10-20 元

3. 翻译：每千字 50-200 元

支付基本稿酬以千字为单位，不足千字部分按千字计算。

支付报酬的字数按实有正文计算，即以排印的版面每行字数乘以全部实有的行数计算。占行题目或者末尾排不足一行的，按一行计算。

诗词每十行按一千字计算，作品不足十行的按十行计算。

辞书类作品按双栏排版的版面折合的字数计算。

第六条 印数稿酬标准和计算方法：

每印一千册，按基本稿酬的1%支付。不足一千册的，按一千册计算。

作品重印时只支付印数稿酬，不再支付基本稿酬。

采用基本稿酬加印数稿酬的付酬方式的，著作权人可以与使用者在合同中约定，在交付作品时由使用者支付基本稿酬的30%–50%。除非合同另有约定，作品一经使用，使用者应当在6个月内付清全部报酬。作品重印的，应在重印后6个月内付清印数稿酬。

第七条 一次性付酬的，可以参照本办法第五条规定的基本稿酬标准及其计算方法。

条文释义

一、本条主旨

本条是关于使用作品付酬标准的规定。

二、条文演变

本条规定是2010年《著作权法》第28条的规定，本次《著作权法》修正对其主要内容未作修改，仅是将“国务院著作权行政管理部门”修改成“国家著作权主管部门”。

三、条文解读

由于使用作品的方式繁多，付酬标准各不相同。《著作权法》不必要也难以分门别类地规定具体的付酬标准。因此，授权国家著作权主管部门会同有关部门制定付酬标准。国家版权局会同有关部门制定的付酬标准，可以作为当事人签订合同时约定付酬的标准。此外，属于本法规定的在法定许可的范围内使用他人作品应当按照规定支付报酬的，也应当按照国家版权局会同有关部门制定的付酬标准支付报酬。[①]

适用指引

《民法典》第510条规定："合同生效后，当事人就质量、价款或者报酬、履行地点等内容没有约定或者约定不明确的，可以协议补充；不能达成补充协议的，按照合同相关条款或者交易习惯确定。"因此，如果当事人对于作品的使用报酬没有约定，或者约定不明确的，可以先由当事人协商解决，不能达成补充协议的，按照合同相关条款或者交易习惯确定。如果还是无法确定，则按照法定付酬标准确定支付报酬。

类案检索

再审申请人舒某元因与被申请人中国商业出版社（以下简称商业出版社）出版合同纠纷案

关键词：出版合同纠纷　付酬标准

裁判摘要：根据双方提交的在案证据，舒某元与商业出版社签订《出版合同》前，商业出版社已通过邮件向舒某元明示了自费出版图书的相应价格及操作流程，舒某元亦通过邮件对涉案图书自费出版的方式予以认可，故双方当事人系在前期沟通的基础上签订了涉案合同。并且，双方当事人于签订涉案合同的同时就涉案图书还签订了《图书发行协议书》，其中约定有商业出版社代销并按照图书定价的40%折扣与舒金元结算的条款，给予舒金元基于涉案图书出版发行获得报酬的途径。现无证据证明，舒金元收到商业出版社邮寄的涉案合同后曾就合同条款提出异议，亦无证据证明合同履行期间双方就稿酬问题发生争议。综合上述事实，可以认定涉案合同第11条关于稿酬的约定属于双方当事人签订合同过程中做出的真实意思表示，亦与合同的实际履行情况相符，且该条款并未违反法律、行政法规的效力性强制性规定，为有效条款。二审法

① 参见黄薇、王雷鸣主编：《〈中华人民共和国著作权法〉导读与释义》，中国民主法制出版社2021年版，第177~178页。

院对一审法院关于该条款属于无效条款的认定依法予以纠正，并对一审法院依照《使用文字作品支付报酬办法》确定稿酬金额的认定予以纠正，并无不妥。舒金元关于其与商业出版社未就稿酬事宜进行约定，商业出版社应当依法向其支付稿酬的主张，缺乏事实和法律依据，商业出版社并无向舒金元支付稿酬的义务，二审法院对此认定正确。

【案　　号】（2020）京民申2321号

【审理法院】北京市高级人民法院

第三十一条　出版者、表演者、录音录像制作者、广播电台、电视台等依照本法有关规定使用他人作品的，不得侵犯作者的署名权、修改权、保护作品完整权和获得报酬的权利。

关联规定

一、法律、行政法规、司法解释

1.《中华人民共和国著作权法》

第十条　著作权包括下列人身权和财产权：

（一）发表权，即决定作品是否公之于众的权利；

（二）署名权，即表明作者身份，在作品上署名的权利；

（三）修改权，即修改或者授权他人修改作品的权利；

（四）保护作品完整权，即保护作品不受歪曲、篡改的权利；

（五）复制权，即以印刷、复印、拓印、录音、录像、翻录、翻拍、数字化等方式将作品制作一份或者多份的权利；

（六）发行权，即以出售或者赠与方式向公众提供作品的原件或者复制件的权利；

（七）出租权，即有偿许可他人临时使用视听作品、计算机软件的原件或者复制件的权利，计算机软件不是出租的主要标的的除外；

（八）展览权，即公开陈列美术作品、摄影作品的原件或者复制件的权利；

（九）表演权，即公开表演作品，以及用各种手段公开播送作品的表演的权利；

（十）放映权，即通过放映机、幻灯机等技术设备公开再现美术、摄影、视听作品等的权利；

（十一）广播权，即以有线或者无线方式公开传播或者转播作品，以及通过扩音器或者其他传送符号、声音、图像的类似工具向公众传播广播的作品的权利，但不包括本款第十二项规定的权利；

（十二）信息网络传播权，即以有线或者无线方式向公众提供，使公众可以在其选定的时间和地点获得作品的权利；

（十三）摄制权，即以摄制视听作品的方法将作品固定在载体上的权利；

（十四）改编权，即改变作品，创作出具有独创性的新作品的权利；

（十五）翻译权，即将作品从一种语言文字转换成另一种语言文字的权利；

（十六）汇编权，即将作品或者作品的片段通过选择或者编排，汇集成新作品的权利；

（十七）应当由著作权人享有的其他权利。

著作权人可以许可他人行使前款第五项至第十七项规定的权利，并依照约定或者本法有关规定获得报酬。

著作权人可以全部或者部分转让本条第一款第五项至第十七项规定的权利，并依照约定或者本法有关规定获得报酬。

第二十五条 为实施义务教育和国家教育规划而编写出版教科书，可以不经著作权人许可，在教科书中汇编已经发表的作品片段或者短小的文字作品、音乐作品或者单幅的美术作品、摄影作品、图形作品，但应当按照规定向著作权人支付报酬，指明作者姓名或者名称、作品名称，并且不得侵犯著作权人依照本法享有的其他权利。

前款规定适用于对与著作权有关的权利的限制。

第三十条 使用作品的付酬标准可以由当事人约定，也可以按照国家著作权主管部门会同有关部门制定的付酬标准支付报酬。当事人约定不明确的，按照国家著作权主管部门会同有关部门制定的付酬标准支付报酬。

第三十二条 图书出版者出版图书应当和著作权人订立出版合同，并支付报酬。

第三十八条 使用他人作品演出，表演者应当取得著作权人许可，并支付报酬。演出组织者组织演出，由该组织者取得著作权人许可，并支付报酬。

第四十二条 录音录像制作者使用他人作品制作录音录像制品，应当取得著作权人许可，并支付报酬。

录音制作者使用他人已经合法录制为录音制品的音乐作品制作录音制品，可以不经著作权人许可，但应当按照规定支付报酬；著作权人声明不许使用的不得使用。

第四十六条 广播电台、电视台播放他人未发表的作品，应当取得著作权人许可，并支付报酬。

广播电台、电视台播放他人已发表的作品，可以不经著作权人许可，但应当按照规定支付报酬。

第四十八条 电视台播放他人的视听作品、录像制品，应当取得视听作品著作权人或者录像制作者许可，并支付报酬；播放他人的录像制品，还应当取得著作权人许可，并支付报酬。

2.《广播电台电视台播放录音制品支付报酬暂行办法》

第四条 广播电台、电视台播放录音制品，可以与管理相关权利的著作权集体管理组织约定每年向著作权人支付固定数额的报酬；没有就固定数额进行约定或者约定不成的，广播电台、电视台与管理相关权利的著作权集体管理组织可以以下列方式之一为基础，协商向著作权人支付报酬：

（一）以本台或者本台各频道（频率）本年度广告收入扣除15%成本费用后的余额，乘以本办法第五条或者第六条规定的付酬标准，计算支付报酬的数额；

（二）以本台本年度播放录音制品的时间总量，乘以本办法第七条规定的单位时间付酬标准，计算支付报酬的数额。

第五条 以本办法第四条第（一）项规定方式确定向著作权人支付报酬的数额的，自本办法施行之日起5年内，按照下列付酬标准协商支付报酬的数额：

（一）播放录音制品的时间占本台或者本频道（频率）播放节目总时间的比例（以下称播放时间比例）不足1%的，付酬标准为0.01%；

（二）播放时间比例为1%以上不足3%的，付酬标准为0.02%；

（三）播放时间比例为3%以上不足6%的，相应的付酬标准为0.09%到0.15%，播放时间比例每增加1%，付酬标准相应增加0.03%；

（四）播放时间比例为6%以上10%以下的，相应的付酬标准为0.24%到0.4%，播放时间比例每增加1%，付酬标准相应增加0.04%；

（五）播放时间比例超过10%不足30%的，付酬标准为0.5%；

（六）播放时间比例为30%以上不足50%的，付酬标准为0.6%；

（七）播放时间比例为50%以上不足80%的，付酬标准为0.7%；

（八）播放时间比例为80%以上的，付酬标准为0.8%。

第六条 以本办法第四条第（一）项规定方式确定向著作权人支付报酬的数额的，自本办法施行届满5年之日起，按照下列付酬标准协商支付报酬的数额：

（一）播放时间比例不足 1% 的，付酬标准为 0.02%；

（二）播放时间比例为 1% 以上不足 3% 的，付酬标准为 0.03%；

（三）播放时间比例为 3% 以上不足 6% 的，相应的付酬标准为 0.12% 到 0.2%，播放时间比例每增加 1%，付酬标准相应增加 0.04%；

（四）播放时间比例为 6% 以上 10% 以下的，相应的付酬标准为 0.3% 到 0.5%，播放时间比例每增加 1%，付酬标准相应增加 0.05%；

（五）播放时间比例超过 10% 不足 30% 的，付酬标准为 0.6%；

（六）播放时间比例为 30% 以上不足 50% 的，付酬标准为 0.7%；

（七）播放时间比例为 50% 以上不足 80% 的，付酬标准为 0.8%；

（八）播放时间比例为 80% 以上的，付酬标准为 0.9%。

第七条 以本办法第四条第（二）项规定的方式确定向著作权人支付报酬的数额的，按照下列付酬标准协商支付报酬的数额：

（一）广播电台的单位时间付酬标准为每分钟 0.30 元；

（二）电视台的单位时间付酬标准自本办法施行之日起 5 年内为每分钟 1.50 元，自本办法施行届满 5 年之日起为每分钟 2 元。

二、部门规章及规范性文件

1.《录音法定许可付酬标准暂行规定》

第二条 录制发行录音制品采用版税的方式付酬，即录音制品批发份 × 版税率 × 录音制品发行数。

第三条 录制发行录音制品付酬标准为：

不含文字的纯音乐作品版税率为百分之三点五；

歌曲、歌剧作品版税率为百分之三点五，其中音乐部分占版税所得百分之六十，文字部分占版税所得百分之四十；

纯文字作品（含外国文字）版税率为百分之三；

国家机关通过行政措施保障发行的录音制品（如教材）版税率为百分之一点五。

2.《使用文字作品支付报酬办法》

第三条 以纸介质出版方式使用文字作品支付报酬可以选择版税、基本稿酬加印数稿酬或者一次性付酬等方式。

版税，是指使用者以图书定价 × 实际销售数或者印数 × 版税率的方式向著作权人支付的报酬。

基本稿酬，是指使用者按作品的字数，以千字为单位向著作权人支付的报酬。

印数稿酬，是指使用者根据图书的印数，以千册为单位按基本稿酬的一定比例向著作权人支付的报酬。

一次性付酬，是指使用者根据作品的质量、篇幅、作者的知名度、影响力以及使用方式、使用范围和授权期限等因素，一次性向著作权人支付的报酬。

第四条 版税率标准和计算方法：

（一）原创作品：3%–10%

（二）演绎作品：1%–7%

采用版税方式支付报酬的，著作权人可以与使用者在合同中约定，在交付作品时或者签订合同时由使用者向著作权人预付首次实际印数或者最低保底发行数的版税。

首次出版发行数不足千册的，按千册支付版税，但在下次结算版税时对已经支付版税部分不再重复支付。

第五条 基本稿酬标准和计算方法：

（一）原创作品：每千字 80–300 元，注释部分参照该标准执行。

（二）演绎作品：

1. 改编：每千字 20–100 元

2. 汇编：每千字 10–20 元

3. 翻译：每千字 50–200 元

支付基本稿酬以千字为单位，不足千字部分按千字计算。

支付报酬的字数按实有正文计算，即以排印的版面每行字数乘以全部实有的行数计算。占行题目或者末尾排不足一行的，按一行计算。

诗词每十行按一千字计算，作品不足十行的按十行计算。

辞书类作品按双栏排版的版面折合的字数计算。

第六条 印数稿酬标准和计算方法：

每印一千册，按基本稿酬的 1% 支付。不足一千册的，按一千册计算。

作品重印时只支付印数稿酬，不再支付基本稿酬。

采用基本稿酬加印数稿酬的付酬方式的，著作权人可以与使用者在合同中约定，在交付作品时由使用者支付基本稿酬的 30%–50%。除非合同另有约定，作品一经使用，使用者应当在6个月内付清全部报酬。作品重印的，应在重印后6个月内付清印数稿酬。

第七条 一次性付酬的，可以参照本办法第五条规定的基本稿酬标准及其计算方法。

条文释义

一、本条主旨

本条是关于使用他人作品的人，取得著作权使用权之后应当履行的义务的规定。[①]

二、条文演变

1990年《著作权法》第28条规定，出版者、表演者、录音录像制作者、广播电台、电视台等依照本法取得他人的著作权使用权的，不得侵犯作者的署名权、修改权、保护作品完整权和获得报酬权。2001年《著作权法》修正时仅作了文字修改，2001年《著作权法》第28条规定，出版者、表演者、录音录像制作者、广播电台、电视台等依照本法有关规定使用他人作品的，不得侵犯作者的署名权、修改权、保护作品完整权和获得报酬的权利。2010年修正《著作权法》和2020年修正《著作权法》均一直沿用，未作修改。

三、条文解读

本条的规定，旨在明确在作品的传播过程中，划分出传播主体与著作权人的权利界限。出版者、表演者、录音录像制作者、广播电台、电视台是作品的传播者，他们要传播作品，必须取得使用作品的权利，这是使用人的一项义务。

从著作权的分类看，控制作品使用的权利仅是著作权的一部分。出版者、表演者、录音录像制作者、广播电台、电视台虽然取得了出版、表演、录制、传播的权利，但是署名权、修改权、保护作品完整权和获得报酬的权利仍然属于著作权人。出版者、表演者、录音录像制作者、广播电台、电视台在出版、

① 参见黄薇、王雷鸣主编：《〈中华人民共和国著作权法〉导读与释义》，中国民主法制出版社2021年版，第179页。

表演、录制、播放的过程中，应当尊重著作权人的这些权利，不得侵犯作者的署名权、修改权、保护作品完整权和获得报酬的权利。这也是使用人的一项法定义务，违反时，要承担相应的法律责任。

适用指引

一、本条适用于有权使用他人作品的情形

本条所规定的是出版者、表演者、录音录像制作者、广播电台、电视台等传播者，有权使用他人作品时需要履行的义务。“依照本法有关规定使用他人作品”主要是指通过签订著作权许可使用合同或者著作权转让合同取得使用权或著作权，同时还包括“合理使用”或者“法定许可”的情形。当出版者、表演者、录音录像制作者、广播电台、电视台等传播者的使用行为没有获得著作权人的合法授权或者不符合“合理使用”或者“法定许可”的规定时，不应适用本条规定确定侵权责任。

二、关于报酬的确定

按照《著作权法》第30条的规定，使用他人作品的付酬标准可以由当事人约定，也可以按照国家著作权主管部门会同有关部门制定的付酬标准支付报酬。当事人约定不明确的，按照国家著作权主管部门会同有关部门制定的付酬标准支付报酬。这里的约定不明确即包括著作权许可、转让合同中对于报酬支付未作出明确约定，也包括在法定许可的情况下，使用他人作品支付报酬的确定。国家著作权主管部门会同有关部门制定的付酬标准，主要是指《录音法定许可付酬标准暂行规定》《使用文字作品支付报酬办法》和《广播电台电视台播放录音制品支付报酬暂行办法》等部门规章。

典型案例

广东大圣文化传播有限公司与洪某丁等侵犯著作权纠纷申请再审案

关键词：著作权　音乐作品　改编报酬

裁判摘要： 在当事人没有约定的情况下，可以按照国家版权局发布的《录音法定许可付酬标准暂行规定》确定付酬标准。本案涉及多个音乐作品使用人，以谁的名义向著作权人支付报酬应遵从当事人之间的约定或行业惯例。因法律没有规定支付报酬必须在使用作品之前，因而作品使用人在不损害著作权人获得报酬权的前提下，“先使用后付款”不违反法律规定。民歌一般具有世代相传、没有特定作者的特点，根据民歌改编的音乐作品的著作权人，依法对改编的音乐作品享有著作权。使用他人根据民歌改编的音乐作品制作录音制品并复制、发行的，可以向改编者支付全额报酬。

基本案情： 2005 年 3 月 2 日王某成、王某星、王某燕（以下简称王某成等）在联盛商业连锁股份有限公司（以下简称联盛公司）、南昌百货大楼股份有限公司（以下简称南昌百货大楼）购得《喀什噶尔胡杨》CD 光盘一盒，该光盘由广州音像出版社，广东大圣文化传播有限公司（以下简称大圣公司）发行，光盘的盘芯及彩封上出版号为 ISRC CN-F28-04-466-00/A.J6。该光盘共存储了 11 首歌曲，其中第 8 首歌曲《亚克西》是王某成等之父王某宾于 1957 年根据吐鲁番民歌改变并作词的音乐作品。王洛宾于 1996 年去世后，其子王某成等于 1996 年 3 月 1 日与中国音乐著作权协会（以下简称音著协）签订了音乐著作权合同，将该音乐作品的公开表演权、广播权和录制发行权授权音著协管理。2004 年 7 月 5 日，罗林（艺名刀郎）与大圣公司签订合同，约定罗林许可大圣公司将罗林制作并享有版权的《喀什噶尔胡杨》歌唱类音乐专辑节目制作录音制品（CD）出版发行。2004 年 12 月 3 日，广州音像出版社与大圣公司签订了音像制品合作出版合同，约定由广州音像出版社制作、出版、发行《喀什噶尔胡杨》专辑录音制品。2004 年 12 月 6 日，大圣公司与重庆三峡光盘发展有限公司（以下简称三峡公司）签订委托复制加工合同，约定复制该录音制品 20 万张。2004 年 12 月 8 日，广州音像出版社委托三峡公司复制该录音制品 90 万张。2004 年 12 月 24 日，广州音像出版社向音著协申请使用音乐作品《冰山上的雪莲》《打起手鼓唱起歌》《亚克西》制作、发行 20 万张《喀什噶尔胡杨》专辑录音制品，批发价为 6.5 元，后向音著协支付上述 3 首音乐作品的使用费 21900 元。2005 年 3 月 17 日，音著协出具了《音乐著作权使用收费证明》。

法院经审理认为，鉴于《喀什噶尔胡杨》专辑录音制品中使用的音乐作品《亚克西》，已经在该专辑发行前被他人多次制作成录音制品广泛传播，且著作权人没有声明不许使用，故大圣公司、广州音像出版社、三峡公司、联盛公司、南昌百货大楼使用该音乐制作并复制、发行《喀什噶尔胡杨》专辑录音制品，符合《著作权法》第39条第3款法定许可的规定，不构成侵权。《著作权法》第27条规定，使用作品的付酬标准可以由当事人约定，也可以按照国务院著作权行政管理部门会同有关部门制定的付酬标准支付报酬。当事人约定不明确的，按照国务院著作权行政管理部门会同有关部门制定的付酬标准支付报酬。鉴于1993年8月国家版权局发布的《录音法定许可付酬标准暂行规定》目前仍为有关单位及著作权集体管理组织参照执行的依据，故审理此类案件，在当事人没有约定的情况下，可以按照该规定确定付酬标准。大圣公司、广州音像出版社、三峡公司、联盛公司及南昌百货大楼不构成侵犯涉案音乐作品著作权人王海成等的复制、发行权，但应依法向其支付报酬。本案涉及多个音乐作品使用人，以谁的名义向著作权人支付报酬应遵从当事人之间的约定或行业惯例。因法律没有规定支付报酬必须在使用作品之前，因而作品使用人在不损害著作权人获得报酬权的前提下，"先使用后付款"不违反法律规定。

根据原审法院查明的事实，本院确认《喀什噶尔胡杨》专辑录音制品复制、发行的数量为90万张，大圣公司、广州音像出版社、三峡公司应据此依法向王海成等支付报酬。民歌一般具有世代相传、没有特定作者的特点，根据民歌改编的音乐作品的著作权人，依法对改编的音乐作品享有著作权，使用他人根据民歌改编的音乐作品制作录音录像制品并复制、发行的，可以向改编者支付全额报酬。报酬的具体计算方式可分为两部分：第一部分，广州音像出版社已向音著协支付20万张音乐作品使用费21900元，涉及3首曲目，包括王洛宾创作的音乐作品《亚克西》，王海成等作为继承人可依法向音著协主张权利；第二部分，未支付报酬的70万张音乐作品使用费，按照《录音法定许可付酬标准暂行规定》计算，即批发价6.5元 × 版税率3.5%× 录像制品发行数70万张 ÷11首曲目，由此计算出大圣公司、广州音像出版社、三峡公司应向王海成等支付的报酬为14477元。

【案　　号】（2008）民提字57号

【审理法院】最高人民法院

【来　　源】2008年中国知识产权司法保护10大案件和50件典型案件

第三十二条 图书出版者出版图书应当和著作权人订立出版合同，并支付报酬。

关联规定

法律、行政法规、司法解释

1.《中华人民共和国著作权法》

第二十六条 使用他人作品应当同著作权人订立许可使用合同，本法规定可以不经许可的除外。

许可使用合同包括下列主要内容：

（一）许可使用的权利种类；

（二）许可使用的权利是专有使用权或者非专有使用权；

（三）许可使用的地域范围、期间；

（四）付酬标准和办法；

（五）违约责任；

（六）双方认为需要约定的其他内容。

第二十七条第一款 转让本法第十条第一款第五项至第十七项规定的权利，应当订立书面合同。

第二十九条 许可使用合同和转让合同中著作权人未明确许可、转让的权利，未经著作权人同意，另一方当事人不得行使。

第三十条 使用作品的付酬标准可以由当事人约定，也可以按照国家著作权主管部门会同有关部门制定的付酬标准支付报酬。当事人约定不明确的，按照国家著作权主管部门会同有关部门制定的付酬标准支付报酬。

第三十一条 出版者、表演者、录音录像制作者、广播电台、电视台等依照本法有关规定使用他人作品的，不得侵犯作者的署名权、修改权、保护作品完整权和获得报酬的权利。

2.《出版管理条例》

第九条 报纸、期刊、图书、音像制品和电子出版物等应当由出版单位出版。

本条例所称出版单位，包括报社、期刊社、图书出版社、音像出版社和电子出版物出版社等。

法人出版报纸、期刊，不设立报社、期刊社的，其设立的报纸编辑部、期刊编辑部视为出版单位。

第十条 国务院出版行政主管部门制定全国出版单位总量、结构、布局的规划，指导、协调出版产业和出版事业发展。

第十一条 设立出版单位，应当具备下列条件：

（一）有出版单位的名称、章程；

（二）有符合国务院出版行政主管部门认定的主办单位及其主管机关；

（三）有确定的业务范围；

（四）有30万元以上的注册资本和固定的工作场所；

（五）有适应业务范围需要的组织机构和符合国家规定的资格条件的编辑出版专业人员；

（六）法律、行政法规规定的其他条件。

审批设立出版单位，除依照前款所列条件外，还应当符合国家关于出版单位总量、结构、布局的规划。

第二十三条 公民可以依照本条例规定，在出版物上自由表达自己对国家事务、经济和文化事业、社会事务的见解和意愿，自由发表自己从事科学研究、文学艺术创作和其他文化活动的成果。

合法出版物受法律保护，任何组织和个人不得非法干扰、阻止、破坏出版物的出版。

条文释义

一、本条主旨

本条是关于图书出版者出版图书的要求及出版图书时相关义务的规定。

二、条文演变

《著作权法》自1990年制定后，经2001年、2010年、2020年三次修改，本条具体内容均未发生变化。

三、条文解读

本条规定了对图书出版者出版图书时的要求，须与著作权人订立图书出版合同，并且履行支付报酬的义务。

（一）图书出版者应当与著作权人签订出版合同

第一，图书出版："所谓出版是指将作品编辑加工后，通过印刷、音像录制、缩微、数字化处理等手段制作复制品向公众发行的行为。出版是一种特殊的、常见的复制行为。"[①] 即将作品加工后复制或转化为另一种形式后复制并发行的过程。

第二，图书出版者：我国《出版管理条例》规定了报纸、期刊、图书、音像制品和电子出版物等应当由出版单位出版，出版单位的范围包括报社、期刊社、图书出版社、音像出版社和电子出版物出版社等。出版单位的设立应具备相应资质，并经国家有关部门批准登记。

第三，著作权人：著作权人是依法享有著作权保护的主体，即《著作权法》第2条和第11条涵盖的各类原始主体和继受主体。

第四，图书出版合同：图书出版合同属著作权许可使用合同的一种，即著作权人将一定期限内的专有权利授予出版者行使而签订的合同。我国《著作权法》并不存在有关"出版权"的专门规定，可借鉴《著作权法》第26条关于著作权许可使用合同的内容："使用他人作品应当同著作权人订立许可使用合同，本法规定可以不经许可的除外。许可使用合同包括下列主要内容：（一）许可使用的权利种类；（二）许可使用的权利是专有使用权或者非专有使用权；（三）许可使用的地域范围、期间；（四）付酬标准和办法；（五）违约责任；（六）双方认为需要约定的其他内容。"

结合国家版权局提供的图书出版合同范本，图书出版合同一般应当包括以

① 李顺德：《版权、出版权和出版者权》，载《科技与出版》2006年第1期。

下几个方面的内容：（1）著作权人向出版者交付的稿件的种类和名称。（2）著作权人与出版者是否是适格的权利人，著作权人对提供的作品是否有完整合法的权利，著作权人是否需提供作品不侵犯他人版权的担保，图书出版者是否具有合法的出版经营资格，是否需提供按商定条件支付报酬及出书的担保。（3）作品是否已经出版。如果作品以前出版过，应该注明过去出版的时间；是否对作品作过修改以及作了哪方面的修改。（4）著作权人向出版者让与的是否是专有出版权，即权利种类，包括所授权利是否有独占性，是否包括电子出版物的形式，作者是否许可图书出版者对作品的其他使用权，如改编、翻译等权利。（5）若著作权人授予图书出版者专有出版权，则需约定权利的期限。（6）图书出版发行的地域范围，例如是否包括作品的海外版等问题。（7）交稿日期、出版日期。（8）商定的版本以及每版的最高最低印数。（9）样书册数。（10）著作权人的报酬，采用稿费制或抽取版税制，付酬的时间及期限。（11）合同终止的条件。（12）违约责任。（13）纠纷解决方式。（14）双方认为需要约定的其他内容。

（二）图书出版者应当向著作权人支付报酬

图书出版合同中非常重要的一项是著作权人的报酬。《著作权法》规定，图书出版合同中可以约定支付给著作权人的报酬。主要分为两种形式：稿酬和版税。

按照有关行政部门的规定，以纸介质出版方式使用文字作品支付报酬可以选择版税、基本稿酬加印数稿酬或者一次性付酬等方式。版税，是指使用者以“图书定价 × 实际销售数或者印数 × 版税率”的方式向著作权人支付的报酬。基本稿酬，是指使用者按作品的字数，以千字为单位向著作权人支付的报酬。印数稿酬，是指使用者根据图书的印数，以千册为单位按基本稿酬的一定比例向著作权人支付的报酬。一次性付酬，是指使用者根据作品的质量、篇幅、作者的知名度、影响力以及使用方式、使用范围和授权期限等因素，一次性向著作权人支付的报酬。版税率标准和计算方法：原创作品为 3%–10%；演绎作品为 1%–7%。采用版税方式支付报酬的，著作权人可以与使用者在合同中约定，在交付作品时或者签订合同时由使用者向著作权人预付首次实际印数或者最低保底发行数的版税。首次出版发行数不足千册的，按千册支付版税，但在下次结算版税时对已经支付版税部分不再重复支付。基本稿酬标准和计算方法：原创作品为每千字 80–300 元，注释部分参照该标准执行。演绎作品分为以下几种，改编为每千字 20–100 元；汇编为每千字 10–20 元；翻译为每千字 50–200 元。支付基本稿酬以千字为单位，不足千字部分按千字计算。支付报酬的字数按实有正文计算，即以排印的版面每行字数乘以全部实有的行数计算。占行题目或者末尾排不足一行的，按一行计算。诗词每十行按一千字计算，作品不足十行的按十行计算。辞书类作品按双栏排版的版面折合的字数计算。

印数稿酬标准和计算方法：每印一千册，按基本稿酬的 1% 支付。不足一千册的，按一千册计算。作品重印时只支付印数稿酬，不再支付基本稿酬。采用基本稿酬加印数稿酬的付酬方式的，著作权人可以与使用者在合同中约定，在交付作品时由使用者支付基本稿酬的 30%—50%。除非合同另有约定，作品一经使用，使用者应当在 6 个月内付清全部报酬。作品重印的，应在重印后 6 个月内付清印数稿酬。一次性付酬的，可以参照上述的基本稿酬标准及其计算方法。

适用指引

司法实践中，因图书出版产生的纠纷大多表现为出版合同纠纷。纠纷的原因主要包括著作权人未能按时交稿、交付的作品存在侵害他人著作权的内容、与出版社签订出版合同的主体并非著作权人或者全部著作权人、出版社未能按照约定出版、未能及时支付报酬等。具体审理主要依据双方合同的约定以及相关行业的习惯判断当事人是否存在违约行为，是否应当承担违约责任。因此，图书出版合同纠纷更多的体现为事实认定方面的争议、法律适用方面的争议等，主要包括以下四个方面：

第一，图书出版合同并非要式合同，并不是必须通过书面或者电子的方式签订合同，也可以通过双方的行为表明事实上已经形成了出版合同。例如，出版社和著作权人之间虽然没有签订书面出版合同，但有证据证明著作权人向出版社交付了书稿，出版社对书稿进行审核后完成了图书的印刷、出版工作，可以认定双方已经形成了图书出版合同关系。

第二，图书出版合同的标的可以是未来创作完成的作品。一般情况下，图书出版合同是出版社和著作权人就已经创作完成作品的出版事宜订立合同，签订出版合同时，作品是确定的，而且通常是一次性的，但是实践中也出现了出版社与著作权人就未来一定期限内创作完成的所有作品签订出版合同的情形。此类合同的特点是签订合同时作品尚不存在，未来是否存在并不确定。关于此类合同的效力，实践中容易引起争议。虽然签订出版合同时作品尚未完成，但合同的标的仍然具有确定性和可能性，如果合同符合双方真实意思表示，不存在其他影响合同效力的情形，应当认定该类合同的有效性，以充分保护合同当事人的自由意志。

第三，注意区分出版合同履行过程中合同责任和侵权责任，著作权人可以根据具体情况选择相应的请求权。出版合同既涉及出版者和著作权人的意思自治，也涉及著作权人享有的复制权、发行权、修改权等专有权利。因此，出版合同履行过程中出版者违反合同约定的行为可能同时构成违约行为和侵权行为的竞合，此时应当注意区分当事人据以提起诉讼的请求权基础是违约损害赔偿请求权还是侵权损害赔偿请求权，并依据不同的请求权确定相应的审理思路。例如，出版社超出约定的地域、数量或者时间范围出版发行作品的，既违反了合同约定，也构成对著作权人复制权、发行权等权利的侵害，著作权人有权选择合同违约或者侵权损害赔偿寻求救济。

第四，随着数字经济和互联网的不断发展，图书出版方式更加多元化。目前出版行业出现了传统纸质出版和电子出版、网络出版并存的局面。在电子图书出版、网络出版时，出版者出版图书需要取得的授权可能不仅仅是复制权、发行权，可能还包括信息网络传播权。因此，图书出版者需要根据具体的出版方式向著作权人获得相应的授权，否则可能会构成对著作权的侵害。

第三十三条　图书出版者对著作权人交付出版的作品，按照合同约定享有的专有出版权受法律保护，他人不得出版该作品。

关联规定

一、法律、行政法规、司法解释

1.《中华人民共和国刑法》

第二百一十七条　以营利为目的，有下列侵犯著作权或者与著作权有关的权利的情形之一，违法所得数额较大或者有其他严重情节的，处三年以下有期徒刑，并处或者单处罚金；违法所得数额巨大或者有其他特别严重情节的，处三年以上十年以下有期徒刑，并处罚金：

（一）未经著作权人许可，复制发行、通过信息网络向公众传播其文字作品、音乐、美术、视听作品、计算机软件及法律、行政法规规定的其他作品的；

（二）出版他人享有专有出版权的图书的；

（三）未经录音录像制作者许可，复制发行、通过信息网络向公众传播其制作的录音录像的；

（四）未经表演者许可，复制发行录有其表演的录音录像制品，或者通过信息网络向公众传播其表演的；

（五）制作、出售假冒他人署名的美术作品的；

（六）未经著作权人或者与著作权有关的权利人许可，故意避开或者破坏权利人为其作品、录音录像制品等采取的保护著作权或者与著作权有关的权利的技术措施的。

2.《中华人民共和国著作权法实施条例》

第二十八条　图书出版合同中约定图书出版者享有专有出版权但没有明确其具体内容的，视为图书出版者享有在合同有效期限内和在合同约定的地域范围内以同种文字的原版、修订版出版图书的专有权利。

二、部门规章及规范性文件

1.《出版物市场管理规定》

第二十条 任何单位和个人不得发行下列出版物：

（一）含有《出版管理条例》禁止内容的违禁出版物；

（二）各种非法出版物，包括：未经批准擅自出版、印刷或者复制的出版物，伪造、假冒出版单位或者报刊名称出版的出版物，非法进口的出版物；

（三）侵犯他人著作权或者专有出版权的出版物；

（四）出版行政主管部门明令禁止出版、印刷或者复制、发行的出版物。

2.《国家版权局关于报刊社声明对所发表的作品享有专有出版权的意见》

著作权法施行后，一些报刊社刊登启事，声明对其发表的作品享有专有出版权。

关于报社、杂志社刊登作品，著作权法第三十二条规定，“作品刊登后，除著作权人声明不得转载、摘编的外，其他报刊可以转载或者作为文摘、资料刊登，但应当按照规定向著作权人支付报酬。”据此，报刊发表作品，仅获得非专有出版权，只有著作权人有权声明不得转载、摘编和授权刊登此类声明。因此，未经著作权人授权，报刊刊登对其发表的作品享有专有出版权的启事，不符合著作权法的规定。

条文释义

一、本条主旨

本条是关于专有出版权的规定。

二、条文演变

在1990年的《著作权法》中，本条规定了“合同约定图书出版者享有专有出版权的期限不得超过十年，合同期满可以续订”，相关规定在2001年修正时被删去，同时修改“专有出版权”为“依合同约定享有的专有出版权受法律保护”。2010年修正时未对本条进行修改。2020年修正时，仅精简了部分表述，未作实质性修改。

三、条文解读

本条规定了专有出版权。一般认为，专有出版权是《著作权法》特别规定的一种具有排他性效力的民事权利，而不仅仅是在合同当事人之间具有法律约束力的一种相对性权利。[①] 该种权利被赋予出版者，目的在于促进著作权人能更好地行使著作权和我国出版事业的发展。[②]

图书出版者对著作权人交付出版的作品，按照合同约定享有的专有出版权受法律保护，他人不得出版该作品。即在专有出版权的有效期内，其他任何人都不得出版该作品，对于侵害专有出版权的，出版者可以起诉被控侵权图书的复制、发行者，也可以起诉销售者以及相关单位或者个人。

适用指引

在认定被诉侵权行为是否构成侵害专有出版权时，应当注意区分侵害专有出版权与侵害作品复制权、发行权的区别。在传统出版语境下，由于专有出版权本质上属于著作权人授予出版者享有的独占性的复制权、发行权，因此，侵害专有出版权必然也是对复制权、发行权的侵害，但是对作品复制权、发行权的侵害，并不必然得出也侵害了出版者的专有出版权。一是专有出版权的保护范围限于作品的整体或者实质部分，仅仅复制或者抄袭了作品的非实质性内容，可能构成对作品复制权、发行权的侵害，但并不构成对专有出版权的侵害。二是侵害专有出版权的主体并不限于享有出版资质的出版者，也可以包括自然人作者。

① 参见周波：《论新著作权法中的专有出版权》，载《版权理论与实务》2021年第4期。

② 参见李明德、许超：《著作权法》，法律出版社2009年版。

典型案例

云南科技出版社有限责任公司与中国医药科技出版社、北京希可尔世纪文化传播有限公司、合肥易满分网络科技有限公司著作权权属、侵权纠纷案

关键词：专有出版权　连带赔偿责任

裁判摘要：本案中，《图书出版合同》中已明确约定作品的校样由甲方审校，甲方未按期审校，乙方可自行审校，故云南科技出版社已将作品的审校义务置于著作权人而非自身；其作为专业的出版机构，但在被控侵权图书侵权内容明显的情况下，并未就其已对被控侵权图书的内容尽到了合理注意义务进行举证证明。因此，一审法院根据在案证据认定云南科技出版社未尽到出版者的合理注意义务即将被控侵权图书予以出版发行，进而认定其与北京希可儿公司、合肥易满分公司就所述侵权行为承担连带赔偿经济损失、合理费用及刊登声明以消除影响的责任并无不妥。云南科技出版社的相关上诉主张无事实和法律依据，本院不予支持。。

基本案情：2013 年 10 月 21 日，认证中心（甲方、著作权人）与中国医药出版社（乙方、出版人）签订《〈执业药师应试教材出版合同〉的补充合同》，就 2010 年 6 月 28 日《执业药师应试教材出版合同》中未尽事宜进行补充约定。该合同约定：甲方许可乙方在补充合同有效期内，在全国范围内以图书形式，用简化汉字独家出版甲方作品；2013 年 7 月 25 日，北京希可尔公司、合肥易满分公司与云南科技出版社签订《图书出版合同》，出版全国执业药师考试精编药学综合知识与技能 / 药事管理与法规；2014 年 7 月，云南科技出版社出版了《药学综合知识与技能 · 药事管理与法规》一书。

法院经审理认为，被控侵权图书《药学综合知识与技能 · 药事管理与法规》与中国医药出版社涉案权利图书《药学综合知识与技能》及《药事管理与法规》相比，在篇章结构方面，二者的章节名称、章与节的对应关系及排列顺序基本一致；在要点分布方面，二者在大部分“节”之下所设的要点表述及划分层次基本一致；在具体内容描述方面，二者对大部分章节及要点的具体表述完全相同或非常近似，甚至具体到大段文字表述中的标点符号等细节都没有任

何差异，且上述相同或近似部分均已构成二者的实质内容。因此，被控侵权图书与中国医药出版社涉案权利图书构成实质性相似，且这种相同或近似已经远远超出了可以用“巧合”来解释的程度，达到了高度雷同。结合被控侵权图书的出版发行时间晚于涉案权利图书、被控侵权图书作者在创作完成之前存在接触涉案权利图书的可能性，一审法院依法确认被控侵权图书并非其作者独立创作的结果，构成对中国医药出版社涉案权利图书的抄袭，侵害了中国医药出版社对其涉案权利图书所享有的著作权。合肥易满分公司及北京希可尔公司未对被控侵权图书著作权进行严格审查即以著作权人身份授权云南科技出版社将该书出版发行，云南科技出版社亦未尽到出版者的合理注意义务即将被控侵权图书予以出版发行，三者的行为共同侵犯了中国医药出版社就其权利作品所享有的专有出版权，应承担相应侵权责任。

【案　　号】（2017）京73民终1656号

【审理法院】北京知识产权法院

【来　　源】中国裁判文书网

第三十四条　著作权人应当按照合同约定期限交付作品。图书出版者应当按照合同约定的出版质量、期限出版图书。

图书出版者不按照合同约定期限出版，应当依照本法第六十一条的规定承担民事责任。

图书出版者重印、再版作品的，应当通知著作权人，并支付报酬。图书脱销后，图书出版者拒绝重印、再版的，著作权人有权终止合同。

关联规定

法律、行政法规、司法解释

《中华人民共和国著作权法》

第六十一条　当事人因不履行合同义务或者履行合同义务不符合约定而承担民事责任，以及当事人行使诉讼权利、申请保全等，适用有关法律的规定。

条文释义

一、本条主旨

本条是有关图书出版者与著作权人在交付作品、出版期限以及图书的重印、再版等问题上权利义务的规定。

二、条文演变

本条是1990年《著作权法》第31条的有关内容，经2001年《著作权法》第一次修正（第31条）和2010年《著作权法》第二次修正（第32条），主要内容没有变化。

三、条文解读

（一）出版合同中图书出版者及著作权人的权利义务

图书出版合同一经订立，既具有法律效力，著作权人及图书出版者均应按照约定条件履行义务。本条第 1 款对此做出明确的规定："著作权人应当按照合同约定期限交付作品。图书出版者应当按照合同约定的出版质量、期限出版图书"。

根据这 1 款规定，著作权人应按合同约定的条件按期交付作品。在签订合同时，双方要考虑到作品的现状。如果作品尚未创作或正在创作尚未完成，要为约稿作品留出足够的创作时间。如果著作权人未按期交付作品，出版者有权要求其承担民事责任。图书出版者应依作品原件，按照合同约定的出版期限及正规出版惯例复制和发行作品。如果图书出版者在合同约定的期限内没有履行出版义务或延期履行，则应承担一定的民事责任。出版者还有义务按照合同约定的出版质量出版图书。出版质量一般是指印刷质量和版本种类，包括精装本、平装本、袖珍本等。如果图书出版的质量不符合约定的要求，图书出版者也要承担一定的民事责任。

需要指出的是，图书出版者在未经作者同意的情况下，不得对作品进行修改、删节，否则将构成对作者修改权及保护作品完整权的侵害。当然，图书出版者为保证书籍质量，对未达出版水平的作品可以要求作者修改，直至达到出版水平。图书出版合同中可以约定作品经过修改仍达不到出版水平时的处理条款，包括是否可终止合同等，最大程度地减低纠纷发生时的诉讼及其他经济成本。

应当明确的是，著作权人交付给图书出版者的原稿仍属著作权人的财产，图书出版者在排版印刷工作完成后，应将作品原稿归还著作权人。

本条第 2 款规定："图书出版者不按照合同约定期限出版，应当依照本法第六十一条的规定承担民事责任。"本法第 61 条规定："当事人因不履行合同义务或者履行合同义务不符合约定而承担民事责任，以及当事人行使诉讼权利、申请保全等，适用有关法律的规定。"图书出版者不按照合同约定期限出版的，应当根据《民法典》等有关法律的规定承担相应的民事责任。此外，关于出版期限的问题，本法未作明确规定，仅是规定图书出版者未按合同约定期限出版的应承担相应的民事责任。对于本法未规定的出版期限及出版质量，应由图书出版及著作权人协商决定，在出版合同中未有明确规定而导致纠纷的情况下，宜参照出版惯例解决。

（二）图书重印、再版及图书脱销时出版者及著作权人的权利义务

本条第3款规定："图书出版者重印、再版作品的，应当通知著作权人，并支付报酬。图书脱销后，图书出版者拒绝重印、再版的，著作权人有权终止合同。"图书需要重印、再版时，图书出版者应当通知著作权人，并支付报酬。所谓重印，是指将以出版物的形式发表的作品不作任何改变而重新印刷。所谓再版，又称重版，即利用原有的纸型、图版或底片再次印刷，再版时，著作权人有权修改，图书出版者也可以改变版本种类。图书出版合同中一般都会约定图书重印或者再版时双方当事人的权利义务，比如，重印、再版时是否以及如何支付报酬；再版时什么情况下需要得到著作权人的同意，等等。

在图书出版合同的有效期间，图书脱销后，图书出版者拒绝重印或再版的，著作权人有权终止合同。在图书脱销的情况下，著作权人有权要求图书出版者重印或者再版，但在有的情况下图书出版者拒绝重印或者再版，比如，图书出版者认为该作品的再次印刷不具有经济效益或社会效益而拒绝著作权人重印再版的要求，这个时候，著作权人可以终止图书出版合同。

第三十五条　著作权人向报社、期刊社投稿的，自稿件发出之日起十五日内未收到报社通知决定刊登的，或者自稿件发出之日起三十日内未收到期刊社通知决定刊登的，可以将同一作品向其他报社、期刊社投稿。双方另有约定的除外。

作品刊登后，除著作权人声明不得转载、摘编的外，其他报刊可以转载或者作为文摘、资料刊登，但应当按照规定向著作权人支付报酬。

关联规定

一、法律、行政法规、司法解释

1.《中华人民共和国著作权法实施条例》

第二十二条　依照著作权法第二十三条、第三十三条第二款、第四十条第三款的规定使用作品的付酬标准，由国务院著作权行政管理部门会同国务院价格主管部门制定、公布。

第三十条　著作权人依照著作权法第三十三条第二款声明不得转载、摘编其作品的，应当在报纸、期刊刊登该作品时附带声明。

第三十二条　依照著作权法第二十三条、第三十三条第二款、第四十条第三款的规定，使用他人作品的，应当自使用该作品之日起2个月内向著作权人支付报酬。

2.《最高人民法院关于审理著作权民事纠纷案件适用法律若干问题的解释》

第十七条　著作权法第三十三条第二款规定的转载，是指报纸、期刊登载其他报刊已发表作品的行为。转载未注明被转载作品的作者和最初登载的报刊出处的，应当承担消除影响、赔礼道歉等民事责任。

二、部门规章及规范性文件

《国家版权局办公厅关于规范网络转载版权秩序的通知》

二、报刊单位之间相互转载已经刊登的作品，适用《著作权法》第三十三条第二款的规定，即作品刊登后，除著作权人声明不得转载、摘编的外，其他报刊可以转载或者作为文摘、资料刊登，但应当按照规定向著作权人支付报酬。

报刊单位与互联网媒体、互联网媒体之间相互转载已经发表的作品，不适用前款规定，应当经过著作权人许可并支付报酬。

条文释义[①②]

一、本条主旨

本条是关于报社、期刊社与著作权人就作品发表时的权利义务关系及报纸期刊转载的法定许可的规定。

二、条文演变

1990年颁布的《著作权法》第32条规定："著作权人向报社、杂志社投稿的，自稿件发出之日起十五日内未收到报社通知决定刊登的，或者自稿件发出之日起三十日内未收到期刊社通知决定刊登的，可以将同一作品向其他报社、期刊社投稿。双方另有约定的除外。作品刊登后，除著作权人声明不得转载、摘编的外，其他报刊可以转载或者作为文摘、资料刊登，但应当按照规定向著作权人支付报酬。"2001年修正的著作权法将该条中的"杂志社"修改为"期刊社"。2010年修正的《著作权法》将该条改为第33条，2020年修正的《著作权法》将该条改为第35条。

---

① 参见胡康生主编:《中华人民共和国著作权法释义》，法律出版社2002年版，第141~144页。

② 参见黄薇、王雷鸣主编:《〈中华人民共和国著作权法〉导读与释义》，中国民主法制出版社2021年版，第192~198页。

三、条文解读

本法涉及的期刊指有固定名称，定期或不定期编号印行的成册的连续出版物。如月刊、季刊、半年刊、不定期刊等。

（一）报社、期刊社与向其投稿的著作权人之间的权利义务关系

报纸、期刊是定期出版的刊物，稿件来源除了一部分是约稿外，大多是著作权人向其投稿，由于报社、期刊社众多，难免会遇到一稿多投的问题。对于一稿多投，存在赞成和反对两种观点，为了平衡著作权人及报社、期刊社的利益，本条规定著作权人向报社投稿的，报社应当及时通知著作权人是否采用，著作权人自投稿之日起15日内未收到报社决定采用的通知的，可以将同一作品投给其他报社。著作权人向期刊社投稿的，期刊社应当及时通知著作权人是否采用，著作权人自投稿之日起30日内未收到期刊社决定采用的通知的，可以将同作品投给其他期刊社。著作权人同报社、期刊社另有约定的，从其约定。从此意义上讲，法律虽然在一定期间上禁止一稿多投，但并未赋予报社、期刊社对作品的专有出版权，实践中，许多报刊为了维护自己的利益而发表声明对本刊发表的作品一律拥有专有出版权，此类声明若未经作者授权则是无效的。

（二）对“双方另有约定”的理解

实践中争议较大的是，这里的“双方另有约定”应如何理解，特别是报刊社的“征稿启事”单方面发布算不算“双方另有约定”。从报刊社的角度看，几乎是一致地认为应当包含在内，我国著作权立法时并未采纳此种观点。报刊社以征稿启事的方式单方面约定较长的“采稿专属权”（通常为三四个月甚至更长），不利于著作权人选择报刊社及时发表其作品，特别是那些时效性较强的作品，在现行做法下很可能最后丧失发表机会，因为著作权人选择第二家报刊投稿，已是三四个月后。著作权人向报刊社投稿问题的规定，不应过于倾向于保护报刊社的“优选刊载权”，也应顾及著作权人的利益和社会公众及时获得作品的利益，在两者之间适当地达成平衡。

（三）报刊转载、摘编的法定许可

本条第2款规定了报刊转载或摘编的法定许可问题。即作者刊登后，除著作权人声明不得转载、摘编的外，其他报刊可以转载或者作为文摘、资料刊登，但应当按照规定向著作权人支付报酬。

所谓法定许可，是指他人依法律的明文规定不经著作权人许可而有偿地使用其作品。这是我国《著作权法》对著作权的一种主要限制，其实质在于将著作权中的某些权利由一种绝对权降格为一种获酬权。根据本款的规定，作品刊登后除著作权人声明不得转载、摘编的外，其他报刊可以转载或者作为文摘、资料刊登，但应当向著作权人支付报酬。

本款所指的转载，是指原封不动或者略有改动之后刊登业已经其他报刊发表的作品。摘编是指对原文主要内容进行摘录、编写。其结果应该对原文内容有较系统、全面的反映，如果仅仅抄录检索用的作者名称、出处和章节名称等，则还不构成文摘，故既无须征得著作权人许可，也不必付酬。根据本条第1款，该法定许可仅适用于在报刊上发表的作品，至于报刊转载图书作品，或者将报刊或图书上的作品结集出版图书，均应该依法取得著作权人许可，并直接支付报酬。依法定许可进行转载或者摘编时应该注明作者姓名、作品名称及原作首次发表的报刊名称和日期，法定许可转载、摘编原本是对在报刊上发表作品的作者的权利的一种限制，但是，如果大量地、生搬硬套地转载他人同一本刊物中的文章，则有可能触犯该刊汇编作品的著作权。

《著作权法》之所以赋予报刊社以转载、摘编权而排除其对刊登作品的专有使用权，与报刊社与图书出版社存在的不同之处有关。第一，报刊出版周期短。日报为24小时，多数期刊为半月、一个月或两个月。而一般图书的一版和二版的间隔要以年为单位计算，即使是畅销书，也要几个月。第二，报刊在短周期后再投人市场的是内容不同的报刊，而图书在长周期后重版或再版的是同一图书。因为周期长，盗版复制品可从容进入市场，影响已出版图书的销售和妨碍重版、再版，所以图书出版者需要专有出版权保护其利益。报刊的周期短，且再问世的是另一内容的报刊，所以转载其他报刊已发表的作品，既不能对这些报刊的销售有多大影响，也不会妨碍下一期报刊的发行。所以，对图书出版者是至关重要的专有出版权，却不是报刊所必需。当然，法律并不禁止著作权人将其作品的某项或多项专有权利通过转让或许可的方式让予或授权给某报刊社，只不过在这种情况下，报刊社对此作品的出版或登载行为并非本款所指的法定许可的转载。

此外，《著作权法》还规定了报刊出版者对其他报刊刊载的作品有转载权。这一规定是为了公众利益制定的，它可以使有价值的作品迅速进入不同的读者层，满足公众的文化需要。虽然报刊转载、摘编的法定许可是对著作权人权利的限制，但从逻辑上分析，报刊的转载只要支付了合理报酬，应该说并不悖于作者的合法利益，因为作品业已发表，以新的形式进一步传播一般并不违背作者的意志。著作权人如欲排除法定许可的适用，应在发表作品时作出附带声明。需要明确一点的是，实践中许多报刊出于实际利益的考虑发表声明“未经本刊同意，不得转载本刊发表的作品”，这类声明若非经著作权人授权应当是无效的。

在报刊转载、摘编问题上还应注意两点：其一是报刊社刊登演绎作品时，除向演绎作品著作权人付酬外，还应向原作品的著作权人付酬，因为是对原作品的间接使用。刊登、摘编了剽窃、抄袭作品等侵权作品，报刊不负责任，但明知其为侵权作品而刊登、摘编的除外。其二是应当将报刊社转载、摘编的法定许可问题同本法第 22 条第 4 项、第 5 项中的合理使用区别开来。报纸、期刊为报道时事新闻不可避免地再现或者引用已发表的作品，以及报纸、期刊刊登其他报纸、期刊、广播电台、电视台等媒体已经发表的关于政治、经济、宗教问题的时事性文章（作者声明不许刊登的除外），皆属合理使用，报刊社不必经著作权人许可，也不必支付报酬。

适用指引

本条第 2 款对“转载、摘编”行为作了规定，在实践中，应当区分“转载、摘编”与剽窃侵权的区别，人民法院受理的著作权侵权案件中，常常遇到假借转载名义行剽窃侵权之实的情况，当事人往往会就剽窃抄袭还是转载行为发生争议。为了准确认定本条规定的“转载”行为，《著作权解释》第 17 条对“转载”的含义进行了界定，即指报纸、期刊登载其他报刊已发表作品的行为。司法实践中，如果被诉行为不属于报刊之间的转载、摘编的，或者虽属于报刊之间的转载、摘编，但未能注明被转载、被摘编作品的作者和最初登载的出处，或者未按规定支付报酬的，被告主张法定许可抗辩，人民法院不予支持。

在责任承担方面，对于不规范的转载、摘编行为，如在转载、摘编时未能注明被转载、摘编作品的作者和最初登载的出处的，则一般应当承担消除影响、赔礼道歉等较轻的民事责任；对于存在其他严重情节的，则根据具体情况确定民事责任。

第三十六条　图书出版者经作者许可，可以对作品修改、删节。

报社、期刊社可以对作品作文字性修改、删节。对内容的修改，应当经作者许可。

关联规定

部门规章及规范性文件

《国家版权局办公厅关于规范网络转载版权秩序的通知》

三、互联网媒体转载他人作品，不得对作品内容进行实质性修改；对标题和内容做文字性修改和删节的，不得歪曲篡改标题和作品的原意。

条文释义

一、本条主旨

本条是关于图书出版者、报社、期刊社修改作品的规定。

二、条文演变

1990年制定的《著作权法》第33条规定："图书出版者经作者许可，可以对作品修改、删节。报社、杂志社可以对作品作文字性修改、删节，对内容的修改，应当经作者许可。"2001年修正的《著作权法》将该条中的"杂志社"修改为"期刊社"。2010年修正的《著作权法》将该条改为第34条，2020年修正的《著作权法》将该条改为第36条。

三、条文解读

报社、期刊社由于受出版时间和篇幅所限，经常来不及同作者商量修改作品的问题，因此，《著作权法》授予报刊社对作品的文字性修改权，即"报刊、期刊社可以对作品作文字性修改、删节。对内容的修改，应当经作者许可。”需明确的是，此修改权仅限于文字性，因为内容的修改涉及“文责自负”的问题，并且，期刊社在决定采用稿件时也应对内容作过审查，如必须对内容进行修改则应在交付排版前与著作权人协商。无论是报社、期刊社享有对作品非经作者许可的文字性修改权或是图书出版者经作者授权后享有的作品修改权，权利均源自作者对其作品的修改权及保护作品完整权。无论是图书出版者或是报社、期刊社均应尽到充分尊重作者人身权的义务。

（一）图书出版者对作品的修改、删节应取得作者许可

《著作权法》第 10 条全面规定了著作权的内容。其中修改权是指修改或者授权他人修改作品的权利。在我国《著作权法》中，修改权是与发表权、署名权和保护作品完整权共同构成著作权中的人身权。修改权体现作者的精神利益，在《伯尔尼公约》中纳入了保护作品完整权的保护范围。修改权是指修改或者授权他人修改作品的权利；保护作品完整权是指保护作品不受歪曲、篡改的权利。因此，原则上，对作品的修改、删节都属于著作人身权的范畴，应当由作者行使。未经作者许可，任何组织和个人不得对作品进行修改、删节，包括图书出版者。未获得作者许可，图书出版者对于作品的修改、删节，可能构成对作者修改权和保护作品完整权的侵犯。

（二）报社、期刊社可以对作品作文字性修改、删节

考虑到报社、期刊社的出版周期和时效性要求，立法规定报社、期刊社可以对作品进行文字性修改、删节。本条规定表明，作者一旦向报刊投稿，法律就赋予编辑人员对稿件有部分修改的权利，但这绝不同于作者的修改权。编辑人员享有的修改权利只是作者授权进行文字修改的权利。编辑人员在没有作者明确授权的情况下，只能作文字性修改、删节。编辑人员的上述修改与作者的修改权和保护作品完整权，两者应该说是相对应的。如果编辑人员在未得到作者许可的情况下，超出自己的权限修改作品，那么就会侵犯作者的修改权和保护作品完整权。

（三）报社、期刊社对作品内容的修改，应当经作者许可

作者对于作品享有修改权和保护作品完整权。修改权是指修改或者授权他

人修改作品的权利；保护作品完整权是指保护作品不受歪曲、篡改的权利。因此，原则上，对作品的修改、删节都属于著作人身权的范畴，应当由作者行使。未经作者许可，任何组织和个人不得对作品进行修改、删节。在实践中完全不允许报社、期刊社对作品进行任何修改，不仅不可能，也不合理。现行立法赋予了报社、期刊社对作品进行文字性修改的权利，但是对内容的修改，必须取得作者的许可。作品内容应当包括题目、文内小标题、主要观点、基本内容和整体结构。对上述内容，若未经作者授权，不宜直接进行修改。实际上，若对作品仅仅进行文字性修改、删节，就不会涉及对内容的修改；而超出文字性修改、删节的范围，就必然涉及对内容的修改。

适用指引

本条规定的“文字性修改、删节”主要包括对稿件中的错别字、词、语句和标点符号进行修改，或者由于篇幅限制，对稿件内容进行适当压缩，对稿件标题进行适当调整等。仅对作品增加了部分内容，但未改变作品意思表达的，仍属于文字性修改。

第三十七条　出版者有权许可或者禁止他人使用其出版的图书、期刊的版式设计。

前款规定的权利的保护期为十年，截止于使用该版式设计的图书、期刊首次出版后第十年的 12 月 31 日。

关联规定

法律、行政法规、司法解释

《中华人民共和国著作权法实施条例》

第二十六条　著作权法和本条例所称与著作权有关的权益，是指出版者对其出版的图书和期刊的版式设计享有的权利，表演者对其表演享有的权利，录音录像制作者对其制作的录音录像制品享有的权利，广播电台、电视台对其播放的广播、电视节目享有的权利。

条文释义

一、本条主旨

本条是关于出版者对其出版的图书、期刊的版式设计专有使用权的规定。

二、条文演变

本条是《著作权法》2001 年修改时的新增内容。2001 年修正的《著作权法》第 35 条规定："出版者有权许可或者禁止他人使用其出版的图书、期刊的版式设计。前款规定的权利的保护期为十年，截止于使用该版式设计的图书、期刊首次出版后第十年的 12 月 31 日。" 2010 年修正的《著作权法》将该条改为第 36 条。2020 年修正的《著作权法》将该条改为第 37 条。

三、条文解读

（一）版式设计的概念

所谓版式设计，是对印刷品的版面格式的设计，包括对版排式、用字、行距、标点等版面布局因素的安排。版式设计是出版者在编辑加工作品时完成的劳动成果。被出版的作品是否受到著作权保护并不影响版式设计的成立。即便是影印古籍，只要出版者投入了智力劳动，如寻求善本、配书、补页、文字润色、版面修饰等，仍然可能创造出来受保护的版式。

出版者对其版式设计享有专有使用权，即除了出版者自己可以使用其版式设计外，其他人未经许可不得擅自按原样复制。出版者得禁止的使用还包括很简单的、改动很小的复制以及改变比例的复制。由此可见，版式设计权的保护范围是很狭小的，一般仅仅表现为专有复制权。另外，通常它也不包含人身权利的因素。

（二）保护出版者版式设计专有使用权的必要性

出版者在传播作品的过程中投入了大量资金和劳动，并且版式设计包含了设计者的许多劳动成果，例如，不同版本的字体的设计、格式的编排等，尤其是音乐作品的版式设计更具有独创性——不同版本的音乐作品的绘谱、曲目的编排、音符的间距等是不同的，根据相同音乐作品的不同版本进行表演或者演奏，其难度、效果是不一样的，因此应当对版式设计进行保护。但是对版式设计的保护范围不能太宽，否则不利于出版业的发展。本条第1款赋予出版者对其出版的图书、期刊的版式设计的专有使用权。同时，为了充分保护出版者的利益，使其能够制止他人，特别是那些同时或者事后取得同一作品的出版权的其他出版者无偿地使用它的版式设计，本条第2款规定版式设计权的保护期为十年，截止于使用该版式设计的图书、期刊首次出版后第十年的12月31日。

（三）版式设计权的性质

第一，版式设计权具有独立的客体，能够自立存续，即使相关作品的保护期已经届满，出版者的版式设计权也仍然继续存在。在这一点上，版式设计权与专有出版权存在区别。专有出版权是图书出版者在取得著作权人许可的情况下可以对著作权人的作品享有的专有出版的权利，专有出版权是直接从著作权中派生出来的，它不能独文于作品而存在。另外，专有出版权的有效期取决于当事人的约定，而版式设计权的有效期为十年；专有出版权的法定主体只限于图书出版者，而版式设计权的主体包括图书、报刊出版者。

第二，版式设计往往同装帧设计相联，但二者并非同一概念。装帧设计是对开本、装订式、插图、封面、书脊、护封和扉页等印刷物外观的装饰。1991年《著作权法实施条例》第38条曾规定，“出版者对其出版的图书，报纸、杂志的版式、装帧设计，享有专有使用权”，但《著作权法》修改时将装帧设计删除。

这是因为在立法部门征求意见的过程中，对这一问题存在分歧。出版部门认为装帧设计包括封面设计和版式设计，出版者对版式设计享有专有使用权没有争议，但封面设计的问题比较复杂。封面设计包括封一至封四，有观点认为封面设计（大多数是美术作品）具有独创性，应属美术作品加以保护，其权利人是封面设计者而非出版者。也有观点认为，装帧设计中的封面设计具有附属性，离不开作品，大多数封面设计是出版社委托他人设计完成的，这些封面设计一般与书的内容密切相关，如果委托的出版社不需要该封面设计，该封面设计就没有多大价值。并且从实际情况看，一般出版社向设计者支付报酬后，设计者也不再关心封面设计的用途，而出版社则很关心封面设计权利，因此，对封面设计专有权应当作为一种邻接权加以保护。另有观点认为，实践中，确定封面设计的权利归属主要看出版社与设计者的合同约定。

适用指引

版式设计体现为对印刷品的版面格式的设计，包括对版心、排式、用字、行距、标点等版面布局因素的安排。[①] 不同的出版社出版同一部作品，版面格式往往存在区别，这体现了出版者的创作和设计成果，如果允许他人在出版相同作品时随意使用该版式设计，对于设计者而言显然是不公平的，故《著作权法》第37条专门对版式设计的保护做了规定。判断版式设计是否具有独创性，应当结合证据审查主张保护的版式设计是否系其独立创作，所保护的设计元

① 参见胡康生主编：《中华人民共和国著作权法释义》，法律出版社2002年版，第148页。

素、布局及安排等是否达到《著作权法》规定的独创性要求。判断是否侵害版式设计专用权，除需要遵照其他著作权侵权的判定标准外，还应考虑相关版式设计的设计空间，对于他人未经许可擅自原样复制，或者很简单的、个别版式设计元素上做微小改动的复制以及变化了比例尺的复制等方式均构成侵权。此外，版式设计虽服务于内容，但独立于内容而存在，故版式设计专用权不保护图书和期刊的内容，内容方面的相同或实质性相似，并不构成对版式设计专用权的侵害。

典型案例

海南出版社有限公司与吉林美术出版社、长春欧亚集团股份有限公司欧亚商都著作权侵权纠纷申请再审案

关键词：版式设计　著作权　侵权

裁判摘要：具有独创性的版式设计受《著作权法》第36条（即现行《著作权法》第37条）的保护。判断版式设计是否具有独创性，应由原告对版式设计是否系其独立创作进行举证，就版式设计的意图、特点、设计元素、布局及安排等独创部分进行说明。在判断版式设计专用权保护范围时，还应考虑版式设计专用权和设计空间的关系。

基本案情：在再审申请人海南出版社有限公司（以下简称海南出版社）与被申请人吉林美术出版社（以下简称吉林出版社）、一审被告长春欧亚集团股份有限公司欧亚商都（以下简称欧亚商都）著作权侵权纠纷案中，吉林出版社以侵害著作权为由对海南出版社及欧亚商都提起诉讼称：《儿童学画大全》《儿童描红大全》《儿童剪纸大全》和《学前三百字》是其出版的幼儿读物，均采用了其独创的版式设计。海南出版社未经其许可，于2010年3月出版了《学画大全》《描红大全》《剪纸大全》和《学前三百字》，使用了吉林出版社独创的版式设计，进行低价销售，给吉林出版社造成损失，其行为已构成对吉林出版社版式设计专用权的侵犯。欧亚商都销售了侵权产品，与海南出版社构成共同侵权。吉林省长春市中级人民法院一审认为，海南出版社出版的被诉侵权图书在版式设计方面与吉林出版社相对应书籍的版式设计除在个别版式设计元素上做微小变动外，基本一致，构成对吉林出版社版式设计的使用。海南出版社未

经许可，使用吉林出版社的版式设计，侵犯了吉林出版社的版式设计专有使用权。据此，判决支持吉林出版社的诉讼请求。海南出版社不服一审判决，提起上诉，吉林省高级人民法院二审判决驳回上诉，维持原判。海南出版社不服二审判决，向最高人民法院申请再审。

最高人民法院经审查认为，首先，《著作权法》第36条第1款规定，出版者有权许可或者禁止他人使用其出版的图书、期刊的版式设计。版式设计体现为对印刷品的版面格式的设计，包括对版心、排式、用字、行距、标点等版面布局因素的安排。图书和期刊的出版者对其出版的图书、期刊独立进行智力创作的版式设计，应受《著作权法》第36条的保护，禁止其他人未经许可擅自原样复制，或者很简单的、改动很小的复制以及变化了比例尺的复制。版式设计虽服务于内容，但独立于内容而存在，故版式设计专用权不保护图书和期刊的内容，即使他人出版的图书和期刊的内容相同或实质性相似，也不构成侵犯出版者的版式设计专用权。人民法院在判断出版者是否享有版式设计专用权时，按照民事诉讼"谁主张，谁举证"的举证规则，应由原告对版式设计是否系其独立创作进行举证，就版式设计的意图、特点、设计元素、布局及安排等独创部分进行说明，在原告完成独创部分的举证后，被告如认为原告不享有版式设计专用权，则应提交相应证据予以证明。此外，在判断版式设计专用权保护范围时，还应考虑版式设计专用权和设计空间的关系。版式设计有丰富的表达方式，尤其是随着电脑技术的发展，出版者更是被赋予了更大的设计和创作空间。法律鼓励出版者充分发挥其创造力，创作出更多更好的版式设计，以充分传达图书内容，提升图书品质和品味。因此，对出版者独立完成的版式设计进行保护并非限制了其他出版者的设计空间，相反促进了其他出版者创作激情和创造力，有利于鼓励出版者加大创新投入，创作出更多更好的版式设计，也有利于促进出版行业的健康发展以及图书市场的繁荣。本案中，吉林出版社在主张其享有涉案图书版式设计专用权时，提出了每本书所包含的6－10个版式设计的诸多元素。尽管吉林出版社主张的版式设计中部分涉及图书内容和方法，但绝大部分是版式设计的内容，故吉林出版社已经初步完成了涉案图书享有版式设计专用权的举证责任。海南出版社虽主张吉林出版社涉案图书的版式设计仅仅是上下左右简单的行业通用的排版方式，但其既未提交在涉案图书出版之前公开出版的相同或基本相同版式设计的其他图书，也未提交行业通用的排版方式的相关规定以及其他能证明其主张的证据。此外，版式设计的简单复杂或创造性的高低并不是判断出版者享有版式设计专用权的标准。且海南出版社在上下左右的排版方式中对相关图书内容的布局和安排也有一定的设计空间，并不是没有其独创的空间，而必须要与吉林出版社涉案图书的版式设计基本一致，否则无法实现其图书的版式设计。故海南出版社主张吉林出版社的版式设计没有版式设计专用权和独创性的理由不能成立。其次，关于海南出版社是否侵犯了吉林出版社涉案图书的版式设计专用权。本案中，海南出版社出版的被诉侵权图书在版式设计方面与吉林出版社相对应图书的版式设计除在个别版式设计元素上做微小改动外，基本一致，构成对吉林美术出版社版式设计的使用。根据《著作权法》第36条的规定，海南出版社未经吉林出版社的许可，在其出版的图书上使用吉林出版社涉案图书的版式设计，侵犯了吉林出版社的版式设计专用权。综上，最高人民法院于2013年1月29日裁定驳回海南出版社的再审申请。

【案　　号】（2012）民申字第1150号

【审理法院】最高人民法院

【来　　源】《2013年中国法院50件典型知识产权案例》

第三十八条　使用他人作品演出，表演者应当取得著作权人许可，并支付报酬。演出组织者组织演出，由该组织者取得著作权人许可，并支付报酬。

关联规定

法律、行政法规、司法解释

《中华人民共和国著作权法实施条例》

第五条第六项　表演者，是指演员、演出单位或者其他表演文学、艺术作品的人。

条文释义

一、本条主旨

本条是关于表演者使用他人作品演出时对作品著作权人应尽义务的规定。

二、条文演变

1990年《著作权法》第35条规定："表演者（演员、演出单位）使用他人未发表的作品演出，应当取得著作权人许可，并支付报酬。

表演者使用他人已发表的作品进行营业性演出，可以不经著作权人许可，但应当按照规定支付报酬；著作权人声明不许使用的不得使用。

表演者使用改编、翻译、注释、整理已有作品而产生的作品进行营业性演出，应当按照规定向改编、翻译、注释、整理作品的著作权人和原作品的著作权人支付报酬。表演者为制作录音录像和广播、电视节目进行表演使用他人作品的，适用本法第37条、第40条的规定。"

2001年修正的《著作权法》将该条修改为第36条："使用他人作品演出，

表演者（演员、演出单位）应当取得著作权人许可，并支付报酬。演出组织者组织演出，由该组织者取得著作权人许可，并支付报酬。使用改编、翻译、注释、整理已有作品而产生的作品进行演出，应当取得改编、翻译、注释、整理作品的著作权人和原作品的著作权人许可，并支付报酬。”

2010 年修正《著作权法》时将该条修改为第 37 条：“使用他人作品演出，表演者（演员、演出单位）应当取得著作权人许可，并支付报酬。演出组织者组织演出，由该组织者取得著作权人许可，并支付报酬。使用改编、翻译、注释、整理已有作品而产生的作品进行演出，应当取得改编、翻译、注释、整理作品的著作权人和原作品的著作权人许可，并支付报酬。”

2020 年《著作权法》将该条修改为第 38 条：“使用他人作品演出，表演者应当取得著作权人许可，并支付报酬。演出组织者组织演出，由该组织者取得著作权人许可，并支付报酬。”

三、条文解读

（一）表演的概念

一般情况下，表演是指对文学艺术作品的公开再现，被表演的作品既可以是尚受保护的作品，也可以是已经进入公有领域的作品，没有作品被表演的情况下，演出不能成为本法保护的客体（当然，即兴演讲或者即兴舞蹈可视为作品和表演同时发生，表演者即是作者，在此类情况下的表演仍是对作品的再现）。在表演的概念上，各国立法例不同，如《巴西版权法》将足球比赛、田径比赛均视为表演，《法国版权法》则将除文学艺术作品的表演之外的杂耍、马戏、木偶戏等皆视为表演。本法所指的表演指演奏乐曲、上演剧本、朗诵诗词等直接或借助技术设备，以声音、表情、动作公开再现作品以及通过机械方式进行再现的行为。此外，根据本法第 3 条的规定，杂技艺术也视为作品而受到保护，杂技艺术的表演可视为表演者（杂技演员）对杂技艺术造型设计作品的表演。除此之外的魔术、武术、体操表演者的“表演”一般均非著作权法意义上的表演。

（二）表演者的概念

正如各国版权法对表演概念的分歧，在表演者的外延上各国立法也不统一。《罗马公约》认为表演者是指演员、歌唱家、舞蹈家和表演、歌唱、演说、朗诵、演奏或以别的方式表演文学艺术作品的其他人员。《巴西版权法》将运动员比赛活动列为受邻接权保护的客体范围，但表演者往往由运动员所属的俱乐部承担，真正直接参加“表演”的运动员往往只享有获酬权。禁止或许可他人现场转播或录制有关运动比赛的权利由运动员组织享有。

由此引起了表演者是否可由法人承担的问题。2010 年《著作权法》第 37 条采用了“表演者（演员、演出单位）”的表述，认可表演者包括自然人的表演者及演出单位，即剧团、歌舞团等法人及非法人组织。我国加入的《世界知识产权组织表演和录音制品条约》《视听表演北京条约》均将表演者的概念限定为“自然人”。《世界知识产权组织表演和录音制品条约》第 2 条、《视听表演北京条约》第 2 条均规定，“表演者”是演员、歌唱者、演奏者、舞蹈者和其他演出、歌唱、讲述、朗诵、演奏、诠释或以另外方式表演文学或艺术作品或民间文艺表达形式的人员。2020 年 1 月 28 日，批准或加入《视听表演北京条约》的成员国达到 30 个，条约由此在 2020 年 4 月 28 日正式生效。为了与《世界知识产权组织表演和录音制品条约》《视听表演北京条约》接轨，本次《著作权法》修正将 2010 年《著作权法》第 37 条中的“表演者（演员、演出单位）”修改为“表演者”，删去了“（演员、演出单位）”。这就意味着，“表演者”限定为自然人，演出单位不是表演者。同时，为了平衡表演者与演出单位之间的利益，修正后的《著作权法》第 40 条对职务表演制度作了规定。

（三）表演者及演出组织者的义务

表演者因使用作品而和著作权人发生著作权关系。这种关系因以下原因发生：一是表演者自己组织营业性演出；二是音像制作者、演出组织者、广播电台、电视台组织演出。前一种表演，由表演者请求著作权人许可，向其付酬，后一种表演，由演出组织者请求许可和付酬。

根据 1990 年《著作权法》的规定，被表演作品是否发表决定了表演者同作品著作权人之间存在不同的权利义务关系。1990 年《著作权法》第 35 条规定，表演者使用他人未发表的作品演出，应当取得著作权人许可，并支付报酬。2001年修正《著作权法》最大程度地保护了作品作者的利益，因此，不再对作品是否发表进行区分，无论作品是否发表，表演者使用他人作品进行演出的，必须取得著作权人许可并支付报酬。2010年、2020年修正《著作权法》延续了这一规定。此外，在本条第1款中虽然规定，演出组织者组织演出的，可以由该演出组织者取得著作权人许可，并支付报酬。但从原理上讲应当是谁表演作品谁应当取得著作权人的许可，这里主要是吸纳了实践中通行的做法，故规定由演出组织者“取得著作权人许可，并支付报酬”。

本次修正《著作权法》还对本条作了一处调整，即删去了原《著作权法》本条第2款规定。原《著作权法》本条第2款规定：“使用改编、翻译、注释、整理已有作品而产生的作品进行演出，应当取得改编、翻译、注释、整理作品的著作权人和原作品的著作权人许可，并支付报酬。”该规定源于演绎作品的著作权人与原作作品的著作权人都享有完整的著作权，故使用演绎作品表演，必须取得原作著作权人及演绎作品著作权人的双重许可，这一点与使用演绎作品进行出版、制作录音录像制品时需尽的义务，其原理是一致的。这次修正将使用演绎作品进行出版、演出和制作录音录像制品应当取得原作著作权人及演绎作品著作权人双重许可，集中规定在本法第16条，并相应地删去了本条第2款规定。

适用指引

在司法实践中，适用该条时应注意以下问题：

第一，根据《著作权法实施条例》第5条第6项的规定，“表演者，是指演员、演出单位或者其他表演文学、艺术作品的人”。此条规定的意义在于法律将表演者限定在对作品表演的范围之内。对于作品的范畴，我国《著作权法》第3条规定作品包括音乐、舞蹈、戏剧、曲艺、杂技艺术作品。《著作权法实施条例》第4条对十三类作品的具体内涵作出了解释。“作品”含义的扩大，表演者的范围也相应扩大，杂技艺术也被视为作品而受到保护，杂技艺术的表演可视为表演者（杂技演员）对杂技艺术造型设计作品的表演；而除此之外的魔术、武术、体操表演者的“表演”均非《著作权法》意义上的表演。

第二，著作权法的核心就是尊重和保护那些付出了创造性劳动，为社会创作、传播精神产品的人。使用他人的作品即是使用他人的劳动，应当尊重他人的人身权利和财产权利。表演者在表演作品时，除去对作品著作权人应尽的财产权上的义务外，还需要充分尊重作品作者的人身权。表演者应当尊重作者的署名权，在表演中忠实地再现作品，不得歪曲、篡改作品。为了演出的需要，如果要修改作品，应当征求著作权人的意见，不得擅自修改。但仅有文字变动的例外。

第三十九条　表演者对其表演享有下列权利：

（一）表明表演者身份；

（二）保护表演形象不受歪曲；

（三）许可他人从现场直播和公开传送其现场表演，并获得报酬；

（四）许可他人录音录像，并获得报酬；

（五）许可他人复制、发行、出租录有其表演的录音录像制品，并获得报酬；

（六）许可他人通过信息网络向公众传播其表演，并获得报酬。

被许可人以前款第三项至第六项规定的方式使用作品，还应当取得著作权人许可，并支付报酬。

关联规定

法律、行政法规、司法解释

《中华人民共和国著作权法实施条例》

第五条　著作权法和本条例中下列用语的含义：

（一）时事新闻，是指通过报纸、期刊、广播电台、电视台等媒体报道的单纯事实消息；

（二）录音制品，是指任何对表演的声音和其他声音的录制品；

（三）录像制品，是指电影作品和以类似摄制电影的方法创作的作品以外的任何有伴音或者无伴音的连续相关形象、图像的录制品；

（四）录音制作者，是指录音制品的首次制作人；

（五）录像制作者，是指录像制品的首次制作人；

（六）表演者，是指演员、演出单位或者其他表演文学、艺术作品的人。

第三十三条　外国人、无国籍人在中国境内的表演，受著作权法保护。

外国人、无国籍人根据中国参加的国际条约对其表演享有的权利，受著作权法保护。

条文释义

一、本条主旨

本条是关于表演者权利的规定。

二、条文演变

1990年《著作权法》第36条对表演者权作出了规定，权利包括表明表演者身份、保护表演者形象不受歪曲、许可他人从现场直播、许可他人为营利目的的录音录像的权利、许可他人复制发行录音录像制品的权利。2001年《著作权法》修正增加了表演者许可他人公开传送现场表演、复制发行录有其表演的录音录像制品、许可他人通过信息网络传播其表演的权利。2010年《著作权法》对此未作修改。2020年《著作权法》对表演者的身份进行了修改，并在本条表演者的权利上增加了出租录有其表演的录音录像制品的权利。

三、条文解读

本条共有两款，第1款规定表演者权的内容；第2款规定了表演者权行使时与著作权的关系。

（一）表演者权的概念和范围

表演者权，顾名思义即表演者对其表演享有的权利。

1. 表演者权的主体范围

表演者，是表演文学艺术和民间文学艺术作品的人。通常情况下，只有自然人才是能够实际实施诵读、演奏、舞蹈、曲艺表演等表演行为的人。在没有特别指明的情况下，表演者也应当主要是指表演的自然人。

我国《著作权法》长期实施表演者的双轨制，即表演者不仅包括自然人还包括法人和其他组织。1990年《著作权法》在第35条明确规定表演者包括演员和演出单位，这一规定延续至《著作权法》第三次修正。《著作权法实施条例》也规定，表演者是指演员、演出单位或者其他表演文学、艺术作品的人。这种规定与著作权制度上法人作品、职务作品等规定一脉相承，也与我国当时演出主体多为国有演出单位，演出单位在表演的产生和使用上进行了人力、物力投入，对表演具有决定权并承担相应责任的现实有关。

随着演出市场的不断发育和健全，演出单位与演员间的法律关系日益明确。著作权理论与实践也逐步厘清表演者与表演者权归属之间的关系，《著作权法》本次修正去除了演出单位作为表演者的规定，将演员与演出单位间的表演者权归属交由职务表演和合同约定进行规定。

2. 表演者权的客体范围

表演者权的客体是表演。按照《著作权法》对表演的规定，表演分为活的表演和机械的表演。表演者权的表演客体主要是指活的表演，即表演者对其通过表情、声音、姿态等进行的活的表演的权利。

表演者权作为一种与著作权有关的权利，有广义和狭义之分。广义的表演者权中的表演既包括对文学艺术作品等作品的表演，也包括对非文学艺术作品的表演，如体育表演。狭义的表演者权客体则仅限于对作品的表演，我国《著作权法》采取的是狭义的表演者权客体，主要是指对文学艺术作品也包括民间文学艺术作品的表演。

（二）表演者权的内容

表演者的权利主要包括表演者的人身权和财产权。在与著作权有关的权利中，表演者权是唯一同时具有人身权和财产权内容的权利。

1. 表演者的人身权

（1）署名权。表演者对其表演享有表明表演者身份的权利。表明表演者身份的权利实质上就是表演者的署名权。具体是指表演者有权利决定是否署名、如何署名。

《著作权法》将表演者的主体限定为自然人，因此毫无疑问进行表演的自然人享有署名的权利。那么职务表演的情况下，或者在合同约定表演者权利归属于法人、其他组织的情况下，法人或者其他组织是否享有署名的权利呢？按照著作权的实践，以及《著作权法》第12条的规定，在作品上署名的法人、其他组织为作者，法人、其他组织享有署名权。参照著作权的规定与实践，法人、其他组织享有表演者权的，也有权作出署名。

（2）表演形象不受歪曲的权利。表演者享有与作者的保护作品完整权类似的保护表演形象不受歪曲的权利。这里歪曲是指对表演进行丑化、严重割裂、或者完全相反情景的使用，使得表演悖离表演者的原意或者损害表演者人格权益的行为。

与署名权一样，法人、非法人组织在有约定的情况下可以行使该项权利。

2. 表演者的财产权

（1）现场直播的权利。表演者享有许可他人对其表演进行现场直播或者以其他手段进行公开传送的权利。这项权利属于对现场表演进行实时传播的权利。具体包括对现场表演进行广播的权利；对现场表演进行公开表演的权利，例如采用扬声器进行扩散传播。至于通过信息网络进行现场直播，到底应当属于本条第3项还是第6项规定的权利，未做明确的规定。不过，参照《著作权法》的规定可知，目前著作权权利内容中，通过信息网络的直播，应当属于广播权的范畴。与此类似，通过信息网络的直播也应当受第3项现场直播权的控制。

（2）录音录像的权利。表演者享有许可他人对现场表演进行录音录像的权利。与现场直播的权利不同，录音录像的权利主要针对的是对现场表演的录制行为，录制的结果是产生固定有表演的复制件。其产生的结果可能是制作视听作品、制作录音制品、制作录像制品。

（3）复制、发行、出租的权利。表演者享有许可他人复制、发行、出租录有其表演的录音录像制品的权利。这项权利与前述第4项权利有关。当表演者许可他人进行录音、录像，被许可人制作录音制品或者录像制品时，合法的许可合同中可能同时包含有复制发行的权利。本项权利不仅明确赋予表演者的复制发行出租权，更意在约束超越录音录像许可范围的使用行为，特别是未经许可擅自复制发行被许可人合法的录音录像的权利。

（4）信息网络传播的权利。表演者享有许可他人通过信息网络向公众传播其表演的权利。与著作权中的信息网络传播权类似，表演者的信息网络传播权也是《著作权法》在2001年修正时，为适应互联网等信息网络的发展增加的权利内容。

与《世界知识产权组织表演和录音制品条约》的规定一致，这里的表演指的是录制的表演，也就是前述第4项所指的被录制的表演。现场表演的网络直播属于第3项权利范围。

（5）被许可人的著作权许可义务。表演者对文学艺术作品进行表演，首先应当获得其表演作品著作权人的许可。

表演者行使表演者财产权时，被许可人还应当获得作品著作权人的许可。这条规定是参照演绎作品的双重许可制度做出的。著作权的使用中，翻译、汇编、摄制等演绎性使用是作品的重要使用方式，演绎作品包含了原作品的独创性劳动，为了充分保护原著作权人的利益，《著作权法》规定了演绎作品的使用人应当获得演绎作品以及原作品的双重许可。表演者对作品进行表演，实质上进行的也是一种类似于演绎的使用行为，在表演者的表演中必然包含了作品的独创性部分，同样地，为了公平起见，《著作权法》规定表演者进行许可时应当获得著作权人的许可。

适用指引

一、表演权与表演者权

著作权中的表演权与有关权利中的表演者权仅一字之差，实践中存在将二者混淆的情况。有必要对表演权与表演者权的关系予以梳理。

一方面，表演者权与表演权是不同性质的两种权利。表演者权属于与著作权有关的权利，表演权则是著作权中的权利。表演者权由一系列权利组成，包括人身权和财产权。表演权是著作权项下的一项独立的权利，仅属于著作财产权。

另一方面，表演者权与表演权又具有紧密的关系。表演者权来源于表演权，正是因为作者或者权利人行使著作权中的表演权，才使得表演者有机会因为对作品的表演而享有了表演者权。可以说，没有表演权就没有表演者权。另外，表演使得表演权得以实现，表演者权又扩张了作品的传播范围，增加了著作权人的收益。

二、视听作品中表演者的权利

视听作品中的表演是视听作品的重要组成部分，视听作品中的演员享有表演者的权利，同时由于视听作品受电影类视听作品行业惯例的影响，视听作品的演员的权利与一般表演者相比又呈现出不同的特点。

（一）表演者权利的一揽子让渡

与侧重于现场表演的表演者权不同，视听作品的表演是为摄制而进行的表演，因此演员从表演之始就清楚其表演是为录制或者摄制进行，因此，在演员与制作者间存在明确的合同关系。

视听作品制作的表演合同约定有所不同。视听作品是包括表演在内的综合劳动成果，按照《著作权法》规定，电影视听作品的著作权由制片人享有。为了统一著作权与其他权利的归属和行使，表演合同往往会统一规定，演员将其表演者权中的财产权一揽子转让给制片人。电影制作完成后，电影的放映、复制、发行、出租、广播、信息网络传播都与表演者无关，演员一般不得再以《著作权法》的表演者权为名行使相关财产权利。

（二）表演者范围

在电影视听作品的制作中，由于摄制技术、后期剪辑等手段的使用，电影最终呈现的视听表演与演员的现场表演存在较大的差异。即使是演员的现场表演也需要在导演的指导和协调下完成。这导致电影中不仅从事镜头下表演的演员属于表演者，幕后的导演更是最重要的表演者。导演同样享有类似于表演者的权利。

（三）未经许可的制作

视听作品对表演的使用必须是通过合法的合同获得的。未经许可的录制制作，或者超越许可范围的制作和后期使用，即使最终构成了视听作品，也不能做出一揽子权利转让的认定，表演者仍然保有其表演者权。

典型案例

陈佩斯、朱时茂诉中国国际电视总公司侵犯著作权使用权和获得报酬权及侵犯表演者权纠纷案

关键词：表演者权　预约　本约

裁判摘要：根据《著作权法》有关规定，中央电视台组织、制作的春节联

欢晚会从整体上应认定属于电视作品，但是中央电视台对春节联欢晚会这一综艺节目整体享有的权利，并不能得出原告在该节目中丧失其对所涉小品享有的著作权和表演者权的结论，除非双方对此有明确约定，即原告将上述小品在春节联欢晚会上使用形成的节目的所有权利让渡给中央电视台。在中央电视台对春节联欢晚会整台节目享有著作权、原告对创作、表演的小品享有著作权、表演者权的情况下，被告将春节联欢晚会上原告表演的小品制作专辑，不仅要征得中央电视台的许可，而且还应当取得原告的同意，否则即构成侵权。

基本案情： 1999年5月27日，陈佩斯、朱时茂在北京市新华图书有限责任公司购买了电视总公司出版、发行的VCD光盘《陈佩斯、朱时茂小品专辑》、《欢乐送到家》小品专辑，其中汇集了两原告创作并在春节联欢晚会上表演的小品《吃面条》《拍电影》《主角与配角》《羊肉串》《王爷与邮差》《胡椒面》《警察与小偷》《姐夫与小舅子》；同日，在北京金冶光文化音像有限公司购买了电视总公司出版、发行的VCD光盘《笑笑笑小品专辑》《笑笑大世界》《陈佩斯小品专辑》《小品专辑》，其中含有两原告创作并在春节联欢晚会表演的上述8个小品。请求赔偿1666465元

法院经审理认为，两原告作为作者和表演者，是本案所涉8个小品的著作权人和表演权权利人，对8个小品依法享有著作权和表演者权；被告仅有中央电视台的许可而未经原告许可，出版、发行多个版本的含有原告享有著作权及表演者权利的小品的VCD光盘，明显构成侵权，损害了原告的合法权益，被告理应承担相应的法律责任，包括赔礼道歉、公开消除影响、赔偿损失；应当参考原、被告双方于1994年达成的调解协议中规定的利润额作为本案所涉小品侵权赔偿计算的基数，再结合被告出版发行侵权VCD光盘的节目数量、侵权情节、主观过错等情况酌情确定赔偿数额。法院判决被告停止侵权、公开赔礼道歉、消除影响，赔偿333293元及支出的合理费用3164元。一审宣判后，双方当事人均未在法定期限内提出上诉，一审判决已经发生法律效力。

【案　　号】（1999）一中知初字第108号

【审理法院】北京市第一中级人民法院

【来　　源】中国裁判文书网

第四十条　演员为完成本演出单位的演出任务进行的表演为职务表演，演员享有表明身份和保护表演形象不受歪曲的权利，其他权利归属由当事人约定。当事人没有约定或者约定不明确的，职务表演的权利由演出单位享有。

职务表演的权利由演员享有的，演出单位可以在其业务范围内免费使用该表演。

条文释义

一、本条主旨

本条是关于职务表演的规定。

二、条文演变

本条系2020年修正《著作权法》的新增条款，无条文演变。

三、条文解读

表演者的概念界定与表演者权利的归属是两个不同的问题。修改后的《著作权法》第38条根据国际条约并参考境外立法例的做法，删去了演出单位可以为表演者的规定，即将表演者限定为自然人。演员为表演活动付出了创造性劳动，演员即为表演者。演出单位作为表演活动的组织者，虽然也为表演活动做出了贡献，但演出单位不属于表演者。演出单位的利益通过本条规定的职务表演制度予以保护。

（一）职务表演的含义

依照本条规定，演员为完成本演出单位的演出任务进行的表演为职务表演。职务表演的核心要素在于“完成本演出单位的演出任务”。如果演员业务时间的表演，不是完成本演出单位的演出任务，不属于职务表演。如果演员独立地进行与演出单位无关的表演，也不属于职务表演，不由本条规范所调整。

（二）职务表演中表演者权利的归属

本条对职务表演中表演者权利的归属分层次予以规定。

依照本法第 39 条规定，表演者权利可以分为两大类：一是表演者的人身权利，包括表明表演者身份的权利和保护表演形象不受歪曲的权利；二是表演者的财产权利，包括许可他人从现场直播和公开传送其现场表演的权利，许可他人录音录像的权利，许可他人复制、发行、出租录有其表演的录音录像制品的权利，以及许可他人通过信息网络向公众传播其表演的权利。

1. 表演者的人身权利为演员所专有

表演者的人身权利，与表演者的人身密切相关。本条对此作了明确规定，演员享有表明身份和保护表演形象不受歪曲的权利，也即演员对这两类人身权利享有法定的专有权利。演员与演出单位只能就除这两类人身权利之外的财产权利的归属进行约定，不得通过约定排除演员对这两类人身权利的专有权。

表演者人身权利的归属问题，在本次著作权法修正过程中也经历了一个不断完善的过程。2020 年 4 月全国人大常委会初次审议的《著作权法修正案》（一审稿）第 17 条第 1 款规定，对于职务表演，演员享有表明身份的权利，其他权利归属由当事人约定。按照该规定，保护表演形象不受歪曲的权利归属也可以由演员与演出单位进行约定。对此，有的意见提出，保护表演形象不受歪曲是演员一项重要的著作人身权，在职务表演中也应当由演员享有，应当受到法律保护。经研究，这一建议得到采纳，“保护表演形象不受歪曲”的权利也为演员所专有。

2. 财产权利的归属实行“约定优先”

表演者财产权利的归属影响着表演活动所获得的经济利益的分配。职务表演中，演出单位作为组织者，为表演活动的统筹安排做出了贡献，演员为表演活动付出了创造性劳动。在表演者人身权利专属于演员的前提下，对于表演者财产权利的归属，实行“意思自治原则”有利于合理平衡演员与演出单位之间的利益关系。依照本条规定，表演者的财产权利，包括许可他人从现场直播和公开传送其现场表演的权利，许可他人录音录像的权利，许可他人复制、发行、出租录有其表演的录音录像制品的权利，以及许可他人通过信息网络向公众传播其表演的权利，由演员与演出单位自行约定，可以约定为由演员享有，也可以约定为由演出单位享有。

3. 没有约定或者约定不明确情形下的财产权利归属

出现了演员与演出单位就财产权利的归属没有约定或者约定不明确的具体情形，如何处理呢？如果依照一般的民事案件处理，则适用《民法典》第510条规定。《民法典》第510条规定，合同生效后，当事人就合同主要内容没有约定或者约定不明确的，可以协议补充；不能达成补充协议的，按照合同相关条款或者交易习惯确定。《著作权法》本条规定相对于《民法典》第510条是特别法与一般法的关系，是对著作权领域职务表演中财产权利归属所作的特别规定，应当优先适用。依照本条规定，对于职务表演、如果发生当事人对于财产权利的归属没有约定或者约定不明确的情形，财产权利由演出单位享有。

4. 财产权利由演员享有情形下的演出单位利益保护

对于职务表演，如果演员与演出单位通过约定，将财产权利归属于演员享有的，是不是演出单位使用该表演也要经过演员许可呢？考虑到演出单位对表演活动的组织安排做出了贡献，本条从适当保护演出单位的利益出发，规定职务表演的权利由演员享有的，演出单位可以在其业务范围内免费使用该表演。应当注意的是，演出单位免费使用该表演并不是无限制的，必须是在其业务范围内，超出其业务范围使用该表演，必须经过作为权利人的演员的许可。

适用指引

在司法实践中，适用该条时应注意以下问题：本条规范的是对职务表演中财产权利的归属没有约定或者约定不明确的情形，如果当事人对于财产权利归属的约定发生理解分歧的，则适用《民法典》第466条关于合同解释的规则予以处理。依照《民法典》第466条的规定，当事人对合同条款的理解有争议的，应当按照所使用的词句，结合相关条款、行为的性质和目的、习惯以及诚信原则，确定争议条款的含义。

第四十一条　本法第三十九条第一款第一项、第二项规定的权利的保护期不受限制。

本法第三十九条第一款第三项至第六项规定的权利的保护期为五十年，截止于该表演发生后第五十年的 12 月 31 日。

关联规定

法律、行政法规、司法解释

《中华人民共和国著作权法》

第三十九条　表演者对其表演享有下列权利：

（一）表明表演者身份；

（二）保护表演形象不受歪曲；

（三）许可他人从现场直播和公开传送其现场表演，并获得报酬；

（四）许可他人录音录像，并获得报酬；

（五）许可他人复制、发行、出租录有其表演的录音录像制品，并获得报酬；

（六）许可他人通过信息网络向公众传播其表演，并获得报酬。

被许可人以前款第三项至第六项规定的方式使用作品，还应当取得著作权人许可，并支付报酬。

条文释义

一、本条主旨

本条是有关表演者权利保护期的规定。

二、条文演变

2001年修正的《著作权法》第38条规定："本法第三十七条第一款第（一）项、第（二）项规定的权利的保护期不受限制。本法第三十七条第一款第（三）项至第（六）项规定的权利的保护期为五十年，截止于该表演发生后第五十年的12月31日。"

2010年修正的《著作权法》第39条规定："本法第三十八条第一款第（一）项、第（二）项规定的权利的保护期不受限制。本法第三十八条第一款第（三）项至第（六）项规定的权利的保护期为五十年，截止于该表演发生后第五十年的12月31日。"

2020年修正的《著作权法》第41条规定："本法第三十九条第一款第（一）项、第（二）项规定的权利的保护期不受限制。本法第三十九条第一款第（三）项至第（六）项规定的权利的保护期为五十年，截止于该表演发生后第五十年的12月31日。"

三、条文解读

1990年《著作权法》对于表演者权利的保护期限，没有作出专门规定。2001年修正《著作权法》时增加了这方面内容的规定，即参照著作权保护期限的规定，规定表演者人身权利保护期不受限制，其财产权利的保护期为五十年，截止于该表演发生后的第五十年的12月31日。2010年、2020年修正《著作权法》时均延续了这一规定。

本法第39条第1款第1项"表明表演者身份"和第2项"保护表演形象不受歪曲"的权利为表演者的两项人身权利或者称为精神权利。人身权利或者精神权利永久受保护，没有保护期的限制。本法第39条第1款第3项至第6项规定的许可他人从现场直播和公开传送其现场表演，许可他人录音录像及复制、发行、出租录有其表演的录音录像制品，许可他人通过信息网络向公众传播其表演，并因此获得报酬，为表演者的财产权利。表演者的财产权利的保护期为50年，截止于该表演发生后的第50年的12月31日。以上规定同《与贸易有关的知识产权协定》第14条的规定一致。

（一）对表演者的人身权利永久保护

对作者的人身权，《著作权法》规定永久保护。表演者权利也称邻接权，邻接权中的人身权，《著作权法》也给予同样保护。表演者的人身权，主要包括两项内容。第一，表明表演者身份的权利，表明表演者身份的权利是表演者权利的基础。表演者有权要求在其现场表演及载有其表演的影片、唱片等音像制品上载明其姓名，表明其身份，当然，表演者也可以要求不署自己的名字。第二，保护表演形象不受歪曲的权利，这是表演者维护其表演完整性的权利。这两项权利都属于表演者人身权的范畴，与表演者的人格利益和精神利益密切相关。参照著作人身权保护的相关规定，此类人身权的保护是没有期限限制的。在表演作品产生之后，表演者即享有表明表演者身份的权利和保护表演形象不受歪曲的权利，这种精神权利的内容同表演者人身相连，不可转让，不受剥夺。

（二）对表演者权中的财产权保护期为50年

表演者的财产性权利，主要指《著作权法》第38条规定的第3—6项权利。即许可他人从现场直播和公开传送其现场表演，并获得报酬的权利；许可他人录音录像，并获得报酬的权利；许可他人复制、发行录有其表演的录音录像制品，并获得报酬的权利；以及许可他人通过信息网络向公众传播其表演，并获得报酬。

著作权人的财产性权利也有保护期限的限制。根据《与贸易有关的知识产权协议》第14条第5项的规定，录音制品制作者和表演者根据本协议可以获得的保护期至少应持续到从录音制品被制作或演出进行的日历年年终起算的50年期结束时。按照第3款给予的保护期至少应从广播播出的日历年年终起算持续20年。《著作权法》第23条规定："自然人的作品，其发表权、本法第十条第一款第五项至第十七项规定的权利的保护期为作者终生及其死亡后五十年，截止于作者死亡后第五十年的12月31日；如果是合作作品，截止于最后死亡的作者死亡后第五十年的12月31日。法人或者非法人组织的作品、著作权（署名权除外）由法人或者非法人组织享有的职务作品，其发表权的保护期为五十年，截止于作品创作完成后第五十年的12月31日；本法第十条第一款第五项至第十七项规定的权利的保护期为五十年，截止于作品首次发表后第五十年的12月31日，但作品自创作完成后五十年内未发表的，本法不再保护。视听作品，其发表权的保护期为五十年，截止于作品创作完成后第五十年的12月31日；本法第十条第一款第五项至第十七项规定的权利的保护期为五十年，截止于作品首次发表后第五十年的12月31日，但作品自创作完成后五十年内未发表的，本法不再保护。”

适用指引

司法实践中，应注意以下问题：对表演者人身权的保护不受限制，这一点没有疑问，但在涉及表演者许可他人从现场直播和公开传送其现场表演的权利保护期问题上出现了争议。有观点认为现场表演若不将其固定，则现场表演结束，表演者权利的客体也不存在，因此，此项权利无所谓保护期。如果直播后制成录音带、录像带，或者由音像出版公司邀请表演者录制录音录像带，由于表演形象已被固定在磁带上并可复制发行，就产生了表演者财产权的另一项内容——许可他人录音录像的权利。因此，可以按录音制品的保护期保护。反对意见认为，若不规定保护期的问题则可能从问题的反面导出悖论。因此，《著作权法》根据《与贸易有关的知识产权协定》第14条的内容对表演者权利保护期作了规定：对表演者人身权利的保护不受限制；对表演者权中的财产权利的保护期为50年，截止于该表演发生后的第50年的12月31日。此外，表演者死亡的，其表演者财产权由继承人继承。

第四十二条　录音录像制作者使用他人作品制作录音录像制品，应当取得著作权人许可，并支付报酬。

录音制作者使用他人已经合法录制为录音制品的音乐作品制作录音制品，可以不经著作权人许可，但应当按照规定支付报酬；著作权人声明不许使用的不得使用。

关联规定

法律、行政法规、司法解释

1.《中华人民共和国著作权法实施条例》

第三十一条　著作权人依照著作权法第四十条第三款声明不得对其作品制作录音制品的，应当在该作品合法录制为录音制品时声明。

2.《著作权集体管理条例》

第二十五条　除著作权法第二十三条、第三十三条第二款、第四十条第三款、第四十三条第二款和第四十四条规定应当支付的使用费外，著作权集体管理组织应当根据国务院著作权管理部门公告的使用费收取标准，与使用者约定收取使用费的具体数额。

条文释义

一、本条主旨

本条是关于录音录像使用作品的规定。

二、条文演变

1990年《著作权法》第37条规定，录音制作者使用他人未发表的作品制作录音制品，应当取得著作权人的许可，并支付报酬。使用他人已发表的作品制作录音制品，可以不经著作人许可，但应当按照规定支付报酬；著作权人声明不许使用的不得使用。

录像制作者使用他人作品制作录像制品，应当取得著作权人的许可，并支付报酬。

录音录像制作者使用改编、翻译、注释、整理已有作品而产生的作品，应当向改编、翻译、注释、整理作品的著作权人和原作品的著作权人支付报酬。

2001 年修正《著作权法》将该条的条文序号修改为第 39 九条，将原第 1、2 款合并修改为第 1 款“录音录像制作者使用他人作品制作录音，应当取得著作权人许可，并支付报酬。”第 2 款修改为“录音录像制作者使用改编、翻译、注释、整理已有作品而产生的作品，应当取得改编、翻译、注释、整理作品的著作权人和原作品著作权人许可，并支付报酬。”第 3 款修改为“录音制作者使用他人已经合法录制为录音制品的音乐作品制作录音制品，可以不经著作权人许可，但应当按照规定支付报酬；著作权人声明不许使用的不得使用。”

2010 年修正《著作权法》，将条文序号修改为第 40 条，内容未作变动。

2020 年修正《著作权法》将条文序号修改为第 42 条，将原第 1 款、第 2 款合并修改为，录音录像制作者使用他人作品制作录音录像制品，应当取得著作权人许可，并支付报酬；保留了原第 3 款作为第 2 款。

三、条文解读

（一）使用他人作品制作录音制品

1990 年的《著作权法》第 37 条第 1 款规定：“录音制作者使用他人未发表的作品制作录音制品，应当取得著作权人许可，并支付报酬。使用他人已发表的作品制作录音制品，可以不经著作权人许可，但应当按照规定支付报酬，著作权人声明不许使用的不得使用。”对已发表作品录音的法定许可，主要是考虑到，录音制品多采用音乐、戏曲、童话、故事等比较短小的作品，多部作品容纳在一盘录音带中，涉及的著作权人多（有时一盒录音带涉及二十几位作者），一一找到他们并取得许可并非易事，而且音像制品有较强的时间要求，取得众多著作权人许可必然要花费大量的时间和精力，著作权人意见稍不一致，录制工作就无法进行。考虑到录音制作者取得所有著作权人授权确实有一定困难，为了不妨碍作品的传播，满足广大群众对精神产品的需求，因此，对使用未发表的作品制作录音制品的情况规定了法定许可。[①]

1992年9月，为表明我国加入《伯尔尼公约》，履行公约规定的国际义务的诚意，国务院制定并施行了《实施国际著作权条约的规定》。该规定第16条规定："有集体组织的，应当事先取得该组织的授权。"由于许多国家有著作权集体管理组织，因此，使用外国作品制作录音制品的，实际上是既要经过许可，也要支付报酬。这与使用本国作品制作录音制品对著作权人的保护水平是不一致的。是按照《实施国际著作权条约的规定》修正《著作权法》，还是维持1990年《著作权法》的规定不变？考虑到1992年10月15日，我国参加的《伯尔尼公约》的第13条第1款规定："本同盟每一成员国可就其本国情况对音乐作品作者及允许其歌词与音乐作品一道录音的歌词作者授权对上述音乐作品以及有歌词的音乐作品进行录音的专有权利规定保留及条件；但这类保留及条件之效力严格限于对此作出规定的国家，而且在任何情况下均不得损害作者获得在没有协议情况下由主管当局规定的合理报酬。"即《伯尔尼公约》允许成员国对著作权人的录音权实行非自愿许可制度。因此，2001年修改《著作权法》，从中国实际出发，仍然保留了录音权的法定许可制度，但对法定许可的条件作了更加严格的限制。即把"使用他人已发表的作品制作录音制品"，修改为"使用他人已经合法录制为录音制品的音乐作品制作录音制品"。两种规定的区别在于：按照修正前的规定，第一，只要作品已公之于众，不论其是否已被出版、表演、录音、广播，都可以不经作者授权制作录音制品；第二，使用作品的种类可以是已发表的音乐作品，也可以是曲艺、文学故事、诗歌朗诵等作品。按照修正后的规定，第一，作品已被使用的方式仅限于合法录制，在报刊上发表、经现场表演都不能作为法定许可的条件。多年前，某作曲家曾和某音像出版社就其创作的电视连续剧《红楼梦》中的歌曲的录制发行发生纠纷，该作曲家认为，由于其已声明授权中国电影出版社独家出版《红楼梦》中的音乐和歌曲，所以音像出版社擅自录制其作品的行为属于侵权。音像出版社则提出，其使用的作品已经在杂志上发表，所以不构成侵权。这一纠纷，如果适用修正前的《著作权法》，音像出版社的行为可以认定为是法定许可，但适用修正后的《著作权法》，就会被认定是侵权。第二，被合法录制为录音制品的作品种类仅限于音乐作品。曲艺、文学故事、诗歌朗诵等文字作品及其他作

① 参见黄薇、王雷鸣主编：《〈中华人民共和国著作权法〉导读与释义》，中国民主法制出版社2021年版。

品，即使已被合法录制，使用时还要经著作权人许可。所谓“已经合法录制”，是指已有人经作者授权，将他们的词曲制作成录音制品。既然作者同意将他的作品以录音的方式使用，后续的录音制作者就可以不再取得作者授权，只要向作者支付作品使用费即可。需要说明的是，使用他人已合法录制的音乐作品，不能是将他人已录制的录音制品复制到自己的录音制品上，比如，羽·泉演唱的盒带《冷酷到底》收录了《把爱留给爱你的人》《彩虹》《叶子》《风声边界》《冷酷到底》等10首歌曲。如果要用《把爱留给爱你的人》的词曲制作录音制品，不能直接把盒带《冷酷到底》中的这首歌翻拍收录在自己的录音盒带中，只能是使用该词曲，由演员重新演唱，重新制作录音制品，否则会构成对著作权人、表演者、录音制作者权利的侵犯。

一般来说，著作权人公开发表其作品，表明他愿意让作品在社会上传播，所以一般条件下，可以不经著作权人许可使用其作品，不违背著作权人意愿，这也是规定制作录音制品的法定许可基础。但实践中也会出现一些作者在其作品被录制为音乐作品后，不愿意再传播其作品的情况，比如，某作曲家认为他在20世纪60年代发表的一些歌曲质量不高，不能代表其创作水平，录制播放后有损他的声誉，所以声明不许他人使用。为了尊重作者的意愿，保护其著作权，该条在规定法定许可的同时，规定“著作权人声明不许使用的不得使用”。也就是说，对于那些著作权人已声明某作品未经其许可不得再制作录音制品的，录音制作者就不能适用法定许可的规定，否则将构成侵权。

（二）使用他人作品制作录像制品

录像制品一般是将已有的作品或者表演通过电讯设备机械录制再现。由于录像制品能够使人们通过音像两方面完整地感知作品的内容或者演出实况，所以一旦录像制品录制发行后，演员的剧场演出和授课场次都会受到影响。录像制品的特点与著作权人的财产权利息息相关，著作权人应有权决定是否将其作品制作成录像制品。因此，历次《著作权法》修正都规定，录像制作者使用他人作品制作录像制品，应当取得著作权人许可，并支付报酬。

（三）使用演绎作品制作录音录像制品

如前所述，将使用演绎作品的情形统一规定在第16条，同时在方式上增加了“汇编”。演绎作品，指对已有作品进行翻译、改编、注释、整理而产生的作品。制作录音录像制品可以使用演绎作品，比如，使用翻译的外国歌曲制作音乐盒带；使用改编的小说制作故事录音带；使用注释、整理的作品作为录像中的旁白、说明。翻译、改编、注释、整理作品，作者付出了创造性劳动，依法享有著作权，因此，录音录像制作者使用他们的作品（除非该作品是已合法录制为录音制品的音乐作品，可以不经许可，只要支付报酬），要经其许可并向其支付报酬。由于演绎作品是基于原作品的再创作，原作品的著作权人授权对其作品改编、翻译、注释、整理，只是行使了其对作品的演绎权，当录音录像制作者将演绎的作品制作录音录像制品时，属于原作者的著作权，因此，使用翻译、改编、注释、整理作品制作录音录像制品，还要经原著作权人许可（除非该作品是已合法录制为录音制品的音乐作品，可以不经许可，只要支付报酬），并向其支付报酬。

第四十三条　录音录像制作者制作录音录像制品，应当同表演者订立合同，并支付报酬。

条文释义

一、本条主旨

本条是关于录音录像制作者与表演者订立合同的规定。

二、条文演变

1990 年《著作权法》第 38 条规定，录音录像制作者制作录音录像制品，应当同表演者订立合同，并支付报酬。

此后，《著作权法》在 2001 年、2010 年、2020 年的三次修正对该条文的序号进行了修改，对内容未作变动。

三、条文解读

自 1990 年《著作权法》制定后，此条规定的内容没有进行过修改。

一部作品要生动、形象地被人们感知，依赖于表演者的表演。没有表演者的表演，许多录音录像无法制作完成。根据《著作权法》第 39 的规定，表演者享有许可他人录音录像并获得报酬的权利，以及许可他人复制、发行、出租、通过信息网络向公众传播录有其表演的录音录像制品，并获得报酬的权利。可见，录音录像制作者要将表演者的表演制作成录音录像制品，必须取得表演者的授权，否则将构成对表演者录音录像权的侵犯。[①]

按照本条规定，录音录像制作者制作录音录像制品，应当同表演者订立合同。合同是明确表演者和录音录像制作者双方权利义务的法律文件，内容应当

---

① 参见黄薇、王雷鸣主编：《〈中华人民共和国著作权法〉导读与释义》，中国民主法制出版社 2021 年版。

明确具体，包括以下六个方面。

第一，许可使用的权利的种类。即写明许可使用的权利是什么，比如，是许可将其表演制作录音录像制品，还是许可复制发行录有其表演的录音录像制品。

第二，许可使用的权利是专有使用权或者非专有使用权。即写明录音录像制作者对表演享有的是否是独占使用权。如果表演者许可的是专有使用权，那么他在许可某一音像公司在一定期间对其某一首或几首歌曲的演唱享有录制、发行的权利的同时，就要承诺在合同约定的期间不再许可其他任何人对这首歌或者这几首歌录制、发行。如果表演者许可的是非专有使用权，那么他还可以将已许可甲公司的对其某一首或几首歌曲的录制、发行权利，同样许可给乙公司。是否许可录音录像制作者享有专有使用权，是表演者的权利，录音录像制作者只能通过协商取得专有使用权。表演者授权录音录像制作者享有使用权的，应在合同中明确约定，合同中对专有使用权没有约定的，录音录像制作者只能享有非专有使用权。

第三，许可使用的地域范围、期间。即写明使用作品的地域和作品使用者享有使用权的存续期间。比如，仅可以在中国发行，仅可以在某省、自治区、直辖市发行；制作、发行的时间是多长。对制作、发行时间约定不明，应视为不定期制作发行。

第四，付酬标准和办法。即写明以何种方式支付报酬。比如，按照发行的录音录像制品的盒数付酬，按照版税付酬等；报酬一次付清或分期付清等。

第五，违约责任。即写明当事人不履行合同约定的义务或不完全履行义务应承担的法律后果。比如，将许可录音制作者对其表演的专有录制发行权又许可他人应如何承担责任；录音录像制作者超出表演者许可发生的地域范围发行录音录像制品，或者不按期支付报酬，如何承担责任；承担责任的方式和违约金、损害赔偿金的计算标准等。

第六，双方认为需要约定的其他内容。除了上述五方面的内容，录音录像制作者与表演者可能还有其他一些需要约定的事项。比如，约定保责条款，即表演者保证其许可使用的表演没有侵犯他人的权益，承诺如出现侵权行为和后果，将承担责任。又如，约定争议的解决方式，即发生了著作权纠纷是通过有关门调解解决，还是通过仲裁机构仲裁，或是向人民法院提起诉讼。

第四十四条　录音录像制作者对其制作的录音录像制品，享有许可他人复制、发行、出租、通过信息网络向公众传播并获得报酬的权利；权利的保护期为五十年，截止于该制品首次制作完成后第五十年的12月31日。

被许可人复制、发行、通过信息网络向公众传播录音录像制品，应当同时取得著作权人、表演者许可，并支付报酬；被许可人出租录音录像制品，还应当取得表演者许可，并支付报酬。

条文释义

一、本条主旨

本条是关于录音录像制作者专有权和权利保护期，以及被许可使用者与著作权人、表演者关系，被许可人出租录音录像制品时与表演者关系的规定。

二、条文演变

1990年《著作权法》第39条规定，录音录像制作者对其制作的录音录像制品，享有许可他人复制发行并获得报酬的权利。该权利的保护期为50年，截止于该制品首次出版后第50年的12月31日。

被许可复制发行的录音录像制作者还应当按照规定向著作权人和表演者支付报酬。

2001年《著作权法》将条文序号修改为第41条，增加“许可他人出租、通过信息网络向公众传播”作为录音录像制作者对其制作的录音录像制品享有获得报酬的权利的方式；将录音录像制品保护期起算时间从原来的“首次出版”后，修改为从录音录像制品“首次制作完成”后起算。并规定，被许可人复制、发行、通过信息网络向公众传播录音录像制品，还应当取得著作权人、表演者许可，并支付报酬。

2010年修正《著作权法》将该条条文序号修改为第42条，对内容未做变动。

2020年修正《著作权法》将该条条文序号修改为第44条，将第2款修改为被许可人复制、发行、通过信息网络向公众传播录音录像制品，应当同时取得著作权人、表演者许可，并支付报酬；被许可人出租录音录像制品，还应当取得表演者许可，并支付报酬。

三、条文解读

（一）录音录像制作者的专有权

录音录像制作是指用机械、光学，电磁、激光等科学技术手段，将作品音像或者图像记录在唱片、磁带、磁盘、激光盘或者其他载体上的行为。在这一过程中录音录像制作者同样付出了创造性的劳动，因此，应当受到《著作权法》的保护。

录音录像制作者的权利是随着录音录像技术的发展而产生的。现代技术的发展，使录制录音录像制品极为容易。一些企业和个人常常擅自复制他人的录音录像制品非法牟利，为保护自己的利益，录音录像制作者要求法律规定其应有的权利。1961年《罗马公约》第一次以国际公约的形式规定录音制品制作者享有许可或者禁止他人直接或间接复制其录音制品的权利。1971年10月29日在日内瓦通过了《日内瓦公约》，规定：各缔约国应当保护是其他缔约国国民的录音制品制作者，防止未经录音制品制作者同意而制作复制品和防止此类复制品的进口，只要任何此种制作或进口的目的是公开发行，以及防止公开发行此类复制品。1994年《与贸易有关的知识产权协定》第14条也明确规定，录音制品制作者应享有权利许可或禁止对其作品的直接或间接复制。1996年《世界知识产权组织表演和录音制品条约》，规定了录音制品制作者的复制权、发行权、出租权和提供录音制品的权利。为了禁止非法复制的录音带录像带的传播及未经许可播放他人享有著作权的电影、电视作品，1989年世界知识产权组织在日内瓦缔结了《视听作品的国际登记条约》。目前，大多数国家的著作权法都规定了录音制作者的权利。我国虽然不是《罗马公约》的成员国，但我国相继加入了《日内瓦公约》《与贸易有关的知识产权协定》《世界知识产权组织表演和录音制品条约》等国际公约。我国1990年《著作权法》明确规定

"录音录像制作者对其制作的录音录像制品享有许可他人复制发行并获得报酬的权利"。为履行我国加入世界贸易组织的承诺，2001 年《著作权法》不仅保留规定了录音录像制作者享有复制发行的权利，而且按照《与贸易有关的知识产权协定》的要求，增加规定了录音录像制作者享有出租权；同时，针对计算机网络发展，对著作权及相关权利的影响，借鉴《世界知识产权组织表演和录音制品条约》，规定了录音录像制品制作者享有信息网络传播权。

1. 录音录像制作者的复制发行权

按照本条规定，录音录像制作者对其制作的录音录像，享有许可他人复制发行并获得报酬的权利。复制，是指制作一件或多件某种录音录像的复版。发行，是指将录音录像制品的复制品直接或间接提供给公众或者任何一部分公众的行为。录音录像制作者使原作品或表演转换为录音录像制品，通常是先制作母带，然后用母带成批复制。通过复制和发行录音录像制品的复制品，从中获得收益。由于录音录像制品的复制发行量直接关系制作者的经济利益，为保护其合法权益，录音录像的制作者应当享有对其制品复制发行的控制权，录音录像制品公之于众后，他人未经许可不能复制发行。比如，我国某音像公司制作了一套《中国民族器乐名曲》的录音带，在国内很畅销，另一家公司如果想复制发行这套录音带，就应当取得制作该录音带的音像公司许可，并向其支付报酬。一些音像制作公司为防止他人擅自复制其录音录像制品，在其出版的录音录像带上标明"版权所有，翻录必究"，但盗版现象仍十分猖獗，一盘内容受欢迎的录音录像带刚刚上市，马上就有大批劣质制品出现。这种状况不仅侵害了消费者的合法权益，而且冲击了合法的录音录像制品的发行，使音像制作者的合法权益受到严重损害。为此，必须严格执行本条的规定，未经录音录像制作者许可，复制发行其录音录像制品的，应当承担相应的法律责任。

2. 录音录像制作者的出租权

1990 年《著作权法》没有规定录音录像制作者享有出租权。《罗马公约》《日内瓦公约》也没有规定该项权利。但《与贸易有关的知识产权协定》第 11 条规定，至少对于计算机程序及电影作品，成员应授权其作者或者作者之合法继承人许可或禁止将其享有版权的作品原件或复制件向公众进行商业性出租。第 14 条规定，本协定第 11 条有关计算机程序之规定，原则上适用于录音制品制作者，适用于成员域内法所确认的录音制品的任何其他权利持有人。《世界知识产权组织表演和录音制品条约》第 13 条规定：录音制品制作者应享有授权对其录音制品的原件和复制件向公众进行商业性出租的专有权，即使该原件或复制品已由录音制品制作者发行或根据录音制品制作者的授权发行。我国在加入世界贸易组织的谈判中，一些工作组成员对中国保留保护版权及相关权利的现行法律与《与贸易有关的知识产权协定》的一致性表示关注，提出《著作权法》的修改应与《与贸易有关的知识产权协定》第 14 条的规定相一致。为了进一步保护录音录像制作者的合法权益，适应我国加入世界贸易组织的要求，2001 年《著作权法》增加规定，录音录像制作者对其制作的录音录像制品享有出租并获得报酬的权利。根据这一规定，任何人要出租录音录像制品，不论是在专门经营录音录像制品的商店出租，还是在其他场所从事商业性的录音录像制品的出租业务，都要取得录音录像制作者许可，并向其支付报酬。有人可能提出，经营者取得出租录音录像制品的许可比较麻烦，不易操作。从国外的情况看，一般是著作权集体管理组织向录音制品的出租人颁发使用许可证，并定期向其收取录音制品的使用费，并将收取的费用支付给录音制品的制作者。但是，随着技术迭代更新的商业模式的变化，目前在我国出租录音录像制品的经营行为几乎绝迹，录音录像制品出租市场整体消失，录音录像制作者极少由出租权获得市场利益，因此，《著作权法》关于录音录像制品作者出租权的规定，在当下更多的是履行国际义务的要求。未来技术和市场是否会再次产生对出租权的社会需求，有待继续观察。

3. 录音录像制作者的网络传播权

1990 年《著作权法》没有规定录音录像制作者的网络传播权。《罗马公约》《日内瓦公约》《与贸易有关的知识产权协定》也都没有规定该项权利。但随着计算机网络的发展，网上下载录音录像制品变得极其便利，甚至几秒钟可以完成，网络传播对著作权及相关权利构成了最大的威胁。因此，《世界知识产权组织表演和录音制品条约》第 14 条规定，录音制品制作者应享有专有权，以授权通过有线或无线的方式向公众提供其录音制品，使该录音制品可为公众中的成员在其个人选定的地点和时间获得。尽管 2001 年修改《著作权法》时，我国尚未加入《世界知识产权组织表演和录音制品条约》(我国于 2007 年加入该条约)，《与贸易有关的知识产权协定》也未要求成员对录音制品的网络传播权作出规定，但从科学技术发展的实际出发，为有效地保护录音录像制作者的合法权益，2001 年《著作权法》还是规定，录音录像制作者对其制作的录音录像制品享有许可他人通过信息网络向公众传播并获得报酬的权利。根据这一规定，任何网络经营者下载录音录像制品，都应当取得录音录像制作者许可并向其支付报酬。

4. 录音制作者的广播权

录音制作者对其制作的录音制品享有广播权。

（二）录音录像制作者的权利保护期

1990年《著作权法》规定，录音录像制作者权利的保护期为50年，截止于该制品首次出版后第50年的12月31日。2001年《著作权法》规定，录音录像制作者权利的保护期为50年，截止于该制品首次制作完成后第50年的12月31日。也就是说，修改前后，对保护期起算时间的规定不同。修改前，保护期从录音录像制品首次“出版”后起算；修改后，保护期从录音录像制品首次“制作完成”后起算。规定不同，保护时间的长短就会有差异。比如，一部录音录像制品，2000年5月30日首次制作完成，但到2001年5月30日才首次出版，按照修改前的规定，录音录像制品的保护期的截止时间为2051年12月31日，而按照修改后的规定，保护期的截止时间则为2050年12月31日。之所以将“出版”修改为“制作完成”：一方面，是因为《与贸易有关的知识产权协定》第14条规定，依照本协定而使表演者及录音制品制作者享有的保护期，至少应当自有关的固定或表演发生之年年终延续到第50年年终。这里所说的“固定”应理解为制作完成；另一方面，考虑到录音制品制作完成后不出版，就可能出现对录音录像制品的保护期，长于对作品的保护期的情况。比如，如果录音制品制作完成50年不出版，出版后再保护50年，实际保护期为100年，而作者发表作品5年后去世，加上死后50年的保护，作品保护期为55年。录音录像制品的保护期长于作品的保护期，显然是不合理的。录音录像制品的保护期是对录音录像制作者权利的保护，在权利保护期内使用录音录像制品，要按照《著作权法》的规定取得录音录像制作者许可，并支付报酬；超过保护期，该录音录像制品即进入公有领域，可以随意使用，不必经许可，也不必支付报酬。

（三）使用录音录像制品应取得著作权人、表演者许可

1990年《著作权法》规定：“被许可复制发行的录音录像制作者还应当按照规定向著作权人和表演者支付报酬。”2001年《著作权法》规定：“被许可

人复制、发行、通过信息网络向公众传播录音录像制品，还应当取得著作权人、表演者的许可，并支付报酬。”也就是说，录音录像制作者许可他人使用录音录像制品被许可人仅支付报酬是不够的，还要取得著作权人和表演者许可。之所以增加许可使用的规定，主要是考虑制作录音录像制品，源于著作权人的作品和表演者的表演，著作权人和表演者的权利应当得到全面的保护，不应当因为作品使用方式和环节增多而降低保护水平。《著作权法》规定著作权人、表演者享有录音录像的权利，著作权人或者表演者许可某公司使用其作品，并不意味着同时许可其他公司未经许可使用其作品。也就是说，录音录像制作者对其制作的录音录像制品并不享有完全的权利，他在许可他人复制、发行、通过信息网络传播录音录像制品时，被许可人还要取得著作权人、表演者的许可，并支付报酬。

2020 年修正《著作权法》时在第 2 款后面增加了“被许可人出租录音录像制品，还应当取得表演者许可并支付报酬”。之所以增加表演者许可的内容，主要原因是修法时在第 39 条增加了表演者的出租权，这就意味着被许可人如果要出租录音录像制品，如果有表演者的话，修法前只要取得录音录像制作者的许可，修法后则还要取得表演者的许可。举例来说，如果音像公司录制了单田芳先生表演的评书，王某合法购买该评书的录音制品，如果出租该录音制品，就必须取得音像公司和单田芳先生两方面的出租许可。需要指出的是，被许可人出租录音录像制品无须取得著作权人的许可。原因是，根据《著作权法》规定，著作权人只对视听作品和计算机软件享有出租权，对其他作品不享有出租权。因此，在前述案件中，如果单田芳先生表演的是曲波先生创作的《林海雪原》，王某出租《林海雪原》录音录像制品时，在取得音像公司和单田芳先生的许可后即可，无须取得曲波先生的许可。

第四十五条　将录音制品用于有线或者无线公开传播，或者通过传送声音的技术设备向公众公开播送的，应当向录音制作者支付报酬。

条文释义

一、本条主旨

本条是关于录音制品制作者对特定使用情形享有获酬权的规定。

二、条文演变

本条是2020年修正《著作权法》时增加的内容。

三、条文解读

本条规定的要点在于：一是客体为录音制品，不包括录像制品。二是主体仅为录音制品制作者，不包括表演者，也不包括录像制品制作者。三是适用的情形分为两类：（1）将录音制品用于有线或者无线公开传播；（2）通过传送声音的技术设备向公众公开播送。四是录音制品制作者享有的是获酬权，不是绝对的排他性权利。举例来说，电台播放录音制品无须取得录音制作者许可，仅须向其支付报酬即可。

本条规定直接来源于《世界知识产权组织表演和录音制品条约》第15条第1款，即对于将为商业目的发行的录音制品直接或间接地用于广播或用于对公众的任何传播，表演者和录音制作者应享有获得一次性合理报酬的权利。该条规定不是强制性义务，允许缔约方在加入条约时予以保留，即允许缔约方在向世界知识产权组织递交加入通知书时声明仅对某些情形适用，或声明对适用的方式作出限制，或声明完全不适用。2007年6月9日我国正式加入《世界知识产权组织表演和录音制品条约》，但同时声明条约第15条第1款不适用于我国，全部条约不适用于我国香港特别行政区和澳门特别行政区。2008年10

月 1 日，条约适用于香港特别行政区，但同时声明第 15 条第 1 款仅适用于录音制品制作者，不适用于表演者。2013 年 11 月 6 日，条约适用于澳门特别行政区，但同时声明第 15 条第 1 款仅适用于表演者，不适用于录音制品制作者。

在录音制品用于广播或向公众传播时，国际社会主要有两种立法模式：一是赋予录音制品制作者排他性权利或绝对权，即他人在将录音制品用于广播或向公众传播时须取得录音制品制作者的许可，并支付报酬。二是赋予录音制品制作者获酬权，即他人在将录音制品用于广播或向公众传播时无须取得录音制品制作者的许可，但须向后者支付报酬。

适用指引

在实际操作中，本条规定有两个问题尚需进一步落实：一是报酬标准问题。如前所述，我国《著作权法》赋予录音制作者的是一项获酬权，也就是使用者在使用前无须取得权利人许可，只须支付报酬即可。这种规定实际上类似于法定许可制度，通过法律规定直接排除了权利人的磋商机会或谈判机会，因此，要想把本条规定落到实处就必须落实报酬标准问题。二是许可机制问题。由于本规定列举的两类使用方式在社会生活和市场中极其广泛普遍，录音制作者众多和使用者众多，每一个录音制作者与每一个使用者进行“点对点”的许可方式是不现实的，所以国际社会一般采取著作权集体管理方式解决这个问题，即通过著作权集体管理组织管理录音制作者的权利，向使用者一揽子发放许可，收取版权使用费后再在权利人内部分配。此外，在实践中关于录音制作者的此项权利行使很可能会与音乐作品著作权人的有关权利行使重叠交叉，比如，在本次修法前，背景音乐只须要取得词曲作者的许可并支付报酬即可，但是在本次修法之后按照本条规定录音制作者也享有获酬权了，两类权利主体在行使权利时必然有一个协调合作的问题。因此，如何运用著作权集体管理制度解决权利行使问题，如何在相关集体管理组织之间建立合作机制是关键。

第四十六条　广播电台、电视台播放他人未发表的作品，应当取得著作权人许可，并支付报酬。

广播电台、电视台播放他人已发表的作品，可以不经著作权人许可，但应当按照规定支付报酬。

关联规定

法律、行政法规、司法解释

1.《中华人民共和国著作权法》

第三十条　使用作品的付酬标准可以由当事人约定，也可以按照国家著作权主管部门会同有关部门制定的付酬标准支付报酬。当事人约定不明确的，按照国家著作权主管部门会同有关部门制定的付酬标准支付报酬。

2.《音像制品管理条例》

第二条　本条例适用于录有内容的录音带、录像带、唱片、激光唱盘和激光视盘等音像制品的出版、制作、复制、进口、批发、零售、出租等活动。

音像制品用于广播电视播放的，适用广播电视法律、行政法规。

条文释义

一、本条主旨

本条是关于广播电台、电视台使用作品的规定。

二、条文演变

1990年《著作权法》第40条规定，广播电台、电视台使用他人未发表的作品制作广播、电视节目，应当取得著作权人的许可，并支付报酬。广播电台、电视台使用他人已发表的作品制作广播、电视节目，可以不经著作权人许可，但著作权人声明不许使用的不得使用；并且除本法规定可以不支付报酬的以外，应当按照规定支付报酬。广播电台、电视台使用改编、翻译、注释、整理已有作品而产生的作品制作广播、电视节目，应当向改编、翻译、注释、整理作品的著作权人和原作品的著作权人支付报酬。

2001 年修正《著作权法》时，将该条序号调整为第 42 条，内容调整为"广播电台、电视台播放他人未发表的作品，应当取得著作权人许可，并支付报酬。广播电台、电视台播放他人已发表的作品，可以不经著作权人许可，但应当支付报酬。"2010 年修正《著作权法》时，将该条序号调整为第 43 条，对该条内容未作变动。2020 年修正《著作权法》时，将该条序号调整为第 46 条，内容调整为"广播电台、电视台播放他人未发表的作品，应当取得著作权人许可，并支付报酬。广播电台、电视台播放他人已发表的作品，可以不经著作权人许可，但应当按照规定支付报酬"。

三、条文解读

（一）播放他人未发表的作品

根据本法规定，著作权人享有发表权，有权决定自己的作品是否公之于众以及以何种方式公之于众；同时享有广播权，即享有许可他人以有线或者无线方式公开传播或者转播作品，以及通过扩音器或者其他传送符号、声音、图像的类似工具向公众传播广播的作品的权利。由于著作权人上述权利的存在，广播电台、电视台播放著作权人未发表的作品，应当取得著作权人许可。

（二）播放他人已发表的作品

电台、电视台播放他人已发表的作品是否要经著作权人许可，是 2001 年修正《著作权法》时争论较大的问题之一。1990 年《著作权法》第 40 条的规定主要考虑电台、电视台播放的作品很多，涉及众多著作权人，都取得许可有一定的困难，特别是我国广播电台、电视台担负着重要的宣传任务，不能因上述问题而影响播放。2001 年修正《著作权法》时，有人认为，《伯尔尼公约》规定了著作权人享有广播权。《伯尔尼公约》第 11 条之二第 1 款规定："文学艺术作品的作者享有下列专有权利：（1）授权广播其作品或以任何其他无线传送符号、声音或图像的方法向公众传播其作品；（2）授权由原广播机构以外的另一机构通过有线传播或转播的方式向公众传播广播的作品；（3）授权通过扩音器或其他任何传送符号、声音或图像的类似工具向公众传播广播的作品。”1992年国务院制定的《实施国际著作权条约的规定》明确规定，广播外国作品适用《伯尔尼公约》，有集体管理组织的，应当事先取得该组织的授权。由于国外很多国家有著作权集体管理组织，所以播放已发表的外国作品实际上要取得许可，既然如此，对中国著作权人也没必要降低保护水平。

考虑到我国广播电台、电视台的性质和任务并没有改变，1990年制定《著作权法》时的某些客观情况依然存在。《伯尔尼公约》第11条之二规定，作者对其作品享有的播放权，行使权利的条件由成员国法律规定，但在任何情况下，这些条件不应有损作者获得合理报酬的权利。经研究，根据我国实际情况，在符合《伯尔尼公约》的前提下，对著作权人行使播放权进行一定限制还是必要的。因此，2001年和2010年《著作权法》均规定，播放已发表作品可以不经著作权人许可，但应当支付报酬。

由于播放已发表的作品没有经过著作权人许可，著作权人对付酬问题不可能事先提出要求，因此，就会遇到如何付酬的问题。本法第30条规定：“使用作品的付酬标准可以由当事人约定，也可以按照国家著作权主管部门会同有关部门制定的付酬标准支付报酬。当事人约定不明确的，按照国家著作权主管部门会同有关部门制定的付酬标准支付报酬。”2001年修正《著作权法》时考虑，按照这一规定，广播电台、电视台播放已发表的作品，可以同相关的集体管理组织就付酬的标准和方式进行协商，按照协商后的数额支付报酬。没有集体管理组织的，则可以按照国家著作权主管部门会同有关部门制定的付酬标准支付报酬。该规定实施多年来，除广播电台、电视台播放已经出版的录音制品按照国家规定的付酬办法支付报酬外，广播电台、电视台播放其他类型已发表的作品，如在节目中朗读小说、散文，则因无法与集体管理组织达成一致也无相关规定，而未实际支付报酬，著作权人获得报酬的权利没有得到有效保障。为增加广播电台、电视台支付报酬的可操作性，本条第2款在2020年的修正中，增加了关于“按照规定”的表述，即明确，广播电台、电视台播放他人已发表的作品，可以不经著作权人许可，但应当按照规定支付报酬。

（三）关于删除2010年《著作权法》第44条的规定

2010年《著作权法》第44条规定：“广播电台、电视台播放已经出版的录音制品，可以不经著作权人许可，但应当支付报酬。当事人另有约定的除外。具体办法由国务院规定。”本次修法删除了该条规定，主要有以下三方面的考虑。

第一，2010年《著作权法》第43条关于广播电台、电视台播放他人已发表作品的法定许可规定与第44条播放已经出版的录音制品的法定许可规定之间存在重复。其一，二者所规范的义务主体完全相同，都是广播电台、电视台；其二，二者所规范的权利类型完全相同，都是针对广播权；其三，二者所规范的权利客体和权利主体完全相同，客体都是作品，主体都是著作权人。因此，广播电台、电视台播放他人已发表的作品完全可以涵盖广播电台、电视台播放已经出版的录音制品。

第二，2010年《著作权法》第44条“当事人另有约定的除外”规定，造成广播电台、电视台播放已经发表的作品和播放已经出版的录音制品适用不同的规则，不尽合理。根据该条规定，广播电台、电视台播放录音制品应当向著作权人支付报酬，双方约定不支付报酬的，也可以按照约定执行。表演者和录音制作者不享有播放录音制品的权利，不存在取得其许可和向其付酬的问题。但表演者、录音制作者毕竟对制作完成录音制品付出了创造性的劳动，因此，其可以通过合同约定的形式保护自己的权益，比如，在许可他人使用自己表演或使用自己录制的录音制品时，明确约定不得用于播放，被许可人违反约定的，可以根据有关规定，要求其承担违约责任。然而，第43条规定的广播电台、电视台播放已经发表的作品时，则无“当事人另有约定的除外”的排除规定。这种区别对待的方式，既不尽合理，也不符合国际通行做法，许多学者呼吁对其作出修改。

第三，2010年《著作权法》第44条“具体办法由国务院规定”的有关含义可融合进第43条规定。根据2001年《著作权法》第43条（2010年《著作权法》第44条）的授权，国务院于2009年11月10日颁布了《广播电台电视台播放录音制品支付报酬暂行办法》。本次修法，如简单删除该条规定，将使《广播电台电视台播放录音制品支付报酬暂行办法》失去立法依据。在本条第2款增加“按照规定”的表述，可为已有的《广播电台电视台播放录音制品支付报酬暂行办法》以及未来制定广播电台电视台播放其他已发表作品的支付报酬办法提供立法依据。

适用指引

一、播放他人未发表的作品

著作权人同意将自己未发表的作品以广播电台、电视台播放的方式公之于众的，应当与广播电台、电视台签订许可使用合同。该合同包括以下主要内容：（1）作品的使用方式。比如，是在广播电台广播，还是在电视台播出。（2）播放的范围和期间。比如，在某省、自治区或直辖市区域播放，什么时间播放，播放期多长，播放次数。（3）是专有播放权还是非专有播放权。约定专有播放权，就表明其他广播电台、电视台不得再播放这部作品，约定非专有播放权，则其他广播电台、电视台取得著作权人许可的，也可以播放该作品。（4）付酬的标准和办法。比如，是按照播放时间付酬，还是按照播放次数付酬，是一次性付酬，还是分期支付。（5）违约责任。比如，违反播放范围、期间，将专有播放权又许可他人，不按标准和办法支付报酬等各种违反合同约定情况，应当承担的法律责任。（6）其他双方认为需要约定的事项。比如，纠纷的解决办法。取得著作权人许可，是播放其未发表的作品的前提，未取得许可播放的，是侵犯著作权的行为。

二、播放他人已发表的作品

根据本法第30条的规定，支付报酬的标准，即本条第2款所称的“规定”，应当由国家著作权主管部门会同有关部门制定。具体可考虑废止或修订现行的《广播电台电视台播放录音制品付酬暂行办法》，制定统一的针对广播电台、电视台播放作品的付酬办法。

第四十七条　广播电台、电视台有权禁止未经其许可的下列行为：

（一）将其播放的广播、电视以有线或者无线方式转播；

（二）将其播放的广播、电视录制以及复制；

（三）将其播放的广播、电视通过信息网络向公众传播。

广播电台、电视台行使前款规定的权利，不得影响、限制或者侵害他人行使著作权或者与著作权有关的权利。

本条第一款规定的权利的保护期为五十年，截止于该广播、电视首次播放后第五十年的12月31日。

关联规定

法律、行政法规、司法解释

《中华人民共和国著作权法实施条例》

第三十五条　外国的广播电台、电视台根据中国参加的国际条约对其播放的广播、电视节目享有的权利，受著作权法保护。

条文释义

一、本条主旨

本条是关于广播电台、电视台对其播放的广播、电视享有的专有权利的规定。

二、条文演变

《著作权法》1990年制定时在第42条对广播电台、电视台对其制作的广播、电视节目的权利作出了规定，包括：播放；许可他人播放，并获得报酬；许可他人复制发行其制作的广播、电视节目，并获得报酬。2001年《著作权法》修正后在第44条规定，广播电台、电视台有权禁止未经其许可将其播放的广播、电视转播，或者将其播放的广播、电视录制在音像载体上以及复制音像载体。2010年《著作权法》对此未作修改。2020年《著作权法》增加了禁止通过信息网络向公众传播的规定。

三、条文解读

本条共有3款，第1款规定了广播电台、电视台权利的内容；第2款规定了不妨碍著作权原则；第3款规定了保护期限。

（一）广播电台、电视台权利的概念和范围

我国《著作权法》规定的广播电台、电视台的权利，属于理论上邻接权中的广播组织权。广播组织权，是指广播组织或者机构对其所作广播所享有的专有权利。

1. 广播组织权的主体范围

广播是指以无线或者有线方式公开传播或者转播作品，以及通过扩音器或者其他传送符号、声音、图像的类似工具向公众传播广播的作品，但不包含信息网络传播作品的权利。按照《著作权法》对广播的定义，广播组织，应该是获得广播权许可从事上述广播行为的人。而我国《著作权法》赋予有关权利的广播组织只是上述广播行为提供者的一部分，能够享有广播组织权利的机构只能是具有合法资质的获得广播电视播出资质的广播电台、电视台。广播电台是采编、制作并利用无线电波向一定区域的受众传送声音节目的大众传播机构。电视台是通过无线电信号、卫星信号、有线网络或互联网播放电视节目的媒体机构。

2. 广播组织权的客体

广播组织权的客体是一个法律规定存在变化、理论探讨存在争议的问题。1990年《著作权法》规定广播电台、电视台对其播放的广播、电视节目享有专有权利。2001年《著作权法》将“节目”删除，仅留下“播放”，言下之意广播组织权的客体是播放形成的客体，而非节目本身。这一表述被2020年《著作权法》保留。

广播组织权的客体历来存在节目和信号的不同说法。由于节目的说法容易导致与著作权客体发生重叠和混同。《著作权法》使用播放的字样，用以指代广播电台、电视台播出后形成的包括信号在内的客体。为什么说包括信号在内

呢？这是因为法律上的广播行为早已不限于无线电波或者卫星信号的范畴，也包括网络传输的电子介质。

（二）广播组织权的内容

1. 转播权

广播电台、电视台有权许可他人将其播放的广播、电视以有线或者无线方式转播。转播是指广播电视组织接收其他广播组织的信号进行转换或解密后同步进行播放的行为。转播与首次播出几乎属于同步播出，在播出时间上与原播放一致，在广播范围内超出了原播放的地理或者空间范围，或者虽未超出范围但利用转播进行牟利，都是损害原播出机构利益，特别是商业利益的行为，可能给播出机构造成比较严重的经济损失，所以，对转播权的控制是广播组织享有的首要权利。

2. 复制权

广播组织的播放是即时传输，公众获得作品的方式是收听或收看。广播使用作品的行为属于传播，传统的广播过程没有复制件的形成和提供。复制需要经过许可但是一旦播放中的信息被复制，将会破坏既有的传播形式，有悖于广播的目的。因此，复制行为通常不在默认许可的范围内，对播放进行的任何形式的录制都需要广播组织的许可。

3. 信息网络传播权

广播组织有权控制其播放的广播、电视通过信息网络向公众传播的权利。随着信息网络与广播电视网络的融合，广播与信息网络传播的界限日渐模糊，传统的广播权范围和信息网络传播范围的界限正在被打破。通过信息网络对广播电视的播放进行实时转播，通过信息网络对录制的播放进行传播行为时有发生。为了保护广播电视组织的播放在信息网络传播上的利益，《著作权法》第三次修正增加了广播电视台的信息网络传播权，这一变化是广播电台、电视台长期呼吁的结果，也体现了我国对广播电台、电视台播放权益的高度重视。一方面，广播电台、电视台所享有的权利属于与著作权有关的权利，按权利产生的先后顺序而言，广播电台、电视台的权利行使不得损害著作权人的利益。同时，相较于表演者权、录音制作者权等其他与著作权有关的权利，广播电台、电视台的权利位于权利链条的末端，其行使也不得损害其他在先与著作权有关的权利。另一方面，广播电台、电视台对播放的信息网络传播权以及转播权，在行使时，可能产生与授权作品著作权的冲突，有必要对由此产生的权利冲突予以规范。

（三）保护期限

我国《著作权法》对广播电台、电视台的播放赋予的保护期为50年。保护期自首次播放后开始起算，截止于首次播放后第五十年的12月31日。

适用指引

一、消极权利与积极权利

和其他与著作权有关的权利相比，法律赋予广播电台、电视台权利的表述是：广播电台、电视台有权禁止未经其许可的行为。广播电台、电视台的权利主要表现为消极的权利，即禁止他人从事某项行为的权利。同时，广播电台、电视台依然享有许可他人行使相关权利的权利。禁止未经许可的表述表明，广播电台、电视台的广播组织权是许可权，兼具积极权利与消极权利的权能，是完整的知识产权。

二、网络直播是否属于广播电视的播放

按照《著作权法》的规定，网络直播行为属于行使广播权的行为，这意味着通过网络直播作品的主体属于从事广播行为的主体。按照广义的广播组织权，网络直播的主体应当对其网络直播行为享有相应的权利。但我国《著作权法》对广播电视组织权利在主体上进行了限制，只有广播电台、电视台享有广播电视组织权。那么，是否广播电台、电视台进行的所有播放，包括网络直播都属于本条所说的对广播、电视的播放呢？答案是肯定的，因为从本条第1款第1项的规定可以看出，广播电台、电视台有将其播放以有线或者无线方式进行转播的权利，这里的转播并未限定形式，应当也包括网络直播方式。

同时需要注意的是，广播电台、电视台的行为不能与著作权相冲突。举例来说，假如一件作品通过网络直播的权利已经专有地授予他人，依照本条第2款规定，广播电台、电视台则不能以网络直播的方式予以播放，否则将损害著作权人及其被许可人的利益。

第四十八条　电视台播放他人的视听作品、录像制品，应当取得视听作品著作权人或者录像制作者许可，并支付报酬；播放他人的录像制品，还应当取得著作权人许可，并支付报酬。

关联规定

法律、行政法规、司法解释

《广播电台电视台播放录音制品支付报酬暂行办法》

第二条　广播电台、电视台可以就播放已经发表的音乐作品向著作权人支付报酬的方式、数额等有关事项与管理相关权利的著作权集体管理组织进行约定。

广播电台、电视台播放已经出版的录音制品，已经与著作权人订立许可使用合同的，按照合同约定的方式和标准支付报酬。

广播电台、电视台依照著作权法第四十四条的规定，未经著作权人的许可播放已经出版的录音制品（以下称播放录音制品）的，依照本办法向著作权人支付报酬。

条文释义

一、本条主旨

本条是关于电视台播放他人的视听作品和录像制品的规定。

二、条文演变

2010年修正的《著作权法》第46条规定："电视台播放他人的电影作品和以类似摄制电影的方法创作的作品、录像制品，应当取得制片者或者录像制作者许可，并支付报酬；播放他人的录像制品，还应当取得著作权人许可，并支付报酬。”

2020年修正《著作权法》时，未对本条作实质性修改，仅根据视听作品概念及其权利归属的规定调整了有关表述，并将该条序号调整为第48条。

三、条文解读

（一）关于视听作品的播放

视听作品特别是电影作品、电视剧作品，往往投资多、制作过程复杂，能否收回成本赚取利润取决于票房收入的多少。在我国电视业发展的初期，受技术和制作水平的限制，电视台的节目一度以播放电影作品为主要内容，由于电视播放受众群体大，看电视又是免费的，观众在电视上看了电影录像后，通常不会再去电影院看电影，直接影响了电影放映的场次和上座率，影响了电影制片者的经济收入。对此，电影制片厂和电影发行公司要求电视台减少对电影作品的播放，当时的广播电影电视部也曾明文规定，新摄制的电影作品必须在公映2年后方能在电视台播放。为了确保电影、电视制片者的权利，使其经济利益不受损害，1990年《著作权法》规定，电视台播放他人的电影、电视和录像，应当取得电影、电视制片者和录像制作者的许可，并支付报酬。2001年《著作权法》将“电视”改为“以类似摄制电影的方法创作的作品”。影视剧行业发展到今天，除了在电影院、电视台播放，通过互联网等信息网络播放也成为其传播的主要方式。电影、电视剧的制作者授权不同的渠道传播，可以取得相对应的经济利益。而且，通过合理调配在电影院线、点播影院、电视台和视频网站等渠道的播放时间，可以取得最大的经济利益。

2020年《著作权法》修正坚持了现行制度，仅作了文字修改。一是根据本法第3条视听作品概念的规定将“电影作品和以类似摄制电影的方法创作的作品”修改为“视听作品”；二是将“制片者”修改为“视听作品著作权人”这是因为，根据本法第17条的规定，法律修改前，视听作品的权利一律归属为“制片者”，法律修改后，只有电影作品、电视剧作品的著作权一律由制作者享有，除此以外的视听作品的著作权归属则首先由当事人约定。根据本法规定，不论视听作品是否公开发表，发表时间多长，电视台要播放该作品，都应当取得视听作品著作权人的许可，并支付报酬。

视听作品特别是电影作品、电视剧作品，离不开编剧、导演、摄影、作词、作曲等作者多方面的创造性劳动，但本条没有规定电视台播放电影作品要征得编剧、导演、摄影、作词、作曲等作者的许可，并支付报酬。主要因为本法第 17 条规定，视听作品中的电影作品、电视剧作品的著作权由制作者享有。根据本条和本法第 10 条第 1 款第 11 项规定，电影作品、电视剧作品的制作者有权许可电视台播放其作品，电视台取得制作者许可后，不必再逐个取得编剧、导演、摄影、作词、作曲等作者许可，否则，且不说取得所有作者许可太麻烦，就是找到了所有作者，只要一个作者不许可，就会出现能否播放的复杂局面。当然，所谓不必取得所有作者的播放许可，不等于说电视台播放电影作品、电视剧作品不考虑编剧、导演、摄影、作词、作曲等作者的经济利益。本法第 17 条规定，编剧、导演、摄影、作词、作曲等作者有权按照与制作者签订的合同获得报酬。根据这一规定，作者在与制作者签订许可使用合同时，可以与制作者对作品使用（包括在电视台播放）的付酬作出约定，以维护自己因行使广播权而取得的经济利益。对于电影作品、电视剧作品以外的视听作品，根据本法第 17 条规定，其著作权归属首先由当事人约定，没有约定或者约定不明确的，由制作者享有，但作者享有署名权和获得报酬的权利。因此，广播电台、电视台要播放这类作品，则首先要根据当事人有无约定以及具体约定内容正确确定视听作品的著作权人，然后取得著作权人的许可。

本法第 17 条还规定，视听作品中的剧本、音乐等可以单独使用的作品的作者有权单独行使其著作权。根据这一规定，如果视听作品的某一部分可以单独用于电视台的播放，电视台就要依据本法第 46 条的规定，履行相应的义务。

（二）录像制品的播放

制作录像制品，虽然不像视听作品那样复杂和投资巨大，但也包含了录像制作者的创造性劳动和相当的财力、物力。电视台播放录像制品后，一些人可能因满足了欣赏需要而不再购买录像制品；一些人因已将电视台播放的节目复制，也不再购买录像制品，从而给录像制作者的经济利益造成损害。为保护录像制作者的权利，1990 年《著作权法》第 44 条规定，电视台播放他人的录像制品，应当取得录像制作者许可，并支付报酬。考虑到录像制品的制作离不开著作权人的创造性劳动，比如，教学录像带所体现的授课本身，以及授课者使用的内容涉及文字、美术、摄影、音乐、戏剧、曲艺、舞蹈等作品的提纲都是著作权保护的客体，授课者对此享有著作权。因此，2001 年修正后的《著作权法》增加规定，明确播放他人的录像制品，还应当取得著作权人许可，并支付报酬。

第四十九条　为保护著作权和与著作权有关的权利，权利人可以采取技术措施。

未经权利人许可，任何组织或者个人不得故意避开或者破坏技术措施，不得以避开或者破坏技术措施为目的制造、进口或者向公众提供有关装置或者部件，不得故意为他人避开或者破坏技术措施提供技术服务。但是，法律、行政法规规定可以避开的情形除外。

本法所称的技术措施，是指用于防止、限制未经权利人许可浏览、欣赏作品、表演、录音录像制品或者通过信息网络向公众提供作品、表演、录音录像制品的有效技术、装置或者部件。

关联规定

法律、行政法规、司法解释

1.《中华人民共和国著作权法》

第五十条　下列情形可以避开技术措施，但不得向他人提供避开技术措施的技术、装置或者部件，不得侵犯权利人依法享有的其他权利：

（一）为学校课堂教学或者科学研究，提供少量已经发表的作品，供教学或者科研人员使用，而该作品无法通过正常途径获取；

（二）不以营利为目的，以阅读障碍者能够感知的无障碍方式向其提供已经发表的作品，而该作品无法通过正常途径获取；

（三）国家机关依照行政、监察、司法程序执行公务；

（四）对计算机及其系统或者网络的安全性能进行测试；

（五）进行加密研究或者计算机软件反向工程研究。

前款规定适用于对与著作权有关的权利的限制。

第五十三条　有下列侵权行为的，应当根据情况，承担本法第五十二条规定的民事责任；侵权行为同时损害公共利益的，由主管著作权的部门责令停止侵权行为，予以警告，没收违法所得，没收、无害化销毁处理侵权复制品以及主要用于制作侵权复制品的材料、工具、设备等，违法经营额五万元以上的，可以并处违法经营额一倍以上五倍以下的罚款；没有违法经营额、违法经营额难以计算或者不足五万元的，可以并处二十五万元以下的罚款；构成犯罪的，依法追究刑事责任：

（一）未经著作权人许可，复制、发行、表演、放映、广播、汇编、通过信息网络向公众传播其作品的，本法另有规定的除外；

（二）出版他人享有专有出版权的图书的；

（三）未经表演者许可，复制、发行录有其表演的录音录像制品，或者通过信息网络向公众传播其表演的，本法另有规定的除外；

（四）未经录音录像制作者许可，复制、发行、通过信息网络向公众传播其制作的录音录像制品的，本法另有规定的除外；

（五）未经许可，播放、复制或者通过信息网络向公众传播广播、电视的，本法另有规定的除外；

（六）未经著作权人或者与著作权有关的权利人许可，故意避开或者破坏技术措施的，故意制造、进口或者向他人提供主要用于避开、破坏技术措施的装置或者部件的，或者故意为他人避开或者破坏技术措施提供技术服务的，法律、行政法规另有规定的除外；

（七）未经著作权人或者与著作权有关的权利人许可，故意删除或者改变作品、版式设计、表演、录音录像制品或者广播、电视上的权利管理信息的，知道或者应当知道作品、版式设计、表演、录音录像制品或者广播、电视上的权利管理信息未经许可被删除或者改变，仍然向公众提供的，法律、行政法规另有规定的除外；

（八）制作、出售假冒他人署名的作品的。

2.《计算机软件保护条例》

第二十四条　除《中华人民共和国著作权法》、本条例或者其他法律、行政法规另有规定外，未经软件著作权人许可，有下列侵权行为的，应当根据情况，承担停止侵害、消除影响、赔礼道歉、赔偿损失等民事责任；同时损害社会公共利益的，由著作权行政管理部门责令停止侵权行为，没收违法所得，没收、销毁侵权复制品，可以并处罚款；情节严重的，著作权行政管理部门并可以没收主要用于制作侵权复制品的材料、工具、设备等；触犯刑律的，依照刑法关于侵犯著作权罪、销售侵权复制品罪的规定，依法追究刑事责任：

（一）复制或者部分复制著作权人的软件的；

（二）向公众发行、出租、通过信息网络传播著作权人的软件的；

（三）故意避开或者破坏著作权人为保护其软件著作权而采取的技术措施的；

（四）故意删除或者改变软件权利管理电子信息的；

（五）转让或者许可他人行使著作权人的软件著作权的。

有前款第一项或者第二项行为的，可以并处每件100元或者货值金额1倍以上5倍以下的罚款；有前款第三项、第四项或者第五项行为的，可以并处20万元以下的罚款。

3.《信息网络传播权保护条例》

第四条 为了保护信息网络传播权，权利人可以采取技术措施。

任何组织或者个人不得故意避开或者破坏技术措施，不得故意制造、进口或者向公众提供主要用于避开或者破坏技术措施的装置或者部件，不得故意为他人避开或者破坏技术措施提供技术服务。但是，法律、行政法规规定可以避开的除外。

第十二条 属于下列情形的，可以避开技术措施，但不得向他人提供避开技术措施的技术、装置或者部件，不得侵犯权利人依法享有的其他权利：

（一）为学校课堂教学或者科学研究，通过信息网络向少数教学、科研人员提供已经发表的作品、表演、录音录像制品，而该作品、表演、录音录像制品只能通过信息网络获取；

（二）不以营利为目的，通过信息网络以盲人能够感知的独特方式向盲人提供已经发表的文字作品，而该作品只能通过信息网络获取；

（三）国家机关依照行政、司法程序执行公务；

（四）在信息网络上对计算机及其系统或者网络的安全性能进行测试。

第十八条 违反本条例规定，有下列侵权行为之一的，根据情况承担停止侵害、消除影响、赔礼道歉、赔偿损失等民事责任；同时损害公共利益的，可以由著作权行政管理部门责令停止侵权行为，没收违法所得，非法经营额5万元以上的，可处非法经营额1倍以上5倍以下的罚款；没有非法经营额或者非法经营额5万元以下的，根据情节轻重，可处25万元以下的罚款；情节严重的，著作权行政管理部门可以没收主要用于提供网络服务的计算机等设备；构成犯罪的，依法追究刑事责任：

（一）通过信息网络擅自向公众提供他人的作品、表演、录音录像制品的；

（二）故意避开或者破坏技术措施的；

（三）故意删除或者改变通过信息网络向公众提供的作品、表演、录音录像制品的权利管理电子信息，或者通过信息网络向公众提供明知或者应知未经权利人许可而被删除或者改变权利管理电子信息的作品、表演、录音录像制品的；

（四）为扶助贫困通过信息网络向农村地区提供作品、表演、录音录像制品超过规定范围，或者未按照公告的标准支付报酬，或者在权利人不同意提供其作品、表演、录音录像制品后未立即删除的；

（五）通过信息网络提供他人的作品、表演、录音录像制品，未指明作品、表演、录音录像制品的名称或者作者、表演者、录音录像制作者的姓名（名称），或者未支付报酬，或者未依照本条例规定采取技术措施防止服务对象以外的其他人获得他人的作品、表演、录音录像制品，或者未防止服务对象的复制行为对权利人利益造成实质性损害的。

第十九条 违反本条例规定，有下列行为之一的，由著作权行政管理部门予以警告，没收违法所得，没收主要用于避开、破坏技术措施的装置或者部件；情节严重的，可以没收主要用于提供网络服务的计算机等设备；非法经营额5万元以上的，可处非法经营额1倍以上5倍以下的罚款；没有非法经营额或者非法经营额5万元以下的，根据情节轻重，可处25万元以下的罚款；构成犯罪的，依法追究刑事责任：

（一）故意制造、进口或者向他人提供主要用于避开、破坏技术措施的装置或者部件，或者故意为他人避开或者破坏技术措施提供技术服务的；

（二）通过信息网络提供他人的作品、表演、录音录像制品，获得经济利益的；

（三）为扶助贫困通过信息网络向农村地区提供作品、表演、录音录像制品，未在提供前公告作品、表演、录音录像制品的名称和作者、表演者、录音录像制作者的姓名（名称）以及报酬标准的。

第二十六条 本条例下列用语的含义：

信息网络传播权，是指以有线或者无线方式向公众提供作品、表演或者录音录像制品，使公众可以在其个人选定的时间和地点获得作品、表演或者录音录像制品的权利。

技术措施，是指用于防止、限制未经权利人许可浏览、欣赏作品、表演、录音录像制品的或者通过信息网络向公众提供作品、表演、录音录像制品的有效技术、装置或者部件。

权利管理电子信息，是指说明作品及其作者、表演及其表演者、录音录像制品及其制作者的信息，作品、表演、录音录像制品权利人的信息和使用条件的信息，以及表示上述信息的数字或者代码。

条文释义

一、本条主旨

本条是关于技术措施的规定。

二、条文演变

本条系在2010年《著作权法》第48条第6项和《信息网络传播权保护条例》第4条、第26条的基础上进行了修改完善。

三、条文解读

本条第1款规定了权利人为了更好保护著作权和与著作权有关的权利，具有采取技术措施的权利。本款强调了采取技术措施的主体是权利人。互联网的迅猛发展和数字化技术的进步，使得作品以更丰富的形式、更便捷的途径、更经济的方式被传播和利用。随之带来的问题是，权利人依据法律途径阻止他人未经授权访问、使用自己的作品、表演、录音录像制品等，可能需要付出高昂的成本。为应对信息时代新技术发展带来的变化，弥补传统版权法保护方式的不足，作为补充、强化、扩展法律保护模式的技术措施被广泛应用。法律将技术措施纳入保护范围，所保护的并不是技术措施本身，而是权利人享有的著作权和与著作权有关的权利。需要注意的是，破坏技术措施的行为不仅可能发生在网络环境下，也可能发生在其他环境下。例如，将加密的光盘解密或者破解保护措施等。

本条第2款规定了对技术措施的保护措施以及禁止规避技术措施的行为。需要注意的问题是：首先，规避技术措施的行为必须是故意的，即侵权人主观上是应知或者明知，无意中避开或者破解技术措施不受本款约束。其次，规避技术措施的行为包括三类：一是避开或者破坏技术措施。避开是指绕过技术措施，使得技术措施对自己失去效用，但是对他人仍然能够发生效用；破坏是指损毁技术措施，使得技术措施对任何人都失去效用。二是制造、进口或者向公众提供有关装置或者部件，且以避开或者破坏技术措施为目的。这里所称的“以避开或者破坏技术措施”的“装置或者部件”，司法实践中可以从目的和用途等方面判断，是指主要为避开或者破坏技术措施设计、制作，除此目的外，没有或者很少有其他用途或者价值的装置或者部件。三是为他人避开或者破坏技术措施提供技术服务，主要是指为他人避开或者破坏技术措施提供技术或者设备的支持。最后，本条第 2 款亦对规避技术措施设置了例外，即法律、行政法规规定可以避开的情形除外，主要包括《著作权法》第 50 条规定可以避开技术措施的五种情形。此外，《著作权法》第 53 条第 6 项规定了实施规避技术措施行为的法律责任。

本条第 3 款是对技术措施的定义。《世界知识产权组织版权条约》《世界知识产权组织表演和录音制品条约》都有关于技术措施的规定，但均未对何为“技术措施”作出解释。欧盟《信息社会版权指令》中规定，技术措施是指任何正常运行时用于防止或限制未经任何法律规定的版权或版权相关权利的权利人授权使用作品或其他课题的技术、装置或组件。《澳大利亚版权法》规定，技术保护措施，是指一种装置或产品或者处理过程中使用的部件，在其正常的运作过程中，它们被设计成通过下列一种或者两种手段，去防止或者抑制对作品或其他课题的版权侵权：（1）通过确保只有获得版权所有人或独占许可人的授权并且使用存取码或步骤（包括对作品进行解码、译码或者其他转换）才能访问作品或其他客体；（2）通过复制控制装置。我国《信息网络传播权保护条例》第 26 条规定，技术措施，是指用于防止、限制未经权利人许可浏览、欣赏作品、表演、录音录像制品的或者通过信息网络向公众提供作品、表演、录音录像制品的有效技术、装置或者部件。本款的规定来源于《信息网络传播权保护条例》第 26 条的规定，主要参考了欧盟《信息社会版权指令》有关技术措施的规定，将技术措施定义为一种有效技术、装置或者部件。这里的技术不是单纯的“技能”，而是包括各种操作方法、操作过程，这些方法、过程可以设计成计算机软件；所称的装置，是指一种可以单独起到防止使用的设备，如各种加密机；所称的部件，是指不能单独成为一种技术措施，必须与其他部件、设备配合使用的技术措施组成部分，如与计算机一起配合使用、防止复制的各类“加密狗”等。[①]

指导案例

指导案例48号：北京精雕科技有限公司诉上海奈凯电子科技有限公司侵害计算机软件著作权纠纷案

（最高人民法院审判委员会讨论通过 2015年4月15日发布）

关键词：民事 侵害计算机软件著作权 捆绑销售 技术保护措施 权利滥用

裁判要点：计算机软件著作权人为实现软件与机器的捆绑销售，将软件运行的输出数据设定为特定文件格式，以限制其他竞争者的机器读取以该特定文件格式保存的数据，从而将其在软件上的竞争优势扩展到机器，不属于著作权法所规定的著作权人为保护其软件著作权而采取的技术措施。他人研发软件读取其设定的特定文件格式的，不构成侵害计算机软件著作权。

相关法条：《中华人民共和国著作权法》第四十八条第一款第六项

《计算机软件保护条例》第二条、第三条第一款第一项、第二十四条第一款第三项

基本案情：原告北京精雕科技有限公司（以下简称精雕公司）诉称：原告自主开发了精雕CNC雕刻系统，该系统由精雕雕刻CAD/CAM软件（JDPaint软件）、精雕数控系统、机械本体三大部分组成。该系统的使用通过两台计算机完成，一台是加工编程计算机，另一台是数控控制计算机。两台计算机运行两个不同的程序需要相互交换数据，即通过数据文件进行。具体是：JDPaint软件通过加工编程计算机运行生成Eng格式的数据文件，再由运行于数控控制计算机上的控制软件接收该数据文件，将其变成加工指令。原告对上述JDPaint软件享有著作权，该软件不公开对外销售，只配备在原告自主生产的数控雕刻机上使用。2006年初，原告发现被告上海奈凯电子科技有限公司（以下简称奈凯公司）在其网站上大力宣传其开发的NC－1000雕铣机数控系

① 参见黄薇、王雷鸣主编：《〈中华人民共和国著作权法〉导读与释义》，中国民主法制出版社2021年版，第244~249页。

统全面支持精雕各种版本的Eng文件。被告上述数控系统中的Ncstudio软件能够读取JDPaint软件输出的Eng格式数据文件，而原告对Eng格式采取了加密措施。被告非法破译Eng格式的加密措施，开发、销售能够读取Eng格式数据文件的数控系统，属于故意避开或者破坏原告为保护软件著作权而采取的技术措施的行为，构成对原告软件著作权的侵犯。被告的行为使得其他数控雕刻机能够非法接收Eng文件，导致原告精雕雕刻机销量减少，造成经济损失。故请求法院判令被告立即停止支持精雕JDPaint各种版本输出Eng格式的数控系统的开发、销售及其他侵权行为，公开赔礼道歉，并赔偿损失485000元。

奈凯公司辩称：其开发的Ncstudio软件能够读取JDPaint软件输出的Eng格式数据文件，但Eng数据文件及该文件所使用的Eng格式不属于计算机软件著作权的保护范围，故被告的行为不构成侵权。请求法院驳回原告的诉讼请求。

法院经审理查明：原告精雕公司分别于2001年、2004年取得国家版权局向其颁发的软著登字第0011393号、软著登字第025028号《计算机软件著作权登记证书》，登记其为精雕雕刻软件JDPaintV4.0、JDPaintV5.0（两软件以下简称JDPaint）的原始取得人。奈凯公司分别于2004年、2005年取得国家版权局向其颁发的软著登字第023060号、软著登字第041930号《计算机软件著作权登记证书》，登记其为软件奈凯数控系统V5.0、维宏数控运动控制系统V3.0（两软件以下简称Ncstudio）的原始取得人。

奈凯公司在其公司网站上宣称：2005年12月，奈凯公司推出NC－1000雕铣机控制系统，该数控系统全面支持精雕各种版本Eng文件，该功能是针对用户对精雕JDPaintV5.19这一排版软件的酷爱而研发的。

精雕公司的JDPaint软件输出的Eng文件是数据文件，采用Eng格式。奈凯公司的Ncstudio软件能够读取JDPaint软件输出的Eng文件，即Ncstudio软件与JDPaint软件所输出的Eng文件兼容。

裁判结果：上海市第一中级人民法院于2006年9月20日作出（2006）沪一中民五（知）初字第134号民事判决：驳回原告精雕公司的诉讼请求。宣判后，精雕公司提出上诉。上海市高级人民法院于2006年12月13日作出（2006）沪高民三（知）终字第110号民事判决：驳回上诉，维持原判。

裁判理由：法院生效裁判认为：本案应解决的争议焦点是：一、原告精雕公司的JDPaint软件输出的、采取加密措施的Eng格式数据文件，是否属于计算机软件著作权的保护范围；二、奈凯公司研发能够读取JDPaint软件输出的Eng格式文件的软件的行为，是否构成《中华人民共和国著作权法》(以下简称《著作权法》)第四十八条第一款第六项、《计算机软件保护条例》第二十四条第一款第三项规定的“故意避开或者破坏著作权人为保护其软件著作权而采取的技术措施”的行为。

关于第一点。《计算机软件保护条例》第二条规定：“本条例所称计算机软件（下称软件），是指计算机程序及其有关文档。”第三条规定：“本条例下列用语的含义：（一）计算机程序，是指为了得到某种结果而可以由计算机等具有信息处理能力的装置执行的代码化指令序列，或者可以被自动转换成代码化指令序列的符号化指令序列或者符号化语句序列。同一计算机程序的源程序和目标程序为同一作品。（二）文档，是指用来描述程序的内容、组成、设计、功能规格、开发情况、测试结果及使用方法的文字资料和图表等，如程序设计说明书、流程图、用户手册等……”第四条规定：“受本条例保护的软件必须由开发者独立开发，并已固定在某种有形物体上。”根据上述规定，计算机软件著作权的保护范围是软件程序和文档。

本案中，Eng文件是JDPaint软件在加工编程计算机上运行所生成的数据文件，其所使用的输出格式即Eng格式是计算机JDPaint软件的目标程序经计算机执行产生的结果。该格式数据文件本身不是代码化指令序列、符号化指令序列、符号化语句序列，也无法通过计算机运行和执行，对Eng格式文件的破解行为本身也不会直接造成对JDPaint软件的非法复制。此外，该文件所记录的数据并非原告精雕公司的JDPaint软件所固有，而是软件使用者输入雕刻加工信息而生成的，这些数据不属于JDPaint软件的著作权人精雕公司所有。因此，Eng格式数据文件中包含的数据和文件格式均不属于JDPaint软件的程序组成部分，不属于计算机软件著作权的保护范围。

关于第二点。根据《著作权法》第四十八条第一款第六项、《计算机软件保护条例》第二十四条第一款第三项的规定，故意避开或者破坏著作权人为保护其软件著作权而采取的技术措施的行为，是侵犯软件著作权的行为。上述规定体现了对恶意规避技术措施的限制，是对计算机软件著作权的保护。但是，上述限制“恶意规避技术措施”的规定不能被滥用。上述规定主要限制的是针对受保护的软件著作权实施的恶意技术规避行为。著作权人为输出的数据设定特定文件格式，并对该文件格式采取加密措施，限制其他品牌的机器读取以该文件格式保存的数据，从而保证捆绑自己计算机软件的机器拥有市场竞争优势的行为，不属于上述规定所指的著作权人为保护其软件著作权而采取技术措施的行为。他人研发能够读取著作权人设定的特定文件格式的软件的行为，不构成对软件著作权的侵犯。

根据本案事实，JDPaint 输出的 Eng 格式文件是在精雕公司的“精雕 CNC 雕刻系统”中两个计算机程序间完成数据交换的文件。从设计目的而言，精雕公司采用 Eng 格式而没有采用通用格式完成数据交换，并不在于对 JDPaint 软件进行加密保护，而是希望只有“精雕 CNC 雕刻系统”能接收此种格式，只有与“精雕 CNC 雕刻系统”相捆绑的雕刻机床才可以使用该软件。精雕公司对 JDPaint 输出文件采用 Eng 格式，旨在限定 JDPaint 软件只能在“精雕 CNC 雕刻系统”中使用，其根本目的和真实意图在于建立和巩固 JDPaint 软件与其雕刻机床之间的捆绑关系。这种行为不属于为保护软件著作权而采取的技术保护措施。如果将对软件著作权的保护扩展到与软件捆绑在一起的产品上，必然超出我国著作权法对计算机软件著作权的保护范围。精雕公司在本案中采取的技术措施，不是为保护 JDPaint 软件著作权而采取的技术措施，而是为获取著作权利益之外利益而采取的技术措施。因此，精雕公司采取的技术措施不属于《著作权法》《计算机软件保护条例》所规定著作权人为保护其软件著作权而采取的技术措施，奈凯公司开发能够读取 JDPaint 软件输出的 Eng 格式文件的软件的行为，并不属于故意避开和破坏著作权人为保护软件著作权而采取的技术措施的行为。

类案检索

湖南快乐阳光互动娱乐传媒有限公司与深圳宜搜天下科技股份有限公司侵害作品信息网络传播权纠纷案

关键词：技术保护措施　侵害信息网络传播权

裁判摘要：网站经营者对其网站上的视频设置技术保护措施，被诉侵权人未经许可，通过其经营的软件链接播放涉案作品，使用户可以通过被诉侵权人的软件完整的观看涉案节目，而无须通过权利人指定的作品获取途径，该行为损害了网站经营者对涉案作品的支配权，影响了网站经营者通过涉案节目获取相关利益，构成破坏技术保护措施，侵犯了作品信息网络传播权，应当承担停止侵害、赔偿损失等民事责任。

【案　　号】（2016）湘01民初478号

【审理法院】湖南省长沙市中级人民法院

【来　　源】中国裁判文书网

第五十条　下列情形可以避开技术措施，但不得向他人提供避开技术措施的技术、装置或者部件，不得侵犯权利人依法享有的其他权利：

（一）为学校课堂教学或者科学研究，提供少量已经发表的作品，供教学或者科研人员使用，而该作品无法通过正常途径获取；

（二）不以营利为目的，以阅读障碍者能够感知的无障碍方式向其提供已经发表的作品，而该作品无法通过正常途径获取；

（三）国家机关依照行政、监察、司法程序执行公务；

（四）对计算机及其系统或者网络的安全性能进行测试；

（五）进行加密研究或者计算机软件反向工程研究。

前款规定适用于对与著作权有关的权利的限制。

关联规定

法律、行政法规、司法解释

《信息网络传播权保护条例》

第十二条　属于下列情形的，可以避开技术措施，但不得向他人提供避开技术措施的技术、装置或者部件，不得侵犯权利人依法享有的其他权利：

（一）为学校课堂教学或者科学研究，通过信息网络向少数教学、科研人员提供已经发表的作品、表演、录音录像制品，而该作品、表演、录音录像制品只能通过信息网络获取；

（二）不以营利为目的，通过信息网络以盲人能够感知的独特方式向盲人提供已经发表的文字作品，而该作品只能通过信息网络获取；

（三）国家机关依照行政、司法程序执行公务；

（四）在信息网络上对计算机及其系统或者网络的安全性能进行测试。

条文释义

一、本条主旨

本条是关于禁止规避技术保护措施例外的规定。

二、条文演变

本条是2020年修正的《著作权法》新增条款。2010年修正的《著作权法》第48条第6项规定"未经著作权人或者与著作权有关的权利人许可，故意避开或者破坏权利人为其作品、录音录像制品采取的保护著作权或者与著作权有关的权利的技术措施的，法律、行政法规另有规定的除外"，禁止故意规避技术措施的行为，但并未对规避技术措施设置例外。《信息网络传播权保护条例》第12条规定了四种例外情形，但仅限于信息网络环境下的使用行为，2020年修正删除了上述条款中"在信息网络上"这一表述，增加了第5项加密和反向工程，以及第2款对与著作权有关的权利的限制的规定，即本条五种例外情形亦适用于与著作权有关的权利对技术措施的限制。

三、条文解读

本条规定了关于著作权和与著作权有关的权利避开技术措施的五种情形，以及对应的义务。

《世界知识产权组织版权条约》和《世界知识产权组织表演和录音制品条约》要求缔约方承担以下义务："缔约方应当针对破解、规避有效的技术措施（Technological Protection Measures）的行为，提供适当的法律保护和有效的法律救济，这些技术措施是作者（表演者或录音录像制品制作者）在涉及行使本条约或《伯尔尼公约》赋予的权利时采取的，用于防止、限制对于其作品（表演或录音录像制品）实施的未经作者（表演者或录音录像制品制作者）授权或法律允许的行为。"各缔约方为履行技术措施保护义务采取了一样的立法。特定的反规避制度的开放性或限制性，在很大程度上取决于技术措施的保护范围及其例外这两个核心要素。这两个核心要素的设计以及它们之间的相互影响决定了一个特定的反规避法律机制的宽容性或严厉性。[①]

从各国目前立法来看，基本上技术措施的限制与例外并列于著作权的一般限制与例外制度。《世界知识产权组织版权条约》没有明确规定对技术措施保护的限制。《世界知识产权组织版权条约》和《世界知识产权组织表演和录音制品条约》声明中都指出要既不缩小也不扩大《伯尔尼公约》所允许的限制与例外的适用范围，限制与例外在数字环境下继续使用，但这一原则规定并未实质解决其后续制度设计上技术措施与合理使用的冲突。但是，世界各国的版权立法基本上都在保护技术措施的同时，规定了例外情况。《欧盟信息社会版权指令》第5条第2款、第3款要求各成员制定相应的限制和例外规则，使他人可以据此为获取作品和合理使用作品而规避技术保护措施。这些限制与例外主要涉及部分非营利性的复制行为、教学科研目的使用、公务使用、残疾人的使用等。[②] 我国《信息网络传播权保护条例》囿于立法主题本身所限，规定的情形较为狭窄，其仅限于附有信息传播技术控制措施、只能通过网络获得的著作。对于其他非涉及网络传播技术控制措施的著作，是否可在例外之例，显然无明确的法律条款为依据；这样“不仅影响了公众合理使用的权利，还可能阻碍软硬件产业的正常发展”[③]，本条删除了上述条款中“在信息网络上”这一表述。

（一）规避技术措施的五种例外情形

1. 学校课堂教学或者科学研究

本条第1款第1项删除了《信息网络传播权保护条例》第12条第1项的“而该作品、表演、录音录像制品只能通过信息网络获取”这一条件。由于作品、表演、录音录像制品只能通过信息网络获取的情形实属罕见，为避免本条第1款设置的例外在实质上被架空，故在本条第1款第1项删去该条件。考虑到学校和课堂教学、科学研究都需要对已有的知识进行学习和借鉴，因此，对于无法通过正常途径获取的作品，避开技术措施，少量使用应予认可。

---

① 参见郭鹏：《我国技术措施保护及其例外的法律构架完善——对〈著作权法修改草案〉的不修改质疑》，载《暨南学报（哲学社会科学版）》2012年第10期。

② 参见郑友德、李雅琴：《我国著作权制度的生态化路径》，载《法学》2015年第2期。

③ 参见王迁：《矛盾中的犹豫——评美国国会报告〈数字媒体中的版权问题〉》，载《中国版权》2005年第1期。

2. 向阅读障碍者提供作品

为更好地维护和保障我国广大阅读障碍者的利益，体现我国在残疾人事业发展上的成就、展现我国尊重人权的国际形象，进一步提升我国在国际版权领域的话语权和影响力。我国第十三届全国人大常委会第三十一次会议于2021年10月23日表决通过了全国人大常委会关于批准《关于为盲人、视力障碍者或其他印刷品阅读障碍者获得已出版作品提供便利的马拉喀什条约》(以下简称《马拉喀什条约》)的决定，该条约要求各缔约方规定版权限制与例外，以保障阅读障碍者平等欣赏作品和接受教育的权利，是世界上第一部，也是迄今为止唯一一部版权领域的人权条约。本条第1款第2项的规定与《马拉喀什条约》的规定相符，为我国批准该条约的提供了法律保证。《马拉喀什条约》第3条规定的“阅读障碍者”包括三种情况:（1）失明的;（2）有视力障碍或者感知或阅读失能，无法改善达到与此种障碍或者失能的人实质同等的视觉功能，或者无法在与无障碍或者失能的人实质相同的程度上阅读印刷作品的;（3）由于身体失能无法把握或者操纵一本书，或者无法集中或移动目光到阅读通常要求的程度的。《马拉喀什条约》第7条关于技术保护措施的义务中规定“缔约各方应在必要时采取适当措施，确保在其为制止规避有效的技术保护措施规定适当的法律保护和有效的法律救济时，这种法律保护不妨碍受益人享受本条约规定的限制与例外”。因此，各国在设立技术保护措施的规定时，不能影响视障者欣赏作品的权利。即阅读障碍者辅助机构在符合特定条件的情况下，应有权规避技术保护措施以制作已发表作品的无障碍格式版复制件。若该作品可以通过正常途径获取，则通过避开技术措施获取作品提供给阅读障碍者也是违法的。

3. 执行公务

世界各国基于维护公共秩序和国家安全的需要，对作品的公开发表都设立了一定的审查制度，通过审查机制，可以将一些违背公序良俗和危及国家安全的作品排斥在外。而捆绑了技术措施的作品即便有法律禁止的内容，可能也会因为有关国家机关无法接触作品而难以对其进行审查，这样的作品如果在网络上公开流传，势必对善良风俗和国家安全造成危害。[①] 因此，本条规定，国家机关及其工作人员在执行公务过程中，为了获取相关信息，可以避开技术措

① 参见杨静、马华:《论著作权技术措施及法律保护》，载《法学杂志》2008年第2期。

施。但是，并不是国家机关及其工作人员在所有的行为过程中都享有豁免的权利，只有依照行政、监察、司法程序执行公务才享有豁免，其他与公务无关的行为不在此列。各国著作权立法一般都有类似规定。《欧盟信息社会版权指令》中关于“例外与限制”的规定也把为公共安全或者为保证行政、议会或者司法程序的使用列入可以规定例外和限制的情形。[①]

4. 安全测试

安全性能测试，是为了改正安全缺陷，对计算机及系统或网络进行在线访问进而评估其安全性能的过程。权利人设置技术措施的目的是有效控制自己的作品、表演和录音录像制品，安全测试的功能在于测试计算机及系统或网络是否安全可靠，最终目的仍是保护信息安全。因此，为了测试、调查、纠正计算机安全方面现实的或潜在的纰漏、弱点或运行故障而访问某计算机系统或网络不构成侵权。

5. 加密研究与反向工程研究

加密技术系用以防止计算机程序被未经许可运行或复制传播的技术保护措施，是计算机程序保护的重要手段。但在进行加密研究时，难免会需要运行有关计算机程序以测试加密的效果。若在对计算机程序进行加密研究前必须经过权利人的许可，势必导致加密研究成本的提高、研究人员积极性的降低，不利于计算机程序的版权保护。因此，有必要为计算机程序加密技术的研究规定例外。

反向工程研究软件代码是一种改善软件兼容性的有效途径，但诸多软件开发者都会在其开发的软件之上施加技术保护措施以防止他人未经许可接触（即运行）有关软件，若不对此规定例外，则很容易削弱其他软件爱好者或有关组织对不同兼容性进行研究的兴趣。因此，有必要借鉴欧美等国，加入反向工程例外。同时，必须强调对于实现计算机程序兼容的目的而言，这一规避行为是“必须的”。[②]

---

① 参见黄薇、王雷鸣主编：《〈中华人民共和国著作权法〉导读与释义》，中国民主法制出版社2021年版，第251页。

② 参见黄薇、王雷鸣主编：《〈中华人民共和国著作权法〉导读与释义》，中国民主法制出版社2021年版，第252页。

（二）规避技术措施应承担的义务

在行使符合该条规定的避开技术措施行为时，相关人员应承担相应的义务，即既不能破坏技术措施，也不得向他人提供避开技术措施的技术、装置或者部件，同时还不得侵犯权利人依法享有的其他权利。

适用指引

实践中应明确与合理使用的区别。合理使用，是在一定的条件下不经著作权人的许可，也不必向其支付报酬而对作品所进行的使用。《著作权法》第24条规定了合理使用的十三种情形。合理使用制度体现了《著作权法》保护著作权人利益与促进知识与信息传播的目的。但由于技术措施不能分辨哪些利用作品的行为属于合理使用，因此可能阻碍合理使用，导致了技术措施与合理使用产生矛盾。有的技术措施，如《美国数字千禧年版权法集》中所提到并严格禁止规避的“防止未授权接触的技术措施”，就是一种限制他人阅读欣赏接触到数字作品的技术措施。这种技术措施在网络上非常常见，比如微软公司的“权限管理服务（Rights Management Services）”。类似的技术措施不区分使用目的而完全“杜绝”了用户全部的使用作品行为，使得合理使用制度许可的使用行为（如以评论、引用或课堂教学为目的的使用）完全沦为不可能。[①] 因此，只有通过规定禁止规避技术保护措施例外的例外情形，方能缓解这一矛盾。对此，本条规定了五种例外情形，其中对于教学与科研、为阅读障碍者提供两种情形，应区别于合理使用，上述两种情形还要求该作品无法通过正常途径获取，才可以避开技术措施。

---

① 参见张鹏飞：《技术措施背景下的著作权合理使用权》，载《浙江万里学院学报》2012年第6期。

第五十一条　未经权利人许可，不得进行下列行为：

（一）故意删除或者改变作品、版式设计、表演、录音录像制品或者广播、电视上的权利管理信息，但由于技术上的原因无法避免的除外；

（二）知道或者应当知道作品、版式设计、表演、录音录像制品或者广播、电视上的权利管理信息未经许可被删除或者改变，仍然向公众提供。

关联规定

法律、行政法规、司法解释

1.《中华人民共和国著作权法》

第五十三条　有下列侵权行为的，应当根据情况，承担本法第五十二条规定的民事责任；侵权行为同时损害公共利益的，由主管著作权的部门责令停止侵权行为，予以警告，没收违法所得，没收、无害化销毁处理侵权复制品以及主要用于制作侵权复制品的材料、工具、设备等，违法经营额五万元以上的，可以并处违法经营额一倍以上五倍以下的罚款；没有违法经营额、违法经营额难以计算或者不足五万元的，可以并处二十五万元以下的罚款；构成犯罪的，依法追究刑事责任：

（一）未经著作权人许可，复制、发行、表演、放映、广播、汇编、通过信息网络向公众传播其作品的，本法另有规定的除外；

（二）出版他人享有专有出版权的图书的；

（三）未经表演者许可，复制、发行录有其表演的录音录像制品，或者通过信息网络向公众传播其表演的，本法另有规定的除外；

（四）未经录音录像制作者许可，复制、发行、通过信息网络向公众传播其制作的录音录像制品的，本法另有规定的除外；

（五）未经许可，播放、复制或者通过信息网络向公众传播广播、电视的，本法另有规定的除外；

（六）未经著作权人或者与著作权有关的权利人许可，故意避开或者破坏技术措施的，故意制造、进口或者向他人提供主要用于避开、破坏技术措施的装置或者部件的，或者故意为他人避开或者破坏技术措施提供技术服务的，法律、行政法规另有规定的除外；

（七）未经著作权人或者与著作权有关的权利人许可，故意删除或者改变作品、版式设计、表演、录音录像制品或者广播、电视上的权利管理信息的，知道或者应当知道作品、版式设计、表演、录音录像制品或者广播、电视上的权利管理信息未经许可被删除或者改变，仍然向公众提供的，法律、行政法规另有规定的除外；

（八）制作、出售假冒他人署名的作品的。

2.《信息网络传播权保护条例》

第五条　未经权利人许可，任何组织或者个人不得进行下列行为：

（一）故意删除或者改变通过信息网络向公众提供的作品、表演、录音录像制品的权利管理电子信息，但由于技术上的原因无法避免删除或者改变的除外；

（二）通过信息网络向公众提供明知或者应知未经权利人许可被删除或者改变权利管理电子信息的作品、表演、录音录像制品。

第二十六条　本条例下列用语的含义：

信息网络传播权，是指以有线或者无线方式向公众提供作品、表演或者录音录像制品，使公众可以在其个人选定的时间和地点获得作品、表演或者录音录像制品的权利。

技术措施，是指用于防止、限制未经权利人许可浏览、欣赏作品、表演、录音录像制品的或者通过信息网络向公众提供作品、表演、录音录像制品的有效技术、装置或者部件。

权利管理电子信息，是指说明作品及其作者、表演及其表演者、录音录像制品及其制作者的信息，作品、表演、录音录像制品权利人的信息和使用条件的信息，以及表示上述信息的数字或者代码。

条文释义

一、本条主旨

本条是关于保护权利管理信息的规定。

二、条文演变

本条是新增条款，是在2010年修正的《著作权法》第48条第7项和《信息网络传播权保护条例》第5条的基础上修改而成。2010年修正的《著作权法》第48条第7项规定了禁止故意删除或者改变管理信息，即“未经著作权人或者与著作权有关的权利人许可，故意删除或者改变作品、录音录像制品等的权利管理电子信息的，法律、行政法规另有规定的除外”，但只是原则上将权利管理信息的保护列入了著作权“侵权”范围，没有列明具体内容。《信息网络传播权保护条例》第5条第1项规定：“故意删除或者改变通过信息网络向公众提供的作品、表演、录音录像制品的权利管理电子信息，但由于技术上的原因无法避免删除或者改变的除外”，但该项规定只禁止通过信息网络删除或改变权利管理电子信息的相关行为。本条第1项根据上述规定进行修改，调整为“故意删除或者改变作品、版式设计、表演、录音录像制品或者广播、电视上的权利管理信息，但由于技术上的原因无法避免的除外”。

《信息网络传播权保护条例》第5条第2项规定了禁止提供明知或者应知未经权利人许可被删除或者改变权利管理电子信息的作品、表演、录音录像制品。本条第2项增加了版式设计、广播和电视，扩展了侵权对象，不再局限于信息网络环境下的侵权行为。

三、条文解读

（一）保护权利管理信息的意义

权利管理信息保护是现代版权制度的一项重要内容。权利管理信息源于传统著作权制度下的著作权标识制度，其基本内容是，法律允许权利人对作品加注著作权标记，以向公众表彰著作主体权利存在及权利状态。其立法体例分为自愿和强制两种：大陆法系国家奉行著作权自动保护制度，即著作权产生于作者的创作活动而不取决于是否履行任何手续和完成特定的形式，当事人可以自行决定作品的著作权是否公示以及公示的方式，除行政管理规则要求之外，著作权公示并不产生任何法律后果。如我国实行的版权登记制度。《伯尔尼公约》第 5 条第 2 款规定："享有和行使这些权利不要求履行任何手续，也不论作品起源国是否存在保护。"《世界版权公约》第 3 条规定："经作者或版权所有者授权出版的作品的所有各册，自首次出版之日起，应标有 C 符号，并注明著作权所有者的姓名、首次出版年份等，其标注的方式和位置应使人注意到著作权的要求。"①

权利管理信息对于保护著作权的权益意义重大，作品的权利管理信息一旦被他人去除或者改变，将直接影响著作权人的精神利益和财产收入。但在信息网络环境下，非常容易就能做到去除或者改变权利管理信息，而且在去除或者改变后不易被人发现，出现真假难辨、真伪颠倒的情况。因此，2020 年《著作权法》修改增加规定，未经权利人许可，不得进行下列行为：一是故意删除或者改变作品、版式设计、表演、录音录像制品或者广播、电视上的权利管理信息，但由于技术上的原因无法避免的除外；二是知道或者应当知道作品、版式设计、表演、录音录像制品或者广播、电视上的权利管理信息未经许可被删除或者改变，仍然向公众提供。禁止删除或者改变权利管理信息的实质是通过这种禁止性的规定维护权利人的人身权和财产权。也就是说，权利管理信息本身并非版权保护客体，但它对促进作品的合法使用却至关重要。② 从国际条约层面上来看，《伯尔尼公约》《巴黎公约》和《与贸易有关的知识产权协定》并未规定权利管理信息保护条款，《世界知识产权组织版权条约》对权利管理信息的规定标志着权利管理信息进入版权制度。《世界知识产权组织版权条约》第 12 条"关于权利管理信息义务"部分规定：缔约各方应规定适当和有效的法律补救办法，制止任何人明知、或就民事补救而言有合理根据知道其行为会诱使、促成、便利或包庇对本条约或《伯尔尼公约》所涵盖的任何权利的侵

① 郭洁：《著作权权利管理信息保护与著作权立法》，载《政法论坛》2002 年第 2 期。
② 参见石宏：《著作权法第三次修改的重要内容及价值考量》，载《知识产权》2021 年第 2 期。

犯而故意从事以下行为:（1）未经许可去除或改变任何权利管理的电子信息;（2）未经许可发行，为发行目的进口、广播，或向公众传播明知已被未经许可去除或改变权利管理电子信息的作品或作品的复制品。上述规定要求成员国对于禁止行为规定适当的法律规范，以及对于违反法律禁止的行为提供有效的法律救济。此外,《世界知识产权组织表演和录音制品条约》第 19 条亦对此作出了明确的确定。此后，权利管理信息保护逐渐成为各国版权立法的重要内容，但《世界知识产权组织版权条约》第 12 条仅仅提供了最低保护标准，各成员既可以提供更高的保护标准，也可自行决定履行条约义务的法律领域。由于各国对于主观认知的概念存在很大差异,《世界知识产权组织版权条约》允许各成员在其国内法中对主观要件作出具体要求。各成员可根据其国内立法使用的概念和定义，将明知和有合理理由应知，纳入本国法体系。[①]

本条未对何谓权利管理信息进行定义。但《信息网络传播权保护条例》对“权利管理电子信息”进行了定义，即权利管理电子信息是指作品及其作者、表演及其表演者、录音录像制品及其制作者的信息，作品、表演、录音录像制品权利人的信息和使用条件的信息，以及表示上述信息的数字或者代码。按照《世界知识产权组织版权条约》第 12 条第 2 款的规定，权利管理信息是指识别作品、作品的作者、对作品拥有任何权利的所有人的信息，或有关作品使用的条款和条件的信息与代表此种信息的任何数字或代码。《世界知识产权组织表演和录音制品条约》规定，“权利管理信息”系指识别表演者、表演者的表演、录音制品制作者、录音制品、对表演或录音制品拥有任何权利的所有人的信息，或有关使用表演或录音制品的条款和条件的信息，和代表此种信息的任何数字或代码，各该项信息均附于录制的表演或录音制品的每件复制品上或在录制的表演或录音制品向公众提供时出现。由此可见,《信息网络传播权保护条例》与《世界知识产权组织版权条约》和《世界知识产权组织表演和录音制品条约》相关规定是一致的，只是将该信息限定于电子形态，与条例本身的调整对象是一致的。[②]

① Jorg Reinboth & Silke Von Levinski，The WIPO Treaties 1996（Bloomsbury Publishing Plc 2001），at 157.

② Jorg Reinboth & Silke Von Levinski，The WIPO Treaties 1996（Bloomsbury Publishing Plc 2001），at 157.

（二）权利管理信息的保护

《世界知识产权组织版权条约》并未要求各国以法律要求著作权人承担网上公开传播的作品权利标志义务，而是以反向的禁止方式规定未经著作权人授权不得进行破坏权利管理信息完整性的行为。[①] 本条第 1 项规定行为的构成要件是未经权利人许可，主观上存在故意，客观上有删除或改变权利管理信息的行为，删除或改变的对象包括作品及版式设计、表演、录音录像制品或者广播、电视。客观要件方面，《世界知识产权组织版权条约》第 12 条第 1 款第 1 项区分了删除和改变两种行为。删除（removal）指不论以何种方式彻底地删除管理信息；删除之后，没有任何权利管理信息留存在于作品或作品复制件上。改变（alteration）则指对于信息构成要素的变动，包括：（1）彻底替换信息（entire replacement）：例如用其他姓名替代作者姓名或者用其他许可条件替换现有许可条件；（2）部分删除信息（partial deletion）：例如删除合作作者之一的姓名或部分许可条件；（3）增加部分信息（addition）：例如增加某人姓名作为作者。权利人可以自愿决定是否采用电子权利管理信息，但是各成员有关权利管理信息的条约义务仅限于权利人已经采用权利管理信息的情形。因此，如果作品或其复制件上之前并未附有任何权利管理信息，那么行为人之后在作品上增加虚假或错误权利管理信息的行为并不受到法律禁止。《世界知识产权组织版权条约》第 12 条仅针对已经具备权利管理信息的任何作品，换言之，该项适用的前提要件是相应的权利管理信息已存在。[②] 主观要件方面，《世界知识产权组织版权条约》第 12 条规定主观要件分为两个层面：对于删除和改变权利管理信息的行为，行为人需要满足行为认知和法律后果认知两个要件。对于删除和改变权利管理信息的行为，本条第 1 项规定采用“故意”表述。

本条第 1 项还规定了豁免条件，即由于技术上的原因无法避免的除外，主要包括在播放广播或其他节目时，使用作品、录音录像制品的片段，因时间短，无法在播放节目的同时表明权利管理信息，或者在实行数字、模拟信号转

---

① Jorg Reinboth & Silke Von Levinski，The WIPO Treaties 1996（Bloomsbury Publishing Plc 2001），at 157.

② 参见湛茜：《因特网条约权利管理信息条款研究——兼论我国〈著作权法〉第三次修改》，载《暨南学报（哲学社会科学版）》2015 年第 2 期。

换时无法保存权利管理信息等情况。因此，我国和世界知识产权组织、美国等一些国家和组织都不将在这种情形下删除或改变权利管理信息的行为视为侵权。

本条第2项涉及另一种禁止行为，即“知道或者应当知道作品、版式设计、表演、录音录像制品或者广播、电视上的权利管理信息未经许可被删除或者改变，仍然向公众提供”。与《世界知识产权组织版权条约》第12条规定的禁止发行、进口或向公众传播权利管理信息已被非法删除或改变的作品的行为相比，禁止行为的范围不涉及发行、进口权利管理信息已被非法删除或改变的作品。主观要件方面，《世界知识产权组织版权条约》第12条对于未经许可发行，为发行目的进口、广播或向公众传播权利管理信息已被删除和改变的作品的行为，行为人需要同时满足三个人认知要件：事实认知、行为认知和法律后果认知。与之相比，本条第2项不要求行为人明知或应知其行为可能产生特定的法律后果，但要求行为人的主观状态为“明知或应知”，而非“明知”。相对于《世界知识产权组织版权条约》第12条规定，我国采取了更为宽松的主观要件标准。

适用指引

适用本条应注意技术措施与权利管理信息的区别。权利管理信息是随着网络技术发展而产生的。不论是水印、在线视频播放界面上方的App商标，还是各种出现在照片、音频、视频等文件中的属性选项中的作者信息，都可以被称为权利管理信息。而这些信息的共同点都是彰显作者的身份和著作权的归属。技术措施，则是为了防止各种著作权侵权行为的发生。权利管理信息和技术措施应当是完全不同的两个概念。权利管理信息彰显的是著作人身权中的署名权，反映的是作者和作品之间的关系，不论信息是否为电子形式。[①] 以数字水印和数字指纹为代表的权利管理信息有助于判断一种数字作品的版本是否为盗版，以及侵害了谁的权利，但它们本身无法阻止他人实施任何行为。例如，无论纸张上的水印还是数字水印，都只能用于判断特定版本的作品是否为未经

① 参见丁壮：《著作权法权利管理信息保护条款研究》，载《法制博览》2020年第33期。

许可复制和传播的盗版，而不能阻止他人对作品实施特定行为，如复制、传播或阅读、欣赏等，事实上无法起到防止未经许可接触或利用作品的作用。这正如人民币上的水印只能用于识别人民币的真伪，而不能直接阻止他人制作假钞。由于权利管理信息并不具有阻止接触或利用作品行为的功能，它并非版权法意义上的技术措施。[①]

---

① 参见王迁：《技术概念四辨》，载《华东政法大学报》第2015年第2期。

第五十二条　有下列侵权行为的，应当根据情况，承担停止侵害、消除影响、赔礼道歉、赔偿损失等民事责任：

（一）未经著作权人许可，发表其作品的；

（二）未经合作作者许可，将与他人合作创作的作品当作自己单独创作的作品发表的；

（三）没有参加创作，为谋取个人名利，在他人作品上署名的；

（四）歪曲、篡改他人作品的；

（五）剽窃他人作品的；

（六）未经著作权人许可，以展览、摄制视听作品的方法使用作品，或者以改编、翻译、注释等方式使用作品的，本法另有规定的除外；

（七）使用他人作品，应当支付报酬而未支付的；

（八）未经视听作品、计算机软件、录音录像制品的著作权人、表演者或者录音录像制作者许可，出租其作品或者录音录像制品的原件或者复制件的，本法另有规定的除外；

（九）未经出版者许可，使用其出版的图书、期刊的版式设计的；

（十）未经表演者许可，从现场直播或者公开传送其现场表演，或者录制其表演的；

（十一）其他侵犯著作权以及与著作权有关的权利的行为。

关联规定

法律、行政法规、司法解释

《最高人民法院关于审理著作权民事纠纷案件适用法律若干问题的解释》

第四条　因侵害著作权行为提起的民事诉讼，由著作权法第四十七条、第四十八条所规定侵权行为的实施地、侵权复制品储藏地或者查封扣押地、被告住所地人民法院管辖。

前款规定的侵权复制品储藏地，是指大量或者经常性储存、隐匿侵权复制品所在地；查封扣押地，是指海关、版权等行政机关依法查封、扣押侵权复制品所在地。

第十九条 出版者、制作者应当对其出版、制作有合法授权承担举证责任，发行者、出租者应当对其发行或者出租的复制品有合法来源承担举证责任。举证不能的，依据著作权法第四十七条、第四十八条的相应规定承担法律责任。[①]

条文释义

一、本条主旨

本条是关于侵犯著作权和与著作权有关的权利应当承担民事责任的规定。

二、条文演变

本条的规定主要源于1990年《著作权法》的第45条，个别内容如第5项关于“剽窃”他人作品的规定，则源于1990年《著作权法》第46条的规定。2001年《著作权法》修改时，在法条结构方面并未作大的调整，但是有两个方面的变化：一是在民事责任方面，将1990年《著作权法》中的“公开赔礼道歉”修改为“赔礼道歉”；二是对于需要承担责任的侵权行为，结合《著作权法》其他条款内容作了适应性调整，比如将“摄制电影、电视、录像”的方式修改为“摄制电影和以类似摄制电影”的方法，将“表演、播放、发行、编辑”四种作品使用方式从本条中列入2001年《著作权法》第47条中，增加了对侵害出租权行为的列举，增加了对出版者版式设计和对表演者权利的保护等。2010年《著作权法》对本条未作修改。2020年《著作权法》的修改，除本条第6项配合其他条款的修改使用了“视听作品”的表述外，相关修改主要体现在第8项，将原先规定的“与著作权有关的权利人”明确为“表演者或者录音录像制品制作者”；此外，还将第11项中的“与著作权有关的权益”修

① 司法解释所引用的仍然是2010年修正的《著作权法》，与本条对应的是2020年《著作权法》第52条、第53条的规定。——编者注

改为“与著作权有关的权利”。

三、条文解读

侵犯著作权和与著作权有关的权利是一种侵权行为，对权利人的人身权和财产权造成了损害，侵权行为人对其造成的损害后果应当承担法律责任。

（一）本条规定的十一项侵权行为

第一，未经著作权人许可，发表其作品的。该行为是侵犯了著作权人的发表权。依照本法第10条第1款第1项的规定，决定作品是否公之于众是著作权人的权利，应当由著作权人来决定，他人未经著作权人的同意将其作品发表，是一种侵权行为，造成著作权人的人身和财产的损失，侵权行为人应当承担民事责任。发表权中还包括著作权人有权决定以某种形式发表其作品，如果未按著作权人决定的形式发表其作品，也是侵犯了著作权人的发表权，应当承担民事责任。

第二，未经合作作者许可，将与他人合作创作的作品当作自己单独创作的作品发表的。合作作品是由两个或两个以上的人共同创作的，著作权应当由合作者共同享有。合作作品中的每一个人都无权单独行使合作作品的著作权，包括对作品的发表权。把合作作品当作自己单独创作的作品发表，不仅侵犯了其他合作作者的发表权，而且是窃取了其他合作作者的署名权和对作品的使用权。侵权行为人应当对造成的其他合作作者的人身权和财产权的损害承担赔偿责任。

第三，没有参加创作，为谋取个人名利，在他人作品上署名的。该行为主要是侵犯了作者的署名权。署名权属于创作作品的作者，作者有权在发表的作品上表明自己的身份，即署上自己的姓名，也有权署笔名或不署名。未参加创作的人为谋取个人名利，无论是冒充单独作者还是冒充为合作作者的身份在他人作品上署名，都是侵犯作者署名权的行为。如果侵权行为人冒充为作者获得了一定的利益，还侵犯了作者的财产权。作者有权禁止未参加创作的人在作品上署名，并有权要求侵权行为人承担民事责任。

第四，歪曲、篡改他人作品的。该行为是侵犯作者的保护作品完整权。作者本人对作品有修改的权利，同时，也有权禁止他人修改自己的作品。在实践中，有时授权他人对作品作合理的修改也是必要的，如作品在出版时，有必要授权报刊及出版社的编辑对作品的文字或某些词句作适当的修改。歪曲、篡改他人作品，破坏了作者通过该作品要表达的思想内容或表达的形式及其艺术风格，侵犯了作品的完整权。

第五，剽窃他人作品的。本项源于1990年《著作权法》第46条第1项。剽窃他人作品，是把别人的作品全部或部分据为己有的侵权行为。从剽窃的形式上看，既有原封不动或者基本原封不动地复制他人作品的行为，也有经改头换面后将他人受著作权保护的独创成分窃为已有的行为，如改变作品的类型将他人创作的作品当作自己独立创作的作品（如将小说改成电影），或不改变作品的类型，但是利用作品中受著作权保护的成分并改变作品的具体表现形式，将他人创作的作品当作自己独立创作的作品。后者的剽窃需要经过认真辨别，甚至需要经过专家鉴定后方能认定。此外，剽窃他人作品也与演绎作品存在不同：演绎作品是经过了原作品的著作权人的许可，而剽窃他人作品是未经原著作权人的许可；演绎作品的作者对原作品进行了创造性的劳动，创作了新的作品，而剽窃他人作品最多只是将他人作品的个别部分和词句略作变动，几乎是原封不动地作为自己的作品，没有创造性的劳动。剽窃他人作品的目的，是将其出版发行，牟取名利，该行为严重地损害了作者的人身权和财产权，侵权行为人应当承担民事责任。对剽窃行为的认定不以是否使用了他人作品的全部还是部分，是否得到了外界的好评，是否构成了抄袭物的主要或者实质部分为转移。

第六，未经著作权人许可，以展览、摄制视听作品的方法使用作品，或者以改编、翻译、注释等方式使用作品的，本法另有规定的除外。据本法第10条第1款第8项、第13项、第14项、第15项和第17项的规定，作者对自己的著作享有展览权、摄制权、改编权、翻译权和注释权，作者有权行使上述权利，有许可他人以上述方式使用自己的作品，并由此获得报酬的权利。行为人未经作者许可，以展览、摄制视听作品的方法使用作品，或者以改编、翻译、注释等方式使用作品，侵犯了作者对其作品的展览、摄制、改编、翻译和注释等使用权和获得报酬的权利。著作权人有权要求侵权行为人承担停止侵害、赔偿损失等民事责任。但是依照本法第二章第四节的规定，合理使用著作权人的作品的除外。

第七，使用他人作品，应当支付报酬而未支付的。行为人侵犯的是著作权人的财产权。著作权人在许可他人以复制、表演、展览、发行、摄制视听作品、传播作品，或者以改编、翻译、汇编、注释等方式使用自己的作品时，有权获得报酬，这是著作权人的财产权的体现。本法第10条第2款规定："著作权人可以许可他人行使前款第五项至第十七项规定的权利，并依照约定或者本法有关规定获得报酬。"因此，除本法规定的可以不付报酬的以外，如本法第24条规定的情形，他人都应当依照合同约定或者本法的有关规定向权利人给付报酬。给付报酬的标准可以由当事人在合同中约定，也可以按照国家著作权主管部门会同有关部门制定的付酬标准支付报酬，当事人约定不明确的，按照上述部门制定的付酬标准支付报酬。使用他人作品，应当给付报酬而未支付的行为包括：（1）未按约定的数额或者未按制定的标准支付报酬的；（2）约定的期间拖延或者逾期未付报酬的；（3）应当给付报酬，而少付或者不付报酬的等。著作权人对使用其作品不付报酬的行为，有权要求使用人给付报酬，因迟延给付报酬造成著作权人经济上损失的，使用人应当赔偿实际损失。

第八，未经视听作品、计算机软件、录音录像制品的著作权人、表演者或者录音录像制作者许可，出租其作品或者录音录像制品的原件或者复制件的，本法另有规定的除外。当今社会，视听作品、计算机软件、录音录像制品被广泛使用，侵犯著作权人的出租权的现象也相当严重，为了进一步保护上述作品和作品著作权人的权利，2001年修改《著作权法》时增加了本项规定。2020年《著作权法》修改将"与著作权有关的权利人"改为"表演者或者录音录像制作者"，进一步明确了与著作权有关的权利人中享有出租权的主体，有利于突出对表演者和录音录像制作者出租权的保护。根据本法第10条第1款第7项的规定，著作权人有权有偿许可他人临时使用视听作品、计算机软件的原件或者复制件的权利，但计算机软件不是出租的主要标的的除外。出租权属于著作权人的权利，是否出租其作品或者录音录像制品，应当由著作权人决定，并由此获得报酬。出租和借用不同，出租本身就含有需要给付对价的意思，未经著作权人许可，出租其作品或者录音录像制品的，侵权行为人应当赔偿著作权人的损失。

第九，未经出版者许可，使用其出版的图书、期刊的版式设计的。本项是2001年修改《著作权法》时为了保护出版者的权利增加的规定。出版者在出版图书、期刊时，对版式所作的设计是一种新的创作，对此应当予以保护。根据本法第37条的规定，出版者有权许可或者禁止他人使用其出版的图书、期刊的版式设计。他人使用出版者的版式设计应当取得出版者的同意，与出版者订立著作权使用合同，并支付报酬。侵权行为人未经出版者许可，使用其出版的图书、期刊的版式设计，出版者有权要求行为人停止侵权行为，并承担赔偿损失等民事责任。

第十，未经表演者许可，从现场直播或者公开传送其现场表演，或者录制其表演的。1990年《著作权法》第45条第7项为“未经表演者许可，从现场直播其表演的”。2001年修改时本项增加了未经表演者许可，公开传送其现场表演或者录制其表演的规定。行为人侵犯的是表演者的权利。根据本法第39条规定，表演者享有许可他人从现场直播和公开传送其现场表演，许可他人录音录像，并获得报酬的权利。他人从现场直播和公开传送其现场表演，或者制作录音录像制品，应当取得表演者的同意，并给付报酬。未经许可，擅自实施上述行为，表演者有权制止行为人正在传播或者正在录制其表演的侵权行为，并可以要求行为人赔偿损失。

第十一，其他侵犯著作权以及与著作权有关的权利的行为。侵犯著作权的行为在实际中较为复杂，法律难以列全，上述列举的十项只是侵权行为中较为常见的行为，本项作为兜底性规定，将其他侵犯著作权以及与著作权有关的权利纳入进来，能够更好地保护权利人的合法权益。[①]

（二）承担民事责任的方式

第一，停止侵害，是指侵权行为人正在实施侵害他人著作权和与著作权有关的权利时，权利人为了防止损害后果的扩大，有权制止正在实施的侵权行为，要求其停止侵害。例如，未经表演者许可，从现场直播其表演或者公开传送其现场表演，或者录制其表演的，表演者有权要求侵权行为人立即停止这些侵权行为。

第二，消除影响、赔礼道歉，是指非财产性承担民事责任的方式，主要适用于侵犯权利人人身权的行为所应承担的民事责任。适用时，原则上应当是侵

---

① 黄薇、王雷鸣主编：《〈中华人民共和国著作权法〉导读与释义》，中国民主法制出版社2021年版，第257~261页。

权行为人在多大范围造成的影响，仍应在多大范围内消除影响，赔礼道歉。也可以以双方当事人约定的方式消除影响，赔礼道歉，例如，当面赔礼道歉，在一定的场合公开赔礼道歉，也可以在某一种报刊上刊登赔礼道歉的文函等。

第三，赔偿损失，是指侵权行为人造成著作权人以及与著作权有关的权利人的损失时，应当以其财产赔偿权利人的经济损失。赔偿损失是一种较为普遍适用的承担民事责任的方式，除适用侵权责任外，也适用于违约责任，例如，出版合同中约定了作者交付作品的时间和出版社出版发行的时间，如果一方迟延履行了义务，并给对方造成了经济上的损失，即应负赔偿损失的责任。本条是针对侵权行为作出的承担损害赔偿责任的规定。

除上述民事责任外，根据侵犯著作权的实际情况，还应当承担其他民事责任。上述民事责任，可以单独适用，也可以合并适用。

适用指引

关于民事责任的具体类型，虽然本条明确列举的只有停止侵害、消除影响、赔礼道歉、赔偿损失四种，但在实践中侵权人所应当承担的并非封闭式民事责任，本条中的“等”字意味着侵害著作权和与著作权有关的权利的民事责任是开放的，并不限于法条中明确列举的这四种。比如，在《民法典》第179条第1款明确列举11项民事责任方式的基础上，该条第2款又规定：“法律规定惩罚性赔偿的，依照其规定。”也就是说，惩罚性赔偿是赔偿损失之外的一种单独的民事责任承担方式，填平性的赔偿损失应当与惩罚性赔偿分别计算。而本法第54条第1款已明确规定了故意侵犯著作权或者与著作权有关的权利，情节严重的，可以适用惩罚性赔偿。此外，《民法典》规定的民事责任还包括“返还财产”，虽然作品是无形的，通常不存在返还的问题，但在特殊情况下也存在对作品许可使用费的返还问题。

此外，本条的适用还需要注意以下几点：第一，停止侵害的例外。如果被告停止被诉侵权行为可能有悖公序良俗，或者违反比例原则的，可以不判令停止侵害，宜根据案件情况从高确定赔偿数额或者判令被告支付相应的对价。第二，过错原则。被告承担损害赔偿责任，应当以被告存在过错为前提。第三，赔偿数额的确定原则。确定赔偿数额应当以能够弥补权利人因侵权而受到的损失为原则，但法律另有规定的除外。被告仅侵害著作人身权的，一般不判令承担损害赔偿责任。

典型案例

河北山人雕塑有限公司与河北中鼎园林雕塑有限公司、遵义市播州区三合镇人民政府、遵义众和诚农业开发有限公司、贵州慧隆建设工程有限责任公司、贵州慧隆建设工程有限责任公司遵义分公司侵害著作权纠纷案

关键词：侵害著作权　停止侵害　利益平衡原则

裁判摘要：被控侵权雕塑用于社会公益事业，安置在三合镇刀靶烈士陵园，与整个陵园形成一体，若将其予以拆除必将造成社会资源的较大浪费。作为大型现代雕塑作品，其载体本身具有较高的价值，从遵循利益平衡原则和有效利用公共资源的效益角度出发，被控侵权雕塑不宜判决拆除。

基本案情：河北山人雕塑有限公司（简称山人雕塑公司）与河北中鼎园林雕塑有限公司（简称中鼎雕塑公司）是从事雕塑设计、制作和安装的专业机构。2017年12月，山人雕塑公司与贵州省遵义市播州区三合镇人民政府（简称三合镇政府）商谈合作三合镇刀靶烈士陵园的雕塑工程，山人雕塑公司将创作完成的涉案作品刀靶大捷设计图及展板交给三合镇政府审阅，并按三合镇政府的要求进行数次修改，但双方最终未达成合意。后山人雕塑公司向贵州省遵义市中级人民法院提起诉讼，主张三合镇政府委托中鼎雕塑公司在刀靶烈士陵园设计、安装的被诉侵权雕塑侵害其著作权。贵州省遵义市中级人民法院一审判决由三合镇政府、中鼎雕塑公司共同向山人雕塑公司支付作品使用费10万元及合理支出费用2万元，并由中鼎雕塑公司赔礼道歉。山人雕塑公司、中鼎雕塑公司均不服一审判决，提起上诉。

法院生效裁判认为：侵权行为成立，但同时认为，刀靶烈士陵园是进行革命传统教育和爱国主义教育的重要场所，从遵循利益平衡原则和有效利用资源的效益角度出发，被诉侵权雕塑不宜判决拆除。故可通过适当提高侵权赔偿标准对山人雕塑公司的权利予以充分救济的情况下，对山人雕塑公司主张停止侵害、拆除侵权雕塑的诉讼请求不予支持。据此，改判中鼎雕塑公司、三合镇政府等共同赔偿山人雕塑公司侵权赔偿和合理支出共20万元。

【案　　号】（2019）黔民终449号

【审理法院】贵州省高级人民法院

【来　　源】2019年度中国法院10大知识产权案件

第五十三条　有下列侵权行为的，应当根据情况，承担本法第五十二条规定的民事责任；侵权行为同时损害公共利益的，由主管著作权的部门责令停止侵权行为，予以警告，没收违法所得，没收、无害化销毁处理侵权复制品以及主要用于制作侵权复制品的材料、工具、设备等，违法经营额五万元以上的，可以并处违法经营额一倍以上五倍以下的罚款；没有违法经营额、违法经营额难以计算或者不足五万元的，可以并处二十五万元以下的罚款；构成犯罪的，依法追究刑事责任：

（一）未经著作权人许可，复制、发行、表演、放映、广播、汇编、通过信息网络向公众传播其作品的，本法另有规定的除外；

（二）出版他人享有专有出版权的图书的；

（三）未经表演者许可，复制、发行录有其表演的录音录像制品，或者通过信息网络向公众传播其表演的，本法另有规定的除外；

（四）未经录音录像制作者许可，复制、发行、通过信息网络向公众传播其制作的录音录像制品的，本法另有规定的除外；

（五）未经许可，播放、复制或者通过信息网络向公众传播广播、电视的，本法另有规定的除外；

（六）未经著作权人或者与著作权有关的权利人许可，故意避开或者破坏技术措施的，故意制造、进口或者向他人提供主要用于避开、破坏技术措施的装置或者部件的，或者故意为他人避开或者破坏技术措施提供技术服务的，法律、行政法规另有规定的除外；

（七）未经著作权人或者与著作权有关的权利人许可，故意删除或者改变作品、版式设计、表演、录音录像制品或者广播、电视上的权利管理信息的，知道或者应当知道作品、版式设计、表演、录音录像制品或者广播、电视上的权利管理信息未经许可被删除或者改变，仍然向公众提供的，法律、行政法规另有规定的除外；

（八）制作、出售假冒他人署名的作品的。

关联规定

一、法律、行政法规、司法解释

1.《中华人民共和国刑法》

第二百一十七条 以营利为目的，有下列侵犯著作权或者与著作权有关的权利的情形之一，违法所得数额较大或者有其他严重情节的，处三年以下有期徒刑，并处或者单处罚金；违法所得数额巨大或者有其他特别严重情节的，处三年以上十年以下有期徒刑，并处罚金：

（一）未经著作权人许可，复制发行、通过信息网络向公众传播其文字作品、音乐、美术、视听作品、计算机软件及法律、行政法规规定的其他作品的；

（二）出版他人享有专有出版权的图书的；

（三）未经录音录像制作者许可，复制发行、通过信息网络向公众传播其制作的录音录像的；

（四）未经表演者许可，复制发行录有其表演的录音录像制品，或者通过信息网络向公众传播其表演的；

（五）制作、出售假冒他人署名的美术作品的；

（六）未经著作权人或者与著作权有关的权利人许可，故意避开或者破坏权利人为其作品、录音录像制品等采取的保护著作权或者与著作权有关的权利的技术措施的。

第二百一十八条 以营利为目的，销售明知是本法第二百一十七条规定的侵权复制品，违法所得数额巨大或者有其他严重情节的，处五年以下有期徒刑，并处或者单处罚金。

2.《中华人民共和国著作权法实施条例》

第三十六条 有著作权法第四十八条[①] 所列侵权行为，同时损害社会公共利益，非法经营额 5 万元以上的，著作权行政管理部门可处非法经营额 1 倍以上 5 倍以下的罚款；没有非法经营额或者非法经营额 5 万元以下的，著作权行

① 现为 2020 年《著作权法》第 53 条。

政管理部门根据情节轻重，可处25万元以下的罚款。

第三十七条 有著作权法第四十八条所列侵权行为，同时损害社会公共利益的，由地方人民政府著作权行政管理部门负责查处。

国务院著作权行政管理部门可以查处在全国有重大影响的侵权行为。

3.《最高人民法院关于审理著作权民事纠纷案件适用法律若干问题的解释》

第四条 因侵害著作权行为提起的民事诉讼，由著作权法第四十七条、第四十八条所规定侵权行为的实施地、侵权复制品储藏地或者查封扣押地、被告住所地人民法院管辖。

前款规定的侵权复制品储藏地，是指大量或者经常性储存、隐匿侵权复制品所在地；查封扣押地，是指海关、版权等行政机关依法查封、扣押侵权复制品所在地。

第十九条 出版者、制作者应当对其出版、制作有合法授权承担举证责任，发行者、出租者应当对其发行或者出租的复制品有合法来源承担举证责任。举证不能的，依据著作权法第四十七条、第四十八条的相应规定承担法律责任。

第二十一条 计算机软件用户未经许可或者超过许可范围商业使用计算机软件的，依据著作权法第四十八条第（一）项、《计算机软件保护条例》第二十四条第（一）项的规定承担民事责任。

4.《最高人民法院、最高人民检察院关于办理侵犯知识产权刑事案件具体应用法律若干问题的解释（二）》

第二条 刑法第二百一十七条侵犯著作权罪中的“复制发行”，包括复制、发行或者既复制又发行的行为。

侵权产品的持有人通过广告、征订等方式推销侵权产品的，属于刑法第二百一十七条规定的“发行”。

非法出版、复制、发行他人作品，侵犯著作权构成犯罪的，按照侵犯著作权罪定罪处罚。

二、部门规章及规范性文件

1.《国家版权局关于查处著作权侵权案件如何理解适用损害公共利益有关问题的复函》

就如何认定损害公共利益这一问题，依据《中华人民共和国著作权法》规定，第四十七条所列侵权行为，均有可能侵犯公共利益。就一般原则而言，向公众传播侵权作品，构成不正当竞争，损害经济秩序就是损害公共利益的具体表现。在“2002 年 WTO 过渡性审议”中，国家版权局也曾明确答复“构成不正当竞争，危害经济秩序的行为即可认定为损害公共利益”。此答复得到了全国人大法工委、国务院法制办、最高人民法院的认可。

如商业性卡拉 OK 经营者，未经著作权人许可使用作品，特别是在著作权人要求其履行合法义务的情况下，仍然置之不理。主观故意明显，应属情节严重的侵权行为。这种行为不仅侵犯了著作权人的合法权益，并且损害了市场经济秩序和公平竞争环境。我局认为该行为应属一种损害公共利益的侵权行为。

2.《国家版权局关于校园周边复印店复印、销售材料是否构成侵权的答复》

学校周边复印店未经作者许可，复印他人的教材并向学生销售属于侵犯著作权的行为，侵犯了作者和出版社的合法权益。复印店应依法承担相应的法律责任。

对于学生，建议学校加强管理，以正面教育为主，重点打击提供非法复制整本教材服务的复印店。

条文释义

一、本条主旨

本条是关于侵犯著作权以及与著作权有关的权益应承担民事责任，并可以给予行政处罚，直至追究刑事责任的规定。[①]

① 参见吴高盛主编：《〈中华人民共和国著作权法〉释义及实用指南》，中国民主法制出版社 2015 年版，第 255~273 页。

二、条文演变

本条进行了三次变更。

1990 年 9 月 7 日施行的《著作权法》第 46 条规定，有下列侵权行为的，应当根据情况，承担停止侵害、消除影响、公开赔礼道歉、赔偿损失等民事责任，并可以由著作权行政管理部门给予没收非法所得、罚款等行政处罚：（1）剽窃、抄袭他人作品的；（2）未经著作权人许可，以营利为目的，复制发行其作品的；（3）出版他人享有专有出版权的图书的；（4）未经表演者许可，对其表演制作录音录像出版的；（5）未经录音录像制作者许可，复制发行其制作的录音录像的；（6）未经广播电台、电视台许可，复制发行其制作的广播、电视节目的；（7）制作、出售假冒他人署名的美术作品的。

2000 年 12 月 22 日第九届全国人民代表大会常务委员会第十九次会议《关于〈中华人民共和国著作权法修正案（草案）〉的说明》（以下简称《草案》）指出，因侵权盗版、盗播屡禁不止，活动猖獗，不仅严重侵犯了著作权人的合法权益，而且严重损害了社会公共利益。根据国家关于加大打击力度，端掉侵权制假“黑窝子”的精神，该《草案》加大了对社会危害性较大的著作权侵权行为的行政处罚力度，除保留了没收非法所得和罚款的行政处罚外，增加规定著作权行政管理部门有权没收、销毁侵权复制品；情节严重的，还可以没收主要用于制作侵权复制品的材料、工具、设备等；并明确规定，构成犯罪的，依法追究刑事责任。

2001 年 10 月 27 日第九届全国人民代表大会常务委员会第二十四次会议通过《全国人民代表大会常务委员会关于修改〈中华人民共和国著作权法〉的决定》，将第 46 条改为第 47 条，并对条款内容进行了修改。主要修改内容如下：第一，加大了处罚力度。损害公共利益的，可以由著作权行政管理部门责令停止侵权行为，没收违法所得，没收、销毁侵权复制品，并可处以罚款；情节严重的，著作权行政管理部门还可以没收主要用于制作侵权复制品的材料、工具、设备等；构成犯罪的，依法追究刑事责任。第二，将剽窃、抄袭他人作品的侵权行为移至第 52 条追究民事责任。第三，增加了应受到处罚的行为，主要是未经著作权人或者与著作权有关的权利人许可，故意避开或者破坏权利人为其作品、录音录像制品等采取的保护著作权或者与著作权有关的权利的技术措施的，法律、行政法规另有规定的除外；未经著作权人或者与著作权有关的权利人许可，故意删除或者改变作品、录音录像制品等的权利管理电子信息的，法律、行政法规另有规定的除外。第四，对原来规定的处罚的行为作了修改，比如，将“未经著作权人许可，以营利为目的，复制发行其作品的”修改为“未经著作权人许可，复制、发行、表演、放映、广播、汇编、通过信息网络向公众传播其作品的，本法另有规定的除外”。

修改后的内容为：“有下列侵权行为的，应当根据情况，承担停止侵害、消除影响、赔礼道歉、赔偿损失等民事责任；同时损害公共利益的，可以由著作权行政管理部门责令停止侵权行为，没收违法所得，没收、销毁侵权复制品，并可处以罚款；情节严重的，著作权行政管理部门还可以没收主要用于制作侵权复制品的材料、工具、设备等；构成犯罪的，依法追究刑事责任：（一）未经著作权人许可，复制、发行、表演、放映、广播、汇编、通过信息网络向公众传播其作品的，本法另有规定的除外；（二）出版他人享有专有出版权的图书的；（三）未经表演者许可，复制、发行录有其表演的录音录像制品，或者通过信息网络向公众传播其表演的，本法另有规定的除外；（四）未经录音录像制作者许可，复制、发行、通过信息网络向公众传播其制作的录音录像制品的，本法另有规定的除外；（五）未经许可，播放或者复制广播、电视的，本法另有规定的除外；（六）未经著作权人或者与著作权有关的权利人许可，故意避开或者破坏权利人为其作品、录音录像制品等采取的保护著作权或者与著作权有关的权利的技术措施的，法律、行政法规另有规定的除外；（七）未经著作权人或者与著作权有关的权利人许可，故意删除或者改变作品、录音录像制品等的权利管理电子信息的，法律、行政法规另有规定的除外；（八）制作、出售假冒他人署名的作品的。”

2010 年 2 月 26 日第十一届全国人民代表大会常务委员会第十三次会议通过《全国人民代表大会常务委员会关于修改〈中华人民共和国著作权法〉的决定》，对该条内容未作修改，只是对条文顺序进行了变更，由第 47 条变更为第 48 条。

2020 年 11 月 11 日第十三届全国人民代表大会常务委员会第二十三次会议通过《全国人民代表大会常务委员会关于修改〈中华人民共和国著作权法〉的决定》，将第 48 条改为第 53 条，增加了无害化销毁处理侵权复制品，并对罚款数额进行了细化，“违法经营额五万元以上的，可以并处违法经营额一倍以上五倍以下的罚款；没有违法经营额、违法经营额难以计算或者不足五万元的，可以并处二十五万元以下的罚款”。

修改后的内容为："有下列侵权行为的，应当根据情况，承担本法第五十二条规定的民事责任；侵权行为同时损害公共利益的，由主管著作权的部门责令停止侵权行为，予以警告，没收违法所得，没收、无害化销毁处理侵权复制品以及主要用于制作侵权复制品的材料、工具、设备等，违法经营额五万元以上的，可以并处违法经营额一倍以上五倍以下的罚款；没有违法经营额、违法经营额难以计算或者不足五万元的，可以并处二十五万元以下的罚款；构成犯罪的，依法追究刑事责任：（一）未经著作权人许可，复制、发行、表演、放映、广播、汇编、通过信息网络向公众传播其作品的，本法另有规定的除外；（二）出版他人享有专有出版权的图书的；（三）未经表演者许可，复制、发行录有其表演的录音录像制品，或者通过信息网络向公众传播其表演的，本法另有规定的除外；（四）未经录音录像制作者许可，复制、发行、通过信息网络向公众传播其制作的录音录像制品的，本法另有规定的除外；（五）未经许可，播放、复制或者通过信息网络向公众传播广播、电视的，本法另有规定的除外；（六）未经著作权人或者与著作权有关的权利人许可，故意避开或者破坏技术措施的，故意制造、进口或者向他人提供主要用于避开、破坏技术措施的装置或者部件的，或者故意为他人避开或者破坏技术措施提供技术服务的，法律、行政法规另有规定的除外；（七）未经著作权人或者与著作权有关的权利人许可，故意删除或者改变作品、版式设计、表演、录音录像制品或者广播、电视上的权利管理信息的，知道或者应当知道作品、版式设计、表演、录音录像制品或者广播、电视上的权利管理信息未经许可被删除或者改变，仍然向公众提供的，法律、行政法规另有规定的除外；（八）制作、出售假冒他人署名的作品的。"

三、条文解读

本条所规定的侵权行为，在性质与后果上比第52条规定的侵权行为更为严重。本条规定的侵权行为除对著作权及与著作权有关的权利权利人构成民事侵权外，还因扰乱相关文化市场，损害公共利益，构成行政甚至刑事违法，需要承担行政甚至刑事责任。

适用指引

行政保护与司法保护所构建的著作权保护“双轨制”，是我国著作权保护制度的特点和优势。[①]

对于本条规定的八类侵权行为，如果同时损害公共利益，行为人除需对权利人承担民事责任外，还应当承担相应的行政责任。主管著作权的部门有关依照本条规定，对行为人进行查处、处罚。行政查处和处罚应当依照相关行政执法程序的规定进行。

如果本条所列侵权行为严重损害公共利益构成犯罪的，依照《刑法》的相关规定追究其刑事责任。追究刑事责任应当依据《刑事诉讼法》规定的程序处理，并根据《刑法》规定的犯罪构成要件对犯罪行为进行审查认定。

典型案例

被告人李某鹏等 9 人侵犯著作权案

关键词：侵犯著作权罪　美术作品

裁判摘要：权利人设计创作的具有独创性的拼装积木玩具，其中包装、图册上的平面图案以及由积木颗粒搭建完成的立体模型具有独创性及独特的审美意义，属于我国《著作权法》所保护的美术作品。未经权利人许可复制发行美术作品数额达到《刑法》及其司法解释规定的标准，构成侵犯著作权罪。区别侵犯著作权的“发行”行为与销售侵权复制品罪的“销售”行为，需结合案件中行为人与复制生产商是否具有紧密联系综合考量。

基本案情：“Great Wall of China”拼装玩具等 47 个系列 663 款产品系乐高公司（LEGO A/S）创作的美术作品，乐高公司根据该作品制作、生产了系列拼装玩具并在市场上销售。2015 年至 2019 年 4 月间，在未经乐高公司许可的情况下，被告人李某鹏指使被告人杜某豪、闫某军、余某彬、王某河、张某、王某圳、吕某丰、李某等人，购买新款乐高系列玩具，通过拆解研究、电脑建

① 参见黄薇、王雷鸣：《中华人民共和国著作权法导读与释义》，中国民主法制出版社 2021 年版，第 263 页。

模、复制图纸、委托他人开制模具，设立玩具生产厂，专门复制乐高公司创作的“Great Wall of China”等47个系列663款拼装积木玩具产品，并冠以“乐拼”品牌通过线上、线下等方式销售。

2019年4月23日，上海市公安局在被告人李某鹏租赁的厂房内查获注塑模具88件、零配件68件、包装盒289411个、说明书175141件、销售出货单5万余张、复制乐高系列的“乐拼”玩具产品603875件。

经中国版权保护中心版权鉴定委员会鉴定，“乐拼”品牌玩具、图册与乐高公司的玩具、图册均基本相同，构成复制关系。经司法会计鉴定，2017年9月11日至2019年4月23日，李海鹏等人生产销售侵权产品数量4249255盒，涉及634种型号，合计300924050.9元。扣押储存在仓库的待销售侵权产品数量603875盒，涉及344种型号，合计金额30508780.7元。

2017年被告人杜某豪离开利豪玩具厂后，开始从事乐拼玩具的经销，其从利豪玩具厂购进货源，在淘宝网店销售复制乐高的乐拼玩具盈利，经鉴定销售金额为6215989.43元。被告人余某彬、王某圳在美致公司工作期间，分别在其经营的淘宝网店销售复制乐高的乐拼玩具盈利，经鉴定销售金额分别为3560.28元和11747427.79元。

法院经审理认为，被告人李某鹏伙同闫某军、张某、王某圳、吕某丰、王某河、余某彬、李某等人以营利为目的，未经著作权人许可，复制发行乐高公司享有著作权的美术作品，非法经营数额达3亿3千万余元，被告人杜某豪作为经销商之一，未经著作权人许可，发行乐高公司享有著作权的美术作品，非法经营数额达621万余元，情节均属特别严重，各被告人的行为均已构成侵犯著作权罪，依法应予惩处。该案经二审法院审理后，裁定维持一审判决。

【案　　号】（2020）沪刑终105号

【审理法院】上海市高级人民法院

【来　　源】上海市2020年知识产权保护十大案例

第五十四条 侵犯著作权或者与著作权有关的权利的，侵权人应当按照权利人因此受到的实际损失或者侵权人的违法所得给予赔偿；权利人的实际损失或者侵权人的违法所得难以计算的，可以参照该权利使用费给予赔偿。对故意侵犯著作权或者与著作权有关的权利，情节严重的，可以在按照上述方法确定数额的一倍以上五倍以下给予赔偿。

权利人的实际损失、侵权人的违法所得、权利使用费难以计算的，由人民法院根据侵权行为的情节，判决给予五百元以上五百万元以下的赔偿。

赔偿数额还应当包括权利人为制止侵权行为所支付的合理开支。

人民法院为确定赔偿数额，在权利人已经尽了必要举证责任，而与侵权行为相关的账簿、资料等主要由侵权人掌握的，可以责令侵权人提供与侵权行为相关的账簿、资料等；侵权人不提供，或者提供虚假的账簿、资料等的，人民法院可以参考权利人的主张和提供的证据确定赔偿数额。

人民法院审理著作权纠纷案件，应权利人请求，对侵权复制品，除特殊情况外，责令销毁；对主要用于制造侵权复制品的材料、工具、设备等，责令销毁，且不予补偿；或者在特殊情况下，责令禁止前述材料、工具、设备等进入商业渠道，且不予补偿。

关联规定

一、法律、行政法规、司法解释

1.《中华人民共和国民法典》

第一千一百八十五条 故意侵害他人知识产权，情节严重的，被侵权人有权请求相应的惩罚性赔偿。

2.《最高人民法院关于审理著作权民事纠纷案件适用法律若干问题的解释》

第二十条 出版物侵害他人著作权的，出版者应当根据其过错、侵权程度及损害后果等承担赔偿损失的责任。

出版者对其出版行为的授权、稿件来源和署名、所编辑出版物的内容等未尽到合理注意义务的，依据著作权法第四十九条的规定，承担赔偿损失的责任。

出版者应对其已尽合理注意义务承担举证责任。

3.《最高人民法院关于适用〈中华人民共和国民事诉讼法〉的解释》

第一百一十二条 书证在对方当事人控制之下的，承担举证证明责任的当事人可以在举证期限届满前书面申请人民法院责令对方当事人提交。

申请理由成立的，人民法院应当责令对方当事人提交，因提交书证所产生的费用，由申请人负担。对方当事人无正当理由拒不提交的，人民法院可以认定申请人所主张的书证内容为真实。

4.《最高人民法院关于审理侵害知识产权民事案件适用惩罚性赔偿的解释》

第一条 原告主张被告故意侵害其依法享有的知识产权且情节严重，请求判令被告承担惩罚性赔偿责任的，人民法院应当依法审查处理。

本解释所称故意，包括商标法第六十三条第一款和反不正当竞争法第十七条第三款规定的恶意。

第五条 人民法院确定惩罚性赔偿数额时，应当分别依照相关法律，以原告实际损失数额、被告违法所得数额或者因侵权所获得的利益作为计算基数。该基数不包括原告为制止侵权所支付的合理开支；法律另有规定的，依照其规定。

前款所称实际损失数额、违法所得数额、因侵权所获得的利益均难以计算的，人民法院依法参照该权利许可使用费的倍数合理确定，并以此作为惩罚性赔偿数额的计算基数。

人民法院依法责令被告提供其掌握的与侵权行为相关的账簿、资料，被告无正当理由拒不提供或者提供虚假账簿、资料的，人民法院可以参考原告的主张和证据确定惩罚性赔偿数额的计算基数。构成民事诉讼法第一百一十一条规定情形的，依法追究法律责任。

二、司法指导性文件

《最高人民法院关于全面加强知识产权司法保护的意见》

12. 有效提高侵权赔偿数额。充分运用工商税务部门、第三方商业平台、侵权人网站或上市文件显示的相关数据以及行业平均利润率等，依法确定侵权获利情况。综合考虑知识产权市场价值、侵权人主观过错以及侵权行为的持续时间、影响范围、后果严重程度等因素，合理确定法定赔偿数额。对于情节严重的侵害知识产权行为，依法从高确定赔偿数额，依法没收、销毁假冒或盗版商品以及主要用于侵权的材料和工具，有效阻遏侵害知识产权行为的再次发生。

条文释义

一、本条主旨

本条是关于民事诉讼中损害赔偿和销毁处置机制的规定。

二、条文演变

1990 年通过的《著作权法》未对民事诉讼中的损害赔偿作出具体规定。

2001 年修正的《著作权法》增加一条，作为第 48 条："侵犯著作权或者与著作权有关的权利的，侵权人应当按照权利人的实际损失给予赔偿；实际损失难以计算的，可以按照侵权人的违法所得给予赔偿。赔偿数额还应当包括权利人为制止侵权行为所支付的合理开支。权利人的实际损失或者侵权人的违法所得不能确定的，由人民法院根据侵权行为的情节，判决给予五十万元以下的赔偿。"

2010 年修正的《著作权法》将 2001 年《著作权法》第 48 条改为第 49 条。

2020 年修正的《著作权法》将 2010 年《著作权法》第 49 条改为第 54 条，修改为："侵犯著作权或者与著作权有关的权利的，侵权人应当按照权利人因此受到的实际损失或者侵权人的违法所得给予赔偿；权利人的实际损失或者侵权人的违法所得难以计算的，可以参照该权利使用费给予赔偿。对故意侵犯著作权或者与著作权有关的权利，情节严重的，可以在按照上述方法确定数额的一倍以上五倍以下给予赔偿。权利人的实际损失、侵权人的违法所得、权利使用费难以计算的，由人民法院根据侵权行为的情节，判决给予五百元以上五百万元以下的赔偿。赔偿数额还应当包括权利人为制止侵权行为所支付的合理开支。人民法院为确定赔偿数额，在权利人已经尽了必要举证责任，而与侵权行为相关的账簿、资料等主要由侵权人掌握的，可以责令侵权人提供与侵权行为相关的账薄、资料等；侵权人不提供，或者提供虚假的账簿、资料等的，人民法院可以参考权利人的主张和提供的证据确定赔偿数额。人民法院审理著作权纠纷案件，应权利人请求，对侵权复制品，除特殊情况外，责令销毁；对主要用于制造侵权复制品的材料、工具、设备等，责令销毁，且不予补偿；或者在特殊情况下，责令禁止前述材料、工具、设备等进入商业渠道，且不予补偿。”

三、条文解读

本法第52条、第53条都规定了侵犯著作权或者与著作权有关的权利的，应当根据情况，承担赔偿损失的民事责任。在实践中侵犯著作权行为造成的损失非常复杂，难以查证和计算，导致著作权侵权纠纷的解决较为困难。我国司法实践中损害赔偿数额主要按照一般损害赔偿的原则处理，而一般损害赔偿的原则是按照侵权行为人给权利人造成的实际损失计算。实际损失包括直接损失和间接损失，实际损失难以计算的，按照侵权行为人因侵权行为所获违法所得给予赔偿。2001年修改《著作权法》时又新增两点处理规定：一是规定了赔偿数额还应当包括权利人为制止侵权行为所支付的合理开支。二是增加了法定赔偿额度，在权利人的实际损失或者侵权人的违法所得不能确定的情况下，由人民法院根据侵权行为的情节，判决给予50万元以下的赔偿。

为健全完善著作权赔偿机制，2020年修改《著作权法》时又进一步健全完善了损害赔偿机制。一是规定权利使用费为确定侵权赔偿额的一种参照标准，即“权利人的实际损失或者侵权人的违法所得难以计算的，可以参照该权利使用费给予赔偿”。第一，这一规定一方面有助于进一步减轻权利人的举证负担，另一方面也有助于防止法定赔偿的滥用。第二，规定了侵权惩罚性赔偿，即“对故意侵犯著作权或者与著作权有关的权利，情节严重的，可以在按照上述方法确定数额的一倍以上五倍以下给予赔偿”。这一规定加大了著作权侵权的违法成本，对打击重复侵权、大规模侵权具有威慑作用。第三，进一步完善了法定赔偿额制度。提高法定赔偿额上限并规定法定赔偿额下限，有利于保护知名作品，也有利于保护数量众多的中小权利人。第四，适当减轻权利人的举证责任。基于权利人举证困难的实际设立举证妨碍制度，即在一定前提下，人民法院可以责令侵权人提供侵权信息，如果侵权人拒不提供，人民法院可以参考权利人的主张和提供的证据确定赔偿数额。第五，规定对侵权制品的销毁处置机制。应权利人请求，人民法院可以责令销毁侵权复制品，主要用于制造侵权复制品的材料、工具、设备等；或者在特殊情况下，责令禁止前述材料、工具、设备等进入商业渠道。①

适用指引

本条规定了确定赔偿金额的方法，其中，前三种方法优先于法定赔偿的适用。按照本条规定，人民法院确定侵权损害赔偿时，应优先以权利人的损失数额或者侵权人的违法所得为准，两者同为第一顺位，不再区分先后；在前两者皆不能确定的情况下，以权利许可使用费为参照来计算赔偿金额；在“权利人的实际损失、侵权人的违法所得、权利使用费难以计算”的情形下，由人民法院在 500 元至 500 万元之间确定合理的赔偿，即法定赔偿。需要明确的是，适用前三种方法并不受 500 元至 500 万元的限制。

适用惩罚性赔偿的侵权行为，在一般侵权行为的要件基础上还需要满足“故意侵权”和“情节严重”两个要件，如侵权行为持续时间长、规模大、涉及产品种类和数量多或者销售金额巨大的，或者构成重复侵权的，一般可以认为构成“情节严重”；惩罚性赔偿的计算基础为实际损失、违法所得或权利使用费，权利人在主张惩罚性赔偿时，需要举证赔偿计算基数。

在适用举证妨碍制度时，可责令当事人提供的证据仅限于与侵权行为相关的账簿、资料等。当事人无正当理由拒不提交的，将承担对其不利的诉讼后果。

① 参见黄薇、王雷鸣主编：《〈中华人民共和国著作权法〉导读与释义》，中国民主法制出版社 2021 年版，第 268~272 页。

第五十五条　主管著作权的部门对涉嫌侵犯著作权和与著作权有关的权利的行为进行查处时，可以询问有关当事人，调查与涉嫌违法行为有关的情况；对当事人涉嫌违法行为的场所和物品实施现场检查；查阅、复制与涉嫌违法行为有关的合同、发票、账簿以及其他有关资料；对于涉嫌违法行为的场所和物品，可以查封或者扣押。

主管著作权的部门依法行使前款规定的职权时，当事人应当予以协助、配合，不得拒绝、阻挠。

关联规定

一、法律、行政法规、司法解释

1.《中华人民共和国行政强制法》

第二条　本法所称行政强制，包括行政强制措施和行政强制执行。

行政强制措施，是指行政机关在行政管理过程中，为制止违法行为、防止证据损毁、避免危害发生、控制危险扩大等情形，依法对公民的人身自由实施暂时性限制，或者对公民、法人或者其他组织的财物实施暂时性控制的行为。

行政强制执行，是指行政机关或者行政机关申请人民法院，对不履行行政决定的公民、法人或者其他组织，依法强制履行义务的行为。

第九条　行政强制措施的种类：

（一）限制公民人身自由；

（二）查封场所、设施或者财物；

（三）扣押财物；

（四）冻结存款、汇款；

（五）其他行政强制措施。

第十条　行政强制措施由法律设定。

尚未制定法律，且属于国务院行政管理职权事项的，行政法规可以设定除本法第九条第一项、第四项和应当由法律规定的行政强制措施以外的其他行政强制措施。

尚未制定法律、行政法规，且属于地方性事务的，地方性法规可以设定本法第九条第二项、第三项的行政强制措施。

法律、法规以外的其他规范性文件不得设定行政强制措施。

第十八条 行政机关实施行政强制措施应当遵守下列规定：

（一）实施前须向行政机关负责人报告并经批准；

（二）由两名以上行政执法人员实施；

（三）出示执法身份证件；

（四）通知当事人到场；

（五）当场告知当事人采取行政强制措施的理由、依据以及当事人依法享有的权利、救济途径；

（六）听取当事人的陈述和申辩；

（七）制作现场笔录；

（八）现场笔录由当事人和行政执法人员签名或者盖章，当事人拒绝的，在笔录中予以注明；

（九）当事人不到场的，邀请见证人到场，由见证人和行政执法人员在现场笔录上签名或者盖章；

（十）法律、法规规定的其他程序。

第二十二条 查封、扣押应当由法律、法规规定的行政机关实施，其他任何行政机关或者组织不得实施。

第二十三条 查封、扣押限于涉案的场所、设施或者财物，不得查封、扣押与违法行为无关的场所、设施或者财物；不得查封、扣押公民个人及其所扶养家属的生活必需品。

当事人的场所、设施或者财物已被其他国家机关依法查封的，不得重复查封。

第二十四条 行政机关决定实施查封、扣押的，应当履行本法第十八条规定的程序，制作并当场交付查封、扣押决定书和清单。

查封、扣押决定书应当载明下列事项：

（一）当事人的姓名或者名称、地址；

（二）查封、扣押的理由、依据和期限；

（三）查封、扣押场所、设施或者财物的名称、数量等；

（四）申请行政复议或者提起行政诉讼的途径和期限；

（五）行政机关的名称、印章和日期。

查封、扣押清单一式二份，由当事人和行政机关分别保存。

第二十五条 查封、扣押的期限不得超过三十日；情况复杂的，经行政机关负责人批准，可以延长，但是延长期限不得超过三十日。法律、行政法规另有规定的除外。

延长查封、扣押的决定应当及时书面告知当事人，并说明理由。

对物品需要进行检测、检验、检疫或者技术鉴定的，查封、扣押的期间不包括检测、检验、检疫或者技术鉴定的期间。检测、检验、检疫或者技术鉴定的期间应当明确，并书面告知当事人。检测、检验、检疫或者技术鉴定的费用由行政机关承担。

第二十六条 对查封、扣押的场所、设施或者财物，行政机关应当妥善保管，不得使用或者损毁；造成损失的，应当承担赔偿责任。

对查封的场所、设施或者财物，行政机关可以委托第三人保管，第三人不得损毁或者擅自转移、处置。因第三人的原因造成的损失，行政机关先行赔付后，有权向第三人追偿。

因查封、扣押发生的保管费用由行政机关承担。

第二十七条 行政机关采取查封、扣押措施后，应当及时查清事实，在本法第二十五条规定的期限内作出处理决定。对违法事实清楚，依法应当没收的非法财物予以没收；法律、行政法规规定应当销毁的，依法销毁；应当解除查封、扣押的，作出解除查封、扣押的决定。

第二十八条 有下列情形之一的，行政机关应当及时作出解除查封、扣押决定：

（一）当事人没有违法行为；

（二）查封、扣押的场所、设施或者财物与违法行为无关；

（三）行政机关对违法行为已经作出处理决定，不再需要查封、扣押；

（四）查封、扣押期限已经届满；

（五）其他不再需要采取查封、扣押措施的情形。

解除查封、扣押应当立即退还财物；已将鲜活物品或者其他不易保管的财物拍卖或者变卖的，退还拍卖或者变卖所得款项。变卖价格明显低于市场价格，给当事人造成损失的，应当给予补偿。

2.《中华人民共和国行政处罚法》

第五十四条 除本法第五十一条规定的可以当场作出的行政处罚外，行政机关发现公民、法人或者其他组织有依法应当给予行政处罚的行为的，必须全面、客观、公正地调查，收集有关证据；必要时，依照法律、法规的规定，可以进行检查。

符合立案标准的，行政机关应当及时立案。

第五十五条 执法人员在调查或者进行检查时，应当主动向当事人或者有关人员出示执法证件。当事人或者有关人员有权要求执法人员出示执法证件。执法人员不出示执法证件的，当事人或者有关人员有权拒绝接受调查或者检查。

当事人或者有关人员应当如实回答询问，并协助调查或者检查，不得拒绝或者阻挠。询问或者检查应当制作笔录。

第五十六条 行政机关在收集证据时，可以采取抽样取证的方法；在证据可能灭失或者以后难以取得的情况下，经行政机关负责人批准，可以先行登记保存，并应当在七日内及时作出处理决定，在此期间，当事人或者有关人员不得销毁或者转移证据。

二、部门规章及规范性文件

《著作权行政处罚实施办法》

第十五条 执法人员在执法过程中，发现违法行为正在实施，情况紧急来不及立案的，可以采取下列措施：

（一）对违法行为予以制止或者纠正；

（二）对涉嫌侵权制品、安装存储涉嫌侵权制品的设备和主要用于违法行为的材料、工具、设备等依法先行登记保存；

（三）收集、调取其他有关证据。

执法人员应当及时将有关情况和材料报所在著作权行政管理部门，并于发现情况之日起七日内办理立案手续。

第十六条 立案后，办案人员应当及时进行调查，并要求法定举证责任人在著作权行政管理部门指定的期限内举证。

办案人员取证时可以采取下列手段收集、调取有关证据：

（一）查阅、复制与涉嫌违法行为有关的文件档案、账簿和其他书面材料；

（二）对涉嫌侵权制品进行抽样取证；

（三）对涉嫌侵权制品、安装存储涉嫌侵权制品的设备、涉嫌侵权的网站网页、涉嫌侵权的网站服务器和主要用于违法行为的材料、工具、设备等依法先行登记保存。

第十七条 办案人员在执法中应当向当事人或者有关人员出示由国家版权局或者地方人民政府制发的行政执法证件。

第十八条 办案时收集的证据包括：

（一）书证；

（二）物证；

（三）证人证言；

（四）视听资料；

（五）当事人陈述；

（六）鉴定结论；

（七）检查、勘验笔录。

第十九条 当事人提供的涉及著作权的底稿、原件、合法出版物、作品登记证书、著作权合同登记证书、认证机构出具的证明、取得权利的合同，以及当事人自行或者委托他人以订购、现场交易等方式购买侵权复制品而取得的实物、发票等，可以作为证据。

第二十条 办案人员抽样取证、先行登记保存有关证据，应当有当事人在场。对有关物品应当当场制作清单一式两份，由办案人员和当事人签名、盖章后，分别交由当事人和办案人员所在著作权行政管理部门保存。当事人不在场或者拒绝签名、盖章的，由现场两名以上办案人员注明情况。

第二十一条 办案人员先行登记保存有关证据，应当经本部门负责人批准，并向当事人交付证据先行登记保存通知书。当事人或者有关人员在证据保存期间不得转移、损毁有关证据。

先行登记保存的证据，应当加封著作权行政管理部门先行登记保存封条，由当事人就地保存。先行登记保存的证据确需移至他处的，可以移至适当的场所保存。情况紧急来不及办理本条规定的手续时，办案人员可以先行采取措施，事后及时补办手续。

第二十二条 对先行登记保存的证据，应当在交付证据先行登记保存通知书后七日内作出下列处理决定：

（一）需要鉴定的，送交鉴定；

（二）违法事实成立，应当予以没收的，依照法定程序予以没收；

（三）应当移送有关部门处理的，将案件连同证据移送有关部门处理；

（四）违法事实不成立，或者依法不应予以没收的，解除登记保存措施；

（五）其他有关法定措施。

第二十三条 著作权行政管理部门在查处案件过程中，委托其他著作权行政管理部门代为调查的，须出具委托书。受委托的著作权行政管理部门应当积极予以协助。

第二十四条 对查处案件中的专业性问题，著作权行政管理部门可以委托专门机构或者聘请专业人员进行鉴定。

第二十五条 调查终结后，办案人员应当提交案件调查报告，说明有关行为是否违法，提出处理意见及有关事实、理由和依据，并附上全部证据材料。

第二十六条 著作权行政管理部门拟作出行政处罚决定的，应当由本部门负责人签发行政处罚事先告知书，告知当事人拟作出行政处罚决定的事实、理由和依据，并告知当事人依法享有的陈述权、申辩权和其他权利。

行政处罚事先告知书应当由著作权行政管理部门直接送达当事人，当事人应当在送达回执上签名、盖章。当事人拒绝签收的，由送达人员注明情况，把送达文书留在受送达人住所，并报告本部门负责人。著作权行政管理部门也可以采取邮寄送达方式告知当事人。无法找到当事人时，可以以公告形式告知。

第二十七条 当事人要求陈述、申辩的，应当在被告知后七日内，或者自发布公告之日起三十日内，向著作权行政管理部门提出陈述、申辩意见以及相应的事实、理由和证据。当事人在此期间未行使陈述权、申辩权的，视为放弃权利。

采取直接送达方式告知的，以当事人签收之日为被告知日期；采取邮寄送达方式告知的，以回执上注明的收件日期为被告知日期。

第二十八条 办案人员应当充分听取当事人的陈述、申辩意见，对当事人提出的事实、理由和证据进行复核，并提交复核报告。

著作权行政管理部门不得因当事人申辩加重处罚。

条文释义

一、本条主旨

本条是关于主管著作权的部门查处侵权行为的职权的规定。

二、条文演变

本条为2020年修正的《著作权法》新增条文，1990年、2001年、2010年《著作权法》没有类似的规定。

三、条文解读

《著作权法》第53条规定了侵害著作权承担行政责任的条件和责任承担方式，而该条规定了主管著作权的部门在查处著作权侵权案件时可以采取的调查手段和强制措施的种类，明确了当事人负有协助、配合的义务。该条规定的目的在于赋予主管著作权的部门查处侵害著作权行为时的相关权力，同时规范其行政行为，依法有效打击侵害著作权行为。

侵害著作权行为同时损害公共利益的，由主管著作权的部门依法给予相应的行政处罚。但是，作出行政处罚决定的前提是主管著作权的部门通过调查或检查，全面、客观、公正地收集证据，准确查明侵权事实。2020年修改前的《著作权法》中，没有规定主管著作权的部门的调查手段，导致行政执法过程中采取强制手段缺乏明确的法律指引。除了《行政强制法》和《行政处罚法》等一般性法律之外，只有《著作权行政处罚实施办法》对行政机关的调查手段进行了较为细致的规定。在著作权侵权频发，侵权方式不断变化的形势下，发现难、取证难、认定难、查处不及时等问题困扰行政保护，难以适应经济社会的发展和著作权保护的需要，一定程度上弱化了行政保护的效果。与此形成对比的是，在商标和专利的行政保护方面，《商标法》和《专利法》都规定了行政机关在查处侵权行为时，可以行使询问当事人、查阅复制有关资料、现场检查、查封和扣押等职权，并规定当事人有协助、配合的义务。

为了适应著作权保护的新形势，规范完善行政执法手段，发挥行政保护优势，2020年《著作权法》修改参照《商标法》和《专利法》的立法模式，结合实践经验和著作权行政保护的特殊性，明确规定了主管著作权的部门在查处著作权侵权时可以采取以下四种手段：询问有关当事人，调查与涉嫌违法行为有关的情况；对当事人涉嫌违法行为的场所和物品实施现场检查；查阅、复制与涉嫌违法行为有关的合同、发票、账簿以及其他有关资料；对于涉嫌违法行为的场所和物品，可以查封或者扣押。

适用指引

《著作权法》对上述手段的规定，是概括性的规定，在具体实践中，主管著作权的部门应当结合其他法律规定，规范职权的行使。例如，《行政处罚法》和《行政强制法》中规定，执法人员在调查或者进行检查时，应当主动出示执法证件。当事人或者有关人员应当如实回答询问，并协助调查或者检查，不得拒绝或者阻挠。询问或者检查应当制作笔录。实施查封、扣押时，不得查封、扣押与违法行为无关的场所、设施或者财物或公民个人及其所扶养家属的生活必需品，不得重复查封，应当制作并当场交付查封、扣押决定书和清单。查封、扣押应当有明确的期限，经批准延长后应及时告知当事人，并说明理由。采取查封、扣押措施后，应当及时查清事实，作出处理决定。出现特定情形的，应当及时作出解除查封、扣押的决定，退还财物或相应的拍卖、变卖所得款项。

本条明确规定，主管著作权的部门依法行使职权时，当事人应当予以协助、配合，不得拒绝、阻挠。这意味着本条所规定的职权都是带有一定强制性的。一方面能够促进著作权侵权的高效查处，但另一方面，不规范行使，也会对当事人的权利造成威胁。因此，当事人有权依据《行政复议法》或《行政诉讼法》的相关规定，依法行使陈述权、申辩权等权利，对符合一定条件的行为，还有权依法申请行政复议或者提起行政诉讼。

当前，随着经济社会的快速发展、科学技术的不断进步，著作权行政保护的难度不断加大，特别是互联网领域著作权侵权的规模更大、手段更多、危害后果更严重，对行政执法能力提出了更高的要求。《著作权法》所规定的查处手段，更加侧重上位法的基础性和指引性。要更好地适应著作权保护的需求，需要更加丰富、更加完善、更加规范的执法手段。这还依赖于在行政执法实践的基础上，尽快制定相应的单行法规，以推动行政保护的高水平发展，完善中国特色的行政保护和司法保护双轨制。

第五十六条 著作权人或者与著作权有关的权利人有证据证明他人正在实施或者即将实施侵犯其权利、妨碍其实现权利的行为，如不及时制止将会使其合法权益受到难以弥补的损害的，可以在起诉前依法向人民法院申请采取财产保全、责令作出一定行为或者禁止作出一定行为等措施。

关联规定

法律、行政法规、司法解释

1.《中华人民共和国民事诉讼法》

第一百零四条 利害关系人因情况紧急，不立即申请保全将会使其合法权益受到难以弥补的损害的，可以在提起诉讼或者申请仲裁前向被保全财产所在地、被申请人住所地或者对案件有管辖权的人民法院申请采取保全措施。申请人应当提供担保，不提供担保的，裁定驳回申请。

人民法院接受申请后，必须在四十八小时内作出裁定；裁定采取保全措施的，应当立即开始执行。

申请人在人民法院采取保全措施后三十日内不依法提起诉讼或者申请仲裁的，人民法院应当解除保全。

2.《计算机软件保护条例》

第二十六条 软件著作权人有证据证明他人正在实施或者即将实施侵犯其权利的行为，如不及时制止，将会使其合法权益受到难以弥补的损害的，可以依照《中华人民共和国著作权法》第五十条的规定，在提起诉讼前向人民法院申请采取责令停止有关行为和财产保全的措施。

3.《最高人民法院关于审理著作权民事纠纷案件适用法律若干问题的解释》

第一条 人民法院受理以下著作权民事纠纷案件：

（一）著作权及与著作权有关权益权属、侵权、合同纠纷案件；

（二）申请诉前停止侵害著作权、与著作权有关权益行为，申请诉前财产保全、诉前证据保全案件；

（三）其他著作权、与著作权有关权益纠纷案件。

第二十八条 人民法院采取保全措施的，依据民事诉讼法及《知产行为保全规定》的有关规定办理。

4.《最高人民法院关于审查知识产权纠纷行为保全案件适用法律若干问题的规定》

第二条 知识产权纠纷的当事人在判决、裁定或者仲裁裁决生效前，依据民事诉讼法第一百条、第一百零一条规定申请行为保全的，人民法院应当受理。

知识产权许可合同的被许可人申请诉前责令停止侵害知识产权行为的，独占许可合同的被许可人可以单独向人民法院提出申请；排他许可合同的被许可人在权利人不申请的情况下，可以单独提出申请；普通许可合同的被许可人经权利人明确授权以自己的名义起诉的，可以单独提出申请。

第三条 申请诉前行为保全，应当向被申请人住所地具有相应知识产权纠纷管辖权的人民法院或者对案件具有管辖权的人民法院提出。

当事人约定仲裁的，应当向前款规定的人民法院申请行为保全。

第四条 向人民法院申请行为保全，应当递交申请书和相应证据。申请书应当载明下列事项：

（一）申请人与被申请人的身份、送达地址、联系方式；

（二）申请采取行为保全措施的内容和期限；

（三）申请所依据的事实、理由，包括被申请人的行为将会使申请人的合法权益受到难以弥补的损害或者造成案件裁决难以执行等损害的具体说明；

（四）为行为保全提供担保的财产信息或资信证明，或者不需要提供担保的理由；

（五）其他需要载明的事项。

第五条 人民法院裁定采取行为保全措施前，应当询问申请人和被申请人，但因情况紧急或者询问可能影响保全措施执行等情形除外。

人民法院裁定采取行为保全措施或者裁定驳回申请的，应当向申请人、被申请人送达裁定书。向被申请人送达裁定书可能影响采取保全措施的，人民法院可以在采取保全措施后及时向被申请人送达裁定书，至迟不得超过五日。

当事人在仲裁过程中申请行为保全的，应当通过仲裁机构向人民法院提交申请书、仲裁案件受理通知书等相关材料。人民法院裁定采取行为保全措施或者裁定驳回申请的，应当将裁定书送达当事人，并通知仲裁机构。

第六条 有下列情况之一，不立即采取行为保全措施即足以损害申请人利益的，应当认定属于民事诉讼法第一百条、第一百零一条规定的“情况紧急”：

（一）申请人的商业秘密即将被非法披露；

（二）申请人的发表权、隐私权等人身权利即将受到侵害；

（三）诉争的知识产权即将被非法处分；

（四）申请人的知识产权在展销会等时效性较强的场合正在或者即将受到侵害；

（五）时效性较强的热播节目正在或者即将受到侵害；

（六）其他需要立即采取行为保全措施的情况。

第七条 人民法院审查行为保全申请，应当综合考量下列因素：

（一）申请人的请求是否具有事实基础和法律依据，包括请求保护的知识产权效力是否稳定；

（二）不采取行为保全措施是否会使申请人的合法权益受到难以弥补的损害或者造成案件裁决难以执行等损害；

（三）不采取行为保全措施对申请人造成的损害是否超过采取行为保全措施对被申请人造成的损害；

（四）采取行为保全措施是否损害社会公共利益；

（五）其他应当考量的因素。

第八条 人民法院审查判断申请人请求保护的知识产权效力是否稳定，应当综合考量下列因素：

（一）所涉权利的类型或者属性；

（二）所涉权利是否经过实质审查；

（三）所涉权利是否处于宣告无效或者撤销程序中以及被宣告无效或者撤销的可能性；

（四）所涉权利是否存在权属争议；

（五）其他可能导致所涉权利效力不稳定的因素。

第十条 在知识产权与不正当竞争纠纷行为保全案件中，有下列情形之一的，应当认定属于民事诉讼法第一百零一条规定的“难以弥补的损害”：

（一）被申请人的行为将会侵害申请人享有的商誉或者发表权、隐私权等人身性质的权利且造成无法挽回的损害；

（二）被申请人的行为将会导致侵权行为难以控制且显著增加申请人损害；

（三）被申请人的侵害行为将会导致申请人的相关市场份额明显减少；

（四）对申请人造成其他难以弥补的损害。

第十一条　申请人申请行为保全的，应当依法提供担保。

申请人提供的担保数额，应当相当于被申请人可能因执行行为保全措施所遭受的损失，包括责令停止侵权行为所涉产品的销售收益、保管费用等合理损失。

在执行行为保全措施过程中，被申请人可能因此遭受的损失超过申请人担保数额的，人民法院可以责令申请人追加相应的担保。申请人拒不追加的，可以裁定解除或者部分解除保全措施。

第十二条　人民法院采取的行为保全措施，一般不因被申请人提供担保而解除，但是申请人同意的除外。

第十三条　人民法院裁定采取行为保全措施的，应当根据申请人的请求或者案件具体情况等因素合理确定保全措施的期限。

裁定停止侵害知识产权行为的效力，一般应当维持至案件裁判生效时止。

人民法院根据申请人的请求、追加担保等情况，可以裁定继续采取保全措施。申请人请求续行保全措施的，应当在期限届满前七日内提出。

第十四条　当事人不服行为保全裁定申请复议的，人民法院应当在收到复议申请后十日内审查并作出裁定。

第十五条　人民法院采取行为保全的方法和措施，依照执行程序相关规定处理。

第十六条　有下列情形之一的，应当认定属于民事诉讼法第一百零五条规定的“申请有错误”：

（一）申请人在采取行为保全措施后三十日内不依法提起诉讼或者申请仲裁；

（二）行为保全措施因请求保护的知识产权被宣告无效等原因自始不当；

（三）申请责令被申请人停止侵害知识产权或者不正当竞争，但生效裁判认定不构成侵权或者不正当竞争；

（四）其他属于申请有错误的情形。

第十七条 当事人申请解除行为保全措施，人民法院收到申请后经审查符合《最高人民法院关于适用〈中华人民共和国民事诉讼法〉的解释》第一百六十六条规定的情形的，应当在五日内裁定解除。

申请人撤回行为保全申请或者申请解除行为保全措施的，不因此免除民事诉讼法第一百零五条规定的赔偿责任。

第十八条 被申请人依据民事诉讼法第一百零五条规定提起赔偿诉讼，申请人申请诉前行为保全后没有起诉或者当事人约定仲裁的，由采取保全措施的人民法院管辖；申请人已经起诉的，由受理起诉的人民法院管辖。

第十九条 申请人同时申请行为保全、财产保全或者证据保全的，人民法院应当依法分别审查不同类型保全申请是否符合条件，并作出裁定。

为避免被申请人实施转移财产、毁灭证据等行为致使保全目的无法实现，人民法院可以根据案件具体情况决定不同类型保全措施的执行顺序。

第二十条 申请人申请行为保全，应当依照《诉讼费用交纳办法》关于申请采取行为保全措施的规定交纳申请费。

条文释义

一、本条主旨

本条是关于诉前财产保全、行为保全的规定。

二、条文演变

2001年《著作权法》第49条规定：“著作权人或者与著作权有关的权利人有证据证明他人正在实施或者即将实施侵犯其权利的行为，如不及时制止将会使其合法权益受到难以弥补的损害的，可以在起诉前向人民法院申请采取责令停止有关行为和财产保全的措施。人民法院处理前款申请，适用《中华人民共和国民事诉讼法》第九十三条至第九十六条和第九十九条的规定。”

2010年《著作权法》将该条的序号从第49条改为第50条，内容未作变动。

2020年《著作权法》将该条的序号从第50条改为第56条，并将该条的内容修改为："著作权人或者与著作权有关的权利人有证据证明他人正在实施或者即将实施侵犯其权利、妨碍其实现权利的行为，如不及时制止将会使其合法权益受到难以弥补的损害的，可以在起诉前依法向人民法院申请采取财产保全、责令作出一定行为或者禁止作出一定行为等措施。"

三、条文解读

保全制度，在各国民事诉讼制度中均有规定，有的国家规定在民事诉讼法中，有的国家规定在民事执行法中，有的国家专门制定了民事保全法。两大法系对于保全制度的称谓也不同。大陆法系一般称为"假扣押""假处分"，英美法系一般称为"临时性救济措施""禁令"。我国《民事诉讼法》采取"保全"这一称谓。

保全制度，分为财产保全、行为保全、证据保全。我国《民事诉讼法》在2012年第二次修正时将增加了行为保全的规定。早在此之前，我国知识产权的有关法律和司法解释对行为保全制度作了类似规定。2000年修改的《专利法》第66条第1款、随后修订的《商标法》第57条、《著作权法》第50条均有所体现。最高人民法院有关司法解释亦对"诉前责令停止侵害行为"进行了细化规定，如《最高人民法院关于对诉前停止侵犯专利权行为适用法律问题的若干规定》《关于诉前停止侵犯注册商标专用权行为和保全证据适用法律问题的解释》《关于审理著作权民事纠纷案件适用法律若干问题的解释》均有规定。[①]

诉前行为保全，是指在诉讼前，人民法院对于因情况紧急，不立即停止有关人的行为将会使损害继续扩大，而依法发出责令停止有关行为的命令。诉前财产保全，是指在诉讼前，人民法院对于因情况紧急不立即限制财产转移，将会使利害关系人的合法权益受到难以弥补的损失，而采取的财产保全措施。诉前财产保全和诉前行为保全，是诉讼程序开始之前，依权利人的申请，对他人的人身或财产采取的强制性措施。著作权是一种无形权利，大量的著作权侵权行为具有侵权速度快、侵权行为隐蔽、侵权后果严重、侵权损害难以弥补的特点。通过诉前财产保全和行为保全制度，可以有效防止损失扩大，提高著作权保护的实效。诉前财产保全和行为保全，需要在纠纷进入审理之前作出，由于

① 参见王胜明主编：《中华人民共和国民事诉讼法释义》，法律出版社2012年版，第229页。

没有经过充分的诉辩对抗、举证质证，无法全面准确地查明事实，需要严格、准确把握适用条件，既要避免对著作权人或者与著作权有关的权利人的“保护不足”，也要避免“保护过当”。

诉前行为保全措施和诉前财产保全主要存在三方面区别：第一，设立的目的不同，财产保全的主要目的在于使将来的判决得以顺利执行，行为保全虽然也包含了这一目的，但更主要的目的是防止不法行为继续进行或者防止损失扩大。第二，保全的对象不同，财产保全的对象是被申请人的财产，而行为保全的对象则是被申请人的行为。第三，保全的措施不同，财产保全一般采取扣押、冻结等方式，而行为保全则采取停止妨害、限制活动等方式。

通过行为保全和财产保全的区别可以看出，行为保全适用于金钱请求权以外的请求权，即请求相对人为一定行为或者不为一定行为，例如，停止侵害、排除妨碍、消除危险等。只要属于金钱请求权以外的请求权，无论其基于知识产权、物权、人身权还是不正当竞争损害等原因，行为保全均可适用。[①]

适用指引

一、申请采取诉前行为保全和诉前财产保全的条件

第一，申请诉前保全的主体应当是著作权人或者与著作权有关的权利人。如前所述，诉前财产保全与诉前行为保全是对他人财产和人身的一种限制，其申请主体的范围也应当较为严格。依据《著作权法》的规定，著作权人包括作者以及其他依照《著作权法》享有著作权的自然人、法人或者非法人组织；与著作权有关的权利人可以包括图书报刊出版者、表演者、录音录像制作者、广播电台、电视台。

第二，著作权人或者与著作权有关的权利人尚未提起诉讼或申请仲裁。提起诉讼或申请仲裁之后，可以依据《民事诉讼法》第 103 条及相关司法解释的规定，申请诉讼中的财产保全或行为保全。

第三，申请人应当提交申请书，主要包括以下内容：申请人与被申请人的身份、送达地址、联系方式；申请采取行为保全措施的内容和期限；请求保全

① 参见黄薇、王雷鸣主编：《〈中华人民共和国著作权法〉导读与释义》，中国民主法制出版社 2021 年版，第 274~275 页。

数额或者争议标的；申请所依据的事实、理由，包括被申请人的行为将会使申请人的合法权益受到难以弥补的损害或者造成案件裁决难以执行等损害的具体说明；明确的被保全财产信息或者具体的被保全财产线索；提供担保的财产信息或资信证明；其他需要载明的事项。

第四，有证据证明行为人正在实施或者即将实施侵犯其权利、妨碍其实现权利的行为。在诉讼前，对行为人采取责令其停止、作出有关行为或者采取财产保全措施，涉及行为人名誉上的损害和财产上的损失问题，须慎重行事，要有可靠性。《知产行为保全规定》第7条明确了行为保全审查的考量因素之一是“申请人的请求是否具有事实基础和法律依据，包括请求保护的知识产权效力是否稳定”，这就是侵权可能性审查。为了平衡申请人和被申请人的利益，对是否侵权的审查，应是侵权可能性的审查，而不是侵权确定性的判定。简单地未作审查，特别是对权利稳定性审查疏漏，以及以诉讼侵权判定方式审查，是侵权可能性审查的两个极端，不符合诉前禁令设置的目的。这就要求著作权人或者与著作权有关的权利人提供证据证明行为人正在或者将要实施某些侵权行为，且该侵权行为或者将要实施的侵权行为与其著作权或者与著作权有关的权利的损害有因果上的关系。为更好地保护当事人的权利，抑制侵权行为造成的侵害，除针对行为人“侵犯权利”的行为，本次修改还增加了“妨碍其实现权利”这一情形。《民法典》规定“排除妨碍”是承担民事责任和侵权责任的方式之一。因此，除了针对直接侵犯他人权利的行为可以采取救济措施外，妨碍著作权人实现权利的行为也可以作为诉前禁止令的对象。

第五，因情况紧急，如不立即采取措施将会使申请人的著作权或者与著作权有关的权益受到难以弥补的损害。《民事诉讼法》第104条明确规定了“情况紧急”是诉前禁令裁定的必要条件。具有紧急性，才有诉前禁令的必要性，诉前禁令的审查，紧急性是审查的重要内容。“情况紧急”是指紧急到申请人来不及提起诉讼，必须立即采取措施。根据《知产行为保全规定》的相关规定，申请人的发表权、隐私权等人身权利即将受到侵害，诉争的知识产权即将被非法处分，申请人的知识产权在展销会等时效性较强的场合正在或者即将受到侵害，时效性较强的热播节目正在或者即将受到侵害等情形，构成法律上的“情况紧急”。可见，所列情形均是无法通过侵权损害赔偿来弥补的损害，如果申请人遭受的损失只是财产损失，可以通过侵权损害赔偿获得充分弥补，而被申请人也具有经济实力而不必担心执行不能的问题，则就不存在诉前禁令的紧急性，也就没有“保全必要性”。

“受到难以弥补的损害”是指被申请人正要或者正在实施的侵权行为将造成损害很大，或者财产将被转移、灭失，以致损害难以弥补，财产权利难以实现。《知产行为保全规定》第10条规定，“难以弥补的损害”指被申请人的行为将会侵害申请人享有的商誉或者发表权、隐私权等人身性质的权利且造成无法挽回的损害；被申请人的行为将会导致侵权行为难以控制且显著增加申请人损害；被申请人的侵害行为将会导致申请人的相关市场份额明显减少；对申请人造成其他难以弥补的损害。

第六，申请人应依法提供担保。申请诉前财产保全的，应当提供相当于请求保全数额的担保；情况特殊的，人民法院可以酌情处理。申请诉前行为保全的，担保的数额由人民法院根据案件的具体情况决定，应当相当于被申请人可能因执行行为保全措施所遭受的损失，包括责令停止侵权行为所涉产品的销售收益、保管费用等合理损失。

第七，受理申请并采取保全措施的法院应当有管辖权。申请诉前财产保全的，可以向被保全财产所在地、被申请人住所地或者对案件有管辖权的人民法院提出。申请诉前行为保全，应当向被申请人住所地具有相应知识产权纠纷管辖权的人民法院或者对案件具有管辖权的人民法院提出。

二、采取诉前禁止令或者诉前财产保全的范围和程序

诉前禁止令或者诉前财产保全限于申请人请求的范围，或者与该侵权行为有关的财物。采取诉前禁止令或者诉前财产保全的目的，在于使申请人的著作权或者与著作权有关的权利能够得到保护和实现。因此，禁止令和财产保全的范围，也只能限制在请求的范围内或者与侵权行为有关的财物。

人民法院经审查，接受申请后，必须在48小时内作出裁定。裁定采取诉前禁止令或者诉前财产保全的，应当立即开始执行。采取禁止令的，人民法院应当将禁止令送达或者通知被申请人。诉前财产保全采取查封、扣押、冻结或者法律规定的其他方法。

人民法院裁定采取行为保全措施前，应当询问申请人和被申请人，但因情况紧急或者询问可能影响保全措施执行等情形除外。这一规定，明确了保全措施“询问为原则，不询问为例外”。裁定前询问申请人和被申请人是规范诉前禁令裁定的必要程序要求。

申请人申请诉前禁止令或者诉前财产保全，是因为情况紧急来不及起诉，一旦申请后，应当及时提起诉讼。申请人在人民法院采取禁止令或者保全措施后30日内不起诉的，人民法院即应解除禁止令或者保全措施，以免被申请人因被禁止或者保全时间过长而扩大其经济损失。

人民法院审查行为保全申请，应当综合考量下列因素：第一，申请人的请求是否具有事实基础和法律依据，包括请求保护的知识产权效力是否稳定；第二，不采取行为保全措施是否会使申请人的合法权益受到难以弥补的损害或者造成案件裁决难以执行等损害；第三，不采取行为保全措施对申请人造成的损害是否超过采取行为保全措施对被申请人造成的损害；第四，采取行为保全措施是否损害社会公共利益；第五，其他应当考量的因素。

申请人同时申请行为保全、财产保全或者证据保全的，人民法院应当依法分别审查不同类型的保全申请是否符合条件，并作出裁定。为避免被申请人实施转移财产、毁灭证据等行为致使保全目的无法实现，人民法院可以根据案件具体情况决定不同类型保全措施的执行顺序。

申请人因错误地申请诉前禁止令或者诉前财产保全，给被申请人造成损害的，应当承担民事责任。《知产行为保全规定》第16条规定："有下列情形之一的，应当认定属于民事诉讼法第一百零五条规定的'申请有错误'：（1）申请人在采取行为保全措施后30日内不依法提起诉讼或者申请仲裁；（2）行为保全措施因请求保护的知识产权被宣告无效等原因自始不当；（3）申请责令被申请人停止侵害知识产权或者不正当竞争，但生效裁判认定不构成侵权或者不正当竞争；（4）其他属于申请有错误的情形。"

关于保全的其他程序，适用《民事诉讼法》的一般性规定。[①]

① 参见黄薇、王雷鸣主编：《〈中华人民共和国著作权法〉导读与释义》，中国民主法制出版社2021年版，第275~278页。

典型案例

深圳市腾讯计算机系统有限公司、腾讯科技（北京）有限公司、重庆腾讯信息技术有限公司与北京微播视界科技有限公司、重庆天极魅客科技有限公司申请诉前停止侵害著作权案

关键词： 侵害著作权　诉前禁令

裁判摘要： 本案系要求短视频平台采取过滤、拦截等措施阻止侵权视频不断上传的诉前禁令，为了防止侵权行为的继续和侵害后果的扩大，当新的技术出现且该新技术可能实现的情况下，应当将新的技术纳入必要措施范畴。

基本案情： 腾讯科技（北京）有限公司（以下简称腾讯北京公司）、重庆腾讯信息技术有限公司（以下简称重庆腾讯公司）、深圳市腾讯计算机系统有限公司（以下简称腾讯计算机公司）经授权取得动漫作品《斗罗大陆》第一季、第二季、第三季和第四季的非独占信息网络传播权及维权权利。该动漫作品在腾讯视频平台播出，系热播剧。腾讯视频更新动漫作品《斗罗大陆》后，“忆三漫剪”等抖音用户在北京微播视界科技有限公司运营的抖音App平台几乎同步上传了大量《斗罗大陆》的视频，且播放量较大。抖音平台称其2020年拦截违规视频内容超过2.64亿条。腾讯计算机公司、腾讯北京公司、重庆腾讯公司向重庆市第一中级人民法院申请诉前行为保全，请求：北京微播视界科技有限公司立即删除抖音APP上用户名为“忆三漫剪”等账号中的所有侵害《斗罗大陆》动漫作品信息网络传播权的视频；立即采取有效措施删除抖音APP中所有侵害《斗罗大陆》动漫作品信息网络传播权的视频；立即采取有效措施过滤和拦截用户上传和传播侵害《斗罗大陆》动漫作品信息网络传播权的视频。

重庆市第一中级人民法院审理认为，“通知—删除”规则系在特定技术条件之下，基于平衡权利人与平台之间的利益而制定的，网络服务者对于网络用户利用其平台实施的侵权行为并非只负删除义务，而是负有采取删除、屏蔽、断开链接等必要措施的义务。必要措施的界定与技术发展密切相关。在现有技术能实现过滤、拦截等功能且成本可承受时，则平台在知道新侵权视频仍在不断上传的情况下，其在删除已有侵权视频外承担过滤、拦截义务则是理所当

然。必要措施的内容并非固定的、不变的、机械的，而是动态的、可变的与发展的，必须兼顾技术发展现状及当事人之间利益格局的变化。为了防止侵权行为的继续和侵害后果的扩大，当新的技术出现且该新技术可能实现的情况下，应当将新的技术纳入必要措施范畴。法院遂支持了腾讯计算机公司、腾讯北京公司、重庆腾讯公司的申请请求。

【案　　号】（2021）渝01行保1号

【审理法院】重庆市第一中级人民法院

【来　　源】2021年中国法院50件典型知识产权案例

二、深圳市腾讯计算机系统有限公司与广州网易计算机系统有限公司等侵害音乐作品信息网络传播权纠纷诉前禁令案

关键词：侵害著作权　信息网络传播权　诉前禁令

裁判摘要：网络产业与音乐产业结合形成新生网络文化传播媒介，可以使音乐作品被无限传递、下载，不受限制地被反复欣赏，在方便社会公众欣赏音乐的同时，盗版网络音乐也对著作权人造成了难以弥补的损害。在此种情况下，人民法院可以通过发布诉前禁令来制止侵权行为，减轻权利人的损失。

基本案情：深圳市腾讯计算机系统有限公司（以下简称腾讯公司）向武汉市中级人民法院申请诉前禁令，请求：（1）责令广州网易计算机系统有限公司（以下简称广州网易）、网易（杭州）网络有限公司（以下简称杭州网易）、杭州网易雷火科技有限公司（以下简称网易雷火）停止通过“网易云音乐”平台（music.163.com及其PC端、移动客户端）向公众传播申请人享有专有著作权的《时间都去哪了》《爱的供养》《画心》等623首歌曲；（2）责令中国联合网络通信有限公司湖北省分公司（简称湖北联通）停止提供“网易云音乐”畅听流量包服务；（3）责令广东欧珀移动通信有限公司（简称广东欧珀）停止在其OPPO品牌手机中内置“网易云音乐”行为。腾讯公司提交了证明其享有涉案音乐作品著作权及遭受侵权损害事实的证据，并提供了担保。

武汉市中级人民法院认为，腾讯公司对上述623首音乐作品依法享有信息网络传播权，五被申请人以互联网络、移动手机“网易云音乐”畅听流量包、内置“网易云音乐”移动手机客户端等方式，向公众大量提供涉案音乐作品，该行为涉嫌侵犯腾讯公司对涉案音乐作品依法享有的信息网络传播权，且被申请人向公众提供的音乐作品数量较大，造成了腾讯公司巨大的经济损失。在网

络环境下，该行为如不及时禁止，将会使广州网易不当利用他人权利获得的市场份额进一步快速增长，损害了腾讯公司的利益，且这种损害将难以弥补，理应禁止各被申请人通过网络传播623首音乐作品涉嫌侵权部分的行为。遂裁定发布如下诉前禁令措施：（1）广州网易、杭州网易、网易雷火于裁定生效之日起立即停止通过“网易云音乐”平台向公众提供涉案623首音乐作品的行为；（2）湖北联通于裁定生效之日起立即停止向其移动手机客户提供“网易云音乐”畅听流量包中的涉案623首音乐作品的移动网络服务行为；（3）广东欧珀于裁定生效次日起10日内停止通过其品牌为OPPO R830S型号（合约机）移动手机中内置的“网易云音乐”客户端向移动手机客户传播涉案623首音乐作品的行为。禁令发布后，湖北联通、广东欧珀立即停止了被诉行为。广州网易、杭州网易、网易雷火不服该禁令，申请复议，武汉市中级人民法院予以驳回。复议中，腾讯公司发现被诉行为仍在继续，书面申请对违反禁令行为予以处罚。法院作出相应的处罚措施。至复议决定书发出后，被诉行为已经按照禁令要求全面停止。

【案　　号】（2014）鄂武汉中知禁字第5号、5-1号、5-2号

【审理法院】湖北省武汉市中级人民法院

【来　　源】2014年中国法院10大知识产权案件

类案检索

杨季康与中贸圣佳国际拍卖有限公司、李国强诉前行为保全案

关键词：侵害著作权　书信手稿　诉前行为保全

裁判摘要：钱钟书（已故）与杨季康系夫妻，二人育有一女钱瑗（已故）。钱钟书、杨季康及钱瑗与李国强系朋友关系，三人曾先后致李国强私人书信百余封，该信件本由李国强收存，2013年5月间中贸圣佳国际拍卖有限公司（简称中贸圣佳公司）发布公告表示其将于2013年6月21日下午13:00举行“也是集——钱钟书书信手稿”公开拍卖活动，公开拍卖上述私人信件。为进行该拍卖活动，中贸圣佳公司还将于2013年6月8日举行相关研讨会、于2013年6月18日至20日举行预展活动。杨季康认为，钱钟书、杨季康、钱瑗分别对各自创作的书信作品享有著作权。钱钟书去世后，其著作权中的财产

权由杨季康继承，其著作权中的署名权、修改权和保护作品完整权由杨季康保护，发表权由杨季康行使；钱瑗去世后，其著作权中的财产权由杨季康与其配偶杨伟成共同继承，其著作权中的署名权、修改权和保护作品完整权由杨季康与杨伟成保护，发表权由杨季康与杨伟成共同行使。中贸圣佳公司及李国强即将实施的活动，将侵害杨季康所享有和继承的著作权，若不及时制止上述行为，将会使杨季康的合法权益受到难以弥补的损害，故向法院提出申请，请求法院责令中贸圣佳公司及李国强立即停止公开拍卖、公开展览、公开宣传杨季康享有著作权的私人信件。

法院认为，涉案私人书信作为《著作权法》保护的文字作品，其著作权应当由作者即发信人享有。任何人包括收信人及其他合法取得书信手稿的人在对书信手稿进行处分时均不得侵害著作权人的合法权益。中贸圣佳公司在权利人明确表示不同意公开书信手稿的情况下，即将实施公开预展、公开拍卖的行为构成对著作权人发表权的侵犯。如不及时制止，将给权利人造成难以弥补的损害。在充分考虑保护社会公众利益的前提下，法院及时、审慎地作出司法裁定，裁定中贸圣佳公司在拍卖、预展及宣传等活动中不得以公开发表、展览、复制、发行、信息网络传播等方式实施侵害钱钟书、杨季康、钱瑗写给李国强的涉案书信手稿著作权的行为。

【案　　号】（2013）二中保字第9727号

【审理法院】北京市第二中级人民法院

【来　　源】中国裁判文书网

第五十七条 为制止侵权行为，在证据可能灭失或者以后难以取得的情况下，著作权人或者与著作权有关的权利人可以在起诉前依法向人民法院申请保全证据。

关联规定

法律、行政法规、司法解释

1.《中华人民共和国民事诉讼法》

第八十四条 在证据可能灭失或者以后难以取得的情况下，当事人可以在诉讼过程中向人民法院申请保全证据，人民法院也可以主动采取保全措施。

因情况紧急，在证据可能灭失或者以后难以取得的情况下，利害关系人可以在提起诉讼或者申请仲裁前向证据所在地、被申请人住所地或者对案件有管辖权的人民法院申请保全证据。

证据保全的其他程序，参照适用本法第九章保全的有关规定。

2.《计算机软件保护条例》

第二十七条 为了制止侵权行为，在证据可能灭失或者以后难以取得的情况下，软件著作权人可以依照《中华人民共和国著作权法》第五十一条的规定，在提起诉讼前向人民法院申请保全证据。

3.《最高人民法院关于民事诉讼证据的若干规定》

第二十五条 当事人或者利害关系人根据民事诉讼法第八十一条的规定申请证据保全的，申请书应当载明需要保全的证据的基本情况、申请保全的理由以及采取何种保全措施等内容。

当事人根据民事诉讼法第八十一条第一款的规定申请证据保全的，应当在举证期限届满前向人民法院提出。

法律、司法解释对诉前证据保全有规定的，依照其规定办理。

第二十六条 当事人或者利害关系人申请采取查封、扣押等限制保全标的物使用、流通等保全措施，或者保全可能对证据持有人造成损失的，人民法院应当责令申请人提供相应的担保。

担保方式或者数额由人民法院根据保全措施对证据持有人的影响、保全标的物的价值、当事人或者利害关系人争议的诉讼标的金额等因素综合确定。

第二十七条 人民法院进行证据保全，可以要求当事人或者诉讼代理人到场。

根据当事人的申请和具体情况，人民法院可以采取查封、扣押、录音、录像、复制、鉴定、勘验等方法进行证据保全，并制作笔录。

在符合证据保全目的的情况下，人民法院应当选择对证据持有人利益影响最小的保全措施。

第二十八条 申请证据保全错误造成财产损失，当事人请求申请人承担赔偿责任的，人民法院应予支持。

第二十九条 人民法院采取诉前证据保全措施后，当事人向其他有管辖权的人民法院提起诉讼的，采取保全措施的人民法院应当根据当事人的申请，将保全的证据及时移交受理案件的人民法院。

4.《最高人民法院关于审理著作权民事纠纷案件适用法律若干问题的解释》

第一条 人民法院受理以下著作权民事纠纷案件：

（一）著作权及与著作权有关权益权属、侵权、合同纠纷案件；

（二）申请诉前停止侵害著作权、与著作权有关权益行为，申请诉前财产保全、诉前证据保全案件；

（三）其他著作权、与著作权有关权益纠纷案件。

第二十八条 人民法院采取保全措施的，依据民事诉讼法及《知产行为保全规定》的有关规定办理。

5.《最高人民法院关于审查知识产权纠纷行为保全案件适用法律若干问题的规定》

第十九条 申请人同时申请行为保全、财产保全或者证据保全的，人民法院应当依法分别审查不同类型保全申请是否符合条件，并作出裁定。

为避免被申请人实施转移财产、毁灭证据等行为致使保全目的无法实现，人民法院可以根据案件具体情况决定不同类型保全措施的执行顺序。

6.《最高人民法院关于知识产权民事诉讼证据的若干规定》

第十一条 人民法院对于当事人或者利害关系人的证据保全申请，应当结合下列因素进行审查：

（一）申请人是否已就其主张提供初步证据；

（二）证据是否可以由申请人自行收集；

（三）证据灭失或者以后难以取得的可能性及其对证明待证事实的影响；

（四）可能采取的保全措施对证据持有人的影响。

第十二条 人民法院进行证据保全，应当以有效固定证据为限，尽量减少对保全标的物价值的损害和对证据持有人正常生产经营的影响。

证据保全涉及技术方案的，可以采取制作现场勘验笔录、绘图、拍照、录音、录像、复制设计和生产图纸等保全措施。

第十三条 当事人无正当理由拒不配合或者妨害证据保全，致使无法保全证据的，人民法院可以确定由其承担不利后果。构成民事诉讼法第一百一十一条规定情形的，人民法院依法处理。

第十四条 对于人民法院已经采取保全措施的证据，当事人擅自拆装证据实物、篡改证据材料或者实施其他破坏证据的行为，致使证据不能使用的，人民法院可以确定由其承担不利后果。构成民事诉讼法第一百一十一条规定情形的，人民法院依法处理。

第十五条 人民法院进行证据保全，可以要求当事人或者诉讼代理人到场，必要时可以根据当事人的申请通知有专门知识的人到场，也可以指派技术调查官参与证据保全。

证据为案外人持有的，人民法院可以对其持有的证据采取保全措施。

第十六条 人民法院进行证据保全，应当制作笔录、保全证据清单，记录保全时间、地点、实施人、在场人、保全经过、保全标的物状态，由实施人、在场人签名或者盖章。有关人员拒绝签名或者盖章的，不影响保全的效力，人民法院可以在笔录上记明并拍照、录像。

第十七条 被申请人对证据保全的范围、措施、必要性等提出异议并提供相关证据，人民法院经审查认为异议理由成立的，可以变更、终止、解除证据保全。

第十八条 申请人放弃使用被保全证据，但被保全证据涉及案件基本事实查明或者其他当事人主张使用的，人民法院可以对该证据进行审查认定。

条文释义

一、本条主旨

本条是关于诉前证据保全的规定。

二、条文演变

2001年《著作权法》第50条规定："为制止侵权行为，在证据可能灭失或者以后难以取得的情况下，著作权人或者与著作权有关的权利人可以在起诉前向人民法院申请保全证据。人民法院接受申请后，必须在四十八小时内作出裁定；裁定采取保全措施的，应当立即开始执行。人民法院可以责令申请人提供担保，申请人不提供担保的，驳回申请。申请人在人民法院采取保全措施后十五日内不起诉的，人民法院应当解除保全措施。"

2010年《著作权法》将该条的序号从第50条改为第51条，内容未作变动。

2020年《著作权法》将该条的序号从第51条改为第57条，并将该条的内容修改为："为制止侵权行为，在证据可能灭失或者以后难以取得的情况下，著作权人或者与著作权有关的权利人可以在起诉前依法向人民法院申请保全证据。"

三、条文解读

证据保全，是指在证据有可能灭失或以后难以取得的情况下，人民法院根据诉讼参加人的请求或依职权采取措施，对证据加以固定和保全的制度。诉前证据保全制度主要适用于知识产权、不正当竞争纠纷、发现权纠纷等案件。对于其他民事纠纷案件，一般不能适用诉前证据保全措施。[①] 之所以如此，是因为与其他权利客体不同，著作权和与著作权有关的权利作为知识产权客体的一种，具有无形性的特点。相应地，侵害著作权和与著作权有关的权利的行为通常较为隐蔽，权利人举证存在实际困难。特别是在网络环境下，侵权链条长、

① 参见黄薇、王雷鸣主编：《〈中华人民共和国著作权法〉导读与释义》，中国民主法制出版社2021年版，第279页。

环节多、证据分散且难以固定。证据保全成为著作权民事诉讼中广为采用的取证方式，对解决著作权诉讼中反映强烈的举证难具有重要意义。与诉前财产保全和行为保全制度类似，如果出现了证据可能灭失或者以后难以取得的紧急情况，权利人无法自行搜集固定证据，也来不及在起诉后申请法院调取或保全证据，就有必要赋予权利人在起诉前申请证据保全的权利。

（一）申请诉前证据保全的实质要件

第一，著作权人或与著作权有关的权利人提出。诉中证据保全可由当事人提出也可以由法院依职权主动采取措施。但对于诉前证据保全，由于此时法院还没有介入案件审理，缺乏对案件总体情况的把握，一般都是由当事人主动提出。

第二，著作权人或者与著作权有关的权利人尚未提起诉讼。提起诉讼之后，可以依据《民事诉讼法》第 84 条第 1 款的规定，申请诉讼中的证据保全。

第三，证据有灭失或以后难以取得的可能性。例如，证人重病，有死亡的可能，一旦死亡就不可能提供证言；再如，作为物证的物品有毁损、变质或消灭的可能性，一旦毁损、灭失以后就难以取得证明。还包括另一方当事人有毁灭证据的可能，如销毁书证、物证等。

第四，只能为制止侵权行为而申请证据保全，合同纠纷不适用本条规定。

（二）申请诉前证据保全的形式要件

第一，权利人应当在诉讼前提出书面申请。根据有关司法解释，当事人或者利害关系人根据《民事诉讼法》第 84 条的规定申请证据保全的，申请书应当载明需要保全的证据的基本情况、申请保全的理由以及采取何种保全措施等内容。当事人根据《民事诉讼法》第 84 条第 1 款的规定申请证据保全的，应当在举证期限届满前向人民法院提出。

第二，人民法院可以责令申请人提供担保，申请人不提供担保的，驳回申请。《民事诉讼证据规定》第 26 条规定："当事人或者利害关系人申请采取查封、扣押等限制保全标的物使用、流通等保全措施，或者保全可能对证据持有人造成损失的，人民法院应当责令申请人提供相应的担保。担保方式或者数额由人民法院根据保全措施对证据持有人的影响、保全标的物的价值、当事人或者利害关系人争议的诉讼标的金额等因素综合确定。"与此相对应的是，相关司法解释也规定如申请证据保全错误造成财产损失，当事人请求申请人承担赔偿责任的，人民法院应予支持。

第三，人民法院接受申请后，必须在 48 小时内裁定；裁定采取保全措施的，应当立即开始执行。

第四，对证据保全的方法。根据当事人的申请和具体情况，人民法院可以采取查封、扣押、录音、录像、复制、鉴定、勘验等方法进行证据保全，并制作笔录。人民法院进行证据保全，可以要求当事人或者诉讼代理人到场。在符合证据保全目的的情况下，人民法院应当选择对证据持有人利益影响最小的保全措施。

第五，申请人在人民法院采取保全措施后 30 日内不起诉的，人民法院应当解除保全措施。[①]

适用指引

一、诉前证据保全的担保

不同于诉前财产保全或诉前行为保全，诉前证据保全对证据持有人的影响可能很小，所以法律没有规定必须在所有诉前证据保全中提供担保，只有在诉前证据保全可能对他人造成损失的情况下，人民法院应当责令申请人提供相应的担保。担保的具体条件、方式及数额，可以参考《民事诉讼证据规定》第 26 条的规定。申请采取查封、扣押等限制保全标的物使用、流通等保全措施，或者保全可能对证据持有人造成损失的，人民法院应当责令申请人提供相应的担保。担保方式或者数额由人民法院根据保全措施对证据持有人的影响、保全标的物的价值、当事人或者利害关系人争议的诉讼标的金额等因素综合确定。如果诉前证据保全错误，给证据持有人造成财产损失，当事人请求申请人承担赔偿责任的，人民法院应予支持。

二、诉前证据保全的审查

法院收到诉前证据保全的申请后，应当结合证据的具体情况，审查是否有

① 参见黄薇、王雷鸣主编：《〈中华人民共和国著作权法〉导读与释义》，中国民主法制出版社 2021 年版，第 279~280 页。

必要进行诉前证据保全。一般来说，应重点结合下列因素进行审查：申请人是否已就其主张提供初步证据；申请保全的证据是否可以由申请人自行收集；证据灭失或者以后难以取得的可能性及其对证明待证事实的影响；可能采取的保全措施对证据持有人的影响。

三、诉前证据保全的措施

进行诉前证据保全，应当以有效固定证据为限，在符合证据保全目的的前提下，选择对证据持有人利益影响最小的保全措施，尽量减少对保全标的物价值的损害和对证据持有人正常生产经营的影响。除查封、扣押外，对涉及技术方案的，可以采取制作现场勘验笔录、绘图、拍照、录音、录像、复制设计和生产图纸等保全措施。证据为案外人持有的，人民法院可以对其持有的证据采取保全措施。人民法院进行证据保全，可以要求当事人或者诉讼代理人到场，以便确认所保全的证据与其申请的是否一致，必要时可以根据当事人的申请通知有专门知识的人到场，也可以指派技术调查官参与证据保全，解决专业技术问题。

四、诉前证据保全的效力

根据《知产证据规定》第 13 条、第 14 条、第 18 条的相关规定，当事人无正当理由拒不配合或者妨害证据保全，致使无法保全证据的，或者对已经采取保全的证据，擅自拆装证据实物、篡改证据材料或者实施其他破坏证据的行为，致使证据不能使用的，人民法院可以确定由其承担不利后果。构成《民事诉讼法》第 114 条规定情形的，人民法院依法处理。为防止诉前证据保全制度被滥用，即使申请人放弃使用被保全证据，但被保全证据涉及案件基本事实查明或者其他当事人主张使用的，人民法院可以对该证据进行审查认定。

典型案例

上海知豆电动车技术有限公司与达索系统股份有限公司侵害计算机软件著作权纠纷案

关键词： 侵害著作权　诉前证据保全

裁判摘要：在办理侵犯知识产权刑事案件过程中，侦查机关可以根据工作需要抽样取证。根据“举重以明轻”的法律解释方法，人民法院在办理侵犯知识产权民事案件中，可以根据案件审理需要抽样取证。一审法院根据被诉侵权人经营场所内存有计算机的实际情况，以一定的比例进行随机抽查并无不当。

基本案情：根据达索系统股份有限公司（DASSAULT SYSTEMES）(以下简称达索公司）的诉前证据保全申请，上海知识产权法院作出（2017）沪73证保16号民事裁定书，并于2017年12月13日对上海知豆电动车技术有限公司（以下简称知豆公司）经营场所内的计算机上CATIA软件的相关信息进行证据保全。经清点，知豆公司经营场所内共有计算机73台，上海知识产权法院明确告知将按照20%的比例随机抽查其中15台计算机中CATIA软件的安装情况，并根据抽查计算机中安装CATIA软件的比例推算该经营场所内所有计算机中安装CATIA软件的数量。知豆公司对此未提出异议。证据保全结果为：抽查的15台计算机中均安装了CATIA软件。在此基础上，上海知识产权法院认定73台计算机均安装了CATIA软件。知豆公司不服一审判决，向上海市高级人民法院提起上诉。在二审诉讼中，知豆公司认为上海知识产权法院认定安装侵权软件的电脑为73台依据不足，其理由是证据保全时只抽取了其中15台进行检验，这种以点及面的推算不合理，且这种推算方式涉及重大利益，未经知豆公司单位确认，效力存在瑕疵。

上海市高级人民法院认为，2011年1月10日，最高人民法院、最高人民检察院、公安部联合发布《关于办理侵犯知识产权刑事案件适用法律若干问题的意见》，其中规定“公安机关在办理侵犯知识产权刑事案件时，可以根据工作需要抽样取证，或者商请同级行政执法部门、有关检验机构协助抽样取证”。由此可见，在办理侵犯知识产权刑事案件过程中，侦查机关可以根据工作需要抽样取证。根据“举重以明轻”的法律解释方法，人民法院在办理侵犯知识产权的民事案件中，可以根据案件审理需要抽样取证。上海知识产权法院根据知豆公司经营场所内存有73台计算机的实际情况，以20%的比例进行随机抽查并无不当；且上海知识产权法院证据保全笔录显示，证据保全时，承办法官就抽查比例征询了当时在场的知豆公司办公室主任意见，知豆公司一方亦表示无异议，并签字确认。故知豆公司在二审审理中质疑抽查推算的效力于法无据，不予支持。

【案　　号】（2018）沪民终429号

【审理法院】上海市高级人民法院

【来　　源】2018年中国法院50件典型知识产权案例

类案检索

一、微软公司与济南易倍信软件技术有限公司著作权权属、侵权纠纷案

关键词：侵害著作权　诉前证据保全

裁判摘要：申请人微软公司（Microsoft Corporation）系Microsoft Windows（微软视窗）系列、Microsoft Office（微软办公）系列、Microsoft Server（微软服务器）系列计算机软件的著作权人，申请人在起诉前向法院提出申请，请求法院对被申请人济南易倍信软件技术有限公司涉嫌侵权的计算机软件进行诉前证据保全。法院认为，申请人作为涉案计算机软件的著作权人，在侵权证据有可能灭失或以后难以取得的情况下，在起诉前向法院提出证据保全的申请，符合有关法律规定。依照《民事诉讼法》第81条之规定，裁定对被申请人涉嫌侵权的计算机软件进行诉前证据保全。

【案　　号】（2016）鲁01证保25号

【审理法院】山东省济南市中级人民法院

【来　　源】中国裁判文书网

二、申请人欧特克公司、奥多比公司申请诉前证据保全案

关键词：侵害著作权　诉前证据保全　计算机软件

裁判摘要：欧特克公司、奥多比公司系两家美国软件公司，其认为上海风语筑展览有限公司未经许可，擅自复制、安装并商业使用了两公司的AutoCAD、Photoshop、Acrobat等系列计算机软件。鉴于安装有非法计算机软件的计算机均在风语筑公司的经营场所内，申请人客观上无法获得相关证据；同时，由于涉案证据均为计算机软件以及相关数据，具有无形性，极易被藏匿或毁灭，一旦证据被转移、隐匿或灭失，将难以取得，从而对相关事实的认定造成困难，故申请人请求上海知识产权法院进行诉前证据保全。上海知识产权法院审查认为，申请人申请保全的证据属于法律规定的可能灭失或者以后难以

取得的情形，且申请人亦因客观原因不能自行收集上述证据，符合诉前证据保全的条件。遂裁定对被申请人经营场所内的计算机以及其他设施设备上的上述系列软件的相关信息进行证据保全。证据保全裁定作出后，上海市第三中级人民法院与上海知识产权法院相关部门通力合作，充分发挥“合署办公”的制度优势，顺利完成了诉前证据保全工作。

【审理法院】上海知识产权法院

【来　　源】北京、上海、广州上海知识产权法院审结的典型案例

第五十八条　人民法院审理案件，对于侵犯著作权或者与著作权有关的权利的，可以没收违法所得、侵权复制品以及进行违法活动的财物。

关联规定

司法指导性文件

《最高人民法院关于加强著作权和与著作权有关的权利保护的意见》

6. 当事人请求立即销毁侵权复制品以及主要用于生产或者制造侵权复制品的材料和工具，除特殊情况外，人民法院在民事诉讼中应当予以支持，在刑事诉讼中应当依职权责令销毁。在特殊情况下不宜销毁的，人民法院可以责令侵权人在商业渠道之外以适当方式对上述材料和工具予以处置，以尽可能消除进一步侵权的风险。销毁或者处置费用由侵权人承担，侵权人请求补偿的，人民法院不予支持。

在刑事诉讼中，权利人以为后续可能提起的民事或者行政诉讼保全证据为由，请求对侵权复制品及材料和工具暂不销毁的，人民法院可以予以支持。权利人在后续民事或者行政案件中请求侵权人赔偿其垫付的保管费用的，人民法院可以予以支持。

条文释义

一、本条主旨

本条是关于人民法院如何处置违法所得、侵权复制品以及进行违法活动的财物的规定。

二、条文演变

1990年《著作权法》中，没有对人民法院审理著作权案件时可以没收违法所得、侵权复制品以及进行违法活动的财物进行规定。2001年《著作权法》第51条规定："人民法院审理案件，对于侵犯著作权或者与著作权有关的权利的，可以没收违法所得、侵权复制品以及进行违法活动的财物。"2010年《著作权法》对此条没有修改，2020年《著作权法》也予以保留。

三、条文解读

本条主要规定了法院对三类违法财物的处置，主要目的是避免侵权复制品流入市场，防止侵权人利用相关工具、资金再次实施侵权行为，有效保护权利人的合法权益和社会公共利益。应当注意以下几点。

第一，从启动程序来看，人民法院在审理案件时可以依职权主动没收相应的违法财物，不必以权利人提出申请为条件，这与《著作权法》第54条规定的"应权利人请求，对侵权复制品，除特殊情况外，责令销毁；对主要用于制造侵权复制品的材料、工具、设备等，责令销毁，且不予补偿；或者在特殊情况下，责令禁止前述材料、工具、设备等进入商业渠道，且不予补偿"有所不同。

第二，从没收对象来看，包括三类违法财物。一是违法所得，即侵权人通过侵害著作权或者与著作权有关的权利而获取的经济利益；二是侵权复制品，如盗版图书、光盘等侵害著作权或者与著作权有关的权利的载体；三是进行违法活动的财物，包括主要用于生产侵权复制品的工具、材料，以及用于从事侵权生产经营活动的资金等。

第三，从处理方式来看，本条并未明确规定法院依职权没收相关违法财物后如何进行后续处理。一般来说，金钱可以直接上缴国库，侵权复制品和工具可以销毁。不论具体处置如何，应当确保侵权复制品不重新流入市场，相关工具、材料不被再次用于侵权行为。

适用指引

实践中，应当特别注意没收"违法所得"的范围。根据《著作权法》第

54条的规定，著作权侵权诉讼中，著作权人或者与著作权有关的权利人向侵权人主张赔偿损失的，侵权人应当按照权利人受到的实际损失或侵权人的违法所得给予赔偿。权利人还有权根据案情主张法定赔偿、惩罚性赔偿。由此可见，违法所得与权利人的实际损失密切相关，也是权利人计算赔偿数额的基础之一。通常情况下，权利人主张按违法所得计算赔偿数额时，相应的违法所得也应优先用于支付赔偿。此外，对生产材料、工具、设备的没收，应当严格把握。依据《著作权法》第54条及《著作权和与著作权有关的权利保护的意见》的规定，对于不是专门的、稳定的、长期的用于生产或制造侵权复制品的材料和工具，不宜简单认定为“主要用于制造侵权复制品的材料、工具、设备”，不宜作为“进行违法活动的财物”予以没收处理。

第五十九条　复制品的出版者、制作者不能证明其出版、制作有合法授权的，复制品的发行者或者视听作品、计算机软件、录音录像制品的复制品的出租者不能证明其发行、出租的复制品有合法来源的，应当承担法律责任。

在诉讼程序中，被诉侵权人主张其不承担侵权责任的，应当提供证据证明已经取得权利人的许可，或者具有本法规定的不经权利人许可而可以使用的情形。

关联规定

一、法律、行政法规、司法解释

1.《计算机软件保护条例》

第二十八条　软件复制品的出版者、制作者不能证明其出版、制作有合法授权的，或者软件复制品的发行者、出租者不能证明其发行、出租的复制品有合法来源的，应当承担法律责任。

2.《最高人民法院关于审理著作权民事纠纷案件适用法律若干问题的解释》

第十九条　出版者、制作者应当对其出版、制作有合法授权承担举证责任，发行者、出租者应当对其发行或者出租的复制品有合法来源承担举证责任。

举证不能的，依据著作权法第四十七条、第四十八条的相应规定承担法律责任。

第二十条　出版物侵害他人著作权的，出版者应当根据其过错、侵权程度及损害后果等承担赔偿损失的责任。

出版者对其出版行为的授权、稿件来源和署名、所编辑出版物的内容等未尽到合理注意义务的，依据著作权法第四十九条的规定，承担赔偿损失的责任。

出版者应对其已尽合理注意义务承担举证责任。

3.《最高人民法院关于知识产权民事诉讼证据的若干规定》

第四条 被告依法主张合法来源抗辩的，应当举证证明合法取得被诉侵权产品、复制品的事实，包括合法的购货渠道、合理的价格和直接的供货方等。

被告提供的被诉侵权产品、复制品来源证据与其合理注意义务程度相当的，可以认定其完成前款所称举证，并推定其不知道被诉侵权产品、复制品侵害知识产权。被告的经营规模、专业程度、市场交易习惯等，可以作为确定其合理注意义务的证据。

二、司法指导性文件

《最高人民法院关于加强著作权和与著作权有关的权利保护的意见》

4. 适用署名推定规则确定著作权或者与著作权有关的权利归属且被告未提交相反证据的，原告可以不再另行提交权利转让协议或其他书面证据。在诉讼程序中，被告主张其不承担侵权责任的，应当提供证据证明已经取得权利人的许可，或者具有著作权法规定的不经权利人许可而可以使用的情形。

9. 要通过诚信诉讼承诺书等形式，明确告知当事人不诚信诉讼可能承担的法律责任，促使当事人正当行使诉讼权利，积极履行诉讼义务，在合理期限内积极、诚实地举证，在诉讼过程中作真实、完整的陈述。

10. 要完善失信惩戒与追责机制，对于提交伪造、变造证据，隐匿、毁灭证据，作虚假陈述、虚假证言、虚假鉴定、虚假署名等不诚信诉讼行为，人民法院可以依法采取训诫、罚款、拘留等强制措施。构成犯罪的，依法追究刑事责任。

条文释义

一、本条主旨

本条是关于复制品合法来源抗辩的举证责任的规定。

二、条文演变

本条是在2010年《著作权法》第53条规定的基础上修改而来。该条规定，复制品的出版者、制作者不能证明其出版、制作有合法授权的，复制品的发行者或者电影作品或者以类似摄制电影的方法创作的作品、计算机软件、录音录像制品的复制品的出租者不能证明其发行、出租的复制品有合法来源的，应当承担法律责任。

2020年《著作权法》根据第3条对作品类型的有关规定，将“电影作品或者以类似摄制电影的方法创作的作品”改为“视听作品”，并增加第2款，即被诉侵权人的举证责任。

三、条文解读

我国民事法律对侵权责任的规定，以过错责任为归责原则，以无过错责任（又称严格责任）为例外。《民法典》第1165条规定：“行为人因过错侵害他人民事权益造成损害的，应当承担侵权责任。依照法律规定推定行为人有过错，其不能证明自己没有过错的，应当承担侵权责任。”也就是说，只有侵权人主观上有过错，即出于故意或者过失，其行为与损害结果之间有因果关系，才承担民事责任。无过错责任是指即使侵权人主观上没有过错，但法律规定应当承担民事责任的，也应当承担民事责任。因此，无过错责任仅适用于法律的特殊规定，如按照有关法律规定，从事高度危险作业造成他人损害的，即使主观上没有过错，也应当承担民事责任。

侵犯著作权，不像侵犯他人财产、人身行为那样容易界定侵权人主观上的过错，所以在现实生活当中，侵权人往往以“无过错”为由逃避法律制裁。例如，侵害他人身体健康权、侵夺他人财产，从原告的角度比较容易证明侵权人在主观上有故意或者过失。而对于侵权人来讲，其推脱责任也是极其困难的，因为不能无故殴打他人和抢夺他人财物是常识，辩解其主观上没有过错是很难的。而就侵犯著作权引起的纠纷来讲，让原告证明被告主观上有过错就有一定难度，而被告证明自己“无过错”相对容易。例如，甲将乙未发表的作品署一个假名，交丙出版社出版。乙找到丙出版社，丙出版社认为是甲的错，而以自己没有过错为由，拒绝承担责任。但因为甲署的是假名，人又找不到，如果没有人对乙承担责任，那对乙来说就太不公平了。为了充分、有效地保护著作权人的权益，2020年《著作权法》参照《与贸易有关的知识产权协定》的规定，增加规定了过错推定制度。《与贸易有关的知识产权协定》第45条第2项规定，在适当场合即使侵权人不知或无充分理由应知自己从事之活动系侵权，成员仍可以授权司法当局责令其返还所得利润或令其支付法定赔偿额，或二者并处。

本条有以下三层含义。

第一，复制品的出版者、制作者不能证明其出版、制作有合法授权的，就应当承担法律责任。复制他人作品要经过许可，要同著作权人签订许可使用合同，这就是合法授权。如果出版者、录音录像制作者不能证明其出版、制作有合法授权的，就推定其主观上有过错，除了对权利人承担民事责任外，还可以根据情节、后果，追究其行政责任。

第二，复制和发行往往为同一人，但有时也分开，即复制者为一人，而发行者为另一人。发行同样也要经过许可，如果复制品的发行者不能证明其发行的复制品有合法来源的，即不能证明来自合法的复制者的，法律推定其主观上有过错，应当对权利人承担民事责任和其他相应的法律责任。

第三，视听作品、计算机软件、录音录像制品的复制品的出租者不能证明其出租的复制品有合法来源的，也推定其有过错，需要承担法律责任。因为视听作品的出租权属于著作权人，而录音录像制品的出租权属于录音录像制作者。例如，电影作品的著作权人（制片人甲）将电影的发行权、出租权卖给乙电影公司，如果丙电影公司出租这部电影的复制品，却不能证明是来自乙电影公司，就推定其侵犯了乙电影公司的出租权。

适用指引

根据民事诉讼举证责任“谁主张，谁举证”的分配原则，当事人对自己提出的诉讼请求所依据的事实或者反驳对方诉讼请求所依据的事实有责任提供证据加以证明。在知识产权案件审判中，遇到法律特殊规定的情形，应当适用知识产权法律特殊的规定，而不适用关于证据规则的一般规定。在著作权侵权诉讼中，一般情况下，原告应举证证明其享有所主张的作品的著作权、被告的行为构成侵权；被告否认侵权的，对其主张所依据的事实承担举证责任。但为了进一步保护著作权人，《著作权法》针对著作权侵权诉讼的一些具体情况对举证责任作了特别规定，即将举证责任倒置，增加了“在诉讼程序中，被诉侵权人主张其不承担侵权责任的，应当提供证据证明已经取得权利人的许可，或者具有本法规定的不经权利人许可而可以使用的情形”作为本条第 2 款。

除《著作权法》对相关举证责任进行了规定外，最高人民法院司法解释与著作权主管部门发布的有关行政规范性文件也对相关举证规则的适用作了进一步说明。2002年10月12日发布的《著作权解释》第19条第1款规定："出版者、制作者应当对其出版、制作有合法授权承担举证责任，发行者、出租者应当对其发行或者出租的复制品有合法来源承担举证责任。"《著作权和与著作权有关的权利保护的意见》第4条规定："适用署名推定规则确定著作权或者与著作权有关的权利归属且被告未提交相反证据的，原告可以不再另行提交权利转让协议或其他书面证据。在诉讼程序中，被告主张其不承担侵权责任的，应当提供证据证明已经取得权利人的许可，或者具有著作权法规定的不经权利人许可而可以使用的情形。"2020年11月26日公布的《国家版权局关于进一步做好著作权行政执法证据审查和认定工作的通知》规定："复制品的出版者、制作者不能证明其出版、制作有合法授权的，复制品的发行者不能证明其发行的复制品有合法来源的，著作权行政执法部门应当认定其行为构成侵权。"这意味着，相关举证责任倒置的规则不仅适用于著作权民事诉讼程序，也同样适用于行政管理机关对著作权侵权行为的认定和查处。[①]

类案检索

一、天津市宁河县泽安商贸有限公司与深圳市盟世奇商贸有限公司侵犯著作权纠纷案

关键词：侵害著作权　合法来源　美术作品

裁判摘要：美术作品的著作权人出具授权证明书给被授权人，即可认定被授权人取得了该美术作品的使用权，签订许可使用合同不是许可人许可他人使用自己享有著作权作品的唯一形式。行为人复制他人已获得使用许可的作品，但是不能证明其发行的复制品有合法来源的，应认定为侵权。

盟世奇公司提供的证据能够证明《熊出没》国产电视动画片及卡通形象《熊大》的著作权人为华强公司，盟世奇公司经过华强公司的授权，取得在毛绒玩具上专有使用《熊出没》作品及作品中卡通形象的著作权的权利，及以自

① 参见黄薇、王雷鸣主编：《〈中华人民共和国著作权法〉导读与释义》，中国民主法制出版社2021年版，第282~284页。

己的名义提起诉讼的权利。泽安商贸公司在其销售的毛绒玩具上使用了盟世奇公司享有专有使用权的《熊大》形象，且未提供证据证实获得盟世奇公司的授权许可，其行为侵犯了盟世奇公司的著作权，应承担停止侵权、赔偿损失的法律责任。泽安商贸公司以其不知道涉案侵权商品上存在著作权为由，主张其销售涉案侵权商品的行为不构成侵权，缺乏相关的法律依据，不予支持。泽安商贸公司主张其从正规渠道进货，可以说明涉案侵权商品的来源，要求免责，因其提供的证据不足，亦不予支持。综合考虑《熊大》卡通形象的知名度、使用时间、商业价值等因素，酌情确定泽安商贸公司赔偿盟世奇公司经济损失及为制止侵权支出的合理开支共计10000元。

【案　　号】（2015）津高民三终字第0018号

【审理法院】天津市高级人民法院

【来　　源】中国裁判文书网

二、河南华冠文化科技有限公司诉西安大唐西市商业管理有限公司侵害著作权纠纷案

关键词：侵害著作权　合法来源　美术作品

裁判摘要：大唐公司只是购买和使用涉案美术作品的复制品，并未有印刷、复印、拓印、录音、录像、翻录、翻拍涉案美术作品的行为。《著作权法》第53条规定："复制品的出版者、制作者不能证明其出版、制作有合法授权的，复制品的发行者或者电影作品或者以类似摄制电影的方法创作的作品、计算机软件、录音录像制品的复制品的出租者不能证明其发行、出租的复制品有合法来源的，应当承担法律责任。"本案中，大唐公司既不是涉案作品复制品的出版者和制作者，也不是该复制品的发行者和出租者，并且证明了涉案复制品有合法来源。因此，华冠公司要求大唐公司承担法律责任没有法律依据。

【案　　号】（2016）陕民终646号民事判决书

【审理法院】陕西省高级人民法院

【来　　源】中国裁判文书网

第六十条　著作权纠纷可以调解，也可以根据当事人达成的书面仲裁协议或者著作权合同中的仲裁条款，向仲裁机构申请仲裁。

当事人没有书面仲裁协议，也没有在著作权合同中订立仲裁条款的，可以直接向人民法院起诉。

关联规定

法律、行政法规、司法解释

《最高人民法院关于适用〈中华人民共和国民事诉讼法〉的解释》

第二百一十五条　依照民事诉讼法第一百二十七条第二项的规定，当事人在书面合同中订有仲裁条款，或者在发生纠纷后达成书面仲裁协议，一方向人民法院起诉的，人民法院应当告知原告向仲裁机构申请仲裁，其坚持起诉的，裁定不予受理，但仲裁条款或者仲裁协议不成立、无效、失效、内容不明确无法执行的除外。

第二百一十六条　在人民法院首次开庭前，被告以有书面仲裁协议为由对受理民事案件提出异议的，人民法院应当进行审查。

经审查符合下列情形之一的，人民法院应当裁定驳回起诉：

（一）仲裁机构或者人民法院已经确认仲裁协议有效的；

（二）当事人没有在仲裁庭首次开庭前对仲裁协议的效力提出异议的；

（三）仲裁协议符合仲裁法第十六条规定且不具有仲裁法第十七条规定情形的。

条文释义

一、本条主旨

本条是关于著作权纠纷可以采取诉讼之外的调解、仲裁等多元化方式解决的规定。

二、条文演变

1990年《著作权法》第48条规定："著作权纠纷可以调解，调解不成或者调解达成协议后一方反悔的，可以向人民法院起诉。当事人不愿调解的，也可以直接向人民法院起诉。"第49条规定："著作权纠纷可以调解，也可以依据合同中的仲裁条款或者事后达成的书面仲裁协议，向著作权仲裁机构申请仲裁。对于仲裁裁决，当事人应当履行。当事人一方不履行仲裁裁决的，另一方可以申请人民法院执行。受申请的人民法院发现仲裁裁决违法的，有权不予执行。人民法院不予执行的，当事人可以就合同纠纷向人民法院起诉。当事人没有在合同中订立仲裁条款，事后又没有书面仲裁协议的，可以直接向人民法院起诉。"2001年《著作权法》第54条修改为本条内容。2010年和2020年《著作权法》予以沿用。

三、条文解读

（一）著作权纠纷的解决途径

著作权被侵害或者发生著作权合同纠纷，当事人可以采取多种方式解决纠纷。

首先，当事人可以选择调解组织或机构进行调解。调解一般由第三方主持，在当事人自愿的基础上平等解决纠纷，当事人间可以形成调解协议或调解书。我国民间具有调解解决纠纷的传统，积累了丰富的经验，有些司法部门或社区设有专门的调解机构，对解决民事纠纷发挥了重要的作用。

其次，当事人可以选择仲裁的方式解决纠纷。当事人提请仲裁需要当事人间具有仲裁协议或者当事人签订的合同具有仲裁条款。本条要求仲裁协议和仲裁条款必须是书面形式。仲裁协议或仲裁条款应当明确采取仲裁的方式和范围，选择的仲裁机构名称亦应准确。仲裁裁决由仲裁员进行，具有终局效力，在解决纠纷上具有一定的优势。

最后，当事人可以选择向有管辖权的人民法提起诉讼的方式，由人民法院通过裁判解决当事人间的纷争。这是著作权纠纷最常见的解决方式。仲裁协议或者仲裁条款约定不明的，或者当事人没有签订仲裁协议，或者著作权合同没有订立仲裁条款的，当事人可以采取诉讼的方式解决纠纷。

（二）鼓励调解、仲裁等非诉讼方式解决著作权纠纷

近年来，人民法院审理的著作权纠纷逐年上升，特别是涉互联网类著作权纠纷大幅度增长。与调解、仲裁等方式相比，诉讼存在程序复杂、周期较长的特点。对于某些著作权纠纷，从实用、便利、迅速解决的角度，可以采取多元化解决纠纷的方式。如标的额不大、事实相对简单的案件，鼓励当事人选择调解的方式解决纠纷。相较于司法诉讼和行政处理方式，仲裁的地域适应性强，裁决在国际范围内的被承认和可执行程度高。对某些专业性较强的纠纷，也可以提交该领域专家仲裁。

适用指引

一、“仲裁协议”的达成

仲裁协议需具备书面形式。仲裁协议可以是当事人事先签订的协议，或者是合同专门约定的条款，也可以是当事人在发生纠纷后达成的协议。

二、当事人间存在仲裁协议又向法院起诉情况的处理

实践中，当事人间存在仲裁协议或者约定仲裁条款，其中一方向法院起诉的，处理时应当区分几种情况：一是当事人相同的，径行驳回，建议当事人向有仲裁权的仲裁机构提起仲裁；二是被告应诉并且接受法院管辖的，属于当事人自愿接受人民法院管辖的行为，可以继续审理；三是当事人并不完全相同的，根据不同情况予以处理，属于不同的诉的，人民法院有权审理；四是仲裁条款解决的纠纷属于案件基础纠纷的，可先行驳回，等待仲裁结果。

第六十一条　当事人因不履行合同义务或者履行合同义务不符合约定而承担民事责任，以及当事人行使诉讼权利、申请保全等，适用有关法律的规定。

关联规定

法律、行政法规、司法解释

1.《中华人民共和国民法典》

第五百七十七条　当事人一方不履行合同义务或者履行合同义务不符合约定的，应当承担继续履行、采取补救措施或者赔偿损失等违约责任。

第五百七十八条　当事人一方明确表示或者以自己的行为表明不履行合同义务的，对方可以在履行期限届满前请求其承担违约责任。

第五百七十九条　当事人一方未支付价款、报酬、租金、利息，或者不履行其他金钱债务的，对方可以请求其支付。

第五百八十条　当事人一方不履行非金钱债务或者履行非金钱债务不符合约定的，对方可以请求履行，但是有下列情形之一的除外：

（一）法律上或者事实上不能履行；

（二）债务的标的不适于强制履行或者履行费用过高；

（三）债权人在合理期限内未请求履行。

有前款规定的除外情形之一，致使不能实现合同目的的，人民法院或者仲裁机构可以根据当事人的请求终止合同权利义务关系，但是不影响违约责任的承担。

第五百八十一条　当事人一方不履行债务或者履行债务不符合约定，根据债务的性质不得强制履行的，对方可以请求其负担由第三人替代履行的费用。

第五百八十二条　履行不符合约定的，应当按照当事人的约定承担违约责任。对违约责任没有约定或者约定不明确，依据本法第五百一十条的规定仍不能确定的，受损害方根据标的的性质以及损失的大小，可以合理选择请求对方承担修理、重作、更换、退货、减少价款或者报酬等违约责任。

第五百八十三条 当事人一方不履行合同义务或者履行合同义务不符合约定的，在履行义务或者采取补救措施后，对方还有其他损失的，应当赔偿损失。

第五百八十四条 当事人一方不履行合同义务或者履行合同义务不符合约定，造成对方损失的，损失赔偿额应当相当于因违约所造成的损失，包括合同履行后可以获得的利益；但是，不得超过违约一方订立合同时预见到或者应当预见到的因违约可能造成的损失。

第五百八十五条 当事人可以约定一方违约时应当根据违约情况向对方支付一定数额的违约金，也可以约定因违约产生的损失赔偿额的计算方法。

约定的违约金低于造成的损失的，人民法院或者仲裁机构可以根据当事人的请求予以增加；约定的违约金过分高于造成的损失的，人民法院或者仲裁机构可以根据当事人的请求予以适当减少。

当事人就迟延履行约定违约金的，违约方支付违约金后，还应当履行债务。

第五百八十九条 债务人按照约定履行债务，债权人无正当理由拒绝受领的，债务人可以请求债权人赔偿增加的费用。

在债权人受领迟延期间，债务人无须支付利息。

第五百九十条 当事人一方因不可抗力不能履行合同的，根据不可抗力的影响，部分或者全部免除责任，但是法律另有规定的除外。因不可抗力不能履行合同的，应当及时通知对方，以减轻可能给对方造成的损失，并应当在合理期限内提供证明。

当事人迟延履行后发生不可抗力的，不免除其违约责任。

第五百九十一条 当事人一方违约后，对方应当采取适当措施防止损失的扩大；没有采取适当措施致使损失扩大的，不得就扩大的损失请求赔偿。

当事人因防止损失扩大而支出的合理费用，由违约方负担。

第五百九十二条 当事人都违反合同的，应当各自承担相应的责任。

当事人一方违约造成对方损失，对方对损失的发生有过错的，可以减少相应的损失赔偿额。

第五百九十三条 当事人一方因第三人的原因造成违约的，应当依法向对方承担违约责任。当事人一方和第三人之间的纠纷，依照法律规定或者按照约定处理。

2.《中华人民共和国民事诉讼法》

第一百零三条 人民法院对于可能因当事人一方的行为或者其他原因，使判决难以执行或者造成当事人其他损害的案件，根据对方当事人的申请，可以裁定对其财产进行保全、责令其作出一定行为或者禁止其作出一定行为；当事人没有提出申请的，人民法院在必要时也可以裁定采取保全措施。

人民法院采取保全措施，可以责令申请人提供担保，申请人不提供担保的，裁定驳回申请。

人民法院接受申请后，对情况紧急的，必须在四十八小时内作出裁定；裁定采取保全措施的，应当立即开始执行。

第一百零四条 利害关系人因情况紧急，不立即申请保全将会使其合法权益受到难以弥补的损害的，可以在提起诉讼或者申请仲裁前向被保全财产所在地、被申请人住所地或者对案件有管辖权的人民法院申请采取保全措施。申请人应当提供担保，不提供担保的，裁定驳回申请。

人民法院接受申请后，必须在四十八小时内作出裁定；裁定采取保全措施的，应当立即开始执行。

申请人在人民法院采取保全措施后三十日内不依法提起诉讼或者申请仲裁的，人民法院应当解除保全。

第一百零五条 保全限于请求的范围，或者与本案有关的财物。

第一百零六条 财产保全采取查封、扣押、冻结或者法律规定的其他方法。人民法院保全财产后，应当立即通知被保全财产的人。

财产已被查封、冻结的，不得重复查封、冻结。

第一百零七条 财产纠纷案件，被申请人提供担保的，人民法院应当裁定解除保全。

第一百零八条 申请有错误的，申请人应当赔偿被申请人因保全所遭受的损失。

第一百一十一条 当事人对保全或者先予执行的裁定不服的，可以申请复议一次。复议期间不停止裁定的执行。

3.《中华人民共和国行政诉讼法》

第四十六条 公民、法人或者其他组织直接向人民法院提起诉讼的，应当自知道或者应当知道作出行政行为之日起六个月内提出。法律另有规定的除外。

因不动产提起诉讼的案件自行政行为作出之日起超过二十年，其他案件自行政行为作出之日起超过五年提起诉讼的，人民法院不予受理。

条文释义

一、本条主旨

本条是关于违约责任承担以及诉讼权利、保全等程序性事项如何适用法律的规定。

二、条文演变

1990年《著作权法》第47条规定："当事人不履行合同义务或者履行合同义务不符合约定条件的，应当依照民法通则有关规定承担民事责任。"2001年《著作权法》第53条规定："当事人不履行合同义务或者履行合同义务不符合约定条件的，应当依照《中华人民共和国民法通则》、《中华人民共和国合同法》等有关法律规定承担民事责任。"2010年《著作权法》中，除条文序号变化外，对此条没有修改。2020年《著作权法》中，因相关条文的整合修改等原因，除修改了条文序号外，主要增加了"当事人行使诉讼权利、申请保全等"的内容。

三、条文解读

《著作权法》中，除第三章对著作权许可使用和转让合同进行了简要规定外，还涉及著作权归属、委托创作、摄制电影、表演者表演、作品出版等多方面的合同。上述合同，都是民事主体之间设立、变更、终止民事法律关系的协议，与一般的民事合同并无不同。因此，除了《著作权法》有特殊规定外，著作权合同的订立、效力、履行、终止等都可以适用普通法的规定。按《民法典》的规定，当事人一方不履行合同义务或者履行合同义务不符合约定的，应当承担继续履行、采取补救措施或者赔偿损失等违约责任。关于如何认定违约以及如何确定违约责任，也都可以适用《民法典》和相关法律的一般性规定。

2010年《著作权法》中，根据实践需要，对诉前财产保全、诉前行为保全、诉前证据保全，以及对不服行政处罚的行政诉讼都进行了规定。随着《民事诉讼法》和《行政诉讼法》等相关法律法规、司法解释的不断完善，诉讼保全和行政诉讼等方面的规则不断丰富。在2020年修正《著作权法》的过程中，对原有的一些条款进行了适应性的修改，增加了衔接性条款。当事人可以依据《著作权法》以外的有关法律规定行使诉讼权利、申请保全等。

适用指引

本条规定所涵盖的合同争议包括“不履行合同义务”或“履行合同义务不符合约定”。但实际上，因著作权合同产生的所有纠纷，包括因合同订立、变更、终止而产生的纠纷，因合同效力产生的纠纷，因合同履行产生的纠纷等，都适用本条规定，即在《著作权法》没有特殊规定的情况下，适用《民法典》和相关法律的一般性规定。另外，这里的著作权合同不限于《著作权法》中规定的著作权许可使用合同、著作权转让合同等有名合同，也包括约定著作权归属的合同、摄制电影的合同等其他各种类型的著作权合同。

当事人在著作权纠纷中申请保全的要件和程序，一方面适用《民事诉讼法》及其司法解释关于保全的规定，另一方面也适用《知产行为保全规定》。

第六十二条　本法所称的著作权即版权。

条文释义

一、本条主旨

本条是关于著作权即版权的规定。

二、条文演变

20 世纪，清政府进行了大规模的修律活动，制定了中国第一部具有现代版权观念的《大清著作权律》。[①] 中华人民共和国成立后，1957 年制定了《保障出版物著作权暂行规定》(草稿)，1980 年国家版权局起草了《版权法》，在法律的讨论、征求意见过程中，产生了关于使用“版权法”还是“著作权法”名称的争论。[②]1986 年 4 月颁布的《民法通则》则采用了“著作权（版权）”这样的表述，《民法通则》第 94 条规定“公民、法人享有著作权（版权），依法有署名、发表、出版、获得报酬等权利”，第 118 条规定“公民、法人的著作权（版权），专利权、商标专用权、发现权、发明权和其他科技成果权受到剽窃、篡改、假冒等侵害的，有权要求停止侵害，消除影响，赔偿损失”。1990 年颁布的《著作权法》在附则中规定：“本法所称的著作权与版权系同义语。”之后，2001 年修正的《著作权法》中对这一表述进行了修改，规定：“本法所称的著作权即版权。”之后的修正均保持了这一规定。

三、条文解读

本条对著作权和版权两个概念的关系作了明确。根据本条规定，在我国，著作权和版权具有相同的含义。关于著作权的称谓，目前各国尚不一致。有的

① 参见胡云红：《中日著作权法比较》，人民法院出版社 2017 年版，第 12 页。
② 参见田红梅：《近代中国“版权”“著作权”概念的历史演变》，载《山西档案》2018 年第 4 期。

国家称版权，有的国家称著作权。对于著作权和版权的含义，学者有不同的理解。一般认为，著作权是大陆法系的概念，原意为作者权（author's right），侧重保护权利人的精神权利，日本学者将大陆法系国家的“作者权”译为“著作权”，但《法国著作权法》中使用的却是“droitd' auteur”，系“作家权”之意（英文为“author's right”，而非“writer's right”）。[①] 版权（copyright）是英美法系的概念，最初的意思是“复制权”，侧重保护权利人的经济权利。

我国历史上最早使用的是“著作权”一词，该词出现在《大清著作权律》上。清末变法修律，设立修订法律馆，沈家本为修律大臣，主持制定法律。沈家本聘请日本法学家冈田朝太郎等为修律顾问，帮助修订律例，采用了日本法中的“著作权”一词。

本条的规定具有重要的理论意义，在法律文件中结束了有关著作权和版权异同的争论，而且，在对外经济合作和文化交流过程中，能起到避免争论、减少纠纷的作用，因此，也具有积极的实践意义。

① 参见孙新强：《论著作权的起源、演变与发展》，载《学术界》2000年第3期。

第六十三条　本法第二条所称的出版，指作品的复制、发行。

关联规定

一、法律、行政法规、司法解释

1.《中华人民共和国著作权法》

第二条　中国公民、法人或者非法人组织的作品，不论是否发表，依照本法享有著作权。

外国人、无国籍人的作品根据其作者所属国或者经常居住地国同中国签订的协议或者共同参加的国际条约享有的著作权，受本法保护。

外国人、无国籍人的作品首先在中国境内出版的，依照本法享有著作权。

未与中国签订协议或者共同参加国际条约的国家的作者以及无国籍人的作品首次在中国参加的国际条约的成员国出版的，或者在成员国和非成员国同时出版的，受本法保护。

第十条　著作权包括下列人身权和财产权：

（一）发表权，即决定作品是否公之于众的权利；

（二）署名权，即表明作者身份，在作品上署名的权利；

（三）修改权，即修改或者授权他人修改作品的权利；

（四）保护作品完整权，即保护作品不受歪曲、篡改的权利；

（五）复制权，即以印刷、复印、拓印、录音、录像、翻录、翻拍、数字化等方式将作品制作一份或者多份的权利；

（六）发行权，即以出售或者赠与方式向公众提供作品的原件或者复制件的权利；

（七）出租权，即有偿许可他人临时使用视听作品、计算机软件的原件或者复制件的权利，计算机软件不是出租的主要标的的除外；

（八）展览权，即公开陈列美术作品、摄影作品的原件或者复制件的权利；

（九）表演权，即公开表演作品，以及用各种手段公开播送作品的表演的权利；

（十）放映权，即通过放映机、幻灯机等技术设备公开再现美术、摄影、视听作品等的权利；

（十一）广播权，即以有线或者无线方式公开传播或者转播作品，以及通过扩音器或者其他传送符号、声音、图像的类似工具向公众传播广播的作品的权利，但不包括本款第十二项规定的权利；

（十二）信息网络传播权，即以有线或者无线方式向公众提供，使公众可以在其选定的时间和地点获得作品的权利；

（十三）摄制权，即以摄制视听作品的方法将作品固定在载体上的权利；

（十四）改编权，即改变作品，创作出具有独创性的新作品的权利；

（十五）翻译权，即将作品从一种语言文字转换成另一种语言文字的权利；

（十六）汇编权，即将作品或者作品的片段通过选择或者编排，汇集成新作品的权利；

（十七）应当由著作权人享有的其他权利。

著作权人可以许可他人行使前款第五项至第十七项规定的权利，并依照约定或者本法有关规定获得报酬。

著作权人可以全部或者部分转让本条第一款第五项至第十七项规定的权利，并依照约定或者本法有关规定获得报酬。

2.《计算机软件保护条例》

第八条 软件著作权人享有下列各项权利：

（一）发表权，即决定软件是否公之于众的权利；

（二）署名权，即表明开发者身份，在软件上署名的权利；

（三）修改权，即对软件进行增补、删节，或者改变指令、语句顺序的权利；

（四）复制权，即将软件制作一份或者多份的权利；

（五）发行权，即以出售或者赠与方式向公众提供软件的原件或者复制件的权利；

（六）出租权，即有偿许可他人临时使用软件的权利，但是软件不是出租的主要标的的除外；

（七）信息网络传播权，即以有线或者无线方式向公众提供软件，使公众可以在其个人选定的时间和地点获得软件的权利；

（八）翻译权，即将原软件从一种自然语言文字转换成另一种自然语言文字的权利；

（九）应当由软件著作权人享有的其他权利。

软件著作权人可以许可他人行使其软件著作权，并有权获得报酬。

软件著作权人可以全部或者部分转让其软件著作权，并有权获得报酬。

3.《出版管理条例》

第二条 在中华人民共和国境内从事出版活动，适用本条例。

本条例所称出版活动，包括出版物的出版、印刷或者复制、进口、发行。

本条例所称出版物，是指报纸、期刊、图书、音像制品、电子出版物等。

4.《最高人民法院、最高人民检察院关于办理利用互联网、移动通讯终端、声讯台制作、复制、出版、贩卖、传播淫秽电子信息刑事案件具体应用法律若干问题的解释（一）》

第一条 以牟利为目的，利用互联网、移动通讯终端制作、复制、出版、贩卖、传播淫秽电子信息，具有下列情形之一的，依照刑法第三百六十三条第一款的规定，以制作、复制、出版、贩卖、传播淫秽物品牟利罪定罪处罚：

（一）制作、复制、出版、贩卖、传播淫秽电影、表演、动画等视频文件二十个以上的；

（二）制作、复制、出版、贩卖、传播淫秽音频文件一百个以上的；

（三）制作、复制、出版、贩卖、传播淫秽电子刊物、图片、文章、短信息等二百件以上的；

（四）制作、复制、出版、贩卖、传播的淫秽电子信息，实际被点击数达到一万次以上的；

（五）以会员制方式出版、贩卖、传播淫秽电子信息，注册会员达二百人以上的；

（六）利用淫秽电子信息收取广告费、会员注册费或者其他费用，违法所得一万元以上的；

（七）数量或者数额虽未达到第（一）项至第（六）项规定标准，但分别达到其中两项以上标准一半以上的；

（八）造成严重后果的。

利用聊天室、论坛、即时通信软件、电子邮件等方式，实施第一款规定行为的，依照刑法第三百六十三条第一款的规定，以制作、复制、出版、贩卖、传播淫秽物品牟利罪定罪处罚。

二、部门规章及规范性文件

《网络出版服务管理规定》

第二条 在中华人民共和国境内从事网络出版服务，适用本规定。

本规定所称网络出版服务，是指通过信息网络向公众提供网络出版物。

本规定所称网络出版物，是指通过信息网络向公众提供的，具有编辑、制作、加工等出版特征的数字化作品，范围主要包括：

（一）文学、艺术、科学等领域内具有知识性、思维性的文字、图片、地图、游戏、动漫、音视频读物等原创数字化作品；

（二）与已出版的图书、报纸、期刊、音像制品、电子出版物等内容相一致的数字化作品；

（三）将上述作品通过选择、编排、汇集等方式形成的网络文献数据库等数字化作品；

（四）国家新闻出版广电总局认定的其它类型的数字化作品。

网络出版服务的具体业务分类另行制定。

条文释义

一、本条主旨

本条是关于出版的定义的规定。

二、条文演变

1990年《著作权法》中不涉及“出版”这一概念，当然亦未对出版进行界定，其第2条规定：“中国公民、法人或者非法人单位的作品，不论是否发表，依照本法享有著作权。外国人的作品首先在中国境内发表的，依照本法享有著作权。外国人在中国境内发表的作品，根据其所属国同中国签订的协议或者共同参加的国际条约享有的著作权，受本法保护。”所谓发表，指将作品公之于众。发表可以采取各种方式，通过不同的媒介来实现，如出版、广播电台电视台播放、表演者表演等。2001年《著作权法》第2条出现“出版”一词，将“在中国境内发表”修改为“在中国境内出版”。第 57 条规定：“本法第二条所称的出版，指作品的复制、发行。”《伯尔尼公约》明确规定，“已出版作品”一词指得到作者同意后出版的作品，而不论其复制件的制作方式如何，只要从这部作品的性质来看，复制件的发行方式能满足公众的合理需要。戏剧、音乐戏剧或电影作品的表演，音乐作品的演奏，文学作品的公开朗诵，文学或艺术作品的有线传播或广播，美术作品的展出和建筑作品的建造都不构成出版。可见，这里的“出版”的含义比“发表”为窄。为了与《伯尔尼公约》保持一致，将原《著作权法》第 2 条第 2 款、第 3 款中的“发表”修改为“出版”。

2010 年《著作权法》和 2020 年《著作权法》均保留了这一规定，未作修改。

三、条文解读

本条明确规定，出版是指作品的复制、发行。

（一）作品的概念

本条明确规定出版的客体是作品。根据《著作权法》第 3 条的规定，作品是指文学、艺术和科学领域内具有独创性并能以一定形式表现的智力成果，包括：（1）文字作品；（2）口述作品；（3）音乐、戏剧、曲艺、舞蹈、杂技艺术作品；（4）美术、建筑作品；（5）摄影作品；（6）视听作品；（7）工程设计图、产品设计图、地图、示意图等图形作品和模型作品；（8）计算机软件；（9）符合作品特征的其他智力成果。

（二）复制的概念

《著作权法》第 10 条第 1 款第 5 项规定复制权是指以印刷、复印、拓印、录音、录像、翻录、翻拍、数字化等方式将作品制作一份或者多份的权利，即复制是指以印刷、复印、拓印、录音、录像、翻录、翻拍、数字化等方式将作品制作一份或者多份。

从上述规定看，复制的方式多种多样，且不同作品复制方式也有所区别，比如，对于文字作品，可以采用印刷、复印、翻拍等方式；对于美术作品，可以采用拓印、印刷等方式。

（三）发行的概念

根据《著作权法》第10条第1款第6项，发行是指以出售或者赠与方式向公众提供作品的原件或者复制件。发行是作品传播的重要途径之一，也是著作权人享有的一项重要权利。发行权与复制权密切相关，虽然是两项独立的权利，但是两种权利常常是结合在一起行使的。

（四）出版的概念

出版是指以印刷、录制等方法将文字、讲话、图画、乐谱、照片、地图等作品予以复制、发行。严格地讲，出版仅是复制的一种方式。《世界版权公约》规定，出版是指以物质的形式复制和向公众提供可以阅读和通过视觉知悉的作品的复制品。根据《伯尔尼公约》的规定，出版是指得到作者的同意，将作品的复制件以能满足公众合理需要的方式发行。因此，出版应具备两个条件：一是出版作品必须经过作者的同意；二是复制件必须达到一定的数量，能“满足公众的合理需要”。如果为了课堂教学或者科学研究，将一篇论文复印几份，供教学或者科研人员使用，就不能算作出版，而是属于作品的“合理使用”，因为这种复制并未达到“满足公众的合理需要”的程度。

由于长期以来出版在各种复制方式中具有的重要地位，许多国家于其著作权法中，在复制权之外又单独规定了出版权。两个主要的版权公约也都把首次出版作为确认作品国籍的标准。

另外，在实际生活中，只复制而不发行会使出版失去意义，作者以及有关著作权的权利人一般也都是将作品的复制权和发行权一起转让，因此，出版权自然包含了发行的内容。

我国《著作权法》第四章中规定了图书、报刊的出版，指的是作者通过订立出版合同或者采取投稿的方式授权图书、报刊出版者出版或者刊登作品，与国际公约规定的“出版”的含义不一致，外延比较窄，没有包括音像制品、计算机软件等其他作品载体的出版。

（五）出版与发表

根据本法第2条的规定，对本国作者（包括公民、法人或者非法人组织）作品的著作权的保护条件是，不论作品是否发表，依照本法都享有著作权。而对外国人、无国籍人的作品的保护条件是，作品在与我国签订协议或共同参加国际公约的国家出版，或者在成员国和非成员国同时出版。这里的出版指的是《世界版权公约》和《伯尔尼公约》中所规定的含义，而非我国《著作权法》第四章中规定的“出版”的概念。

所谓发表，是指将作品公之于众。本法第 10 条第 1 款第 1 项规定，发表权即决定作品是否公之于众的权利。发表可以采取各种方式，通过不同的媒介实现，如出版，广播电台、电视台播放，表演者表演，等等。如上所述，出版应具备两个条件，戏剧、音乐戏剧或视听作品的表演，音乐作品的演奏，文学作品的公开朗诵等都不构成出版。可见，这里的“出版”的含义比“发表”窄。为了与公约保持一致，2001 年修改《著作权法》时，将《著作权法》第 2 条第 2 款、第 3 款中的“发表”修改为“出版”。

第六十四条　计算机软件、信息网络传播权的保护办法由国务院另行规定。

关联规定

法律、行政法规、司法解释

1.《计算机软件保护条例》

第一条　为了保护计算机软件著作权人的权益，调整计算机软件在开发、传播和使用中发生的利益关系，鼓励计算机软件的开发与应用，促进软件产业和国民经济信息化的发展，根据《中华人民共和国著作权法》，制定本条例。

2.《信息网络传播权保护条例》

第一条　为保护著作权人、表演者、录音录像制作者（以下统称权利人）的信息网络传播权，鼓励有益于社会主义精神文明、物质文明建设的作品的创作和传播，根据《中华人民共和国著作权法》（以下简称著作权法），制定本条例。

条文释义

一、本条主旨

本条是关于计算机软件、信息网络传播权的保护办法由国务院另行规定的规定。

二、条文演变

1990年《著作权法》第53条规定："计算机软件的保护办法由国务院另行规定。"2001年《著作权法》将其调整为第58条并作了修改，即"计算机软件、信息网络传播权的保护办法由国务院另行规定"。也就是说，根据信息网络传播的发展情况，增加了“信息网络传播权”的内容。2010 年《著作权法》将条文序号由第 58 条调整为第 59 条，2020 年《著作权法》对该条内容未作具体修改，只是条文序号由第 59 条调整为第 64 条。

三、条文解读

本条是一个授权性的规定，即授权国务院制定计算机软件、信息网络传播权保护办法。

（一）计算机软件

所谓计算机软件（以下简称软件），是指计算机程序及其有关文档。根据本条的授权规定，2001 年 12 月 20 日国务院令第 339 号公布了《计算机软件保护条例》。此后，2011 年 1 月 8 日《国务院关于废止和修改部分行政法规的决定》中对其进行了第一次修订，2013 年 1 月 30 日《国务院关于修改〈计算机软件保护条例〉的决定》对其进行了第二次修订。《计算机软件保护条例》规定的主要内容如下。

1. 条例用语的含义

计算机程序，是指为了得到某种结果而可以由计算机等具有信息处理能力的装置执行的代码化指令序列，或者可以被自动转换成代码化指令序列的符号化指令序列，或者符号化语句序列。同一计算机程序的源程序和目标程序为同一作品。文档，是指用来描述程序的内容、组成、设计、功能规格、开发情况、测试结果及使用方法的文字资料和图表等，如程序设计说明书、流程图、用户手册等。软件开发者，是指实际组织开发、直接进行开发，并对开发完成的软件承担责任的法人或者非法人组织；或者依靠自己具有的条件独立完成软件开发，并对软件承担责任的自然人。软件著作权人，是指依照条例的规定，对软件享有著作权的自然人、法人或者非法人组织。

2. 原则规定

第一，开发要求。受条例保护的软件必须由开发者独立开发，并已固定在某种有形物体上。第二，适用范围。中国公民、法人或者非法人组织对其所开发的软件，不论是否发表，依照条例享有著作权。外国人、无国籍人的软件首先在中国境内发行的，依照条例享有著作权。外国人、无国籍人的软件，依照其开发者所属国或者经常居住地国同中国签订的协议或者依照中国参加的国际条约享有的著作权，受条例保护。条例对软件著作权的保护不延及开发软件所用的思想、处理过程、操作方法或者数学概念等。第三，软件登记。软件著作权人可以向国务院著作权行政管理部门认定的软件登记机构办理登记。软件登记机构发放的登记证明文件是登记事项的初步证明。办理软件登记应当缴纳费用。软件登记的收费标准由国务院著作权行政管理部门会同国务院价格主管部门规定。

3. 软件著作权

一是享有的权利。软件著作权人享有下列各项权利：发表权，即决定软件是否公之于众的权利；署名权，即表明开发者身份，在软件上署名的权利；修改权，即对软件进行增补、删节，或者改变指令、语句顺序的权利；复制权，即将软件制作一份或者多份的权利；发行权，即以出售或者赠与方式向公众提供软件的原件或者复制件的权利；出租权，即有偿许可他人临时使用软件的权利，但是软件不是出租的主要标的的除外；信息网络传播权，即以有线或者无线方式向公众提供软件，使公众可以在其个人选定的时间和地点获得软件的权利；翻译权，即将原软件从一种自然语言文字转换成另一种自然语言文字的权利；应当由软件著作权人享有的其他权利。软件著作权人可以许可他人行使其软件著作权，并有权获得报酬。软件著作权人可以全部或者部分转让其软件著作权，并有权获得报酬。其中，软件著作权属于软件开发者，《计算机软件保护条例》另有规定的除外。如无相反证明，在软件上署名的自然人、法人或者非法人组织为开发者。

二是合作开发著作权的归属。由两个以上的自然人、法人或者非法人组织合作开发的软件，其著作权的归属由合作开发者签订书面合同约定。无书面合同或者合同未作明确约定，合作开发的软件可以分割使用的，开发者对各自开发的部分可以单独享有著作权；但是，行使著作权时，不得扩展到合作开发的软件整体的著作权。合作开发的软件不能分割使用的，其著作权由各合作开发者共同享有，通过协商一致行使；不能协商一致，又无正当理由的，任何一方不得阻止他方行使除转让权以外的其他权利，但是所得收益应当合理分配给所有合作开发者。

三是委托开发。接受他人委托开发的软件，其著作权的归属由委托人与受托人签订书面合同约定；无书面合同或者合同未作明确约定的，其著作权由受托人享有。

四是国家机关下达任务开发的软件。由国家机关下达任务开发的软件，著作权的归属与行使由项目任务书或者合同规定；项目任务书或者合同中未作明确规定的，软件著作权由接受任务的法人或者非法人组织享有。

五是任职开发。自然人在法人或者非法人组织任职期间所开发的软件有下列情形之一的，该软件著作权由该法人或者非法人组织享有，该法人或者非法人组织可以对开发软件的自然人进行奖励：针对本职工作中明确指定的开发目标所开发的软件；开发的软件是从事本职工作活动所预见的结果或者自然的结果；主要使用了法人或者非法人组织的资金、专用设备、未公开的专门信息等物质技术条件所开发并由法人或者非法人组织承担责任的软件。

六是软件开发产生日与保护期。软件著作权自软件开发完成之日起产生。自然人的软件著作权，保护期为自然人终生及其死亡后50年，截止于自然人死亡后第50年的12月31日；软件是合作开发的，截止于最后死亡的自然人死亡后第50年的12月31日。法人或者非法人组织的软件著作权，保护期为50年，截止于软件首次发表后第50年的12月31日，但软件自开发完成之日起50年内未发表的，《计算机软件保护条例》不再保护。

七是承继。包括两种情况：第一，软件著作权属于自然人的，该自然人死亡后，在软件著作权的保护期内，软件著作权的继承人可以依照《民法典》继承编规定继承除署名权以外的其他权利。第二，软件著作权属于法人或者非法人组织的，法人或者非法人组织变更、终止后，其著作权在《计算机软件保护条例》规定的保护期内由承受其权利义务的法人或者非法人组织享有；没有承受其权利义务的法人或者非法人组织的，由国家享有。

八是软件的合法复制权。软件的合法复制品所有人享有下列权利：根据使用的需要把该软件装入计算机等具有信息处理能力的装置内；为了防止复制品损坏而制作备份复制品；这些备份复制品不得通过任何方式提供给他人使用，当丧失该合法复制品的所有权时，负责将备份复制品销毁；为了把该软件用于实际的计算机应用环境或者改进其功能、性能而进行必要的修改；但是，除合同另有约定外，未经该软件著作权人许可，不得向任何第三方提供修改后的软件。

九是合理使用。为了学习和研究软件内含的设计思想和原理，通过安装、显示、传输或者存储软件等方式使用软件的，可以不经软件著作权人许可，不向其支付报酬。

4. 软件著作权的许可使用和转让

一是许可他人使用应订立许可使用合同。包括：第一，许可他人行使软件著作权的，应当订立许可使用合同。许可使用合同中软件著作权人未明确许可的权利，被许可人不得行使。第二，许可他人专有行使软件著作权的，当事人应当订立书面合同。没有订立书面合同或者合同中未明确约定为专有许可的，被许可行使的权利应当视为非专有权利。

二是转让软件应订立合同。转让软件著作权的，当事人应当订立书面合同。

三是登记与管理。订立许可他人专有行使软件著作权的许可合同，或者订立转让软件著作权合同，可以向国务院著作权行政管理部门认定的软件登记机构登记。中国公民、法人或者非法人组织向外国人许可或者转让软件著作权的，应当遵守《技术进出口管理条例》的有关规定。

（二）信息网络传播权保护

所谓信息网络传播，是指以有线或者无线方式向公众提供作品、表演或者录音录像制品，使公众可以在其个人选定的时间和地点获得作品、表演或者录音录像制品的行为。根据本条的授权，国务院于 2006 年 5 月 18 日公布了《信息网络传播权保护条例》，2013 年 1 月 30 日国务院对该条例进行了修改。其主要规定如下。

1. 保护对象

权利人享有的信息网络传播权受《著作权法》和《信息网络传播权保护条例》保护；除法律、行政法规另有规定的外，任何组织或者个人将他人的作品、表演、录音录像制品通过信息网络向公众提供，应当取得权利人许可，并支付报酬。依法禁止提供的作品、表演、录音录像制品，不受《信息网络传播权保护条例》保护。权利人行使信息网络传播权，不得违反宪法和法律、行政法规，不得损害公共利益。

2. 权利人可采取技术措施保护信息网络传播权

为了保护信息网络传播权，权利人可以采取技术措施。任何组织或者个人不得故意避开或者破坏技术措施，不得故意制造、进口或者向公众提供主要用于避开或者破坏技术措施的装置或者部件，不得故意为他人避开或者破坏技术措施提供技术服务。但是，法律、行政法规规定可以避开的除外。

3. 禁止他人的行为

未经权利人许可，任何组织或者个人不得进行下列行为：故意删除或者改变通过信息网络向公众提供的作品、表演、录音录像制品的权利管理电子信息，但由于技术上的原因无法避免删除或者改变的除外；通过信息网络向公众提供明知或者应知未经权利人许可被删除或者改变权利管理电子信息的作品、表演、录音录像制品。

4. 合理使用

通过信息网络提供他人作品，属于下列情形的，可以不经著作权人许可，不向其支付报酬：为介绍、评论某一作品或者说明某一问题，在向公众提供的作品中适当引用已经发表的作品；为报道时事新闻，在向公众提供的作品中不可避免地再现或者引用已经发表的作品；为学校课堂教学或者科学研究，向少数教学、科研人员提供少量已经发表的作品；国家机关为执行公务，在合理范围内向公众提供已经发表的作品；将中国公民、法人或者非法人组织已经发表的、以汉语言文字创作的作品翻译成少数民族语言文字作品，向中国境内少数民族提供；不以营利为目的，以盲人能够感知的独特方式向盲人提供已经发表的文字作品；向公众提供在信息网络上已经发表的关于政治、经济问题的时事性文章；向公众提供在公众集会上发表的讲话。

此外，第一，图书馆、档案馆、纪念馆、博物馆、美术馆等可以不经著作权人许可，通过信息网络向本馆馆舍内服务对象提供本馆收藏的合法出版的数字作品和依法为陈列或者保存版本的需要以数字化形式复制的作品，不向其支付报酬，但不得直接或者间接获得经济利益。当事人另有约定的除外。上述规定的为陈列或者保存版本需要以数字化形式复制的作品，应当是已经损毁或者濒临损毁、丢失或者失窃，或者其存储格式已经过时，并且在市场上无法购买或者只能以明显高于标定的价格购买的作品。第二，为通过信息网络实施九年制义务教育或者国家教育规划，可以不经著作权人许可，使用其已经发表作品的片断或者短小的文字作品、音乐作品或者单幅的美术作品、摄影作品制作课件，由制作课件或者依法取得课件的远程教育机构通过信息网络向注册学生提供，但应当向著作权人支付报酬。第三，为扶助贫困，通过信息网络向农村地区的公众免费提供中国公民、法人或者非法人组织已经发表的种植养殖、防病治病、防灾减灾等与扶助贫困有关的作品和适应基本文化需求的作品，网络服务提供者应当在提供前公告拟提供的作品及其作者、拟支付报酬的标准。自公告之日起30日内，著作权人不同意提供的，网络服务提供者不得提供其作品；自公告之日起满30日，著作权人没有异议的，网络服务提供者可以提供其作品，并按照公告的标准向著作权人支付报酬。网络服务提供者提供著作权人的作品后，著作权人不同意提供的，网络服务提供者应当立即删除著作权人的作品，并按照公告的标准向著作权人支付提供作品期间的报酬。依照上述规定提供作品的，不得直接或者间接获得经济利益。

5. 避开技术措施

属于下列情形的，可以避开技术措施，但不得向他人提供避开技术措施的技术、装置或者部件，不得侵犯权利人依法享有的其他权利：为学校课堂教学或者科学研究，通过信息网络向少数教学、科研人员提供已经发表的作品、表演、录音录像制品，而该作品、表演、录音录像制品只能通过信息网络获取；不以营利为目的，通过信息网络以盲人能够感知的独特方式向盲人提供已经发表的文字作品，而该作品只能通过信息网络获取；国家机关依照行政、司法程序执行公务；在信息网络上对计算机及其系统或者网络的安全性能进行测试。

6. 权利人与网络服务提供者的相关权利与义务关系

一是对提供信息存储空间或者提供搜索、链接服务的网络服务提供者，权利人认为其服务所涉及的作品、表演、录音录像制品，侵犯自己的信息网络传播权或者被删除、改变了自己的权利管理电子信息的，可以向该网络服务提供者提交书面通知，要求网络服务提供者删除该作品、表演、录音录像制品，或者断开与该作品、表演、录音录像制品的链接。通知书应当包含下列内容：权利人的姓名（名称）、联系方式和地址；要求删除或者断开链接的侵权作品、表演、录音录像制品的名称和网络地址；构成侵权的初步证明材料。权利人应当对通知书的真实性负责。

二是网络服务提供者接到权利人的通知书后，应当立即删除涉嫌侵权的作品、表演、录音录像制品，或者断开与涉嫌侵权的作品、表演、录音录像制品的链接，并同时将通知书转送提供作品、表演、录音录像制品的服务对象；服务对象网络地址不明、无法转送的，应当将通知书的内容同时在信息网络上公告。

三是服务对象接到网络服务提供者转送的通知书后，认为其提供的作品、表演、录音录像制品未侵犯他人权利的，可以向网络服务提供者提交书面说明，要求恢复被删除的作品、表演、录音录像制品，或者恢复与被断开的作品、表演、录音录像制品的链接。书面说明应当包含下列内容：服务对象的姓名（名称）、联系方式和地址；要求恢复的作品、表演、录音录像制品的名称和网络地址；不构成侵权的初步证明材料。服务对象应当对书面说明的真实性负责。

四是网络服务提供者接到服务对象的书面说明后，应当立即恢复被删除的作品、表演、录音录像制品，或者恢复与被断开的作品、表演、录音录像制品的链接，同时将服务对象的书面说明转送权利人。权利人不得再通知网络服务提供者删除该作品、表演、录音录像制品，或者断开与该作品、表演、录音录像制品的链接。

7. 相关概念的基本含义

信息网络传播权，是指以有线或者无线方式向公众提供作品、表演或者录音录像制品，使公众可以在其个人选定的时间和地点获得作品、表演或者录音录像制品的权利。技术措施，是指用于防止、限制未经权利人许可浏览、欣赏作品、表演、录音录像制品的或者通过信息网络向公众提供作品、表演、录音录像制品的有效技术、装置或者部件。权利管理电子信息，是指说明作品及其作者、表演及其表演者、录音录像制品及其制作者的信息，作品、表演、录音录像制品权利人的信息和使用条件的信息，以及表示上述信息的数字或者代码。

类案检索

一、广东中港联信科技有限公司、东莞市特普拉斯电子科技有限公司计算机软件著作权权属纠纷、计算机软件著作权许可使用合同纠纷案

关键词：计算机软件著作权　著作权许可使用合同

裁判摘要：中港联信公司在二审庭审中提出，该公司只是销售金蝶软件，不需要金蝶公司授权，软件授权与金蝶公司无关，就像卖二手宝马车一样，不需要宝马公司授权。中港联信公司还认为，双方当事人签订《金蝶软件销售合同》时，中港联信公司没有获得授权，应该是该公司找到客户、给客户安装软件且客户支付货款后，该公司才去获得授权。对此，法院认为，《著作权法》第10条第2款规定，著作权人可以许可他人行使复制权、发行权等权利，并

依照约定或者本法有关规定获得报酬。《计算机软件保护条例》第 8 条第 2 款规定："软件著作权人可以许可他人行使其软件著作权，并有权获得报酬。"按照上述法律规定，金蝶公司作为金蝶软件的著作权人，有权将软件著作权许可他人使用并获得报酬，可见，"先许可、后使用"是软件销售的基本规则。中港联信公司主张的销售涉案软件不需要金蝶公司授权以及软件授权与金蝶公司无关，明显与上述法律规定相悖。中港联信公司关于销售软件就像卖二手车一样无须授权的辩解理由，属于混淆了知识产权和物权这两类不同性质的权利。至于中港联信公司主张的先安装软件、再支付价款、最后获取授权的软件销售流程，与先销售盗版软件再补充购买授权无异，既违反了法律规定，也不符合合同约定。

【案　　号】（2020）最高法知民终 597 号

【审理法院】最高人民法院

【来　　源】中国裁判文书网

二、明基电通有限公司与上海文化广播影视集团有限公司侵害作品信息网络传播权纠纷案

关键词：信息网络传播权　共同侵权

裁判摘要：著作权人的信息网络传播权，是指以有线或者无线方式向公众提供，使公众可以在其选定的时间和地点获得作品的权利。本案中，在未经涉案作品的著作权人授权且未有其他合法抗辩事由的情况下，涉案投影机以无线方式向公众提供涉案作品，使得公众可以通过点播向投影机发送指令，在其选定的时间和地点播放涉案权利作品，侵害了涉案作品的著作权人对涉案权利作品享有的信息网络传播权。《最高人民法院关于审理侵害信息网络传播权民事纠纷案件适用法律若干问题的规定》第 4 条规定，有证据证明网络服务提供者与他人以分工合作等方式共同提供作品、表演、录音录像制品，构成共同侵权行为的，人民法院应当判令其承担连带责任。本案已查明，基于《互联网智能投影运营项目合作协议》，明基公司与优朋普乐公司、南广影视公司三方合作向用户提供影视服务，其中明基公司的工作包括提供智能投影机等，优朋普乐公司的工作包括提供系统服务平台、服务器硬件、影视节目等，南广影视公司的工作包括提供内容服务平台或集成播出控制平台、音视频节目内容审核等。不仅如此，明基公司还协助优朋普乐公司进行数字产品的销售以及相关营销活

动，合作三方约定了合作收益和分成。基于上述事实，可以认定明基公司直接参与了涉案作品的信息网络传播行为，包括自身提供硬件、协助推广影视播放服务、获取用户支付的收益，应当对全部侵权行为承担法律责任。即使按照明基公司的抗辩，也可以认定明基公司向优朋普乐公司购买涉案作品后，向社会公众提供。明基公司在本案中承担全部法律责任后，可基于《互联网智能投影运营项目合作协议》另案向相关责任人主张连带责任。

【案　　号】（2020）沪73民终485号

【审理法院】上海知识产权法院

【来　　源】中国裁判文书网

第六十五条　摄影作品，其发表权、本法第十条第一款第五项至第十七项规定的权利的保护期在2021年6月1日前已经届满，但依据本法第二十三条第一款的规定仍在保护期内的，不再保护。

关联规定

法律、行政法规、司法解释

《中华人民共和国著作权法》

第十条　著作权包括下列人身权和财产权：

（一）发表权，即决定作品是否公之于众的权利；

（二）署名权，即表明作者身份，在作品上署名的权利；

（三）修改权，即修改或者授权他人修改作品的权利；

（四）保护作品完整权，即保护作品不受歪曲、篡改的权利；

（五）复制权，即以印刷、复印、拓印、录音、录像、翻录、翻拍、数字化等方式将作品制作一份或者多份的权利；

（六）发行权，即以出售或者赠与方式向公众提供作品的原件或者复制件的权利；

（七）出租权，即有偿许可他人临时使用视听作品、计算机软件的原件或者复制件的权利，计算机软件不是出租的主要标的的除外；

（八）展览权，即公开陈列美术作品、摄影作品的原件或者复制件的权利；

（九）表演权，即公开表演作品，以及用各种手段公开播送作品的表演的权利；

（十）放映权，即通过放映机、幻灯机等技术设备公开再现美术、摄影、视听作品等的权利；

（十一）广播权，即以有线或者无线方式公开传播或者转播作品，以及通过扩音器或者其他传送符号、声音、图像的类似工具向公众传播广播的作品的权利，但不包括本款第十二项规定的权利；

（十二）信息网络传播权，即以有线或者无线方式向公众提供，使公众可以在其选定的时间和地点获得作品的权利；

（十三）摄制权，即以摄制视听作品的方法将作品固定在载体上的权利；

（十四）改编权，即改变作品，创作出具有独创性的新作品的权利；

（十五）翻译权，即将作品从一种语言文字转换成另一种语言文字的权利；

（十六）汇编权，即将作品或者作品的片段通过选择或者编排，汇集成新作品的权利；

（十七）应当由著作权人享有的其他权利。

著作权人可以许可他人行使前款第五项至第十七项规定的权利，并依照约定或者本法有关规定获得报酬。

著作权人可以全部或者部分转让本条第一款第五项至第十七项规定的权利，并依照约定或者本法有关规定获得报酬。

第二十二条 作者的署名权、修改权、保护作品完整权的保护期不受限制。

第二十三条 自然人的作品，其发表权、本法第十条第一款第五项至第十七项规定的权利的保护期为作者终生及其死亡后五十年，截止于作者死亡后第五十年的 12 月 31 日；如果是合作作品，截止于最后死亡的作者死亡后第五十年的 12 月 31 日。

法人或者非法人组织的作品、著作权（署名权除外）由法人或者非法人组织享有的职务作品，其发表权的保护期为五十年，截止于作品创作完成后第五十年的 12 月 31 日；本法第十条第一款第五项至第十七项规定的权利的保护期为五十年，截止于作品首次发表后第五十年的 12 月 31 日，但作品自创作完成后五十年内未发表的，本法不再保护。

视听作品，其发表权的保护期为五十年，截止于作品创作完成后第五十年的 12 月 31 日；本法第十条第一款第五项至第十七项规定的权利的保护期为五十年，截止于作品首次发表后第五十年的 12 月 31 日，但作品自创作完成后五十年内未发表的，本法不再保护。

条文释义

一、本条主旨

本条是关于摄影作品保护期溯及力的规定。

二、条文演变

本条是2020年《著作权法》新增加的条文，主要是为了解决新旧法律衔接中涉及的溯及力问题。

三、条文解读

1990年《著作权法》第21条第3款规定："电影、电视、录像和摄影作品的发表权、使用权和获得报酬权的保护期为五十年，截止于作品首次发表后第五十年的12月31日，但作品自创作完成后五十年内未发表的，本法不再保护。"之后，在2001年、2010年修改《著作权法》时未对本条作出修改。我国1990年制定《著作权法》主要是参照了《伯尔尼公约》的规定。1886年订立的《伯尔尼公约》不保护摄影作品。之后，摄影作品才进入国际公约的保护范围。1971年修订的《伯尔尼公约》第7条规定："四、本联盟成员国有权以法律规定摄影作品及作为艺术品加以保护的实用美术作品的保护期限；但这一期限不应少于自该作品完成时算起二十五年。"摄影作品的保护期限短于一般作品。直到1996年出台的《世界知识产权组织版权条约》第9条规定："对于摄影作品，缔约各方不得适用《伯尔尼公约》第7条第4款的规定。"赋予了摄影作品与其他作品相同的保护期，即作者终生及死后50年。

我国摄影界多次呼吁在修改《著作权法》时，解决摄影作品保护期与其他作品保护期不一致的问题。2020年修改《著作权法》时，在第23条第3款中删除了关于摄影作品保护期的规定，这就意味着，摄影作品的保护期限适用本法第23条第1款的规定，即"自然人的作品，其发表权、本法第十条第一款第五项至第十七项规定的权利的保护期为作者终生及其死亡后五十年，截止于作者死亡后第五十年的12月31日；如果是合作作品，截止于最后死亡的作者死亡后第五十年的12月31日。"现行《著作权法》于2021年6月1日起施行。由此就产生了一种情况，依照原法规定的摄影作品保护期在2021年6月1日前已经届满，但依据2020年修正《著作权法》第23条第1款的规定还在保护期之内。对此情况是适用新法还是适用旧法？换句话说，新法是否有溯及力？为了维护既有法律秩序的稳定，民商事法律原则上没有溯及力，因此本条规定，依照旧法规定保护期已满，但按照新法仍在保护期内的摄影作品，不再保护，即新法对于摄影作品的保护期限规定不溯及既往。

适用指引

本条针对的是摄影作品的发表权及本法第10条第1款第5项至第17项规定的权利，而署名权、修改权、保护作品完整权永久性地受到保护，没有期限限制。

第六十六条 本法规定的著作权人和出版者、表演者、录音录像制作者、广播电台、电视台的权利，在本法施行之日尚未超过本法规定的保护期的，依照本法予以保护。

本法施行前发生的侵权或者违约行为，依照侵权或者违约行为发生时的有关规定处理。

关联规定

法律、行政法规、司法解释

《中华人民共和国著作权法》

第二十一条 著作权属于自然人的，自然人死亡后，其本法第十条第一款第五项至第十七项规定的权利在本法规定的保护期内，依法转移。

著作权属于法人或者非法人组织的，法人或者非法人组织变更、终止后，其本法第十条第一款第五项至第十七项规定的权利在本法规定的保护期内，由承受其权利义务的法人或者非法人组织享有；没有承受其权利义务的法人或者非法人组织的，由国家享有。

第二十二条 作者的署名权、修改权、保护作品完整权的保护期不受限制。

第二十三条 自然人的作品，其发表权、本法第十条第一款第五项至第十七项规定的权利的保护期为作者终生及其死亡后五十年，截止于作者死亡后第五十年的12月31日；如果是合作作品，截止于最后死亡的作者死亡后第五十年的12月31日。

法人或者非法人组织的作品、著作权（署名权除外）由法人或者非法人组织享有的职务作品，其发表权的保护期为五十年，截止于作品创作完成后第五十年的12月31日；本法第十条第一款第五项至第十七项规定的权利的保护期为五十年，截止于作品首次发表后第五十年的12月31日，但作品自创作完成后五十年内未发表的，本法不再保护。

视听作品，其发表权的保护期为五十年，截止于作品创作完成后第五十年的12月31日；本法第十条第一款第五项至第十七项规定的权利的保护期为五十年，截止于作品首次发表后第五十年的12月31日，但作品自创作完成后五十年内未发表的，本法不再保护。

第三十七条 出版者有权许可或者禁止他人使用其出版的图书、期刊的版式设计。

前款规定的权利的保护期为十年，截止于使用该版式设计的图书、期刊首次出版后第十年的12月31日。

第三十九条 表演者对其表演享有下列权利：

（一）表明表演者身份；

（二）保护表演形象不受歪曲；

（三）许可他人从现场直播和公开传送其现场表演，并获得报酬；

（四）许可他人录音录像，并获得报酬；

（五）许可他人复制、发行、出租录有其表演的录音录像制品，并获得报酬；

（六）许可他人通过信息网络向公众传播其表演，并获得报酬。

被许可人以前款第三项至第六项规定的方式使用作品，还应当取得著作权人许可，并支付报酬。

第四十一条 本法第三十九条第一款第一项、第二项规定的权利的保护期不受限制。

本法第三十九条第一款第三项至第六项规定的权利的保护期为五十年，截止于该表演发生后第五十年的12月31日。

第四十四条 录音录像制作者对其制作的录音录像制品，享有许可他人复制、发行、出租、通过信息网络向公众传播并获得报酬的权利；权利的保护期为五十年，截止于该制品首次制作完成后第五十年的12月31日。

被许可人复制、发行、通过信息网络向公众传播录音录像制品，应当同时取得著作权人、表演者许可，并支付报酬；被许可人出租录音录像制品，还应当取得表演者许可，并支付报酬。

第四十七条 广播电台、电视台有权禁止未经其许可的下列行为：

（一）将其播放的广播、电视以有线或者无线方式转播；

（二）将其播放的广播、电视录制以及复制；

（三）将其播放的广播、电视通过信息网络向公众传播。

广播电台、电视台行使前款规定的权利，不得影响、限制或者侵害他人行使著作权或者与著作权有关的权利。

本条第一款规定的权利的保护期为五十年，截止于该广播、电视首次播放后第五十年的 12 月 31 日。

第六十五条 摄影作品，其发表权、本法第十条第一款第五项至第十七项规定的权利的保护期在 2021 年 6 月 1 日前已经届满，但依据本法第二十三条第一款的规定仍在保护期内的，不再保护。

第六十七条 本法自 1991 年 6 月 1 日起施行。

条文释义

一、本条主旨

本条是关于《著作权法》溯及力问题的规定。

二、条文演变

在 1990 年制定的《著作权法》中，本条第 2 款的规定为“本法施行前发生的侵权或者违约行为，依照侵权或者违约行为发生时的有关规定和政策处理。”2001 年、2010 年修正时未对本条进行修改。2020 年修正时删去了本条第 2 款中的“和政策”，修改为“本法施行前发生的侵权或者违约行为，依照侵权或者违约行为发生时的有关规定处理。”

三、条文解读

所谓溯及力，是指新颁布的一部法律对已经存在或者过去存在的事实和已经发生的事项是否产生法律效力的问题，如果产生法律效力，就称为具有溯及力，如果无法律效力，就称为没有溯及力。

（一）关于著作权人和出版者、表演者、录音录像制作者、广播电台、电视台的权利问题

这是本条第 1 款规定的问题。按照本条第 1 款的规定：“本法规定的著作

权人和出版者、表演者、录音录像制作者、广播电台、电视台的权利，在本法施行之日尚未超过本法规定的保护期的，依照本法予以保护。”也就是说，“在本法施行之日尚未超过本法规定的保护期的，依照本法予以保护”的规定表明，本法对于权利的保护期是存在溯及力的。

本条第1款的规定，实际包括以下两个方面的内涵。第一，以前没有规定的情况。即本法颁布以前的有关规定中对某种权利的保护期没有规定，那么就应按照本法规定的权利保护期进行保护。但是，在本法施行之日保护期已经届满的，即本条所涉及的“超过本法规定的保护期的”，本法不予保护，保护期还没有届满到期的，即本条所称的“尚未超过本法规定的保护期的”，本法予以保护。第二，以前有规定的情况。即本法正式实施以前对某种权利的保护期已有相关规定，在本法正式施行之日起，即使已经超过本法正式实施以前相关规定的保护期限，但是只要没有超过本法所规定的保护期限，则应仍然受到本法的保护。比如，原文化部曾公布的《图书、期刊版权保护试行条例》（已失效）规定，著作、译作的作者享有的使用权和获得报酬权的保护期为作者终身及其死亡后30年；而按照本法的规定，公民的作品，其使用权和获得报酬权的保护期为作者终生及其死亡后50年。就是说，本法规定的保护期，比原文化部过去规定的保护期要长20年。即使某一著作权已经超过原文化部颁布的《图书、期刊版权保护试行条例》规定的“作者终身及其死亡后三十年”的保护期限，但如果按照现在的规定，还没有超过本法规定的“作者终生及其死亡后五十年”的保护期限，则还应按照本法规定的保护期限给予相应的保护。

（二）对本法施行前发生的侵权或者违约行为的适用问题

依照本条第2款的规定：“本法施行前发生的侵权或者违约行为，依照侵权或者违约行为发生时的有关规定处理。”也就是说，本法施行前发生的侵权或者违约行为，适用以前的规定，不适用本法的规定，即本法对“施行前发生的侵权或者违约行为”没有溯及力。

典型案例

上海美术电影制片厂与电子工业出版社、曲建方著作权权属、侵权纠纷案

关键词：著作权归属 《著作权法》施行前 职务作品 美术作品

裁判摘要：特定历史时期职务作品的著作权归属不宜直接适用现行《著作权法》对职务作品的权利归属所确定的判断标准进行判定。本案上海美术电影制片厂（以下简称美影厂）和曲建方通过诉讼主张涉案角色造型作品著作权的归属是在涉案作品创作完成的30余年后，期间，美影厂与曲建方各自使用涉案作品的共存状态是客观存在的事实，且双方都为涉案角色造型的社会影响力提高、品牌价值力提升等方面作出了贡献。在此种情况下若将涉案作品的著作权财产权归属一方当事人单独享有，显然会导致权利失衡，也有违公平原则。

基本案情：法院经审理认为，涉案影片摄制于1978年至1979年，距今已有30余年。当时我国正处于计划经济时期，《著作权法》未颁布实施，社会公众对于著作权保护意识普遍淡薄，美影厂也没有关于作品权利归属的规定。在此时代背景下，曲建方所创作的涉案角色造型美术作品，其创作成果的归属，需充分考虑到作品创作时没有《著作权法》可依，不能机械套用现行法上的概念，否则将会导致法律事实与客观事实发生偏差。本案中，涉案角色造型美术作品是由曲建方创作，作品体现了曲建方的个人意志，美影厂没有证据证明其在造型审核中对曲建方的造型设计进行了实质性改变，故不能认为涉案作品是美影厂集体意志的体现，且法人作品的署名权归属于法人，而美影厂在涉案影片、完成台本及《中国美术电影造型选集》中多次将美术设计或涉案作品作者署名为曲建方，因此，涉案角色造型美术作品不能作为法人作品来认定。对于涉案角色造型美术作品的著作权归属，应综合考量创作背景和过程、当事人的行为及其真实意思表示，以及公平、诚信等因素来进行审查判定。首先，从创作背景和过程来看。一方面，当时我国尚未建立著作权法律制度，社会公众也缺乏著作权保护的法律意识。曲建方作为美影厂的职工，为了美影厂拍摄影片的需要，根据职责所在创作的成果归属于单位，符合当时人们的普遍认知。涉案角色造型需要根据剧本、导演确定的人物性格和影片风格来进行设计，某种

程度上也是创作团队集思广益的结果，蕴含了整个创作团队的设计思想，美影厂付出的该部分智力应在著作权中予以体现。另一方面，正如前述，涉案角色造型的设计带有强烈的作者个性化色彩，体现了作者个人的思想、意志、情感和艺术造诣。如果涉案角色造型美术作品著作权全部归属于美影厂所有，则无疑抹杀了曲建方设计涉案角色造型时所付出的独创性贡献。其次，从当事人的行为及其真实意思表示来看。2008 年 3 月美影厂许可他人在银行卡上使用《阿凡提的故事》中的电影动画形象。需要指出的是，影片中的角色形象虽然与涉案角色造型美术作品有所不同，其表现随着场景千变万化，但是其始终保留了涉案美术作品最具显著性和识别性的特征，从而与涉案美术作品构成实质性相似，不构成新的美术作品，美影厂许可他人使用电影动画形象，仍然是对涉案角色造型美术作品的使用。2008 年 7 月美影厂因他人出版发行、销售的《阿凡提的故事》VCD 包装封面和光盘表面上擅自使用阿凡提及毛驴形象提起了诉讼。上述事实表明，美影厂在 2008 年就涉案美术形象对外授权使用并对侵犯涉案作品著作权的行为进行了维权。而曲建方在上海市浦东新区人民法院（2008）浦民三（知）初字第 449 号案件审理中，在明知系美影厂将阿凡提美术形象许可他人在银行卡上使用的情况下，明确表示不向美影厂主张权利。该事实表明曲建方在本案诉讼前对美影厂行使涉案作品著作权的行为知悉并不表异议。在案大量证据表明，在涉案影片公开发行前，曲建方即使用涉案美术形象在《新少年》期刊上发表连环画“影子的故事”，并为《边塞》文艺丛刊刊登的美术电影剧本“种金子——阿凡提的故事”绘制涉案美术形象插图。后曲建方持续不断地以涉案美术形象对外投稿并在公开出版物上发表，使用或授权他人使用阿凡提等美术形象拍摄动画片，将阿凡提等美术形象授权他人在产品包装上、广告宣传中使用，或投入他人开发的手机动漫项目。1996 年 7 月 12 日，曲建方取得了阿凡提美术形象《作品登记证》。美影厂提出的 1983 年至 2003 年间曲建方没有使用涉案美术形象的质疑，根据 1988 年 2 月曲建方在晋升一级美术设计师的《高级专业技术职务评审呈报表》关于工作主要成就和主要著作（论文）中的填写，1983 年由新疆人民出版社出版《种金子》彩色单本连环画，1986 年为上海少儿出版社出版的《小阿凡提的故事》书籍的装帧插图绘画，该内容应经美影厂审核，该事实表明曲建方在上述期间也使用了涉案美术形象。2004 年 11 月、2006 年 12 月、2008 年 10 月，曲建方因他人擅自使用阿凡提等美术形象先后提起了诉讼。相关网站和媒体对曲建方参加上海书展阿凡提系列图书签售活动、对曲建方的专访，以及对法院认定曲建方享有阿凡提美术形象著作权的生效判决作了广泛报道，相关媒体并在报道中将曲建方称之为“阿凡提之父”。另外，美影厂在本案中表示，其曾在2008年前后向上海市版权局对曲建方版权登记提出过异议，版权局要求其通过诉讼解决，当时考虑曲建方是老职工没有提起诉讼。综合上述事实，曲建方长期以来持续不断地使用或授权他人使用涉案美术形象，并于1996年就阿凡提美术形象进行了著作权登记，对侵犯涉案作品著作权的行为多次进行了维权，媒体对曲建方及法院生效判决作了广泛报道。根据上述曲建方行使涉案作品著作权的大量事实、媒体的广泛报道以及美影厂在本案中的表述，美影厂不可能不知道曲建方行使涉案作品著作权的行为，但美影厂长期以来一直没有提出异议或启动救济程序主张其权利。综上，在本案诉讼前的多年里，美影厂和曲建方均存在行使涉案作品著作权的行为，双方彼此知悉并不表异议。双方长期以来以实际行为达成了“涉案作品双方均有权支配”的默契，从而形成了事实契约关系。从诚信角度出发，双方均不得在事后作出相反的意思表示，主张涉案角色造型美术作品著作权归其一方所有。综上所述，根据涉案作品的创作背景和过程、当事人行使涉案作品著作权的行为及其真实意思表示，并考虑公平、诚信等因素，法院认定涉案角色造型美术作品的著作财产权由美影厂和曲建方共同享有。

【案　　号】（2015）沪知民终字第200号

【审理法院】上海市中级人民法院

【来　　源】《最高人民法院公报》2018年第10期

第六十七条　本法自 1991 年 6 月 1 日起施行。

条文释义

一、本条主旨

本条是关于《著作权法》施行日期的规定。

二、条文演变

本条规定在 1990 年《著作权法》中是第 56 条。2001 年《著作权法》、2010 年《著作权法》、2020 年《著作权法》对内容均未作修改，只是对条文序号作了调整。

三、条文解读

（一）本法对施行日期的规定

所谓法律的施行日期，学理上称为法律的时间效力，通俗地讲就是指法律的生效时间、法律的生效日期。具体地讲，就是一部法律从何时开始生效。按照《立法法》第 57 条的规定："法律应当明确规定施行日期。"法律之所以要规定施行日期，是因为规定了它，才有法律的执行、适用和遵守方面的问题，如果法律没有规定施行日期，社会主体就不知所从，法律就难以执行、适用和遵守，法律的功能就难以发挥。

从我国立法实践看，法律对施行日期问题的规定，主要分为以下三种情况：

第一种情况是，在法律中明确规定法律自公布之日起施行。比如《中国人民银行法》第 53 条规定："本法自公布之日起施行。"这种情况主要是，该法所规定的内容均是对现有做法的肯定，能够立即实施。

第二种情况是，在法律中明确规定该法于颁布后的某一具体时间起施行。比如，根据《环境保护法》第70条的规定："本法自2015年1月1日起施行。"法律作这样的规定，是因为法律中规定了一些新的措施，需要权利义务主体有一个学习、认识、准备的过程，以便于所颁布的法律在今后得到正确的执行，使该部法律的执行取得更好的效果、确保法律的严肃性。本法关于施行日期的规定，属于上述所称的这种情况，即本法是1990年9月7日由第七届全国人民代表大会常务委员会第十五次会议通过、1990年9月7日由中华人民共和国主席令第三十一号公布、自1991年6月1日起施行。

第三种情况是，在法律中明确规定该部法律以另一部法律的施行为前提。比如，已经失效的《企业破产法（试行）》第43条规定："本法自全民所有制工业企业法实施满三个月之日起试行，试行的具体部署和步骤由国务院规定。"也就是说，这种情况下的实施，是在另一部法律颁布施行一段时间以后再施行。

在此还需要说明的是，我国有些法律的具体条文中没有规定施行日期，但在主席令和相关决定中提出要求，或者法名下明确通过及施行日期。如《澳门特别行政区基本法》正文中没有规定施行日期，但是该部法律颁布时的主席令有明确的规定，相关决定和法名下均有提及。

（二）本法施行后的法律效力

本法施行以后有以下法律效力：第一，除本法和其他法律另有规定外，本法的所有规定在全国范围内施行；第二，从原则上讲，本法施行后，施行以前的一切与本法冲突的规定自然失效，并以本法规定为准，但法律另有规定的除外。

（三）本法的颁布时间和实施时间不一致

本法颁布于1990年9月7日，实施于1991年6月1日，中间隔了一段时间。这主要是为了使各有关方面特别是行政管理部门、司法机关利用这段时间做好本法实施的准备工作，比如，清理与本法不一致的有关规定等，同时还要对本法进行必要的学习、宣传，以利于本法的贯彻实施。

在此需要说明的是，本法颁布以后作过三次修改，本法修改决定的实施日期与本法的实施日期不同。根据 2001 年《著作权法》修改决定，“本决定自公布之日起施行”；根据 2010 年《著作权法》修改决定，“本决定自 2010 年 4 月 1 日起施行”；根据 2020 年《著作权法》修改决定，“本决定自 2021 年 6 月 1 日起施行”。

《计算机软件保护条例》

（部分）

概 述

原《计算机软件保护条例》自1991年10月1日起施行，现已废止。现行《计算机软件保护条例》于2001年12月20日以第339号国务院令发布，自2002年1月1日起施行，其后经《国务院关于废止和修改部分行政法规的决定》(2011年1月8日发布，自2011年1月8日实施)、《国务院关于修改〈计算机软件保护条例〉的决定》(2013年1月30日发布，自2013年3月1日实施)两次修订。

《民法典》第123条通过列举权利客体的方式规定了民事主体对作品等享有知识产权。《著作权法》第3条明确规定计算机软件属于作品，从而确立了我国对计算机软件采取著作权保护模式。为了保护计算机软件著作权人的权益，调整计算机软件在开发、传播和使用中发生的利益关系，鼓励计算机软件的开发与应用，促进软件产业和国民经济信息化的发展，国务院颁布行政法规《计算机软件保护条例》，就计算机软件的著作权保护作出细化规定。

《计算机软件保护条例》分为总则、软件著作权、软件著作权的许可使用和转让、法律责任、附则等五章。考虑到人民法院的工作实际，本书就总则、软件著作权、软件著作权的许可使用和转让、法律责任四部分的相关条文进行编写。

第一条　为了保护计算机软件著作权人的权益，调整计算机软件在开发、传播和使用中发生的利益关系，鼓励计算机软件的开发与应用，促进软件产业和国民经济信息化的发展，根据《中华人民共和国著作权法》，[①]制定本条例。

关联规定

一、法律、行政法规、司法解释

《中华人民共和国著作权法》

第一条　为保护文学、艺术和科学作品作者的著作权，以及与著作权有关的权益，鼓励有益于社会主义精神文明、物质文明建设的作品的创作和传播，促进社会主义文化和科学事业的发展与繁荣，根据宪法制定本法。

二、部门规章及规范性文件

《计算机软件著作权登记办法》

第二条　为促进我国软件产业发展，增强我国信息产业的创新能力和竞争能力，国家著作权行政管理部门鼓励软件登记，并对登记的软件予以重点保护。

条文释义

一、本条主旨

本条是关于《计算机软件保护条例》的立法宗旨和立法依据的规定。

① 此处指的是2010年修正的《著作权法》。

二、条文演变

《计算机软件保护条例》于1991年6月首次公布，之后被2001年12月公布、2002年1月1日开始施行的《计算机软件保护条例》所废止，经历2011年、2013年两次修订，沿用至今。1991年《计算机软件保护条例》第1条规定："为保护计算机软件著作权人的权益，调整计算机软件在开发、传播和使用中发生的利益关系，鼓励计算机软件的开发与流通，促进计算机应用事业的发展，依照《中华人民共和国著作权法》的规定，制定本条例。"1991年《计算机软件保护条例》在立法宗旨中对计算机软件在国民经济中发挥的作用限于"计算机应用事业"本身，这与当时的科技发展状况相适应，计算机软件对国民经济信息化的作用尚未显现。2001年《计算机软件保护条例》将"鼓励计算机软件的开发与流通，促进计算机应用事业的发展"修改为"鼓励计算机软件的开发与应用，促进软件产业和国民经济信息化的发展"，凸显出计算机软件对国民经济信息化发展的重要作用。在后续的修改中，第1条均保留了相同的表述。

三、条文解读

计算机软件是一种智力创作成果，它是软件开发人员运用自己的专业知识以及对用户需求的了解，通过自身劳动创造得到的智力成果。计算机软件产品多拥有高技术含量，它从研究、开发到形成产品往往需要投入大量的人力、物力，需要一定的时间和经济成本。此外，计算机软件开发工作完成后，还需要经过市场的检验，即存在市场优胜劣汰的风险。但是，随着信息技术的发展，软件又很容易被复制使用。为了尊重软件开发者的劳动，保障其合法财产权利，推动计算机软件开发与应用的良性循环发展，需要对计算机软件有关权利人的权利进行保护。[①] 因此，对计算机软件著作权人权益的保护，是本条例的基本出发点和首要的立法目的。

本条例的直接目的是保护计算机软件著作权人的权益，调整计算机软件在开发、传播和使用中发生的利益关系；间接目的或者说更深层次的目的是鼓励计算机软件的开发与应用，促进软件产业和国民经济信息化的发展。法律追求

---

① 参见徐玉麟主编：《计算机软件保护条例释义》，中国法制出版社2002年版，第2页。

的通常不是单一的价值目标，而是需要兼顾个人权利、公共利益与国家利益。同时，不同的价值追求并不意味着理念上存在冲突，相反是可以兼容并蓄的，不同的价值追求在一定的平衡范围内会呈现相关关系。对于计算机软件而言，首先，计算机软件权利人的开发者权益必须得到保护，既包括对开发者的物质成本和智慧付出进行经济上的补偿，也包括对开发者智力成果对社会贡献溢出效应的一种经济上的回报。没有开发者的开发愿望和行动，计算机软件的开发和运用就是无源之水。其次，社会公众能够通过合法复制、使用他人开发的计算机软件，便利人们的学习、工作和生活。正是因为社会公众，包括商业主体的使用行为，才使得计算机软件得以传播并创造出商业价值。最后，计算机软件的开发、传播、使用所产生的商业价值，以及计算机软件对生产力提高带来的效应，也促进了国家经济发展。近 10 年来，移动网络技术的普及和应用，使计算机软件所依赖的硬件不再囿于 PC 端，计算机软件的市场需求和应用范围从而得到了长足发展，进入了一个高速发展的阶段。贯彻落实《著作权法》和本条例的规定，加强计算机软件著作权保护，是实现我国软件产业持续发展的需要，也是推动我国信息产业迈入更高发展阶段的必由之路。

需要强调的是，为保护计算机软件专门制定一部行政法规，这既是由计算机软件固有特点决定的，也反映出我国对计算机软件行业发展的高度重视。《著作权法》是《计算机软件保护条例》的制定依据，同时，《计算机软件保护条例》是《著作权法》的配套行政法规之一，是我国针对计算机软件实施著作权保护的具体规定。因此，本条例的规定必须以《著作权法》的有关规定作为基本依据，不能违反《著作权法》的精神和基本原则。但是，本条例也是对《著作权法》的有效补充，对于《著作权法》没有相关规定的情况，可以根据计算机软件的特点由本条例作出具体规定，对《著作权法》的一些非原则性规定可以进行适配性的调整。

适用指引

一、作为立法宗旨和依据条款的适用

本条系对计算机软件保护立法宗旨和立法依据的规定。立法宗旨是立法目的的集中体现，是立法者制定法律所追求的政策目标，既是立法的指导思想，

又是法律实施的重要指引。对于人民法院而言，立法者目的解释是法律解释的基本方法之一，立法目的是审判工作中理解和解释法律时必须考虑的基本价值追求，司法裁判应当符合立法目的。

二、保护计算机软件著作权人的权益是重要的价值追求

激励创新是知识产权政策和法律最重要的价值追求。本条例开宗明义地将保护计算机软件著作权人的权益作为价值追求，这与《著作权法》的价值追求是一致的。包括《著作权法》在内的知识产权法律制度，是一种通过赋予知识产权权利人对其智力创作成果在一定时期内的专有权利，以促进知识的创新、传播与利用，推动社会文明进步的法律制度。《著作权法》的保护客体是作品，即文学、艺术和科学领域内具有独创性并能以一定形式表现的智力成果。作品是由作者创作的。作者在创作过程中，将自己的思想、感情融于作品之中，并以外部形式独立表现出来。作者是最直接、最重要的著作权主体，也是原始的、完整的著作权所有者。作者在精神和智力方面发挥作用，这种作用对于人类有着深刻、持久的好处，也是决定文明进程的一个重要因素。

计算机软件属于作品的一种类型。为计算机软件著作权人提供民事权利保护，既是对其智力付出的合理回报，也是为了激励个体创新。法律规范知识产权的流转、使用和收益是为了充分实现知识产权的价值，促进创新资源的优化配置。在现实经济生活中，因计算机软件的开发、传播和使用会产生各种利益关系，不同利益主体在其利益无法得到满足或者受到侵害时就会产生纠纷。人民法院在裁判计算机软件著作权纠纷时，应当紧紧围绕激励创新的价值追求，充分发挥知识产权制度激励创新的作用。

三、要兼顾社会公共利益并注重利益平衡

《著作权法》如同其他法律一样同时存在着多种价值追求。实现《著作权法》中权利人权益的保护和社会公共利益的保护之间的平衡，实质上是要在知识垄断与知识分享之间维系一种平衡。这种平衡在纵向上要协调好创作者、传播者、使用者三者之间的利益。对于计算机软件的保护来说，这种平衡体现在，既保护计算机软件开发者的创作热情，又避免给社会整体带来过高的成本。

计算机软件的著作权保护现已被许多国家立法和世界贸易组织《与贸易有

关的知识产权协定》等主要国际公约接受，著作权保护已经成为各国保护计算机软件的主要法律制度。著作权保护的核心是防止未经许可的复制，对计算机软件提供著作权保护有利于制止和解决软件盗版问题。同时，著作权只保护思想内容的表现形式，这既可以使程序的表达受到保护，又可以避免对技术内容的垄断，有利于软件的优化和发展。

总体而言，对著作权人的保护应该是首要的价值追求。维护计算机软件著作权人的合法权益，打击侵权行为，是法律保护的应有之义。本条例第 8 条关于软件著作权人各项权利的规定、第 9 条关于署名的规定、第 23 条和第 24 条关于法律责任的规定等，均体现了对权利人的保护。与此同时，对私人行使知识产权予以限制是为了确保社会公众对知识的接触和使用，从而促进社会创新。因此，本条例第 14 条限定了著作权的保护期限、第 17 条确定了合理使用等内容。当《著作权法》和本条例对某种情形均缺乏具体规定时，要根据案件情况进行利益的平衡，达到法律效果和社会效果的有机统一。

著作权保护本身也涉及重要的公共利益问题。著作权法通过限制思想、事实和知识等进入著作权人专有权利范围，从而确保了这些公共领域知识范围的不断扩大。同时，符合法律和法规规定的合理使用行为为法律所允许，即通过法律和法规对权利的期限、范围给予合理的限制，以平衡权利人与公共利益之间的关系。著作权保护的进一步的公共利益是思想、事实和知识在公共领域的继续增长和补充。

适度的著作权保护水平，是指在保护不足和保护过度之间的合理水平。著作权保护利益平衡机制的核心就在于著作权人利益与公共利益的平衡。著作权保护并不排除他人使用作者受著作权保护的作品中所体现的思想或信息。《著作权法》关注作者、出版者和作为整体组成的一般公众的个人之间的关系。但是，需要注意的是，著作权人的权益以及在此基础上的社会公共利益在本质上具有一致性，且相辅相成，都是《著作权法》保护的重要利益。

计算机软件是著作权保护的重要客体，将其作为作品保护已经成为一种趋势。计算机软件的商业化是激励创新的重要手段，法律保护开发者获得经济利益的权利，激励开发和创新，从而促进社会的创新氛围和环境，促进计算机软件产业的发展进步。现实中，很多软件开发者通过软件商业化取得了巨大的经济利益，但公众对软件的接近却受到极大的限制。很多商业化软件的源代码没有向公众提供；即使向社会公众公布，也通常是以目标代码的形式。软件的第一优势是其功能上的优势，即用户通过运行软件能够实现其所需求的功能；第二优势是源代码的保密性和独占性，源代码对用户不可见，这是权利人在法律上对软件源代码享有独占性权利之外的另一重保障措施，权利人可以通过必要的技术措施避免源代码被竞争对手破译或获取。商业化软件著作权保护中容易出现权利保护和公共利益保障之间的失衡，特别是随着商业化软件权利人在冗长的用户协议中加入“陷阱”条款、针对终端用户批量维权、非法获取或泄露用户隐私数据等问题的出现，立法以及司法更需要透过日渐复杂的技术屏障和商业模式，在激励计算机软件开发和保护公共利益之间寻求更合理的平衡。

第二条　本条例所称计算机软件（以下简称软件），是指计算机程序及其有关文档。

条文释义

一、本条主旨

本条是关于计算机软件的定义的规定。

二、条文演变

1991 年《计算机软件保护条例》第 2 条表述为“本条例所称的计算机软件是指计算机程序及其有关文档”，2001 年《计算机软件保护条例》关于计算机软件包括计算机程序和相关文档的表述并无变化，在 2011 年和 2013 年两次修订中，对上述规定亦未再作修改。但是对于所指向的计算机程序和文档，在本条例的第 3 条中，则发生了一定的变化。

第三条　本条例下列用语的含义：

（一）计算机程序，是指为了得到某种结果而可以由计算机等具有信息处理能力的装置执行的代码化指令序列，或者可以被自动转换成代码化指令序列的符号化指令序列或者符号化语句序列。同一计算机程序的源程序和目标程序为同一作品。

（二）文档，是指用来描述程序的内容、组成、设计、功能规格、开发情况、测试结果及使用方法的文字资料和图表等，如程序设计说明书、流程图、用户手册等。

（三）软件开发者，是指实际组织开发、直接进行开发，并对开发完成的软件承担责任的法人或者其他组织；或者依靠自己具有的条件独立完成软件开发，并对软件承担责任的自然人。

（四）软件著作权人，是指依照本条例的规定，对软件享有著作权的自然人、法人或者其他组织。

关联规定

一、国际条约

《与贸易有关的知识产权协定》

第 10 条　计算机程序和数据汇编

1. 计算机程序，无论是源代码还是目标代码，应作为《伯尔尼公约》（1971）项下的文字作品加以保护。

二、法律、行政法规、司法解释

1.《中华人民共和国著作权法》

第三条　本法所称的作品，是指文学、艺术和科学领域内具有独创性并能以一定形式表现的智力成果，包括：

（一）文字作品；

（二）口述作品；

（三）音乐、戏剧、曲艺、舞蹈、杂技艺术作品；

（四）美术、建筑作品；

（五）摄影作品；

（六）视听作品；

（七）工程设计图、产品设计图、地图、示意图等图形作品和模型作品；

（八）计算机软件；

（九）符合作品特征的其他智力成果。

第九条 著作权人包括：

（一）作者；

（二）其他依照本法享有著作权的自然人、法人或者非法人组织。

2.《计算机软件保护条例》

第二条 本条例所称计算机软件（以下简称软件），是指计算机程序及其有关文档。

三、部门规章及规范性文件

《计算机软件著作权登记档案查询办法》

第七条 软件登记档案不对外公开查询的内容包括：

（一）源程序；

（二）软件文档；

（三）软件合同；

（四）涉及软件登记人技术秘密、商业秘密的材料；

（五）登记机构内部审批文件的部分信息和档案；

（六）软件登记人封存的软件源程序或文档；

（七）其他申请人声明不得公开的登记信息和登记文件。

四、司法指导性文件

《最高人民法院关于深圳市帝慧科技实业有限公司与连樟文等计算机软件著作权侵权纠纷案的函》

一、广东省软件侵权鉴定分析专家组的《"安全文明小区通用电脑管理系统"与"公安基层业务管理系统"的相似性鉴定分析报告》（以下简称《鉴定报告》）并未对原被告软件的源程序或目标程序代码进行实际比较，而是通过比较程序的运行参数（变量）、界面和数据库结构，就得出了两个软件实质相似的结论。运行参数属于软件编制过程中的构思而非表达；界面是程序运行的结果，非程序本身，且相同的界面可以通过不同的程序得到；数据库结构不属于计算机软件，也构不成数据库作品，且本案原告的数据库结构实际上就是公安派出所的通用表格，不具有独创性。因此，《鉴定报告》所称的两个软件存在实质相似性，并非著作权法意义上的实质相似性。

二、根据《鉴定报告》及其附件三（“关于程序自动生成的说明”），原告的程序是 Foxbase for DOS 环境下生成的，被告的程序代码很可能通过 Foxpro For Windows 工具自动生成，原被告的程序代码不具有可比性。根据该《鉴定报告》，难以认定被告抄袭了原告的程序代码，同时由于该鉴定未对两个软件文档进行比较鉴定，也不能得出被告抄袭原告文档的结论。因此，依据《鉴定报告》的结论认定被告侵权成立，缺乏事实依据。

条文释义

一、本条主旨

本条是关于计算机程序、文档、软件开发者、软件著作权人定义的规范。

二、条文演变

在 1991 年《计算机软件保护条例》第 3 条中，将计算机程序定义为“指为了得到某种结果而可以由计算机等具有信息处理能力的装置执行的代码化指令序列，或者可被自动转换成代码化指令序列的符号化指令序列或者符号化语句序列。计算机程序包括源程序和目标程序。同一程序的源文本和目标文本应当视为同一作品”。而在 2001 年的修订中，将条文中的“同一程序的源文本和目标文本应当视为同一作品”修改为“同一计算机程序的源程序和目标程序为同一作品”。在 2011 年和 2013 年的修订中，延续了 2001 年修订的表述。这主要是因为，考虑到有的计算机程序可能只有源文本或者只有目标文本，并且源文本或者目标文本实质上也不是两个独立存在的文本，而只是同一个计算机程序的不同表达方式，因此，将其更准确地表述为“同一计算机程序的源程序和目标程序为同一作品”。

在1991年《计算机软件保护条例》第3条中，将文档定义为“指用自然语言或者形式化语言所编写的文字资料和图表，用来描述程序的内容、组成、设计、功能规格、开发情况、测试结果及使用方法，如程序设计说明书、流程图、用户手册等”。而在2001年的修订中，将此定义修改为“是指用来描述程序的内容、组成、设计、功能规格、开发情况、测试结果及使用方法的文字资料和图表等，如程序设计说明书、流程图、用户手册等”。2011年和2013年的修订中，延续了2001年修订的表述。这主要是因为，随着技术手段的不断丰富和发展，表达的方式愈发复杂和多样化，相关文档的编制方式也更加丰富，除使用自然语言或者形式化语言进行编写外，使用动画、幻灯片、视频等方式来描述程序的内容、组成、设计、功能规格、开发情况、测试结果的文件越来越多，因此，用编写语言对文档进行限定将可能造成保护不周延的后果，故将“自然语言或者形式化语言”的限定予以删除。

1991年《计算机软件保护条例》第3条第3项规定：“软件开发者：指实际组织、进行开发工作，提供工作条件以完成软件开发，并对软件承担责任的法人或者非法人单位（简称单位，下同）；依靠自己具有的条件完成软件开发，并对软件承担责任的公民。”第4项规定：“软件著作权人：指按本条例的规定，对软件享有著作权的单位和公民。”2001年《计算机软件保护条例》将第3条第3项内容修改为：“软件开发者，是指实际组织开发、直接进行开发，并对开发完成的软件承担责任的法人或者其他组织；或者依靠自己具有的条件独立完成软件开发，并对软件承担责任的自然人。”第4项内容修改为：“软件著作权人，是指依照本条例的规定，对软件享有著作权的自然人、法人或者其他组织。”2011年、2013年修订的《计算机软件保护条例》予以沿用。从该两项规定的变化来看，主要是对法律关系主体的表述进行了修改，即将“自然人”取代原有的“公民”，将“法人或其他组织”取代原有的“单位”。作出上述修改的考虑主要是，“公民”和“人民”作为分别指代个体和群体的概念，一般使用在公法中，如《宪法》和《刑事诉讼法》中均使用了“公民”和“人民”的概念，其中《宪法》第33条第1款规定，凡具有中华人民共和国国籍的人都是中华人民共和国公民。而作为民事法律关系的主体一般包括自然人、法人和其他组织，例如，《民法典》在第1编总则中规定了自然人、法人和非法人组织三类民事法律关系主体。[①] "单位"一词在描述民事法律关系主体时并不常用。通过上述修改，受《计算机软件保护条例》规范和保护的软件著作权人的界定与我国其他民商事立法中对民事法律关系主体的表述基本一致。[②]

三、条文解读

要理解计算机软件保护法律制度，首先要把握受保护客体的特征，才能理解有关保护方式的设计和权利义务的构建，正确适用法律，实现对计算机软件精准、周延的保护。

（一）关于计算机的理解

计算机，顾名思义是可以用于计算的机器。几十年来，计算机经历了电子管、晶体管、集成电路、大规模集成电路等几个阶段，计算机具有了一定的智能性，能够在某些方面进行学习，甚至是推理及得出结论。换言之，在计算的基础上，计算机的内核实质上是一种信息处理设备。因此，在本条例中，将程序运行的载体也定义为"计算机等具有信息处理能力的装置"。也就是说，计算机软件并不仅局限于在"计算机"上运行。

（二）关于软件的理解

软件（software）是与硬件（hardware）相对应的，通常是指"计算机系统中的程序和有关的文件，包括计算机和各种语言、汇编程序与编译程序、诊断程序、管理程序与操作系统、数据库管理系统、应用程序、各种维护和使用手册、程序说明和框图等。简言之，软件就是用户和计算机硬件之间联系的接口与桥梁"。[③] 与本条例第2条规定相对应，该理解亦认为计算机软件包括了计算机程序及其有关文档，采用的是广义的软件概念。在这一问题上，我国和欧盟的规定较为接近，在《欧盟计算机软件保护指令》中，亦规定"受保护的计算机软件包括软件和辅助设计材料，它应作为《伯尔尼公约》项下的文字作品

---

① 鉴于2013年修订的《计算机软件保护条例》若干条文在界定软件著作权人时使用了"其他组织"一词，尚未使用《民法典》采用的"非法人组织"，本册部分内容在对相关条文进行解读时仍然使用了"其他组织"一词。

② 徐玉麟主编：《计算机软件保护条例释义》，中国法制出版社2002年版，第11页。

③ 参见曹伟：《计算机软件版权保护的反思与超越》，法律出版社2010年版，第15页。

受到保护”。但在很多国际公约和国家立法中，并未使用软件的概念，而将保护范围界定为计算机程序。例如，《与贸易有关的知识产权协定》将计算机程序解释为“以源程序或目标程序编写的计算机程序”；在世界知识产权组织于1978年公布的《保护计算机软件的示范条款》中，将计算机软件定义为“送入计算机可读介质后，能够使计算机具有信息处理能力，可以完成某一特定功能、执行某一特定任务或达到某一特定结果的一组指令”；在这些狭义的概念中，并未将相关文档作为计算机软件保护对象的一部分。

到20世纪六七十年代，各种编程语言陆续出现，软件在计算机应用中的价值愈发重要，如何对软件进行有效保护也成为法律界无法回避的问题。起初，由于人们对计算机软件的应用明显在于其所具备的功能性，而并非可阅读性，所以美国等国家最初尝试利用专利制度对计算机软件进行保护。[①] 然而，由于计算机软件是控制计算机硬件完成特定计算的工具，数学算法和数学模型在这一过程中至关重要，而算法本身属于自然法则，不属于可授予专利的范围，因此，通过专利制度对单纯的计算机软件本身进行保护的法律模式在实践中难以实现。目前，计算机软件的专利保护只能在其本身构成技术方案的条件下才能实现，即该计算机软件必须利用技术手段，解决了特定技术问题，并实现了特定技术效果。

1972年，菲律宾首次将计算机软件作为其著作权法保护的“文学艺术作品”的范畴。随后，随着专利保护方式存在的问题逐渐凸显和计算机软件保护法律需求的不断提升，世界主要经济体逐渐开始通过修改著作权法、制定与著作权法配套的补充性法规以及以判例、命令等方式普遍确立了通过著作权法律制度对计算机软件进行保护的法律模式。

（三）关于计算机程序的理解

本条将计算机程序定义为：“为了得到某种结果而可以由计算机等具有信息处理能力的装置执行的代码化指令序列，或者可以被自动转换成代码化指令序列的符号化指令序列或者符号化语句序列。同一计算机程序的源程序和目标程序为同一作品。”理解上述定义，需要理解计算机程序的原理。

---

① 1969年和1970年，美国法院先后在Prater的混合气体元素集中的光谱分析程序案、Berhart的用数学手段在而为平面上构筑三维形象的计算机程序案、Musgrave的改进的地震记录程序案中判决授予申请人专利。

在计算机运行过程中，通过二进制计算方式和高低电平的配合，计算机的控制器从内存中按照顺序读取指令，并对指令进行分析，然后根据指令的功能向有关部件发出控制命令，控制它们执行这条指令所规定的任务。计算器则是在控制器的控制下，对取自内存或内部寄存器的数据进行算术或逻辑运算。这一过程的关键是要实现人机沟通，而沟通最基本的方式，就是计算机语言，其中，包括了机器语言、汇编语言和高级语言。

机器语言，是唯一能够被计算机直接识别和执行的语言，是用二进制表示的指令序列组成的计算机指令系统。每一种计算机都有自己的指令系统，规定该计算机可以执行并识别哪些命令。机器语言执行速度快，但这种由 0 和 1 组成的二进制语言，很难被使用者理解和直接应用。为此，人们改进出一种用约定的助记符来代替机器指令中的操作码，这就是汇编语言。

汇编语言是一种符号化的机器语言，它与机器语言的指令之间基本上是一一对应的，在运行时，通过汇编程序将汇编语言编写的源程序翻译成机器能够执行的目标程序，以实现程序运行的效果。汇编语言虽然相对简单，但仍然需要汇编语言的使用者能够理解计算机相应的内部结构，并记忆复杂的汇编指令，使用难度较大。为此，人们发明了 FORTRAN、Pascal、C、BASIC、Java 等高级语言。

高级语言，是利用比较接近人们惯常使用的自然语言和数学公式进行编程的语言，能够相对容易地被编写者理解和掌握，程序简短易读。在运行的过程中，通过解释和编译，将其翻译为计算机能够执行的机器语言，实现编程者想要达到的效果。用高级语言编写的程序是源程序，通过翻译后得到的程序称为目标程序。因此，可以发现，源程序和目标程序实质上是对同一内容用不同语言所作出的表达。在本条例中亦就此明确规定，“同一计算机程序的源程序和目标程序为同一作品”。程序运行后会得到一个结果，但必须注意，该结果只是程序运行后显现给使用者的效果，其并非程序本身。也就是说，即便两个程序运行后效果相同，但是并不能由此即得出两个程序相同的结论。

由上可见，虽然计算机软件的主要价值在于它的功能性，并且计算机软件的优劣实质上是其背后所蕴含的算法和逻辑的比较，但计算机程序最终是通过代码化指令序列，或者可以被自动转换成代码化指令序列的符号化指令序列或者符号化语句序列表达出来的，具有特定的表达方式，因此，其符合通过著作权法进行保护的客体特征。

（四）关于文档的理解

在本条例中，将文档定义为“用来描述程序的内容、组成、设计、功能规格、开发情况、测试结果及使用方法的文字资料和图表等，如程序设计说明书、流程图、用户手册等”。由此可见，文档实质上就是用自然语言写作的与计算机程序相关的文件，仅就其形式而言，它与著作权法一般意义上的作品并无区别，因此，如前所述，在一些国家的立法中，并未将文档作为计算机软件的一部分通过特别规则予以保护。在我国立法过程中，也曾有观点认为“计算机软件中的文档表现为文字资料和图表等，可以直接作为《著作权法》中的文字作品获得著作权保护，没有必要对其进行特别的规定”。[①] 但是，文档是对计算机程序的补充说明，如果离开了被注释和说明的计算机程序，文档虽然在形式上仍然单独存在，但却可能在表达的内容上无法成为一个完整的作品，很难被读者阅读；同时，如果离开了文档的说明和解读，用户对程序的理解和操作将可能面临巨大的困难，程序和文档具有紧密联系，“如果条例仅保护程序本身，而不对文档提供同等的保护，则很可能达不到保护程序的目的”。[②] 综合考虑上述因素，本条例将文档一并作为计算机软件的一部分适用同一规则予以保护。

（五）关于软件开发者的理解

根据本条例第 3 条第 3 项对软件开发者的定义，作为软件开发者，应当符合下列条件。首先，软件开发者是自然人、法人或者其他组织。其次，软件开发者必须独立完成软件开发工作，包含两层意思：一是软件开发者进行了实际开发活动，这是著作权保护对作品原创性要求；二是开发活动依靠自己的物质技术条件进行，这是区分是否构成职务作品的要求。最后，软件开发者必须对软件承担责任。[③] 从主体形式上来看，软件开发者可以分为两类：自然人、法人或者其他组织。作为自然人的软件开发者，应依靠自己具有的条件，独立完成软件开发，并对软件承担责任。自己具有的条件，一般是指自身的知识、技能和自己的物质技术条件等。作为法人或者其他组织的软件开发者，要求实际组织开发或直接进行开发，并对开发完成的软件承担责任。一般来讲，作为法

① 徐玉麟主编：《计算机软件保护条例释义》，中国法制出版社 2002 年版，第 6 页。
② 徐玉麟主编：《计算机软件保护条例释义》，中国法制出版社 2002 年版，第 6 页。
③ 徐玉麟主编：《计算机软件保护条例释义》，中国法制出版社 2002 年版，第 11 页。

人或者其他组织的主体，在提供资金、专有设备、未公开的专门信息等物质技术条件的基础上，提出开发方案、需求目标等框架内容，并在开发过程中进行具体指导等组织性工作的，可以认定为构成实际组织开发。

（六）关于软件著作权人的理解

本条例第3条第4项对软件著作权人进行了定义，即软件著作权人，是指依照本条例的规定，对软件享有著作权的自然人、法人或者其他组织。同时，本条例第9条规定："软件著作权属于软件开发者，本条例另有规定的除外。如无相反证明，在软件上署名的自然人、法人或者其他组织为开发者。"可见，软件著作权人与软件开发者一般情况下是统一的，在合作开发、委托开发、存在职务行为等特殊情况时有分离状态。对此，本条例第10条、第11条、第12条和第13条均进行了规定。

典型案例

北京北大方正电子有限公司与暴雪娱乐股份有限公司等侵犯著作权纠纷案

关键词：侵害计算机软件著作权　计算机软件　字库

裁判摘要：根据《计算机软件保护条例》第2条之规定，计算机软件是指计算机程序及有关文档。该条例第3条第1项规定，计算机程序是指为了得到某种结果而可以由计算机等具有信息处理能力的装置执行的代码化指令序列，或者可以被自动转换成代码化指令序列的符号指令序列或者符号化语句序列。本案中，诉争字库中的字体文件的功能是支持相关字体字型的显示和输出，其内容是字型轮廓构建指令及相关数据与字型轮廓动态调整数据指令代码的结合，其经特定软件调用后产生运行结果，属于计算机系统软件的一种，应当认定其是为了得到可在计算机及相关电子设备的输出装置中显示相关字体字型而制作的由计算机执行的代码化指令序列，因此其属于《计算机软件保护条例》第3条第1项规定的计算机程序，属于著作权法意义上的作品。

【案　　号】（2010）民三终字第6号

【审理法院】最高人民法院

【来　　源】《最高人民法院知识产权案件年度报告（2012）》

第四条 受本条例保护的软件必须由开发者独立开发，并已固定在某种有形物体上。

关联规定

一、国际条约

1.《与贸易有关的知识产权协定》

第10条 计算机程序和数据汇编

1.计算机程序，无论是源代码还是目标代码，应作为《伯尔尼公约》(1971)项下的文字作品加以保护。

2.数据汇编或其他资料，无论机器可读还是其他形式，只要由于对其内容的选取或编排而构成智力创作，即应作为智力创作加以保护。该保护不得延伸至数据或资料本身，并不得损害存在于数据或资料本身的任何版权。

2.《保护文学和艺术作品伯尔尼公约》

第2条

本同盟各成员国得通过国内立法规定所有作品或任何特定种类的作品如果未以某种物质形式固定下来便不受保护。

3.《世界知识产权组织版权条约》

第4条 计算机程序

计算机程序作为《伯尔尼公约》第二条意义下的文学作品受到保护。此种保护适用于各计算机程序，而无论其表达方式或表达形式如何。

第5条 数据汇编（数据库）

数据或其他资料的汇编，无论采用任何形式，只要由于其内容的选择或排列构成智力创作，其本身即受到保护。这种保护不延及数据或资料本身，亦不损害汇编中的数据或资料已存在的任何版权。

二、法律、行政法规、司法解释

1.《中华人民共和国著作权法》

第三条 本法所称的作品，是指文学、艺术和科学领域内具有独创性并能以一定形式表现的智力成果，包括：

（一）文字作品；

（二）口述作品；

（三）音乐、戏剧、曲艺、舞蹈、杂技艺术作品；

（四）美术、建筑作品；

（五）摄影作品；

（六）视听作品；

（七）工程设计图、产品设计图、地图、示意图等图形作品和模型作品；

（八）计算机软件；

（九）符合作品特征的其他智力成果。

2.《中华人民共和国著作权法实施条例》

第二条 著作权法所称作品，是指文学、艺术和科学领域内具有独创性并能以某种有形形式复制的智力成果。

条文释义

一、本条主旨

本条是关于软件保护条件的规定。

二、条文演变

1991年《计算机软件保护条例》第5条规定，受本条例保护的软件必须由开发者独立开发，并已固定在某种有形物体上。2001年《计算机软件保护条例》将上述规定修改为第4条，条文内容未进行修改。2011年、2013年修订《计算机软件保护条例》时予以沿用。

三、条文解读

《与贸易有关的知识产权协定》定义了对计算机程序的保护方式，即作为文字作品保护，根据我国的现行法律体系，计算机软件被纳入《著作权法》的保护范围。本条例第 2 条、第 3 条对计算机软件和权利主体进行了界定。在计算机软件中，不论是计算机程序或是文档，其中的计算机程序，不论是源程序还是目标程序，都属于计算机软件的范畴。但是，属于计算机软件范畴并不意味着能够成为《著作权法》的保护客体。本条规定了作为保护客体的计算机软件受到保护的条件，即独创性和固定性。首先，软件必须具有独创性。独创性在立法上表述为由开发者独立开发，这是由计算机软件作品的性质决定的。我国的计算机软件保护与国际通行的保护形式是一致的，即作为《著作权法》中的作品受到保护，这来源于《与贸易有关的知识产权协定》第 10 条关于应将计算机程序作为《伯尔尼公约》规定的文字作品进行保护的规定。虽然作品的定义和作品享有著作权保护的条件，在《伯尔尼公约》和我国《著作权法》中都没有明确规定，但是独创性作为享有著作权保护的作品的基本特征是知识产权理论界和司法实务界的基本共识。需要注意的是，对计算机软件独创性的要求，并不需要考虑软件的使用价值和演算结果，这也是工业产权保护与著作权保护的重要区别。因此，根据本条规定，受到保护的计算机软件必须是开发者独立设计、独立编制的编码组合，对他人软件的抄袭、复制所得软件不能受到本条例保护，还有可能构成侵权。

其次，软件必须具有固定性。固定性，在立法上表述为已经固定在某种有形物体上。前已述及，虽然对计算机软件作为文字作品进行保护，但计算机软件本身并不具有独立的审美价值，它主要是作为一种工具，用于执行特定的命令，履行特定的功能，因此，计算机软件必须固定在某种有形载体上，从而能够实现命令和执行功能。这与一般文字作品有所区别，一般文字作品是否需要固定，各国的著作权法规定不尽相同，但多数国家并没有作品需要固定下来的规定，《伯尔尼公约》对此也未作规定，而是兼顾了各国的具体做法，该公约第 2 条第 2 款规定："本同盟各成员国得通过国内立法规定文学艺术作品或其中之一类或数类作品如果未以某种物质形式固定下来即不受保护。"与此相比，我国《著作权法》与《伯尔尼公约》保持了一致，也没有作品必须固定下来的要求。但是，基于计算机软件的工具性特征，在著作权法基础上对受保护的计算机软件提出了更高的要求，即计算机软件必须具有固定性，固定在某种有形物体上，即能够通过客观手段表达出来。

适用指引

一、对开发者独立开发的理解

开发者独立开发是对计算机软件的独创性的界定，非开发者独立开发的计算机软件不能受到保护。对于抄袭、复制或者由其他计算机程序自动生成的数据，均不能认定为独立开发。随着行业发展，计算机软件从业人员对独创性的认识和具有独创性才能受到保护的意识逐渐提高，在计算机软件侵权纠纷中，已经出现了请求保护的计算机软件是开放源代码软件从而不应当保护的相关抗辩，学术界也开始讨论人工智能创作物的独创性问题。

理解计算机软件的独创性应与理解著作权法对作品的独创性的要求相一致。目前司法实践中，对于独创性，一般仅理解为作品由创作者或开发者独立创作或开发完成即可，并不对作品的创作高度提出要求。具体到计算机软件，只要求其不是抄袭、复制或由其他计算机程序自动生成，并不要求该计算机软件能够执行特定的命令、履行特定的功能，甚至不要求实际考量该计算机软件是否与其他作品相同或者相近似。现实中，开发者独立开发完成的计算机软件只要能够排除抄袭或者剽窃，肯定具有其个性，即具备起码的独创性，与其他计算机软件相同或相近似的可能性极少。在立法表达中，由于“独创性”这一术语相对于计算机软件作品的特点容易引起歧义，采用了“由开发者独立开发”的表述，使其更符合计算机软件作品的特点。

二、对已固定在某种有形物体上的理解

计算机软件必须固定在某种有形物体上才能获得著作权保护，这里的有形物体是指一定的储存介质。该要求是由于计算机软件与其他受著作权保护的作品相比，具有独特的工具性特征。换言之，计算机软件本身是为了将内容通过客观手段表达出来，使其能够为人所感知，而作为表达工具的计算机软件必须

通过一定的存储介质进行固定，才能获得著作权保护。

存储介质随着科学技术的进步，经历了三个阶段。从最早的文档记录到机械方式记录，再到后来以磁、光、电技术在磁带、磁盘、磁鼓、光盘等物质载体上记录。随着科技的发展，目前较常用的介质以光盘、硬盘、U 盘为主。至于云盘，其本质还是远程硬盘，并未脱离有形物体的范畴，虽然其通过网络可实现无实物存储，但该存储方式并非真的不需要有形物质，而是将其存储在服务商提供的集中存储服务器中，使用时通过网络调用。

第五条　中国公民、法人或者其他组织对其所开发的软件，不论是否发表，依照本条例享有著作权。

外国人、无国籍人的软件首先在中国境内发行的，依照本条例享有著作权。

外国人、无国籍人的软件，依照其开发者所属国或者经常居住地国同中国签订的协议或者依照中国参加的国际条约享有的著作权，受本条例保护。

关联规定

一、国际条约

1.《保护文学和艺术作品伯尔尼公约》

第 3 条

1. 根据本公约：

（a）作者为本同盟任何成员国的国民者，其作品无论是否已经出版，都受到保护；

（b）作者为非本同盟任何成员国的国民者，其作品首次在本同盟一个成员国出版，或在一个非本同盟成员国和一个同盟成员国同时出版的都受到保护；

2. 非本同盟任何成员国的国民但其惯常住所在一个成员国国内的作者，为实施本公约享有该成员国国民的待遇。

3.“已出版作品”一词指得到作者同意后出版的作品，而不论其复制件的制作方式如何，只要从这部作品的性质来看，复制件的发行方式能满足公众的合理需要。戏剧、音乐戏剧或电影作品的表演，音乐作品的演奏，文学作品的公开朗诵，文学或艺术作品的有线传播或广播，美术作品的展出和建筑作品的建造不构成出版。

4. 一个作品在首次出版后三十天内在两个或两个以上国家内出版，则该作品应视为同时在几个国家内出版。

第5条

1. 就享有本公约保护的作品而论，作者在作品起源国以外的本同盟成员国中享有各该国法律现在给予和今后可能给予其国民的权利，以及本公约特别授予的权利。

2. 享有和行使这些权利不需要履行任何手续，也不论作品起源国是否存在保护。因此，除本公约条款外，保护的程度以及为保护作者权利而向其提供的补救方法完全由被要求给以保护的国家的法律规定。

3. 起源国的保护由该国法律规定。如作者不是起源国的国民，但其作品受公约保护，该作者在该国仍享有同本国作者相同的权利。

4. 起源国指的是：

（a）对于首次在本同盟某一成员国出版的作品，以该国家为起源国；对于在分别给予不同保护期的几个本同盟成员国同时出版的作品，以立法给予最短保护期的国家为起源国；

（b）对于同时在非本同盟成员国和本同盟成员国出版的作品，以后者为起源国；

（c）对于未出版的作品或首次在非本同盟成员国出版而未同时在本同盟成员国出版的作品，以作者为其国民的本同盟成员国为起源国，然而：

（1）对于制片人总部或惯常住所在本同盟一成员国内的电影作品，以该国为起源国；

（2）对于建造在本同盟一成员国内的建筑作品或构成本同盟某一成员国建筑物一部分的平面和立体艺术作品，以该国为起源国。

第6条

1. 任何非本同盟成员国如未能充分保护本同盟某一成员国国民作者的作品，成员国可对首次出版时系该非同盟成员国国民而又不在成员国内有惯常住所的作者的作品的保护加以限制。如首次出版国利用这种权利，则本同盟其他成员国对由此而受到特殊待遇的作品也无须给予比首次出版国所给予的更广泛的保护。

2. 前款所规定的任何限制均不影响在此种限制实施之前作者在本同盟任一成员国出版的作品已经获得的权利。

3. 根据本条对版权之保护施加限制的本同盟成员国应以书面声明通知世界知识产权组织总干事（以下称总干事），说明保护受到限制的国家以及这些国家国民的作者的权利所受的限制。总干事应立即向本同盟所有成员国通报该项声明。

2.《世界版权公约》

第2条

（一）任何缔约国国民出版的作品及在该国首先出版的作品，在其他各缔约国中，均享有其他缔约国给予其本国国民在本国首先出版之作品的同等保护，以及本公约特许的保护。

（二）任何缔约国国民未出版的作品，在其他各缔约国中，享有该其他缔约国给予其国民未出版之作品的同等保护，以及本公约特许的保护。

（三）为实施本公约，任何缔约国可依本国法律将定居该国的任何人视为本国国民。

二、法律、行政法规、司法解释

1.《中华人民共和国著作权法》

第二条 中国公民、法人或者非法人组织的作品，不论是否发表，依照本法享有著作权。

外国人、无国籍人的作品根据其作者所属国或者经常居住地国同中国签订的协议或者共同参加的国际条约享有的著作权，受本法保护。

外国人、无国籍人的作品首先在中国境内出版的，依照本法享有著作权。

未与中国签订协议或者共同参加国际条约的国家的作者以及无国籍人的作品首次在中国参加的国际条约的成员国出版的，或者在成员国和非成员国同时出版的，受本法保护。

2.《中华人民共和国著作权法实施条例》

第八条 外国人、无国籍人的作品在中国境外首先出版后，30日内在中国境内出版的，视为该作品同时在中国境内出版。

3.《实施国际著作权条约的规定》

第四条 本规定所称外国作品，包括：

（一）作者或者作者之一，其他著作权人或者著作权人之一是国际著作权条约成员国的国民或者在该条约的成员国有经常居所的居民的作品；

（二）作者不是国际著作权条约成员国的国民或者在该条约的成员国有经常居所的居民，但是在该条约的成员国首次或者同时发表的作品；

（三）外商投资企业按照合同约定是著作权人或者著作权人之一的，其委托他人创作的作品。

第十七条 国际著作权条约在中国生效之日尚未在起源国进入公有领域的外国作品，按照著作权法和本规定规定的保护期受保护，到期满为止。

前款规定不适用于国际著作权条约在中国生效之日前发生的对外国作品的使用。

中国公民或者法人在国际著作权条约在中国生效之日前为特定目的而拥有和使用外国作品的特定复制本的，可以继续使用该作品的复制本而不承担责任；但是，该复制本不得以任何不合理地损害该作品著作权人合法权益的方式复制和使用。

前三款规定依照中国同有关国家签订的有关著作权的双边协定的规定实施。

条文释义

一、本条主旨

本条是关于软件著作权的享有的规定。

二、条文演变

1991年《计算机软件保护条例》第6条规定："中国公民和单位对其所开发的软件，不论是否发表，不论在何地发表，均依照本条例享有著作权。外国人的软件首先在中国境内发表的，依照本条例享有著作权。外国人在中国境外发表的软件，依照其所属国同中国签订的协议或者共同参加的国际条约享有的著作权，受本条例保护。"2001年《计算机软件保护条例》将上述对应条文修改为第5条，对其中受保护的主体表述进行了修改，将"中国公民和单位"修改为"中国公民、法人或者其他组织"。2011年、2013年修订《计算机软件保护条例》时予以沿用。

三、条文解读

地域性是知识产权的特点之一，著作权也不例外。著作权的地域性，是指著作权是依据一个国家或地区的法律而产生的，因而也只在一个国家或地区的范围内有效，在这个国家或地区的范围内受到法律保护，而不能当然地在其他国家或地区获得同样的法律保护。对于外国人或者无国籍人创作的作品，或者中国公民、法人或者其他组织在外国创作的作品，如何能够在中国受到保护，这就涉及知识产权的国际保护问题。解决这个问题的方法通常是由一个国家或地区根据作品与本国的特定联系确定一些原则，根据这些原则为符合特定条件的作品提供本国著作权保护。与其他法律关系的管辖原则相一致，常见的原则包括属人原则、属地原则、依据条约原则以及互惠原则等。本条区分计算机软件开发的主体（即属于外国人、无国籍人，还是属于中国公民、法人或者其他组织），并规定了受到本条例保护的计算机软件应当具备哪些条件。

1991年《计算机软件保护条例》中与本条的对应条文是第6条。《与贸易有关的知识产权协定》于2001年12月对我国生效，为了与国际接轨，我国《著作权法》于2001年进行了修正，2001年《著作权法》将计算机软件作为一种作品类型进行明文规定并予以保护。为了与上述规定保持一致，2001年《计算机软件保护条例》将1991年《计算机软件保护条例》第6条规定的享有著作权的主体由“中国公民和单位”调整为“中国公民、法人或者其他组织”，主要是为了强调具有中华人民共和国国籍的国民。随着《民法典》于2021年1月1日起实施，我国《著作权法》于2020年再次修改，将2010年《著作权法》第2条中的“中国公民、法人或者其他组织”修改为“中国公民、法人或者非法人组织”，本条例尚未进行进一步修订。

本条共分三款，保护条件随着计算机软件开发主体的变化而变化，与我国的关联度越高，则受保护需满足的条件越低；与我国的关联度越低，则受保护需满足的条件则适当提高。

本条第1款规定了属人保护原则，即作者国籍原则，是根据计算机软件开发者的国籍给予著作权保护。属人原则是世界通行的作品保护原则，也是最广泛、最基础的著作权享有主体的保护规定。与《伯尔尼公约》和《世界版权公约》相一致，以当事人的国籍为标准，凡是具有中华人民共和国国籍的自然人和在中华人民共和国境内注册、登记的法人或者非法人组织，不论其创作行为发生在国内还是国外，也不论其作品是否发表，均受到我国《著作权法》的保护。计算机软件的著作权保护同样也适用该原则。

本条第2款规定了属地保护原则，即作品国籍原则，是根据计算机软件的首次发行地给予著作权保护。属地保护原则是各国著作权法律法规和国际公约普遍采用的作品保护原则，这一保护对享有著作权的主体行使著作权前提的要求已经高于属人保护原则，即不属于我国公民、法人或者非法人组织的著作权主体在我国境内首先发行其计算机软件作品的，能够受到我国《著作权法》和本条例的保护。相对于未在我国发行其计算机软件作品的著作权主体，该保护不要求软件开发者所属国与我国签订有协议或者该软件受到中国参加的国际条约的保护，即可受到我国《著作权法》保护。这里的表述采取了外国人、无国籍人，但相应的保护应当延及外国的法人或者非法人组织。与1991年《计算机软件保护条例》第6条相比，本条第2款的保护范围体现为“一扩展”和“一缩小”。保护范围的扩展体现在将“外国人的软件”修改为“外国人、无国籍人的软件”，这主要是由于对于外国人是否包含无国籍人存在争议，为了保护无国籍人的著作权权益，作此修改。保护范围的缩小体现在将“发表”修改为“发行”，这是为了满足《伯尔尼公约》的最低要求，并与我国《著作权法》的相关规定保持一致。《伯尔尼公约》要求对首次在成员国“出版”的作品按照国民待遇给予保护，考虑到计算机软件本身的特点，本条第2款使用了“发行”而没有直接使用“出版”，由于“发表”不等同于“出版”或者“发行”，“发表”范围要远大于“出版”或者“发行”，从而缩小了保护范围。根据《著作权法》第10条第1款第6项的规定，所谓“发行”，通常是指以出售或者赠与方式向公众提供作品的原件或者复制件。

本条第3款规定了依据条约保护原则，即按照国家签订或者参加的国际条约对计算机软件进行保护。理解本款规定要区分不同的保护条件。开发软件的外国人、无国籍人的所属国或者经常居住地与我国签订的协议或者我国参加的国际条约对该软件提供著作权保护的，该软件也受到本条例保护。与1991年《计算机软件保护条例》的相应条文即第6条第1款相比，本条第3款扩大了保护范围，主要体现在：一是未要求软件是否发表；二是未要求外国人、无国籍人的所属国或者经常居住地国共同参加国际条约，只要我国参加的国际条约保护其软件，其软件就受本条例保护。

适用指引

根据属人原则，中国公民、法人或者其他组织开发的软件当然受到本条例的保护。根据属地原则和依据条约保护原则，考虑知识产权的地域性和著作权无须登记即自动受到保护的特点，本条第 2 款和第 3 款对于外国人、无国籍人开发的软件受到本条例保护的条件予以明确规定。

一、属人保护原则

本条例对计算机软件著作权的保护，首先就体现在属人保护原则中，其保护的主体为具有中华人民共和国国籍的自然人和在中华人民共和国境内注册、登记的法人或者非法人组织。在计算机软件保护的司法实践中，属人保护原则是最优先适用的保护原则，在适用该保护原则时，不考虑开发行为的发生地，也不考虑所开发的软件是否发表。需要注意的是，本条规定内容自 2001 年修订后未再进行修改，其主体表述仍然是“中国公民、法人或者其他组织”，而 2020 年《著作权法》第 2 条关于主体的表述为“中国公民、法人或者非法人组织”。司法实践中，应当作出与《著作权法》一致的解读，即对于“中国公民、法人或者非法人组织”开发的软件，按照属人保护原则进行保护。此处的中国公民是指具有中华人民共和国国籍的自然人，本条使用“中国公民”主要是与“外国人”相对称。自 1896 年《德国民法典》首先使用自然人概念后，其他各国民法典一般均使用自然人概念。需要注意的是，自然人并不局限于自然条件下出生的人，随着社会发展和科学进步，借助医学手段辅助出生的人，同样属于自然人，自然人仅是与法人相比较，基于自然属性享有法律人格的人。与自然人相对应的是法人或者非法人组织。根据我国《民法典》第 57 条和第 102 条的规定，法人是具有民事权利能力和民事行为能力、依法独立享有民事权利和承担民事义务的组织；非法人组织是指不具有法人资格，但是能够依法以自己的名义从事民事活动的组织。

二、属地保护原则

计算机软件保护的属地保护原则，在于计算机软件在其首次发行地享有著作权保护。本条第 2 款规定体现了属地保护原则，适用时需要注意以下三个方面。

一是适用属地保护原则受到本条例保护的软件开发主体是外国人和无国籍人。外国人应当包括外国自然人和注册、登记在外国的法人或非法人组织，无国籍人则指向无国籍自然人。

二是适用属地原则受到本条例保护的软件要求首先在我国境内发行。与我国自然人、法人或非法人组织享有著作权无论发表与否相比，对于外国人或者无国籍人开发的软件的保护设定了一定条件，即必须是在我国境内首先发行。如果外国人、无国籍人的软件已经在我国境外发行过，只是在我国再次发行，就不能依据本款规定当然地获得著作权保护。这是因为外国人、无国籍人开发的软件首先在我国境内发行的，我国就是该软件的起源国，应当对该软件的著作权予以保护。

三是要准确理解“发行”。适用属地保护原则保护的计算机软件作品限定于在中国境内“发行”的作品，这是著作权取得的形式要件。适用属人保护原则保护的计算机软件并没有在中国境内“发表”“发行”等类似限定，是典型的完成即取得权利。根据《著作权法》第10条的规定，发表是将作品通过任何方式（包括口头选读、演唱）公之于众，对载体没有限定，行使方式可以是出版、表演、广播、信息网络传播等任何不违反法律法规和公序良俗的行为，效果仅要求公之于众，即对象是不特定的人即可，而无论公众是否知晓。发行则指以出售或者赠与方式向公众提供作品的原件或者复制件，载体必须是原件或者复制件，行使方式应是出售或赠与，即存在交付行为，效果要求向公众提供，即不特定公众必须可以获得。发行了的作品必然已经发表，发表不一定采取发行的方式。本条限定适用属地保护原则的前提是首先在我国境内发行，即在我国境内首次以出售或者赠与方式向公众提供作品的原件或者复制件，如果已经在我国之外以出售或者赠与方式向公众提供了作品的原件或者复制件，则不能受到本条例保护；如果在我国发行之前在我国之外仅仅向特定对象提供原件或复制件，或仅仅是复制并未对外提供，不构成发行，仍然可以受到本条例保护。相比属人保护原则，属地保护原则大大限缩了保护范围。

另外，还要正确区分“出版”与“发行”，这是计算机软件与其他著作权保护客体的属地保护原则的主要区别。根据《著作权法》第2条的规定，外国人、无国籍人的作品受到该法保护的前提是首先在我国境内“出版”。《世界版权公约》规定，出版是指以物质的形式复制和向公众提供可以阅读和通过视觉知悉的作品的复制品。《伯尔尼公约》规定，出版是指得到作者的同意，将作品的复制件以能够满足公众合理需要的方式发行。《著作权法》第63条规定，出版指作品的复制、发行，即出版可以是单纯的复制，也可以是“以出售或者赠与方式向公众提供作品的原件或者复制件”的“发行”。司法实践中要注意区别作品的出版与通常使用的图书、报刊出版概念不同。图书、报刊出版，是作者以某种方式授权图书、报刊出版者将其作品向大众提供，而作品出版本质上是一种复制，将作品以不特定的手段制作成多份。因此，“发行”的范围要小于“出版”。计算机软件作品的属地保护原则限定了“发行”的形式要件，相比其他著作权保护客体的属地保护原则更为严格。仅仅在我国首次复制不能依据属地保护原则受到本条例保护，因为复制的方式多种多样，除印刷、复印、拓印、录音、录像、翻录、翻拍等传统方式外，计算机软件在光、磁、电等载体上的数据备份等均构成复制。如果仅仅要求在我国首次出版即可依据属地保护原则享有保护，显然条件过于宽松，不利于计算机软件在我国的更新发展。因此，本条限定属地保护原则的要件是在我国首次“发行”，符合计算机软件本身传播和保存的特点。

三、依据条约保护原则

本条第3款规定了依据条约保护原则提供的保护。与属地保护原则相比，本条第3款规定的依据条约保护原则适用的软件开发主体不仅要求是外国人、无国籍人，而且要求依据软件开发主体所属国或者经常居住地国同我国签订的协议或我国参加的国际条约，软件开发主体才能对其开发的软件享有著作权。与属人保护原则相比，本条第3款规定的依据条约原则对软件提供的著作权保护，没有对是否发表进行限定或者提出要求，但并非不考虑软件是否发表，而是要根据软件开发主体所属国或者经常居住地国与我国签订的双边条约或者我国参加的国际条约的内容进行确定。根据软件开发主体所属国或经常居住地国与我国签订的双边条约或依据我国参加的国际公约不要求软件发表即可享有著作权保护的，即使软件未发表，我国也将依据双边条约或国际公约予以保护；根据软件开发主体所属国或经常居住地国与我国签订的双边条约或依据我国参加的国际公约要求软件发表才可享有著作权保护的，仍要求其证明已经发表。这里的条约可以分为三种情形。

第一种情形是外国人、无国籍人所属国或经常居住地国与我国签订了双边条约的，以双边条约规定的内容进行保护。目前与我国签订了关于知识产权保护协议的国家、地区和组织包括美国、瑞士、日本、挪威、俄罗斯、乌兹别克斯坦、乌克兰、秘鲁、蒙古、吉尔吉斯等。

第二种情形是外国人、无国籍人所属国或经常居住地国与我国共同参加了相关的国际公约。目前我国参加的相关国际公约包括《伯尔尼公约》《世界版权公约》《保护录音制品作者防止未经许可复制其录音制品公约》《世界知识产权组织版权条约》《世界知识产权组织表演和录音制品条约》《视听表演北京条约》以及《与贸易有关的知识产权协定》等。这类情形下，我国按照公约的规定，对参加公约的成员国的软件开发主体依照公约享有的计算机软件著作权予以保护。

第三种情形是外国人、无国籍人所属国或者经常居住地国既没有与我国签订双边条约，也没有与我国共同参加著作权保护的国际公约，但是其计算机软件作品符合我国签订或者参加的国际公约保护的条件，我国仍然给予保护。如，根据《伯尔尼公约》第3条规定，我国作为《伯尔尼公约》成员国，对于任何非《伯尔尼公约》成员国的作者，其计算机软件在《伯尔尼公约》成员国首次出版的，或同时在一个非成员国和一个成员国首次出版，我国将依据条约规定对该软件提供保护。

司法实践中，要注意不应将依据条约保护原则与互惠原则相混淆。互惠原则是在没有法律规定或者条约义务的情况下的著作权保护原则，对于著作权的保护主要考虑对方国家对我国作品的保护。而本条第3款规定的依据条约保护原则是有法律规定或者条约义务的情况下的著作权保护原则，主要考虑软件开发主体所属国或经常居住地国与我国签订的双边条约或我国参加的国际条约的规定。

典型案例

一、Autodesk公司诉龙发公司计算机软件著作权侵权纠纷案

关键词： 民事　计算机软件著作权　国际公约成员国　未经许可

裁判摘要： 根据《计算机软件保护条例》第5条第3款的规定，我国加入的国际公约成员国国民享有的计算机软件著作权，受我国法律保护。当事人未

经权利人许可而侵犯该计算机软件著作权的，应依法承担民事责任。

基本案情： Autodesk 公司就涉案五种计算机软件在美国进行过版权注册。北京市版权局执法人员在检查计算机软件的版权状况时，两次发现龙发公司在北京市的九个经营网点未经许可，擅自安装并使用涉案软件。一审法院认为：中国和美国同为《伯尔尼公约》的成员国。Autodesk 公司享有的著作权应当受我国法律保护，判决龙发公司停止侵权、赔礼道歉并赔偿损失。二审期间双方达成和解撤回上诉。

【案　　号】（2003）二中民初字第 6227 号

【审理法院】北京市第二中级人民法院

【来　　源】《最高人民法院公报》2005 年第 7 期

二、微软公司诉北京思创未来科技发展有限公司侵犯计算机软件著作权纠纷案

关键词： 侵权　计算机软件著作权　伯尔尼公约　成员国作者

裁判摘要： 未经软件著作权人许可而复制、发行著作权人的软件的，应承担停止侵害、赔偿损失等民事责任。根据《计算机软件保护条例》和《伯尔尼公约》的规定，我国法律对美国等成员国作者的作品给予保护。在权利人购买被告产品并经公证证明被告的计算机整机中预装有权利人享有著作权的软件的情况下，如被告不能证明该软件系经权利人许可复制、安装，则该行为是侵犯权利人的计算机软件著作权的行为，应当承担相应的责任。

基本案情： 微软公司开发完成的微软 WindowsXP 专业版软件于 2001 年 10 月 25 日发表于美国，微软 Office2003 专业版软件于 2003 年 10 月 21 日发表于美国。上述软件均由微软公司在美国版权局进行了登记注册。思创未来公司销售的计算机主机中预装有计算机软件微软 WindowsXP 专业版和微软 Office2003 专业版。生效判决认为：我国《计算机软件保护条例》第 5 条第 3 款规定，外国人、无国籍人的软件，依照其开发者所属国或者经常居住地国同中国签订的协议或者依照中国参加的国际条约享有的著作权，受该条例保护。微软公司系美国法人，我国与美国均是《伯尔尼公约》的成员国，我国法律对成员国作者的作品给予保护。微软 WindowsXP 专业版、微软 Office2003 专业版软件由微软公司开发并发表于美国，微软公司对上述软件享有计算机软件著作权，并受我国《计算机软件保护条例》的保护。微软公司从思创未来公司

处购买并提取的计算机整机中预装有微软公司享有著作权的微软 WindowsXP 专业版、微软 Office2003 专业版软件，如不能证明该软件系经微软公司许可复制、安装，则该行为是侵犯微软公司对微软 WindowsXP 专业版、微软 Office2003 专业版软件享有的计算机软件著作权的行为。

【案　　号】（2009）高民终字第 4462 号

【审理法院】北京市高级人民法院

【来　　源】《最高人民法院公报》2010 年第 6 期

第六条　本条例对软件著作权的保护不延及开发软件所用的思想、处理过程、操作方法或者数学概念等。

关联规定

一、国际条约

1.《与贸易有关的知识产权协定》

第9条　与《伯尔尼公约》的关系

2. 版权的保护仅延伸至表达方式，而不延伸至思想、程序、操作方法或数学概念本身。

2.《世界知识产权组织版权条约》

第2条　版权保护的范围

版权保护延及表达，而不延及思想、过程、操作方法或数学概念本身。

二、法律、行政法规、司法解释

《中华人民共和国著作权法》

第五条　本法不适用于：

（一）法律、法规，国家机关的决议、决定、命令和其他具有立法、行政、司法性质的文件，及其官方正式译文；

（二）单纯事实消息；

（三）历法、通用数表、通用表格和公式。

三、司法指导性文件

《最高人民法院关于深圳市帝慧科技实业有限公司与连樟文等计算机软件著作权侵权纠纷案的函》

一、广东省软件侵权鉴定分析专家组的《“安全文明小区通用电脑管理系统”与“公安基层业务管理系统”的相似性鉴定分析报告》(以下简称《鉴定报告》)并未对原被告软件的源程序或目标程序代码进行实际比较，而是通过比较程序的运行参数(变量)、界面和数据库结构，就得出了两个软件实质相似的结论。运行参数属于软件编制过程中的构思而非表达；界面是程序运行的结果，非程序本身，且相同的界面可以通过不同的程序得到；数据库结构不属于计算机软件，也构不成数据库作品，且本案原告的数据库结构实际上就是公安派出所的通用表格，不具有独创性。因此，《鉴定报告》所称的两个软件存在实质相似性，并非著作权法意义上的实质相似性。

条文释义

一、本条主旨

本条是关于软件著作权保护不延及思想等的规定。

二、条文演变

1991 年《计算机软件保护条例》第 7 条规定：“本条例对软件的保护不能扩大到开发软件所用的思想、概念、发现、原理、算法、处理过程和运行方法。”2001 年《计算机软件保护条例》第 6 条规定：“本条例对软件著作权的保护不延及开发软件所用的思想、处理过程、操作方法或者数学概念等。”上述排除保护范围的修改是为了与《与贸易有关的知识产权协定》和《世界知识产权组织版权条约》保持一致。2011 年、2013 年修订《计算机软件保护条例》时予以沿用。

三、条文解读

计算机软件保护本质上还是著作权保护，其与著作权保护具有相同的权利保护界限和保护原则。著作权保护中适用的思想表达两分法的基本原则同样适用于计算机软件保护。计算机软件作为本条例保护的对象，程序和文档均是可限定的表达方式，这些表达所包含的思想并不为计算机软件著作权所保护。但是由于计算机软件除文字性特点外，还具有工具性特点，其包含的处理过程、操作方法如果符合专利保护的条件，可以受到专利保护。计算机软件是出现比较晚的知识产权类型，本身在有的国家就曾作为专利保护。但是，随着计算机软件的更新发展过快而专利权保护取得程序过长且保护期限较短，1980年修订《美国版权法》时将其列入著作权保护范围。此后，软件作为著作权客体进行保护才逐渐成为各国通行做法。因此，本条规定的软件著作权保护不延及思想等，并非计算机软件包含的技术思想、处理过程、操作方法不应当受到保护，而是不应当受到著作权保护，权利人可以将其形成技术方案作为工业知识产权进行保护，同时不影响计算机软件受到著作权保护，但是对其能否受到保护要根据其是否具备相应权利保护的要件予以判断。

著作权保护的作品一般属于文学、艺术和科学领域，基本不具有（物质）实用性。自《伯尔尼公约》1908年文本之后，著作权保护即实行自动保护主义原则并成为著作权保护的通用原则。作品一旦创作完成，著作权即已产生。这些特点也决定了著作权排除保护的对象，“思想”当然属于不受著作权保护的对象。同时，《伯尔尼公约》还规定了工艺、操作方法或数学概念本身也不受版权保护。具体到本条例中保护的计算机软件，因其保护对象为计算机程序和文档，又结合其特点将开发软件所用的“处理过程、操作方法或者数学概念”排除在本条例保护范围之外。与《著作权法》第5条第3项规定的不受保护的“历法、通用数表、通用表格和公式”相比，具有计算机软件自身特点的处理过程和操作方法不受本条例保护是由计算机软件的工具性特点决定的。

适用指引

本条例保护的对象是计算机软件，保护的原则是著作权保护原则。司法实践中应牢牢把握著作权保护的原则，即其保护对象是客体本身的表达而非思想或具有公知性的内容。计算机软件包括计算机程序和文档，而计算机程序和文档的内涵和外延在本条例第2条进行了规定。开发软件所用的思想、处理过程、操作方法或者数学概念等，不是著作权保护的对象，不能享有著作权保护，也就不能受到本条例保护。本条规定的计算机软件保护对象排除的内容分为以下三类情况。一是软件所包含的思想。思想在计算机软件中一般是较抽象的构思，由于思想本身无法进行明确而具体的限定，也就无法进行保护。二是处理过程和操作方法。处理过程和操作方法因其具有实用性，在符合专利要件或者商业秘密构成要件的情况下可以受到专利法或者反不正当竞争法保护，即在一定条件下可以作为工业产权受到保护，但不能作为著作权保护客体受到保护，这主要是由于著作权与工业知识产权保护客体要求的不同造成的。三是数学概念本身。数学概念本身不能成为知识产权保护客体，不但不属于计算机软件著作权保护客体，也不属于其他著作权保护客体。

1991年《计算机软件保护条例》第7条关于排除保护范围的规定采用了完全列举的方式，2001年修改的条例采用了开放式列举的排除方式，这是因为科技不断发展、新技术不断涌现和相关认知不断调整，新形式的计算机软件会不断涌现。但是无论何形式的计算机软件，在司法实践中，必须把握保护对象是否仅限于不具有公知性的表达。作为算法表现方式的程序即可获得著作权保护，但是，从著作权保护特别是计算机软件著作权保护的本意出发，受到保护的仍然不是算法本身而是作为算法表达的程序。基于数据分析的个性化信息推送服务技术是一种具体算法，是在计算机程序中通过对用户的相关数据信息进行分析后，根据不同的数据分析结果推送不同的内容，其中体现的是软件开发者对处理方法的个性创作，并将这种具体算法通过计算机程序确定下来形成表达。当然，对于算法内在的逻辑、流程、设计、反馈标准是否能够通过专利保护取决于开发者的意愿和其能否形成符合工业知识产权保护条件的技术方案。对于算法在计算机程序中的保护而言，明确排除了其中包含的技术思想和处理过程及操作方法。标准算法是计算机软件的底层逻辑，在计算机软件开发中为程序开发人员普遍使用，具有公知性，即使是具体表达也不能受到保护，否则新的计算机软件创作受到的限制过大，几乎无法创作新的计算机软件。在计算机软件著作权保护中排除标准算法正如通常著作权保护中排除数学概念或数学公式。本条开放式列举中未明确指出算法，司法实践中要比照进行区分。

在司法实践中，正确区分计算机程序表达和思想，还要注意对“表达”的具体分析。软件的对比认定中，源代码是最典型也最容易限定内容的表达，通过对源代码的文本文件进行分析即可得出其保护对象的具体范围。但被诉侵权人拒不提交被诉侵权软件源代码或对著作权人提交的源代码不予认可等不能确定进行对比的源代码的情况并不少见。在此情况下，一概以证据不足不支持著作权人的主张显然不利于计算机软件的保护。在著作权人已经尽了最大举证可能仍不能确定用于比对的源代码文本的情况下，软件目标程序、特征性缺陷、软件安装目录和运行情况等也可以构成保护对象的表达的延伸，在判断是否侵犯计算机软件著作权过程中可以作为比对内容，虽然与源代码比对的方式确定性稍弱，但仍可结合比对结果进行是否侵权的判断。

第七条　软件著作权人可以向国务院著作权行政管理部门认定的软件登记机构办理登记。软件登记机构发放的登记证明文件是登记事项的初步证明。

办理软件登记应当缴纳费用。软件登记的收费标准由国务院著作权行政管理部门会同国务院价格主管部门规定。

关联规定

一、国际条约

《世界版权公约》

第3条

（一）任何缔约国依其国内法要求履行手续——如缴送样本、注册登记、刊登启事、办理公证文件、偿付费用或在该国国内制作出版等——作为版权保护的条件者，对于根据本公约加以保护并在该国领土以外首次出版而其作者又非本国国民的一切作品，应视为符合上述要求，只要经作者或版权人授权出版的作品的所有各册，自首次出版之日起，标有C的符号，并注明版权人之姓名、首次出版年份等，其标注的方式和位置应使人注意到版权的要求。

二、法律、行政法规、司法解释

1.《中华人民共和国著作权法》

第七条　国家著作权主管部门负责全国的著作权管理工作；县级以上地方主管著作权的部门负责本行政区域的著作权管理工作。

2.《实施国际著作权条约的规定》

第七条　外国计算机程序作为文学作品保护，可以不履行登记手续，保护期为自该程序首次发表之年年底起五十年。

3.《最高人民法院关于审理著作权民事纠纷案件适用法律若干问题的解释》

第七条 当事人提供的涉及著作权的底稿、原件、合法出版物、著作权登记证书、认证机构出具的证明、取得权利的合同等，可以作为证据。

在作品或者制品上署名的自然人、法人或者非法人组织视为著作权、与著作权有关权益的权利人，但有相反证明的除外。

三、部门规章及规范性文件

1.《计算机软件著作权登记办法》

第四条 软件著作权登记申请人应当是该软件的著作权人以及通过继承、受让或者承受软件著作权的自然人、法人或者其他组织。

软件著作权合同登记的申请人，应当是软件著作权专有许可合同或者转让合同的当事人。

第六条 国家版权局主管全国软件著作权登记管理工作。

国家版权局认定中国版权保护中心为软件登记机构。

经国家版权局批准，中国版权保护中心可以在地方设立软件登记办事机构。

第八条 合作开发的软件进行著作权登记的，可以由全体著作权人协商确定一名著作权人作为代表办理。著作权人协商不一致的，任何著作权人均可在不损害其他著作权人利益的前提下申请登记，但应当注明其他著作权人。

第九条 申请软件著作权登记的，应当向中国版权保护中心提交以下材料：

（一）按要求填写的软件著作权登记申请表；

（二）软件的鉴别材料；

（三）相关的证明文件。

第十条 软件的鉴别材料包括程序和文档的鉴别材料。

程序和文档的鉴别材料应当由源程序和任何一种文档前、后各连续30页组成。整个程序和文档不到60页的，应当提交整个源程序和文档。除特定情况外，程序每页不少于50行，文档每页不少于30行。

第二十三条 国家版权局根据下列情况之一，可以撤销登记：

（一）最终的司法判决；

（二）著作权行政管理部门作出的行政处罚决定。

第二十四条 中国版权保护中心可以根据申请人的申请，撤销登记。

第二十六条 除本办法另有规定外，任何人均可查阅软件登记公告以及可公开的有关登记文件。

第二十七条 软件登记公告的内容如下：

（一）软件著作权的登记；

（二）软件著作权合同登记事项；

（三）软件登记的撤销；

（四）其他事项。

2.《计算机软件著作权登记档案查询办法》

第五条 软件登记档案查询范围包括：

（一）软件著作权登记；

（二）软件著作权转让或专有许可合同登记；

（三）软件变更或补充登记；

（四）软件著作权质押合同登记；

（五）撤销软件著作权登记；

（六）其他软件登记档案。

条文释义

一、本条主旨

本条是关于软件著作权自愿登记制度的规定。

二、条文演变

1991年《计算机软件保护条例》第8条规定：“国务院授权的软件登记管理机构主管全国软件的登记工作。”第23条规定：“在本条例发布以后发表的软件，可向软件登记管理机构办理登记申请，登记获准之后，由软件登记管理机构发放登记证明文件，并向社会公告。”第24条规定：“向软件登记管理机构办理软件著作权的登记，是根据本条例提出软件权纠纷行政处理或者诉讼的前提。软件登记管理机构发放的登记证明文件，是软件著作权有效或者登记申请文件中所述事实确实的初步证明。”第25条规定：“软件著作权人申请登记时应当提交：(一)按规定填写的软件著作权登记表；(二)符合规定的软件鉴别材料。软件著作权人还应当按规定交纳登记费。软件登记的具体管理办法和收费标准由软件登记管理机构公布。”2001年《计算机软件保护条例》将上述内容合并在一条即第7条，规定了软件著作权登记制度，将原有的带有一定强制性的登记制度改为自愿登记制度，将原有的登记机关由国务院授权的软件登记管理机构改为国务院著作权行政管理部门认定的软件登记机构。2011年、2013年修订《计算机软件保护条例》时予以沿用。

三、条文解读

计算机软件著作权登记大体分为不登记自动保护、强制登记、自愿登记三种情况。各国根据各自国情采用了不同做法，目前比较主流的做法是自愿登记、登记文件作为初步证明，这符合计算机软件作为著作权保护客体应当自动产生著作权的法理基础，也是大多数国家根据《伯尔尼公约》的要求进行的法律修改。受到著作权保护的计算机软件虽然相比其他作品有其自身特点，但强制登记制度显然违背了著作权自动保护的基本原则，而且也不符合有关国际公约的要求。在1991年《计算机软件保护条例》发布不久，最高人民法院、国务院版权局就不断出台司法解释和部门规章予以调整，最终在公布2001年《计算机软件保护条例》时，将原有的强制登记制度改为自愿登记制度。

软件登记机构的本质是服务机构，其登记内容除非涉及商业秘密和技术秘密，一般向社会公开，涉及商业秘密和技术秘密的，也可依法、依程序向执法机关和司法机关提供。这是促进计算机软件作为知识产权要素有效流通、减少重复投入、一定程度上避免权利争议的有效做法。

适用指引

根据本条例规定的登记办法，国务院著作权行政管理部门认定的软件登记机构对计算机软件的登记实行形式审查。计算机软件作为著作权保护的对象，其权利取得与通常的著作权作品一样，均是原始取得，并不需要登记，而是完成即取得，登记仅仅是将其信息固定下来并进行公示的形式，因此，计算机软件的权属登记证书登记的事项是初步证明文件，并不意味着登记机构对其权利登记内容的认定，其登记内容均可被其他证据推翻。计算机软件登记具有以下积极作用：一是在于其公示性，对于具有相同软件功能开发需求的主体可以避免重复开发，促进知识产权要素流通；二是在于筛选性，可以初步排除部分不符合基本要求的计算机软件产品；三是在于其确定性，将登记的计算机软件的信息确定下来，在发生争议时可以直接进行认定，由此减少了一部分内容和信息上有可能发生的争议。司法实践中要特别注意的是，基于计算机软件的登记是形式审查，其登记的信息和内容在诉讼过程中均可以被其他证据推翻，要避免登记是取得计算机软件著作权的要件和登记内容证明效力当然大于其他证据的错误认知。

一、关于软件著作权自愿登记制度

计算机软件著作权自愿登记制度，符合《与贸易有关的知识产权协定》的要求，与国际公约保持一致。具体来讲包括三方面内容，即登记自愿、登记机构法定以及登记的效力。

（1）自愿登记。软件著作权人可以选择登记，也可以选择不登记，计算机软件著作权人不登记不影响其对自主开发完成的计算机软件享有相应的权利，与其他著作权一样，计算机软件一般自开发完成之日即享有相应的著作权。

（2）登记机构法定。软件登记的机构由国务院著作权行政管理部门认定，软件登记机构主要是服务机构，而非行政管理机构，其目的在于促进计算机软件行业健康有序发展。

（3）登记的效力。软件登记机构发放的登记证明文件是登记事项的初步证明，也就是说，在无相反证明的情况下，登记证明文件上的登记事项应当被认定属实。登记事项包括计算机软件的基本信息，其中计算机软件登记申请时需要写明软件名称、版本号、软件作品的说明、开发完成日期、发表状态、开发方式、著作权人、软件主要功能与特色等。最终颁发的计算机软件著作权登记证书的内容包括软件名称、著作权人、开发完成时间、首次发表日期、权利取得方式、权利范围、登记号、程序和文档的鉴别材料。

软件登记证明文件是登记事项的初步证明要分两个方面理解。一是登记的相关事项，一般需要提供相应的证明文件。软件登记机构仅对这部分的证明文件作形式审查，且其中部分事项无法提供证明文件，如开发完成日期，因此，在司法实践中，这部分事项是可以被相反证据推翻的。二是登记的计算机软件的具体内容可以用于确定著作权人主张权利的计算机软件的内容或版本。司法实践中，被诉侵权人对主张权利的计算机软件内容或版本有异议的，法院可通过对主张权利的计算机软件与登记的计算机软件内容进行同一性比对进行确认。虽然与其他著作权登记需要提供作品样本不同，计算机软件登记需要提交的鉴别材料是程序和文档的前后各连续 30 页，只有在程序和文档不满 60 页的情况下才要求提交全部内容，但该部分登记内容足以作为确认主张权利的计算机软件的内容或版本的依据。这是因为计算机软件编辑过程中会对部分核心或基础语言进行反复引用，主张权利的计算机软件与登记的鉴别材料是否为同一软件较容易鉴别，一般不存在伪造变造的可能性。

二、关于登记收费

本条同时规定了办理软件登记应当缴纳费用，以及收费标准的制定。按照本条第 2 款规定，软件登记的收费标准由国务院著作权行政管理部门会同国务院价格主管部门规定。软件登记的收费属于行政性收费，对软件登记进行收费符合国际惯例和其他国家的通行做法。这既是出于行政管理的需要，也是对权利人权利义务相一致原则的践行。计算机软件著作权人通过缴纳费用，在可更好维护其享有相关著作权的同时，也应负担软件登记涉及的登记申请、审查以及登记公告等登记工作投入的成本和费用。

第八条　软件著作权人享有下列各项权利：

（一）发表权，即决定软件是否公之于众的权利；

（二）署名权，即表明开发者身份，在软件上署名的权利；

（三）修改权，即对软件进行增补、删节，或者改变指令、语句顺序的权利；

（四）复制权，即将软件制作一份或者多份的权利；

（五）发行权，即以出售或者赠与方式向公众提供软件的原件或者复制件的权利；

（六）出租权，即有偿许可他人临时使用软件的权利，但是软件不是出租的主要标的的除外；

（七）信息网络传播权，即以有线或者无线方式向公众提供软件，使公众可以在其个人选定的时间和地点获得软件的权利；

（八）翻译权，即将原软件从一种自然语言文字转换成另一种自然语言文字的权利；

（九）应当由软件著作权人享有的其他权利。

软件著作权人可以许可他人行使其软件著作权，并有权获得报酬。

软件著作权人可以全部或者部分转让其软件著作权，并有权获得报酬。

关联规定

一、国际条约

1.《保护文学和艺术作品伯尔尼公约》

第6条

1. 不受作者经济权利的影响，甚至在上述经济权利转让之后，作者仍保有要求其作品作者身份的权利，并有权反对对其作品的任何有损其声誉的歪曲、割裂或其他更改，或其他损害行为。

2. 根据以上第一款给予作者的权利，在其死后应至少保留到作者经济权利期满为止，并由被求给予保护的国家本国法所授权的人或机构行使之。但在批准或加入本公约文本时其法律中未包括有保证在作者死后保护以上第一款承认的全部权利的各国，有权规定对这些权利中某些权利在作者死后不予保留。

3. 为保障本条所承认的权利而采取的补救方法由被要求给予保护的国家的法律规定。

第8条

受本公约保护的文学艺术作品的作者，在对原作享有权利的整个保护期内，享有翻译和授权翻译其作品的专有权利。

第9条

1. 受本公约保护的文学艺术作品的作者，享有授权以任何方式和采取任何形式复制这些作品的专有权利。

2. 本同盟成员国法律得允许在某些特殊情况下复制上述作品，只要这种复制不损害作品的正常使用也不致无故侵害作者的合法利益。

3. 所有录音或录像均应视为本公约所指的复制。

2.《与贸易有关的知识产权协定》

第11条 出租权

至少就计算机程序和电影作品而言，一成员应给予作者及其合法继承人准许或禁止向公众商业性出租其有版权作品的原件或复制品的权利。一成员对电影作品可不承担此义务，除非此种出租已导致对该作品的广泛复制，从而实质性减损该成员授予作者及其合法继承人的专有复制权。就计算机程序而言，如该程序本身不是出租的主要标的，则这一义务不适用于出租。

二、法律、行政法规、司法解释

1.《中华人民共和国著作权法》

第十条 著作权包括下列人身权和财产权：

（一）发表权，即决定作品是否公之于众的权利；

（二）署名权，即表明作者身份，在作品上署名的权利；

（三）修改权，即修改或者授权他人修改作品的权利；

（四）保护作品完整权，即保护作品不受歪曲、篡改的权利；

（五）复制权，即以印刷、复印、拓印、录音、录像、翻录、翻拍、数字化等方式将作品制作一份或者多份的权利；

（六）发行权，即以出售或者赠与方式向公众提供作品的原件或者复制件的权利；

（七）出租权，即有偿许可他人临时使用视听作品、计算机软件的原件或者复制件的权利，计算机软件不是出租的主要标的的除外；

（八）展览权，即公开陈列美术作品、摄影作品的原件或者复制件的权利；

（九）表演权，即公开表演作品，以及用各种手段公开播送作品的表演的权利；

（十）放映权，即通过放映机、幻灯机等技术设备公开再现美术、摄影、视听作品等的权利；

（十一）广播权，即以有线或者无线方式公开传播或者转播作品，以及通过扩音器或者其他传送符号、声音、图像的类似工具向公众传播广播的作品的权利，但不包括本款第十二项规定的权利；

（十二）信息网络传播权，即以有线或者无线方式向公众提供，使公众可以在其选定的时间和地点获得作品的权利；

（十三）摄制权，即以摄制视听作品的方法将作品固定在载体上的权利；

（十四）改编权，即改变作品，创作出具有独创性的新作品的权利；

（十五）翻译权，即将作品从一种语言文字转换成另一种语言文字的权利；

（十六）汇编权，即将作品或者作品的片段通过选择或者编排，汇集成新作品的权利；

（十七）应当由著作权人享有的其他权利。

著作权人可以许可他人行使前款第五项至第十七项规定的权利，并依照约定或者本法有关规定获得报酬。

著作权人可以全部或者部分转让本条第一款第五项至第十七项规定的权利，并依照约定或者本法有关规定获得报酬。

2.《最高人民法院关于审理著作权民事纠纷案件适用法律若干问题的解释》

第九条 著作权法第十条[①]第（一）项规定的“公之于众”，是指著作权人自行或者经著作权人许可将作品向不特定的人公开，但不以公众知晓为构成

① 此处指的是2010年修正的《著作权法》，对应的是2020年修正的《著作权法》第9条。

条件。

3.《最高人民法院关于审理侵害信息网络传播权民事纠纷案件适用法律若干问题的规定》

第二条 本规定所称信息网络，包括以计算机、电视机、固定电话机、移动电话机等电子设备为终端的计算机互联网、广播电视网、固定通信网、移动通信网等信息网络，以及向公众开放的局域网络。

条文释义

一、本条主旨

本条是关于软件著作权人享有的各项具体权利的规定。

二、条文演变

1991年《计算机软件保护条例》第9条规定："软件著作权人享有下列各项权利：（一）发表权：即决定软件是否公之于众的权利；（二）开发者身份权：即表明开发者身份的权利以及在其软件上署名的权利；（三）使用权：即在不损害社会公共利益的前提下，以复制、展示、发行、修改、翻译、注释等方式使用其软件的权利；（四）使用许可权和获得报酬权，即许可他人以本条第（三）项中规定的部分或者全部方式使用其软件的权利和由此而获得报酬的权利；（五）转让权，即向他人转让由本条第（三）项和第（四）项规定的使用权和使用许可权的权利。"2001年《计算机软件保护条例》第8条规定了软件著作权人所享有的权利，与1991年《计算机软件保护条例》第9条相比，主要有以下几点修改：（1）将"开发者身份权"修改为"署名权"；（2）删除"使用权"，细化、补充了修改权、复制权、发行权、出租权、信息网络传播权、翻译权；（3）删除使用许可权、获得报酬权、转让权，对软件著作权的许可和转让问题进行了重新规定；（4）增加了兜底性规定，即"应当由软件著作权人享有的其他权利"。2011年、2013年修订《计算机软件保护条例》时予以沿用。

三、条文解读

本条第1款规定了软件著作权人可以享有的各项具体权利，第2款、第3款分别规定了软件著作权的许可和转让问题。理解、掌握本条规定，可在比较软件著作权人依据本条第1款享有的权利与一般作品著作权人依据《著作权法》第10条所享有权利的异同点的基础上进行。

首先，本条未将软件著作权人所享有的各项权利区分为著作人身权与著作财产权。根据《与贸易有关的知识产权协定》第10条的规定，计算机软件应作为文字作品给予保护。但是，消费者在使用计算机软件时，看重的是计算机软件的技术性、功能性、实用性，而不会像对待一般的文字作品那样品读、欣赏，故在商业实践中，计算机软件往往被当作产品对待，而不是当作作品对待。因此，从计算机软件的技术性、功能性、实用性特征以及商业实践出发，立法者未在本条例中延续"作品是作者人格的外化，著作人身权专属于作者"这一理念；本条第1款笼统地表述为"软件著作权人享有下列各项权利"，而《著作权法》第10条则规定"著作权包括下列人身权和财产权"，明确区分了人身权和财产权。

其次，本条未规定保护作品完整权、展览权、表演权、放映权、广播权、摄制权、改编权、汇编权。由于计算机软件自身的物理属性，其在实际使用过程中不存在表演、放映、广播、摄制的用途，亦不像美术作品那样具有展览的价值，故本条未规定展览权、表演权、放映权、广播权、摄制权。保护作品完整权原本是基于"作品是作者人格的外化，保护作品的完整是为了保护作者的人格利益"这一理念而产生，但计算机软件所具有的技术性、实用性、功能性使其更接近于工业产品，不像一般的作品在使用过程中需要忠于作者的本意，避免对作者的声誉造成损害，故计算机软件一般不存在保持作品完整性的问题，无须规定保护作品完整权。至于软件著作权人是否应享有改编权、汇编权，本条例在修订过程中存在不同意见，最终以规定兜底条款的方式一并予以解决。①

再次，就具体权利内容来看，软件著作权人所享有的修改权、翻译权具有其自身特点。关于修改权，根据本条规定，修改权为"对软件进行增补、删

① 参见徐玉麟主编：《计算机软件保护条例释义》，中国法制出版社2002年版，第29页。

节，或者改变指令、语句顺序的权利”。需要注意的是，这些修改均是为了增强软件功能，改善软件性能，或者使软件与不同的应用环境相兼容。[①] 如果行为人仅仅是修改软件的下载安装界面，因该行为对软件的后续正常使用、功能无任何影响，故不属于本条例所界定的“修改”行为，未落入“修改权”的保护范围。关于翻译权，根据本条规定，翻译权为“将原软件从一种自然语言文字转换成另一种自然语言文字的权利”。可见，把软件程序从一种编程语言转换成另一种编程语言，并不属于本条例所规定的“翻译”。在软件产业中，此种转换编程语言的行为被称为“软件移植”，是为了让软件程序能够在不同的计算机和操作系统下运行。相比于设计、开发一个新软件，软件移植省去了功能调研、系统分析、算法设计等软件开发步骤，并且行为人在移植软件的过程中，主要运用其掌握的技艺，无须进行创作，因此，未经软件著作权人许可的软件移植行为显然具有不正当性。对此种行为，软件著作权人虽不能通过翻译权予以规制，但可通过本条第 1 款第 9 项“应当由软件著作权人享有的其他权利”或者反不正当竞争法的相关规定予以规制。本条规定的翻译权，主要是规制对软件程序中所涉及自然语言的翻译行为，以及对软件文档的翻译行为。此种翻译行为，主要是为了让使用不同语言文字的人能够理解并操作软件，如将某一英文版软件进行中文翻译，翻译后该软件所具有的功能并不发生变化。

最后，关于软件著作权的许可和转让。对于一般作品的著作权许可和转让，《著作权法》第 10 条第 2 款、第 3 款规定：“著作权人可以许可他人行使前款第五项至第十七项规定的权利，并依照约定或者本法有关规定获得报酬。著作权人可以全部或者部分转让本条第一款第五项至第十七项规定的权利，并依照约定或者本法有关规定获得报酬。”基于计算机软件具有的技术性、功能性、实用性等特征，本条规定，软件著作权人在许可或者转让其软件著作权时，所有的权能均可成为合同的标的，由双方协商一致确定，不再进行法定限制。

适用指引

随着网络经济的发展，计算机软件领域出现了一种新的商业模式——免费软件。对于一般的作品来说，著作权人通过控制作品的传播获取经济利益，包

① 参见徐玉麟主编：《计算机软件保护条例释义》，中国法制出版社 2002 年版，第 37 页。

括传播前的预备行为，如复制、摄制、翻译等，以及各种不同途径的具体传播行为，如发行、出租、展览、表演、放映、广播、信息网络传播等。但是，与一般的作品不同，免费软件著作权人的经济利益来源于软件运行过程中的商业广告投放、后期的增值服务（如将标准版的免费软件升级为增强版的付费软件）等直接获利，以及将免费软件用户引流至软件著作权人其他高利润收费软件产品等间接获利。免费软件的著作权人并非通过控制作品的传播以获取经济利益，恰恰相反，免费软件的著作权人不仅不控制软件的传播，还要通过包括免费使用、奖励用户积分等各种方式努力推广其软件的传播，甚至愿意付费给专门的软件下载平台帮助推广其软件，从而在吸引更多用户的基础上，获取更多的广告费、增值服务费等流量利益。免费软件的著作权保护，主要涉及免费软件开发者、免费软件下载平台、消费者三方利益与法律关系。对于软件下载平台传播他人享有著作权的免费软件并"捆绑"下载自营软件等行为的定性，可参考后附类案检索。

类案检索

一、北京金山安全软件有限公司、北京猎豹移动科技有限公司诉上海二三四五网络科技有限公司侵害计算机软件著作权及不正当竞争纠纷案

关键词：计算机软件著作权　信息网络传播权　"捆绑"下载

裁判摘要：与一般的作品不同，免费软件的著作权人并非通过控制作品的传播以获取经济利益，其经济利益主要来源于软件运行过程中的商业广告投放、后期的增值服务（如将标准版的免费软件升级为增强版的付费软件等）等直接获利，以及将免费软件用户引流至软件著作权人其他高利润收费软件产品等间接获利。故免费软件的著作权人往往不仅不控制软件的传播，还要通过包括免费使用、奖励用户积分等各种方式努力推广其软件的传播，甚至愿意付费给专门的软件下载平台帮助推广其软件，从而在吸引更多用户的基础上，获取更多的广告费、增值服务费等流量利益。

《用户使用授权协议》中关于用户"必须保证每一份复制、分发和传播都必须是完整和真实的，包括所有有关本软件产品的软件、电子文档、版权和商

标宣言，亦包括本协议”的声明，旨在保护金山公司、猎豹公司对涉案软件享有的署名权、修改权，这些权益内容均独立于信息网络传播权。二三四五公司虽然在传播涉案软件的过程中存在修改安装界面、“捆绑”自营软件的行为，但这些行为并未影响涉案软件的传播与运行，并未影响金山公司、猎豹公司基于新传播的涉案软件获取新的用户流量、收获更多经济利益，故不影响“二三四五公司的传播行为不侵害金山公司、猎豹公司就涉案软件享有的信息网络传播权”的定性。

免费软件下载平台为了给网络用户提供优质、方便、快捷、安全的软件下载服务，无疑需要在甄别、收集、整合软件资源以及提供、维护专业服务器等方面付出大量成本。为了形成免费软件开发者、免费软件下载平台、消费者各方“共赢”的良好市场生态，应允许软件下载平台开拓各种适当的途径，包括在提供下载服务的同时“捆绑”其自营软件，以获取网络用户的“注意力”“流量”等经济利益。

【案　　号】（2020）最高法知民终1567号

【审理法院】最高人民法院

【来　　源】中国裁判文书网

二、徐州市创新科技发展有限公司诉厉海林侵害计算机软件著作权纠纷案

关键词：计算机软件　著作权　修改权

裁判摘要：徐州市创新科技发展有限公司是涉案软件的著作权人，根据《计算机软件保护条例》第8条第1款第3项关于修改权的规定，其在涉案软件后续使用过程中有权对该软件进行修改，以使软件不断优化升级以适应实际使用中出现的新需求。

【案　　号】（2021）最高法知民终667号

【审理法院】最高人民法院

【来　　源】中国裁判文书网

第九条　软件著作权属于软件开发者，本条例另有规定的除外。

如无相反证明，在软件上署名的自然人、法人或者其他组织为开发者。

关联规定

一、国际条约

《保护文学和艺术作品伯尔尼公约》

第 15 条

1. 受本公约保护的文学艺术作品的作者，只要其名字以通常方式出现在该作品上，在没有相反证据的情况下，即视为该作品的作者并有权在本同盟成员国中对侵犯其权利的人提起诉讼。即使作者采用的是假名，只要根据作者的假名可以毫无疑问地确定作者的身份，本款也同样适用。

2. 以通常方式在电影作品上署名的自然人或法人，除非有相反的证据，即推定为该作品的制片人。

3. 对于不具名作品和以上第一款所述情况以外的假名作品，如果出版者的名字出现在作品上，在没有相反证据的情况下，该出版者即视为作者的代表，并以此资格有权维护和行使作者的权利。当作者公开其身份并证实其为作者时，本款的规定即停止适用。

二、法律、行政法规、司法解释

1.《中华人民共和国著作权法》

第十一条　著作权属于作者，本法另有规定的除外。

创作作品的自然人是作者。

由法人或者非法人组织主持，代表法人或者非法人组织意志创作，并由法人或者非法人组织承担责任的作品，法人或者非法人组织视为作者。

第十二条　在作品上署名的自然人、法人或者非法人组织为作者，且该作品上存在相应权利，但有相反证明的除外。

作者等著作权人可以向国家著作权主管部门认定的登记机构办理作品登记。

与著作权有关的权利参照适用前两款规定。

2.《最高人民法院关于审理著作权民事纠纷案件适用法律若干问题的解释》

第七条 当事人提供的涉及著作权的底稿、原件、合法出版物、著作权登记证书、认证机构出具的证明、取得权利的合同等，可以作为证据。

在作品或者制品上署名的自然人、法人或者非法人组织视为著作权、与著作权有关权益的权利人，但有相反证明的除外。

第十一条 因作品署名顺序发生的纠纷，人民法院按照下列原则处理：有约定的按约定确定署名顺序；没有约定的，可以按照创作作品付出的劳动、作品排列、作者姓氏笔画等确定署名顺序。

条文释义

一、本条主旨

本条是关于软件著作权原始归属问题的规定。

二、条文演变

1991年《计算机软件保护条例》第10条规定："软件著作权属于软件开发者，本条例有专门规定者从其规定。"该条对软件著作权的原始归属问题作了规定，但未规定软件的署名推定规则。2001年《计算机软件保护条例》第9条将上述规定修改为："软件著作权属于软件开发者，本条例另有规定的除外。如无相反证明，在软件上署名的自然人、法人或者其他组织为开发者。"修改主要体现在：一是例外情形的表述从"本条例有专门规定者从其规定"修改为"本条例另有规定的除外"；二是增加了软件的署名推定规则。2011年、2013年修订《计算机软件保护条例》时予以沿用。

三、条文解读

所谓著作权的原始归属，是指一件作品创作完成之时，应当由谁来享有该作品的著作权。根据我国《著作权法》第3条规定，计算机软件属于《著作权法》所称的作品。因此，计算机软件属于《著作权法》的保护客体。我国《著作权法》第11条第一款规定："著作权属于作者，本法另有规定的除外。"计算机软件作为作品的一种类型，其开发者应享有作者的权利。根据《著作权法》第11条的规定，本条第1款规定："软件著作权属于软件开发者，本条例另有规定的除外。"作品作为一种智力成果，其作者原则上只能是自然人，但也有例外情形，《著作权法》第11条第3款规定："由法人或者其他组织主持，代表法人或者其他组织意志创作，并由法人或者其他组织承担责任的作品，法人或者其他组织视为作者。"基于上述规定，本条例第3条第3项规定："软件开发者，是指实际组织开发、直接进行开发，并对完成开发的软件承担责任的法人或其他组织；或者依靠自己具有的条件独立完成软件开发，并对软件承担责任的自然人。"根据该规定，软件开发者可以是自然人，也可以是法人或其他组织。软件开发者是法人或者其他组织的，该软件应当系由法人或其他组织主持、代表法人或其他组织意志创作，并由法人或者其他组织承担责任。实际上，在计算机软件开发领域，由法人或者其他组织制订开发计划、提供资金、组织众多技术人员共同开发软件的情形更为多见。

在计算机软件侵权纠纷中，原告首先要证明自己享有软件著作权或者自己是软件的开发者。一律要求原告提供其开发软件的源代码予以证明，既增加操作难度，也不符合客观实际。本条第2款规定："如无相反证明，在软件上署名的自然人、法人或者其他组织为开发者。"本款是关于通过署名推定软件开发者的规定。通过软件署名确认软件开发者，既方便确认软件开发者，也能够引导软件开发者重视软件署名权，在将来产生软件著作权侵权纠纷时可以减轻其关于权属的举证责任。当然，在软件上署名的并不一定就是开发者，也有将他人开发的软件署自己名字的情形，这种情形下，要推翻署名对于作者身份的推定作用，需要提供相反证明，如软件源代码、取得权利的合同等。此外，软件著作权登记也往往被用作证明软件权属的初步证据。审判实践中，因软件署名顺序产生争议时，可以根据《著作权解释》第11条规定处理，即"有约定的按照约定确定署名顺序；没有约定的，可以按照开发软件付出的劳动、作品排列、作者姓名笔画等确定署名顺序”。

适用指引

在审判实践中，适用本条规定应当注意以下四点。

第一，软件开发者的认定。《著作权法》第 14 条规定：“两人以上合作创作的作品，著作权由合作作者共同享有。没有参加创作的人，不能成为合作作者。”对于计算机软件的合作开发，本条例并未作出上述类似规定，即未将没有参加实际开发的人员明确排除在合作开发者之外。这主要是考虑到软件开发不同于一般作品的合作创作，特别是对于功能复杂、经济价值较大的软件，需要各方的全力合作。只要符合本条例第 3 条第 3 项关于软件开发者的定义，即属于实际组织开发、直接进行开发或者独立完成开发软件工作的主体，均可以认定为软件开发者。

第二，本条例另有规定的情形。本条例另有规定的情形，是指本条例第 10 条至第 13 条分别规定的合作开发软件、委托开发软件、国家机关下达任务开发软件和职务软件等情形。

第三，署名推定原则的适用。署名权是著作权人重要的人身权利之一，作者有权决定是否在自己所开发的软件上署名，决定署名形式，也有禁止非软件开发者在软件上署名的权利。一般情况下，只有软件开发者才享有署名权，以通常方式署名的应当推定为软件开发者。在判断是否属于“通常的署名方式”时，应当重点审查是否属于著作权法意义上的署名方式、是否符合相应作品的表现形式、行业惯例和公众认知习惯。软件开发者通常在以下多个地方进行署名：（1）软件的源代码、目标代码、运行界面；（2）软件的设计文档、开发文档、用户手册；（3）软件固定的有形物体；（4）软件发行的包装、宣传、合同等商业文件等。此外，软件开发者进行过计算机软件著作权登记并取得《计算机软件著作权登记证书》的，如无相反证据，该登记证书上载明的软件的著作权人将被直接推定为享有该软件的著作权。

第四，“相反证明”的把握。“权利人和权利推定”是法律推定，是一种证明方法，适用于一般情况，并非不可反驳，只要有相反证据证明自己是软件的真正著作权人或者署名人并非著作权人的，都可以推翻之前的推定。从举证责任角度来看，依据署名推定作者，进而推定著作权人，其实质上也体现了“初步证据规则”，即署名也是证明权利归属的初步证据，自然可通过相反证明予以推翻，此时举证责任转移至对方当事人，对方当事人提供相反证明应达到足以使上述推定真伪不明的程度，即足以动摇“在软件上署名的自然人、法人或者其他组织为开发者”这一待证事实，使其处于真伪不明的状态。对于诉讼参与人提出的相反证明，司法机关应当就其是否成立进行审查判断。实践中，通常可通过提交创作事实方面的证据，来确定软件开发者的身份，如职务作品中劳动合同、委托创作合同、合作开发合同等合同文件，项目立项申请书、任务分配表，以及过程开发文档、软件开发修改单、代码中的版权标识信息等。

类案检索

重庆世茂科技有限公司诉重庆索鼎科技有限公司等著作权侵权纠纷案

关键词：著作权　计算机软件　署名　开发者

裁判摘要：世茂公司主张权利的软件为“世茂住宅专项维修资金管理系统 V2.0”，加载该软件的源代码，运行界面显示“住宅专项维修资金管理系统 V2.0”，并在页面底端显示有“重庆世茂科技有限公司研制开发”字样。故世茂公司为“住宅专项维修资金管理系统 V2.0”软件的开发者，享有该软件的著作权。加载索鼎软件的源代码，运行界面显示的名称为“物业专项维修资金管理系统”，并在页面底端显示有“重庆索鼎科技有限公司研发部制作”字样，故索鼎公司为“物业专项维修资金管理系统”软件的开发者。

【案　　号】（2015）渝一中法民终字第 04837 号

【审理法院】重庆市第一中级人民法院

【来　　源】中国裁判文书网

第十条 由两个以上的自然人、法人或者其他组织合作开发的软件，其著作权归属由合作开发者签订书面合同约定。无书面合同或者合同未作明确约定，合作开发的软件可以分割使用的，开发者对各自开发的部分可以单独享有著作权；但是，行使著作权时，不得扩展到合作开发的软件整体的著作权。合作开发的软件不能分割使用的，其著作权由各合作开发者共同享有，通过协商一致行使；不能协商一致，又无正当理由的，任何一方不得阻止他方行使除转让权以外的其他权利，但是所得收益应当合理分配给所有合作开发者。

关联规定

一、法律、行政法规、司法解释

1.《中华人民共和国民法典》

第八百五十一条 技术开发合同是当事人之间就新技术、新产品、新工艺、新品种或者新材料及其系统的研究开发所订立的合同。

技术开发合同包括委托开发合同和合作开发合同。

技术开发合同应当采用书面形式。

当事人之间就具有实用价值的科技成果实施转化订立的合同，参照适用技术开发合同的有关规定。

第八百五十五条 合作开发合同的当事人应当按照约定进行投资，包括以技术进行投资，分工参与研究开发工作，协作配合研究开发工作。

第八百五十六条 合作开发合同的当事人违反约定造成研究开发工作停滞、延误或者失败的，应当承担违约责任。

第八百七十六条 集成电路布图设计专有权、植物新品种权、计算机软件著作权等其他知识产权的转让和许可，参照适用本节的有关规定。

2.《中华人民共和国著作权法》

第十四条 两人以上合作创作的作品，著作权由合作作者共同享有。没有参加创作的人，不能成为合作作者。

合作作品的著作权由合作作者通过协商一致行使；不能协商一致，又无正当理由的，任何一方不得阻止他方行使除转让、许可他人专有使用、出质以外的其他权利，但是所得收益应当合理分配给所有合作作者。

合作作品可以分割使用的，作者对各自创作的部分可以单独享有著作权，但行使著作权时不得侵犯合作作品整体的著作权。

3.《中华人民共和国著作权法实施条例》

第九条 合作作品不可以分割使用的，其著作权由各合作作者共同享有，通过协商一致行使；不能协商一致，又无正当理由的，任何一方不得阻止他方行使除转让以外的其他权利，但是所得收益应当合理分配给所有合作作者。

4.《最高人民法院关于审理技术合同纠纷案件适用法律若干问题的解释》

第四十六条 计算机软件开发等合同争议，著作权法以及其他法律、行政法规另有规定的，依照其规定；没有规定的，适用民法典第三编第一分编的规定，并可以参照民法典第三编第二分编第二十章和本解释的有关规定处理。

二、部门规章及规范性文件

《计算机软件著作权登记办法》

第八条 合作开发的软件进行著作权登记的，可以由全体著作权人协商确定一名著作权人作为代表办理。著作权人协商不一致的，任何著作权人均可在不损害其他著作权人利益的前提下申请登记，但应当注明其他著作权人。

条文释义

一、本条主旨

本条是关于合作开发软件的著作权归属及权利行使的规定。

二、条文演变

1991年《计算机软件保护条例》第11条规定："由两个以上的单位、公民合作开发的软件，除另有协议外，其软件著作权由各合作开发者共同享有。合作开发者对软件著作权的行使按照事前的书面协议进行。如无书面协议，而合作开发的软件可以分割使用的，开发者对各自开发的部分可以单独享有著作权，但行使著作权时不得扩展到合作开发的软件整体的著作权。合作开发的软件不能分割使用的，由合作开发者协商一致行使。如不能协商一致，又无正当理由，任何一方不得阻止他方行使除转让权以外的其他权利，但所得收益应合理分配给所有合作开发者。”2001 年《计算机软件保护条例》将上述规定修改为第 10 条，内容修改之处在于：一是将“两个以上的单位、公民合作开发”修改为“两个以上的自然人、法人或者其他组织合作开发”，使用了表述民事法律关系主体的常用概念；二是将合作开发软件的著作权归属的“另有协议”改为“签订书面合同约定”，在注重合作开发者意思自治的基础上强调了合同的形式应当是书面形式。2011 年、2013 年修订《计算机软件保护条例》时予以沿用。

三、条文解读

合作开发的软件，是指由两个或者两个以上的自然人、法人或者其他组织共同开发完成的软件。合作开发的软件也称为共同开发的软件。[①]

（一）合作开发者的认定

软件的开发，往往不仅要有智力投入，还要有资金、设备、资料等物质投入，需要各方面的通力合作。合作开发软件在实践中非常普遍。所谓合作开发，首先，各合作开发者必须有合作开发的合意，即各合作开发者开发软件的目的是将各自开发的部分整合为一个整体，该整体的各部分既可以是能够分割并单独使用的软件，也可以是只能作为整体的一部分而不能与其他部分分割使用的软件。部分国家的著作权立法要求合作作品中各合作作者各自的贡献在整体作品中无法区分或分割，并以此作为认定合作作品的要件。我国《著作权法》及本条例均未对此进行限制。其次，各合作开发者应当属于本条例第 3 条第 3 项规定的软件开发者。根据本条例第 10 条的规定，软件合作开发者，是指共同开发完成软件的自然人、法人或者其他组织。《著作权法》第 14 条规定，两人以上合作创作的作品，著作权由合作作者共同享有。没有参加创作的人，不能成为合作作者。该条规定将没有实际参与创作的人排除在作者之外。

① 参见徐玉麟主编：《计算机软件保护条例释义》，中国法制出版社 2002 年版，第 47 页。

本条例第10条没有将没有参加实际开发的人明确排除在合作开发者之外，这主要是由于本条例第3条第3项对于软件开发者的界定本身就包含了组织开发的主体。例如，多个自然人在合作开发软件时，可能的工作安排是，若干自然人主要从事研究开发工作，而其他自然人从事组织开发或者提供资金、后勤保障等工作，上述自然人均可以作为合作开发者。

（二）合作开发的软件著作权的归属和行使

1. 有书面约定从其约定

对于合作开发的软件，如果合作开发者签订书面合同对归属进行了约定，根据该约定确定归属。

2. 无约定根据是否可以分割使用而采取不同做法

在无书面合同或者合同未作明确约定的情况下，对于可以分割使用的合作开发软件，由于各合作开发者各自开发的部分均相对独立于其他部分，且可以被分割开单独进行使用，开发者对各自开发的部分可以单独享有著作权。也就是说，各合作开发者使用其单独开发完成的部分不需要经过其他合作开发者的许可。但是，各合作开发者在行使权利时不能扩展到合作开发的软件整体的著作权，即不能超越各自的权利界限。

对于不能分割使用的合作开发软件，其著作权由各合作开发者共同享有，也就是每个开发者均是共有著作权人。在行使该软件的著作权时，各合作开发者应当进行协商，在协商一致的情况下，按照协商一致的约定行使该软件的著作权。在不能协商一致的情况下，如果没有正当理由，任何一方都不能阻止他方行使除转让权以外的其他权利，但所得收益应当合理分配给所有合作开发者。该规定既保护了各合作开发者的利益，也保障了软件著作权的行使，使得已开发完成的软件能够被使用，增加社会效用。

适用指引

对于合作创作的作品、合作开发的专利的归属以及权利行使，《著作权法》《专利法》的相关规定的精神基本一致，但后者没有对可以分割使用问题作出规定。

本条以及其后的第11条关于委托开发软件的规定、第12条关于国家机关下达任务开发的软件的规定、第13条关于职务软件的规定是现实经济生活中最为常见的非独立开发软件的四种类型，均需要确定所开发的软件的权属及权利人的权利边界。在审判实践中遇到类似软件开发归属争议时，需要准确判断属于哪类情况，从而正确认定归属。

与一般作品的合作创作不同，计算机软件的开发比较复杂，涉及很多方面的工作和需求，包括软件的需求分析、功能设计、算法设计、程序编写、应用测试等，不仅需要大量的程序编写人员、研究开发人员和组织协调人员，而且对设备和资金的需求也比较大。考虑到计算机软件开发的上述特点，本条并没有按照《著作权法》的规定将合作开发的组织者和资金、设备提供方等排除在开发者之外，而是规定合作开发的软件的著作权归属在没有协议约定的情况下由合作开发者共同享有。也就是说，合作开发的软件体现了合作开发者的共同意思，是根据合作开发者的意图、在有意识的协调合作基础上完成的成果。在此需要注意合作开发软件与委托开发软件的区别，委托开发软件虽然由受托人完成开发，委托人不参与实际开发工作，但该软件却要体现委托人的意图，委托人的意图主要是通过提出软件功能需求、明确软件使用场景要求等来实现。① 此外，也需要注意合作开发软件与职务软件的区别，对于职务软件，开发者与其所任职的法人或者其他组织之间有劳动合同关系；对于合作开发软件，合作开发者是平等的民事主体。在合作开发软件的实践中，也存在这样的情况，即为便于管理和研发，在合作开发合同的基础上，作为合作一方的公司将合作另一方即自然人任命为该公司的技术负责人员，但这种关系具有临时性和特定目的性，双方仍然是合作开发软件的关系。

类案检索

一、济宁市罗盒网络科技有限公司诉广州市玩友网络科技有限公司等侵害计算机软件著作权纠纷案

关键词：合作开发　软件著作权

裁判摘要：开源软件项目的贡献者往往人数众多，互不相识且散布于全球

① 徐玉麟主编：《计算机软件保护条例释义》，中国法制出版社2002年版，第47~50页。

各地，只要项目保持开源则贡献者数量会持续动态地增加。即使涉案软件属合作作品，就在案证据难以查清所有权利人的基本情况下，若开源项目要求必须经过所有贡献者的授权才能提起诉讼，那么将导致开源软件维权无从提起。因此，法院认定，罗盒公司作为提交了绝大部分代码量的项目管理者提起本案诉讼亦无须经过其他贡献者的授权，有权单独提起本案诉讼。

【案　　号】（2019）粤73知民初207号

【审理法院】广州知识产权法院

【来　　源】2021年中国法院10大知识产权案件

二、陈某光诉山东胜软科技股份有限公司计算机软件著作权权属纠纷案

关键词：著作权　计算机软件　合作开发

裁判摘要：计算机软件开发从需求调研、架构设计到开发测试及最终成功运行是一个复杂的过程，当事人主张对软件享有共有权的，应提交参与合作开发相关软件的书面合同、工作记录等证据予以证明，无法证明其就相关软件进行合作并参与软件开发过程的，对当事人的该主张不予支持。

【案　　号】（2020）最高法知民终716号

【审理法院】最高人民法院

【来　　源】中国裁判文书网

三、珠海政采软件技术有限公司诉北京国信商通科技有限公司计算机软件著作权权属纠纷案

关键词：合作开发　软件著作权

裁判摘要：以开发软件、经营网络平台为合作内容的企业，往往在合作合同中约定相关软件著作权的归属。对于该软件著作权归属条款的理解，应结合双方开展合作的背景情况、合作目标、合作方式、实际合作内容等来进行解释。

【案　　号】（2020）最高法知民终1238号

【审理法院】最高人民法院

【来　　源】中国裁判文书网

四、娱美德有限公司、株式会社传奇IP诉亚拓士软件有限公司、蓝沙信息技术（上海）有限公司侵害计算机软件著作权纠纷案

关键词：软件共有著作权　权利行使　所得收益　合理分配

裁判摘要：共有著作权人的权利行使可以参照适用《著作权法》及其实施条例关于合作作者行使合作作品著作权的规定。原则上，共有著作权人应当通过协商一致行使著作权；不能协商一致或者实际已不具备协商可能的，任何共有著作权人无正当理由不得阻止其他共有著作权人行使除转让、许可他人专有使用、出质以外的其他权利，但是所得收益应当合理分配给所有共有著作权人。

【案　　号】（2020）最高法知民终402号

【审理法院】最高人民法院

【来　　源】《最高人民法院知识产权法庭裁判要旨（2021）》

五、张某华诉北京博地亚科技发展有限公司计算机软件开发合同纠纷案

关键词：软件共有著作权　合作开发

裁判摘要：一自然人与一法人签订合作协议，约定合作开发由五个部分组成的特定软件，并明确约定其中一部分著作权由该自然人单独所有。在合作过程中，该公司任命该自然人为其技术负责人，主要是根据以往工作经验向软件设计人员提供具体设计思想和指导，双方形成合作开发软件关系，特定部分软件的归属应当根据约定确定。

【案　　号】（2008）西民初字第4353号

【审理法院】北京市西城区人民法院

【来　　源】《人民司法·案例》2008年第24期

第十一条　接受他人委托开发的软件，其著作权的归属由委托人与受托人签订书面合同约定；无书面合同或者合同未作明确约定的，其著作权由受托人享有。

关联规定

法律、行政法规、司法解释

1.《中华人民共和国民法典》

第八百五十二条　委托开发合同的委托人应当按照约定支付研究开发经费和报酬，提供技术资料，提出研究开发要求，完成协作事项，接受研究开发成果。

第八百五十三条　委托开发合同的研究开发人应当按照约定制定和实施研究开发计划，合理使用研究开发经费，按期完成研究开发工作，交付研究开发成果，提供有关的技术资料和必要的技术指导，帮助委托人掌握研究开发成果。

第八百五十四条　委托开发合同的当事人违反约定造成研究开发工作停滞、延误或者失败的，应当承担违约责任。

2.《中华人民共和国著作权法》

第十九条　受委托创作的作品，著作权的归属由委托人和受托人通过合同约定。合同未作明确约定或者没有订立合同的，著作权属于受托人。

3.《最高人民法院关于审理著作权民事纠纷案件适用法律若干问题的解释》

第十二条　按照著作权法第十七条规定委托作品著作权属于受托人的情形，委托人在约定的使用范围内享有使用作品的权利；双方没有约定使用作品范围的，委托人可以在委托创作的特定目的范围内免费使用该作品。

条文释义

一、本条主旨

本条是关于委托开发软件的著作权归属的规定。

二、条文演变

1991年《计算机软件保护条例》第12条规定："受他人委托开发的软件，其著作权的归属由委托者与受委托者签订书面协议约定，如无书面协议或者在协议中未作明确的约定，其著作权属于受委托者。"2001年《计算机软件保护条例》将上述规定修改为第11条，内容修改主要体现在：一是将"委托者""受委托者"分别修改为"委托人""受托人"；二是将"其著作权属于受委托者"改为"其著作权由受托人享有"。2011年、2013年修订《计算机软件保护条例》时予以沿用。

三、条文解读

许多单位或个人受制于资金、技术、能力、时间等因素，或者经营范围本身不包括开发软件，往往通过委托他人代为开发软件。

（一）委托开发软件的界定

实践中，委托开发软件，是委托人与受托人签订委托开发合同后，由受托人以自己的设备、技术、知识和能力等，按照委托人的要求为委托人开发软件。委托人、受托人均可以是自然人、法人或者非法人组织，委托人与受托人之间建立的是平等的民事法律关系。委托人的主要义务是提出研究开发要求即软件功能和应用环境等、及时支付报酬、完成协助事项、接受委托开发完成的软件等，而受托人的主要义务是提供符合委托人要求的智力创作成果即软件以及帮助委托人掌握软件的使用等。

（二）委托开发软件的著作权归属

《著作权法》第19条规定："受委托创作的作品，著作权的归属由委托人和受托人通过合同约定。合同未作明确约定或者没有订立合同的，著作权属于受托人。"本条关于委托开发软件著作权归属的规定与上述规定精神一致。

适用指引

本条未规定软件著作权属于受托人时委托人的权益问题。如果委托人为特定目的委托受托人开发软件，并支付了报酬，但双方没有约定软件著作权的归属，这种情形下如果仅确定著作权归属受托人，则双方的权利义务明显失衡。因此，针对这种情形下双方的权利义务，可根据《著作权解释》第12条的规定，受托人享有著作权，但委托人可在特定范围内免费使用，从而公平合理地调整委托人与受托人之间的权益关系。需要注意的是，委托人免费使用软件应符合以下条件：（1）已向受托人支付报酬；（2）委托人对软件的使用范围须符合合同约定或委托开发软件的特定目的。

类案检索

一、宁波睿奇智威信息科技有限公司诉浙江快发科技有限公司等侵害计算机软件著作权纠纷案

关键词：侵害计算机软件著作权　委托开发　开发标的

裁判摘要：系争软件是否属于计算机软件开发合同开发标的的判断，不应拘泥于合同的字面约定，而应考虑涉案合同的目的、系争软件与合同约定软件的关联性或者功能配套性以及合同履行情况等因素综合判断。

【案　　号】（2019）最高法知民终694号

【审理法院】最高人民法院

【来　　源】《最高人民法院知识产权法庭裁判要旨（2019）》

二、欧弗瑞环保科技有限公司诉济南国迅信息科技有限公司、徐某欣、王某计算机软件开发合同纠纷案

关键词：委托开发　开发方违反瑕疵担保责任　不能实现合同目的

裁判摘要：计算机软件委托开发合同约定开发方负责开发源代码、委托方享有源代码著作权的，开发方负有权利瑕疵担保责任，即保证第三人不就该源代码享有任何权利。开发方违反权利瑕疵担保责任的，可以认定委托方取得软件著作权的合同目的不能实现，委托方有权解除合同。

【案　　号】（2021）最高法知民终677号

【审理法院】最高人民法院

【来　　源】《最高人民法院知识产权法庭裁判要旨（2021）》

三、武汉市精科绿源科技有限公司诉武汉中新蓝软件有限公司、李某武计算机软件开发合同纠纷案

关键词：软件开发合同　分阶段付款

裁判摘要：计算机软件开发合同具有履行周期较长、软件功能需求随开发进程动态调整等特点；与之相应，计算机软件开发领域具有分阶段、按比例支付款项的商业习惯。鉴于各开发阶段往往相互依存、紧密衔接，委托方每一阶段支付的款项是否仅应理解为其所对应开发阶段工作成果的对价，应当根据合同约定和履行情况具体确定。

【案　　号】（2020）最高法知民终1545号

【审理法院】最高人民法院

【来　　源】《最高人民法院知识产权法庭裁判要旨（2020）》

四、北京中易游网络科技有限公司诉北京盛世星辉网络科技有限公司计算机软件开发合同纠纷案

关键词：委托开发软件　迟延履行

裁判摘要：计算机软件开发合同履行过程中，随着委托方需求的进一步明晰、合同双方交流的不断深入、受托方阶段性完成的具体情况、市场情势的客观变化乃至交易成本控制的考量，软件内容和功能进行调整和改进实属正常，不宜仅因软件开发方超过合同约定的履行期限交付软件即简单认定其构成迟延履行。

【案　　号】（2019）最高法知民终433号

【审理法院】最高人民法院

【来　　源】《最高人民法院知识产权法庭裁判要旨（2019）》

五、重庆果动科技有限公司诉重庆上莱科技有限公司技术委托开发合同纠纷案

关键词：技术委托开发合同　软件著作权

裁判摘要：双方当事人签订的开发合同中约定由双方共同享有软件使用权及相关知识产权，包含了双方共同享有涉案软件著作权的意思表示，一方当事人以单方名义登记在自己名下，明显违反了合同约定，应承担相应的违约责任。

【案　　号】（2018）渝民终189号

【审理法院】重庆市高级人民法院

【来　　源】中国裁判文书网

第十二条　由国家机关下达任务开发的软件，著作权的归属与行使由项目任务书或者合同规定；项目任务书或者合同中未作明确规定的，软件著作权由接受任务的法人或者其他组织享有。

关联规定

法律、行政法规、司法解释

《中华人民共和国科学技术进步法》

第三十二条　利用财政性资金设立的科学技术计划项目所形成的科技成果，在不损害国家安全、国家利益和重大社会公共利益的前提下，授权项目承担者依法取得相关知识产权，项目承担者可以依法自行投资实施转化、向他人转让、联合他人共同实施转化、许可他人使用或者作价投资等。

项目承担者应当依法实施前款规定的知识产权，同时采取保护措施，并就实施和保护情况向项目管理机构提交年度报告；在合理期限内没有实施且无正当理由的，国家可以无偿实施，也可以许可他人有偿实施或者无偿实施。

项目承担者依法取得的本条第一款规定的知识产权，为了国家安全、国家利益和重大社会公共利益的需要，国家可以无偿实施，也可以许可他人有偿实施或者无偿实施。

项目承担者因实施本条第一款规定的知识产权所产生的利益分配，依照有关法律法规规定执行；法律法规没有规定的，按照约定执行。

条文释义

一、本条主旨

本条是关于依照指令性任务开发的软件著作权归属的规定。

二、条文演变

1991年《计算机软件保护条例》第13条规定："由上级单位或者政府部门下达任务开发的软件，著作权的归属由项目任务书或者合同规定，如项目任务书或者合同中未作明确规定，软件著作权属于接受任务的单位。国务院有关主管部门和省、自治区、直辖市人民政府，对本系统内或者所管辖的全民所有制单位开发的对于国家利益和公共利益具有重大意义的软件，有权决定允许指定的单位使用，由使用单位按照国家有关规定支付使用费。"2001年《计算机软件保护条例》保留了上述第1款关于政府部门下达任务开发软件的归属的内容，并把政府部门修改为国家机关，还删除了上述第2款关于全民所有制单位开发软件的使用的内容。2011年、2013年修订《计算机软件保护条例》时予以沿用。

三、条文解读

1991年制定本条例时虽然我国已经开始实行改革开放，但仍然处于计划经济转型时期。当时，企业、事业单位一般都有上级主管部门，需按照上级主管部门的计划进行研发、开展生产。随着改革开放的不断深入，我国由计划经济逐步向社会主义市场经济过渡，一些行业性主管部门被合并或退出政府编制序列，企业拥有了充分的经营自主权，也就不再存在由上级单位下达任务开发软件的问题。但是，考虑到计算机软件在国家安全、经济发展、社会管理等方面的重要作用，国家机关使用财政资金下达任务开发软件的社会需要肯定是长期存在的，故对此作了保留。[①] 本条中的国家机关，从广义上来讲，是指党政机关，理论上包括党的机关、人大机关、行政机关、政协机关、审判机关、检察机关、军事机关，也包括各级党政机关派出机构、直属事业单位及工会、共青团、妇联等人民团体，但实践中一般多是行政机关，特别是相关科技管理机关。

本条规定了国家机关下达任务所开发的软件著作权的归属与行使，可以由项目任务书规定，也可以由合同约定，赋予了当事人一定的自由选择权。项目任务书是国家机关下达科技计划或者科研项目时使用的标准化管理工具，用

---

① 参见徐玉麟主编：《计算机软件保护条例释义》，中国法制出版社2002年版，第52页。

于规范和明确项目下达或者主管单位、项目承担单位、项目参与单位等的权、责、利关系，以及项目的任务、目标、经费预算等内容，是项目经费使用、中期评估、绩效评估、审计检查、验收结项等科技管理活动的基本依据，开发软件的项目任务书还要包括软件名称、功能、性能、交付日期等内容。项目任务书的性质类似于格式合同，本条之所以规定由国家机关下达任务开发的软件，著作权的归属与行使首先由项目任务书规定，原因就在于按照指令开发软件的开发者与国家机关不是平等的民事主体。[①]

适用指引

随着现代信息技术的发展，计算机软件不但被用于日常工作和生活中，也成为国家科技发展水平和综合国力的重要标志，对国家经济、社会发展，尤其国家安全具有重要意义。国家机关下达任务不同于普通的民事合同关系。“下达任务”带有一定的命令性质，项目任务书的内容并非双方协商的结果，软件开发者接受任务时项目任务书的内容已事先确定。项目任务书是国家机关下达任务内容的载体，性质上属于一种格式合同。因此，本条规定情形下，软件开发者与国家机关之间的关系不同于平等民事主体之间的合同关系，也不能完全按照合同的有关法律规定审查项目任务书的效力，如是否显失公平等。

虽然 2001 年《计算机软件保护条例》删除了第 13 条第 2 款关于全民所有制单位开发软件的使用的规定，但 2020 年修改的《科学技术进步法》第 12 条规定了利用财政性资金设立的科学技术计划项目所形成的科技成果，在不损害国家安全、国家利益和重大社会公共利益的前提下，项目承担者即接受任务一方也可以按照项目任务书的规定或合同约定取得相关知识产权。这对于激励接受任务的法人或者其他组织积极创新具有重要作用。

① 参见徐玉麟主编：《计算机软件保护条例释义》，中国法制出版社 2002 年版，第 53 页。

类案检索

中国民用航空总局第二研究所诉上海科识信息科技有限公司确认不侵害著作权纠纷案

关键词：计算机软件著作权　确认不侵权

裁判摘要：由国家机关下达任务开发软件，著作权的归属与行使由项目任务书或者合同约定；项目任务书或者合同中未作明确约定的，软件著作权由接受任务的法人或者其他组织享有。

【案　　号】（2015）成知民终字第00014号

【审理法院】成都市中级人民法院

【来　　源】中国裁判文书网

第十三条 自然人在法人或者其他组织中任职期间所开发的软件有下列情形之一的，该软件著作权由该法人或者其他组织享有，该法人或者其他组织可以对开发软件的自然人进行奖励：

（一）针对本职工作中明确指定的开发目标所开发的软件；

（二）开发的软件是从事本职工作活动所预见的结果或者自然的结果；

（三）主要使用了法人或者其他组织的资金、专用设备、未公开的专门信息等物质技术条件所开发并由法人或者其他组织承担责任的软件。

关联规定

法律、行政法规、司法解释

1.《中华人民共和国民法典》

第八百四十七条 职务技术成果的使用权、转让权属于法人或者非法人组织的，法人或者非法人组织可以就该项职务技术成果订立技术合同。法人或者非法人组织订立技术合同转让职务技术成果时，职务技术成果的完成人享有以同等条件优先受让的权利。

职务技术成果是执行法人或者非法人组织的工作任务，或者主要是利用法人或者非法人组织的物质技术条件所完成的技术成果。

第八百四十九条 完成技术成果的个人享有在有关技术成果文件上写明自己是技术成果完成者的权利和取得荣誉证书、奖励的权利。

2.《中华人民共和国著作权法》

第十八条 自然人为完成法人或者非法人组织工作任务所创作的作品是职务作品，除本条第二款的规定以外，著作权由作者享有，但法人或者非法人组织有权在其业务范围内优先使用。作品完成两年内，未经单位同意，作者不得许可第三人以与单位使用的相同方式使用该作品。

有下列情形之一的职务作品，作者享有署名权，著作权的其他权利由法人或者非法人组织享有，法人或者非法人组织可以给予作者奖励：

（一）主要是利用法人或者非法人组织的物质技术条件创作，并由法人或者非法人组织承担责任的工程设计图、产品设计图、地图、示意图、计算机软件等职务作品；

（二）报社、期刊社、通讯社、广播电台、电视台的工作人员创作的职务作品；

（三）法律、行政法规规定或者合同约定著作权由法人或者非法人组织享有的职务作品。

3.《中华人民共和国著作权法实施条例》

第十一条 著作权法第十六条第一款关于职务作品的规定中的“工作任务”，是指公民在该法人或者该组织中应当履行的职责。

著作权法第十六条第二款关于职务作品的规定中的“物质技术条件”，是指该法人或者该组织为公民完成创作专门提供的资金、设备或者资料。

4.《最高人民法院关于审理技术合同纠纷案件适用法律若干问题的解释》

第二条 民法典第八百四十七条第二款所称“执行法人或者非法人组织的工作任务”，包括：

（一）履行法人或者非法人组织的岗位职责或者承担其交付的其他技术开发任务；

（二）离职后一年内继续从事与其原所在法人或者非法人组织的岗位职责或者交付的任务有关的技术开发工作，但法律、行政法规另有规定的除外。

法人或者非法人组织与其职工就职工在职期间或者离职以后所完成的技术成果的权益有约定的，人民法院应当依约定确认。

第三条 民法典第八百四十七条第二款所称“物质技术条件”，包括资金、设备、器材、原材料、未公开的技术信息和资料等。

第四条 民法典第八百四十七条第二款所称“主要是利用法人或者非法人组织的物质技术条件”，包括职工在技术成果的研究开发过程中，全部或者大部分利用了法人或者非法人组织的资金、设备、器材或者原材料等物质条件，并且这些物质条件对形成该技术成果具有实质性的影响；还包括该技术成果实质性内容是在法人或者非法人组织尚未公开的技术成果、阶段性技术成果基础上完成的情形。但下列情况除外：

（一）对利用法人或者非法人组织提供的物质技术条件，约定返还资金或者交纳使用费的；

（二）在技术成果完成后利用法人或者非法人组织的物质技术条件对技术方案进行验证、测试的。

第五条 个人完成的技术成果，属于执行原所在法人或者非法人组织的工作任务，又主要利用了现所在法人或者非法人组织的物质技术条件的，应当按照该自然人原所在和现所在法人或者非法人组织达成的协议确认权益。不能达成协议的，根据对完成该项技术成果的贡献大小由双方合理分享。

第六条 民法典第八百四十七条所称“职务技术成果的完成人”、第八百四十八条所称“完成技术成果的个人”，包括对技术成果单独或者共同作出创造性贡献的人，也即技术成果的发明人或者设计人。人民法院在对创造性贡献进行认定时，应当分解所涉及技术成果的实质性技术构成。提出实质性技术构成并由此实现技术方案的人，是作出创造性贡献的人。

提供资金、设备、材料、试验条件，进行组织管理，协助绘制图纸、整理资料、翻译文献等人员，不属于职务技术成果的完成人、完成技术成果的个人。

条文释义

一、本条主旨

本条是关于职务软件的认定与著作权归属的规定。

二、条文演变

1991年《计算机软件保护条例》第14条规定：“公民在单位任职期间所开发的软件，如是执行本职工作的结果，即针对本职工作中明确指定的开发目标所开发的，或者是从事本职工作活动所预见的结果或者自然的结果，则该软件的著作权属于该单位。”“公民所开发的软件如不是执行本职工作的结果，并与开发者在单位中从事的工作内容无直接联系，同时又未使用单位的物质技术条件，则该软件的著作权属于开发者自己。”2001年《计算机软件保护条例》在2001年《著作权法》第16条的基础上，考虑到软件与一般作品相比有其特殊性，对职务软件的著作权归属进行了修改，作出了不同于一般作品的规定。修改主要体现在：一是将“公民”“单位”分别修改为“自然人”“法人和其他组织”，二是将职务软件从两种情形扩展到三种情形，即增加了本条第3项规定的情形；三是增加了法人或者其他组织对开发职务软件的自然人进行奖励的内容；四是删除了不属于职务软件的规定。2011年、2013年修订《计算机软件保护条例》时予以沿用。

三、条文解读

本条规定了职务软件的认定与著作权归属。

（一）职务软件的认定

本条明确规定了职务软件的三种情形：（1）自然人在法人或者其他组织中任职期间，针对本职工作中明确指定的开发目标所开发的软件，即作者（员工）为了完成所在单位交给的工作任务而开发的软件；（2）自然人在法人或者其他组织中任职期间所开发的软件，是从事本职工作活动所预见的结果或者自然的结果，即作者（员工）在从事本职工作活动中能够预见到工作的结果是开发出某种软件，或者开发出的某种软件是履行本职工作所必须的；（3）自然人在法人或者其他组织中任职期间所开发的软件，主要使用了法人或者其他组织的资金、专用设备、未公开的专门信息等物质技术条件，并由法人或者其他组织承担责任。第三种情形是2001年《计算机软件保护条例》新增加的内容，主要是为了与同年修改的《著作权法》相衔接。该条中“未公开的专门信息”是指，法人或者其他组织内部掌握的信息，如已研制出的技术成果、开发完成但尚未发表的软件，以及其他技术信息或者商业秘密等。[①]

（二）职务软件著作权的归属

我国对计算机软件采取著作权保护模式，职务软件从法律属性来看属于著作权法意义下的职务作品。根据《著作权法》第18条的规定，职务作品的著作权原则上由作者（员工）享有，法人或者非法人组织（单位）有权在其业务范围内优先使用。但是，职务软件著作权的归属规则与一般职务作品不同，本

① 参见徐玉麟主编：《计算机软件保护条例释义》，中国法制出版社2002年版，第59页。

条规定职务软件的著作权由作者所在的法人或者其他组织（单位）享有，该法人或者其他组织（单位）可以对作者（员工）进行奖励。这一规则更接近于《专利法》上职务发明创造的权利归属规则，这是由计算机软件具有区别于一般作品的功能性、技术性、实用性的特点所决定的。立法者认为，在无特别约定的情况下，将职务软件与职务发明的权利归属于单位，将更有利于技术的推广应用，有利于社会经济发展。

需要特别注意的是，根据本条规定，一般情况下，职务软件的著作权完全由法人或者其他组织（单位）享有，开发软件的自然人不享有署名权。这是考虑到：第一，软件作品不同于文学、艺术领域作品，往往由团队合力完成，并在使用过程中不断完善升级；第二，对软件的购买者和使用者而言，一般情况下更关心的是软件的功能和性能，而非某个自然人是否参与了软件开发工作。因此，立法者认为，对于职务软件来说，刻意强调自然人的署名权并无必要。[①]

适用指引

一、主要使用了法人或者其他组织的物质技术条件所开发并由法人或者其他组织承担责任的软件

本条第 3 项规定的职务软件，包括三项构成要件：第一，软件是作者（员工）在法人或者其他组织中任职期间开发的；第二，该软件的开发主要使用了法人或者其他组织的物质技术条件；第三，该软件由法人或者其他组织承担责任。三者缺一不可，是认定构成职务软件的必要条件。如果作者（员工）开发软件时主要利用了单位的资金、专有设备、未公开的专门信息等物质技术条件，但是单位不承担该软件的责任，则该软件不属于本条第 3 项规定的职务软件。

二、职务软件与职务发明认定条件之异同

职务软件与职务发明的认定条件既有相同之处，又有区分。其相同点主要在于：二者都要求是执行本单位的工作任务，或者所完成的智力成果主要是利

① 参见徐玉麟主编：《计算机软件保护条例释义》，中国法制出版社 2002 年版，第 62 页。

用了所在单位的物质技术条件。不同之处主要在于：第一，对于职务发明，根据《专利法实施细则》第12条之规定，履行本单位交付的本职工作之外的任务所作出的发明创造也是职务发明，而本条关于职务软件认定的三种情形未就此作出明确规定；第二，对于职务发明，《专利法实施细则》第12条还规定，退休、调离原单位后或者劳动、人事关系终止后1年内作出的，与其在原单位承担的本职工作或者原单位分配的任务有关的发明创造，也属于职务发明。而职务软件的认定条件中，本条例本就是已作出的明确规定。但需要说明的是，涉及计算机程序的发明专利本身是否属于职务发明，应当根据《专利法实施细则》的相关规定进行认定。

类案检索

潘某森诉电力规划设计总院、中国能源建设集团山西省电力勘测设计院有限公司计算机软件著作权权属纠纷案

关键词： 计算机软件　著作权　权属　职务软件

裁判摘要： 潘某森作为中国能源建设集团山西省电力勘测设计院有限公司的职工，曾经接受中国能源建设集团山西省电力勘测设计院有限公司的指派参与有关CAD工作，并在工作期间创作完成了《微机CAD使用技术分析》一文，该文中包含的计算机程序属于中国能源建设集团山西省电力勘测设计院有限公司指派潘某森从事开发任务的范围，即针对本职工作中明确指定的开发目标所开发的软件。根据《计算机软件保护条例》第13条的规定，潘某森创作的该论文中的计算机程序属于由单位享有著作权的职务作品，潘某森不能依据其创作该计算机程序的事实而当然享有著作权，涉案计算机程序属于由中国能源建设集团山西省电力勘测设计院有限公司享有著作权的职务作品。

【案　　号】（2019）最高法民申1534号

【审理法院】 最高人民法院

【来　　源】 中国裁判文书网

第十四条　软件著作权自软件开发完成之日起产生。

自然人的软件著作权，保护期为自然人终生及其死亡后50年，截止于自然人死亡后第50年的12月31日；软件是合作开发的，截止于最后死亡的自然人死亡后第50年的12月31日。

法人或者其他组织的软件著作权，保护期为50年，截止于软件首次发表后第50年的12月31日，但软件自开发完成之日起50年内未发表的，本条例不再保护。

关联规定

一、国际条约

1.《保护文学和艺术作品伯尔尼公约》

第7条

1. 本公约给予保护的期限为作者有生之年及其死后五十年内。

6. 本同盟成员国有权给予比前述各款规定更长的保护期。

7. 受本公约罗马文本约束并在此公约文本签署时有效的本国法律中规定了短于前述各款期限的保护期的本同盟成员国，有权在加入或批准此公约文本时维持这种期限。

8. 无论如何，期限将由被要求给予保护的国家的法律加以规定；但是，除该国家的法律另有规定者外，这种期限不得超过作品起源国规定的期限。

前条的规定同样适用于版权为合作作者共有的作品，但作者死后的保护期应从最后死亡的作者死亡时算起。

2.《与贸易有关的知识产权协定》

第12条

除摄影作品或实用艺术作品外，只要一作品的保护期限不以自然人的生命为基础计算，则该期限自作品经授权出版的日历年年底计算即不得少于五十年，或如果该作品在创作后五十年内未经授权出版，则为自作品完成的日历年年底起计算的五十年。

二、法律、行政法规、司法解释

1.《中华人民共和国著作权法》

第二十二条 作者的署名权、修改权、保护作品完整权的保护期不受限制。

第二十三条 自然人的作品，其发表权、本法第十条第一款第五项至第十七项规定的权利的保护期为作者终生及其死亡后五十年，截止于作者死亡后第五十年的12月31日；如果是合作作品，截止于最后死亡的作者死亡后第五十年的12月31日。

法人或者非法人组织的作品、著作权（署名权除外）由法人或者非法人组织享有的职务作品，其发表权的保护期为五十年，截止于作品创作完成后第五十年的12月31日；本法第十条第一款第五项至第十七项规定的权利的保护期为五十年，截止于作品首次发表后第五十年的12月31日，但作品自创作完成后五十年内未发表的，本法不再保护。

视听作品，其发表权的保护期为五十年，截止于作品创作完成后第五十年的12月31日；本法第十条第一款第五项至第十七项规定的权利的保护期为五十年，截止于作品首次发表后第五十年的12月31日，但作品自创作完成后五十年内未发表的，本法不再保护。

2.《中华人民共和国著作权法实施条例》

第六条 著作权自作品创作完成之日起产生。

第十五条 作者死亡后，其著作权中的署名权、修改权和保护作品完整权由作者的继承人或者受遗赠人保护。

著作权无人继承又无人受遗赠的，其署名权、修改权和保护作品完整权由著作权行政管理部门保护。

第十八条 作者身份不明的作品，其著作权法第十条第一款第五项至第十七项规定的权利的保护期截止于作品首次发表后第50年的12月31日。作者身份确定后，适用著作权法第二十一条的规定。[①]

---

① 此处指的是2010年修正的《著作权法》。

3.《实施国际著作权条约的规定》

第七条 外国计算机程序作为文学作品保护，可以不履行登记手续，保护期为自该程序首次发表之年年底起五十年。

第十七条 国际著作权条约在中国生效之日尚未在起源国进入公有领域的外国作品，按照著作权法和本规定规定的保护期受保护，到期满为止。

前款规定不适用于国际著作权条约在中国生效之日前发生的对外国作品的使用。

中国公民或者法人在国际著作权条约在中国生效之日前为特定目的而拥有和使用外国作品的特定复制本的，可以继续使用该作品的复制本而不承担责任；但是，该复制本不得以任何不合理地损害该作品著作权人合法权益的方式复制和使用。

前三款规定依照中国同有关国家签订的有关著作权的双边协定的规定实施。

条文释义

一、本条主旨

本条是关于软件著作权保护期限的规定。

二、条文演变

1991年《计算机软件保护条例》第15条规定："软件著作权的保护期为二十五年，截止于软件首次发表后第二十五年的十二月三十一日。保护期满前，软件著作权人可以向软件登记管理机构申请续展二十五年，但保护期最长不超过五十年。软件开发者的开发者身份权的保护期不受限制。"为与2001年修正的《著作权法》保持一致，2001年《计算机软件保护条例》针对不同的软件著作权主体（自然人、法人或者其他组织），分别就其软件著作权的保护期限重新进行了规定。2011年、2013年修订《计算机软件保护条例》时予以沿用。

三、条文解读

本条第1款规定了软件著作权的产生日期，第2款、第3款针对不同权利主体分别规定了软件著作权的终止时间。

（一）软件著作权的产生日期

本条第1款明确，软件著作权自软件开发完成之日起产生。该规则与一般作品的著作权“自作品创作完成之日起产生”一致。

（二）软件著作权的保护期限

软件著作权的保护期限，与一般作品的著作权保护期限有所不同。一般作品的著作权保护期限，大体根据著作人身权和著作财产权的区分作出不同规定：（1）根据《著作权法》第22条的规定，作者的署名权、修改权、保护作品完整权的保护期不受限制；（2）根据《著作权法》第23条的规定，一般作品的发表权、著作财产权的保护期限，又区分为自然人的作品、法人或其他组织的作品、视听作品三种情形分别作出规定。本条例之所以将原本带有著作人身权性质的发表权与著作财产权合并，规定相同的保护期限，是基于鼓励作品发表、促进作品传播的立法目的，尽可能让已创作产生的作品能够公之于世。

由于计算机软件不同于一般的文学艺术作品，具有较强的技术性、功能性、实用性，参与软件开发的人员可能很多，且消费者一般并不关心具体的软件开发人员，因此，为鼓励计算机软件的进一步开发与应用，促进软件产业发展，本条例未区分著作人身权和著作财产权来规定软件著作权的保护期限，即软件作品的发表权、署名权、修改权，与复制权、发行权、出租权、信息网络传播权、翻译权等权利的保护期限均相同。具体保护期限，则按照权利主体分别进行规定。

一是自然人享有软件著作权的保护期限。该保护期限的确定采用了死亡起算原则。根据本条第2款规定，自然人的软件著作权，保护期为自然人终生及其死亡后50年，截止于自然人死亡后第50年的12月31日。自然人合作开发软件的，软件著作权的保护期截止于最后死亡的自然人死亡后第50年的12月31日。二是法人或者其他组织享有软件著作权的保护期限。该保护期限的确定采用了发表起算原则。根据本条第3款规定，法人或者其他组织的软件著作权，保护期为50年，截止于软件首次发表后第50年的12月31日，但软件自开发完成之日起50年内未发表的，不再受本条例保护。

适用指引

司法实践中，应特别注意以下两个问题。一是计算机软件著作权的各项权利保护期限一致。一般作品的署名权、修改权、保护作品完整权的保护期不受限制，但是，计算机软件的署名权、修改权，与其他权利的保护期是相同的，是有期限的。二是软件著作权的转让不影响保护期的确定。软件著作权的保护期由其原始归属的情况决定，软件著作权经转让、继承、赠与等方式发生转让的，其保护期不发生变化。

类案检索

西门子产品生命周期管理软件有限公司诉上海毓恬冠佳汽车零部件有限公司侵害计算机软件著作权纠纷案

关键词：计算机软件　著作权　软件开发完成

裁判摘要：涉案软件的著作权登记日晚于被诉侵权软件的安装日期7天，但结合证据可以推定，涉案软件的开发完成之日早于被诉侵权软件的安装日，故根据《计算机软件保护条例》第14条第1款关于“软件著作权自软件开发完成之日起产生”的规定，涉案软件的著作权登记日晚于被诉侵权软件的安装日期不影响本案的侵权认定。

【案　　号】(2016)沪民终468号

【审理法院】上海市高级人民法院

【来　　源】中国裁判文书网

第十五条　软件著作权属于自然人的，该自然人死亡后，在软件著作权的保护期内，软件著作权的继承人可以依照《中华人民共和国继承法》的有关规定，继承本条例第八条规定的除署名权以外的其他权利。

软件著作权属于法人或者其他组织的，法人或者其他组织变更、终止后，其著作权在本条例规定的保护期内由承受其权利义务的法人或者其他组织享有；没有承受其权利义务的法人或者其他组织的，由国家享有。

关联规定

一、国际条约

1.《保护文学和艺术作品伯尔尼公约》

第 2 条

6. 本条所提到的作品在本同盟所有成员国内享受保护。此种保护系为作者及其权利继承人的利益而行使。

2.《与贸易有关的知识产权协定》

第 11 条　出租权

至少就计算机程序和电影作品而言，一成员应给予作者及其合法继承人准许或禁止向公众商业性出租其有版权作品的原件或复制品的权利。一成员对电影作品可不承担此义务，除非此种出租已导致对该作品的广泛复制，从而实质性减损该成员授予作者及其合法继承人的专有复制权。就计算机程序而言，如该程序本身不是出租的主要标的，则这一义务不适用于出租。

第 28 条　授予的权利

1. 一专利授予其所有权人下列专有权利：

（a）如一专利的客体是产品，则防止第三方未经所有权人同意而进行制造、使用、标价出售、销售或为这些目的而进口该产品的行为；

（b）如一专利的客体是方法，则防止第三方未经所有权人同意而使用该方法的行为，并防止使用、标价出售、销售或为这些目的而进口至少是以该方法直接获得产品的行为。

2. 专利所有权人还有权转让或以继承方式转移其专利并订立许可合同。

二、法律、行政法规、司法解释

1.《中华人民共和国民法典》

第六十七条 法人合并的，其权利和义务由合并后的法人享有和承担。

法人分立的，其权利和义务由分立后的法人享有连带债权，承担连带债务，但是债权人和债务人另有约定的除外。

第一百二十四条 自然人依法享有继承权。

自然人合法的私有财产，可以依法继承。

2.《中华人民共和国著作权法》

第二十一条 著作权属于自然人的，自然人死亡后，其本法第十条第一款第五项至第十七项规定的权利在本法规定的保护期内，依法转移。

著作权属于法人或者非法人组织的，法人或者非法人组织变更、终止后，其本法第十条第一款第五项至第十七项规定的权利在本法规定的保护期内，由承受其权利义务的法人或者非法人组织享有；没有承受其权利义务的法人或者非法人组织的，由国家享有。

3.《中华人民共和国著作权法实施条例》

第十五条 作者死亡后，其著作权中的署名权、修改权和保护作品完整权由作者的继承人或者受遗赠人保护。

著作权无人继承又无人受遗赠的，其署名权、修改权和保护作品完整权由著作权行政管理部门保护。

第十六条 国家享有著作权的作品的使用，由国务院著作权行政管理部门管理。

第十七条 作者生前未发表的作品，如果作者未明确表示不发表，作者死亡后 50 年内，其发表权可由继承人或者受遗赠人行使；没有继承人又无人受遗赠的，由作品原件的所有人行使。

条文释义

一、本条主旨

本条是关于自然人享有的软件著作权的继承和法人、非法人组织享有的软件著作权的承受的规定。

二、条文演变

1991 年修订的《计算机软件保护条例》第 16 条规定:“在软件著作权的保护期内,软件著作权的继承者可根据《中华人民共和国继承法》的有关规定,继承本条例第九条第(三)项和第(四)项规定的权利。”“继承活动的发生不改变该软件权利的保护期。”第 17 条规定:“在软件著作权的保护期内,享有软件著作权的单位发生变更后,由合法的继承单位享有该软件的各项权利。”“享有软件著作权单位发生变更,不改变该软件权利的保护期。”第 20 条规定:“软件著作权保护期满后,除开发者身份权以外,该软件的其他各项权利即行终止。”“凡符合下列各项之一者,除开发者身份权以外,软件的各项权利在保护期满之前进入公有领域:(一)拥有该软件著作权的单位终止而无合法继承者;(二)拥有该软件著作权的公民死亡而无合法继承者。”2001 年修订的《计算机软件保护条例》第 15 条整合了上述三条内容,根据 2001 年修正的《著作权法》关于著作权继承和承受的规定,进行了修改,内容修改主要体现以下方面。一是可以继承的权利不同。按照 1991 年修订的《计算机软件保护条例》的规定,可以继承的软件著作权权利包括使用权、使用许可权和获得报酬权,但不包括发表权、开发者身份权和转让权。修改后的条例规定不能继承的权利只限于自然人的署名权。二是无合法继承者或者合法承继者的软件著作权的处理不同。按照 1991 年修订的《计算机软件保护条例》的规定,软件著作权人死亡或者终止,无合法继承者的软件著作权人,包括自然人、法人和非法人单位,除开发者身份权以外,其他各项权利在保护期满之前进入公有领域。2001 年《计算机软件保护条例》则规定,类似情况下的软件著作权由国家享有。2011 年、2013 年修订《计算机软件保护条例》时予以沿用。

三、条文解读

本条第1款规定了自然人享有的软件著作权的继承问题，第2款规定了法人、非法人组织享有的软件著作权的承受问题。

（一）自然人死亡后软件著作权的继承

根据《著作权法》第21条第1款以及《著作权法实施条例》第15条第1款、第17条的规定，著作权属于自然人的，自然人死亡后，著作权的相关权能区分为三种情形：（1）著作财产权在保护期内依法转让；（2）署名权、修改权和保护作品完整权由作者的继承人或者受遗赠人保护；（3）未发表的作品，发表权可由继承人或者受遗赠人行使，或由作品原件的所有人行使。与一般作品相比，自然人死亡后软件著作权的继承，规则相对简单。本条第1款规定，除署名权以外的其他软件著作权均可由继承人继承。这是因为计算机软件区别于一般的文学艺术作品，具有较强的技术性、功能性、实用性，且计算机软件与开发人员之间并不具有不可割裂的依附关系，因此，在软件著作权的继承、保护期限等方面没有刻意区分著作人身权的内容。不过，署名权与开发者密切相关，表明软件开发者的身份，为避免对相关公众造成误导，故明确规定署名权不可以继承。

（二）法人或者非法人组织变更、终止后软件著作权的承受

根据《著作权法》第21条第2款的规定，著作权属于法人或者非法人组织的，法人或者非法人组织变更、终止后，仅著作财产权由承受其权利义务的法人或者非法人组织享有；没有承受其权利义务的法人或者非法人组织的，著作财产权则由国家享有。基于上述计算机软件所具有的特点，对于法人或者非法人组织变更、终止后软件著作权的承受，本条第2款亦未刻意区分软件的著作人身权与著作财产权，规定将包括发表权、署名权、修改权在内的所有权利均由承受权利义务的法人或者非法人组织享有；没有承受权利义务的法人或者非法人组织的，软件著作权由国家享有。

适用指引

司法实践中，应特别注意两个问题：一是基于“作品是作者人格的外化”这一理念，《著作权法》规定，一般的文学艺术作品仅著作财产权可以转让、继承或者承受，但软件作品因具有特殊性，故本条例在权利转让的相关规定中未刻意区分著作人身权与著作财产权，仅规定了署名权之外的其他权利均可继承，当然也可以转让；二是不论软件著作权原始归属于自然人还是法人或非法人组织，对软件著作权的继承和承受均不会导致该软件著作权的总保护期限发生变化。

第十六条　软件的合法复制品所有人享有下列权利：

（一）根据使用的需要把该软件装入计算机等具有信息处理能力的装置内；

（二）为了防止复制品损坏而制作备份复制品。这些备份复制品不得通过任何方式提供给他人使用，并在所有人丧失该合法复制品的所有权时，负责将备份复制品销毁；

（三）为了把该软件用于实际的计算机应用环境或者改进其功能、性能而进行必要的修改；但是，除合同另有约定外，未经该软件著作权人许可，不得向任何第三方提供修改后的软件。

关联规定

一、国际条约

1.《与贸易有关的知识产权协定》

第 13 条　限制与例外

各成员对专有权作出的任何限制或例外规定仅限于某些特殊情况，且与作品的正常利用不相冲突，也不得无理损害权利持有人的合法权益。

2.《世界知识产权组织版权条约》

第 10 条　限制与例外

1. 缔约各方在某些不与作品的正常利用相抵触、也不无理地损害作者合法利益的特殊情况下，可在其国内立法中对依本条约授予文学和艺术作品作者的权利规定限制或例外。

2. 缔约各方在适用《伯尔尼公约》时，应将对该公约所规定权利的任何限制或例外限于某些不与作品的正常利用相抵触、也不无理地损害作者合法利益的特殊情况。

二、法律、行政法规、司法解释

1.《中华人民共和国著作权法》

第十条 著作权包括下列人身权和财产权：

（一）发表权，即决定作品是否公之于众的权利；

（二）署名权，即表明作者身份，在作品上署名的权利；

（三）修改权，即修改或者授权他人修改作品的权利；

（四）保护作品完整权，即保护作品不受歪曲、篡改的权利；

（五）复制权，即以印刷、复印、拓印、录音、录像、翻录、翻拍、数字化等方式将作品制作一份或者多份的权利；

（六）发行权，即以出售或者赠与方式向公众提供作品的原件或者复制件的权利；

（七）出租权，即有偿许可他人临时使用视听作品、计算机软件的原件或者复制件的权利，计算机软件不是出租的主要标的的除外；

（八）展览权，即公开陈列美术作品、摄影作品的原件或者复制件的权利；

（九）表演权，即公开表演作品，以及用各种手段公开播送作品的表演的权利；

（十）放映权，即通过放映机、幻灯机等技术设备公开再现美术、摄影、视听作品等的权利；

（十一）广播权，即以有线或者无线方式公开传播或者转播作品，以及通过扩音器或者其他传送符号、声音、图像的类似工具向公众传播广播的作品的权利，但不包括本款第十二项规定的权利；

（十二）信息网络传播权，即以有线或者无线方式向公众提供，使公众可以在其选定的时间和地点获得作品的权利；

（十三）摄制权，即以摄制视听作品的方法将作品固定在载体上的权利；

（十四）改编权，即改变作品，创作出具有独创性的新作品的权利；

（十五）翻译权，即将作品从一种语言文字转换成另一种语言文字的权利；

（十六）汇编权，即将作品或者作品的片段通过选择或者编排，汇集成新作品的权利；

（十七）应当由著作权人享有的其他权利。

著作权人可以许可他人行使前款第五项至第十七项规定的权利，并依照约定或者本法有关规定获得报酬。

著作权人可以全部或者部分转让本条第一款第五项至第十七项规定的权利，并依照约定或者本法有关规定获得报酬。

2.《计算机软件保护条例》

第八条 软件著作权人享有下列各项权利：

（一）发表权，即决定软件是否公之于众的权利；

（二）署名权，即表明开发者身份，在软件上署名的权利；

（三）修改权，即对软件进行增补、删节，或者改变指令、语句顺序的权利；

（四）复制权，即将软件制作一份或者多份的权利；

（五）发行权，即以出售或者赠与方式向公众提供软件的原件或者复制件的权利；

（六）出租权，即有偿许可他人临时使用软件的权利，但是软件不是出租的主要标的的除外；

（七）信息网络传播权，即以有线或者无线方式向公众提供软件，使公众可以在其个人选定的时间和地点获得软件的权利；

（八）翻译权，即将原软件从一种自然语言文字转换成另一种自然语言文字的权利；

（九）应当由软件著作权人享有的其他权利。

软件著作权人可以许可他人行使其软件著作权，并有权获得报酬。

软件著作权人可以全部或者部分转让其软件著作权，并有权获得报酬。

3.《最高人民法院关于审理著作权民事纠纷案件适用法律若干问题的解释》

第二十一条 计算机软件用户未经许可或者超过许可范围商业使用计算机软件的，依据著作权法第四十八条第（一）项、《计算机软件保护条例》第二十四条第（一）项的规定承担民事责任。

条文释义

一、本条主旨

本条是关于软件合法复制品所有人享有权利的规定。

二、条文演变

1991年《计算机软件保护条例》第21条规定："合法持有软件复制品的单位、公民，在不经该软件著作权人同意的情况下，享有下列权利：（一）根据使用的需要把该软件装入计算机内。（二）为了存档而制作备份复制品。但这些备份复制品不得通过任何方式提供给他人使用。一旦持有者丧失对该软件的合法持有权时，这些备份复制品必须全部销毁。（三）为了把该软件用于实际的计算机应用环境或者改进其功能性能而进行必要的修改。但除有另有协议外，未经该软件著作权人或者其合法受让者的同意，不得向任何第三方提供修改后的文本。"2001年《计算机软件保护条例》第16条对1991年《计算机软件保护条例》的上述规定作了如下修改：一是将"合法持有软件复制品的单位、公民"改为"软件的合法复制品所有人"；二是将1991年《计算机软件保护条例》第21条第1项规定的"根据使用的需要把该软件装入计算机内"修改为"根据使用的需要把该软件装入计算机等具有信息处理能力的装置内"；三是将1991年《计算机软件保护条例》第21条第2项规定的"为了存档而制作备份复制品"修改为"为了防止复制品损坏而制作备份复制品"；四是将1991年《计算机软件保护条例》第21条第3项规定的"不得向任何第三方提供修改后的文本"修改为"不得向任何第三方提供修改后的软件"。2011年、2013年修订《计算机软件保护条例》时予以沿用。

三、条文解读

本条系为了保障软件合法复制品所有人的合法权利而对软件著作权人的复制权和修改权作出的必要限制，具体规定了软件复制品的所有人享有以下三个方面的权利。

第一，根据使用的需要把软件装入计算机等具有信息处理能力的装置内的权利。实践中，软件除了装入计算机中运行外，还装入芯片中运行，后者同样具有信息处理能力。根据本条第 1 项的规定，软件复制品的所有人将软件安装到计算机等具有信息处理能力的装置内的复制行为是其合法享有的权利，不构成对软件著作权人享有的复制权的侵犯。对于软件作品而言，其通常被固定在磁盘、光盘等介质上，如果想使用软件就必须将其安装到具有信息处理能力的装置如计算机中。现实生活中，软件安装通常包含有两种情形：一种情形是将软件直接安装到计算机的硬盘上，当计算机运行该软件时，将软件从硬盘调入计算机内部的随机存取存储器（Random Access Memory，RAM）中；另一种情形是按照软件生产厂商事先设计好的安装程序，软件消费者只能将软件的一部分装入计算机的硬盘上，当计算机运行该软件时，计算机除了寻找硬盘上的软件信息外，还要调用软件消费者购买的软盘或者光盘，例如，计算机会提示插入载有该软件的磁盘或光盘等，这就需要确保软盘或光盘处于可被调用的状态。[①] 因此，为了保障软件复制品的所有人能够合理行使对其所有的软件复制品的合法权益，有必要对软件著作权人享有的复制权作出必要的限制，也即应当允许软件复制品的所有人在将软件装入计算机时进行必要的复制。

第二，防止软件复制品出现损坏而制作备份复制品的权利。为了应对软件复制品因被损坏而无法继续使用的情况发生，一方面，应当允许软件复制品的所有人制作备份复制品；另一方面，应注意避免该项权利被滥用，即应当明确软件复制品的所有人不能将软件备份的复制品再以任何方式提供给其他人使用。而且当软件复制品的所有人丧失对该软件复制品的所有权时，应当主动将软件备份复制品予以销毁，否则就可能侵害软件著作权人享有的复制权。

第三，为把软件用于实际的计算机应用环境或者为改进其功能而对软件进行必要修改的权利。一方面，由于软件开发的环境不同，运行特定软件需要相应的运行环境。考虑到符合要求的软件运行环境可能与其实际存在的使用环境不同，软件复制品的所有人需要对其所购软件作必要的适应性修改。另一方面，为了改进软件的功能或性能，软件复制品的所有人也可能需要对软件进行必要的修改。因此，为了维护软件复制品所有人的正当使用权益，有必要对软件著作权人的修改权作出一定的限制，即应当允许软件复制品所有人为了将软件应用于实际的计算机环境或者改进软件的功能、性能而对软件进行必要的修

① 参见徐玉麟主编：《计算机软件保护条例释义》，中国法制出版社 2002 年版，第 73 页。

改。需要注意的是，软件复制品的所有人对软件进行必要的修改后，未经软件著作权人的许可，不得擅自向其他人提供修改后的软件复制品，否则就可能侵害软件著作权人享有的著作权。

需要注意的是，本条第3项限定的不得向任何第三方提供的对象是“修改后的软件”，而非“修改后的文本”。1991年《计算机软件保护条例》中限定的是“修改后的文本”。“软件”的范围相较于“文本”的范围要大得多，不仅包括用文本形式保存的修改内容，还包括用电子形式保存的修改后的源程序或者目标程序。修改后的软件往往是以电子形式存在，仅仅不允许提供修改后的“文本”，仍不能有效防止软件复制品所有人向其他第三方提供以电子形式保存的修改后的软件源程序或者目标程序，造成对软件著作权人合法权益的侵害。因此，将本条修改为“不得向第三方提供修改后的软件”，有利于更为周密地保护计算机软件权利人应当享有的合法权益，并在软件著作权人和软件合法复制品所有人双方利益之间实现更为妥当的平衡。

适用指引

一、软件的合法复制品所有人的认定

软件的合法复制品所有人，是指通过正常渠道购得软件、接受软件著作权人赠与而取得软件的自然人、法人或者非法人组织。对软件的合法复制品所有人的认定，应当注意把握以下几点：第一，客体本身的合法性，即软件复制品必须是经得软件著作权人许可，对正版软件复制形成的复制品；第二，行为本身的合法性，即必须是通过正常、合法渠道获得的正版软件的复制品，故通过非法渠道而获得“盗版”软件者自然不属于软件的合法复制品所有人；第三，主体范围的明确性，即必须是指对软件复制品享有完整所有权的所有人，而非仅是对软件复制品享有占有、使用权的“持有人”。所有人持有合法软件复制品包括通过正常渠道购买或从软件著作权人处受赠获得软件的情形。通过租用、许可使用等方式获得软件复制品的自然人、法人或者非法人组织虽系软件复制品的合法持有人，但是不属于此处规定的“软件的合法复制品所有人”。对于通过租用、许可等方式得到的软件复制品，通常由双方在达成租用协议或者许可使用合同时对软件使用方式进行具体约定，不一定局限于本条规定的三

项权利。为了防止出现以租用、许可等方式得到软件复制品的持有人利用本条规定违反其所签订的协议或者合同的情况，2001 年《计算机软件保护条例》对使用复制品的主体进行了限制，即只对软件复制品的所有人使用其软件复制品进行规定，不包括其他软件复制品合法持有人的使用问题。[①]

应当注意的是，在实践中，在通过许可方式获得软件复制品的情况下，软件著作权人和被许可人往往会以合同形式对软件许可的方式、范围等作出明确的约定，被许可人并不构成本条规定的软件复制品的所有人，故被许可人超过约定的许可范围使用软件的行为有可能被认定构成侵权。[②]

二、软件的合法复制品所有人不构成侵权的复制行为的理解

对于软件的合法复制品所有人来说，“出于使用目的”复制软件而不构成侵权，通常包括两种情形：第一种是本条第 1 项规定的情形，即将该软件安装到计算机等具有信息处理能力的装置内。由于前述安装软件的行为是使用软件必须满足的前提条件，故在实践中争议性不大。第二种是本条第 2 项规定的情形，即为防止软件复制品损坏而制作备份的复制品。第二种情形的适用应当注意以下两点：一是制作备份复制品的目的必须是防止软件复制品的损坏，基于其他目的（如长久保存或者建立软件档案）而制作备份的软件复制品均不符合本条第 2 项规定的立法意旨。[③] 相应地，制作备份复制品的数量要符合适量的原则，而不能以“防止软件复制品的损坏”为由大规模、大批量地制作备份复制品，因为这种行为显然已经违背手段与目的之间应符合比例的原则。二是不得将备份的软件复制品以任何方式提供给他人使用，如果合法软件复制品的所有人将软件复制品备份后，又将备份的软件提供给他人使用，明显超出“为防止软件复制品的损坏而制作复制品”的界限，构成对软件著作权人享有的复制权的侵害。因此，当软件复制品所有人丧失对软件复制品的所有权后，鉴于“防止软件复制品出现损坏而无法使用”的风险已不复存在，其应当将先前备份的复制品及时销毁。

---

① 参见徐玉麟主编：《计算机软件保护条例释义》，中国法制出版社 2002 年版，第 72 页。

② 参见最高人民法院（2020）最高法知民终 1650 号民事判决书。

③ 参见徐玉麟主编：《计算机软件保护条例释义》，中国法制出版社 2002 年版，第 74 页。

三、软件的合法复制品所有人对软件进行“必要的修改”的理解

软件的合法复制品所有人享有对其持有的软件合法复制品进行修改的权利，但该项权利的行使也要注意遵循以下要求：第一，立足于修改的目的，应明确修改是为了把软件用于实际的计算机应用环境中或者改进其功能、性能；第二，立足于修改的范围，软件合法复制品所有人所进行的修改应以必要为限度；第三，立足于修改的对象，此种修改应当系对其所取得的软件合法复制品进行修改。

司法实践中，本条第 3 项是被诉侵权人主张其实施的修改软件行为不构成计算机软件侵权所援引的主要法律依据。对于该项抗辩主张，被诉侵权人负有举证责任，即被诉侵权人应当就修改软件的目的、范围、程度满足上述要求承担举证责任。如果被诉侵权人未能对其修改行为作出合理解释，例如，被诉侵权人无正当理由拒绝陈述或举证证明其修改软件的方式、范围和程度，则须承担相应不利的法律后果。在此情况下，人民法院应当依法认定被诉侵权人修改软件的行为，侵害了计算机软件著作权人所享有的修改权。

类案检索

北京锐尔软件技术有限责任公司诉杭州网新颐和科技有限公司侵害计算机软件著作权纠纷案

关键词： 计算机软件　著作权　合法复制品所有人

裁判摘要： 被诉侵权人曾经购买的计算机软件系用于特定项目，不能在任意项目中无限制地使用，被诉侵权人未提交任何证据证明其在涉案项目中使用的计算机软件经过了著作权人许可，故被诉侵权人不属于《计算机软件保护条例》第 16 条规定的“软件的合法复制品所有人”，也不享有软件的合法复制品所有人依法享有的合法权利。

【案　　号】（2020）最高法知民终 1650 号

【审理法院】最高人民法院

【来　　源】中国裁判文书网

第十七条　为了学习和研究软件内含的设计思想和原理，通过安装、显示、传输或者存储软件等方式使用软件的，可以不经软件著作权人许可，不向其支付报酬。

关联规定

一、国际条约

1.《保护文学和艺术作品伯尔尼公约》

第10条

1. 从一部合法公之于众的作品中摘出引文，包括以报刊提要形式引用报纸期刊的文章，只要符合合理使用，在为达到目的的正当需要范围内，就属合法。

2. 本同盟成员国法律以及成员国之间现有或将要签订的特别协议得规定，可以合法地通过出版物、无线电广播或录音录像使用文学艺术作品作为教学的解说的权利，只要是在为达到目的的正当需要范围内使用，并符合合理使用。

3. 前面各款提到的摘引和使用应说明出处，如原出处有作者姓名，也应同时说明。

2.《与贸易有关的知识产权协定》

第13条　限制与例外

各成员对专有权作出的任何限制或例外规定仅限于某些特殊情况，且与作品的正常利用不相冲突，也不得无理损害权利持有人的合法权益。

3.《世界知识产权组织版权条约》

第10条　限制与例外

(1)缔约各方在某些不与作品的正常利用相抵触、也不无理地损害作者合法利益的特殊情况下，可在其国内立法中对依本条约授予文学和艺术作品作者的权利规定限制或例外。

(2)缔约各方在适用《伯尔尼公约》时，应将对该公约所规定权利的任何限制或例外限于某些不与作品的正常利用相抵触、也不无理地损害作者合法利益的特殊情况。

二、法律、行政法规、司法解释

1.《中华人民共和国著作权法》

第二十四条 在下列情况下使用作品，可以不经著作权人许可，不向其支付报酬，但应当指明作者姓名或者名称、作品名称，并且不得影响该作品的正常使用，也不得不合理地损害著作权人的合法权益：

（一）为个人学习、研究或者欣赏，使用他人已经发表的作品；

（二）为介绍、评论某一作品或者说明某一问题，在作品中适当引用他人已经发表的作品；

（三）为报道新闻，在报纸、期刊、广播电台、电视台等媒体中不可避免地再现或者引用已经发表的作品；

（四）报纸、期刊、广播电台、电视台等媒体刊登或者播放其他报纸、期刊、广播电台、电视台等媒体已经发表的关于政治、经济、宗教问题的时事性文章，但著作权人声明不许刊登、播放的除外；

（五）报纸、期刊、广播电台、电视台等媒体刊登或者播放在公众集会上发表的讲话，但作者声明不许刊登、播放的除外；

（六）为学校课堂教学或者科学研究，翻译、改编、汇编、播放或者少量复制已经发表的作品，供教学或者科研人员使用，但不得出版发行；

（七）国家机关为执行公务在合理范围内使用已经发表的作品；

（八）图书馆、档案馆、纪念馆、博物馆、美术馆、文化馆等为陈列或者保存版本的需要，复制本馆收藏的作品；

（九）免费表演已经发表的作品，该表演未向公众收取费用，也未向表演者支付报酬且不以营利为目的；

（十）对设置或者陈列在公共场所的艺术作品进行临摹、绘画、摄影、录像；

（十一）将中国公民、法人或者非法人组织已经发表的以国家通用语言文字创作的作品翻译成少数民族语言文字作品在国内出版发行；

（十二）以阅读障碍者能够感知的无障碍方式向其提供已经发表的作品；

（十三）法律、行政法规规定的其他情形。

前款规定适用于对与著作权有关的权利的限制。

2.《最高人民法院关于审理著作权民事纠纷案件适用法律若干问题的解释》

第二十一条 计算机软件用户未经许可或者超过许可范围商业使用计算机软件的，依据著作权法第四十八条第（一）项、《计算机软件保护条例》第二十四条第（一）项的规定承担民事责任。

条文释义

一、本条主旨

本条是关于计算机软件作品合理使用的规定。

二、条文演变

1991 年《计算机软件保护条例》第 22 条规定：“因课堂教学、科学研究、国家机关执行公务等非商业性目的的需要对软件进行少量的复制，可以不经软件著作权人或者其合法受让者的同意，不向其支付报酬。但使用时应当说明该软件的名称、开发者，并且不得侵犯著作权人或者其合法受让者依本条例所享有的其他各项权利。该复制品使用完毕后应当妥善保管、收回或者销毁，不得用于其他目的或者向他人提供。”2001 年《计算机软件保护条例》第 17 条对上述规定进行了如下修改：一是合理使用仅限于“为了学习和研究软件内含的设计思想和原理”；二是将使用方式由“少量复制”修改为“通过安装、显示、传输或者存储软件等方式”；三是在条文表述上将“可以不经软件著作权人或者其合法受让者的同意”修改为“可以不经软件著作权人许可”；四是删除了“但使用时应当说明该软件的名称、开发者，并且不得侵犯著作权人或者其合法受让者依本条例所享有的其他各项权利。该复制品使用完毕后应当妥善保管、收回或者销毁，不得用于其他目的或者向他人提供”的内容。2011 年、2013 年修订《计算机软件保护条例》时予以沿用。

三、条文解读

本条对计算机软件作品的合理使用范围进行了明确的规定。根据本条规定，符合计算机软件作品合理使用的只有一种情形，即为了学习和研究软件内含的设计思想和原理，故基于其他目的对计算机软件作品的使用均不属于本条规定的“合理使用”的范畴。这意味着，即使对计算机软件的使用并非出于商业目的也不能当然认定构成“合理使用”，例如，课堂教学、国家机关执行公务不得以“合理使用”的名义擅自使用他人依法享有软件著作权的软件。在合理使用的方式上，本条规定使用人只能以安装、显示、传输或者存储软件等方式使用软件。其中，以安装方式使用软件，是指将软件装入计算机以及其他具有信息处理能力的装置中进行使用，即通常所说的“装机”行为；以显示方式使用软件，一般是指通过分步运行该软件，显示软件在每个分步运行过程中的不同结果以及软件中各参数值的变化，或者显示该软件的目标代码；以传输方式使用软件，一般是指将软件安装在网络服务器上，通过网络线路，在网络工作站上调用并运行该软件，其运行结果显示在网络工作站上，通过这种使用方式，使用者可以了解该软件在网络环境下的功能和原理；以存储方式使用软件，一般是指将软件存放在单台计算机或者网络服务器的外部存储器或者内部存储器中，在计算机操作系统达到一定条件时，将存放在外部存储器或者内部存储器中的软件激活并运行，从而了解该软件接口部分的设计方法。[①] 从上述对安装、显示、传输或者存储等使用软件方式的介绍来看，这些方式是学习和研究软件必不可少或者经常用到的使用方式。而 1991 年条例中规定的“少量复制”使用方式只是针对文字作品等一般作品进行学习和研究时的常用使用方式，对于专业性较强的软件来说，可能复制一份或者几份从事经营或者进行开发，就可以帮助一个经营者在同行业中获得竞争优势，因此，将“少量复制”作为学习和研究软件的合理使用方式，并不合理。

适用指引

一、《计算机软件保护条例》与《著作权法》中关于合理使用规定的适用关系

计算机软件作品的合理使用应当符合本条的规定。《著作权法》属于由全

① 参见徐玉麟主编：《计算机软件保护条例释义》，中国法制出版社 2002 年版，第 77~78 页。

国人大常委会制定的法律,《计算机软件保护条例》属于由国务院制定的行政法规,故从效力位阶而言,后者位于前者之下。同时,考虑到计算机软件保护涉及的问题的专业技术性较强,全国人大常委会没有在《著作权法》中作出专门规定,而是授权国务院制定专门的行政法规加以规范。《著作权法》第64条规定:"计算机软件、信息网络传播权的保护办法由国务院另行规定。"由此可见,《著作权法》与《计算机软件保护条例》构成一般法与特别法的关系。因此,涉及计算机软件作品合理使用的问题,应当优先适用本条规定。

二、计算机软件作品合理使用的认定

在人民法院审理侵害计算机软件著作权纠纷的司法实践中,本条规定往往是被诉侵权人用于主张其使用软件的行为不构成侵权的常见抗辩理由。对该抗辩理由,应当结合具体个案事实,在准确理解《著作权法》《计算机软件保护条例》以及相关司法解释规定精神的基础上依法作出认定。

第一,从软件使用的性质来看,如果在案证据表明被诉侵权人使用软件的行为具有商业性质,其主张的合理使用抗辩不能成立。《著作权解释》第21条规定:"计算机软件用户未经许可或者超过许可范围商业使用计算机软件的,依据著作权法第四十八条第一项、《计算机软件保护条例》第二十四条第一项的规定承担民事责任。"因此,对于被诉侵权人主张其未经许可使用软件行为系合理使用的情形,如果在案证据证明其使用行为具有商业性质的,依照上述司法解释的规定,应当认定被诉侵权人使用软件的行为构成侵权,其主张的合理使用抗辩不能成立。对于未经许可使用软件的行为是否属于商业性使用,可结合被诉侵权人的主体性质(如是否是营利性机构)、经营范围(如经营范围是否包括提供软件)、是否属于有偿提供软件等因素进行综合判断。

第二,从软件使用的目的来看,构成软件作品合理使用的情形仅限于学习和研究软件内含设计思想和原理之目的,故被诉侵权人如果使用软件的行为并非出于学习和研究软件内含设计思想和原理的目的,则其关于使用软件的行为构成合理使用的抗辩主张依法不能成立。

第三,从软件使用行为的具体表现来看,本条以非封闭式的立法方式列举了安装、显示、传输、存储软件等情形,也即构成软件作品合理使用的行为表现不限于前述列举的四种情形,但无论何种软件使用方式,都不得与上述第一点和第二点阐释的法理相违背。

类案检索

一、深圳英迈思信息技术有限公司诉深圳市利融科技有限公司侵害计算机软件著作权纠纷案

关键词：计算机软件　著作权　合理使用

裁判摘要：判断计算机软件作品的使用行为是否属于合理使用，应考察该使用行为的性质和目的。在案证据足以认定被诉侵权人对涉案软件的使用明显具有商业性质，且已对外销售，则被诉侵权人对涉案软件的使用行为不构成合理使用。

【案　　号】(2019)粤知民终480号

【审理法院】广东省高级人民法院

【来　　源】中国裁判文书网

二、微软公司诉上海博科资讯股份有限公司侵害计算机软件著作权纠纷案

关键词：计算机软件　著作权　合理使用

裁判摘要：对计算机软件著作权人所享有的权利的限制，即对安装使用未经授权的计算机软件的行为承担侵权责任的豁免，应限定于以学习和研究为目的。被诉侵权人安装使用涉案软件，不是为了学习和研究涉案软件内含的设计思想和原理，而是为了其开展经营活动所需而商业性地对涉案软件进行功能性使用，该安装使用涉案计算机软件的行为不属于合理使用。

【案　　号】(2014)普民三(知)初字第113号

【审理法院】上海市普陀区人民法院

【来　　源】中国裁判文书网

第十八条　许可他人行使软件著作权的，应当订立许可使用合同。

许可使用合同中软件著作权人未明确许可的权利，被许可人不得行使。

关联规定

法律、行政法规、司法解释

1.《中华人民共和国民法典》

第八百六十三条　技术转让合同包括专利权转让、专利申请权转让、技术秘密转让等合同。

技术许可合同包括专利实施许可、技术秘密使用许可等合同。

技术转让合同和技术许可合同应当采用书面形式。

第八百七十六条　集成电路布图设计专有权、植物新品种权、计算机软件著作权等其他知识产权的转让和许可，参照适用本节的有关规定。

2.《中华人民共和国著作权法》

第二十六条　使用他人作品应当同著作权人订立许可使用合同，本法规定可以不经许可的除外。

许可使用合同包括下列主要内容：

（一）许可使用的权利种类；

（二）许可使用的权利是专有使用权或者非专有使用权；

（三）许可使用的地域范围、期间；

（四）付酬标准和办法；

（五）违约责任；

（六）双方认为需要约定的其他内容。

第二十九条　许可使用合同和转让合同中著作权人未明确许可、转让的权利，未经著作权人同意，另一方当事人不得行使。

3.《中华人民共和国著作权法实施条例》

第二十三条 使用他人作品应当同著作权人订立许可使用合同，许可使用的权利是专有使用权的，应当采取书面形式，但是报社、期刊社刊登作品除外。

4.《最高人民法院关于审理著作权民事纠纷案件适用法律若干问题的解释》

第二十一条 计算机软件用户未经许可或者超过许可范围商业使用计算机软件的，依据著作权法第四十八条第（一）项、《计算机软件保护条例》第二十四条第（一）项的规定承担民事责任。

5.《最高人民法院关于审理技术合同纠纷案件适用法律若干问题的解释》

第二十二条 就尚待研究开发的技术成果或者不涉及专利、专利申请或者技术秘密的知识、技术、经验和信息所订立的合同，不属于民法典第八百六十二条规定的技术转让合同或者技术许可合同。

技术转让合同中关于让与人向受让人提供实施技术的专用设备、原材料或者提供有关的技术咨询、技术服务的约定，属于技术转让合同的组成部分。因此发生的纠纷，按照技术转让合同处理。

当事人以技术入股方式订立联营合同，但技术入股人不参与联营体的经营管理，并且以保底条款形式约定联营体或者联营对方支付其技术价款或者使用费的，视为技术转让合同或者技术许可合同。

条文释义

一、本条主旨

本条是关于软件著作权许可使用合同订立以及许可内容的规定。

二、条文演变

1991年《计算机软件保护条例》第18条第1款规定："在软件著作权的保护期内，软件的著作权人或者其受让者有权许可他人行使本条例第九条第（三）项规定的使用权。著作权人或者其受让者许可他人行使使用权时，可以按协议收取费用。"第2款规定："软件权利的使用许可应当根据我国有关法规以签订、执行书面合同的方式进行。被许可人应当在合同规定的方式、条件、范围和时间内行使使用权。”2001年《计算机软件保护条例》将上述规定修改为：“许可他人行使软件著作权的，应当订立许可使用合同。”“许可使用合同中软件著作权人未明确许可的权利，被许可人不得行使。”2011年、2013年修订《计算机软件保护条例》时予以沿用。

三、条文解读

计算机软件具有可复制性的特点，可同时被多人占有、使用，基于该特点，为使其社会价值得到充分实现，产生了许可使用制度。本条例第8条第2款规定：“软件著作权人可以许可他人行使其软件著作权，并有权获得报酬。”而本条正是关于软件著作权人如何行使其使用许可权的具体规定，软件著作权人许可他人使用计算机软件的，双方应订立许可使用合同。

《民法典》第469条规定，当事人订立合同，除可以采用书面形式外，还可以采取口头形式和其他形式。因此，软件著作权人除可以采用签订书面合同的方式许可他人行使其软件著作权外，还可以采用口头形式或者其他形式许可他人行使其软件著作权。

根据《著作权法》的规定，结合计算机软件的特点，软件著作权许可使用合同应当包括下列主要内容。

（一）软件许可使用的权利种类

软件许可使用的权利种类，主要是指软件著作权人许可他人使用的软件著作权的具体内容，包括本条例第8条规定的发表权、署名权、复制权、发行权、出租权、信息网络传播权和其他权利。软件许可使用的权利种类是订立软件著作权许可使用合同必须首先明确的，这是确定合同其他条款的基础。

（二）软件著作权许可的类型和合同形式

软件著作权人许可他人使用其软件的权利可以分为专有使用权和非专有使用权，相应地，软件著作权的许可类型可以分为专有许可和非专有许可。在订立软件著作权许可使用合同时当事人应当对许可使用的类型予以明确。不同许可类型对软件著作权人能否再将相关权利许可第三人使用的限制不同，对相应合同形式也有不同要求。根据本条例第19条规定，专有使用权许可合同应该采用书面合同形式，没有订立书面合同或者合同中未明确约定为专有许可的，被许可行使的权利应当视为非专有权利。

（三）许可使用的范围

许可使用的范围包括地域范围和期间，许可使用的地域范围和期间是进一步明确和限制被许可使用的软件著作权效力范围的重要因素。地域范围是指被许可人可以使用软件的空间界限，如某一地区或国家等，甚至包括全球范围。许可使用的期间，是指被许可人可以使用软件的时间界限，即被许可人享有使用软件的存续时间，有的合同约定为固定期间，如表述为从何年何月何日起至何年何月何日止，有的合同则约定为“固定期间 + 续展期”。当事人可以根据软件使用的权利种类、许可类型等情况等，在合同中对许可使用的范围作出具体、明确的约定。

（四）报酬的支付标准和方式

被许可人应当向软件著作权人支付报酬，报酬通常表现为支付许可使用费。报酬的数额和支付方式直接影响许可使用合同能否顺利履行，也是确定当事人是否按约履行的依据。因此，软件著作权许可使用合同的当事人应当在合同中明确约定许可使用费的数额和支付方式。

（五）违约责任

违约责任是促使当事人履行合同义务，使守约方免受或少受损失的法律措施，也是保证合同履行的主要条款。违约责任的具体内容，如是否规定违约金、违约金的数额及违约金的计算方法等，由当事人协商后在许可使用合同中明确约定。当事人在软件著作权许可使用合同中明确约定违约责任，可以在发生纠纷时依据违约责任条款维护自己的权利，违约责任条款是维护当事人利益的重要保障。

（六）当事人认为需要约定的其他内容

上述条款普遍适用于软件著作权许可使用合同，双方当事人还可以根据其需要，在合同中约定其他内容，如发生争议时的处理方式，是由仲裁机构裁决，还是向法院提起诉讼解决等。

根据本条第 2 款的规定，软件著作权许可使用合同的被许可人只能行使软件著作权人明确授予的权利，未明确授予的权利，均归软件著作权人享有，被许可人不得行使，否则会导致侵害软件著作权的法律后果，需承担相应的法律责任。如果被许可人需要行使许可使用合同中未明确授予的权利，必须经软件著作权人明确许可。

适用指引

订立许可使用合同是当前软件产品流通中著作权人许可他人行使其计算机软件著作权的一种主要形式。软件著作权许可使用合同的一方是著作权人，相对方则是软件的最终用户或者软件经销商等。许可使用行为发生后，原著作权主体资格不变，被授权使用的一方只能取得著作权中的某一项或某几项权利，而不能取得所有权，不能成为著作权人。需要注意的是，因为计算机软件的实用性特点，软件著作权人可以通过许可他人使用的方式实现软件的功能并获得相应收益，无须通过发表的形式即可达到软件的开发目的。

作为软件著作权许可使用合同客体的计算机软件，通常是指已经完成的成品软件，特殊情况下亦可将在约定期限内完成的软件作为著作权许可使用合同的标的。合同履行中对于软件复制品或文档的交付并非意味着软件权利的转让，而仅是作为计算机软件载体的交付。

实践中涉及的计算机软件著作权人与最终用户之间的软件著作权许可使用合同，通常会以格式合同的形式通过拆封合同或点击合同的方式出现。但不管是何种方式，只要最终用户予以拆封或点击，即完成合同的订立，受合同条款的约束。《著作权解释》第 21 条规定，计算机软件用户未经许可或者超过许可范围商业使用计算机软件的，依据 2010 年修正的《著作权法》第 48 条第 1 项[①]、《计算机软件保护条例》第 24 条第 1 项的规定承担民事责任。

被许可使用软件著作权的主体只能行使许可合同中著作权人明确授予的权利，未明确授予的权利不得行使。实践中，有时会出现软件被许可使用人未经著作权人允许，超出许可使用合同的约定范围使用软件的情况，如超出合同约定范围复制软件进行使用等，这种行为既构成违约，又构成侵权，在民事责任的承担上出现竞合，实践中可由权利人选择对其最有利的方式主张权利。

① 对应的是 2020 年修正的《著作权法》第 53 条。

第十九条　许可他人专有行使软件著作权的，当事人应当订立书面合同。

没有订立书面合同或者合同中未明确约定为专有许可的，被许可行使的权利应当视为非专有权利。

关联规定

法律、行政法规、司法解释

1.《中华人民共和国民法典》

第一百三十五条　民事法律行为可以采用书面形式、口头形式或者其他形式；法律、行政法规规定或者当事人约定采用特定形式的，应当采用特定形式。

第八百六十二条　技术转让合同是合法拥有技术的权利人，将现有特定的专利、专利申请、技术秘密的相关权利让与他人所订立的合同。

技术许可合同是合法拥有技术的权利人，将现有特定的专利、技术秘密的相关权利许可他人实施、使用所订立的合同。

技术转让合同和技术许可合同中关于提供实施技术的专用设备、原材料或者提供有关的技术咨询、技术服务的约定，属于合同的组成部分。

第八百六十三条第三款　技术转让合同和技术许可合同应当采用书面形式。

第八百七十六条　集成电路布图设计专有权、植物新品种权、计算机软件著作权等其他知识产权的转让和许可，参照适用本节的有关规定。

2.《中华人民共和国著作权法》

第二十六条　使用他人作品应当同著作权人订立许可使用合同，本法规定可以不经许可的除外。

许可使用合同包括下列主要内容：

（一）许可使用的权利种类；

（二）许可使用的权利是专有使用权或者非专有使用权；

（三）许可使用的地域范围、期间；

（四）付酬标准和办法；

（五）违约责任；

（六）双方认为需要约定的其他内容。

3.《中华人民共和国著作权法实施条例》

第二十三条 使用他人作品应当同著作权人订立许可使用合同，许可使用的权利是专有使用权的，应当采取书面形式，但是报社、期刊社刊登作品除外。

第二十四条 著作权法第二十四条规定的专有使用权的内容由合同约定，合同没有约定或者约定不明的，视为被许可人有权排除包括著作权人在内的任何人以同样的方式使用作品；除合同另有约定外，被许可人许可第三人行使同一权利，必须取得著作权人的许可。

4.《最高人民法院关于审理著作权民事纠纷案件适用法律若干问题的解释》

第二十一条 计算机软件用户未经许可或者超过许可范围商业使用计算机软件的，依据著作权法第四十八条第（一）项、《计算机软件保护条例》第二十四条第（一）项的规定承担民事责任。

条文释义

一、本条主旨

本条是关于计算机软件著作权人专有许可使用合同的规定。

二、条文演变

1991年《计算机软件保护条例》第18条规定："在软件著作权的保护期内，软件的著作权人或者其受让者有权许可他人行使本条例第九条第（三）项规定的使用权。著作权人或者其受让者许可他人行使使用权时，可以按协议收取费用。""软件权利的使用许可应当根据我国有关法规以签订、执行书面合同的方式进行。被许可人应当在合同规定的方式、条件、范围和时间内行使使用权。”“许可合同的有效期限一次不得超过十年。合同期满可以续订。”“合同中未明确规定为独占许可的，被许可的软件权利应当视为非独占的。”“上述许可活动的发生不改变该软件著作权的归属。”该条已明确规定软件权利的许可使用应当签订书面合同，对于独占许可应当在合同中明确约定，并规定了著作权人获得报酬的权利以及许可合同的有效期限。2001 年《计算机软件保护条例》第 19 条将上述规定中的“软件权利”修改为“软件著作权”，将“独占许可”修改为“专有许可”，删除了关于许可合同有效期限的规定，并在第 8 条规定软件著作权人可以许可他人行使其软件著作权，有权获得报酬。2011 年、2013 年修订《计算机软件保护条例》时予以沿用。

三、条文解读

许可他人专有行使软件著作权，是指软件著作权人和被许可人通过订立专有许可使用合同，约定在一定时间、空间内，由被许可人独占性地行使软件著作权。软件著作权专有许可使用合同签订后，软件著作权人自己不能在合同约定范围内行使同样的权利，也不能许可他人在合同约定范围内行使同样的权利。

由于软件著作权专有许可使用权的排他性，软件著作权人许可他人专有行使软件著作权应当订立书面合同。

《民法典》第 135 条规定：“民事法律行为可以采用书面形式、口头形式或者其他形式；法律、行政法规规定或者当事人约定采用特定形式的，应当采用特定形式。”本条属于根据行政法规规定，应当采用书面形式的情形。采用书面形式订立的合同，当事人的权利义务更为清晰，更有利于合同的履行，且更能够保留原始证据，在当事人因履行合同发生纠纷后，便于法院或者仲裁机构查明事实，定分止争。

关于专有使用合同的内容，本条例并未明确规定，依据《著作权法》第 26 条规定以及计算机软件著作权的特性，计算机软件专有许可使用合同一般包含许可使用的权利种类、许可使用的权利性质、许可使用的地域范围和期间、付酬标准和办法、违约责任以及纠纷解决办法等双方当事人认为需要约定的内容。对上述事项的解释，可参见本条例第 18 条的条文解读。

根据本条第 2 款规定，许可他人专有行使软件著作权，但当事人没有订立书面合同或者合同中未明确约定为专有许可，其后果是被许可行使的权利应当视为非专有权利。

适用指引

软件著作权许可使用制度是软件著作权人通过许可他人使用作品获得收益的重要手段，也是作品的主要利用方式，兼顾了著作权人的利益与使用人的利益。在软件著作权专有许可中，许可人应当是著作权人，专有使用权人往往是为获得市场竞争优势的经营者或者软件经销商，其向著作权人支付较高的许可使用费获得作品的专有使用，从而在经营活动中获得更大的利润。应当注意的是，合作作品的专有许可应该由合作作者通过协商一致行使。

在签订软件著作权专有许可使用合同后，著作权人在合同约定的许可使用权利种类、时间、地域等条件下，授权其他人许可使用的权利即受限制。在实践中，有时会出现著作权人在与使用人签订软件著作权专有许可使用合同后，仍然授权其他人在相同的条件下使用作品的情况。此时，著作权人授权其他人使用作品的行为即构成违约，应当向专有使用权人承担违约责任。

专有使用权人应当在合同约定的范围内行使其使用权。软件著作权专有许可使用中往往会明确约定专有使用权人享有的权利类型、权利行使的时间与地域范围等内容。专有使用权人应当严格按照合同的约定行使其权利，在专有使用权人超出合同约定范围使用作品的情况下，其行为既构成违约，也构成侵权，著作权人可以择一救济其权利。

第二十条　转让软件著作权的，当事人应当订立书面合同。

关联规定

法律、行政法规、司法解释

1.《中华人民共和国民法典》

第四百九十条　当事人采用合同书形式订立合同的，自当事人均签名、盖章或者按指印时合同成立。在签名、盖章或者按指印之前，当事人一方已经履行主要义务，对方接受时，该合同成立。

法律、行政法规规定或者当事人约定合同应当采用书面形式订立，当事人未采用书面形式但是一方已经履行主要义务，对方接受时，该合同成立。

第八百六十三条　技术转让合同包括专利权转让、专利申请权转让、技术秘密转让等合同。

技术许可合同包括专利实施许可、技术秘密使用许可等合同。

技术转让合同和技术许可合同应当采用书面形式。

第八百七十六条　集成电路布图设计专有权、植物新品种权、计算机软件著作权等其他知识产权的转让和许可，参照适用本节的有关规定。

2.《中华人民共和国著作权法》

第二十七条　转让本法第十条第一款第五项至第十七项规定的权利，应当订立书面合同。

权利转让合同包括下列主要内容：

（一）作品的名称；

（二）转让的权利种类、地域范围；

（三）转让价金；

（四）交付转让价金的日期和方式；

（五）违约责任；

（六）双方认为需要约定的其他内容。

第二十九条 许可使用合同和转让合同中著作权人未明确许可、转让的权利，未经著作权人同意，另一方当事人不得行使。

3.《最高人民法院关于审理著作权民事纠纷案件适用法律若干问题的解释》

第二十二条 著作权转让合同未采取书面形式的，人民法院依据民法典第四百九十条的规定审查合同是否成立。

条文释义

一、本条主旨

本条是关于转让软件著作权应订立书面合同的规定。

二、条文演变

1991年《计算机软件保护条例》第19条规定："在软件著作权的保护期内，由本条例第九条第（三）项和第（四）项规定的使用权和使用许可权的享有者，可以把使用权和使用许可权转让给他人。""软件权利的转让应当根据我国有关法规以签订、执行书面合同的方式进行。""转让活动的发生不改变软件著作权的保护期。"2001年《计算机软件保护条例》第20条将条文内容修改为"转让软件著作权的，当事人应当订立书面合同"。2011年、2013年修订《计算机软件保护条例》时予以沿用。

三、条文解读

软件著作权的转让，是指软件著作权的权利归属发生变化，具体是指软件著作权人在法律规定的范围内，将其所享有的软件著作权的全部或部分转移给他人所有的法律行为。本条例第8条第3款规定，"软件著作权人可以全部或者部分转让其软件著作权，并有权获得报酬。"本条是关于软件著作权人如何转让其著作权的规定，即当事人转让软件著作权应当订立书面合同，这也是转让合同成立的必要形式，有利于对当事人的合法权益的有效保护。

根据《著作权法》第27条规定，结合计算机软件的特点，软件著作权转让合同一般包括下列主要内容。

第一，软件名称及权利状况。软件著作权转让合同必须首先明确所转让的软件的名称，固定合同标的，这是软件著作权转让的基础。软件作品有不同版本的，应当在合同中注明版本号；对于具体的技术规格等内容，可以合同附件形式予以明确。软件的权利状况主要是指所转让的计算机软件是否存在在先许可等情况。

第二，转让的权利种类。软件著作权转让合同应当对转让的具体权利种类如发表权、署名权、修改权、复制权、发行权、出租权、信息网络传播权和其他权利等作出明确约定。软件著作权的转让还可以分为部分转让和全部转让。软件著作权的全部转让是指软件著作权人在软件保护期内，将其拥有的软件著作权全部转移给他人所有。软件著作权的部分转让是指软件著作权人在软件保护期内，只将其拥有的软件著作权的一种或几种权利转让给他人所有。需要说明的是，1991 年《计算机软件保护条例》第 19 条规定的可以转让的权利种类是使用权和使用许可权，未明确发表权、开发者身份权等身份性质的权利是否可以转让。现行条例将可以转让的权利种类扩展到身份性质的权利，反映出市场上受让人或者软件购买者对计算机软件的开发者并不关注，其更为关注的是软件的功能、性能。

第三，转让权利的地域范围。软件著作权转让合同还应约定转让的地域范围，这主要是指软件著作权人转让软件作品的空间界限，如某一地区或国家等，甚至包括全球范围。

第四，转让价金与支付方式。转让价金的数额应当在转让合同中予以明确，同时，价金的支付日期和方式直接关乎软件著作权能否顺利完成转让，也是确定当事人是否按约履行的依据，应在转让合同中一并予以约定。

第五，违约责任。违约责任条款是维护当事人利益的重要保障。规定违约责任，能够促使当事人履行合同义务，避免或者减少对方的损失，实现合同目的。违约责任的具体内容，如违约金、赔偿金额的具体计算方式等，均由当事人在合同中协商确定。

适用指引

软件著作权转让涉及著作权人的重大利益，为便于保护当事人合法权益，本条例规定应当订立书面合同，这也是法律对软件著作权转让合同的形式要求。一旦因软件著作权的转让发生纠纷，有利于根据合同记载的权利义务判断当事人应当承担的责任。但是，在现实生活中，仍然有当事人就转让软件著作权未订立书面合同，此时不能一律认定合同未成立。《著作权解释》第22条明确规定，著作权转让合同未采取书面形式的，人民法院依据《民法典》第490条的规定审查合同是否成立。《民法典》第490条第2款规定："法律、行政法规规定或者当事人约定合同应当采用书面形式订立，当事人未采用书面形式但是一方已经履行主要义务，对方接受时，该合同成立。"因此，对未订立书面合同或者虽有书面合同但未签字盖章的当事人之间转让软件著作权的行为进行审查时，不能一律认定转让合同不成立，而应根据前述规定予以审查。

第二十一条　订立许可他人专有行使软件著作权的许可合同，或者订立转让软件著作权合同，可以向国务院著作权行政管理部门认定的软件登记机构登记。

关联规定

一、法律、行政法规、司法解释

1.《中华人民共和国著作权法实施条例》

第二十五条　与著作权人订立专有许可使用合同、转让合同的，可以向著作权行政管理部门备案。

2.《最高人民法院关于审理著作权民事纠纷案件适用法律若干问题的解释》

第七条　当事人提供的涉及著作权的底稿、原件、合法出版物、著作权登记证书、认证机构出具的证明、取得权利的合同等，可以作为证据。

在作品或者制品上署名的自然人、法人或者非法人组织视为著作权、与著作权有关权益的权利人，但有相反证明的除外。

二、部门规章及规范性文件

《计算机软件著作权登记办法》

第四条　软件著作权登记申请人应当是该软件的著作权人以及通过继承、受让或者承受软件著作权的自然人、法人或者其他组织。

软件著作权合同登记的申请人，应当是软件著作权专有许可合同或者转让合同的当事人。

第十四条　软件著作权转让合同或者专有许可合同当事人可以向中国版权保护中心申请合同登记。申请合同登记时，应当提交以下材料：

（一）按要求填写的合同登记表；

（二）合同复印件；

（三）申请人身份证明。

条文释义

一、本条主旨

本条是关于计算机软件著作权专有许可使用合同和转让合同登记的规定。

二、条文演变

1991年《计算机软件保护条例》第27条规定:“凡已办理登记的软件,在软件权利发生转让活动时,受让方应当在转让合同正式签订后三个月之内向软件登记管理机构备案,否则不能对抗第三者的侵权活动。”2001年《计算机软件保护条例》第21条修改为:“订立许可他人专有行使软件著作权的许可合同,或者订立转让软件著作权合同,可以向国务院著作权行政管理部门认定的软件登记机构登记。”2011年、2013年修订《计算机软件保护条例》时予以沿用。

三、条文解读

订立许可他人专有行使软件著作权的许可合同,或者订立转让软件著作权合同,实行自愿登记原则。当事人根据自己的意愿,按照《计算机软件著作权登记办法》,可以向国务院著作权行政管理部门认定的软件登记机构办理登记,也可以不办理登记,不办理登记不会对合同的效力产生影响。

著作权的自动产生原则决定了软件著作权的登记行为并非设权行为,而仅是起到公示和初步证明的作用,因而对于软件著作权专有许可使用合同和软件著作权转让合同,当事人可以根据自己的意愿作出是否登记的选择,不办理登记不会对合同的效力产生影响。与非专有使用许可合同相比,软件著作权的专有许可使用合同和转让合同的内容具有复杂性,对当事人甚至社会公众的利益影响更大,引导当事人对此两类合同进行登记,有助于防止纠纷发生和纠纷解决,如有助于防止著作权人将同一软件专有许可或者转让给多人,从而保护专有被许可人和受让人的利益。

对当事人来说,对合同进行登记备案,可以使软件的权利状态和保护范围得以确定,使得权利人在主张权利或处分软件时无须付出巨大代价即可初步证明其权利人身份，从而降低取证难度和诉讼成本，保障交易安全；而国务院著作权行政管理部门认定的软件登记机构办理合同登记备案手续时，会按照规定的程序和要求对相关事项予以一定程度的审核，这也更有利于维护合同当事人的合法权益；对社会公众来说，便于其查询和了解软件开发的前沿和动态，节约整个社会的软件开发成本。

适用指引

在我国立法层面，软件著作权登记作为软件著作权保护的一项辅助机制，并不实行强制登记制度。订立专有许可软件著作权合同或者转让软件著作权合同，除非当事人明确约定，登记的结果既非作为确定合同效力的最终证据，也不是提起诉讼的必要条件。《著作权解释》第 7 条第 1 款规定："当事人提供的涉及著作权的底稿、原件、合法出版物、著作权登记证书、认证机构出具的证明、取得权利的合同等，可以作为证据。"这里的著作权登记证书包括软件著作权权属登记和软件著作权转让或专有许可合同登记证书。软件著作权权属登记证书可以作为软件著作权归属的初步证据，软件著作权转让或者专有许可使用合同登记证书可以作为合同成立的初步证据，对此提出异议者则负有举出反证的责任，如果该反证不能被采信，则以登记载明的著作权人或者合同为准。

第二十二条　中国公民、法人或者其他组织向外国人许可或者转让软件著作权的，应当遵守《中华人民共和国技术进出口管理条例》的有关规定。

关联规定

法律、行政法规、司法解释

1.《中华人民共和国民法典》

第五百零二条　依法成立的合同，自成立时生效，但是法律另有规定或者当事人另有约定的除外。

依照法律、行政法规的规定，合同应当办理批准等手续的，依照其规定。未办理批准等手续影响合同生效的，不影响合同中履行报批等义务条款以及相关条款的效力。应当办理申请批准等手续的当事人未履行义务的，对方可以请求其承担违反该义务的责任。

依照法律、行政法规的规定，合同的变更、转让、解除等情形应当办理批准等手续的，适用前款规定。

第八百七十七条　法律、行政法规对技术进出口合同或者专利、专利申请合同另有规定的，依照其规定。

2.《中华人民共和国对外贸易法》

第十六条　国家基于下列原因，可以限制或者禁止有关货物、技术的进口或者出口：

（一）为维护国家安全、社会公共利益或者公共道德，需要限制或者禁止进口或者出口的；

（二）为保护人的健康或者安全，保护动物、植物的生命或者健康，保护环境，需要限制或者禁止进口或者出口的；

（三）为实施与黄金或者白银进出口有关的措施，需要限制或者禁止进口或者出口的；

（四）国内供应短缺或者为有效保护可能用竭的自然资源，需要限制或者禁止出口的；

（五）输往国家或者地区的市场容量有限，需要限制出口的；

（六）出口经营秩序出现严重混乱，需要限制出口的；

（七）为建立或者加快建立国内特定产业，需要限制进口的；

（八）对任何形式的农业、牧业、渔业产品有必要限制进口的；

（九）为保障国家国际金融地位和国际收支平衡，需要限制进口的；

（十）依照法律、行政法规的规定，其他需要限制或者禁止进口或者出口的；

（十一）根据我国缔结或者参加的国际条约、协定的规定，其他需要限制或者禁止进口或者出口的。

3.《中华人民共和国技术进出口管理条例》

第五条 国家准许技术的自由进出口；但是，法律、行政法规另有规定的除外。

第二十八条 有对外贸易法第十六条规定情形之一的技术，禁止或者限制出口。

国务院外经贸主管部门会同国务院有关部门，制定、调整并公布禁止或者限制出口的技术目录。

第二十九条 属于禁止出口的技术，不得出口。

第三十条 属于限制出口的技术，实行许可证管理；未经许可，不得出口。

第三十一条 出口属于限制出口的技术，应当向国务院外经贸主管部门提出申请。

第三十三条 技术出口申请经批准的，由国务院外经贸主管部门发给技术出口许可意向书。

申请人取得技术出口许可意向书后，方可对外进行实质性谈判，签订技术出口合同。

第三十五条 技术出口经许可的，由国务院外经贸主管部门颁发技术出口许可证。技术出口合同自技术出口许可证颁发之日起生效。

第三十六条 对属于自由出口的技术，实行合同登记管理。

出口属于自由出口的技术，合同自依法成立时生效，不以登记为合同生效的条件。

第四十条 依照本条例的规定，经许可或者登记的技术出口合同，合同的主要内容发生变更的，应当重新办理许可或者登记手续。

经许可或者登记的技术出口合同终止的，应当及时向国务院外经贸主管部门备案。

第四十三条 进口或者出口属于禁止进出口的技术的，或者未经许可擅自进口或者出口属于限制进出口的技术的，依照刑法关于走私罪、非法经营罪、泄露国家秘密罪或者其他罪的规定，依法追究刑事责任；尚不够刑事处罚的，区别不同情况，依照海关法的有关规定处罚，或者由国务院外经贸主管部门给予警告，没收违法所得，处违法所得1倍以上5倍以下的罚款；国务院外经贸主管部门并可以撤销其对外贸易经营许可。

第四十四条 擅自超出许可的范围进口或者出口属于限制进出口的技术的，依照刑法关于非法经营罪或者其他罪的规定，依法追究刑事责任；尚不够刑事处罚的，区别不同情况，依照海关法的有关规定处罚，或者由国务院外经贸主管部门给予警告，没收违法所得，处违法所得1倍以上3倍以下的罚款；国务院外经贸主管部门并可以暂停直至撤销其对外贸易经营许可。

第四十五条 伪造、变造或者买卖技术进出口许可证或者技术进出口合同登记证的，依照刑法关于非法经营罪或者伪造、变造、买卖国家机关公文、证件、印章罪的规定，依法追究刑事责任；尚不够刑事处罚的，依照海关法的有关规定处罚；国务院外经贸主管部门并可以撤销其对外贸易经营许可。

第四十六条 以欺骗或者其他不正当手段获取技术进出口许可的，由国务院外经贸主管部门吊销其技术进出口许可证，暂停直至撤销其对外贸易经营许可。

第四十七条 以欺骗或者其他不正当手段获取技术进出口合同登记的，由国务院外经贸主管部门吊销其技术进出口合同登记证，暂停直至撤销其对外贸易经营许可。

条文释义

一、本条主旨

本条是关于向外国人许可或者转让软件著作权的特别规定。

二、条文演变

1991 年《计算机软件保护条例》第 28 条规定："中国籍的软件著作权人将其在中国境内开发的软件的权利向外国人许可或者转让时，应当报请国务院有关主管部门批准并向软件登记管理机构备案。"1998 年国务院机构改革后，原来负责审批的国务院有关主管部门有些已不复存在，有些已经转变了职能，当事人往往难以找到原条例所规定的批准涉外许可或者转让的国务院有关主管部门。2001 年 12 月 10 日，国务院第 331 号令公布了《技术进出口管理条例》，自 2002 年 1 月 1 日起施行。2001 年《计算机软件保护条例》第 22 条将上述规定修改为："中国公民、法人或者其他组织向外国人许可或者转让软件著作权的，应当遵守《中华人民共和国技术进出口管理条例》的有关规定。"2011 年、2013 年修订《计算机软件保护条例》时予以沿用。

三、条文解读

计算机软件往往包含着解决各种问题的技术方案，计算机软件著作权的许可或者转让，往往也涉及相关技术的许可或者转让，中国公民、法人或者其他组织向外国人许可或者转让软件著作权的，应当遵循国家关于技术出口管理的有关规定。依据《技术进出口管理条例》，国务院对外经济贸易主管部门（简称国务院外经贸主管部门）依照《对外贸易法》和本条例的规定，负责全国的技术进出口管理工作，省、自治区、直辖市人民政府外经贸主管部门根据国务院外经贸主管部门的授权，负责本行政区域内的技术进出口管理工作。当事人在进行对外的计算机软件著作权的许可或者转让时，应当依照《技术进出口管理条例》的规定，报请有关主管部门批准并向软件登记管理机构备案。

适用指引

一、违反《技术进出口管理条例》向外国人许可或者转让软件著作权的法律后果

《技术进出口管理条例》第5条规定:"国家准许技术的自由进出口;但是,法律、行政法规另有规定的除外。"《对外贸易法》第16条对限制、禁止进出口技术的情形进行了明确规定。

依据国家对技术出口的管制力度,技术出口分为禁止出口的技术、限制出口的技术、自由出口的技术。属于禁止出口的技术,不得出口。属于限制出口的技术,实行许可证管理;未经许可,不得出口。如果行为人向外国人许可或者转让禁止出口的软件著作权,或者未经许可擅自向外国人许可或者转让限制出口的软件著作权,依据当事人的具体违法情况,可能构成走私罪、非法经营罪、泄露国家秘密罪等。当事人的具体违法行为尚不构成刑事处罚的,则区别不同情况,由海关部门或国务院外经贸主管部门予以相应的行政处罚。如果行为人擅自超出许可经营的范围向外国人许可或者转让限制出口的软件著作权,可能构成非法经营罪等,当事人的具体违法行为尚不构成刑事处罚的,则区别不同情况,由海关部门或国务院外经贸主管部门给与相应的行政处罚。此外,在发生上述情形后,国务院外经贸主管部门可以暂停或撤销当事人的对外贸易经营许可。对属于自由出口的技术,实行合同登记管理。

二、向外国人许可或者转让软件著作权合同的效力问题

《民法典》第502条第1款规定:"依法成立的合同,自成立时生效,但是法律另有规定或者当事人另有约定的除外。"第877条规定:"法律、行政法规对技术进出口合同或者专利、专利申请合同另有规定的,依照其规定。"中国公民、法人或者其他组织与外国人签订的许可或者转让软件著作权的合同属于技术进出口合同,对于该类合同的效力,《技术进出口管理条例》进行了特别规定。

第一,对于当事人订立的向外国人许可或者转让禁止出口的软件著作权的合同,因违反法律强制性规定而无效。

第二，对于当事人订立的向外国人许可或者转让限制出口的软件著作权的合同，需根据具体情况进行认定。当事人在向外国人许可或者转让限制出口的软件著作权时，首先应向国务院外经贸主管部门提交技术出口申请，在申请获批后国务院外经贸主管部门发给当事人技术出口许可意向书，当事人在取得技术出口许可意向书后方可对外进行实质性谈判，签订技术出口合同。当事人在技术出口合同签订后可申请技术出口许可证，国务院外经贸主管部门对技术出口合同的真实性进行审查并作出许可或者不许可的决定，在许可的情况下，向当事人颁发技术出口许可证。依据《技术进出口管理条例》第35条规定，该合同自技术出口许可证颁发之日起生效。如果当事人未办理技术出口许可证等手续，该合同不生效。另外，考虑到此类合同中往往对履行报批义务及相关的违约责任进行特别约定，且履行报批义务是整个合同生效的前提和基础，依据《民法典》第502条第2款的规定，在技术出口合同因当事人未办理技术出口许可证等手续而不生效的情况下，不影响合同中履行报批等义务条款以及相关条款的效力，合同的对方可以请求负有报批义务的当事人承担违反该义务的责任。

第三，对于当事人订立的向外国人许可或者转让自由出口的软件著作权的合同，合同登记并非合同的生效要件，相应的软件著作权许可或者转让合同一般自依法成立时即生效。

第二十三条　除《中华人民共和国著作权法》或者本条例另有规定外，有下列侵权行为的，应当根据情况，承担停止侵害、消除影响、赔礼道歉、赔偿损失等民事责任：

（一）未经软件著作权人许可，发表或者登记其软件的；

（二）将他人软件作为自己的软件发表或者登记的；

（三）未经合作者许可，将与他人合作开发的软件作为自己单独完成的软件发表或者登记的；

（四）在他人软件上署名或者更改他人软件上的署名的；

（五）未经软件著作权人许可，修改、翻译其软件的；

（六）其他侵犯软件著作权的行为。

关联规定

一、国际条约

《与贸易有关的知识产权协定》

第45条　赔偿

1. 对于故意或有充分理由应知道自己从事侵权活动的侵权人，司法机关有权责令侵权人向权利持有人支付足以补偿其因知识产权侵权所受损害的赔偿。

2. 司法机关还有权责令侵权人向权利持有人支付有关费用，其中可包括有关的律师费用。在适当的情况下，各成员可授权司法机关责令其退还利润和/或支付法定的赔偿，即使侵权人并非故意或没有充分理由知道自己从事侵权活动。

二、法律、行政法规、司法解释

1.《中华人民共和国民法典》

第一百七十九条　承担民事责任的方式主要有：

（一）停止侵害；

（二）排除妨碍；

（三）消除危险；

（四）返还财产；

（五）恢复原状；

（六）修理、重作、更换；

（七）继续履行；

（八）赔偿损失；

（九）支付违约金；

（十）消除影响、恢复名誉；

（十一）赔礼道歉。

法律规定惩罚性赔偿的，依照其规定。

本条规定的承担民事责任的方式，可以单独适用，也可以合并适用。

第一千一百六十七条 侵权行为危及他人人身、财产安全的，被侵权人有权请求侵权人承担停止侵害、排除妨碍、消除危险等侵权责任。

2.《中华人民共和国著作权法》

第五十二条 有下列侵权行为的，应当根据情况，承担停止侵害、消除影响、赔礼道歉、赔偿损失等民事责任：

（一）未经著作权人许可，发表其作品的；

（二）未经合作作者许可，将与他人合作创作的作品当作自己单独创作的作品发表的；

（三）没有参加创作，为谋取个人名利，在他人作品上署名的；

（四）歪曲、篡改他人作品的；

（五）剽窃他人作品的；

（六）未经著作权人许可，以展览、摄制视听作品的方法使用作品，或者以改编、翻译、注释等方式使用作品的，本法另有规定的除外；

（七）使用他人作品，应当支付报酬而未支付的；

（八）未经视听作品、计算机软件、录音录像制品的著作权人、表演者或者录音录像制作者许可，出租其作品或者录音录像制品的原件或者复制件的，本法另有规定的除外；

（九）未经出版者许可，使用其出版的图书、期刊的版式设计的；

（十）未经表演者许可，从现场直播或者公开传送其现场表演，或者录制其表演的；

(十一)其他侵犯著作权以及与著作权有关的权利的行为。

第五十四条 侵犯著作权或者与著作权有关的权利的，侵权人应当按照权利人因此受到的实际损失或者侵权人的违法所得给予赔偿；权利人的实际损失或者侵权人的违法所得难以计算的，可以参照该权利使用费给予赔偿。对故意侵犯著作权或者与著作权有关的权利，情节严重的，可以在按照上述方法确定数额的一倍以上五倍以下给予赔偿。

权利人的实际损失、侵权人的违法所得、权利使用费难以计算的，由人民法院根据侵权行为的情节，判决给予五百元以上五百万元以下的赔偿。

赔偿数额还应当包括权利人为制止侵权行为所支付的合理开支。

人民法院为确定赔偿数额，在权利人已经尽了必要举证责任，而与侵权行为相关的账簿、资料等主要由侵权人掌握的，可以责令侵权人提供与侵权行为相关的账簿、资料等；侵权人不提供，或者提供虚假的账簿、资料等的，人民法院可以参考权利人的主张和提供的证据确定赔偿数额。

人民法院审理著作权纠纷案件，应权利人请求，对侵权复制品，除特殊情况外，责令销毁；对主要用于制造侵权复制品的材料、工具、设备等，责令销毁，且不予补偿；或者在特殊情况下，责令禁止前述材料、工具、设备等进入商业渠道，且不予补偿。

条文释义

一、本条主旨

本条是关于仅承担民事责任的侵害软件著作权行为的规定。

二、条文演变

本条和第24条由1991年《计算机软件保护条例》第30条演变而来。2001年《计算机软件保护条例》第23条正式确立本条规定，2011年、2013年修订《计算机软件保护条例》时予以沿用。

三、条文解读

本条规定了应当承担民事侵权责任的侵害软件著作权的行为，以及应当承担民事侵权责任的形式。侵害软件著作权的行为人对侵权造成的后果应当承担法律责任。只有规定违法行为的主体必须承担相应的法律责任，才能促使行为人认真履行相应的法律义务，确保立法目的的实现。就法律责任而言，具有以下特征：一是法律责任是因为违反法定义务所应承担的法律后果；二是法律责任应当有明确而具体的规定，这是依法治国的基本要求；三是法律责任具有强制性，其有国家的强制力作为保证。通常来说，法律责任分为三类，即民事责任、行政责任和刑事责任。

（一）侵害软件著作权的行为

依照本条的规定，因侵害软件著作权而应当承担民事责任的行为包括以下几个方面。

1. 未经软件著作权人许可，发表或者登记其软件

发表权是著作权人享有的将软件公之于众的权利，包括何时、何地、以何种方式发表软件。未经软件著作权人许可，发表或者登记其软件的，是侵害其发表权的行为，应当承担相应的民事责任。

2. 将他人软件作为自己的软件发表或者登记

署名权是软件著作权人的一项人身权利，只有著作权人方有资格在软件上署名。将他人软件作为自己的软件发表或者登记，不仅侵害了软件著作权人的发表权，也侵害了其署名权，依法应当承担相应的民事责任。

3. 未经合作者许可，将与他人合作开发的软件作为自己单独完成的软件发表或者登记

合作开发的软件是合作者共同创造的劳动成果，其著作权一般应当由合作者共同享有。因此，未经合作者同意，不能将合作开发的软件作为自己单独完成的软件发表或者登记，否则将侵害合作开发者的发表权、署名权和其他财产权利，依法应当承担相应的民事责任。

4. 在他人软件上署名或者更改他人软件上的署名

署名权是表明软件开发者身份的权利，其属于软件著作权人。署名权可以进一步细分为是否署名以及如何署名。软件著作权人可以根据自己的意愿决定在软件作品上署真名、署假名或者不署名。除此之外，软件著作权人有权禁止未参与开发的人在其软件上署名，也有权禁止他人更改其软件上的署名，并可依法追究行为人的民事责任。

5. 未经软件著作权人许可，修改、翻译其软件

对软件的修改、翻译是软件著作权人享有的重要权利。未经软件著作权人许可，修改、翻译其软件的行为，构成侵害软件著作权，应承担相应的民事责任。

6. 其他侵害软件著作权的行为

本项作为兜底性的规定，将其他侵害软件著作权人的行为，如使用他人的软件而未向其支付报酬等侵权行为包括进来，能够更好地保护软件著作权人的合法权益。

需要说明的有三点。一是符合《著作权法》第 24 条规定和本条例第 17 条规定的合理使用之情形的，或本条例第 29 条规定的表达方式竞合和第 30 条规定的善意使用之情形的，因其行为本身是合法的，上述行为均不构成侵权，属于本条除外规定之范畴。二是符合《著作权法》第 25 条规定的法定许可之情形，亦不应认定为对软件著作权的侵害，但行为人应当向权利人支付相应报酬。三是除本条列举的侵权行为外，在本条例第 24 条中，还列举了应当承担民事责任的五种侵权行为。本条列举的侵权行为侧重对人身性质的软件著作权保护，相应的侵权责任仅限于民事责任。而第 24 条列举的侵权行为则与财产权密切相关，不仅需要承担民事责任，还有可能承担行政责任和刑事责任。

（二）侵害软件著作权民事责任形式

本条规定了侵害软件著作权应承担民事责任的形式，主要有以下几种，可以单独适用，也可以合并适用。

1. 停止侵害

停止侵害是指权利人有权要求行为人停止正在实施的侵害其软件著作权的行为，如要求删除侵权软件的网络下载链接，删除侵权软件的安装程序及相关后台数据，销毁制作侵权软件复制品的制作工具，销毁尚未售出的侵权软件复制品，关闭侵权网站、网页等。

2. 消除影响

消除影响是指责令侵权人以适当的方式澄清事实，消除因侵权行为给权利人造成的不利影响，以弥补侵权行为给软件著作权人造成的商誉等损害。如侵权人的不法行为造成了软件著作权人的声誉受损、社会评价降低，对其直接的补救方式是消除影响、恢复名誉。一般而言，消除影响的范围应当与侵权行为

造成的损害范围相当。

3. 赔礼道歉

赔礼道歉是指行为人通过口头、书面或者其他方式向软件著作权人承认错误、表达歉意，以取得谅解的一种责任方式。赔礼道歉主要是为了平复侵权行为给权利人造成的精神伤害。赔礼道歉可以单独适用，也可以和消除影响同时适用。赔礼道歉的形式较为灵活，可以公开赔礼道歉，也可以不公开赔礼道歉。常见的方式包括登报声明、书面致歉或当庭道歉等。实践中，一些权利人并不需要得到物质赔偿，而只是要求侵权人诚恳道歉，人民法院可以基于当事人的诉讼请求和具体案件情况，确定是否应当责令侵权人赔礼道歉以及是否采取公开的方式赔礼道歉。若行为人拒不履行生效判决确定的赔礼道歉义务，人民法院可以将相关文书登报或上网公开，产生的相关费用由该行为人负担。

4. 赔偿损失

赔偿损失是指侵权人就侵权行为给软件著作权人造成的财产损失进行补偿，该种责任方式主要是在保护软件著作权的财产权益方面发挥作用。关于赔偿损失的具体数额，应当按照权利人因此受到的实际损失或者侵权人的违法所得予以确定，也可以参照该权利使用费给予赔偿。权利人的实际损失、侵权人的违法所得、权利使用费难以计算的，由人民法院在法定赔偿幅度内根据侵权行为的情节酌情确定。赔偿数额还应包括软件著作权人为制止侵权行为所支付的合理开支。一般而言，适用法定赔偿确定赔偿数额时主要考虑以下几方面因素：软件的具体用途、销售价格、侵权行为的性质、侵权行为持续期间、范围、造成的影响、侵权人的主观状态等。需要指出的是，当前随着网络游戏行业的蓬勃发展，诸如搭建私服、销售外挂等侵权行为对人民法院确定赔偿数额提出了更高的要求，在具体案件审理中，可以综合运用证据保全、引导当事人积极提交赔偿证据、证明妨碍制度等手段查明侵权损害事实，确定赔偿数额。

适用指引

一、侵害软件著作权的民事责任的特点

一般来说，侵害软件著作权的民事责任具有以下特点。

（一）补偿性

补偿性是侵害软件著作权的民事责任区别于其他法律责任的主要标志。这种补偿性体现在，当发生不法侵害时，权利人可以依据相关法律直接提起诉讼，也可以寻求其他更为简便灵活的权利恢复方式，使其所受损害获得物质上和精神上的填补。人民法院在确定侵权人民事责任承担方式时，应当考虑补偿性为主、兼顾惩罚性这一基本原则。

（二）制裁性

制裁意味着法律依据社会公认的价值准则和行为准则对具体行为作出否定性评价和抑制性处理，其结果是对不法行为矫正和对正义与秩序的恢复。侵犯软件著作权民事责任的制裁性主要是通过人民法院使不法行为人承担强制性给付义务和其他行为义务来实现的。这种制裁性对不法行为人和社会公众都能够起到司法指引作用。

（三）优先性

一般情况下，侵害软件著作权的民事责任与行政责任、刑事责任独立存在，并行不悖。但在特定的情况下，如某一行为同时需要承担民事赔偿责任和罚款、罚金及没收财产等行政或刑事责任时，这三种责任就可能产生冲突。侵权人的财产不足以支付的，应当优先承担民事侵权责任。

二、侵害软件著作权的判断方法

在计算机软件著作权侵权纠纷中，侵权行为的认定往往是这类案件的审理难点。“实质性相似 + 接触 + 排除合理解释”是实践中较为常用的侵权判断方法。

实质性相似，是指被诉侵权软件在表达方式上与权利人的正版软件在数据结构、逻辑路径、处理流程等方面的高度相似。判断实质性相似的主要方法有以下几种：一是观察法，对被诉侵权软件和正版软件目标程序运行情况进行整体观察，包括软件的外观界面、布局结构、字体设置、美术风格、交互场景等进行比较；二是比对法，将被诉侵权软件和正版权软件的文档和代码进行对比，既包括软件名称、文件数量、文件名称、目录结构的对比，也包括源程序之间、源程序和目标程序之间、目标程序之间的对比，实践中，人民法院可以借助比对工具、反向编译工具等技术手段辅助判断；三是测试法，通过对被诉侵权软件和正版软件进行测试，输入相应命令或具体数值，查看两者运行状态和输出结果。此外，如果被诉侵权软件存在与正版软件相同的权利管理信息、设计缺陷、冗余设计等特有信息，也能够初步得出实质性相似的结论。

接触，是指被诉侵权人曾有查看、复制、窃取权利人正版软件的机会。实践中，软件著作权人一般只要能够举证侵权人具有接触的可能性即可。对于权利人公开发行软件的事实，可以用于推定接触的事实存在。

排除合理解释，是指在权利人完成了“实质性相似＋接触”证明责任的情况下，将举证责任转移至被诉侵权人，由被诉侵权人提供相反证据证明其未实施侵权行为。

指导案例

指导案例49号：石鸿林诉泰州华仁电子资讯有限公司侵害计算机软件著作权纠纷案

（最高人民法院审判委员会讨论通过　2015年4月15日发布）

关键词：民事　侵害计算机软件著作权　举证责任　侵权对比　缺陷性特征

裁判要点：在被告拒绝提供被控侵权软件的源程序或者目标程序，且由于技术上的限制，无法从被控侵权产品中直接读出目标程序的情形下，如果原、被告软件在设计缺陷方面基本相同，而被告又无正当理由拒绝提供其软件源程序或者目标程序以供直接比对，则考虑到原告的客观举证难度，可以判定原、被告计算机软件构成实质性相同，由被告承担侵权责任。

相关法条：《计算机软件保护条例》第三条第一款

基本案情：原告石鸿林诉称：被告泰州华仁电子资讯有限公司（以下简称华仁公司）未经许可，长期大量复制、发行、销售与石鸿林计算机软件“S型线切割机床单片机控制器系统软件V1.0”相同的软件，严重损害其合法权益。故诉请判令华仁公司停止侵权，公开赔礼道歉，并赔偿原告经济损失10万元、为制止侵权行为所支付的证据保全公证费、诉讼代理费9200元以及鉴定费用。

被告华仁公司辩称：其公司HR-Z型线切割机床控制器所采用的系统软

件系其独立开发完成，与石鸿林S型线切割机床单片机控制系统应无相同可能，且其公司产品与石鸿林生产的S型线切割机床单片机控制器的硬件及键盘布局也完全不同，请求驳回石鸿林的诉讼请求。

法院经审理查明：2000年8月1日，石鸿林开发完成S型线切割机床单片机控制器系统软件。2005年4月18日获得国家版权局软著登字第035260号计算机软件著作权登记证书，证书载明软件名称为S型线切割机床单片机控制器系统软件V1.0（以下简称S系列软件），著作权人为石鸿林，权利取得方式为原始取得。2005年12月20日，泰州市海陵区公证处出具（2005）泰海证民内字第1146号公证书一份，对石鸿林以660元价格向华仁公司购买HR-Z线切割机床数控控制器（以下简称HR-Z型控制器）一台和取得销售发票（No：00550751）的购买过程，制作了保全公证工作记录、拍摄了所购控制器及其使用说明书、外包装的照片8张，并对该控制器进行了封存。

一审中，法院委托江苏省科技咨询中心对下列事项进行比对鉴定：（1）石鸿林本案中提供的软件源程序与其在国家版权局版权登记备案的软件源程序的同一性；（2）公证保全的华仁公司HR-Z型控制器系统软件与石鸿林获得版权登记的软件源程序代码相似性或者相同性。后江苏省科技咨询中心出具鉴定工作报告，因被告的软件主要固化在美国ATMEL公司的AT89F51和菲利普公司的P89C58两块芯片上，而代号为"AT89F51"的芯片是一块带自加密的微控制器，必须首先破解它的加密系统，才能读取固化其中的软件代码。而根据现有技术条件，无法解决芯片解密程序问题，因而根据现有鉴定材料难以作出客观、科学的鉴定结论。

二审中，法院根据原告石鸿林的申请，就以下事项组织技术鉴定：原告软件与被控侵权软件是否具有相同的软件缺陷及运行特征。经鉴定，中国版权保护中心版权鉴定委员会出具鉴定报告，结论为：通过运行原、被告软件，发现二者存在如下相同的缺陷情况：（1）二控制器连续加工程序段超过2048条后，均出现无法正常执行的情况；（2）在加工完整的一段程序后只让自动报警两声以下即按任意键关闭报警时，在下一次加工过程中加工回复线之前自动暂停后，二控制器均有偶然出现蜂鸣器响声2声的现象。

二审法院另查明：原、被告软件的使用说明书基本相同。两者对控制器功能的描述及技术指标基本相同；两者对使用操作的说明基本相同；两者在段落编排方式和多数语句的使用上基本相同。经二审法院多次释明，华仁公司始终拒绝提供被控侵权软件的源程序以供比对。

裁判结果：江苏省泰州市中级人民法院于2006年12月8日作出（2006）泰民三初字第2号民事判决：驳回原告石鸿林的诉讼请求。石鸿林提起上诉，江苏省高级人民法院于2007年12月17日作出（2007）苏民三终字第0018号民事判决：一、撤销江苏省泰州市中级人民法院（2006）泰民三初字第2号民事判决；二、华仁公司立即停止生产、销售侵犯石鸿林S型线切割机床单片机控制器系统软件V1.0著作权的产品；三、华仁公司于本判决生效之日起10日内赔偿石鸿林经济损失79200元；四、驳回石鸿林的其他诉讼请求。

裁判理由：法院生效裁判认为：根据现有证据，应当认定华仁公司侵犯了石鸿林S系列软件著作权。

一、本案的证明标准应根据当事人客观存在的举证难度合理确定

根据法律规定，当事人对自己提出的诉讼请求所依据的事实有责任提供证据加以证明。本案中，石鸿林主张华仁公司侵犯其S系列软件著作权，其须举证证明双方计算机软件之间构成相同或实质性相同。一般而言，石鸿林就此须举证证明两计算机软件的源程序或目标程序之间构成相同或实质性相同。但本案中，由于存在客观上的困难，石鸿林实际上无法提供被控侵权的HR-Z软件的源程序或目标程序，并进而直接证明两者的源程序或目标程序构成相同或实质性相同。1.石鸿林无法直接获得被控侵权的计算机软件源程序或目标程序。由于被控侵权的HR-Z软件的源程序及目标程序处于华仁公司的实际掌握之中，因此在华仁公司拒绝提供的情况下，石鸿林实际无法提供HR-Z软件的源程序或目标程序以供直接对比。2.现有技术手段无法从被控侵权的HR-Z型控制器中获得HR-Z软件源程序或目标程序。根据一审鉴定情况，HR-Z软件的目标程序系加载于HR-Z型控制器中的内置芯片上，由于该芯片属于加密芯片，无法从芯片中读出HR-Z软件的目标程序，并进而反向编译出源程序。因此，依靠现有技术手段无法从HR-Z型控制器中获得HR-Z软件源程序或目标程序。

综上，本案在华仁公司无正当理由拒绝提供软件源程序以供直接比对，石鸿林确因客观困难无法直接举证证明其诉讼主张的情形下，应从公平和诚实信用原则出发，合理把握证明标准的尺度，对石鸿林提供的现有证据能否形成高度盖然性优势进行综合判断。

二、石鸿林提供的现有证据能够证明被控侵权的HR－Z软件与石鸿林的S系列软件构成实质相同，华仁公司应就此承担提供相反证据的义务

本案中的现有证据能够证明以下事实：

1.二审鉴定结论显示：通过运行安装HX-Z软件的HX-Z型控制器和安装HR-Z软件的HR-Z型控制器，发现二者存在前述相同的系统软件缺陷情况。

2.二审鉴定结论显示：通过运行安装HX-Z软件的HX-Z型控制器和安装HR-Z软件的HR-Z型控制器，发现二者在加电运行时存在相同的特征性情况。

3.HX-Z和HR-Z型控制器的使用说明书基本相同。

4.HX-Z和HR-Z型控制器的整体外观和布局基本相同，主要包括面板、键盘的总体布局基本相同等。

据此，鉴于HX-Z和HR-Z软件存在共同的系统软件缺陷，根据计算机软件设计的一般性原理，在独立完成设计的情况下，不同软件之间出现相同的软件缺陷几率极小，而如果软件之间存在共同的软件缺陷，则软件之间的源程序相同的概率较大。同时结合两者在加电运行时存在相同的特征性情况、HX-Z和HR-Z型控制器的使用说明书基本相同、HX-Z和HR-Z型控制器的整体外观和布局基本相同等相关事实，法院认为石鸿林提供的现有证据能够形成高度盖然性优势，足以使法院相信HX-Z和HR-Z软件构成实质相同。同时，由于HX-Z软件是石鸿林对其S系列软件的改版，且HX-Z软件与S系列软件实质相同。因此，被控侵权的HR-Z软件与石鸿林的S系列软件亦构成实质相同，即华仁公司侵犯了石鸿林享有的S系列软件著作权。

三、华仁公司未能提供相反证据证明其诉讼主张，应当承担举证不能的不利后果

本案中，在石鸿林提供了上述证据证明其诉讼主张的情形下，华仁公司并未能提供相反证据予以反证，依法应当承担举证不能的不利后果。经本院反复释明，华仁公司最终仍未提供被控侵权的HR-Z软件源程序以供比对。华仁公司虽提供了DX-Z线切割控制器微处理器固件程序系统V3.0的计算机软件著作权登记证书，但其既未证明该软件与被控侵权的HR-Z软件属于同一软件，又未证明被控侵权的HR-Z软件的完成时间早于石鸿林的S系列软件，或系其独立开发完成。尽管华仁公司还称，其二审中提供的2004年5月19日

商业销售发票，可以证明其于2004年就开发完成了被控侵权软件。对此法院认为，该份发票上虽注明货物名称为HR-Z线切割控制器，但并不能当然推断出该控制器所使用的软件即为被控侵权的HR-Z软件，华仁公司也未就此进一步提供其他证据予以证实。同时结合该份发票并非正规的增值税发票、也未注明购货单位名称等一系列瑕疵，法院认为，华仁公司2004年就开发完成了被控侵权软件的诉讼主张缺乏事实依据，不予采纳。

综上，根据现有证据，同时在华仁公司持有被控侵权的HR-Z软件源程序且无正当理由拒不提供的情形下，应当认定被控侵权的HR-Z软件与石鸿林的S系列软件构成实质相同，华仁公司侵犯了石鸿林S系列软件著作权。

类案检索

一、新思科技有限公司诉武汉芯动科技有限公司侵害计算机软件著作权纠纷案

关键词：界面高度近似　存在相同特有信息　侵权举证责任转移

裁判摘要：著作权人已经举证证明被诉侵权软件与主张权利的在先软件界面高度近似，或者被诉侵权软件存在相同的权利管理信息、设计缺陷、冗余设计等特有信息，能够初步证明被诉侵权软件与主张权利软件构成实质性近似且被诉侵权人接触主张权利软件的可能性较大的，举证责任转移至被诉侵权人，由其提供相反证据证明其未实施侵权行为。

【案　　号】（2020）最高法知民终1138号

【审理法院】最高人民法院

【来　　源】《最高人民法院知识产权法庭裁判要旨（2021）》

二、北京君意东方电泳设备有限公司诉北京东方瑞利科技有限公司侵害计算机软件著作权纠纷案

关键词：侵害软件著作权　判断标准　源代码比对

裁判摘要：计算机软件著作权的侵权判断，仍然应当遵循“接触加实质性相似”的标准，源代码比对并非计算机软件著作权侵权判断的必备条件和必须环节。

【案　　号】(2020)最高法知民终209号

【审理法院】最高人民法院

【来　　源】《最高人民法院知识产权法庭裁判要旨(2020)》

三、不乱买电子商务(北京)有限公司诉北京闪亮时尚信息技术有限公司侵害计算机软件著作权纠纷案

关键词: 开源协议　侵害软件著作权

裁判摘要: 网站前端代码与后端代码在展示方式、所用技术、功能分工等方面均存在明显不同,属于既相互独立又互相联合的独立程序,即便前端代码使用了GPL协议项下的开源代码,后端代码也不受GPL协议约束,未经许可复制后端代码仍构成侵害软件著作权。

【案　　号】(2019)最高法知民终663号

【审理法院】最高人民法院

【来　　源】《最高人民法院知识产权法庭裁判要旨(2019)》

四、长沙米拓信息技术有限公司诉河南省工程建设协会侵害计算机软件著作权纠纷案

关键词: 免费软件　删除权利管理信息　侵害署名权

裁判摘要: 软件著作权人向不特定用户提供软件,允许其免费下载并商业使用,但在用户协议中明确要求必须保留有关版权标识和链接信息,用户免费下载并在商业使用时去除该版权标识或者链接信息的,应当认定其构成侵害软件著作权人的署名权,可以判令其依法承担停止侵害、赔偿损失的责任,还可以根据侵权人过错及侵权情节视情判令其赔礼道歉。

【案　　号】(2021)最高法知民终1547号

【审理法院】最高人民法院

【来　　源】《最高人民法院知识产权法庭裁判要旨(2021)》

第二十四条　除《中华人民共和国著作权法》、本条例或者其他法律、行政法规另有规定外，未经软件著作权人许可，有下列侵权行为的，应当根据情况，承担停止侵害、消除影响、赔礼道歉、赔偿损失等民事责任；同时损害社会公共利益的，由著作权行政管理部门责令停止侵权行为，没收违法所得，没收、销毁侵权复制品，可以并处罚款；情节严重的，著作权行政管理部门并可以没收主要用于制作侵权复制品的材料、工具、设备等；触犯刑律的，依照刑法关于侵犯著作权罪、销售侵权复制品罪的规定，依法追究刑事责任：

（一）复制或者部分复制著作权人的软件的；

（二）向公众发行、出租、通过信息网络传播著作权人的软件的；

（三）故意避开或者破坏著作权人为保护其软件著作权而采取的技术措施的；

（四）故意删除或者改变软件权利管理电子信息的；

（五）转让或者许可他人行使著作权人的软件著作权的。

有前款第一项或者第二项行为的，可以并处每件100元或者货值金额1倍以上5倍以下的罚款；有前款第三项、第四项或者第五项行为的，可以并处20万元以下的罚款。

关联规定

一、国际条约

《与贸易有关的知识产权协定》

第49条　行政程序

如由于行政程序对案件是非曲直的裁决而导致责令进行任何民事救济，则此类程序应符合与本节所列原则实质相当的原则。

第61条　各成员应规定至少将适用于具有商业规模的蓄意假冒商标或盗版案件的刑事程序和处罚。可使用的救济应包括足以起到威慑作用的监禁和/

或罚金，并应与适用于同等严重性的犯罪所受到的处罚水平一致。在适当的情况下，可使用的救济还应包括扣押、没收和销毁侵权货物和主要用于侵权活动的任何材料和工具。各成员可规定适用于其他知识产权侵权案件的刑事程序和处罚，特别是蓄意并具有商业规模的侵权案件。

二、法律、行政法规、司法解释

1.《中华人民共和国民法典》

第一百八十七条 民事主体因同一行为应当承担民事责任、行政责任和刑事责任的，承担行政责任或者刑事责任不影响承担民事责任；民事主体的财产不足以支付的，优先用于承担民事责任。

2.《中华人民共和国刑法》

第二百一十七条 以营利为目的，有下列侵犯著作权或者与著作权有关的权利的情形之一，违法所得数额较大或者有其他严重情节的，处三年以下有期徒刑，并处或者单处罚金；违法所得数额巨大或者有其他特别严重情节的，处三年以上十年以下有期徒刑，并处罚金：

（一）未经著作权人许可，复制发行、通过信息网络向公众传播其文字作品、音乐、美术、视听作品、计算机软件及法律、行政法规规定的其他作品的；

（二）出版他人享有专有出版权的图书的；

（三）未经录音录像制作者许可，复制发行、通过信息网络向公众传播其制作的录音录像的；

（四）未经表演者许可，复制发行录有其表演的录音录像制品，或者通过信息网络向公众传播其表演的；

（五）制作、出售假冒他人署名的美术作品的；

（六）未经著作权人或者与著作权有关的权利人许可，故意避开或者破坏权利人为其作品、录音录像制品等采取的保护著作权或者与著作权有关的权利的技术措施的。

第二百一十八条 以营利为目的，销售明知是本法第二百一十七条规定的侵权复制品，违法所得数额巨大或者有其他严重情节的，处五年以下有期徒刑，并处或者单处罚金。

3.《中华人民共和国著作权法》

第四十九条 为保护著作权和与著作权有关的权利，权利人可以采取技术措施。

未经权利人许可，任何组织或者个人不得故意避开或者破坏技术措施，不得以避开或者破坏技术措施为目的制造、进口或者向公众提供有关装置或者部件，不得故意为他人避开或者破坏技术措施提供技术服务。但是，法律、行政法规规定可以避开的情形除外。

本法所称的技术措施，是指用于防止、限制未经权利人许可浏览、欣赏作品、表演、录音录像制品或者通过信息网络向公众提供作品、表演、录音录像制品的有效技术、装置或者部件。

第五十条 下列情形可以避开技术措施，但不得向他人提供避开技术措施的技术、装置或者部件，不得侵犯权利人依法享有的其他权利：

（一）为学校课堂教学或者科学研究，提供少量已经发表的作品，供教学或者科研人员使用，而该作品无法通过正常途径获取；

（二）不以营利为目的，以阅读障碍者能够感知的无障碍方式向其提供已经发表的作品，而该作品无法通过正常途径获取；

（三）国家机关依照行政、监察、司法程序执行公务；

（四）对计算机及其系统或者网络的安全性能进行测试；

（五）进行加密研究或者计算机软件反向工程研究。

前款规定适用于对与著作权有关的权利的限制。

第五十一条 未经权利人许可，不得进行下列行为：

（一）故意删除或者改变作品、版式设计、表演、录音录像制品或者广播、电视上的权利管理信息，但由于技术上的原因无法避免的除外；

（二）知道或者应当知道作品、版式设计、表演、录音录像制品或者广播、电视上的权利管理信息未经许可被删除或者改变，仍然向公众提供。

第五十三条 有下列侵权行为的，应当根据情况，承担本法第五十二条规定的民事责任；侵权行为同时损害公共利益的，由主管著作权的部门责令停止侵权行为，予以警告，没收违法所得，没收、无害化销毁处理侵权复制品以及主要用于制作侵权复制品的材料、工具、设备等，违法经营额五万元以上的，可以并处违法经营额一倍以上五倍以下的罚款；没有违法经营额、违法经营额难以计算或者不足五万元的，可以并处二十五万元以下的罚款；构成犯罪的，依法追究刑事责任：

（一）未经著作权人许可，复制、发行、表演、放映、广播、汇编、通过信息网络向公众传播其作品的，本法另有规定的除外；

（二）出版他人享有专有出版权的图书的；

（三）未经表演者许可，复制、发行录有其表演的录音录像制品，或者通过信息网络向公众传播其表演的，本法另有规定的除外；

（四）未经录音录像制作者许可，复制、发行、通过信息网络向公众传播其制作的录音录像制品的，本法另有规定的除外；

（五）未经许可，播放、复制或者通过信息网络向公众传播广播、电视的，本法另有规定的除外；

（六）未经著作权人或者与著作权有关的权利人许可，故意避开或者破坏技术措施的，故意制造、进口或者向他人提供主要用于避开、破坏技术措施的装置或者部件的，或者故意为他人避开或者破坏技术措施提供技术服务的，法律、行政法规另有规定的除外；

（七）未经著作权人或者与著作权有关的权利人许可，故意删除或者改变作品、版式设计、表演、录音录像制品或者广播、电视上的权利管理信息的，知道或者应当知道作品、版式设计、表演、录音录像制品或者广播、电视上的权利管理信息未经许可被删除或者改变，仍然向公众提供的，法律、行政法规另有规定的除外；

（八）制作、出售假冒他人署名的作品的。

第五十四条第四款　人民法院审理著作权纠纷案件，应权利人请求，对侵权复制品，除特殊情况外，责令销毁；对主要用于制造侵权复制品的材料、工具、设备等，责令销毁，且不予补偿；或者在特殊情况下，责令禁止前述材料、工具、设备等进入商业渠道，且不予补偿。

4.《中华人民共和国著作权法实施条例》

第三十六条　有著作权法第四十八条[①]所列侵权行为，同时损害社会公共利益，非法经营额5万元以上的，著作权行政管理部门可处非法经营额1倍以上5倍以下的罚款；没有非法经营额或者非法经营额5万元以下的，著作权行政管理部门根据情节轻重，可处25万元以下的罚款。

---

① 此处指的是2010年修正的《著作权法》，对应的是2020年修正的《著作权法》第53条。

第三十七条 有著作权法第四十八条[①]所列侵权行为，同时损害社会公共利益的，由地方人民政府著作权行政管理部门负责查处。

国务院著作权行政管理部门可以查处在全国有重大影响的侵权行为。

5.《最高人民法院关于审理著作权民事纠纷案件适用法律若干问题的解释》

第二十一条 计算机软件用户未经许可或者超过许可范围商业使用计算机软件的，依据著作权法第四十八条[②]第（一）项、《计算机软件保护条例》第二十四条第（一）项的规定承担民事责任。

6.《最高人民法院、最高人民检察院关于办理侵犯知识产权刑事案件具体应用法律若干问题的解释（三）》

第二条 在刑法[③]第二百一十七条规定的作品、录音制品上以通常方式署名的自然人、法人或者非法人组织，应当推定为著作权人或者录音制作者，且该作品、录音制品上存在着相应权利，但有相反证明的除外。

在涉案作品、录音制品种类众多且权利人分散的案件中，有证据证明涉案复制品系非法出版、复制发行，且出版者、复制发行者不能提供获得著作权人、录音制作者许可的相关证据材料的，可以认定为刑法第二百一十七条规定的“未经著作权人许可”“未经录音制作者许可”。但是，有证据证明权利人放弃权利、涉案作品的著作权或者录音制品的有关权利不受我国《著作权法》保护、权利保护期限已经届满的除外。

7.《最高人民法院、最高人民检察院关于办理侵犯知识产权刑事案件具体应用法律若干问题的解释（二）》

第一条 以营利为目的，未经著作权人许可，复制发行其文字作品、音乐、电影、电视、录像作品、计算机软件及其他作品，复制品数量合计在五百张（份）以上的，属于刑法[④]第二百一十七条规定的“有其他严重情节”；复制品数量在二千五百张（份）以上的，属于刑法[⑤]第二百一十七条规定的“有

① 此处指的是2010年修正的《著作权法》，对应的是2020年修正的《著作权法》第53条。

② 此处指的是2010年修正的《著作权法》，对应的是2020年修正的《著作权法》第53条。

③ 此处指的是1997年修订的《刑法》。

④ 此处指的是1997年修订的《刑法》。

⑤ 此处指的是1997年修订的《刑法》。

其他特别严重情节”。

8.《最高人民法院、最高人民检察院关于办理侵犯知识产权刑事案件具体应用法律若干问题的解释》

第五条 以营利为目的，实施刑法[①]第二百一十七条所列侵犯著作权行为之一，违法所得数额在三万元以上的，属于“违法所得数额较大”；具有下列情形之一的，属于“有其他严重情节”，应当以侵犯著作权罪判处三年以下有期徒刑或者拘役，并处或者单处罚金：

（一）非法经营数额在五万元以上的；

（二）未经著作权人许可，复制发行其文字作品、音乐、电影、电视、录像作品、计算机软件及其他作品，复制品数量合计在一千张（份）以上的；

（三）其他严重情节的情形。

以营利为目的，实施刑法[②]第二百一十七条所列侵犯著作权行为之一，违法所得数额在十五万元以上的，属于“违法所得数额巨大”；具有下列情形之一的，属于“有其他特别严重情节”，应当以侵犯著作权罪判处三年以上七年以下有期徒刑，并处罚金：

（一）非法经营数额在二十五万元以上的；

（二）未经著作权人许可，复制发行其文字作品、音乐、电影、电视、录像作品、计算机软件及其他作品，复制品数量合计在五千张（份）以上的；

（三）其他特别严重情节的情形。

条文释义

一、本条主旨

本条是关于承担复合法律责任的侵害软件著作权行为的规定。

二、条文演变

本条和第 23 条系从 1991 年《计算机软件保护条例》第 30 条演变而来。1991 年《计算机软件保护条例》对于侵害计算机软件著作权的行为并未规定

① 此处指的是 1997 年修订的《刑法》。
② 此处指的是 1997 年修订的《刑法》。

刑事责任。关于侵权人应当承担行政责任的条件、形式等的规定也比较笼统，不利于有效保护计算机软件著作权人的合法权益。为此，2001 年《计算机软件保护条例》对上述规定进行了完善，将 1991 年《计算机软件保护条例》第 30 条，拆分为两条，将其中的侵害计算机软件的发表权、署名权、修改权等侵害人身性质的软件著作权的侵权行为，明确为应当承担停止侵害、消除影响、赔礼道歉、赔偿损失等民事责任，即为 2001 年《计算机软件保护条例》第 23 条。而对于 1991 年《计算机软件保护条例》第 30 条中侵害计算机软件的复制权、发行权、出租权、信息网络传播权等财产性质的软件著作权的侵权行为，明确在承担民事责任之外，如具备其他严重侵权情节，还应当承担行政和刑事责任，即 2001 年《计算机软件保护条例》第 24 条。此后，《计算机软件保护条例》分别于 2011 年、2013 年进行了两次修订。2011 年修订时未作修改，2013 年修订时对本条第 2 款的罚款金额进行了修改，对于具有本条第 1 款第 1 项或者第 2 项行为，新增了可以并处货值金额 1 倍以上罚款的规定，并将具有本条第 1 款第 3 项、第 4 项或者第 5 项行为的并处罚款金额的上限，从 5 万元提高到 20 万元。

三、条文解读

本条与本条例第 23 条规定相比，差异在于侵权行为的性质及其引发的法律责任的类型。从本条规定的侵权行为来看，主要涉及侵害计算机软件的复制权、信息网络传播权等财产性权利，以及破坏计算机软件著作权保护措施和无权处分计算机软件著作权的行为，这些侵权行为是对计算机软件著作权人享有的财产性权利的侵害，且侵权行为的规模和影响往往较大，不仅涉及权利人自身的权益，还可能涉及社会公共利益和社会主义市场经济秩序。因此，本条除规定行为人应承担民事责任外，还规定在特定情况下，可以由著作权行政管理部门给予行政处罚，触犯《刑法》的，还应当依照《刑法》关于侵犯著作权罪、销售侵权复制品罪的规定，依法追究刑事责任。

本条规定了侵权行为的五种形态，具体如下。

（一）复制或者部分复制著作权人的软件

复制权是指将作品制作一份或多份的权利，是著作权人享有的财产权中最基本的权能。对于传统作品而言，印刷、复印、临摹、拓印、录音、录像、翻录、翻拍等都应被认定为复制行为。基于软件作品自身的特点，数字化的复制成本几乎可以忽略不计，特别是在网络环境下，侵权人可以极低的成本大量地制作、销售盗版软件。因此，对于未经软件著作权人许可，复制或者部分复制著作权人的软件的行为，法律不仅规定了民事责任，还规定了行政责任和刑事责任。造成轻微损害的，应承担民事责任；损害公共利益的，应承担行政责任；触犯《刑法》第217条和第218条的，应承担刑事责任。

（二）向公众发行、出租、通过信息网络传播著作权人的软件

软件的发行权是指权利人通过各种方式向社会公众提供软件的原件或者复制件的权利，包括出售、赠与等；软件的出租权是指权利人有偿许可他人临时使用软件的权利；软件的信息网络传播权是指通过有线或无线的方式向公众提供软件，使公众可以在其个人选定的时间和地点获得软件的权利。除特别规定外，任何人未经软件著作权人许可，不得擅自向公众发行、出租、通过信息网络传播其软件，否则应当承担相应的法律责任。

（三）故意避开或者破坏著作权人为保护其软件著作权而采取的技术措施

软件著作权人为保护其软件不被非法侵害而采取的技术措施受法律保护。现阶段，随着计算机和互联网技术的快速发展，侵害计算机软件著作权的行为方式也在不断发生变化，从传统的制作、销售侵权复制品发展到当下常见的破解正版软件加密锁、授权秘钥。针对侵权行为的新方式，为充分保护著作权人的权利，本条第3项和《著作权法》第53条第6项规定，未经软件著作权人许可，任何人不得故意避开或者破坏技术措施，不得以避开或者破坏技术措施为目的制造、进口或者向公众提供有关装置或者部件，否则应当承担相应的法律责任。

（四）故意删除或者改变软件权利管理电子信息

软件权利管理电子信息是指软件作品中包含的软件著作权人信息、版权信息、软件最终用户许可协议等权利人的信息和使用条件的信息，该信息是为保护权利人和合法使用人的权益，其不仅涉及软件的署名权，还涉及权利人对软件使用的许可权。因此，凡是故意删除或者改变软件权利管理电子信息的，就

构成对软件著作权人合法权益的侵犯，应当承担相应的法律责任。

（五）转让或者许可他人行使著作权人的软件著作权

软件著作权人可以自己行使著作权，也可以许可他人行使著作权，还可以将软件著作权转让给他人，并获取相应报酬。未经软件著作权人同意，转让或者许可他人行使软件著作权人的软件著作权，构成侵害著作权，应当承担相应的法律责任。

需要说明的是，本条有除外规定，即“除《中华人民共和国著作权法》、本条例或者其他法律、行政法规另有规定外”。此外，在适用本条时，注意不能“以罚代刑”。行政处罚与刑罚在适用的条件、作用、责任承受的主体、主观条件对责任的成立影响、处罚种类的侧重点等方面存在不同。要正确区分行政处罚和刑罚，避免行为与责任不符的情况出现。

适用指引

一、侵害软件著作权的民事责任

关于侵害软件著作权民事责任的承担，可参见本条例第23条的条文释义。

二、侵害软件著作权的行政责任

所谓行政责任，是指犯有一般违法行为的单位和个人，依照法律法规的规定应承担的行政法上的法律后果。行为人实施了本条列举的五种软件著作权侵权行为，如果损害了社会公共利益，除了需要承担民事责任之外，还可能需要承担行政责任。具体而言，由著作权行政管理部门责令停止侵权行为，没收违法所得，没收、销毁侵权复制品，可以并处罚款；情节严重的，著作权行政管理部门并可以没收主要用于制作侵权复制品的材料、工具、设备等。所谓社会公共利益可以被理解为不特定多数人的权利和利益的总和。

本条所列的软件著作权的行政违法行为，由侵权行为实施地、侵权结果发生地、侵权复制品储藏地或者依法查封扣押地的著作权行政管理部门负责查处。著作权行政管理部门目前指国家版权局和地方版权局。国家版权局查处在全国有重大影响的软件著作权违法行为；地方版权局负责查处本辖区内发生的违法行为。就行政责任而言，“责令停止侵权行为”是防止权利人的损失进一步扩大而采取的一种行政措施；“没收违法所得，没收、销毁侵权复制品，罚款，没收主要用于制作侵权复制品的材料、工具、设备等”是行政处罚。其中，罚款不能单独适用，应由著作权行政管理部门根据侵权行为的性质、情节和造成的后果等具体情况，在作出没收违法所得，没收、销毁侵权复制品处罚的同时，决定是否予以罚款。关于罚款的数额问题，本条第 2 款作了明确规定。

三、侵害软件著作权的刑事责任

本条例作为《著作权法》的配套法规，规定了“触犯刑律的，依照刑法关于侵犯著作权罪、销售侵权复制品罪的规定，依法追究刑事责任”。具体而言，未经软件著作权人许可，复制发行其计算机软件，违法所得数额较大或者有其他严重情节的，就构成侵犯著作权罪。侵犯著作权罪，违法所得数额较大或者有其他严重情节的，处 3 年以下有期徒刑或者拘役，并处或者单处罚金；违法所得数额巨大或者有其他特别严重情节的，处 3 年以上 10 年以下有期徒刑，并处罚金。以营利为目的，销售明知是未经软件著作权人许可而复制发行的计算机软件侵权复制品，违法所得数额巨大的，就构成销售侵权复制品罪。销售侵权复制品罪，处 5 年以下有期徒刑，并处或者单处罚金。单位犯上述各罪的，对单位判处罚金，并对其直接负责的主管人员和其他直接负责人员，依上述规定处罚。

根据《知产刑事案件解释》的规定，实施《刑法》第 217 条第 1 项至第 6 项所列行为，构成侵犯著作权罪，违法所得数额在 3 万元以上的，属于“违法所得数额较大”；非法经营数额在 5 万元以上的，或侵权复制品数量合计在 500 张（份）以上的，属于“有其他严重情节”；违法所得数额在 15 万元以上的，属于“违法所得数额巨大”；非法经营数额在 25 万元以上的，或侵权复制品数量合计在 2500 张（份）以上的，属于“有其他特别严重情节”。实施《刑法》第 218 条规定的行为，构成销售侵权复制品罪，违法所得数额在 10 万元以上的，属于“违法所得数额巨大”。

总而言之，准确把握本条所规定的民事责任、行政责任、刑事责任的适用条件，关键在于准确判断侵权行为及其结果是否达到法律所规定的“同时损害社会公共利益”“情节严重”“触犯刑律”的程度。

指导案例

指导案例48号：北京精雕科技有限公司诉上海奈凯电子科技有限公司侵害计算机软件著作权纠纷案

（最高人民法院审判委员会讨论通过　2015年4月15日发布）

关键词：民事　侵害计算机软件著作权　捆绑销售　技术保护措施　权利滥用

裁判摘要：计算机软件著作权人为实现软件与机器的捆绑销售，将软件运行的输出数据设定为特定文件格式，以限制其他竞争者的机器读取以该特定文件格式保存的数据，从而将其在软件上的竞争优势扩展到机器，不属于著作权法所规定的著作权人为保护其软件著作权而采取的技术措施。他人研发软件读取其设定的特定文件格式的，不构成侵害计算机软件著作权。

相关法条：《中华人民共和国著作权法》第四十八条第一款第六项

《计算机软件保护条例》第二条、第三条第一款第一项、第二十四条第一款第三项

基本案情：原告北京精雕科技有限公司（以下简称精雕公司）诉称：原告自主开发了精雕CNC雕刻系统，该系统由精雕雕刻CAD/CAM软件（JDPaint软件）、精雕数控系统、机械本体三大部分组成。该系统的使用通过两台计算机完成，一台是加工编程计算机，另一台是数控控制计算机。两台计算机运行两个不同的程序需要相互交换数据，即通过数据文件进行。具体是：JDPaint软件通过加工编程计算机运行生成Eng格式的数据文件，再由运行于数控控制计算机上的控制软件接收该数据文件，将其变成加工指令。原告对上述JDPaint软件享有著作权，该软件不公开对外销售，只配备在原告自主生产的数控雕刻机上使用。2006年初，原告发现被告上海奈凯电子科技有限公司（以下简称奈凯公司）在其网站上大力宣传其开发的NC－1000雕铣机数控系统全面支持精雕各种版本的Eng文件。被告上述数控系统中的Ncstudio软件能够读取JDPaint软件输出的Eng格式数据文件，而原告对Eng格式采取了加密措施。被告非法破译Eng格式的加密措施，开发、销售能够读取Eng格式数据文件的数控系统，属于故意避开或者破坏原告为保护软件著作权而采取的

技术措施的行为，构成对原告软件著作权的侵犯。被告的行为使得其他数控雕刻机能够非法接收Eng文件，导致原告精雕雕刻机销量减少，造成经济损失。故请求法院判令被告立即停止支持精雕JDPaint各种版本输出Eng格式的数控系统的开发、销售及其他侵权行为，公开赔礼道歉，并赔偿损失485000元。

奈凯公司辩称：其开发的Ncstudio软件能够读取JDPaint软件输出的Eng格式数据文件，但Eng数据文件及该文件所使用的Eng格式不属于计算机软件著作权的保护范围，故被告的行为不构成侵权。请求法院驳回原告的诉讼请求。

法院经审理查明：原告精雕公司分别于2001年、2004年取得国家版权局向其颁发的软著登字第0011393号、软著登字第025028号《计算机软件著作权登记证书》，登记其为精雕雕刻软件JDPaintV4.0、JDPaintV5.0（两软件以下简称JDPaint）的原始取得人。奈凯公司分别于2004年、2005年取得国家版权局向其颁发的软著登字第023060号、软著登字第041930号《计算机软件著作权登记证书》，登记其为软件奈凯数控系统V5.0、维宏数控运动控制系统V3.0（两软件以下简称Ncstudio）的原始取得人。

奈凯公司在其公司网站上宣称：2005年12月，奈凯公司推出NC－1000雕铣机控制系统，该数控系统全面支持精雕各种版本Eng文件，该功能是针对用户对精雕JDPaintV5.19这一排版软件的酷爱而研发的。

精雕公司的JDPaint软件输出的Eng文件是数据文件，采用Eng格式。奈凯公司的Ncstudio软件能够读取JDPaint软件输出的Eng文件，即Ncstudio软件与JDPaint软件所输出的Eng文件兼容。

裁判结果：上海市第一中级人民法院于2006年9月20日作出（2006）沪一中民五（知）初字第134号民事判决：驳回原告精雕公司的诉讼请求。宣判后，精雕公司提出上诉。上海市高级人民法院于2006年12月13日作出（2006）沪高民三（知）终字第110号民事判决：驳回上诉，维持原判。

裁判理由：法院生效裁判认为：本案应解决的争议焦点是：一、原告精雕公司的JDPaint软件输出的、采取加密措施的Eng格式数据文件，是否属于计算机软件著作权的保护范围；二、奈凯公司研发能够读取JDPaint软件输出的Eng格式文件的软件的行为，是否构成《中华人民共和国著作权法》(以下简称《著作权法》)第四十八条第一款第六项、《计算机软件保护条例》第二十四条第一款第三项规定的“故意避开或者破坏著作权人为保护其软件著作权而采取的技术措施”的行为。

关于第一点。《计算机软件保护条例》第二条规定："本条例所称计算机软件（下称软件），是指计算机程序及其有关文档。"第三条规定："本条例下列用语的含义：（一）计算机程序，是指为了得到某种结果而可以由计算机等具有信息处理能力的装置执行的代码化指令序列，或者可以被自动转换成代码化指令序列的符号化指令序列或者符号化语句序列。同一计算机程序的源程序和目标程序为同一作品。（二）文档，是指用来描述程序的内容、组成、设计、功能规格、开发情况、测试结果及使用方法的文字资料和图表等，如程序设计说明书、流程图、用户手册等……"第四条规定："受本条例保护的软件必须由开发者独立开发，并已固定在某种有形物体上。"根据上述规定，计算机软件著作权的保护范围是软件程序和文档。

本案中，Eng 文件是 JDPaint 软件在加工编程计算机上运行所生成的数据文件，其所使用的输出格式即 Eng 格式是计算机 JDPaint 软件的目标程序经计算机执行产生的结果。该格式数据文件本身不是代码化指令序列、符号化指令序列、符号化语句序列，也无法通过计算机运行和执行，对 Eng 格式文件的破解行为本身也不会直接造成对 JDPaint 软件的非法复制。此外，该文件所记录的数据并非原告精雕公司的 JDPaint 软件所固有，而是软件使用者输入雕刻加工信息而生成的，这些数据不属于 JDPaint 软件的著作权人精雕公司所有。因此，Eng 格式数据文件中包含的数据和文件格式均不属于 JDPaint 软件的程序组成部分，不属于计算机软件著作权的保护范围。

关于第二点。根据《著作权法》第四十八条第一款第六项、《计算机软件保护条例》第二十四条第一款第三项的规定，故意避开或者破坏著作权人为保护其软件著作权而采取的技术措施的行为，是侵犯软件著作权的行为。上述规定体现了对恶意规避技术措施的限制，是对计算机软件著作权的保护。但是，上述限制"恶意规避技术措施"的规定不能被滥用。上述规定主要限制的是针对受保护的软件著作权实施的恶意技术规避行为。著作权人为输出的数据设定特定文件格式，并对该文件格式采取加密措施，限制其他品牌的机器读取以该文件格式保存的数据，从而保证捆绑自己计算机软件的机器拥有市场竞争优势的行为，不属于上述规定所指的著作权人为保护其软件著作权而采取技术措施的行为。他人研发能够读取著作权人设定的特定文件格式的软件的行为，不构成对软件著作权的侵犯。

根据本案事实，JDPaint 输出的 Eng 格式文件是在精雕公司的"精雕 CNC

雕刻系统"中两个计算机程序间完成数据交换的文件。从设计目的而言，精雕公司采用Eng格式而没有采用通用格式完成数据交换，并不在于对JDPaint软件进行加密保护，而是希望只有"精雕CNC雕刻系统"能接收此种格式，只有与"精雕CNC雕刻系统"相捆绑的雕刻机床才可以使用该软件。精雕公司对JDPaint输出文件采用Eng格式，旨在限定JDPaint软件只能在"精雕CNC雕刻系统"中使用，其根本目的和真实意图在于建立和巩固JDPaint软件与其雕刻机床之间的捆绑关系。这种行为不属于为保护软件著作权而采取的技术保护措施。如果将对软件著作权的保护扩展到与软件捆绑在一起的产品上，必然超出我国著作权法对计算机软件著作权的保护范围。精雕公司在本案中采取的技术措施，不是为保护JDPaint软件著作权而采取的技术措施，而是为获取著作权利益之外利益而采取的技术措施。因此，精雕公司采取的技术措施不属于《著作权法》《计算机软件保护条例》所规定著作权人为保护其软件著作权而采取的技术措施，奈凯公司开发能够读取JDPaint软件输出的Eng格式文件的软件的行为，并不属于故意避开和破坏著作权人为保护软件著作权而采取的技术措施的行为。

类案检索

一、西门子工业软件有限公司诉广州沃福模具有限公司侵害计算机软件著作权纠纷案

关键词：侵害计算机软件著作权　复制权　证据保全

裁判摘要：有证据证明被诉侵权软件与权利软件具有高度近似性，包括具有相同名称、版本号及版权人信息的情况下，可以初步认定行为人复制了软件著作权人的软件，此时行为人应当提供相应反证以推翻上述认定。若行为人不能证明被诉侵权软件与权利软件存在实质区别或者来源合法，则应认定侵权行为成立。

【案　　号】（2020）最高法知民终155号

【审理法院】最高人民法院

【来　　源】《2020最高人民法院知识产权法庭年度报告（2020）》

二、未某华诉得力富企业股份有限公司侵害计算机软件著作权纠纷案

关键词：技术措施　有效性

裁判摘要：《著作权法》所规定的保护著作权的技术措施是指在正常使用环境下能够有效阻止侵权行为的技术措施，并不要求该技术措施完全无法被避开或者破解。

【案　　号】（2020）最高法知民终 1206 号

【审理法院】最高人民法院

【来　　源】《最高人民法院知识产权法庭裁判要旨（2020）》

第二十五条　侵犯软件著作权的赔偿数额，依照《中华人民共和国著作权法》第四十九条[①] 的规定确定。

关联规定

一、国际条约

《与贸易有关的知识产权协定》

第45条　赔偿

1.对于故意或有充分理由应知道自己从事侵权活动的侵权人，司法机关有权责令侵权人向权利持有人支付足以补偿其因知识产权侵权所受损害的赔偿。

2.司法机关还有权责令侵权人向权利持有人支付有关费用，其中可包括有关的律师费用。在适当的情况下，各成员可授权司法机关责令其退还利润和/或支付法定的赔偿，即使侵权人并非故意或没有充分理由知道自己从事侵权活动。

第46条　其他补救

为有效制止侵权，司法机关有权在不给予任何补偿的情况下，责令将已被发现侵权的货物清除出商业渠道，以避免对权利持有人造成任何损害，或下令将其销毁，除非这一点会违背现有的宪法规定的必要条件。司法机关还有权在不给予任何补偿的情况下，责令将主要用于制造侵权货物的材料和工具清除出商业渠道，以便将产生进一步侵权的风险减少到最低限度。在考虑此类请求时，应考虑侵权的严重程度与给予的救济以及第三方利益之间的均衡性。对于冒牌货，除例外情况外，仅除去非法加贴的商标并不足以允许该货物放行进入商业渠道。

---

① 此处指的是2010年修正的《著作权法》，对应的是2020年修正的《著作权法》第54条。

二、法律、行政法规、司法解释

1.《中华人民共和国民法典》

第一千一百八十四条 侵害他人财产的，财产损失按照损失发生时的市场价格或者其他合理方式计算。

第一千一百八十五条 故意侵害他人知识产权，情节严重的，被侵权人有权请求相应的惩罚性赔偿。

2.《中华人民共和国著作权法》

第五十四条 侵犯著作权或者与著作权有关的权利的，侵权人应当按照权利人因此受到的实际损失或者侵权人的违法所得给予赔偿；权利人的实际损失或者侵权人的违法所得难以计算的，可以参照该权利使用费给予赔偿。对故意侵犯著作权或者与著作权有关的权利，情节严重的，可以在按照上述方法确定数额的一倍以上五倍以下给予赔偿。

权利人的实际损失、侵权人的违法所得、权利使用费难以计算的，由人民法院根据侵权行为的情节，判决给予五百元以上五百万元以下的赔偿。

赔偿数额还应当包括权利人为制止侵权行为所支付的合理开支。

人民法院为确定赔偿数额，在权利人已经尽了必要举证责任，而与侵权行为相关的账簿、资料等主要由侵权人掌握的，可以责令侵权人提供与侵权行为相关的账簿、资料等；侵权人不提供，或者提供虚假的账簿、资料等的，人民法院可以参考权利人的主张和提供的证据确定赔偿数额。

人民法院审理著作权纠纷案件，应权利人请求，对侵权复制品，除特殊情况外，责令销毁；对主要用于制造侵权复制品的材料、工具、设备等，责令销毁，且不予补偿；或者在特殊情况下，责令禁止前述材料、工具、设备等进入商业渠道，且不予补偿。

3.《最高人民法院关于审理著作权民事纠纷案件适用法律若干问题的解释》

第二十四条 权利人的实际损失，可以根据权利人因侵权所造成复制品发行减少量或者侵权复制品销售量与权利人发行该复制品单位利润乘积计算。

发行减少量难以确定的，按照侵权复制品市场销售量确定。

第二十五条 权利人的实际损失或者侵权人的违法所得无法确定的，人民法院根据当事人的请求或者依职权适用著作权法第四十九条[①]第二款的规定确定赔偿数额。

人民法院在确定赔偿数额时，应当考虑作品类型、合理使用费、侵权行为性质、后果等情节综合确定。

当事人按照本条第一款的规定就赔偿数额达成协议的，应当准许。

第二十六条 著作权法第四十九条第一款规定的制止侵权行为所支付的合理开支，包括权利人或者委托代理人对侵权行为进行调查、取证的合理费用。

人民法院根据当事人的诉讼请求和具体案情，可以将符合国家有关部门规定的律师费用计算在赔偿范围内。

4.《最高人民法院关于知识产权民事诉讼证据的若干规定》

第三十一条 当事人提供的财务账簿、会计凭证、销售合同、进出货单据、上市公司年报、招股说明书、网站或者宣传册等有关记载，设备系统存储的交易数据，第三方平台统计的商品流通数据，评估报告，知识产权许可使用合同以及市场监管、税务、金融部门的记录等，可以作为证据，用以证明当事人主张的侵害知识产权赔偿数额。

第三十二条 当事人主张参照知识产权许可使用费的合理倍数确定赔偿数额的，人民法院可以考量下列因素对许可使用费证据进行审核认定：

（一）许可使用费是否实际支付及支付方式，许可使用合同是否实际履行或者备案；

（二）许可使用的权利内容、方式、范围、期限；

（三）被许可人与许可人是否存在利害关系；

（四）行业许可的通常标准。

条文释义

一、本条主旨

本条是关于侵害软件著作权的赔偿数额确定的规定。

① 2020年《著作权法》已修正为第54条，下同。

二、条文演变

1991年《计算机软件保护条例》未对侵害软件著作权的赔偿标准作出规定。2001年《著作权法》第48条规定："侵犯著作权或者与著作权有关的权利的，侵权人应当按照权利人的实际损失给予赔偿；实际损失难以计算的，可以按照侵权人的违法所得给予赔偿。赔偿数额还应当包括权利人为制止侵权行为所支付的合理开支。权利人的实际损失或者侵权人的违法所得不能确定的，由人民法院根据侵权行为的情节，判决给予五十万元以下的赔偿。"据此，2001年《计算机软件保护条例》增加了第25条，规定了侵犯软件著作权的赔偿数额，依照2001年《著作权法》第48条的规定确定。2002年《著作权解释》第24条至第26条分别对权利人实际损失的确定、法定赔偿考虑的情节、合理开支包括的项目等进行了具体规定。2010年《著作权法》保留了原第48条规定内容，并将法条序号调整为第49条。据此，2011年《计算机软件保护条例》第25条进行了适应性调整。2013年《计算机软件保护条例》继续保留了该条规定，未作变动。2020年《著作权法》对原第49条内容进行了修改，增加了法定赔偿额的下限、惩罚性赔偿等规定，并将法条序号调整为第54条。现行《计算机软件保护条例》尚未对此进行修正。

三、条文解读

《著作权法》第54条明确规定了侵犯著作权赔偿数额的计算方法。计算机软件作为《著作权法》的保护客体之一，应遵照《著作权法》的有关规定。因此，本条未再重复规定侵犯软件著作权的赔偿数额的计算方法，仅原则性规定适用2010年《著作权法》第49条，即2020年《著作权法》第54条的规定。

根据本条的规定，侵犯软件著作权的赔偿数额，可以按照以下计算方法确定。

（一）按照权利人所受到的实际损失给予赔偿

权利人所受到的实际损失一般包括直接损失和间接损失。其中，直接损失是指软件著作权人因行为人的侵权行为所造成的现有财产的减少，一般按照软件著作权人在侵权人实施侵权行为前后财产状态的差额计算。间接损失是指软件著作权人因侵权人实施了侵权行为而丧失的可得利益。软件著作权人预计的在未发生侵权行为的情况下而本应获得的利润额，亦或预计在正常发放许可证的情况下应得的使用费的数额，均属于权利人的实际损失范围。[1]

《著作权解释》第 24 条规定："权利人的实际损失，可以根据权利人因侵权所造成复制品发行减少量或者侵权复制品销售量与权利人发行该复制品单位利润乘积计算。发行减少量难以确定的，按照侵权复制品市场销售量确定。"所谓权利人发行该复制品的单位利润，是指权利人授权的正版复制品的每件平均利润，不能按照侵权盗版的平均利润计算。

（二）按照侵权人的违法所得给予赔偿

根据 2010 年修正的《著作权法》第 49 条的规定，软件著作权人的实际损失难以计算的，可以按照侵权人的违法所得给予赔偿。需要注意的是，2020 年修正的《著作权法》第 54 条，并未规定权利人的实际损失与侵权人的违法所得这两种计算方法适用的先后顺序。

关于违法所得是否包括侵权人所投入的成本，司法实践中，一般存在两种观点：其一认为，违法所得包括侵权人违法生产或者违法销售的产品的全部收入；其二认为，违法所得仅指侵权人因违反《著作权法》及相关规定所得到的利益，即非法利润。目前在我国司法实践中，大多秉持第二种观点。

（三）参照该权利使用费给予赔偿

前述所称的软件著作权人的实际损失或者侵权人的违法所得均难以计算的，可以参照该权利使用费给予赔偿。

（四）由人民法院在法定赔偿额内予以确定

法定赔偿主要考虑侵权行为的情节。人民法院对侵权行为已查证属实，按前述方法不能确定赔偿数额的，可以根据侵权行为的情节，判决给予 500 元以上 500 万元以下的赔偿。人民法院在确定法定赔偿数额时，应当综合考虑请求保护的软件作品的权利类型、市场价值和侵权人的主观过错、侵权行为性质和规模、损害后果的严重程度等因素。如果侵权主观过错大、侵权情节严重，则确定较高的赔偿数额。

---

① 参见徐玉麟主编：《计算机软件保护条例释义》，中国法制出版社 2002 年版，第 116 页。

（五）惩罚性赔偿

《民法典》第1185条对于知识产权侵权的惩罚性赔偿作出原则性规定，2020年修正的《著作权法》第54条第1款对著作权侵权惩罚性赔偿作出裁量幅度的规定。在侵害计算机软件著作权诉讼中，对于侵权人故意侵权且情节严重，软件著作权人请求适用惩罚性赔偿的，人民法院应当依法审查确定。

（六）合理开支

根据《著作权法》第54条第3款规定，赔偿数额还应当包括权利人为制止侵权行为所支付的合理开支。这一规定，有利于提高软件著作权人保护自己权利的积极性，从而制止相应的侵权行为。需要说明的是，此处所称的“制止侵权行为所支付的合理开支”，包括权利人或者委托代理人对侵权行为进行调查、取证的合理费用。人民法院根据当事人的诉讼请求和具体案情，可以将符合国家有关部门规定的律师费用也计算在赔偿范围内。软件著作权人能够举证证明的合理维权费用，人民法院应当依法予以支持并在确定赔偿数额时单独计算。

此外，《著作权法》第54条第4款和第5款规定的举证妨碍制度和停止侵权及不予补偿制度，同样适用于侵害软件著作权纠纷领域。

适用指引

一、对于确定赔偿数额的证据的审查

根据相关法律规定，人民法院一般应以权利人因被侵权遭受的损失、侵权人因侵权获得的利益、知识产权许可使用费的合理倍数等为基础确定侵害知识产权损害赔偿的数额。司法实践中，当事人常常苦于不知如何证明上述事实，导致法定赔偿的大量适用。为引导当事人正确收集知识产权损害赔偿计算证据，《知产证据规定》第31条列举了证明侵权赔偿数额的具体证据，为软件著作权人如何进行举证作出指引。需要注意的是，当事人提交的证据包括但不限于第31条所列证据。此外，即便这些证据已被提交为确定侵害软件著作权赔偿数额的证据，但是其证明力如何，是否能够被采纳，还需要人民法院结合其

他证据，综合各种因素全面审查后作出认定。在参照权利许可使用费确定损害赔偿数额的情况下，如何审查认定当事人提交的权利许可使用费证据，《知产证据规定》第32条对此作出了具体规定，审核认定的关键在于参照的许可使用费是否真实发生，是否符合行业许可的通常标准，相关许可使用的权项、方式、范围、期限等是否具有可比性。

二、裁量性赔偿的适用

所谓裁量性赔偿主要是在已有证据证实权利人实际损失超过法定赔偿最高限额，但无法精确计算损失数额的情况下，综合知识产权的市场价值、侵权行为的性质及规模、侵权行为的具体情节和侵权人主观过错等各项因素，在法定赔偿最高限额之上酌定赔偿金额，以最大限度地填平权利人实际损失，达到全面赔偿目的的一种损害赔偿计算方法。类似地，在批量维权的情况下，已有证据证明侵权情节轻微、侵权人违法所得在法定赔偿最低限额之下，也可在法定赔偿最低限额之下酌定赔偿金额。裁量性赔偿是权利人实际损失和侵权人违法所得计算方法在司法实践中的发展和运用，并非法定赔偿，因此，不受法定赔偿最低限额或者最高限额的限制。

类案检索

一、北大方正公司、红楼研究所与高术天力公司、高术公司计算机软件著作权侵权纠纷案

关键词： 计算机软件著作权侵权　损害赔偿　合理开支　证明责任

裁判摘要： 在侵权软件实际销售数量和侵权人所获利润均难以查清的情况下，可以根据软件著作权人的开发成本、市场销售价格及侵权人实施侵权行为的主观过错程度等因素，依据侵权行为发生时的著作权法的规定，酌情确定赔偿数额。软件著作权人为制止侵权行为的合理开支，应由侵权人承担。

【案　　号】（2006）民三提字第1号

【审理法院】最高人民法院

【来　　源】《最高人民法院公报》2006年第11期

二、北大方正集团有限公司、北京红楼计算机科学技术研究所与北京高术天力科技有限公司、北京高术科技公司计算机软件著作权侵权纠纷一案

关键词：侵害计算机软件著作权　损害赔偿　许可使用费

裁判摘要：计算机软件最终用户是指对软件进行消费的单位和个人，其未经许可或者超过许可范围商业使用计算机软件的，构成对软件著作权的侵犯。损害赔偿可按照正常许可使用软件模块的费用计算。

【案　　号】（2008）鲁民三终字第86号

【审理法院】山东省高级人民法院

【来　　源】2008年中国法院50件典型知识产权案例[①]

三、达索系统股份有限公司诉上海知豆电动车技术有限公司侵害计算机软件著作权纠纷案

关键词：侵害计算机软件著作权　损害赔偿　裁量性赔偿

裁判摘要：全面赔偿是侵权损害赔偿的基本原则。裁量性赔偿是在已有证据证实权利人实际损失超过法定赔偿最高限额，但无法精确获得损失数额的情况下，综合知识产权的市场价值、侵权行为的性质及规模、侵权行为的具体情节和侵权人主观过错等各项因素，在法定赔偿最高限额之上酌定赔偿金额，以最大限度地填平权利人实际损失，达到全面赔偿目的的一种损害赔偿计算方法，是权利人实际损失和侵权人违法所得计算方法在司法实践中的发展和运用。

【案　　号】（2018）沪民终429号

【审理法院】上海市高级人民法院

【来　　源】2018年中国法院50件典型知识产权案例

---

① 2008年中国法院50件典型知识产权案例“武汉适普软件有限公司诉武汉地大空间信息有限公司侵害计算机软件著作权纠纷”与之类似，不再赘述。

第二十六条　软件著作权人有证据证明他人正在实施或者即将实施侵犯其权利的行为，如不及时制止，将会使其合法权益受到难以弥补的损害的，可以依照《中华人民共和国著作权法》第五十条[①]的规定，在提起诉讼前向人民法院申请采取责令停止有关行为和财产保全的措施。

关联规定

一、国际条约

《与贸易有关的知识产权协定》

第 50 条

1. 司法机关有权责令采取迅速和有效的临时措施以便：

（a）防止侵犯任何知识产权，特别是防止货物进入其管辖范围内的商业渠道，包括结关后立即进入的进口货物；

（b）保存关于被指控侵权的有关证据。

2. 在适当时，特别是在任何迟延可能对权利持有人造成不可补救的损害时，或存在证据被销毁的显而易见的风险时，司法机关有权采取不作预先通知的临时措施。

3. 司法机关有权要求申请人提供任何可合理获得的证据，以使司法机关有足够程度的确定性确信该申请人为权利持有人，且该申请人的权利正在受到侵犯或此种侵权已迫近，并有权责令申请人提供足以保护被告和防止滥用的保证金或相当的担保。

4. 如已经采取不作预先通知的临时措施，则至迟应在执行该措施后立刻通知受影响的各方。应被告请求，应对这些措施进行审查，包括进行听证，以期

① 此处指的是 2010 年修正的《著作权法》，对应 2020 年修正的《著作权法》第 56 条。

在作出关于有关措施的通知后一段合理期限内，决定这些措施是否应进行修改、撤销或确认。

5. 执行临时措施的主管机关可要求申请人提供确认有关货物的其他必要信息。

6. 在不损害第四款规定的情况下，如导致根据案件是非曲直作出裁决的程序未在一合理期限内启动，则应被告请求，根据第一款和第二款采取的临时措施应予撤销或终止生效，该合理期限在一成员法律允许的情况下由责令采取该措施的司法机关确定，如未作出此种确定，则不超过二十个工作日或三十一天，以时间长者为准。

7. 如临时措施被撤销或由于申请人的任何作为或不作为而失效，或如果随后认为不存在知识产权侵权或侵权威胁，则应被告请求，司法机关有权责令申请人就这些措施造成的任何损害向被告提供适当补偿。

8. 在作为行政程序的结果可责令采取任何临时措施的限度内，此类程序应符合与本节所列原则实质相当的原则。

二、法律、行政法规、司法解释

1.《中华人民共和国民事诉讼法》

第一百零四条第一款 利害关系人因情况紧急，不立即申请保全将会使其合法权益受到难以弥补的损害的，可以在提起诉讼或者申请仲裁前向被保全财产所在地、被申请人住所地或者对案件有管辖权的人民法院申请采取保全措施。申请人应当提供担保，不提供担保的，裁定驳回申请。

2.《中华人民共和国著作权法》

第五十六条 著作权人或者与著作权有关的权利人有证据证明他人正在实施或者即将实施侵犯其权利、妨碍其实现权利的行为，如不及时制止将会使其合法权益受到难以弥补的损害的，可以在起诉前依法向人民法院申请采取财产保全、责令作出一定行为或者禁止作出一定行为等措施。

3.《最高人民法院关于审理著作权民事纠纷案件适用法律若干问题的解释》

第二十八条 人民法院采取保全措施的，依据民事诉讼法及《最高人民法院关于审查知识产权纠纷行为保全案件适用法律若干问题的规定》的有关规定办理。

4.《最高人民法院关于审查知识产权纠纷行为保全案件适用法律若干问题的规定》

第三条 申请诉前行为保全，应当向被申请人住所地具有相应知识产权纠纷管辖权的人民法院或者对案件具有管辖权的人民法院提出。

当事人约定仲裁的，应当向前款规定的人民法院申请行为保全。

第五条 人民法院裁定采取行为保全措施前，应当询问申请人和被申请人，但因情况紧急或者询问可能影响保全措施执行等情形除外。

人民法院裁定采取行为保全措施或者裁定驳回申请的，应当向申请人、被申请人送达裁定书。向被申请人送达裁定书可能影响采取保全措施的，人民法院可以在采取保全措施后及时向被申请人送达裁定书，至迟不得超过五日。

当事人在仲裁过程中申请行为保全的，应当通过仲裁机构向人民法院提交申请书、仲裁案件受理通知书等相关材料。人民法院裁定采取行为保全措施或者裁定驳回申请的，应当将裁定书送达当事人，并通知仲裁机构。

第六条 有下列情况之一，不立即采取行为保全措施即足以损害申请人利益的，应当认定属于民事诉讼法第一百条、第一百零一条规定①的“情况紧急”：

（一）申请人的商业秘密即将被非法披露；

（二）申请人的发表权、隐私权等人身权利即将到侵害；

（三）诉争的知识产权即将被非法处分；

（四）申请人的知识产权在展销会等时效性较强的场合正在或者即将受到侵害；

（五）时效性较强的热播节目正在或者即将受到侵害；

（六）其他需要立即采取行为保全措施的情况。

第七条 人民法院审查行为保全申请，应当综合考量下列因素：

（一）申请人的请求是否具有事实基础和法律依据，包括请求保护的知识产权效力是否稳定；

（二）不采取行为保全措施是否会使申请人的合法权益受到难以弥补的损

① 此处指的是2018年修正的《民事诉讼法》，对应2021年修正的《民事诉讼法》第103条和第104条。

害或者造成案件裁判难以执行等损害；

（三）不采取行为保全措施对申请人造成的损害是否超过采取保全措施对被申请人造成的损害；

（四）采取行为保全措施是否损害社会公共利益；

（五）其他应当考量的因素。

第十条 在知识产权与不正当竞争纠纷行为保全案件中，有下列情形之一的，应当认定属于民事诉讼法第一百零一条[①]规定的“难以弥补的损害”：

（一）被申请人的行为将会侵害申请人享有的商誉或者发表权、隐私权等人身性质的权利且造成无法挽回的损害；

（二）被申请人的行为将会导致侵权行为难以控制且显著增加申请人损害；

（三）被申请人的侵害行为将会导致申请人的相关市场份额明显减少；

（四）对申请人造成其他难以弥补的损害。

第十一条 申请人申请行为保全的，应当依法提供担保。

申请人提供的担保数额，应当相当于被申请人可能因执行行为保全措施所遭受的损失，包括责令停止侵权行为所涉产品的销售收益、保管费用等合理损失。

在执行行为保全措施过程中，被申请人可能因此遭受的损失超过申请人担保数额的，人民法院可以责令申请人追加相应的担保。申请人拒不追加的，可以裁定解除或者部分解除保全措施。

条文释义

一、本条主旨

本条是关于软件著作权案件诉前行为保全和财产保全的规定。

二、条文演变

我国知识产权诉前行为保全和诉前财产保全制度形成于《与贸易有关的知识产权协定》转化为国内法的过程中。1990年《著作权法》未规定诉前行为

① 此处对应的是2021年修正的《民事诉讼法》第104条。

保全和诉前财产保全。2001 年《著作权法》第 49 条规定:“著作权人或者与著作权有关的权利人有证据证明他人正在实施或者即将实施侵犯其权利的行为,如不及时制止将会使其合法权益受到难以弥补的损害的,可以在起诉前向人民法院申请采取责令停止有关行为和财产保全的措施。”“人民法院处理前款申请,适用民事诉讼法第九十三条至第九十六条和第九十九条的规定。”据此,2001 年《计算机软件保护条例》增加了第 26 条,规定软件著作权人有证据证明他人正在实施或者即将实施侵犯其权利的行为,如不及时制止,将会使其合法权益受到难以弥补的损害的,可以依照 2001 年《著作权法》第 49 条规定,在提起诉讼前向人民法院申请采取责令停止有关行为和财产保全的措施。根据《著作权解释》第 30 条的规定,对 2001 年 10 月 27 日前发生的侵犯著作权行为,当事人于 2001 年 10 月 27 日后向人民法院提出申请采取责令停止侵权行为或者证据保全措施的,适用 2001 年《著作权法》第 49 条、第 50 条的规定。2010 年《著作权法》保留了原第 49 条规定内容,并将法条序号调整为第 50 条。据此,2011 年修订的《计算机软件保护条例》第 26 条进行了适应性调整。2013 年修订的《计算机软件保护条例》继续保留了原第 26 条规定内容,未进行变动。《知产保全规定》出台以后,2020 年《著作权法》删除了原第 50 条第 2 款,增加了“妨碍权利人实现权利”,并将“责令停止有关行为”修改为“责令作出一定行为或者禁止作出一定行为”等内容,将法条序号调整为第 56 条。目前,《计算机软件保护条例》尚未对此予以修正。

三、条文解读

本条衍生于《民事诉讼法》和《著作权法》关于诉前行为保全和诉前财产保全的有关规定,根源于《与贸易有关的知识产权协定》。诉前行为保全和诉前财产保全是程序法规定的内容,虽然《著作权法》第 56 条规定了诉前行为保全和诉前财产保全,但保全的具体程序仍规定于《民事诉讼法》和《知产保全规定》。因此,因侵害计算机软件纠纷而引发的诉前行为保全和诉前财产保全,应适用《民事诉讼法》关于保全的有关规定。诉前行为保全、诉前财产保全与诉中行为保全、诉中财产保全不同,因其处于尚未立案审理阶段,故在提供初步证据和担保方面提出了更高的要求。

知识产权权利人申请诉前行为保全一旦获得成功,不仅可以及时制止侵权行为，打乱对方的生产经营，影响其商业声誉，而且可以获得诉讼中的优势地位，迫使对方投降。《著作权法》第56条对诉前行为保全进行了修正，增加了侵权人不能妨害权利人实现权利的内容，还增加了诉前行为保全包括“作出一定行为”。《计算机软件保护条例》尚未对此作进一步修正，但应当同时适用上位法《著作权法》的规定审查诉前行为保全和诉前财产保全申请。

适用指引

诉前行为保全和诉前财产保全系诉前临时措施，其适用必须满足一定的条件，不但要符合《计算机软件保护条例》第26条规定，还应当符合《著作权法》《民事诉讼法》和《知产保全规定》的相应规定。

一、关于程序性条件

软件著作权人申请人民法院采取诉前临时措施，人民法院审查判断是否采取诉前临时措施，应当符合以下程序。

第一，原告应当是软件著作权人或者利害关系人。软件著作权人一般为软件开发者或通过转让、继承等方式获得软件著作权的人；利害关系人则一般指与计算机软件著作权被侵害存在利害关系的人，如软件许可使用合同的被许可人。

第二，应当属于“情况紧急”。本条并未明确规定只有在情况紧急的条件下才能申请诉前保全。但是《民事诉讼法》第104条明确规定了诉前保全应当在情况紧急的情况下申请。《知产保全规定》第6条规定了属于“情况紧急”的具体情形。根据《民事诉讼法》第103规定，由于情况紧急，诉前行为保全应当在48小时内作出裁定。

第三，应当向有管辖权的法院提出申请。《知产保全规定》第3条规定，申请知识产权纠纷诉前行为保全，应当向被申请人住所地具有相应知识产权纠纷管辖权的人民法院或者对案件具有管辖权的人民法院提出。根据上述规定，因知识产权纠纷而申请诉前行为保全，应当向特定法院提出，该法院也受到具有知识产权纠纷管辖权的限制。对于知识产权纠纷诉前财产保全，根据《民事诉讼法》第104条规定，除了被申请人住所地或者对案件有管辖权的法院外，还可以向被保全财产所在地法院申请采取保全措施。

第四，申请人应当提供担保。根据《民事诉讼法》第104条的规定，诉前保全的申请人应当提供担保，不提供担保的，裁定驳回申请。因侵害计算机软件纠纷而申请诉前保全也应当符合上述条件。

第五，一般应当听取当事人意见。《知产保全规定》第5条第1款规定，人民法院裁定采取行为保全措施前，应当询问申请人和被申请人，但因情况紧急或者询问可能影响保全措施执行等情形除外。

二、关于实体性条件

根据本条规定，采取诉前保全的实体性条件是指，他人正在实施或者即将实施侵犯软件著作权的行为，如不及时制止，将会使其合法权益受到难以弥补的损害。根据《知产保全规定》第6条规定，人民法院审查行为保全申请，应当综合考虑申请人的请求是否具有事实基础和法律依据、是否会使申请人受到难以弥补的损害、申请人与被申请人的利益衡量、是否损害社会公共利益等因素。

首先，诉前保全的申请应当具有事实基础和法律依据。该条件实质上就是指责令制止的行为构成侵犯软件著作权行为具有高度可能性。

其次，如不及时制止将会造成申请人受到“难以弥补的损害”。《知产保全规定》第10条列举了“难以弥补的损害”的具体情形。在判断“难以弥补的损害”时，主要是根据申请人提供的证据对侵权行为将要造成的损害结果，进行充分预估。对诉前财产保全这种临时性措施则应主要考虑权利人在判决生效后能否获得相当的赔偿。

再次，要衡量采取与不采取措施分别对被申请人与申请人造成的损害。如果采取保全措施给被诉侵权行为人造成的损失大于采取保全措施给申请人带来的利益，导致当事人间利益显著失衡，则要审慎考虑是否采取措施。判断当事人之间利益是否显著失衡，应结合权利类型、软件价值、保全时间、对当事人利益的直接影响等因素，综合进行判断。

最后，采取保全措施是否会损害社会公共利益。当保全措施可能损害社会公共利益时，人民法院应谨慎采取保全措施。不过，从司法实践来看，一般只有在涉及公众健康、环境保护以及其他重大社会公共利益的情况下才会支持被申请人的公共利益抗辩。

类案检索

一、深圳市腾讯计算机系统有限公司与广州网易计算机系统有限公司、网易（杭州）网络有限公司、杭州网易雷火科技有限公司、中国联合网络通信有限公司湖北省分公司、广东欧珀移动通信有限公司侵害音乐作品信息网络传播权纠纷行为保全申请案

关键词：信息网络传播权　行为保全

裁判摘要：在网络环境下，被诉侵权行为如未及时予以禁止，将会使被申请人不当利用他人权利获得的市场份额进一步快速增长，损害申请人的利益，且这种损害将难以弥补。故对被申请人的被诉侵权行为应予禁止，应依法准许申请人对本案提起的诉前行为保全申请。

【案　　号】（2014）鄂武汉中知禁字第5号、5–1号、5–2号民事裁定书

【审理法院】湖北省武汉市中级人民法院

【来　　源】2014年中国法院10大知识产权案件

二、腾讯音乐娱乐科技（深圳）有限公司、深圳市腾讯计算机系统有限公司与广州网易计算机系统有限公司、杭州网易云音乐科技有限公司、杭州乐读科技有限公司诉前行为保全纠纷案

关键词：软件著作权　信息网络传播权　诉前行为保全

裁判摘要：诉前行为保全的目的是及时、快捷、有效地制止侵权行为。基于网络传播的快速性，权利人有证据证明他人通过网络平台实施著作权侵权行为，如不及时制止将会使其合法权益受到难以弥补损害的，人民法院应当依法裁定采取诉前行为保全措施。

【案　　号】（2017）粤0391行保1号

【审理法院】广东省深圳市中级人民法院

【来　　源】2018年深圳法院十大知识产权典型案例

第二十七条　为了制止侵权行为，在证据可能灭失或者以后难以取得的情况下，软件著作权人可以依照《中华人民共和国著作权法》第五十一条的规定，[①]在提起诉讼前向人民法院申请保全证据。

关联规定

一、国际条约

《与贸易有关的知识产权协定》

第50条

1. 司法机关有权责令采取迅速和有效的临时措施以便：

（a）防止侵犯任何知识产权，特别是防止货物进入其管辖范围内的商业渠道，包括结关后立即进入的进口货物；

（b）保存关于被指控侵权的有关证据。

2. 在适当时，特别是在任何迟延可能对权利持有人造成不可补救的损害时，或存在证据被销毁的显而易见的风险时，司法机关有权采取不作预先通知的临时措施。

3. 司法机关有权要求申请人提供任何可合理获得的证据，以使司法机关有足够程度的确定性确信该申请人为权利持有人，且该申请人的权利正在受到侵犯或此种侵权已迫近，并有权责令申请人提供足以保护被告和防止滥用的保证金或相当的担保。

二、法律、行政法规、司法解释

1.《中华人民共和国著作权法》

第五十七条　为制止侵权行为，在证据可能灭失或者以后难以取得的情况下，著作权人或者与著作权有关的权利人可以在起诉前依法向人民法院申请保

① 此处指的是2010年修正的《著作权法》，对应2020年修正的《著作权法》第57条。

全证据。

2.《中华人民共和国民事诉讼法》

第八十四条第二款 因情况紧急，在证据可能灭失或者以后难以取得的情况下，利害关系人可以在提起诉讼或者申请仲裁前向证据所在地、被申请人住所地或者对案件有管辖权的人民法院申请保全证据。

3.《最高人民法院关于适用〈中华人民共和国民事诉讼法〉的解释》

第九十八条第二款 证据保全可能对他人造成损失的，人民法院应当责令申请人提供相应的担保。

4.《最高人民法院关于知识产权民事诉讼证据的若干规定》

第十一条 人民法院对于当事人或者利害关系人的证据保全申请，应当结合下列因素进行审查：

（一）申请人是否已就其主张提供初步证据；

（二）证据是否可以由申请人自行收集；

（三）证据灭失或者以后难以取得的可能性及其对证明待证事实的影响；

（四）可能采取的保全措施对证据持有人的影响。

第十二条 人民法院进行证据保全，应当以有效固定证据为限，尽量减少对保全标的物价值的损害和对证据持有人正常生产经营的影响。

证据保全涉及技术方案的，可以采取制作现场勘验笔录、绘图、拍照、录音、录像、复制设计和生产图纸等保全措施。

第十三条 当事人无正当理由拒不配合或者妨害证据保全，致使无法保全证据的，人民法院可以确定由其承担不利后果。构成民事诉讼法第一百一十一条规定情形的，人民法院依法处理。

第十四条 对于人民法院已经采取保全措施的证据，当事人擅自拆装证据实物、篡改证据材料或者实施其他破坏证据的行为，致使证据不能使用的，人民法院可以确定由其承担不利后果。构成民事诉讼法第一百一十一条规定情形的，人民法院依法处理。

第十五条 人民法院进行证据保全，可以要求当事人或者诉讼代理人到场，必要时可以根据当事人的申请通知有专门知识的人到场，也可以指派技术调查官参与证据保全。

证据为案外人持有的，人民法院可以对其持有的证据采取保全措施。

第十六条 人民法院进行证据保全，应当制作笔录、保全证据清单，记录保全时间、地点、实施人、在场人、保全经过、保全标的物状态，由实施人、在场人签名或者盖章。有关人员拒绝签名或者盖章的，不影响保全的效力，人民法院可以在笔录上记明并拍照、录像。

第十七条 被申请人对证据保全的范围、措施、必要性等提出异议并提供相关证据，人民法院经审查认为异议理由成立的，可以变更、终止、解除证据保全。

第十八条 申请人放弃使用被保全证据，但被保全证据涉及案件基本事实查明或者其他当事人主张使用的，人民法院可以对该证据进行审查认定。

条文释义

一、本条主旨

本条是关于软件著作权案件诉前证据保全的规定。

二、条文演变

本条是根据《与贸易有关的知识产权协定》第50条对知识产权执法的要求而新增的知识产权权利人在其权利受到侵害时获得临时救济条款。《与贸易有关的知识产权协定》第50条规定的制度在我国20世纪的诉讼法律体系中并没有相应规定。我国1991年《民事诉讼法》第74条规定了证据保全制度，但不包括诉前证据保全。2001年修改《著作权法》时，考虑到我国加入世界贸易组织，应当使我国知识产权司法保护水平与《与贸易有关的知识产权协定》的要求相一致，因而在第50条增加了诉前证据保全的规定，“为制止侵权行为，在证据可能灭失或者以后难以取得的情况下，著作权人或者与著作权有关的权利人可以在起诉前向人民法院申请保全证据。人民法院接受申请后，必须在四十八小时内作出裁定；裁定采取保全措施的，应当立即开始执行。人民法院可以责令申请人提供担保，申请人不提供担保的，驳回申请。申请人在人民法院采取保全措施后十五日内不起诉的，人民法院应当解除保全措施。”《计算机软件保护条例》作为《著作权法》的配套法规，在本条对诉前证据保全也予以规定。2020年《著作权法》第57条再次对本条的内容进行了删改。

三、条文解读

证据保全是指在证据有可能灭失或以后难以取得的情况下，人民法院根据诉讼参加人的请求或依职权采取措施对证据加以固定和保全的法律制度。证据保全是著作权侵权纠纷特别是计算机软件著作权侵权纠纷中常用的取证方法，证据保全对著作权司法保护具有特别重要的作用。诉前证据保全制度就是先在《著作权法》中设立，后在《专利法》《商标法》和相关司法解释中分别予以规定，之后扩展到全部知识产权纠纷审判领域，在2012年《民事诉讼法》施行后又扩展适用于全部民事案件。

本条没有明确规定软件著作权人在诉前如何向人民法院申请证据保全，仅明确了本条例作为配套法规与2020年修正的《著作权法》第57条的衔接关系。2020年修正的《著作权法》第57条规定："为制止侵权行为，在证据可能灭失或者以后难以取得的情况下，著作权人或者与著作权有关的权利人可以在起诉前向人民法院申请保全证据。"上述两个条文规定仅在有权提起诉前证据保全的主体上有所区别。2012年修正的《民事诉讼法》对于诉前如何申请证据保全予以细化，该法第84条第2款、第3款规定："因情况紧急，在证据可能灭失或者以后难以取得的情况下，利害关系人可以在提起诉讼或者申请仲裁前向证据所在地、被申请人住所地或者对案件有管辖权的人民法院申请保全证据。""证据保全的其他程序，参照适用本法第九章保全的有关规定。"由于最高人民法院已在2001年、2002年先后公布了有关专利、商标案件的临时措施的司法解释，与《著作权法》相关规定的主要原则和操作方法都是一致的，没有必要就著作权纠纷证据保全再制定司法解释。为了避免重复，《著作权解释》第30条第2款规定，人民法院在审判著作权纠纷案件中采取诉前措施，参照《最高人民法院关于诉前停止侵犯注册商标专用权行为和保全证据适用法律问题的解释》的规定办理。《知产证据规定》在《民事诉讼法》及其相关司法解释的基础上，针对知识产权民事诉讼的特点，对知识产权民事诉讼中的证据保全相关问题进行了统一规定。

《知产证据规定》第11条对证据保全申请的各项审查因素进行了细化列举。其中审查因素包括："（一）申请人是否已就其主张提供初步证据；（二）证据是否可以由申请人自行收集；（三）证据灭失或者以后难以取得的可能性及其对证明待证事实的影响；（四）可能采取的保全措施对证据持有人的影响。"在计算机软件著作权案件中，软件著作权人或者与软件著作权有关的权利人申请诉前证据保全必须符合以下实质要件。

首先，提出申请的是软件权利人。即只有软件著作权人或者与软件著作权有关的权利人，才能向人民法院提出此类申请，并且申请人应就其软件著作权受到侵害的主张提供初步证据。

其次，只有在证据有灭失或以后难以取得的可能性且对待证事实有影响的情况下才可以采取证据保全。例如，证人重病或者将旅居国外导致证人证言可能灭失或者难以取得；再如，财务账册、服务器等物证一旦毁损、灭失以后就难以取得。另一方当事人有可能毁灭证据的情况下，也可以采取证据保全。同时，申请保全的证据应是对本案待证事实有影响作用的证据。司法资源有限，如果该证据对查明涉案事实并无关联，法院就不应采取证据保全措施。

再次，申请人因其自身以外的原因确实无法取得该证据。如果申请人自己可以取得该证据或者可以通过公证机关保全的，则属于其自行举证的范围，法院不应替代当事人取证。

最后，要考虑采取的保全措施对证据持有人的影响，以必要为原则。对证据保全申请的审查应当以必要性为基本标准。为平衡申请人与被申请人的利益，《知产证据规定》第 12 条规定了证据保全的实施原则，即以有效固定证据为限。对于证据保全的实施，除坚持传统的及时、必要原则外，还应当把握好两方面的关系：一是有效固定证据，全面、真实反映证据状况；二是防止保全导致不必要的损失，保全范围应保持在“最低强度”。比如，通过拍照足以证明的，无须查封；通过查封足以证明的，无须扣押。以此类推，尽量减少对保全标的物的损害和对证据持有人的干扰。

适用指引

计算机软件具有专业技术性强和易被删改的特点。对计算机软件等电子证据进行保全的，应事先制定保全方案，必要时可以聘请专业技术人员参与。《知产证据规定》第 15 条规定，必要时当事人可以申请有专门知识的人参与证据保全，人民法院也可以指派技术调查官参与证据保全。在证据保全实施过程中，当事人或其诉讼代理人到场，可以当场确认所保全的证据是否为其申请的证据，防止在后续证据交换和质证过程中产生争议。法院在实施保全时，应注意保护好现场，防止被申请人接触数字化设备或者采用隐蔽手段故意破坏证据。对于在数字化设备上正在实施的整理或者格式化硬盘、批量拷贝或者下载信息、杀毒等操作要及时予以识别并立即终止，防止因上述系统运行而破坏证据。在查找和提取证据时，要特别注意采取正确的操作方法，避免因操作不当而无意中损坏证据。调查发现的证据要及时固定，固定在经过清洁（当场拆封或当场清洁）的存储介质上，上述固定清洁过程应记明笔录并注意做好证据备份，防止因存储介质损坏而影响保全效果。保全过程应当制作笔录，并经参与保全人员签字，体现取证过程的合法性、严谨性。另外，当拟保全证据为案外人所持有时，如当事人的电子数据保存在第三方所有的服务器等情形，人民法院可以直接向证据持有人保全证据。

司法实践中，常常会有将“申请法院到海关调取出口报关单”“申请法院到知识产权行政执法部门调取被扣押的侵权产品”等作为证据保全的申请事项提出。事实上，法院调查取证和证据保全是两种不同的诉讼制度，尽管两者均是针对证据采集而设立，但适用条件不同。法院调查取证的条件是“当事人及其诉讼代理人因客观原因不能自行收集证据”，而证据保全的条件是“因情况紧急，证据可能灭失或者以后难以取得”。

司法实践中，拒不配合和妨害证据保全的现象时有发生，为增强法律权威，督促当事人履行诉讼义务，保障证据保全的顺利实施，《知产证据规定》第 13 条、第 14 条明确规定当事人无正当理由拒不配合或者妨害证据保全，致使无法保全证据的，或者破坏已经采取保全措施的证据，致该证据不能使用的，人民法院可以确定由其承担不利后果；构成《民事诉讼法》规定的“伪造、毁灭重要证据”“拒不履行人民法院已经发生法律效力的判决、裁定”等情形的，人民法院可以依法予以制裁，对其采取妨害民事诉讼的强制措施；情节严重构成犯罪的，还会面临刑事责任的追究。在证据保全的实施过程中，为防止证据持有人事先转让、销毁或者篡改证据，保全裁定可以不事先送达。同时为保障其知情权，保全人员到达证据保全现场采取保全措施之前，应当先向其送达证据保全裁定书，告知其相关权利义务，尽可能减少抵触情绪，争取其主动配合，防止拒不配合和妨碍保全等情形的出现。

为规范证据保全，防止当事人对证据保全过程和证据提出质疑，《知产证据规定》第 16 条对证据保全的记录作出操作性规定。同时明确规定，在场的有关人员拒绝签名或者盖章的，不影响保全效力。为保障证据保全中被申请人的权利,《知产证据规定》第17条对其异议程序作出规定,明确被申请人有权对证据保全的范围、措施、必要性等提出异议并提供相关证据,人民法院应对此进行审查并视情作出处理。

当事人申请证据保全行为本身,意味着其愿意并期望在已经开始或将要开始的诉讼程序中使用该证据,但是,当出现被保全证据对其不利等情形时,其往往会放弃使用被保全证据。为防止证据保全制度的滥用,《知产证据规定》第18条规定,被保全证据涉及案件基本事实查明或者其他当事人主张使用的,即使申请人放弃使用被保全证据,人民法院也可以对该证据进行审查认定,以便准确查明案件事实。

类案检索

一、奥多比公司、欧特克公司诉东方风行(北京)传媒文化有限公司、东方风行(北京)商贸有限公司侵害计算机软件著作权纠纷证据保全案

关键词: 证据保全　线索　及时　有效

裁判摘要: 加大知识产权司法保护力度,不仅要在实体方面建立符合市场规律、真正满足权利保护要求的损害赔偿计算机制,提高侵权损害赔偿数额,而且要在程序方面积极合法运用证据保全等措施,提高司法救济的及时性和有效性。在充分考虑计算机软件最终用户侵权案件中权利人取证难和权利人提供了初步侵权证据线索的基础上,在查明当事人申请满足证据保全适用条件的情况下,积极通过证据保全措施,及时固定证据,对于权利人证据保全的申请应当予以准许。

【**案　　号**】(2015)京知民初字第615号

【**审理法院**】北京知识产权法院

【**来　　源**】2015年北京知识产权法院典型案例

二、欧特克公司、奥多比公司申请诉前证据保全案

关键词: 诉前证据保全

裁判摘要: 申请人申请保全的证据属于法律规定的可能灭失或者以后难以

取得的情形，且申请人亦因客观原因不能自行收集上述证据，符合诉前证据保全的条件，人民法院应对被申请人经营场所内的计算机以及其他设施设备上的上述系列软件的相关信息进行证据保全。

【案　　号】(2015)沪知民保字第1号、第2号

【审理法院】上海知识产权法院

【来　　源】2015年上海知识产权法院十大典型案例

第二十八条　软件复制品的出版者、制作者不能证明其出版、制作有合法授权的，或者软件复制品的发行者、出租者不能证明其发行、出租的复制品有合法来源的，应当承担法律责任。

关联规定

法律、行政法规、司法解释

1.《中华人民共和国著作权法》

第五十九条　复制品的出版者、制作者不能证明其出版、制作有合法授权的，复制品的发行者或者视听作品、计算机软件、录音录像制品的复制品的出租者不能证明其发行、出租的复制品有合法来源的，应当承担法律责任。

在诉讼程序中，被诉侵权人主张其不承担侵权责任的，应当提供证据证明已经取得权利人的许可，或者具有本法规定的不经权利人许可而可以使用的情形。

2.《出版管理条例》

第四十条　印刷或者复制单位、发行单位或者个体工商户不得印刷或者复制、发行有下列情形之一的出版物：

（一）含有本条例第二十五条、第二十六条禁止内容的；

（二）非法进口的；

（三）伪造、假冒出版单位名称或者报纸、期刊名称的；

（四）未署出版单位名称的；

（五）中学小学教科书未经依法审定的；

（六）侵犯他人著作权的。

3.《最高人民法院关于审理著作权民事纠纷案件适用法律若干问题的解释》

第十九条　出版者、制作者应当对其出版、制作有合法授权承担举证责任，发行者、出租者应当对其发行或者出租的复制品有合法来源承担举证责任。举证不能的，依据著作权法第四十七条、第四十八条[1]的相应规定承担法律责任。

条文释义

一、本条主旨

本条是关于软件复制品的出版者、制作者、发行者、出租者的过错推定及法律责任的规定。

二、条文演变

1991年《计算机软件保护条例》中，并无与现行条例第28条相关的内容。为适应加入世界贸易组织、与《与贸易有关的知识产权协定》接轨的需要，2001年《计算机软件保护条例》作了较大幅度的修改，其中增加了关于过错推定的第28条规定。2011年、2013年修订《计算机软件保护条例》时予以沿用。

三、条文解读

该条来源可以上溯至世界贸易组织于1994年制定的《与贸易有关的知识产权协定》。《与贸易有关的知识产权协定》第45条第2项规定："司法当局还应有权责令侵权人向权利持有人支付其开支，其中可包括适当的律师费。在适当场合即使侵权人不知、或无充分理由应知自己从事之活动系侵权，成员仍可以授权司法当局责令其返还所得利润或令其支付法定赔偿额，或二者并处。"《与贸易有关的知识产权协定》之所以提出这一要求，是为了充分、有效保护知识产权。因为侵害知识产权不像侵犯他人有形财产所有权、人身权的行为那样，比较容易界定侵权人的主观过错从而追究其侵权责任，特别是在被控侵权人处于制作、销售等后面环节而非直接抄袭作品的侵权第一环节的情形下。当时我国为加入世界贸易组织，承诺在各知识产权单行法的修改中均采纳《与贸易有关的知识产权协定》的标准，因此于2001年《著作权法》中增设了第52

① 此处指的是2010年修正的《著作权法》，对应2020年修正的《著作权法》第52条、第53条。

条关于按过错推定原则令侵权复制品的经营者承担法律责任的规定，即“复制品的出版者、制作者不能证明其出版、制作有合法授权的，复制品的发行者或者电影作品或者以类似摄制电影的方法创作的作品、计算机软件、录音录像制品的复制品的出租者不能证明其发行、出租的复制品有合法来源的，应当承担法律责任。”显然，在这些场合下，让原告证明被告主观上有过错有一定难度，而由被告证明自己“无过错”相对容易，因此，法律对被控侵权人应当承担举证作出了明确规定，这样可以在实践中避免被控侵权人轻易地以自己不知道、无过错为由逃避法律制裁，加大了著作权保护力度。同样，在2001年《计算机软件保护条例》中也增设了第28条规定，为计算机软件的出版者等经营主体对自己的相关行为设置了一定的注意义务。本条例明确规定过错推定制度，由被控侵权行为人证明其有合法授权或合法来源，大大提高了其在日常经营活动中的注意义务，减少了侵权纠纷发生时推诿或逃避追责的可能性，加强了对软件著作权人的保护。

适用指引

一、软件复制品出版、制作行为的认定

出版、制作属于由软件著作权人复制权控制的、将软件制作一份或者多份复制件的行为，其产生的复制件是固化存储在光盘等可以移动、按件数计算使用和交易量的有形载体。但同时，软件著作权人复制权控制的也包括无须专门有形介质的、可以在信息网络空间传播的数字化复制行为，只不过这种无形复制极为便利，完全被吸收进信息网络传播权的控制范围。制作和出版计算机软件的有形复制件，属于我国《出版管理条例》规定的从事出版活动。根据该条例第40条第6项规定，相关单位或个人不得制作、复制、出版发行侵犯他人著作权的出版物。另外，该条例第33条第2款规定，境外委托印刷或者复制的出版物的内容，应当经省、自治区、直辖市人民政府出版行政部门审核。委托人应持有著作权人授权书，并向著作权行政管理部门登记。可见，对于境外软件作品，在复制或制作为出版物时就应当提供审核证明和著作权人的合法授权证明，否则属于非法出版物而可能被追究相应责任。

二、软件复制品发行、出租行为的认定

根据《计算机软件保护条例》第8条第5项和第6项规定，软件著作权人的发行权是指以出售或赠与方式向公众提供软件原件或者复制件的权利，出租权是指有偿许可他人临时使用软件的权利，但是软件不是出租的主要标的的除外。与制作、出版行为相同，发行权控制的对象也是体现为有形出版物的软件作品原件或复制件。根据《出版管理条例》第40条第6项的规定，制作、复制和发行出版物的经营者，不得侵犯他人著作权。因此，对于软件出版物的发行者，在自己的日常业务中应当注意防范侵犯著作权。对于出租权，其控制的对象既包括作为出版物的有形的软件原件或者复制件，也包括已经装载在计算机中的软件复制件，为此，《计算机软件保护条例》规定的出租权将软件不是出租主要标的的情形排除在出租权的范围之外。也就是说，如果出租对象是计算机硬件或其他装有合法软件复制品的电子产品，除非能证明租用人主要是因为这些产品上有相关软件复制品才租用，一般情形下软件著作权人不能再就这些产品中已经合法装载和运行的无形的软件复制件主张出租权。

三、合法授权、合法来源的证明

出版、制作软件复制品是作品流入市场的首要环节，因此获得著作权人的许可是这一行为合法性的前提条件。按照《计算机软件保护条例》第28条的要求，取得著作权人合法授权实际上是从事出版、制作的经营者应尽的注意义务。与一般主体相比，出版、制作、发行、出租软件的行为人对自己所经营的业务应当负有更强的不侵犯他人著作权的注意义务。如果他们不能举证证明侵权软件复制品有合法授权、合法来源，则推定其未尽到注意义务，应当承担侵权法律责任。这一规定对于遏制市场中涉及出版、制作等中间环节的盗版等侵犯著作权行为具有重要意义。实践中，软件著作权人为确保自己权利便于行使，通常会到中国版权保护中心或其地方机构办理著作权登记，以登记证书形式证明著作权权属及其相关信息内容。因此，对于软件复制品制作、出版者来说，让权利人出具授权书并附上软件登记证书，留存这些文件备用，即履行了相应的注意义务。这些文件、证书即可作为本条所要求提供的证明证据。

对于软件复制品的发行人、销售者，在经营过程中应该密切跟踪国家与电子出版物制作、销售相关的法律政策。除了经营出版兼发行业务的主体应当有

著作权人的合法授权证明外，其他依法、合规取得相关出版物经营许可证的批发商，应注意查验发货的软件复制品出版者、制作厂商是否获得了著作权人合法授权，应与能够出具著作权人授权书的发货方签订协议并严格履行。零售商应与上一流通环节的合法经营者签订书面分销合同，应注意留存包括保证不侵犯他人著作权条款在内的分销发行合同，以及双方交易往来和合法进货渠道凭证等文书资料。对于软件复制品出租，权利人一般仅会指控那些在经营场所发生的行为、而难以去追究个人持有者的责任；鉴于实践中专门经营有形电子出版物出租业务的情形已经几乎不存在，需要注意的是软件复制品的发行、经销商提供附加或增值服务时的行为。除非有权利人的书面授权，发行、经销商在任何情况下均不能未经许可将经销的软件复制品出租给他人使用，或者直接为他人安装自己持有的软件复制品，否则在被指控侵权时将因无法举证说明其获得出租权、复制权、发行权的许可而承担相应的法律责任。

类案检索

南京美乐威电子科技有限公司与雷某侵害计算机软件著作权纠纷案

关键词： 网络销售　合法来源　应当知道　举证责任

裁判摘要： 被诉侵权产品销售者通过电子邮件发送驱动软件给消费者以使所售硬件产品能够正常使用，其应当知道所发送软件的功能及相关权利人情况，仅提供一张电脑城店铺照片也无法证明所发送软件具有合法来源，因此，侵害了涉案“美乐威”视频采集驱动软件和内置于视频采集卡中的固件程序享有的复制权、发行权，应当承担停止侵权与损害赔偿的民事责任。

【案　　号】（2021）最高法知民终665号

【审理法院】 最高人民法院

【来　　源】 中国裁判文书网

第二十九条 软件开发者开发的软件，由于可供选用的表达方式有限而与已经存在的软件相似的，不构成对已经存在的软件的著作权的侵犯。

关联规定

法律、行政法规、司法解释

1.《中华人民共和国著作权法》

第三条 本法所称的作品，是指文学、艺术和科学领域内具有独创性并能以一定形式表现的智力成果，包括：

（一）文字作品；

（二）口述作品；

（三）音乐、戏剧、曲艺、舞蹈、杂技艺术作品；

（四）美术、建筑作品；

（五）摄影作品；

（六）视听作品；

（七）工程设计图、产品设计图、地图、示意图等图形作品和模型作品；

（八）计算机软件；

（九）符合作品特征的其他智力成果。

2.《计算机软件保护条例》

第六条 本条例对软件著作权的保护不延及开发软件所用的思想、处理过程、操作方法或者数学概念等。

条文释义

一、本条主旨

本条是关于因可供选用的表达方式有限而与在先软件相似不构成侵权的规定。

二、条文演变

1991年《计算机软件保护条例》第31条规定："因下列情况之一而引起的所开发的软件与已经存在的软件相似，不构成对已经存在的软件的著作权的侵犯：(一)由于必须执行国家有关政策、法律、法规和规章；(二)由于必须执行国家技术标准；(三)由于可供选用的表现形式种类有限。"2001年《计算机软件保护条例》对上述规定予以修改，删除了原有条文中前两项情形，仅保留第3项情形，在第29条规定："软件开发者开发的软件，由于可供选用的表达方式有限而与已经存在的软件相似的，不构成对已经存在的软件的著作权的侵犯。"2011年、2013年修订《计算机软件保护条例》时予以沿用。

三、条文解读

软件开发者应当遵守《著作权法》《计算机软件保护条例》的各项规定，在不侵犯他人软件著作权的前提下，进行软件开发工作。一般而言，若新开发的软件与在先软件存在相同或相似，则可能构成对在先软件著作权人著作权的侵犯。但是本条规定了软件开发者承担法律责任的例外，即因可供选用的表达方式有限而与在先软件相似的，不构成侵权。根据本条例第6条规定，软件著作权的保护不延及开发软件所用的思想、处理过程、操作方法或者数学概念等。本条规定所体现的实质上是所谓的"思想表达合一原则"，即如果一个思想的表达只能有一种或极其有限的少数几种，这种表达同其所表达的思想已经合并在一起以致很难划分，则他人在表达这一思想时使用这一表达并不构成侵权。[1]

---

① 参见张晓津：《计算机软件著作权侵权判断问题研究》，载《知识产权》2016年第1期。

1991年《计算机软件保护条例》第31条规定了不构成侵权的三种情形，在制定2001年《计算机软件保护条例》第29条时，对于该条的存废产生过争议：一种意见认为不宜保留该规定，主要理由是我国当前计算机软件侵权情况较为严重，若在条例中规定软件著作权侵权之例外，有可能造成软件开发领域的侵权泛滥，无法切实有效保护著作权人合法权益；另一种意见认为，应当保留该规定，主要理由是保护计算机软件著作权应与促进计算机软件产业发展相协调，在我国软件技术发展相对落后的背景下，条例的制定不应成为我国计算机产业发展的阻碍，而应成为我国软件开发与应用的助推剂。[①] 综合考虑上述两种意见，为了契合本条例第1条关于“保护计算机软件著作权人的权益，调整计算机软件在开发、传播和使用中发生的利益关系，鼓励计算机软件的开发与应用，促进软件产业和国民经济信息化的发展”之立法目的，在修改时，将原有的三种除外情形缩减为“可供选用的表达方式有限”这一种情形。如此，既能实现保护计算机软件著作权人之权益，又能在一定范围内对软件著作权人权利的行使加以必要限制，以促进计算机软件技术的发展与进步。

适用指引

一、软件著作权侵权之例外：“有限表达”

依据著作权保护中“思想与表达二分”原则，著作权保护的是作品的表达，而非思想本身。《计算机软件保护条例》第6条规定：“本条例对软件著作权的保护不延及开发软件所用的思想、处理过程、操作方法或者数学概念等。”该条规定系上述原则在计算机软件领域的具体体现。计算机软件作为具有技术性、功能性、实用性特点的作品，其软件功能不受著作权保护。但由于功能相同或相似的软件在软件编程过程中可能存在必须使用的算法、函数或常量说明等，软件开发者可能因先后软件相似而产生著作权侵权纠纷。上述情形下，软件开发者在阐述思想、实现软件功能时，所能采取的表达方式极为有限，其他软件开发

① 参见徐玉麟主编：《计算机软件保护条例释义》，中国法制出版社2002年版，第127页。

者如果要表达同样的思想、开发相同或相似功能的软件，只能使用与前者相似的表达形式，创作很难具有独创性。此时，表达与思想将合二为一，这种情况被称为“有限表达”或“思想与表达合一原则”。在表达同其所表达的思想已经合并在一起以致很难划分时，如果保护了表达，实质上也就保护了思想，而这就与“思想与表达二分”的基本原则不符。因此，《计算机软件保护条例》在本条作出“因可供选用的表达方式有限而与在先软件相似不构成侵权”之规定。

二、“有限表达”在司法实践中的具体应用

计算机软件侵权纠纷案件审理中，“实质性相同＋接触＋排除合理解释”是普遍适用的侵权判断规则，即在原、被告的计算机软件相同或实质性相同，且被告具备接触原告软件条件的情形下，如果被告不能提供合理解释的，则应当认定被告构成侵权，并承担相应赔偿责任。[①] 根据本条之规定，被诉侵权人可以“有限表达”进行抗辩。

在软件著作权纠纷中，被诉侵权人以“有限表达”为由，为其软件与他人软件相同或者相似进行抗辩的，应当承担说明其表达方式有限的举证责任；举证不能的，应承担相应的侵权责任。

本条的规定兼顾了软件著作权人的权益保护及计算机软件技术的创新与发展，有利于促进软件产业和国民经济信息化发展。

类案检索

北京久其软件股份有限公司诉上海天臣计算机软件有限公司著作权纠纷案

关键词：用户界面　功能　表达方式有限

裁判摘要：由于软件功能性相似导致用户界面相似，其实质是对操作方法的借鉴。在实现相似功能的表达方式有限之情况下，软件著作权人并不能禁止他人在设计软件用户界面时使用属于公有领域的表达。

① 参见宋健、顾韬：《计算机软件侵权认定若干问题论述》，载《人民司法（应用）》2014 年第 13 期。

【案　　号】（2005）沪高民三（知）终字第38号

【审理法院】上海市高级人民法院

【来　　源】《著作权纠纷新型典型案例与专题指导》[1]

① 参见蒋强、李自柱、吴江著：《著作权纠纷新型典型案例与专题指导》，中国法制出版社2009年版，第13~17页。

第三十条　软件的复制品持有人不知道也没有合理理由应当知道该软件是侵权复制品的，不承担赔偿责任；但是，应当停止使用、销毁该侵权复制品。如果停止使用并销毁该侵权复制品将给复制品使用人造成重大损失的，复制品使用人可以在向软件著作权人支付合理费用后继续使用。

关联规定

一、国际条约

《与贸易有关的知识产权协定》

第 46 条　其他补救

为有效制止侵权，司法机关有权在不给予任何补偿的情况下，责令将已被发现侵权的货物清除出商业渠道，以避免对权利持有人造成任何损害，或下令将其销毁，除非这一点会违背现有的宪法规定的必要条件。司法机关还有权在不给予任何补偿的情况下，责令将主要用于制造侵权货物的材料和工具清除出商业渠道，以便将产生进一步侵权的风险减少到最低限度。在考虑此类请求时，应考虑侵权的严重程度与给予的救济以及第三方利益之间的均衡性。对于冒牌货，除例外情况外，仅除去非法加贴的商标并不足以允许该货物放行进入商业渠道。

二、法律、行政法规、司法解释

1.《中华人民共和国民法典》

第八百七十四条　受让人或者被许可人按照约定实施专利、使用技术秘密侵害他人合法权益的，由让与人或者许可人承担责任，但是当事人另有约定的除外。

第八百七十六条　集成电路布图设计专有权、植物新品种权、计算机软件著作权等其他知识产权的转让和许可，参照适用本节的有关规定。

2.《中华人民共和国著作权法》

第五十二条 有下列侵权行为的，应当根据情况，承担停止侵害、消除影响、赔礼道歉、赔偿损失等民事责任：

……

（八）未经视听作品、计算机软件、录音录像制品的著作权人、表演者或者录音录像制作者许可，出租其作品或者录音录像制品的原件或者复制件的，本法另有规定的除外。

第五十九条 复制品的出版者、制作者不能证明其出版、制作有合法授权的，复制品的发行者或者视听作品、计算机软件、录音录像制品的复制品的出租者不能证明其发行、出租的复制品有合法来源的，应当承担法律责任。

在诉讼程序中，被诉侵权人主张其不承担侵权责任的，应当提供证据证明已经取得权利人的许可，或者具有本法规定的不经权利人许可而可以使用的情形。

3.《最高人民法院关于审理著作权民事纠纷案件适用法律若干问题的解释》

第十九条 出版者、制作者应当对其出版、制作有合法授权承担举证责任，发行者、出租者应当对其发行或者出租的复制品有合法来源承担举证责任。举证不能的，依据著作权法第四十七条、第四十八条的相应规定[①]承担法律责任。

4.《最高人民法院关于知识产权民事诉讼证据的若干规定》

第四条 被告依法主张合法来源抗辩的，应当举证证明合法取得被诉侵权产品、复制品的事实，包括合法的购货渠道、合理的价格和直接的供货方等。

被告提供的被诉侵权产品、复制品来源证据与其合理注意义务程度相当的，可以认定其完成前款所称举证，并推定其不知道被诉侵权产品、复制品侵害知识产权。被告的经营规模、专业程度、市场交易习惯等，可以作为确定其合理注意义务的证据。

① 此处指的是2010年修正的《著作权法》，对应2020年修正的《著作权法》第52条、第53条。

条文释义

一、本条主旨

本条是关于侵权软件复制品善意持有人民事责任的规定。

二、条文演变

1991年《计算机软件保护条例》第32条规定:“软件持有者不知道或者没有合理的依据知道该软件是侵权物品,其侵权责任由该侵权软件的提供者承担。但若所持有的侵权软件不销毁不足以保护软件著作权人的权益时,持有者有义务销毁所持有的侵权软件,为此遭受的损失可以向侵权软件的提供者追偿。”“前款所称侵权软件的提供者包括明知是侵权软件又向他人提供该侵权软件者。”2001年《计算机软件保护条例》第30条对上述规定内容予以修改,加大了对计算机软件著作权人的保护,明确规定侵权软件复制品持有人均应承担停止使用、销毁侵权复制品的民事责任。2011年、2013年修订《计算机软件保护条例》时予以沿用。

三、条文解读

根据本条例和相关法律规定,只要未经软件著作权人许可,也没有法律上的抗辩理由,无论行为人是否具有主观过错,均构成侵权。也就是说,本条规定的行为仍然属于侵权行为,但具有主观过错是承担赔偿责任的前提条件。换言之,软件复制品持有人在取得软件复制品的过程和形式上也许合法,在作出民事行为时尽到了注意义务,不知道也没有合理理由应当知道该软件是侵权复制品,由于未得到真正软件权利人的授权,其取得的复制品仍是非法的,虽确无主观过错,不承担赔偿责任,但应相应地承担停止侵害、销毁侵权复制品的法律责任。

实践中,如果侵权人以此条规定抗辩,应当提供合同、发票等相关证据,若能够证明其持有软件复制品有合法来源,无从知晓软件复制品侵害他人著作权,即推定其无过错,不承担赔偿责任。此时,应由权利人提供相反证据,权利人能够证明侵权人确有过错,侵权人则需承担包括赔偿责任在内的民事责任。需要注意的是，侵权人提供被诉侵权软件复制品来源证据与其合理注意义务程度相当。

同时考虑到公平原则，在停止使用并销毁该侵权复制品会给复制品使用人造成重大损失的情况下，善意的软件复制品持有者，在向软件著作权人支付合理费用的前提下，可以继续使用。

适用指引

一、对“善意持有人”的理解

软件复制品持有人能够证明自己不知道且没有合理理由应当知道该软件是侵权复制品的，也就是说软件复制品持有人是善意的，除停止使用并销毁外，不承担赔偿责任。

侵权软件复制品持有人主张其主观无过错，应当举证证明合法取得被诉侵权软件复制品的事实，包括合法的购货渠道、合理的价格和直接的供货方等证据来证明其尽到了注意义务，该软件复制品有合法来源。侵权软件复制品持有人的举证责任与其合理注意义务程度相当，侵权人的经营规模、专业程度、市场交易习惯等，可以作为确定其合理注意义务的证据。

作为善意的软件复制品持有人，一旦知道所使用的软件为侵权复制品，应当立即停止使用、销毁该软件复制品。如果不履行该义务，知道该软件是侵权复制品，或者有合理理由应当知道该软件是侵权复制品，仍然继续使用、销售该软件复制品给权利人造成损害的，应当根据本条例第 23 条、第 24 条的规定承担相应的法律责任。

相对于善意的软件复制品持有人，还存在知道软件是侵权品而使用运行的软件复制品持有人，这种持有主观上应当属于故意，不能援引本条进行抗辩。另外，有合理理由推论或者认定软件复制品持有人应当知道其对所使用运行的软件为侵权复制品，无论是因过于自信还是因疏忽大意而造成的不知道属于侵权复制品却仍然使用，均不能援引本条进行抗辩。

二、“合理费用”的确定依据

在某些情况下，停止使用并销毁该侵权复制品可能会给使用人造成重大损失，为了体现公平原则，本条规定“复制品使用人可以在向软件著作权人支付合理费用后继续使用”。这里的“合理费用”由使用人和软件著作权人协商解决，一般可以参照具有可比性的该软件非专有许可使用费用来确定。

人民法院在确定该“合理费用”时，可以根据权利人通常对外许可该计算机软件的使用费，并考虑该计算机软件的研究开发成本、成果转化和应用程度以及使用人的使用规模、经济效益等因素合理确定。

双方当事人因使用费支付发生纠纷的，当事人任何一方都可以请求人民法院予以处理。继续使用该计算机软件复制品但又拒不支付使用费的，人民法院可以根据权利人的请求判令使用人停止使用、赔偿损失等。

类案检索

奥托恩姆科技有限公司诉成都达义物业有限责任公司侵害计算机软件著作权纠纷案

关键词：计算机软件著作权纠纷　侵权责任　复制权

裁判摘要：未经著作权人许可商业性使用软件，侵犯了著作权中的复制权；未审查该软件是否有合法来源，主观上存在过失，应当依法承担侵权赔偿责任。

【案　　号】（2014）锦江知民初字第196号

【审理法院】四川省成都市锦江区人民法院

【来　　源】《中国审判案例要览》（2015年商事审判案例卷）

第三十一条　软件著作权侵权纠纷可以调解。

软件著作权合同纠纷可以依据合同中的仲裁条款或者事后达成的书面仲裁协议，向仲裁机构申请仲裁。

当事人没有在合同中订立仲裁条款，事后又没有书面仲裁协议的，可以直接向人民法院提起诉讼。

关联规定

一、法律、行政法规、司法解释

1.《中华人民共和国著作权法》

第六十条　著作权纠纷可以调解，也可以根据当事人达成的书面仲裁协议或者著作权合同中的仲裁条款，向仲裁机构申请仲裁。

当事人没有书面仲裁协议，也没有在著作权合同中订立仲裁条款的，可以直接向人民法院起诉。

2.《中华人民共和国民事诉讼法》

第九十六条　人民法院审理民事案件，根据当事人自愿的原则，在事实清楚的基础上，分清是非，进行调解。

第九十九条　调解达成协议，必须双方自愿，不得强迫。调解协议的内容不得违反法律规定。

第一百条　调解达成协议，人民法院应当制作调解书。调解书应当写明诉讼请求、案件的事实和调解结果。

调解书由审判人员、书记员署名，加盖人民法院印章，送达双方当事人。

调解书经双方当事人签收后，即具有法律效力。

第一百零二条　调解未达成协议或者调解书送达前一方反悔的，人民法院应当及时判决。

3.《中华人民共和国人民调解法》

第二条　本法所称人民调解，是指人民调解委员会通过说服、疏导等方法，促使当事人在平等协商基础上自愿达成调解协议，解决民间纠纷的活动。

第二十八条 经人民调解委员会调解达成调解协议的，可以制作调解协议书。当事人认为无需制作调解协议书的，可以采取口头协议方式，人民调解员应当记录协议内容。

第二十九条 调解协议书可以载明下列事项：

（一）当事人的基本情况；

（二）纠纷的主要事实、争议事项以及各方当事人的责任；

（三）当事人达成调解协议的内容，履行的方式、期限。

调解协议书自各方当事人签名、盖章或者按指印，人民调解员签名并加盖人民调解委员会印章之日起生效。调解协议书由当事人各执一份，人民调解委员会留存一份。

第三十条 口头调解协议自各方当事人达成协议之日起生效。

第三十一条 经人民调解委员会调解达成的调解协议，具有法律约束力，当事人应当按照约定履行。

人民调解委员会应当对调解协议的履行情况进行监督，督促当事人履行约定的义务。

第三十二条 经人民调解委员会调解达成调解协议后，当事人之间就调解协议的履行或者调解协议的内容发生争议的，一方当事人可以向人民法院提起诉讼。

第三十三条 经人民调解委员会调解达成调解协议后，双方当事人认为有必要的，可以自调解协议生效之日起三十日内共同向人民法院申请司法确认，人民法院应当及时对调解协议进行审查，依法确认调解协议的效力。

人民法院依法确认调解协议有效，一方当事人拒绝履行或者未全部履行的，对方当事人可以向人民法院申请强制执行。

人民法院依法确认调解协议无效的，当事人可以通过人民调解方式变更原调解协议或者达成新的调解协议，也可以向人民法院提起诉讼。

4.《中华人民共和国仲裁法》

第二条 平等主体的公民、法人和其他组织之间发生的合同纠纷和其他财产权益纠纷，可以仲裁。

第四条 当事人采用仲裁方式解决纠纷，应当双方自愿，达成仲裁协议。没有仲裁协议，一方申请仲裁的，仲裁委员会不予受理。

第五条 当事人达成仲裁协议，一方向人民法院起诉的，人民法院不予受理，但仲裁协议无效的除外。

第九条 仲裁实行一裁终局的制度。裁决作出后，当事人就同一纠纷再申请仲裁或者向人民法院起诉的，仲裁委员会或者人民法院不予受理。

裁决被人民法院依法裁定撤销或者不予执行的，当事人就该纠纷可以根据双方重新达成的仲裁协议申请仲裁，也可以向人民法院起诉。

第十六条 仲裁协议包括合同中订立的仲裁条款和以其他书面方式在纠纷发生前或者纠纷发生后达成的请求仲裁的协议。

仲裁协议应当具有下列内容：

（一）请求仲裁的意思表示；

（二）仲裁事项；

（三）选定的仲裁委员会。

第十九条 仲裁协议独立存在，合同的变更、解除、终止或者无效，不影响仲裁协议的效力。

仲裁庭有权确认合同的效力。

第二十条 当事人对仲裁协议的效力有异议的，可以请求仲裁委员会作出决定或者请求人民法院作出裁定。一方请求仲裁委员会作出决定，另一方请求人民法院作出裁定的，由人民法院裁定。

当事人对仲裁协议的效力有异议，应当在仲裁庭首次开庭前提出。

5.《最高人民法院关于第一审知识产权民事、行政案件管辖的若干规定》

第一条 发明专利、实用新型专利、植物新品种、集成电路布图设计、技术秘密、计算机软件的权属、侵权纠纷以及垄断纠纷第一审民事、行政案件由知识产权法院，省、自治区、直辖市人民政府所在地的中级人民法院和最高人民法院确定的中级人民法院管辖。

法律对知识产权法院的管辖有规定的，依照其规定。

第二条 外观设计专利的权属、侵权纠纷以及涉驰名商标认定第一审民事、行政案件由知识产权法院和中级人民法院管辖；经最高人民法院批准，也可以由基层人民法院管辖，但外观设计专利行政案件除外。

本规定第一条及本条第一款规定之外的第一审知识产权案件诉讼标的额在最高人民法院确定的数额以上的，以及涉及国务院部门、县级以上地方人民政府或者海关行政行为的，由中级人民法院管辖。

法律对知识产权法院的管辖有规定的，依照其规定。

第三条 本规定第一条、第二条规定之外的第一审知识产权民事、行政案件，由最高人民法院确定的基层人民法院管辖。

二、司法指导性文件

《最高人民法院关于涉及发明专利等知识产权合同纠纷案件上诉管辖问题的通知》

地方各级人民法院（含各知识产权法院）自2022年5月1日起作出的涉及发明专利、实用新型专利、植物新品种、集成电路布图设计、技术秘密、计算机软件的知识产权合同纠纷第一审裁判，应当在裁判文书中告知当事人，如不服裁判，上诉于上一级人民法院。

条文释义

一、本条主旨

本条是关于软件著作权侵权纠纷和合同纠纷解决途径的规定。

二、条文演变

1991年《计算机软件保护条例》第34条规定："软件著作权侵权纠纷可以调解，调解不成或者调解达成协议后一方反悔的，可以向人民法院起诉。当事人不愿调解的，也可以直接向人民法院起诉。"第35条规定："软件著作权合同纠纷可以调解，也可以依据合同中的仲裁条款或者事后达成的书面仲裁协议，向国家软件著作权仲裁机构申请仲裁。""对于仲裁裁决，当事人应当履行。当事人一方不履行仲裁裁决的，另一方可以申请人民法院执行。""受申请的人民法院发现仲裁裁决违法的，有权不予执行。人民法院不予执行的，当事人可以就合同纠纷向人民法院起诉。""当事人没有在合同中订立仲裁条款，事后又没有书面仲裁协议的，可以直接向人民法院起诉。"2001年《计算机软件保护条例》对上述规定予以修改，将软件著作权侵权纠纷和软件著作权合同纠纷解决途径的规定合并为一条，即第31条，并予以精简。2011年、2013年修订《计算机软件保护条例》时予以沿用。

三、条文解读

凡是侵犯计算机软件著作权而产生的纠纷，都是本条第1款所称的软件著作权侵权纠纷，具体的侵权行为类型已由本条例第23条、第24条作出规定。发生侵犯计算机软件著作权行为而引发的纠纷可以调解，既可以是诉讼外调解，也可以是诉讼内调解。

软件著作权合同纠纷双方当事人达成通过仲裁解决纠纷的意向，可以向仲裁委员会就其纠纷申请仲裁。申请仲裁应当有书面仲裁协议或者仲裁条款，仲裁协议或者仲裁条款可以在纠纷发生前或者纠纷发生后达成。双方当事人没有在合同中订立仲裁条款，发生纠纷后也没有达成仲裁协议的，向仲裁机构申请仲裁的，仲裁机构不予受理。在这种情况下，当事人可以直接向人民法院起诉。

适用指引

一、软件著作权纠纷的调解

软件著作权侵权行为虽然可能受到行政处罚和被追究刑事责任，但是软件著作权属于私权范畴，首先保护的是权利人的私权。对于软件著作权，权利人可以自由处分，因此，软件著作权侵权纠纷允许当事人通过调解解决。

对于诉讼内调解和诉讼外调解的程序、调解协议的效力以及调解不成的后续程序，《民事诉讼法》《人民调解法》等法律均有具体规定。

二、软件著作权纠纷的仲裁解决途径

《民事诉讼法》《仲裁法》等对民事纠纷的仲裁作出了具体规定。

本条规定从字面上明确了软件著作权侵权纠纷可以调解，软件著作权合同纠纷可以仲裁。需要注意以下两点：一是软件著作权合同纠纷可以调解是当然之义。《民事诉讼法》明确规定调解是民事案件的解决途径之一，《人民调解法》规定人民调解解决的是民间纠纷，软件著作权合同纠纷作为民事案件和民间纠纷，当然可以通过调解解决。二是软件著作权侵权纠纷应当也可以仲裁。

根据《著作权法》第60条关于"著作权纠纷可以调解，也可以根据当事人达成的书面仲裁协议或者著作权合同中的仲裁条款，向仲裁机构申请仲裁"的规定，软件著作权侵权纠纷应当可以仲裁。但从常理来看，在权利人与被诉侵权人已经发生侵权纠纷的情况下，达成仲裁协议的可能性并不大。

三、软件著作权纠纷的诉讼解决途径

《民事诉讼法》等对民事纠纷的诉讼作出了具体规定。与其他民事纠纷诉讼相比，软件著作权纠纷诉讼无论在地域管辖还是级别管辖方面都有一些特殊之处。

侵权诉讼的地域管辖的一般原则是由侵权行为地或者被告人住所地人民法院管辖。根据相关司法解释，软件著作权民事纠纷，由侵权实施地、侵权复制品或侵权商品储藏地或者查封、扣押地人民法院管辖。权利人可以利用有关侵权行为地域管辖的规则，选择管辖法院。

在级别管辖方面，软件著作权纠纷原则上均由中级以上人民法院管辖，各高级人民法院可以确定若干基层人民法院管辖第一审软件著作权纠纷案件。

2018年，全国人大常委会通过了《关于专利等知识产权案件诉讼程序若干问题的决定》，对专业技术性较强的知识产权侵权案件的上诉审理机制作出了重大调整。当事人对计算机软件等专业技术性较强的知识产权民事案件第一审判决、裁定不服，提起上诉的，由最高人民法院知识产权法庭审理。

自2022年5月1日起，《最高人民法院关于第一审知识产权民事、行政案件管辖的若干规定》施行，根据该司法解释第1条的规定，计算机软件的权属、侵权纠纷由知识产权法院，省、自治区、直辖市人民政府所在地的中级人民法院和最高人民法院确定的中级人民法院管辖。根据该司法解释第2条第3款以及第3条的规定，诉讼标的额在最高人民法院确定的数额以下的计算机软件合同纠纷，由最高人民法院确定的基层人民法院管辖；诉讼标的额在最高人民法院确定的数额以上的，由中级人民法院管辖。

2022年4月27日，最高人民法院发布的《关于涉及发明专利等知识产权合同纠纷案件上诉管辖问题的通知》明确，根据2022年5月1日起施行的《最高人民法院关于第一审知识产权民事、行政案件管辖的若干规定》，地方各级人民法院（含各知识产权法院）自2022年5月1日起作出的涉及发明专利、

实用新型专利、植物新品种、集成电路布图设计、技术秘密、计算机软件的知识产权合同纠纷第一审裁判，应当在裁判文书中告知当事人，如不服裁判，上诉于上一级人民法院。因此，目前涉及计算机软件的知识产权合同纠纷案件已经不再上诉到最高人民法院知识产权法庭。

《集成电路布图设计保护条例》

（部分）

概 述

由晶体管组成的集成电路首度出现在1958年。随着技术的进步，特别是基于硅的半导体性质和储量的丰富，以硅为材料的超大规模集成电路逐渐在工业上普遍生产、运用。现在，通常被称为“芯片”的集成电路在经济社会发展中扮演着极为重要的角色，在生产、生活中不可或缺，是重要的战略产品和资源。集成电路存在比较长的产业链，直接相关的就有集成电路布图设计、制造、封装等，其中，布图设计是非常重要的环节，优秀的布图设计，往往意味着芯片具有更小的尺寸、更好的性能。[①]

自20世纪70年代末开始，对集成电路布图设计进行法律保护逐渐进入各国议程。依据《与贸易有关的知识产权协定》第35条的规定，世界贸易组织的成员同意按照《关于集成电路的知识产权条约》第2条至第7条(第6条第3款除外)、第12条、第16条第3款对集成电路布图设计提供保护，《与贸易有关的知识产权协定》本身也另有关于集成电路保护布图设计的条款(第36条至第38条)。日本于1985年通过了《半导体集成电路布图设计法》，欧洲共同体于1986年通过了《半导体产品拓扑图保护指令》，韩国、德国等均有相关法律法规陆续出台。

我国在《关于集成电路的知识产权条约》通过后，即于1991年启动《集成电路布图设计保护条例》的起草。我国于2001年加入世界贸易组织时，即于当年制定了《集成电路布图设计保护条例》并于2001年10月1日起施行，还于2001年制定《集成电路布图设计保护条例实施细则》《集成电路布图设计行政执法办法》，于2019年制定《集成电路布图设计审查与执法指南(试行)》。司法层面，最高人民法院于2001年11月16日发布《关于开展涉及集成电路布图设计案件审判工作的通知》，标志着中国法院的集成电路布图设计的司法保护工作正式展开。2020年5月28日通过并于2021年1月1日起施行的《民法典》，在第123条中明确将集成电路布图设计规定为知识产权的客体，这也意味着《民法典》明确集成电路布图设计专有权属于一种民事权利。

---

① 参见[美]克里斯托弗·赛因特等：《集成电路版图基础——实用指南》，李伟华等译，清华大学出版社2020年版，第2页。

《集成电路布图设计保护条例》为国务院颁布的行政法规，分为总则、布图设计专有权、布图设计的登记、布图设计专有权的行使、法律责任、附则，共六章，其中对布图设计进行了定义，明确了布图设计专有权的内容和范围，是布图设计专有权保护的基础法律规范。

第一条　为了保护集成电路布图设计专有权，鼓励集成电路技术的创新，促进科学技术的发展，制定本条例。

关联规定

一、法律、行政法规、司法解释

《中华人民共和国民法典》

第一百二十三条　民事主体依法享有知识产权。

知识产权是权利人依法就下列客体享有的专有的权利：

（一）作品；

（二）发明、实用新型、外观设计；

（三）商标；

（四）地理标志；

（五）商业秘密；

（六）集成电路布图设计；

（七）植物新品种；

（八）法律规定的其他客体。

二、部门规章及规范性文件

1.《集成电路布图设计保护条例实施细则》

第一条　宗旨

为了保护集成电路布图设计（以下简称布图设计）专有权，促进我国集成电路技术的进步与创新，根据《集成电路布图设计保护条例》(以下简称条例)，制定本实施细则（以下简称本细则）。

2.《集成电路布图设计行政执法办法》

第一条　为了保护集成电路布图设计（以下简称布图设计）专有权，维护社会主义市场经济秩序，根据《集成电路布图设计保护条例》(以下简称条例)

以及有关法律法规制定本办法。

三、司法指导性文件

《最高人民法院关于开展涉及集成电路布图设计案件审判工作的通知》

国务院《集成电路布图设计保护条例》自2001年10月1日起施行。对集成电路布图设计专有权进行司法保护，是人民法院的一项新的审判任务。做好这项审判工作，将对保护集成电路布图设计权利人的合法权益，鼓励集成电路技术的创新，促进科学技术的发展具有重要意义。

条文释义

一、本条主旨

本条是关于《集成电路布图设计保护条例》立法目的的规定。

二、条文解读

《集成电路布图设计保护条例》的立法目的是保护集成电路布图设计专有权，鼓励集成电路技术的创新，促进科学技术的发展。在《集成电路布图设计保护条例》施行之前，在我国布图设计没有予以保护的法律依据，实质上难以作为一种民事权利或民事权益提起诉讼、受到保护、得以救济。《集成电路布图设计保护条例》的施行，使集成电路布图设计成为民事权利的客体，创设了集成电路布图设计专有权，布图设计完成后，权利人通过向主管机关申请登记的方式，可以获得布图设计专有权。通过设定民事权利、给予法律救济，布图设计专有权成为一种知识产权，也是财产权的一种，专有权人据此可以得到经济利益，对鼓励集成电路领域的技术创新、吸引资金和人力投入集成电路产业，起到了明显的引导作用，促进集成电路领域的技术发展。

适用指引

本条阐述立法目的，并不属于案件的具体裁判规范。

第二条　本条例下列用语的含义：

（一）集成电路，是指半导体集成电路，即以半导体材料为基片，将至少有一个是有源元件的两个以上元件和部分或者全部互连线路集成在基片之中或者基片之上，以执行某种电子功能的中间产品或者最终产品；

（二）集成电路布图设计（以下简称布图设计），是指集成电路中至少有一个是有源元件的两个以上元件和部分或者全部互连线路的三维配置，或者为制造集成电路而准备的上述三维配置；

（三）布图设计权利人，是指依照本条例的规定，对布图设计享有专有权的自然人、法人或者其他组织；

（四）复制，是指重复制作布图设计或者含有该布图设计的集成电路的行为；

（五）商业利用，是指为商业目的进口、销售或者以其他方式提供受保护的布图设计、含有该布图设计的集成电路或者含有该集成电路的物品的行为。

关联规定

一、国际条约

《关于集成电路的知识产权条约》

第2条　定义

在本条约中：

（1）“集成电路”是指一种产品，在它的最终形态或中间形态，是将多个元件，其中至少有一个是有源元件，和部分或全部互连集成在一块材料之中和/或之上，以执行某种电子功能。

（2）“布图设计（拓扑图）”是指集成电路中多个元件，其中至少有一个是有源元件，和其部分或全部集成电路互连的三维配置，或者是指为集成电路的制造而准备的这样的三维配置。

（3）“权利持有人”是指根据适用的法律被认为是第六条所述保护的受益人的自然人或者法人。

（4）“受保护的布图设计（拓扑图）”是指符合本条约保护条件的布图设计（拓扑图）。

二、法律、行政法规、司法解释

《集成电路布图设计保护条例》

第七条 布图设计权利人享有下列专有权：

（一）对受保护的布图设计的全部或者其中任何具有独创性的部分进行复制；

（二）将受保护的布图设计、含有该布图设计的集成电路或者含有该集成电路的物品投入商业利用。

第三十条 除本条例另有规定的外，未经布图设计权利人许可，有下列行为之一的，行为人必须立即停止侵权行为，并承担赔偿责任：

（一）复制受保护的布图设计的全部或者其中任何具有独创性的部分的；

（二）为商业目的进口、销售或者以其他方式提供受保护的布图设计、含有该布图设计的集成电路或者含有该集成电路的物品的。

侵犯布图设计专有权的赔偿数额，为侵权人所获得的利益或者被侵权人所受到的损失，包括被侵权人为制止侵权行为所支付的合理开支。

第三十三条 在获得含有受保护的布图设计的集成电路或者含有该集成电路的物品时，不知道也没有合理理由应当知道其中含有非法复制的布图设计，而将其投入商业利用的，不视为侵权。

前款行为人得到其中含有非法复制的布图设计的明确通知后，可以继续将现有的存货或者此前的订货投入商业利用，但应当向布图设计权利人支付合理的报酬。

三、部门规章及规范性文件

《集成电路布图设计审查与执法指南（试行）》

第二部分 复审与撤销

第 4 章 撤销审查标准

2.1 首次商业利用

首次商业利用，是指将布图设计、含有该布图设计的集成电路或者含有该集成电路的物品在世界任何地方首次投入商业利用的行为。

条文释义

一、本条主旨

本条是关于《集成电路布图设计保护条例》中的基础概念的规定。

二、条文解读

本条对集成电路、集成电路布图设计、布图设计权利人、复制、商业利用进行了定义。定义条文是法律的基础条文，本条对整个条例的适用具有重要意义，对侵权判定具有基础性作用。关于集成电路的定义，使集成电路概念具有法律上的确定性，将集成电路与其他近似的容易混淆的概念如印刷电路板区分开来。关于布图设计的定义，对于侵权诉讼中明确保护客体非常重要。复制、商业利用的概念同样如此。

第三条　中国自然人、法人或者其他组织创作的布图设计，依照本条例享有布图设计专有权。

外国人创作的布图设计首先在中国境内投入商业利用的，依照本条例享有布图设计专有权。

外国人创作的布图设计，其创作者所属国同中国签订有关布图设计保护协议或者与中国共同参加有关布图设计保护国际条约的，依照本条例享有布图设计专有权。

关联规定

一、国际条约

《关于集成电路的知识产权条约》

第5条　国民待遇

（一）国民待遇

在与第三条第一款（A）项所述的义务不冲突的条件下，每一缔约方在其领土范围内在布图设计（拓扑图）的知识产权保护方面应给予下列人员与该缔约方给予其本国国民同样的待遇：

（1）是任何其他缔约方国民或在任何其他缔约方的领土内有住所的自然人；

（2）在任何其他缔约方领土内未创作布图设计（拓扑图）或生产集成电路而设有真实的和有效的单位的法人或自然人。

二、部门规章及规范性文件

《集成电路布图设计审查与执法指南（试行）》

第二部分　复审与撤销

第4章　撤销审查标准

1.1　布图设计权利人

根据《条例》第三条的规定，下列主体对其创作的布图设计依法享有布图设计专有权：

（1）中国自然人、法人或者其他组织；

（2）将其创作的布图设计首先在中国境内投入商业利用的外国人；

（3）其所属国同中国签定有关布图设计保护协议或者与中国共同参加有关布图设计保护国际条约的外国人。

2.1　首次商业利用

商业利用，是指为商业目的进口、销售或者以其他方式提供受保护的布图设计、含有该布图设计的集成电路或者含有该集成电路的物品的行为。

首次商业利用，是指将布图设计、含有该布图设计的集成电路或者含有该集成电路的物品在世界任何地方首次投入商业利用的行为。

条文释义

一、本条主旨

本条是关于依法享有集成电路布图设计专有权的权利人范围的规定。

二、条文解读

本条系对集成电路布图设计专有权权利人范围的规定。集成电路布图设计专有权人可以分为三种类型：一是创作布图设计的中国自然人、法人或者其他组织；二是布图设计首次在中国境内投入商业利用的外国人（包括外国自然人、法人或者其他组织，下同）；三是依据与中国签订的双边协议或者共同参加的国际公约享有专有权的外国人。

第四条　受保护的布图设计应当具有独创性，即该布图设计是创作者自己的智力劳动成果，并且在其创作时该布图设计在布图设计创作者和集成电路制造者中不是公认的常规设计。

受保护的由常规设计组成的布图设计，其组合作为整体应当符合前款规定的条件。

关联规定

一、国际条约

《关于集成电路的知识产权条约》

第3条　条约的客体

（二）独创性要求

（A）第一款（A）所述的义务适用于具有独创性的布图设计（拓扑图），即该布图设计（拓扑图）是其创作者自己的智力劳动成果，并且在其创作时在布图设计（拓扑图）创作者和集成电路制造者中不是常规设计。

（B）由常规的多个元件和互连组合而成的布图设计（拓扑图），只有在其组合作为一个整体符合（A）项所述的条件时，才应受到保护。

二、部门规章及规范性文件

1.《集成电路布图设计行政执法办法》

第七条　请求人应当提供证据，证明被请求人采用的布图设计与受保护的布图设计全部相同或者与受保护的布图设计中任何具有独创性的部分相同。

受保护的布图设计尚未投入商业利用的，请求人应当提供证据，证明被请求人有获知该布图设计的实际可能性。

2.《集成电路布图设计审查与执法指南（试行）》

第二部分　复审与撤销

第4章　撤销审查标准

3.1　独创性的概念

布图设计的独创性，是指该布图设计是创作者自己的智力劳动成果，并且在其创作时该布图设计在布图设计创作者和集成电路制造者中不是公认的常规设计。

3.3　公认的常规设计

公认的常规设计，是指在创作布图设计时布图设计创作者和集成电路制造者能够从布图设计领域的教科书、技术词典、技术手册、通用标准、通用模块等资料中获取的设计以及根据基本的设计原理容易想到的设计。

条文释义

一、本条主旨

本条是关于集成电路布图设计独创性的规定。

二、条文解读

独创性系布图设计受保护的基本条件。受专有权保护的布图设计应当具备独创性，即应当是创作者自己的智力劳动成果，且非常规设计。

适用指引

受专有权保护的布图设计应当具有独创性，即该布图设计是创作者自己的智力劳动成果，并且在其创作时该布图设计在布图设计创作者和集成电路制造者中不是公认的常规设计。布图设计具有独创性且包括以下两种情形：其一，布图设计部分包括一部分或多个部分具有独创性；其二，如布图设计由常规设计组成，当其组合作为整体体现出独创性时，该布图设计仍然受专有权保护。

典型案例

一、苏州赛芯电子科技有限公司与深圳裕昇科技有限公司、户某某、黄某东、黄某亮侵害集成电路布图设计专有权纠纷案

关键词：集成电路布图设计　侵权　独创性

裁判摘要：集成电路布图设计的保护对象是为执行某种电子功能而对于元件、线路所作的具有独创性的三维配置。权利人主张其布图设计的三维配置整体或者部分具有独创性的，应当对其独创性作出合理的解释或者说明，被诉侵权人不能推翻权利人的解释或者说明的，应当认定该布图设计具备独创性。在对独创性进行判断时，应根据权利人的独创性说明，将其指明部分中含有的元件和线路的具体三维配置作为对象，从两个层面进行：首先，受保护的布图设计属于为执行某种电子功能而对于元件、线路所作的三维配置；其次，上述三维配置在其创作时不是公认的常规设计。布图设计专有权保护的是集成电路中元件和线路的三维配置。在体现布图设计的功能层次上由于不含有元件和线路的三维配置，不给予保护；在这个层次之下，独创性的体现逐步增强，对元件分配、布置，各元部件间的互联，信息流向关系，组合效果等可以给予保护。如果权利人提出的是具有独创性的部分，则该部分应当能够相对独立地执行某种电子功能。进行独创性判断时，应根据权利人的独创性说明，将权利人指明部分中含有的元件和线路的具体三维配置作为判断对象。

基本案情：涉案布图设计权利人为赛芯公司，布图设计名称为集成控制器与开关管的单芯片负极保护的锂电池保护芯片。经赛芯公司申请，原审广东省深圳市中级人民法院于2017年9月7日委托北京紫图知识产权司法鉴定中心（以下简称紫图中心），对被诉的JA5088集成电路产品的布图设计与赛芯公司BS.12500520.2集成电路布图设计是否相同或实质相同进行鉴定。紫图中心得出如下鉴定意见：检测JA5088集成电路产品中的布图设计与赛芯公司BS.12500520.2集成电路布图设计中主张的独创点5对应的布图设计相同，独创点1、2、3、4、6对应的布图设计实质相同。赛芯公司BS.12500520.2集成电路布图设计中主张的独创点1、2、3、4、5、6对应的布图设计具有独创性。原审法院认为，赛芯公司先后提交了多份关于其请求保护的涉案布图设计的独创点的说明和分析意见，对其请求保护的独创点内容进行了固定。在赛芯公司已经充分披露和说明其独创点的依据后，裕昇公司等对六个独创点提出质疑时，亦应履行相应的举证责任以支持其抗辩主张。裕昇公司等在诉讼期间以费用负担为由，放弃对其主张的证据4-7项下的相关文献所指向的布图设计申请鉴定，导致相关的布图设计未能进入鉴定范围之内，应自行承担相应的不利法律后果。涉案《司法鉴定意见书》在现有证据之下，作出赛芯公司主张的涉案六个独创点具有独创性的鉴定意见，并未失当，原审法院予以采纳。关于被诉侵权行为的性质问题，被诉侵权的集成电路产品的外包装上有“ACIC”的标识，而该标识指向准芯微公司，准芯微公司除了实施涉案公证书所载明的销售行为之外，还实施了复制行为。在被诉侵权行为发生之时，户某某同时系裕昇公司与准芯微公司的法定代表人和股东，同时实际控制了该两公司，且裕昇公司还就准芯微公司直接实施的销售行为代开了发票。因此，赛芯公司指控裕昇公司与准芯微公司构成共同侵权。原审法院判决：一、裕昇公司在判决生效之日起十日内赔偿赛芯公司经济损失50万元。二、户某某、黄建某、黄赛某对上述赔偿金额承担连带责任。三、驳回赛芯公司其余诉讼请求。深圳裕昇科技有限公司、户某某、黄建某、黄赛某上诉后，二审驳回上诉、维持原判。

【案　　号】（2019）最高法知民终490号

【审理法院】最高人民法院

【来　　源】2020年中国法院10大知识产权案件

二、钜泉光电科技（上海）股份有限公司诉深圳市锐能微科技有限公司、上海雅创电子零件有限公司侵害集成电路布图设计专有权纠纷案

关键词：集成电路布图设计　实质性相似　独创性

裁判摘要：受保护的集成电路布图设计中任何具有独创性的部分均受法律保护，而不论其在整个布图设计中的大小或者所起的作用。由于集成电路布图设计的创新空间有限，在布图设计侵权判定中对于两个布图设计构成相同或者实质性相似的认定应采用较为严格的标准。在集成电路布图设计侵权案件中，应当由原告对其主张保护的集成电路布图设计具有独创性承担举证责任，但当原告完成“独创性”的初步证明后，反驳原告布图设计“独创性”的举证责任转移到被告，若被告反驳成立，则仍由原告承担败诉后果，若被告反驳不成立，则由被告承担败诉后果。在“独创性”的举证问题上，既不要求原告穷尽与所有现有设计的对比，同时，对于被告的反驳也仅要求提供一份有效的常规设计证据。

基本案情：2008年3月1日，钜泉公司完成了名称为“ATT7021AU”的布图设计创作，同年进行布图设计登记。该集成电路布图设计登记的图样共有16层，登记文件中的“ATT7021AU集成电路布图设计结构、技术、功能简要说明”记载：1.达成业界相同芯片（单相电能计量）功能/性能最优化面积的版图设计诉求；2.数模混合高抗干扰/高静电保护芯片版图设计；3.采用电路

设计技术和金属层、扩散层、信号流合理布局等版图技术实现灵敏信号噪声屏蔽，大小信号干扰隔离。一审过程中，国家知识产权局专利复审委员会经审查，未发现钜泉公司涉案布图设计专有权存在不符合《集成电路布图设计保护条例》规定可以被撤销的缺陷，故终止了锐能微公司提出的撤销程序。北京紫图知识产权司法鉴定中心（以下简称紫图鉴定中心）接受一审法院委托进行司法鉴定。紫图鉴定中心委托北京芯愿景软件技术有限公司对RN8209G芯片和RN8209芯片分别进行剖析，经比对，两个芯片的剖析报告相同。钜泉公司主张其ATT7021AU集成电路布图设计中具有独创性的共有十个部分。紫图鉴定中心出具的意见鉴定结论为：1.RN8209、RN8209G与原告主张的独创点5（数字地轨与模拟地轨衔接的布图）相同；2.RN8209、RN8209G与原告主张的独创点7（模拟数字转换电路的布图）中第二区段独立升压器电路的布图相同；3.依据现有证据应认定上述第一点、第二点具有独创性，不是常规设计。

2003年3月21日，珠海炬力集成电路设计有限公司（以下简称炬力公司）与杨某签订劳动合同，杨某的工作岗位是炬力公司研发设计部工程师，双方劳动关系于2007年3月31日终止。后杨某到被告锐能微公司担任技术顾问。2006年5月，原告与炬力公司签订技术转让合同及补充协议，约定炬力公司将电能计量系列芯片的专有技术转让给原告，合同总价款为1200万元。原告受让该专有技术后进行后续研发，并将研发完成的布图设计到国家知识产权局申请登记，即涉案ATT7021AU布图设计。2006年，原告分别与陈某、赵某签订劳动合同，原告聘用陈某为销售经理，聘用赵某在研发部门从事IC设计工作，合同期限自2006年至2009年。原告还与陈某、赵某签订了保密合同，约定其对原告的相关技术信息和经营信息负有保密义务。后陈某至锐能微公司担任总经理，赵某亦至锐能微公司任职。

上海市第一中级人民法院经审理后认为：1.钜泉公司对涉案集成电路布图设计享有专有权，即享有复制权和投入商业利用的权利。2.经技术比对鉴定，锐能微公司RN8209、RN8209G芯片的布图设计与钜泉公司ATT7021AU芯片的布图设计中的"数字地轨与模拟地轨衔接的布图"和"模拟数字转换电路的布图中第二区段独立升压器电路的布图"相同。3.由于钜泉公司的布图设计是其在受让案外人电能计量芯片专有技术基础上进一步研发而完成创作，故该布图设计包含了其智力劳动成果。且锐能微公司用于常规设计抗辩的证据均尚不足以证明原告"数字地轨和模拟地轨的衔接布图"和"独立升压器电路的布图”属于公认的常规设计。故钜泉公司ATT7021AU芯片中“数字地轨和模拟地轨的衔接布图”和“独立升压器电路的布图”不属于常规设计，具有独创性。4. 两被告制造、销售的RN8209、RN8209G芯片中包含了原告享有布图设计专有权的“数字地轨和模拟地轨的衔接布图”和“独立升压器电路的布图”，且锐能微公司的个别员工原先在原告处从事研发等工作，有接触原告集成电路布图设计的可能和机会，因此，被告锐能微公司未经原告许可，复制原告ATT7021AU芯片中具有独创性的“数字地轨和模拟地轨的衔接布图”和“独立升压器电路布图”用于制造RN8209、RN8209G芯片并进行销售，其行为侵犯了原告ATT7021AU布图设计专有权，依法应承担停止侵权、赔偿损失等民事责任。雅创公司销售的涉案芯片系锐能微公司制造，在钜泉公司未能举证两者系共同侵权的前提下，雅创公司不知道也没有合理理由应当知道涉案芯片中含有非法复制的布图设计，故其行为不应视为侵权。判决：一、被告锐能微公司立即停止侵害原告钜泉公司享有的ATT7021AU（登记号为BS.08500145.7）集成电路布图设计专有权；二、被告锐能微公司于判决生效之日起十日内赔偿原告钜泉公司经济损失以及为制止侵权行为所支付的合理开支共计320万元；三、驳回原告钜泉公司的其余诉讼请求。钜泉公司、锐能微公司均不服原审判决，向上海市高级人民法院提起上诉。上海市高级人民法院经审理认为，原审判决认定事实清楚，适用法律正确，遂判决驳回上诉，维持原判。

【案　　号】（2014）沪高民三（知）终字第12号

【审理法院】上海市高级人民法院

【来　　源】2014年中国法院10大知识产权案件

第五条　本条例对布图设计的保护，不延及思想、处理过程、操作方法或者数学概念等。

关联规定

部门规章及规范性文件

1.《集成电路布图设计保护条例实施细则》

第十九条　申请的驳回

除本细则第十八条第二款另有规定的外，申请登记的布图设计有下列各项之一的，国家知识产权局应当作出驳回决定，写明所依据的理由：

（一）明显不符合条例第二条第（一）、（二）项规定的；

（二）明显不符合条例第五条规定的。

2.《集成电路布图设计审查与执法指南（试行）》

第一部分　登记审查

9.3　予以驳回

对于不符合下列要求之一的，应发出驳回决定，指出存在的缺陷及救济途径：

（1）根据《细则》第十八条第二款的规定，申请材料补正后仍不符合要求。

（2）布图设计申请明显不符合《条例》第二条第（一）项、第（二）项的规定。

（3）布图设计申请延及思想、处理过程、操作方法或者数学概念等，明显不符合《条例》第五条的规定。

驳回决定的内容包括：事实、理由、依据及救济途径。

第二部分　复审与撤销

第4章　撤销审查标准

1.5　不保护的范畴

根据《条例》第五条的规定，布图设计专有权保护的客体是布图设计三维配置的具体表达，不延及思想、处理过程、操作方法或者数学概念等。即布图设计专有权保护的客体应是为制作半导体集成电路而设计的三维配置，而不涉及集成电路的设计思想。

条文释义

一、本条主旨

本条是关于集成电路布图设计专有权保护范围的限制性规定。

二、条文解读

本条明确了对集成电路布图设计专有权的保护不延及思想、处理过程、操作方法或者数学概念等的保护原则，在《集成电路布图设计保护条例》第4条第1款“受保护的布图设计应当具有独创性，即该布图设计是创作者自己的智力劳动成果，并且在其创作时该布图设计在布图设计创作者和集成电路制造者中不是公认的常规设计”的基础上，对布图设计专有权的效力范围作出限制性规定。

本条规定实质上借鉴了著作权制度中的“思想表达二分法”原则，成为布图设计专有权保护的基本原则。之所以借鉴“思想表达二分法”原则：一是因为布图设计在外在形式上表现为一系列的图形，其本身就具有与著作权法意义上的“作品”相似的特质和属性；二是因为要充分发挥智力成果这项无形财产的作用使其价值得以充分体现，促进科学技术的发展，就必须对该项权利加以一定限制，而不能任由其无限延伸。也就是说，思想或者概念一旦表达出来，就不能据为己有，也难以据为己有，但对同样的思想或者概念，可以有不同的表达形式，甚至可能是无限种的表达形式，对于具有独创性的表达形式，则可以依法受到保护。因此，需要在社会公共利益与创造者个人利益之间寻求平衡，而本条规定所确立的保护原则就是在社会公共利益与布图设计创作者个体利益之间找到一个平衡点。

第七条 布图设计权利人享有下列专有权：

（一）对受保护的布图设计的全部或者其中任何具有独创性的部分进行复制；

（二）将受保护的布图设计、含有该布图设计的集成电路或者含有该集成电路的物品投入商业利用。

关联规定

一、国际条约

1.《关于集成电路的知识产权条约》

第6条 保护范围

（一）需要权利持有人许可的行为

（A）任何缔约方应认为未经权利持有人许可而进行的下列行为是非法的：

（1）复制受保护的布图设计（拓扑图）的全部或其任何部分，无论是否将其结合到集成电路中，但复制不符合第三条（二）款所述独创性要求的任何部分布图设计除外。

（2）为商业目的进口、销售或者以其他方式供销受保护的布图设计（拓扑图）或者其中含有受保护的布图设计（拓扑图）的集成电路。

2.《与贸易有关的知识产权协定》

第36条 保护范围

在遵守第37条第1款规定的前提下，如从事下列行为未经权利持有人授权，则应视为非法：为商业目的进口、销售或分销受保护的布图设计、含有受保护的布图设计的集成电路、或含有此种集成电路的物品，只要该集成电路仍然包含非法复制的布图设计。

二、法律、行政法规、司法解释

《集成电路布图设计保护条例》

第三十条 除本条例另有规定的外，未经布图设计权利人许可，有下列行为之一的，行为人必须立即停止侵权行为，并承担赔偿责任：

（一）复制受保护的布图设计的全部或者其中任何具有独创性的部分的；

（二）为商业目的进口、销售或者以其他方式提供受保护的布图设计、含有该布图设计的集成电路或者含有该集成电路的物品的。

侵犯布图设计专有权的赔偿数额，为侵权人所获得的利益或者被侵权人所受到的损失，包括被侵权人为制止侵权行为所支付的合理开支。

第三十三条 在获得含有受保护的布图设计的集成电路或者含有该集成电路的物品时，不知道也没有合理理由应当知道其中含有非法复制的布图设计，而将其投入商业利用的，不视为侵权。

前款行为人得到其中含有非法复制的布图设计的明确通知后，可以继续将现有的存货或者此前的订货投入商业利用，但应当向布图设计权利人支付合理的报酬。

三、部门规章及规范性文件

《集成电路布图设计保护条例实施细则》

第二十条 布图设计专有权的生效

布图设计登记申请经初步审查没有发现驳回理由的，国家知识产权局应当颁发布图设计登记证书，并在国家知识产权局互联网站和中国知识产权报上予以公告。布图设计专有权自申请日起生效。

条文释义

一、本条主旨

本条是关于集成电路布图设计专有权内容的规定。

二、条文解读

各国和地区在集成电路布图设计保护上都采用了设权方式，我国立法也对布图设计专有权内容作出明确规定。根据本条规定，布图设计权利人享有以下两项权利：（1）对受保护的布图设计的全部或者其中任何具有独创性的部分进行复制的专有权；（2）将受保护的布图设计、含有该布图设计的集成电路或者含有该集成电路的物品投入商业利用的专有权。这一规定同《与贸易有关的知识产权协定》相比，权利内容基本相同。

布图设计权的内容包含复制权和商业利用权。复制权，是指权利人对布图设计或者含有该布图设计的集成电路重复制作一份或多份的权利；商业利用权，是指权利人为商业目的进口、销售或者以其他方式提供受保护的布图设计、含有该布图设计的集成电路或者含有该集成电路的物品的权利。

适用指引

一、独创性部分的理解

（一）独创性部分的确定

布图设计的独创性主要有两种情况：一种是布图设计的一个或多个部分具有独创性；另一种是布图设计虽然由公认的常规设计组合而成，但其组合而成的整体具有独创性。布图设计中可以有一个或多个独创性部分，布图设计整体也可以具有独创性。布图设计专有权的受保护部分仅为其具有独创性的部分，非独创性的部分不予保护。如果一项布图设计是由常规设计组合而成，在判断其是否具有独创性时应将其作为一个整体分析判断。“具有独创性的部分”的判断客体应为相对独立的三维配置。具体来说，相对独立的三维配置在整个布图设计中应有相对独立的电子功能，且相对于其他部分应具有相对清晰、可以划分的边界。个别元件一般不能成为“具有独创性的部分”的判断客体。

（二）独创性部分的判断

根据《集成电路布图设计保护条例》第2条第2项、第5条的规定，将布图设计中不受保护的思想、处理过程、操作方法、数学概念等内容剥离出来，并且排除集成电路布图设计中的唯一表达，仅留下的布图设计可能具有独创性表达。将剥离分析后的布图设计与现有布图设计进行分析比对，如果该布图设计与现有布图设计相同，创作者存在接触他人现有布图设计的可能性，同时又不能提交证据证明该布图设计是其独立创作，那么应认定该布图设计不具有独创性。如果剥离分析后的布图设计被公认的常规设计所披露，则需要进一步从布图设计的整体确定其是否具有独创性。在集成电路布图设计侵权案件中，应当由原告对其主张保护的布图设计具有独创性承担举证责任，原告完成独创性的初步证明责任后，即原告证明或合理说明其主张保护的布图设计不属于常规设计后，若被告反驳该布图设计不具有独创性，应由被告提供相应证据。

二、商业利用的理解

商业利用，是指为商业目的进口、销售或者以其他方式提供受保护的布图设计、含有该布图设计的集成电路或者含有该集成电路的物品的行为。他人未经布图设计专有权人的许可，不得实施上述商业利用行为，否则就构成对布图设计专有权侵犯，应承担相应的法律责任。

需要注意的是，创作者创作了具有独创性的布图设计，通过向国家知识产权行政部门登记获得专有权保护后，并不排斥其他民事主体通过独立创作的方式创作出与其完全相同的布图设计。《集成电路布图设计保护条例》第 23 条第 3 项规定，对自己独立创作的与他人相同的布图设计进行复制或者将其投入商业利用的，不需要经布图设计专有权人许可，也不需要向其支付报酬。由于布图设计专有权并不排斥保护两个以上各自独立创作取得但内容非常相近甚至完全相同的具有独创性的集成电路布图设计，因此，如果被诉侵权人能够证明被诉侵权产品所采用的布图设计是其独立创作的，那么即使与权利人获得专有权的布图设计完全相同，也不视为侵权。

司法实践中，考虑被诉侵权人是否独立创作布图设计，是判断侵权行为是否成立的前提和关键。这就需要法官结合具体案情以及相关证据，综合考虑被诉侵权人能够接触到权利人布图设计的可能性、被诉侵权设计与他人享有专有权的布图设计的相似性程度等。如果被诉侵权人存在接触他人现有布图设计的可能性，其又不能提交证据证明该布图设计是独立创作的，那么应认定侵权行为成立。

类案检索

钜泉光电科技（上海）股份有限公司与深圳市锐能微科技有限公司、上海雅创电子零件有限公司侵害集成电路布图设计专有权纠纷案

关键词：集成电路布图设计　专有权　独创性

裁判摘要：未经权利人许可，复制权利人受保护的布图设计的任何具有独创性的部分，不论其在整个布图设计中的大小或者所起的作用，均构成侵权。

基本案情：2008 年 3 月 1 日，钜泉公司完成了名称为“ATT7021AU”的布图设计创作，同年进行布图设计登记。该集成电路布图设计登记的图样共有 16 层，登记文件中的“ATT7021AU 集成电路布图设计结构、技术、功能简要说明”记载：1. 达成业界相同芯片（单相电能计量）功能 / 性能最优化面积的版图设计诉求；2. 数模混合高抗干扰 / 高静电保护芯片版图设计；3. 采用电路设计技术和金属层、扩散层、信号流合理布局等版图技术实现灵敏信号噪声屏蔽，大小信号干扰隔离。一审过程中，国家知识产权局专利复审委员会经审查，未发现钜泉公司涉案布图设计专有权存在不符合《集成电路布图设计保护条例》规定可以被撤销的缺陷，故终止了锐能微公司提出的撤销程序。北京紫图知识产权司法鉴定中心（以下简称紫图鉴定中心）接受一审法院委托进行司法鉴定。紫图鉴定中心委托北京芯愿景软件技术有限公司对 RN8209G 芯片和 RN8209 芯片分别进行剖析，经比对，两个芯片的剖析报告相同。钜泉公司主张其 ATT7021AU 集成电路布图设计中具有独创性的共有十个部分。紫图鉴定中心出具的意见鉴定结论为：1.RN8209、RN8209G 与原告主张的独创点 5（数字地轨与模拟地轨衔接的布图）相同；2.RN8209、RN8209G 与原告主张的独创点 7（模拟数字转换电路的布图）中第二区段独立升压器电路的布图相同；3. 依据现有证据应认定上述 1、2 点具有独创性，不是常规设计。

2003 年 3 月 21 日，珠海炬力集成电路设计有限公司（以下简称炬力公司）与杨某签订劳动合同，杨某的工作岗位是炬力公司研发设计部工程师，双方劳动关系于 2007 年 3 月 31 日终止。后杨某到被告锐能微公司担任技术顾问。2006 年 5 月，原告与炬力公司签订技术转让合同及补充协议，约定炬力公司将电能计量系列芯片的专有技术转让给原告，合同总价款为 1200 万元。

原告受让该专有技术后进行后续研发，并将研发完成的布图设计到国家知识产权局申请登记，即涉案ATT7021AU布图设计。2006年，原告分别与陈某、赵某签订劳动合同，原告聘用陈某为销售经理，聘用赵某在研发部门从事IC设计工作，合同期限自2006年至2009年。原告还与陈某、赵某签订了保密合同，约定其对原告的相关技术信息和经营信息负有保密义务。后陈某至锐能微公司担任总经理，赵某亦至锐能微公司任职。

上海市第一中级人民法院经审理后认为：1.钜泉公司对涉案集成电路布图设计享有专有权，即享有复制权和投入商业利用的权利。2.经技术比对鉴定，锐能微公司RN8209、RN8209G芯片的布图设计与钜泉公司ATT7021AU芯片的布图设计中的“数字地轨与模拟地轨衔接的布图”和“模拟数字转换电路的布图中第二区段独立升压器电路的布图”相同。3.由于钜泉公司的布图设计是其在受让案外人电能计量芯片专有技术基础上进一步研发而完成创作，故该布图设计包含了其智力劳动成果。且锐能微公司用于常规设计抗辩的证据均尚不足以证明原告“数字地轨和模拟地轨的衔接布图”和“独立升压器电路的布图”属于公认的常规设计。故钜泉公司ATT7021AU芯片中“数字地轨和模拟地轨的衔接布图”和“独立升压器电路的布图”不属于常规设计，具有独创性。4.两被告制造、销售的RN8209、RN8209G芯片中包含了原告享有布图设计专有权的“数字地轨和模拟地轨的衔接布图”和“独立升压器电路的布图”，且锐能微公司的个别员工原先在原告处从事研发等工作，有接触原告集成电路布图设计的可能和机会，因此，被告锐能微公司未经原告许可，复制原告ATT7021AU芯片中具有独创性的“数字地轨和模拟地轨的衔接布图”和“独立升压器电路布图”用于制造RN8209、RN8209G芯片并进行销售，其行为侵犯了原告ATT7021AU布图设计专有权，依法应承担停止侵权、赔偿损失等民事责任。雅创公司销售的涉案芯片系锐能微公司制造，在钜泉公司未能举证两者系共同侵权的前提下，雅创公司不知道也没有合理理由应当知道涉案芯片中含有非法复制的布图设计，故其行为不应视为侵权。判决：一、被告锐能微公司立即停止侵害原告钜泉公司享有的ATT7021AU（登记号为BS.08500145.7）集成电路布图设计专有权；二、被告锐能微公司于判决生效之日起十日内赔偿原告钜泉公司经济损失以及为制止侵权行为所支付的合理开支共计320万元；三、驳回原告钜泉公司的其余诉讼请求。钜泉公司、锐能微公司均不服原审判决，向上海市高级人民法院提起上诉。上海市高级人民法院经审理认为，原审判决认定事实清楚，适用法律正确，遂判决驳回上诉，维持原判。

【案　　号】（2014）沪高民三（知）终字第12号

【审理法院】上海市高级人民法院

【来　　源】2014年中国法院十大知识产权案件

第八条　布图设计专有权经国务院知识产权行政部门登记产生。未经登记的布图设计不受本条例保护。

关联规定

一、国际条约

《关于集成电路的知识产权条约》

第7条　实施、登记、公开

（1）要求实施的权能

在布图设计（拓扑图）在世界某地已单独地或作为某集成电路的组成部分进入普通商业实施以前，任何缔约方均有不保护该布图设计（拓扑图）的自由。

（2）要求登记的权能：公开

（A）布图设计（拓扑图）成为以正当方式向主管机关提出登记申请的内容或者登记的内容以前，任何缔约方均有不保护该布图设计（拓扑图）的自由。对于登记申请，可以要求其附具该布图设计的副本或图样，当该集成电路已商业实施时，可以要求其提交该集成电路的样品并附具确定该集成电路旨在执行的电子功能的定义材料；但是，申请人在其提交的材料足以确认该布图设计（拓扑图）时，可免交副本或图样中与该集成电路的制造方式有关的部分。

（B）需按本款（A）项提交申请的，任何缔约方均可要求该申请在自权利持有人在世界任何地方首次商业实施集成电路的布图设计（拓扑图）之日起一定期限内提出。此期限不应少于自该日期起两年。

（C）可以规定按本款（A）项进行登记应支付费用。

二、法律、行政法规、司法解释

《集成电路布图设计保护条例》

第十七条　布图设计自其在世界任何地方首次商业利用之日起2年内，未向国务院知识产权行政部门提出登记申请的，国务院知识产权行政部门不再予以登记。

三、部门规章及规范性文件

1.《集成电路布图设计保护条例实施细则》

第二条 登记机构

条例所称的国务院知识产权行政部门是指国家知识产权局。

第二十条 布图设计专有权的生效

布图设计登记申请经初步审查没有发现驳回理由的，国家知识产权局应当颁发布图设计登记证书，并在国家知识产权局互联网站和中国知识产权报上予以公告。布图设计专有权自申请日起生效。

第二十一条 登记证书

国家知识产权局颁发的布图设计登记证书应当包括下列各项：

（一）布图设计权利人的姓名或者名称和地址；

（二）布图设计的名称；

（三）布图设计在申请日之前已经投入商业利用的，其首次商业利用的时间；

（四）布图设计的申请日及创作完成日；

（五）布图设计的颁证日期；

（六）布图设计的登记号；

（七）国家知识产权局的印章及负责人签字。

2.《集成电路布图设计审查与执法指南（试行）》

第一部分 登记审查

9.1 准予登记

根据《条例》第十八条的规定，布图设计登记申请经初步审查未发现驳回理由的，予以登记。审查合格后应发出缴费通知书，申请人应在收到受理通知书后 2 个月内缴纳布图设计登记费。布图设计申请登记审查合格，且申请人在期限内缴足登记费及印花税的，布图设计专有权自申请日起生效。

条文释义

一、本条主旨

本条是关于登记获得集成电路布图设计专有权的规定。

二、条文演变

1989年5月26日签订的《关于集成电路的知识产权条约》，原则规定签约方必须为集成电路布图设计提供法律保护，至于是通过《著作权法》《专利法》《反不正当竞争法》还是其他法律进行保护，该条约允许签约方进行选择。该条约第7条规定，布图设计成为以正当方式向主管机关提出登记申请的内容或者登记的内容以前，任何缔约方均有不保护该布图设计的自由。我国于1990年5月1日签署了该条约，2001年国务院颁布实施了《集成电路布图设计保护条例》，同年国家知识产权局颁布实施了《集成电路布图设计保护条例实施细则》，规定集成电路布图设计专有权经国家知识产权局登记产生。

三、条文解读

本条规定了获得集成电路布图设计专有权的程序要件。

（一）集成电路布图设计的保护模式

在可以选择的法律保护模式中，《著作权法》《专利法》《反不正当竞争法》也可以用来保护集成电路布图设计。但是，《著作权法》原则上只能保护集成电路布图设计的平面图或者立体图，不足以为集成电路布图设计者提供足够的激励。《专利法》是保护力度最强的知识产权法之一，利用《专利法》来保护集成电路布图设计的技术思想，对设计者保护虽然到位，但不利于集成电路布图设计领域中的竞争，因此，也不尽适合用来保护集成电路布图设计。《反不正当竞争法》规制的是不正当竞争行为，不能为集成电路布图设计者设定具有特定内容的专有财产权，也不能给集成电路布图设计者提供足够的激励，因此也不是很适合用来保护集成电路布图设计。由此可见，相对而言，保护集成电路布图设计适宜采用一种独特的专有权保护模式。

（二）获得集成电路布图设计专有权的程序要件

集成电路布图设计要获得专有权，必须向国务院知识产权行政部门即国务院知识产权行政部门申请登记。未经登记的集成电路布图设计不受《集成电路布图设计保护条例》的保护，即不享有布图设计专有权。

但是，如果任何时候都可以申请进行登记的话，必然可能剥夺第三人进行正当模仿的自由，不利于集成电路布图设计领域的竞争，不利于鼓励布图设计创新。为此，《集成布图设计保护条例》对申请登记的时间进行了限制，第 17 规定，布图设计自其在世界任何地方首次商业利用之日起 2 年内，未向国务院知识产权行政部门提出登记申请的，国务院知识产权行政部门不再予以登记。也就是说，在这种情况下，集成电路布图设计创作者不能再获得专有权。

适用指引

一、登记申请

要获得集成电路布图设计的专有权，必须依法向国务院知识产权行政部门提出登记申请。提出登记申请，应当提交：（1）布图设计登记申请表；（2）布图设计的复制件或者图样；（3）布图设计已投入商业利用的，提交含有该布图设计的集成电路样品；（4）国务院知识产权行政部门规定的其他材料。集成电路布图设计在申请日之前没有投入商业利用的，该登记申请可以有保密信息，其比例最多不得超过该集成电路布图设计总面积的 50%。含有保密信息的图层的复制件或者图样页码编号及总页数应当与集成电路布图设计登记申请表中所填写的一致。集成电路布图设计登记申请有保密信息的，含有该保密信息的图层的复制件或者图样纸件应当置于另一个保密文档袋中提交。除侵权诉讼或者行政处理程序需要外，任何人不得查阅或者复制该保密信息。

二、登记申请审查

集成电路布图设计登记申请经初步审查，未发现驳回理由的，由国务院知识产权行政部门予以登记，发给登记证明文件，并予以公告。布图设计专有权自申请日起生效。经初步审查，申请登记的集成电路布图设计有下列情形之一的，国务院知识产权行政部门应当作出驳回决定，并写明所依据的理由：（1）登记申请的对象明显不属于集成电路或者集成电路布图设计的；（2）登记申请的对象明显属于集成电路布图设计思想、处理过程、操作方法或者数学概念的。除上述规定外，申请文件不符合规定的条件的，申请人应当在收到国务院知识产权行政部门的审查意见通知之日起2个月内进行补正。补正应当按照审查意见通知书的要求进行。逾期未答复的，该申请视为撤回。申请人按照国务院知识产权行政部门的审查意见补正后，申请文件仍不符合规定的，国务院知识产权行政部门应当作出驳回决定。

三、登记申请中的救济

集成电路布图设计登记申请人对国务院知识产权行政部门驳回其登记申请的决定不服的，可以自收到通知之日起3个月内，向国务院知识产权行政部门请求复审。国务院知识产权行政部门作出复审决定后，登记申请人仍不服的，可以自收到通知之日起3个月内向人民法院起诉。集成电路布图设计获准登记后，国务院知识产权行政部门发现该登记不符合《集成电路布图设计保护条例》规定的，应当予以撤销，通知集成电路布图设计权利人。集成电路布图设计权利人对国务院知识产权行政部门撤销决定不服的，可以自收到通知之日起3个月内向人民法院起诉。集成电路布图设计权利人收到国务院知识产权行政部门送达的撤销决定之日起3个月内未向人民法院起诉，或者在人民法院维持国务院知识产权行政部门撤销决定的判决生效后，国务院知识产权行政部门应将撤销决定在国务院知识产权行政部门网站和《中国知识产权报》上公告。被撤销的集成电路布图设计专有权视为自始即不存在。

典型案例

苏州赛芯电子科技有限公司与深圳裕昇科技有限公司、户某某、黄某东、黄某亮侵害集成电路布图设计专有权纠纷案

关键词：集成电路布图设计专有权　保护范围

裁判摘要：在布图设计登记时，向登记部门提交的材料中包含布图设计内容的有：复制件或者图样的纸件、复制件或者图样的电子版本、样品。其中，

复制件或者图样的纸件是必须提交的；样品在布图设计已经投入商业利用的情况下提交；复制件或者图样的电子版本是基于自愿提交的，还特别要求电子文档应当包含该布图设计的全部信息，并注明文件的数据格式。可见，复制件或图样的纸件是获得登记必须提交的文件。在确定布图设计的保护范围时，一般应根据复制件或图样的纸件进行。在样品与复制件或图样的纸件具有一致性的前提下，可以采用样品剖片，通过技术手段精确还原出芯片样品包含的布图设计的详细信息，提取其中的三维配置信息，确定纸件中无法识别的布图设计细节，用以确定布图设计的内容。

不同于《专利法》对发明创造采取公开换保护的制度设计，《集成电路布图设计保护》对布图设计的保护并不以权利人公开布图设计为条件。登记公告后，公众可以请求查阅的是纸件，对于已经投入商业利用的布图设计纸件中涉及的保密信息，除侵权诉讼或行政处理程序的需要，不得查阅或复制；对于电子版本，同样除侵权诉讼或行政处理程序需要外，任何人不得查阅或复制。从上述规定内容可以看出，无论在登记过程中还是登记公告后，对含有布图设计全部信息的电子版本和已投入商业利用的布图设计纸件中的保密信息均没有对公众无条件全部公开的要求。布图设计的登记是确定保护对象的过程，是获得布图设计专有权的条件，而不是公开布图设计内容的过程，也不是以公开布图设计为对价而获得专有权保护。

基本案情： 涉案布图设计权利人为赛芯公司，布图设计名称为集成控制器与开关管的单芯片负极保护的锂电池保护芯片。经赛芯公司申请，原审广东省深圳市中级人民法院于2017年9月7日委托北京紫图知识产权司法鉴定中心（以下简称紫图中心），对被诉的JA5088集成电路产品的布图设计与赛芯公司BS.12500520.2集成电路布图设计是否相同或实质相同进行鉴定。紫图中心得出如下鉴定意见：检测JA5088集成电路产品中的布图设计与赛芯公司BS.12500520.2集成电路布图设计中主张的独创点5对应的布图设计相同，独创点1、2、3、4、6对应的布图设计实质相同。赛芯公司BS.12500520.2集成电路布图设计中主张的独创点1、2、3、4、5、6对应的布图设计具有独创性。原审法院认为，赛芯公司先后提交了多份关于其请求保护的涉案布图设计的独创点的说明和分析意见，对其请求保护的独创点内容进行了固定。在赛芯公司已经充分披露和说明其独创点的依据后，裕昇公司等对六个独创点提出质疑时，亦应履行相应的举证责任以支持其抗辩主张。裕昇公司等在诉讼期间以费用负担为由，放弃对其主张的证据4-7项下的相关文献所指向的布图设计申请鉴定，导致相关的布图设计未能进入鉴定范围之内，应自行承担相应的不利法律后果。涉案《司法鉴定意见书》在现有证据之下，作出赛芯公司主张的涉案六个独创点具有独创性的鉴定意见，并未失当，原审法院予以采纳。关于被诉侵权行为的性质问题，被诉侵权的集成电路产品的外包装上有“ACIC”的标识，而该标识指向准芯微公司，准芯微公司除了实施涉案公证书所载明的销售行为之外，还实施了复制行为。在被诉侵权行为发生之时，户某某同时系裕昇公司与准芯微公司的法定代表人和股东，同时实际控制了该两公司，且裕昇公司还就准芯微公司直接实施的销售行为代开了发票。因此，赛芯公司指控裕昇公司与准芯微公司构成共同侵权。原审法院判决：一、裕昇公司在判决生效之日起十日内赔偿赛芯公司经济损失50万元。二、户某某、黄建某、黄赛某对上述赔偿金额承担连带责任。三、驳回赛芯公司其余诉讼请求。深圳裕昇科技有限公司、户某某、黄建某、黄赛某上诉后，二审驳回上诉、维持原判。

【案　　号】（2019）最高法知民终490号

【审理法院】最高人民法院

【来　　源】2020年中国法院10大知识产权案件

第九条　布图设计专有权属于布图设计创作者，本条例另有规定的除外。

由法人或者其他组织主持，依据法人或者其他组织的意志而创作，并由法人或者其他组织承担责任的布图设计，该法人或者其他组织是创作者。

由自然人创作的布图设计，该自然人是创作者。

关联规定

法律、行政法规、司法解释

《中华人民共和国民法典》

第一百二十三条　民事主体依法享有知识产权。

知识产权是权利人依法就下列客体享有的专有的权利：

（一）作品；

（二）发明、实用新型、外观设计；

（三）商标；

（四）地理标志；

（五）商业秘密；

（六）集成电路布图设计；

（七）植物新品种；

（八）法律规定的其他客体。

条文释义

一、本条主旨

本条是关于布图设计专有权权属及如何认定创作者的规定。

二、条文演变

该条文自颁布后无修改。

三、条文解读

本条规定了集成电路布图设计专有权人为创作者。自然人创作的集成电路布图设计，创作者为该自然人。集成电路布图设计属于由法人或其他组织主持、反映其意志并由其承担责任的，创作者为法人或者其他组织。

集成电路布图设计专有权与著作权存在类似之处。本条在确定布图设计专有权归属时，借鉴了《著作权法》关于法人作品的权属规定。根据2020年修正的《著作权法》第11条的规定，著作权属于作者，创作作品的自然人是作者；由法人或者非法人组织主持，代表法人或者非法人组织意志创作，并由法人或者非法人组织承担责任的作品，法人或者非法人组织视为作者。

适用指引

理解本条法人或者其他组织为创作者的意旨，关键在于正确把握“主持”“意志”“责任”的概念。所谓“由法人或者其他组织主持”，虽然实际完成布图设计的必然是自然人，但是很多情况下自然人与法人或其他组织之间存在劳动关系或劳务关系等，布图设计工作是在法人或其他组织的组织、指挥之下完成，实际完成布图设计的自然人或是完成工作任务，或是履行合同义务。所谓“依据法人或者其他组织的意志而创作”，法人或者其他组织作为法律上的主体，可以有其意志，可实施法律行为，如公司董事会决议要开展某项业务、开展某项工程等，依据其意志而创作，意味着实际从事布图设计的自然人虽有其个人的主观能动性，但其与工作相关的个人意志受法人或其他组织的指挥、控制。所谓“由法人或者其他组织承担责任”，实际从事布图设计的自然人的工作相关意志受法人或其他组织指挥、控制，完成法人或其他组织的工作任务或履行合同义务，其成果利益由法人或其他组织享有，有权利必有其义务，法律上可能承担之责任亦由法人或其他组织承担，在此种权利义务架构之下，将法人或其他组织视为创作者，自然有其合理性。

值得注意的是，根据意思自治原则，应当尊重当事人之间的约定，以约定优先。例如，雇主与雇员以某种形式约定布图设计的权属，只要该约定本身不能依据《民法典》相关规定被认定为无效或者可撤销，就应当从其约定判定权利归属。

第十条　两个以上自然人、法人或者其他组织合作创作的布图设计，其专有权的归属由合作者约定；未作约定或者约定不明的，其专有权由合作者共同享有。

关联规定

一、法律、行政法规、司法解释

1.《中华人民共和国民法典》

第八百六十条　合作开发完成的发明创造，申请专利的权利属于合作开发的当事人共有；当事人一方转让其共有的专利申请权的，其他各方享有以同等条件优先受让的权利。但是，当事人另有约定的除外。

合作开发的当事人一方声明放弃其共有的专利申请权的，除当事人另有约定外，可以由另一方单独申请或者由其他各方共同申请。申请人取得专利权的，放弃专利申请权的一方可以免费实施该专利。

合作开发的当事人一方不同意申请专利的，另一方或者其他各方不得申请专利。

第八百六十一条　委托开发或者合作开发完成的技术秘密成果的使用权、转让权以及收益的分配办法，由当事人约定；没有约定或者约定不明确，依据本法第五百一十条的规定仍不能确定的，在没有相同技术方案被授予专利权前，当事人均有使用和转让的权利。但是，委托开发的研究开发人不得在向委托人交付研究开发成果之前，将研究开发成果转让给第三人。

2.《集成电路布图设计保护条例》

第三条　中国自然人、法人或者其他组织创作的布图设计，依照本条例享有布图设计专有权。

外国人创作的布图设计首先在中国境内投入商业利用的，依照本条例享有布图设计专有权。

外国人创作的布图设计，其创作者所属国同中国签订有关布图设计保护协议或者与中国共同参加有关布图设计保护国际条约的，依照本条例享有布图设计专有权。

第九条 布图设计专有权属于布图设计创作者，本条例另有规定的除外。

由法人或者其他组织主持，依据法人或者其他组织的意志而创作，并由法人或者其他组织承担责任的布图设计，该法人或者其他组织是创作者。

由自然人创作的布图设计，该自然人是创作者。

3.《最高人民法院关于审理技术合同纠纷案件适用法律若干问题的解释》

第十九条 民法典第八百五十五条所称“分工参与研究开发工作”，包括当事人按照约定的计划和分工，共同或者分别承担设计、工艺、试验、试制等工作。

技术开发合同当事人一方仅提供资金、设备、材料等物质条件或者承担辅助协作事项，另一方进行研究开发工作的，属于委托开发合同。

第二十条 民法典第八百六十一条所称“当事人均有使用和转让的权利”，包括当事人均有不经对方同意而自己使用或者以普通使用许可的方式许可他人使用技术秘密，并独占由此所获利益的权利。当事人一方将技术秘密成果的转让权让与他人，或者以独占或者排他使用许可的方式许可他人使用技术秘密，未经对方当事人同意或者追认的，应当认定该让与或者许可行为无效。

二、部门规章及规范性文件

《集成电路布图设计保护条例实施细则》

第十条 共有

布图设计是 2 个以上单位或者个人合作创作的，创作者应当共同申请布图设计登记；有合同约定的，从其约定。

涉及共有的布图设计专有权的，每一个共同布图设计权利人在没有征得其他共同布图设计权利人同意的情况下，不得将其所持有的那一部分权利进行转让、出质或者与他人订立独占许可合同或者排他许可合同。

条文释义

一、本条主旨

本条是关于合作创作的布图设计专有权归属的规定。

二、条文解读

两个以上自然人、法人或者其他组织合作创作的布图设计，可以是法人或者其他组织之间的合作（如科研机构、高等院校和企业之间的合作），也可以是法人或者其他组织与自然人之间的合作，还可以是自然人与自然人的合作。合作的方式，可以是合作各方按照分工分别承担一项布图设计创作的不同部分或者不同阶段，合作创作的布图设计，合作各方可通过协议约定布图设计专有权的归属，以及合作各方的其他权利、义务。如果合作各方没有就合作完成的布图设计专有权的归属达成协议的，布图设计专有权应属于合作各方共有。

适用指引

关于合作创作的布图设计，当事人之间就集成电路布图设计专有权归谁所有而引发的纠纷适用本条的规定。布图设计是一种技术成果，合作创作的布图设计的权利归属和权利行使，如果《集成电路布图设计保护条例》没有特别规定，原则上可以依照《民法典》关于技术合作开发合同的规定。合作创作的布图设计，登记申请布图设计专有权的权利属于合作创作的当事人共有；当事人一方转让其共有的登记申请权的，其他各方享有以同等条件优先受让的权利。但是，当事人另有约定的除外。合作创作的当事人一方声明放弃其共有的登记申请权的，除当事人另有约定外，可以由另一方单独登记申请或者由其他各方共同登记申请。登记申请人取得布图设计专有权，放弃登记申请权的一方可以免费实施该布图设计。合作创作的当事人一方不同意登记申请布图设计专有权的，另一方或者其他各方不得申请布图设计专有权。

类案检索

南京日新科技有限公司与无锡新硅微电子有限公司集成电路布图设计专有权权属纠纷案

关键词：集成电路布图设计　合作开发　权属

裁判摘要：创作集成电路布图设计，是指根据微电子技术电路所要实现的功能和其制造工艺的要求，对电路元器件的布置和元件间的互连进行的设计，其权利客体是元器件配置和连接关系的图形化表达内容。布图设计得到专有权保护的前提是其具有独创性，即创作者自行创作，且设计内容具有一定创作高度，非公认的常规设计。布图设计本质上是通过对集成电路中元器件排列和连接进行设计，更好地实现集成电路功能和产品性能，其解决的问题和获得的效果均是技术性的，具有实用功能和技术价值，故布图设计合作创作可依照技术合作开发合同法律关系进行认定。就此，两人以上合作创作集成电路布图设计，应同时具备主观和客观构成要件，即合作双方主观具有合作创作合意，客观上实施了合作创作行为。合作创作合意应指双方关于共同创作的意思表示一致，可通过明示或默示方式作出。关于合作创作行为，《集成电路布图设计保护条例》并未就其客观标准作出明确规定，鉴于其技术属性，可参照专利法上发明人或者设计人的认定标准，布图设计的创作者应当是对集成电路布图设计独创性部分作出了实质性贡献的人，仅提供辅助工作的人不应认定为创作者。当事人主张是集成电路布图设计合作创作者的，应证明双方具有共同创作合意，且在无明确约定情况下，其应对集成电路元器件及互联线路三维配置这一设计的独创性部分作出了实质性贡献。

【案　　号】（2017）苏05民初1168号

【审理法院】江苏省苏州市中级人民法院

【来　　源】中国裁判文书网

第十一条　受委托创作的布图设计，其专有权的归属由委托人和受托人双方约定；未作约定或者约定不明的，其专有权由受托人享有。

关联规定

法律、行政法规、司法解释

1.《中华人民共和国民法典》

第八百五十五条　合作开发合同的当事人应当按照约定进行投资，包括以技术进行投资，分工参与研究开发工作，协作配合研究开发工作。

第八百五十六条　合作开发合同的当事人违反约定造成研究开发工作停滞、延误或者失败的，应当承担违约责任。

第八百五十七条　作为技术开发合同标的的技术已经由他人公开，致使技术开发合同的履行没有意义的，当事人可以解除合同。

第八百五十八条　技术开发合同履行过程中，因出现无法克服的技术困难，致使研究开发失败或者部分失败的，该风险由当事人约定；没有约定或者约定不明确，依据本法第五百一十条的规定仍不能确定的，风险由当事人合理分担。

当事人一方发现前款规定的可能致使研究开发失败或者部分失败的情形时，应当及时通知另一方并采取适当措施减少损失；没有及时通知并采取适当措施，致使损失扩大的，应当就扩大的损失承担责任。

第八百五十九条　委托开发完成的发明创造，除法律另有规定或者当事人另有约定外，申请专利的权利属于研究开发人。研究开发人取得专利权的，委托人可以依法实施该专利。

研究开发人转让专利申请权的，委托人享有以同等条件优先受让的权利。

第八百六十一条　委托开发或者合作开发完成的技术秘密成果的使用权、转让权以及收益的分配办法，由当事人约定；没有约定或者约定不明确，依据本法第五百一十条的规定仍不能确定的，在没有相同技术方案被授予专利权前，当事人均有使用和转让的权利。但是，委托开发的研究开发人不得在向委托人交付研究开发成果之前，将研究开发成果转让给第三人。

2.《最高人民法院关于审理技术合同纠纷案件适用法律若干问题的解释》

第十一条 技术合同无效或者被撤销后，技术开发合同研究开发人、技术转让合同让与人、技术许可合同许可人、技术咨询合同和技术服务合同的受托人已经履行或者部分履行了约定的义务，并且造成合同无效或者被撤销的过错在对方的，对其已履行部分应当收取的研究开发经费、技术使用费、提供咨询服务的报酬，人民法院可以认定为因对方原因导致合同无效或者被撤销给其造成的损失。

技术合同无效或者被撤销后，因履行合同所完成新的技术成果或者在他人技术成果基础上完成后续改进技术成果的权利归属和利益分享，当事人不能重新协议确定的，人民法院可以判决由完成技术成果的一方享有。

第十七条 民法典第八百五十一条第一款所称“新技术、新产品、新工艺、新品种或者新材料及其系统”，包括当事人在订立技术合同时尚未掌握的产品、工艺、材料及其系统等技术方案，但对技术上没有创新的现有产品的改型、工艺变更、材料配方调整以及对技术成果的验证、测试和使用除外。

第十八条 民法典第八百五十一条第四款规定的“当事人之间就具有实用价值的科技成果实施转化订立的”技术转化合同，是指当事人之间就具有实用价值但尚未实现工业化应用的科技成果包括阶段性技术成果，以实现该科技成果工业化应用为目标，约定后续试验、开发和应用等内容的合同。

第十九条 民法典第八百五十五条所称“分工参与研究开发工作”，包括当事人按照约定的计划和分工，共同或者分别承担设计、工艺、试验、试制等工作。

技术开发合同当事人一方仅提供资金、设备、材料等物质条件或者承担辅助协作事项，另一方进行研究开发工作的，属于委托开发合同。

条文释义

一、本条主旨

本条是关于接受委托创作的布图设计专有权归属的规定。

二、条文解读

本条对受委托创作的布图设计专有权的归属进行了规定。我国《集成电路布图设计条例》与《专利法》一致，均侧重保护实际完成发明创造一方的利益，规定接受委托创作的布图设计，除当事人有约定外，取得的布图设计专有权归于完成布图设计创作的一方，即归属于受托方。当然，委托方和受托方以协议规定布图设计专有权归属于委托方或者由双方共有的，应按照协议的约定执行。

适用指引

关于受委托创作的布图设计，当事人之间就集成电路布图设计专有权归谁所有而引发的纠纷适用本条的规定。委托创作布图设计的委托合同关系中，其创作成果是属于技术成果的布图设计，故委托创作布图设计的委托合同与技术委托开发合同类似，在法律没有特别规定的情况下，原则上可以依照《民法典》关于委托开发技术合同的规定。受委托创作完成的布图设计，除法律另有规定或者当事人另有约定外，登记申请布图设计专有权的权利属于布图设计创作人。布图设计创作人取得布图设计专有权，委托人可以依法实施该布图设计。布图设计创作人转让登记申请权的，委托人享有以同等条件优先受让的权利。

第十二条　布图设计专有权的保护期为10年，自布图设计登记申请之日或者在世界任何地方首次投入商业利用之日起计算，以较前日期为准。但是，无论是否登记或者投入商业利用，布图设计自创作完成之日起15年后，不再受本条例保护。

关联规定

一、国际条约

1.《关于集成电路的知识产权条约》

第8条　保护期限至少应为八年。

2.《与贸易有关的知识产权协定》

第38条　保护期限

一、在要求将注册作为保护条件的成员中，布图设计的保护期限不得在自提交注册申请之日起或自世界任何地方首次进行商业利用之日起计算十年期限期满前终止。

二、在不要求将注册作为保护条件的成员中，布图设计的保护期限不得少于自世界任何地方首次进行商业利用之日起计算的十年。

三、尽管有第一款和第二款的规定，任何一成员仍可规定保护应在布图设计创作十五年后终止。

二、部门规章及规范性文件

1.《集成电路布图设计保护条例实施细则》

第五条　申请文件和申请日的确定

向国家知识产权局申请布图设计登记的，应当提交布图设计登记申请表和该布图设计的复制件或者图样；布图设计在申请日以前已投入商业利用的，还应当提交含有该布图设计的集成电路样品。

国家知识产权局收到前款所述布图设计申请文件之日为申请日。如果申请文件是邮寄的，以寄出的邮戳日为申请日。

第八条 期限的计算

条例和本细则规定的各种期限的第一日不计算在期限内。期限以年或者月计算的，以其最后一月的相应日为期限届满日；该月无相应日的，以该月最后一日为期限届满日。

限届满日是法定节假日的，以节假日后的第一个工作日为期限届满日。

第二十条 布图设计专有权的生效

布图设计登记申请经初步审查没有发现驳回理由的，国家知识产权局应当颁发布图设计登记证书，并在国家知识产权局互联网站和中国知识产权报上予以公告。布图设计专有权自申请日起生效。

2.《集成电路布图设计审查与执法指南(试行)》

第一部分 登记审查

2.3.2 确定申请日

国家知识产权局根据《细则》第十七条的规定对收到的布图设计申请文件进行审查。未发现《细则》第十七条规定的情形的，应当作出受理决定，确定该申请的申请日，给予申请号。

2.3.2.1 书面申请的申请日

通过面交方式提交的申请，以面交日为申请日。通过邮局邮寄方式提交的申请，以信封上寄出的邮戳日为申请日；邮戳不清无法辨认的，以国家知识产权局受理处收到日为申请日。通过快递方式提交的申请，以国家知识产权局受理处收到日为申请日。

2.3.2.2 电子申请的申请日

以完整收到符合受理条件的申请文件之日为申请日。

3.1.4 布图设计创作完成日期

登记申请表中必须填写布图设计的创作完成日期，且所填写的创作完成日期必须在申请日之前。对于布图设计创作完成日期填写有误的，应发出补正通知书，指出存在的缺陷。

3.1.5 首次商业利用时间

(1)布图设计已经投入商业利用的或者明确将要投入商业利用的，登记表中应当填写首次商业利用时间。对于未在登记表中填写首次商业利用时间的，应视为未投入商业利用。

（2）在登记表中填写的投入商业利用时间在申请日之前的，还应在提交申请材料的同时提供4个集成电路样品。布图设计只是确定将要投入商业利用的，且登记表中填写的投入商业利用时间在申请日之后，在提交申请材料时可以不提供集成电路样品。

条文释义

一、本条主旨

本条是关于集成电路布图设计专有权保护期限的规定。

二、条文解读

集成电路布图设计专有权保护期限的设定，需要综合考量立法目的、公共利益、产业特点、利益平衡等多种因素。集成电路产品更新换代迅速，如果对集成电路布图设计的保护期限过长，会阻碍科技进步。相较于商标权、著作权和专利权，布图设计专有权的保护期限相对较短。

美国《半导体芯片保护法》中规定的布图设计专有权的保护期是10年，日本《半导体集成电路布图设计法》同样规定为10年。在制定《关于集成电路的知识产权条约》时，发展中国家经过努力，将保护期限缩短为8年。但在《与贸易有关的知识产权协定》签定时，发达国家又要求将保护期延长到10年。因此，《与贸易有关的知识产权协定》将集成电路布图设计的保护期规定为不得低于10年，以登记申请日或首次投入商业利用日作为起算日，同时允许成员方规定保护期为创作完成后15年。因此，集成电路布图设计的保护期限最长可达15年。《集成电路布图设计保护条例》第12条关于保护期限的规定吸收了《与贸易有关的知识产权协定》关于保护期的规定。本条规定的15年最长保护期，应理解为从设计完成之日起最长15年内可受到保护，如果在设计完成后第10年申请登记，那么保护期就只有5年。我国采用登记制，且要求投入商业利用后2年内必须申请登记。

适用指引

一、关于申请日的确定

根据《集成电路布图设计保护条例实施细则》第5条的规定，向国务院知识产权行政部门申请布图设计登记的，应当提交布图设计登记申请表和该布图设计的复制件或者图样；布图设计在申请日以前已投入商业利用的，还应当提交含有该布图设计的集成电路样品。国务院知识产权行政部门收到前款所述布图设计申请文件之日为申请日。如果申请文件是邮寄的，以寄出的邮戳日为申请日。

二、关于首次投入商业利用之日的确定

首次商业利用，是指将布图设计、含有该布图设计的集成电路或者含有该集成电路的物品在世界任何地方首次投入商业利用的行为。集成电路布图设计专有权保护期限的起始日期，在布图设计登记申请之日或者在世界任何地方首次投入商业利用之日中，以较前日期为准。

三、关于创作完成之日的确定

登记申请表中必须填写布图设计的创作完成日期，且所填写的创作完成日期必须在申请日之前。对于布图设计创作完成日期填写有误的，国家知识产权局应发出补正通知书指出存在的缺陷。

四、关于专有权保护期限的计算

本条规定的专有权保护期为10年。此外，无论是否登记或者投入商业利用，布图设计自创作完成之日起15年后，不再受本条例保护，即该专有权最长保护时点截至创作完成之日起15年。在此期间，若未申请登记或未投入商业利用的，自创作完成之日起超过15年，该布图设计不再受本条例的保护。

第十三条　布图设计专有权属于自然人的，该自然人死亡后，其专有权在本条例规定的保护期内依照继承法[①]的规定转移。

布图设计专有权属于法人或者其他组织的，法人或者其他组织变更、终止后，其专有权在本条例规定的保护期内由承继其权利、义务的法人或者其他组织享有；没有承继其权利、义务的法人或者其他组织的，该布图设计进入公有领域。

关联规定

法律、行政法规、司法解释

《中华人民共和国民法典》

第六十七条　法人合并的，其权利和义务由合并后的法人享有和承担。

法人分立的，其权利和义务由分立后的法人享有连带债权，承担连带债务，但是债权人和债务人另有约定的除外。

第一百二十四条　自然人依法享有继承权。

自然人合法的私有财产，可以依法继承。

条文释义

一、本条主旨

本条是关于集成电路布图设计专有权继承与承继的规定。

二、条文解读

本条对集成电路布图设计专有权的继承与承继进行了规定，系关于集成电

① 现为《民法典》第六编——编者注。

路布图设计专有权归属的进一步规定。

集成电路布图设计专有权通常由布图设计的创作人即完成布图设计的人享有。如果由多人共同完成，其专有权的归属由合作者约定；未作约定或者约定不明的，其专有权由合作者共同享有。受委托创作的，其专有权的归属由委托人和受托人双方约定；未作约定或者不明的，其专有权由受托人享有。

集成电路布图设计专有权属于自然人的，该自然人死亡后，其专有权在保护期内依照《民法典》的规定转移。若超过专有权保护期的，则该自然人继承人亦无法享有该专有权的有关权利。

布图设计专有权属于法人或者其他组织的，法人或者其他组织变更、终止后，其专有权在保护期内由承继其权利、义务的法人或者其他组织享有。需要注意的是，办理集成电路布图设计专有权转移需要依法进行登记。

第二十二条　布图设计权利人可以将其专有权转让或者许可他人使用其布图设计。

转让布图设计专有权的，当事人应当订立书面合同，并向国务院知识产权行政部门登记，由国务院知识产权行政部门予以公告。布图设计专有权的转让自登记之日起生效。

许可他人使用其布图设计的，当事人应当订立书面合同。

关联规定

一、法律、行政法规、司法解释

1.《中华人民共和国民法典》

第八百六十三条　技术转让合同包括专利权转让、专利申请权转让、技术秘密转让等合同。

技术许可合同包括专利实施许可、技术秘密使用许可等合同。

技术转让合同和技术许可合同应当采用书面形式。

第八百六十四条　技术转让合同和技术许可合同可以约定实施专利或者使用技术秘密的范围，但是不得限制技术竞争和技术发展。

第八百七十条　技术转让合同的让与人和技术许可合同的许可人应当保证自己是所提供的技术的合法拥有者，并保证所提供的技术完整、无误、有效，能够达到约定的目标。

第八百七十一条　技术转让合同的受让人和技术许可合同的被许可人应当按照约定的范围和期限，对让与人、许可人提供的技术中尚未公开的秘密部分，承担保密义务。

第八百七十二条　许可人未按照约定许可技术的，应当返还部分或者全部使用费，并应当承担违约责任；实施专利或者使用技术秘密超越约定的范围的，违反约定擅自许可第三人实施该项专利或者使用该项技术秘密的，应当停止违约行为，承担违约责任；违反约定的保密义务的，应当承担违约责任。

让与人承担违约责任，参照适用前款规定。

第八百七十三条 被许可人未按照约定支付使用费的，应当补交使用费并按照约定支付违约金；不补交使用费或者支付违约金的，应当停止实施专利或者使用技术秘密，交还技术资料，承担违约责任；实施专利或者使用技术秘密超越约定的范围的，未经许可人同意擅自许可第三人实施该专利或者使用该技术秘密的，应当停止违约行为，承担违约责任；违反约定的保密义务的，应当承担违约责任。

受让人承担违约责任，参照适用前款规定。

第八百七十六条 集成电路布图设计专有权、植物新品种权、计算机软件著作权等其他知识产权的转让和许可，参照适用本节的有关规定。

2.《最高人民法院关于审理技术合同纠纷案件适用法律若干问题的解释》

第一条 技术成果，是指利用科学技术知识、信息和经验作出的涉及产品、工艺、材料及其改进等的技术方案，包括专利、专利申请、技术秘密、计算机软件、集成电路布图设计、植物新品种等。

技术秘密，是指不为公众所知悉、具有商业价值并经权利人采用保密措施的技术信息。

第十一条 技术合同无效或者被撤销后，技术开发合同研究开发人、技术转让合同让与人、技术许可合同许可人、技术咨询合同和技术服务合同的受托人已经履行或者部分履行了约定的义务，并且造成合同无效或者被撤销的过错在对方的，对其已履行部分应当收取的研究开发经费、技术使用费、提供咨询服务的报酬，人民法院可以认定为因对方原因导致合同无效或者被撤销给其造成的损失。

第二十四条 订立专利权转让合同或者专利申请权转让合同前，让与人自己已经实施发明创造，在合同生效后，受让人要求让与人停止实施的，人民法院应当予以支持，但当事人另有约定的除外。

让与人与受让人订立的专利权、专利申请权转让合同，不影响在合同成立前让与人与他人订立的相关专利实施许可合同或者技术秘密转让合同的效力。

第二十五条 专利实施许可包括以下方式：

（一）独占实施许可，是指许可人在约定许可实施专利的范围内，将该专利仅许可一个被许可人实施，许可人依约定不得实施该专利；

（二）排他实施许可，是指许可人在约定许可实施专利的范围内，将该专利仅许可一个被许可人实施，但许可人依约定可以自行实施该专利；

（三）普通实施许可，是指许可人在约定许可实施专利的范围内许可他人实施该专利，并且可以自行实施该专利。

当事人对专利实施许可方式没有约定或者约定不明确的，认定为普通实施许可。专利实施许可合同约定被许可人可以再许可他人实施专利的，认定该再许可为普通实施许可，但当事人另有约定的除外。

第二十六条 专利实施许可合同许可人负有在合同有效期内维持专利权有效的义务，包括依法缴纳专利年费和积极应对他人提出宣告专利权无效的请求，但当事人另有约定的除外。

第二十七条 排他实施许可合同许可人不具备独立实施其专利的条件，以一个普通许可的方式许可他人实施专利的，人民法院可以认定为许可人自己实施专利，但当事人另有约定的除外。

二、部门规章及规范性文件

1.《集成电路布图设计保护条例实施细则》

第十一条 向外国人转让专有权

中国单位或者个人向外国人转让布图设计专有权的，在向国家知识产权局办理转让登记时应当提交国务院有关主管部门允许其转让的证明文件。

布图设计专有权发生转移的，当事人应当凭有关证明文件或者法律文书向国家知识产权局办理著录项目变更手续。

第三十七条 布图设计登记簿

国家知识产权局设置布图设计登记簿，登记下列事项：

（一）布图设计权利人的姓名或者名称、国籍和地址及其变更；

（二）布图设计的登记；

（三）布图设计专有权的转移和继承；

（四）布图设计专有权的放弃；

（五）布图设计专有权的质押、保全及其解除；

（六）布图设计专有权的撤销；

（七）布图设计专有权的终止；

（八）布图设计专有权的恢复；

（九）布图设计专有权实施的非自愿许可。

2.《集成电路布图设计审查与执法指南(试行)》

第四部分 许可与质押

第1章 实施许可合同备案

布图设计实施许可合同备案是指国家知识产权局对当事人已经缔结并生效的布图设计实施许可合同加以备案，并对外公示的行为。

布图设计实施许可合同生效之后，当事人可以办理备案。国家知识产权局负责布图设计实施许可合同备案工作。申请备案的布图设计许可合同应当以书面形式订立，并且应当符合有关法律、法规的规定。

2.1.1.4.1 许可类型

布图设计实施许可合同备案业务中的许可类型包括独占实施许可、排他实施许可和普通实施许可三种类型。

(1)独占实施许可

独占实施许可是指许可人在约定许可实施布图设计的范围内，将该布图设计仅许可一个被许可人实施，许可人依约定不得实施该布图设计。

(2)排他实施许可

排他实施许可是指许可人在约定许可实施布图设计的范围内，将该布图设计仅许可一个被许可人实施，但许可人依约定可以自行实施该布图设计。

(3)普通实施许可

普通实施许可是指许可人在约定许可实施的布图设计范围内许可他人实施该布图设计，并且可以自行实施该布图设计。

当事人对布图设计实施许可类型没有约定或者约定不明确的，推定为普通实施许可。

2.2.2 准予备案

布图设计实施许可合同备案申请经审查合格的，国家知识产权局在布图设计登记簿上予以登记，并向许可人与被许可人分别发送集成电路布图设计实施许可合同备案证明。

2.2.3 不予备案

经审查发现下列情形之一的，国家知识产权局将不予备案，并将布图设计实施许可合同备案申请文件退还当事人，同时告知原因：

(1)许可人不是布图设计登记簿记载的布图设计权利人或者有权授予许可的其他权利人的；

（2）共有布图设计权利人违反法律规定或者约定订立布图设计实施许可合同的；

（3）布图设计专有权已终止或者已被撤销的；

（4）布图设计专有权尚未公告的；

（5）因布图设计专有权的归属发生纠纷或者人民法院在审理民事案件中裁定对布图设计专有权采取保全措施，国家知识产权局中止有关程序的；

（6）许可期限超过布图设计专有权有效期的；

（7）同一布图设计实施许可合同重复申请备案的；

（8）布图设计实施许可合同非合同原件也不是经过公证的复印件的；

（9）布图设计实施许可合同缺少本节 2.1.2 规定的必要内容的；

（10）布图设计实施许可合同签订后，当事人名称发生变更或者布图设计专有权发生转移的；

（11）布图设计专有权被质押的，但质权人同意的除外；

（12）与已经备案的布图设计实施许可合同冲突的；

（13）其他应不予登记的情形。

3.4　公告

布图设计实施许可合同准予备案的，应在国家知识产权局政府门户网站和《中国知识产权报》上予以公告。公告的信息包括：许可人，被许可人，布图设计登记号、申请日、颁证日，实施许可的类型、备案日期等。

布图设计实施许可合同备案后变更、注销的，应予以公告。

条文释义

一、本条主旨

本条是关于集成电路布图设计转让和实施许可的规定。

二、条文解读

《集成电路布图设计保护条例》的立法目的之一是推动集成电路布图设计的运用，被赋予专有权的集成电路布图设计，要么由专有权人自己实施，要么由其他单位和个人实施。《集成电路布图设计保护条例》第 31 条规定，未经布图设计权利人许可，使用其布图设计，侵犯其布图设计专有权，即其他任何单位和个人未经布图设计权利人许可，都不得实施其布图设计。任何单位和个人要实施权利人的布图设计，要么由权利人转让其专有权，要么获得权利人许可。本条即是对如何通过转让或者许可获得布图设计专有权或者布图设计许可使用权所作的规定。依照本条规定，任何单位或者个人受让布图设计专有权，或者获得许可使用布图设计的，当事人之间都应当订立书面合同。受让或者实施他人布图设计，无论其以何种方式受让或者获得实施许可，都必须承担与权利人订立转让或者实施许可合同的法定义务。

所谓转让，一般是指合法拥有者包括有权对外转让的人将特定的物品或者权利让与他人的行为。转让一般由权利人主动转让，特定情况下也存在被动转让的情形，如根据遗嘱被动转让。所谓许可，一般是指一种可撤销的、允许某人从事某种活动或者实施某种行为的承诺。许可一般应由权利人给予（称为约定许可），在特定情况下也可以由政府给予（称为法定许可），这取决于法律的规定。布图设计专有权是经国务院知识产权行政部门登记而产生，未经登记的布图设计不受保护。依照本条例规定，布图设计专有权人可以自己实施也可以许可他人实施其布图设计。同时，考虑到布图设计专有权作为一种排他性的私权，为协调其与公共利益可能发生的冲突，在紧急状态或者非常情况，或者人民法院或不正当竞争行为检查部门认为存在不正当竞争需要予以补救时，本条例还规定了可由国务院知识产权行政部门依法给予布图设计实施的非自愿许可。

依照本条规定，任何单位或者个人转让布图设计专有权或者许可他人实施布图设计的，合同当事人之间均应当订立书面合同。转让布图设计专有权的，当事人之间除了订立书面合同外，还应当向国务院知识产权行政部门即国务院知识产权行政部门登记，由国务院知识产权行政部门予以公告。布图设计专有权的转让自登记之日起生效。根据《集成电路布图设计审查与执法指南（试行）》的规定，布图设计实施许可合同生效之后，当事人可以向国务院知识产权行政部门办理备案。转让布图设计专有权或者许可他人实施布图设计的，当事人应当凭有关证明文件或者法律文书向国务院知识产权行政部门办理著录项目变更手续。当事人转让登记和许可备案后，均在国务院知识产权行政部门网站和《中国知识产权报》上予以公告。

布图设计专有权的转让自登记之日起生效，这是布图设计专有权权利转移的要件，而非转让合同生效的要件。布图设计转让或许可合同未经国务院知识产权行政部门登记或者备案并不影响合同生效，但是，如果合同没有经登记或备案，该合同不可以对抗善意第三人。例如，布图设计专有权人甲将布图设计专有权转让给乙，或者独占许可、排他性许可乙实施该布图设计，甲和乙未到国务院知识产权行政部门进行登记或备案，同时，甲又将该布图设计转让给丙或者独占许可、排他性许可丙实施并到国务院知识产权行政部门进行登记或备案，则甲和乙签订的合同虽然有效，但并不能对抗丙取得布图设计专有权或者独占许可、排他性许可的实施权利，乙只能通过主张甲违约来解决争议。

在布图设计许可合同中，无论被许可人以何种方式获得布图设计实施许可，都没有超越合同的权利，除非其与权利人另有约定，无权允许合同约定以外的任何单位和个人实施该布图设计。被许可人只能依据实施许可合同取得布图设计的实施权，不得行使合同没有明确约定的任何权利。布图设计实施许可一般分为普通许可、排他许可、独占许可等不同类型，每种类型许可的许可人与被许可人相互之间的权利义务都不尽相同。选择何种许可形式，除法律另有明确规定的情形之外，完全由许可合同的当事人约定。

适用指引

一、对布图设计专有权转让方式的理解

布图设计专有权转让，是指布图设计专有权人通过与他人订立合同将布图设计专有权转移给他人，通过转让使一方丧失布图设计的专有权，另一方取得该专有权。布图设计专有权转让属于因权利主体变更引起的民事权利相对消灭。在发生产权继承或因公司分立、合并等导致权利义务承继时，亦发生布图设计专有权转移之情形。根据《集成电路布图设计保护条例》第 13 条的规定，布图设计专有权属于自然人的，该自然人死亡后，其专有权在本条例规定的保护期内依照《民法典》的相关规定转移。布图设计专有权属于法人或者其他组织的，法人或者其他组织变更、终止后，其专有权在本条例规定的保护期内由承继其权利义务的法人或者其他组织享有；没有承继其权利义务的法人或者其他组织的，该布图设计进入公有领域。

二、对布图设计许可方式的理解

布图设计实施许可一般包括三种方式，即独占实施许可、排他实施许可和普通实施许可。应当把握如下要点。

（一）三种实施许可方式的定义及其法律特征

第一，独占实施许可的定义及其法律特征。独占实施许可，是指许可人在约定许可实施布图设计的范围内，将该布图设计仅许可一个被许可人实施，许可人依约定不得实施该布图设计。其具有以下两个法律特征：（1）在约定许可实施布图设计的范围内，仅许可一个被许可人实施。换句话说，在独占实施许可的情况下，许可人在约定许可实施的范围内，只能许可一个被许可人实施该布图设计。这一法律特征，是区别独占实施许可与普通实施许可的重要特征之一。（2）许可人依约定不得实施该布图设计。也就是说，在独占实施许可的方式下，许可人在约定的实施许可范围内，自己也不能实施该布图设计，这是独占性的主要体现。独占实施许可的这一法律特征，是区别于排他实施许可、普通实施许可的重要特征；特别是对于排他实施许可来说，许可人自己能否在约定的实施许可范围内实施布图设计是独占实施许可区别于排他实施许可的唯一特征。

第二，排他实施许可的定义及其法律特征。排他实施许可，是指许可人在约定许可实施布图设计的范围内，将该布图设计仅许可一个被许可人实施，但许可人依约定可以自行实施该布图设计。从排他实施许可的定义可以看出，排他实施许可具有以下两个法律特征：（1）在约定许可实施布图设计的范围内，仅许可一个被许可人实施。这一特征与独占实施许可是相同的，应当与独占实施许可合同的相应特征作一致的理解，这里不再赘述。（2）许可人依约定可以自行实施该布图设计。也就是说，许可人在约定的布图设计实施许可范围内不能同时许可第二个被许可人实施该布图设计，但许可人自己可以在约定的布图设计实施许可范围内自行实施该布图设计。因此，排他实施许可与独占实施许可的唯一不同就在于，许可人能否在约定的布图设计实施许可范围内自行实施该布图设计。许可人能够自行实施该布图设计的，就是排他实施许可；不能实施该布图设计的，就是独占实施许可。

第三，普通实施许可的定义及其法律特征。普通实施许可，是指许可人在约定许可实施布图设计的范围内许可他人实施该布图设计，并且可以自行实施该布图设计。从普通实施许可的定义可以看出，普通实施许可具有以下两个法律特征：（1）许可对象不受限制，许可人可以同时、多次与多个被许可人订立布图设计实施许可合同，这是普通实施许可与独占实施许可、排他实施许可不同的地方。（2）许可人自己可以实施该布图设计。也就是说，在普通实施许可的情况下，许可人不仅可以在约定的范围内许可他人实施该布图设计，而且自己在该约定的范围内也可以实施该布图设计。这一点与排他实施许可是一致的，但与独占实施许可则不同。

（二）没有约定或者约定不明情况下的布图设计实施许可方式的认定

通常情况下，当事人在订立布图设计实施许可合同时，都会对布图设计实施许可的方式进行明确约定，即具体约定布图设计实施许可的方式是独占实施许可，还是排他实施许可，抑或是普通实施许可。但是，司法实践中，确实也存在一些布图设计实施许可合同对布图设计实施许可方式没有约定或者约定不明确的情况，给人民法院认定布图设计实施许可的方式，从而正确确定当事人的权利义务和合同责任造成了一定的困难。对此，可以参照《技术合同纠纷解释》第 25 条第 2 款的规定处理。该款规定："当事人对专利实施许可方式没有约定或者约定不明确的，认定为普通实施许可。专利实施许可合同约定被许可人可以再许可他人实施专利的，认定该再许可为普通实施许可，但当事人另有约定的除外。"可见，当事人之间如果要订立布图设计独占实施许可合同或者排他实施许可合同，必须在合同中明确约定，否则应按普通实施许可合同对待。

当事人对布图设计实施许可方式没有约定或者约定不明确，主要根据合同约定的内容予以判断，而不能仅根据合同的名称予以判断。如果合同约定有许可人在约定许可实施布图设计的范围内，不得许可他人实施该布图设计，并且自己也不能实施该布图设计的内容，那么该合同就应当认定为独占实施许可合同；如果合同约定有许可人在约定许可实施布图设计的范围内，不得许可他人实施该布图设计，但自己可以实施该布图设计的内容，则该合同应当认定为排他实施许可合同；如果合同约定有许可人在约定许可实施布图设计的范围内，可以许可他人实施该布图设计，自己也可以实施该布图设计的内容，或者对上述三种情况均没有约定，就应当认定为普通实施许可合同。至于合同名称是独占实施许可合同，排他实施许可合同，抑或是普通实施许可合同，对于认定布图设计实施许可方式一般没有决定性影响。

（三）再许可的实施许可方式的认定

所谓再许可，是指被许可人根据许可人的明确授权，将许可实施的布图设计许可另一受让人实施的行为。再许可必须要有让与人的明确授权或追认。但受让人经过让与人明确授权再许可他人实施该布图设计的，受让人与他人订立的再许可合同，应当是具有法律效力的合同。从布图设计实施许可方式的角度讲，再许可属于什么性质，《民法典》以及其他相关的法律并没有明确规定。但是，考虑到再许可不是布图设计专有权人直接许可再许可合同的受让人实施该布图设计，按照一般惯例，再许可通常为普通实施许可，除非当事人之间有特殊约定。参照《技术合同纠纷解释》第 25 条第 2 款“专利实施许可合同约定受让人可以再许可他人实施专利的，认定该再许可为普通实施许可，但当事人另有约定的除外”的规定，在一般情况下，再许可为普通实施许可。布图设计专有权人与第一手被许可人对再许可的实施方式有明确约定的，应当优先适用其约定。

三、许可合同有效期内维持布图设计专有权效力的义务承担

根据《集成电路布图设计保护条例实施细则》第 36 条第 3 款的规定，著录事项变更手续费、非自愿许可请求费、非自愿许可使用费的裁决请求费应当自提出请求之日起 1 个月内缴纳；延长期限请求费应当在相应期限届满前缴纳；期满未缴纳或者未缴足的，视为未提出请求。也就是说，在布图设计保护期内，相关主体承担着缴纳、缴足相应费用的义务，如果期满未缴纳或者未缴足，视为未提出布图设计相关请求。《技术合同纠纷解释》第 26 条规定：“专利实施许可合同许可人负有在合同有效期内维持专利权有效的义务，包括依法缴纳专利年费和积极应对他人提出宣告专利权无效的请求，但当事人另有约定的除外。”人民法院可以参照上述规定，正确理解和适用布图设计许可合同对由哪一方承担维持合同有效期内布图设计专有权效力的义务。一般情况下，布图设计实施许可合同的许可人承担维持合同有效期内布图设计专有权效力的义

务。当事人也可以对合同有效期内哪一方承担维持布图设计专有权有效的义务进行约定。有约定的，约定优先。例如，有的许可合同约定由被许可人缴纳有效期内的相关费用，特别是一些独占实施许可合同往往会如此约定。对于这样的约定，法律并未予以限制，所以没有理由对此予以否定。

第二十三条　下列行为可以不经布图设计权利人许可，不向其支付报酬：

（一）为个人目的或者单纯为评价、分析、研究、教学等目的而复制受保护的布图设计的；

（二）在依据前项评价、分析受保护的布图设计的基础上，创作出具有独创性的布图设计的；

（三）对自己独立创作的与他人相同的布图设计进行复制或者将其投入商业利用的。

关联规定

一、国际条约

《关于集成电路的知识产权条约》

第6条　保护范围

（二）不需要权利持有人许可的行为

（A）虽有第（一）款的规定，如果第三者为了私人的目的或者单纯为了评价、分析、研究或者教学的目的，未经权利持有人许可而进行第（一）款（A)(1）项所述行为的，任何缔约方不应认为是非法行为。

（B）本款（A）项所述的第三者在评价或分析受保护的布图设计（拓扑图)“第一布图设计（拓扑图）”的基础上，创作符合第三条第（二）款规定的独创性条件的布图设计（拓扑图)“第二布图设计（拓扑图）”的，该第三者可以在集成电路中采用第二布图设计（拓扑图)，或者对第二布图设计（拓扑图）进行第（一）款所述的行为，而不视为侵犯第一布图设计（拓扑图）权利持有人的权利。

（C）对于由第三者独立创作出的相同的独创性布图设计（拓扑图)，权利持有人不得行使其权利。

二、法律、行政法规、司法解释

《中华人民共和国著作权法》

第二十四条 在下列情况下使用作品，可以不经著作权人许可，不向其支付报酬，但应当指明作者姓名或者名称、作品名称，并且不得影响该作品的正常使用，也不得不合理地损害著作权人的合法权益：

（一）为个人学习、研究或者欣赏，使用他人已经发表的作品；

（二）为介绍、评论某一作品或者说明某一问题，在作品中适当引用他人已经发表的作品；

（三）为报道新闻，在报纸、期刊、广播电台、电视台等媒体中不可避免地再现或者引用已经发表的作品；

（四）报纸、期刊、广播电台、电视台等媒体刊登或者播放其他报纸、期刊、广播电台、电视台等媒体已经发表的关于政治、经济、宗教问题的时事性文章，但著作权人声明不许刊登、播放的除外；

（五）报纸、期刊、广播电台、电视台等媒体刊登或者播放在公众集会上发表的讲话，但作者声明不许刊登、播放的除外；

（六）为学校课堂教学或者科学研究，翻译、改编、汇编、播放或者少量复制已经发表的作品，供教学或者科研人员使用，但不得出版发行；

（七）国家机关为执行公务在合理范围内使用已经发表的作品；

（八）图书馆、档案馆、纪念馆、博物馆、美术馆、文化馆等为陈列或者保存版本的需要，复制本馆收藏的作品；

（九）免费表演已经发表的作品，该表演未向公众收取费用，也未向表演者支付报酬，且不以营利为目的；

（十）对设置或者陈列在公共场所的艺术作品进行临摹、绘画、摄影、录像；

（十一）将中国公民、法人或者非法人组织已经发表的以国家通用语言文字创作的作品翻译成少数民族语言文字作品在国内出版发行；

（十二）以阅读障碍者能够感知的无障碍方式向其提供已经发表的作品；

（十三）法律、行政法规规定的其他情形。

前款规定适用于对与著作权有关的权利的限制。

三、部门规章及规范性文件

《集成电路布图设计审查与执法指南(试行)》

第二部分 行政执法

第2章 侵权判定

3.2 合理利用抗辩

《条例》第二十三条规定，下列行为可以不经布图设计权利人许可，不向其支付报酬：

(1)为个人目的或者单纯为评价、分析、研究、教学等目的而复制受保护的布图设计的；

(2)在依据前项评价、分析受保护的布图设计的基础上，创作出具有独创性的布图设计的；

(3)对自己独立创作的与他人相同的布图设计进行复制或者将其投入商业利用的。

条文释义

一、本条主旨

本条是关于集成电路布图设计合理使用的规定。

二、条文解读

对集成电路布图设计专有权限制有两个重要方面，一是非自愿许可，二是合理使用制度。两者的区别在于法定许可使用虽无须权利人同意，但应当支付报酬，而合理使用既不需要权利人的许可，也不必向其支付报酬。对集成电路布图设计给予保护的目的并不是对权利进行绝对垄断，也不是单纯地对创作者加以奖励，而是通过保护集成电路布图设计专有权，鼓励集成电路技术的创新，促进科学技术的发展。正是因为集成电路布图设计专有权必须最终服务于更为重要的社会利益，故应对其作出一定限制。合理使用制度是维护布图设计权利人利益与公共利益平衡的制度。

适用指引

本条中的“个人目的”区别于市场主体的“商业目的”，后者需要得到布图设计专有权人的许可。需要注意的是，合理使用并非没有边界。判断具体使用行为是否构成对集成电路布图设计的合理使用，可以考虑如下三个因素：（1）有关的使用是法律法规明文规定的特殊情况；（2）在该特殊情况下的使用，没有影响专有权人对布图设计的正常使用；（3）该使用也没有不合理地损害专有权人的合法权利。例如，超出必要限度地大量复制受保护的布图设计用于研究和教学，导致学校或者科研机构不再购买相应的集成电路或者含有该集成电路的产品，则会实质性地侵害布图设计权利人的合法权利，此时不再视为“合理使用”。

典型案例

钜泉光电科技（上海）股份有限公司与深圳市锐能微科技有限公司、上海雅创电子零件有限公司侵害集成电路布图设计专有权纠纷案

关键词：分析　研究　创作　反向工程

裁判摘要：实现相同或相似功能的芯片必然在电路原理上存在相似性，而电路原理不属于《集成电路布图设计保护条例》规定的可赋予专有权的部分，因此，法律并不禁止对他人芯片的布图设计进行摄片进而分析其电路原理的这种反向工程的行为。如果企业要模仿他人芯片而不构成侵权，一种可能是获得布图设计权利人的许可而复制其布图设计；另一种可能是在反向工程的基础上重新设计出具有独创性的布图设计，即通过对他人芯片的逐层摄片分析研究其中的电路原理，然后再进行重新设计或替换设计，这个过程中的分析和设计是要投入较多的时间和成本的。而在发展迅速的集成电路行业，竞争对手这些时间和成本的投入能够保证被模仿的企业可以在一定的时间内仍然保有自己的竞争优势，这也是法律允许反向工程的原因所在。但是，法律并不允许在反向工程的基础上直接复制他人的布图设计，因为这将大幅度减少竞争对手在时间和

成本上的投入，从而极大地削弱被模仿企业的竞争优势，最终将降低整个集成电路行业创新的积极性。

【案　　号】(2014)沪高民三(知)终字第12号

【审理法院】上海市高级人民法院

【来　　源】2014年中国法院10大知识产权案件

第二十四条　受保护的布图设计、含有该布图设计的集成电路或者含有该集成电路的物品，由布图设计权利人或者经其许可投放市场后，他人再次商业利用的，可以不经布图设计权利人许可，并不向其支付报酬。

关联规定

国际条约

1.《关于集成电路的知识产权条约》

第6条　保护范围

（五）权利的用尽

虽有第（一）款（A）(2）项的规定，任何缔约方可以认为，对由权利持有人或者经其同意投放市场的受保护的布图设计（拓扑图）或者采用该布图设计（拓扑图）的集成电路，未经权利持有人的许可而进行该款所述的任何行为是合法行为。

2.《与贸易有关的知识产权协定》

第35条　与《关于集成电路的知识产权条约》的关系

各成员同意依照《关于集成电路的知识产权条约》第二条至第七条（第六条第三款除外）及第十二条和第十六条第三款，对集成电路的布图设计（拓扑图）(本协定中称“布图设计”）提供保护，此外还同意遵守下列规定。

条文释义

一、本条主旨

本条是关于集成电路布图设计权利用尽原则的规定。

二、条文解读

权利用尽原则的立法目的在于限制布图设计权利人在产品销售后的控制权，以便于产品的购买者自由处理手中的产品，从而有利于市场中商品的正常流通。该条只针对集成电路布图设计或者含有该集成电路布图设计的产品售出后的商业利用行为，即为商业目的进口、销售或者以其他方式提供受保护的布图设计、含有该布图设计的集成电路或者含有该集成电路的物品的行为，并不包含他人对该已售产品的布图设计进行复制的行为。一般认为，受布图设计专有权人或者被许可人控制的布图设计、含有该布图设计的集成电路或者含有该集成电路的物品合法出售后，其他人再次对其进行商业利用的，可以不经布图设计专有权人许可，也不需要向布图设计专有权人支付报酬；专有权人不得就该布图设计、含有该布图设计的集成电路或者含有该集成电路的物品再主张布图设计专有权，任何人对该布图设计、含有该布图设计的集成电路或者含有该集成电路的物品的再次商业利用不构成对该布图设计专有权的侵犯。一旦布图设计专有权已经用尽，则他人对相关布图设计、含有该布图设计的集成电路或者含有该集成电路的物品的利用行为自然不应再受该布图设计专有权的约束，同理也就不能视为侵犯布图设计专有权的行为。当原告指控被告侵权时，只要被控侵权布图设计、含有该布图设计的集成电路或者含有该集成电路的物品是布图设计专有权人或者经其合法许可的被许可人合法销售的，被告就可以主张其商业利用行为依法不应视为侵权的抗辩。

适用指引

适用布图设计权利用尽原则时，需要注意以下几个问题。

第一，权利用尽的布图设计、含有该布图设计的集成电路或者含有该集成电路的物品初始来源应该合法，即由布图设计专用权人或者经其许可而售出。非法出售的布图设计、含有该布图设计的集成电路或者含有该集成电路的物品，即便第三人通过正当途径购买获得，也不能适用权利用尽原则。

第二，布图设计专有权人及其被许可人售出的布图设计、含有该布图设计的集成电路或者含有该集成电路的物品的对象不限于不特定的社会公众。权利人向特定人出售布图设计、含有该布图设计的集成电路或者含有该集成电路的物品的，在其售出后也可以适用权利用尽原则。

第三，权利人许可投放市场的布图设计、含有该布图设计的集成电路或者含有该集成电路的物品并不必然以获得相关对价为条件。权利人免费发放或者赠送的布图设计、含有该布图设计的集成电路或者含有该集成电路的物品，也应认为系经权利人许可投放市场的布图设计、含有该布图设计的集成电路或者含有该集成电路的物品，可以适用权利用尽原则。

第四，在双方交易合同中，只要权利人交付该布图设计、含有该布图设计的集成电路或者含有该集成电路的物品，布图设计、含有该布图设计的集成电路或者含有该集成电路的物品合法脱离了权利人，后续的商业利用行为就可以适用权利用尽原则。被交付人未按照合同约定给付价款，不影响商品的正常流转，不影响权利用尽原则的适用，但如果权利人只实施了销售的准备行为或者许诺销售行为，则不能认定销售完成，不适用权利用尽原则。

第五，权利人在出售产品时，对购买者提出了限制产品后续进口、销售等限制性条件，即使购买者违反了上述条件，仍然可以适用权利用尽原则，他人的再次商业利用行为不构成布图设计专有权侵权。至于购买者的行为是否需要对权利人承担合同责任、作为限制性条件等合同条款是否有效，应根据《民法典》等相关法律规定另行处理。

第二十五条 在国家出现紧急状态或者非常情况时，或者为了公共利益的目的，或者经人民法院、不正当竞争行为监督检查部门依法认定布图设计权利人有不正当竞争行为而需要给予补救时，国务院知识产权行政部门可以给予使用其布图设计的非自愿许可。

关联规定

一、国际条约

《关于集成电路的知识产权条约》

第6条 保护范围

（一）需要权利持有人许可的行为

（A）任何缔约方应认为未经权利持有人许可而进行的下列行为是非法的：

（1）复制受保护的布图设计（拓扑图）的全部或其任何部分，无论是否将其结合到集成电路中，但复制不符合第三条（二）款所述独创性要求的任何部分布图设计除外。

（2）为商业目的进口、销售或者以其他方式供销受保护的布图设计（拓扑图）或者其中含有受保护的布图设计的集成电路。

（B）对于未经权利持有人许可而进行的除第（A）项所述以外的其他行为，任何缔约方亦有确定其为非法的自由。

（三）关于未经权利持有人同意而使用的措施

（A）虽有第（一）款的规定，但任何缔约方均可在其立法中规定其行政或者司法机关有可能在非通常的情况下，对于第三者按商业惯例经过努力而未能取得权利持有人许可并不经其许可而进行第（一）款所述的任何行为，授予非独占许可（非自愿许可），而该机关认为授予非自愿许可对于维护其视为重大的国家利益是必要的；该非自愿许可仅供在该国领土上实施并应以第三者向权利持有人支付公平的补偿费为条件。

（B）本条约的规定不应影响任何缔约方在适用其旨在保障自由竞争和防

止权利持有人滥用权利的法律方面采取措施的自由，包括按正规程序由其行政或者司法机关授予非自愿许可。

（C）授予本款（A）项或（B）项所述的非自愿许可应当经过司法核查。本款（A）项所述的条件已不复存在时，该项所述的非自愿许可应予以撤销。

二、法律、行政法规、司法解释

《集成电路布图设计保护条例》

第二十六条 国务院知识产权行政部门作出给予使用布图设计非自愿许可的决定，应当及时通知布图设计权利人。

给予使用布图设计非自愿许可的决定，应当根据非自愿许可的理由，规定使用的范围和时间，其范围应当限于为公共目的非商业性使用，或者限于经人民法院、不正当竞争行为监督检查部门依法认定布图设计权利人有不正当竞争行为而需要给予的补救。

非自愿许可的理由消除并不再发生时，国务院知识产权行政部门应当根据布图设计权利人的请求，经审查后作出终止使用布图设计非自愿许可的决定。

第二十九条 布图设计权利人对国务院知识产权行政部门关于使用布图设计非自愿许可的决定不服的，布图设计权利人和取得非自愿许可的自然人、法人或者其他组织对国务院知识产权行政部门关于使用布图设计非自愿许可的报酬的裁决不服的，可以自收到通知之日起 3 个月内向人民法院起诉。

三、部门规章及规范性文件

1.《集成电路布图设计保护条例实施细则》

第三十四条 应缴纳的费用

向国家知识产权局申请布图设计登记和办理其他手续时，应当缴纳下列费用：

（一）布图设计登记费；

（二）著录事项变更手续费、延长期限请求费、恢复权利请求费；

（三）复审请求费；

（四）非自愿许可许可请求费、非自愿许可使用费的裁决请求费。

前款所列各种费用的数额，由国务院价格管理部门会同国家知识产权局另行规定。

第三十六条 缴费期限

申请人应当在收到受理通知书后2个月内缴纳布图设计登记费；期满未缴纳或者未缴足的，其申请视为撤回。

当事人请求恢复权利或者复审的，应当在条例及本细则规定的相关期限内缴纳费用；期满未缴纳或者未缴足的，视为未提出请求。

著录事项变更手续费、非自愿许可请求费、非自愿许可使用费的裁决请求费应当自提出请求之日起1个月内缴纳；延长期限请求费应当在相应期限届满前缴纳；期满未缴纳或者未缴足的，视为未提出请求。

第三十七条 布图设计登记簿

国家知识产权局设置布图设计登记簿，登记下列事项：

（一）布图设计权利人的姓名或者名称、国籍和地址及其变更；

（二）布图设计的登记；

（三）布图设计专有权的转移和继承；

（四）布图设计专有权的放弃；

（五）布图设计专有权的质押、保全及其解除；

（六）布图设计专有权的撤销；

（七）布图设计专有权的终止；

（八）布图设计专有权的恢复；

（九）布图设计专有权实施的非自愿许可。

2.《集成电路布图设计审查与执法指南（试行）》

第四部分 许可与质押

第1章 实施许可合同备案

第4节 布图设计非自愿许可

国家知识产权局负责受理和审查布图设计的非自愿许可请求、非自愿许可报酬数额的裁决请求和终止非自愿许可请求并作出决定。

4.1 非自愿许可请求的提出

在国家出现紧急状态或者非常情况时，或者为了公共利益的目的，或者经人民法院、不正当竞争行为监督检查部门依法认定布图设计权利人有不正当竞争行为而需要给予补救时，国家知识产权局可以给予使用其布图设计的非自愿许可。

4.1.1　当事人请求给予非自愿许可

当事人请求给予非自愿许可的，应以书面形式提交非自愿许可请求书，同时附加必要的证明文件和请求人身份证明。请求书、证明文件以及请求人身份证明应提交一式一份。

4.1.1.1　非自愿许可请求书

非自愿许可请求书应写明下列各项：

（1）请求人的姓名或者名称、地址、邮政编码、联系人及电话；

（2）请求人的国籍或者注册的国家或者地区；

（3）请求给予非自愿许可的布图设计的名称、登记号、申请日、颁证日，以及权利人的姓名或者名称；

（4）请求给予非自愿许可的理由和事实、期限；

（5）请求人委托代理机构的，受托机构的名称、机构代码以及该机构指定的代理人的姓名、执业证号码、联系电话；

（6）证明文件清单；

（7）其他需要注明的事项。

非自愿许可请求书应由请求人签章；委托代理机构的，还应由该机构盖章。

4.1.1.2　证明文件

当事人提交的证明文件应与请求书中声明的请求给予非自愿许可的理由和事实相符。证明文件应为证原件。当事人确有困难无法提供原件的，可以提交经公证的复印件。

4.1.2　国务院有关主管部门建议给予非自愿许可

国务院有关主管部门根据建议给予非自愿许可的，应指明下列各项内容：

（1）国家出现紧急状态或者非常情况，或者为了公共利益目的需要给予非自愿许可；

（2）建议给予非自愿许可的布图设计的名称、登记号、申请日、颁证日，以及权利人的姓名或者名称；

（3）建议给予非自愿许可的期限；

（4）指定的具备实施条件的单位名称、地址、邮政编码、联系人及电话；

（5）其他需要注明的事项。

4.2 非自愿许可请求的审核

4.2.1 不予受理

非自愿许可请求有下列情形之一的，不予受理并通知请求人：

（1）请求给予非自愿许可的布图设计的登记号不明确或者难以确定；

（2）请求文件未使用中文；

（3）明显不具备给予非自愿许可的理由；

（4）请求给予非自愿许可的布图设计专有权已经终止或者被撤销；

（5）在中国没有经常居所或者营业所的外国人、外国企业或者外国其他组织办理非自愿许可事务，未委托依法设立的代理机构办理的。

4.2.2 受理并通知布图设计权利人

国家知识产权局受理非自愿许可请求的，应及时将请求书副本送交布图设计权利人。除另有指定的外，权利人应自收到通知之日起15日内陈述意见；期满未答复的，不影响国家知识产权局作出决定。

4.2.3 请求的驳回

经审查认为非自愿许可请求有下列情形之一的，国家知识产权局应作出驳回非自愿许可请求的决定：

（1）请求给予强制许可的理由不符合《条例》第二十五条的规定；

（2）请求人陈述的理由、提供的信息或者提交的有关证明文件不充分或者不真实。

国家知识产权局在作出驳回非自愿许可请求的决定前，应通知请求人拟作出的决定及其理由。除另有指定的外，请求人可以自收到通知之日起15日内陈述意见。

4.2.4 决定给予非自愿许可

经审查认为请求给予非自愿许可的理由成立的，国家知识产权局应作出给予非自愿许可的决定。在作出给予非自愿许可的决定前，应通知请求人和布图设计权利人拟作出的决定及其理由。除另有指定的外，双方当事人可以自收到通知之日起15日内陈述意见。

给予非自愿许可的决定应写明下列各项：

（1）取得非自愿许可的单位或者个人的名称或者姓名、地址；

（2）被给予非自愿许可的布图设计名词、登记号、申请日、颁证日；

（3）给予非自愿许可的范围和期限；

（4）决定的理由、事实和法律依据；

（5）决定的日期；

（6）其他有关事项。

4.3　非自愿许可的终止

4.3.1　非自愿许可自动终止

有下列情形之一的，非自愿许可自动终止：

（1）给予非自愿许可的决定规定的非自愿许可期限届满；

（2）被给予非自愿许可的布图设计终止或者被撤销。

4.3.2　请求终止非自愿许可

非自愿许可的理由消除并不再发生时，布图设计权利人可以向国家知识产权局请求终止布图设计非自愿许可。

经审查认为请求终止非自愿许可的理由不成立的，国家知识产权局应作出驳回终止非自愿许可请求的决定。在作出驳回终止非自愿许可请求的决定前，应通知布图设计权利人拟作出的决定及其理由。除另有指定的外，布图设计权利人可以自收到通知之日起15日内陈述意见。

经审查认为请求终止非自愿许可的理由成立的，国家知识产权局应作出终止非自愿许可的决定。在作出终止非自愿许可的决定前，应通知取得非自愿许可的单位或者个人拟作出的决定及其理由。除另有指定的外，取得非自愿许可的单位或者个人可以自收到通知之日起15日内陈述意见。

条文释义

一、本条主旨

本条是关于集成电路布图设计非自愿许可情形的规定。

二、条文演变

《集成电路布图设计保护条例》自2001年10月1日起施行，至今没有修改，本条对集成电路布图设计非自愿许可情形作出规定。《集成电路布图设计审查与执法指南（试行）》自2019年4月8日印发执行，其针对集成电路布图设计非自愿许可请求的提出、非自愿许可请求的审核、非自愿许可的终止均作了明确规定，为实践中提出非自愿许可请求需提交的材料、非自愿许可请求的受理、审核及终止情形等问题，提供了明确的操作指南。

三、条文解读

本条规定了国务院知识产权行政部门根据请求人的申请，可以给予布图设计非自愿使用许可的三种情形，分别为：（1）在国家出现紧急状态或者非常情况时；（2）为了公共利益的目的；（3）经人民法院、不正当竞争行为监督检查部门依法认定布图设计权利人有不正当竞争行为而需要给予补救时。布图设计非自愿许可也称强制许可，是指国务院知识产权行政部门根据特殊情形，可以不经布图设计权利人的同意，通过行政程序允许其他单位或者个人使用布图设计，并颁发使用布图设计的强制许可，同时由被许可人向布图设计权利人支付使用费。设立非自愿许可制度目的在于保障国家利益及社会公共利益，防止集成电路布图设计权利人滥用权利，以及促进集成电路布图设计的推广应用。

适用指引

认定符合非自愿许可的三种情形

国务院知识产权行政部门在决定给予非自愿许可决定前需要审核提出非自愿许可的理由是否成立，也就是说，需要审核是否存在《集成电路布图设计保护条例》第25条所述的可以给予布图设计的非自愿许可的三种情形，如何认定是否符合非自愿许可的三种情形，需要了解三种情形的内在含义。

（一）紧急状态或者非常情况

国家出现紧急状态或者非常情况，是指国家出现战争、暴乱等危害国家安全的紧急状况，以及发生自然灾害或是公共健康危机足以造成社会动乱的特殊情况，如汶川大地震、新冠肺炎疫情。

（二）公共利益

相较第一种情形，第二种情形“为了公共利益的目的”，理解起来较为抽象。公共利益是法律条文中比较常见的名词，一般是指能够满足一定范围内所有人的生存、享受和发展的具有公共效用的资源和条件。对于集成电路布图设计而言，如果该布图设计不仅影响到直接实施者，也影响到不特定多数人的生存、享用和发展的公共效用，则亦有为公共利益的需要而作出非自愿许可决定的可能性。

（三）不正当竞争行为

所谓不正当竞争，是指违反法律或者商业道德，扰乱市场竞争秩序，损害其他经营者或者消费者的合法权益的行为。设立非自愿许可制度的目的之一在于防止集成电路布图设计权利人滥用权利，而不正当竞争行为属于滥用权利的行为之一，当集成电路布图设计权利人有滥用权利妨碍竞争秩序的不正当竞争行为时，经人民法院、不正当竞争行为监督检查部门依法认定，国务院知识产权行政部门可以根据申请决定给予非自愿许可。

值得注意的是，我国在 2001 年制定《集成电路布图设计保护条例》时，《反垄断法》尚未出台。应当说，从举重以明轻的角度看，当经司法程序或行政执法程序认定布图设计权利人有垄断行为而需要给予补救时，也应当可以参照本条规定给予非自愿许可。相信未来修订《集成电路布图设计保护条例》时会对此予以明确规定。

第二十七条　取得使用布图设计非自愿许可的自然人、法人或者其他组织不享有独占的使用权，并且无权允许他人使用。

关联规定

国际条约

1.《关于集成电路的知识产权条约》

第 6 条　保护范围

（三）关于未经权利持有人同意而使用的措施

（A）虽有第（一）款的规定，但任何缔约方均可在其立法中规定其行政或者司法机关有可能在非通常的情况下，对于第三者按商业惯例经过努力而未能取得权利持有人许可并不经其许可而进行第（一）款所述的任何行为，授予非独占许可（非自愿许可），而该机关认为授予非自愿许可对于维护其视为重大的国家利益是必要的；该非自愿许可仅供在该国领土上实施并应以第三者向权利持有人支付公平的补偿费为条件。

2.《与贸易有关的知识产权协定》

第 31 条　未经权利持有人授权的其他使用

如一成员的法律允许未经权利持有人授权即可对一专利的客体作其他使用，包括政府或经政府授权的第三方的使用，则应遵守下列规定：

（四）此种使用应是非专有的；

（五）此种使用应是不可转让的，除非与享有此种使用的那部分企业或商誉一同转让；

第 37 条　无需权利持有人授权的行为

一、尽管有第 36 条的规定，但是如从事或命令从事该条所指的与含有非法复制的布图设计的集成电路或包含此种集成电路的物品有关的行为的人，在获得该集成电路或包含该集成电路的物品时，不知道且无合理的根据知道其中包含此种非法复制的布图设计，则任何成员不得将从事该条所指的任何行为视为非法。各成员应规定，在该人收到关于该布图设计被非法复制的充分通知后，可对现有的存货和此前的订货从事此类行为，但有责任向权利持有人支付费用，数额相当于根据就此种布图设计自愿达成的许可协议应付的合理使用费。

二、第31条（一）项至（十一）项所列条件在细节上作必要修改后应适用于任何有关布图设计的非自愿许可情况或任何未经权利持有人授权而被政府或为政府而使用的情况。

条文释义

一、本条主旨

本条是关于布图设计非自愿许可的限制性规定。

二、条文解读

取得集成电路布图设计实施非自愿许可的主体，享有实施集成电路布图设计专有权的权利。但是，为了合理保护集成电路布图设计专有权人的利益，对依非自愿许可取得集成电路布图设计专有权、使用权的主体的权利应当加以限制。依照本条规定，对依非自愿许可取得集成电路布图设计使用权的主体权利限制，包括以下两方面。

（一）不享有独占使用权

取得非自愿许可使用权的主体，无权限制集成电路布图设计专有权人自己或者再许可其他主体使用该项集成电路布图设计。其他主体无论是通过国务院知识产权行政部门得到非自愿许可的使用权，还是通过集成电路布图设计权人许可得到的使用权，都受法律保护，取得非自愿许可的主体无权加以限制或主张权利。集成电路布图设计被非自愿许可后，其权利人仍然有权使用该集成电路布图设计或者自愿许可第三者使用该集成电路布图设计。非自愿许可本来就是对集成电路布图设计权人独占权的一种限制，如果允许取得非自愿许可使用权的主体对许可其实施的布图设计有独占的使用权，与非自愿许可的目的相悖，对布图设计专有权人来说也是极不公平的，将会从根本上破坏集成电路布图设计制度本身的目的和价值。

（二）无权许可他人使用

因非自愿许可取得使用集成电路布图设计权利的主体，虽然经国务院知识产权行政部门的决定取得了使用权利，但是其权利仅是在规定的范围和时间内使用布图设计。取得布图设计使用非自愿许可的主体并不是布图设计权利人，其没有权利允许他人使用该布图设计，否则将严重损害集成电路布图设计权人的利益，对布图设计权人来说是不公平的。

适用指引

本条的“非自愿许可”系指《集成电路布图设计保护条例》第 25 条所规定的国务院知识产权行政部门在特定情形下给予的非自愿许可。国务院知识产权行政部门系指国家知识产权局。取得实施非自愿许可的单位或者个人不享有独占的使用权、无权允许他人使用。同时，取得使用非自愿许可的单位或者个人原则上亦不得转让其非自愿许可，他人一般亦无权从非自愿许可的单位或者个人处以受让权利为由获得使用权。本条虽未对此加以明文规定，但该含义系应有之义，亦与《与贸易有关的知识产权协定》的有关规定相吻合。

第二十八条　取得使用布图设计非自愿许可的自然人、法人或者其他组织应当向布图设计权利人支付合理的报酬，其数额由双方协商；双方不能达成协议的，由国务院知识产权行政部门裁决。

关联规定

国际条约

《关于集成电路的知识产权条约》

第6条　保护范围

（三）关于未经权利持有人同意而使用的措施

（A）虽有第（一）款的规定，但任何缔约方均可在其立法中规定其行政或者司法机关有可能在非通常的情况下，对于第三者按商业惯例经过努力而未能取得权利持有人许可并不经其许可而进行第（一）款所述的任何行为，授予非独占许可（非自愿许可），而该机关认为授予非自愿许可对于维护其视为重大的国家利益是必要的；该非自愿许可仅供在该国领土上实施并应以第三者向权利持有人支付公平的补偿费为条件。

条文释义

一、本条主旨

本条是关于非自愿许可情形下支付合理报酬的规定。

二、条文解读

集成电路布图设计实施非自愿许可并没有使布图设计专有权人丧失其全部权利。在集成电路布图设计非自愿许可的情况下，其权利人仍然享有请求该集成电路布图设计使用者支付合理报酬即使用费的权利。而取得非自愿许可的单位或者个人，因使用他人的布图设计而获得利益，也应当向集成电路布图设计专有权人支付使用费用。

适用指引

本条的“非自愿许可”系指《集成电路布图设计保护条例》第25条所规定的国务院知识产权行政部门在特定情形下给予的非自愿许可。取得实施非自愿许可的单位或者个人应当向许可权利人支付合理的报酬，报酬数额双方协商优先，不能达成一致的，由国务院知识产权行政部门裁决。双方协商系前置程序，任何一方不得未经协商即申请行政裁决。

第三十条　除本条例另有规定的外，未经布图设计权利人许可，有下列行为之一的，行为人必须立即停止侵权行为，并承担赔偿责任：

（一）复制受保护的布图设计的全部或者其中任何具有独创性的部分的；

（二）为商业目的进口、销售或者以其他方式提供受保护的布图设计、含有该布图设计的集成电路或者含有该集成电路的物品的。

侵犯布图设计专有权的赔偿数额，为侵权人所获得的利益或者被侵权人所受到的损失，包括被侵权人为制止侵权行为所支付的合理开支。

关联规定

一、国际条约

1.《关于集成电路的知识产权条约》

第 6 条　保护范围

（一）需要权利持有人许可的行为

（A）任何缔约方应认为未经权利持有人许可而进行的下列行为是非法的：

（1）复制受保护的布图设计（拓扑图）的全部或其任何部分，无论是否将其结合到集成电路中，但复制不符合第三条（二）款所述独创性要求的任何部分布图设计除外。

（2）为商业目的进口、销售或者以其他方式供销受保护的布图设计（拓扑图）或者其中含有受保护的布图设计的集成电路。

（B）对于未经权利持有人许可而进行的除第（A）项所述以外的其它行为，任何缔约方亦有确定其为非法的自由。

（二）不需要权利持有人许可的行为

（A）虽有第（一）款的规定，如果第三者为了私人的目的或者单纯为了评价、分析、研究或者教学的目的，未经权利持有人许可而进行第（一）款

(A)(1)项所述行为的，任何缔约方不应认为是非法行为。

(B)本款(A)项所述的第三者在评价或分析受保护的布图设计(拓扑图)("第一布图设计(拓扑图)")的基础上，创作符合第三条第(二)款规定的独创性条件的布图设计(拓扑图)("第二布图设计(拓扑图)")的，该第三者可以在集成电路中采用第二布图设计(拓扑图)，或者对第二布图设计(拓扑图)进行第(一)款所述的行为，而不视为侵犯第一布图设计(拓扑图)权利持有人的权利。

(C)对于由第三者独立创作出的相同的独创性布图设计(拓扑图)，权利持有人不得行使其权利。

(三)关于未经权利持有人同意而使用的措施

(A)虽有第(一)款的规定，但任何缔约方均可在其立法中规定其行政或者司法机关有可能在非通常的情况下，对于第三者按商业惯例经过努力而未能取得权利持有人许可并不经其许可而进行第(一)款所述的任何行为，授予非独占许可(非自愿许可)，而该机关认为授予非自愿许可对于维护其视为重大的国家利益是必要的；该非自愿许可仅供在该国领土上实施并应以第三者向权利持有人支付公平的补偿费为条件。

(B)本条约的规定不应影响任何缔约方在适用其旨在保障自由竞争和防止权利持有人滥用权利的法律方面采取措施的自由，包括按正规程序由其行政或者司法机关授予非自愿许可。

(C)授予本款(A)项或(B)项所述的非自愿许可应当经过司法检查。本款(A)项所述的条件已不复存在时，该项所述的非自愿许可应予以撤销。

2.《与贸易有关的知识产权协定》

第36条　保护范围

在遵守第三十七条第一款规定的前提下，如从事下列行为未经权利持有人授权，则应视为非法：为商业目的进口、销售或分销受保护的布图设计、含有受保护的布图设计的集成电路、或含有此种集成电路的物品，只要该集成电路仍然包含非法复制的布图设计。

第37条　无需权利持有人授权的行为

一、尽管有第三十六条的规定，但是如从事或命令从事该条所指的与含有非法复制的布图设计的集成电路或包含此种集成电路的物品有关的行为的人，在获得该集成电路或包含该集成电路的物品时，不知道且无合理的根据知道其中包含此种非法复制的布图设计，则任何成员不得将从事该条所指的任何行为视为非法。各成员应规定，在该人收到关于该布图设计被非法复制的充分通知后，可对现有的存货和此前的订货从事此类行为，但有责任向权利持有人支付费用，数额相当于根据就此种布图设计自愿达成的许可协议应付的合理使用费。

二、第三十一条（一）项至（十一）项所列条件在细节上作必要修改后应适用于任何有关布图设计的非自愿许可情况或任何未经权利持有人授权而被政府或为政府而使用的情况。

二、法律、行政法规、司法解释

《集成电路布图设计保护条例》

第七条 布图设计权利人享有下列专有权：

（一）对受保护的布图设计的全部或者其中任何具有独创性的部分进行复制；

（二）将受保护的布图设计、含有该布图设计的集成电路或者含有该集成电路的物品投入商业利用。

第二十三条 下列行为可以不经布图设计权利人许可，不向其支付报酬：

（一）为个人目的或者单纯为评价、分析、研究、教学等目的而复制受保护的布图设计的；

（二）在依据前项评价、分析受保护的布图设计的基础上，创作出具有独创性的布图设计的；

（三）对自己独立创作的与他人相同的布图设计进行复制或者将其投入商业利用的。

第二十四条 受保护的布图设计、含有该布图设计的集成电路或者含有该集成电路的物品，由布图设计权利人或者经其许可投放市场后，他人再次商业利用的，可以不经布图设计权利人许可，并不向其支付报酬。

第三十三条 在获得含有受保护的布图设计的集成电路或者含有该集成电路的物品时，不知道也没有合理理由应当知道其中含有非法复制的布图设计，而将其投入商业利用的，不视为侵权。

前款行为人得到其中含有非法复制的布图设计的明确通知后，可以继续将现有的存货或者此前的订货投入商业利用，但应当向布图设计权利人支付合理的报酬。

三、部门规章及规范性文件

《集成电路布图设计审查与执法指南（试行）》

第三部分 行政执法

第 2 章 侵权判定

1.1 专有权保护基础

《条例》第十六条中规定，申请布图设计登记，应提交布图设计的复制件或者图样；布图设计已投入商业利用的，提交含有该布图设计的集成电路样品。

在处理布图设计侵权纠纷案件中，布图设计专有权的内容应以提交在国家知识产权局申请文件中并经公告公示的布图设计复制件或者图样确定，布图设计专有权的保护范围也应以此确定。

在处理布图设计侵权纠纷案件中，如果现有涉案复制件或者图样纸件放大的倍数尚不足以完整、清晰地反映布图设计的内容，也可以通过专利机构对登记时提交的含有该布图设计的集成电路样品进行反向剖析，提取其中的三维配置信息，在确认样品与复制件或者图样中的布图设计一致的情况下，辅助确定复制件或者图样中的布图设计的保护内容。

复制件或者图样作为获得登记的布图设计必须提交的文件，其法律地位显然高于芯片样品。没有在复制件或者图样中体现的图层等布图设计信息，不应作为布图设计请求保护的内容。而对于芯片样品，可以通过技术手段精确还原出其所包含的布图设计的详细信息。因此，如果基于客观原因，复制或者图样中的确存在某些无法识别的布图设计细节，可以参考芯片样品进行确定。这体现了以复制件和图样为基础，以集成电路样品为补充的思想。

例如，某案中，请求人在登记时提交了布图设计的电子版图样，同时提交了集成电路样品 4 片。根据鉴定意见，请求人以电子版图样而进行的独创性说明，与通过技术鉴定而从样品中提取的布图设计之间吻合。因此，样品所包含的布图设计，可以作为该案布图设计的电子版图样的补充，用来确定涉案布图设计的保护范围。

1.2 请求人的具体说明

请求人在提出请求时，可以对主张的区域的独创性进行具体说明。请求人在具体案件中指明具有独创性的区域，以及对该区域独创性所作的说明，应视为布图设计权利人在具体案件中主张的保护范围。布图设计专有权的客体是元件和线路的三维配置，不延及思想、处理过程、操作方法或者数学概念等。因此，如果具体说明中包含电路要实现的效果等内容，其属于设计思想，不能作为确定其保护范围的依据。

某案中，请求人对某独创性区域的说明中使用了“差分结构”的用语。该用语属于对布图设计中信号处理具有“差分”效果的功能表述，属于一种设计思想，其不属于三维配置的范畴，不构成对布图设计保护范围的限制。因此，在布图设计侵权比对时，对该独创性区域的“差分结构”这样的功能性描述不予考虑。

1.3 “具有独创性的部分”的理解

《条例》第七条规定，布图设计权利人享有下列专有权：（1）对受保护的布图设计的全部或者其中任何具有独创性的部分进行复制；（2）将受保护的布图设计、含有该布图设计的集成电路或者含有该集成电路的物品投入商业利用。

在处理布图设计侵权纠纷案件中，对于条例中规定的“任何具有独创性的部分”，该“部分”不应是个别元件或个别连接，而应是相对独立的模块。具体而言，相对独立的模块一般应具备下列两个条件：（1）相对于其他部分而言，该部分具有某种相对独立的电子功能；（2）该部分在复制件或图样中，相对于其他部分应具有相对清晰、可以划分的边界。只有具备上述两个条件，才能成为“具有独创性的部分”的判断客体。

第2节 侵权的判定

在处理布图设计侵权纠纷案件中，侵权判定采用“接触+实质相同”的判断方法。

2.1 “接触”的认定

如果被控侵权产品的布图设计与登记的布图设计实质相同，同时权利人又有证据表明被请求人在此前具备了掌握该登记的布图设计的条件，那么就应由被请求人来证明其所使用的作品的合法来源，否则即应承担侵权责任。

某案中，被请求人承认其接触了受保护的布图设计。被请求人未经权利人许可，在其生产、销售的芯片中包含了受保护的布图设计中具有独创性的模块，其行为已经侵犯了受保护的布图设计专有权。

2.2 比对标准

如果满足下列条件之一，则被控侵权产品的布图设计与登记的布图设计相同或者实质相同：

(1) 被控侵权产品含有的布图设计与受保护的布图设计全部相同或者实质相同；

(2) 被控侵权产品含有的布图设计与登记的布图设计中的任何具有独创性的部分相同或者实质相同。

2.3 比对的主体

判断被控侵权产品与受保护的布图设计是否相同或者实质相同，应从布图设计创作者和集成电路制造者的角度进行。布图设计创作者和集成电路制造者应该具有以下知识和能力：首先，其知晓现有常规设计规则和制造工艺；其次，其知晓在受保护的布图设计创作时所有的公认的常规设计。

2.4 比对的方法

2.4.1 整体比对

如果涉案布图设计的整体是其独创性所在，应将其与整体与被控侵权产品的布图设计进行比较。根据二者相似度判定是否属于相同或者实质相同的设计。

2.4.2 部分比对

对于主张部分模块是其"具有独创性的部分"的，应将布图设计中的该具有独创性的部分与被控侵权产品布图设计的相应部分进行比较。根据二者相似度判定是否属于相同或者实质相同的设计。

条文释义

一、本条主旨

本条是关于集成电路布图设计侵权行为类型及侵权责任承担的规定。

二、条文演变

布图设计专有权是一种知识产权，侵犯布图设计专有权的法律责任与侵犯其他知识产权的法律责任没有实质差别，因而《集成电路布图设计保护条例》

在设定侵犯布图设计专有权的法律责任时，沿用了有关知识产权方面法律责任的有关规定。[①] 其中，《集成电路布图设计保护条例》第 2 条、第 7 条规定了集成电路布图设计权利人所享有的权利；第 23 条规定了集成电路布图设计的合理使用；第 24 条规定了集成电路布图设计的权利用尽原则；第 30 条规定了集成电路布图设计专有权、侵权行为类型及侵权责任承担；第 33 条规定了不视为侵权的情形。国家知识产权局为进一步切实维护创新者、专有权人和社会公众的合法权益，加强集成电路布图设计专有权保护，提高集成电路布图设计审查、执法工作的效率与水平，根据《集成电路布图设计保护条例》以及相关部门规章规定，制定了《集成电路布图设计审查与执法指南（试行）》，其中规定了集成电路布图设计的登记审查、复审撤销、行政执法、许可质押等行政程序，行政执法部分规定了国家知识产权局处理集成电路布图设计侵权纠纷的具体执法程序以及侵权判定。人民法院在民事侵权纠纷审理中可参考上述侵权判定的相关规定。

三、条文解读

（一）侵权判定方法

虽然布图设计专有权涉及复杂的集成电路技术，但其与专利权不同。专利授权和保护遵循“公开换保护”原则，要求申请人提交详细的专利申请文本，并充分公开全部技术方案，以获得权利；而布图设计则不以“公开换保护”为原则，不以登记的布图设计公开其全部设计细节为授权条件，且允许登记的布图设计含有商业秘密信息。此外，布图设计专有权的保护仅限于具有独创性的元件和线路的三维配置，不延及思想、处理过程、操作方法或者数学概念等。因此，布图设计权利人所享有的权利类型、侵权判定方式与同样旨在保护技术创新的专利权有较大区别。

经登记后的权利人享有集成电路布图设计专有权，具体包括：（1）对受保护的布图设计的全部或者其中任何具有独创性的部分进行复制；（2）将受保护的布图设计、含有该布图设计的集成电路或者含有该集成电路的物品投入商业使用。其中，对布图设计进行商业利用是指为商业目的的进口、销售或者以其

① 参见国务院法制办教科司：《集成电路布图设计保护条例的制定》，载《科技与法律》2002 年第 1 期。

他方式提供受保护的布图设计、含有该布图设计的集成电路或者含有该集成电路的物品的行为。但并非所有实施布图设计的行为均需获得布图设计权利人的许可，依据《集成电路布图设计保护条例》第23条的规定，为个人目的或者单纯为评价、分析、研究、教学等目的而复制受保护的布图设计的，可以不经过布图设计权利人许可，也无需支付报酬；并且，如果行为人复制或者投入商业利用的、与他人相同的布图设计，系自己独立创作完成的，也可以不经过布图设计权利人许可，也无须支付报酬。显然，对布图设计专有权的限制与对专利权的限制明显不同，而更接近于对著作权的限制。

值得注意的是，我国采取布图设计登记授权制，对于布图设计并不作实质性审查，但布图设计专有权保护的是具有独创性的布图设计，即布图设计应该是创作者的智力劳动成果，因此，布图设计专有权的保护范围以该布图设计的所有独创性部分为准。参考《集成电路布图设计审查与执法指南（试行）》的规定，该具有独创性的区域不应该是个别元件或者个别连接，而应是相对独立的模块，具有相对独立的电子功能，能够相对清晰地确定边界。在审理布图设计侵权纠纷中，应由权利人明确其请求保护的独创性部分。

集成电路布图设计专有权并不保护布图设计的思想、处理过程、操作方法或者数学概念等，而保护的是布图设计的表现形式，这与著作权只保护表达，不保护思想的原则相似。因此，集成电路布图设计专有权的侵权判定方式也与著作权侵权判断方式相似，采用“接触+实质相同”的判定原则。[①] 由于布图设计专有权的保护范围以该布图设计的独创性部分为准，因此，应根据权利人明确的独创性部分进行比对。当权利人主张布图设计整体具有独创性，则应将其整体与被控侵权产品的布图设计进行比对。如果权利人主张模块具有独创性，则应将布图设计中具有独创性的部分与被控侵权产品布图设计的相应部分进行比较。

若经比对认定被控侵权产品的布图设计与权利人主张的布图设计实质相同，且权利人可以证明被诉侵权人有接触其布图设计的可能性，则权利人已经初步完成其证明责任，举证责任发生转移，被诉侵权人应当举证证明其不构成侵权。如果被诉侵权人能够证明权利人所提出的具有独创性的布图设计系常规设计，或者能够证明其行为符合《集成电路布图设计保护条例》第23条列举

① 参见《集成电路布图设计审查与执法指南（试行）》，第3部分行政执法第2章侵权判定。

的“合理使用”的情形、第 24 条规定的“权利用尽”的情形、第 33 条规定的“不知道也没有合理理由应当知道其中含有非法复制的布图设计，而将其投入商业利用的”情形之一的，不构成侵权。

（二）侵权责任承担

集成电路布图设计侵权成立的，被诉侵权人除承担停止侵权外还应承担赔偿责任。其中，赔偿数额还包括权利人为制止侵权所支付的合理开支。本条中规定了侵犯布图设计专有权的赔偿数额的计算方式，即为侵权人所获得的利益或者被侵权人所受到的损失。

《集成电路布图设计保护条例》制定于 2001 年，至今未进行修改，其对于侵权赔偿损失的计算参考了当时其他知识产权专门法律的规定。但与 2000 年《专利法》不同的是，《集成电路布图设计保护条例》没有规定“参照许可费用”。2008 年《专利法》明确了赔偿数额的确定顺序，即按照权利人因被诉侵权所受到的损失确定；实际损失难以确定的，可以按照因侵权所获得的利益确定。2020 年《专利法》修改时，“为了把法律的威慑作用充分发挥出来，大幅提高专利侵权违法成本”，[①] 取消了赔偿数额计算方法的顺位，允许当事人自行选择对自己有利的赔偿数额计算方式。《集成电路布图设计保护条例》并未明确布图设计侵权赔偿数额计算方式的顺序，考虑到《专利法》修改过程中对于赔偿数额计算方式顺序的态度转变，应允许布图设计侵权纠纷中权利人自行选择赔偿数额计算方式。至于权利人因侵权所受损失或者侵权人所获利益的具体计算方式，可以参考专利侵权纠纷中的计算方式进行计算。

适用指引

一、集成电路布图设计的载体

布图设计的保护以进行登记为前提条件，申请人申请登记时应该提交布图设计的复制件或者图样，在布图设计已经投入商业利用时，还应提交含有布图设计的集成电路样品。《集成电路布图设计保护条例实施细则》中规定，创作

① 王瑞贺主编：《中华人民共和国专利法释义》，法律出版社 2021 年版，第 197 页。

者还可提交复制件或者图样的电子版本。故在司法实践中，存在权利人不只提交了一份载体的情况，甚至在某些情况下，发现权利人提供的纸件、电子件、样品中所含的集成电路布图设计内容不一致，因此，如何确定集成电路布图设计的权利内容是该类型侵权案件首要解决的问题。

对于这一问题，有三种不同的观点。其一，主张应认定布图设计专有权无效，不受法律的保护。虽然《集成电路布图设计保护条例》和《集成电路布图设计保护条例实施细则》中规定了权利人可以提交多种不同的布图设计载体，但不论提供载体的方式有几种，其中载明的布图设计内容应一致，否则布图登记制度没有意义。因此，由于权利人自身原因导致提交载体中所显示的布图设计不一致时，权利人不应获得布图设计专有权。其二，主张虽然《集成电路布图设计保护条例》与《集成电路布图设计保护条例实施细则》中规定了权利人可以提供不同形式的载体，但是根据条例可知，复制件或图样系获得授权必须提交的，而样品只有在布图设计已经投入商业使用的情况下才需提交。复制件或图样的电子版是否提交则由申请人自己选择。故复制件或者图样（纸件）、电子件、样品在布图设计登记获得授权的必要性上有所差别，应该以复制件或者图样（纸件）确定布图设计专有权的保护范围。其三，主张既然三种形式的载体均已经提交，布图设计专有权为登记授权，则权利人可以自行选择其中一种载体确定其布图设计的保护范围。

对于这一问题，国家知识产权局在《集成电路布图设计审查与执法指南（试行）》中规定，布图设计专有权的内容应以提交在国家知识产权局申请文件中并经公告公示的布图设计复制件或者图样确定，布图设计专有权的保护范围也应以此确定。复制件或者图样作为获得登记的布图设计必须提交的文件，其法律地位显然高于芯片样品。没有在复制件或者图样中体现的图层等布图设计信息，不应作为布图设计请求保护的内容。而对于芯片样品，可以通过技术手段精确还原出其所包含的布图设计的详细信息。因此，如果基于客观原因，复制件或者图样中的确存在某些无法识别的布图设计细节，可以参考芯片样品进行确定。国家知识产权局在 2020 年 12 月 14 日发布的《国家知识产权局关于发布第一批知识产权行政执法指导案例的通知》中的“无锡新硅微电子有限公司与南京日新科技有限公司侵害集成电路布图设计专有权纠纷案”亦认为“布图设计的复制件或者图样是登记时必备的权利载体，将其作为布图设计专有权的法定载体符合立法的本意。对于登记提交的含有布图设计的集成电路样品，在复制件和图样所表示的布图设计的内容与集成电路样品所包含的布图设计的内容不一致时，应当以复制件和图样所表示的布图设计为准。”

最高人民法院在（2019）最高法知民终490号案件中认为，“其中复制件或者图样的纸件是必须提交的；样品在布图设计已经投入商业利用的情况下提交；复制件或者图样的电子版本是基于自愿提交的，还特别要求电子文档应该包含该布图设计的全部信息，并注明文件的数据格式。可见，复制件或图样的纸件是获得登记必须提交的文件。在确定布图设计的保护范围时，一般应根据复制件或图样的纸件进行。在样品与复制件或者图样的纸件具有一致性的前提下，可以采用样品剖片……”因此，集成电路布图设计侵权纠纷中，应当首先以复制件或图样所表示的内容确定请求保护的布图设计，样品可以作为参考。

二、集成电路布图设计的保护范围

由于布图设计在登记授权时仅进行形式审查，权利人提交符合形式的复制件或图样等文件即可，故对于布图设计权利的保护范围的确定也是司法实践中面临的难题之一。

人民法院在审理布图设计侵权纠纷中，应该首先让权利人举证证明其权利基础，权利人除提交布图设计证书外，鉴于布图设计在登记时不要求权利人声明其独创性，因此，在具体案件中原告应指明其具有独创性的区域或者对各区域独创性进行说明，人民法院以此为基础确定布图设计专有权在具体案件中的保护范围。根据《集成电路布图设计保护条例》第2条第2项关于“集成电路布图设计，是指集成电路中至少有一个是有源元件的两个以上元件和部分或者全部互连线路的三维配置，或者为制造集成电路而准备的上述三维配置”的规定，以及第5条关于保护“不延及思想、处理过程、操作方法或者数学概念等”的规定，布图设计专有权的客体是元件和线路的三维配置。如果权利人关于独创性的具体说明中包含了三维配置以外的内容，例如，电路的原理、要实现的效果或功能、处理过程、设计思想等，则这些内容不能作为确定其保护范围的依据。

典型案例

苏州赛芯电子科技有限公司与深圳裕昇科技有限公司、户某某、黄某东、黄某亮侵害集成电路布图设计专有权纠纷案

关键词：集成电路布图设计　登记　侵权　接触加相同或实质相同

裁判摘要：在布图设计登记时，向登记部门提交的材料中包含布图设计内容有：复制件或者图样的纸件、复制件或者图样的电子版本、样品。其中复制件或者图样的纸件是必须提交的；样品在布图设计已经投入商业利用的情况下提交；复制件或者图样的电子版本是基于自愿提交的，还特别要求电子文档应该包含该布图设计的全部信息，并注明文件的数据格式。可见，复制件或图样的纸件是获得登记必须提交的文件。在确定布图设计的保护范围时，一般应根据复制件或者图样进行。在样品与复制件或者图样一致的前提下，可以采用样品剖片。

在布图设计已经获得登记、取得专有权的情况下，对布图设计的侵权认定类似著作权侵权认定思路，而不能采用与专利侵权认定相同的规则。即使在被诉侵权芯片与布图设计构成相同或者实质相同时，也要考虑被诉侵权人是否具有接触布图设计的可能性，即布图设计的侵权人认定采取接触加相同或实质相同的判断方法。其中，接触是指权利人应举证证明被诉侵权人在被诉侵权行为发生前，具有接触涉案布图设计的可能性，而不要求其对已经发生实际接触进行举证。

基本案情：涉案布图设计权利人为赛芯公司，布图设计名称为集成控制器与开关管的单芯片负极保护的锂电池保护芯片。经赛芯公司申请，原审广东省深圳市中级人民法院于2017年9月7日委托北京紫图知识产权司法鉴定中心（以下简称紫图中心），对被诉的JA5088集成电路产品的布图设计与赛芯公司BS.12500520.2集成电路布图设计是否相同或实质相同进行鉴定。紫图中心得出如下鉴定意见：检测JA5088集成电路产品中的布图设计与赛芯公司BS.12500520.2集成电路布图设计中主张的独创点5对应的布图设计相同，独创点1、2、3、4、6对应的布图设计实质相同。赛芯公司BS.12500520.2集成电路布图设计中主张的独创点1、2、3、4、5、6对应的布图设计具有独创性。

原审法院认为，赛芯公司先后提交了多份关于其请求保护的涉案布图设计的独创点的说明和分析意见，对其请求保护的独创点内容进行了固定。在赛芯公司已经充分披露和说明其独创点的依据后，裕昇公司等对六个独创点提出质疑时，亦应履行相应的举证责任以支持其抗辩主张。裕昇公司等在诉讼期间以费用负担为由，放弃对其主张的证据4-7项下的相关文献所指向的布图设计申请鉴定，导致相关的布图设计未能进入鉴定范围之内，应自行承担相应的不利法律后果。涉案《司法鉴定意见书》在现有证据之下，作出赛芯公司主张的涉案六个独创点具有独创性的鉴定意见，并未失当，原审法院予以采纳。关于被诉侵权行为的性质问题，被诉侵权的集成电路产品的外包装上有“ACIC”的标识，而该标识指向准芯微公司，准芯微公司除了实施涉案公证书所载明的销售行为之外，还实施了复制行为。在被诉侵权行为发生之时，户某某同时系裕昇公司与准芯微公司的法定代表人和股东，同时实际控制了该两公司，且裕昇公司还就准芯微公司直接实施的销售行为代开了发票。因此，赛芯公司指控裕昇公司与准芯微公司构成共同侵权。原审法院判决：一、裕昇公司在判决生效之日起十日内赔偿赛芯公司经济损失50万元。二、户某某、黄建某、黄赛某对上述赔偿金额承担连带责任。三、驳回赛芯公司其余诉讼请求。深圳裕昇科技有限公司、户某某、黄建某、黄赛某上诉后，二审驳回上诉、维持原判。

【案　　号】（2019）最高法知民终490号

【审理法院】最高人民法院

【来　　源】2020年中国法院10大知识产权案件

第三十一条　未经布图设计权利人许可，使用其布图设计，即侵犯其布图设计专有权，引起纠纷的，由当事人协商解决；不愿协商或者协商不成的，布图设计权利人或者利害关系人可以向人民法院起诉，也可以请求国务院知识产权行政部门处理。国务院知识产权行政部门处理时，认定侵权行为成立的，可以责令侵权人立即停止侵权行为，没收、销毁侵权产品或者物品。当事人不服的，可以自收到处理通知之日起 15 日内依照《中华人民共和国行政诉讼法》向人民法院起诉；侵权人期满不起诉又不停止侵权行为的，国务院知识产权行政部门可以请求人民法院强制执行。应当事人的请求，国务院知识产权行政部门可以就侵犯布图设计专有权的赔偿数额进行调解；调解不成的，当事人可以依照《中华人民共和国民事诉讼法》向人民法院起诉。

关联规定

部门规章及规范性文件

1.《集成电路布图设计保护条例实施细则》

第三十二条　国家知识产权局受理侵权纠纷案件的条件

根据条例第三十一条的规定请求国家知识产权局处理布图设计专有权侵权纠纷的，应当符合下列条件：

（一）该布图设计已登记、公告；

（二）请求人是布图设计权利人或者与该侵权纠纷有直接利害关系的单位或者个人；

（三）有明确的被请求人；

（四）有明确的请求事项和具体的事实、理由；

（五）当事人任何一方均未就该侵权纠纷向人民法院起诉。

2.《集成电路布图设计审查与执法指南（试行）》

第三部分　行政执法

第1章　执法程序

1.1　受理部门

国家知识产权局设立集成电路布图设计行政执法委员会（以下简称“行政执法委员会”），负责处理布图设计的侵权纠纷，调解侵犯布图设计专有权的赔偿数额。

1.2　受理条件

布图设计侵权纠纷案件行政裁决程序因请求人的请求而启动。

请求行政执法委员会处理布图设计侵权纠纷应符合下列条件：

（1）请求人是布图设计权利人或者利害关系人；

（2）有明确的被请求人；

（3）有明确的请求事项和具体的事实、理由；

（4）有证据证明被请求人涉嫌实施了侵权行为；

（5）当事人任何一方均未向人民法院起诉，并且双方没有约定其他纠纷解决方式。

请求人提出布图设计侵权纠纷处理请求的，应提交《集成电路布图设计侵权纠纷处理请求书》，请求书的内容审查适用本节1.2.4的规定。

经审查认为符合受理条件的，应自接收当事人材料之日起5个工作日向请求人发送《集成电路布图设计侵权纠纷案件立案通知书》；经审查认为不符合受理条件的，应自接收当事人材料之日起5个工作日向请求人发送《集成电路布图设计侵权纠纷处理请求不予受理通知书》。

1.2.1　请求人

请求人应是布图设计权利人或者利害关系人：

（1）布图设计权利人是指该布图设计专有权的合法所有人；

（2）利害关系人包括布图设计专有实施许可合同的被许可人、布图设计专有权的合法继承人等。

独占实施许可合同的被许可人可以单独提出请求；排他实施许可合同的被许可人在布图设计权利人不请求的情况下，可以单独提出请求；除合同另有约定外，普通实施许可合同的被许可人不能单独提出请求。

请求人是布图设计专有权实施许可合同的被许可人的，执法人员应要求其提交实施许可合同复印件，并与原件进行核对。其中，如果请求人是排他实施许可合同的被许可人，请求人还需提交布图设计权利人放弃侵权纠纷请求权利的书面声明。

1.2.1.1 大陆地区请求人

请求人是自然人的，应要求其提交本人有效身份证件复印件，并与原件进行核对。

请求人是法人或者其他组织的，应提交下列材料，并与原件进行核对：

（1）加盖公章的法人证书复印件或者有效身份证明；

（2）法定代表人或负责人的身份证明。

1.2.1.2 港澳台地区申请人

请求人是中国香港、澳门、台湾地区居民的，执法人员应要求其履行相关的证明手续。

1.2.1.3 外国请求人

请求人是外国人的，执法人员应要求其提交所在国公证机关的有效身份证明，并经中国驻该国使领馆予以认证，或者履行中国与该所在国订立的有关条约中规定的证明手续。

1.2.2 有明确的被请求人

明确的被请求人一般指有确定的被请求人姓名或者名称，有确切的住址或者地址。被请求人是法人或者其他组织的，执法人员应要求请求人提交被请求人的企业信息查询相关材料。

1.2.3 共同请求人或共同被请求人

布图设计侵权纠纷有下列情形之一的，有关单位或者个人应共同参加案件的处理：

（1）涉案布图设计专有权有2个以上权利人的，全体共同布图设计权利人为共同请求人，部分共同布图设计权利人明确表示放弃有关实体权利的除外；

（2）被请求人为个人合伙的，全体合伙人为共同被请求人；

（3）法律、法规规定的其他情形。

1.2.4 请求书

请求人应提供请求书正本一份并按照被请求人的数量提供相应请求书副

本。一个案件只能涉及一个登记号，涉及同一布图设计权利人的多个登记号时，应分别填写请求书并分别立案。

请求书应记载下列内容：

（1）请求人姓名或者名称、地址、法定代表人或经营者的姓名、邮政编码、联系电话及其他事项；委托代理人的，代理人的姓名和代理机构的名称、地址。

（2）被请求人姓名或者名称、地址、法定代表人或经营者的姓名、邮政编码、联系电话及其他事项。

（3）请求事项、理由和侵权事实。其中，侵权事实方面，应说明侵权的基本情况，如侵权行为发生的时间、地点，购买被控侵权产品时间、地点以及过程等；侵权理由方面，应说明涉案布图涉及的独创性、被控侵权产品侵犯了涉案布图设计的哪些部分等；

（4）所附证据材料清单。

（5）请求人或获得特别授权的代理人的签章。

需要特别注意的是请求人提出的请求事项，不得超出行政执法委员会的法定职权范围。

1.2.5　代理委托书

请求人可以委托1–2人作为代理人。委托他人作为代理人时，必须提交由委托人签章的代理委托书。

代理委托书必须记载委托事项和权限。代理人代为承认、放弃、变更请求，进行和解，必须有委托人的特别授权。代理委托书记载的委托权限为特别授权的，应要求请求人明确特别授权的具体事项。

在国外或者中国港澳台地区形成的代理委托书，应按照中国法律的规定办理公证、认证或者其他证明手续。代理委托书为外文的，应附中文译本。中文译本应经过有资质的翻译机构翻译，由翻译人员签名并加盖翻译机构公章。未提供中文译本的，退回其代理委托书并通知其在指定期限内将中文译本和代理委托书原件一并提交。

外国籍当事人寄交或者托交的代理委托书，应经所在国公证机关公证，并经中国驻该国的使领馆认证，或者履行中国与该国订立的有关条约中规定的证明手续；外国籍当事人所在国与中国没有建立外交关系的，可以经该国机关公证，经与中国有外交关系的第三国驻该国使领馆认证，再转由中国驻该第三国使领馆认证。

1.2.6 布图设计专有权证明材料

请求人应提交布图设计登记证书复印件以及布图设计图样的纸件或电子件，并出具布图设计登记簿副本等能够证明涉案布图设计专有权有效存在的证明。

1.2.7 实施侵权行为的相关证据

实施侵权行为的相关证据，是指请求人提交的能够证明被请求人实施侵权行为的相关物证、书证等证据。在立案审查阶段，需对请求人所提供的证据或证据线索等作形式审查。

5.2 结案形式

行政执法委员会处理布图设计侵权纠纷案件，应在调查认定案件事实的基础上依法及时结案。

根据案件处理结果，结案形式包括：

（1）作出行政处理决定，发出《集成电路布图设计侵权纠纷案件处理决定书》，终止行政处理程序；

（2）调解结案，经调解当事人达成调解协议的，作出《集成电路布图设计侵权纠纷调解协议书》，终止行政处理程序。

5.2.1 作出处理决定

除当事人达成和解协议以及有应撤销案件的其他情形外，合议组应及时作出处理决定，并制作《集成电路布图设计侵权纠纷案件处理决定书》。

5.2.1.2 制止侵权的措施

行政执法委员会认定侵权行为成立，作出处理决定，责令侵权人立即停止侵权行为的，应采取下列制止侵权行为的措施：

（1）被请求人复制受保护的布图设计的，责令其立即停止复制行为，没收、销毁复制的图样、掩膜、专用设备以及含有该布图设计的集成电路；

（2）被请求人为商业目的进口、销售或者以其他方式提供受保护的布图设计的，责令其立即停止进口、销售或者提供行为，没收、销毁有关图样、掩膜；

（3）被请求人为商业目的进口、销售或者其他方式提供含有受保护的布图设计的集成电路，并且知道或者有合理理由应知道其中含有非法复制的布图设计的，责令其立即停止进口、销售或者提供行为，没收、销毁该集成电路；

（4）被请求人为商业目的进口、销售或者其他方式提供含有侵权集成电路的物品，并且知道或者有合理理由应知道其中含有非法复制的布图设计的，责令其立即停止进口、销售或者提供行为，从尚未销售、提供的物品中拆除该集成电路，没收、销毁该集成电路；被请求人拒不拆除的，没收、销毁该物品；

（5）停止侵权行为的其他必要措施。

行政执法委员会认定电子商务平台上的布图设计专有权侵权行为成立，作出处理决定的，应通知电子商务平台提供者及时对侵权产品相关网页采取删除、屏蔽或者断开链接等措施。

5.2.2 调解结案

行政执法委员会处理布图设计侵权纠纷案件时，可以根据当事人自愿的原则，按照有关法律、法规、规章的规定，在查明事实、分清是非的基础上，促使双方当事人相互谅解，达成调解协议。调解协议内容不得违反法律规定，不得损害国家和他人的利益。

调解应贯穿于布图设计侵权纠纷处理全过程。调解可以由合议组组长主持，也可以由合议组其他成员主持。

行政执法委员会进行调解时，可以用简易方式通知当事人及其代理人。经过调解达成协议的，由行政执法委员会制作集成电路布图设计侵权纠纷调解协议书，双方当事人应在集成电路布图设计侵权纠纷调解协议书上签章，在双方当事人签章后，行政执法委员会在集成电路布图设计侵权纠纷调解协议书加盖业务专用章。

集成电路布图设计侵权纠纷调解协议书应及时送达双方当事人，行政执法委员会留卷一份，并以集成电路布图设计侵权纠纷调解协议书的形式结案；调解未达成协议或者当事人在集成电路布图设计侵权纠纷调解协议书签收前反悔的，行政执法委员会应及时作出《集成电路布图设计侵权纠纷案件处理决定书》，以便结案。

制作集成电路布图设计侵权纠纷调解协议书，应写明下列内容：

（1）请求人、被请求人的名称或者姓名、地址、法定代表人姓名、职务，委托代理人的姓名、职业、所在单位；

（2）处理请求、案件查明的事实和调解协议的主要内容。

行政执法委员会应当事人请求，可以就侵犯布图设计专有权的赔偿数额进行调解。

8.1　受理

请求行政执法委员会就侵犯布图设计专有权的赔偿数额进行调解的，应提交请求书。请求书应记载以下内容：

（1）请求人的姓名或者名称、地址，法定代表人或者主要负责人的姓名、职务；有委托代理人的，应写明委托代理人的姓名、职务及联系方式；

（2）被请求人姓名或者名称、地址，法定代表人或者主要负责人的姓名、职务；

（3）请求调解的事项、事实和理由；

（4）请求书应由请求人签章。

请求书为正本一份，并按被请求人人数提供副本。

在行政执法委员会认定侵权行为成立后，请求调解侵犯布图设计专有权赔偿数额的，应提交行政执法委员会作出认定侵权行为成立的处理决定书副本。

8.4　调解

调解侵犯布图设计专有权赔偿数额以双方当事人自愿为原则。行政执法委员会要依照有关法律规定切实保护双方当事人的合法权益，保护当事人的个人隐私和商业秘密，不能强迫权利人作出让步，强行调解；调解内容应符合法律规定。

调解时，执法人员应宣布调解纪律，核对当事人身份，宣布当事人的权利和义务，宣布执法人员、记录人的身份，询问当事人是否申请回避。

调解过程中，执法人员应充分听取双方当事人的意见陈述，查明争议的基本事实，依据法律、法规、规章以及政策对双方当事人进行说明、劝导，引导当事人达成调解协议。

当事人可以自行提出调解方案，执法人员也可以提出调解方案供双方当事人协商时参考。

行政执法委员会调解侵犯布图设计专有权赔偿数额，应制作调解笔录，记载调解时间、地点、参加人员、协商事项、当事人意见和调解结果，由参加人员核对无误后签章。

调解结果涉及第三人合法权益的，应征得第三人同意。第三人不同意的，终止调解。

3.《集成电路布图设计行政执法办法》

第四条 请求行政执法委员会处理布图设计专有权侵权纠纷的，应当符合下列条件：

（一）该布图设计已登记、公告；

（二）请求人是布图设计专有权的权利人或者与该侵权纠纷有直接利害关系的单位或者个人；

（三）有明确的被请求人；

（四）有明确的请求事项和具体事实、理由；

（五）当事人任何一方均未就该侵权纠纷向人民法院起诉。

第五条 请求人提出请求，应当向行政执法委员会提交请求书以及所涉及的布图设计登记证书副本。请求人应当按照被请求人的数量提供相应数量的请求书副本。

第六条 请求书应当记载以下内容：

（一）请求人的姓名或者名称、地址，法定代表人或者主要负责人的姓名、职务，委托代理人的，代理人的姓名和代理机构的名称、地址；

（二）被请求人的姓名或者名称、地址；

（三）请求处理的事项和具体事实、理由。

有关证据和证明材料可以请求书附件的形式提交。

请求书应当由请求人签名或盖章。

第七条 请求人应当提供证据，证明被请求人采用的布图设计与受保护的布图设计全部相同或者与受保护的布图设计中任何具有独创性的部分相同。

受保护的布图设计尚未投入商业利用的，请求人应当提供证据，证明被请求人有获知该布图设计的实际可能性。

第二十七条 行政执法委员会认定侵权行为成立，作出处理决定书的，应当采取下列措施制止侵权行为：

（一）被请求人复制受保护的布图设计的，责令其立即停止复制行为，没收、销毁复制的图样、掩膜、专用设备以及含有该布图设计的集成电路；

（二）被请求人为商业目的进口、销售的，责令其立即停止进口、销售或者提供行为，没收、销毁有关图样、掩膜；

（三）被请求人为商业目的进口、销售或者以其他方式提供含有受保护的布图设计的集成电路，并且知道或者有合理理由应当知道其中含有非法复制的布图设计的，责令其立即停止进口、销售或者提供行为，没收、销毁该集成电路；

（四）被请求人为商业目的进口、销售或者以其他方式提供含有侵权集成电路的物品，并且知道或者有合理理由应当知道其中含有非法复制的布图设计的，责令其立即停止进口、销售或者提供行为，从尚未销售、提供的物品中拆除该集成电路，没收、销毁该集成电路；被请求人拒不拆除的，没收、销毁该物品；

（五）停止侵权行为的其他必要措施。

第二十八条 行政执法委员会作出认定侵权行为成立的处理决定后，被请求人向人民法院提起行政诉讼的，在诉讼期间不停止决定的执行。

被请求人对行政执法委员会作出的认定侵权行为成立的处理决定期满不起诉又不停止侵权行为的，国家知识产权局可以请求人民法院强制执行。

条文释义

一、本条主旨

本条是关于集成电路布图设计侵权纠纷解决方式的规定。

二、条文演变

《集成电路布图设计保护条例》自颁行后未做修改。集成电路布图设计专有权是一种民事权利，发生纠纷时，当事人当然可以协商解决纠纷，也可以依法向人民法院提起民事诉讼。除此之外，本条例还规定行政处理途径。国家知识产权局于2019年4月8日印发执行的《集成电路布图设计审查与执法指南（试行）》中，行政执法部分规定了国务院相关行政部门处理集成电路布图设计侵权纠纷的行政执法程序，其中，对于集成电路布图设计侵权纠纷案件行政裁决程序、调解程序等均作出具体规定。

三、条文解读

考虑到集成电路布图设计侵权纠纷处理专业性较强，参考专利权保护的模式，《集成电路布图设计保护条例》规定集成电路布图设计专有权也采取司法与行政“双轨制”保护。对集成电路布图设计侵权纠纷，本条规定了如下处理方式。

（一）协商解决

协商解决是指在发生集成电路布图设计侵权纠纷后，当事人之间通过磋商等方式，直接达成解决争议的办法的处理方式。该种方式有利于降低纠纷处理成本，有效定分止争。

（二）向人民法院起诉

权利人认为他人未经许可使用其布图设计、侵犯其布图设计专有权的，若当事人之间无法或不愿通过协商解决纠纷，权利人可以提起民事诉讼。

关于集成电路布图设计侵权纠纷的民事案件的地域管辖。依照《民事诉讼法》的规定，集成电路布图设计侵权纠纷由侵权行为地或被告住所地人民法院管辖。

关于集成电路布图设计侵权纠纷的民事案件的级别管辖。按照《最高人民法院关于开展涉及集成电路布图设计案件审判工作的通知》的规定，人民法院受理侵犯布图设计专有权纠纷案件，该类案件由各省、自治区、直辖市人民政府所在地，经济特区所在地和大连、青岛、温州、佛山、烟台市的中级人民法院作为第一审人民法院审理。2014 年 8 月，第十二届全国人民代表大会常务委员会第十次会议作出《关于在北京、上海、广州设立知识产权法院的决定》，明确北京、上海、广州知识产权法院可跨区域管辖有关专利、植物新品种、集成电路布图设计、技术秘密等专业技术性较强的第一审知识产权民事和行政案件。《最高人民法院关于北京、上海、广州知识产权法院案件管辖的规定》进一步明确，北京、上海知识产权法院管辖市辖区内专利、植物新品种、集成电路布图设计、技术秘密等专业技术性较强的第一审知识产权民事案件；广州知识产权法院管辖广东省内专利、植物新品种、集成电路布图设计、技术秘密等专业技术性较强的第一审知识产权民事案件。2020 年 12 月，第十三届全国人民代表大会常务委员会第二十四次会议作出《关于设立海南自由贸易港知识产权法院的决定》，明确由海南自由贸易港知识产权法院管辖海南省有关专利、技术秘密、计算机软件、植物新品种、集成电路布图设计、涉及驰名商标认定及垄断纠纷等专业性、技术性较强的第一审知识产权民事案件。

需要特别注意的是，2018 年 12 月，第十三届全国人民代表大会常务委员会第六次会议作出《关于专利等知识产权案件诉讼程序若干问题的决定》。根据该决定以及相关司法解释，当事人对发明专利、实用新型专利、植物新品种、集成电路布图设计、技术秘密、计算机软件、垄断等专业技术性较强的知识产权民事案件第一审判决、裁定不服，提起上诉的，由最高人民法院审理。

（三）行政处理

由于我国知识产权保护实行行政与司法“双轨制”保护，当事人可以选择到法院进行诉讼，也可以请求行政主管部门处理。

第一，当事人申请行政处理的条件。集成电路布图设计侵权纠纷为民事纠纷，通常可通过司法程序加以解决。我国国务院知识产权行政部门应当事人的申请，亦可就该类侵权纠纷作出处理。当事人没有提出请求的，国务院知识产权行政部门不能主动进行处理。《集成电路布图设计保护条例实施细则》及《集成电路布图设计审查与执法指南（试行）》均规定了国务院知识产权行政部门受理纠纷的条件，即“该布图设计已登记、公告；请求人是布图设计权利人或者与该侵权纠纷有直接利害关系的单位或者个人；有明确的被请求人；有明确的请求事项和具体的事实、理由；当事人任何一方均未就该侵权纠纷向人民法院起诉”。

第二，处理布图设计侵权纠纷的行政部门。本条中规定国务院知识产权行政部门应权利人申请可以就侵权纠纷进行行政处理或调解。根据《集成电路布图设计保护条例实施细则》，国务院知识产权行政部门是指国家知识产权局。根据《集成电路布图设计审查与执法指南（试行）》的规定，国家知识产权局设立的集成电路布图设计行政执法委员会负责处理布图设计的侵权纠纷，调解侵犯布图设计专有权的赔偿纠纷。

第三，行政处理的方式。根据《集成电路布图设计审查与执法指南（试行）》的规定，集成电路布图设计行政执法委员会在调查认定案件事实的基础上，应依法及时结案。当事人不同意调解或者撤销案件的情况下，应作出行政处理决定，发出《集成电路布图设计侵权纠纷案件处理决定书》，认定侵权行为成立，可责令侵权人立即停止侵权行为。

第四，集成电路布图设计行政执法委员会依据本条规定作出的处理，属于具体行政行为，具有强制执行力。如果侵权人期满不起诉又不停止侵权行为的，国务院知识产权行政部门可以请求人民法院强制执行。

第五，当事人对国务院知识产权行政部门作出的处理决定不服的，可以自收到处理通知之日起 15 日内依照《行政诉讼法》的规定向人民法院起诉。

（四）行政调解

应当事人请求，国务院知识产权行政部门可以就侵犯布图设计专有权的赔偿数额进行调解。由于行政调解并非行政处理，应由当事人自愿履行，不具有强制执行力，调解不成的或者达成调解协议后当事人不愿意履行的，行政部门不可以请求法院强制执行，只能由当事人依照《民事诉讼法》的相关规定提起诉讼。调解结果涉及第三人合法权益的，应征得第三人同意。第三人不同意的，应终止调解。

适用指引

《最高人民法院关于审理专利纠纷案件适用法律问题的若干规定》第 19 条规定“人民法院受理的侵犯专利权纠纷案件，已经过管理专利工作的部门作出侵权或者不侵权认定的，人民法院仍应当就当事人的诉讼请求进行全面审查”，即经过管理专利工作的部门作出侵权或者不侵权认定的，当事人就赔偿问题提出民事诉讼的，人民法院应该全面审查。对于集成电路布图设计，相关司法解释并未作出类似规定。但是，考虑到《集成电路布图设计保护条例》规定的司法机关和行政机关各自对集成电路布图设计侵权纠纷的处理范围与专利法的规定基本相同，故在全面审查问题上，集成电路布图设计也可参照上述有关专利司法解释的规定处理。在集成电路布图设计侵权案件中，即使已经由行政部门作出侵权或者不侵权认定，但当事人就赔偿问题提起诉讼的，人民法院仍应就当事人的诉讼请求进行全面审查。

第三十二条　布图设计权利人或者利害关系人有证据证明他人正在实施或者即将实施侵犯其专有权的行为，如不及时制止将会使其合法权益受到难以弥补的损害的，可以在起诉前依法向人民法院申请采取责令停止有关行为和财产保全的措施。

关联规定

一、法律、行政法规、司法解释

1.《中华人民共和国民事诉讼法》

第一百零四条　利害关系人因情况紧急，不立即申请保全将会使其合法权益受到难以弥补的损害的，可以在提起诉讼或者申请仲裁前向被保全财产所在地、被申请人住所地或者对案件有管辖权的人民法院申请采取保全措施。申请人应当提供担保，不提供担保的，裁定驳回申请。

人民法院接受申请后，必须在四十八小时内作出裁定；裁定采取保全措施的，应当立即开始执行。

申请人在人民法院采取保全措施后三十日内不依法提起诉讼或者申请仲裁的，人民法院应当解除保全。

2.《最高人民法院关于审查知识产权纠纷行为保全案件适用法律若干问题的规定》

第二条　知识产权纠纷的当事人在判决、裁定或者仲裁裁决生效前，依据民事诉讼法第一百条、第一百零一条[①]规定申请行为保全的，人民法院应当受理。

知识产权许可合同的被许可人申请诉前责令停止侵害知识产权行为的，独占许可合同的被许可人可以单独向人民法院提出申请；排他许可合同的被许可人在权利人不申请的情况下，可以单独提出申请；普通许可合同的被许可人经

① 2021年《民事诉讼法》修正后，相应条文序号调整为第103条和第104条，下同。

权利人明确授权以自己的名义起诉的，可以单独提出申请。

第三条 申请诉前行为保全，应当向被申请人住所地具有相应知识产权纠纷管辖权的人民法院或者对案件具有管辖权的人民法院提出。

当事人约定仲裁的，应当向前款规定的人民法院申请行为保全。

第六条 有下列情况之一，不立即采取行为保全措施即足以损害申请人利益的，应当认定属于民事诉讼法第一百条、第一百零一条规定的“情况紧急”：

（一）申请人的商业秘密即将被非法披露；

（二）申请人的发表权、隐私权等人身权利即将受到侵害；

（三）诉争的知识产权即将被非法处分；

（四）申请人的知识产权在展销会等时效性较强的场合正在或者即将受到侵害；

（五）时效性较强的热播节目正在或者即将受到侵害；

（六）其他需要立即采取行为保全措施的情况。

第十条 在知识产权与不正当竞争纠纷行为保全案件中，有下列情形之一的，应当认定属于民事诉讼法第一百零一条规定的“难以弥补的损害”：

（一）被申请人的行为将会侵害申请人享有的商誉或者发表权、隐私权等人身性质的权利且造成无法挽回的损害；

（二）被申请人的行为将会导致侵权行为难以控制且显著增加申请人损害；

（三）被申请人的侵害行为将会导致申请人的相关市场份额明显减少；

（四）对申请人造成其他难以弥补的损害。

二、司法指导性文件

《最高人民法院关于开展设计集成电路布图设计案件审判工作的通知》

三、关于诉前申请采取责令停止有关行为措施的适用

对于申请人民法院采取诉前责令停止侵犯布图设计专有权行为措施的，应当参照《最高人民法院关于对诉前停止侵犯专利权行为适用法律问题的若干规定》执行。

条文释义

一、本条主旨

本条是关于集成电路布图设计案件诉前保全的规定。

二、条文演变

1991 年 4 月 9 日第七届全国人民代表大会第四次会议通过的《民事诉讼法》规定了诉前财产保全，我国早期的民事诉讼一般制度中并没有行为保全的相关规定。2012 年《民事诉讼法》将行为保全纳入民事保全制度范畴，并在第 101 条具体规定了诉前行为保全制度。依据《与贸易有关的知识产权协定》第 50 条关于“临时措施”的规定，在 2021 年 12 月《民事诉讼法》修改之前，我国通过修改法律的方式将诉前行为保全补充规定在《专利法》《商标法》《著作权法》中。最高人民法院先后制定了《最高人民法院关于对诉前停止侵犯专利权行为适用法律问题的若干规定》《知识行为保全规定》等司法解释，对诉前保全制度作了进一步的规定。《集成电路布图设计保护条例》第 32 条专门明确规定了集成电路布图设计权利人和利害关系人向人民法院申请诉前财产保全和行为保全的权利。

三、条文解读

本条规定的诉前保全即诉前行为保全和诉前财产保全，是指在诉讼开始以前，人民法院根据布图设计权利人或者利害关系人的申请，依法责令行为人停止某行为或依法对被申请人的财产采取强制性保护措施。

司法实践中，民事争议发生后，进入诉讼程序之前，常存在不立即采取保全措施，财产将被处分或转移的情况，使利害关系人的合法权益受到难以弥补的损失，因此建立诉前保全制度十分必要。本条系对集成电路布图设计领域申请诉前保全的专门规定，依据《知识行为保全规定》，因布图设计专有权受侵犯或即将受侵犯在起诉前申请先予保全，应符合一定的申请条件：（1）申请主体应为布图设计专有权的权利人或利害关系人；（2）申请主体应提交证据，能够初步证明他人正在实施或者即将实施侵犯其专有权的行为；（3）情况紧急，可能存在诉争的布图设计即将被非法处分、在展销会等时效性较强的场合正在或者即将受到侵害以及其他需要立即采取保全措施等情况；(4) 不及时制止被申请人的行为，布图设计专有权受到的损害将难以弥补。

适用指引

根据《最高人民法院关于开展涉及集成电路布图设计案件审判工作的通知》第 3 条关于诉前申请采取责令停止有关行为措施的适用的规定，对于申请人民法院采取诉前责令停止侵犯布图设计专有权行为措施的，应当参照 2001 年 7 月 1 日起施行的《最高人民法院关于对诉前停止侵犯专利权行为适用法律问题的若干规定》执行。2018 年 11 月 26 日，最高人民法院审判委员会第 1755 次会议审议通过了《知识行为保全规定》，并于 2019 年 1 月 1 日起施行。《知识行为保全规定》对行为保全的申请主体、受理申请的法院、申请程序、行为保全条件、考量因素及解除行为保全条件等均作出了详细规定。其中，第 21 条规定："本规定自 2019 年 1 月 1 日起施行。最高人民法院以前发布的相关司法解释与本规定不一致的，以本规定为准。"据此，集成电路布图设计案件中的行为保全，应适用《知识行为保全规定》。该司法解释施行后，《最高人民法院关于对诉前停止侵犯专利权行为适用法律问题的若干规定》不再适用。

第三十三条　在获得含有受保护的布图设计的集成电路或者含有该集成电路的物品时，不知道也没有合理理由应当知道其中含有非法复制的布图设计，而将其投入商业利用的，不视为侵权。

前款行为人得到其中含有非法复制的布图设计的明确通知后，可以继续将现有的存货或者此前的订货投入商业利用，但应当向布图设计权利人支付合理的报酬。

关联规定

一、国际条约

1.《关于集成电路的知识产权条约》

第 6 条　保护范围

（四）善意获得侵权集成电路的销售与供销

虽有第（一）款（A)(2）项的规定，但对于采用非法复制的布图设计（拓扑图）的集成电路而进行的该款所述的任何行为，如果进行或者指示进行该行为的人在获得该集成电路时不知道或者没有合理的依据知道该集成电路包含有非法复制的布图设计（拓扑图），任何缔约方没有义务认为上述行为是非法行为。

2.《与贸易有关的知识产权协定》

第 37 条　无需权利持有人授权的行为

一、尽管有第三十六条的规定，但是如从事或命令从事该条所指的与含有非法复制的布图设计的集成电路或包含此种集成电路的物品有关的行为的人，在获得该集成电路或包含该集成电路的物品时，不知道且无合理的根据知道其中包含此种非法复制的布图设计，则任何成员不得将从事该条所指的任何行为视为非法。各成员应规定，在该人收到关于该布图设计被非法复制的充分通知后，可对现有的存货和此前的订货从事此类行为，但有责任向权利持有人支付费用，数额相当于根据就此种布图设计自愿达成的许可协议应付的合理使用费。

二、法律、行政法规、司法解释

1.《中华人民共和国专利法》

第七十七条 为生产经营目的使用、许诺销售或者销售不知道是未经专利权人许可而制造并售出的专利侵权产品，能证明该产品合法来源的，不承担赔偿责任。

2.《最高人民法院关于审理侵犯专利权纠纷案件应用法律若干问题的解释（二）》

第二十五条 为生产经营目的使用、许诺销售或者销售不知道是未经专利权人许可而制造并售出的专利侵权产品，且举证证明该产品合法来源的，对于权利人请求停止上述使用、许诺销售、销售行为的主张，人民法院应予支持，但被诉侵权产品的使用者举证证明其已支付该产品的合理对价的除外。

本条第一款所称不知道，是指实际不知道且不应当知道。

本条第一款所称合法来源，是指通过合法的销售渠道、通常的买卖合同等正常商业方式取得产品。对于合法来源，使用者、许诺销售者或者销售者应当提供符合交易习惯的相关证据。

条文释义

一、本条主旨

本条是关于集成电路布图设计侵权纠纷中善意获得者侵权例外的规定。

二、条文解读

在市场经济条件下，为保护市场交易中第三人的交易安全和合理期待，法律通常对善意交易的人提供相应的免责保护。因此，知识产权专门法中如《专利法》《著作权法》《商标法》均有合法来源抗辩的规定。布图设计保护中的善意获得者例外与专利法、著作权法和商标法中的合法来源抗辩具有类似之处。本条首先规定了获得人未经授权且善意获得受保护设计的产品后进行商业利用行为的性质，即不视为侵权。同时，为了协调布图设计权利人的权益与市场经济秩序，本条确立以权利人“明确通知”的形式，赋予获得人将一定范围内的商品继续投入商业利用领域的权利和支付合理报酬的义务。需要注意的是，布图设计制度中的善意获得者侵权例外与其他知识产权法中的合法来源抗辩制度存在一定区别。其区别至少体现在两个方面：第一，在法律性质方面，布图设计制度中的善意获得者侵权例外在法律性质上是一种侵权例外，不作为侵权行为对待，当然也不需要承担侵权责任，且善意获得者对被诉侵权产品拥有后续商业利用的权利。《专利法》《著作权法》《商标法》关于合法来源抗辩在法律性质上仅仅是免除赔偿责任的抗辩，并非不侵权抗辩，善意获得被诉侵权产品的使用者和销售者对于后续的商业利用行为并不享有权利，仍需承担停止侵害的法律责任。当然，根据《侵犯专利权纠纷案件解释（二）》第25条的规定，被诉侵权产品的使用者举证证明其已支付该产品的合理对价的除外。第二，在支付合理报酬方面，布图设计制度中善意获得者在得到被诉侵权产品中含有非法复制的布图设计的明确通知后，继续将现有的存货或者此前的订货投入商业利用的，应当向布图设计权利人支付合理的报酬。《专利法》《著作权法》和《商标法》中的合法来源抗辩制度规定，善意获得被诉侵权产品的使用者和销售者并不负有向权利人支付合理报酬的义务。

适用指引

善意获得者抗辩成立条件的具体认定

（一）“获得”行为的界定

本条第2款规定，行为人得到其中含有非法复制的布图设计的明确通知后，可以继续将现有的存货或者此前的订货投入商业利用。据此，在理解本条第1款中的“获得含有受保护的布图设计的集成电路或者含有该集成电路的物品”时，所谓的“获得”不仅包括已经实际获得（“现有的存货”），还应包括根据此前的法律行为可以合理预期获得（“此前的订货”）。此外，基于保护善意获得者交易安全的立法目的，善意获得者例外中“获得”的行为方式则应进行限缩解释，应解释为通常市场渠道合法获得，不包含生产、复制等行为。

（二）“不知道也没有合理理由应当知道”的界定

获得含有受保护的布图设计的集成电路或者含有该集成电路的物品时，主观上“不知道也没有合理理由应当知道”其中含有非法复制的布图设计，这一主观状态一般需要结合具体案件事实，根据当事人的诉求、行为、交易习惯等因素进行综合认定。

（三）“合理报酬”的界定

可参考同类布图设计自愿达成的许可协议所应付的使用费，同时也应注意所参考协议中的许可期限、范围、内容等因素。

类案检索

一、南京微盟电子有限公司与泉芯电子技术（深圳）有限公司侵害集成电路布图专有权纠纷案

关键词：合法来源　不应当知道　不侵权

裁判摘要：经营者从正常商业渠道获得含有受保护的布图设计的集成电路的产品时，不知道也没有合理理由应当知道其中含有非法复制的布图设计，通过合乎常理的商业行为将其投入商业利用的，不构成侵权。

判断经营者是否知道或应当知道其所销售的产品含有受保护布图设计的集成电路或含有该集成电路产品，需要结合经营者的交易渠道、交易细节、商业行为等因素进行综合判断。如交易单据、对账信息、产品数量等证据能够证明经营者所销售的产品具有合法来源，且该经营者所采用的行为符合《集成电路布图设计保护条例》第2条第5项规定的“为商业目的销售含有该布图设计的集成电路”的商业利用行为，同时该行为不侵害到权利人对集成电路布图设计的专有权时，则该经营者的行为不视为侵权。

【案　　号】（2014）粤高法民三终字第1231号

【审理法院】广东省高级人民法院

【来　　源】中国裁判文书网

二、深圳市华彩威科技有限公司、深圳市明微电子股份有限公司侵害集成电路布图设计专有权纠纷案

关键词： 购买　复制　生产

裁判摘要： 当事人在未取得布图设计权利人授权的前提下，擅自对受保护的布图设计进行复制的行为已经超过正常的商业利用范畴，不符合《集成电路布图设计保护条例》第33条的抗辩事由，应当认定为侵权。

【案　　号】（2017）粤民终1145号

【审理法院】 广东省高级人民法院

【来　　源】 中国裁判文书网

中国民法典适用大全

知识产权与竞争卷（三）

最高人民法院民法典贯彻实施工作领导小组　编著

人民法院出版社

总目录

目　录

（第三册）

《商标法》

《反不正当竞争法》（部分）

《反垄断法》（部分）

《商标法》

第一条　为了加强商标管理，保护商标专用权，促使生产、经营者保证商品和服务质量，维护商标信誉，以保障消费者和生产、经营者的利益，促进社会主义市场经济的发展，特制定本法。

条文释义

一、本条主旨

本条是关于《商标法》立法宗旨的规定。

二、条文演变

2001年修改《商标法》时，将原第1条“为了加强商标管理，保护商标专用权，促使生产者保证商品质量和维护商标信誉，以保障消费者的利益，促进社会主义商品经济的发展，特制定本法”修改为“为了加强商标管理，保护商标专用权，促使生产、经营者保证商品和服务质量，维护商标信誉，以保障消费者和生产、经营者的利益，促进社会主义市场经济的发展，特制定本法”，主要增加了促使经营者保证服务质量及保障生产、经营者利益等内容。上述修改的主要目的是，我国《商标法》既保护商品商标，也保护服务商标，因此，不仅商品生产者应当保证商品质量，维护商标信誉，而且提供服务的经营者也应当保证服务质量，维护商标信誉；商标是用于区别商品或者服务的来源的，商标立法应保障商标的功能正常发挥，避免消费者因产生误认和误购而使利益受损。商标是生产、经营者创立信誉、保持信誉的重要手段，商标立法还应当保障生产、经营者的正当利益，因此，同时保障消费者和生产、经营者的利益是《商标法》的重要立法目的之一。2019年《商标法》予以沿用。

三、条文解读

所谓商标，就是在生产经营活动中使用的，用于识别商品或者服务来源的标志。其中，“商”就是商事，即要求商标应当用于生产经营活动中，与商品或者服务结合起来，代表该商品或者服务的质量及其生产、经营者的信誉，这是商标的价值所在。“标”就是标志，即要求商标应当具有识别能力，具有显著性特征，能够和其他标志区分开，清楚地指示商品或者服务来源于特定生产、经营者；不具备显著特征的标志不适合作为商标。

《商标法》是规范商标活动的基本法律，其立法宗旨如下。

第一，加强商标管理。商标是一种智力成果，属于知识产权范畴，国家对有关商标权利的形成、确认、运用、保护，以及与商标权利相对应的义务的履行，都要实施必要的管理，建立商标管理秩序。《商标法》的制定正是为了从法律上确立国家的商标管理制度，保障商标功能的正常发挥，有效地发挥商标在现代经济中的积极作用。

第二，保护商标专用权，这是《商标法》的核心内容。商标专用权是指商标经依法核准注册，由商标注册人对其注册商标所享有的专用权，也就是商标注册人对其注册商标享有排他性的支配权，可以独占使用，也可以转让或者许可他人使用，但他人不得擅自使用。这种商标专用权受法律保护，《商标法》通过一系列的法律规范来实施对商标专用权的保护，排除和惩罚侵犯商标专用权的违法犯罪行为。

第三，促使生产、经营者保证商品和服务质量，维护商标信誉。商标的基本特征在于它的区别性，人们可以根据商标来区别商品和服务的不同来源。因此，一方面，合法经营的生产、经营者一般会努力提高商品或者服务的质量，提高商标所代表的信誉；另一方面，国家通过法律督促生产、经营者保证使用商标的商品或者服务的质量，《商标法》明确规定：商标使用人应当对其使用商标的商品质量负责，各级工商行政管理部门应当通过商标管理，制止欺骗消费者的行为；转让注册商标的，受让人应当保证使用该注册商标的商品质量；许可他人使用其注册商标，许可人应当监督被许可人使用其注册商标的商品质量，被许可人应当保证使用该注册商标的商品质量。

第四，保障消费者和生产、经营者的利益。商标是用于区别商品或者服务的来源的，消费者借以识别和选购商品，选择所需要的服务，因此，在商标立法中必须保障商标的功能正常地发挥，生产、经营者不得有悖诚信原则，运用商标欺骗、误导消费者，使消费者误认、误购，在利益上受到损害。商标是生产、经营者所使用的创立信誉、保持信誉的一种重要手段，商标中体现了商标所有人辛勤积累的智力成果，因此，保障生产、经营者这种合法的权益是合理的、有必要的。

第五，促进社会主义市场经济的发展，是《商标法》的总目的、总原则。从商标法律制度的建立、健全，商标的基本标准和注册条件，商标专用权的取得和保护，商标管理秩序所遵循的规则，对商标违法犯罪行为的惩治等各方面来看，都必须以促进社会主义市场经济的发展为出发点，体现社会主义市场经济发展的要求。商标是商品经济的产物，在现代市场经济中充分发挥了它的职能作用。这种作用在法治的轨道上，又成为促进市场经济发展的一个重要手段，商标立法正是反映了这样的事实，体现了这样的目的。[①]

适用指引

保障消费者和生产、经营者的利益，是我国《商标法》的立法宗旨之一。我国商标法律制度不仅保障生产、经营者的利益，同时还保障消费者的利益和公平的市场竞争秩序。商标权虽然具有私权属性，但因为关系公众利益和市场竞争秩序，在特定情况下权利人自由处置商标权的权利可能会受到一定限制。比如，《商标法》第30条规定："申请注册的商标，凡不符合本法有关规定或者同他人在同一种商品或者类似商品上已经注册的或者初步审定的商标相同或者近似的，由商标局驳回申请，不予公告。"实践中，因申请注册的诉争商标与引证商标存在混淆可能，有的诉争商标申请注册主体与引证商标权利人达成共存协议，后者同意前者申请注册诉争商标。对于此种情况引起的法律纠纷，应对共存协议进行全面客观分析，若综合分析商标标识的近似程度及商品的类似程度等因素，诉争商标容易使相关公众产生混淆、误认，若允许两个商标共存，可能损害商标的标识功能和消费者的利益，甚至可能损害社会公共利益，则不能仅因为引证商标权利人同意商标共存而认定诉争商标申请注册不违反《商标法》第30条的规定。

① 参见郎胜主编：《中华人民共和国商标法释义》，法律出版社2013年版。

类案检索

一、爱尔迪有限两合公司与国家知识产权局商标申请驳回复审行政纠纷案

关键词： 商标　共存协议　混淆

裁判摘要： 关于引证商标一的权利人签署《商标同意书》是否能使诉争商标获准注册的问题，再审判决认为，我国商标法律制度不仅保障生产、经营者的利益，同时还保障消费者的利益和公平的市场竞争秩序。商标权具有私权属性，但商标权并非如其他财产权可以随意处分。商标权人在行使其商标权利时，不得损害国家利益、社会公共利益或者他人的合法权利。对于指定使用在类似商品上的两个高度近似的商标，相关公众无法区分两个商标标识的商品来源，不能排除相关公众混淆两种商品来源的可能性，若允许两个商标共存，可能损害商标的标识功能和消费者的利益，甚至可能损害社会公共利益。本案中，诉争商标与引证商标一的标识高度近似，且二者指定或核定使用于类似商品上，综合考虑商标标识的近似程度及商品的类似程度，相关公众混淆的可能性较大，故仅有雷弗伦消费产品公司出具的《商标同意书》不能当然地排除可能的市场混淆。虽然雷弗伦消费产品公司在爱尔迪公司作出相关承诺的情况下同意诉争商标的注册，即爱尔迪公司承诺其在实际使用诉争商标的过程中不能使用与雷弗伦消费产品公司实际使用的引证商标一相同或高度相似的字体，因诉争商标与引证商标一已构成高度近似，相关公众无法区分诉争商标与引证商标一标识的商品来源，两商标共存不能避免相关公众对商品的来源产生混淆的可能性，故应对此类商标共存协议的效力予以否定。因此，爱尔迪公司关于引证商标一的权利人签署《商标同意书》已能使诉争商标获准注册的再审理由缺乏事实和法律依据，法院不予支持。

【案　　号】（2020）最高法行申 8163 号

【审理法院】 最高人民法院

【来　　源】 中国裁判文书网

二、商务印书馆有限公司与华语教学出版社有限责任公司侵犯商标权及不正当竞争纠纷案

关键词：新华字典　驰名商标

裁判摘要：涉案商标“新华字典”经过商务印书馆的使用已经达到驰名商标的程度，应该得到《商标法》的保护。华语出版社认为将“新华字典”作为商务印书馆的未注册驰名商标给予保护将会破坏出版行业正常的经营管理秩序，损害知识的传播。对此，法院认为，《商标法》的根本目标在于促进市场经济的发展，不能因为给予一方市场主体商标权保护而导致限制市场竞争，损害市场经济发展。“新华字典”作为辞书名称给予商标保护的根本原因是商务印书馆长期、大量使用已经使得“新华字典”与商务印书馆产生了稳定的对应关系，且“新华字典”凝结了其所标识商品的商誉，给予其未注册驰名商标保护符合《商标法》关于未注册驰名商标保护的立法目的。《商标法》保护的商标权本身即为对商标独占使用的权利，这种独占使用针对的是商标本身，而非商标所附着的商品。即便给予商务印书馆“新华字典”未注册驰名商标的保护，给予的仅为独占使用“新华字典”商标的权利而非出版相关辞书的专有权，不会因此而直接造成辞书行业所谓的垄断，更不会因此破坏辞书市场正常的经营管理秩序。如果商务印书馆的实际经营行为构成了垄断并符合《反垄断法》所禁止实施的行为，相关市场竞争主体可以依据前述法律规定维护自身合法权益和公平的市场竞争秩序。

此外，法院亦考虑到辞书作为工具书的特殊性，识字类辞书不仅关系社会公众特别是中小学生学习汉字的正确性和汉语言知识的传承与积累，还关涉民族文化知识的传播与发展，因此，辞书内容的正确性和权威性至关重要。商标恰是保障商品内容品质的一种重要方式，商标是其所标识商品声誉的承载者。“新华字典”作为商标，其商誉亦与其内容紧密相连，商务印书馆作为“新华字典”的未注册驰名商标持有人不仅享有权利，更承担了《商标法》意义上商标权利人对其提供商品质量的保障义务及与其驰名商标美誉度相称的传播正确汉语言文字知识的社会责任。将“新华字典”作为商务印书馆的未注册驰名商标给予保护，不仅是对于之前商务印书馆在经营“新华字典”辞书商品中所产生的识别来源作用和凝结的商誉给予保护，更是通过商标保护的方式使其承担

法定义务和社会责任。由此而言，将“新华字典”作为商务印书馆的未注册驰名商标给予保护，不仅不会损害知识的传播，相反，为了维护“新华字典”良好的品牌商誉，商务印书馆对其出版、发行的标有“新华字典”标识的辞书更会注重提升品质，促进正确知识的广泛传播。

【案　　号】（2016）京73民初277号

【审理法院】北京知识产权法院

【来　　源】中国裁判文书网

第二条　国务院工商行政管理部门商标局主管全国商标注册和管理的工作。

国务院工商行政管理部门设立商标评审委员会，负责处理商标争议事宜。

关联规定

部门规章及规范性文件

《商标评审规则》

第二条　根据商标法及实施条例的规定，国家工商行政管理总局商标评审委员会（以下简称商标评审委员会）负责处理下列商标评审案件：

（一）不服国家工商行政管理总局商标局（以下简称商标局）驳回商标注册申请决定，依照商标法第三十四条规定申请复审的案件；

（二）不服商标局不予注册决定，依照商标法第三十五条第三款规定申请复审的案件；

（三）对已经注册的商标，依照商标法第四十四条第一款、第四十五条第一款规定请求无效宣告的案件；

（四）不服商标局宣告注册商标无效决定，依照商标法第四十四条第二款规定申请复审的案件；

（五）不服商标局撤销或者不予撤销注册商标决定，依照商标法第五十四条规定申请复审的案件。

在商标评审程序中，前款第（一）项所指请求复审的商标统称为申请商标，第（二）项所指请求复审的商标统称为被异议商标，第（三）项所指请求无效宣告的商标统称为争议商标，第（四）、（五）项所指请求复审的商标统称为复审商标。本规则中，前述商标统称为评审商标。

条文释义

一、本条主旨

本条是关于国家商标注册和管理主管部门以及商标争议处理部门的规定。

二、条文演变

1982年《商标法》第2条规定，国务院工商行政管理部门商标局主管全国商标注册和管理的工作。第20条规定，国务院工商行政管理部门设立商标评审委员会，负责处理商标争议事宜。2001年《商标法》修正时，将第2条修改为现有内容。2013年、2019年《商标法》修正时对条文序号及内容均未作变动。

三、条文解读

国家对经济社会事务进行管理，是由具体的部门来执行的，对商标的管理也不例外。在法律中明确相关事务的具体管理部门，能够使有关部门的地位在法律上予以明确，并依照法律的规定行使权力、履行职责、承担责任，避免错位、越位、缺位等现象的发生，从而真正保障有关事务的健康、有序发展。

根据本条的规定，国家商标注册和管理主管部门以及商标争议处理部门，为两个部门，一个是国务院工商行政管理部门商标局[①]主管全国商标注册和管理的工作。即在法律上明确了国务院工商行政管理部门商标局为全国商标注册和管理的主管部门，除此之外的任何其他部门和机构都不是全国商标注册和管理的主管部门。国务院工商行政管理部门商标局负有主管全国商标注册和管理的职责，集中统一办理商标注册工作，并依法保护商标专用权和查处商标侵权行为。国务院工商行政管理部门商标局应当依法履行其职责，不得以任何理由

① 根据中央机构改革部署，原国家工商行政管理总局商标局、商标评审委员会、商标审查协作中心整合为国家知识产权局商标局。2019年4月1日以后，商标审查工作以国家知识产权局的名义开展。为行文方便，后文所称商标局、商标评审委员会、商标审查协作中心均指国家知识产权局。

推诿卸责。另一个是国务院工商行政管理部门设立商标评审委员会[①]，负责处理商标争议事宜。在经济快速发展的现代社会，商标争议众多，有的案情十分复杂，这就需要有专门的机构和人员，以专业知识有效地处理商标争议事宜。为此，本条明确规定国务院工商行政管理部门设立商标评审委员会，负责处理商标争议事宜。

① 根据中央机构改革部署，原国家工商行政管理总局商标局、商标评审委员会、商标审查协作中心整合为国家知识产权局商标局。2019 年 4 月 1 日以后，商标审查工作以国家知识产权局的名义开展。为行文方便，后文所称商标局、商标评审委员会、商标审查协作中心均指国家知识产权局。

第三条 经商标局核准注册的商标为注册商标，包括商品商标、服务商标和集体商标、证明商标；商标注册人享有商标专用权，受法律保护。

本法所称集体商标，是指以团体、协会或者其他组织名义注册，供该组织成员在商事活动中使用，以表明使用者在该组织中的成员资格的标志。

本法所称证明商标，是指由对某种商品或者服务具有监督能力的组织所控制，而由该组织以外的单位或者个人使用于其商品或者服务，用以证明该商品或者服务的原产地、原料、制造方法、质量或者其他特定品质的标志。

集体商标、证明商标注册和管理的特殊事项，由国务院工商行政管理部门规定。

关联规定

部门规章及规范性文件

《集体商标、证明商标注册和管理办法》

第八条 作为集体商标、证明商标申请注册的地理标志，可以是该地理标志标示地区的名称，也可以是能够标示某商品来源于该地区的其他可视性标志。

前款所称地区无需与该地区的现行行政区划名称、范围完全一致。

第九条 多个葡萄酒地理标志构成同音字或者同形字的，在这些地理标志能够彼此区分且不误导公众的情况下，每个地理标志都可以作为集体商标或者证明商标申请注册。

第十条 集体商标的使用管理规则应当包括：

（一）使用集体商标的宗旨；

（二）使用该集体商标的商品的品质；

（三）使用该集体商标的手续；

（四）使用该集体商标的权利、义务；

（五）成员违反其使用管理规则应当承担的责任；

（六）注册人对使用该集体商标商品的检验监督制度。

第十一条 证明商标的使用管理规则应当包括：

（一）使用证明商标的宗旨；

（二）该证明商标证明的商品的特定品质；

（三）使用该证明商标的条件；

（四）使用该证明商标的手续；

（五）使用该证明商标的权利、义务；

（六）使用人违反该使用管理规则应当承担的责任；

（七）注册人对使用该证明商标商品的检验监督制度。

第十二条 使用他人作为集体商标、证明商标注册的葡萄酒、烈性酒地理标志标示并非来源于该地理标志所标示地区的葡萄酒、烈性酒，即使同时标出了商品的真正来源地，或者使用的是翻译文字，或者伴有诸如某某“种”、某某“型”、某某“式”、某某“类”等表述的，适用商标法第十六条的规定。

条文释义

一、本条主旨

本条是关于注册商标的含义、种类及商标专用权受法律保护的规定。

二、条文演变

1982年《商标法》第3条规定，经商标局核准注册的商标为注册商标，商标注册人享有商标专用权，受法律保护。2001年《商标法》修正时，将第3条修改为现有内容。2013年、2019年《商标法》修正时对条文序号及内容均未作变动。

三、条文解读

根据本条的规定，注册商标的含义、种类及商标专用权受法律保护，包括三个方面。

第一，注册商标的含义。所谓注册商标，是指经商标局核准注册的商标。本法第 2 条已明确规定，全国的商标注册工作由国务院工商行政管理部门商标局主管。因此，我国的商标注册工作是由商标局集中统一办理的。决定将已经使用或者准备使用的商标予以注册的人，应当依照法定的条件和程序，向商标局提出商标注册的申请。只有经商标局依法审查和核准注册的商标，才是注册商标。

第二，注册商标的种类。注册商标包括商品商标、服务商标、集体商标和证明商标四种。

商品商标，是指商品的生产者或经营者为了将自己生产或经营的商品与他人生产或经营的商品区别开来，而使用的文字、图形、字母、数字、三维标志、颜色组合、声音等，以及上述要素组合的标志。

服务商标，是指提供服务的经营者为了将自己提供的服务与他人提供的服务区别开来，而使用的文字、图形、字母、数字、三维标志、颜色组合、声音等，以及上述要素组合的标志。

集体商标，是指以团体、协会或者其他组织名义注册，供该组织成员在商事活动中使用，以表明使用者在该组织中的成员资格的标志。集体商标具有以下特征。首先，集体商标是以各成员组成的集体名义注册的，集体商标不属于某个特定的自然人、法人或者其他组织，而属于由多个自然人、法人或者其他组织组成的社团组织，具有“共有”和“共用”的特点。集体商标表明商品或服务来源自某一集体组织，这一集体可以是某一特定的行会、商会等团体、协会或者其他集体组织，而商品或者服务的具体提供者则以集体成员的身份隐退在集体的背后。其次，集体商标供该组织成员使用，集体组织通常不使用，不是该组织的成员则不能使用。也就是说，集体商标的使用是以成员身份为基础的。因此，当某一成员退出该集体时，他就不能再使用该集体商标，当某一新成员加入时，他就可以因获得成员的身份而使用该集体商标。再次，集体的成员应限于在商事活动中使用集体商标，而不应在商事活动以外的其他活动中使用。最后，集体商标的作用是表明使用者在该组织中的成员资格，即表明使用该商标的商品或者服务来源于某一个集体，以便与不是这个集体的成员的商品或者服务相区别。

集体商标由于其使用人较多，覆盖面较宽，其使用本身具有广告效益，所以集体商标的使用，有利于取得规模经济效益，有利于形成市场优势，有利于扩大国内市场及国际市场的影响力。同时，集体成员使用集体商标，并不排除其使用自身所拥有的商标。集体成员根据实际情况和自身的需要，可以既使用集体商标，又使用自己的商标。

证明商标，又称保证商标，是指由对某种商品或者服务具有监督能力的组织所控制，而由该组织以外的单位或者个人使用于其商品或者服务，用以证明该商品或者服务的原产地、原料、制造方法、质量或者其他特定品质的标志。证明商标具有以下特征。首先，证明商标由对某种商品或者服务具有监督能力的组织所控制。因此，证明商标的注册人必须对商品或者服务具有检测和监督能力，并且要对商品或者服务的质量进行管理，对使用人使用证明商标进行监督。其次，证明商标由证明商标注册人以外的单位或者个人使用于其商品或者服务，而证明商标注册人本身不能使用。最后，证明商标的作用是证明该商品或者服务的原产地、原料、制造方法、质量或者其他特定品质，而不是表示商品或服务来源于某个经营者。

证明商标由于由对某种商品或者服务具有监督能力的组织所控制，使用该商标的商品或者服务的特定品质能够得到保证，所以证明商标的使用，有利于企业向市场推销商品和服务，也有利于消费者选择商品和服务。

集体商标、证明商标均属于注册商标，与其他注册商标一样，适用《商标法》的一般规定。同时，集体商标、证明商标又有其特殊性，针对其特殊性，本条授权国务院工商行政管理部门对集体商标、证明商标注册和管理的特殊事项作出规定。

第三，商标注册人的商标专用权受法律保护。商标一经商标局核准注册，即为注册商标。自此以后，商标注册人就依法享有商标专用权，并受到法律保护。任何人具有侵犯商标注册人商标专用权的行为的，都应当依法承担民事责任、行政责任，构成犯罪的，还将被依法追究刑事责任。[①]

---

① 参见乔晓阳主编：《〈中华人民共和国商标法〉释义及实用指南》，中国民主法制出版社2013年版。

第四条 自然人、法人或者其他组织在生产经营活动中，对其商品或者服务需要取得商标专用权的，应当向商标局申请商标注册。不以使用为目的的恶意商标注册申请，应当予以驳回。

本法有关商品商标的规定，适用于服务商标。

关联规定

部门规章及规范性文件

《规范商标申请注册行为若干规定》

第二条 申请商标注册，应当遵守法律、行政法规和部门规章的规定，具有取得商标专用权的实际需要。

第三条 申请商标注册应当遵循诚实信用原则。不得有下列行为：

（一）属于商标法第四条规定的不以使用为目的恶意申请商标注册的；

（二）属于商标法第十三条规定，复制、摹仿或者翻译他人驰名商标的；

（三）属于商标法第十五条规定，代理人、代表人未经授权申请注册被代理人或者被代表人商标的；基于合同、业务往来关系或者其他关系明知他人在先使用的商标存在而申请注册该商标的；

（四）属于商标法第三十二条规定，损害他人现有的在先权利或者以不正当手段抢先注册他人已经使用并有一定影响的商标的；

（五）以欺骗或者其他不正当手段申请商标注册的；

（六）其他违反诚实信用原则，违背公序良俗，或者有其他不良影响的。

第四条 商标代理机构应当遵循诚实信用原则。知道或者应当知道委托人申请商标注册属于下列情形之一的，不得接受其委托：

（一）属于商标法第四条规定的不以使用为目的恶意申请商标注册的；

（二）属于商标法第十五条规定的；

（三）属于商标法第三十二条规定的。

商标代理机构除对其代理服务申请商标注册外，不得申请注册其他商标，不得以不正当手段扰乱商标代理市场秩序。

第五条 对申请注册的商标，商标注册部门发现属于违反商标法第四条规定的不以使用为目的的恶意商标注册申请，应当依法驳回，不予公告。

具体审查规程由商标注册部门根据商标法和商标法实施条例另行制定。

第八条 商标注册部门在判断商标注册申请是否属于违反商标法第四条规定时，可以综合考虑以下因素：

（一）申请人或者与其存在关联关系的自然人、法人、其他组织申请注册商标数量、指定使用的类别、商标交易情况等；

（二）申请人所在行业、经营状况等；

（三）申请人被已生效的行政决定或者裁定、司法判决认定曾从事商标恶意注册行为、侵犯他人注册商标专用权行为的情况；

（四）申请注册的商标与他人有一定知名度的商标相同或者近似的情况；

（五）申请注册的商标与知名人物姓名、企业字号、企业名称简称或者其他商业标识等相同或者近似的情况；

（六）商标注册部门认为应当考虑的其他因素。

条文释义

一、本条主旨

本条是关于取得商标专用权的方式和商品商标的规定适用于服务商标的规定。

二、条文演变

1982 年《商标法》第 4 条规定，企业、事业单位和个体工商业者，对其生产、制造、加工、拣选或者经销的商品，需要取得商标专用权的，应当向商标局申请注册。

1993 年《商标法》修正时，第 4 条增加了第 2 款“企业、事业单位和个体工商业者，对其提供的服务项目，需要取得商标专用权的，应当向商标局申请服务商标注册”，以及第 3 款“本法有关商品商标的规定，适用于服务商标”。

2001年《商标法》修正时，将“企业、事业单位和个体工商业者”修改为“自然人、法人或者其他组织”。

2013年《商标法》修正时，将第1款修改为“自然人、法人或者其他组织在生产经营活动中，对其商品或者服务需要取得商标专用权的，应当向商标局申请商标注册”。第2款为“本法有关商品商标的规定，适用于服务商标”。

2019年《商标法》修正时，在第1款中增加了“不以使用为目的的恶意商标注册申请，应当予以驳回”的规定。

三、条文解读

商标专用权不是自然产生的。自然人、法人或者其他组织要对自己的商标取得商标专用权，以有效地保护自己的利益，就需要依照法定的方式获得国家承认。本条即对取得商标专用权的方式进行了规定，并对服务商标适用商品商标作出了规定。

根据本条的规定，取得商标专用权的方式和商品商标的规定适用于服务商标，包括以下两个方面。

第一，自然人、法人或者其他组织需要取得商标专用权的应当向商标局申请商标注册。所谓自然人，是指基于自然规律而产生的人，自然人从出生时起到死亡时止，具有民事权利能力，依法享有民事权利，承担民事义务。所谓法人，是指依法成立、有必要的财产或者经费、有自己的名称和组织机构及场所、能够独立承担民事责任，具有民事权利能力和民事行为能力，依法独立享有民事权利和承担民事义务的组织，如公司。所谓其他组织，是指法人以外的组织，如合伙企业、个人独资企业。在经济生活中，进行生产经营活动的主体，既有自然人，也有法人，还有其他组织。他们在生产经营活动中，为表明商品或者服务来源于自己，便于消费者识别、确认商品的生产经营者、服务的提供者，往往会使用特定的商标。但该特定商标如果没有取得商标专用权，则容易被他人侵犯。本法第3条明确规定，商标注册人享有商标专用权，受法律保护。因此，自然人、法人或者其他组织取得商标专用权，是保护其商标的有效方式。本法第3条还规定，经商标局核准注册的商标为注册商标。也就是说，取得商标专用权的途径，是经商标局核准注册。为此，本条规定，自然人、法人或者其他组织在生产经营活动中，对其商品或者服务，需要取得商标专用权的，应当向商标局申请商标注册。

第二，本法有关商品商标的规定适用于服务商标。服务商标与商品商标，是使用于不同对象的商标。商品商标是商品的生产经营者使用于商品的商标，服务商标是服务的提供者使用于服务的商标。二者的使用对象不同，但性质是相同的，都是表明来源、将自己与他人区别开来的标志，它们有着许多共同的法律关系，可以用相同的规范予以调整。因此，本条规定，本法有关商品商标的规定，适用于服务商标。即本法对商品商标所作的所有规定，均对服务商标有效，不存在只适用于商品商标而不适用于服务商标的情况。[①]

类案检索

凤山县顺兴商行与国家知识产权局商标申请驳回复审行政纠纷纠纷案

关键词：商标申请驳回复审　真实使用意图

裁判摘要：商标的基本功能在于区分商品或者服务的来源。民事主体申请注册商标，应该有使用的真实意图，以满足自己的商标使用需求为目的，其申请注册商标的行为应具有合理性或正当性。审查判断申请商标是否属于违反商标法第四条的规定，可以考虑申请人或者与其存在关联关系的自然人、法人、其他组织申请注册商标的数量、指定使用的类别、商标交易情况，或是申请人所在行业、经营状况，以及申请注册的商标与他人有一定知名度的商标相同或者近似的情况等因素。包含申请商标在内的商标申请注册已明显超出正常的生产经营需求，具有借助他人在先商标知名度谋取不正当利益的意图，扰乱了正常的商标注册管理秩序，构成《商标法》第 4 条所指的“不以使用为目的的恶意商标注册申请”之情形，申请商标不应予以初步审定公告。

【案　　号】（2021）京行终 2143 号

【审理法院】北京市高级人民法院

【来　　源】中国裁判文书网

① 参见乔晓阳主编：《〈中华人民共和国商标法〉释义及实用指南》，中国民主法制出版社 2013 年版。

第五条　两个以上的自然人、法人或者其他组织可以共同向商标局申请注册同一商标，共同享有和行使该商标专用权。

关联规定

法律、行政法规、司法解释

《最高人民法院关于适用〈中华人民共和国民事诉讼法〉的解释》

第七十二条　共有财产权受到他人侵害，部分共有权人起诉的，其他共有权人为共同诉讼人。

条文释义

一、本条主旨

本条是关于共有商标的规定。

二、条文演变

2001年《商标法》增加了本条规定作为第5条。2013年、2019年《商标法》对该条序号及内容均未作变动。

三、条文解读

在现实生活中，不仅存在某一个自然人、法人或者其他组织在生活经营活动中，对其商品或者服务，需要取得商标专用权的情况，同时也存在两个或者两个以上的自然人、法人或者其他组织，对其商品或者服务，需要共同享有和使用同一商标专用权的情况。两个或者两个以上的主体共同拥有一个商标，即是共有商标。共有商标在生产经营活动中不仅必要，而且可能。为此，本条对共有商标予以了确认。

根据本条的规定，共有商标的特征包括以下三个方面。

第一，共有商标的主体是两个以上的自然人、法人或者其他组织。即共有商标由两个以上的自然人、法人或者其他组织共同向商标局申请注册，共同享有和行使商标专用权。因此，主体仅为一个，若不是两个以上的，就不是共有商标。同时，本条对两个以上的主体，并没有作任何限制，这两个以上的主体，可以是自然人、法人或者其他组织三者之间的任意组合。应当注意的是，虽然集体商标的使用人也为多数，但集体商标与共有商标的最大不同，在于集体商标是以团体、协会或者其他组织名义注册的，使用集体商标的该组织成员并不是向商标局申请注册的人，而共有商标是由两个或者两个以上的主体以自己的名义共同申请注册的。

第二，共有商标的客体只有一个。无论共有商标的主体有多少个，其客体只有一个，才能构成共有商标。也就是说，数个商标注册人共同享有和行使同一商标专用权的商标，才能称为共有商标。如果数人既对甲商标享有商标专用权，又对乙商标享有商标专用权，则是两个独立的共有商标权，而不是一个共有商标权。

第三，共有商标需要由两个以上的主体共同申请注册，共同享有和行使该商标专用权。因此，两个以上的主体各自分别申请注册的，不构成共有商标。同时，共有商标的数个主体如何共同享有和行使该商标专用权，需要由各主体之间订立共有一个商标的协议，确定相互之间的权利义务关系；共有商标的商标注册人共同享有和行使商标专用权是经过商标局核准的，注册后不得自行更换；有变动的须经过法定程序。

基于主体之间共有关系的特殊性，本条对共有商标作了规定。除此之外，共有商标在商标的权利确定、权利行使、商标的使用管理等方面，都无特殊性，应当适用本法的其他各项规定。[①]

---

① 参见乔晓阳主编：《〈中华人民共和国商标法〉释义及实用指南》，中国民主法制出版社2013年版。

典型案例

张某恒与沧州田霸农机有限公司、朱某峰侵害商标权纠纷案

关键词： 侵害商标权　商标权共有　意思自治

裁判摘要： 在商标权共有的情况下，商标权的许可使用应遵循当事人意思自治原则，由共有人协商一致行使；不能协商一致，又无正当理由的，任何一方共有人不得阻止其他共有人以普通许可的方式许可他人使用该商标。

基本案情： 在再审申请人张某恒与被申请人沧州田霸农机有限公司（以下简称田霸公司）、朱某峰侵害商标权纠纷一案中，法院认为，首先，商标只有用于生产经营活动中，与商品或者服务结合起来，才能起到区分商品或者服务来源的作用，体现商标的真正价值。如果因为商标权共有人难以协商一致导致注册商标无法使用，不仅难以体现出注册商标的价值，有悖于商标法的立法本意，也难以保障共有人的共同利益。其次，商标权共有人单独以普通许可方式许可他人使用该商标，一般不会影响其他共有人利益，其他共有人可以自己使用或者以普通许可方式许可他人使用该商标，该种许可方式原则上应当允许。商标权共有人如果单独以排他许可或者独占许可的方式许可他人使用该商标，则对其他共有人的利益影响较大，原则上应禁止。再次，根据商标法的规定，许可人应当监督被许可人使用其注册商标的商品质量，被许可人应当保证使用该注册商标的商品质量。因此，从保证商品质量和商标商誉的角度，商标权共有人单独进行普通许可，对其他共有人的利益一般也不会产生重大影响。退一步而言，即便商标权共有人单独进行普通许可造成了该商标商誉的降低，损害到了其他共有人的利益，这也是商标权共有制度自身带来的风险。在商标权共有人对权利行使规则没有作出约定的情况下，共有人应对该风险有所预期。最后，要求商标权共有人全部同意才可进行普通许可，无疑会增加商标许可使用的成本，甚至导致一些有价值的商标因共有人不能达成一致而无法使用。综上，商标权共有人在没有对权利行使规则作出约定的情况下，一般可以单独以

普通许可的方式许可他人使用该商标。按照上述规则，本案中“田霸”商标共有人朱某峰有权单独以普通许可方式许可田霸公司使用该商标，田霸公司使用该商标的行为不构成侵权。

【案　　号】（2015）民申字第3640号

【审理法院】最高人民法院

【来　　源】《最高人民法院公报》2017年第4期（总第246期）

第六条　法律、行政法规规定必须使用注册商标的商品，必须申请商标注册，未经核准注册的，不得在市场销售。

关联规定

一、法律、行政法规、司法解释

1.《中华人民共和国烟草专卖法》

第十九条　卷烟、雪茄烟和有包装的烟丝必须申请商标注册，未经核准注册的，不得生产、销售。

禁止生产、销售假冒他人注册商标的烟草制品。

2.《中华人民共和国烟草专卖法实施条例》

第二十二条　卷烟、雪茄烟和有包装的烟丝，应当使用注册商标。

二、部门规章及规范性文件

《商标一般违法判断标准》

第三条　本标准所称的商标一般违法行为是指违反商标管理秩序的行为。

有下列行为之一的，均属商标一般违法：

（一）违反《商标法》第六条规定，必须使用注册商标而未使用的；

（二）违反《商标法》第十条规定，使用不得作为商标使用的标志的；

（三）违反《商标法》第十四条第五款规定，在商业活动中使用“驰名商标”字样的；

（四）违反《商标法》第四十三条第二款规定，商标被许可人未标明其名称和商品产地的；

（五）违反《商标法》第四十九条第一款规定，商标注册人在使用注册商标的过程中，自行改变注册商标、注册人名义、地址或者其他注册事项的；

（六）违反《商标法》第五十二条规定，将未注册商标冒充注册商标使用的；

（七）违反《商标法实施条例》第四条第二款和《集体商标、证明商标注册和管理办法》第十四条、第十五条、第十七条、第十八条、第二十条、第二十一条规定，未履行集体商标、证明商标管理义务的；

（八）违反《商标印制管理办法》第七条至第十条规定，未履行商标印制管理义务的；

（九）违反《规范商标申请注册行为若干规定》第三条规定，恶意申请商标注册的；

（十）其他违反商标管理秩序的。

条文释义

一、本条主旨

本条是关于商标强制注册的特别规定。

二、条文演变

1982 年《商标法》第 5 条规定："国家规定必须使用注册商标的商品，必须申请商标注册，未经核准注册的，不得在市场销售。"1993 年《商标法》对该条未作修改，2001 年《商标法》将条文序号调整为第 6 条，文字表述未作修改。2013 年《商标法》将内容修改为："法律、行政法规规定必须使用注册商标的商品，必须申请商标注册，未经核准注册的，不得在市场销售。"2019 年《商标法》予以沿用。

三、条文解读

商标自愿注册原则是《商标法》的基本原则，即生产经营者使用商标不以该商标已经注册为前提，是否申请注册，由生产经营者根据自身的需要决定。但对于某些需要特别强调来源的商品，法律、行政法规可以要求其必须使用注册商标，这时，商标使用人必须申请商标注册，经核准注册后使用；未经核准注册的，该商品不得在市场上销售。这就形成了商标强制注册。商标强制注册是商标自愿注册原则的例外。

需要进行强制注册的商品范围由法律或行政法规规定。目前，必须使用注册商标的商品只有烟草制品类。《烟草专卖法》第19条第1款规定，卷烟、雪茄烟和有包装的烟丝必须申请商标注册，未经核准注册的，不得生产、销售。[①]

适用指引

本条是商标强制注册的规定，主要涉及相关行政部门的管理职责。从《商标法》适用的司法实践来看，在生产经营活动中大量商标被申请注册，我国商标申请注册量和持有量均居世界首位。烟草制品类商品上的注册商标数量亦非常大。

类案检索

再审申请人西安甄宝家居有限公司与被申请人陕西中烟工业有限责任公司、一审第三人西安市碑林区惠宾烟酒商店、西安市巨鹰食品有限公司侵害商标权纠纷案

关键词：香烟　商标

裁判摘要：甄宝公司虽在香烟商品上注册有涉案商标，但并不实际生产或销售香烟。中烟公司将“大圣归来”文字使用在香烟过滤嘴部分，并未将其使用在条烟及盒烟的外包装上，结合香烟的特点尤其是销售、消费模式，消费者在购买时无法看到被诉侵权标识。即使在实际使用时，被诉侵权标识指示商品来源的作用亦相对有限。此外，结合中烟公司在被诉侵权商品上显著标识了其注册商标“金丝猴”，将“大圣归来”标识使用在“金丝猴”香烟的过滤嘴上，相关公众容易将“大圣归来”与“猴”联系在一起，识别商品来源的作用更为有限，不易导致相关公众对商品来源产生混淆和误认。因此，不构成商标侵权。

【案　　号】（2020）最高法民申3967号

【审理法院】最高人民法院

【来　　源】中国裁判文书网

① 参见郎胜主编：《中华人民共和国商标法释义》，法律出版社2013年版。

第七条　申请注册和使用商标，应当遵循诚实信用原则。

商标使用人应当对其使用商标的商品质量负责。各级工商行政管理部门应当通过商标管理，制止欺骗消费者的行为。

关联规定

法律、行政法规、司法解释

《中华人民共和国商标法》

第一条　为了加强商标管理，保护商标专用权，促使生产、经营者保证商品和服务质量，维护商标信誉，以保障消费者和生产、经营者的利益，促进社会主义市场经济的发展，特制定本法。

第二条　国务院工商行政管理部门商标局主管全国商标注册和管理的工作。

国务院工商行政管理部门设立商标评审委员会，负责处理商标争议事宜。

第四十四条第一款　已经注册的商标，违反本法第四条、第十条、第十一条、第十二条、第十九条第四款规定的，或者是以欺骗手段或者其他不正当手段取得注册的，由商标局宣告该注册商标无效；其他单位或者个人可以请求商标评审委员会宣告该注册商标无效。

第四十八条　本法所称商标的使用，是指将商标用于商品、商品包装或者容器以及商品交易文书上，或者将商标用于广告宣传、展览以及其他商业活动中，用于识别商品来源的行为。

条文释义

一、本条主旨

本条是关于诚实信用原则和使用商标的商品质量的规定。

二、条文演变

1982年《商标法》第6条规定，商标使用人应当对其使用商标的商品质量负责。各级工商行政管理部门应当通过商标管理，监督商品质量，制止欺骗消费者的行为。2001年《商标法》删除了其中的“监督商品质量”。2013年《商标法》增加了“申请注册和使用商标，应当遵循诚实信用原则”的规定。2019年《商标法》予以沿用。

三、条文解读

本法第1条在规定立法目的时，明确将促使生产、经营者保证商品和服务质量、保障消费者利益作为本法的目的之一。为实现这一目的，本条对申请注册和使用商标应当遵循的原则、商标使用人的商品质量责任和工商行政管理部门的消费者保护职责作出规定。

（一）申请注册和使用商标，应当遵循诚实信用原则

诚实信用，是指自然人、法人和其他组织申请注册和使用商标，必须意图诚实、善意、讲信用，行使权利不侵害他人与社会的利益，履行义务、信守承诺和遵守法律规定。诚实信用原则是民商事活动的基本原则，针对实践中在商标的申请注册和使用环节出现的一些违背诚实信用原则的现象，本条完善了这方面的规范，明确规定申请注册和使用商标应当遵循诚实信用原则。

（二）商标使用人应当对其使用商标的商品质量负责

商标是用于识别商品和服务来源的标志，消费者对特定商品的质量的认知，集中体现在该商品使用的商标上，商标是消费者从若干同类商品中选择特定商品时的重要参考。因此，商标使用人应当保证商品和服务质量，维护商标信誉，例如，不能粗制滥造、以次充好；不能使用带有欺骗性，容易使公众对商品的质量等特点或者产地产生误认的商标等。这些规定不仅是商标法的立法指导原则，而且是商标使用人的法定义务，商标所具有的保证商品质量的功能，要通过商标的使用来实现。

《商标法》所指的商标使用人，包括各种不同情况。有商标注册人自己将

所注册的商标用于指定商品上；有经过依法实施的使用许可由被许可人将商标使用在商品上；有共有商标的共有人分别将所共有的商标使用于商品上；有作为某一个集体的成员将集体商标用于自己的商品上；有经过合法的手续将某一组织所控制的证明商标用于自己的商品上，等等。此外，转让注册商标的，受让人成为新的注册人，也应当保证继续使用该注册商标的商品质量，使其符合消费者对该商标所代表的商品质量的认知。这些使用商标的情况是不同的，但是都有明确的商标使用人，每一个商标使用人都应当在其所承担的责任范围内对商品的质量负责。

（三）各级工商行政管理部门应当通过商标管理，制止欺骗消费者的行为

各级工商行政管理部门即商标行政管理部门应当加强对生产经营者使用商标情况的监督管理，促使其保证商品和服务质量，维护商标信誉，对其使用商标的商品质量负责，保护消费者的合法权益。对于生产经营者使用商标过程中的欺骗消费者的违法行为，例如，使用带有欺骗性，容易使公众对商品的质量等特点或者产地产生误认的商标，或者侵犯他人注册商标专用权的行为，都应当及时制止，依法处罚。因为这是一项广泛的市场监督行为，所以将其明确为是各级工商行政管理部门的职责。同时，这又属于商标管理问题，具体事项应当按照《商标法》的有关规定执行。[①]

适用指引

本条是关于申请注册和使用商标遵循诚实信用原则、保障商品质量的规定。由于商标领域违反诚实信用原则的现象比较突出，恶意注册商标、侵害他人商标专用权等行为在实践中大量存在，2013 年修改《商标法》时在原来的第 7 条基础上增加一款作为第 1 款，规定："申请注册和使用商标，应当遵循诚实信用原则"。该款是对申请和使用商标的总体要求，但是，该款不是提出商标异议、请求宣告注册商标无效或者撤销注册商标的具体依据，实践中只能作为适用各项具体制度的指导性原则。

① 参见乔晓阳主编：《〈中华人民共和国商标法〉释义及实用指南》，中国民主法制出版社 2013 年版。

第八条　任何能够将自然人、法人或者其他组织的商品与他人的商品区别开的标志，包括文字、图形、字母、数字、三维标志、颜色组合和声音等，以及上述要素的组合，均可以作为商标申请注册。

关联规定

法律、行政法规、司法解释

1.《最高人民法院关于审理商标授权确权行政案件若干问题的规定》

第九条　仅以商品自身形状或者自身形状的一部分作为三维标志申请注册商标，相关公众一般情况下不易将其识别为指示商品来源标志的，该三维标志不具有商标的显著特征。

该形状系申请人独创或者最早使用并不能当然导致其具有作为商标的显著特征。

第一款所称标志经过长期或者广泛使用，相关公众能够通过该标志识别商品来源的，可以认定该标志具有显著特征。

2.《最高人民法院关于审理商标案件有关管辖和法律适用范围问题的解释》

第五条　除本解释另行规定外，对商标法修改决定施行前发生，属于修改后商标法第四条、第五条、第八条、第九条第一款、第十条第一款第（二）、（三）、（四）项、第十条第二款、第十一条、第十二条、第十三条、第十五条、第十六条、第二十四条、第二十五条、第三十一条所列举的情形，国家知识产权局于商标法修改决定施行后作出复审决定或者裁定，当事人不服向人民法院起诉的行政案件，适用修改后商标法的相应规定进行审查；属于其他情形的，适用修改前商标法的相应规定进行审查。

条文释义

一、本条主旨

本条是关于商标的本质特征和构成要素的规定。

二、条文演变

1982年《商标法》第7条规定，商标使用的文字、图形或者其组合，应当有显著特征，便于识别。使用注册商标的，并应当标明“注册商标”或者注册标记。2001年《商标法》将上述规定修改为第8条：“任何能够将自然人、法人或者其他组织的商品与他人的商品区别开的可视性标志，包括文字、图形、字母、数字、三维标志和颜色组合，以及上述要素的组合，均可以作为商标申请注册。”2013年《商标法》删除“可视性”要求，增加“声音”要素。2019年《商标法》予以沿用。

三、条文解读

（一）商标的本质特征及其对商标构成要素的影响

任何能够将自然人、法人或者其他组织的商品与他人的商品区别开的标志，均可以作为商标申请注册。换言之，要成为注册商标，就应当具备识别商品或者服务来源的能力，这是商标的本质特征，也是建立商标制度的根本意义所在。这一本质特征在商标要素上体现为：一方面，本条所列举的文字、图形、字母、数字、三维标志、颜色组合和声音等商标构成要素，不是必然都能够作为商标申请注册，这些要素只有具备了识别商品或者服务来源的能力，才能作为商标申请注册；另一方面，商标要素并非固定不变，随着实践的发展，一些新的要素具备了识别商品或者服务来源的能力，实践中又确有需要，法律就可以将其确认为新的商标要素，允许其作为商标申请注册。例如，2001年《商标法》时增加了三维标志商标，2013年《商标法》增加了声音商标，今后随着实践的进一步发展，还可能出现单一颜色商标、气味商标、动态商标等。

（二）商标的构成要素

商标可以由文字、图形、字母、数字、三维标志、颜色组合和声音等要素中的任何一种构成，也可以是上述要素的任意组合构成。

第一，文字，这是构成商标的最基本的也是最常见的要素之一，它在表现商标的区别性上有不可替代的作用。有的商标是以文字和其要素组合而成，也有的商标是单纯以文字构成，比如，有的商标就是一个“喜”字或者一个“福”字等。文字作为商标构成要素，可以是各种字体的文字，也可以是在艺术上有所变化的文字。字母和数字属于文字的特殊类型，适用与文字基本相同的规则。

第二，图形，这是构成商标的一个最基本的要素，图形的表现力很强，可以鲜明的表现出区别性。图形可以是具体描绘人和物的形状，也可以是虚构的图形，或者是抽象的图形。有些商标是图形与文字的组合，也有不少是单独的图形。

第三，三维标志，即能够通过商品本身的形状、商品的包装物或者其他三维形状识别商品和服务来源的标志，如可口可乐的玻璃瓶外形。三维标志构成的商标称为立体商标。

第四，颜色组合，颜色是丰富多彩的，有许多种的变化，因此与商标的其他要素组合在一起，或者是几种颜色的组合，都可以称为识别商品来源的标志。应该注意的是，目前只有颜色组合才可以作为商标申请注册。对于单一颜色，虽然有的国家已经允许将其作为商标申请注册，但是，实践中我国企业还没有将其作为商标注册的需求，因此暂不在法律中作出明确规定。

第五，声音，这是2013年《商标法》增加的商标要素，突破了此前对商标要素必须具有可视性的要求，是符合商标本质特征的一次重要的商标要素扩展。声音商标既可以是音乐片段（包括声乐、乐器），如诺基亚手机的开机铃声，也可以是自然界的声音，如米高梅公司的狮子吼。[①]

① 参见乔晓阳主编：《〈中华人民共和国商标法〉释义及实用指南》，中国民主法制出版社2013年版。

适用指引

实践中，可以作为商标申请注册的标志范围处于不断发展的过程。需要注意的是，对于颜色商标，本条规定为“颜色组合”，即可以作为注册商标的要素是颜色组合，而不是单一颜色。2013年《商标法》修改过程中，曾在修正案草案中规定在商品、商品包装上使用的单一颜色，通过使用取得显著特征，能够将该商品与其他的商品区别开的，可以作为商标申请注册。但是有部分专家和企业提出，单一颜色资源有限，如果允许注册单一颜色商标可能造成商标注册人对颜色的垄断，同时通过单一颜色区别商品来源的难度也较大，实践中容易产生混淆。考虑到实践中我国企业还没有将单一颜色作为商标注册的需求，且在商标注册、管理等环节也缺少相应实践，因此，在最终通过的修改决定中删除了草案关于单一颜色可以注册商标的规定。

对于三维标志，如果仅以商品自身形状或者自身形状的一部分作为三维标志申请注册商标，即使该形状是申请人独创或者最早使用的，只要相关公众一般情况下不易将该三维标志识别为指示商品来源标志的，那么该三维标志就不具备商标的显著特征，不能作为商标申请注册。但是，如果该三维标志经过长期或者广泛使用，具备了商标的本质特征，即相关公众能够通过其识别商品来源，那么就可以认定该三维标志具有显著特征，可以作为商标申请注册。

第九条　申请注册的商标，应当有显著特征，便于识别，并不得与他人在先取得的合法权利相冲突。

商标注册人有权标明“注册商标”或者注册标记。

关联规定

法律、行政法规、司法解释

《中华人民共和国商标法实施条例》

第六十三条　使用注册商标，可以在商品、商品包装、说明书或者其他附着物上标明“注册商标”或者注册标记。

注册标记包括（注）和®。使用注册标记，应当标注在商标的右上角或者右下角。

条文释义

一、本条主旨

本条是关于申请注册和使用商标应当遵循的基本原则的规定。

二、条文演变

1982年《商标法》第7条规定：“商标使用的文学、图形或者其组合，应当有显著特征，便于识别。使用注册商标的，并应当标明‘注册商标’或者注册标记。”1993年《商标法》对上述内容并未进行修改。按照《巴黎公约》第6

条的规定[①]，2001 年《商标法》第 9 条增加了“申请注册商标不得与他人在先取得的合法权利相冲突”作为基本原则，此后 2013 年、2019 年《商标法》均对此条款内容未作修改。确立了申请注册商标除应当具有显著特征，能够被相关公众识别为商标外，亦不应与他人在先取得的合法权利相冲突；同时，明确了商标注册人在取得注册后，具有注册标记的相关权利。

三、条文解读

本条第 1 款规定了申请注册商标应当具备的基本属性，第 2 款规定了商标注册人在取得注册商标后的标记权利。

（一）申请注册商标应当具备的基本属性

1. 申请注册商标应当具备显著特征

商标的基本功能在于指示商品或者服务的来源，“其最基本的作用是标示出处”[②]，若标志不具备前述功能，则其不能被核准注册为商标，对此本法第 11 条第 1 款就标志本身缺乏“显著特征”的情形进行了具体规定，同时明确在标志本身缺乏固有显著特征的情况下，可以通过使用、宣传使标志产生“第二含义”，进而达到相关公众在具体商标或者服务上通过标志识别具体的商品或者服务来源的作用。在判断标志是否具备固有显著特征时，会因标志本身构成要素与指定使用商品等差异，产生高低、强弱之分。

因此，就标志是否具有商标所要求的显著特征进行判断时，需要结合标志本身的构成要素、商标指定使用的商品、指定使用商品上相关公众的认知习惯、指定使用商品所述商业领域的实际使用情况等综合进行判定。

2. 申请注册商标不得与他人在先取得的合法权利相冲突

《民法典》第 123 条明确将商标权作为知识产权的权利类型之一，是为避免申请注册商标与他人在先取得的其他民事权利产生冲突。在此应当注意两个

① 《巴黎公约》第 6 条规定：“除下列情况外，对本条所指的商标不得拒绝注册或使之无效：（1）具有侵犯被请求给予保护的国家中第三人既得权的性质的商标。（2）缺乏显著特征的商标，或完全是用在商业中表示商品种类、质量、数量、用途、价值、原产地或生产日期的符号、标记所组成的商标，以及被请求给予保护的国家的现代语言或正当商务实践中惯用的符号标记所组成的商标。”参见董葆霖主编：《中国百年商标法律集成》，中国工商出版社 2014 年版。

② 参见黄晖：《商标法》，法律出版社 2016 年版，第 3 页。

方面的问题。其一，他人取得的在先权利不仅包括法定的民事权利，也包括应当受到法律保护的民事利益，例如，申请注册为商标的标志，既不应与他人在先取得的著作权、外观设计专利权、姓名权等产生冲突，亦不应与他人在先取得的商号权益、有一定影响的商品名称等权益产生冲突，不应将本条中的“合法权利”限缩为“民事权利”，这也与本法第32条规定的“申请注册商标不得损害他人现有的在先权利”中“在先权利”解释的范围相吻合。其二，本条所规定的“在先取得的合法权利”包括他人在先取得的商标权，因本条属于本法总则部分的原则性条款，商标权作为《民法典》明确规定的知识产权权利类型，显然在后申请注册的商标不应与在先申请注册的商标相冲突，同时本法在第30条、第31条和第32条中分别规定了与他人在先申请注册的商标及其他民事权益相冲突的具体规定及判定规则，故本条中的“合法权利”应当包括“商标权”。

（二）商标注册人在取得商标注册后的标记权

商标申请注册后，经审查，若“在不违反《商标法》绝对禁止使用的情形、绝对禁止注册的情形以及相对理由的情形下”[①]，符合本法的相关规定，将被核准注册为商标并颁发商标注册证，商标注册人就核准的商标，具有在该商标上标明注册标记或表明“注册商标”的权利。商标在申请注册过程中，通过具体公示流程向社会主体告知商标被授予权利的具体情况，若申请注册的标志、指定使用的商品、申请注册日期等，进而确定注册商标的具体专用权范围，因此，在取得商标注册后，商标注册人通过标记“注册商标”或“®”等形式，向社会公众再次明确相关标志已经被核准注册为商标的事实，进而宣示注册商标的权利，他人未经许可不能使用该注册商标，更不能进行假冒，实施违法行为。

适用指引

本条属于申请注册和使用商标的原则性条款，并不作为商标申请注册被予以驳回、不予核准注册、无效宣告、撤销注册等具体理由进行直接适用，同时

① 参见刘维、陶钧、范静波：《商标法原理与案例》，中国法制出版社2020年版，第69页。

本条的相关内容已经通过本法第 11 条、第 30 条、第 31 条、第 32 条等具体条款进行了规定与落实，因此，一般并不作为商标申请注册和使用的具体条款直接予以援引适用，其具体适用规则与前述的相关具体条款规定相一致。若他人将本条作为提出申请的具体法律依据时，可以直接根据申请的具体理由和事实，直接适用本法第 11 条、第 30 条、第 31 条、第 32 条等规定。

类案检索

一、原告武夷山市桐木茶叶有限公司诉被告国家工商行政管理总局商标评审委员会、第三人福建武夷山国家级自然保护区正山茶叶有限公司商标异议复审行政纠纷案

关键词：通用名称　约定俗成

裁判摘要：中国茶叶流通协会、海峡茶叶交流协会和武夷山市茶叶局等行业协会、主管机关均将“金骏眉”作为正山茶叶公司研制的某一档次的红茶品种名称使用。正山茶叶公司所获荣誉证书使用的表述方式亦为“元正牌‘金骏眉’”荣获 2010 年参加上海世博会名茶评优“红茶类”金奖。“金骏眉”品质鉴定意见显示，由 6 位高级评茶师参与并出具的鉴定意见亦将“金骏眉”作为茶的产品名称加以识别和对待。“陆羽奖”颁奖典礼现场文字整理及视频截图，显示“金骏眉”和“银骏眉”系武夷名茶。正山茶叶公司产品外包装图片，显示正山茶叶公司亦将“金骏眉”作为商品名称加以使用。《武夷山市人民政府关于将福建武夷山市武夷红茶列为地理标志产品保护的请示》、武夷山市星村镇桐木村委会 2012 年 9 月 28 日出具的《关于“金骏眉”茶叶的情况说明》等证据，相关公众系将“金骏眉”作为一种红茶商品的通用名称加以识别和对待的。因此，综合正山茶叶公司和桐木茶叶公司提供的相关证据，足以证明在被诉裁定作出时，“金骏眉”已作为一种红茶的商品名称为相关公众所识别和对待，成为特定种类的红茶商品约定俗成的通用名称。基于被诉裁定作出时的实际情况，应当认定被异议商标的申请注册，违反了 2001 年《商标法》第 11 条第 1 款第 1 项的规定。

【**案　　号**】（2013）高行终字第 1767 号

【**审理法院**】北京市高级人民法院

二、原告苹果有限公司诉被告国家工商行政管理总局商标评审委员会、第三人连某元、陈某洪商标异议复审行政纠纷案

关键词： 在先权利　乐队名称

裁判摘要： 2001年《商标法》并无"商品化权"的规定。《民法通则》也"无商品化权"的规定，但文学艺术作品、作品名称、角色名称、某种标识性的名称、姓名等确实会使上述作品或名称的拥有者通过上述作品、姓名等取得声誉、信誉、知名度等，拥有者通过将上述的声誉、信誉、知名度等与商品或服务的结合进行商业性的使用而实现经济利益，因此，上述作品或名称通过商业化使用，能够给拥有者带来相应的利益，可以认定"The BEATLES"乐队是在中国享有盛名的乐队，在中国具有极高知名度，相关公众能够将"BEATLES"与该乐队建立唯一的、直接的联系。被异议商标完整包含了"The BEATLES"乐队的英文名称"BEATLES"。以相关公众的认知水平，被异议商标的中文部分"添·甲虫"中的甲虫与"The BEATLES"乐队中文名称的甲壳虫乐队中的甲壳虫相近似。被异议商标指定使用的商品"钱包、书包、背包"等属于日常消费品，如知名乐队等一般会在上述商品上标注其名称，作为纪念品等进行销售，因此，在被异议商标与"The BEATLES"乐队名称十分近似的情况下，将被异议商标使用在其指定使用的"钱包、书包、背包"等商品上，相关公众易误认为上述商品来源于"The BEATLES"乐队或者与"The BEATLES"乐队有特定联系，从而使苹果公司对"The BEATLES"乐队名称享有的权益受到损害。被异议商标的申请注册违反了2001年《商标法》第31条的规定。

【案　　号】（2015）高行（知）终字第752号

【审理法院】 北京市高级人民法院

【来　　源】 中国裁判文书网

第十条　下列标志不得作为商标使用：

（一）同中华人民共和国的国家名称、国旗、国徽、国歌、军旗、军徽、军歌、勋章等相同或者近似的，以及同中央国家机关的名称、标志、所在地特定地点的名称或者标志性建筑物的名称、图形相同的；

（二）同外国的国家名称、国旗、国徽、军旗等相同或者近似的，但经该国政府同意的除外；

（三）同政府间国际组织的名称、旗帜、徽记等相同或者近似的，但经该组织同意或者不易误导公众的除外；

（四）与表明实施控制、予以保证的官方标志、检验印记相同或者近似的，但经授权的除外；

（五）同“红十字”、“红新月”的名称、标志相同或者近似的；

（六）带有民族歧视性的；

（七）带有欺骗性，容易使公众对商品的质量等特点或者产地产生误认的；

（八）有害于社会主义道德风尚或者有其他不良影响的。

县级以上行政区划的地名或者公众知晓的外国地名，不得作为商标。但是，地名具有其他含义或者作为集体商标、证明商标组成部分的除外；已经注册的使用地名的商标继续有效。

关联规定

一、法律、行政法规、司法解释

《最高人民法院关于审理商标授权确权行政案件若干问题的规定》

第三条　商标法第十条第一款第（一）项规定的同中华人民共和国的国家名称等“相同或者近似”，是指商标标志整体上与国家名称等相同或者近似。

对于含有中华人民共和国的国家名称等，但整体上并不相同或者不相近似的标志，如果该标志作为商标注册可能导致损害国家尊严的，人民法院可以认定属于商标法第十条第一款第（八）项规定的情形。

第四条 商标标志或者其构成要素带有欺骗性，容易使公众对商品的质量等特点或者产地产生误认，国家知识产权局认定其属于2001年修正的商标法第十条第一款第（七）项规定情形的，人民法院予以支持。

第五条 商标标志或者其构成要素可能对我国社会公共利益和公共秩序产生消极、负面影响的，人民法院可以认定其属于商标法第十条第一款第（八）项规定的“其他不良影响”。

将政治、经济、文化、宗教、民族等领域公众人物姓名等申请注册为商标，属于前款所指的“其他不良影响”。

第六条 商标标志由县级以上行政区划的地名或者公众知晓的外国地名和其他要素组成，如果整体上具有区别于地名的含义，人民法院应当认定其不属于商标法第十条第二款所指情形。

二、司法指导性文件

《最高人民法院关于审理商标授权确权行政案件若干问题的意见》

2、实践中，有些标志或者其构成要素虽有夸大成分，但根据日常生活经验或者相关公众的通常认识等并不足以引人误解。对于这种情形，人民法院不宜将其认定为夸大宣传并带有欺骗性的标志。

3、人民法院在审查判断有关标志是否构成具有其他不良影响的情形时，应当考虑该标志或者其构成要素是否可能对我国政治、经济、文化、宗教、民族等社会公共利益和公共秩序产生消极、负面影响。如果有关标志的注册仅损害特定民事权益，由于商标法已经另行规定了救济方式和相应程序，不宜认定其属于具有其他不良影响的情形。

4、根据商标法的规定，县级以上行政区划的地名或者公众知晓的外国地名一般不得作为商标注册和使用。实践中，有些商标由地名和其他要素组成，在这种情形下，如果商标因有其他要素的加入，在整体上具有显著特征，而不再具有地名含义或者不以地名为主要含义的，就不宜因其含有县级以上行政区划的地名或者公众知晓的外国地名，而认定其属于不得注册的商标。

条文释义

一、本条主旨

本条是关于不得作为商标使用的标志的管理和地名作为商标申请注册的规定。

二、条文演变

（一）本条第 1 款

1982 年《商标法》并未对标志禁止使用为商标与禁止注册为商标的情形进行区分，均是一并通过第 8 条进行了列举性规定，其中既包括了标志缺乏显著特征的情形，亦包括了标志损害公共利益、公共秩序而不得作为商标使用的情形。此后，1993 年《商标法》及历年《商标法实施细则》均延续了相关规定的体例方式，并未进行修改与区分。2001 年《商标法》修改时，考虑到商标的基本功能在于区分商品或者服务提供的不同生产经营者，但就不具有上述基本功能的标志而言，实则区分为禁止作为商标使用与禁止作为商标注册的两种情形，根据相关国际公约和诸多国家商标法的规定，并且遵照《巴黎公约》第 6 条的规定，"各成员国的国徽、官方检验标记和政府间组织的会徽，禁止作为商标使用"[①]，将 1982 年《商标法》第 8 条第 5 项、第 6 项独立为第 11 条，作为标志缺乏显著特征的绝对禁止注册的情形予以规定，将《商标法》第 10 条第 1 款作为仅规定标志禁止作为商标使用的情形，进而更加科学、合理地对标志不得作为商标使用和不得作为商标注册的情形加以区分，体现了《商标法》各条款之间的整体逻辑与统筹规划。

2013 年《商标法》增加同国歌、军徽、军歌等相同或者近似的标志，以及同中央国家机关的名称、标志、所在地特定地点相同的标志不得作为商标使用；而且将此前表述的"夸大宣传并带有欺骗性的"修改为"带有欺骗性，容易使公众对商品的质量等特点或者产地产生误认的"。2019 年《商标法》予以沿用。

① 参见李明德：《知识产权法》，法律出版社 2014 年版，第 216 页。

（二）本条第 2 款

1982 年《商标法》并未就地名商标的注册作出特别规定。1988 年修订的《商标法实施细则》第 6 条首次规定："县级以上（含县级）行政区划名称和公众知晓的外国地名，不得作为商标。使用前款规定名称已经核准注册的商标继续有效。"1993 年《商标法》采纳了上述规定，在其第 8 条第 2 款中规定："县级以上行政区划的地名或者公众知晓的外国地名，不得作为商标，但是，地名具有其他含义的除外；已经注册的使用地名的商标继续有效。"2001 年《商标法》保留了上述条文内容，将条文序号相应地调整为第 10 条第 2 款。2013 年、2019 年《商标法》予以沿用。

三、条文解读

（一）本条第 1 款

本款就标志禁止作为商标使用列举了八种情形，相关情形之间是独立并行的，彼此并不存在兜底适用的关系。同时，因本款属于标志禁止作为商标使用的绝对情形，一般而言并不考虑标志客观实际的使用状态，故在具体适用时应当更加审慎，进行认定时应当秉持以下判定方法。[①]

第一，应当以"社会公众"作为本款的判定主体。因本款系针对标志禁止作为商标使用的绝对情形予以的规定，以该标志可能损害社会公共利益和公共秩序为前提，从保护"公序良俗"的视角出发，故对相关情形的判断主体应当为一般社会公众，"无须考虑其注册或者使用是否存在导致相关公众对商品或者服务来源发生混淆的可能性"[②]，而非诉争商标指定使用的商品或者服务的"相关公众"，否则所得出判断结论容易"以偏概全"，不利于对社会公共利益和公共秩序的保护，甚至会损害特定主体的合法权益。

第二，判定时间一般应当以诉争商标申请注册时的事实状态为准。若申请时不属于相关条款所规定的情形，但在核准注册时诉争商标已经具有上述情形的，考虑到为避免对公序良俗等社会公共利益和公共秩序的损害，也可以认定

① 参见李曙光主编：《法大研究生》（总第 10 辑），中国政法大学出版社 2019 年版，第 439~442 页。

② 参见李扬：《商标法基本原理》，法律出版社 2018 年版，第 38 页。

诉争商标构成本款所规定的情形。

此外，应当区分商标授权和确权程序的制度差异。特别在商标确权案件中，即使由于公众使用文字习惯、方式发生了改变，使已注册商标标志被赋予了其他含义，但从保护商标权利人信赖利益的角度出发，应当合理平衡私有权利与公共利益的关系，除非存在维持诉争商标注册会明显违背公序良俗的情形，否则一般不宜将注册日之后的事实状态作为评价诉争商标是否具有本款所规定情形的依据。

第三，判定诉争商标是否构成本款所规定情形时，一般应当根据其固有含义进行判断。应以我国公众通常认知为标准，即以辞典、工具书等国内外正式出版物或者能够为我国公众广泛接触的具有公信力的信息载体等所确定的内容为准，但是若我国公众基于生活常识已经对相关内容形成普遍认知的情况下，亦可以经过充分说明予以确定。

避免将诉争商标标志或者其构成要素在特殊语境、场合等情况下，通过演绎、联想、推理等方式后，所形成的非通常含义负载于诉争商标标志或者其构成要素之上，作为认定其判定构成本款的依据。否则势必造成对经营者在商业活动中应属自由表达创造空间的不当限缩，不利于对我国公共秩序和公共利益的保护，也不利于社会主义核心价值观发挥积极、正向的导向作用。

若对诉争商标含义的认识存在分歧，为了得出更加符合社会公众普遍认知的结论，可以通过参考诉争商标申请注册主体、使用方式、指定使用的商品或者服务等因素，就诉争商标的使用是否可能对我国社会公共利益和公共秩序产生消极、负面的影响形成高度盖然性的内心确认。例如，将特定经济领域的公众人物姓名申请注册为商标时，可能会因申请注册主体的差异，而导致是否具有“欺骗性”或“其他不良影响”认定结论的不同。

第四，在审查判断商标标志或者其构成要素是否构成本款所规定的情形时，一般应当由主张诉争商标具有上述情形的一方主体承担举证证明责任。当事人主张标志固有含义的，应当提交辞典、工具书等公开出版物予以证明，但是若诉争商标的含义基于生活常识已经能够形成普遍认知的，此时经过充分说明亦可予以证明。然而，应当避免在诉争商标含义存在不确定性或者并未形成普遍认知的情况下，仅凭特定群体的心理预设就赋予诉争商标特定含义，进而认定违反本款的规定。

（二）本条第 2 款

原则上，县级以上行政区划的地名或者公众知晓的外国地名，不得作为商标使用。本款中的县级以上行政区划包括县级的县、自治县、县级市、市辖区、旗；地级的市、自治州、地区、盟；省级的省、直辖市、自治区；两个特别行政区，即香港、澳门；台湾地区。县级以上行政区划的地名以我国民政部编辑出版的《中华人民共和国行政区划简册》为准。本条中的县级以上行政区划地名包括全称、简称以及拼音形式。本款中的公众知晓的外国地名，是指我国公众知晓的我国以外的其他国家和地区的地名，如“曼哈顿”“波尔多”等。

地名具有其他含义或者作为集体商标、证明商标组成部分的，可以作为商标使用；已经注册使用地名的商标继续有效。“地名具有其他含义的”，如“凤凰”除了具有地域名称含义外，还有传说中的百鸟之王的含义，因此可以作为商标使用。集体商标和证明商标从其本身的性质考虑可以使用地名作为其商标的组成部分，如原产地证明商标等。对已经注册使用地名的商标允许其继续有效，如天津生产的“北京牌”电视机等，有利于对商标所有人合法权益的保护。[①]

适用指引

一、本条第 1 款

（一）认定标准

诉争商标标志具有多种含义或者具有多种使用方式，其中某一含义或者使用方式容易使公众认为其属于本款所规定情形的，可以认定诉争商标违反该规定，诉争商标使用情况一般不予考虑。

（二）含有中国国家名称标志的判断

诉争商标标志含有中华人民共和国国家名称，但整体上并不相同或者不相

① 参见郎胜主编：《中华人民共和国商标法释义》，法律出版社 2013 年版，第 28 页。

近似，如果该标志作为商标注册可能损害国家尊严的，可以认定属于本款第 8 项规定的情形。

（三）含有外国国家名称标志的判断

外国国家名称包括外国国家名称的中、外文全称或者简称等，官方文献等可以作为认定外国国家名称的依据。

诉争商标标志中虽含有外国国家名称，但是整体上并不相同或者不相近似，如果该标志作为商标注册可能损害该国尊严的，可以认定属于本款第 8 项规定的情形。

具有下列情形之一的，可以推定属于本款第 2 项规定的“经该国政府同意”，但有相反证据的除外：

（1）当事人提交了该国政府同意诉争商标申请注册的文件的；

（2）当事人提交了相同申请人就诉争商标在相同商品或者服务上，已经在该国获准注册的文件的。

（四）标志具有“欺骗性”的认定

公众基于日常生活经验等不会对诉争商标指定使用的商品或者服务的质量等特点或者产地产生误认的，不属于本款第 7 项规定的情形。若标志含有与指定使用商品紧密关联的通用名称时，一般可以认定构成具有“欺骗性”，例如，“晴天包子”指定使用在“饺子、馒头、花卷”等商品上。同时，在认定标志具有欺骗性时，应当区分与标志缺乏显著特征之间的差异，需要结合具体指定使用的商品进行逐一划分，不宜进行概括性认定即判定违反本款第 7 项的规定。

（五）标志中含有“企业名称”的认定

诉争商标中含有企业全称或者简称，而申请人与该企业全称或者简称存在实质性差异的，在易使公众对商品或者服务来源产生误认的情况下，可以认定属于本款第 7 项规定的情形。

诉争商标标志仅由申请人的企业全称或者简称构成，或者显著识别部分仅是企业全称或简称的，在不属于上文所指的情形下，可以认定属于本法第 11 条第 1 款第 3 项规定的情形，但是具有显著特征且符合商业惯例的除外。

前述企业全称或者简称以容易使公众将其作为指代企业主体身份的标识为认定要件。

（六）标志具有“其他不良影响”的判断因素

根据公众日常生活经验，或者辞典、工具书等官方文献，或者宗教等领域人士的通常认知，能够确定诉争商标标志或者其构成要素可能对我国社会公共利益和公共秩序产生消极、负面影响的，可以认定具有本款第 8 项规定的“其他不良影响”。

当事人的主观意图、使用方式、损害结果等可以作为认定是否具有“其他不良影响”的参考因素。

（七）标志中含有“已故知名人物”的判定

诉争商标标志或者其构成要素与特定行业、地域的已故知名人物姓名、肖像等相同或者近似，并由此导致公众对诉争商标指定使用的商品或者服务的质量、信誉、工艺等特点产生误认的，可以认定属于本款第 7 项规定的情形。

诉争商标标志或者其构成要素与已故的政治、经济、文化、宗教、民族等公众人物的姓名、肖像等相同或者近似，可能对我国社会公共利益和公共秩序产生消极、负面影响的，可以认定属于本款第 8 项规定的具有“其他不良影响”的情形。

（八）标志中未“规范使用文字”的规制

诉争商标标志或者其构成要素未规范使用汉字或者成语，可能对我国文化教育产生消极、负面影响的，可以认定属于本款第 8 项规定的具有“其他不良影响”的情形。

二、本条第 2 款

（一）地名商标的其他含义

诉争商标标志或者其构成要素含有县级以上行政区划的地名或者公众知晓的外国地名，但是整体上具有其他含义的，可以认定其不属于本款所规定的情形。

具有下列情形之一的，可以认定诉争商标整体上具有其他含义：

（1）诉争商标仅由地名构成，该地名具有其他含义的；

（2）诉争商标包含地名，但诉争商标整体上可以与该地名相区分的[①]；

（3）诉争商标包含地名，整体上虽不能与该地名相区分，但经过使用足以使公众将其与之区分的。

（二）已经获准注册地名商标扩展注册的判断

《商标法》未禁止地名作为商标注册和使用之前已经获准注册的地名商标，在原注册范围内有效，当事人主张在该地名商标基础上申请注册其他商标的，一般不予支持。[②]

典型案例

原告劲牌有限公司诉被告国家工商行政管理总局商标评审委员会商标驳回复审行政纠纷案

关键词： 国家名称　国家尊严　整体

裁判摘要： 2001 年《商标法》第 10 条第 1 款第 1 项规定所称的同中华人民共和国国家名称相同或者近似，是指该标志作为整体同我国国家名称相同或者近似。如果该标志含有与我国国家名称相同或者近似的文字，且其与其他要素相结合，作为一个整体已不再与我国国家名称构成相同或者近似的，则不宜认定为同中华人民共和国国家名称相同或者近似的标志。本案中，申请商标可清晰识别为“中国”“劲”“酒”三部分，虽然其中含有我国国家名称“中国”，但其整体上并未与我国国家名称相同或者近似，因此申请商标并未构成同中华人民共和国国家名称相同或者近似的标志。但是，国家名称是国家的象征，如果允许随意将其作为商标的组成要素予以注册并作商业使用，将导致国家名称的滥用，损害国家尊严，也可能对社会公共利益和公共秩序产生其他消极、负面影响。因此，对于上述含有与我国国家名称相同或者近似的文字的标志，虽然对其注册申请不宜根据 2001 年《商标法》第 10 条第 1 款第 1 项进行审查，

① 《北京市高级人民法院商标授权确权行政案件审理指南》第 8.10 条。

② 《北京市高级人民法院商标授权确权行政案件审理指南》第 8.11 条。

但并不意味着属于可以注册使用的商标，而仍应当根据《商标法》其他相关规定予以审查。

基本案情： 原告劲牌有限公司申请注册第4953206号"中国劲酒"，商标局以诉争商标违反2001年《商标法》第10条第1款第1项规定为由驳回其申请。劲牌有限公司不服，申请复审，商标评审委员会经审查以相同理由，决定予以驳回。劲牌有限公司不服，提起行政诉讼。北京市第一中级人民法院判决：撤销被诉决定。商标评审委员会不服，提起上诉。北京市高级人民法院判决：驳回上诉，维持原判。商标评审委员会仍不服，申请再审。最高人民法院提审后，判决：维持二审判决，商标评审委员会重新作出决定。

【案　　号】（2010）行提字第4号、（2009）高行终字第829号

【审理法院】 最高人民法院、北京市高级人民法院

【来　　源】《最高人民法院公报》2012年第4期

类案检索

一、原告耐克国际有限公司诉被告国家工商行政管理总局商标评审委员会商标驳回复审行政纠纷案

关键词： 外国国家名称　认知水平

裁判摘要： 本案中，诉争商标中文字部分"Jordan"除了构成约旦国英文国家名称的重要组成部分外，还具有人名、地名等其他含义。而且，诉争商标的文字部分与图形部分紧密结合，整体上与"Jordan"形成了一定的差异。由于地理差距、语音差异等因素，我国境内的相关公众对"JORDAN"为约旦国家英文名称重要组成部分的了解程度相对有限，基于知识水平和认知能力，一般不会将诉争商标中的"JORDAN"与约旦国联系在一起，更不会认为诉争商标整体上与约旦的国家名称相同或者近似。因此，诉争商标并未违反2001年《商标法》第10条第1款第2项的规定。

【案　　号】（2015）知行字第80号

【审理法院】 最高人民法院

【来　　源】 中国裁判文书网

二、原告斯纳伯切夫公司诉被告国家工商行政管理总局商标评审委员会商标驳回复审行政纠纷案

关键词：红十字　公共利益　主动避让

裁判摘要："红十字"标志是国际人道主义保护标志，是武装力量医疗机构的特定标志，是红十字会的专用标志。"红十字"标志不得用于商标或者商业性广告。本案中，诉争商标由十字图形及英文"BATTERY"组成，其中十字图形与"红十字"标志在图形轮廓、比例及视觉效果上相同，并位于标志的左侧，与位于标志右侧的英文"BATTERY"存在一定间距，两部分均为诉争商标的显著识别部分，可分别被独立识别。同时，由于"红十字"标志涉及公共利益，诉争商标如果使用该十字图形，应主动避让白底红字的配色。而本案诉争商标并未指定颜色，故诉争商标存在被公众误认为是"红十字"标志的可能，因此诉争商标与"红十字"标志构成近似，诉争商标的注册申请违反了2013年《商标法》第10条第1款第5项的规定。

【案　　号】（2016）京行终1681号

【审理法院】北京市高级人民法院

【来　　源】中国裁判文书网

三、原告贵州美酒河酿酒有限公司诉被告国家工商行政管理总局商标评审委员会、第三人李某寿商标争议行政纠纷案

关键词：欺骗性　误导消费者

裁判摘要：本案中，诉争商标由"李某发"文字及图组成，根据查明的事实，李某发生前系茅台酒厂的副厂长。在1964年带领科研小组摸索出茅台酒三种典型体，使茅台酒的传统工艺得到进一步的认识和完善，勾兑方法更科学，受到贵州省政府、轻工厅的奖励，并在1984年至1992年期间获得了多项荣誉，为茅台酒的酿造工艺做出一定贡献。基于涉案证据，可以证明李某发在酒行业内具有一定的知名度和影响力，将其姓名作为商标注册在"酒精饮料（啤酒除外）"商品上，易使相关消费者将商品的品质特点与李某发本人或茅台酒的生产工艺相联系，从而误导消费者，并造成不良影响。

【案　　号】（2012）知行字第11号

【审理法院】最高人民法院

四、原告上海俊客贸易有限公司诉被告国家工商行政管理总局商标评审委员会、第三人姚某军商标权无效宣告请求行政纠纷案

关键词：主流文化　价值观　不良影响

裁判摘要：本案中，诉争商标由字母“MLGB”构成，虽然该字母并非固定的外文词汇，但是结合姚某军在行政审查阶段提交的部分形成于诉争商标申请注册日前的相关网页截图，以及考虑到我国网络用户数量规模之大、网络与社会公众生活密切相关等因素，在网络环境下已经存在特定群体对“MLGB”指代为具有不良影响含义的情形下，为了积极净化网络环境、引导青年一代树立积极向上的主流文化和价值观，制止以擦边球方式迎合“三俗”行为，发挥司法对主流文化意识传承和价值观引导的职责作用，应认定诉争商标本身存在含义消极、格调不高的情形。同时，考虑到虽然上海俊客公司在使用诉争商标时，与英文表达一并使用，但其在申请诉争商标的同时，还申请了“cao××ma”等商标，故其以媚俗的方式迎合不良文化倾向的意图比较明显，在实际使用过程中存在对争议商标进行低俗、恶俗商业宣传的情形。因此，综合在案情形，诉争商标的注册违反2001年《商标法》第10条第1款第8项的规定。

【案　　号】（2018）京行终137号

【审理法院】北京市高级人民法院

【来　　源】中国裁判文书网

五、原告内蒙古蓝海矿泉水有限责任公司诉被告国家知识产权局、第三人内蒙古云露水业有限责任公司商标权无效宣告请求行政纠纷案

关键词：地名　商标

裁判摘要：本案中，诉争商标为中文“阿尔山”，阿尔山是位于内蒙古自治区兴安盟西北部的县级市，属于县级以上行政区划的地名，且现有证据亦不足以证明诉争商标中的文字“阿尔山”已形成强于地名的含义。因此，被诉裁定认定诉争商标的注册违反2001年《商标法》第10条第2款规定的结论正确。

【案　　号】（2019）高行终4880号

【审理法院】北京市高级人民法院

【来　　源】中国裁判文书网

第十一条　下列标志不得作为商标注册：

（一）仅有本商品的通用名称、图形、型号的；

（二）仅直接表示商品的质量、主要原料、功能、用途、重量、数量及其他特点的；

（三）其他缺乏显著特征的。

前款所列标志经过使用取得显著特征，并便于识别的，可以作为商标注册。

关联规定

一、法律、行政法规、司法解释

《最高人民法院关于审理商标授权确权行政案件若干问题的规定》

第七条　人民法院审查诉争商标是否具有显著特征，应当根据商标所指定使用商品的相关公众的通常认识，判断该商标整体上是否具有显著特征。商标标志中含有描述性要素，但不影响其整体具有显著特征的；或者描述性标志以独特方式加以表现，相关公众能够以其识别商品来源的，应当认定其具有显著特征。

第八条　诉争商标为外文标志时，人民法院应当根据中国境内相关公众的通常认识，对该外文商标是否具有显著特征进行审查判断。标志中外文的固有含义可能影响其在指定使用商品上的显著特征，但相关公众对该固有含义的认知程度较低，能够以该标志识别商品来源的，可以认定其具有显著特征。

第九条　仅以商品自身形状或者自身形状的一部分作为三维标志申请注册商标，相关公众一般情况下不易将其识别为指示商品来源标志的，该三维标志不具有作为商标的显著特征。

该形状系申请人所独创或者最早使用并不能当然导致其具有作为商标的显著特征。

第一款所称标志经过长期或者广泛使用，相关公众能够通过该标志识别商品来源的，可以认定该标志具有显著特征。

第十条 诉争商标属于法定的商品名称或者约定俗成的商品名称的，人民法院应当认定其属于商标法第十一条第一款第（一）项所指的通用名称。依据法律规定或者国家标准、行业标准属于商品通用名称的，应当认定为通用名称。相关公众普遍认为某一名称能够指代一类商品的，应当认定为约定俗成的通用名称。被专业工具书、辞典等列为商品名称的，可以作为认定约定俗成的通用名称的参考。

约定俗成的通用名称一般以全国范围内相关公众的通常认识为判断标准。对于由于历史传统、风土人情、地理环境等原因形成的相关市场固定的商品，在该相关市场内通用的称谓，人民法院可以认定为通用名称。

诉争商标申请人明知或者应知其申请注册的商标为部分区域内约定俗成的商品名称的，人民法院可以视其申请注册的商标为通用名称。

人民法院审查判断诉争商标是否属于通用名称，一般以商标申请日时的事实状态为准。核准注册时事实状态发生变化的，以核准注册时的事实状态判断其是否属于通用名称。

第十一条 商标标志只是或者主要是描述、说明所使用商品的质量、主要原料、功能、用途、重量、数量、产地等的，人民法院应当认定其属于商标法第十一条第一款第（二）项规定的情形。商标标志或者其构成要素暗示商品的特点，但不影响其识别商品来源功能的，不属于该项所规定的情形。

二、司法指导性文件

《最高人民法院关于审理商标授权确权行政案件若干问题的意见》

5、人民法院在审理商标授权确权行政案件时，应当根据诉争商标指定使用商品的相关公众的通常认识，从整体上对商标是否具有显著特征进行审查判断。标志中含有的描述性要素不影响商标整体上具有显著特征的，或者描述性标志是以独特方式进行表现，相关公众能够以其识别商品来源的，应当认定其具有显著特征。

6、人民法院在审理商标授权确权行政案件时，应当根据中国境内相关公众的通常认识，审查判断诉争外文商标是否具有显著特征。诉争标志中的外文虽有固有含义，但相关公众能够以该标志识别商品来源的，不影响对其显著特征的认定。

7、人民法院在判断诉争商标是否为通用名称时，应当审查其是否属于法定的或者约定俗成的商品名称。依据法律规定或者国家标准、行业标准属于商品通用名称的，应当认定为通用名称。相关公众普遍认为某一名称能够指代一类商品的，应当认定该名称为约定俗成的通用名称。被专业工具书、辞典列为商品名称的，可以作为认定约定俗成的通用名称的参考。

约定俗成的通用名称一般以全国范围内相关公众的通常认识为判断标准。对于由于历史传统、风土人情、地理环境等原因形成的相关市场较为固定的商品，在该相关市场内通用的称谓，可以认定为通用名称。

申请人明知或者应知其申请注册的商标为部分区域内约定俗成的商品名称的，应视其申请注册的商标为通用名称。

8、人民法院审查判断诉争商标是否属于通用名称，一般以提出商标注册申请时的事实状态为准。如果申请时不属于通用名称，但在核准注册时诉争商标已经成为通用名称的，仍应认定其属于本商品的通用名称；虽在申请时属于本商品的通用名称，但在核准注册时已经不是通用名称的，则不妨碍其取得注册。

9、如果某标志只是或者主要是描述、说明所使用商品的质量、主要原料、功能、用途、重量、数量、产地等特点，应当认定其不具有显著特征。标志或者其构成要素暗示商品的特点，但不影响其识别商品来源功能的，不属于上述情形。

条文释义

一、本条主旨

本条是关于禁止缺乏显著特征的标志作为识别注册以及商标经过使用取得显著特征的规定。

二、条文演变

1982年《商标法》第7条规定，商标使用的文学、图形或者其组合，应当有显著特征，便于识别。使用注册商标的，并应当标明“注册商标”或者注册标记。第8条第5项、第6项规定了商标不得使用“本商品的通用名称和图形”“直接表示商品的质量、主要原料、功能、用途、重量、数量及其他特点的”文字、图形。1982年《商标法》虽然规定了商标应当具有显著特征，但将缺乏显著特征的情形与其他禁用商标标志糅合并存规定，即缺乏显著特征的标志属于商标禁用情形之一。1993年《商标法》基本延续了1982年《商标法》的规定。2001年《商标法》新增第11条，首次单独规定了缺乏显著特征标志之情形以及商标标志经过使用可以获得显著特征。2001年《商标法》与之前规定不同之处是，明确将缺乏显著特征作为商标标志的禁注情形，而非第10条的禁用情形。2013年《商标法》基本保持了2001年《商标法》第11条的规定，只将第11条第1款第2项中“仅仅直接”修改为“仅直接”。2019年《商标法》予以沿用。

三、条文解读

本条第1款规定了缺乏显著特征标志的情形，第2款规定了经过使用取得显著特征的情形。

（一）商标显著特征的内涵

商标的基本功能在于区分商品或者服务的来源，而要实现这一基本功能，作为商标使用的标志就必须具有足够的显著特征，使相关公众能够将其作为区别商品或者服务来源的标志加以识别，并在此基础上区分同种商品的不同提供者。本法第9条规定，申请注册商标，应当有显著特征，便于识别。可识别性是商标的基本特征。生产经营者通过商标推介自己的商品和服务，消费者通过商标区分不同生产经营者的商品和服务。如果商标不具有显著特征，就无法实现商标的功能，也就无法作为商标申请注册。[①] 结合本法第9条和第11条的规定，商标的显著特征包含了识别性和区分性，包含两个层次，识别性和区分性，其中，识别性是指构成商标的符号能够使消费者识别、记忆，可以发挥指示商品或者服务来源的功能。区分性是指一商标可以区别于其他商标，与他人使用在同一种或者类似商品、服务上的商标不相同、不近似，不会引起消费者的混淆。[②] 保护商标的立足点是为了防止混淆、误认，进而维护商标信誉，保障消费者和生产、经营者的利益。因此，从商标的基本功能和保护商标的立足

① 参见郎胜主编：《中华人民共和国商标法释义》，法律出版社2013年版，第29页。
② 参见李琛：《知识产权法关键词》，法律出版社2006年版，第58页。

点出发，一个标志是否可以作为商标受到保护，重要条件在于其是否具有显著特征。

（二）商标显著特征的分类

本条分为两款，分别指向了商标不同种类的显著特征。根据商标法理论，商标显著特征区分为固有显著特征和获得显著特征。

1. 固有显著特征

固有显著特征，是指标志天然具有识别性，使用在商品或服务上，能够较为清晰地起到识别商品或服务来源的作用。通常而言，具有固有显著特征的标志包括：（1）臆造性标志，一般由“编造”的、既有语言中不存在的文字、词汇所构成的无特定含义的标志。人们发明这些字词的唯一目的就是将其作为商标来使用，且和商品或服务没有任何联系。（2）任意性标志，一般具有常见含义，但商标权人任意选择，与使用该标志的商品或者服务的自身属性没有明确联系。（3）暗示性标志，由常见词汇构成，虽与商品或者服务没有直接、明显的联系，但以隐喻、暗示的手法提示商品或服务的属性或特点。臆造性标志、任意性标志和暗示性标志都拥有固有显著性，其中臆造性标志显著性最强，其次是任意性标志，最后是暗示性标志。

2. 获得显著特征

对于本身不具备“固有显著特征”的标志而言，某一市场经营主体如果要使其获得显著性而作为商标注册，需要对该标志进行大量的使用，而且该使用行为还应当满足商标法中有关“商标”意义上的使用行为的要求。

（三）商标显著特征的判断

1. 固有显著特征的判断

2021 年修正的《商标审查审理指南》中规定，判断商标是否具有显著特征，除了要考虑商标标志本身的含义、外观构成，还要结合商标指定的商品或者服务、商标指定商品或者服务的相关公众的认知习惯、商标指定商品或者服务所属行业的实际使用情况等，进行具体、综合、整体的判断。

《商标授权确权规定》第 7 条的规定，对于被诉标志是否具有显著特征的判断，应遵循以下判断规则。

第一，显著特征的判断主体为指定商品或服务的相关公众。《商标纠纷解释》第8条规定，《商标法》所称相关公众，是指与商标所标识的某类商品或者服务有关的消费者和与前述商品或者服务的影响有密切关系的其他经营者。之所以以相关公众作为判断主体，而非以全体社会公众作为判断主体，主要考虑到显著特征系为了解决通过标志识别商品或服务来源的问题，该指定商品或服务的消费者或有密切关联的其他经营者能够将标志作为商标识别即可达到目的，而无须全体社会公众均一致认为该标志被识别为区分商品或服务来源的商标。

判断主体应以具体商品或服务领域中相关公众的普遍知识水平和认知能力为依据。针对不同商品或服务的具体类别、属性、功能等本质特性的差异，相关公众所表现的具体知识水平和认知能力也会存在不同，故应当结合具体的商品或服务作出符合市场客观化标准的判断。

第二，显著特征的判断应以整体判断为原则。对标志本身是否具备显著特征的判断应从整体上加以把握，而不能将标志整体加以割裂而对其各组成部分进行简单叠加，认为只要其中的某一部分具有显著特征，该标志整体就必然具有显著特征；或者认为某一组成部分不具有显著特征，其作为整体也必然不具有显著特征。只要相关公众能够通过该标志识别商品来源，就应当认定其具有显著特征。整体判断原则，主要是在标志包含描述性要素时如何适用的问题。最高人民法院在“BEST BUY及图”一案[①]中确立了标志包含描述性要素的显著特征如何判断的规则。司法实践中，诉争标志含有部分描述性要素，但还含有其他非描述性的要素，对于此类标志，把握整体判断原则，虽然含有描述性要素，但只要这些要素不影响商标整体上识别商品来源功能，应当认定其具有显著特征。

第三，显著特征的判断通常应结合指定使用的商品或服务进行判断。通常情况下，对于商标显著特征的判断应结合具体的商品或服务的类别予以考虑。商标是标志和商品有机结合的产物，脱离商品的标志仅为符号。关于标志本身与其指定使用的商品或服务的关联程度。一般而言，标志本身与其指定使用的商品或服务关联程度越低，则其可作为商标进行认知的可能性越大；若标志本身与其指定使用的商品或服务关联程度越高，则其可作为商标进行认知的可能性越小。基于商标标志与具体的商品或服务类别之间的这一特定联系，使得不

① 参见最高人民法院（2011）行提字第9号行政判决书。

具有显著特征的商标标志，相对于其他商品或服务而言并非必然不具有显著特征。在一些情况下，亦存在针对全部商品或服务类别均不具有显著特征的商标标志，但这一情形通常仅指向该标志使用在任何商品或服务类别上均不会使相关公众产生商品或服务来源认知的情况，即此种标志的使用所产生的效果通常不会使相关公众认为其属于商标的使用。如过于简单或过于复杂的标志。

2. 获得显著特征的判断

2021 年修正的《商标审查审理指南》中规定，获得显著特征的判断，应当综合考虑下列因素：（1）相关公众对该标志的认知情况；（2）该标志在指定商品或者服务上实际使用的时间、使用方式、同行业使用情况；（3）使用该标志的商品或者服务的销售量、营业额及市场占有率；（4）使用该标志的商品或者服务的广告宣传情况；（5）使该标志取得显著特征的其他因素。如当事人主张该标志经使用取得显著特征，应当提交相应的证据材料加以证明。判断某个标志是否属于经使用取得显著特征，驳回复审案件、不予注册复审案件应当以审理时的事实状态为准；无效宣告案件原则上以诉争商标申请注册时的事实状态为准，以审理时的事实状态作为参考。

对于经使用获得显著特征标志，通常认为其经过使用获得了“第二含义”，进而可以成为区分商品或服务来源的商标。商标的“生命力”来源于使用，对于缺乏固有显著特征的标志，通过生产者持续不断的推广和使用，使得相关公众产生了标志和商品提供者对应关系的认知，此时，该标志即通过使用具备了区分产源的功能。

（四）缺乏显著特征的标志

本条第 1 款规定了三种缺乏固有显著特征的标志。

一是仅有商品通用名称、图形、型号的标志。通用名称包括法定通用名称和约定俗成的通用名称。商标通用名称分为法定通用名称和约定俗称的通用名称两种：法定通用名称一般体现在规范性的国家标准、行业标准或地方标准中；相关公众普遍认为某一名称能够指代一类商品的，应当认定为约定俗成的通用名称。被专业工具书、辞典等列为商品名称的，可以作为认定约定俗成的通用名称的参考。约定俗成的通用名称一般以全国范围内相关公众的通常认识为判断标准。对于由于历史传统、风土人情、地理环境等原因形成的相关市场固定的商品，在该相关市场内通用的称谓，人民法院可以认定为通用名称。审查判断诉争商标是否属于通用名称，一般以提出商标注册申请时的事实状态为准。核准注册时事实状态发生变化的，以核准注册时的事实状态判断其是否属于通用名称。

二是仅直接表示商品的质量、主要原料、功能、用途、重量、数量及其他特点的标志。该类标志通常被称为描述性标志。所谓“仅直接表示”，是指此类标志不具备区分商品或者服务来源的指示功能，而只是对商品或者服务的质量、主要原料、功能、用途、重量、数量及其他特点的描述，除此之外，该标志并不会给相关公众以更多的通常理解。“仅直接表示”不等于“仅由直接表示”的要素构成，商标标志只是或者主要是描述性要素的，即属于缺乏显著特征的“仅直接表示”的描述性标志。与描述性标志不同的是暗示性标志，商标标志或者其构成要素暗示商品的特点，但不影响其识别商品来源功能的，不属于本条第 1 款第 2 项规定的情形。

三是其他缺乏显著特征的标志。比如，过于简单的线条、普通的几何图形、独创的特定短语、广告用语等，可能会基于相关领域商品或服务的相关公众的通常认知，被识别为表达、体现特定经营者营销理念、促销手段、经营技巧等具有独特风格的指示客体。无论该指示客体是以直接方式或是暗示性的方式进行体现，其自身被相关公众识别为商标的可能性均较低或不会被认知为商标，故而其也就无法发挥辨别商品或服务不同来源的功能，由此无法体现商标的真正功效。

适用指引

立体商标显著特征的判断

三维标志获准注册为立体商标，不能违反本条的规定，即具有显著性。如果三维标志本身就能使消费者将其与产品来源直接联系起来，则标志本身具有“固有显著性”；如果三维标志本身不具有固有显著性，但通过一段时间的使用使消费者将其与商品来源联系起来，则标志通过使用取得“第二含义”，获得了显著性，也可以获准注册。三维标志显著特征的判断，主要涉及以商品自身形状或者商品包装、容器外观的三维标志申请注册商标的情形。

仅以商品自身形状或者自身形状的一部分作为三维标志申请注册商标，即使系申请人所独创或者最早使用并不能当然导致其具有作为商标的显著特征，仍应以相关公众的通常认知为标准，一般情况下不易将其识别为指示商品来源标志的，该三维标志不具有作为商标的显著特征。以商品的包装容器外观申请注册的三维标志，设计上的独创性不当然等同于商标的显著性，而仍应当以其能否区分商品来源作为固有显著性的判断标准。同业经营者的使用情况对通过使用获得显著性的认定具有影响。当现有证据不足以克服相关公众对三维标志仅为商品包装这一认知的情况下，不能认定该三维标志通过使用获得了显著特征。

典型案例

一、克里斯蒂昂迪奥尔香料公司与国家知识产权局商标申请驳回复审行政纠纷案

关键词：立体商标　国际注册　显著特征

裁判摘要：对商品包装容器外观的三维标志显著特征的审查，应重点考量如下因素：一是三维标志本身固有的显著性与经过使用取得的显著性；二是审查标准一致性的原则。商标评审及司法审查程序虽然要考虑个案情况，但审查的基本依据均为《商标法》及其相关行政法规规定，不能以个案审查为由忽视执法标准的统一性问题。

基本案情：申请商标的原属国为法国，核准注册时间为2014年4月16日，国际注册日期为2014年8月8日，国际注册所有人为迪奥尔公司。国际注册指定的商标类型为“三维立体商标”，商标具体形态被描述为：如同精致拉长的数字“8”，上部是一个小的圆球，底部为椭圆形状。瓶身装饰为金色。申请商标指定使用在第3类的香水、浓香水等商品上。申请商标经国际注册后，根据《商标国际注册马德里协定》(以下简称马德里协定)《商标国际注册马德里协定有关议定书》(以下简称议定书)的相关规定，迪奥尔公司通过国际局，向澳大利亚、丹麦、芬兰、英国、中国等国家提出领土延伸保护申请。2015年7月13日，商标局向国际局发出申请商标的驳回通知书，以申请商标缺乏显著性为由，驳回全部指定商品在中国的领土延伸保护申请。

2015年8月30日，因不服商标局上述驳回通知书，迪奥尔公司向商标评

审委员会提出复审申请。在迪奥尔公司于2015年11月30日提交的补充理由中有如下文字记载：申请商标为指定颜色的三维立体商标，申请人（迪奥尔公司）依法补交该立体商标的三面视图。如迪奥尔公司在复审理由中所述，申请商标是迪奥尔公司自行创作设计并使用在其著名品牌“j’adore”香水的三维立体商标。根据《商标法》的相关规定，三维立体商标须提交至少三面视图，说明使用方式。由于申请商标为国际注册，未能在申请书中向中国商标局进行说明，而其后又未收到官方的补正通知。因此，迪奥尔公司一直未获得补正机会。迪奥尔公司在该理由书中同时贴附了申请商标的三面视图。商标评审委员会亦认定缺乏显著特征，决定驳回申请商标的注册申请。迪奥尔公司不服，提起行政诉讼。北京知识产权法院驳回其诉讼请求。迪奥尔公司不服，提起上诉，北京市高级人民法院驳回上诉，维持原判。最高人民法院提审后再审判决，撤销一、二审判决，国家知识产权局重新按照立体商标进行审查后作出决定。

【案　　号】（2018）最高法行再26号

【审理法院】最高人民法院

【来　　源】2018年中国法院10大知识产权案件

二、杨某祥与国家知识产权局、郭某杰和李某红商标权无效宣告请求行政纠纷案

关键词：显著特征　描述性因素　非物质文化遗产

裁判摘要：商标中含有描述性因素，并不意味着一定缺乏显著性，还应根据商标所指定使用商品的相关公众的通常认识，从整体上判断。相关商标的实际使用情况，以及是否经过使用产生识别商品来源的作用，也是需要考虑的因素。

基本案情：2004年4月，杨某祥向原国家工商行政管理总局商标局申请注册诉争商标“汤瓶八诊”，使用在第44类“按摩（医疗）、理疗”等服务上，2007年12月该商标获准注册。2008年6月，“回族汤瓶八诊疗法”被国务院确定为第二批国家级非物质文化遗产。2012年、2014年，诉争商标被评为宁夏著名商标。2013年1月，郭某杰和李某红对诉争商标提起撤销申请。2015年4月，原商标评审委员会作出被诉裁定，认为杨某祥将此种回族流传至今的疗法名称作为商标申请注册，并使用在核定的按摩（医疗）、医疗诊所等服务

上，具有表述服务内容、方式等特点，但缺乏商标应有的显著性，裁定对争议商标予以无效宣告。杨某祥不服，提起行政诉讼。北京知识产权法院和北京市高级人民法院均认可被诉裁定的认定，驳回杨某祥的诉讼请求。最高人民法院提审后判决：撤销一审、二审判决和原商标评审委员会的被诉裁定，责令国家知识产权局重新作出裁定。

【案　　号】（2018）最高法行再 63 号

【审理法院】最高人民法院

【来　　源】中国裁判文书网

三、腾讯科技（深圳）有限公司与国家知识产权局商标申请驳回复审行政纠纷案

关键词：声音商标　显著特征　获得显著特征

裁判摘要：任何能够发挥商品或服务来源识别作用的标志都有可能作为商标获准注册，从而拓宽了商标类型的范畴，为今后更好地保护经营者的合法权益、维护市场竞争的良好秩序、保护消费者的合法权益提供了更大的可能。相对于传统类型的通过视觉识别的商标而言，声音商标为《商标法》规定的新类型商标。但与此同时，为了平等地对待不同商标注册需求的市场经营者、平等地保护已经获准注册的不同类型商标的商标权人，除非《商标法》有特殊规定，否则不应对声音商标以及今后可能出现的其他新类型商标作出特殊对待。对于声音商标是否具有显著性的判断，除应遵循对传统商标是否具有显著性的基本判断原理、标准与规则外，即应考虑指定使用的商品或服务、相关公众的认知习惯及指定使用商品或服务所属行业的实际情况等因素外，还应结合声音商标声音的时长及其构成元素的复杂性等因素，综合考察其整体在听觉感知上是否具有可起到识别作用的特定节奏、旋律、音效，从而对其可否起到区分商品或服务来源的作用作出判断。

基本案情：2014 年 5 月 4 日，腾讯科技（深圳）有限公司（以下简称腾讯公司）将其旗下产品腾讯 QQ 应用程序运行过程中有消息传来时播放的“滴滴滴滴滴滴”声音作为声音商标向商标局提出注册申请，指定使用在第 38 类的电视播放、新闻社、提供互联网聊天室、电子邮件、信息传送等 10 项服务项目上，原商标局作出不予注册的决定后，腾讯公司向原商标评审委员会提出复审请求。2016 年 4 月 18 日，原商标评审委员会作出驳回复审决定书，认为腾

讯公司提交的证据虽能证明QQ软件享有知名度，但申请商标的声音仅为软件包含的标识某一功能的声音，申请商标为“滴滴滴滴滴滴”声音，该声音较为简单，缺乏独创性，指定使用在电视播放、信息传送等服务项目上缺乏商标应有的显著特征，难以起到区分服务来源的作用。据此，作出申请商标不予核准注册的决定。腾讯公司不服，提起诉讼。北京知识产权法院认定申请商标经过使用在其指定服务上具有显著特征。国家知识产权局不服，提起上诉。北京市高级人民法院认定申请商标经过使用在指定使用的相关服务上具有显著特征，判决驳回上诉，维持原判。

【案　　号】（2018）京行终3673号

【审理法院】北京市高级人民法院

【来　　源】中国裁判文书网

第十二条　以三维标志申请注册商标的，仅由商品自身的性质产生的形状、为获得技术效果而需有的商品形状或者使商品具有实质性价值的形状，不得注册。

关联规定

法律、行政法规、司法解释

《中华人民共和国商标法实施条例》

第十三条第三款　以三维标志申请商标注册的，应当在申请书中予以声明，说明商标的使用方式，并提交能够确定三维形状的图样，提交的商标图样应当至少包含三面视图。

第四十三条　指定中国的领土延伸申请人，要求将三维标志、颜色组合、声音标志作为商标保护或者要求保护集体商标、证明商标的，自该商标在国际局国际注册簿登记之日起 3 个月内，应当通过依法设立的商标代理机构，向商标局提交本条例第十三条规定的相关材料。未在上述期限内提交相关材料的，商标局驳回该领土延伸申请。

条文释义

一、本条主旨

本条是关于三维标志申请注册商标的限制条件的规定。

二、条文演变

2001 年《商标法》第 12 条首次增加了关于三维标志申请注册商标的限制条件的规定。2013 年、2019 年《商标法》予以沿用。

三、条文解读

本法第 8 条规定："任何能够将自然人、法人或者其他组织的商品与他人的商品区别开的标志，包括文字、图形、字母、数字、三维标志、颜色组合和声音等，以及上述要素的组合，均可以作为商标申请注册。"由此，任何标志，无论是可视的还是不可视的，均能够申请注册为商标。本法第 10 条和第 11 条规定了商标注册的禁止性条件，第 12 条针对三维标志区别于平面标志的特殊性作出特别规定。因此，三维标志若获准注册为立体商标，除满足前述禁止性条件之外，还必须符合第 12 条的规定，即不属于功能性三维标志，这也被称为三维标志获准注册的"非功能性"要件。

（一）三维标志申请注册为商标不应具有功能性的理由

非功能性原则是伴随着立体商标、颜色商标、气味商标等新类型商标的出现而产生的审查原则。非功能性原则的目的在于保持专利法和商标法之间的平衡，鼓励合法竞争。商标法系通过保护企业商誉而促进竞争，非功能性可以防止商标法通过允许生产商控制某有用产品特色而抑制合法的竞争。[①] 专利的保护有期限限制，在专利期限届满进入公有领域后，应当允许所有人自由地使用和模仿以促进竞争；但商标的保护可以是永久的，如果给予功能性立体形状以商标保护，将排斥竞争者为有效竞争需要而自由复制不受专利法保护的立体形状，由此会造成技术垄断，不利于科技发展和社会进步。[②] 立体商标获准注册的非功能性条件，捍卫了商标法中的公共领域，使立体商标获得保护的同时，也能够为他人在公有领域留下同样多、同样好的部分，有效杜绝商标法的本旨由防止消费者混淆异化为阻碍竞争者同商标权人进行自由竞争的工具。因此，如果三维标志被认定为具有功能性，即使长期使用也不能获准注册，这是非功能性和显著性条款的区别。

（二）三维标志具有功能性的具体类型

根据本条的规定，三维标志具有功能性主要包括以下三种情形。

---

① 参见美国专利商标局译：《美国商标审查指南》，商务印书馆 2008 年版，第 55 页。

② 参见钟鸣：《用商品及其包装容器形状申请注册立体商标的审查》，载《人民司法案例》2012 年第 24 期。

第一，仅由商品自身的性质产生的形状。商品自身的性质产生的形状，是指实现商品固有的功能和用途所必须采用的或者通常采用的形状。此种三维标志具有性质功能性。

第二，为获得技术效果而需有的商品形状。为使商品具备特定的功能，或者使商品固有的功能更容易地实现所必须使用的形状。此种三维标志具有实用功能性。

第三，使商品具有实质性价值的形状。三维形状是为了使商品的外观或者造型具有美学价值，进而实质性地影响消费者的购买意愿而使用的三维形状。此种三维标志具有美学功能性。

适用指引

非功能性和显著性是立体商标审查中的两把标尺，缺一不可，两者具有不同的法律价值判断，分属独立要件，需要分别审查，不应混同。显著性与非功能性是两个需要分别判断的事项，具有功能性的商品设计或特征纵使取得专利保护，于市场独占使用，进而被消费者认为与专利权人有关联，但因具有功能性，仍不得核准注册为商标。至于商品设计或特征虽不具有功能性，但缺乏固有显著性，也应证明经过使用获得显著性，才能取得商标注册。实践中，也有将非功能性和显著性同时进行判决的做法。

类案检索

爱马仕公司与国家知识产权局商标申请驳回复审行政纠纷案

关键词：立体商标　显著性　非功能性

裁判摘要：仅以商品自身形状或者自身形状的一部分作为三维标志申请注册商标，相关公众一般不易将其识别为指示商品来源标志的，该三维标志不具有作为商标的显著特征。

基本案情：2003年3月27日，爱马仕公司就国际注册号为G798096的申请商标申请中国领土延伸保护，指定使用在第18类皮革及人造皮革皮具（专用盒、手套和腰带除外）等商品上。商标评审委员会认为，申请商标为皮包等商品上常见的外观设计图形，用在指定商品上，缺乏商标应有的显著性，无法起到区别商品来源的作用，因此申请商标在中国的领土延伸保护申请应予以驳回。一审法院认为，虽然申请商标包体上的开关部分具有一定的独特设计，但是该设计更多体现的是指定商品的功能性特点。从申请商标的整体考虑，缺乏商标应有的显著性，不足以使相关公众区分商品来源。此外，爱马仕公司并未提交充足证据证明申请商标在中国境内经过长期使用已经取得了显著特征。二审法院维持了一审判决。最高人民法院裁定驳回爱马仕公司的再审申请。

【案　　号】（2012）知行字第70号行政裁定书

【审理法院】最高人民法院

第十三条　为相关公众所熟知的商标，持有人认为其权利受到侵害时，可以依照本法规定请求驰名商标保护。

就相同或者类似商品申请注册的商标是复制、摹仿或者翻译他人未在中国注册的驰名商标，容易导致混淆的，不予注册并禁止使用。

就不相同或者不相类似商品申请注册的商标是复制、摹仿或者翻译他人已经在中国注册的驰名商标，误导公众，致使该驰名商标注册人的利益可能受到损害的，不予注册并禁止使用。

关联规定

一、法律、行政法规、司法解释

1.《中华人民共和国商标法实施条例》

第三条　商标持有人依照商标法第十三条规定请求驰名商标保护的，应当提交其商标构成驰名商标的证据材料。商标局、商标评审委员会应当依照商标法第十四条的规定，根据审查、处理案件的需要以及当事人提交的证据材料，对其商标驰名情况作出认定。

第七十二条　商标持有人依照商标法第十三条规定请求驰名商标保护的，可以向工商行政管理部门提出请求。经商标局依照商标法第十四条规定认定为驰名商标的，由工商行政管理部门责令停止违反商标法第十三条规定使用商标的行为，收缴、销毁违法使用的商标标识；商标标识与商品难以分离的，一并收缴、销毁。

2.《最高人民法院关于审理商标授权确权行政案件若干问题的规定》

第十二条第一款　当事人依据商标法第十三条第二款主张诉争商标构成对其未注册的驰名商标的复制、摹仿或者翻译而不应予以注册或者应予无效的，人民法院应当综合考量如下因素以及因素之间的相互影响，认定是否容易导致混淆：

（一）商标标志的近似程度；

（二）商品的类似程度；

（三）请求保护商标的显著性和知名程度；

（四）相关公众的注意程度；

（五）其他相关因素。

第十三条 当事人依据商标法第十三条第三款主张诉争商标构成对其已注册的驰名商标的复制、摹仿或者翻译而不应予以注册或者应予无效的，人民法院应当综合考虑如下因素，以认定诉争商标的使用是否足以使相关公众认为其与驰名商标具有相当程度的联系，从而误导公众，致使驰名商标注册人的利益可能受到损害：

（一）引证商标的显著性和知名程度；

（二）商标标志是否足够近似；

（三）指定使用的商品情况；

（四）相关公众的重合程度及注意程度；

（五）与引证商标近似的标志被其他市场主体合法使用的情况或者其他相关因素。

第十四条 当事人主张诉争商标构成对其已注册的驰名商标的复制、摹仿或者翻译而不应予以注册或者应予无效，国家知识产权局依据商标法第三十条规定裁决支持其主张的，如果诉争商标注册未满五年，人民法院在当事人陈述意见之后，可以按照商标法第三十条规定进行审理；如果诉争商标注册已满五年，应当适用商标法第十三条第三款进行审理。

二、部门规章及规范性文件

《驰名商标认定和保护规定》

第二条 驰名商标是在中国为相关公众所熟知的商标。

相关公众包括与使用商标所标示的某类商品或者服务有关的消费者，生产前述商品或者提供服务的其他经营者以及经销渠道中所涉及的销售者和相关人员等。

条文释义

一、本条主旨

本条是关于驰名商标保护的规定。

二、条文演变

2001 年《商标法》第 13 条首次对驰名商标保护作出规定，由未注册驰名商标和驰名商标保护两款构成。2013 年《商标法》第 13 条增加了第 1 款驰名商标的定义，并规定了被动保护原则，同时保留了后两款。2019 年《商标法》予以沿用。

三、条文解读

本条规定了驰名商标的定义、保护范围以及保护原则。

驰名商标，是指为相关公众所熟知的商标。认定商标是否驰名，主要应当考虑其在相关公众中的知晓程度，而非所有公众中的知晓程度。驰名商标保护制度设立的目的，主要是弥补商标注册制度的不足，对相关公众所熟知的商标在其未注册的部分领域提供保护，包括对未注册驰名商标提供保护，以及扩大已经注册的驰名商标的保护范围，制止他人复制、摹仿、傍名牌的行为，防止相关公众对商品来源产生混淆。

商标法给予驰名商标强于对一般商标的保护主要体现在以下方面。第一，对驰名商标的保护不以注册为前提。未注册的驰名商标可以作为禁止他人在相同或类似商品上申请注册复制、摹仿或者翻译驰名商标的权利客体。对未注册驰名商标的保护以容易导致混淆为标准。早期，认定驰名商标是用来解决未注册商标被抢注的问题，这体现在《巴黎公约》中。[①] 第二，已注册驰名商标的禁止效力可以扩大到不相同或不相类似的商品上。对已注册驰名商标的保护以误导公众、致使驰名商标注册人利益可能受到损害为标准。至于影响跨类别保护范围的因素，既与驰名商标的显著性有关，驰名商标的价值体现在其在相关

① 参见黄晖：《驰名商标和著名商标的法律保护》，法律出版社 2001 年版，第 51 页。

公众心中代表的唯一、独特的商标形象，显著性越强的驰名商标受到保护的范围越大，反之越小；也与诉争商标指定或核定使用的商品与驰名商标核定使用商品的关联程度有关，关联度越高，越容易给予驰名商标保护；还与驰名商标的知名度有关，驰名商标在相关公众中的知晓程度越高，获得保护的范围越大。上述三个因素并非相互独立，而应当综合考虑各因素之间的消长关系。[①]

驰名商标并不是商标法上的一种特殊商标，而仅是法律为商标提供的一种特殊保护手段，只有涉及法律保护时，才需要通过认定驰名商标并给予其相应的保护。因此，驰名商标的认定应遵循个案认定、被动保护的原则。

适用指引

一、关于驰名商标的认定要件

适用本条对驰名商标给予保护主要有三项要件：一是当事人主张保护的商标要构成驰名商标；二是诉争商标标志是对驰名商标标志的“复制、摹仿或者翻译”；三是容易导致混淆或者误导公众，致使驰名商标注册人的利益可能受到损害。前述三项要件之间并无严格适用顺序要求，不符合其他要件就无须对商标驰名与否作出认定。

二、关于相关公众的认定

认定驰名商标所涉及的相关公众，主要包括：第一，商标所标示的商品或者服务的消费者；第二，商标所标示的商品的生产者或者服务的提供者；第三，商标所标示的商品或者服务在经销渠道中所涉及的经营者和相关人员等。

三、关于复制、摹仿或者翻译的认定

复制是指诉争商标与他人驰名商标相同或基本相同。

摹仿是指诉争商标抄袭他人驰名商标，使用他人驰名商标的显著识别部分或显著特征。驰名商标的显著识别部分或者显著特征是指驰名商标赖以起主要识别作品的部分或者特征，包括特定的文字、字母、数字或者其组合方式及字

① 参见陈锦川：《商标授权确权的司法审查》，中国法制出版社2014年版，第314~316页。

体表现形式、特定图形构成方式以及表现形式、特定的颜色组合等。

翻译是指诉争商标将他人驰名商标以不同的语言文字予以表达，且该语言文字已与他人驰名商标建立对应关系，并为相关公众所熟知或习惯使用，或者易使相关公众误认为该语言文字与他人驰名商标具有相当程度的联系。

四、关于混淆、误导的认定

混淆、误导主要包括以下情形：一是相关公众对商品来源产生误认，认为使用诉争商标的商品系由驰名商标注册人提供；二是使相关公众联想到使用诉争商标的商品生产者或服务提供者与驰名商标注册人存在投资、许可或者合作等关系；三是足以使相关公众认为诉争商标与他人驰名商标具有相当程度的联系，从而减弱驰名商标的显著性；四是诉争商标的注册使用可能贬损驰名商标的市场声誉；五是诉争商标的注册使用可能不正当利用驰名商标的市场声誉。

混淆、误导的判定不以实际发生混淆、误导为要件，只需判定有无混淆、误导的可能性即可。

五、关于驰名商标的认定原则

认定驰名商标应遵循个案认定原则，当事人应在具体的商标案件中，认为诉争商标构成对其已为相关公众所熟知商标的复制、摹仿、翻译，并且容易导致混淆或者误导公众，致使该驰名商标持有人的利益可能受到损害时，才可以提起驰名商标认定。在需要认定驰名商标的案件中，驰名商标的认定结果只对该案有效。曾被认定为驰名商标的，在该案中可以作为驰名商标保护记录予以考虑。

认定驰名商标应遵循被动保护原则，当事人未主张驰名商标保护的，不应予以主动认定。

认定驰名商标应遵循按需认定原则，在当事人以违反本条规定为由提起的诉讼中，当事人以商标驰名作为事实根据，应根据案件具体情况，在确有必要的情况下对所涉商标是否驰名作出认定。

典型案例

巨化集团公司与商标评审委员会、胡某商标异议复审行政纠纷案

关键词：驰名商标　按需认定　适用顺序

裁判摘要：审理涉及驰名商标保护的商标授权确权行政案件，应遵循驰名商标的按需认定原则。驰名商标认定要件之间无适用顺序要求，如果诉争商标并没有构成对引证商标的复制、摹仿或者翻译，或者诉争商标获准注册的结果并不会导致误导公众并可能损害引证商标权利人利益的结果，即无须对引证商标是否构成驰名商标作出审查和认定。

基本案情：引证商标系第143726号“巨化牌JH”商标，注册人为巨化集团公司，申请日期为1980年9月11日，核定使用商品为第1类的液氮、电石、甲醇、烧碱等。

诉争商标系第5894566号“巨化”商标，由第三人胡某于2007年2月7日申请注册，指定使用商品为第11类灯、灯罩、车灯、煤气热水器等。

巨化集团公司在诉争商标法定异议期内提出异议。商标局裁定：对诉争商标准予注册。巨化集团公司不服，依据2001年《商标法》第13条、第31条等规定申请复审。商标评审委员会裁定：诉争商标予以核准注册。巨化集团公司不服，提起诉讼。北京市第一中级人民法院判决：维持被诉裁定。巨化集团公司不服，提起上诉。北京市高级人民法院判决：驳回上诉，维持原判。

巨化集团公司仍不服，申请再审。最高人民法院认为，引证商标为已经在中国注册的驰名商标、诉争商标构成对该驰名商标的复制、摹仿或者翻译，以及诉争商标的申请注册将容易导致消费者混淆或者误导公众，进而损害异议申请人的利益是在商标异议复审行政案件中适用2001年《商标法》第13条第2款规定的三个基本条件。案件审理过程中，固然要对请求予以保护的引证商标所具有的知名度予以考量，但并不意味着必须将其作为适用2001年《商标法》第13条第2款的前提条件，即首先对引证商标是否构成驰名商标的问题进行审查和认定。《商标法》和司法解释明确了驰名商标的按需认定原则，在商标授权确权行政案件的审理过程中亦应遵循。如果诉争商标并没有构成对引证商标的复制、摹仿或者翻译，或者诉争商标获准注册的结果并不会导致误导公众

并可能损害引证商标权利人利益的结果，即无须对引证商标是否构成驰名的问题作出审查和认定。诉争商标的申请注册并未违反2001年《商标法》第13条第2款的规定。最高人民法院裁定：驳回巨化集团公司再审申请。

【案　　号】（2015）知行字第112号

【审理法院】最高人民法院

【来　　源】《最高人民法院2015年知识产权案件年度报告》

类案检索

德士活有限公司与商标评审委员会、广东苹果事业有限公司商标异议复审案

关键词：驰名商标　复制　摹仿

裁判摘要：在对诉争商标是否复制、摹仿驰名商标进行判断时，如果在申请注册诉争商标之前，被异议人在同类别商品上已经拥有近似的注册商标，应该比较诉争商标与被异议人自己的注册商标、他人的驰名商标之间的近似程度。诉争商标与被异议人已经在同类别商品上注册的商标近似程度较高，不宜认定诉争商标构成对他人驰名商标的复制、摹仿。

【案　　号】（2009）行提字第2号

【审理法院】最高人民法院

【来　　源】《最高人民法院2010年知识产权案件年度报告》

第十四条　驰名商标应当根据当事人的请求，作为处理涉及商标案件需要认定的事实进行认定。认定驰名商标应当考虑下列因素：

（一）相关公众对该商标的知晓程度；

（二）该商标使用的持续时间；

（三）该商标的任何宣传工作的持续时间、程度和地理范围；

（四）该商标作为驰名商标受保护的记录；

（五）该商标驰名的其他因素。

在商标注册审查、工商行政管理部门查处商标违法案件过程中，当事人依照本法第十三条规定主张权利的，商标局根据审查、处理案件的需要，可以对商标驰名情况作出认定。

在商标争议处理过程中，当事人依照本法第十三条规定主张权利的，商标评审委员会根据处理案件的需要，可以对商标驰名情况作出认定。

在商标民事、行政案件审理过程中，当事人依照本法第十三条规定主张权利的，最高人民法院指定的人民法院根据审理案件的需要，可以对商标驰名情况作出认定。

生产、经营者不得将“驰名商标”字样用于商品、商品包装或者容器上，或者用于广告宣传、展览以及其他商业活动中。

关联规定

一、法律、行政法规、司法解释

《中华人民共和国商标法实施条例》

第三条　商标持有人依照商标法第十三条规定请求驰名商标保护的，应当提交其商标构成驰名商标的证据材料。商标局、商标评审委员会应当依照商标法第十四条的规定，根据审查、处理案件的需要以及当事人提交的证据材料，对其商标驰名情况作出认定。

二、部门规章及规范性文件

《驰名商标认定和保护规定》

第二条 驰名商标是在中国为相关公众所熟知的商标。

相关公众包括与使用商标所标示的某类商品或者服务有关的消费者，生产前述商品或者提供服务的其他经营者以及经销渠道中所涉及的销售者和相关人员等。

第三条 商标局、商标评审委员会根据当事人请求和审查、处理案件的需要，负责在商标注册审查、商标争议处理和工商行政管理部门查处商标违法案件过程中认定和保护驰名商标。

第四条 驰名商标认定遵循个案认定、被动保护的原则。

第九条 以下材料可以作为证明符合商标法第十四条第一款规定的证据材料：

（一）证明相关公众对该商标知晓程度的材料。

（二）证明该商标使用持续时间的材料，如该商标使用、注册的历史和范围的材料。该商标为未注册商标的，应当提供证明其使用持续时间不少于五年的材料。该商标为注册商标的，应当提供证明其注册时间不少于三年或者持续使用时间不少于五年的材料。

（三）证明该商标的任何宣传工作的持续时间、程度和地理范围的材料，如近三年广告宣传和促销活动的方式、地域范围、宣传媒体的种类以及广告投放量等材料。

（四）证明该商标曾在中国或者其他国家和地区作为驰名商标受保护的材料。

（五）证明该商标驰名的其他证据材料，如使用该商标的主要商品在近三年的销售收入、市场占有率、净利润、纳税额、销售区域等材料。

前款所称“三年”、“五年”，是指被提出异议的商标注册申请日期、被提出无效宣告请求的商标注册申请日期之前的三年、五年，以及在查处商标违法案件中提出驰名商标保护请求日期之前的三年、五年。

条文释义

一、本条主旨

本条是关于驰名商标认定的规定。

二、条文演变

2001年《商标法》第14条首次对该项内容作出规定。2013年《商标法》第14条保留了认定驰名商标应当考虑的因素，同时增加了第2款、第3款、第4款规定，明确了驰名商标的认定标准和规则。2019年《商标法》第14条在此基础上增加了第5款，生产、经营者不得主动宣传“驰名商标”的规定。

三、条文解读

本条规定了驰名商标的认定标准和规则。本条第1款规定了认定驰名商标应当考虑的因素。商标是否为相关公众所熟知，是客观存在的事实状态；行政机关和法院对商标驰名情况作出认定，是对这种事实状态的确认，而非对商标持有人的授权。商标因为本身驰名而获得认定，而非因为认定而变得驰名。因此，驰名商标是事实认定，“驰名商标”不应作为荣誉用于商品、商品包装或容器上，或用于宣传等商业活动中。应当注意的是，商标驰名情况不是固定不变的，“名气并非永恒并稳定的东西，它可能受制于多方面的因素”①，如时间、空间、文化条件等。原本不驰名的商标可能通过长时间的使用、广告宣传而变得驰名，原本驰名的商标也可能因为市场的发展变化而变得不再驰名。因此，商标是否驰名，应当在个案中作出认定。行政机关和法院在特定案件中认定驰名商标，仅在该案中具有意义，该商标不必然在另案中也会被认定驰名。

当事人依照本条规定请求驰名商标保护时，可以提供该商标曾在我国作为驰名商标受保护的记录。当事人请求驰名商标保护的范围与已被作为驰名商标予以保护的范围基本相同，且对方当事人对该商标驰名无异议，或者虽有异

① ［英］杰里米·菲利普斯：《商标法实证性分析》，马强译，中国人民大学出版社2014年版，第355页。

议，但异议理由和提供的证据不足以支持该异议的，行政机关和法院可以根据该受保护记录，结合相关证据，给予该商标驰名保护。

本条第 2 款至第 4 款规定了在商标注册审查、行政机关查处商标违法行为、商标争议处理，以及商标民事、行政案件中行政机关和法院根据案件处理情况，按需认定驰名商标的规则。

适用指引

商标的驰名状态属于客观事实，并不经过认定产生。商标驰名与否应结合全部证据进行综合判断。认定驰名商标应遵循按需认定、被动认定、个案认定和事实认定的原则。法院不应在判决主文中作出某一商标是否构成驰名商标的认定。驰名商标在个案中的认定可以作为其他案件认定驰名商标的考虑因素。

驰名商标的认定程序限于商标注册审查、行政机关查处商标违法行为、商标争议处理，以及商标民事、行政案件中。在商标授权确权行政案件中，商标权人的权利能通过其他途径给予救济时，就无须再认定驰名商标对商标权人的权利给予保护。认定部分商标驰名已足以保护商标注册人的合法权益，无须再对其余商标是否驰名作出认定。

典型案例

北京市华夏长城高级润滑油有限责任公司与商标评审委员会、日产自动车株式会社商标争议案

关键词：驰名商标　证据　综合判断

裁判摘要：商标是否驰名是对当事人提交的全部证据进行综合判断后得出的结论，不能孤立地看相关证据，也不能机械地要求必须提供哪一类证据，需要根据案件具体情况、所涉及的商品特点等进行具体分析判断。

基本案情：北京市华夏长城高级润滑油有限责任公司（以下简称华夏长城公司）于 2000 年 3 月 23 日申请注册第 1556379 号“日产及图”商标，该商标于 2001 年 4 月 21 日获得核准注册，核定使用商品为第 4 类润滑油等商品上。日产自动车株式会社（以下简称日产株式会社）以其核定使用在第 12 类汽车

等商品上的第99443号“日产”商标和第739763号“NISSAN及图”商标构成驰名商标为由，申请撤销诉争商标。商标评审委员会认为，二引证商标构成汽车商品上的驰名商标，诉争商标的注册违反了2001年《商标法》第13条第2款的规定，裁定：撤销诉争商标的注册。

华夏长城公司不服，提起诉讼。北京市第一中级人民法院审理后判决驳回华夏长城公司的诉讼请求。华夏长城公司不服，提起上诉。北京市高级人民法院审理后判决驳回上诉，维持原判。

华夏长城公司不服，申请再审。最高人民法院认为，当事人为了在具体案件中达到受保护的目的，提供关于其商标知名度的证据，需要证明的是，通过其使用、宣传等行为，相关公众对其商标有了广泛的认知。商标是否为相关公众广泛知晓是对所有的证据进行综合判断后得出的结论，不能孤立地看相关的证据，也不能机械地要求必须提供哪一类的证据。商标使用的概念十分广泛，只要是在生产、经营活动中将商标用于与其指定使用商品相关联的场合，使相关公众能够认识到其是该商品的商标即可。日产株式会社提供了公司介绍、在中国的合资公司情况、销售数据等证据，商标评审委员会及一审、二审法院基于上述证据查明一些事实，如日产株式会社成立于1933年，1972年向中国出口第一台公爵车，以及在香港设立日产汽车（中国）有限公司，在国内设立合资公司郑州日产汽车有限公司等，对自己发展历程出具说明具有合理性，亦有大量第三方报道佐证，且没有相反证据，华夏长城公司主张仅由于是当事人自己出具的证据即以该证据不应采信没有依据。最高人民法院裁定：驳回华夏长城公司的再审请求。

【案　　号】（2011）知行字第45号

【审理法院】最高人民法院

【来　　源】《最高人民法院2011年知识产权案件年度报告》

类案检索

苹果公司与商标评审委员会、新通天地科技（北京）有限公司商标异议复审行政纠纷案

关键词：驰名商标　诉争商标申请日前　相关公众　地域范围

裁判摘要：主张驰名商标保护的，应当提供其商标在诉争商标申请日前已经在中国达到驰名商标程度的证据。公司的经营历史和知名度与其商标的宣传、使用历史和知名度并不当然等同；在中国没有实际、正规的销售和商业广告宣传的，无法为中国的相关公众所熟知和认可；中国法域外的信息，能否为中国相关公众所认知取决于当时的信息交流状况和商标在中国的实际使用情况；诉争商标申请日之后的使用和知名度的事实与其主张不具有直接关联性。

【案　　号】（2016）最高法行申3386号

【审理法院】最高人民法院

【来　　源】《最高人民法院2016年度知识产权案件年度报告》

第十五条　未经授权，代理人或者代表人以自己的名义将被代理人或者被代表人的商标进行注册，被代理人或者被代表人提出异议的，不予注册并禁止使用。

就同一种商品或者类似商品申请注册的商标与他人在先使用的未注册商标相同或者近似，申请人与该他人具有前款规定以外的合同、业务往来关系或者其他关系而明知该他人商标存在，该他人提出异议的，不予注册。

关联规定

法律、行政法规、司法解释

《最高人民法院关于审理商标授权确权行政案件若干问题的规定》

第十五条　商标代理人、代表人或者经销、代理等销售代理关系意义上的代理人、代表人未经授权，以自己的名义将与被代理人或者被代表人的商标相同或者近似的商标在相同或者类似商品上申请注册的，人民法院适用商标法第十五条第一款的规定进行审理。

在为建立代理或者代表关系的磋商阶段，前款规定的代理人或者代表人将被代理人或者被代表人的商标申请注册的，人民法院适用商标法第十五条第一款的规定进行审理。

商标申请人与代理人或者代表人之间存在亲属关系等特定身份关系的，可以推定其商标注册行为系与该代理人或者代表人恶意串通，人民法院适用商标法第十五条第一款的规定进行审理。

第十六条　以下情形可以认定为商标法第十五条第二款中规定的“其他关系”：

（一）商标申请人与在先使用人之间具有亲属关系；

（二）商标申请人与在先使用人之间具有劳动关系；

（三）商标申请人与在先使用人营业地址邻近；

（四）商标申请人与在先使用人曾就达成代理、代表关系进行过磋商，但未形成代理、代表关系；

（五）商标申请人与在先使用人曾就达成合同、业务往来关系进行过磋商，但未达成合同、业务往来关系。

条文释义

一、本条主旨

本条是关于禁止恶意抢先注册他人商标的规定。

二、条文演变

我国商标法制度中最早关于禁止代理人或代表人抢注被代理人或者被代表人商标的规定为1993年7月15日经国务院批准修订的《商标法实施细则》的第25条第3项①，其将“未经授权，代理人以其名义将被代理人的商标进行注册的行为”作为“以欺骗手段或者其他不正当手段取得注册的行为”之一予以规制，而并未作为一项独立的制度，使其在适用过程中受到诸多限制。

为适应加入《巴黎公约》的要求，履行相应的公约义务②，2001年《商标法》首次在法律层面确立了规制代理人或代表人未经授权抢注被代理人或者被代表人商标的制度，从而使其成为独立于“以欺骗手段或者其他不正当手段取得注册的行为”之外的对未注册商标的一种特殊的救济制度。根据2001年《商标法》第15条的规定：“未经授权，代理人或者代表人以自己的名义将被

① 1993年7月15日经国务院批准修订的《商标法实施细则》第25条第3项规定：“下列行为属于《商标法》第二十七条第一款所指的以欺骗手段或者其他不正当手段取得注册的行为：……（3）未经授权，代理人以其名义将被代理人的商标进行注册的……”现已失效，下同。

② 《巴黎公约》第6条规定：“（1）如果本联盟一个国家的商标所有人的代理人或者代表人，未经该所有人授权以自己的名义在本联盟一个或多国内将其商标申请注册，所有人将有权对注册申请提出异议，或者要求予以撤销；或者如果所在国法律允许，以对所有人有利的方式对所提到的注册申请进行转让，代理人或者代表人能够证明自己的行为正当的情况除外。（2）商标所有人如未授权使用，以适用上述第（1）款的规定为条件，有权反对其代理人或者代表人使用其商标。（3）各国立法可以规定商标所有人行使本规定的权利的合理期限。”

代理人或者被代表人的商标进行注册，被代理人或者被代表人提出异议的，不予注册并禁止使用。”实践中，由于恶意注册他人商标的现象不断发生，严重危害了公平竞争的市场秩序，2013 年《商标法》在 2001 年《商标法》规定的基础上，新增了第 2 款的规定，即“就同一种商品或者类似商品申请注册的商标与他人在先使用的未注册商标相同或者近似，申请人与该他人具有前款规定以外的合同、业务往来关系或者其他关系而明知该他人商标存在，该他人提出异议的，不予注册”，从而形成了现有的规制他人违反诚实信用原则恶意抢注他人未注册商标的制度，即禁止基于特定关知悉他人在先未注册商标而予以恶意抢注的行为。2019 年《商标法》予以沿用。

此系《民法典》第 7 条规定的民事主体从事民事活动应当遵循诚信原则制度在《商标法》中的具体体现，进一步细化了该原则在《商标法》中的具体适用场景。

三、条文解读

本条包含两个条款，其第 1 款与 2001 年《商标法》第 15 条的规定相同。2001 年《商标法》第 15 条为新增条款，新增理由有二：其一是为适应加入《巴黎公约》的要求，履行相应的公约义务；其二是为制止抢注他人商标的客观需要，为诚实信用原则在《商标法》中的具体体现。代理或者代表关系是一种具有信赖性的特殊法律关系。基于这种特殊的法律关系，代理人或者代表人对于被代理人或者被代表人负有特殊的忠诚和勤勉义务，必须恪尽职守，秉承最大限度有利于被代理人或者被代表人的利益之原则行事。而在商标法领域中，权利义务所指向的对象集中为商标所承载的利益，因此，此种特殊的忠诚和勤勉义务在商标法领域集中体现于代理人或者代表人在知悉被代理人或者被代表人商标的情况下，不得未经被代理人或者被代表人的许可，以自己的名义擅自注册被代理人或者被代表人的商标。为给予特殊商业关系的当事人以特殊的保护，避免代理人或代表人基于此种特殊的商业关系抢注被代理人或被代表人的商标，而增设 2001 年《商标法》第 15 条。

2010 年出台的《商标授权确权意见》中对 2001 年《商标法》第 15 条的具体适用作出了相应的细化规定[①]，其明确了代理人及代表人的内涵，并将磋

① 《最高人民法院关于审理商标授权确权行政案件若干问题的意见》第 12 条。

商阶段形成的特定关系亦纳入了该条款的调整范畴，从而进一步扩充了该条的适用空间。全国人大常委会法工委在2013年出版的《中华人民共和国商标法释义》一书中提到，“随着市场经济的发展，商标作为无形资产在经济活动中的地位越来越重要，恶意注册他人商标的现象不断发生，甚至愈演愈烈，破坏了公平竞争的市场秩序”。可见，虽然各方均在尽最大努力打击恶意抢注他人商标的行为，但收效不明显。因此，为了防止将他人已经在先使用的未注册商标抢先进行注册，以维护公平竞争的市场竞争秩序，2013年《商标法》新增了第15条第2款的规定，增设的直接原因依然为“恶意注册他人商标的现象不断发生，甚至愈演愈烈”。同时，在2013年《商标法》修正之前，为打击恶意注册他人商标的现象，实践中通过扩充解释“不良影响”条款、放宽商标近似及商品类似的判断标准、降低在先权利及“一定影响”的认定标准等，出现了各条款适用条件不明晰或交叉适用等问题，影响了《商标法》的内在逻辑体系。增加第2款的规定在一定程度上亦是为了缓解以上问题。2019年《商标法》予以沿用。

适用指引

即便从字面含义上而言，本条第1款及第2款在具体适用规则上也存在明显的区别。首先，在适用结果上，第1款授予被抢注人对签注商标的异议、撤销和禁止使用权，而第2款仅授予了异议权。其次，第1款的使用不以被抢注商标的在先使用为条件，而第2款对此明确作出了规定。最后，第2款还规定了抢注人要因被抢注人的关系而明知被抢注人所使用商标的存在。[①] 本条在具体适用过程中，同时还需要注意以下问题。

一、本条第1款具体适用要件的理解

参照《商标审查审理指南》商标审查审理编第11章第3节的规定，认定属于本条第1款规定的情形，须符合下列要件：（1）系争商标注册申请人是商标所有人的代理人或者代表人；（2）系争商标与被代理人、被代表人商标使用在同一种或者类似的商品或者服务上；（3）系争商标与被代理人、被代表人的

① 参见冯术杰：《商标注册条件若干问题研究》，知识产权出版社2016年版，第185~186页。

商标相同或者近似；（4）代理人或者代表人不能证明其申请注册行为已取得被代理人或者被代表人的授权。该规定列举了适用本款必须满足的要件。

（一）关于诉争商标系被代理人或被代表人"所有"的理解

虽然《商标审查审理指南》并未将"诉争商标系被代理人或被代表人所有"作为独立的适用要件予以列明，但根据本款的规定，"诉争商标系被代理人或被代表人所有"为适用本款的应有之义。所谓"诚实信用原则"要求行为人不得为损人利己或损人不利己的行为，即行为人的行为构成"损人"是认定违反诚实信用原则的必然要求。因此，"诉争商标系被代理人或被代表人所有"系适用本款的事实基础。

在判断诉争商标是否系被代理人或被代表人所有时，曾有判决指出："商标存在许可使用制度，使用过或正在使用的商标也有可能属于其他人所有，并不必然属于商标使用者。因此……证据仅能证明已经在先使用了诉争商标，但是不能直接证明诉争商标属于其所有……"[①] 但参照《商标授权确权规定》第19条的规定，从减轻权利人举证责任以及举证责任分配的角度而言，在被代理人或被代表人提交证据证明其曾经使用过或正在使用诉争商标的情况下，应当认定其已经就诉争商标系其所有提交了初步证据，在缺乏其他证据证明诉争商标系案外人实际所有的基础上，即可认定诉争商标系被代理人或被代表人所有。此亦为实践中普遍采用的规则。

从理论上而言，上述规则同样是成立的。这里的"所有"或"归属"不应被解释为法律意义上的所有关系。从《巴黎公约》和我国法律的规定来看，只需要被代理人或被代表人在某个《巴黎公约》缔约方（或某个 WTO 成员方）是该商标的注册人或使用人即可，即便商标使用行为在使用国并不产生商标权。而且只要被代理人或被代表人已经申请了该商标或已经做了将该商标投入使用的商业准备，这种归属关系就应当被认可。

另外，适用本款同样应满足"商品或服务类别的相同或类似"以及"商标标志的相同或近似"的要求。如果被代理人或被代表人所主张的在先商标为已注册或已申请的商标，被代理人或被代表人完全可以援引《商标法》第30条或第31条予以救济。因此，为避免条款之间不必要的竞合，本款中被代理人

---

① 参见钟明编：《商标与不正当竞争裁判规则》，法律出版社2020年版，第109~110页。

或被代表人所有的商标应为其“未注册或未申请”的商标。《北京市高级人民法院商标授权确权行政案件审理指南》对此亦作出了明确的规定。

（二）代理人及代表人的界定以及“以自己名义”的理解

代理人及代表人的界定以及“以自己名义”的理解形式上属于两个不同的要件，但考虑到诉争商标申请人通常会以自己的名义申请注册商标，故“以自己名义”的理解与代理人及代表人的界定在实质上属于同一问题的不同表述方式，二者均系界定诉争商标的申请人是否为在先商标之所有人的代理人或代表人。

就代理人及代表人的理解，曾存在不同的理解，可概括为狭义说和广义说。但无论基于国际公约的历史解读，还是根据司法实践的现实需求，目前在实务界及理论界基本形成了一致的意见，即代理人及代表人的理解应作广义的理解。

首先，参照《商标审查审理指南》商标审查审理编第 11 章第 4.1 节的规定：“代理人不仅包括《民法典》中规定的代理人，也包括基于商事业务往来而可能知悉被代理人商标的经销商。代表人系指具有从属于被代表人的特定身份、因执行职务行为而可能知悉被代表人商标的个人，包括法定代表人、董事、监事、经理、合伙事务执行人等人员。”同时，根据《商标授权确权规定》第 15 条第 1 款的规定，其同样将代理人、代表人界定为“商标代理人、代表人或者经销、代理等销售代理关系意义上的代理人、代表人”，而未局限于存在民法意义上代理或代表关系的代理人或代表人。

其次，《商标授权确权意见》第 12 条规定与代理人或者代表人有串通合谋抢注行为的商标注册申请人，可以视其为代理人或者代表人。但根据《商标授权确权规定》第 15 条第 1 款的规定，若商标申请人与代理人或者代表人之间存在亲属关系等特定身份关系的，可以推定其商标注册行为系与该代理人或者代表人恶意串通，进而适用本款的规定进行审理。考察二者的差异可知，虽然《商标授权确权规定》并未明确将与代理人或者代表人之间存在亲属关系等特定身份关系的特定主体直接认定为或在法律上拟制为“代理人或代表人”，但其通过举证责任分配的方式，规定可直接依据该特定主体与代理人或代表人之间存在特定关系而推定二者之间存在“恶意串通”，进而适用本款的规定，其实质上已将代理人或代表人的外延延伸至与代理人或者代表人之间存在亲属关系等特定身份关系的特定主体。即二者通过不同的表述方式实现了相同的规制目的，即将代理人或代表人的外延延伸至与代理人或者代表人之间存在亲属关系等特定身份关系的特定主体。

客观上，上述对本款适用主体的规定已为司法实践广为接受，如《北京市高级人民法院商标授权确权行政案件审理指南》第12.4条明确规定“诉争商标申请人与商标法第十五条第一款规定的‘代理人或者代表人’、第二款规定的‘申请人’存在亲属关系，或者是‘代理人或者代表人’或‘申请人’公司法定代表人的，属于商标法第十五条适用的主体”。

（三）代理关系的时间节点

代理或代表存续关系期间，代理人或代表人未经授权抢注被代理人或被代表人的商标，显然属于本款规定的情形。如前所述，本款系诚实信用原则在本法中的具体体现，其主要系基于代理或者代表关系这一具有信赖性的特殊法律关系而产生的特殊的忠诚和勤勉义务的内在要求。因此，只要诉争商标申请人与在先商标人具有此种特定的关系，即不宜将属于被代理人或被代表人的商标抢注于自己的名下。

需要注意的是，在代理或代表关系成立前，如磋商等环节，代理人或代表人可能已经获悉被代理人或被代表人的商标。基于该特定关系而知悉被代理人或被代表人的商标并予以抢注，同样属于违反诚实信用原则的行为。据此，无论《商标授权确权意见》，抑或《商标授权确权规定》，均明确规定在代理或代表关系前的磋商等阶段的抢注行为同样适用本款的规定。

虽然，《商标审查审理指南》商标审查审理编第11章第4.2节明确规定，对于代理或代表关系结束后，代理人或代表人抢注被代理人或被代表人的商标，致使被代理人、被代表人利益可能受到损害的，属于本款规定的情形，但无论《商标授权确权意见》，抑或《商标授权确权规定》，对此均未提及。实践中，通常认为可参照商标法有关依据相对条款请求宣告诉争商标无效的5年期限的规定，给予被代理人或被代表人一定期限的保护；同时，应结合依据代理或代表关系合作期间的协议或相关的行为是否要求代理人或代表人承担相应的信赖或保密义务、代理人或代表人是否具有利用被代理人或被代表人之间合作关系获得不正当利益等因素就个案进行具体分析，而不宜“一刀切”式简单地确立一般规则。

（四）"未经授权"的理解

获得被代理人或被代表人的授权，是代理人或代表人申请注册被代理人或被代表人的商标之当然的豁免条件。但民事权利的处分通常需要处分权利的意思表示通过明示的方式作出。因此，此处的授权应为明确的授权，而非推定的授权。如在再审申请人新东阳企业（集团）有限公司（以下简称新东阳企业公司）与被申请人新东阳股份有限公司（以下简称新东阳股份公司）、原审被告国家工商行政管理总局商标评审委员会商标异议复审行政纠纷案[①]中，最高人民法院认定再审申请人以1995年4月曾向新东阳股份公司监察人林某苗报批上述商标的申请注册费用，林某苗代表新东阳股份公司签署请款单明确列新东阳集团公司账为由，认为其诉争商标的注册并非未经授权的擅自恶意注册。现有证据仅有请款单，并无相关的任何文字记录，该请款单仅能证明该笔费用系由新东阳集团公司承担，并不能证明新东阳股份公司知晓诉争商标的注册主体，更不能证明新东阳股份公司认可麦某来以自己名义注册新东阳系列商标的事实。相反，该请款单从另一个角度证明了该商标系新东阳股份公司的财产，因此相关费用的支出需经该公司批准并列支。

《商标审查审理指南》商标审查审理编第11章第6节对于被代理人或被代表人的授权及授权的撤回等作了系统的规定："被代理人、被代表人所作出授权的内容应当包括代理人、代表人可以注册的商品或者服务及商标标志，且授权意思表示应当清楚、明确。代理人或者代表人应当提交以下证据材料证明授权事实的存在：（1）被代理人、被代表人对代理人、代表人所作出的书面授权文件；（2）其他可以认定被代理人、被代表人对代理人、代表人作出过清楚明确的授权意思表示的证据。代理人、代表人虽然在申请注册时未取得被代理人、被代表人的明确授权，但被代理人、被代表人对该申请注册行为进行了事后追认的，视为代理人、代表人取得了被代理人、被代表人的授权。商标申请注册时取得被代理人、被代表人授权，被代理人、被代表人事后反悔的，仍应认定代理人、代表人取得了被代理人、被代表人的授权。"上述对于明确授权的规定在司法实践中同样可以参照适用。

另外，根据《巴黎公约》第6条的规定"代理人或者代表人能够证明自己

① 最高人民法院（2013）知行字第97号行政裁定书。

的行为正当的情况除外”。对此除外情形的理解，可参照博登浩森的相关解读，即“里斯本会议不想把这个规则规定得过于严格，而允许这样的可能性，即代理人或代表人可认为其提出的商标注册申请进行辩护。例如，假如代理人或代表人根据所有人的行为认为他已经放弃了该项商标，或者对在有关国家获得该项商标的权利不感兴趣，上面所述的辩护就是可能的。”[①] 但我国目前未规定此类例外情形。《北京市高级人民法院商标授权确权行政案件审理指南》虽规定了适用《商标法》的例外情形，但与前述除外情形亦不相关。此除外情形在我国的适用仍需实践的进一步探索。

二、本条第 2 款的具体适用

《商标审查审理指南》商标审查审理编第 12 章第 3 节的规定：“认定特定关系人抢注他人在先使用商标须符合下列要件：（1）他人商标在系争商标申请之前在先使用；（2）系争商标注册申请人与商标在先使用人存在合同、业务往来关系或者其他关系，因该特定关系注册申请人明知他人商标的存在；（3）系争商标指定使用在与他人在先使用商标同一种或者类似的商品或者服务上；（4）系争商标与他人在先使用商标相同或者近似。”

（一）“其他关系”的认定

“其他关系”的界定是区分适用本条第 2 款与本条第 1 款，以及第 32 条“以不正当手段前先注册他人有一定影响商标”有关规定的基础，故此处的“其他关系”必然为本条第 1 款规定的代理人或代表人之外的其他关系。根据《商标授权确权规定》第 16 条的规定：“以下情形可以认定为商标法第十五条第二款中规定的‘其他关系’：（一）商标申请人与在先使用人之间具有亲属关系；（二）商标申请人与在先使用人之间具有劳动关系；（三）商标申请人与在先使用人营业地址邻近；（四）商标申请人与在先使用人曾就达成代理、代表关系进行过磋商，但未形成代理、代表关系；（五）商标申请人与在先使用人曾就达成合同、业务往来关系进行过磋商，但未达成合同、业务往来关系。”该规定例举了实践中常见的“其他关系”，但其例举的情形并不周全。此处使用“可以”认定为本款中规定的“其他关系”显然为“非穷尽式”例举，为其

① ［奥］博登浩森：《保护工业产权巴黎公约指南》，汤宗舜、段瑞林译，中国人民大学出版社 2003 年版，第 85 页。

他未例举之“其他关系”的出现预留了相应的适用空间。

《北京市高级人民法院商标授权确权行政案件审理指南》第12.7条[①]采用概括的方式对“其他关系”进行了规定，其采用的“能够知道他人商标且应予主动避让”的表述恰当地反映了本条规定之诚实信用原则的精神，并有利于根据案件的具体情形，合理界定“其他关系”的范畴，以规制恶意注册他人商标的行为，维护了公平竞争的市场秩序。

（二）“在先使用”的认定

如前所述，相比于本条第1款“不要求在先使用”的适用条件，本款的适用必须满足在诉争商标申请之前存在“在先使用”的行为。

本款所说的“在先使用”当然应当满足《商标法》有关使用的要求，此为认定构成在先使用的基础，即他人应当有证据证明其在诉争商标申请前，已将商标用于商品、商品包装或者容器以及商品交易文书上，或者将商标用于广告宣传、展览以及其他商业活动中，用于识别商品的来源。考虑到商标的地域性原则，本款中的“在先使用”当然应为在我国的使用行为；且从商标法的自身体系而言，其亦不应突破与第32条后半段中的“在先使用并有一定影响的商标”中的“在先使用”的认定标准。即无论从文本解释抑或体系解释的角度，本款中的“在先使用”均应理解为在我国的使用行为。

实践中，对于“在先使用”的认定尚存一定的探讨空间。根据《北京市高级人民法院商标授权确权行政案件审理指南》第12.5条的规定，“仅在其他国家、地区使用商标的，不属于商标法第十五条第二款规定的‘在先使用’的情形。商标使用的规模、时间、知名度等因素，不影响‘在先使用’的判断”。第12.6条对“在先使用”的证据作出了具体的规定，即“当事人主张保护‘在先使用’的商标，应当提交诉争商标申请日前在中国境内使用商标的证据，在其他国家、地区的使用证据或者准备投入中国境内使用的证据可以作为证明其商标在先使用情况的补充”。据此，对于“在先使用”的具体认定仍然需要结合个案中其他要件的证据情况予以综合判断。

---

① 《北京市高级人民法院商标授权确权行政案件审理指南》第12.7条规定：“诉争商标申请人与在先使用人存在代理、代表关系以外的，能够知道他人商标且应予主动避让的关系，属于商标法第十五条第二款规定的‘其他关系’的情形。”

（三）"明知"的认定

诉争商标注册申请人因与商标在先使用人存在合同、业务往来关系或者其他关系而明知他人商标的存在，是本款的另一必要条件。

《商标授权确权规定》和《北京市高级人民法院商标授权确权行政案件审理指南》对此未提及。但从文本解释的角度而言，本款中的"明知"应包含两层含义：一方面，要求诉争商标申请人清楚地知道其注册的商标已经存在；另一方面，要求诉争商标申请人清楚地知道其注册的商标已经被他人在先使用。至于此处的"明知"是否可解读为"知道"以及是否要求"明知"与"特定关系"间存在因果关系，仍需进一步的案例支撑，以作出合理的解释。

三、本条与其他条款的竞合适用

首先，商标的价值在于使用。为协调"先申请制"与"在先使用"的关系，本法分别确立了未注册驰名商标保护制度、基于"特定关系"的禁注或禁用条款，以及"不得以不正当手段抢先注册他人已经使用并有一定影响的商标"等制度。上述制度中，通常容易产生适用条件混淆的条款有二。一是本条第1款与第2款，但二者相对容易区分，其显著区别之一为第1款并不要求"在先使用"，而第2款明确要求为他人"在先使用"的商标[①]。二是本条第2款与第32条的关系。虽然，字面上而言，第32条相对于本条第2款要求在先使用的商标必须"有一定影响"。但司法实践中，由于2001年《商标法》对"有一定影响"要件的从宽掌握而产生的后续影响依然存在。若在先使用人与诉争商标申请人之间具有较为间接的商业往来。该在先商标通过使用而产生的知名度显然已经及于该诉争商标申请人。按照已有的裁判标准，显然可以适用本法第32条规制该行为。同时，若将上述间接的商业往来关系解释为本条第2款项下的"其他关系"，则可适用本条第2款规制该行为。

如在上诉人泰科电子（深圳）有限公司（以下简称泰科深圳公司）与国家知识产权局、原审第三人深圳市坤誉佳电子有限公司（以下简称坤誉佳公司）商标权无效宣告请求行政纠纷一案[②]中，在案证据可以证明诉争商标申请人坤

---

① 当然，二者的区别还包括具体特殊关系的不同以及法律后果的"禁注"或"禁用"的不同等，前文已详述。

② 参见北京市高级人民法院（2019）京行终4599号行政判决书。

誉佳公司曾在泰科深圳公司的关联公司泰科上海公司的经销商处购买过带有与诉争商标相同的商品。北京市高级人民法院认定此种间接的商业往来关系不宜认定为本条第2款项下的“其他关系”，否则将会压缩第32条的适用空间。另外，在此种间接的商业关系下，基于我国施行的先申请制度，相关公众亦不具备主动避让的义务，参照《北京市高级人民法院商标授权确权行政案件审理指南》的上述规定，亦不宜认定为此种关系属于本条第2款规定的“其他关系”，故不宜适用本条第2款予以规制。

当然，也有观点认为，随着本条第2款对遏制恶意注册他人商标行为作用的加强，应当对第32条的适用要件予以从严掌握，如“一定影响”的认定以及是否采用了“不正当竞争手段”，从而合理界定本条第2款及第32条之间的关系。

其次，关于本条第2款与第44条第1款的竞合适用的问题。若诉争商标申请人同时满足批量抢注他人商标或者针对特定主题的知名商标予以抢注等情形，则其同时涉嫌利用不正当手段扰乱了正常的商标注册管理秩序，从而使得诉争商标的注册在构成本条第2款规定情形的同时，亦构成第44条第1款规定的情形。但根据《北京市高级人民法院商标授权确权行政案件审理指南》第17.5条的规定，“审理商标不予注册复审、商标权无效宣告请求等行政案件时，根据在案证据能够适用商标法其他条款对诉争商标不予注册或宣告无效的，不再适用商标法第四十四条第一款”，即在发生其他相对条款与第44条第1款竞合的情形时，通常应优先适用其他条款，而对于其是否属于第44条第1款的规定不再予以评述。

指导案例

指导案例162号：重庆江小白酒业有限公司诉国家知识产权局、第三人重庆市江津酒厂（集团）有限公司商标权无效宣告行政纠纷案

（最高人民法院审判委员会讨论通过　2021年7月23日发布）

关键词：行政　商标权无效宣告　经销关系　被代理人的商标

裁判要点：当事人双方同时签订了销售合同和定制产品销售合同，虽然存在经销关系，但诉争商标图样、产品设计等均由代理人一方提出，且定制产品

销售合同明确约定被代理人未经代理人授权不得使用定制产品的产品概念、广告用语等，在被代理人没有在先使用行为的情况下，不能认定诉争商标为商标法第十五条所指的“被代理人的商标”。

相关法条:《中华人民共和国商标法》第十五条

基本案情: 重庆江小白酒业有限公司（以下简称江小白公司）与国家知识产权局、重庆市江津酒厂（集团）有限公司（以下简称江津酒厂）商标权无效宣告行政纠纷案中，诉争商标系第10325554号“江小白”商标，于2011年12月19日由成都格尚广告有限责任公司申请注册，核定使用在第33类酒类商品上，经核准，权利人先后变更为四川新蓝图商贸有限公司（以下简称新蓝图公司）、江小白公司。

重庆市江津区糖酒有限责任公司（包括江津酒厂等关联单位）与新蓝图公司（包括下属各地子公司、办事处等关联单位）于2012年2月20日签订销售合同和定制产品销售合同。定制产品销售合同明确约定授权新蓝图公司销售的产品为“几江”牌系列酒定制产品，其中并未涉及“江小白”商标，而且定制产品销售合同第一条约定：“甲方（江津酒厂）授权乙方（新蓝图公司）为‘几江牌’江津老白干‘清香一、二、三号’系列超清纯系列、年份陈酿系列酒定制产品经销商。”第六条之2明确约定：“乙方负责产品概念的创意、产品的包装设计、广告宣传的策划和实施、产品的二级经销渠道招商和维护，甲方给予全力配合。乙方的产品概念、包装设计、广告图案、广告用语、市场推广策划方案，甲方应予以尊重，未经乙方授权，不得用于甲方直接销售或者甲方其他客户销售的产品上使用。”

2016年5月，江津酒厂针对诉争商标向原国家工商行政管理总局商标评审委员会（以下简称商标评审委员会）提出无效宣告请求。商标评审委员会认为，在诉争商标申请日之前，江小白公司对江津酒厂的“江小白”商标理应知晓，诉争商标的注册已构成2001年修正的商标法（以下简称2001年商标法）第十五条所指的不予注册并禁止使用之情形。故裁定对诉争商标予以宣告无效。江小白公司不服，提起行政诉讼。

裁判结果: 北京知识产权法院于2017年12月25日作出（2017）京73行初1213号行政判决：一、撤销商标评审委员会作出的商评字〔2016〕第117088号关于第10325554号“江小白”商标无效宣告请求裁定；二、商标评审委员会针对江津酒厂就第10325554号“江小白”商标提出的无效宣告请求重新作出裁定。商标评审委员会、江津酒厂不服，上诉至北京市高级人民法院。北京市高级人民法院于2018年11月22日作出（2018）京行终2122号行政判决：一、撤销北京知识产权法院（2017）京73行初1213号行政判决；二、驳回江小白公司的诉讼请求。江小白公司不服，向最高人民法院申请再审。最高人民法院于2019年12月26日作出（2019）最高法行再224号行政判决：一、撤销北京市高级人民法院（2018）京行终2122号行政判决；二、维持北京知识产权法院（2017）京73行初1213号行政判决。

裁判理由：最高人民法院认为，本案的主要争议焦点在于，诉争商标的申请注册是否违反2001年商标法第十五条的规定。2001年商标法第十五条规定："未经授权，代理人或者代表人以自己的名义将被代理人或者被代表人的商标进行注册，被代理人或者被代表人提出异议的，不予注册并禁止使用。"代理人或者代表人不得申请注册的商标标志，不仅包括与被代理人或者被代表人商标相同的标志，也包括相近似的标志；不得申请注册的商品既包括与被代理人或者被代表人商标所使用的商品相同的商品，也包括类似的商品。本案中，江津酒厂主张，新蓝图公司是其经销商，新蓝图公司是为其设计诉争商标，其在先使用诉争商标，因此，诉争商标的申请注册违反了2001年商标法第十五条规定。

首先，江津酒厂提供的证据不足以证明其在先使用诉争商标。江津酒厂主张其在先使用诉争商标的证据绝大多数为诉争商标申请日之后形成的证据，涉及诉争商标申请日之前相关行为的证据有江津酒厂与重庆森欧酒类销售有限公司（以下简称森欧公司）的销售合同、产品送货单、审计报告。江津酒厂与森欧公司的销售合同已经在诉争商标异议复审程序中提交，因未体现森欧公司的签章、缺乏发票等其他证据佐证而未被商标评审委员会采信。江津酒厂在本案中提交的销售合同虽然有森欧公司的公章，但该合同显示的签订时间早于工商档案显示的森欧公司的成立时间，而且江津酒厂也认可该合同签订时间系倒签。根据江小白公司提交的再审证据即北京盛唐司法鉴定所出具的笔迹鉴定意见，江津酒厂给森欧公司送货单上的制单人笔迹真实性存在疑点，且没有发票等其他证据佐证，故上述证据无法证明江津酒厂在先使用诉争商标。江津酒厂在一审法院开庭后提交了审计报告作为在先使用证据。但在缺少原始会计凭证的情况下，仅凭在后受江津酒厂委托制作的审计报告中提到"江小白"白酒，不足以证明江津酒厂在诉争商标申请日前使用了"江小白"。此外，江津酒厂提交的其于2012年2月15日与重庆宝兴玻璃制品有限公司签订的购买“我是江小白”瓶的合同金额为69万元，远高于审计报告统计的销售额和销售毛利，也进一步表明无法认定审计报告的真实性。

其次，虽然江津酒厂与新蓝图公司存在经销关系，但双方的定制产品销售合同也同时约定定制产品的产品概念、广告用语等权利归新蓝图公司所有。在商标无效宣告和一、二审阶段，江津酒厂提供的证明其与新蓝图公司为经销关系的主要证据是双方于2012年2月20日签订的销售合同和定制产品销售合同。定制产品销售合同明确约定授权新蓝图公司销售的产品为“几江”牌系列酒定制产品，其中并未涉及“江小白”商标，而且定制产品销售合同明确约定，乙方（新蓝图公司）的产品概念、包装设计、广告图案、广告用语、市场推广策划方案，甲方（江津酒厂）应予以尊重，未经乙方授权，不得用于甲方直接销售或者甲方其他客户销售的产品上使用。综上，应当认为，江津酒厂对新蓝图公司定制产品上除“几江”外的产品概念、广告用语等内容不享有知识产权，亦说明新蓝图公司申请注册“江小白”商标未损害江津酒厂的权利。本案证据不足以证明诉争商标是江津酒厂的商标，因此仅根据上述证据尚不能认定诉争商标的申请注册违反了2001年商标法第十五条规定。

最后，江津酒厂与新蓝图公司合作期间的往来邮件等证据证明，“江小白”的名称及相关产品设计系由时任新蓝图公司的法定代表人陶石泉在先提出。根据江小白公司向法院提交的相关证据能够证明“江小白”及其相关产品设计是由陶石泉一方在先提出并提供给江津酒厂，而根据双方定制产品销售合同，产品概念及设计等权利属于新蓝图公司所有。现有证据不足以证明新蓝图公司是为江津酒厂设计商标。

综上，在诉争商标申请日前，“江小白”商标并非江津酒厂的商标，根据定制产品销售合同，江津酒厂对定制产品除其注册商标“几江”外的产品概念、广告用语等并不享有知识产权，新蓝图公司对诉争商标的申请注册并未侵害江津酒厂的合法权益，未违反2001年《商标法》第15条规定。

典型案例

一、再审申请人新东阳企业（集团）有限公司与被申请人新东阳股份有限公司、原审被告国家工商行政管理总局商标评审委员会商标异议复审行政纠纷案

关键词：代理人、代表人、特定身份关系、串通合谋

裁判摘要：与代理人或者代表人有串通合谋抢注商标行为的人，可以视为代理人或者代表人；判断是否构成串通合谋抢注行为，可以视情根据该人与代理人或者代表人的特定身份关系进行推定。

基本案情：2000年11月23日，新东阳企业公司向国家工商行政管理总局商标局（以下简称商标局）提出第1691098号“新东阳及图”（即被异议商标）的注册申请。在法定异议期内，新东阳股份公司向商标局提出异议，商标局审查后裁定被异议商标予以核准注册。新东阳股份公司不服，向商标评审委员会申请复审。2010年10月12日，商标评审委员会作出商评字〔2010〕第26528号《关于第1691098号“新东阳及图”商标异议复审裁定书》（以下简称第26528号裁定），裁定被异议商标予以核准注册。新东阳股份公司不服，提起行政诉讼。北京市第一中级人民法院一审认为，新东阳企业公司申请注册“新东阳”商标并未违反《商标法》第15条的规定，遂判决维持商标评审委员会第26528号裁定。新东阳股份公司不服，提出上诉。北京市高级人民法院二审认为，由于麦石来曾为新东阳股份公司的副董事长，现在仍为其董事、股东，并且曾担任由新东阳股份公司投资的上海新东阳食品有限公司的负责人，因此能够认定麦石来与新东阳股份公司形成代表关系。同时，新东阳企业公司系麦石来所设立，其行为与麦石来具有主观的合谋，新东阳企业公司的行为应视为麦石来的行为，其商标注册行为违反了《商标法》第15条的规定，故被异议商标不应当予以核准注册。遂判决撤销一审判决及第26528号裁定。新东阳企业公司不服，向最高人民法院申请再审。最高人民法院于2013年12月20日裁定驳回新东阳企业公司的再审申请。

根据《商标法》第15条的规定，未经授权，代理人或者代表人以自己的名义将被代理人或者被代表人的商标进行注册，被代理人或者被代表人提出异

议的，不予注册并禁止使用。本院《关于审理商标授权确权行政案件若干问题的意见》第12条规定，与代理人或者代表人有串通合谋抢注行为的商标注册申请人，可以视其为代理人或者代表人。至于串通合谋抢注行为，可以视情况根据商标注册申请人与上述代理人或者代表人之间的特定身份关系进行推定。本案中，新东阳股份公司在争议商标申请日前在我国台湾地区注册有多个“新东阳”商标。麦石来自1978年至1993年间历任新东阳股份公司要职多年，并曾以企业副董事长身份被董事会委任全权负责大陆市场业务，至今仍为新东阳股份公司董事之一。新东阳企业公司在向本院申请再审时提交的上海新东阳食品有限公司2013年6月28日的说明也证明了“麦石来先生受新东阳股份有限公司董事会委任全权负责中国大陆市场业务”这一事实。据此可以认定，麦石来受新东阳股份公司董事会委任全权负责中国大陆市场业务，其是新东阳股份公司在中国大陆的代表人，未经新东阳股份公司许可，其无权以自己的名义将新东阳股份公司的“新东阳”商标在中国大陆申请注册。现麦石来通过其任法定代表人的新东阳企业公司的名义申请注册该商标，新东阳企业公司可以视为商标法第十五条所称的代理人或者代表人。因此，二审法院认定新东阳企业公司在未经授权的情况下，擅自在我国大陆地区申请注册“新东阳”系列商标，违反了《商标法》第15条的规定，并无不妥。

【案　　号】（2013）知行字第97号

【审理法院】最高人民法院

二、再审申请人香港雷博有限公司（以下简称雷博公司）与被申请人商标评审委员会、家园有限公司（以下简称家园公司）商标争议行政纠纷案

关键词：商标争议　代理代表关系　诚实信用　特殊保护

裁判摘要：《商标法》第15条系针对代理或者代表关系这种特殊法律关系，基于诚实信用原则而设立的对被代理人或者被代表人的商标予以特殊保护的制度，并不一概要求该商标已经在先使用；只要特定商标应归于被代理人或者被代表人，代理人或者代表人即应善尽忠诚和勤勉义务，不得擅自以自己名义进行注册。

基本案情：2001年8月，雷博公司的两个实际创始人爱德华·雷门和博杨曾就创办新公司进行过磋商。双方就共同创建未来的公司达成了基本一致的意

见，只是对未来公司的部分细节问题没有形成明确的一致意见。双方曾谈及公司名称使用“LehmanBrown”，并形成了未来公司主要面向中国大陆开展会计、咨询等业务，以及要将公司品牌申请注册为商标的共识。博杨还专门设计了“LehmanBrown”标志样式及含有该标志的信头纸。2001年11月7日，爱德华·雷门提出第3013120号“LehmanBrown”商标（即争议商标）的注册申请，申请注册的商品类别为第35类：税务咨询、会计、审计等服务。经双方交涉，爱德华·雷门于2001年11月16日出具承诺函，认可其以自己名义申请了争议商标，并不可撤回地同意，一旦上述商标获得注册，会将该商标转让给新公司。后爱德华·雷门单方将争议商标转让给家园公司。雷博公司以争议商标申请违反商标法第十五条规定为由，向商标评审委员会提出撤销注册申请。商标评审委员会于2010年3月1日作出商评字〔2010〕第04597号《关于第3013120号“LehmanBrown”商标争议裁定》(以下简称第4597号裁定)，维持争议商标的注册。雷博公司不服，提起行政诉讼。北京市第一中级人民法院一审认为，雷博公司提交的证据不能证明在本案争议商标注册申请日之前，该公司已经实际商业使用了与争议商标相同或近似的标志，且使用范围与争议商标核定使用服务相同或者类似。据此判决维持第4597号裁定。雷博公司不服，提出上诉。北京市高级人民法院二审认为，雷博公司不能证明对争议商标享有任何在先权利，遂判决驳回上诉、维持原判。雷博公司不服，向最高人民法院申请再审。最高人民法院裁定提审本案，并于2014年9月16日判决撤销一审、二审判决，责令商标评审委员会重新作出裁定。

最高人民法院提审认为，适用《商标法》第15条关于代理人或者代表人以自己的名义注册被代理人或者被代表人商标的规定，需要具备如下条件：商标申请人与异议人之间构成代表或者代理关系；争议商标系被代理人或者被代表人的商标；争议商标核定使用的商品或者服务与被代理人或者被代表人提供的商品或者服务类似；代表人或者代理人违反诚信原则，未经授权擅自以自己名义将争议商标进行注册。代理或者代表关系是一种具有信赖性的特殊法律关系。基于这种特殊的法律关系，代理人或者代表人对于被代理人或者被代表人负有特殊的忠诚和勤勉义务，必须恪尽职守，秉承最大限度有利于被代理人或者被代表人的利益之原则行事。《商标法》第15条系针对代理或者代表关系这种特殊法律关系，基于诚实信用原则而设立的对被代理人或者被代表人的商标予以特殊保护制度，并不一概要求该商标已经在先使用。只要特定商标应归于被代理人或者被代表人，代理人或者代表人即应善尽忠诚和勤勉义务，不得擅自以自己名义进行注册。被代理人或者被代表人是否已经将该商标投入商业使用，并非商标法第十五条的适用条件。作为正在创建中的雷博公司的代表人，爱德华·雷门对雷博公司负有善尽忠诚和勤勉义务，应该最大限度地维护雷博公司的利益。爱德华·雷门在其与博杨就筹建中的雷博公司的名称、商号以及将公司品牌申请商标等事宜已经达成一致，雷博公司将使用“LehmanBrown”作为名称和商号的情况下，依然将争议商标以个人名义进行注册，违反了代表人的忠诚和勤勉义务，损害了正在筹建中的雷博公司的利益。爱德华·雷门在此过程中还一直存在隐瞒事实的行为，且争议商标的转让进一步增大了危及雷博公司利益的可能性。争议商标属于《商标法》第15条规定的不予注册的情形。一审、二审法院关于《商标法》第15条的适用应以被代理人或者被代表人在先使用与争议商标相同或近似的标志为条件的认定，适用法律错误。

【案　　号】（2014）行提字第3号

【审理法院】最高人民法院

【来　　源】中国裁判文书网

第十六条 商标中有商品的地理标志，而该商品并非来源于该标志所标示的地区，误导公众的，不予注册并禁止使用；但是，已经善意取得注册的继续有效。

前款所称地理标志，是指标示某商品来源于某地区，该商品的特定质量、信誉或者其他特征，主要由该地区的自然因素或者人文因素所决定的标志。

关联规定

一、法律、行政法规、司法解释

1.《中华人民共和国商标法实施条例》

第四条 商标法第十六条规定的地理标志，可以依照商标法和本条例的规定，作为证明商标或者集体商标申请注册。

以地理标志作为证明商标注册的，其商品符合使用该地理标志条件的自然人、法人或者其他组织可以要求使用该证明商标，控制该证明商标的组织应当允许。以地理标志作为集体商标注册的，其商品符合使用该地理标志条件的自然人、法人或者其他组织，可以要求参加以该地理标志作为集体商标注册的团体、协会或者其他组织，该团体、协会或者其他组织应当依据其章程接纳为会员；不要求参加以该地理标志作为集体商标注册的团体、协会或者其他组织的，也可以正当使用该地理标志，该团体、协会或者其他组织无权禁止。

2.《最高人民法院关于审理商标授权确权行政案件若干问题的规定》

第十七条 地理标志利害关系人依据商标法第十六条主张他人商标不应予以注册或者应予无效，如果诉争商标指定使用的商品与地理标志产品并非相同商品，而地理标志利害关系人能够证明诉争商标使用在该产品上仍然容易导致相关公众误认为该产品来源于该地区并因此具有特定的质量、信誉或者其他特征的，人民法院予以支持。

如果该地理标志已经注册为集体商标或者证明商标，集体商标或者证明商标的权利人或者利害关系人可选择依据该条或者另行依据商标法第十三条、第三十条等主张权利。

二、部门规章及规范性文件

《集体商标、证明商标注册和管理办法》

第六条 申请以地理标志作为集体商标、证明商标注册的，还应当附送管辖该地理标志所标示地区的人民政府或者行业主管部门的批准文件。

外国人或者外国企业申请以地理标志作为集体商标、证明商标注册的，申请人应当提供该地理标志以其名义在其原属国受法律保护的证明。

第七条 以地理标志作为集体商标、证明商标注册的，应当在申请书件中说明下列内容：

（一）该地理标志所标示的商品的特定质量、信誉或者其他特征；

（二）该商品的特定质量、信誉或者其他特征与该地理标志所标示的地区的自然因素和人文因素的关系；

（三）该地理标志所标示的地区的范围。

第八条 作为集体商标、证明商标申请注册的地理标志，可以是该地理标志标示地区的名称，也可以是能够标示某商品来源于该地区的其他可视性标志。

前款所称地区无需与该地区的现行行政区划名称、范围完全一致。

第九条 多个葡萄酒地理标志构成同音字或者同形字的，在这些地理标志能够彼此区分且不误导公众的情况下，每个地理标志都可以作为集体商标或者证明商标申请注册。

第十二条 使用他人作为集体商标、证明商标注册的葡萄酒、烈性酒地理标志标示并非来源于该地理标志所标示地区的葡萄酒、烈性酒，即使同时标出了商品的真正来源地，或者使用的是翻译文字，或者伴有诸如某某“种”、某某“型”、某某“式”、某某“类”等表述的，适用商标法第十六条的规定。

条文释义

一、本条主旨

本条是关于地理标志的定义及地理标志的商标注册和使用管理的规定。

二、条文演变

1982 年、1993 年《商标法》未规定与地理标志有关的内容。2001 年《商标法》首次规定了本条的内容，2013 年、2019 年《商标法》予以沿用。

三、条文解读

所谓地理标志，按照《与贸易有关的知识产权协定》第 22 条第 1 款的规定，系指下列标志：其标示除某商品来源于某成员地域内，或来源于该地域中的某个地区或某地方，该商品的特定质量、信誉或者其他特征，主要与该地理来源的自然因素或者人文因素相关联。也就是说，由于地理条件、人文因素不同，同样一种商品来自不同地区，就意味着不同的质量和信誉。例如，来自金华的火腿就与其他地区的火腿在品质上不同；同样是茶叶，产自杭州西湖的龙井茶就享有“西湖龙井”的美誉。鉴于地理标志是表明商品来源的标记，起着识别商品的作用，与商品的质量和信誉关系密切，因此，《与贸易有关的知识产权协定》将其列为知识产权保护的对象之一。

地理标志具有以下特征：第一，地理标志是实际存在的地理名称，而不是臆造出来的；第二，使用地理标志的商品其真实产地必须是该地理标志所标示的地区，而不是其他地区；第三，只有该地理标志标示地区的生产经营者才能在其商品上使用该地理标志；第四，使用地理标志的商品必须具有特定质量、信誉或者其他特征，而且其特定质量、信誉或者其他特征主要是由该地区的自然因素或者人文因素所决定的；第五，地理标志不是商标，不具有独占性，不能转让。

地理标志虽然不是商标，但作为表明商品来源的标记，与商标一样具有识别商品的作用。特别是地理标志与商品的特定质量、信誉和其他特征紧密相关，因此，在市场经济条件下，有必要加强对地理标志的管理，以保护消费者的利益。为此，《与贸易有关的知识产权协定》第 22 条第 3 款规定，如果某商标中包含有或者组合有商品的地理标志，而该商品并非来源于该标志所标示的地域，误导公众无法认明商品真正来源地的，该成员应依职权（如法律允许），或者依利害关系人的请求驳回或撤销该商标的注册。据此，本条第 1 款从保护消费者利益的角度出发，对地理标志的管理作出了规定。其中的但书主要是考虑由于历史原因，已经善意取得注册的含有地理标志的商标经过使用，已经在消费者中产生了特定的含义，不会造成消费者对商品来源的误认，如“青岛啤酒”等。准许已经善意取得注册的含有地理标志的商标继续有效，对保护商标权人和广大消费者的利益是有利的。

适用指引

一、误导公众的认定

诉争商标的申请注册容易使相关公众对使用该商标的商品真实产地发生误认的，属于本条第 1 款规定的情形。

二、商标中有商品的地理标志

诉争商标完整包含地理标志，或者包含地理标志的主要识别部分，容易使相关公众对使用该商标的商品的真实产地发生误认的，属于“商标中有商品的地理标志”的情形。

三、申请主体

为保护地理标志而成立或者以保护地理标志为宗旨的团体、协会等，认为诉争商标违反本条第 1 款规定的，可以提出申请。

使用该地理标志的产品的生产加工者、市场经营者，可以作为利害关系人提出申请。

四、原属国在先保护原则

外国人以诉争商标的申请注册违反本条第 1 款规定申请该商标不应予以注册或者应予宣告无效的，应当提供其名下的该地理标志在原属国受法律保护的证明。

五、混淆判断

若地理标志集体商标或者证明商标申请注册在后，普通商标申请在前，应当结合地理标志客观存在情况及其知名度、显著性、相关公众的认知等因素，判断是否容易造成相关公众对商品或者服务来源产生混淆；若地理标志集体商标或者证明商标申请在前，普通商标申请在后，可以从不当攀附地理标志知名度的角度，判断是否容易造成相关公众对商品或者服务来源产生混淆。

六、驰名商标保护的适用

地理标志集体商标或者证明商标已经达到驰名状态的，可以适用本法第13条第3款予以保护。

当事人依据本法第13条第3款申请地理标志集体商标或者证明商标不予核准注册或者宣告无效的，应当结合地理标志客观存在情况及其知名度、显著性、相关公众的认知等因素，认定地理标志集体商标或者证明商标的注册是否会误导公众，致使普通商标注册人的利益可能受到损害。

七、将地理标志注册为普通商标

诉争商标申请人或者注册人将地理标志整体或者主要识别部分作为证明商标或者集体商标之外的商标申请注册的，可以适用本条第1款、第10条第2款或者第11条第1款的规定等进行审理。

八、地理范围确定错误

地理标志集体商标或者证明商标的申请人在申请文件中标示的地区范围与真实产地不一致的，可以适用本条第1款的规定进行审理。

九、法律条款的适用

当事人以他人申请注册的地理标志证明商标或者集体商标违反本条第2款的规定不应予以核准注册或者应予宣告无效的，适用本法第30条中“凡不符合本法有关规定”的内容进行审理。[①]

---

① 《北京市高级人民法院商标授权确权行政案件审理指南》第13.1条～第13.9条。

典型案例

原告纳帕河谷酿酒人协会诉被告国家工商行政管理总局商标评审委员会、第三人浙江中商投资有限公司商标异议复审行政纠纷案

关键词： 地理标志　商标异议

裁判摘要： 作为一项独立的知识产权权利类型客体，地理标志可以作为商标予以注册。纳入《商标法》的框架体系后，对地理标志的保护也应当遵循《商标法》避免混淆误认和保护在先权利的一般规则。在保护范围上，不以与地理标志完全相同为必要，对于包含地理标志显著识别部分的商标，亦应受到《商标法》第16条第1款的规制。在权利冲突的解决上，应当遵循“时间在先，权利在先”的一般规则，同时应当根据地理标志客观存在、具有较高知名度的实际情况，在该原则的适用过程中作出必要的修正与变通。

基本案情： 2005年2月6日，纳帕河谷酿酒人协会向商标局提出第4502959号“NAPA VALLEY 100%及图”证明商标（以下简称引证商标）的注册申请，并于2007年12月28日获准注册，核定使用在国际分类第33类“产自美国葡萄种植区纳帕河谷的葡萄酒、产自美国葡萄种植区纳帕河谷的起泡葡萄酒、产自美国葡萄种植区纳帕河谷的加气葡萄酒”商品上，专用权期限至2017年12月27日。

2005年5月18日，浙江中商投资有限公司向商标局提出第4662547号“螺旋卡帕 SCREW KAPPA NAPA”商标（以下简称被异议商标）的注册申请，指定使用在国际分类第33类“果酒（含酒精）、开胃酒、烧酒、葡萄酒”等商品上。

被异议商标经初步审定公告后，纳帕河谷协会在法定异议期限内对被异议商标提出异议。商标局裁定：被异议商标予以核准注册。纳帕河谷协会不服商标局裁定，向商标评审委员会提出复审申请。商标评审委员会作出商评字〔2014〕第063937号《关于第4662547号“螺旋卡帕 SCREW KAPPA NAPA”商标异议复审裁定书》，裁定：被异议商标在复审商品上予以核准注册。纳帕河谷协会不服被诉裁定，提起行政诉讼。北京市第一中级人民法院作出（2014）一中行（知）初字第10698号行政判决：驳回纳帕河谷协会的

诉讼请求。纳帕河谷协会不服一审判决，提出上诉。北京市高级人民法院作出（2016）京行终2295号行政判决：一、撤销原审判决；二、撤销被诉裁定；三、商标评审委员会重新作出裁定。

法院生效裁判认为：虽然被异议商标中仅包含了地理标志“纳帕河谷（Napa Valley）”中的一个英文单词，但“纳帕”和“Napa”分别是该地理标志中英文表达方式中最为显著的识别部分，相关公众在葡萄酒商品上见到“NAPA”一词时，即容易将其与“纳帕河谷（Napa Valley）”地理标志联系在一起，误认为使用该标志的相关商品是来源于上述地理标志所标示地区的商品。因此，被异议商标的申请注册违反了《商标法》第16条第1款的规定。被异议商标由中文“螺旋卡帕”和英文“SCREW KAPPA NAPA”组合而成。引证商标由英文“NAPA VALLEY”、数学符号“100%”及图形组合而成，其中的“NAPA VALLEY”为其识别、呼叫和记忆对象，已构成引证商标的主要识别部分。虽然“NAPA”在被异议商标标志中所占比例较小，仅是被异议商标英文部分的构成要素之一，但是，由于“纳帕河谷（Napa Valley）”在相关公众中具有一定的知名度，已在中国作为葡萄酒商品上的地理标志予以保护，相关公众容易将使用被异议商标的葡萄酒商品误认为来源于“纳帕河谷（Napa Valley）”地理标志标示地区的商品，从而产生混淆误认的后果，因此，被异议商标与引证商标已构成使用在同一种或者类似商品上的近似商标。被异议商标的申请注册违反了2001年《商标法》第29条的规定。据此，二审法院判决撤销原审判决和被诉裁定，判令商标评审委员会重新作出裁定。

【案　　号】（2016）京行终2295号

【审理法院】北京市高级人民法院

【来　　源】北京市高级人民法院参阅案例（第十批）

类案检索

原告法国国家产品原产地与质量管理局诉被告国家知识产权局、第三人吴某萍商标权无效宣告请求行政纠纷案

关键词：地理标志　商标权无效宣告

裁判摘要：在案证据能够证明“Romanee-Conti”是标示来源于法国特定

地区葡萄酒商品的标志，而该商品的特定质量、信誉或者其他特征，主要由该地区的自然因素或者人文因素所决定，国家知识产权局和吴某萍亦未提交充分证据对此加以反驳，因此，原审法院基于在案证据认定“Romanee-Conti”属于葡萄酒商品上的地理标志并无不当。虽然“Romanee-Conti”并未在我国作为地理标志商标申请注册，但商标法并未将此作为地理标志保护的前提条件，且本案中“Romanee-Conti”亦非作为注册商标请求保护，国家知识产权局关于“Romanee-Conti”虽然在其原属国已经获得葡萄酒原产地名称的保护但该商标作为地理标志目前尚未在我国获准注册的上诉理由，缺乏事实和法律依据，本院对此不予支持。同时，在案证据亦能够证明“Romanee-Conti”与“罗曼尼·康帝”已形成较为稳定的对应关系，国家知识产权局关于在案证据不能证明“Romanee-Conti”与“罗曼尼·康帝”已形成对应关系的上诉理由缺乏事实依据，本院对此亦不予支持。争议商标中完整包含与葡萄酒商品上的地理标志“Romanee-Conti”具有稳定对应关系的中文译文“罗曼尼·康帝”的情况下，争议商标核定使用在葡萄酒商品上，容易误导公众，使相关公众误认为使用该商标的商品来源于该地理标志所标示的地区或具备相关品质特征。因此，争议商标在葡萄酒商品上的注册违反了2001年《商标法》第16条第1款的规定。

【案　　号】（2019）京行终1343号

【审理法院】北京市高级人民法院

【来　　源】中国裁判文书网

第十七条　外国人或者外国企业在中国申请商标注册的，应当按其所属国和中华人民共和国签订的协议或者共同参加的国际条约办理，或者按对等原则办理。

关联规定

法律、行政法规、司法解释

《中华人民共和国商标法实施条例》

第五条第二款　外国人或者外国企业的代理委托书及与其有关的证明文件的公证、认证手续，按照对等原则办理。

条文释义

一、本条主旨

本条是关于外国人或者外国企业在我国申请商标注册应遵循的原则的规定。

二、条文演变

自1982年《商标法》实施以来，本条内容一直未作修改。

三、条文解读

法律适用本质上属于国家治理的一种方式，其本身体现了特定国家的利益需求。而“主权”系国家的最重要属性，是国家最主要、最基本的权利。因此，法律的适用应当遵循国家主权原则。由于历史、文化等诸多方面的差异，各国间的法律制度存在明显的差异。因此，当一国公民或企业在另一国从事相应的活动时，遵循当地的法律制度系各国法律制度得以正常实施的必然要求。

当然，各国法律制度的构成，不但包括其国内法，同时应当包括相应的国际法。一国与他国签订的双边协议、多边协议以及正式参加的国际公约构成一国国际法的基本内容。

同时，地域性原则作为商标制度的一项基本原则，贯穿于商标法适用的全过程，包括商标授权、确权及后续侵权等诸多程序。而各国商标法对于商标的授权条件、授权程序、侵权的行为类型以及侵权救济程序等均存在诸多的差异。外国人或外国企业在我国办理商标注册事宜，当然不能援引其最为熟知的属人国法律，而应当遵循我国的商标法相关制度。

外国人或外国企业在他国从事相应的民事行为，遵循相关国家共同参与的公约、双边或多边协议系通行的国际规则。当然，在缺乏共同参与的公约，且双方亦未签署双边协议或多边协议时，采取对等原则办理相关事宜亦为通行的国际规则。外国人或者外国企业在我国申请注册商标的，同样应当遵循上述通行的国际规则。商标注册事宜是民事主体的民事行为之一，当然应当遵循前述对等原则、双边或多边协议以及相关的国际公约。

在中华人民共和国成立以后至改革开放之前，我国参加的国际条约很少，处理国与国之间的关系主要靠双边协议、对等原则。之后，随着我国先后加入《建立世界知识产权组织公约》《巴黎公约》等公约后，在处理知识产权的保护问题上，我国逐渐由主要依靠双边协议、对等原则向依靠国际条约过渡。在我国正式成为世界贸易组织成员后，在知识产权的保护方面，我国实现了由主要依靠双边协议、对等原则向依靠国际条约的重大转变。[①]

根据本条的规定，外国人或者外国企业在我国办理申请商标注册的事宜，若其所属国和我国签订有协议或者共同参加了国际条约，则应当按照已签订的协议或已参加的条约办理；若其所属国和我国未签订双边或多边协议，且亦未共同参加国际条约，则应当按对等原则办理。

适用指引

本条在具体适用过程中，需要注意此处的“在中国申请商标”应作广义的理解，其不但包括商标注册申请行为本身，还包括商标驳回复审、商标异议程

① 国家工商行政管理局商标局编著：《中华人民共和国商标法释义》，中国工商出版社2003年版，第101~102页。

序、商标异议复审程序、商标确权程序以及后续的商标撤销程序等传统的商标授权确权程序，以及商标的变更、转让、许可、质押、注销、续展等与商标效力或商标权利处分相关的诸多程序性事项。

本条所称的“办理”，包括相关当事人主体资质的审查、相关形式文件的格式要求、费用的交纳方式、文件的送达等具体程序事项的办理须遵照其所属国和中华人民共和国签订的协议或者共同参加的国际条约办理，或者按对等原则办理；同时包括申请注册商标之要素的构成、商标的具体类型、商标注册驳回的具体事由、商标无效的具体事由以及商标应予撤销的具体事由等实体性事项的办理亦须遵照其所属国和中华人民共和国签订的协议或者共同参加的国际条约办理，或者按对等原则办理。

另外，本条中的“外国人和外国企业”应结合《商标法实施条例》第5条第4款予以准确理解。根据《商标法实施条例》第5条的规定，《商标法》第18条所称外国人或者外国企业，是指在中国没有经常居所或者营业所的外国人或者外国企业。即若外国人或外国企业如果在我国存在经常居所或者营业所则不必强要求其委托商标代理机构办理商标事宜，此主要是基于语言障碍及收发文件的不便利已然不复存在。

第十八条　申请商标注册或者办理其他商标事宜，可以自行办理，也可以委托依法设立的商标代理机构办理。

外国人或者外国企业在中国申请商标注册和办理其他商标事宜的，应当委托依法设立的商标代理机构办理。

关联规定

法律、行政法规、司法解释

《中华人民共和国商标法实施条例》

第五条　当事人委托商标代理机构申请商标注册或者办理其他商标事宜，应当提交代理委托书。代理委托书应当载明代理内容及权限；外国人或者外国企业的代理委托书还应当载明委托人的国籍。

外国人或者外国企业的代理委托书及与其有关的证明文件的公证、认证手续，按照对等原则办理。

申请商标注册或者转让商标，商标注册申请人或者商标转让受让人为外国人或者外国企业的，应当在申请书中指定中国境内接收人负责接收商标局、商标评审委员会后继商标业务的法律文件。商标局、商标评审委员会后继商标业务的法律文件向中国境内接收人送达。

商标法第十八条所称外国人或者外国企业，是指在中国没有经常居所或者营业所的外国人或者外国企业。

条文释义

一、本条主旨

本条是关于商标代理机构的规定。

二、条文演变

1982 年《商标法》第 10 条规定："外国人或者外国企业在中国申请商标注册和办理其他商标事宜的，应当委托国家指定的组织代理。"1993 年《商标法》对该条未作修改。2001 年《商标法》第 18 条规定："外国人或者外国企业在中国申请商标注册和办理其他商标事宜的，应当委托国家认可的具有商标代理资格的组织代理。"其主要将 1982 年《商标法》规定的"国家指定的组织代理"修改为"国家认可的具有商标代理资格的组织代理"，以尽量降低行政权力对民事活动的干预。2013 年《商标法》新增了第 1 款，为我国个人和企业委托商标代理机构办理相应的商标事宜提供了法律依据。2019 年《商标法》予以沿用。

三、条文解读

允许当事人委托他人办理相关的商标事宜，系民事代理行为在商标法体系中的具体体现。一方面，在时间、空间等方面方便了当事人；另一方面，代理机构通常具备专业的知识及技能，亦会遵循特定的行业道德，使得当事人在办理商标事宜的过程中，避免了不必要的弯路，便于当事人更加高效地完成商标注册、异议、无效、撤销等相对专业的事宜。同时，允许当事人委托他人办理相关的商标事宜，亦为国际通行的做法。尤其在涉及外国人或外国企业在他国办理相关商标事宜时，由于各国商标授权确权制度的差异，委托属地国专业的代理机构办理相关商标事宜更成了当事人的刚性需求。

所谓商标代理机构，是指接受委托人的委托，以委托人的名义办理商标注册申请或者其他商标事宜的法律服务机构。[①] 在我国，商标代理机构主要分为两类：一是依法登记成立的在其工商登记的经营范围中注明包含商标代理或知识产权代理的法人或其他组织；另一类为依法设立的律师事务所。

本条所称的商标事宜主要包括"申请商标注册或者办理其他商标事宜"，"其他商标事宜"主要包括商标的变更、续展、转让、异议、撤销、无效以及与侵害注册商标权相关的事宜。需要注意的是，《民事诉讼法》第 61 条明确规定："当事人、法定代理人可以委托一至二人作为诉讼代理人。下列人员可以

---

① 参见何永坚主编：《新商标法条文解读与适用指南》，法律出版社 2013 年版，第 57 页。

被委托为诉讼代理人:(一)律师、基层法律服务工作者;(二)当事人的近亲属或者工作人员;(三)当事人所在社区、单位以及有关社会团体推荐的公民。”因此，商标权利人委托他人参加侵害商标权诉讼时，一般应当委托律师事务所；而“依法登记成立的在其工商登记的经营范围中注明包含商标代理或知识产权代理的法人或其他组织”作为代理人时，需要有“当事人所在社区、单位以及有关社会团体”的推荐。

虽然1982年《商标法》明确代理机构需要由国家指定，但考虑到当时正值改革开放伊始，姑且不论商标代理机构的质量，其数量本身有限，且相关代理机构的从业人员的专业化水平有待提高，因此，前述“指定”的规定与当时的实际情况是相符的，有利于保证外国人或外国企业办理商标事宜及时、高效地开展。但委托代理毕竟属于民事行为之一，公权力不宜过多介入，故2001年《商标法》将其修改为“国家认可的具有商标代理资格的组织代理”。

2013年《商标法》新增了本条第1款，从而为我国个人和企业委托商标代理机构办理相应的商标事宜提供了法律依据。如前所述，我国《民事诉讼法》对代理人的身份作了限缩性的规定，从而出现了个人和企业是否可委托“依法登记成立的在其工商登记的经营范围中注明包含商标代理或知识产权代理的法人或其他组织”办理相应的商标事宜的疑问。本条第1款明确了“依法登记成立的在其工商登记的经营范围中注明包含商标代理或知识产权代理的法人或其他组织”可以办理除侵害商标权诉讼之外的其他相应商标事宜，从而为该类代理机构的代理活动提供了明确的法律依据。

适用指引

适用本条时，需要注意我国个人和企业委托商标代理机构办理商标事宜并非强制性要求，其可以委托代理机构办理，也可以自行办理。尤其是在办公电子化、数字化迅猛发展的当下，我国个人和企业自行办理商标事宜的需求正在日益增加。但外国人和外国企业办理商标事宜必须委托相应的商标代理机构，不能自行办理，此为前置性规定。一方面，源于前述各国商标授权确权制度的差异；另一方面，在于各国官方语言的差异，以及便于收发相关文件，以充分保证外国人和外国企业的合法权益。

第十九条 商标代理机构应当遵循诚实信用原则，遵守法律、行政法规，按照被代理人的委托办理商标注册申请或者其他商标事宜；对在代理过程中知悉的被代理人的商业秘密，负有保密义务。

委托人申请注册的商标可能存在本法规定不得注册情形的，商标代理机构应当明确告知委托人。

商标代理机构知道或者应当知道委托人申请注册的商标属于本法第四条、第十五条和第三十二条规定情形的，不得接受其委托。

商标代理机构除对其代理服务申请商标注册外，不得申请注册其他商标。

关联规定

法律、行政法规、司法解释

《中华人民共和国商标法实施条例》

第八十三条 商标法所称商标代理，是指接受委托人的委托，以委托人的名义办理商标注册申请、商标评审或者其他商标事宜。

第八十四条 商标法所称商标代理机构，包括经工商行政管理部门登记从事商标代理业务的服务机构和从事商标代理业务的律师事务所。

商标代理机构从事商标局、商标评审委员会主管的商标事宜代理业务的，应当按照下列规定向商标局备案：

（一）交验工商行政管理部门的登记证明文件或者司法行政部门批准设立律师事务所的证明文件并留存复印件；

（二）报送商标代理机构的名称、住所、负责人、联系方式等基本信息；

（三）报送商标代理从业人员名单及联系方式。

工商行政管理部门应当建立商标代理机构信用档案。商标代理机构违反商标法或者本条例规定的，由商标局或者商标评审委员会予以公开通报，并记入其信用档案。

第八十五条 商标法所称商标代理从业人员，是指在商标代理机构中从事商标代理业务的工作人员。

商标代理从业人员不得以个人名义自行接受委托。

第八十七条 商标代理机构申请注册或者受让其代理服务以外的其他商标，商标局不予受理。

条文释义

一、本条主旨

本条是关于商标代理机构的行为规范的规定。

二、条文演变

2013年《商标法》首次对本条内容作出规定，在此基础上，2019年《商标法》第19条第3款增加了“第四条”的法律援引。

三、条文解读

2003年以前，我国对商标代理机构的设立和商标代理人的资格实行行政审批。2003年国务院取消这两项行政审批后，商标代理活动出现了一些混乱现象。为了解决这一问题，2013年《商标法》新增了有关商标代理机构的行为规范的规定。

（一）商标代理机构从事商标代理业务的行为规范

商标代理机构是接受委托人的委托，以委托人的名义办理商标注册申请或者其他商标事宜的法律服务机构。委托人出于对商标代理机构的专业知识和职业道德的信任，委托商标代理机构代为办理商标注册申请或者其他商标事宜，商标代理机构就应当恪守行为准则，为委托人的利益最大化服务。

第一，商标代理机构遵循诚实信用原则，遵守法律、行政法规，按照被代理人的委托办理商标注册申请或者其他商标事宜。代理，就是代理人以委托人名义，为委托人代为办理特定事项的活动。因此，商标代理人从事商标代理业务，就应当按照委托人的委托、指示行事。商标代理机构为委托人代为办理商标事宜时，应当遵守法律、行政法规；法律、行政法规未作规定的，应当按照诚实信用原则办理。

第二，商标代理机构对在代理过程中知悉的被代理人的商业秘密，负有保密义务。商标代理机构在从事商标代理过程中，可能知悉被代理的一些商业秘密，如市场推广计划、目标客户群体等。对此，商标代理机构应当严格保守秘密，既不能泄露给他人，也不能利用其牟取不正当利益。

第三，委托人申请注册的商标可能存在本法规定不得注册情形的，商标代理机构应当明确告知委托人。本法规定不得注册的情形，既包括第 10 条、第 11 条、第 12 条规定的违反绝对拒绝注册理由的情形（即商标标识不得作为商标注册或者使用的情形），也包括违反本法第 13 条第 2 款和第 3 款、第 15 条、第 16 条第 1 款、第 30 条、第 31 条、第 32 条规定的违反相对拒绝注册理由的情形（即存在在先权利的情形）。对于前者，一般情况下，商标代理机构应当知道，应当明确告知委托人；对于后者，商标代理机构如果知道，应当明确告知委托人。

第四，商标代理机构知道或应当知道委托人申请注册的商标属于本法第 4 条、第 15 条、第 32 条规定情形的，不得接受其委托。本法第 4 条、第 15 条、第 32 条规定的是不以使用为目的的恶意商标注册申请以及恶意抢先注册他人商标的情形，包括代理人或者代表人未经授权以自己的名义将被代理人或者被代表人的商标进行注册；因合同、业务往来关系或者其他关系而明知该他人商标存在而抢先注册；以不正当手段抢先注册他人已经使用并有一定影响的商标；申请注册的商标损害他人现有的在先权利的情形。商标代理机构知道或者应当知道委托人申请注册的商标存在上述恶意的，应当拒绝接受其委托。

（二）商标代理机构申请商标注册的限制性规定

商标是识别商品或者服务来源的标志，申请注册商标，应当是出于在生产经营活动中对自己的商品或者服务需要取得商标专用权。也就是说，申请注册商标，应当是为了自己使用，而不是为了售卖。实践中，个别不法商标代理机构利用其商标专业知识，恶意抢先注册他人商标；有的在与商标代理业务毫无关系的商品类别上为自己注册几十件、数百件商标，然后通过向生产经营者兜售牟利。这些申请注册行为都不是为了自己使用，严重扰乱了商标市场秩序。为此，本条第 4 款特别规定，商标代理机构除对其代理服务申请商标注册外，不得申请注册其他商标。[①]

适用指引

在商标形式审查中，对商标代理机构申请注册除代理服务以外的商品或服务项目，不予受理；已经受理的，实质审查中予以驳回；对代理服务项目按照普通商标申请进行审查。

目前，商标代理机构的代理服务暂定为《类似商品和服务区分表》(基于尼斯分类第10版）中第4506组内的服务项目。

类案检索

一、北京黄金智慧知识产权代理有限公司诉原国家工商行政管理总局商标评审委员会商标申请驳回复审行政纠纷案

关键词：代理服务　营业执照

裁判摘要：商标代理机构仅可以在“代理服务”上申请注册商标，除此之外的商品和服务上不得申请注册商标，商标代理机构自己使用诉争商标或以牟利为目的申请注册诉争商标均在《商标法》第19条第4款的规制范围。鉴于商标代理机构可以通过修改公司章程改变经营范围，因此商标代理机构营业执照记载经营事项的变动不能作为认定《商标法》第19条第4款规定的“代理服务”的依据。

【案　　号】（2016）京行终2149号

【审理法院】北京市高级人民法院

【来　　源】中国裁判文书网

二、诸葛某会诉原国家工商行政管理总局商标评审委员会、山东朱老大食品有限公司商标异议复审行政纠纷案

关键词：利益冲突　双方委托

① 参见郎胜主编：《中华人民共和国商标法释义》，法律出版社2013年版，第48~49页。

裁判摘要： 基于诚实信用原则，商标代理机构不得在同一商标案件中代理双方当事人。其中“同一商标案件”并不限于在行政或诉讼程序中某一特定阶段的案件，还包括在不同程序的不同阶段中，争议对象为同一商标的案件。

【案　　号】（2016）京行终464号

【审理法院】 北京市高级人民法院

【来　　源】 中国裁判文书网

三、湖南友谊阿波罗商业股份有限公司诉国家知识产权局、贺某高商标权无效宣告请求行政纠纷案

关键词： 假借名义　规避法律

裁判摘要： 商标代理机构假借其工作人员近亲属之名大量申请注册商标，以达到规避法律之目的的，可适用《商标法》第19条第4款之规定。

【案　　号】（2018）京行终5989号

【审理法院】 北京市高级人民法院

【来　　源】 中国裁判文书网

四、律通控股集团有限公司诉国家知识产权局商标申请驳回复审行政纠纷案

关键词： 营业执照记载　实际从事

裁判摘要： 判断是否为商标代理机构，应以诉争商标申请时申请人的经营状态为准。在申请诉争商标时，已经备案从事商标代理业务的主体、工商营业执照中记载从事商标代理业务的主体以及虽未备案但实际从事商标代理业务的主体，均属于《商标法》第19条第4款规定的“商标代理机构”。

【案　　号】（2020）京行终1795号

【审理法院】 北京市高级人民法院

【来　　源】 中国裁判文书网

第二十条 商标代理行业组织应当按照章程规定，严格执行吸纳会员的条件，对违反行业自律规范的会员实行惩戒。商标代理行业组织对其吸纳的会员和对会员的惩戒情况，应当及时向社会公布。

关联规定

法律、行政法规、司法解释

《中华人民共和国商标法实施条例》

第九十一条 工商行政管理部门应当加强对商标代理行业组织的监督和指导。

条文释义

一、本条主旨

本条是关于商标代理行业组织及其会员管理的规定。

二、条文演变

2013年《商标法》第20条首次对该内容作出规定。2019年《商标法》予以沿用。

三、条文解读

2003年以前，我国对商标代理机构的设立和商标代理人的资格实行行政审批，行政机关在对商标代理机构的监督管理中发挥着主要作用。2003年，国务院取消这两项行政审批，此后，商标代理行业组织在行业自律管理方面的重要性日益凸显。2013年《商标法》增加了相应的规定。

（一）商标代理行业组织是商标代理机构自发组成的行业自律组织

目前，全国性的商标代理行业组织主要是中华商标协会下属的代理人分会，但是，本法并未限定只此一家，商标代理机构可以成立其他商标代理行业组织。这有利于商标代理行业组织之间形成有效竞争，提高商标代理机构的规范经营和服务水平，促进商标代理行业的健康发展。商标代理行业组织只有严格执行吸纳会员的条件，加强对会员的监督管理，对违反行业自律规范的会员实施惩戒，不断提高本行业组织的信誉，才能够一方面吸引更多资质优良的商业代理机构加入本行业组织，另一方面为本行业组织的会员争取到更多的客户。相反，商标代理行业组织如果吸纳、包庇违法违规、违反行业自律规则的会员，则会使声誉受损，影响所有会员的客户来源。应当明确的是，本法并未强制规定，商标代理机构未加入行业组织的就不得从事商标代理业务；但是，未加入行业组织的代理机构就无法借助行业协会的信誉、资源扩大发展，被行业协会惩戒的会员在开展业务方面也必然会受到影响。这就通过市场的力量自然推动了商标代理机构的优胜劣汰。

（二）商标代理行业组织对会员的管理

商标代理行业组织应当制定详细的章程，团结和教育会员遵守宪法、法律、法规和国家政策，忠实于商标代理事业，恪守商标代理人职业道德和执业纪律；维护会员的合法权益，提高会员的执业素质；加强行业自律，制止不正当竞争，促进商标代理事业的健康发展。商标代理行业组织应当在章程中对吸纳会员的条件、违反行业自律规范的会员的惩戒作出明确规定，并严格遵照执行。

本条还明确规定，商标代理行业组织对其吸纳的会员和对会员的惩戒情况，应当及时向社会公布。这样规定，一方面，有利于同行业、社会公众加强对商标代理行业组织和商标代理机构的监督；另一方面，有利于指引委托人选择信誉好的商标代理机构。[①]

---

① 参见郎胜主编：《中华人民共和国商标法释义》，法律出版社2013年版，第50~51页。

适用指引

商标代理行业组织应当加强对商标代理机构和商标代理从业人员的自律管理，只有这样，商标代理行业组织的声誉才能获得提升，才能吸纳更多的优良商标代理机构加入行业组织，才能更好地维护会员合法利益。只有这样，商标代理行业组织才能更好地发挥行业自律的作用，才能促进商标代理行业健康发展。

第二十一条　商标国际注册遵循中华人民共和国缔结或者参加的有关国际条约确立的制度，具体办法由国务院规定。

关联规定

法律、行政法规、司法解释

1.《国务院关于我国加入〈商标国际注册马德里协定〉的决定》

国家工商行政管理局、外交部：

国务院决定：我国加入《商标国际注册马德里协定》(1967年修订并于1979年修改的斯德哥尔摩文本)，同时作如下声明：

一、关于第三条之二：通过国际注册取得的保护，只有经商标所有人专门申请时，才能扩大到中国；

二、关于第十四条第二款第四项：本议定书仅适用于中国加入生效之后注册的商标。但以前在中国已经取得与前述商标相同且仍有效的国内注册，经有关当事人请求即可承认为国际商标的，不在此例。

我国加入该协定后，国家工商行政管理局要做好实施该协定的国内衔接工作，注意我国已在国外注册的出口商品的商标取得该协定规定的国际保护。加入该协定的通知手续由外交部办理。

2.《中华人民共和国商标法实施条例》

第三十四条　商标法第二十一条规定的商标国际注册，是指根据《商标国际注册马德里协定》(以下简称马德里协定)、《商标国际注册马德里协定有关议定书》(以下简称马德里议定书)及《商标国际注册马德里协定及该协定有关议定书的共同实施细则》的规定办理的马德里商标国际注册。

马德里商标国际注册申请包括以中国为原属国的商标国际注册申请、指定中国的领土延伸申请及其他有关的申请。

第三十五条　以中国为原属国申请商标国际注册的，应当在中国设有真实有效的营业所，或者在中国有住所，或者拥有中国国籍。

第三十六条 符合本条例第三十五条规定的申请人，其商标已在商标局获得注册的，可以根据马德里协定申请办理该商标的国际注册。

符合本条例第三十五条规定的申请人，其商标已在商标局获得注册，或者已向商标局提出商标注册申请并被受理的，可以根据马德里议定书申请办理该商标的国际注册。

第三十七条 以中国为原属国申请商标国际注册的，应当通过商标局向世界知识产权组织国际局（以下简称国际局）申请办理。

以中国为原属国的，与马德里协定有关的商标国际注册的后期指定、放弃、注销，应当通过商标局向国际局申请办理；与马德里协定有关的商标国际注册的转让、删减、变更、续展，可以通过商标局向国际局申请办理，也可以直接向国际局申请办理。

以中国为原属国的，与马德里议定书有关的商标国际注册的后期指定、转让、删减、放弃、注销、变更、续展，可以通过商标局向国际局申

第三十八条 通过商标局向国际局申请商标国际注册及办理其他有关申请的，应当提交符合国际局和商标局要求的申请书和相关材料。

第三十九条 商标国际注册申请指定的商品或者服务不得超出国内基础申请或者基础注册的商品或者服务的范围。

第四十条 商标国际注册申请手续不齐备或者未按照规定填写申请书的，商标局不予受理，申请日不予保留。

申请手续基本齐备或者申请书基本符合规定，但需要补正的，申请人应当自收到补正通知书之日起 30 日内予以补正，逾期未补正的，商标局不予受理，书面通知申请人。

第四十一条 通过商标局向国际局申请商标国际注册及办理其他有关申请的，应当按照规定缴纳费用。

申请人应当自收到商标局缴费通知单之日起 15 日内，向商标局缴纳费用。期满未缴纳的，商标局不受理其申请，书面通知申请人。

第四十二条 商标局在马德里协定或者马德里议定书规定的驳回期限（以下简称驳回期限）内，依照商标法和本条例的有关规定对指定中国的领土延伸申请进行审查，作出决定，并通知国际局。商标局在驳回期限内未发出驳回或者部分驳回通知的，该领土延伸申请视为核准。

第四十三条 指定中国的领土延伸申请人，要求将三维标志、颜色组合、

声音标志作为商标保护或者要求保护集体商标、证明商标的，自该商标在国际局国际注册簿登记之日起 3 个月内，应当通过依法设立的商标代理机构，向商标局提交本条例第十三条规定的相关材料。未在上述期限内提交相关材料的，商标局驳回该领土延伸申请。

第四十四条 世界知识产权组织对商标国际注册有关事项进行公告，商标局不再另行公告。

第四十五条 对指定中国的领土延伸申请，自世界知识产权组织《国际商标公告》出版的次月 1 日起 3 个月内，符合商标法第三十三条规定条件的异议人可以向商标局提出异议申请。

商标局在驳回期限内将异议申请的有关情况以驳回决定的形式通知国际局。

被异议人可以自收到国际局转发的驳回通知书之日起 30 日内进行答辩，答辩书及相关证据材料应当通过依法设立的商标代理机构向商标局提交。

第四十六条 在中国获得保护的国际注册商标，有效期自国际注册日或者后期指定日起算。在有效期届满前，注册人可以向国际局申请续展，在有效期内未申请续展的，可以给予 6 个月的宽展期。商标局收到国际局的续展通知后，依法进行审查。国际局通知未续展的，注销该国际注册商标。

第四十七条 指定中国的领土延伸申请办理转让的，受让人应当在缔约方境内有真实有效的营业所，或者在缔约方境内有住所，或者是缔约方国民。

转让人未将其在相同或者类似商品或者服务上的相同或者近似商标一并转让的，商标局通知注册人自发出通知之日起 3 个月内改正；期满未改正或者转让容易引起混淆或者有其他不良影响的，商标局作出该转让在中国无效的决定，并向国际局作出声明。

第四十八条 指定中国的领土延伸申请办理删减，删减后的商品或者服务不符合中国有关商品或者服务分类要求或者超出原指定商品或者服务范围的，商标局作出该删减在中国无效的决定，并向国际局作出声明。

第四十九条 依照商标法第四十九条第二款规定申请撤销国际注册商标，应当自该商标国际注册申请的驳回期限届满之日起满 3 年后向商标局提出申请；驳回期限届满时仍处在驳回复审或者异议相关程序的，应当自商标局或者商标评审委员会作出的准予注册决定生效之日起满 3 年后向商标局提出申请。

依照商标法第四十四条第一款规定申请宣告国际注册商标无效的，应当自该商标国际注册申请的驳回期限届满后向商标评审委员会提出申请；驳回期限届满时仍处在驳回复审或者异议相关程序的，应当自商标局或者商标评审委员会作出的准予注册决定生效后向商标评审委员会提出申请。

依照商标法第四十五条第一款规定申请宣告国际注册商标无效的，应当自该商标国际注册申请的驳回期限届满之日起 5 年内向商标评审委员会提出申请；驳回期限届满时仍处在驳回复审或者异议相关程序的，应当自商标局或者商标评审委员会作出的准予注册决定生效之日起 5 年内向商标评审委员会提出申请。对恶意注册的，驰名商标所有人不受 5 年的时间限制。

第五十条 商标法和本条例下列条款的规定不适用于办理商标国际注册相关事宜：

（一）商标法第二十八条、第三十五条第一款关于审查和审理期限的规定；

（二）本条例第二十二条、第三十条第二款；

（三）商标法第四十二条及本条例第三十一条关于商标转让由转让人和受让人共同申请并办理手续的规定。

条文释义

一、本条主旨

本条是关于商标国际注册的规定。

二、条文演变

2013 年《商标法》修改之前，关于商标国际注册的法律适用规定仅在《商标法实施条例》中作了原则规定。2002 年《商标法实施条例》第 12 条规定商标国际注册依照我国加入的有关国际条约办理。具体办法由国务院工商行政管理部门规定。国家工商行政管理总局于 2003 年 4 月 17 日制定了《马德里商标国际注册实施办法》予以具体规定。2013 年《商标法》第 21 条规定，商标国际注册遵循中华人民共和国缔结或者参加的有关国际条约确立的制度，具体办法由国务院规定。将国际注册的相关规定上升为法律。2014 年《商标法实施条例》修改增加了第 5 章国际注册，完善了国际注册规定。《马德里商标国际注册实施办法》予以废止。2019 年《商标法》对本条规定未作改动。

三、条文解读

商标权具有严格的地域性，在哪个国家取得的权利也只能在哪个国家获得保护，在其他国家是不承认其权利的，若想获得其他国家的注册保护，就要向这些国家分别提出商标注册申请，这对于申请人来讲比较麻烦。随着我国对外经济交往的不断增多，我国企业的商标随着该企业的商品不断地走向世界。目前，我国企业主要通过两种方式使其商标在其他国家获得保护，一种是分别向各国商标主管机关申请注册，另一种是进行商标国际注册。

所谓商标国际注册，是指遵循我国缔结或者参加的有关国际条约确立的制度，在国际上进行商标注册。目前，我国参加的有关国际条约主要有 1989 年参加的《商标国际注册马德里协定》和 1995 年参加的《商标国际注册马德里协定有关议定书》。由《商标国际注册马德里协定》或者《商标国际注册马德里协定有关议定书》所适用的国家或政府间组织所组成的商标国际注册特别联盟，被称为马德里联盟。

商标国际注册在我国具体怎么实施，包括以我国作为原属国的国际申请、将我国作为被制定缔约方的国际申请的相关程序，都需要进一步的规定。因此，本条明确规定，商标国际注册的具体办法由国务院规定。

适用指引

商标注册的马德里体系由世界知识产权组织国际局管理和运作。我国自然人、法人进行商标国际注册，应当遵循我国已经参加的《商标国际注册马德里协定》和《商标国际注册马德里协定有关议定书》，以及将来缔结或者参加的有关国际条约确立的制度。按照《商标国际注册马德里协定》《商标国际注册马德里协定有关议定书》确立的制度，成员国的自然人、法人，通过本国商标主管机关向设在日内瓦的世界知识产权组织国际局提交商标国际注册申请，该申请可以在除申请人所在国之外的其他成员国要求取得领土延伸保护；该申请经过规定的审查程序，由国际局在《国际注册簿》上予以登记，在其编发的《国际商标公告》上进行公告，并发给注册人商标国际注册证。国际注册的商标可以通过领土延伸在指定的协定及议定书缔约国直接受到法律保护，从而产生与在这些国家逐一进行商标注册相同的法律效力。关于国际注册的具体要求现规定在《商标法实施条例》第 5 章国际注册部分。

第二十二条　商标注册申请人应当按规定的商品分类表填报使用商标的商品类别和商品名称，提出注册申请。

商标注册申请人可以通过一份申请就多个类别的商品申请注册同一商标。

商标注册申请等有关文件，可以以书面方式或者数据电文方式提出。

关联规定

法律、行政法规、司法解释

《中华人民共和国商标法实施条例》

第八条　以商标法第二十二条规定的数据电文方式提交商标注册申请等有关文件，应当按照商标局或者商标评审委员会的规定通过互联网提交。

条文释义

一、本条主旨

本条是关于商标注册申请人应当如何提出商标注册申请的规定。

二、条文演变

2001年《商标法》第19条规定："申请商标注册的，应当按规定的商品分类表填报使用商标的商品类别和商品名称。"第20条规定："商标注册申请人在不同类别的商品上申请注册同一商标的，应当按商品分类表提出注册申请。"第21条规定："注册商标需要在同一类的其他商品上使用的，应当另行提出注册申请。"2013年《商标法》对2001年《商标法》上述条文的内容作了修改，明确规定商标注册申请人可以通过一份申请就多个类别的商品申请注册同一商标，同时，增加了可以以数据电文方式提出商标注册申请的规定。2019 年《商标法》予以沿用。

三、条文解读

（一）注册申请应当按照商品分类表填报使用商标的商品类别和商品名称

根据本法规定，注册商标的专用权，以核准注册的商标和核定使用的商品为限。因此，填写商品类别和商品名称时应当力求具体、准确、规范。按照商品分类表规范填写商品类别和商品名称，有助于加快商标注册进程，确保申请人及时获得商标专用权。

（二）商标注册申请人可以通过一份申请就多个类别的商品申请注册同一商标

2001 年《商标法》第 20 条规定，商标注册申请人在不同类别的商品上申请注册同一商标的，应当按商品分类表提出注册申请。对与商标注册申请人是否可以实行“一表多类”，即通过一份申请就多个类别的商品注册同一商标，未作明确规定。实践中，仅对商标国际注册实行“一表多类”。随着实践中将同一商标在多个类别的商品上注册的情况越来越多，为了方便当事人，使其不必根据申请商标所跨商品类别的个数来填写多份申请书，2019 年《商标法》对通过一份申请即可就多个类别的商品注册同一商标予以了明确。

（三）商标注册申请等有关文件，可以以书面方式或者数据电文方式提出

该规定为 2013 年《商标法》修改时新增。书面方式申请商标注册，是我国商标注册的传统方式。商标注册申请等有关文件，曾经可以使用钢笔、毛笔或者打字机填写，后来出于申请文件规范化的需要，商标申请文件必须打字或者印刷。近年来，随着现代通信技术的发展，通过数据电文方式提出商标注册等有关文件的条件日益成熟。实践中，商标局从 2009 年开始试行接受网上申请。2013 年修改《商标法》时，出于方便当事人的考虑，对申请商标注

册可以以数据电文方式提出在法律上作了明确规定。[①]2019年《商标法》予以沿用。

适用指引

一、提出商标注册申请是商标注册并取得商标专用权的必经途径

根据本法第3条的规定，经商标局核准注册的商标为注册商标；商标注册人享有商标专用权，受法律保护。因此，若要取得商标专用权，就必须向商标局提出商标注册申请。

第一，商标注册申请人可以通过一份申请就多个类别的商品申请注册同一商标。根据2001年《商标法》第20条、第21条的规定，商标注册申请人在不同类别的商品上申请注册同一商标的，应当按商品分类表提出注册申请；注册商标需要在同一类的其他商品上使用的，应当另行提出注册申请。这一规定也即“一商品一申请”，一份商标申请仅限于申请注册一种商品。例如，当事人可以在一份申请书上申请在服装以及鞋、帽类商品中的服装上注册某一商标。但是，如果要进一步申请将该商标注册于该类商品中的鞋、帽商品上，或者申请将该商标注册于地毯、地席类商品上的，应当另行提出商标申请，不得通过一份申请就服装、鞋、帽等某一类别内的多种商品或者服装、地毯等不同类别的商品申请注册同一商标。根据2019年《商标法》的规定，商标注册申请人可以通过一份申请就多个类别的商品申请注册同一商标。即在上述例子中，申请人可以同时申请将某一商标同时注册于服装、鞋、帽类和地毯、地席类这两类商品中的多个商品上。

第二，明确商标注册申请等有关文件可以以书面方式或者数据电文方式提出。2001年《商标法》对商标注册申请等有关文件的提交方式没有明确规定。考虑到实践发展的需要，目前网上申请等方式应用更加广泛。2019年《商标法》明确书面方式和数据电文方式均为商标注册申请的有效方式。

① 参见郎胜主编：《中华人民共和国商标法释义》，法律出版社2013年版，第54~56页。

二、《尼斯协定》与商品分类

由于可以使用商标的商品成千上万，服务品种也不断增加，有的由同一生产经营者提供，有的由不同生产经营者提供。为了便于消费者识别商品和服务的来源，所有建立商标制度的国家均规定，在同种商品或类似商品上（含服务）不得使用相同或近似商标。因此，本法也明确规定“申请商标注册应当按照商品分类表填报使用商标的商品类别和商品名称”。商品分类表主要根据商品性能、用途、原料、生产工艺、服务性质等对商品和服务进行归类，以此为商标注册申请人申请商标注册和商标管理机关检索、审查、管理注册商标提供依据。各国原先自行制定商品分类表，但是由于国家间存在经济和文化差异，自行制定的商品分类表已不能适应有关商标事务的国际交往。为了改变这种局面，由多国共同签署的《尼斯协定》应运而生，《尼斯协定》于 1957 年 6 月 15 日在法国南部城市尼斯签订，1961 年 4 月 8 日生效。该协定的成员国目前已发展到 65 个，宗旨是建立一个共同的商标注册用商品和服务国际分类体系，并保证其实施。申请人所需填报的商品及服务一般说来都在其中。不仅所有尼斯联盟成员国都使用此分类表，非尼斯联盟成员国也可以使用该分类表。所不同的是，尼斯联盟成员可以参与分类表的修订，而非成员国则无权参与。目前世界上已有 130 多个国家和地区采用此分类表。我国自 1988 年 11 月 1 日起采用国际分类，并于 1994 年 8 月 9 日加入尼斯联盟。采用国际分类后，大大方便了商标申请人，更加规范了商标主管机关的管理，密切了国际间商标事务的联系。尤其是加入《尼斯协定》以来，我国积极参与了对尼斯分类表的修改与完善，已将多项有中国特色的商品加入尼斯分类表中。尼斯分类表定期修订，一是增加新的商品；二是将已列入分类表的商品按照新的观点进行调整，以求商品更具有内在的统一性。

三、关于商标注册申请中的商品名称

商品名称是整个商标注册工作的重要内容之一，它决定注册商标保护的范围。因此，在申请商标注册时，必须指明具体的商品和服务名称。商品名称力求具体、准确、规范，以便明确指定该商标的保护范围。在国家工商行政管理总局颁布的《类似商品和服务区分表》中，每个类别有注释，并将商品或服务项目分为不同群组。提出商标注册申请时不能填写注释部分和群组名，如“奶及乳制品”“提供餐饮、住宿服务”。一般说来，一个商品在商品分类表中有正规名称时，应使用分类表中的规范名称。某些人们日常生活中约定俗成的商品称谓，在申请商标注册时是不允许使用的。如“家用电器”，因为它包括的范围过大，涉及商品分类表中至少五个类别的商品。例如，第7类的洗衣机、家用电动碾磨机，第八类的电动剃须刀，第九类的电视机，第10类的电动按摩器，第11类的电冰箱、电热水器等。诸如此类的情况还有“塑料制品”“皮制品”等。使用《类似商品和服务区分表》中规范的商品及服务名称，有助于加快商标的注册进程，确保申请人及时获得商标专用权。

四、商标注册申请人可以通过一份申请就多个类别的商品申请注册同一商标

使用商标的商品和服务项目由于种类繁多，按照其不同的性能、用途、商品原料、生产工艺或服务性质划分为45类，制定了商品和服务分类表，申请商标注册应当填报使用商标的商品类别和商品名称。如果某一个申请人要将同一个商标使用在不同类别的商品上，从本法的规定上来说，没有加以限制，比如有一个商标既要使用于商品分类表第3类中的肥皂上，又要使用于第5类的消毒剂上，还要使用于第21类的清扫用具上。对于这种情况，按照2001年《商标法》第20条的规定，商标注册申请人在不同类别的商品上申请注册同一商标的，应当按商品分类表提出注册申请。现行《商标法》在本条第2款规定，在商标注册申请时，申请人可以通过一份申请就多个类别的商品申请注册同一商标。允许通过一份申请就多个类别的商品申请注册同一商标，不仅可以进一步减少当事人办理手续的时间，还能节约当事人申请商标的经济成本。

五、商标注册申请等有关文件，可以以书面方式或者数据电文方式提出

本条第3款关于商标注册申请文件形式的规定，是2013年《商标法》增加的内容。书面方式是传统的文件形式，数据电文方式是适应信息社会发展而出现的一种新形式，根据我国电子签名法等有关法律的规定，数据电文是指以电子、光学、磁或者类似手段生成、发送、接收或者存储的信息。常见的电子邮件、电子文档等都属于数据电文。早在2009年，商标局就已经开始试点通过数据电文这种新的申请方式，但目前仅允许部分获得授权的代理组织提交除自然人申请、有优先权的、人物肖像等之外的普通商标注册申请。目前，商标注册通过网上申请等利用数据电文申请的形式日益普及，适用更加普遍，也更加便捷，提交商标网上申请的，应当通过商标局指定网站按照商标局规定的文件格式、数据标准、操作规范和传输方式提交申请文件。允许以数据电文形式提出商标注册申请等有关文件，有利于进一步加快商标申请、受理和审查进程，有利于更好地维护商标注册申请人的合法权益。[①]

典型案例

蜘蛛王集团有限公司诉国家工商行政管理总局商标评审委员会、美国蜘蛛集团有限公司商标异议复审行政纠纷案

关键词：相同　近似　类似　延伸　延续　商誉

裁判摘要：商标授权确权行政程序中，应当区分商誉的延续与商标的延续。市场主体在经营过程中积累的商誉，可以转移、延续，但是其市场经营行为并不因目的上的正当性而当然具有结果上的合法性。市场主体以转移、延续商誉为目的另行注册与原注册商标标识存在一定联系的新商标，仍然应当由商标行政主管部门依法进行审核。

基本案情：第4312222号图形商标（以下简称被异议商标）是美国蜘蛛集团有限公司（以下简称美国蜘蛛公司）于2004年10月15日向商标局申请注册，指定使用在第25类服装、领带、帽、围巾等商品上。第1027408号“蜘蛛王ZHIZHUWANG及图”商标（以下简称引证商标一）、第1637185号图形商标（以下简称引证商标二）、第2005562号图形商标（以下简称引证商标三）分别于1996年1月4日、2000年7月21日、2001年9月28日申请注册，商标注册人先后变更为蜘蛛王集团有限公司。蜘蛛王集团有限公司在法定期内向商标局提出异议申请，商标局裁定被异议商标予以核准注册。蜘蛛王集团有限公司不服，向商标评审委员会提出异议复审申请，商标评审委员会作出商评字（2012）第38010号裁定（以下简称被诉裁定）：被异议商标予以核准注册。蜘蛛王集团有限公司不服，向北京市第一中级人民法院提起行政诉讼，该院认

① 参见乔晓阳主编：《〈中华人民共和国商标法〉释义及实用指南》，中国民主法制出版社2013年版。

定被异议商标与引证商标二、三构成近似商标，被异议商标的注册违反2001年《商标法》第28条的规定，判决：撤销被诉裁定，商标评审委员会重新作出裁定。美国蜘蛛公司不服一审判决，提出上诉。北京市高级人民法院经审理判决：驳回上诉，维持原判。美国蜘蛛公司向最高人民法院申请再审，该院裁定：驳回美国蜘蛛公司的再审申请。

法院审查认为，首先，关于被异议商标与引证商标二、三是否构成使用在相同或类似商品上的近似商标的问题。被异议商标指定使用的商品类别为：服装、婴儿服装、游泳衣、帽、袜、领带、围巾、腰带、鞋、手套。被异议商标指定使用的“鞋”与引证商标二、引证商标三核定使用的“鞋”构成相同商品；被异议商标指定使用的“帽、袜、领带、围巾、手套、腰带”与引证商标三核定使用的“帽、袜、领带、围巾、手套、腰带”构成相同商品；被异议商标指定使用的“服装、婴儿服装、游泳衣”与引证商标三核定使用的“帽、袜、领带、围巾、手套、腰带”在功能、用途等方面存在紧密联系，构成类似商品。因此，被异议商标指定使用的商品与引证商标二、引证商标三核定使用的商品构成相同或类似商品。被异议商标的标志为无其他构成要素的纯图形商标，整体表现为经过一定艺术化处理的蜘蛛图形，引证商标二、引证商标三的标志同样为无其他构成要素的纯图形商标，整体亦表现为经过一定艺术化处理的蜘蛛图形。将被异议商标的蜘蛛图形与引证商标二、引证商标三的蜘蛛图形分别进行比较，在蜘蛛形态、整体构成等方面均构成近似。综上，被异议商标与引证商标二、引证商标三构成使用在相同或类似商品上的近似商标。其次，关于第1212760号商标能否成为被异议商标应予核准注册依据的问题。商标授权确权行政程序中，应当区分商誉的延续与商标的延续。市场主体在经营过程中积累的商誉，可以一定方式在不同的商誉载体上进行转移、延续，商誉的载体包括市场主体的字号、商标、产品的包装装潢等可以区分商品或服务来源的标识。但是，市场主体以转移、延续商誉为目的的市场经营行为，并不因其目的上的正当性而当然具有结果上的合法性，仍然应当符合法律相关规定。美国蜘蛛公司如基于经营策略等原因需要另行注册与原注册商标标识存在一定联系的新商标，根据2001年《商标法》第20条、第21条、第22条的相关规定，无论其以原注册商标为载体是否已积累了一定的商誉，也无论新商标与原注册商标指定使用的商品类别以及所使用的标识具有何种联系，都应当向商标行政主管部门提出注册申请，由商标行政主管部门依法进行审核。本案的被异议商标与第 1212760 号商标相比较，虽然指定使用的商品类别相同，但是商标标识并不相同，被异议商标能否注册，应当依法重新进行审查，不因其与第 1212760 号商标所具有的关联性而当然具有合法性。关于商标的延续，2001 年《商标法》第 38 条规定了注册商标的续展，除此之外，未规定其他形式的商标延续。因此，第 1212760 号商标不能成为被异议商标核准注册的依据。美国蜘蛛公司已自认其系对第 1212760 号商标进行的持续使用，故该公司关于被异议商标经过持续使用和宣传已经形成了稳定的市场格局的主张不能成立。

【案　　号】（2017）最高法行申 3297 号

【审理法院】最高人民法院

【来　　源】《最高人民法院公报》2018 年第 11 期（总第 265 期）

类案检索

爱尔迪有限两合公司与国家知识产权局其他商标行政纠纷案

关键词：商品名称　指定使用　补正说明　规范

裁判摘要：爱尔迪有限两合公司（以下简称爱尔迪公司）于 2017 年 9 月 11 日向原国家工商行政管理总局商标局（以下简称商标局）提出注册申请第 26326428 号“ALCAFE”商标（以下简称诉争商标），指定使用商品（第 30 类）为：人造咖啡、浓缩咖啡、冻干咖啡、速溶咖啡、加奶咖啡饮料、咖啡饮料、咖啡、咖啡（烘过的、粉末状的、颗粒状的或饮料用的）、除香精油外的食物用调味品、咖啡精（调味品）。商标局认为诉争商标申请注册在第 30 类的“咖啡（包括烤制咖啡、粉状咖啡、颗粒状咖啡以及液态咖啡）”“预定剂量的袋装咖啡”“咖啡精”“混合咖啡”商品表述不规范，建议修改。虽经补正，爱尔迪公司补正的商品名称“咖啡精（调味品）”仍不符合补正要求，商标局作出决定：不予受理诉争商标的注册申请。爱尔迪公司不服，向国家知识产权局申请行政复议。国家知识产权局于 2018 年 9 月 17 日作出国知复字第 2389 号行政复议决定书（以下简称被诉决定），认定爱尔迪公司在补正后的商品名称“咖啡精（调味品）”仍不规范，虽进行了说明，但表述不够明晰准确，该商品名称可能超出其申请类别，决定：维持商标局作出的不予受理通知。爱尔迪公司不服被诉决定，向北京知识产权法院提起行政诉讼。该院经审理认为，因爱尔迪公司申报的“咖啡精（调味品）”商品名称表述含混不清，无法确定其功能、用途、所用原料、性质和形态，爱尔迪公司补正后，虽然对补正后商品名称进行了解释说明，但“咖啡精（调味品）”有可能指向“咖啡味调味香精（香精油）”，类比“柠檬香精油”“食物用调味香精油”，该商品名称属于2017年《商品与服务区分表》的第三类0305香料，香精油群组，该群组商品已经超出爱尔迪公司的申请注册类别，爱尔迪公司在补正并加以说明后，其诉争商标注册的商品名称所属类别仍然模糊不清。北京知识产权法院判决：驳回爱尔迪公司的诉讼请求。爱尔迪公司不服一审判决，向北京市高级人民法院提起上诉，该院经审理判决：驳回上诉，维持原判。

【案　　号】（2020）京行终1492号

【审理法院】北京市高级人民法院

【来　　源】中国裁判文书网

第二十三条　注册商标需要在核定使用范围之外的商品上取得商标专用权的，应当另行提出注册申请。

关联规定

法律、行政法规、司法解释

《最高人民法院关于审理注册商标、企业名称与在先权利冲突的民事纠纷案件若干问题的规定》

第一条　原告以他人注册商标使用的文字、图形等侵犯其著作权、外观设计专利权、企业名称权等在先权利为由提起诉讼，符合民事诉讼法第一百一十九条规定的，人民法院应当受理。

原告以他人使用在核定商品上的注册商标与其在先的注册商标相同或者近似为由提起诉讼的，人民法院应当根据民事诉讼法第一百二十四条第（三）项的规定，告知原告向有关行政主管机关申请解决。但原告以他人超出核定商品的范围或者以改变显著特征、拆分、组合等方式使用的注册商标，与其注册商标相同或者近似为由提起诉讼的，人民法院应当受理。

条文释义

一、本条主旨

本条是关于注册商标需要在核定使用范围之外的商品上取得商标专用权应当另行提出注册申请的规定。

二、条文演变

本条规定是2013年《商标法》修改的内容。修改前，根据2001年《商标法》第21条的规定，注册商标在同一类的其他商品上注册使用，应当另行提出注册申请，也即“一商品一申请”，通过一次商标注册申请经商标局核准使用某一注册商标的商品范围只能是一种。修改后，根据本法第22条第2款的规定，商标注册申请人可以通过一份申请就多个类别的商品申请注册同一商标。通过一次商标注册申请核准使用某一注册商标的商品范围可能有多种。因此，在某一商品上能否取得商标专用权，关键要靠商标局的核准范围，核准范围之内不需要另行提出注册申请，反之则需要。2019年《商标法》予以沿用。

三、条文解读

同一注册商标既可以用于某一商品类别中的不同商品，也可以用于不同类别中的不同商品。但是无论何种情况，注册商标只能用于核定的使用范围之内。超出核定的使用范围的，应当另行提出注册申请。这里规定的“核定使用范围”是指商标局核准的商标注册文件中列明的商品类别和商品范围。比如，商品分类表的第14类为贵重金属及其合金以及不属别类的贵重金属制品或镀有贵重金属的物品，珠宝，首饰，宝石，钟表和计时仪器。如果申请人同时提出使用于上述三种商品的，则应当同时申请注册；其中有一种商品已经先注册使用（属于已经核定的使用范围）的，然后又要使用于其他两种商品上的，应当就其他两种商品另行提出注册申请。又如，申请人已经在第32类的啤酒和第33类的白酒上注册了某一商标，申请人希望同时将该注册商标用于第32类的饮料上的，应当另行提出注册申请。

类案检索

中山市乐有家房地产经纪有限公司、深圳市乐有家房产交易有限公司与褚军侵害商标权纠纷案

关键词：合法正当使用　核定使用范围

裁判摘要：深圳家家顺公司虽然注册了第13551159号、第13551190号、第7189220号商标，但根据《商标法》第23条的规定，注册商标需要在核定

使用范围之外的商品上取得商标专用权的，应当另行提出注册申请。超出核定使用范围的使用，不是合法、正当使用。第13551159号、第13551190号注册商标核定使用服务不包括不动产中介服务，用于二手房销售中，不属于合法、正当使用。

【案　　号】（2018）粤20民终3185号

【审理法院】广东省中山市中级人民法院

【来　　源】中国裁判文书网

第二十四条　注册商标需要改变其标志的，应当重新提出注册申请。

条文释义

一、本条主旨

本条是关于改变标志需重新提出注册申请的规定。

二、条文演变

1982年《商标法》第14条规定，注册商标需要改变文字、图形的，应当重新提出注册申请。1993年《商标法》对此没有修改。2001年《商标法》第22条规定，注册商标需要改变其标志的，应当重新提出注册申请。2013年《商标法》对此没有修改，仅将条文顺序修改为第24条。2019年《商标法》予以沿用。

三、条文解读

根据本法第56条规定，注册商标的专用权，以核准注册的商标和核定使用的商品为限。通常情况下，注册商标的标志改变后，其已经成为另一商标，不再具有注册商标的地位。如果当事人欲针对改变后的标志取得注册商标专用权，需要重新提出注册申请。

适用指引

根据本条规定，一般情况下，注册商标的标志改变后，其不再是注册商标。但如果权利人在使用注册商标的过程中，没有改变标志的显著特征，改变后的标志与原标志并无实质上的区别，相关公众还是将其识别为同一商标的，仍将改变后的标志视为该注册商标。权利人使用改变后的标志的，仍视为是对该注册商标的使用。

第二十五条　商标注册申请人自其商标在外国第一次提出商标注册申请之日起六个月内，又在中国就相同商品以同一商标提出商标注册申请的，依照该外国同中国签订的协议或者共同参加的国际条约，或者按照相互承认优先权的原则，可以享有优先权。

依照前款要求优先权的，应当在提出商标注册申请的时候提出书面声明，并且在三个月内提交第一次提出的商标注册申请文件的副本；未提出书面声明或者逾期未提交商标注册申请文件副本的，视为未要求优先权。

关联规定

法律、行政法规、司法解释

《最高人民法院关于审理商标案件有关管辖和法律适用范围问题的解释》

第五条　除本解释另行规定外，对商标法修改决定施行前发生，属于修改后商标法第四条、第五条、第八条、第九条第一款、第十条第一款第（二）、（三）、（四）项、第十条第二款、第十一条、第十二条、第十三条、第十五条、第十六条、第二十四条、第二十五条、第三十一条所列举的情形，国家知识产权局于商标法修改决定施行后作出复审决定或者裁定，当事人不服向人民法院起诉的行政案件，适用修改后商标法的相应规定进行审查；属于其他情形的，适用修改前商标法的相应规定进行审查。

条文释义

一、本条主旨

本条是关于商标注册申请优先权的规定。

二、条文演变

本条与2001年《商标法》第24条内容一致。2013年《商标法》未对内容进行修改，仅将序号调整为第25条，2019年《商标法》予以沿用。

三、条文解读

（一）关于商标注册申请优先权

商标注册申请的优先权原则是《巴黎公约》的一项重要原则。具体内容是：凡在一个缔约国申请注册的商标，可以享受自初次申请之日起为期6个月的优先权，即在这6个月的优先权期限内，如申请人再向其他成员国提出同样的申请，可将其初次申请的日期作为其后来申请的日期。我国已经加入了《巴黎公约》，对于公约中规定的商标注册申请优先权条款，有义务在国内法上作出规定并执行。我国是采取申请在先原则的国家，申请日期的先后对于取得商标专用权具有决定性的意义。对在外国提出注册申请的商标赋予在我国国内商标申请的优先权，有利于保护首次申请人，使其在向我国提出同样的注册申请时，不致由于两次申请日期的差异而被他人"钻空子"抢先申请注册。

（二）主张优先权的条件

根据本条规定，在我国商标注册申请中的优先权制度的主要内容有：第一，优先权的期限是6个月，即商标注册申请人自其商标在外国第一次提出商标注册申请之日起6个月内可以享有优先权，没有在6个月内主张，则不可再主张。第二，所主张的商标须是同一商标且就相同商品提出注册申请。如果在中国提出注册申请的商标与其在外国提出申请注册的商标不相同，即使申请注册在相同商品上，该商标注册申请人在该商标注册申请上不享有优先权；如果在中国提出注册申请的商标与其在外国提出申请注册的商标是同一商标，但申请注册的商品不相同，则商标注册申请人在该商标注册申请上也不享有优先权。第三，可以享有优先权的商标注册申请人，其第一次提出商标注册申请的所在国，应当与我国签订涉及优先权的协议，或者也参加了我国参加的规定了优先权的国际条约，或者与我国相互承认优先权。

商标注册申请优先权，不是自动产生的，需要商标注册申请人主张。要求优先权：第一，在形式上，应以书面声明方式提出；第二，在时间上，应在提出商标注册申请的时候提出；第三，在证明文件上，需要提交第一次提出的商标注册申请文件的副本，且须在提出书面声明3个月内提交。如果没有提出要求优先权的书面声明，或者虽然提出了书面声明但没有在提出书面声明3个月内提交第一次提出的商标注册申请文件副本的，则视为没有要求优先权，即不能将在外国第一次提出商标注册申请的日期视为在我国提出注册申请的日期，只能以实际在我国提交注册申请的日期作为其在我国提出注册申请的日期。[①]

适用指引

一、对商标注册申请优先权的保护是一些国际条约的要求

规范商标注册的国际公约主要包括《巴黎公约》和《商标国际注册马德里协定》。

我国作为《巴黎公约》和《商标国际注册马德里协定》的成员国，对于公约和协定中所规定的优先权的条款，是有义务执行的。同时，我国发展社会主义市场经济，扩大对外经济贸易，扩大国际交流，在法律上和实际生活中，增加关于优先权的规定也是有积极意义的。

二、规定商标注册申请优先权有利于保护申请人的利益

本法规定的商标注册申请优先权，是符合国际通行规则的，它的实质内容就是，以某一个商标注册申请人在一成员国为一项商标提出的正式申请为基础，在一定期间内同一申请人可以在其他各成员国申请对该商标的保护，这些在后的申请被认为是与第一次申请同一天提出的。这项关于优先权的规定，对于意欲在多个国家得到保护的申请人，是会有许多实际利益的。它可以使申请人不必再同时向国内外都提出申请，还可以利用这6个月的时间来筹划在有关的国家中得到保护。当然，应当在提出商标注册申请的时候，提出要求优先

① 参见郎胜主编：《中华人民共和国商标法释义》，法律出版社2014年版，第57~59页。

权的书面声明，3 个月内提交第一次提出的商标注册申请文件的副本，以保障优先权的行使。需要了解的是在《巴黎公约》中所规定的优先权适用于商品商标，并不适用于服务商标，但是成员国可以自由决定是否给予服务商标优先权。

第二十六条　商标在中国政府主办的或者承认的国际展览会展出的商品上首次使用的，自该商品展出之日起六个月内，该商标的注册申请人可以享有优先权。

依照前款要求优先权的，应当在提出商标注册申请的时候提出书面声明，并且在三个月内提交展出其商品的展览会名称、在展出商品上使用该商标的证据、展出日期等证明文件；未提出书面声明或者逾期未提交证明文件的，视为未要求优先权。

条文释义

一、本条主旨

本条是关于对商标在国际展览会中临时保护的规定。

二、条文演变

本条规定是2013年《商标法》第26条的规定，2019年《商标法》予以沿用。

三、条文解读

在某些特定的国际展览会中，所展出的商品上首次使用的商标，如果没有法律保护，人们将不愿意将新的商品送交国际展览会上展出，不利于促进国际经济交流，因此，对于特定国际展览会上首次使用的商标给予临时保护是必要的。《巴黎公约》对此作了规定，本条规定与上述公约的规定是一致的。①

① 参见郎胜主编：《中华人民共和国商标法释义》，法律出版社2013年版，第59页。

适用指引

根据本条规定，商标的注册申请人享有优先权应满足以下条件：首先，关于展览会，应是在中国政府主办的或者承认的国际展览会；其次，关于商标，应是首次使用在商品上；最后，关于保护期限，商标的注册申请人可以享有优先权的期限是商品展出之日起6个月内。

商标注册申请人主张优先权时应以书面声明方式提出，同时应在提出商标注册申请的时候提出。在提出书面声明3个月内还应提交以下材料：展出其商品的展览会名称、在展出商品上使用该商标的证据、展出日期等证明文件。如果没有提出要求优先权的书面声明，或者虽然提出了书面声明但没有在提出书面声明3个月内提交前述证明文件，则视为未要求优先权。

第二十七条　为申请商标注册所申报的事项和所提供的材料应当真实、准确、完整。

关联规定

一、法律、行政法规、司法解释

1.《中华人民共和国商标法》

第三十条　申请注册的商标，凡不符合本法有关规定或者同他人在同一种商品或者类似商品上已经注册的或者初步审定的商标相同或者近似的，由商标局驳回申请，不予公告。

第四十四条第一款　已经注册的商标，违反本法第四条、第十条、第十一条、第十二条、第十九条第四款规定的，或者是以欺骗手段或者其他不正当手段取得注册的，由商标局宣告该注册商标无效；其他单位或者个人可以请求商标评审委员会宣告该注册商标无效。

2.《中华人民共和国商标法实施条例》

第十三条　申请商标注册，应当按照公布的商品和服务分类表填报。每一件商标注册申请应当向商标局提交《商标注册申请书》1 份、商标图样 1 份；以颜色组合或者着色图样申请商标注册的，应当提交着色图样，并提交黑白稿 1 份；不指定颜色的，应当提交黑白图样。

商标图样应当清晰，便于粘贴，用光洁耐用的纸张印制或者用照片代替，长和宽应当不大于 10 厘米，不小于 5 厘米。

以三维标志申请商标注册的，应当在申请书中予以声明，说明商标的使用方式，并提交能够确定三维形状的图样，提交的商标图样应当至少包含三面视图。

以颜色组合申请商标注册的，应当在申请书中予以声明，说明商标的使用方式。

以声音标志申请商标注册的，应当在申请书中予以声明，提交符合要求的声音样本，对申请注册的声音商标进行描述，说明商标的使用方式。对声音商标进行描述，应当以五线谱或者简谱对申请用作商标的声音加以描述并附加文字说明；无法以五线谱或者简谱描述的，应当以文字加以描述；商标描述与声音样本应当一致。

申请注册集体商标、证明商标的，应当在申请书中予以声明，并提交主体资格证明文件和使用管理规则。

商标为外文或者包含外文的，应当说明含义。

第十四条 申请商标注册的，申请人应当提交其身份证明文件。商标注册申请人的名义与所提交的证明文件应当一致。

前款关于申请人提交其身份证明文件的规定适用于向商标局提出的办理变更、转让、续展、异议、撤销等其他商标事宜。

第十五条 商品或者服务项目名称应当按照商品和服务分类表中的类别号、名称填写；商品或者服务项目名称未列入商品和服务分类表的，应当附送对该商品或者服务的说明。

商标注册申请等有关文件以纸质方式提出的，应当打字或者印刷。

本条第二款规定适用于办理其他商标事宜。

二、部门规章及规范性文件

《商标审查审理指南》

第一部分 第一章

4. 申请文件审查

对商标申请文件的审查主要包括以下内容：申请书式是否正确；申请书填写是否符合规定；申请所附身份证明文件复印件、主体资格证明文件复印件是否清晰；申请人的名称、地址、盖章或签字及所附身份证明文件、主体资格证明文件是否一致。委托代理机构提交的，代理委托书是否符合要求。

条文释义

一、本条主旨

本条是关于申请商标注册所必须遵循的行为规则的规定。[①]

二、条文演变

2001年《商标法》第26条首次规定本条内容，2013年、2019年《商标法》均保留了本条内容，仅对条文序号进行了修改。

三、条文解读

申请商标注册应以一定的事实为基础，要求商标专用权依法得到确认，因此需要按照规定申报有关事项、提供有关资料。所申报的事项和所提供的材料，应当真实、准确、完整，否则将影响商标审查工作，也影响对商标专用权的确认。因此，本条首先要求所申报的事项和所提供的材料应当是真实的，不能有弄虚作假的行为，更不允许捏造事实和欺诈。其次是商标注册申请所申报的事项和所提供的资料应当是准确、可靠的，应当是确定的，而不能是模糊不清的。因为它会涉及具体的权利义务和法律关系，只有准确地填报和提交资料，才有利于正确地确定与之相关的权利。最后是要求商标注册申请所申报的事项和所提供的材料应当是完整的，不能是残缺不全的。上述三项要求，都对正确地确定权利和保护权利有直接的影响。同时，这三项要求相互之间也是有机联系的，例如，提交的商标申请文件不准确、不完整，就会直接影响其真实性，所以上述三项要求是一个全面的要求。[②]

适用指引

申请商标所需要提供的材料根据《商标法实施条例》第13条、第14条、第15条的规定及《商标审查审理指南》予以确定。商标申请过程中，商标注

① 参见郎胜主编：《中华人民共和国商标法释义》，法律出版社2013年版。
② 参见郎胜主编：《中华人民共和国商标法释义》，法律出版社2013年版。

册部门发现申请人及其商标代理机构提交虚假材料，商标申请尚未受理的，不予受理该申请；商标申请已受理的，在审查环节予以驳回。商标申请人违反本条规定，采取弄虚作假的手段，使得商标行政机关陷入错误认识取得注册的，构成本法第44条第1款规定的情形。

典型案例

祁门红茶协会与国家工商行政管理总局商标评审委员会、安徽国润茶叶有限公司商标权无效宣告请求行政纠纷申请再审案

关键词： 地理标志集体商标　其他不正当手段　诚实信用

裁判摘要： 祁门红茶协会对于诉争商标标示的地区范围和行业主管部门的意见有明确的知悉，在此情况下，祁门红茶协会既未撤回先前提交的失效的安徽省农业委员会先前关于诉争商标产区范围的说明，亦未主动向商标注册机关如实披露上述争议协调处理的情况和安徽省农业委员会作为主管部门关于证明商标标示“大产区”的最终说明，违反了地理标志商标申请人应负有的义务，被诉裁定和二审判决认定其构成2001年《商标法》第41条第1款规定的“不正当手段”行为，诉争商标应予以无效，是正确的。

基本案情： 祁门红茶协会申请注册“祁门红茶”证明商标，安徽国润茶叶有限公司（以下简称国润公司）以该商标划定的区域范围与祁门红茶产区不符，排除了相同自然因素和人文因素，从起源持续至今的东至、石台等产区，提出异议申请。在安徽省政府和两地工商局协调下，祁门红茶协会承诺修改划定范围，国润公司基于祁门红茶协会的承诺撤回异议申请。祁门红茶协会未根据承诺提交变更地域范围的申请。诉争商标注册后，国润公司提出无效宣告。商标评审委员会认为祁门红茶协会属于以欺骗手段取得注册，宣告无效。一审法院认为并无证据显示祁门红茶协会在申请诉争商标时实施了伪造申请材料等欺骗行为及欺瞒商标行政机关的故意。二审判决认可商标评审委员会的认定。最高法院驳回祁门红茶协会的再审申请。

最高人民法院认为，诉争商标“祁门红茶”系以地理标志申请证明商标，该类商标所标识的商品往往具有特定的质量、信誉或者其他特征，这种质量、信誉或者其他特征通常是由地理标志所标示的地区的自然因素或者人文因素所

决定的，因此，地区范围的标示对于地理标志证明商标有着重要的意义。

按照国家工商行政管理总局公布的《集体商标、证明商标注册和管理办法》的相关规定，申请以地理标志作为证明商标注册的，应当附送管辖该地理标志所标示地区的人民政府或者行业主管部门的批准文件，在申请书中说明该地理标志所标示的地区的范围。这些规定是针对地理标志证明商标的特殊性所作的法律制度上的要求，申请证明商标注册的机构应当予以遵守。

安徽省行业主管部门安徽省农业委员会针对祁门红茶的生产地域范围所引起的相关主体的争议多次主持协调处理，最后对地域范围明确以“大产区”范围为准，并在本案诉讼期间再次提交了与“大产区”内容一致的说明。祁门红茶协会和国润公司在商标注册争议期间均参加了由安徽省工商行政管理局主持的协调会，会后形成的会议纪要载明诉争商标应以“大产区”范围进行标识。据此，足以认定祁门红茶协会对诉争商标标示的地区范围和行业主管部门的意见有了明确的知悉，在此情况下，祁门红茶协会既未撤回先前提交的失效的安徽省农业委员会先前关于诉争商标产区范围的说明，亦未主动向商标注册机关如实披露上述争议协调处理的情况和安徽省农业委员会作为主管部门关于证明商标标示“大产区”的最终说明，违反了地理标志商标申请人应负有的义务，被诉裁定和二审判决认定其构成2001年《商标法》第41条第1款规定的“不正当手段”行为，诉争商标应予以无效，是正确的。

【案　　号】（2018）最高法行申4767号

【审理法院】最高人民法院

【来　　源】2017年中国知识产权司法保护10大案件和50件典型案件

第二十八条 对申请注册的商标，商标局应当自收到商标注册申请文件之日起九个月内审查完毕，符合本法有关规定的，予以初步审定公告。

关联规定

法律、行政法规、司法解释

《中华人民共和国商标法实施条例》

第二十一条 商标局对受理的商标注册申请，依照商标法及本条例的有关规定进行审查，对符合规定或者在部分指定商品上使用商标的注册申请符合规定的，予以初步审定，并予以公告；对不符合规定或者在部分指定商品上使用商标的注册申请不符合规定的，予以驳回或者驳回在部分指定商品上使用商标的注册申请，书面通知申请人并说明理由。

第二十二条 商标局对一件商标注册申请在部分指定商品上予以驳回的，申请人可以将该申请中初步审定的部分申请分割成另一件申请，分割后的申请保留原申请的申请日期。

需要分割的，申请人应当自收到商标局《商标注册申请部分驳回通知书》之日起 15 日内，向商标局提出分割申请。

商标局收到分割申请后，应当将原申请分割为两件，对分割出来的初步审定申请生成新的申请号，并予以公告。

第二十八条 商标法第三十五条第三款和第三十六条第一款所称不予注册决定，包括在部分指定商品上不予注册决定。

被异议商标在商标局作出准予注册决定或者不予注册决定前已经刊发注册公告的，撤销该注册公告。经审查异议不成立而准予注册的，在准予注册决定生效后重新公告。

条文释义

一、本条主旨

本条是关于对申请商标注册审查时限和予以初步审定公告的规定。

二、条文演变

自1982年8月23日第五届全国人民代表大会常务委员会第二十四次会议通过《商标法》后，1993年、2001年《商标法》均未对本条实质内容作改动。2013年《商标法》在2001年《商标法》第27条的基础上首次作了修改，对商标注册申请的初步审定期限进行了明确，法条序号为第28条。2019年《商标法》予以沿用。

三、条文解读

（一）对申请注册商标的初步审定

对申请注册商标的初步审定，是商标注册审查中的一个重要环节。它是指对商标注册申请手续、申请文件、商标的基本标准、商标的注册条件等事项进行审查、检索、分析对比，如果经过上述的审查过程，认定申请注册的商标符合商标法的规定，并决定是否作出初步审定的决定。对所有的商标注册申请都要进行商标注册的初步审定，这是必经的程序。只有经过初步审定才能决定是否给予注册，能否取得商标专用权。进行商标注册审查中的初步审定的法定部门是商标局，这是因为在本法总则中已明确规定，商标局主管全国商标注册和管理的工作，所以只有商标局具有商标注册申请的审查权，而其他任何部门都不具有这种审查权，不能行使对申请注册商标初步审定的权利。

一些地方、部门、企业提出，目前法律、行政法规、部门规章均未对商标注册的审查时限作出规定，实践中审查时间较长，致使一些企业的商标权益长期处于不确定状态，建议明确审查时限。为此，本条规定对申请注册的商标的初步审定期限作了明确规定。9个月的期限自收到商标注册申请文件之日开始计算。

（二）对经初步审定的商标予以公告

经商标局初步审定，对申请注册的商标作出初步核准决定的，即予以公告。这种公告，就是在商标局编辑出版的《商标公告》上进行公布。为加强与公众的交流，方便社会各界查阅《商标公告》，进一步提高商标确权的透明度和准确性，自2003年12月26日起，商标局在继续出版纸质《商标公告》的同时，开始在“中国商标网”上发布《商标公告》。“中国商标网”滚动发布最新出版的12期《商标公告》，包括3个月异议期内的全部初步审定的商标以及商标注册、续展、变更、转让、撤销、注销、异议、评审、商标使用许可合同备案、送达等公告信息。公众可以随时上网查阅，及时了解和监督商标注册情况。从获得商标注册的过程来看，商标注册的初步审定公告是重要的一个环节，但是从法律上说，还不能将这种公告视为已经核准注册，在这个阶段仍然还未取得商标专用权。经初步审定予以公告，就是将商标注册的有关事实公之于众，使公众能够通过《商标公告》这个官方刊物准确地、完整地了解他人的商标注册情况，使商标注册活动公正、公平、合理地进行。初步审定的申请注册的商标，予以公告时公告的内容有：初步审定号、申请日期、商标、使用的商品或者类别、申请人名义、申请人地址、商标代理人名称。

第二十九条 在审查过程中，商标局认为商标注册申请内容需要说明或者修正的，可以要求申请人做出说明或者修正。申请人未做出说明或者修正的，不影响商标局做出审查决定。

关联规定

法律、行政法规、司法解释

《中华人民共和国商标法实施条例》

第二十三条 依照商标法第二十九条规定，商标局认为对商标注册申请内容需要说明或者修正的，申请人应当自收到商标局通知之日起15日内作出说明或者修正。

条文释义

一、本条主旨

本条是关于商标局可以要求申请人作出说明或者修正的规定。

二、条文演变

本条为2013年《商标法》第29条，2019年《商标法》予以沿用。

三、条文解读

根据本法，商标申请人提出注册申请时，应当按规定的商品分类表填报适用商标的商品类别和商品名称；为申请商标注册所申报的事项和所提供的材料应当真实、准确、完整。但实践中，商标申请人可能由于专业知识、经验不足或者由于一些文字错误使得商标注册申请的内容不准确、不清楚。在这种情况下，商标局如果"一刀切"地驳回商标注册申请，将造成行政资源和社会资源的浪费。

采用要求当事人作出说明或者修正的方式，对驳回申请的情况进行区分，避免了"一刀切"式的资源浪费。具体区分如下：一是通过说明或者修正能够予以初步审定公告的商标，二是即使说明或者修正了仍然不能予以初步审定公告的商标。要求申请人作出说明或者修正，对于通过说明或者修正能够予以初步审定公告的商标，可以免去商标局驳回申请、当事人重新申请的过程。因此，这一做法将极大地方便当事人，商标局也能相应提高商标审查效率。需要注意的是，考虑到商标申请日期的确定，这里所指的对商标注册申请内容的说明或者修正，不能超出原有的申请范围，即对商标标志的修正不能是实质性的变更，对申请注册商标适用的商品范围也不能扩大。

第三十条　申请注册的商标，凡不符合本法有关规定或者同他人在同一种商品或者类似商品上已经注册的或者初步审定的商标相同或者近似的，由商标局驳回申请，不予公告。

关联规定

一、法律、行政法规、司法解释

《最高人民法院关于审理商标授权确权行政案件若干问题的规定》

第十二条　当事人依据商标法第十三条第二款主张诉争商标构成对其未注册的驰名商标的复制、摹仿或者翻译而不应予以注册或者应予无效的，人民法院应当综合考量如下因素以及因素之间的相互影响，认定是否容易导致混淆：

（一）商标标志的近似程度；

（二）商品的类似程度；

（三）请求保护商标的显著性和知名程度；

（四）相关公众的注意程度；

（五）其他相关因素。

商标申请人的主观意图以及实际混淆的证据可以作为判断混淆可能性的参考因素。

第十四条　当事人主张诉争商标构成对其已注册的驰名商标的复制、摹仿或者翻译而不应予以注册或者应予无效，商标评审委员会依据商标法第三十条规定裁决支持其主张的，如果诉争商标注册未满五年，人民法院在当事人陈述意见之后，可以按照商标法第三十条规定进行审理；如果诉争商标注册已满五年，应当适用商标法第十三条第三款进行审理。

二、司法指导性文件

《最高人民法院关于审理商标授权确权行政案件若干问题的意见》

15、人民法院审查判断相关商品或者服务是否类似，应当考虑商品的功能、用途、生产部门、销售渠道、消费群体等是否相同或者具有较大的关联性；服务的目的、内容、方式、对象等是否相同或者具有较大的关联性；商品和服务之间是否具有较大的关联性，是否容易使相关公众认为商品或者服务是同一主体提供的，或者其提供者之间存在特定联系。《商标注册用商品和服务国际分类表》、《类似商品和服务区分表》可以作为判断类似商品或者服务的参考。

条文释义

一、本条主旨

本条是关于驳回商标注册申请的规定。

二、条文演变

本条未作实质性修改。

三、条文解读

本条分为前后两部分，规定了两种应当驳回商标注册申请的情形，商标注册申请属于该两种情形的，由商标局驳回申请，不予公告。

（一）不符合《商标法》有关规定

本条系驳回商标注册申请方式的一般援引条款，凡不符合如本法第 8 条关于商标构成要素、第 9 条前半段及第 11 条关于注册商标显著性、第 10 条关于商标禁用条款、第 12 条关于三维标志显著性等绝对理由条款规定情形，或符合第 9 条关于他人在先合法权利、第 13 条关于驰名商标保护、第 15 条关于恶意注册他人商标、第 16 条关于地理标志、第 32 条关于恶意抢注及他人在先权利等相对理由条款规定情形，援引本条由商标局驳回商标注册申请，不予公告。

（二）同他人在同一种商品或者类似商品上已经注册的或者初步审定的商标相同或者近似

本条对他人在先商标权作出规定，属于禁止注册相对理由。

1. 定义

同一种商品是指名称相同的商品，或者名称不同但在功能、用途、主要原料、生产部门、销售渠道、消费对象等方面相同或者基本相同，相关公众一般认为是同一事物的商品。

同一种服务是指名称相同的服务，或者名称不同但是在服务的目的、内容、方式、对象、场所等方面相同或者基本相同，相关公众一般认为是同一方式的服务。

对于同一种或类似商品或服务的认定，参考《商标注册用商品和服务国际分类》《类似商品和服务区分表》并基于相关公众一般认知力，综合考虑各项因素予以认定。

类似商品是指在功能、用途、主要原料、生产部门、销售渠道、消费对象等方面基本相同或者有密切联系的商品。

类似服务是指在服务的目的、内容、方式、对象、场所等方面基本相同或者有密切联系的服务。①

2. 判定方法

判定是否落入本条规定的情形，通常采用三要素分析法：一是认定指定使用的商品或者服务是否属于同一种或者类似商品（服务）；二是从商标的形、音、义和整体表现形式等方面，以相关公众的一般注意力和认知力为标准，采取隔离观察、整体比对和要部比对的方法，判断是否相同或近似；三是考虑商标本身显著性、在先商标知名度等因素判定是否容易使相关公众对商品或服务来源产生混淆。

---

① 国家知识产权局：《商标审查审理指南（2021）》，知识产权出版社 2022 年版，第 239 页。

适用指引

一、关于判定标准

（一）关于是否为同一种或类似商品及服务

早期商标实践中常采用类似商品和服务区分表规则，如在后商标与在先商标不属于类似商品和服务区分表中的类似群，则可获准注册。当前的判断标准为参考《商标注册用商品和服务国际分类》《类似商品和服务区分表》，即使在后商标与在先商标不属于《类似商品和服务区分表》中的类似群，亦要根据相关公众一般认知力，综合考虑各项因素综合认定，不宜机械适用《商标注册用商品和服务国际分类》《类似商品和服务区分表》。在具体判定时，可参照《商标授权确权意见》第 15 条的规定。

（二）关于商标相同近似认定

商标法维护市场竞争秩序的功能，要求注册时尽可能避免混淆及混淆之虞，故在判定商标相同近似时，除考量商标近似程度外，还应根据在先商标显著性、知名度和相关公众注意程度、商标申请人的主观意图以及所处地位、商标使用方式、是否同行业等各方面要素，综合判定在后商标注册是否容易造成相关公众混淆。

二、关于共存协议

商标是否能够共存于市场，是当前商标法实践中常遇到的问题。本法第 59 条明确规定了能够共存的情形与方式，否则将落入本条规定，不得注册。实践中在后商标注册人常采用共存协议等方式，避免在先商标形成障碍。商标权虽属于私权利，权利处分尊重当事人意思自治，但同时商标制度也具有公共管理属性，还需保障消费者的合法利益和公平的市场竞争秩序，故对于共存协议的认定，不能仅从民事权利意思自治角度出发，还要考量对于市场秩序和他人利益是否有所损害。若商标高度近似，相关公众无法区分商品来源，商标共存不能避免相关公众对商品的来源产生混淆的可能性，则此类商标共存协议的效力应予以否定。

典型案例

一、爱尔迪有限两合公司与国家知识产权局商标申请驳回复审行政纠纷案

关键词：商标　驳回复审程序　高度近似　商标共存协议

裁判摘要：最高人民法院审查认为，我国商标法律制度不仅保障生产、经营者的利益，同时还保障消费者的利益和公平的市场竞争秩序。商标权具有私权属性，但商标权人在行使其商标权利时，不得损害国家利益、社会公共利益或他人的合法权利。对于指定使用在类似商品上的两个高度近似的商标，相关公众无法区分两个商标标识的商品来源，不能排除相关公众混淆两种商品来源的可能性，若允许两个商标共存，可能损害商标的标识功能和消费者的利益，甚至可能损害社会公共利益。本案中，诉争商标与引证商标一的标识高度近似，且二者指定或核定使用于类似商品上，综合考虑商标标识的近似程度及商品的类似程度，相关公众混淆的可能性较大，故仅有雷弗伦消费产品公司出具的《商标同意书》，不能当然地排除可能的市场混淆。虽然雷弗伦消费产品公司在爱尔迪公司作出相关承诺的情况下同意诉争商标的注册，即爱尔迪公司承诺其在实际使用诉争商标的过程中不能使用与雷弗伦消费产品公司实际使用的引证商标一相同或高度相似的字体，因诉争商标与引证商标一已构成高度近似，相关公众无法区分诉争商标与引证商标一标识的商品来源，两商标共存不能避免相关公众对商品的来源产生混淆的可能性，故应对此类商标共存协议的效力予以否定。

基本案情：在再审申请人爱尔迪有限两合公司（以下简称爱尔迪公司）与被申请人国家知识产权局商标申请驳回复审行政纠纷案中，爱尔迪公司于2017年9月25日申请注册第26585561号“ALMAT”商标（以下简称诉争商标），指定使用在洗衣剂、洗洁精等商品上。雷弗伦消费产品公司于2002年3月18日申请注册第3117097号“ALMAY”商标（以下简称引证商标一），核定使用在护肤膏、清洁制剂等商品上。原国家工商行政管理总局商标评审委员会（以下简称商标评审委员会）作出商评字〔2018〕第252102号《关于第26585561号“ALMAT”商标驳回复审决定书》（以下简称被诉决定），驳回诉

争商标的注册申请。爱尔迪公司不服，提起行政诉讼。北京知识产权法院以诉争商标与引证商标一构成使用在相同或类似商品上的近似商标为由，驳回爱尔迪公司的诉讼请求。爱尔迪公司不服，提起上诉。北京市高级人民法院二审判决驳回上诉、维持一审判决。爱尔迪公司不服，向最高人民法院申请再审，并提交了引证商标一的权利人出具的《商标同意书》及爱尔迪公司出具的《承诺书》。最高人民法院于2020年9月29日裁定驳回爱尔迪公司的再审申请。

【案　　号】（2020）最高法行申8163号

【审理法院】最高人民法院

【来　　源】中国裁判文书网

二、“稻香村”商标异议复审行政纠纷案

关键词：商标　驳回复审程序　高度近似　商标共存协议

裁判摘要：当其中一方主体以对在先字号及在先注册商标具有历史延续关系为由，提出新的商标注册申请时，对该商标是否应予核准注册的审查，除应当依据商标法的规定外，亦应尊重历史和现状，以及业已形成的市场秩序，全面、审慎、客观地考量各种因素，以尽可能地划清商业标识之间的界限为指针，公平合理地作出裁判。

被异议商标与引证商标一构成使用在相同或者类似商品上的近似商标。通常情况下，依据《商标法》第28条的规定，被异议商标不应核准注册。但对因历史原因形成不同市场主体各自拥有相同字号或相同类似商品上的相同、近似商标，当其中一方主体以对在先字号及在先注册商标具有历史延续关系为由，提出新的商标注册申请时，对该商标是否应予核准注册的审查，除应当依据商标法的规定外，亦应尊重历史和现状，以及业已形成的市场秩序，全面、审慎、客观地考量各种因素，以尽可能地划清商业标识之间的界限为指针，公平合理地作出裁判。“稻香村”字号已经由苏州稻香村公司、北京稻香村公司及其关联企业分别使用多年，且两公司均享有第30类商品上的在先商标权利。在此情形下，被异议商标的申请注册是否具有合理性，还应当考量两公司的发展历史、在先注册商标和引证商标一的实际使用状况、知名度，以及被异议商标与在先注册商标和引证商标一本身的近似程度等因素。综合上述因素，对被异议商标不予核准注册的结论并无不妥。特别是考虑到如果核准被异议商标的注册，一方面，会破坏业已稳定的市场共存格局，导致“稻香村”标识之间的

混淆或误认，从而损害消费者的利益；另一方面，也不利于苏州稻香村公司和北京稻香村公司划清彼此商业标识之间的界限，不利于各自企业的发展壮大以及稻香村品牌知名度的进一步提升。

基本案情：苏州稻香村食品厂成立于1980年12月，曾获得“中华老字号”称号。2004年3月，苏州稻香村食品厂、河北保定稻香村新亚食品有限公司、北京新亚趣香食品有限公司共同设立苏州稻香村公司。保定市稻香村食品厂先后于1982年4月2日、1988年5月24日申请了分别核定于第30类的“饼干”和“果子面包、糕点”上的“稻香村DXC”商标。上述商标曾被评为1995年河北省著名商标。2004年11月14日，两商标经核准转让给苏州稻香村公司。2006年7月18日，苏州稻香村公司提出第5485873号“稻香村”商标（即被异议商标）的注册申请，指定使用商品为第30类的糖果、饼干、面包、糕点、年糕、米果、冰淇淋、谷类制品、面粉制品、含淀粉食品。国家工商行政管理总局商标局（以下简称商标局）对被异议商标予以初步审定公告。北京稻香村公司的前身为北京东城区稻香村南味食品店，成立于1983年，后于1984年变更为北京市稻香村南味食品店，自成立之初即从事糕点、面包的生产、经营；1994年组建为北京稻香村食品集团，2005年10月改制后成立北京稻香村公司。1996年1月5日，北京稻香村食品集团提出第1011610号“稻香村”商标（以下简称引证商标一）的注册申请，并于1997年5月21日获准注册，核定使用商品为第30类的馅饼、烘馅饼（意大利式）、饺子、小包子、春卷、炒饭、粥、年糕、粽子、元宵、煎饼、八宝饭、豆沙、醪糟、火烧、大饼、馒头、花卷、豆包、盒饭。2006年7月31日，引证商标一的注册人名义变更为北京稻香村公司。北京稻香村公司使用于糕点、饼干等商品上的“稻香村”商标先后荣获第三届北京市著名商标、2001年度北京市著名商标称号。北京稻香村公司使用于饺子、年糕、粽子、元宵等商品上的“稻香村”商标荣获2004年度北京市著名商标。2009年7月2日，北京稻香村公司在法定期限内，对被异议商标提出异议申请。商标局裁定异议理由不成立，被异议商标予以核准注册。北京稻香村公司不服，向商标评审委员会申请复审。2013年4月2日，商标评审委员会作出商评字（2013）第9277号《关于第5485873号“稻香村”商标异议复审裁定书》（以下简称第9277号裁定），对被异议商标不予核准注册。苏州稻香村公司不服第9277号裁定，提起行政诉讼。北京市第一中级人民法院、北京市高级人民法院一审、二审均判决维持第

9277号裁定。苏州稻香村公司仍不服，向最高人民法院申请再审。最高人民法院于2014年12月19日裁定驳回苏州稻香村公司的再审申请。

【案　　号】（2014）知行字第85号

【审理法院】最高人民法院

【来　　源】中国裁判文书网

第三十一条 两个或者两个以上的商标注册申请人，在同一种商品或者类似商品上，以相同或者近似的商标申请注册的，初步审定并公告申请在先的商标；同一天申请的，初步审定并公告使用在先的商标，驳回其他人的申请，不予公告。

关联规定

一、法律、行政法规、司法解释

1.《中华人民共和国商标法实施条例》

第十八条 商标注册的申请日期以商标局收到申请文件的日期为准。

商标注册申请手续齐备、按照规定填写申请文件并缴纳费用的，商标局予以受理并书面通知申请人；申请手续不齐备、未按照规定填写申请文件或者未缴纳费用的，商标局不予受理，书面通知申请人并说明理由。申请手续基本齐备或者申请文件基本符合规定，但是需要补正的，商标局通知申请人予以补正，限其自收到通知之日起30日内，按照指定内容补正并交回商标局。在规定期限内补正并交回商标局的，保留申请日期；期满未补正的或者不按照要求进行补正的，商标局不予受理并书面通知申请人。

本条第二款关于受理条件的规定适用于办理其他商标事宜。

第十九条 两个或者两个以上的申请人，在同一种商品或者类似商品上，分别以相同或者近似的商标在同一天申请注册的，各申请人应当自收到商标局通知之日起30日内提交其申请注册前在先使用该商标的证据。同日使用或者均未使用的，各申请人可以自收到商标局通知之日起30日内自行协商，并将书面协议报送商标局；不愿协商或者协商不成的，商标局通知各申请人以抽签的方式确定一个申请人，驳回其他人的注册申请。商标局已经通知但申请人未参加抽签的，视为放弃申请，商标局应当书面通知未参加抽签的申请人。

2.《最高人民法院关于审理商标民事纠纷案件适用法律若干问题的解释》

第九条 商标法第五十七条第（一）（二）项规定的商标相同，是指被控侵权的商标与原告的注册商标相比较，二者在视觉上基本无差别。

商标法第五十七条第（二）项规定的商标近似，是指被控侵权的商标与原告的注册商标相比较，其文字的字形、读音、含义或者图形的构图及颜色，或者其各要素组合后的整体结构相似，或者其立体形状、颜色组合近似，易使相关公众对商品的来源产生误认或者认为其来源与原告注册商标的商品有特定的联系。

第十条 人民法院依据商标法第五十七条第（一）（二）项的规定，认定商标相同或者近似按照以下原则进行：

（一）以相关公众的一般注意力为标准；

（二）既要进行对商标的整体比对，又要进行对商标主要部分的比对，比对应当在比对对象隔离的状态下分别进行；

（三）判断商标是否近似，应当考虑请求保护注册商标的显著性和知名度。

第十一条 商标法第五十七条第（二）项规定的类似商品，是指在功能、用途、生产部门、销售渠道、消费对象等方面相同，或者相关公众一般认为其存在特定联系、容易造成混淆的商品。

类似服务，是指在服务的目的、内容、方式、对象等方面相同，或者相关公众一般认为存在特定联系、容易造成混淆的服务。

商品与服务类似，是指商品和服务之间存在特定联系，容易使相关公众混淆。

第十二条 人民法院依据商标法第五十七条第（二）项的规定，认定商品或者服务是否类似，应当以相关公众对商品或者服务的一般认识综合判断；《商标注册用商品和服务国际分类表》《类似商品和服务区分表》可以作为判断类似商品或者服务的参考。

二、司法指导性文件

1.《最高人民法院关于审理商标授权确权行政案件若干问题的意见》

15、人民法院审查判断相关商品或者服务是否类似，应当考虑商品的功能、用途、生产部门、销售渠道、消费群体等是否相同或者具有较大的关联性；服务的目的、内容、方式、对象等是否相同或者具有较大的关联性；商品和服务之间是否具有较大的关联性，是否容易使相关公众认为商品或者服务是同一主体提供的，或者其提供者之间存在特定联系。《商标注册用商品和服务国际分类表》、《类似商品和服务区分表》可以作为判断类似商品或者服务的参考。

16、人民法院认定商标是否近似，既要考虑商标标志构成要素及其整体的近似程度，也要考虑相关商标的显著性和知名度、所使用商品的关联程度等因素，以是否容易导致混淆作为判断标准。

2.《最高人民法院关于充分发挥知识产权审判职能作用推动社会主义文化大发展大繁荣和促进经济自主协调发展若干问题的意见》

19、妥善处理商标近似与商标构成要素近似的关系，准确把握认定商标近似的法律尺度。认定是否构成近似商标，要根据案件的具体情况。通常情况下，相关商标的构成要素整体上构成近似的，可以认定为近似商标。相关商标构成要素整体上不近似，但主张权利的商标的知名度远高于被诉侵权商标的，可以采取比较主要部分决定其近似与否。要妥善处理最大限度划清商业标识之间的边界与特殊情况下允许构成要素近似商标之间适当共存的关系。相关商标均具有较高知名度，或者相关商标的共存是特殊条件下形成时，认定商标近似还应根据两者的实际使用状况、使用历史、相关公众的认知状态、使用者的主观状态等因素综合判定，注意尊重已经客观形成的市场格局，防止简单地把商标构成要素近似等同于商标近似，实现经营者之间的包容性发展。

20、充分考虑商标所使用商品的关联性，准确把握商品类似的认定标准。认定商品类似可以参考类似商品区分表，但更应当尊重市场实际。要以相关公众的一般认识为标准，结合商品的功能、用途、生产部门、销售渠道、消费对象等因素，正确认定商标法意义上的商品类似。主张权利的商标已实际使用并具有一定知名度的，认定商品类似要充分考虑商品之间的关联性。相关公众基于对商品的通常认知和一般交易观念认为存在特定关联性的商品，可视情纳入类似商品范围。

条文释义

一、本条主旨

本条是关于申请在先原则的规定。

二、条文演变

1982年《商标法》第18条规定："两个或者两个以上的申请人，在同一种商品或者类似商品上，以相同或者近似的商标申请注册的，初步审定并公告申请在先的商标；同一天申请的，初步审定并公告使用在先的商标，驳回其他人的申请，不予公告。"2001年《商标法》将条文序号修改为第29条，将"两个或者两个以上的申请人"修改为"两个或者两个以上的商标注册申请人"。2013年《商标法》将条文序号改为第31条。2019年《商标法》对该条未作修改。

三、条文解读

商标的基本作用是用来区别不同生产、经营者的商品或者服务，因此，一个注册商标只能有一个注册主体对其享有专用权。如果有两个或者两个以上的申请人以相同或者近似的商标申请在同一种商品或者类似商品上注册，商标主管机关只能核准一项申请，这是各国商标法通行的原则。但是各国对于这种情况所采取的原则有两个：一是申请在先原则，二是使用在先原则。这两种原则各有利弊。申请在先原则只需要将商标注册申请的日期作为审查依据，便于操作，但是不利于保护最先使用商标的人。使用在先原则可以保护最先使用商标的人，但是需要审查申请人最先使用商标的证明，不易操作，而且这种注册具有不确定性，可能因他人提供使用在先的证据而被撤销注册。

按照本条规定，我国对商标注册实行申请在先的原则。申请是否在先，根据国家知识产权局收到申请文件的日期来判断。其次，当申请日期是同一天时，根据申请在先原则将无法判断应初审公告哪一个商标，因此，为了解决同一天申请的这一特殊情况，本条规定了申请在先原则的补充原则——使用在先原则。根据本条规定，初步审定并公告申请在先的商标，或者初步审定并公告同一天申请但使用在先的商标，应对申请在后的商标、同一天申请但使用在后的商标驳回申请，不予公告。对于驳回申请、不予公告的商标，国家知识产权局应当书面通知商标注册申请人。商标注册申请人不服的，可以依法申请复审，对复审决定不服的，还可以依法向人民法院起诉。[①]

适用指引

本条的实质内容与本法第 30 条存在密切关联，在适用中亦与第 30 条存在交叉，在具体案件中，应当依据诉争商标的申请日确定引证商标属于已被核准注册、已初步审定的商标还是在先申请的商标，进而确定具体条文的适用。

本法第 30 条明确要求适用对象为已经在先获得注册的商标及在后申请的商标，故当在先引证商标申请日和注册日均早于诉争商标时，则适用本法第 30 条判断诉争商标应否被核准注册。如在先引证商标申请日早于诉争商标，但是在诉争商标申请日前，引证商标尚未被核准注册或者初步审定，则应当适用本条规定对引证商标与诉争商标是否构成近似商标进行认定；即使在商标评审部门作出被诉裁决时，引证商标已被核准注册或者初步审定的，亦应当适用本条。如在广东喜之郎集团有限公司与国家知识产权局、宜兰食品工业股份有限公司商标权无效宣告请求行政纠纷一案中，五个引证商标的申请日均早于诉争商标，但部分引证商标的注册日晚于诉争商标申请日，故在判断诉争商标应否被核准注册时，法院针对各引证商标的不同情况分别适用了本法第 30 条及本条。[②]

① 参见郎胜主编：《中华人民共和国商标法释义》，法律出版社 2013 年版，第 65~66 页。

② 一审案号：北京知识产权法院（2018）京 73 行初 901 号；二审案号：北京市高级人民法院（2018）京行终 5290 号；再审审查案号：最高人民法院（2019）最高法行申 13018 号。

第三十二条　申请商标注册不得损害他人现有的在先权利，也不得以不正当手段抢先注册他人已经使用并有一定影响的商标。

关联规定

一、法律、行政法规、司法解释

《最高人民法院关于审理商标授权确权行政案件若干问题的规定》

第十八条　商标法第三十二条规定的在先权利，包括当事人在诉争商标申请日之前享有的民事权利或者其他应予保护的合法权益。诉争商标核准注册时在先权利已不存在的，不影响诉争商标的注册。

第十九条　当事人主张诉争商标损害其在先著作权的，人民法院应当依照著作权法等相关规定，对所主张的客体是否构成作品、当事人是否为著作权人或者其他有权主张著作权的利害关系人以及诉争商标是否构成对著作权的侵害等进行审查。

商标标志构成受著作权法保护的作品的，当事人提供的涉及商标标志的设计底稿、原件、取得权利的合同、诉争商标申请日之前的著作权登记证书等，均可以作为证明著作权归属的初步证据。

商标公告、商标注册证等可以作为确定商标申请人为有权主张商标标志著作权的利害关系人的初步证据。

第二十条　当事人主张诉争商标损害其姓名权，如果相关公众认为该商标标志指代了该自然人，容易认为标记有该商标的商品系经过该自然人许可或者与该自然人存在特定联系的，人民法院应当认定该商标损害了该自然人的姓名权。

当事人以其笔名、艺名、译名等特定名称主张姓名权，该特定名称具有一定的知名度，与该自然人建立了稳定的对应关系，相关公众以其指代该自然人的，人民法院予以支持。

第二十一条 当事人主张的字号具有一定的市场知名度，他人未经许可申请注册与该字号相同或者近似的商标，容易导致相关公众对商品来源产生混淆，当事人以此主张构成在先权益的，人民法院予以支持。

当事人以具有一定市场知名度并已与企业建立稳定对应关系的企业名称的简称为依据提出主张的，适用前款规定。

第二十二条 当事人主张诉争商标损害角色形象著作权的，人民法院按照本规定第十九条进行审查。

对于著作权保护期限内的作品，如果作品名称、作品中的角色名称等具有较高知名度，将其作为商标使用在相关商品上容易导致相关公众误认为其经过权利人的许可或者与权利人存在特定联系，当事人以此主张构成在先权益的，人民法院予以支持。

第二十三条 在先使用人主张商标申请人以不正当手段抢先注册其在先使用并有一定影响的商标的，如果在先使用商标已经有一定影响，而商标申请人明知或者应知该商标，即可推定其构成"以不正当手段抢先注册"。但商标申请人举证证明其没有利用在先使用商标商誉的恶意的除外。

在先使用人举证证明其在先商标有一定的持续使用时间、区域、销售量或者广告宣传的，人民法院可以认定为有一定影响。

在先使用人主张商标申请人在与其不相类似的商品上申请注册其在先使用并有一定影响的商标，违反商标法第三十二条规定的，人民法院不予支持。

二、司法指导性文件

1.《最高人民法院关于当前经济形势下知识产权审判服务大局若干问题的意见》

9、加强商标授权确权案件的审判工作，正确处理保护商标权与维持市场秩序的关系。既要有效遏制不正当抢注他人在先商标行为，加强对于具有一定知名度的在先商标的保护，又要准确把握商标权的相对权属性，不能轻率地给予非驰名注册商标跨类保护。正确区分撤销注册商标的公权事由和私权事由，防止不适当地扩张撤销注册商标的范围，避免撤销注册商标的随意性。对于注册使用时间较长、已建立较高市场声誉和形成自身的相关公众群体的商标，不能轻率地予以撤销，在依法保护在先权利的同时，尊重相关公众已在客观上将相关商标区别开来的市场实际。要把握商标法有关保护在先权利与维护市场秩序相协调的立法精神，注重维护已经形成和稳定了的市场秩序，防止当事人假商标争议制度不正当地投机取巧和巧取豪夺，避免因轻率撤销已注册商标给企业正常经营造成重大困难。与他人著作权、企业名称权等在先财产权利相冲突的注册商标，因超过商标法规定的争议期限而不可撤销的，在先权利人仍可在诉讼时效期间内对其提起侵权的民事诉讼，但人民法院不再判决承担停止使用该注册商标的民事责任。

2.《最高人民法院关于审理商标授权确权行政案件若干问题的意见》

1、人民法院在审理商标授权确权行政案件时，对于尚未大量投入使用的诉争商标，在审查判断商标近似和商品类似等授权确权条件及处理与在先商业标志冲突上，可依法适当从严掌握商标授权确权的标准，充分考虑消费者和同业经营者的利益，有效遏制不正当抢注行为，注重对于他人具有较高知名度和较强显著性的在先商标、企业名称等商业标志权益的保护，尽可能消除商业标志混淆的可能性；对于使用时间较长、已建立较高市场声誉和形成相关公众群体的诉争商标，应当准确把握商标法有关保护在先商业标志权益与维护市场秩序相协调的立法精神，充分尊重相关公众已在客观上将相关商业标志区别开来的市场实际，注重维护已经形成和稳定的市场秩序。

17、要正确理解和适用商标法第三十一条关于“申请商标注册不得损害他人现有的在先权利”的概括性规定。人民法院审查判断诉争商标是否损害他人现有的在先权利时，对于商标法已有特别规定的在先权利，按照商标法的特别规定予以保护；商标法虽无特别规定，但根据民法通则和其他法律的规定属于应予保护的合法权益的，应当根据该概括性规定给予保护。

人民法院审查判断诉争商标是否损害他人现有的在先权利，一般以诉争商标申请日为准。如果在先权利在诉争商标核准注册时已不存在的，则不影响诉争商标的注册。

18、根据商标法的规定，申请人不得以不正当手段抢先注册他人已经使用并有一定影响的商标。如果申请人明知或者应知他人已经使用并有一定影响的商标而予以抢注，即可认定其采用了不正当手段。

在中国境内实际使用并为一定范围的相关公众所知晓的商标，即应认定属于已经使用并有一定影响的商标。有证据证明在先商标有一定的持续使用时间、区域、销售量或者广告宣传等的，可以认定其有一定影响。

对于已经使用并有一定影响的商标，不宜在不相类似商品上给予保护。

3.《最高人民法院关于充分发挥知识产权审判职能作用推动社会主义文化大发展大繁荣和促进经济自主协调发展若干问题的意见》

18、依法加强商标权保护。商标权的保护，必须有利于鼓励正当竞争，有利于划清商业标识之间的边界，有利于遏制恶意抢注他人知名商业标识及“傍名牌”行为，有利于为知名品牌的创立和发展提供和谐宽松的法律环境，为培育知名品牌和提升企业综合竞争力提供助力，推动我国从制造大国向品牌强国加快转变。要根据商标的知名度、显著程度等，恰当运用商标近似、商品类似、在先使用并且有一定影响的商标、以欺骗或者其他不正当手段取得商标注册等裁量性法律标准，妥善把握商标注册申请人或者注册人是否有真实使用意图，以及结合商标使用过程中的“傍名牌”行为认定主观恶意等，用足用好商标法有关规定，加大遏制恶意抢注、“傍名牌”等不正当行为的力度，充分体现商标权保护的法律导向。

条文释义

一、本条主旨

本条是关于保护在先权利和禁止恶意抢注的规定。

二、条文演变

1982年《商标法》无关于保护在先权利和禁止恶意抢注的规定，2001年《商标法》增加了相关内容，第31条规定：“申请商标注册不得损害他人现有的在先权利，也不得以不正当手段抢先注册他人已经使用并有一定影响的商标。”2013年《商标法》将其改为第32条。2019年《商标法》予以沿用。

三、条文解读

“他人现有的在先权利”是指在商标注册申请人提出商标注册申请之前，他人已经取得的权利。商标权容易与这些权利发生冲突。本条规定申请商标注册不得损害他人现有的在先权利，即不得将他人已经获得权利的外观设计、著作权、企业名称等作为商标申请注册。

本条规定主要是针对抢注他人使用在先并有一定影响的商标的行为，是诚实信用原则在商标法领域的具体体现。抢注他人商标，是将他人已经使用，并在消费者中已经产生一定影响但未申请注册的商标抢先以自己的名义申请注册。这种行为违反了诚实信用原则，扰乱了社会经济秩序，应当予以制止。本条规定的抢注是一种恶意行为，申请人"以不正当手段"进行了抢先注册；抢注的对象是"在先使用并有一定影响的商标"。[①]

适用指引

本条包含保护在先权利和禁止恶意抢注两方面的规定。

一、关于在先权利的保护

本条并未对在先权利包含的内容作出限定，实践中，所有在商标注册申请人提出商标注册申请之前，他人已经合法取得的权利均可作为本条规定的"在先权利"。《商标授权确权规定》第 18 条将"在先权利"定位为一种开放性的规定，既包括法律有明确规定的在先权利，也包括其他应予保护的合法权益，之后结合实践中几种常见的权利形式，分别对在先著作权、姓名权、字号权益以及角色形象、作品名称以及角色名称的保护进行了规定。另外，《商标授权确权规定》第 18 条明确了判断是否损害在先权利的时间点一般为诉争商标申请日，但在诉争商标核准注册时在先权利已不存在的，则权利冲突的障碍已经消除，故不因之前存在在先权利而影响诉争商标的注册。

（一）关于在先著作权

在先著作权构成本条规定的在先权利之一。司法实践中，对在先标志主张著作权的案件量较多，争议也较大，主要集中在权属认定标准上。《商标授权确权规定》第 19 条第 1 款规定，主张在先著作权的，应该按照《著作权法》

① 参见郎胜主编：《中华人民共和国商标法释义》，法律出版社 2013 年版，第 66~67 页。

的相关规定，对于所主张的客体是否构成作品、当事人是否为著作权人或者利害关系人以及诉争商标标志申请注册是否构成对著作权的侵害进行判断；第2款参考了《著作权解释》第7条，规定关于设计底稿等可以作为证明著作权归属的证据，结合对商标标志主张著作权案件的特点，对著作权登记证书作了限定，即只有在诉争商标申请日之前的著作权登记证书才具有初步证明的效力；第3款则明确了“在先商标注册证、商标公告”可以作为确定利害关系人的初步证据。

关于商标注册证或者商标公告在权属问题上的证明效力问题。根据本法的规定，有权主张在先著作权的不仅包括著作权人，还包括利害关系人，在先的注册商标经过公告，在没有相反证据的情况下，应当认为其是合法取得的，不侵犯他人著作权。在这个前提下，其商标标志可能有如下来源：自行创作、委托创作、许可、受让。在创作和受让的情况下，商标权人享有著作权。在委托创作的情况下，委托人即在先商标申请人可以依照合同约定享有著作权或者在约定的范围内或委托创作的目的范围内使用作品。在此情况下，除非合同中有相反约定，在先商标申请人对于将该标志作为商标注册和使用享有专有权，其可作为利害关系人来主张权利。许可使用的情况下商标申请人作为被许可人亦是有权主张著作权的利害关系人。当然，商标申请人也可以提供《商标授权确权规定》第19条第2款规定的如设计底稿、取得权利的合同等证据证明其为著作权人。这种“初步证据”加上“反证”的方式符合著作权法对权属问题的通常证明标准，而且如果在后的商标申请人并非抄袭在先商标标志，而是有其他来源，其也很容易举出反证。

值得注意的是，权属问题只是主张在先著作权要解决的问题之一，其他如是否构成著作权法意义上的作品、是否在著作权保护期、诉争商标与其作品是否构成实质性近似等，都需要根据著作权法的相关规定进行判断，并且著作权法意义上实质性近似的判断与商标法领域的近似判断并非同一概念，在认定诉争商标的申请注册是否损害他人在先著作权时，应当依据著作权相关法律规定并结合具体案件情况予以认定。

（二）关于在先姓名权

实践中，经常出现将名人姓名注册为商标的案件，除涉及政治等领域公众人物姓名的情形可能构成"不良影响"条款外，还存在一些将体育、娱乐等领域的名人姓名注册为商标的情况。自然人的姓名权是《民法典》明确规定的一项权利[①]，虽然其是重要的人身权利，但其所包含的财产利益日益受到关注并在法律层面得到认可。《商标授权确权规定》第20条对依据在先姓名权请求适用《商标法》第32条保护的问题作了规定。根据该规定，相关公众认为某商标标志指代了特定自然人，容易认为标记有该商标的商品系经过该自然人许可或者与该自然人存在特定联系，构成认定对在先姓名权构成损害的条件。对于实践中出现的并非以自然人的户籍姓名，而是以笔名、艺名、译名等特定名称来主张姓名权的，如果该特定名称具有一定的知名度，与该自然人建立了稳定的对应关系，相关公众以其指代该自然人的，人民法院应当予以支持。[②]

（三）关于在先字号权

字号是企业名称中主要起识别作用的部分，容易与商标产生冲突，《民法典》规定了法人和非法人组织享有名称权，对字号权并未有明确规定。《反不正当竞争法解释》第4条规定了具有一定市场知名度的条件。《商标授权确权规定》第21条沿用了上述司法解释规定的条件，并规定以相关公众容易造成混淆误认为判断是否侵害字号权益的标准。对于已经具有一定的市场知名度、与企业建立起稳定对应关系的企业名称简称，亦可以作为在先权利受到保护，实践中此类案件亦不在少数。[③]

---

① 《反不正当竞争法》第6条第2项亦规定："经营者不得擅自使用他人的企业名称（包括简称、字号等）、社会组织名称（包括简称等）、姓名（包括笔名、艺名、译名等），引人误认为是他人商品或者与他人存在特定联系。"《民法典》保护的姓名权和《反不正当竞争法》对经营者姓名提供的保护可能会发生竞合，当事人可以自主选择。

② 参见最高人民法院（2016）最高法行再27号"乔丹"案。该案判决书认定：本案现有证据足以证明"乔丹"在我国具有较高的知名度、为相关公众所知悉，我国相关公众通常以"乔丹"指代再审申请人迈克尔·杰弗里·乔丹（Michael Jeffrey Jordan），并且"乔丹"已经与再审申请人之间形成了稳定的对应关系，故再审申请人就"乔丹"享有姓名权。

③ 参见最高人民法院（2008）民申字第758号"山起"案及最高人民法院（2013）行提字第22号"广本"案。

（四）关于角色形象、作品名称以及角色名称等权利

现实中，很多角色形象，尤其是虚拟形象可以作为美术作品来进行保护，构成著作权法中的作品类型，属于法律有明确规定的在先权利，当事人对相关角色形象主张在先著作权的，可以依照《著作权法》对相关权利进行审查。对于作品名称和角色名称，我国《著作权法》并无明确规定，但是对于具有较高知名度的作品名称、角色名称而言，其知名度会带来相应的商业价值，权利人可以自行使用或者许可他人使用，同样能够构成可受保护的合法权益。如果他人未经许可将上述作品名称、角色名称等作为商标使用在相关商品上，容易使相关公众误认为该商品获得了权利人的许可或者与其有特定联系，会损害相关权利人自行或者许可他人对其进行商业利用的权利，权利人可以依据本条对该商标提出异议、无效申请，司法实践中存在对作品名称或者角色名称给予保护的案例。① 在具体适用方面，从利益平衡的角度出发，对此类合法利益进行保护的同时也要对其有所限制，既考虑到对合法权益进行保护，防止不正当占用他人的经营成果，也要避免损害社会公众对社会公共文化资源的正当使用。由于此类权益产生的基础是作品名称、作品中的角色名称，故对其提供保护限于作品的著作权保护期之内，《商标授权确权规定》第22条对此作了相应规定。

除上述权利形式外，当事人在诉争商标申请日之前享有的其他形式的民事权利或应予保护的合法权益，亦可作为本条规定的“在先权利”。对于实践中存在的所谓“商品化权益”的问题，鉴于目前法律尚无相关规定，在具体案件中可以根据当事人的具体请求，将其作为著作权、姓名权、作品名称、作品中的角色名称等权利或者利益予以保护。

认定诉争商标的注册是否构成对他人在先权利的侵害，应当从以下几个方面进行审查：在诉争商标申请日前，该在先权利是否具有一定知名度；诉争商标的申请注册人主观上是否存在恶意；诉争商标标志与该在先权利是否相同或

① 参见北京市高级人民法院（2011）高行终字第374号“邦德007”案、北京市高级人民法院（2015）高行（知）终字第1968号“功夫熊猫”案。早期也有通过《商标法》其他条款如第10条第1款第8项规定的“其他不良影响”给予保护的，如北京市高级人民法院（2011）高行终字第541号“哈利·波特”系列案。

者相近似；诉争商标指定使用的商品与该在先权利知名度所及范围相同或类似，容易导致相关公众误认为其与该在先权利所有人存在特定联系。

二、关于禁止恶意抢注

我国《商标法》采取注册制原则，对未注册商标仅提供有限的保护，且需满足一定条件。除了关于未注册驰名商标以及禁止有代理、代表等特定关系人的抢注外，本条关于“在先使用并有一定影响”是对未注册商标进行保护的重要条款。

首先，本条规定的被抢注的商标需符合“在先使用并有一定影响”的条件。之所以要求“有一定影响”，是考虑到这种情况下的未注册商标已经在相关公众中实际发挥了识别商品来源的作用，他人未经许可申请注册是一种有违诚实信用原则的抢注行为，而且容易造成相关公众的混淆误认。在具体案件中，当事人提交的证据足以证明，在诉争商标申请注册前，其通过商业宣传和生产经营活动，能够使其主张的“未注册商标”发挥识别商品来源作用，相关公众能够将该“未注册商标”与当事人产生对应联系，可以认定构成在先使用；当事人提交的证据足以证明，该未注册商标为一定范围的相关公众所知晓，其所产生的知名度足以使诉争商标申请人明知或者应知该商标存在的，可以认定构成“有一定影响”。

其次，本条规定的抢注行为系“以不正当手段”进行。关于对“不正当手段”的理解，应结合其立法目的来看，本质上其指的是商标申请人占用他人在先使用商标商誉的恶意。《商标授权确权意见》将“不正当手段”界定为“如果申请人明知或者应知他人已经使用并有一定影响的商标而予以抢注，即可认定其采用了不正当手段”；《商标授权确权规定》第 23 条第 1 款则规定“如果在先使用商标已经有一定影响，而商标申请人明知或者应知该商标，即可推定其构成以不正当手段抢先注册。但商标申请人举证证明其没有利用在先使用商标商誉的恶意的除外”，将他人商标具有一定影响作为“推定”恶意的证据，允许商标申请人举证以推翻。这也是对司法实践中经验的总结，使得相关规定更为完善。[1] 诉争商标申请人与在先商标使用人曾就商标许可、商标转让等进行联络；诉争商标申请人以往存在侵害商标权行为；诉争商标申请人与在先商标使用人属于同行业；在先商标显著性较强的，诉争商标与其高度近似等情节可以作为认定诉争商标申请人明知或者应知在先未注册商标的考虑因素。

指导案例

指导案例113号：迈克尔·杰弗里·乔丹与国家工商行政管理总局商标评审委员会、乔丹体育股份有限公司“乔丹”商标争议行政纠纷案

（最高人民法院审判委员会讨论通过　2019年12月24日发布）

关键词： 行政　商标争议　姓名权　诚实信用

裁判要点：（1）姓名权是自然人对其姓名享有的人身权，姓名权可以构成商标法规定的在先权利。外国自然人外文姓名的中文译名符合条件的，可以依法主张作为特定名称按照姓名权的有关规定予以保护。（2）外国自然人就特定名称主张姓名权保护的，该特定名称应当符合以下三项条件：该特定名称在我国具有一定的知名度，为相关公众所知悉；相关公众使用该特定名称指代该自然人；该特定名称已经与该自然人之间建立了稳定的对应关系。（3）使用是姓名权人享有的权利内容之一，并非姓名权人主张保护其姓名权的法定前提条件。特定名称按照姓名权受法律保护的，即使自然人并未主动使用，也不影响姓名权人按照商标法关于在先权利的规定主张权利。（4）违反诚实信用原则，

---

① 参见最高人民法院（2013）行提字第1号“氟美斯”案。该案判决认为：虽然一般情况下，商标申请人明知他人在先使用并有一定影响的商标而申请注册即可推定其具有利用他人商标商誉获利的意图。但是，本案事实显示，抚顺博格公司申请注册争议商标并不具有抢占营口玻璃纤维公司在先使用并有一定影响的商标商誉的恶意。抚顺博格公司前身抚顺市工业用布厂与营口玻璃纤维公司几乎同时开始使用“氟美斯FMS”商标，且在争议商标申请日前其销售规模大于营口玻璃纤维公司。本案争议商标申请日前，营口玻璃纤维公司和抚顺市工业用布厂同时在市场上销售“氟美斯FMS”商品且互相知晓，但双方对该标识的归属并无特别约定。我国《商标法》采用“先申请原则”，并未有类似“创作作品的人为作者”“对发明的技术方案作出实质性贡献的人为发明人”的规定。在缺乏其他法律或者合同依据的情况下，不能类比得出“共同使用商标者应为共有商标权人”的结论。本案中抚顺博格公司独自申请注册争议商标并不侵犯营口玻璃纤维公司的合法权益，亦不违反诚实信用原则，不应依据《商标法》第31条（即现行《商标法》第32条）的规定予以撤销。

恶意申请注册商标，侵犯他人现有在先权利的“商标权人”，以该商标的宣传、使用、获奖、被保护等情况形成了“市场秩序”或者“商业成功”为由，主张该注册商标合法有效的，人民法院不予支持。

相关法条：1.2001年《商标法》第31条）；2.《民法通则》第4条、第99条第1款；3.《民法总则》第7条、第110条；4.《侵权责任法》第2条第2款。

基本案情：再审申请人迈克尔·杰弗里·乔丹（以下简称迈克尔·乔丹）与被申请人国家工商行政管理总局商标评审委员会（以下简称商标评审委员会）、一审第三人乔丹体育股份有限公司（以下简称乔丹公司）商标争议行政纠纷案［最高人民法院（2016）最高法行再27号］中，涉及乔丹公司的第6020569号“乔丹”商标（以下简称涉案商标），核定使用在国际分类第28类的体育活动器械、游泳池（娱乐用）、旱冰鞋、圣诞树装饰品（灯饰和糖果除外）。再审申请人主张该商标含有其英文姓名的中文译名“乔丹”，属于2001年修正的《商标法》第31条规定的“损害他人现有的在先权利”的情形，故向商标评审委员会提出撤销申请。商标评审委员会认为，涉案商标“乔丹”与“Michael Jordan”及其中文译名“迈克尔·乔丹”存在一定区别，并且“乔丹”为英美普通姓氏，难以认定这一姓氏与迈克尔·乔丹之间存在当然的对应关系，故裁定维持涉案商标。再审申请人不服，向北京市第一中级人民法院提起行政诉讼。

裁判结果：北京市第一中级人民法院于2015年4月1日作出（2014）一中行（知）初字第9163号行政判决，驳回迈克尔·杰弗里·乔丹的诉讼请求。迈克尔·杰弗里·乔丹不服一审判决，提起上诉。北京市高级人民法院于2015年8月17日作出（2015）高行（知）终字第1915号行政判决，驳回迈克尔·杰弗里·乔丹上诉，维持原判。迈克尔·杰弗里·乔丹仍不服，向最高人民法院申请再审。最高人民法院提审后，于2016年12月7日作出（2016）最高法行再27号行政判决：一、撤销北京市第一中级人民法院（2014）一中行（知）初字第9163号行政判决；二、撤销北京市高级人民法院（2015）高行（知）终字第1915号行政判决；三、撤销国家工商行政管理总局商标评审委员会商评字〔2014〕第052058号关于第6020569号“乔丹”商标争议裁定；四、国家工商行政管理总局商标评审委员会对第6020569号“乔丹”商标重新作出裁定。

裁判理由：最高人民法院认为，本案争议焦点为争议商标的注册是否损害了再审申请人就“乔丹”主张的姓名权，违反2001年修正的《商标法》第31条关于“申请商标注册不得损害他人现有的在先权利”的规定。判决主要认定如下：

一、关于再审申请人主张保护姓名权的法律依据

2001年《商标法》第31条规定：“申请商标注册不得损害他人现有的在先权利”。对于商标法已有特别规定的在先权利，应当根据商标法的特别规定予以保护。对于商标法虽无特别规定，但根据民法通则、侵权责任法和其他法律的规定应予保护，并且在争议商标申请日之前已由民事主体依法享有的民事权利或者民事权益，应当根据该概括性规定给予保护。《民法通则》第99条第1款、《侵权责任法》第2条第2款均明确规定，自然人依法享有姓名权。故姓名权可以构成2001年《商标法》第31条规定的“在先权利”。争议商标的注册损害他人在先姓名权的，应当认定该争议商标的注册违反《商标法》第31条的规定。

姓名被用于指代、称呼、区分特定的自然人，姓名权是自然人对其姓名享有的重要人身权。随着我国社会主义市场经济不断发展，具有一定知名度的自然人将其姓名进行商业化利用，通过合同等方式为特定商品、服务代言并获得经济利益的现象已经日益普遍。在适用《商标法》第31条的规定对他人的在先姓名权予以保护时，不仅涉及对自然人人格尊严的保护，而且涉及对自然人姓名，尤其是知名人物姓名所蕴含的经济利益的保护。未经许可擅自将他人享有在先姓名权的姓名注册为商标，容易导致相关公众误认为标记有该商标的商品或者服务与该自然人存在代言、许可等特定联系的，应当认定该商标的注册损害他人的在先姓名权，违反《商标法》第31条的规定。

二、关于再审申请人主张的姓名权所保护的具体内容

自然人依据《商标法》第31条的规定，就特定名称主张姓名权保护时，应当满足必要的条件。其一，该特定名称应具有一定知名度、为相关公众所知悉，并用于指代该自然人。《最高人民法院关于审理不正当竞争民事案件应用法律若干问题的解释》第6条第2款是针对“擅自使用他人的姓名，引人误认为是他人的商品”的不正当竞争行为的认定作出的司法解释，该不正当竞争行为本质上也是损害他人姓名权的侵权行为。认定该行为时所涉及的“引人误认为是他人的商品”，与本案中认定争议商标的注册是否容易导致相关公众误认

为存在代言、许可等特定联系是密切相关的。因此，在本案中可参照适用上述司法解释的规定，确定自然人姓名权保护的条件。其二，该特定名称应与该自然人之间已建立稳定的对应关系。在解决本案涉及的在先姓名权与注册商标权的权利冲突时，应合理确定在先姓名权的保护标准，平衡在先姓名权人与商标权人的利益。既不能由于争议商标标志中使用或包含有仅为部分人所知悉或临时性使用的自然人“姓名”，即认定争议商标的注册损害该自然人的姓名权；也不能如商标评审委员会所主张的那样，以自然人主张的“姓名”与该自然人形成“唯一”对应为前提，对自然人主张姓名权的保护提出过苛的标准。自然人所主张的特定名称与该自然人已经建立稳定的对应关系时，即使该对应关系达不到“唯一”的程度，也可以依法获得姓名权的保护。综上，在适用《商标法》第31条关于“不得损害他人现有的在先权利”的规定时，自然人就特定名称主张姓名权保护的，该特定名称应当符合以下三项条件：一是该特定名称在我国具有一定的知名度、为相关公众所知悉；二是相关公众使用该特定名称指代该自然人；三是该特定名称已经与该自然人之间建立了稳定的对应关系。

在判断外国人能否就其外文姓名的部分中文译名主张姓名权保护时，需要考虑我国相关公众对外国人的称谓习惯。中文译名符合前述三项条件的，可以依法主张姓名权的保护。本案现有证据足以证明“乔丹”在我国具有较高的知名度、为相关公众所知悉，我国相关公众通常以“乔丹”指代再审申请人，并且“乔丹”已经与再审申请人之间形成了稳定的对应关系，故再审申请人就“乔丹”享有姓名权。

三、关于再审申请人及其授权的耐克公司是否主动使用“乔丹”，其是否主动使用的事实对于再审申请人在本案中主张的姓名权有何影响

首先，根据《民法通则》第99条第1款的规定，“使用”是姓名权人享有的权利内容之一，并非其承担的义务，更不是姓名权人“禁止他人干涉、盗用、假冒”，主张保护其姓名权的法定前提条件。

其次，在适用《商标法》第31条的规定保护他人在先姓名权时，相关公众是否容易误认为标记有争议商标的商品或者服务与该自然人存在代言、许可等特定联系，是认定争议商标的注册是否损害该自然人姓名权的重要因素。因此，在符合前述有关姓名权保护的三项条件的情况下，自然人有权根据《商标法》第31条的规定，就其并未主动使用的特定名称获得姓名权的保护。

最后，对于在我国具有一定知名度的外国人，其本人或者利害关系人可能

并未在我国境内主动使用其姓名；或者由于便于称呼、语言习惯、文化差异等原因，我国相关公众、新闻媒体所熟悉和使用的“姓名”与其主动使用的姓名并不完全相同。例如在本案中，我国相关公众、新闻媒体普遍以“乔丹”指代再审申请人，而再审申请人、耐克公司则主要使用“迈克尔·乔丹”。但不论是“迈克尔·乔丹”还是“乔丹”，在相关公众中均具有较高的知名度，均被相关公众普遍用于指代再审申请人，且再审申请人并未提出异议或者反对。故商标评审委员会、乔丹公司关于再审申请人、耐克公司未主动使用“乔丹”，再审申请人对“乔丹”不享有姓名权的主张，不予支持。

四、关于乔丹公司对于争议商标的注册是否存在明显的主观恶意

本案中，乔丹公司申请注册争议商标时是否存在主观恶意，是认定争议商标的注册是否损害再审申请人姓名权的重要考量因素。本案证据足以证明乔丹公司是在明知再审申请人及其姓名“乔丹”具有较高知名度的情况下，并未与再审申请人协商、谈判以获得其许可或授权，而是擅自注册了包括争议商标在内的大量与再审申请人密切相关的商标，放任相关公众误认为标记有争议商标的商品与再审申请人存在特定联系的损害结果，使得乔丹公司无需付出过多成本，即可实现由再审申请人为其“代言”等效果。乔丹公司的行为有违《民法通则》第4条规定的诚实信用原则，其对于争议商标的注册具有明显的主观恶意。

五、关于乔丹公司的经营状况，以及乔丹公司对其企业名称、有关商标的宣传、使用、获奖、被保护等情况，对本案具有何种影响

乔丹公司的经营状况，以及乔丹公司对其企业名称、有关商标的宣传、使用、获奖、被保护等情况，均不足以使争议商标的注册具有合法性。其一，从权利的性质以及损害在先姓名权的构成要件来看，姓名被用于指代、称呼、区分特定的自然人，姓名权是自然人对其姓名享有的人身权。而商标的主要作用在于区分商品或者服务来源，属于财产权，与姓名权是性质不同的权利。在认定争议商标的注册是否损害他人在先姓名权时，关键在于是否容易导致相关公众误认为标记有争议商标的商品或者服务与姓名权人之间存在代言、许可等特定联系，其构成要件与侵害商标权的认定不同。因此，即使乔丹公司经过多年的经营、宣传和使用，使得乔丹公司及其“乔丹”商标在特定商品类别上具有较高知名度，相关公众能够认识到标记有“乔丹”商标的商品来源于乔丹公司，也不足以据此认定相关公众不容易误认为标记有“乔丹”商标的商品与再

审申请人之间存在代言、许可等特定联系。其二，乔丹公司恶意申请注册争议商标，损害再审申请人的在先姓名权，明显有悖于诚实信用原则。商标评审委员会、乔丹公司主张的市场秩序或者商业成功并不完全是乔丹公司诚信经营的合法成果，而是一定程度上建立于相关公众误认的基础之上。维护此种市场秩序或者商业成功，不仅不利于保护姓名权人的合法权益，而且不利于保障消费者的利益，更不利于净化商标注册和使用环境。

典型案例

一、株式会社东洋克斯与国家知识产权局、潍坊现代塑胶有限公司商标争议行政纠纷申请再审案

关键词：商标　争议程序　在先权利　外观设计

裁判摘要：仅仅是将包含三维形状设计要素在内的外观设计图片或照片申请为平面商标，在平面商标缺乏产品载体的情况下，难以认定二者构成相同或相近似的外观设计。

基本案情：在再审申请人株式会社东洋克斯（以下简称东洋克斯）与被申请人国家知识产权局、第三人潍坊现代塑胶有限公司（以下简称现代塑胶公司）商标争议行政纠纷案中，诉争商标为第3907566号图形商标，于2004年2月10日由东洋克斯提出注册申请，并于2009年2月21日核准注册。核定使用商品为第17类塑料软管、橡胶软管等。在先外观设计的名称为“钢丝螺旋软管（三线条）”（以下简称涉案专利），申请日为2002年9月3日、授权公告日为2003年4月23日。涉案专利由主视图、后视图、俯视图及右视图表示，简要说明载明：涉案专利为中空圆柱体软管，管壁为透明材料，管壁中为环绕管壁的螺旋状纤维，在一侧管壁外侧有两条平行的线条，线条之间为半透明。涉案专利权人为现代塑胶公司。2012年9月25日，现代塑胶公司以诉争商标损害其在先涉案外观设计专利权、违反了2001年修正的《商标法》第31条规定为由，向原国家工商行政管理总局商标评审委员会（以下简称商标评审委员会）提出争议申请。商标评审委员会及北京市第一中级人民法院均认定诉争商标应予维持注册。一审法院同时认为，现代塑胶公司提起本案商标争议申请时，涉案专利权已过十年有效期限，诉争商标的在先权利障碍已不存在。且

根据在案证据，东洋克斯于涉案专利申请日前，已实际使用诉争商标，诉争商标未损害涉案外观设计专利权。现代塑胶公司不服，提起上诉。北京市高级人民法院二审认为，在诉争商标核准注册的2009年2月21日，涉案专利权仍然有效，故商标评审委员会应对诉争商标是否损害在先外观设计专利权的问题作出实质认定。二审法院遂撤销被诉决定及一审判决，并判令商标评审委员会重新作出决定。东洋克斯不服，向最高人民法院提出再审申请，主张涉案专利权于商标评审委员会审查期间已失效，本案应优先适用情势变更原则。此外，诉争商标与涉案专利差异明显，未违反《商标法》第31条的规定。

最高人民法院再审认为，未经专利权人许可，在相同或者类似产品上将他人享有专利权的外观设计申请注册为商标的，构成对他人专利权的侵害，可以适用《商标法》第31条的规定不予核准注册或予以撤销。判断诉争商标是否损害在先外观设计专利权，首先需要审查诉争商标标识与外观设计是否构成相同或相近似。本案中，由授权公告文本可知，涉案专利为一中空圆柱体软管，属于三维形状的外观设计。简要说明中没有关于设计要部的描述。诉争商标为指定颜色的平面图形商标。需要判断的是，平面商标与体现为三维形状的外观设计是否构成相同或近似。通常情况下，当外观设计包含有三维形状的设计要素时，其保护的对象是包含三维形状的产品设计，外观设计也相应表现为三维产品的形式。在进行相同或者相近似对比时，产品与附着其上的设计要素具有不可割裂的关系。因此，一般情况下，只有将包含该三维形状的设计申请为立体商标时，二者才有可能表现为相同或近似的形式。如果仅仅是将包含三维形状设计要素在内的外观设计图片或照片申请为平面商标，在平面商标缺乏产品载体的情况下，难以认定二者构成相同或相近似的外观设计。具体到本案而言，诉争商标表现为红蓝平行线条搭配的平面图形，涉案专利权请求保护的是三维形状的钢丝螺旋软管，虽然授权公告文本的俯视图中可看到软管上有线条设计，但线条本身与产品紧密结合，且无证据显示线条为涉案专利的设计要部。故以产品形式表现的涉案专利与以平面形式表现的诉争商标相比，整体视觉效果差异明显，不构成相同或相近似的外观设计。据此，株式会社东洋克斯关于诉争商标未损害涉案外观设计专利权的再审主张成立，应当予以支持。一审判决在理由阐释上虽有不妥，但认定诉争商标未构成损害他人在先权利一节的结论是正确的，为实现对本案纠纷的实质性解决及对当事人及时有效的法律救济，在对一审判决认定不当之处予以纠正的基础上，可对其结论予以维持。

综上，最高人民法院裁定提审本案，并于2020年6月30日改判撤销二审判决、维持一审判决。

【案　　号】（2019）最高法行再51号

【审理法院】最高人民法院

【来　　源】《最高人民法院知识产权案件年度报告（2020）》

二、厦门市象球日用化工有限公司与国家知识产权局、福马（日本）株式会社商标权无效宣告请求行政纠纷申请再审案

关键词： 商标　无效程序　核准注册时　申请日

裁判摘要： 申请商标不得损害他人在先权利，考虑到申请商标尚未实际取得商标权，故判断在先权利是否存在的时间节点，至迟为核准注册日。

基本案情： 在再审申请人厦门市象球日用化工有限公司（以下简称象球公司）与被申请人国家知识产权局、一审第三人福马（日本）株式会社商标权无效宣告请求行政纠纷案中，象球公司于2012年6月8日申请注册第11047169号“象球牌FUMAKILLA”商标（以下简称诉争商标），2015年12月21日核准注册。福马（日本）株式会社向原国家工商行政管理总局商标评审委员会（以下简称商标评审委员会）主张其享有在先著作权的象图形作品构成著作权法保护的美术作品，诉争商标的注册损害了其在先权利，并提供相应的证据。商标评审委员会认为，诉争商标的注册损害了福马（日本）株式会社的在先著作权，违反了《商标法》第32条中关于不得损害他人现有的在先权利的规定，故而宣告诉争商标无效。象球公司不服，提起行政诉讼。北京知识产权法院一审判决驳回象球公司的诉讼请求。象球公司不服，提起上诉。北京市高级人民法院二审判决驳回上诉，维持原判。象球公司不服，向最高人民法院申请再审称，《商标授权确权规定》第18条规定的“核准注册时”并非仅指原工商行政管理总局商标局商标申请的审查阶段，而应包括各级法院针对诉争商标的授权确权阶段。在其提起再审申请的司法审查阶段，福马（日本）株式会社所享有的在先著作权保护期已于2019年12月31日终止，在先著作权不复存在，诉争商标应获准注册。

最高人民法院审查认为，《商标法》第32条规定，申请商标注册不得损害他人现有的在先权利，也不得以不正当手段抢先注册他人已经使用并有一定影响的商标。《授权确权司法解释》第18条进一步明确，“商标法第三十二条规

定的在先权利，包括当事人在诉争商标申请日之前享有的民事权利或者其他应予保护的合法权益。诉争商标核准注册时在先权利已不存在的，不影响诉争商标的注册”。其中关于在先权利有效的时间点有两个：即“申请日之前”和“核准注册时”，如何理解要回归到《商标法》第32条的立法本意。从文义上看，该条款旨在避免申请人商标权和他人在先权利之间产生权利冲突；更深层次则体现了法律价值观所引领提倡的诚实信用原则，即对于商标权人的诚信经营而言，其在申请商标之时就不得损害他人的在先权利，应当尽到合理避让义务。但是考虑到申请时其并未实际取得商标权，故而《商标授权确权规定》第18条结合行政机关授权确权工作的实际情况，将在先权利的有效时间点确定为核准注册时。因此，该条文中的“核准注册时”的文义是清晰且明确的，即判断是否存在合法在先权利的时间节点最迟为商标核准注册日。故而象球公司关于应将其解释为评价诉争商标能否“核准注册”的全部行政和司法阶段的主张不能成立。综上，最高人民法院于2020年8月25日裁定驳回了象球公司的再审申请。

【案　　号】（2020）最高法行申3522号

【审理法院】最高人民法院

【来　　源】《最高人民法院知识产权案件年度报告（2020）》

三、帝斯曼知识产权资产有限公司与国家工商行政管理总局商标评审委员会及楼某斌、楼某群、楼某法、赖某哲商标异议复审行政纠纷申请再审案

关键词：商标　异议程序　在先著作权　利害关系人

裁判摘要：判断申请商标注册是否损害他人的在先著作权，应当依照著作权法的相关规定，对所主张的客体是否构成作品、在先权利人是否为著作权人或者利害关系人，以及诉争商标是否构成对在先著作权的侵害等进行审查判断。

基本案情：在再审申请人帝斯曼知识产权资产有限公司（以下简称帝斯曼公司）与被申请人国家工商行政管理总局商标评审委员会（以下简称商标评审委员会）、第三人楼跃斌、楼跃群、楼照法、赖俊哲商标异议复审行政纠纷案中，第4115813号文字“Dyneema”和图形组成的组合商标（以下简称被异议商标），于2004年6月14日申请注册，指定使用在第28类“游戏机、钓具”

等商品上，商标权人为第三人楼跃斌、楼跃群、楼照法、赖俊哲。帝斯曼公司以被异议商标侵害其享有权益作品的在先著作权等理由向商标评审委员会提出异议复审申请。商标评审委员会作出第16436号裁定，对被异议商标予以核准注册。帝斯曼公司不服，提起行政诉讼。北京市第一中级人民法院认定被异议商标未违反2001年修正的《商标法》第31条等规定，对被异议商标的注册予以维持。帝斯曼公司不服，提起上诉。北京市高级人民法院二审判决驳回上诉、维持原判。帝斯曼公司不服，向最高人民法院申请再审。

最高人民法院再审认为，著作权作为一项法定权利，属于《商标法》第31条规定的在先权利的一种。判断申请商标注册是否损害他人在先的著作权，应当遵循著作权法关于侵害著作权判断的原则，即应当从在先作品、权利归属及权利状态、第三人与作品间关系、侵权构成等几个方面予以判断。首先，关于帝斯曼公司主张的 Dyneema 是否属于著作权法上的作品。帝斯曼公司主张的作品由“Dyneema”文字与曲线图形组合而成，其中曲线图形系对纤维线的图形表达，其与原创的“Dyneema”文字共同构成的图形与文字组合，具有独创性，构成著作权法上的美术作品。其次，关于帝斯曼公司是否有权主张他人侵害作品的著作权。我国著作权法规定，在作品上署名的人为作者，有相反证据的除外。帝斯曼公司提供的证人证言与荷兰商会林堡省工商会出具的登记簿及证明、帝斯曼集团与日本东洋纺TOYOBO管理层会晤照片、日本东洋纺的声明及商标许可使用合同、帝斯曼集团的宣传刊物、美国版权局“Innovation of a Superfiber手册等证据，能够相互佐证，可以证明该作品至少于1986年被帝斯曼集团公开使用的事实，在公开使用文献中标注了Ten International B.V.以及帝斯曼集团，帝斯曼公司关于Ten International B.V.为作品作者的主张，没有相反证据推翻，且可以与其他证据印证，予以采信。关于作品的权利归属，依据我国《著作权法》及司法解释的规定，委托创作的作品著作权归属由合同约定，未约定的权利归受托人，委托人在合同约定的范围内具有使用权。本案并无证据证明委托人与受托人就著作权事项进行了明确的约定，著作权应当归属于受托人。鉴于受托人为法人，依据我国著作权法规定，该作品的权利保护期为作品发表之日起五十年，本案在先作品尚处于著作权有效期内，应当受到著作权法的保护。如前所述，依据现有证据，尚不能认定帝斯曼公司是作品的著作权人，但帝斯曼公司至少享有以商标方式使用该作品的权利。至于该权利是否属于专有权利，按照商标委托创作合同的目的，创作标的属于商业标识，一般情况下委托人具有排除包括受托人在内的使用商标的权利。因此，在没有相反约定的情况下，可以认定委托人帝斯曼集团享有以商标方式使用的专有权利。该专有权利自著作权产生之起即由委托人享有，该项权利不受受托人终止解散事项的影响。帝斯曼公司作为帝斯曼集团知识产权的管理人，其有权以利害关系人的身份依据《商标法》第31条的规定主张被异议商标损害在先著作权。最后，关于被异议商标是否使用了在先作品。本案事实显示，被异议商标与在先创作并发表的作品完全相同，第三人未给出合理解释，被异议商标属于未经许可擅自复制他人作品的情形。综上，被异议商标在全部指定商品上的注册属于《商标法》第31条规定的损害他人在先权利的情形。综上，最高人民法院于2018年9月29日判决撤销一审、二审判决和第16436号裁定，商标评审委员会重新作出复审裁定。

【案　　号】（2017）最高法行再76号

【审理法院】最高人民法院

【来　　源】《最高人民法院知识产权案件年度报告（2018）》

四、温州市伊久亮光学有限公司与达马股份有限公司、国家工商行政管理总局商标评审委员会商标权无效宣告请求行政纠纷申请再审案

关键词：商标　无效程序　在先著作权　利害关系人

裁判摘要：著作权人、著作权的利害关系人均可依据2001年《商标法》第31条的规定主张在先著作权。诉争商标申请日之后的著作权登记证书不能单独作为在先著作权的权属证据。诉争商标申请日之前的商标注册证虽不能作为著作权权属证据，但可以作为确定商标权人为有权主张商标标志著作权的利害关系人的初步证据。

基本案情：在再审申请人温州市伊久亮光学有限公司（以下简称伊久亮公司）与被申请人达马股份有限公司（以下简称达马公司）及二审被上诉人国家工商行政管理总局商标评审委员会（以下简称商标评审委员会）商标权无效宣告请求行政纠纷案中，第1316126号鲨鱼图形商标（以下简称诉争商标），于1998年5月4日申请注册，于2008年3月26日被核准注册，注册人为伊久亮公司，核定使用的商品为第9类眼镜。第250160号“PAUL&SHARK YACHTING”商标（以下简称引证商标），于1985年7月27日申请注册，1986年5月15日被核准注册，注册人为达马公司，核定使用的商品为第25

类服装。达马公司申请撤销伊久亮公司注册的诉争商标，其主要理由之一为诉争商标构成对达马公司在先著作权的侵害。商标评审委员会认为，达马公司提交的经过公证的作品登记证书的登记日期晚于诉争商标的申请注册日，在达马公司未能提交其他证据证明其在诉争商标申请注册前已创作完成或公开发表其美术作品的情况下，不能认定达马公司对鲨鱼图形作品享有著作权。达马公司主张撤销诉争商标的各项理由均不能成立。商标评审委员会作出商评字〔2015〕第66491号《关于第1316126号图形商标无效宣告请求裁定书》(以下简称被诉裁定)，维持了诉争商标。达马公司不服，提起行政诉讼。北京知识产权法院一审认为，在没有在先署名的情况下，仅凭在后作品上的署名及在先商标的申请注册，尚不具备推定其为在先著作权人的前提条件，更不能以此推定其为在先著作权人，故达马公司主张诉争商标的注册损害了其在先著作权依据不足。据此，判决驳回达马公司的诉讼请求。达马公司不服，提起上诉。北京市高级人民法院二审认为，在无相反证据的情况下，可以依据达马公司所提交的诉争商标申请日之后的著作权登记证书，认定其享有"鲨鱼"图形的著作权。该著作权登记证书所载创作完成时间与达马公司提交的意大利共和国商标注册证的登记时间互相印证，故可认定该作品创作完成的时间早于诉争商标申请日。综合考虑达马公司在诉争商标申请日前即在中国大陆申请注册含"鲨鱼"图形的引证商标的事实，以及诉争商标中"鲨鱼"图形与达马公司主张著作权的"鲨鱼"图形完全相同的事实，可以认定伊久亮公司申请注册诉争商标侵害了达马公司对该"鲨鱼"图形享有的在先著作权。据此，判决撤销了一审判决及被诉裁定，判令商标评审委员会重新作出裁定。伊久亮公司不服，向最高人民法院申请再审。

最高人民法院经审查认为，因我国实行作品自愿登记制度，著作权登记机关在制作、颁发著作权登记证书时不对所登记内容进行实质审查，故当著作权登记时间晚于诉争商标申请日时，仅凭著作权登记证书尚不足以认定登记的著作权人在诉争商标申请日之前即享有著作权。但除诉争商标申请日之后的著作权登记证书外，达马公司还提交了诉争商标申请日之前的意大利商标注册证和引证商标注册证，参照《商标授权确权规定》第19条第3款之规定，商标注册证可以作为确定商标申请人为有权主张商标标志著作权的利害关系人的初步证据。本案中，鉴于伊久亮公司、商标评审委员会均未提交相反证据，故应认定达马公司有权主张涉案"鲨鱼"图形的著作权。伊久亮公司关于达马公司无权主张该图形著作权的主张，缺乏依据，不能成立。综上，最高人民法院于2017年10月27日裁定驳回伊久亮公司的再审申请。

【案　　号】（2017）最高法行申7174号

【审理法院】最高人民法院

【来　　源】《最高人民法院知识产权案件年度报告（2017）》

五、杰杰有限公司与国家工商行政管理总局商标评审委员会、金华市百姿化妆品有限公司商标异议复审行政纠纷申请再审案

关键词：商标　异议程序　在先著作权　证据审查认定

裁判摘要：对于当事人是否享有在先著作权，需要综合考量相关证据予以认定。在著作权登记证明晚于诉争商标申请日时，可以结合商标注册证、包含商标标志的网站页面、记载作品创作过程的报刊内容、产品实物、著作权转让证明等证据，在确认相关证据相互印证，已形成完整的证据链时，可以认定当事人对该商标标志享有在先著作权。

基本案情：在再审申请人杰杰有限公司（以下简称杰杰公司）与被申请人国家工商行政管理总局商标评审委员会（以下简称商标评审委员会）、一审第三人金华市百姿化妆品有限公司（以下简称百姿公司）商标异议复审行政纠纷案中，百姿公司于2006年2月20日申请注册第5165219号“TOOFACED及图”商标（以下简称被异议商标），指定使用在第3类化妆品、清洁制剂、指甲油、香皂、香水成套化妆用具等商品上。经初步审定公告后，杰杰公司在法定异议期内对被异议商标提出异议，认为其在中国大陆地区对“”（ENVYDOTLOGO，以下简称羡慕标志）作品享有在先著作权，被异议商标侵犯了其在先著作权。国家工商行政管理总局商标局（以下简称商标局）裁定对被异议商标予以核准注册。杰杰公司不服，提出异议复审申请。商标评审委员会作出商评字〔2013〕第19020号《关于第5165219号“TOO FACED及图”商标异议复审裁定书》（以下简称被诉裁定），裁定被异议商标予以核准注册。杰杰公司不服，提起行政诉讼。北京市第一中级人民法院一审以杰杰公司提供的作品登记证书、登记证明、作品存档证明、著作权转让证明等证据均晚于被异议商标申请注册日，羡慕标志的美国商标注册证明等证据对于著作权而言证明力不足等理由，认定杰杰公司提供的证据不足以证明在被异议商标申请日之前，其在中国大陆地区对羡慕标志作品享有著作权。据此判决驳回杰杰公

司的诉讼请求。杰杰公司不服，提起上诉。北京市高级人民法院二审判决驳回上诉、维持原判。杰杰公司不服，向最高人民法院申请再审。在再审审查及审理程序中，杰杰公司补充提交了羡慕标志作品前身“ENVY”系列作品的《美国著作权登记证书》、包含有杰杰公司网站（toofaced.com）过去特定时间页面的公证书、2004年12月6日美国《橘子郡商业报》、杰杰公司2005年部分产品实物及照片等证据。

最高人民法院经审查认为，虽然杰杰公司在一审期间提交的作品登记证书、登记证明、作品存档证明、著作权转让证明等证据均形成于2014年，但杰杰公司向最高人民法院提交的羡慕标志作品前身“ENVY”系列作品的《美国著作权登记证书》，可以证明杰罗德·布兰丁于1997年将羡慕标志作品的前身ENVY作品向美国版权局进行登记。杰杰公司网站过去特定时间页面的相关内容表明，该公司至迟于2001年已使用涉案羡慕标志作品。2004年12月6日美国《橘子郡商业报》中关于杰罗德·布兰丁的采访报道，不仅提及杰罗德·布兰丁对羡慕标志作品的创作过程，包括设计了一个夸张的曲线型女性轮廓剪影，而且该报还刊登了带有羡慕标志作品的TOO FACED品牌化妆品照片。杰杰公司2005年推出的部分产品实物表明，其多款化妆品包装盒上使用了羡慕标志作品。杰杰公司除在该公司网站及有关产品包装上就著作权保留作出声明之外，还专门指明相关作品系杰罗德·布兰丁为杰杰公司独家创作。尽管前述著作权保留声明是笼统针对网页或产品包装，但羡慕标志作品作为其中的重要内容，应当包括在前述声明的内容之中。羡慕标志的美国商标注册证亦可明确表明，含有羡慕标志的涉案商标图形至迟于2005年11月前已形成。在没有相反证据的情况下，前述证据与杰杰公司在原审期间提交的羡慕标志作品《美国著作权登记证明》、作品存档证明、著作权转让证明等证据相结合，能够证明杰罗德·布兰丁为羡慕标志作品的作者，亦可以证明其在创作完成羡慕标志作品后将其依法享有的相关著作权让与杰杰公司进行商业使用的事实，发生在被异议商标2006年2月20日申请注册之前。杰杰公司关于被异议商标的申请注册损害其在先著作权的主张，具有事实和法律依据。综上，最高人民法院裁定提审本案，并于2017年12月21日判决撤销一审、二审判决及被诉裁定，商标评审委员会重新作出复审裁定。

【案　　号】（2017）最高法行再35号

【审理法院】最高人民法院

【来　　源】《最高人民法院知识产权案件年度报告（2017）》

六、迈克尔·杰弗里·乔丹与国家工商行政管理总局商标评审委员会、乔丹体育股份有限公司商标争议行政纠纷申请再审案

关键词：商标　争议程序　肖像权　可识别性

裁判摘要：肖像权所保护的“肖像”应当具有可识别性，其中应当包含足以使社会公众识别其所对应的权利主体，即特定自然人的个人特征，从而能够明确指代该特定的权利主体。

基本案情：在再审申请人迈克尔·杰弗里·乔丹（以下简称迈克尔·乔丹）与被申请人国家工商行政管理总局商标评审委员会（以下简称商标评审委员会）、一审第三人乔丹体育股份有限公司（以下简称乔丹公司）商标争议行政纠纷案中，涉及乔丹公司的第6020570号“”图形商标（以下简称涉案商标），核定使用在国际分类第28类的游戏机、木偶、玩具等商品上，商标注册号为6020570。迈克尔·乔丹主张该商标含有其特定篮球运动形象，易使相关公众将之与其相联系，损害了其在先肖像权，故依据《商标法》第31条的规定针对涉案商标提起撤销申请。商标评审委员会认为，涉案商标图形部分为运球人物剪影，动作形象较为普通，并不具有特定指向性，难以认定该图形与迈克尔·乔丹存在一一对应关系，故作出商评字〔2014〕第52052号《关于第6020570号图形商标争议裁定书》（以下简称被诉裁定），裁定诉争商标予以维持。迈克尔·乔丹不服，提起行政诉讼。北京市第一中级人民法院一审判决驳回其诉讼请求。迈克尔·乔丹不服，提起上诉。北京市高级人民法院二审判决驳回上诉，维持原判。迈克尔·乔丹不服，向最高人民法院申请再审，并提交了其在相关期刊上登载的其本人持球运动照片，并主张涉案商标标识“”与照片中其运动形象的身体轮廓基本一致，损害其肖像权。

最高人民法院经审查认为，肖像权所保护的“肖像”是对特定自然人体貌特征的视觉反映，社会公众通过“肖像”识别、指代其所对应的自然人，并能够据此将该自然人与他人相区分。根据肖像权以及肖像的性质，肖像权所保护的“肖像”应当具有可识别性，其中应当包含足以使社会公众识别其所对应的权利主体，即特定自然人的个人特征，从而能够明确指代其所对应的权利主体。如果请求肖像权保护的标识不具有可识别性，不能明确指代特定自然人，则难以在该标识上形成依法应予保护，且归属于特定自然人的人格尊严或人格利益。从社会公众的认知习惯和特点来看，自然人的面部特征是其体貌特征中

最为主要的个人特征，一般情况下，社会公众通过特定自然人的面部特征就足以对其进行识别和区分。如果当事人主张肖像权保护的标识并不具有足以识别的面部特征，则应当提供充分的证据，证明该标识包含了其他足以反映其所对应的自然人的个人特征，具有可识别性，使得社会公众能够认识到该标识能够明确指代该自然人。关于迈克尔·乔丹在本案中主张的肖像权。照片中的迈克尔·乔丹运动形象清晰反映了其面部特征、身体形态、球衣号码等个人特征，社会公众据此能够清楚无误地识别该照片中的自然人为迈克尔·乔丹，故迈克尔·乔丹就照片中的运动形象享有肖像权。关于涉案商标标识“”，虽然该标识与照片中迈克尔·乔丹运动形象的身体轮廓的镜像基本一致，但该标识仅仅是黑色人形剪影，除身体轮廓外，其中并未包含任何与迈克尔·乔丹有关的个人特征。并且，迈克尔·乔丹就该标识所对应的动作本身并不享有其他合法权利，其他自然人也可以作出相同或者类似的动作，该标识并不具有可识别性，不能明确指代迈克尔·乔丹。因此，迈克尔·乔丹不能就该标识享有肖像权，其有关涉案商标的注册损害其肖像权的主张不能成立。综上，最高人民法院于2017年12月27日裁定驳回迈克尔·乔丹的再审申请。

【案　　号】（2015）知行字第332号

【审理法院】最高人民法院

【来　　源】《最高人民法院知识产权案件年度报告（2017）》

七、拉科斯特股份有限公司与卡帝乐鳄鱼私人有限公司、国家工商行政管理总局商标评审委员会商标争议行政纠纷申请再审案

关键词：商标争议　在先使用　一定影响　抢先注册

裁判摘要：争议商标的申请注册构成以不正当手段抢先注册他人在先使用并有一定影响的商标，需要同时满足下列要件：在先使用商标具有一定影响；争议商标构成以不正当手段抢先注册，即争议商标申请人具有主观恶意，其明知或者应知在先使用并有一定影响的商标而予以抢注，但其举证证明没有利用在先使用商标商誉的除外；对在先使用并有一定影响的商标的保护限于相同或者类似商品或者服务。

基本案情：在再审申请人拉科斯特股份有限公司（以下简称拉科斯特公司）与被申请人卡帝乐鳄鱼私人有限公司（鳄鱼国际机构私人有限公司的权利义务承受人，以下简称卡帝乐公司）、国家工商行政管理总局商标评审委员

会（以下简称商标评审委员会）商标争议行政纠纷案中，争议商标系拉科斯特公司于1994年10月19日申请的国际注册第638122号鳄鱼图形商标，引证商标系鳄鱼国际机构私人有限公司（以下简称鳄鱼国际公司）于1993年12月24日申请的第1331001号“CARTELO及图”商标。鳄鱼国际公司于2012年6月13日向商标评审委员会申请撤销争议商标，主要理由为：争议商标构成对引证商标的恶意模仿，违反了2001年修正的《商标法》第29条的规定。争议商标构成对鳄鱼国际公司在先使用并有一定影响的系列头朝左鳄鱼商标的抢注，违反了2001年《商标法》第31条规定。商标评审委员会作出第124819号裁定（以下简称被诉裁定）认为，争议商标与引证商标在构成元素、视觉效果等方面区别明显，相关公众施以一般注意力能够区分，两商标并存于市场不易使相关公众混淆。鳄鱼国际公司复审理由属于《商标法》第29条调整范围，不再适用《商标法》第31条进行评审。据此裁定争议商标予以维持。卡帝乐公司不服，提起行政诉讼。北京市第一中级人民法院认为，争议商标与引证商标在构成元素、整体视觉效果等方面差异较小，相关公众施以一般注意力不能够区分，且相关主体此前就市场划分达成的和解协议亦应得到尊重和遵守。故撤销被诉裁定，责令商标评审委员会重新作出裁定。拉科斯特公司不服，提起上诉。北京市高级人民法院维持一审判决。拉科斯特公司不服，向最高人民法院申请再审。

最高人民法院查明，1983年6月17日，鳄鱼国际公司的前身利生民公司与拉科斯特公司签订和解协议（即1983年和解协议）。根据协议载明内容，双方希望在本协议第1条所列国家或者地区（新加坡、印度尼西亚、马来西亚、文莱、我国台湾地区）开展合作；拉科斯特公司愿意付给利生民公司过去支付鳄鱼商标保护和防御费用的补偿金；双方同意表A和表B中所示其各自徽标，可在相关市场共存不致混淆等。拉科斯特公司与鳄鱼国际公司就1983年和解协议在新加坡国际仲裁中心进行了仲裁，仲裁庭于2011年8月15日作出的仲裁裁决认为，1983年和解协议并未要求协议任何一方同意对方在协议约定的五个国家或者地区之外的商标注册，且1983年和解协议本身也不构成这种同意。

最高人民法院再审认为，争议商标的申请注册构成以不正当手段抢先注册他人在先使用并有一定影响的商标，需要同时满足下列要件：一是在先使用商标具有一定影响；二是争议商标构成以不正当手段抢先注册，即争议商标申请人具有主观恶意，其明知或者应知在先使用并有一定影响的商标而予以抢注，但其举证证明没有利用在先使用商标商誉的除外；三是对在先使用并有一定影响的商标的保护限于相同或者类似商品或者服务。本案中，争议商标的注册未违反《商标法》第31条关于不得以不正当手段抢先注册他人已经使用并有一定影响的商标的规定。首先，卡帝乐公司提交的使用证据不足以证明其主张的在先使用商标具有一定影响。1994年仅开设了一家位于上海的卡帝乐鳄鱼品牌专卖店；卡帝乐公司主张1995年在中国开设了85家卡帝乐鳄鱼品牌专卖店，但仅提供了其自制的统计表，并没有其他证据予以佐证，即使开设85家专卖店属实，也不能保证上述专卖店是在争议商标向中国申请延伸保护即1995年3月23日之前开设；其他使用证据均是相关报纸上的广告宣传，而且基本是开设第一家卡帝乐鳄鱼品牌专卖店的广告。其次，拉科斯特公司申请争议商标没有利用卡帝乐公司主张的在先使用鳄鱼图形商标商誉的主观恶意。拉科斯特公司于1979年5月12日在中国申请，并于1980年10月30日获准注册第141103号鳄鱼图形商标，而且，拉科斯特公司在先注册的鳄鱼图形商标曾于1994年被认定为驰名商标。本案争议商标是对第141103号鳄鱼图形商标的基本水平镜像反转，符合在争议商标指定的服装、鞋等商品上注册和使用左右朝向不同的图形商标的惯常方式。争议商标与卡帝乐公司主张的在先使用未注册鳄鱼商标相比，虽然头部朝向相同，但具体形态并不一致，而且拉科斯特公司在先注册的第141103号鳄鱼图形商标知名度较高，卡帝乐公司主张的在先使用未注册商标未达到一定影响。在此情况下，拉科斯特公司申请注册争议商标不存在利用卡帝乐公司主张的在先使用未注册商标商誉的因素。最后，卡帝乐公司主张的在先使用未注册商标行为难谓善意正当。在争议商标申请日之前，鳄鱼国际公司的前身利生民公司与拉科斯特公司在日本已经因鳄鱼商标产生过争议，后来双方达成了不适用中国大陆地区的1983年和解协议。1993年10月4日商标局作出（1993）标申驳字第3963号商标核驳通知书，鳄鱼国际公司在第25类鞋等商品上申请注册的“鳄鱼”商标因与拉科斯特公司在类似商品上已注册的第552436号“鳄鱼”商标文字相同，被通知驳回。1993年11月2日《新民晚报》关于开设在上海的第一家卡帝乐鳄鱼品牌专卖店的广告报道突出使用了“真正的‘鳄鱼’来了”的字样。上述事实表明鳄鱼国际公司明知或者至少应知拉科斯特公司在中国在先申请注册或者使用了鳄鱼图形商标。在这种情况下，鳄鱼国际公司仍然使用头朝左鳄鱼图形商标，其使用行为难谓善意正当。根据拉科斯特公司提交的卡帝乐公司近期使用鳄鱼商标的证据，卡帝乐公司在其阿里巴巴平台店铺和卡帝乐鳄鱼品牌专卖店使用头朝左鳄鱼图形商标以及使用与法国国旗颜色排列一致的蓝、白、红三色鳄鱼平面模型等行为，更加表明卡帝乐公司主观上具有使其鳄鱼商标与拉科斯特公司的鳄鱼商标相混淆或者产生特定联系的意图。综上，最高人民法院裁定提审本案，于2018年11月29日判决撤销一、二审判决，维持被诉裁定。

【案　　号】（2018）最高法行再134号

【审理法院】最高人民法院

【来　　源】《最高人民法院知识产权案件年度报告（2018）》

八、广州市希力电子科技有限公司、济南千贝信息科技有限公司与上海波克城市网络科技股份有限公司、国家工商行政管理总局商标评审委员会商标异议复审行政纠纷申请再审案

关键词：商标　异议程序　一定影响　合法性

裁判摘要：商标虽然具有在先使用行为，但违反行业监管制度、行政审批要求，上述情形对于判断在先使用行为是否产生了“一定影响”，具有消极作用。

基本案情：在再审申请人广州市希力电子科技有限公司（以下简称希力公司）、济南千贝信息科技有限公司（以下简称千贝公司）与被申请人上海波克城市网络科技股份有限公司（以下简称波克公司）、二审被上诉人国家工商行政管理总局商标评审委员会（以下简称商标评审委员会）商标异议复审行政纠纷案中，波克公司于2011年3月29日向国家工商行政管理总局商标局（以下简称商标局）提出第9274903号“捕鱼达人”商标（以下简称被异议商标）的注册申请，指定使用在第42类“计算机软件设计、计算机软件更新、技术研究、包装设计、无形资产评估”等服务上，并于2012年1月6日获得初步审定并公告。希力公司和千贝公司向商标局提出异议，主张其在游戏软件上在先使用的“捕鱼达人”商标具有一定影响，波克公司的不正当抢注行为违反了2001年修正的《商标法》第31条规定。商标局裁定被异议商标予以核准注册。希力公司和千贝公司不服，提起异议复审。商标评审委员会作出第58749号裁定，裁定被异议商标在“计算机软件设计、更新”服务上不予核准注册，在“技术研究”等其他服务上予以核准注册。波克公司不服，提起行政诉讼。

北京市第一中级人民法院判决维持第58749号裁定。波克公司不服，提起上诉。北京市高级人民法院二审认为，即便不考虑希力公司在先使用商标的经营活动是否符合行政管理方面的有关规定，希力公司和千贝公司的证据也不足以证明在先使用商标具有一定知名度。据此判决撤销一审判决和第58749号裁定，责令商标评审委员会重新作出裁定。希力公司和千贝公司不服，向最高人民法院申请再审。

最高人民法院再审认为，希力公司的证据不足以证明其在先使用的"捕鱼达人"具有一定影响，理由如下：希力公司于2009年12月1日取得其开发的捕鱼达人游戏软件V1.0的计算机软件著作权登记证书，该证据尚不能证明希力公司在对外经营中将"捕鱼达人"作为商标使用；希力公司的"捕鱼达人"游戏产品虽然荣获2009年度中国游戏行业优秀游戏产品"金手指奖"，但是根据波克公司在再审程序中提交的证据7–8有关"金手指奖"的评选条件和希力公司提交的"捕鱼达人"游戏软件销售发票，销售时间为2009年的销售发票仅有一张，可见，希力公司的"捕鱼达人"游戏软件在评奖时尚不满足已经对外销售并产生较好的经济效益的要求，因此该"金手指奖"并不能直接证明希力公司使用的"捕鱼达人"在相关公众中的知名度；希力公司于2009年和2010年销售"捕鱼达人"游戏软件的增值税发票开具的对象共有九家，购买主体并不多，而且将近97%是开具给希力公司的子公司威康公司和另一家公司金龙公司；《电子乐园·电玩风云》的内容不符合国家行政主管部门对该杂志的审批要求，《澳门国际电玩》本身属于我国澳门特别行政区出版杂志，上述两本杂志的性质使其不同于在我国大陆地区出版且符合国家行政主管部门审批要求的杂志，不足以证明希力公司使用的"捕鱼达人"在相关公众中具有一定影响；希力公司提供的销售发票载明的货物名称虽然是"捕鱼达人"游戏软件，但其获奖的却是"捕鱼达人"游戏产品，其在提交的书面意见中也称其从2009年7月开始销售"捕鱼达人"游戏机，游戏机在我国受到严格的市场监管即实行市场准入制度，根据文化部相关通知要求，娱乐场所应当根据文化部文化市场司发布的《游戏游艺机市场准入机型机种指导目录》选择游戏产品，希力公司销售的"捕鱼达人"游戏机本身不在上述指导目录中，这也在相当程度上影响了相关公众对希力公司"捕鱼达人"游戏机的知悉程度。此外，"捕鱼达人"等捕鱼游戏是从日本世嘉公司引入我国的游戏，2009年初在我国的娱乐场所已经有名称为"捕鱼达人"的游戏机，这也弱化了相关公众将"捕鱼达人”与希力公司进行联系的程度。综合考虑以上因素，希力公司提供的证据不足以证明其在被异议商标申请日即 2011 年 3 月 29 日之前使用的“捕鱼达人”已经具有一定影响。综上，最高人民法院裁定提审本案，在进一步查明事实的基础上，于 2018 年 10 月 19 日判决维持二审判决。

【案　　号】（2016）最高法行再 96 号

【审理法院】最高人民法院

【来　　源】《最高人民法院知识产权案件年度报告（2018）》

第三十三条 对初步审定公告的商标，自公告之日起三个月内，在先权利人、利害关系人认为违反本法第十三条第二款和第三款、第十五条、第十六条第一款、第三十条、第三十一条、第三十二条规定的，或者任何人认为违反本法第四条、第十条、第十一条、第十二条、第十九条第四款规定的，可以向商标局提出异议。公告期满无异议的，予以核准注册，发给商标注册证，并予公告。

关联规定

法律、行政法规、司法解释

《中华人民共和国商标法实施条例》

第二十四条 对商标局初步审定予以公告的商标提出异议的，异议人应当向商标局提交下列商标异议材料一式两份并标明正、副本：

（一）商标异议申请书；

（二）异议人的身份证明；

（三）以违反商标法第十三条第二款和第三款、第十五条、第十六条第一款、第三十条、第三十一条、第三十二条规定为由提出异议的，异议人作为在先权利人或者利害关系人的证明。

商标异议申请书应当有明确的请求和事实依据，并附送有关证据材料。

第二十五条 商标局收到商标异议申请书后，经审查，符合受理条件的，予以受理，向申请人发出受理通知书。

第二十六条 商标异议申请有下列情形的，商标局不予受理，书面通知申请人并说明理由：

（一）未在法定期限内提出的；

（二）申请人主体资格、异议理由不符合商标法第三十三条规定的；

（三）无明确的异议理由、事实和法律依据的；

（四）同一异议人以相同的理由、事实和法律依据针对同一商标再次提出异议申请的。

第二十七条 商标局应当将商标异议材料副本及时送交被异议人，限其自收到商标异议材料副本之日起 30 日内答辩。被异议人不答辩的，不影响商标局作出决定。

当事人需要在提出异议申请或者答辩后补充有关证据材料的，应当在商标异议申请书或者答辩书中声明，并自提交商标异议申请书或者答辩书之日起 3 个月内提交；期满未提交的，视为当事人放弃补充有关证据材料。但是，在期满后生成或者当事人有其他正当理由未能在期满前提交的证据，在期满后提交的，商标局将证据交对方当事人并质证后可以采信。

条文释义

一、本条主旨

本条是关于商标异议程序和核准注册的规定。

二、条文演变

1982 年《商标法》第 19 条规定：“对初步审定的商标，自公告之日起三个月内，任何人均可以提出异议。无异议或者经裁定异议不能成立的，始予核准注册，发给商标注册证，并予公告；经裁定异议成立的，不予核准注册。”2001 年《商标法》将该条改为第 30 条，将“无异议或者经裁定异议不能成立的，始予核准注册，发给商标注册证，并予公告；经裁定异议成立的，不予核准注册”修改为“公告期满无异议的，予以核准注册，发给商标注册证，并予公告”。2013 年《商标法》将该条改为第 33 条，修改为“对初步审定公告的商标，自公告之日起三个月内，在先权利人、利害关系人认为违反本法第十三条第二款和第三款、第十五条、第十六条第一款、第三十条、第三十一条、第三十二条规定的，或者任何人认为违反本法第十条、第十一条、第十二条规定的，可以向商标局提出异议。公告期满无异议的，予以核准注册，发给商标注册证，并予公告”。2019 年《商标法》将该条修改为“对初步审定公告的商标，自公告之日起三个月内，在先权利人、利害关系人认为违反本法第十三条第二款和第三款、第十五条、第十六条第一款、第三十条、第三十一条、第三十二条规定的，或者任何人认为违反本法第四条、第十条、第十一条、第十二条、第十九条第四款规定的，可以向商标局提出异议。公告期满无异议的，予以核准注册，发给商标注册证，并予公告”。

三、条文解读

异议是指社会公众对初步审定予以公告的商标，提出反对注册的意见。即国家知识产权局受理商标注册申请后，根据本法的规定进行审查，将符合注册条件的商标注册申请予以公告，让社会公众对该商标的注册提出意见。规定异议程序的意义在于，给社会公众提供对商标注册提出意见的机会，从而通过社会的力量保证商标注册审查工作的质量，也有利于将可能出现的商标争议在商标确权的阶段即加以解决。

（一）关于异议理由和异议主体

本条规定对提出异议的主体根据异议理由作了区分，将以侵犯在先权利为由提出异议的主体限定为在先权利人或者利害关系人。即针对可能违反本法第13条第2款和第3款（驰名商标保护）、第15条（禁止他人抢注）、第16条第1款（地理标志保护）、第30条（与在先商标相同或者近似）、第31条（初审公告申请在先商标，同一天申请初审公告使用在先商标）第32条（不得损害在先权利、不得当手段抢注他人已经使用并有一定影响的商标）的规定，仅能由在先权利人或者利害关系人提出异议。对违反本法第4条（不以使用为目的恶意商标注册）、第10条（关于商标禁用标志）、第11条（因不具有显著特征不得注册）、第12条（关于三维标志不得注册的情形）、第19条第4款（商标代理机构对其代理服务申请商标注册外，不得申请注册其他商标）等有关绝对拒绝注册理由，任何人都可以提出异议。

（二）审查部门和异议提出时间

按照本条规定，异议审查部门是作为商标审查机关的商标局（现为国家知识产权局）。关于异议期，考虑到既需要让在先权利人、利害关系人、社会公众有充分的提出意见的时间，也考虑到不能使异议期太长、影响商标获得注册的时间，本条规定，异议期为3个月，3个月的公告期限应从初审公告之日起算。公告期满没有异议的，国家知识产权局应对公告商标核准注册，发给商标注册证，并予公告。经核准注册的商标为注册商标，商标注册申请人对其享有商标专用权。当然，注册为注册商标后，如果国家知识产权局、社会公众发现该商标存在绝对不予注册理由情形，或者在先权利人或利害关系人发现该商标存在相对不予注册理由情形的，仍然可以根据本法规定通过无效程序对其予以纠正。①

适用指引

本条通常涉及商标行政主管机关对相关异议申请的审查，关键在于根据异议理由审查异议主体是否符合法律规定，以及是否符合法定期限。

① 参见郎胜主编：《中华人民共和国商标法释义》，法律出版社2013年版，第68~69页。

第三十四条 对驳回申请、不予公告的商标，商标局应当书面通知商标注册申请人。商标注册申请人不服的，可以自收到通知之日起十五日内向商标评审委员会申请复审。商标评审委员会应当自收到申请之日起九个月内做出决定，并书面通知申请人。有特殊情况需要延长的，经国务院工商行政管理部门批准，可以延长三个月。当事人对商标评审委员会的决定不服的，可以自收到通知之日起三十日内向人民法院起诉。

关联规定

部门规章及规范性文件

《商标评审规则》

第二条 根据商标法及实施条例的规定，国家工商行政管理总局商标评审委员会（以下简称商标评审委员会）负责处理下列商标评审案件：

（一）不服国家工商行政管理总局商标局（以下简称商标局）驳回商标注册申请决定，依照商标法第三十四条规定申请复审的案件；

（二）不服商标局不予注册决定，依照商标法第三十五条第三款规定申请复审的案件；

（三）对已经注册的商标，依照商标法第四十四条第一款、第四十五条第一款规定请求无效宣告的案件；

（四）不服商标局宣告注册商标无效决定，依照商标法第四十四条第二款规定申请复审的案件；

（五）不服商标局撤销或者不予撤销注册商标决定，依照商标法第五十四条规定申请复审的案件。

在商标评审程序中，前款第（一）项所指请求复审的商标统称为申请商标，第（二）项所指请求复审的商标统称为被异议商标，第（三）项所指请求无效宣告的商标统称为争议商标，第（四）、（五）项所指请求复审的商标统称为复审商标。本规则中，前述商标统称为评审商标。

条文释义

一、本条主旨

本条是关于驳回申请、不予公告商标的处理程序的规定。

二、条文演变

1982年《商标法》第21条规定，对驳回申请、不予公告的商标，商标局应当书面通知申请人。申请人不服的，可以在收到通知15天内申请复审，由商标评审委员会做出终局决定，并书面通知申请人。1993年《商标法》对该条未作变动。2001年《商标法》将该条的条文序号修改为第32条，将第1款修改为“对驳回申请、不予公告的商标，商标局应当书面通知商标注册申请人。商标注册申请人不服的，可以自收到通知之日起十五日内向商标评审委员会申请复审，由商标评审委员会做出决定，并书面通知申请人”，并增加了第2款“当事人对商标评审委员会的决定不服的，可以自收到通知之日起三十日内向人民法院起诉”。2013年《商标法》将该条的条文序号修改为第34条，对商标评审委员会作出决定的时间限定为“自收到申请之日起九个月内”，同时，第2款在原规定的前面增加“有特殊情况需要延长的，经国务院工商行政管理部门批准，可以延长三个月”。2019年《商标法》予以沿用。

三、条文解读

本条主要对商标评审委员会的复审期限，以及特殊情况下的延长期限作了规定。

（一）对驳回申请、不予公告的商标，商标局应当以书面形式通知商标注册申请人

即对不符合注册条件的商标注册申请，商标局应当发给商标注册申请人《驳回通知书》，而不能以口头形式通知。之所以规定必须以书面形式通知商标注册申请人，主要是考虑到驳回申请、不予公告的决定对申请人的权益影响较

大，规定书面形式更为慎重，也有利于在后续复审程序中作为依据。

（二）申请复审

商标注册申请人对商标局的驳回决定不服的，可以自收到通知之日起15日内申请复审。进行复审后，应当将复审决定以书面形式通知申请人，而不能以口头形式通知。复审期限为9个月，即国家知识产权局应当自收到复审申请之日起9个月内作出复审决定。有特殊情况需要延长的，经国务院工商行政管理部门批准，可以延长3个月。明确复审期限，有利于更快地确定涉及有关商标的权利状态，维护当事人之间权利义务关系的稳定性。

（三）向人民法院起诉

当事人对复审决定不服的，可以自收到通知之日起30日内向人民法院起诉。赋予当事人司法救济途径，是我国业已加入的《与贸易有关的知识产权协定》规定的要求，也有利于更好地保护当事人的合法权益。[①]

① 参见郎胜主编：《中华人民共和国商标法释义》，法律出版社2013年版。

第三十五条　对初步审定公告的商标提出异议的，商标局应当听取异议人和被异议人陈述事实和理由，经调查核实后，自公告期满之日起十二个月内做出是否准予注册的决定，并书面通知异议人和被异议人。有特殊情况需要延长的，经国务院工商行政管理部门批准，可以延长六个月。

商标局做出准予注册决定的，发给商标注册证，并予公告。异议人不服的，可以依照本法第四十四条、第四十五条的规定向商标评审委员会请求宣告该注册商标无效。

商标局做出不予注册决定，被异议人不服的，可以自收到通知之日起十五日内向商标评审委员会申请复审。商标评审委员会应当自收到申请之日起十二个月内做出复审决定，并书面通知异议人和被异议人。有特殊情况需要延长的，经国务院工商行政管理部门批准，可以延长六个月。被异议人对商标评审委员会的决定不服的，可以自收到通知之日起三十日内向人民法院起诉。人民法院应当通知异议人作为第三人参加诉讼。

商标评审委员会在依照前款规定进行复审的过程中，所涉及的在先权利的确定必须以人民法院正在审理或者行政机关正在处理的另一案件的结果为依据的，可以中止审查。中止原因消除后，应当恢复审查程序。

关联规定

法律、行政法规、司法解释

1.《中华人民共和国商标法》

第四十四条　已经注册的商标，违反本法第四条、第十条、第十一条、第十二条、第十九条第四款规定的，或者是以欺骗手段或者其他不正当手段取得注册的，由商标局宣告该注册商标无效；其他单位或者个人可以请求商标评审委员会宣告该注册商标无效。

商标局做出宣告注册商标无效的决定，应当书面通知当事人。当事人对商标局的决定不服的，可以自收到通知之日起十五日内向商标评审委员会申请复审。商标评审委员会应当自收到申请之日起九个月内做出决定，并书面通知当事人。有特殊情况需要延长的，经国务院工商行政管理部门批准，可以延长三个月。当事人对商标评审委员会的决定不服的，可以自收到通知之日起三十日内向人民法院起诉。

其他单位或者个人请求商标评审委员会宣告注册商标无效的，商标评审委员会收到申请后，应当书面通知有关当事人，并限期提出答辩。商标评审委员会应当自收到申请之日起九个月内做出维持注册商标或者宣告注册商标无效的裁定，并书面通知当事人。有特殊情况需要延长的，经国务院工商行政管理部门批准，可以延长三个月。当事人对商标评审委员会的裁定不服的，可以自收到通知之日起三十日内向人民法院起诉。人民法院应当通知商标裁定程序的对方当事人作为第三人参加诉讼。

第四十五条 已经注册的商标，违反本法第十三条第二款和第三款、第十五条、第十六条第一款、第三十条、第三十一条、第三十二条规定的，自商标注册之日起五年内，在先权利人或者利害关系人可以请求商标评审委员会宣告该注册商标无效。对恶意注册的，驰名商标所有人不受五年的时间限制。

商标评审委员会收到宣告注册商标无效的申请后，应当书面通知有关当事人，并限期提出答辩。商标评审委员会应当自收到申请之日起十二个月内做出维持注册商标或者宣告注册商标无效的裁定，并书面通知当事人。有特殊情况需要延长的，经国务院工商行政管理部门批准，可以延长六个月。当事人对商标评审委员会的裁定不服的，可以自收到通知之日起三十日内向人民法院起诉。人民法院应当通知商标裁定程序的对方当事人作为第三人参加诉讼。

商标评审委员会在依照前款规定对无效宣告请求进行审查的过程中，所涉及的在先权利的确定必须以人民法院正在审理或者行政机关正在处理的另一案件的结果为依据的，可以中止审查。中止原因消除后，应当恢复审查程序。

2.《中华人民共和国商标法实施条例》

第二十八条 商标法第三十五条第三款和第三十六条第一款所称不予注册决定，包括在部分指定商品上不予注册决定。

被异议商标在商标局作出准予注册决定或者不予注册决定前已经刊发注册

公告的，撤销该注册公告。经审查异议不成立而准予注册的，在准予注册决定生效后重新公告。

条文释义

一、本条主旨

本条是关于商标异议处理程序的规定。

二、条文演变

本条内容最早规定在1982年《商标法》第22条，该条规定："对初步审定、予以公告的商标提出异议的，商标局应当听取异议人和申请人陈述事实和理由，经调查核实后，做出裁定。当事人不服的，可以在收到通知十五天内申请复审，由商标评审委员会做出终局裁定，并书面通知异议人和申请人。"1993年《商标法》对该条内容未作修改。

2001年《商标法》将该条内容进行了修改，调整为第33条，规定："对初步审定、予以公告的商标提出异议的，商标局应当听取异议人和被异议人陈述事实和理由，经调查核实后，做出裁定。当事人不服的，可以自收到通知之日起十五日内向商标评审委员会申请复审，由商标评审委员会做出裁定，并书面通知异议人和被异议人。""当事人对商标评审委员会的裁定不服的，可以自收到通知之日起三十日内向人民法院起诉。人民法院应当通知商标复审程序的对方当事人作为第三人参加诉讼。"

2013年《商标法》将上述规定修改为第35条，规定："对初步审定公告的商标提出异议的，商标局应当听取异议人和被异议人陈述事实和理由，经调查核实后，自公告期满之日起十二个月内做出是否准予注册的决定，并书面通知异议人和被异议人。有特殊情况需要延长的，经国务院工商行政管理部门批准，可以延长六个月。商标局做出准予注册决定的，发给商标注册证，并予公告。异议人不服的，可以依照本法第四十四条、第四十五条的规定向商标评审委员会请求宣告该注册商标无效。商标局做出不予注册决定，被异议人不服的，可以自收到通知之日起十五日内向商标评审委员会申请复审。商标评审委员会应当自收到申请之日起十二个月内做出复审决定，并书面通知异议人和被异议人。有特殊情况需要延长的，经国务院工商行政管理部门批准，可以延长六个月。被异议人对商标评审委员会的决定不服的，可以自收到通知之日起三十日内向人民法院起诉。人民法院应当通知异议人作为第三人参加诉讼。商标评审委员会在依照前款规定进行复审的过程中，所涉及的在先权利的确定必须以人民法院正在审理或者行政机关正在处理的另一案件的结果为依据的，可以中止审查。中止原因消除后，应当恢复审查程序。”

2019年《商标法》予以沿用。

三、条文解读

（一）条文内容的调整及变化

本条规定延续了2013年《商标法》第35条的内容，是在2001年《商标法》第33条的基础上所作的修改。2001年《商标法》第33条规定，对商标注册异议首先由商标局审查作出裁定；对商标局的异议裁定不服的，再由商标评审委员会进行复审，对复审决定不服的，还可以提起行政诉讼。与前述条文相比，本条规定作出了以下修改。

一是调整商标异议处理程序，现行条文删除了商标局对商标异议作出裁定的环节，规定商标局对商标注册异议进行调查核实后直接作出准予或者不准予注册的决定；对商标局认为异议成立、不予注册的，被异议人可以申请复审。

二是增加了商标局审理商标异议案件、商标评审委员会审理不予注册复审案件的时限。

三是增加了商标评审委员会审理不予注册复审案件的中止程序。

上述修改内容呈现出现有条文的以下变化。

一是调整并简化了商标异议处理程序，删除了商标局对商标异议进行审查作出裁定的环节，规定商标局对异议进行审查后直接作出准予或者不予注册的决定。

二是增加了商标局作出是否准予商标注册的期限，以及特殊情况下期限的延长。

三是增加了请求宣告注册商标无效程序，规定对商标局认为异议不成立，准予注册的，异议人可以请求宣告该注册商标无效；对无效宣告决定或者复审决定不服的，还可以依法提起行政诉讼。

四是增加了商标评审委员会对不予注册决定进行复审的期限，以及特殊情况下期限的延长。

五是增加了商标评审委员会可以在不予注册决定复审中中止审查的规定。

（二）条文修改背景及修法目的

商标异议处理程序的设置，有利于发挥在先权利人、利害关系人以及一般社会公众对商标注册的监督作用，保证商标注册的公平合法；同时，也有利于依法维护商标注册中各方当事人的合法权益。修改前的异议程序复杂、冗长，商标注册异议首先由商标局审查作出裁定，对商标局的裁定不服可以向商标评审委员会申请复审，对复审决定不服可以提起诉讼。实践中，商标局完成这样一次异议审查并作出裁定大约需要 20 个月，商标评审委员会对异议裁定不服完成复审大约需要 18 个月，有的甚至更长，导致实践中出现大量恶意异议现象，有人利用商标异议制度，无正当理由对竞争对手的商标申请提出异议，拖延对方获得商标注册的时间，有人甚至以提出商标异议为手段对他人进行勒索，一些申请人为避免陷入冗长的异议程序不得不向恶意异议人付钱来换取对方放弃异议。修改过程中，各方面一致认为应该进行修改、完善商标异议制度，缩短商标确权时间，简化异议程序，扼制恶意异议行为。修改后的内容有利于进一步提高商标注册的效率，更好地及时维护当事人的合法权益，既省略了对商标局异议裁定不服的复审、诉讼程序，又保障了异议人、被异议人获得救济的权利。

（三）条文内容解构

《商标法》的商标异议处理程序可以划分为四个环节。

1. 对初步审定公告的商标的异议处理程序

本条第 1 款对异议程序的处理作了以下规定。

（1）听取陈述、调查核实。即商标局应当听取异议人和被异议人陈述事实和理由。具体操作是商标局将异议人的《商标异议书》交被异议人，限其在规定期限内答辩，并对双方所陈述的事实和理由进行调查核实，然后作出异议成立或者不成立的裁定。

（2）在规定时限内作出是否准予注册的决定。商标局在听取异议人和被异议人陈述事实和理由后，应当自公告期满之日起 12 个月内作出是否准予注册的决定，并书面通知异议人和被异议人，有特殊情况需要延长的，经国务院工商行政管理部门批准，可以延长6个月。

2. 异议人对准予注册决定不服的处理程序

本条第2款对商标局作出准予注册决定后的程序作了规定，即发给被异议人商标注册证，并予以公告。异议人不服的，可以依照本法第44条、第45条的规定向商标评审委员会请求宣告该注册商标无效。

根据本法第44条的规定，已经注册的商标，违反本法第10条、第11条、第12条规定的，或者是以欺骗手段或者其他不正当手段取得注册的（绝对无效条款），由商标局宣告该注册商标无效；其他单位或者个人可以请求商标评审委员会宣告该注册商标无效。商标局作出宣告注册商标无效的决定，应当书面通知当事人。当事人对商标局的决定不服的，可以自收到通知之日起15日内向商标评审委员会申请复审，由商标评审委员会自收到复审申请之日起9个月内作出决定，并书面通知当事人。有特殊情况需要延长的，经国务院工商行政管理部门批准，可以延长3个月。当事人对商标评审委员会的决定不服的，可以自收到通知之日起30日内向人民法院起诉。

根据本法第45条的规定，已经注册的商标，违反本法第13条第2款和第3款、第15条、第16条第1款、第30条、第31条、第32条规定的（相对无效条款），自商标注册之日起5年内，在先权利人或者利害关系人可以请求商标评审委员会宣告该注册商标无效。对恶意注册的，驰名商标所有人不受5年的时间限制。商标评审委员会收到宣告注册商标无效的申请后，应当书面通知有关当事人，并限期提出答辩。商标评审委员会应当自收到申请之日起12个月内作出维持注册商标或者宣告注册商标无效的裁定，并书面通知当事人。有特殊情况需要延长的，经国务院工商行政管理部门批准，可以延长6个月。当事人对商标评审委员会的裁定不服的，可以自收到通知之日起30日内向人民法院起诉。人民法院应当通知商标裁定程序的对方当事人作为第三人参加诉讼。

3. 被异议人对不予注册决定不服的处理程序

本条第3款对商标局作出不予注册决定，被异议人不服如何处理作了规定。

根据这一规定，商标局作出不予注册决定，被异议人不服的，可以自收到通知之日起15日内向商标评审委员会申请复审。商标评审委员会应当自收到复审申请之日起12个月内作出复审决定，并书面通知异议人和被异议人。有特殊情况需要延长的，经国务院工商行政管理部门批准，可以延长6个月。被异议人对商标评审委员会的决定不服的，可以自收到通知之日起30日内向人民法院起诉。人民法院应当通知异议人作为第三人参加诉讼。之所以规定人民法院应当通知异议人作为第三人参加诉讼，主要是为了保证法院在审理中能够全面了解情况，法院不仅应当听取原告（被异议人）和被告（商标评审委员会）的陈述，还应当听取商标复审程序的对方当事人（异议人）的陈述，因为法院关于异议是否成立的判决与其有利害关系。而对于异议审查程序和不予注册决定复审审查时限的规定，主要目的是提高商标审查效率，规范行政行为。

4. 复审程序的中止

本条第4款有关复审程序的中止的规定，是2013年《商标法》新增加的一项重要内容。

在修法过程中，国家工商行政管理总局和有关专家提出，商标评审委员会审查的商标争议案件中，有些是当事人以侵犯其外观设计专利权、著作权等在先权利为由提起的，如果对所涉及的在先权利存在争议，正在人民法院审理或者有关行政机关处理过程中，商标评审委员会的审查程序需要中止，待人民法院或者有关行政机关对相关在先权利争议案件作出判决或者处理决定后，再恢复复审程序。为此，2013年《商标法》增加规定，商标评审委员会在对不予注册决定进行复审的过程中，所涉及的在先权利的确定必须以人民法院正在审理或者行政机关正在处理的另一案件的结果为依据的，可以终止审查。中止原因消除后，应当恢复审查程序。①

适用指引

本条在适用过程中要注意新旧法的衔接过程中“一事不再理”原则的适用。

原则上，针对同一程序事项，旧法规定与新法规定不一致的，对于新法生效前的行为，适用新法；针对同一实体事项，旧法规定与新法规定不一致的，对于新法生效前的行为，适用旧法。这种“程序从新、实体从旧”的法律适用

① 参见郎胜主编：《中华人民共和国商标法释义》，法律出版社2013年版。

方法仅仅是一般原则，在特定情况下可能存在例外。特别是，如果适用新的程序规定的结果将导致否定旧法之下已经确定形成的法律状态的有效性，并严重损害相关利害关系人的信赖利益，则新的程序规定不应适用。

本条对2001年《商标法》规定的商标异议程序进行了重大改革，简化了商标异议程序，对于商标局认定异议不成立而准予注册的商标，不再给予异议人申请异议复审的权利，而是允许异议人向商标评审委员会提出无效宣告请求。但是在新旧法的适用衔接上，实践中出现了"一事不再理"原则的认定困境。即如果案件事实跨越了新旧法实施过程，异议人曾经依据2001年《商标法》提起商标异议并经裁定的情况下再次申请宣告无效，是应适用2001年《商标法》第42条"一事不再理"原则，还是可以适用2014年《商标法实施条例》第62条的例外适用规则，异议人是否有权申请无效宣告？这些问题容易产生争议。

我们认为，对于这个问题需要深入讨论。在2001年《商标法》体系之下，由于商标法异议程序的处理是由商标局先对异议进行裁定，如当事人不服异议裁定，有权对该异议裁定申请复审，由商标评审委员会进行复审并作出复审决定。即已经给予了当事人充分的权利救济机会，如当事人未行使该救济权利，视同为异议裁定为终局裁定，已经发生法律效力，异议人不得以相同的事实和理由再次申请裁定；如已经过复审程序，复审决定亦为终局裁定，异议人亦不应再次以相同的事实和理由申请裁定。因此，2001年《商标法》第42条规定："对核准注册前已经提出异议并经裁定的商标，不得再以相同的事实和理由申请裁定。"此即2001年《商标法》体系下的"一事不再理"原则。

但在新法对异议程序作了调整之后，已经取消了异议裁定程序及复审程序，而是由商标局直接作出核准注册或不予注册的决定。为适应这一改革并保障异议人在异议不成功之后能够向商标评审委员会提出无效宣告请求，2013年《商标法》删除了2001年《商标法》第42条的规定，但在配套的《商标法实施条例》第62条中保留了"一事不再理"的相应规定。该条规定："申请人撤回商标评审申请的，不得以相同的事实和理由再次提出评审申请。商标评审委员会对商标评审申请已经作出裁定或者决定的，任何人不得以相同的事实和理由再次提出评审申请。但是，经不予注册复审程序予以核准注册后向商标评审委员会提起宣告注册商标无效的除外。"该条规定可谓新商标法体系下的"一事不再理"原则。与2001年《商标法》第42条相比，该条对"一事不再理”的适用范围有所限缩，将相关裁定或者决定的主体限于商标评审委员会，同时为“一事不再理”留出了例外适用空间。原因是，《商标法》修改后已经不存在异议人不服异议裁定的复审了，异议人只能提出宣告注册商标无效申请，而宣告注册商标无效申请的事实和理由很可能是在商标注册申请人提起的不予注册复审程序中原异议人已经提出的事实和理由，因此，必须明确，经不予注册复审程序予以核准注册后向商标评审委员会提起宣告注册商标无效的，不受“一事不再理”原则的限制，原异议人仍然可以以同样的事实和理由请求宣告注册商标无效。否则，由于修改后的《商标法》第35条规定并未赋予原异议人就商标局的不予注册复审决定提起诉讼，实质上等于剥夺了原异议人的救济权。

因此，对于上文中提到的争议问题，我们认为，《商标法实施条例》第62条规定的“一事不再理”规则的例外适用空间，应系针对案件程序始终适用新法的情形；而并未考虑案件程序跨越新旧法的情形。对于在2001年《商标法》下异议人已经向商标局提起商标异议并经裁定的情况，如果再适用2013年《商标法》及《商标法实施条例》第62条关于“一事不再理”的例外规定，允许异议人以相同的事实和理由再次向商标评审委员会请求启动无效宣告程序，则2001年《商标法》第42条下因异议人的行为而有效形成的稳定法律状态将被彻底否定。同时，对于争议商标权利人而言，异议人的商标异议或者异议复审申请经过裁定后，争议商标权利人根据2001年《商标法》已经形成了异议人不得再以相同的事实和理由挑战争议商标有效性的稳定预期，进而实施相应的市场行为并产生信赖，若允许异议人依据新法再以相同的事实和理由挑战争议商标有效性，则将严重损害争议商标权利人的信赖利益，对争议商标权利人难谓公平。因而，在此情况下不应再适用《商标法实施条例》第62条的规定，而应适用2001年《商标法》第42条的规定，认定构成“一事不再理”。

可见，2013年《商标法》修正时删除2001年《商标法》第42条的规定，并不意味着《商标法》彻底否定了旧法的“一事不再理”原则，也不意味着应该一律适用新法。在具体案件的处理过程中，须结合案情实际，客观认定应否适用旧法第42条“一事不再理”原则进行处理。

此外，有人认为，上述“一事不再理”原则的认定困境仅系一定历史阶段的产物，当新旧法衔接理顺之后，这个困境会自然消失，因此对这个问题未给予足够重视。这种看法是不妥当的。由于《商标法》第44条规定关于针对绝对无效条款申请无效宣告并无期限限制，而第45条规定针对相对无效条款申请无效宣告事由中，虽有5年的限制，但又存在驰名商标的例外规定，因而，无论新旧法律的衔接经过了多长时间，修正后的《商标法》无论已经实施了多久，只要异议申请未得到支持，原异议人都有可能再次依照新《商标法》申请宣告注册商标无效，同样会面临上述困境。实践中，曾有异议人在商标注册8年后依然申请宣告商标无效的情形。可见，“一事不再理”原则的正确适用，直至目前仍然是需要重视的问题。

第三十六条　法定期限届满，当事人对商标局做出的驳回申请决定、不予注册决定不申请复审或者对商标评审委员会做出的复审决定不向人民法院起诉的，驳回申请决定、不予注册决定或者复审决定生效。

经审查异议不成立而准予注册的商标，商标注册申请人取得商标专用权的时间自初步审定公告三个月期满之日起计算。自该商标公告期满之日起至准予注册决定做出前，对他人在同一种或者类似商品上使用与该商标相同或者近似的标志的行为不具有追溯力；但是，因该使用人的恶意给商标注册人造成的损失，应当给予赔偿。

条文释义

一、本条主旨

本条是关于商标局、商标评审委员会所作裁定生效的条件，以及对被异议商标核准注册的条件及其注册时间的计算等的规定。

二、条文演变

2001年《商标法》第34条规定，当事人在法定期限内对商标局做出的裁定不申请复审或者对商标评审委员会作出的裁定不向人民法院起诉的，裁定生效。经裁定异议不能成立的，予以核准注册，发给商标注册证，并予公告；经裁定异议成立的，不予核准注册。经裁定异议不能成立而核准注册的，商标注册申请人取得商标专用权的时间自初审公告3个月期满之日起计算。

2013年《商标法》对该条作了修改：（1）将条文序号由原来的第34条修改为第36条；（2）将原来第1款修改为法定期限届满，当事人对商标局作出的驳回申请决定、不予注册决定不申请复审或者对商标评审委员会做出的复审决定不向人民法院起诉的，驳回申请决定、不予注册决定或者复审决定生效；（3）删除了原第2款的规定；（4）将原来第3款修改为经审查异议不成立而准注册的商标，商标注册申请人取得商标专用权的时间自初步审定公告 3 个月期满之日起计算。自该商标公告期满之日起至准予注册决定作出前，对他人在同一种或者类似商品上使用与该商标相同或者近似的标志的行为不具有追溯力；但是，因该使用人的恶意给商标注册人造成的损失，应当给予赔偿。

2019 年《商标法》予以沿用。

三、条文解读

本条规定在 2001 年《商标法》第 34 条规定的基础上作出修改。主要是增加了有关经审查异议不成立而准予注册的商标，自该商标公告期满之日起至准予注册决定作出前，对他人在同一种或者类似商品上使用与该商标相同或者近似的标志的行为不具有追溯力；但是，因该使用人的恶意给商标注册人造成的损失，应当给予赔偿的规定。

（一）驳回申请决定、不予注册决定或者复审决定的生效

根据《商标法》第 34 条、第 35 条等有关条文的规定，当事人对商标局的裁定不服，向商标评审委员会提出复审的法定期限为 15 日，当事人对商标评审委员会的裁定不服向人民法院起诉的法定期限为 30 日。为当事人提供复审、诉讼的程序，可以更好地保护当事人的权益。根据本条第 1 款的规定，当事人在上述法定期限内对商标局作出的驳回申请决定、不予注册决定不申请复审，或者在法定期限内对商标评审委员会作出的复审决定不向人民法院起诉的，商标局作出的驳回申请决定、不予注册决定，以及商标评审委员会作出的复审决定立即生效。即超过法定期限，当事人就丧失了复审权、起诉权。

（二）经裁定异议不能成立而核准注册的注册时间的计算

在先权利人、利害关系人以及其他社会公众对初步审定公告的商标依法提出异议后，商标局要调查核实，作出裁定。当事人对裁定不服的，可以在法定期限内向商标评审委员会申请复审，对复审裁定不服的，可以在法定期限内向人民法院起诉。对人民法院的一审裁判不服的，还可以上诉。从各个环节的程序来讲，都需要花费一定的时间。因此，待异议不成立的裁定生效而对被异议商标准予注册时，如何确定注册时间就是一个问题。为此，本条第 2 款规定，经裁定异议不能成立而准予注册的商标，商标注册申请人取得商标专用权的时

间自初步审定公告3个月期满之日起计算。即取得注册的时间是在法定的3个月的异议期满之日。

（三）公告期满之日至准予注册决定做出前有关商标的特殊保护

本条第2款还对商标公告期满前至准予注册决定作出前，有关该商标的使用行为作了规范，即自该商标公告期满之日起至准予注册决定作出前，对他人在同一种或者类似商品上使用与该商标相同或者近似的标志的行为不具有追溯力；但是，因该使用人的恶意给商标注册人造成的损失，应当给予赔偿。

第三十七条　对商标注册申请和商标复审申请应当及时进行审查。

关联规定

法律、行政法规、司法解释

《驰名商标认定和保护规定》

第十条　当事人依照本规定第五条、第六条规定提出驰名商标保护请求的，商标局、商标评审委员会应当在商标法第三十五条、第三十七条、第四十五条规定的期限内及时作出处理。

条文释义

一、本条主旨

本条是关于商标局、商标评审委员会应当对有关申请及时进行审查的规定。

二、条文演变

2001年《商标法》第35条规定："对商标注册申请和商标复审申请应当及时进行审查。"2013年《商标法》将条文序号修改为第37条，对内容未作变动。2019年《商标法》予以沿用。

三、条文解读

本条规定是对商标局、商标评审委员会在审查的及时性方面提出的要求，目的是使商标局、商标评审委员会对商标注册申请和商标复审申请及时进行审查，以保护商标注册申请人及其他有关当事人的利益。根据本法规定，商标局主管全国商标注册工作。自然人、法人或者其他组织需要取得商标专用权的，应当向商标局申请商标注册。因此，本条关于“对商标注册申请应当及时进行审查”的规定，是对商标局提出的要求。关于商标复审申请，根据《商标法》规定，对商标局驳回申请不予公告的商标，商标注册申请人可以向商标评审委员会申请复审；异议人、被异议人对商标局关于异议是否成立的裁定不服的，可以向商标评审委员会申请复审。因此，本条关于“对商标复审申请应当及时进行审查”的规定，是对商标评审委员会提出的要求。由于商标注册申请和商标复审申请的情况各异，对审查时限不便作出具体规定，而且国外商标法也没有这方面的规定。因此，本条只是作了原则规定，对商标局和商标评审委员会审查工作的及时性提出了要求。这就要求商标局和商标评审委员会在受理有关申请后，要提高工作效率，及时进行审查。

第三十八条 商标注册申请人或者注册人发现商标申请文件或者注册文件有明显错误的，可以申请更正。商标局依法在其职权范围内作出更正，并通知当事人。

前款所称更正错误不涉及商标申请文件或者注册文件的实质性内容。

关联规定

一、法律、行政法规、司法解释

1.《中华人民共和国商标法》

第七十二条 申请商标注册和办理其他商标事宜的，应当缴纳费用，具体收费标准另定。

2.《中华人民共和国商标法实施条例》

第二十九条 商标注册申请人或者商标注册人依照商标法第三十八条规定提出更正申请的，应当向商标局提交更正申请书。符合更正条件的，商标局核准后更正相关内容；不符合更正条件的，商标局不予核准，书面通知申请人并说明理由。

已经刊发初步审定公告或者注册公告的商标经更正的，刊发更正公告。

二、部门规章及规范性文件

《国家知识产权局办公室关于印发〈国家知识产权局政府信息公开实施办法（修订）〉等文件的通知》

第二十九条 公民、法人或者其他组织有证据证明国家知识产权局提供的与其自身相关的政府信息记录不准确的，可以要求更正。局有权更正且审核属实的，应当予以更正并告知申请人；不属于局职能范围的，将转送有权更正的行政机关处理并告知申请人，或者告知申请人向有权更正的行政机关提出。

条文释义

一、本条主旨

本条是关于商标注册申请人或者注册人发现商标申请文件或者注册文件有明显错误的，可以申请进行更正的规定。

二、条文演变

本条的立法目的是方便商标注册申请人或者注册人对商标申请文件或者注册文件中有明显错误的非实质性内容提出更正。

本条是2001年《商标法》增加的内容。2001年《商标法》第36条规定，商标注册申请人或者注册人发现商标申请文件或者注册文件有明显错误的，可以申请更正。商标局依法在其职权范围内作出更正，并通知当事人。前款所称更正错误不涉及商标申请文件或者注册文件的实质性内容。2013年《商标法》，将条文序号调整为第38条，对内容未作变动。2019年《商标法》予以沿用。

三、条文解读

（一）关于提出更正的主体

一是商标注册申请人和商标注册人。商标注册申请人，是指依据《商标法》第4条、第5条、第22条的规定，向商标局提出商标注册的自然人、法人或者其他组织。注册人，是指依据《商标法》第28条、第33条、第35条的规定，经商标局审查并初步审定公告期满未提出异议或者虽提出异议，但商标局、商标评审委员会、人民法院经审查、审理，最终作出准予注册决定从而获得商标专用权的自然人、法人或者其他组织。无论在商标注册申请程序中，还是在商标被核准注册后，商标注册申请人或者注册人均可以申请更正。

二是商标局。商标局作为主管全国商标注册和管理工作的机关，可以主动更正非实质性错误，也可以根据商标注册申请人或者注册人的申请对非实质性错误进行更正。

（二）关于更正的内容

根据本条的规定，更正的内容为对商标注册申请文件以及注册文件中的非实质性错误进行修正。商标注册文件，是指商标注册申请人在进行商标注册过程中提出的各种文件，包括商标注册申请书、身份主体信息证明文件、商标图样等。注册文件，是指商标注册证和商标登记簿。

申请更正的原因是存在涉及商标注册申请文件或者注册文件的非实质性错误，如名称登记错误、地址信息登记错误以及笔误等。不涉及商标实质性内容，如对商标构成要素进行调整、重新排列或者更换其中的要素等。如果申请更正的内容在实际上使商标变成了另外一个新的商标，即商标注册申请人或者注册人需要变更注册商标的，应当重新提出申请。新申请的商标能否被审查通过，应由商标局依法审查。[①]

适用指引

在适用本条时，应注意以下问题。

首先，对于发现商标申请文件或者注册文件有明显错误的，才可以申请更正。这类错误应当明显是由于当事人的疏漏或者粗心大意等原因造成的，且更正错误不涉及商标申请文件或者注册文件的实质性内容。一般来说，这种可以申请更正的明显错误有：申请书上所粘贴的商标图样与所附图样不符、申请书缺乏商标图样、商标图样中汉语拼音有误、商标文字书写不规范、申请书上填写的企业名称与企业印章不一致、商标图样不清晰、《商标代理委托书》填写不规范、申请人名义或者地址与其所提供证件不一致等。

其次，有权对商标申请文件或者注册文件进行更正的主体是商标局，且其更正是在职权范围内进行，超越职权范围进行更正是违法行为。商标局收到商标注册申请人或者注册人的更正申请后，将依法进行审查。如果认为所申请更正的内容确属商标申请文件或者注册文件中的明显错误，并不涉及商标申请文件或者注册文件的实质性内容，商标局将依法在其职权范围内作出更正。

再次，商标局对商标申请文件或者注册文件的明显错误应商标注册申请人或者注册人的申请在职权范围内作出更正后，要履行通知当事人的义务，这属

① 参见郎胜主编：《中华人民共和国商标法释义》，法律出版社2013年版。

于法律的强制规定，商标局必须遵守。

最后，通过纸质形式向商标局办理更正申请的，应当根据商标局的要求提交文件。通过电子申请的方式办理更正手续的，还应当按照电子申请的相关规定办理。此外，依据本法第 72 条的规定，办理更正事项应当缴纳费用，收费标准时按照类别收费。[①]

① 参见郎胜主编:《中华人民共和国商标法释义》，法律出版社 2013 年版。

第三十九条　注册商标的有效期为十年，自核准注册之日起计算。

关联规定

法律、行政法规、司法解释

《中华人民共和国商标法实施条例》

第十二条　除本条第二款规定的情形外，商标法和本条例规定的各种期限开始的当日不计算在期限内。期限以年或者月计算的，以期限最后一月的相应日为期限届满日；该月无相应日的，以该月最后一日为期限届满日；期限届满日是节假日的，以节假日后的第一个工作日为期限届满日。

商标法第三十九条、第四十条规定的注册商标有效期从法定日开始起算，期限最后一月相应日的前一日为期限届满日，该月无相应日的，以该月最后一日为期限届满日。

条文释义

一、本条主旨

本条是关于注册商标专用权有效期限的规定。

二、条文演变

1982年《商标法》第23条规定，注册商标的有效期为10年，自核准注册之日起计算。1993年《商标法》对该条序号及内容均未作变动。2001年《商标法》将条文序号调整为第37条，对该条内容未作变动。2013年《商标法》将该条序号调整为第39条，对该条内容未作变动。2019年《商标法》予以沿用。

三、条文解读

本条所称的“十年”，是指注册商标享有专用权的期限。在实行商标注册制的国家，商标专用权是通过商标注册取得的，注册商标的有效期有严格的时间界限。商标权作为知识产权的一种，具有专有性、地域性和时间性等特征。商标权的时间性，是指商标经商标注册机关核准后，在正常使用的情况下，可以在法定期间内受到法律保护。这一法定期间又被称为注册商标的保护期、有效期。有效期届满后，商标权人如果希望继续使用注册商标并使之得到法律保护，则需按照法定程序进行续展注册。如果不发生宣告注册商标无效或者撤销注册商标的情况，商标注册人只要按照法定程序进行续展注册，就可以将注册商标无限期地保护下去。在这一点上，商标权不同于同属知识产权的专利权和著作权。

之所以规定有效期，是因为注册商标具有特定的法律地位，与未注册商标不同。商标注册人具有商标专用权，其商标权受法律保护。因此，规定注册商标的有效期，从管理者来说，有利于注册商标的管理，可以减少那些虽然注册在册，但注册人早已不使用的商标的存在，有利于社会对商标资源的重新利用。由于商标注册即产生专用权，所以虽然注册人没有使用，但其他人也不能擅自使用，这样就违背了法律保护注册商标的初衷。规定了商标注册的有效期以后，若注册人放弃了商标的使用，那么当有效期满且注册人未提出续展注册申请时，该商标将被注册机关注销，从而使得该商标能够为别人所注册、使用，发挥其区别商品来源的作用。从注册商标所有人来说，既有利于保护注册商标，又有利于保护自己的权益，还有利于注册商标所有人按实际情况使用注册商标。有效期届满后，商标权人如果希望继续使用注册商标并使之得到法律保护，则应按照法定程序，进行注册续展。①

适用指引

关于注册商标有效期的起算日期，本条规定：“自核准注册之日起计算。”根据本法第 30 条关于“对初步审定的商标，自公告之日起 3 个月内，任何人

① 参见郎胜主编：《中华人民共和国商标法释义》，法律出版社 2013 年版。

均可以提出异议。公告期满无异议的，予以核准注册，发给商标注册证，并予公告”的规定，所谓核准之日，是初步审定的商标自公告之日起的第 4 个月的第 1 日。但是，对于经裁定异议不能成立而核准注册的商标而言，其核准注册之日往往在初审公告 3 个月届满之日之后，为此，本法第 34 条第 3 款明确规定：“经裁定异议不能成立而核准注册的，商标注册申请人取得商标专用权的时间自初审公告三个月期满之日起计算。”值得注意的是，10 年的期限，从初审公告之日起的第 4 个月的第 1 日起计算，到最后 1 个月的相应日为期限届满日，最后 1 月无相应日的，以该月的最后 1 日为期限届满日。

第四十条　注册商标有效期满，需要继续使用的，商标注册人应当在期满前十二个月内按照规定办理续展手续；在此期间未能办理的，可以给予六个月的宽展期。每次续展注册的有效期为十年，自该商标上一届有效期满次日起计算。期满未办理续展手续的，注销其注册商标。

商标局应当对续展注册的商标予以公告。

关联规定

一、法律、行政法规、司法解释

《中华人民共和国商标法实施条例》

第十二条　除本条第二款规定的情形外，商标法和本条例规定的各种期限开始的当日不计算在期限内。期限以年或者月计算的，以期限最后一月的相应日为期限届满日；该月无相应日的，以该月最后一日为期限届满日；期限届满日是节假日的，以节假日后的第一个工作日为期限届满日。

商标法第三十九条、第四十条规定的注册商标有效期从法定日开始起算，期限最后一月相应日的前一日为期限届满日，该月无相应日的，以该月最后一日为期限届满日。

第十四条　申请商标注册的，申请人应当提交其身份证明文件。商标注册申请人的名义与所提交的证明文件应当一致。

前款关于申请人提交其身份证明文件的规定适用于向商标局提出的办理变更、转让、续展、异议、撤销等其他商标事宜。

第三十三条　注册商标需要续展注册的，应当向商标局提交商标续展注册申请书。商标局核准商标注册续展申请的，发给相应证明并予以公告。

二、部门规章及规范性文件

《国家工商行政管理总局关于办理商标续展注册有关问题的通知》

各商标代理组织：

根据《国务院关于办理商标注册附送证件问题的批复》（国函〔1995〕29号）的规定，对1988年11月1日以后递交申请并取得专用权的注册商标（即注册号为第50万号以后的注册商标）以及1988年11月1日以后曾续展过的注册商标，在申请续展时不再附送《商标注册证》，经商标局核准后发给相应证明。

鉴于第50万号以后的部分《商标注册证》上存在着商标名称未标注在商标图样中的问题，为理顺法律关系，妥善做好注册商标的续展工作，现就有关问题通知如下：

一、对第50万号以后的注册商标，《商标注册证》上标注有商标名称但该名称未标注在商标图样中的，若注册人要求保留该商标名称专用权，在申请续展时对该商标名称应另行申请续展注册。申请时应附原注册证复印件，并交纳相应的费用，经商标局核准后，另发给《商标注册证》及相应证明。

二、商标名称另行申请续展注册的，应在《商标续展注册申请书》上注明“该申请另编注册号”，并附上原《商标注册证》的复印件。

三、商标名称未标注在商标图样中且续展时未另行申请续展注册的，根据《商标法》第三十七条的规定，该名称不享有商标专用权。

国家工商行政管理局商标局

一九九九年五月五日

条文释义

一、本条主旨

本条是关于申请商标续展注册的程序的规定。

二、条文演变

1982年《商标法》第24条规定，注册商标有效期满，需要继续使用的，应当在期满前6个月内申请续展注册；在此期间未能提出申请的，可以给予6个月的宽展期。宽展期满仍未提出申请的，注销其注册商标。每次续展注册的有效期为10年。续展注册经核准后，予以公告。1993年《商标法》对条文序号及内容均未作变动。2001年《商标法》将条文序号调整为第38，对内容未作变动。2013年《商标法》将条文序号调整为第40条，内容调整为“注册商标有效期满，需要继续使用的，商标注册人应当在期满前十二个月内按照规定办理续展手续；在此期间未能办理的，可以给予六个月的宽展期。每次续展注册的有效期为十年，自该商标上一届有效期满次日起计算。期满未办理续展手续的，注销其注册商标。商标局应当对续展注册的商标予以公告”。2019年《商标法》予以沿用。

三、条文解读

本条是2013年《商标法》经修改作出的规定。目的是更好保护商标注册人权益，方便其办理续展手续。修改内容如下：一是取消了办理商标续展的核准制，将商标续展由商标局的“核准”，修改为“按照规定办理手续”。商标注册人只要在法定期限内按照规定办理提交有效商标注册证、缴纳相关费用等手续后，商标局即应当予以续展。二是将办理商标续展的期限由“期满前六个月”修改为“期满前十二个月”，使商标注册人可以更加从容地办理续展手续，同时也有助于解决实践中由于办理商标续展的时间较长，在商标有效期满时该商标仍未获得续展，从而给商标注册人正常使用商标造成不便（如无法通过注册商标海关备案阻止侵犯商标专用权的商品的进出口）等问题。

一个注册商标，经过多年使用，已届注册商标的有效期，对商标注册人来说，已形成了一种无形资产，注册人认为需要继续使用的，应当依法及时提出续展申请。根据本条规定，应当在期满前12个月内提出续展申请。续展申请与商标的初始注册申请不同，是通过申请使已经取得的权利继续有效，而不是为了使新注册的商标获得专用权，所以法律规定的续展申请程序简单，注册人只要在法律规定的期限内提出申请，缴纳规定的费用，就可以依法获准续展注册。从申请程序的复杂程度和所需时间看，商标注册申请要经过审查、初审公告、异议及裁定等一系列程序并耗时1年左右；而申请商标续展注册程序要简单得多，时间也较短。[①]

适用指引

按照本条规定，商标注册人应当在注册商标有效期满前 12 个月内办理续展手续。在此法定期间内未予办理的，还可以依法有 6 个月的宽展期。即在有效期满后 6 个月内，原商标注册人仍然可以办理商标续展手续。过了宽展期仍未办理商标续展手续的，对其注册商标即予以注销。按照本法规定，注册商标有效期满不再续展的，自注销之日起 1 年内，商标局对该商标相同或者近似的商标注册申请不予核准。续展注册商标有效前自该商标上一届有效期满次日起计算，其有效期仍为 10 年。续展注册的商标，由商标局予以公告。商标续展注册连续不断，商标专用权可以成为一种“长久权”。

① 参见郎胜主编：《中华人民共和国商标法释义》，法律出版社 2013 年版。

第四十一条　注册商标需要变更注册人的名义、地址或者其他注册事项的，应当提出变更申请。

关联规定

法律、行政法规、司法解释

《中华人民共和国商标法实施条例》

第三十条　变更商标注册人名义、地址或者其他注册事项的，应当向商标局提交变更申请书。变更商标注册人名义的，还应当提交有关登记机关出具的变更证明文件。商标局核准的，发给商标注册人相应证明，并予以公告；不予核准的，应当书面通知申请人并说明理由。

变更商标注册人名义或者地址的，商标注册人应当将其全部注册商标一并变更；未一并变更的，由商标局通知其限期改正；期满未改正的，视为放弃变更申请，商标局应当书面通知申请人。

条文释义

一、本条主旨

本条是关于注册商标变更申请的规定。

二、条文演变

本条由1982年《商标法》第15条首次规定，历经四次修正，除条文序号有所变化之外，内容方面没有进行过修改。

三、条文解读

《商标法》规定，注册商标的标志、核定使用范围等事项都需要申请人提出注册申请。商标申请经主管部门审查和核准并对外公示后，产生了公示公信的效力，这是商标注册人取得注册商标专用权的基础。商标注册并投入使用后，由于客观情况的变化，原有的注册事项可能发生变化，如申请人名称因更名发生变化、注册地址因迁址发生变化。当此类注册事项发生变更时，为了及时对社会进行公示，维持稳定的商标状态，法律要求商标注册人及时向商标局提出变更申请。

适用指引

一、变更注册事项的范围

根据本条的规定，注册人的名义、地址或者其他注册事项发生变化、需要变更的，应当申请变更。注册人的名义，是指在注册人主体不变的前提下，其名称信息发生了变化。应当注意，注册人的名义变化与注册商标转让后的主体变化不同。注册商标转让的申请、核准、公告依据本法第 42 条的规定处理。此外，除注册人名义、地址以外，本条所规定的其他注册事项不包括商标标志本身以及注册类别的变化。按本法第 23 条、第 24 条的规定，注册商标需要在核定使用范围之外的商品上取得商标专用权的，注册商标需要改变其标志的，都应当重新提出注册申请。

二、关联商标的处理

商标注册申请人可以申请注册多枚商标。如果变更商标注册人名义或者地址，商标注册人应当将其全部注册商标一并变更；未一并变更的，由商标局通知其限期改正；期满未改正的，视为放弃变更申请，商标局应当书面通知申请人。

三、未及时申请变更的后果

商标注册事项的变化，对注册商标专用权的保护、商标的使用和管理都有重要意义。根据本法第 49 条的规定，商标注册人在使用注册商标的过程中，自行改变注册商标、注册人名义、地址或者其他注册事项的，由地方工商行政管理部门责令限期改正；期满不改正的，由商标局撤销其注册商标。

第四十二条　转让注册商标的，转让人和受让人应当签订转让协议，并共同向商标局提出申请。受让人应当保证使用该注册商标的商品质量。

转让注册商标的，商标注册人对其在同一种商品上注册的近似的商标，或者在类似商品上注册的相同或者近似的商标，应当一并转让。

对容易导致混淆或者有其他不良影响的转让，商标局不予核准，书面通知申请人并说明理由。

转让注册商标经核准后，予以公告。受让人自公告之日起享有商标专用权。

关联规定

法律、行政法规、司法解释

《中华人民共和国商标法实施条例》

第三十一条　转让注册商标的，转让人和受让人应当向商标局提交转让注册商标申请书。转让注册商标申请手续应当由转让人和受让人共同办理。商标局核准转让注册商标申请的，发给受让人相应证明，并予以公告。

转让注册商标，商标注册人对其在同一种或者类似商品上注册的相同或者近似的商标未一并转让的，由商标局通知其限期改正；期满未改正的，视为放弃转让该注册商标的申请，商标局应当书面通知申请人。

条文释义

一、本条主旨

本条是关于注册商标依法转让的程序、条件的规定。

二、条文演变

1982 年《商标法》第 25 条对商标转让作出规定："转让注册商标的，转让人和受让人应当共同向商标局提出申请。受让人应当保证使用该注册商标的商品质量。""转让注册商标经核准后，予以公告。"1993 年《商标法》对该条未作修改。2001 年《商标法》在第 39 条增加了"受让人自公告之日起享有商标专用权"的规定。2019 年《商标法》将条文序号调整为第 42 条，对内容未作修改。

三、条文解读

本条共有四款，第 1 款规定了转让注册商标程序的提起；第 2 款规定了近似商标的一并转让原则；第 3 款规定了不予核准的情形；第 4 款规定了公告核准转让的效力。

（一）注册商标的转让

商标权的产生、变更、保护和消亡构成了商标权法律制度的基本框架。转让是权利人行使权利的方式，也是商标权变动的主要原因。商标权变动的原因包括转让、继承、共有、投资入股等。商标注册人对注册商标享有专有使用、许可、转让、续展、继承、质押、制止他人侵权使用的权利。其中，转让是商标注册人处分注册商标的重要方式，也是商标权利变更的主要途径。

商标权转让需要经过特定的程序。该程序的提起，需要由转让人和受让人共同向商标局提出申请，任何一方单独提起均无法启动转让程序。

转让人和受让人向商标局提出转让申请，除应当提供书面申请外，还需同时提供双方签订的书面转让协议。

另外，为了保护消费者的利益，保护商标的声誉，保证商品质量不因主体的变更而受到影响，提出转让申请时，受让人还需签署保证使用该注册商标的商品质量的承诺书。

只有在共同签署的转让申请、商标转让协议、商品质量保证书同时具备的情况下，商标转让的申请才能够得以受理。

（二）转让的附随义务

注册商标的转让，意味着商标及其附随商誉的转让，为切实保证商标声誉与商品质量的一致性，避免出现名不副实的虚假宣传，《商标法》在商标转让程序中特别强调了商标质量的保证。

同时，为了避免造成消费者的混淆，给市场秩序带来混乱，《商标法》还规定了近似商标的强制转让义务。即当商标注册人还注册有与拟转让的注册商标，构成在同一种商品商标近似或者在类似商品上近似的商标，也应一揽子进行转让。

商标注册人对其在同一种或者类似商品上注册的相同或者近似的商标未一并转让的，由商标局通知其限期改正；期满未改正的，视为放弃转让该注册商标的申请，商标局应当书面通知申请人。

（三）转让申请的不予核准

转让申请出现以下情况时，商标局对转让申请不予核准，并以书面通知的方式说明理由：一是转让的商标存在与他人商标容易混淆，也就是可能存在侵权情况的；二是转让的商标经过审查发现存在不良影响的；三是其他情形，包括商标权利存在瑕疵的，如正在进行诉讼的、正在无效阶段的、正在拍卖的等。

（四）转让公告

商标转让申请经过审查，不存在本条第 2 款、第 3 款的问题及其他不适合核准转让的情形的，商标局予以核准转让。

商标转让核准后，予以公告。公告时间是商标转让的生效时间，表明自公告之日起，商标由注册人转让至受让人，同时，商标转让产生对抗第三人的效力。商标公告转让后，发给受让人相应证明。

适用指引

商标转让协议的认定

商标转让必须提供商标转让协议，因此，是否存在商标转让协议常常构成商标权属纠纷或者转让纠纷的焦点与难点。实践中，认定商标转让协议重点把握以下几个方面。

一是正确区分商标转让与商标许可使用的关系。商标转让与商标许可使用合同在文字表述上差异较小甚至没有差异，如在合同中使用“提供”字样。因此，商标转让与许可使用不能仅从文字表面的含义认定，要从商标转让与商标许可使用法律关系的区别出发。商标转让与商标许可使用最主要的区别在于，商标许可使用是有期限的使用，使用期满后商标自动回归原权利人。商标转让则没有使用期限的问题。

二是正确分析商标投资入股与商标转让的关系。在投资入股、合作经营关系中经常涉及知识产权包括商标的投资入股，在这种情况下，商标是转让还是许可，受让方是股东还是合资企业，都需要根据合同上下文，以及合同实际履行的情况，作出符合合同本意的解释。

三是全面把握商标转让与技术转让的关系。商标转让与技术秘密转让、技术秘密许可合同可能共同规定在同一份合同中。商标转让与技术转让可能是转让方的同一项义务，也可能是不同的义务。在审查这类合同时，要注意全面审查权利义务的对应性，作出客观公正的判断。

第四十三条 商标注册人可以通过签订商标使用许可合同，许可他人使用其注册商标。许可人应当监督被许可人使用其注册商标的商品质量。被许可人应当保证使用该注册商标的商品质量。

经许可使用他人注册商标的，必须在使用该注册商标的商品上标明被许可人的名称和商品产地。

许可他人使用其注册商标的，许可人应当将其商标使用许可报商标局备案，由商标局公告。商标使用许可未经备案不得对抗善意第三人。

关联规定

法律、行政法规、司法解释

1.《中华人民共和国商标法实施条例》

第六十九条 许可他人使用其注册商标的，许可人应当在许可合同有效期内向商标局备案并报送备案材料。备案材料应当说明注册商标使用许可人、被许可人、许可期限、许可使用的商品或者服务范围等事项。

2.《最高人民法院关于审理商标民事纠纷案件适用法律若干问题的解释》

第三条 商标法第四十三条规定的商标使用许可包括以下三类：

（一）独占使用许可，是指商标注册人在约定的期间、地域和以约定的方式，将该注册商标仅许可一个被许可人使用，商标注册人依约定不得使用该注册商标；

（二）排他使用许可，是指商标注册人在约定的期间、地域和以约定的方式，将该注册商标仅许可一个被许可人使用，商标注册人依约定可以使用该注册商标但不得另行许可他人使用该注册商标；

（三）普通使用许可，是指商标注册人在约定的期间、地域和以约定的方式，许可他人使用其注册商标，并可自行使用该注册商标和许可他人使用其注册商标。

第四条 商标法第六十条第一款规定的利害关系人，包括注册商标使用许可合同的被许可人、注册商标财产权利的合法继承人等。

在发生注册商标专用权被侵害时，独占使用许可合同的被许可人可以向人民法院提起诉讼；排他使用许可合同的被许可人可以和商标注册人共同起诉，也可以在商标注册人不起诉的情况下，自行提起诉讼；普通使用许可合同的被许可人经商标注册人明确授权，可以提起诉讼。

条文释义

一、本条主旨

本条是关于注册商标使用许可的规定。

二、条文演变

1982 年《商标法》第 26 条对商标使用许可作出规定：商标注册人可以通过签订商标使用许可合同，许可他人使用其注册商标。许可人应当监督被许可人使用其注册商标的商品质量。被许可人应当保证使用该注册商标的商品质量。商标使用许可合同应当报商标局备案。2001 年《商标法》增加了经许可使用他人注册商标的，必须在使用该注册商标的商品上标明被许可人的名称和商品产地，以及商标使用许可合同应当报商标局备案的规定。之后历次修改，条文内容未发生变化，条文序号调整为第 43 条。2019 年《商标法》予以沿用。

三、条文解读

本条共有三款：第 1 款规定了商标使用许可合同；第 2 款规定了被许可人注明名称、产地的义务；第 3 款规定了商标使用许可合同应当备案。

（一）商标使用许可合同

商标除注册人自行使用外，最重要的使用就是通过许可他人的使用。商标使用许可是商标权人同意被许可人使用商标，被许可人向商标权人支付使用费的合同。

商标权使用许可合同的特点是合同的标的是商标在一定范围、一定时间期限内的使用权，可以是全部商标权，也可能是商标权的一部分权利。商标权的归属不发生变化，仍然归属于商标权人。被许可人使用商标一般需要支付商标许可使用费。

商标使用许可按照性质可以分为以下三类。一是独占使用许可，是指被许可人独占使用商标，任何人包括商标权人在内也不可以使用商标。被许可人有权利对侵害商标权行为提起侵权之诉。二是排他使用许可，是指除商标使用权人有权使用商标外，被许可人权获得了除商标权人之外的排除其他任何人使用商标的合同。在发生商标侵权行为时，排他的商标被许可人可以和商标权人一同起诉，在商标权人不起诉时，也可以单独起诉。三是普通使用许可，也就是说，被许可人获得的是自己在一定时间、地域内使用商标的权利，同时，商标权人有权将商标权许可他人使用。在普通许可情况下，对于商标侵权行为，被许可人一般无权自行起诉，商标权人有权起诉，在获得商标权人明确授权后，被许可人可以起诉。

商标使用许可制度对于促进商标使用、充分发挥商标的价值、扩展商标市场具有十分重要的价值。

（二）使用许可的附随义务

注册商标的使用许可，意味着商标的实际使用者发生了变化或者有所增加，为切实保证商标声誉与商品质量的一致性，避免出现名不副实的虚假宣传，本法也规定了商标权人具有监督被使用商标的商品的质量，被许可人负有保证使用商标商品质量的义务。商标权人和商标的使用者负有保证其生产经营的商品或服务的质量的义务，不得生产劣质不合格产品，不得欺诈消费者。商标法的质量保证义务，意在促进商标权人在选择商标许可对象时，应当谨慎选择，应选择那些能够保证商品质量，不致使消费者受到损害的被许可人，并随时对使用其注册商标的产品或服务的质量实施监督。

使用许可合同中被许可人的另一项义务是生产者与产地的标记义务。商标发生使用许可后，使用商标的商品在商品生产者、商品来源包括产地上都有了新变化。按照《产品质量法》的要求，以及从消费者权益保护的角度而言，被许可人都有义务在商标标识上正确标明商品生产者的名称和商品的实际产地。

（三）商标使用许可合同的备案

商标使用许可属于商标使用的重大事项，许可他人使用注册商标的，许可人应当自商标使用许可合同签订之日起3个月内将合同副本报送商标局备案。报送备案时，许可人应提交《商标使用许可合同备案表》、商标使用许可合同副本、《商标注册证》复印件，并按照规定缴纳备案费。

商标使用许可合同的备案具有两方面的法律意义：一方面，是监督作用，商标权人和被许可人通过准备备案所需的材料，进一步加强对商标使用许可合同各条款的重视，重视各项义务的履行；另一方面，合同一经备案公告，产生公示的效力。约束商标使用许可合同双方严格履行合同，并对社会公众予以公示，告知社会各方发生的商标许可事宜。

商标使用许可合同没有备案的，不影响商标使用许可合同的效力。但不能对抗善意第三人。

适用指引

商标许可合同与商标转让合同在实践中可能存在模糊不清的地带，应当正确区分商标转让与商标使用许可的关系。

首先应该注意的是，与前所述，商标转让与商标许可合同在文字表述上差异较小甚至没有差异。其次，关于商标转让与商标使用许可在期限上的区别。商标转让与商标使用许可最主要的区别在于，商标使用许可合同中授予的权利是有期限的使用，使用期满后商标权自动回归原权利人。商标转让则没有使用期限的问题。最后，商标转让与商标使用许可在权利归属上的区别。商标转让产生的是商标权转移的法律效果，商标权将从商标权人转移至受让人。在商标使用许可关系中，商标权至始至终保留在商标权人处。当合同体现出商标许可方始终控制对商标处分权如转让、质押、独占许可等权利时，商标权权属未发生变化，合同的性质应为商标使用许可合同。

典型案例

红牛维他命饮料有限公司与天丝医药保健有限公司商标权权属纠纷案

关键词：商标权权属　商标使用许可

裁判摘要：原始取得与继受取得是获得注册商标专用权的两种方式。判断是否构成继受取得，应当审查当事人之间是否就权属变更、使用期限、使用性质等做出了明确约定，并根据当事人的真实意思表示及实际履行情况综合判断。在许可使用关系中，被许可人使用并宣传商标，或维护被许可使用商标声誉的行为，均不能当然地成为获得商标权的事实基础。

基本案情：天丝医药保健有限公司（以下简称泰国天丝公司）与案外人签订合资合同，约定成立合资公司，即红牛维他命饮料有限公司（以下简称红牛公司），泰国天丝公司为红牛公司提供产品配方、工艺技术、商标和后续改进技术。双方曾约定，红牛公司产品使用的商标是该公司的资产。经查，17枚“红牛”系列商标的商标权人均为泰国天丝公司。其后，泰国天丝公司与红牛公司先后就红牛系列商标签订多份商标许可使用合同，红牛公司支付了许可使用费。此后，红牛公司针对“红牛”系列商标的产品，进行了大量市场推广和广告投入。红牛公司和泰国天丝公司均对“红牛”系列商标进行过维权及诉讼事宜。后红牛公司向北京市高级人民法院提起诉讼，请求确认其享有“红牛”商标权，并判令泰国天丝公司支付广告宣传费用37.53亿元。一审法院判决驳回红牛公司的全部诉讼请求。红牛公司不服，上诉至最高人民法院。最高人民法院二审认为，原始取得与继受取得是获得注册商标专用权的两种方式。判断是否构成继受取得，应当审查当事人之间是否就权属变更、使用期限、使用性质等做出了明确约定，并根据当事人的真实意思表示及实际履行情况综合判断。在许可使用关系中，被许可人使用并宣传商标，或维护被许可使用商标声誉的行为，均不能当然地成为获得商标权的事实基础。最高人民法院遂终审判决驳回上诉、维持原判。

【案　　号】（2020）最高法民终394号

【审理法院】最高人民法院

【来　　源】2020全国法院十大知识产权保护案例

第四十四条　已经注册的商标，违反本法第四条、第十条、第十一条、第十二条、第十九条第四款规定的，或者是以欺骗手段或者其他不正当手段取得注册的，由商标局宣告该注册商标无效；其他单位或者个人可以请求商标评审委员会宣告该注册商标无效。

商标局做出宣告注册商标无效的决定，应当书面通知当事人。当事人对商标局的决定不服的，可以自收到通知之日起十五日内向商标评审委员会申请复审。商标评审委员会应当自收到申请之日起九个月内做出决定，并书面通知当事人。有特殊情况需要延长的，经国务院工商行政管理部门批准，可以延长三个月。当事人对商标评审委员会的决定不服的，可以自收到通知之日起三十日内向人民法院起诉。

其他单位或者个人请求商标评审委员会宣告注册商标无效的，商标评审委员会收到申请后，应当书面通知有关当事人，并限期提出答辩。商标评审委员会应当自收到申请之日起九个月内做出维持注册商标或者宣告注册商标无效的裁定，并书面通知当事人。有特殊情况需要延长的，经国务院工商行政管理部门批准，可以延长三个月。当事人对商标评审委员会的裁定不服的，可以自收到通知之日起三十日内向人民法院起诉。人民法院应当通知商标裁定程序的对方当事人作为第三人参加诉讼。

关联规定

一、法律、行政法规、司法解释

1.《中华人民共和国商标法实施条例》

第五十四条　商标评审委员会审理依照商标法第四十四条、第四十五条规定请求宣告注册商标无效的案件，应当针对当事人申请和答辩的事实、理由及请求进行审理。

第五十五条　商标评审委员会审理不服商标局依照商标法第四十四条第一

款规定作出宣告注册商标无效决定的复审案件，应当针对商标局的决定和申请人申请复审的事实、理由及请求进行审理。

2.《最高人民法院关于审理商标授权确权行政案件若干问题的规定》

第二十四条 以欺骗手段以外的其他方式扰乱商标注册秩序、损害公共利益、不正当占用公共资源或者谋取不正当利益的，人民法院可以认定其属于商标法第四十四条第一款规定的“其他不正当手段”。

二、部门规章及规范性文件

《商标审查审理指南》

第十六章 以欺骗手段或者其他不正当手段取得商标注册的审查审理

1 法律依据

《商标法》第四十四条第一款 已经注册的商标，违反本法第四条、第十条、第十一条、第十二条、第十九条第四款规定的，或者是以欺骗手段或者其他不正当手段取得注册的，由商标局宣告该注册商标无效；其他单位或者个人可以请求商标评审委员会宣告该注册商标无效。

2 释义

上述规定是关于以欺骗手段或者其他不正当手段取得注册商标的处理。

申请商标注册应当遵守诚实信用原则，不得以弄虚作假的手段欺骗商标注册部门取得注册，也不得以扰乱商标注册秩序、损害公共利益、不正当占用公共资源或者其他不正当方式谋取不正当利益等其他不正当手段取得注册。

在商标异议和不予注册复审程序中可参照适用本条标准。

3 适用要件

3.1 以欺骗手段取得商标注册的行为

此种行为是指系争商标注册人在申请注册商标时，采取向商标注册部门虚构或者隐瞒事实真相、提交伪造的申请书件或者其他证明文件等手段骗取商标注册。该行为包括但不限于下列情形：

（1）伪造申请书件章戳或签字的行为；

（2）伪造、涂改申请人的身份证明文件的行为，包括使用虚假的身份证、营业执照等身份证明文件，或者涂改身份证、营业执照等身份证明文件上重要登记事项等行为；

（3）伪造其他证明文件的行为。

3.2 以其他不正当手段取得商标注册的行为

3.2.1 含义

此种行为是指确有充分证据证明系争商标注册人采用欺骗手段以外的扰乱商标注册秩序、损害公共利益、不正当占用公共资源或者以其他方式谋取不正当利益等其他不正当手段取得注册，其行为违反了诚实信用原则，损害了公共利益。对于只损害特定民事权益的情形，应适用《商标法》第四十五条及其他相应规定。

3.2.2 “以其他不正当手段取得注册”的情形

下列情形属于本条所指的“以其他不正当手段取得注册”：

（1）系争商标申请人申请注册多件商标，且与他人具有一定知名度或较强显著特征的商标构成相同或者近似的；

（2）系争商标申请人申请注册多件商标，且与他人字号、企业名称、社会组织及其他机构名称、有一定影响的商品名称、包装、装潢等构成相同或者近似的；

（3）其他可以认定为以不正当手段取得注册的情形。

3.2.3 考虑因素

系争商标申请人以不正当手段取得商标注册的，应当对系争商标具有使用意图或已经实际投入商业使用。对于使用意图的判定可以依据本编第二章4“考虑因素”进行。

系争商标申请人以不正当手段取得注册的商标，不限于系争商标申请人本人申请注册的商标，也包括与系争商标申请人具有串通合谋行为或者具有特定身份关系或者其他特定联系的人申请注册的商标。

3.2.4 适用的限制

根据在案证据能够适用商标法其他条款对系争商标不予注册或者宣告无效的，不再适用《商标法》第四十四条第一款，恶意明显的例外。

条文释义

一、本条主旨

本条是关于违法取得注册商标的处理的规定。

二、条文演变

1993 年《商标法》首次增加了与本条类似的规定，其第 27 条规定：“已经注册的商标，违反本法第八条规定的，或者是以欺骗手段或者其他不正当手段取得注册的，由商标局撤销该注册商标；其他单位或者个人可以请求商标评审委员会裁定撤销该注册商标。除前款规定的情形外，对已经注册的商标有争议的，可以自该商标经核准注册之日起一年内，向商标评审委员会申请裁定。商标评审委员会收到裁定申请后，应当通知有关当事人，并限期提出答辩。”2001 年《商标法》作出了相应调整，将该条第 1 款中引用的 1993 年《商标法》第 8 条替换为 2001 年《商标法》第 10 条、第 11 条、第 12 条，同时在第 2 款中增加了 2001 年《商标法》第 13 条、第 15 条、第 16 条、第 31 条的规定，申请裁定的时限也从原来的 1 年延长为 5 年。2013 年《商标法》将原来的第 41 条、第 43 条合并，改为第 44 条、第 45 条，将 2001 年《商标法》第 41 条第 2 款的内容移到了第 45 条中加以规定。同时，在第 2 款、第 3 款中新增了审查时限的规定。2019 年《商标法》予以沿用。

三、条文解读

本条是针对违反本法有关不得作为商标使用、注册的规定（学理上一般称之为绝对拒绝注册理由）的注册商标和以欺骗手段或者其他不正当手段取得注册商标的处理规定。本法第 10 条规定了禁止作为商标使用的标志，即该条所列举的标志不仅不能作为商标注册，而且不能作为商标使用，这主要是出于社会公共利益方面的考虑。本法第 11 条规定了不得作为商标申请注册的标志，即该类标志因其缺乏显著特征不能申请商标注册，但可以作为未注册商标使用，并且如果该类标志经过使用取得了显著特征并便于识别的，则可以予以注册。本法第 12 条规定了不得作为商标申请注册的三维标志，即仅由商品自身的性质产生的形态、为获得技术效果而需有的商品形状或者使商品具有实质性价值的形状，不得注册为三维标志商标，这主要是出于维护公平竞争、推动技术进步方面的考虑。本条还对以欺骗手段或者其他不正当手段取得注册商标的处理作出了规定。以欺骗手段或者其他不正当手段取得注册，是指以虚构、隐瞒事实真相或者提交伪造的申请书件及其他有关证明文件取得商标注册等情况，如伪造申请书件签章、使用虚假的身份证或营业执照、涂改经营范围、编造有关虚假申请事项等。需要注意的是，实践中有一种理解，认为本条规定的“以欺骗手段或者其他不正当手段取得注册”，仅限于以上述手段取得注册的商标属于违反本法第10条、第11条、第12条的规定的情况。这种理解是不全面的，只要商标的注册是以欺骗手段或者其他不正当手段取得的，都应当按照本条规定处理，不论其是属于违反绝对拒绝注册理由还是属于违反相对注册理由。

对于违反本法第4条、第10条、第11条、第12条、第19条第4款的规定或者是以欺骗手段或者其他不正当手段取得注册的商标，本条规定了两种处理方式。一是由商标局依职权宣告该注册商标无效。商标局作出宣告注册商标无效的决定后，应当书面通知当事人。当事人对该决定不服的，可以自收到通知之日起15日内向商标评审委员会申请复审。商标评审委员会应当自收到申请之日起9个月内作出复审决定，并书面通知当事人。有特殊情况需要延长复审时限并经国务院工商行政管理部门批准，可以延长3个月。当事人对商标评审委员会的决定不服的，可以自收到通知之日起30日内向人民法院起诉。二是其他单位或者个人可以请求商标评审委员会宣告该注册商标无效。商标评审委员会收到无效宣告申请后，应当书面通知有关当事人，并限期提出答辩。商标评审委员会应当自收到申请之日起9个月内作出维持注册商标或者宣告注册商标无效的裁定，并书面通知当事人。有特殊情况需要延长裁定时限并经国务院工商行政管理部门批准，可以延长3个月，即商标评审委员会最长应当自收到申请之日起12个月内作出裁定。当事人对商标评审委员会的裁定不服的，可以自收到通知之日起30日内向人民法院起诉。人民法院应当通知商标裁定程序的对方当事人作为第三人参加诉讼。

无论是对商标评审委员会作出的有关注册商标无效宣告的复审决定不服提起的诉讼，还是对商标评审委员会作出的有关注册商标无效宣告的裁定不服提起的诉讼，都属于行政诉讼。按照《行政诉讼法》的规定，公民、法人或者其他组织认为行政机关和行政机关工作人员的具体行政行为请其合法权益的，有权依照行政诉讼法向人民法院提起诉讼。本法第2条规定，国务院工商行政管理部门设立商标评审委员会，负责处理商标争议事宜。商标评审委员会属于行政主体，其所作出的有关注册商标无效宣告的决定或者裁定属于具体行政行为。因此，当事人可以依法在收到有关复审决定或者裁定的通知之日起30日内向人民法院提起行政诉讼。人民法院经审理认为商标评审委员会的决定或者裁定正确的，应当予以维持；属于维持宣告注册商标无效的决定或者裁定，应当移交商标局办理注销手续。

适用指引

一、"欺骗手段"的认定

具备下列情形的，可以认定属于本条第1款规定的"以欺骗手段取得注册"：（1）诉争商标申请人存在使商标行政机关因受到欺骗而陷入错误认知的主观意愿；（2）诉争商标申请人存在以弄虚作假的手段从商标行政机关取得商标注册的行为；（3）商标行政机关陷入错误认识而作出的行政行为系基于诉争商标申请人的行为所产生，二者之间具有直接的因果关系。

二、"其他不正当手段"的认定

其他不正当手段，是指以欺骗手段以外的其他方式扰乱商标注册秩序、损害公共利益、不正当占用公共资源或者谋取不正当利益，以使诉争商标获准注册的行为，包括诉争商标申请人采取大批量、规模性抢注他人具有一定知名度的商标等手段的行为。

具备下列要件的，可以认定属于本条第1款规定的"以其他不正当手段取得注册"：（1）适用主体是该商标的申请注册人，但有证据证明诉争商标现注册人与申请注册人之间具有特定关系，或对于申请注册诉争商标的行为具有意思联络的除外；（2）适用对象既包括已经注册的商标，也包括申请注册的商标；（3）申请注册行为扰乱商标注册秩序、损害社会公共利益，或者属于不正当占用公共资源、以其他方式谋取不正当利益的；（4）申请注册行为未仅损害特定民事权益。

三、"其他不正当手段"具体情形的认定

具有下列情形之一的，可以认定属于本条第1款规定的"以其他不正当手段取得注册"：（1）诉争商标申请人申请注册多件商标，且与他人具有较强显著性的商标或者较高知名度的商标构成相同或者近似，既包括对不同商标权利人的商标在相同或类似商品、服务上申请注册的，也包括针对同一商标权利人

的商标在不相同或不类似商品或者服务上申请注册的；（2）诉争商标申请人申请注册多件商标，且与他人企业名称、社会组织名称、有一定影响商品的名称、包装、装潢等商业标识构成相同或者近似标志的；（3）诉争商标申请人具有兜售商标，或者高价转让未果即向在先商标使用人提起侵权诉讼等行为的。

四、“其他不正当手段”具体情形的例外

诉争商标申请人具有《商标审查审理指南》第17.3条规定的情形，但诉争商标申请注册的时间较早，且在案证据能够证明诉争商标申请人对该商标具有真实使用意图并实际投入商业使用的，可以根据具体情况，认定诉争商标不构成“以其他不正当手段取得注册”的情形。

五、“其他不正当手段”条款适用的限制

审理商标不予注册复审、商标权无效宣告请求等行政案件时，根据在案证据能够适用本法其他条款对诉争商标不予注册或宣告无效的，不再适用本条第1款。

典型案例

再审申请人科尔士公司与被申请人国家知识产权局、一审第三人上海一领服饰有限公司商标异议复审行政纠纷案

关键词： 商标　异议程序　未注册商标　其他不正当手段

裁判摘要：《商标法》关于“其他不正当手段取得注册”的规定对能否适用或者参照适用于“未注册商标”未予明确。商标行政机关认定处于异议复审阶段的诉争商标未违反《商标法》该项规定，并无不当。

基本案情： 上海一领公司于2010年11月29日申请注册“KOHL’S”商标（以下简称诉争商标），指定使用在国际分类第25类雨衣、手套（服装）、化妆舞会用服装等商品上，商标局予以核准注册。科尔士公司不服，提出异议，主张上海一领公司申请注册诉争商标以外，还模仿了大量的知名商标。商标评审委员会认为诉争商标的注册未违反2001年《商标法》第41条第1款的

规定。科尔士公司不服，提起行政诉讼。北京市第一中级人民法院一审认为，虽然上海一领公司申请注册诉争商标以外，还模仿注册了大量的知名商标，但是科尔士公司未举证证明其商标在中国经过使用并具有一定的知名度，其在中国并不存在在先的商标权。遂判决驳回科尔士公司的诉讼请求。科尔士公司不服，提起上诉。北京市高级人民法院二审判决驳回上诉、维持原判。科尔士公司不服，向最高人民法院申请再审。最高人民法院提审本案并经审判委员会讨论，于2020年12月14日判决：维持二审判决。

法院生效裁判认为：行政机关依法行使职权并作出行政行为，人民法院审理行政案件时对行政行为的合法性进行审查。《商标法》第41条第1款明确规定其适用于“已经注册的商标”，对于是否能够适用或者参照适用于“未注册商标”并未作出规定，国家知识产权局审查商标注册申请时应当严格依照法律规定，这是依法行政的要义所在。而本案诉争商标尚处于异议复审阶段，属于“未注册商标”，国家知识产权局认定诉争商标未违反《商标法》第41条第1款规定，适用法律正确。二审法院充分考量了科尔士公司在中国并不存在在先权利等情形，支持国家知识产权局和一审法院认定，认为诉争商标申请注册未构成《商标法》第41条第1款规定的情形，不属于事实认定和适用法律错误。科尔士公司主张上海一领公司申请注册诉争商标已经构成《商标法》第41条第1款中所规定的“以其他不正当手段取得注册”的情形，实际上即主张将第41条第1款适用于“未注册商标”，其主张违背了法律规定本义，于法无据，不予支持。

【案　　号】（2018）最高法行再77号

【审理法院】最高人民法院

【来　　源】《最高人民法院知识产权案件年度报告（2020年）》

类案检索

再审申请人格拉舒特图书有限公司与被申请人国家知识产权局、一审原告格拉苏蒂制表有限公司商标异议复审行政纠纷案

关键词：商标　异议程序　其他不正当手段　商标转让

裁判摘要：认定商标是否属于2001年《商标法》第41条规定的“其他不正当手段取得注册”，应当以涉案商标“取得注册”时的事实状态为依据，商标后续转让行为不能改变商标注册具有“其他不正当手段”的认定。

基本案情：第7495990号“GLASHUTTE”商标（以下简称被异议商标）由格拉舒特公司于2009年6月24日提出注册申请，指定使用在第35类的替他人推销等服务上。格拉苏蒂公司不服商标局作出的核准注册被异议商标的裁定，向商标评审委员会提出复审申请。商标评审委员会裁定被异议商标予以核准注册。格拉苏蒂公司不服，提起行政诉讼。北京市第一中级人民法院一审判决驳回格拉苏蒂公司的诉讼请求。格拉苏蒂公司不服，提起上诉。北京市高级人民法院二审认为，涉案商标系格拉舒特公司受让而来，原注册申请人为耀荣管理有限公司（以下简称耀荣公司）。耀荣公司在同一时期还在第35类3503群组服务上申请注册了第7480727号“SLOGGI”、第7471378号“IPSA”、第7477704号“SIMMONS”等28件商标，商标标识均与他人在其他类别的商品或者服务上在先注册的商标相同或者近似。格拉舒特公司未能证明其对被异议商标有真实使用意图。耀荣公司申请近30件商标注册的行为超出正常的生产经营目的，亦无真实使用意图。涉案商标的申请注册属于2001年《商标法》第41条第1款规定的“以欺骗手段或者其他不正当手段取得注册的行为”，不应予以核准。据此判决：撤销一审判决及被诉裁定，由商标评审委员会重新作出决定。格拉舒特公司不服，向最高人民法院申请再审。最高人民法院提审本案，并于2020年12月31日维持二审判决。

法院生效裁判认为：根据一、二审查明的事实，原注册申请人耀荣公司在申请注册涉案商标时，在同一时期还在第35类3503群组服务上申请注册了第7480727号“SLOGGI”、第7471378号“IPSA”、第7477704号“SIMMONS”等28件商标，相关商标标识与他人在先注册在其他类别的商品或者服务上的商标相同或者近似，此后，原注册申请人将部分商标转让或许可给其他在香港特别行政区注册的公司。本案中，现有证据不足以证明原注册申请人以及格拉舒特公司在被异议商标指定的商品类别上具有真实使用意图，也不足以证明其对被异议商标标识进行了商标法意义上的使用。因此，在认定相关商标是否符合《商标法》第41条规定的“以欺骗手段或者其他不正当手段取得注册”，应当以涉案商标“取得注册”的过程中是否使用了欺骗手段，或者采用了其他不正当手段为依据。而不能仅仅由于存在后续的转让行为，即认为不再存在《商标法》第41条规定的情形。否则，恶意申请注册商标的申请人可通过“转让”规避《商标法》第41条的适用，显然与《商标法》的立法目的不符。

【案　　号】（2018）最高法行再4号

【审理法院】最高人民法院

【来　　源】中国裁判文书网

第四十五条 已经注册的商标，违反本法第十三条第二款和第三款、第十五条、第十六条第一款、第三十条、第三十一条、第三十二条规定的，自商标注册之日起五年内，在先权利人或者利害关系人可以请求商标评审委员会宣告该注册商标无效。对恶意注册的，驰名商标所有人不受五年的时间限制。

商标评审委员会收到宣告注册商标无效的申请后，应当书面通知有关当事人，并限期提出答辩。商标评审委员会应当自收到申请之日起十二个月内做出维持注册商标或者宣告注册商标无效的裁定，并书面通知当事人。有特殊情况需要延长的，经国务院工商行政管理部门批准，可以延长六个月。当事人对商标评审委员会的裁定不服的，可以自收到通知之日起三十日内向人民法院起诉。人民法院应当通知商标裁定程序的对方当事人作为第三人参加诉讼。

商标评审委员会在依照前款规定对无效宣告请求进行审查的过程中，所涉及的在先权利的确定必须以人民法院正在审理或者行政机关正在处理的另一案件的结果为依据的，可以中止审查。中止原因消除后，应当恢复审查程序。

关联规定

法律、行政法规、司法解释

1.《中华人民共和国商标法》

第十三条 为相关公众所熟知的商标，持有人认为其权利受到侵害时，可以依照本法规定请求驰名商标保护。

就相同或者类似商品申请注册的商标是复制、摹仿或者翻译他人未在中国注册的驰名商标，容易导致混淆的，不予注册并禁止使用。

就不相同或者不相类似商品申请注册的商标是复制、摹仿或者翻译他人已经在中国注册的驰名商标，误导公众，致使该驰名商标注册人的利益可能受到损害的，不予注册并禁止使用。

第十五条 未经授权，代理人或者代表人以自己的名义将被代理人或者被代表人的商标进行注册，被代理人或者被代表人提出异议的，不予注册并禁止使用。

就同一种商品或者类似商品申请注册的商标与他人在先使用的未注册商标相同或者近似，申请人与该他人具有前款规定以外的合同、业务往来关系或者其他关系而明知该他人商标存在，该他人提出异议的，不予注册。

第十六条第一款 商标中有商品的地理标志，而该商品并非来源于该标志所标示的地区，误导公众的，不予注册并禁止使用；但是，已经善意取得注册的继续有效。

第三十条 申请注册的商标，凡不符合本法有关规定或者同他人在同一种商品或者类似商品上已经注册的或者初步审定的商标相同或者近似的，由商标局驳回申请，不予公告。

第三十一条 两个或者两个以上的商标注册申请人，在同一种商品或者类似商品上，以相同或者近似的商标申请注册的，初步审定并公告申请在先的商标；同一天申请的，初步审定并公告使用在先的商标，驳回其他人的申请，不予公告。

第三十二条 申请商标注册不得损害他人现有的在先权利，也不得以不正当手段抢先注册他人已经使用并有一定影响的商标。

2.《中华人民共和国商标法实施条例》

第四十九条第三款 依照商标法第四十五条第一款规定申请宣告国际注册商标无效的，应当自该商标国际注册申请的驳回期限届满之日起5年内向商标评审委员会提出申请；驳回期限届满时仍处在驳回复审或者异议相关程序的，应当自商标局或者商标评审委员会作出的准予注册决定生效之日起5年内向商标评审委员会提出申请。对恶意注册的，驰名商标所有人不受5年的时间限制。

3.《最高人民法院关于审理涉及驰名商标保护的民事纠纷案件应用法律若干问题的解释》

第十一条 被告使用的注册商标违反商标法第十三条的规定，复制、摹仿或者翻译原告驰名商标，构成侵犯商标权的，人民法院应当根据原告的请求，依法判决禁止被告使用该商标，但被告的注册商标有下列情形之一的，人民法院对原告的请求不予支持：

（一）已经超过商标法第四十五条第一款规定的请求宣告无效期限的；

（二）被告提出注册申请时，原告的商标并不驰名的。

4.《最高人民法院关于审理商标授权确权行政案件若干问题的规定》

第二十五条　人民法院判断诉争商标申请人是否“恶意注册”他人驰名商标，应综合考虑引证商标的知名度、诉争商标申请人申请诉争商标的理由以及使用诉争商标的具体情形来判断其主观意图。引证商标知名度高、诉争商标申请人没有正当理由的，人民法院可以推定其注册构成商标法第四十五条第一款所指的“恶意注册”。

条文释义

一、本条主旨

本条是关于对违反相对理由条款的注册商标的处理规定。

二、条文演变

1982年《商标法》第27条、第29条只规定了已注册争议商标的裁定程序，1993年《商标法》进一步明确了已注册商标可被撤销的情形，即“违反本法第八条规定的，或者是以欺骗手段或者其他不正当手段取得注册的”，上述商标可由商标局撤销，其他单位或者个人可以请求商标评审委员会裁定撤销该注册商标。2001年《商标法》第41条和第43条完善了对注册不当的商标争议及其裁定的规定，并且新增了当事人对商标评审委员会的裁定不服的，可以自收到通知之日起30日内向人民法院起诉的相关规定。其中，第41条第1款、第2款和第3款对已注册商标的注册不当情形进行了明确规定，即“已经注册的商标，违反本法第十条、第十一条、第十二条规定的，或者是以欺骗手段或者其他不正当手段取得注册的，由商标局撤销该注册商标；其他单位或者个人可以请求商标评审委员会裁定撤销该注册商标。已经注册的商标，违反本法第十三条、第十五条、第十六条、第三十一条规定的，自商标注册之日起五年内，商标所有人或者利害关系人可以请求商标评审委员会裁定撤销该注册商标。对恶意注册的，驰名商标所有人不受五年的时间限制。除前两款规定的情形外，对已经注册的商标有争议的，可以自该商标经核准注册之日起五年内，向商标评审委员会申请裁定”。2013年《商标法》第44条、第45条将不同情形下的无效宣告程序作了区分，把违反绝对理由条款而应宣告无效的情形和违反相对理由条款而宣告无效的情形分别予以规定，其中，第45条涉及违反相对理由条款而宣告无效的情形。此外，新增中止程序，即商标评审委员会对无效宣告请求审查时，如所涉及的在先权利的确定必须以法院正在审理或行政机关正在处理的另一案件的结果为依据，可以中止审查，待中止原因消除后即在先权利确定后再恢复审查程序。2019年《商标法》予以沿用。

三、条文解读

本条是针对违反相对理由条款的注册商标的处理规则。商标无效分为绝对理由和相对理由。绝对理由是指不具显著性、合法性，损害国家政治、经济、文化制度以及商标制度等的已注册商标，可以宣告无效，具体包括本法第4条、第10条、第11条、第12条及第19条。相对理由是指商标权与在先取得的权利或其他合法权益相冲突时，在先取得权利人可就已注册商标申请无效。两者均针对商标注册程序，但区别于绝对理由可由任意主体在任意时间主张，相对理由仅由在先权利人或利害关系人在商标注册之日起5年内主张，但对于驰名商标以及恶意注册的情形不受5年的时间限制。本条所涉及的相对理由条款包括13条第2款和第3款、第15条、第16条第1款、第30条、第31条、第32条。其中，第13条第2款、第3款系关于以复制、摹仿或者翻译等方式，将他人已为相关公众所熟知的驰名商标进行注册的规定。第15条是关于不得未经授权，代理人或者代表人以自己的名义将被代理人或者被代表人的商标进行注册的规定，以及不得违反诚信原则，在与在先使用的商标所有人具有代理人或者代表人关系以外的合同、业务往来等关系的情况下，就同一种商品或者类似商品将与该他人商标相同或者近似的标志进行注册的规定。第16条第1款是有关不得在商标中违反规定使用地理标志的规定。第30条是关于不予注册与他人在同一种商品或者类似商品上已经注册或者初步审定的商标相同或者近似的商标的规定。第31条是关于在同一种商品或者类似商品上以相同或近似的商标申请注册情况下，不予注册在后的商标注册申请或者虽同日申请但使用在后的商标注册申请的规定。第32条是关于不得侵犯他人合法的在先权利，以及不得以不正当手段抢先注册他人已经使用并有一定影响的商标的规定。

本条第 2 款对商标评审委员会（现国家知识产权局）的审查程序和司法程序进行了规定。国家知识产权局收到无效宣告申请后，应当书面通知有关当事人，并限期提出答辩。国家知识产权局应当自收到申请之日起 12 个月内作出维持注册或者宣告注册商标无效的裁定，并书面通知当事人。有特殊情况需要延长裁定时限并经国务院工商行政管理部门批准，可以延长 6 个月。当事人对裁定不服的，可以自收到通知之日起 30 日内向人民法院起诉。此处的司法程序指的是行政诉讼程序，在诉讼程序中，人民法院经审理认为国家知识产权局的裁定正确的，应当予以维持，已注册商标由国家知识产权局办理注销手续。但认为国家知识产权局作出的复审决定或裁定存在事实或法律适用错误时，人民法院不得径行判决注册商标无效，但可判决撤销裁定并要求国家知识产权局重新作出裁定。国家知识产权局依据新的事实和理由重新作出裁定后，若当事人仍不服该裁定，可再次提起行政诉讼。

本条第 3 款系对国家知识产权局中止审查程序的相关规定。在注册商标无效裁定行政程序中，如果涉及在先权利确认的，国家知识产权局可以中止审查，待在先权利确定后再恢复审查程序。人民法院对已注册商标无效裁定的审理过程，如果涉及在先权利的确认，法院也可以中止审查，等待其他案件的结果，《行政诉讼法》第 61 条第 2 款规定，在行政诉讼中，人民法院认为行政案件的审理需以民事诉讼的裁判为依据的，可以裁定中止行政诉讼。需要说明的是，本条规定系“可以中止审查”，而非必须中止审查。

适用指引

一、关于“五年期间的认定”

本条第 1 款规定的“自商标注册之日起五年内”，指的是自该已注册商标注册公告之日的次日起五年内，该期间不适用中止、中断等情形。自该已注册商标注册公告之日的次日起，方可依据本条第 1 款的规定提起商标权无效宣告申请。本条第 1 款规定“在先权利人或者利害关系人可以请求商标评审委员会宣告该注册商标无效。对恶意注册的，驰名商标所有人不受五年的时间限制”，需要说明的是，该“驰名商标所有人”不包括驰名商标的利害关系人。

二、关于“恶意注册”的认定

根据《商标授权确权规定》第25条的规定，人民法院判断诉争商标申请人是否“恶意注册”他人驰名商标，应综合考虑引证商标的知名度、诉争商标申请人申请诉争商标的理由以及使用诉争商标的具体情形来判断其主观意图。引证商标知名度高、诉争商标申请人没有正当理由的，人民法院可以推定其注册构成本法第45条第1款所指的“恶意注册”。在实践中，人民法院一般会考虑以下因素：（1）诉争商标与在先驰名商标近似程度较高；（2）在先驰名商标具有较强显著性和知名度；（3）诉争商标指定使用商品与在先驰名商标的商品关联程度较高；（4）诉争商标申请人与在先驰名商标所有人曾有贸易往来或者合作关系；（5）诉争商标申请人与在先驰名商标所有人营业地址临近；（6）诉争商标申请人与在先驰名商标所有人曾发生其他纠纷，足以知晓该驰名商标；（7）诉争商标申请人与在先驰名商标所有人曾有内部人员往来关系；（8）诉争商标申请人申请注册该商标后，具有攀附在先驰名商标商誉的行为；（9）诉争商标申请人大量注册他人具有较强显著性和知名度的商标。[①]

---

① 参见《北京市高级人民法院商标授权确权行政案件审理指南》。

第四十六条　法定期限届满，当事人对商标局宣告注册商标无效的决定不申请复审或者对商标评审委员会的复审决定、维持注册商标或者宣告注册商标无效的裁定不向人民法院起诉的，商标局的决定或者商标评审委员会的复审决定、裁定生效。

关联规定

法律、行政法规、司法解释

《中华人民共和国商标法》

第三十四条　对驳回申请、不予公告的商标，商标局应当书面通知商标注册申请人。商标注册申请人不服的，可以自收到通知之日起十五日内向商标评审委员会申请复审。商标评审委员会应当自收到申请之日起九个月内做出决定，并书面通知申请人。有特殊情况需要延长的，经国务院工商行政管理部门批准，可以延长三个月。当事人对商标评审委员会的决定不服的，可以自收到通知之日起三十日内向人民法院起诉。

第三十五条第三款　商标局做出不予注册决定，被异议人不服的，可以自收到通知之日起十五日内向商标评审委员会申请复审。商标评审委员会应当自收到申请之日起十二个月内做出复审决定，并书面通知异议人和被异议人。有特殊情况需要延长的，经国务院工商行政管理部门批准，可以延长六个月。被异议人对商标评审委员会的决定不服的，可以自收到通知之日起三十日内向人民法院起诉。人民法院应当通知异议人作为第三人参加诉讼。

第四十四条第二款　商标局做出宣告注册商标无效的决定，应当书面通知当事人。当事人对商标局的决定不服的，可以自收到通知之日起十五日内向商标评审委员会申请复审。商标评审委员会应当自收到申请之日起九个月内做出决定，并书面通知当事人。有特殊情况需要延长的，经国务院工商行政管理部门批准，可以延长三个月。当事人对商标评审委员会的决定不服的，可以自收到通知之日起三十日内向人民法院起诉。

第五十四条 对商标局撤销或者不予撤销注册商标的决定，当事人不服的，可以自收到通知之日起十五日内向商标评审委员会申请复审。商标评审委员会应当自收到申请之日起九个月内做出决定，并书面通知当事人。有特殊情况需要延长的，经国务院工商行政管理部门批准，可以延长三个月。当事人对商标评审委员会的决定不服的，可以自收到通知之日起三十日内向人民法院起诉。

条文释义

一、本条主旨

本条是关于商标局、商标评审委员会有关宣告注册商标无效或者维持注册商标的决定、裁定生效的规定。

二、条文演变

本条系2013年《商标法》新增条款，2019年《商标法》予以沿用。

三、条文解读

根据本法的相关规定，对商标局宣告注册商标无效的决定，当事人应当在15日内向商标评审委员会（现国家知识产权局）申请复审；对于商标评审委员会做出的复审决定，以及商标评审委员会根据有关单位或个人的请求作出的维持注册商标或者宣告注册商标无效的裁定，有关当事人应当在30日内向人民法院起诉。前述的“十五日”和“三十日”即本条规定的“法定期限”，如果当事人不在法定期限内行使复审权和起诉权，相关决定和裁定即生效。但若当事人在法定期限内就商标局（现国家知识产权局）的决定申请复审，或者就商标评审委员会的复审决定、裁定向人民法院起诉的，则上述决定、复审决定、裁定的效力，需经司法程序确认后方能生效。

适用指引

在相关民事案件审理过程中，亦要注意对商标局、商标评审委员会，即国家知识产权局的相关决定、裁定的效力予以明确的基础上，正确认定涉案商标的相关情况。

第四十七条　依照本法第四十四条、第四十五条的规定宣告无效的注册商标，由商标局予以公告，该注册商标专用权视为自始即不存在。

宣告注册商标无效的决定或者裁定，对宣告无效前人民法院做出并已执行的商标侵权案件的判决、裁定、调解书和工商行政管理部门做出并已执行的商标侵权案件的处理决定以及已经履行的商标转让或者使用许可合同不具有追溯力。但是，因商标注册人的恶意给他人造成的损失，应当给予赔偿。

依照前款规定不返还商标侵权赔偿金、商标转让费、商标使用费，明显违反公平原则的，应当全部或者部分返还。

关联规定

法律、行政法规、司法解释

《中华人民共和国民法典》

第六条　民事主体从事民事活动，应当遵循公平原则，合理确定各方的权利和义务。

条文释义

一、本条主旨

本条是关于宣告注册商标无效法律效力的规定。

二、条文演变

2002年《商标法实施条例》第36条规定，依照《商标法》第41条的规定撤销的注册商标，其商标专用权视为自始即不存在。有关撤销注册商标的决定或者裁定，对在撤销前人民法院作出并已执行的商标侵权案件的判决、裁定，工商行政管理部门作出并已执行的商标侵权案件的处理决定，以及已经履行的商标转让或者使用许可合同，不具有追溯力；但是，因商标注册人恶意给他人造成的损失，应当给予赔偿。2013 年《商标法》沿用了上述规定，新增了第 47 条规定，将第 36 条中的“撤销”变更为“宣告无效”。2019 年《商标法》予以沿用。

三、条文解读

根据本条第 1 款的规定，宣告无效的注册商标，由商标局予以公告。经商标局公告的宣告无效的注册商标，该商标专用权视为自始即不存在。也就是说，宣告注册商标无效是有溯及力的。该商标专用权从授权开始就没有法律约束力，而不是自该商标被宣告无效后才失去法律效力。

本条第 2 款规定了商标无效宣告不具有溯及力的例外情形。（1）宣告注册商标无效前人民法院作出并已执行的商标侵权案件的判决、裁定、调解书。在注册商标被宣告无效前，商标注册人以他人侵犯其注册商标专用权为由，向人民法院提出诉讼，经人民法院作出有关商标侵权损害赔偿的判决、裁定、调解书并已执行的，宣告注册商标无效的决定或者裁定，对该项已作出并已执行的判决、裁定、调解书不具有溯及力。根据该判决、裁定、调解书而给付的商标侵权赔偿金，当事人不得请求返还。（2）宣告注册商标无效前工商行政管理部门作出并已执行的商标侵权案件的处理决定。对工商行政管理部门所作的处理决定，当事人已经履行的，或者已经工商行政管理部门依照行政强制法的规定申请法院强制执行的，其后作出的宣告注册商标无效的决定或者裁定，对该项已执行的行政处理决定不具有溯及力。（3）已经履行的商标转让或者使用许可合同。对因履行商标转让合同而支付的商标转让费或者因履行商标使用许可合同而支付的商标使用费，当事人不得请求返还。同时，为了保护有关当事人的合法权益，本条还规定，如果因商标注册人的恶意给他人造成的损失，应当给予赔偿。这里的“恶意”指的是侵权成立的主观要件，在知识产权司法实践中，故意与恶意常常难以精准地区分，作一致性解释有利于增强实践操作性，也有利于避免造成这样的误解：“恶意”适用于商标、不正当竞争领域，而“故意”适用于其他知识产权领域。

本条第 2 款首先考虑到，宣告注册商标无效具有溯及力，但如果溯及到法院作出并已执行的商标侵权案件的判决、裁定、调解书，以及工商行政管理部门作出并已执行的商标侵权案件的处理决定，会使司法机关作出的判决、裁定、调解书及行政机关作出的处理决定处于不稳定的状态，进而影响社会经济秩序的稳定。其次，对于已经履行的商标转让合同或者使用许可合同，受让人和被许可人在注册商标被宣告无效前已经获得了商标专用权被保护所产生的实际利益。因此，对其支付的商标转让费和商标使用费不予返还亦是合理的。最后，《民法典》第 6 条规定了公平原则，即民事主体从事民事活动，应当遵循公平原则，合理确定各方的权利和义务。按照本条第 2 款的规定，对在宣告注册商标无效前已经履行完毕的商标侵权赔偿金、商标转让费、商标使用费，当事人不得请求返还。为了防止产生不公平的现象，本条第 3 款规定，如果依照本条第 2 款的规定，商标注册人、转让人或者许可人不向侵权人、受让人或者被许可人返还商标侵权赔偿金、商标转让费、商标使用费，明显违反公平原则的，商标注册人、转让人或者许可人应当向侵权人、受让人或者被许可人返还全部或部分赔偿金或者费用。例如，当事人履行商标使用许可合同或者转让合同不久，被许可人或者受让人还未使用该商标，或者仅仅使用了较短的时间，该注册商标就被宣告无效，在短时间内商标的被许可人或者受让人还没有从商标使用中取得实际利益，或者其取得的利益与支出的商标使用费和商标转让费相比相去甚远，出现了明显的不公平现象时，商标的许可人或者转让人就应当向被许可人或者受让人返还商标使用费或商标转让费。[①]

适用指引

近年来，我国法院逐渐认可即使在 5 年的期限内，当事人亦可以依损害在先权利为由对注册商标注册人提起民事侵权之诉，而不再完全将该问题委以商标争议程序。[②]

① 参见郎胜主编：《中华人民共和国商标法释义》，法律出版社 2013 年版，第 94 页。

② 参见朱冬：《不可争议商标中在先权利的保护及限制》，载《知识产权》2017 年第 8 期。

第四十八条　本法所称商标的使用，是指将商标用于商品、商品包装或者容器以及商品交易文书上，或者将商标用于广告宣传、展览以及其他商业活动中，用于识别商品来源的行为。

关联规定

法律、行政法规、司法解释

1.《最高人民法院关于审理商标授权确权行政案件若干问题的规定》

第二十六条　商标权人自行使用、他人经许可使用以及其他不违背商标权人意志的使用，均可认定为商标法第四十九条第二款所称的使用。

实际使用的商标标志与核准注册的商标标志有细微差别，但未改变其显著特征的，可以视为注册商标的使用。

没有实际使用注册商标，仅有转让或者许可行为；或者仅是公布商标注册信息、声明享有注册商标专用权的，不认定为商标使用。

商标权人有真实使用商标的意图，并且有实际使用的必要准备，但因其他客观原因尚未实际使用注册商标的，人民法院可以认定其有正当理由。

2.《最高人民法院关于适用〈中华人民共和国反不正当竞争法〉若干问题的解释》

第十条　在中国境内将有一定影响的标识用于商品、商品包装或者容器以及商品交易书上，或者广告宣传、展览以及其他商业活动中，用于识别商品来源的行为，人民法院可以认定为反不正当竞争法第六条规定的“使用”。

3.《中华人民共和国商标法实施条例》

第六十六条　有商标法第四十九条规定的注册商标无正当理由连续 3 年不使用情形的，任何单位或者个人可以向商标局申请撤销该注册商标，提交申请时应当说明有关情况。商标局受理后应当通知商标注册人，限其自收到通知之日起 2 个月内提交该商标在撤销申请提出前使用的证据材料或者说明不使用的正当理由；期满未提供使用的证据材料或者证据材料无效并没有正当理由的，由商标局撤销其注册商标。

前款所称使用的证据材料，包括商标注册人使用注册商标的证据材料和商标注册人许可他人使用注册商标的证据材料。

以无正当理由连续3年不使用为由申请撤销注册商标的，应当自该注册商标注册公告之日起满3年后提出申请。

条文释义

一、本条主旨

本条关于商标使用的含义的规定。

二、条文演变

本条是在2002年《商标法实施条例》有关商标使用所包括的商标情形的基础上，于2013年《商标法》修改时新增加的内容。2019年《商标法》予以沿用。

三、条文解读

使用是商标的灵魂，"使用"推动了商标权的发展和扩张，商标功能的发挥依赖"使用"。商标的使用，是指将商标用于商品、商品包装或者容器以及商品交易文书上，或者将商标用于广告宣传、展览以及其他商业活动中，用于识别商品来源的行为。如果不是以识别商品来源为目的使用商标，或者将商标用于非商业活动中，都不构成本法意义上的商标使用。①

适用指引

一、关于商标的使用方式

商标的使用方式包括以下七种具体形式。

① 参见郎胜主编：《中华人民共和国商标法释义》，法律出版社2013年版。

（1）将商标用于商品上。即将商标直接使用在商品上。如一些汽车制造企业，将注册的商标制作出来，并镶嵌于车头、后备箱等部位。又如一些计算机制造企业，将注册的商标先制作出来，再镶嵌于计算机显示屏、主机上等。将商标用于商品上，虽然本身不涉及商品的使用效能，但从整体和美观的角度看，商标已经成为商品的一个组成部分。这是一种比较常见的商标使用方式，特别是在一些电器、电子、服装、机械等类的商品上。

（2）将商标用于商品的包装上。即在商品的包装上使用商标。现实生活中，有些商品，如食品、药品等，需要一定的包装。在商品的包装上使用商标，如将商标印制在包装物上等，也是一种常见的商标使用方式。

（3）将商标用于容器上。即在商品的容器上使用商标。现实生活中，有些商品，如酒类、油类等以液体形式出现的商品等，需要一定的容器盛装。在商品的容器上使用商标，如在酒瓶上印制商标等，也是一种常见的商标使用方式。

（4）将商标用于交易文书上。即在合同文本等交易文书上使用商标。如有些企业将商标直接印制在合同意向书、合同正式文本上等。这种商标使用方式，主要是一些外资类企业以及国内一些具有相当经营规模或者具有相对优势地位，且通常是提供格式合同文本一方当事人的企业较多采用。

（5）将商标用于广告宣传中。即在广告宣传中使用商标。如有的企业制作的广告宣传片中，反复出现该企业的商标。又如有的企业在其印制的企业成长历程或者产品介绍等材料上使用商标等。这也是一种比较常见的商标使用方式。

（6）将商标用于展览中。即在展览中使用商标。如在某类产品的展销会上，直接在企业的展销摊位上使用商标等。

（7）将商标用于其他商业活动中。即在上述情形以外的其他商业活动中使用商标。如在某部电视剧作品中，某企业提供了赞助，在该电视剧中使用该企业的商标；又如某企业举办招待酒会，在酒会现场摆放特别制作的本企业的注册商标等。

二、关于商标的使用目的

商标的使用目的在于“识别商品来源”。即通过使用商标，使他人了解该商品来源于什么地方或者来源于什么企业。换言之，就是通过商标的使用，使他人知道该商品是由哪个企业生产制造的，或者该企业是做什么的。

指导案例

指导案例30号：兰建军、杭州小拇指汽车维修科技股份有限公司诉天津市小拇指汽车维修服务有限公司等侵害商标权及不正当竞争纠纷案

（最高人民法院审判委员会讨论通过　2014年6月26日发布）

关键词：民事　侵害商标权　不正当竞争　竞争关系

裁判要点：（1）经营者是否具有超越法定经营范围而违反行政许可法律法规的行为，不影响其依法行使制止商标侵权和不正当竞争的民事权利。（2）反不正当竞争法并未限制经营者之间必须具有直接的竞争关系，也没有要求其从事相同行业。经营者之间具有间接竞争关系，行为人违背反不正当竞争法的规定，损害其他经营者合法权益的，也应当认定为不正当竞争行为。

相关法条：《反不正当竞争法》第2条

基本案情：原告兰建军、杭州小拇指汽车维修科技股份有限公司（以下简称杭州小拇指公司）诉称：其依法享有“小拇指”注册商标专用权，而天津市小拇指汽车维修服务有限公司（以下简称天津小拇指公司）、天津市华商汽车进口配件公司（以下简称天津华商公司）在从事汽车维修及通过网站进行招商加盟过程中，多处使用了“

”标识，且存在单独或突出使用“小拇指”的情形，侵害了其注册商标专用权；同时，天津小拇指公司擅自使用杭州小拇指公司在先的企业名称，构成对杭州小拇指公司的不正当竞争。故诉请判令天津小拇指公司立即停止使用“小拇指”字号进行经营、天津小拇指公司及天津华商公司停止商标侵权及不正当竞争行为、公开赔礼道歉、连带赔偿经济损失630000元及合理开支24379.4元，并承担案件诉讼费用。

被告天津小拇指公司、天津华商公司辩称：（1）杭州小拇指公司的经营范围并不含许可经营项目及汽车维修类，也未取得机动车维修的许可，且不具备“两店一年”的特许经营条件，属于超越经营范围的非法经营，故其权利不应得到保护。（2）天津小拇指公司、天津华商公司使用“小拇指”标识有合法来源，不构成商标侵权。（3）杭州小拇指公司并不从事汽车维修行业，双方不构成商业竞争关系，且不能证明其为知名企业，其主张企业名称权缺乏法律依

据，天津小拇指公司、天津华商公司亦不构成不正当竞争，故请求驳回原告诉讼请求。

法院经审理查明：杭州小拇指公司成立于2004年10月22日，法定代表人为兰建军。其经营范围为："许可经营项目：无；一般经营项目：服务；汽车玻璃修补的技术开发，汽车油漆快速修复的技术开发；批发、零售；汽车配件；含下属分支机构经营范围；其他无需报经审批的一切合法项目（上述经营范围不含国家法律法规规定禁止、限制和许可经营的项目。）凡以上涉及许可证制度的凭证经营。"其下属分支机构为杭州小拇指公司萧山分公司，该分公司成立于2005年11月8日，经营范围为："汽车涂漆、玻璃安装"。该分公司于2008年8月1日取得的《道路运输经营许可证》载明的经营范围为："维修（二类机动车维修：小型车辆维修）。"

2011年1月14日，杭州小拇指公司取得第6573882号"小拇指"文字注册商标，核定服务项目（第35类）：连锁店的经营管理（工商管理辅助）；特许经营的商业管理；商业管理咨询；广告（截止）。该商标现在有效期内。2011年4月14日，兰建军将其拥有的第6573881号"小拇指"文字注册商标以独占使用许可的方式，许可给杭州小拇指公司使用。

杭州小拇指公司多次获中国连锁经营协会颁发的中国特许经营连锁120强证书，2009年杭州小拇指公司"小拇指汽车维修服务"被浙江省质量技术监督局认定为浙江服务名牌。

天津小拇指公司成立于2008年10月16日，法定代表人田俊山。其经营范围为："小型客车整车修理、总成修理、整车维护、小修、维修救援、专项修理。（许可经营项目的经营期限以许可证为准）。"该公司于2010年7月28日取得的《天津市机动车维修经营许可证》载明类别为"二类（汽车维修）"，经营项目为"小型客车整车修理、总成修理、整车维护、小修、维修救援、专项维修"。有效期自2010年7月28日至2012年7月27日。

天津华商公司成立于1992年11月23日，法定代表人与天津小拇指公司系同一人，即田俊山。其经营范围为："汽车配件、玻璃、润滑脂、轮胎、汽车装具；车身清洁维护、电气系统维修、涂漆；代办快件、托运、信息咨询；普通货物（以上经营范围涉及行业许可证的凭许可证件在有效期内经营，国家有专项专营规定的按规定办理）。"天津华商公司取得的《天津市机动车维修经营许可证》的经营项目为："小型客车整车修理、总成修理、整车维护、小修、维修救援、专项修理”，类别为“二类（汽车维修）”，现在有效期内。

天津小拇指公司、天津华商公司在从事汽车维修及通过网站进行招商加盟过程中，多处使用了“小拇指 TIAN JIN XIAO MU ZHI”标识，且存在单独或突出使用“小拇指”的情形。

2008年6月30日，天津华商公司与杭州小拇指公司签订了《特许连锁经营合同》，许可天津华商公司在天津经营“小拇指”品牌汽车维修连锁中心，合同期限为2008年6月30日至2011年6月29日。该合同第3条第4项约定：“乙方（天津华商公司）设立加盟店，应以甲方（杭州小拇指公司）书面批准的名称开展经营活动。商号的限制使用（以下选择使用）：（√）未经甲方书面同意，乙方不得在任何场合和时间，以任何形式使用或对‘小拇指’或‘小拇指维修’等相关标志进行企业名称登记注册；未经甲方书面同意，不得将‘小拇指’或‘小拇指维修’名称加上任何前缀、后缀进行修改或补充；乙方不得注册含有‘小拇指’或‘小拇指维修’或与其相关或相近似字样的域名等，该限制包含对乙方的分支机构的限制。”2010年12月16日，天津华商公司与杭州小拇指公司因履行《特许连锁经营合同》发生纠纷，经杭州市仲裁委员会仲裁裁决解除合同。

另查明，杭州小拇指公司于2008年4月8日取得商务部商业特许经营备案。天津华商公司曾向商务部行政主管部门反映杭州小拇指公司违规从事特许经营活动应予撤销备案的问题。对此，浙江省商务厅《关于上报杭州小拇指汽车维修科技股份有限公司特许经营有关情况的函》记载：（1）杭州小拇指公司特许经营备案时已具备“两店一年”条件，符合《商业特许经营管理条例》第七条的规定，可以予以备案；（2）杭州小拇指公司主要负责“小拇指”品牌管理，不直接从事机动车维修业务，并且拥有自己的商标、专利、经营模式等经营资源，可以开展特许经营业务；（3）经向浙江省道路运输管理局有关负责人了解，杭州小拇指公司下属直营店拥有《道路运输经营许可证》，经营范围包含“三类机动车维修”或“二类机动车维修”，具备从事机动车维修的资质；（4）杭州小拇指公司授权许可，以及机动车维修经营不在特许经营许可范围内。

裁判结果：天津市第二中级人民法院于2012年9月17日作出（2012）二中民三知初字第47号民事判决：一、判决生效之日起天津市小拇指汽车维修服务有限公司立即停止侵害第6573881号和第6573882号“小拇指”文字注册商标的行为，即天津市小拇指汽车维修服务有限公司立即在其网站（www.tjxiaomuzhi.net）、宣传材料、优惠体验券及其经营场所（含分支机构）停止使用“小拇指 TIAN JIN XIAO MU ZHI”标识，并停止单独使用“小拇指”字样；二、判决生效之日起天津市华商汽车进口配件公司立即停止侵害第6573881号和第6573882号“小拇指”文字注册商标的行为，即天津市华商汽车进口配件公司立即停止在其网站（www.tjxiaomuzhi.com）使用“小拇指 TIAN JIN XIAO MU ZHI”标识；三、判决生效之日起十日内，天津市小拇指汽车维修服务有限公司、天津市华商汽车进口配件公司连带赔偿兰建军、杭州小拇指汽车维修科技股份有限公司经济损失及维权费用人民币50000元；四、驳回兰建军、杭州小拇指汽车维修科技股份有限公司的其他诉讼请求。宣判后，兰建军、杭州小拇指公司及天津小拇指公司、天津华商公司均提出上诉。天津市高级人民法院于2013年2月19日作出（2012）津高民三终字第0046号民事判决：一、维持天津市第二中级人民法院（2012）二中民三知初字47号民事判决第一、二、三项及逾期履行责任部分；二、撤销天津市第二中级人民法院（2012）二中民三知初字第47号民判决第四项；三、自本判决生效之日起，天津市小拇指汽车维修服务有限公司立即停止在其企业名称中使用“小拇指”字号；四、自本判决生效之日起十日内，天津市小拇指汽车维修服务有限公司赔偿杭州小拇指汽车维修科技股份有限公司经济损失人民币30000元；五、驳回兰建军、杭州小拇指汽车维修科技股份有限公司的其他上诉请求；六、驳回天津市小拇指汽车维修服务有限公司、天津市华商汽车进口配件公司的上诉请求。

裁判理由：法院生效裁判认为：本案的主要争议焦点为被告天津小拇指公司、天津华商公司的被诉侵权行为是否侵害了原告兰建军、杭州小拇指公司的注册商标专用权，以及是否构成对杭州小拇指公司的不正当竞争。

一、关于被告是否侵害了兰建军、杭州小拇指公司的注册商标专用权

天津小拇指公司、天津华商公司在从事汽车维修及通过网站进行招商加盟过程中，多处使用了“小拇指 TIAN JIN XIAO MU ZHI”标识，且存在单独或突出使用“小拇指”的情形，相关公众施以一般注意力，足以对服务的来源产生混淆，或误认天津小拇指公司与杭州小拇指公司之间存在特定联系。“小拇指 TIAN JIN XIAO MU ZHI”标识主体及最易识别部分“小拇指”字样与涉案注册商标相同，同时考虑天津小拇指公司在

经营场所、网站及宣传材料中对“小拇指”的商标性使用行为，应当认定该标识与涉案的“小拇指”文字注册商标构成近似。据此，因天津小拇指公司、天津华商公司在与兰建军、杭州小拇指公司享有权利的第6573881号“小拇指”文字注册商标核定的相同服务项目上，未经许可而使用“小拇指”及单独使用“小拇指”字样，足以导致相关公众的混淆和误认，属于《商标法》第52条第1项规定的侵权行为。天津小拇指公司、天津华商公司通过其网站进行招商加盟的商业行为，根据《最高人民法院关于审理商标民事纠纷案件适用法律若干问题的解释》第12条之规定，可以认定在与兰建军、杭州小拇指公司享有权利的第6573882号“小拇指”文字注册商标核定服务项目相类似的服务中使用了近似商标，且未经权利人许可，亦构成《商标法》第52条第1项规定的侵权行为。

二、被告是否构成对杭州小拇指公司的不正当竞争

该争议焦点涉及两个关键问题：一是经营者是否存在超越法定经营范围的违反行政许可法律法规行为及其民事权益能否得到法律保护；二是如何认定反不正当竞争法调整的竞争关系。

（一）关于经营者是否存在超越法定经营范围行为及其民事权益能否得到法律保护

天津小拇指公司、天津华商公司认为其行为不构成不正当竞争的一个主要理由在于，杭州小拇指公司未依法取得机动车维修的相关许可，超越法定经营范围从事特许经营且不符合法定条件，属于非法经营行为，杭州小拇指公司主张的民事权益不应得到法律保护。故本案中要明确天津小拇指公司、天津华商公司所指称杭州小拇指公司超越法定经营范围而违反行政许可法律法规的行为是否成立，以及相应民事权益能否受到法律保护的问题。

首先，对于超越法定经营范围违反有关行政许可法律法规的行为，应当依法由相应的行政主管部门进行认定，主张对方有违法经营行为的一方，应自行承担相应的举证责任。本案中，对于杭州小拇指公司是否存在非法从事机动车维修及特许经营业务的行为，从现有证据和事实看，难以得出肯定性的结论。经营汽车维修属于依法许可经营的项目，但杭州小拇指公司并未从事汽车维修业务，其实际从事的是授权他人在车辆清洁、保养和维修等服务中使用其商标，或以商业特许经营的方式许可其直营店、加盟商在经营活动中使用其“小

拇指”品牌、专利技术等，这并不以其自身取得经营机动车维修业务的行政许可为前提条件。此外，杭州小拇指公司已取得商务部商业特许经营备案，杭州小拇指公司特许经营备案时已具备“两店一年”条件，其主要负责“小拇指”品牌管理，不直接从事机动车维修业务，并且拥有自己的商标、专利、经营模式等经营资源，可以开展特许经营业务。故本案依据现有证据，并不能认定杭州小拇指公司存在违反行政许可法律法规从事机动车维修或特许经营业务的行为。

其次，即使有关行为超越法定经营范围而违反行政许可法律法规，也应由行政主管部门依法查处，不必然影响有关民事权益受到侵害的主体提起民事诉讼的资格，亦不能以此作为被诉侵权者对其行为不构成侵权的抗辩。本案中，即使杭州小拇指公司超越法定经营范围而违反行政许可法律法规，这属于行政责任范畴，该行为并不影响其依法行使制止商标侵权和不正当竞争行为的民事权利，也不影响人民法院依法保护其民事权益。被诉侵权者以经营者超越法定经营范围而违反行政许可法律法规为由主张其行为不构成侵权的，人民法院不予支持。

（二）关于如何认定反不正当竞争法调整的竞争关系

经营者之间是否存在竞争关系是认定构成不正当竞争的关键。《反不正当竞争法》第2条规定：“经营者在市场交易中，应当遵循自愿、平等、公平、诚实信用的原则，遵守公认的商业道德。本法所称的不正当竞争，是指经营者违反本法规定，损害其他经营者的合法权益，扰乱社会经济秩序的行为。本法所称的经营者，是指从事商品经营或者营利性服务（以下所称商品包括服务）的法人、其他经济组织和个人。”由此可见，《反不正当竞争法》并未限制经营者之间必须具有直接的或具体的竞争关系，也没有要求经营者从事相同行业。《反不正当竞争法》所规制的不正当竞争行为，是指损害其他经营者合法权益、扰乱经济秩序的行为，从直接损害对象看，受损害的是其他经营者的市场利益。因此，经营者之间具有间接竞争关系，行为人违背反不正当竞争法的规定，损害其他经营者合法权益的，也应当认定为不正当竞争行为。

本案中，被诉存在不正当竞争的天津小拇指公司与天津华商公司均从事汽车维修行业。根据已查明的事实，杭州小拇指公司本身不具备从事机动车维修的资质，也并未实际从事汽车维修业务，但从其所从事的汽车玻璃修补、汽车油漆快速修复等技术开发活动，以及经授权许可使用的注册商标核定服务项目所包含的车辆保养和维修等可以认定，杭州小拇指公司通过将其拥有的企业标识、注册商标、专利、专有技术等经营资源许可其直营店或加盟店使用，使其成为“小拇指”品牌的运营商，以商业特许经营的方式从事与汽车维修相关的经营活动。因此，杭州小拇指公司是汽车维修市场的相关经营者，其与天津小拇指公司及天津华商公司之间存在间接竞争关系。

《反不正当竞争法》第5条第3项规定，禁止经营者擅自使用他人企业名称，引人误认为是他人的商品，以损害竞争对手。在认定原被告双方存在间接竞争关系的基础上，确定天津小拇指公司登记注册“小拇指”字号是否构成擅自使用他人企业名称的不正当竞争行为，应当综合考虑以下因素：

1. 杭州小拇指公司的企业字号是否具有一定的市场知名度。根据本案现有证据，杭州小拇指公司自2004年10月成立时起即以企业名称中的“小拇指”作为字号使用，并以商业特许经营的方式从事汽车维修行业，且专门针对汽车小擦小碰的微创伤修复，创立了“小拇指”汽车微修体系，截至2011年，杭州小拇指公司在全国已有加盟店400余个。虽然“小拇指”本身为既有词汇，但通过其直营店和加盟店在汽车维修领域的持续使用及宣传，“小拇指”汽车维修已在相关市场起到识别经营主体及与其他服务相区别的作用。2008年10月天津小拇指公司成立时，杭州小拇指公司的“小拇指”字号及相关服务在相关公众中已具有一定的市场知名度。

2. 天津小拇指公司登记使用“小拇指”字号是否具有主观上的恶意。市场竞争中的经营者，应当遵循诚实信用原则，遵守公认的商业道德，尊重他人的市场劳动成果，登记企业名称时，理应负有对同行业在先字号予以避让的义务。本案中，天津华商公司作为被特许人，曾于2008年6月30日与作为“小拇指”品牌特许人的杭州小拇指公司签订《特许连锁经营合同》，法定代表人田俊山代表该公司在合同上签字，其知晓合同的相关内容。天津小拇指公司虽主张其与天津华商公司之间没有关联，是两个相互独立的法人，但两公司的法定代表人均为田俊山，且天津华商公司的网站内所显示的宣传信息及相关联系信息均直接指向天津小拇指公司，并且天津华商公司将其登记的经营地点作为天津小拇指公司天津总店的经营地点。故应认定，作为汽车维修相关市场的经营者，天津小拇指公司成立时，对杭州小拇指公司及其经营资源、发展趋势等应当知晓，但天津小拇指公司仍将“小拇指”作为企业名称中识别不同市场主体核心标识的企业字号，且不能提供使用“小拇指”作为字号的合理依据，其主观上明显具有“搭便车”及攀附他人商誉的意图。

3. 天津小拇指公司使用“小拇指”字号是否足以造成市场混淆。根据已查明事实，天津小拇指公司在其开办的网站及其他宣传材料中，均以特殊字体突出注明“汽车小划小碰怎么办？找天津小拇指”“天津小拇指专业特长”的字样，其“优惠体验券”中亦载明“汽车小划小痕，找天津小拇指”，其服务对象与杭州小拇指公司运营的“小拇指”汽车维修体系的消费群体多有重合。且自2010年起，杭州小拇指公司在天津地区的加盟店也陆续成立，两者的服务区域也已出现重合。故小拇指公司以“小拇指”为字号登记使用，必然会使相关公众误认两者存在某种渊源或联系，加之天津小拇指公司存在单独或突出使用“小拇指”汽车维修、“天津小拇指”等字样进行宣传的行为，足以使相关公众对市场主体和服务来源产生混淆和误认，容易造成竞争秩序的混乱。

综合以上分析，天津小拇指公司登记使用该企业名称本身违反了诚实信用原则，具有不正当性，且无论是否突出使用均难以避免产生市场混淆，已构成不正当竞争，应对此承担停止使用“小拇指”字号及赔偿相应经济损失的民事责任。

典型案例

再审申请人梁某、卢某坚与被申请人安徽采蝶轩蛋糕集团有限公司、合肥采蝶轩企业管理服务有限公司、一审被告、二审被上诉人安徽巴莉甜甜食品有限公司侵害商标权及不正当竞争纠纷案

关键词：商标　侵权　在先使用　一定影响

裁判摘要：商标侵权案件中对是否构成在先使用的审查判断，主张在先使用权益的一方当事人，应当举证证明其使用时间早于注册商标的申请日，且通过使用行为使未注册商标产生了一定影响。

基本案情：在再审申请人梁某、卢某坚与被申请人安徽采蝶轩蛋糕集团有限公司（以下简称采蝶轩集团公司）、合肥采蝶轩企业管理服务有限公司（以下简称采蝶轩服务公司）、一审被告、二审被上诉人安徽巴莉甜甜食品有限公司（以下简称巴莉甜甜公司）侵害商标权及不正当竞争纠纷案（以下简称采蝶轩侵害商标权及不正当竞争案）中，卢某坚、梁某先后通过受让

或自行申请注册的方式，获得核定使用在第30类的“咖啡；茶；糖浆；蛋糕面粉”等商品上的第1328994号、核定使用在第42类“餐馆”等服务上的第1344787号、核定使用在第30类“糖果；蛋糕；面包”等商品上的第3422492号“”商标，以及核定使用在第30类“蛋糕；面包”等商品上的第4640785号图形商标；核定使用在第43类“面包店”等服务上的第4502639号和第4502638号“采蝶軒”商标；核定使用在第30类“蛋糕”等商品上的第4640787号商标。后梁某、卢某坚将第1344787号、第3422492号、第1328994号、第1329111号注册商标许可给中山市采蝶轩食品有限公司使用，并在国家工商行政管理总局商标局备案。2010年，第3422492号注册商标被广东省工商行政管理局认定为广东省著名商标。梁某、卢某坚提供的其他获奖证书均为中山市采蝶轩食品有限公司获得。合肥采蝶轩食品有限责任公司成立于2000年6月8日，经营范围包括糕点生产、销售等。后其企业名称相继变更为合肥采蝶轩蛋糕有限公司、安徽采蝶轩蛋糕有限公司和安徽采蝶轩蛋糕集团有限公司（即本案中的采蝶轩集团公司）。梁某、卢某坚以采蝶轩集团公司、采蝶轩服务公司和巴莉甜甜公司擅自在其店面、宣传广告和产品上使用有关图形、“采蝶轩CAIDIEXUAN”和“采蝶轩图形”商标，并将前述注册商标以企业字号的形式突出使用，侵害了梁某、卢某坚的商标专用权并构成不正当竞争为由，提起诉讼。安徽省合肥市中级人民法院一审认为，相对于本案梁某、卢某坚取得涉案商品商标权而言，采蝶轩集团公司将“采蝶轩”标识作为非注册商标用于产品使用在先。采蝶轩集团公司“采蝶轩”商品商标在合肥地区的知名度和影响力系由其独创，而梁某、卢某坚商品商标和服务商标的使用范围和影响力并未延及合肥地区。因此采蝶轩集团公司、采蝶轩服务公司和巴莉甜甜公司将“采蝶轩”标识作为商品商标使用，并未造成相关公众的混淆、误认。但为规范市场竞争秩序，采蝶轩集团公司、采蝶轩服务公司和巴莉甜甜公司应停止以组合或拆分的方式作为商品商标使用。采蝶轩服务公司在店面门头上使用“采蝶轩”标识，系对自身享有的服务商标权的行使，未侵害梁某、卢某坚的商标专用权。对于不正当竞争部分的诉讼主张，一审法院认为，梁某、卢某坚与采蝶轩集团公司、采蝶轩服务公司和巴莉甜甜公司之间不存在特定、具体的竞争关系，不符合提起不正当竞争之诉的主体要件。一审法院遂判决驳回梁某、卢某坚的诉讼请求。梁某、卢某坚不服，提起上诉。安徽省高级人民法院二审判决驳回上诉、维持原判。梁某、卢某坚仍不服，向最高人民法院申请再审。最高人民法院裁定提审本案，并于2016年6月7日判决撤销一审、二审判决，判令采蝶轩集团公司、采蝶轩服务公司、巴莉甜甜公司立即停止侵权行为，并赔偿梁某、卢某坚经济损失544511元（含合理费用）及消除影响。

最高人民法院提审认为：关于采蝶轩集团公司、采蝶轩服务公司和巴莉甜甜公司对“采蝶轩”字号和“采蝶轩”标识的使用是否构成在先使用问题。本案被诉侵权行为发生在现行商标法修正前，因此应适用2001年修正的《商标法》，该法并未对先使用抗辩问题作出明确规定。即使参照现行商标法关于先用权抗辩问题的规定，采蝶轩集团公司、采蝶轩服务公司和巴莉甜甜公司对被诉侵权标识的使用，也不构成在先使用。理由在于，第1344787号和第1328994号“”注册商标的申请日分别是1998年7月3日和1998年7月6日，均早于采蝶轩集团公司的前身合肥采蝶轩公司成立的2000年6月8日，也即采蝶轩集团公司、采蝶轩服务公司对于被诉侵权标识的使用，晚于前述两个注册商标的申请日；即使如原审法院所认定的前述两个注册商标与被控侵权标识不构成类似商品和服务，也即不考虑前述两个注册商标对在先使用判断的影响，在第3422492号“”注册商标的申请日，即2002年12月31日前，采蝶轩集团公司当时也只有5家门店，且2003年的销售额只有7.58万元，难言具有一定影响。同理，采蝶轩集团公司对于其企业字号的商标性使用也没有在先使用的权利。故此，原审法院认定采蝶轩集团公司、采蝶轩服务公司和巴莉甜甜公司具有在先使用的权利，没有事实根据，依法予以纠正。

【案　　号】（2015）民提字第38号

【审理法院】最高人民法院

【来　　源】《最高人民法院知识产权案件年度报告（2016）》

第四十九条 商标注册人在使用注册商标的过程中，自行改变注册商标、注册人名义、地址或者其他注册事项的，由地方工商行政管理部门责令限期改正；期满不改正的，由商标局撤销其注册商标。

注册商标成为其核定使用的商品的通用名称或者没有正当理由连续三年不使用的，任何单位或者个人可以向商标局申请撤销该注册商标。商标局应当自收到申请之日起九个月内做出决定。有特殊情况需要延长的，经国务院工商行政管理部门批准，可以延长三个月。

关联规定

法律、行政法规、司法解释

《最高人民法院关于审理商标授权确权行政案件若干问题的规定》

第二十六条 商标权人自行使用、他人经许可使用以及其他不违背商标权人意志的使用，均可认定为商标法第四十九条第二款所称的使用。

实际使用的商标标志与核准注册的商标标志有细微差别，但未改变其显著特征的，可以视为注册商标的使用。

没有实际使用注册商标，仅有转让或者许可行为；或者仅是公布商标注册信息、声明享有注册商标专用权的，不认定为商标使用。

商标权人有真实使用商标的意图，并且有实际使用的必要准备，但因其他客观原因尚未实际使用注册商标的，人民法院可以认定其有正当理由。

条文释义

一、本条主旨

本条是关于对使用注册商标的违法行为处理，以及撤销成为其核定使用的商品的通用名称及无正当理由连续3年不使用的注册商标的规定。

二、条文演变

1982年《商标法》第30条规定："使用注册商标，有下列行为之一的，由商标局责令限期改正或者撤销其注册商标：（一）自行改变注册商标的；（二）自行改变注册商标的注册人名义、地址或者其他注册事项的；（三）自行转让注册商标的；（四）连续三年停止使用的。"1993年《商标法》予以沿用。2001年《商标法》修改为第44条："使用注册商标，有下列行为之一的，由商标局责令限期改正或者撤销其注册商标：（一）自行改变注册商标的；（二）自行改变注册商标的注册人名义、地址或者其他注册事项的；（三）自行转让注册商标的；（四）连续三年停止使用的。"2013年《商标法》将以上规定修改为第49条，增加了商标退化为通用名称作为可撤销注册，即增加了任何单位或者个人可以申请商标局撤销"成为其核定使用的商标的通用名称"的注册商标的规定。同时，明确"限期改正"不再是撤销三年不使用商标程序中的一个选项，规定："商标注册人在使用注册商标的过程中，自行改变注册商标、注册人名义、地址或者其他注册事项的，由地方工商行政管理部门责令限期改正；期满不改正的，由商标局撤销其注册商标。注册商标成为其核定使用的商品的通用名称或者没有正当理由连续三年不使用的，任何单位或者个人可以向商标局申请撤销该注册商标。商标局应当自收到申请之日起九个月内做出决定。有特殊情况需要延长的，经国务院工商行政管理部门批准，可以延长三个月。"2019年《商标法》予以沿用。

三、条文解读

商标注册人在使用注册商标过程中，在享有权利的同时，应遵守商标使用管理规定，不得自行改变注册商标、注册人的名义、地址或者其他注意事项。本法第24条和第41条均对自行改变注册商标、注册人的名义、地址等事项作出规定。如果商标注册人自行改变注册事项，不利于商标的管理，也会影响商标权的有效性。

适用指引

一、撤销注册商标的条件

根据本条的规定，撤销注册商标的条件是商标注册人在使用注册商标的过程中存在违法等情形。具体来讲，包括以下几个方面。

第一，自行改变注册商标。生产经营者如果需要取得商标专用权，则必须经过商标注册。依照本法的规定，注册商标需要改变其标志的，应当重新提出注册申请。自行改变注册商标，又不重新提出注册申请的，属于本法禁止的行为。因此，对于自行改变注册商标的，应当承担相应的法律后果。

第二，自行改变注册人名义。注册商标，需要经过申请、审查、核准等程序，在一般情况下，申请人也就是注册商标的注册人。依照本法的规定，改变注册人的名义，属于注册事项的变更，应当提出变更申请。不提出变更申请，自行改变注册人名义的，属于本法禁止的行为，应当承担相应的法律后果。

第三，自行改变注册人地址。注册人的地址，属于注册人的基本信息，涉及相关法律文书的送达以及行政、司法管辖权确定等事项，必须真实。依照本法的规定，改变注册人的地址，属于注册事项的变更，应当提出变更申请。不提出变更申请，自行改变注册人地址的，属于本法禁止的行为，应当承担相应的法律后果。

第四，自行改变其他注册事项。其他注册事项，是指自行改变注册商标、注册人名义、地址以外的其他属于注册的事项，如代理人等。依照本法的规定，注册商标需要变更其他注册事项的，应当提出变更申请。不提出变更申请，自行改变其他注册事项的，属于本法禁止的行为，应当承担相应的法律后果。

第五，注册商标成为其核定使用的商品的通用名称。商品的通用名称是在某一范围内约定俗成，被特定行业普遍使用的某一类商品或者服务的名称，具有公用性，为某行业共同使用。商品的通用名称缺乏显著性，其作为商标起不到识别商品来源的作用。依照本法第 9 条的规定，申请注册的商标应当具有显著性。在具有显著特征的商标获得注册后，出于商标所有人的广告宣传不当，对其商标管理不善、保护不力，或者出于其他竞争者或社会公众方面的原因，有可能导致该注册商标逐渐失去显著特征，成为该类商品的通用名称。如“热水瓶”“尼龙”“阿司匹林”等，都曾是商标，由于各种原因都转化成了商品的通用名称。注册商标成为其核定使用商品的通用名称，即丧失了显著特征，不再具备区分商品来源的功能，[①] 不得作为商标注册。

第六，注册商标没有正当理由连续3年不使用。注册商标连续3年不使用，使注册商标处于搁置不用的状态，不但无法使该注册商标产生价值，发挥注册商标应有的功能和作用，而且还会影响他人申请注册和使用与其相同或者近似的商标，所以需要相应的法律措施予以规制。

二、撤销注册商标的程序

根据本条的规定，注册商标的撤销程序，因构成要件的不同而有所区别。

第一，因自行改变注册事项而导致撤销的程序。按照本条第1款的规定，商标注册人因“自行改变”注册商标、注册人名义、地址或者其他注册事项的，先由地方工商行政管理部门责令限期改正。责令限期改正，既是对商标使用中的违法行为的制止，也是对商标使用中的违法行为的纠正，即限定违法行为人在一定期限内改正其违法行为，使其行为符合本法的规定。在限定的期限内，当事人及时改正的，不撤销其注册商标。在指定的期限内，当事人不改正的，期限届满由商标局撤销其注册商标。

第二，因注册商标成为商品通用名称或者连续3年不使用而导致的撤销程序。按照本条第2款的规定，其撤销程序为：（1）任何单位或者个人，都可以向商标局提出申请，请求撤销该注册商标；（2）商标局收到申请以后，应当自收到申请之日起9个月内作出决定。有特殊情况需要延长时限的，经国务院工商行政管理部门批准，可以延长3个月。[②]

需要注意的是，对于连续3年不使用的撤销，明确了申请撤销的商标限于“没有正当理由”而不使用的商标。对于有正当理由而连续3年不使用的注册商标，不予撤销。实践中，由于药品上市审批等原因，导致用于药品的注册商标连续三年不使用的，即属于本条规定的“正当理由”。《与贸易有关的知识产权协定》第19条规定，如果注册的保持要求以商标付诸使用为条件，则除非

---

① 参见郎胜主编：《中华人民共和国商标法释义》，法律出版社2013年版，第97页。

② 参见乔晓阳主编：《〈中华人民共和国商标法〉释义及实用指南》，中国民主法制出版社2013年版。

商标所有者提出了此类使用存在障碍的充分理由，否则注册只有在商标至少连续3年以上未予使用的情况下方可取消。本条规定与《与贸易有关的知识产权协定》的规定一致。[①]

典型案例

一、连续3年不使用注册商标规定的使用应当是在该注册商标核定商品上的使用

关键词：连续3年不使用注册商标　核定商品

裁判摘要：《商标法》第49条规定的"连续三年不使用"，系指注册商标核定商品上的使用，而非在与核定商品类似的商品上的使用。

基本案情：在再审申请人宁波市青华漆业有限公司（以下简称青华公司）与被申请人国家工商行管理总局商标评审委员会（以下简称商标评审委员会）、一审第三人上海市方达（北京）律师事务所（以下简称方达事务所）商标撤销复审行政纠纷案中，青华公司系第1688809号商标（即复审商标）的权利人。复审商标于2001年12月28日被核准注册，核定使用在国际分类第2类的油漆、漆、铝涂料、银涂料等商品上，专用期限经续展至2021年12月27日止。2010年6月11日，方达事务所以连续三年停止使用为由，对复审商标提出撤销请求。国家工商行政管理总局商标局（以下简称商标局）以青华公司提供的使用证据有效为由，维持复审商标继续有效。方达事务所不服，提出复审请求。商标评审委员会以青华公司未能提供证据证明复审商标在核定使用商品上进行了真实有效的商业使用为由，以商评字（2014）第97239号《关于第1688809号商标撤销复审决定书》(以下简称第97239号决定）对复审商标予以撤销。青华公司不服，提起行政诉讼。北京知识产权法院一审认为，批墙膏与油漆、涂料等商品属于同类商品，青华公司在批墙膏等商品上对复审商标的使用应视为在核定使用商品上的使用。据此，判决撤销第97239号决定，并责令商标评审委员会重新作出复审决定。商标评审委员会不服，提起上诉。北京市高级人民法院二审认为，复审商标在批墙膏商品上的使用，不应视为在核定商

① 参见郎胜主编：《中华人民共和国商标法释义》，法律出版社2013年版，第98页。

品上的使用。遂判决撤销一审判决，维持第97239号决定。青华公司不服，向最高人民法院申请再审。最高人民法院于2015年11月23日裁定驳回青华公司的再审申请。

最高人民法院审查认为：《商标法》第44条第4项的规定旨在督促商标权人积极使用核准注册的商标，避免商标资源闲置。该条规定中所称的注册商标连续3年停止使用中的“使用”行为，应当理解为在核定类别商品上的使用。虽然青华公司提供的经销协议、增值税发票、广告合同、制作单及门店招牌等证据，可以证明青华公司在批墙膏商品上使用了复审商标，但批墙膏不包括在复审商标核定使用的第2类商品中的油漆、漆、铝涂料、银涂料等商品范围之中，且与该类商品在功能、用途等方面存在一定的差异。因此，复审商标在批墙膏商品上的使用，不应视为在核定商品上的使用，复审商标应当予以撤销。

【案　　号】（2015）知行字第255号

【审理法院】最高人民法院

【来　　源】《最高人民法院知识产权案件年度报告（2015）》

二、象征性使用不构成商标的实际使用行为

关键词：商标撤销复审　象征性使用　实际使用

裁判摘要：在注册商标连续3年停止使用的复审案件中，判断复审商标是否进行了实际使用，需要考察商标注册人是否具有真实的使用意图和使用行为。仅为维持复审商标存在而进行的象征性使用，不构成商标的实际使用行为。

基本案情：在再审申请人成某与被申请人通用磨坊食品亚洲有限公司（以下简称通用磨坊公司）、一审被告国家工商行政管理总局商标评审委员会（以下简称商标评审委员会）商标撤销复审行政纠纷案中，第1591629号“湾仔码头”商标（即复审商标）由中山市南区百鸟归巢火锅美食店于2000年3月31日提出注册申请，核定使用在第42类的咖啡馆、自助食堂、餐厅等服务上。2009年8月13日，复审商标经核准转让予成超。2009年8月21日，通用磨坊公司以复审商标连续三年停止使用为由，向国家工商行政管理总局商标局（以下简称商标局）提出撤销申请。后商标局以成超提供的使用证据无效为由，决定对复审商标予以撤销。成超不服，向商标评审委员会提出复审申请。商标评审委员会于2013年6月2日作出商评字〔2013〕第18947号《关于第

1591629号“湾仔码头”商标撤销复审决定书》(以下简称第18947号决定)，对复审商标予以撤销。成超不服，提起行政诉讼。北京市第一中级人民法院一审认为，成超在指定期限内对复审商标进行了真实的商业使用，遂判决撤销第18947号决定，并责令商标评审委员会重新作出复审决定。通用磨坊公司不服，向北京市高级人民法院提起上诉。北京市高级人民法院二审认为，成超提供的使用证据多为意在维持复审商标注册的单次、象征性使用，商标评审委员会所作复审商标在指定期间并无真实商业使用行为的结论正确，遂判决撤销一审判决，维持第18947号决定。成超不服，向最高人民法院申请再审。最高人民法院于2015年12月2日裁定驳回成超的再审申请。

最高人民法院审查认为：商标的价值在于识别商品或者服务的来源，《商标法》第44条规定连续3年停止使用予以撤销的制度目的，在于促使商标的实际使用，发挥商标的实际效用，防止浪费商标资源。商标的使用，不仅包括商标权人自用，也包括许可他人使用以及其他不违背商标权人意志的使用。没有实际使用注册商标，仅有转让、许可行为，或商标注册信息的公布以及享有注册商标专用权的声明等，不能认定为商标使用。判断商标是否实际使用，需要判断商标注册人是否有真实的使用意图和实际的使用行为，仅为维持注册商标的存在而进行的象征性使用，不构成商标的实际使用。本案中，成超主张复审商标在指定期间内以广告宣传和许可他人使用的方式进行了使用，但其提交的《广告代理合同》《广告协议》、湾仔码头小吃部的招商广告、《湾仔码头商标合作合同》《商标许可使用合同》等证据，或无相关证据予以佐证，或发生时间晚于商标局指定期间，均不能证明其对复审商标进行了实际使用。此外，二审法院参考成超申请注册50余件与他人知名商标相同或近似商标的情况，认定其并无对复审商标进行真实使用的意图，该结论并无不当。

【案　　号】（2015）知行字第181号

【审理法院】最高人民法院

【来　　源】《最高人民法院知识产权案件年度报告（2015）》

第五十条　注册商标被撤销、被宣告无效或者期满不再续展的，自撤销、宣告无效或者注销之日起一年内，商标局对与该商标相同或者近似的商标注册申请，不予核准。

条文释义

一、本条主旨

本条是关于注册商标被撤销、宣告无效或者注销后，不予核准相同或者近似的商标注册申请的规定。

二、条文演变

1982年《商标法》第32条规定："注册商标被撤销的或者期满不再续展的，自撤销或者注销之日起一年内，商标局对与该商标相同或者近似的商标注册申请，不予核准。"1993年、2001年《商标法》两次修正，只变动了条文序号。2013年《商标法》增加了"被宣告无效"的情形，同时修改了条文序号。2019年《商标法》予以沿用。

三、条文解读

注册商标被撤销、宣告无效或注销，最终都会导致注册商标专用权的消失，但三者的法律效果也有所不同。撤销注册商标的，由商标局予以公告，注册商标专用权自公告之日起终止；宣告注册商标无效的，由商标局予以公告，注册商标专用权视为自始不存在；注册商标有效期满，未办理续展手续的，由商标局注销其注册商标。

依据《商标法》规定的商标申请注册的条件，构成商标申请注册的权利障碍的是有效的注册商标。如果某一注册商标被撤销、宣告无效或注销，其他主体即使申请注册与该商标相同或者近似的商标，在不违反其他强制性规定的情况下，也应当允许。但是，除了连续3年不使用的情形之外，注册商标在被撤销、宣告无效或注销之前，在市场上进行了一定的使用。使用该商标的商品或服务如果没有全部退出市场，短期内又允许相同或近似的商标核准注册并投入使用，会影响市场经济秩序，也可能损害消费者的利益。因此，《商标法》规定，注册商标被撤销、被宣告无效或者期满不再续展的，自撤销、宣告无效或者注销之日起 1 年内，商标局对与该商标相同或者近似的商标注册申请，不予核准。

适用指引

如前所述，注册商标被撤销、宣告无效或注销的，都会导致注册商标专用权的消失，但这三种情形的成因各有不同。撤销，一般因商标注册人在使用注册商标的过程中自行改变注册商标、注册人名义、地址或者其他注册事项，限期未予改正的，或者由于注册商标成为其核定使用的商品的通用名称，也可能是由于没有正当理由连续 3 年不使用。注销，则是因为注册商标有效期满，未办理续展手续。这两种情形下，原商标本身使用标志并不存在不当之处。其他单位和个人在撤销或注销 1 年以后，有权申请注册与该商标相同或者近似的商标。应当注意的是，注册商标被无效的原因较为复杂。《商标法》规定，违反第 4 条、第 10 条、第 11 条、第 12 条、第 19 条第 1 款规定的，或者是以欺骗手段或者其他不正当手段取得注册的，以及违反第 13 条第 2 款和第 3 款、第 15 条、第 16 条第 1 款、第 30 条、第 31 条、第 32 条规定的，都有可能导致注册商标被宣告无效。其中，以违反第 10 条、第 11 条的情形为例，原商标使用的标志本身就不应作为商标使用或注册，即使原商标被宣告无效超过 1 年，就与该商标相同或者近似的商标注册申请，仍不应予以核准注册。因此，本条所规定的 1 年期限的限制条件只是商标注册审查和核准的一个考虑因素，最终商标是否被核准注册，还应当依据《商标法》的其他规定进行审查。

第五十一条　违反本法第六条规定的，由地方工商行政管理部门责令限期申请注册，违法经营额五万元以上的，可以处违法经营额百分之二十以下的罚款，没有违法经营额或者违法经营额不足五万元的，可以处一万元以下的罚款。

关联规定

部门规章及规范性文件

《商标一般违法判断标准》

第三条　本标准所称的商标一般违法行为是指违反商标管理秩序的行为。

有下列行为之一的，均属商标一般违法：

（一）违反《商标法》第六条规定，必须使用注册商标而未使用的；

（二）违反《商标法》第十条规定，使用不得作为商标使用的标志的；

（三）违反《商标法》第十四条第五款规定，在商业活动中使用“驰名商标”字样的；

（四）违反《商标法》第四十三条第二款规定，商标被许可人未标明其名称和商品产地的；

（五）违反《商标法》第四十九条第一款规定，商标注册人在使用注册商标的过程中，自行改变注册商标、注册人名义、地址或者其他注册事项的；

（六）违反《商标法》第五十二条规定，将未注册商标冒充注册商标使用的；

（七）违反《商标法实施条例》第四条第二款和《集体商标、证明商标注册和管理办法》第十四条、第十五条、第十七条、第十八条、第二十条、第二十一条规定，未履行集体商标、证明商标管理义务的；

（八）违反《商标印制管理办法》第七条至第十条规定，未履行商标印制管理义务的；

（九）违反《规范商标申请注册行为若干规定》第三条规定，恶意申请商标注册的；

（十）其他违反商标管理秩序的。

第四条 根据《商标法》第六条、《中华人民共和国烟草专卖法》第十九条、《中华人民共和国烟草专卖法实施条例》第二十二条和第六十五条规定，卷烟、雪茄烟、有包装的烟丝以及电子烟等新型烟草制品必须使用注册商标，未在中国核准注册的，不得在中国生产、销售。

在中国销售的进口卷烟、雪茄烟、有包装的烟丝以及电子烟等新型烟草制品，必须使用在中国核准注册的商标。

条文释义

一、本条主旨

本条是关于强制注册商标管理的规定。

二、条文演变

1982年《商标法》第33条规定："违反本法第五条规定的，由地方工商行政管理部门责令限期申请注册，可以并处罚款。"1993年、2001年《商标法》对该条未作修改。2013年《商标法》在第51条规定："违反本法第六条规定的，由地方工商行政管理部门责令限期申请注册，违法经营额五万元以上的，可以处违法经营额百分之二十以下的罚款，没有违法经营额或者违法经营额不足五万元的，可以处一万元以下的罚款。"2019年《商标法》予以沿用。

三、条文解读

本法第6条规定：法律、行政法规规定必须使用注册商标的商品，必须申请商标注册，未经核准注册的，不得在市场销售。我国商标注册制度总体上实行自愿注册原则，但对于极少数商品规定必须使用注册商标，未经核准注册的不得进行销售，即施行商标强制注册制度。商标强制注册要求商标注册人对强制使用商标的商品负责，有利于对特殊商品进行严格管理，目前，我国实行强制注册的商品为烟草制品。

按照本法第 6 条和本条的规定，对法律、行政法规规定必须使用注册商标的商品，不使用商标或者使用未注册商标的，由地方工商行政管理部门责令其在规定的期限内申请注册，并可以根据情节处以罚款：违法经营额 5 万元以上的，可以处违法经营额 20% 以下的罚款；没有违法经营额或者违法经营额不足 5 万元的，可以处 1 万元以下的罚款。[①]

① 参见郎胜主编：《中华人民共和国商标法释义》，法律出版社 2013 年版。

第五十二条 将未注册商标冒充注册商标使用的，或者使用未注册商标违反本法第十条规定的，由地方工商行政管理部门予以制止，限期改正，并可以予以通报，违法经营额五万元以上的，可以处违法经营额百分之二十以下的罚款，没有违法经营额或者违法经营额不足五万元的，可以处一万元以下的罚款。

关联规定

法律、行政法规、司法解释

《中华人民共和国商标法实施条例》

第七十八条 计算商标法第六十条规定的违法经营额，可以考虑下列因素：

（一）侵权商品的销售价格；

（二）未销售侵权商品的标价；

（三）已查清侵权商品实际销售的平均价格；

（四）被侵权商品的市场中间价格；

（五）侵权人因侵权所产生的营业收入；

（六）其他能够合理计算侵权商品价值的因素。

第八十二条 在查处商标侵权案件过程中，工商行政管理部门可以要求权利人对涉案商品是否为权利人生产或者其许可生产的产品进行辨认。

条文释义

一、本条主旨

本条是关于未注册商标使用中存在违法情形予以处罚的规定。

二、条文演变

本条是在2001年《商标法》第48条规定的基础上经过修改形成的，该条规定："使用未注册商标，有下列行为之一的，由地方工商行政管理部门予以制止，限期改正，并可以予以通报或者处以罚款：（一）冒充注册商标的；（二）违反本法第十条规定的；（三）粗制滥造，以次充好，欺骗消费者的。"2013年《商标法》作出如下修改：一是删去了原第3项的规定，即"粗制滥造，以次充好，欺骗消费者的"；二是将原规定中的"可以予以通报或者处以罚款"，调整为可以通报，还可以处以罚款；三是对罚款处罚的标准作了规定。2019年《商标法》予以沿用。

三、条文解读

（一）未注册商标的概念及现状

所谓未注册商标，是指未经商标局核准注册而直接在商品上使用的商标。未注册商标使用范围非常广泛，但因其未经注册，所以没有取得商标专用权。国家允许使用未注册商标，主要是考虑到我国的经济发展水平，对于一些生产尚不稳定、产品尚未定型的商品，以及一些特定地域范围内地产地销的小商品等，采取自愿注册原则，不强行要求进行商标注册。但是，这并不意味着国家对未注册商标的使用就放任不管。[①] 从保护注册商标专用权和维护消费者利益出发，国家商标管理部门需要对未注册商标的使用进行管理。

（二）未注册商标冒充注册商标或者使用禁用标志的处罚

根据本条的规定，未注册商标在使用中，存在违法情形的，将受到相应的处罚。

1. 违法行为的种类

本条规定的未注册商标使用中存在的违法行为，有以下两种。

第一，将未注册商标冒充注册商标使用。所谓冒充注册商标，是指使用未注册商标而标称是注册商标，或者擅自在商品上标注"注册商标"或者注册标

① 参见乔晓阳主编：《〈中华人民共和国商标法〉释义及实用指南》，中国民主法制出版社2013年版，第133~134页。

记的行为。按照本法第 9 条第 2 款的规定，商标注册人有权标明“注册商标”或者注册标记，以表明所使用的商标为注册商标，享有注册商标专用权，并受到法律的保护。而未注册的商标，则不得标称“注册商标”或者使用注册标记。如果未注册的商标在使用时标称为“注册商标”，或者使用注册标记，既损害了商标管理秩序，同时也构成对消费者欺骗，属于法律所不允许的行为。

第二，使用未注册商标违反本法第 10 条规定。即未注册商标使用法律明文规定的商标禁用标志的，也是法律所禁止的行为。根据本法第 10 条第 1 款的规定，下列标志不得作为商标使用：（1）同中华人民共和国的国家名称、国旗、国徽、国歌、军旗、军徽、军歌、勋章等相同或者近似的，以及同中央国家机关的名称、标志、所在地特定地点的名称或者标志性建筑物的名称、图形相同的；（2）同外国的国家名称、国旗、国徽、军旗等相同或者近似的，但经该国政府同意的除外；（3）同政府间国际组织的名称、旗帜、徽记等相同或者近似的，但经该组织同意或者不易误导公众的除外；（4）与表明实施控制、予以保证的官方标志、检验印记相同或者近似的，但经授权的除外；（5）同“红十字”“红新月”的名称、标志相同或者近似的；（6）带有民族歧视性的；（7）带有欺骗性，容易使公众对商品的质量等特点或者产地产生误认的；（8）有害于社会主义道德风尚或者有其他不良影响的。县级以上行政区划的地名或者公众知晓的外国地名，不得作为商标。但是，地名具有其他含义或者作为集体商标、证明商标组成部分的除外；已经注册的使用地名的商标继续有效。

上述不得使用的标志，属于法定禁用标志，不但未注册商标不得使用，注册商标也不得使用。已经注册的商标，如果使用了禁用标志的，将依法被宣告无效。

2. 违法行为的处罚

根据本条的规定，未注册商标在使用中，具有冒充注册商标使用或者使用禁用标志情形的，由地方工商行政管理部门按照以下步骤进行处理：

第一，予以制止。所谓制止，就是责令当事人立即停止违法行为。

第二，限期改正。所谓改正，就是责令当事人纠正违法行为。根据《行政处罚法》第 28 条的规定，行政机关实施行政处罚时，应当责令当事人改正或者限期改正违法行为。改正的具体方式包括销毁已经制作的商标标识等。

第三，进行通报。所谓通报，是指采取发布通知、公告等形式，将未注册商标冒充注册商标或者使用禁用标志的违法情况予以公开，如在报刊、电视、广播、互联网等媒体上公布相关违法信息。

第四，处以罚款。根据本条规定，对于未注册商标冒充注册商标或者使用禁用标志的罚款处罚，按照以下两种情况分别确定罚款数额：（1）没有违法经营额或者违法经营额不足 5 万元的，可以处 1 万元以下的罚款；（2）违法经营额 5 万元以上的，可以处违法经营额 20% 以下的罚款。[①]

① 参见乔晓阳主编：《〈中华人民共和国商标法〉释义及实用指南》，中国民主法制出版社 2013 年版，第 134~135 页。

第五十三条　违反本法第十四条第五款规定的，由地方工商行政管理部门责令改正，处十万元罚款。

关联规定

一、法律、行政法规、司法解释

1.《中华人民共和国商标法》

第十四条　驰名商标应当根据当事人的请求，作为处理涉及商标案件需要认定的事实进行认定。认定驰名商标应当考虑下列因素：

（一）相关公众对该商标的知晓程度；

（二）该商标使用的持续时间；

（三）该商标的任何宣传工作的持续时间、程度和地理范围；

（四）该商标作为驰名商标受保护的记录；

（五）该商标驰名的其他因素。

在商标注册审查、工商行政管理部门查处商标违法案件过程中，当事人依照本法第十三条规定主张权利的，商标局根据审查、处理案件的需要，可以对商标驰名情况作出认定。

在商标争议处理过程中，当事人依照本法第十三条规定主张权利的，商标评审委员会根据处理案件的需要，可以对商标驰名情况作出认定。

在商标民事、行政案件审理过程中，当事人依照本法第十三条规定主张权利的，最高人民法院指定的人民法院根据审理案件的需要，可以对商标驰名情况作出认定。

生产、经营者不得将“驰名商标”字样用于商品、商品包装或者容器上，或者用于广告宣传、展览以及其他商业活动中。

2.《中华人民共和国行政处罚法》

第三十三条　违法行为轻微并及时改正，没有造成危害后果的，不予行政处罚。初次违法且危害后果轻微并及时改正的，可以不予行政处罚。

当事人有证据足以证明没有主观过错的，不予行政处罚。法律、行政法规另有规定的，从其规定。

对当事人的违法行为依法不予行政处罚的，行政机关应当对当事人进行教育。

二、部门规章及规范性文件

《商标一般违法判断标准》

第三条 本标准所称的商标一般违法行为是指违反商标管理秩序的行为。有下列行为之一的，均属商标一般违法：

（三）违反《商标法》第十四条第五款规定，在商业活动中使用“驰名商标”字样的；

第十七条 违反《商标法》第十四条第五款规定的，应综合考虑违法行为的情节、危害后果、主观过错等因素，依照《商标法》第五十三条和《中华人民共和国行政处罚法》第三十三条规定处理。

条文释义

一、本条主旨

本条是关于违反本法第 14 条第 5 款规定承担法律责任的规定。

二、条文演变

本条系 2013 年《商标法》新增条款。2013 年《商标法》明确了对驰名商标实行个案认定、被动保护的原则，规定生产、经营者不得将“驰名商标”字样用于商品、商品包装及其他商业活动中。本条据此规定了对违反商标法使用“驰名商标”行为的行政处罚。2019 年《商标法》予以沿用。

三、条文解读

驰名商标的认定，是在个案中对事实的确认。实践中，有消费者认为驰名商标往往意味着商品质量好、市场认可度高、生产经营者信誉好等，倾向于购买带有驰名商标的商品。一些生产经营者利用这一点，在其商品、商品包装或者容器上，或者在其广告宣传、展览以及其他商业活动中大肆宣传自己的商标是“驰名商标”，吸引消费者选购，而不在生产经营上下功夫，不确保产品或者服务质量。这种情形导致驰名商标制度的立法本意在实践中被曲解，也损害了消费者的利益。据此，本法第 14 条第 5 款规定，生产、经营者不得将“驰名商标”字样用于商品、商品包装或者容器上，或者用于广告宣传、展览以及其他商业活动中。本条进一步明确，对于违反这一规定的生产者、经营者，由地方行政管理部门责令改正，同时应当对其处以 10 万元罚款。①

① 参见郎胜主编:《中华人民共和国商标法释义》，法律出版社 2013 年版，第 101~102 页。

第五十四条　对商标局撤销或者不予撤销注册商标的决定，当事人不服的，可以自收到通知之日起十五日内向商标评审委员会申请复审。商标评审委员会应当自收到申请之日起九个月内做出决定，并书面通知当事人。有特殊情况需要延长的，经国务院工商行政管理部门批准，可以延长三个月。当事人对商标评审委员会的决定不服的，可以自收到通知之日起三十日内向人民法院起诉。

关联规定

法律、行政法规、司法解释

1.《中华人民共和国商标法实施条例》

第五十六条　商标评审委员会审理不服商标局依照商标法第四十九条规定作出撤销或者维持注册商标决定的复审案件，应当针对商标局作出撤销或者维持注册商标决定和当事人申请复审时所依据的事实、理由及请求进行审理。

2.《最高人民法院关于审理商标授权确权行政案件若干问题的规定》

第一条　本规定所称商标授权确权行政案件，是指相对人或者利害关系人因不服国家知识产权局作出的商标驳回复审、商标不予注册复审、商标撤销复审、商标无效宣告及无效宣告复审等行政行为，向人民法院提起诉讼的案件。

第三十条　人民法院生效裁判对于相关事实和法律适用已作出明确认定，相对人或者利害关系人对于国家知识产权局依据该生效裁判重新作出的裁决提起诉讼的，人民法院依法裁定不予受理；已经受理的，裁定驳回起诉。

条文释义

一、本条主旨

本条是关于撤销或者不予撤销注册商标决定的复审和司法审查程序的规定。

二、条文演变

2013年《商标法》对2001年《商标法》第49条的规定进行了修改，该条规定："对商标局撤销注册商标的决定，当事人不服的，可以自收到通知之日起十五日内向商标评审委员会申请复审，由商标评审委员会做出决定，并书面通知申请人。""当事人对商标评审委员会的决定不服的，可以自收到通知之日起三十日内向人民法院起诉。"2013年《商标法》将此前的两款合并为一款规定；明确了当事人不服商标局决定的范围，将"撤销注册商标的决定"修改为"撤销或者不予撤销注册商标的决定"；增加了复审时限，即一般情况下为9个月，特殊情况经批准可延长3个月。2019年《商标法》予以沿用。

三、条文解读

根据本法第49条的规定，商标局可以依法撤销商标注册人自行改变注册事项的注册商标；任何单位或者个人可以依法向商标局申请撤销成为核定使用商品通用名称的注册商标，以及没有正当理由连续3年不使用的注册商标。注册商标专用权是一项重要的民事权利，撤销注册商标就是要剥夺这项权利，直接影响商标注册人利益。为了维护商标注册人和注册商标撤销申请人的正当权利，加强对撤销注册商标决定的监督，确立了对撤销注册商标决定的复审制度。按照本条规定，当事人对商标局作出的撤销或者不予撤销注册商标的决定不服的，可以自收到决定通知之日起15日内，将复审申请书交送商标评审委员会申请复审。商标评审委员会根据申请复审的理由，依据本法的规定进行审查，作出复审决定，并用书面方式通知申请人，结束复审程序。

为切实维护当事人合法权益，加强对行政机关撤销或者不予撤销注册商标决定的监督，本条规定了对撤销或者不予撤销注册商标决定的司法审查制度，即由司法机关对行政机关作出的是否撤销注册商标决定进行合法性审查，由司法机关最终决定商标专用权是否应当被撤销。实行司法审查，符合世界贸易组织规则。根据《与贸易有关的知识产权协定》的规定，有关获得和维持知识产权的程序中作出的终局行政决定，均应接受司法或者准司法当局的审查。通过司法审查，有利于当事人通过严格的司法程序充分主张权利，获得足够的司法救济，从而有效地保障当事人的合法权利。需要注意的是，当事人不服商标局作出的撤销或者不予撤销注册商标决定的，不能直接向人民法院起诉，而应先申请商标评审委员会复审，对复审决定仍然不服的，可以向人民法院起诉。需要说明的是，根据国务院机构改革部署，国家工商行政管理总局商标局、商标评审委员会的相关职责由国家知识产权局统一行使。[①]

① 参见郎胜主编：《中华人民共和国商标法释义》，法律出版社2013年版，第102~103页。

第五十五条　法定期限届满，当事人对商标局做出的撤销注册商标的决定不申请复审或者对商标评审委员会做出的复审决定不向人民法院起诉的，撤销注册商标的决定、复审决定生效。

被撤销的注册商标，由商标局予以公告，该注册商标专用权自公告之日起终止。

关联规定

法律、行政法规、司法解释

《中华人民共和国商标法实施条例》

第六十八条　商标局、商标评审委员会撤销注册商标或者宣告注册商标无效，撤销或者宣告无效的理由仅及于部分指定商品的，对在该部分指定商品上使用的商标注册予以撤销或者宣告无效。

第七十四条　注册商标被撤销或者依照本条例第七十三条的规定被注销的，原《商标注册证》作废，并予以公告；撤销该商标在部分指定商品上的注册的，或者商标注册人申请注销其商标在部分指定商品上的注册的，重新核发《商标注册证》，并予以公告。

条文释义

一、本条主旨

本条是关于撤销注册商标决定生效及注册商标被撤销法律效力的规定。

二、条文演变

本条是2013年《商标法》新增规定。2019年《商标法》予以沿用。

三、条文解读

根据本法规定，对于商标局撤销注册商标的决定，当事人应当在15日内向商标评审委员会（现相关职责由国家知识产权局行使）申请复审；对国家知识产权局作出的复审决定不服的，当事人应当在30日内向人民法院起诉。这里的“十五日”和“三十日”就是本条规定的“法定期限”。根据本条第1款的规定，当事人在法定期限内对商标局作出的决定不申请复审，该决定即生效。当事人在法定期限内对商标评审委员会作出的复审决定不向人民法院起诉的，该复审决定生效。所谓生效，是指发生法律效力。撤销注册商标决定生效，当事人不再享有申请复审的权利。商标评审委员会作出的复审决定一经生效，当事人不再享有提起诉讼的权利。如果当事人在法定期限内就撤销注册商标的决定申请复审，或者就商标评审委员会复审决定向人民法院起诉的，则撤销决定、撤销复审决定不产生效力。需要注意的是，本法对注册商标无效和撤销注册商标两种情形进行了区分：对于被撤销的注册商标，法律后果为该注册商标专用权自公告之日起终止；对于违反有关商标注册规定的注册商标，宣告无效的法律后果为该注册商标专用权视为自始不存在。

本条第2款规定了注册商标被撤销的法律后果，即该注册商标专用权自公告之日起终止。被撤销注册商标专用权的终止时间，以商标局公告该注册商标被撤销的日期来确定，而不是以撤销注册商标决定和复审决定的生效时间来确定。[①]

① 参见郎胜主编：《中华人民共和国商标法释义》，法律出版社2013年版，第103~104页。

第五十六条　注册商标的专用权，以核定注册的商标和核定使用的商品为限。

关联规定

法律、行政法规、司法解释

《最高人民法院关于审理注册商标、企业名称与在先权利冲突的民事纠纷案件若干问题的规定》

第一条第二款　原告以他人使用在核定商品上的注册商标与其在先的注册商标相同或者近似为由提起诉讼的，人民法院应当根据民事诉讼法第一百二十四条第（三）项的规定，告知原告向有关行政主管机关申请解决。但原告以他人超出核定商品的范围或者以改变显著特征、拆分、组合等方式使用的注册商标，与其注册商标相同或者近似为由提起诉讼的，人民法院应当受理。

条文释义

一、本条主旨

本条是关于注册商标专用权的保护范围的规定。

二、条文演变

1982年《商标法》第37条规定，注册商标的专用权，以核准注册的商标和核定使用的商品为限。

此后，《商标法》于1993年、2001年、2013年、2019年的四次修正对该条的序号作出变动，对该条的内容均未作变动。

三、条文解读

所谓注册商标的专用权，是指商标注册人在核定使用的商品上，享有专有使用核准注册的商标的权利。按照本法的规定，经商标局核准注册的商标为注册商标，包括商品商标、服务商标、集体商标、证明商标；商标注册人享有商标专用权，受法律保护。注册商标的专用权，包括两个方面的含义：一是注册商标的专用权，只能在特定的范围有效，这个范围就是核准注册的商标和核定使用的商品；二是在特定的范围内，商标注册人享有对其注册商标的专属使用权，即排除他人使用的权利。

本条中的核准注册的商标，是指经审查准予作为注册商标使用的商标标识；核定使用的商品，是指商标注册时核准使用注册商标的商品。①

适用指引

商标的基本功能在于识别或区分商品或服务的来源。相关公众通过商标识别或区分商品或服务来源的前提，是特定的商标使用在特定的商品或服务上，商标承载指示商品或服务来源的作用，传达关于商品或服务来源的信息。因此，只有商标标识特定化、使用商标的商品或服务特定化，商标的识别或区分功能才能具体地实现。根据本条规定，商标注册后，权利人只能在核定使用的商品或服务上，使用核准注册的商标标识。相应地，商标注册人只在核定使用的商品或服务上，就核准注册的商标享有专用权。

核准注册的商标与核定使用的商品，是界定注册商标专用权范围的两个基本标准。界定注册商标专用权虽然以“核定使用的商品或服务”“核准注册的商标”为限，但对注册商标专用权提供的法律保护范围则不在此限。对于注册商标专用权的保护，范围常常扩大到与核准注册商标相近似的标志，以及与核定使用商品或服务相类似的商品或服务。②

通常认为，商标权的保护范围包括商标专用权与禁用权两个部分。商标

① 参见乔晓阳主编：《〈中华人民共和国商标法〉释义及实用指南》，中国民主法制出版社2013年版，第141~142页。

② 参见陶凯元主编：《最高人民法院知识产权审判指导案例解析》，人民法院出版社2019年版，第258页。

专用权是指商标权人只能在核定使用的商品或服务上，使用核准注册的商标标识。而商标禁用权，则指商标权人有权禁止他人未经许可在相同或类似服务上使用与注册商标相同或近似商标，容易导致混淆的行为。如果注册商标是驰名商标，商标权人还有权禁止他人在不相同或不相类似的商品或服务上，使用与其注册商标相同或近似的商标。可见，商标禁用权的范围大于商标专用权的范围。[①]

需要注意的是，在司法实践中认定注册商标专用权的范围，应当以商标注册证书为依据，而不能以原告所提供的实际使用注册商标的商品为依据。本条规定在现实中具体表现的载体，就是商标注册证书。商标注册证书载明的商标标识和商品或服务情况，即是本条所指的核准注册的商标、核定使用商品。

现实中，很多商标注册人不按照商标注册证书的记载情况规范使用注册商标，而将注册商标使用在与核定使用商品或服务相类似甚至不类似的商品或服务上，或将注册商标标识中的图案、文字等构成元素修改、替换、变形后作为商标进行使用。因为这些使用行为已经超出核定使用的商品范围，使用的商标也并非核准使用的商标标识，所以已经不属于行使注册商标专用权的行为。进行前述不规范使用行为时，如果还专门标注了“注册商标”字样或®等表明注册商标的符号，就违反了注册商标使用的规定，可能由此受到相关行政管理部门的处理或处罚。[②]

典型案例

北方国际集团天津同鑫进出口有限公司与天津市鹦鹉乐器有限公司、天津市森德乐器有限公司侵害商标权纠纷案

关键词： 注册商标　驰名商标　专用权范围

裁判摘要： 在《商标法》施行前，包含外国文字的注册商标只能使用在出口商品上，而不能使用在内销商品上，这也是其当时能够获准注册的客观历史条件。也就是说，在《商标法》施行前，包含外国文字的注册商标的受让人，

① 参见何怀文：《商标法注释书》，中国民主法制出版社2021年版，第786页。

② 《最新法律文件解读》编辑委员会编：《民事法官必备法律司法解释解读》，人民法院出版社2019年版，第258页。

也只能在出口商品上使用该注册商标。但是，由于《商标法》取消了包含外国文字的注册商标只能用于出口商品的限制性规定，此类商标的注册人和受让人权利受到限制的状况，也就因《商标法》的颁布施行而发生改变。

《商标法》取消了包含外国文字的注册商标仅能用于出口商品的限制性规定，显然消除了此类商标注册人相应的义务负担，扩大了其权利行使的范围，属于能够更好地保护此类商标注册人的权利和利益的规定。虽然在就相关权利和利益作出判断时，不应仅考虑可能受益的民事主体的单方情形，而且还应当综合考虑这种法律溯及既往的适用是否会损害其他民事主体的合法权益，但是，对于使用外国文字的注册商标而言，即使存在与其近似的、原本使用在内销商品上的其他注册商标，但是由于上述两类商标在文字构成、声音、视觉效果等商标标志构成要素方面存在差异，不属于相同商标，且注册商标专用权在近似商标上的保护范围应当顾及不同时期法律法规演变的历史因素，因此应当认定使用外国文字的商标并不会落入原本使用在内销商品上的其他商标的专用权范围之内，当然也就应当认定对使用外国文字的商标使用范围的扩展，不会损害其他民事主体的合法权益。

基本案情：在再审申请人北方国际集团天津同鑫进出口有限公司（以下简称北方同鑫公司）与被申请人天津市鹦鹉乐器有限公司（以下简称鹦鹉公司）、一审被告天津市森德乐器有限公司（以下简称森德公司）侵害商标权及不正当竞争纠纷案中，涉及第40540号“鹦鹉PARROT及图”商标（以下简称“鹦鹉PARROT”商标）第119207号“鹦鹉YINGWU及图”商标（以下简称“鹦鹉YINGWU”商标），上述注册商标的专用权人分别为北方同鑫公司、鹦鹉公司。

第40540号“鹦鹉PARROT及图”商标由中国轻工业品进出口公司天津分公司于1962年1月22日注册，核定使用在西乐器、口琴、校音器、琴盒、乐谱架、电子琴商品上，国际分类为第15类，主要用于出口天津市乐器厂生产的手风琴。后该商标转让给天津文教体育用品进出口公司，2004年9月14日转让给北方同鑫公司。

第119207号“鹦鹉YINGWU及图”商标由天津市乐器厂1979年10月31日注册，核定使用在手风琴、提琴商品上，国际分类为第15类。该商标于2004年9月14日由天津市乐器厂转让至鹦鹉公司名下。

2017年1月13日，北方同鑫公司与森德公司签订商标使用许可合同，随后依法办理了备案手续。该合同约定：北方同鑫公司将其注册的“鹦鹉PARROT”商标许可给森德公司使用，许可使用的期限自2017年1月1日起至2019年12月31日止；森德公司必须在使用该注册商标的商品上标明自己的企业名称和商品产地。

鹦鹉公司认为北方同鑫公司与森德公司的行为侵害了其注册商标专用权并构成不正当竞争，于2018年7月16日起诉。一审法院判决森德公司停止在国内销售“鹦鹉PARROT”牌手风琴商品；北方同鑫公司停止在国内销售并停止许可他人在国内销售“鹦鹉PARROT”牌手风琴商品；森德公司赔偿鹦鹉公司经济损失20万元；北方同鑫公司对上述森德公司赔付款项承担连带赔偿责任；驳回鹦鹉公司其他诉讼请求。北方同鑫公司和森德公司均不服，提起上诉。天津市高级人民法院经审理，判决驳回上诉，维持原判。北方同鑫公司不服，向最高人民法院申请再审。最高人民法院于2020年10月13日判决撤销二审判决；撤销一审判决；驳回鹦鹉公司的全部诉讼请求。

【案　　号】（2020）最高法民再25号

【审理法院】最高人民法院

【来　　源】《最高人民法院知识产权案件年度报告（2020）》

第五十七条　有下列行为之一的，均属侵犯注册商标专用权：

（一）未经商标注册人的许可，在同一种商品上使用与其注册商标相同的商标的；

（二）未经商标注册人的许可，在同一种商品上使用与其注册商标近似的商标，或者在类似商品上使用与其注册商标相同或者近似的商标，容易导致混淆的；

（三）销售侵犯注册商标专用权的商品的；

（四）伪造、擅自制造他人注册商标标识或者销售伪造、擅自制造的注册商标标识的；

（五）未经商标注册人同意，更换其注册商标并将该更换商标的商品又投入市场的；

（六）故意为侵犯他人商标专用权行为提供便利条件，帮助他人实施侵犯商标专用权行为的；

（七）给他人的注册商标专用权造成其他损害的。

关联规定

一、法律、行政法规、司法解释

1.《中华人民共和国刑法》

第二百一十三条　未经注册商标所有人许可，在同一种商品、服务上使用与其注册商标相同的商标，情节严重的，处三年以下有期徒刑，并处或者单处罚金；情节特别严重的，处三年以上十年以下有期徒刑，并处罚金。

第二百一十四条　销售明知是假冒注册商标的商品，违法所得数额较大或者有其他严重情节的，处三年以下有期徒刑，并处或者单处罚金；违法所得数额巨大或者有其他特别严重情节的，处三年以上十年以下有期徒刑，并处罚金。

第二百一十五条　伪造、擅自制造他人注册商标标识或者销售伪造、擅自制造的注册商标标识，情节严重的，处三年以下有期徒刑，并处或者单处罚金；情节特别严重的，处三年以上十年以下有期徒刑，并处罚金。

2.《中华人民共和国商标法实施条例》

第七十五条 为侵犯他人商标专用权提供仓储、运输、邮寄、印制、隐匿、经营场所、网络商品交易平台等，属于商标法第五十七条第六项规定的提供便利条件。

第七十六条 在同一种商品或者类似商品上将与他人注册商标相同或者近似的标志作为商品名称或者商品装潢使用，误导公众的，属于商标法第五十七条第二项规定的侵犯注册商标专用权的行为。

3.《最高人民法院关于审理商标民事纠纷案件适用法律若干问题的解释》

第一条 下列行为属于商标法第五十七条第（七）项规定的给他人注册商标专用权造成其他损害的行为：

（一）将与他人注册商标相同或者相近似的文字作为企业的字号在相同或者类似商品上突出使用，容易使相关公众产生误认的；

（二）复制、摹仿、翻译他人注册的驰名商标或其主要部分在不相同或者不相类似商品上作为商标使用，误导公众，致使该驰名商标注册人的利益可能受到损害的；

（三）将与他人注册商标相同或者相近似的文字注册为域名，并且通过该域名进行相关商品交易的电子商务，容易使相关公众产生误认的。

第六条 因侵犯注册商标专用权行为提起的民事诉讼，由商标法第十三条、第五十七条所规定侵权行为的实施地、侵权商品的储藏地或者查封扣押地、被告住所地人民法院管辖。

前款规定的侵权商品的储藏地，是指大量或者经常性储存、隐匿侵权商品所在地；查封扣押地，是指海关等行政机关依法查封、扣押侵权商品所在地。

第九条 商标法第五十七条第（一）（二）项规定的商标相同，是指被控侵权的商标与原告的注册商标相比较，二者在视觉上基本无差别。

商标法第五十七条第（二）项规定的商标近似，是指被控侵权的商标与原告的注册商标相比较，其文字的字形、读音、含义或者图形的构图及颜色，或者其各要素组合后的整体结构相似，或者其立体形状、颜色组合近似，易使相关公众对商品的来源产生误认或者认为其来源与原告注册商标的商品有特定的联系。

第十条 人民法院依据商标法第五十七条第（一）（二）项的规定，认定商标相同或者近似按照以下原则进行：

（一）以相关公众的一般注意力为标准；

（二）既要进行对商标的整体比对，又要进行对商标主要部分的比对，比对应当在比对对象隔离的状态下分别进行；

（三）判断商标是否近似，应当考虑请求保护注册商标的显著性和知名度。

第十一条 商标法第五十七条第（二）项规定的类似商品，是指在功能、用途、生产部门、销售渠道、消费对象等方面相同，或者相关公众一般认为其存在特定联系、容易造成混淆的商品。

类似服务，是指在服务的目的、内容、方式、对象等方面相同，或者相关公众一般认为存在特定联系、容易造成混淆的服务。

商品与服务类似，是指商品和服务之间存在特定联系，容易使相关公众混淆。

第十二条 人民法院依据商标法第五十七条第（二）项的规定，认定商品或者服务是否类似，应当以相关公众对商品或者服务的一般认识综合判断；《商标注册用商品和服务国际分类表》《类似商品和服务区分表》可以作为判断类似商品或者服务的参考。

4.《最高人民法院关于审理涉及驰名商标保护的民事纠纷案件应用法律若干问题的解释》

第九条 足以使相关公众对使用驰名商标和被诉商标的商品来源产生误认，或者足以使相关公众认为使用驰名商标和被诉商标的经营者之间具有许可使用、关联企业关系等特定联系的，属于商标法第十三条第二款规定的“容易导致混淆”。

足以使相关公众认为被诉商标与驰名商标具有相当程度的联系，而减弱驰名商标的显著性、贬损驰名商标的市场声誉，或者不正当利用驰名商标的市场声誉的，属于商标法第十三条第三款规定的“误导公众，致使该驰名商标注册人的利益可能受到损害”。

5.《最高人民法院关于审理商标案件有关管辖和法律适用范围问题的解释》

第七条 对商标法修改决定施行前发生的侵犯商标专用权行为，商标注册人或者利害关系人于该决定施行后在起诉前向人民法院提出申请采取责令停止侵权行为或者保全证据措施的，适用修改后商标法第五十七条、第五十八条的规定。

二、部门规章及规范性文件

《商标印制管理办法》

第十三条 商标印制单位违反第七条规定承接印制业务，且印制的商标与他人注册商标相同或者近似的，属于《商标法实施条例》第七十五条所述的商标侵权行为，由所在地或者行为地市场监督管理部门依《商标法》的有关规定予以处理。

条文释义

一、本条主旨

本条是关于注册商标专用权侵权行为的规定。

二、条文演变

1982 年《商标法》第 38 条规定，有下列行为之一的，均属侵犯注册商标专用权：（1）未经注册商标所有人的许可，在同一种商品或者类似商品上使用与其注册商标相同或者近似的商标的；（2）擅自制造或者销售他人注册商标标识的；（3）给他人的注册商标专用权造成其他损害的。

1993 年《商标法》对 1982 年《商标法》第 38 条进行了修改：一是增加了销售明知是假冒注册商标的商品的规定；二是对擅自制造或者销售他人注册商标标识的范围作了修改。修改后的 1993 年《商标法》第 38 条规定，有下列行为之一的，均属侵犯注册商标专用权：（1）未经注册商标所有人的许可，在同一种商品或者类似商品上使用与其注册商标相同或者近似的商标的；（2）销售明知是假冒注册商标的商品的；（3）伪造、擅自制造他人注册商标标识或者销售伪造、擅自制造的注册商标标识的；（4）给他人的注册商标专用权造成其他损害的。

2001 年《商标法》对 1993 年《商标法》第 38 条进行了修改，增加了未经商标注册人同意，更换其注册商标并将该更换商标的商品又投入市场的规定。修改后的 2001 年《商标法》第 52 条规定，有下列行为之一的，均属侵犯注册商标专用权：（1）未经商标注册人的许可，在同一种商品或者类似商品上使用与其注册商标相同或者近似的商标的；（2）销售侵犯注册商标专用权的商品的；（3）伪造、擅自制造他人注册商标标识或者销售伪造、擅自制造的注册商标标识的；（4）未经商标注册人同意，更换其注册商标并将该更换商标的商品又投入市场的；（5）给他人的注册商标专用权造成其他损害的。

2013 年《商标法》对 2001 年《商标法》第 52 条进行了修改：一是将第 52 条第 1 项关于"未经商标注册人的许可，在同一种商品或者类似商品上使用与其注册商标相同或者近似的商标的"规定，细化为两类行为，即本条第 1 项、第 2 项的行为；二是增加本条第 6 项的规定，即"故意为侵犯他人商标专用权行为提供便利条件，帮助他人实施侵犯商标专用权行为的"。修改后的 2013 年《商标法》第 57 条规定，有下列行为之一的，均属侵犯注册商标专用权：（1）未经商标注册人的许可，在同一种商品上使用与其注册商标相同的商标的；（2）未经商标注册人的许可，在同一种商品上使用与其注册商标近似的商标，或者在类似商品上使用与其注册商标相同或者近似的商标，容易导致混淆的；（3）销售侵犯注册商标专用权的商品的；（4）伪造、擅自制造他人注册商标标识或者销售伪造、擅自制造的注册商标标识的；（5）未经商标注册人同意，更换其注册商标并将该更换商标的商品又投入市场的；（6）故意为侵犯他人商标专用权行为提供便利条件，帮助他人实施侵犯商标专用权行为的；（7）给他人的注册商标专用权造成其他损害的。

2019 年《商标法》予以沿用。

三、条文解读

未经商标注册人的许可，在同一种商品上使用与其注册商标相同的商标的行为，是指没有经过商标注册人同意许可，将与商标注册证书所载核准注册的商标标识相同的标识作为商标，使用在与商标注册证书所载核定使用商品相同的商品上的行为。这种行为通常被称为"假冒注册商标"的行为。

未经商标注册人的许可，在同一种商品上使用与其注册商标近似的商标，或者在类似商品上使用与其注册商标相同或者近似的商标，容易导致混淆的行为，是指在相同商品上实际使用的商标标识，与商标注册证书所载核准注册的商标标识相近似，或在类似商品上实际使用与商标注册证书所载核准注册的商标标识相同，或在类似商品上实际使用近似商标标识，导致相关公众对商品的来源难以识别或区分，已经或容易产生混淆、误认后果的行为。此类侵权行为比较常见。

销售侵犯注册商标专用权的商品的行为，是指侵犯注册商标专用权的商品进入流通领域后，生产者或他人又将侵权商品进行销售的行为。

伪造、擅自制造他人注册商标标识或者销售伪造、擅自制造的注册商标标识的行为，是指未经权利人同意而制造其注册商标标识或伪造其注册商标标识以及销售前述标识的行为。伪造注册商标标识，一般是指未经商标权人同意，制造与注册商标相同的商标标识的行为。擅自制造注册商标标识，一般是指虽然合法承接制造他人注册商标标识，但在未经权利人同意的情况下，又自行制造超出合同约定数量的商标标识的行为。

未经商标注册人同意，更换其注册商标并将该更换商标的商品又投入市场的行为，是指未经商标权人同意，将其商品上的注册商标标志予以清除后更换为其他标识，之后又将该商品投放市场的行为。这种行为在国外经常被称为“反向假冒行为”。

故意为侵犯他人商标专用权行为提供便利条件，帮助他人实施侵犯商标专用权行为的行为，是指为帮助他人实施商标侵权行为而提供场地、机械、资金、人力等便利条件的行为。

给他人的注册商标专用权造成其他损害的行为，是指虽然并非上述规定所明确列举的行为，但仍然对商标权造成损害的其他行为。这是《商标法》关于商标侵权行为样态规定的兜底性条款。《商标纠纷解释》第 1 条，又对“给他人注册商标专用权造成其他损害的行为”作了进一步的细化规定。[①]

适用指引

本条适用的难点主要是商标相同与近似，以及商品相同或类似的判断认定。《商标纠纷解释》第 10 条、第 11 条、第 12 条对这些问题有比较细化的规定。现择要分述之。

---

① 参见乔晓阳主编：《〈中华人民共和国商标法〉释义及实用指南》，中国民主法制出版社 2013 年版，第 142~145 页。

一、商标相同或近似的判定原则和比对方法

判断商标相同或近似，即是判断商标标识本身是否相同或近似。判断商标标识相同或近似，一般需要注意把握以下几个要点。

（一）判断相同或近似的主体

商标标识相同与否的争议虽然发生在权利人与被诉侵权人之间，但人民法院审理此类争议时，要以包括相关消费者和经营者在内的相关公众为判断主体，并以相关公众在消费经营活动中的一般注意力为标准进行判断。商标的功能在于识别或区分商品来源，其识别或区分的功能作用，是指其在现实市场活动中实际发挥的功能作用。相关市场中消费者和经营者通过商标识别或区分商品来源，进而作出消费与经营的决策。因此，由于商标相同或近似而导致的混淆误认后果，就是指相关市场消费者与经营者无法凭借商标准确识别与区分商品或服务来源的后果。在司法实践中，所谓的商标相同或近似的判断，实际是通过思维抽象模拟现实市场状态的一种智力活动。通过模拟市场参与者对商标标识差异的关注度、敏感度，模拟其对商标异同的认知和反应情况，来作出商标标识是否相同或近似的判断，所以判断商品标识相同或近似，既不能从专家或专业的角度出发，也不能以非相关市场的公众意见为依据。

（二）要坚持整体、要部和隔离比对的方法

整体比对，是指将商标作为一个整体来进行观察，而不是仅仅将商标的构成要素抽离出来进行比对。两个商标标识虽然在具体的构成要素上存在很大区别，但如果将它们集合起来作为一个整体，所产生的整体视觉印象容易导致相关公众混淆误认，一般就可以作为近似商标予以考虑。反之，如果两个商标中部分组成要素相同，但它们通过不同的组合或结合而形成的整体，在整体视觉印象上差异很大，不会导致相关公众混淆或误认，一般也不能作为近似商标认定。

要部比对，又称商标主要部分的观察比较，是指将商标中发挥主要识别作用的部分抽离出来进行重点比较和对照。要部比对是对整体比对的必要补充。强调要部比对，主要是因为相关公众对商标标识的记忆印象，不可能完整无遗、纤毫毕现。消费者或经营者等相关公众对商标标识的感受和记忆，往往基于商标标识中最具特点、最容易形成强烈印象的部分。我们一般把商标的这些

部分构成要素称为商标标识的主要部分或要部。要部作为商标主要识别部分，对于判断商标相似非常重要。当两个商标的主要部分相同或近似，商标标识各要部所组合或结合形成的整体标识，未产生足以区分的整体视觉效果，或未增加其他导致整体视觉印象形成较大差异的构成元素，以致相关公众难以明确进行区分的，就可以考虑作为近似商标认定。需要指出的是，如果两个商标并不完全相同，但所存在的差异非常细微，或难以引起相关公众关注，这些差异在相关公众施以一般注意力的情况下，难以产生明确的不同印象，那么这些差异就不应成为判断商标异同的识别性依据。

隔离比对，又称为对商标的隔离观察比较，是指将注册商标与被控侵权的商标放置于不同的地点在不同的时间进行观察比对。无论在进行整体比对还是要部比对时，都应当采用隔离比对的方式。一般来说，消费者或经营者总是凭借头脑中对某种商品或服务广告宣传中的商标的记忆印象，在现实市场中寻找相同品牌或判断品牌相同与否。除非出于特定的事由，很少存在相关公众直接拿着商标标识或拿着带有商标标识的商品，在现实市场上寻找、判断和购买相同品牌的商品。相关公众在现实市场上对于不同商标的认知，存在异时、异地的特点。采用隔离比对的方式，也是对现实市场的一种模拟。因此，司法实践中，进行侵权判定需要通过抽象思维还原消费者、经营者等相关公众的认知特点和认知模式。采用隔离观察比对的方法判断商标的相同或近似，有利于作出最接近现实情况的认定。

（三）商标知名度对于商标近似判断的影响

虽然有观点认为，知名度较高的商标，更容易给相关公众留下清晰的印象，相关公众更容易区分这些商标与其他商标的异同。但实际情况可能并非如此。一方面，对于与知名度较高商标存在相同或相近构成要素的商标，相关公众往往更容易产生其与知名商标的联想，从而提高了混淆或误认的概率；另一方面，对于知名度较高的商标，因其所蕴含的商业价值更大，需要适当增强保护力度，所以对于涉及知名度较高的商标侵权纠纷中，常常需要适度从宽掌握商标近似与否的判断标准，以期更加有力地保护商标权益，打击商标“搭车”行为。[①]

① 《最新法律文件解读》编辑委员会编：《民事法官必备法律司法解释解读》，人民法院出版社2019年版，第1907~1909页。

二、商品、服务相同或类似的判断认定

与商标的相同或近似判定一样，判定商品或服务是否类似，也应当以消费者、经营者等相关公众为主体，按照相关公众对商品或服务功能、用途等特性的一般认识情况，综合作出判断。

在商标注册审查过程中，商品或服务属于借助概念名称进行表达和界定的范畴。商标注册成功后，核定使用的商品情况，也是以概念名称的方式记载在注册商标证书上。这与商标标识所具有的直观、明确的特点大不相同。在现实市场中，相同名称或概念的商品，在具体形态上可能千差万别。商标注册审查过程中使用的《商标注册用商品和服务国际分类表》《类似商品和服务区分表》，也同样具有借助概念和名称表达商标或服务的特征，不直观再现商品的具体形态，从逻辑上也无法成为商品相同或类似判断的直接依据。判断商品的相同或近似，需要综合考虑各方面相关因素。

在实践中，判断商品相同或类似需要把握的最基本因素是商品的功能和用途。现实中，我们一般把具有相同功能和用途的商品，作为相同的商品归类，把用途相同但功能效果存在差异的商品，作为类似商品归类。前者如不同形状的钢笔，后者如钢笔与圆珠笔。主要从功能和用途角度考虑商品的相同与否，与现实市场相关公众的一般认知更为接近。当然，在具体案件中，除商品或服务的功能用途之外，还需要结合生产与流通过程中的制造分销渠道、消费群体或服务对象的重合程度等因素综合考察判断。一般来讲，如果两个商品或服务在市场上的替代性越高，则其作为相同或类似商品或服务认定的概率就会越高。

指导案例

指导案例 82 号：王碎永与深圳歌力思服饰股份有限公司、杭州银泰世纪百货有限公司侵害商标权纠纷案

（最高人民法院审判委员会讨论通过 2017 年 3 月 6 日发布）

关键词： 民事 侵害商标权 诚实信用 权利滥用

裁判要点： 当事人违反诚实信用原则，损害他人合法权益，扰乱市场正当

竞争秩序，恶意取得、行使商标权并主张他人侵权的，人民法院应当以构成权利滥用为由，判决对其诉讼请求不予支持。

相关法条：《中华人民共和国民事诉讼法》第13条、《中华人民共和国商标法》第52条

基本案情：在王碎永与深圳歌力思服饰股份有限公司（以下简称歌力思公司）、杭州银泰世纪百货有限公司（以下简称杭州银泰公司）侵害商标权纠纷案中，涉及第1348583号“歌力思”商标、第4225104号“ELLASSAY”的商标注册。上述商标的注册人均为歌力思公司。

王碎永申请注册了第7925873号“歌力思”商标，第4157840号“歌力思及图”商标。后因北京市高级人民法院于2014年4月2日作出的二审判决认定，该商标损害了歌力思公司的关联企业歌力思投资管理有限公司的在先字号权，因此不应予以核准注册。

一审法院认为歌力思公司及杭州银泰公司生产、销售被诉侵权商品的行为侵害了王碎永的注册商标专用权，判决歌力思公司、杭州银泰公司承担停止侵权行为、赔偿王碎永经济损失及合理费用共计10万元及消除影响。歌力思公司不服，提起上诉。浙江省高级人民法院于2013年6月7日判决驳回上诉、维持原判。歌力思公司及王碎永均不服，向最高人民法院申请再审。最高人民法院裁定提审本案，于2014年8月14日作出（2014）民提字第24号判决撤销一审、二审判决，驳回王碎永的全部诉讼请求。

裁判理由：诚实信用原则是一切市场活动参与者所应遵循的基本准则。一方面，它鼓励和支持人们通过诚实劳动积累社会财富和创造社会价值，并保护在此基础上形成的财产性权益，以及基于合法、正当的目的支配该财产性权益的自由和权利；另一方面，它又要求人们在市场活动中讲究信用、诚实不欺，在不损害他人合法利益、社会公共利益和市场秩序的前提下追求自己的利益。民事诉讼活动同样应当遵循诚实信用原则。一方面，它保障当事人有权在法律规定的范围内行使和处分自己的民事权利和诉讼权利；另一方面，它又要求当事人在不损害他人和社会公共利益的前提下，善意、审慎地行使自己的权利。任何违背法律目的和精神，以损害他人正当权益为目的，恶意取得并行使权利、扰乱市场正当竞争秩序的行为均属于权利滥用，其相关权利主张不应得到法律的保护和支持。

第4157840号“歌力思及图”商标迄今为止尚未被核准注册，王碎永无权

据此对他人提起侵害商标权之诉。对于歌力思公司、杭州银泰公司的行为是否侵害王碎永的第7925873号“歌力思”商标权的问题，首先，歌力思公司拥有合法的在先权利基础。歌力思公司及其关联企业最早将“歌力思”作为企业字号使用的时间为1996年，最早在服装等商品上取得“歌力思”注册商标专用权的时间为1999年。经长期使用和广泛宣传，作为企业字号和注册商标的“歌力思”已经具有了较高的市场知名度，歌力思公司对前述商业标识享有合法的在先权利。其次，歌力思公司在本案中的使用行为系基于合法的权利基础，使用方式和行为性质均具有正当性。从销售场所来看，歌力思公司对被诉侵权商品的展示和销售行为均完成于杭州银泰公司的歌力思专柜，专柜通过标注歌力思公司的“ELLASSAY”商标等方式，明确表明了被诉侵权商品的提供者。在歌力思公司的字号、商标等商业标识已经具有较高的市场知名度，而王碎永未能举证证明其“歌力思”商标同样具有知名度的情况下，歌力思公司在其专柜中销售被诉侵权商品的行为，不会使普通消费者误认该商品来自于王碎永。从歌力思公司的具体使用方式来看，被诉侵权商品的外包装、商品内的显著部位均明确标注了“ELLASSAY”商标，而仅在商品吊牌之上使用了“品牌中文名：歌力思”的字样。由于“歌力思”本身就是歌力思公司的企业字号，且与其“ELLASSAY”商标具有互为指代关系，故歌力思公司在被诉侵权商品的吊牌上使用“歌力思”文字来指代商品生产者的做法并无明显不妥，不具有攀附王碎永“歌力思”商标知名度的主观意图，亦不会为普通消费者正确识别被诉侵权商品的来源制造障碍。在此基础上，杭州银泰公司销售被诉侵权商品的行为亦不为法律所禁止。最后，王碎永取得和行使“歌力思”商标权的行为难谓正当。“歌力思”商标由中文文字“歌力思”构成，与歌力思公司在先使用的企业字号及在先注册的“歌力思”商标的文字构成完全相同。“歌力思”本身为无固有含义的臆造词，具有较强的固有显著性，依常理判断，在完全没有接触或知悉的情况下，因巧合而出现雷同注册的可能性较低。作为地域接近、经营范围关联程度较高的商品经营者，王碎永对“歌力思”字号及商标完全不了解的可能性较低。在上述情形之下，王碎永仍在手提包、钱包等商品上申请注册“歌力思”商标，其行为难谓正当。王碎永以非善意取得的商标权对歌力思公司的正当使用行为提起的侵权之诉，构成权利滥用。

典型案例

一、长春市朝阳区王记酱骨头炖菜馆与海南东北王记酱骨餐饮有限公司侵害商标权及不正当竞争纠纷案

关键词：擅自使用注册商标　侵害商标权　不正当竞争

裁判摘要：本案的争议焦点为：被诉侵权行为是否侵害长春王记酱骨头馆注册商标专用权及构成不正当竞争。根据《商标法》第57条规定，未经商标注册人的许可，在同一种商品上使用与其注册商标近似的商标，或者在类似商品上使用与其注册商标相同或者近似的商标，容易导致混淆的，属于侵犯注册商标专用权的行为。《最高人民法院关于审理商标民事纠纷案件适用法律若干问题的解释》第10条规定，认定商标相同或者近似按照以下原则进行：以相关公众的一般注意力为标准；既要进行商标的整体比对，又要进行商标主要部分的比对，比对应当在比对对象隔离的状态下进行；判断商标是否近似，应当考虑请求保护注册商标的显著性和知名度。长春王记酱骨头馆享有“王记酱骨头馆”图案+文字服务商标专用权，虽然商标注册证上注明“酱骨头馆”放弃专用权，但“王记”与“酱骨头馆”组合在一起，明显区别于其他酱骨。长春王记酱骨头馆在东北具有一定的知名度，海南东北王记酱骨使用的门面招牌“王记酱骨”字样明显比“东北”字样更为放大醒目，餐厅使用的名牌、名片等均标有“王记酱骨”字样，属于突出使用，且双方同属于餐饮服务行业，容易使相关公众对服务的来源产生误认，或者认为其来源与长春王记酱骨头馆存在特定联系。因此，海南东北王记酱骨未经许可使用“王记酱骨”标识，侵犯了长春王记酱骨头馆商标专用权。“王记酱骨头馆”注册商标于2010年被评为吉林省著名商标，在东北地区有较高的知名度，为相关公众所知悉，海南东北王记酱骨在企业名称中使用“王记酱骨”字样，具有攀附长春王记酱骨头馆商标的主观故意，违反了诚实信用原则，其行为构成不正当竞争。

基本案情：案涉注册商标原注册人长春市王记美食有限公司成立于1998年10月29日，经营范围为中餐、会议服务等。长春王记酱骨头馆注册日期为2011年6月30日，经营范围为大型餐馆（含凉菜、不含裱花蛋糕、不含生食海产品）服务。2007年3月21日，国家工商行政管理总局商标局核准了长春

市王记美食有限公司申请的“王记酱骨头馆”图案+文字服务商标，注册号为4025408，商标注册证上注明“酱骨头馆”放弃专用权，该商标核定服务项目为第43类，含餐厅、饭店、快餐店、自助餐馆、住所（旅馆、供膳寄宿处）、咖啡馆、茶馆、预订临时住宿、酒吧（截止）服务项目。2013年2月20日，国家工商行政管理总局核准第4025408号商标转让给长春王记酱骨头馆。经国家工商行政管理总局核准，第4025408号商标续展注册有效期至2027年3月20日。

2010年12月，吉林省工商行政管理局认定“王记酱骨头馆”为吉林省著名商标。2010年11月25日至2013年11月24日，长春市工商行政管理局认定“王记酱骨头馆”为长春市知名商标。

2017年1月19日，海南东北王记酱骨经陵水县工商行政管理局登记注册成立，注册资本100万元，经营范围为餐饮管理、餐饮服务、酒店管理、酒店预订、汽车租赁。

2019年3月，陵水县公证处受长春王记酱骨头馆委托代理人北京市正理律师事务所的委托，对海南东北王记酱骨在实际经营活动中使用“王记”字样的情况进行证据保全公证。该公证书记载，公证员詹某巨与实习公证员陈某及受托人张某1于2019年3月11日，来到陵水黎族自治县英州镇清水湾瀚海银滩米兰荟商业区9栋105号标有“王记酱骨”字样的饭店，并由受托人张某1进店消费。实习公证员陈儒对上述饭店的外观、内部环境、经营许可证、菜单等进行了现场拍照。照片显示，饭店大门上方牌匾，餐厅内使用的铭牌、名片等相关物品标有“王记酱骨”字样，并在“王记酱骨”前方框内注有“东北”二字。

2009年6月27日，长春市王记美食有限公司与案外人张某签订《长春市王记美食有限公司加盟合同》，授权张某3年内使用“王记酱骨头”品牌及专有技术，有效期为2009年11月18日至2012年11月17日。张某对加盟连锁店的所有项目支付定额加盟费30万元，自合同生效后一日内付清，同时一次性交纳10万元保证金。加盟连锁店营业后，张某需每月交纳营业额百分之五的利益分成。

一审法院认为海南东北王记酱骨的行为构成对长春王记酱骨头馆享有的第4025408号商标专用权的侵犯，判决海南东北王记酱骨立即停止侵权行为并赔偿；海南东北王记酱骨公司不服，提起上诉。海南省高级人民法院于2019年

12月30日判决驳回上诉，维持原判。

【案　　号】（2019）琼民终977号

【审理法院】海南省高级人民法院

【来　　源】2019年中国法院50件典型知识产权案例

二、曹某冬与云南下关沱茶股份有限公司侵害商标权纠纷案

关键词：驰名商标　同一商品近似商标　类似商品相同商标

裁判摘要：注册商标作为一项标识性民事权利的权能和作用，其不仅有权禁止他人在相同类似商品上使用该注册商标标识，更有权使用其注册商标标识其商品或者服务，在相关公众中建立该商标标识与其商品来源的联系。相关公众是否会混淆误认，既包括将使用被诉侵权标识的商品误认为商标权人的商品或者与商标权人有某种联系，也包括将商标权人的商品误认为被诉侵权人的商品或者误认商标权人与被诉侵权人有某种联系，妨碍商标权人行使其注册商标专用权，进而实质性妨碍该注册商标发挥识别作用。因此，如果认为被诉侵权人享有的注册商标更有知名度即可以任意在其商品上使用他人享有注册商标的标识，将实质性损害该注册商标发挥识别商品来源的基本功能，对该注册商标专用权造成基本性损害。

基本案情：2009年6月14日，曹某冬注册取得第5492697号注册商标，该商标系文字与图形组合商标，文字“金戈铁马”系横向排列繁体中文，在“金戈铁马”文字下面有一个树叶的图案。该商标核定使用商品为第30类：茶；蜂蜜；糖；咖啡；谷类制品；面粉制品；糕点；调味品；膨化水果片、蔬菜片；食用淀粉产品（截止），注册有效期限为2009年6月14日至2019年6月13日。下关沱茶公司分别于2010年1月21日、2014年9月7日通过注册取得第6209882号、12201774号注册商标，该两项商标分别为文字“松鹤延年”+圆形+鹤的图案组成的组合商标和“下关沱茶”文字商标，该两项商标核定使用商品均为包括茶在内的第30类商品。2014年（农历马年），被告在其生产的金印系列产品包装上使用了“甲午金戈铁马铁饼”字样，字体为简体字，其中“甲午”及“铁饼”字体较小，而“金戈铁马”四字字体较大，且位于茶饼外包装及内包装的显著位置，在“金戈铁马”四字旁边还配有一匹呈现奔跑状态马的图案。同时，下关沱茶公司在其生产的上述茶饼的内、外包装上均标注有“松鹤延年”注册商标和“下关沱茶”字样，在内、外包装上标注有

下关沱茶公司名称。后曹某东以下关沱茶公司侵害其注册商标专用权为由诉至法院。

一审法院认为，下关沱茶公司在同一种商品上使用与曹某东涉案注册商标近似的标志作为商品装潢使用，误导公众，且该使用行为未经原告许可，故侵犯了曹某东的第5492697号“金戈铁马”注册商标专用权，判决下关沱茶公司停止销售侵权产品并赔偿曹某东损失。二审法院认为，被控侵权商品上所使用的“下关沱茶”商标的知名度，远远高于涉案商标的知名度，被控侵权商品没有必要攀附涉案商标来提高自己的知名度，而且涉案商标所使用的“金戈铁马”四字，在文学作品中经常出现，相关公众即使注意到被控侵权商品上的这四个字，也不会将被控侵权商品当然地与涉案商标的商品联系在一起，更不会当然地误认为二者都是曹某冬或者曹某冬所授权的公司生产的商品。最高人民法院再审认为，二审法院以被诉侵权商品自有商标知名度高为由认定不构成侵犯涉案注册商标专用权，认定事实和适用法律均有不当，判决撤销二审判决，维持一审判决。

【案　　号】（2017）最高法民再273号

【审理法院】最高人民法院

【来　　源】2017年中国法院50件典型知识产权案例

第五十八条　将他人注册商标、未注册的驰名商标作为企业名称中的字号使用，误导公众，构成不正当竞争行为的，依照《中华人民共和国反不正当竞争法》处理。

关联规定

法律、行政法规、司法解释

1.《中华人民共和国反不正当竞争法》

第二条　经营者在生产经营活动中，应当遵循自愿、平等、公平、诚信的原则，遵守法律和商业道德。

本法所称的不正当竞争行为，是指经营者在生产经营活动中，违反本法规定，扰乱市场竞争秩序，损害其他经营者或者消费者的合法权益的行为。

本法所称的经营者，是指从事商品生产、经营或者提供服务（以下所称商品包括服务）的自然人、法人和非法人组织。

第六条　经营者不得实施下列混淆行为，引人误认为是他人商品或者与他人存在特定联系：

（一）擅自使用与他人有一定影响的商品名称、包装、装潢等相同或者近似的标识；

（二）擅自使用他人有一定影响的企业名称（包括简称、字号等）、社会组织名称（包括简称等）、姓名（包括笔名、艺名、译名等）；

（三）擅自使用他人有一定影响的域名主体部分、网站名称、网页等；

（四）其他足以引人误认为是他人商品或者与他人存在特定联系的混淆行为。

2.《最高人民法院关于审理注册商标、企业名称与在先权利冲突的民事纠纷案件若干问题的规定》

第三条　人民法院应当根据原告的诉讼请求和争议民事法律关系的性质，按照民事案件案由规定，确定注册商标或者企业名称与在先权利冲突的民事纠纷案件的案由，并适用相应的法律。

第四条 被诉企业名称侵犯注册商标专用权或者构成不正当竞争的，人民法院可以根据原告的诉讼请求和案件具体情况，确定被告承担停止使用、规范使用等民事责任。

3.《最高人民法院关于审理涉及驰名商标保护的民事纠纷案件应用法律若干问题的解释》

第十条 原告请求禁止被告在不相类似商品上使用与原告驰名的注册商标相同或者近似的商标或者企业名称的，人民法院应当根据案件具体情况，综合考虑以下因素后作出裁判：

（一）该驰名商标的显著程度；

（二）该驰名商标在使用被诉商标或者企业名称的商品的相关公众中的知晓程度；

（三）使用驰名商标的商品与使用被诉商标或者企业名称的商品之间的关联程度；

（四）其他相关因素。

条文释义

一、本条主旨

本条是关于构成不正当竞争的商标使用行为适用《反不正当竞争法》处理的规定。

二、条文演变

2013年《商标法》增加了第58条规定，将他人注册商标、未注册的驰名商标作为企业名称中的字号使用，误导公众，构成不正当竞争行为的，依照《反不正当竞争法》处理。2019年《商标法》予以沿用。

三、条文解读

根据本条规定，将他人注册商标、未注册驰名商标作为企业名称中的字号使用误导公众的行为，如果构成不正当竞争行为，应依照《反不正当竞争法》

的相关规定处理。[①]

适用指引

企业名称是区别不同市场主体的标志。按照《企业名称登记管理规定》和《企业名称登记管理实施办法》的规定，企业名称一般由行政区划、字号、行业、组织形式依次组成。在企业名称前述四个构成要素中，只有字号属于企业独有的构成要素，其他属于共有要素。“字号”由文字组成，需要具有一定程度的显著性。

实践中，企业字号作为区别市场主体的重要识别性标识，对于相关公众识别商品或服务的来源发挥着重要的作用。故意将与他人注册商标、未注册驰名商标相同的文字作为企业字号登记并使用，从而谋求竞争利益，属于不正当竞争的“搭便车”行为。

商标权人在提起商标侵权诉讼中，经常将被告将其商标作为企业名称中字号进行登记使用的行为、与其他类型的商标使用行为，一并作为侵害商标权的行为提出指控。对于不同的商标使用行为，可能存在适用不同的实体法律规范予以处理的问题，司法实践中要注意区分。本条规定，对于将他人注册商标或未注册驰名商标作为企业名称中字号使用误导公众的行为，转致适用《反不正当竞争法》。如果使用商标的行为符合不正当竞争行为的构成要件，应当依照《反不正当竞争法》的规定审查确定行为人应当承担的法律责任，不再适用《商标法》的规定确定行为人的法律责任。

指导案例

指导案例58号：成都同德福合川桃片有限公司与重庆市合川区同德福桃片有限公司、余晓华侵害商标权及不正当竞争纠纷案

（最高人民法院审判委员会讨论通过　2016年5月20日发布）

关键词：民事　侵害商标权　不正当竞争　老字号　虚假宣传

① 参见乔晓阳主编：《〈中华人民共和国商标法〉释义及实用指南》，中国民主法制出版社2013年版，第146~148页。

裁判要点：（1）与“老字号”无历史渊源的个人或企业将“老字号”或与其近似的字号注册为商标后，以“老字号”的历史进行宣传的，应认定为虚假宣传，构成不正当竞争。（2）与“老字号”具有历史渊源的个人或企业在未违反诚实信用原则的前提下，将“老字号”注册为个体工商户字号或企业名称，未引人误认且未突出使用该字号的，不构成不正当竞争或侵犯注册商标专用权。

相关法条：《商标法》第57条第7项，《反不正当竞争法》第2条、第9条

基本案情：在上诉人成都同德福合川桃片食品有限公司（以下简称成都同德福公司）与被上诉人余晓华、重庆市合川区同德福桃片有限公司（以下简称重庆同德福公司）侵害商标权及不正当竞争纠纷案中，涉及第1215206号“同德福TONGDEFU及图”商标，商标权人为成都同德福公司。重庆同德福公司、余晓华称重庆同德福公司的前身为始创于1898年的同德福斋铺，虽然同德福斋铺因公私合营而停止生产，但未中断独特技艺的代代相传。“同德福”第四代传人余晓华继承祖业先后注册了个体工商户和公司，规范使用其企业名称及字号，重庆同德福公司、余晓华的注册行为是善意的，不构成侵权。成都同德福公司与老字号“同德福”并没有直接的历史渊源，但其将“同德福”商标与老字号“同德福”进行关联的宣传，属于虚假宣传。成都同德福公司擅自使用“同德福”知名商品名称，构成不正当竞争。

一审判决成都同德福公司立即停止涉案的虚假宣传行为；成都同德福公司就其虚假宣传行为于本判决生效之日起连续5日在其网站刊登声明消除影响；驳回成都同德福公司的全部诉讼请求；驳回重庆同德福公司、余晓华的其他反诉请求。成都同德福公司不服，提起上诉。重庆市高级人民法院于2013年12月17日判决驳回上诉，维持原判。

裁判结果：重庆市第一中级人民法院于2013年7月3日作出（2013）渝一中法民初字第00273号民事判决：一、成都同德福公司立即停止涉案的虚假宣传行为。二、成都同德福公司就其虚假宣传行为于本判决生效之日起连续五日在其网站刊登声明消除影响。三、驳回成都同德福公司的全部诉讼请求。四、驳回重庆同德福公司、余晓华的其他反诉请求。一审宣判后，成都同德福公司不服，提起上诉。重庆市高级人民法院于2013年12月17日作出（2013）渝高法民终字00292号民事判决：驳回上诉，维持原判。

裁判理由：个体工商户余晓华及重庆同德福公司与成都同德福公司经营

范围相似，存在竞争关系；其字号中包含“同德福”三个字与成都同德福公司的“同德福 TONGDEFU 及图”注册商标的文字部分相同，与该商标构成近似。其登记字号的行为是否构成不正当竞争关键在于该行为是否违反诚实信用原则。成都同德福公司的证据不足以证明“同德福 TONGDEFU 及图”商标已经具有相当知名度，即便他人将“同德福”登记为字号并规范使用，不会引起相关公众误认，因而不能说明余晓华将个体工商户字号注册为“同德福”具有“搭便车”的恶意。而且，在 20 世纪 20 年代至 50 年代期间，“同德福”商号享有较高商誉。同德福斋铺先后由余鸿春、余复光、余永祚三代人经营，尤其是在余复光经营期间，同德福斋铺生产的桃片获得了较多荣誉。余晓华系余复光之孙、余永祚之子，基于同德福斋铺的商号曾经获得的知名度及其与同德福斋铺经营者之间的直系亲属关系，将个体工商户字号登记为“同德福”具有合理性。余晓华登记个体工商户字号的行为是善意的，并未违反诚实信用原则，不构成不正当竞争。基于经营的延续性，其变更个体工商户字号的行为以及重庆同德福公司登记公司名称的行为亦不构成不正当竞争。

从重庆同德福公司产品的外包装来看，重庆同德福公司使用的是企业全称，标注于外包装正面底部，“同德福”三字位于企业全称之中，与整体保持一致，没有以简称等形式单独突出使用，也没有为突出显示而采取任何变化，且整体文字大小、字形、颜色与其他部分相比不突出。因此，重庆同德福公司在产品外包装上标注企业名称的行为系规范使用，不构成突出使用字号，也不构成侵犯商标权。就重庆同德福公司标注“同德福颂”的行为而言，“同德福颂”四字相对于其具体内容（三十六字打油诗）字体略大，但视觉上形成一个整体。其具体内容系根据史料记载的同德福斋铺曾经在商品外包装上使用过的一段类似文字改编，意在表明“同德福”商号的历史和经营理念，并非为突出“同德福”三个字。且重庆同德福公司的产品外包装使用了多项商业标识，其中“合川桃片”集体商标特别突出，其自有商标也比较明显，并同时标注了“合川桃片”地理标志及重庆市非物质文化遗产，相对于这些标识来看，“同德福颂”及其具体内容仅属于普通描述性文字，明显不具有商业标识的形式，也不够突出醒目，客观上不容易使消费者对商品来源产生误认，亦不具备替代商标的功能。因此，重庆同德福公司标注“同德福颂”的行为不属于侵犯商标权意义上的“突出使用”，不构成侵犯商标权。

成都同德福公司的网站上登载的部分“同德福牌”桃片的历史及荣誉，与史料记载的同德福斋铺的历史及荣誉一致，且在其网站上标注了史料来源，但并未举证证明其与同德福斋铺存在何种联系。此外，成都同德福公司还在其产品外包装标明其为“百年老牌”“老字号”“始创于清朝乾隆年间”等字样，而其“同德福 TONGDEFU 及图”商标核准注册的时间是1998年，就其采取前述标注行为的依据，成都同德福公司亦未举证证明。成都同德福公司的前述行为与事实不符，容易使消费者对于其品牌的起源、历史及其与同德福斋铺的关系产生误解，进而取得竞争上的优势，构成虚假宣传，应承担相应的停止侵权、消除影响的民事责任。

典型案例

一、安德阿镆有限公司诉临曹体育用品（上海）有限公司不正当竞争纠纷案

关键词：知识产权　关联商标　影响力辐射　混淆行为

裁判摘要：（1）关于原告的“安德玛”商标是否“有一定影响”，应考虑相关公众对该商标的知晓程度、该商标使用的持续时间、该商标进行任何宣传工作的持续时间、程度和地域范围等进行综合判断。本案中，根据原告商标的注册及使用情况、经营业绩、宣传情况、获奖情况及新闻媒体的报道可以认定，其在体育类商品上注册并使用的“UNDERARMOUR”及商标在我国已建立起了较大的市场影响力。虽然原告“安德玛”商标的使用时间不长，但原告将该商标与“UNDERARMOUR”商标关联使用，且媒体同时使用该两个商标指代原告。对相关公众而言，上述两个商标间已形成一一对应关系，故“UNDERARMOUR”等商标的影响力随之辐射于“安德玛”商标上。据此认定，至被告将其企业字号变更为“安德玛”时，原告的“安德玛”商标亦已具备一定的影响。（2）被告作为同业经营者，不可能不知晓原告“安德玛”商标的影响力，但仍将其字号变更为“安德玛”，也未作出合理解释，足以认定其主观上存在刻意攀附“安德玛”商标商誉的故意。（3）原、被告双方为同业竞争者，被告将“安德玛”作为字号使用的行为足以误导相关公众，使相关公众误认为原告与被告之间存在关联企业关系或其他特定联系。（4）原告未能提交证据以直接证明被告使用“安德玛”字号实际经营，而被告提交的证据能够证

明其在将“安德玛”作为企业字号期间并无任何税务记录，故认定被告尚未使用“安德玛”字号进行实际经营。综上，被告就其不正当竞争行为，应承担停止侵权及赔偿合理开支的民事责任，但不需承担赔偿经济损失和消除影响的民事责任。

基本案情：原告安德阿镆有限公司于1996年7月成立于美国，主要经营运动服装、运动装备等。2005年2月至2015年8月间，原告在中国先后注册或受让了注册于服装、运动用品等商品及广告等服务上的“UNDERARMOUR”“安德玛”商标，现均在有效期内。“安德玛”商标中，其中一个由案外人于2011年4月14日注册，原告于2015年8月21日受让，其余商标最早由原告于2014年7月28日注册。

安德阿镆上海公司成立于2010年9月15日，系原告商品在中国的独家授权经销商，根据原告的授权使用前述注册商标。该公司通过自行经营及对外签署授权销售协议等方式，在上海、北京、广州、深圳、成都等多个大中型城市开设了大量门店销售原告商品。其中，在中国的首家专卖店于2011年4月在上海徐家汇港汇广场开业。该公司还通过其官网、天猫旗舰店及京东旗舰店对外销售原告商品，网店的商品名称中同时使用了“UNDERARMOUR”和“安德玛”。其中，现有证据证明的天猫旗舰店使用“安德玛”名称的最早交易发生于2014年3月。2012年到2015年，该公司的营业收入逐年递增，2015年超过3亿元。

原告的商品及品牌在中国的宣传方式主要包括：（1）通过品牌代言人宣传。品牌代言人菲尔普斯（美国游泳运动员）于2011年在上海出席原告举办的主题活动，品牌代言人史蒂芬·库里（NBA球星）于2015年9月6日到8日在北京、上海、重庆参加一系列活动，均获广泛报道。（2）通过业内杂志进行推广宣传。2015年在《跑步者世界》《全体育》等8个运动类杂志上刊登广告，对原告进行深入介绍，原告品牌获得《跑步者世界》杂志评选的2015年春季最佳设计大奖、2015年度最高性价比品牌。（3）在2015年到2016年间与多名健身教练或健身咨询公司签订赞助协议进行品牌推广。

根据相应数据库检索结果，以“UNDERARMOUR”作为关键词检索，遴选出2004年至2016年间的358篇相关报道文章，其中2004年到2010年6月间有34篇，2010年12月到2015年3月26日间有165篇。以“安德玛”进行检索，遴选出2010年间至2016年间的121篇相关报道文章，其中1篇发布于2009年，52篇发布于2011年到2015年3月26日间。以上所涉媒体既包括体育健身类及服装类专业期刊，亦包括综合类报刊，文章中以"UNDERARMOUR"或"安德玛"指代原告或原告的品牌。

被告临曹体育用品（上海）有限公司［其曾用名为"安德玛体育用品（上海）有限公司"］成立于2011年8月11日，原企业名称为"南安足贸鞋业（上海）有限公司"，经营范围包括鞋、帽、体育用品、服装服饰等。2015年3月26日，被告将企业名称变更为"安德玛体育用品（上海）有限公司"，后又在本案审理中于2018年1月24日变更为"临曹体育用品（上海）有限公司"。

上海市浦东新区人民法院于2018年5月9日作出（2017）沪0115民初40226号民事判决：被告赔偿原告为制止侵权行为所支付的合理开支15万元；驳回原告的其余诉讼请求。宣判后，双方当事人均未提起上诉。

【案　　号】（2017）沪0115民初40226号

【审理法院】上海市浦东新区人民法院

【来　　源】《人民法院案例选》2020年第2期

二、和睦家医疗管理咨询（北京）有限公司与福州和睦佳妇产医院、福州和睦佳妇产医院有限公司侵害商标权及不正当竞争纠纷案

关键词：侵害商标权　不正当竞争

裁判摘要：福州和睦佳成立晚于和睦家公司的多家和睦家医疗机构，其作为同业竞争者，在2011年设立之时应当知晓和睦家的知名度，仍将与和睦家呼叫完全相同、用字基本一致的和睦佳作为医疗服务企业的字号，其主观上具有攀附和睦家公司商誉的故意，客观上也易造成相关公众的混淆误认，并且这种混淆误认无论其是否突出使用"和睦佳"均难以避免。故福州和睦佳使用"和睦佳"作为企业字号的行为已构成《反不正当竞争法》第5条第3项所指的擅自使用他人企业名称、引人误认的不正当竞争行为。

基本案情：北京美中互利医院管理咨询有限公司是第4182184号注册商标、第4182278号注册商标的商标专用权人。上述两个注册商标核定服务项目为第44类（医院、保健、医药咨询等），注册有效期限自2007年11月7日至2017年11月6日止，原注册人为美中互利公司（CHINDEXINTERNATIONAL，INC.）。2009年7月28日，美中互利（北京）国际贸易有限公司经核准受让取得上述两个注册商标。2010年10月6日，北京美中互利医院管理咨询有限公

司经核准受让取得上述两个注册商标。之后免费许可北京和睦家医疗中心有限公司、上海和睦家医院有限公司、天津和睦家医院有限公司、广州和睦家越秀门诊部有限公司、青岛和睦家医院有限公司等共16家公司使用第4182184号图形商标和第4182278号文字商标至今。福州和睦佳公司成立于2011年4月，福州和睦佳医院成立于2011年6月，经营范围为：预防保健科、内科、妇产科、妇科专业、计划生育专业、生殖健康与不孕症专业、新生儿专业、急诊医学科、麻醉科、X线诊断专业、超声诊断专业、中医科等。后北京美中互利医院管理咨询有限公司以福州和睦佳医院、福州和睦佳公司侵害其商标权为由将其诉至法院。

【案　　号】（2018）最高法民再428号

【审理法院】最高人民法院

【来　　源】2019年中国法院50件典型知识产权案例

第五十九条 注册商标中含有的本商品的通用名称、图形、型号，或者直接表示商品的质量、主要原料、功能、用途、重量、数量及其他特点，或者含有的地名，注册商标专用权人无权禁止他人正当使用。

三维标志注册商标中含有的商品自身的性质产生的形状、为获得技术效果而需有的商品形状或者使商品具有实质性价值的形状，注册商标专用权人无权禁止他人正当使用。

商标注册人申请商标注册前，他人已经在同一种商品或者类似商品上先于商标注册人使用与注册商标相同或者近似并有一定影响的商标的，注册商标专用权人无权禁止该使用人在原使用范围内继续使用该商标，但可以要求其附加适当区别标识。

关联规定

法律、行政法规、司法解释

《中华人民共和国商标法》

第十一条 下列标志不得作为商标注册：

（一）仅有本商品的通用名称、图形、型号的；

（二）仅直接表示商品的质量、主要原料、功能、用途、重量、数量及其他特点的；

（三）其他缺乏显著特征的。

前款所列标志经过使用取得显著特征，并便于识别的，可以作为商标注册。

第十二条 以三维标志申请注册商标的，仅由商品自身的性质产生的形状、为获得技术效果而需有的商品形状或者使商品具有实质性价值的形状，不得注册。

条文释义

一、本条主旨

本条是关于注册商标专用权行使限制的规定。

二、条文演变

2002年《商标法实施条例》第49条规定："注册商标中含有的本商品的通用名称、图形、型号，或者直接表示商品的质量、主要原料、功能、用途、重量、数量及其他特点，或者含有地名，注册商标专用权人无权禁止他人正当使用。"在此基础上，2013年《商标法》增加一条，作为第59条："注册商标中含有的本商品的通用名称、图形、型号，或者直接表示商品的质量、主要原料、功能、用途、重量、数量及其他特点，或者含有的地名，注册商标专用权人无权禁止他人正当使用。三维标志注册商标中含有的商品自身的性质产生的形状、为获得技术效果而需有的商品形状或者使商品具有实质性价值的形状，注册商标专用权人无权禁止他人正当使用。商标注册人申请商标注册前，他人已经在同一种商品或者类似商品上先于商标注册人使用与注册商标相同或者近似并有一定影响的商标的，注册商标专用权人无权禁止该使用人在原使用范围内继续使用该商标，但可以要求其附加适当区别标识"。2019年《商标法》予以沿用。

三、条文解读

（一）对注册商标要素的正当使用

我国《商标法》遵循注册原则，注册商标享有商标专用权，但这一专用权并不是绝对的，在一些情况下，他人可以对注册商标中的一些要素进行正当地使用。所谓正当使用，是指生产、经营者为了描述自己所提供的商品或服务，便于消费者辨认，可以依法对注册商标中所包含的信息不经注册商标权人许可而使用。对商标要素的正当使用，本质上并非对他人注册商标的使用，而是对他人商标中所包含的公共领域中的描述性等信息的使用。商标要素的正当使用不构成商标侵权，可以作为对商标侵权的抗辩事由提出。

根据本条规定，下列法定情形构成对商标要素的正当使用，注册商标专用权人无权禁止：一是注册商标中含有的本商品的通用名称、图形、型号，或者直接表示商品的质量、主要原料、功能、用途、重量、数量及其他特点，或者含有的地名，注册商标专用权人无权禁止他人正当使用；二是三维标志注册商标中含有的商品自身的性质产生的形状、为获得技术效果而需有的商品形状或者使商品具有实质性价值的形状，注册商标专用权人无权禁止他人正当使用。

在国际经验中，许多国家的商标立法中均有关于商标要素正当使用制度的规定，《与贸易有关的知识产权协议》第17条也规定，各成员方可对商标所赋予的权利作些有限的例外规定，诸如公正使用说明性术语，条件是此种例外要考虑到商标所有者和第三方的合法利益。

（二）在先商标的继续使用

本条第3款是2013年修改《商标法》时，为了平衡商标在先使用人和注册商标专用权人之间的利益而新增的内容，主要目的是保护那些已经在市场上具有一定影响但未注册的商标在先使用人的权益。

本法第32条对恶意抢注他人在先使用并有一定影响的商标作了禁止性规定，即申请商标注册不得以不正当手段抢先注册他人已经使用并有一定影响的商标。而依据本条第3款规定，在先善意地在同一种或类似商品或服务上使用与他人注册商标相同或相近似并有一定影响的商标，在先使用人有权在原有的范围内继续使用，而不应被认定为侵犯他人注册商标专用权。[①]

适用指引

由于我国以商标注册制度为主，虽然法律上给予在先使用的未注册商标一定的保护，但保护水准不宜过高，以免冲击到注册制这一商标管理中的基本制度。因此，在适用本条第3款时，需注意，本条对受保护的在先使用的未注册商标规定了一定的限制条件：第一，在先使用的未注册商标须是具有一定市场影响的商标；第二，在先使用的未注册商标只能在原使用范围内继续使用；第

① 参见郎胜主编：《中华人民共和国商标法释义》，法律出版社2013年版，第112~114页。

三，注册商标专用权人可以要求在先使用的未注册商标附加适当区别标识，防止造成消费者混淆误认。

指导案例

指导案例46号：山东鲁锦实业有限公司诉鄄城县鲁锦工艺品有限责任公司、济宁礼之邦家纺有限公司侵害商标权及不正当竞争纠纷案

（最高人民法院审判委员会讨论通过　2015年4月15日发布）

关键词： 民事　商标侵权　不正当竞争　商品通用名称

裁判要点： 判断具有地域性特点的商品通用名称，应当注意从以下方面综合分析：（1）该名称在某一地区或领域约定俗成，长期普遍使用并为相关公众认可；（2）该名称所指代的商品生产工艺经某一地区或领域群众长期共同劳动实践而形成；（3）该名称所指代的商品生产原料在某一地区或领域普遍生产。

相关法条：《商标法》第59条

基本案情： 原告山东鲁锦实业有限公司（以下简称鲁锦公司）诉称：被告鄄城县鲁锦工艺品有限责任公司（以下简称鄄城鲁锦公司）、济宁礼之邦家纺有限公司（以下简称礼之邦公司）大量生产、销售标有“鲁锦”字样的鲁锦产品，侵犯其“鲁锦”注册商标专用权。鄄城鲁锦公司企业名称中含有原告的“鲁锦”注册商标字样，误导消费者，构成不正当竞争。“鲁锦”不是通用名称。请求判令二被告承担侵犯商标专用权和不正当竞争的法律责任。

被告鄄城鲁锦公司辩称：原告鲁锦公司注册成立前及鲁锦商标注册完成前，“鲁锦”已成为通用名称。按照有关规定，其属于“正当使用”，不构成商标侵权，也不构成不正当竞争。

被告礼之邦公司一审未作答辩，二审上诉称：“鲁锦”是鲁西南一带民间纯棉手工纺织品的通用名称，不知道“鲁锦”是鲁锦公司的注册商标，接到诉状后已停止相关使用行为，故不应承担赔偿责任。

法院经审理查明：鲁锦公司的前身嘉祥县瑞锦民间工艺品厂于1999年12月21日取得注册号为第1345914号的“鲁锦”文字商标，有效期为1999年12月21日至2009年12月20日，核定使用商品为第25类服装、鞋、帽类。鲁锦公司又于2001年11月14日取得注册号为第1665032号的“Lj +

LUJIN”的组合商标，有效期为2001年11月14日至2011年11月13日，核定使用商品为第24类的“纺织物、棉织品、内衣用织物、纱布、纺织品、毛巾布、无纺布、浴巾、床单、纺织品家具罩等”。嘉祥县瑞锦民间工艺品厂于2001年2月9日更名为嘉祥县鲁锦实业有限公司，后于2007年6月11日更名为山东鲁锦实业有限公司。

鲁锦公司在获得“鲁锦”注册商标专用权后，在多家媒体多次宣传其产品及注册商标，并于2006年3月被“中华老字号”工作委员会接纳为会员单位。鲁锦公司经过多年努力及长期大量的广告宣传和市场推广，其“鲁锦”牌系列产品，特别是“鲁锦”牌服装在国内享有一定的知名度。2006年11月16日，“鲁锦”注册商标被审定为山东省著名商标。

2007年3月，鲁锦公司从礼之邦鲁锦专卖店购买到由鄄城鲁锦公司生产的同鲁锦公司注册商标所核定使用的商品相同或类似的商品，该商品上的标签（吊牌）、包装盒、包装袋及店堂门面上均带有“鲁锦”字样。在该店门面上“鲁锦”已被突出放大使用，其出具的发票上加盖的印章为礼之邦公司公章。

鄄城鲁锦公司于2003年3月3日成立，在产品上使用的商标是“精一坊文字+图形”组合商标，该商标已申请注册，但尚未核准。2007年9月，鄄城鲁锦公司申请撤销鲁锦公司已注册的第1345914号“鲁锦”商标，国家工商总局商标评审委员会已受理但未作出裁定。

一审法院根据鲁锦公司的申请，依法对鄄城鲁锦公司、礼之邦公司进行了证据保全，发现二被告处存有大量同“鲁锦”注册商标核准使用的商品同类或者类似的商品，该商品上的标签（吊牌）、包装盒、包装袋、商品标价签以及被告店堂门面上均带有原告注册商标“鲁锦”字样。被控侵权商品的标签（吊牌）、包装盒、包装袋上已将“鲁锦”文字放大，作为商品的名称或者商品装潢醒目突出使用，且包装袋上未标识生产商及其地址。

另查明：鲁西南民间织锦是一种山东民间纯棉手工纺织品，因其纹彩绚丽、灿烂似锦而得名，在鲁西南地区已有上千年的历史，是历史悠久的齐鲁文化的一部分。从20世纪80年代中期开始，鲁西南织锦开始被开发利用。1986年1月8日，在济南举行了“鲁西南织锦与现代生活展览汇报会”。1986年8月20日，在北京民族文化宫举办了“鲁锦与现代生活展”。1986年前后，《人民日报》《经济参考》《农民日报》等报刊发表有关鲁锦的专题报道，中央电视台、山东电视台也拍摄了多部有关鲁锦的专题片。自此，鲁锦作为山东民间手工棉纺织品的通称被广泛使用。此后，鲁锦的研究、开发和生产逐渐普及并不断发展壮大。1987年11月15日，为促进鲁锦文化与现代生活的进一步结合，加拿大国际发展署（CIDA）与中华全国妇女联合会共同在鄄城县杨屯村举行了双边合作项目——鄄城杨屯妇女鲁锦纺织联社培训班。

山东省及济宁、菏泽等地方史志资料在谈及历史、地方特产或传统工艺时，对鲁锦也多有记载，均认为鲁锦是流行在鲁西南地区广大农村的一种以棉纱为主要原料的传统纺织产品，是山东的主要民间美术品种之一。相关工具书及出版物也对鲁锦多有介绍，均认为鲁锦是山东民间手工织花棉布，以棉花为主要原料，手工织线、染色、织造，俗称“土布”或“手织布”，因此布色彩斑斓，似锦似绣，故称为“鲁锦”。

1995年12月25日，山东省文物局作出《关于建设“中国鲁锦博物馆”的批复》，同意菏泽地区文化局在鄄城县成立“中国鲁锦博物馆”。2006年12月23日，山东省人民政府公布第一批省级非物质文化遗产，其中山东省文化厅、鄄城县、嘉祥县申报的“鲁锦民间手工技艺”被评定为非物质文化遗产。2008年6月7日，国务院国发〔2008〕19号文件确定由山东省鄄城县、嘉祥县申报的“鲁锦织造技艺”被列入第二批国家级非物质文化遗产名录。

裁判结果：山东省济宁市中级人民法院于2008年8月25日作出（2007）济民五初字第6号民事判决：一、鄄城鲁锦公司于判决生效之日立即停止在其生产、销售的第25类服装类系列商品上使用“鲁锦”作为其商品名称或者商品装潢，并于判决生效之日起30日内，消除其现存被控侵权产品上标明的“鲁锦”字样；礼之邦公司立即停止销售鄄城鲁锦公司生产的被控侵权商品。二、鄄城鲁锦公司于判决生效之日起15日内赔偿鲁锦公司经济损失25万元；礼之邦公司赔偿鲁锦公司经济损失1万元。三、鄄城鲁锦公司于判决生效之日起30日内变更企业名称，变更后的企业名称中不得包含“鲁锦”文字；礼之邦公司于判决生效之日立即消除店堂门面上的“鲁锦”字样。宣判后，鄄城鲁锦公司与礼之邦公司提出上诉。山东省高级人民法院于2009年8月5日作出（2009）鲁民三终字第34号民事判决：撤销山东省济宁市中级人民法院（2007）济民五初字第6号民事判决；驳回鲁锦公司的诉讼请求。

裁判理由：法院生效裁判认为：根据本案事实可以认定，在1999年鲁锦公司将“鲁锦”注册为商标之前，已是山东民间手工棉纺织品的通用名称，“鲁锦”织造技艺为非物质文化遗产。鄄城鲁锦公司、济宁礼之邦公司的行为不构成商标侵权，也非不正当竞争。

首先，鲁锦已成为具有地域性特点的棉纺织品的通用名称。商品通用名称是指行业规范或社会公众约定俗成的对某一商品的通常称谓。该通用名称可以是行业规范规定的称谓，也可以是公众约定俗成的简称。鲁锦指鲁西南民间纯棉手工织锦，其纹彩绚丽灿烂似锦，在鲁西南地区已有上千年的历史。鲁锦作为具有山东特色的手工纺织品的通用名称，为国家主流媒体、各类专业报纸以及山东省新闻媒体所公认，山东省、济宁、菏泽、嘉祥、鄄城的省市县三级史志资料均将鲁锦记载为传统鲁西南民间织锦的“新名”，有关工艺美术和艺术的工具书中也确认鲁锦就是产自山东的一种民间纯棉手工纺织品。鲁锦织造工艺历史悠久，在提到鲁锦时，人们想到的就是传统悠久的山东民间手工棉纺织品及其织造工艺。“鲁锦织造技艺”被确定为国家级非物质文化遗产。鲁锦代表的纯棉手工纺织生产工艺并非由某一自然人或企业法人发明而成，而是由山东地区特别是鲁西南地区人民群众长期劳动实践而形成。鲁锦代表的纯棉手工纺织品的生产原料亦非某一自然人或企业法人特定种植，而是山东不特定地区广泛种植的棉花。自20世纪80年代中期后，经过媒体的大量宣传，鲁锦已成为以棉花为主要原料、手工织线、染色、织造的山东地区民间手工纺织品的通称，且已在山东地区纺织行业领域内通用，并被相关社会公众所接受。综上，可以认定鲁锦是山东地区特别是鲁西南地区民间纯棉手工纺织品的通用名称。

关于鲁锦公司主张鲁锦这一名称不具有广泛性，在我国其他地方也出产老粗布，但不叫鲁锦。对此法院认为，对于具有地域性特点的商品通用名称，判断其广泛性应以特定产区及相关公众为标准，而不应以全国为标准。我国其他省份的手工棉纺织品不叫鲁锦，并不影响鲁锦专指山东地区特有的民间手工棉纺织品这一事实。关于鲁锦公司主张鲁锦不具有科学性，棉织品应称为“棉”而不应称为“锦”。对此法院认为，名称的确定与其是否符合科学没有必然关系，对于已为相关公众接受、指代明确、约定俗成的名称，即使有不科学之处，也不影响其成为通用名称。关于鲁锦公司还主张鲁锦不具有普遍性，山东省内有些经营者、消费者将这种民间手工棉纺织品称为“粗布”或“老土布”。对此法院认为，“鲁锦”这一称谓是20世纪80年代中期确定的新名称，经过多年宣传与使用，现已为相关公众所知悉和接受。“粗布”“老土布”等旧有名称的存在，不影响“鲁锦”通用名称的认定。

其次，注册商标中含有的本商品的通用名称，注册商标专用权人无权禁止他人正当使用。《商标法实施条例》第49条规定："注册商标中含有的本商品的通用名称、图形、型号，或者直接表示商品的质量、主要原料、功能、用途、重量、数量及其他特点，或者含有地名，注册商标专用权人无权禁止他人正当使用。"商标的作用主要为识别性，即消费者能够依不同的商标而区别相应的商品及服务的提供者。保护商标权的目的，就是防止对商品及服务的来源产生混淆。由于鲁锦公司"鲁锦"文字商标和"Lj + LUJIN"组合商标，与作为山东民间手工棉纺织品通用名称的"鲁锦"一致，其应具备的显著性区别特征因此趋于弱化。鲁锦虽不是鲁锦服装的通用名称，但却是山东民间手工棉纺织品的通用名称。商标注册人对商标中通用名称部分不享有专用权，不影响他人将鲁锦作为通用名称正当使用。鲁西南地区有不少以鲁锦为面料生产床上用品、工艺品、服饰的厂家，这些厂家均可以正当使用鲁锦名称，在其产品上叙述性标明其面料采用鲁锦。

本案中，鄄城鲁锦公司在其生产的涉案产品的包装盒、包装袋上使用"鲁锦"两字，虽然在商品上使用了鲁锦公司商标中含有的商品通用名称，但仅是为了表明其产品采用鲁锦面料，其生产技艺具备鲁锦特点，并不具有侵犯鲁锦公司"鲁锦"注册商标专用权的主观恶意，也并非作为商业标识使用，属于正当使用，故不应认定为侵犯"鲁锦"注册商标专用权的行为。基于同样的理由，鄄城鲁锦公司在其企业名称中使用"鲁锦"字样，也系正当使用，不构成不正当竞争。礼之邦公司作为鲁锦制品的专卖店，同样有权使用"鲁锦"字样，亦不构成对"鲁锦"注册商标专用权的侵犯。

此外，鲁锦公司的"鲁锦"文字商标和"Lj + LUJIN"的组合商标已经国家商标局核准注册并核定使用于第25类、第24类商品上，该注册商标专用权应依法受法律保护。虽然鄄城鲁锦公司对此商标提出撤销申请，但在国家商标局商标评审委员会未撤销前，仍应依法保护上述有效注册商标。鉴于"鲁锦"是注册商标，为规范市场秩序，保护公平竞争，鄄城鲁锦公司在今后使用"鲁锦"字样以标明其产品面料性质的同时，应合理避让鲁锦公司的注册商标专用权，应在其产品包装上突出使用自己的"精一坊"商标，以显著区别产品来源，方便消费者识别。

典型案例

一、申请再审人狗不理集团有限公司与被申请人济南市大观园商场天丰园饭店侵犯商标专用权纠纷案

关键词：商标正当使用　历史因素

裁判摘要：商标正当使用不仅是对商标权排斥范围的限制，也是正确划定商标权的权利边界和维护正当的公众利益的关键所在。判断使用他人注册商标的行为是否构成正当使用时，应当充分考虑和尊重相关历史因素；同时应根据公平原则，对使用行为作出必要和适当的限制。

基本案情：狗不理集团有限公司（以下简称狗不理集团）的前身于1994年10月7日注册了“狗不理”文字商标，核定服务项目为第42类，即餐馆、备办宴席、快餐馆、自动餐馆。1999年12月29日，该商标被认定为驰名商标。济南市大观园商场天丰园饭店（以下简称天丰园饭店）开业日期为1973年，主营猪肉灌汤蒸包，并于1986年9月、11月增加“狗不理”猪肉灌汤包等经营项目。自20世纪80年代至今，天丰园饭店一直持续经营“狗不理”风味猪肉灌汤包。2005年4月，天丰园饭店经营的“狗不理猪肉灌汤包”经济南市贸易服务局、济南市饮食业协会评比，被认定为“济南名优（风味）小吃”。同年，“狗不理猪肉灌汤包”入选济南市消费者协会的《济南消费指南》。1990年8月出版的《济南老字号》一书记载济南的“狗不理”包子从20世纪40年代初开始经营，到1948年济南解放，一直畅销不衰。特别是济南解放后，天丰园饭店门前天天顾客盈门。天丰园饭店一直在其门口悬挂经营“狗不理”猪肉灌汤包的牌匾，其主打品牌也是“狗不理”猪肉灌汤包，还曾在一楼楼道口悬挂“狗不理”黑色牌匾三个字。2006年10月16日，狗不理集团提起诉讼，认为天丰园饭店的行为侵犯其“狗不理”注册商标专用权，请求判令天丰园饭店停止侵权，消除影响并赔偿损失。山东省济南市中级人民法院一审认为，天丰园饭店在济南这一特定地域经营“狗不理猪肉灌汤包”的历史由来已久，其未超出原有地域和服务项目，也未使用狗不理集团对于“狗不理”商标的特定书写方式，其使用“狗不理”介绍和宣传其以天丰园饭店名义经营的“狗不理包子”的行为，不构成侵犯“狗不理”服务商标专用权，遂判决驳

回狗不理集团的诉讼请求。狗不理集团提起上诉。山东省高级人民法院二审认为，天丰园饭店使用“狗不理”文字作为其提供的一种菜品的名称，并在济南这一特定地域经营“狗不理猪肉灌汤包”的历史由来已久。天丰园饭店提供“狗不理猪肉灌汤包”这一食品，并非是在狗不理集团商标注册并驰名后为争夺市场才故意使用“狗不理”三字，没有违背市场公认的商业道德，也不存在搭车利用“狗不理”服务商标声誉的主观恶意，属于在先使用。但天丰园饭店将“狗不理”三字用于宣传牌匾、墙体广告和指示牌，并且突出使用“狗不理”三字或将“狗不理”三字与天丰园饭店割裂开来使用的行为，容易使消费者混淆。为规范市场秩序，体现对“狗不理”驰名商标的充分保护，天丰园饭店不得在企业的宣传牌匾、墙体广告中等使用“狗不理”三字，但仍可保留“狗不理猪肉灌汤包”这一菜品。遂判决撤销一审判决，判令天丰园饭店停止在宣传牌匾、墙体广告等其他广告形式中使用“狗不理”三字进行宣传；驳回狗不理集团的其他诉讼请求。狗不理集团不服二审判决，向最高人民法院申请再审。最高人民法院于2009年2月5日裁定驳回其再审申请。

最高人民法院审查认为，考虑在狗不理集团公司注册“狗不理”服务商标之前，天丰园饭店持续使用“狗不理猪肉灌汤包”这一菜品名称的历史因素，天丰园饭店仍可保留“狗不理猪肉灌汤包”这一菜品名称，但根据公平原则，天丰园饭店不得作其他扩张性使用。

【案　　号】（2008）民三监字第10-1号

【审理法院】最高人民法院

【来　　源】《最高人民法院知识产权案件年度报告（2009）》

二、申请再审人漳州市宏宁家化有限公司与被申请人漳州片仔癀药业股份有限公司侵犯商标专用权纠纷案

关键词：描述性商标　正当使用　商业惯例

裁判摘要：描述性商标由于其商标词汇本身具有描述性，无法直接起到区别商标来源的作用，其禁止他人使用的权利范围就受到较大的限制。当注册商标具有描述性时，其他生产者出于说明或客观描述商品特点的目的，以善意方式在必要的范围内予以标注，不会导致相关公众将其视为商标而导致来源混淆的，构成正当使用；判断是否属于善意，是否必要，可以参考商业惯例等因素。

基本案情： 漳州片仔癀药业股份有限公司（以下简称片仔癀公司）拥有在第 3 类牙膏、化妆品及第 5 类药品上的“片仔癀”及“PIEN TZE HUANG”的注册商标。1999 年，使用在药品商品上的“片仔癀 PIEN TZE HUANG”商标被认定为驰名商标。漳州市宏宁家化有限公司（以下简称宏宁公司）生产、销售的“荔枝牌片仔癀珍珠霜（膏）”“片仔癀特效牙膏”等 27 种化妆品及日化用品，均将“片仔癀”作为其产品名称组成部分，并在包装装潢上突出使用“片仔癀”“PIEN TZE HUANG”，且其字体与片仔癀公司的注册商标基本相同。2007 年 4 月 20 日片仔癀公司起诉，请求判令宏宁公司立即停止侵权行为、公开赔礼道歉并赔偿损失。福建省漳州市中级人民法院一审认为，宏宁公司的行为侵犯了片仔癀公司的注册商标专用权。上诉后，福建省高级人民法院维持一审判决。宏宁公司不服二审判决，向最高人民法院申请再审。最高人民法院于 2009 年 10 月 27 日裁定驳回其再审申请。

最高人民法院审查认为，片仔癀是一种药品的名称，如果被控产品中含有片仔癀成分，生产者出于说明或客观描述商品特点的目的，以善意方式在必要的范围内予以标注，不会导致相关公众将其视为商标而导致来源混淆的，可以认定为正当使用。判断是否属于善意，是否必要，可以参考商业惯例等因素。宏宁公司如果是为了说明其产品中含有片仔癀成分，应当按照商业惯例以适当的方式予以标注，但是本案中，宏宁公司却是在其生产、销售商品的包装装潢的显著位置突出标明“片仔癀”“PIEN TZE HUANG”字样，该标识明显大于宏宁公司自己的商标及其他标注，并且所采用的字体与片仔癀公司的注册商标基本一致。该种使用方式已经超出说明或客观描述商品而正当使用的界限，其主观上难谓善意，在片仔癀公司注册商标已经具有很高知名度的情况下，客观上可能造成相关公众产生对商品来源的混淆。宏宁公司关于其属于正当使用的主张不能成立。

【案　　号】（2009）民申字第 1310 号

【审理法院】 最高人民法院

【来　　源】《最高人民法院知识产权案件年度报告（2009）》

三、再审申请人沁州黄公司与被申请人檀山皇发展公司等侵害商标权纠纷案

关键词： 商品通用名词　正当使用

裁判摘要： 因历史传统、风土人情、地理环境等原因形成的相关市场较为固定的商品，其在该相关市场内的通用称谓可以认定为通用名称；注册商标权人不能因其在该商品市场推广中的贡献主张对该商品的通用名称享有商标权，无权禁止他人使用该通用名称来表明商品品种来源。

基本案情： 沁州黄公司享有第606790号“沁州”注册商标专用权。该商标于1992年被核准注册，核定使用商品为第30类小米。2003年和2006年，该商标先后被认定为长治市知名商标和山西省著名商标、驰名商标。檀山皇发展公司享有第1368854号“檀山皇＋图形＋拼音”商标、第1368856号“檀山＋图形＋拼音”注册商标专用权。该商标于2000年被核准注册，核定使用商品为第30类谷类制品、米。2006年3月，“檀山皇”商标被认定为山西省著名商标。2006年2月，山西省长治市工商局根据沁州黄公司的投诉，对四檀山皇名优特产经销部涉嫌侵犯“沁州”注册商标专用权的产品进行了查处。檀山皇发展公司不服，向山西省长治市中级人民法院提起行政诉讼。该院一审认定檀山皇发展公司的行为构成侵权。檀山皇发展公司不服，提起上诉。山西省高级人民法院二审判决驳回上诉，维持一审判决。2008年，山西省太原市工商行政管理局在处理山西省工商行政管理局转来的沁州黄公司投诉材料时，就小米商品上使用“沁州黄”等字样是否侵权，请示山西省工商行政管理局。山西省工商行政管理局批复依法保护“沁州”商标专用权，对涉嫌侵权行为依法进行查处。檀山皇发展公司等企业不服，针对该批复向国家工商行政管理总局提起行政复议。国家工商行政管理总局复议认为，司法机关已认定“沁州黄”不是小米品种的通用名称，复议申请人的行为侵害了“沁州”商标专用权。2008年11月，檀山皇发展公司、檀山皇基地公司以沁州黄公司为被告向山西省太原市中级人民法院提起本案诉讼，要求确认其有权在小米商品上以非商标形式使用“沁州黄”，不侵犯“沁州”商标专用权。沁州黄公司提出管辖权异议后，本案被移送至山西省长治市中级人民法院审理。一审法院审理认为，在先生效裁判文书已确认“沁州黄”不是商品通用名称，檀山皇发展公司在相同商品包装上突出使用“沁州黄”等字样的行为构成侵权。双方当事人均不服，提出上诉。山西省高级人民法院二审认为，“沁州黄”是谷物类中小米特产的通称，檀山皇发展公司、檀山皇基地公司在商品包装上使用“沁州黄”属正当使用，不侵犯“沁州”注册商标专用权。沁州黄公司不服，向最高人民法院申请再审。2013年12月30日，最高人民法院裁定驳回沁州黄公司的再审申请。

最高人民法院审查认为：依据本案事实，根据1959年山西省农业建设厅编辑的《山西省农作物品种志》以及1987年商业部粮食购销司编著的《粮食商品手册·名优品种》等文献，“沁州黄”小米是小米品种名称，且列为5个小米名优品种之一。2004年7月1日实施的中华人民共和国国家标准《原产地域产品沁州黄小米》（GB19503—2004）及2008年11月1日实施的中华人民共和国国家标准《地理标志产品沁州黄小米》（GB/T19503—2008），对“沁州黄小米”的定义均为：源于古沁州，即现今山西省长治市所辖沁县、武乡、襄垣及屯留县境内特定的小米产区，选用沁州黄等优质品种，按照特定生产技术规程种植的谷子加工而成的粳性小米。约定俗成的通用名称一般以全国范围内相关公众的通常认识为判断标准。对于由于历史传统、风土人情、地理环境等原因形成的相关市场较为固定的商品，在该相关市场内通用的称谓，可以认定为通用名称。“沁州黄”能够反映出一类谷子（米）与其他谷子（米）的根本区别，符合通用名称的要求。“沁州黄”不是沁州黄公司最初使用并创造的名称。作为谷物品种的名称，“沁州黄”符合通用名称对广泛性和规范性的要求。在“沁州”商标申请注册前，“沁州黄”已经成为通用的谷物品种名称，沁州黄公司对沁州黄小米品种提纯复壮、产业化及商品化的贡献，不能成为其垄断“沁州黄”这一通用名称的理由。沁州黄公司没有提交证据证明“沁州黄”已经与其形成一一对应关系。“沁州”注册商标虽然具有较高知名度，但是无权禁止其他企业将“沁州黄”文字使用在以“沁州黄”谷子加工而成的小米商品上，以表明其小米的品种来源。檀山皇发展公司、檀山皇基地公司在包装上使用“沁州黄”文字以表明小米品种来源的行为，属于正当使用。

【案　　号】（2013）民申字第1642号

【审理法院】最高人民法院

【来　　源】《最高人民法院知识产权案件年度报告（2013）》

四、申请再审人佛山市合记饼业有限公司与申请再审人珠海香记食品有限公司侵犯注册商标专用权纠纷案

关键词：产品和品牌混合属性　通用名称

裁判摘要：由于特定的历史起源、发展过程和长期唯一的提供主体以及客观的市场格局，保持着产品和品牌混合属性的商品名称，仍具有指示商品来源的意义，不能认定为通用名称。

基本案情： 盲公饼是佛山市土特产名产品之一，其创制于清嘉庆年代后期，由一盲人的儿子何豫斋创制，并因而得名。盲公饼出名后创号为合记。中华人民共和国成立初期，佛山市饼干、糕点、糖果几个行业实行公私合营，组成佛山市合记饼干糖果食品厂，盲公饼为其生产的食品种类之一。后佛山市合记饼干糖果食品厂先后改名为佛山市糖果厂、佛山嘉华食品公司（以下简称嘉华公司）。1999年12月8日，成立有限责任公司，取为现名“佛山市合记饼业有限公司”，盲公饼是其生产的食品之一。佛山市合记饼业有限公司（以下简称合记公司）在第30类饼干商品上拥有1982年获准注册的第166967号“盲公牌”商标以及2002年获准注册的第1965555号“盲公”商标。珠海香记食品有限公司（以下简称香记公司）成立于2000年4月6日。香记公司生产销售被诉侵权产品的饼身及其包装盒上均印有明显的“盲公饼”字样。合记公司以香记公司侵犯其“盲公”注册商标专用权为由，提起诉讼。广东省佛山市中级人民法院一审认为，“盲公”是特有名称而非饼类商品的通用名称，香记公司构成侵犯合记公司的两项商标权，故判令香记公司立即停止侵权并赔偿损失。香记公司不服，提起上诉。广东省高级人民法院二审认为，盲公饼为在佛山地区使用近200年的商品概念，被诉侵权盲公饼饼身所刻阳文“盲公饼”与合记公司的商标字体不同，差别显著，结合产品的外包装显著位置关于生产源的明确、突出标记，足以使一般公众区分其为不同生产源的“盲公饼”，不致发生混淆，不构成侵犯合记公司商标权。被诉侵权产品外包装盒使用的“盲公饼”商品标记侵犯了合记公司第1965555号“盲公”文字商标专用权。据此改判香记公司停止侵犯合记公司第1965555号注册商标专用权的行为并赔偿损失。合记公司和香记公司均不服，向最高人民法院申请再审。合记公司的申请再审理由为，二审判决认定“盲公饼是商品名称”没有事实根据和理由。香记公司的申请再审理由为，盲公饼是一种饼类的通称，合记公司无权禁止香记公司正当使用“盲公饼”作为商品名称。最高人民法院经过审查后裁定提审本案，并于2011年8月24日改判香记公司停止侵犯合记公司第166967号及第1965555号注册商标专用权的行为。

最高人民法院审理认为：香记公司生产和销售的产品与合记公司注册商标核定使用商品相同，虽然被诉产品饼身标注的“盲公饼”字体与合记公司第166967号和第1965555号注册商标的字体存在一些差异，外包装盒标贴“盲公饼”与第166967号注册商标也存在一些不同，但这些差别是细微的，构成在同一种商品上使用与注册商标近似商标的行为。盲公饼是有着200多年历史的一种佛山特产，有着特定的历史渊源和地方文化特色。虽然“盲公饼”具有特殊风味，但“盲公”或者“盲公饼”本身并非是此类饼干的普通描述性词汇。从其经营者传承看，虽然经历了公私合营、改制等过程，但有着较为连续的传承关系，盲公饼是包括合记饼店、佛山市合记饼干糖果食品厂、佛山市糖果厂、嘉华公司、合记公司等在内的数代经营者独家创立并一直经营的产品。而且在我国《商标法》施行不久，“盲公饼”的经营者即申请了“盲公”商标，并且积极维护其品牌，其生产的“盲公饼”具有较高的知名度。虽然香记公司主张“盲公饼”是通用名称，但未能举出证据证明在我国内地还有其他厂商生产“盲公饼”，从而形成多家主体共存的局面。虽然有些书籍介绍“盲公饼”的做法，我国香港、澳门特别行政区也有一些厂商生产各种品牌的“盲公饼”，这些客观事实有可能使得某些相关公众会认为“盲公饼”可能是一类产品的名称。但是，由于特定的历史起源、发展过程和长期唯一的提供主体以及客观的市场格局，我国内地的大多数相关公众会将“盲公饼”认知为某主体提供的某种产品。因此，在被诉侵权行为发生时，盲公饼仍保持着产品和品牌混合的属性，具有指示商品来源的意义，并没有通用化，不属于通用名称。对于这种名称，给予其较强的保护，禁止别人未经许可使用，有利于保持产品的特点和文化传统，使得产品做大做强，消费者也能真正品尝到产品的风味和背后的文化；相反，如果允许其他厂家生产制造“盲公饼”，一方面权利人的权益受到损害，另一方面也可能切断了该产品所承载的历史、传统和文化，破坏了已有的市场秩序。因此，“盲公饼”并非商品通用名称，香记公司关于其正当使用的抗辩不能成立。

【案　　号】（2011）民提字第55号

【审理法院】最高人民法院

【来　　源】《最高人民法院知识产权案件年度报告（2011）》

第六十条　有本法第五十七条所列侵犯注册商标专用权行为之一，引起纠纷的，由当事人协商解决；不愿协商或者协商不成的，商标注册人或者利害关系人可以向人民法院起诉，也可以请求工商行政管理部门处理。

工商行政管理部门处理时，认定侵权行为成立的，责令立即停止侵权行为，没收、销毁侵权商品和主要用于制造侵权商品、伪造注册商标标识的工具，违法经营额五万元以上的，可以处违法经营额五倍以下的罚款，没有违法经营额或者违法经营额不足五万元的，可以处二十五万元以下的罚款。对五年内实施两次以上商标侵权行为或者有其他严重情节的，应当从重处罚。销售不知道是侵犯注册商标专用权的商品，能证明该商品是自己合法取得并说明提供者的，由工商行政管理部门责令停止销售。

对侵犯商标专用权的赔偿数额的争议，当事人可以请求进行处理的工商行政管理部门调解，也可以依照《中华人民共和国民事诉讼法》向人民法院起诉。经工商行政管理部门调解，当事人未达成协议或者调解书生效后不履行的，当事人可以依照《中华人民共和国民事诉讼法》向人民法院起诉。

关联规定

法律、行政法规、司法解释

1.《中华人民共和国民法典》

第一百七十九条　承担民事责任的方式主要有：

（一）停止侵害；

（二）排除妨碍；

（三）消除危险；

（四）返还财产；

（五）恢复原状；

（六）修理、重作、更换；

（七）继续履行；

（八）赔偿损失；

（九）支付违约金；

（十）消除影响、恢复名誉；

（十一）赔礼道歉。

法律规定惩罚性赔偿的，依照其规定。

本条规定的承担民事责任的方式，可以单独适用，也可以合并适用。

2.《中华人民共和国民事诉讼法》

第一百二十二条 起诉必须符合下列条件：

（一）原告是与本案有直接利害关系的公民、法人和其他组织；

（二）有明确的被告；

（三）有具体的诉讼请求和事实、理由；

（四）属于人民法院受理民事诉讼的范围和受诉人民法院管辖。

3.《最高人民法院关于审理商标民事纠纷案件适用法律若干问题的解释》

第四条 商标法第六十条第一款规定的利害关系人，包括注册商标使用许可合同的被许可人、注册商标财产权利的合法继承人等。

在发生注册商标专用权被侵害时，独占使用许可合同的被许可人可以向人民法院提起诉讼；排他使用许可合同的被许可人可以和商标注册人共同起诉，也可以在商标注册人不起诉的情况下，自行提起诉讼；普通使用许可合同的被许可人经商标注册人明确授权，可以提起诉讼。

第二十一条 人民法院在审理侵犯注册商标专用权纠纷案件中，依据民法典第一百七十九条、商标法第六十条的规定和案件具体情况，可以判决侵权人承担停止侵害、排除妨碍、消除危险、赔偿损失、消除影响等民事责任，还可以作出罚款，收缴侵权商品、伪造的商标标识和主要用于生产侵权商品的材料、工具、设备等财物的民事制裁决定。罚款数额可以参照商标法第六十条第二款的有关规定确定。

行政管理部门对同一侵犯注册商标专用权行为已经给予行政处罚的，人民法院不再予以民事制裁。

条文释义

一、本条主旨

本条是关于侵犯注册商标专用权行为处理的规定。

二、条文演变

1982 年《商标法》第 39 条规定："有本法第三十八条所列侵犯注册商标专用权行为之一的，被侵权人可以向侵权人所在地的县级以上工商行政管理部门要求处理。有关工商行政管理部门有权责令侵权人立即停止侵权行为，赔偿被侵权人的损失，赔偿额为侵权人在侵权期间因侵权所获得的利润或者被侵权人在被侵权期间因被侵权所受到的损失；对情节严重的，可以并处罚款。当事人不服的，可以在收到通知十五天内，向人民法院起诉；期满不起诉又不履行的，由有关工商行政管理部门申请人民法院强制执行。对侵犯注册商标专用权的，被侵权人也可以直接向人民法院起诉。"

1993 年《商标法》第 39 条第 1 款修改为："有本法第三十八条所列侵犯注册商标专用权行为之一的，被侵权人可以向县级以上工商行政管理部门要求处理。有关工商行政管理部门有权责令侵权人立即停止侵权行为，赔偿被侵权人的损失，赔偿额为侵权人在侵权期间因侵权所获得的利润或者被侵权人在被侵权期间因被侵权所受到的损失。侵犯注册商标专用权，未构成犯罪的，工商行政管理部门可以处以罚款。当事人对工商行政管理部门责令停止侵权行为、罚款的处理决定不服的，可以在收到通知十五天内，向人民法院起诉；期满不起诉又不履行的，由有关工商行政管理部门申请人民法院强制执行。"

2001 年《商标法》将第 39 条修改为第 53 条，规定："有本法第五十二条所列侵犯注册商标专用权行为之一，引起纠纷的，由当事人协商解决；不愿协商或者协商不成的，商标注册人或者利害关系人可以向人民法院起诉，也可以请求工商行政管理部门处理。工商行政管理部门处理时，认定侵权行为成立的，责令立即停止侵权行为，没收、销毁侵权商品和专门用于制造侵权商品、伪造注册商标标识的工具，并可处以罚款。当事人对处理决定不服的，可以自收到处理通知之日起十五日内依照《中华人民共和国行政诉讼法》向人民法院起诉；侵权人期满不起诉又不履行的，工商行政管理部门可以申请人民法院强制执行。进行处理的工商行政管理部门根据当事人的请求，可以就侵犯商标专用权的赔偿数额进行调解；调解不成的，当事人可以依照《中华人民共和国民事诉讼法》向人民法院起诉。”

2013年《商标法》将第53条修改为第60条，规定：“有本法第五十七条所列侵犯注册商标专用权行为之一，引起纠纷的，由当事人协商解决；不愿协商或者协商不成的，商标注册人或者利害关系人可以向人民法院起诉，也可以请求工商行政管理部门处理。工商行政管理部门处理时，认定侵权行为成立的，责令立即停止侵权行为，没收、销毁侵权商品和主要用于制造侵权商品、伪造注册商标标识的工具，违法经营额五万元以上的，可以处违法经营额五倍以下的罚款，没有违法经营额或者违法经营额不足五万元的，可以处二十五万元以下的罚款。对五年内实施两次以上商标侵权行为或者有其他严重情节的，应当从重处罚。销售不知道是侵犯注册商标专用权的商品，能证明该商品是自己合法取得并说明提供者的，由工商行政管理部门责令停止销售。对侵犯商标专用权的赔偿数额的争议，当事人可以请求进行处理的工商行政管理部门调解，也可以依照《中华人民共和国民事诉讼法》向人民法院起诉。经工商行政管理部门调解，当事人未达成协议或者调解书生效后不履行的，当事人可以依照《中华人民共和国民事诉讼法》向人民法院起诉。”

2019年《商标法》予以沿用。

三、条文解读

商标侵权行为是市场活动中的一种违法行为。它使商标权利人、消费者的利益受损，还会扰乱社会经济秩序，阻碍先进生产力的发展，因此具有严重的社会危害性，必须依法给予必要的制裁。按照本条的规定，对有本法第57条所列侵犯注册商标专用权行为而引起纠纷的，可以分别采取以下方式解决：当事人协商解决；不愿协商或者协商不成的，商标注册人或者利害关系人可以向人民法院起诉，也可以请求行政管理部门处理。其中，“由当事人协商解决”作为首选的纠纷解决方式，主要是为愿意自行协商解决的当事人指明一种纠纷解决途径，可以减少诉争、提高处理纠纷效率。对于不愿协商或者协商不成的，商标注册人或者利害关系人可以直接向人民法院提起民事诉讼，也可以请求侵权人所在地或者侵权行为地的县级以上市场监督管理部门进行处理。这是我国特有的处理商标侵权行为的“双轨制”，即司法与行政两条途径均可以处理商标侵权行为。上述规定有利于当事人依照自己的意愿选择处理商标侵权纠纷的手段和机关。

本条同时规定，行政管理部门处理时，认定侵权行为成立的，依法责令立即停止侵权行为，没收、销毁侵权商品和主要用于制造侵权商品、伪造注册商标标识的工具，违法经营额 5 万元以上的，可以处违法经营额 5 倍以下的罚款，没有违法经营额或者违法经营额不足 5 万元的，可以处 25 万元以下的罚款。对 5 年内实施两次以上商标侵权行为或者有其他严重情节的，应当从重处罚。本条规定的罚款数额有一定幅度，具体数额由行政管理部门根据违法行为的性质造成后果的严重程度等情况来确定。

此外，根据本法第 57 条第 3 项的规定，销售侵犯注册商标专用权的商品的，无论侵权人是否具有主观上的故意，都属于侵犯注册商标专用权的行为。如果行为人明知或者应当知道其所销售的商品为侵犯注册商标专用权的商品而仍进行销售的，应当按照本条规定的关于商标侵权行为的一般罚则处理；如果行为人不具有主观上的故意，即不知道该商品为侵权商品，并且能证明该商品是自己合法取得并说明提供者的，则只由行政管理部门责令停止销售，不再给予其他行政处罚。[①]

适用指引

本条对诉讼程序等进行了规定。对侵害商标权引纠纷的，当事人不愿协商或协商不成的，商标注册人或利害关系人可以向人民法院起诉，也可以请求工商行政部门处理；对于侵犯商标专用权的赔偿数额的争议，当事人可以请求进行处理的行政管理部门调解，也可以依照《民事诉讼法》向人民法院起诉；经行政管理部门调解，当事人未达成协议或者调解书生效后不履行的，当事人可以依照《民事诉讼法》向人民法院起诉。当事人就上述纠纷提起民事诉讼的，人民法院应当受理。

① 参见郎胜主编：《中华人民共和国商标法释义》，法律出版社 2013 年版，第 115~116 页。

第六十一条　对侵犯注册商标专用权的行为，工商行政管理部门有权依法查处；涉嫌犯罪的，应当及时移送司法机关依法处理。

关联规定

一、法律、行政法规、司法解释

1.《中华人民共和国刑法》

第二百一十三条　未经注册商标所有人许可，在同一种商品上使用与其注册商标相同的商标，情节严重的，处三年以下有期徒刑或者拘役，并处或者单处罚金；情节特别严重的，处三年以上七年以下有期徒刑，并处罚金。

第二百一十四条　销售明知是假冒注册商标的商品，销售金额数额较大的，处三年以下有期徒刑或者拘役，并处或者单处罚金；销售金额数额巨大的，处三年以上七年以下有期徒刑，并处罚金。

第二百一十五条　伪造、擅自制造他人注册商标标识或者销售伪造、擅自制造的注册商标标识，情节严重的，处三年以下有期徒刑、拘役或者管制，并处或者单处罚金；情节特别严重的，处三年以上七年以下有期徒刑，并处罚金。

2.《中华人民共和国商标法》

第六十二条　县级以上工商行政管理部门根据已经取得的违法嫌疑证据或者举报，对涉嫌侵犯他人注册商标专用权的行为进行查处时，可以行使下列职权：

（一）询问有关当事人，调查与侵犯他人注册商标专用权有关的情况；

（二）查阅、复制当事人与侵权活动有关的合同、发票、账簿以及其他有关资料；

（三）对当事人涉嫌从事侵犯他人注册商标专用权活动的场所实施现场检查；

（四）检查与侵权活动有关的物品；对有证据证明是侵犯他人注册商标专

用权的物品，可以查封或者扣押。

工商行政管理部门依法行使前款规定的职权时，当事人应当予以协助、配合，不得拒绝、阻挠。

在查处商标侵权案件过程中，对商标权属存在争议或者权利人同时向人民法院提起商标侵权诉讼的，工商行政管理部门可以中止案件的查处。中止原因消除后，应当恢复或者终结案件查处程序。

3.《中华人民共和国商标法实施条例》

第七十七条 对侵犯注册商标专用权的行为，任何人可以向工商行政管理部门投诉或者举报。

第八十条 销售不知道是侵犯注册商标专用权的商品，能证明该商品是自己合法取得并说明提供者的，由工商行政管理部门责令停止销售，并将案件情况通报侵权商品提供者所在地工商行政管理部门。

第八十二条 在查处商标侵权案件过程中，工商行政管理部门可以要求权利人对涉案商品是否为权利人生产或者其许可生产的产品进行辨认。

二、部门规章及规范性文件

《驰名商标认定和保护规定》

第十五条 各级工商行政管理部门在商标注册和管理工作中应当加强对驰名商标的保护，维护权利人和消费者合法权益。商标违法行为涉嫌犯罪的，应当将案件及时移送司法机关。

三、司法指导性文件

《国家工商行政管理总局、公安部、最高人民检察院关于加强工商行政执法与刑事司法衔接配合工作若干问题的意见》

一、关于涉嫌犯罪案件的移送

工商机关向公安机关移送涉嫌犯罪案件，应当按照《行政执法机关移送涉嫌犯罪案件的规定》第五条规定，指定 2 名或者 2 名以上行政执法人员组成专案组负责，按程序审批后依法移送。工商机关应当向公安机关提供涉嫌犯罪案件移送书、案件情况调查报告、涉案物品清单、有关检验报告或者鉴定意见等案件的全部材料，并将案件移送书、调查报告及有关材料目录抄送同级人民检察院。案件情况调查报告应当说明行为人的违法事实、法律依据以及工商机关意见等。工商机关移送案件前已经作出行政处罚决定的，应当将行政处罚决定书一并抄送同级公安机关、人民检察院。

对于工商机关移送的涉嫌犯罪案件，公安机关应当在涉嫌犯罪案件移送书回执上签字；其中，不属于本机关管辖的，应当在 24 小时内转送有管辖权的机关，并在转送后 3 个工作日内书面告知工商机关，同时抄送同级人民检察院。公安机关应当自接受移送案件之日起 3 个工作日内作出是否立案的决定，并在作出决定后 3 个工作日内书面告知工商机关，同时抄送同级人民检察院；其中，不予立案的，应当向工商机关书面说明理由、退回案卷材料，工商机关应当依法作出处理。公安机关立案后又撤销案件的，应当在作出决定后 3 个工作日内书面告知工商机关，同时抄送同级人民检察院。

条文释义

一、本条主旨

本条是关于对侵犯注册商标专用权的行为进行行政查处以及移送司法机关依法处理的规定。

二、条文演变

1982 年《商标法》第 39 条第 1 款规定："由本法第三十八条所列侵犯注册商标专用权行为之一的，被侵权人可以向侵权人所在地的县级以上工商行政管理部门要求处理。有关工商行政管理部门有权责令侵权人立即停止侵权行为，赔偿被侵权人的损失，赔偿额为侵权人在侵权期间因侵权所获得的利润或者被侵权人在被侵权期间因被侵权所受到的损失；对情节严重的，可以并处罚款。当事人不服的可以在收到通知十五条内，向人民法院起诉；期满不起诉又不履行的，由有关工商行政管理部门申请人民法院强制执行。"第 40 条规定："假冒他人注册商标，包括擅自制造或者销售他人注册商标标识的，除赔偿被侵权人的损失，可以并处罚款外，对直接责任人员由司法机关依法追究刑事责任。"可见，1982 年《商标法》仅规定工商行政管理部门可以应商标权人的请求，对侵犯注册商标专用权的行为进行处理，同时也规定了对假冒他人注册商标的行为，可以依法追究刑事责任。但是，对于行政查处和刑事司法如何衔接没有作出明确的规定。1993 年《商标法》虽然对第 40 条规定进行修改，但仍没有对前述问题作出明确的规定。

2001 年《商标法》新增了第 54 条："对侵犯注册商标专用权的行为，工商行政管理部门有权依法查处；涉嫌犯罪的，应当及时移送司法机关依法处理。"此条规定有利于进一步加强对注册商标专用权的保护，明确行政执法和刑事司法的衔接，依法打击侵犯注册商标专用权的违法犯罪行为。2013 年《商标法》保留了该条款，仅对条文序号作了修改，2019 年《商标法》予以沿用。

三、条文解读

工商行政管理部门具有依法查处侵犯注册商标专用权行为的职权。对侵犯注册商标专用权的行为，工商行政管理部门既可以根据注册商标权利人或者利害关系人的请求，对侵犯商标专用权的纠纷依法进行处理，也可以根据其职权对侵犯注册商标专用权的行为依法进行查处。工商行政管理部门依职权查处侵犯注册商标专用权的行为时，认定侵权行为成立的，应当责令立即停止侵权行为，没收、销毁侵权商品和专门用于制造侵权商品、伪造注册商标标识的工具，并可以对侵权人处以罚款。[①] 同时，县级以上工商行政管理部门根据已经取得的违法嫌疑证据或者举报，对涉嫌侵犯他人注册商标专用权的行为进行查处时，还可以行使下列职权：（1）询问有关当事人，调查与侵犯他人注册商标专用权有关的情况；（2）查阅、复制当事人与侵权活动有关的合同、发票、账簿以及其他有关资料；（3）对当事人涉嫌从事侵犯他人注册商标专用权活动的场所实施现场检查；（4）检查与侵权活动有关的物品，对有证据证明是侵犯他人注册商标专用权的物品，可以查封或者扣押。

在查处侵犯注册商标专用权的违法案件时，工商行政管理部门也可能接触到构成犯罪的情形或者线索，对涉嫌犯罪的，应当及时移送司法机关依法处理。其中，"涉嫌犯罪"是指根据已有证据，能够认定侵犯注册商标专用权的行为已达到刑法规定的犯罪构成要件；"司法机关"，根据《刑事诉讼法》的有关规定，是指有管辖权的公安机关。

① 参见郎胜主编：《中华人民共和国商标法释义》，法律出版社 2013 年版，第 117 页。

第六十二条　县级以上工商行政管理部门根据已经取得的违法嫌疑证据或者举报，对涉嫌侵犯他人注册商标专用权的行为进行查处时，可以行使下列职权：

（一）询问有关当事人，调查与侵犯他人注册商标专用权有关的情况；

（二）查阅、复制当事人与侵权活动有关的合同、发票、账簿以及其他有关资料；

（三）对当事人涉嫌从事侵犯他人注册商标专用权活动的场所实施现场检查；

（四）检查与侵权活动有关的物品；对有证据证明是侵犯他人注册商标专用权的物品，可以查封或者扣押。

工商行政管理部门依法行使前款规定的职权时，当事人应当予以协助、配合，不得拒绝、阻挠。

在查处商标侵权案件过程中，对商标权属存在争议或者权利人同时向人民法院提起商标侵权诉讼的，工商行政管理部门可以中止案件的查处。中止原因消除后，应当恢复或者终结案件查处程序。

关联规定

法律、行政法规、司法解释

1.《中华人民共和国商标法》

第六十一条　对侵犯注册商标专用权的行为，工商行政管理部门有权依法查处；涉嫌犯罪的，应当及时移送司法机关依法处理。

2.《中华人民共和国商标法实施条例》

第八十一条　涉案注册商标权属正在商标局、商标评审委员会审理或者人民法院诉讼中，案件结果可能影响案件定性的，属于商标法第六十二条第三款规定的商标权属存在争议。

第八十二条 在查处商标侵权案件过程中，工商行政管理部门可以要求权利人对涉案商品是否为权利人生产或者其许可生产的产品进行辨认。

条文释义

一、本条主旨

本条是关于县级以上工商行政管理部门查处侵犯注册商标专用权行为可以行使的职权的规定。

二、条文演变

1982 年《商标法》和 1993 年《商标法》没有对涉嫌注册商标专用权行为进行查处的行政机关作出规定，也没有对县级以上工商行政管理部门查处涉嫌侵犯注册商标专用权的行为时的职权进行规定。2001 年《商标法》增加了第 55 条，该条规定："县级以上工商行政管理部门根据已经取得的违法嫌疑证据或者举报，对涉嫌侵犯他人注册商标专用权的行为进行查处时，可以行使下列职权：（一）询问有关当事人，调查与侵犯他人注册商标专用权有关的情况；（二）查阅、复制当事人与侵权活动有关的合同、发票、账簿以及其他有关资料；（三）对当事人涉嫌从事侵犯他人注册商标专用权活动的场所实施现场检查；（四）检查与侵权活动有关的物品；对有证据证明是侵犯他人注册商标专用权的物品，可以查封或者扣押。工商行政管理部门依法行使前款规定的职权时，当事人应当予以协助、配合，不得拒绝、阻挠。"该条明确了工商行政管理部门在查处商标侵权案件时的职权，加大了对侵犯商标专用权行为的打击力度，更好维护社会主义市场经济秩序。2013 年《商标法》在上述规定的基础上，又增加了一款，新增加的内容为："在查处商标侵权案件过程中，对商标权属存在争议或者权利人同时向人民法院提起商标侵权诉讼的，工商行政管理部门可以中止案件的查处。中止原因消除后，应当恢复或者终结案件查处程序。"对于查处过程中存在商标权属争议或者同时存在侵权诉讼的，明确规定工商行政管理部门可以中止案件的查处，该规定有利于保障各方当事人的合法权益。2019 年《商标法》将条文序号修改为第 62 条，内容未作修改。

三、条文解读

（一）行使本条规定的职权的主体

根据本条规定，应由县级以上工商行政管理部门行使本条规定的职权，不能由县级工商行政管理部门的派出机构（如工商所）行使，也不能由工商行政管理部门的下属机构行使。

（二）行使本条规定的职权的条件

工商行政管理部门在行使本条规定的职权时，应当已经取得违法嫌疑的证据，或者是接到有关侵犯注册商标专用权行为的举报。

（三）本条规定的职权

第一，询问调查。即询问有关当事人，调查与侵犯他人注册商标专用权有关的情况。在查处过程中，可以到有关当事人的住所、工作场所等地对当事人进行询问，也可以责令有关当事人到指定场所接受询问，要求当事人将其知道的事实如实向工商行政管理部门提供，以调查与侵犯注册商标权行为有关的情况。询问应当制作询问笔录，并由询问人和被询问人签名或者盖章。询问不限于直接从事侵犯他人注册商标权活动的人员，也包括与侵权行为有关的其他人。询问当事人不得限制或者变相限制被询问人的人身自由。[①]

第二，查阅、复制。即查阅、复制当事人与侵权活动有关的合同、发票、账簿以及其他有关资料。

第三，现场检查。即对当事人涉嫌从事侵犯他人注册商标专用权活动的场所实施现场检查。当事人涉嫌从事侵权活动的场所，包括涉嫌从事侵权行为的生产加工场所、经营场所，商标标识的印制、销售场所，商品及商标标识存放场所等。[②]

第四，物品检查权及查封、扣押。即检查与侵权活动有关的物品；对有证据证明是侵犯他人注册商标专用权的物品，可以查封或者扣押。与侵权活动有关的物品，包括与侵权活动有关的产品及其包装、商标标识等物品。需要指出

① 参见郎胜主编：《中华人民共和国商标法释义》，法律出版社2013年版，第119页。
② 参见郎胜主编：《中华人民共和国商标法释义》，法律出版社2013年版，第120页。

的是，采取查封、扣押措施对当事人的影响很大，县级以上工商行政管理部门在决定采取这一措施时应当依法审慎，应当在有证据证明是侵犯他人注册商标专用权的物品的情况下，才能采取这一措施。[①]

在查处商标侵权案件过程中，工商行政管理部门可以要求权利人对涉案商品是否为权利人生产或者其许可生产的产品进行辨认。

（四）工商行政管理部门依法行使本条规定的职权时，当事人应当予以协助、配合，不得拒绝、阻挠

本条第 2 款规定工商行政管理部门依法行使本条规定的职权时，当事人应当予以协助、配合，不得拒绝、阻挠，不得以任何理由拒绝，甚至以暴力、威胁或者其他手段阻挠工商行政管理部门依法行使职权。

（五）可以中止的情形

本条第 3 款规定了工商行政管理部门在查处商标侵权案件时可以中止的两种情形：一是对商标权属存在争议的；二是权利人同时向人民法院提起商标侵权诉讼的。其中，对商标权属存在争议，主要是指商标权人与他人就涉案注册商标权的归属产生争议，正处于行政评审阶段或者人民法院诉讼中，权属争议的案件结果可能实质性地影响案件结论的情形。

① 参见郎胜主编：《中华人民共和国商标法释义》，法律出版社 2013 年版，第 120 页。

第六十三条　侵犯商标专用权的赔偿数额，按照权利人因被侵权所受到的实际损失确定；实际损失难以确定的，可以按照侵权人因侵权所获得的利益确定；权利人的损失或者侵权人获得的利益难以确定的，参照该商标许可使用费的倍数合理确定。对恶意侵犯商标专用权，情节严重的，可以在按照上述方法确定数额的一倍以上五倍以下确定赔偿数额。赔偿数额应当包括权利人为制止侵权行为所支付的合理开支。

人民法院为确定赔偿数额，在权利人已经尽力举证，而与侵权行为相关的账簿、资料主要由侵权人掌握的情况下，可以责令侵权人提供与侵权行为相关的账簿、资料；侵权人不提供或者提供虚假的账簿、资料的，人民法院可以参考权利人的主张和提供的证据判定赔偿数额。

权利人因被侵权所受到的实际损失、侵权人因侵权所获得的利益、注册商标许可使用费难以确定的，由人民法院根据侵权行为的情节判决给予五百万元以下的赔偿。

人民法院审理商标纠纷案件，应权利人请求，对属于假冒注册商标的商品，除特殊情况外，责令销毁；对主要用于制造假冒注册商标的商品的材料、工具，责令销毁，且不予补偿；或者在特殊情况下，责令禁止前述材料、工具进入商业渠道，且不予补偿。

假冒注册商标的商品不得在仅去除假冒注册商标后进入商业渠道。

关联规定

民法典
中国民法典适用大全

一、法律、行政法规、司法解释

1.《中华人民共和国民法典》

第一千一百六十五条　行为人因过错侵害他人民事权益造成损害的，应当承担侵权责任。

依照法律规定推定行为人有过错，其不能证明自己没有过错的，应当承担侵权责任。

第一千一百六十六条 行为人造成他人民事权益损害，不论行为人有无过错，法律规定应当承担侵权责任的，依照其规定。

第一千一百八十二条 侵害他人人身权益造成财产损失的，按照被侵权人因此受到的损失或者侵权人因此获得的利益赔偿；被侵权人因此受到的损失以及侵权人因此获得的利益难以确定，被侵权人和侵权人就赔偿数额协商不一致，向人民法院提起诉讼的，由人民法院根据实际情况确定赔偿数额。

第一千一百八十五条 故意侵害他人知识产权，情节严重的，被侵权人有权请求相应的惩罚性赔偿。

2.《最高人民法院关于审理侵害知识产权民事案件适用惩罚性赔偿的解释》

第一条 原告主张被告故意侵害其依法享有的知识产权且情节严重，请求判令被告承担惩罚性赔偿责任的，人民法院应当依法审查处理。

本解释所称故意，包括商标法第六十三条第一款和反不正当竞争法第十七条第三款规定的恶意。

第二条 原告请求惩罚性赔偿的，应当在起诉时明确赔偿数额、计算方式以及所依据的事实和理由。

原告在一审法庭辩论终结前增加惩罚性赔偿请求的，人民法院应当准许；在二审中增加惩罚性赔偿请求的，人民法院可以根据当事人自愿的原则进行调解，调解不成的，告知当事人另行起诉。

第三条 对于侵害知识产权的故意的认定，人民法院应当综合考虑被侵害知识产权客体类型、权利状态和相关产品知名度、被告与原告或者利害关系人之间的关系等因素。

对于下列情形，人民法院可以初步认定被告具有侵害知识产权的故意：

（一）被告经原告或者利害关系人通知、警告后，仍继续实施侵权行为的；

（二）被告或其法定代表人、管理人是原告或者利害关系人的法定代表人、管理人、实际控制人的；

（三）被告与原告或者利害关系人之间存在劳动、劳务、合作、许可、经销、代理、代表等关系，且接触过被侵害的知识产权的；

（四）被告与原告或者利害关系人之间有业务往来或者为达成合同等进行过磋商，且接触过被侵害的知识产权的；

（五）被告实施盗版、假冒注册商标行为的；

（六）其他可以认定为故意的情形。

第四条 对于侵害知识产权情节严重的认定，人民法院应当综合考虑侵权手段、次数，侵权行为的持续时间、地域范围、规模、后果，侵权人在诉讼中的行为等因素。

被告有下列情形的，人民法院可以认定为情节严重：

（一）因侵权被行政处罚或者法院裁判承担责任后，再次实施相同或者类似侵权行为；

（二）以侵害知识产权为业；

（三）伪造、毁坏或者隐匿侵权证据；

（四）拒不履行保全裁定；

（五）侵权获利或者权利人受损巨大；

（六）侵权行为可能危害国家安全、公共利益或者人身健康；

（七）其他可以认定为情节严重的情形。

第五条 人民法院确定惩罚性赔偿数额时，应当分别依照相关法律，以原告实际损失数额、被告违法所得数额或者因侵权所获得的利益作为计算基数。该基数不包括原告为制止侵权所支付的合理开支；法律另有规定的，依照其规定。

前款所称实际损失数额、违法所得数额、因侵权所获得的利益均难以计算的，人民法院依法参照该权利许可使用费的倍数合理确定，并以此作为惩罚性赔偿数额的计算基数。

人民法院依法责令被告提供其掌握的与侵权行为相关的账簿、资料，被告无正当理由拒不提供或者提供虚假账簿、资料的，人民法院可以参考原告的主张和证据确定惩罚性赔偿数额的计算基数。构成民事诉讼法第一百一十一条规定情形的，依法追究法律责任。

第六条 人民法院依法确定惩罚性赔偿的倍数时，应当综合考虑被告主观过错程度、侵权行为的情节严重程度等因素。

因同一侵权行为已经被处以行政罚款或者刑事罚金且执行完毕，被告主张减免惩罚性赔偿责任的，人民法院不予支持，但在确定前款所称倍数时可以综合考虑。

第七条 本解释自2021年3月3日起施行。最高人民法院以前发布的相关司法解释与本解释不一致的，以本解释为准。

二、司法指导性文件

1.《最高人民法院关于加大知识产权侵权行为惩治力度的意见》

10. 对于故意侵害他人知识产权，情节严重的，依法支持权利人的惩罚性赔偿请求，充分发挥惩罚性赔偿对于故意侵权行为的威慑作用。

2.《最高人民法院关于加强新时代知识产权审判工作为知识产权强国建设提供有力司法服务和保障的意见》

13. 加大对侵犯知识产权行为惩治力度，有效阻遏侵权行为。依法妥善运用行为保全、证据保全、制裁妨害诉讼行为等措施，加强知识产权侵权源头治理、溯源打击，及时有效阻遏侵权行为，切实降低维权成本，提高侵权违法成本，促进形成不敢侵权、不愿侵权的法治氛围。正确把握惩罚性赔偿构成要件，加大知识产权损害赔偿力度，合理运用证据规则、经济分析方法等手段，完善体现知识产权价值的侵权损害赔偿制度。出台知识产权刑事司法解释，加大刑事打击力度，依法惩治侵犯知识产权犯罪。加大对于知识产权虚假诉讼、恶意诉讼等行为的规制力度，完善防止滥用知识产权制度，规制“专利陷阱”“专利海盗”等阻碍创新的不法行为，依法支持知识产权侵权诉讼中被告以原告滥用权利为由请求赔偿合理开支，推进知识产权诉讼诚信体系建设。

条文释义

一、本条主旨

本条是关于侵犯商标专用权的赔偿数额如何确定的规定。

二、条文演变

1982年《商标法》以及1993年《商标法》对侵犯商标专用权赔偿数额确定方法未作具体规定，2001年《商标法》首次在第56条中对赔偿数额的计算方法、在侵权获利或所受损失难以确定的情况下的法定赔偿、合法来源抗辩作出了规定：“侵犯商标专用权的赔偿数额，为侵权人在侵权期间因侵权所获得的利益，或者被侵权人在被侵权期间因被侵权所受到的损失，包括被侵权人为制止侵权行为所支付的合理开支。前款所称侵权人因侵权所得利益，或者被侵权人因被侵权所受损失难以确定的，由人民法院根据侵权行为的情节判决给予五十万元以下的赔偿。销售不知道是侵犯注册商标专用权的商品，能证明该商品是自己合法取得的并说明提供者的，不承担赔偿责任。”

2013 年《商标法》将关于侵权赔偿数额的规定从第 56 条修改为第 63 条，内容也有修改：“侵犯商标专用权的赔偿数额，按照权利人因被侵权所受到的实际损失确定；实际损失难以确定的，可以按照侵权人因侵权所获得的利益确定；权利人的损失或者侵权人获得的利益难以确定的，参照该商标许可使用费的倍数合理确定。对恶意侵犯商标专用权，情节严重的，可以在按照上述方法确定数额的一倍以上三倍以下确定赔偿数额。赔偿数额应当包括权利人为制止侵权行为所支付的合理开支。人民法院为确定赔偿数额，在权利人已经尽力举证，而与侵权行为相关的账簿、资料主要由侵权人掌握的情况下，可以责令侵权人提供与侵权行为相关的账簿、资料；侵权人不提供或者提供虚假的账簿、资料的，人民法院可以参考权利人的主张和提供的证据判定赔偿数额。权利人因被侵权所受到的实际损失、侵权人因侵权所获得的利益、注册商标许可使用费难以确定的，由人民法院根据侵权行为的情节判决给予三百万元以下的赔偿。”此次修改，包括以下五个方面的内容：一是将 2001 年《商标法》第 56 条第 3 款关于“不承担赔偿责任”的合法来源抗辩内容，移到第 64 条中进行规定；二是将赔偿数额的确定，由原来的“侵权人在侵权期间因侵权所获得的利益”，或者“被侵权人在被侵权期间因被侵权所受到的损失”，修改为按照一定的顺序进行确定，即先按“实际损失”，后按“因侵权所获得的利益”，再参照“商标许可使用费”的顺序进行确定赔偿数额；三是增加了对恶意侵犯商标专用权、情节严重的，规定了在已确定的赔偿数额的基础上，可以再加 1 倍至 3 倍确定赔偿数额；四是增加了证据不足时“参考权利人的主张和提供的证据判定赔偿数额”；五是在“实际损失”“因侵权所获得的利益”“商标许可使用费”这三种情况都难以确定时，将原来规定由法院“判决给予五十万元以下的赔偿”，改为“判决给予三百万元以下的赔偿”。

2019 年《商标法》将法定赔偿最高额“三百万元”改为“五百万元”、将惩罚性赔偿从“一倍以上三倍以下”改为“一倍以上五倍以下”；新增了“人民法院审理商标纠纷案件，应权利人请求，对属于假冒注册商标的商品，除特殊情况外，责令销毁；对主要用于制造假冒注册商标的商品的材料、工具，责令销毁，且不予补偿；或者在特殊情况下，责令禁止前述材料、工具进入商业渠道，且不予补偿”“假冒注册商标的商品不得在仅去除假冒注册商标后进入商业渠道”两项内容，加大对侵犯商标专用权行为的惩罚力度，对权利人的保护更加充分、更加周延。

三、条文解读

（一）侵犯商标专用权赔偿数额的确定

对于侵犯商标专用权赔偿数额的计算，按以下顺序进行。

第一，按“实际损失”确定赔偿数额。即侵犯商标专用权的赔偿数额，按照权利人因被侵权所受到的实际损失确定。按照《商标纠纷解释》的规定，“因被侵权所受到的损失”可以“根据权利人因侵权所造成商品销售减少量或者侵权商品销售量与该注册商标商品的单位利润乘积计算”。

第二，按“因侵权所获得的利益”确定赔偿数额。在注册商标权利人的实际损失难以确定的情况下，可以按照侵权人因侵权所获得的利益确定。按照司法解释的相关规定，“侵权所获得的利益”，可以“根据侵权商品销售量与该商品单位利润乘积计算”，如果“该商品单位利润无法查明的，按照注册商标商品的单位利润计算”。

第三，按“商标许可使用费的倍数”确定赔偿数额。即在权利人的损失或者侵权人获得的利益均难以确定的情况下，赔偿数额参照该商标许可使用费的倍数合理确定。

第四，由法院“参考权利人的主张和提供的证据”判定赔偿数额。在权利人已经尽力举证，而与侵权行为相关的账簿、资料主要由侵权人掌握的情况下，人民法院可以责令侵权人提供与侵权行为相关的账簿、资料；侵权人不提供或者提供虚假的账簿、资料的，人民法院可以参考权利人的主张和提供的证据判定赔偿数额。所谓参考，是指在确定赔偿数额时，以权利人的主张和提供的证据为基础，综合相关因素后确定赔偿数额。

第五，由法院依照本法规定判决赔偿数额。即当按照上述方式都难以确定赔偿额时，由人民法院根据侵权行为的情节，判决给予 500 万元以下的赔偿。侵权行为的情节，应当包括侵权行为的性质、期间、后果等因素，还应当包括商标的声誉，商标使用许可费的数额，商标使用许可的种类、时间、范围及制止侵权行为的合理开支等因素。

对于第一、第二、第三种计算方式，如果侵权人恶意侵犯商标专用权、情节严重的，可以在按照上述方法确定数额的 1 倍以上 5 倍以下确定赔偿数额。此外，在按上述方式确定赔偿数额后，还应加上注册商标权利人为制止侵权行为所支付的合理开支。所谓“合理开支”，按照司法解释的相关规定，“包括权利人或者委托代理人对侵权行为进行调查、取证的合理费用”“人民法院根据当事人的诉讼请求和案件具体情况，可以将符合国家有关部门规定的律师费用计算在赔偿范围内”。而对于第四、第五种计算方式，则不能再计算惩罚性赔偿数额。

（二）责令提供证据和举证妨碍的规定

在商标侵权案件中，人民法院为确定赔偿数额，在权利人已经尽力举证且与侵权行为相关的账簿、资料主要由侵权人掌握的情况下，为减轻权利人举证负担，人民法院可以责令侵权人提供与侵权行为相关的账簿、资料。侵权人不提供或者提供虚假的账簿、资料的，人民法院可以参考权利人的主张和提供的证据判定赔偿数额。这一规定在一定程度上减轻了权利人的举证责任，有利于解决商标侵权案件中权利人索赔依据不充分的问题。

（三）对假冒注册商标的商品及制造工具、材料的处理

在以往的司法实践中，由于修改前的《商标法》仅规定工商行政管理部门有权没收、销毁侵权商品和主要用于制造侵权商品、伪造注册商标标识的工具，而未规定人民法院可以对侵权产品等进行销毁。因此，在 2019 年《商标法》修改之前，如果权利人在诉讼中提出销毁的诉求，合议庭一般会阐明并建议其撤回这一请求。如权利人拒绝撤回，销毁的诉求也将因没有法律依据而得不到支持。

而根据 2019 年《商标法》，人民法院审理商标纠纷案件，应权利人请求，对属于假冒注册商标的商品，除特殊情况外，责令销毁；对主要用于制造假冒注册商标的商品的材料、工具，责令销毁，且不予补偿；或者在特殊情况下，责令禁止前述材料、工具进入商业渠道，且不予补偿。假冒注册商标的商品不得在仅去除假冒注册商标后进入商业渠道。

典型案例

小米科技公司等与中山奔腾公司等侵害商标权及不正当竞争纠纷案

关键词： 商标　惩罚性赔偿

裁判摘要： 本案符合惩罚性赔偿适用条件。《商标法》第63条第1款规定，侵犯商标专用权的赔偿数额，按照权利人因被侵权所受到的实际损失确定；实际损失难以确定的，可以按照侵权人因侵权所获得的利益确定；权利人的损失或者侵权人获得的利益难以确定的，参照该商标许可使用费的倍数合理确定。对恶意侵犯商标专用权，情节严重的，可以在按照上述方法确定数额的1倍以上3倍以下确定赔偿数额。赔偿数额应当包括权利人为制止侵权行为所支付的合理开支。一审法院综合考虑三上诉人主观上具有侵权恶意、侵权情节恶劣、侵权后果严重等因素，适用惩罚性赔偿，具有事实和法律依据。同时，本院认为，在确定具体的惩罚倍数时还需考虑以下事实和相关因素：（1）2018年8月8日涉案“小米生活”注册商标被国家商评委宣告无效，2019年9月9日北京知识产权法院作出行政判决，驳回中山奔腾公司的诉讼请求。2019年6月12日一审法院对本案作出判决，而小米科技公司、小米通讯公司一、二审提供的证据显示，直到二审期间，中山奔腾公司、独领风骚公司仍在持续宣传、销售被控侵权商品，具有明显的侵权恶意。（2）根据小米科技公司、小米通讯公司在一审提交的数份公证书记载，其在涉案大部分线上店铺中仅公证购买一款商品，以该款商品评论数计算销售额，并未将店铺中所有侵权商品销售额计算在内。而中山奔腾公司、独领风骚公司通过多家电商平台、众多店铺在线上销售，网页展示的侵权商品多种多样，数量多，侵权规模大，这一情节亦应作为确定惩罚数额的考量因素。（3）涉案“小米”商标为驰名商标，具有较高的知名度、美誉度和市场影响力。但被控侵权商品“小米生活”Mi001电磁炉螺钉和连接，MW-806手持式挂烫机分别于2018年、2019年被上海市市场监督管理局认定为不合格产品。且从涉案店铺商品评价可知，部分用户亦反映被控侵权商品存在一定的质量问题。因此，中山奔腾公司、独领风骚公司在被控侵权商品上使用“小米生活”商标，在一定程度上会降低消费者对于“小米”驰名商标的信任，导致该商标所承载的良好声誉受到损害，故对于涉案侵权行为应加大司法惩处力度。

基于上述分析，结合二审另查明的事实，为充分发挥民事损害赔偿在制裁侵权和救济权利中的作用，有效遏制侵权行为再发生，确保权利人获得足够的损害赔偿，本院确定以侵权获利额为赔偿基数，按照3倍酌定本案损害赔偿额，对一审判决确定2倍的惩罚倍数标准予以适当调整。

基本案情：2011年4月，小米科技公司注册了“小米”商标，核定使用商品包括手提电话、可视电话等。此后还陆续申请注册了“智米”等一系列商标。小米科技公司、小米通讯公司自2010年以来，先后获得行业内的多项全国性荣誉，各大媒体对小米科技公司、小米通讯公司及其小米手机进行持续、广泛地宣传报道。

2011年11月，中山奔腾公司申请注册“小米生活”商标，2015年被核准注册，核定使用商品包括电炊具、热水器、电压力锅等。2018年“小米生活”注册商标因“系通过不正当手段取得注册”被宣告无效。此外，在中山奔腾公司注册的90余件商标中，不仅有多件与小米科技公司“小米”“智米”标识近似，还有多件与“百事可乐PAPSIPAPNE”“盖乐世”“威猛先生”等知名品牌相同或近似。

【案　　号】（2019）苏民终1316号民事判决书

【审理法院】江苏省高级人民法院

【来　　源】侵害知识产权民事案件适用惩罚性赔偿典型案例

第六十四条　注册商标专用权人请求赔偿，被控侵权人以注册商标专用权人未使用注册商标提出抗辩的，人民法院可以要求注册商标专用权人提供此前三年内实际使用该注册商标的证据。注册商标专用权人不能证明此前三年内实际使用过该注册商标，也不能证明因侵权行为受到其他损失的，被控侵权人不承担赔偿责任。

销售不知道是侵犯注册商标专用权的商品，能证明该商品是自己合法取得并说明提供者的，不承担赔偿责任。

关联规定

法律、行政法规、司法解释

1.《中华人民共和国商标法》

第四十三条　商标注册人可以通过签订商标使用许可合同，许可他人使用其注册商标。许可人应当监督被许可人使用其注册商标的商品质量。被许可人应当保证使用该注册商标的商品质量。

经许可使用他人注册商标的，必须在使用该注册商标的商品上标明被许可人的名称和商品产地。

许可他人使用其注册商标的，许可人应当将其商标使用许可报商标局备案，由商标局公告。商标使用许可未经备案不得对抗善意第三人。

第四十八条　本法所称商标的使用，是指将商标用于商品、商品包装或者容器以及商品交易文书上，或者将商标用于广告宣传、展览以及其他商业活动中，用于识别商品来源的行为。

第四十九条　商标注册人在使用注册商标的过程中，自行改变注册商标、注册人名义、地址或者其他注册事项的，由地方工商行政管理部门责令限期改正；期满不改正的，由商标局撤销其注册商标。

注册商标成为其核定使用的商品的通用名称或者没有正当理由连续三年不使用的，任何单位或者个人可以向商标局申请撤销该注册商标。商标局应当自收到申请之日起九个月内做出决定。有特殊情况需要延长的，经国务院工商行政管理部门批准，可以延长三个月。

第五十七条 有下列行为之一的，均属侵犯注册商标专用权：

（一）未经商标注册人的许可，在同一种商品上使用与其注册商标相同的商标的；

（二）未经商标注册人的许可，在同一种商品上使用与其注册商标近似的商标，或者在类似商品上使用与其注册商标相同或者近似的商标，容易导致混淆的；

（三）销售侵犯注册商标专用权的商品的；

（四）伪造、擅自制造他人注册商标标识或者销售伪造、擅自制造的注册商标标识的；

（五）未经商标注册人同意，更换其注册商标并将该更换商标的商品又投入市场的；

（六）故意为侵犯他人商标专用权行为提供便利条件，帮助他人实施侵犯商标专用权行为的；

（七）给他人的注册商标专用权造成其他损害的。

2.《中华人民共和国专利法》

第七十七条 为生产经营目的使用、许诺销售或者销售不知道是未经专利权人许可而制造并售出的专利侵权产品，能证明该产品合法来源的，不承担赔偿责任。

3.《中华人民共和国著作权法》

第五十九条 复制品的出版者、制作者不能证明其出版、制作有合法授权的，复制品的发行者或者视听作品、计算机软件、录音录像制品的复制品的出租者不能证明其发行、出租的复制品有合法来源的，应当承担法律责任。

在诉讼程序中，被诉侵权人主张其不承担侵权责任的，应当提供证据证明已经取得权利人的许可，或者具有本法规定的不经权利人许可而可以使用的情形。

4.《中华人民共和国商标法实施条例》

第七十九条 下列情形属于商标法第六十条规定的能证明该商品是自己合法取得的情形：

（一）有供货单位合法签章的供货清单和货款收据且经查证属实或者供货

单位认可的；

（二）有供销双方签订的进货合同且经查证已真实履行的；

（三）有合法进货发票且发票记载事项与涉案商品对应的；

（四）其他能够证明合法取得涉案商品的情形。

5.《最高人民法院关于审理商标民事纠纷案件适用法律若干问题的解释》

第三条 商标法第四十三条规定的商标使用许可包括以下三类：

（一）独占使用许可，是指商标注册人在约定的期间、地域和以约定的方式，将该注册商标仅许可一个被许可人使用，商标注册人依约定不得使用该注册商标；

（二）排他使用许可，是指商标注册人在约定的期间、地域和以约定的方式，将该注册商标仅许可一个被许可人使用，商标注册人依约定可以使用该注册商标但不得另行许可他人使用该注册商标；

（三）普通使用许可，是指商标注册人在约定的期间、地域和以约定的方式，许可他人使用其注册商标，并可自行使用该注册商标和许可他人使用其注册商标。

6.《最高人民法院关于审理商标授权确权行政案件若干问题的规定》

第二十六条 商标权人自行使用、他人经许可使用以及其他不违背商标权人意志的使用，均可认定为商标法第四十九条第二款所称的使用。

实际使用的商标标志与核准注册的商标标志有细微差别，但未改变其显著特征的，可以视为注册商标的使用。

没有实际使用注册商标，仅有转让或者许可行为；或者仅是公布商标注册信息、声明享有注册商标专用权的，不认定为商标使用。

商标权人有真实使用商标的意图，并且有实际使用的必要准备，但因其他客观原因尚未实际使用注册商标的，人民法院可以认定其有正当理由。

7.《最高人民法院关于知识产权民事诉讼证据的若干规定》

第四条 被告依法主张合法来源抗辩的，应当举证证明合法取得被诉侵权产品、复制品的事实，包括合法的购货渠道、合理的价格和直接的供货方等。

被告提供的被诉侵权产品、复制品来源证据与其合理注意义务程度相当的，可以认定其完成前款所称举证，并推定其不知道被诉侵权产品、复制品侵害知识产权。被告的经营规模、专业程度、市场交易习惯等，可以作为确定其合理注意义务的证据。

条文释义

一、本条主旨

本条是关于不承担赔偿责任的规定。

二、条文演变

1982年《商标法》、1993年《商标法》未规定不承担赔偿责任的情形。

本条第1款是2013年《商标法》新增加的内容，以督促权利人积极合法使用注册商标，合理平衡权利人与侵权行为人之间的利益。

本条第2款首次规定于2001年《商标法》新增加的第56条第3款“销售不知道是侵犯注册商标专用权的商品，能证明该商品是自己合法取得的并说明提供者的，不承担赔偿责任”，2013年《商标法》将该款与本条第1款合并为单独一条。2019年《商标法》予以沿用。

此外，1982年《商标法》第38条并未将销售假冒注册商标的商品列举为侵犯注册商标专用权的行为，1993年《商标法》增加了“销售明知是假冒注册商标的商品的”为侵犯注册商标专用权的行为，2001年《商标法》在增加本条第2款的同时，将上述销售行为中的“明知”删除，从而更有利于保护商标权人的合法权益。

三、条文解读

根据本条的规定，在下列两种情形下，不承担赔偿责任。

（一）商标专用权人3年内未实际使用注册商标也无其他损失的

知识产权与其他民事权利的一个重要的区别是，知识产权的确立、保护，目的是倡导、鼓励、使用具有创造性的智力成果，从而将无形的知识财富转化为有形的物质财富，促进生产力的发展。如果获得知识产权，不是为了使用并转化为现实的生产力，而是为了通过设置技术壁垒、技术陷阱从而阻止他人的技术创新、技术进步，并不符合知识产权法律制度的初衷。因此，本条第1款规定，注册商标专用权人请求赔偿，被控侵权人以注册商标专用权人未使用注册商标提出抗辩的，人民法院可以要求注册商标专用权人提供此前 3 年内实际使用该注册商标的证据。如果注册商标专用权人不能证明此前 3 年内实际使用过该注册商标，也不能证明因侵权行为受到其他损失的，被控侵权人不承担赔偿责任。

（二）销售者不知道侵权商品且证明合法取得并说明提供者的

依照本法的规定，销售侵犯注册商标专用权的商品的，属于侵犯注册商标专用权的行为。如果行为人明知或者应当知道其所销售的商品，是属于侵犯他人注册商标专用权的，仍然进行销售，则属于主观上具有故意或者过失的过错，应当依法承担相应责任。但是，如果行为人在销售侵权商品时，不存在主观上的过错，即不知道或者不应当知道自己所销售的商品侵犯他人注册商标专用权，如果规定其也要承担相应的法律责任，对该行为人而言，则是要求其承担了其能力范围内所不能承担的责任，同时也会为整个社会的商业交易带来巨大的成本。因此，本条第 2 款规定，销售不知道是侵犯注册商标专用权的商品，能证明该商品是自己合法取得并说明提供者的，不承担赔偿责任。所谓能证明该商品是自己合法取得，是指销售者能够提供进货商品的发票、付款凭证以及其他证据，从而证明该商品是通过合法途径取得的。所谓说明提供者，是指销售者能够说明进货商品的提供者的姓名或者名称、住所以及其他线索，并且能够查证属实的。

虽然合法来源抗辩成立的销售者不用承担赔偿责任，但仍然应当承担停止销售侵权产品的责任，如果其明知所销售的产品为侵权产品后，继续销售的，则应当就此后的销售行为承担赔偿责任。

适用指引

一、关于“此前三年”的理解

此前 3 年应指侵权行为发生前 3 年。商标的价值在于使用，或者说商标通过使用而获得价值。如果商标已经连续 3 年未实际使用，依法会推定其未产生价值或者已无实际价值，故而此时的商标可以被依法撤销。同样，如果截至侵权行为发生时，商标权人已经连续 3 年未实际使用商标，致使商标被推定为无价值，故而他人此刻实施侵权行为也可以被推定为不会给权利人造成损失，除非商标权人能证明存在其他损失。而赔偿请求权的基础是存在侵权损失，而侵权行为是否会造成实际损失一般取决于侵权行为发生时各方当事人对商标的使用情况，通常与商标权人的在后使用情况无关。商标权人长期搁置商标不用，但在得知他人使用该商标后而使用商标，亦不改变他人此前使用商标行为的性质。

需要指明的是，如果侵权行为是持续侵权，则“此前三年”指整个侵权行为持续期间的前 3 年。

二、关于“实际使用过该注册商标”的理解

“实际使用”应限于对注册商标在核定商品类别上的规范、合法使用。商标权人自行使用，许可他人使用以及其他不违背商标权人意志的使用，均可认定属于实际使用的行为。具体可详见本法第 45 条相关内容，此处不再赘述。

三、关于“不知道”及“合法取得”的理解

由被告对被诉侵权产品、复制品来源合法承担举证责任在实践中已经达成共识，但是对于被告“不知道”侵权事实的举证责任承担，以及何种程度的来源证据才能证明合法来源，存在不同认识。“不知道”应该不包括根据在案证据推定销售者应当知道的情形。“合法来源”的认定是否需要考虑销售者的注意义务，不宜一概而论，一般认为“善意侵权人”应当无重大过失。“合法”所涉及的“法”一般应指与识别产品来源有关的，或者正规生产厂家应当遵守的相关法律、法规。从司法政策导向来看，销售者并非侵权源头，对其举证要求不宜过高，根据《知产证据规定》第 4 条规定，如果被告已提供证据证明产品来源合法，即系通过合法的购货渠道、合理的价格、适格的市场主体等正常商业方式取得被诉侵权产品、复制品，则可以推定其无过错。这种推定可以由权利人继续举证来推翻，例如，权利人曾向其发送侵权警告函等。至于被告是否“不知道”侵权事实、提供的来源证据是否能证明合法取得，应当结合其合理注意义务进行判断，被告的经营规模、专业程度、市场交易习惯等，可以作为确定其合理注意义务的证据。通常情况下，批发市场的小商贩和一定规模的商贸公司，其对于被诉侵权产品、复制品是否侵权的认知能力是不同的，对其提供的合法来源证据需要结合具体案情和交易习惯综合判断。

四、关于合理维权费用的承担问题

合法来源抗辩仅是免除赔偿责任的抗辩，而非不侵权抗辩，销售者的合法来源抗辩成立，既不改变销售侵权产品这一行为的侵权性质，也不免除停止销售侵权产品的责任，仍应承担权利人为获得停止侵权救济所支付的合理开支。

类案检索

一、诺托弗朗克建筑五金（北京）有限公司诉神木市光太窗业有限公司侵害商标权纠纷案

关键词：商标侵权　合法来源抗辩

裁判摘要：2014年5月4日，光太窗业公司等合伙人以百瑞门窗公司的名义与诺托弗朗克公司在西安签订了《工业品买卖合同》，约定以每套130元的价格购买5000套诺托弗朗克公司的内平开窗产品。光太窗业公司称，2015年4月，据一位叫“刘某勇”的男子持该份合同书复印件要求光太窗业公司履行合同，故光太窗业公司以及案外人从该男子处共购买2400套“诺托”内平开窗产品并进行安装。后经工商机关认定，该批产品为假冒产品。光太窗业公司辩称其假冒产品系从案外人刘某勇购买，且刘某勇持有原光太窗业公司双方签订的《工业品买卖合同》的复印件，故责任应当由诺托弗朗克公司承担。首先，诺托弗朗克公司对此情形不予认可，光太窗业公司仅提供了刘某勇的身份证复印件和存款金额26000元的中国农业银行银行卡存款业务回单，既未提供进货凭证，也无法提供与合同款项相对应的汇款单据或现金收据等支付凭证，不足以证明被诉侵权产品系从刘某勇处购买，即无法证明刘某勇为被诉侵权产品的提供者。其次，百瑞门窗公司与诺托弗朗克公司于2014年5月签订的《工业品买卖合同》对相关产品的单价、合同的执行人、出卖人的电话、开户银行账号等内容约定明确，光太窗业公司并未核实刘某勇是否为诺托弗朗克公司员工，即与其以明显低于原合同约定的价格进行交易，未尽到必要的注意义务，存在明显过失。即便被诉侵权产品确系从刘某勇处购买，也不足以证明其来源于诺托弗朗克公司。因此，光太窗业公司关于合法来源抗辩的主张不能成立。

【案　　号】（2019）最高法民申5109号

【审理法院】最高人民法院

【来　　源】中国裁判文书网

二、郑州靓茶餐饮管理咨询有限公司、郑州靓茶餐饮管理咨询有限公司第一分公司与蜜雪冰城股份有限公司侵害商标权及不正当竞争纠纷案

关键词：商标侵权　3年　实际使用　合理开支

裁判摘要：靓茶公司、靓茶公司第一分公司在涉案产品（包括盛装杯体、吸管、包装袋等）及产品宣传上使用涉案注册商标标识，其行为侵犯了蜜雪冰城公司在第30类、第32类核定使用商品上所享有的"蜜粉儿"商标专用权，应承担停止侵权的责任。靓茶公司、靓茶公司第一分公司辩称，即便其在第30类、第32类上使用了"蜜粉儿"商标，因蜜雪冰城公司未提交其在第30类、第32类对"蜜粉儿"商标进行商标法意义上商标使用的证据，其不应承担赔偿责任。蜜雪冰城公司未按人民法院要求提供此前3年内实际使用该注册商标的证据，不能证明此前3年内实际使用过该注册商标，也不能证明因侵权行为受到其他损失，因此，靓茶公司、靓茶公司第一分公司依法无须承担赔偿责任，但仍应支付蜜雪冰城公司为制止侵权所支出的公证费、律师费等合理开支。

【案　　号】（2021）豫知民终455号

【审理法院】河南省高级人民法院

【来　　源】中国裁判文书网

第六十五条　商标注册人或者利害关系人有证据证明他人正在实施或者即将实施侵犯其注册商标专用权的行为，如不及时制止将会使其合法权益受到难以弥补的损害的，可以依法在起诉前向人民法院申请采取责令停止有关行为和财产保全的措施。

关联规定

一、法律、行政法规、司法解释

1.《中华人民共和国民事诉讼法》

第一百条零三条　人民法院对于可能因当事人一方的行为或者其他原因，使判决难以执行或者造成当事人其他损害的案件，根据对方当事人的申请，可以裁定对其财产进行保全、责令其作出一定行为或者禁止其作出一定行为；当事人没有提出申请的，人民法院在必要时也可以裁定采取保全措施。

人民法院采取保全措施，可以责令申请人提供担保，申请人不提供担保的，裁定驳回申请。

人民法院接受申请后，对情况紧急的，必须在四十八小时内作出裁定；裁定采取保全措施的，应当立即开始执行。

第一百零四条　利害关系人因情况紧急，不立即申请保全将会使其合法权益受到难以弥补的损害的，可以在提起诉讼或者申请仲裁前向被保全财产所在地、被申请人住所地或者对案件有管辖权的人民法院申请采取保全措施。申请人应当提供担保，不提供担保的，裁定驳回申请。

人民法院接受申请后，必须在四十八小时内作出裁定；裁定采取保全措施的，应当立即开始执行。

申请人在人民法院采取保全措施后三十日内不依法提起诉讼或者申请仲裁的，人民法院应当解除保全。

第一百零五条　保全限于请求的范围，或者与本案有关的财物。

第一百零六条　财产保全采取查封、扣押、冻结或者法律规定的其他方法。人民法院保全财产后，应当立即通知被保全财产的人。

财产已被查封、冻结的，不得重复查封、冻结。

第一百零七条 财产纠纷案件，被申请人提供担保的，人民法院应当裁定解除保全。

第一百零八条 申请有错误的，申请人应当赔偿被申请人因保全所遭受的损失。

2.《最高人民法院关于适用〈中华人民共和国民事诉讼法〉的解释》

第二十七条 当事人申请诉前保全后没有在法定期间起诉或者申请仲裁，给被申请人、利害关系人造成损失引起的诉讼，由采取保全措施的人民法院管辖。

当事人申请诉前保全后在法定期间内起诉或者申请仲裁，被申请人、利害关系人因保全受到损失提起的诉讼，由受理起诉的人民法院或者采取保全措施的人民法院管辖。

第一百五十二条 人民法院依照民事诉讼法第一百零三条、第一百零四条规定，在采取诉前保全、诉讼保全措施时，责令利害关系人或者当事人提供担保的，应当书面通知。

利害关系人申请诉前保全的，应当提供担保。申请诉前财产保全的，应当提供相当于请求保全数额的担保；情况特殊的，人民法院可以酌情处理。申请诉前行为保全的，担保的数额由人民法院根据案件的具体情况决定。

在诉讼中，人民法院依申请或者依职权采取保全措施的，应当根据案件的具体情况，决定当事人是否应当提供担保以及担保的数额。

第一百五十三条 人民法院对季节性商品、鲜活、易腐烂变质以及其他不宜长期保存的物品采取保全措施时，可以责令当事人及时处理，由人民法院保存价款；必要时，人民法院可予以变卖，保存价款。

第一百五十四条 人民法院在财产保全中采取查封、扣押、冻结财产措施时，应当妥善保管被查封、扣押、冻结的财产。不宜由人民法院保管的，人民法院可以指定被保全人负责保管；不宜由被保全人保管的，可以委托他人或者申请保全人保管。

查封、扣押、冻结担保物权人占有的担保财产，一般由担保物权人保管；由人民法院保管的，质权、留置权不因采取保全措施而消灭。

第一百五十五条 由人民法院指定被保全人保管的财产，如果继续使用对该财产的价值无重大影响，可以允许被保全人继续使用；由人民法院保管或者委托他人、申请保全人保管的财产，人民法院和其他保管人不得使用。

第一百五十六条 人民法院采取财产保全的方法和措施，依照执行程序相关规定办理。

第一百五十七条 人民法院对抵押物、质押物、留置物可以采取财产保全措施，但不影响抵押权人、质权人、留置权人的优先受偿权。

第一百五十八条 人民法院对债务人到期应得的收益，可以采取财产保全措施，限制其支取，通知有关单位协助执行。

第一百五十九条 债务人的财产不能满足保全请求，但对他人有到期债权的，人民法院可以依债权人的申请裁定该他人不得对本案债务人清偿。该他人要求偿付的，由人民法院提存财物或者价款。

第一百六十条 当事人向采取诉前保全措施以外的其他有管辖权的人民法院起诉的，采取诉前保全措施的人民法院应当将保全手续移送受理案件的人民法院。诉前保全的裁定视为受移送人民法院作出的裁定。

第一百六十一条 对当事人不服一审判决提起上诉的案件，在第二审人民法院接到报送的案件之前，当事人有转移、隐匿、出卖或者毁损财产等行为，必须采取保全措施的，由第一审人民法院依当事人申请或者依职权采取。第一审人民法院的保全裁定，应当及时报送第二审人民法院。

第一百六十二条 第二审人民法院裁定对第一审人民法院采取的保全措施予以续保或者采取新的保全措施的，可以自行实施，也可以委托第一审人民法院实施。

再审人民法院裁定对原保全措施予以续保或者采取新的保全措施的，可以自行实施，也可以委托原审人民法院或者执行法院实施。

二、司法指导性文件

1.《最高人民法院关于依法加大知识产权侵权行为惩治力度的意见》

1. 对于侵害或者即将侵害涉及核心技术、知名品牌、热播节目等知识产权以及在展会上侵害或者即将侵害知识产权等将会造成难以弥补的损害的行为，权利人申请行为保全的，人民法院应当依法及时审查并作出裁定。

2. 权利人在知识产权侵权诉讼中既申请停止侵权的先行判决，又申请行为保全的，人民法院应当依法一并及时审查。

3. 权利人有初步证据证明存在侵害知识产权行为且证据可能灭失或者以后难以取得的情形，申请证据保全的，人民法院应当依法及时审查并作出裁定。涉及较强专业技术问题的证据保全，可以由技术调查官参与。

2.《最高人民法院关于加强新时代知识产权审判工作为知识产权强国建设提供有力司法服务和保障的意见》

13. 加大对侵犯知识产权行为惩治力度，有效阻遏侵权行为。依法妥善运用行为保全、证据保全、制裁妨害诉讼行为等措施，加强知识产权侵权源头治理、溯源打击，及时有效阻遏侵权行为，切实降低维权成本，提高侵权违法成本，促进形成不敢侵权、不愿侵权的法治氛围。正确把握惩罚性赔偿构成要件，加大知识产权损害赔偿力度，合理运用证据规则、经济分析方法等手段，完善体现知识产权价值的侵权损害赔偿制度。出台知识产权刑事司法解释，加大刑事打击力度，依法惩治侵犯知识产权犯罪。加大对于知识产权虚假诉讼、恶意诉讼等行为的规制力度，完善防止滥用知识产权制度，规制"专利陷阱""专利海盗"等阻碍创新的不法行为，依法支持知识产权侵权诉讼中被告以原告滥用权利为由请求赔偿合理开支，推进知识产权诉讼诚信体系建设。

条文释义

一、本条主旨

本条是关于商标注册人或者利害关系人诉前申请法院采取责令停止有关行为和财产保全措施的规定。

二、条文演变

1993 年《商标法》未规定行为保全和财产保全。2001 年《商标法》第 57 条增加了行为和财产保全的相关规定："商标注册人或者利害关系人有证据证明他人正在实施或者即将实施侵犯其注册商标专用权的行为，如不及时制止，将会使其合法权益受到难以弥补的损害的，可以在起诉前向人民法院申请采取责令停止有关行为和财产保全的措施。人民法院处理前款申请，适用《中华人民共和国民事诉讼法》第九十三条至第九十六条和第九十九条的规定。"2013 年《商标法》在 2001 年《商标法》的基础上进行了修改，涉及两个方面：一是删去了2001年《商标法》第57条第2款的规定，即“人民法院处理前款申请，适用《中华人民共和国民事诉讼法》第九十三条至第九十六条和第九十九条的规定”；二是对2001年《商标法》第57条第1款作了文字修改，即将“可以在起诉前”改为“可以依法在起诉前”，同时删去了“如不及时制止”一句后面的逗号，形成第65条：“商标注册人或者利害关系人有证据证明他人正在实施或者即将实施侵犯其注册商标专用权的行为，如不及时制止将会使其合法权益受到难以弥补的损害的，可以依法在起诉前向人民法院申请采取责令停止有关行为和财产保全的措施。”2019年《商标法》予以沿用。

三、条文解读

（一）申请法院采取措施的条件

根据本条和《民事诉讼法》的有关规定，申请人民法院采取责令停止有关行为和财产保全的措施，应当符合以下条件。

第一，申请人的主体资格。所谓申请人，是指向人民法院提出申请，请求人民法院依法采取责令停止有关行为和财产保全的措施，以保护其合法权益的主体。根据本条的规定，申请人可以是商标注册人和利害关系人。按照《商标纠纷解释》的规定，利害关系人包括注册商标使用许可合同的被许可人、注册商标财产权利的合法继承人等。根据《最高人民法院关于审查知识产权纠纷行为保全案件若干问题的规定》，独占许可合同的被许可人可以单独向人民法院提出申请；排他许可合同的被许可人在权利人不申请的情况下，可以单独提出申请；普通许可合同的被许可人经权利人明确授权以自己的名义起诉的，可以单独提出申请。

第二，向法院提交申请书和相应证据。申请书应当载明：申请人与被申请人的身份、送达地址、联系方式；申请采取行为保全措施的内容和期限；申请所依据的事实、理由，包括被申请人的行为将会使申请人的合法权益受到难以弥补的损害或者造成案件裁决难以执行等损害的具体说明；为行为保全提供担保的财产信息或自信证明，或者不需要提供担保的理由；其他需要载明的事项。申请证据应当能够证明他人正在实施或者即将实施侵犯其注册商标专用权的行为，如不及时制止将会使其合法权益受到难以弥补的损害的。

第三，申请应当在起诉前提出。由法院采取责令停止有关行为和财产保全的措施，属于临时性的紧急措施，具有一定的时限性，目的是防止“合法权益受到难以弥补的损害”。如果申请人已经起诉，在诉讼过程中认为有必要制止侵权行为人继续实施侵权行为的，可以依法申请采取诉讼中的财产保全措施。[①]

（二）关于申请法院采取措施的内容

根据本条的规定，商标注册人或者利害关系人申请人民法院采取诉前临时措施，具体有两项内容。

第一，责令停止有关行为。所谓责令停止有关行为，是指人民法院根据申请人的申请，责令商标侵权人停止实施有关侵犯他人商标专用权的行为。责令停止有关行为，属于人民法院责令“禁止其做出一定行为”的一种强制性措施。责令停止的“有关行为”，主要是依照本法规定的属于侵犯注册商标专用权的行为，如生产、制造、加工侵权商品的行为，销售侵权商品的行为，伪造、擅自制造他人注册商标标识或者销售伪造、擅自制造的注册商标标识的行为等。

第二，财产保全。财产保全，是指人民法院根据申请人的申请，采取查封、扣押、冻结或者法律规定的其他方法，控制与案件有关的财产的强制性措施。依照《民事诉讼法》第 101 条的规定，利害关系人因情况紧急，不立即申请保全将会使其合法权益受到难以弥补的损害的，可以在提起诉讼或者申请仲裁前向被保全财产所在地、被申请人住所地或者对案件有管辖权的人民法院申请采取保全措施。申请人应当提供担保，不提供担保的，裁定驳回申请。人民法院接受申请后，必须在 48 小时内作出裁定；裁定采取保全措施的，应当立即开始执行。申请人在人民法院采取保全措施后 30 日内不依法提起诉讼或者申请仲裁的，人民法院应当解除保全。

《最高人民法院关于审查知识产权纠纷行为保全案件若干问题的规定》对知识产权纠纷中诉前行为保全的申请、条件、担保、裁定、执行等作了具体的规定。《注册商标权财产保全解释》对注册商标权的财产保全有关问题作了具体的解释。

---

① 参见郎胜主编：《中华人民共和国商标法释义》，法律出版社 2013 年版，第 126 页。

适用指引

一、关于“情况紧急”的认定

有下列情况之一，不立即采取行为保全措施即足以损害申请人利益的，应当认定属于“情况紧急”：申请人的商业秘密即将被非法披露；申请人的发表权、隐私权等人身权利即将受到侵害；诉争的知识产权即将被非法处分；申请人的知识产权在展销会等时效性较强的场合正在或者即将受到侵害；时效性较强的热播节目正在或者即将受到侵害；其他需要立即采取行为保全措施的情况。

二、关于行为保全申请需要考量的因素

人民法院审查行为保全申请，应当综合考量下列因素：申请人的请求是否具有事实基础和法律依据，包括请求保护的知识产权效力是否稳定；不采取行为保全措施是否会使申请人的合法权益受到难以弥补的损害或者造成案件裁决难以执行等损害；不采取行为保全措施对申请人造成的损害是否超过采取行为保全措施对被申请人造成的损害；采取行为保全措施是否损害社会公共利益；其他应当考量的因素。

三、关于“难以弥补的损害”的认定

在知识产权与不正当竞争纠纷行为保全案件中，有下列情形之一的，应当认定属于《民事诉讼法》规定的“难以弥补的损害”：被申请人的行为将会侵害申请人享有的商誉或者发表权、隐私权等人身性质的权利且造成无法挽回的损害；被申请人的行为将会导致侵权行为难以控制且显著增加申请人的损害；被申请人的侵害行为将会导致申请人的相关市场份额明显减少；对申请人造成其他难以弥补的损害。

第六十六条 为制止侵权行为，在证据可能灭失或者以后难以取得的情况下，商标注册人或者利害关系人可以依法在起诉前向人民法院申请保全证据。

关联规定

法律、行政法规、司法解释

1.《中华人民共和国民事诉讼法》

第八十四条 在证据可能灭失或者以后难以取得的情况下，当事人可以在诉讼过程中向人民法院申请保全证据，人民法院也可以主动采取保全措施。

因情况紧急，在证据可能灭失或者以后难以取得的情况下，利害关系人可以在提起诉讼或者申请仲裁前向证据所在地、被申请人住所地或者对案件有管辖权的人民法院申请保全证据。

证据保全的其他程序，参照适用本法第九章保全的有关规定。

2.《最高人民法院关于适用〈中华人民共和国民事诉讼法〉的解释》

第九十八条 当事人根据民事诉讼法第八十四条第一款规定申请证据保全的，可以在举证期限届满前书面提出。

证据保全可能对他人造成损失的，人民法院应当责令申请人提供相应的担保。

3.《最高人民法院关于民事诉讼证据的若干规定》

第二十七条 人民法院进行证据保全，可以要求当事人或者诉讼代理人到场。根据当事人的申请和具体情况，人民法院可以采取查封、扣押、录音、录像、复制、鉴定、勘验等方法进行证据保全，并制作笔录。

在符合证据保全目的的情况下，人民法院应当选择对证据持有人利益影响最小的保全措施。

4.《最高人民法院关于知识产权民事诉讼证据的若干规定》

第十一条 人民法院对于当事人或者利害关系人的证据保全申请，应当结合下列因素进行审查：

（一）申请人是否已就其主张提供初步证据；

（二）证据是否可以由申请人自行收集；

（三）证据灭失或者以后难以取得的可能性及其对证明待证事实的影响；

（四）可能采取的保全措施对证据持有人的影响。

第十二条 人民法院进行证据保全，应当以有效固定证据为限，尽量减少对保全标的物价值的损害和对证据持有人正常生产经营的影响。

证据保全涉及技术方案的，可以采取制作现场勘验笔录、绘图、拍照、录音、录像、复制设计和生产图纸等保全措施。

第十三条 当事人无正当理由拒不配合或者妨害证据保全，致使无法保全证据的，人民法院可以确定由其承担不利后果。构成民事诉讼法第一百一十一条规定情形的，人民法院依法处理。

第十四条 对于人民法院已经采取保全措施的证据，当事人擅自拆装证据实物、篡改证据材料或者实施其他破坏证据的行为，致使证据不能使用的，人民法院可以确定由其承担不利后果。构成民事诉讼法第一百一十一条规定情形的，人民法院依法处理。

第十五条 人民法院进行证据保全，可以要求当事人或者诉讼代理人到场，必要时可以根据当事人的申请通知有专门知识的人到场，也可以指派技术调查官参与证据保全。

证据为案外人持有的，人民法院可以对其持有的证据采取保全措施。

第十六条 人民法院进行证据保全，应当制作笔录、保全证据清单，记录保全时间、地点、实施人、在场人、保全经过、保全标的物状态，由实施人、在场人签名或者盖章。有关人员拒绝签名或者盖章的，不影响保全的效力，人民法院可以在笔录上记明并拍照、录像。

第十七条 被申请人对证据保全的范围、措施、必要性等提出异议并提供相关证据，人民法院经审查认为异议理由成立的，可以变更、终止、解除证据保全。

第十八条 申请人放弃使用被保全证据，但被保全证据涉及案件基本事实查明或者其他当事人主张使用的，人民法院可以对该证据进行审查认定。

条文释义

一、本条主旨

本条是关于商标侵权案件的诉前证据保全的规定。

二、条文演变

1993年《商标法》没有关于证据保全的相关规定，2001年《商标法》第58条规定了证据保全，规定："为制止侵权行为，在证据可能灭失或者以后难以取得的情况下，商标注册人或者利害关系人可以在起诉前向人民法院申请保全证据。人民法院接受申请后，必须在四十八小时内做出裁定；裁定采取保全措施的，应当立即开始执行。人民法院可以责令申请人提供担保，申请人不提供担保的，驳回申请。申请人在人民法院采取保全措施后十五日内不起诉的，人民法院应当解除保全措施。"2013年《商标法》在此基础上进行了修改：一是删去了原第2款、第3款、第4款的规定；二是将原第1款中的"可以在起诉前向人民法院申请保全证据"改为"可以依法在起诉前向人民法院申请保全证据"。2019年《商标法》又有较大的改动，将证据保全和财产保全的内容分列成两条。

三、条文解读

根据本条的规定，申请人诉前申请人民法院保全证据，应当符合以下条件。第一，申请人的范围必须是商标注册人或者利害关系人。按照《商标纠纷解释》的规定，利害关系人包括注册商标使用许可合同的被许可人、注册商标财产权利的合法继承人等。除此之外的其他人，不得依据本条规定申请人民法院保全。第二，申请证据保全的目的是制止侵权行为，即本法规定的侵犯注册商标专用权的行为。第三，证据存在灭失等可能，即申请人申请保全的证据，必须具备可能灭失或者以后难以取得的情形。所谓可能灭失，是指因证据的自然特征、性质，或者因人为因素，使证据有灭失的可能。所谓以后难以取得，是指由于客观情况的变化，证据在今后不能取得，或者虽然可以取得但会失去其作用的情形。①

根据《民事诉讼法》相关规定，因情况紧急，在证据可能灭失或者以后难以取得的情况下，利害关系人可以在提起诉讼或者申请仲裁前向证据所在地、被申请人住所地或者对案件有管辖权的人民法院申请保全证据。商标注册人或者利害关系人在起诉前向人民法院申请保全证据，应当向被保全证据所在地、被申请人住所地或者对案件有管辖权的人民法院提出申请；申请人应当提供担保，不提供担保的，裁定驳回申请。人民法院接受申请后，必须在48小时内作出裁定；裁定采取保全措施的，应当立即开始执行。申请人在人民法院采取保全措施后30日内不依法提起诉讼或者申请仲裁的，人民法院应当解除保全。

适用指引

在实践中，申请诉前证据保全应当具备以下几个条件。

第一，申请诉前证据保全必须是为了制止侵犯注册商标专用权的行为。

第二，申请人必须是商标注册人或者利害关系人。

第三，只有在证据可能灭失或者以后难以取得的情况下，才能采取诉前证据保全措施。所谓证据可能灭失，是指由于证据的特征、性质或者由于他人故以隐瞒或者毁灭等原因，导致由于客观情况的变化，证据在将来虽然能够取得，但是取证比较困难的情形。在上述两种情况下，如果不及时采取证据保全措施，很可能给权利人造成不可弥补的损失，因此，有必要赋予当事人在起诉前申请人民法院对证据采取一定措施予以保护的权利。②

第四，申请人可以依法在起诉前向人民法院申请。这里所指的“依法”是指《民事诉讼法》。

① 参见郎胜主编：《中华人民共和国商标法释义》，法律出版社2013年版，第128页。
② 参见郎胜主编：《中华人民共和国商标法释义》，法律出版社2013年版，第128页。

第六十七条　未经商标注册人许可，在同一种商品上使用与其注册商标相同的商标，构成犯罪的，除赔偿被侵权人的损失外，依法追究刑事责任。

伪造、擅自制造他人注册商标标识或者销售伪造、擅自制造的注册商标标识，构成犯罪的，除赔偿被侵权人的损失外，依法追究刑事责任。

销售明知是假冒注册商标的商品，构成犯罪的，除赔偿被侵权人的损失外，依法追究刑事责任。

关联规定

法律、行政法规、司法解释

1.《中华人民共和国刑法》

第二百一十三条　未经注册商标所有人许可，在同一种商品、服务上使用与其注册商标相同的商标，情节严重的，处三年以下有期徒刑，并处或者单处罚金；情节特别严重的，处三年以上十年以下有期徒刑，并处罚金。

第二百一十四条　销售明知是假冒注册商标的商品，违法所得数额较大或者有其他严重情节的，处三年以下有期徒刑，并处或者单处罚金；违法所得数额巨大或者有其他特别严重情节的，处三年以上十年以下有期徒刑，并处罚金。

第二百一十五条　伪造、擅自制造他人注册商标标识或者销售伪造、擅自制造的注册商标标识，情节严重的，处三年以下有期徒刑，并处或者单处罚金；情节特别严重的，处三年以上十年以下有期徒刑，并处罚金。

2.《最高人民法院、最高人民检察院关于办理侵犯知识产权刑事案件具体应用法律若干问题的解释》

第一条　未经注册商标所有人许可，在同一种商品上使用与其注册商标相同的商标，具有下列情形之一的，属于刑法第二百一十三条规定的“情节严重”，应当以假冒注册商标罪判处三年以下有期徒刑或者拘役，并处或者单处罚金：

（一）非法经营数额在五万元以上或者违法所得数额在三万元以上的；

（二）假冒两种以上注册商标，非法经营数额在三万元以上或者违法所得数额在二万元以上的；

（三）其他情节严重的情形。

具有下列情形之一的，属于刑法第二百一十三条规定的“情节特别严重”，应当以假冒注册商标罪判处三年以上七年以下有期徒刑，并处罚金：

（一）非法经营数额在二十五万元以上或者违法所得数额在十五万元以上的；

（二）假冒两种以上注册商标，非法经营数额在十五万元以上或者违法所得数额在十万元以上的；

（三）其他情节特别严重的情形。

第二条 销售明知是假冒注册商标的商品，销售金额在五万元以上的，属于刑法第二百一十四条规定的“数额较大”，应当以销售假冒注册商标的商品罪判处三年以下有期徒刑或者拘役，并处或者单处罚金。

销售金额在二十五万元以上的，属于刑法第二百一十四条规定的“数额巨大”，应当以销售假冒注册商标的商品罪判处三年以上七年以下有期徒刑，并处罚金。

第三条 伪造、擅自制造他人注册商标标识或者销售伪造、擅自制造的注册商标标识，具有下列情形之一的，属于刑法第二百一十五条规定的“情节严重”，应当以非法制造、销售非法制造的注册商标标识罪判处三年以下有期徒刑、拘役或者管制，并处或者单处罚金：

（一）伪造、擅自制造或者销售伪造、擅自制造的注册商标标识数量在二万件以上，或者非法经营数额在五万元以上，或者违法所得数额在三万元以上的；

（二）伪造、擅自制造或者销售伪造、擅自制造两种以上注册商标标识数量在一万件以上，或者非法经营数额在三万元以上，或者违法所得数额在二万元以上的；

（三）其他情节严重的情形。

具有下列情形之一的，属于刑法第二百一十五条规定的“情节特别严重”，应当以非法制造、销售非法制造的注册商标标识罪判处三年以上七年以下有期徒刑，并处罚金：

（一）伪造、擅自制造或者销售伪造、擅自制造的注册商标标识数量在十万件以上，或者非法经营数额在二十五万元以上，或者违法所得数额在十五万元以上的；

（二）伪造、擅自制造或者销售伪造、擅自制造两种以上注册商标标识数量在五万件以上，或者非法经营数额在十五万元以上，或者违法所得数额在十万元以上的；

（三）其他情节特别严重的情形。

3.《最高人民法院、最高人民检察院关于办理侵犯知识产权刑事案件具体应用法律若干问题的解释（三）》

第一条 具有下列情形之一的，可以认定为刑法第二百一十三条规定的“与其注册商标相同的商标”：

（一）改变注册商标的字体、字母大小写或者文字横竖排列，与注册商标之间基本无差别的；

（二）改变注册商标的文字、字母、数字等之间的间距，与注册商标之间基本无差别的；

（三）改变注册商标颜色，不影响体现注册商标显著特征的；

（四）在注册商标上仅增加商品通用名称、型号等缺乏显著特征要素，不影响体现注册商标显著特征的；

（五）与立体注册商标的三维标志及平面要素基本无差别的；

（六）其他与注册商标基本无差别、足以对公众产生误导的商标。

条文释义

一、本条主旨

本条是关于侵犯注册商标专用权行为的刑事责任的规定。

二、条文演变

1982年《商标法》第40条规定：“假冒他人注册商标，包括擅自制造或者销售他人注册商标标识的，除赔偿被侵权人的损失，可以并处罚款外，对直接责任人员由司法机关依法追究刑事责任。”1993年《商标法》将第40条修改为三款：“假冒他人注册商标，构成犯罪的，除赔偿被侵权人的损失外，依法追究刑事责任。”“伪造、擅自制造他人注册商标标识或者销售伪造、擅自制造的注册商标标识，构成犯罪的，除赔偿被侵权人的损失外，依法追究刑事责任。”“销售明知是假冒注册商标的商品，构成犯罪的，除赔偿被侵权人的损失外，依法追究刑事责任。”之后《商标法》修改，本条内容均没有变动，仅条文序号有调整。

三、条文解读

（一）假冒注册商标罪

假冒注册商标罪，是指违反国家商标管理法规，未经注册商标所有人许可，在同一种商品上使用与其注册商标相同的商标，情节严重的行为。假冒注册商标罪的主要特征如下。

第一，侵犯的客体是国家商标管理制度。根据《商标法》的规定，经商标局注册的商标为注册商标；商标注册人享有专有权，受法律保护。商标专有权意味着注册商标只准商标注册人使用，除非得到商标注册人许可，任何人不得在同一种商品上使用与该注册商标相同的商标。

第二，客观方面表现为违反商标管理法规，未经商标注册人许可在同一种商品上使用与注册商标相同的商标的行为。在同一种商品上使用他人未注册商标，或在不同种类的商品上使用与他人注册商标相同的商标，或在同类商品上使用与他人注册商标相类似的商标，或经商标注册人同意使用其注册商标的行为，都不构成犯罪。

第三，犯罪主体为一般主体。自然人与单位都可以成为本罪的主体。

第四，主观方面表现为故意。行为人的故意主要表现为：认识到自己使用的商标与他人已经注册的商标相同，认识到自己的行为未经商标注册人许可。而行为人的动机可能是多种多样的，有的是获取非法利润，有的是谋取某种荣誉或破坏他人信誉。

第五，构成假冒注册商标罪，还要求“情节严重”。“情节严重”的主要衡量标准是非法经营数额或违法所得。

（二）非法制造、销售非法制造的注册商标标识罪

非法制造、销售非法制造的注册商标标识罪，是指伪造、擅自制造他人注册商标标识或者销售伪造、擅自制造的注册商标标识，情节严重的行为。

第一，客观方面表现为两种行为，一是非法制造注册商标标识的行为，即伪造、擅自制造他人注册商标标识。伪造，是指未经许可而按照商标注册人的商标标识样式进行制造的行为。擅自制造，是指商标印制单位擅自超出商标印制合同规定数额印制商标标识的行为。二是销售非法制造的注册商标标识的行为，即销售伪造、擅自制造的注册商标标识。

第二，犯罪主体为一般主体。自然人与单位都可以成为本罪的主体。

第三，主观方面表现为故意。

第四，构成本罪要求达到情节严重的程度。

（三）销售假冒注册商标的商品罪

销售假冒注册商标的商品罪，是指明知是假冒注册商标的商品，而予以销售，销售金额较大的行为。

第一，客观方面表现为销售假冒注册商标的商品，销售金额较大的行为。这里的“销售”既包括零售，也包括批发量售。以任何方式将假冒注册商标的商品卖出的行为，都是“销售”。假冒注册商标的商品，是指未经注册商标所有人许可，使用与其注册商标相同的商标的同一种商品。至于这种商品的质量与真正注册商标的商品质量有无差别，在所不问。

第二，犯罪主体为一般主体。自然人与单位都可以成为本罪的主体，但是不包括在该商品上假冒注册商标的犯罪人。假冒注册商标的犯罪人销售自己假冒注册商标的商品的，属于吸收犯，只成立假冒注册商标罪，不构成本罪。

第三，主观方面表现为故意，其核心是要求行为人“明知是假冒注册商标的商品”。具有下列情形之一的，可以认定为“明知”：（1）有证据证明行为人曾被告知所销售的是假冒注册商标的商品；（2）所销售商品的进价和质量明显低于被假冒的注册商标商品；（3）根据行为人的经验和知识，知道自己销售的是假冒注册商标的商品。需要注意的是，如果行为人事先与假冒注册商标的犯罪人通谋，然后分工合作，有人制造假冒注册商标的商品，有人销售假冒注册商标的商品，那么就构成共同犯罪。其中，销售假冒注册商标的商品行为，

按照假冒注册商标罪的共犯论处。

（四）依法追究侵犯他人注册商标专用权行为的刑事责任，不免除侵权人的民事责任

侵犯他人注册商标专用权的行为，构成犯罪的，当然可以依法追究刑事责任，但违法行为人仍然要承担赔偿责任。被侵权人可以单独提起民事诉讼，也可以在刑事诉讼中提起附带民事诉讼，要求行为人赔偿自己的损失。另外，根据《刑法》的有关规定，侵犯注册商标专用权的违法行为人在判决承担民事赔偿责任的同时被判处罚金，其财产不足以全部支付的，或者被判处没收财产的，应先承担民事赔偿责任。

第六十八条　商标代理机构有下列行为之一的，由工商行政管理部门责令限期改正，给予警告，处一万元以上十万元以下的罚款；对直接负责的主管人员和其他直接责任人员给予警告，处五千元以上五万元以下的罚款；构成犯罪的，依法追究刑事责任：

（一）办理商标事宜过程中，伪造、变造或者使用伪造、变造的法律文件、印章、签名的；

（二）以诋毁其他商标代理机构等手段招徕商标代理业务或者以其他不正当手段扰乱商标代理市场秩序的；

（三）违反本法第四条、第十九条第三款和第四款规定的。

商标代理机构有前款规定行为的，由工商行政管理部门记入信用档案；情节严重的，商标局、商标评审委员会并可以决定停止受理其办理商标代理业务，予以公告。

商标代理机构违反诚实信用原则，侵害委托人合法利益的，应当依法承担民事责任，并由商标代理行业组织按照章程规定予以惩戒。

对恶意申请商标注册的，根据情节给予警告、罚款等行政处罚；对恶意提起商标诉讼的，由人民法院依法给予处罚。

关联规定

一、法律、行政法规、司法解释

1.《中华人民共和国商标法》

第十九条　商标代理机构应当遵循诚实信用原则，遵守法律、行政法规，按照被代理人的委托办理商标注册申请或者其他商标事宜；对在代理过程中知悉的被代理人的商业秘密，负有保密义务。

委托人申请注册的商标可能存在本法规定不得注册情形的，商标代理机构应当明确告知委托人。

商标代理机构知道或者应当知道委托人申请注册的商标属于本法第四条、

第十五条和第三十二条规定情形的，不得接受其委托。

商标代理机构除对其代理服务申请商标注册外，不得申请注册其他商标。

第二十条 商标代理行业组织应当按照章程规定，严格执行吸纳会员的条件，对违反行业自律规范的会员实行惩戒。商标代理行业组织对其吸纳的会员和对会员的惩戒情况，应当及时向社会公布。

2.《中华人民商标法实施条例》

第八十三条 商标法所称商标代理，是指接受委托人的委托，以委托人的名义办理商标注册申请、商标评审或者其他商标事宜。

第八十四条 商标法所称商标代理机构，包括经工商行政管理部门登记从事商标代理业务的服务机构和从事商标代理业务的律师事务所。

商标代理机构从事商标局、商标评审委员会主管的商标事宜代理业务的，应当按照下列规定向商标局备案：

（一）交验工商行政管理部门的登记证明文件或者司法行政部门批准设立律师事务所的证明文件并留存复印件；

（二）报送商标代理机构的名称、住所、负责人、联系方式等基本信息；

（三）报送商标代理从业人员名单及联系方式。

工商行政管理部门应当建立商标代理机构信用档案。商标代理机构违反商标法或者本条例规定的，由商标局或者商标评审委员会予以公开通报，并记入其信用档案。

第八十五条 商标法所称商标代理从业人员，是指在商标代理机构中从事商标代理业务的工作人员。

商标代理从业人员不得以个人名义自行接受委托。

第八十六条 商标代理机构向商标局、商标评审委员会提交的有关申请文件，应当加盖该代理机构公章并由相关商标代理从业人员签字。

第八十七条 商标代理机构申请注册或者受让其代理服务以外的其他商标，商标局不予受理。

第八十八条 下列行为属于商标法第六十八条第一款第二项规定的以其他不正当手段扰乱商标代理市场秩序的行为：

（一）以欺诈、虚假宣传、引人误解或者商业贿赂等方式招徕业务的；

（二）隐瞒事实，提供虚假证据，或者威胁、诱导他人隐瞒事实，提供虚假证据的；

（三）在同一商标案件中接受有利益冲突的双方当事人委托的。

第八十九条 商标代理机构有商标法第六十八条规定行为的，由行为人所在地或者违法行为发生地县级以上工商行政管理部门进行查处并将查处情况通报商标局。

第九十条 商标局、商标评审委员会依照商标法第六十八条规定停止受理商标代理机构办理商标代理业务的，可以作出停止受理该商标代理机构商标代理业务6个月以上直至永久停止受理的决定。停止受理商标代理业务的期间届满，商标局、商标评审委员会应当恢复受理。

商标局、商标评审委员会作出停止受理或者恢复受理商标代理的决定应当在其网站予以公告。

第九十一条 工商行政管理部门应当加强对商标代理行业组织的监督和指导。

二、司法指导性文件

《最高人民法院关于全面加强知识产权司法保护的意见》

13. 依法制止不诚信诉讼行为。妥善审理因恶意提起知识产权诉讼损害责任纠纷，依法支持包括律师费等合理支出在内的损害赔偿请求。强化知识产权管辖纠纷的规则指引，规制人为制造管辖连接点、滥用管辖权异议等恶意拖延诉讼的行为。研究将违反法院令状、伪造证据、恶意诉讼等不诚信的诉讼行为人纳入全国征信系统。

条文释义

一、本条主旨

本条是关于商标代理机构违反法律规定时应承担责任和受到处分的规定。

二、条文演变

1982年、1993年、2001年《商标法》均未规定商标代理机构违反法律规定的责任问题。2013年《商标法》增加了一条即第68条，规定："商标代理机构有下列行为之一的，由工商行政管理部门责令限期改正，给予警告，处一万元以上十万元以下的罚款；对直接负责的主管人员和其他直接责任人员给予警告，处五千元以上五万元以下的罚款；构成犯罪的，依法追究刑事责任：（一）办理商标事宜过程中，伪造、变造或者使用伪造、变造的法律文件、印章、签名的；（二）以诋毁其他商标代理机构等手段招徕商标代理业务或者以其他不正当手段扰乱商标代理市场秩序的；（三）违反本法第十九条第三款、第四款规定的。商标代理机构有前款规定行为的，由工商行政管理部门记入信用档案；情节严重的，商标局、商标评审委员会并可以决定停止受理其办理商标代理业务，予以公告。商标代理机构违反诚实信用原则，侵害委托人合法利益的，应当依法承担民事责任，并由商标代理行业组织按照章程规定予以惩戒。”2019 年《商标法》将第 68 条第 1 款第 3 项修改为：“（三）违反本法第四条、第十九条第三款和第 4 款规定的”；增加一款作为第 4 款：“对恶意申请商标注册的，根据情节给予警告、罚款等行政处罚；对恶意提起商标诉讼的，由人民法院依法给予处罚。”

三、条文解读

根据本条第 1 款的规定，商标代理机构有下列行为之一的，工商行政管理部门责令限期改正，给予警告，处 1 万元以上 10 万元以下的罚款；对直接负责的主管人员和其他直接责任人员给予警告，处 5000 元以上 5 万元以下的罚款；构成犯罪的，依法追究刑事责任。

第一，办理商标事宜过程中，伪造、变造或者使用伪造、变造的法律文件、印章、签名的。伪造，是指没有制作权的人制作出足以使人信以为真的法律文件、印章、签名。变造，是指对真实的法律文件、印章、签名进行各种形式的加工，改变其内容。

第二，以诋毁其他商标代理机构等手段招徕商标代理业务或者以其他不正当手段扰乱商标代理市场秩序的。诋毁，是指针对同类竞争者，故意捏造和散布有损其商业信誉或声誉的虚假信息，以削弱其市场竞争力。其他不正当手段包括：以欺诈、虚假宣传、引人误解或者商业贿赂等方式招徕业务的；隐瞒事实，提供虚假证据，或者威胁、诱导他人隐瞒事实，提供虚假证据的；在同一商标案件中接受有利益冲突的双方当事人委托的。

第三，违反本法第 4 条、第 19 条第 3 款和第 4 款规定的。本法第 4 条规定，自然人、法人或者其他组织在生产经营活动中，对其商品或者服务需要取得商标专用权的，应当向商标局申请商标注册。不以使用为目的的恶意商标注册申请，应当予以驳回。本法有关商品商标的规定，适用于服务商标。第19条第3款和第4款规定，商标代理机构知道或者应当知道委托人申请注册的商标属于本法第4条、第15条和第32条规定情形的，不得接受其委托。商标代理机构除对其代理服务申请商标注册外，不得申请注册其他商标。

商标代理机构有上述违法行为的，除了依法追究法律责任之外，由工商行政管理部门记入信用档案，信用档案由工商行政管理部门依法采集、客观记录。记入信用档案的内容包括商标代理机构的基本信息、违法事实、给予的处罚等。对于违法情节严重的商标代理机构，国家知识产权局可以决定停止受理其办理商标代理业务，并予以公告。这意味着该商标代理机构在一定期限内丧失了从事商标代理业务的资格。

商标代理机构与委托人之间是委托合同关系，即民事关系。商标代理机构违反诚实信用原则，侵害委托人合法利益的，应当依法对委托人承担民事责任。这里的民事责任包括侵权责任或合同责任。同时，商标代理机构所属的商标代理行业组织是一个行业自律组织，应通过内部章程及行为规范对其成员进行管理和约束。对违反诚实信用原则，侵害委托人合法利益的商标代理机构，行业组织应按照章程予以惩戒。

本条第4款分别对恶意申请商标注册和恶意提起商标诉讼的情况予以了规范。商标恶意注册行为，包括商标恶意囤积和商标恶意抢注行为。对于恶意申请商标注册的，根据情节给予警告、罚款等行政处罚。对恶意提起商标诉讼的，由人民法院依法给予处罚。目前，对于恶意提起商标诉讼的识别标准、表现形式、处罚措施等还没有细化规则，有待于进一步研究完善。

第六十九条　从事商标注册、管理和复审工作的国家机关工作人员必须秉公执法，廉洁自律，忠于职守，文明服务。

商标局、商标评审委员会以及从事商标注册、管理和复审工作的国家机关工作人员不得从事商标代理业务和商品生产经营活动。

关联规定

部门规章及规范性文件

《规范商标申请注册行为若干规定》

第十七条　知识产权管理部门应当健全内部监督制度，对从事商标注册工作的国家机关工作人员执行法律、行政法规和遵守纪律的情况加强监督检查。

从事商标注册工作的国家机关工作人员玩忽职守、滥用职权、徇私舞弊，违法办理商标注册事项，收受当事人财物，牟取不正当利益的，应当依法给予处分；构成犯罪的，依法追究刑事责任。

条文释义

一、本条主旨

本条是关于商标局、商标评审委员会以及从事商标注册、管理和复审工作的国家机关工作人员的行为要求的规定。

二、条文演变

1982年、1993年《商标法》均未规定商标执法人员秉公执法的义务。直到2001年《商标法》增加了一条即第60条，规定："从事商标注册、管理和复审工作的国家机关工作人员必须秉公执法，廉洁自律，忠于职守，文明服务。商标局、商标评审委员会以及从事商标注册、管理和复审工作的国家机关工作人员不得从事商标代理业务和商品生产经营活动。”2013 年、2019 年《商标法》对本条内容未作修改，仅对条文序号进行了调整。

三、条文解读

商标局主管全国商标注册工作和商标管理工作，包括：制定或参与制定有关商标管理的法规、规章；依法查处商标侵权假冒案件；负责商标使用许可合同及商标印制的管理工作；指导本系统的商标办案工作；会同法制司办理商标侵权行政复议案件；指导全国企业商标工作，负责认定驰名商标；认可商标代理机构并对其工作进行指导；负责商标信息的收集和管理工作。商标评审委员会是处理商标争议的主管机关，以国家强制力为保障，代表国家行使商标注册、管理和争议处理事项。根据中央机构改革部署，原国家工商行政管理总局商标局、商标评审委员会、商标审查协作中心整合为国家知识产权局商标局。2019 年 4 月 1 日后，商标审查工作以国家知识产权局的名义开展。从事商标注册、管理和复审工作的国家机关工作人员，代表商标局、商标评审委员会行使权力，履行职责。商标局、商标评审委员会及其工作人员的行为是否规范、合法，直接影响商标法律制度能否正确有效实施。

从事商标注册、管理和复审工作的国家机关工作人员必须秉公执法，廉洁自律，忠于职守，文明服务。秉公执法，就是要求公正严明，依法办事，不能放弃履行职责，滥用职权或超越职权。廉洁自律，就是要求严于律己、奉公守法，不得贪污国家财产，不得索取、收受贿赂，不得利用职权或工作便利谋取不正当利益。忠于职守，就是不得擅自离开工作岗位，对工作兢兢业业、尽职尽责。不得推诿塞责，潦草马虎，要保证工作效率和质量。文明服务，是指从事商标注册、管理和复审工作的国家机关工作人员在执行公务时，要行为端正，举止文明，待人礼貌，服务热情。对待服务对象不能冷、横、硬。

商标局、商标评审委员会以及从事商标注册、管理和复审工作的国家机关工作人员不得从事商标代理业务和商品生产经营活动。商标代理业务，是指接受他人委托，代为办理商标注册、续展、异议、争议处理以及商标法律咨询、商标法律顾问等业务。商品生产经营活动，是指从事商品的加工、生产、销售及相关服务活动。商标局、商标评审委员会以及从事商标注册、管理和复审工作的国家机关工作人员代表国家行使商标注册、管理和复审职权，禁止其从事商标代理业务和商品生产经营活动。这是为了保证工作的严肃性和公正性，避免滥用职权、利益输送。

第七十条　工商行政管理部门应当建立健全内部监督制度，对负责商标注册、管理和复审工作的国家机关工作人员执行法律、行政法规和遵守纪律的情况，进行监督检查。

关联规定

部门规章及规范性文件

《规范商标申请注册行为若干规定》

第十七条　知识产权管理部门应当健全内部监督制度，对从事商标注册工作的国家机关工作人员执行法律、行政法规和遵守纪律的情况加强监督检查。

从事商标注册工作的国家机关工作人员玩忽职守、滥用职权、徇私舞弊，违法办理商标注册事项，收受当事人财物，牟取不正当利益的，应当依法给予处分；构成犯罪的，依法追究刑事责任。

条文释义

一、本条主旨

本条是关于工商行政管理部门内部监督制度的规定。

二、条文演变

1982年、1993年《商标法》均未规定商标执法人员秉公执法的义务。直到2001年《商标法》增加了一条，作为第61条："工商行政管理部门应当建立健全内部监督制度，对负责商标注册、管理和复审工作的国家机关工作人员执行法律、行政法规和遵守纪律的情况，进行监督检查。"2013年、2019年《商标法》未对本条内容进行修改，仅对条文序号进行了调整。

三、条文解读

工商行政管理部门应当建立健全内部监督制度。内部监督制度，是指国家机关对其内部机构及其人员所施行的一种监督约束制度。建立健全内部监督制度的目的，就是落实本法第 69 条的要求，督促有关国家机关工作人员做到秉公执法、廉洁自律、忠于职守、文明服务，从制度上加以保障。

建立健全内部监督制度的重要内容，就是对负责商标注册、管理和复审工作的国家机关工作人员执行法律、行政法规和遵守纪律的情况，进行监督检查。执行法律、行政法规的情况，包括依法行使权力和履行职责，是否遵守法定权限、程序等。遵守记录情况，是指遵守廉洁自律准则、工作纪律及其他纪律的情况。

第七十一条　从事商标注册、管理和复审工作的国家机关工作人员玩忽职守、滥用职权、徇私舞弊，违法办理商标注册、管理和复审事项，收受当事人财物，牟取不正当利益，构成犯罪的，依法追究刑事责任；尚不构成犯罪的，依法给予处分。

关联规定

法律、行政法规、司法解释

1.《中华人民共和国刑法》

第三百八十三条　对犯贪污罪的，根据情节轻重，分别依照下列规定处罚：

（一）贪污数额较大或者有其他较重情节的，处三年以下有期徒刑或者拘役，并处罚金。

（二）贪污数额巨大或者有其他严重情节的，处三年以上十年以下有期徒刑，并处罚金或者没收财产。

（三）贪污数额特别巨大或者有其他特别严重情节的，处十年以上有期徒刑或者无期徒刑，并处罚金或者没收财产；数额特别巨大，并使国家和人民利益遭受特别重大损失的，处无期徒刑或者死刑，并处没收财产。

对多次贪污未经处理的，按照累计贪污数额处罚。

犯第一款罪，在提起公诉前如实供述自己罪行、真诚悔罪、积极退赃，避免、减少损害结果的发生，有第一项规定情形的，可以从轻、减轻或者免除处罚；有第二项、第三项规定情形的，可以从轻处罚。

犯第一款罪，有第三项规定情形被判处死刑缓期执行的，人民法院根据犯罪情节等情况可以同时决定在其死刑缓期执行二年期满依法减为无期徒刑后，终身监禁，不得减刑、假释。

第三百八十五条　国家工作人员利用职务上的便利，索取他人财物的，或者非法收受他人财物，为他人谋取利益的，是受贿罪。

国家工作人员在经济往来中，违反国家规定，收受各种名义的回扣、手续费，归个人所有的，以受贿论处。

第三百八十六条 对犯受贿罪的，根据受贿所得数额及情节，依照本法第三百八十三条的规定处罚。索贿的从重处罚。

第三百八十八条 国家工作人员利用本人职权或者地位形成的便利条件，通过其他国家工作人员职务上的行为，为请托人谋取不正当利益，索取请托人财物或者收受请托人财物的，以受贿论处。

第三百八十八条之一 国家工作人员的近亲属或者其他与该国家工作人员关系密切的人，通过该国家工作人员职务上的行为，或者利用该国家工作人员职权或者地位形成的便利条件，通过其他国家工作人员职务上的行为，为请托人谋取不正当利益，索取请托人财物或者收受请托人财物，数额较大或者有其他较重情节的，处三年以下有期徒刑或者拘役，并处罚金；数额巨大或者有其他严重情节的，处三年以上七年以下有期徒刑，并处罚金；数额特别巨大或者有其他特别严重情节的，处七年以上有期徒刑，并处罚金或者没收财产。

离职的国家工作人员或者其近亲属以及其他与其关系密切的人，利用该离职的国家工作人员原职权或者地位形成的便利条件实施前款行为的，依照前款的规定定罪处罚。

第三百九十七条 国家机关工作人员滥用职权或者玩忽职守，致使公共财产、国家和人民利益遭受重大损失的，处三年以下有期徒刑或者拘役；情节特别严重的，处三年以上七年以下有期徒刑。本法另有规定的，依照规定。

国家机关工作人员徇私舞弊，犯前款罪的，处五年以下有期徒刑或者拘役；情节特别严重的，处五年以上十年以下有期徒刑。本法另有规定的，依照规定。

2.《中华人民共和国公务员法》

第六十一条 公务员因违纪违法应当承担纪律责任的，依照本法给予处分或者由监察机关依法给予政务处分；违纪违法行为情节轻微，经批评教育后改正的，可以免予处分。

对同一违纪违法行为，监察机关已经作出政务处分决定的，公务员所在机关不再给予处分。

第六十二条 处分分为：警告、记过、记大过、降级、撤职、开除。

第六十三条 对公务员的处分，应当事实清楚、证据确凿、定性准确、处理恰当、程序合法、手续完备。

公务员违纪违法的，应当由处分决定机关决定对公务员违纪违法的情况进行调查，并将调查认定的事实以及拟给予处分的依据告知公务员本人。公务员有权进行陈述和申辩；处分决定机关不得因公务员申辩而加重处分。

处分决定机关认为对公务员应当给予处分的，应当在规定的期限内，按照管理权限和规定的程序作出处分决定。处分决定应当以书面形式通知公务员本人。

第六十四条 公务员在受处分期间不得晋升职务、职级和级别，其中受记过、记大过、降级、撤职处分的，不得晋升工资档次。

受处分的期间为：警告，六个月；记过，十二个月；记大过，十八个月；降级、撤职，二十四个月。

受撤职处分的，按照规定降低级别。

第六十五条 公务员受开除以外的处分，在受处分期间有悔改表现，并且没有再发生违纪违法行为的，处分期满后自动解除。

解除处分后，晋升工资档次、级别和职务、职级不再受原处分的影响。但是，解除降级、撤职处分的，不视为恢复原级别、原职务、原职级。

3.《最高人民法院、最高人民检察院关于办理渎职刑事案件适用法律若干问题的解释（一）》

第一条 国家机关工作人员滥用职权或者玩忽职守，具有下列情形之一的，应当认定为刑法第三百九十七条规定的“致使公共财产、国家和人民利益遭受重大损失”：

（一）造成死亡 1 人以上，或者重伤 3 人以上，或者轻伤 9 人以上，或者重伤 2 人、轻伤 3 人以上，或者重伤 1 人、轻伤 6 人以上的；

（二）造成经济损失 30 万元以上的；

（三）造成恶劣社会影响的；

（四）其他致使公共财产、国家和人民利益遭受重大损失的情形。

具有下列情形之一的，应当认定为刑法第三百九十七条规定的“情节特别严重”：

（一）造成伤亡达到前款第（一）项规定人数 3 倍以上的；

（二）造成经济损失 150 万元以上的；

（三）造成前款规定的损失后果，不报、迟报、谎报或者授意、指使、强令他人不报、迟报、谎报事故情况，致使损失后果持续、扩大或者抢救工作延误的；

（四）造成特别恶劣社会影响的；

（五）其他特别严重的情节。

第二条 国家机关工作人员实施滥用职权或者玩忽职守犯罪行为，触犯刑法分则第九章第三百九十八条至第四百一十九条规定的，依照该规定定罪处罚。

国家机关工作人员滥用职权或者玩忽职守，因不具备徇私舞弊等情形，不符合刑法分则第九章第三百九十八条至第四百一十九条的规定，但依法构成第三百九十七条规定的犯罪的，以滥用职权罪或者玩忽职守罪定罪处罚。

第三条 国家机关工作人员实施渎职犯罪并收受贿赂，同时构成受贿罪的，除刑法另有规定外，以渎职犯罪和受贿罪数罪并罚。

二、部门规章及规范性文件

《规范商标申请注册行为若干规定》

第十七条 知识产权管理部门应当健全内部监督制度，对从事商标注册工作的国家机关工作人员执行法律、行政法规和遵守纪律的情况加强监督检查。

从事商标注册工作的国家机关工作人员玩忽职守、滥用职权、徇私舞弊，违法办理商标注册事项，收受当事人财物，牟取不正当利益的，应当依法给予处分；构成犯罪的，依法追究刑事责任。

条文释义

一、本条主旨

本条是关于从事商标注册、管理和复审工作的国家机关工作人员违法责任的规定。

二、条文演变

1982 年、1993 年《商标法》均未规定商标执法人员秉公执法的义务。直到 2001 年《商标法》增加了一条，作为第 62 条："从事商标注册、管理和复审工作的国家机关工作人员玩忽职守、滥用职权、徇私舞弊，违法办理商标注册、管理和复审事项，收受当事人财物，牟取不正当利益，构成犯罪的，依法追究刑事责任；尚不构成犯罪的，依法给予行政处分。”2013 年、2019 年《商标法》未对本条内容进行修改，仅对条文序号进行了调整。

三、条文解读

（一）刑事责任

根据本条规定，从事商标注册、管理和复审工作的国家机关工作人员可能构成的犯罪包括渎职罪和受贿罪。

1. 渎职罪

渎职罪，是指国家机关工作人员利用职务上的便利或者徇私舞弊、滥用职权、玩忽职守，妨害国家机关的正常活动，损害公众对国家机关工作人员职务活动客观公正性的信赖，致使国家和人民利益受到重大损失的行为。本条涉及渎职罪中两个具体的罪名。

第一，玩忽职守罪。玩忽职守罪，是指国家机关工作人员玩忽职守，致使公共财产、国家和人民利益遭受重大损失的行为。（1）本罪客观方面表现为玩忽职守，致使公共财产、国家和人民利益遭受重大损失的行为。玩忽职守，是指严重不负责任，不履行职责或者不正确履行职责的行为。不履行，是指行为人应当履行而且有条件和能力履行职责，但没有履行，包括擅离职守。不正确履行，是指在履行职责的过程中，违反职责规定，马虎草率、粗心大意。玩忽职守在实践中有不同的表现形式。玩忽职守行为致使公共财产、国家和人民利益遭受重大损失的，才成立本罪。（2）本罪主体只能是国家机关工作人员。（3）本罪主观方面只能是过失，即应当预见到自己玩忽职守行为可能发生使公共财产、国家和人民利益遭受重大损失的危害结果，因为疏忽大意没有预见，或者已经预见但轻信能够避免。

第二，滥用职权罪。滥用职权罪，是指国家机关工作人员滥用职权，致使公共财产、国家和人民利益遭受重大损失的行为。（1）本罪客观方面表现为滥用职权，致使公共财产、国家和人民利益遭受重大损失的行为。滥用职权，是指以不正当目的或者不法方式行使职务上的权限。滥用职权的主要表现形式有：超越职权，擅自决定或处理没有权限的事项；玩弄职权，随心所欲对事项作出决定或处理；故意不履行应当履行的职责；以权谋私、假公济私，不正确地履行职责。滥用职权罪属于结果犯，只有致使公共财产、国家和人民利益遭受重大损失的，才构成犯罪。（2）本罪的主体必须是国家机关工作人员。（3）本罪主观方面必须是故意，行为人明知自己滥用职权的行为会发生致使公共财产、国家和人民利益遭受重大损失的结果，并希望或放任这种结果发生。

2. 受贿罪

受贿罪，是指国家工作人员，利用职务上的便利，索取他人财物，或者非法收受他人财物为他人谋取利益的行为。（1）本罪客观方面表现为利用职务上的便利，索取他人财物，或者非法收受他人财物为他人谋取利益的行为。利用职务上的便利，是指他人有求于自己的职务行为时，国家工作人员以交付财物作为实施职务行为的前提，该财物成为职务行为的不正当报酬。受贿行为的表现包括索取贿赂和收受贿赂。索取贿赂只需要利用职务上的便利就成立受贿罪，不要求为他人谋取利益。收受贿赂的，只有为他人谋取利益才成立受贿罪。（2）本罪的主体必须是国家工作人员。根据《刑法》第93条的规定，国家工作人员，是指国家机关中从事公务的人员。国有公司、企业、事业单位、人民团体中从事公务的人员和国家机关、国有公司、企业、事业单位委派到非国有公司、企业、事业单位、社会团体从事公务的人员，以及其他依照法律从事公务的人员，以国家工作人员论。（3）本罪主观方面必须是故意。

（二）行政处分

从事商标注册、管理和复审工作的国家机关工作人员玩忽职守、滥用职权、徇私舞弊，违法办理商标注册、管理和复审事项，收受当事人财物，牟取不正当利益，不构成犯罪的，依法给予处分。行政处分，是指对国家机关工作人员的违法行为，由所在单位或者上级主管机关或者其他法定机关给予的一种制裁性处理。行政处分包括：警告、记过、记大过、降级、撤职、开除。

第七十二条　申请商标注册和办理其他商标事宜的，应当缴纳费用，具体收费标准另定。

关联规定

法律、行政法规、司法解释

《中华人民共和国商标法实施条例》

第九十七条　申请商标注册或者办理其他商标事宜，应当缴纳费用。缴纳费用的项目和标准，由国务院财政部门、国务院价格主管部门分别制定。

条文释义

一、本条主旨

本条是关于申请商标注册和办理其他商标事宜应当缴纳费用的规定。

二、条文演变

2001年《商标法》第63条规定，申请商标注册和办理其他商标事宜的，应当缴纳费用，具体收费标准另定。2013年《商标法》将条文序号修改为第72条。2019年《商标法》予以沿用。

三、条文解读

（一）申请商标注册和办理其他商标事宜的，应当缴纳费用

要求当事人在办理商标事宜时缴纳费用，是国际上的通行做法。因为商标注册、管理、复审机关在审查商标注册申请或者办理其他商标事宜时，需要支付相应的成本。此外，规定办理商标事宜应当缴纳费用，即要求商标专用权人

在取得、保护其商标专用权时支付一定的成本，有助于商标专用权人更加积极地维护其使用注册商标的商品和服务的质量和信誉，保护其商标专用权不受他人侵害。

（二）办理商标事宜的具体收费标准另定

由于商标注册、管理和复审环节很多，哪些业务缴纳费用较为适宜，收取费用的标准如何规定，情况较为复杂。此外，收费标准也需要随着情况的变化而进行调整，不在本法中作具体规定比较合适。因此，本条规定，申请商标注册和办理其他商标事宜的具体收费标准另定。

适用指引

根据本条的规定，应当缴纳费用的事项，包括申请商标注册和办理其他商标事宜。所谓其他商标事宜，是指除申请商标注册以外的其他与商标有关的事项。如转让注册商标、商标许可使用、变更商标注册人住址等事项。

根据本条的规定，“具体收费标准另定”。按照目前的实际做法，收费标准由国务院价格主管部门即国家发改委和国务院财政主管部门即财政部共同制定。按照1999年6月21日国家工商行政管理局以工商标字〔1999〕第161号文发布的《工商行政管理商标注册收费专用收据管理办法》，具体的收费项目包括受理商标注册费、受理集体商标注册费、受理证明商标注册费、受理补发商标注册证费、受理转让注册商标费、受理商标续展注册费、受理续展注册延迟费、受理商标评审费、商标评审延期费、商标异议费、变更费、出具商标证明费、撤销商标费、受理认定驰名商标费、商标使用许可合同备案费等。

类案检索

北大培文教育文化产业（北京）有限公司与国家知识产权局其他行政纠纷案

关键词：商标评审费用　缴费期限　程序正当

裁判摘要：申请商标注册和办理其他商标事宜，应当缴纳费用。可见，缴纳商标评审费用是商标驳回复审申请人的法定义务，是商标评审申请受理的法定要件。关于收取评审费用的具体程序和方式，法律法规并未作出明确规定。一般来说，除了法律明文制定的约束性程序规定外，应当属于行政机关自由裁量的范围，但自由裁量权的行使并非没有限制，应当遵循一定的原则和规则。行政机关作出行政行为应当遵循公开原则，确保行政行为的可预期性，充分保障行政相对人的知情权。在收缴费用的程序中，行政机关应当将缴费金额、缴费方式、缴费期限以及未按规定缴费的后果等，通过告知书或其他适当方式事先告知交费人，该收费程序的结果才能够对交费人起到拘束作用。此外，在行政程序未公开的情况下，行政机关在作出对行政相对人不利的决定前，应当给予行政相对人陈述意见和补救的机会。

商标行政机关对商标代理机构实施商标业务预存款的缴费方式是为了便于商标业务费用的缴纳与收取，提高行政效率，但对行政管理效率的尊重，不应以牺牲商标业务当事人的合法权益为代价，在其未告知商标业务费用的明确缴费期限，且扣款时间并无固定期限，亦未事先告知代理机构预存款余额不足的法律后果的情况下，径行决定不予受理评审申请，有违程序正当原则，且在无明确规定的情况下，仅因商标评审委员会不定期从代理机构预付款账户扣款时出现余额不足情形就丧失评审申请的程序权利，亦难谓公平。北大培文公司的代理机构预存款余额不足的情况不能等同于本案驳回复审申请“未缴纳费用”的情形，不应将其作为涉案商标驳回复审申请不予受理的理由。

【案　　号】（2018）京73行初22739号

【审理法院】北京知识产权法院

【来　　源】中国裁判文书网

第七十三条　本法自 1983 年 3 月 1 日起施行。1963 年 4 月 10 日国务院公布的《商标管理条例》同时废止；其他有关商标管理的规定，凡与本法抵触的，同时失效。

本法施行前已经注册的商标继续有效。

关联规定

法律、行政法规、司法解释

《中华人民共和国立法法》

第五十七条　法律应当明确规定施行日期。

第九十三条　法律、行政法规、地方性法规、自治条例和单行条例、规章不溯及既往，但为了更好地保护公民、法人和其他组织的权利和利益而作的特别规定除外。

条文释义

一、本条主旨

本条是关于本法时间效力的规定。

二、条文演变

2001 年《商标法》第 64 条规定："本法自 1983 年 3 月 1 日起施行。1963 年 4 月 10 日国务院公布的《商标管理条例》同时废止；其他有关商标管理的规定，凡与本法抵触的，同时失效。本法施行前已经注册的商标继续有效。" 2013 年《商标法》将条文序号修改为第 73 条。2019 年《商标法》予以沿用。

三、条文解读

（一）本法的施行日期

法律的施行日期即法律的生效日期，也就是一部法律产生法律效力的时间。本法于1982年8月23日由第五届全国人民代表大会常务委员会第二十四次会议通过，自1983年3月1日起施行。1993年2月22日第七届全国人民代表大会常务委员会第三十次会议表决通过《关于修改〈中华人民共和国商标法〉的决定》，该修改决定自1993年7月1日起施行。第九届全国人民代表大会常务委员会第二十四次会议于2001年10月27日表决通过了《关于修改〈中华人民共和国商标法〉的决定》，对《商标法》进行了第二次修正，该修改决定自2001年12月1日起施行。第十二届全国人民代表大会常务委员会第四次会议于2013年8月30日表决通过了《关于修改〈中华人民共和国商标法〉的决定》，对《商标法》进行了第三次修正，该修改决定自2014年5月1日起施行。第十三届全国人民代表大会常务委员会第十次会议于2019年4月23日表决通过了《关于修改〈中华人民共和国建筑法〉等八部法律的决定》，对《商标法》进行了第四次修正，《商标法》的修改条款自2019年11月1日起施行。因此，《商标法》的施行日期即生效日期为1983年3月1日，四个修改决定的施行日期为各修改决定规定的日期。

（二）本法的时间效力

本法的时间效力体现在以下几个方面。第一，1963年4月10日国务院公布的《商标管理条例》，在本法于1983年3月1日施行起予以废止。第二，其他法律、行政法规、地方性法规、规章中有关商标管理的规定，凡与本法抵触的，应于本法的施行之日起失去效力；凡与本法的修改决定抵触的，应于本法的修改决定施行之日起失去效力。第三，本法不具有溯及力。法律的溯及力是指法律溯及既往的效力，即法律不仅适用于其施行后所发生的行为，而且适用于其施行前所发生的行为。根据《立法法》的规定，法律通常不具有溯及力，这是一项基本的法治原则。本法也不具有溯及既往的效力，因此，本法施行以前，已经注册的商标继续有效。

适用指引

本法于 1983 年 3 月 1 日施行，当日生效。此后，本法经过四次修正，凡是修改涉及的具体规定，都从修改决定施行之日起生效。本法不具有溯及力，但是与其存在抵触的其他规范性文件的规定，都应当自其生效之日起失效。

《反不正当竞争法》（部分）

第二条　经营者在生产经营活动中，应当遵循自愿、平等、公平、诚信的原则，遵守法律和商业道德。

本法所称的不正当竞争行为，是指经营者在生产经营活动中，违反本法规定，扰乱市场竞争秩序，损害其他经营者或者消费者的合法权益的行为。

本法所称的经营者，是指从事商品生产、经营或者提供服务（以下所称商品包括服务）的自然人、法人和非法人组织。

关联规定

一、法律、行政法规、司法解释

《最高人民法院关于适用〈中华人民共和国反不正当竞争法〉若干问题的解释》

第一条　经营者扰乱市场竞争秩序，损害其他经营者或者消费者合法权益，且属于违反反不正当竞争法第二章及专利法、商标法、著作权法等规定之外情形的，人民法院可以适用反不正当竞争法第二条予以认定。

第二条　与经营者在生产经营活动中存在可能的争夺交易机会、损害竞争优势等关系的市场主体，人民法院可以认定为反不正当竞争法第二条规定的“其他经营者”。

第三条　特定商业领域普遍遵循和认可的行为规范，人民法院可以认定为反不正当竞争法第二条规定的“商业道德”。

人民法院应当结合案件具体情况，综合考虑行业规则或者商业惯例、经营者的主观状态、交易相对人的选择意愿、对消费者权益、市场竞争秩序、社会公共利益的影响等因素，依法判断经营者是否违反商业道德。

人民法院认定经营者是否违反商业道德时，可以参考行业主管部门、行业协会或者自律组织制定的从业规范、技术规范、自律公约等。

二、部门规章及规范性文件

《国务院关于促进市场公平竞争维护市场正常秩序的若干意见》

（三）总体目标。

立足于促进企业自主经营、公平竞争，消费者自由选择、自主消费，商品和要素自由流动、平等交换，建设统一开放、竞争有序、诚信守法、监管有力的现代市场体系，加快形成权责明确、公平公正、透明高效、法治保障的市场监管格局，到2020年建成体制比较成熟、制度更加定型的市场监管体系。

三、强化市场行为监管

依法规范生产、经营、交易等市场行为，创新监管方式，保障公平竞争，促进诚信守法，维护市场秩序。

条文释义

一、本条主旨

本条是关于竞争原则、不正当竞争行为的定义、经营者定义的规定。

二、条文演变

1993年《反不正当竞争法》第2条规定，经营者在市场交易中，应当遵循自愿、平等、公平、诚信的原则，遵守公认的商业道德。

本法所称的不正当竞争，是指经营者违反本法规定，损害其他经营者的合法权益，扰乱社会经济秩序的行为。

本法所称的经营者，是指从事商品经营或者营利性服务（以下所称商品包括服务）的法人、其他经济组织和个人。

1993年制定《反不正当竞争法》后，又于2017年、2019年分别进行了两次修改，涉及第2条的修改内容如下：一是将第1款中的“市场交易”修改为“生产经营活动”；二是将竞争原则由“遵守公认的商业道德”修改为“遵守法律和商业道德”；三是增加了“扰乱市场竞争秩序”“损害消费者的合法利益”的损害后果，并将“扰乱市场竞争秩序”这一结果要件放置在“损害其他经营者或者消费者的合法权益”之前；四是对第3款“经营者”的定义进行了修改，删除了关于必须从事“营利性”服务的要求。

三、条文解读

（一）关于竞争原则

《反不正当竞争法》第2条规定的竞争原则包括：自愿、平等、公平、诚信，以及遵守法律和商业道德。自愿原则要求经营者尊重交易相对方按照自己的意思行事的权利，不得以胁迫或者利用对方处于危困状态等手段迫使交易相对方接受违背自身意愿的交易。平等原则要求经营者尊重交易相对方的平等地位，在平等协商的基础上达成交易条款，不得利用自己的优势地位向对方施加不当压力。公平原则要求经营者公正、平允地确定自身及交易相对方的权利、义务、责任，各自对等，不能相差悬殊。诚信原则要求经营者秉持善意，讲诚实、重承诺、守信用，不弄虚作假，不欺骗他人。守法原则要求经营者尊法、信法、守法，依法从事生产经营活动，依法维护自身的合法权益。商业道德是从事商业活动应当遵循的道德规范，经营者应当接受商业道德规范的约束，形成良好的经营作风，树立良好的商业信誉。

（二）关于不正当竞争行为

人民法院在适用《反不正当竞争法》第2条进行认定时，应当注意以下几个问题。一是不正当竞争行为的主体是经营者，即从事商品生产、经营或者提供服务的自然人、法人和非法人组织。二是不正当竞争行为的表现形式，是经营者在生产经营活动中实施的违反本法规定、扰乱市场经济秩序的行为。这里的“违反本法规定”，既包括违反本法第二章关于不正当竞争行为的各项具体规定，又包括违反本法第2条第1款关于竞争原则的规定。也就是说，经营者违反本法第二章的规定，实施混淆仿冒、商业贿赂、虚假宣传、侵犯商业秘密、违法有奖销售、商业诋毁、网络不正当竞争等行为，构成不正当竞争，依法承担相应责任。同时，经营者实施本法第二章明确列举之外的行为，如果属于违反本法第2条第1款规定的诚信原则或者商业道德等，也可能构成不正当竞争，需要承担相应责任。需要注意的是，人民法院在处理不正当竞争行为时，根据案件的实际情况，既可以适用本法第二章的规定，也可以适用本法第2条关于不正当竞争行为定义的规定（“一般条款”）；但由于《反不正当竞争法》没有针对违反“一般条款”设定相应处罚，按照《行政处罚法》第3条的规定，行政机关不能适用“一般条款”查处不正当竞争行为。三是不正当竞争的后果，是损害了其他经营者或者消费者的合法权益。需要注意的是，对于经营者实施的损害消费者的合法权益但不涉及竞争关系、竞争秩序的行为，不属于本法规定的不正当竞争行为。

（三）关于经营者

《反不正当竞争法》第2条第3款对经营者进行了界定，是指独立参与市场活动的各类主体，包括自然人、法人和非法人组织，从营业性质上看包括生产者、经销者和服务提供者。判断一个主体是否属于本法规定的经营者，关键在于其是否作为法律上和经济上独立的行为主体参与市场活动，而不在于具体的组织形式。[①]

适用指引

一、对一般条款的修改

《反不正当竞争法》自1993年12月1日施行以来，历经2017年、2019年两次修改，修改内容涉及33个条文。修改后的新法，确认了一般条款的民事适用，并通过完善一般条款构成要件的方式，确保其正确的适用方向和适用范围，体现了对一般条款的适用保持开放但适当予以限制的精神。2019年《反不正当竞争法》第2条第2款将“扰乱市场经济秩序”放置在“损害其他经营者或者消费者的合法利益”之前，法条字面表述的调整体现的是利益衡量序位的变化。也就是说，人民法院在适用一般条款认定法律没有明确列举的不正当竞争行为时，应当首先考虑对竞争秩序的损害，而不是将私益保护放在首位。即对于经营者实施的损害消费者的合法权益但不涉及竞争关系、竞争秩序的行为，不属于《反不正当竞争法》规定的不正当竞争行为。

① 参见王瑞贺主编：《中华人民共和国反不正当竞争法释义》，法律出版社2018年版，第5~7页。

二、一般条款的适用条件

自《反不正当竞争法》实施以来，一般条款已经成为人民法院认定新类型不正当竞争行为的主要法律依据，对维护公平竞争的市场秩序发挥了重要作用，适用效果得到立法机关的充分肯定。但由于法律、司法解释均未明确规定一般条款的适用条件，实践中存在裁判标准不统一、当事人缺乏清晰的法律预期的情况。在《反不正当竞争法》第 2 章和《商标法》等知识产权专门法未对有关行为作出明确规定，但该行为扰乱市场竞争秩序、损害其他经营者和消费者合法权益的，人民法院可以适用《反不正当竞争法》第 2 条的规定进行认定。该种适用方式，既厘清了一般条款与具体行为条款和知识产权专门法规定之间的适用关系，也明确了《反不正当竞争法》第 2 条对《反不正当竞争法》自身及知识产权各部门法的整体性兜底适用地位。

三、竞争关系的理解

对竞争关系的界定决定了《反不正当竞争法》的调整范围，但修改前后的《反不正当竞争法》均未对此作出规定。在既往的司法实践中，双方是否存在竞争关系、是否为适格主体等问题，常成为诉争焦点，有必要对此作出明确。《反不正当竞争法》没有使用“竞争关系”的表述，故对第 2 条第 2 款中的“其他经营者”(即原告)的范围作出正确理解就是合理界定竞争关系的范围。考虑到狭义解释必然大大限制法律的适用范围，不符合实际需求，而广义解释已经具有广泛的实践基础。因此，与经营者在生产经营活动中存在可能的争夺交易机会、损害竞争优势等关系的市场主体，人民法院均可以认定其为《反不正当竞争法》第 2 条规定的“其他经营者”。

四、违反商业道德的认定

人民法院运用一般条款判断市场竞争行为是否具有不正当性时，核心是如何把握诚信原则和商业道德。对此，可参考最高人民法院在“马某庆”案[①]中对商业道德的表述，即商业道德是区别于日常道德标准的商业伦理标准。此外，由于网络经营行为与传统经营行为交叉融合，还没有形成行业应当普遍遵

---

① 最高人民法院（2009）民申字第 1065 号民事裁定书。

守和认同的规则底线，所以强化公平竞争的法治意识，还需要充分发挥行业协会、商会等组织的作用，即鼓励他们通过签署行业自律协议、发布自律章程等，引导经营者诚实守信。因此，人民法院在个案中认定经营者是否违反商业道德，应当结合案件具体情况，综合考虑行业规则或者商业惯例、经营者的主观状态、交易相对人的选择意愿、对消费者权益、市场竞争秩序、社会公共利益的影响等因素，依法判断经营者是否违反商业道德，还可以参考行业主管部门、行业协会或者自律组织制定的从业规范、技术规范、自律公约等。

典型案例

一、山东省食品进出口公司等三公司诉马某庆及青岛圣克达诚贸易有限公司不正当竞争纠纷案

关键词：商业机会　诚实信用　商业道德　不正当竞争

裁判摘要：在正常情况下能够合理预期获得的商业机会，可以成为法律特别是《反不正当竞争法》所保护的法益；但基于商业机会的开放性和不确定性，只有当竞争对手不遵循诚信原则和违反公认的商业道德，通过不正当手段攫取他人可以合理预期获得的商业机会时，才为反不正当竞争法所禁止。凡是法律已经通过特别规定作出穷尽性保护的行为方式，不宜再适用《反不正当竞争法》的一般规定予以管制；对于竞争行为尤其是不属于《反不正当竞争法》第二章列举规定的行为的正当性，应当以该行为是否违反了诚信原则和公认的商业道德作为基本判断标准；在《反不正当竞争法》中，诚信原则主要体现为公认的商业道德；商业道德所体现的是一种商业伦理，是交易参与者共同和普遍认可的行为标准，应按照特定商业领域中市场交易参与者即经济人的伦理标准来加以评判。职工在职期间筹划设立与所在单位具有竞争关系的新公司，为自己离职后的生涯作适当准备，并不当然具有不正当性；只有当职工的有关行为违反了法定或者约定的竞业限制义务的情况下，才能够认定该行为本身具有不正当性。职工在工作中掌握和积累的知识、经验和技能，除属于单位的商业秘密的情形外，构成其人格的组成部分，职工离职后有自主利用的自由；在既没有违反竞业限制义务，又没有侵犯商业秘密的情况下，劳动者运用自己在原用人单位学习的知识、经验与技能为其他与原单位存在竞争关系的单位服

务的，不宜简单地以《反不正当竞争法》第2条的原则规定认定构成不正当竞争。

基本案情：原告分别为山东省食品进出口公司（以下简称山东食品），山东山孚集团有限公司（以下简称山孚集团），山东山孚日水有限公司（以下简称山孚日水）。山东食品自20世纪70年代起，开始向日本北海道渔业协同组合联合会的会下企业出口海带。至20世纪末，年出口数量稳定在600吨以上。随着山孚集团、山孚日水的先后成立，山东食品的对日海带业务逐渐委托给了前二公司经营。在30多年的海带业务发展过程中，原告三公司通过几代职工的集体努力，在花费了大量的人力、物力和财力之后，逐步拓展、巩固了海带业务的供应、出口渠道，研发并申请了“网晒海带”发明专利，与产区养殖户和日本进口商之间保持了良好稳定的业务合作关系。三公司每年的对日出口业务可以为山东食品带来600万元到800万元的人民币的利润。

被告分别是马某庆及其所供职的圣客达诚贸易有限公司（以下简称圣客达诚公司）。被告马某庆于1986年进入山东食品进出口公司工作，2000年8月1日调入山孚集团工作，2005年调入山孚日水工作。工作期间马某庆主要参与并负责对日的海带出口业务，也就得以接触和掌握海带出口业务的全部流程、技术和客户信息等。2006年9月5日，马某庆书面建议山东食品结束了对于网晒海带的专利的续期。同年12月，马某庆离职并带走海带贸易的相关文件资料。离职后随即供职于圣客达诚公司。

被告圣客达诚公司系由法定代表人陈某荣（系马某庆的外甥）于2006年9月22日出资50万元设立的一人有限公司。该公司的经营范围与原告相同，同样为经营水产品的进出口业务。颜某贞（系马某庆的配偶）担任该公司的执行董事。公司的实际运营由马某庆操控。在2006年至2007年间，圣客达诚公司向具体负责分配海带出口份额的中粮集团提交了从事对日海带出口业务的申请。2007年1月10日，根据圣克达诚公司的申请，中粮公司要求圣克达诚公司书面报送2007年度海带出口工作计划。2007年1月25日，中粮公司书面通知圣克达诚公司和山东食品将对两公司就2007年度海带经营计划的相关内容进行询问和调查。2007年2月14日，经过考察，中粮公司致函给圣克达诚公司，决定将2007年威海海带出口日本业务交由圣克达诚公司执行。2007年4月6日，中粮公司下发文件将2007年度各公司海带配额数量予以公示，其中圣克达诚公司在威海地区海带配额数量为310吨。至此，圣克达诚公司取得了2007年度出口日本海带配额。于是自2007年5月起，马某庆及圣客达诚公司利用三原告的海带收购渠道，大量向海带养殖户收购“网晒海带”，准备对日出口。

原告于是向山东省青岛市中级人民法院提起诉讼。原告认为山东食品经营达30年之久的对日海带出口业务的商业机会应该受到法律的保护。被告马某庆利用其任职期间所掌握的海带业务的全部流程、技术和客户信息，通过离职前后实施相关行为而窃取本属于原告的商业机会为自己谋取不正当利益，该行为违背了诚信的市场竞争规则。而其所控制的被告圣客达诚公司与原告的海带业务范围完全一致，其设立的目的便在于攫取原告的商业机会，并且已经给原告造成了巨大的经济损失。违反了《反不正当竞争法》第2条的规定。其行为已经构成不正当竞争行为。

原告在一审中提出的诉讼请求是：(1)确认马某庆、圣客达诚公司的行为构成不正当竞争；(2)马某庆向三原告返还与海带业务相关的所有文件、资料；(3)两被告停止利用山东食品、山孚集团的收购、出口渠道经营海带业务；(4)两被告连带赔偿三原告的经营利润损失计人民币600万元；(5)两被告连带赔偿三原告为处理本案所花费的交通费、律师费和其他实际支出人民币10万元；(6)由两被告承担本案诉讼费。被告则认为自己的行为并未违反公平竞争的原则，不构成不正当竞争。要求法院驳回原告的诉讼请求。

山东省青岛市中级人民法院一审判决：被告马某庆、圣客达诚公司于本案判决生效之日起立即停止采取与原告山东食品相同的方式经营对日出口海带贸易，其不得经营的时间为判决生效之日起3年；被告圣客达诚公司于判决生效之日起10日内赔偿原告山东食品经济损失人民币2111669.27元；被告马某庆对上列第2项的给付义务承担连带赔偿责任；驳回原告山东食品其他诉讼请求；驳回原告山东山孚、山孚日水的诉讼请求；山东省高级人民法院二审判决：撤销山东省青岛市中级人民法院一审判决，驳回山东食品、山孚集团、山孚日水的诉讼请求。最高人民法院以(2009)民申字第1065号裁定书维持二审法院的判决。

【案　　号】(2009)民申字第1065号

【审理法院】最高人民法院

【来　　源】《最高人民法院公报》2011年第10期

二、北京奇虎科技有限公司与北京百度网讯科技有限公司、百度在线网络技术（北京）有限公司及一审被告奇智软件（北京）有限公司不正当竞争纠纷案

关键词： 干扰行为　合理性　必要性　不正当竞争

裁判摘要： 安全软件在计算机系统中拥有优先权限，其应当审慎运用这种“特权”，对用户及其他服务提供者的干预行为应以“实现其功能所必需”为前提。在缺乏合理性与必要性的情况下，未经许可对他人搜索结果实施的干扰行为，构成不正当竞争。

基本案情： 在再审申请人北京奇虎科技有限公司（以下简称奇虎公司）与被申请人北京百度网讯科技有限公司（以下简称百度网讯公司）、百度在线网络技术（北京）有限公司（以下简称百度在线公司）及一审被告奇智软件（北京）有限公司（以下简称奇智公司）不正当竞争纠纷案中，根据公证文书的内容显示，在安装运行“360 安全卫士 v8.6Beta3”软件后，使用关键词搜索的方式访问百度网时，搜索结果处会出现红底白色感叹号图标（在未安装“360 安全卫士 v8.6Beta3”软件之前，搜索结果处无任何图标），点击该图标后自动弹出包含有“360 安全中心”“存在欺诈广告的网站”“当前页面含有大量未经证实的广告信息，虚假广告可能给您造成财产损失，请您谨慎访问”等内容的对话框。点击搜索结果后，页面内容显示“360 网盾”“存在欺诈广告的网站”“当前页面含有大量未经证实的广告信息，虚假广告可能给您造成财产损失，请您谨慎访问”。根据该页面的指引，网页自动跳转至 s.se.360.cn/v3/bd/ljy.html，该网页包含有“体验 360 安全浏览器”等字样，点击“体验 360 安全浏览器”，弹出对话框引导用户安装“360 安全浏览器 4.1 正式版”。运行桌面上 360 安全浏览器的快捷方式，弹出页面进入网站 se.360.cn，点击该页面上的“开始上网”，进入网站 hao.360.cn。百度网讯公司、百度在线公司以奇虎公司、奇智公司的相关行为侵害商标权及不正当竞争为由，提起诉讼。北京市第一中级人民法院一审认为，奇虎公司的 360 安全卫士在百度网站搜索结果页面上有选择地插入了红底白色感叹号图标作为警告标识，以警示用户该搜索结果对应的网站存在风险的行为，违反了《反不正当竞争法》第 2 条规定的诚实信用原则，构成不正当竞争。遂判决奇虎公司停止不正当竞争行为，赔偿百度网讯公司、百度在线公司经济损失 40 万元及合理支出 5 万元。奇虎公司不

服，提起上诉。北京市高级人民法院二审判决驳回上诉、维持原判。奇虎公司仍不服，向最高人民法院申请再审。最高人民法院于 2014 年 11 月 14 日裁定驳回奇虎公司的再审申请。

【案　　号】（2014）民申字第 873 号

【审理法院】最高人民法院

【来　　源】《最高人民法院知识产权案件年度报告（2014）》

第六条　经营者不得实施下列混淆行为，引人误认为是他人商品或者与他人存在特定联系：

（一）擅自使用与他人有一定影响的商品名称、包装、装潢等相同或者近似的标识；

（二）擅自使用他人有一定影响的企业名称（包括简称、字号等）、社会组织名称（包括简称等）、姓名（包括笔名、艺名、译名等）；

（三）擅自使用他人有一定影响的域名主体部分、网站名称、网页等；

（四）其他足以引人误认为是他人商品或者与他人存在特定联系的混淆行为。

关联规定

法律、行政法规、司法解释

1.《最高人民法院关于审理注册商标、企业名称与在先权利冲突的民事纠纷案件若干问题的规定》

第二条　原告以他人企业名称与其在先的企业名称相同或者近似，足以使相关公众对其商品的来源产生混淆，违反反不正当竞争法第六条第（二）项的规定为由提起诉讼，符合民事诉讼法第一百一十九条规定的，人民法院应当受理。

2.《最高人民法院关于适用〈中华人民共和国反不正当竞争法〉若干问题的解释》

第四条　具有一定的市场知名度并具有区别商品来源的显著特征的标识，人民法院可以认定为反不正当竞争法第六条规定的"有一定影响的"标识。

人民法院认定反不正当竞争法第六条规定的标识是否具有一定的市场知名度，应当综合考虑中国境内相关公众的知悉程度，商品销售的时间、区域、数额和对象，宣传的持续时间、程度和地域范围，标识受保护的情况等因素。

第五条 反不正当竞争法第六条规定的标识有下列情形之一的，人民法院应当认定其不具有区别商品来源的显著特征：

（一）商品的通用名称、图形、型号；

（二）仅直接表示商品的质量、主要原料、功能、用途、重量、数量及其他特点的标识；

（三）仅由商品自身的性质产生的形状，为获得技术效果而需有的商品形状以及使商品具有实质性价值的形状；

（四）其他缺乏显著特征的标识。

前款第一项、第二项、第四项规定的标识经过使用取得显著特征，并具有一定的市场知名度，当事人请求依据反不正当竞争法第六条规定予以保护的，人民法院应予支持。

第六条 因客观描述、说明商品而正当使用下列标识，当事人主张属于反不正当竞争法第六条规定的情形的，人民法院不予支持：

（一）含有本商品的通用名称、图形、型号；

（二）直接表示商品的质量、主要原料、功能、用途、重量、数量以及其他特点；

（三）含有地名。

第七条 反不正当竞争法第六条规定的标识或者其显著识别部分属于商标法第十条第一款规定的不得作为商标使用的标志，当事人请求依据反不正当竞争法第六条规定予以保护的，人民法院不予支持。

第八条 由经营者营业场所的装饰、营业用具的式样、营业人员的服饰等构成的具有独特风格的整体营业形象，人民法院可以认定为反不正当竞争法第六条第一项规定的"装潢"。

第九条 市场主体登记管理部门依法登记的企业名称，以及在中国境内进行商业使用的境外企业名称，人民法院可以认定为反不正当竞争法第六条第二项规定的"企业名称"。

有一定影响的个体工商户、农民专业合作社（联合社）以及法律、行政法规规定的其他市场主体的名称（包括简称、字号等），人民法院可以依照反不正当竞争法第六条第二项予以认定。

第十条 在中国境内将有一定影响的标识用于商品、商品包装或者容器以及商品交易文书上，或者广告宣传、展览以及其他商业活动中，用于识别商品来源的行为，人民法院可以认定为反不正当竞争法第六条规定的“使用”。

第十一条 经营者擅自使用与他人有一定影响的企业名称（包括简称、字号等）、社会组织名称（包括简称等）、姓名（包括笔名、艺名、译名等）、域名主体部分、网站名称、网页等近似的标识，引人误认为是他人商品或者与他人存在特定联系，当事人主张属于反不正当竞争法第六条第二项、第三项规定的情形的，人民法院应予支持。

第十二条 人民法院认定与反不正当竞争法第六条规定的“有一定影响的”标识相同或者近似，可以参照商标相同或者近似的判断原则和方法。

反不正当竞争法第六条规定的“引人误认为是他人商品或者与他人存在特定联系”，包括误认为与他人具有商业联合、许可使用、商业冠名、广告代言等特定联系。

在相同商品上使用相同或者视觉上基本无差别的商品名称、包装、装潢等标识，应当视为足以造成与他人有一定影响的标识相混淆。

第十三条 经营者实施下列混淆行为之一，足以引人误认为是他人商品或者与他人存在特定联系的，人民法院可以依照反不正当竞争法第六条第四项予以认定：

（一）擅自使用反不正当竞争法第六条第一项、第二项、第三项规定以外“有一定影响的”标识；

（二）将他人注册商标、未注册的驰名商标作为企业名称中的字号使用，误导公众。

第十四条 经营者销售带有违反反不正当竞争法第六条规定的标识的商品，引人误认为是他人商品或者与他人存在特定联系，当事人主张构成反不正当竞争法第六条规定的情形的，人民法院应予支持。

销售不知道是前款规定的侵权商品，能证明该商品是自己合法取得并说明提供者，经营者主张不承担赔偿责任的，人民法院应予支持。

第十五条 故意为他人实施混淆行为提供仓储、运输、邮寄、印制、隐匿、经营场所等便利条件，当事人请求依据民法典第一千一百六十九条第一款予以认定的，人民法院应予支持。

条文释义

一、本条主旨

本条是关于禁止混淆行为的规定。

二、条文演变

本条系由1993年《反不正当竞争法》第5条转化而来。2017年修订《反不正当竞争法》时，修改的主要内容包括以下两个方面：一是进一步澄清了混淆行为的概念，以“引人误认为是他人商品或者与他人存在特定联系”作为判断标准，以被仿冒的标识在相关领域中有一定影响为前提；二是以列举加兜底方式对混淆行为进行规制，以适应实践发展的需要，防止挂一漏万。

三、条文解读

在生产经营活动中，经营者应当通过自身努力，提高自己商品或者服务的质量，增加影响力和美誉度，从而提高市场竞争力。但是在实践中，有的经营者却不愿意通过自身努力提高市场竞争力，而是试图通过“搭便车”“傍名牌”的方式不劳而获，即通过仿冒他人主体标识、他人商品标识等，引人将自己的商品误认为是他人商品或者与他人存在特定联系，以借用他人、他人商品的影响力、美誉度提高自己或自己商品的市场竞争力。上述混淆行为，不但损害了被混淆对象的合法权益，欺骗、误导了消费者，而且扰乱了市场竞争秩序，是一种典型的不正当竞争行为，是有关国际公约和各国竞争法律所重点规制的内容。[①]

《巴黎公约》第10条之2就明确规定，采用任何手段对竞争者的营业所、商品或工商业活动产生混淆性质的一切行为，应当予以禁止。世界知识产权组织对此作了进一步解释：任何商业标识，对来源或出处产生或者可能产生混淆的任何行为常常构成不正当竞争行为。混淆的概念不应限于商业来源或出处的混淆，还应当包括对商业关系的混淆，如有关隶属、附属关系的混淆等。世界

① 参见王瑞贺主编：《中华人民共和国反不正当竞争法释义》，法律出版社2018年版，第13页。

主要国家也均对混淆行为作了禁止性规定。例如,《德国反不正当竞争法》规定,行为人提供的商品或服务系其他竞争者商品或服务的仿冒品,导致对购买人就商品或服务的企业来源进行欺诈,而这种欺诈是可以避免的,或者不适当地利用或损害被仿冒商品或服务的声誉的,构成不正当竞争的混淆行为。

适用本条关于禁止混淆行为的规定,需要把握以下要点。

(一)实施混淆行为的主体是经营者

本条所称"经营者",包括从事商品生产、经营或者提供服务的自然人、法人和非法人组织。

(二)被混淆对象是有一定影响的标识

本条规定的被混淆对象主要包括三类标识。第一类是商品标识,即他人有一定影响的商品名称、包装、装潢等标识。其中既包括使用与他人标识完全相同的标识,也包括使用与他人标识近似的标识;既包括商品标识,也包括服务标识;既包括明确列举的商品名称、包装、装潢,也可以视具体情况包括未明确列举的他人商标、商品形状等。第二类是主体标识,包括企业名称及其简称、字号等,社会组织名称及其简称等,自然人姓名、笔名、艺名、译名等。第三类是网络活动中的一些特殊标识,如他人有一定影响的域名主体部分、网站名称、网页等。需要特别强调的是,本条规范的是经营者的不正当竞争行为,经营者用于实施混淆行为的标识应当是用于生产经营活动的商业标识;但是,本条并未要求被混淆对象一定是商业标识,即经营者不但不能仿冒他人用于生产经营活动的有一定影响的标识,也不得仿冒他人虽未用于生产经营活动但也有一定影响的标识(如公益网站名称)。

同时,为规范今后可能出现的其他混淆行为,本条还规定了兜底条款,即"其他足以引人误认为是他人商品或者与他人存在特定联系的混淆行为",其中特别强调适用兜底条款应当慎重,即仅在其行为"足以"引人误认为是他人商品或者与他人存在特定联系时,才构成本条规定的混淆行为。

要求被混淆对象在相关领域有一定影响,即为相关公众所知悉,在本条修改的时候曾存在不同意见。一种意见认为,《巴黎公约》第 10 条之 2 禁止以任何手段对竞争者的营业所、商品或工商业活动产生混淆性质的一切行为,并未要求被混淆对象在相关领域有一定影响;不论被混淆对象是否在相关领域有一定影响，只要导致引人误认为是他人商品或者与他人存在特定联系，都构成混淆。另一种意见认为，经营者要达到“搭便车”“傍名牌”的目的，所选择的被混淆对象一般都是在相关领域有一定影响的标识；如果标识在相关领域没有一定影响，也不可能造成混淆。对此，司法实践中已有共识，也形成了比较成熟的判断标准，因此本条明确规定，被混淆对象限于他人“有一定影响”的标识。

关于“有一定影响”的理解，最高人民法院根据多年的司法实践，作了总结概括：具有一定的市场知名度并具有区别商品来源的显著特征的标识，人民法院可以认定为《反不正当竞争法》第6条规定的“有一定影响的”标识。同时，人民法院认定《反不正当竞争法》第6条规定的标识是否具有一定的市场知名度？应当综合考虑中国境内相关公众的知悉程度，商品销售的时间、区域、数额和对象，宣传的持续时间、程度和地域范围，标识受保护的情况等因素。

（三）从事混淆行为的方式是“擅自使用”

首先，擅自使用，是指未经权利人同意的使用。如果经权利人同意后使用，则不构成混淆行为，例如，通过签订协议取得商业标识使用权，通过赞助取得社会组织的冠名授权，请明星代言等。其次，擅自使用不限于以相同或者近似的方式使用。例如，不仅将他人有一定影响的商品名称用作自己的商品名称或字号可能构成混淆行为，将他人有一定影响的字号用作自己的字号或商品名称也可能构成混淆行为。

（四）混淆结果是引人误认为是他人商品或者与他人存在特定联系

是否混淆，最终要从结果上进行判断。其中，“引人误认”一般指相关公众（即相关领域的普通消费者，区别于专业人士、无关人员）以与商品价值相适应的一般注意力对商品形成的整体印象作出的判断。混淆的结果包括两种：一种是商品来源混淆，即将经营者的商品误认为是他人商品；另一种是特定联系混淆，即误以为该经营者或者其商品与被混淆对象存在商业联合、许可使用、商业冠名、广告代言等特定关系。

(五)关于单纯的销售者是否适用的问题

销售者是否适用《反不正当竞争法》第6条，在司法实践中有一个变化的过程。在此前的一段司法实践中，法院裁判认为针对单纯的销售者并不适用《反不正当竞争法》第6条，即权利人仅起诉销售者时，人民法院并不认定销售者构成《反不正当竞争法》第6条规定的行为。在2022年制定《反不正当竞争法》的司法解释时，将销售者纳入了规范范围，明确规定，经营者销售带有违反《反不正当竞争法》第6条规定的标识的商品，引人误认为是他人商品或者与他人存在特定联系，当事人主张构成《反不正当竞争法》第6条规定的情形的，人民法院应予支持。但是，同时人民法院又赋予这些销售者以合法来源抗辩权，即销售不知道是前款规定的侵权商品，能证明该商品是自己合法取得并说明提供者，经营者主张不承担赔偿责任的，人民法院应予支持。

(六)以具有不良影响的标志作为显著识别部分的包装、装潢不能得到《反不正当竞争法》的保护

《反不正当竞争法》的立法目的在于通过制止不正当竞争行为，鼓励和保护公平竞争，保护经营者和消费者的合法权益。因此，经营者请求保护的包装、装潢只有在不损害他人及社会公共利益的情况下，才能够成为《反不正当竞争法》保护的合法权益。

典型案例

一、广东加多宝饮料食品有限公司与广州医药集团有限公司、广州王老吉大健康产业有限公司擅自使用知名商品特有包装装潢纠纷两案

关键词：不正当竞争　知名商品　特有包装装潢　权益归属

裁判摘要：1993年《反不正当竞争法》第5条第2项规定的“知名商品”和“特有包装装潢”之间具有互为表里、不可割裂的关系，只有使用了特有包装装潢的商品，才能够成为《反不正当竞争法》调整的对象。抽象的商品名称或无确定内涵的商品概念，脱离于包装装潢所依附的具体商品，缺乏可供评价的实际使用行为，不具有依据《反不正当竞争法》第5条第2项规定进行评价

的意义。

基本案情：在上诉人广东加多宝饮料食品有限公司（简称加多宝公司）与被上诉人广州医药集团有限公司（简称广药集团）、广州王老吉大健康产业有限公司（简称大健康公司）擅自使用知名商品特有包装装潢纠纷两案中，2012年7月6日，广药集团与加多宝公司于同日分别向法院提起诉讼，均主张享有“红罐王老吉凉茶”知名商品特有包装装潢的权益，并据此诉指对方生产销售的红罐凉茶商品的包装装潢构成侵权。广东省高级人民法院一审认为，“红罐王老吉凉茶”包装装潢的权益享有者应为广药集团，大健康公司经广药集团授权生产销售的红罐凉茶不构成侵权。由于加多宝公司不享有涉案包装装潢权益，故其生产销售的一面“王老吉”、一面“加多宝”和两面“加多宝”的红罐凉茶均构成侵权。一审法院遂判令加多宝公司停止侵权行为，刊登声明消除影响，并赔偿广药集团经济损失1.5亿元及合理维权费用26万余元。加多宝公司不服两案一审判决，向最高人民法院提起上诉。最高人民法院终审判决认为，本案中的知名商品为“红罐王老吉凉茶”，在红罐王老吉凉茶产品的罐体上包括“黄色王老吉文字、红色底色等色彩、图案及其排列组合等组成部分在内的整体内容”，为知名商品的特有包装装潢。广药集团与加多宝公司均主张对红罐王老吉凉茶的特有包装装潢享有权益，具体而言，作为“王老吉”注册商标的权利人，广药集团认为，因“王老吉”商标是包装装潢不可分割的组成部分，并发挥了指示商品来源的显著识别作用，消费者当然会认为红罐王老吉凉茶来源于“王老吉”商标的权利人，而配方、口味并不会影响消费者对商品的识别和判断。作为红罐王老吉凉茶曾经的实际经营者，加多宝公司认为，包装装潢权益与“王老吉”商标权的归属问题各自独立，互不影响。消费者喜爱的是由加多宝公司生产并选用特定配方的红罐王老吉凉茶，本案包装装潢由加多宝公司使用并与前述商品紧密结合，包装装潢的相关权益应归属于加多宝公司。最高人民法院对此认为，结合红罐王老吉凉茶的历史发展过程、双方的合作背景、消费者的认知及公平原则的考量，因广药集团及其前身、加多宝公司及其关联企业，均对涉案包装装潢权益的形成、发展和商誉建树，各自发挥了积极的作用，将涉案包装装潢权益完全判归一方所有，均会导致显失公平的结果，并可能损及社会公众利益。因此，涉案知名商品特有包装装潢权益，在遵循诚实信用原则和尊重消费者认知并不损害他人合法权益的前提下，可由广药集团与加多宝公司共同享有。在此基础上，广药集团所称加多宝公司生产销售的红罐凉茶商品，以及加多宝公司所称大健康公司根据广药集团授权生产销售的红罐凉茶商品构成擅自使用他人知名商品特有包装装潢权益的主张，均不能成立。最高人民法院遂于2017年7月7日二审判决对广药集团及加多宝公司的诉讼请求均予以驳回。

【案　　号】(2015)民三终字第2号、第3号

【审理法院】最高人民法院

【来　　源】2017年中国法院10大知识产权案件和50件典型知识产权案例

二、江苏苏萨食品有限公司与山西得惠永盛商贸有限公司、山西超鑫湘汇食品有限公司、中山市回力食品饮料有限公司不正当竞争纠纷案

关键词：不正当竞争　包装装潢　不良影响　显著识别部分

裁判摘要：包装装潢中包含具有不良影响的商业标识，且该标识构成包装装潢的主要识别部分，该包装装潢不能作为知名商品特有包装装潢获得反不正当竞争法的保护。

基本案情：在再审申请人江苏苏萨食品有限公司(以下简称苏萨公司)与被申请人山西得惠永盛商贸有限公司(以下简称德惠永盛公司)、山西超鑫湘汇食品有限公司(以下简称超鑫湘汇公司)、中山市回力食品饮料有限公司(以下简称回力公司)不正当竞争纠纷案中，湛江市苏萨食品有限公司(以下简称湛江苏萨公司)先后申请并获准注册第11115842号"特种兵"盾牌图文组合商标(以下简称盾牌商标)、第7600566号"特种兵"七个兵图文组合商标(以下简称七个兵商标)，后盾牌商标的注册人变更为苏萨公司。"特种兵生榨椰子汁"(即涉案商品)的标签、纸箱外观设计平面图由湛江苏萨公司委托案外人设计，苏萨公司自2010年起开始试点生产涉案商品，2012年起开始进行广告宣传。另查明，北京市高级人民法院(2017)京行终4384号行政判决以盾牌商标具有不良影响、违反商标法第十条第一款第八项规定为由，认定应予无效。苏萨公司向山西省太原市中级人民法院(以下简称一审法院)提起诉讼认为，超鑫湘汇公司生产的"心湘汇"椰汁(即被诉侵权产品)侵害了苏萨公司就涉案商品享有的特有包装装潢权益。苏萨公司进一步明确，其请求保护的知名商品特有包装、装潢的主要特征为：瓶身整体为深蓝、浅蓝白色相间的蓝色迷彩图案，瓶身上半部分标注注册商标标识，由"特种兵"中文字样、横排的五个黑色五角星和白底内嵌黑边的盾形图案组成，"特种兵"中文

字样上方有7个人像剪影。一审法院判决驳回苏萨公司的诉讼请求。苏萨公司不服，提起上诉。山西省高级人民法院二审判决驳回上诉、维持原判。苏萨公司不服，向最高人民法院申请再审。最高人民法院审查认为，《反不正当竞争法》仅制止有损竞争秩序的特定竞争行为，并非所有的竞争行为均为反不正当竞争法的规范对象。在判断是否构成《反不正当竞争法》规制的仿冒行为时，既需要审查竞争行为的正当性，也需要经营者证明其所遭受损害的利益乃正当的竞争利益。如果主张受到保护的竞争利益非法或者具有不正当性，对此类竞争利益的争夺通常不构成不正当竞争行为。关于仿冒商业标识行为项下的竞争利益是否正当的问题。根据《反不正当竞争法》第6条第1项的规定，经营者不得擅自使用与他人有一定影响的商品名称、包装、装潢等相同或者近似的标识，引人误认为是他人商品或者与他人存在特定联系。同时，《最高人民法院关于审理不正当竞争民事案件应用法律若干问题的解释》第5条规定："商品的名称、包装、装潢属于商标法第十条第一款规定的不得作为商标使用的标志，当事人请求依照反不正当竞争法第五条第（二）项规定予以保护的，人民法院不予支持。"因此，针对包装、装潢的仿冒行为，受到《反不正当竞争法》保护的竞争利益，应当符合以下两个层次的要件：（1）被仿冒的包装、装潢不属于《商标法》第10条第1款规定的不得作为商标使用的标志。（2）被仿冒的包装、装潢有一定影响，具有可识别性。其中，不违反法律对商业标识的禁止性规定是第一层次的判断，如果包装、装潢属于法律规定禁止作为商业标识使用的情形，则无须进一步判断该包装、装潢是否具有一定影响。即使其能够产生独立的识别性，也不应受到《反不正当竞争法》的保护。通常情况下，商标标志与包装、装潢形成一个整体，共同发挥识别作用。商品的包装、装潢一般由商标、商品名称以及装饰性图案、颜色等要素组合构成。商标是识别商品来源的标志，具有一定知名度的商标通常产生的溢出效应，能够使相关公众将含有该商标的包装、装潢与商品提供者建立一定的联系。因此，含有商标的包装、装潢形式，可以在整体上发挥识别商品来源的作用。当然，在商标以外的其他包装、装潢元素也产生了独立的市场价值，能够独立发挥识别作用时，也需要考虑包装、装潢中其他构成要素的利益保护。苏萨公司在申请注册"特种兵THESPECIALARMS及图"商标（以下简称特种兵商标）过程中，已有生效裁判文书认定，该标志具有不良影响，构成《商标法》第10条第1款第8项规定的情形。特种兵商标含有的"特种兵""the special army"文字、7个人的部队样式、盾牌图形、五角星图形等元素均占据涉案包装、装潢的显著位置。在特种兵商标之外，涉案包装、装潢的其他要素或是与特种兵相关的元素，例如瓶身整体的迷彩图案，或是商品名称，例如“生榨椰子汁”“植物蛋白饮料”。因此，特种兵商标是涉案包装、装潢的显著识别部分。判断单个的包装装潢元素能否成为正当的竞争利益，需要考虑商标标志与装潢元素的关系。本案中，涉案包装、装潢是以特种兵为核心进行的设计构思，涉案包装、装潢的整体颜色、包装外形均与特种兵相关，“特种兵”文字为涉案包装装潢的组成部分，而非可以随意替换的要素。《反不正当竞争法》的立法目的在于通过制止不正当竞争行为，鼓励和保护公平竞争，保护经营者和消费者的合法权益。因此，经营者请求保护的包装装潢只有在不损害他人及社会公共利益的情况下，才能够成为反不正当竞争法保护的合法权益。换言之，如果包装、装潢的显著识别部分是可能损害公共利益的商业标识时，包装、装潢与该商业标识即均不具有获得法律保护的正当性基础。否则，将导致无法依据商标法获得保护的标志，反而能够通过《反不正当竞争法》获得保护的不良导向。涉案包装、装潢的构成要素均指向特种兵，在特种兵商标已被生效判决认定具有不良影响，不得作为商标使用的情况下，将“特种兵”文字作为显著识别部分的涉案包装、装潢同样不应当作为《反不正当竞争法》意义上的有一定影响的包装、装潢进行保护。最高人民法院于2019年12月30日裁定驳回苏萨公司的再审申请。

【案　　号】（2019）最高法民申4847号

【审理法院】最高人民法院

【来　　源】《最高人民法院知识产权案件年度报告（2019）》

三、晶华宝岛（北京）眼镜有限公司与福建宝岛眼镜（连锁）有限公司侵害商标权及不正当竞争纠纷案

关键词：不正当竞争　企业字号　注册商标　混淆误认

裁判摘要：对于注册商标与企业名称、字号之间的冲突，应当区分不同情况，按照诚实信用、保护在先权利、维护公平竞争和避免混淆等原则，依法处理。如果不正当地将他人具有较高知名度的在先注册商标作为字号注册登记为企业名称，即使规范使用仍容易产生市场混淆的，可以按照不正当竞争行为处理。

基本案情：在再审申请人晶华宝岛（北京）眼镜有限公司（以下简称晶华宝岛北京公司）与被申请人福建宝岛眼镜（连锁）有限公司（以下简称福建宝岛公司）侵害商标权及不正当竞争纠纷案中，第772859号宝岛图文组合商标和第1394755号“宝岛”文字商标（以下简称涉案两商标）被核准注册在第42类眼镜行（包括验光、配镜、修缮等服务）上。晶华宝岛北京公司为涉案两商标中国大陆地区独占被许可人，有权单独向人民法院提起侵权诉讼。晶华宝岛北京公司向成都市中级人民法院起诉称，福建宝岛公司构成商标侵权和不正当竞争，请求判令其承担停止侵权，变更企业名称等民事责任。一审法院认为，福建宝岛公司的被诉侵权行为构成侵犯涉案两商标专用权；在企业名称中使用“宝岛”字样的行为不构成对晶华宝岛北京公司的不正当竞争。晶华宝岛北京公司、福建宝岛公司均不服一审判决，提起上诉。四川省高级人民法院二审认为，福建宝岛公司的被诉侵权行为构成侵犯涉案两商标专用权。福建宝岛公司在企业名称中使用“宝岛”字样，是经案外人福州宝岛公司授权使用，系对福州宝岛公司所创设品牌的承继和延续，具有合法性，不构成不正当竞争。据此，判决驳回上诉，维持原判。晶华宝岛北京公司不服，向最高人民法院申请再审。最高人民法院提审本案，并改判责令福建宝岛公司停止在企业名称中使用“宝岛”字号。最高人民法院再审认为，对于合法取得的注册商标专用权、企业名称或字号，应依法行使权利。对于注册商标与企业名称、字号之间的冲突，应当区分不同情况，按照诚实信用、保护在先权利、维护公平竞争和避免混淆等原则，依法处理。如果注册使用企业名称的行为本身并不具有恶意，只是在实际使用过程中，由于企业名称的简化使用、突出使用等不规范使用行为，导致相关公众将其与他人注册商标产生混淆误认的，属于商标侵权行为，可以要求相关企业规范使用其企业名称。如果注册使用企业名称的行为本身缺乏正当性，不正当地将他人具有较高知名度的在先注册商标作为字号注册登记为企业名称，即使规范使用仍容易产生市场混淆的，可以按照不正当竞争行为处理。本案中，在福建宝岛公司设立之前，涉案两商标专用权人已与福州宝岛公司就涉案两商标的侵权事宜发生了纠纷，并已诉至法院；时任福州宝岛公司总经理的陈本福对此情况应予知晓。福建宝岛公司在注册企业名称时，虽然福州宝岛公司及其唯一股东——康明集团专门向福建省福州市工商行政管理局出具了声明信和授权书，称“如在公司商号上有异议纠纷，均由我司负责”，但该种声明仅能表明其愿意对字号上的异议纠纷承担相应的法律责任，但并不能据此认定福建宝岛公司企业名称的注册具有正当性。从现有证据来看，尚不足以证明福建宝岛公司在注册时已经从福州宝岛公司处获得了“宝岛”字号的绝对权益。涉案两商标在眼镜行等服务上享有在先注册商标专用权，且在福建宝岛公司成立之时在相关市场上已经具有一定的知名度，福建宝岛公司区别不同市场主体主要标志的企业名称“宝岛”与涉案两商标的主要识别部分相同，容易引起公众误认二者存在某种联系或为同一市场主体，使他人对其服务来源产生混淆。从福建宝岛公司使用“宝岛”字号的方式来看，其在实际使用中主要是通过简化企业名称的方式突出使用“宝岛”字号，这种突出使用方式已经一审、二审判决认定为商标侵权，其亦一定程度上能够证明福建宝岛公司在注册“宝岛”字号及使用时具有攀附“宝岛”商标声誉、搭便车的主观故意，其行为在性质上属于违背诚实信用原则，容易引起市场混淆的不正当竞争行为。为了避免消费者的混淆，保护经营者和消费者的合法权益，维护公平的市场竞争秩序，晶华宝岛北京公司主张福建宝岛公司应当停止在企业名称中使用“宝岛”字号具有事实和法律依据，应予支持。

【案　　号】（2020）最高法民再380号

【审理法院】最高人民法院

【来　　源】《最高人民法院知识产权案件年度报告（2020）》

类案检索

一、南宁市肯扬生物技术有限公司、怪物能量公司侵害商标权纠纷案

关键词：知名商品　包装　装潢

裁判摘要：人民法院认定是否属于有一定影响的商品，应当考虑该商品的销售时间、销售区域、销售额和销售对象，进行宣传的持续时间、程度和地域范围，作为知名商品受保护的情况等因素，进行综合判断。根据查明的事实，怪物能量公司（以下简称怪物公司）与美国可口可乐公司是关联企业，与可口可乐公司存在销售合作关系。早在2012年，怪物公司的MONSTERENERGY饮料已经通过网络代购渠道进入中国市场。2015年4月3日，怪物公司在中国设立子公司，2016年6月，怪物公司开始在中国市场大规模推广MONSTERENERGY饮料。怪物公司的MONSTERENERGY饮料在中国众多

连锁店和超市进行销售，并通过赞助体育赛事、音乐节等形式进行了宣传推广。怪物公司提供了大量证据证明了其涉案商品为知名商品。二审判决认定怪物公司生产、销售的MONSTERENERGY罐装饮料为中国市场知名商品，并无不当，南宁市肯扬生物技术有限公司（以下简称肯扬公司）的相关申请再审理由本院不予支持。

肯扬公司生产、销售的“挑战者”罐装饮料包装、装潢与怪物公司MONSTERENERGY饮料包装、装潢相比较，二者装潢的核心均为黑色罐体加绿爪图案，装潢整体风格相似，视觉效果高度近似，容易使人误认为肯扬公司涉案饮料与怪物公司存在某种特定联系，易使消费者造成混淆，构成对擅自使用他人有一定影响包装装潢的不正当竞争行为。肯扬公司虽然将其“挑战者”罐装饮料包装、装潢申请了外观设计专利，但其在本案中的被诉侵权行为，并不因其外观设计专利获得授权而具有合法性。肯扬公司的相关申请再审理由法院不予支持。

【案　　号】（2020）最高法民申4047号

【审理法院】最高人民法院

【来　　源】中国裁判文书网

二、延安市宝塔区梓萱种植农民专业合作社、农夫山泉股份有限公司商业贿赂不正当竞争纠纷案

关键词：不正当竞争　包装　装潢

裁判摘要：《不正当竞争法》第6条所称的“有一定影响的商品”是指在市场上具有一定知名度、为相关公众所知悉的商品。本案中，根据原审查明的事实，农夫山泉公司于2014年10月申请17.5°橙系列商标，于11月推出农夫山泉17.5°品牌脐橙，与其知名度较高的“农夫山泉”共同使用，并经过高密度、大范围、全方位包装、策划、宣传推广、使用，17.5°品牌的产品已为相关公众知晓，具有较高市场接受度和知名度，二审法院认定其为有一定影响的商品名称并无不当。对于一定影响的商品名称的认定，销售数量为考量因素之一，还应结合商品的推广、宣传及相关公众的知晓程度综合判断。

最高人民法院认为，本案中，农夫山泉公司17.5°橙外包装以绿色为主基调，多处印有橙子图案及“17.5°橙”“17.5° ORANGE”字样，侧包装正面右上角印有“农夫山泉出品”字样，左下角印有“黄金糖酸比·自然熟高标

准”，侧包装上有“黄金糖酸比”“树上自然熟”“优中选优”对产品进行介绍。2015年，国家知识产权局对农夫山泉17.5°橙包装箱的外观专利予以授权公告，2016年，农夫山泉公司就17.5°橙美术作品进行登记。涉案包装、装潢整体具有独特性及显著性。尚无证据显示农夫山泉公司使用17.5°橙名称、包装、装潢前，有相关企业在橙类商品上使用过17.5°名称、包装、装潢。故梓萱合作社关于农夫山泉公司17.5°橙的销售数量少、缺乏显著性、不应认定为一定影响的商品名称、包装、装潢的申请再审事由不能成立，本院不予支持。

【案　　号】（2020）最高法民申4592号

【审理法院】最高人民法院

【来　　源】中国裁判文书网

第七条　经营者不得采用财物或者其他手段贿赂下列单位或者个人，以谋取交易机会或者竞争优势：

（一）交易相对方的工作人员；

（二）受交易相对方委托办理相关事务的单位或者个人；

（三）利用职权或者影响力影响交易的单位或者个人。

经营者在交易活动中，可以以明示方式向交易相对方支付折扣，或者向中间人支付佣金。经营者向交易相对方支付折扣、向中间人支付佣金的，应当如实入账。接受折扣、佣金的经营者也应当如实入账。

经营者的工作人员进行贿赂的，应当认定为经营者的行为；但是，经营者有证据证明该工作人员的行为与为经营者谋取交易机会或者竞争优势无关的除外。

条文释义

一、本条主旨

本条是关于禁止经营者采取贿赂的不正当竞争行为的规定。

二、条文演变

1993年《反不正当竞争法》第8条规定："经营者不得采用财物或者其他手段进行贿赂以销售或者购买商品。在帐外暗中给予对方单位或者个人回扣的，以行贿论处；对方单位或者个人在帐外暗中收受回扣的，以受贿论处。经营者销售或者购买商品，可以以明示方式给对方折扣，可以给中间人佣金。经营者给对方折扣、给中间人佣金的，必须如实入帐。接受折扣、佣金的经营者必须如实入帐。"

2017年《反不正当竞争法》对1993年《反不正当竞争法》第8条进行了进一步的修改，主要包括：一是将商业贿赂的对象范围明确为三类主体；二是将"以谋取交易机会或者竞争优势"规定为商业贿赂的本质特征；三是明确了如何认定“经营者的工作人员进行贿赂”与经营者贿赂的关系。2017年《反不正当竞争法》第7条规定，经营者不得采用财物或者其他手段贿赂三类主体：交易相对方的工作人员，受交易相对方委托办理相关事务的单位或者个人，利用职权或者影响力影响交易的单位或者个人。经营者在交易活动中，可以以明示方式向交易相对方支付折扣，或者向中间人支付佣金。经营者向交易相对方支付折扣，向中间人支付佣金的，应当如实入账。接受折扣、佣金的经营者也应当如实入账。经营者的工作人员进行贿赂的，应当认定为经营者的行为；但是，经营者有证据证明该工作人员的行为与为经营者谋取交易机会或者竞争优势无关的除外。

此后，《反不正当竞争法》于2019年进行修正，对该条的序号及内容均未作变动。

三、条文解读

经营者通过贿赂交易相对方或其他手段影响交易相对方，以谋取交易机会或者竞争优势，是一种典型的不正当竞争行为。

（一）商业贿赂的对象范围

接受贿赂的对象，包括以下三类：（1）交易相对方的工作人员。按本条的规定，没有限制工作人员的范围、类型，只要是交易相对方的工作人员，都应纳入禁止商业贿赂的规制范围之内。同时，交易相对方本身并不是接受商业贿赂的对象。（2）受交易相对方委托办理相关事务的单位或者个人。即交易相对方的工作人员之外的单位和个人，且此类单位和个人应当与交易相对方有特定关系，受交易相对方的委托办理相关事务，具有为经营者谋取交易机会或者竞争优势的可能。（3）利用职权或者影响力影响交易的单位或者个人。此类主体与交易相对方没有直接的法律关系，但基于其职权或影响力，也能够通过向交易相对方施加影响力而为经营者谋取交易机会或者竞争优势。

（二）商业贿赂的排除

正常的市场交易中，给予交易相对方合理的让利、折扣等行为是经营者谋取交易机会，争取竞争优势的惯常手段，并不损害公平竞争或市场秩序，在一定程度上应当予以适当的保护和支持。同样，给予提供居间服务的中间人等合理的报酬也是一种正当的交易行为。因此，《反不正当竞争法》对此进行了明确规定，将其排除在商业贿赂之外。但应当注意，向交易相对方支付折扣或者向中间人支付佣金，应当以明示的方式进行，且支付方和接受方都应当将折扣或佣金如实入账，也就是将这种正常的竞争手段和交易方式以显性的形式体现出来，以排除暗箱操作对公平竞争可能造成的不利影响。结合前款规定，这种正当的折扣或佣金并不应支付给具体工作人员，而是直接支付给交易相对方或中间人，否则也有可能落入商业贿赂的范围之内。

（三）经营者工作人员贿赂行为的后果归属

经营者的工作人员进行贿赂的动机是多种多样的，可能是为了经营者的利益，也可能是为了自身利益，更多的情况无法进行区分。但是，从行为动机来看，工作人员多是为了完成经营者的工作任务而从事商业贿赂行为；从结果来看，经营者大多是商业贿赂的最终受益者和最大受益者；从规范市场竞争秩序的角度来看，经营者也有责任约束和规范自己工作人员的职务行为。基于上述考虑，《反不正当竞争法》对经营者工作人员的贿赂行为，推定为是经营者的行为，强化了经营者的管理责任。作为推定的例外，如果经营者确有证据证明该工作人员的行为不会导致经营者从中获利，也就是法条规定的“与为经营者谋取交易机会或者竞争优势无关”，不认定为是经营者的行为。

适用指引

一、商业贿赂的认定

本条规定，商业贿赂可以采用财物或其他手段。财物的范围相对较为清晰，但对其他手段可能有不同的理解。商业往来中，为保证稳定顺畅的合作，交易双方之间往往注重良好关系的维护。商业洽谈、商务宴请、礼品往来等在实践中普遍存在。经营者为交易相对方工作人员提供的非即时性的、间接的、隐蔽的利益输送也多种多样。司法实践中，既要准确认定商业贿赂以保护正当竞争，也要保持一定的宽容和审慎。此外，本条既未规定收受贿赂的单位或个人影响交易或竞争的具体手段，甚至未将造成增加交易机会或者竞争优势的事实作为限定。因此，根据本条规定的精神，对其他手段的认定可以根据商业往来、市场发展的实际，适当从宽，以规制间接、隐蔽的不当利益输送；对最终是否构成商业贿赂，应当重点结合有无增加交易机会或者竞争优势的可能来进行审查。应当指出，商业贿赂的认定是一个主观、客观相结合的判断过程，应当结合具体案情进行综合考量。

二、举证责任

商业贿赂，往往极具隐蔽性，在民事诉讼程序中，难以查证和认定。因此，商业贿赂的认定既是一个事实判断问题，更是一个举证责任的分配问题。如前所述，在认定是否构成商业贿赂时，审查的重点不是是否产生了损害公平竞争的实际后果，而是经营者是否通过不合理的方式向有能力影响交易和竞争的特定人员施加了影响。对此，如果原告提交了相应的证据，能够证明上述事实，就可以视为完成了初步的举证证明责任。被告一方予以否认的，应就其主张提供相应的证据。此外，对经营者工作人员贿赂行为的后果归属问题，本条第 3 款已经明确规定，只要是经营者工作人员进行的贿赂行为，都认定为是经营者的行为；经营者不认可的，需要承担举证责任。但应当注意，本条限定了经营者只有在证明“该工作人员的行为与为经营者谋取交易机会或者竞争优势无关”的情况下，前述推定才不成立。如果经营者仅能证明该工作人员的贿赂行为不是经营者授意指使或未造成损害后果等，不影响经营者商业贿赂行为的认定。

第八条　经营者不得对其商品的性能、功能、质量、销售状况、用户评价、曾获荣誉等作虚假或者引人误解的商业宣传，欺骗、误导消费者。

经营者不得通过组织虚假交易等方式，帮助其他经营者进行虚假或者引人误解的商业宣传。

关联规定

法律、行政法规、司法解释

《最高人民法院关于适用〈中华人民共和国反不正当竞争法〉若干问题的解释》

第十七条　经营者具有下列行为之一，欺骗、误导相关公众的，人民法院可以认定为反不正当竞争法第八条第一款规定的“引人误解的商业宣传”：

（一）对商品作片面的宣传或者对比；

（二）将科学上未定论的观点、现象等当作定论的事实用于商品宣传；

（三）使用歧义性语言进行商业宣传；

（四）其他足以引人误解的商业宣传行为。

人民法院应当根据日常生活经验、相关公众一般注意力、发生误解的事实和被宣传对象的实际情况等因素，对引人误解的商业宣传行为进行认定。

条文释义

一、本条主旨

本条是关于禁止虚假宣传的规定。

二、条文演变

1993 年《反不正当竞争法》第 9 条规定：经营者不得利用广告或者其他方法，对商品的质量、制作成分、性能、用途、生产者、有效期限、产地等作引人误解的虚假宣传。广告的经营者不得在明知或者应知的情况下，代理、设计、制作、发布虚假广告。2017 年《反不正当竞争法》将该条修改为第 8 条，内容为：经营者不得对其商品的性能、功能、质量、销售状况、用户评价、曾获荣誉等作虚假或者引人误解的商业宣传，欺骗、误导消费者。经营者不得通过组织虚假交易等方式，帮助其他经营者进行虚假或者引人误解的商业宣传。2019 年《反不正当竞争法》予以沿用。

三、条文解读

经营者进行商业宣传，向消费者提供商品、服务信息，是消费者作出购买选择的重要参考。有利于培养消费习惯、创造消费需求，建立、提升经营者及其商品、服务的形象，帮助经营者增加销量、扩大利润、促进市场竞争。但是，有的经营者对其商品作虚假或者引人误解的商业宣传，欺骗、误导了消费者，不当抢夺了其他经营者的交易机会，违反了诚实信用原则，扰乱了市场竞争秩序，属于典型的不正当竞争行为，应当予以禁止。

虚假宣传是国际条约明确禁止的不正当竞争行为。《巴黎公约》第 10 条之 2 规定，在经营商业中，使用会使公众对商品的性质、制作方法、特征、用途或数量易于产生误导作用的表示或陈述的，应当予以禁止。世界知识产权组织对此作了进一步阐释：凡在工商业活动中对企业或其活动，尤其对由此种企业所提供的产品或服务，作出的误导或可能误导公众的行为或做法，应构成不正当竞争的行为。

我国 1993 年《反不正当竞争法》第 9 条对禁止虚假宣传作了规定。2017 年修订时，主要作了以下修改：第一，删除关于禁止虚假广告的内容，因为《广告法》对此已经作了专门规定。第二，针对电子商务领域通过虚假交易进行虚假宣传问题，特别强调，经营者不得对其商品的“销售状况”“用户评价”作虚假宣传；同时增加了一款规定，经营者不得通过组织虚假交易等方式，帮助其他经营者进行虚假或者引人误解的商业宣传。第三，明确虚假宣传的形式是虚假或者引人误解的商业宣传，结果是欺骗、误导消费者。[①]

适用指引

适用本条关于禁止虚假宣传的规定，需要把握以下要点。

一、本条规范的是经营者进行的商业宣传活动

首先，要将经营者以营利为目的进行的商业宣传活动与非商业宣传活动相区分，后者如政府部门的普法宣传、社会组织的公益宣传等。其次，商业宣传包括商业广告，但是商业广告已经有专门的广告法规范，因此，本法第 20 条第 2 款明确规定，经营者违反本法第 8 条规定，属于发布虚假广告的，依照《广告法》的规定处罚。商业广告相较于其他商业宣传的特殊性在于，广告必须通过一定的媒介和形式进行。例如，通过广播、电视、报纸、期刊、印刷品、电话、互联网、户外广告等媒介和形式进行的宣传，属于商业广告；在营业场所内对商品进行演示、说明，上门推销，召开宣传会、推介会等形式，属于商业广告之外的商业宣传。

二、虚假宣传的对象是经营者的商品或者服务的相关信息

根据本法第 2 条规定，本法第 8 条所称商品包括服务。对商品或者服务的相关信息应当作广义理解，既可以包括关于商品或者服务的自然属性的信息（如商品的性能、功能、产地、用途、质量、成分、有效期限等，服务的标准、质量、时间、地点等），也可以包括商品的生产者、经营者、服务提供者的信息（如资质、资产规模、曾获荣誉，与知名企业、知名人士的关系等），还可以包括商品的市场信息（如价格、销售状况、用户评价等）。由于列举无法穷尽，本条择要列举了商品的性能、功能、质量、销售状况、用户评价、曾获荣誉，同时用“等”字兜底，保证其适用的广泛性。

三、虚假宣传的内容虚假或者引人误解

内容虚假，即内容不真实，与实际情况不符。例如，宣传药品包治百病，

① 参见王瑞贺：《中华人民共和国反不正当竞争法释义》，法律出版社 2018 年版，第 23~24 页。

将国内小作坊产品宣传为国外知名企业产品，将提供服务的普通工人宣传为国家高级技师，将“三无”产品宣传为拿过若干国际国内大奖，等等。内容引人误解，一般是指内容中使用含糊不清、有多重语义的表述，或者表述虽然真实，但是仅陈述了部分事实，让人引发错误联想。例如，宣传“瑞士进口全机械机芯手表”，既可以理解成机芯是瑞士进口的，又可以理解成手表是瑞士进口的；又如，宣传产品含有珍贵物质，该物质对人体特别有益，但实际上该产品中珍贵物质含量极低，消费者使用该产品不足以获得所宣称的益处。

四、虚假宣传造成了欺骗、误导消费者的客观后果，或者有欺骗、误导消费者的可能性

此处的“消费者”，既包括购买了广告商品或者服务的实际消费者，又包括可能购买广告商品或者服务的潜在消费者。在认定是否构成欺骗、误导消费者时，要注意两点。第一，要考虑该虚假宣传是否对购买行为有实质性影响。如果信息虽然不真实，但对购买决策没有实质性影响的，不宜认定为虚假宣传。例如，某商场宣称“十周年店庆，三折特惠”，实际上该店营业仅 9 年，该信息虽然不真实，但对消费者购买决策有实质性影响的是优惠力度，不是营业年限，不宜对其按照虚假宣传进行处罚。第二，要与夸张的艺术表达相区分。有的宣传内容虽然虚假，但正常的消费者能够正确理解其含义，不会真正欺骗、误导消费者的，不构成虚假宣传。例如，某化妆品宣传“今年二十，明年十八”，虽然现实中不可能实现，但是消费者都知道这是夸张的表现方法，不会被欺骗或者误导，上述宣传不应被认定为虚假宣传。

五、关于通过虚假交易进行虚假宣传

目前，电子商务领域利用虚假交易进行虚假宣传的情况较为普遍，有的网店通过虚假交易给自己虚构成交量、交易额、用户好评，以吸引消费者点击、购买，不当谋取交易机会或者竞争优势（即“刷单炒信”）。为满足这一需求，还有经营者专门组织大量人员为网店提供刷单炒信服务，帮助网店进行虚假宣传，以牟取不正当利益，甚至形成黑色产业链。此次修改针对上述情况作了专门规定：第一，在第 1 款中特别强调经营者不得对其商品的“销售状况”“用户评价”等作虚假或者引人误解的商业宣传，欺骗、误导消费者。这一规定主要针对互联网领域刷单炒信问题，同时也可以适用于其他领域，例如，有的经营者雇用他人假扮消费者在店门口排队购物、传播好口碑，伪造其商品热销假象，欺骗、误导消费者购买的，也可以适用这一规定。第二，增加一款作为第2款，明确规定经营者不得通过组织虚假交易等方式，帮助其他经营者进行虚假或者引人误解的商业宣传。需要强调的是，这一款是关于禁止帮助他人进行虚假宣传的规定，既明确禁止目前最突出的经营者通过组织虚假交易的方式帮助其他经营者进行虚假宣传，又用“等”字兜底，为规范今后可能出现的其他帮助情形留出空间。在经营者通过组织虚假交易的方式帮助其他经营者进行虚假宣传这一情形中，规制的是帮助行为的组织者，不包括虚假交易的普通参与者。①

指导案例

指导案例161号：广州王老吉大健康产业有限公司诉加多宝（中国）饮料有限公司虚假宣传纠纷案

（最高人民法院审判委员会讨论通过　2021年7月23日发布）

关键词：民事　反不正当竞争　虚假宣传　广告语　引人误解　不正当占用商誉

裁判要点：人民法院认定广告是否构成反不正当竞争法规定的虚假宣传行为，应结合相关广告语的内容是否有歧义，是否易使相关公众产生误解以及行为人是否有虚假宣传的过错等因素判断。一方当事人基于双方曾经的商标使用许可合同关系以及自身为提升相关商标商誉所做出的贡献等因素，发布涉案广告语，告知消费者基本事实，符合客观情况，不存在易使相关公众误解的可能，也不存在不正当地占用相关商标的知名度和良好商誉的过错，不构成反不正当竞争法规定的虚假宣传行为。

相关法条：《中华人民共和国反不正当竞争法》（2019年修正）第八条第一款（本案适用的是1993年施行的《中华人民共和国反不正当竞争法》第九条第一款）

① 参见王瑞贺：《中华人民共和国反不正当竞争法释义》，法律出版社2018年版，第24~27页。

基本案情：广州医药集团有限公司（以下简称广药集团）是第626155号、3980709号、9095940号“王老吉”系列注册商标的商标权人。上述商标核定使用的商品种类均为第32类：包括无酒精饮料、果汁、植物饮料等。1995年3月28日、9月14日，鸿道集团有限公司（以下简称鸿道集团）与广州羊城药业股份有限公司王老吉食品饮料分公司分别签订《商标使用许可合同》和《商标使用许可合同补充协议》，取得独家使用第626155号商标生产销售带有“王老吉”三个字的红色纸包装和罐装清凉茶饮料的使用权。1997年6月14日，陈鸿道被国家专利局授予《外观设计专利证书》，获得外观设计名称为“罐帖”的“王老吉”外观设计专利。2000年5月2日，广药集团（许可人）与鸿道集团（被许可人）签订《商标许可协议》，约定许可人授权被许可人使用第626155号“王老吉”注册商标生产销售红色罐装及红色瓶装王老吉凉茶。被许可人未经许可人书面同意，不得将该商标再许可其他第三者使用，但属被许可人投资（包括全资或合资）的企业使用该商标时，不在此限，但需知会许可人；许可人除自身及其下属企业已生产销售的绿色纸包装“王老吉”清凉茶外，许可人不得在第32类商品（饮料类）上使用“王老吉”商标或授权第三者使用“王老吉”商标，双方约定许可的性质为独占许可，许可期限自2000年5月2日至2010年5月2日止。1998年9月，鸿道集团投资成立东莞加多宝食品饮料有限公司，后更名为广东加多宝饮料食品有限公司。加多宝（中国）饮料有限公司（以下简称加多宝中国公司）成立于2004年3月，属于加多宝集团关联企业。

此后，通过鸿道集团及其关联公司长期多渠道的营销、公益活动和广告宣传，培育红罐“王老吉”凉茶品牌，并获得众多荣誉，如罐装“王老吉”凉茶饮料在2003年被广东省佛山市中级人民法院认定为知名商品，“王老吉”罐装凉茶的装潢被认定为知名商品包装装潢；罐装“王老吉”凉茶多次被有关行业协会等评为“最具影响力品牌”；根据中国行业企业信息发布中心的证明，罐装“王老吉”凉茶在2007—2012年度均获得市场销量或销售额的第一名等。加多宝中国公司成立后开始使用前述“王老吉”商标生产红色罐装凉茶（罐身对称两面从上至下印有“王老吉”商标）。

2012年5月9日，中国国际经济贸易仲裁委员会对广药集团与鸿道集团之间的商标许可合同纠纷作出终局裁决：(一)《“王老吉”商标许可补充协议》

和《关于“王老吉”商标使用许可合同的补充协议》无效；（二）鸿道集团停止使用“王老吉”商标。

2012年5月25日，广药集团与广州王老吉大健康产业有限公司（以下简称大健康公司）签订《商标使用许可合同》，许可大健康公司使用第3980709号“王老吉”商标。大健康公司在2012年6月份左右，开始生产“王老吉”红色罐装凉茶。

2013年3月，大健康公司在重庆市几处超市分别购买到外包装印有“全国销量领先的红罐凉茶改名加多宝”字样广告语的“加多宝”红罐凉茶产品及标有“全国销量领先的红罐凉茶改名加多宝”字样广告语的手提袋。根据重庆市公证处（2013）渝证字第17516号公证书载明，在“www.womai.com”中粮我买网网站上，有“加多宝”红罐凉茶产品销售，在销售页面上，有“全国销量领先的红罐凉茶改名加多宝”字样的广告宣传。根据（2013）渝证字第20363号公证书载明，在央视网广告频道VIP品牌俱乐部中，亦印有“全国销量领先的红罐凉茶改名加多宝”字样的“加多宝”红罐凉茶产品的广告宣传。2012年5月16日，人民网食品频道以“红罐王老吉改名‘加多宝’配方工艺均不变”为题做了报道。2012年5月18日，搜狐新闻以“红罐王老吉改名加多宝”为题做了报道。2012年5月23日，《中国食品报》(电子版）以“加多宝就是以前的王老吉”为题做了报道；同日，网易新闻也以“红罐‘王老吉’正式更名‘加多宝’”为题做了报道，并标注信息来源于《北京晚报》。2012年6月1日，《中国青年报》以“加多宝凉茶全国上市红罐王老吉正式改名”为题做了报道。

大健康公司认为，上述广告内容与客观事实不符，使消费者形成错误认识，请求确认加多宝中国公司发布的包含涉案广告词的广告构成反不正当竞争法规定的不正当竞争，系虚假宣传，并判令立即停止发布包含涉案广告语或与之相似的广告词的电视、网络、报纸和杂志等媒体广告等。

裁判结果：重庆市第五中级人民法院于2014年6月26日作出（2013）渝五中法民初字第00345号民事判决：一、确认被告加多宝中国公司发布的包含“全国销量领先的红罐凉茶改名加多宝”广告词的宣传行为构成不正当竞争的虚假宣传行为；二、被告加多宝中国公司立即停止使用并销毁、删除和撤换包含“全国销量领先的红罐凉茶改名加多宝”广告词的产品包装和电视、网络、视频及平面媒体广告；三、被告加多宝中国公司在本判决生效后十日内在《重庆日报》上公开发表声明以消除影响（声明内容须经本院审核）；四、被告加多宝中国公司在本判决生效后十日内赔偿原告大健康公司经济损失及合理开支40万元；五、驳回原告大健康公司的其他诉讼请求。宣判后，加多宝中国公司和大健康公司提出上诉。重庆市高级人民法院于2015年12月15日作出（2014）渝高法民终字第00318号民事判决，驳回上诉，维持原判。加多宝中国公司不服，向最高人民法院申请再审。最高人民法院于2019年5月28日作出（2017）最高法民再151号民事判决：一、撤销重庆市高级人民法院（2014）渝高法民终字第00318号民事判决；二、撤销重庆市第五中级人民法院（2013）渝五中法民初字第00345号民事判决；三、驳回大健康公司的诉讼请求。

裁判理由：最高人民法院认为，加多宝中国公司使用“全国销量领先的红罐凉茶改名加多宝”广告语的行为是否构成虚假宣传，需要结合具体案情，根据日常生活经验，以相关公众的一般注意力，判断涉案广告语是否片面、是否有歧义，是否易使相关公众产生误解。

首先，从涉案广告语的含义看，加多宝中国公司对涉案广告语“全国销量领先的红罐凉茶改名加多宝”的描述和宣传是真实和符合客观事实的。根据查明的事实，鸿道集团自1995年取得“王老吉”商标的许可使用权后独家生产销售“王老吉”红罐凉茶，直到2012年5月9日中国国际经济贸易仲裁委员会对广药集团与鸿道集团之间的商标许可合同作出仲裁裁决，鸿道集团停止使用“王老吉”商标，在长达十七年的时间内加多宝中国公司及其关联公司作为“王老吉”商标的被许可使用人，通过多年的广告宣传和使用，已经使“王老吉”红罐凉茶在凉茶市场具有很高知名度和美誉度。根据中国行业企业信息发布中心的证明，罐装“王老吉”凉茶在2007—2012年度，均获得市场销量或销售额的第一名。而在“王老吉”商标许可使用期间，广药集团并不生产和销售“王老吉”红罐凉茶。因此，涉案广告语前半部分“全国销量领先的红罐凉茶”的描述与统计结论相吻合，不存在虚假情形，且其指向性也非常明确，指向的是加多宝中国公司及其关联公司生产和销售的“王老吉”红罐凉茶。2012年5月9日，“王老吉”商标许可协议被中国国际经济贸易仲裁委员会裁决无效，加多宝中国公司及其关联公司开始生产“加多宝”红罐凉茶，因此在涉案广告语后半部分宣称“改名加多宝”也是客观事实的描述。

其次，从反不正当竞争法规制虚假宣传的目的看，反不正当竞争法是通过制止对商品或者服务的虚假宣传行为，维护公平的市场竞争秩序。一方面，从不正当竞争行为人的角度分析，侵权人通过对产品或服务的虚假宣传，如对产地、性能、用途、生产期限、生产者等不真实或片面的宣传，获取市场竞争优势和市场机会，损害权利人的利益；另一方面，从消费者角度分析，正是由于侵权人对商品或服务的虚假宣传，使消费者发生误认误购，损害权利人的利益。因此，反不正当竞争法上的虚假宣传立足点在于引人误解的虚假宣传，如果对商品或服务的宣传并不会使相关公众产生误解，则不是反不正当竞争法上规制的虚假宣传行为。本案中，在商标使用许可期间，加多宝中国公司及其关联公司通过多年持续、大规模的宣传使用行为，不仅显著提升了王老吉红罐凉茶的知名度，而且向消费者传递王老吉红罐凉茶的实际经营主体为加多宝中国公司及其关联公司。由于加多宝中国公司及其关联公司在商标许可使用期间生产“王老吉”红罐凉茶已经具有很高知名度，相关公众普遍认知的是加多宝中国公司生产的“王老吉”红罐凉茶，而不是大健康公司于2012年6月份左右生产和销售的“王老吉”红罐凉茶。在加多宝中国公司及其关联公司不再生产“王老吉”红罐凉茶后，加多宝中国公司使用涉案广告语实际上是向相关公众行使告知义务，告知相关公众以前的“王老吉”红罐凉茶现在商标已经为加多宝，否则相关公众反而会误认为大健康公司生产的“王老吉”红罐凉茶为原来加多宝中国公司生产的“王老吉”红罐凉茶。因此，加多宝中国公司使用涉案广告语不存在易使相关公众误认误购的可能性，反而没有涉案广告语的使用，相关公众会发生误认误购的可能性。

再次，涉案广告语“全国销量领先的红罐凉茶改名加多宝”是否不正当地完全占用了“王老吉”红罐凉茶的知名度和良好商誉，使“王老吉”红罐凉茶无形中失去了原来拥有的知名度和商誉，并使相关公众误认为“王老吉”商标已经停止使用或不再使用。其一，虽然“王老吉”商标知名度和良好声誉是广药集团作为商标所有人和加多宝中国公司及其关联公司共同宣传使用的结果，但是“王老吉”商标知名度的提升和巨大商誉却主要源于加多宝中国公司及其关联公司在商标许可使用期间大量的宣传使用。加多宝中国公司使用涉案广告语即便占用了“王老吉”商标的一部分商誉，但由于“王老吉”商标商誉主要源于加多宝中国公司及其关联公司的贡献，因此这种占用具有一定合理性。其二，广药集团收回“王老吉”商标后，开始授权许可大健康公司生产“王老吉”红罐凉茶，这种使用行为本身即已获得了王老吉商标商誉和美誉度。其三，2012年6月大健康公司开始生产“王老吉”红罐凉茶，因此消费者看到涉案广告语客观上并不会误认为“王老吉”商标已经停止使用或不再使用，凝结在“王老吉”红罐凉茶上的商誉在大健康公司生产“王老吉”红罐凉茶后，自然为大健康公司所享有。其四，大健康公司是在商标许可合同仲裁裁决无效后才开始生产“王老吉”红罐凉茶，此前其并不生产红罐凉茶，因此涉案广告语并不能使其生产的“王老吉”红罐凉茶无形中失去了原来拥有的知名度和商誉。

本案中，涉案广告语虽然没有完整反映商标许可使用期间以及商标许可合同终止后，加多宝中国公司为何使用、终止使用并变更商标的相关事实，确有不妥，但是加多宝中国公司在商标许可合同终止后，为保有在商标许可期间其对“王老吉”红罐凉茶商誉提升所做出的贡献而享有的权益，将“王老吉”红罐凉茶改名“加多宝”的基本事实向消费者告知，其主观上并无明显不当；在客观上，基于广告语的简短扼要特点，以及“王老吉”商标许可使用情况、加多宝中国公司及其关联公司对提升“王老吉”商标商誉所做出的巨大贡献，消费者对王老吉红罐凉茶实际经营主体的认知，结合消费者的一般注意力、发生误解的事实和被宣传对象的实际情况，加多宝中国公司使用涉案广告语并不产生引人误解的效果，并未损坏公平竞争的市场秩序和消费者的合法权益，不构成虚假宣传行为。即便部分消费者在看到涉案广告语后有可能会产生“王老吉”商标改为“加多宝”商标，原来的“王老吉”商标已经停止使用或不再使用的认知，也属于商标许可使用关系中商标控制人与实际使用人相分离后，尤其是商标许可关系终止后，相关市场可能产生混淆的后果，但该混淆的后果并不必然产生反不正当竞争法上的“引人误解”的效果。

类案检索

山东鲍尔浦塑胶股份有限公司诉山东迪浩耐磨管道股份有限公司、北京百度网讯科技有限公司侵害商标权及不正当竞争纠纷案

关键词：引人误解　唯一　虚假宣传　不正当竞争

裁判摘要：山东鲍尔浦塑胶股份有限公司（以下简称鲍尔浦公司）提交的公证书显示，山东迪浩耐磨管道股份有限公司（以下简称迪浩公司）网站的网页描述中有“山东迪浩耐磨管道是国内唯一一家从事超高分子量聚乙烯管系列产品研发”的表述。从技术层面分析，该网页描述应系迪浩公司自行设置，迪浩公司应为其行为承担责任。根据现有证据，鲍尔浦公司的经营范围包括设计、制造、销售超高分子量聚乙烯管材、管件等，其网站宣传其专业从事超高分子量聚乙烯管道的研发和生产，第三方网站 www.sdbep.com 亦展示了鲍尔浦公司经营超高分子量聚乙烯管道相关产品的内容，故迪浩公司并非“国内唯一一家从事超高分子量聚乙烯管系列产品研发”的单位，迪浩公司的网站宣传与事实不符，引人误解，属于虚假宣传，已经构成不正当竞争。迪浩公司利用鲍尔浦公司的注册商标参与百度推广，并于推广链接中设置与事实不符的宣传内容，作为与迪浩公司存在竞争关系的鲍尔浦公司，其合法权益必将受到损害，故法院支持鲍尔浦公司要求迪浩公司为其消除影响、赔偿经济损失的诉讼请求。

【**案　　号**】（2016）京 73 民终 69 号

【**审理法院**】北京知识产权法院

【**来　　源**】中国裁判文书网

第九条　经营者不得实施下列侵犯商业秘密的行为：

（一）以盗窃、贿赂、欺诈、胁迫、电子侵入或者其他不正当手段获取权利人的商业秘密；

（二）披露、使用或者允许他人使用以前项手段获取的权利人的商业秘密；

（三）违反保密义务或者违反权利人有关保守商业秘密的要求，披露、使用或者允许他人使用其所掌握的商业秘密；

（四）教唆、引诱、帮助他人违反保密义务或者违反权利人有关保守商业秘密的要求，获取、披露、使用或者允许他人使用权利人的商业秘密。

经营者以外的其他自然人、法人和非法人组织实施前款所列违法行为的，视为侵犯商业秘密。

第三人明知或者应知商业秘密权利人的员工、前员工或者其他单位、个人实施本条第一款所列违法行为，仍获取、披露、使用或者允许他人使用该商业秘密的，视为侵犯商业秘密。

本法所称的商业秘密，是指不为公众所知悉、具有商业价值并经权利人采取相应保密措施的技术信息、经营信息等商业信息。

关联规定

一、法律、行政法规、司法解释

《最高人民法院关于审理侵犯商业秘密民事案件适用法律若干问题的规定》

第一条　与技术有关的结构、原料、组分、配方、材料、样品、样式、植物新品种繁殖材料、工艺、方法或其步骤、算法、数据、计算机程序及其有关文档等信息，人民法院可以认定构成反不正当竞争法第九条第四款所称的技术信息。

与经营活动有关的创意、管理、销售、财务、计划、样本、招投标材料、客户信息、数据等信息，人民法院可以认定构成反不正当竞争法第九条第四款所称的经营信息。

前款所称的客户信息，包括客户的名称、地址、联系方式以及交易习惯、意向、内容等信息。

第二条 当事人仅以与特定客户保持长期稳定交易关系为由，主张该特定客户属于商业秘密的，人民法院不予支持。

客户基于对员工个人的信赖而与该员工所在单位进行交易，该员工离职后，能够证明客户自愿选择与该员工或者该员工所在的新单位进行交易的，人民法院应当认定该员工没有采用不正当手段获取权利人的商业秘密。

第三条 权利人请求保护的信息在被诉侵权行为发生时不为所属领域的相关人员普遍知悉和容易获得的，人民法院应当认定为反不正当竞争法第九条第四款所称的不为公众所知悉。

第四条 具有下列情形之一的，人民法院可以认定有关信息为公众所知悉：

（一）该信息在所属领域属于一般常识或者行业惯例的；

（二）该信息仅涉及产品的尺寸、结构、材料、部件的简单组合等内容，所属领域的相关人员通过观察上市产品即可直接获得的；

（三）该信息已经在公开出版物或者其他媒体上公开披露的；

（四）该信息已通过公开的报告会、展览等方式公开的；

（五）所属领域的相关人员从其他公开渠道可以获得该信息的。

将为公众所知悉的信息进行整理、改进、加工后形成的新信息，符合本规定第三条规定的，应当认定该新信息不为公众所知悉。

第五条 权利人为防止商业秘密泄露，在被诉侵权行为发生以前所采取的合理保密措施，人民法院应当认定为反不正当竞争法第九条第四款所称的相应保密措施。

人民法院应当根据商业秘密及其载体的性质、商业秘密的商业价值、保密措施的可识别程度、保密措施与商业秘密的对应程度以及权利人的保密意愿等因素，认定权利人是否采取了相应保密措施。

第七条 权利人请求保护的信息因不为公众所知悉而具有现实的或者潜在的商业价值的，人民法院经审查可以认定为反不正当竞争法第九条第四款所称的具有商业价值。

生产经营活动中形成的阶段性成果符合前款规定的，人民法院经审查可以认定该成果具有商业价值。

第八条 被诉侵权人以违反法律规定或者公认的商业道德的方式获取权利人的商业秘密的，人民法院应当认定属于反不正当竞争法第九条第一款所称的以其他不正当手段获取权利人的商业秘密。

第九条 被诉侵权人在生产经营活动中直接使用商业秘密，或者对商业秘密进行修改、改进后使用，或者根据商业秘密调整、优化、改进有关生产经营活动的，人民法院应当认定属于反不正当竞争法第九条所称的使用商业秘密。

第十条 当事人根据法律规定或者合同约定所承担的保密义务，人民法院应当认定属于反不正当竞争法第九条第一款所称的保密义务。

当事人未在合同中约定保密义务，但根据诚信原则以及合同的性质、目的、缔约过程、交易习惯等，被诉侵权人知道或者应当知道其获取的信息属于权利人的商业秘密的，人民法院应当认定被诉侵权人对其获取的商业秘密承担保密义务。

第十一条 法人、非法人组织的经营、管理人员以及具有劳动关系的其他人员，人民法院可以认定为反不正当竞争法第九条第三款所称的员工、前员工。

二、司法指导性文件

1.《人民法院知识产权司法保护规划（2021—2025年）》

（七）加强反垄断和反不正当竞争审判。加强反垄断和反不正当竞争案件审理工作，强化竞争政策基础地位，适时制定有关司法解释，明确规制各类垄断和不正当竞争行为，消除市场封锁，促进公平竞争。妥善处理互联网领域垄断纠纷，完善平台经济反垄断裁判规则，防止资本无序扩张，推动平台经济规范健康持续发展。加强反不正当竞争法对商业标识的司法保护，解决不同标识之间权利冲突。强化商业秘密司法保护，依法合理确定当事人举证责任，有效遏制侵害商业秘密行为。妥善处理保护商业秘密与人才合理流动关系，依法保护商业秘密的同时，维护劳动者正当就业创业合法权益。依法支持相关行政职能部门履职，形成反垄断和反不正当竞争工作合力。

2.《最高人民法院关于加强新时代知识产权审判工作为知识产权强国建设提供有力司法服务和保障的意见》

11. 加强商业秘密保护，护航企业创新发展。依法加大涉及国家安全和利益的技术秘密司法保护力度，严惩窃取、泄露国家科技秘密行为。正确把握侵害商业秘密民事纠纷和刑事犯罪的界限，完善侵犯商业秘密犯罪行为认定标准。加强诉讼中的商业秘密保护，切实防止诉讼中“二次泄密”，保障权利人依法维权。妥善处理保护商业秘密与自由择业、竞业限制和人才合理流动的关系，在依法保护商业秘密的同时，维护劳动者正当就业创业合法权益，保障企业创新发展，促进人才合理流动。

条文释义

一、本条主旨

本条是关于侵犯商业秘密的行为、两类视为侵犯商业秘密的行为，以及商业秘密的概念和范围的规定。

二、条文演变

关于商业秘密，《民法典》第123条规定：“民事主体依法享有知识产权。知识产权是权利人依法就下列客体享有的专有的权利：（一）作品；（二）发明、实用新型、外观设计；（三）商标；（四）地理标志；（五）商业秘密；（六）集成电路布图设计；（七）植物新品种；（八）法律规定的其他客体。”该条以列举加兜底的方式，规定了知识产权权利人对商业秘密等客体享有专有权利。

除了《民法典》的原则性规定外，商业秘密的保护主要适用《反不正当竞争法》。1993年《反不正当竞争法》第10条对商业秘密作出规定，该条共三款。第1款规定：“经营者不得采用下列手段侵犯商业秘密：（一）以盗窃、利诱、胁迫或者其他不正当手段获取权利人的商业秘密；（二）披露、使用或者允许他人使用以前项手段获取的权利人的商业秘密；（三）违反约定或者违反权利人有关保守商业秘密的要求，披露、使用或者允许他人使用其所掌握的商业秘密。”第2款规定：“第三人明知或者应知前款所列违法行为，获取、使用或者披露他人的商业秘密，视为侵犯商业秘密。”第3款规定：“本条所称的商业秘密，是指不为公众所知悉、能为权利人带来经济利益、具有实用性并经权利人采取保密措施的技术信息和经营信息。”2007年，最高人民法院发布《不正当竞争解释》第9条至第17条对侵犯商业秘密民事案件的相关法律适用进行了规定。2020年，该司法解释又进行了修正。2022年3月，最高人民法院发布《反不正当竞争法解释》，自2022年3月20日起施行，同时废止了《不正当竞争解释》。

2017年《反不正当竞争法》将1993年《反不正当竞争法》第10条修改为第9条，并对商业秘密的构成要件、赔偿责任等进行了修改。主要修改内容包括：（1）关于侵犯商业秘密的行为，增加了“贿赂、欺诈”；（2）关于员工、前员工。针对实践中商业秘密权利人的员工、前员工通过非法手段获取商业秘密后，有的经营者明知或者应知相关情况仍将该商业秘密用于生产经营活动的问题，在第9条第2款中进一步明确规定：“第三人明知或者应知商业秘密权利人的员工、前员工或者其他单位、个人实施前款所列违法行为，仍获取、披露、使用或者允许他人使用该商业秘密的，视为侵犯商业秘密。”（3）关于商业秘密的构成要件，将“具有经济利益”修改为“具有商业价值。”

2019年《反不正当竞争法》对2017年《反不正当竞争法》第9条的修改内容包括：（1）关于侵权行为，在第1款中增加了“电子侵入”以及“教唆、引诱、帮助他人违反保密义务或者违反权利人有关保守商业秘密的要求，获取、披露、使用或者允许他人使用权利人的商业秘密”；将“违反约定”修改为“违反保密义务”。（2）对于经营者以外的其他自然人、法人和非法人，该条第2款明确规定：“组织实施前款所列违法行为的，视为侵犯商业秘密。”（3）关于商业秘密所保护的信息，将“技术信息和经营信息”修改为“技术信息和经营信息等商业信息”，商业秘密的保护客体更加开放。

区别于其他知识产权具有的公开性、期限性、绝对排他性等特征，商业秘密自产生之日就自动取得，权利的专有也更加具有相对性，同一商业秘密可以由多个主体进行占有、使用、收益和处分。商业秘密并没有法定的保护期限，只要相关信息符合《反不正当竞争法》第9条第4款规定的法定构成要件，就能够作为商业秘密获得法律保护。近年来，商业秘密保护与创新驱动发展的联系日益紧密。尤其是对于集成电路、生物医药、人工智能、量子信息、新能源、新材料、精密制造等关键领域、战略性新兴产业，商业秘密和专利、著作权、集成电路布图设计等其他类型的知识产权能够起到很好的互补和衔接作用，形成保护合力。随着新技术、新模式、新业态的快速发展，商业秘密在知识产权法律制度中的重要性不断提升。在许多行业尤其是高科技领域，商业秘密已成为企业、科研院所等创新主体的“安身立命之本”，加强商业秘密司法保护变得更加紧迫。2020 年 12 月，全国人民代表大会常务委员会执法检查组在《关于检查〈中华人民共和国反不正当竞争法〉实施情况的报告》中指出，在侵犯商业秘密等领域，存在认定标准不清的问题，迫切需要制定配套法规制度等予以明确。要求指导企业加强商业秘密保护，强化知识产权保护意识；加强全球性、前瞻性、战略性谋划，密切跟踪国际趋势，加强侵犯商业秘密等重点前沿问题研究。加强对行业领军企业、老字号企业、科技密集型企业、中小企业等市场主体商业秘密的保护，维护企业合法权益。

适用指引

本条共 4 款，第 1 款规定了侵犯商业秘密的行为，第 2 款、第 3 款规定了视为侵犯商业秘密的两类情形，第 4 款对商业秘密的概念和范围进行了规定。

一、商业秘密保护的信息

商业秘密保护的信息主要包括技术信息和经营信息两类，分别对应于技术秘密和经营秘密。根据《侵犯商业秘密规定》第 1 条的规定，与技术有关的结构、原料、组分、配方、材料、样品、样式、植物新品种繁殖材料、工艺、方法或其步骤、算法、数据、计算机程序及其有关文档等信息，人民法院可以认定构成《反不正当竞争法》第 9 条第 4 款所称的技术信息。与经营活动有关的创意、管理、销售、财务、计划、样本、招投标材料、客户信息、数据等信息，人民法院可以认定构成《反不正当竞争法》第 9 条第 4 款所称的经营信息。客户信息，包括客户的名称、地址、联系方式以及交易习惯、意向、内容等信息。

关于技术信息，《侵犯商业秘密规定》第 1 条第 1 款列举了司法实践中较为常见的结构、原料、组分、配方、材料、样品、样式、植物新品种繁殖材料、工艺、方法或其步骤等；为了适应数字经济发展的需要，还对算法、数据、计算机程序及其有关文档等作出规定。无论是否构成完整的技术方案，也无论是否还有可能获得其他类型的知识产权保护，只要特定技术信息符合商业秘密的法定构成要件，即可获得商业秘密保护，其中也包括植物新品种繁殖材料、计算机程序及其有关文档等。

关于经营信息，《侵犯商业秘密规定》第1条第2款未再使用《不正当竞争解释》中的“客户名单”的表述，而是使用“客户信息”，并在第2条中规定：“当事人仅以与特定客户保持长期稳定交易关系为由，主张该特定客户属于商业秘密的，人民法院不予支持。”主要考虑是，“保持长期稳定交易关系”的客户本身并不必然属于商业秘密，要获得商业秘密保护，也必须符合商业秘密的法定构成要件。

二、商业秘密的构成要件

根据《反不正当竞争法》第9条第4款的规定，商业秘密应当不为公众所知悉，具有商业价值并经权利人采取相应保密措施。

（一）不为公众所知悉

《侵犯商业秘密规定》第3条、第4条对《反不正当争法》第9条规定的商业秘密构成要件之一“不为公众所知悉”的认定作出规定。“不为公众所知悉”的判断主体是所属领域的相关人员；判断的标准是既不能“普遍知悉”，也不能“容易获得”；认定的时间点是“被诉侵权行为发生时”。司法实践中，特定信息“不为公众所知悉”属于消极事实，难以通过举证直接证明，故《侵犯商业秘密规定》第4条对“为公众所知悉”的5种典型情形作出示例性规定。信息以及信息的组合都可以获得商业秘密的保护，故对“为公众所知悉”的信息进行整理、改进、加工后形成的新信息，只要符合商业秘密的法定构成要件，同样可以获得商业秘密的保护。

根据《反不正当竞争法》第32条的规定，商业秘密权利人提供初步证据，证明其已经对所主张的商业秘密采取保密措施，且合理表明商业秘密被侵犯，涉嫌侵权人应当证明权利人所主张的商业秘密不属于本法规定的商业秘密。此处所指的“不属于本法规定的商业秘密”，司法实践中主要体现为由权利人举证证明涉案商业秘密“为公众所知悉”。

（二）经权利人采取相应保密措施

“经权利人采取相应保密措施”是商业秘密的法定构成要件之一。权利人通过采取相应的保密措施，既体现了其对商业秘密具有保护的认识和意愿，也使得相关人员能够知晓“不为公众所知悉”的商业秘密的存在及其范围，方能依法承担保密义务。司法实践中，权利人是否就其主张的商业秘密采取相应保密措施，往往是案件审理的重点难点。权利人对于商业秘密进行保护的意愿和具体情形，也要通过保密措施来反映。

关于“保密措施”，1993年《反不正当竞争法》第10条的规定为“经权利人采取保密措施”。2007年《不正当竞争解释》第11条第1款进一步规定：“权利人为防止信息泄漏所采取的与其商业价值等具体情况相适应的合理保护措施，应当认定为反不正当竞争法第十条第三款规定的‘保密措施’。”2017年《反不正当竞争法》修改为“经权利人采取相应保密措施”。相应保密措施并不要求达到严丝合缝、万无一失的程度，而是要“在正常情况下足以防止商业秘密泄露”。

《侵犯商业秘密规定》第5条明确了认定是否采取相应保密措施的时间点为“侵权行为发生时”，以及在认定相应保密措施时应当考虑“商业秘密的商业价值”以及“保密措施与商业秘密的对应程度”。关于保密措施的具体情形，《侵犯商业秘密规定》第6条例举了六个方面的具体情形，并作了兜底性规定，即“采取其他合理保密措施的”。

（三）具有商业价值

《侵犯商业秘密规定》第7条规定：“权利人请求保护的信息因不为公众所知悉而具有现实的或者潜在的商业价值的，人民法院经审查可以认定为反不正当竞争法第九条第四款所称的具有商业价值。生产经营活动中形成的阶段性成果符合前款规定的，人民法院经审查可以认定该成果具有商业价值。”根据该规定，商业秘密既可以是现实的商业价值，也可以是潜在的商业价值。对于某些阶段性成果，甚至是研发失败形成的数据或者记录等，虽然不能在生产经营活动中直接加以使用，直接获得经济利益，但是一旦被涉嫌侵权人以不正当方式获得即可获得竞争优势的，也可以认为其具有商业价值。

三、侵犯商业秘密的行为

第9条第1款共有4项，规定了四个方面的侵犯商业秘密行为。

关于第1项中的“以其他不正当手段获取”。《侵犯商业秘密规定》第8条规定："被诉侵权人以违反法律规定或者公认的商业道德的方式获取权利人的商业秘密的，人民法院应当认定属于反不正当竞争法第九条第一款所称的以其他不正当手段获取权利人的商业秘密。"

关于"使用""允许他人使用"。《侵犯商业秘密规定》第 9 条对商业秘密的"使用"作出规定，主要包括三种类型：一是在生产、经营等活动中直接使用商业秘密，例如使用构成商业秘密的配方、方法、工艺，直接用于制造同样的产品；二是在商业秘密的基础上，进行进一步修改、改进后再行使用，例如，对于属于商业秘密的配方进行改进后，制造特定的产品；三是根据权利人的商业秘密，相应调整、优化、改进与之有关的生产经营活动，例如，根据权利人研发失败所形成的数据、技术资料等商业秘密，以及研发过程中形成的阶段性成果商业秘密等，相应优化、调整研发方向；或者根据权利人的经营信息等商业秘密，相应调整营销策略、价格等。侵权人违法"使用"或者"允许他人使用"商业秘密的直接后果，就是能够获得不正当的竞争优势，包括提供替代性的产品或者服务，或者降低成本、节省时间、提高效率等。因此，如果侵权人是对商业秘密进行修改、改进后再行使用，或者相应调整、优化、改进与之有关的生产经营活动的，则并不要求其在相关生产经营活动中实际使用的信息与商业秘密实质上相同。

关于第 3 项中的"保密义务"，《侵犯商业秘密规定》第 10 条作出了进一步规定。第 10 条第 1 款规定了根据法律规定所承担的保密义务，以及合同约定的保密义务。该款规定的"合同约定"，既包括就保护商业秘密专门签署的保密协议，也包括在劳动合同、竞业限制协议、技术合同等各类合同中约定的有关保护商业秘密的具体条款。根据《民法典》第 501 条、第 509 条第 2 款、第 558 条等规定，即使当事人之间没有明确约定保密义务，被诉侵权人在特定情形下仍然应当承担保密义务。因此，《侵犯商业秘密规定》第 10 条第 2 款规定："当事人未在合同中约定保密义务，但根据诚信原则以及合同的性质、目的、缔约过程、交易习惯等，被诉侵权人知道或者应当知道其获取的信息属于权利人的商业秘密的，人民法院应当认定被诉侵权人对其获取的商业秘密承担保密义务。"

四、视为侵犯商业秘密的行为

《反不正当竞争法》第 2 条第 2 款规定："本法所称的不正当竞争行为，是指经营者在生产经营活动中，违反本法规定，扰乱市场竞争秩序，损害其他经营者或者消费者的合法权益的行为。”根据《反不正当竞争法》第9条第2款的规定，对于经营者之外的其他民事主体实施的侵犯商业秘密的行为，应当“视为侵犯商业秘密。”《侵犯商业秘密规定》第16条进一步规定：“经营者以外的其他自然人、法人和非法人组织侵犯商业秘密，权利人依据反不正当竞争法第十七条的规定主张侵权人应当承担的民事责任的，人民法院应予支持。”

司法实践中，大部分侵犯商业秘密案件涉及员工、前员工。对此，《反不正当竞争法》第9条第3款规定：“第三人明知或者应知商业秘密权利人的员工、前员工或者其他单位、个人实施本条第一款所列违法行为，仍获取、披露、使用或者允许他人使用该商业秘密的，视为侵犯商业秘密。”关于员工、前员工，《侵犯商业秘密规定》第11条进一步规定：“法人、非法人组织的经营、管理人员以及具有劳动关系的其他人员，人民法院可以认定为反不正当竞争法第九条第三款所称的员工、前员工。”根据《劳动合同法》第2条有关“与劳动者建立劳动关系”的规定，《侵犯商业秘密规定》第11条采用了“劳动关系”的表述。关于“劳务派遣”，《劳动合同法》第5章第2节已有明确规定，也应当纳入“与劳动者建立劳动关系”的范围内。关于员工、前员工是否有渠道或者机会获取权利人的商业秘密，《侵犯商业秘密规定》第12条还规定了五个方面的考虑因素。

典型案例

一、再审申请人麦达可尔（天津）科技有限公司与被申请人华阳新兴科技（天津）集团有限公司等侵害商业秘密纠纷案

关键词： 不正当竞争　商业秘密　客户名单　公知信息

裁判摘要： 职工在工作中掌握和积累的知识、经验和技能，除属于单位的商业秘密的情形外，构成其人格的组成部分，是其生存能力和劳动能力的基础，职工离职后有自主利用的自由。商业秘密保护的客户名单，除由客户的名称地址、联系方式以及交易的习惯、意向、内容等信息所构成外，还应当属于区别于相关公知信息的特殊客户信息。

基本案情： 华阳公司是一家从事工业清洗维护产品研发、生产和销售的

企业，产品范围主要包括清洗剂、润滑剂、密封剂等工业化学品。王某刚于1996年入职华阳公司，曾任华阳公司董事、销售副总经理、总经理、副总裁，并于2012年至2016年期间任华阳公司的法定代表人。2015年10月底，王某刚创立麦达可尔公司，现任法定代表人和总经理，麦达可尔公司主要从事清洗剂产品的生产销售等经营活动。张某星于2001年入职华阳公司，曾任华阳公司技术部经理、技术服务部经理。2016年1月开始，张某星任麦达可尔公司技术部经理。刘某于2010年入职华阳公司，曾任华阳公司销售服务部经理。2015年10月底，刘某开始负责麦达可尔公司的人事行政工作。华阳公司曾与张某星、刘某签订保密协议，保密范围涵盖与客户业务、产品、服务有关的信息等商业秘密。华阳公司对客户信息采用ERP系统进行管理。在华阳公司的ERP系统中，存储的客户信息包括：客户名称、品名、货品规格、销售订单数量、单价、联系人、电话、地址等。华阳公司在本案中主张作为商业秘密保护的是含有43家客户信息的客户名单。天津市第一中级人民法院一审认为，43家客户名单构成华阳公司的商业秘密，麦达可尔公司、王某刚、张某星、刘某的行为构成侵权，遂判决麦达可尔公司、王某刚、张某星、刘某立即停止侵权，麦达可尔公司赔偿华阳公司经济损失60万元，王某刚、张某星、刘某承担连带赔偿责任。麦达可尔公司与华阳公司均不服，提起上诉。天津市高级人民法院二审判决驳回上诉，维持原判。麦达可尔公司仍不服，向最高人民法院申请再审。最高人民法院裁定提审本案，并于2019年12月16日判决撤销一审、二审判决，驳回华阳公司诉讼请求。

最高人民法院再审认为，人民法院在审理商业秘密案件中，既要依法加强商业秘密保护，有效制止侵害商业秘密的行为，为企业的创新和投资创造安全和可信赖的法律环境，又要妥善处理保护商业秘密与劳动者自由择业、竞业限制和人才合理流动的关系，维护劳动者正当就业、创业的合法权益，依法促进劳动力的合理流动和自主择业。职工在工作中掌握和积累的知识、经验和技能，除属于单位商业秘密的情形外，构成其人格的组成部分，是其生存能力和劳动能力的基础，职工离职后有自主利用的自由。受商业秘密保护的客户名单，除由客户的名称地址、联系方式以及交易的习惯、意向、内容等信息所构成外，还应当属于区别于相关公知信息的特殊客户信息，并非是指对所有客户名单的保护。本案中，根据麦达可尔公司提供的公证书，前述43家客户信息可以通过网络搜索取得。根据华阳公司提供的43家被侵权客户名单（2012—2015），客户名单主要内容为：订单日期，单号，品名，货品规格、单位（桶或个），销售订单数量，单价，未税本位币，联系人，电话，地址。根据该客户名单，该表格为特定时间段内华阳公司与某客户的交易记录及联系人。首先，在当前网络环境下，相关需方信息容易获得，且相关行业从业者根据其劳动技能容易知悉；其次，关于订单日期、单号、品名、货品规格、销售订单数量、单价、未税本位币等信息均为一般性罗列，并没有反映某客户的交易习惯、意向及区别于一般交易记录的其他内容。在没有涵盖相关客户的具体交易习惯、意向等深度信息的情况下，难以认定需方信息属于《反不正当竞争法》保护的商业秘密。此外，根据麦达可尔公司提供的对比表，43 家客户名单中重要信息相关联系人及电话号码，与华阳公司请求保护的均不相同的占比约 86%，联系电话不同的占比约 93%，且 26 家客户提交证明其自愿选择麦达可尔公司进行市场交易。考虑本案双方均为工业清洗维护产品研发、生产和销售的企业。产品范围主要包括清洗剂、润滑剂、密封剂等工业化学品，由于从事清洗产品销售及服务的行业特点，客户选择与哪些供方进行交易，不仅考虑相关产品的性能、价格等信息，也会考虑清洗服务的质量，在联系人、联系电话较大比例不相同的情况下，也难以认定麦达可尔公司使用了华阳公司 43 家客户名单相关信息进行市场交易。鉴于前述分析，难以认定麦达可尔公司、王某刚等人之行为侵害华阳公司商业秘密。

【案　　号】（2019）最高法民再 268 号

【审理法院】最高人民法院

【来　　源】《最高人民法院知识产权案件年度报告（2019）》

二、再审申请人克拉玛依金驼运输服务有限公司与被申请人克拉玛依市凯隆油田技术服务有限公司、谭某不正当竞争纠纷案

关键词：不正当竞争　商业秘密　投标文件　标底降幅

裁判摘要：投标文件中的标底降幅属于商业秘密中的经营信息，由于标书的天然秘密属性，标书所有人对标书进行封存即可视为其采取了相应保密措施。

基本案情：金驼公司成立于 2014 年 1 月 2 日，经营范围为道路普通货物运输、汽车租赁等。谭勇于 2014 年 1 月 15 日至 2015 年 3 月 26 日任金驼公司执行董事兼经理、法定代表人，陈亮任该公司车辆调度。谭某、陈某于 2014

年11月26日分别认缴出资额1250000元，与尚某杰、刘某共同发起成立了凯隆公司，陈某担任凯隆公司监事；经营范围亦为普通货物运输、汽车租赁等。谭某、陈某于2015年7月从金驼公司离职。2015年8月、9月，二人又先后返回金驼公司工作。2015年10月，金驼公司经理解旻安排谭勇、陈亮办理本公司在新疆石油工程建设监理有限公司的投标工作，三人在投标前商定标底下浮幅度为8%。凯隆公司亦派法定代表人廖万朋参加了此次招投标，并以标底下浮10%取得新疆石油工程建设监理有限公司越野车服务合同评标审查第一名。2016年1月1日，凯隆公司与招标单位签订值班车服务合同，中标工作量为第一标段；金驼公司以暂定20辆车、暂定价款6100000元签订值班车服务合同，中标工作量为第三标段。2016年1月19日，招标单位新疆石油工程建设监理有限公司通知凯隆公司不再使用该公司车辆服务。金驼公司以商业秘密被侵犯为由，提起诉讼。新疆维吾尔自治区克拉玛依市中级人民法院一审认为，三被告的行为共同侵犯了金驼公司的商业秘密，故判决三被告连带赔偿金驼公司经济损失396000元。二审期间，一审被告陈某死亡。新疆维吾尔自治区高级人民法院二审认为，金驼公司现有证据不能证明其主张的涉案投标文件和标底降幅符合商业秘密的法定构成要件，判决撤销一审判决，驳回金驼公司的全部诉讼请求。金驼公司不服，向最高人民法院申请再审。最高人民法院裁定提审并于2018年12月20日判决撤销二审判决，撤销一审判决第二项，变更一审判决第一项为凯隆公司、谭某连带赔偿金驼公司经济损失及合理开支300000元。

最高人民法院再审认为，商业秘密应当具有实用性、秘密性和保密性。投标文件由投标人自行制作，在开标之前必然采取密封措施，这是招投标活动的应有之意。涉案标书内容中的标底降幅不为公众和其他投标单位所知晓，因此具有秘密性。根据《不正当竞争解释》第11条的规定，金驼公司主张的经营信息载体为投标标书，标书的制作限于参与投标活动的人员范围，且标书的天然秘密属性要求任何知道标书内容的人都应负有保密义务，标书所有人对标书进行封存即可看作是对标书采取了保密措施，而且这种保密措施也达到了法律要求的标准，因此具有保密性。根据《不正当竞争解释》第10条关于商业秘密应当具有实用性及经济价值的规定，结合涉案招标文件中评标办法的内容，商务报价占总评分分值的30%，并且每下浮1%，加2分。在百分制的评分中，标底降幅的作用是显而易见的。因此，在标书开封之前，竞标者的标底降幅能使其保有一定的竞争优势，一旦中标就能给所有人带来经济利益。因此，虽然能否最终中标取决于竞标者的技术部分及商务部分的综合得分，但是不能据此否认标底降幅在竞标能力中的贡献。尤其在标底降幅为其他竞标者获悉的情况下，不仅将使该竞标人丧失竞争优势，更将使其处于不利境地。因此，金驼公司主张的标底降幅符合商业秘密的构成要件，属于商业秘密中的经营信息，应当予以保护。

【案　　号】（2019）最高法民再268号

【审理法院】最高人民法院

【来　　源】《最高人民法院知识产权案件年度报告（2018）》

第十条　经营者进行有奖销售不得存在下列情形：

（一）所设奖的种类、兑奖条件、奖金金额或者奖品等有奖销售信息不明确，影响兑奖；

（二）采用谎称有奖或者故意让内定人员中奖的欺骗方式进行有奖销售；

（三）抽奖式的有奖销售，最高奖的金额超过五万元。

关联规定

部门规章及规范性文件

《国家工商行政管理局关于抽奖式有奖销售认定及国家工商行政管理局对〈反不正当竞争法〉具体应用解释权问题的答复》

重庆市工商行政管理局：

你局《关于证券交易中从事有奖活动如何定性处罚的请示》（重工商发〔1998〕12号）收悉。经研究，就有关问题答复如下：

一、国家工商行政管理局《关于禁止有奖销售活动中不正当竞争行为的若干规定》第二条第二款规定："凡以抽签、摇号等带有偶然性的方法决定购买者是否中奖的，均属于抽奖方式。"根据该规定，抽签、摇号是典型的抽奖式有奖销售方式，但抽奖式有奖销售并不限于这些方式。在有奖销售中，凡以偶然性的方式决定参与人是否中奖的，均属于抽奖式有奖销售，而偶然性的方式是指具有不确定性的方式，即是否中奖只是一种可能性，即可能中奖，也可能不中奖，是否中奖不能由参与人完全控制。

二、在证券经营者实施的以投资收益率或者利润率等高低确定部分投资者是否中奖的各种奖赛、比赛等活动中，各个投资者获取的投资收益率或者利润率等以及由此决定的能否中奖，取决于多种主客观因素，均不能完全以投资者的主观愿望、努力和能力为转移，投资者能否中奖具有偶然性和不确定性，因此，此类奖赛活动属于抽奖式有奖销售。

三、社会主义市场是由商品市场和各种要素市场（如技术市场、劳动力市场、资金市场和信息市场）组成的有机统一的市场体系。工商行政管理机关作为主管市场监管和行政执法的机关，在法律规定的范围内对各类市场进行监督管理。《反不正当竞争法》是维护统一开放、竞争有序的市场体系的基本法律，适用于包括证券市场在内的各类市场中的不正当竞争行为。《反不正当竞争法》第三条第二款规定："县级以上人民政府工商行政管理部门对不正当竞争行为进行监督检查；法律、行政法规规定由其他部门监督检查的，依照其规定。"据此，除法律、行政法规对某些不正当竞争行为的处罚机关另有规定的外，其他不正当竞争行为均由工商行政管理机关依法予以监督检查，经营者不得以其所在市场的特殊性而拒绝工商行政管理机关对其不正当竞争行为的监督检查。

四、全国人大常委会《关于加强法律解释工作的决议》第（三）条规定："不属于审判和检察机关工作中的其他法律、法令如何具体应用的问题，由国务院及主管部门进行解释。"据此，国家工商行政管理局作为国务院主管不正当竞争行为监督检查的部门，对《反不正当竞争法》的具体应用问题享有行政解释权，其行政解释属于有权解释。

条文释义

一、本条主旨

本条是关于禁止违法有奖销售的规定。

二、条文演变

1993年《反不正当竞争法》第13条规定，经营者不得从事下列有奖销售：（1）采用谎称有奖或者故意让内定人员中奖的欺骗方式进行有奖销售；（2）利用有奖销售的手段推销质次价高的商品；（3）抽奖式的有奖销售，最高奖的金额超过5000元。

2017年《反不正当竞争法》将该条序号修改为第10条，删除了有关禁止"利用有奖销售的手段推销致次价高的商品"的规定；新增了一种禁止性情形，即"所设奖的种类、兑奖条件、奖金金额或者奖品等有奖销售信息不明确，影响兑奖"；将第三项抽奖式的有奖销售的最高奖金额上限由5000元调整为5

万元。

2019年《反不正当竞争法》对该条未作变动。

三、条文解读

有奖销售是经营者参与市场竞争的一种常用手段，经营者通过有奖销售可以吸引消费者增加市场交易，活跃市场竞争，但是有的经营者在有奖销售过程中欺骗、误导、不当诱惑消费者，也可能扰乱市场竞争机制，损害消费者或其他经营者的合法权益，构成不正当竞争，因此，有必要对有奖销售作出规范。

1993年《反不正当竞争法》第13条对有奖销售作了规定，2017年《反不正当竞争法》主要作了以下修改：第一，删除了有关禁止“利用有奖销售的手段推销致次价高的商品”的规定，主要考虑到《产品质量法》《消费者权益保护法》等法律对禁止以假充真、以次充好，消费者享有公平交易权等已经作出了明确规定；第二，新增了一种禁止性情形，即“所设奖的种类、兑奖条件、奖金金额或者奖品等有奖销售信息不明确，影响兑奖”；第三，考虑到经济社会发展和人民收入增长，将抽奖式有奖销售的最高奖金额上限由5000元调整为5万元。

所谓有奖销售，是指经营者销售商品或者提供服务，附带性地向购买者提供物品、金钱或者其他经济上的利益的行为。实践中，有奖销售的奖品是多种多样的，可能是金钱、实物、服务机会、购物折扣等；在网络世界，还可能是会员权限，虚拟货币、视频播放时间、虚拟游戏装备等。有奖销售的奖励形式也是多种多样的，其中既有奖励所有购买者的附赠式有奖销售，也有奖励部分购买者的抽奖式有奖销售；既有到店即送等不附特殊条件的奖励，也有满足一定购物金额、消费次数要求才能享受的附条件奖励；既有随时领取的奖励，也有附兑换期限的奖励，等等。

本条明确禁止经营者进行有奖销售时存在下列情形。

有奖销售信息不明确影响兑奖。实践中，有的经营者既想通过有奖销售吸引消费者，又不想支付太高的促销费用，往往故意对所兑奖金金额或者奖品等信息不作明确清晰的表述，在消费者兑奖时制造困难，使消费者无法实际获得可以合理期待的奖励，例如，宣称“买一赠一”，实际上买一双鞋赠送一双鞋垫；宣称“来店有礼”，实际上数量有限或者消费满一定金额才能获得；宣称买汽车保险赠送汽车养护，实际上限定由特别偏远的门店，仅在特定时段提供服务；宣称所设奖品总价值百万元，实际上虚标奖品价格；宣称赠送时尚电子产品，实际上赠送老旧滞销款型，等等。

采用谎称有奖或者故意让内定人员中奖的欺骗方式进行有奖销售。所谓“谎称有奖”，既包括宣称有奖而实际无奖，也包括宣称有大奖，而实际只有小奖。例如，饮料企业宣称瓶盖内有“再来一瓶”的抽奖活动，实际上消费者买到的都是“谢谢惠顾”；手机厂商宣称可以抽奖获得高档手机，实际上消费者能抽到的只有手机配件。“让内定人员中奖”，即通过人为干预抽奖，结果是特定人员中奖或者中大奖，例如，电脑抽奖时对不同主体设定不同中奖概率，员工抽奖时，将大奖奖券单独拿出来交给特定人员。其中的“内定人员”不一定是经营者的内部人员（如经营者的员工），也可能是经营者选定的外部人员（如经营者试图贿赂的特定关系人、消费满一定金额的大客户等）。

抽奖式巨额销售。本条第3项将最高奖的金额超过5万元定为巨奖。抽奖式巨奖的销售，存在以下弊端：第一，扭曲消费者的消费，选择诱发、助长消费者的投机、博彩心理，使消费者不是为了获得所需要的商品服务而购买，而是为了获奖而购买，结果买了不需要的东西，造成浪费；第二，经营者进行巨奖销售的成本最终会转移到消费者身上，虽然个别人获得了巨奖，但绝大多数消费者要以更高的价格购买该商品或者服务；第三，巨奖销售会干扰其他经营者的正常经营，只有经济实力雄厚的经营者才能有能力设立巨奖，可能严重排挤资金少、无力设立巨奖的中小经营者破坏市场竞争格局。

需要强调的是，本项限制最高奖金额5万元的，只是抽奖式的有奖销售，这里的抽奖是既包括结果分为有奖和无奖的情形，也包括结果分为大奖和小奖的情形，以及二者相结合的情形。这需要与以下两种情形相区别：第一，奖励所有购买者且奖品价值基本相当的附赠式有奖销售（例如买房一律送车位，车位位置通过抽奖确定，不同车位的价值差别不大），其奖励实际上是交易对价的一部分，博彩性质较弱，一般不适用本项规定；第二，获奖人不是仅凭运气通过抽奖获得奖励，而是因其智力、体力、技能参加活动而赢得奖励的，一般视为参赛人的合法回报，不适用本项规定。[①]

① 参见王瑞贺主编：《中华人民共和国反不正当竞争法释义》，法律出版社2018年版。

第十一条　经营者不得编造、传播虚假信息或者误导性信息，损害竞争对手的商业信誉、商品声誉。

关联规定

法律、行政法规、司法解释

1.《中华人民共和国刑法》

第二百二十一条　捏造并散布虚伪事实，损害他人的商业信誉、商品声誉，给他人造成重大损失或者有其他严重情节的，处二年以下有期徒刑或者拘役，并处或者单处罚金。

2.《中华人民共和国反不正当竞争法》

第二十三条　经营者违反本法第十一条规定损害竞争对手商业信誉、商品声誉的，由监督检查部门责令停止违法行为、消除影响，处十万元以上五十万元以下的罚款；情节严重的，处五十万元以上三百万元以下的罚款。

3.《最高人民法院关于适用〈中华人民共和国反不正当竞争法〉若干问题的解释》

第十九条　当事人主张经营者实施了反不正当竞争法第十一条规定的商业诋毁行为的，应当举证证明其为该商业诋毁行为的特定损害对象。

第二十条　经营者传播他人编造的虚假信息或者误导性信息，损害竞争对手的商业信誉、商品声誉的，人民法院应当依照反不正当竞争法第十一条予以认定。

条文释义

一、本条主旨

本条是关于禁止商业诋毁的规定。

二、条文演变

1993年《反不正当竞争法》第14条规定，经营者不得捏造、散布虚伪事实，损害竞争对手的商业信誉、商品声誉。

2017年修改为现有条文，2019年《反不正当竞争法》予以沿用。

三、条文解读

商誉是经营者在市场经营活动中对其产品或服务的市场推广、技术研发以及广告宣传等领域经过长期努力建立起来的企业形象和市场评价，是企业赖以生存的无形资产。在生产经营活动中，经营者应当通过自己的努力，建立、维护自己的商业信誉、商品声誉，以取得交易伙伴、消费者的信任，赢得更多交易机会和竞争优势。但是，有的经营者却通过编造、传播虚假信息或者误导性信息，损害竞争对手的商业信誉、商品声誉，以破坏竞争对手的交易机会和竞争优势，就构成了商业诋毁。商业诋毁不但损害了其他经营者的合法权益，而且向消费者提供了错误信息，干扰了消费者的正常交易选择，扰乱了市场竞争秩序，是一种典型的不正当竞争行为，应当予以严格禁止。

商业诋毁是国际公约明文禁止的不正当竞争行为。《巴黎公约》第10条之2中规定，在经营商业中，具有损害竞争者的营业所、商品或工商业活动的信用性质的虚伪陈述，应当予以禁止。世界知识产权组织对此作了进一步阐释：在工商业活动中，任何虚假的或者不合理的说法，损害或者可能损害其他企业或者其活动的信誉，特别是损害此类企业提供的商品或者服务的信誉的，构成不正当竞争行为。世界主要国家和地区都对禁止商业诋毁作了规定。例如，《德国反不正当竞争法》第4条规定，不正当行为特别容易发生于下列情形，当行为人：（1）诋毁或贬低其他竞争者的可识别标志、商品、服务、活动、个人或业务状况；（2）陈述或散布有关其他竞争者的商品、服务、业务状况或企业经营者、管理层成员的事实，这些事实须为不完全真实的并达到足以损害企业经营或经营者信用之程度；如果传达方式是秘密的且陈述人或受领人对此传达享有合法利益，则只有在陈述或散布虚假事实的情况下才构成不正当竞争。《日本不正当竞争防止法》规定，告知或散布虚假信息，致使与其有竞争关系的其他经济主体之商誉受损的行为，构成不正当竞争行为。《瑞士关于不正当竞争的联邦法》规定，以不准确、误导或者不必要的损害性陈述，贬低他人及其商品、工作、服务、价格或者营业的行为，应当被认定为不正当竞争行为。

我国1993年《反不正当竞争法》第14条对禁止商业诋毁作了规定。其构成条件之一“捏造、散布虚伪事实”的表述适用情形偏窄，而且存在逻辑矛盾；2017年修订时将其修改为“编造传播虚假信息或者误导性信息”；2019年修正时未再作新的修改。

适用指引

理解与适用本条规定，应把握以下几个方面。

一、商业诋毁的行为主体是经营者

本条所称“经营者”，包括从事商品生产、经营或者提供服务的自然人、法人和非法人组织。这里要注意将经营者的商业诋毁行为与其他主体侵犯名誉权的行为相区分。司法实践中一般认为，消费者对经营者的产品质量或服务质量进行批评、评论，借机诽谤、诋毁、损害其名誉的，应当认定为侵害名誉权；新闻单位对经营者的产品质量或者服务质量进行批评、评论，主要内容失实，损害其名誉的，应当认定为侵害名誉权。同时也要注意，经营者的员工以职业身份进行的诋毁行为，如果能够认定其行为系代表经营者进行，亦应认定该行为构成商业诋毁，经营者应承担相应责任。

二、商业诋毁的对象是竞争对手

传统上，一般仅将生产、销售相同或相似商品或服务的经营者认定为竞争对手，对此类竞争对手进行商业诋毁最为典型，也最为多发。随着实践发展，有必要根据个案情况，对竞争对手作更加广义的理解。第一，经营者生产、销售的商品或者服务虽然不相同、不相似，但具备相似功能、可以相互替代的，也可能构成竞争对手。例如，录音机、CD机、MP3播放器生产者和音乐手机生产者可能成为音乐播放工具的竞争对手。第二，经营者之间存在争夺消费者注意力、购买力等商业利益冲突的，也可能成为竞争对手。例如，网络游戏提供者、社交软件提供者、视频网站可能因争夺消费者的上网流量而成为竞争对手；房地产企业和金融企业可能因争夺社会资金流向而成为竞争对手。

三、商业诋毁的行为表现是编造、传播虚假信息或者误导性信息

商业诋毁的形式和手法有以下几种：（1）编造虚假信息或误导性信息。故意编造对竞争对手不利的，尤其是与商业信誉、商品声誉真实情况不相符合的事情，包括无中生有的编造和对事实恶意的歪曲。（2）造谣中伤，故意歪曲损害竞争对手的企业经营形象。（3）传播虚假信息。故意在社会上散布有损竞争对手的声誉的消息，使消费者或用户信以为真，以减弱对手的诚实信用社会影响度。（4）含沙射影，标榜自己，诋毁竞争对手。

“虚假信息”，即内容不真实，与实际情况不符的信息。编造虚假信息，例如，无中生有地宣称竞争对手遭遇经营困难、被有关主管部门查处；毫无根据地宣称竞争对手的产品存在质量问题、服务人员不具备相应资质。“误导性信息”一般是指信息虽然真实，但是仅陈述了部分事实，容易引发错误联想的信息。编造误导性信息，例如，宣称竞争对手提供的产品含有有毒有害物质，呼吁消费者不要购买，实际上该产品中有毒有害物质含量极少，对人体没有危害，是符合国家安全标准的；恶意对竞争对手提起诉讼，在法院终审判决前传播竞争对手遭遇重大诉讼的信息，暗示与其交易存在风险，破坏竞争对手的交易机会。

虚假信息或者误导性信息要对竞争产生影响，还必须经过“传播”。实践中，传播的方式很多，有通过广播、电影、电视、报纸、杂志、网络等大众传播媒介传播的；有在产品订货会、发布会等交易场所传播的，有通过律师函、公开信、公开启事等方式传播的；有专门向竞争者的合作伙伴发函、发电子邮件传播的；有通过向相关部门、行业组织、消费者组织投诉举报传播的，等等。需要说明的是，经营者既编造又传播虚假信息或者误导性信息的，可能构成商业诋毁；经营者传播别人编造的虚假信息的，也可能构成商业诋毁；但经营者仅编造虚假信息未传播的，一般不会对市场竞争造成影响，不构成商业诋毁。

随着移动互联网和电子商务的迅猛发展，微信朋友圈逐渐改变了社交平台和交易方式，但其并非法外之地。通过微信朋友圈等互联网平台编造、传播虚假的、易于引起公众误解的信息，损害竞争对手商业信誉和商品声誉，足以使相关公众产生误导性的恶劣影响，构成商业诋毁类不正当竞争行为。

四、商业诋毁的后果是损害竞争对手的商业信誉、商品声誉

商业信誉、商品声誉反映的是人们对经营者本身以及其提供的商品或者服务（根据本法第 2 条的规定，本法所称商品包括服务）的社会评价。其中，商品声誉主要是建立在某种商品或服务质量基础上的信誉。商业信誉的含义则更为广泛，它不但包含商品声誉，而且还包含与商业活动有关的其他因素，例如社会关系、公益形象、企业文化等。

这里的“损害”，既包括损害个体经营者的商业信誉、个别商品或者服务的声誉，也可能包括损害某种类型、某个行业经营者的商业信誉（例如，家禽养殖企业普遍滥用抗生素）、某类别商品的声誉（例如，红心鸡蛋都含苏丹红）；既包括造成实际损害，也包括造成损害的可能性；既包括造成直接利益损失，也包括造成潜在利益损失（如丧失交易机会、降低议价能力等）等。

五、商业诋毁行为的法律责任

构成商业诋毁行为，根据行为人的行为性质及损害后果，可能产生民事责任、行政责任或刑事责任。

（一）民事责任

商业诋毁行为主要侵害的是其他经营者的名誉权，因而属于侵权责任。行为人应按照《民法典》相关规定承担相应民事责任，同时应依照《反不正当竞争法》第 17 条的规定进行赔偿。

（二）行政责任

《反不正当竞争法》第 23 条规定：“经营者违反本法第十一条规定损害竞争对手商业信誉、商品声誉的，由监督检查部门责令停止违法行为、消除影响，处十万元以上五十万元以下的罚款；情节严重的，处五十万元以上三百万元以下的罚款。”《反不正当竞争法》中的行政责任主要体现为监督检查部门对于不正当竞争者进行行政处罚。监督检查部门是指县级以上人民政府工商行政管理部门和法律、行政法规规定的其他监督检查部门。

(三)刑事责任

《刑法》第 221 条规定:"捏造并散布虚伪事实,损害他人的商业信誉、商品声誉,给他人造成重大损失或者有其他严重情节的,处二年以下有期徒刑或者拘役,并处或者单处罚金。"此即关于损害商业信誉、商品声誉罪的规定。其犯罪构成有以下四个方面。

第一,犯罪主体。本罪的主体为一般主体。凡达到刑事责任年龄且具备刑事责任能力的自然人均能构成本罪,单位亦能成为本罪主体。单位犯本罪的,实行两罚制,对单位判处罚金,对其直接负责的主管人员和其他直接责任人员依本条之规定追究刑事责任。不过,本罪的主体多为经营者,为在市场上占据位置,以诽谤的方式毁损竞争对手。

第二,犯罪客体。本罪侵犯的客体是复杂客体,既侵犯了商业信誉和商品声誉的权利人的合法权益,又扰乱了市场秩序。本罪侵犯的对象是商业信誉和商品声誉。

第三,犯罪的主观方面。本罪在主观方面表现为直接故意,并且以损害他人的商业信誉和商品声誉为目的,间接故意与过失不构成本罪。

第四,犯罪的客观方面。本罪在客观上表现为捏造并散布虚伪事实,损害他人的商业信誉、商品信誉,给他人造成重大损失或者有其他严重情节的行为。构成损害商业信誉、商品声誉罪的行为仅限于捏造并散布虚构事实的行为。所谓捏造,是指无中生有,凭空编造与真实情况不符,对竞争对手不利的事实;所谓散布,是指以各种可以使众人知道的方法扩散其所捏造的虚伪事实。散布的方式基本上有两种:一种是言语,即故意捏造事实,散布足以损害竞争对手商业信誉和商品声誉的言论,既可以通过宣传媒体,又可以出现在产品发布会上;一种是文字,即用"大字报""小字报"、图画、报刊、书信等方法,故意捏造事实并散布足以损害竞争对手商业信誉和商品声誉的行为。散布既可以在公众场合为之,又可以向某些与竞争对手有特定业务关系的经营者传播。需要注意的是,本条对本罪的行为特征的表述是"捏造并散布",必须同时具备两行为才可能构成本罪。此外,商业诽谤行为须给他人造成重大损失或有其他严重情节,方能构成。此乃区分一般商业诋毁行为与损害商业信誉、商业声誉罪的界限。所谓给他人造成重大损失,主要是指由于商业诽谤行为而致失去消费者的信赖,商品滞销,经营陷入困境,甚至导致他人濒临破产等。所谓其他严重情节，是指多次实施损害他人商誉的行为，损害多人的商誉的行为等。

典型案例

苏泊尔股份有限公司与浙江巴赫厨具有限公司、浙江中康厨具有限公司商业诋毁纠纷案

关键词：竞争对手　信誉贬损　商业诋毁

裁判摘要：判定某一行为是否构成商业诋毁，其判定标准是该行为是否属于捏造、散布虚伪事实，对竞争对手的商业信誉或商品声誉造成了损害。而虚伪事实既包括无中生有的编造，对真实情况的恶意歪曲，也包括不公正、不正确、不全面地陈述客观事实的行为。如果经营者对于未定论的事实，没有客观公允地表述其“未定论”的状态，而是故意将未定论的状态作为已经定论的事实来进行宣传散布，误导公众产生误解，造成竞争对手商誉贬损，亦属于捏造、散布虚伪事实的行为。

基本案情：苏泊尔公司在小型家电及炊具的制造、销售、技术开发等领域享有较高商誉。苏泊尔公司指控巴赫公司在多个媒体平台接连发布明示或暗示苏泊尔公司及“X晶盾不锈钢炒锅”侵犯其“蜂窝不粘锅”专利权的言论致使其社会评价降低，给其商誉造成严重损失，构成商业诋毁。一审法院认为：巴赫公司所发布一系列信息的核心含义是苏泊尔公司侵害其专利权。但上述信息发布时，并无任何司法裁判或行政决定认定苏泊尔公司构成对巴赫公司专利权的侵害，也没有相应的证据表明苏泊尔实施了相应专利方法生产蜂窝不粘锅，也不能确定苏泊尔公司产品的具体制造方法。为此，一审法院认定巴赫公司发布的上述信息属于《反不正当竞争法》所规制的虚假、误导性信息，对苏泊尔公司的商业信誉、商品声誉造成损害，构成商业诋毁，应当承担消除影响、赔偿损失等民事责任。杭州市中级人民法院遂于2020年12月14日判决：巴赫公司于判决生效之日起15日内在相应平台刊登声明，为苏泊尔公司消除影响，并赔偿苏泊尔公司经济损失及为制止侵权行为所支付的合理开支300万元。苏泊尔公司和巴赫公司均不服，向浙江省高级人民法院提起上诉。二审法院经审理认为：巴赫公司将未定论的状态作为已经定论的事实来进行宣传散布，在没

有相关证据支持的情况下，宣称苏泊尔公司模仿其专利，已超出了正当维权的范畴，属于捏造、散布虚伪事实。尽管巴赫公司已经删除部分微博博主的相关微博，但对于巴赫公司尚未删除的微博话题和微博内容，以及网易直播平台上的文字直播内容，其仍应承担停止侵权的民事责任。二审法院于2021年6月2日判决：维持一审关于巴赫公司消除影响、赔偿损失的判项，加判巴赫公司立即停止传播、编造虚假信息或误导性信息的行为，即立即删除相应平台发布的内容，驳回苏泊尔公司的其他诉讼请求。

【案　　号】（2021）浙民终250号

【审理法院】浙江省高级人民法院

【来　　源】2021年中国法院50件典型知识产权案例

第十二条　经营者利用网络从事生产经营活动，应当遵守本法的各项规定。

经营者不得利用技术手段，通过影响用户选择或者其他方式，实施下列妨碍、破坏其他经营者合法提供的网络产品或者服务正常运行的行为：

（一）未经其他经营者同意，在其合法提供的网络产品或者服务中，插入链接、强制进行目标跳转；

（二）误导、欺骗、强迫用户修改、关闭、卸载其他经营者合法提供的网络产品或者服务；

（三）恶意对其他经营者合法提供的网络产品或者服务实施不兼容；

（四）其他妨碍、破坏其他经营者合法提供的网络产品或者服务正常运行的行为。

关联规定

法律、行政法规、司法解释

1.《中华人民共和国数据安全法》

第二十七条　开展数据处理活动应当依照法律、法规的规定，建立健全全流程数据安全管理制度，组织开展数据安全教育培训，采取相应的技术措施和其他必要措施，保障数据安全。利用互联网等信息网络开展数据处理活动，应当在网络安全等级保护制度的基础上，履行上述数据安全保护义务。

重要数据的处理者应当明确数据安全负责人和管理机构，落实数据安全保护责任。

第二十八条　开展数据处理活动以及研究开发数据新技术，应当有利于促进经济社会发展，增进人民福祉，符合社会公德和伦理。

2.《最高人民法院关于适用〈中华人民共和国反不正当竞争法〉若干问题的解释》

第二十一条 未经其他经营者和用户同意而直接发生的目标跳转，人民法院应当认定为反不正当竞争法第十二条第二款第一项规定的“强制进行目标跳转”。

仅插入链接，目标跳转由用户触发的，人民法院应当综合考虑插入链接的具体方式、是否具有合理理由以及对用户利益和其他经营者利益的影响等因素，认定该行为是否违反反不正当竞争法第十二条第二款第一项的规定。

第二十二条 经营者事前未明确提示并经用户同意，以误导、欺骗、强迫用户修改、关闭、卸载等方式，恶意干扰或者破坏其他经营者合法提供的网络产品或者服务，人民法院应当依照反不正当竞争法第十二条第二款第二项予以认定。

条文释义

一、本条主旨

本条是关于网络不正当竞争行为的规定。

二、条文演变

随着互联网技术和商业模式的发展，网络领域的不正当竞争行为不断出现，为了满足制止网络领域不正当竞争的客观需要，2017年《反不正当竞争法》新增本条款，专门对网络不正当竞争行为进行了规定。2019年《反不正当竞争法》予以沿用。

三、条文解读

本条规定分为两款，第1款对网络不正当竞争行为进行了原则性规定。第2款规定了三种具体的网络不正当竞争行为和一项兜底条款。

（一）本条第1款

本款规定了经营者利用网络从事生产经营活动，应当遵守本法的各项规定。本条仅规定网络领域特有的，利用技术手段实施的不正当竞争行为。利用网络实施的仿冒、虚假宣传、商业诋毁等不正当竞争行为由其他行为条款进行调整，并非本条的调整范围。

本款所谓“本法的各项规定”既包括《反不正当竞争法》第2章第6条至第11条的传统不正当竞争行为的行为规范，也包括《反不正当竞争法》第2条，即一般条款。同时，遵守本法各项规定也包括本条第2款的三项具体行为规范和一项概括性规定。因此，理论界也有观点认为，本款是倡导性条款，该款的立法目的在于限定本条的适用范围，而非设定行为规范。司法实践中，目前尚无以该条作为不正当竞争行为评价依据的案例。但需注意的是，“利用技术手段”的要件是各类互联网不正当竞争行为均应满足的要件。即本条第2款规定的各类行为均应符合利用技术手段的要件。如果仅仅是利用网络实施的虚假宣传等行为仍属于虚假宣传行为，应由《反不正当竞争法》第8条等相应条款加以调整。例如，淘宝平台内经营者为提高自己销售商品的交易量而通过网络实施刷单行为，则应认定为虚假宣传行为，而非网络不正当竞争行为。

(二)本条第2款

该款采取列举的方式，对妨碍、破坏其他经营者合法提供的网络产品或者服务正常运行的具体情形进行了规定。基于实践中出现的案例，该条包括三种具体网络不正当竞争行为，通常将其概括为流量劫持行为、干扰行为以及恶意不兼容行为。

本款第1项规定了流量劫持行为。具体而言，流量劫持行为是指未经其他经营者同意，在其合法提供的网络产品或者服务中，插入链接、强制进行目标跳转。例如，用户在使用搜索引擎进行关键词搜索时，其他经营者在搜索结果页面出现前插入广告并持续数秒，点击广告页面即跳转广告宣传网站新窗口。

本款第2项规定了干扰行为，即误导、欺骗、强迫用户修改、关闭、卸载其他经营者合法提供的网络产品或者服务。例如，用户安装某款安全软件后，该安全软件对某社交软件体检，并提示用户该社交软件具有安全风险，提示用户进行修复，用户点击修复后，该安全软件禁用了该社交软件的部分插件，并用自己的界面替换了该社交软件的安全沟通界面。

本款第3项规定了恶意不兼容行为。对特定经营者实施恶意的不兼容行为，违反互联网互联互通、共享、共治、开放、包容的基本精神。因此，该条规定此类行为构成不正当竞争行为。需要注意的是，为保证自己的服务或产品的品质而拒绝不符合系统基本要求的其他产品，是互联网平台的常见现象，具有合理理由的不兼容行为一般对公平竞争的市场秩序影响较小，其他互联网经营者应予以容忍。

本款第 4 项规定是一项兜底条款，对于不属于上述三类网络不正当竞争行为的其他网络不正当竞争行为进行了规定。相对于《反不正当竞争法》第 2 条作为一般条款发挥的兜底作用，通常称本项规定为“小兜底”条款。从小兜底条款的行为限定来看，至少应当符合利用网络、使用技术手段，产生妨害、破坏其他经营者合法提供的网络产品或者服务正常运行的后果等要件。[①]

适用指引

一、对流量劫持行为的理解与适用

随着计算机技术的不断发展与商业模式的迅速迭代，流量劫持行为存在多种表现。但本条第 2 款第 1 项仅对其中的特定行为进行规制。该项规定所指的流量劫持行为仅是通过插入链接、强制进行目标跳转实现流量劫持的行为。非通过插入链接的方式实现的流量劫持不适用《反不正当竞争法》第 12 条第 2 款第 1 项。

在适用本条第 2 款第 1 项规定的过程中，需要注意插入链接与强制进行目标跳转的关系。未经经营者同意，也未经用户同意，在插入链接后直接实现跳转的，显然属于违背合法经营者意愿，损害消费者选择权的强制目标跳转行为。适用本条第 2 款第 1 项规定调整此类行为并无争议。但对于违背经营者意愿，却由消费者触发的目标跳转是否属于强制目标跳转是实践中的难点。对于此类行为，不能一概而论，需要考虑插入链接的具体方式、是否具有合理理由以及对用户利益和其他经营者利益的影响等因素。从该目标跳转行为对经营者及消费者利益的损害程度以及是否有损市场竞争秩序及消费者福利等方面进行评价。

① 参见王瑞贺：《中华人民共和国反不正当竞争法释义》，法律出版社 2018 年版。

二、对干扰行为的理解与适用

干扰是网络不正当竞争的主要类型之一。随着计算机技术的日益发展，技术领域与行业细分都出现融合与跨界的趋势，互联网经营活动中软件之间的相互干扰难以避免。有些干扰行为具有合理性，且并不损害竞争秩序，一概禁止有失公允，例如，有的经营者为了保证自己的产品或服务品质，适用技术手段限制第三方的产品或服务。因此，适用本条第 2 款第 2 项时应当避免过分扩大不正当干扰行为的适用范围。

本条第 2 款第 2 项对干扰行为进行了一定限制，仅以误导、欺骗、强迫用户修改、关闭、卸载其他经营者合法提供的网络产品或者服务的行为作为调整对象。例如，屏蔽广告等未违背用户意愿，基于用户选择修改、关闭、卸载其他经营者网络服务的行为，不属于该项规定的干扰行为，宜适用本条第 2 款第 4 项进行调整。

认定本款规定的干扰行为，可以考虑该干扰行为是否损害消费者的选择权。即考虑经营者实施干扰行为前是否向消费者进行了明确的提示。经营者虽然进行了事前明示，但属于对消费者欺骗或引起消费者误解的，仍不能据此获得正当性。

此外，为了正确界定干扰行为，需要考虑经营者实施干扰行为的主观意图，恶意干扰或者破坏其他经营者合法提供的网络产品或者服务，可以认定构成本条第 2 款第 2 项规定的干扰行为。对恶意干扰行为进行规制符合互联网行业惯例。中国互联网协会于 2011 年发布的《互联网终端软件服务行业自律公约》第 18 条规定，终端软件在安装、运行、升级、卸载的过程中，不应恶意干扰或者破坏其他合法终端软件的正常使用。

三、对恶意不兼容的理解与适用

互联互通是互联网的内在要求。基于网络效应，开放共享促进了互联网产业的蓬勃发展。因此，技术、产品或服务的兼容性是竞争法中的重要命题。特别是在数字经济环境中，一方面，经营者通过屏蔽、封杀等不兼容行为放大锁定效应，损害其他经营者及消费者的合法利益，损害竞争秩序，对不兼容行为进行规制具有合理性，但另一方面，兼容并不是终极的价值目标，导致不兼容的原因也多种多样，例如，技术发展和迭代本身就必然带来不兼容。因此，在对经营者是否存在恶意的判断上，可从该经营者实施的不兼容行为是否符合诚信原则和商业道德等方面进行综合考量。

四、对“小兜底”条款的理解与适用

互联网条款关于流量劫持、干扰以及恶意不兼容行为的规定均来源于司法实践的案例，具有一定的局限性，难以适应技术发展中的商业竞争。因此，本条第2款第4项作为互联网条款的兜底条款，可以用于调整上述行为之外的其他网络不正当竞争行为。该条明确了受到《反不正当竞争法》规制的其他网络不正当竞争行为是妨碍、破坏其他经营者合法提供的网络产品或者服务正常运行的行为。

指导案例

指导案例45号：北京百度网讯科技有限公司诉青岛奥商网络技术有限公司等不正当竞争纠纷案

（最高人民法院审判委员会讨论通过　2015年4月15日发布）

关键词：民事　不正当竞争　网络服务　诚信原则

裁判要点：从事互联网服务的经营者，在其他经营者网站的搜索结果页面强行弹出广告的行为，违反诚实信用原则和公认商业道德，妨碍其他经营者正当经营并损害其合法权益，可以依照《中华人民共和国反不正当竞争法》第二条的原则性规定认定为不正当竞争。

相关法条：《中华人民共和国反不正当竞争法》第二条

基本案情：原告北京百度网讯科技有限公司（以下简称百度公司）诉称：其拥有的www.baidu.com网站（以下简称百度网站）是中文搜索引擎网站。三被告青岛奥商网络技术有限公司（以下简称奥商网络公司）、中国联合网络通信有限公司青岛市分公司（以下简称联通青岛公司）、中国联合网络通信有限公司山东省分公司（以下简称联通山东公司）在山东省青岛地区，利用网通的互联网接入网络服务，在百度公司网站的搜索结果页面强行增加广告的行为，损害了百度公司的商誉和经济效益，违背了诚实信用原则，构成不正当竞

争。请求判令：1. 奥商网络公司、联通青岛公司的行为构成对原告的不正当竞争行为，并停止该不正当竞争行为；第三人承担连带责任；2. 三被告在报上刊登声明以消除影响；3. 三被告共同赔偿原告经济损失 480 万元和因本案的合理支出 10 万元。

被告奥商网络公司辩称：其不存在不正当竞争行为，不应赔礼道歉和赔偿 480 万元。

被告联通青岛公司辩称：原告没有证据证明其实施了被指控行为，没有提交证据证明遭受的实际损失，原告与其不存在竞争关系，应当驳回原告全部诉讼请求。

被告联通山东公司辩称：原告没有证据证明其实施了被指控的不正当竞争或侵权行为，承担连带责任没有法律依据。

第三人青岛鹏飞国际航空旅游服务有限公司（以下简称鹏飞航空公司）述称：本案与第三人无关。

法院经审理查明：百度公司经营范围为互联网信息服务业务，核准经营网址为 www.baidu.com 的百度网站，主要向网络用户提供互联网信息搜索服务。奥商网络公司经营范围包括网络工程建设、网络技术应用服务、计算机软件设计开发等，其网站为 www.og.com.cn。该公司在上述网站“企业概况”中称其拥有 4 个网站：中国奥商网（www.og.com.cn）、讴歌网络营销伴侣（www.og.net.cn）、青岛电话实名网（www.0532114.org）、半岛人才网（www.job17.com）。该公司在其网站介绍其“网络直通车”业务时称：无需安装任何插件，广告网页强制出现。介绍“搜索通”产品表现形式时，以图文方式列举了下列步骤：第一步在搜索引擎对话框中输入关键词；第二步优先出现网络直通车广告位（5 秒钟展现）；第三步同时点击上面广告位直接进入宣传网站新窗口；第四步 5 秒后原窗口自动展示第一步请求的搜索结果。该网站还以其他形式介绍了上述服务。联通青岛公司的经营范围包括因特网接入服务和信息服务等，青岛信息港（域名为 qd.sd.cn）为其所有的网站。“电话实名”系联通青岛公司与奥商公司共同合作的一项语音搜索业务，网址为 www.0532114.org 的“114 电话实名语音搜索”网站表明该网站版权所有人为联通青岛公司，独家注册中心为奥商网络公司。联通山东公司经营范围包括因特网接入服务和信息服务业务。其网站（www.sdcnc.cn）显示，联通青岛公司是其下属分公司。鹏飞航空公司经营范围包括航空机票销售代理等。

2009年4月14日，百度公司发现通过山东省青岛市网通接入互联网，登录百度网站（www.baidu.com），在该网站显示对话框中：输入“鹏飞航空”，点击“百度一下”，弹出显示有“打折机票抢先拿就打114”的页面，迅速点击该页面，打开了显示地址为http：//air.qd.sd.cn/的页面；输入“青岛人才网”，点击“百度一下”，弹出显示有“找好工作到半岛人才网www.job17.com”的页面，迅速点击该页面中显示的“马上点击”，打开了显示地址为http：//www.job17.com/的页面；输入“电话实名”，点击“百度一下”，弹出显示有“查信息打114，语音搜索更好用”的页面，随后该页面转至相应的“电话实名”搜索结果页面。百度公司委托代理人利用公证处的计算机对登录百度搜索等网站操作过程予以公证，公证书记载了前述内容。经专家论证，所链接的网站（http：//air.qd.sd.cn/）与联通山东公司的下属网站青岛信息港（www.qd.sd.cn）具有相同域（qd.sd.cn），网站air.qd.sd.cn是联通山东公司下属网站青岛站点所属。

裁判结果：山东省青岛市中级人民法院于2009年9月2日作出（2009）青民三初字第110号民事判决：一、奥商网络公司、联通青岛公司于本判决生效之日起立即停止针对百度公司的不正当竞争行为，即不得利用技术手段，使通过联通青岛公司提供互联网接入服务的网络用户，在登录百度网站进行关键词搜索时，弹出奥商网络公司、联通青岛公司的广告页面；二、奥商网络公司、联通青岛公司于本判决生效之日起十日内赔偿百度公司经济损失二十万元；三、奥商网络公司、联通青岛公司于本判决生效之日起十日内在各自网站首页位置上刊登声明以消除影响，声明刊登时间应为连续的十五天；四、驳回百度公司的其他诉讼请求。宣判后，联通青岛公司、奥商网络公司提起上诉。山东省高级人民法院于2010年3月20日作出（2010）鲁民三终字第5－2号民事判决，驳回上诉，维持原判。

裁判理由：法院生效裁判认为：本案百度公司起诉奥商网络公司、联通青岛公司、联通山东公司，要求其停止不正当竞争行为并承担相应的民事责任。据此，判断原告的主张能否成立应按以下步骤进行：一、本案被告是否实施了被指控的行为；二、如果实施了被指控行为，该行为是否构成不正当竞争；三、如果构成不正当竞争，如何承担民事责任。

一、关于被告是否实施了被指控的行为

域名是互联网络上识别和定位计算机的层次结构式的字符标识。根据查明的事实，www.job17.com 系奥商网络公司所属的半岛人才网站，“电话实名语音搜索”系联通青岛公司与奥商网络公司合作经营的业务。域名 qd.sd.cn 属于联通青岛公司所有，并将其作为“青岛信息港”的域名实际使用。air.qd.sd.cn 作为 qd.sd.cn 的子域，是其上级域名 qd.sd.cn 分配与管理的。联通青岛公司作为域名 qd.sd.cn 的持有人否认域名 air.qd.sd.cn 为其所有，但没有提供证据予以证明，应认定在公证保全时该子域名的使用人为联通青岛公司。

在互联网上登录搜索引擎网站进行关键词搜索时，正常出现的应该是搜索引擎网站搜索结果页面，不应弹出与搜索引擎网站无关的其他页面，但是在联通青岛公司所提供的网络接入服务网络区域内，却出现了与搜索结果无关的广告页面强行弹出的现象。这种广告页面的弹出并非接入互联网的公证处计算机本身安装程序所导致，联通青岛公司既没有证据证明在其他网络接入服务商网络区域内会出现同样情况，又没有对在其网络接入服务区域内出现的上述情况给予合理解释，可以认定在联通青岛公司提供互联网接入服务的区域内，对于网络服务对象针对百度网站所发出的搜索请求进行了人为干预，使干预者想要发布的广告页面在正常搜索结果页面出现前强行弹出。

关于上述干预行为的实施主体问题，从查明的事实来看，奥商网络公司在其主页中对其“网络直通车”业务的介绍表明，其中关于广告强行弹出的介绍与公证保全的形式完全一致，且公证保全中所出现的弹出广告页面“半岛人才网”“114 电话语音搜索”均是其正在经营的网站或业务。因此，奥商网络公司是该干预行为的受益者，在其没有提供证据证明存在其他主体为其实施上述广告行为的情况下，可以认定奥商网络公司是上述干预行为的实施主体。

关于联通青岛公司是否被控侵权行为的实施主体问题，奥商网络公司这种干预行为不是通过在客户端计算机安装插件、程序等方式实现，而是在特定网络接入服务区域内均可实现，因此这种行为如果没有网络接入服务商的配合则无法实现。联通青岛公司没有证据证明奥商网络公司是通过非法手段干预其互联网接入服务而实施上述行为。同时，联通青岛公司是域名 air.qd.sd.cn 的所有人，因持有或使用域名而侵害他人合法权益的责任，由域名持有者承担。联通青岛公司与奥商网络公司合作经营电话实名业务，即联通青岛公司也是上述行为的受益人。因此，可以认定联通青岛公司也是上述干预行为的实施主体。

关于联通山东公司是否实施了干预行为，因联通山东公司、联通青岛公司同属于中国联合网络通信有限公司分支机构，无证据证明两公司具有开办和被开办的关系，也无证据证明联通山东公司参与实施了干预行为，联通青岛公司作为民事主体有承担民事责任的资格，故对联通山东公司的诉讼请求，不予支持。百度公司将鹏飞航空公司作为本案第三人，但是在诉状及庭审过程中并未指出第三人有不正当竞争行为，也未要求第三人承担民事责任，故将鹏飞航空公司作为第三人属于列举当事人不当，不予支持。

二、关于被控侵权行为是否构成不正当竞争

《中华人民共和国反不正当竞争法》(简称《反不正当竞争法》)第二章第五条至第十五条，对不正当竞争行为进行了列举式规定，对于没有在具体条文中列举的行为，只有按照公认的商业道德和普遍认识能够认定违反该法第二条原则性规定时，才可以认定为不正当竞争行为。判断经营者的行为构成不正当竞争，应当考虑以下方面：一是行为实施者是反不正当竞争法意义上的经营者；二是经营者从事商业活动时，没有遵循自愿、平等、公平、诚实信用原则，违反了反不正当竞争法律规定和公认的商业道德；三是经营者的不正当竞争行为损害正当经营者的合法权益。

首先，根据《反不正当竞争法》第二条有关经营者的规定，经营者的确定并不要求原、被告属同一行业或服务类别，只要是从事商品经营或者营利性服务的市场主体，就可成为经营者。联通青岛公司、奥商网络公司与百度公司均属于从事互联网业务的市场主体，属于反不正当竞争法意义上的经营者。虽然联通青岛公司是互联网接入服务经营者，百度公司是搜索服务经营者，服务类别上不完全相同，但是联通青岛公司实施的在百度搜索结果出现之前弹出广告的商业行为，与百度公司的付费搜索模式存在竞争关系。

其次，在市场竞争中存在商业联系的经营者，违反诚信原则和公认商业道德，不正当地妨碍了其他经营者正当经营，并损害其他经营者合法权益的，可以依照《反不正当竞争法》第二条的原则性规定，认定为不正当竞争。尽管在互联网上发布广告、进行商业活动与传统商业模式有较大差异，但是从事互联网业务的经营者仍应当通过诚信经营、公平竞争来获得竞争优势，不能未经他人许可，利用他人的服务行为或市场份额来进行商业运作并从中获利。联通青岛公司与奥商网络公司实施的行为，是利用了百度网站搜索引擎在我国互联网用户中被广泛使用优势，利用技术手段，让使用联通青岛公司提供互联网接入服务的网络用户，在登录百度网站进行关键词搜索时，在正常搜索结果显示前强行弹出奥商公司发布的与搜索的关键词及内容有紧密关系的广告页面。这种行为诱使本可能通过百度公司搜索结果检索相应信息的网络用户点击该广告页面，影响了百度公司向网络用户提供付费搜索服务与推广服务，属于利用百度公司提供的搜索服务来为自己牟利。该行为既没有征得百度公司同意，又违背了使用其互联网接入服务用户的意志，容易导致上网用户误以为弹出的广告页面系百度公司所为，会使上网用户对百度公司提供服务的评价降低，对百度公司的商业信誉产生不利影响，损害了百度公司的合法权益，同时也违背了诚实信用和公认的商业道德，已构成不正当竞争。

三、关于民事责任的承担

由于联通青岛公司与奥商网络公司共同实施了不正当竞争行为，依照《中华人民共和国民法通则》第一百三十条的规定应当承担连带责任。依照《中华人民共和国民法通则》第一百三十四条、《反不正当竞争法》第二十条的规定，应当承担停止侵权、赔偿损失、消除影响的民事责任。首先，奥商网络公司、联通青岛公司应当立即停止不正当竞争行为，即不得利用技术手段使通过联通青岛公司提供互联网接入服务的网络用户，在登录百度网站进行关键词搜索时，弹出两被告的广告页面。其次，根据原告为本案支出的合理费用、被告不正当竞争行为的情节、持续时间等，酌定两被告共同赔偿经济损失20万元。最后，互联网用户在登录百度进行搜索时，面对弹出的广告页面，通常会认为该行为系百度公司所为。因此两被告的行为给百度公司造成了一定负面影响，应当承担消除影响的民事责任。由于该行为发生在互联网上，且发生在联通青岛公司提供互联网接入服务的区域内，故确定两被告应在其各自网站的首页上刊登消除影响的声明。

典型案例

一、深圳市腾讯计算机系统有限公司、腾讯科技（深圳）有限公司与浙江搜道网络技术有限公司、杭州聚客通科技有限公司不正当竞争纠纷案

关键词：数据　妨碍破坏　竞争性权益　不正当竞争

裁判摘要：网络运营者所控制的数据分为原始数据与衍生数据。对于单一

原始数据，数据控制主体只能依附于网络用户信息权益，依其与用户的约定享有原始数据的有限使用权；对于单一原始数据聚合而成的数据资源整体，数据控制主体享有竞争性权益。未经许可规模化破坏性使用他人所控制的数据资源的，可以认定为不正当竞争，数据控制主体有权请求获得损害赔偿。

基本案情：深圳市腾讯计算机系统有限公司、腾讯科技（深圳）有限公司（以下统称腾讯公司）开发运营个人微信产品，为消费者提供即时社交通信服务。个人微信产品中的数据内容主要为个人微信用户的账号数据、好友关系链数据、用户操作数据等个人身份数据和行为数据。浙江搜道网络技术有限公司、杭州聚客通科技有限公司（以下统称两被告）开发运营的“聚客通群控软件”，利用 Xposed 外挂技术将该软件中的“个人号”功能模块嵌套于个人微信产品中运行，为购买该软件服务的微信用户在个人微信平台中开展商业营销、商业管理活动提供帮助。腾讯公司向浙江省杭州铁路运输法院提起诉讼，主张其享有微信平台的数据权益，两被告擅自获取、使用涉案数据，构成不正当竞争。一审法院认为，两被告利用 Xposed 外挂技术，将被控侵权软件中的“个人号”功能模块以嵌套于两原告个人微信平台方式运行，异化了个人微信产品作为社交平台的服务功能，给用户使用微信产品造成了干扰，同时危及微信平台的安全、稳定、效率，已妨碍、破坏了两原告合法提供的网络产品与服务的正常运行，属于《反不正当竞争法》第 12 条第 2 款第 4 项所规定的妨碍、破坏其他经营者合法提供的网络产品或者服务正常运行的行为，构成不正当竞争。一审法院遂判决两被告停止涉案不正当竞争行为，共同赔偿腾讯公司经济损失及为制止不正当竞争行为所支付的合理费共计 260 万元。

【**案　　号**】（2019）浙 8601 民初 1987 号

【**审理法院**】浙江省杭州铁路运输法院

【**来　　源**】2020 年中国法院 10 大知识产权案件和 50 件典型知识产权案例

二、广东省深圳市腾讯计算机系统有限公司、腾讯科技（深圳）有限公司诉数推（重庆）网络科技有限公司、谭某不正当竞争纠纷案

关键词：刷量行为　互联网　不正当竞争

裁判摘要： 虚假刷量行为表现为被告在行为上采取互联网领域现有的插入、搭载、链接或者劫持等技术手段实施刷量行为，在结果上妨碍、破坏原告合法提供的网络产品或者服务正常运行。该行为违背了诚实信用原则和商业道德，损害了互联网经营者、用户和消费者的合法权益，符合反不正当竞争法第12条第2款第4项关于"其他妨碍、破坏其他经营者合法提供的网络产品或者服务正常运行的行为"的规定，应受反不正当竞争法调整。

基本案情： 数推（重庆）网络科技有限公司（以下简称数推公司）为自然人独资有限公司，谭某系数推公司执行董事兼总经理，是该公司的唯一股东。数推公司、谭某自2017年12月至2019年7月分别开设了"企鹅代商网""金招代刷网"等6个网站接受客户订单，将订单转让或转托他人，利用网络技术手段，对深圳市腾讯计算机系统有限公司、腾讯科技（深圳）有限公司（以下简称两原告）的网站和产品服务内容信息的点击量、浏览量、阅读量进行虚假提高，并予以宣传，获取订单与转托刷量之间的差价。重庆市第五中级人民法院经审理认为，数推公司、谭某有偿提供虚假刷量服务的行为构成不正当竞争，判决数推公司与谭某连带赔偿两原告经济损失及合理开支共计120万元。

【案　　号】（2019）渝05民初3618号

【审理法院】 重庆市第五中级人民法院

【来　　源】 2020年中国法院10大知识产权案件和50件典型知识产权案例

三、上海陆家嘴国际金融资产交易市场股份有限公司、上海陆金所互联网金融信息服务有限公司与西安陆智投软件科技有限公司不正当竞争纠纷案

关键词： 利用技术手段　自动抢购　不正当竞争

裁判要旨： 对不属于《反不正当竞争法》第12条第2款第1至3项规定不正当竞争行为的，应考虑使用第4项兜底条款。在适用兜底条款时，应审查该行为对经营者、消费者的损害，以及该行为的正当性。利用技术手段，为目标平台的用户提供不正当抢购优势，破坏目标平台既有的抢购规则并刻意绕过监管措施，对目标平台的用户粘性和营商环境造成破坏的网络抢购服务，构成

不正当竞争行为。

基本案情：上海陆家嘴国际金融资产交易市场股份有限公司（以下简称陆金所公司）是知名互联网财富管理平台，上海陆金所互联网金融信息服务有限公司（以下简称陆金服公司）是其全资子公司。两者开设金融服务网站及手机应用（以下简称涉案平台），债权转让产品交易是其中的热门服务。为抢购债权转让产品，网站会员需经常登录涉案平台，频繁刷新关注债权转让产品信息。西安陆智投软件科技有限公司（以下简称陆智投公司）提供“陆金所代购工具”软件，用户通过安装运行该软件，无需关注涉案平台发布的债权转让产品信息即可根据预设条件实现自动抢购，并先于手动抢购的会员完成交易。陆金所公司、陆金服公司认为，陆智投公司的上述行为构成不正当竞争，诉至法院。上海市浦东新区人民法院认为，陆智投公司提供的抢购服务利用技术手段，为用户提供不正当的抢购优势，违反涉案平台既有的抢购规则并刻意绕过其监管措施，对涉案平台的用户粘性和营商环境造成严重破坏，应认定构成不正当竞争。上海市浦东新区人民法院判令陆智投公司停止涉案不正当竞争行为、公开消除影响，并全额支持了陆金所公司、陆金服公司的赔偿主张。

【案　　号】（2019）沪 0115 民初 11133 号

【审理法院】上海市浦东新区人民法院

【来　　源】2020 年中国法院 50 件典型知识产权案例

第十七条　经营者违反本法规定，给他人造成损害的，应当依法承担民事责任。

经营者的合法权益受到不正当竞争行为损害的，可以向人民法院提起诉讼。

因不正当竞争行为受到损害的经营者的赔偿数额，按照其因被侵权所受到的实际损失确定；实际损失难以计算的，按照侵权人因侵权所获得的利益确定。经营者恶意实施侵犯商业秘密行为，情节严重的，可以在按照上述方法确定数额的一倍以上五倍以下确定赔偿数额。赔偿数额还应当包括经营者为制止侵权行为所支付的合理开支。

经营者违反本法第六条、第九条规定，权利人因被侵权所受到的实际损失、侵权人因侵权所获得的利益难以确定的，由人民法院根据侵权行为的情节判决给予权利人五百万元以下的赔偿。

关联规定

法律、行政法规、司法解释

1.《中华人民共和国民法典》

第一百七十九条　承担民事责任的方式主要有：

（一）停止侵害；

（二）排除妨碍；

（三）消除危险；

（四）返还财产；

（五）恢复原状；

（六）修理、重作、更换；

（七）继续履行；

（八）赔偿损失；

（九）支付违约金；

（十）消除影响、恢复名誉；

（十一）赔礼道歉。

法律规定惩罚性赔偿的，依照其规定。

本条规定的承担民事责任的方式，可以单独适用，也可以合并适用。

第一百八十七条 民事主体因同一行为应当承担民事责任、行政责任和刑事责任的，承担行政责任或者刑事责任不影响承担民事责任；民事主体的财产不足以支付的，优先用于承担民事责任。

第一千一百八十五条 故意侵害他人知识产权，情节严重的，被侵权人有权请求相应的惩罚性赔偿。

2.《最高人民法院关于审理侵犯商业秘密民事案件适用法律若干问题的规定》

第十六条 经营者以外的其他自然人、法人和非法人组织侵犯商业秘密，权利人依据反不正当竞争法第十七条的规定主张侵权人应当承担的民事责任的，人民法院应予支持。

3.《最高人民法院关于审理侵害知识产权民事案件适用惩罚性赔偿的解释》

第一条 原告主张被告故意侵害其依法享有的知识产权且情节严重，请求判令被告承担惩罚性赔偿责任的，人民法院应当依法审查处理。

本解释所称故意，包括商标法第六十三条第一款和反不正当竞争法第十七条第三款规定的恶意。

第二条 原告请求惩罚性赔偿的，应当在起诉时明确赔偿数额、计算方式以及所依据的事实和理由。

原告在一审法庭辩论终结前增加惩罚性赔偿请求的，人民法院应当准许；在二审中增加惩罚性赔偿请求的，人民法院可以根据当事人自愿的原则进行调解，调解不成的，告知当事人另行起诉。

第三条 对于侵害知识产权的故意的认定，人民法院应当综合考虑被侵害知识产权客体类型、权利状态和相关产品知名度、被告与原告或者利害关系人之间的关系等因素。

对于下列情形，人民法院可以初步认定被告具有侵害知识产权的故意：

（一）被告经原告或者利害关系人通知、警告后，仍继续实施侵权行为的；

（二）被告或其法定代表人、管理人是原告或者利害关系人的法定代表人、管理人、实际控制人的；

（三）被告与原告或者利害关系人之间存在劳动、劳务、合作、许可、经销、代理、代表等关系，且接触过被侵害的知识产权的；

（四）被告与原告或者利害关系人之间有业务往来或者为达成合同等进行过磋商，且接触过被侵害的知识产权的；

（五）被告实施盗版、假冒注册商标行为的；

（六）其他可以认定为故意的情形。

第四条 对于侵害知识产权情节严重的认定，人民法院应当综合考虑侵权手段、次数，侵权行为的持续时间、地域范围、规模、后果，侵权人在诉讼中的行为等因素。

被告有下列情形的，人民法院可以认定为情节严重：

（一）因侵权被行政处罚或者法院裁判承担责任后，再次实施相同或者类似侵权行为；

（二）以侵害知识产权为业；

（三）伪造、毁坏或者隐匿侵权证据；

（四）拒不履行保全裁定；

（五）侵权获利或者权利人受损巨大；

（六）侵权行为可能危害国家安全、公共利益或者人身健康；

（七）其他可以认定为情节严重的情形。

第五条 人民法院确定惩罚性赔偿数额时，应当分别依照相关法律，以原告实际损失数额、被告违法所得数额或者因侵权所获得的利益作为计算基数。该基数不包括原告为制止侵权所支付的合理开支；法律另有规定的，依照其规定。

前款所称实际损失数额、违法所得数额、因侵权所获得的利益均难以计算的，人民法院依法参照该权利许可使用费的倍数合理确定，并以此作为惩罚性赔偿数额的计算基数。

人民法院依法责令被告提供其掌握的与侵权行为相关的账簿、资料，被告无正当理由拒不提供或者提供虚假账簿、资料的，人民法院可以参考原告的主张和证据确定惩罚性赔偿数额的计算基数。构成民事诉讼法第一百一十一条规定情形的，依法追究法律责任。

第六条 人民法院依法确定惩罚性赔偿的倍数时，应当综合考虑被告主观过错程度、侵权行为的情节严重程度等因素。

因同一侵权行为已经被处以行政罚款或者刑事罚金且执行完毕，被告主张减免惩罚性赔偿责任的，人民法院不予支持，但在确定前款所称倍数时可以综合考虑。

条文释义

一、本条主旨

本条是关于从事不正当竞争行为的经营者的民事责任承担的规定。

二、条文演变

1993年《反不正当竞争法》第20条规定："经营者违反本法规定，给被侵害的经营者造成损害的，应当承担损害赔偿责任，被侵害的经营者的损失难以计算的，赔偿额为侵权人在侵权期间因侵权所获得的利润；并应当承担被侵害的经营者因调查该经营者侵害其合法权益的不正当竞争行为所支付的合理费用。被侵害的经营者的合法权益受到不正当竞争行为损害的，可以向人民法院提起诉讼。"

2017年《反不正当竞争法》对该条进行了修改，主要包括：一是明确了本条规定的责任类型为民事责任；二是针对违反第6条、第9条的混淆行为和侵犯商业秘密行为，增加了法定赔偿的规定。

2019年《反不正当竞争法》，增加了"经营者恶意实施侵犯商业秘密行为，情节严重的，可以在按照上述方法确定数额的一倍以上五倍以下确定赔偿数额"的惩罚性赔偿规定。另外，将经营者实施混淆和侵犯商业秘密行为的法定赔偿数额的上限提高到500万元。

三、条文解读

责任承担是《反不正当竞争法》的核心条款。赔偿数额的确定又是重中之重。公平合理的责任，对于遏制不正当竞争行为，保障其他经营者或者消费者合法权益，加强知识产权保护，营造市场化、法治化、国际化营商环境具有重要意义。

（一）关于责任类型

“经营者违反本法规定，给他人造成损害的，应当依法承担民事责任。”该规定明确，本条要解决的是民事责任承担问题。依据《反不正当竞争法》的规定，经营者因其不正当竞争行为可能承担民事责任、行政责任或刑事责任中的任意一种，也可能同时承担多种责任。发生责任竞合且经营者财产不足以支付的，优先用于承担民事责任。行政责任和刑事责任的承担由本法的其他条文或其他法律规定，本条仅规定民事责任的承担。

对于民事责任的承担，本条规定了两个条件：一是经营者存在违反本法规定的不正当竞争行为；二是给他人造成损害。首先，对于不正当竞争行为，应当是指违反本法第 2 条第 1 款、第 2 款和第 2 章规定的各种行为。其次，“不正当竞争行为扰乱公平竞争的市场秩序，增加了其他经营者的经营成本和消费者的选择成本，进而损害了消费者的福祉和权益”[①]。因此，给他人造成损害中的“他人”，包括受到损害的其他经营者和消费者。

对于民事责任的承担方式，根据《民法典》第 179 条的规定，主要有：停止侵害；排除妨碍；消除危险；返还财产；恢复原状；修理、重作、更换；继续履行；赔偿损失；支付违约金；消除影响、恢复名誉；赔礼道歉；法律规定的惩罚性赔偿。上述方式可以单独适用，也可以合并适用。

（二）赔偿数额的计算方式

1. 一般情况下的赔偿数额计算

依据《民法典》的规定，通常情况下，损害赔偿责任的承担以填平受害人损失为一般原则。如《民法典》第 1184 条规定，侵害他人财产的，财产损失按照损失发生时的市场价格或者其他合理方式计算。因此，本条规定，受到损害的经营者主张民事赔偿的，人民法院应按以下规则计算赔偿数额。首先，按照经营者因被侵权所受到的实际损失确定。其次，在实际损失难以计算的情况下，按照侵权人因侵权所获得的利益确定。

2. 特定情形下适用惩罚性赔偿

引入和落实知识产权惩罚性赔偿制度，依法惩处严重侵害知识产权行为，

---

① 王翔主编：《中华人民共和国反不正当竞争法学习问答》，中国法制出版社 2017 年版，第 4~5 页。

可以阻遏侵权并充分补偿权利人，符合新发展理念内在要求，有利于全面加强知识产权保护，有利于激发社会创新活力，有利于推动高质量发展。以往的司法实践中，不正当竞争纠纷案件存在的赔偿数额低等问题既导致权利人损失难以弥补，也导致不正竞争行为难以有效遏制，严重影响司法保护的实效。《反不正当竞争法》适应实践需要，及时规定了惩罚性赔偿制度，明确经营者恶意实施侵犯商业秘密行为，情节严重的，可以在实际损失或侵权获利的一倍以上五倍以下确定赔偿数额。

3. 法定赔偿的适用

实践中，因不正当竞争行为受到损害的经营者可能因各种原因难以举证证明受到的实际损失或侵权人因侵权所获得的利益。为了有效保护经营者的合法权益，打击不正当竞争行为。本法针对第 6 条和第 9 条的混淆行为和侵犯商业秘密的行为规定了法定赔偿制度。经营者实施第 6 条和第 9 条规定的不正当竞争行为，给权利人造成损害的，如果实际损失、侵权获利难以确定，人民法院可以根据主观过错程度、侵权手段、侵权持续时间、损害后果等情节，酌定五百万元以下的赔偿。法定赔偿是权利人弥补损失的“兜底”手段，对破解“举证难”“赔偿低”有重要意义。在《反不正当竞争法》的修改过程中，为了更好地发挥法定赔偿制度在提高侵权成本、遏制不正当竞争中的积极作用，将原来规定的 300 万元赔偿限额大幅度提升到 500 万元。

适用指引

惩罚性赔偿是《反不正当竞争法》新增加的重要条文，在实践中，应当注意以下几个方面。

一、关于恶意的理解

惩罚性赔偿具有加重责任的性质，侵权故意是惩罚的正当性基础。为实现惩罚性赔偿的惩罚和预防的社会控制功能，同时为了防止被滥用，行为人的主观过错程度是决定惩罚性赔偿的重要考量。

《民法典》规定惩罚性赔偿的主观要件为故意，本法第 17 条第 3 款规定为恶意。对故意和恶意的含义应当作一致性理解。一是对本法所规定的恶意的解释应当与上位法保持一致，也应与《民法典》颁布后修改的《专利法》和《著作权法》保持一致。二是故意与恶意常常难以精准地区分，作一致性解释有利于增强实践操作性，也有利于避免造成误解。

行为人的恶意是一种内在的主观状态，在民事诉讼中查明难度较大，往往只能通过客观证据加以认定。对于恶意的认定，应当综合考虑被侵害权利的类型、状态、被告与原告或者利害关系人之间的关系等因素。根据相关司法解释的规定，对于下列情形，人民法院可以初步认定被告具有侵害知识产权的故意：被告经原告或者利害关系人通知、警告后，仍继续实施侵权行为的；被告或其法定代表人、管理人是原告或者利害关系人的法定代表人、管理人、实际控制人的；被告与原告或者利害关系人之间存在劳动、劳务、合作、许可、经销、代理、代表等关系，且接触过被侵害的知识产权的；被告与原告或者利害关系人之间有业务往来或者为达成合同等进行过磋商，且接触过被侵害的知识产权的；被告实施盗版、假冒注册商标行为的；其他可以认定为故意的情形。

二、关于情节严重的认定

情节严重主要针对侵权手段、方式及其造成的后果等，一般不涉及侵权人的主观状态。应当综合考虑侵权手段、次数，侵权行为的持续时间、地域范围、规模、后果，侵权人在诉讼中的行为等因素进行认定。侵权人具有下列情形的，可以认定为情节严重：因侵权被行政处罚或者法院裁判承担责任后，再次实施相同或者类似侵权行为；以侵害知识产权为业；伪造、毁坏或者隐匿侵权证据；拒不履行保全裁定；侵权获利或者权利人受损巨大；侵权行为可能危害国家安全、公共利益或者人身健康；其他可以认定为情节严重的情形。

三、关于基数的确定

司法实践中，因损害赔偿数额难以精确计算，导致惩罚性赔偿适用时常面临困境。结合相关司法解释的规定，在基数确定中，应注意以下几点：一是制止侵权的合理开支在实际维权过程中才能发生，与侵权赔偿的指向不同，在计算基数时，应将合理开支排除在外；二是为发挥惩罚性赔偿制度遏制侵权的重要作用，立足知识产权审判实际，法院依法责令被告提供其掌握的与侵权行为相关的账簿、资料，被告无正当理由拒不提供或者提供虚假账簿、资料的，参考原告主张和提供的证据所确定的赔偿数额也可以作为基数的一种；三是赔偿基数和惩罚性赔偿数额应当分别单独计算。也就是说，如果惩罚性赔偿的倍数确定为1倍，那么被诉侵权人承担的赔偿总额应当为填平性赔偿数额加上惩罚性赔偿数额之和，即为基数的2倍。

四、关于倍数的确定

除基数外，倍数是决定惩罚性赔偿数额的另一关键因素，法院综合案件整体情况在法律规定的倍数幅度范围内依法确定。在确定倍数时，不仅要考虑侵权人过错程度、情节严重程度、赔偿数额的证据支持情况等，还需要考虑惩罚性赔偿与行政处罚和刑事罚金的关系。此外，倍数可以不是整数。

关于惩罚性赔偿与行政罚款、刑事罚金的关系问题，三者在价值取向上不完全一致。为加大侵权制裁力度，不能因已经被处以行政罚款或者刑事罚金而减免民事诉讼中的惩罚性赔偿责任。但是，为避免当事人利益严重失衡，法院在确定倍数时可以综合考虑已执行完毕的行政罚款或者刑事罚金情况。

典型案例

广州天赐公司等与安徽纽曼公司等侵害技术秘密纠纷案

关键词：侵害技术秘密　惩罚性赔偿　倍数

裁判摘要：该案系最高人民法院作出判决的首例知识产权侵权惩罚性赔偿案。该案判决充分考虑了被诉侵权人的主观恶意、以侵权为业、举证妨碍行为以及被诉侵权行为的持续时间、侵权规模等因素，适用了惩罚性赔偿，最终确定了法定的惩罚性赔偿最高倍数（5倍）的赔偿数额，明确传递了加强知识产权司法保护力度的强烈信号。

基本案情：广州天赐公司、九江天赐公司主张华某、刘某、安徽纽曼公司、吴某某、胡某某、朱某某、彭某侵害其“卡波”制造工艺技术秘密，向广州知识产权法院提起诉讼，请求判令停止侵权、赔偿损失、赔礼道歉。广州知识产权法院认定被诉侵权行为构成对涉案技术秘密的侵害，考虑侵权故意和侵权情节，适用了2.5倍的惩罚性赔偿。广州天赐公司、九江天赐公司和安徽纽曼公司、华某、刘某均不服一审判决，向最高人民法院提起上诉。最高人民法院二审认为，被诉侵权行为构成对涉案技术秘密的侵害，但一审判决在确定侵权赔偿数额时未充分考虑涉案技术秘密的贡献程度，确定惩罚性赔偿时未充分考虑侵权行为人的主观恶意程度和以侵权为业、侵权规模大、持续时间长、存在举证妨碍行为等严重情节，遂在维持一审判决关于停止侵权判项基础上，以顶格5倍计算适用惩罚性赔偿，改判安徽纽曼公司赔偿广州天赐公司、九江天赐公司经济损失3000万元及合理开支40万元，华某、刘某、胡某某、朱某某对前述赔偿数额分别在500万元、3000万元、100万元、100万元范围内承担连带责任。

【案　　号】（2019）最高法知民终562号

【审理法院】最高人民法院

【来　　源】侵害知识产权民事案件适用惩罚性赔偿典型案例

第二十七条　经营者违反本法规定，应当承担民事责任、行政责任和刑事责任，其财产不足以支付的，优先用于承担民事责任。

关联规定

法律、行政法规、司法解释

1.《中华人民共和国民法典》

第一百八十七条　民事主体因同一行为应当承担民事责任、行政责任和刑事责任的，承担行政责任或者刑事责任不影响承担民事责任；民事主体的财产不足以支付的，优先用于承担民事责任。

2.《中华人民共和国刑法》

第三十六条　由于犯罪行为而使被害人遭受经济损失的，对犯罪分子除依法给予刑事处罚外，并应根据情况判处赔偿经济损失。

承担民事赔偿责任的犯罪分子，同时被判处罚金，其财产不足以全部支付的，或者被判处没收财产的，应当先承担对被害人的民事赔偿责任。

条文释义

一、本条主旨

本条是关于经营者的财产优先承担民事责任的规定。

二、条文解读

本条规定的要旨与《民法典》第187条的规定一致，即体现民事责任优先承担原则。法律责任可分为民事责任、行政责任和刑事责任。三者的区别主要在于违反的法律类型不同，民事责任是因违反民事法律、违约或者因法律规定的其他事由产生；行政责任是因违反行政法律或者行政法规产生；刑事责任则因违反刑事法律而产生。一个行为可能同时违反了民法、行政法或者刑法，因此同时产生民事责任、行政责任或者刑事责任。通常情况下，民事责任、行政责任和刑事责任独立存在，互不影响，但在经营者的财产不足以同时承担民事赔偿责任与罚款、罚金或没收财产等行政或者刑事责任时，三种责任就发生了冲突，由此产生哪一种责任优先适用的问题，民事责任承担优先原则就是解决此类问题的法律原则。确立民事责任承担优先原则主要有以下三方面的考虑。一是实现法的价值的需要。民法、行政法与刑法虽各自有不同的调整范围，但保护自然人、法人和非法人组织的合法权益是共同的目标和任务。在经营者的财产不足以同时承担民事赔偿责任和缴纳罚款、罚金等行政、刑事责任时，如果先执行罚款或者罚金，权利人的合法权益就难以得到有效保护。国家和个体在承受财产损失方面的能力差别很大，在不足以同时承担两种以上责任时，履行缴纳罚款、罚金等行政、刑事责任，不会使国家经济出现困难，但如果不履行民事责任却可能使个体陷入极大的困境。民事责任优先原则体现了三个部门法在保护自然人、法人和非法人组织合法权益方面的一致性，也更能体现法律的主要价值，即人道和正义。二是维护市场经济秩序和交易安全的需要。经营者在生产经营活动中依法取得的权利，应当具有法律保障。如果一方对另一方依法享有的民事赔偿请求权，因另一方财产承担了行政、刑事责任后丧失赔偿能力而无法实现，必然导致经营者在以后的生产经营活动中顾虑重重，影响双方交易效率和信心，不符合市场经济秩序具有的法律保障要求。民事责任优先则可以有效克服这一弊端。三是民事责任和行政责任、刑事责任功能实现的方式不同。在经营者的财产不足以承担两种以上责任时，不承担民事责任，民事责任的功能就无法实现，因为民事责任主要的方式就是经济赔偿，"填平"被侵权人的经济损失。而行政责任、刑事责任涉及人身和财产，除了财产性的罚款、罚金外，还可以对责任主体进行人身制裁，以实现行政责任和刑事责任的功能。[①]

① 参见王瑞贺主编:《中华人民共和国反不正当竞争法释义》，法律出版社2018年版，第76~78页。

第三十一条　违反本法规定，构成犯罪的，依法追究刑事责任。

关联规定

司法指导性文件

《最高人民法院、最高人民检察院关于办理侵犯知识产权刑事案件具体应用法律若干问题的解释（三）》

第三条　采取非法复制、未经授权或者超越授权使用计算机信息系统等方式窃取商业秘密的，应当认定为刑法第二百一十九条第一款第一项规定的“盗窃”。

以贿赂、欺诈、电子侵入等方式获取权利人的商业秘密的，应当认定为刑法第二百一十九条第一款第一项规定的“其他不正当手段”。

第五条　实施刑法第二百一十九条规定的行为造成的损失数额或者违法所得数额，可以按照下列方式认定：

（一）以不正当手段获取权利人的商业秘密，尚未披露、使用或者允许他人使用的，损失数额可以根据该项商业秘密的合理许可使用费确定；

（二）以不正当手段获取权利人的商业秘密后，披露、使用或者允许他人使用的，损失数额可以根据权利人因被侵权造成销售利润的损失确定，但该损失数额低于商业秘密合理许可使用费的，根据合理许可使用费确定；

（三）违反约定、权利人有关保守商业秘密的要求，披露、使用或者允许他人使用其所掌握的商业秘密的，损失数额可以根据权利人因被侵权造成销售利润的损失确定；

（四）明知商业秘密是不正当手段获取或者是违反约定、权利人有关保守商业秘密的要求披露、使用、允许使用，仍获取、使用或者披露的，损失数额可以根据权利人因被侵权造成销售利润的损失确定；

（五）因侵犯商业秘密行为导致商业秘密已为公众所知悉或者灭失的，损失数额可以根据该项商业秘密的商业价值确定。商业秘密的商业价值，可以根据该项商业秘密的研究开发成本、实施该项商业秘密的收益综合确定；

（六）因披露或者允许他人使用商业秘密而获得的财物或者其他财产性利益，应当认定为违法所得。

前款第二项、第三项、第四项规定的权利人因被侵权造成销售利润的损失，可以根据权利人因被侵权造成销售量减少的总数乘以权利人每件产品的合理利润确定；销售量减少的总数无法确定的，可以根据侵权产品销售量乘以权利人每件产品的合理利润确定；权利人因被侵权造成销售量减少的总数和每件产品的合理利润均无法确定的，可以根据侵权产品销售量乘以每件侵权产品的合理利润确定。商业秘密系用于服务等其他经营活动的，损失数额可以根据权利人因被侵权而减少的合理利润确定。

商业秘密的权利人为减轻对商业运营、商业计划的损失或者重新恢复计算机信息系统安全、其他系统安全而支出的补救费用，应当计入给商业秘密的权利人造成的损失。

第十条 对于侵犯知识产权犯罪的，应当综合考虑犯罪违法所得数额、非法经营数额、给权利人造成的损失数额、侵权假冒物品数量及社会危害性等情节，依法判处罚金。

罚金数额一般在违法所得数额的一倍以上五倍以下确定。违法所得数额无法查清的，罚金数额一般按照非法经营数额的百分之五十以上一倍以下确定。违法所得数额和非法经营数额均无法查清，判处三年以下有期徒刑、拘役、管制或者单处罚金的，一般在三万元以上一百万元以下确定罚金数额；判处三年以上有期徒刑的，一般在十五万元以上五百万元以下确定罚金数额。

条文释义

一、本条主旨

本条是关于违反本法规定构成犯罪的，依法追究刑事责任的规定。

二、条文演变

本条在1993年《反不正当竞争法》中未作规定，为2017年《反不正当竞争法》新增内容，2019年《反不正当竞争法》予以沿用。

三、条文解读

法律责任是法律主体对其法律行为应当依法承担的不利后果。法律责任分为民事责任、行政责任和刑事责任。民事责任，是指民事主体因违反民事法律、违约或者因法律规定的其他事由而应当依法承担的法定的不利后果，包括侵权责任、违约责任等。行政责任，指因违反行政法律或者行政法规而应当承担的法定的不利后果。刑事责任，指因违反刑事法律而应当承担的法定的不利后果。法律行为具有多重属性，同一法律行为可能同时违反了不同性质的法律，由此可能同时产生不同性质的法律责任，此种情形称之为法律责任竞合。法律竞合制度旨在解决行为人的同一行为符合两个或两个以上不同性质的法律责任的构成要件，依法应当承担多种不同性质的法律责任。在法律责任中，刑事责任与民事责任作为两种不同性质的法律责任，具有不同的构成要件和适用范围。刑事法律实行罪刑法定原则，主要指向犯罪的法定化与刑罚的法定化。要求犯罪行为的界定、种类、构成条件和刑罚处罚的种类、幅度，均必须由法律事先加以规定。在犯罪构成判断上，要求各罪名的认定符合刑法规定的主体、客体、主观方面、客观方面四个构成要件，方能对行为人给予刑事否定性评价。本法第 27 条规定，经营者违反本法规定，应当承担民事责任、行政责任和刑事责任，其财产不足以支付的，优先用于承担民事责任。本法第四章规定了法律责任，并对行政责任作了详细规定。对于刑事责任，规定了这一指引性条款，要求根据《刑法》的规定进行追究。

适用指引

一、不正当竞争行为的有关罪名

本法第二章规定的不正当竞争行为，可能因其行为的性质满足刑法有关罪名的构成要件而构成犯罪，应承担刑事责任。《刑法》规定了一系列不正当竞争行为适用的罪名，如《刑法》第 164 条规定对非国家工作人员行贿罪："为谋取不正当利益，给予公司、企业或者其他单位的工作人员以财物，数额较大的，处三年以下有期徒刑或者拘役，并处罚金；数额巨大的，处三年以上十年以下有期徒刑，并处罚金。"第 219 条规定了侵犯商业秘密罪："有下列侵犯商业秘密行为之一，情节严重的，处三年以下有期徒刑，并处或者单处罚金；情节特别严重的，处三年以上十年以下有期徒刑，并处罚金：（一）以盗窃、贿赂、欺诈、胁迫、电子侵入或者其他不正当手段获取权利人的商业秘密的；（二）披露、使用或者允许他人使用以前项手段获取的权利人的商业秘密的；（三）违反保密义务或者违反权利人有关保守商业秘密的要求，披露、使用或者允许他人使用其所掌握的商业秘密的。明知前款所列行为，获取、披露、使用或者允许他人使用该商业秘密的，以侵犯商业秘密论。本条所称权利人，是指商业秘密的所有人和经商业秘密所有人许可的商业秘密使用人。”第221条规定损害商业信誉、商品声誉罪：“捏造并散布虚伪事实，损害他人的商业信誉、商品声誉，给他人造成重大损失或者有其他严重情节的，处二年以下有期徒刑或者拘役，并处或者单处罚金。”第222条规定虚假广告罪：“广告主、广告经营者、广告发布者违反国家规定，利用广告对商品或者服务作虚假宣传，情节严重的，处二年以下有期徒刑或者拘役，并处或者单处罚金。”第225条规定非法经营罪：“违反国家规定，有下列非法经营行为之一，扰乱市场秩序，情节严重的，处五年以下有期徒刑或者拘役，并处或者单处违法所得一倍以上五倍以下罚金；情节特别严重的，处五年以上有期徒刑，并处违法所得一倍以上五倍以下罚金或者没收财产：（一）未经许可经营法律、行政法规规定的专营、专卖物品或者其他限制买卖的物品的；（二）买卖进出口许可证、进出口原产地证明以及其他法律、行政法规规定的经营许可证或者批准文件的；（三）未经国家有关主管部门批准非法经营证券、期货、保险业务的，或者非法从事资金支付结算业务的；（四）其他严重扰乱市场秩序的非法经营行为。”

二、其他适用本条的情形

对于本法监督检查部门的工作人员滥用职权、玩忽职守、徇私舞弊或者泄露调查过程中知悉的商业秘密，构成犯罪的，亦应适用本条规定，依照《刑法》有关规定追究刑事责任。本法第30条规定，监督检查部门的工作人员滥用职权、玩忽职守、徇私舞弊或者泄露调查过程中知悉的商业秘密的，依法给予处分。《刑法》第397条规定了滥用职权罪、玩忽职守罪：“国家机关工作人员滥用职权或者玩忽职守，致使公共财产、国家和人民利益遭受重大损失的，处三年以下有期徒刑或者拘役；情节特别严重的，处三年以上七年以下有期徒刑。本法另有规定的，依照规定。国家机关工作人员徇私舞弊，犯前款罪的，处五年以下有期徒刑或者拘役；情节特别严重的，处五年以上十年以下有期徒刑。本法另有规定的，依照规定。”[①] 第385条规定受贿罪：“国家工作人员利用职务上的便利，索取他人财物的，或者非法收受他人财物，为他人谋取利益的，是受贿罪。国家工作人员在经济往来中，违反国家规定，收受各种名义的回扣、手续费，归个人所有的，以受贿论处。”

典型案例

一、被告人姜某辉等侵犯商业秘密罪

关键词： 专利　商业秘密　犯罪

裁判摘要：（1）将为公众所知悉的信息进行整理、改进、加工后形成的新信息，符合“在被诉侵权行为发生时，不为所属领域的相关人员普遍知悉和容易获得的”，应认定为该信息不为公众所知悉，属于商业秘密保护对象。（2）被诉侵权人无论直接、完全使用权利人技术秘密，或者对技术秘密进行部分修改、改进后使用，均属于使用权利人技术秘密行为。（3）专利的“创造性”不同于专利的“新颖性”，更不同于商业秘密的“非公知性”；对于专利技术信息而言，判断该专利技术信息在被公开前是否具有“非公知性”应以商业秘密“非公知性”标准进行判断，而非简单套用专利的“创造性”或“新颖性”判断标准。

基本案情： ifere电路原理图以及《一种金属背盖NFC天线方案V0.2.docx》和《一种金属环槽天线V0.2.docx》技术均系华为公司投入人力、物力、财力研发而形成的不为公众所知悉的技术信息，分别完成于2014年8月、2014年12月，华为公司采取了保密措施，上述技术信息属于华为公司的商业秘密。上诉人姜某辉、王某裕、郁某、李某某、原审被告人吴彬、张某敏原均任职于华为公司，分别从事技术研发以及研发管理，均与华为公司签订保密协议，对所从事研发以及所接触技术信息等负有保密义务。原审被告人吴某、张某敏首先提起利用华为公司ifere项目以及物质技术条件完成其K1智能儿童手表的犯意，并先后拉拢姜某辉、郁某、王某裕、李某某等加入其“创业团队”，授

① 参见王瑞贺主编：《中华人民共和国反不正当竞争法释义》，法律出版社2018年版。

意、指挥姜某辉等上诉人完成犯罪行为；上诉人姜某辉接受安排将其在华为公司研发的ifere电路图窃取并修改后使用在上海艺时公司K1智能儿童手表上；上诉人王某裕接受安排将其在华为公司的职务成果两项天线技术方案擅自为上海艺时公司申请专利；上诉人郁某在加入共同犯罪团伙后，积极出谋划策，通过张某敏的安排从他人处获取了ifere技术文档，且明知两项天线技术是王某裕在华为公司任职期间完成的职务技术成果，属于华为公司的商业秘密，仍然予以配合并以其作为发明人提出专利申请；上诉人李某某明知上海艺时公司K1产品的技术和华为公司的ifere研发项目有技术上重叠，姜某辉、王某裕等利用华为公司ifere研发成果以及实验室等物质技术条件推进K1产品的研发与生产，王某裕将职务技术成果申请在上海艺时公司名下，仍然与姜某辉、王某裕等相互配合，完成K1电路图互连设计。ifere电路原理图被使用于上海艺时公司K1产品，《一种金属背盖NFC天线方案V0.2.docx》和《一种金属环槽天线V0.2.docx》技术于2015年3月10日被以上海艺时公司名义专利申请，后被授权，上述三项技术信息均被公开。经深圳市司法会计鉴定中心对三项专有技术分摊的工资、五险一金和奖金测算上诉人、原审被告人给华为公司造成损失合计2231662.43元。二审认为，本案上诉人、原审被告人共同实施了侵犯华为公司技术秘密的犯罪。ifere电路原理图被使用于上海艺时公司K1产品，《一种金属背盖NFC天线方案V0.2.docx》和《一种金属环槽天线V0.2.docx》技术被以上海艺时公司名义专利申请，并被授权，上述三项技术信息均被公开，上诉人、原审被告人给华为公司造成损失合计2231662.43元，上诉人姜某辉、王某裕、郁某、李某某、原审被告人吴某、张某敏均犯侵犯商业秘密罪。遂维持一审判决。

【审理法院】广东省深圳市中级人民法院

【案　　号】（2018）粤03刑终2568号

【来　　源】2020年中国法院50件典型知识产权案例

二、林某翔等人侵犯商业秘密罪

关键词：侵犯商业秘密罪　鉴定意见　有期徒刑

裁判摘要：本案中，林某翔、叶某呈、郑某鸿以不正当手段获取并使用权利人的商业秘密，其中林某翔侵犯商业秘密造成损失为人民币11162492.1元，郑某鸿侵犯商业秘密造成损失人民币24688664.81元，给商业秘密的权利人造成特别严重后果；叶某呈侵犯商业秘密造成损失为人民币586766.50元，给商业秘密的权利人造成重大损失。三人的行为均已构成侵犯商业秘密罪。虽然现有证据证明林某翔、叶某呈侵犯商业秘密给权利人造成的损失数额比郑某鸿侵犯商业秘密给权利人造成的损失数额小，但林义翔有获取、使用、转发邮件允许他人使用的行为，叶某呈有向他人发送邮件披露信息、允许他人使用其所掌握的商业秘密的行为，他们的主观恶性比郑某鸿大，在量刑时予以酌情区分。

基本案情：广东龙源司法会计鉴定所出具的龙源鉴字〔2017〕001号鉴定报告书中研发成本为32930026.23元的鉴定意见是否应予以认定。首先，广东龙源司法会计鉴定所出具的龙源鉴字〔2017〕001号鉴定报告书中描述“经西南政法大学鉴定中心鉴定，《预算报告》中液晶面板中阵列玻璃基板的像素设计图片及相关产品参数监测数据属于商业秘密，是华星公司自主研发的COST MT 4851D01产品的研发成果”。经查，西南政法大学司法鉴定中心对《预算报告》的〔2016〕鉴字5904号《司法鉴定意见书》中并没有提出“液晶面板中阵列玻璃基板的像素设计图片及相关产品参数监测数据是COST MT 4851D01产品的研发成果”的结论，仅提出，“液晶显示屏在线监测”第1—3点、第6—9点，“液晶显示屏阵列玻璃基板设计”第1点，共8点技术信息不为公众所知悉。据此，西南政法大学司法鉴定中心对《预算报告》的司法鉴定意见书仅提出：液晶面板中阵列玻璃基板的像素设计及相关产品参数监测数据属于商业秘密的鉴定意见，但并未提出，液晶面板中阵列玻璃基板的像素设计及相关产品参数监测数据是华星公司自主研发的COST MT 4851D01产品的研发成果这一鉴定意见，即西南政法大学司法鉴定中心出具〔2016〕鉴字5904号《司法鉴定意见书》未能证明液晶面板中阵列玻璃基板的像素设计及相关产品参数监测数据是华星公司自主研发的COST MT 4851D01项目产品。其次，龙源鉴字〔2017〕001号鉴定报告书中描述：华星公司参与COST MT 4851D01项目的产品设计部高级工程师《调查笔录》显示，《预算报告》第16页中“液晶面板中阵列玻璃基板的像素设计”图片以及产品参数监测数据占整个COST MT 4851D01项目研发成果的95%以上。我们根据上述《调查笔录》并遵循谨慎性原则按95%进行计算，《预算报告》第16页中的“液晶面板中阵列玻璃基板的像素设计”以及产品参数监测数据所占的研发成本为32930026.23元。该鉴定报告主要根据参与COST MT 4851D01项目的产品设计部高级工程师《调查笔录》，即认定该部分商业秘密泄露对华星公司造成的经济损失为32930026.23元，进而作出结论：PPT文档“2016年预算评估报告（对比2015）—TEST部—ver.08”外泄导致资料中包含商业秘密泄露对华星公司造成的经济损失金额为33516792.73元（人力成本与市场情报成本586766.50元+研发成本32930026.23元）。而该鉴定报告书并未附有相应《调查笔录》作为证据，而仅附有的附件：COST MT 4851D01项目立项报告及审批手续、COST MT 4851D01项目财务支出会计凭证及附件、COST MT 4851D01项目财务支出明细表，所附附件内容亦未能证明COST MT 4851D01项目与“液晶面板中阵列玻璃基板的像素设计”图片以及产品参数监测数据之间的关联性。

综上，本案证据中，关于“液晶面板中阵列玻璃基板的像素设计”图片以及产品参数监测数据与华星公司COST MT 4851D01项目之间关联性不足，未能证明“液晶面板中阵列玻璃基板的像素设计”图片以及产品参数监测数据占COST MT 4851D01项目研发成本总额的95%即32930026.23元，亦未能证明32930026.23元的研发成本全部为叶晏呈发给林义翔的邮件导致的损失。

林某翔通过他的邮箱janus5413@163.com将一邮件名为“200”的附件资料发到郑某鸿的邮箱red.cheng@cqyjhy.com.cn。经西南政法大学司法鉴定中心鉴定［西政司法鉴定中心（2016）鉴字第3392—02号《司法鉴定意见书》］，该名为“200”的华星公司文件内容具备新颖性的技术信息属于不为公众所知悉。经广东龙源司法会计鉴定所鉴定［龙源鉴定（2016）003号）］，该行为侵犯华星公司商业秘密Defect Trace By EQP（按设备进行的不良跟踪报告）及Defect Trace By Chamber Report（按机台单元进行的不良跟踪报告）对华星公司造成的经济损失鉴定金额为1749925.48元。关于该经济损失鉴定金额1749925.48元是否能够认定为林义翔、郑博鸿的犯罪数额的问题。经查，因公诉机关提供的侦查卷中提取的林义翔发送该名为“200”的邮件证据与西南政法大学司法鉴定中心鉴定报告中的检材邮件比对，存在多处数据不对应的情况，不能证明侦查机关提供鉴定的该部分邮件直接来源于林义翔发送给郑某鸿的邮件中的原文件，因此，对林某翔发送、郑博鸿获取该部分邮件导致华星公司经济损失金额1749925.48元，不予认定。对林某翔及其辩护人、郑某鸿及其辩护人对于该部分辩护意见予以采纳。

本案判决：林某翔犯侵犯商业秘密罪，判处有期徒刑3年6个月，并处罚金3万元；叶某呈犯侵犯商业秘密罪，判处有期徒刑3年，并处罚金1万元；

郑博鸿犯侵犯商业秘密罪，判处有期徒刑3年，并处罚金2万元。

【案　　号】（2018）粤13刑终361号

【审理法院】广东省惠州市中级人民法院

【来　　源】2019年中国法院50件典型知识产权案例

类案检索

堀某、雷某平、周某、刘某刚、沈某侵犯商业秘密案

关键词：侵犯商业秘密　犯罪

裁判摘要：1994年10月，日本三国株式会社与四川西光工业（集团）公司共同投资成立中外合资企业成都三国公司，生产销售发动机用化油器及相关产品，二次空气阀是成都三国公司的主打产品。1999年5月21日起到2004年9月1日，被告人堀某在成都三国公司任总经理。被告人周某任技术部开发课开发系系长，被告人刘某刚任生产部设备课制技系系长，被告人沈某担任堀某的日语翻译并从事相关工作。被告人堀某在担任总经理期间，直接保管成都三国公司所主张构成商业秘密的相关图纸，该图纸内容保存在堀某的个人电脑上。被告人周某、刘某刚在任职期间，均能接触到成都三国公司二次空气阀的图纸。

被告人周某、刘某刚、沈某在成都三国公司工作期间，均与成都三国公司签订了劳动合同。2002年10月10日，由被告人堀某签发的《劳动规则》下发到成都三国公司各部。《劳动规则》第8项规定，保守工作机密，退职后也应保密。2003年5月12日，成都三国公司发出《关于加强公司档案管理的通知》规定：图纸的保存时间为长期；各单位保存的档案资料不得借出，如有特殊需要，经本单位负责人批准，可以提供查阅或复制，并登记。2003年6月26日，成都三国公司实施《质量手册》和《质量管理体系程序文件》，规定：技术文件由分管部门按规定管理，做好文件资料的始端和终端控制管理，防止文件的失密和失控。

2004年9月，被告人堀某被日本三国株式会社调回日本，在回到日本之前，被告人堀某与被告人雷某平商谈另行成立科美公司，决定由雷某平出资并作为实际控制人，雷某平负责产品的销售，堀某向雷某平推荐成都三国公司员工被告人周某、刘某刚、沈某到科美公司任职。2004年9月到12月，沈某、

周某、刘某刚先后从成都三国公司辞职，参与科美公司的筹备。2005年2月，科美公司注册成立，周某、刘某刚、沈某在科美公司任职。同年5月，科美公司开始生产和销售二次空气阀。其间，堀某通过沈某要求尚未辞职的刘某刚在成都三国公司将二次空气阀设备偷拍下来，通过电子邮件发送给堀某。周某到科美公司任职后，让成都三国公司的技术员赵某辉将二次空气阀相关零件邮寄到科美公司，堀某将在成都三国公司任职期间所掌握的二次空气阀技术图纸复制给周某，周某在科美公司设计出二次空气阀图纸。

经鉴定，成都三国公司的二次空气阀图纸与科美公司的二次空气阀图纸相比较，科美公司二次空气阀图纸的本体、止动片、簧片、膜片、膜片压板组件零件图中所标注的主要设计尺寸、公差配合等技术参数及技术要求，与成都三国公司二次空气阀的本体、止动片、簧片、膜片、膜片压板组件中所标注的主要设计尺寸、公差配合等技术参数相同；科美公司二次空气阀的本体、止动片、簧片、膜片、膜片压板组件零件图中所标注的技术要求包含成都三国公司二次空气阀本体、止动片、簧片、膜片、膜片压板组件中所标注的技术要求；科美公司二次空气阀产品实物的实测尺寸与相应设计图纸中的设计尺寸基本相符；科美公司二次空气阀产品实物与成都三国公司二次空气阀产品设计图纸中本体的外形略有差异，本体内腔气道存在明显差异，弹簧螺距和弹簧自由高度存在明显差异。其余零件实测尺寸基本相符。

经鉴定，成都三国公司二次空气阀产品零部件的本体、弹簧片、支撑体、阀、止动片、膜片、密封圈等的具体设计尺寸、公差配合等技术参数和系统集成和具体技术要求的系统集成属于非公知技术信息；二次空气阀产品装配图纸中记载的产品总成性能指标的系统集成属于非公知技术信息；二次空气阀产品性能检测设备装置图纸中记载的产品膜片气密性检查装置、整体气密检查装置、空气流量检查装置、逆向泄漏检查装置和空气截止阀作动特性检查装置属于非公知技术信息。

法院生效裁判认为：关于堀某、刘某刚、雷某平、周某上诉提出本案所涉相关技术信息不属于“不为公众所知悉”的范畴，不构成商业秘密，原判认定成都三国公司对本案所涉相关技术信息采取了合理保密措施的证据不足的上诉理由。经查，本案有相关物证、书证、证人证言、被告人供述、鉴定结论等大量证据相互印证，证实本案所涉相关技术信息属于“不为公众所知悉”的信息，且成都三国公司对该技术信息采取了相应的保密措施。该上诉理由与事实不符，不能成立。

关于堀某提出本案现有证据不能证明成都三国公司有重大损失、周某提出原判对损失计算的方法不科学的上诉理由。经查，原判决依照《最高人民法院关于审理不正当竞争民事案件应用法律若干问题的解释》第17条、《专利纠纷规定》第20条第2款之规定，根据相关鉴定结论证明的科美公司生产销售二次空气阀的数量和成都三国公司二次空气阀平均每台营业利润，确定本案权利人因被侵权所受到的损失，事实清楚，证据充分。该上诉理由不能成立。

关于雷某平提出原判采信的相关鉴定结论采用的鉴定方法和得出的结论不科学，应当不予采信的上诉理由。经查，原判采信的相关鉴定结论，作出该鉴定的机构和人员具有法定资质，鉴定程序规范、合法，鉴定方法科学，该鉴定结论符合刑事证据的基本特征，依法应予采信。该上诉理由与事实不符，法院不予采纳。

关于沈某提出其翻译行为及为科美公司管理人才的行为只是履行一个公司职员应有的工作职责，是合法行为的上诉理由。经查，本案被告人堀某的供述证实，其与雷某平商议组建科美公司，要求刘某刚对成都三国公司产品偷拍后以电邮方式发送给在日本的堀某，本案各被告人共同商议组建科美公司及各人的任职情况等，均系沈某进行翻译，该供述与雷某平、刘某刚的供述相印证，上述证据证实被告人沈某参与了盗窃、披露、使用成都三国公司商业秘密的整个过程，因而，其行为已构成侵犯商业秘密罪。沈某的该上诉理由与事实不符，该院不予采纳。遂判决：一、被告人堀某犯侵犯商业秘密罪，判处有期徒刑2年5个月，并处罚金50万元，刑罚执行完毕后驱逐出境；二、被告人雷某平犯侵犯商业秘密罪，判处有期徒刑2年，缓刑3年，并处罚金40万元；三、被告人周某犯侵犯商业秘密罪，判处有期徒刑2年，缓刑3年，并处罚金40万元；四、被告人刘某刚犯侵犯商业秘密罪，判处有期徒刑2年，缓刑3年，并处罚金40万元；五、被告人沈某犯侵犯商业秘密罪，判处有期徒刑1年，缓刑2年，并处罚金10万元；六、对扣押在案的作案工具及被告人堀某、雷某平、周某、刘某刚、沈某的违法所得予以没收。

【案　　号】（2010）川刑终字第194号

【审理法院】四川省高级人民法院

【来　　源】最高法院公布六起侵犯知识产权和制售假冒伪劣商品典型案例

第三十二条　在侵犯商业秘密的民事审判程序中，商业秘密权利人提供初步证据，证明其已经对所主张的商业秘密采取保密措施，且合理表明商业秘密被侵犯，涉嫌侵权人应当证明权利人所主张的商业秘密不属于本法规定的商业秘密。

商业秘密权利人提供初步证据合理表明商业秘密被侵犯，且提供以下证据之一的，涉嫌侵权人应当证明其不存在侵犯商业秘密的行为：

（一）有证据表明涉嫌侵权人有渠道或者机会获取商业秘密，且其使用的信息与该商业秘密实质上相同；

（二）有证据表明商业秘密已经被涉嫌侵权人披露、使用或者有被披露、使用的风险；

（三）有其他证据表明商业秘密被涉嫌侵权人侵犯。

关联规定

法律、行政法规、司法解释

《最高人民法院关于审理侵犯商业秘密民事案件适用法律若干问题的规定》

第十三条　被诉侵权信息与商业秘密不存在实质性区别的，人民法院可以认定被诉侵权信息与商业秘密构成反不正当竞争法第三十二条第二款所称的实质上相同。

人民法院认定是否构成前款所称的实质上相同，可以考虑下列因素：

（一）被诉侵权信息与商业秘密的异同程度；

（二）所属领域的相关人员在被诉侵权行为发生时是否容易想到被诉侵权信息与商业秘密的区别；

（三）被诉侵权信息与商业秘密的用途、使用方式、目的、效果等是否具有实质性差异；

（四）公有领域中与商业秘密相关信息的情况；

（五）需要考虑的其他因素。

第十四条 通过自行开发研制或者反向工程获得被诉侵权信息的，人民法院应当认定不属于反不正当竞争法第九条规定的侵犯商业秘密行为。

前款所称的反向工程，是指通过技术手段对从公开渠道取得的产品进行拆卸、测绘、分析等而获得该产品的有关技术信息。

被诉侵权人以不正当手段获取权利人的商业秘密后，又以反向工程为由主张未侵犯商业秘密的，人民法院不予支持。

第二十二条 人民法院审理侵犯商业秘密民事案件时，对在侵犯商业秘密犯罪刑事诉讼程序中形成的证据，应当按照法定程序，全面、客观地审查。

由公安机关、检察机关或者人民法院保存的与被诉侵权行为具有关联性的证据，侵犯商业秘密民事案件的当事人及其诉讼代理人因客观原因不能自行收集，申请调查收集的，人民法院应当准许，但可能影响正在进行的刑事诉讼程序的除外。

第二十四条 权利人已经提供侵权人因侵权所获得的利益的初步证据，但与侵犯商业秘密行为相关的账簿、资料由侵权人掌握的，人民法院可以根据权利人的申请，责令侵权人提供该账簿、资料。侵权人无正当理由拒不提供或者不如实提供的，人民法院可以根据权利人的主张和提供的证据认定侵权人因侵权所获得的利益。

条文释义

一、本条主旨

本条是关于侵犯商业秘密民事案件中，在两类情况下应当由涉嫌侵权人提供证据的规定。

二、条文演变

关于与侵犯商业秘密民事案件有关的举证问题，2007 年《不正当竞争解释》第 14 条规定："当事人指称他人侵犯其商业秘密的，应当对其拥有的商业秘密符合法定条件、对方当事人的信息与其商业秘密相同或者实质相同以及对方当事人采取不正当手段的事实负举证责任。其中，商业秘密符合法定条件的证据，包括商业秘密的载体、具体内容、商业价值和对该项商业秘密所采取的具体保密措施等。”作出上述规定的主要考虑是，侵犯商业秘密行为成立的条件包括三个方面：一是商业秘密符合法定条件；二是被告的信息与原告的信息相同或者实质相同；三是采用了不正当手段，即《反不正当竞争法》第9条第1款规定的手段。认定符合三个要件的事实（要件事实）都要提供相应的证据。根据“谁主张，谁举证”原则，《不正当竞争解释》第14条规定，原告应当对其拥有商业秘密、双方信息的相同性和被告采取的不正当手段负举证责任。对于是否拥有商业秘密，原告举证出商业秘密的载体、具体内容、商业价值和采取的具体保密措施后，一般就可以认为其完成了此项举证责任。与《专利法》中的法定举证责任倒置不同，《反不正当竞争法》对于侵犯商业秘密的有些要件事实的举证责任是否可以倒置并未作出规定，因此，《不正当竞争解释》未采纳有关设定商业秘密举证责任倒置制度的建议，这应当由立法解决。对于侵犯商业秘密案件的举证责任，应当按照《民事诉讼法》规定的“谁主张谁举证”的原则和《民事诉讼证据规定》的有关举证责任的一般规定等办理。[①]2020年，该司法解释进行了修正。2022年3月，最高人民法院发布《反不正当竞争法解释》，自2022年3月20日起施行，同时废止了《不正当竞争解释》。

2011年，最高人民法院在《关于充分发挥知识产权审判职能作用推动社会主义文化大发展大繁荣和促进经济自主协调发展若干问题的意见》中提出：“依法加强商业秘密保护，有效制止侵犯商业秘密的行为，为企业的创新和投资创造安全和可信赖的法律环境。根据案件具体情况，合理把握秘密性和不正当手段的证明标准，适度减轻商业秘密权利人的维权困难。权利人提供了证明秘密性的优势证据或者对其主张的商业秘密信息与公有领域信息的区别点作出充分合理的解释或者说明的，可以认定秘密性成立。商业秘密权利人提供证据证明被诉当事人的信息与其商业秘密相同或者实质相同且被诉当事人具有接触或者非法获取该商业秘密的条件，根据案件具体情况或者已知事实以及日常生活经验，能够认定被诉当事人具有采取不正当手段的较大可能性，可以推定被诉当事人采取不正当手段获取商业秘密的事实成立，但被诉当事人能够证明其通过合法手段获得该信息的除外。”

2019年，《反不正当竞争法》进行了修正，增加了第32条的规定，对涉

① 参见最高人民法院知识产权审判庭：《最高人民法院知识产权司法解释理解与适用》，中国法制出版社2016年版，第337页。

嫌侵权人的举证问题作出了明确规定。

三、条文解读

本条共两款，第 1 款规定了在何种情形下，由涉嫌侵权人举证证明权利人所主张的商业秘密不属于《反不正当竞争法》第 9 条规定的商业秘密。第 2 款规定了在何种情形下，由涉嫌侵权人举证证明其不存在侵犯商业秘密的行为。

《民法典》第 123 条规定，商业秘密是知识产权的保护客体之一，权利人对商业秘密享有“专有的权利”。商业秘密是一种较为特殊的知识产权，其不为公众所知悉，具有商业价值，并经权利人采取相应保密措施，权利边界不具有公示性；相应地，“专有”程度也不像专利、商标、著作权等传统知识产权那么强，侵权行为也更为隐蔽，且往往与员工离职有关，权利人难以获得与侵权行为有关的直接证据。因此，在证据、审理程序、防止诉讼程序中的“二次泄密”等方面，商业秘密民事案件有许多特点。与专利、商标、著作权等其他类型的知识产权相比，商业秘密权利人举证的难度相对更大。故在商业秘密侵权民事案件中，应结合商业秘密的特点，依法确定当事人应当承担的举证责任，不断完善商业秘密司法保护制度，既加强对商业秘密的司法保护，严格保护商业秘密，切实解决权利人面临的举证难、维权成本高等问题，也要注重保护被诉侵权人的合法权利，加强在诉讼程序中的商业秘密保护，确保公共利益和激励创新兼得。

根据《反不正当竞争法》第 9 条第 4 款的规定，商业秘密是指不为公众所知悉、具有商业价值并经权利人采取相应保密措施的技术信息、经营信息等商业信息。《民事诉讼法》第 67 条第 1 款规定：“当事人对自己提出的主张，有责任提供证据。”这是有关当事人在民事案件中举证的基本规定。根据《不正当竞争解释》第 14 条的规定，当事人指称他人侵犯其商业秘密的，应当对其拥有的商业秘密符合法定条件、对方当事人的信息与其商业秘密相同或者实质相同以及对方当事人采取不正当手段的事实负举证责任。其中，商业秘密符合法定条件的证据，包括商业秘密的载体、具体内容、商业价值和对该项商业秘密所采取的具体保密措施等。2022 年 3 月，该司法解释被废止，2019 年《反不正当竞争法》第 32 条对于涉嫌侵权人的举证责任作了特别规定，体现了加强商业秘密司法保护，减轻权利人举证负担，降低维权成本的导向。

（一）关于第 1 款

根据本款的规定，如果权利人提供了初步证据，能够证明其已经对所主张的商业秘密采取保密措施，且合理表明商业秘密被侵犯，涉嫌侵权人在此种情形下对权利人所主张的商业秘密是否符合《反不正当竞争法》第 9 条第 4 款规定的构成要件提出异议的，则由涉嫌侵权人对该反驳主张承担举证责任。该款的适用主要涉及以下几个方面。

第一，权利人依法应就其主张的商业秘密采取相应保密措施。商业秘密不为公众所知悉，权利人是否采取了相应保密措施，通常只能由权利人来举证证明，涉嫌侵权人可以就权利人是否采取相应保密措施提出反驳意见，提供相反的证据。关于“保密措施”，应当依据《侵犯商业秘密规定》第 5 条、第 6 条的规定，对保密措施依法作出认定。保密措施应当是在被诉侵权行为发生以前所采取的合理保密措施。人民法院应当根据商业秘密及其载体的性质、商业秘密的商业价值、保密措施的可识别程度、保密措施与商业秘密的对应程度以及权利人的保密意愿等因素，认定权利人是否采取了相应保密措施。

第二，关于保密措施的具体情形。2007 年《不正当竞争解释》第 11 条第 3 款规定了七种情形，《侵犯商业秘密规定》第 6 条对其进行了修改、丰富和完善，列举了六个方面的具体情形，并规定了兜底性规定“采取其他合理保密措施的”。

第三，关于权利人所主张的商业秘密的具体内容。在一审程序中，人民法院应当参照适用《侵犯商业秘密规定》第 27 条第 1 款的规定，“在一审法庭辩论结束前明确所主张的商业秘密具体内容。仅能明确部分的，人民法院对该明确的部分进行审理”。

第四，不为公众所知悉属于否定性的事实。司法实践中，权利人可以通过提交有关技术秘密的查新报告、鉴定报告、有专门知识的人出具的意见等进行举证，或者由权利人对商业秘密的形成或者来源，与公开渠道可以获得的信息的区别等作出说明。对权利人有关不为公众所知悉的举证，不能要求过高。在第 1 款规定的情形下，涉嫌侵权人主张案涉商业秘密“为公众所知悉”的，应当由涉嫌侵权人对该反驳主张承担举证责任。

（二）关于第 2 款

根据本款的规定，权利人提供初步证据合理表明商业秘密被侵犯提供的证据属于本款列举的三种情形之一的，由涉嫌侵权人举证证明其不存在侵犯商业秘密的行为。关于本款的适用，主要涉及以下几个方面。

第一，关于本款第 1 项规定的“有证据表明涉嫌侵权人有渠道或者机会获取商业秘密，且其使用的信息与该商业秘密实质上相同”。《侵犯商业秘密规定》第 12 条对员工、前员工是否“有渠道或者机会获取”商业秘密的认定作出规定：“人民法院认定员工、前员工是否有渠道或者机会获取权利人的商业秘密，可以考虑与其有关的下列因素：（一）职务、职责、权限；（二）承担的本职工作或者单位分配的任务；（三）参与和商业秘密有关的生产经营活动的具体情形；（四）是否保管、使用、存储、复制、控制或者以其他方式接触、获取商业秘密及其载体；（五）需要考虑的其他因素。”

第二，关于被诉侵权信息与商业秘密是否“实质上相同”。《侵犯商业秘密规定》第 13 条规定：“被诉侵权信息与商业秘密不存在实质性区别的，人民法院可以认定被诉侵权信息与商业秘密构成反不正当竞争法第三十二条第二款所称的实质上相同。人民法院认定是否构成前款所称的实质上相同，可以考虑下列因素：（一）被诉侵权信息与商业秘密的异同程度；（二）所属领域的相关人员在被诉侵权行为发生时是否容易想到被诉侵权信息与商业秘密的区别；（三）被诉侵权信息与商业秘密的用途、使用方式、目的、效果等是否具有实质性差异；（四）公有领域中与商业秘密相关信息的情况；（五）需要考虑的其他因素。”上述规定主要涉及三个方面：一是确定商业秘密和被诉侵权信息的相同点、区别点和区别的程度，以及所属领域的相关人员在被诉侵权行为发生时是否容易想到该区别；二是二者的用途、使用方式、目的、效果等是否具有实质性差异；三是根据当事人的举证情况，确定公有领域中与商业秘密相关信息的情况，这对于客观确定所属领域的相关人员在被诉侵权行为发生时的知识和能力，其是否“容易想到”该区别，以及“是否具有实质性差异”的认定，均能提供更加客观的参考或者依据。

第三，关于“不存在侵犯商业秘密的行为”。涉嫌侵权人可以举证证明其通过研发、技术转让等合法途径获得被诉侵权的技术。《侵犯商业秘密规定》第 14 条还规定：“通过自行开发研制或者反向工程获得被诉侵权信息的，人民法院应当认定不属于反不正当竞争法第九条规定的侵犯商业秘密行为。前款所称的反向工程，是指通过技术手段对从公开渠道取得的产品进行拆卸、测绘、分析等而获得该产品的有关技术信息。被诉侵权人以不正当手段获取权利人的商业秘密后，又以反向工程为由主张未侵犯商业秘密的，人民法院不予支持。”对于涉嫌侵权人的举证，如果涉及涉嫌侵权人自己的商业秘密的，人民法院应当依照《侵犯商业秘密规定》第 21 条的规定，采取必要的保密措施。

《反垄断法》（部分）

概 述

本概述主要涉及三个方面的基本内容：反垄断法的基本属性及其在法律体系中的地位；反垄断法规制的对象；反垄断法的实施。

一、反垄断法的基本属性及其在法律体系中地位

反垄断法是规制垄断和保护竞争的法律制度。《反垄断法》第1条明确了该法多元化的立法宗旨即立法目标，其中核心的、直接的目标是预防和制止垄断行为，保护市场公平竞争；其他的、间接的社会公共目标是鼓励创新，提高经济运行效率，维护消费者利益和社会公共利益。理论上认为，多元立法目标在具体案例分析中可能会发生冲突而需要协调，特别是竞争政策与产业政策、消费者利益与社会公共利益之间的冲突与协调值得长期关注研究，协调的出发点是促进社会利益的最大化。

竞争是市场经济的基本准则，反垄断法被誉为市场经济宪法或者被视为经济法的核心，在中国特色社会主义法律体系中，“反垄断法是市场经济的基础性法律制度”。[①] 全世界有100多个国家颁布了反垄断法，而且在经济全球化背景下各国反垄断法趋同程度相当高。反垄断法是国家经济政策的体现，具有较强的政策性，国家在发展市场经济过程中发布宏观竞争政策和产业政策，会对反垄断执法提出指引和要求；反垄断法是国家竞争政策提炼转化为法律的体现，具有较高的抽象性和原则性，为统一执法标准，增强法律实施的稳定性与可预见性，国家和地方反垄断行政执法机构颁布了不少具体实施性的部门规章、部门规范性文件、操作指南、合规指引等规范性文件。

我国《反垄断法》的规范内容大部分为行政法规范，少量条文为民事法律规范。明确《反垄断法》在我国法律体系中的地位，不仅是指出其在《立法法》中的位阶，主要是要厘清其与其他经济法、行政法、民商法等相关法律（如《反不当竞争法》《价格法》《消费者权益保护法》等经济法、《行政处罚法》等行政法、《专利法》《著作权法》《商标法》以及商业秘密法律规范等知识产权

① 参见国家市场监督管理总局局长张工于2021年10月19日在第十三届全国人民代表大会常务委员会第三十一次会议上《关于〈中华人民共和国反垄断法（修正草案）的说明〉》。

法、《民法典》《民事诉讼法》等民事基本法律）之间的调整边界与适用关系。这里简要梳理如下：

一是关于《反垄断法》与《反不当竞争法》之间的关系。两者均为竞争法，分别以维护自由竞争、维护公平竞争为目的，两者在功能上相互补充，《反不正当竞争法》于2017年进行重大修订后，该两法之间之前存在的竞合适用问题已基本解决。

二是关于《反垄断法》与《价格法》之间的关系。《价格法》第14条第1项、第2项、第5项、第6项分别涉及价格串通、掠夺性定价、价格歧视、价格排挤等垄断行为，在反垄断方面应优先适用《反垄断法》，因为该法毕竟是反垄断的专门法，在反垄断规范上比《价格法》全面、完整；对于不具有市场支配地位的经营者实施价格串通、掠夺性定价、价格歧视、价格排挤等行为，则可适用《价格法》。

三是关于《反垄断法》与《消费者权益保护法》之间的关系。《反垄断法》主要从维护经营者竞争秩序的角度侧重维护消费者长远利益与普遍利益；而《消费者权益保护法》主要从维护经营者与消费者之间公平交易的角度侧重维护个体消费者当下的权益。

四是关于《反垄断法》与《行政处罚法》的关系。总体上，在涉及反垄断的行政处罚方面，两者是特别法与一般法的关系，前者没有规定的行政处罚事项（如追究时效），需要适用后者的规定，《行政处罚法》规定的行政合法性、合理性等一般原则对反垄断行政处罚则具有一般指导规范作用。

五是关于《反垄断法》与《专利法》《著作权法》《商标法》以及商业秘密法律规范等知识产权法的关系。两者非常鲜明地体现出矛盾事物中的对立统一关系，两者有共同目标即鼓励创新、促进经济效率和增加社会福祉，但手段不同，前者是通过反垄断推动市场竞争实现上述目标，后者是通过肯定知识产权的经济价值而赋予其有期限的"独占权"，使得知识产权人在竞争中取得优势地位。从历史渊源上看，知识产权是作为反垄断法的豁免而出现的，现代各国也一般将依法行使知识产权的行为作为反垄断法适用的例外情形，但经营者滥用知识产权排除、限制竞争的行为则应受反垄断法规制。

六是关于《反垄断法》与《民法典》《民事诉讼法》的关系。在反垄断民事诉讼方面，《反垄断法》相对于《民法典》和《民事诉讼法》而言属于特别法，《反垄断法》在民事责任方面的规定相当简略，需要大量适用《民法典》

和《民事诉讼法》，因而需要加强《反垄断法》与《民法典》《民事诉讼法》的衔接，主要措施是制定审理垄断民事纠纷案件的司法解释。有关司法解释需要明确的规则，主要应包括调整范围、管辖与受理、原告主体资格与群体性诉讼程序、有关证据规则、垄断行为认定、民事责任承担、相关法律的衔接适用等。

二、反垄断法规制的对象

我国《反垄断法》调整的对象为三种经济性垄断行为和一种行政性垄断行为，即经营者达成垄断协议；经营者滥用市场支配地位；具有或者可能具有排除、限制竞争效果的经营者集中；滥用行政权力排除、限制竞争（在我国约定俗成地称为“行政性垄断”或者“行政性限制竞争行为”）。

垄断协议不限于民法一般意义上的协议，包括限制竞争的协议和联合限制竞争行为（如决议或者其他协同行为），这种协议具有限制竞争的目的或者可能产生限制竞争的效果。垄断协议在我国反垄断法上分为横向垄断协议（国际上又称为卡特尔）和纵向垄断协议进行规制，分别为我国2022年修正的《反垄断法》第17条和第18条所规定。横向垄断协议与纵向垄断协议的主要区别在于协议主体间关系与合作的经济阶段不同：前者体现为法律上和经济上具有独立性并且具有竞争关系的经营者在相同生产阶段中的合作；后者体现为经营者与交易相对人在不同经济阶段的合作。在平台经济等领域还出现一种所谓的轴幅协议，即具有竞争关系的平台内经营者借助与平台经营者之间的纵向关系，或者由平台经营者组织、协调，达成具有垄断协议效果的垄断协议，在性质上一般属于横向垄断协议。

滥用市场支配地位是世界各国反垄断法普遍规制的三种垄断行为之一，在反垄断实践中占有相当高的比例。市场支配地位是指企业或者企业集团能够左右市场竞争或者不受市场机制的制约，无须考虑竞争者或者交易对手的反应即可自由定价或者自由作出其他经济决策。我国《反垄断法》对此定义时以“控制”（交易条件）和“阻碍”（市场进入）解释“支配”，强调经营者具有控制相关市场的能力。根据反垄断执法司法实践，认定市场支配地位的分析方法主要有市场效果标准、市场行为标准、市场结构标准。其中，市场结构标准是最直接的标准，该标准是根据经营者的市场份额、市场占有率判断其市场地位。2022年修正的《反垄断法》第23条和第24条分别规定了认定市场支配地位的因素和推定市场支配地位的市场份额标准。反垄断法并不禁止经营者具有市场支配地位，禁止的是其滥用这种地位去限制竞争。2022 年修正的《反垄断法》第 22 条具体规定滥用市场支配地位行为的七类表现，含六类具体列明情形和一类兜底情形。

经营者集中是指经营者通过合并、购买股权或者资产、签订合同等方式，取得对其他经营者的控制权或者对其他经营者施加决定性影响的企业经营行为，具体包括企业合并、收购、人员兼任、合同控制等形成控制关系的各种形式。经营者集中既有提高效率、增加社会福利的优点，又有增加经营者滥用市场支配地位的危险，各国对经营者集中均有一定的政府管制，主要采取申报审查制度，具体有事前申报与事后申报、自愿申报与强制申报之分。我国《反垄断法》采取事前强制申报制度，经营者集中达到国务院规定的申报标准，应当事先向国务院反垄断执法机构申报，未申报的不得实施集中。2022 年修正的《反垄断法》第 26 条第 2 款还强调，经营者集中未达到国务院规定的申报标准，但有证据证明该经营者集中具有或者可能具有排除、限制竞争效果的，国务院反垄断执法机构应当依法进行调查。

所谓行政性垄断是指政府及其所属机构滥用行政权力排除、限制竞争的行为。这是我国《反垄断法》的一大特色。政府应依法依规行使管理公共事务职能，判断政府行为是否构成滥用权力，取决于其是否符合国家法律的规定或者国家的基本政策。行政性垄断主要表现为地方保护、部门垄断和行政强制交易与合并等。2022 年修正的《反垄断法》第五章（第 39 条至第 45 条）规定了应予禁止的各类行政性垄断行为。

三、反垄断法的实施

从一般意义上看，法律实施是指在社会生活中实际施行法律、运用法律的活动，主要有法律遵守、法律执行（行政执法）、法律适用（司法）和法律监督。反垄断法的实施，在基本内涵上仍是一般意义上的法律实施，但反垄断法有其特别需要强调的方面，主要有四个方面：反垄断法的域外适用、反垄断法执法模式、反垄断司法诉讼、反垄断法上的法律责任。

我国《反垄断法》的适用依据是“效果原则”，即它适用于所有对国内市场产生排除、限制竞争影响的行为，而不论该行为发生在国内还是国外。对此我国 2022 年修正的《反垄断法》第 2 条明确予以规定。一国反垄断法能够对国外发生的排除、限制竞争的行为行使管辖权，该种域外管辖被称为反垄断法的域外适用，这是世界各国维护本国市场竞争秩序的法律武器，是国家行使主权的行为。

我国《反垄断法》的执行采取了行政执法（公共执行）和司法诉讼（私人执行）双轨并行的模式。行政执法在党的十八大后国务院机构改革前，中央层面分别由商务部、原国家工商行政管理总局和国家发展和改革委员会行使，国务院设立反垄断委员会负责组织、协调、指导反垄断工作。党的十八大后国务院机构改革，反垄断行政执法权中央层面统一由国家市场监督管理总局（下设专门的反垄断执法机构）行使，各省、自治区、直辖市人民政府相应设立反垄断执法机构。

反垄断司法诉讼，包括因垄断行为引发的民事诉讼和行政诉讼。其中，民事诉讼一般是指受限制竞争行为不利影响的自然人、法人和非法人组织向法院提起要求垄断行为人承担停止侵害、赔偿损失等民事责任的诉讼；行政诉讼包括行政相对人不服反垄断行政处罚决定和针对可诉的行政性垄断行为，不服经营者集中审查决定，以及针对有关信息不公开、行政不作为等事由提起的行政诉讼。

反垄断法上的法律责任，主要包括行政责任和民事责任。行政责任包括责令停止违法行为、没收违法所得、行政罚款等。民事责任，主要体现在合同效力与垄断行为民事责任（主要是停止侵害、赔偿损失）方面。我国《反垄断法》没有如美国反托拉斯法那样规定反垄断刑事责任。

整体上审视我国《反垄断法》，其是一部具有较强政治政策性和经济理论性的部门法，它以政治政策为鲜明导向，以经济理论为规范基础，在上层的政治政策和基础的经济规律之间发挥工具作用。《反垄断法》的正确适用，需要重视法学方法的研习，丰富、完善反垄断法律解释的内涵与结构，有效形塑反垄断法律思维。

本部分以《反垄断法》为主干，对与《民法典》适用密切相关的条款进行阐释。

第一条　为了预防和制止垄断行为，保护市场公平竞争，鼓励创新，提高经济运行效率，维护消费者利益和社会公共利益，促进社会主义市场经济健康发展，制定本法。

关联规定

一、法律、行政法规、司法解释

1.《中华人民共和国反不正当竞争法》

第一条　为了促进社会主义市场经济健康发展，鼓励和保护公平竞争，制止不正当竞争行为，保护经营者和消费者的合法权益，制定本法。

2.《中华人民共和国消费者权益保护法》

第一条　为保护消费者的合法权益，维护社会经济秩序，促进社会主义市场经济健康发展，制定本法。

3.《中华人民共和国价格法》

第一条　为了规范价格行为，发挥价格合理配置资源的作用，稳定市场价格总水平，保护消费者和经营者的合法权益，促进社会主义市场经济健康发展，制定本法。

二、部门规章及规范性文件

《国务院反垄断委员会关于平台经济领域的反垄断指南》

第一条　指南的目的和依据

为了预防和制止平台经济领域垄断行为，保护市场公平竞争，促进平台经济规范有序创新健康发展，维护消费者利益和社会公共利益，根据《中华人民共和国反垄断法》（以下简称《反垄断法》）等法律规定，制定本指南。

第三条　基本原则

反垄断执法机构对平台经济领域开展反垄断监管应当坚持以下原则：

（一）保护市场公平竞争。坚持对市场主体一视同仁、平等对待，着力预防和制止垄断行为，完善平台企业垄断认定的法律规范，保护平台经济领域公平竞争，防止资本无序扩张，支持平台企业创新发展，增强国际竞争力。

（二）依法科学高效监管。《反垄断法》及有关配套法规、规章、指南确定的基本制度、规制原则和分析框架适用于平台经济领域所有市场主体。反垄断执法机构将根据平台经济的发展状况、发展规律和自身特点，结合案件具体情况，强化竞争分析和法律论证，不断加强和改进反垄断监管，增强反垄断执法的针对性和科学性。

（三）激发创新创造活力。营造竞争有序开放包容发展环境，降低市场进入壁垒，引导和激励平台经营者将更多资源用于技术革新、质量改进、服务提升和模式创新，防止和制止排除、限制竞争行为抑制平台经济创新发展和经济活力，有效激发全社会创新创造动力，构筑经济社会发展新优势和新动能。

（四）维护各方合法利益。平台经济发展涉及多方主体。反垄断监管在保护平台经济领域公平竞争，充分发挥平台经济推动资源配置优化、技术进步、效率提升的同时，着力维护平台内经营者、消费者和从业人员等各方主体的合法权益，加强反垄断执法与行业监管统筹协调，使全社会共享平台技术进步和经济发展成果，实现平台经济整体生态和谐共生和健康发展。

三、司法指导性文件

《最高人民法院关于认真学习和贯彻〈中华人民共和国反垄断法〉的通知》

一、充分认识反垄断法实施的重大意义

反垄断法是制止垄断行为、保护市场竞争和维护市场秩序的基本法律，也是完善市场结构、保障经济安全和确保市场配置资源基础性作用的重要法律。反垄断法对于维护经营者和消费者合法权益，促进技术创新和技术进步，提高企业竞争力，保证国民经济的健康、持续、协调发展，具有极为重要的作用。各级人民法院要认真学习和贯彻执行反垄断法，正确领会反垄断法的立法意图，充分发挥审判职能作用，通过依法审理反垄断案件，制止非法垄断行为，保护经营者和消费者的合法权益，维护公平竞争的市场秩序。

条文释义

一、本条主旨

本条是关于《反垄断法》立法宗旨的规定。

二、条文演变

2007年制定的《反垄断法》第1条规定："为了预防和制止垄断行为，保护市场公平竞争，提高经济运行效率，维护消费者利益和社会公共利益，促进社会主义市场经济健康发展，制定本法。"2022年修正的《反垄断法》增加了"鼓励创新"这一立法目标。中央多次强调，创新是引领发展的第一动力，也是推动整个人类社会向前发展的重要力量。《国民经济和社会发展第十四个五年规划和2035年远景目标纲要》要求，"坚持创新在我国现代化建设全局中的核心地位""完善国家创新体系"。《中共中央关于党的百年奋斗重大成就和历史经验的决议》再次强调，"坚持实施创新驱动发展战略"。《反垄断法》将鼓励创新作为立法目的之一，顺应了新形势下服务"国之大者"、加快建设创新型国家的迫切需求，标志着我国《反垄断法》从强调静态效率向静态效率与动态效率并重转变，更加注重鼓励竞争和激励创新的协调发展。

三、条文解读

（一）反垄断法的立法宗旨及其重要性

我国法律通常在第1条明确规定立法宗旨。立法宗旨是立法目的的集中体现，是立法者制定法律时所追求的政策目标，其既是立法时的指导思想，又是执法司法的重要指引。对于人民法院而言，法律关于立法宗旨的规定至关重要，是司法过程中理解和解释法律时必须考虑的基本价值追求。法律解释必须符合立法目的、有利于实现立法目的。

关于反垄断法的立法目的或者政策目标，理论上有一元论和多元论之争。一元论认为，反垄断法的唯一目标是经济目标，经济福利或者经济效率是反垄断政策的唯一指导。

多元论则认为，反垄断法常常受到社会和历史因素的影响，并且有可能回应截然不同的目标，包括经济目标、社会目标和政治目标。世界主要国家反垄断立法及法律实施的历史和现实表明，反垄断法并非存在于真空之中，而是社会和经济政策体系的一部分，源于具体的政治观点或政治哲学。① 反垄断法不仅可以被用来提高效率和确保消费者福利，而且可以作为实现社会和政治目标的工具。每一个国家或者地区均会根据本国或者本地区的经济、政治、社会等实际情况，选择或者强调反垄断法所要实现的具体政策目标。人们普遍认为，欧盟竞争法的目标包括维护市场竞争、提升消费者福利、促进经济一体化、保护中小企业利益、实现公平公正、推动产业和贸易发展等。②

反垄断法是制止垄断行为、保护市场竞争和维护市场秩序的基本法律，也是完善市场结构、保障经济安全和确保市场决定性作用的重要法律，素有“经济宪法”之称。作为国家通过法律手段调节市场的工具，反垄断法具有很强的政策性、原则性、抽象性以及由此带来的不确定性。因此，对于反垄断法而言，立法目的更为重要。“在肯定地回答一个问题之前，反垄断政策不可能具有理性——法律的目的是什么？其他的一切均有赖于对这一问题的回答。指引法官的是一个价值目标还是多个价值目标？如果是多个，诸价值目标发生冲突时法官如何作出判决？只有目标问题得到了解决，实体法条才可能是一个有机的整体。”③

（二）我国《反垄断法》的立法宗旨

每个国家的反垄断法都是其特殊历史、经济、政治和社会环境的产物。我国《反垄断法》的起草工作自 1994 年列入第八届全国人大常委会立法规划，到 2007 年 8 月第十届全国人大常委会第二十九次会议通过，历时 13 年之久；如果从 1987 年 8 月原国务院法制局成立反垄断法起草小组算起，则历时长达 20 年。这一期间，我国经历了从计划经济向社会主义市场经济的转变，经历了深化改革开放、国有企业改革、加入世界贸易组织等历史进程。随着我国经

① 参见［英］马赫·M. 达芭：《反垄断政策国际化研究》，肖兴志等译，东北财经大学出版社 2008 年版，第 41~45 页。

② 参见［意］马西莫·莫塔：《竞争政策——理论与实践》，沈国华译，上海财经大学出版社 2006 年版，第 8~20 页。

③ 见 Robert Bork, Antitrust Paradox,Simon & Schuster Press（1993）, 第 50 页。

济体制改革的持续深入和对外开放的不断扩大，有必要制定一部专门的《反垄断法》，为进一步深化改革开放，营造公平有序的市场竞争环境，促进国际贸易和经济技术合作，保持我国经济活力，加强国家宏观调控，提供法律保障。[①] 我国《反垄断法》正是在这一背景下出台的，其必然反映我国市场经济所处的发展水平、历史阶段、实际问题和目标导向。概言之，《反垄断法》既要符合国际惯例，严格禁止典型的、世界各国有普遍共识的严重限制、排除竞争的垄断行为，又要针对我国企业作为市场主体尚不成熟，市场存在着竞争不充分、不适度的实际情况，特别是各类企业发展不平衡，竞争能力亟待提高的客观要求；既要有利于保护市场竞争，创造和维护良好的市场竞争环境，更要与国家现行有关产业政策相协调，有利于企业做大做强和规模经济的发展，使《反垄断法》成为制止垄断、鼓励竞争、提高引进外资质量、促进经济结构调整的有力的政策工具；必须起到维护国家经济运行健康有序的作用。[②] 这些考虑集中反映在本条关于立法宗旨的规定中。下面分述如下：

1. 预防和制止垄断行为

预防和制止垄断行为是反垄断法的最直接目标。垄断行为直接危害市场竞争，降低经济效率，损害消费者和其他经营者的合法权益，妨碍全国统一开放、竞争有序的市场体系的建立，应该尽早预防并及时制止。我国《反垄断法》规定了经济性垄断行为和行政性垄断行为。其中，经济性垄断行为主要包括三种类型：经营者达成垄断协议；经营者滥用市场支配地位；具有或者可能具有排除、限制竞争效果的经营者集中。为预防和制止垄断行为，《反垄断法》规定了行政执法和民事司法双轨并行的法律实施体系，明确了各种垄断行为的认定标准及相应的法律责任，规定了经营者集中的申报、审查程序及禁止集中的考虑因素等，为经营者守法、行政机关执法和人民法院司法提供了法律依据。对于行政性垄断行为，《反垄断法》规定了上级机关责令改正、对直接负责的主管人员和其他直接责任人员依法给予处分的处理措施，反垄断执法机构也可以向有关上级机关提出依法处理的建议，为预防和制止行政性垄断行为提供了法律保障。

---

① 参见时任国务院法制办公室主任曹康泰于2006年6月24日第十届全国人民代表大会常务委员会第二十二次会议上作的《关于〈中华人民共和国反垄断法（草案）〉的说明》。

② 同前引

2. 保护市场公平竞争

竞争是商品经济的必然产物，是市场经济的基石。竞争可以推动实现资源优化配置，科技发展进步，经济效率提高。充分而又有活力的竞争是实现经济发展质量、效率和动力变革的重要推动力。竞争将催生最经济的资源配置、最低的价格、最高的质量、最大的物质进步和最全面的创新，创造出一个充满生机和活力的市场竞争环境。在有效竞争的环境下，每个竞争者能够不受市场垄断力量的限制，充分地施展其聪明才智和冒险精神，为市场增添活力和动力。《反垄断法》将保护市场公平竞争作为其立法宗旨，意味着其落脚点在于维护整体竞争机制。“反垄断法是要保护竞争，而不是保护竞争者”[①]，已经成为各国反垄断法理论和实务界的基本共识。为保护市场竞争，《反垄断法》主要从行为和结构两个方面来调控。在行为方面，禁止排除或者限制竞争的垄断协议，同时禁止具有市场支配地位的企业滥用市场支配地位；在结构方面，则禁止具有或者可能具有排除、限制竞争效果的经营者集中。

需要说明的是，在保护市场公平竞争方面，《反垄断法》与《反不正当竞争法》存在区别。《反垄断法》对公平竞争的保护更加侧重保障竞争机会和竞争条件的公平，保障参与竞争的机会、资格和条件的公平，防范和禁止非法制约和扭曲竞争的经济和行政力量，以解决竞争不足、动力缺乏的问题。或许可以说，《反垄断法》从保证竞争自由的角度来保证竞争公平。《反不正当竞争法》对公平竞争的保护则着眼于保证竞争手段的公平性，防止竞争手段的劣质化和过度化所造成的恶性竞争和无序竞争。追求利益最大化的竞争与社会整体利益不尽一致，脱缰野马式的竞争有可能导致恶性竞争、无序竞争，造成外部不经济，难以实现公正与效率统一。《反不正当竞争法》通过约束竞争手段，保障以正当手段实施竞争，解决竞争过度和无序竞争的问题。可见，《反垄断法》和《反不正当竞争法》对竞争的规制角度不同，两者协调作用、相辅相成，才能确保竞争的自由、有序和公平，共同实现健康良好的竞争机制。由于历史的原因，我国《反不正当竞争法》曾规定过反垄断的内容，包括公用企事业单位排除竞争、行政性垄断、倾销、搭售等，这些规定在 2017 年修改《反不正当竞争法》时已经删除，相关内容统一适用《反垄断法》，进一步理顺了《反不正当竞争法》与《反垄断法》的关系。

---

① 参见美国联邦最高法院布朗鞋业案的判决 Brown Shoe Co. v.United States,370 U.S. 294（1962）,320.

3. 鼓励创新

将鼓励创新作为我国《反垄断法》的立法目标，是我国《反垄断法》的重要特色。这一创举实际反映出我国对创新重要性的高度重视。这种重视实际上基于如下的经济学共识：最伟大的社会繁荣是通过产品和服务的日常创新和改进实现的，而不是通过追求生产和销售最廉价商品的效率竞争实现的；在促进社会福利方面，几乎没有什么超过创新带来的贡献。

为实现鼓励创新的目标，《反垄断法》主要从两个层面予以保障。（1）在宏观层面，维护有利于创新的竞争环境。《反垄断法》通过预防和制止垄断行为，维护统一开放、公平有序的竞争环境，为创新提供竞争压力。既有研究表明，不同程度和不同形式的竞争对于不同类型的企业或者处于不同发展阶段的国家具有不同的影响。对于企业而言，如果将企业区分为前沿企业和非前沿企业，竞争对靠近技术前沿的企业创新有正面影响，对远离技术前沿的企业创新有负面影响；对于国家而言，一个国家越靠近技术前沿，或者说整体生产率越接近全球最先进的国家，竞争对该国的创新和增长的促进作用就越显著。[①] 我国科技创新水平稳步提升，正在成为全球创新版图重构中日益重要的力量，部分领域已经逼近世界技术前沿，正处于从点的突破向系统能力提升的重要时期，竞争对于创新的激励作用更加突出。在以创新为主要驱动力的发展中，需要保障中小企业生存与发展空间，更需要创造有利于开展颠覆性技术创新的制度环境和政策条件。[②]（2）在微观层面，在具体制度设计中考虑创新的地位和作用。例如，《反垄断法》第 17 条第 4 项规定，禁止具有竞争关系的经营者达成限制购买新技术、新设备或者限制开发新技术、新产品的垄断协议。该项规定直接将限制创新作为横向垄断协议规定为违法行为，实际上将损害创新作为该种垄断行为的反竞争效果要件，体现了对鼓励创新的目的。再如，本法第 20 条第 1 款第 1 项规定，为改进技术、研究开发新产品的协议，不属于垄断协议，实际上是将创新作为抵消反竞争效果的因素予以考虑。

必须承认的是，传统的反垄断法主要根据短期内的价格和产出识别垄断行为，它从来没有发展出一套良好的技术性规则将创新纳入垄断行为的分析过

---

① 参见［法］菲利普·阿吉翁等：《创造性破坏的力量：经济巨变与国民财富》，余江、赵建航译，中信出版集团 2021 年版，第 65 页。

② 参见黄少卿：《颠覆性技术创新与产业政策范式转换》，载《比较》第 118 辑。

程之中。[①] 但是，可以肯定的是，由于创新比提升竞争程度的市场活动更能够促进经济增长，限制创新将会对经济造成更大的损害，在鼓励创新已经被纳入《反垄断法》立法目标的前提下，创新应该在《反垄断法》的分析框架中找到其应有的位置。鼓励创新的目标在未来如何塑造我国《反垄断法》的分析框架，还有待于实践检验。

知识产权法与反垄断法通过不同的角度鼓励创新。在法律保护方式上，知识产权法通过赋予创新成果以一定期限的垄断权，直接对创新成果给予保护；反垄断法并不直接保护创新成果，而是关注市场结构和市场行为，通过确保竞争不受扭曲，为创新提供良好环境，从而间接保护创新。在动力机制上，知识产权法通过明确权利边界，排除竞争者的模仿竞争，保障创新者获得创新回报，为替代性创新提供动力；反垄断法通过维护健康有活力的竞争机制向竞争者施加强有力的竞争，为创新提供压力。

4. 提高经济运行效率

《反垄断法》通过遏制垄断行为、保护公平自由的竞争机制、激励创新，对经营者施加竞争压力，迫使其降低价格、提高质量，因而提升经济效率。经济学上，至少存在三种效率形式：配置效率、生产效率和创新效率。其中，配置效率、生产效率属于静态效率，创新效率属于动态效率。配置效率是指国民经济中的生产要素和现有资源已被投入到经济上最有意义的用途，没有人能够通过资源的重新分配而获得更好收益，这样的效率也被称为帕累托效率。生产效率涉及产品生产时的生产要素投入，只有在现有技术水平上使任何一项产出得自于尽可能少的要素投入时，才能实现有效率的生产。与考察分配效率时仅从知识、技术和已知产品的某一既定数量出发不同，动态效率或者说创新效率则将技能的改善、技术的进步和新产品的研发与引进都纳入考量。由于研发过程经常带来完全在意料之外的创新成果，研发投入所产生的收益具有很高的不确定性，创新效率的评估在理论和实践中均存在困难，只能权且认定研发与动态效率之间存在正相关关系。相比于完全竞争市场中的企业，垄断企业生产较少的数量，设定更高的价格，使得市场配置出现效率缺失。同时，在完全垄断的情况下，垄断者缺乏可以迫使其有效运作的竞争压力，不会有效率地开展生

---

① 参见［美］克里斯蒂娜·博翰楠、赫伯特·霍温坎普：《创造无羁限：促进创新中的自由与竞争》，兰磊译，法律出版社2016年版。

产经营活动，这种平静而安详的生活必然导致垄断者在生产上的非效率。[①] 此外，垄断者还可能为维护自己的垄断地位而寻租，进一步损害生产效率。垄断的市场结构与创新效率之间的关系则存在复杂性。同时，属于静态效率的配置效率和生产效率与动态效率即创新效率之间还可能存在冲突，需要根据具体情况审慎评估。基于源自创新的利益超过科技恒定情况下简单资本积累带来的利益，以及创新比提高竞争程度的市场活动更能促进经济增长这一广泛共识，在创新效率非常明显的情况下，配置效率和生产效率应当向创新效率让步。

5. 维护消费者合法利益

反垄断法通过维护市场竞争机制、提高经济效率，从整体上促进提高产品质量和降低价格，使消费者获得福利。提高消费者福利是反垄断法的重要目标。在反垄断法上，选择消费者福利还是社会总福利作为目标导向，影响垄断行为的分析和认定标准。消费者福利标准仅仅着眼于消费者剩余，以增加消费者剩余或者遏制其减损为目标。社会总福利标准则意味着反垄断法应该着眼于总体福利及生产者剩余和消费者剩余之和最大化，至于总福利在生产者和消费者之间如何分配则并不重要。社会总福利标准下，存在以生产者剩余弥补消费者剩余的可能性，而消费者福利标准则不允许任何损害消费者剩余的垄断行为。尽管大多数情况下，适用消费者福利标准和社会总福利标准结果并无不同，但是在特定情况下则可能导致完全不同的法律判断。例如，在具有市场支配地位的经营者实施完全价格歧视行为时，由于每个消费者均支付自己所愿意的价格，社会总福利最大化，但是消费者剩余却完全转移给了生产者，损害了消费者利益。此时，运用消费者福利标准和社会总福利标准将会得出不同的法律结论。

反垄断法选择消费者福利而不是社会总福利作为政策目标的理由在于：消费者更难保证自己的利益在实践中得到充分考虑，反垄断法采用消费者福利标准，可以从制度上为消费者福利提供更多保障，而企业也更加难以利用相对于竞争法执法机关的信息优势。而且，消费者福利在实践中更具有可操作性，只要基于某一可以预见的价格变化即可作出判断，通常无须考虑生产者剩余的变化。此外，在实际执法过程中，采用消费者福利标准反而更能够促进提升社会

① ［德］乌尔里希·施瓦尔贝、丹尼尔·齐默尔：《卡特尔法与经济学》，顾一全、刘旭译，法律出版社2014年版，第30页。

总福利。[①]

选择消费者福利或者消费者合法利益作为反垄断法的政策目标后，如何衡量消费者福利？或者说，哪些消费者利益可作为衡量垄断损害的因素？长期以来，反垄断法着眼于短期的消费者利益，以更低的价格和更高的产量作为判断是否存在垄断行为的首要标准。即使考虑产品的质量，也是在价格和质量组合中进行综合比较，即考虑的是“质量调整的价格竞争”。[②] 这种以短期消费者利益为考虑核心的反垄断法在新经济环境下越来越受到批评。“消费者利益不仅包括价格，还包括产品质量、多样性与创新。保护这些长期利益，需要一个比指导当前实践的‘消费者福利’内涵更加厚重的概念。”[③] 例如，在规模效用和网络效应导致的赢家通吃的平台市场中，投资者愿意出资平台经营者以支持掠夺性增长。在这种情况下，即使企业没有提高消费者价格，掠夺性策略仍可能损害市场。因此，在基于消费者福利的分析框架中，还应该关注产品质量降低、产品多样性下降等。[④]《反垄断法》和《消费者权益保护法》均以保护消费者权益为目标，两者的区别主要在于：《消费者权益保护法》对消费者提供直接和具体的保护，而《反垄断法》虽然不排除对消费者的直接和具体保护，但是其主要侧重通过维护市场竞争机制来提高消费者福利，并不以消费者满意与否作为判断行为是否违反《反垄断法》的标准，也不刻意保护某一具体消费者的利益。[⑤]

6. 维护社会公共利益

上文已经指出，反垄断法是社会和经济政策体系的一部分，其不仅被用来提高效率和确保消费者福利，而且同时用来实现社会和政治目标。如果上文所述的预防和制止垄断行为、保护市场公平竞争、鼓励创新、提高经济运行效率、维护消费者利益等目标基本属于经济目标的话，那么社会公共利益则显然是一个更宽泛的概念，其足以容纳社会目标和政治目标。对垄断行为的规制，

① 参见［德］乌尔里希·施瓦尔贝、丹尼尔·齐默尔：《卡特尔法与经济学》，顾一全、刘旭译，法律出版社 2014 年版，第 15~16 页。

② 参见［美］克里斯托弗·L·萨格尔斯：《反托拉斯法：案例与解析》，谭袁译，商务印书馆 2021 年版，第 58~59 页。

③ Lina Khan, Amazon's Antitrust Paradox', 126 Yale Law Journal（2017），p737.

④ See Lina Khan,Amazon's Antitrust Paradox', 126 Yale Law Journal（2017），p786-791.

⑤ 参见全国人大常委会法制工作委员会经济法室编：《中华人民共和国反垄断法：条文说明、立法理由及相关规定》，北京大学出版社 2007 年版，第 3 页。

必须兼顾经济效率与公共利益的平衡，公共利益几乎是各个国家反垄断法规制垄断行为特别是垄断协议时均予以考虑的因素。

在反垄断法上，垄断豁免和例外制度是体现社会政策目标、维护社会公共利益的重要利益平衡机制。特别是，其中的社会性豁免制度，体现了立法者对于社会政策目标的追求：即便特定行为构成了反垄断法上的垄断行为，但立法者认为该行为有利于其他社会政策目标的实现，故对该垄断行为不予禁止。我国《反垄断法》第 20 条规定了垄断协议豁免制度，其中第 1 款规定："经营者能够证明所达成的协议属于下列情形之一的，不适用本法第十七条、第十八条第一款、第十九条的规定：（一）为改进技术、研究开发新产品的；（二）为提高产品质量、降低成本、增进效率，统一产品规格、标准或者实行专业化分工的；（三）为提高中小经营者经营效率，增强中小经营者竞争力的；（四）为实现节约能源、保护环境、救灾救助等社会公共利益的；（五）因经济不景气，为缓解销售量严重下降或者生产明显过剩的；（六）为保障对外贸易和对外经济合作中的正当利益的；（七）法律和国务院规定的其他情形。"上述第 3 项豁免体现了对中小企业所承载的社会公共利益考量，中小企业在创造就业机会、实施创新、提升经济活力、促进经济发展方面具有重要价值，而其在规模、筹资和信息方面则处理劣势，为有效发挥中小企业在就业、创新方面的功能和优势，对于其从事的垄断协议行为予以豁免。第 4 项豁免则明确将节约能源、保护环境、救灾救助等社会公共利益直接作为豁免理由。第 5 项豁免即传统反垄断法上的"危机卡特尔"，其目的在于避免因产业结构的调整导致大量失业等重大社会成本，体现了对于社会稳定等公共利益的考量。第 6 项豁免源于传统反垄断法上的"出口卡特尔"，体现了对于国家贸易政策和国家利益的考量。此外，在经营者集中制度中也体现了对于社会公共利益的考量。《反垄断法》第 34 条规定："经营者集中具有或者可能具有排除、限制竞争效果的，国务院反垄断执法机构应当作出禁止经营者集中的决定。但是，经营者能够证明该集中对竞争产生的有利影响明显大于不利影响，或者符合社会公共利益的，国务院反垄断执法机构可以作出对经营者集中不予禁止的决定。"该规定中，"经营者能够证明该集中对竞争产生的有利影响明显大于不利影响"，主要体现了对于经济效率的考量，"符合社会公共利益"则体现了对于经济效率之外的社会政策目标的考量。

适用指引

《反垄断法》的实施，需要在追求经济目标的同时，兼顾社会目标和政治目标。这就要求统筹考虑经济目标、社会目标和政治目标，注重不同目标、利益之间的协调与整合效果。要根据立法的规定，深刻理解不同条文、不同制度的立法目的和利益追求，结合具体个案妥善适用法律。

一、以比例原则统筹协调各项立法目的

在具体法律适用中，判断被诉垄断行为是否合法，特别是判断是否符合垄断豁免或者例外，需要统筹协调经济目标、社会目标和政治目标时，比例原则是协调各项利益和目标的重要工具。在分析被诉垄断行为的合法性时，可以作如下考虑：第一，该被诉垄断行为是否附属于追求法律明文规定的目标（通常是社会目标和政治目标）的行为安排。第二，该被诉垄断行为是否与实现该法律目标合理相关、有助于实现该法律目标且没有超出实现该法律目标的必要合理范围。第三，该被诉垄断行为是否严重限制了相关市场的竞争，即是否消除了相关市场上的大部分或者实质性竞争。此外，根据反垄断法，如果被诉垄断行为服务于追求法律明文规定的目标，有助于实现该法律目标，没有超出实现该法律目标的必要合理范围，且并未消除相关市场上的大部分或者实质性竞争，同时符合反垄断法规定的其他条件，则该被诉垄断行为符合豁免或者例外条件。我国《反垄断法》第20条第2款规定："属于前款第一项至第五项情形，不适用本法第十七条、第十八条第一款、第十九条规定的，经营者还应当证明所达成的协议不会严重限制相关市场的竞争，并且能够使消费者分享由此产生的利益。"该条第二款规定实际上也蕴含了比例原则，同时附加了更严格的条件——"能够使消费者分享由此产生的利益"。被诉垄断行为人对其行为符合豁免条件承担证明责任，必须提交具体证据证明其行为符合前述比例原则且能够使消费者分享由此产生的利益；对于其行为能否实现法律明文规定的目标而言，必须提供具体证据足以证明相关法律目标的实现是具体的、现实的，而不能仅仅依赖一般性推测或者抽象推定。[①]

---

① 参加本书《反垄断法》(部分)第二十条类案检索。

二、鼓励创新在具体法律适用中的指引作用

前文已述及，鼓励创新这一立法目的引入《反垄断法》，标志着反垄断立法和执法从注重静态竞争向静态竞争和动态竞争并重的方向转变。在具体适用法律时，鼓励创新这一目标可能在两个方面发挥指引作用。第一，以创新损害作为判断垄断行为的重要考量因素。与一般的竞争损害理论不同，创新损害关注行为是否可能剥夺其他企业获得适当的创新回报从而抑制其创新动机，而非直接将其他企业排挤出市场。[①] 当然，由于对创新所造成的消极效果在理论和经验上的评估都是困难的，只有在特定情况下才能得到证实，故在具体法律适用中必须具备能够证明损害事实的证据并且结合坚实的经济学理论加以分析。这种创新损害理论要求高度重视初创企业的市场进入和持续成长，重视各种掌握新技术的中小企业大量被并购并导致新技术被雪藏，甚至直接遭到扼杀的现象。第二，将促进创新作为促进竞争的正当理由。创新是一种更高层次的竞争。如果一种行为有助于促进创新并提升消费者福利，则可能并不为《反垄断法》所禁止。当然，对于垄断行为人而言，其不仅需要证明有利于促进创新和提升消费者福利，而且要证明其行为没有超出实现促进创新的好处所必要的合理限度。

① 参见［比利时］保罗·尼豪尔、彼得·范·克莱恩布吕格尔：《创新在竞争法分析中的角色》，韩伟等译，法律出版社2020年版，第45~46页。

第二条　中华人民共和国境内经济活动中的垄断行为，适用本法；中华人民共和国境外的垄断行为，对境内市场竞争产生排除、限制影响的，适用本法。

关联规定

法律、行政法规、司法解释

1.《中华人民共和国消费者权益保护法》

第二条　消费者为生活消费需要购买、使用商品或者接受服务，其权益受本法保护；本法未作规定的，受其他有关法律、法规保护。

2.《中华人民共和国价格法》

第二条　在中华人民共和国境内发生的价格行为，适用本法。

本法所称价格包括商品价格和服务价格。

商品价格是指各类有形产品和无形资产的价格。

服务价格是指各类有偿服务的收费。

3.《最高人民法院关于审理因垄断行为引发的民事纠纷案件应用法律若干问题的规定》

第四条　垄断民事纠纷案件的地域管辖，根据案件的具体情况，依照民事诉讼法及相关司法解释有关侵权纠纷、合同纠纷等的管辖确定。

条文释义

一、本条主旨

本条是关于《反垄断法》适用范围的规定。

二、条文演变

关于《反垄断法》的调整范围，国务院在2006年6月提交给第十届全国人大常委会审议的草案中曾规定："对本法规定的垄断行为，有关法律、行政法规另有规定的，依照其规定。""对本法规定的垄断行为，有关法律、行政法规规定应当由有关部门或者监管机构调查处理的，依照其规定。"

在审议过程中，一些常委会组成人员认为，如果按照上述规定，可以由有关法律、法规处理，本条就会面临不易被适用的问题，尤其是行政法规不应影响法律的实施。《反垄断法》是调整垄断行为的一般法，如果有关法律法规有规定，可以按照特别法优于一般法的原则处理，但这种情形仅限于两者都是法律，行政法规不能优先于法律适用。通过研究，《反垄断法》删除了草案中的上述规定。《反垄断法》实施过程中，有关法律、法规涉及本法第3条规定的经营者达成垄断协议、经营者滥用市场支配地位、具有或可能具有排除限制竞争的经营者集中，均应依照《反垄断法》的规定处理。如果有个别行业需要特别规定，应由法律作出规定。法律、行政法规和国务院为贯彻国家产业政策和宏观调控政策而制定的市场准入规则和采取的市场准入措施，不属于本法规定的垄断行为，也不是本法规定的行政机关滥用行政权力的行为，因此不属于本法的调整范围。对于不同垄断行为由不同部门或监管机构进行处理的情形，其具体调查权限可以由国务院依照《反垄断法》的规定，根据实际需要进行具体安排。

三、条文解读

本条是关于《反垄断法》适用范围的规定，特别是规定了《反垄断法》域外管辖权，即《反垄断法》调整对象既包括境内发生的垄断行为，也包括虽在中国境外发生但对境内市场竞争产生排除、限制影响的垄断行为。本条规定既借鉴了其他国家的经验成果，也符合反垄断的客观需要。美国反垄断法的域外效力是完全的，即如果行为的目的旨在且确实给美国商业带来了危害性影响，那么即使该行为是由外国公民或公司在美国境外实施，也被认为违反美国反垄断法。同时，无论外国公司在美国是否有母公司或子公司，也无论其是否进行了业务活动，只要其行动对美国利益产生影响就可以行使域外管辖权。欧盟反垄断法的域外效力是有限制条件的，即当欧盟竞争法适用到欧盟以外的公司时，该公司必须有母公司或子公司在欧盟内。这种规定实质上是将母公司和子公司视为统一的经济实体，无论子公司或分公司是否分别具有独立法律实体的资格或地位，只要子公司或分公司在经营上受其母公司或总公司实际控制，就可以视其为同一经济实体而适用欧盟反垄断法。

适用指引

《反垄断法》规范的是市场经济活动，目的是维护公平竞争秩序。《反垄断法》的调整对象主要是经营者在我国境内经济活动中从事的垄断行为，从事垄断行为的主体一般是经营者，即从事商品生产、经营或者提供服务的自然人、法人和非法人组织，这些经营者既包括国内主体，也包括国外企业等国际资本参与投资的经营者；垄断行为一般发生在经营者作为平等民事主体所从事的市场经济活动中。垄断行为一般为：经营者达成垄断协议，经营者滥用市场支配地位，具有或者可能具有排除、限制竞争效果的经营者集中。这些竞争主要指发生在国内市场的竞争。

随着经济全球化的进一步加深，我国对外开放进一步扩大，我国与国际经济进一步融合，企业之间的并购行为既涉及国内主体，也涉及国外主体。我国对外贸易活动也在不断融入国际经济，进出口产品不断丰富，外国进口商在国外达成垄断协议，向国内出口产品，损害国内进口企业利益，影响国内市场价格的情形经常出现。为了防止和制止境外发生的垄断行为对境内的市场竞争产生消极影响，《反垄断法》借鉴其他国家经验，规定了域外效力。在适用中，对《反垄断法》域外效力应掌握好界限，境外垄断行为对境内市场没有影响的，不应追究有关经营者的法律责任。同时，在《反垄断法》域外适用的具体实践中，如果国家之间存在利益或法律冲突而产生障碍或者困难，需要尽可能寻求国际合作来解决，应在实践中不断寻求解决路径。

典型案例

OPPO广东移动通信有限公司、OPPO广东移动通信有限公司深圳分公司诉西斯威尔国际有限公司、西斯威尔香港有限公司滥用市场支配地位纠纷

关键词：垄断纠纷管辖　域外适用　标准必要专利

裁判摘要：在其他国家提起专利侵权诉讼，可能对国内相关市场的竞争造成直接、实质、显著的排除与限制竞争效果，侵权结果发生地的人民法院对该垄断纠纷案件具有管辖权。

基本案情：OPPO广东移动通信有限公司（以下简称OPPO公司）和OPPO广东移动通信有限公司深圳分公司（以下简称OPPO深圳分公司）是全球性智能终端制造商和移动互联网服务提供商，其共同向广州知识产权法院提起诉讼，主张西斯威尔国际有限公司及其子公司西斯威尔香港有限公司（以下简称西斯威尔方）拥有无线通信领域相关标准必要专利，具有市场支配地位，在标准必要专利的许可协商中违反了公平、合理和无歧视（FRAND）的原则，实施了收取不公平高价许可费等滥用市场支配地位的行为，并就相同专利在不同国家提起诉讼，给OPPO公司、OPPO深圳分公司的经营行为造成负面影响和经济损失。西斯威尔方提出管辖权异议，主张在案证据不足以证明广州知识产权法院对该案具有管辖权，西斯威尔方已就标准必要专利许可问题在英国法院提起诉讼，本案应由英国法院审理。广州知识产权法院驳回了西斯威尔方的管辖权异议。西斯威尔方不服，提起上诉。最高人民法院二审认为，鉴于标准必要专利许可市场的特殊性，结合西斯威尔国际有限公司已在其他国家提起专利侵权诉讼，可能对OPPO公司等参与国内相关市场的竞争造成直接、实质、显著的排除与限制竞争效果，OPPO公司住所地广东省东莞市可以作为本案侵权结果发生地，广州知识产权法院对本案具有管辖权。

【案　　号】（2020）最高法知民辖终392号

【审理法院】最高人民法院

【来　　源】中国裁判文书网

第三条　本法规定的垄断行为包括：

（一）经营者达成垄断协议；

（二）经营者滥用市场支配地位；

（三）具有或者可能具有排除、限制竞争效果的经营者集中。

关联规定

法律、行政法规、司法解释

《中华人民共和国反垄断法》

第十六条　本法所称垄断协议，是指排除、限制竞争的协议、决定或者其他协同行为。

第二十二条　禁止具有市场支配地位的经营者从事下列滥用市场支配地位的行为：

（一）以不公平的高价销售商品或者以不公平的低价购买商品；

（二）没有正当理由，以低于成本的价格销售商品；

（三）没有正当理由，拒绝与交易相对人进行交易；

（四）没有正当理由，限定交易相对人只能与其进行交易或者只能与其指定的经营者进行交易；

（五）没有正当理由搭售商品，或者在交易时附加其他不合理的交易条件；

（六）没有正当理由，对条件相同的交易相对人在交易价格等交易条件上实行差别待遇；

（七）国务院反垄断执法机构认定的其他滥用市场支配地位的行为。

具有市场支配地位的经营者不得利用数据和算法、技术以及平台规则等从事前款规定的滥用市场支配地位的行为。

本法所称市场支配地位，是指经营者在相关市场内具有能够控制商品价格、数量或者其他交易条件，或者能够阻碍、影响其他经营者进入相关市场能力的市场地位。

第二十五条 经营者集中是指下列情形：

（一）经营者合并；

（二）经营者通过取得股权或者资产的方式取得对其他经营者的控制权；

（三）经营者通过合同等方式取得对其他经营者的控制权或者能够对其他经营者施加决定性影响。

条文释义

一、本条主旨

本条是关于经济性垄断行为种类的规定。

二、条文演变

2007年制定的《反垄断法》第3条即规定了本法所指的三种经济性垄断行为，2022年修正《反垄断法》时，本条未作修改。

三、条文解读

本条规定了《反垄断法》所指的三种经济性垄断行为：一是经营者达成垄断协议的行为；二是经营者滥用市场支配地位的行为；三是经营者具有或者可能具有排除、限制竞争效果的经营者集中。除本法另有规定以外，禁止上述三种行为。

我国《反垄断法》规定的垄断行为除本条列举的三种行为之外，还包括第10条："行政机关和法律、法规授权的具有管理公共事务职能的组织不得滥用行政权力，排除、限制竞争。"通过禁止垄断协议、禁止滥用市场支配地位、控制企业结合、禁止行政性垄断，《反垄断法》发挥对垄断行为的体系化规制的功能。本条对经济性垄断行为分类，是立足本国国情，并借鉴国际上其他国家的立法例和执法经验作出的规定。

适用指引

垄断协议，是指两个以上经营者相互间达成的排除、限制竞争的协议、决定或者其他协同行为。垄断协议包括横向垄断协议和纵向垄断协议。按照2022年修正的《反垄断法》第16条、第17条、第18条规定，横向垄断协议是指具有竞争关系的经营者之间达成的排除、限制竞争的协议，主要包括：（1）固定或者变更商品价格；（2）限制商品的生产或者销售数量；（3）分割销售市场或者原材料采购市场；（4）限制购买新技术、新设备或限制开发新技术、新产品；（5）联合抵制交易；（6）国务院反垄断执法机构认定的其他垄断协议。纵向垄断协议是指经营者与交易相对人（一般不具有竞争关系）之间达成的排除、限制竞争的协议，主要包括固定向第三人转售商品的价格协议、限定向第三人转售商品的最低价格协议和国务院反垄断执法机构认定的其他垄断协议。本法第16条规定："本法所称垄断协议，是指排除、限制竞争的协议、决定或者其他协同行为。"据此，垄断协议，与《民法典》中规定的协议相比，最大的不同是垄断协议的构成不强调当事人必须意思表示一致或者协商一致，即使数个竞争者没有具体协商或者作出一致意思表示，如果他们共同心照不宣地按照某固定价格等条件一致出售产品或者提供服务，形成协同行为（各种协同行为不限于此，可能涉及各种垄断协议类型），也同样构成垄断协议。同时，垄断协议不仅表现为所谓"协议"，还可以是决定或者其他协同行为；既可以是书面的，也可以是口头的；还包括既没有书面协议，也没有口头协议，但采取了步调一致的排除、限制竞争的行为。垄断协议的实质要件是"排除限制竞争"，这个要件可以是协议目的（如协议达成但未实施情形），也可以是协议效果（实际实施情形）。对于该要件（特别是协议效果），需要根据被指控垄断协议行为类型，以学理上所称"本身违法原则""合理分析原则"为分析工具进行认定。传统理论上大致主张，对于横向垄断协议（特别是其中前三种所谓的卡特尔即价格卡特尔、数量卡特尔、市场卡特尔）一般可以直接遵循本身违法原则；对于纵向垄断协议则可能需要进行合理性分析。根据2022年修正的《反垄断法》第18条第2款的规定，对第1款列明的前2项纵向垄断协议，由被诉经营者对该协议不具有排除、限制竞争的效果承担举证责任，即实行反竞争效果推定规则。该反竞争效果推定规则适用的效果相当于首先适用本身违法原则。

经营者滥用市场支配地位，是指具有市场支配地位的经营者滥用其支配地位，从事排除、限制竞争的行为。按照2022年修正的《反垄断法》第22条的规定，主要包括：（1）以不公平的高价销售商品或者以不公平的低价购买商品；（2）没有正当理由，以低于成本的价格销售商品；（3）没有正当理由，拒绝与交易相对人进行交易；（4）没有正当理由，限制交易相对人只能与其进行交易或者只能与其指定的经营者进行交易；（5）没有正当理由搭售商品，或者在交易时附加其他不合理的交易条件；（6）没有正当理由，对条件相同的交易相对人在交易价格等交易条件上实行差别待遇；（7）国务院反垄断执法机构认定的其他滥用市场支配地位的行为。确定上述行为是否为滥用市场支配地位行为，应进行合理性分析。对于滥用市场支配地位行为的具体认定，还应根据《反垄断法》关于市场支配地位的定义和认定市场支配地位应考虑因素的有关规定进行。

具有或可能具有排除、限制竞争效果的经营者集中，主要是指一个经营者通过特定的行为取得另一个经营者的全部或部分控制权。2022 年修正的《反垄断法》第 25 条规定经营者集中包括三种情形：（1）经营者合并；（2）经营者通过取得股权或资产的方式获得对其他经营者的控制权；（3）经营者通过合同等方式取得对其他经营者的控制权或者能够对其他经营者施加决定性影响。经营者集中可能同时产生积极和消极两方面的效果，既有促进竞争的方面，也有抑制竞争的方面。经营者集中形成规模经济，有利于提高经营者竞争力；但过度的集中又容易产生或强化市场支配地位，产生限制竞争、减损效率的消极后果。《反垄断法》规定要对经营者集中进行控制，目的就是防止出现过度的市场力量，产生排除、限制竞争的后果。

第七条　具有市场支配地位的经营者，不得滥用市场支配地位，排除、限制竞争。

关联规定

一、法律、行政法规、司法解释

1.《中华人民共和国反垄断法》

第二十二条　禁止具有市场支配地位的经营者从事下列滥用市场支配地位的行为：

（一）以不公平的高价销售商品或者以不公平的低价购买商品；

（二）没有正当理由，以低于成本的价格销售商品；

（三）没有正当理由，拒绝与交易相对人进行交易；

（四）没有正当理由，限定交易相对人只能与其进行交易或者只能与其指定的经营者进行交易；

（五）没有正当理由搭售商品，或者在交易时附加其他不合理的交易条件；

（六）没有正当理由，对条件相同的交易相对人在交易价格等交易条件上实行差别待遇；

（七）国务院反垄断执法机构认定的其他滥用市场支配地位的行为。

具有市场支配地位的经营者不得利用数据和算法、技术以及平台规则等从事前款规定的滥用市场支配地位的行为。

本法所称市场支配地位，是指经营者在相关市场内具有能够控制商品价格、数量或者其他交易条件，或者能够阻碍、影响其他经营者进入相关市场能力的市场地位。

第二十三条　认定经营者具有市场支配地位，应当依据下列因素：

（一）该经营者在相关市场的市场份额，以及相关市场的竞争状况；

（二）该经营者控制销售市场或者原材料采购市场的能力；

（三）该经营者的财力和技术条件；

（四）其他经营者对该经营者在交易上的依赖程度；

（五）其他经营者进入相关市场的难易程度；

（六）与认定该经营者市场支配地位有关的其他因素。

第二十四条 有下列情形之一的，可以推定经营者具有市场支配地位：

（一）一个经营者在相关市场的市场份额达到二分之一的；

（二）两个经营者在相关市场的市场份额合计达到三分之二的；

（三）三个经营者在相关市场的市场份额合计达到四分之三的。

有前款第二项、第三项规定的情形，其中有的经营者市场份额不足十分之一的，不应当推定该经营者具有市场支配地位。

被推定具有市场支配地位的经营者，有证据证明不具有市场支配地位的，不应当认定其具有市场支配地位。

2.《中华人民共和国电子商务法》

第二十二条 电子商务经营者因其技术优势、用户数量、对相关行业的控制能力以及其他经营者对该电子商务经营者在交易上的依赖程度等因素而具有市场支配地位的，不得滥用市场支配地位，排除、限制竞争。

第三十五条 电子商务平台经营者不得利用服务协议、交易规则以及技术等手段，对平台内经营者在平台内的交易、交易价格以及与其他经营者的交易等进行不合理限制或者附加不合理条件，或者向平台内经营者收取不合理费用。

第八十二条 电子商务平台经营者违反本法第三十五条规定，对平台内经营者在平台内的交易、交易价格或者与其他经营者的交易等进行不合理限制或者附加不合理条件，或者向平台内经营者收取不合理费用的，由市场监督管理部门责令限期改正，可以处五万元以上五十万元以下的罚款；情节严重的，处五十万元以上二百万元以下的罚款。

第八十五条 电子商务经营者违反本法规定，销售的商品或者提供的服务不符合保障人身、财产安全的要求，实施虚假或者引人误解的商业宣传等不正当竞争行为，滥用市场支配地位，或者实施侵犯知识产权、侵害消费者权益等行为的，依照有关法律的规定处罚。

3.《中华人民共和国电信条例》

第十七条 电信网之间应当按照技术可行、经济合理、公平公正、相互配合的原则，实现互联互通。

主导的电信业务经营者不得拒绝其他电信业务经营者和专用网运营单位提出的互联互通要求。

前款所称主导的电信业务经营者，是指控制必要的基础电信设施并且在电信业务市场中占有较大份额，能够对其他电信业务经营者进入电信业务市场构成实质性影响的经营者。

主导的电信业务经营者由国务院信息产业主管部门确定。

4.《最高人民法院关于审理因垄断行为引发的民事纠纷案件应用法律若干问题的规定》

第八条 被诉垄断行为属于反垄断法第十七条第一款[①]规定的滥用市场支配地位的，原告应当对被告在相关市场内具有支配地位和其滥用市场支配地位承担举证责任。

被告以其行为具有正当性为由进行抗辩的，应当承担举证责任。

第九条 被诉垄断行为属于公用企业或者其他依法具有独占地位的经营者滥用市场支配地位的，人民法院可以根据市场结构和竞争状况的具体情况，认定被告在相关市场内具有支配地位，但有相反证据足以推翻的除外。

第十条 原告可以以被告对外发布的信息作为证明其具有市场支配地位的证据。被告对外发布的信息能够证明其在相关市场内具有支配地位的，人民法院可以据此作出认定，但有相反证据足以推翻的除外。

二、部门规章及规范性文件

1.《禁止滥用市场支配地位行为暂行规定》

第一条 为了预防和制止滥用市场支配地位行为，根据《中华人民共和国反垄断法》（以下简称反垄断法），制定本规定。

第五条 市场支配地位是指经营者在相关市场内具有能够控制商品或者服务（以下统称商品）价格、数量或者其他交易条件，或者能够阻碍、影响其他经营者进入相关市场能力的市场地位。

本条所称其他交易条件是指除商品价格、数量之外能够对市场交易产生实质影响的其他因素，包括商品品种、商品品质、付款条件、交付方式、售后服务、交易选择、技术约束等。

① 该法条系指2007年制定的《反垄断法》的条款，现对应2022年修正的《反垄断法》第22条第1款、第2款。

本条所称能够阻碍、影响其他经营者进入相关市场，包括排除其他经营者进入相关市场，或者延缓其他经营者在合理时间内进入相关市场，或者导致其他经营者虽能够进入该相关市场但进入成本大幅提高，无法与现有经营者开展有效竞争等情形。

第二十二条 供水、供电、供气、供热、电信、有线电视、邮政、交通运输等公用事业领域经营者应当依法经营，不得滥用其市场支配地位损害消费者利益。

2.《国务院反垄断委员会关于平台经济领域的反垄断指南》

第三章 滥用市场支配地位

《反垄断法》禁止具有市场支配地位的经营者从事滥用市场支配地位行为。认定平台经济领域的滥用市场支配地位行为，适用《反垄断法》第三章和《禁止滥用市场支配地位行为暂行规定》。通常情况下，首先界定相关市场，分析经营者在相关市场是否具有支配地位，再根据个案情况具体分析是否构成滥用市场支配地位行为。

3.《关于禁止滥用知识产权排除、限制竞争行为的规定》

第三条第一款 本规定所称滥用知识产权排除、限制竞争行为，是指经营者违反《反垄断法》的规定行使知识产权，实施垄断协议、滥用市场支配地位等垄断行为。

第六条第一款 具有市场支配地位的经营者不得在行使知识产权的过程中滥用市场支配地位，排除、限制竞争。

4.《经营者反垄断合规指南》

第十二条 禁止滥用市场支配地位

经营者具有市场支配地位的，不得从事反垄断法相关规定所禁止的滥用市场支配地位行为。

经营者是否具有市场支配地位、是否构成滥用市场支配地位的行为，可以依据《反垄断法》《禁止滥用市场支配地位行为暂行规定》作出评估、判断。

条文释义

一、本条主旨

本条是关于禁止具有市场支配地位的经营者实施垄断行为的原则性规定。

二、条文演变

本条内容与2007年《反垄断法》一致，2022年修正《反垄断法》时，条文序号由2007年《反垄断法》的第6条调整为第7条。

三、条文解读

本条规定表明了立法者对滥用市场支配地位行为的总体态度，即《反垄断法》并不反对经营者通过合法途径取得市场支配地位，而是反对具有市场支配地位的经营者滥用市场支配地位，排除、限制竞争。本条规定也说明，实施者具有市场支配地位是《反垄断法》禁止排除、限制竞争行为的前提，如果一种排除、限制竞争行为的实施者是不具有市场支配地位的经营者，则该行为可能是合法的，但是如果该行为由具有市场支配地位的经营者实施，则就是违法的。对本条规定的理解包含两个层次：一是如何理解具有市场支配地位的经营者；二是如何理解《反垄断法》所禁止的滥用市场支配地位，排除、限制竞争的行为。这里关键词就是“市场支配地位”和“滥用”。

（一）关于市场支配地位

市场支配地位，又被称为控制市场的地位、独占地位、垄断势力、垄断状态等，主要是指经营者具有控制市场能力这样一个状态。通常认为，市场支配地位在一定程度上有利于经济发展，例如，能够通过规模经济提高生产效率，可以增强经营者的经济实力，带动行业技术革新。与此同时，市场支配地位也会影响市场竞争，给经济发展带来不利影响，例如，具有市场支配地位经营者因为缺乏竞争压力，忽略成本控制，不重视科技创新，资源使用效率降低，不利于整个行业的发展；更有甚者，具有市场支配地位的经营者可能滥用其控制市场的能力，实施排除、限制竞争的行为，扭曲市场竞争机制，减少甚至消灭竞争，抑制经济的发展。[①] 基于上述考虑，《反垄断法》一方面并没有反对经营者具有市场支配地位，另一方面也是出于对具有市场支配地位的经营者可能滥用市场支配地位的危险性的考量，将对具有市场支配地位的经营者实施控制作为《反垄断法》的一项重要内容。

2022年修正的《反垄断法》第22条第3款规定，市场支配地位是指经营者在相关市场内具有能够控制商品价格、数量或者其他交易条件，或者能够阻碍、影响其他经营者进入相关市场能力的市场地位。这就意味着，具有市场支配地位的经营者在相关市场内能够控制商品或者服务价格、数量或者其他交易条件，或者能够阻碍、影响其他经营者进入相关市场，或者能够排除其他经营者进入相关市场，或者延缓其他经营者在合理时间内进入相关市场，或者能够导致其他经营者虽能够进入该相关市场但进入成本大幅提高，无法与现有经营者开展有效竞争。

（二）关于滥用市场支配地位

关于《反垄断法》所禁止的"滥用"市场支配地位行为。首先，《反垄断法》并不禁止经营者取得市场支配地位。经营者取得市场支配地位，实践中一般存在以下几种方式，包括通过国家授权取得，如某些特殊产品，或在某些关系国民经济命脉和国计民生的行业和领域；因规模经济需要而取得，如电力、电信、铁路等需要大规模固定资产投入，投资周期长，资金回笼慢，需要大量资金支持的行业；因竞争而取得，这也是在自由竞争的市场环境中，经营者取得市场支配地位最常见的一种方式。因此，《反垄断法》对市场支配地位本身并不限制，即经营者可以合法取得市场支配地位。[②] 其次，反垄断法禁止经营者滥用市场支配地位，排除、限制竞争的行为。《反垄断法》第22条第1款对具有市场支配地位的经营者滥用市场支配地位的行为进行了详细的列举，包括：（1）以不公平的高价销售商品或者以不公平的低价购买商品；（2）没有正当理由，以低于成本的价格销售商品；（3）没有正当理由，拒绝与交易相对人进行交易；（4）没有正当理由，限定交易相对人只能与其进行交易或者只能与其指定的经营者进行交易；（5）没有正当理由搭售商品，或者在交易时附加其

① 参见全国人大常委会法制工作委员会经济法室编：《中华人民共和国反垄断法条文说明、立法理由及相关规定》，北京大学出版社2007年版，第20页。

② 同前注。

他不合理的交易条件；（6）没有正当理由，对条件相同的交易相对人在交易价格等交易条件上实行差别待遇；（7）国务院反垄断执法机构认定的其他滥用市场支配地位的行为。认定其他滥用市场支配地位行为，应当同时符合下列条件：经营者具有市场支配地位；经营者实施了排除、限制竞争行为；经营者实施相关行为不具有正当理由；经营者相关行为对市场竞争具有排除、限制影响。《反垄断法》第22条第2款规定，具有市场支配地位的经营者不得利用数据和算法、技术以及平台规则等从事前款规定的滥用市场支配地位的行为。即对于利用数据和算法、技术以及平台规则等设置障碍，对其他经营者进行不合理限制的，根据具体情况也可分别认定为第22条第1款列举的滥用市场支配地位的行为。

适用指引

在司法实践中，应当依法合理分配滥用市场支配地位案件的举证责任。为了解决原告取证难、证明垄断行为难等制约反垄断民事诉讼的瓶颈，《垄断案件规定》根据垄断行为的不同类型对举证责任问题进行了规定。[①]

在滥用市场支配地位案件中，首先，需要在确定所涉行为相关市场的基础上，证明被告在相关市场具有支配地位；其次，需要证明该行为属于《反垄断法》第22条第1款、第2款规定的情形。以上举证责任由原告承担，而对于上述行为的正当性理由则由被告提出抗辩并承担举证责任。《垄断案件规定》第8条第2款规定："被告以其行为具有正当性为由进行抗辩的，应当承担举证责任。"

鉴于公用企业或者其他依法具有独占地位的经营者所在的市场往往是自然垄断或者市场竞争不充分的市场，《垄断案件规定》第9条规定："被诉垄断行为属于公用企业或者其他依法具有独占地位的经营者滥用市场支配地位的，人民法院可以根据市场结构和竞争状况的具体情况，认定被告在相关市场内具有支配地位，但有相反证据足以推翻的除外。"

为了进一步减轻原告的举证负担，《垄断案件规定》第10条特别规定："原告可以以被告对外发布的信息作为证明其具有市场支配地位的证据。被告

① 参见朱理：《〈关于审理因垄断行为引发的民事纠纷案件应用法律若干问题的规定〉的理解与适用》，载《人民司法》2012年第15期。

对外发布的信息能够证明其在相关市场内具有支配地位的，人民法院可以据此作出认定，但有相反证据足以推翻的除外。”

典型案例

徐某诉深圳市腾讯计算机系统有限公司、腾讯科技（深圳）有限公司滥用市场支配地位纠纷案

关键词： 滥用市场支配地位　排除　限制竞争

裁判摘要： 要判断某市场经营者是否滥用市场支配地位，关键是要判断其行为是否排除或者限制了竞争。本案中，深圳市腾讯计算机系统有限公司（以下简称腾讯计算机公司）、腾讯科技（深圳）有限公司（以下简称腾讯公司）经营的微信表情开放平台接受表情包投稿，系向公众提供的互联网服务之一，腾讯计算机公司、腾讯公司完全有自主权制定公众享受该免费服务的准入条件。而且，该准入条件在徐某投稿之前，已经向公众公开并已实施多时，腾讯计算机公司、腾讯公司依据该准入标准审核徐某的投稿是否符合其标准，属行使其企业经营自主权行为。正如徐某所称其投稿表情包有推广的商业目的，腾讯计算机公司、腾讯公司审核表情包投稿并决定是否准入，亦有其商业目的，两者在关于表情包的问题上地位是平等的，两者在投稿和审稿的过程中发生分歧以致最终无法达成合意，完全系自由竞争市场中的正常表现。而且，徐某的“问问”表情包与其经营的“问律师”网站关系密切，在向微信表情开放平台投稿之前，徐某的“问问”表情包已经通过“问律师”网站予以使用或者通过其他互联网渠道予以宣传、推广，因此，“问问”表情与徐某已经向社会公众提供的法律服务业务之间建立起密切关联性，公众看见“问问”表情将容易与“问律师”网站或者相关法律服务产生联系，腾讯计算机公司、腾讯公司基于上述事实考虑，拒绝徐某的投稿，亦不存在不正当性。因此，腾讯计算机公司、腾讯公司对“问问”表情包进行审稿的行为本身没有排除或者限制竞争的目的，其经审核后拒绝“问问”表情包的进驻亦未造成排除或者限制竞争的后果。

基本案情： 徐某系“问问”表情包作品的著作权人，其向腾讯计算机公司、腾讯公司开设的微信表情商店平台投稿。腾讯计算机公司、腾讯公司认为

徐某投稿作品的内容系“问律师”网站推广形象，违反了微信表情开放平台表情审核标准，未予审核通过。徐某遂向深圳市中级人民法院起诉，主张腾讯计算机公司、腾讯公司对其投稿的“问问”表情包不予审核通过是滥用市场支配地位的行为，请求法院判令腾讯公司审核通过“问问”表情包。深圳市中级人民法院一审判决：驳回徐某的全部诉讼请求。徐某不服，提起上诉。广东省高级人民法院二审判决：驳回上诉，维持原判。

【案　　号】（2016）粤民终1938号

【审理法院】广东省高级人民法院

【来　　源】中国裁判文书网

第九条　经营者不得利用数据和算法、技术、资本优势以及平台规则等从事本法禁止的垄断行为。

关联规定

一、法律、行政法规、司法解释

1.《中华人民共和国反不正当竞争法》

第十二条　经营者利用网络从事生产经营活动，应当遵守本法的各项规定。

经营者不得利用技术手段，通过影响用户选择或者其他方式，实施下列妨碍、破坏其他经营者合法提供的网络产品或者服务正常运行的行为：

（一）未经其他经营者同意，在其合法提供的网络产品或者服务中，插入链接、强制进行目标跳转；

（二）误导、欺骗、强迫用户修改、关闭、卸载其他经营者合法提供的网络产品或者服务；

（三）恶意对其他经营者合法提供的网络产品或者服务实施不兼容；

（四）其他妨碍、破坏其他经营者合法提供的网络产品或者服务正常运行的行为。

2.《中华人民共和国电子商务法》

第二十二条　电子商务经营者因其技术优势、用户数量、对相关行业的控制能力以及其他经营者对该电子商务经营者在交易上的依赖程度等因素而具有市场支配地位的，不得滥用市场支配地位，排除、限制竞争。

第三十五条　电子商务平台经营者不得利用服务协议、交易规则以及技术等手段，对平台内经营者在平台内的交易、交易价格以及与其他经营者的交易等进行不合理限制或者附加不合理条件，或者向平台内经营者收取不合理费用。

第八十二条　电子商务平台经营者违反本法第三十五条规定，对平台内经营者在平台内的交易、交易价格或者与其他经营者的交易等进行不合理限制或者附加不合理条件，或者向平台内经营者收取不合理费用的，由市场监督管理部门责令限期改正，可以处五万元以上五十万元以下的罚款；情节严重的，处五十万元以上二百万元以下的罚款。

第八十五条 电子商务经营者违反本法规定，销售的商品或者提供的服务不符合保障人身、财产安全的要求，实施虚假或者引人误解的商业宣传等不正当竞争行为，滥用市场支配地位，或者实施侵犯知识产权、侵害消费者权益等行为的，依照有关法律的规定处罚。

二、部门规章及规范性文件

1.《国务院反垄断委员会关于平台经济领域的反垄断指南》

第五条 垄断协议的形式

平台经济领域垄断协议是指经营者排除、限制竞争的协议、决定或者其他协同行为。协议、决定可以是书面、口头等形式。其他协同行为是指经营者虽未明确订立协议或者决定，但通过数据、算法、平台规则或者其他方式实质上存在协调一致的行为，有关经营者基于独立意思表示所作出的价格跟随等平行行为除外。

第六条 横向垄断协议

具有竞争关系的平台经济领域经营者可能通过下列方式达成固定价格、分割市场、限制产（销）量、限制新技术（产品）、联合抵制交易等横向垄断协议：

（一）利用平台收集并且交换价格、销量、成本、客户等敏感信息；

（二）利用技术手段进行意思联络；

（三）利用数据、算法、平台规则等实现协调一致行为；

（四）其他有助于实现协同的方式。

本指南所称价格，包括但不限于商品价格以及经营者收取的佣金、手续费、会员费、推广费等服务收费。

第七条 纵向垄断协议

平台经济领域经营者与交易相对人可能通过下列方式达成固定转售价格、限定最低转售价格等纵向垄断协议：

（一）利用技术手段对价格进行自动化设定；

（二）利用平台规则对价格进行统一；

（三）利用数据和算法对价格进行直接或者间接限定；

（四）利用技术手段、平台规则、数据和算法等方式限定其他交易条件，排除、限制市场竞争。

平台经营者要求平台内经营者在商品价格、数量等方面向其提供等于或者优于其他竞争性平台的交易条件的行为可能构成垄断协议，也可能构成滥用市场支配地位行为。

分析上述行为是否构成《反垄断法》第十四条第（三）项[①]规定的纵向垄断协议，可以综合考虑平台经营者的市场力量、相关市场竞争状况、对其他经营者进入相关市场的阻碍程度、对消费者利益和创新的影响等因素。

第八条　轴辐协议

具有竞争关系的平台内经营者可能借助与平台经营者之间的纵向关系，或者由平台经营者组织、协调，达成具有横向垄断协议效果的轴辐协议。分析该协议是否属于《反垄断法》第十三条、第十四条[②]规制的垄断协议，可以考虑具有竞争关系的平台内经营者之间是否利用技术手段、平台规则、数据和算法等方式，达成、实施垄断协议，排除、限制相关市场竞争。

第十四条　拒绝交易

具有市场支配地位的平台经济领域经营者，可能滥用其市场支配地位，无正当理由拒绝与交易相对人进行交易，排除、限制市场竞争。分析是否构成拒绝交易，可以考虑以下因素：

（一）停止、拖延、中断与交易相对人的现有交易；

（二）拒绝与交易相对人开展新的交易；

（三）实质性削减与交易相对人的现有交易数量；

（四）在平台规则、算法、技术、流量分配等方面设置不合理的限制和障碍，使交易相对人难以开展交易；

（五）控制平台经济领域必需设施的经营者拒绝与交易相对人以合理条件进行交易。

---

① 该法条系指2007年制定的《反垄断法》的条款，现对应2022年修正的《反垄断法》第18条第1款第3项。

② 该法条系指2007年制定的《反垄断法》的条款，现对应2022年修正的《反垄断法》第16条、第17条、第18条第1款。

认定相关平台是否构成必需设施，一般需要综合考虑该平台占有数据情况、其他平台的可替代性、是否存在潜在可用平台、发展竞争性平台的可行性、交易相对人对该平台的依赖程度、开放平台对该平台经营者可能造成的影响等因素。

平台经济领域经营者拒绝交易可能具有以下正当理由：

（一）因不可抗力等客观原因无法进行交易；

（二）因交易相对人原因，影响交易安全；

（三）与交易相对人交易将使平台经济领域经营者利益发生不当减损；

（四）交易相对人明确表示或者实际不遵守公平、合理、无歧视的平台规则；

（五）能够证明行为具有正当性的其他理由。

第十五条 限定交易

具有市场支配地位的平台经济领域经营者，可能滥用市场支配地位，无正当理由对交易相对人进行限定交易，排除、限制市场竞争。分析是否构成限定交易行为，可以考虑以下因素：

（一）要求平台内经营者在竞争性平台间进行“二选一”，或者限定交易相对人与其进行独家交易的其他行为；

（二）限定交易相对人只能与其指定的经营者进行交易，或者通过其指定渠道等限定方式进行交易；

（三）限定交易相对人不得与特定经营者进行交易。

上述限定可能通过书面协议的方式实现，也可能通过电话、口头方式与交易相对人商定的方式实现，还可能通过平台规则、数据、算法、技术等方面的实际设置限制或者障碍的方式实现。

分析是否构成限定交易，可以重点考虑以下两种情形：一是平台经营者通过屏蔽店铺、搜索降权、流量限制、技术障碍、扣取保证金等惩罚性措施实施的限制，因对市场竞争和消费者利益产生直接损害，一般可以认定构成限定交易行为。二是平台经营者通过补贴、折扣、优惠、流量资源支持等激励性方式实施的限制，可能对平台内经营者、消费者利益和社会整体福利具有一定积极效果，但如果有证据证明对市场竞争产生明显的排除、限制影响，也可能被认定构成限定交易行为。

平台经济领域经营者限定交易可能具有以下正当理由：

（一）为保护交易相对人和消费者利益所必须；

（二）为保护知识产权、商业机密或者数据安全所必须；

（三）为保护针对交易进行的特定资源投入所必须；

（四）为维护合理的经营模式所必须；

（五）能够证明行为具有正当性的其他理由。

第十七条　差别待遇

具有市场支配地位的平台经济领域经营者，可能滥用市场支配地位，无正当理由对交易条件相同的交易相对人实施差别待遇，排除、限制市场竞争。分析是否构成差别待遇，可以考虑以下因素：

（一）基于大数据和算法，根据交易相对人的支付能力、消费偏好、使用习惯等，实行差异性交易价格或者其他交易条件；

（二）实行差异性标准、规则、算法；

（三）实行差异性付款条件和交易方式。

条件相同是指交易相对人之间在交易安全、交易成本、信用状况、所处交易环节、交易持续时间等方面不存在实质性影响交易的差别。平台在交易中获取的交易相对人的隐私信息、交易历史、个体偏好、消费习惯等方面存在的差异不影响认定交易相对人条件相同。

平台经济领域经营者实施差别待遇行为可能具有以下正当理由：

（一）根据交易相对人实际需求且符合正当的交易习惯和行业惯例，实行不同交易条件；

（二）针对新用户在合理期限内开展的优惠活动；

（三）基于平台公平、合理、无歧视的规则实施的随机性交易；

（四）能够证明行为具有正当性的其他理由。

第二十一条　救济措施

对于具有或者可能具有排除、限制竞争效果的经营者集中，国务院反垄断执法机构应当根据《反垄断法》第二十八条[①]规定作出决定。对不予禁止的经营者集中，国务院反垄断执法机构可以决定附加以下类型的限制性条件：

（一）剥离有形资产，剥离知识产权、技术、数据等无形资产或者剥离相关权益等结构性条件；

① 该法条系指2007年制定的《反垄断法》的条款，现对应2022年修正的《反垄断法》第34条。

（二）开放网络、数据或者平台等基础设施、许可关键技术、终止排他性协议、修改平台规则或者算法、承诺兼容或者不降低互操作性水平等行为性条件；

（三）结构性条件和行为性条件相结合的综合性条件。

2.《明码标价和禁止价格欺诈规定》

第二十条 网络交易经营者不得实施下列行为：

（一）在首页或者其他显著位置标示的商品或者服务价格低于在详情页面标示的价格；

（二）公布的促销活动范围、规则与实际促销活动范围、规则不一致；

（三）其他虚假的或者使人误解的价格标示和价格促销行为。

网络交易平台经营者不得利用技术手段等强制平台内经营者进行虚假的或者使人误解的价格标示。

3.《网络交易监督管理办法》

第三十二条 网络交易平台经营者不得违反《中华人民共和国电子商务法》第三十五条的规定，对平台内经营者在平台内的交易、交易价格以及与其他经营者的交易等进行不合理限制或者附加不合理条件，干涉平台内经营者的自主经营。具体包括：

（一）通过搜索降权、下架商品、限制经营、屏蔽店铺、提高服务收费等方式，禁止或者限制平台内经营者自主选择在多个平台开展经营活动，或者利用不正当手段限制其仅在特定平台开展经营活动；

（二）禁止或者限制平台内经营者自主选择快递物流等交易辅助服务提供者；

（三）其他干涉平台内经营者自主经营的行为。

4.《互联网信息服务算法推荐管理规定》

第六条 算法推荐服务提供者应当坚持主流价值导向，优化算法推荐服务机制，积极传播正能量，促进算法应用向上向善。

算法推荐服务提供者不得利用算法推荐服务从事危害国家安全和社会公共利益、扰乱经济秩序和社会秩序、侵犯他人合法权益等法律、行政法规禁止的活动，不得利用算法推荐服务传播法律、行政法规禁止的信息，应当采取措施防范和抵制传播不良信息。

第十五条 算法推荐服务提供者不得利用算法对其他互联网信息服务提供

者进行不合理限制，或者妨碍、破坏其合法提供的互联网信息服务正常运行，实施垄断和不正当竞争行为。

条文释义

一、本条主旨

本条是关于禁止互联网平台经营者实施垄断行为的原则性规定。

二、条文演变

本条为2022年修正《反垄断法》时的新增条款。在《反垄断法（修正草案）》中，本条原作为第10条第2款，其表述为“经营者不得利用数据和算法、技术、资本优势以及平台规则等排除、限制竞争”。立法机关审议过程中，将其从草案第10条中独立出来作为单独一条，并将其中的“排除、限制竞争”修改为“从事本法禁止的垄断行为”。同时，将草案第22条第2款关于“具有市场支配地位的经营者利用数据和算法、技术以及平台规则等设置障碍，对其他经营者进行不合理限制的，属于前款规定的滥用市场支配地位的行为”修改为“具有市场支配地位的经营者不得利用数据和算法、技术以及平台规则等从事前款规定的滥用市场支配地位的行为”。由此，本条成为禁止平台领域经营者实施垄断行为的原则性和总括性规定，是对《国务院反垄断委员会关于平台经济领域的反垄断指南》在法律层面的进一步明确。本条旨在加强对平台企业垄断的法律规制，及时制止利用数据、算法、技术手段、资本优势以及平台规则等实施排除、限制竞争行为，依法严惩强制“二选一”、大数据杀熟、低价倾销、强制搭售等破坏公平竞争、扰乱市场秩序行为，防止平台垄断和资本无序扩张。

近年来，我国作为全世界最大的互联网市场之一，涌现了大量领先的互联网平台。《中国数字经济发展白皮书（2020）》显示，2019年我国互联网平台服务企业实现业务收入3193亿元，同比增长24.9%。在平台经济领域，围绕平台经营者、平台内经营者、消费者之间，存在竞争利益、消费者权益、数据权益等多种权益类型，形成《民法典》《民事诉讼法》《反不正当竞争法》《消费者权益保护法》《反垄断法》《个人信息保护法》等多部法律规制的竞合。平台经济作为新技术新业态新模式，其发展为经济社会发展注入新动能，也带来新的法律问题，对公平竞争市场环境造成的冲击也不断显现，使得平台经济的快速发展与不正当竞争、垄断、消费者权益保护以及个人信息保护等领域传统法律规则的发展滞后矛盾日趋尖锐。在欧美等司法辖区已经积极构建平台经济领域法律规则，并频频对知名互联网平台“动刀亮剑”的国际背景下，一方面，发展平台经济依然是互联网时代我国促进创新发展和提升国际影响力的重要目标，是我国构建以国内大循环为主、国内国际双循环相互促进的新发展格局的重要举措；另一方面，平台经济发展坚持法治进路，积极构建平台经济领域法律规则，参与平台经济全球治理，也是推动我国平台经济规范健康持续发展的必由之路。

三、条文解读

本条明确规定经营者不得利用数据和算法、技术、资本优势以及平台规则实施垄断行为。

平台经济是以互联网等现代信息技术为基础，其中最为关键的生产要素就是“数据”，平台及平台内经营者的经营行为也多围绕数据的收集和使用而开展。有理论认为平台经济在不同的发展阶段中，而随着各阶段发展，平台对用户数据的收集体量不断增大，对用户数据利用的能力不断增强，算法越来越个性化，于是就促使平台有能力整合到越来越多的资源，提供越来越丰富的服务种类，满足更多不同消费需求的用户，从而使平台能够吸引到更多的用户和平台内经营者，如此循环，各方相互依存、相互促进，逐步成长为大型平台，甚至是一家独大的“超级平台”。

对平台内经营者而言，“超级平台”通过对大量消费者数据的掌握，垄断了流量入口，对平台内经营者有着极大的决定权，甚至会滥用其强势地位，具体表现行为包括但不限于：要求入驻商家作出“二选一”的承诺，强行提高入驻商家服务费率，红包补贴，品牌屏蔽，搜索降权，流量限制，技术障碍，自我优待等等。对消费者而言，受网络效应、锁定效应的影响，消费者对大型平台的依赖性很强，不愿意轻易切换到其他平台，平台经营者就可能利用消费者对平台的依赖或忠诚度从事反竞争行为，如过度采集使用个人信息，利用算法合谋实施价格歧视、价格欺诈，捆绑销售等违法行为。在平台经营者之间，由于用户数量、市场占有率等是平台经营者谋求商业利益的重要基石，平台经营者在市场立足、获取市场竞争优势的关键在于锁定用户的深度与广度。因此会导致部分平台经营者通过不正当地攫取其他经营者的潜在的商业机会或培育的客户流量，来增加自身的竞争优势，获得商业利益的此消彼长。此类垄断行为多由经营者基于技术手段，通过影响用户选择或其他方式进行。上述行为的危害日益显现，它违背了自由公平竞争的市场准则，扰乱了正常的市场竞争秩序，既损害了中小平台经营者的利益，更损害了在平台内经营的中小企业的利益，也一定程度上影响了消费者的利益，最终也不利于大众创业、万众创新，影响了平台经济的规范健康发展。本条即为这类现象提供有效的执法司法依据。

近几年，国内外针对平台经济领域反垄断可谓大势所趋。目前存在的平台垄断问题，主要表现在对市场支配地位的不当利用、数据独占和垄断性扩张三个方面，主要行为类型总体上没有超出反垄断法所规制的三大类行为，即达成垄断协议，滥用市场支配地位，具有或者可能具有排除、限制竞争效果的经营者集中。

适用指引

互联网平台企业垄断行为认定仍然是在现有的法律框架之下进行的。人民法院界定互联网平台所涉相关商品市场时，应该根据具体案件中被诉垄断行为及其排除、限制竞争的效果、互联网平台的不同类型等因素，选择界定合适的相关市场。以滥用市场支配地位为例，其构成要件与传统企业滥用市场支配地位没有本质差别，需要基于企业市场力量和经营行为的竞争效果以判断是否存在滥用行为。而对于平台经营者如何利用数据和算法、技术、资本优势以及平台规则实施垄断行为的具体表现形式，可以参考《国务院反垄断委员会关于平台经济领域的反垄断指南》中的详细规定和列举。人民法院在审理中的具体认定应依照《垄断案件规定》及相关内容。

第十一条　国家健全完善反垄断规则制度，强化反垄断监管力量，提高监管能力和监管体系现代化水平，加强反垄断执法司法，依法公正高效审理垄断案件，健全行政执法和司法衔接机制，维护公平竞争秩序。

关联规定

一、法律、行政法规、司法解释

《最高人民法院关于审理因垄断行为引发的民事纠纷案件应用法律若干问题的规定》

第二条　原告直接向人民法院提起民事诉讼，或者在反垄断执法机构认定构成垄断行为的处理决定发生法律效力后向人民法院提起民事诉讼，并符合法律规定的其他受理条件的，人民法院应当受理。

二、部门规章及规范性文件

《国家市场监督管理总局关于反垄断执法授权的通知》

一、建立科学高效反垄断执法机制

（一）市场监管总局负责反垄断统一执法，直接管辖或者授权有关省级市场监管部门管辖下列案件：

1. 跨省、自治区、直辖市的垄断协议、滥用市场支配地位和滥用行政权力排除限制竞争案件，以及省级人民政府实施的滥用行政权力排除限制竞争行为。

2. 案情较为复杂或者在全国有重大影响的垄断协议、滥用市场支配地位和滥用行政权力排除限制竞争案件。

3. 总局认为有必要直接管辖的垄断协议、滥用市场支配地位和滥用行政权力排除限制竞争案件。

（二）省级市场监管部门负责本行政区域内垄断协议、滥用市场支配地位、滥用行政权力排除限制竞争案件反垄断执法工作，以本机关名义依法作出处理。省级市场监管部门发现案件属于总局管辖范围的，要及时将案件移交总局。省级市场监管部门对属于本机关管辖范围的案件，认为有必要由总局管辖的，可以报请总局决定。

（三）总局在案件审查和调查过程中，可以委托省级市场监管部门开展相应的调查。省级市场监管部门应当积极配合总局做好反垄断执法工作。省级市场监管部门在反垄断执法过程中，可以委托其他省级市场监管部门或者下级市场监管部门开展调查。受委托的市场监管部门在委托范围内，以委托机关的名义实施调查，不得再委托其他行政机关、组织或者个人实施调查。

（四）省级市场监管部门对案件管辖产生异议的，报请总局决定。

三、司法指导性文件

《最高人民法院关于垄断行政案件管辖问题的通知》

一、对国务院反垄断执法机构涉及反垄断的行政行为依法提起诉讼的第一审行政案件，由北京知识产权法院管辖。

二、对省、自治区、直辖市人民政府反垄断执法机构涉及反垄断的行政行为或者省、自治区、直辖市人民政府所作反垄断行政复议决定依法提起诉讼的第一审行政案件，由省、自治区、直辖市人民政府所在地具有垄断民事案件管辖权的中级人民法院管辖、知识产权审判部门审理；设立知识产权法院的，由其管辖。

条文释义

一、本条主旨

本条是关于反垄断执法司法的原则性规定。

二、条文演变

本条是2022年修正的《反垄断法》新增条文。

三、条文解读

本条规定彰显了立法者对于加强反垄断执法司法，构建协调一致、高效有力的反垄断执法司法体系的明确态度。对本条规定的理解主要包含两个层面：一是从立法层面理解2022年修正的《反垄断法》新增本条的用意；二是从实践层面健反垄断行政执法和司法衔接机制。

(一)关于2022年修正的《反垄断法》新增本条的立法用意

2022年6月21日，全国人民代表大会宪法和法律委员会向第十三届全国人民代表大会常务委员会第三十五次会议作《关于〈中华人民共和国反垄断法(修正草案)〉审议结果的报告》，其中就新增本条规定作出专门说明。根据宪法和法律委员会的报告，针对《反垄断法(修正草案)》有关垄断协议及滥用市场支配地位认定的条款，有的常委会组成人员和地方、部门建议规定人民法院可以对法律明示以外的垄断协议、滥用市场支配地位行为等进行认定；也有的意见提出，垄断案件的处理，政策性较强，对经济生活影响较大，由人民法院对法律明示以外的垄断行为进行认定是否合适，建议慎重研究。宪法和法律委员会经同有关方面研究后认为：人民法院审理垄断案件，在作出判决时需要对是否构成垄断行为依法作出判断，这其中包括对法律明示以外的垄断行为作出最终判断。考虑到这一问题实践探索不足，各方分歧较大，法律可只作原则规定，由有关方面通过加强行政执法与司法的衔接，在实践中进一步研究探索、凝聚共识。据此，宪法和法律委员会建议将《反垄断法(修正草案)》第3条中的"加强反垄断执法"修改为"加强反垄断执法司法"，并增加"依法公正高效审理垄断案件，健全行政执法和司法衔接机制"的规定。

从本条的立法过程和上述全国人大宪法和法律委员会的报告可知，立法者已经意识到人民法院在审理垄断案件时需要对是否构成垄断行为，包括对是否构成法律明确列举以外的垄断行为(非类型化的垄断行为)作出判断。有鉴于此，立法者支持人民法院在实践中对此进一步研究探索，并要求加强与反垄断执法机构的衔接。

实践中，基于反垄断民事诉讼的实际需要，人民法院认定非类型化垄断行为在所难免。一方面，行政执法机构基于效率和重要性的考量，对受害人的投诉不可能"有求必应"，必然存在执法"缺口"；另一方面，受害人可以选择直接向人民法院针对垄断行为提起诉讼。赋予人民法院对于非类型化垄断行为的司法认定权，将保障受害人获得法律救济的权利，无论是未获行政救济继而转求民事救济，或者直接选择民事救济，均能通过提起垄断民事诉讼获得相应的法律救济。

此外，在当事人不服反垄断执法机构关于非类型化垄断行为的认定及处罚，提起行政诉讼时，人民法院必然将适用《反垄断法》相关条款予以审查。在目前垄断民事和行政上诉案件均由最高人民法院统一受理的案件管辖格局下，赋予人民法院对非类型化垄断行为的司法认定权能够更好地保障行政执法和司法标准的统一。

（二）关于健全反垄断行政执法和司法衔接机制

从全球范围考察，各国反垄断法执行机构体系大致可以分为两种模式：以法院为中心的美国模式和以行政执法机构为中心的欧盟模式。美国反垄断法的最初主管机构主要是法院，但由于法院的工作主要是进行事后救济，而且法院的专业人才不能满足反垄断法实施的需要，法院只能针对个案进行追诉，缺少对竞争机制和竞争结构的全局性维护，因此美国后来设立了专门的反垄断执法机构。在以法院为中心的美国模式下，法院对反垄断法的执行起着至关重要的作用，但同时美国司法部反托拉斯局和联邦贸易委员会也是重要的执法机构。欧盟委员会是欧盟反垄断法的执行机构，欧盟法院对欧盟委员会所作出的决定有无限制的管辖权，成员国、企业甚至个人对欧盟委员会的决定不满都可以向欧盟法院起诉。在行政控制模式下，欧盟法院起到的是补充作用，但同时欧盟法院也与欧盟委员会一起成为执行反垄断法的主要机构。[①] 由此可以看出，无论是美国模式还是欧盟模式，反垄断司法与反垄断执法之间都是互为补充的关系。

对我国而言，在反垄断执法层面，2007 年制定的《反垄断法》即规定由国务院规定的承担反垄断执法职责的机构负责反垄断执法工作。2018 年 3 月 17 日，第十三届全国人民代表大会第一次会议审议通过《国务院机构改革方案（2018 年）》，根据该方案，对国家发展和改革委员会的价格监督检查与反垄断执法职责、商务部的经营者集中反垄断执法以及国务院反垄断委员会办公

① 参见孟雁北：《反垄断法》，北京大学出版社 2017 年版，第 340~341 页。

室等的职责进行整合，交由新组建的国家市场监督管理总局履行。国家市场监督管理总局自此成为根据 2007 年制定的《反垄断法》第 10 条第 1 款的规定国务院反垄断执法机构，负责反垄断执法工作。在反垄断司法层面，在《反垄断法》2008 年 8 月 1 日施行前，最高人民法院发布了《关于认真学习和贯彻〈中华人民共和国反垄断法〉的通知》（法发〔2008〕23 号），该通知指出：人民法院应依法审理好各类反垄断案件。当事人因垄断行为提起民事诉讼的，只要符合《民事诉讼法》规定的起诉条件和《反垄断法》规定的受理条件，人民法院应当依法受理。针对反垄断执法机构依据《反垄断法》作出的具体行政行为，公民、法人或者其他组织不服提起行政诉讼的，应根据《行政诉讼法》和《反垄断法》的规定，确定是否需要经过行政复议。对于应由人民法院受理的案件，只要符合《行政诉讼法》规定的起诉条件的，人民法院应当依法受理。这就意味着，从《反垄断法》实施开始，我国的反垄断司法与反垄断执法就面临着如何有效衔接的问题。

2022 年《反垄断法》将健全执法与司法衔接机制明确写入法条，体现了立法者加强反垄断执法与司法优势互补、有机衔接的态度。为共同维护公平竞争秩序，构建协调一致、高效有力的反垄断执法司法体系，就人民法院而言，当前需要重点从以下三个方面着手：

一是有效发挥反垄断行政审判的司法监督职能。在行政相对人或第三人不服行政决定提起的行政诉讼中，严格审查执法依据，保障行政相对人和第三人的合法权益，及时规范行政机关的执法行为，支持和监督行政机关依法行政，推进法治政府和法治社会建设。

二是积极加强垄断民事行政案件协同推进机制建设。进一步理顺垄断民事纠纷案件审理和垄断行政执法工作的关系，确保民事司法和行政的标准统一和结果协调。

三是强化与反垄断行政执法机关的沟通协调。通过定期会商、信息交换、案件线索移送等，积极形成司法反垄断和行政反垄断的合力。

适用指引

本条适用应重点注意非类型化的垄断行为的司法认定问题。对于《反垄断法》第 17 条第 1 款第 6 项、第 18 条第 1 款第 3 项所规定的“国务院反垄断执法机构认定的其他垄断协议”，第22条第1款第7项所规定的“国务院反垄断执法机构认定的其他滥用市场支配地位的行为”，人民法院在审理垄断案件时，在确有必要针对上述非类型化的或法律明示以外的垄断行为（“其他垄断协议”“其他滥用市场支配地位的行为”）判断的情况下，可以依法作出判断。

类案检索

一、海南盛华建设股份有限公司诉海南省市场监督管理局反垄断行政处罚案

关键词：反垄断行政处罚　过罚相当

裁判摘要：将《反垄断法》第46条第1款规定的“上一年度销售额”解释为经营者上一年度全部经营业务销售额，与《反垄断法》第49条的规定相互配合协调，通常并不会违反过罚相当原则。《反垄断法》第46条第1款赋予反垄断执法机构对违法行为予以处罚的裁量权，反垄断执法机构根据垄断行为对市场竞争损害的程度确定具体的处罚数额。根据《反垄断法》第49条的规定，反垄断执法机构确定的具体罚款数额时，应当考虑违反行为的性质、程度和持续的时间等因素。可见，反垄断执法机构以经营者上一年度全部经营业务销售额作为计算罚款的基数，主要是基于严厉处罚垄断经营、增加罚款幅度的需要，仅涉及以全部经营业务销售额为计罚依据，而不是以全部经营业务作为处罚的对象。也就是说，反垄断执法机构以经营者上一年度全部经营业务销售额为基数计算罚款数额，并不能当然等同于针对全部经营业务进行处罚。必须强调的是，根据2017年《行政处罚法》第4条第2款关于“设定和实施行政处罚必须以事实为依据，与违法行为的事实、性质、情节以及社会危害程度相当”的规定所体现的过罚相当原则，以及《反垄断法》第49条关于反垄断执法机构确定具体罚款数额时应当考虑违法行为的性质、程度和持续的时间等因素的具体规定，对垄断行为确定具体罚款数额时，反垄断执法机构应当首先从垄断违法行为经营情况进行考查，同时考虑行为性质、对市场竞争的损害程度、垄断行为持续的时间等其他法定考量因素，然后根据综合评估的结果，以经营者上一年度全部经营业务销售额为基数，在1%以上10%以下的范围内确定适当的罚款数额。

【案　　号】（2021）最高法知行终880号
【审理法院】最高人民法院
【来　　源】中国裁判文书网

二、杭州格凯商贸有限公司诉国家市场监督管理总局垄断行政纠纷案

关键词： 行政不作为　反垄断调查

裁判摘要： 关于国家市场监督管理总局（以下简称市场监管总局）是否构成行政不作为，首先，市场监管总局负有对杭州格凯商贸有限公司（以下简称格凯公司）书面举报进行必要的调查的法定职责。其次，在调查完结前，市场监管总局不负有对外披露案件查办情况的法定职责。最后，至格凯公司起诉时，市场监管总局对举报事项仍处于合理的调查期限内。《行政处罚法》《反垄断法》以及市场监管总局的部门规章对本案所涉及的反垄断调查行为未设定法定期限。但是，这并不意味着市场监管总局不需要在一个合理期限内履行法定职责。对于合理期限的确定，要根据涉嫌垄断行为的性质、相关调查行为的难易程度、影响范围等因素综合考量。本案中，关于涉嫌垄断行为的性质，格凯公司举报的垄断行为涉嫌滥用市场支配地位以及达成并实施垄断协议，反垄断执法机构需要经过必要的调查，决定是否立案。关于相关调查行为的难易程度，根据市场监管总局陈述，由于本案举报线索发生地涉及广西、浙江、江苏等多个省、自治区，市场监管总局已决定由该局直接办理并开展核查；且认定某一行为是否构成垄断行为，需要经过复杂审慎的取证、评估及论证。关于相关调查行为的影响范围，由于反垄断调查对企业经营活动和社会经济秩序都将造成影响，为提高执法的准确性、严肃性，防止权力不当行使甚至滥用，《反垄断法》对调查行为采取的措施以及相关行政程序作出了更加审慎的规定。根据《反垄断法》对涉嫌垄断行为调查的程序规定和实体判断标准，以及市场监管总局的相关部门规章和其内部案件处理规则，至格凯公司起诉时，市场监管总局对举报事项仍处于合理的调查期限内。结合市场监管总局已就举报事项与格凯公司进行联系，并综合考虑格凯公司所举报查处的事项以及其所提供相关事实和证据，市场监管总局不构成行政不作为。

【案　　号】（2021）最高法知行终112号
【审理法院】最高人民法院
【来　　源】中国裁判文书网

三、朝阳德耀供热有限公司诉国电电力朝阳热电有限公司拒绝交易纠纷案

关键词：垄断民事纠纷　垄断行政执法

裁判摘要：关于本案是否属于民事案件审理范畴，虽然朝阳德耀供热有限公司（以下简称德耀公司）的起诉形式上符合民事案件的受理要件，但依照德耀公司的主张，本案所涉法律争议的核心是国电电力朝阳热电有限公司（以下简称朝阳公司）拒绝与德耀公司签约的理由是否正当。由于朝阳公司辩解系根据朝阳市人民政府的会议纪要决定与城市供热公司签约，在作为民事纠纷案件的本案审理中，无法对前述原因事实进行法律评价。德耀公司有权另行提起行政诉讼。原审据此驳回德耀公司的起诉并无不当。

【案　　号】（2020）最高法知民终934号

【审理法院】最高人民法院

【来　　源】中国裁判文书网

第十五条　本法所称经营者，是指从事商品生产、经营或者提供服务的自然人、法人和非法人组织。

本法所称相关市场，是指经营者在一定时期内就特定商品或者服务（以下统称商品）进行竞争的商品范围和地域范围。

关联规定

一、法律、行政法规、司法解释

《中华人民共和国反不正当竞争法》

第二条　经营者在生产经营活动中，应当遵循自愿、平等、公平、诚信的原则，遵守法律和商业道德。

本法所称的不正当竞争行为，是指经营者在生产经营活动中，违反本法规定，扰乱市场竞争秩序，损害其他经营者或者消费者的合法权益的行为。

本法所称的经营者，是指从事商品生产、经营或者提供服务（以下所称商品包括服务）的自然人、法人和非法人组织。

二、部门规章及规范性文件

1.《国务院反垄断委员会关于相关市场界定的指南》

第二条　界定相关市场的作用

任何竞争行为（包括具有或可能具有排除、限制竞争效果的行为）均发生在一定的市场范围内。界定相关市场就是明确经营者竞争的市场范围。在禁止经营者达成垄断协议、禁止经营者滥用市场支配地位、控制具有或者可能具有排除、限制竞争效果的经营者集中等反垄断执法工作中，均可能涉及相关市场的界定问题。

科学合理地界定相关市场，对识别竞争者和潜在竞争者、判定经营者市场份额和市场集中度、认定经营者的市场地位、分析经营者的行为对市场竞争的影响、判断经营者行为是否违法以及在违法情况下需承担的法律责任等关键问题，具有重要的作用。因此，相关市场的界定通常是对竞争行为进行分析的起点，是反垄断执法工作的重要步骤。

第三条 相关市场的含义

相关市场是指经营者在一定时期内就特定商品或者服务（以下统称商品）进行竞争的商品范围和地域范围。在反垄断执法实践中，通常需要界定相关商品市场和相关地域市场。

相关商品市场，是根据商品的特性、用途及价格等因素，由需求者认为具有较为紧密替代关系的一组或一类商品所构成的市场。这些商品表现出较强的竞争关系，在反垄断执法中可以作为经营者进行竞争的商品范围。

相关地域市场，是指需求者获取具有较为紧密替代关系的商品的地理区域。这些地域表现出较强的竞争关系，在反垄断执法中可以作为经营者进行竞争的地域范围。

当生产周期、使用期限、季节性、流行时尚性或知识产权保护期限等已构成商品不可忽视的特征时，界定相关市场还应考虑时间性。

在技术贸易、许可协议等涉及知识产权的反垄断执法工作中，可能还需要界定相关技术市场，考虑知识产权、创新等因素的影响。

第四条 替代性分析

在反垄断执法实践中，相关市场范围的大小主要取决于商品（地域）的可替代程度。

在市场竞争中对经营者行为构成直接和有效竞争约束的，是市场里存在需求者认为具有较强替代关系的商品或能够提供这些商品的地域，因此，界定相关市场主要从需求者角度进行需求替代分析。当供给替代对经营者行为产生的竞争约束类似于需求替代时，也应考虑供给替代。

第五条 需求替代

需求替代是根据需求者对商品功能用途的需求、质量的认可、价格的接受以及获取的难易程度等因素，从需求者的角度确定不同商品之间的替代程度。

原则上，从需求者角度来看，商品之间的替代程度越高，竞争关系就越强，就越可能属于同一相关市场。

第六条 供给替代

供给替代是根据其他经营者改造生产设施的投入、承担的风险、进入目标市场的时间等因素，从经营者的角度确定不同商品之间的替代程度。

原则上，其他经营者生产设施改造的投入越少，承担的额外风险越小，提供紧密替代商品越迅速，则供给替代程度就越高，界定相关市场尤其在识别相关市场参与者时就应考虑供给替代。

第七条 界定相关市场的方法概述

界定相关市场的方法不是唯一的。在反垄断执法实践中，根据实际情况，可能使用不同的方法。界定相关市场时，可以基于商品的特征、用途、价格等因素进行需求替代分析，必要时进行供给替代分析。在经营者竞争的市场范围不够清晰或不易确定时，可以按照“假定垄断者测试”的分析思路（具体见第十条）来界定相关市场。

反垄断执法机构鼓励经营者根据案件具体情况运用客观、真实的数据，借助经济学分析方法来界定相关市场。

无论采用何种方法界定相关市场，都要始终把握商品满足消费者需求的基本属性，并以此作为对相关市场界定中出现明显偏差时进行校正的依据。

第八条 界定相关商品市场考虑的主要因素

从需求替代角度界定相关商品市场，可以考虑的因素包括但不限于以下各方面：

（一）需求者因商品价格或其他竞争因素变化，转向或考虑转向购买其他商品的证据。

（二）商品的外形、特性、质量和技术特点等总体特征和用途。商品可能在特征上表现出某些差异，但需求者仍可以基于商品相同或相似的用途将其视为紧密替代品。

（三）商品之间的价格差异。通常情况下，替代性较强的商品价格比较接近，而且在价格变化时表现出同向变化趋势。在分析价格时，应排除与竞争无关的因素引起价格变化的情况。

（四）商品的销售渠道。销售渠道不同的商品面对的需求者可能不同，相互之间难以构成竞争关系，则成为相关商品的可能性较小。

（五）其他重要因素。如，需求者偏好或需求者对商品的依赖程度；可能阻碍大量需求者转向某些紧密替代商品的障碍、风险和成本；是否存在区别定价等。

从供给角度界定相关商品市场，一般考虑的因素包括：其他经营者对商品价格等竞争因素的变化做出反应的证据；其他经营者的生产流程和工艺，转产的难易程度，转产需要的时间，转产的额外费用和风险，转产后所提供商品的市场竞争力，营销渠道等。

任何因素在界定相关商品市场时的作用都不是绝对的，可以根据案件的不同情况有所侧重。

第九条 界定相关地域市场考虑的主要因素

从需求替代角度界定相关地域市场，可以考虑的因素包括但不限于以下各方面：

（一）需求者因商品价格或其他竞争因素变化，转向或考虑转向其他地域购买商品的证据。

（二）商品的运输成本和运输特征。相对于商品价格来说，运输成本越高，相关地域市场的范围越小，如水泥等商品；商品的运输特征也决定了商品的销售地域，如需要管道运输的工业气体等商品。

（三）多数需求者选择商品的实际区域和主要经营者商品的销售分布。

（四）地域间的贸易壁垒，包括关税、地方性法规、环保因素、技术因素等。如关税相对商品的价格来说比较高时，则相关地域市场很可能是一个区域性市场。

（五）其他重要因素。如，特定区域需求者偏好；商品运进和运出该地域的数量。

从供给角度界定相关地域市场时，一般考虑的因素包括：其他地域的经营者对商品价格等竞争因素的变化做出反应的证据；其他地域的经营者供应或销售相关商品的即时性和可行性，如将订单转向其他地域经营者的转换成本等。

第十条 假定垄断者测试的基本思路

假定垄断者测试是界定相关市场的一种分析思路，可以帮助解决相关市场界定中可能出现的不确定性，目前为各国和地区制定反垄断指南时普遍采用。依据这种思路，人们可以借助经济学工具分析所获取的相关数据，确定假定垄断者可以将价格维持在高于竞争价格水平的最小商品集合和地域范围，从而界定相关市场。

假定垄断者测试一般先界定相关商品市场。首先从反垄断审查关注的经营者提供的商品（目标商品）开始考虑，假设该经营者是以利润最大化为经营目标的垄断者（假定垄断者），那么要分析的问题是，在其他商品的销售条件保持不变的情况下，假定垄断者能否持久地（一般为 1 年）小幅（一般为 5%—

10%）提高目标商品的价格。目标商品涨价会导致需求者转向购买具有紧密替代关系的其他商品，从而引起假定垄断者销售量下降。如果目标商品涨价后，即使假定垄断者销售量下降，但其仍然有利可图，则目标商品就构成相关商品市场。

如果涨价引起需求者转向具有紧密替代关系的其他商品，使假定垄断者的涨价行为无利可图，则需要把该替代商品增加到相关商品市场中，该替代商品与目标商品形成商品集合。接下来分析如果该商品集合涨价，假定垄断者是否仍有利可图。如果答案是肯定的，那么该商品集合就构成相关商品市场；否则还需要继续进行上述分析过程。

随着商品集合越来越大，集合内商品与集合外商品的替代性越来越小，最终会出现某一商品集合，假定垄断者可以通过涨价实现盈利，由此便界定出相关商品市场。

界定相关地域市场与界定相关商品市场的思路相同。首先从反垄断审查关注的经营者经营活动的地域（目标地域）开始，要分析的问题是，在其他地域的销售条件不变的情况下，假定垄断者对目标地域内的相关商品进行持久（一般为 1 年）小幅涨价（一般为 5%—10%）是否有利可图。如果答案是肯定的，目标地域就构成相关地域市场；如果其他地域市场的强烈替代使得涨价无利可图，就需要扩大地域范围，直到涨价最终有利可图，该地域就是相关地域市场。

第十一条 假定垄断者测试的几个实际问题

原则上，在使用假定垄断者测试界定相关市场时，选取的基准价格应为充分竞争的当前市场价格。但在滥用市场支配地位、共谋行为和已经存在共谋行为的经营者集中案件中，当前价格明显偏离竞争价格，选择当前价格作为基准价格会使相关市场界定的结果不合理。在此情况下，应该对当前价格进行调整，使用更具有竞争性的价格。

此外，一般情况下，价格上涨幅度为 5%—10%，但在执法实践中，可以根据案件涉及行业的不同情况，对价格小幅上涨的幅度进行分析确定。

在经营者小幅提价时，并不是所有需求者（或地域）的替代反应都是相同的。在替代反应不同的情况下，可以对不同需求者群体（或地域）进行不同幅度的测试。此时，相关市场界定还需要考虑需求者群体和特定地域的情况。

2.《国务院反垄断委员会关于平台经济领域的反垄断指南》

第四条　相关市场界定

平台经济业务类型复杂、竞争动态多变，界定平台经济领域相关商品市场和相关地域市场需要遵循《反垄断法》和《国务院反垄断委员会关于相关市场界定的指南》所确定的一般原则，同时考虑平台经济的特点，结合个案进行具体分析。

（一）相关商品市场

平台经济领域相关商品市场界定的基本方法是替代性分析。在个案中界定相关商品市场时，可以基于平台功能、商业模式、应用场景、用户群体、多边市场、线下交易等因素进行需求替代分析；当供给替代对经营者行为产生的竞争约束类似于需求替代时，可以基于市场进入、技术壁垒、网络效应、锁定效应、转移成本、跨界竞争等因素考虑供给替代分析。具体而言，可以根据平台一边的商品界定相关商品市场；也可以根据平台所涉及的多边商品，分别界定多个相关商品市场，并考虑各相关商品市场之间的相互关系和影响。当该平台存在的跨平台网络效应能够给平台经营者施加足够的竞争约束时，可以根据该平台整体界定相关商品市场。

（二）相关地域市场

平台经济领域相关地域市场界定同样采用需求替代和供给替代分析。在个案中界定相关地域市场时，可以综合评估考虑多数用户选择商品的实际区域、用户的语言偏好和消费习惯、相关法律法规的规定、不同区域竞争约束程度、线上线下融合等因素。

根据平台特点，相关地域市场通常界定为中国市场或者特定区域市场，根据个案情况也可以界定为全球市场。

（三）相关市场界定在各类垄断案件中的作用

坚持个案分析原则，不同类型垄断案件对于相关市场界定的实际需求不同。

调查平台经济领域垄断协议、滥用市场支配地位案件和开展经营者集中反垄断审查，通常需要界定相关市场。

3.《国务院反垄断委员会关于汽车业的反垄断指南》

第三条　相关市场

汽车业产业链长，上中下游业务类型多样，界定相关商品市场和地域市场应遵循《反垄断法》和《关于相关市场界定的指南》所确定的一般原则和方法，同时考虑汽车业的特点，结合个案具体分析。

（一）相关商品市场

汽车业相关商品市场界定的基本方法是替代性分析，在个案中界定相关商品市场时，可以基于商品的特征、用途、价格等因素进行需求替代分析，必要时进行供给替代分析。比如，汽车经销由批发和零售两个环节构成，批发由汽车供应商面向经销商，零售由经销商面向最终用户。根据个案具体情形，可能需要将汽车批发和零售分别界定为细分的相关商品市场；汽车经销市场还可以从需求替代和供给替代的角度进一步细分。汽车售后市场可以分为售后配件经销市场和售后维修保养市场，也可以根据替代性分析进一步界定。

（二）相关地域市场

汽车业相关地域市场界定的基本方法同样是替代性分析，以下以乘用车为例进行分析：

从供给替代的角度看，乘用车制造市场很大程度上是全球化的。但从需求替代的角度看，各国竞争环境（技术和贸易壁垒、机动车税费、经销体系、价格、竞争者市场渗透度等）存在显著差异，因此乘用车制造市场可以界定为国别市场。

对于乘用车经销市场，一般来说汽车供应商在全国范围内开展批发业务，因此可以将乘用车批发的地域市场界定为国别市场。在零售层面，由于汽车牌照、汽车通行、售后服务、保修条款等种种限制，并考虑到选购汽车的时间、交通等成本因素，最终用户未必能够去外地购车，乘用车零售市场可以界定为省级或地区性市场。

（三）相关市场界定在各类垄断案件中的作用

由于案件性质与评估路径的差异，不同类型垄断案件中相关市场界定的作用不尽相同。垄断协议和滥用市场支配地位案件均关注已发生的限制竞争行为。当竞争者之间达成固定价格、分割市场、限制产量等横向垄断协议，实务中通常没有必要明确界定相关市场，但对于滥用市场支配地位案件，相关市场界定通常是认定滥用市场支配地位行为的第一步。

此外，应认识到相关市场界定在横向协议和纵向协议竞争评估中的作用。

当根据《反垄断法》第十五条[①]主张协议不适用第十三条或第十四条[②]的规定时，经营者需要证明其协议符合第十五条规定的条件。除“为保障对外贸易和对外经济合作中的正当利益的”等情形，“证明所达成的协议不会严重限制相关市场的竞争”是第十五条规定的条件之一，相关市场界定因而成为经营者证明其协议符合法定豁免的必要步骤。

4.《关于禁止滥用知识产权排除、限制竞争行为的规定》

第三条 本规定所称相关市场，包括相关商品市场和相关地域市场，依据《反垄断法》和《国务院反垄断委员会关于相关市场界定的指南》进行界定，并考虑知识产权、创新等因素的影响。在涉及知识产权许可等反垄断执法工作中，相关商品市场可以是技术市场，也可以是含有特定知识产权的产品市场。相关技术市场是指由行使知识产权所涉及的技术和可以相互替代的同类技术之间相互竞争所构成的市场。

条文释义

一、本条主旨

本条是关于经营者和相关市场概念的规定。

二、条文演变

本条内容与2007年《反垄断法》基本一致，第1款中“非法人组织”由2007年《反垄断法》中“其他组织”修改而来，条文序号由2007年《反垄断法》的第12条调整为第15条。

三、条文解读

“经营者”和“相关市场”是实施《反垄断法》必须准确把握的两个基本概念，因为“经营者”确定了《反垄断法》规制的主体，“相关市场”则限定

① 该法条系指2007年制定的《反垄断法》的条款，现对应2022年修正的《反垄断法》第20条。

② 该法条系指2007年制定的《反垄断法》的条款，现对应2022年修正的《反垄断法》第16条、第17条、第18条第1款。

关市场的方法不是唯一的，可以基于商品的特征、用途、价格等因素进行需求替代分析，必要时进行供给替代分析。在经营者竞争的市场范围不够清晰或不易确定时，可以按照“假定垄断者测试”(HMT)的分析思路来界定相关市场。在具体案件中，还可以根据具体情况，运用客观、真实的数据，借助经济学分析方法来界定相关市场。无论采用何种方法界定相关市场，都要始终把握商品满足消费者需求的基本属性，并以此作为对相关市场界定中出现明显偏差时进行校正的依据。

在反垄断案件中，界定相关市场主要从需求者角度进行需求替代分析。当供给替代对经营者行为产生的竞争约束类似于需求替代时，也应考虑供给替代。

需求替代是根据需求者对商品功能用途的需求、质量的认可、价格的接受以及获取的难易程度等因素，从需求者的角度确定不同商品之间的替代程度。从需求者角度来看，商品之间的替代程度越高，竞争关系就越强，就越可能属于同一相关市场。供给替代是根据其他经营者改造生产设施的投入、承担的风险、进入目标市场的时间等因素，从经营者的角度确定不同商品之间的替代程度。原则上，其他经营者生产设施改造的投入越少，承担的额外风险越小，提供紧密替代商品越迅速，则供给替代程度就越高，界定相关市场尤其在识别相关市场参与者时就应考虑供给替代。“假定垄断者测试”是界定相关市场的一种分析思路，可以帮助解决相关市场界定中可能出现的不确定性。依据这种思路，人们可以借助经济学工具分析所获取的相关数据，确定假定垄断者可以将价格维持在高于竞争价格水平的最小商品集合和地域范围，从而界定相关市场。

具体来说，确定相关市场需要分别确定相关商品市场和相关地域市场。相关商品市场，是根据商品的性能、用途及价格等因素，一般从需求者(消费者)的角度分析，认为具有较为紧密替代关系的一组或一类商品所构成的市场。从需求替代角度界定相关商品市场，可以考虑的因素包括：(1)需求者因商品价格或其他竞争因素变化，转向或考虑转向购买其他商品的证据；(2)商品的外形、特性、质量和技术特点等总体特征和用途；(3)商品之间的价格差异；(4)商品的销售渠道；(5)其他重要因素，如需求者对商品的依赖程度、可能阻碍大量需求者转向某些紧密替代商品的障碍、风险和成本等。从供给替代角度界定相关商品市场，一般考虑的因素包括：其他经营者对商品价格等竞争因素的变化做出反应的证据；其他经营者的生产流程和工艺，转产的难易程度，转产需要的时间，转产的额外费用和风险，转产后所提供商品的市场竞争力，营销渠道等。任何因素在界定相关商品市场时的作用都不是绝对的，根据案件的不同情况有所侧重。

相关地域市场，是指经营者销售特定商品时，需求者（消费者）获取具有较为紧密替代关系的商品的地理区域。从需求替代角度界定相关地域市场，可以考虑的因素包括：（1）需求者因商品价格或其他竞争因素变化，转向或考虑转向其他地域购买商品的证据；（2）商品的运输成本和运输特征；（3）多数需求者选择商品的实际区域和主要经营者商品的销售分布；（4）地域间的贸易壁垒，包括关税、地方性法规、环保因素、技术因素等；（5）其他重要因素，如特定区域需求者偏好、商品运进和运出该地域的数量。从供给替代角度界定相关地域市场时，一般考虑的因素包括：其他地域的经营者对商品价格等竞争因素的变化做出反应的证据；其他地域的经营者供应或销售相关商品的即时性和可行性，如将订单转向其他地域经营者的转换成本等。

二、平台经济领域相关市场界定

近年来，我国平台经济迅速发展，新业态、新模式层出不穷，但与此同时，关于平台经济领域经营者要求商家“二选一”“大数据杀熟”，未依法申报实施经营者集中等涉嫌垄断问题的反映和举报日益增加。这些行为损害了市场公平竞争和消费者合法权益，不利于充分激发全社会创新创造活力、促进平台经济创新发展、构筑经济社会发展新优势和新动能。

《反垄断法》的基本制度、规制原则和分析框架适用于平台经济领域经营者，界定平台经济领域相关商品市场和相关地域市场需要遵循《反垄断法》和《国务院反垄断委员会关于相关市场界定的指南》所确定的一般原则，同时也要考虑平台经济的特点，结合个案进行具体分析。

首先，平台经济领域相关商品市场界定的基本方法是替代性分析。在个案中界定相关商品市场时，可以基于平台功能、商业模式、应用场景、用户群体、多边市场、线下交易等因素进行需求替代分析；当供给替代对经营者行为产生的竞争约束类似于需求替代时，可以基于市场进入、技术壁垒、网络效应、锁定效应、转移成本、跨界竞争等因素考虑供给替代分析。具体而言，可以根据平台一边的商品界定相关商品市场；也可以根据平台所涉及的多边商品，分别界定多个相关商品市场，并考虑各相关商品市场之间的相互关系和影响。当该平台存在的跨平台网络效应能够给平台经营者施加足够的竞争约束时，可以根据该平台整体界定相关商品市场。

其次，平台经济领域相关地域市场界定同样采用需求替代和供给替代分析。在个案中界定相关地域市场时，可以综合评估考虑多数用户选择商品的实际区域、用户的语言偏好和消费习惯、相关法律法规的规定、不同区域竞争约束程度、线上线下融合等因素。根据平台特点，相关地域市场通常界定为中国市场或者特定区域市场，根据个案情况也可以界定为全球市场。

指导案例

指导案例 78 号：北京奇虎科技有限公司诉腾讯科技（深圳）有限公司、深圳市腾讯计算机系统有限公司滥用市场支配地位纠纷案

（最高人民法院审判委员会讨论通过　2017 年 3 月 6 日发布）

关键词： 民事　滥用市场支配地位　垄断　相关市场

裁判要点： 1. 在反垄断案件的审理中，界定相关市场通常是重要的分析步骤。但是，能否明确界定相关市场取决于案件具体情况。在滥用市场支配地位的案件中，界定相关市场是评估经营者的市场力量及被诉垄断行为对竞争影响的工具，其本身并非目的。如果通过排除或者妨碍竞争的直接证据，能够对经营者的市场地位及被诉垄断行为的市场影响进行评估，则不需要在每一个滥用市场支配地位的案件中，都明确而清楚地界定相关市场。

2. 假定垄断者测试（HMT）是普遍适用的界定相关市场的分析思路。在实际运用时，假定垄断者测试可以通过价格上涨（SSNIP）或质量下降（SSNDQ）等方法进行。互联网即时通信服务的免费特征使用户具有较高的价格敏感度，采用价格上涨的测试方法将导致相关市场界定过宽，应当采用质量下降的假定垄断者测试进行定性分析。

3. 基于互联网即时通信服务低成本、高覆盖的特点，在界定其相关地域市场时，应当根据多数需求者选择商品的实际区域、法律法规的规定、境外竞争者的现状及进入相关地域市场的及时性等因素，进行综合评估。

4. 在互联网领域中，市场份额只是判断市场支配地位的一项比较粗糙且可能具有误导性的指标，其在认定市场支配力方面的地位和作用必须根据案件具体情况确定。

相关法条：《中华人民共和国反垄断法》第十七条、第十八条、第十九条

基本案情：北京奇虎科技有限公司（以下简称奇虎公司）、奇智软件（北京）有限公司于2010年10月29日发布扣扣保镖软件。2010年11月3日，腾讯科技（深圳）有限公司（以下简称腾讯公司）发布《致广大QQ用户的一封信》，在装有360软件的电脑上停止运行QQ软件。11月4日，奇虎公司宣布召回扣扣保镖软件。同日，360安全中心亦宣布，在国家有关部门的强力干预下，目前QQ和360软件已经实现了完全兼容。2010年9月，腾讯QQ即时通信软件与QQ软件管理一起打包安装，安装过程中并未提示用户将同时安装QQ软件管理。2010年9月21日，腾讯公司发出公告称，正在使用的QQ软件管理和QQ医生将自动升级为QQ电脑管家。奇虎公司诉至广东省高级人民法院，指控腾讯公司滥用其在即时通信软件及服务相关市场的市场支配地位。奇虎公司主张，腾讯公司和深圳市腾讯计算机系统有限公司（以下简称腾讯计算机公司）在即时通信软件及服务相关市场具有市场支配地位，两公司明示禁止其用户使用奇虎公司的360软件，否则停止QQ软件服务；拒绝向安装有360软件的用户提供相关的软件服务，强制用户删除360软件；采取技术手段，阻止安装了360浏览器的用户访问QQ空间，上述行为构成限制交易；腾讯公司和腾讯计算机公司将QQ软件管家与即时通信软件相捆绑，以升级QQ软件管家的名义安装QQ医生，构成捆绑销售。请求判令腾讯公司和腾讯计算机公司立即停止滥用市场支配地位的垄断行为，连带赔偿奇虎公司经济损失1.5亿元。

裁判结果：广东省高级人民法院于2013年3月20日作出（2011）粤高法民三初字第2号民事判决：驳回北京奇虎科技有限公司的诉讼请求。北京奇虎科技有限公司不服，提出上诉。最高人民法院于2014年10月8日作出（2013）民三终字第4号民事判决：驳回上诉、维持原判。

裁判理由：法院生效裁判认为：本案中涉及的争议焦点主要包括，一是如何界定本案中的相关市场，二是被上诉人是否具有市场支配地位，三是被上诉人是否构成反垄断法所禁止的滥用市场支配地位行为等几个方面。

一、如何界定本案中的相关市场

该争议焦点可以进一步细化为一些具体问题，择要概括如下：

首先，并非在任何滥用市场支配地位的案件中均必须明确而清楚地界定相关市场。竞争行为都是在一定的市场范围内发生和展开的，界定相关市场可以明确经营者之间竞争的市场范围及其面对的竞争约束。在滥用市场支配地位的案件中，合理地界定相关市场，对于正确认定经营者的市场地位、分析经营者的行为对市场竞争的影响、判断经营者行为是否违法，以及在违法情况下需承担的法律责任等关键问题，具有重要意义。因此，在反垄断案件的审理中，界定相关市场通常是重要的分析步骤。尽管如此，是否能够明确界定相关市场取决于案件具体情况，尤其是案件证据、相关数据的可获得性、相关领域竞争的复杂性等。在滥用市场支配地位案件的审理中，界定相关市场是评估经营者的市场力量及被诉垄断行为对竞争的影响的工具，其本身并非目的。即使不明确界定相关市场，也可以通过排除或者妨碍竞争的直接证据对被诉经营者的市场地位及被诉垄断行为可能的市场影响进行评估。因此，并非在每一个滥用市场支配地位的案件中均必须明确而清楚地界定相关市场。一审法院实际上已经对本案相关市场进行了界定，只是由于本案相关市场的边界具有模糊性，一审法院仅对其边界的可能性进行了分析而没有对相关市场的边界给出明确结论。有鉴于此，奇虎公司关于一审法院未对本案相关商品市场作出明确界定，属于本案基本事实认定不清的理由不能成立。

其次，关于“假定垄断者测试”方法可否适用于免费商品领域问题。法院生效裁判认为：第一，作为界定相关市场的一种分析思路，假定垄断者测试（HMT）具有普遍的适用性。实践中，假定垄断者测试的分析方法有多种，既可以通过数量不大但有意义且并非短暂的价格上涨（SSNIP）的方法进行，又可以通过数量不大但有意义且并非短暂的质量下降（SSNDQ）的方法进行。同时，作为一种分析思路或者思考方法，假定垄断者测试在实际运用时既可以通过定性分析的方法进行，又可以在条件允许的情况下通过定量分析的方法进行。第二，在实践中，选择何种方法进行假定垄断者测试取决于案件所涉市场竞争领域以及可获得的相关数据的具体情况。

如果特定市场领域的商品同质化特征比较明显，价格竞争是较为重要的竞争形式，则采用数量不大但有意义且并非短暂的价格上涨（SSNIP）的方法较为可行。但是如果在产品差异化非常明显且质量、服务、创新、消费者体验等非价格竞争成为重要竞争形式的领域，采用数量不大但有意义且并非短暂的价格上涨（SSNIP）的方法则存在较大困难。特别是，当特定领域商品的市场均衡价格为零时，运用 SSNIP 方法尤为困难。在运用 SSNIP 方法时，通常需要确定适当的基准价格，进行 5% - 10% 幅度的价格上涨，然后确定需求者的反应。在基准价格为零的情况下，如果进行 5% - 10% 幅度的价格增长，增长后其价格仍为零；如果将价格从零提升到一个较小的正价格，则相当于价格增长幅度的无限增大，意味着商品特性或者经营模式发生较大变化，因而难以进行 SSNIP 测试。第三，关于假定垄断者测试在本案中的可适用性问题。互联网服务提供商在互联网领域的竞争中更加注重质量、服务、创新等方面的竞争而不是价格竞争。在免费的互联网基础即时通信服务已经长期存在并成为通行商业模式的情况下，用户具有极高的价格敏感度，改变免费策略转而收取哪怕是较小数额的费用都可能导致用户的大量流失。同时，将价格由免费转变为收费也意味着商品特性和经营模式的重大变化，即由免费商品转变为收费商品，由间接盈利模式转变为直接盈利模式。在这种情况下，如果采取基于相对价格上涨的假定垄断者测试，很可能将不具有替代关系的商品纳入相关市场中，导致相关市场界定过宽。因此，基于相对价格上涨的假定垄断者测试并不完全适宜在本案中适用。尽管基于相对价格上涨的假定垄断者测试难以在本案中完全适用，但仍可以采取该方法的变通形式，例如基于质量下降的假定垄断者测试。由于质量下降程度较难评估以及相关数据难以获得，因此可以采用质量下降的假定垄断者测试进行定性分析而不是定量分析。

再次，关于本案相关市场是否应确定为互联网应用平台问题。上诉人认为，互联网应用平台与本案的相关市场界定无关；被上诉人则认为，互联网竞争实际上是平台的竞争，本案的相关市场范围远远超出了即时通信服务市场。法院生效裁判针对互联网领域平台竞争的特点，阐述了相关市场界定时应如何考虑平台竞争的特点及处理方式，认为：第一，互联网竞争一定程度地呈现出平台竞争的特征。被诉垄断行为发生时，互联网的平台竞争特征已经比较明显。互联网经营者通过特定的切入点进入互联网领域，在不同类型和需求的消费者之间发挥中介作用，以此创造价值。第二，判断本案相关商品市场是否应确定为互联网应用平台，其关键问题在于，网络平台之间为争夺用户注意力和广告主的相互竞争是否完全跨越了由产品或者服务特点所决定的界限，并给经营者施加了足够强大的竞争约束。这一问题的答案最终取决于实证检验。在缺乏确切的实证数据的情况下，至少注意如下方面：首先，互联网应用平台之间争夺用户注意力和广告主的竞争以其提供的关键核心产品或者服务为基础。其次，互联网应用平台的关键核心产品或者服务在属性、特征、功能、用途等方面上存在较大的不同。虽然广告主可能不关心这些产品或者服务的差异，只关心广告的价格和效果，因而可能将不同的互联网应用平台视为彼此可以替代，但是对于免费端的广大用户而言，其很难将不同平台提供的功能和用途完全不同的产品或者服务视为可以有效地相互替代。一个试图查找某个历史人物生平的用户通常会选择使用搜索引擎而不是即时通信，其几乎不会认为两者可以相互替代。再次，互联网应用平台关键核心产品或者服务的特性、功能、用途等差异决定了其所争夺的主要用户群体和广告主可能存在差异，因而在获取经济利益的模式、目标用户群、所提供的后续市场产品等方面存在较大区别。最后，本案中应该关注的是被上诉人是否利用了其在即时通信领域中可能的市场支配力量排除、限制互联网安全软件领域的竞争，将其在即时通信领域中可能存在的市场支配力量延伸到安全软件领域，这一竞争过程更多地发生在免费的用户端。鉴于上述理由，在本案相关市场界定阶段互联网平台竞争的特性不是主要考虑因素。第三，本案中对互联网企业平台竞争特征的考虑方式。相关市场界定的目的是明确经营者所面对的竞争约束，合理认定经营者的市场地位，并正确判断其行为对市场竞争的影响。即使不在相关市场界定阶段主要考虑互联网平台竞争的特性，但为了正确认定经营者的市场地位，仍然可以在识别经营者的市场地位和市场控制力时予以适当考虑。因此，对于本案，不在相关市场界定阶段主要考虑互联网平台竞争的特性并不意味着忽视这一特性，而是为了以更恰当的方式考虑这一特性。

最后，关于即时通信服务相关地域市场界定需要注意的问题。法院生效裁判认为：本案相关地域市场的界定，应从中国大陆地区的即时通信服务市场这一目标地域开始，对本案相关地域市场进行考察。因为基于互联网的即时通信服务可以低成本、低代价到达或者覆盖全球，并无额外的、值得关注的运输成本、价格成本或者技术障碍，所以在界定相关地域市场时，将主要考虑多数需求者选择商品的实际区域、法律法规的规定、境外竞争者的现状及其进入相关地域市场的及时性等因素。由于每一个因素均不是决定性的，因此需要根据上述因素进行综合评估。首先，中国大陆地区境内绝大多数用户均选择使用中国大陆地区范围内的经营者提供的即时通信服务。中国大陆地区境内用户对于国际即时通信产品并无较高的关注度。其次，我国有关互联网的行政法规规章等对经营即时通信服务规定了明确的要求和条件。我国对即时通信等增值电信业务实行行政许可制度，外国经营者通常不能直接进入我国大陆境内经营，需要以中外合资经营企业的方式进入并取得相应的行政许可。再次，位于境外的即时通信服务经营者的实际情况。在本案被诉垄断行为发生前，多数主要国际即时通信经营者例如MSN、雅虎、Skype、谷歌等均已经通过合资的方式进入中国大陆地区市场。因此，在被诉垄断行为发生时，尚未进入我国大陆境内的主要国际即时通信服务经营者已经很少。如果我国大陆境内的即时通信服务质量小幅下降，已没有多少境外即时通信服务经营者可供境内用户选择。最后，境外即时通信服务经营者在较短的时间内（例如一年）及时进入中国大陆地区并发展到足以制约境内经营者的规模存在较大困难。境外即时通信服务经营者首先需要通过合资方式建立企业、满足一系列许可条件并取得相应的行政许可，这在相当程度上延缓了境外经营者的进入时间。综上，本案相关地域市场应为中国大陆地区市场。

综合本案其他证据和实际情况，本案相关市场应界定为中国大陆地区即时通信服务市场，既包括个人电脑端即时通信服务，又包括移动端即时通信服务；既包括综合性即时通信服务，又包括文字、音频以及视频等非综合性即时通信服务。

二、被上诉人是否具有市场支配地位

对于经营者在相关市场中的市场份额在认定其市场支配力方面的地位和作用，法院生效裁判认为：市场份额在认定市场支配力方面的地位和作用必须根据案件具体情况确定。一般而言，市场份额越高，持续的时间越长，就越可能预示着市场支配地位的存在。尽管如此，市场份额只是判断市场支配地位的一项比较粗糙且可能具有误导性的指标。在市场进入比较容易，或者高市场份额源于经营者更高的市场效率或者提供了更优异的产品，或者市场外产品对经营者形成较强的竞争约束等情况下，高的市场份额并不能直接推断出市场支配地位的存在。特别是，互联网环境下的竞争存在高度动态的特征，相关市场的边界远不如传统领域那样清晰，在此情况下，更不能高估市场份额的指示作用，而应更多地关注市场进入、经营者的市场行为、对竞争的影响等有助于判断市场支配地位的具体事实和证据。

结合上述思路，法院生效裁判从市场份额，相关市场的竞争状况，被诉经营者控制商品价格、数量或者其他交易条件的能力，该经营者的财力和技术条件，其他经营者对该经营者在交易上的依赖程度，其他经营者进入相关市场的难易程度等方面，对被上诉人是否具有市场支配地位进行考量和分析。最终认定本案现有证据并不足以支持被上诉人具有市场支配地位的结论。

三、被上诉人是否构成反垄断法所禁止的滥用市场支配地位行为

法院生效裁判打破了传统的分析滥用市场支配地位行为的“三步法”，采用了更为灵活的分析步骤和方法，认为：原则上，如果被诉经营者不具有市场支配地位，则无需对其是否滥用市场支配地位进行分析，可以直接认定其不构成反垄断法所禁止的滥用市场支配地位行为。不过，在相关市场边界较为模糊、被诉经营者是否具有市场支配地位不甚明确时，可以进一步分析被诉垄断行为对竞争的影响效果，以检验关于其是否具有市场支配地位的结论正确与否。此外，即使被诉经营者具有市场支配地位，判断其是否构成滥用市场支配地位，也需要综合评估该行为对消费者和竞争造成的消极效果和可能具有的积极效果，进而对该行为的合法性与否作出判断。本案主要涉及两个方面的问题：

一是关于被上诉人实施的“产品不兼容”行为（用户二选一）是否构成反垄断法禁止的限制交易行为。根据反垄断法第十七条的规定，具有市场支配地位的经营者，没有正当理由，限定交易相对人只能与其进行交易或者只能与其指定的经营者进行交易的，构成滥用市场支配地位。上诉人主张，被上诉人没有正当理由，强制用户停止使用并卸载上诉人的软件，构成反垄断法所禁止的滥用市场支配地位限制交易行为。对此，法院生效裁判认为，虽然被上诉人实施的“产品不兼容”行为对用户造成了不便，但是并未导致排除或者限制竞争的明显效果。这一方面说明被上诉人实施的“产品不兼容”行为不构成反垄断法所禁止的滥用市场支配地位行为，也从另一方面佐证了被上诉人不具有市场支配地位的结论。

二是被上诉人是否构成反垄断法所禁止的搭售行为。根据反垄断法第十七条的规定，具有市场支配地位的经营者，没有正当理由搭售商品，或者在交易时附加其他不合理的交易条件的，构成滥用市场支配地位。上诉人主张，被上诉人将QQ软件管家与即时通信软件捆绑搭售，并且以升级QQ软件管家的名义安装QQ医生，不符合交易惯例、消费习惯或者商品的功能，消费者选择权受到了限制，不具有正当理由；一审判决关于被诉搭售行为产生排除、限制竞争效果的举证责任分配错误。对此，法院生效裁判认为，上诉人关于被上诉人实施了滥用市场支配地位行为的上诉理由不能成立。

典型案例

华为技术有限公司诉交互数字技术公司、交互数字通信有限公司、交互数字公司滥用市场支配地位纠纷案

关键词：相关市场　滥用市场支配地位　标准必要专利　垄断

裁判摘要：对本案相关市场的界定，主要基于涉案必要专利满足消费者需求的基本属性，考虑需求者对涉案必要专利技术的功能、用途、价格等因素进行需求替代分析，并适当考虑供给替代分析。首先，从必要专利的基本属性与特征来看，当某一专利技术成为必要专利被选入标准后，参与该行业竞争的产品制造商/服务提供商就必须提供符合标准的商品/服务，这意味着其不得不实施相关必要专利技术，而无法作规避设计以绕过该必要专利。这种标准带来的封锁效应与专利权自身具有的法定垄断属性相结合，使必要专利成为产业参与者唯一且必须使用的技术，产业参与者不得不寻求必要专利权人的许可，否则将丧失参与竞争的前提和条件。因此，必要专利与一般专利不同，其并不存在充足的实际的或潜在的近似替代品。这是本案所必须重点把握的商品属性与特质。其次，从需求替代分析，交互数字技术公司、交互数字通信有限公司、交互数字公司（以下统称IDC公司）在中国和美国分别享有3G无线通信技术WCDMA、CDMA2000、TD-SCDMA标准下的大量必要专利。由于每个必要专利技术均是3G无线通信标准体系所必不可少的组成部分，拒绝任何一个必要专利的许可均将导致相关产品制造商无法使用相关技术，从而无法生产出符合标准的产品、被排除在目标市场的准入之外，因此，涉案必要专利技术成为华为技术有限公司（以下简称华为公司）唯一且必须使用的技术，并无其他技术可供替代。此外，从标准转换的实际情况来看，在标准设立之初，产业参加者尚可轻易放弃一个技术而转向另一个技术。但随着转移到标准中的资源增加和转换到另一个标准成本的升高，这种转换是困难的。本案中，华为公司为执行3G无线通信技术标准，已经作出了大量先期投入，这些成本投入不可撤回，若立即放弃该标准而转向其他标准，不仅需承受上述先期投入的成本，还需承受巨大的转换成本和市场风险，这显然是难以执行甚至不可能的。最后，从供给替代分析，如前所述，专利与标准相结合后，必要专利成为唯一的且必

须实施的技术，必要专利权人成为所涉技术市场唯一的供给方。故在涉案必要专利许可市场，并不存在可与IDC公司相竞争的经营者。同时，由必要专利自身固有的法定垄断性所决定，亦不存在其他经营者通过短期的合理投入即可转向成为必要专利经营者的可能。综上所述，本案相关商品市场为IDC公司为专利权人的必要专利的许可市场，相关地域市场为全球必要专利许可市场中的中国市场和美国市场。

基本案情：华为公司是全球主要的电信设备提供商，IDC公司的经营模式是进行专利许可，本身不进行任何实质性生产。2009年9月，IDC公司加入欧洲电信标准化协会（以下简称ETSI），并在加入时声明，IDC公司拥有无线通信技术领域中2G、3G、4G标准下的大量必要专利和专利申请。IDC公司在加入ETSI时，明确承诺要将其标准必要专利以公平、合理、无歧视的原则授权给标准组织的其他成员使用。华为公司亦是ETSI的成员。华为公司生产的相关通信产品必须符合无线通信技术标准，而IDC公司在中国现行的无线通信技术标准中均拥有标准必要专利。从2008年11月开始，华为公司与IDC公司就专利许可使用费问题在深圳等地进行了多次谈判。2011年7月，IDC公司将华为公司起诉至美国特拉华州法院和美国国际贸易委员会，称华为公司涉嫌侵犯其在美国享有的七项标准必要专利，请求责令华为公司停止被诉侵权行为，并要求对原告华为公司启动337调查并发布全面禁止进口令、暂停及停止销售令。2011年12月，华为公司向广东省深圳市中级人民法院提起诉讼，华为公司诉称，根据我国《反垄断法》的规定，IDC公司在3G无线通信标准必要专利许可市场中具有市场支配地位。与苹果、三星等公司相比，IDC公司对华为公司的标准必要专利许可使用费存在过高定价和歧视性定价行为；IDC公司还要求华为公司将其全球所有的专利无偿许可给IDC公司，这属于附加不合理交易条件的行为；IDC公司提出将其标准必要专利和非标准必要专利、2G、3G和4G标准必要专利、全球专利打包许可，这属于搭售行为；在双方谈判过程中，IDC公司突然在美国联邦法院和美国国际贸易委员会同时起诉华为公司，本质上是拒绝与华为公司进行交易的行为。据此，华为公司诉请IDC公司立即停止过高定价、差别定价、搭售、附加不合理交易条件以及拒绝交易等垄断民事侵权行为，并连带赔偿华为公司经济损失人民币2000万元。深圳市中级人民法院一审判决：IDC公司立即停止针对华为公司实施的过高定价和搭售的垄断民事侵权行为，赔偿华为公司经济损失2000万元，驳回华为公司的其他诉讼请求。华为公司上诉称，一审判决关于IDC公司将3G标准与4G标准下的必要专利捆绑销售以及将全球专利捆绑搭售的行为符合市场惯例的认定，在事实认定和法律适用上均有错误，该行为违反了《反垄断法》相关规定，给华为公司造成严重损失，请求撤销一审相关判决，改判IDC公司立即停止将其3G标准下的必要专利与4G标准下的专利捆绑搭售的行为，立即停止将全球范围内的专利捆绑搭售的行为。IDC公司亦提起上诉，请求撤销一审判决，改判驳回华为公司的诉讼请求。广东省高级人民法院二审判决：驳回上诉，维持原判。

【案　　号】（2013）粤高法民三终字第306号

【审理法院】广东省高级人民法院

【来　　源】2013年中国法院50件典型知识产权案例

第十六条 本法所称垄断协议，是指排除、限制竞争的协议、决定或者其他协同行为。

关联规定

一、法律、行政法规、司法解释

1.《中华人民共和国民法典》

第八百五十条 非法垄断技术或者侵害他人技术成果的技术合同无效。

第八百六十四条 技术转让合同和技术许可合同可以约定实施专利或者使用技术秘密的范围，但是不得限制技术竞争和技术发展。

2.《中华人民共和国价格法》

第十四条 经营者不得有下列不正当价格行为：

（一）相互串通，操纵市场价格，损害其他经营者或者消费者的合法权益；

（二）在依法降价处理鲜活商品、季节性商品、积压商品等商品外，为了排挤竞争对手或者独占市场，以低于成本的价格倾销，扰乱正常的生产经营秩序，损害国家利益或者其他经营者的合法权益；

（三）捏造、散布涨价信息，哄抬价格，推动商品价格过高上涨的；

（四）利用虚假的或者使人误解的价格手段，诱骗消费者或者其他经营者与其进行交易；

（五）提供相同商品或者服务，对具有同等交易条件的其他经营者实行价格歧视；

（六）采取抬高等级或者压低等级等手段收购、销售商品或者提供服务，变相提高或者压低价格；

（七）违反法律、法规的规定牟取暴利；

（八）法律、行政法规禁止的其他不正当价格行为。

3.《最高人民法院关于审理因垄断行为引发的民事纠纷案件应用法律若干问题的规定》

第七条 被诉垄断行为属于反垄断法第十三条第一款第一项至第五项[①]规定的垄断协议的，被告应对该协议不具有排除、限制竞争的效果承担举证责任。

4.《最高人民法院关于审理技术合同纠纷案件适用法律若干问题的解释》

第十条 下列情形，属于民法典第八百五十条所称的“非法垄断技术”：

（一）限制当事人一方在合同标的技术基础上进行新的研究开发或者限制其使用所改进的技术，或者双方交换改进技术的条件不对等，包括要求一方将其自行改进的技术无偿提供给对方、非互惠性转让给对方、无偿独占或者共享该改进技术的知识产权；

（二）限制当事人一方从其他来源获得与技术提供方类似技术或者与其竞争的技术；

（三）阻碍当事人一方根据市场需求，按照合理方式充分实施合同标的技术，包括明显不合理地限制技术接受方实施合同标的技术生产产品或者提供服务的数量、品种、价格、销售渠道和出口市场；

（四）要求技术接受方接受并非实施技术必不可少的附带条件，包括购买非必需的技术、原材料、产品、设备、服务以及接收非必需的人员等；

（五）不合理地限制技术接受方购买原材料、零部件、产品或者设备等的渠道或者来源；

（六）禁止技术接受方对合同标的技术知识产权的有效性提出异议或者对提出异议附加条件。

第二十八条 民法典第八百六十四条所称“实施专利或者使用技术秘密的范围”，包括实施专利或者使用技术秘密的期限、地域、方式以及接触技术秘密的人员等。

当事人对实施专利或者使用技术秘密的期限没有约定或者约定不明确的，受让人、被许可人实施专利或者使用技术秘密不受期限限制。

---

① 该法条系指2007年制定的《反垄断法》的条款，现对应2022年修正的《反垄断法》第17条第1项至第5项。

二、部门规章及规范性文件

1.《国务院反垄断委员会关于相关市场界定的指南》

第二条 界定相关市场的作用

任何竞争行为（包括具有或可能具有排除、限制竞争效果的行为）均发生在一定的市场范围内。界定相关市场就是明确经营者竞争的市场范围。在禁止经营者达成垄断协议、禁止经营者滥用市场支配地位、控制具有或者可能具有排除、限制竞争效果的经营者集中等反垄断执法工作中，均可能涉及相关市场的界定问题。

科学合理地界定相关市场，对识别竞争者和潜在竞争者、判定经营者市场份额和市场集中度、认定经营者的市场地位、分析经营者的行为对市场竞争的影响、判断经营者行为是否违法以及在违法情况下需承担的法律责任等关键问题，具有重要的作用。因此，相关市场的界定通常是对竞争行为进行分析的起点，是反垄断执法工作的重要步骤。

2.《禁止垄断协议暂行规定》

第五条 垄断协议是指排除、限制竞争的协议、决定或者其他协同行为。

协议或者决定可以是书面、口头等形式。

其他协同行为是指经营者之间虽未明确订立协议或者决定，但实质上存在协调一致的行为。

第六条 认定其他协同行为，应当考虑下列因素：

（一）经营者的市场行为是否具有一致性；

（二）经营者之间是否进行过意思联络或者信息交流；

（三）经营者能否对行为的一致性作出合理解释；

（四）相关市场的市场结构、竞争状况、市场变化等情况。

第七条 禁止具有竞争关系的经营者就商品或者服务（以下统称商品）价格达成下列垄断协议：

（一）固定或者变更价格水平、价格变动幅度、利润水平或者折扣、手续费等其他费用；

（二）约定采用据以计算价格的标准公式；

（三）限制参与协议的经营者的自主定价权；

（四）通过其他方式固定或者变更价格。

第八条 禁止具有竞争关系的经营者就限制商品的生产数量或者销售数量达成下列垄断协议：

（一）以限制产量、固定产量、停止生产等方式限制商品的生产数量，或者限制特定品种、型号商品的生产数量；

（二）以限制商品投放量等方式限制商品的销售数量，或者限制特定品种、型号商品的销售数量；

（三）通过其他方式限制商品的生产数量或者销售数量。

第九条 禁止具有竞争关系的经营者就分割销售市场或者原材料采购市场达成下列垄断协议：

（一）划分商品销售地域、市场份额、销售对象、销售收入、销售利润或者销售商品的种类、数量、时间；

（二）划分原料、半成品、零部件、相关设备等原材料的采购区域、种类、数量、时间或者供应商；

（三）通过其他方式分割销售市场或者原材料采购市场。

前款规定中的原材料还包括经营者生产经营所必需的技术和服务。

第十条 禁止具有竞争关系的经营者就限制购买新技术、新设备或者限制开发新技术、新产品达成下列垄断协议：

（一）限制购买、使用新技术、新工艺；

（二）限制购买、租赁、使用新设备、新产品；

（三）限制投资、研发新技术、新工艺、新产品；

（四）拒绝使用新技术、新工艺、新设备、新产品；

（五）通过其他方式限制购买新技术、新设备或者限制开发新技术、新产品。

第十一条 禁止具有竞争关系的经营者就联合抵制交易达成下列垄断协议：

（一）联合拒绝向特定经营者供应或者销售商品；

（二）联合拒绝采购或者销售特定经营者的商品；

（三）联合限定特定经营者不得与其具有竞争关系的经营者进行交易；

（四）通过其他方式联合抵制交易。

第十二条 禁止经营者与交易相对人就商品价格达成下列垄断协议：

（一）固定向第三人转售商品的价格水平、价格变动幅度、利润水平或者折扣、手续费等其他费用；

（二）限定向第三人转售商品的最低价格，或者通过限定价格变动幅度、利润水平或者折扣、手续费等其他费用限定向第三人转售商品的最低价格；

（三）通过其他方式固定转售商品价格或者限定转售商品最低价格。

第十三条 不属于本规定第七条至第十二条所列情形的其他协议、决定或者协同行为，有证据证明排除、限制竞争的，应当认定为垄断协议并予以禁止。

前款规定的垄断协议由市场监管总局负责认定，认定时应当考虑下列因素：

（一）经营者达成、实施协议的事实；

（二）市场竞争状况；

（三）经营者在相关市场中的市场份额及其对市场的控制力；

（四）协议对商品价格、数量、质量等方面的影响；

（五）协议对市场进入、技术进步等方面的影响；

（六）协议对消费者、其他经营者的影响；

（七）与认定垄断协议有关的其他因素。。

3.《国务院反垄断委员会横向垄断协议案件宽大制度适用指南》

第二条 宽大制度的意义

横向垄断协议通常具有严重排除、限制竞争的效果，同时具有高度隐秘性，且经营者之间相对稳定，如果相关经营者能够主动配合，将极大降低执法机构发现横向垄断协议并展开调查的难度。因此，执法机构认为，对于愿意主动报告横向垄断协议并提供重要证据，同时停止涉嫌违法行为并配合执法机构调查的经营者，执法机构相应地对其减轻或者免除处罚，有助于提高执法机构发现并查处垄断协议行为的效率，节约行政执法成本，维护消费者的利益。同时，执法机构也认为，给予经营者宽大的额度应当与经营者协助执法机构查处横向垄断协议案件的贡献程度相匹配。

4.《国务院反垄断委员会关于平台经济领域的反垄断指南》

第六条 横向垄断协议

具有竞争关系的平台经济领域经营者可能通过下列方式达成固定价格、分割市场、限制产（销）量、限制新技术（产品）、联合抵制交易等横向垄断协议：

（一）利用平台收集并且交换价格、销量、成本、客户等敏感信息；

（二）利用技术手段进行意思联络；

（三）利用数据、算法、平台规则等实现协调一致行为；

（四）其他有助于实现协同的方式。

本指南所称价格，包括但不限于商品价格以及经营者收取的佣金、手续费、会员费、推广费等服务收费。

第七条 纵向垄断协议

平台经济领域经营者与交易相对人可能通过下列方式达成固定转售价格、限定最低转售价格等纵向垄断协议：

（一）利用技术手段对价格进行自动化设定；

（二）利用平台规则对价格进行统一；

（三）利用数据和算法对价格进行直接或者间接限定；

（四）利用技术手段、平台规则、数据和算法等方式限定其他交易条件，排除、限制市场竞争。

平台经营者要求平台内经营者在商品价格、数量等方面向其提供等于或者优于其他竞争性平台的交易条件的行为可能构成垄断协议，也可能构成滥用市场支配地位行为。

分析上述行为是否构成《反垄断法》第十四条第（三）项[①]规定的纵向垄断协议，可以综合考虑平台经营者的市场力量、相关市场竞争状况、对其他经营者进入相关市场的阻碍程度、对消费者利益和创新的影响等因素。

第八条 轴辐协议

具有竞争关系的平台内经营者可能借助与平台经营者之间的纵向关系，或者由平台经营者组织、协调，达成具有横向垄断协议效果的轴辐协议。分析该协议是否属于《反垄断法》第十三条、第十四条[②]规制的垄断协议，可以考虑具有竞争关系的平台内经营者之间是否利用技术手段、平台规则、数据和算法等方式，达成、实施垄断协议，排除、限制相关市场竞争。

第九条 协同行为的认定

① 该法条系指2007年制定的《反垄断法》的条款，现对应2022年修正的《反垄断法》第18条第1款第3项。

② 该法条系指2007年制定的《反垄断法》的条款，现对应2022年修正的《反垄断法》第16条、第17条、第18条第1款。

认定平台经济领域协同行为，可以通过直接证据判定是否存在协同行为的事实。如果直接证据较难获取，可以根据《禁止垄断协议暂行规定》第六条规定，按照逻辑一致的间接证据，认定经营者对相关信息的知悉状况，判定经营者之间是否存在协同行为。经营者可以提供相反证据证明其不存在协同行为。

5.《国务院反垄断委员会关于知识产权领域的反垄断指南》

第二章 可能排除、限制竞争的知识产权协议

涉及知识产权的协议，特别是联合研发、交叉许可等，通常具有激励创新、促进竞争的效果，不同的协议类型产生的积极影响有所不同。但是，涉及知识产权的协议也可能对市场竞争产生排除、限制影响，适用《反垄断法》第二章规定。

第七条 联合研发

联合研发是指经营者共同研发技术、产品等，及利用研发成果的行为。联合研发通常可以节约研发成本，提高研发效率，但是也可能对市场竞争产生排除、限制影响，分析时可以考虑以下因素：

（一）是否限制经营者在与联合研发无关的领域独立或者与第三方合作进行研发；

（二）是否限制经营者在联合研发完成后进行后续研发；

（三）是否限定经营者在与联合研发无关的领域研发的新技术或者新产品所涉知识产权的归属和行使。

第八条 交叉许可

交叉许可是指经营者将各自拥有的知识产权相互许可使用。交叉许可通常可以降低知识产权许可成本，促进知识产权实施，但是也可能对市场竞争产生排除、限制影响，分析时可以考虑以下因素：

（一）是否为排他性许可；

（二）是否构成第三方进入市场的壁垒；

（三）是否排除、限制下游市场的竞争；

（四）是否提高了相关商品的成本。

第九条 排他性回授和独占性回授

回授是指被许可人将其利用被许可的知识产权所作的改进，或者通过使用被许可的知识产权所获得的新成果授权给许可人。回授通常可以推动对新成果的投资和运用，但是排他性回授和独占性回授可能降低被许可人的创新动力，

对市场竞争产生排除、限制影响。

如果仅有许可人或者其指定的第三方和被许可人有权实施回授的改进或者新成果，这种回授是排他性的。如果仅有许可人或者其指定的第三方有权实施回授的改进或者新成果，这种回授是独占性的。通常情况下，独占性回授比排他性回授排除、限制竞争的可能性更大。分析排他性回授和独占性回授对市场竞争产生的排除、限制影响时可以考虑以下因素：

（一）许可人是否就回授提供实质性的对价；

（二）许可人与被许可人在交叉许可中是否相互要求独占性回授或者排他性回授；

（三）回授是否导致改进或者新成果向单一经营者集中，使其获得或者增强市场控制力；

（四）回授是否影响被许可人进行改进的积极性。

如果许可人要求被许可人将上述改进或者新成果转让给许可人，或者其指定的第三方，分析该行为是否排除、限制竞争，同样考虑上述因素。

第十条 不质疑条款

不质疑条款是指在与知识产权许可相关的协议中，许可人要求被许可人不得对其知识产权有效性提出异议的一类条款。分析不质疑条款对市场竞争产生的排除、限制影响，可以考虑以下因素：

（一）许可人是否要求所有的被许可人不质疑其知识产权的有效性；

（二）不质疑条款涉及的知识产权许可是否有偿；

（三）不质疑条款涉及的知识产权是否可能构成下游市场的进入壁垒；

（四）不质疑条款涉及的知识产权是否阻碍其他竞争性知识产权的实施；

（五）不质疑条款涉及的知识产权许可是否具有排他性；

（六）被许可人质疑许可人知识产权的有效性是否可能因此遭受重大损失。

第十一条 标准制定

本指南所称标准制定，是指经营者共同制定或参与制定在一定范围内统一实施的涉及知识产权的标准。标准制定有助于实现不同产品之间的通用性，降低成本，提高效率，保证产品质量。但是，具有竞争关系的经营者共同参与标准制定可能排除、限制竞争，具体分析时可以考虑以下因素：

（一）是否没有正当理由，排除其他特定经营者；

（二）是否没有正当理由，排斥特定经营者的相关方案；

（三）是否约定不实施其他竞争性标准；

（四）对行使标准中所包含的知识产权是否有必要、合理的约束机制。

第十二条　其他限制

经营者许可知识产权，还可能涉及下列限制：

（一）限制知识产权的使用领域；

（二）限制利用知识产权提供的商品的销售或传播渠道、范围或者对象；

（三）限制经营者利用知识产权提供的商品数量；

（四）限制经营者使用具有竞争关系的技术或者提供具有竞争关系的商品。

上述限制通常具有商业合理性，能够提高效率，促进知识产权实施，但是也可能对市场竞争产生排除、限制影响，分析时可以考虑以下因素：

（一）限制的内容、程度及实施方式；

（二）利用知识产权提供的商品的特点；

（三）限制与知识产权许可条件的关系；

（四）是否包含多项限制；

（五）如果其他经营者拥有的知识产权涉及具有替代关系的技术，其他经营者是否实施相同或者类似的限制。

6.《国务院反垄断委员会关于原料药领域的反垄断指南》

第九条　轴辐协议

经营者不得组织原料药经营者达成垄断协议或者为其达成垄断协议提供实质性帮助。

具有竞争关系的原料药经营者可能借助与其他经营者之间的纵向关系，或者由其他经营者组织、协调，达成具有横向垄断协议效果的轴辐协议。分析该协议是否属于《反垄断法》第十三条[①]规制的垄断协议，主要考虑原料药经营者是否应知或者明知其他经营者与同一原料药经销企业签订相同、相似或者具有相互配合关系的协议。

---

① 该法条系指2007年制定的《反垄断法》的条款，现对应2022年修正的《反垄断法》第16条、第17条。

条文释义

一、本条主旨

本条是关于垄断协议定义的规定。

二、条文演变

2007年《反垄断法》第13条第1款规定禁止横向垄断协议，第2款规定了垄断协议的定义。2022年修正的《反垄断法》将第13条第2款独立前置，作为第16条，成为《反垄断法》第二章“垄断协议”的总括性规定。“如此修改，不仅优化了条文顺序，而且理顺了相关规定的应有逻辑关系，统领有关垄断协议的规范体系，有助于杜绝法律适用中的解释错误。”[①]

三、条文解读

（一）垄断协议的定义和类型

我国《反垄断法》中规制了三种经济性垄断行为（垄断协议、滥用市场支配地位和具有排除、限制竞争效果的经营者集中）和一种行政性垄断行为。本条规定的是垄断协议的定义，即垄断协议是指“排除、限制竞争的协议、决定或者其他协同行为”。各国及国际组织对垄断协议的称谓并不完全相同，如德国将其称为“卡特尔”，法国将其称为“非法联合行为”，日本将其称为“不正当交易限制”，欧盟将其称为“限制竞争协议”。但各国法律对垄断协议定义或者构成要件的规定基本上趋向一致，集中体现为三点：（1）垄断协议的实施主体是两个以上的独立经营者；（2）垄断协议的本质在于共谋，其表现形式除口头协议、决定外，还包括协同行为；（3）垄断协议具有排除、限制竞争的目的或产生排除、限制竞争的效果。[②]

---

① 时建中：《新〈反垄断法〉的现实意义与内容解读》，载《中国法律评论》2022年第4期，第185页。

② 参见全国人大常委会法制工作委员会经济法室编：《中华人民共和国反垄断法条文说明、立法理由及相关规定》，北京大学出版社2007年版，第66页。

根据垄断协议涉及的主体在市场交易环节中的作用划分，2007 年修正的《反垄断法》第 13 条禁止的是横向垄断协议，第 14 条禁止的是纵向垄断协议，并将垄断协议的概念规定在《反垄断法》第 13 条第 2 款。司法实践一般认为 2007 年《反垄断法》第 13 条第 2 款对垄断协议的概念同时适用于横向垄断协议和纵向垄断协议（第 14 条）。2022 年修正的《反垄断法》对本条的调整，以立法的形式予以确定，并进一步统摄新增加的第 19 条。因此，在 2022 年修正的《反垄断法》的框架下，垄断协议包括横向垄断协议、纵向垄断协议和经营者组织、帮助达成的垄断协议，形式上包括协议、决定以及其他协同行为。

“垄断协议”本身是中国反垄断法上的概念。从“垄断协议”本身的语义而言，其并不指代比较竞争法上的所有协同行为。因此，本条对“垄断协议”概念界定为包括协议等在内的所有协同行为是必要的。

比较法上，对垄断协议的规制方式大致分为两种。第一种以美国的《谢尔曼法》第 1 条为代表。这种模式原则性规定垄断协议的特征，而不具体列举特定的垄断协议类型。相似的还有《德国反限制竞争法》第 1 条禁止协同行为的规定。第二种以欧盟竞争法为代表。《欧盟运行条约》第 101 条在原则禁止垄断协议的同时，特别列举了五种特定的垄断协议。如果某种行为不属于列举的五种垄断协议，则按照前述原则性规定进行认定。我国《反垄断法》中对于垄断协议的规定在立法时主要借鉴了欧盟竞争法的规定。但是和欧盟竞争法不同的是，《欧盟运行条约》第 101 条并未区分横向和纵向垄断协议，而在欧盟委员会及相关欧盟法院的执法和司法实践中对两种类型协议作了区分。我国 2007 年《反垄断法》则是在第 13 条和第 14 条中对横向和纵向垄断协议直接区分。由于横向和纵向垄断协议实际的反竞争效果有明显不同，这种区分也有利于我国反垄断执法和司法实践中对垄断行为的认定。

（二）协同行为的认定

协同行为的认定是实践中的难点问题，2007 年《反垄断法》及 2022 年《反垄断法》对协同行为没有作进一步的规定。《反垄断法》颁布后，国家发展和改革委员会和原国家工商行政管理总局的配套规章对此进行了相应的界定，国家市场监督管理总局于 2019 年发布的《禁止垄断协议暂行规定》进行了细化规定。其中第 5 条第 3 款规定：“其他协同行为是指经营者之间虽未明确订立协议或者决定，但实质上存在协调一致的行为。”第 6 条规定：“认定其他协同行为，应当考虑下列因素：（一）经营者的市场行为是否具有一致性；（二）经营者之间是否进行过意思联络或者信息交流；（三）经营者能否对行为的一致性作出合理解释；（四）相关市场的市场结构、竞争状况、市场变化等情况。”国务院反垄断委员会于2021年2月7日发布的《国务院反垄断委员会关于平台经济领域的反垄断指南》第9条“协同行为的认定”规定：“认定平台经济领域协同行为，可以通过直接证据判定是否存在协同行为的事实。如果直接证据较难获取，可以根据《禁止垄断协议暂行规定》第6条规定，按照逻辑一致的间接证据，认定经营者对相关信息的知悉状况，判定经营者之间是否存在协同行为。经营者可以提供相反证据证明其不存在协同行为。”认定协同行为的考虑因素中，对意思联络或信息交流的分析与判定，是执法部门在个案中面临的最大挑战。并非所有信息的交流都有助于协同行为，反垄断执法机构在认定协同行为过程中，需要重点关注竞争者之间所交流信息的特征，比如信息所涉及的主题、信息的时间属性以信息的聚合程度等。[①] 特别指出的是，间接的或纵向的信息交流，也可以像直接的竞争者之间的信息交流一样，用以形成协同行为。[②]

适用指引

一、垄断协议的构成要件

一般认为，认定垄断协议需要满足三项要件。

（一）垄断协议的主体是双方或多方

竞争法规制的垄断行为根据主体数量一般可分为单边行为和多边行为。其中，滥用市场支配地位（共同滥用市场支配地位情形除外）是由具有市场支配地位的经营者单方面实施的行为。依照垄断协议的概念，垄断协议是由两个及以上经营者共同达成的协同行为，因此其主体是双方或多方。

① 参见时建中主编：《〈中华人民共和国反垄断法〉专家修改建议稿及详细说明》，中国政法大学出版社2020年版，第25页。

② 参见韩伟主编：《OECD竞争政策圆桌论坛报告选择》，法律出版社2015年版，第52页。

（二）垄断协议必须由经营者之间达成共谋

垄断协议是经营者之间达成的有意识的共谋，其形式可能是协议（合同）、决定或者其他协调一致的行为。协议指的是经营者之间达成的书面或口头协议。决定（或决议）一般指由行业协会或其他企业联合体作出的要求所属企业共同实施的限制竞争行为。除此之外，经营者之间达成的其他协调行为均可能构成垄断协议。构成垄断协议要求的共谋必须是经营者之间基于意思联络达成的共同行为。反垄断司法和执法实践中对于有书面协议的经营者意思联络比较容易认定，在缺乏直接证据的情形下，一般也可以从结果的行动一致性等因素对意思联络进行分析认定。

（三）垄断协议要求经营者的行为具有排除、限制竞争的目的或效果

垄断协议是《反垄断法》规制的一类垄断行为，是具有排除、限制竞争可能的行为。因此，判断经营者实施行为是否构成垄断协议时，原则上应当考察其是否会排除、限制竞争。这种对竞争的排除和限制既是该垄断协议达成的目的，也是经营者实施该垄断协议后会产生的效果。当然，垄断协议的构成并不需要该垄断协议一定被实施并产生实际的限制竞争效果。在反垄断民事诉讼中，由于原告一般以损害赔偿作为主要诉讼请求，这种情况下原告就需要证明由于垄断协议实施造成的实际损失。对于排除、限制竞争效果（又称反竞争效果）的认定，有一个理论认知、实践探索、法规政策逐步调整的过程。在本法颁布之前的 2007 年《反垄断法》施行期间，理论认识基本上是列明的（五类）典型横向垄断协议作为反竞争效果相当明显和严重，一般适用本身违法原则，进行反竞争效果推定；而对于纵向垄断协议的利弊问题相对复杂，是否均可适用反竞争效果推定，尚不能一概而论。在这种认识背景下，2007 年《反垄断法》既没有针对横向垄断协议也未针对纵向垄断协议规定反竞争效果推定规则，《垄断案件规定》第 7 条仅针对五项列明的典型横向垄断协议规定了反竞争效果推定规则，具体规定："被诉垄断行为属于反垄断法第 13 条第 1 款第 1 项至第 5 项[①] 规定的垄断协议的，被告应对该协议不具有排除、限制竞争的效果承担举证责任。"随着实践的深入和理论的深化，本法明确规定了反竞争效

① 该法条系指 2007 年制定的《反垄断法》的条款，现对应 2022 年修正的《反垄断法》第 17 条第 1 项至第 5 项。

果推定规则，但仅在第18条第2款中针对2项列明的典型纵向垄断协议。具体立法理由是，立法机关认为“对本法明确列举的典型横向垄断协议，一旦出现法定情形，即可认定构成垄断协议，不能通过反证不存在排除、限制竞争效果适用，也不能适用垄断协议安全港规则。对于本法明确列举典型纵向垄断协议，一旦出现法定情形，即推定构成垄断协议，但经营者可以通过反证不存在排除、限制竞争效果而排除适用。”[①] 从中我们可以大致看出，立法机关基于对不同垄断协议反竞争效果的必然性和盖然性的把握，在立法上相应采取了不同的规则。基于本法规定的文义和精神，对于垄断协议反竞争效果的认定总体上分为三种规则：第一是直接（初步）认定，适用于五类列明的典型横向垄断协议；第二是进行反竞争效果推定，适用于两类列明的纵向垄断协议；第三是遵循一般的“谁主张，谁举证”证明规则，适用于本法第17条第6项和第18条第1款第3项规定的非列明的其他横向垄断协议和其他纵向垄断协议，即“国务院反垄断执法机构认定的其他垄断协议”（具体适用国务院反垄断执法机构作出的有关规定，一般规定由主张构成其他垄断协议的主体提供证据证明其他协议具有反竞争效果）。对于五项列明的典型横向垄断协议，直接认定其具有反竞争效果，该认定系属于初步认定还是终局认定，尚值得进一步研究和观察。至少根据本法第20条关于垄断协议豁免的规定，经营者尚有反证其不具有反竞争效果的途径，故笔者目前倾向认为该项认定为初步认定。当然，这个问题有待于进一步的理论研究和实践检验，笔者的认识均是相对的，也是需要不断发展的。

二、认定垄断协议的分析方法

针对不同类型的垄断协议以及对竞争秩序的影响程度，有的国家或地区在执法实践中形成了两种认定垄断协议的分析方法：本身违法原则和合理分析原则。前者只关注某种行为是否发生，行为本身就必然具有排除或者限制竞争的效果（即具有违法性）；后者则要求对行为是否具有排除、限制竞争的效果进行具体分析和评估，考虑协议所涉及的市场具体情况、协议实施前后的市场变化、协议的性质和后果等因素综合确定。只有确认该协议确实具有排除、限制竞争的效果时，才能认定构成垄断协议。本身违法原则并非基于逻辑的必然

① 参见王翔主编：《中华人民共和国反垄断法解读》中国法制出版社2022年8月第1版，第69页。

性，而是基于长期实践观察的结果。[①]

本条对垄断协议规定了排除、限制竞争的效果条件。根据这一规定，经营者之间的协议是否构成《反垄断法》所禁止的垄断协议，应当以该协议是否具有排除、限制竞争的效果为根本标准。根据举证责任分配的一般规则，请求权人应当对其请求权所依据的要件事实承担举证责任；请求权人的对方当事人应当对消除或者妨碍该请求权所依据的要件事实承担举证责任。只是法律在规则设定时，针对不同情形对原告应承担的排除限制竞争效果证明责任直接予以免除或部分转移。

典型案例

上海海基业高科技有限公司诉安徽省工商行政管理局反垄断行政处罚纠纷案

关键词：垄断　横向垄断协议　协同行为　限制竞争

裁判摘要：以协同行为方式达成垄断协议的认定标准和考虑因素主要有以下五点：第一，是否符合达成垄断协议行为的主体要件。第二，客观上经营者之间是否存在一致性市场行为。第三，主观上经营者之间是否进行过意思联络或者信息交流。第四，经营者能否对一致性行为作出合理解释。第五，相关市场的结构情况、竞争状况、市场变化情况、行业情况等因素。本案符合协同行为的上述要件，同时人行合肥中心支行（以下简称人行合肥支行）在本案中扮演着较为特殊的角色。即使三家公司并未直接达成书面或口头的垄断协议，但其借人行合肥支行召开会议及下发相关文件的契机，直接或间接进行了意思交流，并在事实上实施了分割市场的行为，这种类似轴辐卡特尔的协同行为同样违反了《反垄断法》。

基本案情：2016年9月18日，安徽省工商行政管理局（以下简称安徽工商局）作出行政处罚，认定上海海基业高科技有限公司（以下简称海基业公司）和北京兆日科技有限责任公司（以下简称兆日公司）、信雅达系统工程股份有限公司（以下简称信雅达公司）均在安徽市场销售支付密码器，经营同种

① 参见朱理：《〈关于审理因垄断行为引发的民事纠纷案件应用法律若干问题的规定〉的理解与适用》，载《人民司法》2012年第15期，第45页。

业务，是具有横向竞争关系的独立法人，以中国人民银行合肥中心支行行政限定为由，积极组织实施划分销售对象来分割支付密码器销售市场，构成达成并实施垄断协议行为，责令海基业公司停止违法行为，没收海基业公司违法所得并处罚款。2017 年 1 月 13 日，国家工商行政管理总局（该局职权由国家市场监督管理总局继续行使）作出被诉复议决定，认定海基业公司与兆日公司、信雅达公司虽未直接订立书面或口头协议，但三者共同参加了人行合肥支行组织召开的安徽省支付密码器推广工作会议，在会议上获得了分割市场和固定销售价格的信息，会后，又根据会议商议的结果和人行合肥支行下发的两个通知，分别向对应的银行供应密码器且不交叉供货，执行约定的价格，相互之间不进行竞争，已经构成了分割销售市场的协同行为，违反了《反垄断法》第 13 条规定，维持原处罚决定。海基业公司不服上述行政行为，诉至一审法院，请求撤销被诉行政处罚及被诉复议决定。2017 年 10 月 30 日，北京市西城区人民法院作出（2017）京 0102 行初 432 号行政判决驳回海基业公司的诉讼请求。海基业公司不服一审判决，提起上诉。北京市第二中级人民法院于 2018 年 5 月 17 日判决驳回上诉，维持原判。

【案　　号】（2018）京 02 行终 82 号

【审理法院】北京市第二中级人民

【来　　源】第六届全国行政审判优秀业务成果评选（裁判文书类成果）一等奖

第十七条　禁止具有竞争关系的经营者达成下列垄断协议：

（一）固定或者变更商品价格；

（二）限制商品的生产数量或者销售数量；

（三）分割销售市场或者原材料采购市场；

（四）限制购买新技术、新设备或者限制开发新技术、新产品；

（五）联合抵制交易；

（六）国务院反垄断执法机构认定的其他垄断协议。

关联规定

一、法律、行政法规、司法解释

1.《中华人民共和国民法典》

第八百五十条　非法垄断技术或者侵害他人技术成果的技术合同无效。

2.《中华人民共和国价格法》

第十四条　经营者不得有下列不正当价格行为：

（一）相互串通，操纵市场价格，损害其他经营者或者消费者的合法权益；

（二）在依法降价处理鲜活商品、季节性商品、积压商品等商品外，为了排挤竞争对手或者独占市场，以低于成本的价格倾销，扰乱正常的生产经营秩序，损害国家利益或者其他经营者的合法权益；

（三）捏造、散布涨价信息，哄抬价格，推动商品价格过高上涨的；

（四）利用虚假的或者使人误解的价格手段，诱骗消费者或者其他经营者与其进行交易；

（五）提供相同商品或者服务，对具有同等交易条件的其他经营者实行价格歧视；

（六）采取抬高等级或者压低等级等手段收购、销售商品或者提供服务，变相提高或者压低价格；

（七）违反法律、法规的规定牟取暴利；

（八）法律、行政法规禁止的其他不正当价格行为。

3.《最高人民法院关于审理因垄断行为引发的民事纠纷案件应用法律若干问题的规定》

第七条 被诉垄断行为属于反垄断法第十三条第一款第一项至第五项[①]规定的垄断协议的，被告应对该协议不具有排除、限制竞争的效果承担举证责任。

4.《最高人民法院关于审理技术合同纠纷案件适用法律若干问题的解释》

第十条 下列情形，属于民法典第八百五十条所称的“非法垄断技术”：

（一）限制当事人一方在合同标的技术基础上进行新的研究开发或者限制其使用所改进的技术，或者双方交换改进技术的条件不对等，包括要求一方将其自行改进的技术无偿提供给对方、非互惠性转让给对方、无偿独占或者共享该改进技术的知识产权；

（二）限制当事人一方从其他来源获得与技术提供方类似技术或者与其竞争的技术；

（三）阻碍当事人一方根据市场需求，按照合理方式充分实施合同标的技术，包括明显不合理地限制技术接受方实施合同标的技术生产产品或者提供服务的数量、品种、价格、销售渠道和出口市场；

（四）要求技术接受方接受并非实施技术必不可少的附带条件，包括购买非必需的技术、原材料、产品、设备、服务以及接收非必需的人员等；

（五）不合理地限制技术接受方购买原材料、零部件、产品或者设备等的渠道或者来源；

（六）禁止技术接受方对合同标的技术知识产权的有效性提出异议或者对提出异议附加条件。

二、部门规章及规范性文件

1.《国务院反垄断委员会关于相关市场界定的指南》

第二条 界定相关市场的作用

任何竞争行为（包括具有或可能具有排除、限制竞争效果的行为）均发生在一定的市场范围内。界定相关市场就是明确经营者竞争的市场范围。在禁止

① 该法条系指2007年制定的《反垄断法》的条款，现对应2022年修正的《反垄断法》第17条第1项至第5项。

经营者达成垄断协议、禁止经营者滥用市场支配地位、控制具有或者可能具有排除、限制竞争效果的经营者集中等反垄断执法工作中，均可能涉及相关市场的界定问题。

科学合理地界定相关市场，对识别竞争者和潜在竞争者、判定经营者市场份额和市场集中度、认定经营者的市场地位、分析经营者的行为对市场竞争的影响、判断经营者行为是否违法以及在违法情况下需承担的法律责任等关键问题，具有重要的作用。因此，相关市场的界定通常是对竞争行为进行分析的起点，是反垄断执法工作的重要步骤。

2.《禁止垄断协议暂行规定》

第五条 垄断协议是指排除、限制竞争的协议、决定或者其他协同行为。

协议或者决定可以是书面、口头等形式。

其他协同行为是指经营者之间虽未明确订立协议或者决定，但实质上存在协调一致的行为。

第六条 认定其他协同行为，应当考虑下列因素：

（一）经营者的市场行为是否具有一致性；

（二）经营者之间是否进行过意思联络或者信息交流；

（三）经营者能否对行为的一致性作出合理解释；

（四）相关市场的市场结构、竞争状况、市场变化等情况。

第七条 禁止具有竞争关系的经营者就商品或者服务（以下统称商品）价格达成下列垄断协议：

（一）固定或者变更价格水平、价格变动幅度、利润水平或者折扣、手续费等其他费用；

（二）约定采用据以计算价格的标准公式；

（三）限制参与协议的经营者的自主定价权；

（四）通过其他方式固定或者变更价格。

第八条 禁止具有竞争关系的经营者就限制商品的生产数量或者销售数量达成下列垄断协议：

（一）以限制产量、固定产量、停止生产等方式限制商品的生产数量，或者限制特定品种、型号商品的生产数量；

（二）以限制商品投放量等方式限制商品的销售数量，或者限制特定品种、型号商品的销售数量；

（三）通过其他方式限制商品的生产数量或者销售数量。

第九条 禁止具有竞争关系的经营者就分割销售市场或者原材料采购市场达成下列垄断协议：

（一）划分商品销售地域、市场份额、销售对象、销售收入、销售利润或者销售商品的种类、数量、时间；

（二）划分原料、半成品、零部件、相关设备等原材料的采购区域、种类、数量、时间或者供应商；

（三）通过其他方式分割销售市场或者原材料采购市场。

前款规定中的原材料还包括经营者生产经营所必需的技术和服务。

第十条 禁止具有竞争关系的经营者就限制购买新技术、新设备或者限制开发新技术、新产品达成下列垄断协议：

（一）限制购买、使用新技术、新工艺；

（二）限制购买、租赁、使用新设备、新产品；

（三）限制投资、研发新技术、新工艺、新产品；

（四）拒绝使用新技术、新工艺、新设备、新产品；

（五）通过其他方式限制购买新技术、新设备或者限制开发新技术、新产品。

第十一条 禁止具有竞争关系的经营者就联合抵制交易达成下列垄断协议：

（一）联合拒绝向特定经营者供应或者销售商品；

（二）联合拒绝采购或者销售特定经营者的商品；

（三）联合限定特定经营者不得与其具有竞争关系的经营者进行交易；

（四）通过其他方式联合抵制交易。

第十二条 禁止经营者与交易相对人就商品价格达成下列垄断协议：

（一）固定向第三人转售商品的价格水平、价格变动幅度、利润水平或者折扣、手续费等其他费用；

（二）限定向第三人转售商品的最低价格，或者通过限定价格变动幅度、利润水平或者折扣、手续费等其他费用限定向第三人转售商品的最低价格；

（三）通过其他方式固定转售商品价格或者限定转售商品最低价格。

第十三条 不属于本规定第七条至第十二条所列情形的其他协议、决定或者协同行为，有证据证明排除、限制竞争的，应当认定为垄断协议并予以禁止。

前款规定的垄断协议由市场监管总局负责认定，认定时应当考虑下列因素：

（一）经营者达成、实施协议的事实；

（二）市场竞争状况；

（三）经营者在相关市场中的市场份额及其对市场的控制力；

（四）协议对商品价格、数量、质量等方面的影响；

（五）协议对市场进入、技术进步等方面的影响；

（六）协议对消费者、其他经营者的影响；

（七）与认定垄断协议有关的其他因素。

3.《国务院反垄断委员会横向垄断协议案件宽大制度适用指南》

第二条 宽大制度的意义

横向垄断协议通常具有严重排除、限制竞争的效果，同时具有高度隐秘性，且经营者之间相对稳定，如果相关经营者能够主动配合，将极大降低执法机构发现横向垄断协议并展开调查的难度。因此，执法机构认为，对于愿意主动报告横向垄断协议并提供重要证据，同时停止涉嫌违法行为并配合执法机构调查的经营者，执法机构相应地对其减轻或者免除处罚，有助于提高执法机构发现并查处垄断协议行为的效率，节约行政执法成本，维护消费者的利益。同时，执法机构也认为，给予经营者宽大的额度应当与经营者协助执法机构查处横向垄断协议案件的贡献程度相匹配。

4.《国务院反垄断委员会关于平台经济领域的反垄断指南》

第六条 横向垄断协议

具有竞争关系的平台经济领域经营者可能通过下列方式达成固定价格、分割市场、限制产（销）量、限制新技术（产品）、联合抵制交易等横向垄断协议：

（一）利用平台收集并且交换价格、销量、成本、客户等敏感信息；

（二）利用技术手段进行意思联络；

（三）利用数据、算法、平台规则等实现协调一致行为；

（四）其他有助于实现协同的方式。

本指南所称价格，包括但不限于商品价格以及经营者收取的佣金、手续费、会员费、推广费等服务收费。

5.《国务院反垄断委员会关于知识产权领域的反垄断指南》

第二章 可能排除、限制竞争的知识产权协议

涉及知识产权的协议，特别是联合研发、交叉许可等，通常具有激励创新、促进竞争的效果，不同的协议类型产生的积极影响有所不同。但是，涉及知识产权的协议也可能对市场竞争产生排除、限制影响，适用《反垄断法》第二章规定。

第七条 联合研发

联合研发是指经营者共同研发技术、产品等，及利用研发成果的行为。联合研发通常可以节约研发成本，提高研发效率，但是也可能对市场竞争产生排除、限制影响，分析时可以考虑以下因素：

（一）是否限制经营者在与联合研发无关的领域独立或者与第三方合作进行研发；

（二）是否限制经营者在联合研发完成后进行后续研发；

（三）是否限定经营者在与联合研发无关的领域研发的新技术或者新产品所涉知识产权的归属和行使。

第八条 交叉许可

交叉许可是指经营者将各自拥有的知识产权相互许可使用。交叉许可通常可以降低知识产权许可成本，促进知识产权实施，但是也可能对市场竞争产生排除、限制影响，分析时可以考虑以下因素：

（一）是否为排他性许可；

（二）是否构成第三方进入市场的壁垒；

（三）是否排除、限制下游市场的竞争；

（四）是否提高了相关商品的成本。

第九条 排他性回授和独占性回授

回授是指被许可人将其利用被许可的知识产权所作的改进，或者通过使用被许可的知识产权所获得的新成果授权给许可人。回授通常可以推动对新成果的投资和运用，但是排他性回授和独占性回授可能降低被许可人的创新动力，对市场竞争产生排除、限制影响。

如果仅有许可人或者其指定的第三方和被许可人有权实施回授的改进或者新成果，这种回授是排他性的。如果仅有许可人或者其指定的第三方有权实施回授的改进或者新成果，这种回授是独占性的。通常情况下，独占性回授比排

他性回授排除、限制竞争的可能性更大。分析排他性回授和独占性回授对市场竞争产生的排除、限制影响时可以考虑以下因素：

（一）许可人是否就回授提供实质性的对价；

（二）许可人与被许可人在交叉许可中是否相互要求独占性回授或者排他性回授；

（三）回授是否导致改进或者新成果向单一经营者集中，使其获得或者增强市场控制力；

（四）回授是否影响被许可人进行改进的积极性。

如果许可人要求被许可人将上述改进或者新成果转让给许可人，或者其指定的第三方，分析该行为是否排除、限制竞争，同样考虑上述因素。

第十条 不质疑条款

不质疑条款是指在与知识产权许可相关的协议中，许可人要求被许可人不得对其知识产权有效性提出异议的一类条款。分析不质疑条款对市场竞争产生的排除、限制影响，可以考虑以下因素：

（一）许可人是否要求所有的被许可人不质疑其知识产权的有效性；

（二）不质疑条款涉及的知识产权许可是否有偿；

（三）不质疑条款涉及的知识产权是否可能构成下游市场的进入壁垒；

（四）不质疑条款涉及的知识产权是否阻碍其他竞争性知识产权的实施；

（五）不质疑条款涉及的知识产权许可是否具有排他性；

（六）被许可人质疑许可人知识产权的有效性是否可能因此遭受重大损失。

第十一条 标准制定

本指南所称标准制定，是指经营者共同制定或参与制定在一定范围内统一实施的涉及知识产权的标准。标准制定有助于实现不同产品之间的通用性，降低成本，提高效率，保证产品质量。但是，具有竞争关系的经营者共同参与标准制定可能排除、限制竞争，具体分析时可以考虑以下因素：

（一）是否没有正当理由，排除其他特定经营者；

（二）是否没有正当理由，排斥特定经营者的相关方案；

（三）是否约定不实施其他竞争性标准；

（四）对行使标准中所包含的知识产权是否有必要、合理的约束机制。

第十二条 其他限制

经营者许可知识产权，还可能涉及下列限制：

（一）限制知识产权的使用领域；

（二）限制利用知识产权提供的商品的销售或传播渠道、范围或者对象；

（三）限制经营者利用知识产权提供的商品数量；

（四）限制经营者使用具有竞争关系的技术或者提供具有竞争关系的商品。

上述限制通常具有商业合理性，能够提高效率，促进知识产权实施，但是也可能对市场竞争产生排除、限制影响，分析时可以考虑以下因素：

（一）限制的内容、程度及实施方式；

（二）利用知识产权提供的商品的特点；

（三）限制与知识产权许可条件的关系；

（四）是否包含多项限制；

（五）如果其他经营者拥有的知识产权涉及具有替代关系的技术，其他经营者是否实施相同或者类似的限制。

条文释义

一、本条主旨

本条是关于禁止横向垄断协议的规定。

二、条文演变

本条原为2007年《反垄断法》第13条第1款。2007年《反垄断法》第13条第1款规定禁止横向垄断协议，第2款规定了垄断协议的定义。2022年《反垄断法》将2007年《反垄断法》第13条第2款独立前置，作为第16条成为《反垄断法》第二章垄断协议章节的总括性规定，将横向垄断协议单独作为第17条。

三、条文解读

本条禁止的是“具有竞争关系的经营者”达成的垄断协议。竞争法理论认为，由竞争者之间达成的垄断协议是横向垄断协议，也即两个或多个生产或销售同类产品或提供同类服务而具有横向竞争关系的企业进行共谋的垄断行为。比较法上，企业之间的横向垄断协议又称为卡特尔（Cartel），其内容基本相当于我国《反垄断法》中的横向垄断协议。一般认为，横向垄断协议是最具有反竞争效果的一类垄断行为，因此通常为世界主要司法辖区的竞争法（反垄断法）禁止。主要有以下几种类型。

1. 固定价格协议

固定价格协议又称为价格卡特尔，指的是竞争者之间达成的固定或者协调变更商品（服务）价格的协议。由于市场经济中企业间的竞争主要是价格竞争，因此价格卡特尔直接限制了市场中的有效竞争，对市场危害最大，是一种典型的垄断协议。

2. 限制产销量协议

限制产销量协议又称为数量卡特尔，即经营者之间达成的共同限制性产品或服务供应市场数量的协议。一般而言，数量与价格息息相关，如果市场中的产品或服务数量减少，则价格将提高，最终限制竞争并损害消费者利益。

3. 划分市场协议

划分市场协议又称为地域卡特尔或者市场卡特尔。一般而言，经营者在划分地域或销售市场时只有同时规定一个大致相近的价格幅度才能达到其划分并维持市场的目的。因此，地域卡特尔和价格卡特尔一样，都会限制基本的价格竞争。并且，如果地域卡特尔得以实现，每个地域或销售市场都仅存在部分经营者，将使得落后企业免于竞争淘汰，最终损害消费者权益。

4. 限制开发、创新协议

限制开发、创新协议即由各方经营者联合起来限制相关产品或技术开发或购买新设备，从而减少在技术领域的竞争。限制开发、创新协议和知识产权领域的垄断行为关系密切，《国务院反垄断委员会关于知识产权领域的反垄断指南》对相关垄断行为作了更为细致的列举并说明了相关分析要素。

5. 联合抵制协议

联合抵制协议即经营者各方联合起来不与其他竞争者或上游供应商、下游客户等交易的协议。通过拒绝与竞争对手交易或者迫使上下游供应商、客户不与竞争对手交易，联合抵制协议将使得部分竞争对手处于不利地位，从而限制了市场竞争。

6. 其他横向垄断协议

本条列举了五种典型的横向垄断协议。同时，本条设置了兜底条款，授权国务院反垄断执法机构认定其他未被列举的横向垄断协议。反垄断执法实践中，不同行业中横向垄断协议表现可能不完全相同，国务院反垄断委员会制定的相关反垄断指南中对可能出现的其他横向垄断协议进行了更为详细的列举和分析。

适用指引

横向垄断协议（或称横向限制）在垄断行为中属于非常严重的限制竞争行为，其直接限制横向竞争对手之间的竞争并往往带来价格上涨、产量下降等消费者福利损失。各国竞争法一般对横向垄断协议采取较为严厉的态度。垄断协议的反竞争效果一般是比较突出的。古典经济学家亚当·斯密在其著名的《国富论》中认为："从事相同贸易的人们即使是为了娱乐和消遣也很少聚集在一起。一旦聚会，其结果往往不是阴谋对付消费者，便是筹谋抬高价格。"[①]

国家市场监督管理总局发布的《禁止垄断协议暂行规定》第 7 条至第 11 条中对 2007 年《反垄断法》第 13 条第 1 款的第 1 项至第 5 项由法律直接列举的五种横向垄断协议采取了直接禁止的态度，并进一步细化可能构成五种法定横向垄断协议的类型。同时，《禁止垄断协议暂行规定》第 13 条第 1 款规定："不属于本规定第七条至第十二条所列情形的其他协议、决定或者协同行为，有证据证明排除、限制竞争的，应当认定为垄断协议并予以禁止。"这表明对于《反垄断法》未列举的横向限制行为，不能仅因为经营者的协同行为在形式上符合横向垄断协议的构成要件而直接禁止，反垄断执法机构仍需要考察相关行为是否会造成损害竞争的效果。

类案检索

茂名市电白区建科混凝土有限公司诉广东省市场监督管理局反垄断行政处罚案

关键词： 垄断　横向垄断协议　协同行为

裁判摘要：《反垄断法》第 13 条第 2 款规定的"其他协同行为"，属于垄

① ［英］亚当·斯密：《国民财富的性质和原因的研究》，郭大力、王亚南译，商务印书馆 1974 年版，第 122 页。

断协议的一种表现形式，是指具有竞争关系的经营者没有订立书面或口头协议或者决定，但是相互进行了沟通，心照不宣地实施了协同一致的排除、限制竞争行为。认定其他协同行为，需要具备以下两个条件：首先，具有竞争关系的经营者之间存在一致性市场行为，即经营者同时或相继作出协调的、共同的市场行为；其次，具有竞争关系的经营者之间存在排除、限制竞争的共谋，即经营者之间进行过相关意思联络或信息交流，比如交流经营信息、商业计划等。认定其他协同行为，还需要考虑相关市场的市场结构、竞争状况、市场变化等情况，排除各个经营者根据市场和竞争状况独立作出的相同市场行为的情形。

【案　　号】（2022）最高法知行终29号

【审理法院】最高人民法院

【来　　源】中国裁判文书网

第十八条　禁止经营者与交易相对人达成下列垄断协议：

（一）固定向第三人转售商品的价格；

（二）限定向第三人转售商品的最低价格；

（三）国务院反垄断执法机构认定的其他垄断协议。

对前款第一项和第二项规定的协议，经营者能够证明其不具有排除、限制竞争效果的，不予禁止。

经营者能够证明其在相关市场的市场份额低于国务院反垄断执法机构规定的标准，并符合国务院反垄断执法机构规定的其他条件的，不予禁止。

关联规定

一、法律、行政法规、司法解释

1.《中华人民共和国民法典》

第八百五十条　非法垄断技术或者侵害他人技术成果的技术合同无效。

第八百六十四条　技术转让合同和技术许可合同可以约定实施专利或者使用技术秘密的范围，但是不得限制技术竞争和技术发展。

2.《中华人民共和国价格法》

第十四条　经营者不得有下列不正当价格行为：

（一）相互串通，操纵市场价格，损害其他经营者或者消费者的合法权益；

（二）在依法降价处理鲜活商品、季节性商品、积压商品等商品外，为了排挤竞争对手或者独占市场，以低于成本的价格倾销，扰乱正常的生产经营秩序，损害国家利益或者其他经营者的合法权益；

（三）捏造、散布涨价信息，哄抬价格，推动商品价格过高上涨的；

（四）利用虚假的或者使人误解的价格手段，诱骗消费者或者其他经营者与其进行交易；

（五）提供相同商品或者服务，对具有同等交易条件的其他经营者实行价格歧视；

（六）采取抬高等级或者压低等级等手段收购、销售商品或者提供服务，变相提高或者压低价格；

（七）违反法律、法规的规定牟取暴利；

（八）法律、行政法规禁止的其他不正当价格行为。

3.《最高人民法院关于审理技术合同纠纷案件适用法律若干问题的解释》

第十条 下列情形，属于民法典第八百五十条所称的“非法垄断技术”：

（一）限制当事人一方在合同标的技术基础上进行新的研究开发或者限制其使用所改进的技术，或者双方交换改进技术的条件不对等，包括要求一方将其自行改进的技术无偿提供给对方、非互惠性转让给对方、无偿独占或者共享该改进技术的知识产权；

（二）限制当事人一方从其他来源获得与技术提供方类似技术或者与其竞争的技术；

（三）阻碍当事人一方根据市场需求，按照合理方式充分实施合同标的技术，包括明显不合理地限制技术接受方实施合同标的技术生产产品或者提供服务的数量、品种、价格、销售渠道和出口市场；

（四）要求技术接受方接受并非实施技术必不可少的附带条件，包括购买非必需的技术、原材料、产品、设备、服务以及接收非必需的人员等；

（五）不合理地限制技术接受方购买原材料、零部件、产品或者设备等的渠道或者来源；

（六）禁止技术接受方对合同标的技术知识产权的有效性提出异议或者对提出异议附加条件。

第二十八条 民法典第八百六十四条所称“实施专利或者使用技术秘密的范围”，包括实施专利或者使用技术秘密的期限、地域、方式以及接触技术秘密的人员等。

当事人对实施专利或者使用技术秘密的期限没有约定或者约定不明确的，受让人、被许可人实施专利或者使用技术秘密不受期限限制。

二、部门规章及规范性文件

1.《国务院反垄断委员会关于相关市场界定的指南》

第二条 界定相关市场的作用

任何竞争行为（包括具有或可能具有排除、限制竞争效果的行为）均发生在一定的市场范围内。界定相关市场就是明确经营者竞争的市场范围。在禁止经营者达成垄断协议、禁止经营者滥用市场支配地位、控制具有或者可能具有排除、限制竞争效果的经营者集中等反垄断执法工作中，均可能涉及相关市场的界定问题。

科学合理地界定相关市场，对识别竞争者和潜在竞争者、判定经营者市场份额和市场集中度、认定经营者的市场地位、分析经营者的行为对市场竞争的影响、判断经营者行为是否违法以及在违法情况下需承担的法律责任等关键问题，具有重要的作用。因此，相关市场的界定通常是对竞争行为进行分析的起点，是反垄断执法工作的重要步骤。

2.《禁止垄断协议暂行规定》

第十二条 禁止经营者与交易相对人就商品价格达成下列垄断协议：

（一）固定向第三人转售商品的价格水平、价格变动幅度、利润水平或者折扣、手续费等其他费用；

（二）限定向第三人转售商品的最低价格，或者通过限定价格变动幅度、利润水平或者折扣、手续费等其他费用限定向第三人转售商品的最低价格；

（三）通过其他方式固定转售商品价格或者限定转售商品最低价格。

第十三条 不属于本规定第七条至第十二条所列情形的其他协议、决定或者协同行为，有证据证明排除、限制竞争的，应当认定为垄断协议并予以禁止。

前款规定的垄断协议由市场监管总局负责认定，认定时应当考虑下列因素：

（一）经营者达成、实施协议的事实；

（二）市场竞争状况；

（三）经营者在相关市场中的市场份额及其对市场的控制力；

（四）协议对商品价格、数量、质量等方面的影响；

（五）协议对市场进入、技术进步等方面的影响；

（六）协议对消费者、其他经营者的影响；

（七）与认定垄断协议有关的其他因素。

3.《关于禁止滥用知识产权排除、限制竞争行为的规定》

第四条 经营者之间不得利用行使知识产权的方式达成《反垄断法》第

十三条、第十四条[①]所禁止的垄断协议。但是，经营者能够证明所达成的协议符合《反垄断法》第十五条[②]规定的除外。

第五条 经营者行使知识产权的行为有下列情形之一的，可以不被认定为《反垄断法》第十三条第一款第六项和第十四条第三项所禁止的垄断协议，但是有相反的证据证明该协议具有排除、限制竞争效果的除外：

（一）具有竞争关系的经营者在受其行为影响的相关市场上的市场份额合计不超过百分之二十，或者在相关市场上存在至少四个可以以合理成本得到的其他独立控制的替代性技术；

（二）经营者与交易相对人在相关市场上的市场份额均不超过百分之三十，或者在相关市场上存在至少两个可以以合理成本得到的其他独立控制的替代性技术。

4.《国务院反垄断委员会关于汽车业的反垄断指南》

第四条 豁免

（一）推定豁免

为降低行政执法成本和经营者合规成本，本指南列出了不具有显著市场力量的经营者设置的纵向地域限制和客户限制若干情形，可以推定适用《反垄断法》第十五条[③]的规定。执法实践和理论研究证明，该等情形通常能够提高经销服务质量、增进经销效率、增强中小经销商经营效率和竞争力，一般不会严重限制相关市场的竞争，并且能够使消费者分享由此产生的利益，因而符合《反垄断法》第十五条规定的条件。

评估经营者是否具有显著市场力量，设置一个固定的市场份额标准并不必然具有合理性与科学性。但是，以纵向协议的竞争评估为例，执法实践和理论研究表明，在相关市场占有30%以下市场份额的经营者有可能被推定为不具有显著市场力量。

但是，市场份额标准不应被僵化运用。根据个案具体情形，如果有证据能够证明经营者的行为不符合《反垄断法》第十五条规定，国务院反垄断执法机

---

① 该法条系指2007年制定的《反垄断法》的条款，现对应2022年修正的《反垄断法》第16条、第17条、第18条第1款。

② 该法条系指2007年制定的《反垄断法》的条款，现对应2022年修正的《反垄断法》第20条。

③ 该法条系指2007年制定的《反垄断法》的条款，现对应2022年修正的《反垄断法》第20条。

构（下称执法机构）仍然可以对相关行为适用《反垄断法》第十四条[①]。

5.《国务院反垄断委员会关于知识产权领域的反垄断指南》

第十三条 安全港规则

为了提高执法效率，给市场主体提供明确的预期，设立安全港规则。安全港规则是指，如果经营者符合下列条件之一，通常不将其达成的涉及知识产权的协议认定为《反垄断法》第十三条第一款第六项和第十四条第三项规定[②]的垄断协议，但是有相反的证据证明该协议对市场竞争产生排除、限制影响的除外。

（一）具有竞争关系的经营者在相关市场的市场份额合计不超过20%；

（二）经营者与交易相对人在受到涉及知识产权的协议影响的任一相关市场上的市场份额均不超过30%；

（三）如果经营者在相关市场的份额难以获得，或者市场份额不能准确反映经营者的市场地位，但在相关市场上除协议各方控制的技术外，存在四个或者四个以上能够以合理成本得到的由其他经营者独立控制的具有替代关系的技术。

6.《国务院反垄断委员会关于平台经济领域的反垄断指南》

第七条 纵向垄断协议

平台经济领域经营者与交易相对人可能通过下列方式达成固定转售价格、限定最低转售价格等纵向垄断协议：

（一）利用技术手段对价格进行自动化设定；

（二）利用平台规则对价格进行统一；

（三）利用数据和算法对价格进行直接或者间接限定；

（四）利用技术手段、平台规则、数据和算法等方式限定其他交易条件，排除、限制市场竞争。

平台经营者要求平台内经营者在商品价格、数量等方面向其提供等于或者优于其他竞争性平台的交易条件的行为可能构成垄断协议，也可能构成滥用市场支配地位行为。

---

① 该法条系指2007年制定的《反垄断法》的条款，现对应2022年修正的《反垄断法》第18条。

② 该法条系指2007年制定的《反垄断法》的条款，现对应2022年修正的《反垄断法》第17条第6项、第18条第1款第3项。

分析上述行为是否构成《反垄断法》第十四条第(三)项[①]规定的纵向垄断协议，可以综合考虑平台经营者的市场力量、相关市场竞争状况、对其他经营者进入相关市场的阻碍程度、对消费者利益和创新的影响等因素。

条文释义

一、本条主旨

本条是关于纵向垄断协议具体情形的规定。

二、条文演变

本条原为2007年《反垄断法》第14条，在此基础上增加两款。一是增加反竞争效果推定条款，作为第2款，即"对前款第一项和第二项规定的协议，经营者能够证明其不具有排除、限制竞争效果的，不予禁止"。二是增加安全港规定，作为第3款，规定达成纵向垄断协议的经营者能够证明其在相关市场的市场份额低于国务院反垄断执法机构规定的标准，并符合国务院反垄断执法机构规定的其他条件的，不予禁止。

三、条文解读

根据垄断协议主体在市场交易环节的关系划分，垄断协议可以区分为横向和纵向垄断协议。本条是有关于纵向垄断协议的规定，即关于"经营者与交易相对人"达成的垄断协议。此种协议中，两个或两个以上处于产业上下游不同环节的经营者，以契约、协议或其他方式之合意实施旨在排除限制竞争以获取某种利益的垄断行为。[②]其中，最为典型的纵向垄断协议是经营者要求其交易相对人在商品转售第三人时必须按照规定价格出售，又称为转售价格维持。

(一)转售价格维持及其反竞争效果推定

本条第1款列举了两种典型的纵向垄断协议：固定向第三人转售商品的价

① 该法条系指2007年制定的《反垄断法》的条款，现对应2022年修正的《反垄断法》第18条第1款第3项。

② 参见种明钊主编：《竞争法学》，高等教育出版社2012年版，第260~261页。

格和限定向第三人转售商品的最低价格的协议。这两种协议形式在竞争法理论上称为转售价格维持。由于限定转售最高价的行为对消费者而言没有损害甚至是有利的，因此《反垄断法》并未禁止限定转售最高价的行为。

一般认为，转售价格维持是纵向垄断协议中限制竞争效果最为严重的一类垄断行为。其排除、限制竞争的效果在于，无论是固定转售价格还是限制最低价格，均限制了转售商对商品的自主定价权，其结果是转售同类商品的转售商无法开展有效的价格竞争。实践中，这可能便利销售商之间达成了固定价格出售商品的协议，尽管这种协议是根据转售价格维持协议被动达成的。[①]

由于销售商之间也存在效率区分，转售价格维持协议阻碍了品牌内价格竞争，可能使得部分销售量从低成本销售商转向高成本销售商，在此过程中低效率的销售商因为缺乏有效的价格竞争在市场中得以保留，相关成本最终由消费者买单。[②] 当然，上述效果仅是一种可能性，转售价格维持协议虽然阻碍了品牌内价格竞争，但是其并未妨碍品牌内的非价格竞争；同时转售价格维持协议还可能具有防止“搭便车”、促进品牌间竞争或者品牌内竞争、维护品牌形象、提升售前或者售后服务水平、增加消费者对产品的需求、促进创新等有利竞争效果。因此，对于纵向垄断协议的合法性与否，需要结合具体案情进行具体分析。

一般认为，纵向垄断协议对竞争的危害相较于横向垄断协议小，对于纵向协议是否需要由原告或者执法机关证明纵向协议具有排除、限制竞争效果一直存在争议。2022 年《反垄断法》第 18 条在 2007 年《反垄断法》第 14 条原规定的基础上增加了第 2 款，结合第 16 条关于垄断协议定义的独立设置，可见 2022 年《反垄断法》认为对于纵向垄断协议，也需要进行排除、限制竞争效果的考察。但是，鉴于价格竞争通常是竞争的最重要手段，限制价格竞争有较大可能导致排除、限制竞争效果，故第 18 条第 2 款规定，对于固定转售价格和限定转售最低价格的协议，原则上推定该两类纵向垄断协议具有排除、限制竞争的效果，无须对该协议是否符合“排除限制竞争”这一构成要件承担举证责任；当然这种推定是可以由经营者进行抗辩予以推翻的，经营者还可以提交证据证明其签订的协议不符合“排除限制竞争”，或者属于 2022 年《反垄断法》第 20 条规定的豁免情形。2022 年《反垄断法》第 18 条特别增加第 2 款

① 参见李昌麒主编:《经济法学》，法律出版社 2016 年版，第 195 页。
② 参见李昌麒主编:《经济法学》，法律出版社 2016 年版，第 195 页。

的规定目的主要是减轻反垄断执法举证负担、降低反垄断执法成本、强化反垄断执法效果，在垄断协议民事案件中原告的举证责任也相应减轻。总体上新增第 2 款规定有利于实现纵向垄断协议认定规则的统一性和权威性。

（二）其他纵向垄断协议

本条所列举的两种典型的纵向垄断协议均为纵向价格协议。同时，本条第 1 款设置了兜底条款，授权国务院反垄断执法机构认定其他未被列举的纵向垄断协议。实践中，其他可能出现的纵向限制还包括大量的纵向非价格协议，如独家交易协议、附加不合理交易条件协议（如搭售），以及知识产权交叉许可、排他性回售和独占性回售、不质疑条款等知识产权纵向非价格协议等。值得注意的是，由于纵向垄断协议和滥用市场支配地位行为都可能存在纵向关系，在一方当事人具有较强市场支配力时，这两种行为本身是存在竞合可能的。例如，搭售行为既可以是双方纵向垄断协议的产物，也可能是一方滥用市场支配地位的行为。在技术转让领域，诸如技术应用范围限制、不质疑条款、一揽子许可、回授等纵向限制，当一方具有市场支配地位时也可能构成滥用市场支配地位。[①]

（三）安全港规则

本条第 3 款从法律层面首次确立以市场份额为标准的垄断协议安全港规则。此前，修正草案安全港规则的适用范围涵盖横向垄断协议、纵向垄断协议以及轴幅协议，即组织、帮助其他经营者实施协议或提供实质性帮助的情形。正式稿将安全港规则限定在纵向垄断协议中，有学者认为这是因为横向垄断协议的垄断效果更加明显，危害也更严重，例外规定更适用于纵向垄断协议。

由于在通常情况下，如果经营者在相关市场中的市场份额并不显著，其实施的垄断行为排除、限制竞争的效果也十分有限，则这类行为通常没有通过《反垄断法》进行规制的必要性。本条第 3 款规定意指非具有竞争关系的经营者在协议所涉任一相关市场份额不超过特定份额的情况下，推定该等经营者之间的协议不会引起限制竞争的效果。当达成垄断协议的经营者能够证明其在相关市场的市场份额低于反垄断执法机构规定的标准时，其实施的垄断协议行为

① 参见王先林：《竞争法学》，中国人民大学出版社 2018 年版，第 222 页。

由于产生的反竞争影响较小甚至可忽略不计，因而原则上不予禁止。

本款将“市场份额低于国务院反垄断执法机构规定的标准”作为认定垄断协议行为不具违法性的基础，该市场份额标准的高低决定了本款的实际效用：若标准较高，则易导致经营者滥用安全港规则这一保障措施；若标准较低，安全港规则的设置对实际执法和经营者利益的影响则微乎其微。因此，制定合理的市场份额标准，是保障安全港规则能够有效实施，充分普惠经营者，促进市场竞争与发展的重中之重。因此，国务院反垄断执法机构后续制定的配套法规对市场份额标准的进一步明确值得关注。合理的安全港规则，对节约执法资源、为经营者提供更清晰的指引将具有重要意义。增加安全港规则条款使得反垄断立法体系更加科学合理，符合市场经济的复杂性，能够满足市场主体做大做强做优和防止市场结构不合理之间的平衡需要，尤其是数字经济创新发展和动态竞争的客观需要，体现了鼓励企业正常发展与规范经营并重，一般原则与例外规定结合的修法理念，能够增强规则设计的灵活性、实用性和科学性。

适用指引

对于本条的法律适用，实践中曾有不同认识，主要分歧在于如何看待纵向垄断协议（特别是本条明确列举的转售价格维持协议）的排除、限制竞争效果。竞争法理论认为，纵向垄断协议不是在竞争者之间发生的，其对于经济协调等具有一定积极意义。特别是纵向协议可以在一定程度上保证产品或服务质量、经营者声誉、消费者安全、增强不同品牌的同类商品竞争等。[①] 因此，对于绝大多数纵向限制，一般采取合理分析原则在个案中分析相关行为的限制和促进竞争效果。

欧盟竞争法上对纵向限制协议的基本态度是原则上禁止，但通过欧盟相关机构的条例（如《纵向协议集体豁免条例》等）为协议当事人提供了抗辩理由，即竞争法理论上的“原则禁止 + 例外豁免”模式。

对纵向垄断协议分析的不确定性与其背后的经济学理论息息相关观点，存有不同。目前比较竞争法上的主流观点是微观经济分析学派，即不直接认为纵向协议合法或违法，但需要在具体案件中考察其对竞争的限制或促进作用。[②]

① 参见王先林：《竞争法学》，中国人民大学出版社 2018 年版，第 222 页。
② 参见王晓晔：《反垄断法》，法律出版社 2011 年版，第 131~132 页。

我国《反垄断法》是2007年通过并于2008年正式实施的。客观上讲，我国《反垄断法》在制定时很多关注到同样是美国2007年判决的Leegin案[①]的结论。2007年《反垄断法》第14条从形式上直接禁止了纵向垄断协议。国家市场监管总局《禁止垄断协议暂行规定》第12条也直接禁止了转售价格维持协议，第13条规定除转售价格维持协议以外的纵向协议应当个案分析其排除、限制竞争效果。

基于对长期执法经验的总结，本法第18条列明的前两项纵向垄断协议也确实具有高概率的反竞争效果，故2022年《反垄断法》修改，新增第18条第2款规定明确先推定具有第15条垄断协议定义中规定的“排除、限制竞争”效果，然后被诉的经营者可以反证不具有该效果而不予禁止该固定转售价格或者限定转售最低价格的行为。因此，在分析第18条第1款列明的前两项纵向垄断协议即转售价格维持行为时，实际上运用的是反竞争效果推定的合理分析原则。换言之，一旦原告或者执法机关证明被告或者被调查对象具有第18条第1款列明的前两项转售价格维持行为，则推定该行为具有排除、限制竞争的效果；接下来，转由被告或者被调查对象证明对其行为不具有排除、限制竞争的效果承担举证责任；一旦被告或者被调查对象证明其行为具有积极的竞争效果，且该积极的竞争效果超过了消极竞争效果，则其行为不予禁止。由此可见，新增的第18条第2款表面上虽然是对反竞争效果的推定及证明责任倒置的规定，但其实质上更是对纵向协议例外的规定，即其在《反垄断法》第20条规定的豁免事由之外，创设了不构成《反垄断法》所禁止的纵向垄断协议的情形。被告或者被调查对象可以在《反垄断法》第20条规定的豁免事由之外，依据第18条第2款单独主张不构成纵向垄断协议的抗辩。

在适用安全港规则时要注意，经营者的市场份额并非垄断协议的违法性认定的前置条件。换言之，若经营者的市场份额低于国务院反垄断执法机构规定的标准，其所达成的协议仍有可能构成垄断协议。首先，适用安全港规则需要准确界定相关市场；其次，市场份额落入安全港范围，也并不意味着行为本身绝对“安全”。若其行为不符合国务院反垄断执法机构规定的其他条件，进而也会导致不适用该款规定。

---

① Leegin Creative Leather Prods. v. PSKS, Inc., 127 S. Ct. 2705, 168 L. Ed. 2d 623, 2007 U.S. LEXIS 8668 (U.S., 2007)

典型案例

北京锐邦涌和科贸有限公司诉强生（上海）医疗器材有限公司、强生（中国）医疗器材有限公司纵向垄断协议纠纷案

关键词：垄断　纵向垄断协议　限制最低转售价格　限制竞争

裁判摘要：经营者实施垄断行为，给他人造成损失的，应依法承担民事责任。经销合同纠纷中，经营者向交易相对人限定商品最低转售价格的，对其行为性质的判断，应当从相关市场竞争是否充分、经营者市场地位是否强大、经营者实施限制最低转售价格的动机、限制最低转售价格的竞争效果等四方面情况来考量。如果经营者的限制最低转售价格条款在相关市场产生了排除、限制竞争的效果，同时并不存在明显、足够的促进竞争的效果，则构成《反垄断法》第14条[①]所规定的垄断协议。

基本案情：北京锐邦涌和科贸有限公司（以下简称锐邦公司）作为强生（上海）医疗器材有限公司、强生（中国）医疗器材有限公司（以下合称强生公司）医用缝线、吻合器等医疗器械产品的经销商，与强生公司已有15年的经销合作关系。2008年1月，强生公司与锐邦公司签订《经销合同》及附件，约定锐邦公司不得以低于强生公司规定的价格销售产品。2008年3月，锐邦公司在北京大学人民医院举行的强生医用缝线销售招标中以最低报价中标。2008年7月，强生公司以锐邦公司私自降价为由取消锐邦公司在阜外医院、整形医院的经销权。2008年8月15日后，强生公司不再接受锐邦公司医用缝线产品订单，2008年9月完全停止了缝线产品、吻合器产品的供货。2009年，强生公司不再与锐邦公司续签经销合同。锐邦公司遂诉至法院，主张强生公司在经销合同中约定的限制最低转售价格条款，构成《反垄断法》所禁止的纵向垄断协议，请求判令强生公司赔偿因执行该垄断协议对锐邦公司低价竞标行为进行"处罚"而给其造成的经济损失人民币1439.93万元。一审法院判决驳回锐邦公司的诉讼请求。锐邦公司不服，提起上诉。上海市高级人民法院二审认为，依据产品的需求、供给的替代性分析，应将本案的相关市场界定为中国大

① 该法条系指2007年制定的《反垄断法》的条款，现对应2022年修正的《反垄断法》第18条第1款。

陆地区医用手术缝线市场，并且可以认定此相关市场竞争并不充分；强生公司凭借其在全球市场的优势、其丰富的产品品种、很高的产品声誉、其对销售渠道的控制以及其他优势，在竞争并不充分的本案相关市场具有很强的竞争优势和定价能力；强生公司对经销商的管理考评制度等证据表明其实施本案限制最低转售价格行为具有明显限制竞争的动机；强生公司所实施本案限制最低转售价格行为，导致中国大陆地区医用手术缝线市场的产品价格长期维持在一个较高水平，限制了市场竞争，而没有产生其他促进竞争的效果。综合上述情况，二审法院认定本案所涉限制最低转售价格协议属于《反垄断法》所禁止的垄断协议，强生公司制定、实施该协议并按该协议处罚锐邦公司的行为属违法行为，故判决强生公司赔偿锐邦公司经济损失人民币 53 万元。

【案　　号】（2012）沪高民三（知）终字第 63 号

【审理法院】上海市高级人民法院

【来　　源】2008—2018 年中国法院反垄断民事诉讼 10 大案件

第十九条　经营者不得组织其他经营者达成垄断协议或者为其他经营者达成垄断协议提供实质性帮助。

关联规定

一、法律、行政法规、司法解释

1.《中华人民共和国民法典》

第八百五十条　非法垄断技术或者侵害他人技术成果的技术合同无效。

第八百六十四条　技术转让合同和技术许可合同可以约定实施专利或者使用技术秘密的范围，但是不得限制技术竞争和技术发展。

第一千一百六十八条　二人以上共同实施侵权行为，造成他人损害的，应当承担连带责任。

第一千一百六十九条第一款　教唆、帮助他人实施侵权行为的，应当与行为人承担连带责任。

2.《中华人民共和国价格法》

第十四条　经营者不得有下列不正当价格行为：

（一）相互串通，操纵市场价格，损害其他经营者或者消费者的合法权益；

（二）在依法降价处理鲜活商品、季节性商品、积压商品等商品外，为了排挤竞争对手或者独占市场，以低于成本的价格倾销，扰乱正常的生产经营秩序，损害国家利益或者其他经营者的合法权益；

（三）捏造、散布涨价信息，哄抬价格，推动商品价格过高上涨的；

（四）利用虚假的或者使人误解的价格手段，诱骗消费者或者其他经营者与其进行交易；

（五）提供相同商品或者服务，对具有同等交易条件的其他经营者实行价格歧视；

（六）采取抬高等级或者压低等级等手段收购、销售商品或者提供服务，变相提高或者压低价格；

（七）违反法律、法规的规定牟取暴利；

（八）法律、行政法规禁止的其他不正当价格行为。

3.《最高人民法院关于审理因垄断行为引发的民事纠纷案件应用法律若干问题的规定》

第七条 被诉垄断行为属于反垄断法第十三条第一款第一项至第五项[①]规定的垄断协议的，被告应对该协议不具有排除、限制竞争的效果承担举证责任。

4.《最高人民法院关于审理技术合同纠纷案件适用法律若干问题的解释》

第十条 下列情形，属于民法典第八百五十条所称的“非法垄断技术”：

（一）限制当事人一方在合同标的技术基础上进行新的研究开发或者限制其使用所改进的技术，或者双方交换改进技术的条件不对等，包括要求一方将其自行改进的技术无偿提供给对方、非互惠性转让给对方、无偿独占或者共享该改进技术的知识产权；

（二）限制当事人一方从其他来源获得与技术提供方类似技术或者与其竞争的技术；

（三）阻碍当事人一方根据市场需求，按照合理方式充分实施合同标的技术，包括明显不合理地限制技术接受方实施合同标的技术生产产品或者提供服务的数量、品种、价格、销售渠道和出口市场；

（四）要求技术接受方接受并非实施技术必不可少的附带条件，包括购买非必需的技术、原材料、产品、设备、服务以及接收非必需的人员等；

（五）不合理地限制技术接受方购买原材料、零部件、产品或者设备等的渠道或者来源；

（六）禁止技术接受方对合同标的技术知识产权的有效性提出异议或者对提出异议附加条件。

第二十八条 民法典第八百六十四条所称“实施专利或者使用技术秘密的范围”，包括实施专利或者使用技术秘密的期限、地域、方式以及接触技术秘密的人员等。

---

① 该法条系指2007年制定的《反垄断法》的条款，现对应2022年修正的《反垄断法》第16条、第17条、第18条第1款。

当事人对实施专利或者使用技术秘密的期限没有约定或者约定不明确的，受让人、被许可人实施专利或者使用技术秘密不受期限限制。

二、部门规章及规范性文件

1.《国务院反垄断委员会关于相关市场界定的指南》

第二条 界定相关市场的作用

任何竞争行为（包括具有或可能具有排除、限制竞争效果的行为）均发生在一定的市场范围内。界定相关市场就是明确经营者竞争的市场范围。在禁止经营者达成垄断协议、禁止经营者滥用市场支配地位、控制具有或者可能具有排除、限制竞争效果的经营者集中等反垄断执法工作中，均可能涉及相关市场的界定问题。

科学合理地界定相关市场，对识别竞争者和潜在竞争者、判定经营者市场份额和市场集中度、认定经营者的市场地位、分析经营者的行为对市场竞争的影响、判断经营者行为是否违法以及在违法情况下需承担的法律责任等关键问题，具有重要的作用。因此，相关市场的界定通常是对竞争行为进行分析的起点，是反垄断执法工作的重要步骤。

2.《禁止垄断协议暂行规定》

第五条 垄断协议是指排除、限制竞争的协议、决定或者其他协同行为。

协议或者决定可以是书面、口头等形式。

其他协同行为是指经营者之间虽未明确订立协议或者决定，但实质上存在协调一致的行为。

第六条 认定其他协同行为，应当考虑下列因素：

（一）经营者的市场行为是否具有一致性；

（二）经营者之间是否进行过意思联络或者信息交流；

（三）经营者能否对行为的一致性作出合理解释；

（四）相关市场的市场结构、竞争状况、市场变化等情况。

第七条 禁止具有竞争关系的经营者就商品或者服务（以下统称商品）价格达成下列垄断协议：

（一）固定或者变更价格水平、价格变动幅度、利润水平或者折扣、手续费等其他费用；

（二）约定采用据以计算价格的标准公式；

（三）限制参与协议的经营者的自主定价权；

（四）通过其他方式固定或者变更价格。

第八条 禁止具有竞争关系的经营者就限制商品的生产数量或者销售数量达成下列垄断协议：

（一）以限制产量、固定产量、停止生产等方式限制商品的生产数量，或者限制特定品种、型号商品的生产数量；

（二）以限制商品投放量等方式限制商品的销售数量，或者限制特定品种、型号商品的销售数量；

（三）通过其他方式限制商品的生产数量或者销售数量。

第九条 禁止具有竞争关系的经营者就分割销售市场或者原材料采购市场达成下列垄断协议：

（一）划分商品销售地域、市场份额、销售对象、销售收入、销售利润或者销售商品的种类、数量、时间；

（二）划分原料、半成品、零部件、相关设备等原材料的采购区域、种类、数量、时间或者供应商；

（三）通过其他方式分割销售市场或者原材料采购市场。

前款规定中的原材料还包括经营者生产经营所必需的技术和服务。

第十条 禁止具有竞争关系的经营者就限制购买新技术、新设备或者限制开发新技术、新产品达成下列垄断协议：

（一）限制购买、使用新技术、新工艺；

（二）限制购买、租赁、使用新设备、新产品；

（三）限制投资、研发新技术、新工艺、新产品；

（四）拒绝使用新技术、新工艺、新设备、新产品；

（五）通过其他方式限制购买新技术、新设备或者限制开发新技术、新产品。

第十一条 禁止具有竞争关系的经营者就联合抵制交易达成下列垄断协议：

（一）联合拒绝向特定经营者供应或者销售商品；

（二）联合拒绝采购或者销售特定经营者的商品；

（三）联合限定特定经营者不得与其具有竞争关系的经营者进行交易；

（四）通过其他方式联合抵制交易。

第十二条 禁止经营者与交易相对人就商品价格达成下列垄断协议：

（一）固定向第三人转售商品的价格水平、价格变动幅度、利润水平或者折扣、手续费等其他费用；

（二）限定向第三人转售商品的最低价格，或者通过限定价格变动幅度、利润水平或者折扣、手续费等其他费用限定向第三人转售商品的最低价格；

（三）通过其他方式固定转售商品价格或者限定转售商品最低价格。

第十三条 不属于本规定第七条至第十二条所列情形的其他协议、决定或者协同行为，有证据证明排除、限制竞争的，应当认定为垄断协议并予以禁止。

前款规定的垄断协议由市场监管总局负责认定，认定时应当考虑下列因素：

（一）经营者达成、实施协议的事实；

（二）市场竞争状况；

（三）经营者在相关市场中的市场份额及其对市场的控制力；

（四）协议对商品价格、数量、质量等方面的影响；

（五）协议对市场进入、技术进步等方面的影响；

（六）协议对消费者、其他经营者的影响；

（七）与认定垄断协议有关的其他因素。

3.《国务院反垄断委员会横向垄断协议案件宽大制度适用指南》

第二条 宽大制度的意义

横向垄断协议通常具有严重排除、限制竞争的效果，同时具有高度隐秘性，且经营者之间相对稳定，如果相关经营者能够主动配合，将极大降低执法机构发现横向垄断协议并展开调查的难度。因此，执法机构认为，对于愿意主动报告横向垄断协议并提供重要证据，同时停止涉嫌违法行为并配合执法机构调查的经营者，执法机构相应地对其减轻或者免除处罚，有助于提高执法机构发现并查处垄断协议行为的效率，节约行政执法成本，维护消费者的利益。同时，执法机构也认为，给予经营者宽大的额度应当与经营者协助执法机构查处横向垄断协议案件的贡献程度相匹配。

4.《国务院反垄断委员会关于平台经济领域的反垄断指南》

第六条 横向垄断协议

具有竞争关系的平台经济领域经营者可能通过下列方式达成固定价格、分割市场、限制产(销)量、限制新技术(产品)、联合抵制交易等横向垄断协议:

(一)利用平台收集并且交换价格、销量、成本、客户等敏感信息;

(二)利用技术手段进行意思联络;

(三)利用数据、算法、平台规则等实现协调一致行为;

(四)其他有助于实现协同的方式。

本指南所称价格,包括但不限于商品价格以及经营者收取的佣金、手续费、会员费、推广费等服务收费。

第七条 纵向垄断协议

平台经济领域经营者与交易相对人可能通过下列方式达成固定转售价格、限定最低转售价格等纵向垄断协议:

(一)利用技术手段对价格进行自动化设定;

(二)利用平台规则对价格进行统一;

(三)利用数据和算法对价格进行直接或者间接限定;

(四)利用技术手段、平台规则、数据和算法等方式限定其他交易条件,排除、限制市场竞争。

平台经营者要求平台内经营者在商品价格、数量等方面向其提供等于或者优于其他竞争性平台的交易条件的行为可能构成垄断协议,也可能构成滥用市场支配地位行为。

分析上述行为是否构成《反垄断法》第十四条第(三)项[①]规定的纵向垄断协议,可以综合考虑平台经营者的市场力量、相关市场竞争状况、对其他经营者进入相关市场的阻碍程度、对消费者利益和创新的影响等因素。

第八条 轴辐协议

具有竞争关系的平台内经营者可能借助与平台经营者之间的纵向关系,或者由平台经营者组织、协调,达成具有横向垄断协议效果的轴辐协议。分析该

① 该法条系指2007年制定的《反垄断法》的条款,现对应2022年修正的《反垄断法》第18条第1款第3项。

协议是否属于《反垄断法》第十三条、第十四条[①]规制的垄断协议，可以考虑具有竞争关系的平台内经营者之间是否利用技术手段、平台规则、数据和算法等方式，达成、实施垄断协议，排除、限制相关市场竞争。

第九条 协同行为的认定

认定平台经济领域协同行为，可以通过直接证据判定是否存在协同行为的事实。如果直接证据较难获取，可以根据《禁止垄断协议暂行规定》第六条规定，按照逻辑一致的间接证据，认定经营者对相关信息的知悉状况，判定经营者之间是否存在协同行为。经营者可以提供相反证据证明其不存在协同行为。

5.《国务院反垄断委员会关于知识产权领域的反垄断指南》

第二章 可能排除、限制竞争的知识产权协议

涉及知识产权的协议，特别是联合研发、交叉许可等，通常具有激励创新、促进竞争的效果，不同的协议类型产生的积极影响有所不同。但是，涉及知识产权的协议也可能对市场竞争产生排除、限制影响，适用《反垄断法》第二章规定。

第七条 联合研发

联合研发是指经营者共同研发技术、产品等，及利用研发成果的行为。联合研发通常可以节约研发成本，提高研发效率，但是也可能对市场竞争产生排除、限制影响，分析时可以考虑以下因素：

（一）是否限制经营者在与联合研发无关的领域独立或者与第三方合作进行研发；

（二）是否限制经营者在联合研发完成后进行后续研发；

（三）是否限定经营者在与联合研发无关的领域研发的新技术或者新产品所涉知识产权的归属和行使。

第八条 交叉许可

交叉许可是指经营者将各自拥有的知识产权相互许可使用。交叉许可通常可以降低知识产权许可成本，促进知识产权实施，但是也可能对市场竞争产生排除、限制影响，分析时可以考虑以下因素：

（一）是否为排他性许可；

---

① 该法条系指2007年制定的《反垄断法》的条款，现对应2022年修正的《反垄断法》第16条、第17条、第18条第1款。

（二）是否构成第三方进入市场的壁垒；

（三）是否排除、限制下游市场的竞争；

（四）是否提高了相关商品的成本。

第九条 排他性回授和独占性回授

回授是指被许可人将其利用被许可的知识产权所作的改进，或者通过使用被许可的知识产权所获得的新成果授权给许可人。回授通常可以推动对新成果的投资和运用，但是排他性回授和独占性回授可能降低被许可人的创新动力，对市场竞争产生排除、限制影响。

如果仅有许可人或者其指定的第三方和被许可人有权实施回授的改进或者新成果，这种回授是排他性的。如果仅有许可人或者其指定的第三方有权实施回授的改进或者新成果，这种回授是独占性的。通常情况下，独占性回授比排他性回授排除、限制竞争的可能性更大。分析排他性回授和独占性回授对市场竞争产生的排除、限制影响时可以考虑以下因素：

（一）许可人是否就回授提供实质性的对价；

（二）许可人与被许可人在交叉许可中是否相互要求独占性回授或者排他性回授；

（三）回授是否导致改进或者新成果向单一经营者集中，使其获得或者增强市场控制力；

（四）回授是否影响被许可人进行改进的积极性。

如果许可人要求被许可人将上述改进或者新成果转让给许可人，或者其指定的第三方，分析该行为是否排除、限制竞争，同样考虑上述因素。

第十条 不质疑条款

不质疑条款是指在与知识产权许可相关的协议中，许可人要求被许可人不得对其知识产权有效性提出异议的一类条款。分析不质疑条款对市场竞争产生的排除、限制影响，可以考虑以下因素：

（一）许可人是否要求所有的被许可人不质疑其知识产权的有效性；

（二）不质疑条款涉及的知识产权许可是否有偿；

（三）不质疑条款涉及的知识产权是否可能构成下游市场的进入壁垒；

（四）不质疑条款涉及的知识产权是否阻碍其他竞争性知识产权的实施；

（五）不质疑条款涉及的知识产权许可是否具有排他性；

（六）被许可人质疑许可人知识产权的有效性是否可能因此遭受重大损失。

第十一条　标准制定

本指南所称标准制定，是指经营者共同制定或参与制定在一定范围内统一实施的涉及知识产权的标准。标准制定有助于实现不同产品之间的通用性，降低成本，提高效率，保证产品质量。但是，具有竞争关系的经营者共同参与标准制定可能排除、限制竞争，具体分析时可以考虑以下因素：

（一）是否没有正当理由，排除其他特定经营者；

（二）是否没有正当理由，排斥特定经营者的相关方案；

（三）是否约定不实施其他竞争性标准；

（四）对行使标准中所包含的知识产权是否有必要、合理的约束机制。

第十二条　其他限制

经营者许可知识产权，还可能涉及下列限制：

（一）限制知识产权的使用领域；

（二）限制利用知识产权提供的商品的销售或传播渠道、范围或者对象；

（三）限制经营者利用知识产权提供的商品数量；

（四）限制经营者使用具有竞争关系的技术或者提供具有竞争关系的商品。

上述限制通常具有商业合理性，能够提高效率，促进知识产权实施，但是也可能对市场竞争产生排除、限制影响，分析时可以考虑以下因素：

（一）限制的内容、程度及实施方式；

（二）利用知识产权提供的商品的特点；

（三）限制与知识产权许可条件的关系；

（四）是否包含多项限制；

（五）如果其他经营者拥有的知识产权涉及具有替代关系的技术，其他经营者是否实施相同或者类似的限制。

第十三条　安全港规则

为了提高执法效率，给市场主体提供明确的预期，设立安全港规则。安全港规则是指，如果经营者符合下列条件之一，通常不将其达成的涉及知识产权的协议认定为《反垄断法》第十三条第一款第六项和第十四条第三项[①]规定的

① 该法条系指2007年制定的《反垄断法》的条款，现对应2022年修正的《反垄断法》第17条第6项、第18条第1款第3项。

垄断协议，但是有相反的证据证明该协议对市场竞争产生排除、限制影响的除外。

（一）具有竞争关系的经营者在相关市场的市场份额合计不超过 20%；

（二）经营者与交易相对人在受到涉及知识产权的协议影响的任一相关市场上的市场份额均不超过 30%；

（三）如果经营者在相关市场的份额难以获得，或者市场份额不能准确反映经营者的市场地位，但在相关市场上除协议各方控制的技术外，存在四个或者四个以上能够以合理成本得到的由其他经营者独立控制的具有替代关系的技术。

6.《关于禁止滥用知识产权排除、限制竞争行为的规定》

第四条 经营者之间不得利用行使知识产权的方式达成《反垄断法》第十三条、第十四条[①]所禁止的垄断协议。但是，经营者能够证明所达成的协议符合《反垄断法》第十五条[②]规定的除外。

第五条 经营者行使知识产权的行为有下列情形之一的，可以不被认定为《反垄断法》第十三条第一款第六项和第十四条第三项[③]所禁止的垄断协议，但是有相反的证据证明该协议具有排除、限制竞争效果的除外：

（一）具有竞争关系的经营者在受其行为影响的相关市场上的市场份额合计不超过百分之二十，或者在相关市场上存在至少四个可以以合理成本得到的其他独立控制的替代性技术；

（二）经营者与交易相对人在相关市场上的市场份额均不超过百分之三十，或者在相关市场上存在至少两个可以以合理成本得到的其他独立控制的替代性技术。

7.《国务院反垄断委员会关于原料药领域的反垄断指南》

第九条 轴辐协议

经营者不得组织原料药经营者达成垄断协议或者为其达成垄断协议提供实质性帮助。

---

① 该法条系指 2007 年制定的《反垄断法》的条款，现对应 2022 年修正的《反垄断法》第 16 条、第 17 条、第 18 条第 1 款。

② 该法条系指 2007 年制定的《反垄断法》的条款，现对应 2022 年修正的《反垄断法》第 20 条。

③ 该法条系指 2007 年制定的《反垄断法》的条款，现对应 2022 年修正的《反垄断法》第 17 条第 6 项和第 18 条第 1 款第 3 项。

具有竞争关系的原料药经营者可能借助与其他经营者之间的纵向关系，或者由其他经营者组织、协调，达成具有横向垄断协议效果的轴辐协议。分析该协议是否属于《反垄断法》第十三条[①]规制的垄断协议，主要考虑原料药经营者是否应知或者明知其他经营者与同一原料药经销企业签订相同、相似或者具有相互配合关系的协议。

条文释义

一、本条主旨

本条是关于禁止经营者组织、帮助达成垄断协议的规定。

二、条文演变

2007 年《反垄断法》无此条文，此为新增加条文。2022 年修正的《反垄断法》新增第 19 条关于经营者组织、帮助达成垄断协议的规定，具有理论和实践上的必要性。从比较法上看，大部分国家成文反垄断法上一般仅原则禁止包括横向和纵向垄断协议在内的协同行为，在实践中具体区分横向协议和纵向协议以及轴辐协议等类型。我国《反垄断法》直接明确区分横向和纵向协议，但实践中存在结构更为复杂。如日进电器诉松下及其经销商划分客户案，[②]原告日进公司以横向协议起诉，经法院释明属于纵向协议后，原告仍坚持以横向协议起诉，最终法院判决驳回原告诉请。实际上，可以从轴辐协议的角度去分析该种混合类型的协同行为。可见，在立法明确区分横向协议和纵向协议的情况下，缺失轴辐协议等类型的规定，使得司法实践中指引性不足，且可能导致对协议类型属于横向协议还是纵向协议的认定存在偏差。故此，2022 年修正的《反垄断法》新增第 19 条关于经营者组织、帮助达成垄断协议的规定，体现了立法对现实需要的呼应和我国反垄断立法的进步。

① 该法条系指 2007 年制定的《反垄断法》的条款，现对应 2022 年修正的《反垄断法》第 16 条、第 17 条。

② 参见上海市第一中级人民法院（2014）沪一中民五（知）初字第 120 号民事判决书。

三、条文解读

2022年修正的《反垄断法》增加一条作为第19条："经营者不得组织其他经营者达成垄断协议或者为其他经营者达成垄断协议提供实质性帮助。"此类协议，被作为与横向垄断协议、纵向垄断协议并列的一种更为隐秘的垄断协议。此次调整的考虑因素之一，是对我国《反垄断法》对垄断协议采取二分模式的批评意见，即二分法无法有效覆盖所有垄断行为，因为实践中存在横向和纵向协议之外的第三类协议，经营者组织、帮助达成的垄断协议就是其中一个典例。第19条的新增，是2022年《反垄断法》响应上述意见中"建立健全竞争政策实施机制"的另一重要突出表现。在反垄断执法趋严，企业违法成本提升的背景下，法律适用中应探究该行为的规制标准，划定行为"合法性"与"违法性"边界。

在实践中，目前经营者组织、帮助达成的垄断协议以轴辐协议最为典型。轴辐协议的概念源于美国案例，亦有学者翻译为"中心辐射型垄断协议"，这是一种特殊形式的垄断协议，也称为"轴辐共谋"，是处于产业链条不同层级的经营者为了追求共同的非法利益而设计的商业方案。它将当事人的行为比喻为一个自行车轮，其结构主要为：（1）一个轴心（即纵向参与者），即法条中的"经营者"；（2）多个辐条（即横向参与者），即法条中的"其他经营者"；（3）轴心与辐条并不处在市场的同一层次，往往是上下游关系；（4）辐条之间则互为竞争对手，但辐条之间没有直接的意思联络，它们间的横向联系（轮缘）以每个辐条与轴心之间的纵向关系为纽带，即法条中的"经营者"的"组织"行为，或"提供实质性帮助"行为。

关于轴辐协议的性质，存在以下几种观点。第一种是横向协议说，这被认为是学界的通说，认为轴辐协议本质属于横向协议，纵向关系只是达成横向协议的手段。第二种是混合协议说，这被认为是少数观点，认为轴辐协议是既包含横向协议亦包含纵向协议的混合物，且轴心与辐条之间的纵向协议任何情况下都应视为纵向协议。第三种是新型协议说，认为轴辐协议是游离于横向协议与纵向协议之外的第三类垄断协议。[1]

---

① 参见张晨颖：《垄断协议二分法检讨与禁止规则再造——从轴辐协议谈起》，载《法商研究》2018年第2期。

2022年修正的《反垄断法》将经营者组织、帮助达成的垄断协议单独设为第19条，不仅将组织者、实质性帮助者的行为纳入调整，而且使因此类行为主体不是垄断协议的“适格主体”而脱法、逃避法律制裁的问题迎刃而解。[①]

从部分案件的论理看，对于经营者组织、帮助达成的垄断协议适用2007年《反垄断法》第13条第1款第5项的其他协同行为进行定性，即采取的是横向协议说观点。[②] 当然，这也可能是因为在无直接可适用的法律依据时，只能找较为类似的规定。

《国务院反垄断委员会关于平台经济领域的反垄断指南》第8条规定：“具有竞争关系的平台内经营者可能借助与平台经营者之间的纵向关系，或者由平台经营者组织、协调，达成具有横向垄断协议效果的轴辐协议”，认为轴辐协议是具有横向垄断协议效果的一类协议。

还需要注意的是，本条在国内学者及已有执法实践中习惯上被称为“轴幅协议”，但是本条所规范的行为范围实际上并不仅仅限于轴幅协议。在立法语言上，本条采用的是“组织其他经营者达成垄断协议”和“为其他经营者达成垄断协议提供实质性帮助”的表述，该表述本身蕴含着与《民法典》所规定的帮助、教唆侵权的内在联系；在行为效果方面，该“组织”及“提供实质性帮助”的目的和效果既可能是达成混合横向协议和纵向协议色彩的轴幅协议，又可能是仅达成横向协议或者纵向协议之一。特别是，当组织者或者帮助者并非所达成的横向协议或者纵向协议的直接当事人时，轴幅协议并不存在，组织者或者帮助者仅仅是帮助、教唆的角色作用更为明显。因此，本条在未来的法律适用中可能有着超出轴幅协议的更广阔空间。

---

① 参见时建中：《新〈反垄断法〉的现实意义与内容解读》，载《中国法律评论》2022年第4期。

② 参见北京市第二中级人民法院（2018）京02行终82号行政判决书。

适用指引

一、经营者组织、帮助达成的垄断协议的适用要件

（一）垄断协议的主体是多方

竞争法规制的垄断行为根据主体数量一般可分为单边行为和多边行为。其中，滥用市场支配地位（共同滥用市场支配地位情形除外）是由具有市场支配地位的经营者单方面实施的行为。依照垄断协议的概念，垄断协议是由两个及以上经营者共同达成的协同行为，因此其主体是双方或多方；但对于本条所规定的协议，需要存在“组织”或“提供实质性帮助”行为的“经营者”，和达成垄断协议的“其他经营者”，因此必然是多方的。

（二）垄断协议必须由经营者之间达成共谋

垄断协议是经营者之间达成的有意识的共谋。就经营者组织、帮助达成的垄断协议而言，首先，这种共谋应当存在于“组织”或“提供实质性帮助”行为的“经营者”与“其他经营者”之间。其次，在达成垄断协议的“其他经营者”之间不存在直接的意思联络，这是本条所规定的协议区别于一般横向垄断协议的根本特点，达成一般横向垄断协议的经营者之间通常存在直接意思联络。《国务院反垄断委员会关于平台经济领域的反垄断指南》第 8 条规定所述的“具有竞争关系的平台内经营者可能借助与平台经营者之间的纵向关系，或者由平台经营者组织、协调，达成具有横向垄断协议效果的轴辐协议”，其中“借助”应当理解为客观上借助与平台经营者之间的纵向关系，而非“其他经营者”之间直接具有达成垄断协议的意思联络。最后，轴辐协议区别于一系列平行纵向协议，纵向的平行行为本身不能直接认定存在以轴为缘的“轴缘共谋”，主要是纵向的平行行为是“无缘的共谋”，平行行为之间缺乏超越平行行为的意思共谋。

二、经营者组织、帮助达成垄断协议的认定标准和责任承担

在竞争法理论上，特别是美国反托拉斯法上有所谓本身违法原则和合理分析原则的区分。这种反垄断分析模式也对我国反垄断执法和司法实践产生了重要影响。简要而言，本身违法原则认为某些垄断行为天然具有严重的反竞争效果，因此不需额外分析该行为是否具有限制竞争的实际效果，只需要考察经营者相关行为是否构成反垄断法禁止的行为即可。而对于合理分析原则而言，经营者的行为是否构成法律禁止的垄断行为，不仅取决于其行为是否符合垄断行为的形式构成要件，还要对其是否具有排除、限制竞争效果进行逐案分析。尽管如此，所谓本身违法原则与合理分析原则之间并没有一个特别明确的区分。本法将 2007 年《反垄断法》第 13 条第 2 款的规定前置，使该规定成为《反垄断法》第二章垄断协议章节的总括性规定，明确了不论是横向垄断协议还是纵向垄断协议以及本条规定的协议，均需要具有排除、限制竞争的效果（即反竞争效果）。认定垄断行为具有排除、限制竞争的效果作为构成要件与其举证责任不同（具体见本书对《反垄断法》第 16 条关于垄断协议定义条款部分的论述）。经营者组织、帮助达成的垄断协议在性质上一般属于横向垄断协议，可以审查其具体类似何种列明的横向垄断协议，而相应适用反竞争效果的认定证明等规则。

关于如何证明“轴缘共谋”的存在，这需要借助间接证据，如信息交换、协同行为、附加因素（突然改变的商业行为等）。总体来说，对轴缘共谋的证明实际上转化为对横向协同行为的证明。我国《禁止垄断协议暂行规定》第 5 条第 3 款规定：“其他协同行为是指经营者之间虽未明确订立协议或者决定，但实质上存在协调一致的行为。”第 6 条规定：“认定其他协同行为，应当考虑下列因素：（一）经营者的市场行为是否具有一致性；（二）经营者之间是否进行过意思联络或者信息交流；（三）经营者能否对行为的一致性作出合理解释；（四）相关市场的市场结构、竞争状况、市场变化等情况。”根据 2022 年《反垄断法》的规定，将 2007 年《反垄断法》第 13 条第 2 款，即“本法所称垄断协议，是指排除、限制竞争的协议、决定或者其他协同行为”单独修正为《反垄断法》第 16 条，作为垄断协议的统一定义适用于全部垄断协的行为。据此，《反垄断法》及《禁止垄断协议暂行规定》中关于认定协同行为的规定也将同

样适用于经营者组织、帮助达成的垄断协议。

在责任承担上，作为辐条的横向竞争者需为本条所规定的协议负责，对轴心主体的责任在我国理论界则存在分歧；而美国将二者均作为违法行为者进行处罚。我国有学者认为需根据轴心主体身份差异及其在本条所规定的协议中的作用大小而有所区别，既有国内案例对待横向参与者及纵向参与者的责任尚不明晰，需要在司法实践中进一步明确。

典型案例

由于2022年修正的《反垄断法》第19条属于新增条款，以及该条规定的经营者组织、帮助达成垄断协议属于新增的垄断协议行为类型，故我国目前没有直接以该条规定进行判决的案例。但从实质意义上讲，前文已提到的上海海基业高科技有限公司诉安徽省工商行政管理局反垄断行政处罚纠纷案可以认为是认定经营者组织、帮助达成垄断协议的案例。在《反垄断法》未规定此类协议的情况下，法院通过适用关于垄断协议的定义以及横向协议的规定，对此类协同行为进行认定，具有典型意义。

第二十条　经营者能够证明所达成的协议属于下列情形之一的，不适用本法第十七条、第十八条第一款、第十九条的规定：

（一）为改进技术、研究开发新产品的；

（二）为提高产品质量、降低成本、增进效率，统一产品规格、标准或者实行专业化分工的；

（三）为提高中小经营者经营效率，增强中小经营者竞争力的；

（四）为实现节约能源、保护环境、救灾救助等社会公共利益的；

（五）因经济不景气，为缓解销售量严重下降或者生产明显过剩的；

（六）为保障对外贸易和对外经济合作中的正当利益的；

（七）法律和国务院规定的其他情形。

属于前款第一项至第五项情形，不适用本法第十七条、第十八条第一款、第十九条规定的，经营者还应当证明所达成的协议不会严重限制相关市场的竞争，并且能够使消费者分享由此产生的利益。

关联规定

部门规章及规范性文件

1.《国务院反垄断委员会关于平台经济领域的反垄断指南》

第二章　垄断协议

《反垄断法》禁止经营者达成、实施垄断协议。认定平台经济领域的垄断协议，适用《反垄断法》第二章和《禁止垄断协议暂行规定》。对《反垄断法》第十三条、第十四条[①]明确列举的垄断协议，依法予以禁止；对符合《反垄断

① 该法条系指2007年制定的《反垄断法》的条款，现对应2022年修正的《反垄断法》第16条、第17条、第18条第1款。

法》第十五条[①]规定条件的垄断协议，依法予以豁免。

2.《短缺药品和原料药经营者价格行为指南》

第六条 经营者可依法主张垄断协议豁免

执法实践中，对于价格垄断协议案件，反垄断执法机关严格按照“禁止+豁免”的原则,《反垄断法》第十三条、第十四条[②]规定的情形属于明令禁止的行为，但是符合《反垄断法》第十五条[③]规定的经营者可以依法主张豁免。

短缺药品和原料药经营者依据《反垄断法》第十五条的规定主张豁免的，应当证明所达成的协议属于《反垄断法》第十五条第一款规定的情形。属于该款第一项至第五项情形的，经营者还应当同时证明所达成的协议不会严重限制相关市场的竞争，并且能够使消费者分享由此产生的利益。

3.《禁止垄断协议暂行规定》

第二十六条 经营者能够证明被调查的垄断协议属于反垄断法第十五条规定情形的，不适用本规定第七条至第十三条的规定。

第二十七条 反垄断执法机构认定被调查的垄断协议是否属于反垄断法第十五条规定的情形，应当考虑下列因素：

（一）协议实现该情形的具体形式和效果；

（二）协议与实现该情形之间的因果关系；

（三）协议是否是实现该情形的必要条件；

（四）其他可以证明协议属于相关情形的因素。

反垄断执法机构认定消费者能否分享协议产生的利益，应当考虑消费者是否因协议的达成、实施在商品价格、质量、种类等方面获得利益。

第二十八条 反垄断执法机构认定被调查的垄断协议属于反垄断法第十五条规定情形的，应当终止调查并制作终止调查决定书。终止调查决定书应当载明协议的基本情况、适用反垄断法第十五条的依据和理由等内容。

反垄断执法机构作出终止调查决定后，因情况发生重大变化，导致被调查的协议不再符合反垄断法第十五条规定情形的，反垄断执法机构应当重新启动

---

① 该法条系指2007年制定的《反垄断法》的条款，现对应2022年修正的《反垄断法》第20条。

② 该法条系指2007年制定的《反垄断法》的条款，现对应2022年修正的《反垄断法》第16条、第17条、第18条第1款。

③ 该法条系指2007年制定的《反垄断法》的条款，现对应2022年修正的《反垄断法》第20条。

调查。

4.《关于禁止滥用知识产权排除、限制竞争行为的规定》

第四条 经营者之间不得利用行使知识产权的方式达成《反垄断法》第十三条、第十四条[①]所禁止的垄断协议。但是，经营者能够证明所达成的协议符合《反垄断法》第十五条[②]规定的除外。

5.《国务院反垄断委员会关于汽车业的反垄断指南》

第二章 垄断协议

《反垄断法》第十三条[③]禁止横向垄断协议，第十四条[④]禁止纵向垄断协议，第十五条[⑤]规定了垄断协议的豁免情形和条件。根据《反垄断法》第十五条，经营者主张协议不适用《反垄断法》第十三条或第十四条，首先需要证明协议属于第十五条第一款列出的情形之一；其次，除"为保障对外贸易和对外经济合作中的正当利益的"和"法律和国务院规定的其他情形"，经营者还应当证明协议不会严重限制相关市场的竞争，并且能够使消费者分享由此产生的利益。

为证明协议不会严重限制相关市场的竞争，经营者可以评估其在相关市场的市场力量。评估经营者的市场力量，可以参考《反垄断法》第十八条[⑥]所列举的各项因素。

评估一项协议是否能够使消费者分享由此产生的利益，可以从价格降低、质量提高、技术创新、技术升级、产品和服务的更多选择等角度加以考察。

第四条 豁免

（一）推定豁免

为降低行政执法成本和经营者合规成本，本指南列出了不具有显著市场力

---

① 该法条系指2007年制定的《反垄断法》的条款，现对应2022年修正的《反垄断法》第16条、第17条、第18条第1款。

② 该法条系指2007年制定的《反垄断法》的条款，现对应2022年修正的《反垄断法》第20条。

③ 该法条系指2007年制定的《反垄断法》的条款，现对应2022年修正的《反垄断法》第16条、第17条。

④ 该法条系指2007年制定的《反垄断法》的条款，现对应2022年修正的《反垄断法》第18条第1款。

⑤ 该法条系指2007年制定的《反垄断法》的条款，现对应2022年修正的《反垄断法》第20条。

⑥ 该法条系指2007年制定的《反垄断法》的条款，现对应2022年修正的《反垄断法》第23条。

量的经营者设置的纵向地域限制和客户限制若干情形，可以推定适用《反垄断法》第十五条的规定。执法实践和理论研究证明，该等情形通常能够提高经销服务质量、增进经销效率、增强中小经销商经营效率和竞争力，一般不会严重限制相关市场的竞争，并且能够使消费者分享由此产生的利益，因而符合《反垄断法》第十五条规定的条件。

评估经营者是否具有显著市场力量，设置一个固定的市场份额标准并不必然具有合理性与科学性。但是，以纵向协议的竞争评估为例，执法实践和理论研究表明，在相关市场占有 30% 以下市场份额的经营者有可能被推定为不具有显著市场力量。

但是，市场份额标准不应被僵化运用。根据个案具体情形，如果有证据能够证明经营者的行为不符合《反垄断法》第十五条规定，国务院反垄断执法机构（下称执法机构）仍然可以对相关行为适用《反垄断法》第十四条。

（二）个案豁免

除本指南列出的可以推定适用《反垄断法》第十五条的情形之外，经营者如果主张其协议可以适用《反垄断法》第十五条，需要根据个案具体情形证明其协议符合《反垄断法》第十五条的法定条件，判断其协议能否被个案豁免。

第五条　汽车业横向垄断协议

（一）某些类型的横向协议，如研究与开发协议、专业化协议、技术标准化协议、联合生产协议、联合采购协议等，通常能够增进效率和促进竞争，有利于增加消费者福利。比如新能源汽车研发与生产过程中的横向协议，可以使经营者分担投资风险、提高效率、促进社会公共利益。因此，达成前述能够增进效率和促进竞争的横向协议的汽车业经营者，可以根据《反垄断法》第十五条证明其协议不适用《反垄断法》第十三条规定。

（二）关于横向垄断协议的竞争分析，汽车业与其他行业并无显著差别，因此本指南不再进一步细化。关于汽车业横向垄断协议的反垄断规制，由执法机构根据《反垄断法》等相关法律规定依法处理。

第六条　汽车业纵向垄断协议

分析和评估纵向垄断协议，需要首先判断一项协议是否构成《反垄断法》第十四条所禁止的协议。其次，评估该协议能否根据《反垄断法》第十五条适用推定豁免。如果该协议不能被推定豁免，则需要评估该协议能否被个案豁免。

（一）协议的形式

纵向垄断协议可以表现为直接限制，比如合同条款规定经销商的转售价格；也可以表现为间接限制，比如固定经销商的利润率和折扣水平，通过实施价格监测对不遵守建议价的经销商取消返利、拒绝供货或提前解除授权协议等。

在中国汽车市场上，纵向垄断协议可能体现在经销商协议，也可能通过商务政策、通函、资讯、通知等形式达成。通常情形下，单个经营者实施纵向垄断协议会限制品牌内竞争，损害消费者利益。特别是当相关市场上多数甚至全部经营者均采用相似纵向垄断协议，各类纵向限制形成网络，全面覆盖相关市场，品牌间竞争将被明显削弱。相似纵向协议导致的累积效果能够显著限制相关市场的竞争，使相关产品和服务在竞争水平之上定价，最终导致消费者福利损失。

（二）固定转售价和限定最低转售价

《反垄断法》第十四条明确禁止固定转售价和限定最低转售价。转售价格限制的负面效应主要表现在维持高价、促进横向共谋、削弱品牌间竞争和品牌内竞争、排斥竞争者等方面。

当然，如果经营者能够证明该等价格限制不会严重限制相关市场竞争，并且能够使消费者分享由此产生的利益，经营者可以根据《反垄断法》第十五条规定对固定转售价和限定最低转售价主张个案豁免。

在实务中，汽车业经营者基于《反垄断法》第十五条主张个案豁免的转售价格限制的常见情形包括：

1. 新能源汽车的短期转售价格限制。为节约能源、保护环境、避免“服务搭便车”，新能源汽车的短期（现阶段为 9 个月以内，从汽车供应商就具体车型发出第一张批售发票之日起算，并可以根据新能源汽车产业和技术发展对豁免期进行调整）的固定转售价和限定最低转售价对于激励经销商努力推广新能源产品，加大销售力度，扩大市场对新产品的需求是必要的，进而能够促进新产品成功上市，给予消费者更多选择。

2. 仅承担中间商角色的经销商销售中的转售价格限制。仅承担中间商角色的经销商销售是指汽车供应商与特定第三人或特定终端客户（如：汽车供应商和经销商的员工、大客户、广告及赞助对象等）直接协商达成销售价，仅通过经销商完成交车、收款、开票等交易环节的销售。在该等交易中，经销商仅承担中间商的角色协助完成交易，与一般意义的经销商有所不同。

3. 政府采购中的转售价格限制。在实务中，政府采购项目通常要求参加联合投标的汽车供应商与其经销商协调后提供一致或固定的零售价格报价。对于全国范围的采购项目，政府采购部门有时与汽车供应商直接接洽，汽车供应商没有销售资质的，需要与特定经销商就零售价格达成一致，以实现对政府采购的报价。与仅承担中间商角色的经销商销售类似，政府采购中的经销商如果仅协助完成交易，则与一般意义的经销商有所不同。

4. 汽车供应商电商销售中的转售价格限制。电商销售中的定价行为适用《反垄断法》等法律规定。但是，实务中存在汽车供应商通过电商平台在一定时期以统一价格销售汽车，与不特定的最终用户直接达成交易，仅通过经销商完成交车、收款、开票等交易环节的销售。在此种情况下，经销商如果仅协助完成交易，则与一般意义的经销商有所不同。

（三）建议价、指导价和限定最高价

汽车供应商对经销商和维修商设置转售汽车与汽车售后配件及用品的建议价、指导价或最高价，以及对经销商和维修商设置售后服务工时费的建议价、指导价或最高价，如果由于协议一方的压力或激励，建议价、指导价或最高价被多数或全部经销商所执行，在实质效果上等同于固定转售价或限定最低转售价时，根据个案具体情形，该等行为有可能被认定为固定转售价或限定最低转售价。

（四）地域限制和客户限制

地域限制是指供应商承诺在特定经销区域对一个或若干经销商供货，经销商承诺不向其他经销区域销售。客户限制是指供应商限定经销商只能将商品售予或不得售予特定客户。

地域限制和客户限制可能削弱品牌内竞争、分割市场、形成价格歧视。有效实施的地域限制和客户限制导致其他经销商难以获得供货，阻碍更有效率的新型经销模式的推广，使商品和服务价格维持在高位。但是，有时地域限制和客户限制也能够提高经销效率，比如，在经销商需要为保护和建立品牌形象进行特定投资时，地域限制能产生显著的效率。

1. 不具有显著市场力量的汽车业经营者设置的具有经济效率和正当化理由的地域限制和客户限制，通常能够符合《反垄断法》第十五条的规定，可以推定适用《反垄断法》第十五条。前述情形主要包括：

（1）约定经销商仅在其营业场所进行经销活动，但不限制该经销商的被动销售，也不限制授权经销商之间交叉供货。

被动销售，是指经销商未主动营销，但应个别客户的要求，向该客户交付商品或服务。比如，甲地消费者到乙地购车的行为即为乙地经销商的被动销售。

相对于传统销售方式，电商销售面向更广大、更多样的客户。如果一个客户浏览经销商网站或第三方网站并联络该经销商，且该联络产生了一笔销售交易，这笔销售将被视为被动销售。对于经销商通过其自有或第三方网站向不特定受众发出的信息，如果客户主动选择接受（如在线订阅经销商的推广信息）并主动接洽经销商而产生一笔销售交易，该交易将被视为经销商的被动销售。但是，如果经销商向特定受众发出广告或促销信息，则该等行为将构成主动销售。

（2）限制经销商对汽车供应商为另一经销商保留的独占地域或专有客户进行主动销售；

（3）限制批发商直接向最终用户进行销售；

（4）为避免配件被客户用于生产与汽车供应商相同的产品，限制经销商向该类客户销售配件。

2. 通常能够限制竞争、导致高价并减少消费者选择的地域限制和客户限制，不能推定适用《反垄断法》第十五条的规定，包括但不限于：

（1）限制经销商的被动销售；

（2）限制经销商之间交叉供货；

（3）限制经销商和维修商向最终用户销售汽车维修服务所需配件。

……

第三章　滥用市场支配地位

对于未达到《反垄断法》第十九条[①]规定的市场支配地位推定标准的经营者，其在售后配件的生产、供应与流通以及维修技术信息、测试仪器和维修工具的供应过程中实施的纵向限制，根据《反垄断法》第十四条与第十五条进行评估。

---

① 该法条系指2007年制定的《反垄断法》的条款，现对应2022年修正的《反垄断法》第24条。

条文释义

一、本条主旨

本条是关于垄断协议豁免的规定。

二、条文演变

本条系沿袭2007年《反垄断法》第15条的规定而来，仅在第1款和第2款中对豁免的垄断协议范围及法条序号作了修改和调整。2022年修正的《反垄断法》对本条的修改主要是为了承接第二章垄断协议的整体修改，扩大了垄断协议类型，即横向垄断协议、纵向垄断协议及组织、帮助达成垄断协议，条文具体内容未作变动。

三、条文解读

本条规定包含两层意思：一是明确规定了可以豁免的具体情形；二是某些具体情形适用豁免必须符合两个必要条件。

垄断协议具有限制、排除竞争的效果，但在其他方面所带来的好处可能会大于其对竞争秩序的损害，比如可能因提高经济效率而对竞争产生促进作用等。因此，法律设置了垄断协议豁免制度，豁免制度是利益衡量的结果，即从经济效果和对限制竞争的影响进行利益对比，在“利大于弊”时，对该垄断协议排除适用《反垄断法》。[①]

许多国家和地区的反垄断法都有豁免制度。欧盟设定了垄断协议豁免适用的四个条件：有助于改进生产或者分销产品，或者促进技术进步、经济进步；使消费者公平分享由此产生的利益；有关企业所受到的限制对于达到上述目标是不可缺少的；在所涉及产品的相当范围内，没有排除竞争。[②]综合反垄断执法及司法实践，我国认定豁免情形的考量因素包括：（1）协议实现该情形的具体形式和效果；（2）协议与实现该情形之间的因果关系；（3）协议是否为实现

① 参见全国人大常委会法工委经济法室编：《中华人民共和国反垄断法条文说明、立法理由及相关规定》，北京大学出版社2007年版，第81~84页。

② 参见《欧盟运行条约》第101（3）条。

该情形的必要条件；（4）其他可以证明协议属于相关情形的因素，从而进一步明确豁免情形的认定。

本条列举了六种具体豁免情形。第1项是“为改进技术、研究开发新产品的”。该项针对的是技术和产品的提升，可以带来“成本效率”和“品质效率”，但也指明相关协议的目的是“为改进技术、研发新产品”，目标应当直接与技术进步相关，而不应附属于其他反竞争性目的，如以限制竞争为目标的技术联盟。

第2项是“为提高产品质量、降低成本、增进效率，统一产品规格、标准或者实行专业化分工”。统一产品的规格、标准，是指经营者对各种原材料、半成品或者成品在性能、规格、质量、等级等方面规定统一要求，使商品之间具有可替代性和兼容性。实行专业化分工，是指经营者发挥各自专长，分工协作，使他们从生产多种商品的全能型企业转变为专门化企业，由此实现经济合理化。这两种行为有利于提高产品质量、降低成本、增进效率、实现规模经济，有利于保护消费者利益。所以，《反垄断法》规定为上述目的达成的垄断协议可以豁免。本项是对设定统一行业标准的例外豁免，但前提应当是有助于整体经济效率的提升，可适用于标准化组织以及新产品上市初期或者统一促销期间短期或临时性转售价格维持协议等。

第3项是“为提高中小企业经营效率，增强中小经营者竞争力”。相对于大企业，中小企业处于弱势，在竞争中处于不利地位。为了保护中小企业的合法权益，当中小企业经营效率的提高和竞争力的增强确实由垄断协议带来时，该协议可以被豁免。

第4项是“实现节约能源、保护环境、救灾救助等社会公共利益”。节约能源、保护环境、救灾救助等涉及社会公共利益的行为，有利于社会的持续发展，有利于保护人民群众的利益，法律对此予以豁免。如可适用于对救灾抗灾过程中临时性价格控制的抗辩。

第5项是“因经济不景气，为缓解销售量严重下降或者生产明显过剩”。该项是针对特定经济时期采取的“经济不景气垄断协议”，在经济不景气时，市场会供大于求，造成销售量下降，出现生产过剩现象。在这种特定情况下，对经营者达成的限制产量或者销量等垄断协议予以豁免，会避免对社会资源和生产造成巨大损害，有利于经济的恢复。

第6项是“为保障对外贸易和对外经济合作中的正当利益”。对外贸易和对外经济合作主要是指商品的进出口贸易和劳务输出等活动。为了保障我国对外贸易和经济合作中的正当利益,《反垄断法》规定对为此而达成的垄断协议予以豁免。可适用于对进出口贸易中联合谈判问题或联合代理组织的抗辩。

此外,针对具体情形,本条还补充了兜底条款,即如果其他法律对垄断协议豁免的情形作了规定,或国务院作出了其他情形豁免的规定,也应适用本法予以豁免。

上述豁免情形中,第1项、第2项豁免的理论基础在于该行为在技术改进、产品质量、统一规格等方面的经济效率,在本质上属于效率豁免;第3项、第4项、第5项和第6项豁免的理论基础则是社会公共利益和公共政策,体现了对于经济效率之外的社会政策目标的考量。

适用指引

本条的适用需要注意两个问题:一是豁免事由的分析方法;二是豁免事由的证明责任问题。

一、关于豁免事由的分析方法

关于《反垄断法》第1条的释义部分已经阐明,在具体案件中分析豁免事由是否成立时,应注重运用比例原则的分析方法。简言之,审查个案中具体行为是否符合本条第1款规定的豁免事由时,可以作如下考虑:第一,该被诉垄断行为是否附属于追求法律明文规定的目标(通常是社会目标和政治目标)的行为安排。第二,该被诉垄断行为是否与实现该法律目标合理相关、有助于实现该法律目标且没有超出实现该法律目标的必要合理范围。第三,该被诉垄断行为是否严重限制了相关市场的竞争,即是否消除了相关市场上的大部分或者实质性竞争。如果被诉垄断行为服务于追求法律明文规定的目标,有助于实现该法律目标,没有超出实现该法律目标的必要合理范围,且并未消除相关市场上的大部分或者实质性竞争,同时符合《反垄断法》规定的其他条件,则该被诉垄断行为符合豁免条件。

二、关于豁免事由的证明责任

根据本条规定,经营者能够证明所达成的协议属于第1款规定的七种豁免情形的，不适用《反垄断法》第17条、第18条第1款、第19条的规定；经营者主张行为属于第1款第1项至第5项情形的，还应当证明所达成的协议不会严重限制相关市场的竞争，并且能够使消费者分享由此产生的利益。据此，被诉垄断行为人应对其行为符合豁免条件承担证明责任，必须提交具体证据证明其行为符合前述比例原则且能够使消费者分享由此产生的利益；对于其行为能否实现法律明文规定的目标而言，必须提供具体证据足以证明相关法律目标的实现是具体的、现实的，而不能仅仅依赖一般性推测或者抽象推定。

类案检索

台州驾校垄断协议案

关键词：垄断　横向垄断协议　豁免　举证责任

裁判摘要：达成垄断协议的经营者欲以该协议具有《反垄断法》第15条第1款[①]规定的垄断协议豁免第1项至第5项情形为由主张豁免，应当提供充分证据证明协议具有上述五项法定情形之一项下所指积极的竞争效果或经济社会效果，且该效果应该是具体的、现实的，而不能仅仅依赖一般性推测或者抽象推定。合同条款违反《反垄断法》关于禁止垄断行为的规定原则上无效。如果合同无效部分会影响其他部分效力的，其他部分也应无效。判断合同或者合同条款是否因违反《反垄断法》而无效时，还应该考虑消除和降低垄断行为风险的需要，实现《反垄断法》预防和制止垄断行为的立法目的。

【案　　号】（2021）最高法知民终1722号

【审理法院】最高人民法院

【来　　源】中国裁判文书网

① 该法条系指2007年制定的《反垄断法》的条款，现对应2022年修正的《反垄断法》第20条。

第二十一条　行业协会不得组织本行业的经营者从事本章禁止的垄断行为。

关联规定

一、法律、行政法规、司法解释

1.《中华人民共和国价格法》

第十七条　行业组织应当遵守价格法律、法规，加强价格自律，接受政府价格主管部门的工作指导。

2.《最高人民法院关于审理因垄断行为引发的民事纠纷案件应用法律若干问题的规定》

第一条　本规定所称因垄断行为引发的民事纠纷案件（以下简称垄断民事纠纷案件），是指因垄断行为受到损失以及因合同内容、行业协会的章程等违反反垄断法而发生争议的自然人、法人或者非法人组织，向人民法院提起的民事诉讼案件。

第十五条　被诉合同内容、行业协会的章程等违反反垄断法或者其他法律、行政法规的强制性规定的，人民法院应当依法认定其无效。但是，该强制性规定不导致该民事法律行为无效的除外。

二、部门规章及规范性文件

《行业协会价格行为指南》

本指南对行业协会从事的有助于行业发展、市场竞争和维护消费者合法权益的价格行为予以鼓励和倡导，对行业协会从事的可能违反《价格法》、《反垄断法》、《价格违法行为行政处罚规定》等法律法规的价格行为的风险予以提示，对行业协会评估其各类价格行为的合法性给予指引。本指南也可以帮助政府价格主管部门在对行业协会的价格行为进行监管过程中，正确地理解和运用价格、反垄断法律法规。

一、行业协会一般是指由同业经济组织和个人（以下简称会员）组成，实行行业服务和自律管理，在县级以上人民政府社团登记管理机关依法登记的社团法人。

以“学会”、“商会”、“同业公会”、“联合会”、“促进会”、“联盟”等名称命名，符合上述定义的社团法人，属于本指南所称的行业协会。

二、本指南主要用于指引行业协会从事的下列价格行为：

（一）行业协会从事的涉及或者影响会员以及其他经营者的价格行为。行业协会可能在进行行业管理、行业自律等过程中，对会员以及其他经营者的价格行为予以引导、限制或者支持，这些行为也将直接或者间接影响到会员、其他经营者的价格权益乃至市场价格秩序。

（二）行业协会发布价格信息的行为。行业协会发布价格信息会对会员、行业乃至社会公众的价格预期和价格行为产生影响，进而会对市场价格秩序产生影响。

（三）行业协会之间交换价格信息或者采取联合行动的行为。

各行业协会之间相互交换价格信息，可能会对行业乃至社会公众的价格预期和价格行为产生影响；各行业协会之间采取联合行动，则可能统一引导或者限制各自会员的价格行为，进而对全行业价格秩序产生影响。

（四）销售商品、提供有偿服务的行为。行业协会往往向会员或者会员以外的公民、法人、其他组织提供有偿的咨询、培训、信用评价、展览等服务，或者有偿提供协会创办的报刊、出版物以及其他商品。在开展这些价格活动时，行业协会等同于经营者。

三、行业协会制定协会章程应当符合价格、反垄断法律法规的规定。

行业协会从事价格行为应当符合法律法规和协会章程，不损害会员、其他经营者和消费者的合法权益以及社会公共利益。

行业协会从事价格行为需要接受政府价格主管部门的工作指导和依法开展的监督检查。

四、政府价格主管部门鼓励和支持行业协会在会员自愿原则下，对会员开展价格和反垄断法律宣传、教育和培训，促进会员建立健全价格管理制度，提高会员依法经营的意识和能力。

政府价格主管部门在行业协会组织价格、反垄断法律法规宣传过程中，可以给予必要的支持。

五、行业协会在维护行业和行业内经营者的合法权益过程中，从事以下行为，一般不会有法律风险，并且对于促进市场公平竞争、维护行业利益有积极作用：

（一）向政府价格主管部门反映涉及行业利益或者行业内经营者利益的意见和建议。

（二）向政府价格主管部门反映行政机关、法律法规授权的具有管理公共事务职能的组织（下称行政机关）或者其他经营者侵害会员自主定价权的行为。

（三）向省级以上政府价格主管部门举报行业上下游经营者或者同行业其他经营者达成价格垄断协议、滥用市场支配地位等行为。

（四）向省级以上政府价格主管部门反映行政机关滥用行政权力排除、限制竞争的行为。

（五）代表会员或者行业，就政府价格主管部门及其工作人员的不当行为提出批评和建议。

（六）拒绝行政机关要求行业协会实施本指南第九条所列行为的指示，并将上述情况向省级以上价格主管部门报告。

（七）在价格监督检查和反垄断执法过程中，在会员向政府价格主管部门陈述、申辩时，依法向会员提供帮助。

（八）协助政府价格主管部门调解会员或者本行业其他经营者与消费者之间产生的价格纠纷。

六、行业协会制定行业规则、标准，实施行业自律，从事以下行为，一般不会有法律风险或者风险较小：

（一）在不违反明码标价有关规定的前提下，倡导会员增加明码标价标示的内容，或者在行业内推广运用电子标价签、电子价目表等新的明码标价形式。

（二）公布会员所提供服务项目的服务范围和服务标准，防止经营者拆分服务项目或者降低服务标准。

（三）提示会员不得利用行业协会作为平台，相互之间交换价格、成本信息或者协调价格政策。

（四）在组织会员活动的过程中发现会员之间相互商讨价格、交流价格信息时，及时予以制止。

（五）对会员违反价格、反垄断法律法规规定的行为，采取告诫、行业内通报、公开谴责等手段予以制止。

七、行业协会发布价格信息，可能对社会公众的价格预期和正常的市场价格秩序产生影响，法律风险较大。通常情况下，可以按照以下原则，来衡量行业协会发布价格信息的行为面临法律风险的程度：

（一）社会公众对相关信息来源的获取途径越少，行业协会发布价格信息可能对公众的价格预期影响越大。

（二）相关市场集中度越高，行业协会发布相关市场内市场份额较大的企业将要执行的价格、价格政策或者定价策略，对公众的价格预期影响越大。

（三）相关商品的需求弹性越小，行业协会发布价格信息对公众的价格预期影响越大。

（四）行业协会对行业内经营者管控能力越强，行业协会发布关于价格必将或者极有可能上涨或者下跌的趋势分析，对公众的价格预期影响越大。

八、行业协会发布价格信息，容易引导行业内经营者之间达成价格垄断协议，存在很大法律风险。相比发布历史的、行业综合性、公开收集到的价格信息，发布现行的或者将来的价格信息，发布某一经营者、某一产品的价格信息，发布经营者难以收集的价格信息，导致行业内经营者达成价格垄断协议的法律风险更大。

（一）行业内生产经营成本越稳定，行业集中度越高，越可能受到行业内经营者近期发生的成本、价格信息的影响。行业协会发布行业内经营者近期发生的生产成本、销售报价、成交价格等价格信息，容易引发价格垄断协议的达成。

（二）行业协会发布市场份额较大的企业将要执行的价格，容易引发价格垄断协议的达成。

（三）行业的生产经营与上下游联系越紧密，行业内经营者越容易对上下游成本、价格波动采取一致性的应对措施。行业协会发布上下游成本、价格的变化信息，越容易引发价格垄断协议的达成。

（四）行业协会掌握的行业管理权限越大，收集和处理行业内经营数据越全面，发布的价格、成本变化趋势分析越具体，对会员的影响和管控能力越强，其所发布的价格趋势分析越容易引发价格垄断协议的达成。

九、除法律、行政法规另有规定的外，行业协会从事以下价格行为，具有明显的排除、限制竞争效果，法律风险极高：

（一）组织本行业的经营者达成价格垄断协议。

（二）组织交换会员之间的价格信息，将价格信息在会员或者行业内其他经营者之间相互通报。

（三）通过统一优惠条件或者期限的方式组织本行业的经营者达成价格垄断协议。

（四）发布行业内指导价、基准价、参考价、推荐价等具有引导性的价格。

（五）以公布价格计算公式的方式对成本构成、利润率等因素予以限定。

（六）制定具有排除、限制价格竞争的规则、决定、通知、标准等。

（七）通过行业内惩戒机制保证或者促进经营者实施价格垄断协议。

十、行业协会从事以下价格行为，将严重扰乱市场价格秩序，法律风险极高：

（一）捏造、散布本行业的涨价信息，推动本行业商品或者服务价格过快、过高上涨。

（二）捏造、散布本行业的上下游行业的涨价信息，间接推动本行业商品或者服务价格过快、过高上涨。

（三）捏造、散布本行业的生产经营成本上涨信息，推动本行业商品或者服务价格过快、过高上涨。

（四）组织或者引导会员或者本行业的其他经营者在生产自用外，超出正常存储数量或者存储周期，大量囤积市场供应紧张、价格发生异常波动的商品；或者通过制定行业标准等方式对会员的商品库存数量、存储周期等库存管理作出规定，推动本行业商品或者服务价格过快、过高上涨。

十一、行业协会之间交换价格信息，容易为各自的会员之间达成价格垄断协议创造便利条件。行业协会之间在交换信息时，应当注意避免本指南第八条提示的法律风险。

不同行业协会共同组织各自会员之间采取价格上的一致行动，极可能触犯法律法规的规定。行业协会之间在组织会员行动时，应当注意避免本指南第九条、第十条提示的法律风险。

十二、行业协会向会员或者会员以外的公民、法人、其他组织销售协会创办的报刊、出版物等商品，或者提供有偿咨询、培训、信用评价、展览等服务时，行业协会等同于经营者，应当遵守价格、反垄断法律法规关于经营者的有关规定，否则法律风险极高。

十三、行业协会从事了本指南提示的具有法律风险的行为，执法部门会依法开展调查并实施行政处罚。经营者在行业协会组织下从事了本指南提示的具有法律风险的行为的，其法律责任不因行业协会承担法律责任而减轻，其中起牵头、组织作用的经营者还将面临从重处罚。

对于存在违反价格、反垄断法律法规情节严重的行业协会，政府价格主管部门可以将其纳入失信黑名单，由各有关部门依法对其采取联合惩戒措施。

条文释义

一、本条主旨

本条是关于行业协会不得组织垄断协议的规定。

二、条文演变

2007年《反垄断法》第16条规定，行业协会不得组织本行业的经营者从事本章禁止的垄断行为。2022年修正的《反垄断法》仅调整了该条文序号，对条文内容未作修改。

三、条文解读

本条将行业协会列为了《反垄断法》规制的对象，禁止其组织经营者达成垄断协议。

行业协会是行业经营者间的自治组织，如行业协会、企业联合会、企业联盟等。行业协会作为自律和非盈利性组织，其通过自律机制运营的根本目的在于实现行业内企业的有序竞争，协调和可持续发展。其积极的意义在于，行业协会可以履行沟通企业和政府之间的关系、为会员企业提供信息沟通等服务、加强行业自律以及支持企业参与国际竞争等方面的职能，为了行业的健康发展和全体会员的共同利益，履职过程中会实施行业自律，约束会员企业的活动，使其遵守竞争规则并运用团体的自治权来对违反竞争规则的行为进行规范，具有促进技术进步、提高行业整体盈利水平等功能，是我国经济建设和社会发展的重要力量。但另一方面，行业协会的履职行为也存在着限制竞争的可能性，这主要是因为行业协会的行为天然地接近于联合行为，且行业协会具有内部惩罚等功能，进一步使这种联合趋于稳定，对成员经营者具有较强的约束力，从而达到限制竞争的效果。在实践中，行业协会对协会成员实行业务统一管理和不自觉地排斥非协会成员的经济活动，尤其在行业协会所在行业处于激烈的市场竞争的时候，就很容易把天然的协调能力转化为共谋的能力，组织协会成员实施限制竞争行为。行业协会可能组织经营者达成的垄断协议行为，包括：行业协会固定价格、限制产量和销量、划分市场、限制开发和购买新技术新产品、联合抵制、固定和限定转售价格、交换情报等。比如，协会成员之间凭借行业协会的组织和联络相互协调一致，交流可能反映价格的数据和资料，共同决定商品或服务价格，作出限制市场竞争，谋取超额利润的联合限制竞争行为。

行业协会垄断行为因其具有主体类型多样、行为方式特殊及隐蔽性、强制性、危害性等特点，分析起来存在难度。若按照实施主体的数量，行业协会垄断行为可以分为三种类型，即行业协会单独实施的垄断行为、强势会员企业利用行业协会实施的垄断行为以及行业协会和会员共同实施的垄断行为。若按照实施行为的内容，行业协会垄断行为可以分为通过决议形式直接实施的垄断行为和通过提供特定的服务形式间接实施的垄断行为。前者的行为方式主要是垄断协议，比如固定价格、限制产量、划分市场、联合抵制；后者主要表现为通过标准认证和信息交换等方式实施垄断行为。[①]

在我国当前的实践中，行业协会实施的排除、限制竞争行为，主要表现为以组织的名义实施联合限制竞争的行为，如以“行业自律价格”的形式联合限定价格，对商品的最低销售价格、价格的上涨率或上涨幅度作出决定；对标准价格、基准价格、目标价格等价格的基础作出决定；设定共同的价格界定方法（如规定具体的价格系数），对影响实质性定价的回扣、手续费、折扣的限度作出决定等。行业协会这种联合限制竞争的行为，实际上等同于垄断协议。因此，本条针对这一行为进行明确规定。[②] 对于违反者，将根据《反垄断法》第56条对其进行处罚。

---

① 参见高重迎：《行业协会的反垄断法规制》，中国政法大学出版社2016年版，第34~41页。

② 参见全国人大常委会法工委经济法室编：《中华人民共和国反垄断法条文说明、立法理由及相关规定》，北京大学出版社2007年版，第94页。

适用指引

《垄断案件规定》第1条规定了垄断民事纠纷案件的两种基本类型，一是因垄断行为受到损失而引起的诉讼；二是因合同内容、行业协会的章程等违反《反垄断法》而发生争议引起的诉讼。前一种诉讼主要是侵权之诉，原告在此类案件中往往诉请人民法院判令被告停止垄断行为并赔偿损失。后一种诉讼主要是非侵权之诉，其中确认之诉是常见的案件类型。原告在此类案件中通常诉请人民法院确认民事法律行为的效力，例如，确认合同或者合同的条款、行业协会的章程等因违反《反垄断法》而无效。需要注意的是，上述司法解释第1条对于非侵权之诉的类型保留了一定程度的开放性，非侵权之诉并不限于确认之诉。"因……违反反垄断法而发生争议"这一表述揭示出垄断民事纠纷案件的定性标准：凡是需要以《反垄断法》为裁判依据的民事纠纷，都属于垄断民事纠纷。[①]

如果一种法律行为违反法律的强制性规定，可能发生该法律行为无效的法律后果。对此，《民法典》第153条第1款规定："违反法律、行政法规的强制性规定的民事法律行为无效。但是，该强制性规定不导致该民事法律行为无效的除外。"一般认为，强制性规定可以分为效力性强制性规定和管理性强制性规定两种类型。违反效力性强制规定的，民事法律行为无效；违反管理性强制规定的，民事法律行为未必无效。除合同这一典型的民事法律行为外，行业协会的章程或者决定亦属法律行为范畴。在传统民法理论上，一般将行业协会的章程和决定称为合同行为（又称协同行为[②]）。行业协会通过其章程或者决定实施垄断行为的现象时有发生，因此其章程或者决定也经常成为垄断民事纠纷案件的诉争对象。当行业协会的章程和决定违反《反垄断法》的强制性规定时，同样存在无效问题。认定其无效的依据则是《民法典》第153条的规定。[③]

---

① 参见朱理：《〈关于审理因垄断行为引发的民事纠纷案件应用法律若干问题的规定〉理解与适用》，载《人民司法》2012年第15期。

② 这里的合同行为或者协同行为是指多数当事人就同一内容的意思表示达成一致的法律行为，与2022年修正的《反垄断法》第16条中的"协同行为"并非同一含义。

③ 参见朱理：《〈关于审理因垄断行为引发的民事纠纷案件应用法律若干问题的规定〉理解与适用》，载《人民司法》2012年第15期。

典型案例

娄某林诉北京市水产批发行业协会横向垄断协议纠纷上诉案

关键词： 垄断　横向垄断协议　行业协会　变更价格

裁判摘要： 行业协会为防止会员间发生竞争行为，在《会员手册》中制定要求会员按照协会规定的销售价格出售产品的规定，若会员违反此项规定，需缴纳一定数额的罚款。此后，该行业协会为固定或变更价格变动幅度多次召开会议，有关规定已明显违背《反垄断法》。同时，该行业协会以强制性的奖罚手段，固定会员的销售价格，该行为在一定程度上会排除或限制竞争，并损害消费者的利益。因此，行业协会的行为已构成垄断行为，属于横向垄断。

基本案情： 北京市水产批发行业协会（以下简称水产批发协会）在其《北京市水产批发行业协会手册》中的"奖罚规定"部分规定："禁止会员向本协会会员所在的市场向非会员销售整件扇贝""禁止会员不正当竞争，不按协会规定的销售价格折价销售扇贝"，同时在协会内部执行上述规定，并多次就獐子岛扇贝价格调整进行研究并予以确定。娄某林退出水产批发协会后无法获得獐子岛扇贝供货渠道，无法销售獐子岛扇贝。娄某林认为水产批发协会的上述行为侵害其合法权益。一审、二审法院均认为水产批发协会的行为构成《反垄断法》所禁止的横向垄断协议。具体而言，水产批发协会于2011年9月29日登记成立之后，多次组织会议对于不同种类的扇贝产品的销售价格、禁止不按规定价格折价销售以及相应处罚等进行讨论并作出相应的决定，通过固定和变更价格减少甚至消除会员之间的竞争，提高销售利润，损害了消费者的利益。水产批发协会组织经营者达成固定、变更价格的垄断协议，违反了《反垄断法》的规定。

【案　　号】（2013）高民终字第4325号

【审理法院】 北京市高级人民法院

【来　　源】 2008—2018年中国法院反垄断民事诉讼10大案件

第二十二条　禁止具有市场支配地位的经营者从事下列滥用市场支配地位的行为：

（一）以不公平的高价销售商品或者以不公平的低价购买商品；

（二）没有正当理由，以低于成本的价格销售商品；

（三）没有正当理由，拒绝与交易相对人进行交易；

（四）没有正当理由，限定交易相对人只能与其进行交易或者只能与其指定的经营者进行交易；

（五）没有正当理由搭售商品，或者在交易时附加其他不合理的交易条件；

（六）没有正当理由，对条件相同的交易相对人在交易价格等交易条件上实行差别待遇；

（七）国务院反垄断执法机构认定的其他滥用市场支配地位的行为。

具有市场支配地位的经营者不得利用数据和算法、技术以及平台规则等从事前款规定的滥用市场支配地位的行为。

本法所称市场支配地位，是指经营者在相关市场内具有能够控制商品价格、数量或者其他交易条件，或者能够阻碍、影响其他经营者进入相关市场能力的市场地位。

关联规定

一、法律、行政法规、司法解释

1.《中华人民共和国电子商务法》

第二十二条　电子商务经营者因其技术优势、用户数量、对相关行业的控制能力以及其他经营者对该电子商务经营者在交易上的依赖程度等因素而具有市场支配地位的，不得滥用市场支配地位，排除、限制竞争。

第三十五条　电子商务平台经营者不得利用服务协议、交易规则以及技术等手段，对平台内经营者在平台内的交易、交易价格以及与其他经营者的交易等进行不合理限制或者附加不合理条件，或者向平台内经营者收取不合理费用。

第八十二条 电子商务平台经营者违反本法第三十五条规定，对平台内经营者在平台内的交易、交易价格或者与其他经营者的交易等进行不合理限制或者附加不合理条件，或者向平台内经营者收取不合理费用的，由市场监督管理部门责令限期改正，可以处五万元以上五十万元以下的罚款；情节严重的，处五十万元以上二百万元以下的罚款。

第八十五条 电子商务经营者违反本法规定，销售的商品或者提供的服务不符合保障人身、财产安全的要求，实施虚假或者引人误解的商业宣传等不正当竞争行为，滥用市场支配地位，或者实施侵犯知识产权、侵害消费者权益等行为的，依照有关法律的规定处罚。

2.《最高人民法院关于审理因垄断行为引发的民事纠纷案件应用法律若干问题的规定》

第八条 被诉垄断行为属于反垄断法第十七条第一款[①]规定的滥用市场支配地位的，原告应当对被告在相关市场内具有支配地位和其滥用市场支配地位承担举证责任。

被告以其行为具有正当性为由进行抗辩的，应当承担举证责任。

第九条 被诉垄断行为属于公用企业或者其他依法具有独占地位的经营者滥用市场支配地位的，人民法院可以根据市场结构和竞争状况的具体情况，认定被告在相关市场内具有支配地位，但有相反证据足以推翻的除外。

第十条 原告可以以被告对外发布的信息作为证明其具有市场支配地位的证据。被告对外发布的信息能够证明其在相关市场内具有支配地位的，人民法院可以据此作出认定，但有相反证据足以推翻的除外。

二、部门规章及规范性文件

1.《国务院反垄断委员会关于平台经济领域的反垄断指南》

第四条 相关市场界定

平台经济业务类型复杂、竞争动态多变，界定平台经济领域相关商品市场

① 该法条系指2007年制定的《反垄断法》的条款，现对应2022年修正的《反垄断法》第22条第1款、第2款。

和相关地域市场需要遵循《反垄断法》和《国务院反垄断委员会关于相关市场界定的指南》所确定的一般原则，同时考虑平台经济的特点，结合个案进行具体分析。

（一）相关商品市场

平台经济领域相关商品市场界定的基本方法是替代性分析。在个案中界定相关商品市场时，可以基于平台功能、商业模式、应用场景、用户群体、多边市场、线下交易等因素进行需求替代分析；当供给替代对经营者行为产生的竞争约束类似于需求替代时，可以基于市场进入、技术壁垒、网络效应、锁定效应、转移成本、跨界竞争等因素考虑供给替代分析。具体而言，可以根据平台一边的商品界定相关商品市场；也可以根据平台所涉及的多边商品，分别界定多个相关商品市场，并考虑各相关商品市场之间的相互关系和影响。当该平台存在的跨平台网络效应能够给平台经营者施加足够的竞争约束时，可以根据该平台整体界定相关商品市场。

（二）相关地域市场

平台经济领域相关地域市场界定同样采用需求替代和供给替代分析。在个案中界定相关地域市场时，可以综合评估考虑多数用户选择商品的实际区域、用户的语言偏好和消费习惯、相关法律法规的规定、不同区域竞争约束程度、线上线下融合等因素。

根据平台特点，相关地域市场通常界定为中国市场或者特定区域市场，根据个案情况也可以界定为全球市场。

（三）相关市场界定在各类垄断案件中的作用

坚持个案分析原则，不同类型垄断案件对于相关市场界定的实际需求不同。

调查平台经济领域垄断协议、滥用市场支配地位案件和开展经营者集中反垄断审查，通常需要界定相关市场。

第三章 滥用市场支配地位

《反垄断法》禁止具有市场支配地位的经营者从事滥用市场支配地位行为。认定平台经济领域的滥用市场支配地位行为，适用《反垄断法》第三章和《禁止滥用市场支配地位行为暂行规定》。通常情况下，首先界定相关市场，分析经营者在相关市场是否具有支配地位，再根据个案情况具体分析是否构成滥用市场支配地位行为。

第十一条 市场支配地位的认定

反垄断执法机构依据《反垄断法》第十八条、第十九条[①]规定，认定或者推定经营者具有市场支配地位。结合平台经济的特点，可以具体考虑以下因素：

（一）经营者的市场份额以及相关市场竞争状况。确定平台经济领域经营者市场份额，可以考虑交易金额、交易数量、销售额、活跃用户数、点击量、使用时长或者其他指标在相关市场所占比重，同时考虑该市场份额持续的时间。

分析相关市场竞争状况，可以考虑相关平台市场的发展状况、现有竞争者数量和市场份额、平台竞争特点、平台差异程度、规模经济、潜在竞争者情况、创新和技术变化等。

（二）经营者控制市场的能力。可以考虑该经营者控制上下游市场或者其他关联市场的能力，阻碍、影响其他经营者进入相关市场的能力，相关平台经营模式、网络效应，以及影响或者决定价格、流量或者其他交易条件的能力等。

（三）经营者的财力和技术条件。可以考虑该经营者的投资者情况、资产规模、资本来源、盈利能力、融资能力、技术创新和应用能力、拥有的知识产权、掌握和处理相关数据的能力，以及该财力和技术条件能够以何种程度促进该经营者业务扩张或者巩固、维持市场地位等。

（四）其他经营者对该经营者在交易上的依赖程度。可以考虑其他经营者与该经营者的交易关系、交易量、交易持续时间，锁定效应、用户黏性，以及其他经营者转向其他平台的可能性及转换成本等。

（五）其他经营者进入相关市场的难易程度。可以考虑市场准入、平台规模效应、资金投入规模、技术壁垒、用户多栖性、用户转换成本、数据获取的难易程度、用户习惯等。

（六）其他因素。可以考虑基于平台经济特点认定经营者具有市场支配地位的其他因素。

第十二条 不公平价格行为

具有市场支配地位的平台经济领域经营者，可能滥用市场支配地位，以不

---

① 该法条系指2007年制定的《反垄断法》的条款，现对应2022年修正的《反垄断法》第23条、第24条。

公平的高价销售商品或者以不公平的低价购买商品。分析是否构成不公平价格行为，可以考虑以下因素：

（一）该价格是否明显高于或者明显低于其他同类业务经营者在相同或者相似市场条件下同种商品或者可比较商品的价格；

（二）该价格是否明显高于或者明显低于该平台经济领域经营者在其他相同或者相似市场条件下同种商品或者可比较商品的价格；

（三）在成本基本稳定的情况下，该平台经济领域经营者是否超过正常幅度提高销售价格或者降低购买价格；

（四）该平台经济领域经营者销售商品提价幅度是否明显高于成本增长幅度，或者采购商品降价幅度是否明显低于成本降低幅度。

认定市场条件相同或者相似，一般可以考虑平台类型、经营模式、交易环节、成本结构、交易具体情况等因素。

第十三条 低于成本销售

具有市场支配地位的平台经济领域经营者，可能滥用市场支配地位，没有正当理由，以低于成本的价格销售商品，排除、限制市场竞争。

分析是否构成低于成本销售，一般重点考虑平台经济领域经营者是否以低于成本的价格排挤具有竞争关系的其他经营者，以及是否可能在将其他经营者排挤出市场后，提高价格获取不当利益、损害市场公平竞争和消费者合法权益等情况。

在计算成本时，一般需要综合考虑平台涉及多边市场中各相关市场之间的成本关联情况。

平台经济领域经营者低于成本销售可能具有以下正当理由：

（一）在合理期限内为发展平台内其他业务；

（二）在合理期限内为促进新商品进入市场；

（三）在合理期限内为吸引新用户；

（四）在合理期限内开展促销活动；

（五）能够证明行为具有正当性的其他理由。

第十四条 拒绝交易

具有市场支配地位的平台经济领域经营者，可能滥用其市场支配地位，无正当理由拒绝与交易相对人进行交易，排除、限制市场竞争。分析是否构成拒绝交易，可以考虑以下因素：

（一）停止、拖延、中断与交易相对人的现有交易；

（二）拒绝与交易相对人开展新的交易；

（三）实质性削减与交易相对人的现有交易数量；

（四）在平台规则、算法、技术、流量分配等方面设置不合理的限制和障碍，使交易相对人难以开展交易；

（五）控制平台经济领域必需设施的经营者拒绝与交易相对人以合理条件进行交易。

认定相关平台是否构成必需设施，一般需要综合考虑该平台占有数据情况、其他平台的可替代性、是否存在潜在可用平台、发展竞争性平台的可行性、交易相对人对该平台的依赖程度、开放平台对该平台经营者可能造成的影响等因素。

平台经济领域经营者拒绝交易可能具有以下正当理由：

（一）因不可抗力等客观原因无法进行交易；

（二）因交易相对人原因，影响交易安全；

（三）与交易相对人交易将使平台经济领域经营者利益发生不当减损；

（四）交易相对人明确表示或者实际不遵守公平、合理、无歧视的平台规则；

（五）能够证明行为具有正当性的其他理由。

第十五条　限定交易

具有市场支配地位的平台经济领域经营者，可能滥用市场支配地位，无正当理由对交易相对人进行限定交易，排除、限制市场竞争。分析是否构成限定交易行为，可以考虑以下因素：

（一）要求平台内经营者在竞争性平台间进行“二选一”，或者限定交易相对人与其进行独家交易的其他行为；

（二）限定交易相对人只能与其指定的经营者进行交易，或者通过其指定渠道等限定方式进行交易；

（三）限定交易相对人不得与特定经营者进行交易。

上述限定可能通过书面协议的方式实现，也可能通过电话、口头方式与交易相对人商定的方式实现，还可能通过平台规则、数据、算法、技术等方面的实际设置限制或者障碍的方式实现。

分析是否构成限定交易，可以重点考虑以下两种情形：一是平台经营者通过屏蔽店铺、搜索降权、流量限制、技术障碍、扣取保证金等惩罚性措施实施的限制，因对市场竞争和消费者利益产生直接损害，一般可以认定构成限定交易行为。二是平台经营者通过补贴、折扣、优惠、流量资源支持等激励性方式实施的限制，可能对平台内经营者、消费者利益和社会整体福利具有一定积极效果，但如果有证据证明对市场竞争产生明显的排除、限制影响，也可能被认定构成限定交易行为。

平台经济领域经营者限定交易可能具有以下正当理由：

（一）为保护交易相对人和消费者利益所必须；

（二）为保护知识产权、商业机密或者数据安全所必须；

（三）为保护针对交易进行的特定资源投入所必须；

（四）为维护合理的经营模式所必须；

（五）能够证明行为具有正当性的其他理由。

第十六条 搭售或者附加不合理交易条件

具有市场支配地位的平台经济领域经营者，可能滥用市场支配地位，无正当理由实施搭售或者附加不合理交易条件，排除、限制市场竞争。分析是否构成搭售或者附加不合理交易条件，可以考虑以下因素：

（一）利用格式条款、弹窗、操作必经步骤等交易相对人无法选择、更改、拒绝的方式，将不同商品进行捆绑销售；

（二）以搜索降权、流量限制、技术障碍等惩罚性措施，强制交易相对人接受其他商品；

（三）对交易条件和方式、服务提供方式、付款方式和手段、售后保障等附加不合理限制；

（四）在交易价格之外额外收取不合理费用；

（五）强制收集非必要用户信息或者附加与交易标的无关的交易条件、交易流程、服务项目。

平台经济领域经营者实施搭售可能具有以下正当理由：

（一）符合正当的行业惯例和交易习惯；

（二）为保护交易相对人和消费者利益所必须；

（三）为提升商品使用价值或者效率所必须；

（四）能够证明行为具有正当性的其他理由。

第十七条 差别待遇

具有市场支配地位的平台经济领域经营者，可能滥用市场支配地位，无正当理由对交易条件相同的交易相对人实施差别待遇，排除、限制市场竞争。分析是否构成差别待遇，可以考虑以下因素：

（一）基于大数据和算法，根据交易相对人的支付能力、消费偏好、使用习惯等，实行差异性交易价格或者其他交易条件；

（二）实行差异性标准、规则、算法；

（三）实行差异性付款条件和交易方式。

条件相同是指交易相对人之间在交易安全、交易成本、信用状况、所处交易环节、交易持续时间等方面不存在实质性影响交易的差别。平台在交易中获取的交易相对人的隐私信息、交易历史、个体偏好、消费习惯等方面存在的差异不影响认定交易相对人条件相同。

平台经济领域经营者实施差别待遇行为可能具有以下正当理由：

（一）根据交易相对人实际需求且符合正当的交易习惯和行业惯例，实行不同交易条件；

（二）针对新用户在合理期限内开展的优惠活动；

（三）基于平台公平、合理、无歧视的规则实施的随机性交易；

（四）能够证明行为具有正当性的其他理由。

2.《经营者反垄断合规指南》

第十二条 禁止滥用市场支配地位

经营者具有市场支配地位的，不得从事反垄断法相关规定所禁止的滥用市场支配地位行为。

经营者是否具有市场支配地位、是否构成滥用市场支配地位的行为，可以依据《反垄断法》、《禁止滥用市场支配地位行为暂行规定》作出评估、判断。

3.《国务院反垄断委员会关于汽车业的反垄断指南》

第三章 滥用市场支配地位

《反垄断法》第十七条[①]禁止滥用市场支配地位行为。目前，我国新车销售市场竞争较为激烈，但汽车售后市场由于存在锁定效应和兼容性问题，可能限制、削弱售后市场的有效竞争，损害消费者利益。在个案中界定汽车售后市场，汽车品牌是需要考虑的一个重要因素。因此，根据《反垄断法》第十七

① 该法条系指2007年制定的《反垄断法》的条款，现对应2022年修正的《反垄断法》第22条。

条[①]对市场支配地位的定义，以及第十八条[②]关于认定经营者具有市场支配地位应当依据的因素，在新车销售市场上不具有支配地位的汽车供应商，在其品牌汽车售后市场上可能被认定为具有支配地位。

对于未达到《反垄断法》第十九条[③]规定的市场支配地位推定标准的经营者，其在售后配件的生产、供应与流通以及维修技术信息、测试仪器和维修工具的供应过程中实施的纵向限制，根据《反垄断法》第十四条与第十五条[④]进行评估。

第七条 售后配件的生产

除根据代工协议生产的配件以外，在其品牌汽车售后市场上具有支配地位的汽车制造商没有正当理由，不应限制为初装汽车配套的配件供应商生产双标件。即汽车制造商不应禁止为其提供初装零部件的配件供应商在相关初装零部件上加贴自有商标、标识和零件代码。双标件旨在提高消费者和维修商辨识同质配件的能力，促进汽车售后市场有效竞争。

关于代工协议的认定，参见本指南第十一条。

第八条 售后配件的供应与流通

在汽车售后市场上具有支配地位的汽车供应商没有正当理由，不应限制售后配件的供应与流通，包括：

（一）限制经销商和维修商外采售后配件，即限制经销商和维修商购买同质配件或从其他渠道购买原厂配件（包括平行进口配件）。

不具有市场支配地位的供应商对其经销渠道设置一定期限的排他采购义务，能够提高经销网络的质量标准，有助于建立和保持品牌形象，提高品牌对最终消费者的吸引力，提升销售量。但是，如果相关市场存在显著的进入或扩张壁垒，排他采购义务有可能封锁竞争性供应商，削弱创新激励机制，提高经销渠道的商品价格，限制消费者的选择。

① 该法条系指2007年制定的《反垄断法》的条款，现对应2022年修正的《反垄断法》第22条。

② 该法条系指2007年制定的《反垄断法》的条款，现对应2022年修正的《反垄断法》第23条。

③ 该法条系指2007年制定的《反垄断法》的条款，现对应2022年修正的《反垄断法》第24条。

④ 该法条系指2007年制定的《反垄断法》的条款，现对应2022年修正的《反垄断法》第18条第1款、第20条。

在实务中，在其品牌汽车售后市场上具有支配地位的汽车供应商，对经销商规定不合理的配件销售数量目标、库存品种和数量，通常能够实质限制经销商和维修商外采配件。

但是，汽车供应商可以依法要求其授权体系成员仅使用原厂配件和同质配件，该授权体系成员应当依法保证消费者的知情权和配件可追溯性。汽车供应商可以依法要求，仅当消费者知情并明确选择且保证配件可追溯性的条件下，授权体系成员才可以在维修工作中使用再制造件和回用件。

再制造件，是指旧汽车零部件经过再制造技术、工艺生产后，性能和质量达到原型新品要求的零部件。

回用件，是指从报废汽车上拆解或维修车辆上替换的能够继续使用的零部件。

（二）限制配件供应商、经销商和维修商外销售后配件，包括：

1. 除根据代工协议生产的配件以外，要求配件全部“返厂”，即限制配件供应商向售后渠道以自有品牌供应配件；

2. 限制经销商之间、维修商之间、以及经销商和维修商之间交叉供应售后配件；

3. 限制经销商和维修商向最终用户销售汽车维修服务所需配件。

第九条 维修技术信息、测试仪器和维修工具的可获得性

汽车售后维修通常需要由具备相应资质的技工基于特定品牌汽车的技术信息而完成。汽车供应商通常是其品牌汽车全部维修技术信息的唯一供应源。如果维修商不能获得检测、维修汽车以及替换汽车配件所必需的技术信息，提供的维修保养服务可能导致危险驾驶、高排放和空气污染等风险；同时，维修商市场地位受挤压，导致维修渠道减少、汽车维修保养价格升高、消费者选择受限。

汽车售后市场有效竞争需要保障售后维修技术信息的可获得性，同时保障测试仪器和维修工具的可获得性。因此，在其品牌汽车售后市场上具有支配地位的汽车供应商，无正当理由，不应限制维修技术信息、测试仪器和维修工具的可获得性，包括：

（一）限制维修商获取特定品牌汽车维修技术信息的权利和渠道；

（二）限制测试仪器、维修工具或其他设备供应商向经销商和维修商销售有关测试仪器、维修工具或其他设备；

（三）对维修技术信息设置过高市场价格，限制维修技术信息有效公开，制约汽车维修商获取有关技术信息。

条文释义

一、本条主旨

本条是关于市场支配地位概念及滥用市场支配地位具体情形的规定。

二、条文演变

2022年《反垄断法》将2007年《反垄断法》第17条调整为第22条，同时增加一款，作为第2款："具有市场支配地位的经营者不得利用数据和算法、技术以及平台规则等从事前款规定的滥用市场支配地位的行为。"在其他方面，2022年《反垄断法》与2007年《反垄断法》第17条的规定相同。增加的第2款内容是在当前互联网经济迅速发展背景下，明确将平台经营行为涉及的数据、算法、技术和平台规则等新类型问题纳入反垄断治理规范，对平台企业可能存在的滥用市场支配地位的行为予以明确规制。

三、条文解读

市场支配地位又称市场优势地位或市场控制地位，是指经营者在相关市场具备独立的支配或者控制力，即经营者在相关市场内具有能够控制商品价格、数量或者其他交易条件，或者能够阻碍、影响其他经营者进入相关市场能力的市场地位。具备市场支配地位的经营者通常无须考虑其他竞争者的行为即可自由作出定价等经营决策。市场支配地位的本质是企业凭借较大市场份额或在技术、原料、资金等方面具有的较大优势而具有的支配能力，具体表现在控制商品价格、阻止其他经营者进入相关市场等方面。其中，相关市场指经营者在一定时期就特定的商品或服务从事竞争的商品范围或者地域范围。任何竞争行为均发生在一定的市场范围内，界定相关市场就是明确经营者竞争的市场范围。经营者可以是一个，也可以是数个经营者作为整体具备市场控制地位。判断经营者是否具备市场支配地位，一般应当以界定相关市场为前提。

适用指引

《反垄断法》并不禁止经营者具备市场支配地位，而是禁止经营者滥用市场支配地位，实施排除、限制竞争的行为。为此，《反垄断法》明确规定，具有市场支配地位的经营者，不得滥用市场支配地位，排除、限制竞争。

滥用市场支配地位具有行为主体的特定性，即行为主体是在市场上具有市场支配地位的企业，而非其他企业；行为目的的特定性，即实施滥用行为是为了维持或增强其支配地位；行为本身的反竞争性，即滥用行为是排除、限制竞争的行为。本条以列举的方式规定了禁止滥用市场支配地位的情形。

一、以不公平的高价销售商品或者以不公平的低价购买商品

该种情形简称“不公平价格行为”或“剥削性定价行为”，指具有市场支配地位的经营者，对销售商品进行过高定价，或者对购买商品进行过低定价，从而利用其市场支配地位“剥削”交易相对人的行为，实质是具有支配地位的企业违背诚实信用、平等互利的交易原则，凭借其强势地位损害交易对方利益的行为。在认定时，可综合考虑的因素包括：销售或购买价格是否明显高于或低于其他经营者销售或者购买同种商品的价格；在成本基本稳定的情况下，交易价格是否超过正常波动幅度；销售商品的提价幅度是否明显高于成本增长幅度，或者降价幅度是否明显高于交易相对人的成本降低幅度等因素。认定该种行为，可以考虑但不限于下列因素：（1）经营者向交易相对人销售或者购买商品的价格明显高于或者低于经营者自身在上下游市场中销售或者购买相同或者可比较商品的价格；（2）经营者向交易相对人销售或者购买商品的价格明显高于或者低于其他经营者在相同或者相似条件下销售或者购买相同商品或者可比较商品的价格；（3）经营者向交易相对人销售或者购买商品的价格明显高于或者低于该经营者在相同或者相似条件下的其他地域市场销售或者购买相同商品或者可比较商品的价格；（4）经营者向交易相对人销售商品的价格增长幅度明显高于该经营者成本增长幅度，或者购买商品的价格降低幅度明显高于交易相对人成本降低幅度。认定相同或者相似条件，可以考虑交易渠道、交易模式、交易数量、交易环节、成本结构、供求状况、监管环境等因素。仅仅经营者销售商品的价格明显高于其成本，尚不足以证明经营者以不公平的高价销售

商品。

二、没有正当理由，以低于成本的价格销售商品

本情形简称“掠夺性定价”或“驱逐对手定价”，指具有市场支配地位的企业为将竞争对手排挤出市场或阻吓潜在新竞争者进入市场，采取以低于成本的价格销售商品的行为，这一行为虽然会造成短期利益损失，但目的在于吸引消费者，并排除竞争，在达成目的后独占市场，提高价格，谋取高额利润。认定该种情形，至少应当具备下列条件：（1）经营者以低于平均可变成本、平均可避免成本、平均总成本或者其他成本的价格销售商品。其中，平均可变成本指短期内平均每生产一单位产品所消耗的可变成本。其中，可变成本是指总成本中随产量的变化而变动的成本部分。在规模效应作用下，随着产量的增加，平均可变成本减少，但产量增加到一定程度后，平均可变成本由于边际产量递减规律而增加。因此，平均可变成本曲线是一条先下降而后上升的“U”型曲线，表明随着产量增加先下降而后上升的变动规律。平均可避免成本指短期内平均每生产一单位产品通过某项决策行动可改变其数额的成本。平均总成本指短期内平均每生产一单位产品所消耗的全部成本。（2）经营者以低于成本的价格销售商品的目的或者效果系将竞争对手排挤出相关市场或者阻碍其他经营者进入相关市场。（3）经营者将竞争对手排挤出相关市场或者阻碍其他经营者进入相关市场后，能够在相当长的时间内通过提高产品销售价格弥补损失。（4）经营者以低于成本的价格销售商品不具有正当理由。认定互联网平台经营者以低于成本的价格销售商品时，还应当考虑该互联网平台服务所涉及的多边服务成本及其相互关系。如果以低于成本的价格销售商品具有正当理由，则不属于本法规定的行为。

本情形的正当理由包括：（1）低价处理鲜活商品、淘汰商品、有效期限即将到期的商品或者积压商品；（2）季节性降价；（4）因清偿债务、转产、歇业等低价销售商品；（4）为推广新商品、发展新业务在合理期限内低价促销；（5）能够证明行为具有正当性的其他理由。

三、没有正当理由，拒绝与交易相对人进行交易

本情形简称拒绝交易行为，指经营者滥用其市场支配地位，没有正当理由拒绝销售商品或提供服务，排除、限制市场竞争的行为。经营者通过实质性削

减交易数量或者拖延、中断交易，拒绝开展新的交易，变相设置限制性条件，导致交易相对人难以进行交易等，迫使交易相对人按照其规定的价格等条件销售商品，从而限制了价格竞争，对其他经营者进入该市场形成障碍。在认定该种情形时，可以综合考虑的因素包括：（1）经营者在适当的市场交易条件下拒绝交易；（2）经营者拒绝交易所涉及的商品为交易相对人有效参与下游市场竞争所必需，且不存在以合理成本进入下游市场的替代手段；（3）经营者与交易相对人进行交易具有经济和技术上的可行性；（4）拒绝交易导致实质性地排除、限制下游市场的有效竞争；（5）拒绝交易不具有正当理由。

本情形的正当理由包括：（1）因不可抗力、无法预见的情势变更等客观原因无法进行交易或者导致交易条件或者结果明显不公平；（2）交易相对人具有经营状况严重恶化、转移财产或者抽逃资金以逃避债务等丧失或者可能丧失履行交易能力的情形，或者具有丧失商业信誉的情形；（3）与交易相对人交易将减损经营者的正当利益；（4）交易相对人未提出或者拒绝接受适当的交易条件，或者不遵守经营者提出的合理要求；（5）能够证明行为具有正当性的其他理由。

四、没有正当理由，限定交易相对人只能与其进行交易或者只能与其指定的经营者进行交易

本情形简称限定交易或独家交易行为，指经营者滥用市场支配地位，无正当理由，要求交易相对人只能与其或其指定的经营者进行交易的行为。认定该种情形，至少应当具备下列条件：（1）经营者限定交易相对人只能与其进行交易或者只能与其指定的经营者交易，或者限定交易相对人不得与特定经营者交易；（2）限定交易排除、限制了相关市场的竞争，损害消费者利益；（3）限定交易不具有正当理由。

本情形的正当理由可能涉及：（1）为保护交易相对人和消费者利益所必需；（2）为满足产品安全要求所必需；（3）为保护知识产权或者数据安全所必需；（4）为保护针对交易进行的特定投入所必需；（5）为维护互联网平台合理的商业模式所必需；（6）为防止对互联网平台整体具有消极影响的不当行为所必需；（7）能够证明行为具有正当性的其他理由。

五、没有正当理由搭售商品，或者在交易时附加其他不合理的交易条件

本情形简称搭售行为，指经营者利用其市场优势，违背交易相对方意愿，在交易商品或者服务时，强行搭配销售其他商品或服务或者由交易相对方承担其他不合理负担的行为，即具有支配地位的经营者强迫交易对方购买从性质、交易习惯上均与合同无关的产品或服务的行为。[①]判定搭售行为是否违反《反垄断法》，至少应当具备下列条件：（1）搭售产品和被搭售产品是各自独立的产品；（2）经营者强制交易相对人接受被搭售产品；（3）搭售可能使得经营者将其在搭售产品市场上的支配地位传导至被搭售产品市场；（4）搭售不具有正当理由。

本情形的正当理由包括：（1）符合正当的交易习惯、消费习惯和商业惯例；（2）为保护交易相对人和消费者利益所必需；（3）为满足产品安全要求所必需；（4）为实施特定技术所必需；（5）为提升商品质量、保障商品使用价值或者效率所必需；（6）为维护互联网平台正常运行所必需；（7）能够证明行为具有正当性的其他理由。

六、没有正当理由，对条件相同的交易相对人在交易价格等交易条件上实行差别待遇

本情形简称歧视待遇或差别待遇行为，指经营者滥用市场支配地位，没有正当理由，而对条件实质相同的交易对人事实不同的交易条件，排除、限制竞争。例如，对购买相同数量、质量商品的交易人收取不同价格或者设置不同交易条件，致使特定交易相对人处于不利的竞争地位，违背公平竞争，使消费者因此受到不公平待遇。判断构成该种行为，至少应当具备下列条件：（1）经营者对于条件相同或者无影响交易的实质性差异的交易相对人在交易价格等交易条件上实行差别待遇；（2）差别待遇具有排除、限制竞争的效果；（3）差别待遇不具有正当理由。认定差别待遇是否具有排除、限制竞争的效果，可以综合考虑下列因素：（1）差别待遇是否排除、限制经营者与其竞争对手之间的竞争；（2）差别待遇是否致使交易相对人处于不利竞争地位；（3）差别待遇是否

① 参见全国人大常委会法制工作委员会经济法室编：《中华人民共和国反垄断法条文说明、立法理由及相关规定》，北京大学出版社2007年版，第101~102页。

提高商品总产出或者增加服务消费者数量；（4）差别待遇是否损害了消费者利益和社会公共利益；（5）其他因素。

本情形的正当理由包括：（1）根据交易相对人的实际需求实行差别待遇且符合正当的交易习惯、消费习惯和商业惯例；（2）针对新用户在合理期限内开展优惠活动；（3）能够证明行为具有正当性的其他理由。

七、国务院反垄断执法机构认定的其他滥用市场支配地位的行为

鉴于实际情况比较复杂，法律可能难以穷尽罗列滥用市场支配地位的所有情形，本条最后以兜底条款予以囊括。根据该条款，可以认定本条第1款所列第1项至第6项之外的其他其他行为是否属于滥用市场支配地位行为。

此外，本条新增第2款规定，具有市场支配地位的经营者不得利用数据和算法、技术以及平台规则等从事本条规定的滥用市场支配地位的行为。人民法院认定互联网平台经营者的市场支配地位时，可以重点综合考虑的因素有：（1）互联网平台的商业模式及其经营者实际受到的竞争约束；（2）互联网平台服务是否存在显著的网络效应、规模效应、范围效应等。其中，范围效应指提供具有一定共通性的多种服务或产品而带来平均成本的减少。当同时提供两种以上服务或产品的费用低于分别提供每种服务或产品所需成本的总和时，就会存在范围效应；（3）互联网平台经营者掌握和处理相关数据、算法的能力；（4）互联网平台经营者对相邻市场的影响力；（5）互联网平台经营者市场地位的持续时间；（6）用户或者平台内经营者对互联网平台经营者的依赖程度、使用习惯、同时使用多个互联网平台的情况、转向其他互联网平台经营者的成本等；（7）其他互联网平台经营者进入相关市场的意愿、能力及所面临的规模要求、技术要求、法律限制等市场进入障碍；（8）相关市场的创新情况等。

在认定互联网平台经营者的具体滥用市场支配行为时，应当综合考虑互联网平台的特殊因素。例如，认定互联网平台经营者以低于成本的价格销售商品时，还应当考虑该互联网平台服务所涉及的多边服务成本及其相互关系。认定互联网平台等经营者拒绝兼容或开放，即经营者拒绝将其商品、平台或软件系统与交易相对人提供的特定商品、平台或软件系统兼容，或者拒绝开放其持有的特定数据，可以综合考虑：（1）商品、平台或者软件系统的可替代性；（2）交易相对人开展有效竞争对该商品、平台或软件系统的依赖程度；

（3）经营者实施兼容或者开放数据的可行性；（4）拒绝兼容或者开放对创新以及推出新商品的影响；（5）实施兼容或者开放对经营者自身经营活动的影响。认定互联网平台经营者限定交易可以综合考虑：（1）限定交易的市场覆盖率及持续期限；（2）限定交易行为针对的平台内经营者的可替代性；（3）互联网平台用户使用多个互联网平台的情况以及转向其他互联网平台经营者的成本；（4）限定交易是否提高了市场进入壁垒或者增大了竞争对手的成本，产生市场封锁效应。

指导案例

指导案例79号：吴小秦诉陕西广电网络传媒（集团）股份有限公司捆绑交易纠纷案

（最高人民法院审判委员会讨论通过　2017年3月6日发布）

关键词：民事　捆绑销售　垄断　市场支配地位　搭售

裁判要点：1. 作为特定区域内唯一合法经营有线电视传输业务的经营者及电视节目集中播控者，在市场准入、市场份额、经营地位、经营规模等各要素上均具有优势，可以认定该经营者占有市场支配地位。

2. 经营者利用市场支配地位，将数字电视基本收视维护费和数字电视付费节目费捆绑在一起向消费者收取，侵害了消费者的消费选择权，不利于其他服务提供者进入数字电视服务市场。经营者即使存在两项服务分别收费的例外情形，也不足以否认其构成反垄断法所禁止的搭售。

相关法条：《中华人民共和国反垄断法》第十七条第一款第五项

基本案情：原告吴小秦诉称：2012年5月10日，其前往陕西广电网络传媒（集团）股份有限公司（以下简称广电公司）缴纳数字电视基本收视维护费得知，该项费用由每月25元调至30元，吴小秦遂缴纳了3个月费用90元，其中数字电视基本收视维护费75元、数字电视节目费15元。之后，吴小秦获悉数字电视节目应由用户自由选择，自愿订购。吴小秦认为，广电公司属于公用企业，在数字电视市场内具有支配地位，其收取数字电视节目费的行为剥夺了自己的自主选择权，构成搭售，故诉至法院，请求判令：确认被告2012年5月10日收取其数字电视节目费15元的行为无效，被告返还原告15元。

广电公司辩称：广电公司作为陕西省内唯一电视节目集中播控者，向选择收看基本收视节目之外的消费者收取费用，符合反垄断法的规定；广电公司具备陕西省有线电视市场支配地位，鼓励用户选择有线电视套餐，但并未滥用市场支配地位，强行规定用户在基本收视业务之外必须消费的服务项目，用户有自主选择权；垄断行为的认定属于行政权力，而不是司法权力，原告没有请求认定垄断行为无效的权利；广电公司虽然推出了一系列满足用户进行个性化选择的电视套餐，但从没有进行强制搭售的行为，保证了绝大多数群众收看更多电视节目的选择权利；故请求驳回原告要求确认广电公司增加节目并收取费用无效的请求；愿意积极解决吴小秦的第二项诉讼请求。

法院经审理查明：2012年5月10日，吴小秦前往广电公司缴纳数字电视基本收视维护费时获悉，数字电视基本收视维护费每月最低标准由25元上调至30元。吴小秦缴纳了2012年5月10日至8月9日的数字电视基本收视维护费90元。广电公司向吴小秦出具的收费专用发票载明：数字电视基本收视维护费75元及数字电视节目费15元。之后，吴小秦通过广电公司客户服务中心（服务电话96766）咨询，广电公司节目升级增加了不同的收费节目，有不同的套餐，其中最低套餐基本收视费每年360元，用户每次最少应缴纳3个月费用。广电公司是经陕西省政府批准，陕西境内唯一合法经营有线电视传输业务的经营者和唯一电视节目集中播控者。广电公司承认其在有线电视传输业务中在陕西省占有支配地位。

另查，2004年12月2日国家发展改革委、国家广电总局印发的《有线电视基本收视维护费管理暂行办法》规定：有线电视基本收视维护费实行政府定价，收费标准由价格主管部门制定。2005年7月11日国家广电总局关于印发《推进试点单位有线电视数字化整体转换的若干意见（试行）》的通知规定，各试点单位在推进整体转换过程中，要重视付费频道等新业务的推广，供用户自由选择，自愿订购。陕西省物价局于2006年5月29日出台的《关于全省数字电视基本收视维护费标准的通知》规定：数字电视基本收视维护费收费标准为：以居民用户收看一台电视机使用一个接收终端为计费单位。全省县城以上城市居民用户每主终端每月25元；有线数字电视用户可根据实际情况自愿选择按月、按季或按年度缴纳基本收视维护费。国家发展改革委、国家广电总局于2009年8月25日出台的《关于加强有线电视收费管理等有关问题的通知》指出：有线电视基本收视维护费实行政府定价；有线电视增值业务服务和数字电视付费节目收费，由有线电视运营机构自行确定。

二审中，广电公司提供了四份收费专用发票复印件，证明在5月10日前后，广电公司的营业厅收取过25元的月服务费，因无原件，吴小秦不予质证。庭后广电公司提供了其中三张的原件，双方进行了核对与质证。该票据上均显示一年交费金额为300元，即每月25元。广电公司提供了五张票据的原件，包括一审提供过原件的三张，交易地点均为咸阳市。由此证明广电公司在5月10日前后，提供过每月25元的收费服务。

再审中，广电公司提交了其2016年网站收费套餐截图、关于印发《2016年大众业务实施办法（试行）的通知》、2016年部分客户收费发票。

裁判结果：陕西省西安市中级人民法院于2013年1月5日作出（2012）西民四初字第438号民事判决：1. 确认陕西广电网络传媒（集团）股份有限公司2012年5月10日收取原告吴小秦数字电视节目费15元的行为无效；2. 陕西广电网络传媒（集团）股份有限公司于本判决生效之日起十日内返还吴小秦15元。陕西广电网络传媒（集团）股份有限公司提起上诉，陕西省高级人民法院于2013年9月12日作出（2013）陕民三终字第38号民事判决：1. 撤销一审判决；2. 驳回吴小秦的诉讼请求。吴小秦不服二审判决，向最高人民法院提出再审申请。最高人民法院于2016年5月31日作出（2016）最高法民再98号民事判决：1. 撤销陕西省高级人民法院（2013）陕民三终字第38号民事判决；2. 维持陕西省西安市中级人民法院（2012）西民四初字第438号民事判决。

裁判理由：法院生效裁判认为：本案争议焦点包括，一是本案诉争行为是否违反了反垄断法第十七条第五项之规定，二是一审法院适用反垄断法是否适当。

一、关于本案诉争行为是否违反了反垄断法第十七条第五项之规定

反垄断法第十七条第五项规定，禁止具有市场支配地位的经营者没有正当理由搭售商品或者在交易时附加其他不合理的交易条件。本案中，广电公司在一审答辩中明确认可其“是经陕西省政府批准，陕西境内唯一合法经营有线电视传输业务的经营者。作为陕西省内唯一电视节目集中播控者，广电公司具备陕西省有线电视市场支配地位，鼓励用户选择更丰富的有线电视套餐，但并未滥用市场支配地位，也未强行规定用户在基本收视业务之外必须消费的服务项目。”二审中，广电公司虽对此不予认可，但并未举出其不具有市场支配地位

的相应证据。再审审查过程中，广电公司对一、二审法院认定其具有市场支配地位的事实并未提出异议。鉴于广电公司作为陕西境内唯一合法经营有线电视传输业务的经营者，陕西省内唯一电视节目集中播控者，一、二审法院在查明事实的基础上认定在有线电视传输市场中，广电公司在市场准入、市场份额、经营地位、经营规模等各要素上均具有优势，占有支配地位，并无不当。

关于广电公司在向吴小秦提供服务时是否构成搭售的问题。反垄断法第十七条第五项规定禁止具有市场支配地位的经营者没有正当理由搭售商品。本案中，根据原审法院查明的事实，广电公司在提供服务时其工作人员告知吴小秦每月最低收费标准已从2012年3月起由25元上调为30元，每次最少缴纳一个季度，并未告知吴小秦可以单独缴纳数字电视基本收视维护费或者数字电视付费节目费。吴小秦通过广电公司客户服务中心（服务电话号码96766）咨询获悉，广电公司节目升级，增加了不同的收费节目，有不同的套餐，其中最低套餐基本收视费为每年360元，每月30元，用户每次最少应缴纳3个月费用。根据前述事实并结合广电公司给吴小秦开具的收费专用发票记载的收费项目——数字电视基本收视维护费75元及数字电视节目费15元的事实，可以认定广电公司实际上是将数字电视基本收视节目和数字电视付费节目捆绑在一起向吴小秦销售，并没有告知吴小秦是否可以单独选购数字电视基本收视服务的服务项目。此外，从广电公司客户服务中心（服务电话号码96766）的答复中亦可佐证广电公司在提供此服务时，是将数字电视基本收视维护费和数字电视付费节目费一起收取并提供。虽然广电公司在二审中提交了其向其他用户单独收取数字电视基本收视维护费的相关票据，但该证据仅能证明广电公司在收取该费用时存在客户服务中心说明的套餐之外的例外情形。再审中，广电公司并未对客户服务中心说明的套餐之外的例外情形作出合理解释，其提交的单独收取相关费用的票据亦发生在本案诉讼之后，不足以证明诉讼时的情形，对此不予采信。因此，存在客户服务中心说明的套餐之外的例外情形并不足以否认广电公司将数字电视基本收视维护费和数字电视付费节目费一起收取的普遍做法。二审法院认定广电公司不仅提供了组合服务，也提供了基本服务，证据不足，应予纠正。因此，现有证据不能证明普通消费者可以仅缴纳电视基本收视维护费或者数字电视付费节目费，即不能证明消费者选择权的存在。二审法院在不能证明是否有选择权的情况下直接认为本案属于未告知消费者有选择权而涉及侵犯消费者知情权的问题，进而在此基础上，认定为广电公司的销售行为未构成反垄断法所规制的没有正当理由的搭售，事实和法律依据不足，应予纠正。

根据本院查明的事实，数字电视基本收视维护费和数字电视付费节目费属于两项单独的服务。在原审诉讼及本院诉讼中，广电公司未证明将两项服务一起提供符合提供数字电视服务的交易习惯；同时，如将数字电视基本收视维护费和数字电视付费节目费分别收取，现亦无证据证明会损害该两种服务的性能和使用价值；广电公司更未对前述行为说明其正当理由，在此情形下，广电公司利用其市场支配地位，将数字电视基本收视维护费和数字电视付费节目费一起收取，客观上影响消费者选择其他服务提供者提供相关数字付费节目，同时也不利于其他服务提供者进入电视服务市场，对市场竞争具有不利的效果。因此一审法院认定其违反了反垄断法第十七条第五项之规定，并无不当。吴小秦部分再审申请理由成立，予以支持。

二、关于一审法院适用反垄断法是否适当

本案诉讼中，广电公司在答辩中认为本案的发生实质上是一个有关吴小秦基于消费者权益保护法所应当享受的权利是否被侵犯的纠纷，而与垄断行为无关，认为一审法院不应当依照反垄断法及相关规定，认为其处于市场支配地位，从而确认其收费行为无效。根据《最高人民法院关于适用〈中华人民共和国民事诉讼法〉的解释》第二百二十六条及第二百二十八条的规定，人民法院应当根据当事人的诉讼请求、答辩意见以及证据交换的情况，归纳争议焦点，并就归纳的争议焦点征求当事人的意见。在法庭审理时，应当围绕当事人争议的事实、证据和法律适用等焦点问题进行。根据查明的事实，吴小秦在其诉状中明确主张"被告收取原告数字电视节目费，实际上是为原告在提供上述服务范围外增加提供服务内容，对此原告应当具有自主选择权。被告属于公用企业或者其他依法具有独占地位的经营者，在数字电视市场内具有支配地位。被告的上述行为违反了反垄断法第十七条第一款第五项关于'禁止具有市场支配地位的经营者从事没有正当理由搭售商品，或者在交易时附加其他不合理的交易条件的滥用市场支配地位行为'，侵害了原告的合法权益。原告依照《最高人民法院关于审理因垄断行为引发的民事纠纷案件应用法律若干问题的规定》，提起民事诉讼，请求人民法院依法确认被告的捆绑交易行为无效，判令其返还原告 15 元。"在该诉状中，吴小秦并未主张其消费者权益受到损害，因此一审法院根据吴小秦的诉讼请求适用反垄断法进行审理，并无不当。

综上，广电公司在陕西省境内有线电视传输服务市场上具有市场支配地位，其将数字电视基本收视服务和数字电视付费节目服务捆绑在一起向吴小秦销售，违反了反垄断法第十七条第一款第五项之规定。吴小秦关于确认广电公司收取其数字电视节目费15元的行为无效和请求判令返还15元的再审请求成立。一审判决认定事实清楚，适用法律正确，应予维持，二审判决认定事实依据不足，适用法律有误，应予纠正。

第二十三条　认定经营者具有市场支配地位，应当依据下列因素：

（一）该经营者在相关市场的市场份额，以及相关市场的竞争状况；

（二）该经营者控制销售市场或者原材料采购市场的能力；

（三）该经营者的财力和技术条件；

（四）其他经营者对该经营者在交易上的依赖程度；

（五）其他经营者进入相关市场的难易程度；

（六）与认定该经营者市场支配地位有关的其他因素。

关联规定

一、法律、行政法规、司法解释

《最高人民法院关于审理因垄断行为引发的民事纠纷案件应用法律若干问题的规定》

第九条　被诉垄断行为属于公用企业或者其他依法具有独占地位的经营者滥用市场支配地位的，人民法院可以根据市场结构和竞争状况的具体情况，认定被告在相关市场内具有支配地位，但有相反证据足以推翻的除外。

第十条　原告可以以被告对外发布的信息作为证明其具有市场支配地位的证据。被告对外发布的信息能够证明其在相关市场内具有支配地位的，人民法院可以据此作出认定，但有相反证据足以推翻的除外。

二、部门规章及规范性文件

《国务院反垄断委员会关于平台经济领域的反垄断指南》

第十一条　市场支配地位的认定

反垄断执法机构依据《反垄断法》第十八条、第十九条[①]规定，认定或

① 该法条系指2007年制定的《反垄断法》的条款，现对应2022年修正的《反垄断法》第23条、第24条。

者推定经营者具有市场支配地位。结合平台经济的特点，可以具体考虑以下因素：

（一）经营者的市场份额以及相关市场竞争状况。确定平台经济领域经营者市场份额，可以考虑交易金额、交易数量、销售额、活跃用户数、点击量、使用时长或者其他指标在相关市场所占比重，同时考虑该市场份额持续的时间。

分析相关市场竞争状况，可以考虑相关平台市场的发展状况、现有竞争者数量和市场份额、平台竞争特点、平台差异程度、规模经济、潜在竞争者情况、创新和技术变化等。

（二）经营者控制市场的能力。可以考虑该经营者控制上下游市场或者其他关联市场的能力，阻碍、影响其他经营者进入相关市场的能力，相关平台经营模式、网络效应，以及影响或者决定价格、流量或者其他交易条件的能力等。

（三）经营者的财力和技术条件。可以考虑该经营者的投资者情况、资产规模、资本来源、盈利能力、融资能力、技术创新和应用能力、拥有的知识产权、掌握和处理相关数据的能力，以及该财力和技术条件能够以何种程度促进该经营者业务扩张或者巩固、维持市场地位等。

（四）其他经营者对该经营者在交易上的依赖程度。可以考虑其他经营者与该经营者的交易关系、交易量、交易持续时间，锁定效应、用户黏性，以及其他经营者转向其他平台的可能性及转换成本等。

（五）其他经营者进入相关市场的难易程度。可以考虑市场准入、平台规模效应、资金投入规模、技术壁垒、用户多栖性、用户转换成本、数据获取的难易程度、用户习惯等。

（六）其他因素。可以考虑基于平台经济特点认定经营者具有市场支配地位的其他因素。

条文释义

一、本条主旨

本条是关于认定市场支配地位考虑因素的规定。

二、条文演变

2022 年修正的《反垄断法》将该条文序号由 2007 年《反垄断法》的第 18 条调整为第 23 条，但未修改条文内容。

三、条文解读

本条规定了认定经营者具有滥用市场支配地位的具体考虑因素。判断经营者是否具有市场支配地位应当考虑的具体因素有：

第一，在相关市场的市场份额，以及相关市场的竞争状况。其中需要明确的有“市场份额”和“相关市场的竞争状况”。市场份额，亦即市场占有率，是指经营者的某一类产品的销量（或者总产量等其他反映市场能力的经济数据）在市场同类产品中所占比重。一般情况下，市场份额是反映该经营者竞争力的重要指标，即市场份额越大，在该行业中的竞争力越强。“相关市场竞争状况”指相同行业在同一空间内有无竞争对手及竞争对手的聚集、竞争程度。市场竞争结构可分为完全竞争、垄断竞争、寡头垄断和完全垄断等，相关市场有无竞争、竞争程度等是影响商品定价的重要因素。

第二，控制销售市场或者原材料采购市场的能力。控制销售市场或者原材料采购市场的能力是指经营者控制、决定、影响销售市场或原材料采购市场交易条件的能力，包括价格、数量等。控制销售市场、原材料采购市场的能力（即控制上下游市场的能力）可以帮助经营者获得更具优势的交易条件和更大竞争优势。

第三，财力和技术条件。财力和技术情况是经营者参与市场竞争的基础，指与其他经营者相比的资金规模、技术能力等情况。

第四，其他经营者对该经营者在交易上的依赖程度。其系指某一经营者是否在市场交易中具有特定优势地位致使其他经营者需要与其取得特定程度的联系才能参与市场竞争，例如是否需要且仅能依赖某一经营者提供货物来源。

第五，其他经营者进入相关市场的难易程度。即从其他经营者进入市场的情况判断某一经营者对相关市场的控制情况，一般情况下，其他经营者进入市场的难度越大，则说明该经营者对市场的控制能力越强。

第六，其他因素。本项是除具体列举因素以外的兜底条款。

适用指引

本条列举了认定具有市场支配地位时应具体考虑的因素，从可能具有支配地位的主体和其他竞争者两个不同角度予以规定。如前所述，一般情况下，市场份额和竞争状况、市场控制力、财力和技术条件与认定具有市场支配地位往往是正向关系，但需要注意的是，并非具有较高市场份额就一定具有市场支配地位，具有较低市场份额的亦存在具有市场支配地位的可能性。一般认为，从其他竞争者的角度看，对某一经营者的依赖度、进入市场难度，往往是判断某一经营者是否具有市场支配地位的重要参考因素。其他经营者对某一经营者的依赖程度越高，往往说明该经营者具有相对优势的地位；其他经营者进入市场的难度越大，往往说明该相关市场存在具有优势地位的经营者。需要说明的是，市场支配地位的认定应当根据个案情况，结合可能存在的各类因素具体分析。

第二十四条　有下列情形之一的，可以推定经营者具有市场支配地位：

（一）一个经营者在相关市场的市场份额达到二分之一的；

（二）两个经营者在相关市场的市场份额合计达到三分之二的；

（三）三个经营者在相关市场的市场份额合计达到四分之三的。

有前款第二项、第三项规定的情形，其中有的经营者市场份额不足十分之一的，不应当推定该经营者具有市场支配地位。

被推定具有市场支配地位的经营者，有证据证明不具有市场支配地位的，不应当认定其具有市场支配地位。

关联规定

一、法律、行政法规、司法解释

《最高人民法院关于审理因垄断行为引发的民事纠纷案件应用法律若干问题的规定》

第九条　被诉垄断行为属于公用企业或者其他依法具有独占地位的经营者滥用市场支配地位的，人民法院可以根据市场结构和竞争状况的具体情况，认定被告在相关市场内具有支配地位，但有相反证据足以推翻的除外。

第十条　原告可以以被告对外发布的信息作为证明其具有市场支配地位的证据。被告对外发布的信息能够证明其在相关市场内具有支配地位的，人民法院可以据此作出认定，但有相反证据足以推翻的除外。

二、部门规章及规范性文件

1.《国务院反垄断委员会关于平台经济领域的反垄断指南》

第十一条　市场支配地位的认定

反垄断执法机构依据《反垄断法》第十八条、第十九条[①]规定，认定或者推定经营者具有市场支配地位。结合平台经济的特点，可以具体考虑以下因素：

（一）经营者的市场份额以及相关市场竞争状况。确定平台经济领域经营者市场份额，可以考虑交易金额、交易数量、销售额、活跃用户数、点击量、使用时长或者其他指标在相关市场所占比重，同时考虑该市场份额持续的时间。

分析相关市场竞争状况，可以考虑相关平台市场的发展状况、现有竞争者数量和市场份额、平台竞争特点、平台差异程度、规模经济、潜在竞争者情况、创新和技术变化等。

（二）经营者控制市场的能力。可以考虑该经营者控制上下游市场或者其他关联市场的能力，阻碍、影响其他经营者进入相关市场的能力，相关平台经营模式、网络效应，以及影响或者决定价格、流量或者其他交易条件的能力等。

（三）经营者的财力和技术条件。可以考虑该经营者的投资者情况、资产规模、资本来源、盈利能力、融资能力、技术创新和应用能力、拥有的知识产权、掌握和处理相关数据的能力，以及该财力和技术条件能够以何种程度促进该经营者业务扩张或者巩固、维持市场地位等。

（四）其他经营者对该经营者在交易上的依赖程度。可以考虑其他经营者与该经营者的交易关系、交易量、交易持续时间，锁定效应、用户黏性，以及其他经营者转向其他平台的可能性及转换成本等。

（五）其他经营者进入相关市场的难易程度。可以考虑市场准入、平台规模效应、资金投入规模、技术壁垒、用户多栖性、用户转换成本、数据获取的难易程度、用户习惯等。

（六）其他因素。可以考虑基于平台经济特点认定经营者具有市场支配地位的其他因素。

2.《短缺药品和原料药经营者价格行为指南》

第七条 认定经营者具有市场支配地位的考虑因素

认定短缺药品和原料药经营者具有市场支配地位，应综合考虑下列因素：

---

① 该法条系指2007年制定的《反垄断法》的条款，现对应2022年修正的《反垄断法》第23条、第24条。

（一）经营者在相关市场的市场份额，以及相关市场的竞争状况；

（二）经营者控制销售市场或者原材料采购市场的能力；

（三）经营者的财力和技术条件；

（四）其他经营者对该经营者在交易上的依赖程度；

（五）其他经营者进入相关市场的难易程度；

（六）与认定该经营者市场支配地位有关的其他因素。

在短缺药品和原料药领域，市场份额是衡量经营者市场力量的关键要素。评估市场份额时可以考虑经营者的实际产能、潜在产能、知识产权等影响因素。此外，执法机关将考量有证据证明经营者对相关企业进行实质控制以取得市场支配地位的情形。

符合《反垄断法》第十九条规定的市场份额标准的短缺药品和原料药经营者，可以推定其具有市场支配地位，有证据证明不具有市场支配地位的除外。

条文释义

一、本条主旨

本条是关于推定市场支配地位的规定。

二、条文演变

《反垄断法》第 24 条完全沿袭了 2007 年《反垄断法》第 19 条的规定，仅调整了条文序号，而内容未变。

三、条文解读

本条第 1 款列举了可以推定经营者具有市场支配地位的三种情形；第 2 款规定了推定经营者具有市场支配地位的例外；第 3 款规定了被推定具有市场支配地位的经营者有权提供相反证据推翻市场支配地位的推定。

经营者的市场份额与该经营者对市场的影响力和控制力通常呈正相关关系，即市场份额越大的经营者对市场的影响力和控制力越强，当经营者的市场份额达到一定水准，该经营者在市场上就可能具有法律所规定的“能够控制商品价格、数量或者其他交易条件，或者能够阻碍、影响其他经营者进入相关市场”的能力，从而具有市场支配地位。本条确定了经营者市场份额对于确定市场支配地位中的作用，同时也明确了经营者市场份额并不必然直接认定具有市场支配地位。在具体实践中，反垄断司法、执法机构应当根据本条规定的各项因素进行判断，对经营者是否具有市场支配地位作出认定。本条规定的推定制度，目的在于节约执法成本和对经营者实行有效监管。换句话说，鉴于市场份额是判断经营者是否具有市场支配地位的重要因素，反垄断执法机构可以仅直接根据本条规定的经营者的市场份额，推定该经营者具有市场支配地位。

对于市场支配地位的推定制度，德国、韩国等国家均有相关规定。比如，《德国反对限制竞争法》第 19 条规定，如果一个企业的市场份额不低于 1/3，三个以下企业的市场份额之和为 1/2 以上，五个以下企业的市场份额之和为 2/3 以上，即推定这些企业具有支配地位。《韩国规制垄断与公平交易法》第 4 条规定，在相关市场占有率在 50% 以上，三个以下的经营者的市场占有率合计在 75% 以上推定具有支配地位，但是该种情形中市场占有率不足 10% 的除外。

借鉴国外经验，并结合我国实际情况，我国《反垄断法》也作了类似规定，市场支配地位的推定涉及的分别是一个、两个、三个经营者的三种情形下，推定具有市场支配地位市场份额门槛依次增高，具体到本条第 1 款规定是:（1）一个经营者在相关市场的市场份额达到 1/2 的；（2）两个经营者在相关市场的市场份额合计达到 2/3 的；（3）三个经营者在相关市场的市场份额合计达到 3/4 的，可以推定经营者具有市场支配地位。这里包括单一市场支配地位（第 1 项）和共同市场支配地位（第 2 项、第 3 项）两种类型。本条第 2 款规定了在第 1 款第 2 项、第 3 项规定的情形下，如果其中有的经营者市场份额不足 1/10 的，不应当推定该经营者具有市场支配地位。这里的主要考虑是，将多个企业作为整体推定具有市场支配地位，主要是解决市场寡头垄断问题，这种企业很容易占据市场主要份额，进而容易共同实施控制市场。将其合并一起来计算，可以解决其间协议难以被司法、执法机关掌握的问题，有助于有效地对寡头垄断企业的行为进行规范、制约。但如果其中有一个经营者的份额不足 1/10，对其可以忽略不计，就不应直接推定其具有市场支配地位。

本条第 2 款进一步规定了经营者对反垄断执法机构的推定予以提供反证的制度。如果经营者满足本条第 1 款、第 2 款规定的情形，被推定为具备市场支配地位，其仍可以进一步提出反证，证明其不具有市场支配地位。如被推定的经营者提供证据能够推翻前述推定的，则不应当认定其具有市场支配地位。被推定的经营者可以根据《反垄断法》第 23 条规定的认定经营者具有市场支配地位应当依据的因素，通过证明他们之间存在着实质性的竞争，或者他们与另外的竞争对手相比，不具有突出的优势地位等证据反证其不具有市场支配地位。

适用指引

《反垄断法》第 23 条规定了认定市场支配地位的一系列因素。为了提高法律稳定性和市场主体的可预见性，我国《反垄断法》在本条中列举了三种推定情形。这种推定制度实际上是为了减轻市场支配地位认定的困难，结合经验因素，单纯根据市场份额推定市场支配地位。实际上，市场份额与市场支配地位之间并不存在如此简单、直接的联系。除市场份额外，相关市场的竞争状况、市场进入的难易程度、其他经营者对该经营者在交易上的依赖程度等，同样对市场支配地位的认定具有重要影响。因此，以市场份额为基础的市场支配地位推定不具有最终认定的效力或者说不具有绝对、当然终局的效力，被推定者可以提供证据证明自己不具有市场支配地位。一旦经营者符合本条第 1 款规定的三项情形之一，被推定为具有市场支配地位，则该经营者可以根据《反垄断法》第 23 条规定的认定市场支配地位的考虑因素，通过提供相反证据的方式，推翻上述推定。

还需说明的是，本条第 1 款第 1 项规定的是单一市场支配地位的推定，第 2 项和第 3 项则规定的是共同市场支配地位的推定。对于共同市场支配地位的认定，需要注意以下两个问题。

一是认定共同市场支配地位，除满足本条规定的市场份额条件外，还需要该两个或者两个以上经营者存在内在联系。基于这种内在联系，使得该两个或者两个以上经营者事实上作为一个共同体行动时，才可能认定其具有共同市场支配地位。这是因为，如果该两个或者两个以上经营者事实上并非作为一个共同体行动，而是相互间存在实质性竞争，那么该两个或者两个以上经营者不存在具备共同市场支配地位的可能性。对此，国家市场监督管理总局《禁止滥用市场支配地位行为暂行规定》第 13 条认定两个以上的经营者具有市场支配地位，除考虑有关因素外，还应当考虑市场结构、相关市场透明度、相关商品同质化程度、经营者行为一致性等因素。至于两个或者两个以上经营者存在内在联系的证明责任分担问题，存在两种观点。第一种观点认为，该内在联系应该与市场份额同时并用，才能作出共同市场支配推定，[①] 故应由主张适用共同市场支配地位推定的原告或者反垄断执法机构承担关于多个经营者之间存在内在联系的证明责任。第二种观点认为，共同市场支配地位推定是一种减轻认定困难的初步推定，其仅仅与市场份额相关联，在推定阶段不考虑经营者之间的内在联系问题，故应由被推定经营者提供反证证明多个经营者之间并不存在内在联系。《德国反对限制竞争法》第 18 条第 7 款采用了第二种观点，该款规定："如果企业能够证明，他们之间存在实质性竞争，或者企业组成的整体相对于其他竞争者并不具有突出的市场地位的，则本条第 6 款的推定可以被推翻。"该款将上述内在联系作为根据市场份额推定具有共同市场支配地位后由被推定者提供反证的对象。这一做法有利于提高垄断执法的效率。

二是对于其中市场份额不足 1/10 的经营者，不应当推定其具有市场支配地位。在多个经营者共同市场支配地位的推定中，如果多个经营者中特定经营者的市场份额很小（1/10 以下），则即便其与其他经营者具有内在联系且协调一致行动，其行为对市场竞争的影响亦非常轻微，而且常常属于受裹挟而一致行动。故本条第 2 款特别规定，对于市场份额不足 1/10 的经营者，不适用上述共同市场支配的推定。

---

① 参见时建中主编：《〈中华人民共和国反垄断法〉专家修改建议稿及详细说明》，中国政法大学出版社 2020 年版，第 69 页。

第六十条　经营者实施垄断行为，给他人造成损失的，依法承担民事责任。

经营者实施垄断行为，损害社会公共利益的，设区的市级以上人民检察院可以依法向人民法院提起民事公益诉讼。

关联规定

一、法律、行政法规、司法解释

1.《中华人民共和国民法典》

第一百七十九条　承担民事责任的方式主要有：

（一）停止侵害；

（二）排除妨碍；

（三）消除危险；

（四）返还财产；

（五）恢复原状；

（六）修理、重作、更换；

（七）继续履行；

（八）赔偿损失；

（九）支付违约金；

（十）消除影响、恢复名誉；

（十一）赔礼道歉。

法律规定惩罚性赔偿的，依照其规定。

本条规定的承担民事责任的方式，可以单独适用，也可以合并适用。

2.《中华人民共和国价格法》

第四十一条　经营者因价格违法行为致使消费者或者其他经营者多付价款的，应当退还多付部分；造成损害的，应当依法承担赔偿责任。

3.《中华人民共和国民事诉讼法》

第五十八条 对污染环境、侵害众多消费者合法权益等损害社会公共利益的行为，法律规定的机关和有关组织可以向人民法院提起诉讼。

人民检察院在履行职责中发现破坏生态环境和资源保护、食品药品安全领域侵害众多消费者合法权益等损害社会公共利益的行为，在没有前款规定的机关和组织或者前款规定的机关和组织不提起诉讼的情况下，可以向人民法院提起诉讼。前款规定的机关或者组织提起诉讼的，人民检察院可以支持起诉。

4.《最高人民法院关于审理因垄断行为引发的民事纠纷案件应用法律若干问题的规定》

第一条 本规定所称因垄断行为引发的民事纠纷案件（以下简称垄断民事纠纷案件），是指因垄断行为受到损失以及因合同内容、行业协会的章程等违反反垄断法而发生争议的自然人、法人或者非法人组织，向人民法院提起的民事诉讼案件。

第二条 原告直接向人民法院提起民事诉讼，或者在反垄断执法机构认定构成垄断行为的处理决定发生法律效力后向人民法院提起民事诉讼，并符合法律规定的其他受理条件的，人民法院应当受理。

第三条 第一审垄断民事纠纷案件，由知识产权法院，省、自治区、直辖市人民政府所在地的市、计划单列市中级人民法院以及最高人民法院指定的中级人民法院管辖。

第四条 垄断民事纠纷案件的地域管辖，根据案件具体情况，依照民事诉讼法及相关司法解释有关侵权纠纷、合同纠纷等的管辖规定确定。

第五条 民事纠纷案件立案时的案由并非垄断纠纷，被告以原告实施了垄断行为为由提出抗辩或者反诉且有证据支持，或者案件需要依据反垄断法作出裁判，但受诉人民法院没有垄断民事纠纷案件管辖权的，应当将案件移送有管辖权的人民法院。

第六条 两个或者两个以上原告因同一垄断行为向有管辖权的同一法院分别提起诉讼的，人民法院可以合并审理。

两个或者两个以上原告因同一垄断行为向有管辖权的不同法院分别提起诉讼的，后立案的法院在得知有关法院先立案的情况后，应当在七日内裁定将案件移送先立案的法院；受移送的法院可以合并审理。被告应当在答辩阶段主动向受诉人民法院提供其因同一行为在其他法院涉诉的相关信息。

第七条 被诉垄断行为属于反垄断法第十三条第一款第一项至第五项[①]规定的垄断协议的，被告应对该协议不具有排除、限制竞争的效果承担举证责任。

第八条 被诉垄断行为属于反垄断法第十七条第一款[②]规定的滥用市场支配地位的，原告应当对被告在相关市场内具有支配地位和其滥用市场支配地位承担举证责任。

被告以其行为具有正当性为由进行抗辩的，应当承担举证责任。

第九条 被诉垄断行为属于公用企业或者其他依法具有独占地位的经营者滥用市场支配地位的，人民法院可以根据市场结构和竞争状况的具体情况，认定被告在相关市场内具有支配地位，但有相反证据足以推翻的除外。

第十条 原告可以以被告对外发布的信息作为证明其具有市场支配地位的证据。被告对外发布的信息能够证明其在相关市场内具有支配地位的，人民法院可以据此作出认定，但有相反证据足以推翻的除外。

第十一条 证据涉及国家秘密、商业秘密、个人隐私或者其他依法应当保密的内容的，人民法院可以依职权或者当事人的申请采取不公开开庭、限制或者禁止复制、仅对代理律师展示、责令签署保密承诺书等保护措施。

第十二条 当事人可以向人民法院申请一至二名具有相应专门知识的人员出庭，就案件的专门性问题进行说明。

第十三条 当事人可以向人民法院申请委托专业机构或者专业人员就案件的专门性问题作出市场调查或者经济分析报告。经人民法院同意，双方当事人可以协商确定专业机构或者专业人员；协商不成的，由人民法院指定。

人民法院可以参照民事诉讼法及相关司法解释有关鉴定意见的规定，对前款规定的市场调查或者经济分析报告进行审查判断。

第十四条 被告实施垄断行为，给原告造成损失的，根据原告的诉讼请求和查明的事实，人民法院可以依法判令被告承担停止侵害、赔偿损失等民事责任。

根据原告的请求，人民法院可以将原告因调查、制止垄断行为所支付的合

---

① 该法条系指2007年制定的《反垄断法》的条款，现对应2022年修正的《反垄断法》第17条第1项至第5项。

② 该法条系指2007年制定的《反垄断法》的条款，现对应2022年修正的《反垄断法》第22条第1款、第2款。

理开支计入损失赔偿范围。

第十五条 被诉合同内容、行业协会的章程等违反反垄断法或者其他法律、行政法规的强制性规定的，人民法院应当依法认定其无效。但是，该强制性规定不导致该民事法律行为无效的除外。

第十六条 因垄断行为产生的损害赔偿请求权诉讼时效期间，从原告知道或者应当知道权益受到损害以及义务人之日起计算。

原告向反垄断执法机构举报被诉垄断行为的，诉讼时效从其举报之日起中断。反垄断执法机构决定不立案、撤销案件或者决定终止调查的，诉讼时效期间从原告知道或者应当知道不立案、撤销案件或者终止调查之日起重新计算。反垄断执法机构调查后认定构成垄断行为的，诉讼时效期间从原告知道或者应当知道反垄断执法机构认定构成垄断行为的处理决定发生法律效力之日起重新计算。

原告知道或者应当知道权益受到损害以及义务人之日起超过三年，如果起诉时被诉垄断行为仍然持续，被告提出诉讼时效抗辩的，损害赔偿应当自原告向人民法院起诉之日起向前推算三年计算。自权利受到损害之日起超过二十年的，人民法院不予保护，有特殊情况的，人民法院可以根据权利人的申请决定延长。

5.《最高人民法院、最高人民检察院关于检察公益诉讼案件适用法律若干问题的解释》

第四条 人民检察院以公益诉讼起诉人身份提起公益诉讼，依照民事诉讼法、行政诉讼法享有相应的诉讼权利，履行相应的诉讼义务，但法律、司法解释另有规定的除外。

第五条 市（分、州）人民检察院提起的第一审民事公益诉讼案件，由侵权行为地或者被告住所地中级人民法院管辖。

基层人民检察院提起的第一审行政公益诉讼案件，由被诉行政机关所在地基层人民法院管辖。

第六条 人民检察院办理公益诉讼案件，可以向有关行政机关以及其他组织、公民调查收集证据材料；有关行政机关以及其他组织、公民应当配合；需要采取证据保全措施的，依照民事诉讼法、行政诉讼法相关规定办理。

第七条 人民法院审理人民检察院提起的第一审公益诉讼案件，适用人民陪审制。

第八条 人民法院开庭审理人民检察院提起的公益诉讼案件，应当在开庭三日前向人民检察院送达出庭通知书。

人民检察院应当派员出庭，并应当自收到人民法院出庭通知书之日起三日内向人民法院提交派员出庭通知书。派员出庭通知书应当写明出庭人员的姓名、法律职务以及出庭履行的具体职责。

第十条 人民检察院不服人民法院第一审判决、裁定的，可以向上一级人民法院提起上诉。

第十一条 人民法院审理第二审案件，由提起公益诉讼的人民检察院派员出庭，上一级人民检察院也可以派员参加。

第十二条 人民检察院提起公益诉讼案件判决、裁定发生法律效力，被告不履行的，人民法院应当移送执行。

第十三条 人民检察院在履行职责中发现破坏生态环境和资源保护，食品药品安全领域侵害众多消费者合法权益，侵害英雄烈士等的姓名、肖像、名誉、荣誉等损害社会公共利益的行为，拟提起公益诉讼的，应当依法公告，公告期间为三十日。

公告期满，法律规定的机关和有关组织、英雄烈士等的近亲属不提起诉讼的，人民检察院可以向人民法院提起诉讼。

人民检察院办理侵害英雄烈士等的姓名、肖像、名誉、荣誉的民事公益诉讼案件，也可以直接征询英雄烈士等的近亲属的意见。

第十四条 人民检察院提起民事公益诉讼应当提交下列材料：

（一）民事公益诉讼起诉书，并按照被告人数提出副本；

（二）被告的行为已经损害社会公共利益的初步证明材料；

（三）已经履行公告程序、征询英雄烈士等的近亲属意见的证明材料。

第十五条 人民检察院依据民事诉讼法第五十五条第二款的规定提起民事公益诉讼，符合民事诉讼法第一百一十九条第二项、第三项、第四项及本解释规定的起诉条件的，人民法院应当登记立案。

第十六条 人民检察院提起的民事公益诉讼案件中，被告以反诉方式提出诉讼请求的，人民法院不予受理。

第十七条 人民法院受理人民检察院提起的民事公益诉讼案件后，应当在立案之日起五日内将起诉书副本送达被告。

人民检察院已履行诉前公告程序的，人民法院立案后不再进行公告。

第十八条 人民法院认为人民检察院提出的诉讼请求不足以保护社会公共利益的，可以向其释明变更或者增加停止侵害、恢复原状等诉讼请求。

第十九条 民事公益诉讼案件审理过程中，人民检察院诉讼请求全部实现而撤回起诉的，人民法院应予准许。

第二十条 人民检察院对破坏生态环境和资源保护，食品药品安全领域侵害众多消费者合法权益，侵害英雄烈士等的姓名、肖像、名誉、荣誉等损害社会公共利益的犯罪行为提起刑事公诉时，可以向人民法院一并提起附带民事公益诉讼，由人民法院同一审判组织审理。

人民检察院提起的刑事附带民事公益诉讼案件由审理刑事案件的人民法院管辖。

二、司法指导性文件

1.《人民检察院公益诉讼办案规则》

第八十五条 人民检察院经过对民事公益诉讼线索进行评估，认为同时存在以下情形的，应当立案：

（一）社会公共利益受到损害；

（二）可能存在破坏生态环境和资源保护，食品药品安全领域侵害众多消费者合法权益，侵犯未成年人合法权益，侵害英雄烈士等的姓名、肖像、名誉、荣誉等损害社会公共利益的违法行为。

2.《最高人民法院关于充分发挥知识产权审判职能作用推动社会主义文化大发展大繁荣和促进经济自主协调发展若干问题的意见》

27、加强垄断案件的审理工作，及时有效制止垄断行为，增强市场活力，促进市场结构的完善和市场经济的健康发展。要强化反垄断法的效果思维，全面考虑各种相关因素，综合评估涉嫌垄断行为的反竞争和促进竞争的效果，依法认定垄断行为。注意发挥经济学专家和专业机构的作用，探索引进经济分析方法的途径和方式。要根据不同的垄断行为类型，合理分配垄断民事纠纷案件中当事人的证明责任。对于明显具有严重排除、限制竞争效果的垄断协议，可以不再要求受害人举证证明该协议具有排除、限制竞争的效果；对于公用企业以及其他具有独占经营资格的经营者滥用市场支配地位的，可以根据案件具体情况适当减轻受害人的举证责任。

条文释义

一、本条主旨

本条是关于垄断行为民事责任和反垄断公益诉讼的规定。

二、条文演变

2007年《反垄断法》第50条仅作原则性规定，经营者实施垄断行为给他人造成损失应当依法承担民事责任。2022年修正的《反垄断法》第60条在2007年《反垄断法》第50条的基础上增加了民事公益诉讼相关规定，即经营者实施垄断行为侵害社会公共利益的，设区的市级以上人民检察院可以依法提起民事公益诉讼。

三、条文解读

根据本条规定，经营者侵害反垄断法益的行为具有可诉性，实施垄断行为给他人造成损失的，应当承担相应的民事责任。首先，可能承担相应民事责任的主体为相关经营者。《反垄断法》所规制的对象是经营者，即从事商品生产、经营或者提供服务的自然人、法人和非法人组织。其次，可能承担责任的条件是经营者实施了违反《反垄断法》的行为，并造成损害。垄断行为的受害人可能是不特定的人，受到垄断行为损害的可能是竞争者，也可能是上下游经营者，还可能是普通消费者。从文义上看，本条第1款规定的“他人”系实施垄断行为的经营者之外的人，实施垄断协议的各方当事人均是该条款规定的“经营者”而不属于其中的“他人”，本条规定的民事责任是实施垄断行为的经营者对“他人”的民事责任，垄断协议各方当事人之间的民事责任则不属于本条规范的范围，故本条一般不应作为处理垄断协议当事人之间民事责任纠纷的法律依据。

2022年修正的《反垄断法》新增了关于公益诉讼的规定，旨在增加垄断行为损害的救济途径，更好地维护社会公众的合法权益和社会公共利益。公益诉讼制度的主要目的之一即是维护公共利益。经营者实施垄断行为，达到排除、限制竞争效果，严重损害市场秩序，侵害社会公共利益的，设区的市级检察机关可以依法提起公益诉讼。

适用指引

根据《反垄断法》第60条的规定，只要因垄断行为受到损失的，均可以要求垄断行为人承担民事责任。该规定并没有对原告主体资格作出其他限制。理论上，包括直接和间接受到垄断行为侵害的经营者和消费者都具有原告资格。实际上，间接受害人尤其是间接受害的消费者往往是垄断行为的终极受害者，他们更易于发现和揭露垄断行为。赋予间接受害人尤其是消费者以原告资格，可以提高垄断行为被揭发的可能性，及时制止垄断行为，同时也使受害人能够最终获得赔偿救济。从世界范围看，赋予间接受害人以原告资格也为越来越多的国家所采纳。因此，《垄断案件规定》第1条没有对垄断行为受害人的身份类型作出限制，只要能够证明其因垄断行为受到实际损失，无论直接受害人和间接受害人均可提起诉讼。[①]

关于责任方式与归责原则，根据《反垄断法》本条的规定，经营者实施垄断行为，给他人造成损失的，应承担民事责任。本条并没有把垄断行为人的民事责任方式限定为损害赔偿，而是使用了更上位的"民事责任"概念。具体责任形式留有空间。有关民事责任的方式主要有《民法典》第179条规定的11种民事责任，具体确定垄断经营者承担何种或者哪些民事责任，需要根据经营者实施垄断对他人造成损害的程度与类型等具体案情，尽可能充分尊重受害人的权利主张，原则上依法按有利于受害人的价值取向确定具体民事责任。《垄断案件规定》第14条第1款根据垄断行为的性质和特点，规定了停止侵害、赔偿损失两种最常见的民事责任方式。从本质上讲，垄断行为的民事责任主要是一种侵权民事责任，其责任承担方式应适用《民法典》的相关规定，也不排除合同当事人之间因垄断行为而提起合同纠纷之诉（如请求确认涉及垄断行为的协议无效）。

值得一提的是，2022年修正的《反垄断法》增加了关于反垄断民事公益诉讼的规定。民事公益诉讼以保护社会公共利益为宗旨，2021年修正的《民事诉讼法》明确规定了污染环境和损害消费者权益公益诉讼，《反垄断法》新

---

① 参见朱理：《〈关于审理因垄断行为引发的民事纠纷案件应用法律若干问题的规定〉理解与适用》，载《人民司法》2012年第15期。

增反垄断民事公共利益诉讼的规定，体现了加大反垄断力度的态度。在适用时应当注意对损害社会公共利益的判断，同时注意《反垄断法》明确规定可以依法提起反垄断民事公益诉讼的主体是设区的市级以上人民检察院，加强与《民事诉讼法》及其司法解释中关于民事公益诉讼规定的衔接适用。

典型案例

吴桥公司、曹某某、宜宾市砖瓦协会与张某某等横向垄断纠纷损害赔偿案

关键词： 垄断　横向垄断协议　垄断行为实施者　反垄断民事救济

裁判摘要： 横向垄断协议的实施者无权要求该垄断协议的其他实施者赔偿其所谓经济损失，主要考虑是：第一，《反垄断法》第50条[①]规定，经营者实施垄断行为，给他人造成损失的，依法承担民事责任。该条的立法目的在于，为制止和打击垄断行为提供民事司法渠道，对因垄断行为而受到损害的主体提供民事救济。如果原告并非《反垄断法》所规制的垄断行为的受害者，而是该垄断行为的实施者，其主张损害赔偿，实质上是要求瓜分垄断利益，因而其并非《反垄断法》所意图救济的对象。第二，请求损害赔偿救济者，其行为必须正当合法。自身参与和实施违法行为的主体，即便因参与和实施该违法行为而受到损失，该损失亦因该主体自身行为的不正当性而不应获得救济。第三，给予垄断行为实施者以损害赔偿则产生鼓励和支持相关垄断行为的消极法律效果。垄断行为实施者主张因垄断行为所受损失，实质上是要求强制执行垄断协议，根据该垄断协议关于垄断利益分配的约定瓜分群体垄断所得。如果支持该主张，则无异于维持和鼓励该违法行为。

基本案情： 砖瓦协会发起人恒旭投资公司、吴桥公司、四和公司组织包括张某某名下的宜宾市高店机制砖厂在内的50余家砖瓦企业成立宜宾市砖瓦协会，部分企业与砖瓦协会的前身宜宾市建材协会砖瓦分会签订了《停产整改合同》。根据砖瓦协会的整体安排和一系列《停产整改合同》的具体约定，砖瓦协会的部分会员企业停产，部分会员企业维持生产；维持生产的企业须按照产

① 该法条系指2007年制定的《反垄断法》的条款，现对应2022年修正的《反垄断法》第60条。

量配额生产、按照核定价格销售，并向停产企业支付“停产扶持费”。张某某根据《停产整改合同》约定停止生产，并领取了“停产扶持费”。后四川省工商行政管理局认定上述行为构成垄断行为，责令砖瓦协会及有关企业停止实施协议并处以罚款；有关“停产扶持费”遂不再发放。张某某认为，砖瓦协会及其发起人、维持生产的砖瓦协会会员企业排除了张某某参与竞争，构成违反《反垄断法》，且上述主体仅在垄断行为被查处前向张某某支付了少量“停产扶持费”，该费用不足以弥补张某某因垄断行为遭受的损失，侵害了张某某的合法权益，故向四川省成都市中级人民法院（以下简称一审法院）提起诉讼，请求判令砖瓦协会、吴桥公司、四和公司、恒旭投资公司、创力公司、曹某某连带赔偿其经济损失33.6万元及维权合理开支8万元。一审法院认为，砖瓦协会、吴桥公司、四和公司、曹某某实施了本案垄断行为，造成张某某的砖厂停产，侵害了张某某的合法权益，应向张某某连带赔偿经济损失，判决吴桥公司、四和公司、曹某某、砖瓦协会向张某某连带赔偿经济损失33.6万元、维权合理开支0.5万元。砖瓦协会、吴桥公司、曹某某不服，向最高人民法院提起上诉。其上诉理由包括，张某某系实施垄断行为的经营者，并非《反垄断法》第50条规定的因垄断行为受到损失的他人，其不构成本案适格原告。最高人民法院于2020年11月6日判决撤销原判，驳回张某某的诉讼请求。

最高人民法院二审认为，本案核心问题是张某某作为本案横向垄断协议的实施者之一，其是否有权要求该垄断协议的其他实施者赔偿其所谓经济损失。对此，应结合《反垄断法》第50条的立法目的、被诉垄断行为的特点、损害赔偿的法律效果等因素予以考量。首先，《反垄断法》第50条的立法目的。《反垄断法》第50条规定，经营者实施垄断行为，给他人造成损失的，依法承担民事责任。该条的立法目的在于，为制止和打击垄断行为提供民事司法渠道，对因垄断行为而受到损害的主体提供民事救济。如果原告并非《反垄断法》所规制的垄断行为的受害者，而是该垄断行为的实施者，其主张损害赔偿，实质上是要求瓜分垄断利益，因而其并非《反垄断法》所意图救济的对象。本案中，张某某系其所指控的本案横向垄断协议参与者和实施者之一，且因参与和实施本案被诉垄断行为在一定期间内获得了垄断利益的分享，其非《反垄断法》所意图救济的垄断行为受害者。其次，请求损害赔偿救济者，其行为必须正当合法。自身参与和实施违法行为的主体，即便因参与和实施该违法行为而受到损失，该损失亦因该主体自身行为的不正当性而不应获得救济。

本案中，张某某在整改合同中自愿接受停产整改，参与并实施本案横向垄断协议，其行为自身具有违法性，其因此所受损害不应获得救济。最后，给予垄断行为实施者以损害赔偿会产生鼓励和支持相关垄断行为的消极法律效果。本案中，张某某所主张的因垄断行为所受损失，实质上是要求强制执行本案横向垄断协议，根据该垄断协议关于垄断利益分配的约定瓜分群体垄断所得。如果支持张某某的诉讼主张，则无异于维持和鼓励该违法行为。综上，横向垄断协议的实施者无权依据《反垄断法》要求该垄断协议的其他实施者赔偿其所谓经济损失。张某某作为涉案横向垄断协议的实施者，其关于赔偿损失的诉讼请求不能成立，不予支持。

【案　　号】（2020）最高法知民终 1382 号

【审理法院】最高人民法院

【来　　源】《最高人民法院知识产权法庭裁判要旨（2020）》

第六十八条　经营者依照有关知识产权的法律、行政法规规定行使知识产权的行为，不适用本法；但是，经营者滥用知识产权，排除、限制竞争的行为，适用本法。

关联规定

一、法律、行政法规、司法解释

1.《中华人民共和国民法典》

第八百五十条　非法垄断技术或者侵害他人技术成果的技术合同无效。

2.《中华人民共和国专利法》

第二十条　申请专利和行使专利权应当遵循诚实信用原则。不得滥用专利权损害公共利益或者他人合法权益。

滥用专利权，排除或者限制竞争，构成垄断行为的，依照《中华人民共和国反垄断法》处理。

3.《最高人民法院关于审理技术合同纠纷案件适用法律若干问题的解释》

第十条　下列情形，属于民法典第八百五十条所称的“非法垄断技术”：

（一）限制当事人一方在合同标的技术基础上进行新的研究开发或者限制其使用所改进的技术，或者双方交换改进技术的条件不对等，包括要求一方将其自行改进的技术无偿提供给对方、非互惠性转让给对方、无偿独占或者共享该改进技术的知识产权；

（二）限制当事人一方从其他来源获得与技术提供方类似技术或者与其竞争的技术；

（三）阻碍当事人一方根据市场需求，按照合理方式充分实施合同标的技术，包括明显不合理地限制技术接受方实施合同标的技术生产产品或者提供服务的数量、品种、价格、销售渠道和出口市场；

（四）要求技术接受方接受并非实施技术必不可少的附带条件，包括购买非必需的技术、原材料、产品、设备、服务以及接收非必需的人员等；

（五）不合理地限制技术接受方购买原材料、零部件、产品或者设备等的渠道或者来源；

（六）禁止技术接受方对合同标的技术知识产权的有效性提出异议或者对提出异议附加条件。

二、司法指导性文件

《最高人民法院关于全面加强知识产权审判工作为建设创新型国家提供司法保障的意见》

16. 禁止知识产权权利滥用。准确界定知识产权权利人和社会公众的权利界限，依法审查和支持当事人的在先权、先用权、公知技术、禁止反悔、合理使用、正当使用等抗辩事由；制止非法垄断技术、妨碍技术进步的行为，依法认定限制研发、强制回授、阻碍实施、搭售、限购和禁止有效性质疑等技术合同无效事由，维护技术市场的公平竞争；防止权利人滥用侵权警告和滥用诉权，完善确认不侵权诉讼和滥诉反赔制度。

条文释义

一、本条主旨

本条是关于反垄断法与知识产权保护的关系的规定。

二、条文演变

2022年《反垄断法》第68条沿袭了2007年《反垄断法》第55条的规定，仅调整了条文序号调整，而内容未变。

三、条文解读

本条规定了知识产权保护与反垄断的关系，即依法行使知识产权的行为不适用《反垄断法》，但是滥用知识产权，排除、限制竞争的行为仍应适用《反垄断法》。

根据法律规定，法律赋予了包括专利权、商标权、著作权等在内的知识产权权利人相应专有性和排他性权利，也即权利人可以在法律授权的范围内排他性地享有或者行使其权利。基于此，权利人可以在一定的时间和一定领域内就某种产品的生产或者销售取得市场优势地位甚至是市场支配地位，这对竞争会造成一定的影响；同时，知识产权权利人还有权许可他人使用其知识产权，如果知识产权权利人在许可协议中附加一定的限制性条件，也可能在一定程度上排除和限制竞争。如前所述，法律基于其激励创新等立法目的对各方利益平衡考量后，允许了其规定范围内行使知识产权对竞争的限制。但是，《反垄断法》与知识产权保护并不矛盾。从知识产权保护和反垄断规制的目的来说，两者都是为了激发竞争性活动，提高资源配置效率，只是两者推动竞争的方式不同：《反垄断法》是通过禁止限制竞争行为来推动竞争，因为这些行为能够损害现实的或者潜在的竞争；知识产权保护则是通过保护权利人的专有权，即以某些限制竞争的方式，激发人们在知识经济领域开展竞争。事实上，二者是一种互补与一致的关系。知识产权虽然具有不同于其他财产的重要特性，但在涉及《反垄断法》的问题上，它与其他财产适用相同的原则，也应当受到《反垄断法》的制约。为了维护竞争，法律不应当允许知识产权所有人因其合法的垄断地位而妨碍、限制或者歪曲市场的有效竞争。即知识产权权利人如果超出法律对其专有权规定的范围而滥用其权利，以谋取或加强其垄断地位，排除、限制了竞争，应当受《反垄断法》的调整。[①]

适用指引

司法实践中，要注意正确处理知识产权保护与反垄断的关系。第一，知识产权权利人获得独占权本身并不等于具有市场支配地位；即便其拥有市场支配地位，但只要没有实施垄断行为，也不会违反《反垄断法》。第二，如果知识产权的获得和行使是合法的，没有超出权利自身的范围，即使因行使知识产权的行为而排除或者限制竞争，一般情况下也不会违反《反垄断法》。第三，知识产权不能超出其权利自身的范围而被滥用。例如，专利权人在许可他人使用其专利时附加不合理的限制条件（如专利许可中搭售许可他人其他非必需专利作为实施许可的条件），就超出了其权利的范围，构成知识产权的滥用。知识产权的滥用行为应为法律所禁止。至于知识产权的滥用是否构成《反垄断法》

① 全国人大常委会法制工作委员会经济法室编：《中华人民共和国反垄断法条文说明、立法理由及相关规定》，北京大学出版社2007年版，第341页。

规制的对象时，还应具体判断其是否产生排除、限制竞争的效果，不能一概认为滥用知识产权行为均违反《反垄断法》。第四，滥用知识产权排除、限制竞争不是一种独立的垄断行为类型，要根据其具体的表现形式，对其属于垄断协议还是滥用市场支配地位的行为作出判断。[①]

典型案例

华为技术有限公司诉交互数字技术公司、交互数字通信有限公司、交互数字公司滥用市场支配地位纠纷案

关键词：垄断民事侵权　无线通信领域　标准必要专利　滥用市场支配地位

裁判摘要：在无线通信技术标准中，每一个标准必要专利许可市场，均构成一个独立的相关商品市场；专利权具有地域性，每一个主权国家中的标准必要专利许可市场又是一个独立的相关地域市场。基于标准中每一个标准必要专利的唯一性和不可替代性，标准必要专利权人在相关市场中具有市场支配地位。如标准必要专利权人在标准必要专利使用费谈判中，违反公平、合理、无歧视的原则，如实施过高定价、歧视性定价、搭售等滥用市场支配地位的行为，将被认定为构成垄断民事侵权，应承担相应的法律责任。

基本案情：华为技术有限公司（以下简称华为公司）诉称：华为公司是全球主要的电信设备提供商。被告交互数字技术公司、交互数字通信有限公司、交互数字公司（以下统称交互数字）参与各类无线通信国际标准的制定，将其直接或间接拥有的专利权纳入无线通信的国际标准，并以此形成了相关市场的支配地位。华为公司主张，本案相关商品市场为交互数字作为专利权人的必要专利的许可市场，相关地域市场为全球必要专利许可市场中的中国市场和美国市场。交互数字在相关市场处于垄断地位。交互数字无视其在加入标准组织时对公平、合理、无歧视原则的承诺，对其专利许可设定不公平的过高价格，对条件相似的交易相对人设定歧视性交易条件，在许可条件中附加不合理条件，在许可过程中涉嫌搭售，通过在美国起诉华为公司及其美国子公司来拒绝与华为公司进行交易，滥用其市场支配地位，不仅损害了竞争秩序，也对华为公司

① 全国人大常委会法制工作委员会经济法室编：《中华人民共和国反垄断法条文说明、立法理由及相关规定》，北京大学出版社2007年版，第341~342页。

造成实质损害，已威胁到华为公司在相关市场的正常运营。

广东省深圳市中级人民法院作出一审判决：一、交互数字立即停止针对华为公司实施的过高定价和搭售的垄断民事侵权行为；二、交互数字自本判决生效之日起10日内连带赔偿华为公司经济损失人民币2000万元。宣判后，交互数字和华为公司均提起上诉。广东省高级人民法院二审判决驳回上诉，维持原判。

法院生效裁判认为：对本案相关市场的界定，主要基于涉案必要专利满足消费者需求的基本属性，考虑需求者对涉案必要专利技术的功能、用途、价格等因素进行需求替代分析，并适当考虑供给替代分析。据此分析，交互数字在中国和美国的3G无线通信技术标准中的每一个必要专利许可市场，均构成一个独立的相关市场。交互数字作为涉案必要专利许可市场的唯一供给方，其在3G标准中的每一个必要专利许可市场具有完全份额，而且由于交互数字仅以专利授权许可作为其经营模式，自身并不进行任何实质性生产，不需依赖或者受制于3G标准中其他必要专利权利人的交叉许可，故其在相关必要专利许可市场具有市场支配地位。本案中，交互数字存在不公平、不合理的过高定价行为及不合理地将必要专利与其他专利相捆绑搭售等行为，对相关市场竞争产生了排除、限制影响，构成滥用其市场支配地位。

【案　　号】（2013）粤高法民三终字第306号

【审理法院】广东省高级人民法院

【来　　源】2013年中国法院50件典型知识产权案例

索引

一、关键词索引

G

T

W

X

宣告专利权无效 338

Y

Z

二、条文索引

《专利法》（部分）

《种子法》及《植物新品种保护条例》（部分）

《种子法》(部分)

《植物新品种保护条例》(部分)

《著作权法》

《计算机软件保护条例》（部分）

《集成电路布图设计保护条例》（部分）

《商标法》

《反不正当竞争法》（部分）

《反垄断法》（部分）

三、案例索引

（一）指导案例

（二）典型案例

（三）类案检索

四、参考文献

(一)图书

曹伟:《计算机软件版权保护的反思与超越》,法律出版社 2010 年版。

陈锦川:《商标授权确权的司法审查》,中国法制出版社 2014 年版。

陈锦川:《著作权审判:原理解读与实务指导》,法律出版社 2014 年版。

冯术杰:《商标注册条件若干问题研究》,知识产权出版社 2016 年版。

高重迎:《行业协会的反垄断法规制》,中国政法大学出版社 2016 年版。

国家工商行政管理局商标局编著:《中华人民共和国商标法释义》,中国工商出版社 2003 年版。

国家知识产权局:《商标审查审理指南(2021)》,知识产权出版社 2022 年版。

韩伟主编:《OECD 竞争政策圆桌论坛报告选择》,法律出版社 2015 年版。

何怀文:《商标法注释书》,中国民主法制出版社 2021 年版。

何永坚主编:《新商标法条文解读与适用指南》,法律出版社 2013 年版。

胡康生主编:《中华人民共和国著作权法释义》,法律出版社 2002 年版。

胡云红:《中日著作权法比较》,人民法院出版社 2017 年版。

黄晖:《驰名商标和著名商标的法律保护》,法律出版社 2001 年版。

黄晖:《商标法》,法律出版社 2016 年版。

黄薇、王雷鸣主编:《〈中华人民共和国著作权法〉导读与释义》,中国民主法制出版社 2021 年版。

蒋强、李自柱、吴江:《著作权纠纷新型典型案例与专题指导》,中国法制出版社 2009 年版。

郎胜主编:《中华人民共和国商标法释义》,法律出版社 2013 年版。

李昌麒主编:《经济法学》,法律出版社 2016 年版。

李琛:《知识产权法关键词》,法律出版社 2006 年版。

李明德、许超:《著作权法》,法律出版社 2009 年版。

李明德:《知识产权法》,法律出版社 2014 年版。

李曙光主编:《法大研究生》(总第 10 辑),中国政法大学出版社 2019 年版。

李扬:《商标法基本原理》,法律出版社 2018 年版。

李雨峰:《中国著作权法:原理与材料》,华中科技大学出版社 2014 年版。

刘春田主编:《知识产权法》,高等教育出版社 2015 年版。

刘维、陶钧、范静波:《商标法原理与案例》,中国法制出版社 2020 年版。

马一德:《专利法原理》,高等教育出版社 2021 年版。

孟雁北:《反垄断法》,北京大学出版社 2017 年版。

乔晓阳主编:《〈中华人民共和国商标法〉释义及实用指南》,中国民主法制出版社 2013 年版。

全国人大常委会法制工作委员会经济法室编:《中华人民共和国反垄断法条文说明、立法理由及相关规定》,北京大学出版社 2007 年版。

沈仁干主编:《郑成思版权文集》,中国人民大学出版社 2008 年版。

时建中、戴龙、焦海涛编:《纪念〈反垄断法〉实施十周年:反垄断诉讼典型案件分析与解读:2008—2018》,中国政法大学出版社 2018 年版。

时建中主编:《〈中华人民共和国反垄断法〉专家修改建议稿及详细说明》,中国政法大学出版社 2020 年版。

陶凯元主编:《最高人民法院知识产权审判指导案例解析》,人民法院出版社 2019 年版。

王瑞贺主编:《中华人民共和国反不正当竞争法释义》,法律出版社 2018 年版。

王瑞贺主编:《中华人民共和国专利法释义》,法律出版社 2021 年版。

王胜明主编:《中华人民共和国民事诉讼法释义》,法律出版社 2012 年版。

王先林:《竞争法学》,中国人民大学出版社 2018 年版。

王翔主编:《中华人民共和国反不正当竞争法学习问答》,中国法制出版社 2017 年版。

王翔主编:《中华人民共和国专利法解读》,中国法制出版社 2021 年版。

王晓晔:《反垄断法》,法律出版社 2011 年版。

王晓晔主编:《中华人民共和国反垄断法详解》,知识产权出版社 2008 年版。

韦之:《著作权法原理》，北京大学出版社 1998 年版。

吴高盛主编:《〈中华人民共和国著作权法〉释义及实用指南》，中国民主法制出版社 2015 年版。

徐玉麟主编:《计算机软件保护条例释义》，中国法制出版社 2002 年版。

杨柏勇主编、北京市高级人民法院知识产权庭编著:《著作权法原理解读与审判实务》，法律出版社 2021 年版。

尹新天:《中国专利法详解》，知识产权出版社 2011 年版。

张鲁民、陈锦川主编:《著作权审判实务与案例》，中国方正出版社 2001 年版。

郑成思:《版权法》，中国人民大学出版社 2009 年版。

钟明编:《商标与不正当竞争裁判规则》，法律出版社 2020 年版。

种明钊主编:《竞争法学》，高等教育出版社 2012 年版。

最高人民法院知识产权审判庭:《最高人民法院知识产权司法解释理解与适用》，中国法制出版社 2016 年版。

（二）期刊

曾奎:《美术作品原件展览权与发表权的冲突及解决》，载《法制与社会》2018 年第 13 期。

丁壮:《著作权法权利管理信息保护条款研究》，载《法制博览》2020 年第 33 期。

刘铁光、王考:《摄影作品原件可以展览吗？——基于〈著作权法〉修订草案送审稿第 22 条第 2 款的思考》，载《中国版权》2015 年第 2 期。

刘银良:《著作权归属原则之修订》，载《政治与法律》2013 年第 11 期。

周波:《论新著作权法中的专有出版权》，载《版权理论与实务》2021 年第 4 期。

国务院法制办教科司:《集成电路布图设计保护条例的制定》，载《科技与法律》2002 年第 1 期。

宋健、顾韬:《计算机软件侵权认定若干问题论述》，载《人民司法（应用）》2014 年第 13 期。

宋晓明、王闯、李剑:《〈关于审理侵犯专利权纠纷案件应用法律若干问题的解释（二）〉的理解与适用》，载《人民司法》2016年第10期。

张晓津：《计算机软件著作权侵权判断问题研究》，载《知识产权》2016年第1期。

张晨颖：《垄断协议二分法检讨与禁止规则再造——从轴辐协议谈起》，载《法商研究》2018年第2期。

张鹏飞：《技术措施背景下的著作权合理使用权》，载《浙江万里学院学报》2012年第6期。

时建中：《新〈反垄断法〉的现实意义与内容解读》，载《中国法律评论》2022年第4期。

朱冬：《不可争议商标中在先权利的保护及限制》，载《知识产权》2017年第8期。

朱理：《〈关于审理因垄断行为引发的民事纠纷案件应用法律若干问题的规定〉的理解与适用》，载《人民司法》2012年第15期。

李顺德：《版权、出版权和出版者权》，载《科技与出版》2006年第1期。

杨蓉：《法人作品和职务作品相关法律问题研究》，载《法制与社会》2017年第25期。

杨静、马华：《论著作权技术措施及法律保护》，载《法学杂志》2008年第2期。

湛茜：《因特网条约权利管理信息条款研究——兼论我国〈著作权法〉第三次修改》，载《暨南学报（哲学社会科学版）》2015年第2期。

王先林：《我国反垄断法修订完善的三个维度》，载《华东政法大学学报》2020年第2期。

王屹松、刘震岩、王倩：《职务作品的界定及其权利归属》，载《天津法学》2017年第3期。

王迁：《〈著作权法〉修改：关键条款的解读与分析》，载《知识产权》2021年第2期。

王迁：《技术概念四辨》，载《华东政法大学报》第2015年第2期。

王迁：《矛盾中的犹豫——评美国国会报告〈数字媒体中的版权问题〉》，载《中国版权》2005年第1期。

田红梅：《近代中国"版权""著作权"概念的历史演变》，载《山西档案》2018年第4期。

石宏:《〈著作权法〉第三次修改的重要内容及价值考量》,载《知识产权》2021年第2期。

袁博:《论著作权法修订草案(送审稿)中“展览原件”权利的修订》,载《出版广角》2014年第15期。

郑友德、李雅琴:《我国著作权制度的生态化路径》,载《法学》2015年第2期。

郭斌贝、黄亚武:《著作权继承问题之研究》,载《湖南省政法管理干部学院学报》2000年第4期。

郭洁:《著作权权利管理信息保护与著作权立法》,载《政法论坛》2002年第2期。

郭鹏:《我国技术措施保护及其例外的法律构架完善——对〈著作权法修改草案〉的不修改质疑》,载《暨南学报(哲学社会科学版)》2012年第10期。

钟鸣:《用商品及其包装容器形状申请注册立体商标的审查》,载《人民司法案例》2012年第24期。

马洪伟:《著作权继承相关特殊规定的探析》,载《黑龙江科技信息》2007年第16期。

后 记

2022年10月22日胜利闭幕的中国共产党第二十次全国代表大会，是在全党全国各族人民迈上全面建设社会主义现代化新征程、向第二个百年奋斗目标进军的关键时刻召开的一次十分重要的大会，大会制定的行动纲领和大政方针为新时代人民法院审判执行工作指明了方向。编辑出版《中国民法典适用大全》，是最高人民法院深入学习贯彻党的二十大精神，全面贯彻习近平新时代中国特色社会主义思想，全面把握新时代新征程党和国家事业发展新要求、人民群众新期待，助力民法典统一正确实施的有力举措。

习近平总书记指出："民法典实施水平和效果，是衡量各级党和国家机关履行为人民服务宗旨的重要尺度。"[①] 学习好、贯彻好、实施好民法典是人民法院的重要职责和光荣使命。最高人民法院党组深入学习贯彻习近平法治思想，认真贯彻落实党中央决策部署，围绕切实实施民法典这一工作重心，采取系列举措把民法典贯彻实施工作不断引向深入，有效提升了民商事司法审判工作质效。为帮助广大法官牢固树立法典化思维，全面认识民法典各编和谐统一的体系关系，确立以民法典为中心的民事实体法律适用理念，确保民法典在各级人民法院统一正确实施，同时向社会公众宣传普及民法典司法适用知识，最高人民法院民法典贯彻实施工作领导小组组织力量编写了本套丛书。本套丛书以民法典的统一正确适用为中心，结合我国民商合一的立法模式，将有关的商事、知识产权等法律的适用问题一并纳入编辑范围，形成完整体系，旨在凸显民法典在民商事实体法中的基本法地位，进一步统一民商事裁判尺度，更好地辅助

① 习近平：《充分认识颁布实施民法典重大意义 依法更好保障人民合法权益》，载《求是》2020年第12期。

司法办案、便利社会生活。

为贯彻落实习近平总书记关于推动媒体融合发展重要讲话精神，人民法院出版社依托“法信”平台，把《中国民法典适用大全》作为重点融媒体出版项目进行编辑加工，在出版纸质书和手机阅读版的同时，配套推出《中国民法典适用大全》专题库，为读者提供民法典、知识产权与竞争、生态环境、商事、涉外商事海事等审判数字资源检索服务，并推出图书的电子书和“民法典适用大全”小程序，满足读者在各种数字化场景下的阅读需求。

本卷为知识产权与竞争卷。民法典第一百二十三条明确规定，民事主体依法享有知识产权，并列举了主要和常见的知识产权客体类型；第一千一百八十五条在总结商标法、反不正当竞争法中惩罚性赔偿制度立法及相关司法实践经验的基础上，对侵害知识产权惩罚性赔偿予以规定。民法典颁布后，专利法、著作权法、种子法等知识产权部门法和反垄断法相继修改完善，贯彻了“创新是引领发展的第一动力，保护知识产权就是保护创新”的精神，体现了我国构建新发展格局、推动高质量发展、促进形成公平竞争市场环境的时代需求。《中国民法典适用大全》知识产权与竞争卷的编辑工作紧扣知识产权部门法和竞争法的适用，突出以下特点：一是权威性。在立法机关有关权威释义、最高人民法院民法典贯彻实施工作领导小组主编的《中华人民共和国民法典总则编理解与适用》《中华人民共和国民法典侵权责任编理解与适用》等著作基础上，结合司法实践优秀成果和最新裁判规则，吸收立法机关、专家学者有关意见，重点对知识产权部门法和竞争法中相关条款的具体司法适用进行详细阐述。二是全面性。对涉及知识产权部门法与竞争法的有关法律、行政法规、司法解释、部门规章和司法指导性文件进行了系统梳理，就有关法律法规与民法典条文的衔接适用问题做了系统论述。三是实用性。紧密结合审判实践，对近年来尤其是民法典实施后知识产权部门法与竞争法有关指导性案例、典型案例和相关类案进行了系统检索和整理，为准确适用相关条文提供了鲜活参照。

参与知识产权与竞争卷编写和审核的人员主要是最高人民法院、有关地方法院的资深法官或业务骨干，编撰期间最高人民法院研修学者、借调最高人民法院知识产权法庭工作的法官和法官助理均参与了编写工作。

专利法（部分）编写人员有（按照条文顺序）：郃中林、高雪、徐燕如、李易忱、袁晓贞、邓旭涛、徐飞、马杰、周翔、贠璇、张本勇、周桂荣、李晨、邓卓、李庆瑾、李锋、鹿伟玲、岑宏宇、陈健、孔立明、诸方卉、岳利浩、徐红妮、王慧若、欧宏伟、傅蕾、陈律、汤锷、左金鹤、单立、蔡明月、张新锋、魏磊、游美玲、周平、王晓琳、李艳、刘白宇、张琪、崔宁、张晓阳、杨莹、庞敏、牛鸿生、刘晓梅、王亮。核稿人员有：郃中林、周翔、朱理、岑宏宇、张晓阳、欧宏伟、邓卓、刘晓梅。

种子法及《植物新品种保护条例》（部分）编写人员有（按照条文顺序）：罗霞、雷艳珍、张文麒、徐世超、潘才敏、郑大地、颜峰、廖恋、陈瑞子、王玲。核稿人员有：郃中林、周翔、朱理、罗霞。

著作权法编写人员有（按照条文顺序）：卢莹、林法纲、马秀荣、吴蓉、张玲玲、周波、耿慧茹、杨德嘉、李思頔、秦元明、曾志、毛立华、江建中、马云鹏、李嵘、唐弦、刘海珠、高瞳辉、胡凯、王晨、祝远石、曹佳音、晏景、李丽、包硕、许常海、曹刚、孙书轩、张赫、孙冠华、张志弘、陈泽宇、白雅丽、赵钊。核稿人员有：林广海、李剑、丁广宇、秦元明、卢正新。

《计算机软件保护条例》（部分）编写人员有（按照条文顺序）：何鹏、余晓汉、宾岳成、薛淼、刘清启、钱建国、祁帅、罗浪、梁晓征、李瑞梅、欧宏伟、姜琳浩、李丽、郑文思、汤锷、左金鹤、佘朝阳、柯胥宁、郭鑫、马光祥、张楠、李晓民、管育鹰、黄斌、王琳琳、石阳媚。核稿人员有：郃中林、周翔、朱理、郎贵梅、何鹏。

《集成电路布图设计保护条例》（部分）编写人员有（按照条文顺序）：徐卓斌、周雷、黄中华、陈文琳、董胜、宋磊、原晓爽、郝小娟、詹靖康、毛涵、张本勇、林伟、何天笑。核稿人员有：郃中林、周翔、朱理、徐卓斌。

商标法编写人员有（按照条文顺序）：林法纲、卢莹、张玲玲、吴蓉、陶钧、周波、亓蕾、曹丽萍、王东勇、俞惠斌、毛立华、李嵘、马云鹏、江建中、唐弦、刘海珠、高瞳辉、胡凯、祝远石、王晨、曹佳音、李丽、晏景、包硕、孙冠华、马秀荣、秦元明、曾志、耿慧茹、储洁强、张志弘、许常海、曹刚、孙书轩、张赫、陈泽宇、赵钊、白雅丽。核稿人员有：林广海、李剑、丁广宇、毛立华、晏景。

反不正当竞争法（部分）编写人员有（按照条文顺序）：佟姝、毛立华、孙冠华、李嵘、杜微科、李丽、晏景、戴怡婷、许常海、耿慧茹。核稿人员有：林广海、李剑、丁广宇、佟姝。

反垄断法（部分）编写人员有（按照条文顺序）：余晓汉、朱理、郭魏、周蓉蓉、何隽、张琳洁、戴芳芳、廖继博、赵云、彭佳妤、高雪。核稿人员有：郃中林、朱理、余晓汉。

参与本卷案例审核的人员有：陈志远、石磊、张乐园、梁颖、黄斌、李谦。

《中国民法典适用大全》的编辑出版是有关各方共同努力的结果。感谢全国人大常委会法工委等单位一直以来对人民法院工作的有力指导和大力支持！感谢积极支持人民法院民事审判执行工作的专家学者和其他法律从业人员！感谢有关地方法院对《中国民法典适用大全》编写工作提供的大力支持、所提出的宝贵意见建议！感谢人民法院出版社的各位编辑对本套丛书出版的辛苦付出和不懈努力！

疏漏不周之处在所难免，敬请各位读者批评指正。

编 者

二〇二二年十一月